Akten zur Auswärtigen Politik der Bundesrepublik Deutschland

Herausgegeben im Auftrag des Auswärtigen Amts
vom Institut für Zeitgeschichte

Hauptherausgeber
Horst Möller

Mitherausgeber
Klaus Hildebrand und Gregor Schöllgen

R. Oldenbourg Verlag München 2009

Akten zur Auswärtigen Politik der Bundesrepublik Deutschland

1978

Band I: 1. Januar bis 30. Juni 1978

Wissenschaftliche Leiterin
Ilse Dorothee Pautsch

Bearbeiter
Daniela Taschler, Amit Das Gupta
und Michael Mayer

R. Oldenbourg Verlag München 2009

Bibliografische Information der Deutschen Nationalbibliothek
Die Deutsche Nationalbibliothek verzeichnet diese Publikation in der Deutschen Nationalbibliografie; detaillierte bibliografische Daten sind im Internet über <http://dnb.d-nb.de> abrufbar.

Bibliographic information published by Die Deutsche Nationalbibliothek
Die Deutsche Nationalbibliothek lists this publication in the Deutsche Nationalbibliografie; detailed bibliographic data is available in the Internet at <http://dnb.d-nb.de>.

© 2009 Oldenbourg Wissenschaftsverlag GmbH, München
Rosenheimer Straße 145, D-81671 München
Internet: oldenbourg.de

Das Werk einschließlich aller Abbildungen ist urheberrechtlich geschützt. Jede Verwertung außerhalb der Grenzen des Urheberrechtsgesetzes ist ohne Zustimmung des Verlages unzulässig und strafbar. Dies gilt insbesondere für Vervielfältigungen, Übersetzungen, Mikroverfilmungen und die Einspeicherung und Bearbeitung in elektronischen Systemen.

Umschlaggestaltung: Dieter Vollendorf
Gedruckt auf säurefreiem, alterungsbeständigem Papier (chlorfrei gebleicht).
Druck: Memminger MedienCentrum, Memmingen
Bindung: Buchbinderei Klotz, Jettingen-Scheppach

ISBN 978-3-486-58729-6

Inhalt

Vorwort	VII
Vorbemerkungen zur Edition	VIII
Verzeichnisse	XV
Dokumentenverzeichnis	XVII
Literaturverzeichnis	LXXI
Abkürzungsverzeichnis	LXXIX
Dokumente	1
Band I (Dokumente 1–208)	3
Band II (Dokumente 209–403)	1051
Register	1963
Personenregister	1963
Sachregister	2037

Anhang: Organisationsplan des Auswärtigen Amts vom Juni 1978

Vorwort

Mit den Jahresbänden 1978 wird zum sechzehnten Mal eine Sammlung von Dokumenten aus dem Politischen Archiv des Auswärtigen Amts unmittelbar nach Ablauf der 30jährigen Aktensperrfrist veröffentlicht.

Das Erscheinen der vorliegenden Bände gibt Anlaß, allen an dem Werk Beteiligten zu danken. So gilt mein verbindlichster Dank dem Auswärtigen Amt, vor allem dem Politischen Archiv. Gleichermaßen zu danken ist dem Bundeskanzleramt für die Erlaubnis, unverzichtbare Gesprächsaufzeichnungen in die Edition aufnehmen zu können. Herrn Bundeskanzler a.D. Helmut Schmidt danke ich für die Genehmigung zum Abdruck wichtiger und die amtliche Überlieferung ergänzender Schriftstücke aus seinem Depositum im Archiv der sozialen Demokratie der Friedrich-Ebert-Stiftung in Bonn.

Großer Dank gebührt ferner den Kollegen im Herausgebergremium, die sich ihrer viel Zeit in Anspruch nehmenden Aufgabe mit bewährter Kompetenz gewidmet haben. Gedankt sei auch dem präzise arbeitenden Verlag R. Oldenbourg sowie den in der Münchener Zentrale des Instituts Beteiligten, insbesondere der Verwaltungsleiterin Frau Ingrid Morgen.

Das Hauptverdienst am Gelingen der zwei Bände haben die Bearbeiter, Frau Dr. Daniela Taschler, Herr Dr. Amit Das Gupta und Herr Dr. Michael Mayer, zusammen mit der Wissenschaftlichen Leiterin, Frau Dr. Ilse Dorothee Pautsch. Ihnen sei für die erbrachte Leistung nachdrücklichst gedankt.

Ebenso haben wesentlich zur Fertigstellung der Edition beigetragen: Herr Dr. Matthias Peter und Frau Dr. Jessica von Seggern durch Mitarbeit bei der Kommentierung, Herr Dr. Wolfgang Hölscher und Frau Britta Durstewitz durch die Herstellung des Satzes sowie Frau Jutta Bernlöhr und die Herren Philipp Küsgens, Stefan Schneider und Thomas Spahn.

Berlin, den 1. Oktober 2008   Horst Möller

Vorbemerkungen zur Edition

Die „Akten zur Auswärtigen Politik der Bundesrepublik Deutschland 1978" (Kurztitel: AAPD 1978) umfassen zwei Bände, die durchgängig paginiert sind. Den abgedruckten Dokumenten gehen im Band I neben Vorwort und Vorbemerkungen ein Dokumentenverzeichnis, ein Literaturverzeichnis sowie ein Abkürzungsverzeichnis voran. Am Ende von Band II finden sich ein Personen- und ein Sachregister sowie ein Organisationsplan des Auswärtigen Amts vom Juni 1978.

Dokumentenauswahl

Grundlage für die Fondsedition der „Akten zur Auswärtigen Politik der Bundesrepublik Deutschland 1978" sind die Bestände des Politischen Archivs des Auswärtigen Amts (PA/AA). Schriftstücke aus anderen Bundesministerien, die in die Akten des Auswärtigen Amts Eingang gefunden haben, wurden zur Kommentierung herangezogen. Verschlußsachen dieser Ressorts blieben unberücksichtigt. Dagegen haben die im Auswärtigen Amt vorhandenen Aufzeichnungen über Gespräche des Bundeskanzlers mit ausländischen Staatsmännern und Diplomaten weitgehend Aufnahme gefunden. Als notwendige Ergänzung dienten die im Bundeskanzleramt überlieferten Gesprächsaufzeichnungen. Um die amtliche Überlieferung zu vervollständigen, wurde zusätzlich das Depositum des ehemaligen Bundeskanzlers Helmut Schmidt im Archiv der sozialen Demokratie der Friedrich-Ebert-Stiftung ausgewertet.

Entsprechend ihrer Herkunft belegen die edierten Dokumente in erster Linie die außenpolitischen Aktivitäten des Bundesministers des Auswärtigen. Sie veranschaulichen aber auch die Außenpolitik des jeweiligen Bundeskanzlers. Die Rolle anderer Akteure, insbesondere im parlamentarischen und parteipolitischen Bereich, wird beispielhaft dokumentiert, sofern eine Wechselbeziehung zum Auswärtigen Amt gegeben war.

Die ausgewählten Dokumente sind nicht zuletzt deshalb für ein historisches Verständnis der Außenpolitik der Bundesrepublik Deutschland von Bedeutung, weil fast ausschließlich Schriftstücke veröffentlicht werden, die bisher der Forschung unzugänglich und größtenteils als Verschlußsachen der Geheimhaltung unterworfen waren. Dank einer entsprechenden Ermächtigung wurden den Bearbeitern die VS-Bestände des PA/AA ohne Einschränkung zugänglich gemacht und Anträge auf Herabstufung und Offenlegung von Schriftstücken beim Auswärtigen Amt ermöglicht. Das Bundeskanzleramt war zuständig für die Deklassifizierung von Verschlußsachen aus den eigenen Beständen. Kopien der offengelegten Schriftstücke, deren Zahl diejenige der in den AAPD 1978 edierten Dokumente weit übersteigt, werden im PA/AA zugänglich gemacht (Bestand B 150).

Nur eine äußerst geringe Zahl der für die Edition vorgesehenen Aktenstücke wurde nicht zur Veröffentlichung freigegeben. Hierbei handelt es sich vor allem um Dokumente, in denen personenbezogene Vorgänge im Vordergrund stehen oder die auch heute noch sicherheitsrelevante Angaben enthalten. Von einer Deklassifizierung ausgenommen war Schriftgut ausländischer Herkunft bzw. aus dem Bereich multilateraler oder internationaler Organisationen wie etwa der NATO. Unberücksichtigt blieb ebenfalls nachrichtendienstliches Material.

Dokumentenfolge

Die 403 edierten Dokumente sind in chronologischer Folge geordnet und mit laufenden Nummern versehen. Bei differierenden Datumsangaben auf einem Schriftstück, z. B. im Falle abweichender maschinenschriftlicher und handschriftlicher Datierung, ist in der Regel das früheste Datum maßgebend. Mehrere Dokumente mit demselben Datum sind, soweit möglich, nach der Uhrzeit eingeordnet. Erfolgt eine Datierung lediglich aufgrund sekundärer Hinweise (z. B. aus Begleitschreiben, beigefügten Vermerken usw.), wird dies in einer Anmerkung ausgewiesen. Bei Aufzeichnungen über Gespräche ist das Datum des dokumentierten Vorgangs ausschlaggebend, nicht der meist spätere Zeitpunkt der Niederschrift.

Dokumentenkopf

Jedes Dokument beginnt mit einem halbfett gedruckten Dokumentenkopf, in dem wesentliche formale Angaben zusammengefaßt werden. Auf Dokumentennummer und Dokumentenüberschrift folgen in kleinerer Drucktype ergänzende Angaben, so rechts außen das Datum. Links außen wird, sofern vorhanden, das Geschäftszeichen des edierten Schriftstücks einschließlich des Geheimhaltungsgrads (zum Zeitpunkt der Entstehung) wiedergegeben. Das Geschäftszeichen, das Rückschlüsse auf den Geschäftsgang zuläßt und die Ermittlung zugehörigen Aktenmaterials ermöglicht, besteht in der Regel aus der Kurzbezeichnung der ausfertigenden Arbeitseinheit sowie aus weiteren Elementen wie dem inhaltlich definierten Aktenzeichen, der Tagebuchnummer einschließlich verkürzter Jahresangabe und gegebenenfalls dem Geheimhaltungsgrad. Dokumentennummer, verkürzte Überschrift und Datum finden sich auch im Kolumnentitel über dem Dokument.

Den Angaben im Dokumentenkopf läßt sich die Art des jeweiligen Dokuments entnehmen. Aufzeichnungen sind eine in der Edition besonders häufig vertretene Dokumentengruppe. Der Verfasser wird jeweils in der Überschrift benannt, auch dann, wenn er sich nur indirekt erschließen läßt. Letzteres wird durch Hinzufügen der Unterschrift in eckigen Klammern deutlich gemacht und in einer Anmerkung erläutert („Verfasser laut Begleitvermerk" bzw. „Vermuteter Verfasser der nicht unterzeichneten Aufzeichnung"). Läßt sich der Urheber etwa durch den Briefkopf eindeutig feststellen, so entfällt dieser Hinweis. Ist ein Verfasser weder mittelbar noch unmittelbar nachweisbar, wird die ausfertigende Arbeitseinheit (Abteilung, Referat oder Delegation) angegeben.

Eine weitere Gruppe von Dokumenten bildet der Schriftverkehr zwischen der Zentrale in Bonn und den Auslandsvertretungen. Diese erhielten ihre Informationen und Weisungen in der Regel mittels Drahterlaß, der fernschriftlich oder per Funk übermittelt wurde. Auch bei dieser Dokumentengruppe wird in der Überschrift der Verfasser genannt, ein Empfänger dagegen nur, wenn der Drahterlaß an eine einzelne Auslandsvertretung bzw. deren Leiter gerichtet war. Anderenfalls werden die Adressaten in einer Anmerkung aufgeführt. Bei Runderlassen an sehr viele oder an alle diplomatischen Vertretungen wird der Empfängerkreis nicht näher spezifiziert, um die Anmerkungen nicht zu überfrachten. Ebenso sind diejenigen Auslandsvertretungen nicht eigens aufgeführt, die nur nachrichtlich von einem Erlaß in Kenntnis gesetzt wurden. Ergänzend zum Geschäftszeichen wird im unteren Teil des Dokumentenkopfes links die Nummer des Drahterlasses sowie der Grad der Dringlichkeit angegeben. Rechts davon befindet sich das Datum und – sofern zu ermitteln – die Uhrzeit der Aufgabe. Ein Ausstellungsdatum wird nur dann angegeben, wenn es vom Datum der Aufgabe abweicht.

Der Dokumentenkopf bei einem im Auswärtigen Amt eingehenden Drahtbericht ist in Analogie zum Drahterlaß gestaltet. Als Geschäftszeichen der VS-Drahtberichte dient die Angabe der Chiffrier- und Fernmeldestelle des Auswärtigen Amts (Referat 114). Ferner wird außer Datum und Uhrzeit der Aufgabe auch der Zeitpunkt der Ankunft festgehalten, jeweils in Ortszeit.

In weniger dringenden Fällen verzichteten die Botschaften auf eine fernschriftliche Übermittlung und zogen die Form des mit Kurier übermittelten Schriftberichts vor. Beim Abdruck solcher Stücke werden im Dokumentenkopf neben der Überschrift mit Absender und Empfänger die Nummer des Schriftberichts und das Datum genannt. Gelegentlich bedienten sich Botschaften und Zentrale des sogenannten Privatdienstschreibens, mit dem außerhalb des offiziellen Geschäftsgangs zu einem Sachverhalt Stellung bezogen werden kann; darauf wird in einer Anmerkung aufmerksam gemacht.

Neben dem Schriftwechsel zwischen der Zentrale und den Auslandsvertretungen gibt es andere Schreiben, erkennbar jeweils an der Nennung von Absender und Empfänger. Zu dieser Gruppe zählen etwa Schreiben der Bundesregierung, vertreten durch den Bundeskanzler oder den Bundesminister des Auswärtigen, an ausländische Regierungen, desgleichen auch Korrespondenz des Auswärtigen Amts mit anderen Ressorts oder mit Bundestagsabgeordneten.

Breiten Raum nehmen insbesondere von Dolmetschern gefertigte Niederschriften über Gespräche ein. Sie werden als solche in der Überschrift gekennzeichnet und chronologisch nach dem Gesprächsdatum eingeordnet, während Verfasser und Datum der Niederschrift – sofern ermittelbar – in einer Anmerkung ausgewiesen sind.

Die wenigen Dokumente, die sich keiner der beschriebenen Gruppen zuordnen lassen, sind aufgrund individueller Überschriften zu identifizieren.

Die Überschrift bei allen Dokumenten enthält die notwendigen Angaben zum Ausstellungs-, Absende- oder Empfangsort bzw. zum Ort des Gesprächs. Erfolgt keine besondere Ortsangabe, ist stillschweigend Bonn zu ergänzen. Hält sich der Verfasser oder Absender eines Dokuments nicht an seinem Dienstort auf, wird der Ortsangabe ein „z.Z." vorangesetzt.

Bei den edierten Schriftstücken handelt es sich in der Regel jeweils um die erste Ausfertigung oder – wie etwa bei den Drahtberichten – um eines von mehreren gleichrangig nebeneinander zirkulierenden Exemplaren. Statt einer Erstausfertigung mußten gelegentlich ein Durchdruck, eine Abschrift, eine Ablichtung oder ein vervielfältigtes Exemplar (Matrizenabzug) herangezogen werden. Ein entsprechender Hinweis findet sich in einer Anmerkung. In wenigen Fällen sind Entwürfe abgedruckt und entsprechend in den Überschriften kenntlich gemacht.

Dokumententext

Unterhalb des Dokumentenkopfes folgt – in normaler Drucktype – der Text des jeweiligen Dokuments, einschließlich des Betreffs, der Anrede und der Unterschrift. Die Dokumente werden ungekürzt veröffentlicht. Sofern in Ausnahmefällen Auslassungen vorgenommen werden müssen, wird dies durch Auslassungszeichen in eckigen Klammern („[...]") kenntlich gemacht und in einer Anmerkung erläutert. Bereits in der Vorlage vorgefundene Auslassungen werden durch einfache Auslassungszeichen („...") wiedergegeben.

Offensichtliche Schreib- und Interpunktionsfehler werden stillschweigend korrigiert. Eigentümliche Schreibweisen bleiben nach Möglichkeit erhalten; im Bedarfsfall wird jedoch vereinheitlicht bzw. modernisiert. Dies trifft teilweise auch auf fremdsprachige Orts- und Personennamen zu, deren Schreibweise nach den im Auswärtigen Amt gebräuchlichen Regeln wiedergegeben wird.

Selten vorkommende und ungebräuchliche Abkürzungen werden in einer Anmerkung aufgelöst. Typische Abkürzungen von Institutionen, Parteien etc. werden allerdings übernommen. Hervorhebungen in der Textvorlage, also etwa maschinenschriftliche Unterstreichungen oder Sperrungen, werden nur in Ausnahmefällen wiedergegeben. Der Kursivdruck dient dazu, bei Gesprächsaufzeichnungen die Sprecher voneinander abzuheben. Im äußeren Aufbau (Absätze, Überschriften usw.) folgt das Druckbild nach Möglichkeit der Textvorlage.

Unterschriftsformeln werden vollständig wiedergegeben. Ein handschriftlicher Namenszug ist nicht besonders gekennzeichnet, eine Paraphe mit Unterschriftscharakter wird aufgelöst (mit Nachweis in einer Anmerkung). Findet sich auf einem Schriftstück der Name zusätzlich maschinenschriftlich vermerkt, bleibt dies unerwähnt. Ein maschinenschriftlicher Name, dem ein „gez." vorangestellt ist, wird entsprechend übernommen; fehlt in der Textvorlage der Zusatz „gez.", wird er in eckigen Klammern ergänzt. Weicht das Datum der Paraphe vom Datum des Schriftstückes ab, wird dies in der Anmerkung ausgewiesen.

Unter dem Dokumententext wird die jeweilige Fundstelle des Schriftstückes in halbfetter Schrifttype nachgewiesen. Bei Dokumenten aus dem PA/AA wird auf die Angabe des Archivs verzichtet und nur der jeweilige Bestand mit Bandnummer genannt. Dokumente aus VS-Beständen sind mit der Angabe „VS-Bd." versehen. Bei Dokumenten anderer Herkunft werden Archiv und Bestandsbezeichnung angegeben. Liegt ausnahmsweise ein Schriftstück bereits veröffentlicht vor, so wird dies in einer gesonderten Anmerkung nach der Angabe der Fundstelle ausgewiesen.

Kommentierung

In Ergänzung zum Dokumentenkopf enthalten die Anmerkungen formale Hinweise und geben Auskunft über wesentliche Stationen im Geschäftsgang. Angaben technischer Art, wie Registraturvermerke oder standardisierte Verteiler, werden nur bei besonderer Bedeutung erfaßt. Wesentlich ist dagegen die Frage, welche Beachtung das jeweils edierte Dokument gefunden hat. Dies läßt sich an den Paraphen maßgeblicher Akteure sowie an den – überwiegend handschriftlichen – Weisungen, Bemerkungen oder auch Reaktionen in Form von Frage- oder Ausrufungszeichen ablesen, die auf dem Schriftstück selbst oder auf Begleitschreiben und Begleitvermerken zu finden sind. Die diesbezüglichen Merkmale sowie damit in Verbindung stehende Hervorhebungen (Unterstreichungen oder Anstreichungen am Rand) werden in Anmerkungen nachgewiesen. Auf den Nachweis sonstiger An- oder Unterstreichungen wird verzichtet. Abkürzungen in handschriftlichen Passagen werden in eckigen Klammern aufgelöst, sofern sie nicht im Abkürzungsverzeichnis aufgeführt sind.

In den im engeren Sinn textkritischen Anmerkungen werden nachträgliche Korrekturen oder textliche Änderungen des Verfassers und einzelner Adressaten festgehalten, sofern ein Konzipient das Schriftstück entworfen hat. Unwesentliche Textverbesserungen sind hiervon ausgenommen. Ferner wird auf einen systematischen Vergleich der Dokumente mit Entwürfen ebenso verzichtet wie auf den Nachweis der in der Praxis üblichen Einarbeitung von Textpassagen in eine spätere Aufzeichnung oder einen Drahterlaß.

Die Kommentierung soll den historischen Zusammenhang der edierten Dokumente in ihrer zeitlichen und inhaltlichen Abfolge sichtbar machen, weiteres Aktenmaterial und anderweitiges Schriftgut nachweisen, das unmittelbar oder mittelbar angesprochen wird, sowie Ereignisse oder Sachverhalte näher erläutern, die dem heutigen Wissens- und Erfahrungshorizont ferner liegen und aus dem Textzusammenhang heraus nicht oder nicht hinlänglich zu verstehen sind.

Besonderer Wert wird bei der Kommentierung darauf gelegt, die Dokumente durch Bezugsstücke aus den Akten der verschiedenen Arbeitseinheiten des Auswärtigen Amts bis hin zur Leitungsebene zu erläutern. Zitate oder inhaltliche Wiedergaben sollen die Entscheidungsprozesse erhellen und zum Verständnis der Dokumente beitragen. Dadurch wird zugleich Vorarbeit geleistet für eine vertiefende Erschließung der Bestände des PA/AA. Um die Identifizierung von Drahtberichten bzw. -erlassen zu erleichtern, werden außer dem Verfasser und dem Datum die Drahtberichtsnummer und, wo immer möglich, die Drahterlaßnummer angegeben.

Findet in einem Dokument veröffentlichtes Schriftgut Erwähnung – etwa Abkommen, Gesetze, Reden oder Presseberichte –, so wird die Fundstelle nach Möglichkeit genauer spezifiziert. Systematische Hinweise auf archivalische oder veröffentlichte Quellen, insbesondere auf weitere Bestände des PA/AA, erfolgen nicht. Sekundärliteratur wird generell nicht in die Kommentierung aufgenommen.

Angaben wie Dienstbezeichnung, Dienststellung, Funktion, Dienstbehörde und Nationalität dienen der eindeutigen Identifizierung der in der Kommentierung vorkommenden Personen. Bei Bundesministern erfolgt ein Hinweis zum jeweiligen Ressort nur im Personenregister. Eine im Dokumententext lediglich mit ihrer Funktion genannte Person wird nach Möglichkeit in einer Anmerkung namentlich nachgewiesen. Davon ausgenommen sind der jeweilige Bundespräsident, Bundeskanzler und Bundesminister des Auswärtigen.

Die Bezeichnung einzelner Staaten wird so gewählt, daß Verwechslungen ausgeschlossen sind. Als Kurzform für die Deutsche Demokratische Republik kommen in den Dokumenten die Begriffe SBZ oder DDR vor und werden so wiedergegeben. Der in der Forschung üblichen Praxis folgend, wird jedoch in der Kommentierung, den Verzeichnissen sowie den Registern der Begriff DDR verwendet. Das Adjektiv „deutsch" findet nur bei gesamtdeutschen Belangen oder dann Verwendung, wenn eine eindeutige Zuordnung gegeben ist. Der westliche Teil von Berlin wird als Berlin (West), der östliche Teil der Stadt als Ost-Berlin bezeichnet.

Die zur Kommentierung herangezogenen Editionen, Geschichtskalender und Memoiren werden mit Kurztitel angeführt, die sich über ein entsprechendes Verzeichnis auflösen lassen. Häufig genannte Verträge oder Gesetzestexte werden nur bei der Erstnennung nachgewiesen und lassen sich über das Sachregister erschließen.

Wie bei der Wiedergabe der Dokumente finden auch in den Anmerkungen die im Auswärtigen Amt gebräuchlichen Regeln für die Transkription fremdsprachlicher Namen und Begriffe Anwendung. Bei Literaturangaben in russischer Sprache wird die im wissenschaftlichen Bereich übliche Transliterierung durchgeführt.

Die Kommentierung enthält schließlich auch Hinweise auf im Internet veröffentlichte Dokumente. Dabei wurden nur solche Dokumente berücksichtigt, die in gedruckter Form nicht ermittelt werden konnten. Die benutzten Internetadressen waren zum Zeitpunkt der letzten Prüfung (12.11.2008) gültig. Ein Ausdruck von jedem über das Netz ermittelten und zitierten Dokument mit dem Datum des jeweiligen Zugriffs befindet sich in den Akten der Editionsgruppe.

Verzeichnisse

Das *Dokumentenverzeichnis* ist chronologisch angelegt. Es bietet zu jedem Dokument folgende Angaben: Die halbfett gedruckte Dokumentennummer, Datum und Überschrift, die Fundseite sowie eine inhaltliche Kurzübersicht.

Das *Literaturverzeichnis* enthält die zur Kommentierung herangezogenen Publikationen, die mit Kurztiteln oder Kurzformen versehen wurden. Diese sind alphabetisch geordnet und werden durch bibliographische Angaben aufgelöst.

Das *Abkürzungsverzeichnis* führt die im Dokumententeil vorkommenden Abkürzungen auf, insbesondere von Organisationen, Parteien und Dienstbezeichnungen sowie sonstige im diplomatischen Schriftverkehr übliche Abbreviaturen. Abkürzungen von Firmen werden dagegen im Sachregister unter dem Schlagwort „Wirtschaftsunternehmen" aufgelöst. Nicht aufgenommen werden geläufige Abkürzungen wie „z. B.", „d. h.", „m. E.", „u. U." und „usw." sowie Abkürzungen, die im Dokumententext oder in einer Anmerkung erläutert sind.

Register und Organisationsplan

Im *Personenregister* werden in der Edition vorkommende Personen unter Nennung derjenigen politischen, dienstlichen oder beruflichen Funktionen aufgeführt, die im inhaltlichen Zusammenhang der Dokumente wesentlich sind. Das *Sachregister* ermöglicht einen thematisch differenzierten Zugriff auf die einzelnen Dokumente. Näheres ist den dem jeweiligen Register vorangestellten Hinweisen zur Benutzung zu entnehmen.

Der *Organisationsplan* vom Juni 1978 zeigt die Struktur des Auswärtigen Amts und informiert über die Namen der Leiter der jeweiligen Arbeitseinheiten.

Verzeichnisse

Dokumentenverzeichnis

1 02.01. Gespräch des Bundeskanzlers Schmidt mit Präsident Siad Barre in Assuan — S. 3

Besprochen werden die Lage am Horn von Afrika und die somalisch-sowjetischen Beziehungen.

2 04.01. Staatssekretär Gaus, Ost-Berlin, an das Auswärtige Amt — S. 8

Gaus erläutert die innenpolitische Lage in der DDR, insbesondere die Stellung des Generalsekretärs des ZK der SED, Honecker, und äußert sich zu oppositionellen Regungen.

3 06.01. Gespräch des Bundeskanzlers Schmidt mit Präsident Ceaușescu in Bukarest — S. 12

Die Gesprächspartner erörtern den Nahost-Konflikt und die Lage im östlichen Mittelmeerraum, die sowjetisch-chinesischen Beziehungen, Abrüstungsfragen, die Lage der Weltwirtschaft und die bilateralen Wirtschaftsbeziehungen.

4 07.01. Gespräch des Bundeskanzlers Schmidt mit Präsident Ceaușescu in Bukarest — S. 26

Themen sind die Weltwirtschaft und der Nord-Süd-Dialog, die KSZE, die bilateralen Beziehungen, insbesondere die Einbeziehung von Berlin (West) und humanitäre Fragen, sowie verschiedene Wirtschaftsprojekte und mögliche Kontakte zwischen der SPD und der Kommunistischen Partei Rumäniens.

5 07.01. Botschafter Pauls, Brüssel (NATO), an das Auswärtige Amt — S. 42

Pauls informiert über den Besuch des Präsidenten Carter beim Ständigen NATO-Rat. Themen waren das amerikanische Engagement in der NATO, die Ost-West-Beziehungen und die Weltwirtschaft.

6 11.01. Aufzeichnung des Ministerialdirigenten Pfeffer — S. 48

Pfeffer analysiert ein Schreiben des Generalsekretärs des ZK der KPdSU, Breschnew, vom 5. Januar zur Neutronenwaffe und stellt Überlegungen zum weiteren Vorgehen an.

7 12.01. Aufzeichnung des Ministerialdirektors Blech — S. 55

Blech faßt den Stand der Verhandlungen über militärische Aspekte der Sicherheit auf der KSZE-Folgekonferenz in Belgrad zusammen und formuliert Prioritäten für ein Abschlußdokument.

Dokumentenverzeichnis für Band I

8	13.01.	Gespräch des Bundeskanzlers Schmidt mit Ministerpräsident Jørgensen in Kopenhagen	S. 60

Im Mittelpunkt stehen der Nahost-Konflikt, die Beziehungen der Europäischen Gemeinschaften zu Japan, die wirtschaftliche Entwicklung der Bundesrepublik und Dänemarks, die sowjetische Haltung zur Neutronenwaffe und ein möglicher Führungswechsel in Moskau, eine eventuelle Regierungsbeteiligung der KPI, Fischereifragen und die geplante Süderweiterung der Europäischen Gemeinschaften.

9	13.01.	Aufzeichnung des Ministerialdirektors Blech	S. 71

Blech informiert über die Ergebnisse des Besuchs des Präsidenten Carter in Frankreich und Belgien. Themen waren Abrüstungsfragen, der Nahost-Konflikt, Afrika, Wirtschaftsfragen, die NATO und die Beziehungen der USA zu den Europäischen Gemeinschaften.

10	14.01.	Botschafter Schütz, Tel Aviv, an das Auswärtige Amt	S. 80

Schütz berichtet über ein Gespräch mit dem israelischen Außenminister Dayan zum Stand des Nahost-Konflikts.

11	16.01.	Aufzeichnung des Staatssekretärs van Well	S. 84

Van Well resümiert seine Gespräche in Rumänien zu humanitären Fragen und einem Finanzkredit.

12	17.01.	Runderlaß des Vortragenden Legationsrats I. Klasse Rückriegel	S. 88

Rückriegel informiert über den Stand der MBFR-Verhandlungen.

13	18.01.	Aufzeichnung des Ministerialdirektors Lautenschlager	S. 93

Lautenschlager befaßt sich mit der Verschuldung der Entwicklungsländer und vergleicht verschiedene Maßnahmen der Industrieländer zur Schuldenerleichterung.

14	18.01.	Ministerialdirigent Müller, z. Z. New York, an das Auswärtige Amt	S. 97

Müller unterrichtet über den Beschluß der fünf westlichen Mitglieder des UNO-Sicherheitsrats, den am Namibia-Konflikt beteiligten Parteien Gespräche auf Ministerebene in New York anzubieten.

15	19.01.	Aufzeichnung des Ministerialdirektors Blech	S. 102

Blech legt den Stand der Verhandlungen auf der KSZE-Folgekonferenz in Belgrad dar und erörtert die Aussichten für eine Durchsetzung der Ziele der Bundesregierung bezüglich der humanitären Fragen.

Januar

| 16 | 20.01. | Botschafter Fischer, Belgrad (KSZE-Delegation), an das Auswärtige Amt | S. 110 |

Fischer informiert über den sowjetischen Entwurf für ein Abschlußdokument und erörtert die Bedeutung für den weiteren Verlauf der KSZE-Folgekonferenz.

| 17 | 23.01. | Aufzeichnung des Vortragenden Legationsrats I. Klasse Lücking | S. 113 |

Lücking gibt ein Gespräch mit dem sowjetischen Botschafter Falin über Berlin (West) wieder.

| 18 | 23.01. | Botschafter Sahm, Ankara, an Bundesminister Genscher | S. 118 |

Sahm berichtet über ein Gespräch mit Ministerpräsident Ecevit. Im Mittelpunkt standen die wirtschaftliche und finanzielle Lage der Türkei, die amerikanisch-türkischen Beziehungen, die Ägäis-Frage und der Zypern-Konflikt sowie die Beziehungen der Türkei zu den Europäischen Gemeinschaften.

| 19 | 23.01. | Botschafter Sahm, Ankara, an Bundesminister Genscher | S. 122 |

Sahm gibt Erläuterungen zu seinem Gespräch mit Ministerpräsident Ecevit.

| 20 | 25.01. | Drahterlaß des Vortragenden Legationsrats Kremer | S. 125 |

Kremer informiert über die Einbestellung des äthiopischen Botschafters Dagne durch Staatssekretär van Well anläßlich der Ausweisung des Botschafters Lankes aus Addis Abeba.

| 21 | 26.01. | Aufzeichnung des Vortragenden Legationsrats Wentker | S. 129 |

Wentker resümiert ein Gespräch des Bundesministers Genscher mit dem amerikanischen Botschafter Stoessel. Erörtert wurden u. a. die Neutronenwaffe, die Bewaffnung von Panzern, der Absturz eines sowjetischen Satelliten, die Lage im Nahen Osten und am Horn von Afrika sowie die Regierungskrise in Italien.

| 22 | 27.01. | Gesandter Boss, Brüssel (NATO), an das Auswärtige Amt | S. 136 |

Boss unterrichtet über eine Sitzung des Ständigen NATO-Rats, in der Schreiben des Generalsekretärs des ZK der KPdSU, Breschnew, an verschiedene Staats- und Regierungschefs der NATO-Mitgliedstaaten zur Neutronenwaffe erörtert wurden.

| 23 | 30.01. | Gespräch des Staatssekretärs van Well mit dem stellvertretenden Sicherheitsberater des amerikanischen Präsidenten, Aaron | S. 138 |

Im Mittelpunkt stehen die Neutronenwaffe, SALT, die Grauzonenproblematik und MBFR.

24	30.01.	Botschafter Fischer, Belgrad (KSZE-Delegation), an das Auswärtige Amt	S. 144

Fischer analysiert die sowjetische Haltung auf der KSZE-Folgekonferenz und regt ein Gespräch mit der sowjetischen Regierung auf hoher Ebene an.

25	30.01.	Botschafter Fischer, Belgrad (KSZE-Delegation), an das Auswärtige Amt	S. 147

Fischer formuliert wesentliche Punkte, die in einem Abschlußdokument der KSZE-Folgekonferenz enthalten sein sollten.

26	31.01.	Gespräch des Bundeskanzlers Schmidt mit Ministerpräsident Karamanlis	S. 152

Themen sind der EG-Beitritt Griechenlands, die griechisch-türkischen Beziehungen, die mögliche Rückkehr Griechenlands in die militärische Integration der NATO, der Nahost-Konflikt und die bilateralen Wirtschaftsbeziehungen.

27	01.02.	Aufzeichnung des Ministerialdirektors Blech	S. 163

Blech stellt die französische Abrüstungsinitiative vom 25. Januar vor und erläutert die Haltung der Bundesregierung.

28	01.02.	Botschafter Fischer, Belgrad (KSZE-Delegation), an das Auswärtige Amt	S. 171

Fischer resümiert ein Gespräch mit dem Leiter der amerikanischen KSZE-Delegation, Goldberg, zum weiteren Vorgehen auf der KSZE-Folgekonferenz.

29	03.02.	Aufzeichnung des Botschafters Ruth	S. 174

Ruth referiert die deutsch-amerikanischen Gespräche über SALT, insbesondere zur Frage der Nichtumgehung.

30	03.02.	Aufzeichnung des Ministerialdirektors Meyer-Landrut	S. 183

Meyer-Landrut berichtet über die Darstellung der deutsch-israelischen Beziehungen in den israelischen Medien und erörtert mögliche Interessen der israelischen Regierung.

31	03.02.	Botschafter Eick, z. Z. Kapstadt, an das Auswärtige Amt	S. 188

Eick nimmt Stellung zur Frage von Wirtschaftssanktionen des UNO-Sicherheitsrats gegen Südafrika.

32	06.02.	Gespräch des Bundeskanzlers Schmidt mit Ministerpräsident Barre in Paris	S. 192

Gegenstand des Gesprächs sind die Entwicklung der Wirtschaft, die Auswirkungen des niedrigen Dollarkurses sowie die Zusammenarbeit in der Luft- und Raumfahrtindustrie.

| 33 | 06.02. | Aufzeichnung des Botschafters Herbst, Paris | S. 196 |

Herbst berichtet über ein Gespräch des Bundesministers Genscher mit dem französischen Außenminister de Guiringaud. Erörtert wurden Vorschläge der Europäischen Kommission zu Fischereifragen, der Termin für die Direktwahlen des Europäischen Parlaments, der EG-Beitritt Griechenlands, Waffenexporte aus deutsch-französischer Koproduktion und die Zusammenarbeit bei der Wiederaufbereitung von Kernbrennelementen.

| 34 | 06.02. | Gespräch des Bundesministers Genscher mit dem französischen Außenminister de Guiringaud in Paris | S. 200 |

Genscher und de Guiringaud befassen sich mit der Lage am Horn von Afrika, insbesondere mit dem sowjetischen Engagement in Äthiopien.

| 35 | 07.02. | Aufzeichnung des Bundeskanzlers Schmidt | S. 203 |

Schmidt gibt ein Vier-Augen-Gespräch mit Staatspräsident Giscard d'Estaing in Paris wieder. Themen waren der Termin für den Weltwirtschaftsgipfel, die Zusammenarbeit auf dem Gebiet der Luft- und Raumfahrt sowie bei der zivilen Nutzung der Kernenergie, die Entschädigung für während des Zweiten Weltkriegs zwangsrekrutierte Elsässer und Lothringer, der Bau eines Gebäudes für das Europäische Parlament in Brüssel und der EG-Beitritt Griechenlands.

| 36 | 07.02. | Gespräch des Bundesministers Genscher mit dem Sprecher der griechischen Volksgruppe auf Zypern, Klerides | S. 207 |

Die Gesprächspartner erörtern die Möglichkeit einer Lösung des Zypern-Konflikts auf der Grundlage neuer Territorial- und Verfassungsvorschläge.

| 37 | 07.02. | Aufzeichnung des Vortragenden Legationsrats von Braunmühl | S. 210 |

Braunmühl resümiert die Unterrichtung der Drei Mächte durch Staatsminister Wischnewski, Bundeskanzleramt, über dessen Besuch in Ost-Berlin anläßlich der innerdeutschen Meinungsverschiedenheiten wegen der Schließung des Büros der Wochenzeitschrift „Der Spiegel" sowie der Zurückweisung von Bundestagsabgeordneten am Sektorenübergang nach Ost-Berlin.

| 38 | 07.02. | Gesandter Boss, Brüssel (NATO), an das Auswärtige Amt | S. 218 |

Boss analysiert das Verhältnis Griechenlands zur NATO und wägt die Vor- und Nachteile eines Sonderstatus innerhalb des Bündnisses ab.

| 39 | 10.02. | **Runderlaß des Vortragenden Legationsrats von Kameke** | S. 221 |

Kameke informiert über die EG-Ministerratstagung am 7. Februar in Brüssel. Themen waren die Beziehungen zu Japan, der EG-Beitritt Griechenlands, Vereinbarungen mit Drittstaaten auf dem Sektor der Eisen- und Stahlindustrie, die Fortsetzung des Nord-Süd-Dialogs sowie der Abschluß eines Handelsabkommens mit der Volksrepublik China.

| 40 | 11.02. | **Botschafter Freiherr von Wechmar, New York (UNO), an das Auswärtige Amt** | S. 225 |

Wechmar resümiert die Gespräche der fünf Außenminister der westlichen Mitgliedstaaten des UNO-Sicherheitsrats mit dem südafrikanischen Außenminister Botha und dem Präsidenten der SWAPO, Nujoma. Erörtert wurden der Abzug der südafrikanischen Truppen aus Namibia, die rechtliche Situation von Walvis Bay sowie die Freilassung politischer Gefangener.

| 41 | 12.02. | **Aufzeichnung des Ministerialdirektors Blech, z. Z. New York** | S. 229 |

Blech faßt die Gespräche der fünf Außenminister der westlichen Mitgliedstaaten des UNO-Sicherheitsrats über die Situation am Horn von Afrika zusammen. Im Mittelpunkt standen die Voraussetzungen für eine Unterstützung Somalias sowie die Einbeziehung des UNO-Sicherheitsrats.

| 42 | 12.02. | **Gespräch des Bundesministers Genscher mit dem israelischen Außenminister Dayan in New York** | S. 232 |

Themen sind die Politik der UdSSR in Afrika und die Lage im Nahen Osten, insbesondere die Situation der palästinensischen Flüchtlinge.

| 43 | 12.02. | **Gespräch des Bundesministers Genscher mit dem amerikanischen Außenminister Vance in New York** | S. 237 |

Erörtert werden die Implikationen einer möglichen Einführung der Neutronenwaffe, die Form eines Abschlußdokuments der KSZE-Folgekonferenz sowie die Nichtumgehungsfrage bei SALT.

| 44 | 12.02. | **Botschafter Freiherr von Wechmar, New York (UNO), an das Auswärtige Amt** | S. 241 |

Wechmar faßt die Diskussion der Außenminister der fünf westlichen Mitgliedstaaten des UNO-Sicherheitsrats über Wirtschaftssanktionen gegen Südafrika zusammen.

| 45 | 12.02. | **Botschafter Freiherr von Wechmar, New York (UNO), an das Auswärtige Amt** | S. 244 |

Wechmar informiert über den Verlauf der Simultan-Gespräche zu Namibia auf Ministerebene.

Februar

46	13.02.	Gespräch des Bundeskanzlers Schmidt mit dem amerikanischen Finanzminister Blumenthal	S. 247

Themen sind internationale Währungsfragen, die Zusammenarbeit zwischen den USA und der Bundesrepublik auf dem Gebiet der Weltwirtschaft, das amerikanische Handelsbilanzdefizit, die amerikanische Haltung zur Wirtschaftspolitik der Bundesrepublik sowie der nächste Weltwirtschaftsgipfel.

47	13.02.	Aufzeichnung des Ministerialdirektors Meyer-Landrut	S. 254

Meyer-Landrut resümiert ein Gespräch des Bundesministers Genscher mit dem israelischen Botschafter Meroz. Thematisiert wurden der Besuch des Präsidenten Sadat in Hamburg, die kritische Berichterstattung über die Bundesrepublik in der israelischen Presse sowie die Raketenlieferungen aus deutsch-französischer Koproduktion nach Syrien.

48	13.02.	Aufzeichnung des Ministerialdirektors Lautenschlager	S. 257

Lautenschlager berichtet über eine Anfrage der Firma Dornier zur Lieferung der Schulversion von Flugzeugen vom Typ „Alpha Jet" aus deutsch-französischer Koproduktion nach Kenia.

49	15.02.	Gespräch des Bundesministers Genscher mit dem ägyptischen Außenminister Kaamel	S. 259

Themen sind der Besuch des Präsidenten Sadat in Hamburg, der Stand der ägyptisch-israelischen Verhandlungen und die Vermittlungsbemühungen der USA, die Situation der palästinensischen Flüchtlinge sowie die Lage am Horn von Afrika.

50	15.02.	Runderlaß des Vortragenden Legationsrats I. Klasse Engels	S. 266

Engels informiert über die Konferenz der Außenminister der EG-Mitgliedstaaten im Rahmen der EPZ in Kopenhagen. Erörtert wurden die Erarbeitung eines substantiellen Abschlußdokuments der KSZE-Folgekonferenz, wirtschaftliche Sanktionen gegenüber Südafrika, die Verhandlungen über Namibia, die Lage am Horn von Afrika, die Beziehungen zur Türkei sowie die Mitwirkung des Europäischen Parlaments in der EPZ.

51	15.02.	Botschafter Wieck, Moskau, an das Auswärtige Amt	S. 270

Wieck analysiert die sowjetische Politik am Horn von Afrika sowie die sowjetische Afrikapolitik insgesamt.

52	20.02.	Aufzeichnung des Ministerialdirigenten Müller	S. 273

Müller faßt ein Gespräch des Bundesministers Genscher mit dem Präsidenten der SWAPO, Nujoma, in New York zusammen. Thema war die künftige Unabhängigkeit Namibias.

53	20.02.	**Aufzeichnung des Vortragenden Legationsrats Bosch**	S. 277
		Bosch berichtet von einem Gespräch des Staatssekretärs Hermes mit dem Generalsekretär des französischen Außenministeriums, Soutou, in Paris über die deutsch-französische Rüstungskooperation.	
54	21.02.	**Aufzeichnung des Ministerialdirigenten Fleischhauer**	S. 282
		Fleischhauer erläutert die Vorbereitung des Ratifikationsverfahrens der Zusatzprotokolle zu den Genfer Rot-Kreuz-Abkommen von 1949 in den NATO-Mitgliedstaaten.	
55	21.02.	**Drahterlaß des Ministerialdirektors Blech**	S. 284
		Blech informiert über ein Gespräch mit dem amerikanischen Gesandten Meehan. Thema war die Unterstützung der Bundesrepublik für die amerikanischen Vorschläge zur Behandlung der Neutronenwaffe in der NATO.	
56	22.02.	**Gespräch des Bundeskanzlers Schmidt mit dem tschechoslowakischen Außenminister Chňoupek**	S. 287
		Im Zentrum des Gesprächs steht die Vorbereitung des Besuchs des Präsidenten Husák. Darüber hinaus werden Fragen der wirtschaftlichen Zusammenarbeit, der Verlauf der MBFR-Verhandlungen sowie die bilateralen Beziehungen erörtert.	
57	22.02.	**Gespräch des Bundesministers Genscher mit dem tschechoslowakischen Außenminister Chňoupek**	S. 293
		Thematisiert werden die Durchführung regelmäßiger bilateraler Konsultationen, die Vorbereitung des Besuchs des Präsidenten Husák, der Abschluß eines Kulturabkommens, der Umgang mit Grenzzwischenfällen, die wirtschaftliche Zusammenarbeit und humanitäre Fragen.	
58	22.02.	**Botschafter Behrends, Wien (MBFR-Delegation), an das Auswärtige Amt**	S. 306
		Behrends bilanziert den Stand der Datendiskussion.	
59	23.02.	**Aufzeichnung des Ministerialdirektors Blech**	S. 311
		Blech nimmt zu einer deutsch-französischen Kooperation auf dem Gebiet der europäischen Weltraumpolitik Stellung.	
60	23.02.	**Ministerialdirektor Blech an die KSZE-Delegation in Belgrad**	S. 315
		Blech berichtet über die Bemühungen, auf der KSZE-Folgekonferenz eine Einigung über ein substantielles Schlußdokument zu erzielen.	

61	24.02.	**Aufzeichnung des Ministerialdirigenten Pfeffer**	S. 318

Pfeffer hält die Ergebnisse der Sitzung der „High Level Working Group" der Nuklearen Planungsgruppe am 16./17. Februar in Los Alamos fest. Im Mittelpunkt stand die TNF-Modernisierung.

62	24.02.	**Botschafter Pauls, Brüssel (NATO), an das Auswärtige Amt**	S. 321

Pauls resümiert die Diskussion im Ständigen NATO-Rat zum weiteren Vorgehen hinsichtlich der Neutronenwaffe.

63	25.02.	**Bundesminister Genscher an Bundeskanzler Schmidt**	S. 324

Genscher berichtet über Sondierungsgespräche mit Frankreich hinsichtlich der Bestrebungen, die der Bundesrepublik im WEU-Vertrag von 1954 auferlegten Herstellungsbeschränkungen für konventionelle Waffen zu modifizieren bzw. aufzuheben.

64	25.02.	**Aufzeichnung des Botschafters Ruth**	S. 327

Ruth faßt die Konsultationen im Ständigen NATO-Rat in Brüssel über SALT zusammen. Insbesondere wurden die Frage der Nichtumgehung sowie die Formulierung einer Absichtserklärung diskutiert.

65	27.02.	**Botschafter Gehlhoff, Rom (Vatikan), an das Auswärtige Amt**	S. 332

Gehlhoff informiert über ein Gespräch mit dem Sekretär für die öffentlichen Angelegenheiten der Kirche, Erzbischof Casaroli, zur kirchenrechtlichen Neuordnung in der DDR.

66	02.03.	**Aufzeichnung des Staatssekretärs Hermes**	S. 334

Hermes vermerkt, daß der israelische Botschafter Meroz wegen der Lieferung von Panzerabwehrraketen aus deutsch-französischer Koproduktion nach Syrien demarchiert habe.

67	03.03.	**Ministerialdirektor Blech, z. Z. Washington, an das Auswärtige Amt**	S. 336

Blech informiert über eine Sitzung der Politischen Direktoren der Außenministerien der Bundesrepublik, Frankreichs, Großbritanniens und der USA zur Lage am Horn von Afrika.

68	06.03.	**Aufzeichnung des Ministerialdirektors Lautenschlager**	S. 340

Lautenschlager resümiert ein Gespräch des Bundesministers Genscher mit dem brasilianischen Außenminister Azeredo zur Lieferung von angereichertem Uran an Brasilien durch das deutsch-britisch-niederländische Unternehmen Urenco.

69	06.03.	Botschafter Eick, z. Z. Kapstadt, an das Auswärtige Amt	S. 345

Eick unterrichtet über ein Gespräch mit dem südafrikanischen Außenminister Botha zum Stand der Bemühungen um eine Lösung des Namibia-Konflikts.

70	06.03.	Botschafter von Staden, Washington, an das Auswärtige Amt	S. 348

Staden faßt Gespräche des Ministerialdirektors Blech mit der amerikanischen Regierung zusammen. Themen waren ein möglicher Zusammenhang zwischen SALT und der sowjetischen Politik am Horn von Afrika, die Neutronenwaffe, MBFR, die bevorstehenden Wahlen in Frankreich, der Zypern-Konflikt, Radio Free Europe sowie die Verhandlungen zwischen den USA und der DDR über einen Konsularvertrag.

71	07.03.	Staatssekretär Hermes an die Botschaft in Teheran	S. 354

Hermes informiert über eine Ressortbesprechung zur Lieferung von Fregatten an die iranische Marine und erteilt Weisung, Schah Reza Pahlevi zu unterrichten.

72	08.03.	Botschafter Oncken, Neu Delhi, an das Auswärtige Amt	S. 357

Oncken übermittelt Informationen zum Stand der Zusammenarbeit zwischen Indien und den USA auf dem Gebiet der friedlichen Nutzung der Kernenergie.

73	10.03.	Aufzeichnung des Ministerialdirigenten Matthias	S. 361

Matthias resümiert ein Gespräch mit dem Abteilungsleiter im amerikanischen Außenministerium, Gelb, zur Begrenzung konventioneller Rüstungsexporte.

74	10.03.	Runderlaß des Vortragenden Legationsrats I. Klasse Engels	S. 367

Engels faßt die Gespräche des Bundesministers Genscher in Tansania, Burundi und Ruanda zusammen. Im Mittelpunkt standen neben bilateralen Fragen die Konflikte in Namibia und Rhodesien.

75	10.03.	Runderlaß des Vortragenden Legationsrats I. Klasse Engels	S. 370

Engels informiert über die Ergebnisse einer EG-Ministerratstagung in Brüssel. Erörtert wurden die Direktwahlen zum Europäischen Parlament, die Nord-Süd-Beziehungen, Konflikte in Afrika, die Beziehungen der Europäischen Gemeinschaften zu Japan, der EG-Beitritt Griechenlands und die Assoziation Zyperns, das Abkommen zwischen EURATOM und den USA, die GATT-Verhandlungen sowie die Lage in der Eisen- und Stahlindustrie und im Schiffbau.

76	14.03.	**Aufzeichnung des Ministerialdirektors Blech**	S. 376
		Blech stellt im Licht zweier amerikanischer Papiere Überlegungen zum weiteren Vorgehen hinsichtlich der Neutronenwaffe an.	
77	14.03.	**Drahterlaß des Vortragenden Legationsrats I. Klasse Dannenbring**	S. 380
		Dannenbring informiert über ein Gespräch des Staatssekretärs van Well mit dem amerikanischen Gesandten Meehan. Thema waren die Ergebnisse der Sitzung des Bundessicherheitsrats zur Neutronenwaffe.	
78	15.03.	**Botschafter Behrends, Wien (MBFR-Delegation), an das Auswärtige Amt**	S. 384
		Behrends übermittelt die zwischen NATO und Warschauer Pakt ausgetauschten Daten für die Landstreitkräfte des Warschauer Pakts.	
79	16.03.	**Botschafter Gehlhoff, Rom (Vatikan), an das Auswärtige Amt**	S. 386
		Gehlhoff berichtet über ein Gespräch mit Kardinal Bengsch zur kirchenrechtlichen Neuordnung in der DDR.	
80	17.03.	**Aufzeichnung des Ministerialdirektors Blech**	S. 388
		Blech faßt das Ergebnis einer Sitzung der Bonner Vierergruppe zusammen, in deren Mittelpunkt die turnusgemäße Wahl des Regierenden Bürgermeisters von Berlin, Stobbe, zum Präsidenten des Bundesrats und seine Befugnisse in diesem Amt standen.	
81	17.03.	**Runderlaß des Vortragenden Legationsrats I. Klasse Engels**	S. 392
		Engels informiert über die Ergebnisse der Sondersitzung des UNCTAD-Rats auf Ministerebene in Genf zur Frage der Umschuldung der Entwicklungsländer.	
82	17.03.	**Ministerialdirektor Blech an die Ständige Vertretung bei der NATO in Brüssel**	S. 395
		Blech erteilt Weisung für die bevorstehende Erörterung der Neutronenwaffe im Ständigen NATO-Rat.	
83	20.03.	**Aufzeichnung des Vortragenden Legationsrats I. Klasse Böcker**	S. 400
		Böcker resümiert ein Gespräch des Bundesministers Genscher mit den Botschaftern der Mitgliedstaaten der Arabischen Liga anläßlich des Einmarschs israelischer Truppen in den Libanon.	

84	22.03.	**Gespräch des Bundesministers Genscher mit dem amerikanischen Botschafter Stoessel**	S. 404
		Erörtert werden der Stand der bilateralen Beziehungen, die Sicherheits- und Entspannungspolitik, SALT, die Neutronenwaffe, die Lage der Türkei, die KSZE, der Stand der Ost-West-Beziehungen, die Lage im Nahen Osten, der Namibia-Konflikt und die Nichtverbreitungsgesetzgebung in den USA.	
85	22.03.	**Aufzeichnung des Ministerialdirektors Blech**	S. 414
		Blech erörtert den bestmöglichen Zeitpunkt für die Präsentation einer neuen Initiative der an den MBFR-Verhandlungen teilnehmenden NATO-Mitgliedstaaten.	
86	22.03.	**Aufzeichnung des Ministerialdirektors Lautenschlager**	S. 418
		Lautenschlager befaßt sich mit der Frage der Gewährung von Ausfuhrbürgschaften für den Export von Rüstungsgütern aus deutsch-französischer Koproduktion.	
87	22.03.	**Aufzeichnung des Botschafters Ruth**	S. 424
		Ruth berichtet über die personelle Zusammensetzung und die Finanzierungspraxis bei UNO-Friedensmissionen und stellt Überlegungen für eine Beteiligung der Bundeswehr an.	
88	22.03.	**Aufzeichnung des Botschafters Fischer**	S. 430
		Fischer analysiert Verlauf und Ergebnisse der KSZE-Folgekonferenz in Belgrad sowie die Arbeit der Delegation der Bundesrepublik und formuliert Vorschläge zu der für 1980 geplanten zweiten Folgekonferenz in Madrid.	
89	23.03.	**Botschafter Wieck, Moskau, an das Auswärtige Amt**	S. 448
		Wieck bewertet die amerikanisch-sowjetischen Beziehungen vor dem Hintergrund der Menschenrechtspolitik des Präsidenten Carter, der Lage im Nahen Osten und SALT.	
90	28.03.	**Aufzeichnung des Ministerialdirektors Kinkel**	S. 452
		Kinkel gibt Anregungen für die Politik gegenüber Syrien.	
91	30.03.	**Gespräch des Bundesministers Genscher mit dem stellvertretenden amerikanischen Außenminister Christopher**	S. 454
		Besprochen werden die bilateralen Beziehungen, Unterstützungsmaßnahmen für die Türkei, die Konflikte in Namibia und Rhodesien, mögliche wirtschaftliche Sanktionen gegen Südafrika, die Lage im Nahen Osten, der Zusammenhalt in der NATO und die amerikanische Nichtverbreitungsgesetzgebung.	

April

92	30.03.	Gespräch des Bundesministers Genscher mit dem stellvertretenden amerikanischen Außenminister Christopher	S. 465

Christopher informiert Genscher über die Entscheidung des Präsidenten Carter, die Produktion der Neutronenwaffe auf unbestimmte Zeit zu verschieben.

93	31.03.	Gespräch des Bundeskanzlers Schmidt mit dem stellvertretenden amerikanischen Außenminister Christopher in Hamburg	S. 468

Die Gesprächspartner erörtern die Entscheidung des Präsidenten Carter, die Produktion der Neutronenwaffe auf unbestimmte Zeit zu verschieben.

94	04.04.	Gespräch des Bundeskanzlers Schmidt mit dem amerikanischen Botschafter Stoessel	S. 476

Erörtert werden die Entscheidung des Präsidenten Carter, die Produktion der Neutronenwaffe auf unbestimmte Zeit zu verschieben, und mögliche Folgen für die bilateralen Beziehungen.

95	04.04.	Gespräch des Bundesministers Genscher mit dem amerikanischen Außenminister Vance in Washington	S. 478

Genscher erläutert die Haltung der Bundesregierung zur Neutronenwaffe.

96	04.04.	Deutsch-amerikanisches Regierungsgespräch in Washington	S. 480

Präsident Carter legt seine Position zur Neutronenwaffe dar.

97	04.04.	Gespräch des Bundesministers Genscher mit dem amerikanischen Verteidigungsminister Brown in Washington	S. 484

Besprochen wird das weitere Vorgehen hinsichtlich der Neutronenwaffe.

98	04.04.	Botschafter Behrends, Wien (MBFR-Delegation), an das Auswärtige Amt	S. 485

Behrends übermittelt die zwischen NATO und Warschauer Pakt ausgetauschten Daten für die Luftstreitkräfte des Warschauer Pakts.

99	05.04.	Aufzeichnung des Vortragenden Legationsrats I. Klasse Dannenbring	S. 488

Dannenbring faßt ein am Vortag in Washington geführtes Gespräch des Bundesministers Genscher mit dem amerikanischen Außenminister Vance über wirtschaftliche Sanktionen gegen Südafrika zusammen.

100	05.04.	**Aufzeichnung des Vortragenden Legationsrats I. Klasse Dannenbring**	S. 490
		Dannenbring resümiert ein am Vortag in Washington geführtes Gespräch des Bundesministers Genscher mit dem amerikanischen Außenminister Vance über SALT und MBFR.	
101	05.04.	**Aufzeichnung des Vortragenden Legationsrats I. Klasse Dannenbring**	S. 493
		Dannenbring gibt ein am Vortag in Washington geführtes Gespräch des Bundesministers Genscher mit dem amerikanischen Außenminister Vance über die Lage im Nahen Osten wieder.	
102	05.04.	**Aufzeichnung des Ministerialdirektors Lautenschlager**	S. 495
		Lautenschlager informiert über ein am Vortag in Washington geführtes Gespräch des Bundesministers Genscher mit dem amerikanischen Außenminister Vance zur Nichtverbreitungsgesetzgebung in den USA und möglichen Konsequenzen für die Belieferung der Bundesrepublik mit angereichertem Uran.	
103	05.04.	**Botschafter Pauls, Brüssel (NATO), an das Auswärtige Amt**	S. 498
		Pauls unterrichtet über ein Gespräch mit dem Oberbefehlshaber der alliierten Streitkräfte in Europa (SACEUR), Haig. Thema war die Entscheidung des Präsidenten Carter, die Produktion der Neutronenwaffe auf unbestimmte Zeit zu verschieben.	
104	05.04.	**Aufzeichnung des Ministerialdirektors Ruhfus, Bundeskanzleramt**	S. 501
		Ruhfus faßt eine Kabinettssitzung zusammen, in deren Mittelpunkt die Entscheidung des Präsidenten Carter, die Produktion der Neutronenwaffe auf unbestimmte Zeit zu verschieben, und die Gespräche des Bundesministers Genscher in Washington standen.	
105	06.04.	**Aufzeichnung des Ministerialdirektors Meyer-Landrut**	S. 507
		Meyer-Landrut notiert die Ergebnisse eines Expertentreffens der fünf westlichen Mitglieder des UNO-Sicherheitsrats in Washington zur Frage wirtschaftlicher Sanktionen gegen Südafrika.	
106	06.04.	**Botschafter von Staden, Washington, an Bundesminister Genscher**	S. 511
		Nach einem Gespräch mit dem Sicherheitsberater des amerikanischen Präsidenten, Brzezinski, warnt Staden vor einer möglichen Belastung der deutsch-amerikanischen Beziehungen durch die Entscheidung des Präsidenten Carter, die Produktion der Neutronenwaffe auf unbestimmte Zeit zu verschieben.	

107	07.04.	Runderlaß des Vortragenden Legationsrats I. Klasse Engels	S. 513

Engels informiert über verschiedene EG-Ministerratstagungen sowie eine weitere Runde der Beitrittsverhandlungen mit Griechenland in Luxemburg. Themen waren die finanzielle Lage der Europäischen Gemeinschaften, die Direktwahlen zum Europäischen Parlament, eine Demokratie-Erklärung, die Europäische Stiftung, die Beziehungen zu Japan und Zypern, die GATT-Verhandlungen, amerikanische Lieferungen von angereichertem Uran, die Lage im Eisen- und Stahlsektor sowie die Ölpest vor der französischen Küste.

108	07.04.	Staatssekretär van Well an Botschafter von Staden, Washington	S. 518

Van Well übermittelt ein Schreiben des Präsidenten Carter an Bundeskanzler Schmidt zur Neutronenwaffe und Beschlüsse des Bundessicherheitsrats dazu.

109	07.04.	Botschafter Pauls, Brüssel (NATO), an das Auswärtige Amt	S. 521

Pauls berichtet über eine Sitzung des Ständigen NATO-Rats zur Neutronenwaffe.

110	10.04.	Botschafter Ruth an die MBFR-Delegation in Wien	S. 524

Ruth resümiert eine Initiative der an den MBFR-Verhandlungen teilnehmenden NATO-Mitgliedstaaten und gibt Hinweise zur Argumentation gegenüber den Warschauer-Pakt-Staaten sowie der Öffentlichkeit.

111	11.04.	Gespräch des Bundesministers Genscher mit Präsident Husák auf Schloß Gymnich	S. 527

Themen sind die innenpolitische Lage in der Bundesrepublik und in der ČSSR, die bilateralen Wirtschaftsbeziehungen, die Beziehungen der Bundesrepublik zur UdSSR und zur DDR, die KSZE und die Menschenrechte sowie MBFR.

112	11.04.	Deutsch-tschechoslowakisches Regierungsgespräch	S. 533

Erörtert werden die bilateralen Beziehungen, vor allem im wirtschaftlichen Bereich, sowie die KSZE und MBFR.

113	11.04.	Runderlaß des Vortragenden Legationsrats I. Klasse Engels	S. 536

Engels informiert über die Tagung des Europäischen Rats in Kopenhagen. Behandelt wurden die wirtschaftliche und soziale Lage in den Europäischen Gemeinschaften, die Beziehungen zu Japan, die Direktwahlen zum Europäischen Parlament, der Terrorismus, die Konflikte in Afrika und im Nahen Osten, die KSZE, die Europäische Stiftung, die Ölpest vor der französischen Küste und der amerikanische Wunsch nach Neuverhandlung eines Abkommens mit EURATOM.

114 12.04. **Botschafter von Staden, Washington, an das Auswärtige Amt** — S. 541

Staden unterrichtet über ein Gespräch mit dem Sicherheitsberater des amerikanischen Präsidenten, Brzezinski, zum Stand der bilateralen Beziehungen nach den Kontroversen über die Entscheidung des Präsidenten Carter, die Produktion der Neutronenwaffe auf unbestimmte Zeit zu verschieben, und zum bevorstehenden Besuch des amerikanischen Außenministers Vance in der UdSSR.

115 14.04. **Runderlaß des Ministerialdirigenten Müller** — S. 545

Müller übermittelt ein Schreiben des Bundesministers Genscher an verschiedene afrikanische Außenminister, in dem um Unterstützung der Initiative der fünf westlichen Mitglieder des UNO-Sicherheitsrats auf der bevorstehenden UNO-Sondergeneralversammlung über Namibia gebeten wird.

116 19.04. **Gespräch des Bundesministers Genscher mit dem japanischen Außenminister Sonoda in Tokio** — S. 548

Erörtert werden die Beziehungen Japans bzw. der USA zur Volksrepublik China, die Lage in Asien, die Rolle der UdSSR, ASEAN sowie der Nahost-Konflikt.

117 19.04. **Gespräch des Bundesministers Genscher mit dem japanischen Außenminister Sonoda in Tokio** — S. 556

Im Mittelpunkt stehen die Europäischen Gemeinschaften, SALT und die amerikanisch-sowjetischen Beziehungen, die Neutronenwaffe, der Nahost-Konflikt, ASEAN sowie die amerikanisch-japanischen und die bilateralen Beziehungen.

118 20.04. **Botschafter Wieck, Moskau, an das Auswärtige Amt** — S. 561

Wieck informiert über einen Besuch des SPD-Bundesgeschäftsführers Bahr in der UdSSR.

119 21.04. **Aufzeichnung des Vortragenden Legationsrats I. Klasse Pabsch** — S. 563

Pabsch notiert die Ergebnisse von Expertengesprächen mit Frankreich und Großbritannien in Paris über wirtschaftliche Sanktionen gegen Südafrika.

120 21.04. **Aufzeichnung des Referats 412** — S. 566

Die Aufzeichnung befaßt sich mit mutmaßlichen Überlegungen des Bundeskanzlers Schmidt für ein europäisches Währungssystem.

April

121	24.04.	Gespräch des Bundeskanzlers Schmidt mit Premierminister Callaghan in Chequers	S. 573

Besprochen werden der bevorstehende Besuch des Generalsekretärs des ZK der KPdSU, Breschnew, in der Bundesrepublik, die wirtschaftlichen Beziehungen zwischen der Bundesrepublik und der UdSSR, die Situation der NATO, die bilaterale Zusammenarbeit auf dem Gebiet der Luftfahrt, die Lieferung von angereichertem Uran an Brasilien durch das deutsch-britisch-niederländische Unternehmen Urenco, die Kohleindustrie, ein neues Lomé-Abkommen, SALT und MBFR, die Frage eines Besuchs von Königin Elizabeth II. in Berlin (West), Fischereifragen und die Agrarpreise in den Europäischen Gemeinschaften.

122	24.04.	Gespräch des Bundesministers Genscher mit dem britischen Außenminister Owen in Chequers	S. 587

Die Gesprächspartner befassen sich mit SALT und MBFR.

123	24.04.	Deutsch-britisches Regierungsgespräch in London	S. 589

Erörtert werden wirtschaftliche Fragen, SALT, die GATT-Verhandlungen, die Situation der Kohleindustrie in beiden Staaten und die Zusammenarbeit auf dem Gebiet der Luftfahrt.

124	24.04.	Aufzeichnung des Vortragenden Legationsrats I. Klasse Dannenbring	S. 598

Dannenbring faßt die Ergebnisse der Ministersitzung der Nuklearen Planungsgruppe in Frederikshavn zusammen.

125	24.04.	Botschafter Steltzer, Kairo, an das Auswärtige Amt	S. 601

Steltzer berichtet über ein Gespräch mit Präsident Sadat zum Nahost-Konflikt und den bilateralen Beziehungen.

126	24.04.	Vortragender Legationsrat I. Klasse Citron, z. Z. Brüssel, an das Auswärtige Amt	S. 604

Citron übermittelt Informationen zum Besuch des amerikanischen Außenministers Vance in der UdSSR, bei dem hauptsächlich über SALT gesprochen worden sei.

127	24.04.	Botschafter Behrends, Wien (MBFR-Delegation), an das Auswärtige Amt	S. 611

Behrends analysiert den Verlauf der 14. Runde der MBFR-Verhandlungen.

128	24.04.	Botschafter Behrends, Wien (MBFR-Delegation), an das Auswärtige Amt	S. 615

Behrends befaßt sich mit möglichen Reaktionen der an den MBFR-Verhandlungen teilnehmenden Warschauer-Pakt-Staaten auf die Initiative der NATO-Mitgliedstaaten vom 19. April.

129	25.04.	**Gespräch des Bundeskanzlers Schmidt mit dem Hohen Flüchtlingskommissar der UNO, Hartling**	S. 617

Besprochen werden die Lage der Flüchtlinge in Afrika und finanzielle Hilfe durch die Bundesrepublik.

130	25.04.	**Aufzeichnung des Ministerialdirektors Blech**	S. 619

Blech äußert sich zum Zusammenhang zwischen polnischen Kreditwünschen und einem Entgegenkommen der polnischen Regierung in Fragen der Ausreise, der Ortsbezeichnungen in Pässen sowie auf kulturellem Gebiet.

131	25.04.	**Botschafter Balken, Bukarest, an das Auswärtige Amt**	S. 624

Angesichts der von rumänischer Seite geäußerten Unzufriedenheit über den Stand der wirtschaftlichen Zusammenarbeit befaßt sich Balken mit der weiteren Entwicklung der bilateralen Beziehungen.

132	26.04.	**Aufzeichnung des Botschafters Ruth**	S. 628

Ruth gibt einen Überblick zum Stand der amerikanisch-sowjetischen Verhandlungen über eine regionale Flottenbegrenzung im Indischen Ozean.

133	28.04.	**Botschafter Pauls, Brüssel (NATO), an das Auswärtige Amt**	S. 632

Pauls informiert über eine gemeinsame Sitzung des Ständigen NATO-Rats mit den Leitern der KSZE-Delegationen der NATO-Mitgliedstaaten, auf der Verlauf und Ergebnisse der KSZE-Folgekonferenz in Belgrad analysiert und erste Überlegungen für die Planung der nächsten Folgekonferenz in Madrid angestellt worden seien.

134	03.05.	**Gespräch des Bundeskanzlers Schmidt mit Ministerpräsident Karamanlis**	S. 635

Die Gesprächspartner erörtern den EG-Beitritt Griechenlands, die griechische Innenpolitik, den Zypern-Konflikt, das amerikanische Waffenembargo gegen die Türkei und die griechisch-türkischen Beziehungen.

135	04.05.	**Gespräch des Bundeskanzlers Schmidt mit dem Generalsekretär des ZK der KPdSU, Breschnew**	S. 642

Themen sind die bilateralen Beziehungen, auch auf wirtschaftlichem Gebiet, und die Einbeziehung von Berlin (West) in bilaterale Abkommen.

Mai

136	05.05.	**Gespräch des Bundeskanzlers Schmidt mit dem Generalsekretär des ZK der KPdSU, Breschnew, auf Schloß Gymnich** S. 651

Besprochen werden die Tätigkeit der Sender „Radio Free Europe" und „Radio Liberty", Berlin, humanitäre und militärische Fragen, die strategische Lage in Europa sowie die Neutronenwaffe, SALT und die Grauzonenproblematik.

137	05.05.	**Gespräch des Bundesministers Genscher mit dem sowjetischen Außenminister Gromyko** S. 663

Die Gesprächspartner befassen sich mit dem Kommuniqué und der Gemeinsamen Deklaration anläßlich des Besuchs des Generalsekretärs des ZK der KPdSU, Breschnew, in der Bundesrepublik.

138	05.05.	**Gespräch des Bundesministers Genscher mit dem sowjetischen Außenminister Gromyko** S. 667

Themen sind die UNO-Sondergeneralversammlung über Abrüstung, die Rüstungsexportpolitik der Bundesrepublik, MBFR, SALT und die Neutronenwaffe.

139	05.05.	**Ministerialdirigent Müller, z. Z. New York, an das Auswärtige Amt** S. 671

Müller informiert über ein Gespräch mit dem angolanischen Außenminister Jorge. Erörtert wurden die einer Aufnahme diplomatischer Beziehungen entgegenstehenden angolanischen Bedenken wegen der Tätigkeit der Firma OTRAG in Zaire.

140	06.05.	**Gespräch des Bundesministers Genscher mit dem sowjetischen Außenminister Gromyko auf Schloß Gymnich** S. 674

Erörtert werden die Beziehungen der Bundesrepublik zu Südafrika, die Konflikte im Nahen Osten, Namibia und Rhodesien sowie die bevorstehende EG-Ratspräsidentschaft der Bundesrepublik.

141	06.05.	**Gespräch des Bundesministers Genscher mit dem sowjetischen Außenminister Gromyko** S. 681

Themen sind der Termin für den nächsten Besuch von Gromyko in der Bundesrepublik sowie die Einbeziehung von Berlin (West) in bilaterale Abkommen und in die Direktwahlen zum Europäischen Parlament.

142	06.05.	**Deutsch-sowjetisches Regierungsgespräch** S. 685

Im Mittelpunkt stehen die bilateralen Beziehungen, Konflikte in Afrika und der Nahost-Konflikt, gemeinsame Wirtschaftprojekte und das Langfristige Wirtschaftsabkommen.

143	07.05.	**Gespräch des Bundeskanzlers Schmidt mit dem Generalsekretär des ZK der KPdSU, Breschnew, in Hamburg**	S. 691
		Gegenstand sind die innerdeutschen Beziehungen, die Volksrepublik China, MBFR und SALT.	
144	07.05.	**Telefongespräch des Bundeskanzlers Schmidt mit Präsident Carter**	S. 699
		Schmidt informiert Carter über den Besuch des Generalsekretärs des ZK der KPdSU, Breschnew, insbesondere über die Gespräche zu SALT. Ferner wird die bevorstehende NATO-Ratstagung auf der Ebene der Staats- und Regierungschefs in Washington erörtert.	
145	09.05.	**Botschafter Hoffmann, Kabul, an das Auswärtigen Amt**	S. 703
		Hoffmann befaßt sich mit der Rolle der UdSSR beim Sturz der afghanischen Regierung.	
146	10.05.	**Gespräch des Bundeskanzlers Schmidt mit Ministerpräsident Ecevit**	S. 706
		Erörtert werden die türkische Verteidigungspolitik, die griechisch-türkischen Beziehungen, das amerikanische Waffenembargo gegen die Türkei, der Zypern-Konflikt und die Situation der NATO.	
147	11.05.	**Gespräch des Bundeskanzlers Schmidt mit Ministerpräsident Ecevit**	S. 714
		Die Gesprächspartner befassen sich mit den Beziehungen der Europäischen Gemeinschaften zu Griechenland und der Türkei, der wirtschaftlichen Lage der Türkei und den deutsch-türkischen Wirtschaftsbeziehungen sowie mit dem Zypern-Konflikt und der europäischen Rüstungszusammenarbeit.	
148	16.05.	**Bundeskanzler Schmidt an Präsident Carter**	S. 721
		Schmidt übermittelt Aufzeichnungen zur NATO-Ratstagung auf der Ebene der Staats- und Regierungschefs in Washington, zu SALT und den sowjetischen Mittelstreckenraketen sowie zum Weltwirtschaftsgipfel.	
149	16.05.	**Botschafter Pauls, Brüssel (NATO), an das Auswärtige Amt**	S. 727
		Pauls gibt amerikanische Informationen zum Stand von SALT weiter.	

Mai

150	17.05.	Botschafter Pauls, Brüssel (NATO), an das Auswärtige Amt	S. 730

Pauls berichtet über die Ministersitzung der Eurogroup im kleinen Kreis. Thema war die Europäische Programmgruppe.

151	18.05.	Botschafter Pauls, Brüssel (NATO), an das Auswärtige Amt	S. 732

Pauls unterrichtet über die Ministersitzung der Eurogroup im kleinen Kreis. Erörtert wurden das Langfristige Verteidigungsprogramm und die Grauzonenproblematik.

152	18.05	Botschafter Pauls, Brüssel (NATO), an das Auswärtige Amt	S. 737

Pauls gibt einen Ausblick auf die NATO-Ratstagung auf der Ebene der Staats- und Regierungschefs in Washington.

153	19.05.	Botschafter Pauls, Brüssel (NATO), an das Auswärtige Amt	S. 744

Pauls informiert über die Ministersitzung des Ausschusses für Verteidigungsplanung (DPC). Erörtert wurden der Stand der militärischen Rüstung, das Langfristige Verteidigungsprogramm und AWACS.

154	22.05.	Aufzeichnung des Staatssekretärs van Well	S. 753

Van Well befaßt sich mit der Verhaftung von RAF-Mitgliedern in Jugoslawien und ihrer Auslieferung an die Bundesrepublik, der jugoslawischen Gegenforderung nach Auslieferung von Exilkroaten sowie möglichen Reaktionen im Falle einer jugoslawischen Verweigerung der Auslieferung.

155	22.05.	Botschafter Pauls, Brüssel (NATO), an das Auswärtige Amt	S. 756

Pauls berichtet über die Sitzung des Ausschusses für Verteidigungsplanung (DPC) im kleinen Kreis. Besprochen wurden Fragen der Streitkräfteplanung, MBFR, das Langfristige Verteidigungsprogramm, die Neutronenwaffe und die Situation in Zaire.

156	23.05.	Aufzeichnung der Vortragenden Legationsrätin Siebourg	S. 760

Siebourg gibt den Verlauf eines informellen Treffens der Außenminister der EG-Mitgliedstaaten im Rahmen der EPZ in Nyborg wieder. Im Mittelpunkt standen die geplante Süderweiterung der Europäischen Gemeinschaften, institutionelle Fragen, die Zahl der Amtssprachen, die Beziehungen zu den ASEAN-Mitgliedstaaten, zur Türkei und zu Jugoslawien, die griechisch-türkischen Beziehungen und der Zypern-Konflikt, ein neues Lomé-Abkommen mit den AKP-Staaten und die Frage der Menschenrechte, mögliche Konsequenzen aus dem Urteil gegen den sowjetischen Dissidenten Orlow und die Situation in Zaire.

157   23.05.   **Staatssekretär Gaus, Ost-Berlin, an das Auswärtige Amt**   S. 774

Gaus berichtet über ein Gespräch mit dem Abteilungsleiter im Außenministerium der DDR, Seidel, zum Stand der innerdeutschen Beziehungen nach dem Besuch des Generalsekretärs des ZK der KPdSU, Breschnew, in der Bundesrepublik.

158   23.05.   **Ministerialdirektor Blech an die Botschaft in Paris**   S. 778

Blech informiert über Gespräche mit der französischen Regierung zur Frage einer Aufhebung der im WEU-Vertrag von 1954 der Bundesrepublik auferlegten Herstellungsbeschränkungen für konventionelle Waffen und erteilt Weisung, sich um eine Präzisierung der französischen Position zu bemühen.

159   24.05.   **Aufzeichnung des Vortragenden Legationsrats I. Klasse Dannenbring**   S. 782

Dannenbring gibt einen Überblick über die Haltung verschiedener NATO-Mitgliedstaaten zur Grauzonenproblematik und befaßt sich mit der weiteren Formulierung der Position der Bundesrepublik.

160   25.05.   **Botschafter Pauls, Brüssel (NATO), an das Auswärtige Amt**   S. 786

Pauls berichtet über eine Sitzung des Ständigen NATO-Rats, auf welcher der britische Vorschlag einer Konferenz der Außenminister der an den MBFR-Verhandlungen teilnehmenden Staaten erörtert wurde.

161   26.05.   **Aufzeichnung des Botschafters Ruth**   S. 789

Ruth analysiert die Grauzonenproblematik und stellt Überlegungen für eine Verhandlungskonzeption zur Einbeziehung von Mittelstreckenraketen in Rüstungskontrollverhandlungen an.

162   27.05.   **Aufzeichnung des Ministerialdirektors Fleischhauer**   S. 799

Fleischhauer legt die rechtlichen Aspekte einer Beteiligung der Bundeswehr an friedenserhaltenden Maßnahmen der UNO sowie bei sonstigen bewaffneten Auslandseinsätzen dar.

163   28.05.   **Aufzeichnung des Ministerialdirigenten Pfeffer**   S. 804

Pfeffer befaßt sich mit den politischen Aspekten einer Beteiligung der Bundeswehr an friedenserhaltenden Maßnahmen der UNO sowie bei sonstigen bewaffneten Auslandseinsätzen.

164   29.05.   **Gespräch des Bundeskanzlers Schmidt mit Ministerpräsident Karamanlis in Washington**   S. 806

Im Mittelpunkt stehen die griechisch-türkischen Beziehungen, insbesondere der Zypern-Konflikt, sowie die Beziehungen Griechenlands und der Türkei zur NATO.

Mai

165 29.05. Direktorenkonsultationen in Washington S. 810

Erörtert werden die Ost-West-Beziehungen, die sowjetische Haltung zu einer möglichen Rüstungszusammenarbeit mit der Volksrepublik China, das Urteil gegen den sowjetischen Dissidenten Orlow, der Besuch des Generalsekretärs des ZK der KPdSU, Breschnew, in der Bundesrepublik, die innenpolitische Lage in Italien, der Zypern-Konflikt und das amerikanische Waffenembargo gegen die Türkei sowie die organisatorische Gestaltung zukünftiger Direktorenkonsultationen.

166 29.05. Gespräch des Bundesministers Genscher mit den S. 820
Außenministern de Guiringaud (Frankreich), Owen (Großbritannien) und Vance (USA) in Washington

Themen sind die Bemühungen um eine Stabilisierung Zaires sowie die Lage in Namibia, Rhodesien und am Horn von Afrika. Erörtert werden außerdem der Besuch des Generalsekretärs des ZK der KPdSU, Breschnew, in der Bundesrepublik sowie der Zypern-Konflikt.

167 29.05. Aufzeichnung des Ministerialdirektors Ruhfus, S. 831
Bundeskanzleramt, z. Z. Washington

Ruhfus faßt die Ergebnisse eines Gesprächs des Bundeskanzlers Schmidt mit dem französischen Außenminister de Guiringaud zusammen, in dem Bemühungen zur Stabilisierung Afrikas sowie Abrüstungs- und Rüstungskontrollverhandlungen, der Nahost-Konflikt sowie die Nichtverbreitungsgesetzgebung der USA besprochen wurden.

168 30.05. Aufzeichnung des Ministerialdirektors Ruhfus, S. 836
Bundeskanzleramt, z. Z. Washington

Ruhfus resümiert ein Gespräch des Bundeskanzlers Schmidt mit Präsident Carter. Themen waren SALT, Bemühungen um eine Stabilisierung Afrikas, der Weltwirtschaftsgipfel, der Nahost-Konflikt sowie die amerikanische Nichtverbreitungsgesetzgebung.

169 30.05. Aufzeichnung des Botschafter Ruth, z. Z. Washington S. 840

Ruth gibt die Ergebnisse eines Gesprächs des Bundeskanzlers Schmidt mit dem Leiter der amerikanischen Rüstungskontroll- und Abrüstungsbehörde, Warnke, über den Stand von SALT wieder.

170 30.05. NATO-Ratstagung in Washington S. 844

Themen sind MBFR, die Lage in Afrika, Abrüstungs- und Rüstungskontrollverhandlungen sowie der Besuch des Sicherheitsberaters des amerikanischen Präsidenten, Brzezinski, in der Volksrepublik China.

171	30.05.	Ministerialdirektor Blech, z. Z. Washington, an das Auswärtige Amt	S. 850

Blech faßt ein Gespräch des Bundesministers Genscher mit den Außenministern de Guiringaud (Frankreich), Owen (Großbritannien) und Vance (USA) sowie die vorangegangene Sitzung der Politischen Direktoren zusammen, in denen die Stellung von Berlin (West) in den Europäischen Gemeinschaften sowie die innerdeutschen Beziehungen im Mittelpunkt standen.

172	31.05.	Aufzeichnung des Botschafters Ruth, z. Z. Washington	S. 861

Ruth resümiert ein Gespräch des Bundeskanzlers Schmidt mit dem Leiter der amerikanischen Rüstungskontroll- und Abrüstungsbehörde, Warnke, zu SALT, insbesondere zur Grauzonenproblematik.

173	31.05.	Gespräch des Bundesministers Genscher mit dem Sicherheitsberater des amerikanischen Präsidenten, Brzezinski, in Washington	S. 865

Themen sind die DDR und die Staaten des Warschauer Pakts, politische Entwicklungen in der Volksrepublik China und deren Beziehungen zur UdSSR sowie SALT.

174	02.06.	Aufzeichnung des Vortragenden Legationsrats I. Klasse Kühn	S. 871

Kühn faßt eine NATO-Studie zu Tendenzen im Ost-West-Verhältnis und deren Auswirkungen auf das Bündnis zusammen.

175	02.06.	Botschafter Jesser, Rabat, an das Auswärtige Amt	S. 873

Jesser berichtet über ein Gespräch mit König Hassan II. zur Friedensinitiative des Präsidenten Sadat sowie einer möglichen Einschaltung Marokkos.

176	05.06.	Aufzeichnung des Ministerialdirektors Meyer-Landrut	S. 876

Meyer-Landrut resümiert den Stand der deutsch-irakischen Beziehungen und erörtert mögliche Einwirkungsmöglichkeiten auf die Haltung des Irak zum internationalen Terrorismus.

177	06.06.	Gespräch des Bundeskanzlers Schmidt mit dem chinesischen Stellvertretenden Ministerpräsidenten Ku Mu	S. 879

Gegenstände des Gesprächs sind die bilateralen Beziehungen, die NATO-Ratstagung auf der Ebene der Staats- und Regierungschefs in Washington, Entwicklungen in Afrika, die chinesisch-vietnamesischen Beziehungen sowie der Nord-Süd-Dialog.

Juni

178	08.06.	Gespräch des Bundeskanzlers Schmidt mit dem syrischen Außenminister Khaddam	S. 886

Erörtert werden die Friedensinitiative des Präsidenten Sadat und die deutsch-irakischen Beziehungen.

179	08.06.	Bundesminister Genscher an Bundesminister Apel	S. 891

Genscher nimmt Stellung zur weiteren Behandlung des I. Zusatzprotokolls zu den Genfer Abkommen von 1949 sowie dessen Auswirkungen auf die Verteidigungsplanung der NATO.

180	08.06.	Aufzeichnung des Ministerialdirektors Blech	S. 894

Blech resümiert neue Vorschläge der an den MBFR-Verhandlungen teilnehmenden Warschauer-Pakt-Staaten.

181	12.06.	Runderlaß des Vortragenden Legationsrats Ellerkmann	S. 899

Ellerkmann gibt die Ergebnisse der EG-Ministerratstagung am 6. Juni in Brüssel wieder. Erörtert wurden die Direktwahlen zum Europäischen Parlament, der EG-Beitritt Portugals, die Verhandlungen mit den AKP-Staaten, die Beziehungen zu Jugoslawien, dem RGW und Australien sowie der innere Ausbau der Europäischen Gemeinschaften.

182	13.06.	Gespräch des Bundeskanzlers Schmidt mit Ministerpräsident Soares	S. 904

Gegenstand des Gesprächs sind die wirtschaftliche und politische Lage in Portugal, die Beziehungen Portugals zu den Europäischen Gemeinschaften sowie die Situation in Angola.

183	13.06.	Staatssekretär Gaus, Ost-Berlin, an das Auswärtige Amt	S. 910

Gaus berichtet von einem Gespräch mit dem Generalsekretär des ZK der SED, Honecker, am Vortag über den Stand der innerdeutschen Beziehungen sowie gemeinsame Verkehrsprojekte. Erörtert wurden außerdem ein möglicher Besuch von Bundeskanzler Schmidt in der DDR sowie humanitäre Fragen.

184	13.06.	Aufzeichnung des Ministerialdirektors Blech	S. 922

Blech analysiert das Gespräch des Staatssekretärs Gaus, Ost-Berlin, mit dem Generalsekretär des ZK der SED, Honecker, am Vortag.

185	13.06.	Aufzeichnung des Ministerialdirektors Blech	S. 927

Blech resümiert ein Gespräch des Bundesministers Genscher mit dem französischen Außenminister de Guiringaud in Paris über SALT, die Grauzonenproblematik sowie MBFR.

186	14.06.	Aufzeichnung des Ministerialdirektors Blech	S. 931

Blech faßt ein Gespräch des Bundesministers Genscher mit den Außenministern de Guiringaud (Frankreich), Owen (Großbritannien) und Vance (USA) in Paris über die Lage in Zaire und Äthiopien zusammen.

187	14.06.	Aufzeichnung des Ministerialdirektors Blech	S. 935

Blech informiert über ein Gespräch des Bundesministers Genscher mit den Außenministern de Guiringaud (Frankreich), Owen (Großbritannien) und Vance (USA) in Paris zu SALT und MBFR.

188	15.06.	Aufzeichnung des Staatssekretärs Hermes	S. 937

Hermes berichtet über ein Gespräch mit dem Generalsekretär des französischen Außenministeriums, Soutou, am Vortag in Paris über Rüstungsexporte aus deutsch-französischer Koproduktion.

189	16.06.	Gespräch des Bundesministers Genscher mit Ministerpräsident Fraser	S. 942

Thema sind die GATT-Verhandlungen.

190	17.06.	Gespräch des Bundeskanzlers Schmidt mit Ministerpräsident Andreotti in Hamburg	S. 946

Erörtert werden die innenpolitische Situation in Italien, die deutsch-sowjetischen Beziehungen, SALT, MBFR, die wirtschaftliche Entwicklung in der Bundesrepublik, das Europäische Währungssystem, der Weltwirtschaftsgipfel und die bevorstehende Tagung des Europäischen Rats.

191	17.06.	Gespräch des Bundeskanzlers Schmidt mit Ministerpräsident Andreotti in Hamburg	S. 960

Themen sind der bevorstehende Weltwirtschaftsgipfel sowie das Europäische Währungssystem.

192	19.06.	Gespräch des Bundeskanzlers Schmidt mit Präsident Siad Barre	S. 966

Gegenstände des Gesprächs sind die Lage in Somalia sowie die Verurteilung der Bundesrepublik im Rahmen der UNO und auf Gipfeltreffen der OAU wegen angeblicher Zusammenarbeit mit Südafrika.

193	20.06.	Botschafter Wieck, Moskau, an das Auswärtige Amt	S. 971

Wieck analysiert die politischen Aspekte der Vorschläge der an den MBFR-Verhandlungen teilnehmenden Warschauer-Pakt-Staaten.

194	21.06.	**Aufzeichnung des Ministerialdirektors Meyer-Landrut**	S. 975
		Meyer-Landrut resümiert ein Gespräch des Bundesministers Genscher mit Präsident Siad Barre, in dem die Lage in Afrika sowie die Afrikapolitik der Bundesrepublik erörtert wurden.	
195	21.06.	**Gespräch des Bundeskanzlers Schmidt mit Kronprinz Fahd**	S. 979
		Thema ist der Nahost-Konflikt.	
196	21.06.	**Aufzeichnung des Ministerialdirektors Lautenschlager**	S. 982
		Lautenschlager legt die Rüstungsexportpolitik der Bundesrepublik gegenüber der Volksrepublik China dar.	
197	21.06.	**Gespräch des Bundeskanzlers Schmidt mit Kronprinz Fahd**	S. 987
		Erörtert werden der äthiopisch-somalische Konflikt und die Rolle der UdSSR in Afrika.	
198	23.06.	**Aufzeichnung des Ministerialdirektors Kinkel**	S. 992
		Kinkel erläutert die Aktivitäten der Firma OTRAG in Zaire zum Bau von Trägerraketen und deren politische Bedeutung für die internationale Stellung der Bundesrepublik.	
199	23.06.	**Schriftlaß des Vortragenden Legationsrats Freundt**	S. 1003
		Freundt faßt die Ergebnisse der Zaire-Konferenzen am 5. Juni in Brüssel und am 13./14. Juni in Paris zusammen.	
200	26.06.	**Deutsch-amerikanisches Gespräch über MBFR in Washington**	S. 1007
		Themen sind die Vorschläge der an den MBFR-Verhandlungen teilnehmenden Warschauer-Pakt-Staaten und die Kollektivität.	
201	26.06.	**Aufzeichnung des Ministerialdirigenten Lücking**	S. 1011
		Lücking analysiert die Rolle der Bundesrepublik in der sowjetischen Westpolitik.	
202	28.06.	**Staatssekretär van Well, z. Z. Lagos, an das Auswärtige Amt**	S. 1015
		Van Well gibt ein Gespräch des Bundeskanzlers Schmidt mit Präsident Obasanjo wieder, in dem die Lage in Angola, Zaire, Rhodesien, Namibia und am Horn von Afrika sowie der Nahost-Konflikt erörtert wurden.	

203	28./29. 06.	Gespräche des Bundesministers Genscher in Tel Aviv	S. 1018

Die Gespräche mit Präsident Navron und Ministerpräsident Begin haben die deutsch-israelischen Beziehungen sowie den Nahost-Konflikt zum Gegenstand, insbesondere Waffenlieferungen aus deutsch-französischer Koproduktion in die Region. Erörtert wird außerdem die Frage der Verjährung von Verbrechen aus der Zeit des Nationalsozialismus.

204	29.06.	Gespräch des Bundeskanzlers Schmidt mit dem Vorsitzenden der ZAPU, Nkomo, in Lusaka	S. 1025

Thema ist die Lage in Rhodesien, insbesondere die Aussichten für eine Allparteienkonferenz.

205	29.06.	Gespräch des Bundesministers Genscher mit dem israelischen Außenminister Dayan	S. 1029

Erörtert wird der Nahost-Konflikt, vor allem die israelische Haltung zu den jüngsten ägyptischen Friedensvorschlägen.

206	29.06.	Botschafter Jaenicke, Buenos Aires, an das Auswärtige Amt	S. 1037

Jaenicke zieht eine politische Bilanz der Fußball-Weltmeisterschaft in Argentinien.

207	30.06.	Aufzeichnung des Ministerialdirigenten Lücking	S. 1041

Lücking gibt den Stand der Verhandlungen mit der DDR über gemeinsame Verkehrsprojekte, den nicht-kommerziellen Zahlungsverkehr und humanitäre Fragen wieder.

208	30.06.	Runderlaß des Vortragenden Legationsrats Ellerkmann	S. 1046

Ellerkmann faßt die Ergebnisse der Tagung des EG-Ministerrats am 26./27. Juni in Luxemburg zusammen. Erörtert wurden der EG-Beitritt Griechenlands, der wirtschaftliche Ausbau der Europäischen Gemeinschaften, die Verhandlungen mit den AKP-Staaten sowie die Direktwahlen zum Europäischen Parlament. Weitere Themen waren die Beziehungen zu den EFTA-Mitgliedstaaten und Japan sowie die GATT-Verhandlungen.

209	02.07.	Botschafter Dufner, Lusaka, an das Auswärtige Amt	S. 1051

Dufner berichtet über Gespräche des Bundeskanzlers Schmidt in Sambia. Den Schwerpunkt bildeten Fragen der wirtschaftlichen Zusammenarbeit und die Konflikte im südlichen Afrika.

210	03.07.	Gespräch des Bundesministers Genscher mit dem bulgarischen Außenminister Mladenow	S. 1056

Im Mittelpunkt der Unterredung stehen die wirtschaftlichen und kulturellen Beziehungen sowie Erleichterungen bei der Visaerteilung.

211	03.07.	Botschaftsrat I. Klasse Keil, Peking, an das Auswärtige Amt	S. 1061
		Keil übermittelt Informationen aus der britischen Botschaft in Peking zum Stand der chinesisch-vietnamesischen Beziehungen.	
212	04.07.	Runderlaß des Vortragenden Legationsrats Boll	S. 1063
		Boll erläutert das Ergebnis der UNO-Sondergeneralversammlung über Abrüstung und insbesondere das am 30. Juni verabschiedete Schlußdokument.	
213	04.07.	Gespräch des Bundeskanzlers Schmidt mit dem bulgarischen Außenminister Mladenow	S. 1067
		Die Gesprächspartner erörtern die Ost-West-Beziehungen unter besonderer Berücksichtigung der weltpolitischen Rolle der Volksrepublik China.	
214	07.07.	Aufzeichnung des Legationsrats I. Klasse Fulda	S. 1072
		Fulda resümiert das Ergebnis einer Unterredung des Staatssekretärs van Well mit Staatssekretär Hiehle, Bundesministerium der Verteidigung, über die Abstimmung der Positionen beider Ressorts zur Unterzeichnung der Zusatzprotokolle zu den Genfer Abkommen von 1949.	
215	07.07.	Botschafter Hauthal, Valletta, an das Auswärtige Amt	S. 1075
		Hauthal berichtet über ein Gespräch mit dem Staatssekretär im maltesischen Außenministerium. Abela habe ihn über seine Gespräche in Frankreich und Italien über eine Neutralitätsgarantie für Malta informiert und um eine Beteiligung der Bundesrepublik an finanziellen Hilfen gebeten.	
216	11.07.	Runderlaß des Vortragenden Legationsrats Evertz	S. 1078
		Evertz faßt Verlauf und Ergebnis der Tagung des Europäischen Rats am 6./7. Juli in Bremen zusammen. Im Mittelpunkt standen die Wirtschafts- und Währungsunion, ein Zehn-Punkte-Programm für den Zeitraum der EG-Ratspräsidentschaft der Bundesrepublik und Fragen der politischen Zusammenarbeit.	
217	11.07.	Botschafter Peckert, Damaskus, an das Auswärtige Amt	S. 1086
		Auf der Basis von Gesprächen mit syrischen Politikern gibt Peckert eine Einschätzung der Lage im Libanon und der syrischen Libanonpolitik.	
218	14.07.	Gespräch des Bundesministers Genscher mit dem amerikanischen Außenminister Vance	S. 1089
		Die Gesprächspartner behandeln vor allem die Lage in Angola und Zaire, den Besuch des Präsidenten Carter in der Bundesrepublik, die Rolle der Menschenrechtsfrage in den amerikanisch-	

sowjetischen Beziehungen sowie den Stand von SALT und MBFR.

219 14.07. Deutsch-amerikanisches Regierungsgespräch   S. 1097

Erörtert werden u. a. MBFR, die Lage im südlichen Afrika, insbesondere die Tätigkeit der Firma OTRAG in Zaire, Möglichkeiten zur Lösung des Nahost-Konflikts, die Situation in Pakistan und Afghanistan, der Stand der Beziehungen der Bundesrepublik zur DDR im Lichte der Menschenrechtsfrage sowie die weltpolitische Rolle der Volksrepublik China.

**220 15.07. Gespräch des Bundeskanzlers Schmidt mit   S. 1107
               Premierminister Callaghan**

Mit Blick auf den Weltwirtschaftsgipfel werden wirtschaftspolitische Themen besprochen, insbesondere die Frage staatlicher Konjunkturprogramme, die Währungsproblematik sowie Maßnahmen im Energiebereich und die britische Beteiligung am Airbus-Programm.

221 16.07. Aufzeichnung der Vortragenden Legationsrätin Siebourg   S. 1111

Siebourg resümiert ein Gespräch des Bundesministers Genscher mit den Außenministern de Guiringaud (Frankreich), Jamieson (Kanada), Owen (Großbritannien) und Vance (USA). Im Mittelpunkt stand der Beschluß der Fünf, nach der erfolgreichen Zusammenarbeit in der Namibia-Frage nun auch gemeinsam im Zypern-Konflikt zu vermitteln.

**222 17.07. Aufzeichnung des Ministerialdirektors Ruhfus,   S. 1113
               Bundeskanzleramt**

Ruhfus notiert Informationen des Bundeskanzlers Schmidt zu dessen Gespräch mit den Staats- bzw. Regierungschefs Andreotti, Callaghan, Carter, Fukuda, Giscard d'Estaing und Trudeau anläßlich des Weltwirtschaftsgipfels. Besprochen worden seien die Politik gegenüber Afrika, die Lage im östlichen Mittelmeer und im Nahen Osten, Rüstungsexporte, die Ost-West-Beziehungen, MBFR sowie die Möglichkeit, die Dauer der EG-Ratspräsidentschaft auf zwölf Monate zu verlängern.

**223 19.07. Aufzeichnung des Ministerialdirektors Ruhfus,   S. 1118
               Bundeskanzleramt**

Ruhfus vermerkt Informationen des Bundeskanzlers Schmidt zu dessen bilateralem Gespräch mit Präsident Carter am 14. Juli sowie zu einer Unterredung von Schmidt mit Premierminister Callaghan, Carter und Staatspräsident Giscard d'Estaing am 17. Juli. Erörtert worden seien Fragen der Rüstungskontrolle, vor allem MBFR, die Grauzonenproblematik und die Neutronenwaffe. Auf bilateraler Ebene seien zudem die Möglichkeit deutscher Wirtschaftshilfe für karibische Staaten, die Zusammenarbeit in der Drogenbekämpfung und das Doppelbesteuerungsabkommen angesprochen worden.

Juli

224 19.07 **Aufzeichnung des Ministerialdirektors Blech** S. 1122

Blech unterbreitet Vorschläge für eine weitere Vorgehensweise der an den MBFR-Verhandlungen teilnehmenden NATO-Mitgliedstaaten. Insbesondere plädiert er für die Fixierung eines Zwischenergebnisses in Form eines Protokolls.

225 20.07. **Runderlaß des Vortragenden Legationsrats Boll** S. 1133

Boll unterrichtet über Verlauf und Ergebnis des Weltwirtschaftsgipfels. Im Zentrum stand die Einigung auf Strategien zur Lösung weltwirtschaftlicher Probleme, insbesondere zur Verwirklichung eines inflationsfreien Wirtschaftswachstums und zum Abbau der Arbeitslosigkeit.

226 21.07. **Aufzeichnung des Botschafters Ruth** S. 1136

Ruth erläutert den Stand der Überlegungen zu begleitenden Maßnahmen im Rahmen von MBFR.

227 24.07. **Aufzeichnung des Ministerialdirektors Meyer-Landrut** S. 1141

Meyer-Landrut resümiert die Unterrichtung des Ständigen NATO-Rats durch den amerikanischen Sonderbotschafter Atherton über die Gespräche der Außenminister Dayan (Israel), Kaamel (Ägypten) und Vance (USA) auf Leeds Castle. Weiterhin informiert er über ein Gespräch mit Atherton zur Lage im Nahen Osten.

228 24.07. **Aufzeichnung des Ministerialdirigenten Gorenflos** S. 1144

Gorenflos faßt ein Gespräch zwischen Bundesminister Genscher und UNO-Generalsekretär Waldheim zusammen. Themen waren neben der Konferenz der OAU-Mitgliedstaaten in Khartum die Lage in Namibia, in der Westsahara, im Nahen Osten sowie auf Zypern.

229 24.07. **Botschafter Strätling, Santiago de Chile, an das Auswärtige Amt** S. 1150

Strätling unterrichtet über die innenpolitische Lage in Chile sowie über Chiles Beziehungen zu den USA und zu Argentinien, Bolivien sowie Peru.

230 26.07. **Botschafter Jung, Wien (MBFR-Delegation), an das Auswärtige Amt** S. 1155

Jung faßt den Verlauf der 15. Runde der MBFR-Verhandlungen zusammen.

231 27.07. **Gesandter Boss, Brüssel (NATO), an das Auswärtige Amt** S. 1161

Boss informiert über die Unterrichtung des Ständigen NATO-Rats zum Stand von SALT.

232	28.07.	Aufzeichnung des Ministerialdirektors Fleischhauer	S. 1165

Fleischhauer entwickelt Optionen für die Haltung der Bundesregierung in den bevorstehenden Gesprächen mit dem Heiligen Stuhl über die Einrichtung von Administraturen im Zuge der kirchenrechtlichen Neuordnung in der DDR.

233	03.08.	Botschafter von Hassell, New York (UNO), an das Auswärtige Amt	S. 1171

Hassell stellt Überlegungen an zu einer Kandidatur der Bundesrepublik für die Präsidentschaft der XXXV. UNO-Generalversammlung im Jahr 1980.

234	04.08.	Aufzeichnung des Ministerialdirigenten Petersen	S. 1176

Petersen erörtert die aktuelle politische Entwicklung in Afghanistan, Pakistan, Indien, Bangladesh, Vietnam, Kambodscha, der Volksrepublik China, Korea und Japan sowie die Rolle der ASEAN-Staaten.

235	04.08.	Botschafter Schmidt-Dornedden, Amman, an das Auswärtige Amt	S. 1186

Schmidt-Dornedden resümiert ein Gespräch mit König Hussein zur Lage im Nahen Osten, insbesondere zur amerikanischen Nahostpolitik.

236	08.08.	Aufzeichnung des Ministerialdirigenten Gorenflos	S. 1190

Gorenflos unterbreitet Vorschläge für das künftige Vorgehen in der Namibia-Frage.

237	10.08.	Aufzeichnung des Staatssekretärs Gaus, Ost-Berlin	S. 1196

Vor dem Hintergrund einer Mitteilung des Generalsekretärs des ZK der SED, Honecker, vom 9. August an Bundeskanzler Schmidt faßt Gaus den Stand der Verhandlungen mit der DDR zu Fragen des Transitverkehrs zusammen.

238	11.08.	Gespräch des Bundesministers Genscher mit dem jugoslawischen Außenminister Vrhovec in Bad Reichenhall	S. 1201

Themen sind der Weltwirtschaftsgipfel am 16./17. Juli in Bonn, die Konferenz der Außenminister der blockfreien Staaten vom 25. bis 30. Juli in Belgrad, die Wirtschaftsbeziehungen Jugoslawiens zu den Europäischen Gemeinschaften und zur Bundesrepublik, die Lage im südlichen Afrika, die Beziehungen Jugoslawiens und der Bundesrepublik zur Volksrepublik China und zur UdSSR sowie die Zusammenarbeit bei der Bekämpfung des Terrorismus.

August

239	11.08.	Gesandter Hansen, Washington, an das Auswärtige Amt	S. 1218

Hansen übermittelt Informationen aus dem amerikanischen Außenministerium zu dem für Anfang September geplanten Treffen des Präsidenten Carter mit Ministerpräsident Begin und Präsident Sadat in Camp David.

240	12.08.	Gespräch des Bundesministers Genscher mit Präsident Kaunda in Rom	S. 1222

Im Mittelpunkt des Gesprächs stehen die Lage im südlichen Afrika, insbesondere die Reise des UNO-Sonderbeauftragten Ahtisaari nach Namibia, und der Wunsch der Bundesrepublik nach diplomatischen Beziehungen mit Angola.

241	15.08.	Botschafter Wickert, Peking, an Bundesminister Genscher	S. 1226

Wickert plädiert für eine Intensivierung der Kontakte mit der Volksrepublik China.

242	16.08.	Aufzeichnung des Ministerialdirektors Blech	S. 1230

Blech macht auf eine mangelhafte Unterrichtung des Auswärtigen Amts durch das Bundeskanzleramt über die Gespräche des Staatssekretärs Gaus, Ost-Berlin, mit dem Staatssekretär im Ministerium für Außenhandel der DDR, Schalck-Golodkowski, aufmerksam.

243	24.08.	Aufzeichnung des Ministerialdirigenten Dittmann	S. 1232

Dittmann erläutert die Position der Bundesrepublik bei bevorstehenden Verhandlungen zu Nord-Süd-Fragen, insbesondere hinsichtlich eines Schuldenerlasses für die ärmsten Entwicklungsländer.

244	24.08.	Ministerialdirektor Blech an die Botschaft in London	S. 1236

Blech unterrichtet über Gespräche mit der britischen Regierung und übermittelt ein Non-paper zur Übergabe im britischen Außenministerium, in dem gebeten wird, die Bemühungen der Bundesregierung um Aufhebung der im WEU-Vertrag von 1954 auferlegten Herstellungsbeschränkungen für konventionelle Waffen zu unterstützen.

245	25.08.	Aufzeichnung des Ministerialdirektors Blech	S. 1239

Blech gibt einen Überblick über den Stand der deutsch-polnischen Beziehungen.

246	26.08.	Botschafter Fischer, Genf (Internationale Organisationen), an das Auswärtige Amt	S. 1256

Fischer resümiert den Verlauf der Weltrassismuskonferenz vom 14. bis 25. August in Genf und übermittelt eine erste Wertung.

247	27.08	Botschafter Peckert, Damaskus, an das Auswärtige Amt	S. 1260

Peckert faßt ein Gespräch des Präsidenten Assad mit Bundesminister Offergeld zusammen. Thema war die Lage im Libanon.

248	30.08.	Gespräch des Bundeskanzlers Schmidt mit dem sowjetischen Botschafter Falin	S. 1263

Bei dem Abschiedsbesuch von Falin werden die Ost-West-Beziehungen, der Stand der aktuellen Abrüstungsverhandlungen und bilaterale Fragen im Zusammenhang mit dem Status Berlins erörtert.

249	30.08.	Aufzeichnung des Ministerialdirektors Blech	S. 1268

Blech nimmt Stellung zum britischen Vorschlag der Bildung einer Kontaktgruppe der fünf westlichen Mitglieder des UNO-Sicherheitsrats zur Lösung des Zypern-Konflikts.

250	31.08.	Botschafter Fischer, Genf (Internationale Organisationen), an das Auswärtige Amt	S. 1274

Fischer übermittelt eine abschließende Bewertung der Weltrassismus-Konferenz vom 14. bis 25. August in Genf.

251	01.09.	Runderlaß des Vortragenden Legationsrats von Braunmühl	S. 1277

Braunmühl informiert über Gespräche mit den Drei Mächten zur Entführung einer Maschine der polnischen Fluggesellschaft LOT nach Berlin (West).

252	03.09.	Gespräch des Bundeskanzlers Schmidt mit Ministerpräsident Andreotti in Rom	S. 1280

Die Gesprächspartner erörtern das Europäische Währungssystem, innen- und wirtschaftspolitische Fragen, die Lage in Argentinien, die Wahl von Papst Johannes Paul I. sowie den Nahost-Konflikt.

253	04.09.	Gespräch des Bundeskanzlers Schmidt mit dem amerikanischen Vizepräsidenten Mondale in Rom	S. 1285

Besprochen werden der Nahost-Konflikt, der Fall des in die USA übergelaufenen Staatssekretärs im rumänischen Innenministerium, Pacepa, und die Zusammenarbeit der Geheimdienste.

254	05.09.	Botschafter von Staden, Washington, an Bundesminister Genscher	S. 1290

Staden gibt eine Einschätzung der innenpolitischen Situation in den USA sowie der Persönlichkeit des Präsidenten Carter.

255	05.09.	Vortragender Legationsrat I. Klasse Schenk an die Botschaft in Washington	S. 1292

Schenk übermittelt ein Schreiben des Bundeskanzlers Schmidt an Präsident Carter zur bevorstehenden Konferenz von Camp David.

256	07.09.	Aufzeichnung des Vortragenden Legationsrats von Braunmühl	S. 1294

Braunmühl faßt die Ergebnisse einer Sitzung der Bonner Vierergruppe zusammen, in der die juristischen Zuständigkeiten im Fall der Entführung einer Maschine der polnischen Fluggesellschaft LOT nach Berlin (West) erörtert wurden.

257	07.09.	Botschafter Pauls, Brüssel (NATO), an das Auswärtige Amt	S. 1298

Pauls äußert sich zum britischen Vorschlag einer Konferenz der Außenminister der an den MBFR-Verhandlungen teilnehmenden Staaten.

258	11.09.	Aufzeichnung des Ministerialdirektors Meyer-Landrut	S. 1302

Meyer-Landrut gibt eine Einschätzung der innenpolitischen Lage im Iran.

259	11.09.	Aufzeichnung des Ministerialdirigenten Pfeffer	S. 1304

Pfeffer faßt deutsch-französische Regierungsbesprechungen zu SALT und der Grauzonenproblematik zusammen.

260	11.09.	Aufzeichnung des Ministerialdirigenten Gorenflos	S. 1308

Gorenflos äußert sich zur Beteiligung der Bundeswehr an friedenserhaltenden Maßnahmen der UNO, insbesondere im Hinblick auf Namibia.

261	12.09.	Gespräch des Bundeskanzlers Schmidt mit Präsident Assad	S. 1311

Im Mittelpunkt stehen der Nahost-Konflikt sowie die bilaterale wirtschaftliche und finanzielle Zusammenarbeit.

262	12.09.	Gespräch des Bundesministers Genscher mit dem syrischen Außenminister Khaddam	S. 1320

Genscher und Khaddam erörtern die Lage in Afghanistan, Abrüstung und Rüstungskontrolle, die Konferenz blockfreier Staaten in Belgrad, die Rolle Kubas in Afrika und den Nahost-Konflikt.

263	13.09.	Gespräch des Bundeskanzlers Schmidt mit dem stellvertretenden spanischen Ministerpräsidenten und Verteidigungsminister Gutiérrez Mellado	S. 1326

Besprochen werden die spanische Innenpolitik, die Beziehungen Spaniens zu den Europäischen Gemeinschaften und die Zusammenarbeit zwischen der Bundeswehr und den spanischen Streitkräften.

264	14.09.	Gespräch des Bundesministers Genscher mit dem stellvertretenden spanischen Ministerpräsidenten und Verteidigungsminister Gutiérrez Mellado	S. 1330

Themen sind die Beziehungen Spaniens zu den Europäischen Gemeinschaften, die Lage in Afrika, der Nahost-Konflikt, der Terrorismus in Spanien und die Beziehungen der Bundesrepublik zu Kuba.

265	14.09.	Gespräch des Bundesministers Genscher mit dem saudi-arabischen Außenminister Prinz Saud al-Faisal	S. 1335

Erörtert wird der Nahost-Konflikt, insbesondere die Aussichten der Konferenz von Camp David.

266	14.09.	Aufzeichnung des Ministerialdirektors Meyer-Landrut	S. 1337

Meyer-Landrut resümiert die Erörterung des Nahost-Konflikts auf der Konferenz der Außenminister der EG-Mitgliedstaaten im Rahmen der EPZ.

267	14.09.	Botschafter Sahm, Ankara, an das Auswärtige Amt	S. 1339

Sahm berichtet über ein Gespräch mit Ministerpräsident Ecevit zu den wirtschaftlichen Problemen der Türkei und gibt eine Einschätzung möglicher außenpolitischer Folgen.

268	15.09.	Staatssekretär Gaus, Ost-Berlin, an Bundeskanzler Schmidt	S. 1343

Gaus analysiert den Stand der Verhandlungen mit der DDR und stellt Überlegungen zum weiteren Vorgehen an.

269	18.09.	Aufzeichnung des Ministerialdirektors Ruhfus, Bundeskanzleramt	S. 1346

Ruhfus notiert Informationen des Bundeskanzlers Schmidt über dessen Vier-Augen-Gespräche mit Staatspräsident Giscard d'Estaing in Aachen. Im Mittelpunkt standen die Folgen der nationalsozialistischen Herrschaft, insbesondere die Entschädigung für während des Zweiten Weltkriegs zwangsrekrutierte Elsässer und Lothringer, die friedliche Nutzung der Kernenergie, der Nahost-Konflikt, die Grauzonenproblematik, ein möglicher Besuch von Giscard d'Estaing in Berlin (West), die Beziehungen beider Staaten zu Polen sowie die Freizügigkeit für die Staatsbürger neu aufzunehmender EG-Mitgliedstaaten.

September

270	18.09.	Gespräch des Bundeskanzlers Schmidt mit dem Oberbefehlshaber der alliierten Streitkräfte in Europa (SACEUR), Haig	S. 1353

Besprochen werden die finanzielle Lage amerikanischer Soldaten in der Bundesrepublik, die Neutronenwaffe, unterschiedliche Positionen zu NATO-Manövern auf dem Gebiet der Bundesrepublik, SALT und die Grauzonenproblematik.

271	18.09.	Botschafter von Staden, Washington, an Bundesminister Genscher	S. 1358

Staden übermittelt Äußerungen des ehemaligen amerikanischen Außenministers Kissinger zu den Ergebnissen der Konferenz von Camp David.

272	18.09.	Runderlaß des Vortragenden Legationsrats I. Klasse Ellerkmann	S. 1360

Ellerkmann informiert über eine Konferenz der Außenminister der EG-Mitgliedstaaten im Rahmen der EPZ. Themen waren die Beziehungen zur Türkei, die Heranführung von Spanien und Portugal an die EPZ, die bevorstehende UNO-Generalversammlung, Konflikte in Afrika, Sanktionen gegen Südafrika sowie die Lage im Iran.

273	22.09.	Gespräch des Bundeskanzlers Schmidt mit dem amerikanischen Botschafter Stoessel	S. 1366

Themen waren die Ergebnisse der Konferenz von Camp David, das Europäische Währungssystem, die GATT-Verhandlungen, die Neutronenwaffe, NATO-Manöver auf dem Gebiet der Bundesrepublik, SALT, der Fall des in die USA übergelaufenen Staatssekretärs im rumänischen Innenministerium, Pacepa, die juristischen Zuständigkeiten im Fall der Entführung einer Maschine der polnischen Fluggesellschaft LOT nach Berlin (West), die Verhandlungen der Bundesrepublik mit der DDR, die Nachfolge des NATO-Generalsekretärs Luns und die finanzielle Lage amerikanischer Soldaten in der Bundesrepublik.

274	22.09.	Aufzeichnung des Botschafters Ruth	S. 1374

Ruth faßt Gespräche mit Großbritannien und den USA über MBFR zusammen, in deren Mittelpunkt die Datendiskussion und begleitende Maßnahmen standen.

275	25.09.	Botschafter Sahm, Ankara, an das Auswärtige Amt	S. 1377

Sahm berichtet über ein Gespräch mit dem türkischen Außenminister Ökçün. Gegenstand war das Angebot der EG-Mitgliedstaaten an die Türkei zu einer engeren Zusammenarbeit im Bereich der EPZ.

276	25.09.	Botschafter Freiherr von Wechmar, New York (UNO), an das Auswärtige Amt	S. 1381

Wechmar informiert über ein Gespräch des Bundesministers Genscher mit den Außenministern de Guiringaud (Frankreich), Jamieson (Kanada), Owen (Großbritannien) und Vance (USA) zu Namibia.

277	25.09.	Botschafter Freiherr von Wechmar, New York (UNO), an das Auswärtige Amt	S. 1384

Wechmar berichtet über ein Gespräch des Bundesministers Genscher mit dem Außenminister der DDR, Fischer. Themen waren die innerdeutschen Beziehungen und die Bemühungen der EG-Mitgliedstaaten um eine Resolution der UNO-Generalversammlung zu friedenserhaltenden Maßnahmen.

278	26.09.	Gespräch des Bundeskanzlers Schmidt mit dem israelischen Botschafter Meroz	S. 1387

Im Mittelpunkt stehen die Ergebnisse der Konferenz von Camp David, die weitere Entwicklung des Nahost-Konflikts sowie die Frage eines Besuchs des Bundeskanzlers Schmidt in Israel.

279	26.09.	Gespräch des Bundesministers Genscher mit dem amerikanischen Außenminister Vance in New York	S. 1394

Erörtert werden die Ergebnisse der Konferenz von Camp David und das weitere Vorgehen im Nahost-Konflikt, die Lage im Libanon, die Beziehungen der Bundesrepublik zu Kuba und zur UdSSR, die innerdeutschen Verhandlungen und Nord-Süd-Fragen.

280	26.09.	Aufzeichnung des Vortragenden Legationsrats I. Klasse Schenk, z. Z. New York	S. 1402

Schenk faßt eine Sitzung der Politischen Direktoren der Außenministerien der Bundesrepublik, Frankreichs, Großbritanniens und der USA zusammen. Erörtert wurden die Institutionalisierung dieser Treffen, die Grauzonenproblematik und der Zypern-Konflikt.

281	26.09.	Botschafter Schütz, Tel Aviv, an das Auswärtige Amt	S. 1405

Schütz informiert über Äußerungen des israelischen Außenministers Dayan zu den Ergebnissen der Konferenz von Camp David und dem weiteren Vorgehen im Nahost-Konflikt.

282	27.09.	Botschafter Behrends, Kairo, an das Auswärtige Amt	S. 1407

Behrends berichtet über die Bewertung der Ergebnisse der Konferenz von Camp David durch den amtierenden ägyptischen Außenminister Boutros-Ghali.

September

283	27.09.	Vortragender Legationsrat I. Klasse Kühn, z. Z. New York, an das Auswärtige Amt	S. 1411

Kühn informiert über ein Gespräch des Bundesministers Genscher mit dem sowjetischen Außenminister Gromyko. Themen waren Namibia, die Bemühungen der EG-Mitgliedstaaten um eine Resolution der UNO-Generalversammlung zu friedenserhaltenden Maßnahmen, die konsularische Betreuung von Personen mit ständigem Wohnsitz in Berlin (West), die bilateralen Beziehungen sowie die amerikanisch-sowjetischen Beziehungen, insbesondere mit Blick auf SALT.

284	27.09.	Botschafter Oncken, Neu Delhi, an das Auswärtige Amt	S. 1416

Oncken stellt Überlegungen zu den deutsch-indischen Beziehungen und den Möglichkeiten einer Intensivierung an.

285	28.09.	Gespräch des Staatssekretärs van Well mit den Botschaftern Brunet (Frankreich), Stoessel (USA) und Wright (Großbritannien)	S. 1422

Besprochen wird die Frage der juristischen Zuständigkeiten im Fall der Entführung einer Maschine der polnischen Fluggesellschaft LOT nach Berlin (West).

286	28.09.	Botschafter Wickert, Peking, an das Auswärtige Amt	S. 1424

Wickert berichtet über die Beziehungen der Volksrepublik China zu Vietnam.

287	28.09.	Ministerialdirektor Blech, z. Z. New York, an das Auswärtige Amt	S. 1425

Blech informiert über ein Gespräch des Bundesministers Genscher mit dem jugoslawischen Außenminister Vrhovec. Im Mittelpunkt standen die von Jugoslawien gewünschte Auslieferung von Exilkroaten und die Beziehungen Jugoslawiens zur Volksrepublik China.

288	29.09.	Gespräch des Bundesministers Genscher mit dem Präsidenten der SWAPO, Nujoma, in New York	S. 1429

Thema ist Namibia und das weitere Vorgehen im Rahmen der UNO.

289	29.09.	Aufzeichnung des Ministerialdirektors Lautenschlager	S. 1431

Lautenschlager faßt amerikanische Information zu den Gesprächen mit der UdSSR über Rüstungsexportpolitik zusammen und legt die Interessen der Bundesrepublik dar.

290	29.09.	Runderlaß des Vortragenden Legationsrats Boll	S. 1437

Boll informiert über Verlauf und Ergebnisse der ersten Vorkonferenz der UNO-Waffenkonferenz in Genf.

291	02.10.	Aufzeichnung des Ministerialdirektors Blech	S. 1441
		Blech gibt die Ergebnisse von Gesprächen mit Großbritannien und den USA zu MBFR wieder, die u. a. die Beibehaltung des Prinzips der Kollektivität zum Gegenstand hatten.	
292	03.10.	Gespräch des Bundeskanzlers Schmidt mit Präsident Numeiri	S. 1446
		Erörtert werden die sowjetische Politik in Afrika, die Beziehungen zwischen der Bundesrepublik und dem Sudan sowie der Nahost-Konflikt.	
293	03.10.	Gespräch des Bundeskanzlers Schmidt mit dem Sicherheitsberater des amerikanischen Präsidenten, Brzezinski	S. 1451
		Themen sind der Nahost-Konflikt, die Konferenz von Camp David, ein Besuch von Schmidt in Israel, SALT und die Grauzonenproblematik sowie eine angebliche „Selbstfinnlandisierung" der Bundesrepublik	
294	04.10.	Aufzeichnung des Ministerialdirektors Blech	S. 1463
		Blech resümiert die Sitzung der Politischen Direktoren der Außenministerien der Bundesrepublik, Frankreichs, Großbritanniens und der USA am 26. September in New York. Besprochen wurden die Beziehungen der skandinavischen Staaten zur UdSSR sowie Organisation und Bedeutung künftiger Treffen der Politischen Direktoren.	
295	04.10.	Botschafter Arnold, Rom, an das Auswärtige Amt	S. 1467
		Arnold informiert über verdeckte Zahlungen der Bundesrepublik für kulturelle Zwecke in Südtirol.	
296	05.10.	Gespräch des Bundeskanzlers Schmidt mit dem chinesischen Stellvertretenden Ministerpräsidenten Fang Yi	S. 1471
		Erörtert werden die Lage in Ostasien, politische Entwicklungen in Afghanistan und Afrika sowie die chinesisch-sowjetischen Beziehungen.	
297	05.10.	Aufzeichnung des Oberst i.G. Genschel, Bundeskanzleramt	S. 1476
		Genschel resümiert die vom Bundessicherheitsrat beschlossenen Leitlinien zur Grauzonenproblematik.	

Oktober

298	06.10.	Gespräch des Bundesministers Genscher mit dem angolanischen Botschafter in Brüssel, d'Almeida	S. 1479

Gegenstand sind die Beziehungen Angolas zu den Europäischen Gemeinschaften sowie die mögliche Aufnahme diplomatischer Beziehungen zur Bundesrepublik.

299	06.10.	Gespräch des Bundeskanzlers Schmidt mit dem apostolischen Nuntius Del Mestri	S. 1483

Erörtert werden die kirchenrechtliche Neuregelung in der DDR sowie die Lage im Libanon.

300	06.10.	Gespräch des Bundeskanzlers Schmidt mit dem Generaldirektor der IAEO, Eklund	S. 1487

Themen sind Neuerungen auf dem Gebiet der Nukleartechnologie sowie Engpässe bei der Uranversorgung.

301	06.10.	Aufzeichnung des Ministerialdirektors Lautenschlager	S. 1491

Angesichts einer möglichen militärischen Nutzung von Unterwasser-Forschungsschiffen, die für Südafrika bestimmt sind, erwägt Lautenschlager einen Widerruf der Ausfuhrgenehmigung.

302	10.10.	Aufzeichnung des Ministerialdirektors Lautenschlager	S. 1495

Lautenschlager bekräftigt die restriktive Rüstungsexportpolitik der Bundesregierung gegenüber Algerien.

303	10.10.	Botschafter Wickert, Peking, an das Auswärtige Amt	S. 1496

Wickert erläutert die Voraussetzungen für einen Verkauf von Kernkraftwerken an die Volksrepublik China.

304	10.10.	Botschafter Freiherr von Wechmar, New York (UNO), an das Auswärtige Amt	S. 1498

Wechmar diskutiert Möglichkeiten zur Verhängung wirtschaftlicher Sanktionen gegen Südafrika.

305	11.10.	Gespräch des Bundeskanzlers Schmidt mit Ministerpräsident Fukuda in Tokio	S. 1501

Themen sind die japanische Innen- und Außenpolitik, die Lage in Südostasien und Osteuropa, der Nord-Süd-Dialog sowie die wirtschaftlichen Beziehungen zwischen der Bundesrepublik und der UdSSR.

306	12.10.	Gespräch des Bundeskanzlers Schmidt mit Ministerpräsident Fukuda in Tokio	S. 1507

Erörtert werden die wirtschaftlichen Entwicklungen nach dem Weltwirtschaftsgipfel, Währungsfragen sowie die GATT-Verhandlungen.

307	12.10.	**Gespräch des Ministerialdirektors Blech mit dem stellvertretenden Sicherheitsberater des amerikanischen Präsidenten, Aaron, in Washington** S. 1513

Gegenstand sind SALT und die Grauzonenproblematik, insbesondere die Frage der Dislozierung von Cruise Missiles auf dem Territorium von NATO-Mitgliedstaaten in Europa.

308	12.10.	**Aufzeichnung des Ministerialdirektors Kinkel** S. 1516

Kinkel befaßt sich mit der Grauzonenproblematik und diskutiert Möglichkeiten zur Wiederherstellung eines Kräftegleichwichts im Mittelstreckenbereich ohne eine Änderung der NATO-Strategie.

309	12.10.	**Ministerialdirektor Blech, z. Z. Washington, an das Auswärtige Amt** S. 1521

Blech resümiert ein deutsch-amerikanisches Gespräch über SALT und die Grauzonenproblematik.

310	14.10.	**Gespräch des Bundeskanzlers Schmidt mit Ministerpräsident Lee Kuan Yew in Singapur** S. 1525

Themen sind die wirtschaftliche Entwicklung Singapurs, die Lage in Südostasien, insbesondere die Rolle der Volksrepublik China, der Nord-Süd-Dialog, die Beziehungen der Europäischen Gemeinschaften zu ASEAN, die Bedeutung Japans für Ostasien und für die Weltwirtschaft sowie Währungsfragen.

311	16.10.	**Botschafter Leuteritz, Seoul, an das Auswärtige Amt** S. 1534

Leuteritz faßt die Gespräche des Staatssekretärs van Well in der Republik Korea (Südkorea) zusammen. Erörtert wurden politische Entwicklungen in Ostasien sowie die bilateralen Beziehungen.

312	17.10.	**Aufzeichnung des Botschafters Eick, Pretoria** S. 1537

Eick resümiert ein Gespräch zur Lösung der Namibia-Frage.

313	19.10.	**Gespräch des Bundeskanzlers Schmidt mit Premierminister Callaghan** S. 1541

Erörtert werden die Frage eines Treffens der beiden Gesprächspartner mit Präsident Carter und Staatspräsident Giscard d'Estaing zum Jahreswechsel, SALT und die Grauzonenproblematik, der Besuch von Schmidt in Japan, die chinesisch-sowjetischen und die britisch-sowjetischen Beziehungen, eine mögliche Zusammenarbeit bei der Panzerproduktion sowie die Lage in Südafrika.

314	19.10.	**Deutsch-britisches Regierungsgespräch** S. 1550

Themen sind Finanzfragen und das Europäische Währungssystem, Landwirtschaft und Fischerei in den Europäischen Gemeinschaften, die GATT-Verhandlungen, der britische Beitritt zum Airbus-Programm sowie Namibia.

315	20.10.	**Aufzeichnung des Ministerialdirektors Blech**	S. 1556

Blech erwägt Möglichkeiten, die Interessen der Bundesrepublik in der Diskussion um die Grauzonenproblematik durchzusetzen.

316	20.10.	**Aufzeichnung des Vortragenden Legationsrats I. Klasse Dannenbring**	S. 1563

Dannenbring resümiert die Ministersitzung der Nuklearen Planungsgruppe in Brüssel, in der die TNF-Modernisierung erörtert wurde.

317	20.10.	**Botschafter Behrends, Kairo, an das Auswärtige Amt**	S. 1566

Behrends informiert über ein Gespräch mit dem amerikanischen Botschafter Eilts über die Durchführung der Vereinbarungen der Konferenz von Camp David.

318	20.10.	**Runderlaß des Vortragenden Legationsrats I. Klasse Ellerkmann**	S. 1570

Ellerkmann faßt die Ergebnisse einer EG-Ministerratstagung in Luxemburg zusammen. Themen waren die Eröffnung der Beitrittsverhandlungen mit Portugal, die Stahlpolitik, die GATT-Verhandlungen, der EG-Beitritt Griechenlands, Fischerei-Fragen, die Beziehungen zur Volksrepublik China, zu Japan und zu ASEAN sowie Verhandlungen mit Jugoslawien.

319	20.10.	**Runderlaß des Vortragenden Legationsrats I. Klasse Ellerkmann**	S. 1575

Ellerkmann resümiert die Gespräche der fünf Außenminister in Windhuk und Pretoria über Namibia.

320	20.10.	**Botschafter Wieck, Moskau, an das Auswärtige Amt**	S. 1579

Wieck berichtet von einem Gespräch mit dem sowjetischen Innenminister Schtscholokow über eine Wiedervereinigung Deutschlands.

321	24.10.	**Gespräch des Bundeskanzlers Schmidt mit dem ägyptischen Vizepräsidenten Mubarak**	S. 1581

Erörtert werden die Aussichten für die Beilegung des Nahost-Konflikts und die Lage im Libanon.

322	24.10.	**Aufzeichnung des Vortragenden Legationsrats I. Klasse Dannenbring**	S. 1587

Dannenbring hält die Ergebnisse der Ministersitzung der Nuklearen Planungsgruppe in Brüssel fest. Themen waren die

TNF-Modernisierung, SALT und die Grauzonenproblematik sowie die mögliche Einführung der Neutronenwaffe.

| 323 | 24.10. | **Staatssekretär Gaus, Ost-Berlin, an Bundeskanzler Schmidt** | S. 1591 |

Gaus faßt den Stand der Verhandlungen mit der DDR über Verkehrsprojekte und den nicht-kommerziellen Zahlungsverkehr zusammen.

| 324 | 24.10. | **Botschafter Gehlhoff, Rom (Vatikan), an das Auswärtige Amt** | S. 1597 |

Gehlhoff informiert über ein Gespräch mit Kardinal Bengsch zur künftigen Ostpolitik von Papst Johannes Paul II. und zur kirchenrechtlichen Neuordnung in der DDR.

| 325 | 25.10. | **Botschafter Wieck, Moskau, an das Auswärtige Amt** | S. 1598 |

Wieck gibt eine Einschätzung des neuen sowjetischen Botschafters Semjonow.

| 326 | 26.10. | **Aufzeichnung des Bundeskanzlers Schmidt** | S. 1602 |

Schmidt resümiert ein Gespräch mit NATO-Generalsekretär Luns. Themen waren Meinungsverschiedenheiten zwischen Luns und Bundesminister Apel, eine effizientere Organisation der NATO, die Strategie der „flexible response" sowie die politische Bedeutung von Großmanövern.

| 327 | 26.10. | **Aufzeichnung des Ministerialdirektors Blech** | S. 1605 |

Blech problematisiert die Gültigkeit der NATO-Strategie der „flexible response" vor dem Hintergrund von SALT und der Grauzonenproblematik.

| 328 | 26.10. | **Aufzeichnung des Ministerialdirektors Fleischhauer** | S. 1613 |

Mit Blick auf die Diskussion in den NATO-Mitgliedstaaten über die Anwendung des I. Zusatzprotokolls zu den Genfer Abkommen von 1949 legt Fleischhauer die Haltung der Bundesregierung zur Abgabe einer Erklärung über den Einsatz von Nuklearwaffen dar.

| 329 | 27.10. | **Gespräch des Bundeskanzlers Schmidt mit dem Präsidenten der EG-Kommission, Jenkins** | S. 1617 |

Gegenstand sind das Europäische Währungssystem, die Gewährung der Freizügigkeit bei einer Erweiterung der Europäischen Gemeinschaften sowie die GATT-Verhandlungen.

| 330 | 27.10. | **Gespräch des Staatssekretärs van Well mit dem Abteilungsleiter im ZK der KPdSU, Samjatin** | S. 1622 |

Neben den bilateralen Beziehungen werden die Lage im südlichen Afrika und im Nahen Osten, SALT, die Rolle der Volksrepublik China sowie die Rüstungsexportpolitik der Bundesrepublik behandelt.

331 27.10. Aufzeichnung des Ministerialdirektors Blech S. 1629

Blech analysiert eine amerikanische Initiative zur Lösung des Zypern-Konflikts mit Blick auf frühere deutsch-französische Überlegungen.

332 27.10. Gesandter Hansen, Washington, an das Auswärtige Amt S. 1633

Hansen gibt eine amerikanische Einschätzung der Lage im Iran wieder.

333 30.10. Aufzeichnung des Vortragenden Legationsrats I. Klasse Pabsch S. 1635

Pabsch informiert über die Einsatz von Personal aus der Bundesrepublik beim Export von Rüstungsgütern aus deutsch-französischer Koproduktion in den Nahen Osten sowie in die Volksrepublik China.

334 31.10. Runderlaß des Vortragenden Legationsrats I. Klasse Stabreit S. 1639

Stabreit faßt die Ergebnisse des informellen Treffens der Außenminister der EG-Mitgliedstaaten im Rahmen der EPZ am 28./29. Oktober auf Schloß Gymnich zusammen. Themen waren der Vorschlag des Staatspräsidenten Giscard d'Estaing zur Einsetzung eines „Komitees der drei Weisen" zur Reform der Europäischen Gemeinschaften in Hinblick auf ihre Erweiterung, die Beziehungen zu den ASEAN-Mitgliedstaaten, eine engere Zusammenarbeit zwischen EPZ und Europäischem Parlament, die Ost-West-Beziehungen, Südafrika und der Nahe Osten.

335 31.10. Ministerialdirektor Meyer-Landrut an Botschafter Schütz, Tel Aviv S. 1643

Meyer-Landrut erteilt Weisung für eine Demarche bei der israelischen Regierung wegen der Gründung neuer Siedlungen in der Westbank und im Gaza-Streifen.

336 01.11. Gespräch des Bundeskanzlers Schmidt mit Ministerpräsident Andreotti in Siena S. 1645

Im Mittelpunkt stehen die Neutronenwaffe, SALT, die französische Abrüstungsinitiative und die Rolle der Bundesrepublik in der NATO.

337 01.11. Gespräch des Bundeskanzlers Schmidt mit Ministerpräsident Andreotti in Siena S. 1652

Schmidt und Andreotti erörtern Fragen der Chemiefaserindustrie in Europa und des Europäischen Währungssystems. Weitere Themen sind die bilateralen Wirtschaftsbeziehungen, der Vorschlag des Staatspräsidenten Giscard d'Estaing zur Einsetzung eines „Komitees der drei Weisen", die Wahlen zum Europäischen Parlament, der Zusammenhang zwischen den GATT-Verhandlungen und der europäischen Agrarförderung sowie die finanzielle Unterstützung für Malta und die Lage im Nahen Osten.

338 02.11. **Gespräch des Bundeskanzlers Schmidt mit Staatspräsident Giscard d'Estaing in Paris** S. 1662

Gegenstand ist das Europäische Währungssystem, insbesondere die mögliche Ausgestaltung des Interventionssystems.

339 02.11. **Gespräch des Bundesministers Genscher mit dem polnischen Außenminister Wojtaszek in Warschau** S. 1665

Die Gesprächspartner behandeln den Stand der deutsch-polnischen Beziehungen in politischer, wirtschaftlicher und kultureller Hinsicht.

340 05.11. **Botschafter Ritzel, Teheran, an das Auswärtige Amt** S. 1674

Ritzel gibt eine Einschätzung der weiteren Entwicklung im Iran und des Kräfteverhältnisses der unterschiedlichen gesellschaftlichen Gruppierungen.

341 05.11. **Botschafter Ahrens, Warschau, an das Auswärtige Amt** S. 1676

Ahrens resümiert ein Gespräch des Bundesministers Genscher mit dem Ersten Sekretär des ZK der PVAP, Gierek. Besprochen wurden die bilateralen Beziehungen, die polnische Innen- und Außenpolitik sowie die internationalen Abrüstungsbemühungen, insbesondere der polnische Vorschlag einer UNO-Resolution über „Erziehung zum Frieden".

342 06.11. **Botschaftsrat I. Klasse Venzlaff, Addis Abeba, an das Auswärtige Amt** S. 1681

Venzlaff befaßt sich mit den Beziehungen zu Äthiopien, einschließlich der Frage der Wiederbesetzung des Botschafterpostens in Addis Abeba.

343 07.11. **Gespräch des Bundeskanzlers Schmidt mit König Hussein** S. 1685

Im Mittelpunkt stehen die bilateralen Beziehungen, Vorgeschichte und Ergebnisse der Konferenz von Camp David, insbesondere deren Wirkung auf die arabischen Staaten, sowie die Lage im Libanon, im Irak, in der Demokratischen Volksrepublik Jemen (Südjemen) und der Arabischen Republik Jemen (Nordjemen).

344 07.11. **Aufzeichnung des Ministerialdirektors Meyer-Landrut** S. 1691

Meyer-Landrut resümiert ein Gespräch des Bundesministers Genscher mit König Hussein. Themen waren Vorgeschichte und

Ergebnisse der Konferenz von Camp David sowie die Lage im Libanon.

345 09.11. **Aufzeichnung des Ministerialdirektors Müller** S. 1693

Müller informiert über ein Gespräch mit dem IG-Metall-Vorsitzenden Loderer und dessen Äußerungen zur internationalen Gewerkschaftszusammenarbeit sowie zu Gewerkschaften in Australien, Spanien, Griechenland, der Türkei, der DDR und der UdSSR.

346 09.11. **Drahterlaß des Ministerialdirektors Fleischhauer** S. 1696

Fleischhauer unterrichtet über ein Gespräch des Bundesministers Genscher mit dem Apostolischen Nuntius Del Mestri zur Einrichtung von Administraturen im Zuge einer kirchenrechtlichen Neuordnung in der DDR.

347 10.11. **Gespräch des Staatssekretärs van Well mit den Botschaftern Brunet (Frankreich) und Stoessel (USA) und dem britischen Gesandtem Bullard** S. 1699

Van Well setzt die Vertreter der Drei Mächte vom Ergebnis der Verhandlungen zwischen der Bundesrepublik und der DDR in Kenntnis.

348 14.11. **Aufzeichnung des Ministerialdirigenten Pfeffer** S. 1704

Pfeffer faßt deutsch-amerikanische Vereinbarungen zur Frage einer möglichen Verlegung amerikanischer Truppen und Rüstungsgüter aus der Bundesrepublik in Gebiete außerhalb der NATO zusammen.

349 15.11. **Aufzeichnung des Ministerialdirektors Blech** S. 1707

Blech stellt Überlegungen zur Reaktion der Bundesregierung auf die mögliche Verlegung amerikanischer Truppen und Rüstungsgüter aus der Bundesrepublik in Gebiete außerhalb der NATO an.

350 17.11. **Gespräch des Bundeskanzlers Schmidt mit den Außenministern Rajaratnam (Singapur), Rithauddeen (Malaysia), Romulo (Philippinen) und Upadit Pachariyangkun (Thailand)** S. 1711

Themen sind die politischen und wirtschaftlichen Beziehungen zwischen den EG- und den ASEAN-Mitgliedstaaten sowie die Lage in Südostasien, insbesondere die Flüchtlingsproblematik.

351 20.11. **Aufzeichnung des Ministerialdirigenten Lücking** S. 1716

Lücking erwägt mögliche Reaktionen auf die von der jugoslawischen Regierung ausgesprochene Ablehnung eines Ersuchens der Bundesrepublik um Auslieferung von RAF-Mitgliedern.

352	21.11. **Botschafter Pauls, Brüssel (NATO), an das Auswärtige Amt**	S. 1719

Pauls resümiert Konsultationen im Ständigen NATO-Rat anläßlich einer amerikanischen Erklärung zur Grauzonenproblematik.

353	22.11. **Botschafter Sigrist, Brüssel (EG), an das Auswärtige Amt**	S. 1723

Sigrist berichtet über das Treffen der Außenminister der EG- und der ASEAN-Mitgliedstaaten zur Vertiefung der Zusammenarbeit.

354	22.11. **Botschafter von Staden, Washington, an das Auswärtige Amt**	S. 1728

Staden gibt ein Gespräch mit dem Sicherheitsberater des amerikanischen Präsidenten, Brzezinski, wieder. Erörtert wurden die Grauzonenproblematik, SALT sowie die Lage im Iran und in Kuba.

355	23.11. **Gespräch des Bundeskanzlers Schmidt mit Ministerpräsident Nordli in Hamburg**	S. 1731

Gegenstand des Gesprächs sind die Beziehungen Norwegens zu den Europäischen Gemeinschaften, insbesondere seine mögliche Assoziierung an das Europäische Währungssystem, militärstrategische Fragen, darunter die NATO-Nordflanke, die Grauzonenproblematik sowie die Beteiligung Norwegens am AWACS-Programm.

356	23.11. **Aufzeichnung des Ministerialdirektors Blech**	S. 1736

Blech diskutiert die mögliche Vorgehensweise bei der Initiierung eines multilateralen Hilfsprogramms für die Türkei.

357	23.11. **Botschafter Pauls, Brüssel (NATO), an das Auswärtige Amt**	S. 1740

Pauls gibt eine Vorschau auf die NATO-Ministerratstagung und beschreibt den Stand von SALT, MBFR sowie des AWACS-Programms.

358	24.11. **Aufzeichnung des Ministerialdirigenten Freiherr von Stein**	S. 1745

Stein informiert über den Wunsch Großbritanniens nach Modifizierung der COCOM-Regeln, um britische Rüstungsexporte in die Volksrepublik China zu ermöglichen.

Dezember

359   27.11.   **Gespräch des Bundeskanzlers Schmidt mit dem französischen Außenminister de Guiringaud**   S. 1748

Die Gesprächspartner erörtern den Stand der Verhandlungen über das Europäische Währungssystem, die EG-Fischereipolitik, die französische Diskussion um die Rechte des Europäischen Parlaments sowie die Frage einer möglichen Entschädigung für während des Zweiten Weltkriegs zwangsrekrutierte Elsässer und Lothringer.

360   27.11.   **Aufzeichnung des Botschafters Ruth**   S. 1752

Ruth resümiert den Stand der Verhandlungen über ein umfassendes Teststoppabkommen.

361   28.11.   **Aufzeichnung des Referats 201**   S. 1755

Referat 201 informiert über die Ergebnisse der Analyse der „High Level Working Group" der Nuklearen Planungsgruppe bezüglich der TNF-Modernisierung und über die anschließenden Konsultationen im Ständigen NATO-Rat in Brüssel hierzu.

362   28.11.   **Botschafter Wieck, Moskau, an das Auswärtige Amt**   S. 1759

Wieck gibt Informationen des amerikanischen Botschafters Toon zu amerikanisch-sowjetischen Gesprächen über die Lage im Iran wieder.

363   28.11.   **Runderlaß des Vortragenden Legationsrats I. Klasse Ellerkmann**   S. 1760

Ellerkmann bilanziert eine EG-Ministerratstagung in Brüssel. Erörtert wurden die Beziehungen der Europäischen Gemeinschaften zu Japan und Jugoslawien, die EG-Fischereipolitik, die Rechtsstellung des Europäischen Parlaments, die Verhandlungen mit den AKP-Staaten und die GATT-Verhandlungen.

364   28.11.   **Botschafter Herbst, Paris, an das Auswärtige Amt**   S. 1766

Im Zusammenhang mit einer möglichen Rückkehr Frankreichs in die militärische Integration der NATO analysiert Herbst die französische Rolle in der internationalen Abrüstungsdiskussion.

365   30.11.   **Botschafter Pauls, Brüssel (NATO), an das Auswärtige Amt**   S. 1770

Pauls berichtet über Konsultationen des Ständigen NATO-Rats zur Unterzeichnung einer Absichtserklärung zum AWACS-Programm.

366   01.12.   **Gespräch des Bundeskanzlers Schmidt mit Ministerpräsident van Agt in Kleve**   S. 1774

Erörtert werden bilaterale Fragen, das Europäische Währungssystem, die EG-Agrarpolitik und der Vorschlag des Staatspräsidenten Giscard d'Estaing zur Einsetzung eines „Komitees der drei Weisen".

367 01.12. **Aufzeichnung des Ministerialdirektors Lautenschlager** S. 1780

Lautenschlager befaßt sich mit der Subventionierung des Airbus-Programms.

368 01.12. **Aufzeichnung des Vortragenden Legationsrats I. Klasse Dannenbring** S. 1782

Dannenbring äußert sich zur Frage der Ausbildung von israelischen Piloten an Flugsimulatoren der amerikanischen Streitkräfte auf dem Gebiet der Bundesrepublik.

369 01.12. **Botschafter Wieck, Moskau, an das Auswärtige Amt** S. 1784

Wieck berichtet über ein Gespräch mit dem sowjetischen Ersten Stellvertretenden Ministerpräsidenten Tichonow. Thema waren die bilateralen Beziehungen im Energiebereich.

370 01.12. **Botschafter Behrends, Kairo, an das Auswärtige Amt** S. 1787

Behrends informiert über den Stand der Friedensverhandlungen zwischen Ägypten und Israel und äußert sich zu den Aussichten für einen Friedensvertrag.

371 02.12. **Aufzeichnung des Ministerialdirigenten Lücking** S. 1790

Lücking faßt die wichtigsten Ergebnisse der Gespräche mit dem sowjetischen Außenministerium auf Direktorenebene zusammen. Außer internationalen Fragen wurde vor allem die Einbeziehung von Berlin (West) in bilaterale Verträge und Abkommen erörtert.

372 03.12. **Bundeskanzler Schmidt an Präsident Carter** S. 1795

Schmidt äußert sich zum amerikanischen Vorschlag einer Begrenzung des Exports konventioneller Rüstungsgüter und erklärt sich zu Gesprächen darüber bereit.

373 04.12. **Aufzeichnung des Botschafters Ruth** S. 1796

Ruth analysiert Vorschläge der Bundesregierung zur Kollektivität bei MBFR und gibt amerikanische und britische Reaktionen wieder.

374 05.12. **Botschafter Pauls, Brüssel (NATO), an das Auswärtige Amt** S. 1800

Pauls berichtet über die Ministersitzung der Eurogroup. Im Mittelpunkt standen die TNF-Modernisierung und die Situation an der NATO-Nordflanke.

Dezember

| 375 | 06.12. | Botschafter von Puttkamer, Belgrad, an das Auswärtige Amt | S. 1806 |

Puttkamer resümiert ein Gespräch mit dem jugoslawischen Außenminister Vrhovec über die jugoslawische Weigerung, vier RAF-Mitglieder auszuweisen, und über die daraus erwachsenden Konsequenzen für die bilateralen Beziehungen.

| 376 | 07.12. | Gespräch des Bundeskanzlers Schmidt mit Ministerpräsident Nouira | S. 1811 |

Erörtert werden die wirtschaftlichen Beziehungen Tunesiens zur Bundesrepublik und zu den Europäischen Gemeinschaften, Fragen der Weltwirtschaft und der Entwicklungspolitik sowie die Lage in Nordafrika und im Nahen Osten.

| 377 | 07.12. | Botschafter Pauls, Brüssel (NATO), an das Auswärtige Amt | S. 1816 |

Pauls informiert über die Ministersitzung des Ausschusses für Verteidigungsplanung (DPC) im kleinen Kreis. Themen waren die Verteidigungsausgaben, die TNF-Modernisierung und die Lage im Iran.

| 378 | 07.12. | Ministerialdirektor Blech, z. Z. Brüssel, an das Auswärtige Amt | S. 1823 |

Blech berichtet über das Vierertreffen der Außenminister. In dessen Mittelpunkt standen die Beziehungen zwischen den Europäischen Gemeinschaften und Berlin sowie die Frage, ob sich das Genfer Protokolls über das Verbot der Verwendung von erstickenden, giftigen oder ähnlichen Gasen sowie bakteriologischen Mitteln im Kriege auf Berlin erstreckt.

| 379 | 08.12. | Gespräch des Bundeskanzlers Schmidt mit dem amerikanischen Finanzminister Blumenthal | S. 1829 |

Gegenstand sind das Europäische Währungssystem und internationale Währungsfragen sowie die Wirtschaftsentwicklung in den USA und SALT.

| 380 | 08.12. | Runderlaß des Vortragenden Legationsrats I. Klasse Ellerkmann | S. 1836 |

Ellerkmann resümiert die Tagung des Europäischen Rats in Brüssel, auf der insbesondere das Europäische Währungssystem und die Erweiterung der Europäischen Gemeinschaften erörtert wurden.

| 381 | 09.12. | Botschafter Ritzel, Teheran, an das Auswärtige Amt | S. 1841 |

Ritzel informiert über ein Gespräch mit Schah Reza Pahlevi zur Lage im Iran und äußert sich zu den Sicherheitsvorkehrungen für die Botschaft der Bundesrepublik.

LXVII

| 382 | 12.12. | **Runderlaß des Vortragenden Legationsrats Evertz** | S. 1843 |

Evertz faßt die NATO-Ministerratstagung zusammen, auf der die Entspannungspolitik, die KSZE, die TNF-Modernisierung, MBFR, SALT, die Lage in Namibia, Rhodesien und im Iran sowie der Nahost-Konflikt erörtert wurden.

| 383 | 12.12. | **Botschafter Blomeyer-Bartenstein, z. Z. Genf, an das Auswärtige Amt** | S. 1848 |

Blomeyer-Bartenstein unterrichtet über Verlauf und Ergebnisse des KSZE-Expertentreffens in Montreux über Methoden der friedlichen Streitschlichtung.

| 384 | 13.12. | **Bundesminister Genscher an Bundeskanzler Schmidt** | S. 1852 |

Genscher unterstützt portugiesische Wünsche nach einer Ausweitung der Verteidigungshilfe.

| 385 | 15.12. | **Aufzeichnung des Ministerialdirektors Lautenschlager** | S. 1853 |

Lautenschlager notiert die Ergebnisse einer Hausbesprechung zur Frage, ob die rechtliche Grundlage für eine Ablehnung der Lieferung von Ausrüstungsgegenständen für die Sicherheitskräfte im Iran angesichts anhaltender innerer Unruhen und eines möglichen Regierungswechsels gegeben ist.

| 386 | 18.12. | **Aufzeichnung des Referats 422** | S. 1856 |

Angesichts des britischen und französischen Interesses am Export von Rüstungsgütern in die Volksrepublik China werden mögliche Vorgehensweisen der Bundesrepublik im Rahmen von COCOM erörtert.

| 387 | 18.12. | **Botschafter von Staden, Washington, an Bundeskanzler Schmidt** | S. 1860 |

Staden bewertet die Außenpolitik der Regierung des Präsidenten Carter, insbesondere ihre Auswirkungen auf die internationale Entspannungspolitik, und gibt einen Ausblick auf die achtziger Jahre.

| 388 | 18.12. | **Botschafter Jung, Wien (MBFR-Delegation), an das Auswärtige Amt** | S. 1863 |

Jung resümiert den Verlauf der 16. Runde der MBFR-Verhandlungen, in deren Mittelpunkt Fragen der Parität und der Kollektivität standen.

| 389 | 19.12. | **Botschaftsrat I. Klasse Schatzschneider, Islamabad, an das Auswärtige Amt** | S. 1870 |

Schatzschneider faßt die Ergebnisse der Gespräche des Staatssekretärs van Well in Pakistan zusammen. Erörtert wurden die Lage in den Nachbarstaaten Pakistans, die Entspannungspolitik, pakistanische Wünsche nach Rüstungslieferungen und einer

Dezember

Umschuldung, der Zustrom von Asylbewerbern in die Bundesrepublik, die Bekämpfung des Drogenhandels sowie das Abstimmungsverhalten Pakistans in der UNO.

390 19.12. **Aufzeichnung des Vortragenden Legationsrats I. Klasse Schenk** S. 1881

Schenk faßt ein Gespräch des Bundesministers Genscher mit dem amerikanischen Botschafter Stoessel zusammen. Erörtert wurden u. a. die Lage im Iran und in Namibia, die Aufnahme diplomatischer Beziehungen zwischen den USA und der Volksrepublik China, SALT sowie MBFR.

391 19.12. **Gespräch des Staatssekretärs van Well mit dem italienischen Botschafter Orlandi-Contucci** S. 1887

Orlandi-Contucci protestiert gegen die Nichteinladung Italiens zu dem Treffen des Bundeskanzlers Schmidt mit Premierminister Callaghan, Präsident Carter und Staatspräsident Giscard d'Estaing am 5./6. Januar 1979 auf Guadeloupe.

392 19.12. **Botschafter Freiherr von Wechmar, New York (UNO), an das Auswärtige Amt** S. 1889

Wechmar berichtet über ein Gespräch mit UNO-Generalsekretär Waldheim. Im Mittelpunkt stand dessen Plan für eine Lösung des Zypern-Konflikts.

393 20.12. **Botschafter von Staden, Washington, an das Auswärtige Amt** S. 1893

Staden übermittelt eine amerikanische Einschätzung zur Möglichkeit eines Regierungswechsels im Iran und zur Haltung der UdSSR dazu.

394 21.12. **Aufzeichnung des Staatssekretärs Hermes** S. 1895

Hermes resümiert ein Gespräch mit dem Generalsekretär des französischen Außenministeriums, Soutou, zum Export von Rüstungsgütern aus deutsch-französischer Koproduktion an die Volksrepublik China.

395 21.12. **Aufzeichnung des Ministerialdirigenten Lücking** S. 1898

Lücking erörtert mögliche Auswirkungen der bevorstehenden Aufnahme diplomatischer Beziehungen zwischen den USA und der Volksrepublik China auf die sowjetische Außenpolitik.

396 21.12. **Botschafter Sigrist, Brüssel (EG), an das Auswärtige Amt** S. 1904

Sigrist teilt mit, daß in den Verhandlungen über einen EG-Beitritt Griechenlands eine Einigung in entscheidenden Punkten erzielt werden konnte.

397	21.12.	Botschafter Sigrist, Brüssel (EG), an das Auswärtige Amt	S. 1906

Sigrist gibt einen Überblick über die EG-Ratspräsidentschaft der Bundesrepublik unter besonderer Berücksichtigung der Fortschritte in den Bereichen innerer Ausbau, Erweiterung und Außenbeziehungen der Gemeinschaft.

398	22.12.	Runderlaß des Ministerialdirektors Meyer-Landrut	S. 1921

Meyer-Landrut unterrichtet über ein Gespräch des Bundesministers Genscher mit dem israelischen Außenminister Dayan. Im Mittelpunkt standen die Friedensverhandlungen zwischen Ägypten und Israel.

399	26.12.	Botschafter Wieck, Moskau, an das Auswärtige Amt	S. 1925

Wieck übermittelt amerikanische Informationen über ein Gespräch des amerikanischen Außenministers Vance mit dem sowjetischen Außenminister Gromyko in Genf. Themen waren vor allem SALT, die Aufnahme diplomatischer Beziehungen zwischen den USA und der Volksrepublik China sowie die Lage im Nahen Osten und im Iran.

400	27.12.	Aufzeichnung des Staatssekretärs van Well	S. 1929

Van Well informiert über ein Gespräch des Bundeskanzlers Schmidt mit dem polnischen Stellvertretenden Ministerpräsidenten Wrzaszczyk bezüglich der Gewährung eines Finanzkredits an Polen.

401	28./29. 12.	Informelles Treffen von sieben Staats- und Regierungschefs auf Jamaika	S. 1930

Die Gesprächspartner erörtern die Lage der Weltwirtschaft und äußern sich zum Verhältnis zwischen Industrie- und Entwicklungsländern, insbesondere in Hinblick auf die Schaffung eines Gemeinsamen Fonds zur Stabilisierung der Rohstoffmärkte.

402	29.12.	Aufzeichnung des Botschafters Ruth	S. 1950

Ruth resümiert die Diskussion über ein geplantes Abkommen zum Verbot der Herstellung, Produktion und Lagerung von chemischen Waffen.

403	29.12.	Gesandter Randermann, New York (UNO), an das Auswärtige Amt	S. 1956

Nach Annahme einer von den EG-Mitgliedstaaten eingebrachten Resolution zu friedenserhaltenden Maßnahmen der UNO analysiert Randermann die multilaterale Zusammenarbeit bei ihrer Formulierung.

Literaturverzeichnis

AAPD	Akten zur Auswärtigen Politik der Bundesrepublik Deutschland, hrsg. im Auftrag des Auswärtigen Amts vom Institut für Zeitgeschichte, Jahresbände 1949/50 und 1963–1977, München 1994–2008.
ACTA APOSTOLICAE SEDIS	Acta Apostolicae Sedis. Commentarium Officiale. Band 21: 1929, Vatikanstadt 1929.
ADAP, D	Akten zur deutschen auswärtigen Politik 1918–1945. Serie D (1937–1945). Band II: Deutschland und die Tschechoslowakei (1937–1938), Baden-Baden 1953.
AdG	Archiv der Gegenwart, zusammengestellt von Heinrich von Siegler, Bonn/Wien/Zürich 1955 ff.
AGAINST AGGRESSION	Against Aggression, Speeches by Maxim Litvinov, New York 1939.
AMTSBLATT DER EUROPÄISCHEN GEMEINSCHAFTEN	Amtsblatt der Europäischen Gemeinschaften (EGKS, EWG, EURATOM), Brüssel 1958 ff.
AMTLICHES MITTEILUNGSBLATT DES BUNDESAUSGLEICHSAMTS	Amtliches Mitteilungsblatt des Bundesausgleichsamtes, hrsg. vom Präsidenten des Bundesausgleichsamtes, Köln 1953 ff.
AUSSENPOLITIK DER DDR	Dokumente zur Außenpolitik der Deutschen Demokratischen Republik. Band XXVI: 1978; hrsg. vom Institut für Internationale Beziehungen an der Akademie für Staats- und Rechtswissenschaft der DDR, Potsdam-Babelsberg, in Zusammenarbeit mit der Abteilung Rechts- und Vertragswesen des Ministeriums für Auswärtige Angelegenheiten der Deutschen Demokratischen Republik, Berlin [Ost] 1983.
BONN UND OST-BERLIN	Heinrich Potthoff, Bonn und Ost-Berlin 1969–1982. Dialog auf höchster Ebene und vertrauliche Kanäle. Darstellung und Dokumente, Bonn 1997.
BONN – WARSCHAU	Bonn–Warschau 1945–1991. Die deutsch-polnischen Beziehungen. Analyse und Dokumentation, hrsg. von Hans-Adolf Jacobson und Mieczysław Tomala, Köln 1992.
BRESHNEW, Wege	Leonid I. Breshnew, Auf dem Wege Lenins. Reden und Aufsätze. Band 7: Januar 1978–März 1979, Berlin [Ost] 1980.
BT ANLAGEN	Verhandlungen des Deutschen Bundestages. Anlagen zu den Stenographischen Berichten, Bonn 1950 ff.

Literaturverzeichnis

BT STENOGRAPHISCHE BERICHTE — Verhandlungen des Deutschen Bundestages. Stenographische Berichte, Bonn 1950 ff.

BULLETIN — Bulletin des Presse- und Informationsamtes der Bundesregierung, Bonn 1951 ff.

BULLETIN DER EG — Bulletin der Europäischen Gemeinschaften, hrsg. vom Generalsekretariat der Kommission der Europäischen Gemeinschaften, Brüssel 1968 ff.

BULLETIN DER EWG — Bulletin der Europäischen Wirtschaftsgemeinschaft, hrsg. vom Sekretariat der Kommission der Europäischen Wirtschaftsgemeinschaft, Brüssel 1958–1967.

BUNDESANZEIGER — Bundesanzeiger, hrsg. vom Bundesminister der Justiz, Bonn 1950 ff.

BUNDESGESETZBLATT — Bundesgesetzblatt, hrsg. vom Bundesminister der Justiz, Bonn 1949 ff.

BUNDESGESETZBLATT FÜR DIE REPUBLIK ÖSTERREICH — Bundesgesetzblatt für die Republik Österreich, Wien 1945 ff.

Castro, Reden — Fidel Castro, Ausgewählte Reden, Berlin [Ost] 1976.

CONGRESSIONAL RECORD — Congressional Record. Proceedings and Debates of the 89th Congress, Second Session, Band 112, Teil 16 (August 29, 1966 to September 12, 1966). Proceedings and Debates of the 91st Congress, First Session, Band 115, Teil 27 (November 26, 1969 to December 4, 1969). Proceedings and Debates of the 94th Congress, Second Session, Band 122, Teil 19 (July 22, 1976 to July 29, 1976), hrsg. vom United States Government Printing Office, Washington D. C. 1966, 1969 und 1976.

CONSTITUTION OF NATIONS — Constitutions of Nations, Band III: Europe, bearbeitet von Martinus Nijhoff, hrsg. von Amos J. Peaslee, Den Haag 1968.

DÉCLARATIONS — Les déclarations des droits de l'homme de 1789, hrsg. und bearbeitet von Christine Fauré, Paris 1988.

DEPARTMENT OF STATE BULLETIN — The Department of State Bulletin. The Official Weekly Record of United States Foreign Policy, Washington D.C. 1947 ff.

DOCUMENTS ON DISARMAMENT — Documents on Disarmament, hrsg. von der United States Arms Control and Disarmament Agency, Washington D.C. 1963 ff.

DOKUMENTE DES GETEILTEN DEUTSCHLAND — Dokumente des geteilten Deutschland. Quellentexte zur Rechtslage des Deutschen Reiches, der Bundesrepublik Deutschland und der Deutschen Demokratischen Republik. Band 1,

	hrsg. von Ingo von Münch, 2. Auflage, Stuttgart 1976.
DOKUMENTE ZUR BERLIN-FRAGE 1944–1966	Dokumente zur Berlin-Frage 1944–1966, hrsg. vom Forschungsinstitut der Deutschen Gesellschaft für Auswärtige Politik e.V., Bonn, in Zusammenarbeit mit dem Senat von Berlin, 3. Auflage, München 1967.
DzD IV	Dokumente zur Deutschlandpolitik. IV. Reihe: Vom 10. November 1958 bis 30. November 1966, 12 Bände, hrsg. vom Bundesministerium für innerdeutsche Beziehungen, Frankfurt am Main 1971–1981.
DzD V	Dokumente zur Deutschlandpolitik. V. Reihe: Vom 1. Dezember 1966 bis 20. Oktober 1969, 2 Bände, hrsg. vom Bundesministerium für innerdeutsche Beziehungen, Frankfurt am Main 1984–1987.
DzD VI	Dokumente zur Deutschlandpolitik. VI. Reihe: Band 4, vom 1. Januar 1975 bis 31. Dezember 1976, hrsg. vom Bundesministerium des Innern, München 2007.
ENTSCHEIDUNGEN	Entscheidungen des Bundesverfassungsgerichts, hrsg. von den Mitgliedern des Bundesverfassungsgerichts, Tübingen 1953 ff.
ENTSCHEIDUNGEN DES BUNDESSOZIALGERICHTS	Entscheidungen des Bundessozialgerichts, hrsg. von seinen Richtern, Band 42, Berlin/Köln 1977.
EUROPA-ARCHIV	Europa-Archiv. Zeitschrift für Internationale Politik, Bonn 1946 ff.
EUROPÄISCHES PARLAMENT, SITZUNGSDOKUMENTE 1977–1978	Europäisches Parlament, Sitzungsdokumente 1977–1978, Band 42, hrsg. von den Europäischen Gemeinschaften, Luxemburg 1978.
FRUS 1961–1963	Foreign Relations of the United States 1961–1963. Band XI: Cuban Missile Crisis and Aftermath, bearbeitet von Edward C. Keefer, Charles S. Sampson und Louis J. Smith, hrsg. von David S. Patterson, Washington D.C. 1994. Band XV: Berlin Crisis 1962–1963, bearbeitet von Charles S. Sampson, hrsg. von Glenn W. LaFantasie, Washington D.C. 1996.
FRUS 1964–1968	Foreign Relations of the United States 1964–1968. Band XIII: Western Europe Region, bearbeitet von Charles S. Sampson und Glenn W. LaFantasie, Washington D.C. 1995. Band XV: Germany and Berlin, bearbeitet von James E. Miller und David S. Patterson, Washington D.C. 1999.

Literaturverzeichnis

FRUS 1969–1976	Foreign Relations of the United States 1969–1976. Band XIV: Soviet Union, October 1971 – May 1972, bearbeitet von David C. Geyer, Nina D. Howland, Kent Sieg und Edward C. Keefer, Washington D.C. 2006. Band XVII: China 1969–1972, bearbeitet von Steven Phillips und Edward C. Keefer, Washington D.C. 2006. Band XL: Germany and Berlin 1969–1972, bearbeitet von David C. Geyer und Edward C. Keefer, Washington D.C. 2007.
FÜNFTER GESAMTBERICHT 1971	Fünfter Gesamtbericht über die Tätigkeit der Gemeinschaften 1971, hrsg. von der Kommission der Europäischen Gemeinschaften, Brüssel 1971.
DE GAULLE, Discours et messages	Charles de Gaulle, Discours et messages. Band 4: Pour l' Effort (août 1962–décembre 1965), [Paris] 1970.
DE GAULLE, Lettres, notes et carnets	Charles de Gaulle, Lettres, notes et carnets, Juin 1958 – Decembre 1960, [Paris] 1985.
GENSCHER, Erinnerungen	Hans-Dietrich Genscher, Erinnerungen, Berlin 1995.
GESETZBLATT DER DDR	Gesetzblatt der Deutschen Demokratischen Republik, Berlin [Ost] 1949 ff.
GESETZ- UND VERORDNUNGSBLATT FÜR BERLIN	Gesetz- und Verordnungsblatt für Berlin, hrsg. vom Senator für Justiz, Berlin 1951 ff.
HÄBER-PROTOKOLLE	Die Häber-Protokolle. Schlaglichter der SED-Westpolitik 1973–1985, hrsg. von Detlef Nakath und Gerd-Rüdiger Stephan, Berlin 1999.
HANSARD, Commons	The Parliamentary Debates (Hansard). House of Commons, Official Report. Fifth Series. Band 929 (Session 1976–1977), London 1977.
JOURNAL OFFICIEL. LOIS ET DÉCRETS	Table Mensuelle du Journal Officiel de la République française. Lois et Décrets. Janvier 1958, Paris 1958.
LENIN, Werke	Wladimir Iljitsch Lenin, Werke, Band 24, April–Juni 1917, Berlin [Ost] 1959.
LNTS	League of Nations Treaty Series. Publication of Treaties and International Engagements registered with the Secreteriat of the League, hrsg. vom Publications Sales Department of the League of Nations, Genf 1920–1946.
NATO FINAL COMMUNIQUES 1949–1974	Texts of Final Communiques 1949–1974. Issued by Ministerial Sessions of the North Atlantic Council, the Defence Planning Committee, and the Nuclear Planning Group, Brüssel o. J.

NATO FINAL COMMUNIQUES 1975–1980	Texts of Final Communiques 1975–1980. Issued by Ministerial Sessions of the North Atlantic Council, the Defence Planning Committee, and the Nuclear Planning Group, Brüssel o. J.
NATO STRATEGY DOCUMENTS	NATO Strategy Documents 1949–1969, hrsg. von Gregory W. Pedlow in collaboration with NATO International Staff Central Archives, Brüssel [1997].
PARTEITAG 1966	Parteitag der Sozialdemokratischen Partei Deutschlands (SPD). Vom 1. bis 5. Juni 1966. Protokoll der Verhandlungen und Anträge, hrsg. vom Vorstand der Sozialdemokratischen Partei Deutschlands, Bonn 1966.
LA POLITIQUE ETRANGÈRE	La Politique Etrangère de la France. Textes et Documents. 1975 (2 Teilbände), 1976 (2 Teilbände), 1977 (2 Teilbände), 1978 (4 Teilbände), hrsg. vom Ministère des Affaires Etrangères, Paris 1975, 1976, 1977 und 1978.
OFFICIAL RECORDS OF THE FIRST SPECIAL SESSION OF THE GENERAL ASSEMBLY	United Nations. Official Records of the First Special Session of the General Assembly. Plenary Meetings. Verbatim Record. April 28 to May 15, 1947, New York 1947.
PREUSSISCHE GESETZSAMMLUNG	Gesetzsammlung für die Königlichen Preußischen Staaten 1869, Berlin o.J.
PROCEEDINGS	Assembly of Western European Union. Proceedings, 24th Ordinary Session, First Part (June 1978), Vol. I/II, Paris 1980.
PUBLIC PAPERS, CARTER 1977	Public Papers of the Presidents of the United States. Jimmy Carter. Band I: January 20 to June 24, 1977; Band II: June 25 to December 31, 1977, Washington D.C. 1978.
PUBLIC PAPERS, CARTER 1978	Public Papers of the Presidents of the United States. Jimmy Carter. Band I: January 1 to June 30, 1978; Band II: June 30 to December 31, 1978, Washington D.C. 1979.
PUBLIC PAPERS, EISENHOWER	Public Papers of the Presidents of the United States. Dwight D. Eisenhower. Containing the Public Messages, Speeches, and Statements of the President. January 1 to December 31, 1954, Washington D.C. 1960.
PUBLIC PAPERS, FORD	Public Papers of the Presidents of the United States. Gerald R. Ford. Containing the Public Messages, Speeches, and Statements of the President. August 9 to December 31, 1974, Washington D.C. 1975.
PUBLIC PAPERS, KENNEDY	Public Papers of the Presidents of the United States. John F. Kennedy. Containing the Public

Literaturverzeichnis

	Messages, Speeches, and Statements of the President. January 1 to November 22, 1963, Washington D.C. 1964.
REICHSGESETZBLATT	Reichsgesetzblatt, hrsg. vom Reichsministerium des Innern, Berlin 1885, 1913 bzw. 1919–1945.
REPORTS	United Nations. Reports of International Arbitral Awards, Band XVIII, New York 1980.
REVOLUTION	Die Französische Revolution. Eine Dokumentation, hrsg. von Walter Grab, München 1973.
SACHAROW, ANDREJ	Andrej Sacharow, Mein Leben, München 1991.
SCHMIDT, Menschen	Helmut Schmidt, Menschen und Mächte, Berlin 1987.
SCHMIDT, Nachbarn	Helmut Schmidt, Die Deutschen und ihre Nachbarn. Menschen und Mächte II, Berlin 1990.
SIEBENTER GESAMTBERICHT 1973	Siebenter Gesamtbericht über die Tätigkeit der Gemeinschaften 1973, hrsg. von der Kommission der Europäischen Gemeinschaften, Brüssel 1974.
SICHERHEIT UND ZUSAMMENARBEIT Bd. 2	Sicherheit und Zusammenarbeit in Europa (KSZE). Analyse und Dokumentation 1973–1978, hrsg. von Hans-Adolf Jacobsen, Wolfgang Mallmann und Christian Meier, Köln 1978.
SOVIET DOCUMENTS ON FOREIGN POLICY	Soviet Documents on Foreign Policy, Bd. III (1933–1941), hrsg. von Jane Degras, New York 1953.
SPIEGEL-AFFÄRE	Alfred Grosser und Jürgen Seifert, Die Staatsmacht und ihre Kontrolle, Band I, hrsg. von Jürgen Seifert, Konstanz 1966.
ÜBERFALL	Der Überfall auf die israelische Olympiamannschaft. Dokumentation der Bundesregierung und des Freistaates Bayern, hrsg. vom Presse- und Informationsamt der Bundesregierung, Bonn 1972.
UN GENERAL ASSEMBLY, OFFICIAL RECORDS, FIFTH EMERGENCY SPECIAL SESSION	United Nations. Official Records of the General Assembly. Fifth Emergency Special Session. Plenary Meetings. Verbatim Records of Meetings, June 17–September 18, 1967, New York 1973.
UN GENERAL ASSEMBLY, 29th Session, Plenary Meetings	United Nations. Official Records of the General Assembly. Twenty-Ninth Session. Plenary Meetings. Verbatim Records of Meetings, September 17–December 18, 1974, 3 Bände, New York 1986.

UN GENERAL ASSEMBLY, 32nd Session, Plenary Meetings	United Nations. Official Records of the General Assembly. Thirty-Second Session. Plenary Meetings. Verbatim Records of Meetings, September 20–December 21, 1977, 3 Bände, New York 1978.
UN GENERAL ASSEMBLY, 33rd Session, Plenary Meetings	United Nations. Official Records of the General Assembly. Thirty-Third Session. Plenary Meetings. Verbatim Records of Meetings, September 19–December 21, 1978, 3 Bände, New York 1980.
UN MONTHLY CHRONICLE 1978	UN Monthly Chronicle. Vol. XV, hrsg. vom United Nations Office of Public Information, New York 1978.
UNITED NATIONS RESOLUTIONS Serie I	United Nations Resolutions. Series I: Resolutions Adopted by the General Assembly, hrsg. von Dusan J. Djonovich, New York 1972 ff.
UNITED NATIONS RESOLUTIONS Serie II	United Nations Resolutions. Series II: Resolutions and Decisions Adopted by the Security Council, hrsg. von Dusan J. Djonovich, New York 1988 ff.
UN SECURITY COUNCIL, OFFICIAL RECORDS	United Nations. Security Council. Official Records. Thirty-Third Year. 2056th–2107th meeting, New York o.J.
UN SECURITY COUNCIL, OFFICIAL RECORDS, SUPPLEMENTS	United Nations. Security Council. Official Records. Thirty-First Year. Supplement for July, August and September 1976, New York 1977. Thirty-Third Year. Supplement for January, February and March 1978, New York 1979.
UNTS	United Nations Treaty Series. Treaties and International Agreements. Registered or Filed and Recorded with the Secretariat of the United Nations, [New York] 1946/1947 ff.
US TREATIES	United States Treaties and Other International Agreements. Vol. 26, Band I–III, 1975, Washington D.C. 1976.
VEDOMOSTI VERCHOVNOGO SOVETA	Vedomosti Verchovnogo Soveta Sojuza Sovetskich Socialističeskich Respublik, Moskau 1954 ff.
WIENER VERHANDLUNGEN	Die Wiener Verhandlungen über Truppenreduzierungen in Mitteleuropa (MBFR). Chronik, Glossar, Dokumentation, Bibliographie 1973–1982. Bearbeitet von Susanne Feske, Frank Henneke, Reinhard Mutz und Randolph Nikutta, hrsg. von Reinhard Mutz, Baden-Baden 1983.

Literaturverzeichnis

YEARBOOK OF THE UNITED NATIONS — Yearbook of the United Nations, hrsg. vom Department of Public Information, New York 1947 ff.

ZEHN JAHRE DEUTSCHLANDPOLITIK — Zehn Jahre Deutschlandpolitik. Die Entwicklung der Beziehungen zwischen der Bundesrepublik Deutschland und der Deutschen Demokratischen Republik 1969–1979. Bericht und Dokumentation, hrsg. vom Bundesministerium für innerdeutsche Beziehungen, [Melsungen] 1980.

Abkürzungsverzeichnis

A	Austria/Österreich	BdKJ	Bund der Kommunisten Jugoslawiens
AA	Auswärtiges Amt	BGB	Bürgerliches Gesetzbuch
ABC-Waffen	atomare, biologische und chemische Waffen	BGS	Bundesgrenzschutz
ABM	Anti-Ballistic Missile	BIZ	Bank für Internationalen Zahlungsausgleich
ACDA	(United States) Arms Control and Disarmament Agency	BK	Bundeskanzler
		BKA	Bundeskanzleramt od. Bundeskriminalamt
ADN	Allgemeiner Deutscher Nachrichtendienst	BK/L	Berlin Kommandatura/Letter
AEW	Airborne Early Warning	BM	Bundesminister/ium
AFP	Agence France-Press	BMB	Bundesminister/ium für innerdeutsche Beziehungen
AHG	Ad-hoc-Gruppe		
AKP	Afrika, Karibik, Pazifik		
AL	Abteilungsleiter	BMF	Bundesminister/ium der Finanzen
ALCM	Air-Launched Cruise Missile		
		BMFT	Bundesminister/ium für Forschung und Technologie
AM	Außenminister		
ANC	African National Congress/Council	BMI	Bundesminister/ium des Innern
Anl./Anlg.	Anlage/Anlagen	BMJ	Bundesminister/ium der Justiz
ANSA	Agenzia Nazionale Stampa Associata		
		BMJFG	Bundesminister/ium für Jugend, Familie und Gesundheit
ANZUS	Australia, New Zealand, United States Security Treaty		
		BML	Bundesminister/ium für Landwirtschaft
ASEAN	Association of Southeast Asian Nations	BMP	Bundesminister/ium für Post und Fernmeldewesen
AStV	Ausschuß der Ständigen Vertreter	BMVg	Bundesminister/ium der Verteidigung
AU	Australien		
AWACS	Airborne Warning and Control System	BMWi	Bundesminister/ium für Wirtschaft
AWG	Außenwirtschaftsgesetz	BMZ	Bundesminister/ium für wirtschaftliche Zusammenarbeit
AWV	Außenwirtschaftsverordnung		
AZ	Aktenzeichen	BND	Bundesnachrichtendienst
B/BE	Belgien	BR	Bundesrat
BAM	Bundesaußenminister	BR (I)	Botschaftsrat (I. Klasse)
BAOR	British Army of the Rhine	BRD	Bundesrepublik Deutschland
BASC	Berlin Air Safety Center		
BDI	Bundesverband der Deutschen Industrie	BSP	Bruttosozialprodukt
		BSR	Bundessicherheitsrat

Abkürzungsverzeichnis

BT	Bundestag	DCA	Defense Cooperation Agreement
BVerfG	Bundesverfassungsgericht		
CA/CDN	Canada	DDR	Deutsche Demokratische Republik
CBM	Confidence Building Measures	DE	Drahterlaß
CCD	Conference of the Committee on Disarmament	Dg	(Ministerial-)Dirigent
		DGB	Deutscher Gewerkschaftsbund
CDA	Christlich Demokratischer Appell	DIHT	Deutscher Industrie-Handelstag
CDS	Centro Democrático Social	DK	Dänemark
CDU	Christlich-Demokratische Union Deutschlands	DKP	Deutsche Kommunistische Partei
CEE	Communauté économique européene	DLF	Deutschlandfunk
		DM	Deutsche Mark
CENTO	Central Treaty Organization	DOC	Document
		DPC	Defense Planning Committee
CH	Confoederatio Helvetica/Schweiz	DRC	Defense Review Committee
CIA	Central Intelligence Agency	DRK	Deutsches Rotes Kreuz
		DTA	Democratic Turnhalle Alliance
CM	Cruise Missile		
CNAD	Conference of National Armaments Directors	DW	Deutsche Welle
		E	España/Spanien
COCOM	Coordinating Committee for East-West Trade Policy	EAK	Europäische Abrüstungskonferenz
CoD	Conference on Disarmament	EC	European Community
COMECON	Council for Mutual Economic Aid/Assistance	ECE	Economic Commission for Europe
CSCE	Conference on Security and Cooperation in Europe	ECOFIN	Economy and Finances
		ECU	European Currency Unit
ČS/ČSSR	Československá Socialistická Republika/ Tschechoslowakische Sozialistische Republik	EFTA	European Free Trade Association
		EG	Europäische Gemeinschaften
CSU	Christlich-Soziale Union	EGKS	Europäische Gemeinschaft für Kohle und Stahl
CTB(T)	Comprehensive Test Ban (Treaty)	EH	Entwicklungshilfe
CW	Chemical Weapons bzw. Chemiewaffen	EIB	Europäische Investitionsbank
D	Deutschland bzw. (Ministerial-)Direktor	EL	Entwicklungsländer
		ELF	Eritrean Liberation Front
D 66	Democraten 66	EP	Europäisches Parlament
DB	Drahtbericht	EPG	Europäische Programmgruppe
DC	Democrazia Cristiana		

EPZ	Europäische Politische Zusammenarbeit	GDR	German Democratic Republic
ER	Europäischer Rat	GE	Germany
ERDA	Energy Research and Development Administration	geh.	geheim
		GF	Gemeinsamer Fonds
		GG	Grundgesetz
ERE	Europäische Rechnungseinheit	GK	Generalkonsul bzw. Generalkonsulat
ERP	European Recovery Program	GLCM	Ground Launched Cruise Missile
ERW	Enhanced Radiation Warhead/ Weapon	GR(I)	Griechenland
		GS	Generalsekretär
ESA	European Space Agency	GSG	Grenzschutzgruppe
ETA	Euskadi Ta Askatasuna	GV	Generalversammlung
EuGH	Europäischer Gerichtshof	H	Hungary/Ungarn
EURATOM	Europäische Atomgemeinschaft	HLG	High Level Group
EWE	Europäische Währungseinheit	I/IT	Italien
		IAEA	International Atomic Energy Agency
EWF	Europäischer Währungsfond	IAEO	Internationale Atomenergieorganisation
EWG (V)	Europäische Wirtschaftsgemeinschaft (Vertrag)	ICAO	International Civil Aviation Organization
EWS	Europäisches Währungssystem	ICBM	Intercontinental Ballistic Missile
F/FRA	Frankreich		
FAZ	Frankfurter Allgemeine Zeitung	IDA	International Development Association
FBI	Federal Bureau of Investigation	IEA	International Energy Agency
FBS	Forward Based Systems	IG	Industriegewerkschaft
FCO	Foreign and Commonwealth Office	i.G.	im Generalstab
		IGH	Internationaler Gerichtshof
FDP	Freie Demokratische Partei	IKRK	Internationales Komitee vom Roten Kreuz
FF	Französischer Franc/ Franc français	IL	Industrieländer
FNLA	Frente Nacional de Libertação de Angola	IMEMO	Institut Mirovoj Ekonomiki i Meždunarodnych Otnošenij
FRELIMO	Frente de Libertação de Moçambique	IMF	International Monetary Fund
FS	Fernschreiben		
GAP	Gemeinsame Agrarpolitik	INFCE(P)	International Nuclear Fuel Cycle Evaluation (Program)
GATT	General Agreement on Tariffs and Trade		
		INTELSAT	International Telecommunications Satellite Corporation
GB/GRO	Great Britain/ Großbritannien		

IR/IRL	Irland	MD	Ministerialdirektor
ISL	Island	MdB	Mitglied des Bundestages
IWF	Internationaler Währungsfonds	MDg	Ministerialdirigent
		MfAA	Ministerium für Auswärtige Angelegenheiten
J	Jugoslawien		
KGB	Komitet gosudarstvennoj bezopasnosti	MHV	Multilaterale Handelsverhandlungen
KH	Kapitalhilfe	MinDir	Ministerialdirektor
KIWZ	Konferenz über internationale wirtschaftliche Zusammenarbeit	Mio.	Million/en
		MIRV	Multiple Independently Targetable Reentry Vehicle
KKW	Kernkraftwerk	MK	Ministerkomitee
KMK	Kultusministerkonferenz	MLF	Multilateral Force
KP	Kommunistische Partei	MM	Mittelmeer
KPD	Kommunistische Partei Deutschlands	MOB	Main Operating Base
		MP	Ministerpräsident/in
KPČ	Kommunistische Partei der ČSSR	MPLA	Movimento Popular de Libertação de Angola
KPCh	Kommunistische Partei Chinas	MR	Ministerialrat
KPdSU	Kommunistische Partei der Sowjetunion	MRBM	Medium-Range Ballistic Missile
KPF	Kommunistische Partei Frankreichs	MRCA	Multi Role Combat Aircraft
		Mrd.	Milliarde/n
KPI	Kommunistische Partei Italiens	MSAC	Most Seriously Affected Countries
KSZE	Konferenz über Sicherheit und Zusammenarbeit in Europa	MTN	Multilateral Trade Negotiation
		N/NO	Norwegen
KWKG	Kriegswaffenkontrollgesetz	NASA	National Aeronautics and Space Administration
KZ	Konzentrationslager		
L/LUX	Luxemburg	NATO	North Atlantic Treaty Organization
LH	Lufthansa		
LLDC/LDC	Least-Developed Countries	NfD	Nur für den Dienstgebrauch
LOT	Polskie Linie Lotnicsze	NFU	No first use
LPl	Leiter Planungsstab	NGO	Non Governmental Organization
LR (I)	Legationsrat (I. Klasse)		
LS	Legationssekretär	NL	Niederlande
LTDP	Long Term Defense Programme	N+N	Neutrale und Nichtgebundene
M	Malta	NO	Norwegen
MB	Ministerbüro	NPG	Nuclear Planning Group/ Nukleare Planungsgruppe
MBFR	Mutual and Balanced Force Reduction		
		NPT	Non-proliferation Treaty
MC	Military Committee	NSC	National Security Council

NV/NVV	Nichtverbreitung/ Nichtverbreitungsvertrag	RU	Rumänien
NW	Neutronenwaffen	RAF	Rote Armee Fraktion
OAE	Organisation für Afrikanische Einheit	RE	Rechnungseinheit
		RFE	Radio Free Europe
OAU	Organization of African Unity	RGW	Rat für gegenseitige Wirtschaftshilfe
OECD	Organization for Economic Cooperation and Development	RL	Referatsleiter bzw. Radio Liberty
		RSA	Republic of South Africa
ONUC	United Nations Operation in the Congo	S	Schweden
		SA	Südafrika/ South Africa
OPEC	Organization of Petroleum Exporting Countries	SACEUR	Supreme Allied Commander Europe
o.V.i.A.	oder Vertreter im Amt	SALT	Strategic Arms Limitation Talks
OZ	Ortszeit		
P/PO	Portugal	SAM	Surface to Air Missile
PCI	Partito Comunista Italiano	SED	Sozialistische Einheitspartei Deutschlands
PF	Patriotische Front		
PFLP	Popular Front for the Liberation of Palestine	SF	Suomi Finnland
		SGV	Sondergeneralversammlung
PFP	Progressive Federal Party	SHAPE	Supreme Headquarters Allied Powers Europe
PK	Politisches Komitee		
PL/POL	Polen	SLBM	Submarine Launched Ballistic Missile
PLI	Partito Liberale Italiano		
PLO	Palestine Liberation Organization	SLCM	Sea-Launched Cruise Missile
PM	Premierminister	SP	Spanien
PNE	Peaceful Nuclear Explosion	SPC	Senior Political Commitee
PO	Portugal	SPD	Sozialdemokratische Partei Deutschlands
PRI	Partito Repubblicano Italiano		
		SR	Sicherheitsrat bzw. Sozialistische Republik
PS	Partido Socialista Parti Socialiste		
		SS	Schutzstaffel
PSD	Partido Social Democrata	SSR	Sozialistische Sowjetrepublik
PSDI	Partito Socialista Democratico Italiano		
		StäV	Ständige Vertretung
PSI	Partito Socialista Italiano	StM	Staatsminister
PSOE	Partido Socialista Obrero Español	StS	Staatssekretär
		St.V.	Ständiger Vertreter
PStS	Parlamentarischer Staatssekretär	SU	Sowjetunion
		SVP	Südtiroler Volkspartei
PVAP	Polnische Vereinigte Arbeiterpartei	SWAPO	South West Africa People's Organization
PvdA	Partij van de Arbeid	SZR	Sonderziehungsrecht
PZ	Politische Zusammenarbeit	T/TK	Turkey/ Türkei

Abkürzungsverzeichnis

TALT	Tactical Arms Limitation Talks	UNTSO	United Nations Truce Supervision Organization
TASS	Telegrafnoe Agentstvo Sovetskogo Sojuza	UNWRA	United Nations Relief and Works Agency for Palestine Refugees in the Near East
TNF	Tactical/Theater Nuclear Forces		
TNWS	Theater Nuclear Weapons Systems	US	United States
		USA	United States of America
TO(P)	Tagesordnung(-spunkt)	USAP	Ungarische Sozialistische Arbeiterpartei
TR/TUR	Türkei		
UA	Unterabteilung	UStS	Unterstaatssekretär
UdSSR	Union der Sozialistischen Sowjetrepubliken	VAM	Vizeaußenminister
		VE	Verpflichtungsermächtigung
UK	United Kingdom		
UN	United Nations	VK	Vereinigtes Königreich
UNCTAD	United Nations Conference on Trade and Development	VLR (I)	Vortragender Legationsrat (I. Klasse)
UNDOF	United Nations Disengagement Observer Force	VN	Vereinte Nationen
		VP	Vizepräsident
		VR	Volksrepublik
UNEF	United Nations Emergency Force	VRC	Volksrepublik China
		VS	Verschlußsache
UNESCO	United Nations Educational, Scientific and Cultural Organization	VS-v	VS-vertraulich
		WAK	Weltabrüstungskonferenz
		WEOG	Western European and Others Group
UNFICYP	United Nations Peace-Keeping Force in Cyprus		
		WEU	Westeuropäische Union
UNHCR	United Nations High Commissioner for Refugees	WM	Weltmeisterschaft
		WP	Warschauer Pakt
UNIFIL	United Nations Interims Force in Lebanon	YU	Jugoslawien
		ZANU	Zimbabwe African National Union
UNITA	União Nacional para a Independência Total de Angola	ZAPU	Zimbabwe African People's Union
UNO	United Nations Organization		
		ZK	Zentralkomitee
UNTAG	United Nations Transition Assistance Group	ZUPO	Zimbabwe United People's Organisation

Dokumente

1

Gespräch des Bundeskanzlers Schmidt
mit Präsident Siad Barre in Assuan

VS-vertraulich 2. Januar 1978[1]

Verschlossen/Vertraulich

Gespräch Herr Bundeskanzler und Präsident Siad Barre von Somalia am Montag, 2. Januar 1978, von 13.00 Uhr bis 14.45 Uhr in Assuan.[2]

Teilnehmer:

Deutsche Seite: Herr BK, MDg Dr. Leister, BR Dr. Mende.

Somalia: Präsident Barre, Außenminister[3], Bergbauminister[4], stellvertretender Bergbauminister[5], Botschafter in Kairo[6].

1) Präsident *Siad Barre* hat BK ausführlich über die Ursachen des Bruches mit der SU[7], deren Bestrebungen im Horn von Afrika, die Politik Somalias im

---

[1] Ablichtung.
Die Gesprächsaufzeichnung wurde von Ministerialdirigent Leister, Bundeskanzleramt, und Botschaftsrat Mende, Kairo, gefertigt und am 11. Januar 1978 von Vortragendem Legationsrat I. Klasse Oldenkott, Bundeskanzleramt, an Vortragenden Legationsrat I. Klasse Schönfeld übermittelt „mit der Bitte um weitere Veranlassung entsprechend Seite 5 oben". Vgl. Anm. 16 und 19.
Hat Schönfeld am 12. Januar 1978 vorgelegen, der handschriftlich vermerkte: „12.1. 10.30 [Uhr] eingegangen. 1) Reg[istratur]: bitte VS-v einstufen. 2) Herrn Staatssekretär vorzulegen. Ablichtungen: StM, D 3, D 2."
Hat Ministerialdirektor Blech vorgelegen.
Hat Ministerialdirigent Pfeffer vorgelegen.
Hat den Vortragenden Legationsräten I. Klasse von der Gablentz, Kühn und Lücking vorgelegen.
Hat Legationssekretär Vorwerk vorgelegen.
Hat Gablentz am 20. Januar 1978 erneut vorgelegen, der handschriftlich vermerkte: „W[ieder]-v[orlage] 200 (f[ür] PK 7./8.2. (S. 5)). 320 macht Coreu-Unterrichtung." Vgl. das Begleitschreiben; VS-Bd. 11080 (200); B 150, Aktenkopien 1978.
[2] Bundeskanzler Schmidt hielt sich im Rahmen einer Urlaubsreise vom 27. Dezember 1977 bis 6. Januar 1978 in Ägypten auf. Vgl. dazu AAPD 1977, II, Dok. 378 und Dok. 379.
[3] Abdulrahman Jama Barreh.
[4] Hussein Abdulkadir Kassim.
[5] Mohammed Hashi Hassan.
[6] Abdurrahman Farah Ismail.
[7] Das Zentralkomitee der Sozialistischen Revolutionären Partei Somalias kündigte am 13. November 1977 mit sofortiger Wirkung den somalisch-sowjetischen Freundschaftsvertrag vom 11. Juli 1974, entzog der UdSSR die Verfügungsgewalt über alle von ihr auf somalischem Territorium bislang genutzten militärischen Einrichtungen und forderte alle sowjetischen zivilen und militärischen Experten auf, das Land binnen einer Woche zu verlassen. Ferner sollte das Personal an der sowjetischen Botschaft deutlich reduziert werden. Legationsrat I. Klasse Libal, Mogadischu, teilte dazu am 14. November 1977 mit, die Maßnahmen seien mit der sowjetischen Haltung im äthiopisch-somalischen Konflikt begründet worden. Somalia glaube, daß die UdSSR zusammen mit Kuba eine militärische Invasion plane. Vgl. dazu den Drahtbericht Nr. 205; Referat 320, Bd. 116828.
Libal legte am selben Tag ergänzend dar, der Bruch mit der UdSSR schaffe eine Situation, „in der Somalia sich Westen durch Erfüllung von dessen langjährigen Wünschen politisch verpflichtet, indem es sich gewissermaßen moralischen Anspruch erwirbt, vor den Folgen dieser Entscheidung geschützt zu werden. Somalia kann nunmehr, aus seiner Sicht zu Recht, darauf verweisen, daß es mit seiner Entscheidung seine Existenz als unabhängiger Staat aufs Spiel gesetzt hat, weil es – jeglicher Rückfallposition nunmehr beraubt – für sein Überleben gegen die sowjetisch-äthiopische Koalition allein auf die Hilfe der Araber, Irans und des Westens angewiesen ist." Vgl. den Drahtbericht Nr. 206; Referat 320, Bd. 116828.

Konflikt mit Äthiopien, die Kriegslage in Ogaden[8], die Beziehungen zu Kenia und Einzelfragen unterrichtet. Hauptthema war die nach seiner Meinung akute Bedrohung seines Landes durch die SU unter Assistenz von Kuba, DDR, Bulgarien und Südjemen, die sich Äthiopiens und zum geringen Teil auch kenianischer Kreise bedienten. Bilaterale Fragen wurden bis auf des Kanzlers Dank für die Mitwirkung bei LH-Befreiung[9] nicht erörtert. BK hat auf Bitte Siad Barres zugesagt, Befürchtungen und Wünsche Somalias mit USA, London und Paris zu erörtern.

2) Der Konflikt mit der SU habe eine Vorgeschichte. SU habe Somalia 18 Jahre auf allen Gebieten sehr geholfen, insbesondere zahlreiche Somalis technisch, militärisch und schulisch ausgebildet. 1976 habe sie dann einen Plan entwickelt, mit Somalias Unterstützung und bei voller Erhaltung Äthiopiens ihren kommunistischen Einflußbereich in Afrika auszudehnen:

– Dschibuti sollte einverleibt,

– Numeiri im Sudan und

– das gegenwärtige System in Kenia gestürzt werden.

SU-Plan habe auch Aktionen gegen Ägypten und erdölproduzierende Länder vorgesehen. Ziele SU seien gewesen, ganz Afrika (außer der Republik Südafrika) sozialistisch umzugestalten und das Rote Meer sowie den Indischen Ozean zu beherrschen. Somalia habe diesem Plan nicht zustimmen können, weil

– es Äthiopien, das Kolonialmacht sei, nicht anerkennen konnte,

– Somalia keine Vorteile davon gehabt hätte (dies habe er später auch Podgornyj gesagt[10], der Opfer dieses Mißerfolges der SU geworden sei[11]),

---

[8] Referat 320 erläuterte am 10. Januar 1978: „Nach jahrelangem Kleinkrieg bewaffneter somalischer Nomadenbanden gegen äthiopische Armeeposten im Ogaden [am] 23. Juli 1977 somalische Offensive, die den größten Teil ‚Westsomalias befreite'. Frontlinie seit Mitte August 1977 unverändert. Strategisch wichtige Städte Harrar und Dire Dawa werden von Äthiopiern gehalten. Hohe Verluste beider Seiten an Menschen und Material. Somalen befürchten äthiopische Gegenoffensive. [...] Konfliktziele: Äthiopien kämpft um die territoriale Integrität des Vielvölkerstaates, d. h. Zurückeroberung des Ogaden unter Einbeziehung großer Teile der äthiopischen Nachbarprovinzen Bale, Sidamo und Harrar. Die Westsomalische Befreiungsfront kämpft um das Selbstbestimmungsrecht des unter Kolonialherrschaft Äthiopiens lebenden westsomalischen Volkes, d. h. um das Recht der Westsomalen, in einem unabhängigen Staat zu leben oder sich mit Somalia zu vereinigen. Somalia unterstützt den Kampf der westsomalischen Befreiungsfront in Verfolgung seiner verfassungsmäßig festgeschriebenen Irredenta-Politik: Vereinigung der fünf von Somalen bewohnten Gebiete: das ehemals britische Somalia, das ehemalige italienische Somalia (heutiges Somalia), der Ogaden mit Großteil der äthiopischen Nachbarprovinzen Bale, Sidamo und Harrar, Dschibuti, die Nordostprovinz Kenias." Vgl. Referat 320, Bd. 116757.

[9] Am 13. Oktober 1977 wurde die Lufthansa-Maschine „Landshut" auf dem Weg von Palma de Mallorca nach Frankfurt am Main von palästinensischen Terroristen entführt, um in Stuttgart-Stammheim einsitzende RAF-Mitglieder sowie in der Türkei einsitzende Mitglieder der PFLP freizupressen. Nach mehreren Zwischenstationen landete die Maschine am 17. Oktober 1977 in Mogadischu. In den frühen Morgenstunden des 18. Oktober 1977 wurde die Maschine durch Angehörige der Sondereinheit GSG 9 des Bundesgrenzschutzes gestürmt. Während drei von vier Terroristen bei dem Einsatz getötet wurden, gelang die Befreiung aller Geiseln. Vgl. dazu AAPD 1977, II, Dok. 284, Dok. 288–295 und Dok. 299.

[10] Der Vorsitzende des Präsidiums des Obersten Sowjet, Podgornyj, hielt sich am 2. April 1977 in Somalia auf.

[11] Nikolaj Wiktorowitsch Podgornyj wurde am 24. Mai 1977 auf einer Sitzung des ZK der KPdSU von seiner Mitgliedschaft im Politbüro sowie am 16. Juni 1977 auf einer Tagung des Obersten Sowjets von den Pflichten als Vorsitzender des Präsidiums des Obersten Sowjets entbunden.

- bei Schwierigkeiten (troubles) somalische Menschen sterben müßten („Laßt die Großmächte kämpfen!"),
- Somalia keinen Grund hatte, gegen Mitglieder der Arabischen Liga tätig zu werden.

Die Reaktion der Sowjets auf diese Zurückweisung ihrer Vorstellungen sei sehr heftig gewesen; von dieser Zeit an hätten sie sowie DDR und Bulgarien in großem Umfang Waffen – aber kein Militärpersonal – nach Äthiopien geflogen (auf BK-Frage: über Aden und Tripolis) und eine Kampagne in anderen afrikanischen Staaten gegen Somalia entfacht.

Er, Siad Barre, habe daraufhin persönlich in Moskau vergeblich versucht, die SU von diesem Plan abzubringen.[12] Diese sei jedoch sehr hart geblieben, sie hätte eine Änderung der somalischen Politik und den Rückzug der WSLF[13] aus Ogaden verlangt und gedroht, daß anderenfalls Somalia einen hohen Preis zu zahlen hätte und Teile des Landes besetzt würden. Dies haben sowjetischer AM[14] in New York und dessen Botschafter in Mogadischu[15] auch schriftlich wiederholt. Daraufhin habe Somalia mit der SU gebrochen und zahle nun teuer für seine Entscheidung.

3) Die jetzige Lage sei für Somalia besorgniserregend. Nach seiner Ansicht verfolge die SU nun das Ziel, Somalia durch fremde Truppen angreifen und teilweise besetzen zu lassen sowie eine Marionetten-Regierung einzusetzen. Die Erfolge in Angola ermutigten sie dazu, und er sei sicher, daß die SU nach einem Erfolg im Horn von Afrika diese Politik in anderen Gebieten des Kontinents fortsetzen werde. Die SU habe in Addis Abeba ein Militärkommando für die Kämpfe gegen Somalia eingerichtet, erste Luftangriffe – mit äthiopischen Piloten – gegen Ziele in Somalia, die die Sowjets aus ihrer früheren eigenen Anwesenheit genau kennen würden, seien bereits erfolgt. In Dschibuti baue die SU bewaffnete Kader auf mit dem Ergebnis, daß dort bereits eine Krise ausgebrochen sei. Somalias Bedrohung sei also akut. Für Januar erwarte er eine Invasion; gegen diese Angriffe des Warschauer Paktes könne sein Land weder wirtschaftlich noch militärisch sich wehren.

Betonen möchte er, daß Somalia seinerseits keinerlei Aggressionsabsichten gegen Nachbarstaaten hege. Dies führte er im einzelnen aus (s. unten).

Vom Westen bekomme er bisher keine Unterstützung; die USA wollten helfen, wenn der Krieg (im Ogaden) beendet sei. Von Frankreich höre er nette Worte, erhalte aber keine direkte Unterstützung. Großbritannien sei von Kenyatta und Nyerere ungünstig beeinflußt (mislead). Ihm bleibe möglicherweise nur ein „drastischer Ausweg", um sinnloses Blutvergießen zu verhindern, nämlich zurückzutreten und die Macht an pro-sowjetische Kräfte zu übergeben, damit diese mit der SU verhandelten.

4) Der *Bundeskanzler* meinte dazu, ein solcher Schritt sei nicht nötig, Somalia sei sicher nicht in akuter Gefahr, von Äthiopien oder Kenia angegriffen zu

---

[12] Präsident Siad Barre besuchte die UdSSR vom 29. bis 31. August 1977.
[13] Western Somali Liberation Front.
[14] Andrej Andrejewitsch Gromyko.
[15] Georgij Jegorowitsch Samsonow.

werden. Siad Barre herrsche vollständig über ein souveränes Somalia. Die Lage sei sicher potentiell gefährlich, aber noch nicht im Augenblick, jedoch könne eine akute Gefahr schnell eintreten.

[16]Wenn Barre einverstanden sei, wolle er über den Inhalt dieses Gesprächs Präsident Carter sowie Paris und London und alle EG-Partner informieren mit dem Vorschlag, gemeinsam die Situation zu beraten, um herauszufinden, ob und wie die Lage stabilisiert werden könne. Barre solle ihm dazu etwas Zeit lassen.

Allerdings wollten USA nach Vietnam-Erfahrungen nach seiner Meinung nicht in einen Ogaden-Krieg hineingezogen werden. Die Bundesrepublik könne kraft Gesetzes keine Waffen liefern[17], sei aber bereit, finanziell und politisch zu helfen.

Barre entgegnete, er wolle die USA auch nicht in der Region militärisch präsent haben, er wünsche nur, den Plan der SU zu durchkreuzen und ihr Widerstand gegenzusetzen; die SU werde selbst auch nicht auf den Plan treten.[18]

5) Barre unterstrich, daß Somalia im Ogaden keine eigenen Interessen verfolge, sondern nur WSLF unterstütze. Eine Annexion dieses Gebietes wolle er auf keinen Fall. Sobald Dire Dawa und Harrar gefallen seien, wolle die WSLF die Unabhängigkeit Ogadens ausrufen. (Frage des BK: „Haben sie eine Chance dazu?" Antwort: „Wenn sie die sowjetischen Pläne stoppen. Dazu wären Waffen nützlich, der Kampfgeist der Somalis sei hoch, die Kubaner seien feige und liefen davon!") Danach könne Ogaden über die eigene Zukunft selbst[19] bestimmen, nämlich entweder selbständig bleiben oder mit Äthiopien oder einem anderen Staat sich verbinden.

Barre bedauerte, daß nur einige Länder ihm dies glaubten; dabei beweise die Anerkennung Dschibutis als unabhängiger Staat[20], daß Somalia keine Annexionsabsichten habe.

6) Somalia erhält aus nicht-westlichen Staaten nur geringe Unterstützung. Iran sei zwar hilfswillig, aber eine Weitergabe von amerikanischen Waffen sei ihm nicht erlaubt. Saudi-Arabien habe 100 Mio. Dollar gegeben, die für Erdöl-Einfuhren und Transportmittel ausgegeben werden mußten. Ägypten will „se-

---

16 Beginn der Seite 5 der Vorlage. Vgl. Anm. 1.
17 Die Ausfuhr von Rüstungsgütern war geregelt durch das Ausführungsgesetz vom 20. April 1961 zu Artikel 26 Absatz 2 des Grundgesetzes (Kriegswaffenkontrollgesetz) sowie durch das Außenwirtschaftsgesetz vom 28. April 1961. Für den Wortlaut vgl. BUNDESGESETZBLATT 1961, Teil I, S. 444–450 bzw. S. 481–495.
Der Rüstungsexport war außerdem geregelt durch die „Politischen Grundsätze der Bundesregierung für den Export von Kriegswaffen und sonstigen Rüstungsgütern" vom 16. Juni 1971. Vgl. dazu AAPD 1971, I, Dok. 83.
Ferner verabschiedete der Bundessicherheitsrat in seiner Sitzung am 2. Februar 1977 den Entwurf vom 16. Juni 1976 einer Richtlinie für den Rüstungsexport („Flächenpapier"). Vgl. dazu AAPD 1976, I, Dok. 195, und AAPD 1977, I, Dok. 16.
18 Dieser Absatz wurde von Legationssekretär Vorwerk hervorgehoben. Dazu vermerkte er handschriftlich: „Neuerdings heißt es doch, daß es nicht mehr als recht u. billig sei, daß amerik[anische] Truppen auf som[alischer] Seite ständen, wenn sowjet[ische] u. kubanische auf äthiop[ischer] Seite!"
19 Ende der Seite 5 der Vorlage. Vgl. Anm. 1.
20 Botschafter Becker, Mogadischu, berichtete am 3. Juli 1977, das Politbüro der Sozialistischen Revolutionären Partei Somalias habe am 26. Juni 1977 eine Erklärung veröffentlicht, nach der die somalische Regierung die am 27. Juni 1977 in Kraft tretende Unabhängigkeit Dschibutis anerkennen werde. Vgl. dazu den Schriftbericht Nr. 355; Referat 320, Bd. 116828.

hen, was es tun könne"; die bisherige Hilfe sei gering: 41 Panzer, Infanterie-Waffen, Munition. Die OAU zerfalle in zu viele Gruppen, sie wolle die SU u.a. nicht verärgern. Von ihr sei keine politische Hilfe zu erwarten.

7) Auf Fragen des BK ging Barre auf die somalisch-kenianischen Beziehungen ein. Er schilderte die Probleme der 800000 somalischen Nomaden in Nordkenia, die zu einem Flüchtlingsstrom nach Somalia geführt hätten. Sein Land könne diese Flüchtlinge nicht allein unterhalten. Versuche, mit Kenia zu einer einvernehmlichen Bereinigung dieser Fragen zu kommen, seien gescheitert. Er habe „keine bösen Absichten" und habe Kenia auch einen Nicht-Angriffspakt vorgeschlagen. Seine Vorschläge seien an den Realitäten in Kenia gescheitert. Kenyatta sei zu alt, die Staatsgeschäfte seien ihm entglitten, das führe zu Nachfolgekämpfen. Einflußreich seien Vizepräsident Arap Moi und der Attorney-General Njonjo. Auf Fragen BK: Kenyattas Frau[21] spiele keine Rolle mehr in der Politik, wohl aber Sohn und Tochter. Er wisse, daß die Lunte bereits glimme (fire underneath), die die SU legen wollte. Die SU steht hinter denen, die in Kenia gegen Somalia hetzten. Ihr Ziel sei auch hier, Kenia zu destabilisieren und dann kommunistisch werden zu lassen. Für sie bestehe eine ähnliche Situation wie in Äthiopien vor Haile Selassies Abgang[22]. Wenn die SU in Kenia erfolgreich wäre, hätte Somalia zwei gefährliche kommunistische Nachbarn. Sabotage-Akte hätten in Kenia auch schon begonnen.

8) Negativ äußerte sich Barre auch über Nyerere; dieser spreche im Westen gegen Somalia, er sei aber selbst als Bantuist ein Rassist, habe leider Einfluß auf Ghana und Nigeria, die nicht wüßten, was Kommunismus in Afrika sei.

9) Idi Amin bezeichnete Barre als psychisch labil, antibritisch und anti-amerikanisch und (auf Frage BK) in gewisser Weise von Ghadafi beeinflußt.

10) Die innere Situation Äthiopiens sei gekennzeichnet durch die Vernichtung aller Gruppen, die Mengistu gefährlich sein könnten. Zwei kommunistische Organisationen seien zwar im Untergrund, aber bereit, im geeigneten Moment sich mit Mengistu zusammenzutun und mit ihm gemeinsam die Reste der Anti-Kommunisten zu beseitigen. Auf Frage BK: Mengistu sei kein überzeugter Kommunist, sei aber in diese Rolle heute gezwungen.

11) Auf Fragen des BK zu Socotra meinte Barre, die SU baue auf der Insel eine Marine- und Luftwaffenbasis auf. Vermutlich auch eine Radar-Tracking-Station, dies könne er jedoch nicht bestätigen.

12) In der Entführung der LH-Maschine über Aden nach Mogadischu sah Barre eine sowjetische Konspiration gegen Somalia, um Somalia in eine verzwickte Situation zu bringen.

13) BK schlug abschließend vor, die gegenseitigen persönlichen Beziehungen aufrechtzuerhalten. Die deutsche Regierung sei immer bereit, zuzuhören und zu helfen, soweit ihr dies möglich sei. Barre dankte für die Gelegenheit zu diesem

---

21 Ngina Kenyatta.
22 Nach Unruhen in der Bevölkerung und in Teilen der Armee wurde Kaiser Haile Selassie am 12. September 1974 abgesetzt. Ein von Offizieren gebildeter „Provisorischer Militärischer Verwaltungsrat" übernahm die Macht.

Gespräch, das in einer freundschaftlichen Weise offen und ehrlich geführt worden sei.

VS-Bd. 11080 (200)

2
Staatssekretär Gaus, Ost-Berlin, an das Auswärtige Amt

114-10035/78 VS-vertraulich Aufgabe: 4. Januar 1978, 16.46 Uhr[1]
Fernschreiben Nr. 16 Ankunft: 4. Januar 1978, 19.30 Uhr

Betr.: Allgemeine Lage in der DDR
 hier: Die Position Honeckers im Lichte der Spiegel-Veröffentlichung eines programmatischen „Manifests" einer angeblichen Oppositionsgruppe[2]

Mit der vorliegenden Aufzeichnung wird versucht, in knapper Form die derzeitige Lage in der DDR unter Berücksichtigung der durch die Spiegel-Veröffentlichung[3] aufgeworfenen Fragen zu analysieren. Ein ausführlicher Bericht folgt[4]; auf einschlägige Berichte der Ständigen Vertretung aus dem vergangenen Jahr wird hiermit verwiesen.

Zusammenfassung:

1) Generalsekretär Honecker muß weiterhin als die Nummer 1 in der SED-Führung angesehen werden. Er hat das Politbüro schon bisher nicht durch Knopfdruck regieren können. Es ist nicht zu erkennen, daß Honecker etwa dabei wäre, die grundsätzliche Zustimmung dieses Gremiums für seine Politik zu verlieren. Allerdings ist er heute zu wachsender Rücksichtnahme genötigt.

2) Es gibt keine Anzeichen dafür, daß es in der DDR eine auch nur in Ansätzen organisierte Opposition gibt. Die Stimmung im Land ist jedoch schon seit geraumer Zeit durch einen unterschiedlich motivierten Mißmut gekennzeichnet.

Ob es sich bei dem im Spiegel veröffentlichten „Manifest" um eine gezielte Desinformation handelt (die Honeckers Kurs tangieren würde) oder tatsächlich

---

[1] Hat Vortragendem Legationsrat von Braunmühl am 5. Januar 1978 vorgelegen.
[2] Für den Wortlaut des „Manifests" vgl. DER SPIEGEL, Nr. 1 vom 2. Januar 1978, S. 21–24.
 Ein zweiter Teil erschien am 9. Januar 1978. Für den Wortlaut vgl. DER SPIEGEL, Nr. 2 vom 9. Januar 1978, S. 26–30.
[3] Ministerialdirigent Bräutigam, Bundeskanzleramt, führte am 5. Januar 1978 aus, die Verfasser des „Manifests" seien nicht bekannt: „Nach Angaben des Spiegels soll es sich um SED-Funktionäre bzw. SED-Mitglieder handeln. In dem ‚Manifest' werden eurokommunistische Vorstellungen vertreten und konkrete Schritte zur Wiedervereinigung Deutschlands gefordert. Auffallend ist die außerordentlich scharfe Kritik an der Sowjetunion. Westliche Spezialisten bezweifeln die Echtheit des Dokuments. Sie halten es für möglich, daß das ‚Manifest' von innenpolitischen Gegnern gegen Honecker und seine Westpolitik benutzt werden soll." Vgl. Helmut-Schmidt-Archiv, 1/HSAA 006567.
[4] Für den Schriftbericht des Staatssekretärs Gaus, Ost-Berlin, vom Januar 1978 vgl. VS-Bd. 13050 (210); B 150, Aktenkopien 1978.

um die Aufzeichnung einzelner Oppositioneller, ist von geringerer Bedeutung als das klare Faktum, daß die SED als ein geschlossener Herrschaftsapparat angesehen werden muß.

Ganz sicher falsch ist daher die grobschlächtige Interpretation, mit welcher der Spiegel aus dem „Manifest" auf einen „Bruch in der SED" schließt.

Dies gilt auch für den Anfang Dezember 1977 vom Spiegel behaupteten „Machtkampf" zwischen Honecker und Stoph.[5]

3) Die bisherige Reaktion der DDR läßt erkennen, daß sie die in Gang kommenden Verhandlungen mit der Bundesregierung[6] nicht gefährden möchte. Der öffentliche Vorwurf gegen hiesige Korrespondenten, sie seien Agenten[7], wird jedoch für lange Zeit den Kontakt zwischen der DDR-Bevölkerung und den Journalisten erheblich belasten, auch der freimütige Umgang zahlreicher Privatpersonen mit der Ständigen Vertretung wird in Mitleidenschaft gezogen werden.

Im einzelnen:

Honecker wird nach allem, was zu erkennen ist, weiterhin einen pragmatischen Kurs der Mitte zu steuern versuchen, der sich zwischen drei Punkten bewegt:

– dem Sicherheitsbedürfnis der Sowjetunion und der inneren Stabilität der DDR,
– den vor allem auf steigenden Konsum ausgerichteten Wünschen der Bevölkerung und
– der schmaler werdenden ökonomischen Basis, die sich in der Verschlechterung der „Terms of Trade" ausdrückt und vorläufig nur durch eine wachsende Auslandsverschuldung abgedeckt werden kann.

---

[5] Vgl. dazu den Artikel „Honecker: Warten auf Schmidt"; DER SPIEGEL, Nr. 50 vom 5. Dezember 1977, S. 21–23.

[6] Zwischen dem 12. August und dem 5. Oktober 1977 fanden Sondierungsgespräche zwischen der Bundesregierung und der DDR statt, um die Möglichkeit weiterer Verhandlungen auszuloten. Vgl. dazu AAPD 1977, II, Dok. 219 und Dok. 238.
Vortragender Legationsrat I. Klasse Engels teilte am 6. Januar 1978 mit: „Als Ergebnis der Sondierungsgespräche erhielt StS Gaus ein Mandat, über kleinere Baumaßnahmen an den Autobahngrenzübergängen Helmstedt/Marienborn und Herleshausen/Wartha, über ein Veterinär- sowie ein Umweltabkommen zu verhandeln. Er wurde ferner beauftragt, die Fragen eines Kulturabkommens sowie des nicht-kommerziellen Zahlungsverkehrs weiter zu klären. Gleichzeitig geht unsere Seite davon aus, daß bereits seit langem laufende Verhandlungen wie z. B. über ein Abkommen für wissenschaftliche und technische Zusammenarbeit, den Rechtsverkehr und die Gespräche in der Grenzkommission neue Impulse erhalten haben. [...] Seit Beginn der Sondierungsgespräche sind kleinere Ergebnisse erzielt worden: Am 19. Oktober wurde ein Briefwechsel über eine Erhöhung der Postpauschale, verbunden mit einer erhöhten Zahl der innerdeutschen Telefonleitungen, vollzogen. Am 1. Dezember folgte eine Vereinbarung über den Neubau der Spandauer Schleuse in Berlin (West) und am 22. Dezember 1977 ein Briefwechsel über den Ausbau der Autobahn im Grenzbereich Helmstedt/Marienborn. Die Verhandlungen für ein Veterinärabkommen haben begonnen. Bei den Arbeiten der Grenzkommission wurden substantielle Fortschritte erzielt." Vgl. den Runderlaß Nr. 2; Referat 012, Bd. 108141.

[7] Ministerialdirigent Bräutigam, Bundeskanzleramt, vermerkte dazu am 5. Januar 1978: „Dem bisherigen Spiegel-Korrespondenten Schwarz, der seine Tätigkeit bereits vor der Veröffentlichung des ‚Manifests' beendet hatte, und einem weiteren Spiegel-Redakteur werden konspirative und subversive Tätigkeiten im Auftrage des BND vorgeworfen, in die auch der ZDF-Korrespondent Sager einbezogen sei. [...] Das DDR-Außenministerium hat am 3. Januar 1978 dem Spiegel fernschriftlich mitgeteilt, daß die Akkreditierung des neuen Spiegel-Korrespondenten bis auf weiteres nicht wirksam werden könne, solange der Spiegel seine Praxis der Brunnenvergiftung zwischen den beiden deutschen Staaten nicht aufgebe." Vgl. Helmut-Schmidt-Archiv, 1/HSAA 006567.

Erkennbar zugenommen hat in den letzten Monaten das Mißtrauen der Sowjets, ob Honeckers Politik nicht zu einer gewissen Instabilität in der DDR beiträgt, weil die verstärkte Kommunikation zwischen den beiden deutschen Staaten (millionenfache Einreise in die DDR) und der Kurs auf Konsumbefriedigung nicht zu einer gewissen Sättigung, sondern nur zu immer weiteren Ansprüchen führen. Tatsächlich bietet sich für Honeckers Lage das Bild von einem „Ritt auf dem Tiger" an; einem Reittier, von dem man bekanntlich nicht ohne große Gefahr absteigen kann. Der Argwohn der Sowjets richtet sich offensichtlich auch auf die deutsch-deutschen Verhandlungen, hinter denen gelegentlich mehr vermutet wird, als ihre wirkliche Substanz rechtfertigt.

Die DDR hat vermutlich in den vergangenen Monaten einige Male harte Verhandlungen mit den Sowjets über die von diesen gewünschten Preiserhöhungen für Rohstoffe (Erdöl) geführt. Auch dies mag zu sowjetischen Andeutungen über ihr Mißtrauen beigetragen haben. Manchmal kann man sich des Eindrucks nicht erwehren, daß die öffentlichen Liebesbeteuerungen der DDR-Führung gegenüber der Sowjetunion – neben den machtpolitischen Notwendigkeiten – auch ein Mantel sind, unter dem gewisse Schwierigkeiten im Umgang mit dem großen Bruder verborgen werden sollen. Daher war es nach der Spiegel-Veröffentlichung um so notwendiger, gerade auch die im „Manifest" ausgedrückten antirussischen Gefühle als besonders verwerflich herauszustellen.

Willi Stoph, der Vorsitzende des Ministerrats, wird gelegentlich als Vertrauensmann Moskaus genannt.

Es gibt jedoch keine verläßlichen Anzeichen dafür, daß zwischen ihm und Honecker ein „Machtkampf" im Gange sei, der sich auf unterschiedliche Grundauffassungen stützen würde. Man kann m.E. vorerst weiterhin davon ausgehen, daß es im Politbüro der SED bisher nicht zu Fraktionsbildungen gekommen ist, sondern etwa auftretende Meinungsunterschiede sich aus den verschiedenen Funktionen der Mitglieder ergeben. Man kann bisher nicht annehmen, daß Honecker bei einer grundsätzlichen Kursänderung (die sich nicht abzeichnet) die Kurve nicht nehmen könnte. Eine besondere Schwierigkeit dürfte für die DDR-Führung im Folgenden liegen: Sie muß, um unter den verschlechterten Außenwirtschaftsbedingungen das Konsumniveau wenigstens halten zu können, die Bevölkerung zu erhöhter Arbeitsleistung motivieren. Dem steht jedoch die Neigung der DDR-Bevölkerung entgegen, sich den öffentlichen Appellen geschickt zu entziehen und ihr Leben außerhalb der Gesellschaft in „privaten Nischen" einzurichten. Die Auspolsterung dieser Nischen geschieht mit Hilfe von Beziehungen und von DM-West, der zweiten Währung: alles in allem ein Trend, der die Arbeitsmoral und damit die Bereitschaft zu höherer Leistung nicht fördert.

In dieser Nischen-Gesellschaft ist das Konsumdenken so allgemein, daß ein etwaiges, vom Staat verordnetes Abbremsen erhebliche Nebenwirkungen haben könnte: Dies rechtfertigt das Bild vom „Ritt auf dem Tiger". Vor allem von jüngeren Akademikern wird eine von ihnen konstatierte und auf das Konsumdenken zurückgeführte Prinzipienlosigkeit in letzter Zeit öfter beklagt: Der Gulasch-Kommunismus sei an die Stelle eines Programms getreten. Wenn es sich bei dem im Spiegel veröffentlichten „Manifest" nicht um eine Desinformation handeln sollte, so könnte der Text aus dem Kreis solcher Leute kommen, die die Selbstrechtfertigung für die Begrenzungen des DDR-Lebens verloren haben: Wenn das einzig verbliebene Ideal ein immer höherer Konsum ist, so lassen sich die Beschränkungen im Reiseverkehr, die anhaltenden Versorgungsmängel etc. nicht länger entschuldigen.

Der Kreis, in dem so gedacht wird, ist sicher klein und keinesfalls auch nur in Ansätzen organisiert. Der untere und mittlere Parteiapparat bezieht seine Frustrationen aus anderen Gründen: Er hatte in den vergangenen Jahren die „Dreckarbeit" aus den Folgen der Politik Honeckers zu leisten. Auf Kreis- und Bezirksebene mußte z. B. die Flut von Ausreiseanträgen eingedämmt werden, die sich aus der Aufnahme der Beziehungen zwischen den beiden deutschen Staaten[8] und der KSZE-Konferenz[9] herleitete. Der Apparat war zwar zu den rüden Methoden, die dabei zum Teil angewendet wurden, bereit und imstande, hat sie aber sicherlich als eine lästige Pflicht empfunden.

Auch die Beunruhigungen, die die SED auf den erheblich verstärkten Reiseverkehr aus dem Westen und die Arbeit vor allem der hiesigen Fernseh-Korrespondenten zurückführt, schlugen zuerst auf die unteren Kader durch. Die vom ZK-Apparat in Berlin ausgehende Sprachregelung für die Agitationssekretäre auf Kreisebene kann nicht so schnell sein wie das westdeutsche Fernsehen: Peinliche Fragen, die – gestützt auf Tagesschauberichte – in Betriebsversammlungen etc. offensichtlich durchaus gestellt werden, treffen auf ratlose Funktionäre, die noch ohne Anleitung von oben sind. Vor allem aber geht seit geraumer Zeit durch die ganze DDR-Bevölkerung ein (vorsichtiger, gelinder) Zug zu mehr Zivilcourage auch im Umgang mit den Ämtern. Man steckt sozusagen den Kopf aus der Nische. Die Zahl der Beschwerdebriefe nimmt zu; durchaus unter Berufung auf Honeckers entsprechende Ausführungen auf dem letzten Parteitag[10] werden die Funktionäre in den unteren Verwaltungen von der Bevölkerung heute anders, selbstbewußter angesprochen, als man es gewohnt war. Es gibt keine Anzeichen dafür, daß sich darin eine bewußte politische Haltung ausdrückt, wohl aber trägt auch dieser aufrechte Gang als etwas für den Apparat Ungewohntes zu dem Eindruck einer gewissen Instabilität bei.

Dieser Eindruck ist, in der SED wie in der Bevölkerung, noch immer stärker als die Instabilität selbst.

[gez.] Gaus

VS-Bd. 13050 (210)

---

[8] In Artikel 8 des Vertrags vom 21. Dezember 1972 über die Grundlagen der Beziehungen zwischen der Bundesrepublik und der DDR wurde die Einrichtung Ständiger Vertretungen vereinbart. Vgl. dazu BUNDESGESETZBLATT 1973, Teil II, S. 424.
Die Ständigen Vertretungen in Bonn und Ost-Berlin wurden am 2. Mai 1974 eröffnet. Vgl. dazu BULLETIN 1974, S. 446.

[9] Die KSZE-Schlußkonferenz fand vom 30. Juli bis 1. August 1975 in Helsinki statt.

[10] Für den Wortlaut der Rede des Ersten Sekretärs des ZK der SED, Honecker, auf dem IX. Parteitag der SED am 18. Mai 1976 in Ost-Berlin vgl. NEUES DEUTSCHLAND vom 19. Mai 1976, S. 3–13.

3

**Gespräch des Bundeskanzlers Schmidt
mit Präsident Ceaușescu in Bukarest**

Geheim 6. Januar 1978[1]

1) Das erste Vier-Augen-Gespräch zwischen Bundeskanzler[2] und Ceaușescu dauerte etwa eine Viertelstunde: Nach Austausch Begrüßungsworten beantwortete *Ceaușescu* Fragen BKs nach Erbauer Königspalast[3], Größe Bukarests und Einwohnerzahl. Ceaușescu wies darauf hin, daß späte Industrialisierung Rumäniens Vor- und Nachteile gebracht habe. Entstehung neuer Industrieorte habe großen Zuzug vom Land verursacht. Industrieproduktion seit Krieg um 38faches gewachsen. Stahlproduktion solle 1980 17 bis 18 Mio.t betragen. Rumänien exportiere und importiere auch Stahl in die und von der Bundesrepublik.

Es folgte eine Plenarsitzung, die ungefähr 40 Minuten dauerte[4], dann Wiederaufnahme des Vier-Augen-Gesprächs etwa 17.10 Uhr.

2) Auf Vorschlag Ceaușescus begann *BK* mit Bericht über Gespräche mit Sadat.[5] Sadat habe hohe Wertschätzung der Hilfe Ceaușescus zum Ausdruck gebracht.[6] Sadat habe einen mutigen Schritt getan[7] und rechne damit, auch die Zustim-

---

[1] Ablichtung.
Die Gesprächsaufzeichnung wurde von Legationsrat Lang, Bukarest, gefertigt und am 17. Januar 1978 von Ministerialdirektor Ruhfus, Bundeskanzleramt, an Vortragenden Legationsrat I. Klasse Lewalter übermittelt. Dazu vermerkte er: „Lieber Herr Lewalter, ich übersende Ihnen hiermit zur persönlichen Unterrichtung von Bundesminister Genscher Durchdruck der Dolmetscheraufzeichnungen über die beiden Vier-Augen-Gespräche, die der Bundeskanzler am 6. und 7. Januar 1978 mit Präsident Ceaușescu geführt hat. Der Text der Aufzeichnung ist vom Bundeskanzler genehmigt."
Hat Bundesminister Genscher am 24. Januar 1978 vorgelegen, der Staatssekretär van Well um Rücksprache bat.
Hat van Well am 24. Januar 1978 vorgelegen, der die Weiterleitung an Ministerialdirektor Blech verfügte „m[it] d[er] B[itte] um Rückgabe an Min[ister]büro".
Hat Blech vorgelegen. Vgl. das Begleitschreiben; VS-Bd. 14076 (010); B 150, Aktenkopien 1978.

[2] Bundeskanzler Schmidt hielt sich am 6./7. Januar 1978 in Rumänien auf. Vgl. dazu SCHMIDT, Nachbarn, S. 542 f.

[3] Der Königspalast in Bukarest entstand zwischen 1927 und 1937 nach Plänen des Architekten Nicolae Nenciulescu.

[4] Vortragender Legationsrat Sieger notierte am 11. Januar 1978, daß in der Plenarsitzung die bilateralen Wirtschaftsbeziehungen und Möglichkeiten zu deren Ausbau erörtert worden seien. Vgl. dazu Referat 421, Bd. 122487.

[5] Bundeskanzler Schmidt hielt sich im Rahmen einer Urlaubsreise vom 27. Dezember 1977 bis 6. Januar 1978 in Ägypten auf. Zu seinen Gesprächen mit Präsident Sadat am 27./28. Dezember 1977 vgl. AAPD 1977, II, Dok. 378 und Dok. 379.

[6] Präsident Sadat hielt sich vom 29. bis 31. Oktober 1977 in Rumänien auf.
Botschafter Balken, Bukarest, berichtete am 9. Dezember 1977: „Aus Gesprächen, die ich bei gesellschaftlichen Anlässen mit AM Macovescu und anderen hohen rumänischen Funktionären führte, entnahm ich, daß man sich bemühte, die Rolle, die der rumänischen Führung in Zeitungsberichten beim Zustandekommen der Sadat-Initiative zugeschrieben wird, als ‚reine Spekulation' herunterzuspielen, andererseits sich die Option zu erhalten, ggf. am Zustandekommen eines Erfolgs beteiligt gewesen zu sein." Vgl. den Drahtbericht Nr. 1047; Referat 310, Bd. 119964.

[7] Präsident Sadat erklärte am 9. November 1977 im ägyptischen Parlament in Kairo zu einer möglichen Wiederaufnahme der Friedenskonferenz für den Nahen Osten in Genf: „Ich bin bereit, nach Genf zu gehen. [...] Ich bin bereit, bis ans Ende der Welt zu gehen, wenn dadurch verhindert werden

mung Saudi-Arabiens und Jordaniens zu bekommen. Trotzdem stelle sich die Frage, ob er Erfolg haben werde. Er müsse die Selbstbestimmung der Palästinenser durchsetzen. Wenn das nicht gelinge, keine Übereinkunft mit Israel möglich.[8] Distanzierte Haltung der SU für ihn Erschwernis, aber auch, daß USA bisher nicht eindeutig genug für Selbstbestimmung Palästinenser eingetreten sei. Es sei sein (BKs) Eindruck, daß die SU bisher zu stark auf Seite PLO, USA zu stark auf Seite Israels gestanden hätten. Er, BK, habe Winterurlaub in Ägypten gemacht, damit Sadat öffentliche Unterstützung erhalte. Dayan habe er gesagt, daß er israelische Flexibilität für unzureichend halte.[9] Carter habe sich vorgestern in Assuan etwas deutlicher, d. h. besser, für Rechte der Palästinenser ausgesprochen.[10] BK habe in Kairo öffentlich gesagt, daß er sich wie anderen acht Länder der EG[11] für Selbstbestimmung der Palästinenser einsetze.[12] Er habe auch öffentlich gesagt, daß SU und USA nach wie vor besondere Verantwortung für Frieden in Nahost trügen.[13] Er halte es für gefährlich, den Versuch einer umfassenden Friedensregelung im Nahen Osten ohne SU zu machen. Wenn man Chancen dieses Sadat-Friedensplans beurteile, dürfe man

Fortsetzung Fußnote von Seite 12
  kann, daß ein Soldat oder ein Offizier von meinen Söhnen verwundet wird – nicht getötet, sondern verwundet wird. [...] Israel wird erstaunt sein, mich jetzt vor Ihnen sagen zu hören, daß ich bereit bin, selbst in sein Parlament, selbst in die Knesset zu gehen und vor ihnen zu sprechen." Vgl. EUROPA-ARCHIV 1978, D 100.
  Am 20. November 1977 legte Sadat im israelischen Parlament in Jerusalem dar: „Denken Sie mit mir über ein Friedensabkommen in Genf nach, das wir einer friedensdurstigen Welt verkünden, ein Friedensabkommen, das auf folgendem beruht: 1) Beendigung der israelischen Besetzung der arabischen Gebiete, die 1967 besetzt wurden. 2) Erfüllung der Grundrechte des palästinensischen Volkes und seines Rechts auf Selbstbestimmung einschließlich des Rechts auf Errichtung seines eigenen Staates. 3) Das Recht eines jeden Landes in dem Gebiet, in Frieden innerhalb sicherer Grenzen zu leben, die durch vereinbarte Maßnahmen garantiert werden, die zusätzlich zu entsprechenden internationalen Garantien die Sicherheit der internationalen Grenzen gewährleisten. 4) Alle Länder des Gebiets sollten sich verpflichten, ihre Beziehungen an den Zielen und Grundsätzen der Charta der Vereinten Nationen auszurichten, vor allem keine Gewalt anzuwenden und alle Meinungsverschiedenheiten untereinander auf friedlichem Wege zu regeln. 5) Beendigung des derzeitigen Kriegszustands in dem Gebiet." Vgl. EUROPA-ARCHIV 1978, D 106 f.
8 Unvollständiger Satz in der Vorlage.
9 Bundeskanzler Schmidt traf am 28. November 1977 mit dem israelischen Außenminister Dayan zusammen. Für das Gespräch vgl. AAPD 1977, II, Dok. 339.
10 Präsident Carter nannte am 4. Januar 1978 in Assuan drei Voraussetzungen für Frieden im Nahen Osten: „First, true peace must be based on normal relations among the parties to the peace. Peace means more than just an end to belligerency. Second, there must be withdrawal by Israel from territories occupied in 1967 and agreement on secure and recognized borders for all parties in the context of normal and peaceful relations in accordance with the United Nations Resolutions 242 and 338. And third, there must be a resolution of the Palestinian problem in all its aspects. The problem must recognize the legitimate rights of the Palestinian people and enable the Palestinians to participate in the determination of their own future." Vgl. PUBLIC PAPERS, CARTER 1978, S. 20. Für den deutschen Wortlaut vgl. EUROPA-ARCHIV 1978, D 125.
11 Korrigiert aus: „WEU".
12 Vgl. dazu die Tischrede des Bundeskanzlers Schmidt am 27. Dezember 1977; BULLETIN 1978, S. 5.
13 Zu den Äußerungen des Bundeskanzlers Schmidt in einer gemeinsamen Pressekonferenz mit Präsident Sadat am 28. Dezember 1977 in Kairo wurde in der Presse berichtet: „Bundeskanzler Schmidt schloß, Sadat ergänzend, eine ‚direkte' Rolle der Bundesrepublik in dem Friedensprozeß aus, bekräftigte aber, daß Deutschland im Rahmen der EG für eine allseitige Friedensregelung und die Wiederaufnahme der Genfer Nahost-Konferenz eintrete. Ohne die Unterstützung der beiden Supermächte ist nach Ansicht von Schmidt ein sicherer Frieden im Nahen Osten ‚kaum erreichbar'. Die Vereinigten Staaten und die Sowjetunion hätten mit Blick auf dieses Ziel eine ‚besondere Verantwortung'." Vgl. den Artikel „Begin erläutert seinen Friedensplan – Sadat bleibt verhandlungsbereit"; FRANKFURTER ALLGEMEINE ZEITUNG vom 29. Dezember 1977, S. 1.

keinen übertriebenen Optimismus hegen; er, BK, glaube aber, daß Sadat Chancen habe. Entscheidende Schwierigkeiten seien auf der einen Seite arabische Ablehnungsfront[14] Irak, Algerien, Syrien, auf der anderen Position Israels. Inflexibilität Begins führe zu scharfer Opposition gegen Sadat in den drei ablehnenden Staaten und umgekehrt bestärke lautes Geschrei der Ablehnungsfront Israel in starrer Position. Er, BK, habe Sadat nun zum dritten Mal getroffen.[15] Seinem Eindruck nach sei Sadat von einem ganz ernsten Friedenswillen. Aber er könne keinen Separatfrieden mit Israel wollen; grundsätzliche Regelung der Palästinenser-Frage sei für ihn notwendig.

Ceaușescu stimmte zu, daß Naher Osten sehr komplexer Bereich. Im Grunde seien Ereignisse in dieser Zone in größerem Zusammenhang, nämlich dem der Einflußsphären zu sehen.

BK bemerkte, daß SU mehr Verständnis für Initiative Sadats hätte zeigen sollen.

Ceaușescu sagte, er glaube, daß Begegnung Begin–Sadat willkommen geheißen und ermutigt werden müßte, auch auf globaler Ebene, wo auch PLO-Frage zur Sprache kommen müsse. Es sei normal, wenn Israel direkt mit PLO verhandele, aber es sei auch andere Lösung denkbar, nämlich gemeinsame arabische Verhandlungen über Gaza und Cis-Jordanien oder Befassung UNO.

Auf entsprechende Frage BKs würdigte Ceaușescu seine guten Beziehungen zu Begin und Meinungsaustausch (acht Stunden), den er mit diesem gehabt habe.[16]

Auch Bundesrepublik könne – wie auch übrigens Westeuropa – viel tun für Lösung Nahost-Problems.

BK wies darauf hin, Amerikaner hätten sich beschwert, daß Westeuropäer zu weit gegangen seien.

---

[14] Vom 2. bis 5. Dezember 1977 fand in Tripolis eine Konferenz der Präsidenten Assad und Boumedienne, des Vorsitzenden des Exekutivkomitees der PLO, Arafat, des Generalsekretärs der südjemenitischen Nationalen Front, Fatah Ismail, des Generalsekretärs des libyschen Allgemeinen Volkskongresses,, Ghadafi, sowie des Mitglieds des irakischen revolutionären Kommandorats, Ramadan, statt. Die Teilnehmer verurteilten den Besuch des Präsidenten Sadat vom 19. bis 21. November 1977 in Israel als „Verrat [...] an dem Kampf, den Opfern und Prinzipien der arabischen Nation" und bekräftigten ihren Willen, ein Scheitern des von Sadat angeregten Friedensprozesses herbeizuführen. Ferner beschlossen sie, einen Handelsboykott sowie die „politischen und diplomatischen Beziehungen mit der ägyptischen Regierung einzufrieren". Außerdem sollte die Mitgliedschaft Ägyptens in der Arabischen Liga und deren Sitz in Kairo geprüft werden. Vgl. das Kommuniqué; EUROPA-ARCHIV 1978, D 115–117.

Botschafter Steltzer, Kairo, berichtete am 6. Dezember 1977: „Ägypten hat diplomatische Beziehungen zu Teilnehmerstaaten der Anti-Sadat-Konferenz in Tripolis am 5.12.1977 abgebrochen [...]. Sadat hat mit diesem Beschluß bewußt den Bruch im arabischen Lager vollendet, den nicht einmal seine Gegner in Tripolis in dieser Konsequenz haben vollziehen wollen." Vgl. den Drahtbericht Nr. 2304; Referat 310, Bd. 119964.

Botschafter Neubert, Tripolis, legte am 7. Dezember 1977 dar: „Freilich ist bemerkenswert, daß die Einigung der Palästinenser, die mit all ihren Gruppierungen der Einladung zur Konferenz gefolgt waren, nur unter ausdrücklicher Ablehnung der Resolutionen 242 und 338 durch Arafat möglich wurde, und daß die Iraker die Konferenz deswegen verließen, weil Assad sich eben zu dieser ausdrücklichen Ablehnung der VN-Beschlüsse nicht herbeiließ." Vgl. den Drahtbericht Nr. 441; Referat 310, Bd. 119964.

[15] Präsident Sadat hielt sich vom 29. März bis 3. April 1976 in der Bundesrepublik auf. Vgl. dazu AAPD 1976, I, Dok. 95 und Dok. 100.

Sadat besuchte die Bundesrepublik erneut vom 31. März bis 1. April 1977 und traf mit Bundeskanzler Schmidt am 27./28. Dezember 1977 in Kairo zusammen. Vgl. dazu AAPD 1977, I, Dok. 83, bzw. AAPD 1977, II, Dok. 378 und Dok. 379.

[16] Ministerpräsident Begin hielt sich vom 26. bis 30. August 1977 in Rumänien auf.

Ceaușescu bemerkte, US-Haltung sei etwas unklar, ihre Überlegungen nicht zu Ende gedacht, USA und Carter müßten einsehen, daß ohne PLO nichts möglich sei.

BK bemerkte, daß hier Punkt, wo man Begin Recht geben müsse: Solange PLO Beseitigung Israels fordere, sei Haltung Israels gegenüber PLO zu verstehen.

Ceaușescu sagte, daß Möglichkeit einer künftigen Sicherheitsregelung bestünde, deren Procedere sich allerdings zur Zeit als Circulus vitiosus darstelle: PLO müsse Israel anerkennen und umgekehrt. Gegenwärtige PLO-Haltung berge Lösungsmöglichkeiten.

BK äußerte Zweifel: Einfluß Arafats habe abgenommen. Außerdem zweifelhaft, ob Palästinenser sich der PLO anheimgeben wollten; Zweifel auch bei Regierungen von Ägypten und Jordanien.

Ceaușescu bemerkte, daß in Cis-Jordanien und Gaza-Streifen Mehrheit für PLO sei. Es sei Fehlen von konkreten Resultaten bei Verhandlungen, das Arafat geschwächt habe. Um so mehr bestehe Notwendigkeit für Israel, nachgiebiger zu werden.

BK sagte, daß er und EWG (mit möglicher Ausnahme Niederlande) Einfluß in dieser Richtung geltend machen werden.

BK und Ceaușescu tauschten Beobachtungen über überwältigende Popularität Sadats in Ägypten, aber auch Popularität in anderen Ländern aus.

Ceaușescu wies auf extremistische Elemente hin, die es jedoch überall gebe. Mehrheit der Ägypter sei für Sadat-Initiative, weil sie Frieden wollen.

BK schlug vor, Diskussion auf nähere geographische Nachbarschaft zu verlagern mit Hinweis, daß Rumänien quasi – wenn auch nicht geographisch, sondern doch durch allgemeine geopolitische Lage – Mittelmeerstaat sei, und bat um Beurteilung der Lage besonders Osten Mittelmeers.

Ceaușescu sagte, daß Mittelmeersituation allgemein sehr kompliziert sei, verstärkt durch Flotten der USA und SU. Auch das Mittelmeerproblem sei jedoch verbunden mit den allgemeinen Anliegen der internationalen Politik. (Hier trat längere Pause ein, über eine Minute.)

BK fragte, ob Ceaușescu Spannungen Türkei–Griechenland Sorgen bereiteten.

Ceaușescu bejaht und führte aus, daß er darüber sowohl mit Griechen als auch mit Türken im Sinne politischer Lösung gesprochen habe. Ohne gewisse Einflüsse von außen werde sich bestimmt leichter eine Lösung finden. Erdöl in Ägäis sei als Zwistursache verständlich[17], aber Türken und Griechen müßten sich zu Verhandlungen finden und akzeptable Lösungen suchen.

---

17 Die griechische Regierung gab am 1. November 1973 ihre Absicht bekannt, in der Ägäis nach Erdöl zu suchen. Das hierzu vorgesehene Gebiet betraf etwa die Hälfte der Ägäis und schloß die der türkischen Küste vorgelagerten griechischen Inseln ein, die von der Türkei als Teil des türkischen Festlandsockels betrachtet wurden. Mit Note vom 7. Februar 1974 an die türkische Regierung legte Griechenland dar, daß die griechischen Inseln der Ägäis Festlandcharakter hätten und sich die griechischen Hoheitsgewässer deshalb auf den Festlandsockel, d. h. bis zu einer Tiefe von 200 m, erstreckten. Am 27. Januar 1975 schlug die griechische Regierung vor, den Internationalen Gerichtshof (IGH) in Den Haag mit der Angelegenheit zu befassen. Die Türkei stimmte dem Vorschlag am 6. Februar 1975 zu. Vgl. dazu AdG 1976, S. 20551 f.
Referat 203 legte am 18. Januar 1978 dar, bei dem Konflikt spiele „entgegen der von der Presse verbreiteten Auffassung die Hoffnung auf Ölfunde im Meeresboden nur eine sekundäre Rolle. Die

BK bemerkte, daß Regierungen in Ankara immer sehr schwach, Opposition zu stark.

Ceaușescu sagte, er habe sich in Diskussion mit Türken für Verhandlungen eingesetzt. Jetzige Regierung solle beginnen, vielleicht intensiver politische Lösungen anzustreben.

BK gab bekräftigend Hoffnung Ausdruck, daß dies gelinge, wies jedoch auf nur schwache Mehrheit türkischer Regierung hin.

Ceaușescu meinte, daß gute Voraussetzung, wenn auch GR Verständnis zeige dafür, daß in Wirklichkeit Problem Ägäis-Öl wirtschaftlicher Natur.

BK bemerkte, er habe schon sehr oft mit türkischer und griechischer Regierung gesprochen, auch die Außenminister träfen sich, aber nichts Konkretes komme dabei zustande.

BK führte aus, Griechen glaubten, daß ihr Anspruch auf Ägäis, je länger behauptet, desto eher sich konsolidieren lasse, Türken glaubten, je mehr Zeit verstreiche, desto mehr konsolidiere sich ihr Anspruch auf Zypern.

Ceaușescu sagte, wenn man Zeit vergehen lasse, führe das nur zu Erschwerung des Problems. Erreicht werden müsse, daß Türkei–Griechenland direkt über Lösung verhandelten. Ein Konflikt zwischen beiden hätte Vorteile für niemanden, auch nicht für die Balkanstaaten.

BK fragte nach Erfahrungen Ceaușescus mit von Karamanlis angeregter Athener Konferenz.[18]

Ceaușescu führte aus, daß Resultate mehr politischer Art. Zu Problemen der Wirtschaft seien in Wirklichkeit keine konkreten Schritte unternommen worden. Es gebe auch Widerstand der Großmächte gegen Karamanlis-Initiative. SU sei mißtrauisch, USA nicht enthusiastisch. Das behindere eine Verbesserung der Zusammenarbeit zwischen Balkanländern. Trotzdem werde man weitere Anstrengungen zu einer Zusammenarbeit machen, so daß auch Großmächte einsehen würden, daß Frieden im Balkanbereich in ihrem Interesse.

Fortsetzung Fußnote von Seite 15

griechischen Bohrungen haben sich als nicht sehr ergiebig erwiesen." Ursächlich seien vielmehr „strategische Gesichtspunkte": „Die Türken fürchten, durch die ihrer Küste vorgelagerten Inseln von der Ägäis abgeschnitten zu werden. [...] Umgekehrt fürchten die Griechen, daß die Türkei die ostägäischen Inseln am liebsten okkupieren, jedenfalls aber die griechische Souveränität in diesem Bereich einschränken möchte. Sie sind deshalb bestrebt, im See- und Luftraum, der die Brücke zwischen diesen Inseln und dem griechischen Festland bildet, so viele Hoheitsrechte wie möglich festzuschreiben. Der Schelfanspruch auf den Meeresboden ist nur ein Teil dieser Strategie [...] Hierzu gehört aber auch die (nicht ICAO-konforme) Konstruktion nationaler Luftstraßen quer über die Ägäis und zwischen den Inseln untereinander, die Ausdehnung der Lufthoheit über den Inseln auf eine 10-sm-Zone [...] und die Proklamation ‚ständiger Manövergebiete' auf hoher See." Die Türkei verlange eine Beteiligung an der Flugkontrolle über der Ostägäis: „Verhandlungen über Territorialgewässer oder den militärischen Status der ostägäischen Inseln hat es bisher nicht gegeben. Dagegen haben wiederholt bilaterale Gespräche über Festlandsockel und einzelne Aspekte der Luftraumkontrolle stattgefunden, bisher ohne greifbares Resultat." Vgl. Referat 203, Bd. 115869.

18 Mit Schreiben vom 20. August 1975 an die Regierungschefs von Albanien, Bulgarien, Jugoslawien, Rumänien und der Türkei schlug Ministerpräsident Karamanlis eine Internationale Konferenz der Balkan-Staaten über Möglichkeiten der Zusammenarbeit auf den Gebieten Wirtschaft, Verkehr, Energie und Kultur vor. Die Konferenz auf Expertenebene fand ohne Albanien vom 26. Januar bis 5. Februar 1976 in Athen statt. Für den Wortlaut des Kommuniqués vgl. EUROPA-ARCHIV 1976, D 341 f.

BK bat um Meinung Ceauşescus zu chinesisch-sowjetischem Verhältnis, besonders in Hinterindien.

Ceauşescu: In Beziehungen SU–China zumindest einstweilen keine Verbesserung erkennbar. Rumänien sei immer für Verbesserung dieses Verhältnisses eingetreten und setze sich weiter dafür ein. Sowjetische Schwierigkeiten mit China hätten in Vergangenheit sicher auch im Verhältnis zur Person Maos gewurzelt. Auch Chinesen hätten Schwierigkeiten, die aus ihrem Verhältnis zu sowjetischen Führungspersönlichkeiten herrührten. Er, Ceauşescu, glaube, daß beide Staaten im Interesse des Weltfriedens zur Zusammenarbeit finden würden, wenn es auch lange dauern würde.

BK führte aus, daß Lage in Hinterindien ihm Sorge bereite: SU unterstütze einen, Peking anderen Kontrahenten. Er sehe eher Zeichen zunehmender Spannung als wachsender Normalisierung.

Trotz Vorschlag BKs, sich Lage in Westeuropa zuzuwenden, kehrte *Ceauşescu* noch einmal zurück zu Vietnam: Problem Vietnam–Kambodscha[19] sei kein Resultat direkter Konfrontation SU–China. Dortige Probleme verbunden vor allem mit allgemeiner Entwicklung in Indochina, d. h. Besorgnis Chinas und der SU angesichts Möglichkeit Föderation der indochinesischen Staaten. Jeder Konflikt ziehe Polarisation nach sich. Indochina zeige, wie zerbrechlich Entspannung sei, wie viele komplexe Probleme es gebe, die jederzeit in Konflikte ausarten könnten. Ceauşescu erwähnte Tatsache zweier kommunistischer Staaten gegeneinander.[20]

BK führte aus, daß Entspannung bisher auf Europa begrenzt und auf unmittelbare strategisch-nukleare Polarität SU–USA. Die meisten anderen geographischen Bereiche nicht in Entspannung einbegriffen; das gelte für fast ganz Afrika, auch Indochina, auch Mittlerer Osten, auch für östliches Mittelmeer, worüber man schon gesprochen habe. In SU und USA sei in letzter Zeit gewisse Beeinträchtigung der Stetigkeit, d. h. Kalkulierbarkeit, weltpolitischer Entwicklung eingetreten.

Ceauşescu stimmte zu, daß dies ein Problem, das Diskussion erfordere. Er sei einverstanden, daß man SU und USA wichtige Rolle, z. B. wirtschaftlich und militärisch, zuspreche. Verständigung zwischen beiden habe Welteinfluß, der jedoch gewisse Grenzen habe, und das sei auch gut so.

---

[19] Vortragender Legationsrat I. Klasse Steger vermerkte am 3. Januar 1978, daß die kambodschanische Regierung am 31. Dezember 1977 mit sofortiger Wirkung die diplomatischen Beziehungen zu Vietnam „vorläufig" abgebrochen habe. In einer Erklärung werde Vietnam vorgeworfen, „seit September 1977 in Divisionsstärke mit schweren Waffen und auf breiter Front kambodschanisches Gebiet anzugreifen, die Reisernte zu plündern und Menschen zu morden, das strategische Ziel zu verfolgen, Kambodscha in eine ‚indochinesische Föderation' unter vietnamesischer Vorherrschaft zu zwingen, um es anschließend ganz zu schlucken, [...] kambodschanisches Territorium besetzt zu halten, das ihnen nur während des Krieges als zeitweiliges Refugium zur Verfügung gestellt worden sei." In einer Gegenerklärung vom 31. Dezember 1977 habe Vietnam Kambodscha die Schuld für die Kämpfe angelastet und dargelegt, daß Kambodscha bereits 1975 mit Übergriffen auf vietnamesisches Territorium begonnen und diese ab Mitte 1977 ausgeweitet habe. Steger führte dazu aus: „Es ist klar, daß Moskau die vietnamesischen Ambitionen in Indochina unterstützt, um dort über Vietnam seine eigene Position auszubauen. [...] Peking steht dagegen klar auf der Seite Kambodschas. [...] Insgesamt dürfte die jetzige Entwicklung dazu beitragen, Kambodscha noch stärker an China und Vietnam noch stärker an die Sowjetunion zu binden." Vgl. Referat 340, Bd. 107620.

[20] So in der Vorlage.

BK sagte, daß Staaten vorhersehbar handeln sollten.

Ceauşescu beobachtete, daß Vorhersehbares schwer zu kalkulieren, wenn Vergleiche nur nach Machtverhältnissen angestellt würden.

BK bemerkte, daß man sich auf alles Vorhersehbare einrichten könne.

Ceauşescu sagte, daß es schwer sei, etwas vorherzusehen, solange in Beziehungen USA–SU von Realisierung eines Atomgleichgewichts ausgegangen werde.

BK: Aber was anderes tun?

Ceauşescu: Abrüstung bzw. Rüstung auf niedrigerer Ebene.

BK sagte, daß Gleichgewicht auf Basis wachsender Rüstungen unberechenbar sei; wenn man aber nukleares Gleichgewicht auf niedrigerer Ebene stabilisiere, sei es um so wichtiger, auch konventionelle Rüstung auf niedrigerer Ebene zu stabilisieren.

Ceauşescu führte aus, daß Problem nuklearen Gleichgewichts in größerem Kontext zu sehen. Es bestehe heute kein Monopol mehr. Kissinger habe einmal gesagt, SU und USA seien bis 2000 Herren der Welt. Das habe sich als falsch erwiesen. Atomrüstung sei nicht Problem zweier, sondern inzwischen einer Mehrzahl von Staaten geworden.

BK wies auf Nonproliferationsvertrag[21] hin.

Ceauşescu zitierte (wie er meinte) Bismarck, nach dem Verträge dazu da seien, übertreten zu werden.

BK bezweifelte, ob Bismarck-Zitat.

Ceauşescu: Bismarck oder Napoléon.

BK wies darauf hin, daß Gefahr Vertragsbruches wachse, weil beide Großmächte sich nicht an versprochene nukleare Abrüstung gehalten hätten.

Ceauşescu: Verbunden mit Atomrüstung sei konventionelle Rüstung, die auch beschränkt werden müsse. Globale Kosten dieses Jahr 400 Milliarden Dollar.

BK kehrte zu Thema der Vorhersehbarkeit zurück. Er habe Kissinger 20 Jahre lang gekannt. Kissinger und Ford seien ernsthaft um Rüstungsbegrenzung bemüht gewesen, er glaube auch Breschnew. Neue Regierung in Washington[22] wolle das auch, müsse nun aber alles neu lernen, was alte schon gewußt habe. Das ergebe sich zwangsläufig aus einem so totalen Regierungswechsel. Breschnew sei nicht mehr so gesund: Neue Führungsmannschaft in Moskau würde auch erst wieder lernen müssen.

Ceauşescu führte aus, daß SU und USA davon ausgegangen seien, atomares Gleichgewicht genüge anstelle Rüstungsbegrenzung. In einigen Jahren verfügen aber auch China und andere Staaten über Atomwaffe, was zwangsläufig zu größerem Diskussionsrahmen führe. Das Problem sei das Anhalten des Wettrüstens. Dies sei das brisanteste Problem, an dessen Lösung nicht nur SU und USA beteiligt sein dürften.

---

21 Für den Wortlaut des Nichtverbreitungsvertrags vom 1. Juli 1968 vgl. BUNDESGESETZBLATT 1974, Teil II, S. 785–793.

22 Am 2. November 1976 fanden in den USA Präsidentschaftswahlen statt, aus denen der Kandidat der Demokratischen Partei, Carter, als Sieger hervorging. Die neue Regierung übernahm am 20. Januar 1977 die Amtsgeschäfte.

BK fragte Ceauşescu, wen er beteiligt sehen möchte.

Ceauşescu: Alle Staaten! Nicht nur die schon Atomgerüsteten, sondern auch potentielle Atomwaffeninhaber. Non-Proliferation gelte nur für solche Staaten, die diesen Vertrag unterschrieben hätten. Vielleicht bringe Mai-Sitzung UNO Lösung?[23]

BK fragte, ob Ceauşescu dorthin fahre.

Ceauşescu antwortete, das sei bisher noch nicht sicher.[24]

BK sagte, daß er vielleicht fahre.[25] Wenn man es wahr machen wolle, daß nicht nur Weltmächte entscheiden sollen, dann müsse man sich selbst Gehör verschaffen.

Ceauşescu: UNO biete guten Rahmen. Er erwarte aber keine konkreten Beschlüsse bezüglich Rüstungsfragen. Aber vielleicht gewinne man Einsichten oder organisatorische Ansatzpunkte für konkrete Lösungen.

BK verwies auf MBFR-Verhandlungen in Wien. Er lege viel Wert darauf, daß 1978 ein Fortschritt erreicht würde. Er bemühe sich um Vorschläge, die über eine sterile Datendiskussion hinausführten. Es sei nicht genug, zu vergleichen, wie viele Soldaten hier und dort seien, sondern es gehe z.B. auch um die Eingrenzung des technischen Fortschritts in der Bewaffnung.[26]

Ceauşescu stimmte zu, daß Wiener MBFR schon zu lange dauere[27], und zwar ohne konkrete Ergebnisse. Diese Phase müsse überwunden und konkrete Beschlüsse gefaßt werden. Unbedingt sei Aspekt technischen Fortschritts wichtig, aber auch trotz aller Ermittlungsschwierigkeiten Vergleiche der Kampfkraft. Es sei schwer festzustellen, wieviel die SU hätte und wieviel die USA. Aber die Verminderung von Truppen auf dem Territorium anderer Staaten und die Verminderung von Militärbasen, das könne man zählen. Außerdem den jeweiligen grenznahen Truppenbestand. Er halte als ersten konkreten Schritt Verminderungen um 5 bis 10% oder Einfrieren auf jetzigem Stand für möglich.

BK wies darauf hin, daß manche Länder sehr groß und nicht alles zu erkennen sei, was in ihnen geschehe.

Ceauşescu regte an, man könne auch Militärhaushalte kürzen, wenn auch nur als symbolische Geste.

BK wandte ein, das sei nicht zentrales Problem.

Ceauşescu bekräftigte, daß jede konkrete Maßnahme ein Fortschritt.

---

[23] Zur UNO-Sondergeneralversammlung über Abrüstung vom 23. Mai bis 30. Juni 1978 in New York vgl. Dok. 212.

[24] Für Rumänien nahm Ministerpräsident Mănescu an der UNO-Sondergeneralversammlung über Abrüstung vom 23. Mai bis 30. Juni 1978 teil. Vgl. dazu den Drahtbericht Nr. 1475 des Ministerialdirigenten Pfeffer, z.Z. New York, vom 13. Juni 1978; Referat 200, Bd. 112911.

[25] Bundeskanzler Schmidt nahm am 26. Mai 1978 an der UNO-Sondergeneralversammlung über Abrüstung vom 23. Mai bis 30. Juni 1978 in New York teil. Für den Wortlaut seiner Rede vgl. BULLETIN 1978, S. 529–535.

[26] Dieser Satz wurde von Bundesminister Genscher durch Ausrufezeichen hervorgehoben.

[27] Die MBFR-Verhandlungen begannen am 30. Oktober 1973.

BK erinnerte sich, er habe vor 18 Jahren erstes Buch über Rüstungsbeschränkung geschrieben[28], vor zehn Jahren zweites Buch.[29] Dann sei er Verteidigungsminister geworden.[30] In NATO habe er für das gekämpft, was heute MBFR genannt werde. Einwände damals: Russen würden ablehnen; SU sei aber doch darauf eingegangen, und jetzt werde in Wien darüber verhandelt. Erste Vorschläge in diesem Bereich habe der Pole Rapacki vor 21 Jahren gemacht.[31] Er, BK, habe Eindruck, daß bei beiden Großmächten nicht genug Interesse vorhanden.[32]

Ceaușescu: Es fehle nicht an Interesse, sondern an Mut. Führte aus, daß doch alle Länder mit konkreten Schritten beginnen könnten, indem sie Militärhaushalte in Entwicklungshilfe verwandelten.

BK wies darauf hin, daß Deutschland ca. 3 1/2 Milliarden DM 1978 gebe, im Jahre 1976 doppelt so viel Entwicklungshilfe wie SU und COMECON-Staaten zusammen. Entwicklungshilfe der SU sei sehr klein, Militärhaushalt dagegen sehr groß.

Ceaușescu bekräftigte diese Beobachtung. Ausgaben für Militär und Kosmos seien in der Tat sehr groß.

BK fragte, ob es in Rumänien Persönlichkeiten gebe, die im Bereich Abrüstung analytisch gearbeitet hätten, und ob die Möglichkeit bestehe, ohne Publizität Deutsche mit diesem Personenkreis informell zu Besprechungen zusammenkommen zu lassen.

Ceaușescu erklärte sich einverstanden. Die deutschen Persönlichkeiten könnten entweder als Privatpersonen oder halboffiziell, als Privatforscher oder als Vertreter von Forschungsinstituten gerne nach Rumänien kommen. Er halte solche Beratungen sogar für notwendig. Vertreter seines Verteidigungsministeriums müßten allerdings beteiligt werden.

BK wies erneut auf Nichtöffentlichkeit hin, da sonst Schwierigkeiten zu befürchten. Er sei deshalb für rein privaten Charakter der angeregten Gespräche.

Ceaușescu erklärte sich einverstanden.

BK: Er werde morgen darauf zurückkommen.[33]

---

[28] Vgl. Helmut SCHMIDT: Verteidigung oder Vergeltung. Ein deutscher Beitrag zum strategischen Problem der NATO. Stuttgart 1961.

[29] Vgl. Helmut SCHMIDT: Strategie des Gleichgewichts. Deutsche Friedenspolitik und die Weltmächte. Stuttgart 1969.

[30] Helmut Schmidt war von 1969 bis 1972 Bundesminister der Verteidigung.

[31] Am 2. Oktober 1957 unterbreitete der polnische Außenminister Rapacki vor der UNO-Generalversammlung in New York den Vorschlag, eine aus der Bundesrepublik, der ČSSR, der DDR und Polen bestehende kernwaffenfreie Zone zu schaffen. Am 14. Februar 1958 erläuterte er seine Vorstellungen ausführlich in einem Memorandum. Weitere modifizierte Versionen des Rapacki-Planes, in denen der Gedanke einer Verminderung der konventionellen Streitkräfte hinzutrat, wurden am 4. November 1958 und am 28. März 1962 vorgelegt. Für den Wortlaut der letztgenannten Fassung vgl. DOCUMENTS ON DISARMAMENT 1962, S. 201–205.
Am 14. Dezember 1964 wiederholte Rapacki seine Vorschläge vor der UNO-Generalversammlung in New York und empfahl die Einberufung einer Europäischen Sicherheitskonferenz. Vgl. dazu auch AAPD 1964, II, Dok. 398, und AAPD 1965, I, Dok. 152.

[32] Der Passus „Erste Vorschläge ... Interesse vorhanden" wurde von Bundesminister Genscher durch Fragezeichen hervorgehoben.

[33] Für das Gespräch des Bundeskanzlers Schmidt mit Präsident Ceaușescu am 7. Januar 1978 in Bukarest vgl. Dok. 4.

6. Januar 1978: Gespräch zwischen Schmidt und Ceaușescu 3

BK wandte sich Westeuropa zu und schilderte Situation: Wirtschaftskrise, hohe Arbeitslosigkeit, am stärksten in Spanien, auch Italien, Großbritannien; aber auch Bundesrepublik. Zwei Länder bisher ohne Arbeitslose: Schweiz, die Gastarbeiter zurückgeschickt habe, und Österreich. Bundesrepublik werde sich aus ethischen Gründen nicht dazu verstehen, Gastarbeiter nach Haus zu schicken. In neun EWG-Ländern also 5 bis 6 Mio. Arbeitslose. Produktionskapazität nur teilweise ausgenutzt. Technischer Fortschritt gehe weiter, Produktivität wachse, aber man brauche deshalb eben weniger Arbeitskräfte. Auslösende Ursache: Ölkrise 1973, die politische Destabilisation verursacht habe, z. B.:

– Italien: keine regierungsfähige parlamentarische Mehrheit[34];

– Frankreich: fragile Parlamentsmehrheit;

– Großbritannien: Minderheitsregierung[35];

– Niederlande: Parteien neun Monate lang nicht fähig, Regierung zu bilden[36];

– Bundesrepublik: ganz kleine Regierungsmehrheit; wenn vier Abgeordnete, die eigentlich dafür stimmen müßten, dagegen stimmen, Regierung schwierig.[37]

– Hinweis auf politische Wirkungen in osteuropäischen Staaten.

Relativ gesehen stehe Bundesrepublik jedoch noch am besten da und sei politisch am stabilsten.

Insgesamt seien Wirtschaftsaussichten für 1978 in Europa nicht sehr gut. Zusammenbruch Dollars[38] verschlimmere Dinge. Nicht damit zu rechnen, daß

---

[34] Am 29. Juli 1976 ernannte Staatspräsident Leone Giulio Andreotti zum neuen Ministerpräsidenten. Am folgenden Tag wurde eine aus Mitgliedern der Democrazia Cristiana und Parteilosen gebildete Minderheitsregierung vereidigt.

[35] Durch den Tod eines Abgeordneten am 6. April 1976 und den Parteiaustritt eines weiteren Abgeordneten am 7. April 1976 hatte die regierende Labour-Partei nur noch 314 Mandate gegenüber 316 Abgeordneten anderer Parteien.

[36] Botschafter Dreher, Den Haag, teilte am 5. November 1977 mit: „Amtierender Ministerpräsident den Uyl ist in seinen Bemühungen, eine Mehrheitsregierung aus PvdA, CDA und D 66 zu bilden, erneut zum vierten Mal, seit er nach den Wahlen vom 25. Mai als Formateur mit der Regierungsbildung beauftragt wurde, gescheitert. Gestern abend, 4.11., hat er der Königin den ihm erteilten Auftrag zurückgegeben. Das Land steht damit vor der längsten Regierungskrise seiner Geschichte." Vgl. den Drahtbericht Nr. 358; Referat 202, Bd. 115655.
Am 15. Dezember 1977 gab der bisherige Justizminister van Agt die Bildung eines aus Christdemokraten und Liberalen zusammengesetzten Kabinetts bekannt. Vgl. dazu den Drahtbericht Nr. 405 von Dreher vom 16. Dezember 1977; Referat 202, Bd. 115655.

[37] Bei den Wahlen zum Bundestag am 3. Oktober 1976 entfielen auf die CDU/CSU 48,6% der Stimmen (243 Sitze), auf die SPD 42,6% (214 Sitze) und auf die FDP 7,9% (39 Sitze). Die z. B. zur Wahl des Bundeskanzlers erforderliche Stimmenzahl lag somit bei 249 Mandaten.

[38] Ministerialdirektor Lautenschlager informierte am 8. Dezember 1977: „Nach einer rasenden Talfahrt hat der Dollar am 6. Dezember 1977 schließlich mit DM 2,158 den niedrigsten Stand seit Ende des Zweiten Weltkriegs erreicht. Im Vergleich zum Jahreshöchstkurs Ende Januar 1977 hat sich die DM gegenüber dem Dollar damit um 11,3% aufgewertet. Gegenüber dem Yen ist der Dollar seit Jahresbeginn fast 20% billiger geworden, und auch gegenüber dem Schweizer Franken verlor er seit Ende März ein Fünftel seines Wertes." Vgl. Referat 412, Bd. 122301.
Referat 412 ergänzte am 9. Januar 1978, daß nach dem weiteren Fall des Dollarkurses auf 2,0625 DM am 4. Januar 1978 das amerikanische Finanzministerium bekanntgegeben habe, künftig gemeinsam mit der amerikanischen Notenbank und ausländischen Notenbanken einzugreifen, um die Ordnung an den Devisenmärkten wiederherzustellen: „Diese Interventionen sollen mit zwei Instrumenten durchgeführt werden: durch die Einräumung einer Kreditlinie der Bundesbank an die Fed[eral Reserve] in Höhe von 1 Mrd. Dollar im Rahmen des allgemeinen Swap-Abkommens der Notenbanken, das etwa 20 Mrd. Dollar umfaßt und an dem die Bundesbank mit rd. 2 Mrd. Dollar beteiligt ist; durch eine Kreditlinie der Bundesbank an das US-Schatzamt (Exchange Stabilization

21

westeuropäische Regierungen 1978 stärker sein werden als 1976 oder 1977. Es gebe auch positive Elemente: EWG bestehe weiter trotz großer Schwierigkeiten jedes Einzelstaats, Europa habe keine zusätzlichen Handelsschranken gegen Importe von außen errichtet. Gefahr dazu sei sehr groß gewesen, hätte zur Vertiefung Weltkrise geführt, in USA befürworteten Gewerkschaften sogar autarkistische Politik. Auch 1978 werde EWG vermeiden, dieser Gefahr nachzugeben. Zweites Positivum bestehe in wesentlicher Verbesserung englischer Zahlungsbilanz. Frankreich sei im Grunde genommen wirtschaftlich solides Land, wenn es im März stabile Regierung erhalte[39], sei nichts zu befürchten.

Sorge bereite ihm (BK) bisherige Unfähigkeit, zwischen Industrie-, Entwicklungs- und OPEC-Ländern Einvernehmen zu erzielen. OPEC wolle nur Geld verdienen, aber keine Pflichten oder Opfer auf sich nehmen. Entwicklungsländer wollten nur Hilfe, lehnten aber Pflichten ab. Westeuropa werde aber bei fragilen Mehrheiten nur dann Entwicklungshilfe erhöhen können, wenn der Öffentlichkeit Quidproquo vorgewiesen werden könne.[40]

Schlußfolgerung: Alle Staatengruppen, auch COMECON, müßten erkennen, daß ihr Schicksal sich nur im Zusammenwirken dieser vier Gruppen positiv entwickeln könne. Regierungen hätten das bisher nicht ausreichend verstanden, SU habe z.B. nicht verstanden, daß Polen oder Rumänien etc. unter Gesamtkrise litten. USA habe noch nicht begriffen, daß Verbündete darunter litten, in einem Maße, daß gesamte Außenpolitik der USA davon in Mitleidenschaft gezogen werden könne. OPEC habe nicht verstanden, daß Öl-Dollars nichts bringen, wenn Dollar verfalle. OPEC könne Öl zwar weiter verteuern, vertiefe damit aber nur die Weltkrise. Regierungen müßten verstehen, daß ökonomisches Wohlergeben weit mehr als bisher bewußt abhängt von Zusammenarbeit. Aus diesem Grunde auch deutsche Unterstützung für Breschnew-Vorschlag einer Energiekonferenz.[41] Er, BK, würde es auch gerne sehen, wenn SU an Sitzungen

---

Fortsetzung Fußnote von Seite 21

Fund). [...] Diese Interventionsankündigung stoppte augenblicklich die monatelange Talfahrt des Dollar und löste einen einzigartigen Kurssprung des Dollar an allen Devisenbörsen aus. In Frankfurt gewann der Dollar an einem Tag mehr als acht Pfennige und wurde am 5. Januar mit 2,1500 DM bewertet. Dieser abrupte Stimmungsumschwung an den Märkten zeigt, wie sehr wir es mit einem psychologisch verfaßten Markt zu tun hatten, der sich nicht mehr an objektiven Wirtschaftsdaten ausrichtete, sondern sich in Ermangelung klarer amerikanischer Stellungnahmen und tatkräftiger Interventionen immer mehr in die Baisse treiben ließ. Gegenwärtig pendelt der Kurs unstetig, als testeten die Märkte die tatsächliche amerikanische Interventionsbereitschaft." Vgl. Referat 412, Bd. 122300.

39 In Frankreich fanden am 12. und 19. März 1978 Wahlen zur Nationalversammlung statt.

40 Dieser Absatz wurde von Bundesminister Genscher durch Fragezeichen hervorgehoben.

41 Der Generalsekretär des ZK der KPdSU, Breschnew, schlug am 9. Dezember 1975 auf dem VII. Parteitag der PVAP in Warschau gesamteuropäische Konferenzen über Zusammenarbeit im Umweltschutz, bei der Entwicklung des Verkehrswesens und in der Energiewirtschaft vor. Vgl. dazu NEUES DEUTSCHLAND vom 10. Dezember 1975, S. 3f.

Am 26. Oktober 1977 legte die UdSSR auf der KSZE-Folgekonferenz in Belgrad den Vorschlag für eine gesamteuropäische Zusammenarbeit auf den Gebieten Umweltschutz, Verkehr und Energie vor. Auf dem Gebiet der Energie wurde die Abhaltung einer Energiekonferenz vorgeschlagen: „Auf einer derartigen Konferenz könnte man solche Fragen behandeln wie die Vereinigung von elektroenergetischen Strom- und Gasversorgungssystemen, die Schaffung neuer internationaler Brennstofftransportsysteme, die gemeinsame Entwicklung großer Brennstoff- und Energiekomplexe, die Zusammenarbeit bei der Erschließung neuer Energiequellen und die gemeinsame Erarbeitung von Energiesparmaßnahmen." Vgl. den Drahtbericht Nr. 747 des Botschafters Fischer, Belgrad (KSZE-Delegation) vom selben Tag; Referat 212, Bd. 115107.

Am 13. Dezember 1977 legte die UdSSR einen präzisierten Vorschlag zur Vorbereitung einer gesamt-

IMF teilnehmen würde, um sich mit Problemen vertraut zu machen. All dies würde ganzer Welt nutzen, weil es Entwicklungen vorhersehbar machen würde.

Weltwirtschaft sei nicht zu reduzieren auf Netz bloß bilateraler Beziehungen. Es müsse ein multilaterales Tauschsystem bestehen. Industrieländer würden in Zukunft nicht mehr so große Kredite an sozialistische Länder geben können. Grund sei darin zu suchen, daß Geldgeber, Privatbanken, ihr Risiko kalkulieren müßten. Viele Kredite seien nur noch mit Regierungsgarantien zu realisieren. Die Finanzminister litten unter Alpträumen, diese Garantien einlösen zu müssen. 1974 habe die Bundesrepublik z.B. Bürgschaften in Höhe von 35 Mrd. DM ausstehen gehabt; 1977 seien es schon 80 Mrd. DM. Wenn er (BK) von Bukarest nach Bonn zurückkehre, würde es noch eine Milliarde mehr (nämlich 700 Mio. in Rumänien[42] und 200 Mio., die er Ägypten gegeben habe[43]).

Hier Einruf *Ceaușescus*: Sie werden mehr als das (gemeint 700 Mio.) dalassen!

BK führte fortfahrend aus, internationales Privatbankensystem sei sehr angespannt. Auf längere Sicht könne der Westen nicht immer nur Geld zur Verfügung stellen, er müsse dafür auch Waren bekommen. Auch im Kreditsystem müsse man im Drei-, Vier-, Vieleck zur Balance kommen. Es sei sein dringender Wunsch, daß alle Staaten an der ökonomischen Gesundung mitwirkten. Denn die Financiers (z.B. USA, D, Saudi-Arabien) bekämen Angstzustände bei ihren vielen Verpflichtungen. Ceaușescu möge das bitte nicht als Präludium für morgiges bilaterales Gespräch verstehen. Er, BK, bitte jedoch Ceaușescu darum, innerhalb des COMECON für Aufgeschlossenheit für diese Probleme zu sorgen.

Ceaușescu räumte ein, daß alle diese Probleme komplex seien. Er werde bei seinen Ausführungen vor allem auf RGW und Rumänien Bezug nehmen: Wirtschaftskrise habe sehr ernste Veränderungen gezeitigt und habe einige positive und einige negative Folgen gehabt. Auswirkungen habe sie auch auf die sozialistischen Staaten gehabt. Die Wurzeln der Schwierigkeiten der kapitalistischen Industrieländer sehe er vor allem dadurch verursacht, daß in der Vergangenheit eigene Entwicklung und eigener Konsum verabsolutiert worden seien und die Konsumgewohnheiten bzw. Entwicklungsfähigkeit der Westeuropa umliegenden Länder ignoriert worden sei. Unter diesem Aspekt sei es wichtig, daß Westeuropa seine Konsumkonzeption neu durchdenke, z.B. im Bereich Energie: Die Möglichkeiten seien begrenzt. Der Konsum solle rationell sein. Aber diese

---

Fortsetzung Fußnote von Seite 22

europäischen zwischenstaatlichen Energiekonferenz vor. Dieser lautete: „The participating States consider it necessary to strengthen and develop mutually advantageous long-term co-operation in the field of energy and, to this end, to undertake as soon as possible a detailed analysis of problems which may be suitable for consideration at an all-European interstate conference on co-operation in this field, making full use of the experience and possibilities of the Economic Commission for Europe". Vgl. den Drahtbericht Nr. 1029 von Fischer vom selben Tag; Referat 212, Bd. 115108.

42 Zur Gewährung eines Bürgschaftsrahmens in Höhe von 700 Mio. DM im Zusammenhang mit Fragen der Familienzusammenführung vgl. Dok. 11.

43 Im Gespräch des Bundeskanzlers Schmidt mit Präsident Sadat im Kreis der Delegationen am 28. Dezember 1977 in Kairo erklärte Schmidt die Bereitschaft der Bundesrepublik, „auch für 1978 wieder 250 Mio. DM Kapitalhilfe für Ägypten vorzusehen. Außerdem hätten wir zusätzliche Kapitalhilfe (Soforthilfe) in Höhe von 60 Mio. DM angeboten, falls die ägyptische Regierung dafür deutsche Lokomotiven kaufe." Schmidt teilte ferner mit, „er habe die Aufstockung unserer Ausfuhrbürgschaft von 550 Mio. DM auf 750 Mio. DM bekanntgegeben". Vgl. die Gesprächsaufzeichnung; Referat 310, Bd. 108715.

Probleme seien mit der ganzen Weltlage verbunden und dem Problem der Unterentwicklung, einer Frage, die er, Ceaușescu, morgen ansprechen wolle.

Was politische Fragen betreffe, so teile er nicht die Sorgen des Bundeskanzlers: In Italien gebe es durchaus eine Mehrheit unter der Bedingung, daß sich die Democrazia Cristiana dazu verstehe, mit dieser Mehrheit zusammenzuarbeiten und auf ihr Regierungsmonopol zu verzichten. Dies letztere sei aber unumgänglich und würde langfristige Lösungen für Italien ermöglichen. Es gebe auch Perspektiven für Frankreich. Er, Ceaușescu, glaube, daß eine Orientierung zur Demokratie und der Beteiligung demokratischer Kräfte unter Einschluß von Kommunisten den Regierungen dieser Länder zusätzliche Stabilität verleihen würde.

BK äußert Zweifel.

Ceaușescu beharrte darauf, daß dies aber notwendig sei. Das Leben zeige, daß jede kommunistische Partei nur im engen Kontext der Realitäten in ihrem jeweiligen Land betrachtet werden müsse. Es gebe, international gesehen, keinen Monolithen oder ein Steuerungszentrum, sondern jede Partei wirke je nach den gegebenen Realitäten eines jeden Landes. Sicher bestünden zwischen den Parteien Wechselwirkungen und Einflüsse, aber das geschehe auch anderswo in der Welt, sozialistische Länder könnten deshalb nicht als Block betrachtet werden. Die kommunistischen Parteien hätten auch mit anderen Parteien, z. B. sozialdemokratischen, gemeinsame Ansatzpunkte. Man müsse einsehen, daß sozialistische Länder in ziemlich großer Diversität bestünden, manchmal auch, wie das Beispiel Vietnam–Kambodscha zeige, im Konflikt. Soziale Veränderungen in Europa seien kein Anlaß zu Sorgen. Ökonomische Probleme bestünden nicht nur in Europa, sondern in der ganzen Welt. Eine Lösung ohne Beteiligung zumindest der Staatenmehrheit sei nicht möglich. Auch in sozialistischen Staaten hätten sich die Zuwachsraten sehr stark vermindert, es gebe auch Preissteigerungen, und Probleme der Unterentwicklung machten es notwendig, daß auch die sozialistischen Länder zu Lösungen beitrügen. Rumänien habe sich dafür schon immer eingesetzt. Jetzt beginne man zu verstehen, die SU eingeschlossen, daß die neue Weltwirtschaftsordnung eine wichtige Frage sei. Er, Ceaușescu, glaube, daß die COMECON-Länder an der Schaffung einer neuen Weltwirtschaftsordnung beteiligt sein müßten. Fragen der Unterentwicklung werde er morgen ansprechen. Was Rumänien anbetreffe, entwickle es sich sehr schnell. Rumänien sei in der Tat ein Entwicklungsland und arbeite nicht nur mit dem RGW, sondern auch allen übrigen Ländern zusammen: Anteil rumänischen Handels mit COMECON betrage 40 bis 42%, mit sozialistischen Ländern zusammengenommen 45 bis 46%. Handel mit Entwicklungsländern habe sich sehr kräftig auf 25% Anteil entwickelt. Handel mit Industrieländern stehe auf Anteil von 30 bis 31%. Rumänien verfolge weiter das Ziel einer rapiden Entwicklung und widme ein Drittel seines Nationaleinkommens diesem Zweck, d. h., ein Drittel gehe in den Akkumulationsfonds, wie z. B. wirtschaftliche Investitionen und Wohnungsbau etc. Für Rüstung gebe Rumänien nur wenig aus. Auf diese Weise sei es auch möglich, trotz außergewöhnlicher Investitionen Lebensstandard zu heben. In diesem Fünfjahresplan werde das Realeinkommen bis 1980 um 30% steigen.

BK: Sehr viel!

Ceaușescu: Bei vorgesehener Preissteigerung von 6%.

Frage BKs nach Verteidigungsausgaben beantwortete Ceaușescu mit Auskunft: ca. 4% des Nationaleinkommens.

BK: Bundesrepublik nur etwas über 3%.

Ceaușescu: Deswegen habe sich Bundesrepublik auch so gut entwickelt! Insgesamt gebe Rumänien 4%, darin seien eingerechnet Ausgaben des Innenministeriums, aus.

Ceaușescu bemerkte, daß andere Länder mehr ausgäben.

BK bejahte, das sei der Fall, z.T. mehr als das Doppelte.

Ceaușescu begründete damit hohe Entwicklungsrate Rumäniens. Rumänien bekomme von RGW praktisch keine Kredite. Von China habe es einmal (1969) 200 Mio. Dollar bekommen. Insgesamt habe Rumänien Kredite im Wert von 2 Mrd. Dollar beansprucht. Bis 1980 wolle man dieses Volumen auf 1 Mrd. Dollar reduzieren. Rumänien habe auch Kredite an Entwicklungsländer gewährt, die genauso hoch seien wie die eigenen empfangenen Kredite. Rumänien habe Kredite für die Durchführung wirtschaftlicher Vorhaben gewährt. Im Plan seien weitere Summen für die Fortsetzung dieser Linie vorgesehen. Es bestehe also, wie BK gesagt habe, Zusammenarbeit in allen Richtungen. Rumänien habe sogar in den USA investiert, im Kohlebergbau. (Scherzend): Er, Ceaușescu, wolle sich hier nicht zur Frage äußern, ob er in der Bundesrepublik investieren wolle.

BK wies darauf hin, daß in der Bundesrepublik mehr Kapitalbildung als Investitionsmöglichkeiten.

Ceaușescu bat BK abschließend, seine (BKs) Mitarbeiter bis morgen um Studium der folgenden Vorschläge zu ersuchen:

1) Erhöhung des Kredits auf 1 Mrd. bis 1,5 Mrd. für Investitionsvorhaben, vielleicht einige in gemischten Unternehmen, natürlich mit Gewinntransfersicherung.

2) VFW-Fokker[44]; Bitte um Unterstützung.

3) Eventuelle Teilnahme Bundesrepublik an Konsortium zusammen mit Österreich an Schwarzmeerkanal und damit zusammenhängendem Hafen.[45] Bundesrepublik habe doch Interesse an erleichtertem Zugang zum Schwarzen Meer und Nahost. Bundesrepublik könne z.B. durch obengenannte Beteiligung Anrecht auf permanente Liegeplätze im Hafen erwerben. Hafen sei 1982 fertig. Donau-Schwarzmeer-Kanal werde wichtige Verkehrsader sein.

4) Gemeinsames Großunternehmen in Timișoara[46] (deutsche Industrie habe sich einverstanden erklärt). Außerdem seien seit 700 Jahren Deutsche dort ansässig.

---

[44] Zum Projekt des Verkehrsflugzeugs vom Typ „VFW-Fokker 614" vgl. Dok. 4, Anm. 29 und 31.

[45] Referat 421 legte am 13. Dezember 1977 dar: „Der Donau-Schwarzmeer-Kanal, dessen Bau im Juni 1973 beschlossen wurde, wird von Cernavodă an der Donau nach Agigea, südlich von Konstanza, führen und den bisherigen Schiffahrtsweg über die Donau um ca. 400 km verkürzen. An dem 64 km langen Kanal sollen in Cernavodă, Medgidia und Basarabi drei Häfen entstehen. [...] Gesamtkosten werden mit etwa 2 Mrd. US-Dollar – bei nur geringem Devisenanteil – beziffert. Über die Finanzierung sind bislang keine Angaben erhältlich." Vgl. Referat 421, Bd. 122490.

[46] Vortragender Legationsrat I. Klasse Sieger notierte am 11. Januar 1978 über ein Gespräch des Parlamentarischen Staatssekretärs Grüner, Bundesministerium für Wirtschaft, mit dem rumänischen

Wegen fortgeschrittener Zeit (19.40 Uhr) machte Ceaușescu von BK angenommenen Vorschlag, Beginn Dinners auf ab 20.30 Uhr zu verlegen.

VS-Bd. 14076 (010)

4

**Gespräch des Bundeskanzlers Schmidt
mit Präsident Ceaușescu in Bukarest**

Geheim 7. Januar 1978[1]

Besuch des Bundeskanzlers in Rumänien[2];
hier: Vier-Augen-Gespräch am 7.1.1978, vormittags

Nach anerkennenden Bemerkungen BKs über frische Bukarester Luft und schöne rumänische Teppiche (Einwurf Ceaușescus: Die könnten wir noch teurer verkaufen!) Übergang auf Vorschlag BKs zu bilateralen Gesprächen.

Ceaușescu wünschte, noch einmal zu am Vortag[3] besprochenen internationalen Problemen zurückzukehren, und schlug vor, zunächst vielleicht Sicherheit in Europa sowie Wirtschaftsbeziehungen und Thema neue Weltwirtschaftsordnung zu Ende zu führen.

BK erklärte sich einverstanden.

Ceaușescu regte an, danach zu bilateralen Themen überzugehen. Dabei Frage an BK, was man im bilateralen Bereich außer Wirtschaftsbeziehungen zwischen D und R noch ansprechen könne: Vielleicht Beziehungen RKP[4] – SPD?

Fortsetzung Fußnote von Seite 25
Stellvertretenden Ministerpräsidenten Oprea am Rande des Besuchs des Bundeskanzlers Schmidt am 6./7. Januar 1978 in Rumänien: „Die rumänische Seite übergab einen Vorschlag für den Aufbau eines gemeinsamen Unternehmens mit Angaben über die Produktion von schweren Werkzeugmaschinen und hydraulischen Anlagen in Temesvar/Banat (4–5000 Arbeitskräfte, Investitionsbedarf insgesamt ca. 650 Mio. DM, davon ca. 450 Mio. DM für Ausrüstungen). Von deutscher Seite wurde darauf hingewiesen, daß im Hinblick auf gemeinsame Absatzmöglichkeiten in der Bundesrepublik Deutschland bereits Überkapazitäten vorhanden seien. Auch erfordere ein solches Vorhaben sehr hohe Kapitalinvestitionen, während unter Berücksichtigung des niedrigeren rumänischen Lohnniveaus nur bei arbeitsintensiven Produktionen mit geringerem Kapitalaufwand sowie bei Absatzmöglichkeiten auf dritten Märkten gute Aussichten auf eine erfolgreiche Tätigkeit des gemeinsamen Unternehmens bestünden. Die Möglichkeit der Herstellung von hydraulischen Anlagen, auf rumänischen Vorschlag ferner von elektrotechnisch-elektronischem Gerät sowie noch anderer Produktionslinien sollte geprüft werden." Vgl. Referat 421, Bd. 122487.

[1] Durchdruck.
Die Gesprächsaufzeichnung wurde von Legationsrat Lang, Bukarest, gefertigt und am 17. Januar 1978 von Ministerialdirektor Ruhfus, Bundeskanzleramt, an Vortragenden Legationsrat I. Klasse Lewalter übermittelt. Vgl. dazu Dok. 3, Anm. 1.
[2] Bundeskanzler Schmidt hielt sich am 6./7. Januar 1978 in Rumänien auf.
[3] Für das Gespräch des Bundeskanzlers Schmidt mit Präsident Ceaușescu am 6. Januar 1978 in Bukarest vgl. Dok. 3.
[4] Rumänische Kommunistische Partei.

BK regte an, mit Weltwirtschaftsordnung zu beginnen, da Ceaușescu noch keine Gelegenheit gehabt habe, detailliert dazu Stellung zu nehmen.

Ceaușescu führte aus, daß allgemeiner Zusammenhang zwischen Unterentwicklung und Notwendigkeit neuer Weltwirtschaftsordnung sehr eng. D und R hätten darin sehr nahe Standpunkte. R sei sozialistisches Entwicklungsland, seit 1977 auch Mitglied der Gruppe der E-Länder[5].

BK: Gruppe 77?

Ceaușescu: Ja, heute aber schon etwas über 100 Mitglieder. Als Gast nehme R auch an Tätigkeit der Blockfreien teil. Wie BK in Tischrede schon gesagt habe, glaube er, daß Aufteilung Welt in arme und reiche Länder schwierigste Frage internationalen Lebens.[6] Kaum vorstellbar, daß diese Situation anhalte. Vom ökonomischen Standpunkt habe Zurückhaltung von zwei Dritteln der Menschheit in Unterentwicklung schwerwiegende Folgen für Weltwirtschaft. Deshalb R für radikale Lösung, d.h. effektive Hilfe für Entwicklungs- und schwach entwickelte Länder. Die Probleme seien vielseitig: Einerseits seien die meisten Entwicklungsländer rückständig in bezug auf industrielle und landwirtschaftliche Leistungsfähigkeit, deshalb sei es wichtig, die Produktionskraft dieser Länder zu fördern. Er, Ceaușescu, wisse, daß auch die Entwicklungsländer selbst Anstrengungen machen müßten. R beweise das durch sein eigenes Verhalten, das von den Entwicklungsländern hoch geschätzt werde. Dennoch bräuchten diese Entwicklungsländer viel mehr Hilfe von den Industrieländern, nicht nur den kapitalistischen, sondern auch den sozialistischen, er mache da keine Unterschiede. Was jedoch bisher praktisch geschehen sei, sei sehr wenig. Nord-Süd-Dialog habe keinen realen Fortschritt gebracht. R vor allem für Entwicklung dieses Dialogs in UNO-Rahmen und deren Organisationen. Nach rumänischer Auffassung müsse man dazu im UNO-Rahmen eine Organisation nach Muster der Seerechtskonferenz[7] schaffen, die dann Serie von Abkommen, konkreten Vereinbarungen etc. als Grundlage neuer Weltwirtschaftsordnung vorbereiten könnte. R sehe vor allem Verhältnis der Preise von Rohstoffen zu Preisen industrieller Fertiggüter. Ausgeglichenes Preisverhältnis schaffe Stabilität. Die Entwicklungsländer benötigten Industrialisierungsprogramme, Land-

---

[5] Entwicklungsländer.
[6] Bundeskanzler Schmidt führte am 6. Januar 1978 in Bukarest aus, „daß eine friedliche Zukunft der Welt nicht vorstellbar ist, wenn nicht die Kluft zwischen Arm und Reich verkleinert wird und wenn nicht die wirtschaftlich unterentwickelten Länder gleichberechtigte und mitverantwortliche Partner [...] im wirtschaftlichen Geschehen werden". Vgl. BULLETIN 1978, S. 33.
[7] Am 3. Dezember 1973 begann in New York die Dritte UNO-Seerechtskonferenz. Bis zum 17. Juli 1977 hielt sie sechs Sitzungsperioden ab. Zu den bisherigen Arbeiten vermerkte der Arbeitsstab 50 für den Auswärtigen Ausschuß des Bundestags: „Aufgabe der Seerechtskonferenz ist – bedingt durch die technologischen, technischen und wirtschaftlichen Umwälzungen der letzten Jahrzehnte ebensosehr wie durch die Entlassung einer Vielzahl von früher abhängigen Gebieten in die Unabhängigkeit – die durchgreifende und vollständige Neuregelung aller Nutzungsverhältnisse an den Weltmeeren. Die Neufestsetzung der Breite der Küstenmeere, die Schaffung von Präferenzzonen vor den Küstenmeeren, die Neuregelung der Fischereibedingungen in diesen Zonen, die Bekämpfung der Umweltverschmutzung auf den Meeren gehören ebensosehr zu den Konferenzthemen wie die Regelung des Meeresbodenbergbaus, die Neufestsetzung der Festlandsockelbreite und die wissenschaftliche Forschung." Vgl. die Aufzeichnung vom 26. September 1977; Referat 402, Bd. 122228. Vgl. dazu ferner AAPD 1976, I, Dok. 93.
Die siebte Sitzungsperiode fand vom 28. März bis 19. Mai 1978 in Genf bzw. vom 21. August bis 15. September 1978 in New York statt.

wirtschaftsprogramme und Ausbildungsprogramme für Fachkräfte sowie vor allem Technologietransfer von den Industrieländern. Dazu kämen finanzielle und Währungsprobleme. Dezennien der Entwicklung[8] hätten nur Erklärungen gebracht, jedoch keine Ergebnisse. Er, Ceaușescu, glaube, Lösung bestehe in konkreten Entwicklungsprogrammen mit Laufzeiten von 15 bis 20 Jahren, dazu wesentliche Hilfe der Industrieländer notwendig, verbunden mit eigenen Anstrengungen der Entwicklungsländer. Außerdem könne ein Teil der Fonds, die durch Militäreinsparungen gewonnen würden, der Entwicklungshilfe zufließen.

BK wandte ein, daß er die Lage nicht so pessimistisch beurteile. Zum Technologietransfer: Deutschland habe in ganzer Welt moderne Industrien errichtet, z. B. Stahlwerke und Werften von Korea bis Südamerika einschließlich Nahost, D habe also sehr gutes Gewissen bezüglich Transfers. Inzwischen seien deutsche Stahlwerker und Schiffsbauer arbeitslos, weil Stahl aus Entwicklungsländern billiger. Auch hinsichtlich Kapitalhilfe habe D gutes Gewissen: Wenn SU nur Hälfte von deutschen Leistungen erbringe, wäre das schon sehr gut. Er stimme jedoch Ceaușescu in Urteil zu, daß erreichter Zustand nicht befriedigend. Das habe drei Gründe:

1) Entwicklungsländer müßten verstehen, daß Solidarität keine Einbahnstraße, Leistungen also nicht nur einseitig zu erbringen seien. Bei dauernder Beschimpfung in UNO seitens Entwicklungsländer sei es kein Wunder, wenn Bereitschaft der Industrieländer zu Leistungen nachlasse. Er, BK, meine das ganz ernst: Wenn ihn 77 Länder deswegen verurteilten, weil D angeblich Waffen nach Südafrika liefere[9], werde er langsam ärgerlich. Das sei also Punkt 1: Solidarität müsse auf Gegenseitigkeit beruhen!

2) Es sei Fehler, wenn in Nord-Süd-Dialog Venezuela oder Algerien als Hauptwortführer aufträten. Ölstaaten hätten gegenwärtige Krise durch Vervier- oder Verfünffachung der Ölpreise ausgelöst und dadurch die Entwicklungsstaaten noch stärker als die Industriestaaten getroffen. Industriestaat D könne das Fünffache durchaus bezahlen, Länder wie Ceylon, Indien oder Pakistan z. B. jedoch nicht, da, um Beispiel zu nennen, schon ihre Kosten für Kunstdünger erheblich teurer geworden seien. Entwicklungsländer müßten erkennen, daß OPEC-Länder solange nicht ihre Anwälte sein könnten, solange sie nicht zu Eigenleistungen bereit seien, und daß auch SU solange nicht ihr Anwalt sein könne, solange diese nur Waffen liefere. Entwicklungsländer müßten im eigenen Namen auftreten, direkt mit Industrieländern verhandeln.

3) Wichtige Rolle spiele auch ungehemmte Bevölkerungsvermehrung in Entwicklungsländern. Nur China, Indien und Ägypten versuchten ernsthaft, Zu-

---

[8] Mit Resolution Nr. 1710 vom 19. Dezember 1961 erklärte die UNO-Generalversammlung die sechziger Jahre zur Entwicklungsdekade mit dem Ziel, auf der Basis einer Entwicklungsstrategie bestimmte Zielvorgaben für die Entwicklungsländer zu erreichen. Für den Wortlaut vgl. UNITED NATIONS RESOLUTIONS, Serie I, Bd. VIII, S. 248 f.
Die Zweite Entwicklungsdekade wurde von der UNO-Generalversammlung am 24. Oktober 1970 ausgerufen. Für den Wortlaut der Resolution Nr. 2626 vgl. UNITED NATIONS RESOLUTIONS, Serie I, Bd. XIII, S. 255–265.

[9] Mit Resolution Nr. 32/35 vom 28. November 1977 verurteilte die UNO-Generalversammlung u. a. die Bundesrepublik wegen angeblicher politischer, diplomatischer, wirtschaftlicher und militärischer Zusammenarbeit sowie Zusammenarbeit auf dem Gebiet der Kernenergie mit Südafrika. Für den Wortlaut vgl. UNITED NATIONS RESOLUTIONS, Serie I, Bd. XVI, S. 642–644.

wachs zu drosseln. Das müsse anerkannt werden. Die meisten Entwicklungsländer verhielten sich aber so, daß Weltbevölkerung jedes Jahr um 100 Millionen zunehme. Die Entwicklungsländer könnten nicht ihre Bevölkerung ernähren. Das sei unmöglicher Zustand. Abhilfe liege in Modernisierung der Landwirtschaft, verbunden mit Verlangsamung des Bevölkerungszuwachses. Zur Zeit bestehe absurde Situation, daß Industrieländer Australien, Kanada, EWG, USA Überschüsse in Nahrungsmittelproduktion erzielten. Brandt sei seit Wochen dabei, mit einer Kommission von Fachleuten dieses Problem zu durchdenken.[10] Daran sei z. B. auch Algerien beteiligt[11], er, BK, könne sich jedoch vorstellen, daß auch Aufnahme rumänischen Standpunktes[12] nützlich sein könnte. Insgesamt sehe er die Lage aber durchaus nicht pessimistisch, vorausgesetzt, Frieden werde gewahrt, z. B. am Horn von Afrika, im Mittleren Osten, allgemein in der Welt. Je mehr politische Führer Frieden bewahrten, um so eher sei Lösung wirtschaftlicher Probleme möglich. Noch einen Gedanken wolle er, BK, besonders unterstreichen: D nehme bewußt Arbeitslosigkeit in Kauf, um anderen Ländern Möglichkeit zu geben, nach Deutschland zu exportieren, und zwar Waren, die früher in D produziert worden seien. Das gelte z. B. für Stahlindustrie, Schiffsbau, Textilindustrie, Raffinerien und Petrochemie. In all diesen Bereichen würden Kapazitäten nicht voll ausgenutzt, weil Entwicklungsländer billiger produzierten. D akzeptiere das, erwarte dafür aber auch Anerkennung.

Ceaușescu räumte ein, daß dieser Problemkreis sehr komplex. Er sei aber pessimistischer. Gewiß gebe es Lösungen, aber zuerst müsse gegenwärtige Situation überwunden werden. Er habe schon darauf hingewiesen, R sei schon immer davon überzeugt gewesen, daß es eigene Anstrengungen unternehmen müsse. Das gelte auch für andere Entwicklungsländer: Kein Entwicklungsland könne Fortschritte erzielen, wenn es sich nicht selbst anstrenge. Es sei aber Tatsache, daß in Preisverhältnis Rohstoffe zu industriellen Fertiggütern Ordnung gebracht und damit Gleichgewicht erreicht werden müsse. Auch er halte Ölpreise der OPEC-Länder für übertrieben. R produziere Öl, importiere es aber auch, es wisse also, daß die Preise niedriger sein könnten. Es müsse aber auch gesagt werden, daß Preise vorher sehr niedrig gewesen seien. Dafür seien sie jetzt sehr hoch.

---

[10] Der SPD-Vorsitzende Brandt erklärte am 14. März 1977 sein Interesse, den Vorsitz einer vom Präsidenten der Weltbank, McNamara, vorgeschlagenen Kommission für Entwicklungsfragen zu übernehmen. Vgl. dazu den Artikel „Brandt sieht nach seiner Amerika-Reise eine ‚gute Perspektive' für das Verhältnis Bonn–Washington"; FRANKFURTER ALLGEMEINE ZEITUNG vom 15. März 1977, S. 2.
Nachdem Brandt am 28. September 1977 nach verschiedenen Sondierungsgesprächen endgültig seine Bereitschaft zur Übernahme des Kommissionsvorsitzes erklärt und erste Vorstellungen zu ihrer Arbeit formuliert hatte, stellte er am 29. November 1977 die Mitglieder vor. Vgl. dazu die Artikel „Brandt wird Kommissionschef für den Nord-Süd-Ausgleich"; DIE WELT vom 29. September 1977, S. 5, bzw. „Brandt will einen Dialog zwischen Nord und Süd erreichen"; FRANKFURTER ALLGEMEINE ZEITUNG vom 30. November 1977, S. 3.
Die „Unabhängige Kommission für internationale Entwicklungsfragen" („Nord-Süd-Kommission") trat vom 9. bis 11. Dezember 1977 auf Schloß Gymnich zu ihrer konstituierenden Sitzung zusammen. Vgl. dazu BULLETIN 1977, S. 1169–1172.
[11] Algerien war in der „Nord-Süd-Kommission" durch den ehemaligen Handelsminister Yaker vertreten.
[12] Der SPD-Vorsitzende Brandt hielt sich vom 7. bis 9. Juni 1978 in Rumänien und Bulgarien auf. Zum Besuch in Bulgarien vgl. Dok. 210, Anm. 12.

BK: Bundesrepublik davon weniger betroffen als Entwicklungsländer.

Ceaușescu betonte, daß es deswegen ja erforderlich sei, gerechtes Preisverhältnis und Gleichgewicht zu erreichen. Auch SU exportiere Erdöl und profitiere von Preiserhöhung.

BK: Oh ja!

Ceaușescu führte aus, daß ohne internationale Verständigung über Preisgleichgewicht auf internationaler Basis keine Ergebnisse möglich. Landwirtschaft müsse in Entwicklungsländern tatsächlich Priorität genießen! Entwicklung Landwirtschaft sei jedoch ohne industrielle Entwicklung nicht zu realisieren. Er weise dabei nur z. B. auf Bedarf an landwirtschaftlichen Maschinen, Kunstdünger und chemischen Erzeugnissen hin, der ja nicht nur mit Importen zu decken sei. Dann wiederum sei es unbedingt nötig, durch Mechanisierung freigesetzte Arbeitskräfte anderweitig zu beschäftigen. In der Tat sei neue internationale Arbeitsteilung erforderlich. Es stelle keine Gefahr für Industrieländer dar, wenn es auch in Entwicklungsländern Industrie gebe. Außerdem würde höheres Einkommen der Entwicklungsländer wesentliches Ansteigen ihrer Aufnahmefähigkeit für Konsumgüter bedeuten: Dieses wiederum könne ausgeglichene Wirtschaftsverhältnisse in Weltmaßstab herbeiführen. Industrieländer müßten auch Automatisierungsprozeß in Rechnung stellen, der substantielle Verkürzung der Arbeitswoche verursache. Um zu Stabilisierung der Weltwirtschaft zu gelangen, müßten Probleme der Stabilität auf ganz neue, radikale Weise, nicht mit Halbmaßnahmen angegangen werden. Er sei ganz damit einverstanden, daß nur Anklagen gegen die Industrieländer diese Fragen nicht aus der Welt schafften. Rumänien habe das auch seinen Freunden in der RGW und SU gesagt, daß man nicht immer alles dem Imperialismus und Kolonialismus anlasten könne. Bei der Suche nach Lösungen müßten alle beteiligt werden. SU habe lange geglaubt, daß sie das nichts angehe, sondern nur die Industriestaaten. Jetzt sei aber Wende eingetreten: Auch RGW beschäftige sich mit diesen Fragen. Er, Ceaușescu, sei Ansicht, daß alle Länder zu beteiligen seien und daß nicht über Vergangenheit, sondern über Gegenwart und Zukunft zu reden wichtig sei. Industrieländer müßten aber zu aktiver Rolle bei Gestaltung neuer Weltwirtschaftsordnung und zu Arbeitsteilung bereit sein, die sich aus Entwicklung bisher rückständiger Länder ergebe. Industrieländer müßten einsehen, daß ihr eigener Fortschritt von Lösung der Probleme der Entwicklungsländer abhänge. Seiner, Ceaușescus, Meinung nach werde diese Frage in westlichen Industrieländern, aber durchaus auch in sozialistischen Ländern, nicht genügend verstanden. Wenn auf der einen Seite Reiche und auf der anderen Seite Arme, könne keine Rede von Stabilität und Frieden sein. Was für nationale Ebene gelte, gelte auch auf internationaler Ebene!

BK stimmte zu: Das wichtigste sei, Rohstoffpreise nicht einfach zu erhöhen, sondern zu stabilisieren. Das seien zwei verschiedene Dinge. Denn Rohstoffe stammten in ihrer Masse nicht aus Entwicklungsländern. Erhöhung der Rohstoffpreise komme enormer Präferenz zugunsten Rohstoffreicher wie z. B. USA, Kanada, SU gleich. Sie nütze jedoch Ländern wie z. B. Ceylon oder einem südamerikanischen oder afrikanischen Land gar nichts. Unter den Entwicklungsländern gäbe es nur wenige Rohstofflieferanten: Kongo, Sambia, Chile für Kupfer, dann einige Länder für Baumwolle, wieder andere für Tee und Kaffee. Das sei schon fast alles. Rohstoffproduzenten und Entwicklungsländer seien also nicht identisch. Das sei Irrtum der Entwicklungsländer. Wenn z. B. Zinn- oder Zinkpreise stiegen, dann profitierten nur die Länder, die diese Metalle exportierten, nicht jedoch die Gruppe der Entwicklungsländer insgesamt.

Ceaușescu betonte, er habe nicht lediglich von Preisen gesprochen, sondern spreche von einem gerechten Preisverhältnis zwischen Fertiggütern und Rohstoffen sowie einem ausgewogenen Verhältnis der landwirtschaftlichen und industriellen Entwicklung dieser Länder.

BK betonte, daß vor allem die Exporterlöse dieser Länder stabilisiert werden müßten, ganz gleich ob Nahrungsmittel, Fertiggüter oder anderes. Es würde Entwicklungsländern am ehesten helfen, wenn weltweites System geschaffen würde, das finanzielle Garantie für Stetigkeit und Aufwärtsentwicklung ihrer Exporterlöse sicherstellte. Sicher wäre es jedoch falsch, den Preis schwedischen Erzes oder von Mangan aus Südafrika zu erhöhen.

Ceaușescu wies darauf hin, daß es auf jeden Fall absolut erforderlich sei, Lösungen zu finden, zu denen sowohl Industrie- als auch Entwicklungsländer beitrügen.

Hier ging Ceaușescu zu Thema europäische Sicherheit über, über das er gestern abend schon gesprochen habe. Er glaube, daß in Belgrad[13] Impulse für die Verwirklichung der Helsinki-Beschlüsse[14] gefunden werden müßten. Anstrengungen seien dafür notwendig, möglichst substantielle Lösungen auf der Grundlage der bisherigen Vorschläge zu finden. Es bestehe noch Reihe von Hindernissen, die jedoch überwunden werden müßten. R beachte vor allem ökonomische Probleme und hoffe, daß seine Vorschläge für bessere Zusammenarbeit[15] angenommen würden. Es gebe auch kulturelle, wissenschaftliche und humanitäre Probleme, die hier zusammengefaßt behandelt werden könnten, um Bedingungen für bessere Zusammenarbeit zu schaffen. Es gebe auch, wie gestern schon erwähnt, militärische Fragen, die eigentlich die wichtigsten seien.

---

13 In Belgrad fand seit 4. Oktober 1977 die KSZE-Folgekonferenz statt. Zum Stand der Verhandlungen vgl. Dok. 7 und Dok. 15.

14 Für den Wortlaut der KSZE-Schlußakte vom 1. August 1975 vgl. SICHERHEIT UND ZUSAMMENARBEIT, Bd. 2, S. 913–966.

15 Botschafter Fischer, Belgrad (KSZE-Delegation), berichtete am 3. November 1977, daß Rumänien Vorschläge zur wirtschaftlichen Zusammenarbeit unterbreitet habe. Diese lauteten: „Die Teilnehmerstaaten […] erklären ihren Entschluß, in Übereinstimmung mit noch zu fixierenden Modalitäten ein europäisches Zentrum der industriellen Kooperation zu schaffen, das folgende Hauptziele aufweist: a) zum Vorteil aller Teilnehmerstaaten den Austausch von Information und Dokumentation bezüglich der Formen und des Wirkens der industriellen Kooperation unter ihnen sicherzustellen; b) zur Förderung des Transfers technischer Verfahren und neuer Technologien beizutragen; c) von Zeit zu Zeit Expertentreffen (Symposien, Kolloquien, Gespräche am ‚Runden Tisch') zu veranstalten, um die Möglichkeiten der Entwicklung der industriellen Kooperation zu untersuchen, neue Formen der Zusammenarbeit aufzuzeigen, zur Vereinfachung und Verallgemeinerung der Verhandlungsverfahren und -techniken auf dem Gebiete der industriellen Zusammenarbeit beizutragen sowie die Schaffung von Büros für technische Dokumentation zu prüfen; d) die Zusammenarbeit auf dritten Märkten zu fördern." Vgl. den Drahtbericht Nr. 792; Referat 212, Bd. 115107.
Ferner brachte Rumänien am 3. November 1977 Vorschläge zur Zusammenarbeit auf dem Gebiet der Landwirtschaft ein. Vgl. dazu den Drahtbericht Nr. 807 von Fischer vom 4. November 1977; Referat 212, Bd. 115107.
Außerdem legte Rumänien am 11. November 1977 Vorschläge über Maßnahmen zugunsten einer neuen Weltwirtschaftsordnung sowie für ein Expertentreffen zum Technologieaustausch vor. Vgl. dazu den Drahtbericht Nr. 872 von Fischer vom 14. November 1977; Referat 212, Bd. 115107.

Wichtig sei es, Vorschlag SU zu verwirklichen, ständige Kommission für Militärfragen einzusetzen.[16] Auch seien Ministertreffen vorzusehen über kulturelle und wirtschaftliche sowie andere Problembereiche. Bei geeigneten Anlässen sei es auch gut, wenn sich Staatsoberhäupter bzw. Regierungschefs träfen.

BK stimmte zu. Was sowjetischen Vorschlag anbetreffe, so werde er sich informieren und, wie gestern schon gesagt, darüber nachdenken. Von sowjetischen Vorschlägen in Belgrad habe ihn am meisten der einer Energiekonferenz[17] interessiert. Er habe sich dafür schon mehrfach öffentlich eingesetzt. Übrigens erkenne er den deutsch-rumänischen Wirtschaftsbeziehungen Modellcharakter zu, der der allgemeinen Ost-West-Entwicklung vorauseile. Das solle so bleiben.

Auf industriellem Gebiet seien keine Kontakte so intensiv wie die zwischen D und R, wenn man als Vergleich Beziehungen zwischen D und anderen osteuropäischen Ländern nehme. Auch zwischen den Ministern gebe es intensive Beziehungen. Er sei deswegen auch sehr interessiert, mehr über das Kanal-[18] und das Temesvarer Projekt[19] zu hören. Noch zu Belgrad: KSZE und alle weitere Arbeit müsse sich auf ganz Europa beziehen. Dazu gehöre natürlich auch West-Berlin!

Ceaușescu bemerkte scherzend, daß Berlin auf jeden Fall in Europa liege.

BK fügte hinzu, daß auch Gromyko das nicht bestreiten könne. Er, BK, habe Eindruck, daß SU und DDR auf Rumänien mit Ziel einwirken wollten, R zu etwas mehr Zurückhaltung zu bewegen, und er bitte Ceaușescu, dieser Frage Interesse zuzuwenden.

Zu Generalkonsulaten Rumäniens in Hamburg und München: Er, BK, habe keine Einwände, wenn auf Basis der Gegenseitigkeit.

Ceaușescu: Ohne Zweifel!

BK: Rumänische Seite habe bisher zwar Generalkonsulat zugestanden, aber mit viel zu kleinem Amtsbezirk.[20]

---

[16] Am 24. Oktober 1977 legte die sowjetische KSZE-Delegation den Entwurf einer „Aktionsbasis zur Festigung der militärischen Entspannung in Europa" vor. Dieser sah vor: 1) Abschluß eines Vertrages mit der Verpflichtung, Kernwaffen nicht als Erster anzuwenden; 2) keine Erweiterung der in Europa bestehenden Militärbündnisse um neue Mitglieder; 3) Ankündigung größerer Manöver, Einladung von Beobachtern, Austausch von Militärbeobachtern sowie Verzicht auf Manöver mit mehr als 50 000 bis 60 000 Teilnehmern; 4) Erstreckung der vertrauensbildenden Maßnahmen auch auf den südlichen Teil des Mittelmeerraums. Ferner hieß es: „Diese gesamte Problematik könnte bereits in der nächsten Zeit – parallel zur Fortsetzung der Wiener Verhandlungen – in besonderen Konsultationen gemeinsam von allen Teilnehmerstaaten der Konferenz über Sicherheit und Zusammenarbeit in Europa ausführlich diskutiert werden." Vgl. das Dokument CSCE/BM 5; Referat 221, Bd. 112979.

[17] Zum sowjetischen Vorschlag vom 13. Dezember 1977 für eine Energiekonferenz vgl. Dok. 3, Anm. 41.

[18] Zum Donau-Schwarzmeer-Kanal vgl. Dok. 3, Anm. 45.

[19] Zum Maschinenbau-Projekt in Temesvar vgl. Dok. 3, Anm. 46.

[20] Vortragender Legationsrat I. Klasse Limmer legte am 27. Mai 1977 dar: „Seit Februar 1972 erbitten die Rumänen unsere Zustimmung zur Errichtung von zwei Generalkonsulaten in Hamburg und München. Im Rahmen der Gegenseitigkeit haben wir auf der Errichtung eines Generalkonsulats in Sibiu (Hermannstadt) mit einem Amtsbezirk bestanden, der organisationsrechtlich und haushaltsmäßig groß genug ist, um unsere Botschaft in Bukarest auf dem R[echts- und] K[onsular]-Sektor und im kulturellen Bereich um ca. 50 % zu entlasten." Benötigt werde entweder ein Amtsbezirk von 14 Regierungsbezirken oder ein Amtsbezirk von neun Regierungsbezirken mit gleichzeitiger Delegation bestimmter Sachfragen durch die Botschaft an das Generalkonsulat. Vgl. Referat 213, Bd. 116695.

Vortragender Legationsrat I. Klasse Verbeek notierte am 19. Dezember 1977, in Gesprächen am

Hier wolle er, BK, eine Bemerkung von gestern abend aufgreifen. Er danke für die positive Haltung Rumäniens bei Bekämpfung der Seuche der Geiselnahme im UNO-Rahmen.[21]

Mit Interesse habe er, BK, Passus in Tischrede Ceaușescus über humanitäre Probleme gehört.[22] Diese Fragen würden ja zur Zeit von Mitarbeitern diskutiert.[23] Er glaube, daß man zu beiderseits akzeptablen Verfahren gelangen könne. Jedenfalls hege er Hoffnung, daß humanitäre Probleme nicht bilaterale Beziehungen belasten würden.

Er wolle noch Bemerkung zu Abrüstung machen: Wie er gestern schon gesagt habe, sei er seit 20 Jahren engagiert für Rüstungsbegrenzung in Europa. Sein persönlicher Ehrgeiz sei es, in seiner Regierungszeit dafür etwas Konkretes zustande zu bringen.

Fortsetzung Fußnote von Seite 32
15./16. Dezember 1977 in Bukarest habe die rumänische Seite für das geplante Generalkonsulat in Hermannstadt sechs Regierungsbezirke als Amtsbezirk angeboten, was von der Delegation der Bundesrepublik als unzureichend bezeichnet worden sei: „Um einen Ausweg zu finden, wurde jedoch während der Konsultationen die Möglichkeit einer Zusatzvereinbarung erörtert, der zufolge die rumänische Regierung es gestattet, daß das von uns zu errichtende Generalkonsulat bestimmte konsularische Aufgaben auch außerhalb seines Amtsbezirks wahrnimmt. Die rumänische Seite erklärte sich hiermit im Prinzip einverstanden. […] Ich äußerte Skepsis, ob es gelingen werde, eine klare Abgrenzung zwischen den konsularischen Befugnissen der Botschaft und derjenigen des Generalkonsulats außerhalb von dessen Amtsbezirk zu finden. Wir würden es deswegen nach wie vor vorziehen, wenn uns die rumänische Seite einen größeren, räumlich klar abgegrenzten Amtsbezirk zugestehen könne." Vgl. Referat 212, Bd. 115099.

[21] Mit Resolution Nr. 31/103 vom 15. Dezember 1976 nahm die UNO-Generalversammlung den Vorschlag der Bundesrepublik für die Verabschiedung einer UNO-Konvention gegen Geiselnahme an und verfügte die Bildung eines Sonderausschusses zu deren Ausarbeitung. Für den Wortlaut vgl. UNITED NATIONS RESOLUTIONS, Serie I, Bd. XVI, S. 446. Für den deutschen Wortlaut vgl. EUROPA-ARCHIV 1977, D 137 f. Vgl. dazu auch AAPD 1976, II, Dok. 348.
Nachdem es dem Sonderausschuß auf seiner Sitzung vom 1. bis 19. August 1977 in New York nicht gelungen war, eine Konvention gegen Geiselnahme auszuarbeiten, wurde das Thema vom 30. November bis 12. Dezember 1977 im Sechsten Ausschuß der UNO-Generalversammlung erörtert, bevor schließlich die UNO-Generalversammlung am 16. Dezember 1977 mit Resolution Nr. 32/148 das Mandat des Sonderausschusses verlängerte. Für den Wortlaut vgl. UNITED NATIONS RESOLUTIONS, Serie I, Bd. XVI, S. 685. Vgl. dazu ferner AAPD 1977, II, Dok. 228.
Referat 230 vermerkte am 15. Dezember 1977 zur rumänischen Haltung: „Anläßlich weltweiter Demarche nach Ereignissen von Mogadischu hat Außenminister Macovescu Haltung seines Landes auf bisheriger Linie erneut präzisiert: Rumänien unterstützt grundsätzlich Maßnahmen gegen Terrorismus. Es steht daher unseren Bemühungen um Geiselnahme-Konvention mit Sympathie gegenüber, orientiert sich jedoch bei Substanzfragen eines Konventionstextes vorrangig an Haltung der Dritten Welt: Geiselnahmeproblem darf nicht isoliert vom Gesamtkomplex des Terrorismus gesehen werden; Konvention darf Aktionsraum der Befreiungsbewegungen nicht einengen; Erforschung und Beseitigung der Ursachen des Terrorismus haben grundsätzlich Vorrang. Rumänien hat alle bisherigen Konsensentscheidungen über Prozedurfragen unserer Initiative (Einsetzung Ad-hoc-Ausschuß sowie jetzige Mandatsverlängerung) mitgetragen. Es gehört dem Ad-hoc-Ausschuß nicht an." Vgl. Referat 230, Bd. 121078.
[22] Im Zusammenhang mit der KSZE-Folgekonferenz in Belgrad betonte Präsident Ceaușescu am 6. Januar 1978: „Es ist notwendig, alle Anstrengungen zu unternehmen, um alle restriktiven Maßnahmen zu beseitigen, die der Entwicklung der wirtschaftlichen, der technisch-wissenschaftlichen und der kulturellen Zusammenarbeit im Wege stehen, sowie zu einer gerechten Lösung der humanitären Fragen beizutragen." In Rumänien hätten alle Bürger die gleichen Rechte, auch „die Bürger deutscher Nationalität, die vor Hunderten von Jahren in unser Land gekommen sind. […] Wir betrachten das Vorhandensein dieser Bürger als eine verbindende Brücke zwischen der Sozialistischen Republik Rumänien und der Bundesrepublik Deutschland, als einen Faktor für die Entwicklung der Zusammenarbeit zwischen unseren Ländern auf gleicher Basis." Vgl. BULLETIN 1978, S. 30.
[23] Zur Erörterung von Fragen der Familienzusammenführung vgl. Dok. 11.

Deshalb nochmals zurück zu gestriger Frage, ob auf privaten Wegen Kontakte zwischen von uns beauftragten Wissenschaftlern möglich ohne internationale Publizität.

Ceauşescu: Einverstanden.

BK bemerkte, daß er in diesem Falle den Leiter des Instituts für Auswärtige Politik beauftragen werde, Herrn Professor Karl Kaiser (kein Beamter, SPD-Mitglied), der sein Vertrauen besitze, mit dieser Aufgabe zu betrauen.[24]

Ceauşescu kündigte an, daß er noch in diesen Tagen einen Herrn benennen werde, Leiter eines Instituts, das sich mit politischen und sozialwissenschaftlichen Problemen befasse. Die beiden Herren sollten sich dann zusammensetzen.

BK schlug vor, daß die beiden beraten sollten, was man in Wien oder anderwärts mit Erfolgschancen entrieren könne.

Ceauşescu scherzend: Außer der Frage der Erzeugung der Atombombe, die auf keinen Fall diskutiert werden dürfe![25]

Zu Berlin: R selbst habe keine besonderen Probleme mit Berlin. Es gebe aber das Vier-Mächte-Abkommen, und während dessen Geltungsdauer betrachte sich R als daran gebunden. Er hoffe, daß diese durch den Zweiten Weltkrieg geschaffene Situation einmal ein Ende finde und dann an gewissen Orten keine Probleme mehr bestünden. Er habe seinen Freunden SU und DDR gesagt, daß man schließlich zu einem Friedensabschluß kommen müsse. Das sei sicher kein direktes rumänisches Anliegen, er wolle das aber doch einmal als rumänische Ansicht darlegen. Auch die Berlin-Frage könne von R nur im Rahmen der bestehenden Situation gesehen werden.

BK sagte, daß er Meinung Ceauşescus über große Bedeutung Vier-Mächte-Abkommens teile, zu dessen Zustandekommen Bundesrepublik sehr beigetragen habe, obwohl es keine Signatarmacht sei. Vier-Mächte-Abkommen bestätige bestehende Bindungen zwischen Bundesrepublik und Berlin.[26] Ihm, BK, sei klar, daß R darauf keinen Einfluß habe; dennoch müsse in deutsch-rumänischen Verträgen sichergestellt sein, daß auch Berlin auf Grundlage Vier-Mächte-Abkommens einbezogen. Es gebe drei bis vier deutsch-rumänische Abkommen, die wegen Berlin-Problem keine Unterschrift trügen.[27] Er bedaure diese Verzögerung.

---

24 So in der Vorlage.
25 Zur Ernennung von persönlichen Beauftragten legte Ministerialdirektor Blech am 8. Februar 1978 dar: „Es wäre in der Tat zu begrüßen, wenn mit rumänischen Fachleuten eine Diskussion über die konzeptionellen Probleme der Abrüstung und Rüstungskontrolle zustande käme. Wir haben den Eindruck, daß das starke verbale Engagement Rumäniens in diesem Bereich in einem beträchtlichen Mißverhältnis zur gedanklichen Durchdringung der komplexen Problematik und ihrer Behandlung in der internationalen Fachdiskussion steht. Wir haben ein Interesse daran, auf die rumänische Meinungsbildung einzuwirken. Anders wären allerdings Kontakte zu beurteilen, die operative Ziele hätten und sich außerhalb der für diesen Bereich der Außenpolitik geltenden Zuständigkeiten bzw. ohne eine entsprechende Steuerung abspielten." Vgl. VS-Bd. 13106 (214); B 150, Aktenkopien 1978.
26 Vgl. dazu Teil II B sowie Anlage II Absatz 1 und 2 des Vier-Mächte-Abkommens über Berlin vom 3. September 1971; BUNDESANZEIGER, Nr. 174 vom 15. September 1972, Beilage, S. 47 bzw. S. 53.
27 Botschafter Balken, Bukarest, legte am 9. Dezember 1977 dar: „Nach äußerst intensiven und langwierigen Verhandlungen wurde am 11.5.1973 Übereinstimmung zwischen der Bundesregierung und der rumänischen Regierung über den folgenden Wortlaut einer Berlin-Klausel erzielt: ‚Dieses Abkommen wird auch auf Berlin (West) ausgedehnt, entsprechend dem Vier-Mächte-Abkommen

Ceaușescu versicherte, daß R im Geiste Vier-Mächte-Abkommens zu jeder akzeptablen Lösung bereit. Diese dürfe Abkommen jedoch nicht widersprechen. Zu humanitären Problemen: Wenn es wirklich um humanitäre Probleme gehe, werde R wie bisher handeln. Er bezweifele, ob es so etwas wie Familienzusammenführung nach 30 Jahren noch gebe. Es sei schwer, nach 30 Jahren noch davon zu reden. Zum Problem Heiraten: Er verstehe die Probleme, und man behandle die ganze Angelegenheit mit gutem Willen. Aber das hänge nicht nur von der rumänischen Regierung ab, sondern auch von den betroffenen Familien ab. Er habe Dutzende von Briefen erhalten, die sich gegen solche Heiraten wendeten. Übrigens meine er damit nicht nur die Bundesrepublik, sondern auch andere Länder. Zuständige rumänische Organe hätten Anweisung, sich an Stellungnahmen der betroffenen Familien zu halten.

BK: Aber die Verlobten sind das Wichtigste!

Ceaușescu: Aber Familie bleibe dann hier! Die müsse man auch berücksichtigen. Sie dürfe nicht zu einem politischen Problem werden. Er, Ceaușescu, hoffe, daß Bundesregierung Boulevard-Presse dahingehend zu zügeln versuche, daß sie nicht mehr in einer Weise berichte, die nicht zu guten Beziehungen beitrage. Zumal rumänische Regierung demonstriere, daß man die Dinge mit Wohlwollen, sogar zuviel Wohlwollen behandele.

BK: Zuviel?

Ceaușescu: Auswanderung als solche kein humanitäres Problem.

BK: Verstehe nicht.

Ceaușescu: Heiraten und Familienzusammenführung seien humanitäre Probleme, jedoch nicht die Auswanderung von R in die Bundesrepublik. Sachsen und Schwaben seien vor 700 Jahren nach R gekommen. Es sei schwer zu glauben, daß sie noch viele Verwandte in D hätten. R tue alles, um für seine Bürger den Lebensstandard anzuheben. Was Kultur, Presse und Bildung anbetreffe, so verfügten mitwohnende Nationalitäten über ausreichende Möglichkeiten. Er, Ceaușescu, wünsche sich, daß Rumänen in anderen Ländern genauso viele Möglichkeiten hätten. Obengesagtes gelte nicht nur für Deutsche, sondern auch für Ungarn und Serben.

BK: Er verstehe Bemerkung über rumänische Minderheiten im Ausland. Was Auswanderung anbetreffe, so sei sie um so geringer, je wohler sich Minderheiten in R fühlten. Banater und Sachsen hätten sich ja 700 Jahre in R ganz wohl gefühlt.

Ceaușescu: Problem liege in unterschiedlichem ökonomischem Entwicklungsstand Deutschlands und Rumäniens. Dieses Problem nur lösbar im Rahmen der

---

Fortsetzung Fußnote von Seite 34

vom 3.9.1971 in Übereinstimmung mit den festgelegten Verfahren.' Über den Anwendungsbereich dieser Berlin-Klausel wurde niemals völlige Einigkeit erzielt." Die Bereitschaft der rumänischen Regierung, eine Berlin-Klausel zu akzeptieren, sei in den letzten Jahren geringer geworden: „Aufgrund von Schwierigkeiten in dieser Frage konnten folgende zwischenstaatlichen Vereinbarungen bisher nicht abgeschlossen werden: Umweltschutzabkommen (blockiert seit August 1974); Tribologie-Abkommen (blockiert seit März 1975); Donau-Schiffahrts-Abkommen (blockiert seit 1975); Investitionsschutzabkommen (blockiert seit Mai 1976). In der Praxis des zwischenstaatlichen Verkehrs wurde von rumänischer Seite die Einbeziehung von Berlin (West) verhindert auf dem Gebiet der kulturellen Beziehungen (keine Berücksichtigung von Angeboten aus Berlin (West)) sowie der Rechtshilfe (Nichtbearbeitung von Berliner Ersuchen)." Vgl. den Drahtbericht Nr. 1048; Referat 214, Bd. 116697.

Gesamtentwicklung Rs. D könne R da helfen, z. B. durch Hilfe bei Verwirklichung der gestern abend genannten Vorhaben. Seiner, Ceaușescus, Ansicht nach sei es nicht in deutschem Interesse, wenn Rumänen deutscher Nationalität in Bundesrepublik auswanderten. Im Gegenteil, BK solle R dabei helfen, Deutsche hier in R zu halten. Er glaube auch, daß es im Interesse der guten Entwicklung der bilateralen Beziehungen liege, wenn sich nicht gewisse Kreise in der Bundesrepublik in diesen Fragenkreis einmischen oder bestimmte Probleme anheizen würden. Dinge würden sich dann normal und ohne Druck entwickeln.

BK sagte, daß Bundesregierung nicht interveniere, Ceaușescu aber recht habe mit Hinweis auf Teil der Presse. Er habe auch recht zu sagen, daß bestimmte, nicht seiner Regierung angehörende Kreise eine wenig hilfreiche Haltung einnähmen. Leider verfüge er, BK, nur über wesentlich geringere Möglichkeiten der Beeinflussung als Ceaușescu in Bukarest.

Ceaușescu gab dies zu, bestand jedoch darauf, daß es Möglichkeiten gebe.

BK: Wenn Ceaușescu Kritik deutscher Zeitungen an BK lesen würde, hätte er Mitleid mit BK. Er empfehle Ceaușescu deshalb, Kluges in der Presse mit Interesse zu lesen, Dummes jedoch zu ignorieren.

Ceaușescu bestand darauf, daß diese Dinge auf offizieller Ebene behandelt werden sollten und daß auch Presse dazu bewegt werden könne, die Dinge richtig zu sehen. Er schlage vor, nunmehr zu Bilateralem überzugehen.

BK: Zu Timișoara: Er sei sehr interessiert, einstweilen sei es noch politische Vorstellung, die jetzt konkretisiert werden müßte unter wirtschaftlichen Aspekten. Das gelte auch für den Donaukanal. Mitarbeiter würden darüber gleich im Plenum[28] Näheres berichten. VFW-Fokker[29]: Sehr schwieriges Problem! Seit 1963/1964 habe man dieser Gesellschaft immer wieder gegen besseres Wissen geholfen. Im Frühjahr 1977 sei Firma gesagt worden, daß sie bis Ende

---

[28] In der Plenarsitzung am 7. Januar 1978 sicherte der rumänische Stellvertretende Ministerpräsident Oprea die baldige Übermittlung von Unterlagen über Beteiligungsmöglichkeiten für Firmen aus der Bundesrepublik am Bau des Donau-Schwarzmeer-Kanals zu. Vgl. dazu die Aufzeichnung des Vortragenden Legationsrats I. Klasse Sieger vom 11. Januar 1978; Referat 421, Bd. 122487.

[29] Referat 421 führte am 20. September 1977 aus, daß am 2. Juli 1977 in Bukarest eine gemischte deutsch-rumänische Gesellschaft zur Lizenzfertigung des Verkehrsflugzeugs vom Typ „VFW-614" gegründet worden sei, an der die Firma VFW-Fokker einen Anteil von 45 % halte: „Der Vertrag tritt in Kraft, sobald die Finanzierung gesichert ist; dies sollte ursprünglich im Laufe des September 1977 der Fall sein. Mit Beschluß vom 30. März 1977, dem Antrag von VFW-Fokker auf Bereitstellung von Vermarktungshilfen (bis ca. 49 Mio. DM) für das Kooperationsprojekt stattzugeben, hatte die Bundesregierung wesentlich mit dazu beigetragen, den Vertragsabschluß mit den Rumänen zu ermöglichen. Sie hat jedoch stets darauf hingewiesen, daß nicht sie, sondern VFW-Fokker Partner der rumänischen Seite ist und sie daher keinerlei Verantwortung oder Verpflichtung für den weiteren Verlauf des Kooperationsprojekts übernehmen könne." Vgl. Referat 421, Bd. 122492.
Im Laufe der nächsten Monate geriet die Firma VFW-Fokker jedoch in wirtschaftliche Schwierigkeiten, so daß im Rahmen eines Sanierungsplans die Einstellung der Produktion der „VFW-614" zum Jahresende 1977 beschlossen wurde. Das Kabinett erörterte die Frage am 21. Dezember 1977 und beschloß zur Sicherung von Arbeitsplätzen finanzielle Hilfsmaßnahmen für das Unternehmen. Dazu führte Parlamentarischer Staatssekretär Grüner, Bundesministerium für Wirtschaft, aus, die Bundesregierung erkläre sich bereit, „auch nach Einstellung der Produktion der VFW-614 durch Vorstand und Aufsichtsrat gemeinsam mit dem Unternehmen zu prüfen, ob und inwieweit bei entsprechender Beteiligung der Gesellschafter echt kommerzielle Chancen, die sich in der Folgezeit konkretisieren, genutzt werden könnten". Vgl. BULLETIN 1977, S. 1219. Vgl. dazu ferner AAPD 1977, II, Dok. 376.

1977 Erfolg haben müsse, da Subventionen nicht unendlich. Es handle sich um eine gemischte deutsch-holländische Firma, an der deutsche Regierung keine Anteile besitze. Firma habe nicht bestes Management. Habe Anfang Dezember beschlossen, Produktion einzustellen. Bundesregierung habe sich daraufhin bereit erklärt, entstandene Arbeitslosigkeit durch Aufträge im Nicht-Flugzeugbereich aufzufangen. Trotzdem werde es viele neue Arbeitslose geben. Regierung sei jedoch bereit, auch nach Einstellung der Produktion VFW-614 gemeinsam mit Firma zu prüfen, ob und inwieweit, bei entsprechender Beteiligung der Eigentümer, sich echte kommerzielle Chancen ergäben, die in Zukunft nutzbar wären. Dabei habe man zwei Dinge im Auge:

– Verkauf der produzierten, aber bisher unverkäuflichen Maschinen,

– Hoffnung, daß Projekt VFW–rumänischer Partner doch noch erfolgreich.

Dieser Beschluß sei im Kabinett heftig umstritten, da viele Minister gegen einseitige Subvention. Er, BK, habe gestern gehört, daß VFW und R gemeinsam prüften, ob nicht doch Fortsetzung möglich, und daß gegen Ende Januar Vorschlag vorgelegt werde, den Bundesregierung prüfen werde. Bundesregierung werde diesen Vorschlag im Geiste Kabinettsbeschlusses prüfen. Ihm, BK, mache jedoch Management dieser Firma keinen überzeugenden Eindruck.

Ceaușescu räumte ein, daß BK Situation besser kenne. Rumänische Seite habe mit Firma verhandelt, auch über gemischtes Unternehmen, das Arbeit im Januar aufnehmen sollte. Er sei (scherzend) wieder einmal in der Lage, eine deutsche Firma in Schutz zu nehmen. Schuld scheine bei denen zu liegen, die sich um ökonomische Aspekte in Holland kümmerten. R sei daran interessiert, 50 Flugzeuge in und für R in Zusammenarbeit mit Firma VFW zu produzieren. Die Bauteile, die von der Firma geliefert werden sollten, reichten für 17 bis 18 Flugzeuge. Bei Beginn der Erzeugung in R sollten aus D drei Flugzeuge geliefert werden.

BK: Er habe gestern davon gehört.

Ceaușescu: Es gebe also Grundlage für Arbeit der nächsten Jahre. Alle technischen Aufwendungen seien bereits gemacht, Werkzeugmaschinen stünden bereit. Wenn man von diesen Voraussetzungen ausgehe, müsse die Firma also ihre Tätigkeit fortsetzen. R habe mit USA und Firma verhandelt, die Kontrakt mit Fokker über 50 Flugzeuge habe und bereit sei, bis 1981 35 Flugzeuge abzunehmen.

BK: Ein windiger Vertrag! USA-Firma habe Rückgaberecht vorbehalten. Die weiteren 35 Flugzeuge sollten erst noch entwickelt werden. Das sei aber nicht sein Bier, sondern das von VFW-Fokker.

Ceaușescu: Vor einigen Tagen habe R mit dieser Firma verhandelt. Sie sei weiter interessiert. Wenn Produktion einmal laufe, wolle man gemeinsame Vermarktung auch in Ländern versuchen, mit denen Rumänien gute Beziehungen habe.

BK: Viel Erfolg!

Ceaușescu: Voraussetzung sei nur, daß D nochmals 50 Millionen Kredit gebe.

BK: Glaube er nicht.

Ceaușescu: Das hätten ihm deutsche Regierungsvertreter gesagt. Ein solcher Kredit sei angesichts hoher bisheriger Ausgaben doch vertretbar.

BK: Firma sei unmittelbar vor Konkurs gestanden. Sogar Löhne habe sie nicht mehr zahlen können. Er, BK, habe Konkurs in Erwägung gezogen. Im Dezember habe Regierung der Firma beinahe 500 Millionen Hilfe zur Aufrechterhaltung eines Restbetriebs, nicht im Bereich VFW-614, zur Verfügung gestellt. Er, BK, glaube nicht, daß der Firma mit weiteren 50 Millionen zu Erfolg zu verhelfen sei. Aber er sei bereit, den Vorschlag zu prüfen. Es tue ihm sehr leid im Verhältnis zu R, im Verhältnis zu Holland, aber besonders im Verhältnis zu den Bremer Arbeitern, die alle SPD-Wähler seien, und im Verhältnis zu seinem Freunde, dem Bürgermeister Bremens[30], und auch den Gewerkschaftlern in Bremen, viele davon persönliche, alle jedoch politische Freunde.

Ceaușescu: Alle wollen Fortsetzung.

BK: Aber sie haben kein Geld!

Ceaușescu fragte, was wäre, wenn die Firma die Flugzeuge lieferte, für die sie Aufträge habe.

BK sagte, daß die Firma morgen liefern könnte, wenn gezahlt werde. Das heiße aber, daß die Regierung wieder jedes neue Flugzeug subventionieren müßte.

Ceaușescu: Nicht die für R bestimmten!

BK: Wenn in R gebaut, nicht, wenn in Bremen gebaut, ja!

Ceaușescu: Nur die Bauteile würden ja geliefert, die seien bezahlt.

BK schlug vor, den von VFW und R gemeinsam erstellten Bericht abzuwarten.

Ceaușescu erklärte sich einverstanden, bat aber erneut darum, Lösung für Fortsetzung der Produktion dieses Flugzeugs zu finden.

BK wies darauf hin, daß Ziffer in Kabinettsbeschluß, den er, BK, Ceaușescu vorgelesen habe, auf seiner, BKs, Initiative beruhe. Einige Minister seien damit nicht einverstanden gewesen. Er, BK, sei über jede neue Möglichkeit glücklich, sei aber vom Management des Unternehmens tief enttäuscht.

Ceaușescu schlug vor, offengelassene Tür zu nutzen. Man habe auch schon mit Vertretern der Firma Krupp gesprochen und deren Äußerungen entnommen, daß auch dort Interesse bestehe.

BK meinte, die Leute sollten sich mal anstrengen und nicht immer zur Regierung gelaufen kommen, wenn sie Fehler gemacht haben. Sie sollten sich einmal an die eigene Brust schlagen.

Ceaușescu der Auffassung, daß sie sich sowohl an die Brust schlagen als auch sich an die Regierung um Hilfe wenden sollten.

BK sagte, daß seine Regierung keine unternehmerische Verantwortung übernehmen wolle.

Ceaușescu wies darauf hin, daß Rumänen zusammen mit Franzosen ursprünglich 100 Hubschrauber haben bauen wollen. Inzwischen sei der Bau von 200 vorgesehen. Gemeinsam mit GB produziere R ein kleines Flugzeug mit zehn bis zwölf Plätzen. R habe für die Engländer viele dieser Flugzeuge verkauft.

---

[30] Hans Koschnick.

BK sagte, er habe für seine Regierung drei VFW-614 gekauft und fliege sehr oft damit, auch ins Ausland. Er mache dadurch Reklame für das Flugzeug. Im Verhältnis zu möglichen Käufern sei das Flugzeug jedoch zu teuer. Die Firma habe beim Marketing zu lange geschlafen und sich auf Millionen-Subventionen der Regierungen verlassen.

Ceaușescu verlieh Hoffnung Ausdruck, daß offene Tür im Fall VFW doch noch zu nutzen.[31]

BK kehrte zu Thema der Kredite im allgemeinen zurück. Er schulde Ceaușescu noch Erklärung zu seiner Bemerkung von gestern. Wenn Temesvar realisiert werde, sei Bundesregierung sicher dazu bereit, Bürgschaft zu erhöhen, d. h. dann in Höhe von bis 1 Mrd. die zusätzlichen Bürgschaften, von denen Ceaușescu gesprochen habe, zu übernehmen. Das BMF wisse davon noch nichts, und er hoffe, es überzeugen zu können.

Ceaușescu: Das hoffe er auch. Er sei mit Koppelung Temesvar-Bürgschaft einverstanden. Das werde sicher auch deutsche Firmen interessierter an Durchführung des Vorhabens machen. Außerdem wolle R, daß Temesvar auf höherem Niveau Modell für weitere ähnliche Gesellschaften werde.

BK: Sehr gut! Bundesregierung sei interessiert, werde Interesse deutscher Industrieunternehmen stimulieren, die aber letzten Endes entscheiden müssen.

Ceaușescu: Seines Wissens seien schon Gedanken zu einem Arbeitsprogramm entwickelt. Ernstliche Fragen müßten jedoch noch sorgfältig geprüft werden.

BK: Dafür, daß Ideen in Projekt einmünden.

Ceaușescu brachte Dank rumänischer Regierung dafür zum Ausdruck, daß damit weitere Perspektiven für deutsch-rumänische Zusammenarbeit eröffnet würden. Er wolle deutsch-rumänische Beziehungen auf möglichst gutem Niveau erhalten.

---

[31] Vortragender Legationsrat I. Klasse Sieger vermerkte am 11. Januar 1978 über Gespräche des Parlamentarischen Staatssekretärs Grüner, Bundesministerium für Wirtschaft, mit dem rumänischen Stellvertretenden Ministerpräsidenten Oprea am 6./7. Januar 1978: „Zu den weitergehenden rumänischen Wünschen hinsichtlich einer Kooperation mit VFW-Fokker erläuterte PStS Grüner ausführlich die Lage des Unternehmens, den Beschluß der Bundesregierung sowie die vorgesehenen Sanierungsmaßnahmen. Eine erneute Prüfung des Kooperationsvorhabens könne nur unter bestimmten Voraussetzungen (nachweisbare Erfolge der gemeinsamen Verkaufsbemühungen ohne Rücknahmegarantien, Übernahme des Risikos durch VFW-Fokker, ohne die Sanierung und damit die Arbeitsplätze des Unternehmens zu gefährden) ins Auge gefaßt werden." Vgl. Referat 421, Bd. 122487.
Am 2. Februar 1978 fand ein Gespräch des Bundeskanzlers Schmidt Oprea statt. Oprea führte aus: „Die rumänische Seite habe inzwischen Gespräche mit der Firma VFW-Fokker geführt. Die Eigner des Unternehmens hätten zugesagt, die Serienfertigung wieder aufzunehmen. Allerdings seien die Eigner nicht in der Lage, die damit verbundenen finanziellen Probleme zu lösen. Diese lägen vor allem darin, Bürgschaften für die Kredite zu erhalten, die bei einer Wiederaufnahme der Serienfertigung erforderlich seien. Deshalb solle sich die Bundesregierung engagieren. Die rumänische Seite sei bereit, weitere Flugzeuge zu kaufen." Bundeskanzler Schmidt erläuterte, „daß die Bundesregierung bereit sei, echte kommerzielle Chancen für die VFW-614 zu prüfen, wenn 1) Vorstand und Aufsichtsgremien von VFW-Fokker schriftlich erklären, daß das Unternehmen abweichend von ihren Beschlüssen vom September und Oktober letzten Jahres die Produktion der VFW-614 wieder aufnehmen will; 2) die Gesellschafter einen substantiellen Beitrag zur Finanzierung leisten, sich also am finanziellen Risiko beteiligen. Dies sei notwendig, weil die Bundesregierung keine weiteren finanziellen Lasten tragen könne; 3) die Sanierung des Unternehmens durch die Wiederaufnahme der Produktion nicht gefährdet werde." Vgl. die Gesprächsaufzeichnung; Bundeskanzleramt, AZ: 21-30 100 (56), Bd. 44; B 150, Aktenkopien 1978.

BK sagte, das sei auch deutsche Absicht. Deutsch-rumänische Beziehungen beispielhaft für viele andere. Er unterstreiche im Rückgriff auf Tischrede Hoffnung, Ceaușescu oder Mănescu in absehbarer Zeit wieder als Gast in Bundesrepublik zu sehen.[32]

Ceaușescu dankte für Einladung. Besuch des Premierministers könne zu einem absehbaren, von beiden Seiten gewünschten Zeitpunkt realisiert werden. Auch er wolle sicher wieder Bundesrepublik besuchen, um begonnene Gespräche fortzusetzen, aber man müsse dann vorher Besuch Scheels in R vorsehen. Heinemann sei 1971 in R gewesen[33], er selbst 1973 in Bonn[34]. Auf jeden Fall sei es nötig, daß beide Seiten ihre Beziehungen und Zusammenarbeit auf verschiedenen Wegen entwickelten. Sowohl auf bilateraler als auch auf internationaler Ebene. Vielleicht sei es auch gut, wenn zwischen den Parteien intensivere Kontakte gepflegt würden.

BK versprach, Brandt davon zu unterrichten. Er könne aber nicht verhehlen, daß ein offizieller Delegationsaustausch zwischen RKP und SPD eine sehr schwierige Sache sei.

Ceaușescu räumte ein, daß das wohl sein könne, solche Begegnungen aber schon stattgefunden hätten. Wenn man schon mit englischen Konservativen Delegationen ausgetauscht habe, sollte es doch möglich sein, dies auch mit der SPD zu tun. Mit der Labour Party bestünden schon sehr enge Kontakte, wie übrigens mit allen sozialdemokratischen und sozialistischen Parteien in Europa.

BK: Mir bekannt.

Ceaușescu: Es sei also nicht schwierig, seinen Vorschlag zu verwirklichen. Es sei doch normal, daß Parteien, die Regierungen bildeten, Kontakte pflegten.

BK wies darauf hin, daß in einem Teil Deutschlands SPD nicht mehr existiere. In Westdeutschland seien kommunistische Parteien aller Schattierungen erlaubt, es gebe davon drei bis vier. In der DDR dagegen sei jede sozialdemokratische Betätigung verboten. Deswegen seien offizielle Kontakte mit kommunistischen Parteien so schwierig.

Ceaușescu: Das seien Fragen, die in Zusammenhang zu sehen seien mit Dingen, die sich in der Welt verändern. Er bitte, an Brandt, zu dem er ein gutes Verhältnis habe, die Einladung weiterzuleiten, nach R zu kommen.

BK versprach dies.

Ceaușescu bemerkte, daß es eigenartig wäre, wenn RKP zu FDP und CDU Beziehungen hätte, jedoch keine zur SPD.

BK wies darauf hin, daß es in der DDR eine liberale Partei gebe, aber keine sozialdemokratische Partei, die dort eliminiert worden sei. Das störe ihn.

---

[32] Vgl. dazu die Tischrede am 6. Januar 1978; BULLETIN 1978, S. 34.
[33] Bundespräsident Heinemann hielt sich vom 17. bis 20. Mai 1971 in Rumänien auf.
[34] Staatsratsvorsitzender Ceaușescu hielt sich vom 26. bis 30. Juni 1973 in der Bundesrepublik auf. Vgl. dazu AAPD 1973, II, Dok. 202, Dok. 203 und Dok. 209.

Ceaușescu meinte, diese Parteien (Sozialdemokraten und Kommunisten) hätten sich doch in einer Partei zusammengeschlossen.[35]

BK: In DDR unter sehr starkem Druck der Besatzungsmacht!

Ceaușescu: In R hätten Sozialdemokraten und Kommunisten schon während Krieges zusammengearbeitet.

BK: In Deutschland ganz anders!

Ceaușescu: Angesichts fortgeschrittener Zeit wolle er dieses Thema nicht vertiefen, bitte jedoch, über sein Angebot nachzudenken. Es könne zur Überwindung hergebrachter Vorstellungen beitragen.

BK versicherte, daß er Ceaușescu sehr gut verstehe. Vielleicht habe Ceaușescu einmal Gelegenheit, mit seinen Genossen in der DDR darüber zu sprechen, warum „Sozialdemokratismus" ein so schwerer Anklagetatbestand sei.

Ceaușescu versicherte, daß er den Sozialdemokraten keine Vorwürfe mache. Er sei bestrebt, mögliche Wege der Zusammenarbeit zu finden. Mit den türkischen Sozialdemokraten z. B. habe er sehr gute Beziehungen, aber auch mit der Partei Demirels. Er glaube, daß solche Parteikontakte notwendig für die wirtschaftliche Zusammenarbeit und ein besseres Verstehen seien.

BK führte aus, daß in Bonn Pflege der auswärtigen Beziehungen in erste Linie Regierungen obliege, Parteien spielten dabei in Deutschland nur Hilfsrolle.

Ceaușescu meinte, daß auch Erörterungen, die nicht zu Beschlüssen führten, geeignet seien, Lösungen zu finden.

BK versprach, SPD-Präsidium über Angebot zu berichten. Er sei sehr zufrieden mit seinen Gesprächen in Bukarest.

Ceaușescu: Auch er sei zufrieden und bedaure nur, daß Besuch so kurz gewesen sei. Vielleicht solle BK doch noch einmal kommen, aber dann im Sommer.

Vier-Augen-Gespräch endete 12.15 Uhr.

VS-Bd. 14076 (010)

---

[35] Am 21./22. April 1946 kam es im sowjetischen Sektor von Berlin gegen den Willen zahlreicher Sozialdemokraten zu einem gemeinsamen Parteitag von SPD und KPD in der sowjetischen Besatzungszone und zur Vereinigung zur „Sozialistischen Einheitspartei Deutschlands".

5

Botschafter Pauls, Brüssel (NATO), an das Auswärtige Amt

114-10082/78 VS-vertraulich Aufgabe: 7. Januar 1978, 13.00 Uhr[1]
Fernschreiben Nr. 23 Ankunft: 7. Januar 1978, 12.56 Uhr
Cito

Bukarest bitte StS van Well vorlegen[2]
Betr.: Begegnung Präsident Carters mit NATO-Rat am 6.1.78
Bezug: 1) DE 3 vom 4.1.78 201-360.05/78 VS-NfD[3]
  2) DB 21 vom 6.1.78 VS-NfD[4]
  3) DB 22 vom 6.1.78 VS-v[5]

Zur Unterrichtung

1) Dieser erste Besuch von Präsident Carter im NATO-Hauptquartier und seine einstündige Begegnung mit dem NATO-Rat ist in der Allianz und von allen Sprechern in der Ratssitzung als Demonstration der amerikanischen Verbundenheit mit der Allianz und mit Europa sowie als erneuter Ausdruck der Verpflichtung der USA und der Carter-Administration zur Verteidigung Europas begrüßt und gewertet worden.

Zwischen NATO-Gipfeltreffen in London[6] und Washington[7] hatte Carters Be-

---

[1] Hat Vortragendem Legationsrat Hofstetter am 9. Januar 1978 vorgelegen.

[2] StS van Well begleitete Bundeskanzler Schmidt bei dessen Besuch am 6./7. Januar 1978 in Rumänien. Vgl. dazu Dok. 3, Dok. 4 und Dok. 11.

[3] Staatssekretär van Well wies Botschafter Pauls, Brüssel (NATO), an, anläßlich der Teilnahme des Präsidenten Carter an der Sitzung des Ständigen NATO-Rats am 6. Januar 1978 die Unterstützung der Bundesregierung für das von Carter initiierte Langfristige Verteidigungsprogramm zu bekunden und die Gültigkeit der bisherigen Verhandlungsposition bei den MBFR-Verhandlungen in Wien sowie die Bedeutung der humanitären Fragen auf der KSZE-Folgekonferenz in Belgrad hervorzuheben. Außerdem sollte Pauls die Fortschritte bei SALT begrüßen und dazu ausführen: „Die unmittelbare Relevanz für die Sicherheitslage in Europa hat seit SALT I weiter zugenommen, weil mit der Herstellung und Festschreibung der nuklear-strategischen Parität die potentiell destabilisierenden Disparitäten im Mittelstrecken- und konventionellen Bereich akzentuiert werden, die Einbeziehung von Cruise Missiles mittlerer Reichweiten in die – wenn auch zeitlich befristete – Regelung des Protokolls eine wichtige Option des Bündnisses präjudizieren könnte, eine Nichtumgehungsregelung die militärisch-technologische Zusammenarbeit im Bündnis beeinflussen könnte. Es kommt deshalb zunehmend darauf an, daß der Verbund des Bündnisses in Abschreckung und Verteidigung auch in der Rüstungskontrolle zum Tragen kommt und daß jeder Eindruck einer potentiellen Abkoppelung vermieden wird. Es ist für uns Europäer entscheidend wichtig zu wissen, daß wir von einer gemeinsamen Lagebeurteilung ausgehen und daß die spezifischen Sicherheitsinteressen der europäischen Bündnispartner in den bilateralen Verhandlungen berücksichtigt werden." Vgl. VS-Bd. 9610 (201); B 150, Aktenkopien 1978.

[4] Botschafter Pauls, Brüssel (NATO), übermittelte den Wortlaut der Rede des Präsidenten Carter vor dem Ständigen NATO-Rat am 6. Januar 1978. Vgl. dazu VS-Bd. 9610 (201); B 150, Aktenkopien 1978.

[5] Botschafter Pauls, Brüssel (NATO), übermittelte den Wortlaut der Ausführungen des französischen NATO-Botschafters Tiné in der Sitzung des Ständigen NATO-Rats am 6. Januar 1978. Vgl. dazu VS-Bd. 11322 (220); B 150, Aktenkopien 1978.

[6] Die NATO-Ratstagung auf der Ebene der Staats- und Regierungschefs fand am 10./11. Mai 1977 statt. Vgl. dazu AAPD 1977, I, Dok. 121 und Dok. 141.

[7] Zur NATO-Ratstagung auf der Ebene der Staats- und Regierungschefs am 30./31. Mai 1978 vgl. Dok. 170.

such in Brüssel eher politisch-psychologische Bedeutung, substantielle Aussagen waren nicht erwartet worden. Dennoch hat Besuch Vitalität der Allianz unterstrichen. Von Carter wiederholte Zusage intensivierter Konsultationen mit Bündnispartnern, besonders zu allen Aspekten von SALT, ist mit Genugtuung aufgenommen worden und hat beruhigend gewirkt.

2) Nach Begrüßung durch GS Luns, der auf eindrucksvolles amerikanisches Engagement in Allianz und auf Bedeutung weiterer enger Konsultation und Kooperation zwischen allen Verbündeten hinwies, führte Präsident Carter im wesentlichen aus:

– Auf allen Stationen seiner Reise[8] habe er auf lebendige Kraft der demokratischen Regierungsform, der individuellen Freiheiten und der Menschenrechte hingewiesen.

– Es sei Aufgabe der Allianz, diese Werte zu verteidigen, während gleichzeitig mit aller Kraft daran gearbeitet werden müsse, Krieg zu verhindern. NATO-Verteidigung müsse immer stark genug sein, um jeden Aggressor abzuschrecken.

– Beim Londoner Gipfeltreffen im Frühjahr 1977 sei er davon beeindruckt gewesen, wie ernsthaft Bündnispartner sich für die Anforderungen der nächsten Dekade vorbereiten.

– US-Verteidigungshaushalt im Finanzjahr 1979 werde gegenüber 1978 reales Wachstum von 3,5 Prozent aufweisen.

– Zusage einer Erhöhung des militärischen Engagements der USA in der Allianz, vor allem durch Verstärkung der US-Truppenpräsenz in Europa um 8000 Mann und ein weiteres AF-Geschwader[9] und der Lufttransportkapazität für schnelle Verstärkungen.

– USA bekennen sich voll und ganz zur NATO-Doktrin und -strategie einschließlich der Vorneverteidigung[10] und der „flexible response"[11].

– USA seien bereit, gemeinsam mit Bündnispartnern Abschreckung über gesamtes Spektrum der strategischen, taktisch-nuklearen und konventionellen Kräfte aufrechtzuerhalten. WP solle wissen, daß alle Bündnispartner zu der

---

[8] Präsident Carter besuchte vom 29. bis 31. Dezember 1977 Polen, vom 31. Dezember 1977 bis 1. Januar 1978 den Iran, vom 1. bis 3. Januar 1978 Indien, am 3./4. Januar 1978 Saudi-Arabien, am 4. Januar 1978 Ägypten, vom 4. bis 6. Januar 1978 Frankreich und am 6. Januar 1978 Belgien. Zum Aufenthalt in Frankreich und Belgien vgl. Dok. 9.

[9] Air Force-Geschwader.

[10] Am 23. Mai 1957 stellte der Militärausschuß der NATO in der Direktive MC-48/2 („Measures to Implement the Strategic Concept") fest: „In addition to our nuclear retaliatory measures, our land, sea and air forces must be developed also to respond immediately to the task of defending the sea areas and NATO territories as far forward as possible in order to maintain the integrity of the NATO area, counting on the use of their nuclear weapons at the outset." Vgl. NATO STRATEGY DOCUMENTS, S. 323.

[11] Der Ausschuß für Verteidigungsplanung der NATO stimmte am 12. Dezember 1967 in Brüssel der vom Militärausschuß vorgelegten Direktive MC-14/3 („Overall Strategic Concept for the Defense of the North Atlantic Treaty Organization Area") zu. Nach dem unter dem Begriff „flexible response" bekannt gewordenen Konzept sollten begrenzte Angriffe zunächst konventionell und, falls notwendig, mit taktischen Nuklearwaffen abgewehrt werden. Lediglich bei einem Großangriff sollte das strategische nukleare Potential zum Einsatz kommen. Für den Wortlaut vgl. NATO STRATEGY DOCUMENTS, S. 345–370. Vgl. dazu ferner AAPD 1967, III, Dok. 386.

Verpflichtung stehen, das gesamte Gebiet der NATO-Mitgliedstaaten zu verteidigen.

– In amerikanischer Sicht sollte Allianz MBFR-Verhandlungen weiterhin hohe Priorität geben, doch müßten WP-Staaten ebenfalls ihren vollen Beitrag zu Fortschritten in MBFR leisten.[12]

Italienischer Ständiger Vertreter[13] dankte besonders für NATO-Treue der Carter-Administration, betonte Notwendigkeit auch wirtschaftlicher Solidarität im Bündnis und wies auf Interdependenz von Wirtschaftskraft und Verteidigungsfähigkeit hin. Wirtschaftliche und finanzielle Opfer, die zur Aufrechterhaltung der Verteidigungsfähigkeit der Allianz gebracht werden müssen, sollten gerecht und unter Berücksichtigung der tatsächlichen ökonomischen Möglichkeiten der einzelnen Mitglieder auf die Bündnispartner aufgeteilt werden. Er warnte vor der Gefahr einer Energiekrise, beklagte steigende Ölpreise und fragte, wie und wo USA Abhilfemöglichkeiten sähen.

Niederländischer Ständiger Vertreter[14] versicherte Carter der Unterstützung seiner Regierung in den Grundzügen der amerikanischen Außenpolitik, besonders auf den Gebieten der Energie, der Nichtverbreitung und der Dritten Welt:

„With regard to non-proliferation, my government feels that we should not only aim at the conclusion of international agreements of a political nature, but that we should endeavour to eliminate the availability of material, usable for weapon production. We therefore warmly support the activities in the framework of the nuclear fuel cycle evaluation programme[15], and of other international contacts, such as the nuclear suppliers group."

Gemeinsames Interesse bestehe auch beim Problem der Menschenrechte und der Grundfreiheiten. Es sei Carters Verdienst, die Menschenrechte als neue Dimension in die westliche Außenpolitik eingeführt zu haben:

„It has allowed us not only to maintain the initiative in the dialogue with the Soviet Union and its friends in Belgrade, but it has conferred new vigour on the standing of the West elsewhere in the world, as well.

With the commitment to human rights in all countries of the world – including our own – without hidden meanings, the defensive attitude which the West was pushed into in matters of ideology is coming to an end."

---

[12] Für den Wortlaut der Ausführungen des Präsidenten Carter vor dem Ständigen NATO-Rat am 6. Januar 1978 in Brüssel vgl. PUBLIC PAPERS, CARTER 1978, S. 36–38.
[13] Felice Catalano di Melilli.
[14] Abraham F. K. Hartogh.
[15] Vom 19. bis 21. Oktober 1977 fand auf amerikanische Initiative in Washington die Organisationskonferenz für die internationale Evaluierung des Brennstoffkreislaufs (INFCE) statt. Im Kommuniqué erklärten die Teilnehmerstaaten, sie seien „sich der lebenswichtigen Bedeutung einer Verhinderung der Proliferation und darüber hinaus von wirksamen und raschen Maßnahmen zur Einstellung und Umkehrung des nuklearen Wettrüstens zwischen den Kernwaffenstaaten bewußt". Daher würden acht Arbeitsgruppen eingesetzt, die in „maximal zwei Jahren" folgende Arbeitsgebiete untersuchen sollten: 1) Verfügbarkeit von Kernbrennstoff und Schwerem Wasser; 2) Verfügbarkeit der Anreicherung; 3) Sicherstellung langfristiger Verfügbarkeit von Technologie, Brennstoff, Schwerem Wasser und Dienstleistungen in mit der Nichtverbreitung vereinbarer Form; 4) Wiederaufarbeitung, Behandlung und Wiederverwendung von Plutonium; 5) Schnellbrüter; 6) Behandlung ausgedienten Brennmaterials; 7) Behandlung und Lagerung von Abfällen; 8) neuartige Konzeptionen für Brennstoffkreisläufe und Reaktoren. Vgl. EUROPA-ARCHIV 1977, D 710–712.

Dänischer St.V.[16] wies besonders auf Bedeutung Belgrader KSZE-Folgekonferenz für weitere Entwicklung der Ost-West-Beziehungen hin, betonte sorgfältige Vorbereitung in der Allianz und unterstrich Notwendigkeit enger alliierter Abstimmung in der Schlußphase zur Erreichung eines konstruktiven Ergebnisses, das die Fortsetzung des multilateralen Entspannungsprozesses ermögliche.

Kanadischer St.V.[17] hob Interdependenz von Ost-West-Beziehungen und Nord-Süd-Dialog hervor. Während NATO-Gipfeltreffens in Washington Ende Mai 78 tage in New York SGV Abrüstung[18], von der die Dritte Welt Einsparungen bei Rüstungsausgaben erwarte, die dann ihrer Entwicklung zugute kommen sollten. Auf dieses Zusammentreffen zweier wichtiger Konferenzen müsse sich Allianz einstellen und versuchen, politische Nachteile, die sich für sie aus diesem Zusammentreffen ergeben könnten, zu vermeiden.

Norwegischer St. V.[19] erklärte, seine Regierung sei insbesondere über das Ausmaß der Arbeitslosigkeit und der Rezession in den Allianzländern und über die sich daraus ergebenden Folgerungen für die Verteidigungsfähigkeit des Bündnisses besorgt. Norwegen hoffe, daß diese Problematik beim Washingtoner NATO-Gipfel eingehend erörtert werde.

Zum Langfristigen Verteidigungsprogramm[20] führte er aus:

„Within the long term defence programme Norway – in the rather exposed position which she finds herself on the periphery of the Alliance – put particular emphasis on enhancing the reinforcement capabilities of the Alliance as an effective means to increase deterrence and make our security indivisible."

Zu SALT und MBFR:

„The more parity is consolidated in the strategic field, the more attention we shall have to pay to the conventional balance and to arms control and disarmament in the conventional field. Progress in SALT must, therefore, be followed by progress in the MBFR."

Französischer St. V.[21] begrüßte europäisches Engagement der USA und bezeichnete amerikanischen Beitrag für Verteidigung Europas als unersetzlich. Auch französische Streitkräfte dienten der Aufrechterhaltung der Sicherheit und Freiheit Europas. In einer Welt, in der der Friede vor allem auf der nuklearen Abschreckung beruhe, müsse materiell, politisch und psychologisch alles getan werden, um Glaubwürdigkeit und Gewicht dieser Abschreckung zu erhalten. Frankreichs Haltung zu SALT werde durch seine Unabhängigkeit und durch den spezifischen Charakter seiner Nuklearstreitkräfte bestimmt, es verfolge die SALT-Verhandlungen zwar mit Interesse, könne sich ihnen aber weder di-

---

[16] Anker Svart.
[17] J. E. Ghislain Hardy.
[18] Zur UNO-Sondergeneralversammlung über Abrüstung vom 23. Mai bis 30. Juni 1978 in New York vgl. Dok. 212.
[19] Kjeld Vibe.
[20] Präsident Carter regte auf der NATO-Ratstagung auf der Ebene der Staats- und Regierungschefs am 10./11. Mai 1977 in London die Ausarbeitung eines Langfristigen Verteidigungsprogramms an. Für seine Ausführungen vgl. PUBLIC PAPERS, CARTER 1977, S. 848–852. Für den deutschen Wortlaut vgl. EUROPA-ARCHIV 1977, D 332–336. Vgl. dazu ferner AAPD 1977, I, Dok. 121 und Dok. 141.
[21] Jacques Tiné.

rekt noch indirekt anschließen. Frankreich wolle seine Partner schon jetzt darauf hinweisen, daß dies in besonderem Maße für SALT III gelten werde.

Bei der Realisierung des Langfristigen Verteidigungsprogrammes, an dem Frankreich nicht teilnehme, sollten Neuerungen auf Gebieten, in denen eine Zusammenarbeit zwischen Frankreich und den übrigen Bündnispartnern, wie z. B. in der Luftverteidigung, bestehe, sehr sorgfältig erörtert werden.

Meine Ausführungen habe ich in enger Anlehnung an den Bezugsdrahterlaß formuliert.

3) In Beantwortung der Erklärungen und Fragen der Ständigen Vertreter sagte Präsident Carter:

In letzten Monaten habe in USA dramatischer Wandel in Haltung zur amerikanischen Präsenz in Europa stattgefunden. Während in vergangenen Jahren darüber diskutiert worden sei, US-Truppen in Europa zu reduzieren, sei sich jetzt seine Administration ebenso wie überwiegende Mehrzahl der US-Bevölkerung darin einig, daß amerikanische Präsenz in Europa verstärkt werden müsse.

Amerikanisch-sowjetische Beziehungen seien im Gegensatz zu der Zeit vor sechs Monaten gut. Man treffe fast täglich bei Verhandlungen mit Sowjets zusammen, vor allem bei Verhandlungen über SALT, aber auch über CTB[22], Indischen Ozean[23], CW-Verbot[24], Verifizierung von Raketenabschüssen und über Verbot der Kriegführung im Weltraum. Dabei seien Stil und Ton der sowjetischen Verhandlungspartner gut.

USA würden Bündnispartner über all diese Gespräche voll unterrichten. Sollten dennoch Fragen offenbleiben, stünden er und seine Mitarbeiter jederzeit zur Klärung und Beantwortung zur Verfügung: „We have nothing to conceal."

[22] Großbritannien, die USA und die UdSSR verhandelten seit dem 13. Juli 1977 in Genf über ein umfassendes Teststoppabkommen (CTB). Zum Stand der Verhandlungen vermerkte Referat 222 am 6. Januar 1978: „Offen nach wie vor Frage der Verifikation: SU lehnt obligatorische Ortsinspektionen ab, die auch USA in zunehmendem Maße für nicht erforderlich halten. Diskutiert wird: Einrichtung unbemannter Beobachtungsstationen und Austausch seismologischer Daten." Schwierigstes Problem sei weiterhin die Frage der Zulässigkeit friedlicher Kernexplosionen (PNE): „USA Ausgangsposition: Verbot von PNE's, da wirtschaftlich ohne Nutzen und Gefahr, daß über PNE Vorteile für Kernwaffenentwicklung. SU Ausgangsposition: Zulässigkeit von PNEs, da wirtschaftlich von Nutzen sowie Hinweis auf Art. V/N[icht]v[erbreitungs]-V[ertrag]. SU Bereitschaft (Breschnew 2.11.1977) zu befristetem Verbot aller Kernwaffenversuche mit einem Moratorium für PNEs (drei Jahre) bedeutet wesentliche Veränderung SU-Position." Die Fortsetzung der Verhandlungen sei für den 18. Januar 1978 vorgesehen. Vgl. Referat 222, Bd. 113005.

[23] Seit Juni 1977 verhandelten die USA und die UdSSR über eine regionale Flottenbegrenzung im Indischen Ozean. Vgl. dazu Dok. 132.

[24] Die USA und die UdSSR verhandelten seit August 1976 über ein Verbot chemischer Waffen. Vgl. dazu AAPD 1977, II, Dok. 311.
Botschafter Pfeiffer, Genf (Internationale Organisationen), berichtete am 20. Januar 1978, der Leiter der amerikanischen Delegation bei der CCD, Fisher, habe zum Stand der Verhandlungen ausgeführt: „In der soeben begonnenen neuen C[hemische]W[affen]-Gesprächsrunde mit der SU sei man bisher nicht weiter als Ende Oktober. In der Frage der Präsentation einer gemeinsamen Initiative bestehe sowjetische Delegation auf einem Abkommensentwurf und lehne die von den USA verlangte Form der ‚agreed elements' ab. Im übrigen verlange die SU den Beitritt der fünf ständigen Sicherheitsratsmitglieder als Voraussetzung für das Inkrafttreten eines Abkommens. Die Frage des Mandats eines ‚consultative committee' sowie die Frage der Verifikation der Zerstörung von CW-Lagern und CW-Produktionsstätten sei nach wie vor ungelöst." Vgl. den Drahtbericht Nr. 47; Referat 220, Bd. 112999.

Zur Problematik der Abkoppelung betonte er, die bestehende enge Verbindung zwischen den Komponenten der Triade müsse und werde erhalten bleiben. Sofort nach Abschluß des SALT-II-Abkommens müsse innerhalb der Allianz Konsultation über Problematik der taktisch-nuklearen Waffen beginnen. Dabei werde u. a. auch über Neutronenwaffe gesprochen werden müssen. USA seien über einige der TNW (Theater Nuclear Weapons) auf sowjetischer Seite besorgt, so habe z. B. Indienststellung der SS-20-Rakete sehr viel stärkere destabilisierende Auswirkungen als Neutronenwaffe.

Zur jüngsten Entwicklung im Nahen Osten führte Carter aus, durch Sadats mutige Initiative[25] sei ein Teil der Verantwortung für eine Lösung von USA auf Sadat und Begin übergegangen. Er stehe in ständigem Kontakt mit Sadat, fühle sich keinem anderen nationalen Führer näher und stimme mit ihm auch politisch überein. Carter versicherte zugleich, daß USA weiterhin aktiv zur Beilegung des Nahost-Konflikts beitragen wollten.

Zur Frage des Ölpreisniveaus wies er auf mäßigende Haltung des Schahs von Iran hin, der jedoch für Mitte 1978 eine Preiserhöhung erwarte. Allerdings habe Kronprinz Fahd von Saudi Arabien kürzlich in Riad geäußert, er werde sich für stabile Preise während des ganzen Jahres 1978 einsetzen.

In Hinblick auf Abrüstungs-SGV wies Carter auf seine Initiative zur Einschränkung des internationalen Waffenhandels hin.[26] Bereits 1978 würde der Dollarbetrag der von USA verkauften Waffen reduziert werden. Sicherheit des Bündnisses werde dadurch nicht gefährdet. Er hoffe, daß andere Staaten ihre Waffenverkäufe ebenfalls einschränken würden.

Amerikanische Wirtschaft sei gesund, stark und stabil. 1977 sei gutes Jahr gewesen: Arbeitslosenzahl sei um 1,4 Prozent gesunken, vier Mio. neue Arbeitsplätze seien geschaffen worden, in letzten sechs Monaten habe Inflationsrate weniger als vier Prozent betragen. Für 1978 werde wirtschaftliche Wachstumsrate von fünf Prozent erwartet. Er werde alles tun, um Wert des Dollars zu erhalten, einige Schwierigkeiten in letzter Zeit[27] seien auf die hohen Ölimporte zurückzuführen. Hier wolle er jedoch durch seine umfassende Energie-Gesetz-

---

[25] Zur Friedensinitiative des Präsidenten Sadat vgl. Dok. 3, Anm. 7.

[26] Präsident Carter verkündete am 19. Mai 1977 sechs Grundsätze zur neuen amerikanischen Waffenexportpolitik: Das Dollar-Volumen für amerikanische Rüstungslieferungen solle im Haushaltsjahr 1978 reduziert werden; die USA würden nicht als erster Lieferant neue militärische Systeme in eine Region liefern, wenn sie dort die Kampfkraft erhöhten; die Weiterentwicklung hochtechnisierter Waffensysteme ausschließlich für den Export werde verboten; Koproduktionen für wichtige Waffen würden untersagt; bei Waffenverkäufen sollte eine Weitergabe an Drittstaaten ausgeschlossen werden; Waffenverkäufe müßten vom amerikanischen Außenministerium genehmigt werden. Vgl. dazu PUBLIC PAPERS, CARTER 1977, S. 931 f. Vgl. dazu ferner AAPD 1977, I, Dok. 165.
Am 4. Oktober 1977 erklärte Carter vor der UNO-Generalversammlung: „For its part, the United States has now begun to reduce its arms exports. Our aim is to reduce both the quantity and the deadliness of the weapons we sell. We have already taken the first few steps, but we cannot go very far alone. [...] We hope to work with other supplier nations to cut back on the flow of arms and to reduce the rate at which the most advanced and sophisticated weapon technologies spread around the world. [...] We are ready to provide to some nations the necessary means for legitimate self-defence, but we are also eager to work with any nation or region in order to decrease the need for more numerous, more deadly and ever more expensive weapons." Vgl. UN GENERAL ASSEMBLY, 32nd Session, Plenary Meetings, S. 309.

[27] Zum Kursverfall des amerikanischen Dollar vgl. Dok. 3, Anm. 38.

gebung[28] Abhilfe schaffen. Der von ihm neu ernannte Präsident des amerikanischen Notenbanksystems, Miller, sei ein in Amerika bekannter und angesehener Fachmann. Er verdiene Vertrauen, und er (Carter) hoffe, daß ihm dies auch bald außerhalb der USA entgegengebracht werde.

Präsident Carter erklärte abschließend, daß er Arbeit des NATO-Rates außerordentlich schätze und stolz auf dessen Leistungen sei. Er wiederholte Hoffnung auf produktives Gipfeltreffen in Washington, das auf keinen Fall zu einer Enttäuschung werden dürfe.

[gez.] Pauls

VS-Bd. 11124 (204)

6

Aufzeichnung des Ministerialdirigenten Pfeffer

201-363.41-101/78 geheim 11. Januar 1978[1]

Sofort auf den Tisch – Termin BM 11.1.1978 – 19.00 Uhr

Über Herrn Staatssekretär[2] Herrn Bundesminister

Betr.: Neutronenwaffe;
hier: Brief Breschnews an den Herrn Bundeskanzler vom 5. Januar 1978[3]

---

[28] Am 20. April 1977 stellte Präsident Carter vor beiden Häusern des amerikanischen Kongresses einen „Nationalen Energieplan" vor. Er sah Maßnahmen zur Einsparung des Energieverbrauchs in den USA vor, darunter die Einführung einer Verbrauchssteuer zur Reduzierung des Kraftstoffverbrauchs sowie Regelungen zum sparsameren Verbrauch von Energie beim Hausbau und in Gebäuden. Das Programm hatte ferner eine Umstellung des Verbrauchs knapper Brennstoffe auf Kohle und Kernenergie sowie die Entwicklung und Nutzung neuer Energiequellen, insbesondere Sonnen- und Geothermalenergie, zum Ziel. Vgl. dazu PUBLIC PAPERS, CARTER 1977, S. 663–689.
Botschafter von Staden, Washington, berichtete am 15. Dezember 1977, daß Carter bislang nicht die Zustimmung des amerikanischen Kongresses habe erreichen können. Während das Repräsentantenhaus die Vorschläge weitgehend gebilligt habe, seien im Senat unterschiedliche Ansätze erwogen worden. Zwar hätten sich beide Kammern in einem Vermittlungsausschuß über drei der fünf Teile einigen können, aufgrund der Spaltung innerhalb des Senats sei es aber zu keiner vollständigen Einigung gekommen. Umstritten sei die Frage von Erdgaspreiskontrollen, eine Rohölausgleichsteuer sowie die Besteuerung des Öl- und Gaseinsatzes in der Industrie. Die amerikanische Regierung habe zudem in den vergangenen Monaten „nicht immer glücklich taktiert" und sich nicht rechtzeitig auf die kritische Haltung des Senats eingestellt. Carter sei es nicht gelungen, die Unterstützung führender Senatoren zu erlangen. Vgl. den Drahtbericht Nr. 4451; Referat 405, Bd. 121278.
Am 23. Dezember 1977 teilte Staden mit, daß ein weiterer Vermittlungsversuch gescheitert sei und sich der Vermittlungsausschuß auf Ende Januar 1978 vertagt habe. Vgl. dazu den Drahtbericht Nr. 4563; Referat 405, Bd. 121278.

[1] Die Aufzeichnung wurde von Vortragendem Legationsrat I. Klasse Dannenbring, Vortragendem Legationsrat Hofstetter und Legationsrat I. Klasse Daerr konzipiert.
Hat Vortragendem Legationsrat I. Klasse Lewalter am 24. April 1978 vorgelegen, der die Weiterleitung an Referat 201 verfügte. Dazu vermerkte er handschriftlich: „Überholt."

[2] Hat Staatssekretär van Well am 11. Januar 1978 vorgelegen.

[3] Für das Schreiben vgl. VS-Bd. 10578 (201).

Bezug: Vorlage vom 20. Dezember 1977 – 201-363.41-4810/77 geh.[4]
Anforderung VLR I Lewalter vom 11.1.1978

Anlg.: 1) Bezugsvorlage[5]
2) Gesprächsvorschlag Bundeskanzler–Carter für Assuan (201-9/78 geh.)[6]
3) DE Plurex 96 vom 10.1.1978 (201-99/78 geh.)[7]
4) DB Nr. 110 aus Washington vom 10.1.1978 (201-106/78 geh.)[8]

I. Hauptvorschlag für Ihr Gespräch mit dem Herrn Bundeskanzler am 12. Januar 1978, um 16.30 Uhr

Abteilung 2 schlägt vor, daß der Herr Bundesminister sich mit dem Herrn Bundeskanzler darüber verständigt, daß wir unverzüglich damit beginnen, im NATO-Rat das weitere Vorgehen abzustimmen (Analyse und Harmonisierung eventueller Antworten auf Breschnew-Briefe; Vorbereitung der gemeinsamen Allianz-Position zur Neutronenwaffen-Problematik).

---

[4] Ministerialdirigent Pfeffer legte dar, daß sich außer dem Generalsekretär des ZK der KPdSU, Breschnew, in seinem Schreiben vom 12. Dezember 1977 an Bundeskanzler Schmidt auch der Abteilungsleiter im sowjetischen Außenministerium, Bondarenko, am selben Tag gegenüber Brigadegeneral Vogel, Moskau, „in massiver Form" gegen eine Dislozierung der Neutronenwaffe ausgesprochen habe: „Bei einer Bewertung der Demarche wird man in Rechnung stellen müssen, daß Bondarenko für seine harte Sprache bekannt ist. Auch Brigadegeneral Vogel ist für eine eher pointierte Berichterstattung bekannt. Selbst wenn man dies in Rechnung stellt, bleibt die Tatsache eines besonders massiven Einschüchterungsversuchs. Schwer zu beurteilen ist, ob es der Sowjetunion bei dieser spezifischen Demarche, aber auch bei ihrer Gesamt-Kampagne, lediglich auf den Versuch ankommt, soweit wie möglich die westliche Unentschlossenheit in Sachen Neutronenwaffe zu nutzen, um ohne Gegenleistung die unerwünschte Dislozierung dieses Waffensystems – und möglichst die Nutzung neuer Technologie durch die NATO generell – zu verhindern, oder ob sie jenseits aller taktischen Züge tatsächlich glaubt, ihre legitimen Sicherheitsinteressen würden durch die Dislozierung der Neutronenwaffe berührt." Vgl. VS-Bd. 10578 (201); B 150, Aktenkopien 1977. Vgl. dazu ferner AAPD 1977, II, Dok. 362.

[5] Dem Vorgang beigefügt. Vgl. VS-Bd. 10578 (201); B 150, Aktenkopien 1977. Für einen Auszug vgl. Anm. 4.

[6] Dem Vorgang beigefügt. Staatssekretär van Well unterbreitete Vorschläge für ein eventuelles Gespräch des Bundeskanzlers Schmidt mit Präsident Carter in Assuan zum Thema Neutronenwaffe. Vgl. VS-Bd. 10578 (201); B 150, Aktenkopien 1978.

[7] Dem Vorgang beigefügt. Staatssekretär van Well übermittelte den Botschaftern Herbst (Paris), Ruete (London) und von Staden (Washington) das Schreiben des Generalsekretärs des ZK der KPdSU, Breschnew, vom 5. Januar 1978 an Bundeskanzler Schmidt und führte dazu aus: „Wir sind der Auffassung, daß die Briefe und eventuelle Antworten auf sie im NATO-Rat konsultiert werden sollten. Bitte dortige Meinung sondieren." Vgl. VS-Bd. 10578 (201); B 150, Aktenkopien 1978.

[8] Dem Vorgang beigefügt. Botschafter von Staden, Washington, teilte mit, daß er das Schreiben des Generalsekretärs des ZK der KPdSU, Breschnew, vom 5. Januar 1978 an Bundeskanzler Schmidt mit dem amerikanischen Außenminister Vance erörtert und Beratungen in der NATO angeregt habe. Vance habe dem zugestimmt: „Vance berichtete, daß – sicherlich auf sowjetischen Wunsch – während des Carter-Besuchs in Warschau auch die Polen die Waffe angesprochen hätten. Er vermute als Hintergrund für die starke Betonung dieses Themas durch die östliche Seite sowohl echte Besorgnis (real concern) als auch propagandistische Erwägungen. [...] Vance stimmte der Annahme zu, daß die Sowjets insbesondere auch über eine mögliche Beeinflussung des MBFR-Verhandlungsrahmens zu ihren Ungunsten beunruhigt seien. [...] Vance stimmte auch meiner Bemerkung zu, daß die starke Einschaltung von Breschnew persönlich schwerwiegende Beweggründe auf sowjetischer Seite vermuten lasse." Vgl. VS-Bd. 10578 (201); B 150, Aktenkopien 1978.

Mit Washington, Paris[9] und London[10] haben wir bereits gesprochen. Vance hält den Vorschlag der NATO-Konsultation für gut (Anlage 4).[11]

II. Sowjetische Aktionen gegen die Neutronenwaffe

Der Brief Breschnews an den Herrn Bundeskanzler vom 5. Januar 1978 stellt das bisher letzte Glied in einer Kette sowjetischer Versuche dar, die Produktion der Neutronenwaffe zu verhindern und das bisherige Ausbleiben einer westlichen Entscheidung zur Neutronenwaffe entsprechend auszunutzen. Nachdem die Sowjetunion sich in diesem ihrem Bemühen zunächst der Medien und ihr nahestehender politischer Gruppierungen bediente, hat Breschnew mit der ersten Briefaktion (soweit wir sehen: Briefe an Giscard d'Estaing[12], Andreotti[13], Callaghan[14] und an den Herrn Bundeskanzler) begonnen, sich unmittelbar an

---

[9] Botschafter Herbst, Paris, teilte am 11. Januar 1978 mit, daß er am Vortag den Generalsekretär des französischen Außenministeriums, Soutou, über das Schreiben des Generalsekretärs des ZK der KPdSU, Breschnew, vom 5. Januar 1978 an Bundeskanzler Schmidt unterrichtet und die Möglichkeit von Konsultationen in der NATO angesprochen habe. Soutou habe zu verstehen gegeben, „daß die französische Regierung kaum eine Konsultation im NATO-Rat ins Auge fassen werde. Das dortige Verfahren sei schwerfällig, auch seien in der Frage der Neutronenwaffe jedenfalls im Augenblick gar nicht alle Mitglieder der NATO betroffen. Vermutlich werde man bilateralen Gesprächen den Vorzug geben." Vgl. den Drahtbericht Nr. 100; VS-Bd. 11431 (221); B 150, Aktenkopien 1978.

[10] Ministerialdirigent Pfeffer notierte am 10. Januar 1978, der britische Gesandte Bullard habe am Vortag ausgeführt, die Frage der Neutronenwaffe „müsse unbedingt im Rahmen der NATO behandelt werden (keinesfalls im Rahmen der EG)". Er, Pfeffer, habe entgegnet, „wir hielten wie Großbritannien die NATO für den richtigen Rahmen. Bullard erkundigte sich sodann, wie die Konsultationen über die Breschnew-Briefe fortgesetzt werden sollten. Ich habe ihm gesagt, daß D 2 morgen mit Hibbert und Mérillon unter vier Augen am Rande des PK sprechen will." Vgl. VS-Bd. 10578 (201); B 150, Aktenkopien 1978.

[11] Dieser Satz wurde von Ministerialdirigent Pfeffer handschriftlich eingefügt.

[12] Gesandter Berendonck, Moskau, berichtete am 29. November 1977, die französische Botschaft habe ihn unterrichtet, der Generalsekretär des ZK der KPdSU, Breschnew, habe wegen der geplanten Einführung der Neutronenwaffe ein Schreiben an Staatspräsident Giscard d'Estaing gerichtet. Vgl. dazu den Drahtbericht Nr. 4074; VS-Bd. 11065 (213); B 150, Aktenkopien 1977.
Am 27. Dezember informierte Botschafter Herbst, Paris, er habe den Abteilungsleiter im französischen Außenministerium, Mérillon, den Wunsch der Bundesregierung vorgetragen, „in einen Gedankenaustausch über die Schreiben einzutreten". Mérillon habe entgegnet, daß es für eine Abstimmung über die Antwortschreiben vermutlich bereits zu spät sei. Möglicherweise sei die Antwort des Ministerpräsidenten Andreotti bereits ergangen, gleiches gelte für die von Giscard d'Estaing. Mérillon halte Gespräche der vier Regierungen dennoch für sinnvoll, da „man dabei die unterschiedlichen Versionen des Schreibens Breschnews analysieren könne". Vgl. den Drahtbericht Nr. 3837; VS-Bd. 10337 (201); B 150, Aktenkopien 1977.

[13] Botschafter Arnold, Rom, berichtete am 28. Dezember 1977 über ein Gespräch mit dem Abteilungsleiter im italienischen Außenministerium, Gardini. Nach dessen Angaben habe der sowjetische Botschafter in Rom, Ryschow, am 7. November 1977 ein Schreiben des Generalsekretärs des ZK der KPdSU, Breschnew, an Ministerpräsident Andreotti angekündigt, dieses aber erst „etwa zwei Wochen später im Außenministerium übergeben". Mit Datum vom 23. Dezember 1977 habe Andreotti ein Antwortschreiben übermittelt, in dem er Breschnews Kritik an den USA zurückgewiesen habe. Darüber hinaus habe er klargestellt, daß es sich bei der Neutronenwaffe nicht um eine grundsätzlich neue Massenvernichtungswaffe handele, sondern lediglich um eine neue Form von Nuklearwaffen: „In der Schlußformel ist von MP Andreotti als Replik auf Breschnews Befürchtungen hinsichtlich westlicher Rüstung der Hinweis aufgenommen, daß Italien in der Überzeugung, daß der Westen nie Angreifer sei, das Wachstum an Offensivpotential innerhalb des Warschauer Pakts mit Sorge verfolge." Vgl. den Drahtbericht Nr. 1901; VS-Bd. 10337 (201); B 150, Aktenkopien 1977.

[14] Botschafter Wieck, Moskau, gab am 14. November 1977 Informationen der britischen Botschaft weiter, der Generalsekretär des ZK der KPdSU, Breschnew, habe ein Schreiben an Premierminister Callaghan gerichtet, in dem er vor der Einführung der Neutronenwaffe warne. Vgl. dazu den Drahtbericht Nr. 3888; VS-Bd. 14074 (010); B 150, Aktenkopien 1977.
Ministerialdirigent Pfeffer vermerkte am 22. November 1977, der britische Gesandte Bullard habe eine Zusammenfassung des Schreibens übergeben, das am 9. November 1977 von sowjetischer Seite

Staats- und Regierungschefs zu wenden. Vergleicht man den Brief Breschnews vom 5. Januar 1978 mit seinem Schreiben vom 12. Dezember 1977[15], so zeigt sich, daß der Ton schärfer geworden ist. Auch soll durch eine Ausweitung des Adressatenkreises auf „führende Repräsentanten einer Reihe anderer Teilnehmerstaaten der gesamteuropäischen Konferenz" offenbar die politische Offensive zusätzliche Schlagkraft erhalten.

III. Analyse des Breschnew-Briefes vom 5. Januar 1978

Zum Inhalt des Breschnew-Briefes vom 5. Januar 1978 ist folgendes zu bemerken:

1) Die Absicht, einen Keil in das westliche Bündnis zu treiben und die Allianzkohäsion zu unterminieren, wird weiterverfolgt. („Es ist für niemanden ein Geheimnis, daß auf der NATO-Tagung im Dezember[16] die Vereinigten Staaten fortgesetzt haben, von ihren europäischen Verbündeten aufdringlich zu verlangen, daß sie der Stationierung der Neutronenwaffe auf ihren Territorien zustimmen.")

2) Um politischen Druck zu erzeugen, bedient sich Breschnew verschiedener Ansätze:

– Unter Berufung auf die Volksmassen, die die Neutronenwaffe geschlossen ablehnen, signalisiert Breschnew die innenpolitischen Schwierigkeiten, denen sich die westlichen Länder gegenübersehen, und deutet an, daß die Sowjetunion diese Schwierigkeiten erhöhen könne.

Fortsetzung Fußnote von Seite 50

überreicht worden sei. Callaghan habe bei dieser Gelegenheit ausgeführt, die britische Regierung werde die Argumente prüfen, mit einer baldigen Antwort sei jedoch nicht zu rechnen, da die Frage der Einführung der Neutronenwaffe noch in der NATO diskutiert werde. Bullard habe gefragt, ob auch Bundeskanzler Schmidt eine ähnliche Botschaft erhalten habe: „Wenn dies der Fall sei, würde die britische Seite es für nützlich halten, die Texte zu vergleichen und möglichst die Antworten aufeinander abzustimmen. Es sei ja zu befürchten, daß die sowjetische Seite versuche, die europäischen Verbündeten vom amerikanischen Alliierten in dieser Sache zu trennen." Vgl. VS-Bd. 14074 (010); B 150, Aktenkopien 1977.

Botschafter Ruete, London, übermittelte am 28. Dezember 1977 den Wortlaut des Schreibens. Vgl. dazu den Drahtbericht Nr. 2773; VS-Bd. 14074 (010); B 150, Aktenkopien 1977.

15 In dem vom sowjetischen Botschafter Falin am 12. Dezember 1977 übergebenen Schreiben führte der Generalsekretär des ZK der KPdSU, Breschnew, aus: „Es ist uns nicht entgangen, mit welcher steigenden Beharrlichkeit man nach dem Einverständnis der europäischen NATO-Mitgliedstaaten zu streben fortsetzt, Anlagen mit den Neutronenbomben auf ihren Territorien aufzustellen. Soweit wir urteilen können, ist die Bundesrepublik in dieser Frage zurückhaltend. Die endgültige Entscheidung ist aber noch nicht getroffen worden. Das Sein oder Nichtsein der Neutronenbombe auf dem europäischen Boden hängt in vielem davon ab, welche Position die Bundesrepublik Deutschland letzten Endes einnimmt. Ich bin, Herr Bundeskanzler, davon überzeugt, daß Sie [sich] der Ernsthaftigkeit der Wahl bewußt sind, vor der jetzt Westeuropa steht: dem Weg der Festigung der Sicherheit, Entspannung und Zusammenarbeit folgen oder zu einer neuen Steigerung der internationalen sowohl militärischen als auch politischen Spannungen mit allen daraus folgenden Nachwirkungen abbiegen. [...] Glaubt denn die Seite, die jetzt auf die Neutronenbombe setzt, daß die andere Seite unter solchen Verhältnissen untätig bleibt?" Breschnew warnte, es dürfe nicht zugelassen werden, „daß die Welt in eine neue Rüstungsspirale einzieht. Was sollen die Verhandlungen über die Reduzierung von Rüstungen und Streitkräften, die Bemühungen der Regierungen, die Arbeit der Experten und Diplomaten nützen, wenn diese gute konstruktive Sache von der anderen Seite immer wieder torpediert wird?" Vgl. den Drahterlaß Nr. 6682 des Staatssekretärs van Well vom 22. Dezember 1977 an die Botschafter Arnold (Rom), Herbst (Paris), Ruete (London) und von Staden (Washington); VS-Bd. 10337 (201); B 150, Aktenkopien 1977.

16 Die NATO-Ministerratstagung fand am 8./9. Dezember 1977 in Brüssel statt. Vgl. dazu AAPD 1977, II, Dok. 359 und Dok. 361.

– Schwerwiegende Beeinträchtigungen des deutsch-sowjetischen Verhältnisses und der Entspannungspolitik als Ganzes werden für den Fall einer positiven Entscheidung über die Neutronenwaffe angekündigt („es ist jetzt sogar schwierig, den ganzen Schaden für den Frieden und die Entspannung vorauszusehen, der ... unvermeidlich wäre").

– Breschnew droht ferner mit Gegenmaßnahmen („werden wir gezwungen sein, die Antwort auf eine solche Herausforderung zu geben, damit die Sicherheit des sowjetischen Volkes, die Sicherheit unserer Verbündeten gewährleistet wird").

– Die Neutronenwaffe wird wiederholt als „neue Massenvernichtungswaffe", an anderer Stelle als „tödliche Sense", „besonders barbarische Waffenart" charakterisiert. Mit dieser Einstufung als völlig neuartige, möglicherweise sogar völkerrechtswidrige Waffe versucht Breschnew dem Argument vorzubauen, daß der Westen mit der Neutronenwaffe lediglich auf sowjetische Rüstungsanstrengungen reagiere. Dem Westen soll vielmehr angelastet werden, das Wettrüsten auf eine völlig neue Ebene heben zu wollen. Die SU[17] hofft damit sicherlich, globalen Widerstand gegen die NATO mobilisieren zu können (UNO, SGV, CCD, Humanitäres Völkerrecht).

3) Breschnew bemüht sich, die im Westen verbreitete Befürchtung zu nähren, daß eine Entscheidung der NATO für die Neutronenwaffen „in einer Reihe von Fällen die Verhandlungen über die Begrenzung des Wettrüstens gefährden würde, die jetzt auf verschiedenen Ebenen laufen". Angesichts der „hohen Bevölkerungsdichte in Westeuropa" wird die Frage aufgeworfen, welchen Sinn Verhandlungen über Waffenreduzierungen haben sollen, wenn „neue Arten von Massenvernichtungswaffen" eingeführt würden.

Dem Verlangen nach rüstungskontrollpolitischen Fortschritten im Zusammenhang mit der Entscheidung über die Neutronenwaffen sucht Breschnew mit dem Vorschlag für einen vereinbarten gegenseitigen Produktionsverzicht Rechnung zu tragen. Wie andere bisherige sowjetische Propagandaprojekte zur „militärischen Entspannung" (no first use, Nichterweiterung der Bündnisse[18]) ist dieser Vorschlag nur scheinbar ausgewogen, in Wirklichkeit jedoch einseitig:

---

[17] Die Wörter „Die SU" wurden von Ministerialdirigent Pfeffer handschriftlich eingefügt. Dafür wurde gestrichen: „Sie".

[18] Auf der Tagung des Politischen Beratenden Ausschusses des Warschauer Pakts am 25./26. November 1976 in Bukarest verabschiedeten die Mitgliedstaaten die „Deklaration über internationale Entspannung sowie Festigung der Sicherheit und Zusammenarbeit in Europa", in der sie sich für den Abschluß eines Vertrags zwischen den an der KSZE teilnehmenden Staaten aussprachen, „gegeneinander nicht als erste Kernwaffen anzuwenden", und legten einen entsprechenden Vertragsentwurf vor. Ferner schlugen sie die Auflösung von NATO und Warschauer Pakt vor. Als ersten Schritt auf diesem Weg befürworteten sie „die gleichzeitige Aussetzung der Gültigkeit des Artikels 9 des Warschauer Vertrages sowie des Artikels 10 des Nordatlantikpaktes, die die Erweiterung des Teilnehmerkreises durch den Beitritt neuer Staaten zulassen". Vgl. EUROPA-ARCHIV 1976, D 648 f. bzw. S. 653 f. Vgl. dazu auch AAPD 1976, II, Dok. 350.

Vgl. dazu ferner den sowjetischen Entwurf vom 24. Oktober 1977 für eine „Aktionsbasis zur Festigung der militärischen Entspannung in Europa"; Dok. 4, Anm. 16.

– Für die Sowjetunion ist die Herstellung eigener Neutronenwaffen, auf die sie verzichten will, schon aus technologischen Gründen eine unsichere Option; auch wären Neutronenwaffen wegen ihrer defensiven Zweckbestimmung für sie von beschränktem militärischem Nutzen.

– Für den Westen sind sie, insbesondere zum Ausgleich der sowjetischen Panzerüberlegenheit, militärisch und politisch von größter Bedeutung. Der Westen müßte seinen technologischen Vorsprung bei den Neutronenwaffen ohne wirkliche Gegenleistung aufgeben und würde darüber hinaus die künftige Nutzung neuer Technologien durch die NATO generell präjudizieren.

4) Der letzte Absatz des Briefes („Selbstverständlich erwarte ich mit großem Interesse die im Februar bevorstehenden Treffen und Gespräche mit Ihnen, in deren Laufe wir einen eingehenden Meinungsaustausch über alle uns interessierenden Fragen durchführen können werden") enthält – auch in Verbindung mit dem übrigen Text – keinen Hinweis darauf, daß der Besuch Breschnews[19] von einer im sowjetischen Sinne positiven deutschen Reaktion abhängig gemacht würde. Andererseits kann aufgrund des demonstrativen und eindringlichen Engagements Breschnews, das den ganzen Brief prägt, eine solche Verknüpfung auch nicht ausgeschlossen werden.

IV. Folgerungen und Vorschläge

1) Da der Breschnew-Brief, wie unter Ziffer I ausgeführt, auf eine Schwächung des Allianzzusammenhalts, insbesondere des transatlantischen Verhältnisses abzielt, erscheint eine unverzügliche Abstimmung über das weitere Vorgehen im Bündnis erforderlich. Gegenstand dieser Abstimmung sollte nicht nur der Brief und die Reaktion der jeweiligen Adressaten auf diesen Brief, sondern auch die westliche Haltung zur Einführung der Neutronenwaffe sein.

Hierbei wird es unter anderem auf eine eingehende Erörterung der rüstungskontrollpolitischen Möglichkeiten ankommen. Eine gesonderte Aufzeichnung hierzu wird zur Zeit von Unterabteilung 22 vorbereitet.[20]

---

[19] Botschafter Wieck, Moskau, übergab am 6. September 1977 ein Schreiben des Bundespräsidenten Scheel an den Generalsekretär des ZK der KPdSU, Breschnew, mit der Einladung, die Bundesrepublik zu besuchen. Vorgesehen war der Besuch im Zeitraum zwischen November 1977 und Februar 1978. Vgl. dazu AAPD 1977, II, Dok. 305 und Dok. 321.

[20] Ministerialdirektor Blech legte am 27. Januar 1978 dar: „1) Eine generelle Verbindung Neutronenwaffen/Sicherheitslage in der Weise, daß die Dislozierung der Neutronenwaffen an der sowjetischen Bereitschaft zu allgemeinen Fortschritten bei der Rüstungskontrolle gemessen wird, reicht zur Wahrung unserer verteidigungs- und rüstungskontrollpolitischen Interessen nicht aus. Die Sowjetunion wäre in der günstigen Lage, durch hinhaltende Behandlung des Angebots, verbunden mit Propaganda und Pressionen, den Westen ohne ein Entgegenkommen im Rüstungskontrollsektor an der Einführung der Neutronenwaffen zu hindern. 2) Die förmliche Einbeziehung der Neutronenwaffen bei MBFR ist ohne Beeinträchtigung wichtiger westlicher und insbesondere deutscher Interessen nur selektiv denkbar. [...] 3) Unter der Rahmenbedingung, daß das Angebot an die Sowjetunion nach positiver Produktionsentscheidung, aber vor der tatsächlichen Dislozierung der Neutronenwaffen erfolgen soll, würden nur zwei Optionen den außen- und innenpolitischen, verteidigungs- und rüstungskontrollpolitischen Erfordernissen Rechnung tragen: Ein absoluter westlicher Dislozierungsverzicht bei Neutronenwaffen bei sowjetischer Bereitschaft zum konkret definierten Abbau der Panzerdisparität; ein absoluter gegenseitiger Dislozierungsverzicht Neutronenwaffen/SS-20, jeweils außerhalb des Rahmens laufender Verhandlungen und ohne Eingehung förmlicher Verpflichtungen." Vgl. VS-Bd. 11431 (221); B 150, Aktenkopien 1978.

2) Bei unserer Reaktion auf das sowjetische Vorgehen sind folgende Gesichtspunkte besonders zu berücksichtigen, die in der gemeinsamen BSR-Vorlage vom 5. Oktober 1977[21] näher begründet sind:

– Es besteht in der Allianz Übereinstimmung darüber, daß die Neutronenwaffe geeignet ist, die Abschreckung zu verstärken.

– Ein Erfolg der östlichen Kampagne würde einen gefährlichen Präzedenzfall schaffen, bei einem westlichen Verzicht auf die Neutronenwaffe wäre damit zu rechnen, daß die Sowjetunion versuchen würde, jede Verbesserung der Waffentechnologie des Westens durch politischen Druck zu verhindern. Damit würde die Sowjetunion in der Erwartung ermutigt, alle zukünftigen Anstrengungen des Westens zur Sicherstellung seiner Verteidigungsfähigkeit verhindern zu können. Dies würde dem sowjetischen Konzept „der militärischen Entspannung" entsprechen, wonach alle westlichen „militärischen und Blockaktivitäten" gegen den Geist der Entspannung verstoßen, während die militärische Stärke des Sozialismus als wichtiger Faktor des Weltfriedens und der Entspannung auszubauen ist.

– Die Neutronenwaffe ist ein tragendes Programmelement der seit Jahren laufenden Bemühungen um die Modernisierung der Theater Nuclear Forces (TNF). Eine Ablehnung der Dislozierung der Neutronenwaffe durch die europäischen Verbündeten könnte von den Amerikanern als eine Abkehr vom bisherigen nuklearen Verteidigungskonzept verstanden werden. Auch ist die Gefahr nicht von der Hand zu weisen, daß sich hieraus langfristig Bestrebungen auf eine Denuklearisierung und in deren Gefolge selbst auf einen Rückzug der (nuklear nicht mehr geschützten) konventionellen US-Truppen in Europa entwickeln könnten.

i. V. Pfeffer

VS-Bd. 10578 (201)

---

[21] Korrigiert aus: „6. Oktober 1977".
Für die Kabinettvorlage des Auswärtigen Amts und des Bundesministeriums der Verteidigung vgl. VS-Bd.10578 (201).

7

Aufzeichnung des Ministerialdirektors Blech

221-341.71 VS-NfD 12. Januar 1978[1]

Über Herrn Staatssekretär[2] Herrn Bundesminister vorgelegt

Zweck der Vorlage: Zur Unterrichtung

Anregung: Vorlage beim Herrn Bundeskanzler

Betr.: Militärische Aspekte der Sicherheit auf dem KSZE-Folgetreffen in Belgrad[3];
hier: Zwischenbilanz

I. 1) Der erste Abschnitt des Belgrader Folgetreffens, der sich im Bereich der militärischen Aspekte der Sicherheit im wesentlichen mit der Bewertung der Implementierung der Absprachen über die vertrauensbildenden Maßnahmen (CBM)[4] sowie mit der Prüfung weiterführender Vorschläge – insbesondere des Westens[5], der Neutralen und Nichtgebundenen[6], der SU[7] und Rumäniens[8] –

---

[1] Ablichtung.
Die Aufzeichnung wurde von Vortragendem Legationsrat I. Klasse Rückriegel und Vortragendem Legationsrat Ehni konzipiert.
Hat Ehni am 16. Januar 1978 erneut vorgelegen, der handschriftlich vermerkte: „221 an MB auf Anforderung direkt: sowjetische Vorschläge S. 5/6. Anzumerken ist, daß US-Haltung zu sowjetischem Manöverlimitierungsvorschlag noch immer nicht festliegt, Frankreich immer wieder Bedenken äußert." Vgl. Anm 14 und 16.

[2] Günther van Well.

[3] Die erste Phase der KSZE-Folgekonferenz fand vom 4. Oktober bis 22. Dezember 1977 in Belgrad statt. Vgl. dazu AAPD 1977, II, Dok. 283, Dok. 320 und Dok. 373.

[4] Vgl. dazu das „Dokument über vertrauensbildende Maßnahmen und bestimmte Aspekte der Sicherheit und Abrüstung" der KSZE-Schlußakte vom 1. August 1975; SICHERHEIT UND ZUSAMMENARBEIT, Bd. 2, S. 921–924.

[5] Großbritannien, Kanada, die Niederlande und Norwegen brachten am 2. November 1977 den Entwurf einer Erklärung über vertrauensbildende Maßnahmen ein. Für den Wortlaut vgl. EUROPA-ARCHIV 1978, D 218 f.

[6] Botschafter Fischer, Belgrad (KSZE-Delegation), übermittelte am 25. Oktober 1977 einen Vorschlag der neutralen und nichtgebundenen Staaten zu vertrauensbildenden Maßnahmen, der in einigen Tagen offiziell eingebracht werden solle. Darin wurde angeregt: 1) Ankündigung von Manövern mit mehr als 25 000 Mann sowie Information über die Art der teilnehmenden Truppen und die Daten der Truppenbewegungen; 2) Ankündigung auch kleinerer Manöver, insbesondere in der Nähe der Hoheitsgewässer oder des Territoriums eines anderen Staates; 3) Ausarbeitung von Regeln zum Austausch von Manöverbeobachtern; 4) größere Transparenz der jeweiligen Militärhaushalte. Vgl. dazu den Drahtbericht Nr. 733; Referat 212, Bd. 115107.
Der Vorschlag wurde am 28. Oktober 1977 eingebracht. Vgl. dazu den Drahtbericht Nr. 762 von Fischer vom selben Tag; Referat 212, Bd. 115107.

[7] Zum sowjetischen Entwurf vom 24. Oktober 1977 für eine „Aktionsbasis zur Festigung der militärischen Entspannung in Europa" vgl. Dok. 4, Anm. 16.

[8] Botschafter Fischer, Belgrad (KSZE-Delegation), berichtete am 25. Oktober 1977, daß Rumänien am Vortag Vorschläge zur militärischen Sicherheit vorgelegt habe. Diese sähen vor: 1) vorherige Ankündigung größerer militärischer Bewegungen in einer Gesamtstärke von mehr als 25 000 Mann mindestens 21 Tage im voraus; 2) vorherige Ankündigung von Luft- oder Seemanövern; 3) Verzicht auf Abhaltung multinationaler Manöver in der Nähe der Grenzen anderer Staaten; 4) Verpflichtung, keine neuen militärischen Basen zu schaffen, einschließlich von Stellungen für Kernwaffen, sowie keine Verstärkung von Streitkräften, die sich auf dem Gebiet anderer Staaten in Europa befinden." Vgl. den Drahtbericht Nr. 730; Referat 212, Bd. 115107.
Rumänien brachte ferner am 11. November 1977 den Vorschlag vor, die Teilnehmerstaaten der

zu CBM und Abrüstungsthemen befaßte, ist mit dem Beginn der Weihnachtspause zu Ende gegangen. Das vorläufige Ergebnis im o. a. Bereich ist nicht spektakulär, aber für uns doch nicht unbefriedigend.

Die am 17. Januar 1978 beginnende Schlußphase des Belgrader Treffens wird sich mit der Redaktion des abschließenden Dokuments befassen.

Wir müssen uns deshalb klarwerden, welche Ziele und Prioritäten wir uns für die Redaktionsaufgaben setzen.

2) In dem von Frankreich eingebrachten Schema für den Aufbau des abschließenden Dokuments, das vom Westen befürwortet wird, ist neben Kapitel III über die Bilanz der Verwirklichung das Kapitel IV „Beschlüsse und Empfehlungen zur Verbesserung der Verwirklichung der Schlußakte"[9] von Bedeutung. Zu Kapitel III haben die Neun eine Wertung mit dem Tenor vorgeschlagen, daß die bisherige Durchführung der vertrauensbildenden Maßnahmen zwar im großen und ganzen befriedigend, für die Zukunft aber noch in zahlreichen Punkten verbesserungsbedürftig sei. Der Osten steht auf dem Standpunkt, daß die CBM-Absprachen voll erfüllt worden seien und eine Verbesserung der Implementierung deshalb nicht gefordert werden könne.

Immerhin hat die Implementierungsdebatte zu den vertrauensbildenden Maßnahmen gezeigt, daß sich auch der Osten – trotz seiner vorsichtigen und zögernden Haltung – der Grundverpflichtung, die aus dem Katalog der vertrauensbildenden Maßnahmen der Schlußakte erwächst, nicht entziehen kann.

Bei Kapitel IV des Schemas haben wir ein Interesse, über Allgemeinheiten hinaus zur Aufnahme der konkreten westlichen Verbesserungsvorschläge zu den vertrauensbildenden Maßnahmen zu gelangen. Für einen Konsensus über konkrete Texte zu den vertrauensbildenden Maßnahmen sind allerdings sowohl

---

Fortsetzung Fußnote von Seite 55

KSZE-Folgekonferenz in Belgrad sollten die Verpflichtung eingehen, „ihre Militärbudgets auf der Höhe des Jahres 1977 oder 1978 einzufrieren". Vgl. den Drahtbericht Nr. 864 von Fischer vom 14. November 1977; Referat 212, Bd. 115107.

Fischer teilte am 17. Dezember 1977 mit, Rumänien habe am 15. und 16. Dezember 1977 folgenden Text eingebracht: „The participating States will not carry out multinational major military manoeuvres as defined in the Final Act, near the frontiers of other participating States whose troops are not taking part in the manoeuvres in question." Vgl. den Drahtbericht Nr. 1052; Referat 212, Bd. 115108.

[9] Abschnitte III und IV des von Frankreich am 2. Dezember 1977 eingebrachten Schemas für ein Abschlußdokument lauteten: „III. (Bilanz der Verwirklichung) Die Erwähnung, daß, wenn auch Fortschritte in verschiedenen in der Schlußakte erwähnten Bereichen erzielt wurden, dennoch weiterhin bedeutende Mängel in ihrer Verwirklichung bestehen, die korrigiert werden müßten. Die Beschreibung der wichtigsten Fortschritte und Mängel, die durch die Arbeiten des Treffens aufgezeigt wurden. Erster Korb (Prinzipien, v[ertrauens]b[ildende]M[aßnahmen] und bestimmte Aspekte der Sicherheit und Abrüstung); zweiter Korb; Mittelmeer; dritter Korb. IV. (Beschlüsse und Empfehlungen zur Verbesserung der Verwirklichung der Schlußakte); (Einführung); Erwähnung, daß die Teilnehmerstaaten im Lichte ihres Meinungsaustausches und ihrer Beiträge, die sie im Laufe ihrer Arbeit geleistet haben, es für notwendig erachteten, erneute Anstrengungen zu unternehmen, um die Verwirklichung der Bestimmungen der Schlußakte zu verbessern. Erwähnung, daß sie zu diesem Ziele und unter Bezugnahme auf die entsprechenden Bestimmungen Beschlüsse und Empfehlungen angenommen haben. (Aufstellung der Beschlüsse und Empfehlungen); (Die Beschlüsse und Empfehlungen werden in der Anordnung der Schlußakte und nach Kapiteln geordnet angeführt. Sie sind auf ihren Hauptteil beschränkt). (Nächste dem Belgrader Treffen ähnliche Zusammenkunft); Beschluß, ein neues Treffen abzuhalten; Zeitpunkt und Ort. Modalitäten des neuen Treffens." Vgl. den Drahtbericht Nr. 960 des Botschafters Fischer, Belgrad (KSZE-Delegation); Referat 212, Bd. 115107.

bei der Auswahl der aufzunehmenden Verbesserungsvorschläge als auch bei deren Formulierung Schwierigkeiten zu erwarten.

Bei Kapitel IV nur allgemeine Empfehlungen hinzunehmen, wäre für uns eine Minimalposition, die uns nicht viel einbringt, andererseits aber auch nicht schadet.

3) Von Anfang war eine deutliche Abneigung der Sowjetunion gegen eine Behandlung der vertrauensbildenden Maßnahmen in Belgrad festzustellen. Der Osten lenkte vielmehr auf eine propagandistisch gefärbte Betonung von Themen der Abrüstung und Rüstungskontrolle ab. Auch ist festzuhalten, daß er allgemein formulierten und zu nichts verpflichtenden Texten [10]im abschließenden Dokument den Vorzug vor detaillierten und präzise gefaßten Absprachen gibt. Dagegen haben die neutralen und nichtgebundenen Staaten – wie der Westen – den Wunsch, ihr Interesse an konkreten Absprachen zu den vertrauensbildenden Maßnahmen auch im abschließenden Dokument von Belgrad dokumentiert zu sehen.

4) Die Abstimmung unter den Neun in Belgrad hat sich bewährt. Angesichts der militärischen Implikationen der vertrauensbildenden Maßnahmen hatten die täglichen Beratungen im NATO-Rahmen entscheidende Bedeutung. Sie waren intensiv und gründlich. Die USA beteiligten sich sehr rege an der Vorbereitung und Vertretung der gemeinsamen Bündnisposition, womit sich ihre jetzige Haltung zu den vertrauensbildenden Maßnahmen gegenüber ihrer Einstellung während der KSZE-Verhandlungen in Genf[11] positiv abhob. Auch die Briten und wir wirkten aktiv an der Ausarbeitung westlicher Texte mit. Von den anderen NATO-Partnern sind Beiträge der Niederlande, Kanadas und Norwegens zu erwähnen. Frankreich hat seine zurückhaltende Haltung gegenüber den vertrauensbildenden Maßnahmen nicht aufgegeben und sich seine letzte Entscheidung vorbehalten.

II. Zu den einzelnen Vorschlägen, die in Belgrad auf dem Tisch liegen, ist aus unserer Sicht zu sagen:

1) Die Prioritätenliste zu den NATO-CBM-Vorschlägen könnte für uns folgendermaßen aussehen:

a) Anhebung des Verpflichtungsgrades bei der Ankündigung anderer, d.h. kleinerer, militärischer Manöver mit einer Teilnehmerzahl zwischen 10000 und 25000 Mann (wäre für uns von Vorteil, da der WP die Mehrzahl seiner Manöver in dieser Größenordnung abhält; dürfte jedoch dem WP aus demselben Grunde Schwierigkeiten bereiten);

[12]b) Empfehlungen für die Gewährleistung einer effektiven Manöverbeobachtung (entspricht unser bisherigen Praxis, ist für uns von Vorteil und für WP voraussichtlich nicht unakzeptabel);

c) Konkretisierung der Absprache der Schlußakte über die vorherige Ankündigung militärischer Bewegungen mit über 25000 Mann (bislang hat WP noch

---

10 Beginn der Seite 3 der Vorlage. Vgl. Anm. 15.
11 Vom 18. September 1973 bis 21. Juli 1975 fand in Genf die zweite Phase der KSZE (Kommissionsphase) statt.
12 Beginn der Seite 4 der Vorlage. Vgl. Anm. 15.

kein Anzeichen gezeigt, darauf eingehen zu wollen; eine allgemein gehaltene positive Erwähnung im Schlußdokument dazu sollte jedoch möglich sein);

d) Anreicherung des Inhalts der Manöverankündigung (da wir bereits über das in der Schlußakte festgelegte Minimum hinausgehen, ist ein Nachziehen des WP für uns von Vorteil, dürfte aber für ihn nur sehr schwer zu akzeptieren sein);

e) Verlängerung der Vorankündigungsfrist für Manöver auf 30 Tage (von geringem Wert).

Bei der Formulierung dieser CBM-Vorschläge wird es nützlich sein, mit den Neutralen und Nichtgebundenen im Hinblick auf ihren ähnlich lautenden Katalog von CBM-Vorschlägen zusammenzuarbeiten. Auch mit Rumänien gibt es Berührungspunkte (z. B. Bewegungs-CBM).

2) Ein Text zur Abrüstung im abschließenden Dokument muß entsprechend dem Aufbau der Schlußakte den vertrauensbildenden Maßnahmen nachgeordnet sein. Mit dem vorliegenden, im NATO-Rahmen verbesserten Text der Neutralen und Nichtgebundenen[13] können wir einverstanden sein. Auf die Erwähnung der von der Sowjetunion geforderten Weltabrüstungskonferenz sollte verzichtet werden.

3) Sollte sich allgemeines Interesse an dem von den Neutralen und Nichtgebundenen eingebrachten Vorschlag zur Offenlegung der Militärhaushalte entwickeln, können wir dem nach Erwähnung der in den VN bereits geleisteten Vorarbeiten zustimmen und einen Hinweis auf die Reduzierung von Militärhaushalten als Endziel der Abrüstung hinnehmen.

[14]4) Der sowjetische Vorschlag zur Manöverlimitierung auf 50 000/60 000 Teilnehmer, der ausschließlich zu Lasten des Westens geht und bereits – über die vertrauensbildenden Maßnahmen hinausführend – rüstungskontrollpolitischen Charakter hat, kann vom Westen nur in Betracht gezogen werden, wenn Kompensationen des Ostens fest eingehandelt werden. Folgende Bedingungen müssen erfüllt werden, wenn der Westen eine Formulierung zur Manöverlimitierung hinnehmen soll:

– Der Manöverbegriff muß präzise formuliert werden, damit nur Landstreitkräfte, ausschließlich Einzelmanöver und keine Manöverserien (z. B. Autumn-Forge-Serie) davon erfaßt werden;

---

[13] Botschafter Fischer, Belgrad (KSZE-Delegation), übermittelte am 4. November 1977 einen Vorschlag der neutralen und nichtgebundenen Staaten zur Abrüstung, der jedoch noch nicht offiziell eingeführt worden sei. Dazu legte er dar: „Operative Passagen des Vorschlags erscheinen aus hiesiger Sicht wegen ihrer allgemeinen Aussage unbedenklich. Text könnte Möglichkeit bieten, Diskussion von sowjetischer Abrüstungsplattform auf harmlosere Formulierungen zu lenken. Darin könnte Absicht Autoren liegen." In dem Vorschlag werde ausgeführt: „Die Teilnehmerstaaten [...] erklären ihre Entschlossenheit: weltweite Abrüstungsmaßnahmen sowohl in den Vereinten Nationen wie auch in anderen Abrüstungsgremien, die eng mit diesen verbunden sind, zu ermutigen; der für 1978 vorgesehenen Sondersitzung der Generalversammlung der Vereinten Nationen über Abrüstung und ihrer Kontinuität bei der Erfüllung ihrer Aufgabe der Förderung der Abrüstung volle Unterstützung zu gewähren; den vorstehend genannten Gremien das vom Belgrader Treffen empfundene Gefühl der Dringlichkeit betreffend die Notwendigkeit, auf dem Gebiet der Rüstungsbeschränkung und Abrüstung Fortschritte zu machen, zu übermitteln." Vgl. den Drahtbericht Nr. 808; Referat 212, Bd. 115107.

[14] Beginn der Seite 5 der Vorlage. Vgl. Anm. 1.

- sowjetisches Eingehen auf die westlichen CBM-Vorschläge[15], insbesondere zur Anhebung des Verpflichtungsgrades bei Ankündigung kleinerer Manöver;
- Anwendung der Manöverlimitierung in ganz Europa, d.h. bei der Sowjetunion auf ihrem ganzen europäischen Territorium.

5 a) Sollte sich die Sowjetunion zu unseren Kompensationswünschen ablehnend verhalten, würde uns ein Scheitern dieses Vorschlags nicht vorgehalten werden können, da der Ablehnende nicht der Westen, sondern die Sowjetunion wäre.

b) Falls die Sowjetunion unter Eingehen auf die westlichen Kompensationswünsche ernsthaftes Verhandlungsinteresse zeigt, sollten wir auf abschließende Behandlung in Belgrad und Aufnahme entsprechender Texte in das Abschlußdokument Wert legen.

c) Sollte man in Belgrad trotz ernsthaften Verhandelns zu keinem Abschluß kommen und allgemeines Interesse an weiteren Gesprächen bestehen, brauchen wir ein Expertengremium mit genauem Mandat (weiterführende Vorschläge zu vertrauensbildenden Maßnahmen einschließlich sowjetischem Manöverlimitierungsvorschlag) und fester Frist (etwa vier Monate) nicht abzulehnen, obwohl es nicht unsere [16]Präferenz hat. Eine Expertengruppe hätte allerdings den Vorzug, sich ohne großen Zeitdruck dem Kapitel der vertrauensbildenden Maßnahmen, dem die Sowjetunion in der ersten Phase der Belgrader Konferenz ausgewichen ist, widmen zu können, ohne ein europäisches Abrüstungsgremium eigenen Rechts zu werden, das von der Sowjetunion in ihrem Aktionsprogramm vorgeschlagen wurde.

6) Folgende sowjetische bzw. rumänische Vorschläge sind für uns nicht akzeptabel und sind deshalb abzulehnen, d.h., es ist zu vermeiden, daß sie auch nur in allgemeiner Form im Abschlußdokument Erwähnung finden:

Sowjetische Vorschläge:
- Nichtersteinsatz von Kernwaffen (NFU),
- Beitrittsmoratorium,
- spezielle Konsultationen zur Abrüstung parallel zu den Wiener Verhandlungen.[17]

Rumänische Vorschläge:
- Verbot der Abhaltung multinationaler Manöver in der Nähe der Grenzen anderer Staaten,
- Verpflichtung, keine neuen Militärbasen zu schaffen,
- keine Verstärkung fremder Stationierungstruppen,
- vorherige Ankündigung von Luft- und Seemanövern,
- Einfrieren der Militärbudgets auf der Höhe des Jahres 1977 oder 1978.

---

[15] Die Wörter „westlichen CBM-Vorschläge" wurden von Vortragendem Legationsrat Ehni hervorgehoben. Dazu vermerkte er handschriftlich: „Dazu: s.o. S. 3/4." Vgl. Anm. 10 und 12.
[16] Beginn der Seite 6 der Vorlage. Vgl. Anm. 1.
[17] Zu diesem Abschnitt vermerkte Vortragender Legationsrat Ehni handschriftlich: „Enthalten im sowjetischen Aktionsprogramm."

Das Bundesministerium der Verteidigung hat mitgezeichnet.

gez. Blech

Referat 010, Bd. 178770

8

Gespräch des Bundeskanzlers Schmidt mit Ministerpräsident Jørgensen in Kopenhagen

VS-vertraulich 13. Januar 1978[1]

Vermerk über die Gespräche zwischen dem Bundeskanzler und Ministerpräsident Jørgensen in Kopenhagen (Marienborg) vom 13. Januar 1978

Nahost

MP Jørgensen bittet den Bundeskanzler um Unterrichtung über seine in Ägypten gesammelten Eindrücke.[2] Er geht davon aus, daß die gegenwärtige Lage in Nahost es den Neun nicht erlaube, sich aktiv in die Friedensbemühungen einzuschalten.

Der Bundeskanzler bemerkt, daß die Aufmerksamkeit, die sein Ägypten-Besuch gefunden habe, vor allem in der Dauer seines Aufenthalts und wiederholtem gemeinsamem Auftreten mit Präsident Sadat begründet sei. Er gibt eine positive Darstellung der Persönlichkeit und der politischen Zielsetzung des Präsidenten.

---

[1] Ablichtung.
Die Gesprächsaufzeichnung wurde von Ministerialdirigent Loeck, Bundeskanzleramt, am 16. Januar 1978 gefertigt und am 18. Januar 1978 an Vortragenden Legationsrat I. Klasse Lewalter „unter Vorbehaltung der Genehmigung des Bundeskanzlers" übermittelt.
Hat Lewalter am 19. Januar 1978 vorgelegen, der handschriftlich für Bundesminister Genscher vermerkte: „Neutronenwaffe, Stellung Breschnews: S. 9/10, Fischerei/Berlin: S. 11/12." Vgl. Anm. 21, 25, 33 und 37.
Hat Genscher am 19. Januar 1978 vorgelegen.
Hat Lewalter am 20. Januar 1978 erneut vorgelegen, der die Weiterleitung an Staatssekretär van Well und Ministerialdirektor Blech verfügte.
Hat van Well vorgelegen.
Hat Vortragendem Legationsrat Wentker am 20. Januar 1978 vorgelegen.
Hat Staatssekretär Hermes am 7. Februar 1978 vorgelegen.
Hat in Vertretung von Blech Ministerialdirigent Redies am 8. Februar 1978 vorgelegen, der handschriftlich für Ministerialdirigent Pfeffer vermerkte: „H[err] Dg 20, stelle W[ieder]v[or]l[age] D 2 nach Rückkehr anheim."
Hat Pfeffer am 8. Februar 1978 vorgelegen, der die Weiterleitung an Blech verfügte und handschriftlich vermerkte: „EG-Beitrittsproblematik S. 13." Vgl. Anm. 39.
Hat Blech am 9. Februar 1978 vorgelegen. Vgl. das Begleitschreiben; VS-Bd. 11104 (204); B 150, Aktenkopien 1978.

[2] Bundeskanzler Schmidt hielt sich im Rahmen einer Urlaubsreise vom 27. Dezember 1977 bis 6. Januar 1978 in Ägypten auf. Zu seinen Gesprächen mit Präsident Sadat am 27./28. Dezember 1977 vgl. AAPD 1977, II, Dok. 378 und Dok. 379.

Der Bundeskanzler unterstreicht, er habe in seinen Äußerungen zu der nahöstlichen Auseinandersetzung nie die gemeinsame Plattform der Neun verlassen. So habe er sich für das Selbstbestimmungsrecht der Palästinenser eingesetzt, jedoch nicht für einen „unabhängigen palästinensischen Staat".[3] Dieser Linie sollten die EG-Länder weiterhin folgen.

Jeder hoffe, auch wenn er es nicht sage, daß es nicht zu einem selbständigen Palästinenser-Staat komme, der notwendigerweise einen Herd für fortdauernde Störungen in Nahost bilden werde. Nur eine Verbindung zwischen der Westbank und dem Gaza-Streifen mit Jordanien in Form einer Föderation oder Konföderation könne eine stabile Lösung ermöglichen. Das arabische Gipfeltreffen von Rabat[4], das König Hussein das Recht entzogen habe, für die Westbank zu sprechen, habe daher eine unglückliche Weichenstellung bewirkt. Ob MP Begin nach Überzeugung und politischem Standort in der Lage sei, das Erforderliche zu tun, damit die Initiative Sadats[5] nicht versande, sei zweifelhaft. Dayan sei flexibler; ihm fehle aber der politische Einfluß, da er als Folgewirkung des Jom-Kippur-Krieges[6] im Parlament nicht genügend Rückhalt mehr habe.

Eine abgestimmte Sprechregelung unter den Neun sei erstrebenswert.

MP *Jørgensen* bemerkt, daß Dänemark ebenso wie die Niederlande geneigt sei, mehr Rücksicht auf Israel zu nehmen als andere EG-Partner. Er fragt, wie man sich eine Garantie der Grenzen[7] Israels vorzustellen habe.

Der *Bundeskanzler*: Weder die Neun noch die Bundesrepublik Deutschland könnten daran mitwirken.[8] Es müsse zu einer multilateralen Garantie aller in Genf[9] teilnehmenden Länder einschließlich der USA und der Sowjetunion kommen.

---

[3] Vgl. dazu die Ausführungen des Bundeskanzlers Schmidt in einer Tischrede am 27. Dezember 1977 in Kairo; BULLETIN 1978, S. 5.

[4] Die Konferenz der Könige und Präsidenten der Mitgliedstaaten der Arabischen Liga vom 26. bis 29. Oktober 1974 in Rabat faßte den Beschluß, „das Recht des palästinensischen Volkes auf Selbstbestimmung und Rückkehr in sein Heimatland zu bekräftigen; [...] das Haschemitische Königreich Jordanien, die Syrische Arabische Republik, die Arabische Republik Ägypten und die Palästinensische Befreiungsorganisation aufzurufen, eine Formel für die Regelung ihrer Beziehungen im Lichte dieser Beschlüsse und im Hinblick auf deren Ausführung auszuarbeiten". Die Konferenz stellte ferner fest, „daß die arabischen Staaten verpflichtet sind, die palästinensische nationale Einheit zu verteidigen und sich nicht in die inneren Angelegenheiten der palästinensischen Aktion einzumischen". Vgl. EUROPA-ARCHIV 1975, D 616.

[5] Zur Friedensinitiative des Präsidenten Sadat vgl. Dok. 3, Anm. 7.

[6] Am 6. Oktober 1973, dem israelischen Feiertag Jom Kippur, begannen ägyptische Angriffe am Suez-Kanal auf das Sinai-Gebiet sowie syrische Angriffe auf israelische Stellungen auf den Golan-Höhen. Nachdem erste Bemühungen um einen Waffenstillstand am 22./23. Oktober 1973 erfolglos blieben, wurde am 11. November 1973 eine ägyptisch-israelische Vereinbarung über einen Waffenstillstand unterzeichnet. Vgl. dazu den Artikel „Israel und Ägypten unterzeichnen Waffenstillstand"; FRANKFURTER ALLGEMEINE ZEITUNG vom 12. November 1973, S. 1.

[7] Die Wörter „Garantie der Grenzen" wurden von Staatssekretär van Well hervorgehoben.

[8] Dieser Satz wurde von Staatssekretär van Well durch Fragezeichen hervorgehoben.

[9] Die Friedenskonferenz für den Nahen Osten, an der unter dem gemeinsamen Vorsitz der USA und der UdSSR Ägypten, Israel und Jordanien sowie UNO-Generalsekretär Waldheim teilnahmen, wurde am 21. Dezember 1973 in Genf auf Außenministerebene eröffnet. Die Konferenz beschloß eine Fortsetzung der Verhandlungen auf Botschafterebene. Außerdem wurde die Bildung militärischer Arbeitsgruppen beschlossen, die über ein Auseinanderrücken der israelischen und ägyptischen Streitkräfte am Suez-Kanal verhandeln sollten. Vgl. dazu den Artikel „Nahost-Konferenz beschließt Militärgespräche in Genf"; DIE WELT vom 24./25. Dezember 1973, S. 1 f.
Die Verhandlungen der militärischen Arbeitsgruppen wurden am 9. Januar 1974 unterbrochen und

USA

MP *Jørgensen* teilt mit, daß er Anfang Februar Washington besuchen werde.[10]

Der *Bundeskanzler* erwähnt sein letztes Schreiben an Präsident Carter[11] und weist darauf hin, daß für das Verhältnis EG–USA dem anhaltenden Kursverfall des Dollar[12] größte Bedeutung zukomme. Er skizziert die bei Fortdauer dieses Prozesses zu erwartenden Folgen:

1) Erhöhung des Ölpreises durch OPEC,

2) Verzicht der OPEC auf Fakturierung in Dollar,

3) Anlage der Gewinne nicht mehr in New York, sondern in europäischen Finanzzentren.

Wenn dies geschehe, werde der Dollar noch weiter fallen und der Kurswert der europäischen Währungen weiter steigen. Eine solche unannehmbare Erschwerung der europäischen Exporte in die USA müsse zu schwerster Erschütterung der Grundlage des Handelsaustausches führen.

Japan

MP *Jørgensen* weist auf die Bedeutung hin, die in diesem Zusammenhang der Entwicklung des Verhältnisses EG–Japan zukomme. Auf Bitte des Bundeskanzlers berichtet er über seinen kürzlichen Japan-Aufenthalt[13]: Er habe empfunden, wie weit die japanische Mentalität von der europäischen entfernt sei. Dennoch habe er MP Fukuda ungeschminkt seine Vorstellungen über notwendige Korrekturen der japanischen Politik dargelegt. Er habe unterstrichen, Japan müsse sich gegenüber Einfuhren aus Europa öffnen. Es müsse seine Hilfe für die Entwicklungsländer verstärken. Es sei erforderlich, daß Japan seine eigene Inlandsnachfrage kräftig anrege. Von der Erfüllung seiner ersten und seiner dritten Forderung erwartet MP Jørgensen sich positive Rückwirkungen auf die europäische Wirtschaftslage.

Der *Bundeskanzler* weist darauf hin, daß Japan doch auch 1978 mit einem Wirtschaftswachstum von 5% des realen BSP weit vorn stehen werde. Eine weitere rasche Nachfrageexpansion werde daher schwer zu verwirklichen sein. Er könne dazu nicht raten. Demgegenüber sei eine größere japanische Öffnung für Importe wünschenswert. Hierbei müsse man allerdings berücksichtigen, daß es nicht um tarifäre Maßnahmen gehe. Die japanischen Wirtschafts- und Finanzkreise bedienten sich sehr subtiler Maßnahmen, um ausländischer Durchdringung ihres Marktes entgegenzuwirken (z.B. keine Bereitschaft zur

---

Fortsetzung Fußnote von Seite 61
seitdem nicht wiederaufgenommen. Vgl. dazu den Artikel „Mideast Talks Recessed for Consultations"; INTERNATIONAL HERALD TRIBUNE vom 10. Januar 1974, S. 1 f.

10 Ministerpräsident Jørgensen hielt sich vom 21. bis 23. Februar 1978 in den USA auf.

11 In dem Schreiben vom 22. Dezember 1977 legte Bundeskanzler Schmidt seine Besorgnisse über die Entwicklung auf den internationalen Devisenmärkten dar, die zu einer weltweiten Rezession führen könnten: „I am deeply convinced that the necessary leading role of the United States and the strength of the American currency are inseparably linked with one another. [...] Our common interest therefore makes it necessary that in public as well we should seriously plead the cause of a strong dollar." Schmidt schlug ferner vor, daß der nächste Weltwirtschaftsgipfel Mitte Juli 1978 in Bonn stattfinden solle.Vgl. dazu VS-Bd. 14069 (010); B 150, Aktenkopien 1977.

12 Zum Kursverfall des amerikanischen Dollar vgl. Dok. 3, Anm. 38.

13 Ministerpräsident Jørgensen hielt sich anläßlich der Konferenz der Vorsitzenden der Mitgliedsparteien der Sozialistischen Internationale vom 17. bis 19. Dezember 1977 in Tokio auf.

Übernahme des Vertriebs ausländischer Waren, so daß diese nicht einmal angeboten würden).

MP *Jørgensen* steht unter dem Eindruck, daß MP Fukuda der internationalen Szene keine Priorität beimesse. Er habe sich wegen der Öffnungswünsche der EG und der USA überrascht gezeigt. Er höre zwar zu und fasse rasch auf, sei aber offensichtlich gegenüber Einwirkungsversuchen skeptisch geblieben. Seine innenpolitische Basis sei nicht sehr stark. Die Sozialisten und gewisse Gewerkschaften unterstützten ihn aber de facto, da sie die Erhaltung der Arbeitsplätze nicht durch einkommenspolitische Forderungen gefährden wollten.

Auf Frage des Bundeskanzlers bestätigt MP Jørgensen, daß die japanische Seite wegen des spürbar werdenden Wettbewerbsdrucks der südkoreanischen Industrie beunruhigt sei. Sie sei davon überzeugt, daß Südkorea das nächste große Wirtschaftszentrum Asiens werde.

Auf seine Forderung nach erhöhten japanischen Entwicklungshilfeleistungen habe MP Fukuda erwidert, Japan habe zu den asiatischen Entwicklungsländern ein Verhältnis von Herz zu Herz. Er habe ihm erwidert, daß Aufwendungen von insgesamt 0,2 % des BSP für die Entwicklungshilfe zu niedrig seien.

Der *Bundeskanzler* bemerkt, Japan erstrebe auf dem Wirtschaftssektor eine beherrschende Stellung in Asien und konzentriere daher seine Entwicklungshilfe in rationaler Weise auf die asiatische Region.

Weltwirtschaftsgipfel

Auf Frage von MP Jørgensen erklärt der Bundeskanzler, daß der nächste Weltwirtschaftsgipfel nach seinen, mündlich mit Präsident Giscard d'Estaing und schriftlich mit Präsident Carter abgestimmten Vorstellungen im Juli des Jahres in Bonn stattfinden solle.[14] Eine Veröffentlichung solle erst erfolgen, sobald die Persönlichen Beauftragten in den nächsten Wochen eine Einigung über Ort und Termin erzielten.[15] Präsident Carter werde zwei Tage vor dem Weltwirtschaftsgipfel zu offiziellem Besuch in die Bundesrepublik Deutschland kommen.[16] Der Europäische Rat solle etwa zwei Wochen vorher zusammentreten[17], um ein einheitliches Auftreten der EG auf dem Gipfeltreffen zu ermöglichen. Hierzu wolle er wiederum Kommissionspräsident Jenkins einladen.

Er habe den Eindruck, daß die Japaner ein engeres Verhältnis zu Europa suchten. Man müsse Schritt für Schritt zu einer vollen Einbeziehung Japans in den freien Meinungsaustausch des engeren Kreises der führenden westlichen Industrieländer kommen. An die Stelle der faktisch noch bestehenden bilateralen

---

[14] Zum Weltwirtschaftsgipfel am 16./17. Juli 1978 vgl. Dok. 225.
[15] Referat 412 vermerkte am 26. Januar 1978: „Der Bundeskanzler hat am 20.1.1978 in Botschaften an die Staats- und Regierungschefs der USA, Japans, Kanadas, Frankreichs, Großbritanniens und Italiens den Vorschlag eines erneuten Gipfeltreffens über weltwirtschaftliche Fragen gemacht. [...] Als Zeitpunkt für das Treffen wurde Mitte Juli 1978 und als Austragungsort Bonn vorgeschlagen. Die endgültige Entscheidung soll erst im April/Mai aufgrund der Vorarbeiten der Persönlichen Beauftragten getroffen werden. Es ist zu erwarten, daß der Persönliche Beauftragte des Bundeskanzlers, Dr. Hiss, seine Kollegen etwa Anfang März zu einem ersten Vorbereitungstreffen nach Bonn einladen wird." Vgl. Referat 412, Bd. 122302.
[16] Zum Besuch des Präsidenten Carter vom 13. bis 17. Juli 1978 vgl. Dok. 219 und Dok. 223.
[17] Zur Tagung des Europäischen Rats am 6./7. Juli 1978 in Bremen vgl. Dok. 216.

Verhältnisse USA–EG und USA–Japan müsse also ein Dreiecksverhältnis treten. Hierfür habe er sich seit Jahren eingesetzt.

MP *Jørgensen* stimmt zu. Auf seine Frage erklärt der *Bundeskanzler*, er werde Japan in der zweiten Hälfte dieses Jahres besuchen.[18]

Arbeitslosigkeit und Energiepolitik

MP *Jørgensen* bezeichnet die Arbeitslosigkeit als Problem, das weltweit und in der EG mit Vorrang angegangen werden müsse. Er fragt den Bundeskanzler, was nach seiner Meinung geschehen könne.

Der *Bundeskanzler* kann keine Patentlösung anbieten. Wir hätten alle in Betracht kommenden Instrumente nahezu erschöpft. Er führt vier Punkte auf:

1) Der Zinssatz für mittelfristiges und langfristiges Geld sei so niedrig wie lange nicht mehr. Wer Geld einlege, erleide wegen Inflation und Steuerpflicht Verluste. Trotzdem sparten die Deutschen weiter (im Durchschnitt würden 13% der Einkommen gespart, von Pensionären ca. 7%).

2) Die Deutschen gäben einen großen Teil ihrer Ersparnisse während des Auslandsurlaubs aus; unsere Unternehmen investierten in großem Ausmaß im Ausland; die Gastarbeiter überwiesen einen hohen Teil ihres Einkommens. Wir hätten deshalb vorübergehend sogar Defizite in der laufenden Bilanz gehabt.

3) Der Produktivitätszuwachs sei weiterhin sehr hoch. Die Unternehmen investierten, um den Anteil der Arbeitslöhne an den Produktionskosten zu senken. Da die Löhne hoch seien, falle es schwer, die Industrie zur Einstellung von mehr Arbeitskräften zu bewegen. Dänemark sei wohl das einzige Land in der Welt, wo die Löhne noch höher seien als bei uns.

4) Um die Industrie dennoch zu veranlassen, die Arbeitsplätze zu erhalten, hätten wir die Nachfrage auf dem öffentlichen Sektor massiv erhöht, so daß die Verschuldung des Bundes und der Länder 1978 4% des BSP betragen werde. Dies sei eines der größten deutschen Defizite seit den Zeiten Hitlers. Im letzten Jahre habe die öffentliche Verschuldung nur knapp 3% des BSP betragen. Die Opposition greife die Regierung wegen dieser Politik massiv an und finde damit bei dem Mann auf der Straße Verständnis.

Ob wir mit alledem eine nachhaltige Einwirkung auf den Arbeitsmarkt erzielen könnten, bleibe zweifelhaft. Auch Ende 1978 würden wir wohl wieder eine Million Arbeitslose haben.

Auch unter diesen Gesichtspunkten sei die Entwicklung des Dollarkurses von größtem Nachteil. Ein US-Handelsbilanzdefizit von 30 Mrd. Dollar und Interventionskäufe nichtamerikanischer westlicher Zentralbanken in etwa derselben Höhe innerhalb weniger Monate – so könne es nicht weitergehen.

MP *Jørgensen* wirft ein, daß Großbritannien trotzdem jetzt eine verbesserte Zahlungsbilanz habe.

Der *Bundeskanzler* bemerkt, dies gehe vor allem auf Einnahmen aus dem Nordsee-Öl und die Einsparung von Ölimporten zurück. Diese Entwicklung sei

---

[18] Bundeskanzler Schmidt hielt sich vom 10. bis 13. Oktober 1978 in Japan auf. Vgl. dazu Dok. 305 und Dok. 306.

angesichts der auch in Großbritannien unverändert hoch bleibenden Arbeitslosigkeit sehr zu begrüßen. Sie gebe der britischen Öffentlichkeit das Gefühl erneuerter wirtschaftlicher Stärke.

MP *Jørgensen*: Dänemark habe aber ein größeres Zahlungsbilanzdefizit und eine höhere Auslandsverschuldung als wir.

Der *Bundeskanzler* weist auf den Anteil des Erdölimports an diesem Defizit hin.

MP *Jørgensen* bestätigt dies. Der Grund sei letztlich das Fehlen einer gemeinsamen westlichen Energiepolitik. Ob es nicht möglich sei, hierfür in der EG Richtlinien zu entwerfen und sie mit den USA auf dem Weltwirtschaftsgipfel zu diskutieren?

Der Bundeskanzler verweist auf die Erfahrungen mit dem auf der Washingtoner Energiekonferenz von 1974[19] beschlossenen Sicherheitsnetz, das mangels Zustimmung des US-Senats nie verwirklicht worden sei. Im übrigen werde man auch weder Großbritannien noch die Niederlande für eine gemeinsame Energiepolitik gewinnen können. Auch mit Frankreichs Beteiligung sei kaum zu rechnen.

MP *Jørgensen* meint, es sei unerläßlich, trotzdem einen Versuch zu nachhaltiger Bekämpfung der Arbeitslosigkeit zu unternehmen. Könnten nicht zunächst zwischen einigen mitwirkungsbereiten EG-Ländern Überlegungen angestellt und das Ergebnis sodann in die EG eingebracht werden?

Der *Bundeskanzler* erklärt, wir würden auf der dänischen Seite sein, wenn diese dabei bliebe, einen solchen Versuch zu unternehmen. Er warne aber: Man solle mit dem Unternehmen nicht öffentlich hervortreten, da ein Fehlschlag zu befürchten sei.

MP *Jørgensen*: Erdöl ist nur ein Problem. Wir müssen zur Bekämpfung der Arbeitslosigkeit ein Programm entwickeln, das dem „New Deal"[20] ähnlich ist, wenn auch den jetzigen Bedingungen angepaßt.

Der *Bundeskanzler* erläutert, daß die Lage in den 30er Jahren mit den heutigen nicht vergleichbar sei. Damals habe es sich um eine Deflationskrise gehandelt, heute um eine Inflationskrise. Damals hätten nur zwei Länder die Krise gemeistert: Die USA, weil sie wegen ihres großen Marktes unabhängig gewesen sei, und Deutschland, weil Hitler es gewaltsam von der Weltwirtschaft abgeschnitten habe. Deshalb sei es in Deutschland auch nur zu einer scheinbaren Lösung in der bekannten Form gekommen. Heute seien die westlichen Industrieländer eng miteinander verflochten. Defizite, die einige Länder machten, müßten entweder von den anderen finanziert werden, oder es müsse Geld gedruckt werden.

MP *Jørgensen* neigt dennoch zu der Meinung, daß jedenfalls die EG wirksame Richtlinien für eine gemeinsame Wirtschaftspolitik formulieren müsse.

---

[19] Korrigiert aus: „1973".
Die Energiekonferenz fand vom 11. bis 13. Februar 1974 statt. Vgl. dazu das Kommuniqué; EUROPA-ARCHIV 1974, D 206–208. Vgl. dazu ferner AAPD 1974, I, Dok. 49.

[20] Bezeichnung für verschiedene wirtschafts- und sozialpolitische Maßnahmen, die ab 1933 unter Präsident Roosevelt zur Überwindung der Folgen der Weltwirtschaftskrise verabschiedet wurden.

Osteuropa/Entspannung

MP Jørgensen berichtet über das Auftreten Kossygins bei seinem Zusammentreffen mit den skandinavischen Regierungschefs am 6. Dezember 1977 in Helsinki. Die skandinavischen Teilnehmer seien [21]höchst überrascht gewesen, als Kossygin bei einer solchen Gelegenheit in schärfster Form über die Neutronenwaffe und die Notwendigkeit, auf ihre Produktion zu verzichten, polemisiert habe.[22] Seinem Hinweis, daß die Sowjetunion selbst fast ein skandinavisches Land sei, habe er dann einen plötzlichen Ausfall gegen Norwegen hinzugefügt. Zu ihm seien die sowjetischen Beziehungen nicht gut, da es militaristisch sei; es lasse sogar deutsches Militär ins Land.[23] Er, Ministerpräsident Jørgensen, habe erwidert, daß weder Dänemark noch Norwegen im Frieden die Stationierung von Atomwaffen auf ihrem Staatsgebiet zuließen. Er wäre froh, wenn auch im Warschauer Pakt entsprechend verfahren würde.

Der *Bundeskanzler* drückt dem Ministerpräsidenten seine Zustimmung aus. Dieser und auch die norwegischen Teilnehmer hätten zugleich für ihre europäischen Partner gesprochen.

Ob Dänemark auch eine Botschaft von Generalsekretär Breschnew zur Neutronenwaffe[24] erhalten habe?

Der *Ministerpräsident* bestätigt dies.

Der *Bundeskanzler* stellt die Frage nach dem Grund für das beschriebene Auftreten Kossygins in Helsinki. In Moskau scheine sich eine Führungskrise zu entwickeln. Dabei handele es sich nicht um Aufruhr, sondern um Unruhe und Unsicherheit, die auch von der Krankheit Breschnews verursacht werde. Es könne sogar der Verdacht aufkommen, daß die Botschaften Breschnews tatsächlich nicht von ihm selbst geschrieben, vielleicht nicht einmal mehr von ihm beeinflußt würden. So habe vermutlich auch Kossygin in Helsinki auf eigene Faust nach einer Linie gesucht. Ein Abtreten Breschnews sei zu bedauern. Wer habe denn sonst – mit Ausnahme Gromykos – im Moskauer Führungsgremium außenpolitische Erfahrung?

---

21 Beginn der Seite 9 der Vorlage. Vgl. Anm. 1.
22 Botschafter Voigt, Stockholm, berichtete am 14. Dezember 1977, von schwedischer Seite sei zum Gespräch des Ministerpräsidenten Kossygin mit den Regierungschefs der skandinavischen Staaten am 6. Dezember 1977 in Helsinki mitgeteilt worden: „Kossygin habe den westlichen Plan, Neutronenbombe zu produzieren, scharf angegriffen: Die SU werde hierdurch gezwungen, selbst eine Neutronenbombe zu produzieren, wozu sie in der Lage sei. Ein solches Wettrüsten werde letztlich zur Vernichtung Europas führen." Vgl. den Drahtbericht Nr. 443; VS-Bd. 11122 (204); B 150, Aktenkopien 1977.
23 Am 20. Januar 1978 wurde in der Presse berichtet: „Yielding to objections from the Soviet Union and Finland, the Norwegian government has stated that there will be no additional West German forces participating in NATO military maneuvers in northern Norway. Defense Minister Rolf Hansen indicated this on Jan[uary] 9. His deputy confirmed this week that West German participation will be limited to about 480 men, including personnel to man a field hospital, a communication unit and a helicopter unit. The decision reverses a June, 1976, statement by Mr. Hansen that Norway planned full integration of Bonn forces in the exercises by 1980, meaning up to 1500 Germans on the 5000-member maneuvers. West German units took part in North Norway maneuvers for the first time in 1976 and Finland's president Urho Kekkonen expressed concern over West German participation. The Soviet Union also has objected several times." Vgl. den Artikel „W[est] German Force Limited by Oslo in NATO Games"; INTERNATIONAL HERALD TRIBUNE vom 20. Januar 1978, S. 2.
24 Zu den Schreiben des Generalsekretärs des ZK der KPdSU, Breschnew, vom 12. Dezember 1977 bzw. 5. Januar 1978 an Bundeskanzler Schmidt vgl. Dok. 6.

[25]Was für die Bekämpfung der Arbeitslosigkeit gelte, habe auch bezüglich der Entspannung Gültigkeit: Wir könnten nicht als Einzelne die weitere Entwicklung steuern. Auf dem Sektor der Entspannung hingen wir von den USA und der Sowjetunion ab.

MP *Jørgensen* bemerkt, er habe dem sowjetischen Botschafter in Helsinki[26] gesagt, er sei gegen alle Arten von Nuklearwaffen einschließlich der Neutronenwaffe. Wir seien aber gezwungen, auf die Ausweitung der sowjetischen Rüstung zu reagieren.

Eurokommunismus

MP *Jørgensen*: Es ist nicht klug von der Regierung der USA, in der von ihr gewählten Art und Weise gegen eine Regierungsbeteiligung der KP Italiens Stellung zu nehmen.[27] Die KPI verdient ein gewisses Maß an Vertrauen, da sie sich zu Europa und sogar zur NATO bekannt hat. Sie drängt auch auf die Direktwahl zum Europäischen Parlament.[28] In Dänemark gibt es eine kleine kommunistische Partei. Ihre Entwicklung ist relativ offen. Wir sollten den kommunistischen Parteien in Europa eine Chance geben.

Der *Bundeskanzler*: 1976[29] wurde zufällig durch Presseveröffentlichungen bekannt, daß wir auf dem Wirtschaftsgipfel in Puerto Rico[30] (in Abwesenheit des italienischen[31] und des japanischen Regierungschefs[32]) einig geworden waren, einer italienischen Regierung, an der Kommunisten beteiligt sind, keinen Kredit zu geben. Diese Veröffentlichung mag sich vielleicht sogar nützlich auf die italienische Innenpolitik ausgewirkt haben. Seitdem habe ich mich zu diesem Punkte nicht mehr öffentlich geäußert.

An Ihren Überlegungen ist nach meinem Urteil soviel richtig, daß Berlinguer persönlich vertrauenswürdig erscheint. Ob das für die KPI insgesamt gilt, muß dahinstehen. Im übrigen muß jede westeuropäische kommunistische Partei gesondert beurteilt werden. Ich möchte nicht gerne kommunistische Minister in einem der EG-Räte sehen.

---

[25] Beginn der Seite 10 der Vorlage. Vgl. Anm. 1.
[26] Wladimir Sewastjanowitsch Stepanow.
[27] Das amerikanische Außenministerium erklärte am 12. Januar 1978: „There has been no change in the Administration's attitude toward Western European Communist Parties, including that of Italy, although recent developments in Italy have increased the level of our concern. [...] Administration leaders have repeatedly expressed our views on the issue of Communist participation in Western European governments. Our position is clear: We do not favor such participation and would like to see Communist influence in any Western European country reduced. [...] The United States and Italy share profound democratic values and interests, and we do not believe that the Communists share those values and interests." Vgl. DEPARTMENT OF STATE BULLETIN, Bd. 78 (1978), Heft 2011, S. 32.
[28] Der Europäische Rat beschloß am 12./13. Juli 1976 in Brüssel die Einführung der Direktwahlen zum Europäischen Parlament. Vgl. dazu AAPD 1976, II, Dok. 231.
Am 20. September 1976 beschloß der EG-Ministerrat in Brüssel die Abhaltung der Wahlen „zu einem einheitlichen Zeitpunkt in den Monaten Mai/Juni 1978". Für den Wortlaut des Beschlusses sowie des „Akts zur Einführung allgemeiner unmittelbarer Wahlen der Abgeordneten der Versammlung" vgl. EUROPA-ARCHIV 1976, D 518–523.
[29] Korrigiert aus: „1975".
[30] Am 27./28. Juni 1976 fand in San Juan auf Puerto Rico eine Konferenz der Staats- und Regierungschefs aus sieben Industriestaaten statt. Vgl. dazu AAPD 1976, I, Dok. 208.
[31] Aldo Moro.
[32] Takeo Miki.

[33]Fischerei

Der Bundeskanzler äußert Besorgnis wegen des Nichtzustandekommens eines EG-internen Fischereiregimes.[34] Wenn dies weiterhin verschleppt werde, könne es zu einem Zusammenbruch dieses Teiles des Gemeinsamen Marktes kommen.

MP *Jørgensen* stimmt zu. Demgegenüber würde es in der Ostsee relativ einfach sein, zu einer Fischereiregelung zu gelangen. Das gelte auch für Vereinbarungen mit den kommunistischen Anliegerstaaten. Dänemark habe traditionelle Fanginteressen vor der polnischen Küste. Demgemäß erstrebe es nach der Proklamierung einer Fischereizone durch Polen[35] das Zustandekommen einer vertraglichen Regelung EG–Polen. Dieses werde jedoch, wie schon die begonnenen Verhandlungen mit osteuropäischen Ländern über Fischereiabkommen, wiederum an der Frage der Einbeziehung Berlins scheitern.[36]

Dänemark unterstütze unseren Standpunkt in der Berlin-Frage voll. Es könne nur nicht verstehen, weshalb darunter seine Interessen leiden sollten. Was habe

---

33 Beginn der Seite 11 der Vorlage. Vgl. Anm. 1.
34 Referat 411 vermerkte am 1. Dezember 1977: „Das von allen Mitgliedstaaten für äußerst dringlich gehaltene Fischereiregime für 1978 wird seit über einem Jahr blockiert durch den Interessengegensatz zwischen einerseits VK (in geringerem Maße auch IRL), das Exklusivzonen von 12 sm und beherrschende Vorzugsstellung (dominant preference) in Anschlußzone von 50 sm sowie Quotenaufteilung entsprechend den eingebrachten Ressourcen (juste retour) verlangt, andererseits übrigen sieben Mitgliedstaaten, die ein Gemeinschaftsregime nach den Grundsätzen der Solidarität und der Nichtdiskriminierung anstreben. Bestehende Übergangsregelungen (im Prinzip ‚stand-still' auf Basis 1976) laufen Ende 1977 aus." Vgl. B 201 (Referat 411), Bd. 563.
Ministerialdirigent Kittel, Brüssel (EG), teilte am 18. Januar 1978 mit, daß der EG-Rat auf der Ebene der Agrar- und Fischereiminister vom 16. bis 18. Januar 1978 in Brüssel auf der Grundlage neuer Vorschläge der EG-Kommission zwar „wesentliche Fortschritte" erzielt, aber keine Beschlüsse gefaßt habe, „da in der zentralen Frage der Ausgestaltung von Fangplänen in bestimmten Fangregionen des EG-Meeres, durch welche britischer und irischer Forderung nach exklusiver 50 sm-Küstenzone oder bevorrechtigtem Zugang für britische und irische Fischer in Küstengewässern in gewisser Weise Rechnung getragen werden sollte, bisher keine Annäherung der gegensätzlichen Standpunkte erzielt werden konnte. Rat kam jedoch überein, am 30. Jan[uar] 1978 Beschluß über gemeinsames Fischereiregime zu fassen. [...] Es besteht der Eindruck, daß nunmehr auch VK ernsthaft zu sachlicher Diskussion einer Gemeinschaftsregelung über die Fischereipolitik bereit ist." Vgl. den Drahtbericht Nr. 170; B 201 (Referat 411), Bd. 567.
35 Ministerialdirektor Lautenschlager legte am 29. Dezember 1977 dar: „Das polnische Parlament hat am 17.12.1977 die notwendigen Gesetze beschlossen, um mit Wirkung vom 1.1.1978 in der Ostsee Territorialgewässer bis zu 12 Seemeilen, eine Fischereizone bis zu 200 Seemeilen (seewärtige Abgrenzung soll im Einvernehmen mit Nachbarstaaten nach dem Mittellinienprinzip festgelegt werden), einen Kontinentalsockel nach den Grundsätzen der Genfer Konvention zu beanspruchen." Vgl. B 201 (Referat 411), Bd. 578.
36 Die Europäischen Gemeinschaften verhandelten seit dem Frühjahr 1977 mit der DDR, Polen und der UdSSR über Fischereiabkommen. Eine Einigung kam jedoch wegen der Frage der Einbeziehung von Berlin (West) nicht zustande. Vgl. dazu AAPD 1977, I, Dok. 86.
Ministerialdirigent Kittel, Brüssel (EG), teilte am 9. Dezember 1977 mit, daß die belgische EG-Ratspräsidentschaft „gemäß Ratsbeschluß vom 22. November 1977 Kontakt mit Ostländern aufgenommen habe, um deren Bereitschaft zur Fortsetzung der Verhandlungen über Fischereirahmenabkommen zu sondieren. Leiter der Europaabteilung in belgischem Außenministerium habe in Gespräch am 7.12.77 mit Vertretern hiesiger Botschaften der Sowjetunion, Polens und der DDR Bereitschaft zur Fortsetzung der Fischereiverhandlungen betont. Er habe aber zugleich deutlich gemacht, daß über alle offenen Punkte des Abkommens – also auch über Anerkennung der EG und Geltungsbereichsklausel – gesprochen werden müsse. Gesprächspartner hätten mit Gegenfrage geantwortet, welche Fischmengen EG anbieten werde. DDR-Vertreter habe hinzugefügt, daß EG nicht erwarten könne, daß ihre Verhandlungspartner ‚Katze im Sack kaufen'. Im weiteren Verlauf hätten Vertreter der Ostbotschaften erklärt, daß sie in sog. politischen Fragen des Abkommens keinen Verhandlungsspielraum hätten." Vgl. den Drahtbericht Nr. 4785; B 201 (Referat 411), Bd. 578.

Berlin mit Fischerei zu tun? Die Einbeziehung sei doch in diesem Fall wohl eine Prestigefrage.

Der *Bundeskanzler* widerspricht. Er erläutert die Grundlagen der Berlin-Problematik und kommt zu dem Ergebnis, daß es für die Zugehörigkeit Berlins zur EG ein schweres Präjudiz sein würde, wenn die EG ihre ersten Abkommen mit der SU und anderen osteuropäischen Ländern ohne Einbeziehung Berlins abschließe. Wir dürften uns daher in dieser Frage keinesfalls dem östlichen Verlangen fügen. Dies würde der Beginn einer Destabilisierung der Lage Berlins (West) sein, mit allen negativen Auswirkungen auf die dortige Bevölkerung.

[37]MP *Jørgensen* äußert sein Verständnis; die Lage sei doch komplizierter, als er es angenommen habe. Er wiederholt die Bereitschaft zur Unterstützung unserer Berlin-Politik. Dennoch bleibe es schwierig, den dänischen Fischern zu erklären, weshalb Dänemark in der Nordsee zugunsten Großbritanniens Konzessionen machen solle, während es in der Ostsee wegen der Berlin-Frage schwere Fangeinbußen hinnehmen müsse.

Der *Bundeskanzler* weist darauf hin, daß für die Schwierigkeiten in der Nordsee nicht wir, sondern vor allem die Briten verantwortlich seien.

Der *Ministerpräsident* bestätigt dies und fügt hinzu, die Bundesregierung solle dafür sorgen, daß Dänemark für die ihm vor der polnischen Küste wegen der Berlin-Problematik drohenden Fangverluste in der Nordsee schadlos gehalten werde.

Der *Bundeskanzler* verlangt nachdrücklich, daß die dänische Seite solche Forderungen jetzt nicht laut werden lassen sollte, da sonst die Sowjetunion und die anderen östlichen Länder glauben würden, wir hätten uns schon jetzt damit abgefunden, daß es bei Festhalten an der Forderung nach Einbeziehung Berlins keine Fischereiabkommen mit ihnen geben werde.

Er regt an, daß der dänische Fischereiminister[38] „früh in diesem Jahr" zu Gesprächen mit BM Ertl nach Bonn kommt und bei dieser Gelegenheit auch ein vertraulich zu behandelndes Gespräch mit BM Genscher führt. Das Gespräch mit BM Ertl solle die Briten darauf aufmerksam machen, daß die dänische und die deutsche Seite gemeinsam auf das Zustandekommen eines Kompromisses beim internen Fischereiregime hinwirkten.

[39]Neubeitritte

Der Bundeskanzler weist auf die Problematik der Beitritts- und Assoziierungspolitik der EG im Mittelmeerbereich hin. Dennoch sei es unausweichlich, die Demokratien in Griechenland[40], Portugal[41] und Spanien[42] durch die Aufnahme

---

[37] Beginn der Seite 12 der Vorlage. Vgl. Anm. 1.
[38] Svend Jakobsen.
[39] Beginn der Seite 13 der Vorlage. Vgl. Anm. 1.
[40] Griechenland stellte am 12. Juni 1975 einen Antrag auf Beitritt zu den Europäischen Gemeinschaften. Vgl. dazu BULLETIN DER EG 6/1975, S. 11–14.
Die Beitrittsverhandlungen wurden am 27. Juli 1976 in Brüssel aufgenommen. Vgl. dazu AAPD 1976, II, Dok. 249.
Referat 410 legte am 19. Januar 1978 zum Stand der Verhandlungen dar: „Nach einer ersten, ‚exploratorischen' Phase der Beitrittsverhandlungen mit Griechenland, die mit der dritten Ministertagung der Verhandlungskonferenz am 25.7.1977 abgeschlossen wurde, geht es in der jetzigen zweiten Phase um eine ‚Klärung und Annäherung der Standpunkte'. [...] Auf vierter Ministertagung

dieser Länder in die EG zu festigen. Die zu erwartenden Belastungen auf dem Landwirtschaftssektor und in anderen Bereichen seien erheblich. Eine Lösung könne nur in Gestalt langer Übergangsfristen von mindestens acht bis zehn Jahren gefunden werden. Vielleicht – dies sei noch nicht vorhersehbar – müsse der Status der drei Beitrittsländer auch nach Gewährung der Mitgliedschaft noch in gewissen Punkten von dem Status der Mitglieder der Neuner-Gemeinschaft abweichen. Präsident Giscard d'Estaing vertrete eine ähnliche Ansicht.

Die Neun müßten Ministerpräsident Karamanlis mit Nachdruck deutlich machen, daß Griechenland nicht volles EG-Mitglied werden könne, solange die Zypern- und die Ägäis-Frage[43] ungelöst seien. Nach dem Tode des Erzbischofs Makarios[44] sei für Karamanlis der Weg zum Handeln frei geworden. Wie werde wohl die Türkei reagieren, wenn wir Griechenland mit diesen ungeregelten Problemen in die EG aufnehmen und damit zugleich die Verpflichtung übernehmen würden, für eine Lösung zu sorgen? Ohnehin werde die Bündnistreue der von der Sowjetunion umworbenen Türkei durch die Haltung des US-Kongresses[45] auf die Probe gestellt. Wenn sich diese Entwicklung fortsetze,

Fortsetzung Fußnote von Seite 69
am 17.10.1977 wurde jedoch vereinbart, in folgenden vier Bereichen ‚sobald wie möglich in die eigentliche Verhandlungsphase einzutreten': Zollunion (Handelserzeugnisse des gewerblichen Bereichs), Außenhandelsbeziehungen (ebenfalls gewerblicher Bereich), bestimmte EGKS-Bereiche, freier Kapitalverkehr. Griechische Seite wünschte darüber hinaus Aufnahme von Niederlassungsrecht, Sozialfragen." Griechenland wünsche eine „relativ kurze" allgemeine Übergangszeit von fünf Jahren: „Demgegenüber wird F (und wohl auch I) zumindest im Agrarbereich auf Frist von zehn Jahren bestehen. Bei uns sind sich alle Ressorts darin einig, daß – ungeachtet der von einigen Ressorts geforderten Möglichkeiten von Schutzmaßnahmen beim Zugang von Gastarbeitern nach Ablauf der Übergangsfrist – jedenfalls im Arbeitskräfte- und Sozialbereich eine Zehnjahresfrist gefordert werden muß." Vgl. Referat 410, Bd. 121687.

[41] Portugal stellte am 28. März 1977 den Antrag auf Beitritt zu den Europäischen Gemeinschaften. Vgl. dazu BULLETIN DER EG 3/1977, S. 8–10.

[42] Spanien beantragte am 28. Juli 1977 den Beitritt zu den Europäischen Gemeinschaften. Am 20. September 1977 beschloß der EG-Ministerrat, den Empfang des Antrags zu bestätigen und die EG-Kommission um eine Stellungnahme zu bitten. Vgl. dazu BULLETIN DER EG 9/1977, S. 76.
Referat 410 vermerkte am 21. Oktober 1977: „Etwa zum Frühjahr 1978 wird die Kommission ihre Stellungnahme abgeben, die es dem Rat ermöglichen soll, über die Aufnahme der Beitrittsverhandlungen zu entscheiden. Die durch den Beitritt für einzelne Mitgliedstaaten, insbesondere F und I, vornehmlich bei mediterranen Agrarprodukten aufgeworfenen Probleme stehen einem raschen Abschluß der Verhandlungen entgegen." Vgl. Referat 410, Bd. 121697.

[43] Zum griechisch-türkischen Konflikt in der Ägäis vgl. Dok. 3, Anm. 17.

[44] Präsident Makarios starb am 3. August 1977.

[45] Präsident Ford unterzeichnete am 18. Oktober 1974 eine Resolution des Kongresses vom Vortag, wonach die Verteidigungshilfe an die Türkei zum 10. Dezember 1974 ausgesetzt werden sollte. Dieser Termin wurde mit Resolutionen des Senats und des Repräsentantenhauses vom 17. bzw. 18. Dezember auf den 5. Februar 1975 verschoben. Am 24. Juli 1975 sprach sich das amerikanische Repräsentantenhaus für die Aufrechterhaltung des Waffenembargos aus; am 2. Oktober 1975 stimmten das Repräsentantenhaus und der Senat für eine teilweise Aufhebung der Ausfuhrsperre. Vgl. dazu AAPD 1974, II, Dok. 357, und AAPD 1975, II, Dok. 226.
Am 26. März 1976 schlossen die USA und die Türkei ein Abkommen über Verteidigungshilfe. Gesandter Hansen, Washington, teilte dazu mit, die Türkei solle „während eines Zeitraums von vier Jahren Militärhilfe in Höhe von einer Milliarde Dollar" und militärisches Gerät zu ermäßigten Preisen erhalten: „Das Abkommen wird ohne Frage auf Widerstände im Kongreß stoßen. [...] Erschwerend kommt hinzu, daß diese relativ hohen Summen bewilligt werden sollen, ohne daß Fortschritte in der Zypern-Frage erzielt wurden. Durch eine vorbehaltlose Billigung des Abkommens würde der Kongreß sich in gewisser Weise selbst die Wirkungslosigkeit seines eigenen Embargos bescheinigen." Vgl. den Drahtbericht Nr. 1051 vom 29. März 1976; VS-Bd. 9666 (201); B 150, Aktenkopien 1976.
Am 21. April 1977 erläuterte die Unterstaatssekretärin im amerikanischen Außenministerium, Benson, im Unterausschuß des Senats für Auslandshilfe, die neue Regierung werde das noch von

werde die Türkei bei arabischen Nachbarn, d. h. insbesondere Syrien und dem Irak, Anlehnung suchen.

MP *Jørgensen*: Dänemark hat seine spezifischen Probleme, insbesondere seine Beziehungen zu den skandinavischen Ländern. Dennoch benutze es dieses Argument im Zusammenhang mit der Beitrittsfrage nicht. Es habe sich vielmehr in aller Offenheit für den Beitritt der drei Mittelmeerländer ausgesprochen. Der Beitritt werde allerdings in Dänemark nie populär werden.

VS-Bd. 11104 (204)

9

Aufzeichnung des Ministerialdirektors Blech

204-322.00 USA-37/78 VS-vertraulich   **13. Januar 1978[1]**

Über den Herrn Staatssekretär[2] dem Herrn Minister zur Unterrichtung

Betr.: Weltreise Präsident Carters[3];
  hier: Besuche in Frankreich und Belgien

I. Carters Besuch in Frankreich (4. bis 6.1.78) ist von amerikanischer wie von französischer Seite übereinstimmend sehr positiv gewertet worden, wobei die Amerikaner mit Befriedigung die gute Presse des Präsidenten vermerkten. Beide Seiten machten keinerlei Versuche, die fortbestehenden Meinungsver-

---

Fortsetzung Fußnote von Seite 70
Ford am 16. Juni 1976 im Kongreß eingebrachte Abkommen übernehmen und verhandele über einen ähnlichen Vertrag mit Griechenland: „Though the Administration will defer for the present seeking congressional approval of either agreement, it is our considered opinion that interim measures are needed for both Greece and Turkey." Die Regierung beantrage daher 175 Mio. Dollar zur Finanzierung von Krediten für Rüstungslieferungen an die Türkei sowie eine Anhebung des Finanzrahmens für Barkäufe. Vgl. DEPARTMENT OF STATE BULLETIN, Bd. 76 (1977), S. 488.
Botschafter von Staden, Washington, berichtete am 1. Dezember 1977, nach Auskunft aus dem amerikanischen Außenministerium unterstütze die amerikanische Regierung das Abkommen weiterhin, „sehe aber gegenwärtig keine Chance, es im Kongreß durchzusetzen. Es gelte nicht nur die sog. griechische Lobby zu überwinden, sondern auch alle diejenigen zu überzeugen, die unverändert auf dem Argument beharren, daß die Türkei 1974 mit amerikanischen Waffen rechtswidrige Gewalt angewandt habe. Die Ausräumung dieser Bedenken im Kongreß mache Anstrengungen der Administration erforderlich, zu denen sie gegenwärtig angesichts dringender werdender Probleme (Energiepolitik, Panama-Verträge) einfach nicht in der Lage sei." Vgl. den Drahtbericht Nr. 4269; Referat 203, Bd. 115911.

[1] Die Aufzeichnung wurde von Vortragendem Legationsrat I. Klasse Wolff konzipiert.
  Hat Vortragendem Legationsrat I. Klasse Lewalter am 25. Januar 1978 vorgelegen.
  Hat Lewalter am 24. April 1978 erneut vorgelegen, der die Weiterleitung an Referat 204 verfügte und handschriftlich vermerkte: „Überholt."
[2] Hat Staatssekretär van Well am 23. Januar 1978 vorgelegen.
[3] Präsident Carter besuchte vom 29. bis 31. Dezember 1977 Polen, vom 31. Dezember 1977 bis 1. Januar 1978 den Iran, vom 1. bis 3. Januar 1978 Indien, am 3./4. Januar 1978 Saudi-Arabien, am 4. Januar 1978 Ägypten, vom 4. bis 6. Januar 1978 Frankreich und am 6. Januar 1978 Belgien.

schiedenheiten herunterzuspielen; Giscard: Differenzen ein bereichender Faktor der internationalen Beziehungen und ein zusätzliches Mittel zur Verwirklichung unserer großen Ziele.

1) Aus den uns in Paris und Washington gegebenen Informationen sowie aus den öffentlichen Äußerungen läßt sich folgendes Bild des politischen Meinungsaustausches gewinnen:

Abrüstung und Sicherheit standen im Vordergrund der Erörterungen. Im einzelnen:

SALT

Giscard erklärte, daß Paris SALT nicht ablehne, aber dadurch auch zu nichts verpflichtet werden könne. Mit Rücksicht auf seine Stellung als Atommacht lehne Frankreich Viererkonsultationen ab.[4] Er verlangte, SALT dürfe weder eine tatsächliche noch eine scheinbare Verminderung des amerikanischen Engagements in Europa zur Folge haben, und forderte eine Festlegung der „Natur des amerikanischen Engagements für die Sicherheit Europas". Auf Giscards Frage, ob SALT zu einer derartigen Festlegung der USA führen würde, reagierte Carter verständnisvoll. In seiner Pressekonferenz kritisierte Giscard „gewisse Experten" wegen ihrer Ansicht, nach Eintritt des strategischen Gleichgewichts zwischen USA und SU ergebe sich eine zweite strategische Ebene. Dafür habe er nichts übrig, denn die Sicherheit müsse als Einheit behandelt werden, ohne daß es eine organisatorische Abkoppelung Europas gegen dürfe. Giscard betonte, daß Frankreich nicht im Begriff sei, Cruise Missiles herzustellen.[5] Wie weit diese öffentlichen Stellungnahmen Giscards Gesprächsinhalte reflektieren, ist nicht klar.

Carter erklärte mit Nachdruck, für eine Beunruhigung der europäischen Bündnispartner bestehe nicht der geringste Anlaß. Die amerikanische Regierung sehe die legitimen Interessen ihrer Verbündeten im Rahmen von SALT und sei bereit, ihnen Rechnung zu tragen; daher die amerikanische Bereitschaft zu eingehenden Konsultationen.

MBFR

Die französische Seite legte ihre bekannte Position dar. Zu einer Vertiefung des Themas kam es offensichtlich nicht.

---

[4] Botschafter Ruth legte am 4. Januar 1978 dar: „Der Bundessicherheitsrat hatte am 9. November das Auswärtige Amt gebeten, so bald wie möglich auf höchster Beamtenebene im Rahmen der Vierergruppe Konsultationen über SALT durchzuführen. Das Auswärtige Amt hat unverzüglich vorbereitende bilaterale Gespräche mit Amerikanern, Briten und Franzosen geführt." Präsident Carter habe in einem Schreiben vom 23. November 1977 an Bundeskanzler Schmidt diesen Vorschlag aufgegriffen und vorgeschlagen, die Thematik der Gespräche auf andere Probleme der Sicherheit auszudehnen. Ruth führte weiter aus: „Der französische Verteidigungsrat hat am 22. Dezember die Frage der Opportunität von Viererkonsultationen geprüft. Am 27.12. wurde uns mitgeteilt, der französische Verteidigungsrat habe die Auffassung vertreten, daß Viererkonsultationen über SALT nicht wünschenswert seien. Dies gelte für Ministerkonsultationen ebenso wie für Gespräche auf hoher Beamtenebene. Bilaterale Konsultationen hält die französische Regierung für nützlich, ja notwendig. Auf französischer Seite wird zur Begründung dieser Entscheidung auf die Qualität Frankreichs als Atommacht verwiesen." Vgl. den Drahterlaß Nr. 24 an die Botschaft in Washington; VS-Bd. 11384 (220); Aktenkopien 1978.

[5] Für den Wortlaut der Ausführungen des Staatspräsidenten Giscard d'Estaing am 6. Januar 1978 in Paris vgl. LA POLITIQUE ETRANGÈRE 1978, I, S. 22.

Abrüstung

Die französischen Vorstellungen wurden der amerikanischen Seite entsprechend der von AM Guiringaud vor der VN-Generalversammlung entwickelten Linie[6] erläutert.

Nichtverbreitung

Beide Präsidenten bekräftigten die Notwendigkeit der Nichtverbreitung von Technologien, die der Herstellung von A-Waffen dienen können. Das französische Pakistan-Geschäft[7] wurde angesprochen; Carter lobte nachdrücklich die französische Absicht, hierfür statt der klassischen Technologie der Wiederaufbereitung einen weniger gefährlichen Ersatz zu liefern. Giscard erhielt die Versicherung, daß die amerikanischen Uranlieferungen, wie sie vor dem Beginn von INFCE[8] erfolgten, fortgesetzt würden.

Rüstungsexporte

Das Thema wurde nur kurz erörtert. Gegenüber Darlegung der bekannten amerikanischen Position[9] betonte die französische Seite, zu Gesprächen über die Beschränkung konventioneller Waffenverkäufe nur dann bereit zu sein, wenn eine ernsthafte Diskussionsbereitschaft der SU erkennbar sei. Nach französischer Ansicht wäre es am sinnvollsten, das Problem regional anzugehen. Auf amerikanische Erkundigung nach Waffenexporten nach China wurde geantwortet, daß Paris zur Lieferung von „Hot" und „Milan" (nicht zum Technologie-Transfer) bereit sei, falls die Bestellung einen hinreichenden Umfang habe.[10]

---

[6] Der französische Außenminister de Guiringaud betonte am 28. September 1977 vor der UNO-Generalversammlung in New York die Notwendigkeit einer umfassenden Abrüstung nuklearer und konventioneller Waffen und erklärte: „Disarmament must be genuine, that is, it must produce a significant reduction in the level of weapons, both quantitatively and qualitatively, and must begin first with those countries whose arsenals pose the gravest threat in our world and are out of all proportion either with those of other Powers or with what is needed for world strategic balance. It must be general and complete; that is, it must not allow for discrimination in favour of any one State, geographic area or type of weapon. It must be gradual and balanced; that is, it must be carried out under the same safety conditions for all parties and must help reduce factors of instability. It must also comprise effective measures of control and verification. It is essential in this respect for the United Nations to be able to take a real part in this task, without which no progress can be made. In fact, there can be no disarmament without trust, and no trust without control, and no control unless it is independent, that is to say, international." Vgl. UN GENERAL ASSEMBLY, 32nd Session, Plenary Meetings, S. 153. Für den deutschen Wortlaut vgl. EUROPA-ARCHIV 1978, D 148.

[7] Am 17. März 1976 unterzeichneten Frankreich und Pakistan eine Vereinbarung über die Lieferung einer Wiederaufbereitungsanlage an Pakistan. Das französische Außenministerium teilte dazu am 11. August 1976 mit, es handele sich um eine „Versuchsanlage zur Wiederaufarbeitung von bestrahlten Brennelementen. [...] Die französische Regierung hat ihre Zustimmung erst nach der Unterzeichnung eines Zusammenarbeitsvertrags mit Pakistan am 17.3.76 über die friedliche Nutzung der Kernenergie gegeben. Er sieht strenge Kontrollen durch die IAEO vor." Ein entsprechendes trilaterales Abkommen zwischen Frankreich, Pakistan und der IAEO sei am 18. März 1976 abgeschlossen worden. Vgl. den Drahtbericht Nr. 2285 des Gesandten Lahusen, Paris, vom 11. August 1976; Referat 413, Bd. 119557.
Im Oktober 1977 beschloß die französische Regierung, die Lieferung der Wiederaufbereitungsanlage zu stoppen und der pakistanischen Regierung eine modifizierte Zusammenarbeit anzubieten mit dem Ziel, eine Produktion von Plutonium bei der Wiederaufbereitung zu vermeiden („co-processing"). Vgl. dazu AAPD 1977, II, Dok. 309.

[8] Zu den Bemühungen um eine internationale Evaluierung des Brennstoffkreislaufs vgl. Dok. 5, Anm. 15.

[9] Zur amerikanischen Waffenexportpolitik vgl. Dok. 5, Anm. 26.

[10] Im Gespräch mit Bundesminister Genscher am 10. November 1977 teilte der französische Außenminister de Guiringaud mit, daß die Volksrepublik China Interesse an einer Lieferung des Panzer-

Menschenrechte

Giscard betonte, Frankreich sei an den Menschenrechten mindestens ebenso interessiert wie die USA; die französische Öffentlichkeit sei in hohem Maße sensibilisiert. Es gelte jedoch, die moralische Notwendigkeit in ein Gleichgewicht mit den politischen Realitäten der Entspannung zu bringen.

Europa

Giscard erläuterte die französische Haltung und seine Vorstellung eines konföderierten Europa, dessen exekutiver Schwerpunkt mehr beim Ministerrat als bei der Kommission liegen sollte. Er war mit der Reaktion seines Gastes offensichtlich zufrieden und erklärte in der Pressekonferenz, Carter habe im Gegensatz zur früheren amerikanischen Haltung die „entité européenne" zur Kenntnis genommen.[11] In seiner in Paris am 4.1.78 gehaltenen Rede versprach Carter:

„Die USA werden ihre volle Unterstützung dem geben, was Sie und ihre Partner im Kreis der Neun zur Stärkung der europäischen Zusammenarbeit unternehmen; denn wir betrachten die Stärke und Einheit Europas als Wohltat für uns, nicht als Bedrohung. Die wirkliche Bedrohung aller unserer Interessen wären wirtschaftliche Schwäche und Uneinigkeit."[12]

Naher Osten

Die Erörterungen sollen keine wesentlichen Meinungsverschiedenheiten ergeben haben. Carter unterrichtete Giscard über die letzten Entwicklungen (Assuan).[13] Giscard gewann den Eindruck, daß Washington bereit sei, den Rhythmus der israelisch-ägyptischen Verhandlungen zu beschleunigen. Er unterstrich die Notwendigkeit einer Globalregelung und warnte vor einer Abkopplung einer ägyptisch-israelischen Regelung. Giscard legte seine Ansichten über ein künftiges Garantiesystem dar, zu dem Europa Beiträge leisten könne. Im gegenwärtigen Zeitpunkt hielt Carter eine erneute europäische Intervention[14] nicht für angezeigt; später könne man vielleicht wieder daran denken.

Afrika

Der ausführliche Gedankenaustausch über die Krisenherde ergab keine neuen Gesichtspunkte. Giscard sprach sich dafür aus, amerikanische Gegengewichte gegen den Einfluß der SU zu entwickeln, und regte eine Erhöhung der amerika-

---

Fortsetzung Fußnote von Seite 73

abwehrsystems vom Typ „Hot" und der Panzerabwehrrakete vom Typ „Milan" bekundet habe. Vgl. dazu AAPD 1977, II, Dok. 329.

[11] Für den Wortlaut der Ausführungen des Staatspräsidenten Giscard d'Estaing am 6. Januar 1978 in Paris vgl. LA POLITIQUE ETRANGERE 1978, I, S. 19.

[12] Vgl. PUBLIC PAPERS, CARTER 1978, S. 26.

Zu diesem Abschnitt vermerkte Ministerialdirektor Blech handschriftlich: „Mérillon berichtete u. a., daß Carter zum Erstaunen der Franzosen sich sehr wenig über Verfahren und Institutionen der europ[äischen] Zusammenarbeit unterrichtet zeigte – insbes[ondere] über Funktion und Bedeutung des Europ. Rates."

[13] Präsident Carter hielt sich am 4. Januar 1978 in Assuan auf. Vgl. dazu Dok. 3, Anm. 10.

[14] Der Europäische Rat verabschiedete auf seiner Tagung am 29./30. Juni 1977 in London eine Erklärung zum Nahen Osten. Für den Wortlaut vgl. EUROPA-ARCHIV 1977, D 516f. Vgl. dazu ferner AAPD 1977, II, Dok. 174.

Vgl. ferner die Nahost-Erklärung der EG-Mitgliedstaaten in der UNO-Generalversammlung am 25. November 1977 in New York; UN GENERAL ASSEMBLY, 32nd Session, Plenary Meetings, S. 1374.

nischen Wirtschaftshilfe an. Zum Horn war man sich einig, daß sich weder USA noch Frankreich direkt einschalten sollten. Es gelte, diplomatische Lösungen zu suchen, wenn sich auch bisher keine konkreten Möglichkeiten abzeichneten. Übereinstimmung, daß Achtung der überkommenen Kolonialgrenzen von grundsätzlicher Bedeutung ist und bestimmte Länder zu gegebener Zeit über internationale Organisationen gerechte Bedingungen für einen Waffenstillstand (vor allem Ogaden[15]) vorschlagen könnten. Zur Sahara wies Giscard auf französische Unterstützung Mauretaniens hin.[16] Es bestand Übereinstimmung, daß man sich verstärkt um diplomatische Lösungen bemühen müsse (Einflußnahme auf Algerien) unter Einschluß von OAE und VN.

Wirtschaftsfragen

Die Erörterung der Wirtschaftsfragen (Welthandelsfragen vor allem zwischen Barre und Strauss) ist nach französischer Information weniger erfolgreich verlaufen als die der politischen Probleme. Im wesentlichen ergab sich eine Gegenüberstellung der Ansichten. Themen: Dollarschwäche, Energiefragen und Organisation des internationalen Handels.

Die amerikanische Seite gewann den Eindruck, daß Frankreich sich in der Tokio-Runde[17] zwar vor den Wahlen nicht festlegen, die Verhandlungen aber

---

[15] Zum Ogaden-Konflikt vgl. Dok. 1, Anm. 8.

[16] Botschaftsrat I. Klasse Fiedler berichtete am 14. März 1978: „Am 26. Januar waren es genau zwei Jahre her, daß Spanien sich aus der Verwaltung der Westsahara zurückzog und Marokko und Mauretanien das Gebiet sich einverleibten. Aus dem marokkanisch-spanischen wurde ein marokkanisch-algerischer Konflikt. Seitdem hat sich in Nordwestafrika ein neuer Spannungsherd entwickelt, dessen äußerer Anlaß zwar der phosphatreiche Wüstenstreifen am Atlantik war, der inzwischen aber in eine internationale Dimension hineingewachsen ist. [...] Marokko betrachtet die Zugehörigkeit der Westsahara zwar als irreversibel und hat in dem in drei Provinzen gegliederten Gebiet Fakten geschaffen, aber trotz allen entgegengesetzten Beteuerungen konnte das Sahara-Dossier noch immer nicht geschlossen werden. Algerien und die von ihm unterstützte Polisario stellen die neuen Realitäten mit zunehmender Intensität militärisch und diplomatisch und politisch in Frage. [...] Die ganze Wucht der Guerilla-Tätigkeit richtet sich gegen das schwächere Mauretanien, um das Regime Präsident Mokhtars zu Fall zu bringen". Frankreich leiste „seit der Geiselnahme französischer Techniker in Zouerate durch die Polisario am 25. Oktober 1977 begrenzte militärische Hilfe, indem die französische Luftwaffe Aufklärungseinsätze über Mauretanien fliegt, und liefert Waffen an Marokko und Mauretanien. Frankreich erweist sich damit erneut als privilegierter Partner, obwohl es sich zur Nichteinmischung in den Konflikt bekennt. Die französische Regierung hat sich von Anfang an gegen einen West-Sahara-Staat gewandt." Vgl. den Schriftbericht Nr. 246; Referat 311, Bd. 137590.

[17] Referat 411 vermerkte am 23. Januar 1978 zur französischen Haltung in der am 14. September 1973 in Tokio eröffneten Verhandlungsrunde des GATT: „1) Frankreich neigt infolge der Rezession zunehmend zu einer vergleichsweise restriktiven handelspolitischen Einstellung. Es geht Frankreich nicht um die systematische Liberalisierung des Welthandels, sondern um dessen ‚bessere Organisation'. Frankreichs Haltung ist, nicht zuletzt im Hinblick auf die Wahlen, stark vom Gedanken der Strukturbewahrung gekennzeichnet. Dies schlägt sich auch nieder in der französischen Haltung zu den Handelsverhandlungen im Rahmen des GATT. Bei der Vorbereitung der Haltung der Europäischen Gemeinschaft hat es sich insbesondere in der Zollsenkungsfrage als ‚Bremser' hervorgetan. 2) Die Verhandlungen der Tokio-Runde traten am 23. Januar 1978 in ihre substantielle, entscheidende Phase. Es ist zu erwarten, daß wichtige Sektoren noch im Laufe dieses Jahres abgeschlossen werden. Der Rat hat sich am 17. Januar 1978 mit dem Gesamtbereich der Tokio-Runde befaßt und eine einheitliche Position der Gemeinschaft auf der Grundlage negotiabler Arbeitshypothesen gesichert. Der französische Widerstand in dem für die Verhandlungen zentralen Zollbereich konnte durch einen Kompromiß überwunden werden: Danach wird die Gemeinschaft die Zollverhandlungen auf der Grundlage des US-Vorschlags eines Senkungsausmaßes von 40% beginnen, die tatsächliche Zollsenkung jedoch darf im Endergebnis 35% nicht überschreiten." Vgl. B 201 (Referat 411), Bd. 614.

auch nicht blockieren werde. Der Wirtschaftsgipfel[18] wurde ebenfalls angesprochen. Die Erörterung der Wirtschaftsfragen soll durch den französischen Botschafter in Washington[19] fortgesetzt werden. Die stärksten Differenzen ergaben sich bei der Erörterung der Währungsfragen. Giscard trug Carter seine Besorgnis über die exzessive Instabilität der Wechselkurse und die Verzerrung des Wettbewerbs durch unterschiedliche Praktiken vor. Er wies darauf hin, daß Frankreich erheblich in Mitleidenschaft gezogen würde, wenn die deutsche Wirtschaft wegen der für sie ungünstigen Kursentwicklungen in Schwierigkeiten gerate. Carter bekräftigte, die am 5.1.78 verkündeten Maßnahmen würden der Stabilisierung der Wechselkurse dienen.[20]

2) Vergleicht man die vom State Department und vom Quai d'Orsay in Vorbereitung des Besuchs Carters erstellten Themenkataloge mit den Informationen, die uns nunmehr in Washington und Paris gegeben worden sind, fällt auf, daß uns über die Erörterung der Ost-West-Beziehungen (bei denen die Amerikaner nach Auffassung des Quai von zu optimistischen Annahmen ausgehen) nichts gesagt wurde. Einen gewissen Anhaltspunkt für Giscards Gesprächsführung bietet seine Stellungnahme auf der Pressekonferenz, wo er nach dem Hinweis auf französisch-amerikanischen Differenzen ausführte: Der Dialog zwischen den Ländern müsse außerhalb der ideologischen Strukturen oder militärischen Allianzen organisiert werden, so daß eine multipolare Welt entstehen könne. Frankreich akzeptiere eben nicht eine organisatorische Teilung der Welt in zwei Hälften.[21]

3) Innenpolitische Gesichtspunkte spielten besonders für Giscard eine erhebliche Rolle. Angesichts der bevorstehenden Wahlen[22] dürfte es Giscard geraten erschienen sein, bei seinen Elogen eine gewisse Zurückhaltung zu üben, wobei ihm seine persönlichen Empfindungen vermutlich keine Schwierigkeiten bereiteten. Gegen die Begegnung Carters mit Mitterrand[23] hatte er wohl keine Einwände, da diese sich bei den Wahlen für Mitterrand kaum auszahlen dürfte. Hingegen mag sich Chirac mit seiner Weigerung, am Besuchsprogramm teilzunehmen, vorteilhaft profiliert haben. Unmittelbar nach dem Abflug seines Gastes gab Giscard eine Pressekonferenz und erklärte, Carter respektiere den autonomen Willen Frankreichs.[24]

Carter konnte voraussehen, daß seine Gespräche nicht zu einer wesentlichen Verringerung der amerikanisch-französischen Differenzen führen würden. Um so näher lag es für ihn, sich um die Schaffung von Goodwill zu bemühen. Mit sicherem Gespür für die französische Selbsteinschätzung (und unter zurück-

---

[18] Zum Stand der Vorbereitungen des Weltwirtschaftsgipfels vgl. Dok. 8, Anm. 15.
Zum Weltwirtschaftsgipfel am 16./17. Juli 1978 vgl. Dok. 225.
[19] François Lefebvre de Laboulaye.
[20] Zum Kursverfall des amerikanischen Dollar und zu den Maßnahmen der amerikanischen Regierung vgl. Dok. 3, Anm. 38.
[21] Für den Wortlaut der Ausführungen des Staatspräsidenten Giscard d'Estaing am 6. Januar 1978 in Paris vgl. LA POLITIQUE ETRANGÈRE 1978, I, S. 23 f.
[22] In Frankreich fanden am 12. und 19. März 1978 Wahlen zur Nationalversammlung statt.
[23] Präsident Carter traf am 6. Januar 1978 in Paris mit dem Ersten Sekretär der Sozialistischen Partei Frankreichs, Mitterrand, zusammen.
[24] Für den Wortlaut der Ausführungen des Staatspräsidenten Giscard d'Estaing am 6. Januar 1978 in Paris vgl. LA POLITIQUE ETRANGÈRE 1978, I, S. 23.

haltender Bemühung seiner Geschichtskenntnisse) begann Carter seine vor 500 Zuhörern gehaltene Rede mit dem Satz: „Als unsere Demokratie geboren wurde, war Frankreich zur Stelle."[25] Bei anderen Gelegenheiten folgten Zitate aus dem Buch Giscards, Würdigung der Deklaration der Menschenrechte von 1789[26], Hinweis auf Frankreichs Teilhabe an der „world leadership" usw.

Die Gastgeber ihrerseits hatten die Akzente des Programms klug gesetzt. Versailles machte Eindruck, Omaha Beach erinnerte an einen glanzvollen Tag der amerikanischen Geschichte[27], selbst die Kfz-Kennzeichen waren symbolträchtig: 1776 und 1789.

4) Das Ergebnis des Besuches erschöpfte sich jedoch nicht im Atmosphärischen. Für den politisch gebildeten Amerikaner ist Frankreich Teil der eigenen Geschichte. Amerikanische Unabhängigkeit und Französische Revolution haben die gleiche geistige Wurzel. In beiden Weltkriegen mußten die USA Frankreich zu Hilfe kommen, weil ein Sieg seiner Gegner den amerikanischen Interessen widersprochen hätte. Amerikas Rückfall in den Isolationismus begünstigte den Ausbruch des Zweiten Weltkrieges, eine Lektion, deren sich die Politiker Amerikas 1944/45 – wenn auch in einer de Gaulle mißfallenden Weise – erinnerten. Diese Sicht der Koordinaten gibt den Beziehungen der USA zu Frankreich trotz aller Differenzen eine tragfähige Basis. Die Festigung dieser Sicht im Bewußtsein Carters (gleichsam als Programmierung für die Behandlung Frankreichs) durch die Begegnung mit den historischen Schauplätzen ist ein wesentliches Ergebnis seines Besuchs. Im State Department meint man zwar, die USA hätten nicht nur gelernt, mit der Eigenwilligkeit des französischen Partners zu leben, sondern verstünden inzwischen auch, sie positiv zu nutzen. Das Ergebnis bleibt aber abzuwarten.

II. Carters Besuchsprogramm in Brüssel (sechs Stunden) umfaßte ein Treffen mit dem NATO-Rat[28], eine Begegnung mit der Kommission der EG und ein Essen beim König[29].

1) Der erste Besuch von Präsident Carter im NATO-Hauptquartier ist in der Ratssitzung von allen Sprechern als Demonstration der amerikanischen Verbundenheit mit der Allianz und mit Europa sowie als erneuter Ausdruck der Verpflichtung der USA zur Verteidigung Europas begrüßt und gewertet worden. Aus den Erklärungen Carters ist folgendes festzuhalten:

– Die NATO-Verteidigung müsse immer stark genug sein, um jeden Aggressor abzuschrecken. Die USA seien bereit, gemeinsam mit den Bündnispartnern die Abschreckung über das gesamte Spektrum der strategischen, taktisch-nuklearen und konventionellen Kräfte aufrechtzuerhalten. Die enge Verbin-

---

[25] Für den Wortlaut der Ausführungen des Präsidenten Carter am 4. Januar 1978 in Paris vgl. PUBLIC PAPERS, CARTER 1978, S. 21.

[26] Für den Wortlaut der Erklärung der Menschen- und Bürgerrechte vom 26. August 1789 vgl. DÉCLARATIONS, S. 11–13. Für den deutschen Wortlaut vgl. REVOLUTION, S. 37–39.

[27] Am 6. Juni 1944 („D-Day") landeten im Rahmen der Operation „Overlord" amerikanische Infanterieeinheiten an einem mit dem Codenamen „Omaha" bezeichneten Strandabschnitt zwischen Sainte-Honorine-des-Pertes und Vierville-sur-Mer in der Normandie.

[28] Zum Besuch des Präsidenten Carter beim Ständigen NATO-Rat am 6. Januar 1978 in Brüssel vgl. Dok. 5.

[29] Baudouin I.

dung zwischen den Komponenten der Triade müsse und werde erhalten bleiben. Der WP solle wissen, daß alle Bündnispartnern zu der Verpflichtung stehen, das gesamte Gebiet der NATO und der Mitgliedstaaten zu verteidigen.
- Die USA bekennen sich voll und ganz zur NATO-Doktrin und -Strategie einschließlich der Vorneverteidigung und der flexible response.[30]
- Erhöhung des militärischen Engagements der USA in der Allianz, vor allem durch Verstärkung der US-Truppenpräsenz in Europa um 8000 Mann und ein weiteres AF-Geschwader[31] und der Lufttransportkapazität für schnelle Verstärkung. In den letzten Monaten habe in den USA ein dramatischer Wandel in der Haltung zur amerikanischen Präsenz in Europa stattgefunden. Während in vergangenen Jahren darüber diskutiert worden sei, US-Truppen in Europa zu reduzieren, sei sich jetzt seine Administration ebenso darin einig, daß amerikanische Präsenz in Europa verstärkt werden müsse.
- Reales Wachstum des US-Verteidigungshaushalts im Finanzjahr 1979 um 3,5% gegenüber 1978.
- Die Allianz sollte den MBFR-Verhandlungen weiterhin hohe Priorität geben, doch müßten die WP-Staaten ebenfalls ihren vollen Beitrag zu Fortschritten leisten.[32]
- Die USA werden die Bündnispartner über SALT voll unterrichten. Sollten dennoch Fragen offenbleiben, stünden der Präsident und seine Mitarbeiter jederzeit zur Beantwortung zur Verfügung. Sofort nach Abschluß von SALT II müsse innerhalb der Allianz die Konsultation über die Problematik der taktisch-nuklearen Waffen beginnen. Dabei werde u. a. auch die Neutronenwaffe besprochen werden müssen.[33]

2) Als erster amerikanischer Präsident hatte Carter eine Begegnung mit der EG-Kommission, die er als symbolisch für die fortdauernde Verpflichtung der USA gegenüber einem starken und vereinten Europa und gegenüber der EG bezeichnete.[34] Die Begegnung verlief offensichtlich zu beiderseitiger Zufriedenheit. Mit unterschiedlicher Intensität wurden folgende Themen erörtert: Beziehungen USA–EG–Japan, Nord-Süd-Dialog, innere Entwicklung der EG, Beziehungen EG–China, europäisch-arabischer Dialog, GATT-Verhandlungen, Energiefrage und Weltwirtschaftslage. Aus den Gesprächen ist folgendes festzuhalten:
- Es bestand Übereinstimmung, daß die Beziehungen EG–Japan–USA im Sinne des Dreieckverhältnisses verstärkt werden müßten.

---

[30] Zum Konzept der Vorneverteidigung und zur Strategie der „flexible response" vgl. Dok. 5, Anm. 10 und 11.
[31] Air Force-Geschwader.
[32] Für den Wortlaut der Ausführungen des Präsidenten Carter vor dem Ständigen NATO-Rat am 6. Januar 1978 in Brüssel vgl. PUBLIC PAPERS, CARTER 1978, S. 36–38.
[33] Für den Wortlaut der Ausführungen des Präsidenten Carter im Anschluß an seinen Besuch beim Ständigen NATO-Rat am 6. Januar 1978 in Brüssel vgl. PUBLIC PAPERS, CARTER 1978, S. 38f.
[34] Für den Wortlaut der Ausführungen des Präsidenten Carter vor der EG-Kommission am 6. Januar 1978 in Brüssel vgl. PUBLIC PAPERS, CARTER 1978, S. 34–36. Für den deutschen Wortlaut vgl. BULLETIN DER EG 1/1978, S. 66f.

– Carter erwähnte kurz die Verhandlungen EG–China[35] und begrüßte sie.
– Zu den Energiefragen erklärte Carter, daß seine Administration im Bereich der Energiepolitik die gleichen Ziele verfolge wie die EG. Die USA hätten sich niemals gegen die Verwendung der Nuklearenergie verwandt, auch nicht gegen die Schnellen Brüter. Er halte es für erforderlich, nicht zu schnell zu einem Produktionsmodell von Schnellen Brütern zu kommen. Die amerikanische Gesetzgebung fordere zwar Sicherheitsgarantien. Diese seien nach seiner Ansicht jedoch für die Empfänger nicht belastend. Die Vereinigten Staaten hätten ausreichende Liefermöglichkeiten, die sie nicht sperren wollten. Sie würden aber die Probleme der Wiederaufbereitung und der Weitergabe sorgfältig beobachten.

In seiner Erklärung vor der Kommission führte Carter u.a. aus, die USA begrüßten ein starkes und vereintes Europa wie auch die wachsende politische und wirtschaftliche Rolle der Gemeinschaft über Westeuropa hinaus. Er hoffe auf eine enge und produktive Gemeinsamkeit der USA und der EG in den kommenden Jahren. Es habe Behauptungen, vielleicht sogar Anzeichen gegeben, daß frühere Administrationen Sorge gegenüber einem starken, vereinten und dynamischen Europa empfunden hätten. Er teile derartige Sorgen keinesfalls und glaube, es sei zum amerikanischen Vorteil, eine EG zu haben, die vereint, politisch und wirtschaftlich sehr stark ist.

Blech

VS-Bd. 11121 (204)

---

[35] Ministerialdirigent Kittel, Brüssel (EG), berichtete am 23. Dezember 1977, daß am Vortag Gespräche der EG-Kommission mit einer Delegation aus der Volksrepublik China aufgenommen worden seien. Dabei habe die EG-Kommission den Entwurf eines Handelsabkommens übergeben. Vgl. dazu den Drahtbericht Nr. 5043; B 201 (Referat 411), Bd. 433.
Das Bundesministerium für Wirtschaft vermerkte am 19. Januar 1978, daß die EG-Kommission über ein weiteres Gespräch am 6. Januar 1978 berichtet habe, in dem sie „die Enttäuschung der Gemeinschaft über die wenig flexible Haltung der chinesischen Delegation" zum Ausdruck gebracht habe. Die chinesische Seite habe die Ankunft einer Delegation zur Aufnahme offizieller Verhandlungen für den 30. Januar 1978 angekündigt. Vgl. B 201 (Referat 411), Bd. 433.

10

Botschafter Schütz, Tel Aviv, an das Auswärtige Amt

114-10196/78 VS-vertraulich Aufgabe: 14. Januar 1978, 12.00 Uhr[1]
Fernschreiben Nr. 37 Ankunft: 14. Januar 1978, 13.15 Uhr
Citissime

Betr.: Nahost-Lage vor Beginn Sitzung Politischen Ausschusses in Jerusalem am 15.1.1978[2]

Bezug: DE Nr. 155 vom 13.1.1978 – 310-310.10–31/78 VS-v[3]

Zur Information

Gemäß Bezugserlaß habe ich Außenminister gestern abend unsere Einschätzung zur Kenntnis gebracht. Dayan hat ausdrücklich gedankt für das Interesse von Bundeskanzler und Bundesregierung. Er selbst sei interessiert an einem ständigen Austausch von Meinungen gerade mit uns. Er bot an, während oder nach Tagung politischer Kommission zu informieren und Gespräch auf diese

---

[1] Hat Vortragendem Legationsrat I. Klasse Montfort am 18. Januar 1978 vorgelegen.
[2] Botschafter Steltzer, Kairo, berichtete am 28. November 1977, daß Präsident Sadat im Anschluß an seinen Besuch vom 19. bis 21. November 1977 in Israel am 26. November 1977 erklärt habe, er habe das ägyptische Außenministerium beauftragt, UNO-Generalsekretär Waldheim sowie die USA und die UdSSR davon zu unterrichten, „daß Kairo bereit sei, ab kommenden Samstag alle an N[ah]o[st]-Konflikt beteiligten Parteien einschließlich der Supermächte zu Gesprächen zu empfangen". Steltzer führte dazu aus: „Wie hierzu der amtierende AM Dr. Boutros-Ghali ergänzend bekanntgab, handle es sich bei der von Sadat einberufenen Konferenz, zu der auch die Palästinenser geladen wurden, um ein Expertentreffen, das die Genfer Konferenz vorbereiten solle." Vgl. den Drahtbericht Nr. 2217; Referat 310, Bd. 119965.
Die Kairoer Vorkonferenz begann am 14. Dezember 1977 und wurde am 22. Dezember 1977 nach vier Plenarsitzungen unterbrochen. Vgl. dazu den Artikel „In Ismailia wird auch über israelische Siedlungen gesprochen"; FRANKFURTER ALLGEMEINE ZEITUNG vom 23. Dezember 1977, S. 1.
Sadat traf am 25./26. Dezember 1977 in Ismailia mit Ministerpräsident Begin zusammen und gab in einer gemeinsamen Pressekonferenz bekannt: „Wir sind übereingekommen, das Niveau der Vertretungen bei der Kairoer Konferenz auf Ministerebene anzuheben, und wie Sie bereits gestern gehört haben, haben wir uns auf die Schaffung von zwei Kommissionen, einer politischen Kommission und einer militärischen Kommission, unter der Leitung der Außen- bzw. Verteidigungsminister, geeinigt. Die militärische Kommission wird in Kairo, die politische in Jerusalem zusammentreten. Diese Kommissionen werden im Rahmen der Kairoer Konferenz arbeiten." Vgl. EUROPA-ARCHIV 1978, D 119.
[3] Ministerialdirigent Jesser bat Botschafter Schütz, Tel Aviv, im israelischen Außenministerium „auf Minister- oder Generaldirektorenebene so bald wie möglich ein zwangloses und vertrauliches Gespräch zu führen", um die Haltung der Bundesregierung zur Lage im Nahen Osten zu erläutern. Dazu führte er aus: „Wir begrüßen es, daß Israel und Ägypten keinen Separatfrieden, der sehr nachteilige Folgen für die Stabilität der gemäßigten Staaten der arabischen Welt haben dürfte, sondern eine umfassende Lösung des Konflikts anstreben, und zwar in einer Weise, daß auch die Teilnahme der anderen Konfliktsparteien ermöglicht wird. [...] Die Positionen der Erklärung vom 29.6.77 bilden unverändert die Grundlage der deutschen und europäischen Nahostpolitik." Die Bundesregierung glaube, „daß trotz intensiver Bemühungen beider Seiten die sachlichen Positionen der beiden Parteien vor Beginn des nach unserer Einschätzung äußerst bedeutsamen, wenn nicht gar entscheidenden Treffens des politischen Ausschusses in Jerusalem noch so weit voneinander entfernt sind, daß wir große Schwierigkeiten voraussehen." Die Bundesregierung habe „mit Befriedigung zur Kenntnis genommen, daß die bisherigen israelischen Vorschläge ausdrücklich nur als Verhandlungsbasis gedacht und alle Probleme, ausgenommen die Zerstörung Israels, negotiabel seien. Das Gespräch des Bundeskanzlers mit Sadat hat deutlich gemacht, daß Sadat Hoffnung auf weiteres israelisches Entgegenkommen stützt." Für den am 12. Januar 1978 konzipierten Drahterlaß vgl. VS-Bd. 11138 (310); B 150, Aktenkopien 1978.

Weise fortzusetzen. Auf seine Veranlassung hatte Sprecher des Außenministeriums meinen Besuch angekündigt mit dem Bemerken, ich würde eine besondere Botschaft des Bundeskanzlers überbringen.

Zu unserer Einschätzung der Lage hatte er eine Frage: Ob wir der Meinung seien, daß die palästinensischen Araber nach der von uns vorgeschlagenen Interimsphase das Selbstbestimmungsrecht auch dazu nutzen dürften, einen eigenen Palästinenser-Staat zu bilden. Als Antwort habe ich den entsprechenden Absatz des Bezugserlasses wörtlich zitiert.[4]

Dayan bestätigte, daß die Verhandlungen am 15.1.1978 ohne Vorbedingungen geführt werden. Jeder hätte das Recht, seinen Vorschlag auf den Tisch zu legen. Jeder Vorschlag habe Anspruch auf sorgfältige Behandlung, und er hoffe, daß so die Besprechung ohne große Prozedurprobleme begonnen werden könnte. Über ihre Dauer hat er im Augenblick keine Vorstellungen.

Aus seiner Sicht müssen die Ägypter folgende Problemkreise bearbeiten:

1) Es muß eine Lösung vor allem für Sinai gefunden werden. Dies sei eine eigene Angelegenheit für die Ägypter.

2) Es müsse eine Prinzipienerklärung erarbeitet werden, die vor allem eine Lösung für die besetzten Gebiete aufzeigt. Hier seien die Ägypter – da nicht die eigentlich Betroffenen – lediglich für andere tätig.

Es sei schon schwierig, eine Einigung über diese beiden Punkte zu finden. Aber wenn man einmal unterstelle, daß dies erreicht werde, dann müßte Ägypten als drittes sich darüber klarwerden, ob es eine Friedensregelung allein unterzeichnen könne und wolle.

Hier habe sich seit Besuch Sadat in Jerusalem[5] einiges grundsätzlich verändert. Während Sadat damals noch sehr allgemein gesagt hat: Wer von den anderen Arabern kommt, kann unterschreiben. Ich allerdings unterschreibe auf alle Fälle, sei heute seine Forderung: Zumindest Hussein mit einer Vertretung von palästinensischen Arabern müsse auch an den Verhandlungstisch – wenn auch nicht unbedingt von Anfang an.

Aus diesem Grunde fordere Sadat jetzt, daß im Politischen Ausschuß mehr als nur allgemeine Prinzipien oder Absichtserklärungen verabschiedet werden müßten. Vielmehr müßten für Ägypten mehr Details vereinbart werden über die Zukunft der besetzten Gebiete, um Hussein so einen Beitritt zu ermöglichen.

---

[4] Ministerialdirigent Jesser legte am 12. Januar 1978 dar: „Im Verständnis der Bundesrepublik Deutschland gehört zu den Rechten des palästinensischen Volkes das Recht auf Selbstbestimmung und auf effektiven Ausdruck seiner nationalen Identität durch Begründung eines Heimatlandes. [...] Wir sind nicht der Ansicht, daß wir mit dem Eintreten für das Selbstbestimmungsrecht automatisch für einen unabhängigen palästinensischen Staat eintreten. Wir haben bekanntlich davon abgesehen, zu der konkreten staatsrechtlichen Ausgestaltung der Ausübung des Selbstbestimmungsrechts Stellung zu nehmen, weil wir es nicht als unsere Sache ansehen, zu Detailfragen einer von den betroffenen Parteien auszuhandelnden Lösung Stellung zu nehmen. Entscheidend scheint uns vielmehr zu sein, daß die Frage des Selbstbestimmungsrechts in einem Zusammenhang mit der Souveränitätsfrage gesehen wird. Die Palästinenser müßten also nach unserer Auffassung das Recht erhalten, selbst darüber zu entscheiden, ob sie nach der zeitlich genau festgelegten Interimszeit für die Fortsetzung der Übergangsregelung eintreten oder ob sie sich für die Bestätigung bzw. Wiederherstellung der arabischen Souveränität entscheiden wollen." Vgl. den Drahterlaß Nr. 155 an Botschafter Schütz, Tel Aviv; VS-Bd. 11138 (310); B 150, Aktenkopien 1978.

[5] Zum Besuch des Präsidenten Sadat vom 19. bis 21. November 1977 vgl. Dok. 3, Anm. 7.

Es sei Dayans Eindruck, daß Hussein selbst nicht wolle. Saudi-Arabien rate ihm immer wieder ab, während die US sehr stark drückten. Aus dieser Lage heraus seien Husseins Bedingungen eindeutig und undifferenziert:

Israel muß alle besetzten Gebiete räumen, und es muß den palästinensischen Arabern die Selbstbestimmung gewähren. Wenn das verbindlich vereinbart sei, dann wäre er bereit, an den Verhandlungen teilzunehmen. Es sei dann allerdings auch klar, daß seiner Verhandlungsdelegation auch Vertreter palästinensischer Araber angehören würden.

Angesichts dessen erläuterte Dayan die israelische Position:

1) Die militärische Präsenz in den Gebieten ist ebenso unverzichtbar wie das Recht, dort die bestehenden Siedlungen zu erhalten und neu zu siedeln.

2) Einen eigenen Palästinenser-Staat würde es in diesem Gebiet nicht geben.

Unter Wertung dieser Gesichtspunkte sieht Dayan trotz allem doch noch eine – wenn auch sehr bescheidene – Chance, zu einer Übereinstimmung zu kommen. Es seien seiner Meinung nach Formeln denkbar, die eine Interimsperiode ermöglichten, an deren Ende beispielsweise eine von mehreren Parteien gebildete Arbeitsgruppe eingesetzt werde, die dann neu über die Zukunft der Region entscheidet. Zu dieser Arbeitsgruppe würden selbstredend auch die Vertreter der Einwohner der Region gehören. Dayan meinte, er könne sich denken, daß man im Verlauf der Beratungen des Politischen Ausschusses eine Prinzipienerklärung finden würde, die diese Formel regelt und unter Bezug auf 242[6] und 338[7] eine gerechte Regelung der Palästinenser-Frage für die Zukunft anvisiert.

Das Problem „Flüchtlinge" habe bisher die ägyptische Seite in den Gesprächen überhaupt nicht interessiert. (Ebensowenig sei offenbar Hussein an dieser Frage wirklich interessiert.) Israel sei bereit, zuzustimmen, daß diejenigen dort aufgenommen werden, für die es in dem Gebiet wirklich Platz gibt. Allerdings müsse er darauf hinweisen, daß schon jetzt viele junge Leute dort kein Auskommen und vor allem kein Fortkommen finden würden. Er könne sich eine begrenzte Zahl von Einwanderern vorstellen. (Er nannte 10 bis 15 000.) Zu

---

[6] Resolution Nr. 242 des UNO-Sicherheitsrats vom 22. November 1967: „The Security Council [...] 1) Affirms that the fulfilment of Charter principles requires the establishment of a just and lasting peace in the Middle East which should include the application of both the following principles: i) Withdrawal of Israel armed forces from territories occupied in the recent conflict; ii) Termination of all claims or states of belligerency and respect for and acknowledgement of the sovereignty, territorial integrity and political independence of every State in the area and their right to live in peace within secure and recognized boundaries free from threats or acts of force; 2) Affirms further the necessity a) For guaranteeing freedom of navigation through international waterways in the area; b) For achieving a just settlement of the refugee problem; c) For guaranteeing the territorial inviolability and political independence of every State in the area, through measures including the establishment of demilitarized zones". Vgl. UNITED NATIONS RESOLUTIONS, Serie II, Bd. VI, S. 42. Für den deutschen Wortlaut vgl. EUROPA-ARCHIV 1969, D 578f.

[7] Resolution Nr. 338 des UNO-Sicherheitsrats vom 22. Oktober 1973: „The Security Council 1) Calls upon all parties to the present fighting to cease all firing and terminate all military activity immediately, no later than 12 hours after the moment of the adoption of this decision, in the positions they now occupy; 2) Calls upon the parties concerned to start immediately after the cease-fire the implementation of Security Council resolution 242 (1967) in all of its parts; 3) Decides that, immediately and concurrently with the cease-fire, negotiations shall start between the parties concerned under appropriate auspices aimed at establishing a just and durable peace in the Middle East." Vgl. UNITED NATIONS RESOLUTIONS, Serie II, Bd. IX, S. 44. Für den deutschen Wortlaut vgl. EUROPA-ARCHIV 1974, D 313.

keinem Zeitpunkt würde Israel allerdings zustimmen, daß die Flüchtlingslager beispielsweise aus dem Libanon in diese Gebiete verlagert würden. Das würde weder das Problem lösen, noch würde es mehr Sicherheit in die Gebiete bringen.

Allgemein schätzt Dayan, daß die Chancen, in der nächsten Zukunft zu einer umfassenden Friedensregelung zu kommen, noch dazu mit allen Nachbarn Israels, minimal sind. Er meinte allerdings, daß es immer noch Chancen gibt, mit Ägypten sowohl eine Regelung über Sinai – so schwer es auch sein wird – zu finden, als auch eine gegenüber früheren Vorstellungen stärker detaillierte Prinzipienerklärung zu vereinbaren, die weitere Verhandlungsmöglichkeiten über die Zukunft der Gebiete für später offenlasse. Ob das ausreicht, um Jordanien in die Verhandlungen zu bringen oder gar mit Jordanien zu einer Lösung zu kommen, hält er aus heutiger Sicht für sehr fraglich. Letzten Endes hänge es wie zu Beginn der Initiative dann wieder ganz allein von Sadat ab, ob er trotzdem abschließen wolle und abschließen könne.

Seit der letzten Information für den Bundeskanzler (DB Nr. 3 vom 2.1.1978 VS-v[8]) habe sich bei Sadat etwas grundsätzlich verändert. Noch in Ismailia wäre er bereit gewesen, detailliert über Sinai und sehr allgemein gehalten über Prinzipien zum Palästinenser-Problem zu Vereinbarungen zu kommen. Jetzt hätten sich seine Forderungen erweitert. Israel wiederum könne mit Blick auf seine Sicherheit und auf die innenpolitische Lage von seinen Grundsatzprinzipien nicht abgehen. Der Sadat von Jerusalem sei bereit gewesen, unter Würdigung dieser Grundsatzpositionen eine Friedensvereinbarung zu unterzeichnen. Ob der Sadat von heute dies noch könne, sei sehr, sehr schwer zu sagen.[9]

[gez.] Schütz

VS-Bd. 11138 (310)

[8] Botschafter Schütz, Tel Aviv, berichtete, daß ihn der israelische Außenminister Dayan über den Stand der Friedensbemühungen im Nahen Osten unterrichtet habe: „1) Initiative Sadats befinde sich jetzt in kritischer Phase. Sadat habe sich in Jerusalem für a) detaillierte bilateral auszuhandelnde Friedensregelung über Sinai (,Da werden wir uns über jeden Quadratmeter mit genauem Zeitplan verständigen müssen.') und b) generelle Absichtserklärung über Westufer und Gaza ausgesprochen. [...] 2) Für Sinai-Regelung sieht israelischer Vorschlag nach phasenweisem Rückzug auf Mandatsgrenze Einteilung Sinais in drei Zonen vor: a) unter UN-Verwaltung stehende Zone entlang Grenze und in Sharm-el-Sheik, b) demilitarisierte Zone, c) zwischen Suez-Kanal und Pässen Zone mit voller ägyptischer militärischer Präsenz. Regelung soll nach israelischen Vorstellungen bis zum Jahre 2001 gelten. Jüdische Siedlungen an der Grenze lägen bis dahin voll in UN-verwaltetem Gebiet. [...] 3) Für Absichtserklärung sei Sadat in Ismailia bereit gewesen, israelische Formel im Grundsatz zu akzeptieren, wonach gerechte Lösung des Problems palästinensischer Araber auf Grundlage von SR 242 und 338 gesucht werde." Schütz führte dazu aus: „Ausführungen Dayans und Bitte um Unterstützung sind deutlich von Befürchtung getragen, sich im ab Mitte Januar in Jerusalem tagenden Politischen Ausschuß nur allzubald einstellender ‚deadlock' werde zu Scheitern Verhandlungen führen." Vgl. VS-Bd. 11127 (230); B 150, Aktenkopien 1978.

[9] Botschafter Schütz, Tel Aviv, berichtete am 16. Januar 1978: „Nach knapp 24 Stunden hektischer diplomatischer Aktivität, die darauf hinzielte, Sitzung politischer Kommission zu retten, wird diese morgen, 17.1., 11.00 Uhr, zusammentreten. AM Vance hatte sein für gestern abend vorgesehenes Eintreffen in Jerusalem zurückgestellt, bis sich Israel und Ägypten konkret über T[ages]o[rdnung] einigten." Vgl. den Drahtbericht Nr. 39; Unterabteilung 31, Bd. 135588.
Schütz teilte am 17. Januar 1978 mit, daß die Sitzung des Politischen Ausschusses mit öffentlichen Erklärungen der Teilnehmer begonnen habe, die sich „im erwarteten Rahmen" bewegt hätten: „Eröffnungsansprachen zeigten, daß Israel weiterhin gründliche Verhandlungen ohne vorausgehende größere Zugeständnisse anstrebt, während Ägypten letzteres sucht und braucht. US bekannte sich zur Bereitschaft zur Geburtshilfe bei Friedensregelung, hielt jedoch sorgfältig Distanz zu als Mit-

11

Aufzeichnung des Staatssekretärs van Well

014-StS-73/78 geheim   16. Januar 1978[1]

Betr.: Abschluß meiner Gespräche mit dem Leiter des Beraterstabes des rumänischen Staatspräsidenten, Botschafter Pungan, über Familienzusammenführung und finanzielle Ausgleichszahlungen

Vom 5. bis 7. Januar d. J. habe ich auf Weisung des Herrn Bundeskanzlers und des Herrn Bundesministers des Auswärtigen die zwei im Dezember abgehaltenen Gesprächsrunden mit Pungan[2] in Bukarest fortgesetzt.

Über VFW-Fokker 614 wurde nicht gesprochen, da PStS Grüner parallel Gespräche in Bukarest hierüber führte.[3]

Fortsetzung Fußnote von Seite 83
wirkung interpretierbarer Haltung. Gegenüber Weltöffentlichkeit demonstrierte ägyptischer AM, daß Kairo arabische Grundsatzforderungen an erste Stelle eigenen Verhandlungskatalogs mit Israel stellt und separater Friedensvertrag z. Z. nicht zur Diskussion steht." Vgl. den Drahtbericht Nr. 42; Unterabteilung 31, Bd. 135588.
Schütz berichtete am 18. Januar 1978, in der ersten Arbeitssitzung am Vortag hätten beide Seiten Positionspapiere ausgetauscht. Beim Gala-Diner des Ministerpräsidenten Begin für den ägyptischen Außenminister Kaamel sei es jedoch zum Eklat gekommen, als Begin in seiner Tischrede den israelischen Standpunkt deutlich dargelegt habe, woraufhin Kaamel in „relativ schroffer Form" reagiert habe. Vgl. den Drahtbericht Nr. 45; Unterabteilung 31, Bd. 135588.
Am 19. Januar 1978 informierte Botschafter Steltzer, Kairo, daß Präsident Sadat am Vorabend Kaamel und die ägyptische Delegation zurückberufen habe, „weil nach seiner Auffassung die Verhandlungen in Jerusalem einen ‚vicious circle' erreicht hätten". Ein Regierungssprecher habe erklärt, „es sei aus den Erklärungen Begins und Dayans klar geworden, daß Israel darauf bestehe, Teillösungen zu erzielen, die nicht zur Herstellung eines gerechten und dauerhaften Friedens führen würden". Vgl. den Drahtbericht Nr. 125; Unterabteilung 31, Bd. 135588.

[1] Hat Vortragendem Legationsrat Hoffmann am 17. Januar 1978 vorgelegen.
[2] Staatssekretär van Well vermerkte am 19. Dezember 1977, er habe in Gesprächen mit dem Berater des rumänischen Präsidenten, Pungan, am 15./16. Dezember 1977 in Bukarest dargelegt, daß die Bundesregierung bereit sei, „für die Lieferung von Investitionsgütern aus der Bundesrepublik Deutschland nach Rumänien Bundesbürgschaften bis zur Höhe von 400 Mio. DM für Lieferantenkredite und gebundene Finanzkredite" zu übernehmen: „Ich habe dabei ausgeführt, daß hier kommerzielle Bedingungen zu gelten hätten, daß die rumänische Seite jedoch bei der Beurteilung des Marktzinses berücksichtigen müsse, daß wir bereit sind, im Zuge der Ausreisen deutscher Volkszugehöriger aus Rumänien ab 1. Juli 1978 für fünf Jahre jährlich 67 Mio. DM à fonds perdu zur Verfügung zu stellen [...]. Wenn die rumänische Seite den Bürgschaftsrahmen von 400 Mio. DM und den zusätzlichen Betrag von insgesamt 335 Mio. DM in Zusammenhang sehe, so ergebe sich daraus eine beachtliche finanzielle Leistung zugunsten Rumäniens, selbst wenn man für die Kredite kommerzielle Zinsen zugrunde legen müsse." Pungan habe das Bürgschaftsangebot als „nicht interessant und nicht den rumänischen Wünschen entsprechend" bezeichnet und die Erwartung eines Kredits über 2 Mrd. DM zu Kapitalhilfekonditionen geäußert. Nachdem er Pungan auf die Unmöglichkeit eines solchen Kredits hingewiesen habe, habe dieser die rumänischen Forderungen auf ein Kredit von 1 bis 1,5 Mrd. DM für zwölf Jahre mit zwei Freijahren und einem Zinssatz von 4 % reduziert: „Ich trug Pungan vor, daß wir an einer Fortsetzung der laufenden Familienzusammenführung und der Lösung humanitärer Fälle stark interessiert seien. Wir seien bereit, die Aktion, die am 30.6.1978 ausläuft, durch eine neue Absprache fortzusetzen, wobei wir in der Erwartung größeren rumänischen Entgegenkommens in der Ausreisefrage bereit seien, auch in der Frage der Ausgleichszahlungen bei den für den rumänischen Staat entstehenden Nachteilen größeres Entgegenkommen zu zeigen." Vgl. VS-Bd. 14076 (010); B 150, Aktenkopien 1977.
Eine weitere Gesprächsrunde fand am 22./23. Dezember 1977 statt. Vgl. dazu AAPD 1977, II, Dok. 376.
[3] Zum Projekt des Verkehrsflugzeugs vom Typ „VFW-Fokker 614" vgl. Dok. 4, Anm. 29 und 31.

16. Januar 1978: Aufzeichnung von van Well 11

Am Abend des 5.1. fand bei Pungan eine Besprechung in größerem Kreise statt, die sich mit den Modalitäten des Bürgschaftsrahmens von 700 Mio. DM und unseren Regelungen für die Garantierung von Lieferantenkrediten und gebundenen Finanzkrediten befaßte. Auf deutscher Seite nahmen außer Botschafter Balken MR Dr. Jaeckel vom BMF und MR von Wietersheim vom BMI, auf rumänischer Seite ein Vizeminister aus dem Finanzministerium, der Leiter der rumänischen Außenhandelsbank[4] und Botschafter Morega teil. Der Vertreter des BMF beantwortete eingehend die von den Rumänen gestellten Fragen.

In den Vier-Augen-Gesprächen bestand Pungan darauf, daß wir als eine der Gegenleistungen für die rumänischen Zusagen in der Familienzusammenführung einen vertraulichen Briefwechsel führen, in dem zusätzlich zu der Ankündigung des Bürgschaftsrahmens von 700 Mio. DM in der Gemeinsamen Erklärung[5] diese deutsche Zusage in der vom BMF vorgeschlagenen ausführlichen Form festgehalten wird. (In der von Bundeskanzler und Staatspräsident zu zeichnenden Gemeinsamen Erklärung sollte demgegenüber aus Gründen der Präsentation eine Kurzfassung erscheinen, wie dies auch schließlich geschah.)

In dem Briefwechsel sollte auf Wunsch Pungans zusätzlich der Betrag von 32 Mio. DM jährlich für fünf Jahre als besondere Zahlung unsererseits zugesagt werden. Dieser Betrag sollte dem von deutscher Seite in Aussicht genommenen Ausgleichsbetrag für wirtschaftliche Nachteile, die der rumänischen Seite aus der Familienzusammenführung entstehen, von jährlich 67 Mio. DM über fünf Jahre entnommen werden. Pungan legte Wert darauf, daß dieser Betrag die Höhe von 32 Mio. DM erreicht, weil er rechnerisch nachweisen wollte, daß bei Einkalkulierung dieses Betrags für die kommerziellen Lieferantenkredite bzw. gebundenen Kredite ein Zinssatz von knapp unter 3% herauskommen würde. Ich habe Pungan in aller Deutlichkeit gesagt, daß wir eine Verbindung zwischen diesen kommerziellen Krediten und der Ausgleichszahlung für Nachteile aus der Familienzusammenführung keine Verbindung herstellen können.[6] Es wurde deshalb im Aufbau und Wortlaut des Notenwechsels klar zwischen dem einen und dem anderen Punkt unterschieden.[7]

Zwischen Pungan und mir bestand Einvernehmen, daß die Sonderzahlung im Zusammenhang mit der Familienzusammenführung steht.[8] Deshalb wurde ausdrücklich formuliert, daß diese Zahlung zusätzlich und in Anerkennung des rumänischen Beitrags zu der Durchführung der gemeinsam bei den Gesprächen Pungan – van Well erklärten Absichten geleistet werde. Es wurde ferner deshalb ebenfalls vereinbart, daß diese Sonderzahlung in vierteljährlichen Beträgen von 8 Mio. DM, beginnend mit dem 30. September 1978, d.h. drei Monate nach

---

4 Vasile Voloseniuc.
5 In der Gemeinsamen Erklärung vom 7. Januar 1978 hieß es: „Die Regierung der Bundesrepublik Deutschland erklärt ihre Bereitschaft, der Sozialistischen Republik Rumänien neben den bereits bestehenden Möglichkeiten einen Bürgschaftsplafond von 700 Mio. DM für die Aufnahme zusätzlicher Kredite zur Finanzierung von Lieferungen von Investitionsgütern aus der Bundesrepublik Deutschland zur Verfügung zu stellen." Vgl. BULLETIN 1978, S. 22.
6 So in der Vorlage.
7 Der Passus „daß wir eine ... anderen Punkt unterschieden" wurde von Vortragendem Legationsrat Hoffmann angeschlängelt.
8 Dieser Satz wurde von Vortragendem Legationsrat Hoffmann unterschlängelt. Dazu Ausrufezeichen.

dem Beginn der neuen Familienzusammenführungsaktion, erfolgen soll. Pungan erklärte dezidiert: Ohne den Kredit und ohne diese Zusatzzahlung endet das Understanding über die Familienzusammenführung, und er sei sich bewußt, ohne die vorgesehene Fortsetzung des Understanding über die Familienzusammenführung gebe es keinen Kredit und keine Sonderzahlung.

Der endgültige Wortlaut des Briefwechsels wurde von einer Arbeitsgruppe, bestehend aus MR Dr. Jaeckel vom BMF und dessen rumänischen Gesprächspartnern, festgestellt. Pungan und ich unterzeichneten den Briefwechsel kurz vor der Unterzeichnung der Gemeinsamen Erklärung durch den Bundeskanzler und Präsident Ceaușescu im selben Saal.[9] Pungan erklärte mir vor der Unterzeichnung, daß Präsident Ceaușescu dem Briefwechsel zugestimmt habe. Ich erklärte meinerseits, der Bundeskanzler habe zugestimmt.

In dem Vier-Augen-Gespräch am 5.1. erklärte sich Pungan nach Rücksprache mit Präsident Ceaușescu bereit, das Ergebnis unserer Gespräche über die Familienzusammenführung und die Ausgleichszahlung in einem Aide-mémoire festzuhalten. Der Text solle einvernehmlich festgestellt werden. Er würde das Aide-mémoire mit dem Dienstsiegel der Bundesrepublik Deutschland und meiner Paraphe entgegennehmen.

Nach Besprechung in der Delegation (Botschafter Balken, MR Dr. Jaeckel vom BMF, MR von Wietersheim vom BMI) in der Nacht habe ich Pungan am Morgen des 6.1. den Entwurf eines Aide-mémoire übergeben. Pungan übergab mir am Abend des 6.1. einen Gegenentwurf, der, wie er mir sagte, von Staatspräsident Ceaușescu genehmigt worden sei. Man habe sich auf rumänischer Seite dazu entschlossen, das Aide-mémoire auf unserer „hohen politischen Ebene" nur auf die wesentlichen politischen Punkte zu konzentrieren. Die näheren Einzelheiten sollten zwischen den Vertretern der beiden Innenministerien geregelt werden.

Ich habe zunächst starke Vorbehalte gegen die allgemeine Form der Aussagen dieses rumänischen Entwurfs eines Aide-mémoire gemacht und meine Bereit-

---

[9] In dem beigefügten Schreiben des Beraters des rumänischen Präsidenten, Pungan, vom 7. Januar 1978 an Staatssekretär van Well hieß es: „Sehr geehrter Herr Staatssekretär, ich beehre mich, Ihnen den Empfang Ihres Schreibens vom 7. Januar 1978 zu bestätigen, das folgenden Wortlaut hat: ‚Im Ergebnis der Gespräche, die ich mit Ihnen seit dem 15. Dezember 1977 in Bukarest und Bonn geführt habe, und in Durchführung der Gemeinsamen Erklärung, die der Präsident der Sozialistischen Republik Rumänien, Herr Nicolae Ceaușescu, und der Bundeskanzler der Bundesrepublik Deutschland, Herr Helmut Schmidt, am 7. Januar 1978 in Bukarest unterzeichnet haben, beehre ich mich, Ihnen folgendes mitzuteilen: 1) Im Interesse einer Vertiefung der wirtschaftlichen, industriellen und technischen Zusammenarbeit zwischen den beiden Ländern erklärt sich die Regierung der Bundesrepublik Deutschland bereit, neben den bestehenden Möglichkeiten einen einmaligen besonderen Bürgschaftsrahmen in Höhe von 700 Mio. DM für Lieferantenkredite und gebundene Finanzkredite zur Finanzierung von Lieferungen von Investitionsgütern aus der Bundesrepublik Deutschland in die Sozialistische Republik Rumänien bereitzustellen. Die Bürgschaften können im Rahmen der in der Bundesrepublik Deutschland geltenden Regelungen und Verfahren vom 1. Juli 1978 bis zum 30. Juni 1983 für Exportkredite mit Laufzeiten bis zu acht Jahren in Anspruch genommen werden. 2) Zusätzlich und in Anerkennung des rumänischen Beitrags zur Erfüllung der Absichten, die beide Seiten während der von Ihnen mit mir geführten vorbereitenden Gespräche erklärt haben, ist die Regierung der Bundesrepublik Deutschland bereit, für den Zeitraum vom 1. Juli 1978 bis zum 30. Juni 1983 insgesamt 160 Mio. DM in gleichen vierteljährlichen Tranchen von 8 Mio. DM an die Regierung der Sozialistischen Republik Rumänien zu zahlen, die erste Rate am 30. September 1978. Die technischen Modalitäten werden von den zuständigen Stellen beider Seiten innerhalb von drei Monaten vereinbart. Für eine Bestätigung dieses Schreibens wäre ich Ihnen dankbar.'" Vgl. VS-Bd. 10815 (513); B 150, Aktenkopien 1978.

schaft, ein kurzes politisches Aide-mémoire zu akzeptieren, davon abhängig gemacht, daß die Mitarbeiter einen befriedigenden Text über die Einzelheiten der Regelung zur Familienzusammenführung erreichen. Es wurde beschlossen, daß die Vertreter der beiden Innenministerien sofort ihre Gespräche aufnehmen.

Herr von Wietersheim vom BMI hat über seine Gespräche mit den rumänischen Vertretern eine Aufzeichnung gefertigt.[10] Ergebnis dieser Gespräche war ein zwischen der deutschen und der rumänischen Seite abgestimmter Vermerk[11], an dessen Schlußformulierung Pungan und ich zusammen mit Herrn von Wietersheim und seinen Gesprächspartnern teilnahmen. Die Höhe der Ausgleichszahlung pro Person war bis zum Schluß streitig. Dadurch verzögerte sich der Zusammentritt der abschießenden Plenarsitzung beider Delegationen unter Leitung des Bundeskanzlers und des Staatspräsidenten.[12] Ich habe während dieser Schlußgespräche laufend mit dem Herrn Bundeskanzler Verbindung gehalten, während Pungan mit Staatspräsident Ceaușescu, der sich in einem Nachbarzimmer befand, Kontakt hielt. Schließlich einigten sich beide Seiten auf einen Pro-Kopf-Betrag von 4000 DM. Bei diesen Gesprächen mit dem Bundeskanzler bestand Klarheit darüber, daß bei einem Pro-Kopf-Betrag von 4000 DM die von den 67 Mio. pro Jahr verbleibenden 35 Mio. nur für 8000 Personen ausreichen würden, daß also bei 10 000 Personen jährlich 5 Mio. und bei 12 000 Personen jährlich 10 Mio. zusätzlich erforderlich sein müssen. Die Vorbereitungen für den Haushaltsansatz für 1979 müßten dies berücksichtigen.

Den rumänischen Entwurf eines Aide-mémoire wollte Pungan zunächst nicht mehr zur Diskussion stellen, weil er von Staatspräsident Ceaușescu als äußerstes Entgegenkommen in der Formalisierung der beiderseitigen Absprachen bezeichnet worden war. Ich habe jedoch an zwei wesentlichen Punkten noch Änderungen durchsetzen können, und zwar einmal dadurch, daß die Lösung humanitärer Probleme sich nicht nur auf die Familienzusammenführung bezieht, sondern jetzt „insbesondere Familienzusammenführung" gesagt wird.

Der andere Punkt ist die Brücke zwischen dem Ausreiseergebnis von 1977 und den Zusagen für die Zukunft. Hier wurde durch eine Änderung der Stellung des Wortes „entsprechend" eine klarere Verbindung zum vorhergehenden Hinweis auf das Jahresergebnis 1977 erreicht. Mein Versuch, durch eine Änderung der Einleitung des entscheidenden Absatzes diese Verbindung noch weiter zu stärken, scheiterte an dem energischen rumänischen Widerstand. Nach Einigung über den Vermerk zwischen den beiden Innenministerien habe ich dann bei der Abschlußzeremonie kurz vor der Unterzeichnung der Gemeinsamen Erklärung durch Bundeskanzler und Staatspräsident Ceaușescu gleichzeitig mit der Unterzeichnung des vorgenannten Briefwechsels Pungan das Aide-mémoire[13], über dessen Wortlaut zwischen uns Einigung festgestellt wurde und

---

10 Für die Aufzeichnung des Ministerialrats von Wietersheim, Bundesministerium des Innern, vom 9. Januar 1978 vgl. VS-Bd. 10815 (513).
11 Für den als Anlage zur Aufzeichnung des Ministerialrats von Wietersheim, Bundesministerium des Innern, vom 9. Januar 1978 übermittelten Vermerk vgl. VS-Bd. 10815 (513).
12 Zur Plenarsitzung am 7. Januar 1978 in Bukarest vgl. Dok. 4, Anm. 28.
13 Das beigefügte Aide-mémoire lautete: „Der Staatssekretär des Auswärtigen Amts der Bundesrepublik Deutschland, Herr Günther van Well, und der Leiter des Beraterstabs des Präsidenten der Sozialistischen Republik Rumänien, Herr Vasile Pungan, haben in der Zeit vom 15. Dezember 1977 bis 6. Ja-

das[14] von Bundeskanzler und Staatspräsident Ceaușescu gebilligt wurden war, mit Dienststempel unserer Botschaft Bukarest und meiner Paraphe übergeben.

van Well

VS-Bd. 10815 (513)

12

Runderlaß des
Vortragenden Legationsrats I. Klasse Rückriegel

221-372.00-17I/78 VS-vertraulich   17. Januar 1978 Uhr[1]
Fernschreiben Nr. 228 Plurez

Betr.: Stand der MBFR-Verhandlungen

Bezug: Ortex Nr. 27 vom 2.3.1977[2]

Nur zur eigenen Unterrichtung

1) Die 13. Runde der Wiener MBFR-Verhandlungen ist am 15. Dezember 1977

Fortsetzung Fußnote von Seite 87
  nuar 1978 Gespräche über die Lösung humanitärer Fragen, insbesondere der Familienzusammenführung aus beiden Ländern geführt. Herr Staatssekretär van Well erklärte im Namen der Regierung der Bundesrepublik Deutschland die Befriedigung über die Gewährung im Jahre 1977 seitens der rumänischen Behörden von Visa an etwa 10 000 Personen für die Familienzusammenführung. Im Rahmen der Gespräche wurde betont, daß die beiden Regierungen entsprechend auch in den nächsten Jahren in dem vorhandenen Sinne des Verständnisses tätig sein werden, um im humanitären Fragen, insbesondere die Fälle der Familienzusammenführung zu lösen. Die Bundesrepublik Deutschland wird ihrerseits alle Fälle, die die Familienzusammenführung in der Sozialistischen Republik Rumänien betreffen, wohlwollend behandeln und operativ lösen. Die Einzelfälle, die besonderer Dringlichkeit bedürfen, werden wie bisher behandelt und bevorzugt erledigt. Die konkreten Aspekte bezogen auf die Probleme der Familienzusammenführung werden zwischen den zuständigen Stellen beider Länder gelöst." Vgl. VS-Bd. 10815 (513); B 150, Aktenkopien 1978.
14 Korrigiert aus: „der".

1 Durchschlag als Konzept.
2 Vortragender Legationsrat I. Klasse Engels faßte den bisherigen Verlauf der MBFR-Verhandlungen in Wien zusammen und analysierte die Interessenlage der Teilnehmerstaaten. Dazu führte er aus: „Die Sowjetunion verfolgt mit den Verhandlungen im wesentlichen zwei Ziele: a) Festschreibung und Legalisierung der zugunsten des Warschauer Pakts in Mitteleuropa bestehenden Disparitäten. [...] b) Vereinbarung nationaler Reduzierungsschritte und nationaler Höchststärken oder Einfrieren des bestehenden nationalen Streitkräfteniveaus." Die Ziele der an den MBFR-Verhandlungen teilnehmenden NATO-Mitgliedstaaten seien: „a) Schaffung einer ungefähren Parität in der Form einer übereinstimmenden kollektiven Gesamthöchststärke des Personals der Landstreitkräfte beider Seiten im Raum der Reduzierungen und Verminderung der bestehenden Panzerdisparität. [...] b) Die kollektive Natur der zu vereinbarenden Reduzierungen und der übereinstimmenden Höchststärken im Personalbestand beider Seiten. [...] c) Konzentration auf Personalreduzierungen und nur selektive Reduzierungen von Gerät." Vgl. dazu VS-Bd. 9977 (012); B 150, Aktenkopien 1977.

zu Ende gegangen. Die Wiederaufnahme der Gespräche (14. Runde) ist für Ende Januar 1978 vorgesehen.[3]

2) Damit sind seit Aufnahme der Verhandlungen Ende Oktober 1973[4] mehr als vier Jahre vergangen, ohne daß bisher offenkundige Ergebnisse erzielt worden wären.

Die Hauptbedeutung der MBFR-Verhandlungen liegt vorläufig darin, daß mit ihnen ein Verhandlungsprozeß zwischen Ost und West über ein schwieriges, sensitives Thema der Sicherheits- und Rüstungskontrollpolitik in Gang gesetzt wurde, der für sich stabilisierende Bedeutung hat. Wir messen den Verhandlungen großes Gewicht bei. Trotz noch ausstehender greifbarer Ergebnisse teilen Ost und West das Interesse an der Fortsetzung des begonnen Dialogs. Die Bundesregierung wird sich zusammen mit ihren Verbündeten beharrlich um Fortschritte auf dem Wege zu einem stabileren Kräfteverhältnis in Mitteleuropa bemühen.

3) Das westliche – und auch das östliche – Verhandlungsziel hat sich nicht verändert (vgl. Bezugserlaß, der im Grundsätzlichen Gültigkeit behält).

4) Die westliche Verhandlungsposition bei MBFR ist das Ergebnis eines Meinungsbildungsprozesses im NATO-Bündnis, der mit dem Harmel-Bericht vom Dezember 1967[5] begann und über das „Signal von Reykjavik" (1968)[6] zum westlichen Verhandlungsvorschlag vom November 1973 führte. Dieser Vorschlag sieht vor:

Herstellung der ungefähren Parität beim Personal der Landstreitkräfte in Mitteleuropa in der Form einer übereinstimmenden kollektiven Gesamthöchststärke der Landstreitkräfte auf beiden Seiten sowie Verringerung der Disparität bei den Kampfpanzern.[7]

5) Nach westlicher Überzeugung würde die Annahme dieses Konzepts durch die Gegenseite das im gemeinsamen ost-westlichen Abschlußkommuniqué vom

---

[3] Die 14. Runde der MBFR-Verhandlungen begann am 31. Januar 1978 in Wien.

[4] Die MBFR-Verhandlungen wurden am 30. Oktober 1973 in Wien aufgenommen.

[5] Vgl. dazu Ziffer 13 des „Berichts des Rats über die künftigen Aufgaben der Allianz" (Harmel-Bericht), der dem Kommuniqué über die NATO-Ministerratstagung am 13./14. Dezember 1967 in Brüssel beigefügt war; NATO FINAL COMMUNIQUES 1949–1974, S. 201. Für den deutschen Wortlaut vgl. EUROPA-ARCHIV 1968, D 77.

[6] Korrigiert aus: „1978".
Auf der NATO-Ministerratstagung am 24./25. Juni 1968 in Reykjavik billigten die Außenminister und Vertreter der am NATO-Verteidigungsprogramm beteiligten Staaten eine Erklärung („Signal von Reykjavik"), in der sie ihre Bereitschaft zu Maßnahmen auf dem Gebiet der Rüstungskontrolle bekundeten und Grundsätze für beiderseitige und ausgewogene Truppenreduzierungen darlegten. Für den Wortlaut vgl. NATO FINAL COMMUNIQUES 1949–1974, S. 210. Für den deutschen Wortlaut vgl. EUROPA-ARCHIV 1968, D 359 f. Vgl. dazu ferner AAPD 1968, I, Dok. 204.

[7] Der Leiter der amerikanischen MBFR-Delegation, Resor, führte am 22. November 1973 namens der an den MBFR-Verhandlungen teilnehmenden NATO-Mitgliedstaaten Rahmenvorschläge für ein MBFR-Abkommen ein. Diese sahen eine Verminderung der Landstreitkräfte beider Seiten auf dem Gebiet Belgiens, der Bundesrepublik, der ČSSR, der DDR, Luxemburgs, der Niederlande und Polens bis zu einer übereinstimmenden Höchststärke des Personals (common ceiling) mit jeweils etwa 700 000 Mann vor. Vorgesehen war, diese Reduzierungen in zwei aufeinanderfolgenden Phasen mit zwei Abkommen zu erreichen. In einer ersten Phase sollten nur die Streitkräfte der USA und der UdSSR reduziert werden. Die Vorschläge sahen außerdem Vereinbarungen über vertrauensbildende und stabilisierende Maßnahmen sowie zur Verifikation vor. Vgl. dazu AAPD 1973, III, Dok. 386.

28.6.1973 postulierte Ziel verwirklichen, „zu stabileren Beziehungen und zur Festigung von Frieden und Sicherheit in Europa beizutragen".[8]

6) Einer der Hauptgründe für den Mangel an Stabilität und Sicherheit in Mitteleuropa ist die große numerische Überlegenheit des Ostens im Personalbestand und bei den Kampfpanzern. Aus dieser Überlegenheit ergeben sich die überlegenen offensiven Fähigkeiten des WP im Raum der Reduzierungen.

Die Herstellung der Parität im nuklear-strategischen Bereich (SALT) akzentuiert das östliche konventionelle Übergewicht in Europa und verleiht der westlichen Paritätsforderung bei MBFR zusätzliches Gewicht.

7) Die Forderung des Westens auf Herstellung der Parität ist in sich selbst gerechtfertigt und sicherheitspolitisch notwendig. Die nicht aufhebbare geographische Asymmetrie – nicht limitierbarer Umfang der sowjetischen Streitkräfte auf an den Raum der Reduzierungen direkt angrenzendes sowjetisches Territorium – würde die Sowjetunion selbst bei einem Eingehen auf die westliche Paritätsforderung auch weiterhin begünstigen. Während dieser Standortvorteil für die Sowjetunion erhalten bleibt, schlägt bei amerikanischen Verminderungen (Distanz der USA vom Raum der Reduzierungen beträgt ca. 6000 km) der geographische Faktor negativ zu Buche. Um so weniger kann der Westen von seiner Forderung auf Herstellung der ungefähren Parität abgehen.

Die Einlassungen der sowjetischen Führung – so zuletzt Breschnew bei den Feiern zum 60jährigen Jubiläum der Oktoberrevolution[9] –, daß die Sowjetunion keine militärische Überlegenheit anstrebe, werden bei MBFR einem konkreten Test unterworfen.

8) Die Kollektivität der Reduzierungsverpflichtung bei den nicht-amerikanischen westlichen Streitkräften und die kollektive Kalkulation der gemeinsamen Höchststärke sind unverzichtbar, weil Europa sich die Organisation seiner zukünftigen Verteidigung nicht verbauen darf. Die Kollektivität ergibt sich weiterhin aus der integrierten Struktur des NATO-Bündnisses. Außerdem müssen Reduzierungen eines NATO-Partners nach MBFR im Raum der Reduzierungen zur Erhaltung des Gleichstandes ausgleichbar bleiben. Die Sowjetunion (und die USA), die nur mit ihren Stationierungskräften Verminderungen unterliegen, sollen dagegen durch eine besondere Höchststärke innerhalb des kollektiven Gesamtceilings begrenzt werden. Es liegt im Interesse der Sicherheit des Westens, daß auf östlicher Seite vor allem das militärische Übergewicht der Sowjetunion abgebaut und wirkungsvoll limitiert wird. Durch einen „subceiling" wird der Sowjetunion die Möglichkeit genommen, das durch Reduzierungen herzustellende ausgewogenere Verhältnis im Verhältnis zu den USA nachträglich durch Erhöhungen der sowjetischen Präsenz zu ihren Gunsten zu manipulieren.

9) Das dritte unverzichtbare Element der westlichen Verhandlungsposition – Selektivität – ist die direkte Konsequenz der geographischen Begrenzung von

---

[8] Für Ziffer 3 des Schlußkommuniqués der MBFR-Explorationsgespräche vom 31. Januar bis 28. Juni 1973 in Wien vgl. EUROPA-ARCHIV 1973, D 514.

[9] Für die Äußerungen des Generalsekretärs des ZK der KPdSU, Breschnew, am 2. November 1977 in Moskau vgl. EUROPA-ARCHIV 1978, D 213.

MBFR auf Mitteleuropa. Der Westen hält die Konzentration auf den Personalbestand für erforderlich, besteht aber zusätzlich auf dem selektiven Abbau des überlegenen sowjetischen Panzerpotentials und ist seinerseits bereit, bestimmte amerikanische nukleare Systeme abzuziehen.[10] Eine generelle Einbeziehung von Waffen entsprechend dem östlichen Verhandlungskonzept würde wegen des begrenzen Raums von MBFR zu einer Rüstungskontrollzone mit Limitierungen führen, von der angesichts der Nichtbegrenzung des gewaltigen sowjetischen Rüstungspotentials auf direkt angrenzendem sowjetischen Territorium gefährliche destabilisierende Wirkungen ausgehen würden. Die generelle Einbeziehung aller Waffen im Raum der Reduzierungen würde die Zusammenarbeit im Bündnis erschweren. Sie würde im Besonderen das Verhältnis zu Frankreich, das MBFR bekanntlich ablehnt, einer schweren Belastung aussetzen.

Solange MBFR auf den Raum der Reduzierungen begrenzt bleibt, sind alternative Reduzierungskonzepte, insbesondere was die Konzentration auf den Personalbestand beider Seiten und die nur selektive Einbeziehung von Waffen betrifft, nicht akzeptabel. Eine Veränderung des geographischen Rahmens von MBFR mit einer Einbeziehung militärisch relevanter Teile der Sowjetunion und damit eine Korrektur des Reduzierungskonzepts ist nicht in Sicht.

II. Die deutschen Überlegungen zu MBFR, die im Juli 1977 erstmals anläßlich der Begegnung BK Schmidt–Präsident Carter der amerikanischen Seite vorgetragen wurden[11], sind inzwischen durch Bündnisberatungen zu einer „Initiative" der Gesamt-Allianz geworden.[12] Sie wahren die grundlegende Bündnisposition. Die Initiative soll den Verhandlungen einen neuen Impuls verleihen und der Gegenseite vor Augen führen, zu welchen Modifizierungen an seinem in den grundlegenden Elementen feststehenden Verhandlungskonzept der Westen im Fall einer Einigung auf die „Ausgangsdaten" bereit wäre. Der Einführung der Initiative sollte der Datenaustausch in Wien vorangehen.

III. Mit der vor einem Jahr aufgenommenen Datendiskussion verfolgt der Westen den Zweck, die Divergenz zwischen östlichen Angaben und westlichen Er-

---

10 In Ergänzung ihres Rahmenvorschlags vom 22. November 1973 unterbreiteten die an den MBFR-Verhandlungen teilnehmenden NATO-Mitgliedstaaten am 16. Dezember 1975 einen Vorschlag für einen Abzug von Nuklearwaffen aus dem Reduzierungsraum („Option III"). Er sah den Abzug von 1000 amerikanischen Atomsprengköpfen, 36 amerikanischen Startlafetten für ballistische Boden-Boden-Raketen vom Typ „Pershing" und 54 amerikanischen nuklearfähigen Kampfflugzeugen vom Typ F-4 („Phantom") vor. Ferner wurde eine kombinierte Höchststärke für das Personal der Land- und Luftstreitkräfte von 900 000 Mann vorgeschlagen („combined common ceiling"). Vgl. dazu AAPD 1975, II, Dok. 370.

11 Die Überlegungen der Bundesregierung zu MBFR wurden im Gespräch am 14. Juli 1977 in Washington erörtert. Vgl. dazu AAPD 1977, II, Dok. 194. Vgl. dazu ferner AAPD 1977, II, Dok. 200.

12 Botschafter Pauls, Brüssel (NATO), teilte am 6. Dezember 1977 mit, daß der Ständige NATO-Rat die Initiative der an den MBFR-Verhandlungen teilnehmenden NATO-Mitgliedstaaten am Vortag im Verfahren der „silent procedure" verabschiedet habe, und übermittelte deren Wortlaut. Vgl. dazu den Drahtbericht Nr. 1518; VS-Bd. 11565 (222); B150, Aktenkopien 1977.
Ministerialdirektor Blech vermerkte am 16. Dezember 1977: „Die NATO-Ministerkonferenz in Brüssel (8./9. Dez.) hat entschieden, die Einführung der westlichen Initiative in Wien von einem vorherigen Austausch aufgefächerter Daten abhängig zu machen. Sie hat es damit abgelehnt, die Initiative ohne vorherigen Datenaustausch einzubringen. [...] Außerdem vereinbarten die Minister, daß die NATO-Gremien nach einem Austausch aufgefächerter Daten noch einmal beraten, bevor die westliche Initiative in die Wiener Verhandlungen eingeführt wird." Vgl. VS-Bd. 11489 (221); B 150, Aktenkopien 1977.

kenntnissen über die Stärke der östlichen Landstreitkräfte im Raum der Reduzierungen aufzuklären. Es handelt sich um eine Größenordnung, die mit über 150000 Mann fast in der Höhe allein der amerikanischen Streitkräfte in Mitteleuropa liegt. Die Klärung der Ausgangsdatenbasis ist für den Westen die notwendige Grundlage für die Herstellung echter Parität.

Der Westen hat im Juli 1977 einen Vorschlag für den Austausch aufgefächerter Streitkräftedaten in Wien unterbreitet.[13] Der Osten hat darauf im Oktober reagiert.[14] In wesentlichen Punkten konnte Einverständnis über die auszutauschenden Datenkategorien erzielt werden. Wenn der Austausch der Zahlen bisher noch nicht vorgenommen werden konnte, so deshalb, weil die östliche Seite ihre Reaktion auf den westlichen Vorschlag vom Juli als alleinigen Bezugs- "Vorschlag" durchsetzen möchte.[15] Der Osten wird hierbei u. a. von dem Bestreben motiviert, Fragen nach dem Umfang der einzelnen Großverbände von vornherein auszuschließen (die Aufschlüsselung nach den einzelnen Großverbänden war im Vorschlag des Westens vom Juli 1977 enthalten, der in diesem Punkt vom Osten abgelehnt wurde).

Trotz dieser noch bestehenden Hindernisse ist die Einigung über die Kategorien der auszutauschenden Daten in sich ein Fortschritt der 13. Runde. Der Westen hofft, daß nach Überwindung der bestehenden Schwierigkeiten der Datenaustausch in der kommenden Runde vollzogen werden kann. Damit wäre ein erster wichtiger Schritt zu einer Konkretisierung der Verhandlungen getan. Die Chancen zur Aufklärung der Gründe für die bestehenden Divergenzen wären verbessert.

Fraglich bleibt allerdings nach wie vor, ob damit auch die Aussicht auf eine Dateneinigung näher rücken wird. Es ist nicht anzunehmen, daß die für eine Einigung erforderliche Revision der Zahlen des WP allein aufgrund der technischen Datendiskussion erfolgen wird. Einem Datenaustausch muß daher die Erörterung der den Angaben zugrunde zu legenden Zählkriterien, Definitionen und Methoden folgen. Da eine Einigung hierüber bisher noch fehlt, liegt auf diesem Weg möglicherweise eine Chance zur Lösung des Problems der bestehenden Divergenzen.

Rückriegel[16]

VS-Bd. 11435 (221)

---

[13] Die an den MBFR-Verhandlungen teilnehmenden NATO-Mitgliedstaaten legten in einer informellen Sitzung am 15. Juli 1977 einen Vorschlag zur Datenauffächerung vor. Vgl. dazu den Drahtbericht Nr. 464 des Botschafters Behrends, Wien (MBFR-Delegation), vom 18. Juli 1977; VS-Bd. 11045 (212); B 150, Aktenkopien 1977. Vgl. dazu ferner AAPD 1977, II, Dok. 182.

[14] Die an den MBFR-Verhandlungen teilnehmenden Warschauer-Pakt-Staaten äußerten sich am 25. Oktober 1977 zu den Vorschlägen der NATO-Mitgliedstaaten vom 15. Juli 1977. Vgl. dazu AAPD 1977, II, Dok. 310.

[15] Die an den MBFR-Verhandlungen teilnehmenden Warschauer-Pakt-Staaten schlugen in einer informellen Sitzung am 9. November 1977 in Wien vor, ihren am 25. Oktober 1977 präsentierten Gegenvorschlag zu den Vorschlägen der NATO-Mitgliedstaaten vom 15. Juli 1977 als Grundlage der weiteren Datendiskussion zu verwenden. Vgl. dazu AAPD 1977, II, Dok. 349.

[16] Paraphe.

13

Aufzeichnung des Ministerialdirektors Lautenschlager

400-440.07   18. Januar 1978[1]

Herrn Staatssekretär[2]

Betr.: Verschuldung der Entwicklungsländer
hier: Stand unserer Meinungsbildung

Bezug: Ihr Randvermerk auf DB 61 der Botschaft Washington vom 6.1.1978 (Anlage)[3]

Zweck der Vorlage: Zur Unterrichtung

1) Die EG und ihre Mitgliedstaaten haben auf den UNCTAD-Konferenzen seit der KIWZ[4] (zuletzt Tagung der Regierungssachverständigen vom 5. bis 16.12. 1977[5]) deutlich gemacht, daß sie immer noch zu dem Angebot von „features"[6]

---

[1] Die Aufzeichnung wurde von Vortragendem Legationsrat I. Klasse Kampmann und Vortragendem Legationsrat Kudlich konzipiert.

[2] Hat Staatssekretär Hermes am 27. Januar 1978 vorgelegen, der handschriftlich vermerkte: „Ich bin einverstanden mit der Fortführung dieser Überlegungen; unsere Angebote sollten aber zur richtigen Zeit u. in der richtigen Weise präsentiert werden, so daß sie uns den größten politischen Kredit einbringen".

[3] Dem Vorgang beigefügt. Staatssekretär Hermes vermerkte am 10. Januar 1978 auf dem Drahtbericht des Botschafters von Staden, Washington: „Das EG-Angebot steht doch – oder?" Für einen Auszug aus dem Drahtbericht vgl. Anm. 8.

[4] Die abschließende Ministertagung der KIWZ fand vom 30. Mai bis 2. Juni 1977 in Paris statt. Vgl. dazu AAPD 1977, I, Dok. 167.

[5] Korrigiert aus: „15.12.1977".
Ministerialrat Koinzer, Bundesministerium für Wirtschaft, z. Z. Genf, teilte zur Expertensitzung mit: „Nach zunächst sehr schleppendem Verlauf kam es in der zweiten Tagungswoche doch noch zu lebhafter Diskussion. Es besteht nunmehr doch der Eindruck, daß die Masse der EL dem Verschuldungsproblem weiterhin große Bedeutung zumißt. [...] Weiterhin steht bei Gr[uppe] 77 Forderung nach allgemeinen Schuldenerleichterungen zugunsten der ärmeren EL im Vordergrund. Daneben, gewissermaßen als Folgemaßnahme für die weitere Zukunft, die Forderung nach ‚features' bzw. ‚Normen', mit denen die EL größere Sicherheit für Schuldenregelungen in besonderen institutionellen Rahmen und zur Absicherung ihrer Wachstumsziele suchen." Die Gefahr könne nicht ausgeschlossen werden, „daß die EL weiterhin an die Ministertagung große Hoffnungen knüpfen. Der politische Druck, dort ein fühlbares Ergebnis zu erreichen, wird also voraussichtlich erheblich sein." Trotz eines insgesamt geschlossenen Auftretens bestünden bei einigen Industrieländern Tendenzen zum Nachgeben, wenn diese auch noch wenig konkret seien: „Auch deutsche Seite wird prüfen müssen, ob und ggfs. wo es noch Verhandlungsspielraum gibt, und sich mit den Hauptpartnern rechtzeitig abzustimmen haben." Vgl. den Drahtbericht Nr. 1863; Referat 400, Bd. 118538.

[6] Am 14. September 1976 legten die EG-Mitgliedstaaten und die USA während der Kommissionsphase der KIWZ das Papier „Features which could provide guidance in future operations relating to debt problems pursuant to UNCTAD Resolution 94 for discussion in the Commission on Development" vor. Für das Papier vgl. Referat 400, Bd. 118410.
Zum Inhalt erläuterte Vortragender Legationsrat I. Klasse Kampmann am 22. September 1976: „Der Vorschlag unterscheidet akute Krisen und längerfristige Finanzschwierigkeiten. Akute Krisen sollen wie bisher in den Pariser Gläubigerclubs abgewickelt werden. Das EG/US-Papier sieht hierfür Orientierungen (features) vor, die aus früheren Umschuldungen abgeleitet wurden." Bei längerfristigen Schwierigkeiten sei folgendes Verfahren vorgesehen: Antragstellung bei der Weltbank durch das Entwicklungsland, Prüfung durch die Weltbank anhand bestimmter Kriterien: „Wenn Weltbank den Antrag für begründet erachtet, analysiert sie die wirtschaftliche Lage sowie die Z[ahlungs]b[ilanz]-Aussichten des EL und stellt die Wirksamkeit der Nutzung der ihm zur Verfügung stehenden internen und externen Ressourcen fest; wenn Weltbank zu dem Ergebnis gelangt, daß

stehen, das EG und USA auf der KIWZ vorgelegt haben. Wir können davon ausgehen, daß diese Haltung in jedem Mitgliedstaat intern mit dem Finanzminister abgestimmt ist. Nach unserer Auffassung hat der EG-Rat schon „grünes Licht" gegeben und braucht den features-Text, so wie er jetzt lautet, nicht nochmals für die UNCTAD zu billigen.[7] Die im DB der Botschaft Washington wiedergegebene Meinung des amerikanischen Finanzministeriums[8] ist deshalb unverständlich.

Auf der UNCTAD-Expertentagung im Dezember haben sich auch die USA und die anderen westlichen Industrieländer (B-Gruppe) zum Inhalt der features bekannt. Am Schluß eines von ihnen gemeinsam vorgelegten analytischen Dokuments heißt es: „The above assessment of the debt situation of the developing countries, its evolution and its prospects, confirms the pertinence and the value of these proposals."[9]

Hingegen gibt es noch keine EG- und B-Gruppen-Haltung darüber, ob und wann die „features" förmlich als Resolutionsentwurf in die UNCTAD eingeführt werden sollen. Hier zögern vor allem die USA, weil sie befürchten, dies könne Verhandlungen auslösen, die über die „features" hinausführen. Diese Frage dürfte im Mittelpunkt der Koordinierungssitzungen stehen, welche EG und B-Gruppe am 19.1.1978 in Paris[10] zur Vorbereitung der Tagung der Hohen Beamten (23. bis 27.1.1978 in Genf) abhalten. Mindestens die Niederlande werden dabei wohl auf eine Nachbesserung der „features" dringen. Die EG ist –

Fortsetzung Fußnote von Seite 93
    die Entwicklungsaussichten des betreffenden EL durch Finanzschwierigkeiten ernsthaft beeinträchtigt werden, nimmt sie Kontakt zu Geberländern auf und prüft mit diesen die Bedürfnisse des EL [...]. In einem Bericht spricht die Weltbank Empfehlungen über die von den betreffenden EL und den Geberländern zu treffenden Maßnahmen aus und fordert beide Seiten auf, den Bericht ‚mit Sympathie' zu prüfen." Vgl. Referat 400, Bd. 118399.
[7] Die Wörter „braucht den features-Text" und der Passus „nicht nochmals ... zu billigen" wurden von Staatssekretär Hermes hervorgehoben. Dazu vermerkte er handschriftlich „r[ichtig]".
[8] Botschafter von Staden, Washington, berichtete am 6. Januar 1978 zur amerikanischen Haltung in der Frage der Verschuldung der Entwicklungsländer: „Man ist sich über die Haltung der EG nicht im klaren. Von der Kommission höre das State Department, man sei notfalls bereit, auch ohne die USA den früheren KIWZ-Vorschlag in der Ministertagung der UNCTAD im März auf den Tisch zu legen. Treasury behauptet demgegenüber, daß damit nicht zu rechnen sei, weil die europäischen Finanzminister nach Treasury's Unterrichtung dafür kein grünes Licht geben würden." Vgl. den Drahtbericht Nr. 61; Referat 400, Bd. 118539.
[9] Für das Dokument „The Debt Situation of Developing Countries", das am 8. Dezember 1977 von Frankreich im Namen der Mitgliedstaaten der „B-Gruppe" auf der Expertensitzung vom 5. bis 16. Dezember 1977 in Genf eingebracht wurde, vgl. Referat 400, Bd. 118538.
[10] Ministerialrat Koinzer, Bundesministerium für Wirtschaft, z.Z. Paris, berichtete am 20. Januar 1978 über die Koordinierungssitzungen am Vortag, der amerikanische Vertreter habe ausgeführt: „US-Regierung sei noch unentschieden, ob EG/US-features überhaupt formell in UNCTAD eingebracht werden sollen." Die amerikanischen Vertreter hätten aus der Expertensitzung vom 5. bis 16. Dezember 1977 in Genf den Schluß gezogen, „daß bei EG kein großes Interesse mehr bestehe. Auf Genfer Januartagung müsse Eindruck vermieden werden, daß Hoffnungen auf Entgegenkommen in der Schuldenfrage bestünden. USA denke an keine neuen Vorschläge, weder zur Verschuldung, noch zu LLDCs." Ferner habe er darauf verwiesen, „daß jeder Schuldenerlaß der Zustimmung des Kongresses bedürfe und daß deshalb die Regierung, selbst wenn sie sich dafür entschiede, dies kaum ankündigen könne." Koinzer teilte mit, der Vertreter der Bundesrepublik habe richtiggestellt, „daß wir nach wie vor an features festhielten", und unterstrichen, „daß ein Scheitern der Ministertagung mit ungünstigen Folgen für den gesamten Nord-Süd-Dialog vermieden werden müsse". Vgl. den Drahtbericht Nr. 33; Referat 400, Bd. 118539.

nicht zuletzt auf unser Betreiben – bisher noch darauf festgelegt, in Fragen der „features" keinen Alleingang ohne die USA zu unternehmen.

2) Die Einstellung zu den ärmsten Entwicklungsländern, dem zweiten Schwerpunkt der Forderungen der „77"[11], ist in letzter Zeit in Bewegung geraten.

Mehrere IL geben den ärmsten EL (in erster Linie den LLDC) bei den Neuzusagen im Rahmen ihrer bilateralen KH nur noch Zuschüsse (grants); einige IL wenden diesen Grundsatz erst seit kurzem an:

– USA: an LLDC seit 1976 nur noch Zuschüsse (außer bei Nahrungsmittelhilfe);
– Großbritannien: seit 1975 an ärmste EL (unter 200 $ PKE[12] von 1972) grundsätzlich nur noch Zuschüsse;
– Australien, Neuseeland, Norwegen: an alle Empfängerländer nur Zuschüsse;
– Kanada: ab 1977 an LLDC nur Zuschüsse;
– Schweden: an LLDC nur Zuschüsse;
– Finnland: ab 1977 an LLDC und „andere EL in ähnlicher wirtschaftlicher Lage" nur Zuschüsse;
– Niederlande: ab 1977 an LLDC nur Zuschüsse.

Diese Art der Hilfe entspricht der DAC-Konditionenempfehlung von 1972[13] und einer Empfehlung im Schlußbericht der KIWZ.[14]

Mehrere Geberländer haben aus dieser Politik Folgerungen für die Altschulden aus früheren EH-Darlehen gezogen und diese in Zuschüsse umgewandelt.

Die meisten dieser Schuldenerlaß-Maßnahmen sind Teil der KIWZ-Sonderaktion oder noch jüngeren Datums:

– Kanada hat alle früheren EH-Darlehen an LLDC in Zuschüsse verwandelt.
– Die Niederlande erlassen seit einiger Zeit jährlich den Schuldendienst ausgewählter LLDC und MSAC.
– Schweden will – Zustimmung des Parlaments vorausgesetzt – allen LLDC und MSAC die öffentlichen EH-Schulden erlassen.
– Die Schweiz hat die Darlehen an LLDC in Zuschüsse umgewandelt.

---

11 Referat 400 erläuterte am 12. Januar 1978: „Die Entwicklungsländer tragen vor, ihre hohe Verschuldung und der daraus resultierende Schuldendienst zwängen sie, ihre Einfuhren zu beschränken, womit der Entwicklungsprozeß beeinträchtigt werde und die Ziele der Internationalen Entwicklungsstrategie gefährdet würden. Seit ihrer Konferenz in Manila Anfang 1976, wiederholt auf UNCTAD IV und in der Konferenz über Internationale Wirtschaftliche Zusammenarbeit (KIWZ), fordern sie deshalb insbesondere Umwandlung der Entwicklungshilfekredite an die ärmeren EL in Zuschüsse, d. h. Schuldendienststreichung, hilfsweise für die MSACs Umstellung der Kredite auf IDA-Konditionen; Konsolidierung der privaten Schulden von interessierten Ländern vermittels einer neu zu schaffenden internationalen Einrichtung auf 25 Jahre; Festlegung von vereinbarten Regeln (common norms) für zukünftige Umschuldungen mit entsprechenden institutionellen Vorkehrungen." Vgl. Referat 400, Bd. 118539.

12 Pro-Kopf-Einkommen.

13 Für den Wortlaut der Empfehlungen des „Development Assistance Committee" (DAC) der OECD für die finanziellen Bedingungen und Modalitäten der Hilfe vom 17. Oktober 1972 vgl. COOPERATION POUR LE DEVELOPPEMENT. Efforts et politiques poursuivis par les membres du Comité d'Aide au Developpement. [Paris] 1972, S. 251–255.

14 Für den Wortlaut des Schlußberichts der KIWZ vom 2. Juni 1977 vgl. EUROPA-ARCHIV 1977, D 493–496.

DB Washington Nr. 61 ist zu entnehmen, daß auch die US-Regierung Überlegungen in dieser Richtung anstellt.

3) Deutsche Haltung

a) Die Umschuldungsmodalitäten eignen sich nicht für weitere Zugeständnisse. Der EG-US-Vorschlag von „features" enthält keinen Verhandlungsspielraum in der Sache. Die von den „77" angestrebte quasi-automatische Nachschußpflicht kommt für uns nicht in Frage. „Kosmetische" Verbesserungen sind zwar denkbar, fallen politisch jedoch nicht ins Gewicht.

b) Hingegen lohnt es sich, vorsorglich über Schuldenerleichterungen für eine eng begrenzte Anzahl ärmster EL nachzudenken, weil
- andere westliche IL sich schon jetzt in diese Richtung bewegen (vgl. Ziff. 2) und wir vermeiden sollten, als letzte an einer früheren Politik festzuhalten, die auch wir später wahrscheinlich ohnehin ändern würden,
- Schuldenerleichterungen in vertretbarem Rahmen (verbunden mit den „features" als Maßnahme für die Zukunft) ein in sich schlüssiger Beitrag der westlichen IL zu einem erfolgreichen Verlauf der Ministertagung im März[15] wären.

Von folgenden Überlegungen könnten wir uns leiten lassen:
- deutsche Maßnahmen sollten möglichst als rückwirkende Anwendung neuer Entwicklungshilfe-Konditionen erscheinen,
- die unmittelbaren Auswirkungen deutscher Maßnahmen sollten sich von denjenigen der KIWZ-Sonderaktion unterscheiden, damit sie nicht als bloße Aufstockung der Sonderaktion mißverstanden werden.

Erste Überlegungen der Ressorts, die vor allem im BMZ und im BMF noch vertieft werden müssen, gelten folgenden Elementen denkbarer Modelle für begrenzte Schuldenerleichterungen:
- künftig bestimmten EL, die jetzt Darlehen zu IDA-Bedingungen erhalten, Kapitalhilfe als Zuschuß zu geben,
- diesen Grundsatz auch auf frühere EH-Leistungen anzuwenden – d. h., den weiteren Schuldendienst zu erlassen,
- bei anderen EL, für die erst seit kurzem IDA-Bedingungen gelten, Schuldendienst aus älteren (härteren) Darlehen auf IDA-Bedingungen umzustellen.

Ausgangspunkt solcher Überlegungen sind folgende Daten:

Die LLDC schulden dem Bund als Zins- und Tilgungsleistungen 2,127 Mrd. DM. Diskontiert auf den heutigen „Barwert" entsprechen diese in durchschnittlich 30 Jahren fälligen Beträge 279 Mio. DM. Bei Verzicht auf Zinsen und Tilgungsleistungen der LLDC in den Jahren 1978 bis 1980 hätte der Bund einen Einnahmeausfall von 72, 71 und 64 Mio. DM.

Zum Unterschied von früher beginnt das BMF auf Arbeitsebene Verständnis für vorsorgliche Überlegungen zu zeigen und will bei diesen mitwirken. Wie die Leitung des BMF zu dem Ergebnis stehen wird, ist ungewiß. Die Angelegenheit

---

[15] Zur 9. Sondersitzung des UNCTAD-Rats auf Ministerebene vom 6. bis 11. März 1978 in Genf vgl. Dok. 81.

sollte im Lichte des Verlaufs des UNCTAD-Sonderrats für Verschuldung auf der Ebene der hohen Beamten (23.1. bis 27.1.1978[16]) erneut aufgegriffen werden.

Lautenschlager

Referat 400, Bd. 118539

14

Ministerialdirigent Müller, z. Z. New York, an das Auswärtige Amt

Fernschreiben Nr. 123   Aufgabe: 18. Januar 1978, 19.41 Uhr[1]
Citissime nachts   Ankunft: 19. Januar 1978, 02.31 Uhr

Bereitschaftsdienst: Vorlage bei Dienstbeginn am 19.1. genügt

Betr.: Initiative der fünf westlichen Sicherheitsratsmitglieder zur Lösung der Namibia-Frage[2];
hier: Simultan-Gespräche in New York[3]

---

[16] Botschafter z. b. V. Robert, z. Z. Genf, teilte am 28. Januar 1978 zum Verlauf der Gespräche des UNCTAD-Sonderrats auf Beamtenebene mit: „Nach Anlaufschwierigkeiten entwickelte sich gute Zusammenarbeit in der EG. [...] EG konnte häufig Haltung der Gruppe B wesentlich beeinflussen und spielte entscheidende Rolle auf der Konferenz. Auch in Gruppe B war Zusammenhalt gut. US-Delegation widersetzte sich letztlich nicht gemeinsamem Vorgehen. Ein Alleingang der USA konnte vermieden werden. [...] EL hielten bekannte Forderungen aufrecht, traten aber in stets freundlichem und gemäßigtem Ton auf. Selbst für sie sicher nicht befriedigender Abschluß der Tagung führte nicht zu erkennbarer Verstimmung. Diese moderate Haltung der EL dürfte in erster Linie darauf zurückzuführen sein, daß sich in Gruppe 77 diejenigen Kräfte verstärkt durchsetzen konnten, die eine Konfrontation mit den IL vermeiden wollen. [...] Nach dem bisherigen erfolglosen Ausgang der Schuldenberatungen bei KIWZ und UNCTAD richten sich die Erwartungen der EL auf konkretes Entgegenkommen der IL während Ministertagung. Erwartet wird hierbei insbesondere, daß die IL neben der Zustimmung zu sog. ‚common norms' für künftige Umschuldungen (über EG/US-features weit hinausgehend) sich zu einem generellen Erlaß der öffentlichen Schulden für die ärmeren EL bereitfinden." Vgl. den Drahtbericht Nr. 100; Referat 400, Bd. 118539.

[1] Hat Vortragendem Legationsrat Ueberschaer am 19. Januar 1978 vorgelegen.
[2] Am 9. April 1977 informierte Ministerialdirigent Redies über eine Demarche der Bundesrepublik, Frankreichs, Großbritanniens, Kanadas und der USA vom 7. April 1977 bei der südafrikanischen Regierung. Sie hätten „darauf hingewiesen, daß nach ihrer gemeinsamen Überzeugung baldmöglichst eine international akzeptable Regelung des Namibia-Problems gefunden werden muß, die mit der Resolution des SR Nr. 385 vom 30.1.1976 zu vereinbaren ist." Vgl. den Runderlaß Nr. 1498; Referat 320, Bd. 121064.
In der Demarche wurde ausgeführt: „The conditions for a settlement in Namibia [...] include an early exercise by all the inhabitants of Namibia of their right to self-determination through a fully democratic process under the supervision of the United Nations and the peaceful participation of all political groups, including SWAPO, in this process." Notwendig sei außerdem eine Beendigung der Regierung Namibias durch Südafrika, die Freilassung politischer Gefangener und die Rückkehr von Exilanten nach Namibia. Sollte sich die südafrikanische Regierung nicht zu einer baldigen international akzeptablen Regelung bereit finden, müßten die fünf Regierungen ihre Haltung zu Maßnahmen des UNO-Sicherheitsrats überdenken. Vgl. Referat 320, Bd. 121064.
Zum Stand der Initiative vermerkte Ministerialdirigent Müller am 19. Dezember 1977: „Nach je vier Gesprächsrunden mit der südafrikanischen Regierung und mit der SWAPO-Führung ist klar-

Bezug: DB 73 vom 12.1.78[4]

Bitte um Weisung bis spätestens 19.1., 9.30 Uhr OZ

Die New Yorker Kontaktgruppe hat in gemeinsamer Sitzung mit leitenden Vertretern der Außenministerien Bonn (Müller), Washington (Edmondson), Paris (Thabault) und London (Mansfield) aufgrund einer Analyse des Sachstandes der Namibia-Entwicklung festgestellt, daß seitens der Fünf ein neuer entschiedener Schritt notwendig ist, um die offene Einleitung einer internen Lösung in Namibia durch Pretoria zu verhindern und einen Durchbruch durch die eine international akzeptable Lösung blockierenden Hindernisse zu erreichen. Die Sitzungsteilnehmer haben auf amerikanische und britische Anregung beschlossen, ihren Regierungen zu empfehlen, Simultan-Gespräche in New York auf Außenministerebene anzubieten, was gegenüber Südafrika jedoch nur unter der Bedingung geschehen soll, daß Pretoria die Ankündigung eines Wahltermins für Namibia unterläßt.[5]

Die zeitlichen Schwierigkeiten für die fünf westlichen Außenminister[6] liegen auf der Hand. Der auf der Namibia-Entwicklung lastende Zeitdruck zwingt jedoch dazu, die Simultan-Gespräche unbedingt noch im Februar abzuwickeln, wobei wegen der wahrscheinlichen Verfügbarkeit der anderen beteiligten (Südafrika, SWAPO, Generalsekretär) vorzugsweise der Zeitraum zwischen dem

---

Fortsetzung Fußnote von Seite 97

geworden, daß die Interessenlagen der beiden Konfliktparteien trotz beachtlicher Fortschritte, die die Fünf auf dem politischen Sektor des geplanten Übergangsprozesses zur Unabhängigkeit Namibias erzielen konnten, in der Frage der für den Wahlkampf und Wahlausgang als entscheidend angesehenen militärischen Präsenz Südafrikas miteinander unvereinbar sind." Vgl. Referat 320, Bd. 125260.

3 Ministerialdirigent Müller notierte am 16. Januar 1978: „Mit der bisherigen Methode, d.h. getrennte Mittlergespräche der Kontaktgruppe mit den Konfliktparteien in Pretoria/Kapstadt und New York (SWAPO) werden die Fünf voraussichtlich zu keiner vereinbarten und international akzeptablen Lösung gelangen können." Der gegenwärtig unternommene Versuch, „in New York Simultan-Gespräche (‚proximity talks') zustande zu bringen, d.h. am gleichen Ort und gleichzeitig, aber an getrennten Plätzen und in ständigem Kontakt mit dem GS der VN, ist der letzte Versuch und – im Falle des Scheiterns – als ‚Überleitung' zur Fortsetzung der Initiative auf anderen Wegen (SR?) gedacht". Vgl. Referat 320, Bd. 125260.

4 Botschafter Freiherr von Wechmar, New York (UNO), teilte mit: „New Yorker Kontaktgruppe hat am 12.1.1978 Text für eine Fünfer-Demarche in Pretoria ausgearbeitet, der als Anlage übermittelt wird." Die Botschaft in Pretoria werde gebeten, „Fünfer-Demarche in dort mit den anderen Vier zu regelnder Form zum frühestmöglichen Zeitpunkt auszuführen. Es ist nicht auszuschließen, daß Verzögerung von amerikanische Textänderungswünsche eintritt, da Washington diesen Text bisher für zu Pretoria-freundlich hält." Vgl. Referat 320, Bd. 125260.

In dem beigefügten Entwurf einer Demarche wurde auf die Bedeutung von Simultan-Gesprächen in New York zur Lösung des Namibia-Konflikts hingewiesen. Die südafrikanische Regierung wurde gebeten, einem Termin so früh wie möglich im Februar zuzustimmen: „We must also urge you once more to refrain, in the meantime, from taking unilateral actions, such as the announcement of dates for elections in Namibia, which would put in jeopardy the entire negotiating process." Vgl. Referat 320, Bd. 125260.

5 Ministerialdirigent Müller vermerkte am 16. Januar 1978: „AM Botha hat den Botschaftern der Fünf in Pretoria am 13.1.1978 mündlich mitgeteilt, daß PM Vorster in der diesjährigen Eröffnungsdebatte des Parlaments (27.1. bis 6.2.1978) das endgültige Datum für Wahlen in Namibia bekanntgeben werde, d.h. Juni 1978. Damit könnte bereits die unabänderliche Weichenstellung für die ‚interne Lösung' vollzogen werden. Wenn die südafrikanische Regierung klug taktiert, könnte sie ihre Lösung durch die Erfüllung der wichtigsten Bedingungen des politischen Katalogs des westlichen, von den VN und interessierten afrikanischen Regierungen gestützten Lösungsvorschlags international zu rechtfertigen versuchen." Vgl. Referat 320, Bd. 125260.

6 Hans-Dietrich Genscher (Bundesrepublik), Louis de Guiringaud (Frankreich), Donald C. Jamieson (Kanada), David Owen (Großbritannien), Cyrus R. Vance (USA).

6. und 13.2. vorgeschlagen wird. Die Minister sollten für die Simultan-Gespräche möglichst drei, mindestens aber zwei Tage zur Verfügung stehen.

Im einzelnen:

1) US-Botschafter Young und der britische Botschafter Murray begründeten den Vorschlag, die Simultan-Gespräche auf Ministerebene zu führen, in erster Linie mit der Notwendigkeit, der südafrikanischen Regierung eine Handhabe zu geben, um sich von dem internen Druck zu befreien, der auf eine Verkündung des Wahltermins für Namibia in der bevorstehenden Parlamentsdebatte (27.1. bis 3.2.) hinwirkt. Es sei zu vermuten, daß im südafrikanischen Kabinett schließlich die Kräfte überwiegen werden, die unter keinen Umständen den vernichtenden Eindruck für vertretbar halten würden, den ein Ausschlagen der Einladung zu einem solchen Ministertreffen allgemein hervorrufen würde. Was die Aussichten von Simultan-Gesprächen selbst anginge, so könne nunmehr nur noch von der Ministerebene genügend Druck auf Südafrika ausgehen, um die notwendige Flexibilität insbesondere in der Truppenrückzugsfrage zu erzeugen.

Franzosen, Kanadier und wir haben den amerikanisch-britischen Erwägungen zugestimmt, wobei sich alle der außerordentlichen terminlichen Zumutung an die Minister bewußt waren.

2) Die Simultan-Gespräche wären in erster Linie zwischen den fünf Ministern und Außenminister Botha und zwischen den fünf Ministern und SWAPO zu führen. Soweit sich eine entsprechende Zweckmäßigkeit ergibt, könnten auch Gespräche mit Waldheim und Namibia-Kommissar Ahtisaari vorgesehen werden.

3) Nicht im Fünfer-Verband, wohl aber zu individuellen Gesprächen könnten einzelne Minister auch Vertreter anderer Beteiligter empfangen. Hierbei könnte es sich handeln um Repräsentanten politischer Gruppen aus Namibia, vor allem aber um Vertreter von Frontlinien-Regierungen[7].

4) Der terminliche Spielraum ist außerordentlich eingeengt. Südafrika wird keinesfalls bis in den März hinein stillhalten, wenn inzwischen nichts geschieht. Wegen der Parlamentsdebatte in Kapstadt kommt als frühestes Datum für Simultan-Gespräche der 6.2. in Betracht. Ab 15.2. dürfte es nicht mehr möglich sein, SWAPO und maßgebende Frontlinien-Vertreter in New York zu haben, da zu dieser Zeit in Tripolis sowohl der OAU-Ministerrat[8] als auch das Komitee der OAU-Befreiungsbewegungen[9] tagen.

Sollte es sich als unmöglich erweisen, einen gemeinsamen Termin für alle fünf westlichen Außenminister im Februar zustande zu bringen, so wäre zu erwägen, ob in einem oder zwei Fällen Staatsminister als Vertreter entsandt werden könnten. Keinesfalls sollten jedoch weniger als drei hauptamtliche Außenminister an den Simultan-Gesprächen teilnehmen.

---

[7] Angola, Botsuana, Mosambik, Sambia und Tansania.
[8] Die Konferenz der Außenminister der OAU-Mitgliedstaaten fand vom 20. bis 28. Februar 1978 in Tripolis statt.
[9] Vom 13. bis 19. Februar 1978 fand in Tripolis eine Sitzung des „Koordinierungsauschusses für die Befreiung Afrikas" der OAU statt.

5) Die New Yorker Kontaktgruppe schlägt im Einvernehmen mit den genannten vier Vertretern der Außenministerien folgende nächste Schritte vor:

a) SWAPO hat bereits mitgeteilt, in der ersten Februar-Hälfte könne Präsident Nujoma in New York zur Verfügung stehen. Die Kontaktgruppe wird unverzüglich eine verbindliche Bestätigung dieser Zusage vom VN-Vertreter der SWAPO, Gurirab, einholen.

b) In Kapstadt werden die Weichen für das Vorgehen in der Parlamentsdebatte in einer Kabinettssitzung am 23.1. gestellt werden. Die Botschafter der Fünf sollten nach westlicher Einigung über das Datum für Außenminister-Simultan-Gespräche, spätestens jedoch am 21.1., eine Fünfer-Demarche bei Botha unternehmen mit dem als Anlage 1[10] übermittelten Text.[11]

c) Noch am 21.1., unmittelbar nachdem die Ausführung der Demarche in Kapstadt bestätigt ist, soll SWAPO in New York generell in den Plan eingeweiht werden, die Simultan-Gespräche auf Außenministerebene zu führen. Auch das Datum oder zumindest der ungefähre zeitliche Rahmen soll mitgeteilt werden.

Nach bisherigen Erfahrungen ist nicht auszuschließen, daß SWAPO, aus welchen Gründen auch immer, plötzlich vor solchen Simultan-Gesprächen zurückschreckt. Dies würde die Fünf erneut in die mißliche Lage versetzen, daß Südafrika eine Einladung mit einem vom Westen vorgeschlagenen Termin angenommen hat, während SWAPO diesen Termin ablehnt. Die Kontaktgruppe konnte sich noch nicht schlüssig werden, was unternommen werden könnte, um einer solchen Situation vorzubeugen. Gedacht wird an eine rechtzeitige Einschaltung voraussichtlich hilfreicher Frontlinien-Regierungen (in erster Linie Nyerere). Jedenfalls wäre es wohl kaum vertretbar, den Südafrikanern eine zugesagte Gesprächsrunde auf Ministerebene zu verweigern, nur weil SWAPO plötzlich ausweicht.

Man könnte gegenüber Südafrika vorbeugen, indem man die Einladung von vornherein nicht nur an die Bedingung der Nicht-Ankündigung eines Wahltermins für Namibia knüpft, sondern als zweite Bedingung hinzufügt, daß auch SWAPO die entsprechende Einladung akzeptiert. Die Kontaktgruppe fürchtet jedoch, daß dies in Kapstadt als zu weitgehende SWAPO-Gefügigkeit der Fünf gewertet wird und dadurch der Einladung den oben beschriebenen Effekt nimmt.

6) Sollte Südafrika die Einladung zu Simultan-Gesprächen auf Außenministerebene akzeptieren[12] (und damit also auf die Ankündigung des Wahltermins in

---

[10] Dem Vorgang beigefügt. In dem Entwurf einer Demarche wurde der südafrikanische Außenminister Botha zur Teilnahme von Simultan-Gesprächen in New York auf Ministerebene eingeladen. Voraussetzung für solche Gespräche sei jedoch der Verzicht Südafrikas auf jegliche einseitige Maßnahmen, insbesondere die Ausrufung eines Termins für Wahlen in Namibia. Vgl. dazu Referat 320, Bd. 125260.

[11] Botschafter Freiherr von Wechmar, New York (UNO), teilte am 20. Januar 1978 mit, daß der am 18. Januar 1978 übermittelte Text einer Demarche bei der südafrikanischen Regierung „erheblich" geändert worden sei, und übermittelte die Neufassung. Vgl. dazu den Drahtbericht Nr. 144; Referat 320, Bd. 125260.

[12] Botschafter Eick, z.Z. Kapstadt, berichtete am 23. Januar 1978, daß er zusammen mit den Botschaftern Bowdler (USA), Grande (Kanada), Schricke (Frankreich) und Scott (Großbritannien) am Vortag dem südafrikanischen Außenminister Botha die Einladung zu Simultan-Gesprächen in New York übermittelt hätten: „Botha vermochte wiederum der Versuchung nicht zu widerstehen, seine sattsam bekannte Litanei zu wiederholen, mit der er nun schon zum x-ten Male zu begründen versucht,

Namibia verzichten), so werden die Fünf den westlichen Lösungsvorschlag für Namibia etwa sechs Tage vor Beginn der Simultan-Gespräche in Kapstadt übergeben. Nimmt Südafrika dagegen die Einladung zu Simultan-Gesprächen nicht an, so werden die Fünf zu entscheiden haben, ob sie den Text des Lösungsvorschlags trotzdem vor Beginn der Parlamentsdebatte übermitteln sollten, um die Verkündigung des Wahltermins zu erschweren, da diese unter Mißachtung eines vorliegenden westlichen Vorschlags geschehen müßte. Zugleich wäre zu prüfen, ob der Text des Lösungsvorschlags veröffentlicht werden sollte.

7) Zum gleichen Zeitpunkt wie Südafrika erhalten auch SWAPO, die Frontlinien-Regierungen, die nordischen Regierungen und der Generalsekretär den Text des Lösungsvorschlags mit dem Petitum, ihren Einfluß zugunsten der vorgeschlagenen Lösung geltend zu machen. Dabei werden die Frontlinien-Regierungen nicht formell aufgefordert, zu den evtl. Simultan-Gesprächen Regierungsvertreter nach New York zu entsenden. Es soll vermieden werden, die Frontlinien-Regierungen formell in den Verhandlungsprozeß einzuschalten. Andererseits soll ihnen freigestellt sein, doch durch geeignete Vertreter auf die Entwicklung (insbesondere auf SWAPO) einzuwirken und in New York durch informelle Kontakte am Geschehen teilzunehmen.

8) Die New Yorker Kontaktgruppe hat die Überarbeitung des Lösungsvorschlags abgeschlossen. Dieser neue Text (einschließlich Annex A) wird als Anlage 2 übermittelt (Hauptänderungen in Ziffern 7 und 8 und im Annex[13]). Er ersetzt den als Anlage 4 zu DB 3792 vom 23.12.77 übermittelten früheren Text.[14]

Fortsetzung Fußnote von Seite 100
warum Südafrika unter Zeitdruck sei. Dennoch hatten die Fünf übereinstimmend den Eindruck, daß Botha gegen den wachsenden Widerstand im Kabinett und gewiß auch zunehmenden Verdruß Vorsters sein Möglichstes tut, um diese wohl auch von ihm als letzte Chance erkannte Möglichkeit einer international akzeptablen Lösung für Namibia wahrnehmen zu können." Botha habe vertraulich mitgeteilt, „daß er unter erheblichem persönlichem Einsatz" aus der Rede des Präsidenten Diederichs zur Eröffnung des Parlaments „die Ankündigung eines Wahltermins für Namibia eliminieren konnte". Eick teilte weiter mit: „Botha hat beträchtliche Terminschwierigkeiten, da, ein seltenes Ereignis, eine ausländische Ministerdelegation vom 8. bis 11. Februar in Kapstadt erwartet wird. Jedoch ließ er bereits erkennen, daß er sich für den 10. und 11. Februar für New York dennoch freimachen werde. Sein schwierigeres Problem ist es, Vorster noch einmal hinzuhalten." Vgl. den Drahtbericht Nr. 3; Referat 320, Bd. 125260.

[13] Dem Vorgang beigefügt. In Teil I des Dokuments „Proposal for a Settlement of the Namibian Situation" vom 17. Januar 1978 erläuterten die Bundesrepublik, Frankreich, Großbritannien, Kanada und die USA Maßnahmen zur Erreichung der Unabhängigkeit Namibias im Laufe des Jahres 1978. Vorgesehen waren freie Wahlen in ganz Namibia unter Aufsicht der UNO zur Bildung einer verfassunggebenden Versammlung. Zu diesem Zweck sollte ein UNO-Beauftragter für Namibia, unterstützt durch die „United Nations Transition Assistance Group" (UNTAG), den gesamten Wahlprozeß überwachen und in Zusammenarbeit mit einem südafrikanischen Generaladministrator den geordneten Übergang zur Unabhängigkeit und zur Übergabe der Regierungsgewalt an die namibische Regierung sichern. Teil II enthielt detaillierte Vorschläge zur Tätigkeit des UNO-Beauftragten und zum Ablauf des Wahlverfahrens. So nannte Ziffer 7 Bedingungen, die vor den Wahlen zu erfüllen seien: Rücknahme aller diskriminierenden und einschränkenden Gesetze, Freilassung aller politischen Gefangenen, Rückkehr der Flüchtlinge. Ziffer 8 sah die Einstellung aller Kampfhandlungen, die Rückkehr der südafrikanischen Truppen sowie der SWAPO-Truppen auf festgelegte Stützpunkte unter UNO-Kontrolle, den phasenweisen Abzug aller südafrikanischen Streitkräfte, die Entwaffnung und Auflösung aller bewaffneten Milizen und die friedliche Rückkehr von Angehörigen der SWAPO vor. Die benachbarten Staaten wurden um Unterstützung gebeten. Der Annex enthielt zeitlich genaue Angaben zum gesamten Ablauf von der Ernennung des UNO-Beauftragten bis hin zur Unabhängigkeit. Vgl. dazu Referat 320, Bd. 125260.

[14] Für den Drahtbericht des Botschafters von Hassell, New York (UNO), und das Dokument „Proposal for a Settlement of the Namibian Situation" vgl. Referat 320, Bd. 125259.

Der Text des Lösungsvorschlags ist zunächst, ebenso wie alle anderen Mitteilungen in diesem Bericht, streng vertraulich zu behandeln und nicht den Gastregierungen der Berichtsadressaten[15] oder sonstigen Stellen mitzuteilen.

Nächste Sitzung der Kontaktgruppe am Vormittag 19.1.1978.[16]

[gez.] Müller

Referat 320, Bd. 125260

15

Aufzeichnung des Ministerialdirektors Blech

212-341.00   19. Januar 1978[1]

Über Herrn Staatssekretär[2] Herrn Bundesminister[3] zur Information

Betr.: KSZE-Folgetreffen in Belgrad;
hier: Stand der westlichen Meinungsbildung über die in der Schlußphase auftretenden Fragen

I. Zur Bewertung des bisherigen Ergebnisses und zur Festlegung der in der Schlußphase zu verfolgenden Linie fanden in den westlichen Gremien folgende drei Besprechungen statt:

– Sitzung der Arbeitsgruppe KSZE der EPZ am 7./8. Januar 1978 in Kopenhagen,

– Tagung des PK am 10. Januar 1978 in Kopenhagen,[4]

---

[15] Der Drahtbericht wurde außer an das Auswärtige Amt noch an die Botschaften in Daressalam, Helsinki, Kopenhagen, Lagos, London, Lusaka, Maputo, Oslo, Ottawa, Paris, Pretoria, Reykjavik, Stockholm und Washington übermittelt.

[16] Ministerialdirektor Meyer-Landrut teilte der Ständigen Vertretung bei der UNO in New York am 19. Januar 1978 mit: „Mit dortigen Vorschlägen einverstanden. BM kann sich für Gespräche in New York am Freitag, dem 10., und Samstag, dem 11. Februar, freimachen. Bitte auf diesem Datum bestehen, da andere Termine im angegebenen Zeitraum nicht verfügbar sind." Vgl. den Drahterlaß Nr. 274; Referat 320, Bd. 125260.
Zu den Gesprächen der Außenminister Genscher (Bundesrepublik), de Guiringaud (Frankreich), Jamieson (Kanada), Owen (Großbritannien) und Vance (USA) mit dem südafrikanischen Außenminister Botha und dem Präsidenten der SWAPO, Nujoma, am 11./12. Februar 1978 in New York vgl. Dok. 40 und Dok. 45.

[1] Die Aufzeichnung wurde von Vortragendem Legationsrat I. Klasse Joetze konzipiert.
[2] Hat Staatssekretär van Well am 24. Januar 1978 vorgelegen.
[3] Hat Bundesminister Genscher am 6. Februar 1978 vorgelegen.
[4] Korrigiert aus: „9. Januar 1978".
Vortragender Legationsrat I. Klasse von der Gablentz teilte am 12. Januar 1978 zur Sitzung des Politischen Komitees im Rahmen der EPZ am 10./11. Januar 1978 in Kopenhagen mit: „F plädierte für Abschluß Mitte Februar und war bereit, hierfür kurzes Schlußkommuniqué und Reduzierung westlicher Vorschläge auf das Wesentlichste hinzunehmen. Als allerdings alle anderen Partner den rechten Zeitpunkt noch nicht für gekommen hielten, ‚to cut their losses' (VK), lenkte Frankreich ein und betonte, es wolle mit seinen Vorstellungen keine Meinungsverschiedenheiten schaffen. D 2

– Sitzung des Politischen Ausschusses der NATO mit KSZE-Experten am 13. Januar in Brüssel.

Die Arbeitsgruppe der Neun hat ein Papier über den Stand des Belgrader Folgetreffens vor Beginn der zweiten Phase verabschiedet. Das PK hat es gebilligt. Es lag dem Politischen Ausschuß der NATO am 13. Januar 1978 vor und fand dort allgemeine Zustimmung. Der dänische Außenminister machte es zur Grundlage seiner Ausführungen in dem Gespräch, das er als Sprecher der Neun mit Botschafter Goldberg am 13. Januar hatte.[5]

II. Es ergibt sich folgendes Bild:

1) Allgemeine Ziele und Taktik des Westens:

Hierzu hat die EPZ unter Abschnitt 4 des oben erwähnten Papiers besonders gewichtige Aussagen gemacht. (Diese sind als Anlage 1 in deutscher Übersetzung beigefügt.[6] Anlage 2 ist das gesamte Papier in der englischen Originalfassung[7]). Danach geben die Neun einem Schlußdokument mit sachlichem Inhalt den Vorzug und sind bereit, das Treffen in einer maßvollen Zeitspanne bis über den 15. Februar hinaus fortzusetzen, wenn eine solche Fortsetzung dem Ziel, befriedigende Texte zu erlangen, dienlich sein kann. Als zweitbeste Lösung betrachten die Neun ein kurzes Schlußdokument, das sich im wesentlichen auf faktische Feststellungen beschränkt. Diese Alternative wird die Diskussion im Westen in den nächsten Wochen beherrschen.

2) Chancen für die humanitären Hauptanliegen der Bundesrepublik Deutschland:

Wir haben immer wieder gegenüber den osteuropäischen KSZE-Teilnehmern betont, daß es für die Bundesregierung zur Präsentation des Ergebnisses von Belgrad vor Parlament und Öffentlichkeit notwendig sei, nachzuweisen, daß sich das Treffen konkret für die Menschen, und besonders für die Deutschen in der DDR und in Osteuropa, gelohnt habe. Unsere Verhandlungslinie ist darauf abgestellt. Unsere westlichen Partner haben uns bisher loyal unterstützt. Es ist natürlich, daß sie ihrerseits die Interessenschwerpunkte anders setzen. Hauptsächliche Tendenzen:

Fortsetzung Fußnote von Seite 102

hob hervor, daß sowjetische Konzessionen erfahrungsgemäß erst in letzter Minute zu erwarten seien, wir also den Zeitdruck nicht von uns aus vermindern sollten. Ein nichtssagendes Schlußdokument sei vor der Öffentlichkeit nur zu verantworten, wenn die Konferenzlage wirklich nichts anderes zulasse. Es sei ein schlechter Präzedenzfall für weitere Folgetreffen, könne die vom Westen hierfür in Aussicht genommene Ministerebene aber kaum rechtfertigen und evtl. Zusammenarbeit mit Neutralen belasten." Vgl. den Runderlaß Nr. 147; VS-Bd. 11077 (200); B 150, Aktenkopien 1978.

5 Das dänische Außenministerium teilte am 13. Januar 1978 zum Gespräch des dänischen Außenministers Andersen mit dem Leiter der amerikanischen KSZE-Delegation mit: „Goldberg agreed that as far as the concluding document is concerned the choice was between a meaningful document or a short factual one. The Americans would engage in a discussion on a substantial document in the first place which had to contain appropriate passages on human rights and the rights of monitoring groups. If the West had to settle for a short factual one, a public opinion information exercise was necessary to explain the meagre outcome. In his opinion the discussion on implementation which had taken place, was in fact the most important element of the meeting, but the problem was that this discussion had taken place behind closed doors, and that there were no records." Vgl. den Drahtbericht Nr. 105 aus Kopenhagen (Coreu); Referat 200, Bd. 111242.

6 Dem Vorgang beigefügt. Vgl. Referat 212, Bd. 115085.

7 Dem Vorgang beigefügt. Für das Papier „Report on the present state of the work of the Belgrade meeting 1977" vgl. Referat 212, Bd. 115085.

- Die USA und Frankreich: fast ausschließliche Konzentration auf die politische Auseinandersetzung (Implementationsdebatte); daher Tendenz zu einem kurzen Schlußdokument ohne konkrete Verbesserungen, jedenfalls keine Bedenken dagegen.
- Vereinigtes Königreich: Text über die bisherige Bilanz der Implementierung; im III. Korb[8] Reisefreiheit;
- Niederlande: kämpferische Betonung der Menschenrechte; Informationsfreiheit.

Diese natürlichen nationalen Interessenunterschiede haben bisher zu keinen Konflikten geführt. Dies um so weniger, als wir selbst in vorbereitenden Konsultationen und in der Delegationsarbeit stets spüren ließen, daß wir auch die Prioritäten der anderen Partner mittragen.

Ob der Osten konkrete Verbesserungen zugestehen wird, ist noch fraglich. (Eine Übersicht über die von den Neun und der NATO in dieser Hinsicht eingebrachten Vorschläge ist als Anlage 3 beigefügt.[9])

In der innerwestlichen Diskussion der nächsten Wochen kann die Unterstützung für unsere Position nachlassen, obwohl wir sie innerhalb der Neun (PK) und des Bündnisses stets so kräftig wie möglich vertreten haben[10]. Wenn die Bundesregierung in dieser Lage ihre Präferenz für ein Schlußdokument mit sachlichem Inhalt einschließlich konkreter humanitärer Verbesserungen durchsetzen will, müßte sie diesem zunächst auch[11] gegenüber unseren Partnern – dann[12] aber auch gegenüber der Sowjetunion und den WP-Staaten – auf entsprechender Ebene[13] Nachdruck verleihen.[14]

Die westlichen Vorschläge zu humanitären Fragen müssen auf der internationalen Tagesordnung bleiben. Es müßte sichergestellt werden, daß wir diese Fragen in Madrid weiterverfolgen können. Es sollte also verhütet werden, daß, entsprechend einer häufigen Übung in internationalen Konferenzen, der Einwand erhoben werden kann, diese Vorschläge seien bereits einmal erfolglos vorgebracht worden und damit „verbraucht". Entsprechende Vorbehalte müßte der Westen auf geeigneter Weise in Belgrad zum Ausdruck bringen.

Dies folgt
- einerseits aus der besonderen Natur dieser Vorschläge, die keine eigenständigen Petita darstellen, sondern konkrete Anregungen zur verbesserten

---

[8] Für den Wortlaut des Abschnitts „Zusammenarbeit in humanitären und anderen Bereichen" (Korb III) der KSZE-Schlußakte vom 1. August 1975 vgl. SICHERHEIT UND ZUSAMMENARBEIT, Bd. 2, S. 946–964.

[9] Dem Vorgang beigefügt. Für die Übersicht der Vorschläge zu humanitären Fragen vgl. Referat 212, Bd. 115085.

[10] Der Passus „obwohl wir ... vertreten haben" wurde von Ministerialdirektor Blech handschriftlich eingefügt.

[11] Die Wörter „zunächst auch" wurden von Ministerialdirektor Blech handschriftlich eingefügt. Dafür wurde gestrichen: „schon bald".

[12] Dieses Wort wurde von Ministerialdirektor Blech handschriftlich eingefügt.

[13] Die Wörter „auf entsprechender Ebene" wurden von Ministerialdirektor Blech handschriftlich eingefügt.

[14] An dieser Stelle wurde von Ministerialdirektor Blech gestrichen: „Gegenüber der Sowjetunion müßte dies auf hoher Ebene geschehen."

Verwirklichung bereits vorgegebener Absichtserklärungen, nämlich solcher der Schlußakte;

– aus der Wichtigkeit der darin ausgesprochenen Anliegen für unsere Politik der menschlichen Erleichterungen.

3) Klarstellung der Verantwortung:

Das Papier der Neun endet mit der Fragestellung, daß eine solche Klarstellung nötig ist, wenn wir, wegen mangelnder östlicher Konzessionsbereitschaft, ein kurzes Schlußdokument ohne sachliche Fortschritte erhalten.

Die erste und natürliche Gelegenheit hierfür bilden die Abschlußerklärungen, die insofern in der Sache klar sein müßten, ohne im Ton polemisch zu werden. Es wird dabei notwendig sein, keine wesentlichen Unterschiede

– einerseits: in der Tonlage zu wichtigen Verbündeten,

– andererseits: in der Ranghöhe unseres Vertreters zur Eingangserklärung[15]

zuzulassen. Es darf also nicht der Eindruck in der Öffentlichkeit entstehen, als ob uns Erklärungen der Schlußphase weniger wichtig seien als die der Eröffnungsphase, noch daß unser Vortrag an Intensität gegenüber dem anderer Verbündeter zurückbleibe.[16]

4) Folgefragen

a) Ort des nächsten Folgetreffens:

Diese Frage dürfte seit sowjetischem Einschwenken auf Madrid am 17. Januar[17] zugunsten dieser Stadt geklärt sein.

b) Periodizität der Folgetreffen bzw. Kontinuität des Folgeprozesses:

Terminologisch ist zu unterscheiden:

– Periodizität = von vornherein festgelegte Wiederholung[18] der Folgetreffen in[19] regelmäßigen Abständen.

– Kontinuität (des Folgeprozesses) = der Grundsatz, daß es im Verlauf des KZSE-Prozesses wiederholte Treffen der 35 Teilnehmerstaaten geben wird – ohne (mehr oder weniger) feste Bezugsdaten (was die jeweils erneut festgelegte Wiederholung in gleichen Abständen nicht ausschließt)[20].

Die Periodizität im obigen Sinne wird von Rumänien gefordert, das einen entsprechenden Textvorschlag eingebracht hat.[21] Sie ist nicht durchsetzbar. Dies

---

15 Die Eingangserklärung der Bundesregierung auf der KSZE-Folgekonferenz in Belgrad wurde von Staatssekretär van Well am 5. Oktober 1977 vorgetragen. Für den Wortlaut vgl. EUROPA-ARCHIV 1978, D 62–67.
16 Zu diesem Absatz vermerkte Ministerialdirektor Blech handschriftlich: „Die Glaubwürdigkeit einer solchen Klarstellung gegenüber Öffentlichkeit und Parlament wäre beeinträchtigt, wenn wir uns sagen lassen müßten, wir hätten uns nicht genügend Zeit zur Erreichung eines besseren Ergebnisses genommen."
17 Zur sowjetischen Zustimmung zu Madrid als Ort der nächsten KSZE-Folgekonferenz vgl. Dok. 16.
18 Die Wörter: „von vornherein festgelegte Wiederholung" wurden von Ministerialdirektor Blech handschriftlich eingefügt. Dafür wurde gestrichen: „Wiederholbarkeit".
19 An dieser Stelle wurde von Ministerialdirektor Blech gestrichen: „(mehr oder weniger)".
20 Der Passus „(was die ... nicht ausschließt)" wurde von Ministerialdirektor Blech handschriftlich eingefügt.
21 Für den rumänischen Vorschlag vom 12. Dezember 1977 „betreffend das Kapitel ‚Folgen der KSZE' im abschließenden Dokument" vgl. Referat 212, Bd. 116375.
Botschafter Fischer, Belgrad (KSZE-Delegation), berichtete dazu am 13. Dezember 1977: „Vorschlag

zeigte sich, was den Westen angeht, zuletzt auf der Arbeitssitzung der NATO am 13. Januar. Sie ist auch nicht zweckmäßig: Es wird immer für jeden Teilnehmerstaat außen- und innenpolitische Orientierungsdaten geben, die ihm ein KSZE-Folgetreffen zu einem bestimmten regelmäßigen Termin (Beispiel: jedes zweite Jahr im Herbst) ungelegen kommen.[22] Im übrigen ist der Grundsatz der Kontinuität des KSZE-Prozesses in der Schlußakte bereits festgelegt: Die Teilnehmerstaaten erklären im Eingangssatz der gesamten Schlußakte (Europaklausel) ihre Absicht, die Entspannung zu einem fortschreitenden Prozeß zu machen.[23] Im Dokument über die Konferenzfolgen ist von (Folge-) „Treffen" (im Plural) die Rede.[24] Man könnte, wenn man in bezug auf die Kontinuität des KSZE-Prozesses zusätzliche Zeichen setzen will, auf einen Satz hinarbeiten, der etwa lautet:

„Die Teilnehmerstaaten werden in geeigneten Abständen Treffen auf geeigneter Ebene abhalten, die den gleichen Zielen wie das Belgrader Treffen dienen."

Dieser Vorschlag ist eine amerikanische Anregung, der eine Umformung eines entsprechenden rumänischen, in Belgrad eingebrachten Textes bedeuten würde.

Eine Möglichkeit, den Grundsatz der Kontinuität durch die gleichzeitige Festlegung von zwei Tagungsorten (für das nächste und das übernächste Folgetreffen) festzulegen, besteht nicht mehr, nachdem die ursprünglich zu erwartenden langwierigen Verhandlungen um Madrid als Tagungsort wegen des raschen sowjetischen Einlenkens nicht stattfinden werden.

c) Ebene:

Die entsprechenden Passagen des Papiers der Neun lauten: „Was die Ebene des nächsten Treffens betrifft, so sind die Neun z.Z. der Ansicht, daß Eröffnung und/oder Abschluß auf Ministerebene stattfinden könnte. Eine Entscheidung hierüber könnte auf dem nächsten Vorbereitungstreffen nach bilateralen Konsultationen durch das Gastgeberland ... getroffen werden. Ein solches Verfahren würde für eine relativ kurze Pause zwischen dem Vorbereitungs- und dem Haupttreffen sprechen".

Eine sofortige Festlegung der Außenministerebene für Madrid, wie sie Österreich vorschlagen wird, würde – bei französischer Indifferenz – auf niederländischen und belgischen Widerstand stoßen. Dies wurde sowohl in Kopenhagen als auch in Brüssel deutlich. Nachhaltige Unterstützung für die Außenministerebene wäre außer von uns wohl nur von Großbritannien zu erhalten.

Die USA haben sich zur Frage der Ebene des nächsten Treffens noch nicht eindeutig geäußert. Der Vertreter des State Department sagte in Brüssel, sie

---

Fortsetzung Fußnote von Seite 105
  erweitert und präzisiert bisher einzigen vorliegenden detaillierten – von DK eingebrachten – Vorschlag zu Folgen (F1) durch Abschnitte über internationale Organisationen, KSZE II, Verfahrensregeln. R bezieht sich dabei auf Text S[chluß]a[kte]. R versucht mit F3 eigene Anliegen wie regelmäßige Periodizität von Folgetreffen sowie positive Präjudizierung der Schaffung von Expertengruppen auch in abschließendem Dokument ausdrücklich zu verankern." Vgl. den Drahtbericht Nr. 1031; Referat 212, Bd.115108.

[22] So in der Vorlage.
[23] Für den Wortlaut vgl. SICHERHEIT UND ZUSAMMENARBEIT, Bd. 2, S. 913.
[24] Für den Wortlaut vgl. SICHERHEIT UND ZUSAMMENARBEIT, Bd. 2, S. 965.

schlössen die Ebene der Außenminister nicht aus, sie könnten sich allerdings die Ebene des Staatschefs nicht vorstellen; die Frage könne jetzt nicht entschieden werden. Botschafter Goldberg votierte gegenüber dem dänischen Außenminister für eine „höhere Ebene", aber er setzt sich erfahrungsgemäß in Washington in derartigen Fragen nicht immer durch.

Unsere Delegation hat Weisung, sich bei jeder Gelegenheit für die Ebene der Außenminister einzusetzen und um Verständnis für sie zu werben. Es ist allerdings kaum zu erwarten, daß diese Bemühungen zu mehr führen als dazu, daß die Frage der Ebene offenbleibt. Die meisten Regierungen wollen sich heute in dieser Frage einfach noch nicht endgültig festlegen.

Die Frage eines Gipfeltreffens wird von Österreich ins Spiel gebracht werden. Die Österreicher scheinen dabei an ein Gipfeltreffen zu denken, das vom regulären Folgetreffen abgetrennt wäre und demnach wohl vor diesem Treffen stattzufinden hätte. Es ist nicht anzunehmen, daß über diesen Gedanken in Belgrad Konsens zu erzielen ist. Namentlich die Sowjetunion könnte es als bedenklich empfinden, langfristige Engagements über das Auftreten ihres Staats- oder Parteichefs einzugehen. Die erwähnten Äußerungen des Vertreters des State Departments klangen desinteressiert.

Das Konzept eines dreiphasigen Folgetreffens (zuerst Außenminister, dann Experten, Abschluß durch Staats- und Regierungschefs) ist bisher in den Verhandlungen nicht eingeführt. Es ist kaum anzunehmen, daß, wenn dies jetzt geschähe, die 35 Regierungen zu einem solchen Konzept noch eine Meinung fassen könnten. Noch unwahrscheinlicher ist, daß diese Meinungen einheitlich ausfielen und damit Konsens hergestellt werden könnte. In der Sache würde den KSZE-Teilnehmern nicht klarzumachen sein, daß der für Madrid zu erwartende Verhandlungsstoff schon heute eine Festlegung auf ein so gewichtiges Verfahren rechtfertigt, das im übrigen von vielen Regierungen als kompliziert empfunden werden könnte. Zu bedenken ist ferner, daß eine Festlegung auf eine hohe politische Ebene, wenn sie bereits jetzt im Belgrader Schlußdokument vorgenommen würde, möglicherweise Hand in Hand ginge mit einem sonst inhaltsleeren Schlußdokument (zweite Option, vgl. oben zu Abschnitt II. 1 und die entsprechenden Ausführungen im Papier der Präsidentschaft, Anl. 1). Ein solches Dokument würde – dies ist zumindest nicht auszuschließen – das Ergebnis des nächsten Folgetreffens präjudizieren. Dabei spielt eine Rolle, daß der Westen selbst ein Interesse daran hat, bezüglich der Prozeduren und Terms of Reference (Ergebnis des Vorbereitungstreffens) Belgrad als Präzedenzfall zu erhalten. Es dürfte auch nicht leichtfallen, vor Parlament und Öffentlichkeit eine solche Diskrepanz zwischen dem materiellen und dem prozeduralen Inhalt des Schlußdokuments von Belgrad und damit zwischen möglicher mangelhafter Substanz des Ergebnisses von Madrid und der dortigen Ebene zu rechtfertigen.

d) Expertengruppen:

Unser Vorschlag einer Expertengruppe zur Vorbereitung des Wissenschaftlichen Forums[25] ist, seitdem die Sowjetunion zugestimmt hat, praktisch angenommen.

---

25 In der KSZE-Schlußakte vom 1. August 1975 wurde die Einberufung eines „Wissenschaftlichen Forums" in Aussicht genommen, das den Wissenschaftsaustausch befördern sollte. Dieses sollte

Dasselbe gilt für den Schweizer Vorschlag einer Expertengruppe zur Erarbeitung einer Dokumentation zur friedlichen Streitschlichtung.[26] Nicht unwahrscheinlich ist, daß die Diskussion über vertrauensbildende Maßnahmen und sonstige sicherheitspolitische Themen damit endet, eine Expertengruppe hierüber einzusetzen. Sie soll, dies steht ebenfalls im Papier der Neun, ein klares und enges Mandat haben und nicht zu lange dauern, damit nicht der Eindruck eines neuen Abrüstungs- und Rüstungskontrollgremiums entsteht. Den neuen Schweizer Vorschlag, eine Expertengruppe zur Ausarbeitung einer Konvention über die Behandlung von Journalisten[27] ins Leben zu rufen, werden wir unterstützen. Wir müssen allerdings gewärtig sein, daß die östliche Seite auf ihren bereits gemachten Gegenvorschlägen zum Mandat einer solchen Gruppe (namentlich: Diskussion der Verantwortung der Medien in ihrer Arbeit für die Sicherung des Friedens etc.) bestehen wird. Der Ausweg kann nur darin bestehen, sich auf ein breit gefaßtes Mandat zu einigen, in dessen Rahmen beide Seien ihre gegenseitigen Auffassungen zur Rolle der Medien wiederholen können. Da in einem solchen Gremium die Staaten mit freiheitlicher Position in der Mehrheit sind (im Gegensatz zu weltweiten Gremien, in denen die Frage erörtert wird), muß man eine solche Auseinandersetzung nicht von vornherein als Nachteil für den Westen betrachten.[28] Sinnvolle, im Konsens verabschiedete Texte sind allerdings von einer solchen Gruppe nicht zu erwarten, da das Thema ihrer Arbeit einen der wichtigsten bestehenden ideologischen Gegensätze zwischen Ost und West beträfe.

Fortsetzung Fußnote von Seite 107
  durch ein Expertentreffen vorbereitet werden. Vgl. dazu SICHERHEIT UND ZUSAMMENARBEIT, Bd. 2, S. 962.
  Botschafter Fischer, Belgrad (KSZE-Delegation), berichtete am 7. November 1977, daß die Delegation der Bundesrepublik in der Plenarsitzung am selben Tag die Einladung für ein Expertentreffen zur Vorbereitung des Wissenschaftlichen Forums am 20. Juni 1978 in Bonn angekündigt und gebeten habe, über informelle Kontakte mitzuteilen, ob Einverständnis zur Einladung von ECE und UNESCO bestehe. Vgl. dazu den Drahtbericht Nr. 817; Referat 212, Bd. 115107.
  Der Vorschlag für eine entsprechende Passage im Abschlußdokument wurde am 10. November 1977 eingereicht. Vgl. dazu den Drahtbericht Nr. 843 von Fischer vom selben Tag; Referat 212, Bd. 115107.
[26] Der am 4. November 1977 von der Schweiz eingebrachte Vorschlag zur Aufnahme in ein Abschlußdokument lautete: „Die Regierung der Schweiz gab bekannt, daß das mit der Ausarbeitung einer allgemein annehmbaren Methode der friedlichen Regelung von Streitfällen in Übereinstimmung mit dem in der Schlußakte enthaltenen Mandat beauftragte Expertentreffen ab 30. Oktober 1978 in Lugano stattfinden wird. Im Einklang mit dem entsprechenden in der Schlußakte enthaltenen Beschluß werden die Teilnehmerstaaten ihre Vertreter zu diesem Treffen entsenden." Vgl. das Dokument CSCE/BM 21; Referat 212, Bd. 116377.
[27] Botschafter Fischer, Belgrad (KSZE-Delegation), übermittelte am 27. Oktober 1977 einen Entwurf der Schweizer KSZE-Delegation für die Einsetzung eines Expertengremiums zur Ausarbeitung einer gesamteuropäischen Konvention über die Arbeitsbedingungen der ausländischen Journalisten, der in den folgenden Tagen offiziell eingebracht werden sollte. In dem Papier wurde ausgeführt, die vorgesehene Konvention solle folgende Punkte umfassen: Ein- und Ausreise sowie Visafragen, Aufenthalt, Reisemöglichkeiten innerhalb der Teilnehmerstaaten, Zugang zu Quellen, Ein- und Ausfuhr von Dokumentations- und technischem Material, Regeln zur Ausweisung von Journalisten und zur Gleichbehandlung. Ferner wurden Maßnahmen zur weiteren Verbreitung gedruckter Informationen und die Modalitäten des geplanten Expertentreffens erläutert. Vgl. dazu den Drahtbericht Nr. 752; Referat 212, Bd. 115114.
  Der Vorschlag wurde am 31. Oktober 1977 eingebracht. Vgl. dazu den Drahtbericht Nr. 771 von Fischer vom selben Tag; Referat 212, Bd. 115107.
[28] Der Passus „muß man ... Westen betrachten" wurde von Ministerialdirektor Blech hervorgehoben. Dazu vermerkte Staatssekretär van Well handschriftlich: „r[ichtig]".

e) Geiselnahmeinitiative:

Die deutsche Delegation hat für ihren Text[29] 19 Miteinbringer gefunden. Leider ist sie auf die Opposition von Frankreich gestoßen. Wir haben den Franzosen eine neue Formel vorgeschlagen (Anl. 4[30]), von der wir hoffen, daß sie den französischen Absichten Rechnung trägt.

Diese Absichten gehen dahin, auf dem durch unsere Geiselnahmeinitiative geöffneten Wege einen Text zu erhalten, der alle Geiselnahmen bekämpft und jegliche Rechtfertigungsgründe, auch kriegsrechtliche, ausschließt. Eine solche Position geht für die Mehrheit der Staaten viel zu weit. In Belgrad, wo es lediglich um einen politischen Text geht, der die Absichten der internationalen Zusammenarbeit bei der Bekämpfung der Geiselnahme ausdrückt, werden diese Unterschiede wohl, wenn auch mit Mühe, zu überwinden sein.

Blech

Referat 212, Bd. 115085

---

[29] Botschafter Fischer, Belgrad (KSZE-Delegation), teilte am 14. Dezember 1977 mit: „Unser Vorschlag Geiselnahme wurde am 14. Dez[ember] im Plenum von mir eingeführt […]. F lehnte ab, als Co-Sponsor mitzuwirken. Vorschlag konnte dennoch mit 18 Miteinbringern größte Zahl an Co-Sponsoren aller bisher eingebrachter Dokumente auf sich versammeln. Versuch, WP-Staaten zu gewinnen, schien zunächst bei PL erfolgreich, andere äußerten sich ‚persönlich geneigt', den Vorschlag zu tragen, wiesen aber auf fehlende Weisungen hin. R war zur Mitzeichnung bereit, verband dies aber mit dem Wunsch, Hinweise auf VN-Resolutionen 31/102 und 31/103 vom 15.12.1976 aufzunehmen. ČS nannte Hinweis auf Auslieferungspflicht Voraussetzung zur Mitzeichnung. S[uomi-]F[inland] und CH blieben bis zuletzt ohne Weisung." Vgl. den Drahtbericht Nr. 1036; Referat 212, Bd. 116376.
Der als Dokument BM 67 vom 13. Dezember 1977 eingeführte Vorschlag lautete: „Die Teilnehmerstaaten verurteilen alle Akte terroristischer Gewalt und erklären ihre Absicht, in den Vereinten Nationen die Initiative zur Ausarbeitung einer Konvention gegen Geiselnahme zu unterstützen und aktiv mit dem Ziel der Verhütung der Geiselnahme zusammenzuarbeiten." Vgl. den Drahtbericht Nr. 1036; Referat 212. Bd. 116376.

[30] Dem Vorgang beigefügt. Der Textvorschlag lautete: „Die Teilnehmerstaaten verurteilen alle Akte terroristischer Gewalt und erklären ihre Absicht, die weitere internationale Zusammenarbeit insbesondere in den Vereinten Nationen und anderen Internationalen Organisationen zu verstärken, die der Ausarbeitung wirksamer Maßnahmen zur Gewährleistung der Sicherheit der Zivilluftfahrt sowie der Verhinderung und Bekämpfung der Geiselnahme dient." Vgl. Referat 212, Bd. 115085.

16

Botschafter Fischer, Belgrad, (KSZE-Delegation), an das Auswärtige Amt

Fernschreiben Nr. 48 Aufgabe: 20. Januar 1978, 20.45 Uhr[1]
Citissime Ankunft: 21. Januar 1978, 01.18 Uhr

Delegationsbericht Nr. 302

Betr.: KSZE-Folgetreffen;
hier: Zusammenfassender Bericht Nr. XIII (Sitzungswoche vom 17. bis 20. Jan. 1978)

Bezug: DB Nr. 1081 vom 21.12.1977 (Delegationsbericht Nr. 272)[2]

Zur Unterrichtung

1) Bei Wiederaufnahme Verhandlungen offenbarte SU durch Vorlage nur dreiseitigen Entwurfs abschließenden Dokuments[3] völlig veränderte Haltung gegenüber Folgetreffen und erzeugte damit früher als erwartet Verhandlungskrise. Sowjetischer Entwurf, der mit übrigen WP-Mitgliedern offenbar nicht abgestimmt war, wischt fast alle der 100 eingehend erörterten Vorschläge, darunter zahlreiche östliche, vom Tisch und geht auf kein einziges westliches Anliegen außer Akzeptierung Madrids als nächster Tagungsort 1980 ein. SU rechtfertigt widersprüchliches Vorgehen mit Argument, weder Wiederholung der Schlußakte noch davon abweichende Beschlüsse kämen in Frage. Hauptaufgabe Folgetreffens sei „sehr nützlicher" Meinungsaustausch gewesen. Vorschläge beträfen vor allem Punkte, die Unterschied zwischen Ost und West verdeutlichen. Hierüber werde man sich ohnedies nicht einigen können. Entspannung diene alleine Dokument, das sich auf Punkte beschränkt, die Ost und West einen.

2) Westliche Staaten, einschließlich N+N-Staaten, kritisierten östliches Vorgehen heftig. Für derartigen Pessimismus sei kein Grund. Bei gutem Willen und ausreichendem Bemühen sei es durchaus möglich, substantielles Dokument mit weiterführenden Beschlüssen auf allen behandelten Gebieten zu erzielen. Wenn dies nicht möglich wäre, käme überhaupt nur lakonisches, noch kürzeres Dokument in Frage, aus dem sich unverhüllt Scheitern der Konferenz ergeben würde.[4]

3) Sowjetische Taktik kommt, wenn auch nicht dem Zeitpunkt nach, nicht unerwartet. Schon bei Vorlage östlicher Vorschläge war zu erkennen gewesen, daß damit in erster Linie Westen gezwungen werden sollte, auf eigene Vorschläge

---

[1] Hat Vortragendem Legationsrat I. Klasse Joetze vorgelegen.
[2] Für den Drahtbericht des Botschafters Fischer, Belgrad (KSZE-Delegation), vgl. AAPD 1977, II, Dok. 373.
[3] Für den sowjetischen Entwurf vom 17. Januar 1978 vgl. den Drahtbericht Nr. 22 des Botschafters Fischer, Belgrad (KSZE-Delegation), vom selben Tag; Referat 212, Bd. 115108.
[4] Der Passus „käme überhaupt ... ergeben würde" wurde von Vortragendem Legationsrat I. Klasse Joetze hervorgehoben. Dazu vermerkte er handschriftlich: „Das muß man vorbereiten."

zu verzichten. Seit langem[5] hat es sich abgezeichnet, daß Osten lieber auf jede weiterführende Maßnahme, auch in ihn interessierenden Bereichen (Korb II[6]; Nichtersteinsatz von nuklearen Waffen; Beitrittsmoratorium der Bündnisse[7]) verzichten würde, als Dokument zuzustimmen, das Aussagen über Menschenrechtsverletzungen und Präzisierungen auf Gebiet Menschenrecht und menschliche Kontakte enthielte.[8]

4) SU scheut sich dabei nicht, in Widerspruch zu bisheriger östlicher Haltung zu geraten. Bis jetzt bezeichnete Osten es als Hauptzweck in Belgrad, weiterführende Vorschläge zu behandeln. Entsprechend zirkulierten östliche Delegationen absolute Mehrheit aller eingebrachten Vorschläge. Sie beteiligten sich noch am 22. Dezember an Erörterung von Kompakt-Papieren auf dieser Basis. Nunmehr behaupten östliche Delegationen plötzlich, Hauptzweck Belgrads sei „sehr nützlicher Meinungsaustausch" gewesen, den sie bisher als konfrontativ und Entspannung gefährdend bezeichnet hatten. Seither leugnet Osten jede Möglichkeit, Bestimmungen Schlußakte in abschließendem Dokument zu ergänzen oder zu präzisieren. Dieses Verhalten, auch im WP-Lager umstritten, hat SU in Belgrad weitgehend isoliert.

5) Obwohl sowjetischer Vorschlag Schlußdokuments als von Breschnew persönlich unterbreitet dargestellt wurde, geht Westen davon aus, daß er nicht letztes Wort Moskaus ist.[9] Westliche und N+N-Delegationen verfolgen daher in Redaktionsgruppen Taktik des „business as usual"[10], indem sie Osten dazu herausfordern, wenigstens auf Grundlage eigener, für Westen relativ leicht akzeptabler Vorschläge zu redigieren. Osten läßt sich darauf nur sehr zögernd ein, um größeren Schaden in öffentlicher Meinungsbildung zu vermeiden. Er verhält sich dabei nach obstruktiver Maxime, so höflich wie möglich „rezeptiv" zu bleiben, so geringen Fortschritt wie möglich zu machen und dadurch viel Zeit zu ver-

---

[5] Die Wörter „seit langem" wurden von Vortragendem Legationsrat I. Klasse Joetze hervorgehoben. Dazu Fragezeichen.

[6] Für den Wortlaut des Abschnitts „Zusammenarbeit in den Bereichen der Wirtschaft, der Wissenschaft und der Technik sowie der Umwelt" (Korb II) der KSZE-Schlußakte vom 1. August 1975 vgl. SICHERHEIT UND ZUSAMMENARBEIT, Bd. 2, S. 925–944.

[7] Vgl. dazu den sowjetischen Entwurf vom 24. Oktober 1977 für eine „Aktionsbasis zur Festigung der militärischen Entspannung in Europa"; Dok. 4, Anm. 16.

[8] Der Passus „Seit langem ... Kontakte enthielte" wurde von Vortragendem Legationsrat I. Klasse Joetze hervorgehoben. Dazu vermerkte er handschriftlich: „Nicht seit langem. Fischer war wie BK + BM optimistisch. Mögl[icher] Einwand von links: also gefährd[en] die M[enschen]re[chte] die Entspannung."

[9] Botschafter Fischer, Belgrad (KSZE-Delegation), berichtete am 23. Januar 1978, daß er am 20. Januar 1978 ein Gespräch mit dem Leiter der sowjetischen KSZE-Delegation, Woronzow, geführt habe: „Meine Darlegung, daß sowjetischer Entwurf für abschließendes Dokument (BM 70) angesichts eines minimalistischen Charakters, was westliche und N+N-Wünsche betrifft, maximalistischen Charakters hinsichtlich sowjetischer Wünsche, keine akzeptable, ausgewogene Grundlage sei, beantwortete er dahingehend, daß SU auch bereit sei, auf Aufnahme eigener Vorschläge in abschließendes Dokument zu verzichten. Dann bliebe nur bei einigen allgemeinen politischen Sätzen. Er fügte hinzu, er wisse, daß Neun beschlossen hätten, sich auch mit kurzem, faktuellen Dokument zufrieden zu geben und SU Verantwortung dafür zuzuschieben. Auch mit dieser Alternative sei er einverstanden, da SU westlichen Darlegungen eigene gegenüberstellen würde." Vgl. den Drahtbericht Nr. 51; Referat 212, Bd. 115108.

[10] Die Wörter „business as usual" wurden von Vortragendem Legationsrat I. Klasse Joetze hervorgehoben. Dazu vermerkte er handschriftlich: „Aber unter Vorbehalt."

geuden, daß Wahrscheinlichkeit Einigung auf nur kurzes Dokument aus Zeitdruck steigt.

6) Westen und Neutrale suchen dem durch informelles Verhandlungssystem zu begegnen, das zwischen NATO und N+N-Mitgliedern, jedoch noch nicht vom Osten, wie folgt akzeptiert wurde: Für alle wichtigen Abschnitte des Schlußdokuments werden bestimmt Mittelsmänner der N+N ((Textpassagen)) im Zusammenwirken mit westlicher und, falls dies gelingt, östlicher Kontaktgruppe (()) zustande zu bringen suchen.[11] (Ich habe mich im NATO-Kreis als Kontaktmann zum Thema „menschliche Kontakte" bestimmen lassen; Vermittler hierfür ist österreichischer Botschafter[12].) Neutrale und Blockfreie werden bereits am 21. Januar mit Redaktionsarbeit Vermittlungsvorschläge beginnen.

7) Solange Vermittlungsbemühungen laufen, ist Westen Entscheidung enthoben, wie er auf eventuelles Scheitern seiner Bemühungen um substantielles Papier reagieren sollte. Entsprechend haben sich im NATO-Kreis erneut alle Bündnispartner dafür ausgesprochen, bis auf weiteres unverändert an der sogenannten „Option 1" aus Kopenhagener EPZ-Sitzung[13] (Anpeilen eines substantiellen Papiers einschließlich Aussagen zum Implementierungsdefizit, Menschenrechten, menschlichen Kontakten und sonstigen Sachfragen) festzuhalten. Entsprechend tun westliche Delegationen alles, um Situation zu entdramatisieren. Bei Scheitern Vermittlungsbemühungen würde „Option 2" (kurzes, auf Sachaussagen über Belgrader Folgetreffen und Madrider Treffen reduziertes Dokument mit klarer Aussage über Verantwortung für diesen Ausgang) zum Zuge kommen.[14]

8) Sowjetisches Eingehen auf westliches Verhandlungskonzept könnte gefördert werden, wenn hiesige Sprachregelung für Medienvertreter über widersprüch-

---

[11] So in der Vorlage.
[12] Helmut Liedermann.
[13] Für das Papier „Report on the present state of the work of the Belgrade meeting 1977" vgl. Referat 212, Bd. 115085.
[14] Botschafter Fischer, Belgrad (KSZE-Delegation), berichtete am 24. Januar 1978: „1) Botschafter Goldberg hat in NATO-Abstimmung vom 23. Jan[uar] 1978 angekündigt (und mir heute beim Mittagessen bestätigt), daß er eigenen Entwurf für abschließendes Dokument einzubringen gedenke. Er will NATO-Delegationschefs in Abstimmungssitzung am 25. Jan. konsultieren, scheint aber entschlossen, Text am 27. Januar 1978 im Plenum einzubringen. 2) Gibt an, auf Grund Washingtoner Instruktionen zu handeln. Seine Begründung lautet, sowjetischem Entwurf (BM 70) müsse entsprechender Gegenentwurf gegenübergestellt werden. Dies sei zur Selbstdarstellung in amerikanischer Öffentlichkeit unerläßlich [...]. 3) Erste Reaktion bei NATO und EG eindeutig negativ. Wir befürchten, daß durch amerikanisches Vorgehen innerhalb westlichem Bündnis ursprünglich einstimmig beschlossene Taktik, nunmehr N+N-Staaten zur Vorbereitung vermittelnder Texte einzuschalten, gestört wird." Vgl. den Drahtbericht Nr. 58; Referat 212, Bd. 115108.
Am 25. Januar 1978 teilte Fischer mit: „Auf Gegenvorstellungen seiner EG- (DK, GB, F und ich) und NATO-Partner (CDN) erklärte sich Goldberg am 25.1.78 bereit, Zirkulierung amerikanischen Gesamtentwurfs für abschließendes Dokument (AD) jedenfalls bis 3.2. zurückzustellen. Er wird Entwurf im NATO-Kreis zirkulieren, um vor diesem Zeitpunkt nach Möglichkeit Einigkeit über Text für Fall Einbringung zu erzielen. Gleichzeitig griff Goldberg Vorschlag EG-Partner auf, Anforderungen der USA an abschließendes Dokument (AD) in Plenarsitzung am 27.1. mit Entschlossenheit und von anderen Bündnispartnern unterstützt zum Ausdruck zu bringen. Termin 3.2. wurde gewählt, weil damit zu rechnen ist, daß bis dahin N+N-Staaten ihre Kompromißvorschläge vorgelegt haben und erste östliche Reaktionen dazu vorliegen." Vgl. den Drahtbericht Nr. 70; VS-Bd. 13076 (212); B 150, Aktenkopien 1978.

lichen und negativen Charakter neuer sowjetischer Haltung auch anderswo verbreitet würde.[15]

Anmerkung: Die im Text doppelten ((auf und zu)) bedeuten eckige Klammern.

[gez.] Fischer

Referat 212, Bd. 115108

17

Aufzeichnung des Vortragenden Legationsrats I. Klasse Lücking

Dg 21 VS-NfD 23. Januar 1978[1]

Betr.: Gespräch beim Mittagessen, das Botschafter Falin am 20.1.1978 zu Ehren von Herrn Meyer-Landrut in seiner Residenz gegeben hat.

Teilnehmer auf deutscher Seite: Staatssekretär van Well; Dr. Blech, D 2; Dr. Meyer-Landrut, D 3; Dr. Lücking, Dg 21;

Teilnehmer auf sowjetischer Seite: Botschafter Falin; Gesandter Tokowinin, BR Popow; Erster Sekretär Safrontschuk.

Botschafter Falin lenkte das Gespräch in Richtung einer Bilanz der deutsch-sowjetischen Beziehungen, und zwar nicht im Detail, sondern von hoher Warte aus. Es bestand Einvernehmen, daß das gegenseitige Mißtrauen bezüglich der politischen Intentionen der anderen Seite ein bestimmendes Element gewesen ist, das man ausräumen müsse.

Falin sagte, man dürfe die bei der Anwendung des Vier-Mächte-Abkommens[2] aufgetretenen Schwierigkeiten nicht isoliert sehen. Für die Sowjetunion handle es sich hierbei um einen gravierenden Vorgang, der politische Rückwirkungen vor allem auch auf das gesamte sowjetisch-amerikanische Verhältnis habe. In der Entwicklung der sowjetisch-amerikanischen Beziehungen nach dem letzten

---

[15] Dieser Satz wurde von Vortragendem Legationsrat I. Klasse Joetze hervorgehoben. Dazu vermerkte er handschriftlich: „Entscheid[un]g StS bald."

[1] Vortragender Legationsrat I. Klasse Lücking leitete die Aufzeichnung am 23. Januar 1978 über Ministerialdirektor Blech an Staatssekretär van Well. Dazu vermerkte er: „In der Anlage lege ich einen Vermerk über das Gespräch mit Botschafter Falin am 20.1.1978 im Rahmen eines von ihm zu Ehren von Herrn Dr. Meyer-Landrut gegebenen Mittagessens vor mit der Bitte, den Inhalt zu billigen und dem Verteiler zuzustimmen. Der zusammenfassende Gesprächsvermerk berücksichtigt auch den letzten Teil des Gesprächs, an dem der Herr Staatssekretär und Herr D 2 nicht mehr teilnehmen konnten."
Hat Blech am 27. Januar 1978 vorgelegen.
Hat van Well am 28. Januar 1978 vorgelegen. Vgl. den Begleitvermerk; Referat 210, Bd. 116419.

[2] Für den Wortlaut des Vier-Mächte-Abkommens über Berlin vom 3. September 1971 sowie des Schlußprotokolls vom 3. Juni 1972, mit dem das Abkommen in Kraft trat, vgl. BUNDESANZEIGER, Nr. 174 vom 15. September 1972, Beilage, S. 44–73.

Kriege habe das Vier-Mächte-Abkommen eine wichtige Funktion. Die Sowjetunion habe es abgeschlossen in der Erwartung der Wiederherstellung einer gewissen Vertrauensgrundlage in den Beziehungen zwischen Moskau und Washington. Deshalb sei in sowjetischen Augen alles, was mit dem Vier-Mächte-Abkommen geschehe, im Zusammenhang mit der Entwicklung der sowjetisch-amerikanischen Gesamtbeziehungen, etwa auch bei SALT, zu sehen.

StS van Well sagte, auch ihm bereite Sorge, daß die verbliebene Vertrauensgrundlage im Verhältnis zur Sowjetunion wohl heute kaum noch tragfähig genug sei für Vereinbarungen vor allem im Bereich der Sicherheit. F. stimmte dem zu.

F. sagte dann unter Hinweis auf unsere Massenmedien, wir glaubten, nur bei uns gäbe es Meinungsverschiedenheiten beim Prozeß der politischen Meinungsbildung und Entscheidungsfindung auf hoher und höchster Ebene. Das sei in Moskau genauso, nur daß dieser Vorgang nach außen hin nicht in Erscheinung trete. Wir könnten uns nicht vorstellen, auf welche Schwierigkeiten Gromyko heute stoße, weil er – trotz erheblicher anfänglicher Skepsis – schließlich dafür plädiert habe, die SU solle das Vier-Mächte-Abkommen unterzeichnen. Es habe nämlich im Politbüro starke Kräfte gegeben, die dezidiert gegenteiliger Auffassung gewesen seien. Wenn heute die Schwierigkeiten bei der Anwendung des Vier-Mächte-Abkommens im Politbüro diskutiert würden, müsse Gromyko in die Ecke sehen.

Die Rede von StS Hartkopf mit „Berlin – ein Land der Bundesrepublik Deutschland"[3] sei sehr lange und intensiv auf höchster Ebene in Moskau diskutiert worden. Man habe diese Äußerung sowie die erste von der Bundesregierung dazu abgegebene Stellungnahme[4] als im klaren Widerspruch zum Vier-Mächte-Abkommen stehend sehr ernst genommen. Falin gab durch eine Geste zu erkennen, daß man auf sowjetischer Seite eine viel weitergehende Reaktion erwogen habe, als dann tatsächlich erfolgt ist. Als wir auf die Antwort der

---

[3] Bei einer Veranstaltung des Kuratoriums „Unteilbares Deutschland" am 13./14. Mai 1977 in Berlin (West) führte Staatssekretär Hartkopf, Bundesministerium des Innern, u. a. aus: „Für mich ist Berlin vor allem ein Bundesland unseres Staates. Insofern halte ich es mit dem Bundesverfassungsgericht. Nach dessen ständiger Rechtsprechung ist Berlin ein Land der Bundesrepublik Deutschland. [...] Das heißt: Die Bundesorgane sind – soweit die Vorbehalte der Alliierten nicht greifen – verfassungsrechtlich gehalten, Berlin voll und ganz als Land der Bundesrepublik Deutschland zu behandeln." Es komme darauf an, „Berlin so lückenlos wie möglich" in die Rechts-, Wirtschafts- und Finanzordnung der Bundesrepublik einzubeziehen: „Nur so können wir deutlich machen, daß Berlin zu unserem Staat gehört – zu welchem auch sonst?" Das Vier-Mächte-Abkommen über Berlin vom 3. September 1971 stehe zu dieser Auffassung nicht im Widerspruch. Für die Rede vgl. Referat 210, Bd. 114998.

[4] Parlamentarischer Staatssekretär Baum, Bundesministerium des Innern, beantwortete am 16. Juni 1977 eine schriftliche Anfrage des CSU-Abgeordneten Zimmermann für die Fragestunde des Bundestags. Dieser hatte um Auskunft darüber gebeten, ob Staatssekretär Hartkopf, Bundesministerium des Innern, vor dem Arbeitskreis Berlin des Kuratoriums „Unteilbares Deutschland" am 13./14. Mai 1977 in Berlin (West) die Auffassung der Bundesregierung zutreffend wiedergegeben habe und ob die Bundesregierung auch bei ihren öffentlichen Äußerungen diese Position einnehmen werde. In seiner Antwort erklärte Baum, daß die Ausführungen von Hartkopf der Rechtsprechung des Bundesverfassungsgerichts folgten, „die selbstverständlich für die Bundesregierung verbindlich ist". Ferner verwies Baum auf Artikel 2 des Vertrags vom 26. Mai 1952 über die Beziehungen zwischen der Bundesrepublik und den Drei Mächten (Deutschlandvertrag) in der Fassung vom 23. Oktober 1954 sowie auf die Schreiben und Erläuterungen der Drei Mächte bzw. des Bundeskanzlers Brandt zum Vier-Mächte-Abkommen vom 3. September 1971 über Berlin. Vgl. BT STENOGRAPHISCHE BERICHTE, Bd. 101, S. 2483 f.

Bundesregierung auf eine von MdB Ollesch eingebrachte parlamentarische Anfrage[5] hinwiesen, sagte F., die Ausführungen habe er sehr genau gelesen. Es gebe darin aber auch wieder viele Zwar und Aber. F. ließ dabei jedoch erkennen, daß die Antwort der Bundesregierung dazu beigetragen habe, daß die Sowjetunion von weiteren Reaktionen abgesehen hat.

Was Herr Kohl alles über die DDR sage, steht im klaren Widerspruch zum Grundlagenvertrag[6]. Dann müsse man sich nicht wundern, wenn die DDR schließlich reagiere und ihn nicht einreisen lasse.[7] Morgen würde die DDR vielleicht einen anderen westdeutschen Politiker zurückweisen, und eines Tages könne es sogar ein SPD-Politiker sein. Und diese ganzen Demonstrationen in Westberlin. Eine ganze Reihe dieser Veranstaltungen habe es doch zumindest in dieser Form vor Abschluß des Vier-Mächte-Abkommens nicht gegeben. Er wisse auch warum. Damals habe man Angst gehabt, es könne zu Eingriffen in den Transitverkehr kommen. Darum habe man sich zurückgehalten. Jetzt aber habe man ja das Transitabkommen[8] und glaube, nun sei alles erlaubt. Seine

---

[5] Der FDP-Abgeordnete Ollesch fragte die Bundesregierung am 18. November 1977: „Wie beurteilt die Bundesregierung unter rechtlichen und politischen Gesichtspunkten die Äußerung des Bundeskanzlers vom 3. Oktober 1977 zur Rechtslage Berlins unter besonderer Berücksichtigung des Verhältnisses zu den Schutzmächten?" Vgl. BT ANLAGEN, Bd. 237, Drucksache Nr. 8/1200, S. 21.
Die am 25. November 1977 veröffentlichte schriftliche Antwort des Staatsministers von Dohnanyi lautete: „Die Frage des Verhältnisses von Berlin (West) zur Bundesrepublik Deutschland stellt sich auf einer staatsrechtlichen und auf einer völkerrechtlichen Ebene. Staatsrechtlich ist das Verhältnis so, wie es im Grundgesetz, interpretiert durch die Rechtsprechung des Bundesverfassungsgerichts, geregelt ist. [...] Völkerrechtlich ist die Situation so, daß die staatsrechtliche Lage in bezug auf Berlin durch die Vorbehaltsrechte der Drei Mächte überlagert ist, d. h., das Besatzungsrecht der Drei Mächte geht dem deutschen Staatsrecht vor." Dohnanyi verwies auf die entsprechenden Bestimmungen des Vier-Mächte-Abkommens über Berlin vom 3. September 1971 und der dazugehörigen Dokumente und erklärte, die Bundesregierung wolle „keinen Zweifel an der Respektierung der Entscheidungen aufkommen lassen, welche die Alliierten in Ausübung ihrer Rechte und Verantwortlichkeiten in bezug auf Berlin getroffen haben. [...] Bei der Feststellung des Bundeskanzlers in seiner Rede in Berlin am 3. Oktober 1977: ‚Berlin ist zwar kein Bestandteil der Bundesrepublik, aber niemand kann die gewachsenen Bindungen leugnen.' hat die Verantwortung für die außenpolitische Geradlinigkeit der Haltung der Bundesregierung in der Berlin-Frage eine wesentliche Rolle gespielt. Dabei sollte nicht übersehen werden, daß sich die Hauptaussage auf die Bindungen bezieht. Die verfassungsrechtliche Beurteilung der Rechtslage nach dem Grundgesetz bleibt von der Feststellung des Bundeskanzlers unberührt." Vgl. BT STENOGRAPHISCHE BERICHTE, Bd. 104, S. 4573.
[6] Für den Wortlaut des Vertrags vom 21. Dezember 1972 über die Grundlagen der Beziehungen zwischen der Bundesrepublik und der DDR und der begleitenden Dokumente vgl. BUNDESGESETZBLATT 1973, Teil II, S. 423–429.
[7] Dem CDU-Vorsitzenden Kohl wurde am 15. Januar 1978 die Einreise nach Ost-Berlin verweigert. Staatssekretär Gaus, Ost-Berlin, berichtete dazu am 16. Januar 1978, daß er gegenüber dem Abteilungsleiter im Außenministerium der DDR „scharf protestiert" habe. Seidel habe erklärt „daß es für unseren Protest keine Grundlage gebe. Die Entscheidung, wen man einreisen lasse, sei das souveräne Recht jedes Staates, also auch der DDR; es gebe in dieser Angelegenheit kein Mitspracherecht. Dr. Helmut Kohl habe in der Vergangenheit wiederholt die DDR besuchen können. In letzter Zeit habe sich jedoch der Bonner Oppositionsführer ‚in grober und verletzender Weise' über die DDR geäußert. Auch gebe es zahlreiche Aktivitäten Kohls, die im Widerspruch zum Vier-Mächte-Abkommen stünden. Kohls Einreisebegehren gestern sei in den Augen der DDR-Führung ein ‚demonstrativer Versuch gewesen, die DDR zu reizen'." Seidel habe auf Interviews von Kohl hingewiesen, „in denen eine verstärkte Bundespräsenz in Berlin (West) gefordert und Westberlin als ‚Land der Bundesrepublik' bezeichnet worden seien". Vgl. den Drahtbericht Nr. 68; VS-Bd. 13061 (210); B 150, Aktenkopien 1978.
[8] Für den Wortlaut des Abkommens vom 17. Dezember 1971 zwischen der Regierung der Bundesrepublik und der Regierung der DDR über den Transitverkehr von zivilen Personen und Gütern zwischen der Bundesrepublik und Berlin (West) vgl. BUNDESANZEIGER, Nr. 174 vom 15. September 1972, Beilage, S. 7–13.

Botschaft setze sich immer wieder dafür ein, daß der Transitverkehr reibungslos abgewickelt werden müsse. Aber er könne keinerlei Versicherung abgeben, daß das in Zukunft immer der Fall sein werde. Es bliebe ihm nur die Hoffnung darauf.

StS van Well legte mit Nachdruck unsere Auffassung zu diesen Fragen dar, wies insbesondere den Vorwurf demonstrativer Aktionen in Berlin zurück und erinnerte daran, daß Kissinger seinerzeit in Moskau klargestellt habe, daß wir bezüglich unserer Aktivitäten in Berlin nicht nur das Kriterium der rechtlichen Zulässigkeit, sondern auch das der politischen Opportunität beachten würden.[9] An diesem Grundsatz hielten wir weiterhin fest. Der entscheidende Punkt sei aber wohl der, daß wir – die sowjetische und die deutsche Seite – uns bei Berlin in einer Situation befänden, in der ein Schlag zwangsläufig einen Gegenschlag auslösen müsse. Eine bestimmte Aktivität des Bundes – sowjetischer Protest auf der ersten Seite der Zeitungen – Reaktion der Öffentlichkeit – Reaktion der Politiker und des Parlaments – Antwort der Drei Mächte usw. usw. Wir befänden uns in einem cercle vicieux.

F. widersprach dem nicht. Er meinte, wir könnten den Meinungsverschiedenheiten bezüglich der Interpretation der bekannten Bestimmungen des Vier-Mächte-Abkommens nicht einfach ihren Lauf lassen. Wir müßten uns um eine Annäherung unserer Standpunkte bemühen (aus Falins Worten war keinerlei Wink auf formelle Vier-Mächte-Konsultationen[10] herauszuhören).

Wir wiesen darauf hin, daß Falins Kritik an Aktivitäten in Berlin sich nicht auf die Exekutive, sondern auf Bereiche beziehe, die nicht der Kontrolle der Bundesregierung unterliegen. F. entgegnete, er sähe das sehr wohl, aber andern Orts (gemeint war Moskau) verstände man das nicht so ohne weiteres. Wir erläuterten schließlich die Bemühungen des Bundespräsidenten, die Parteien gemeinsam auf ein langfristiges Berlin-Programm festzulegen[11], um damit

---

[9] Vortragender Legationsrat I. Klasse Lücking teilte den Botschaften in London, Moskau, Paris und Washington am 4. April 1974 mit, der amerikanische Sprecher habe in einer Sitzung der Bonner Vierergruppe vom Vortag mitgeteilt, daß der amerikanische Außenminister Kissinger bei seinem Besuch vom 24. bis 28. März 1974 in der UdSSR dem sowjetischen Außenminister Gromyko im Zusammenhang mit der Errichtung des Umweltbundesamts in Berlin (West) dargelegt habe: „It is not the intention of the German side to establish federal agencies in Berlin without prior political consultation with the Western powers. If the three Western powers declare in any given case that while it was legally possible to establish such an agency it was politically not advisable to do so, the federal government would refrain from its establishment." Vgl. den Drahterlaß Nr. 1434; VS-Bd. 10110 (210); B 150, Aktenkopien 1974.

[10] In Ziffer 4 des Schlußprotokolls vom 3. Juni 1972 zum Vier-Mächte-Abkommen über Berlin vom 3. September 1971 wurde vereinbart, daß im Falle unterschiedlicher Auffassungen über Auslegung und Implementierung jede Vertragspartei das Recht zur Einberufung formeller Konsultationen haben solle. Für den Wortlaut vgl. BUNDESANZEIGER, Nr. 174 vom 15. September 1972, Beilage, S. 73.

[11] Vortragender Legationsrat I. Klasse Freiherr von Richthofen teilte der Botschaft in Washington am 21. Februar 1978 mit, daß auf Initiative des Bundespräsidenten Scheel am 19. Oktober 1977 eine erste Sitzung der „Arbeitsgruppe Berlin" stattgefunden habe. Diese bestehe aus Vertretern aller im Bundestag vertretenen Parteien, der Bundesregierung und des Senats von Berlin: „Der Initiative des Bundespräsidenten lag die Überlegung zugrunde, die Politik zur Sicherung der langfristigen Lebensfähigkeit von Berlin aus der parteipolitischen Auseinandersetzung herauszuhalten und auf eine gemeinsame Basis zu stellen. [...] Die ‚Arbeitsgruppe Berlin' verfolgt unter anderem folgende Vorstellungen zur langfristigen Sicherung der Lebensfähigkeit von Berlin: Ausbau der vorhandenen Forschungs- und Entwicklungskapazität; verstärktes Bemühen, den Sitz von Geschäftsleitungen und neuen Betrieben nach Berlin zu bringen; Ausgleich der Standortnachteile der Berliner

Gründe für eine Profilierung wegen Berlin zu verringern. Wir verstünden die sowjetische Reaktion auf diese Bemühungen nicht. F. entgegnete, er habe sich unterrichtet, das sei eine gute Sache. Er verkenne nicht, daß es auf unserer Seite ernsthafte Bemühungen gäbe, bestimmte Dinge in Berlin unter Kontrolle zu bekommen. Schließlich meinte er, indem er betont resigniert dreinblickte, das Wort seiner Botschaft zähle nach allem, was es gegeben habe (in Moskau), heute auch nicht mehr soviel wie früher einmal. Aus Falins Ausführungen war herauszuhören, daß Botschafter Abrassimow und er unterschiedliche Auffassungen bezüglich der sowjetischen Berlin-Politik vertreten und es offenbar zwischen ihnen beiden einen ständigen Wettlauf darum gibt, wer sich in Moskau durchsetzt.

Zum Schluß des Gesprächs griff Falin seinen Vorschlag auf, das wissenschaftlich-technische Abkommen doch noch zum Abschluß zu bringen[12], wobei er seinen Vorschlag wiederholte[13] – als informell und ohne Kenntnis des sowjetischen Außenministeriums vorgebracht –, eine Lösung auf der Grundlage anzustreben: Teilnahme von Präsidenten und Vizepräsidenten an im Bundesgebiet stattfindenden Vorhaben und Organisation von Vorhaben, die die Teilnahme von Präsidenten oder Vizepräsidenten nicht erfordern, in der Sowjetunion. Diese Lösung könne man bis auf weiteres verabreden. Der Bundesminister sei dann frei zu sagen, die personenbezogene Lösung umfasse auch die Mitwirkung von Präsidenten und Vizepräsidenten.

Eine Lösung der Differenzen um das wissenschaftlich-technische Abkommen würde einen entscheidend heilsamen Einfluß auf die Gesamtbeziehungen haben. D 2 und ich haben uns rezeptiv verhalten.

Botschafter Falin äußerte sich in einem Toast anerkennend über die großen Verdienste von Herrn Meyer-Landrut um die Gestaltung der deutsch-sowjetischen Beziehungen.

Lücking

Referat 210, Bd. 116419

Fortsetzung Fußnote von Seite 116
Wirtschaft durch einen deutlichen Präferenzvorsprung im Rahmen der Berlinförderung; verstärkte Förderung des Baus und der Modernisierung familiengerechter Wohnungen im innerstädtischen Bereich; Erweiterung des kulturellen Angebot Berlins." Vgl. den Drahterlaß Nr. 893; Referat 210, Bd. 116419.

[12] Die Bundesrepublik und die UdSSR verhandelten seit 1973 über ein Abkommen zur gegenseitigen Rechtshilfe in Zivil- und Handelssachen, ein Abkommen über wissenschaftlich-technische Zusammenarbeit und über ein Zweijahresprogramm zum Kulturabkommen vom 19. Mai 1973. Ungeklärt war die Einbeziehung von Berlin (West); im Falle der wissenschaftlich-technischen Zusammenarbeit und beim Kulturabkommen ging es vor allem um die Beteiligung von Institutionen und Organisationen mit Sitz in Berlin (West). Vgl. dazu AAPD 1977, II, Dok. 248.

[13] Der sowjetische Botschafter Falin brachte die Vorschläge zur Einbeziehung von Berlin (West) in ein Abkommen über wissenschaftlich-technische Zusammenarbeit im Gespräch mit Ministerialdirektor Blech am 5. Dezember 1977 vor. Vgl. AAPD 1977, II, Dok. 348.

18

Botschafter Sahm, Ankara, an Bundesminister Genscher

114-10311/78 VS-vertraulich	Aufgabe: 23. Januar 1978, 11.00 Uhr
Fernschreiben Nr. 56	Ankunft: 23. Januar 1978, 13.03 Uhr

Nur für BM und StS[1]

Betr.: Gespräch mit Ministerpräsident Ecevit

Bezug: DE 16 vom 17.1.78

1) Ministerpräsident Ecevit empfing mich Sonnabend, 21.1., in Gegenwart stellvertretenden Generalsekretärs im Außenministerium, Curuk.

2) Nachdem ich Botschaft des Bundeskanzlers vorgetragen hatte, dankte Ecevit sowohl für Glückwunschtelegramm[2] wie für Botschaft. Es sei ihm Genugtuung, daß Bundeskanzler sich so eingehend mit Problemen der Türkei befasse. Dies sei ihm besonders auch deshalb wichtig, weil er auf deutsche Hilfe hoffe. Türkei sei einziges Entwicklungsland, das demokratische Regierungsform habe. Türkei wolle trotz aller Schwierigkeiten daran festhalten. Die Demokratie bleibe aber empfindlich, wozu auch Terrorismus im Lande beitrüge. Es sei deshalb erforderlich, türkische Demokratie zu stärken und ihr zu helfen.

3) Deshalb sei es auch nicht möglich, die Forderungen des Internationalen Währungsfonds (IMF) voll zu akzeptieren.[3] Bei einer Arbeitslosenquote von 20 % könne man nicht die Wachstumsrate auf nahezu Null reduzieren. Der Bundeskanzler werde sicher geneigt sein, Vorstellungen des IWF für richtig zu halten und zu unterstützen, zumal dies einzige Institution sei, die Regierungen zu ihr wirtschaftlich notwendig erscheinende Maßnahmen veranlassen könne. Türkei befinde sich im Augenblick aber in einer sehr empfindlichen Phase. Sicher müßten sehr ernsthafte Maßnahmen getroffen werden, diese müßten aber auf die Charakteristik der Türkei ausgerichtet sein. Türkei brauche ein dynamisches Stabilisierungsprogramm, denn ein statisches Programm würde schwerwiegende soziale Spannungen hervorrufen.

---

[1] Günther van Well.
[2] Korrigiert aus: „zu Glückwunschtelegramm".
Bundeskanzler Schmidt gratulierte Ministerpräsident Ecevit zu der erfolgreichen Vertrauensabstimmung im türkischen Parlament am 17. Januar 1978. Für den Wortlaut vgl. BULLETIN 1978, S. 104.
[3] Referat 420 vermerkte am 9. Februar 1978: „Verhandlungen mit dem IWF über einen Stand-by-Kredit und damit verbunden die Einigung über ein wirtschaftliches Sanierungsprogramm wurden Ende 1977 unterbrochen. Es spricht viel dafür, daß die neue Regierung Ecevit nunmehr gegenüber dem IWF ein Doppelspiel treibt: Aus innenpolitischen Gründen (Rücksichtnahme auf Parteibasis und Gewerkschaften) zeigt sie eine harte Haltung und verkündet, daß sie die in ihren Augen ‚kapitalistischen Austerity-Maßnahmen' des IWF nicht akzeptieren kann und versuchen werde, ‚andere Lösungen' zu finden. De facto weiß sie jedoch genau – vor allem Finanzminister Müezzinoglu – , daß sie an einer Einigung mit dem IWF nicht vorbeikommt, da nur so die Türkei wieder international kreditwürdig werden kann. Ohne weitere massive Kreditgewährung, vor allem auch der ausländischen Geschäftsbanken, die sehr stark in der Türkei engagiert sind, kann die Türkei jedoch die ernste Krise nicht überwinden. Der IWF rechnet daher damit, daß die Verhandlungen voraussichtlich im März d. J. mit ‚konstruktiven' türkischen Vorschlägen fortgesetzt werden." Vgl. Referat 420, Bd. 124270.

Er richte an den Bundeskanzler zu diesem Komplex zwei Bitten:
- BK möge auf IWF einwirken, um dessen Haltung aufzulockern (to soften attitude of IMF)
- Bundesrepublik sollte wirtschaftliche Zusammenarbeit ausweiten und etwas von ihrem Dynamismus der Türkei vermitteln (inject dynamism).

4) Über Probleme der gemeinsamen Verteidigung hätte er unmittelbar zuvor mit Vance gesprochen.[4] Dieser hätte keine konkreten Zusicherungen geben können, wann das „Defense Cooperation Agreement" (DCA)[5] im Kongreß zur Ratifizierung eingebracht würde. Offensichtlich werde vor März überhaupt nichts geschehen. Neue türkische Regierung[6] hätte DCA im einzelnen überprüft und festgestellt, daß es nicht sehr befriedigend sei. Die der Türkei auferlegten Lasten seien sehr viel größer als Beiträge der USA zugunsten Türkei. Auch hätte sich in zwei Jahren seit Abschluß DCA vieles geändert. Militärische Anforderungen (military requirements) seien heute anders als damals. Zahlen stimmten auch nicht mehr, da seit 1976 Wert des Dollars gefallen und Preise für Rüstungsmaterial gestiegen seien. Aber diese Aspekte auszugleichen, sei sehr schwierig. Sicher seien USA der Hauptverbündete, hätten aber erhebliche innere Schwierigkeiten, die Bewegungsfreiheit auch auf außenpolitischem Gebiet beschränke. Dies könne sich auch in Zukunft wiederholen.

Er setze daher in erster Linie auf Deutschland als Verbündeten, das eine stabile Haltung gegenüber der Türkei einnehme und dem man Vertrauen schenke.

Es müsse schnell etwas getan werden ohne weitere Verzögerung. Die dringendsten Sicherheitsmaßnahmen seien schon zu lange ausgesetzt worden. Dies könne nicht mehr so weitergehen. Die notwendigen Schritte müßten mit der Allianz vereinbar (compatible) sein. Militärische Zusammenarbeit mit Deutschland müsse erweitert werden.

Ecevit gab zu, daß Bundesrepublik nicht in der Lage sei, USA zu ersetzen.

5) Ecevit fuhr fort, er sei BK besonders dankbar, daß er auch Ägäis-Frage[7] erwähnt hätte, die häufig übersehen werde. Sie sei in gewisser Hinsicht schwieriger als Zypern-Problem. Es gehe um so komplizierte und neuartige Fragen wie die der wirtschaftlichen Souveränität in Meeresgebieten, die auch Gegenstand internationaler Konferenzen sei. Diese Frage müsse zwar getrennt von Zypern-Frage behandelt werden, aber parallel mit ihr, da Fortschritte in einem Komplex psychologische Auswirkungen auf den anderen habe.

6) In Zypern-Frage werde Türkei Initiative ergreifen. Er sei sich dabei mit Denktasch völlig einig, im Gegensatz zu der vergangenen Regierung. Wenn auch mit Denktasch noch nicht alle Einzelheiten abgeklärt sind – das sei eine Arbeit, die jetzt getan werde –, so hätte man doch hinsichtlich der Grenzziehung

---

4 Der amerikanische Außenminister Vance hielt sich am 20./21. Januar 1978 in der Türkei auf.
5 Zu dem am 26. März 1976 unterzeichneten Abkommen zwischen den USA und der Türkei über Verteidigungshilfe vgl. Dok. 8, Anm. 45.
6 Nach dem Verlust der Parlamentsmehrheit durch den Parteiaustritt mehrerer Abgeordneter trat die Regierung von Ministerpräsident Demirel am 31. Dezember 1977 zurück. Der bisherige Oppositionsführer Ecevit bildete am 5. Januar 1978 eine neue Regierung, der das türkische Parlament am 17. Januar 1978 das Vertrauen aussprach.
7 Zum griechisch-türkischen Konflikt in der Ägäis vgl. Dok. 3, Anm. 17.

einen allgemeinen Rahmen ins Auge gefaßt. Waldheim hätte sich geirrt, als er sagte, türkische Regierung werde Vorschläge machen.[8] Dies sei natürlich Sache der türkischen Zyprioten.[9] Diese hätten jedoch die volle Unterstützung der türkischen Regierung. Die Griechen sollten allerdings nicht zu viel erwarten. In gewissen Grenzen werde die Demarkationslinie verhandlungsfähig sein. Es dürften aber keine neuen Ansiedlungsprobleme entstehen. Seit 1974 seien die Leute ansässig geworden. Sie sollten nicht erneut umgesiedelt werden, wenn auch einige Opfer gebracht werden müßten. Wenn er von einer gewissen Flexibilität spreche, so meine er damit nicht, daß nun ein großes Handeln anfangen solle (not bargaining too much), da er davon nichts halte.

Mit der Ausarbeitung eines Verfassungsentwurfs sei der angesehene Staatsrechtler und stellvertretende Vorsitzende von „Amnesty International", Soysal, beauftragt worden.

Die Vorschläge dürften bis Ende Februar/Anfang März ausgearbeitet sein, um dann in den Volksgruppengesprächen[10] vorgelegt zu werden, falls diese dann einberufen werden.

Er wolle dieses Problem jetzt endlich lösen. Griechen wünschten alles in Länge zu ziehen, da sie Hoffnungen auf irgendeine ferne Zukunft setzten. Leider übten sie auch keinen Einfluß auf Kyprianou aus. Türkei und Griechenland könnten sich nicht aus Bemühungen um Lösung Zypern-Frage heraushalten, das sei Furcht vor Verantwortung (escapism). Denktasch genieße jedenfalls volle Unterstützung türkischer Regierung.

Zu Karamanlis bemerkte Ecevit, daß er ihn nicht kenne, aber für eine ernsthafte und verantwortungsbewußte Persönlichkeit halte. Er wisse jedoch nicht, wie stark er sei und ob er im Innern Schwierigkeiten hätte.

Auf Frage bestätigte Ecevit, daß er keine Vermittlung durch Dritte wünsche, wofür es schon viel zuviele Anwärter gebe. Er lege jedoch Wert auf jedes Wort der Ermutigung. In diesem Sinne könnten auch die Neun, ohne Hinweis auf konkrete Lösungsmodelle, eine Erklärung abgeben, in der sie zu beiden Komplexen (Ägäis und Zypern) die unmittelbar betroffenen (directly involved) Parteien auffordern, die Probleme miteinander zu lösen.

7) Zum Verhältnis Türkei–EG führte Ecevit aus, daß eine substantielle Veränderung in der Art der Beziehungen (pattern of relationship) notwendig sei. Im Gegensatz zur vorigen Regierung, die auf die EG wartete, sei er der Auffassung, daß es Sache der Türkei sei, entsprechende Vorschläge zu machen. Weitere Zusammenarbeit und schließliche Integration könne nicht nur durch Abänderung getroffener Vereinbarungen[11] sichergestellt werden. Vielmehr müsse tür-

---

[8] Zu den Äußerungen des UNO-Generalsekretärs Waldheim auf einer Pressekonferenz am 9. Januar 1978 in Ankara vgl. UN MONTHLY CHRONICLE, Februar 1978, S. 21.

[9] Die Vorschläge der türkischen Volksgruppe auf Zypern wurden am 13. April 1978 übergeben. Vgl. dazu Dok. 134, Anm. 9.

[10] Seit dem 28. April 1975 wurden in Wien und New York Gespräche zwischen Vertretern der griechischen bzw. türkischen Volksgruppe auf Zypern unter der Schirmherrschaft des UNO-Generalsekretärs Waldheim geführt. Die bislang letzte Runde fand vom 31. März bis 7. April 1977 in Wien statt. Vgl. dazu AAPD 1977, I, Dok. 89.

[11] Die Türkei und die EWG schlossen am 12. September 1963 in Ankara ein Abkommen zur Gründung einer Assoziation, das am 1. Dezember 1964 in Kraft trat. Für den Wortlaut des Abkommens und der dazugehörigen Dokumente vgl. BUNDESGESETZBLATT 1964, Teil II, S. 510–579.

kische Wirtschaft strukturellen Änderungen unterzogen werden.[12] Sollten die Neun ihrerseits Vorschläge machen wollen, so wäre er selbstverständlich dankbar dafür.

8) Abschließend bat Ecevit erneut, dem Herrn Bundeskanzler seine persönlichen Grüße und seinen Dank für Botschaft zu übermitteln. Falls er vor meiner Abreise nach Bonn noch weitere Mitteilungen zu machen hätte, werde er mich unterrichten. Er bat, auch Herrn Brandt Grüße zu übermitteln. Er hätte sehr bedauert, seiner Einladung nach Tokio[13] wegen innenpolitischer Lage nicht Folge leisten zu können. Beitritt zur Sozialistischen Internationale sei nach wie vor seine Absicht. Er müsse jetzt aber zunächst englische Übersetzung des Parteiprogramms überprüfen.

Ecevit drückte Hoffnung aus, mit dem Herrn Bundeskanzler und Herrn Brandt bald wieder zusammenzutreffen.

9) Ecevit war in guter Verfassung, gelassen und selbstsicher. Er führte das Gespräch souverän und auf der Grundlage klarer Vorstellungen über Absichten und Ziele seiner Regierung. Gleichzeitig war er sehr liebenswürdig und höflich, was so weit ging, daß er mich beim Abschied bis zum Wagen begleitete und Abfahrt abwartete.

10) Bewertung folgt.[14]

[gez.] Sahm

VS-Bd. 525 (014)

Fortsetzung Fußnote von Seite 120

Am 23. November 1970 wurde ein Zusatzprotokoll für die Übergangsphase der Assoziation unterzeichnet. Für den Wortlaut vgl. BUNDESGESETZBLATT 1972, Teil II, S. 387–432.

Ferner wurde am 30. Juni 1973 ein Ergänzungsprotokoll zum Assoziierungsabkommen vom 12. September 1963 infolge des Beitritts neuer Mitgliedstaaten zur EWG geschlossen. Für den Wortlaut vgl. BUNDESGESETZBLATT 1975, Teil II, S. 166–188.

Am 12. Mai 1977 wurde ein Finanzprotokoll unterzeichnet. Für den Wortlaut vgl. AMTSBLATT DER EUROPÄISCHEN GEMEINSCHAFTEN, Nr. L 67 vom 17. März 1979, S. 15–22.

[12] Vortragender Legationsrat I. Klasse Trumpf vermerkte am 10. Januar 1978: „Die Beziehungen der Türkei zur EG durchlaufen eine kritische Phase. [...] Die Ursachen der Krise sind wirtschaftlich: Die Assoziation erfüllt heute nicht mehr drei der vier wesentlichen türkischen Erwartungen an die EG: Aufnahme des türkischen Agrarexports zu Vorzugsbedingungen, Öffnung des Markts für die Haupterzeugnisse der türkischen Industrie (Textilien, verarbeitete Agrarerzeugnisse), Freizügigkeit für türkische Arbeiter, Finanzhilfe für die Industrialisierung der Türkei. Nur bei der finanziellen Kooperation bescheinigt die Türkei heute noch das normale Funktionieren der Assoziation. Lebenswichtig für die Türkei ist aber auch der Export in die EG. [...] Der Vertrag von Ankara muß deshalb der heutigen Lage angepaßt werden. Er ging von der Annahme aus, daß die türkische Wirtschaft sich in absehbarer Zeit so entwickeln würde, daß eine Zollunion und andere Voraussetzungen für einen Beitritt geschaffen werden könnten. Diese Annahme hat sich nicht erfüllt. Die Türkei ist ein Entwicklungsland geblieben. [...] Statt auf Zollunion und Beseitigung der Handelshemmnisse sollte das Schwergewicht der Assoziation auf die wirtschaftliche Kooperation verlagert werden. Dies könnte im Wege einer weiteren Zusatzvereinbarung zwischen der EG und der Türkei geschehen, in der zugleich die Türkei von den Erfordernissen des Zollabbaukalenders befreit wird. Die Gemeinschaft hat im Dezember 1976 gegenüber der Türkei eine Absichtserklärung über die Entwicklung der Assoziation abgegeben, die in Richtung verstärkte Kooperation weist. Die Türkei ist bisher nicht darauf eingegangen." Vgl. Referat 410; Bd. 121760.

[13] In Tokio fand vom 17. bis 19. Dezember 1977 eine Konferenz der Vorsitzenden der Mitgliedsparteien der Sozialistischen Internationale statt.

[14] Vgl. Dok. 19.

19

Botschafter Sahm, Ankara, an Bundesminister Genscher

114-10313/78 VS-vertraulich　　　　　　　Aufgabe: 23. Januar 1978, 13.15 Uhr[1]
Fernschreiben Nr. 61　　　　　　　　　　Ankunft: 23. Januar 1978, 13.07 Uhr

Nur für BM und StS[2]

Betr.:　Gespräch mit Ministerpräsident Ecevit

Bezug: DB 56 vom 23.1.78 – Pol 320.10 VS-v[3]

I. Nachstehend gebe ich zu den Ausführungen des türkischen Ministerpräsidenten Ecevit, über die ich im vorgenannten Telegramm berichtet habe, einige Erläuterungen.

1) Zur Bitte Ecevits, der Herr Bundeskanzler möge auf IWF einwirken, werde ich ergänzend berichten, sobald ich vom Außenministerium die Einzelheiten über Forderungen des IMF[4] und türkische Bedenken in Erfahrung gebracht haben werde.[5] Bemerkenswert sind in diesem Zusammenhang Äußerungen neuen türkischen Finanzministers Müezzinoglu am 22.1.78 in Debatte der Budget-Kommission, wonach türkische Regierung zunächst eigene Maßnahmen zur Sanierung finanzieller Misere ergreifen will, bevor sie erneut mit IWF verhandelt. Auch zur bisherigen Politik, sich vorwiegend gegenüber internationalen privaten Bankensystemen zu verschulden, äußerte sich Müezzinoglu kritisch in dem Sinne, daß türkische Wirtschaft unter Schuldendiensten leide, und Regierung deshalb vermehrt Kreditaufnahme aus anderen Quellen, worunter er[6] nur befreundete Regierungen meinen kann, versuchen wolle. Besondere Aufmerksamkeit von unserer Seite verdienen die erheblichen Rückstände an kommerziellen Zahlungen an deutsche Firmen, die auf 600 bis 800 Mio. DM geschätzt werden.[7]

---

[1] Hat Vortragendem Legationsrat I. Klasse Schönfeld vorgelegen.

[2] Günther van Well.

[3] Für den Drahtbericht des Botschafters Sahm, Ankara, vgl. Dok. 18.

[4] Zu den Verhandlungen zwischen der Türkei und dem IWF vgl. Dok. 18, Anm. 3.

[5] Botschafter Sahm, Ankara, berichtete am 26. Januar 1978 über ein Gespräch mit dem türkischen Außenminister Ökçün: „Ich fragte, zu welchen Punkten der Vorschläge des IWF der MP eine Einwirkung des Bundeskanzlers auf den IWF wünsche. Meines Wissens seien die Hauptforderungen Einschränkung des Wachstumsrate, Abwertung, Kürzung der Staatsausgaben, Einfrieren der Löhne und Einfuhrbeschränkungen [...] Ö[kçün] erwiderte, es ginge bei IWF darum, daß dessen Modelle nicht auf Entwicklungsland wie Türkei anwendbar seien. Eine solche Zwangsjacke sei türkischem Volk nicht verständlich. Deswegen wünsche türk[ische] Regierung Finanzhilfe von Regierung zu Regierung, und er bedauere, daß ich ihm noch keine Antwort hierzu gebracht hätte. [...] Wenn die türk. Regierung die von mir genannten Punkte der IWF-Forderungen, über die er sich im Einzelnen nicht äußern könne, akzeptiere, dann bedeute dies das Ende der Regierung und der Demokratie in der Türkei. Es werde nicht möglich sein, solche Maßnahmen in der Öffentlichkeit zu verteidigen. Die guten Dienste des Bundeskanzlers seien vom Ministerpräsidenten deswegen nicht zu einzelnen Punkten erbeten, sondern zu dem Gesamtverhalten des IWF. Es solle darauf hingewirkt werden, daß dieser neues Modell für ein Entwicklungsland wie Türkei entwickele." Vgl. den Drahtbericht Nr. 76; VS-Bd. 11099 (203); B 150, Aktenkopien 1978.

[6] Korrigiert aus: „worunter nur".

[7] Vortragender Legationsrat Matthes legte am 9. Februar 1978 dar: „Wir sind nicht bereit, auf den IWF in der von Ecevit gewünschten Weise Einfluß zu nehmen. Eine derartige Einflußnahme auf

2) Zum Wunsch, deutschen wirtschaftlichen Dynamismus auf Türkei zu übertragen, ist zu bemerken, daß bisherige türkische Regierung die von deutscher Seite wiederholt beanstandete prohibitive Anwendung der Gesetzgebung für ausländische Investitionen nicht geändert hat. Ansatzpunkt, dem Wunsch Ecevits entgegenzukommen, wäre Fortsetzung der Kontakte, die durch Besuch der Delegation des Bundesverbands der Deutschen Industrie im Herbst 1976[8] begonnen wurden.

Es scheint erneut der Klarstellung zu bedürfen, daß nicht die Bundesregierung, sondern vornehmlich Privatindustrie Träger wirtschaftlicher Auslandsinitiativen ist.

3) In Verteidigungsfragen hat Gespräch Ecevits mit amerikanischem Außenminister Vance[9] offensichtlich wenig Positives ergeben. Ecevit hat türkische Presse seine Unzufriedenheit mit dem noch nicht ratifizierten Verteidigungsabkommen mit den Amerikanern[10] wissen lassen. Unsererseits könnte dem Wunsch Ecevits nach schnellem Handeln in erster Linie dadurch entgegengekommen werden, wenn Verhandlungen zwischen den beiden Verteidigungsministerien[11] unverzüglich fortgesetzt und die geplante Ausbildung türkischer Soldaten an „Leopard" eingeleitet würde.

4) Im Zypern-Problem empfiehlt sich für uns wie für die Neun im Augenblick Zurückhaltung, um Ergebnisse der Bemühungen der Direktbeteiligung abzuwarten.[12]

5) Zum Verhältnis EG–Türkei[13] ist positiv zu vermerken, daß türkische Regierung sich in Obligo sieht, eigene Vorstellungen zur Korrektur des Verhältnisses zur EG zu machen. Im übrigen bleibt abzuwarten, welche Art von strukturellen Veränderungen Ecevit im Auge hat, um türkische Wirtschaft näher an Gemeinsamen Markt heranzuführen. Es ist jedoch nicht zu übersehen, daß kurzfristig und in der Öffentlichkeit vor allem Haltung der EG gegenüber türkischen Exporteuren Prüfstein der Beziehungen bleiben wird.[14]

Fortsetzung Fußnote von Seite 122
den IWF läge auch nicht im Interesse der Türkei. Wir wissen, daß auch die USA bisher stets die Politik verfolgt haben, die Autorität des IWF zu stärken und nicht durch Einflußnahme zugunsten einzelner Länder zu untergraben." Vgl. Referat 420, Bd. 124270.

8 Vom 31. Oktober bis 4. November 1976 besuchte eine Delegation des BDI die Türkei.
9 Der amerikanische Außenminister Vance hielt sich am 20./21. Januar 1978 in der Türkei auf.
10 Zu dem am 26. März 1976 unterzeichneten Abkommen zwischen den USA und der Türkei über Verteidigungshilfe vgl. Dok. 8, Anm. 45.
11 Vom 28. November bis 2. Dezember 1977 fanden in Ankara Verhandlungen zwischen dem Bundesministerium der Verteidigung und dem türkischen Verteidigungsministerium statt. Referat 201 vermerkte dazu am 5. Dezember 1977, die türkische Seite habe akzeptiert, daß auch die zehnte Tranche der Verteidigungshilfe einen Wert von 100 Mio. DM bei einer Laufzeit von 18 Monaten haben werde. Die Türkei werde außerdem unentgeltlich Überschußmaterial der Bundeswehr erhalten. Für die geplanten Projekte der Anschaffung von 182 Panzern vom Typ „Leopard", der Ausstattung von 1000 Panzern vom Typ M-48 sowie der Beschaffung von 438 Abschußanlagen und 6520 Flugkörpern vom Typ „Milan" erwarte die Türkei eine Hermes-Bürgschaft über den gesamten Auftragswert in Höhe von 1,2 Mrd. DM. Vgl. dazu Referat 403, Bd. 121394.
12 So in der Vorlage.
13 Zu den Beziehungen zwischen den Europäischen Gemeinschaften und der Türkei vgl. Dok. 18, Anm. 11 und 12.
14 Vortragender Legationsrat I. Klasse Trumpf notierte am 26. Januar 1978: „Die Wertung der Botschaft Ankara wird geteilt. Ecevit sollte darüber hinaus ermutigt werden, türkische Vorschläge zur Bereinigung des Verhältnisses EG-Türkei zu machen. Die Gemeinschaft hat zum Assoziationsrat im Dezem-

II. Fürs nächste wird es darauf ankommen, Ecevit eine Antwort zu den hier angeschnittenen Fragen zukommen zu lassen. Ich schlage vor, dies bei meinem bevorstehenden Aufenthalt in Bonn zu besprechen und mich dann durch entsprechende Weisung dazu instand zu setzen. Ich rege an, Antwort vorerst noch in allgemeiner Form abzufassen. Von besonderer Wichtigkeit halte ich Fortsetzung des Dialogs mit Bundesverband der Deutschen Industrie. Hier sind Türken am Zuge und bereit, eine Delegation nach Deutschland zu entsenden, um evtl. Investitionsinteressen der deutschen Privatwirtschaft in Türkei weiter zu diskutieren. Ferner ist zeitliche Straffung der Gespräche der beiden Verteidigungsministerien wünschenswert. Erst wenn diese beiden Kontakte Ergebnisse erbracht haben, wäre eine Einladung Ecevits durch den Herrn Bundeskanzler sinnvoll. Diese Einladung sollte jedoch möglichst noch im Laufe des Jahres 1978 erfolgen.[15] Ein diese Begegnung vorbereitendes Treffen der gemischten deutsch-türkischen Wirtschaftskommission, die erstmalig im April 1977 in Ankara getagt hat[16], würde sich empfehlen.[17]

[gez.] Sahm

VS-Bd. 11099 (203)

Fortsetzung Fußnote von Seite 123

ber 1976 ein Paket vorgelegt, das noch nicht ausgeschöpft ist. Die EG steht seit langem auf dem Standpunkt, daß die Türkei am Zuge ist. [...] Die EG ist offen für jede türkische Initiative. Voraussetzung ist, daß die Forderungen maßvoll bleiben. Pauschale Forderungen nach weiterer Öffnung des gemeinschaftlichen Agrar- und Arbeitsmarkts sowie im Textil- oder anderen schwierigen Sektoren würden nicht weiterführen. Dagegen sollten wir MP Ecevit nicht anbieten, bilateral mit uns wegen des möglichen Inhalts konkreter Vorschläge an die EG vorab Kontakt zu halten. Wir würden bei der Arbeitskräftefrage unter großen Druck geraten. Statt dessen könnten wir in allgemeiner Form die Richtung andeuten, in der sich das Verhältnis EG-Türkei entwickeln sollte: vertiefte wirtschaftliche und handelspolitische Zusammenarbeit." Vgl. VS-Bd. 9317 (410); B 150, Aktenkopien 1978.

[15] Ministerpräsident Ecevit besuchte die Bundesrepublik vom 10. bis 13. Mai 1978. Vgl. dazu Dok. 146 und Dok. 147.

[16] Die erste Sitzung der deutsch-türkischen Wirtschaftskommission fand am 28./29. März 1977 statt. Gesandter Peckert, Ankara, berichtete dazu am 31. März 1977, erörtert worden seien Investitionen von Firmen aus der Bundesrepublik in der Türkei, Projekte für eine Kapitalhilfe, das Kraftwerkprojekt Elbistan, Tourismus, die Zusammenarbeit auf dritten Märkten und bei der Landwirtschaft, türkische Gastarbeiter sowie Verkehrsfragen. Peckert führte dazu aus, die Ergebnisse seien positiv zu werten. Auch die türkische Seite habe die Gespräche als einen „vielversprechenden Anfang" bezeichnet und den Wunsch geäußert, „in Zukunft weitere Treffen dieser Art zu veranstalten". Termin und Ort seien jedoch offengelassen worden. Vgl. den Drahtbericht Nr. 282; Referat 420, Bd. 129999.

[17] Die Ministerialdirektoren Blech und Lautenschlager vermerkten am 31. Januar 1978: „Die Botschaft Ecevits ist in der Substanz ein Hilferuf. Wie wir befürchtet hatten, sieht sich die Regierung Ecevit mit Rücksicht auf ihr Wählerpotential und die Gewerkschaften noch weniger in der Lage, das vom IWF geforderte Austerity-Programm zu akzeptieren, als ihre Vorgängerin. Selbst die von Demirel gegen Erbakan in einzelnen Punkten durchgesetzten Konzessionen an den IWF scheint die neue Regierung nicht aufrechterhalten zu wollen. Da andererseits die türkische Wirtschaft, wenn es nicht zu einer Einigung mit dem IWF kommt, an Devisenmangel zu ersticken droht, müssen wir in absehbarer Zeit in der Türkei mit Unruhen und einer erneuten Regierungskrise rechnen. [...] Vom politischen Gesichtspunkt wäre es daher zu begrüßen, wenn wir in der Lage wären, auf Ecevits Wunschliste wenigstens in dem einen oder anderen Punkt einzugehen. Eine solche deutsche Stützungsaktion müßte jedoch bald erfolgen, da Ecevit nicht viel Zeit hat, und in einer Größenordnung, die es ihm ermöglichen sollte, sie der türkischen Öffentlichkeit als einen ins Gewicht fallenden außenpolitischen Erfolg hinzustellen." Vgl. VS-Bd. 9324 (420); B 150, Aktenkopien 1978.

20

Drahterlaß des Vortragenden Legationsrats Kremer

320-321.00 ATH 25. Januar 1978[1]
Fernschreiben Nr. 394 Plurez
Citissime

Betr.: Deutsch-äthiopische Beziehungen

Nur zur Unterrichtung

1) Staatssekretär van Well bat äthiopischen Botschafter[2] am 23. Januar in das Auswärtige Amt und erklärte dem Botschafter, er habe ihm auf Weisung der Bundesregierung nach Besprechung mit Bundeskanzler folgendes mitzuteilen:

– Die Bundesregierung ist befremdet und irritiert durch ultimative Ausweisung von Botschafter Dr. Lankes.[3] Diese Maßnahme, die unter Ländern mit traditionellen Beziehungen außergewöhnlich ist, wird von Bundesregierung sehr ernst genommen. Deutsche Öffentlichkeit reagiert auf Ausweisung mit Unverständnis. Nach Beschlagnahme der Schule[4] und Ausweisung des Militärattachés[5] ist Ausweisung des Botschafters ein Schritt in der Reihe der Maßnah-

---

[1] Durchdruck.
Drahterlaß an die Botschaften in Addis Abeba, Mogadischu und Nairobi.
[2] Haile Gabriel Dagne.
[3] Botschafter Lankes, Addis Abeba, teilte am 22. Januar 1978 mit, daß er durch eine Note des äthiopischen Außenministeriums vom selben Tag zur Persona non grata erklärt worden sei und binnen 24 Stunden Äthiopien zu verlassen habe. Vgl. dazu den Drahtbericht Nr. 81; Referat 320, Bd. 116758.
[4] Vortragender Legationsrat I. Klasse Witte vermerkte am 6. Januar 1978: „Am 5. Januar 1978 wurde die Deutsche Schule Addis Abeba durch den Staatssekretär im äthiopischen Erziehungsministerium übernommen und die Räumung der Schulgebäude angeordnet. Bereits am 30. Dezember 1977 war die Schule durch bewaffnete Wachmannschaften des Erziehungsministeriums besetzt und eine restriktive Personenkontrolle durchgeführt worden. Am 10. November 1977 hatte das Erziehungsministerium diese Maßnahme gegenüber der Botschaft angedroht, als Vorwand verwies die äthiopische Seite auf die Kündigung von acht äthiopischen Ortskräften der Schule, auf deren Rücknahme sie bestand. [...] Wie Botschaft Addis Abeba telefonisch mitteilt, ist sie mit Note aufgefordert worden [...], am 9. Januar die Deutsche Schule an Erziehungsminister zu übergeben. Botschaft wurde sofort drahtlich angewiesen, sofort zu erklären, daß Bundesregierung zur Übergabe von Deutscher Schule nicht bereit sei." Vgl. Referat 620, Bd. 191317.
Am 9. Januar 1978 teilte Legationsrat I. Klasse Kalscheuer, Addis Abeba, mit, daß Angehörige des äthiopischen Erziehungsministeriums Räumlichkeiten der Schule versiegelt und die Räumung verschiedener Dienstwohnungen des Schulpersonals binnen vier Tagen verlangt hätten. Vgl. dazu den Drahtbericht Nr. 28; Referat 620, Bd. 191317.
[5] Botschaftsrat I. Klasse Busse, Addis Abeba, informierte am 11. Januar 1978, das äthiopische Außenministerium habe mit Note vom 9. Januar 1978 mitgeteilt, daß das Büro des Oberstleutnant i. G. von Münchow „mit Wirkung vom 17. Januar 1978 geschlossen werde. Das Personal des Militärattachéstabes müsse spätestens am gleichen Tage das Land verlassen. Die Maßnahme wurde mit Note wie folgt begründet: ,The P[rovisional]M[ilitary]A[dministrative]C[ouncil] of Socialist Ethiopia has taken this step in view of the fact that the prevailing military relationship between our two countries does not at present demand such representation. If in the future a situation arises which requires such a representation, the Ethiopian government will not hesitate to reconsider the case.'" Vgl. den Drahtbericht Nr. 42; Referat 320, Bd. 116757.

men, die die seit langem freundschaftlichen deutsch-äthiopischen Beziehungen innerhalb einer kurzen Zeitspanne auf das Schwerste belastet haben.[6]
- Die äthiopische Regierung wirft Botschafter Dr. Lankes vor, er richte Schaden an den traditionellen Beziehungen zwischen den Völkern der beiden Länder an. Bundesregierung weist diesen schwerwiegenden Vorwurf entschieden zurück. Er ist völlig unbegründet. Bundesregierung wird zunächst Rückkehr des Botschafters und seine Berichterstattung abwarten. Sie wird ferner den Bericht von MD Dr. Müller prüfen.[7] Dann wird sie ihre Haltung festlegen. Im Augenblick ist ihr Vorgehen der äthiopischen Regierung völlig unverständlich. Was sind die wirklichen Absichten der äthiopischen Regierung im Verhältnis zur Bundesrepublik Deutschland?
- Bundesregierung ist überrascht, daß der äthiopische Botschafter in dieser sehr schwierigen Phase der Beziehungen gebotene Zurückhaltung außer acht läßt und den höchst ungewöhnlichen Schritt getan hat, sich in einer Pressekonferenz über Amtsführung des deutschen Botschafters in Addis Abeba und Politik der Bundesregierung negativ auszulassen.[8] Sie ist befremdet, daß er dies nicht im Auswärtigen Amt, sondern vor der Presse dargelegt hat. Die Bundesregierung weist diese Unterstellungen zurück. Sie mißbilligt das Verhalten des Botschafters.
- Bundesregierung hält trotz der besorgniserregenden Verschlechterung der Beziehungen, die von ihr weder gewollt noch zu verantworten ist, an ihrer Politik der Ausgewogenheit und Nichtparteinahme fest. Sie sieht in dem

---

[6] Botschaftsrat I. Klasse Busse, Addis Abeba, berichtete am 25. Januar 1978: „Nach hier inzwischen erhältlichen Informationen waren für die Ausweisung von Botschafter Lankes verschiedene Motive maßgeblich, die vom äthiopischen Außenministerium gegebene Begründung war jedoch genauso ein Vorwand, wie ihn die Erklärung für die Ausweisung des Militärattachés darstellte. Auslösend für die ersten Maßnahmen zur Begrenzung unserer Präsenz – Beschlagnahme der Schule, Ausweisung des Militärattachés – war der Druck der sozialistischen Freunde, von denen Derg und Regierung aufgrund der Entwicklung der Lage an den Fronten im Ogaden und in Eritrea und der inneren Entwicklung des Landes in zunehmendem Maße abhängig sind." Die DDR sei mit ca. 1500 Beratern vertreten und die UdSSR liefere über eine Luftbrücke Waffen und Ausrüstungsgegenstände. Vgl. den Drahtbericht Nr. 104; Referat 320, Bd. 116758.
[7] Vortragender Legationsrat I. Klasse Witte informierte die Botschaft in Addis Abeba am 17. Januar 1978: „MD Müller wird am 20.1.1978 [...] eintreffen und persönliche Botschaft BM an äthiopischen Außenminister überbringen. Bitte Termin sicherstellen. MD Müller wird Entscheidung über weitere Zukunft Schule herbeiführen und künftigen Status deutscher Lehrer klären. AA neigt grundsätzlich zur Fortführung als Expertenschule." Vgl. den Drahterlaß Nr. 22; Referat 620, Bd. 191317.
[8] Am 24. Januar 1978 wurde in der Presse berichtet, der äthiopische Botschafter Dagne habe am Vortag vor Journalisten erklärt, „die äthiopische Regierung erfahre zu ihrem großen Erstaunen, daß die Bundesrepublik die Invasion Somalias gegen Äthiopien mit vielen Millionen Mark finanzieren wolle. Die Nachricht, daß Somalia ein Entwicklungshilfekredit ohne Auflagen zugesagt worden sei, könne jedoch zur Zeit noch nicht unmittelbar als Grund für die Ausweisung von Botschafter Lankes interpretiert werden. Die Regierung von Äthiopien erwarte zunächst von Bonn ausführliche Erläuterungen zu den Zusagen an Somalia. Die traditionell guten Beziehungen zwischen beiden Ländern sollten erhalten bleiben. Die Ausweisung des deutschen Botschafters begründete Dagne zunächst damit, daß sein Verhalten in Addis Abeba nicht dazu angetan gewesen sei, den Wunsch der äthiopischen Regierung nach vertieften Beziehungen zu erfüllen. Addis Abeba habe Grund zu der Annahme, daß Lankes nicht richtig über die Ziele der äthiopischen Politik berichtet habe. Es sei vorstellbar, daß die laufende Angelegenheit als ‚Episode' durch eine personelle Umbesetzung ausgeräumt werden könne. Botschafter Dagne wurde am Montagnachmittag, drei Stunden nach seiner Pressekonferenz, zu einer Aussprache in das Auswärtige Amt bestellt." Vgl. den Artikel „Äthiopien will Beziehungen aufrechterhalten"; FRANKFURTER ALLGEMEINE ZEITUNG vom 24. Januar 1978, S. 2.

Darlehen an Somalia[9] keinen Widerspruch zu ihrer ausgewogenen Politik. Somalia hat in der Vergangenheit nur wenig Hilfe erhalten. Das Darlehen ist ausschließlich für wirtschaftliche Zwecke bestimmt. So steht es im Vertrag. Beide Vertragspartner sind von dieser Zweckbestimmung ausgegangen. Bundesregierung ist bereit, enge entwicklungspolitische Zusammenarbeit mit Äthiopien fortzusetzen und zu vertiefen, dies setzt jedoch ein reziprokes Interesse und ein beiderseitiges konstruktives Verhalten voraus.

2) Botschafter erwiderte, er befinde sich in einer sehr schwierigen Lage, weil er seiner Regierung immer wieder berichtet habe, Bundesregierung nehme im Konflikt am Horn keine Partei. Aus Presse und Rundfunk habe er am Wochenende erfahren, daß Somalia die Möglichkeit habe, mit Darlehen der Bundesregierung Waffen zu kaufen. Presse habe sich auf Äußerungen eines deutschen Ministers berufen.[10] Er habe aus diesen Veröffentlichungen schließen müssen, daß seine Berichterstattung über deutsche Haltung unzutreffend gewesen sei. Daraufhin habe er in Pressekonferenz zu den deutsch-äthiopischen Beziehungen Stellung genommen. Er habe Bundesregierung nicht angegriffen. Jetzt erfahre er von der Bundesregierung, daß die Presseberichte nicht zuträfen.

3) Staatssekretär van Well wiederholte, daß Bundesregierung Pressekonferenz des Botschafters, auf der dieser sich negativ über die Amtsführung seines deutschen Kollegen in Addis Abeba und über die Politik der Bundesregierung geäußert habe, mißbillige. Wenn Botschafter wegen Pressemeldungen Zweifel an Politik der Nichtparteinahme gehabt hätte, so hätte er jederzeit die Möglichkeit gehabt, sich an Bundesregierung zu wenden. Bundesregierung erwarte, daß der Botschafter ihren authentischen Erklärungen Glauben schenke. Im übrigen frage sich Bundesregierung, welche Absichten äthiopische Regierung verfolge. Bundesregierung sehe Schließung Schule, Ausweisung des Militärattachéstabes und Ausweisung des Botschafters nicht als isolierte Ereignisse, sondern im Zusammenhang. Bundesregierung begreife diese Maßnahmen nicht. Die äthiopische Regierung spreche nicht mit ihr, sondern ergreife Maßnahmen, schicke Noten, lasse eine Pressekonferenz durch den Botschafter in Bonn ab-

---

9 Für den Wortlaut des Abkommens vom 12. Januar 1978 zwischen der Bundesrepublik und Somalia über finanzielle Zusammenarbeit vgl. BUNDESGESETZBLATT 1978, Teil II, S. 870.
10 Am 21. Januar 1978 wurde in der Presse berichtet: „Wie verlautet, erhielt die Regierung in Mogadischu über die bisher geplante Unterstützung im Bereich der Entwicklungshilfe hinaus 25 Millionen Mark, über die sie frei verfügen kann. Mit dem Geld sei ein besonderer Dispositionsfonds eingerichtet worden, wobei Bonn auf die für ähnliche Hilfsaktionen vorgeschriebene Kontrolle über die Mittelverwendung durch die Kreditanstalt für Wiederaufbau verzichte. Nach Informationen der ‚Welt' hat diese Kreditanstalt am Dienstag im Auftrag der Bundesregierung ein Warenhilfeabkommen über 25 Millionen Mark mit Somalia abgeschlossen. Dabei sei von deutscher Seite auf die Vorlage der sonst üblichen sogenannten Warenliste verzichtet worden. In der Praxis bedeutet das: Mogadischu kann das Geld ohne Zustimmung von Bonn für Waffeneinkäufe ausgeben." Vgl. den Artikel „Bezahlt Somalia Waffen aus deutscher Entwicklungshilfe?"; DIE WELT vom 21. Januar 1978, S. 2.
Am 23. Januar 1978 wurde ergänzend berichtet, Bundesministerin Schlei habe in einem Interview mit dem Westdeutschen Rundfunk „auf intensives Fragen" eingeräumt, „daß das am 17. (nach ihren Angaben 18.) Januar zwischen der somalischen Regierung und der Kreditanstalt für Wiederaufbau unterzeichnete Warenhilfeabkommen über 25 Millionen Mark der Regierung in Mogadischu die Möglichkeit einräume, Waffen zu kaufen. [...] Frau Schlei bezeichnete diesen Vorgang als ‚nicht ungewöhnlich' und behauptete, es sei ‚kein Einzelfall', räumte aber auch ein, daß er ‚nicht typisch' sei." Vgl. den Artikel „Somalia-Hilfe: Union fühlt sich belogen"; DIE WELT vom 23. Januar 1978, S. 3.

halten und empfange nicht Sonderbotschafter Dr. Müller, der mit persönlicher Botschaft des Bundesministers nach Addis Abeba gereist sei.[11] Darüber hinaus erfahre Bundesregierung, daß äthiopischer Vizeaußenminister[12] soeben angekündigten Besuch in Bonn abgesagt habe. Bundesregierung finde es unverständlich, daß äthiopische Regierung in Verbalnote mitteile, daß militärpolitische Zusammenarbeit nicht Militärattachéstab in Addis Abeba rechtfertige. Er fragte, ob äthiopische Regierung etwa zahlreiche Flüge der Luftwaffe vergessen habe, die zur Zeit großer Not in Äthiopien Hilfsgüter transportiert hätten.[13] Bundesregierung habe viele Jahre hindurch Äthiopien geholfen. Äthiopien habe von uns große Hilfe erhalten. Somalia, weil es mit uns keine freundschaftlichen Beziehungen hätte haben wollen, indessen nur wenig. Nachdem Somalia Beziehungen zu Bundesrepublik Deutschland wieder auf freundschaftliche Basis gestellt habe und nicht zuletzt auch aus Dank für Hilfe Somalias bei Befreiung Geiseln in Mogadischu[14] werde Bundesregierung künftig mit Somalia auf wirtschaftlichem Gebiete eng zusammenarbeiten. Diese Zusammenarbeit richte sich nicht gegen Äthiopien. Sie liefere keine Waffen, weder direkt noch indirekt, an die Konfliktparteien. Darlehen von 25 Mio. DM an Somalia sei ausschließlich für wirtschaftliche Zwecke bestimmt. Dieses sei eindeutig im Vertrag festgelegt. Die Bundesregierung bitte äthiopische Regierung, der Erklärung des Bundesaußenministers in der Tischrede für Außenminister Bongo[15] das Gewicht beizumessen, das amtlichen Erklärungen der Bundesregierung zukomme. Unvorbereitete Erklärungen von Politikern und Presseberichte seien keine authentischen Äußerungen der Bundesregierung. Bundesregierung wiederhole Frage an äthiopische Regierung, welche Absichten sie mit ihren Maßnahmen gegen Bundesrepublik verfolge.

---

[11] Ministerialdirektor Müller, z. Z. Addis Abeba, teilte am 20. Januar 1978 mit, daß ein für denselben Tag vereinbarter Termin mit dem äthiopischen Außenminister Feleke abgesagt worden sei. Das äthiopische Außenministerium habe einen Termin für den 21. Januar 1978 in Aussicht gestellt. Vgl. dazu den Drahtbericht Nr. 76; Referat 620, Bd. 191317.
Das Gespräch von Müller mit Feleke kam nach einer weiteren Verschiebung am 23. Januar 1978 zustande. Müller teilte dazu am selben Tag mit: „Einleitend sprach ich über die Ausweisung Botschafters Bestürzung der Bundesregierung aus, erklärte unseren Protest und betonte, daß eine Erklärung hierfür nicht ersichtlich sei. Alsdann übergab ich nach einigen Worten über das deutschäthiopische Verhältnis Brief des Herrn Bundesministers sowie zitierte Ausführungen des Herrn Bundeskanzlers vor dem Bundestag über unsere Politik betr. Horn von Afrika. Eingehend erläuterte ich danach die Bedeutung der Schule für die Fortführung der deutsch-äthiopischen Beziehungen und das äthiopische Erziehungssystem." Feleke habe den Wunsch seiner Regierung nach guten Beziehungen betont, jedoch erklärt, die Entscheidung in der Schulfrage sei endgültig. Vgl. den Drahtbericht Nr. 89; Referat 620, Bd. 191317.
[12] Dawit Wolde-Ghiorgis.
[13] Wegen einer Dürrekatastrophe transportierte die Bundeswehr während des Jahres 1973 Hilfsgüter in verschiedene afrikanische Staaten, u. a. nach Äthiopien.
[14] Zur Erstürmung der Lufthansa-Maschine „Landshut" am 18. Oktober 1977 in Mogadischu vgl. Dok. 1, Anm. 9.
[15] Bundesminister Genscher erklärte am 23. Januar 1978 anläßlich eines Mittagessens für den gabunischen Außenminister Bongo: „Ich wünsche ihnen, Herr Minister, der OAE und dem gesamten afrikanischen Kontinent, daß es gelingen möge, auch den Konflikt am Horn von Afrika friedlich und ohne Einmischung von außen zu lösen. Die Bundesregierung hält an ihrer Politik fest: Sie liefert keine Waffen in Spannungsgebiete. Sie tut dies weder direkt noch indirekt. Wo sie finanzielle Hilfe leistet, geschieht dies in der ausdrücklich zum Vertragsinhalt gemachten Absicht, damit zur wirtschaftlichen und sozialen Entwicklung des Empfängerlandes beizutragen." Vgl. BULLETIN 1978, S. 75.

4) Der Botschafter erklärte, er werde seine Regierung um Instruktionen bitten.[16]

Kremer[17]

Referat 320, Bd. 116757

21

Aufzeichnung des Vortragenden Legationsrats Wentker

204-320.00 USA VS-NfD   26. Januar 1978[1]

Betr.: Vermerk über das Gespräch mit dem Herrn BM und Botschafter Stoessel am 26. Januar 1978

1) New Yorker Afrika-Gespräche/bilaterales Treffen BM/AM Vance:

Der Herr BM nahm Bezug auf die bisherige Terminerörterung[2] und bat Bot-

---

[16] Vortragender Legationsrat Kremer unterrichtete die Botschaften in Addis Abeba, Mogadischu und Nairobi am 31. Januar 1978, dem äthiopischen Botschafter Dagne sei am 27. Januar 1978 mitgeteilt worden, daß es Bundeskanzler Schmidt aus terminlichen Gründen nicht möglich sei, einen äthiopischen Sonderbotschafter zu empfangen. Daraufhin habe Dagne am 30. Januar 1978 ein Non-paper übergeben: „In der am 30.1. mündlich übermittelten Botschaft wird der Vorwurf gegen Botschafter Lankes in allgemeiner Form wiederholt. Die Ausweisung sei ein die bilateralen Beziehungen nicht berührender Einzelfall. Es wird versichert, daß das ungebundene KH-Darlehen an Somalia mit der Ausweisung nichts zu tun habe. Auf die Ausweisung des Militärattachés und auf die Beschlagnahme der Schule ging der Botschafter nicht ein." Vgl. den Drahterlaß Nr. 515; Referat 320, Bd. 116757.
Ministerialdirektor Meyer-Landrut wies die Botschaft in Addis Abeba am 10. Februar 1978 an, im äthiopischen Außenministerium ein Non-paper zu übergeben. Darin bekräftigte die Bundesregierung ihren Wunsch nach freundschaftlichen Beziehungen und führte aus: „Einseitige ultimative Maßnahmen wie die Beschlagnahme der deutschen Schule, die Ausweisung des Militärattachéstabes und die Ausweisung des Botschafters sowie die Beschuldigungen, die Bundesrepublik Deutschland liefere Waffen an die Feinde Äthiopiens, widersprechen dem Geist der deutsch-äthiopischen freundschaftlichen Beziehungen." Die Bundesregierung „weist mit aller Entschiedenheit die erneuten äthiopischen Anschuldigungen zurück, sie liefere Waffen an Somalia und unterstütze die Feinde der äthiopischen Revolution. Die Bundesregierung hat weder direkt noch indirekt Waffen geliefert noch beabsichtigt sie, es in Zukunft zu tun. [...] Die Bundesregierung beabsichtigt, die bisherige enge und beispielhafte entwicklungspolitische Zusammenarbeit fortzusetzen, sofern auch die äthiopische Regierung dies wünscht. Fruchtbare entwicklungspolitische Zusammenarbeit ist nach ihrer Auffassung nur im Gesamtrahmen positiver und konstruktiver Beziehungen zwischen den beiden Regierungen und Völkern möglich. Sie gibt der Hoffnung Ausdruck, daß die Probleme, die zur Zeit die entwicklungspolitische Zusammenarbeit beeinträchtigen, zufriedenstellend geregelt werden können." Vgl. den Drahterlaß Nr. 60; Referat 320, Bd. 116757.
[17] Paraphe.
[1] Die Aufzeichnung wurde von Ministerialdirektor Blech am 26. Januar 1978 über Staatssekretär van Well an Bundesminister Genscher „mit der Bitte um Genehmigung" geleitet.
Hat van Well am 28. Januar 1978 vorgelegen.
Hat Vortragendem Legationsrat I. Klasse Lewalter am 30. Januar 1978 und am 18. März 1978 erneut vorgelegen, der handschriftlich für Referat 204 vermerkte: „Bundesminister ist bis jetzt nicht dazu gekommen, den Vermerk durchzusehen. Bitte dort z[u] d[en] A[kten] nehmen." Vgl. den Begleitvermerk; Referat 204, Bd. 110307.
[2] Zur Erörterung des Termins für Simultan-Gespräche über Namibia in New York vgl. Dok. 14, Anm. 16.
Botschafter Freiherr von Wechmar, New York (UNO), teilte am 23. Januar 1978 mit: „Wie Vertretung

schafter Stoessel, nochmals dringend in Washington darauf hinzuwirken, daß sowohl für die Afrika-Gespräche als auch für das Treffen BM/AM Vance der 9. und 10. Februar 1978 ins Auge gefaßt werden.[3] Er begrüßte besonders die Aussicht auf das bilaterale Gespräch mit AM Vance[4]; er lege auf Besprechung einer Reihe wichtiger Fragen (u. a. MBFR) mit seinem amerikanischen Kollegen großen Wert.

2) SALT II:

Botschafter Stoessel kündigte Besuch der Herren Aaron und Gelb zu Konsultationen in Bonn zum 30.1.1978 an.[5] Der Herr BM wies auf seine Ausführungen im Bundestag hin, in [6]denen er das erreichte hohe Maß an Konsultationen unterstrichen habe.[7]

3) Neutronenwaffe:

Auf die Frage Botschafter Stoessels nach unserer Position stellte der Herr BM fest, daß dieser Fragenkomplex am 20.1.78 ausführlich im Bundessicherheitsrat behandelt worden sei.[8] Als Ergebnis werde z. Z. ein Papier formuliert, auf dessen Grundlage uns eine Erörterung der Angelegenheit mit den Amerikanern und den anderen Verbündeten möglich werde.

Der Herr BM erwähnte die von uns eingeleitete Konsultation der Beantwortung des Breschnew-Briefes in der NATO.[9] Wir strebten eine gemeinsame Linie der Antworten an (Grundtenor: Dies ist eine Entscheidung des Bündnisses). Er wies darauf hin, daß er im Bundestag die Erfordernis der störungsfreien technischen Weiterentwicklung im Bündnis, nuklear und konventionell, im Interesse der gemeinsamen Sicherheit betont habe.[10]

Fortsetzung Fußnote von Seite 129
von amerikanischer VN-Mission am 22.1.1978 erfuhr, hat US-AM Vance ebenfalls die Daten 10. und 11. Februar für Simultan-Gespräche in New York akzeptiert. Damit ergibt sich Zustimmung aller fünf Außenminister zu diesem Termin." Vgl. den Drahtbericht Nr. 145; Referat 320, Bd. 125260.
Am 25. Januar 1978 berichtete Wechmar: „New Yorker Kontaktgruppe konnte am 25.1.1978 aus den fünf Hauptstädten telefonisch genügend Hinweise sammeln, um feststellen zu können: a) Beginn der Simultan-Gespräche auf Außenminister-Ebene am 10.2.1978 nahezu ausgeschlossen wegen zwingender Termine von US-AM Vance. b) Simultan-Gespräche am 11. und 12. Februar 1978 für alle fünf Außenminister wahrscheinlich möglich." Vgl. den Drahtbericht Nr. 184; Referat 320, Bd. 125260.

[3] Zu den Gesprächen der Außenminister Genscher (Bundesrepublik), de Guiringaud (Frankreich), Jamieson (Kanada), Owen (Großbritannien) und Vance (USA) mit dem südafrikanischen Außenminister Botha und dem Präsidenten der SWAPO, Nujoma, am 11./12. Februar 1978 in New York vgl. Dok. 40 und Dok. 45.

[4] Für das Gespräch am 12. Februar 1978 vgl. Dok. 43.

[5] Für das Gespräch des Staatssekretärs van Well mit dem stellvertretenden Sicherheitsberater des amerikanischen Präsidenten, Aaron, vgl. Dok. 23.
Zum deutsch-amerikanischen Gespräch über SALT vgl. Dok. 29.

[6] Korrigiert aus: „hin, denen".

[7] Für die Ausführungen des Bundesministers Genscher am 19. Januar 1978 vgl. BT STENOGRAPHISCHE BERICHTE, Bd. 104, S. 5017.

[8] Zum Beschluß des Bundessicherheitsrats vom 20. Januar 1978 zur Neutronenwaffe vgl. Dok. 23, Anm. 3.

[9] Zu den Schreiben des Generalsekretärs des ZK der KPdSU, Breschnew, vom 12. Dezember 1977 bzw. 5. Januar 1978 an Bundeskanzler Schmidt vgl. Dok. 6.
Zur Erörterung im Ständigen NATO-Rat am 27. Januar 1978 vgl. Dok. 22.

[10] Für die Ausführungen des Bundesministers Genscher am 19. Januar 1978 vgl. BT STENOGRAPHISCHE BERICHTE, Bd. 104, S. 5016.

4) Panzerkanone[11]:

Botschafter Stoessel trug vor: UStS LaBerge habe bei Rückkehr nach Washington Weisung an alle beteiligten Stellen erwirkt, die Konsultation mit uns so zügig wie möglich fortzusetzen.[12] Wir sollten gebeten werden, baldmöglich nach Washington zu kommen, um die noch offene Frage der Lizenzierung zu klären. Der Secretary of the Army, Alexander, werde am 26.1. einen Brief an BM Leber richten. Die Sache eile, da die amerikanische Regierung vor einer „deadline" zum 1.2.1978 stehe. Stoessel betonte, daß wir bereits einem Übereinkommen sehr nahe seien und es bedauerlich wäre, wenn dies an einem Verzug in den Konsultationen scheitern würde. Das amerikanische Interesse an der deutschen Kanone sei groß; das Lizenzproblem müsse noch gelöst werden. Die Aussichten auf eine sachdienliche Behandlung würden im Kongreß sicher steigen, wenn die Regierung eine gute Lizenzlösung präsentieren könnte.

Der Herr BM dankte für diese Ausführung und sagte sofortige Weitergabe zu.

Anmerkung:

Unterrichtung des BMVg ist durch Referat 201 noch am gleichen Vormittag erfolgt (beim Persönlichen Referenten von BM Leber[13]). Der Brief von UStS

---

[11] Am 11. Dezember 1974 schloß das Bundesministerium der Verteidigung mit dem amerikanischen Heeresministerium eine Vereinbarung über die Harmonisierung des amerikanischen Panzers vom Typ „XM-1" und des Panzers vom Typ „Leopard II". Am 27. August 1976 vermerkte Vortragender Legationsrat Holik, die Vereinbarung sei mit Zusatzabkommen vom 28. Juli 1976 dahingehend präzisiert worden, daß bestimmte Panzerkomponenten standardisiert werden sollten, nämlich „Kanone und Munition, Motor und Betriebsstoff, Feuerleitanlage, Nachtsichtgerät, Ketten". Durch die Übernahme der 120 mm-Kanone aus der Bundesrepublik habe der amerikanische Verteidigungsminister Rumsfeld „eine Umkonstruktion des bisher für eine 105 mm-Kanone konzipierten amerikanischen Panzerturms mit allen verbundenen Kosten und Verzögerungen" in Kauf genommen, weshalb die Vereinbarung im amerikanischen Kongreß auf Kritik gestoßen sei. Vgl. VS-Bd. 10523 (201); B 150, Aktenkopien 1976.
Am 13. Januar 1977 informierte das Bundesministerium der Verteidigung das Auswärtige Amt über eine Zusatzvereinbarung vom Vortag, in der die bestehenden Abkommen bestätigt, aber festgestellt werde, „daß das amerikanische Heeresministerium (USDA) nicht in der Lage ist, bis zum 15. Januar 1977 eine endgültige Entscheidung über eine 120 mm-Panzer-Hauptwaffe zu treffen. Dementsprechend wird der Termin für die amerikanische Entscheidung bis spätestens 30. Dezember 1977 verschoben." Vgl. das Fernschreiben Nr. 236; VS-Bd. 9563 (201); B 150, Aktenkopien 1977.

[12] Am 25. Januar 1978 wurde in der Presse berichtet, die Entscheidung über eine Ausrüstung des amerikanischen Panzers vom Typ „XM-1" mit einer 120 mm-Kanone aus der Bundesrepublik sei noch nicht gefallen, solle jedoch entsprechend einer Forderung des amerikanischen Kongresses bis zum 1. Februar 1978 getroffen werden. Der Unterstaatssekretär für Heeresfragen im amerikanischen Verteidigungsministerium, LaBerge, habe vom 21. bis 23. Januar 1978 Verhandlungen mit dem Bundesministerium der Verteidigung geführt: „Gesprächsgrundlage war dabei das deutsche Angebot, den Amerikanern die Kanone zu überlassen, ohne von ihnen einen Teil der Entwicklungskosten zu fordern." Angesichts der Widerstände in der amerikanischen Armee und in der Industrie sei eine Entscheidung für die 120 mm-Kanone allerdings fraglich. Aufgrund des notwendigen Umbaus des Turms könne der „XM-1" erst ab 1984 mit der 120 mm-Kanone ausgerüstet werden: „Der Leopard II wird von 1979 an vom Band laufen, der XM-1 vermutlich von 1981 an. Die bis 1984 gebauten XM-1 werden somit in jedem Falle ein anderes Kaliber als der Leopard II haben." Vgl. den Artikel „Deutsche Kanone für amerikanischen Panzer?"; FRANKFURTER ALLGEMEINE ZEITUNG vom 25. Januar 1978, S. 4.

[13] Martin Bloch.

Alexander war dort bereits eingetroffen. Die Angelegenheit ist damit unter Kontrolle.[14]

5) Absturz des Sowjet-Satelliten über Kanada[15]/OTRAG-Komplex:

Botschafter[16] Stoessel bemerkte, ihm liege noch keine Information über Auffindung der abgestürzten Bruchstücke vor. Der Herr BM stellte fest, wir müßten uns über die nächsten Schritte zunächst eine Meinung bilden, zumal sich hier wahrscheinlich ein Thema von hohem internationalem Interesse auftue.

Der Herr BM stellte ferner fest, daß die Unterrichtung durch die SU sehr spät gekommen sei. Dieses sowjetische Verhalten in der Satelliten-Angelegenheit sei mit den ungerechtfertigten Ausfällen uns gegenüber im Komplex „OTRAG"[17] schwer zu vereinbaren. Wir wären dankbar, wenn die USA die

---

[14] Am 1. Februar 1978 wurde in der Presse berichtet, daß sich die amerikanische Regierung für die Übernahme der 120 mm-Kanone für den Panzer vom Typ „XM-1" entschieden habe: „Damit werden die Waffensysteme des XM-1 mit dem deutschen Panzer Leopard II standardisiert. Beide Panzer werden dann über die gleiche Hauptbewaffnung, die gleiche Feuerleitanlage, das gleiche Nachtsichtgerät und gleiche Ketten verfügen. Die Vereinigten Staaten wollen, wie es im Verteidigungsministerium heißt, von der Bundesrepublik die Nachbaurechte für die deutsche Kanone gegen Lizenz sowohl für den eigenen Bedarf als auch für den Export erwerben." Vgl. den Artikel „Washington entscheidet sich für die deutsche Panzerkanone"; FRANKFURTER ALLGEMEINE ZEITUNG vom 1. Februar 1978, S. 1.

[15] Ministerialdirektor Blech vermerkte am 26. Januar 1978: „Am 20. d. M. teilten uns die Amerikaner in Viererguppe mit, daß ein sowjetischer Radarsatellit seit Ende Dezember aus der Kontrolle geraten sei und sich nach amerikanischen Beobachtungen der Erde nähere. Gefahr von Strahlungsschäden sei für gesamtes Bundesgebiet nicht auszuschließen, falls der Satellit bei Eintritt in die Atmosphäre nicht oberhalb der Grenze von 2500 m verglühe. [...] Auf Anfrage vom 22.1. bestätigte Botschafter Falin StS van Well am 23.1., 19.00 Uhr, die Richtigkeit der amerikanischen Angaben. Der sowjetische Satellit ‚Kosmos 954', am 6.9.77 gestartet, sei seit 6.1.1978 ohne Verbindung zur Bodenstation. [...] Der Satellit habe einen Kernreaktor an Bord. Der Treibstoff – Uran 235 – sei eine unkritische Masse, Explosionsgefahr bestehe nicht. Der Satellit sollte sich bei Eintritt in die Atmosphäre selbst zerstören, und zwar ‚nicht vor dem 24. Januar'. Es sei nicht auszuschließen, daß einzelne Teile niedergingen. Die Gefahr einer Verseuchung sei unbedeutend. [...] US-Radarstationen beobachteten Eintritt des Satelliten am 24. Januar in die Atmosphäre im Raum Nordost-Kanada um 6.53 OZ. Amerikanische Flugzeuge haben eine Prüfung des Luftraums auf radioaktive Kontamination und die Suche nach Trümmerstücken aufgenommen. Ergebnis bisher negativ." VS-Bd. 11127 (230); B 150, Aktenkopien 1978.

[16] Korrigiert aus: „BM".

[17] Die UdSSR protestierte mehrfach gegen Raketenversuche der „Orbital-Transport und Raketen AG" (OTRAG) mit Sitz in Neu Isenburg bei Frankfurt am Main auf einem Testgelände in Zaire. Vgl. dazu AAPD 1977, II, Dok. 269.
Vortragender Legationsrat I. Klasse Kühn notierte am 13. Januar 1978, im Gespräch mit Staatssekretär van Well am Vortag habe der sowjetische Botschafter Falin erklärt, „er sei beauftragt, auf die Demarche vom August 1977 zurückzukommen, mit der die sowjetische Seite eine Anfrage an die Bundesregierung wegen der Einrichtung eines Raketentestgeländes der Firma OTRAG in Zaire gerichtet habe. Eine offizielle Antwort sei hierauf noch nicht erfolgt. Nach der sowjetischen Seite vorliegenden Informationen liefen die Arbeiten in Zaire voll weiter; es würden dort neue Typen auch von militärischen Raketen erprobt. Inzwischen erfolgte Dementis seien wenig überzeugend. Ausgehend von den bekannten internationalen Abkommen der Kriegs- und Nachkriegszeit wolle sich die sowjetische Seite daher erneut nach dem Zweck des Raketengeländes und dem Charakter der dortigen Arbeit erkundigen und anfragen, ob die Behörden der Bundesregierung insoweit eine Kontrolle ausübten." Van Well habe festgestellt, „daß es sich bei der Tätigkeit der Firma OTRAG um Arbeiten eines privaten Unternehmens handele", die „in keiner Weise von der Bundesregierung gefördert werde", und erklärt: „Im übrigen seien wir enttäuscht darüber, daß in der sowjetischen Presse in dieser Sache weiterhin haltlose Vorwürfe gegen uns erhoben würden." Kühn vermerkte dazu: „Botschafter Falin übergab kein Papier zum Komplex OTRAG (der amerikanischen Seite gegenüber hatte Botschafter Dobrynin bei seiner Demarche am 11.1. angekündigt, in Bonn werde ebenso wie in Washington ein Papier übergeben werden. Wir waren über

sowjetischen Unterstellungen mit der wünschenswerten Klarheit aufgrund der von uns gegebenen Informationen zurückweisen würden. Botschafter Stoessel sagte dies zu.

6) Sowjet-Fragen:

a) Der Herr BM unterrichtete Botschafter Stoessel über die Verschiebung des Breschnew-Besuchs auf dessen Wunsch aus Gesundheitsgründen.[18] Wir gingen davon aus, daß diese Begründung zutreffe.

b) Der Herr BM und Botschafter Stoessel führten einen kurzen Meinungsaustausch über die derzeitige Lage in der sowjetischen Führungsspitze (BM erwähnte die Einbestellung des Botschafters von Gabun in Moskau[19] zwecks Warnung vor einem Berlin-Besuch seines Präsidenten[20] und die deutliche Antwort Präsident Bongos in seiner Stuttgarter Rede[21]).

7) Nahost:

Der Herr BM erkundigte sich nach der amerikanischen Einschätzung der Lage. Botschafter Stoessel bezeichnete die Situation als schwierig, die Hoffnung auf Fortführung der Friedensgespräche besteht jedoch weiter: Atherton sei im Nahen Osten geblieben, um auf diplomatischem Wege Hilfestellung zu geben. AM Vance habe den Eindruck mitgebracht[22], daß trotz aller Komplikationen noch Aussichten vorhanden seien. Es gebe Anzeichen einer Bewegung auf israelischer Seite; fraglich sei nur, ob diese weit genug gehen werde.

8) Horn von Afrika:

Der Herr BM bemerkte, daß bei der Behandlung unseres 25 Millionen-Kredits an Somalia (nicht vom AA zu verantwortende) Fehler gemacht worden seien. Der Vertrag[23] spreche eine präzise Sprache. Wir erwarteten eine Botschaft von Mengistu, nachdem wir die Äthiopier zu einer klaren Äußerung aufgefordert

---

Fortsetzung Fußnote von Seite 132
    die Demarche durch DB der Botschaft Washington und die hiesige US-Botschaft unterrichtet worden)." Vgl. Referat 213, Bd. 133092.

18 Im Gespräch mit Bundeskanzler Schmidt am 17. Januar 1978 übermittelte der sowjetische Botschafter Falin eine Mitteilung des Generalsekretärs des ZK der KPdSU. Darin äußerte Breschnew sein Bedauern darüber, daß er seinen ursprünglich für Mitte Februar 1978 vorgesehenen Besuch in der Bundesrepublik wegen der notwendigen Überwindung einer Erkältungskrankheit verschieben müsse. Schmidt erklärte, er sei dafür, „daß der Besuch stattfindet, wann Breschnew ihn durchführen kann und will. Er, Bundeskanzler, gehe davon aus, daß die Verschiebung auf ärztliches Anraten erfolge und keine ‚diplomatische Krankheit' sei, die mit den gegenwärtigen Problemen in Berlin und im Verhältnis zur DDR zusammenhänge. Falin bestätigte diese Auffassung nachdrücklich." Vgl. die Gesprächsaufzeichnung; VS-Bd. 14072 (010); B 150, Aktenkopien 1978.

19 Léonard Mbadinga.

20 Präsident Bongo hielt sich vom 23. bis 27. Januar 1978 in der Bundesrepublik auf.

21 Botschafter Schoeller, z. Z. Stuttgart, berichtete am 26. Januar 1978, Präsident Bongo habe in einer Tischrede anläßlich eines Empfangs des Ministerpräsidenten Filbinger erklärt: „Ich bin erstaunt, daß bei einem Staatsbesuch, der mich auf Einladung des Berliner Regierenden Bürgermeisters in dessen Stadt bringen soll, eine gewisse Macht meint, das Recht für sich in Anspruch nehmen zu dürfen, zu protestieren, weil ich sie nicht vorher konsultiert hätte. ... Ich habe erklären lassen, daß ich niemandem Rechenschaft darüber schuldig bin, wohin ich mich begebe, und daß ich nicht gehalten bin, ein Visum zu beantragen, wenn ich mich zu einem Freund begebe, der mich eingeladen hat." Vgl. den Drahtbericht; Referat 321, Bd. 115522.

22 Der amerikanische Außenminister Vance hielt sich vom 16. bis 20. Januar 1978 in Israel und am 20. Januar 1978 in Ägypten auf. Am 20./21. Januar 1978 besuchte er die Türkei und am 21./22. Januar 1978 Griechenland.

23 Für den Wortlaut des Abkommens vom 12. Januar 1978 zwischen der Bundesrepublik und Somalia über finanzielle Zusammenarbeit vgl. BUNDESGESETZBLATT 1978, Teil II, S. 870.

hätten.[24] Wir würden unsere Haltung im Lichte aller Informationen prüfen, uns aber nicht dazu provozieren lassen, das Feld übereilt zu räumen und den gesamten Einfluß anderen zu überlassen.

Auf Frage Botschafter Stoessels nach den Aussichten auf eine Friedenslösung Äthiopien/Somalia wies der Herr BM auf die gut verlaufende Konsultation in Washington hin.[25] Er habe auch mit Präsident Bongo gesprochen, der eine sehr vernünftige Haltung einnehme.[26] Überhaupt sehe er, daß die OAU-Spitze in der näheren Zukunft von sehr vernünftigen Kräften eingenommen werde (nach Gabun der Sudan und Liberia). Wir sollten die westliche Linie „Afrika den Afrikanern" noch wirksamer vertreten. Einladungen der afrikanischen Regierungschefs seien hierzu ein gutes Mittel, wie der derzeitige Staatsbesuch Präsident Bongos zeigte. Er, BM, werde bei den New Yorker Gesprächen in diesem Sinne Anregungen machen.

9) Italien/Mittelmeerraum:

Der Herr BM und Botschafter Stoessel führten einen Meinungsaustausch über die Lage in Italien. Botschafter Stoessel bemerkte, die kürzliche amerikanische Stellungnahme[27] habe die starken nichtkommunistischen Kräfte in Italien ermutigen wollen. Der Herr BM stellte fest, daß jetzt glücklicherweise auch die Kirche, die sich sehr lange zurückgehalten habe, mehr Klarheit in ihre Linie

---

[24] Zum Gespräch des Staatssekretärs van Well mit dem äthiopischen Botschafter Dagne am 23. Januar 1978 vgl. Dok. 20.

[25] Am 21. Januar 1978 fanden in Washington Gespräche zwischen Afrika-Experten aus den Außenministerien der Bundesrepublik, Frankreichs, Großbritanniens und der USA sowie Vertretern der italienischen Botschaft statt. Ministerialdirigent Müller vermerkte dazu am 24. Januar 1978, neben der militärischen Lage am Horn von Afrika seien die militärischen und politischen Zielsetzungen Äthiopiens und Somalias sowie anderer Staaten erörtert worden. Ferner hätten die Teilnehmer die bisherigen Friedensbemühungen afrikanischer Staaten besprochen. Dabei sei festgestellt worden: „Westmächte sollten nicht den Eindruck erwecken, daß sie afrikanische Vermittlungsbemühungen – so wenig diese auch bisher erbracht haben – beiseite schieben und durch eigene Initiative überspielen wollen". Ein vom britischen Vertreter im Auftrag von Außenminister Owen vorgetragener Plan, „noch im Januar 1978 eine SR-Resolution (möglichst unter nigerianischer Präsidentschaft) anzustreben und für eine solche Aktion durch vorherige Koordinationsgespräche das Mitwirken der SU zu sichern, stieß bei den anderen Delegationen auf Skepsis […] Es wurde eingewandt, daß der Eindruck entstehen könnte, der Westen wolle die Krise am Horn als neues Konfrontationselement in der Ost-West-Auseinandersetzung nutzen; vorherrschende Meinung war, daß für eine VN-Aktion die Initiative der Afrikaner und möglichst auch die Zustimmung der Konfliktparteien die Voraussetzungen seien". Die Teilnehmer seien sich einig darüber gewesen, „daß sich der Westen bei der Wahrung seiner längerfristigen Interessen am Horn von Afrika an der Frage orientieren muß, wie die SU daran gehindert werden kann, durch eine von ihr gesteuerte militärische Operation oder durch die geschickte Ausnutzung einer Verhandlungslösung in dieser strategisch wichtigen Region eine ‚Pax Sovietica' zu errichten." Vgl. Referat 320, Bd. 116761.

[26] Im Gespräch mit Bundesminister Genscher am 24. Januar 1978 führte Präsident Bongo aus: „Vor kurzer Zeit habe er als OAE-Präsident einen Appell an die Vereinten Nationen richten wollen, dann aber vorgezogen, sich zunächst einen abschließenden Überblick zu verschaffen, ob es zunächst zu einem Waffenstillstand kommen könne. Hierzu erwarte er die Informationen des Generalsekretärs der OAE aus Addis Abeba. Falls dies kein hinreichendes Bild gebe, werde er seinen Außenminister nach Somalia und Äthiopien entsenden. Man müsse eine Lösung für die Provinz Ogaden finden. Vielleicht hätten die Somalis mit ihrem Anliegen nicht Unrecht." Auf die Frage von Genscher, ob Bongo an eine Autonomie Ogadens innerhalb oder außerhalb des äthiopischen Staatsverbands denke, erklärte Bongo: „Beim Verbleiben innerhalb Äthiopiens kann man nicht von Autonomie reden. Es muß wohl zu einer unmittelbaren Autonomie kommen." Vgl. die Gesprächsaufzeichnung; Referat 010, Bd. 178787.

[27] Für die Erklärung des amerikanischen Außenministeriums vom 12. Januar 1978 vgl. Dok. 8, Anm. 27.

bringe. Beide Gesprächspartner sprachen ihre Hoffnung auf das Gelingen einer neuen Regierung Andreottis[28] aus. Was man tun könne (Stoessel); eventuell Einwirkungen durch die Parteien?

BM hierzu: Die Italiener schätzten die Wirkung öffentlicher Erklärungen unterschiedlich ein. Man wisse in Italien auch ohne deutsche Erklärung, was wir denken. Er, BM, habe seine Auffassung zum Eurokommunismus immer deutlich gesagt; wir wünschten kein Volksfront-Europa, sondern ein demokratisches Europa. Auch die Sowjetunion habe offenbar noch nicht zu einer klaren Haltung gefunden. Der Westen müsse sich jedoch darüber im klaren sein, daß auch Entwicklungen, die für die Sowjets nachteilig seien, ebenfalls Risiken für den Westen implizieren könnten.

In diesem Zusammenhang wies der Herr BM darauf hin, daß die Entwicklung in Südeuropa fest im Auge behalten werden müsse. Portugal stehe noch vor schwierigen Problemen (Gewerkschaften); hingegen bewundernswerte Meisterung der inneren Fragen durch die neue spanische Regierung[29]; in Griechenland Gefahr einer Zerreibung der Mitte. Im Hinblick auf die Türkei richte er die große Bitte an die USA, daß der Kongreß, wo immer möglich, auf die Schwere der Implikationen seiner Haltung zum amerikanisch-türkischen Vertrag[30] aufmerksam gemacht werden sollte (Botschafter Stoessel stellte fest, AM Vance habe bei seinem Türkei-Besuch gewisse ermutigende Anzeichen einer Bewegung der Türken in der Zypern-Frage gewonnen).

i.V. Hermann Wentker

Referat 204, Bd. 110307

---

[28] Die Minderheitsregierung von Ministerpräsident Andreotti trat am 16. Januar 1978 zurück. Nachdem Andreotti am 20. Januar 1978 erneut mit der Regierungsbildung beauftragt worden war, führte er seit dem 23. Januar 1978 Sondierungsgespräche mit Vertretern der im Parlament vertretenen Parteien.

[29] Bei den Parlamentswahlen am 15. Juni 1977 erreichte die bisherige Übergangsregierung von Ministerpräsident Suárez die Mehrheit. Am 5. Juli 1977 wurde das neue Kabinett vereidigt.

[30] Zu dem am 26. März 1976 unterzeichneten Abkommen zwischen den USA und der Türkei über Verteidigungshilfe vgl. Dok. 8, Anm. 45.

22

**Gesandter Boss, Brüssel (NATO),
an das Auswärtige Amt**

114-10415/78 VS-vertraulich Aufgabe: 27. Januar 1978, 18.20 Uhr[1]
Fernschreiben Nr. 101 Ankunft: 27. Januar 1978, 18.43 Uhr

Betr.: NATO-Konsultation über Breschnew-Briefe[2]

Bezug: 1) Bericht vom 25.1.78 I-363.25-294/78 VS-v[3]
2) Plurez 395 vom 25.1.78 geheim[4]
3) Bericht vom 27.1.78 I-363.25-321/78 VS-v[5]

Zur Unterrichtung

In Sitzung im kleinsten Kreise konsultierte NATO-Rat am 27.1. über Breschnew-Briefe. Mehrheit der Bündnispartner stimmte mit uns darin überein, daß es wünschenswert sei, in Antworten weitgehend gleiche Argumente ohne identischen Wortlaut zu verwenden. Konsultation soll fortgesetzt werden.

GS Luns wies eingangs darauf hin, daß an Präsident Carter gerichteter Brief in einigen Passagen vom bisher bekannten Grundmuster abweiche (s. Bezug 3) und in Analyse des Internationalen Stabes (s. Bezug 1 – inzwischen als Dokument CM (78) 4 erschienen) eingearbeitet werde. GS erläuterte sodann sieben Punkte, die in eventueller Antwort verwendet werden könnten und die als Anlage folgen.[6] Er betonte dabei besonders die Bedeutung eines Hinweises auf die SS-20.

---

[1] Hat Vortragendem Legationsrat I. Klasse Rückriegel am 31. Januar 1978 vorgelegen.
Hat Botschaftsrat I. Klasse Holik und Vortragendem Legationsrat Ehni vorgelegen.
[2] Zu den Schreiben des Generalsekretärs des ZK der KPdSU, Breschnew, vom 12. Dezember 1977 bzw. 5. Januar 1978 an Bundeskanzler Schmidt vgl. Dok. 6.
[3] Botschaftsrat I. Klasse Citron, Brüssel (NATO), übermittelte eine Analyse des Internationalen Stabs zu den Schreiben des Generalsekretärs des ZK der KPdSU, Breschnew, an die Staats- und Regierungschefs der NATO-Mitgliedstaaten. Vgl. VS-Bd. 10578 (201); B 150, Aktenkopien 1978.
[4] Ministerialdirigent Pfeffer teilte der Ständigen Vertretung bei der NATO in Brüssel mit: „In der Erörterung des Bundessicherheitsrats vom 20.1.1978 bestand Übereinstimmung, daß eine Beantwortung der Ausführungen Breschnews folgende Elemente enthalten sollte: Eigene Besorgnis angesichts der bedrohlichen sowjetischen Rüstungsanstrengungen mit besonderem Hinweis auf die SS-20; Hinweis darauf, daß die Bundesrepublik Deutschland ihre Sicherheit durch die Mitgliedschaft im Bündnis und durch die Solidarität dieses Bündnisses gewährleistet sieht; Betonung des Zusammenhalts des Bündnisses und Zurückweisung des Versuchs der Einmischung; das Bündnis, das allein der Verteidigung dient, orientiert seine Entscheidungen an seinen eigenen Sicherheitsinteressen; Richtigstellung der Behauptung, daß es sich bei dieser Waffe um eine neue Massenvernichtungswaffe handelt; eigenes Interesse an Rüstungskontrolle und Herausstellung der deutschen Bemühungen auf diesem Gebiet; konstruktiver Beitrag der Bundesrepublik Deutschland zur internationalen Entspannung. Bundesregierung legt größten Wert darauf, daß die Antworten der Alliierten in der Bewertung inhaltsgleich ausfallen. Identischen Wortlaut streben wir nicht an." Vgl. VS-Bd. 10578 (201); B 150, Aktenkopien 1978.
[5] Botschaftsrat I. Klasse Citron, Brüssel (NATO), übermittelte den Wortlaut der Schreiben des Generalsekretärs des ZK der KPdSU, Breschnew, vom 5. Januar 1978 an Präsident Carter bzw. Ministerpräsident Karamanlis. Vgl. VS-Bd. 10578 (201); B 150, Aktenkopien 1978.
[6] Dem Vorgang beigefügt. In den Anregungen für eine Beantwortung der Schreiben des Generalsekretärs des ZK der KPdSU, Breschnew, an die Staats- und Regierungschefs der NATO-Mitgliedstaaten wurde ausgeführt, daß die Neutronenwaffe eine weitaus geringere Bedrohung für nicht-

Ich habe entsprechend Bezugs-Plurez ausgeführt, welche Elemente eine Antwort in unserer Sicht enthalten sollte.

Der Vorsitzende des Militärausschusses[7] unterstrich die Notwendigkeit, glaubwürdige Abschreckung des Bündnisses aufrechtzuerhalten. Sowjetische Kampagne gegen Neutronenwaffe zeige, daß diese Waffe von SU als gefährlich für ihre Militärstrategie betrachtet werde. Es sei wichtig, daß dem Westen in der Frage der Neutronenwaffe die Initiative nicht entgleite.

Türkischer Ständiger Vertreter[8] betonte Notwendigkeit, klar zwischen dem militärischen Nutzen der Neutronenwaffe für das Bündnis und der Zweckmäßigkeit, dies in Antwort zu erwähnen, zu unterscheiden. Er plädierte dafür, in Antwort nur allgemein auf Erfordernis kontrollierter Abrüstung einzugehen und darauf zu verweisen, daß Verzicht auf nur eine Waffe, z. B. Neutronenwaffe, alleine nicht genüge. Ein Eingehen auf den besonderen Charakter der Neutronenwaffe in Antwort an SU werde aber nur zu unfruchtbarer Polemik führen.

Amerikanischer Ständiger Vertreter[9] sah keinen Anlaß zu baldiger Beantwortung der Briefe, deren Ton „rude and crude" sei. Präsident Carter habe schon auf Pressekonferenz in Warschau am 30.12.77[10] erklärt, daß über Produktion der Neutronenwaffe noch nicht entschieden sei, daß sie aber eine weit weniger destabilisierende Wirkung habe als die viel destruktivere SS-20. Er informierte den Rat, daß SU bei den Genfer amerikanisch-sowjetischen Gesprächen über radiologische Kriegsführung[11] soeben ihre Forderung nach Einschluß der Neutronenwaffe fallengelassen und den USA statt dessen separate bilaterale Gespräche über Neutronenwaffe vorgeschlagen habe.

Kanadischer Ständiger Vertreter[12] riet davon ab, sich gegenüber SU auf Argumente über besonderen Charakter der Neutronenwaffe einzulassen. Antwort müsse aber Hinweis auf wachsende militärische Aufrüstung der SU und auf Stationierung der großen Zahl sowjetischer Panzer in Europa enthalten. Mit Antwort sollte nicht zu lange gewartet werden, da sonst Gefahr bestehe, daß Bedeutung der Breschnew-Briefe hochgespielt werde.

Fortsetzung Fußnote von Seite 136
militärische Ziele und Zivilisten darstelle als bereits vorhandene nukleare Waffen. Auch handele es sich nicht um einen eskalierenden Schritt im Rüstungswettlauf, sondern um eine angemessene Reaktion auf die zunehmende Rüstung der Warschauer-Pakt-Staaten. Die Neutronenwaffe mache die Abschreckung der NATO glaubhafter und reduziere daher das Risiko eines Nuklearkrieges. Die Neutronenwaffe unterliege zudem den gleichen Einsatzkontrollen wie bestehende Systeme. Die NATO habe das Recht, die für ihre Verteidigung notwendigen Waffen zu entwickeln, und verbitte sich äußere Einmischung in bündnisinterne Entscheidungen. Ferner wurde ausgeführt: „There is a glaring contrast between unfounded Soviet assertions concerning a defensive weapon, the production and deployment of which still await decision, and the Soviet fait accompli in deploying a new generation of SS-20 mobile, multiheaded missiles targeted on all of Europe with a ‚dirty' nuclear charge potentially a thousand times larger than the ERW." Vgl. VS-Bd. 11431 (221); B 150, Aktenkopien 1978.

7 Herman F. Zeiner Gundersen.
8 Coşcun Kirca.
9 William Tapley Bennett.
10 Für die Ausführungen des Präsidenten Carter vgl. PUBLIC PAPERS, CARTER 1977, S. 2211. Für einen Auszug vgl. Dok. 23, Anm. 11.
11 Die USA und die UdSSR verhandelten seit Mai 1977 über ein Verbot radiologischer Waffen und neuer Arten von Massenvernichtungswaffen.Vgl. dazu AAPD 1977, I, Dok. 168, und AAPD 1977, II, Dok. 325.
12 Joseph Evremont Ghislain Hardy.

Norwegischer Ständiger Vertreter[13] stimmte weitgehend mit Analyse in CM (78) 4 überein, regte dann jedoch unter Bezugnahme auf Carters Äußerungen im NATO-Rat am 6.1.78[14] an, in der Antwort nicht nur auf Neutronenwaffe einzugehen, sondern auch die Möglichkeit gegenseitiger Einschränkung nuklearer Gefechtsfeldwaffen einschließlich SS-20 anzusprechen.

Eine solche Argumentation biete die Möglichkeit, die wirklichen Absichten der SU zu testen. Im übrigen bestätigte er, daß auch Oslo Beantwortung auf Grundlage gemeinsamer Elemente wünsche.

Ich erklärte zu den norwegischen Ausführungen, daß vermieden werden solle, SU zu weiterem Briefwechsel herauszufordern. Ein Hinweis auf die TNF in diesem Zusammenhang erscheine mir sehr problematisch, um so mehr, da es noch keine gemeinsame Allianz-Position zu deren Einbeziehung in Abrüstungsmaßnahmen gebe.

[gez.] Boss

VS-Bd. 11431 (221)

23

Gespräch des Staatssekretärs van Well mit dem stellvertretenden Sicherheitsberater des amerikanischen Präsidenten, Aaron

Dg 20-201-363.41-458I/78 geheim   30. Januar 1978[1]

Neutronenwaffe;
hier: Ergebnis-Niederschrift über die Unterredung des Herrn Staatssekretärs mit Mr. David Aaron vom 30.1.1978 (16.05 bis 16.50 Uhr)

Anlg.: 1

Der Herr Staatssekretär hat am 30.1.1978 Mr. David Aaron, den stellvertretenden Sicherheitsberater des amerikanischen Präsidenten, empfangen, der von Mr. Newsom und Botschaftsrat Smyser begleitet wurde. Auf deutscher Seite nahmen teil: MD Blech, MD Stützle (BMVg), Botschafter Ruth und MDg Pfeffer.

---

[13] Kjeld Vibe.
[14] Für den Wortlaut der Ausführungen des Präsidenten Carter vor dem Ständigen NATO-Rat am 6. Januar 1978 in Brüssel vgl. PUBLIC PAPERS, CARTER 1978, S. 36–38. Vgl. dazu ferner Dok. 5.

[1] Die Gesprächsaufzeichnung wurde von Ministerialdirigent Pfeffer am 31. Januar 1978 gefertigt und am selben Tag von Ministerialdirektor Blech über Staatssekretär van Well an Bundesminister Genscher geleitet.
Hat van Well am 1. Februar 1978 vorgelegen.
Hat Genscher am 2. Februar 1978 vorgelegen. Vgl. den Begleitvermerk; VS-Bd. 10578 (201); B 150, Aktenkopien 1978.

30. Januar 1978: Gespräch zwischen van Well und Aaron   23

Der *Staatssekretär* erklärte nach einleitenden Bemerkungen, der Bundessicherheitsrat habe in mehreren Sitzungen die Problematik SALT, Grauzone, MBFR und Neutronenwaffe erörtert. Wir versuchten, die Probleme Schritt für Schritt zu definieren und die amerikanische Seite über unsere Überlegungen auf dem laufenden zu halten. Wir bedauerten es, daß es nicht zu den zeitsparenden Viererkonsultationen über SALT[2] gekommen sei.

Er wolle zunächst, so fuhr der Staatssekretär fort, mit der Bitte um absolute Vertraulichkeit den Beschluß des Bundessicherheitsrats vom 20.1.78 zur Neutronenwaffe der amerikanischen Seite zur Kenntnis bringen.

Der Staatssekretär übersetzte anschließend das beigefügte Papier[3] ins Englische (Anlage zu Schreiben StS van Well an MD Ruhfus vom 30.1.78 – 014-StS-482I/78 geh.). Er erläuterte die in Absatz 3 erwähnte Zweijahresfrist gemäß der Fußnote des Papiers.[4] Schließlich betonte er mit Nachdruck, daß dem Bundeskanzler am vorletzten Absatz besonders gelegen sei: Diese vertrauliche Mitteilung dürfe von der amerikanischen Seite weder gegenüber der Öffentlichkeit noch in vertraulichen Sitzungen der Parlamente oder Konsultationen der Bündnispartner verwendet werden.

Der Staatssekretär unterrichtete Mr. Aaron ferner, daß der Bundessicherheitsrat an die Bundesminister des Auswärtigen und der Verteidigung[5] den Auftrag erteilt habe zu prüfen, wie die Neutronenwaffe unter Berücksichtigung deutscher und europäischer Interessen optimal rüstungskontrollpolitisch genutzt

---

2 Zur französischen Ablehnung von Konsultationen mit der Bundesrepublik, Großbritannien und den USA über SALT vgl. Dok. 9, Anm. 4.
3 Dem Vorgang beigefügt. Der Beschluß des Bundessicherheitsrats vom 20. Januar 1978 zur Neutronenwaffe lautete: „Eine Teilnahme an der Entscheidung des amerikanischen Präsidenten über die Produktion der Neutronenwaffe würde den Verbündeten, insbesondere der Bundesrepublik Deutschland, die kein Kernwaffenstaat ist, entgegen der bisherigen Praxis eine Mitentscheidung im Bereich der Produktion nuklearer Waffen zuweisen. Deshalb sollte die Produktionsentscheidung eine souveräne Entscheidung des amerikanischen Präsidenten bleiben. Nach der Produktionsentscheidung des amerikanischen Präsidenten sollen alle sich bietenden Möglichkeiten zu Fortschritten bei Rüstungskontrollverhandlungen, insbesondere bis zur tatsächlichen Dislozierung der Neutronenwaffe, geprüft und genutzt werden. Die Bundesregierung erklärt ihre Bereitschaft, die Lagerung von Neutronenwaffen auf dem Territorium der Bundesrepublik Deutschland zuzulassen, wenn nicht innerhalb von zwei Jahren nach der Produktionsentscheidung des amerikanischen Präsidenten die westliche Seite auf die Dislozierung verzichtet, weil entsprechende Resultate in Rüstungskontrollverhandlungen vorliegen. Bei dieser Erklärung ihrer Bereitschaft geht die Bundesregierung davon aus, daß sie sich auf entsprechende Beratungen im Bündnis stützen kann und es im Interesse der Verteidigungsfähigkeit des Bündnisses notwendig ist, daß nicht nur auf ihrem Territorium disloziert wird. Um dem für die weitere Behandlung im Bündnis nachteiligen Eindruck vorzubeugen, daß es sich hier um eine allein deutsch-amerikanische Frage handelt, legt die Bundesregierung großen Wert darauf, daß diese vertrauliche Mitteilung weder gegenüber der Öffentlichkeit noch in vertraulichen Sitzungen der Parlamente oder des Bündnisses von der amerikanischen Seite verwendet wird. Die Bundesregierung ist interessiert zu erfahren, in welcher Weise die amerikanische Regierung das Bündnis in dieser Frage zu befassen beabsichtigt. Sie wäre bereit, einem amerikanischen Vorschlag, die Angelegenheit beim nächsten Ministertreffen der NPG zu behandeln, zu folgen." Vgl. die Anlage zum Schreiben des Staatssekretärs van Well vom 30. Januar 1978 an Ministerialdirektor Ruhfus, Bundeskanzleramt; VS-Bd. 10578 (201); B 150, Aktenkopien 1978.
4 Die Fußnote lautete: „Diese Frist von zwei Jahren ist gewählt worden, 1) um ernsthafte Verhandlungen zu ermöglichen, 2) weil wir davon ausgehen, daß eine militärisch relevante Zahl von Neutronensprengköpfen vor Ablauf dieser Frist nicht zur Verfügung steht." Vgl. die Anlage zum Schreiben des Staatssekretärs van Well vom 30. Januar 1978 an Ministerialdirektor Ruhfus, Bundeskanzleramt; VS-Bd. 10578 (201); B 150, Aktenkopien 1978.
5 Georg Leber.

werden könnte. Er legte die Kriterien dar, von denen diese Prüfung ausgehen soll (vgl. BSR-Beschluß vom 20.1.78, Ziffer 2.1.2[6]).

Mr. *Aaron* dankte für die „nützliche Klarstellung" zum Thema Neutronenwaffe. Sie sollte eine Grundlage bieten, um eine vernünftige Lösung auszuarbeiten. Der amerikanische Präsident sei bereit, die Produktionsentscheidung in eigener Verantwortung zu übernehmen. Es erhebe sich in diesem Zusammenhang folgende Frage: Die vom Staatssekretär soeben gemachte Mitteilung werde von amerikanischer Seite nicht verwendet und unsere Position „niemandem gegenüber beschrieben" werden. Die amerikanische Seite wolle aber in einer Ankündigung die Produktionsentscheidung mit einer rüstungskontrollpolitischen Initiative koppeln und gleichzeitig erklären, daß „bei Ausbleiben einer entsprechenden Rüstungskontroll-Vereinbarung wir mit der Dislozierung vorangehen" würden. Kurz: Die Produktionsentscheidung, das Rüstungskontroll-Angebot und die Annahme der Dislozierung sollten miteinander verbunden werden. Lasse sich die Mitteilung des Staatssekretärs mit einem solchen Arrangement in Einklang bringen?

Der *Staatssekretär* erwiderte, das sei nicht ganz der Fall. Der Bundessicherheitsrat habe den Beschluß gefaßt, der in der von ihm verlesenen formellen Erklärung festgehalten sei.

Dieser Beschluß sei heute gültig. Er erlaube die Dislozierung nach zwei Jahren. Die Zweijahresfrist sei aus den bereits erwähnen Gründen gewählt worden.

Mr. *Aaron* bemerkte, die Dislozierung der ersten Neutronenwaffen sei wohl schon 14 Monate nach der Produktionsentscheidung möglich. Aber die Fristendifferenz zwischen dieser Zeit und zwei Jahren erscheine ihm nicht besonders problematisch.

Der *Staatssekretär* erklärte, wir träten nicht etwa für ein Moratorium ein. Er nehme zur Kenntnis, daß der amerikanische Präsident die Entscheidungen über Produktion, Rüstungskontroll-Angebot und Dislozierung verbinden wolle. Es sei wichtig, daß wir schnell unsere Konzeption entwickelten, wie die Neutronenwaffe rüstungskontrollpolitisch genutzt werden könne. Die deutsche Seite

---

[6] Kapitän zur See Borgemeister, Bundeskanzleramt, gab am 31. Januar 1978 den vollständigen Beschluß des Bundessicherheitsrats wieder. Die Kriterien für eine rüstungskontrollpolitische Nutzung der Neutronenwaffe lauteten: „Die Modernisierung des westlichen TNF-Potentials durch Einführung der Neutronenwaffe darf nicht verhindert oder unabsehbar verzögert werden, ohne daß der Westen für die entgangenen verteidigungspolitischen Vorteile einen angemessenen Ausgleich im Rüstungskontrollbereich erhält. Dem Bedürfnis nach Fortschritten bei der Rüstungskontrolle, das auch in der innenpolitischen Diskussion eine große Rolle spielt, ist glaubhaft Rechnung zu tragen; ein rüstungskontrollpolitisches Angebot wäre ein Versuch, die Voraussetzungen dafür zu schaffen, daß die Lagerung von Neutronenwaffen auf dem Gebiet der Bundesrepublik Deutschland nicht notwendig wird. Die Sowjetunion muß unter Zugzwang gesetzt werden können: Entweder geht sie auf den Vorschlag ein und erklärt sich zu angemessenen rüstungskontrollpolitischen Zugeständnissen bereit, oder sie lehnt ab und trägt die Verantwortung für die Einführung der Neutronenwaffen. Dies setzt ein Mindestmaß an Ausgewogenheit zwischen Angebot und Forderung voraus. Durch den Rahmen der erforderlich werdenden kontrollpolitischen Vereinbarung dürfen übergeordnete politische und militärische Interessen der Bundesrepublik Deutschland und gemeinsame westliche Interessen nicht beeinträchtigt werden; hierbei ist insbesondere auf die Gefahr der Entstehung einer besonderen Rüstungskontrollzone und der Präjudizierung zukünftiger westlicher Waffenmodernisierungen zu achten. Bei der Analyse der rüstungskontrollpolitischen Nutzungsmöglichkeiten für die Neutronenwaffen ist auf sicherheitspolitisch geeignete Zugeständnisse der Sowjetunion abzustellen." Vgl. VS-Bd. 530 (014); B 150, Aktenkopien 1978.

sei in dieser Frage nicht festgelegt. Als sowjetische Gegenleistungen kämen die SS-X-20 oder Panzer in Frage. Unsere politisch Verantwortlichen hätten eine Präferenz für Panzer als sowjetische Gegenleistung. Das Auswärtige Amt neige der Auffassung zu, daß man zunächst die SS-X-20 als Gegenleistung fordern solle. Wir seien aber, wie gesagt, in dieser Frage völlig offen. Wenn man die Neutronenwaffe als eine Erweiterung der Option III bei MBFR[7] einführe und weitere Panzerreduzierungen auf sowjetischer Seite dafür einzuhandeln suche, würde das Problem qualitativer Beschränkungen und der geographischen Begrenzung des Reduzierungsraums ins Spiel kommen. Man bewege sich mehr und mehr auf eine Rüstungskontrollzone zu. Andererseits sei möglicherweise der bloße Verzicht auf Dislozierung der Neutronenwaffe im MBFR-Reduzierungsraum für die Sowjetunion nicht besonders interessant. Was könnten wir als Quidproquo dafür bekommen? Schließlich werde die Einführung eines jeden neuen Elements in MBFR den Nachteil haben, daß die MBFR-Verhandlung, die ohnehin langsam vorangehe, sich wahrscheinlich noch weiter verlangsame. Dies alles mache die Nutzung der Neutronenwaffe in MBFR schwierig.

Auf der anderen Seite müsse man sehen, daß ein Angebot Neutronenwaffe gegen SS-X-20 asymmetrisch sei. Von der Präsentation her sei es für den Westen allerdings sehr attraktiv. Außerdem könne über ein solches Angebot verhältnismäßig schnell entschieden werden.

Aaron führte aus, die amerikanische Seite sei bei ihren Überlegungen über eine eventuelle Einführung der Neutronenwaffe bei MBFR auf fast die gleichen Probleme gestoßen. Eine wie hohe Panzerreduzierung wolle man von den Sowjets verlangen? Sicher könne es nicht darum gehen, nur unser bisheriges MBFR-Angebot anzureichern. Das Problem, Neutronenwaffe und Panzer miteinander zu vergleichen, sei groß.

Der *Staatssekretär* erwiderte, das Angebot Neutronenwaffe gegen SS-X-20 hätte den Vorteil, die öffentliche Kampagne gegen uns zu beruhigen.

Mr. *Aaron* stimmte zu und ergänzte, auf diese Weise würde klargemacht, daß wir etwas gegen die sowjetische Mittelstreckenbedrohung, die bei SALT nicht behandelt werden könne, unternehmen wollten.

Der *Staatssekretär* wies darauf hin, es handele sich hier um vorläufige Überlegungen, die so bald wie möglich dem Bundessicherheitsrat vorgelegt werden müßten. Das werde aber erst nach Konsultationen mit der amerikanischen Seite geschehen. Der Bundessicherheitsrat müsse über die Frage entscheiden, ob die Neutronenwaffe gegen die SS-X-20 oder bei MBFR ins Spiel gebracht werden solle.

Aaron bat darum, wir möchten den Amerikanern unser Für und Wider unterbreiten. Auf amerikanischer Seite seien bereits entsprechende Papiere angefertigt worden.

Der *Staatssekretär* machte daraufhin den Vorschlag, Arbeitspapiere über das Für und Wider der rüstungskontrollpolitischen Optionen auszutauschen.

---

[7] Zum Vorschlag der an den MBFR-Verhandlungen teilnehmenden NATO-Mitgliedstaaten vom 16. Dezember 1975 für eine Einbeziehung amerikanischer nuklearer Komponenten (Option III) vgl. Dok. 12, Anm. 10.

Herr *Blech* gab zu erwägen, ob man die Konsultation zu diesem Punkt u. U. von den allgemeinen SALT-Konsultationen separieren sollte.

Der *Staatssekretär* brachte sodann das Gespräch auf unsere Besorgnisse wegen der Cruise-Missile-Einbeziehung in SALT II und wegen der Prinzipien-Erklärung. Wir hielten es für notwendig, daß in SALT III die Symmetrie durch Einbeziehung des sowjetischen Mittelstreckenpotentials wiederhergestellt werde.

Mr. *Aaron* führte in Kurzform aus, was er bereits in der Delegationssitzung[8] abgehandelt hatte. Die amerikanische Seite gehe, entgegen unseren Befürchtungen, von der Annahme aus, daß das Drei-Jahres-Protokoll[9] nicht verlängert werden würde. Dieses Protokoll behindere die CM-Tests nicht. Für SALT III bewegten sich die USA in Richtung ihres März-Vorschlags[10], d. h. auf substantielle Reduzierungen und qualitative Beschränkungen der interkontinentalstrategischen Kernwaffen hin. Die amerikanische Regierung habe die Cruise-Missile-Optionen offengehalten. Sie hoffe, bei der Ratifizierungsdebatte im Senat erklären zu können, daß die Alliieren den Vertrag in allen seinen Aspekten unterstützten.

Der *Staatssekretär* stellte die Frage, ob den Sowjets nicht gesagt werden könne, daß SALT III die MRBMs miterfassen müsse. Es gehe uns sehr darum, daß die Amerikaner die Optionen für ALCMs und SLCMs, die bis in die Sowjetunion hineinreichten, offenhielten, und zwar als rüstungskontrollpolitische Verhandlungsgegenstände oder, falls es zu keinen entsprechenden rüstungskontrollpolitischen Vereinbarungen komme, zur Ausfüllung der strategischen Lücke. Die 600 km-Begrenzung sei mit dem Gleichgewicht nicht vereinbar. Deshalb seien wir so beunruhigt.

Aaron entgegnete, er wolle, da die Delegation unter Zeitdruck stehe, nur zwei Hauptpunkte hervorheben: Die amerikanische Seite habe keine grundsätzlichen

---

[8] Zum deutsch-amerikanischen Gespräch über SALT am 30. Januar 1978 vgl. Dok. 29.

[9] Der Leiter der amerikanischen SALT-Delegation, Warnke, teilte dem Ständigen NATO-Rat am 23. Mai 1977 mit, der amerikanische Außenminister Vance und der sowjetische Außenminister Gromyko hätten sich bei ihren Gesprächen vom 18. bis 20. Mai 1977 in Genf auf die Struktur eines dreiteiligen Vertragswerks geeinigt: „einen bis 1985 geltenden Vertrag, in dem alle Bestimmungen enthalten sein sollen, auf die sich Washington und Moskau im gegenwärtigen Zeitraum einigen können; ein Protokoll mit einer Interimsregelung von zwei bis drei Jahren mit vorläufigen Regelungen für umstrittene Fragen (z. B. Cruise Missiles); für sie soll in dieser Zeitspanne eine Dauerlösung vereinbart werden; Absichtserklärungen über die Themen für SALT III". Vgl. die Aufzeichnung des Referats 220 vom 27. Mai 1977; VS-Bd. 11091 (202); B 150, Aktenkopien 1977.

[10] Anläßlich eines Besuchs vom 27. bis 30. März 1977 in der UdSSR legte der amerikanische Außenminister Vance neue Vorschläge zur Begrenzung strategischer Waffen (SALT) vor. Botschafter Ruth teilte der Ständigen Vertretung bei der NATO in Brüssel dazu am 1. April 1977 mit: „1) Der amerikanische AM legte in Moskau die beiden amerikanischen Optionen dar: a) Konkretisierung der Vereinbarungen von Wladiwostok unter Verlagerung der Problematik Cruise Missiles/Backfire in SALT III, b) ein umfassendes SALT-Paket mit folgenden Bestandteilen: Reduzierung der Trägermittel um einige Hundert unterhalb der bisher vereinbarten Zahl von 2400, Verminderung der schweren ICBM, Reduzierung der mit MIRV ausgerüsteten Raketen unter die Zahl von 1320, Beendigung weiterer Entwicklungen der ICBMs, Verzicht auf Weiterentwicklung der mobilen ICBMs. 2) Für Europa relevante Aspekte: a) Begrenzung der Cruise Missiles nur bei den strategischen Reichweiten, b) keine Behandlung der ‚forward based systems', c) für das sowjetische Flugzeug Backfire sollen die Sowjets selbst Vorschläge für die Einsatzbegrenzung machen, d) keine Veränderung der Haltung beider Seiten zu Non-transfer und Non-circumvention." Vgl. den Drahterlaß Nr. 1391; VS-Bd. 11380 (220); B 150, Aktenkopien 1977. Vgl. dazu ferner AAPD 1977, I, Dok. 82 und Dok. 84.

Bedenken dagegen, den Vorschlag zu machen, die sowjetischen MRBM-Systeme bei SALT III einzubeziehen. Je länger man sich aber mit der Materie beschäftige, desto schwieriger finde man sie. Das Problem müsse noch sehr genau studiert werden. Man müsse sich vor allem auch die Option offenhalten, von einem solchen Vorschlag wieder herunterzukommen, falls er sich als nicht fruchtbar erweise.

Auf den Einwurf des *Staatssekretärs*, Präsident Carter zeige in dieser Frage wohl eine größere Bereitschaft (Rede in Warschau[11] und vor der NATO[12]), meinte *Aaron* lachend, das könne den Anschein haben. Aber inzwischen habe man sich die Angelegenheit genauer angesehen. Diese Frage müsse ausgiebig konsultiert werden, und zwar sowohl mit uns wie mit Frankreich und Großbritannien. Wir sollten den Versuch machen, einen möglichst hohen Grad an Konsens mit den beiden genannten Verbündeten herzustellen. Das Problem der TNF sei für Großbritannien und Frankreich von besonderer Bedeutung.

Der *Staatssekretär* wandte sich dann dem Stand der MBFR-Verhandlungen zu. Er wolle keine Kritik an Resor und Dean äußern, aber er wolle doch noch einmal klarmachen, daß wir hinter der augenblicklichen sowjetischen Taktik in der Datenfrage den Versuch sähen, den Bezug auf nationale Streitkräftezahlen zu fördern. In diese Falle dürften wir nicht gehen. Das Prinzip der Kollektivität sei für uns von fundamentaler Bedeutung.

Aaron erklärte, er verstehe, daß die an sich technische Angelegenheit des Datenaustausches für uns substantielle Bedeutung habe. Er versprach, sich dieser Sache persönlich anzunehmen.

Mr. Aaron übergab dem Staatssekretär den aktuellen Text zur Absichtserklärung[13] und den letzten sowjetischen Vorschlag zur Nichtumgehungsklausel[14].

VS-Bd. 10578 (201)

---

11 Während eines Besuchs vom 29. bis 31. Dezember 1977 in Polen erklärte Präsident Carter am 30. Dezember 1977 auf einer Pressekonferenz in Warschau: „One of the disturbing failures up until this point in nuclear weaponry has been a complete absence of discussions concerning tactical or theater nuclear weapons. The only discussions that have ever been held between ourselves and the Soviets related only to strategic weapons, those that can be fired from one continent to another or from the sea into a continent. I would hope that as a result of the SALT II talks we might agree with the Soviets to start addressing the question of the so-called tactical nuclear weapons, of which the enhanced radiation or neutron bomb would be one. [...] So, my hope is that in general we can reduce the threat of nuclear destruction in the European area. There are now several thousand tactical nuclear weapons already deployed on both sides in the European theater. And the whole matter must be addressed in its entirety, rather than one weapon at the time." Vgl. PUBLIC PAPERS, CARTER 1977, S. 2211.

12 Für den Wortlaut der Ausführungen des Präsidenten Carter vor dem Ständigen NATO-Rat am 6. Januar 1978 in Brüssel vgl. PUBLIC PAPERS, CARTER 1978, S. 36–38. Vgl. dazu ferner Dok. 5.

13 Ministerialdirektor Blech vermerkte am 2. Februar 1978 zu der vom stellvertretenden Sicherheitsberater des amerikanischen Präsidenten, Aaron, übergebenen Absichtserklärung: „Die Vertragspartner sind sich zur Frage der Absichtserklärung lediglich hinsichtlich der Fortführung von SALT sowie in den allgemeinen Zielen und Prinzipien einig. Jedoch wird hierbei schon auf amerikanischer Seite mehr Bereitschaft zu verbindlichen Regelungen erkennbar [...]. Bei der Spezifizierung der Verhandlungsziele [...] zeigt sich, daß die USA und die Sowjetunion in grundverschiedene Richtungen tendieren. Während die USA bei der Konkretisierung ihrer Ziele ausschließlich klassische SALT-Themen (weitere Limitierungen, Reduzierungen und qualitative Beschränkungen etwa analog dem umfassenden amerikanischen Vorschlag vom März 1977) aufgreifen, will sich die Sowjetunion in dieser Richtung nicht festlegen." Blech resümierte: „In der uns vorliegenden Gegenüberstellung amerikanischer und sowjetischer Formulierungen erscheint uns der Inhalt der Absichtserklärung

24

**Botschafter Fischer, Belgrad (KSZE-Delegation),
an das Auswärtige Amt**

114-10446/78 VS-vertraulich Aufgabe: 30. Januar 1978, 14.00 Uhr[1]
Fernschreiben Nr. 89 Ankunft: 30. Januar 1978, 15.50 Uhr
Citissime

Betr.: KSZE-Folgekonferenz

I. Problemstellung

Sowjetische Delegation erklärt in Belgrad weiterhin, sie werde in abschließendem Dokument keinerlei Aussagen über Implementierungsmängel, Menschenrechte (Prinzip 7)[2] und weiterführende Schritte bei menschlichen Kontakten zulassen. Westlicher Erwiderung, daß in diesem Fall nur kurzes, faktuelles abschließendes Dokument in Frage komme, wobei Verantwortung dafür deutlich gemacht werde, begegnet sie gegenüber den an menschlichen Kontakten interessierten Delegationen in letzter Zeit zunehmend mit Hinweis, sie werde einseitig im Anschluß an Belgrader Folgetreffen neue Maßnahmen in diesem Bereich einführen.

Damit ergibt sich Problem, wieweit wir im Falle unbefriedigenden Inhalts abschließenden Dokuments Verantwortung SU zuweisen können, wenn sie im Anschluß daran weitere menschliche Erleichterungen gewähren will. In Verbindung damit steht weiteres Problem, wieweit im Falle unserer Rücksichtnahme auf SU wegen vager Erwartungen in diesem für uns wichtigsten Feld unser Verhältnis zu westlichen Hauptverbündeten in Belgrad berührt wird, von denen USA in erste Linie an Erwähnung Prinzips 7, GB an Aussagen über Implementierung interessiert sind. (Auch muß uns an multilateralen Zusagen liegen, damit vor allem auch ČČSSR, RU[3] und DDR moralisch gebunden werden.)

Fortsetzung Fußnote von Seite 143
in besonderem Maße unausgewogen. [...] Wir müssen darauf hinwirken, daß in der Sache Ausgewogenheit unter voller Berücksichtigung der deutschen und europäischen Sicherheitsinteressen erreicht wird. Das würde bedeuten, daß in einer einverständlichen oder einseitigen Regelung zur Absichtserklärung von amerikanischer Seite die Balance im Hinblick auf die Grauzonenproblematik gewahrt wird und das Feld nicht sowjetischen Vorstellungen in diesem Bereich überlassen bleibt." Vgl. VS-Bd. 11384 (220); B 150, Aktenkopien 1978.

14 Für den sowjetischen Vorschlag für eine Nichtumgehungsklausel bei SALT vgl. Dok. 29.

1 Hat Ministerialdirektor Blech am 31. Januar 1978 vorgelegen.
2 Punkt VII der Prinzipienerklärung der KSZE-Schlußakte vom 1. August 1975 betraf die Achtung der Menschenrechte und Grundfreiheiten, einschließlich der Gedanken-, Gewissens-, Religions- und Überzeugungsfreiheit. Für den Wortlaut vgl. SICHERHEIT UND ZUSAMMENARBEIT, Bd. 2, S. 917 f. Die NATO-Mitgliedstaaten und Irland brachten am 13. Dezember 1977 einen „Vorschlag betreffend die Achtung der Menschenrechte und Grundfreiheiten" ein. Dieser sah vor: „Die Teilnehmerstaaten [...] beschließen, die Bestimmungen des VII. Prinzips der Schlußakte [...] unilateral zu verwirklichen; beschließen ebenso, ihre Verwirklichung auf bilateraler Ebene und im Rahmen der KSZE sowie anderer multilateraler Foren zu gewährleisten". Vgl. EUROPA-ARCHIV 1978, D 219.
3 Rumänien.

Um zu gegebener Zeit deutsche Haltung hierzu festlegen zu können, schlage ich vor, nunmehr durch hochrangiges deutsch-sowjetisches Gespräch sowjetische Intentionen zu klären.

II. Sachstand:

1) Sowjetische Delegation argumentiert in zunehmendem Maße in Belgrad, Hochspielung Menschenrechtsproblematik durch US-Delegation habe konstruktive Atmosphäre für sie und osteuropäische Staaten so weit verschlechtert, daß sonst mögliche konkrete Beschlüsse zur Aufnahme in abschließendes Dokument nicht mehr vorstellbar seien. Insbesondere könne Dokument keinerlei Aussagen über Implementierungsmängel, Menschenrechte und menschliche Kontakte enthalten (außer allgemeiner Bereitschaftserklärung zu deren Ausdehnung, die im sowjetischen Entwurf[4] schon enthalten ist). Westliche Delegationen entgegnen, daß gerade in diesen Punkten konkrete Aussagen notwenig seien und wir andernfalls abschließendem Dokument keinen Konsens geben könnten. Sollte sich in nächsten Wochen herausstellen, daß derartiges Dokument nicht zu erreichen ist, betrachten wir kurzes Dokument, das sich[5] im wesentlichen nur auf faktische Feststellungen beschränkt mit anschließender Klarstellung der Verantwortung als allein übrigbleibende Alternative. Dahingehender Beschluß PK-Sitzung in Kopenhagen ist offensichtlich Sowjetunion bekannt.[6]

2) Schon im November hat Woronzow meine Erklärungen, daß konkrete humanitäre Verbesserungen für uns zum Abschluß Folgetreffens unerläßlich seien, dahingehend beantwortet, Sowjetunion beabsichtige, unilateral Maßnahmen zu treffen.[7] Dieser Hinweis ist in letzter Zeit verstärkt worden und erfolgte auch gegenüber anderen Delegationen mit besonderem Interesse an humanitären Kontakten (z. B. Kanada).

3) Über Bereiche, in denen SU Maßnahmen plant, werden – offensichtlich bewußt – unterschiedliche Informationen verbreitet:

– Verringerung Paßgebühren (von gegenwärtig 300 Rubel auf 200),

– Festlegung Bearbeitungsfristen für Ausreiseanträge,

---

[4] Für den sowjetischen Entwurf vom 17. Januar 1978 für ein Abschlußdokument der KSZE-Folgekonferenz vgl. den Drahtbericht Nr. 22 des Botschafters Fischer, Belgrad (KSZE-Delegation) vom selben Tag; Referat 212, Bd. 115108.

[5] Korrigiert aus: „das im wesentlichen".

[6] Zur Sitzung des Politischen Komitees im Rahmen der EPZ am 10./11. Januar 1978 in Kopenhagen vgl. Dok. 15, Anm. 4.
Vgl. dazu die Äußerungen des Leiters der sowjetischen KSZE-Delegation, Woronzow, vom 20. Januar 1978; Dok. 16, Anm. 9.

[7] Botschafter Fischer, Belgrad (KSZE-Delegation), teilte am 24. November 1977 nach einem Gespräch mit dem Leiter der sowjetischen KSZE-Delegation, Woronzow, vom Vortag mit: „Als ich erneut darlegte, daß für uns konkrete Beschlüsse in allen Körben und insbesondere zu humanitären Kontakten für Abschluß Folgetreffens unabdingbar seien, schlug er plötzlich vor, ob wir uns zu Beginn Dezember bei bilateralem Treffen über für jede Seite unerläßliche Vorschläge einigen könnten. [...] Neue Schritte in humanitären Kontakten bereite sowjetische Regierung zur baldigen Veröffentlichung vor, sie werde sie jedoch nicht in Belgrad machen, um den Anschein zu vermeiden, daß sie gegenüber Druck nachgebe. Ich entgegnete, daß dies für uns keine Grundlage sei, sondern gerade diese Fortschritte zum unerläßlichen Bestandteil Abschlußdokuments gehörten. Unter dieser Voraussetzung sei ich zu weiterem Gespräch bereit." Vgl. den Drahtbericht Nr. 928; Referat 212, Bd. 115085.

– Verdreifachung zugelassener westlicher Zeitungs-Titel[8] (dies soll schon im Dezember erfolgt sein).

4) Ich habe gegenüber sowjetischen Delegationsmitgliedern argumentiert, daß Entscheidungen hierüber im Rahmen multilateralen KSZE-Prozesses fallen müßten, da es sich um Schritte in Nachfolge der Schlußakte handele. Dem wurde entgegnet, SU müsse Anschein vermeiden, sie habe in Belgrad gegenüber unmäßigem US-Druck nachgegeben. Gleiche Begründung hat auch mein Vorschlag gefunden, SU solle Maßnahmen vor Abschluß Folgetreffens erlassen, damit Teilnehmerstaaten sie – falls ihr Umfang es rechtfertige – im abschließenden Dokument als ersten Schritt begrüßen können. Ich habe sodann auf Absurdität sowjetischen Vorgehens hingewiesen, Folgetreffen wegen Mangels konkreter Beschlüsse zum Mißerfolg werden zu lassen, was westliche Staaten zur Klarstellung der Verantwortung zwinge, um dann einige Zeit danach Erleichterungen zu gewähren. Antwort hierauf lautete, daß bei negativen Stellungnahmen zum Abschluß von Belgrad nicht mit einseitigen Maßnahmen gerechnet werden könne.

5) Westliche Staaten haben uns in humanitären Fragen bisher unterstützt. Angesichts unterschiedlicher Interessenlage hängt Grad ihrer Unterstützungen selbstverständlich von unserer Unterstützung für ihre Hauptanliegen ab: Bei USA ausdrückliche Erwähnung des Prinzips 7 und der Rolle der Individuen dabei, was auch wir wollen, bei GB Aussagen über in Debatte festgestellte Implementierungsmängel, was wir in dieser Form ursprünglich nicht anstrebten. Briten haben deshalb ausdrücklich Zusammenhang zwischen Unterstützung unserer gegenseitigen Position hergestellt.[9]

III. Vorschlag:

Ich schlage vor, in hochrangigem Gespräch zwischen Spitze AA und Botschafter Falin

– einerseits klarzustellen, daß Bundesregierung gemeinsam mit ihren Verbündeten weiterhin unbeirrt abschließendes Dokument mit substantiellem Inhalt einschließlich konkreter humanitärer Verbesserungen anstrebt und, falls dies an mangelnder östlicher Konzessionsbereitschaft scheitere, Westen Verantwortung klarstellen werde, womit Entspannungsprozeß zwangsläufig beeinträchtigt werde;

– andererseits darauf hinzuwirken, daß, falls SU einseitige Maßnahmen mit humanitären Erleichterungen erlassen will, diese uns in bezug auf Verpflichtungsgrad, Ausmaß und Zeitpunkt vor Belgrader Abschluß mitgeteilt werden, gegebenenfalls damit nicht nur wir bei Abschlußerklärung davon ausgehen, sondern auch bei unseren Verbündeten auf Berücksichtigung hinwirken könnten.

[gez.] Fischer

VS-Bd. 13076 (212)

---

[8] Die Wörter „Verdreifachung" und „Titel" wurden von Ministerialdirektor Blech hervorgehoben. Dazu vermerkte er handschriftlich: „Von 10 auf 30? Komm[unistische] Zeitungen, Humanité etc."
[9] Dieser Satz wurde von Ministerialdirektor Blech durch Ausrufezeichen hervorgehoben.

25

Botschafter Fischer, Belgrad (KSZE-Delegation), an das Auswärtige Amt

114-10449/78 geheim
Fernschreiben Nr. 90
Citissime

Aufgabe: 30. Januar 1978, 14.00 Uhr[1]
Ankunft: 30. Januar 1978, 16.57 Uhr

Betr.: KSZE-Folgetreffen;
hier: Westliche Essentialia

Zur Unterrichtung

I. 1) Als Kompromiß gegenüber unverändertem französischem Drängen auf Konzipierung eines minimalistischen Entwurfs der Neun für abschließendes Dokument (AD) beschlossen die Neun, in einer Ad-hoc-Gruppe Essentialia des Westens – allerdings nur mündlich – erörtern zu lassen. Außer F ging man dabei davon aus, daß Erörterung nur „mind clearing" dient, das sich zur Beurteilung angekündigter Vermittlungspapiere N+N-Staaten nützlich erweisen kann.

In diesem Sinne erörterten stellvertretende Delegationsleiter von DK, D[2], F, I, NL und GB am 28. Januar abhörsicher in deutscher Botschaft sowohl das Unabdingbare wie Prioritäten der westlichen Positionen.

2) Als unverzichtbar im Sinne eines sine qua non für konsensfähiges AD wurden dabei folgende Punkte identifiziert:

a) Zeitlich fixierte Anberaumung weiteren Folgetreffens nicht[3] später als 1981;

b) Festhalten für nächstes Treffen an Tagesordnung gemäß Schlußakte, jedoch Offenhalten Außenministerebene, falls Entscheidung hierfür, wie von uns beantragt, in Belgrad nicht zustande kommt;

c) Heraushebung der Menschenrechtsfrage;

d) Erwähnung der Rolle, die Individuen bei Erfüllung der SA[4] zukommt;

e) weiterführende oder Implementierung der SA fördernde Beschlüsse im Bereich „menschliche Kontakte".

3) Als „negative" Essentialia, also unter keinen Umständen akzeptabel, wurden folgende Punkte aus östlichen Vorschlägen identifiziert:

a) keine fixe Periodizität KSZE-Prozesses[5];

b) keine Erwähnung von Nichtersteinsatz von nuklearen Waffen;

c) Nichterwähnen eines Beitrittsmoratoriums[6];

---

[1] Hat Ministerialdirektor Blech am 2. Februar 1978 vorgelegen.
[2] Wilfried Hofmann.
[3] Dieses Wort wurde von Ministerialdirektor Blech hervorgehoben. Dazu Fragezeichen.
[4] Schlußakte.
[5] Vgl. dazu den rumänischen Vorschlag vom 13. Dezember 1977; Dok. 15, Anm 21.
[6] Vgl. dazu den sowjetischen Entwurf vom 24. Oktober 1977 für eine „Aktionsbasis zur Festigung der militärischen Entspannung in Europa"; Dok. 4, Anm. 16.

d) kein Einfrieren der Militärbudgets;

e) keine Aussagen gegen Truppenstationierung und fremde Basen;

f) kein Erfassen von Luftwaffe und Marine bei CBM;

g) keine Regelung grenznaher Manöver[7];

h) keine „speziellen sicherheitspolitischen Konsultationen"[8];

i) keine Kategorisierung europ. EL[9] oder materielle Zusagen im Gastarbeiterzusammenhang;

j) keine Präjudizierung der ECE hinsichtlich Umweltkonferenz[10];

k) dito hinsichtlich Energiekonferenz[11];

l) keine Aussage hinsichtlich Binnenwasserstraßen[12];

---

[7] Vgl. dazu die rumänischen Vorschläge vom 24. Oktober, 11. November und 15./16. Dezember 1977; Dok. 7, Anm. 8.
Am 30. Januar 1978 legte Rumänien einen weiteren Vorschlag vor: „The participating States will not carry out multinational major military manoeuvres exceeding a total of 25 000 troops independently or, combined with any possible air or naval components, less than 150 km from the frontiers of other participating States whose troops are not taking part in the manoeuvres in question." Vgl. den Drahtbericht Nr. 91 des Botschafters Fischer, Belgrad (KSZE-Delegation), vom selben Tag; Referat 212, Bd. 115108.

[8] Vgl. dazu den sowjetischen Entwurf vom 24. Oktober 1977 für eine „Aktionsbasis zur Festigung der militärischen Entspannung in Europa"; Dok. 4, Anm. 16.

[9] Botschaftsrat I. Klasse Hofmann, Belgrad, berichtete am 22. Dezember 1977: „B[ul]g[arien] zirkulierte [...] am 21.12. in Anlage beigefügten informellen Gegenvorschlag zu türkischem Text über Problem europäischer Entwicklungsländer [...]. Ablehnung der Festschreibung neuer Kategorie von EL in Europa begründete Bulgare damit, daß D[ritte] W[elt]-Länder dringender Unterstützung bedürften als europäische; (auf türkisches Argument eingehend): KSZE Probleme behandle, die über Bereich Europas hinausgingen und Dokumente daher anders zu formulieren seien als in ECE." Der bulgarische Vorschlag lautete: „In implementing the provisions of the Final Act, the participating States will continue to identify the particular problems of developing countries, as formulated in the Final Act and adopt necessary measures to support their development efforts." Vgl. den Drahtbericht Nr. 1091; Referat 212, Bd. 115108.

[10] Am 26. Oktober 1977 legte die UdSSR den Vorschlag für eine gesamteuropäische Zusammenarbeit auf den Gebieten Umweltschutz, Verkehr und Energie vor. Darin hieß es: „Im Bereich der Umwelt wird schon im Rahmen der Wirtschaftskommission der Vereinten Nationen für Europa daran gearbeitet, die Problemkreise für eine mögliche Konferenz auf hoher Ebene auszuwählen: diese Arbeit nimmt einen erfolgreichen Verlauf. Es steht zu erwarten, daß unter Berücksichtigung dieser Arbeit die Wirtschaftskommission für Europa auf ihrer bevorstehenden Sitzung den Beschluß über die Einberufung einer solchen Konferenz sobald wie möglich fassen wird und Tagesordnung, Arbeitsprogramm sowie andere Organisations- und Verfahrensfragen festgelegt werden. Die Teilnehmerstaaten am Belgrader Treffen könnten ihre Bereitschaft zum Ausdruck bringen, zur schnellstmöglichen Einberufung der Konferenz und zu ihrer erfolgreichen Durchführung beizutragen." Vgl. den Drahtbericht Nr. 747 des Botschafters Fischer, Belgrad (KSZE-Delegation), vom 26. Oktober 1977; Referat 212, Bd. 115107.

[11] Vgl. dazu den sowjetischen Vorschlag vom 13. Dezember 1977 für eine gesamteuropäische zwischenstaatliche Energiekonferenz; Dok. 3, Anm. 41.

[12] Am 26. Oktober 1977 legte die UdSSR den Vorschlag für eine gesamteuropäische Zusammenarbeit auf den Gebieten Umweltschutz, Verkehr und Energie vor. Darin hieß es: „Auf dem Gebiet des Verkehrswesens könnten den Verhandlungsgegenstand für eine gesamteuropäische zwischenstaatliche Konferenz in erster Linie komplexe Probleme bilden, die mit den Perspektiven der Entwicklung von Verkehrssystemen in Europa im Zusammenhang stehen – Eisenbahnlinien, Auto- und Wasserstraßen, einschließlich der Schaffung eines gesamteuropäischen Netzes von Binnenwasserstraßen mit großen Wassertiefen. Auf einem solchen Forum könnte man den tatsächlichen Stand der Zusammenarbeit auf dem Gebiet des Verkehrswesens erörtern und Vereinbarungen über optimale Wege und Mittel zur Vereinigung der Anstrengungen der Staaten erzielen, um diese Zusammenarbeit weiter zu entwickeln." Vgl. den Drahtbericht Nr. 747 des Botschafters Fischer, Belgrad (KSZE-Delegation), vom 26. Oktober 1977; Referat 212, Bd. 115107.

m) kein sicherheitspolitisches Mandat für Mittelmeergremium[13];

– keine Indossierung Mittelmeeranrainerkonferenz, sondern allgemeine Formulierung zu multilateralen Bestrebungen im MM;

n) kein „Aufhänger" für Verfolgung östlichen Konzepts der „Verantwortlichkeit" der Journalisten für „wahrheitsgetreue" Berichterstattung;

o) im Kultur und Erziehungsbereich keine unmittelbar finanziell bindenden Bestimmungen;

p) kein multilaterales Schulbuchrevisionsmandat.

4a) Aus Aufzählung positiver und negativer Essentialia ergibt sich, daß aus Sicht der Gruppe kein sine qua non für westliche Vorschläge in Bereichen CBM, Wirtschaft, Information, Kultur und Bildung besteht.[14]

Wenn es, wie vom Westen angestrebt, zu substantiellem Papier kommt, dürfte es allerdings schon aus Gründen der Balance und Nichtpräjudizierung nächsten Folgetreffens erforderlich sein, auch in diesen Bereichen Beschlüsse zu fassen.

b) Unterschiedlicher Umfang der positiven und negativen Essentialia unterstreicht Beobachtung, daß Osten die meisten seiner Vorschläge nur aus taktischen Gründen, also in Kenntnis ihrer Unannehmbarkeit, vorgelegt hat.

5) Diskussion der Prioritäten innerhalb westlicher Vorschläge hatte folgendes Ergebnis:

a) Prinzipien: Abgesehen von beiden Essentialia (Menschenrechte, Rolle des Individuums) gibt es keine von allen gebilligte Priorität, da F sich noch immer gegen deutsche Initiative bezüglich Geiselnahme[15] ausspricht.

b) CBM: Ergebnisse werden in erster Linie gewünscht bei

– Senkung der Parameter,

– Verbesserung des Beobachterreglements,

– Notifizierung von Bewegungen.

c) Abrüstung: Nicht alle unsere Partner sind einer (harmlosen?) Erwähnung einer WAK[16] abgeneigt.

d) Korb II[17]: Priorität haben

---

[13] Im sowjetischen Entwurf vom 17. Januar 1978 für ein Abschlußdokument der KSZE-Folgekonferenz hieß es: „With the aim of further practical realization of the Final Act, the meeting agreed as follows: [...] to hold on ... 1979 at the invitation of the government of Malta in the city of Valetta a meeting of experts of all the participating States to consider questions of promoting mutually beneficial co-operation in the Mediterranean in various economic, scientific and cultural fields." Vgl. den Drahtbericht Nr. 22 des Botschafters Fischer, Belgrad (KSZE-Delegation), vom 17. Januar 1978; Referat 212, Bd. 115108.
Am 19. Januar 1978 berichtete Fischer: „SU erläuterte eigenen, am 17.1. eingebrachten Vorschlag, BM 70. Daraus ist festzuhalten: Alles, was im M[ittel]m[eer] unternommen werde, diene auch Verbesserung Sicherheit. Angesichts gegenwärtig schwieriger Situation im MM-Raum und erfolgloser Beschäftigung mit Sicherheitsfragen in anderen Gremien sollte dieser Komplex auch bei KSZE in Zusammenhang mit sonstigen militärischen Fragen behandelt werden. Belgrader Treffen habe nicht die Aufgabe, über Teilnahme nichtteilnehmender MM-Länder (NT-MM) an in BM 70 vorgeschlagenem Expertentreffen zu beschließen. Expertentreffen selbst solle über Beteiligung NT-MM beschließen." Vgl. den Drahtbericht Nr. 34; Referat 212, Bd. 115108.
[14] Dieser Absatz wurde von Ministerialdirektor Blech durch Fragezeichen hervorgehoben.
[15] Zum Vorschlag der Bundesregierung vom 14. Dezember 1977 vgl. Dok. 15, Anm. 29 und 30.
[16] Weltabrüstungskonferenz.
[17] Für den Wortlaut des Abschnitts „Zusammenarbeit in den Bereichen der Wirtschaft, der Wissen-

– Vorschläge für kleine und mittlere Unternehmen,

– Beschleunigung und Verbesserung der Veröffentlichung von Wirtschaftsstatistiken.

e) Menschliche Kontakte: Gruppe entwickelte folgende Richtlinien, die an eigene Vorschläge angelegt werden könnte, falls Alternativen der Auswahl entstehen:

– Eliminierung von Rückschritten hat Vorrang vor weiterführenden Maßnahmen;

– humanitäre Maßnahmen haben Vorrang vor im Osten liberalisierenden (daher hat Förderung von Bewegungen Ost–West Vorrang vor[18] Reisen West–Ost);

– weiterführende Maßnahmen sind wichtiger als Präzisierung schon beschlossener;

– es ist besser, langbemessene Fristen zugesagt zu bekommen, als ohne Fixierung von Fristen zu verbleiben.

Vor diesem Hintergrund ergab sich übereinstimmend Priorität für

(I) Frist für binationale Heiratslizenzen (sechs Monate?),

(II) Zugang zu Auslandsmissionen,

(III) Ausdehnung der Nichtpönalisierung auf nichtrechtliche Positionen der Antragsteller und ihrer Familien (Wohnung, Beruf, Schule).

Entsprechend wurde folgenden Maßnahmen geringere Priorität eingeräumt:

(I) Einwochenfrist für dringende Reisegenehmigungen (dies liegt ohnedies in Natur der Sache).

(II) Fünfjährige Gültigkeit und Verbilligung von Pässen. (Wenig erfolgversprechend, solange Ausreisegenehmigung erforderlich ist und Pässe von Behörden einbehalten werden. Außerdem entsprechen mehrere NATO-Staaten diesem Standard selbst nicht.)

(III) Westliche Vorschläge zu Antragserneuerung und Nichtdiskriminierung geben nicht Gewähr faktischer Verbesserung der Praxis über SA hinaus.

(IV) Hotelreservierungs- und Devisenumtauschpflicht: Unser Interesse hierfür wird im Bündnis nicht geteilt. Auch glaubt man, daß dabei zu starke fiskalische östliche Interessen auf dem Spiel stehen.

f) Information: Priorität haben (I) Verbesserung der Arbeitsbedingungen für Journalisten, (II) Abonnementsmöglichkeit und (III) Verfügbarkeit der SA. Allerdings wird nach wie vor damit gerechnet, daß jede Verbesserung der Arbeitsbedingungen am östlichen Insistieren auf Verbindung mit „Verantwortlichkeit" scheitern muß.

Bemerkenswert ist neue britische Weisung zum Vorschlag, Journalisten vor Verfolgung und Ausweisung wegen ihrer Artikel zu schützen: Auch westliche Staaten könnten Journalisten keinen strafrechtlichen Freiraum schaffen. Be-

Fortsetzung Fußnote von Seite 149
schaft und der Technik sowie der Umwelt" (Korb II) der KSZE-Schlußakte vom 1. August 1975 vgl. SICHERHEIT UND ZUSAMMENARBEIT, Bd. 2, S. 925–944.

[18] Korrigiert aus: „für".

30. Januar 1978: Fischer an Auswärtiges Amt

strafung und Ausweisung, z. B. wegen Beleidigung oder Verleumdung, müsse möglich bleiben.

g) Kultur/Bildung: Als Priorität wurde lediglich Verbesserung des Zugangs zu Archiven identifiziert.

6) Nicht konkludent war Diskussion dessen, was Implementierungsbilanz im AD müsse. Briten haben dabei entschieden zurückgesteckt. Sie sind jetzt bereit, strittige Passagen im westlichen Implementierungspapier[19] gegen östliche Konzessionen bei Vorschlägen fallen zu lassen.

BR I Hofmann vertrat Ansicht, daß weiterführende Vorschläge, aus denen sich ohnedies Rückschlüsse auf Implementierungsdefizit ergäben, wichtiger als Implementierungsbilanz seien. Wir müßten Situation vermeiden, in der sich Wünsche nach beidem blockieren. Westliches Implementierungspapier sei sinnvoll vor allem gewesen

(I) für Öffentlichkeit (zumal im Falle gescheiterter Konferenz),

(II) für amerikanische Integration in Bündnisposition und

(III) als Verhandlungsobjekt.

Er machte darauf aufmerksam, daß These Goldbergs (das[20] AD müsse den Diskussionsverlauf „korrekt" widerspiegeln) letztlich auf Aufhebung des Konsensprinzips hinauslaufe. Würden wir es dulden wollen, daß Vorwurf, neofaschistisch zu sein, im AD festgehalten würde, nur weil östlicher Vertreter ihn machte?

7) Um Diskretion über Meinungsaustausch in deutscher Botschaft zu wahren, werden Teilnehmer lediglich ihre Delegationsleiter mündlich davon unterrichten. Ergebnis wird auch bei Neun nicht zu Sprache gebracht.[21]

[gez.] Fischer

VS-Bd. 13076 (212)

---

[19] Für den Entwurf der EG-Mitgliedstaaten für eine Bilanz der Implementierung der KSZE-Schlußakte vom 1. August 1975, der am 15. Dezember 1977 vorgelegt wurde, vgl. den Drahtbericht Nr. 1033 des Botschafters Fischer, Belgrad (KSZE-Delegation), vom 14. Dezember 1977; Referat 212, Bd. 115108.

[20] Korrigiert aus: „die".

[21] Vortragender Legationsrat I. Klasse Joetze teilte der KSZE-Delegation in Belgrad am 31. Januar 1978 mit: „Folgende Bewertungen im Bezugsbericht werden hier nicht geteilt: 1) Wir wollen eine zeitlich fixierte Anberaumung eines weiteren Folgetreffens Anfang 1980. Die Anberaumung ‚nicht später als 1981' ist nach hiesiger Kenntnis nicht in Frage gestellt, weil sie die Maximalposition der SU ist. Wenn unter den westlichen Delegationen kein Konsens über Anfang 1980 herzustellen ist, muß es bei einem ‚non liquet' bleiben. Der Herr Minister, dessen besonderes Interesse an den Fragen des nächsten Folgetreffens der Delegation bekannt ist, könnte die Frage dann auf dem kommenden EPZ-Ministertreffen aufnehmen. 2) Die Liste der ‚negativen Essentialia' erscheint für eine aktive Verhandlungsführung unter taktisch-politischen Gesichtspunkten zu lang. [...] 3) Die Aussage in Abschnitt e) ‚Eliminierung von Rückschritten hat Vorrang vor weiterführenden Maßnahmen' bedarf der Erläuterung. 4) Das Kriterium im selben Abschnitt ‚weiterführende Maßnahmen sind wichtiger als Präzisierung schon beschlossener' ist mit der Grundkonzeption der Neun, die für das Belgrader Folgetreffen entwickelt wurde, nicht ohne weiteres in Einklang zu bringen. Wir haben unsere Textvorschläge zum dritten Korb immer als Präzisierung von Absichtserklärungen, die in der S[chluß]a[kte] bereits enthalten sind, präsentiert." Vgl. den Drahterlaß Nr. 44; VS-Bd. 13076 (212); B 150, Aktenkopien 1978.

26

Gespräch des Bundeskanzlers Schmidt mit Ministerpräsident Karamanlis

VS-vertraulich
31. Januar 1978[1]

Vermerk über das Gespräch des Bundeskanzlers mit Ministerpräsident Karamanlis unter Teilnahme des Bundesministers des Auswärtigen vom 31. Januar 1978

Weitere Gesprächsteilnehmer:

Generalsekretär des griechischen Außenministeriums, Theodoropoulus; Botschafter Phrydas; Kabinettchef des Ministerpräsidenten, Botschafter Moliviatis; Gesandter Evangelidis; StS Dr. Hermes während des letzten Gesprächsteils; Botschafter Poensgen; MDg Loeck.

Der *Bundeskanzler* beglückwünscht Ministerpräsident Karamanlis dazu, daß seiner Partei auf Grund des Ausgangs der Wahlen die Mehrheit im griechischen Parlament erhalten geblieben ist.[2]

Der *Ministerpräsident*: Griechenland sei ein kleines Land, habe aber große Probleme. Er wolle mit der EG-Problematik beginnen, weil er wisse, daß er hier volle Unterstützung des Bundeskanzlers habe. Seit 19 Jahren bemühe er sich um Griechenlands Einbeziehung in die europäische wirtschaftliche Integration. Seit der Assoziierung vor 17 Jahren dauere nun schon die Beitrittsdiskussion.[3] Das griechische Volk und er selbst würden langsam müde, darüber zu sprechen. Er habe bereits politisch dafür bezahlt, daß die Beitrittsverhandlungen in die Länge gezogen und auf die lange Bank geschoben würden. Sollte seine konsequente Europapolitik jetzt nicht zum Beitritt führen, so würde dies unter psychologischen und wirtschaftlichen Aspekten zu Lasten Griechenlands gehen. Schon jetzt sei das Volk enttäuscht und die Wirtschaft belastet. Es sei daher

---

[1] Ablichtung.
Die Gesprächsaufzeichnung wurde von Ministerialdirigent Loeck, Bundeskanzleramt, am 1. Februar 1978 gefertigt und am 2. Februar 1978 „zur Unterrichtung des Bundesministers des Auswärtigen [...] vorbehaltlich der Genehmigung des Bundeskanzlers zum Inhalt" an Vortragenden Legationsrat I. Klasse Schönfeld übermittelt.
Hat Schönfeld am 2. Februar 1978 vorgelegen, der die Weiterleitung an das Ministerbüro sowie an Staatssekretär van Well, Staatsminister von Dohnanyi und die Ministerialdirektoren Blech und Lautenschlager verfügte „m[it] d[er] B[itte] u[m] Übernahme der erforderl[ichen] operativen Bearbeit[un]g".
Hat Vortragendem Legationsrat I. Klasse Lewalter am 3. Februar 1978 vorgelegen, der die Weiterleitung an Bundesminister Genscher verfügte.
Hat Lewalter am 18. März 1978 erneut vorgelegen, der handschriftlich vermerkte: „R[ücklauf] v[on] BM". Vgl. das Begleitschreiben; VS-Bd. 14076 (010); B 150, Aktenkopien 1978.

[2] Am 20. November 1977 fanden in Griechenland vorgezogene Parlamentswahlen statt, bei denen die Partei der Neuen Demokratie von Ministerpräsident Karamanlis trotz Verlusts der bisherigen Zweidrittelmehrheit stärkste Partei blieb. Die neue Regierung wurde am 28. November 1977 vereidigt.

[3] Griechenland und die EWG schlossen am 9. Juli 1961 ein Abkommen zur Gründung einer Assoziation, das am 1. November 1962 in Kraft trat. Für den Wortlaut des Abkommens und der dazugehörigen Dokumente vgl. BUNDESGESETZBLATT 1962, Teil II, S. 1143–1361.
Zum Stand der Verhandlungen über einen EG-Beitritt Griechenlands vgl. Dok. 8, Anm. 40.

nötig, daß das Beitrittsverfahren beschleunigt werde, damit man wisse, wohin man gehe.

Auf Frage des Bundeskanzlers gibt der Ministerpräsident hierzu folgende Erläuterungen:

Die Assoziierung habe Griechenland nur Nachteile gebracht. Die Tore seines Landes seien für die gewerblichen Erzeugnisse der EG offen, nicht dagegen die der EG für die griechischen Agrarerzeugnisse. Außerdem gebe es in der EG Anti-Dumping-Gesetze, durch die griechische Waren betroffen seien. Das griechische Handelsbilanzdefizit gegenüber der EG habe im letzten Jahr 1,5 Mrd. Dollar betragen.

Das griechische Volk habe das Gefühl, man spiele mit ihm. Dies nütze die griechische Linke aus. Daraus erkläre sich seine an den Bundeskanzler gerichtete Bitte, das Beitrittsverfahren ohne Rücksichtnahme auf andere Beitrittskandidaten zu beschleunigen. Portugal[4] und Spanien[5] würden 15 bis 20 Jahre brauchen, um ihre Demokratie so zu stabilisieren, wie Griechenland dies getan habe. Hierfür seien die von ihm vorgezogenen Parlamentswahlen beispielhaft. Auf allen Stationen seiner jetzigen Reise[6] habe man ihm Unterstützung bei der Beschleunigung des Beitritts zugesagt. Am meisten könne aber die Bundesrepublik Deutschland tun.

Auf Bitte des Bundeskanzlers erläutert der Ministerpräsident die Ergebnisse seiner Gespräche in Paris: Präsident Giscard wolle dafür eintreten, daß die Beitrittsverhandlungen noch in diesem Jahr abgeschlossen würden, damit im nächsten Frühjahr die Unterzeichnung und bis Ende 1979 die Ratifizierung erfolgen könne.

In derselben Weise, wenn auch weniger kategorisch, habe sich der Präsident der EG-Kommission[7] geäußert.

Beim EG-Beitritt gehe es um die Festigung der griechischen Zugehörigkeit zum Westen.

Der *Bundeskanzler* zum griechischen Beitritt zur EG:

Wir hoffen, während unserer EG-Präsidentschaft[8] im zweiten Halbjahr 1978 den entscheidenden Durchbruch bei den Beitrittsverhandlungen mit Griechenland zu erreichen, in der Weise, daß die materiellen Verhandlungen bis Ende des Jahres abgeschlossen sein können. Sie haben Recht mit Ihrer Einschätzung unserer positiven Haltung. Ich will aber auch die Schwierigkeiten nicht unerwähnt lassen. Es gibt zwei Komplexe: Der Erste besteht in den französisch-italienischen Forderungen nach Absicherung ihrer Mittelmeer-Agrarproduktion. Der Schlüssel für eine Lösung der Mittelmeer-Agrarfragen ist eher in Pa-

---

4 Portugal stellte am 28. März 1977 den Antrag auf Beitritt zu den Europäischen Gemeinschaften. Vgl. dazu BULLETIN DER EG 3/1977, S. 8–10.
5 Zum Stand der Verhandlungen über einen EG-Beitritt Spaniens vgl. Dok. 8, Anm. 42.
6 Ministerpräsident Karamanlis besuchte am 25./26. Januar 1978 Großbritannien, hielt sich am 26./27. Januar 1978 zu Besuchen bei den Europäischen Gemeinschaften, der NATO und der belgischen Regierung in Brüssel auf, besuchte vom 27. bis 30. Januar 1978 Frankreich und vom 30. Januar bis 1. Februar 1978 die Bundesrepublik.
7 Roy Jenkins.
8 Die Bundesrepublik übernahm am 1. Juli 1978 die EG-Ratspräsidentschaft.

ris als in Rom zu finden. Deshalb bin ich interessiert daran, Näheres über Ihre Gespräche in Paris zu erfahren.

Der *Ministerpräsident*: Präsident Giscard habe erklärt, die französischen und italienischen Agrarprobleme müsse man von allen anderen Problemen trennen. Dasselbe habe MP Andreotti gesagt. Dies erscheine ihm logisch: Die Regelungen, die später auf französische und italienische Agrarerzeugnisse anzuwenden wären, müßten dann auch für griechische Erzeugnisse gelten. Schon deshalb würde es nicht ehrlich sein, sich auf den Standpunkt zu stellen, daß Griechenland vor einer solchen Reform der Gemeinsamen Agrarpolitik nicht der EG beitreten könne.

Der *Bundeskanzler* äußert seine Befriedigung über diese französisch-italienischen Äußerungen. Er könne sich vorstellen, daß es gelingen werde, die Verhandlungen bis Ende 1978 abzuschließen, so daß nicht mehr viel Zeit bis zum eigentlichen Beginn des Beitrittsprozesses verbleibe. Dagegen werde es langer Übergangsfristen bis zum Ende dieses Prozesses bedürfen. Er würde sich nicht wundern, wenn es zu einer Übergangsfrist von zehn Jahren komme. Er rechne damit, daß auch Frankreich und Italien, die zweifellos ihre Kompensationsforderungen während der Übergangsfrist durchzusetzen gedächten, sich im Laufe dieses Sommers auf eine lange Übergangsfrist festlegen.

Hieran habe auch die griechische Seite ein wohlverstandenes Interesse. Andernfalls werde es nämlich zu einem für die griechische Industrie nicht tragbaren Konkurrenzdruck der westeuropäischen Industrieerzeugnisse auf den griechischen Markt und zur Überfremdung der griechischen Wirtschaft (insbesondere Aufkauf griechischer Unternehmen durch westeuropäische Konzerne) kommen.

Es verbleibe das Problem der Ausgewichtung der Übergangsfrist auf den verschiedenen Sektoren.

Der *Ministerpräsident*: Die griechische Agrarerzeugung betrage nur 5% der jetzigen EG-Agrarproduktion. 80% der griechischen Erzeugnisse seien komplementär, wobei der Ministerpräsident außer Tabak, Rosinen und Baumwolle auch Olivenöl nennt. (Letzterem widerspricht der Bundeskanzler.) Nur Tomaten, Gurken und Orangen konkurrieren mit den Agrarerzeugnissen anderer EG-Länder. Da das griechische Handelsbilanzdefizit gegenüber Frankreich und Italien 400 Mio. Dollar betrage, sollten diese Länder wohl wegen der Konkurrenz gewisser Agrarerzeugnisse dem griechischen Beitritt keine Schwierigkeiten bereiten können.

Der *Bundeskanzler*: Der zweite Komplex, der im Zusammenhang mit dem Beitritt Schwierigkeiten bereite, sei der Konflikt zwischen Griechenland und der Türkei.

Die Neun hätten sich zu gemeinsamer Außenpolitik verpflichtet. Die Fortdauer des griechisch-türkischen Konflikts würde daher zu Schwierigkeiten für das Verhältnis der EG und ihrer Mitgliedstaaten zur assoziierten Türkei[9] und für das Verhältnis Griechenlands zu den EG-Partnerstaaten führen. Darüber hinaus belaste die Fortdauer dieses Konflikts die Entwicklung im östlichen Mittelmeer und in Nahost.

---

[9] Zu den Beziehungen zwischen den Europäischen Gemeinschaften und der Türkei vgl. Dok. 18, Anm. 11 und 12.

Wir und die übrigen EG-Länder müßten Wert darauf legen zu vermeiden, daß wir in die griechisch-türkischen Auseinandersetzungen hineingezogen werden. Bis zum Ende der Übergangszeit müsse es daher jedenfalls zu einer Entwicklung kommen, die eine Beilegung des Konflikts wahrscheinlicher mache als eine Verschärfung. Dies sei auch für die Zusammenarbeit Griechenlands mit den Neun in den Vereinten Nationen und im Europarat wichtig.

Er begrüße, daß MP Ecevit im Gespräch mit GS Waldheim eine Initiative angekündigt habe[10] und daß Ministerpräsident Karamanlis sich bereit erklärt habe, mit Ecevit zusammenzutreffen[11], sobald Grundlagen einer Einigung erarbeitet seien. Er habe den Eindruck, daß die Position MP Karamanlis' für eine Inangriffnahme dieser Fragen relativ stark sei. Trotz der Einbußen seiner Partei in der letzen Wahl gebe es in Europa keine Regierung, die sich auf eine so starke Parlamentsmehrheit stützen könne wie der Ministerpräsident. Es schiene ihm auch, daß der Tod des Erzbischofs Makarios[12] der griechischen Regierung größere Handlungsfreiheit verschafft habe. Unmittelbare Gespräche zwischen Griechenland und der Türkei seien der beste Weg zum Erfolg. Die USA seien wegen der ungleichen Behandlung der Türkei durch den Kongreß[13] nicht besonders gut für eine Vermittlung geeignet.

Unter global-strategischen Aspekten wirke sich der griechisch-türkische Konflikt für die Sowjetunion nützlich aus. Mit Besorgnis hätten wir beobachtet, daß Demirel begonnen habe, Anlehnung bei Verbündeten der Sowjetunion und der Sowjetunion selbst zu suchen. Auch habe er bei seinem Besuch in Ankara[14] mit einem gewissen Unbehagen schwärmerische Bemerkungen über eine Vertiefung der Zusammenarbeit der islamischen Staaten registriert.

10 UNO-Generalsekretär Waldheim hielt sich am 8./9. Januar 1978 in der Türkei auf. Vortragender Legationsrat I. Klasse Heibach vermerkte dazu am 12. Januar 1978, nach Informationen der türkischen Botschaft habe Ministerpräsident Ecevit mitgeteilt, daß er unmittelbar nach der für den 17. Januar 1978 angesetzten Vertrauensabstimmung die Initiative für neue Gespräche der Volksgruppenvertreter auf Zypern ergreifen werde: „Bei diesen Gesprächen werde die türkische Seite von sich aus Vorschläge sowohl zur territorialen wie auch zur Verfassungsfrage vorlegen. [...] Er, Ecevit, werde der zypern-türkischen Führung ‚suggérer', ihr bei den letzten Gesprächen in Wien vorgelegtes Verfassungspapier dahingehend zu ‚korrigieren', daß nunmehr eine echte Zentralregierung aus ‚Bundesbeamten' als Dach über den beiden Regionalverwaltungen vorgeschlagen würde. [...] Die jetzige Demarkationslinie könne ‚in vernünftigen Grenzen' abgeändert werden, aber nicht in dem Ausmaß, wie sich die griechische Seite das vorstellt." Vgl. VS-Bd. 11095 (203); B 150, Aktenkopien 1978.
Botschafter Sahm, Ankara, leitete am 16. Januar 1978 Informationen des amerikanischen Botschafters Spiers weiter, nach denen Ecevit angekündigt habe, „es werde bei den nächsten Volksgruppengesprächen auch über territoriale Fragen gesprochen werden (‚we have to show them a map'). Im übrigen ziele er auf einen funktionierenden, unabhängigen Bundesstaat ab, nicht auf einen Staatenbund." Vgl. den Drahtbericht Nr. 41; VS-Bd. 11095 (203); B 150, Aktenkopien 1978.
11 Botschafter Poensgen, Athen, berichtete am 24. Januar 1978: „In Beantwortung eines entsprechenden Briefs von Ecevit hat MP Karamanlis in einem zusammen mit diesem Brief am 24.1.78 veröffentlichten Schreiben erklärt, daß auch er ‚keinen Zweifel hege, daß ein persönliches Treffen zwischen uns nützlich sein könnte'. Dem fügt Karamanlis den Hinweis hinzu, daß ein solches Treffen jedoch, ‚um nützlich sein zu können', ‚angemessen vorbereitet' werden müsse. Andernfalls würde es nur Hoffnungen enttäuschen und letztlich die Dinge schwieriger machen. Als Zeitpunkt nennt das Schreiben von Karamanlis ‚das kommende Frühjahr', ‚nachdem vorgesehene Kontakte und Treffen stattgefunden haben'." Vgl. den Drahtbericht Nr. 62; Referat 203, Bd. 115870.
12 Präsident Makarios starb am 3. August 1977.
13 Zum amerikanischen Waffenembargo gegen die Türkei vgl. Dok. 8, Anm. 45.
14 Bundeskanzler Schmidt hielt sich vom 27. bis 29. Mai 1976 in der Türkei auf. Vgl. dazu AAPD 1976, I, Dok. 160–162.

Da man nicht den Wunsch habe, den griechisch-türkischen Konflikt bei allen Ratstagungen der EG zu spüren, müsse dieser den Beitritt eher behindern als fördern.

Die außenpolitischen Überlegungen wolle er durch folgende Fußnote abschließen: Der erweiterten EG würden folgende Kategorien von Ländern angehören:

1) Mitglieder des Nordatlantik-Paktes, die zugleich Vollmitglieder der integrierten NATO-Organisation sind.

2) Mitglieder der Allianz, die nicht der integrierten Organisation NATO angehören.[15]

3) Neutrales Land (Irland).

4) Ein Land, das weder dem Nordatlantik-Pakt angehört noch neutral ist, sondern durch einen Militärpakt mit den USA verbunden ist (Spanien)[16].

Dem stehe gegenüber, daß zwei europäische NATO-Vollmitglieder, nämlich Norwegen und die Türkei, außerhalb der EG blieben. Die Türkei stelle – schon aus geographischen Gründen – einen sehr wichtigen Abwehrfaktor gegen das Vordringen der Sowjetunion dar.

Zur Problematik der Freizügigkeit in der EG bemerkt der Bundeskanzler: Zur Zeit seien 150 000 griechische Arbeiter in der Bundesrepublik Deutschland tätig. Der Prozentsatz arbeitsloser Griechen sei kleiner als der der Deutschen. Sie seien in die soziale Sicherung voll einbezogen. Ebensowenig wie bisher wollten wir künftig Griechen nach Hause schicken. Jedoch könnten wir auch im Zusammenhang mit Beitritten keine Erhöhung der Zahl bei uns Beschäftigung suchender Ausländer hinnehmen, zumal die bestehende große Arbeitslosigkeit auch in den nächsten Jahren kaum veränderbar sei.

Wir müßten deshalb darauf achten, daß formale Instrumente geschaffen würden, die uns ermöglichten, den Zufluß ausländischer Arbeitskräfte abzudämmen.

Der *Ministerpräsident*: Sollte Griechenlands Beitritt von allen diesen Faktoren abhängig gemacht werden, so würde es keinen Beitritt geben. Dies würde nämlich Griechenland von der Neigung der Türkei zu Zugeständnissen abhängig und damit zum Gefangenen der Türkei machen.

Die griechische Haltung gegenüber NATO entspricht nicht der französischen. Wie ich oft öffentlich feststellte, sind wir für die NATO. Die Rückkehr in die integrierte Verteidigungsorganisation[17] war einer der Kernpunkte meines Wahl-

---

[15] Frankreich schied am 1. Juli 1966 aus der militärischen Integration der NATO aus.
Griechenland erklärte am 14. August 1974 unter Hinweis auf den Zypern-Konflikt den Austritt aus der militärischen Integration der NATO. Vgl. dazu AAPD 1974, II, Dok. 236.

[16] Das amerikanisch-spanische Abkommen vom 24. Januar 1976 über Freundschaft und Zusammenarbeit sah u. a. Maßnahmen zur Koordinierung der Streitkräfte, die Nutzung militärischer Einrichtungen in Spanien durch die USA, die Kooperation bei der Herstellung und beim Kauf von Rüstungsgütern sowie die Gewährung von Rüstungskrediten durch die USA vor. Für den Wortlaut des Abkommens und der dazugehörigen Dokumente vgl. UNTS, Bd. 1030, S. 118–211. Für den deutschen Wortlaut vgl. EUROPA-ARCHIV 1976, D 604–611 (Auszug).

[17] Am 8. Oktober 1975 gab die griechische Regierung im Ständigen NATO-Rat in Brüssel eine Neun-Punkte-Erklärung über „Ansätze für eine Wiedereinbeziehung Griechenlands in die militärische Zusammenarbeit" der NATO ab. Vgl. dazu AAPD 1975, II, Dok. 305.
Botschafter Oncken, Athen, berichtete am 26. Februar 1977, Griechenland habe am 27. Januar 1977 ein Memorandum zur Reintegration vorgelegt, mit dem es eine „Verhandlungsfront" aufgebaut habe: „Dies ergibt sich aus dem im Memorandum hergestellten De-facto-Junktim zwischen

kampfes. Dies kann allerdings erst nach Lösung der Zypern-Frage geschehen. Zuvor erstreben wir das von mir vorgezogene Sonderverhältnis, das Griechenland zu 90% zur Zusammenarbeit im Bündnis zurückführen und als Brücke für eine volle Reintegration dienen soll. Ich habe Generalsekretär Luns um Beschleunigung der entsprechenden Verhandlungen gebeten.[18]

Anomalie des griechischen Verhältnisses zur NATO und amerikanisches Waffenembargo gegenüber der Türkei haben ihren Ursprung in der Zypern-Frage. Die gegenwärtige Lage in Zypern (18% der Bevölkerung verfügen über 40% des Territoriums, 200000 Flüchtlinge) muß geändert werden. Verantwortlich für diese Lage ist allein die Türkei. Wir hätten uns nach der türkischen Invasion[19] auf die Forderung nach Rückkehr zum Status quo ante beschränken können. Statt dessen haben wir uns mit der Errichtung eines neuen bizonalen Systems, einer schwachen Zentralregierung und einer territorialen Aufteilung, die etwa den Bevölkerungsanteilen entspricht, einverstanden erklärt. Damit haben wir

Fortsetzung Fußnote von Seite 156
Abbau griechisch-türkischer Spannung und Annäherung an militärische Integration, wobei die Griechen den Umfang dieser Annäherung offenlassen. [...] Im übrigen bestätigt Memorandum seit längerem bestehenden Eindruck, daß Griechen bereit sind, ggf. dicht an die militärische Integration heranzurücken." Vgl. den Drahtbericht Nr. 208 vom 26. Februar 1977; VS-Bd. 10479 (201); B 150, Aktenkopien 1977.

Gesandter Boss, Brüssel (NATO), teilte am 21. Oktober 1977 mit, daß auf Gesandtenebene die Ad-hoc-Gruppe „Verhandlungen mit Griechenland" über ein „Inventory of Issues to be Resolved and Suggested Allocation for Discussion" beraten habe. Vgl. dazu den Drahtbericht Nr. 1252; VS-Bd. 10479 (201); B 150, Aktenkopien 1977.

Mit Schriftbericht vom 22. November 1977 informierte Botschafter Pauls, Brüssel (NATO), daß am 17. November 1977 eine weitere Sitzung der Ad-hoc-Gruppe stattgefunden habe. Thema sei ein vom stellvertretenden NATO-Generalsekretär Pansa vorgelegter Sechs-Stufen-Plan gewesen, der folgenden Inhalt habe: „1) Billigung des ‚Inventory'; 2) Einigung über eine detaillierte Liste von Fragen bezüglich der Themen, die Gegenstand der Untersuchung sein sollen. 3) Danach soll auf der Grundlage des ‚Inventory' und der Detailliste mit Untersuchungen auf militärisch-technischer Ebene begonnen werden. Diese Untersuchungen sollen keine Verhandlungen sein. 4) Übergabe der Themenliste an die Griechen. 5) Nach Durchführung der Sondierungsgespräche sollten die damit befaßten Stellen der Ad-hoc-Gruppe berichten (einschließlich einer Stellungnahme zu den griechischen Antworten). 6) Beratung der Ad-hoc-Gruppe über diese Berichte und Beschlußfassung über die mit den Griechen zu führenden Verhandlungen." Pauls führte weiter aus: „Außer beim türkischen Vertreter fand dieser Sechs-Punkte-Plan bei allen Sitzungsteilnehmern Zustimmung." Vgl. VS-Bd. 10479 (201); B 150, Aktenkopien 1977.

[18] Gesandter Boss, Brüssel (NATO), berichtete am 27. Januar 1978, zum Gespräch des NATO-Generalsekretärs Luns mit Ministerpräsident Karamanlis am Vortag sei aus dem Generalsekretariat mitgeteilt worden: „MP Karamanlis habe nach längerem, insbesondere auf das Jahr 1974 abhebenden historischen Exkurs die Frage gestellt, warum die NATO die von den Griechen vorgeschlagene Sonderabmachung über ihr Verhältnis zur NATO-Integration nicht akzeptiert. Darauf hingewiesen, daß Griechenland bisher selbst keine Eile gezeigt habe, daß Griechenland wohl auch die türkische Haltung bekannt sei und daß in etwa vier Wochen die von der Ad-hoc-Gruppe vorgesehenen Expertengespräche beginnen könnten, habe Karamanlis insistiert, daß dieses Abkommen bis zum Sommer stehen müsse. Es sei wichtig für die Griechen, für den Westen und alle Beteiligten. Es müsse jedenfalls vor etwaigen Zypern-Verhandlungen abgeschlossen sein, da sonst der innergriechische Druck auf einen endgültigen Austritt aus der NATO sehr stark werden würde." Vgl. den Drahtbericht Nr. 100; VS-Bd. 11103 (203); B 150, Aktenkopien 1978.

[19] Am 15. Juli 1974 unternahm die von griechischen Offizieren befehligte zypriotische Nationalgarde einen Putsch gegen Präsident Makarios, der am Folgetag Zypern verließ. Am frühen Morgen des 20. Juli 1974 landeten türkische Truppen auf Zypern. Am 22. Juli 1974 trat ein Waffenstillstand in Kraft. Vgl. dazu AAPD 1974, II, Dok. 217.

Am 8. August 1974 wurde ein Abkommen über die Festlegung der Demarkationslinien auf Zypern abgeschlossen; jedoch begann am 14. August 1974 ein erneuter Angriff türkischer Truppen. Die militärischen Operationen wurden am 16. August 1974 nach Appellen des UNO-Sicherheitsrats weitgehend eingestellt. Vgl. dazu AAPD 1974, II, Dok. 233, Dok. 236 und Dok. 238.

türkische Forderungen, soweit sie logisch waren, akzeptiert. Demgegenüber haben uns die Türken in vielen Gesprächsrunden nicht erklärt, was sie wirklich wollen. Sobald sie in logischer Weise reagieren, werden sie bei mir Verständnis finden. Ich habe die griechische Seite beeinflußt, sich offen zu zeigen, dies allerdings nicht zuerst im Interesse des Weltfriedens, sondern um meinem Land den Frieden wiederzugeben.

Die Ägäis-Problematik[20] habe ich mit Bundesminister Genscher in Athen besprochen.[21] Auch diesen Konflikt hat die Türkei geschaffen. Wir bestehen auf dem Status, wie er durch die gültigen Verträge[22] geschaffen wurde. Die Türkei will ihn verändern. (Beispiel für bereits eingetretene Veränderung: Nach dem Lausanner Vertrag sollten in der Türkei einige Hunderttausend Griechen verbleiben und in Griechenland 106 000 Türken.[23] Jetzt leben im griechischen Thrazien 160 000 Türken, aber in der Türkei nur ca. 10 000 Griechen.)

Ich habe Verhandlungsbereitschaft gezeigt, indem ich vorschlug, daß wir die Streitfragen dem IGH unterbreiten und zugleich einen Dialog führen. Zuerst hat Demirel dies akzeptiert. Nachdem Ecevit erklärt hatte, Demirel habe damit die Türkei verraten, hat Demirel sein Einverständnis zurückgezogen. Er hat die Benennung von Sachverständigen mit dem Argument verweigert, er habe das von uns beiden in Brüssel unterschriebene Kommuniqué[24] nicht durchgelesen und ich hätte ihn hereingelegt. Die Entsendung des türkischen[25] Forschungsschiffes in die Ägäis[26] war eine Herausforderung, da das Schiff tat-

---

[20] Zum griechisch-türkischen Konflikt in der Ägäis vgl. Dok. 3, Anm. 17.
[21] Bundesminister Genscher hielt sich vom 17. bis 19. August 1977 in Griechenland auf. Vgl. dazu AAPD 1977, II, Dok. 223.
[22] Vgl. dazu den Friedensvertrag vom 24. Juli 1923 zwischen Frankreich, Griechenland, Großbritannien, Italien, Japan, Rumänien, dem Serbo-Kroatisch-Slowenischen Staat einerseits und der Türkei andererseits; LNTS, Bd. 28, S. 13–113.
Vgl. dazu ferner das Abkommen vom 20. Juli 1936 zwischen Australien, Bulgarien, Frankreich, Griechenland, Großbritannien, Japan, Jugoslawien, Rumänien, der Türkei und der UdSSR über die Meerengen (Konvention von Montreux); LNTS, Bd. 173, S. 213–241.
Vgl. dazu ferner den Friedensvertrag vom 10. Februar 1947 zwischen den Alliierten und Assoziierten Mächten und Italien; UNTS, Bd. 49, S. 126–235.
Vgl. dazu ferner die Genfer Konvention vom 29. April 1958 über den Festlandsockel; UNTS, Bd. 499, S. 312–354.
[23] Griechenland und die Türkei unterzeichneten am 30. Januar 1923 in Lausanne eine Konvention über den Austausch von Bevölkerungsgruppen. Für den Wortlaut vgl. LNTS, Bd. 32, S. 77–87.
Diese wurde als Art. 142 Bestandteil des am 24. Juli 1923 in Lausanne unterzeichneten Friedensvertrags zwischen Frankreich, Griechenland, Großbritannien, Italien, Japan, Rumänien, dem Serbo-Kroatisch-Slowenischen Staat einerseits und der Türkei andererseits. Vgl. dazu LNTS, Bd. 28, S. 111.
[24] Zum Kommuniqué vom 1. Juni 1975 über das Gespräch der Ministerpräsidenten Demirel und Karamanlis in Brüssel vgl. den Artikel „Brüsseler Gespräche Demirel-Karamanlis"; NEUE ZÜRCHER ZEITUNG, Fernausgabe vom 2. Juni 1975, S. 3.
[25] Korrigiert aus: „griechischen".
[26] Der griechisch-türkische Konflikt um den Festlandsockel in der Ägäis verschärfte sich seit dem 6. August 1976 durch die Tätigkeit des türkischen Forschungsschiffes „Sismik I" im Seegebiet zwischen der türkischen Küste und den griechischen Inseln Lemnos und Lesbos. Referat 203 vermerkte dazu am 13. August 1976, zwar sei die 1940 gebaute, mit veraltetem Gerät ausgestattete „Sismik I" (vormals „Hora") kaum in der Lage, relevante Forschungsergebnisse zu erzielen. Gleichwohl empfinde Griechenland jede auf den Meeresboden der Ägäis bezogene Tätigkeit als Eingriff in seine Hoheitsrechte. Die griechische Regierung habe daher zweimal in Ankara protestiert: „Griechische Kriegsschiffe (offenbar zwei Schnellboote) haben die ‚Sismik' zum Abdrehen aufgefordert, griechische Hubschrauber und Düsenjäger belästigen das Schiff. Dagegen hat wiederum Ankara Protest eingelegt

sächlich vor der Küste von Euböa lag. Ich habe sie nicht angenommen, sondern bin zum Sicherheitsrat gegangen.[27]

Meinem Vorschlag, Abkommen über Gewaltverzicht und Rüstungsbeschränkungen abzuschließen, hat Demirel zugestimmt, um den Eindruck der Friedfertigkeit zu machen. Die entsprechenden Texte hat er dann aber nicht entgegengenommen mit dem Hinweis, daß zunächst der Konflikt gelöst werden müsse. Dies war lächerlich, weil es dann nicht mehr der Abkommen bedürfen würde.

In meiner Regierungserklärung vor zwei Monaten habe ich erneut angeboten, einen Dialog zu eröffnen und für den Fall des Fehlschlages den IGH anzurufen. Wiederum habe ich keine Antwort erhalten. Jeder weiß, daß meine Absichten friedlich sind. Deshalb müßte man mich unterstützen. Was raten Sie mir zu tun?

Der *Bundeskanzler* ist von dem Friedenswillen des Ministerpräsidenten und von seiner Bereitschaft zur Fortsetzung seiner bisher leider erfolglosen zahlreichen Bemühungen überzeugt.

1) Während der deutschen Präsidentschaft werde alles geschehen, um die Beitrittsverhandlungen bis Jahresende unterschriftsreif zu machen. Der Beitritt werde von uns nicht mit der weiteren Entwicklung des türkisch-griechischen Konflikts verknüpft werden. Dennoch halte er sich für verpflichtet, die in Westeuropa bei vielen Partnern bestehenden Besorgnisse offen darzulegen. Diese ergäben sich insbesondere daraus, daß Griechenland und die Türkei ihre gegenseitige Bedrohung inzwischen als schwerer empfänden als ihre Bedrohung durch die Sowjetunion.

2) Die Regierung Ecevit sei sicher geschlossener als ihre Vorgängerin.[28] Da es auch keine homogene Opposition gebe, habe sie größere Handlungsfreiheit.

Auf die Frage des Ministerpräsidenten, was zu tun sei, antworte er, es sei nötig, daß der Ministerpräsident mit seiner großen politischen und menschlichen Autorität gegenüber Ecevit alles wiederhole, was er gegenüber Demirel erfolglos versucht habe. Auch wir würden weiterhin auf die Türken einwirken. Wir hätten ihnen schon früher gesagt, daß sie sich mit der zweiten Invasion auf Zypern eindeutig ins Unrecht gesetzt hätten.

Das Fortbestehen des gegenwärtigen Zustandes auf Zypern müsse zu einer Gewöhnung an die Scheidelinien und die etablierten Verhältnisse führen. Die Zeit arbeite dort nicht für die Griechen.

3) Der Bundeskanzler verweist auf das geschichtliche Beispiel, daß die NATO- und EG-Partner der Bundesrepublik Deutschland mit dem schweren Berlin-

---

Fortsetzung Fußnote von Seite 158

und läßt nunmehr die ‚Sismik', die anfangs unbegleitet war, von einem kleineren Kriegsschiff eskortieren." Vgl. Referat 203, Bd. 110224.

[27] Vgl. dazu die Schreiben des griechischen UNO-Botschafters Papoulias vom 10. August 1976 an den Präsidenten des UNO-Sicherheitsrats, Abe, bzw. an UNO-Generalsekretär Waldheim (Dokumente S/12167 bzw. S/12168); UN SECURITY COUNCIL, OFFICIAL RECORDS, SUPPLEMENTS, 31st Year, Supplement for July–September 1976, S. 36 f.

[28] Nach dem Verlust der Parlamentsmehrheit durch den Parteiaustritt mehrerer Abgeordneter trat die türkische Regierung von Ministerpräsident Demirel am 31. Dezember 1977 zurück. Der bisherige Oppositionsführer Ecevit bildete am 5. Januar 1978 eine neue Regierung, der das türkische Parlament am 17. Januar 1978 das Vertrauen aussprach.

Konflikt-Potential belastet gewesen seien. Eine Bundesregierung, der BM Genscher und er angehört hätten, habe sich 1969/70 bemüht, die Lage um Berlin wenigstens zu entschärfen, solange eine Lösung nicht möglich sei. Seither sei durch Verträge und Gewaltverzicht eine Beruhigung eingetreten, in welcher Berlin nicht mehr als möglicher Herd für die Entstehung eines Weltkrieges erscheine. Zwischenfälle, die bis in die letzte Zeit immer wieder aufgetreten seien, hätten wir immer wieder gedämpft, obschon wir immer wieder im Zusammenhang damit in Schwierigkeiten gegenüber der Opposition geraten. Zwar möge unser Verhalten außenpolitisch auf den Anschein hinwirken, wir seien die Schwächeren. Auf lange Sicht rechne er aber damit, daß unsere Politik zum Erfolg führe. Er gäbe dieses Beispiel zu bedenken.

4) Der Bundeskanzler weist darauf hin, daß die Bundesregierung und die Bundesrepublik Deutschland über gute und freundschaftliche Beziehungen sowohl zu Griechenland als zur Türkei verfügten. Aus diesem Grunde und wegen der erwähnten weltpolitischen Zusammenhänge bestünde ein doppeltes deutsches Interesse an der Dämpfung des Konflikts. Wir stünden der griechischen Regierung daher zur Verfügung, wenn wir nützlich sein könnten, was der Bundeskanzler nicht im einzelnen beurteilen könne. Unter Hinweis auf die Vertraulichkeit versichert er dem Ministerpräsidenten, daß dieser auf seine Person immer rechnen könne.

Ein direktes Gespräch zwischen Griechenland und der Türkei unter Benutzung von Hilfe, die gewisse Dritte geben könnten, erscheine ihm aussichtsreicher als die Gespräche Generalsekretär Waldheims und anderer Dritter, die nicht der Region angehörten.

5) Die Initiative Sadats gegenüber Israel[29] habe ihm die Sympathien vieler Millionen Menschen der ganzen Welt eingetragen. Die hierdurch bewirkte Verschiebung der Sympathien habe für sich selbst politische Fakten geschaffen, die auch dann bestehen blieben, wenn die Initiative wegen bedauerlicher Begrenztheit des Denkens in Israel nicht zum Erfolg führe.

Auch Ministerpräsident Karamanlis werde sich um so mehr die Zustimmung der Völker der westlichen Welt sichern, je mehr er von der Ratio der Geschichte inspiriert auftrete.

Der *Ministerpräsident* weist darauf hin, daß der Wunsch Griechenlands nach einem Anschluß Zyperns jahrhundertealt sei. Er habe hierauf verzichtet und damit gegen die Gefühle des eigenen Volkes gehandelt. Die griechische Seite habe sich sogar um des Friedens willen erniedrigen lassen. Falls Ecevit brauchbare Vorschläge mache, die er erhoffe, würde er hierzu trotz der Zuständigkeit der zyprischen Regierung Stellung nehmen und ggf. eigene Vorschläge machen.

Bezüglich der Ägäis gehe es nicht um die Klärung, wer Recht und wer Unrecht habe, sondern darum, ein geeignetes Verfahren zu finden. Hierbei könne die Bundesregierung helfen (Elemente seien Dialog, Vermeidung von Provokationen und ggf. Schiedsspruch).

---

[29] Zur Friedensinitiative des Präsidenten Sadat vgl. Dok. 3, Anm. 7.

Nach Übernahme der Regierung durch Ecevit habe dieser ihm ein Gipfeltreffen vorgeschlagen. Er habe positiv geantwortet, jedoch unter der Bedingung, daß zuvor eine gründliche Vorbereitung erfolge. Dennoch habe Ecevit seinen schriftlichen Vorschlag für ein alsbaldiges Treffen abgesandt und ihn veröffentlicht, bevor der Ministerpräsident im Besitz dieses Schreibens gewesen sei.

Die türkische Regierung und die Freunde im Westen sollten wissen, daß letztlich ein Krieg unvermeidbar werde, wenn die Zeit seiner Amtsführung nicht für Gespräche genutzt werde. Sie sollten aber auch wissen, daß er nicht weitergemacht hätte, wenn er sich nicht für die Beilegung des Konflikts und die Stabilisierung der Stellung Griechenlands in der NATO engagiere. Seine Gegner hätten gehofft, er würde das Staatspräsidium übernehmen. Er habe es aber vorgezogen, am Steuer zu bleiben.

Für Sadat habe er ungeteilte Sympathie. Jedoch: Sollte er keinen Erfolg haben, so möge es zwar sein, daß er in die Geschichte eingehe, jedoch würde seine politische Position ruiniert sein. Sein Schritt hätte gründlicher vorbereitet werden müssen. Außenminister Vance habe dem Ministerpräsidenten erklärt, daß die USA Sadat bei seiner Initiative nicht unterstützt hätten, weil sie einen Fehlschlag für sicher gehalten hätten.[30]

Der *Bundeskanzler* bemerkt hierzu, die Entwicklung im Nahen Osten sei den Amerikanern aus den Händen geglitten.

Sodann faßt der Bundeskanzler seinen Eindruck von diesem Gespräch darin zusammen, daß offensichtlich jede Seite die Feststellungen der anderen gut verstanden habe. Er fragt, ob der Ministerpräsident es für wünschenswert und vernünftig halte, daß die deutsche Seite der türkischen Regierung den Inhalt seiner Äußerungen wiedergebe.

Der *Ministerpräsident* spricht sich dafür aus, jedoch solle die Öffentlichkeit hiervon nichts erfahren. Er fügt hinzu, daß die türkische Seite sich jeden Tag und in immer neuen Widersprüchen äußere.

Hieran schließen sich ein Meinungstausch über die Lage in Afrika und allgemeine Betrachtungen über das Ost-West-Verhältnis an.

StS *Hermes* weist auf die beträchtlichen Schwierigkeiten hin, die ausländische Investitionen in Griechenland behindert und die Investitionsbereitschaft deutscher Unternehmen verringert hätten.

Botschafter *Phrydas* bemerkt, daß die Gespräche des Bundesministers des Auswärtigen in Athen bereits zu einer Verbesserung der Lage geführt hätten.

Der *Ministerpräsident* erklärt, im Vergleich mit dem Umfang des Handelsaustausches seien die deutschen Investitionen in Griechenland nahezu nicht existent. Griechenland sei interessiert, sie zu fördern. Weil er wisse, daß die griechische Industrie im Zusammenhang mit dem Beitritt erhebliche Schwierigkeiten zu erwarten habe, habe er den Unternehmern empfohlen, sich um Joint-ventures mit deutschen Partnern zu bemühen.

Das Angebot von StS Hermes, dem Ministerpräsidenten eine Aufstellung der bestehenden Probleme zuzuleiten, nimmt dieser an.

---

[30] Der amerikanische Außenminister Vance hielt sich am 21./22. Januar 1978 in Griechenland auf.

Der *Bundeskanzler* erläutert den Inhalt der in Vorbereitung befindlichen fünften Tranche unserer Verteidigungshilfe für Griechenland[31], wobei er hervorhebt, daß der Anteil an neuwertigen Gütern auf 80% gesteigert werde. Er weist darauf hin, daß wir konsequent bemüht seien, unsere Verteidigungshilfe für Griechenland und die Türkei[32] ausgewogen zu halten. Dasselbe gelte für kommerzielle Rüstungslieferungen an diese beiden Länder.

Der Bundeskanzler dankt für die gute Zusammenarbeit bei der Bekämpfung des Terrorismus. Er weist auf die Erwartungen hin, die wir mit den im März dieses Jahres stattfindenden Sachverständigen-Gesprächen in Athen verbinden.

Der *Ministerpräsident* erwidert, Griechenland sei wohl das erste Land, das einen Gesetzesentwurf mit umfassenden strengen Maßnahmen gegen den Terrorismus durchgebracht habe.

Er bittet den Bundeskanzler zum Abschluß nochmals, sein Möglichstes für die Beschleunigung des griechischen EG-Beitritts zu tun und dem Eindruck entgegenzuwirken, daß es hierfür politische Vorbedingungen gebe.

VS-Bd. 14076 (010)

---

[31] Referat 201 erläuterte dazu am 16. Januar 1978: „1) Mit Griechenland wurden seit 1964 vier Abkommen (Tranchen) über Verteidigungshilfe im Wert von insgesamt ca. 100 Mio. DM geschlossen. Das vierte Abkommen über 60 Mio. DM und mit einer Laufzeit von ca. 18 Monaten datiert vom 2. Juli 1976; es nahm unsere 1968 wegen des griechischen Militärputsches unterbrochene Verteidigungshilfe wieder auf. Der Abschluß der fünften Tranche ist in Vorbereitung. [...] Die Tranche wird wiederum einen Wert von 60 Mio. DM und eine Laufzeit von ca. 18 Monaten haben. Das Abkommen soll sich wie die vierte Tranche in Lieferungen von neuwertigem Material und Überschußmaterial der Bundeswehr aufteilen. [...] Das neuwertige Material des fünften Abkommens ist hauptsächlich für das Heer (Aufbau einer Handfeuerwaffenfabrik), das Überschußmaterial für alle drei Teilstreitkräfte bestimmt. 2) Zusätzlich zur Verteidigungshilfe erhielt Griechenland im Rahmen eines Vertrages vom 11.8.1975 als Sonderaktion unentgeltlich Materialhilfe aus Überschußbeständen der Bundeswehr (Materialhilfe I). Dieses Abkommen berücksichtigte im wesentlichen die Marine. Einer weiteren Materialhilfe (Materialhilfe II) an Griechenland, die gleichfalls Sondercharakter hat und im wesentlichen Kraftfahrzeuge umfassen wird, ist vom Auswärtigen Ausschuß am 19. Oktober 1977 zugestimmt worden. Die Vorlage wird dem Haushaltsausschuß demnächst zugehen." Vgl. VS-Bd. 9655 (201); B 150, Aktenkopien 1978.

[32] Referat 201 informierte dazu am 16. Januar 1978: „1) Mit der Türkei wurden seit 1964 neun Abkommen (Tranchen) über Verteidigungshilfe von insgesamt 700 Mio. DM geschlossen. Die am 7. Oktober 1976 abgeschlossene neunte Tranche über 100 Mio. DM läuft im April 1978 aus. Es ist beabsichtigt, sie mit der zehnten Tranche fortzuführen. Die zehnte Tranche soll – wie das neunte Abkommen – einen Wert von 100 Mio. DM sowie (entsprechend dem Abkommen mit Griechenland) eine Laufzeit von ca. 18 Monaten und eine Relation von 80:20 von neuwertigem zu Überschußmaterial der Bundeswehr haben. Die Türkei hat bisher an neuwertigem Material hauptsächlich Lieferungen für ihre Luftwaffe (logistische Versorgung von 20 Transall-Maschinen) und für ihr Heer (Aufbau und Versorgung eines Panzerinstandsetzungswerks) erhalten, während das Überschußmaterial auf alle drei Teilstreitkräfte verteilt wurde. Daran soll auch mit der zehnten Tranche nichts geändert werden. 2) Zusätzlich zur Verteidigungshilfe hat auch die Türkei durch den Vertrag vom 11. August 1975 [...] Materialhilfe aus Überschußbeständen der Bundeswehr erhalten (Materialhilfe I), und zwar im wesentlichen für ihre Marine. Wie für Griechenland ist auch für die Türkei eine weitere Materialhilfe, die im wesentlichen aus Kraftfahrzeugen bestehen soll, vorgesehen (Materialhilfe II). Ihr hat der Auswärtige Ausschuß wie im Falle Griechenlands am 19. Oktober 1977 zugestimmt. Die Vorlage wird dem Haushaltausschuß demnächst zugehen." Vgl. VS-Bd. 9655 (201); B 150, Aktenkopien 1978.

27

Aufzeichnung des Ministerialdirektors Blech

220-370.70 FRA-197/78 VS-vertraulich 1. Februar 1978[1]

Über Herrn Staatssekretär[2] dem Herrn Bundesminister zur Unterrichtung und mit dem Vorschlag der Weiterleitung an den Herrn Bundeskanzler vorgelegt

Betr.: Französische Abrüstungsinitiative vom 25.1.1978[3]

Zusammenfassung

Die seit langem angekündigte französische Abrüstungsinitiative wurde am 25. Januar vor der Presse bekanntgegeben. Die Bündnispartner und andere ausgewählte Staaten wurden kurz vorher am gleichen Tage unterrichtet. Eine Konsultation im Bündnis oder im Kreise der Neun hat nicht stattgefunden.

Die Initiative stellt sich als programmatische Definition der französischen Abrüstungsposition dar. Sie ist besonders deshalb von politischem Interesse, weil die französische Regierung damit ihre lange praktizierte Abstinenz in Abrüstungsfragen aufzugeben scheint.

Inhaltlich muß die Initiative als noch vage und erläuterungsbedürftig bezeichnet werden. Von besonderem Interesse sind

– die erwartete Kritik an der Genfer Abrüstungskonferenz (CCD) und dem Vorschlag ihrer Ablösung durch ein neues Forum der Vereinten Nationen,

– die indirekte Kritik an MBFR und

– der Alternativvorschlag einer Abrüstungskonferenz mit allen KSZE-Teilnehmern und Zuständigkeit vom Atlantik bis zum Ural.

Weitere Themen der Initiative sind:

– Schaffung einer Weltbehörde für Kontrollsatelliten,

– Einsetzung eines durch die Besteuerung der Überbewaffnung gespeisten Sonderfonds,

– regionale Absicherung der Nichtverbreitung bei Nichtdiskriminierung hinsichtlich des Fortschritts und der Sicherheit der Staaten in der Region,

– Bremsung des konventionellen Rüstungswettlaufs in nicht-nuklearen Regionen,

– im Bereich Atlantik zum Ural Aufrechterhaltung der Abschreckung, dabei Abbau des nuklearen Übermaßes und der Disparität bei den konventionellen Waffen mit besonderer Verantwortung der Großmächte.

---

[1] Durchschlag als Konzept.
Die Aufzeichnung wurde von Botschafter Ruth, Vortragendem Legationsrat I. Klasse Arz von Straussenburg und Botschaftsrat I. Klasse Holik konzipiert. Ruth vermerkte handschriftlich: „Ref[erat] 201, 202 und BMVg haben mitgezeichnet. Ref[erat] 221 hat mitgewirkt."
[2] Günther van Well.
[3] Für den Wortlaut der Erklärung der französischen Regierung vgl. LA POLITIQUE ETRANGÈRE 1978, I, S. 36–38.

Ein Vergleich zwischen dem Inhalt der Abrüstungsinitiative und den Abrüstungsvorstellungen Mitterrands vom Dezember 1977[4] unterstreicht die innenpolitische Komponente der Initiative (vgl. Synopse in Anlage 2[5] und 3[6]). Beiden Vorschlägen liegt die Absicht zugrunde, eine umfassende Abrüstungsstrategie darzustellen; sie gleichen sich in Struktur und Inhalt und insbesondere in der Kritik an CCD und MBFR. Im Unterschied zu der französischen Regierungsinitiative strebt Mitterrand jedoch die Veränderung der CCD und der MBFR-Verhandlungen dadurch an, daß er eine Zusammenfassung der in und über Europa laufenden Verhandlungen SALT und MBFR und der KSZE durch eine europäische Konferenz unter Teilnahme aller KSZE-Staaten vorschlägt.

Die internationale Reaktion auf die neue französische Initiative reicht bisher von wohlwollend interessiert bis abwartend skeptisch.[7] Unter den Verbündeten Frankreichs und den Neun wird hervorgehoben, daß eine wirkliche Konsultation nicht stattgefunden hat. Wegen der Bedeutung der Vorschläge für die allgemeine Sicherheits- und Abrüstungsdiskussion wäre es zu begrüßen, wenn sich die französische Regierung nicht nur zu bilateralen Gesprächen, sondern auch zu multilateralen Konsultationen im Kreis der Verbündeten bereit fände.

Diese Konsultationen sind im Blick auf den Vorschlag der Einberufung einer Abrüstungskonferenz von besonderer Bedeutung, und zwar aus folgenden Gründen:

- Die Sicherheit der Bündnispartner und des Bündnisses insgesamt ist unmittelbar berührt.
- Die Konferenz sieht nur die Teilnahme der Einzelstaaten in Europa vor. Sie wäre daher geeignet, die Nationalstaatlichkeit zu unterstreichen und den Integrationsbestrebungen in Europa zuwiderzulaufen.
- Bei der von Frankreich beabsichtigten Konzentration auf konventionelle Waffensysteme würden Reduzierungen und Limitierungen zu nationalen Verpflichtungen führen. Dies würde die europäische und atlantische Zusammenarbeit im Verteidigungsbereich, insbesondere auch hinsichtlich der Rüstungskooperation, erschweren.
- An den MBFR-Verhandlungen nehmen 19 der 35 europäischen Staaten teil. Die NATO ist in Wien kollektiver Verhandlungspartner. Die Ablösung dieses Verhandlungsgremiums durch ein neues, umfassendes europäisches Gremium

---

[4] Der Erste Sekretär der Sozialistischen Partei Frankreichs, Mitterrand, erläuterte seine Vorstellungen zur Abrüstung in der Presse. Vgl. dazu die Artikel „Une stratégie pour le désarmement. La question préalable"; LE MONDE vom 14. Dezember 1977, S. 1 und 19, und „Une stratégie pour le désarmement. Deux façons d'avancer"; LE MONDE vom 15. Dezember 1977, S. 14.

[5] Dem Vorgang beigefügt. Für die Zusammenfassung der Richtlinien der französischen Regierung zur Abrüstungspolitik vgl. VS-Bd. 11301 (220); B 150, Aktenkopien 1978.

[6] Dem Vorgang beigefügt. Für die Zusammenfassung der Vorstellungen des Ersten Sekretärs der Sozialistischen Partei Frankreichs, Mitterrand, zur Abrüstungspolitik vgl. VS-Bd. 11301 (220); B 150, Aktenkopien 1978.

[7] Gesandter Boss, Brüssel (NATO), berichtete am 30. Januar 1978, daß offizielle Reaktionen der anderen NATO-Mitgliedstaaten bisher noch nicht vorlägen: „Auf persönlicher Basis wird jedoch Bedauern darüber ausgedrückt, daß Frankreich nicht über die Grundzüge seiner Initiative in der Allianz konsultiert hat. Die Erklärung wird als etwas zu hastig formuliert, unausgereift und z.T. unrealistisch betrachtet. Die Pläne zur Ersetzung der CCD durch ein anderes Forum werden – besonders von den CCD-Mitgliedern – negativ kommentiert. Auch steht man der angekündigten Einberufung eines ‚Europäischen Abrüstungsausschusses' skeptisch gegenüber." Vgl. den Drahtbericht Nr. 113; Referat 202, Bd. 113558.

würde erhebliche allianz- und rüstungskontrollpolitische Probleme aufwerfen, die nur im Bündnis erörtert werden können.

I. 1) Staatspräsident Giscard hat sich auf einer Pressekonferenz im November 1975 mit dem Abrüstungsthema befaßt. Er erklärte damals, Frankreich fühle sich als Atommacht und wegen seiner weltweiten Verantwortung sowie seiner Stellung in den VN berufen, in der internationalen Abrüstungsdiskussion eine Rolle zu spielen[8]. Diese Rolle Frankreichs beschränkte sich aber weiterhin auf Kritik an Struktur und Substanz der laufenden Verhandlungen, insbesondere an der Genfer Abrüstungskonferenz (CCD) und an MBFR.

Seit etwa 1 1/2 Jahren ließ die französische Regierung wissen, daß sie interne Überlegungen zur Abrüstung anstelle. In Antworten auf Fragen nach deren Inhalt wurde lediglich die Möglichkeit angedeutet, daß Frankreich unter der Voraussetzung einer Reform der CCD bereit sein könnte, den bisher leeren Stuhl in diesem Gremium[9] einzunehmen.

In der Abrüstungsdiskussion des Ersten Ausschusses der 32. Generalversammlung der VN[10] hielt sich Frankreich zurück mit dem Hinweis, der Sondergeneralversammlung (SGV) für Abrüstung im Mai ds. Js. eine eigene Initiative[11] vorlegen zu wollen. In Sitzungen der Abrüstungsexperten der Neun (am 16. Januar 1978[12]) und der NATO (am 17. Januar 1978[13]) über die SGV beschränkte sich der französische Sprecher darauf, die Position seiner Regierung zu den erarbeiteten Papieren offenzuhalten.

2) Die französische Initiative wurde am 25. Januar ds. Js. in der Form eines Berichts des Pressesprechers über eine Entscheidung des Kabinetts bekanntgegeben. Wir wurden am Vormittag des gleichen Tages auf diplomatischem Wege mündlich über den Inhalt dieser Erklärung unterrichtet. Etwa gleichzeitig erfolgte die Unterrichtung der übrigen NATO-Partner, der Ständigen Mitglieder des VN-Sicherheitsrates, Spaniens und einiger afrikanischer Staaten.

---

[8] Für den Wortlaut des Fernsehinterviews vom 12. November 1975 vgl. LA POLITIQUE ETRANGÈRE 1975, II, S. 158–165.
[9] Frankreich lehnte am 5. März 1962 die Teilnahme an der 18-Mächte-Abrüstungskonferenz in Genf ab. Für die Erklärung des französischen Außenministeriums vgl. EUROPA-ARCHIV 1962, D 188.
[10] Die XXXII. UNO-Generalversammlung fand vom 20. September bis 21. Dezember 1977 in New York statt.
[11] Zur UNO-Sondergeneralversammlung über Abrüstung vom 23. Mai bis 30. Juni 1978 in New York vgl. Dok. 212.
Zu den französischen Vorschlägen vom 25. Mai 1978 vgl. Dok. 167, Anm. 13.
[12] Botschafter Schlaich, z. Z. Kopenhagen, berichtete am 17. Januar 1978 über eine Sitzung der Abrüstungsexperten der EG-Mitgliedstaaten am Vortag, daß zur Vorbereitung der UNO-Sondergeneralversammlung über Abrüstung vom 23. Mai bis 30. Juni 1978 in New York Entwürfe einer Abrüstungserklärung sowie eines Aktionsprogramms erörtert worden seien. Der französische Vertreter habe darauf hingewiesen, „daß Frankreich sich im Augenblick keinem Entwurf anschließen, sondern zur gegebenen Zeit mit eigenen Vorschlägen kommen werde. Er hob außerdem die bekannte Haltung seiner Regierung zur nuklearen Abrüstung und Proliferation hervor." Vgl. den Drahtbericht Nr. 27; VS-Bd. 9638 (201); B 150, Aktenkopien 1978.
[13] Botschafter Schlaich, z. Z. Brüssel, teilte am 18. Januar 1978 zur Sitzung der Abrüstungsexperten der NATO-Mitgliedstaaten am Vortag mit, daß neben der Erörterung einer Abrüstungserklärung die Diskussion über einen von Großbritannien eingebrachten Entwurf für ein Aktionsprogramm der UNO-Sondergeneralversammlung über Abrüstung vom 23. Mai bis 30. Juni 1978 in New York im Mittelpunkt gestanden habe. Vgl. dazu den Drahtbericht Nr. 59; Referat 220, Bd. 112958.

Der uns inzwischen übergebene und erläuterte Text ist in deutscher Übersetzung als Anlage 1[14] beigefügt.

3) Der Zeitpunkt der Veröffentlichung ist mit der Schlußphase des Wahlkampfes[15] in Verbindung zu bringen. Es hat sich gezeigt, daß die beiden großen Parteien der Linksunion[16] Verteidigungs- und Sicherheitsfragen zum Streitgegenstand des Wahlkampfes machen würden. Das Geltendmachen der französischen weltweiten Abrüstungsverantwortung und die Bezugnahme auf den Raum zwischen Atlantik und Ural werden offensichtlich auch für die interne Diskussion für wichtig gehalten.

Mitterrand hat in zwei Artikeln in Le Monde am 14. und 15. Dezember seine Vorstellungen dargestellt. Ein Vergleich zwischen der französischen Initiative und den Vorschlägen Mitterrands ergibt zahlreiche Berührungspunkte (Anlagen 2 und 3). Hervorzuheben sind hier die Forderung nach einer französischen Abrüstungsinitiative auf der SGV und die Bedeutung des geographischen Rahmens vom Atlantik zum Ural für europäische Abrüstungsverhandlungen sowie der Vorschlag für die Reform von CCD und die Veränderung von MBFR:

– Bereitschaft Frankreichs, an einer reformierten CCD ohne amerikanisch-sowjetische Ko-Präsidentschaft teilzunehmen,

– Zusammenlegung von SALT, KSZE und MBFR in einer europäischen Konferenz zur Verringerung der Streitkräfte und der Spannungen.

4) Außenpolitisch orientiert sich die französische Initiative neben der konkreten Kritik an CCD und MBFR an folgenden Zielsetzungen:

– Aktivierung der französischen Rolle in der internationalen Abrüstungsdiskussion,

– Versuch, die Vorherrschaft der beiden Großmächte in dieser Diskussion zu relativieren,

– Intensivierung der Ansatzpunkte mit der Dritten Welt in Abrüstungsfragen,

– Relativierung der Bedeutung des Block-zu-Block-Verhältnisses in Rüstungskontrollverhandlungen.

II. Die französische Initiative konzentriert sich auf Vorschläge in Verfahrensfragen. Wo sie substantielle Vorschläge macht, bleibt sie zum Teil vage und widersprüchlich, jedenfalls erläuterungsbedürftig. Die französische Abrüstungsposition ist nach folgenden Kategorien gegliedert:

– weltweit,

– regional/nicht-nuklear,

– regional/nuklear.

Im einzelnen enthält der Vorschlag folgende Punkte:

---

[14] Dem Vorgang beigefügt. Für die Übersetzung der Auszüge aus dem Protokoll des französischen Ministerrats vgl. VS-Bd. 11301 (220); B 150, Aktenkopien 1978.
[15] In Frankreich fanden am 12. und 19. März 1978 Wahlen zur Nationalversammlung statt.
[16] Am 26./27. Juni 1972 unterzeichneten die Sozialistische Partei Frankreichs und die KPF ein Gemeinsames Regierungsprogramm. Seit September 1977 kam es jedoch zum Konflikt um eine Aktualisierung des Programms. Vgl. dazu die Aufzeichnung des Referats 202 vom 22. September 1977; Referat 202, Bd. 113555. Vgl. dazu ferner AAPD 1977, II, Dok. 264.

1) Konzeptionelle Aussage

Frankreich müsse zum Thema Abrüstung einen neuartigen und positiven Weg suchen. Das Ziel könne nicht die Utopie einer vollständig entwaffneten Welt sein. Jede Nation habe das legitime Recht auf Gewährleistung ihrer Sicherheit. Das Problem liege in der Maßlosigkeit bei der Anwendung dieses Rechts, die sich in Anhäufung von Rüstung und Ungleichheit der Waffenbestände niederschlage. Die Bedingungen für Abrüstung hätten sich geändert. Weder die Supermächte noch die militärischen Blöcke seien mit der Welt gleichzusetzen. Sie habe jetzt eine universale und pluralistische Dimension. Die Prinzipien der Abrüstung seien überall gleich. Ihre Anwendung müsse jedoch den konkreten Situationen angepaßt werden.

2) Die weltweite Ebene

a) CCD

Ersetzung der CCD durch ein anderes Forum der VN.

Frankreich zieht hier eine radikale Konsequenz seiner Ablehnung der CCD mit der Ko-Präsidentschaft der Großmächte. Es macht sich dabei die kritische Haltung zahlreicher nichtgebundener Staaten und Chinas zu eigen. Einzelheiten dieses Vorschlags sind angekündigt.[17]

Unsere Haltung:

Wie die anderen Bündnispartner sind wir der Auffassung, daß die CCD reformfähig ist und daß es möglich ist, Alternativen zur strengen Ko-Präsidentschaft der Großmächte zu entwickeln (z.B. ein gewählter Vorsitzender mit rotierenden Vertretern). Andererseits meinen wir, daß die besondere Rolle der Großmächte in der Abrüstung die tatsächlichen Kräftebedingungen und Verantwortlichkeiten reflektiert und daß die in der CCD angehäufte Expertise erhalten bleiben sollte. Wir treten deshalb für eine Verbesserung, nicht eine Ablösung der CCD ein.

b) Kontrolle durch eine Weltbehörde für Kontrollsatelliten

Dieser Vorschlag unterstreicht die Bedeutung, die Frankreich seit jeher der Verifikation beigemessen hat. Er reflektiert die Kritik Frankreichs am Monopol der Großmächte über Aufklärungssatelliten und Aufklärungsergebnisse. Einzelheiten wurden noch nicht mitgeteilt.

Unsere Haltung:

Wir sind an weiteren Erläuterungen interessiert. Die Frage, ob die Verwaltung

[17] Am 14. Februar 1978 fanden Gespräche des Staatssekretärs van Well und des Botschafters Ruth mit dem Abrüstungsbeauftragten der französischen Regierung, Taittinger, statt. Referat 220 vermerkte dazu am 16. Februar 1978: „Die französische Seite präzisierte ihre bisherige Kritik an der CCD (Exklusivität der Mitgliedschaft, mangelnde Bindung an die VN und damit mangelnde regionale Repräsentanz, Ko-Präsidentschaft der beiden Großmächte), um daraus die Forderung nach einer Ablösung der CCD durch ein neues Gremium abzuleiten. Es gelte zunächst, in New York einen Ausschuß nur für Abrüstungsfragen zu schaffen, in dem alle Staaten der VN mitwirken sollen. Zusätzlich solle ein begrenztes Gremium als Ersatz für die CCD gebildet werden, dessen Struktur im Gegensatz zu der bestehenden CCD auf der prinzipiellen Gleichheit aller Staaten beruhen müsse. Mitglieder dieses Gremiums sollten die fünf ständigen und zehn nichtständigen Mitglieder des Sicherheitsrats sowie etwa 20 weitere Staaten sein, die jeweils für etwa ein bis zwei Jahre von der Staatengemeinschaft nach einem regionalen Schlüssel gewählt werden sollen, damit im Laufe der Zeit möglichst viele interessierte Staaten an der alle angehenden Abrüstungsdiskussion teilnehmen können. Außerdem müsse eine rotierende Vorsitzregelung analog der Geschäftsordnung des Sicherheitsrats vorgesehen werden." Vgl. Referat 202, Bd. 113558.

von Kontrollsatelliten durch die VN realisierbar ist, muß mindestens bezweifelt werden. Wir haben uns in der NATO für größere Teilnahme an den Ergebnissen der nationalen technischen Aufklärungsmittel der Vereinigten Staaten bemüht. Dabei hat sich gezeigt, daß der Bereitschaft zur Multilateralisierung Grenzen gesetzt sind.

c) Sonderfonds, finanziert aus Besteuerung der Überbewaffnung

Auch dieser Vorschlag bedarf der Erläuterung. Es ist unklar, welches die Kriterien für die Überbewaffnung sind (was ist exzessiv?) und wer die Kriterien festlegen soll. Könnte nicht eine Lage entstehen, in der Bündnispartner mit einem relativ niedrigen Verteidigungsbeitrag belohnt, verantwortungsbewußte dagegen bestraft werden? Allenfalls ist die Möglichkeit interessant, die sozialistischen Länder auf dem Umweg dieses Sonderfonds in die Verantwortung für die Entwicklung in der Welt einzubeziehen.

3) Nicht-nukleare Ebene

a) Nichtverbreitung ohne Diskriminierung des technologischen Fortschritts und der Sicherheit

Frankreich postuliert die Verantwortung der Staaten in den jeweiligen Regionen und die Offenhaltung des Zugangs zur friedlichen Verwertung der Kernenergie. Die Kernwaffenmächte sollen den Nicht-Kernwaffenstaaten gegenüber keine politischen oder militärischen Vorteile suchen. Frankreich befürwortet die Schaffung denuklearisierter Zonen. Konkrete Vorschläge sind in der Initiative nicht enthalten. Frankreich versucht offenbar, dem Regime des Nichtverbreitungsvertrags[18] ein eigenes Konzept der Nichtverbreitung zur Seite zu stellen, mit dem seine Zugehörigkeit zu einem politischen Nuklearclub unterstrichen würde.

Unsere Haltung:

Wir gehen davon aus, daß sich Frankreich mit diesem Teil seiner Initiative ausschließlich auf nicht-europäische Regionen bezieht. Das Prinzip der Nichtdiskriminierung und der Kooperation entspricht unserer eigenen Haltung. Wir fragen uns, ob Frankreich parallel zu diesem Vorschlag bereit wäre, dem Nichtverbreitungsvertrag beizutreten.

b) Bremsung des Rüstungswettlaufs

Frankreich ist bereit, hier einen Beitrag zu leisten. Dies ist die erste, wenn auch indirekte öffentliche Erklärung, sich an Regelungen zu beteiligen, die den Waffentransfer begrenzen. Frankreich geht vom Prinzip der Beteiligung der betreffenden Regionen und der Nichtdiskriminierung der Lieferländer aus. Offensichtlich schwebt Frankreich die Teilnahme an einer Studie über diese Frage vor.

Unsere Haltung:

Wir sind an der Erörterung des Problems des Waffentransfers interessiert. Eine Studie über diese Frage dürfte für die SGV das Maximum des zur Zeit Erreichbaren sein. Interessant wäre für uns eine Erläuterung des Verständnisses

---

[18] Für den Wortlaut des Nichtverbreitungsvertrags vom 1. Juli 1968 vgl. BUNDESGESETZBLATT 1974, Teil II, S. 785–793.

der französischen Regierung zum Begriff der Nichtdiskriminierung der Lieferländer.

4) Regional-nuklear

Hier handelt es sich um den für uns aktuellsten Teil der französischen Initiative. Frankreich sieht die Instabilität in der Region zwischen Atlantik und Ural in der atomaren Überrüstung und in der Anhäufung konventioneller Waffen. Es postuliert für die beiden Supermächte eine besondere Verantwortung auch in der Abrüstung. SALT wird dabei positiv beurteilt.

Zu den Vorstellungen über die Region Atlantik zum Ural ist im einzelnen folgendes zu sagen:

a) Die französischen Vorstellungen orientieren sich an folgenden Leitgedanken:
- geographischer Bezug auf ganz Europa vom Atlantik bis zum Ural,
- Erhaltung der atomaren Abschreckungsfunktion,
- Abbau der exzessiven nuklearen Waffenarsenale der Großmächte,
- Beseitigung der Disparität bei den konventionellen Waffen nicht auf Mitteleuropa beschränkt, sondern die Gesamtheit des vorhandenen Potentials in der Region Europa umfassend,
- Ablösung von MBFR durch einen europäischen Abrüstungsausschuß, an dem alle KSZE-Staaten beteiligt sind.

b) Die französischen Vorstellungen sind insofern positiv zu bewerten, als sie die Problematik der Begrenzung von MBFR auf Mitteleuropa deutlich machen. Mit der Erweiterung des geographischen Rahmens ziehen die Franzosen die Konsequenz aus ihrer Sorge vor mitteleuropäischem Sonderstatus durch MBFR und entsprechender „Finnlandisierungsgefahr". Die offenkundige Disparität bei den konventionellen Waffen wird als Gefahr für das Gesamtgleichgewicht bezeichnet.

c) Zumindest in der jetzt vorliegenden vagen Form werfen die französischen Vorschläge jedoch eine Reihe von Problemen auf:
- Dem Bündnis wird in den französischen Vorstellungen keine Verhandlungsrolle zugedacht. Der Akzent liegt wie bei der KSZE auf der Beteiligung der Einzelstaaten. Darin liegt eine ohne Zweifel beabsichtigte Relativierung der Integration in der NATO und ein Reflex der traditionellen französischen Abneigung gegen Blockverhandlungen. Hier fällt auch eine gewisse Berührung mit den östlichen Vorstellungen für ein europäisches Sicherheitssystem auf, das die Überwindung der Militärblöcke zur Voraussetzung hat. Dieser Ansatz ist für die NATO problematisch, sofern nicht sichergestellt werden kann, daß die Bündnispartner aufgrund einer geschlossenen Allianzposition operieren.
- Ein Gremium in der Zusammensetzung der KSZE könnte der SU das mit ihrem „Aktionsprogramm"[19] angestrebte Podium für die Propagierung der „militärischen Entspannung" liefern. Die Franzosen haben das sowjetische „Aktionsprogramm" integral abgelehnt. Die Aussichten für konkrete rüstungs-

[19] Zum sowjetischen Entwurf vom 24. Oktober 1977 für eine „Aktionsbasis zur Festigung der militärischen Entspannung in Europa" vgl. Dok. 4, Anm. 16.

kontrollpolitische Fortschritte wären schon deshalb gering, weil die SU der Einbeziehung ihres europäischen Territoriums kaum zustimmen wird.

- Die Implementierung des Programms bleibt unklar. Bei der Beseitigung des „quantitativen Übermaßes und des qualitativen Wettlaufs im Nuklearbereich" ist offensichtlich nur an Leistungen der beiden Großmächte gedacht. Sollte sich bei der Präzisierung der französischen Vorstellungen ergeben, daß außerdem auch an die Schaffung von denuklearisierten Zonen in Europa gedacht ist, würde dies aus der Sicht des Bündnisses schwerwiegende Probleme aufwerfen. Der Abbau der konventionellen Disparität soll sich, wie sich aus französischen Erläuterungen bei der EPZ-Diskussion in New York am 26.1. ergab, an der Perspektive der Restabilisierung des militärischen Ost-West-Verhältnisses ausrichten.[20] Dies wäre ohne gemeinsame westliche Verhandlungsposition und ohne Koordinierung im Bündnis kaum vorstellbar. Insofern müßten die Franzosen ihre Vorstellungen zur Rolle des Bündnisses in den Verhandlungen präzisieren.

- Hinsichtlich der Verminderung von Rüstungen – von Streitkräftepersonal ist nicht die Rede – würden zwar schwerwiegende Bedenken entfallen, die sich im Falle einer generellen Einbeziehung von Waffen in den begrenzten geographischen MBFR-Raum ergäben. Gleichwohl müßte auch bei der Verminderung von Rüstungen im gesamteuropäischen Maßstab sichergestellt bleiben, daß die gemeinsame Verteidigung im Bündnis und die zukünftige europäische Verteidigungszusammenarbeit nicht beeinträchtigt werden.

- Die vorgeschlagene europäische Abrüstungskonferenz ist offenkundig als Alternative zu MBFR gedacht, könnte jedoch auch als Ergänzung des westlichen MBFR-Konzepts in folgender Weise verstanden werden: Mit MBFR wird im Raum der größten Konfrontation zunächst die Stabilisierung des militärischen Kräfteverhältnisses so weit angestrebt, wie dies ohne Diskriminierung (politisch und militärisch) der in diesem Raum gelegenen Teilnehmer und ohne Entstehung einer Zone mit minderem Status möglich ist. Deshalb Beschränkung auf Personalparität und nur selektive Einbeziehung von Rüstungen. Auf dieser Grundlage Verminderung der Rüstungen in einem größeren geographischen Rahmen, der europäisches Territorium der SU einschließt und Diskriminierungen vermeidet.

d) Obgleich die französischen Vorschläge im wesentlichen prozeduralen Charakter tragen und ihre Realisierbarkeit zumindest zweifelhaft erscheint, sind sie für die sicherheitspolitischen Interessen, die wir mit MBFR verfolgen, von unmittelbarer Relevanz. Im gegenwärtigen Verhandlungsstadium könnten sie es erleichtern, das gemeinsame MBFR-Konzept gegenüber Forderungen nach genereller Einbeziehung von Waffensystemen abzusichern. Unter veränderten

---

[20] Botschafter Freiherr von Wechmar, New York (UNO), berichtete am 26. Januar 1978 über ein Treffen der UNO-Botschafter der EG-Mitgliedstaaten im Rahmen der EPZ. Der französische UNO-Botschafter Leprette habe ausgeführt: „Die Sicherheit der Ost-West-Region beruhe auf der Strategie der nuklearen Abschreckung. Diese sei auch weiterhin erforderlich als Element des Gleichgewichts. Im Ost-West-Bereich sei ein Ungleichgewicht durch die übermäßige konventionelle Aufrüstung des Ostens entstanden; die Re-Stabilisierung im Ost-West-Verhältnis erfordere daher den Abbau dieser konventionellen Disparität. Instrument hierfür könne nach französischer Auffassung eine Abrüstungskonferenz der ursprünglichen KSZE-Teilnehmer sein." Vgl. den Drahtbericht Nr. 188; Referat 220, Bd. 112961.

Rahmenbedingungen, falls nämlich ein Reduzierungsergebnis im MBFR-Rahmen wegen der unvereinbaren Positionen in der Kernfrage der Parität nicht zu erreichen wäre, könnte die Erweiterung des geographischen Verhandlungsrahmens eine langfristige Alternative für ein Substanzergebnis bieten, die die Fortführung des sicherheitspolitischen Dialogs erleichtern würde.

III. Es ist bemerkenswert, daß gleichzeitig mit der Mitteilung über die Abrüstungsinitiative eine Verlautbarung über die Darstellung der Grundpositionen der französischen Verteidigungspolitik durch den Verteidigungsminister[21] auf der gleichen Sitzung des Ministerrats[22] veröffentlicht wurde. In dieser Veröffentlichung werden folgende Elemente besonders hervorgehoben:
– Wehrpflicht,
– atomare Abschreckung,
– Verteidigung des eigenen Territoriums und seiner Land- und Seezugänge,
– Bestätigung des Rüstungsprogramms von 1976[23] mit der Betonung der nuklearen und maritimen Komponenten.

Blech[24]

VS-Bd. 11301 (220)

28

Botschafter Fischer, Belgrad (KSZE-Delegation), an das Auswärtige Amt

114-10491/78 VS-vertraulich Aufgabe: 1. Februar 1978, 11.30 Uhr
Fernschreiben Nr. 100 Ankunft: 1. Februar 1978, 13.26 Uhr
Citissime

Betr.: KSZE-Folgetreffen;
  hier: Gespräch mit Botschafter Goldberg

Zur Unterrichtung

I. Aus Gespräch bei kleinerem Essen mit Botschafter Goldberg, das seine singuläre Rolle im Folgetreffen illustriert, halte ich fest:
– G. warf westeuropäischen Delegationen vor, gegenüber sowjetischem Druck in Belgrad „weich" zu sein; als Beweis verwies er auf unsere Ablehnung,

---

[21] Yvon Bourges.
[22] Zur Darstellung der französischen Verteidigungspolitik auf der Sitzung des Ministerrats am 25. Januar 1978 vgl. LA POLITIQUE ETRANGÈRE 1978, I, S. 86–89.
[23] Staatspräsident Giscard d'Estaing faßte am 1. Juni 1976 anläßlich eines Vortrags im „Institut des Hautes Études de Défense Nationale" die Grundsätze der neuen französischen Verteidigungspolitik zusammen. Vgl. dazu LA POLITIQUE ETRANGÈRE 1976, I, S. 145–152.
[24] Paraphe vom 2. Februar 1978.

sowjetischem Entwurf für abschließendes Dokument (AD)[1] entsprechenden westlichen Entwurf gegenüberzustellen[2];
- auf meine Ausführung, daß es in Belgrad nicht darum gehe, „hart" oder „weich" zu sein, da SU ohnehin in Defensive stehe; es sich vielmehr darum handele, SU durch taktisch richtiges Handeln zu weiteren Zugeständnissen zu bewegen, entgegnete er, diese Taktik wirke in Augen amerikanischer Öffentlichkeit als Nachgiebigkeit;
- er führte sodann aus, Präsident Carter habe für Ratifizierung bevorstehender SALT-II-Vereinbarung äußerst knappe Stimmverhältnisse im Kongreß[3]; schon Präsident Ford sei im Wahlkampf gegen Carter unterlegen[4], weil ihm und Kissinger Schwäche in SALT-Verhandlungen nachgesagt worden sei; amerikanische Delegation in Belgrad müsse deshalb Härte gegenüber sowjetischer Position unter Beweis stellen;
- im weiteren Verlauf hob G. Bedeutung SALT-Regelung als wichtigster Triebfeder Entspannungsprozeß hervor; Belgrader Folgetreffen sei daneben bedeutungslos; Interessenlage müsse in diesem Punkt zwischen Amerika und Westeuropa identisch sein; falls SALT scheitere, sei angesichts steigender Rüstungskosten mit amerikanischem Rückzug auf „Fortress America" zu rechnen, was für Westeuropa erhöhte Verteidigungsbudgets impliziere.

II. Wertung

1) Mir scheint, daß mit diesem „after-dinner-talk" G. zum ersten Mal deutlich verhältnismäßig simple, ihn rechtfertigende[5] Motive seines hiesigen Vorgehens offenbart hat: Um diejenigen Kongreßabgeordneten für SALT-Zustimmung zu

---

[1] Für den sowjetischen Entwurf vom 17. Januar 1978 für ein Abschlußdokument der KSZE-Folgekonferenz vgl. den Drahtbericht Nr. 22 des Botschafters Fischer, Belgrad (KSZE-Delegation), vom selben Tag; Referat 212, Bd. 115108.

[2] Zur amerikanischen Absicht, einen eigenen Entwurf für ein Abschlußdokument einzubringen, vgl. Dok. 16, Anm. 14.
Botschafter Fischer, Belgrad (KSZE-Delegation), berichtete am 1. Februar 1978: „Nach längerer Aussprache beschlossen NATO-Del[egations]chefs am 1. Febr[uar] 1978 nachmittags, gegenüber N+N-Staaten sofort vorsichtiges, aber positives Signal zu heute vorgelegten Vermittlungstexten abzugeben. Damit sollen N+N-Staaten in ihrem Bemühen ermutigt, Osten vor Notwendigkeit entsprechender rascher Stellungnahme gestellt und Voraussetzung für unverzügliche Aufnahme informeller Verhandlungen in Kontaktgruppe geschaffen werden. [...] Botschafter Goldberg erklärte, er gäbe zwar seinen Gedanken nicht auf, umfassenden Gegenentwurf einzubringen, beteilige sich aber an Bemühen um Verhandlungsaufnahme aufgrund N+N-Texte." Vgl. den Drahtbericht Nr. 108; Referat 212, Bd. 115108.

[3] Botschafter von Staden, Washington, teilte am 22. Februar 1978 mit, daß es Spekulationen darüber gebe, daß ein SALT-Abkommen dem amerikanischen Senat erst nach den Kongreß- und Gouverneurswahlen am 7. November 1978 vorgelegt werde: „Die Administration ist in der schwierigen Lage, keinen Vertragsentwurf und kein fertiges Produkt ihrer Verhandlungen vorweisen zu können. Die Senatoren können sich daher noch kein konkretes Bild machen, wie die noch offenen Fragen einer Lösung zugeführt werden sollen. Die SALT-Gegner haben inzwischen die Verifikations-Problematik in den Vordergrund gestellt und damit die Administration unter Druck genommen." Zudem sei das sowjetische Insistieren auf einer Non-transfer-Regelung als Versuch der Einflußnahme beurteilt worden und habe die Bedenken verstärkt. Dies habe auch zu einer Verhärtung der amerikanischen Verhandlungsposition in Genf geführt. Vgl. den Drahtbericht Nr. 687; VS-Bd. 11384 (220); B 150, Aktenkopien 1978.

[4] Am 2. November 1976 fanden in den USA Präsidentschaftswahlen statt, aus denen der Kandidat der Demokratischen Partei, Carter, als Sieger hervorging.

[5] Korrigiert aus „zu rechtfertigende".

gewinnen, die darin Zeichen für Schwäche US-Administration gegenüber SU sehen, soll Belgrad als Beweis dafür dienen, daß Amerikaner hart zu sein verstehen. Cartersche Menschenrechtsinsistenz wird dazu aus bilateralen Beziehungen herausgelöst und auf Belgrader Bühne konzentriert.[6] In diesem Licht kann auch Risiko Mißerfolgs Folgetreffens wegen ungenügender Ergebnisse von Washington akzeptiert werden. Meine Ausführungen, daß für Westeuropa – und gerade für Bundesrepublik Deutschland – ungeachtet Bedeutung von SALT im KSZE-Prozeß liegende schrittweise Auflockerung Ost-West-Beziehungen mit wachsenden menschlichen Erleichterungen Eigenfunktion habe, verfing bei ihm nicht: Er meinte, wir könnten dieses Anliegen nach Gelingen SALT um so leichter verwirklichen.

2) Ich kann mir nicht vorstellen, daß G. für dieses Vorgehen Weisung vom State Department hat. Er bezieht sich im Gespräch meist auf Weißes Haus.

3) Es ist nicht auszuschließen, daß Woronzow G.'s Betrachtungsweise erkannt hat und sich zunutze macht. Darauf deutet seine häufige Versicherung, daß unabhängig von Ausgang Belgrader Folgetreffen bilaterale sowjetisch-amerikanische Beziehungen fortgehen. Seine Bereitschaft, für Belgrader Abschluß mit weiterführenden Beschlüssen zu zahlen, verringert sich entsprechend.

Welche Wirkung vereinte Bemühungen Mehrheit übriger Teilnehmerstaaten – einige Westeuropäer, einige N+N, einige Osteuropäer – gegenüber Haltung der Großmächte haben werden, wird sich in nächsten Wochen zeigen. Lohnenswert sind Bemühungen jedenfalls weiterhin, zu substantiellem AD zu gelangen.

[gez.] Fischer

VS-Bd. 11123 (204)

---

[6] Botschafter Fischer, Belgrad (KSZE-Delegation), berichtete am 27. Januar 1978, die Entwicklung der KSZE-Folgekonferenz bleibe „überschattet von (in Redaktionsphase nicht mehr gerechtfertigter) Fortführung der Menschenrechtsdiskussion durch USA, die SU zu ebenso umfangreichen und harten Entgegnungen veranlaßt. Wunsch zahlreicher Delegationen nach Konzentration Arbeit auf Vorbereitung konkreter Beschlüsse ist bei diesem Großmächteduell zugunsten amerikanischer Public Relations in Gefahr, auf der Strecke zu bleiben." Vgl. den Drahtbericht Nr. 84; Referat 212, Bd. 115108.

29

Aufzeichnung des Botschafters Ruth

220-371.80-196I/78 geheim　　　　　　　　　　　　　　　3. Februar 1978[1]

Über den Herrn Staatssekretär dem Herrn Bundesminister
Zur Unterrichtung
Betr.:　SALT;
　　　　hier: Deutsch-amerikanische Konsultationen am 30.1.1978[2]
　　　　– Ergebnisprotokoll

Anlg.: 1) Ergebnisvermerk des BMVg zur gesamtstrategischen Situation einschließlich nuklear-strategisches Kräfteverhältnis und Grauzonenproblematik, Az: 220-216/78 geheim, Fotokopie Nr.

2) Formulierungsvorschläge für Nichtumgehungs-/Nichtweitergabeklausel, Az: 220-196/78 geheim

A. Allgemein

I. Am 30.1.1978 fanden in Bonn deutsch-amerikanische Konsultationen über SALT statt. An den Gesprächen nahmen teil:

auf deutscher Seite: MD Dr. Blech (Vorsitzender); MDg Dr. Fleischhauer; MinDirig Dr. Ruth; VLR I Dr. Dannenbring, 201; VLR I Haas, Planungsstab; VLR Dr. Roßbach, 220; Gesandter Dr. Schauer, Botschaft Washington; BR I Dr. Citron, NATO-Vertretung Brüssel; MinDir Dr. Stützle, BMVg – Planungsstab; Brigadegeneral Altenburg, BMVg; Oberst i. G. v. Oer, BMVg; Oberst i. G. Schreiber, BMVg – Fü S III 5; Oberst i. G. Hansen, BMVg – Fü S III 1; VLR I Graf Rantzau, BK;

auf amerikanischer Seite: David Aaron, Deputy National Security Advisor to the President – Delegationsleiter; Reginald Bartholomew, Senior Advisor, National Security Council; David C. Gompert, Deputy Director, Bureau of Politico-Military Affairs, Department of State; Walter Slocombe, Deputy Assistant Secretary of Defense, International Security Affairs; Rear Admiral Edward F. Welch,

---

[1] Die Aufzeichnung wurde von Vortragendem Legationsrat Roßbach konzipiert.
Ministerialdirektor Blech leitete die Aufzeichnung am 3. Februar 1978 über Staatssekretär van Well an Bundesminister Genscher und vermerkte dazu: „Hiermit lege ich das Ergebnisprotokoll zu den deutsch-amerikanischen Konsultationen am 30.1.1978 vor. Zur Diskussion der strategischen Fragen liegt ein Protokollvermerk des BMVg vor, der als Anlage 1) beigefügt ist. Der Protokollvermerk zum Sachstand SALT ist mit dem BMVg abgestimmt. Teil III des Protokollvermerks betr. Nichtumgehung/Nichtweitergabe ist von Abt. 5 mitgezeichnet. Ich mache insbes. auf die Bewertung durch das BMVg in Anl. 1, S. 5 ff. aufmerksam."
Hat van Well am 4. Februar 1978 vorgelegen.
Hat Genscher am 5. Februar 1978 vorgelegen, der handschriftlich vermerkte: „Es fragt sich doch, ob angesichts der sowj[etischen] Haltung die Nichtumgehungsklausel – in welcher Form auch immer – in Frage gestellt werden sollte."
Hat van Well am 8. Februar 1978 erneut vorgelegen, der Blech um Stellungnahme bat.
Hat Blech am 9. Februar 1978 erneut vorgelegen, der handschriftlich vermerkte: „B[itte] Unterlage für Gespräch BM – AM Vance". Vgl. den Begleitvermerk; VS-Bd. 11395 (220); B 150, Aktenkopien 1978.
[2] Vgl. dazu auch das Gespräch des Staatssekretärs van Well mit dem stellvertretenden Sicherheitsberater des amerikanischen Präsidenten, Aaron; Dok. 23.

Deputy Director for International Negotiations, Joint Chiefs of Staff; John Newhouse, Counselor, U.S. Arms Control and Disarmament Agency; Eric D. Newsom, Special Assistant in the Office of Politico-Military Affairs, Department of State; W.R. Smyser, Counselor, Amerikanische Botschaft Bonn; Jacques Klein, First Secretary, Amerikanische Botschaft Bonn.

II. Den Gesprächen lag nachfolgende Tagesordnung zugrunde:

– Strategische Fragen einschließlich Probleme der Grauzone,

– Sachstand SALT,

– Inhalt einer Absichts- bzw. Prinzipienerklärung,

– Nichtumgehungsfrage.

Die Diskussion über strategische Fragen und das Problem des Inhalts einer Absichtserklärung war besonders intensiv.

Insgesamt standen die Konsultationen allerdings unter erheblichem Zeitdruck, so daß bei ihrer Fortführung sich eine zeitlich ausgedehntere Klausurtagung evtl. außerhalb der Hauptstädte empfehlen dürfte.

III. Wichtigste Ergebnisse

– Die Gespräche dokumentierten die Bereitschaft der USA zur Fortführung intensiver und vertrauensvoller deutsch-amerikanischer Konsultation zu SALT.

– Beiderseitige Erkenntnis der Notwendigkeit der Konkretisierung paralleler Konsultationen im Bündnisrahmen (NATO-Rat und Befassung einer zu konstituierenden Expertengruppe „SALT"). Die USA beabsichtigen, für etwa Mitte Februar Konsultationen im Bündnisrahmen vorzuschlagen.[3]

– Beiderseitige Betonung der Notwendigkeit, die verteidigungspolitisch wichtigen Cruise-Missiles-Optionen zu definieren.

– Feste amerikanische Haltung, im Bereich Nichtumgehung/Nichtweitergabe keine Transferregelung zu akzeptieren.

– Amerikanische Darlegung, daß das Gesamtkräfteverhältnis unter Einbeziehung von strategischen Nuklearwaffen und Mittelstreckenwaffen auch unter Berücksichtigung von SALT und SALT-Nachfolge ausgewogen ist, um das sowjetische Potential abzudecken, wobei die Zahl der Gefechtsköpfe wichtiger Vergleichsmaßstab ist.

Damit wurde eine günstige Ausgangslage dafür geschaffen, daß unsere Anliegen beim Fortschreiten der SALT-Verhandlungen,

– die strategische Einheit des NATO-Territoriums zu bewahren und

– das Fortgelten des Triadenverbundes zu bestärken,

mit der amerikanischen Seite offen und effizient erörtert werden können.

Abweichende Beurteilungen ergaben sich

– in der Frage des Inhalts einer Absichtserklärung[4]:

---

[3] Die Konsultationen im Ständigen NATO-Rat fanden am 24. Februar 1978 statt. Vgl. dazu Dok. 64.
[4] Zum Stand der Verhandlungen über eine Absichts- bzw. Prinzipienerklärung für SALT III vgl. Dok. 23, Anm. 13.

- Die USA bevorzugen, die Frage des Einschlusses sowjetischer nicht-zentraler Systeme in der Absichtserklärung lediglich offenzuhalten.
- Wir haben in Ausführung des BSR-Beschlusses vom 20.1.1978[5] auf die Notwendigkeit hingewiesen, in SALT III die Disparität im Mittelstreckenbereich zu berücksichtigen und ggfs. eine entsprechende Formulierung in die Absichtserklärung aufzunehmen.
- in der Frage des Inhalts einer Rückfallposition zur Nichtumgehungsklausel:
- USA wollen an der bisherigen, bereits im Bündnis abgestimmten[6] Rückfallposition festhalten. Wir betrachten diese nicht mehr als akzeptabel und haben entsprechende Gegenvorschläge gemacht (Wegfall der Worte „through any other state or states").

Es besteht jedoch angesichts der bisher gezeigten Bereitschaft der USA zu engen Konsultationen Aussicht, daß diese Fragen im Verlauf weiterer bilateraler Gespräche befriedigend gelöst werden können.

---

[5] Korrigiert aus: „13.1.1978".
Kapitän zur See Borgemeister, Bundeskanzleramt, vermerkte am 31. Januar 1978, in der Sitzung des Bundessicherheitsrats am 20. Januar 1978 hätten die Teilnehmer festgestellt: „SALT III und dahin führende Rahmenvereinbarungen müssen die nuklearen Mittelstreckenpotentiale berücksichtigen. Das sowjetische Potential in diesem Bereich muß in Begrenzungsvereinbarungen eingebunden werden. Deshalb sollte sich der Westen in SALT II die Option auch land- und seegestützter Cruise Missiles mit Reichweiten bis in die Sowjetunion zunächst offenhalten, um damit künftig entweder Zugeständnisse bei der Begrenzung sowjetischer Mittelstreckensysteme einzuhandeln oder bei negativem Verhandlungsausgang die strategische Lücke zu schließen. Das beim jetzigen Stand von SALT im Dreijahresprotokoll vorgesehene Verbot der Dislozierung von land- und seegestützten Cruise Missiles mit einer Reichweite von über 600 km und von luftgestützten Cruise Missiles mit einer Reichweite von über 2500 km steht mit der Gleichgewichtskonzeption nicht in Übereinstimmung. Die Bundesregierung hat deshalb hiergegen große Bedenken." Der Bundessicherheitsrat habe die Bundesminister Genscher und Leber beauftragt, „konkrete Vorstellungen zu entwickeln, die bei den amerikanisch-sowjetischen Verhandlungen über eine Prinzipienerklärung zu SALT III wie auch in den amerikanisch-sowjetischen Folgeverhandlungen zur Geltung gebracht werden sollen. Dabei ist besonders zu untersuchen, ob und wie weit die Disparität zwischen den nuklearen Mittelstreckenpotentialen abgebaut werden kann und welche westlichen Gegenleistungen gegebenenfalls vertretbar wären. Diese Prüfung soll auch Vorschläge für eine europäische Teilnahme an SALT III enthalten (Vorschlag von Generalsekretär Luns für eine ‚Partizipation' der Europäer an SALT)." Vgl. VS-Bd. 530 (014); B 150, Aktenkopien 1978.

[6] Botschafter Pauls, Brüssel (NATO), berichtete am 28. Juni 1977, daß der Leiter der amerikanischen SALT-Delegation, Warnke, im Ständigen NATO-Rat Formulierungen vorgelegt habe, mit denen „beide Problembereiche ‚Non-transfer' und ‚Non-circumvention'" ohne Beeinträchtigung der Sicherheitsinteressen der USA und der NATO-Mitgliedstaaten abgedeckt werden sollten: „a) In order to ensure the viability and effectiveness of this agreement each party undertakes not to circumvent the provisions of this agreement. b) (gleicher Text wie a) aber mit Zusatz: through any other state or states or in any other manner). Nach amerikanischer Auffassung sei b) vielleicht besser geeignet, um sowjetischem Drängen nach ‚Non-transfer'-Vereinbarung entgegenzutreten." Vgl. den Drahtbericht Nr. 802; VS-Bd. 10646 (201); B 150, Aktenkopien 1977.
Eine Erörterung im Ständigen NATO-Rat fand am 12. Juli 1977 statt. Vgl. dazu AAPD 1977, II, Dok. 185.
Gesandter Boss, Brüssel (NATO), teilte am 12. August 1977 mit, die amerikanische Ständige Vertretung bei der NATO in Brüssel habe mit Schreiben vom selben Tag mitgeteilt, „daß amerikanische Regierung beschlossen habe, sowjetischer Seite Vorschlag für Nichtumgehungsklausel als Teil des SALT-II-Abkommens vorzulegen. Text dieses Vorschlags, der identisch ist mit im Rat diskutierter Formel A), wird heute (12.8.) als Gegenvorschlag für sowjetische Vorschläge über Nichtumgehung und Nicht-Transfer unterbreitet." Vgl. den Drahtbericht Nr. 985; VS-Bd. 11406 (220); B 150, Aktenkopien 1977.

B. Im einzelnen

I. Sachstand SALT

1) US-Delegation (Newhouse) berichtete über Fortgang der Verhandlungen in folgenden Punkten:

– MIRV-Verifikation

Jeder Träger, der einmal mit Mehrfachsprengköpfen ausgestattet war, soll fortan als MIRV-Träger gelten. Verhandlungen darüber, wie künftig Umgehungen dieser Regel vermieden werden können, sind noch im Gange (bisher schon bekannt).

– Datenaustausch

SU hat der Klassifizierung für die Verhandlungen relevanter Waffenkategorien (z.B. ICBMs/Mirved ICBMs/SLBMs/Heavy Bombers) zugestimmt. Für diese Kategorien sollen künftig Daten ausgetauscht werden (zweimal jährlich).

– Nichtumgehung/Nichtweitergabe

SU hat revidierten Text zu diesen Fragen in Form einer kombinierten Formel vorgelegt. Nichtweitergabeteil beschränkt sich dabei in Abweichung vom Text früherer Formel (der noch Systemteile, technische Beschreibungen und Pläne betraf) auf strategische Offensivwaffen. Moskau schlägt vor, in einer abgestimmten Erklärung festzustellen, daß Nichtumgehung/Nichtweitergaberegelung alle Waffen erfassen solle, die im Vertrag und im Protokoll (d.h. insbesondere auch Einbeziehung der Cruise Missiles) des Abkommens behandelt werden. Text des sowjetischen Vorschlags vgl. Anlage 2.

2) Offen sind laut amerikanischer Darstellung u.a. nach wie vor folgende Fragen:

– Zahlen

Unterschiede in den vorgeschlagenen Gesamtzahlen für alle Träger: US (2160); SU (2250), sowie im zeitlichen Ablauf der Maßnahmen: Reduzierungen beginnend 1980 innerhalb von sechs Monaten (US); Reduzierungen beginnend 1981 innerhalb von 18 Monaten (SU).

– Beschränkung der Entwicklung neuer Trägerraketen

US: Umfassender Flugteststopp für neue Träger,
SU: Teststopp nur hinsichtlich neuer gemirvter ICBMs.

Ausnahmen: Ein neues ICBM und SLBM für beide Seiten.

– Backfire

– Gespräche hierüber laufen außerhalb der Genfer Verhandlungen über diplomatische Kanäle.
– Ziel: Beschränkung der Reichweite und der Produktionsrate.
– Vorgesehene Form einer Übereinkunft: Abgestimmte beiderseitige Erklärungen. Bindungswirkung einer Übereinkunft nach amerikanischer Ansicht: Formelle Verpflichtungen der SU (einer Vertragsverpflichtung ebenbürtig). Sowjetische Bereitschaft zur Deaktivierung älterer mittlerer Bomber entsprechend dem Aufwuchs an Backfire.

II. Absichts-/Prinzipienerklärung

1) Diskussion ging von der Grundlage nachfolgender theoretischer Optionen aus:

a) Inhaltlich

- Ansprechen der Zielsetzungen und der Prinzipien in nur sehr allgemeiner Form,
- Spezifizierung der Zielsetzungen für
    - weitere Reduzierungen, Limitierungen und qualitative Beschränkungen,
    - die Frage des Einschlusses nicht-zentraler Systeme.

b) Formell

Konkrete Zielsetzungen können

- einverständlich (vereinbarter Text der Absichtserklärung, abgestimmte einseitige Erklärungen)

oder

- nichteinverständlich (nicht abgestimmte einseitige Erklärungen)

zum Ausdruck gebracht werden.

c) Verhandlungstaktische Möglichkeiten

- Ablehnung des Einschlusses nicht-zentraler Systeme; Unterstreichen bisheriger Zurückweisung der sowjetischen Forderung nach Einschluß der FBS.
- Westliche Forderung nach Einschluß sowjetischer Mittelstreckenpotentiale als Reaktion auf Beibehaltung der FBS-Forderung Moskaus.
- Westliche Initiative für Einschluß sowjetischer Mittelstreckensysteme in SALT III (bei gleichzeitiger Inkaufnahme westlicher Gegenleistungen).
- Hinweis auf die Notwendigkeit, die Mittelstreckenpotentiale beider Seiten bei SALT in Rechnung zu stellen.

2) Sach- und Verhandlungsstand für die Absichtserklärung ist nach amerikanischer Darstellung im wesentlichen unverändert:

- Die USA wünschen Spezifizierung der Zielvorstellungen betr. weitere Limitierungen, Reduzierungen und qualitative Beschränkungen etwa entsprechend umfassendem amerikanischem Vorschlag vom März 1977 (auf 1800 bis 2000 Träger insgesamt; auf 1000 bis 1100 MIRV-Träger).[7]
- SU hält Forderung nach radikaler FBS-Regelung aufrecht. Sie fordert ferner Einschluß der auf Flugzeugträgern in der Nähe sowjetischen Territoriums stationierter Systeme. Darüber hinaus macht sie geltend, daß berücksichtigt werden müßten:
    - die unterschiedlichen geographischen Gegebenheiten beider Vertragsteile,
    - die Existenz der FBS,
    - das Vorhandensein von Drittstaatensystemen (US-Verbündete).
- Absichts-/Prinzipienerklärung ist nach amerikanischer Auffassung

---

[7] Zu den während des Besuchs des amerikanischen Außenministers Vance vom 27. bis 30. März 1977 in der UdSSR vorgelegten Vorschlägen vgl. Dok. 23, Anm. 10.

- Teil des Abkommens, jedoch
- rechtlich nicht bindend,
- keine Tagesordnung, abschließende Themenliste oder bindende Ausgangslage für SALT III (beide Seiten behalten die Möglichkeit, in SALT III beliebige Themen aufzunehmen).

3) Wir haben

a) auf die einschlägigen Beschlüsse des Bundessicherheitsrats vom 20.1.1978[8] hingewiesen, insbesondere darauf, daß
- in SALT III die Disparität im Mittelstreckenbereich berücksichtigt werden müsse,
- die sowjetischen Mittelstreckenpotentiale in der Absichtserklärung von SALT II Erwähnung finden sollten,
- mit der im Protokoll vorgesehenen Cruise-Missile-Regelung eine westliche Mittelstreckenkomponente bereits in SALT einbezogen worden sei, und zwar ohne entsprechende Einbeziehung eines sowjetischen Mittelstreckensystems;

b) deutlich gemacht, daß
- es vor allem darum gehe, den bereits jetzt vorgesehenen Einschluß der Cruise Missiles in das Protokoll des Abkommens durch die Einbindung entsprechender sowjetischer Systeme auszugleichen;
- dem sowjetischen Verlangen nach Berücksichtigung der unterschiedlichen geographischen Gegebenheiten offenbar der Versuch zugrunde liegt, das sowjetische „FBS-Konzept" (verhandelt wird nur über das, was das Territorium eines Verhandlungspartners erreicht) durchzusetzen. Dem könne dadurch begegnet werden, daß man eine Änderung der bestehenden Definition des Begriffes „strategisch" anstrebt mit dem Ziel, ihn inhaltlich auf Mittelstreckenpotential, geographisch auf die beiden Bündnisgebiete auszudehnen. Dies bringe die Einheit des NATO-Territoriums zur Geltung (politische Bedeutung für Bündnissolidarität);
- wir ein Maximum an Berücksichtigung des sowjetischen Mittelstreckenpotentials anstreben sollten, dabei aber sichergestellt werden müsse, daß durch allgemeine Formulierungen unsere späteren konkreten Verhandlungsoptionen nicht eingeengt werden;
- sich die Art der Beteiligung der Bundesrepublik Deutschland und anderer Bündnispartner an den SALT-III-Verhandlungen nach dem Verhandlungsgegenstand richten müsse. Eine Einbeziehung ausschließlich amerikanischer nicht-zentraler Systeme verlangt noch keine direkte europäische Beteiligung, aber eine Verbesserung des Konsultationsprozesses.

4) Die US-Position zur Absichtserklärung wurde in folgender Weise deutlich:
- Die amerikanische Meinungsbildung in dieser Frage ist noch nicht abgeschlossen. Washington hat sich noch nicht festgelegt, ob SALT III durch eine Reihe von Zusatzabkommen zu SALT II oder als Ganzes zu verhandeln sein wird. Die US-Haltung zum Problem der Hereinnahme bestimmter Grauzonen-Systeme in die Absichtserklärung von SALT II ist daher besonders umsichtig

[8] Korrigiert aus: „13.1.1978".

(Rücksichtnahme auf Sicherheitsinteressen der Bündnispartner; bisherige amerikanische Position der Zurückweisung sowjetischer FBS-Forderungen).
- Amerikaner bevorzugen derzeit eine Option der bloßen Offenhaltung der Möglichkeit, nicht-zentrale sowjetische Systeme einzuschließen. Sie argumentieren, daß die Erwähnung sowjetischer nicht-zentraler Systeme in der Absichtserklärung nicht die Möglichkeit verbauen dürfe, [9]zentrale Systeme aus SALT III herauszuhalten.
- Die USA begegnen dem Argument, daß in der Absichtserklärung ein Ausgleich für die Cruise-Missiles-Beschränkungen im Protokoll gefunden werden muß, mit
  - der Forderung, daß zunächst in der NATO die verteidigungspolitisch wichtige CM-Option definiert werden müßte,
  - dem Hinweis, daß das Protokoll insgesamt für die USA eine vorteilhafte Regelung darstelle (keine Beeinträchtigung der amerikanischen CM-Programme und Testserien: mögliche Präjudizwirkung für 600 km Reichweite werde durch das Präjudiz für die 2500 km Reichweite bei luftgestützten CM aufgewogen; Dislozierungsbeschränkungen für mobile „sowjetische" ICBMs; Testverbot für neue gemirvte ICBMs; Entwicklung der MX[10] bleibt unberührt).
- In der Frage der Beteiligung der Verbündeten an SALT III haben die US noch keine abgeschlossene Meinung, sie lassen jedoch eine deutliche Präferenz für die Fortsetzung bilateraler Verhandlungen erkennen und erklären, daß dies französischer und britischer Auffassung entspreche.

III. Nichtumgehung/Nichtweitergabe

Von amerikanischer Delegation mitgeteilte neue sowjetische Formel – vgl. Anlage.

1) In diesem Bereich konnten wir unsere Anliegen im Lichte des Sicherheitsratsbeschlusses vom 20.1.1978[11] verdeutlichen:
- Selbst wenn Nichtumgehungsformulierungen keine zusätzlichen rechtlichen Verpflichtungen schafften, so sei das Problem nicht nur von politischer, sondern auch von erheblicher rechtlicher Bedeutung.
- Gefahr einer Umkehrung des Prinzips der restriktiven Vertragsauslegung; Gefahr der Präjudizierung für künftige Vertragsverhandlungen.
- Nichtumgehung und Nichtweitergabe sind unbestimmte Rechtsbegriffe; Nichtumgehung geht weiter als Nichtweitergabe. Fallenlassen sowjetischer Vorschläge für eigene Nichtweitergabeklausel führt rechtlich nicht zwingend zu dem Ausschluß des Nichtweitergabebegriffs aus dem Nichtumgehungsbegriff (Vertragsgeschichte nur hilfsweises Auslegungsinstrument).
- Im Grunde gehe es um die Abwehr des Versuchs der SU, auf diesem Wege ein droit de regard in Allianz- und Verteidigungsangelegenheiten zu erhalten und Druck auf Drittstaaten ausüben zu können.

[9] An dieser Stelle wurde von Staatssekretär van Well handschriftlich eingefügt: „nicht-".
[10] Missile experimental.
[11] Korrigiert aus: „13.1.78".

- Da unsere Präferenz (keine Klausel) nicht mehr realisierbar sei, suchten wir nach Möglichkeiten, potentiellen Schaden einzugrenzen. Wir hätten (nicht mögliche) Beschränkung der Nichtumgehungsklausel auf den eigentlichen Vertrag des Abkommens vorgezogen; sachlich eng umgrenzte Klausel (z. B. beschränkt auf ICBMs) könne u. U. weniger gefährlich sein als allgemeine Klausel. Anderes Herangehen an Problematik könnte in einer Interpretationserklärung der USA liegen.

2) Wir machten geltend, daß
- die in der Allianz vorläufig abgestimmte amerikanische Rückfallposition für uns nicht akzeptable Elemente der Nichtweitergabe enthalte (through any other state or states),
- u. E. durch die amerikanische Zusicherung, uns in dieser Frage vor weiteren Schritten voll zu konsultieren, die Formel erneut unter den Verbündeten zur Diskussion stünde,
- wir auch nach Weglassung der Worte „through any other state or states" eine einseitige amerikanische Interpretationserklärung (vor dem amerikanischen Senat oder vor der NATO) für erforderlich hielten.

Vertreter 220 machte auf persönlicher Basis nachstehende Formulierungsvorschläge:
- für eine Nichtumgehungsklausel: „In order to insure the viability and effectiveness of this agreement each party undertakes not to circumvent in any manner the provisions of this agreement."
- für eine Interpretationserklärung: „This agreement consists of concrete positions on what is permitted and on what is prohibited.

  The cooperation of the Western Defence Alliance, their consultations and their military plannings will not be affected by this agreement in its present extent as well as in its scope of future development.

  The agreement as a whole and the non-circumvention clause are to be interpreted in such a way that the inalienable right of collective self defence pursuant to Article 51 of the Charter of the United Nations[12] will not be affected."

3) Die Ausführungen der amerikanischen Delegation ließen erkennen, daß
- Washington zwar nach wie vor jede Transferklausel ablehnt und auch entschlossen zu sein scheint, sowjetischen extensiven Auslegungen zu widerstehen (dies gilt auch für neue sowjetische Formel),
- es aber schwierig sein wird, amerikanische Rückfallposition zu beeinflussen,
- gleichwohl Bereitschaft auf amerikanischer Seite besteht, unsere Anregungen und Vorschläge aufzugreifen und zu prüfen.
- Zumindest die vorgetragene Argumentation (Klausel besage rechtlich nichts, sei rein politischer Natur; Sowjets könnten auch ohne Klausel Ärger machen; USA werde sowjetischem Druck nicht nachgeben; da SALT II ein bilateraler Vertrag sei, kein Risiko für Drittstaaten) schien nicht sehr tief durchdacht.

Ruth

---

[12] Für den Wortlaut von Artikel 51 der UNO-Charta vom 26. Juni 1945 vgl. BUNDESGESETZBLATT 1973, Teil II, S. 464 f.

Anlage 1

[...]¹³

Anlage 2

Formulierungsvorschläge für Nichtumgehungs-/Nichtweitergabeklausel

1) Amerikanischer Vorschlag

A. Eingeführter Gegenvorschlag:

In order to insure the viability and effectiveness of this agreement each party undertakes not to circumvent the provisions of this agreement.

B. Rückfallposition:

(Zusatz zu A.) ... through any other state or states or in any other manner.

2) Sowjetische Textvorschläge

– Ursprüngliche Fassung

A. Non-circumvention

In order to insure the viability and effectiveness of this agreement each party undertakes not to take actions which could lead to the provisions of this agreement being weakened or circumvented through a third state or third states, or in any other manner.

B. Non-transfer

Each party undertakes not to transfer strategic offensive arms to other states and not to assist in their development, in particular by transferring components, technical descriptions of blue prints for these arms.

– Neue Fassung

In order to insure the viability and effectiveness of this treaty, each party undertakes not to take actions which would result in the provisions of this treaty being weakened or circumvented in any manner, in particular by transfer of strategic offensive arms to third states or any recipient whatsoever, as well as by assistance in their development.

Agreed Statement to Article XII

The Parties agreed that the obligations provided for in article XII shall apply to the arms covered by the treaty and the protocol thereto.

VS-Bd. 11395 (220)

---

[13] Dem Vorgang beigefügt. Für den Ergebnisvermerk des Bundesministeriums der Verteidigung vom 3. Februar 1978 vgl. VS-Bd. 11395 (220).

30

Aufzeichnung des Ministerialdirektors Meyer-Landrut

310-321.00 ISR VS-NfD 3. Februar 1978[1]

Über Herrn Staatssekretär[2] Herrn Bundesminister[3]
Betr.: Entwicklung des deutsch-israelischen Verhältnisses
Bezug: DB Nr. 120 vom 3.2.1978[4]
Anlg.: 2[5]
Zweck der Vorlage: Unterrichtung

I. Die auffallend kritische Haltung besonders der israelischen Medien in den letzten Wochen gab den Anstoß zu der Weisung an die Botschaft Tel Aviv, zum deutsch-israelischen Verhältnis Stellung zu nehmen.[6]
Der anliegende Drahtbericht Nr. 120 vom 3.2.1978 stellt zutreffend heraus, daß die israelische Regierung und wichtige Persönlichkeiten, namentlich Dayan,

---

[1] Die Aufzeichnung wurde von Vortragendem Legationsrat I. Klasse Böcker und Vortragendem Legationsrat Richter konzipiert.

[2] Hat Staatssekretär van Well am 4. Februar 1978 vorgelegen.

[3] Hat Bundesminister Genscher am 5. Februar 1978 vorgelegen, der handschriftlich für Staatssekretär van Well vermerkte: „1) M. E. sollte ich ein Gespräch mit dem israel[ischen] Botschafter führen und unsere Besorgnis zum Ausdruck bringen. Wir dürfen die Dinge nicht treiben lassen. 2) R[ücksprache]."
Hat van Well am 7. Februar 1978 erneut vorgelegen, der handschriftlich vermerkte: „Erl[edigt]".
Hat Ministerialdirektor Meyer-Landrut erneut vorgelegen, der die Weiterleitung an Ministerialdirigent Hille und an Referat 310 mit der Bitte um „Gesprächsunterlagen für Do[nnerstag] Nach[mittag]" verfügte.
Hat Hille am 8. Februar 1978 vorgelegen.

[4] Botschafter Schütz, Tel Aviv, berichtete, daß nach Meinung einiger Mitarbeiter des israelischen Außenministeriums eine Änderung der Politik der Bundesrepublik gegenüber Israel stattgefunden habe: „Habe früher Frankreich Initiative gesucht und sei von uns ,gemäßigt' worden, drängten jetzt wir Partner, Israel unangenehme Forderungen, die es als Beeinträchtigung seiner Verhandlungsmarge und Sicherheitsinteressen betrachtet, öffentlich zu erheben und zu wiederholen; Eindruck, daß BK arabischen Ländern und Zielsetzungen gegenüber aufgeschlossener ist als gegenüber Israel [...]. Für Israel ärgerliche öffentliche deutsche Stellungnahmen wie z. B. Unterstützung SU-amerikanischen Kommuniqués vom 1.10.1977, Dankerstattung an PLO (Arafat) in BK-Erklärung vor BT nach Mogadischu (20.10), Erklärungen BKs bei Ägyptenbesuch, daß ohne SU N[ah]-O[st]-Regelung nicht erreichbar, daß Palästinenser Recht auf eigenen Staat haben müßten; deutsche Beteiligung bei Waffengeschäft mit Konfrontationsstaat Syrien, der sich deutlich von Sadat-Initiative distanziert und Waffen zum Aufbau stärkerer Position gegen Israel kauft. Damit unterstützt Deutschland nach israelischer Auffassung seinen militärischen Gegner. Daß Frankreich für Geschäftsabschluß verantwortlich ist, entlastet Bundesrepublik in israelischen Augen auch deshalb nicht, weil ohne uns Geschäft eben nicht möglich gewesen wäre." Vgl. Referat 310, Bd. 119876.

[5] Dem Vorgang beigefügt. Vgl. Anm. 4, 12 und 14.

[6] Am 2. Februar 1978 wies Vortragender Legationsrat I. Klasse Böcker die Botschaft in Tel Aviv an, eine Analyse der Entwicklung der israelischen Politik gegenüber der Bundesrepublik vorzulegen. Anlaß hierzu seien neben der Tischrede des israelischen Außenministers Dayan anläßlich seines Besuchs am 28. November 1977 in der Bundesrepublik vor allem „die Nicht-Unterrichtung der Bundesrepublik Deutschland über den Begin-Plan [...]; Pressebehandlung des Gesprächs des Botschafters mit Dayan am 13.1.; Pressereaktion auf die französischen Waffenlieferungen, die aus gemeinsamer deutsch-französischer Entwicklung stammen; Reaktion des israelischen Botschafters gegenüber StS Hermes wegen der angeblich übertriebenen Publizität, die der Vergiftung der israelischen Citrusfrüchte gegeben worden sei." Vgl. den Drahterlaß Nr. 569; Referat 310, Bd. 119876.

Ehrlich, Peres u. a., auf gute Beziehungen zu uns besonderen Wert legen. Das ist sicherlich weiter der Fall und liegt eindeutig im israelischen Interesse. Die positive Haltung Dayans hat ihn aber auch nicht daran gehindert, in seiner Tischrede vom 28.11. polemisch zu werden, und zwar offenbar deshalb, weil er und wohl auch die ihn beratende Begleitung glaubte, mit der „harten Methode" nationalen israelischen Interessen zu dienen.[7] Insbesondere sollte die Tischrede Dayans am 28.11. die Öffentlichkeit auf die „absurde Haltung" der Neun in nahostpolitischen Fragen hinweisen, um europäischen Druck auf Israel für die Zukunft möglichst abzuwenden oder zu mildern.

Die Dayan-Rede ist nur ein Beispiel für die zweckorientierte israelische Öffentlichkeitsarbeit im Ausland. Der Bezugsbericht, dem im großen und ganzen zugestimmt werden kann, untersucht hiesigen Erachtens nicht die Frage, ob die seit einigen Wochen zu beobachtende Haltung der israelischen Presse und offizieller Stellen uns gegenüber nicht einen konkreten Zweck verfolgt, also etwa einer vorgetäuschten Verärgerung in Regierung und Öffentlichkeit entspringt.

II. Im einzelnen:

1) Die israelische Presse hat in den letzten Wochen keine Gelegenheit versäumt, sich sehr kritisch mit der Politik der Bundesregierung zu befassen. Nach unseren Erfahrungen gehen solche Kampagnen fast immer auf Anstöße aus amtlichen Kreisen zurück.

Ein erster Höhepunkt war die Kommentierung des Gesprächs zwischen Botschafter Schütz und AM Dayan am 13. Januar 1978[8]; in einer „Botschaft" bzw. „Note" des Bundeskanzlers habe die Bundesregierung „arrogant und überheblich" (so angeblich ein Beamter des Außenministeriums) den völligen Rückzug Israels aus allen besetzten Gebieten und die Gewährung des Selbstbestimmungsrechts an die Palästinenser „gefordert".

Die Bundesregierung habe im Kreis der Neun entsprechende Initiativen ergriffen, wogegen sich selbst Frankreich, dessen „pro-arabische Politik" die Bundesrepublik jetzt übernommen habe, zur Wehr setze. Eine Zeitung ging so weit, von der Ausweisung unseres Botschafters in Addis Abeba[9] zu der Bemerkung überzuleiten, man denke in Jerusalem nicht daran, Herrn Schütz hinauszuwerfen. Auffallend war, daß sich die Kommentare mehrere Tage sinngemäß wiederholten.

---

[7] Der israelische Außenminister Dayan hielt sich vom 28. bis 30. November 1977 in der Bundesrepublik auf. Vgl. dazu AAPD 1977, II, Dok. 339 und Dok. 342.
In der Presse wurde berichtet, der israelische Außenminister Dayan habe in seiner Tischrede mit den diplomatischen Gepflogenheiten gebrochen und „seinen Gastgebern den Kopf" gewaschen. Er habe kritisiert, die Bundesregierung unterstütze im Rahmen der Europäischen Gemeinschaften die französische Nahostpolitik, die die PLO stärke und dafür sorge, daß die palästinensischen Flüchtlinge nicht seßhaft würden. Zudem habe er antisemitische Vorfälle in der Bundesrepublik angesprochen. Vgl. den Artikel „Der ‚einsame Wolf' beherrscht die Godesberger Redoute"; FRANKFURTER ALLGEMEINE ZEITUNG vom 30. November 1977, S. 3.

[8] Zum Gespräch vgl. Dok. 10.

[9] Zur Ausweisung des Botschafters Lankes am 22. Januar 1978 vgl. Dok. 20.

Aufgrund eines Berichts der „SZ" vom 27.1.1978 über die Lieferung von französischen Panzerabwehrraketen an Syrien[10] richtete sich die orchestrierte Empörung der israelischen Presse ausnahmslos gegen die Bundesregierung: Diese habe die „Rolle Frankreichs in anti-israelischer Einstellung übernommen", sie sei mitverantwortlich, wenn ein neuer Nahost-Krieg ausbreche; es sei eine „Mißachtung historischer Verpflichtungen gegenüber dem jüdischen Volk". Die „Hinwendung der Bundesregierung zu den Gegnern Israels" zeige sich sowohl in bilateralen wie auch europäischen Nahost-Erklärungen und in der „Botschaft" des BK an Begin.

Selbst im Fall der vergifteten Apfelsinen[11] wurde der Bundesregierung und den deutschen Medien vorgeworfen, sie „erzeugten" eine Panikstimmung. Es wurde nicht zur Kenntnis genommen, daß das BMJFG vor allem aus Rücksicht auf die Beziehungen zu Israel auf eine zeitweilige Importsperre verzichtet hatte. Der Artikel stammt von dem hiesigen Korrespondenten Dagan, der sicher mit der Botschaft in Verbindung war, bevor er seinen Bericht absetzte.

2) Es muß angenommen werden, daß die israelische Regierung hinter dieser Kampagne steht (z.T. werden nicht näher bezeichnete Beamte zitiert).

StS Evron distanzierte sich zwar gegenüber Botschafter Schütz vom Stil der israelischen Pressekampagne, warf der Bundesregierung aber gleichwohl vor, sich im Kreise der Neun seit einem Jahr zum Vorreiter einer für Israel abträglichen Entwicklung gemacht zu haben. (Anm.: Es ist nicht ersichtlich, wie die israelische Argumentation in dieser Frage als israelische „Leistung" im bilateralen Verhältnis gewertet werden kann, wie dies in Ziff. 2, 5. Anstrich des DB Nr. 120 geschieht.[12])

III. Nach unseren Erfahrungen dürften die geschilderten Vorgänge auf einer generellen Leitlinie beruhen, die nach der Absicht israelischer Regierungsstellen die Geltendmachung konkreter Forderungen an die Bundesregierung vorbereiten soll.

Wir sollen geneigt gemacht werden, auf solche Forderungen bereitwilliger einzugehen. Konkrete Forderungen dürften auf folgenden Gebieten zu erwarten sein:

– wie bisher im Bereich der EPZ, wo die Neun zum Schweigen in nahostpolitischen Angelegenheiten gebracht werden sollen (Konsultation Israels vor Erklärungen); das jetzige Stadium der Verhandlungen dürfte aus israelischer Sicht dabei besonders wichtig sein.

---

10 Vgl. dazu den Artikel „Deutsche Waffen via Paris nach Syrien"; SÜDDEUTSCHE ZEITUNG vom 27. Januar 1978, S. 7.
11 Vortragender Legationsrat I. Klasse Böcker vermerkte am 1. Februar 1978, daß nach Informationen der israelischen Botschaft in Bonn sowohl in der Bundesrepublik als auch in den Niederlanden mit Quecksilber vergiftete Zitrusfrüchte aus Israel gefunden worden seien. Botschafter Meroz habe mitgeteilt, daß die Vergiftungen nicht in Israel vorgenommen worden seien. Mittlerweile habe sich die „Arab Revolutionary Arms, Palestinian Command" zu dem Vorfall bekannt. Vgl. dazu Referat 310, Bd. 119878.
12 Botschafter Schütz, Tel Aviv, nannte am 3. Februar 1978 als eine der Maßnahmen, mit denen Israel nach Ansicht der dortigen Öffentlichkeit „möglicher Abkühlung bilateraler Beziehungen von sich aus entgegengewirkt" habe, die „wiederholte Darlegung israelischen politischen Standpunkts und Bitte, diesen nicht durch öffentliche Erklärungen oder Beeinflussung anderer zu unterlaufen". Vgl. Referat 310, Bd. 119876.

- Erhöhung der Kapitalhilfe und
- sog. Abschlußgeste bei der Wiedergutmachung („600- bzw. neuerdings 660- Mio.-Fonds").[13] Nach hiesiger Erkenntnis hat sich in dieser Frage während der letzten Jahre keine Änderung in der Haltung der Bundesregierung und der Parteien ergeben. Der als Anlage beigefügte DB 119 aus Tel Aviv[14] läßt die Vermutung zu, daß die Bundesregierung und die Bundestagsparteien durch die als Tatsache dargestellte Bereitschaft zur Gewährung einer solchen finanziellen Leistung unter Druck gesetzt werden sollen.[15]

IV. Wir sollten gegenüber der israelischen Regierung Gelassenheit zeigen. Es wäre mißlich, wenn der Eindruck entstünde, wir seien empfindlich gegen Druckausübung dieser Art.

[13] Nachdem die „Jewish Claims Conference" in einem Memorandum vom 16. Februar 1973 gefordert hatte, die Ausschlußfristen in der Entschädigungsgesetzgebung der Bundesrepublik aufzuheben, kam es in der Folgezeit zu Überlegungen hinsichtlich einer „,Abschlußgeste' für notleidende Opfer nationalsozialistischer Gewaltmaßnahmen". Gedacht war an eine gemeinsame Initiative der im Bundestag vertretenen Fraktionen zur Gründung einer „Stiftung für notleidende jüdische Opfer nationalsozialistischer Verfolgung". Vgl. dazu AAPD 1973, II, Dok. 169, AAPD 1974, II, Dok. 293 und Dok. 368 sowie AAPD 1975, I, Dok. 4.
In einem Gespräch am 9. Juli 1975 teilte Bundeskanzler Schmidt Ministerpräsident Rabin mit, „daß die Opposition entgegen früherem Einverständnis nicht mehr bereit sei, eine gemeinsame Initiative aller Parteien im Parlament zu unterstützen". Vgl. dazu AAPD 1975, II, Dok. 194.
Referat 514 notierte am 7. November 1977, der Plan einer Abschlußgeste durch Errichtung einer Stiftung sei für die Bundesregierung „mit Rücksicht auf die extrem angespannte Wirtschafts- und Finanzlage gegenwärtig nicht mehr aktuell". Vgl. B 86 (Referat 514), Bd. 1785.
Anläßlich eines Gesprächs mit dem israelischen Außenminister Dayan am 28. November 1977 stellte Schmidt klar, „daß seines Erachtens der Schlüssel zur Lösung dieser Frage allein bei der CDU/CSU liege. Sie habe die Lösung dieser Frage mit unerträglichen Bedingungen (131er und Vertriebene betreffend) verknüpft. Bedingungen, die er nie und nimmer zu akzeptieren bereit ist. Sollte die CDU/CSU jetzt wollen, dann sollte das Goldmann klären, und dann würde sich auch ein Weg finden lassen. Aber dies geht nur mit allen Parteien, dies geht nur, wenn auch die Opposition es wünscht." Vgl. die Aufzeichnung des Botschafters Schütz, z. Z. Bonn, vom 29. November 1977; B 86 (Referat 514), Bd. 1785.
[14] Dem Vorgang beigefügt. Botschafter Schütz, Tel Aviv, berichtete am 2. Februar 1978, nach israelischen Presseberichten habe sich der israelische Finanzminister Ehrlich am 28. Januar 1978 „überraschend" in Paris aufgehalten: „Er soll u. a. Nahum Goldmann getroffen haben, um wegen Verteilungsschlüssel für von Bundesrepublik Deutschland erwarteten 660 Mio. DM zu verhandeln. [...] Nächste Woche werde Goldmann in Deutschland Verhandlungen mit deutschen Behörden wegen eines Fonds über 660 Mio. DM für nach 1965 ausgewanderte osteuropäische NS-Opfer führen. Israelisches Außenministerium habe versucht, Reise Finanzministers nach Paris geheimzuhalten. Ehrlich habe gegenüber Haaretz Hoffnung ausgesprochen, daß in etwa drei Monaten ‚alle Fragen geklärt sein würden'. Danach werde noch einige Zeit vergehen, bis Bundestag entsprechendes Gesetz verabschiedet. Er habe Verpflichtung israelischer Regierung dementiert, keine weiteren Wiedergutmachungsforderungen geltend zu machen." Vgl. Referat 310, Bd. 119876.
[15] Vortragender Legationsrat I. Klasse Rumpf informierte die Botschaft in Tel Aviv am 14. Februar 1978, die vom israelischen Finanzminister Ehrlich „verlautete Darstellung, er habe eine allein von der Zustimmung der Parteien noch abhängige Zusage einer Gesetzesinitiative der Bundesregierung für eine zusätzliche Wiedergutmachungsregelung – Abschlußgeste – erhalten, ist unzutreffend. Das Thema [...] wurde in den von Finanzminister Ehrlich hier geführten Regierungsgesprächen nicht angeschnitten. Sofern Finanzminister Ehrlich das dort bekannte Gespräch Außenministers Dayan mit dem Bundeskanzler in Bonn vom 28.11.1977 zum Ausgangspunkt seiner Überlegungen gemacht hat, ist seiner Darstellung entgegenzuhalten, daß der Bundeskanzler seine Bereitschaft zu dem Vorhaben von einer gemeinsamen Gesetzesinitiative aller im Bundestag vertretenen Parteien [...] abhängig gemacht hat. Der Bundesregierung ist bisher nicht bekannt, daß seitens der Bundestagsfraktionen eine derartige gemeinsame Gesetzesinitiative beabsichtigt ist. Staatsminister Wischnewski hat gegenüber Herrn Dr. N. Goldmann am 20.12.1977 in Bonn auch zum Ausdruck gebracht, daß aufgrund der oben ausgeführten Sachlage eine Initiative der Bundesregierung nicht zu erwarten ist." Vgl. den Drahterlaß Nr. 39; B 86 (Referat 514), Bd. 1786.

Die Botschaft Tel Aviv wird eine Sprachregelung erhalten, auf deren Grundlage sie Gespräche mit allen politischen Gruppierungen Israels führen wird. Dabei wird unsere Haltung im Kreis der Neun, unsere Überzeugung von der Richtigkeit der ausgewogenen europäischen Nahostpolitik ebenso darzulegen sein wie unser bisheriges Eintreten für die berechtigten Belange Israels, nicht zuletzt auf wirtschaftlichem Gebiet.

Israel muß in Erinnerung gerufen werden, daß Abschluß und vorzeitiges Inkrafttreten des Abkommens mit der EG und der Abschluß seines Finanzteils[16] maßgeblich auf deutsche Initiative zurückgeht und daß Israel auch gegenwärtig weitreichende Wünsche an die EG hat (Zolltarif für Zitrusfrüchte[17], Auswirkungen der Erweiterung der EG).

Der gegenwärtige Zeitpunkt ist für einen Besuchsaustausch nicht günstig. Es wird jedoch noch genügend Gelegenheiten für politische Gespräche geben. Innenminister Dr. Burg wird auf Einladung von BM Prof. Maihofer voraussichtlich kurz nach Ostern[18] die Bundesrepublik besuchen.[19] Der Bundeskanzler hat nach dem Besuch Dayans die zweite Hälfte dieses Jahres für seinen Besuch in Israel in Aussicht genommen.

Es wird vorgeschlagen, vor der Vereinbarung eines Besuchs des Herrn Bundesministers in Israel[20] die endgültige Festlegung des Bundeskanzlerbesuchs[21] abzuwarten und die Termine dann abzustimmen.

Meyer-Landrut

Referat 310, Bd. 119876

---

[16] Für den Wortlaut des Abkommens vom 11. Mai 1975 zwischen der EWG und Israel vgl. AMTSBLATT DER EUROPÄISCHEN GEMEINSCHAFTEN, Nr. L 136 vom 28. Mai 1975, S. 1–190.
Für den Wortlaut des Protokolls vom 8. Februar 1977 über die finanzielle Zusammenarbeit zwischen der EWG und Israel vgl. AMTSBLATT DER EUROPÄISCHEN GEMEINSCHAFTEN, Nr. L 270 vom 27. September 1978, S. 9–14.

[17] Vortragender Legationsrat I. Klasse Trumpf informierte die Botschaft in Tel Aviv am 14. Februar 1978 über einen Vorschlag der EG-Kommission, die Zollpräferenzen für Ägypten, Israel, Jordanien und die Türkei von 60 % auf 80 % zu erhöhen: „Bei Abschluß des Handelspräferenzabkommens mit Israel 1975 hatte die Gemeinschaft erklärt, ‚vom Vermarktungsjahr 1978 an ein weitergehendes Zugeständnis in Betracht zu ziehen'. Insbesondere GB waren an der Erhöhung der Präferenz interessiert, weil am 31. Dezember 1977 die nach der Beitrittsakte vorgesehene Übergangsregelung (80prozentige Präferenz für Zitrusfrüchte in neu beigetretenen Mitgliedsländern) endete. Eine Lösung dieser Frage konnte im Rat bisher jedoch nicht erzielt werden, weil Italien generell gegen weitere Zugeständnisse auf dem Sektor der Mittelmeeragrarpolitik eintrat und Frankreich den Präferenzvorsprung der Maghrebländer, die schon bisher eine Präferenz von 80 % haben, erhalten will. Im Rat am 19./20. Dezember 1977 hätten wir zusammen mit sechs weiteren Mitgliedstaaten der Erhöhung der Präferenz zustimmen können. I und F bekräftigten ihre ablehnende Haltung." Da Frankreich und Italien auch den Kompromißvorschlag, die Präferenz auf 70 % zu erhöhen, abgelehnt hätten, gebe es momentan keine Aussicht auf eine Einigung. Vgl. dazu den Drahterlaß Nr. 792; Referat 410, Bd. 121735.

[18] 26./27. März 1978.

[19] Vortragender Legationsrat I. Klasse Böcker teilte der Botschaft in Tel Aviv am 10. März 1978 mit, daß sich der israelische Innenminister Burg vom 17. bis 21. März 1978 privat in der Bundesrepublik aufhalten werde. Nach Mitteilung des Bundesministeriums des Innern sei eine Einladung durch Bundesminister Maihofer „wegen beiderseitiger Terminschwierigkeiten jetzt vorläufig für Juni in Aussicht genommen" worden. Vgl. den Drahterlaß Nr. 63: Referat 310, Bd. 119877.

[20] Zum Besuch des Bundesministers Genscher vom 28. bis 30. Juni 1978 in Israel vgl. Dok. 203 und Dok. 205.

[21] Vortragender Legationsrat I. Klasse Oldenkott, Bundeskanzleramt, informierte Vortragenden Legationsrat I. Klasse Schönfeld am 28. Februar 1978, Bundeskanzler Schmidt bitte darum, „der israeli-

31

Botschafter Eick, z. Z. Kapstadt, an das Auswärtige Amt

VS-NfD Aufgabe: 3. Februar 1978, 13.00 Uhr
Fernschreiben Nr. 25 Ankunft: 3. Februar 1978, 15.11 Uhr
Cito

Betr.: Sicherheitsratssanktionen und sonstige westliche Druckmittel gegen Südafrika

Bezug: DB Nr. 17 vom 31. Januar aus Kapstadt Dienststelle[1]
DB Nr. 21 vom 1. Februar aus Kapstadt Dienststelle[2]
DB Nr. 172 vom 25. Januar aus New York[3]

Zur Unterrichtung

Aus Sorge um die Konsequenzen pauschaler und nicht wasserdicht koordinierter Wirtschaftssanktionen gegen Südafrika möchte die Botschaft folgendes zu bedenken geben:

Fortsetzung Fußnote von Seite 187
schen Regierung mitzuteilen, daß er sich aus Termingründen leider nicht in der Lage sehe, seinen Besuch in Israel zu der vorgeschlagenen Zeit (Ende März/Anfang April) durchzuführen. Das gelte auch für die gesamte erste Hälfte dieses Jahres. Er bedaure das sehr, da er diesem Besuch große Bedeutung beimesse. Er würde es aber begrüßen, wenn er trotz der zusätzlichen Belastung, welche die EG-Präsidentschaft mit sich bringe, Israel im Herbst dieses Jahres, vielleicht im November, besuchen könne." Vgl. Referat 310, Bd. 119875.

[1] Botschafter Eick, z. Z. Kapstadt, berichtete, daß sich der Vorsitzende der „Inkatha Freedom Party", Buthelezi, auf einer Versammlung am 29. Januar 1978 in Soweto gegen Wirtschaftssanktionen gegen Südafrika ausgesprochen habe, da diese zu Lasten der schwarzen Bevölkerung gehen würden. Ähnlich habe sich auch der Schriftsteller Paton in einem Interview am 28. Januar 1978 geäußert. Vgl. dazu Referat 320, Bd. 116845.

[2] Botschafter Eick, z. Z. Kapstadt, informierte darüber, daß die „Progressive Federal Party" von Südafrika am 31. Januar 1978 ihre „uneingeschränkte Ablehnung wirtschaftlicher Sanktionen gegen Südafrika" zum Ausdruck gebracht habe. Vielmehr würde wirtschaftliches Wachstum soziale Veränderungen nach sich ziehen. Vgl. dazu Referat 320, Bd. 116845.

[3] Botschafter Freiherr von Wechmar, New York (UNO), legte dar, „daß die Regierung Vorster auch weiterhin höchstens unter Druck wesentliche Schritte unternehmen wird, um international befriedigende Lösungen der Probleme in Südafrika, Namibia und Rhodesien zu ermöglichen. Über ernsthafte Möglichkeiten für einen solchen Druck verfügen nur die westlichen Wirtschaftspartner Südafrikas." Die bislang knappen Erklärungen der Bundesregierung „verurteilen die Vertretung bereits auf der Stufe der internen westlichen Konsultationen zu einer wenig angemessenen Statistenrolle". Wechmar regte an, daß die Bundesregierung folgende Schritte prüfen solle: „Einstellung der Bürgschafts- und Garantiepolitik; Einwirken auf Bundesunternehmen bei Investitionen über Vertreter der Bundesregierung in Aufsichtsräten; Entmutigung von Privatinvestitionen durch amtliche Stellen; Kündigung des Doppelbesteuerungsabkommens; Herausnahme Südafrikas aus dem Begünstigungskreis des Auslands-Investitionsgesetzes; Emissionsverbot von südafrikanischen Anleihen auf deutschem Kapitalmarkt; Erweiterung der Ausfuhrgenehmigungspflicht auf nicht-militärische, aber auch für militärische Verwendung besonders sensitive Güter in Erfüllung von SR-Res[olution] 418; Einführung des Visum-Zwangs." Wechmar führte dazu aus: „Da wir wissen, daß wir mit einseitiger Ablehnung jeder Bewegung ohnehin international nicht durchkommen, liegt es in unserem Interesse, uns rechtzeitig für brauchbare Schritte zu entscheiden und diese dann womöglich auch einmal im Rahmen selbständigen politischen Handelns zu vollziehen. Erfahrungsgemäß bringen selbst erhebliche Zugeständnisse afrikapolitisch nichts mehr ein, wenn jeder sieht, daß wir uns dazu erst unter dem Druck Verbündeter und widerwillig entschlossen haben." Vgl. Referat 403, Bd. 121387.

1) Wer die Dekolonisierungsfälle Rhodesien und Namibia in einen Topf mit dem Sonderproblem Südafrika wirft, übersieht die sehr unterschiedlichen historischen Ausgangslagen, verschiedenen wirtschaftlichen Entwicklungsgrade und Größenordnungen sowie gänzlich andere Bevölkerungsstrukturen. Kissinger hatte das im Gegensatz zu Young klar durchschaut.

2) Für eine nüchterne Analyse unserer Interessenlage insgesamt ist der jeweilige (aber immer nur flüchtige) Beliebtheitsgrad bei den UNO-Repräsentanten der afrikanischen Staaten sicher ein Element, aber eben nur eines von mehreren. Wir würden uns selbst täuschen, wenn wir erwarteten, daß wir uns aus der fatalen Situation jederzeitiger[4] Erpreßbarkeit auf Dauer durch besonderen Eifer herausdienern könnten. Solange der Westen erpreßbar bleibt (d. h. mindestens, bis die arbeitslose Umverteilung der Reichtümer dieser Welt auf dem Weg über die Mehrheitsverhältnisse in der UNO vollbracht sein wird), muß der Versuch, die Initiative in dieser Richtung zu ergreifen, zu galoppierender Anpassungsäquilibristik mißraten. Aus diesem Dilemma gibt es nur einen Ausweg über den wirkungsvollen Einsatz unserer Wirtschaftskraft bei der Entwicklung der bedürftigen Länder zur friedlichen Überwindung des Nord-Süd-Gefälles.

3) Daß die Regierung Vorster nur höchstens unter Druck wesentliche Schritte unternehmen wird, um international befriedigende Lösungen auch in Südafrika zu ermöglichen, ist so pauschal nicht aufrechtzuerhalten. Die Namibia-Initiative – man täusche sich nicht – kam im Kern dem Interesse der Südafrikaner, sich dieses Problem mit Aussicht auf internationale Anerkennung eines Arrangements vom Halse zu schaffen, auf weiten Strecken entgegen, zumal die Südafrikaner noch immer hoffen mögen, den Westen in ihr Spiel so weit zu verstricken, daß sie ihn an ihrer Seite wiederfinden müßten, wenn SWAPO, wovon sie ausgehen, die Initiative zu Fall gebracht haben wird.

4) Der Einsatz von Druckmitteln – politischen und wirtschaftlichen – muß differenziert, punktuell und im Rahmen eines Gesamtkonzepts sowie in bestimmten Fällen mit einem Quidproquo erfolgen. Wer das Problem Südafrika durch undifferenzierten, äußeren (!) Druck auf Vorster im Handstreich lösen will, unterschätzt den fanatischen Durchhaltewillen der Südafrikaner und das wirtschaftliche Überlebenspotential dieses Landes. Wer dem ohne Gewaltanwendung, Chaos und Blutvergießen beikommen will, muß das System von innen her ad absurdum führen bzw. aushöhlen durch gezielte Wirtschaftsmaßnahmen (bedingte Investitionen, bedingte Kreditgarantien und bedingten Handelsaustausch usw.) sowie durch materielle und moralische Unterstützung der zahlreichen Oppositionsgruppen, Organisationen und Institutionen im Lande. Dies freilich ist ungleich diffiziler und fordert mehr Phantasie als pauschale Verdammung, d. h. den Griff zur Keule.

5) Briten und Franzosen haben guten Grund, die amerikanische Südafrika-Politik mit Argwohn zu verfolgen.[5] Ohnehin verfügen sie nicht nur über weiter-

---

4 Korrigiert aus: „jederzeit".
5 Botschafter Freiherr von Wechmar, New York (UNO), berichtete am 25. Januar 1978: „Seit dem Amtsantritt Präsident Carters beobachten Briten und Franzosen die amerikanische Südafrika-Politik mit nervösem Argwohn. Die Haltung Washingtons bei der Diskussion und Verabschiedung des Waffenembargos vom November 1977 hat ihre Unsicherheit gesteigert, die Vereinigten Staaten könnten sich demnächst zur Anwendung von Kapitel VII VN-Charta auch in anderen Bereichen bereit finden. Die Franzosen arbeiten bereits durch Demarchen bei den wesentlichen Verbündeten

gehende Interessen, sondern vor allem auch über größere Erfahrung in Afrika. Bündnisverpflichtung bedeutet im übrigen auch, den Verbündeten vor fortgesetzten Fehlern zu bewahren.

6) Zu Wirtschaftssanktionen im besonderen:

– Einzige tragfähige Grundlage unserer Einwirkungsmöglichkeiten auf die innere Entwicklung Südafrikas ist unser starkes wirtschaftliches Gewicht. Dies durch isoliertes Vorgehen um einer erhofften psychologischen Wirkung in den VN willen aufs Spiel zu setzen, würde uns des einzig wirksamen Hebels berauben, auf friedliche Veränderungen in Südafrika hinzuwirken.

– Gegen Wirtschaftssanktionen haben sich in jüngster Zeit so unverdächtige Zeugen wie Eugen Loderer[6], die FDP-Abgeordneten um Dr. Bangemann[7] sowie (nach längerem SA[8]-Aufenthalt) so seriöse Beobachter wie Günther Gillessen (FAZ), aber auch fanatische Gegner der Vorster-Regierung wie Alan Paton, Gatsha Buthelezi und auch Harry Oppenheimer (in New York am 14.10.77)[9] und die oppositionelle PFP ausgesprochen.

– Wirtschaftssanktionen würden sich als ebensowenig wirksam erweisen wie bisher noch immer (Rhodesien)[10] und eher zusammenbrechen als ihre Opfer. Um Südafrikas wertvolle Exportrohstoffe, sein Gold, Platin, Chrom und seine Diamanten würde ein Wettlauf vor allem von Schwarzafrikanern, aber auch von westlichen Schwarzhändlern sowie von Nichtmitgliedern der UNO (Tai-

Fortsetzung Fußnote von Seite 189
an einer Maginot-Linie gegen jedes weitere Nachgeben [...]. Die Amerikaner hatten nach entsprechenden Andeutungen bereits in Maputo im Mai 1977 den anderen vier westlichen Sicherheitsrats-Mitgliedern in der Tat im November 1977 eröffnet, sie hätten der generellen Feststellung einer Friedensbedrohung im Sinne von Kapitel VII durch die Lage in Südafrika zustimmen können und dies nur mit Rücksicht auf die westliche Solidarität unterlassen. [...] Später kamen mehrfach Andeutungen von amerikanischer Seite, Washington prüfe Sanktionsmöglichkeiten, insbesondere im Investitionsbereich." Vgl. den Drahtbericht Nr. 172; Referat 403, Bd. 121387.

6 Der IG-Metall-Vorsitzende Loderer sprach sich am 13. Januar 1978 zum Abschluß einer zweiwöchigen Informationsreise durch Südafrika gegen Wirtschaftssanktionen gegenüber Südafrika aus und forderte statt dessen eine Verstärkung des politischen Drucks auf die südafrikanische Regierung. Vgl. dazu den Artikel „Loderer bekräftigt: Kein Boykott Südafrikas", FRANKFURTER ALLGEMEINE ZEITUNG vom 14. Januar 1978, S. 4.

7 Eine Delegation von FDP-Bundestagsabgeordneten besuchte von Ende August bis Anfang September 1977 Südafrika. In der Presse hieß es dazu, daß diese sich gegen eine Verstärkung des äußeren Drucks auf Südafrika ausgesprochen und statt dessen die Festlegung eines Verhaltenskodex für europäische Firmen in Südafrika befürwortet hätten. Vgl. dazu den Artikel „FDP-Abgeordnete lehnen Sanktionen gegen Südafrika ab"; DIE WELT vom 6. September 1977, S. 2.

8 Südafrika.

9 Zu den Äußerungen des Vorsitzenden der Anglo American Company, Oppenheimer, anläßlich eines Essens der „Foreign Policy Association" wurde in der Presse berichtet: „The chairman of South Africa's largest business enterprise said today that Carter administration pressure on South Africa will help bring about peaceful change in his country. Harry F. Oppenheimer told a Foreign Policy Association luncheon, however, that ,only a very small minority of the whites and by no means overwhelming majority of the blacks' agree with him. [...] Oppenheimer qualified his approval of the Carter Administration's approach to South Africa by saying that peaceful change would not be possible unless the ruling white Afrikaners ,can be brought to believe that their identity would not be threatened should they cease to hold their present monopoly of political power.'" Vgl. den Artikel „South African Lauds Pressure for Change"; THE WASHINGTON POST vom 15. Oktober 1977, S. A 11.

10 Am 29. Mai 1968 forderte der UNO-Sicherheitsrat alle UNO-Mitgliedstaaten zu umfassenden Sanktionen gegen Rhodesien auf, u. a. zum Verbot des Imports von Waren oder des Handels mit Produkten aus Rhodesien, der Kreditvergabe an rhodesische Unternehmen, der Einreise rhodesischer Staatsangehöriger, des Flugverkehrs von und nach Rhodesien sowie zum Abzug aller konsularischen und Handelsvertreter. Für den Wortlaut der Resolution Nr. 253 vgl. UNITED NATIONS RESOLUTIONS, Serie II, Bd. VII, S. 15–17.

wan, Korea) einsetzen, die bei den Ostblockstaaten bereitwillige Abnehmer der Konterbande fänden. Der Handel Südafrikas mit Schwarzafrika im vergangenen Jahr belief sich auf über DM 1,8 Mrd. Wenn z. B. Ramphul so enthusiastisch vom Westen Sanktionen gegen Südafrika fordert, so muß er sich entgegenhalten lassen, daß sein Land (Mauritius) mehr als die Hälfte seiner Deviseneinnahmen von SA-Touristen und aus SA-Handel bezieht.

— Vollends zwecklos wäre ein Alleingang, der lediglich uns erheblichen Schaden zufügen, auf Südafrika jedoch eine[11] begrenzte Wirkung haben würde. Der kanadische Maßnahmen-Katalog vom 19. Dezember 1977[12] hat in Südafrika lediglich ein Achselzucken hervorgerufen. Das gleiche gilt für die Drohungen der Skandinavier, die hier nicht mehr zur Kenntnis genommen werden.

— Wirtschaftssanktionen hätten vor allem ein unbeschreibliches Elend der Schwarzen zur Folge, die in erster Linie von Entlassungen und Stillegungen getroffen würden.

— Wer Sanktionen verhängt, besorgt ungewollt das Geschäft derjenigen, die Gewalt, Chaos und Blutvergießen herbeiwünschen, um womöglich einen Vorwand für direkte Intervention zu schaffen.

— Es ist die Pflicht der Botschaft, auch darauf hinzuweisen, daß 72 000 Deutsche, 16 000 Doppelstaatler und 53 000 Deutschstämmige in Südafrika ihre Existenzgrundlage und ein Zuhause haben.

— Selbst Andrew Young rechnet nicht damit, daß Sanktionen vor Ablauf von sechs Jahren greifen könnten.

7) Bei nüchterner Abwägung unserer Interessen überwiegen hiesiger Auffassung die Bedenken gegen einen Alleingang bei der Verhängung von Wirtschaftssanktionen gegen Südafrika. Es muß schließlich auch gefragt werden, ob der erhoffte Effekt in der UNO überhaupt auf unser Ansehen in Schwarzafrika selbst durchschlägt. Wir Deutsche müssen nicht unbedingt an die Front. Weise Zurückhaltung ist etwas anderes als eine Statistenrolle.

[gez.] Eick

Referat 320, Bd. 116845

---

11 Korrigiert aus: „keine".
12 Botschaftsrat I. Klasse Schmidt, Pretoria, berichtete am 21. Dezember 1977: „Angekündigte kanadische Maßnahmen wie: Einstellung der Exportförderung, Einstellung der Wirtschaftsförderung durch Schließung des GK Johannesburg (Bestand aus Wirtschaftsdienst), Abzug Wirtschaftsreferenten von Konsulat Kapstadt, jedoch Zuteilung eines Wirtschaftssachbearbeiters an Botschaft Pretoria, Einführung des Sichtvermerkzwangs für Südafrikaner, waren gestern Hauptthema hiesiger Medien und lösten folgende Reaktionen aus: Wirtschaftsminister Heunis wandte sich in öffentlicher Stellungnahme gegen Ausnutzung wirtschaftlicher Beziehungen für politische Zwecke, was gegen s[üd]a[frikanisches] Freihandelsprinzip sei und oft kontraproduktiv wirke. [...] Kanadischer Maßnahmenkatalog hat bei hiesiger Regierung zweifellos einen nicht unerheblichen Schock und spürbare Verunsicherung, in Handelskreisen Verbitterung ausgelöst und dürfte durchaus als Warnung vor ‚more to come' verstanden werden. Auswirkung auf Namibia-Initiative der Fünf, Kompromißbereitschaft oder Verhärtung, ist noch schwer abschätzbar." Vgl. den Drahtbericht Nr. 581, Referat 230, Bd. 127981.

32

Gespräch des Bundeskanzlers Schmidt mit Ministerpräsident Barre in Paris

VS-NfD 6. Februar 1978[1]

Vermerk über das Gespräch zwischen dem Bundeskanzler und Premierminister Barre vom 6. Februar 1978[2]

Weitere Gesprächsteilnehmer: Botschafter Herbst, Botschafter Brunet, M. Paye, MDg Loeck.

1) Deutsche und französische Wirtschaftsentwicklung

PM *Barre*: Gegenwärtig stehe jedes europäische Land bei der Konzipierung seiner Wirtschaftspolitik vor großen Problemen.

Der *Bundeskanzler* weist auf die deutschen Bemühungen um Belebung der Konjunktur hin.[3] Sie hätten zu einer öffentlichen Verschuldung im Umfang

---

[1] Ablichtung.
Die Gesprächsaufzeichnung wurde von Ministerialdirigent Loeck, Bundeskanzleramt, z. Z. Paris, am 7. Februar 1978 gefertigt.
Am 8. Februar 1978 übermittelte Loeck den „zur Unterrichtung des Bundesministers des Auswärtigen vom Bundeskanzler genehmigten Vermerk" an Vortragenden Legationsrat I. Klasse Schönfeld. Dazu teilte er mit: „Die Bundesminister der Finanzen und für Wirtschaft haben Doppel erhalten. Die Botschaft Paris verfügt noch nicht über ein Doppel des Vermerks."
Hat Schönfeld am 8. Februar 1978 vorgelegen, der handschriftlich vermerkte: „1) Reg[istratur] b. einst[ufen]: VS-NfD. 2) Original an Ministerbüro 3) Ablichtungen an StS, StM, D 4 mit der Bitte um Übern[ahme] im übrigen, z. B. Unterrichtung v[on] Bo[tschaft] Paris, D 2."
Hat Vortragendem Legationsrat I. Klasse Lewalter am 9. Februar 1978 vorgelegen. Vgl. das Begleitschreiben; Referat 010, Bd. 178766.

[2] Bundeskanzler Schmidt hielt sich am 6./7. Februar 1978 anläßlich der deutsch-französischen Konsultationen in Paris auf.

[3] Am 23. März 1977 verabschiedete die Bundesregierung ein „mehrjähriges öffentliches Investitionsprogramm zur wachstums- und umweltpolitischen Vorsorge". Dazu erläuterten die Bundesminister Apel und Friderichs vor der Bundespressekonferenz, die Ausgaben in Höhe von 16 Mrd. DM sollten zu 60% vom Bund, der Rest von Ländern und Gemeinden bzw. sonstigen Trägern finanziert werden. Sie sollten für konkrete Projekte im Bereich der Verkehrsinfrastruktur, beim Ausbau umweltfreundlicher Energietechnologie, für die „wasserwirtschaftliche Zukunftsvorsorge", für städtische Infrastrukturmaßnahmen und für die Berufsbildung aufgewendet werden. Als Ziele des Programms nannte Friderichs u. a. „Vertrauensstabilisierung durch Sicherung des Wirtschaftswachstums auf längere Frist, [...] Erleichterung und Abstützung des wirtschaftlichen Strukturwandels" und eine Förderung der Beschäftigung. Vgl. BULLETIN 1977, S. 305–307.
Am 11. Juli 1977 wurden die steuerlichen Vergünstigungen für den Bau oder Kauf von Wohngebäuden verbessert, um die Schaffung von Wohneigentum zu fördern und der Bauwirtschaft konjunkturelle Impulse zu vermitteln. Am 16. August 1977 wurden mit Wirkung vom 1. Januar 1978 das Kindergeld und die Abzugsmöglichkeiten für Vorsorgeaufwendungen erhöht sowie steuerliche Erleichterungen bei der Vermögens- und Gewerbesteuer beschlossen. Zum Ausgleich erfolgte eine Erhöhung der Mehrwertsteuer um 0,5 bzw. 1 Prozent. Die Bundesregierung beschloß am 14. September 1977 Maßnahmen zur Förderung des Wachstums und der Beschäftigung. Vorgesehen war u. a. eine Steigerung der Investitionsausgaben, die Vervierfachung des Weihnachtsfreibetrages der Arbeitnehmer und eine Erhöhung des Grundfreibetrages, verbesserte Abschreibungsmöglichkeiten, eine verbesserte Förderung von Forschung und Entwicklung, Zuschüsse für Investitionen in Wohnbauten, eine Fortsetzung der Förderung des sozialen Wohnungsbaus, gesteigerte Investitionen der Bundespost, verstärkte Hilfen für Selbständige, eine Stabilisierung der Finanzlage der Sozialversicherung und flankierende Maßnahmen zur Beschäftigungspolitik. Vgl. dazu BULLETIN 1977, S. 809–811.

von 4% des BSP geführt. Er fragt nach der Entwicklung der französischen Außenhandels- und Leistungsbilanz und den französischen Erwartungen.

PM *Barre*: Wir haben zwar in der Außenhandels- und Leistungsbilanz immer noch erhebliche Defizite, konnten sie aber 1977 halbieren. Es war unmöglich, in zwei Jahren einen Ausgleich zu erreichen. Es wird auch Mühe bereiten, im nächsten Jahr weitere Fortschritte zu erzielen.

Der *Bundeskanzler* findet es schwieriger als je zuvor, Voraussagen über die künftige wirtschaftliche Entwicklung zu machen. Bei defizitärer Grundbilanz (hoher Kapitalexport) sei unser Leistungsbilanzüberschuß stark im Abnehmen begriffen. Dies sei für das Ausland nicht ungünstig. Man glaube auch allgemein an die Stabilität der deutschen Wirtschaft und Währung. Deshalb sei der DM-Kurs so hochgetrieben worden. Es gebe aber im Inland eine Menge negativer Faktoren, die hinderlich seien, unter ihnen insbesondere die Schwarzmalerei der Opposition. Tatsächlich leide bei uns niemand unter der Arbeitslosigkeit. Dennoch werde sie durch die veröffentlichte Meinung dramatisiert.

Das Verhalten der Unternehmen sei unter den bestehenden Umständen nicht berechenbar. So könne es sogar plötzlich zu einem Boom kommen, auch wenn gegenwärtig niemand mit ihm rechne.

Da wir 29% unseres BSP exportierten, hingen wir mehr als Frankreich von der Entwicklung des Welthandels ab.

Der *Premierminister* glaubt, daß sich die zweite Hälfte dieses Jahres für die deutsche Wirtschaft günstiger gestalten werde. Es sei wichtig, der weltwirtschaftlichen Konjunktur einen Impuls zu geben. Zugleich müsse man aber die hierdurch ausgelösten inflationistischen Tendenzen unter schärfster Kontrolle halten und hierfür die monetären Instrumente voll einsetzen.

Der *Bundeskanzler* bemerkt, daß unsere Inflationsrate im Januar nur 3,3% betragen habe. Trotz abnorm niedriger Zinssätze werde weiterhin in zu großem Umfang, und zwar ca. 13% des verfügbaren Einkommens, gespart.

PM *Barre*: Es gehe darum, die Spareinlagen durch geeignete Maßnahmen in produktive Investitionen weiterzuleiten. Hierzu bezieht er sich auf das Beispiel der im Mehrheitsprogramm[4] vorgesehenen Steuererleichterungen für den Kauf von Aktien durch Belegschaftsmitglieder.

Auf entsprechende Bitte des Bundeskanzlers berichtet PM Barre über die französischen Maßnahmen gegen die Jugendarbeitslosigkeit: Von Juli 1977 bis Juli 1978 habe man die Sozialasten für erstbeschäftigte Jugendliche zu 100% auf staatliche Mittel übernommen.[5] Anstelle der erwarteten 300000 werde dies

---

[4] Ministerpräsident Barre gab am 7. Januar 1978 in Blois das Programm der französischen Regierung für die Wahlen zur Nationalversammlung am 12. und 19. März 1978 bekannt. Dazu wurde in der Presse berichtet: „Es gliedert sich in 30 Punkte und umfaßt Maßnahmen für mehr persönliche Freiheit und Mitentscheidung des Bürgers, eine Reihe von sozialen Maßnahmen sowie Richtlinien für die Ankurbelung der Wirtschaft." Vorgesehen seien außerdem Maßnahmen zur Erhöhung der öffentlichen Sicherheit. Vgl. dazu den Artikel „Regierung verspricht mehr Arbeitsplätze"; DIE WELT vom 9. Januar 1978, S. 1.
[5] Botschafter Herbst, Paris, teilte am 9. Februar 1978 mit, das französische Gesetz zur Bekämpfung der Jugendarbeitslosigkeit vom 5. Juli 1977 sehe folgende Maßnahmen vor: Übernahme des Arbeitgeberanteils an der Sozial- und Unfallversicherung sowie am Familiengeld durch den Staat; Verpflichtung der Arbeitgeber, mindestens 0,2 % des jährlichen Bruttolohns in die Ausbildung jugendlicher

zu 500000 Neueinstellungen (hiervon etwa 80000 für Handwerksbetriebe) führen. Die Kosten würden insgesamt ca. 3,7 Mrd. Frs. betragen. Für 1978 wolle die französische Regierung dieses Programm – gezielt für mittlere Unternehmen und Handwerksbetriebe – fortsetzen, wenn auch evtl. unter Beschränkung auf die Übernahme von nur noch 50% der Sozialasten.

Da der *Bundeskanzler* sein Interesse äußert, Einzelheiten über diese französischen Maßnahmen zu erfahren, sagt der *Premierminister* ihm die Übermittlung der entsprechenden französischen Unterlagen zu.

2) Dollarkrise[6] und Weltwirtschaft

Der *Bundeskanzler* äußert Zweifel, ob die amerikanische Führung wisse, was sie tue: Das enorme, weiter anwachsende Handelsbilanzdefizit und der Verfall des Dollars hätten nicht nur ökonomisch, sondern auch weltpolitisch außerordentlich negative Auswirkungen.

PM *Barre* stimmt zu. Die USA würden mit dem Handelsbilanzdefizit erst fertig werden, wenn es ihnen gelinge, ihre Erdölimporte zu stabilisieren. Innerhalb der USA wirke es sich destruktiv aus, daß keine klare politische Linie erkennbar sei.

Der *Bundeskanzler* fragt den Premierminister nach seiner Meinung, wie sich etwaige Goldverkäufe der USA auswirken würden.

Der *Premierminister* bezeichnet solche Verkäufe als kontraproduzent, da die Öffentlichkeit annehmen würde, daß es sich hierbei um einen neuen Versuch der USA handele, das Gold zu demonetisieren. Die USA könnten dagegen, ohne solche Annahmen zu wecken, Gold an den IWF oder an Zentralbanken anderer Länder abgeben. Sie sollten ihr Defizit durch Zurückgreifen auf ihre Ziehungsrechte beim IWF und auf Kredite der Bundesbank oder der Schweizerischen Nationalbank decken.

Der *Bundeskanzler* und der *Premierminister* sind sich einig, daß ein Ankauf von amerikanischem Gold durch die Bundesbank zu einer Ausweitung des DM-Liquiditätsvolumens führen würde, die besser zu vermeiden wäre. Wenn die Bundesbank dagegen Dollar abgeben würde, so könne man sich hiervon vertrauensschaffende Auswirkungen erhoffen, da die Menge der verfügbaren Dollar nicht erhöht würde. Einigkeit bestand auch darüber, daß ohne Stabilisierung des Dollar ein geordnetes Funktionieren des Weltwirtschaftssystems nicht sicherzustellen sei.

Der *Bundeskanzler* verweist auf die bei Fortbestehen der Dollarkrise drohenden Gefahren, die zu weiterer Eskalation der Krise führen würden:

1) Verzicht der OPEC-Länder auf Fakturierung in Dollar.

2) Anlage der Erlöse aus Erdölexport nicht länger in New York, sondern auf europäischen Finanzplätzen.

Der *Premierminister* empfindet die Botschaft von Präsident Carter an den Kongreß[7] im Vergleich mit den von Blumenthal in Paris in Aussicht gestellten

---

Fortsetzung Fußnote von Seite 193
    Arbeitsloser zu investieren; Zahlung einer Mobilitätsprämie bei großer Entfernung zwischen Wohnort und Arbeitsplatz. Vgl. dazu den Drahtbericht Nr. 379 vom 9. Februar 1978; Referat 202, Bd. 111204.

[6] Zum Kursverfall des amerikanischen Dollar vgl. Dok. 3, Anm. 38.

[7] Präsident Carter legte dem amerikanischen Kongreß am 20. Januar 1978 die wirtschaftspolitischen Ziele seiner Regierung dar. Für den Wortlaut der Erklärung vgl. PUBLIC PAPERS, CARTER 1978, S. 129–144.

durchgreifenden Maßnahmen enttäuschend. Von der monetären Krise gehe eine pessimistische Stimmung aus, die sich auf die Investitionsneigung negativ auswirke. Nur bei einer Zunahme der Privatinvestitionen lasse sich aber die Arbeitslosigkeit wirkungsvoll bekämpfen.

Beide Seiten sind sich einig, daß die öffentlichen Investitionen der beiden Länder sich an der oberen Grenze des Möglichen bewegen.

PM *Barre* macht den Vorschlag, daß die EG sich schon auf dem nächsten Europäischen Rat[8] über einen von ihr zu gebenden weltwirtschaftlichen Impuls einigen sollte. Dieser sollte durch Frankreich und die Bundesrepublik Deutschland aufgrund der hierzu vom Bundeskanzler und von Präsident Giscard d'Estaing zu entwickelnden gemeinsamen Vorstellungen angeregt werden. Er sollte zweckmäßigerweise im Mai oder Juni d. J. erfolgen, da dann die französische Wahl[9] vorüber sei und sich in Deutschland die ersten Auswirkungen der deutschen Konjunkturbelebungsmaßnahmen zeigen würden. Auch Großbritannien werde dann in besserer Lage sein.

Es erscheint dem Premierminister zweckmäßig, hierüber in den deutsch-französischen Koordinierungsgremien Meinungen auszutauschen. Man könne auch von jeder Seite eine oder zwei Persönlichkeiten mit vertieften Überlegungen über den möglichen Inhalt einer EG-Initiative betrauen.

Der *Bundeskanzler* zeigt sich im Grundsatz einverstanden.

3) Luft- und Raumfahrt

Der Bundeskanzler hat sich mit dem Präsidenten darauf geeinigt[10], daß die Arbeiten an der Airbus-Version B-10 fortzusetzen seien[11], ohne daß eine weitere Prüfung des französischen Vorschlages für die gemeinsame Entwicklung eines Mittelstreckenflugzeuges[12] ausgeschlossen werden solle.

---

[8] Zur Tagung des Europäischen Rats am 7./8. April 1978 in Kopenhagen vgl. Dok. 113.
[9] In Frankreich fanden am 12. und 19. März 1978 Wahlen zur Nationalversammlung statt.
[10] Zum Gespräch des Bundeskanzlers Schmidt mit Staatspräsident Giscard d'Estaing am 6. Februar 1978 in Paris vgl. Dok. 35.
[11] Frankreich und die Bundesrepublik arbeiteten seit 1969 bei der Entwicklung des Airbus zusammen. Vgl. dazu AAPD 1975, II, Dok. 252, und AAPD 1976, II, Dok. 327.
Referat 420 erläuterte am 6. Januar 1978: „Die Zusammenarbeit zwischen Deutschland und Frankreich im gemeinsamen Airbus-Programm läuft zur Zeit reibungslos und ohne größere Probleme. [...] Der sich 1977 zum ersten Male konkret abzeichnende Erfolg des Airbus A-300/B-2 und B-4 (insgesamt wurden 1977 zwölf Flugzeuge verkauft und acht Optionen in Bestellungen umgewandelt) und das stark gewachsene Interesse renommierter Luftverkehrsgesellschaften wie Lufthansa, Swissair, Air Canada an einer kleineren Airbus-Version (A-300/B-10; ca. 200 Sitzplätze) machen eine baldige Entscheidung der Airbus-Partner erforderlich. Es ist allerdings nach wie vor fraglich, ob Großbritannien sich zu einer Beteiligung bereit erklärt (grundsätzliche Bereitschaft ist vorhanden). Die Tatsache, daß Frankreich sich bisher nur mäßig an einer Mitarbeit von Großbritannien interessiert gezeigt hat, macht uns Sorgen." Vgl. Referat 420, Bd. 124371.
[12] Das Bundesministerium für Wirtschaft legte am 24. Januar 1978 dar: „1) Auf eine französische Initiative hin finden seit Frühjahr 1977 deutsch-französisch-britische Industrieverhandlungen/Regierungskonsultationen mit der Zielsetzung statt, herauszufinden, ob die Entwicklung, der Bau und Vertrieb eines 120/160-Sitzers (läuft in der Industrie auch unter der Bezeichnung JET 1/2) auf europäischer Basis möglich ist. [...] 2) Das französische Interesse konzentriert sich auf die Entwicklung und den Bau dieses neuen Mittelstreckenflugzeuges. Die deutsche Seite hat beim letzten Konsultationstreffen zugestimmt, daß die Industrie sich an der Prüfung eines derartigen Projektes beteiligt [...]. Diese Aussage ist von französischer Seite offenbar als Zusage zur Durchführung verstanden worden, verbunden mit einer deutschen Präferenz für das neue Flugzeug gegenüber der Airbusversion B-10 (215-Sitzer). 3) Es handelt sich hier eindeutig um ein Mißverständnis. Für uns sind vielmehr

Der *Premierminister* glaubt, daß es Absatzchancen für das Mittelstreckenflugzeug gebe.

Der *Bundeskanzler* betont das Erfordernis gründlicher Prüfung.

Im übrigen habe der Präsident die deutsche Mitwirkung am Bau von sechs Ariane-Raketen erbeten.[13] Solange der konkrete Verwendungszweck nicht klar sei, sehe er keine Möglichkeit, hierauf einzugehen.

Referat 010, Bd. 178766

33

Aufzeichnung des Botschafters Herbst, Paris

6. Februar 1978[1]

Betr.: Gespräch der beiden Außenminister[2] am 6. Februar von 16.15 bis 18.45 Uhr im Quai

Es wurden folgende Themen behandelt:

1) Gemeinschaftsfragen

– Fischereifragen[3]

Die Kommissionsvorschläge sind nach Ansicht beider Minister gut. Der Bundesminister bezeichnete die negative britische Haltung als nachträgliche

---

Fortsetzung Fußnote von Seite 195
  Konsolidierung und Ausbau des Airbus-Programms (Nahziel: Entwicklung und Bau der B-10) – möglichst unter britischer Beteiligung – unverändert vorrangig." Vgl. Referat 420, Bd. 124371. Vgl. dazu ferner AAPD 1977, I, Dok. 161.

[13] Referat 413 erläuterte am 2. Februar 1978, daß sich die Bundesrepublik an der Entwicklung der Trägerrakete vom Typ „Ariane" mit einem Festbetrag von 381 Mio. DM für die Jahre 1974 bis 1981 beteilige: „Frankreich ist an der Ariane-Produktion stark interessiert […] und drängt jetzt auf schnelle Inangriffnahme eines Produktionsprogramms für sechs Raketen (Gesamtkosten ca. 530 Mio. DM)." Ministerpräsident Barre habe mit Schreiben vom 17. November 1977 an Bundeskanzler Schmidt auf eine Beteiligung der Bundesrepublik an dem Produktionsprogramm gedrängt. In seinem Antwortschreiben vom 6. Dezember 1977 habe Schmidt „unsere grundsätzlich positive Haltung zur Verwendung der Trägerrakete für ESA-Projekte (und bei INTELSAT) zum Ausdruck gebracht, ohne aber unsere Beteiligung am Produktionsprogramm selbst zuzusagen". Referat 413 legte dazu dar: „Ein Eingehen auf das französische Verlangen würde zu einem deutschen Beitrag am Produktionsprogramm der Ariane in der Größenordnung von 85 bis 112 Mio. DM führen. Der deutsche ESA-Beitrag ist aber aufgrund der für die Forschungspolitik gesetzten Prioritäten in der mittelfristigen Finanzplanung auf 360 Mio. DM/Jahr festgelegt; er wird bereits weitgehend durch beschlossene Programmaktivitäten (insbesondere Spacelab) aufgezehrt." Eine Zusage für eine Beteiligung der Bundesrepublik am Ariane-Produktionsprogramm erscheine zum gegenwärtigen Zeitpunkt nicht gerechtfertigt: „Damit würde neben einer Vorfinanzierung der Produktion und einer Subvention zur Stützung des Verkaufspreises ein nicht unerhebliches Verkaufsrisiko ohne ausreichendes Bedarfsinteresse übernommen." Vgl. Referat 413, Bd. 123694. Vgl. dazu ferner AAPD 1977, II, Dok. 365.

[1] Durchdruck.
[2] Hans-Dietrich Genscher und Louis de Guiringaud.
[3] Zur Kontroverse über Fischereifragen in den Europäischen Gemeinschaften vgl. Dok. 8, Anm. 34. Am 27./28. Januar 1978 fand in Berlin (West) eine informelle EG-Ratstagung auf der Ebene der

Änderung der Beitrittsbedingungen. Über das weitere Vorgehen in Brüssel bestand Einigkeit.
- Datum für die Direktwahlen zum Europäischen Parlament.[4]

Man stimmte überein, daß der Europäische Rat nicht zum zweiten Mal einen Termin nennen kann, der später nicht eingehalten werden kann. Andererseits muß der nächste Europäische Rat im April d.J.[5] ein realistisches Datum für die Wahlen vorschlagen.

- Beitritt Griechenlands

Beide Minister bekräftigten, daß die Verhandlungen mit Griechenland[6] von den Verhandlungen mit Spanien[7] abgetrennt werden sollen. Abschluß der Verhandlungen bis zum Ende d.J., Ratifikation 1979.

Der französische Außenminister unterstrich die Bedeutung der mediterranen Agrarerzeugnisse für Frankreich, die besser als bisher gestellt werden sollen. Wirtschaftspolitische Direktoren[8] sind beauftragt, die Probleme, die der Beitritt Griechenlands aufwirft, aufzulisten.

2) Waffenexport aus der deutsch-französischen Koproduktion

Im Anschluß an die Absprache der beiden Außenminister vom November 1977[9] sollen Gespräche zwischen Staatssekretär Hermes und Generalsekretär Sou-

---

Fortsetzung Fußnote von Seite 196
Agrar- und Fischereiminister statt. Ministerialdirigent Kittel, z. Z. Berlin (West), teilte dazu am 28. Januar 1978 mit, Großbritannien habe an der Sitzung nicht teilgenommen: „Beratungen über internes Fischereiregime brachten unter den Acht weitgehende Übereinstimmung in der Sache." Der irische Fischereiminister Lenihan habe sich schließlich entschlossen, seiner Regierung die Annahme des Gesamtpakets zu empfehlen: „Es bestehen nunmehr praktisch nur noch britische Vorbehalte. Damit haben Berliner Beratungen erhebliche Fortschritte gebracht." Vgl. den Drahtbericht Nr. 30; B 201 (Referat 411), Bd. 567.
Am 30./31. Januar 1978 trafen die Agrar- und Fischereiminister zu einer EG-Ratstagung in Brüssel zusammen. Referat 411 legte dazu am 3. Februar 1978 dar: „Agrarrat konnte sich nach fast 16-monatigen Beratungen auch in jüngster sechster Sondersitzung am 30./31.1.78 nicht auf internes Fischereiregime einigen. Einigung scheiterte wiederum an Haltung GBs, das unnachgiebig an seinen mit dem EG-Recht nicht zu vereinbarenden Forderungen festhält, nämlich exklusive 12 sm-Küstenzone, dominante Präferenz in den britischen Fischereigewässern zwischen 12 und 50 Seemeilen. Demgegenüber wären acht Delegationen, einschließlich Irland, bereit gewesen, zu einem Beschluß auf Basis des während des informellen Berliner Ministertreffens am 27.1.78 gefundenen Kompromisses über das gesamte Fischereipaket zu kommen (einschl. Grundverordnung, Bestandserhaltungs- und Kontrollmaßnahmen, teilweiser Gemeinschaftsfinanzierung der Kontrollkosten, Fischereistrukturmaßnahmen und Fangpläne). [...] Britischer Fischereiminister ließ sich trotz intensiven Bemühens nicht einmal bewegen, die von den übrigen acht Mitgliedstaaten entwickelte Berliner Gesamtlösung wenigstens als Basis für eine bis 31.12.1978 befristete Interimslösung zu akzeptieren, obwohl dabei die für GB schwierigen Fragen ausgeklammert worden wären." Es sei kein Termin für eine weitere EG-Ministerratstagung festgelegt worden; der britische Landwirtschaftsminister Silkin halte weitere zwei bis drei Monate für erforderlich, um Lösungsmöglichkeiten zu entwickeln. Vgl. B 201 (Referat 411), Bd. 567.

[4] Zum Beschluß des Europäischen Rats vom 12./13. Juli 1976 zur Einführung von Direktwahlen zum Europäischen Parlament vgl. Dok. 8, Anm. 28.
[5] Zur Tagung des Europäischen Rats am 7./8. April 1978 in Kopenhagen vgl. Dok. 113.
[6] Zum Stand der Verhandlungen über einen EG-Beitritt Griechenlands vgl. Dok. 8, Anm. 40.
[7] Zum Stand der Verhandlungen über einen EG-Beitritt Spaniens vgl. Dok. 8, Anm. 42.
[8] Hans Lautenschlager und Henri Froment-Meurice.
[9] Bundesminister Genscher und der französische Außenminister de Guiringaud trafen am 10. November 1977 zusammen. Vgl. dazu AAPD 1977, II, Dok. 329.

tou[10] stattfinden. In ihnen sollen die Schwierigkeiten erörtert werden, die sich aus der unterschiedlichen Exportpolitik beider Länder ergeben.

Kurzer Hinweis des Bundesministers auf die israelische Demarche wegen französischer Waffenlieferungen nach Syrien.[11]

3) Kernenergie

– Bundesminister unterstrich die Notwendigkeit der Nichtdiskriminierung der Bundesrepublik bei der Wiederaufbereitung. Auch bei der Rücklieferung des Plutoniums.

Der französische Außenminister bestätigte, daß die französische Regierung den laufenden, von der COGEMA geschlossenen Vertrag[12] genehmigen werde.
À titre personnel erklärte er, die französische Regierung denke künftig an einen freien Verkehr mit Plutonium innerhalb der Gemeinschaft unter der Kontrolle von EURATOM.

Die Direktoren Lautenschlager und Froment-Meurice sollen dieses Thema am 7. Februar vertiefen.

– Es bestand Einigkeit, daß die Arbeitsgruppen, die nach neuen Formen der Wiederaufbereitung suchen sollen, umgehend ein Mandat erhalten.[13] Hierüber soll Ministerialdirektor Lautenschlager mit dem EURATOM-Beauftragten des Quai, Jacomet, noch während der Gipfeltagung sprechen.

---

[10] Zum Gespräch des Staatssekretärs Hermes mit dem Generalsekretär des französischen Außenministeriums, Soutou, am 17. Februar 1978 in Paris vgl. Dok. 53.

[11] Staatssekretär Hermes notierte am 3. Februar 1978, der israelische Botschafter Meroz habe ihm gegenüber zur Lieferung von Panzerabwehrraketen aus deutsch-französischer Koproduktion nach Syrien ausgeführt: „Wenngleich – was auf israelischer Seite nicht verkannt werde – deutsche Firmen nicht selbst Partner des Liefervertrags seien, stelle die Zulieferung von Teilen aus deutscher Produktion aus israelischer Sicht eine deutsche Beteiligung dar. Dies stehe in deutlichem Widerspruch zu unserer restriktiven Rüstungsexportpolitik, insbesondere zu dem Grundsatz, keine Waffen in Spannungsgebiete zu liefern. Israelische Regierung gehe davon aus, daß Bundesregierung durchaus die Möglichkeit gehabt hätte und habe, auf französische Regierung im Sinne unserer eigenen rüstungsexportpolitischen Grundsätze einzuwirken. Er sei von seiner Regierung beauftragt, die Bundesregierung um eine Stellungnahme zu bitten." Vgl. Referat 014, Bd. 241.

[12] Referat 413 notierte am 1. Februar 1978: „Die deutsche Energiewirtschaft steht vor der Unterzeichnung von Verträgen mit der staatseigenen französischen Firma COGEMA über die Wiederaufarbeitung eines Teils der 1980 bis 84 anfallenden deutschen Brennelemente. Die zu kontrahierende Menge (1700 t) bleibt quantitativ im Rahmen der sog. kleinen Lösung (vgl. Ministergespräch beim Bundeskanzler am 12.10.77). Die Verhandlungen über einen begleitenden Regierungsbriefwechsel stoßen auf Schwierigkeiten, da sich die französische Regierung die Entscheidung über die Rückgabe des bei der Wiederaufbereitung der deutschen Brennelemente anfallenden Plutoniums vorbehalten und jeweils einen Nachweis des Verwendungszwecks verlangen will." Vgl. Referat 413, Bd. 123623.

[13] Referat 413 vermerkte am 27. Januar 1978: „Im Anschluß an deutsch-französische Gespräche (AM Guiringaud – BM am 11.11.1977 sowie Sonderbotschafter Jacomet – StS Hermes am 10.11.1977) über Wiederaufarbeitung (Pakistan, Brasilien) haben wir dem französischen Vorschlag über die Einsetzung einer deutsch-französischen Arbeitsgruppe für co-processing zugestimmt. Die Gruppe soll untersuchen, ob ein Wiederaufarbeitungsverfahren möglich ist, bei dem Plutonium nicht in getrennter Form, sondern nur in einem Gemisch mit Uran entnommen werden kann. Inzwischen wurde auf Arbeitsebene Einverständnis über die politischen Rahmenbedingungen erzielt, d. h. im wesentlichen darüber, daß die Durchführung der Studie die beiden Regierungen nicht an mögliche Ergebnisse bindet. Beide Regierungen bleiben frei, das bisherige Wiederaufarbeitungsverfahren weiter zu verfolgen, auch wenn die Arbeitsgruppe feststellen sollte, daß co-processing möglich ist. [...] Auf Arbeitsebene wurde ferner Einigung über ein Mandat für die Arbeitsgruppe erzielt". Vgl. Referat 413, Bd. 123623.

– Der französische Außenminister bestätigte ein chinesisches Interesse an der Lieferung konventioneller Reaktoren aus Frankreich. Über die Lieferung sensitiver Anlagen wurde in Peking nicht gesprochen.[14]

– Die französische Regierung wird in Kürze weitere Gespräche mit der pakistanischen Regierung über die Änderung des Vertrages führen, in dem die Lieferung einer Wiederaufbereitungsanlage zugesagt war.[15] Der Bundesminister erklärte, daß wir unseren Vertrag mit Brasilien[16], dessen Ausführung bereits etwas im Rückstand sei, ohne Eile, aber buchstabengetreu erfüllen werden.

4) Die Gespräche der fünf Sicherheitsratsmitglieder über die Unabhängigkeit Namibias bei den Vereinten Nationen am 11.2.[17] in New York[18]

Beide Minister beurteilten die Gesprächsaussichten eher skeptisch. Trotzdem müsse der Versuch gemacht werden, um den guten Willen der Westmächte bei der Regelung der Namibia-Frage zu demonstrieren.

Beide Minister bedauern, daß zuwenig Zeit für interne Beratungen sowie für Gespräche mit Vertretern Südafrikas und der SWAPO zur Verfügung stehe (Samstag/Sonntag). Es soll versucht werden, das Ministertreffen in Kopenhagen am 13./14. zu verschieben.[19]

Bundesminister unterstrich die zentrale Bedeutung der Anwesenheit ausreichender Streitkräfte der Vereinten Nationen in Namibia.[20]

gez. Herbst

Referat 202, Bd. 111204

---

[14] Ministerpräsident Barre und der französische Außenminister de Guiringaud hielten sich vom 19. bis 24. Januar 1978 in der Volksrepublik China auf.

[15] Zur Vereinbarung vom 17. März 1976 zwischen Frankreich und Pakistan über die Lieferung einer Wiederaufbereitungsanlage vgl. Dok. 9, Anm. 7.

[16] Am 27. Juni 1975 wurde ein Abkommen zwischen der Bundesrepublik und Brasilien über Zusammenarbeit auf dem Gebiet der friedlichen Nutzung der Kernenergie unterzeichnet. Danach sollten entsprechende Einrichtungen bzw. Unternehmen beider Staaten bei der Gewinnung und Aufbereitung von Uranerzen und der Herstellung von Uranverbindungen, der Herstellung von Kernreaktoren und Kernenergieanlagen, bei der Urananreicherung, bei der Herstellung von Brennelementen und der Wiederaufbereitung bestrahlter Brennstoffe zusammenarbeiten. Vorgesehen war darüber hinaus die Erteilung von Exportgenehmigungen für die „Lieferung von Ausgangs- und besonderem spaltbaren Material, von Ausrüstungen und Materialien, die eigens für die Herstellung, die Verwendung oder Verarbeitung von besonderem spaltbaren Material vorgesehen oder hergerichtet sind, sowie für die Übermittlung einschlägiger technologischer Informationen". Ein Abkommen über Sicherungsmaßnahmen mit der IAEO sollte sicherstellen, daß diese Materialien und Informationen nicht für die Herstellung von Kernwaffen verwendet würden. Für den Wortlaut vgl. BUNDESGESETZBLATT 1976, Teil II, S. 335 f. Vgl. dazu ferner AAPD 1975, I, Dok. 179.

[17] Korrigiert aus „11.12.".

[18] Zu den Gesprächen der Außenminister Genscher (Bundesrepublik), de Guiringaud (Frankreich), Jamieson (Kanada), Owen (Großbritannien) und Vance (USA) mit dem südafrikanischen Außenminister Botha und dem Präsidenten der SWAPO, Nujoma, am 11./12. Februar 1978 in New York vgl. Dok. 40 und Dok. 45.

[19] Zur Konferenz der Außenminister der EG-Mitgliedstaaten im Rahmen der EPZ am 13./14. Februar 1978 vgl. Dok. 50.

[20] Für das Gespräch vgl. auch Dok. 34.

34

**Gespräch des Bundesministers Genscher
mit dem französischen Außenminister de Guiringaud in Paris**

105-7.A/78 6. Februar 1978[1]

Gespräch BM mit AM de Guiringaud in Paris am 6. Februar 1978[2];
hier: Dolmetscheraufzeichnung über den Gesprächsabschnitt zwischen 17.50 und 18.40 Uhr

Zuvor war das Thema Namibia und Zeitplan für proximity talks in New York besprochen worden.[3] Hierzu fügte Außenminister *de Guiringaud* an: Eine UN-Truppe aufzustellen, werde lange Zeit in Anspruch nehmen. Nigeria sei bereit, ein Kontingent zu entsenden. AM Botha jedoch werde sich gegen schwarzafrikanische Truppen verwahren; er denke an weiße Truppen sowie solche aus der übrigen (d. h. nicht-afrikanischen) Dritten Welt.

Es bestand übereinstimmend die Meinung, daß der Aufenthalt in New York zu einem Vierertreffen genutzt werden sollte.

Horn von Afrika

AM de Guiringaud: Frankreich sei sehr besorgt über wachsendes sowjetisches Engagement in Äthiopien. Dank der französischen Basen in Dschibuti habe Frankreich präzise Informationen über eine vermutlich bald bevorstehende Offensive gegen Somalia. Sollte Äthiopien über die Grenze auf somalisches Gebiet vordringen, überlege Frankreich konkrete Hilfsaktion für Somalia, um nicht SU am Ende auch Somalia erneut anheimfallen zu lassen.

Frankreich habe auch Informationen darüber, daß Somalia über die amerikanische UN-Mission die westlichen Sicherheitsratsmitglieder[4] auffordern werde, die Frage des Horn von Afrika erneut vor den Sicherheitsrat zu bringen.

Die erste Reaktion Frankreichs dazu sei, Somalia zu verstehen zu geben, dies könne nur unter der Bedingung geschehen, daß Somalia zuvor eine Erklärung über Anerkennung und Beachtung der OAE-Resolution von 1964[5] abgebe.

Offensichtlich rücke der Zeitpunkt näher, an dem auf diplomatischem Wege eingegriffen werden müsse, nicht jedoch militärisch, damit man nicht den Eindruck vermittle, einem Aggressor zu helfen.

---

[1] Durchdruck.
Die Gesprächsaufzeichnung wurde von Vortragender Legationsrätin Siebourg am 9. Februar 1978 gefertigt.

[2] Zum Gespräch vgl. auch Dok. 33.

[3] Zu den Gesprächen der Außenminister Genscher (Bundesrepublik), de Guiringaud (Frankreich), Jamieson (Kanada), Owen (Großbritannien) und Vance (USA) mit dem südafrikanischen Außenminister Botha und dem Präsidenten der SWAPO, Nujoma, am 11./12. Februar 1978 in New York vgl. Dok. 40 und Dok. 45.

[4] Bundesrepublik, Frankreich, Großbritannien, Kanada, USA.

[5] Auf der zweiten Konferenz der Staats- und Regierungschefs der OAU-Mitgliedstaaten vom 17. bis 21. Juli 1964 in Kairo wurde eine Entschließung über Grenzstreitigkeiten zwischen Staaten verabschiedet. Darin verpflichteten sich alle Mitgliedstaaten, „die bei der Entstehung der nationalen Unabhängigkeit bestehenden Grenzen zu respektieren". Vgl. EUROPA-ARCHIV 1964, D 587 f.

6. Februar 1978: Gespräch zwischen Genscher und de Guiringaud   34

BM führte aus: Einmal ganz abgesehen von den besonderen Beziehungen zu Somalia wegen der Mogadischu-Affäre[6] sei auch er überzeugt, der Westen könne nur diplomatisch eingreifen, falls Somalia eine klare Position zur Grenzfrage beziehe. Auch andere Nachbarn Somalias, wie Kenia, seien über die somalische Haltung besorgt, und es komme in Afrika zu unguten Allianzen. In der Tat reife die Zeit heran, da der Westen sich engagieren müsse. Auch aus diesem Grund sei es angeraten, den Aufenthalt in New York zu einem Vierertreffen zu nutzen.

Weitere Themen für ein Vierertreffen: Der Nahe Osten, Ost-West-Fragen, insbesondere eine Analyse dessen, was für die nahe Zukunft in den Ost-West-Beziehungen zu erwarten sei und ob die derzeitige Entscheidungsstarre Zeichen für eine Stagnation oder eine Unsicherheit sei. Ferner sei es interessant, etwas über den Stand der sowjetisch-amerikanischen Gespräche auch in anderen Bereichen zu hören.

AM *de Guiringaud*: Er wolle noch einmal auf die Situation am Horn von Afrika zurückkommen. Dies sei auch eines der Hauptthemen in den Gesprächen mit Präsident Carter in Paris[7] gewesen. Die französische Regierung habe ihre Besorgnis über das zunehmende sowjetische Engagement dargelegt. In diesem Zusammenhang sei Carter dargelegt worden: Da die Sowjetunion im Bereich der SALT Demandeur sei, könne hier möglicherweise ein Hebel angesetzt werden, um der Sowjetunion klarzumachen, daß die Entspannung global sei und daß die Sowjetunion, wenn sie Entspannung wolle, nicht am Horn von Afrika eine Politik der Destabilisierung führen könne.

BM erläuterte, daß er seit je erklärt habe, die Entspannungspolitik sei unteilbar; Entspannungspolitik könne nur dann Resultate zeitigen, wenn sie sowohl geographisch wie nach sachlichen Bereichen als unteilbar betrachtet werde.

AM *de Guiringaud*: Er teile diese Auffassung völlig. Frankreich habe, wie gesagt, Präsident Carter diese Sicht auch sehr deutlich nahegebracht. Carter habe in seiner Antwort allerdings einer Verbindung zwischen SALT und Afrika auszuweichen versucht. Es sei möglicherweise gut, diese Dinge erneut vorzubringen. Im übrigen werde er gerne den deutschen Begriff von der Unteilbarkeit übernehmen, der die Sache noch klarer kennzeichne als die von Frankreich bisher gebrauchte Vokabel der „globalen Entspannungspolitik".

Im weiteren Verlauf des Gespräches erwähnte AM de Guiringaud die Frage der Entschädigung für zwangseingezogene Elsässer[8] (hierzu wurde beschlossen,

---

6 Zur Erstürmung der Lufthansa-Maschine „Landshut" am 18. Oktober 1977 in Mogadischu vgl. Dok. 1, Anm. 9.

7 Zum Besuch des Präsidenten Carter vom 4. bis 6. Januar 1978 in Frankreich vgl. Dok. 9.

8 Am 28. September 1970 übergaben die Botschafter Hommel (Luxemburg), Sauvagnargues (Frankreich) und Schuurmans (Belgien) Staatssekretär Frank gleichlautende Aide-mémoire zur Entschädigung der im Zweiten Weltkrieg durch die deutsche Wehrmacht zwangsrekrutierten Belgier, Elsässer und Lothringer. Eine solche Entschädigung wurde von der Bundesregierung abgelehnt mit der Begründung, daß dies zu den Forderungen gehöre, deren Prüfung durch Artikel 5 Absatz 2 des Abkommens vom 27. Februar 1953 über deutsche Auslandsschulden (Londoner Schuldenabkommen) bis zu einer endgültigen Regelung der Reparationsfrage zurückgestellt worden sei. Vgl. dazu AAPD 1970, III, Dok. 415. Vgl. dazu ferner AAPD 1971, II, Dok. 247.

Am 18. Februar 1975 übergab der französische Botschafter Wormser Staatssekretär Sachs eine Note, in der um erneute Prüfung des Problems gebeten wurde. Mit Antwortnote vom 11. April 1975 be-

dieses Thema erst dann wiederaufzunehmen, wenn die deutsche Seite sich habe sachkundig machen können) sowie das französische Petitum, für das Europäische Parlament keine Gebäude in Brüssel anzumieten oder gar errichten zu lassen.[9]

BM bestätigte, die Bundesregierung werde ihre Hand nicht zu irgendwelchen Schritten reichen, bevor das Parlament nicht konstituiert sei, zumal das zukünftige Parlament nicht ein Nachfolger der Straßburger Versammlung, sondern ein Aliud sein werde.

Referat 202, Bd. 111204

Fortsetzung Fußnote von Seite 201

kräftigte die Bundesregierung ihren Rechtsstandpunkt und wies zudem darauf hin, „daß die gute Entwicklung des deutsch-französischen Verhältnisses [...] durch die Wiedererweckung von Forderungen aus dem Zweiten Weltkrieg nicht gefördert werden würde". Vgl. B 86 (Referat 514), Bd. 1487.
Im Rahmen der deutsch-französischen Konsultationen am 16./17. Juni 1977 sprach Staatspräsident Giscard d'Estaing das Thema erneut an. Mit Schrifterlaß vom 20. Juli 1977 wies Vortragender Legationsrat I. Klasse Rumpf die Botschaft in Paris an, das französische Außenministerium auf die vorhergehenden Notenwechsel zu verweisen und auszuführen: „Da sich die Rechtslage seitdem nicht geändert hat, sieht sich die Bundesregierung auch heute leider nicht in der Lage, den Entschädigungswünschen der elsaß-lothringischen ehemaligen Zwangsrekrutierten zu entsprechen." Vgl. B 86 (Referat 514), Bd. 1487. Vgl. dazu ferner AAPD 1977, I, Dok. 161.

[9] Botschafter Herbst, Paris, berichtete am 29. Juni 1977, nach Meldungen der Nachrichtenagentur AFP verhandele das Europäische Parlament mit der Banque Lambert in Brüssel über die Anmietung einer Bürofläche von 55 000 m². Ferner sei der Erwerb eines Grundstücks geplant, auf dem ein Gebäude mit einem großen Sitzungssaal errichtet werden könne. Herbst führte dazu aus: „Wir haben Hinweise dafür, daß Frankreich diesem Vorgehen nicht tatenlos zusehen wird. Nach hiesiger Ansicht überschreitet das EP damit seine Zuständigkeit. Auch Haushaltsbefugnisse könnten nicht dazu führen, daß die unter den Regierungen getroffene Vereinbarung über den Sitz des Parlaments de facto in Frage gestellt wird." Eine „energische Reaktion" der französischen Regierung sei daher zu erwarten. Vgl. den Drahtbericht Nr. 1931; Referat 410, Bd. 121788.
Herbst teilte am 10. Februar 1978 ergänzend mit, Ministerpräsident Thorn habe am 2. Februar 1978 mit Staatspräsident Giscard d'Estaing „die Absicht des Europaparlaments, neue Räume in Brüssel anzumieten, ausführlich erörtert. Während uns die Botschaft Luxemburgs in Paris sagte, Thorn denke daran, das Datum der Wahl mit dieser Frage zu verknüpfen, hat das Elysée jede Verbindung der Direktwahlen mit dem Streit um den Sitz des Europaparlaments dementiert. Beide Fragen seien gesondert zu betrachten. Es stehe jedoch fest, daß der französische Staatspräsident entschlossen sei, an der Vereinbarung über die Sitzverteilung aus dem Jahre 1965 festzuhalten." Vgl. den Drahtbericht Nr. 393; Referat 410, Bd. 121788.

35

Aufzeichnung des Bundeskanzlers Schmidt

Geheim 7. Februar 1978[1]

Betr.: Vier-Augen-Gespräch Präsident Giscard d'Estaing/Bundeskanzler

1) Nächste deutsch-französische Konsultation für September in Aussicht genommen[2] (wegen Häufung internationaler Treffen im Monat Juli); Präsident G. möchte allerdings die Möglichkeit eines Treffens schon im Mai nicht völlig ausschließen. Ort: Aachen sehr gerne; Saarbrücken nicht so gerne; G. erwog auch als denkbares Beispiel Nürnberg. Ich bitte hierzu um Rücksprache durch Chef BK[3].

Wir haben für den Vormittag der nächsten Konsultationen gemeinsamen Truppenbesuch sowohl bei französischen als auch bei deutschen Truppen ins Auge gefaßt.

2) Bemerkung Präsident G. zum Treffen Mitterrand/Brandt.[4]

3) Weltwirtschaftsgipfel

Präsident G. Mitte Juli in Bonn einverstanden; bittet nachdrücklich darum, die Vorbereitungsarbeiten einerseits intensiv zu betreiben, andererseits zu beschränken; ich habe beiden Gesichtspunkten zugestimmt.[5] Präsident G. wird wahrscheinlich Clappier beauftragen.

4) Luftfahrtindustrie

Einvernehmen, zunächst Airbus durch Modell B-10 auf Airbus-Familie[6] auszubauen. Dies soll nicht die Option auf ein neues Mittelstreckenflugzeug[7] ausschließen. Ich habe gesagt, wir würden dessen Marktchancen prüfen wollen.

5) Raumfahrt

Präsident G. setzte sich stark für die Produktion von sechs Ariane-Trägern ein[8], fünf für bestimmte (in Gespräch nicht näher spezifizierte) Zwecke, ein

---

[1] Ablichtung.
 Hat Ministerialdirigent Leister, Bundeskanzleramt, am 14. Februar 1978 vorgelegen, der die Weiterleitung an Ministerialdirektor Ruhfus, Bundeskanzleramt, „m[it] B[itte] um w[eitere] V[eranlassung]" verfügte.
 Hat Ruhfus am 14. Februar 1978 vorgelegen, der Ministerialdirigent Loeck „um Besprechung" bat.
 Hat Loeck am 15. Februar 1978 vorgelegen.
[2] Zu den deutsch-französischen Konsultationen am 14./15. September 1978 in Aachen vgl. Dok. 269.
[3] Manfred Schüler
[4] Eine Delegation der SPD unter Leitung des Parteivorsitzenden Brandt hielt sich vom 3. bis 5. Februar 1978 zu Gesprächen mit der Sozialistischen Partei Frankreichs in Paris auf. Erörtert wurden u. a. Fragen der Wirtschafts- und Gesellschaftspolitik, die Europapolitik und eine mögliche Regierungsbeteiligung der KPF. Vgl. dazu den Artikel „ ‚Diese Frage geht nur die Franzosen an'"; FRANKFURTER ALLGEMEINE ZEITUNG vom 6. Februar 1978, S. 3.
[5] Zum Stand der Vorbereitungen des Weltwirtschaftsgipfels vgl. Dok. 8, Anm. 15.
 Der Weltwirtschaftsgipfel fand am 16./17. Juli 1978 statt. Vgl. dazu Dok. 225.
[6] Zum geplanten Airbus vom Typ „A-300/B-10" vgl. Dok. 32, Anm. 11.
[7] Zum französischen Interesse am Bau eines neuen europäischen Mittelstreckenflugzeugs vgl. Dok. 32, Anm. 12.
[8] Zur Frage der Produktion von sechs Trägerraketen vom Typ „Ariane" vgl. Dok. 32, Anm. 13.

Träger in Reserve. Ich habe darauf hingewiesen, daß wir nicht klar erkennen könnten, ob rechtzeitig die Satelliten zur Verfügung stünden und ob ein tatsächlicher Bedarf für die Nutzung solcher Satelliten bestehe.

Die Sache wurde vereinbarungsgemäß nächsten Tages im Gespräch der Delegationen von neuem aufgenommen, bei leicht zurückgenommener französischer Position.[9] Ich bitte Chef BK, für Einbeziehung BM Post[10] in Erarbeitung neuer deutscher Position zu sorgen.

6) Zusammenarbeit bei ziviler Nutzung nuklearer Technologie

Präsident G. äußert die Absicht, nächste Woche das Wiederaufbereitungsabkommen zu genehmigen[11]. Es gäbe eine entsprechende Nachfrage aus den USA in Paris; er werde dieser nicht entsprechen, weil er nicht noch mehr nuklearen Abfall auf französischem Boden haben wolle. Letzteres werde er nur für Bonn auf sich nehmen. Es gab in diesem Zusammenhang eine Bemerkung, die ich nicht voll verstanden habe: Die Sache werde teuer. Ich bitte hierzu um Bericht.[12]

7) Entschädigung für elsaß-lothringische Bürger, die zur Wehrmacht zwangsweise eingezogen wurden.[13]

Präsident G. steht hier offenbar unter politischem und auch parlamentarischem Druck. Er habe kein Verständnis für bisherige Antwort auf niedrigerer diplomatischer Ebene.

Ich habe demgegenüber auf Londoner Schuldenabkommen[14] hingewiesen sowie auf lange Vorgeschichte, bisher kulminierend im Jahre 1970. Präsident G. nannte gesprächsweise eine Schätzung der Größenordnung, die in Betracht käme, in Höhe von 250 Mio. DM. Ich habe mich sehr zurückhaltend bewegt.

---

9 In der Plenarsitzung der deutsch-französischen Konsultationen am 7. Februar 1978 in Paris brachte der französische Industrieminister Monory den Vorschlag ein, sobald wie möglich über den Bau von vier Trägerraketen vom Typ „Ariane" zum Transport von Satelliten ins All zu entscheiden, von denen zwei wissenschaftlichen Zwecken, einer als Telekommunikationssatellit und einer als Reserve dienen solle. Vgl. dazu die Aufzeichnung des Referats 202 vom 8. Februar 1978; Referat 202, Bd. 111204.

10 Kurt Gscheidle.

11 Zum geplanten Vertrag zwischen der französischen Gesellschaft COGEMA und Energieversorgungsunternehmen aus der Bundesrepublik vgl. Dok. 33, Anm. 12.

12 Ministerialrat Schmitz-Wenzel, Bundeskanzleramt, legte dazu am 12. April 1978 dar: „Bei dem von Präsident Giscard erwähnten ‚Wiederaufbereitungsabkommen' handelt es sich um die am 17. Februar 1978 von der D[eutschen] Gesellschaft für] W[iederaufarbeitung von]K[ernbrennstoffen mbH] im Namen und für Rechnung deutscher E[nergie]V[ersorgungs]U[nternehmen] abgeschlossenen privatrechtlichen Wiederaufarbeitungsverträge mit der französischen COGEMA, einer 100prozentigen Tochter des staatlichen C[ommissariat à l']É[nergie]A[tomique], über 1705 t bestrahlter Brennelemente (Anlieferung: 1981 bis 1985). Die Wiederaufbereitung wird in der geplanten Anlage „UP-3" in Cap La Hague durchgeführt, die, beginnend mit dem Jahr 1984/85, innerhalb von zehn Jahren insgesamt 6000 t bestrahlte Brennelemente aufarbeiten soll. UP-3 wird ausschließlich für den ausländischen Bedarf errichtet. [...] Die Kosten der Entsorgung für die kontrahierten 1705 t betragen in heutigem Geldwert rd. 2,7 Mrd. DM, wobei die Transport- und Endlagerungskosten der Abfälle, aber auch die Bauzinsen und Preisgleitungen, noch nicht berücksichtigt sind." Vgl. Referat 413, Bd. 123626.

13 Zur Frage einer Entschädigung für während des Zweiten Weltkriegs zwangsrekrutierte Elsässer und Lothringer vgl. Dok. 34, Anm. 8.

14 Für den Wortlaut des Abkommens vom 27. Februar 1953 über deutsche Auslandsschulden (Londoner Schuldenabkommen) vgl. BUNDESGESETZBLATT 1953, Teil II, S. 334–485.

Eine politische Überprüfung dieser Frage innerhalb der Bundesregierung wird aber notwendig.[15]

Ich bin heute morgen auf die Sache zurückgekommen und habe im mündlichen Vortrag fast den ganzen Inhalt der mir hierzu schriftlich unterbreiteten Unterrichtung[16] nachgeschoben.

Chef BK, bitte Rücksprache.

8) Parlamentsgebäude in Brüssel[17]

Präsident G. außerordentlich verbittert über den Versuch von EG-Parlamentariern, nach seiner Angabe vornehmlich von Deutschen und Belgiern, in Brüssel den Bau eines neuen Parlamentsgebäudes zu betreiben. Bei dieser Gelegenheit auch bittere Bemerkungen über die Opulenz der europäischen Abgeordneten des Parlaments hinsichtlich Ausstattung mit Büros etc. Präsident G. wird dies beim Europäischen Rat in Kopenhagen[18] in sicherlich sehr starken Worten aufbringen.

Ich habe tendenziell der Ablehnung dieses Plans zugestimmt (hatte dies schon früher getan). Es kann nicht in unserem Interesse liegen, Frankreich das Gefühl zu geben, daß Straßburg schrittweise zugunsten von Brüssel ausgehöhlt werden soll.

9) Griechischer Beitritt[19]

Einigkeit, daß im Laufe des Jahres 1978 die Beitrittsverhandlungen abgeschlossen werden sollen, so daß Unterschrift etc. zu Beginn 1979 möglich. Präsident G. glaubt, daß unabhängig von anschließender Übergangsfrist Griechenland schon in 1980 Mitglied wird; hierzu habe ich mich nicht geäußert.

---

[15] Mit Schreiben vom 13. März 1978 bat Staatssekretär Schüler, Bundeskanzleramt, Staatssekretär van Well, eine Überprüfung des Sachverhalts unter folgenden Fragestellungen zu veranlassen: „1) Möglichkeit einer Zahlung ohne Beeinträchtigung unserer rechtlichen Position aus dem Londoner Schuldenabkommen; 2) finanzielle Größenordnung der Zahlung an französische Zwangsrekrutierte; 3) Auswirkungen auf unsere Position im Verhältnis zu Belgien und Luxemburg, für die sich die Frage in ähnlicher Weise stellt; 4) rechtliche und politische Auswirkungen im Verhältnis zu anderen Drittstaaten." Vgl. VS-Bd. 11090 (202); B 150, Aktenkopien 1978.
In seinem Antwortschreiben vom 16. Mai 1978 legte van Well dar, daß die Möglichkeit einer Zahlung ohne Beeinträchtigung der Rechtsposition der Bundesregierung aus dem Abkommen vom 27. Februar 1953 über deutsche Auslandsschulden (Londoner Schuldenabkommen) nicht gegeben sei; ein Verstoß gegen das Abkommen ließe sich nicht vermeiden. Die finanzielle Größenordnung liege bei 324 bis 351 Mio. DM. Ferner seien Auswirkungen auf die Position der Bundesrepublik im Verhältnis zu Belgien und Luxemburg zu erwarten. Mit erneuten Demarchen dieser Regierungen müsse gerechnet werden. Weitere Auswirkungen wären ebenfalls wahrscheinlich: „Insbesondere wäre mit einer Wiederbelebung der 600 Mio. Forderung des Herrn Dr. Goldmann sowie mit Ansprüchen aus der ČSSR, Ungarn und Rumänien zu rechnen." Van Well bilanzierte: „In Würdigung dieser verschiedenen Gesichtspunkte muß das Auswärtige Amt davon abraten, auf den Vorschlag des französischen Staatspräsidenten einzugehen." Das Auswärtige Amt halte es aber für erwägenswert, „das Bundesministerium für Arbeit und Sozialordnung und das Bundesministerium der Finanzen um Prüfung zu bitten, ob und ggf. auf welchem Weg die elsaß-lothringischen Zwangsrekrutierten Anträge nach dem Bundesversorgungsgesetz stellen können. Bei der Prüfung müßte allerdings die Präzedenzwirkung gegenüber den luxemburgischen und den belgischen Zwangsrekrutierten mit berücksichtigt werden." Vgl. B 86 (Referat 514); Bd. 1487.
[16] Für die Aufzeichnung des Referats 514 vom 16. Januar 1978 vgl. B 86 (Referat 514), Bd. 1487.
[17] Zu den Plänen für neue Räumlichkeiten des Europäischen Parlaments in Brüssel vgl. Dok. 34, Anm. 9.
[18] Zur Tagung des Europäischen Rats am 7./8. April 1978 in Kopenhagen vgl. Dok. 113.
[19] Zum Stand der Verhandlungen über einen EG-Beitritt Griechenlands vgl. Dok. 8, Anm. 40.

Auf meinen Hinweis der Belastung der EG durch den Zypern- sowie Ägäis-Konflikt[20] meinte Präsident G., die neun Außenminister sollten 1978 einen Versuch zur Lösung beider Konflikte machen – tatsächlich müßten dies wohl der französische und der deutsche Außenminister[21] tun; wenn dies nicht gelinge, müßte bei Eintritt Griechenlands ausdrücklich die Nichtzuständigkeit der EG für Zypern- und Ägäis-Konflikt erklärt werden. Ich habe mich hierzu rein rezeptiv verhalten.

Ich habe angeregt, daß sowohl Paris als auch Bonn Ecevit einladen sollen[22], um ihm seine demnächst zu erwartenden Vorschläge[23] in abgestimmter Weise zu kommentieren.

Auf meine Frage nach französischer Besorgnis hinsichtlich mittelmeerischer Agrarprodukte antwortete Präsident G.: Man solle anläßlich des griechischen Beitritts nicht schon den Versuch machen, alle Probleme der mittelmeerischen Agrarprodukte schlechthin zu lösen, sondern sich vielmehr auf die griechischen Produkte und die durch sie erwartete Lageveränderung konzentrieren.

Mir scheint notwendig zu untersuchen, was ein solches Vorgehen implizieren könnte.

10) Horn von Afrika

Ausführliches Gespräch; Präsident G. hat Präsident Carter empfohlen, öffentliche Meinung gegen die sowjetische Position aufzubauen. Nach dieser Vorbereitung sei dann starke interne Äußerung Washingtons gegenüber Moskau zu erwägen mit Hinweis auf Gefährdung KSZE, Belgrad und SALT II; schließlich sollte (z.B. durch Sadat oder Numeiri) internationale Konferenz der Staaten jener Region einberufen werden; (Präsident G. schien die Region auf Iran auszudehnen); Zweck: OAU-Verhandlung des Ogaden-Konflikts[24]; Zurückweisung des ausländischen militärischen Aufbaus in der Region; notfalls Versuch, durch westliche Länder Waffen gegen Äthiopien zur Verfügung zu stellen.

Ich habe mich zu den Details nicht geäußert, habe aber die Notwendigkeit gemeinsamer Schritte in Sachen Horn von Afrika sehr unterstrichen.

11) Raketen in Zaire[25]

Präsident G. erwähnte finanzielle Größenordnung von 200 Mio. DM. Von mir stark bezweifelt. Ich bitte Chef BK um Rücksprache. Hier liegt Gefahr von unerfreulichen Mißverständnissen vor.

12) Prospekt deutscher Waffenhändler: desgleichen

13) Brasilianische Anfrage an Paris (Raketen)

Hierzu bitte Rücksprache durch Chef BK.

---

[20] Zum griechisch-türkischen Konflikt in der Ägäis vgl. Dok. 3, Anm. 17.
[21] Hans-Dietrich Genscher und Louis de Guiringaud.
[22] Ministerpräsident Ecevit besuchte die Bundesrepublik vom 10. bis 13. Mai 1978. Vgl. dazu Dok. 146 und Dok. 147.
[23] Zur Ankündigung von Vorschlägen der türkischen Regierung zur Lösung des Zypern-Konflikts vgl. Dok. 26, Anm. 10.
Die Vorschläge der türkischen Volksgruppe auf Zypern wurden am 13. April 1978 übergeben. Vgl. dazu Dok. 134, Anm. 9.
[24] Zum Ogaden-Konflikt vgl. Dok. 1, Anm. 8.
[25] Zur Tätigkeit der Firma OTRAG in Zaire vgl. Dok. 198.

14) SALT (sowie MBFR und Neutronenwaffe) und Abrüstung allgemein

Diese Themen wurden in Gegenwart von PM Barre und BM Genscher erörtert. Ich bitte darum, BM Genscher zu kurzer Niederschrift zu veranlassen.[26]

gez. Schmidt

Bundeskanzleramt, AZ: 21-30 100 (56), Bd. 44

36

Gespräch des Bundesministers Genscher mit dem Sprecher der griechischen Volksgruppe auf Zypern, Klerides

105-6.A/78   7. Februar 1978[1]

Gespräch des Herrn Ministers mit Herrn Klerides am 7. Februar 1978 um 15.00 Uhr

In dem Gespräch, an dem auch StS van Well teilnahm, erklärte *Klerides*, er habe den Eindruck, es sei nunmehr ein Durchbruch möglich, da auf beiden Seiten eine gewisse Bereitschaft vorausgesetzt werden könne. Es müsse eine Formel gefunden werden, die den Türken physische Sicherheit gewähre und die Möglichkeit wirtschaftlicher Entfaltung gebe. Die Makarios-Denktasch-Erklärung[2] vom vergangenen Jahr enthalte bereits gewisse wichtige Ansatz-

---

[26] Vortragende Legationsrätin Bouverat notierte am 13. März 1978 zum Gespräch des Bundeskanzlers Schmidt mit Staatspräsident Giscard d'Estaing im Beisein von Bundesminister Genscher und Ministerpräsident Barre am 7. Februar 1978 in Paris: „Den zentralen Teil des knapp einstündigen Gesprächs bildeten Ausführungen des Bundeskanzlers und des französischen Staatspräsidenten über die anstehenden rüstungspolitischen Probleme (SALT II, Neutronenbombe usw.). (Da der BK darum gebeten hatte, über diesen Teil kein Protokoll zu führen, wurden keine Notizen gemacht.) [...] Es wird darauf hingewiesen, daß am 7.2.78 – im Gegensatz zu früheren Gesprächen im gleichen Kreis – die französischen Partner sich nicht der englischen, sondern der französischen Sprache bedienten. Diese Ausführungen wurden im Wege des ‚Flüsterdolmetschens' übertragen, eine Technik, die es nicht erlaubt, Notizen zu machen, die als Grundlage für eine Aufzeichnung verwertet werden könnten." Vgl. VS-Bd. 14071 (010); B 150, Aktenkopien 1978.

[1] Die Gesprächsaufzeichnung wurde von Vortragendem Legationsrat I. Klasse Weber am 8. Februar 1978 gefertigt.
Hat Vortragendem Legationsrat I. Klasse Heibach am 10. Februar 1978 vorgelegen. Vgl. den undatierten Begleitvermerk; Referat 203, Bd. 115921.

[2] Am 12. Februar 1977 unterzeichneten Präsident Makarios und der Sprecher der türkischen Volksgruppe auf Zypern, Denktasch, in Gegenwart des UNO-Generalsekretärs Waldheim in Nikosia eine Vereinbarung: „We are seeking an independent, non-aligned, bi-communal, federal republic. The territory under the administration of each community should be discussed in the light of economic viability or productivity and land-ownership. Questions of principles like freedom of movement, freedom of settlement, the right of property and other specific matters, are open for discussion taking into consideration the fundamental basis of a bi-communal federal system and certain practical difficulties which may arise for the Turkish Cypriot community. The powers and functions of the central federal government will be such as to safeguard the unity of the country, having regard to the bi-communal character of the state." Vgl. den Drahtbericht Nr. 218 des Botschafters Pauls, Brüssel (NATO), vom 16. Februar 1977; VS-Bd. 11094 (203); B 150, Aktenkopien 1977.

punkte. Ecevit habe durch Denktasch einen Territorialvorschlag und einen revidierten Verfassungsvorschlag[3] in Aussicht gestellt.[4] Entscheidend sei, daß seine Vorschläge Verhandlungsspielraum ließen.[5] Würden die Prinzipien der Bewegungsfreiheit, der Niederlassungsfreiheit und des Eigentumsrechts respektiert, so könne damit der Weg zu echten und substantiellen Verhandlungen geöffnet werden.

Der Herr *Staatssekretär* bezog sich auf ein Interview Kyprianous, in dem er von der Möglichkeit einer Begegnung mit Ecevit gesprochen habe.

Klerides befürwortete eine solche Zusammenkunft, die jedoch inoffiziell und ohne Protokoll und Publizität sein sollte, um ein positives Klima zu ermöglichen. Die Hinzuziehung weiterer Gesprächspartner hänge vom Fortschritt ab, der hierbei erzielt werden könne. Werde der Kreis vorzeitig erweitert, so bringe dies ernste Gefahren im Falle eines Fehlschlags mit sich. Kyprianou selbst denke zunächst an eine vertrauliche Begegnung mit Ecevit und später möglicherweise an eine Art Gipfel, bei dem auch an eine Teilnahme von Denktasch und Karamanlis gedacht werden könne.

Auf die Frage des Herrn *Staatssekretärs*, ob die drei Prinzipien Verhandlungsgegenstand oder Voraussetzung für die Verhandlung wären, erwiderte *Klerides*, sie dürften nicht in Frage gestellt und könnten nicht neu verhandelt werden. Man könne hinter die Makarios-Denktasch-Vereinbarung nicht zurückgehen, doch ließen sich die dabei festgelegten Prinzipien in Gesprächen zwischen Kyprianou und Ecevit weiter entwickeln.

Auf die Frage nach der bisherigen Reaktion sagte Klerides, die erste Reaktion des türkischen Außenministeriums sei eher negativ gewesen. AM Vance habe bei seinem Besuch in der Türkei[6] eine solche Möglichkeit nicht ausdrücklich angesprochen, aber dennoch geglaubt, ein gewisses Zögern, um nicht zu sagen eine gewisse Ablehnung, in der türkischen Haltung zu spüren. Später vom amerikanischen Botschafter[7] durchgeführte Sondierungen hätten ergeben, daß das türkische Außenministerium beträchtliche Skepsis hege.

Die Frage des Herrn *Ministers*, ob Kyprianou amerikanische Unterstützung für seinen Vorschlag habe, beantwortete *Klerides* mit dem Hinweis, Kyprianou habe nicht mit den Amerikanern gesprochen.

---

[3] Am 2. April 1977 legte die Delegation der türkischen Volksgruppe auf Zypern in Wien einen Verfassungsentwurf vor. Vgl. dazu den Drahtbericht Nr. 243 des Presseattachés Wölker, Wien; VS-Bd. 11094 (203); B 150, Aktenkopien 1977.

[4] Zur Ankündigung von Vorschlägen der türkischen Regierung zur Lösung des Zypern-Konflikts vgl. Dok. 26, Anm. 10.
Die Vorschläge der türkischen Volksgruppe auf Zypern wurden am 13. April 1978 übergeben. Vgl. dazu Dok. 134, Anm. 9.

[5] Legationsrat I. Klasse von Graevenitz, Nikosia, faßte am 9. Februar 1978 Erläuterungen des türkischen Verfassungsexperten Soysal zusammen. Dieser habe geäußert, „türkische Seite würde Verfassungsproblem in der Weise angehen, daß sie ihre Vorschläge nicht auf unmittelbare Schaffung einer voll ausgebildeten Föderation richte. Sie versuche vielmehr, Bedingungen für die Herausbildung einer solchen Föderation in mehreren Jahren zu schaffen. Eine numerisch gleiche Beteiligung der Turko-Zyprer in einer Bundesregierung sei nicht erforderlich, wesentlich sei gleiche Behandlung durch Behörden (equality of treatment), Gleichstellung in Rechten und Freiheiten." Vgl. den Drahtbericht Nr. 28, Referat 203, Bd. 115917.

[6] Der amerikanische Außenminister Vance hielt sich am 20./21. Januar 1978 in der Türkei und am 21./22. Januar 1978 in Griechenland auf.

[7] Ronald I. Spiers.

Der Herr *Staatssekretär* verwies auf gewisse delikate Probleme im Verhältnis zwischen Denktasch und den Türken, die hier mit hereinspielten, und fragte, ob es nicht besser wäre, die Türken als unmittelbare Gesprächspartner vorzusehen.

Klerides erwiderte, er sei immer davon ausgegangen, daß man durch Denktasch zu den Türken spreche.

Der Herr *Minister* fragte, ob die territoriale oder die konstitutionelle Frage schwieriger sei.

Wie *Klerides* erklärte, sei die territoriale Frage nicht mehr so schwierig, wenn es gelinge, in der Frage der Bewegungsfreiheit und der Achtung des Eigentums echte Fortschritte zu erzielen. Eine vernünftige Haltung der Türken in der Territorialfrage beeinflusse auch die Frage der Bevölkerungsverteilung. Mit der Rückgabe von Varosha[8] wäre das Problem schon zu einem großen Teil gelöst und hätte seine ursprünglichen Dimensionen bereits weitgehend verloren. Die Türken verfügten jetzt über 36% des Gebiets, doch sei der prozentuelle Anteil nicht entscheidend. Vielmehr komme es auf ein „re-adjustment" an, das den Flüchtlingen eine Rückkehr erlaube.

Zur Frage einer Garantie erklärte Klerides, man wünsche eine starke Garantie, die allerdings erst sinnvoll werde, wenn die substantiellen Fragen gelöst seien. Auf keinen Fall werde jedoch an eine Garantie der Sowjetunion gedacht. Vielmehr solle der Sicherheitsrat als solcher eine Garantie geben, nicht seine einzelnen Mitglieder. Auf den Einwand des Herrn *Staatssekretärs*, daß dies zu einer permanenten Blockade durch gegenseitige Vetos führen könne, sagte *Klerides*, man wäre über eine Garantie des Westens glücklich, aber ohne Griechenland und die Türkei. Je weniger diese beiden Länder involviert wären, desto ruhiger werde die Entwicklung auf Zypern. Ihre militärischen Kontingente auf der Insel hätten sich als Brennpunkte ultranationalistischer und chauvinistischer Emotionen erwiesen und zur Polarisierung beigetragen.

Der Herr *Minister* bat darum, über die weiteren Reaktionen auf den Vorschlag Kyprianous unterrichtet zu werden, da er Ende der Woche mit AM Vance zusammentreffe.[9]

Der Herr *Staatssekretär* bemerkte, daß die Regierung Ecevit eine Einmischung von außen vermeiden und die Initiative selbst in der Hand behalten wolle. Ecevit versuche, die Verhandlungen über Zypern von der Frage des Verteidigungsabkommens mit den Amerikanern[10] zu trennen.

---

[8] Varosha war ein Stadtteil von Famagusta, der seit den Kampfhandlungen im Juli/August 1974 militärisches Sperrgebiet war.

[9] Für das Gespräch des Bundesministers Genscher mit dem amerikanischen Außenminister Vance am 12. Februar 1978 in New York vgl. Dok. 43.

[10] Zu dem am 26. März 1976 unterzeichneten Abkommen zwischen den USA und der Türkei über Verteidigungshilfe sowie zum amerikanischen Waffenembargo gegen die Türkei vgl. Dok. 8, Anm. 45.
Botschafter Sahm, Ankara, berichtete am 14. Februar 1978: „Die bei Vance-Besuch in Ankara vereinbarten bilateralen Gespräche über Gesamtbereich türk[isch]-amerikanischer Beziehungen werden voraussichtlich noch im Februar in Ankara beginnen. Wie mir US-Botschafter mitteilte, sei besonderes Problem türk. Wunsch, Defense Cooperation Agreement (DCA) abzuändern oder zu ergänzen. Dies laufe praktisch auf Neuverhandlungen hinaus. Dafür sei die Lage aber besonders ungünstig. Ende Februar würden im Kongreß ‚hearings' über Militärhilfe an Ausland beginnen. Dabei und danach stünden DCA und Waffenembargo zur Diskussion. Wenn Türken nach jahrelangem Drängen

Nach Darlegung von *Klerides* wisse Ecevit aber genau, daß der Kongreß das Embargo ohne Fortschritte in der Zypern-Frage nicht aufheben werde. In diesem Zusammenhang müsse auch die Frage der Wirtschaftshilfe gesehen werden, ohne die Ecevit nicht aus dem derzeitigen Chaos herauskomme.

Der Herr *Minister* versicherte abschließend, daß die Bundesregierung ihre bisherige Haltung beibehalten und ihre Bemühungen fortsetzen werde. *Klerides* dankte hierfür.

Das Gespräch endete gegen 15.50 Uhr.

Referat 203, Bd. 115921

37

Aufzeichnung des Vortragenden Legationsrats von Braunmühl

210-330.05-243/78 VS-vertraulich   **7. Februar 1978**[1]

Über Herrn Dg 21[2] Herrn D2[3] zur Information

Betr.: Gespräche von StM Wischnewski in Ostberlin am 28.1.1978[4]
       hier: Unterrichtung der Missionschefs der Drei Mächte in Bonn durch StM Wischnewski am 7.2.1978

StM Wischnewski unterrichtete die Missionschefs der Drei Mächte am 7.2.1978 in einem etwa einstündigen Gespräch über seinen Besuch in Ostberlin. Auf alliierter Seite waren anwesend: Der britische Botschafter Sir Oliver Wright, der amerikanische Geschäftsträger, Gesandter Meehan, der französische Geschäftsträger, Gesandter Henry.

Fortsetzung Fußnote von Seite 209
nunmehr kein Interesse an baldiger Verabschiedung des DCA hätten, bestünde keine Aussicht, es überhaupt noch durch Kongreß zu bringen. [...] Im übrigen werde auch Präsident Carter nicht geneigt sein, Türkeifrage zweimal im Kongreß durchzukämpfen (Aufhebung Embargo und später DCA). Aussichten für DCA und Aufhebung Embargo würden nach Erfolg des Präsidenten in Sachen Panamakanal günstig sein." Vgl. den Drahtbericht Nr. 141; Referat 203, Bd. 115911.
Am selben Tag teilte Botschafter von Staden, Washington, mit: „Eine Entscheidung darüber, wann die Verabschiedung des Abkommens durch die Administration im Kongreß erneut betrieben werden soll, ist ohnehin noch nicht gefallen." Die Anhörungen im Kongreß im Rahmen der Haushaltsberatungen seien auf die zweite Märzhälfte verschoben worden: „Die Administration beabsichtigt, für den genannten Zeitraum (1.10.1978 bis 30.9.1979) wiederum 175 Mio. Dollar an Krediten und Garantien für die Türkei zu beantragen." Vgl. den Drahtbericht Nr. 596; Referat 203, Bd. 115911.

[1] Hat Vortragendem Legationsrat von Braunmühl am 10. Februar 1978 erneut vorgelegen.
    Hat Vortragendem Legationsrat I. Klasse Freiherr von Richthofen und Legationsrat I. Klasse Spohn am 13. Februar 1978 vorgelegen.
[2] Hat Vortragendem Legationsrat I. Klasse Lücking am 9. Februar 1978 vorgelegen.
[3] Hat Ministerialdirektor Blech am 9. Februar 1978 vorgelegen.
[4] Für das Gespräch des Staatsministers Wischnewski, Bundeskanzleramt, mit dem Außenminister der DDR, Fischer, dem Mitglied des Politbüros, Axen, und dem Abteilungsleiter im ZK der SED, Häber, vgl. BONN UND OST-BERLIN, S. 405–417. Vgl. dazu ferner HÄBER-PROTOKOLLE, S. 149–151.

7. Februar 1978: Aufzeichnung von Braunmühl

Die alliierten Missionschefs waren von den Sprechern der drei Botschaften in der Bonner Vierergruppe begleitet.

Auf deutscher Seite nahmen MDg Bräutigam und Herr Kiewitt sowie vom AA der Unterzeichnende teil.

StM Wischnewski führte aus: Hintergrund seiner Reise sei die seit Jahresbeginn, besonders aber seit den Spiegel-Artikeln über das sog. „Manifest"[5], sich zuspitzende innerdeutsche Situation gewesen. Auf die Spiegel-Artikel habe die DDR in drei Stufen reagiert:

– mit dem ND-Kommentar „schlechter Silvesterscherz"[6],

– der Nichtakkreditierung des neuen Spiegel-Korrespondenten[7],

– der Schließung des Spiegel-Büros.[8]

In Ostberlin seien drei Themen behandelt worden:

1) Die Spiegel-Veröffentlichung und die Folgen.

2) Die Zurückweisung des Oppositionsführers Kohl[9] und anderer Abgeordneter der CDU/CSU im Bundestag[10] ohne konkreten Anlaß am Sektorenübergang nach Ostberlin.

3) Die Zunahme der Kontrollen auf den Transitwegen.

Nachdem sich der Eindruck einer Zuspitzung gebildet habe, sei vom Bundeskanzler entschieden worden, daß man miteinander reden sollte, um festzustellen,

---

[5] Für den Wortlaut des „Manifests" vgl. DER SPIEGEL, Nr. 1 vom 2. Januar 1978, S. 21–24, bzw. Nr. 2 vom 9. Januar 1978, S. 26–30. Vgl. dazu auch Dok. 2, besonders Anm. 3.

[6] In dem Kommentar wurde darauf hingewiesen, daß Massenmedien der Bundesrepublik aus einem in der Wochenzeitschrift „Der Spiegel" veröffentlichten „miserablen Machwerk" zitierten. Hinter der Veröffentlichung stehe der Bundesnachrichtendienst: „Mit diesen neuen böswilligen Verleumdungen und Diffamierungen der DDR und ihrer Bürger sollen offenbar die Beziehungen zwischen der Deutschen Demokratischen Republik und der Bundesrepublik Deutschland neuen Belastungen unterworfen und die Bemühungen um die weitere Entspannung gestört werden. Für die DDR entsteht aus dieser ganzen Angelegenheit nur die Frage, ob es nicht zweckmäßig ist, die Einreise der bundesrepublikanischen Kolporteure solcher Verleumdungen zu unterbinden." Vgl. NEUES DEUTSCHLAND vom 31. Dezember 1977/1. Januar 1978, S. 2.

[7] Zur Ablehnung der Akkreditierung des Journalisten Vater durch die DDR am 3. Januar 1978 vgl. Dok. 2, Anm. 7.

[8] Am 10. Januar 1978 gab die DDR die Schließung des Büros der Wochenzeitschrift „Der Spiegel" in Ost-Berlin bekannt. Staatssekretär Gaus, Ost-Berlin, berichtete dazu am selben Tag, daß er gegenüber dem Abteilungsleiter im Außenministerium der DDR, Seidel, protestiert und ausgeführt habe, die Maßnahmen der DDR verstießen „gegen den Sinn sowohl des Grundvertrages als auch der KSZE-Schlußakte". Die Bundesregierung verlange, daß die DDR die vereinbarten journalistischen Arbeitsmöglichkeiten sicherstelle. Seidel habe den Protest zurückgewiesen und erklärt, daß sich „Der Spiegel" wegen „Beleidigung des Staatsratsvorsitzenden der souveränen DDR" die Grundlage für seine Tätigkeit „selbst entzogen" habe. Vgl. den Drahtbericht Nr. 49; VS-Bd. 13050 (210); B 150, Aktenkopien 1978.

[9] Zur Verweigerung der Einreise für den CDU-Vorsitzenden Kohl am 15. Januar 1978 vgl. Dok. 17, Anm. 7.

[10] Dazu wurde in der Presse berichtet: „Unmittelbar nach den Bonner Protesten gegen die Zurückweisung Kohls hatten ‚DDR'-Offiziere den CDU/CSU-Bundestagsabgeordneten Lorenz Niegel, Michael Glos, Otto Regenspurger, Peter Petersen und Heinz-Jürgen Prangenberg den Aufenthalt in Ost-Berlin verweigert." Die Abgeordneten Glos und Niegel, die zu einem Theaterbesuch hätten einreisen wollen, seien nach 45minütiger Wartezeit am Sektorenübergang Prinzenstraße abgewiesen worden. Dem Abgeordneten Regenspurger, der einen Verwandten habe besuchen wollen, sei die Einreise mit der Begründung verweigert worden, die Sitzung der CDU/CSU-Bundestagsfraktion im Reichstagsgebäude sei „widerrechtlich und eine Provokation". Vgl. dazu den Artikel: „Kohl: Bonns Leisetreterei hat Ost-Berlin ermutigt"; DIE WELT vom 18. Januar 1978, S. 1.

ob es eine grundsätzliche Änderung in der Politik der DDR gebe. Es sei nicht beabsichtigt gewesen, neue Verhandlungen zu führen.

Gesprächspartner seien auf DDR-Seite gewesen:

1) Hermann Axen, Mitglied des Politbüros und ZK-Sekretär für internationale Verbindungen. Axen sei von Honecker als persönlicher Beauftragter benannt worden. Er habe in der SED-Hierarchie einen gewichtigen Platz inne. Zu keiner Zeit habe die Absicht oder der Wunsch bestanden, daß er mit Honecker selbst sprechen solle. Vielmehr sei vorher in dem Kontakt zwischen Bundeskanzler und Honecker verabredet worden, daß jeder einen persönlichen Beauftragten benenne.[11] Zur Person Axens müsse man wissen, daß er einen harten Lebensweg gehabt habe. Er sei aus rassischen und politischen Gründen in die Emigration gegangen. Er sei in Auschwitz gewesen. Er selbst (Wischnewski) sei ihm erstmals begegnet.

2) Außenminister Oskar Fischer: Dieser habe seine Teilnahme ausdrücklich auf seine Eigenschaft als Mitglied des ZK gegründet.

3) Prof. Herbert Häber, Abteilungsleiter im ZK der SED. Dieser verstehe von allen dreien am meisten von der deutsch-deutschen Problematik.

Das Gespräch habe im Gebäude des ZK stattgefunden. Die andere Seite sei nicht interessiert gewesen, über spezielle Fragen der bilateralen Verhandlungssituation[12] zu sprechen, sondern vielmehr nur über die Gesamtsituation. Auch sie habe feststellen wollen, ob der bisherige Kurs weitergehe oder nicht. Die andere Seite habe auf diese Momente, persönliche Beauftragte, Gespräch im ZK-Gebäude, Wert gelegt und deshalb auch gewünscht, daß die üblichen Gesprächspartner an dem Treffen nicht teilnehmen sollten.

Auf seiner Seite habe MD Weichert aus dem BMB an dem Gespräch teilgenommen.

Gesamteindruck: Das Gespräch, das etwa 3 1/2 Stunden gedauert habe, sei hart gewesen. Es habe gezeigt, wo unüberbrückbare Auffassungen bestünden, bei denen man auch nach langen Erörterungen und Verhandlungen nicht zu einer gemeinsamen Auffassung kommen könne, weil die unterschiedlichen Gesellschaftsordnungen keine gemeinsame Auffassung zuließen.

Zum ersten Thema: Spiegel-Veröffentlichungen:

Die andere Seite sei davon ausgegangen, daß es sich hier um eine großangelegte, langfristig geplante propagandistische Aktion von seiten der Bundesrepublik Deutschland, worin die Bundesregierung eingeschlossen sei, gegen die DDR handele, deren Höhepunkt der 25. Jahrestag des 17. Juni in diesem Jahr sein sollte. Die DDR rechne demnach damit, daß es am 17. Juni 1978 zu großen Veranstaltungen komme.

Für uns sei es darauf angekommen, klar zu sagen, daß bei uns jede Zeitung schreibe, was sie wünsche und was sie für richtig halte. Er (Wischnewski) habe

---

[11] Bundeskanzler Schmidt führte am 18. Januar 1978 ein Telefonat mit dem Generalsekretär des ZK der SED, Honecker. Weitere Gesprächsthemen waren Stromlieferungen über Berlin (West) in die Bundesrepublik und die innerdeutschen Verhandlungen. Vgl. dazu BONN UND OST-BERLIN, S. 396–404.
[12] Zu den Verhandlungen zwischen der Bundesrepublik und der DDR vgl. Dok. 2, Anm. 6.

Axen, der als früherer Chefredakteur des Neuen Deutschland[13] etwas vom Pressewesen verstünde, gesagt: Wenn wir versuchten, unsere Zeitungen zu beeinflussen, bestünde die Gefahr, daß diese Zeitungen bald so langweilig würden wie die der DDR. Diese Bemerkung zeige, in welchem Ton man miteinander gesprochen habe.

Er (Wischnewski) habe klargestellt, daß der Bundeskanzler persönlich durch die Behauptung der DDR hart betroffen gewesen sei, daß der BND seine Hand bei dem „Manifest" im Spiel gehabt habe. Denn der BND sei dem Bundeskanzler unterstellt. Die DDR-Vertreter hätten geantwortet: Sie wollten den Bundeskanzler hier ganz herauslassen. Er habe weiter klargestellt, daß die Bundesregierung nichts mit dem „Manifest" zu tun habe. Sie wisse nicht, von wem es stamme. Wir machten uns natürlich alle Gedanken darüber. Es liege jedoch keine Stellungnahme der Bundesregierung oder eines Mitglieds der Bundesregierung zu dem „Manifest" vor. Dies sei vermieden worden, um nicht zu einer Verschärfung beizutragen.

Hieran habe sich eine grundsätzliche Aussprache über die Pressefreiheit angeschlossen, bei der sich keine Möglichkeit einer Übereinstimmung gezeigt habe. Die DDR-Vertreter hätten Argumente gesucht, um festzustellen, daß die Bundesregierung doch auf die Presse einwirken könne. Dies habe sich nach der Schleyer-Entführung[14] gezeigt. Außerdem hätten die DDR-Vertreter immer wieder von den „öffentlich-rechtlichen" Medien gesprochen. Er (Wischnewski) habe erwidert, man sollte nicht die gleichen Maßstäbe für die Behandlung Honeckers und die Bekämpfung der Terroristen anwenden.

Wenn auch Axen keine entsprechenden konkreten Zusicherungen gegeben habe, so könne man doch davon ausgehen, daß im Laufe der Zeit wieder die Möglichkeit gegeben werde, daß auch der Spiegel wieder in Ostberlin arbeiten könne. Konkrete Zusagen habe man zum jetzigen Zeitpunkt nicht erwartet.

Er (Wischnewski) habe nach den Angriffen der DDR-Vertreter auf unsere Presse seinerseits die Berichterstattung der DDR-Medien angesprochen. Er selbst sehe regelmäßig das „Neue Deutschland", „Horizont" und die „Außenpolitik". Diese Medien erweckten den Eindruck, daß es in der Bundesrepublik Deutschland nur drei Themen gebe: Berufsverbot, Arbeitslosigkeit, Terrorismus. Das sei das Deutschlandbild. – Die andere Seite habe dazu am Rande, bei Tisch, eingewandt: Die genannten DDR-Medien seien für die Bevölkerung der DDR nicht die einzige Informationsquelle. Sie hätten damit auch auf das westdeutsche Fernsehen, das von der DDR-Bevölkerung mitgesehen wird, angespielt. – Er (Wischnewski) habe den Gesprächspartnern der DDR einzelne Beispiele der DDR-Berichterstattung vorgehalten, z.B. die sachlich falsche Beschreibung der Polizei, die Befreiung der entführten Lufthansa-Maschine in Mogadischu[15]. Nach seinem Eindruck habe Axen begonnen, darüber nachzudenken, ob es richtig sei, wie man in diesen Fragen miteinander umgehe.

---

[13] Hermann Axen war von 1956 bis 1966 Chefredakteur des „Neuen Deutschland".
[14] Der Präsident der Bundesvereinigung Deutscher Arbeitgeberverbände, Schleyer, wurde am 5. September 1977 in Köln von RAF-Mitgliedern entführt und am 18. Oktober 1977 ermordet. Vgl. dazu AAPD 1977, II, Dok. 242 und Dok. 288.
[15] Zur Erstürmung der Lufthansa-Maschine „Landshut" am 18. Oktober 1977 in Mogadischu vgl. Dok. 1, Anm. 9.

Die DDR betrachte unsere Journalisten (jetzt 19, vorher 20) mit großem Mißtrauen, besonders die Fernsehkorrespondenten. Diese reisten im Lande umher und würden von den Menschen oft erkannt, die dies auch zu erkennen gäben.

Er (Wischnewski) habe auch zu erkennen gegeben, daß die Bundesregierung nach der Reaktion der DDR das „Manifest" viel ernster nehmen müsse, als dies zunächst der Fall war. Er habe damit deutlich machen wollen, wohin Überreaktionen führen könnten.

Zum zweiten Thema: Zurückweisung Kohl u. a.

Die DDR habe sich bei diesem Thema auf keinerlei rechtliche Position berufen. Das Wort Fraktionssitzung sei nicht gefallen. Die Vertreter der DDR hätten sich bei dem ersten Thema sehr viel stärker gemacht als bei diesem zweiten. Das sei auffällig gewesen. Für uns sei nicht erkennbar, ob hier mehr die Interessen der DDR oder der Einfluß Abrassimows maßgeblich gewesen sei. Man hätte den Eindruck haben können, daß die Gesprächspartner der DDR selbst unsicher waren, ob sie hier nicht zu hoch gespielt hätten. Er (Wischnewski) habe deutlich gemacht, daß wir diese Aktionen der DDR mit großem Ernst betrachteten. Die Berufung der DDR auf Erklärungen von Herrn Kohl vom Februar 1977 sei nicht sehr glaubwürdig, da Kohl in der Zwischenzeit schon in der DDR gewesen sei.

Zum dritten Thema: Kontrollen auf den Transitwegen

StM Wischnewski betonte, er wolle in aller Offenheit sagen, daß diese Fragen auch für uns ein ernstes Thema seien. Er habe auch gesagt, wie wir zur Frage eines Mißbrauchs der Transitwege stünden. Er habe keinen Hehl daraus gemacht, daß wir es für erforderlich hielten, uns mit dem Thema zu beschäftigen. Die Behandlung dieser Fragen in der Bonner Vierergruppe im Dezember 1977[16] habe sehr deutlich gemacht, daß auch die Alliierten diese Entwicklung mit Besorgnis beobachteten. Inzwischen beschäftige sich die Bundesregierung auf der Ebene der Staatssekretäre mit diesem Thema. Wir müßten die Fragen mit den Ländern besprechen. Wenn es gelinge, eine Zusammenarbeit auf deutscher Seite ohne Erörterung in der Öffentlichkeit zustande zu bringen, müßten Fortschritte möglich sein. Es könne nicht unser Interesse sein, Schwierigkeiten auf den Zugangswegen zu bekommen. Im Januar 1978 sei inzwischen die höchste Zahl der Behinderung durch Kontrollen erreicht worden.

---

[16] Ministerialdirektor Blech vermerkte am 27. Dezember 1977: „Die Alliierten haben uns am 20.12.1977 in der Bonner Vierergruppe ihre Besorgnis über die Entwicklung auf den Zugangswegen nach Berlin zum Ausdruck gebracht. Sie haben die Befürchtung geäußert, daß die Tätigkeit der Fluchthilfeorganisationen, die von der DDR zum Anlaß für eine Verschärfung der Kontrollen genommen werde, zur Folge haben könne, daß eine der wichtigsten durch das Vier-Mächte-Abkommen erreichten Verbesserungen für Berlin wieder beeinträchtigt werde. Die Alliierten haben erkennen lassen, daß sie bisher nicht davon überzeugt seien, daß die Möglichkeiten der Bundesregierung, Mißbräuche der Zugangswege abzustellen, ausgeschöpft seien. Die Alliierten haben hier ihr besonderes Interesse, als für den Berlin-Zugang verantwortliche Mächte, geltend gemacht. Sie sind besorgt, daß die Sowjets im Falle von Vier-Mächte-Konsultationen, die Moskau aus anderen Gründen (Bundespräsenz und Verhältnis Berlin/Bund) anstreben könnte, die Zustände auf den Transitwegen zur Schwächung der westlichen Position nutzbar machen könnten. Die Alliierten haben die Bundesregierung eindringlich gebeten, alles in ihrer Macht Stehende zu tun, damit der anderen Seite kein Anlaß für zugangsbehindernde Verschärfungen der Kontrollen im Berlin-Verkehr gegeben werden." Blech schlug vor, „den beteiligten Ressorts und dem Bundeskanzleramt auf hoher Ebene Mitteilung über die von den Alliierten geäußerten Vorstellungen zu machen". Vgl. VS-Bd. 11003 (210); B 150, Aktenkopien 1977.

7. Februar 1978: Aufzeichnung von Braunmühl 37

DDR-Außenminister Fischer habe noch vier Punkte, die eigentlich nichts Neues besagten, in der Art einer Pflichtaufgabe vorgebracht:

1) Zur Frage der Ausklammerung des Grenzverlaufs auf der Elbe bei der Tätigkeit der Grenzkommission habe Fischer negativ reagiert.[17] Dies sei für uns überraschend gekommen.

2) Der Bundesregierung habe Fischer eine angebliche Einmischung in die auswärtigen Beziehungen der DDR vorgeworfen. Dies habe er klar zurückgewiesen.

3) Zum Thema Staatsbürgerschaft habe Fischer den bekannten DDR-Standpunkt wiederholt[18], er habe auf unseren Rechtsstandpunkt[19] hingewiesen.

4) Fischer habe auf die Fälle Weinhold[20] und Fehder[21] hingewiesen, die auch

---

[17] In der aufgrund des Vertrags vom 26. Mai 1972 zwischen der Bundesrepublik und der DDR über Fragen des Verkehrs eingesetzten Verkehrskommission wurde über einen Elbschiffahrtsvertrag verhandelt. Dessen Abschluß war abhängig von den Verhandlungen der im Zusatzprotokoll zu Artikel 3 des Vertrags vom 21. Dezember 1972 über die Grundlagen der Beziehungen zwischen der Bundesrepublik und der DDR vorgesehenen Grenzkommission über den Grenzverlauf im Elbeabschnitt Schnackenburg/Lauenburg. Vgl. dazu AAPD 1975, II, Dok. 392, sowie AAPD 1976, I, Dok. 112.
Im März 1977 unterbreitete die Bundesregierung den Vorschlag, die Frage des Grenzverlaufs in der Elbe aus den Verhandlungen der Grenzkommission auszuklammern. Vgl. dazu AAPD 1977, I, Dok. 48. Ministerialdirektor Blech legte am 11. November 1977 dar, daß das Präsidium des Obersten Gerichts der DDR am 9. November 1977 entschieden habe, „daß die Staatsgrenze zwischen der Deutschen Demokratischen Republik und der Bundesrepublik Deutschland in der Mitte des Talwegs verläuft". Blech führte dazu aus: „Das Verhalten der DDR muß als eine weitere Reaktion auf den von unserer Seite in diesem Jahr in der Grenzkommission unterbreiteten Vorschlag, den Problembereich Elbe aus den Arbeiten der Grenzkommission auszuklammern, verstanden werden. Ganz offensichtlich ist die DDR bemüht, sich eine möglichst günstige Verhandlungsposition für die noch ausstehende Grenzregelung auf der Elbe zu sichern bzw. eine solche Regelung durch die Schaffung entsprechender faktischer Verhältnisse zu ersetzen." Mit der Feststellung, daß die Grenze zwischen der DDR und der Bundesrepublik im Elbabschnitt auf der Mitte des Talwegs verlaufe, verlasse die DDR ihre in den letzten Jahren eingenommene Haltung, wonach die Grenze auf der Strommitte der Elbe verlaufen könne, und kehre zu ihrer früheren Ausgangsposition zurück. Vgl. Referat 210, Bd. 115052.
[18] Nach Paragraph 1 des Gesetzes vom 20. Februar 1967 über die Staatsbürgerschaft der DDR (Staatsbürgerschaftsgesetz) war Staatsbürger der DDR, wer „zum Zeitpunkt der Gründung der Deutschen Demokratischen Republik deutscher Staatsangehöriger war, in der Deutschen Demokratischen Republik seinen Wohnsitz oder ständigen Aufenthalt hatte und die Staatsbürgerschaft der Deutschen Demokratischen Republik seitdem nicht verloren hat". Vgl. GESETZBLATT DER DDR 1967, Teil I, S. 3.
Das Gesetz vom 16. Oktober 1972 zur Regelung von Fragen der Staatsbürgerschaft legte fest, daß „Bürger der Deutschen Demokratischen Republik, die vor dem 1. Januar 1972 unter Verletzung der Gesetze des Arbeiter-und-Bauern-Staates die Deutsche Demokratische Republik verlassen und ihren Wohnsitz nicht wieder in der Deutschen Demokratischen Republik genommen haben", mit Inkrafttreten des Gesetzes am 17. Oktober 1972 die Staatsbürgerschaft der DDR verloren. Vgl. GESETZBLATT DER DDR 1972, Teil I, S. 265.
[19] Die Staatsangehörigkeit war geregelt in Artikel 116 des Grundgesetzes vom 23. Mai 1949; BUNDESGESETZBLATT 1949, S. 15 f.
Das Gesetz vom 22. Februar 1955 zur Regelung von Fragen der Staatsangehörigkeit betraf die Staatsangehörigkeitsverhältnisse deutscher Volkszugehöriger, denen die deutsche Staatsangehörigkeit aufgrund von Verträgen und Verordnungen zwischen 1938 und 1945 durch Sammeleinbürgerung verliehen worden war, von Personen, die gemäß Artikel 116 GG Deutsche waren, ohne die deutsche Staatsangehörigkeit zu haben, sowie deutscher Volkszugehöriger, die nicht Deutsche im Sinne des Grundgesetzes waren. Für den Wortlaut vgl. BUNDESGESETZBLATT 1955, Teil I, S. 65–68.
Weiterhin Gültigkeit hatte zudem das Reichs- und Staatsangehörigkeitsgesetz vom 22. Juli 1913. Für den Wortlaut vgl. REICHSGESETZBLATT 1913, S. 583–593.
[20] Werner Weinhold erschoß am 19. Dezember 1975 bei seiner Flucht aus der DDR zwei Angehörige der DDR-Grenztruppen und wurde am 2. Dezember 1976 vom Landgericht Essen in erster Instanz freigesprochen. Am 9. September 1977 hob der Bundesgerichtshof in Karlsruhe den Freispruch auf

ihm (Wischnewski) Sorge bereiteten. Axen habe diese beiden als „Terroristen" bezeichnet.

Zum Ergebnis:

Das Gespräch habe die Zusicherung beider Seiten erbracht, die Bemühungen um eine Normalisierung fortzusetzen. Der Vorschlag, die Worte „sachlich und nützlich" für die Presseerklärung[22] zu benutzen, stamme von Axen. Im Augenblick gebe es keinen Anlaß zu weiteren Gesprächen in gleicher Form. Wir wollten die bestehenden Instrumente, besonders unsere Ständige Vertretung in Ostberlin, benutzen, um weiterzukommen. Er (Wischnewski) glaube, die andere Seite sei jetzt davon überzeugt, daß es sich nicht um eine von der Bundesregierung organisierte Kampagne gegen die andere Seite handele. Es bleibe dabei, daß es drüben viel Unsicherheit gebe. Deshalb würden immer wieder kurzfristig Schwierigkeiten entstehen. Er (Wischnewski) glaube jedoch, daß es keine grundsätzliche Änderung der Politik der DDR gebe. Auch in der DDR bestehe die Absicht, ohne Sensationen Schritt für Schritt weiterzukommen. Er habe seine Gesprächspartner darauf hingewiesen, daß die DDR selbst das Verhältnis zur Bundesrepublik Deutschland als „besondere Beziehungen" behandele, denn in diesem Verhältnis gebe es immer wieder Schwierigkeiten, während sich die Beziehungen zwischen uns und anderen osteuropäischen Staaten normaler gestalteten, was auch in hochrangigen politischen Begegnungen seinen Ausdruck finde. Dieses Argument wirke auf seiten der DDR am überzeugendsten. Diese Unterschiede wolle man drüben nicht.

Es gebe keine Absprache über eine Begegnung zwischen dem Bundeskanzler und Honecker. Sie sei nicht ausgeschlossen, dies habe der Bundeskanzler selbst nie getan. Es gebe jedoch kein aktuelles Projekt. Beide Seiten hätten gefunden, daß eine solche Begegnung nur stattfinden sollte, wenn das Klima entsprechend sei und wenn bei den verschiedenen Verhandlungen eine Lage erreicht sei, nach der man einen Schritt vorwärtskommen könne, wobei keine falschen Hoffnungen erweckt werden dürften.

Über diese allgemeinen Fragen sei man nicht hinausgekommen. Er selbst sei auch auf die Erörterung von Einzelfragen vorbereitet gewesen. Nicht jedoch Axen. Bei Fischer habe sich gezeigt, daß er ein Mann sei, der Außenpolitik exekutiere.

Abschließend erwähnte StM Wischnewski: Er habe kaum eine Reise mit einem solchen Sicherheitsaufwand unternommen. Dies sei das Problem der anderen Seite. Auch die Verschiebung des Gesprächs um eine Woche gehe auf die andere Seite zurück. Zunächst habe man eine Zusage gegeben, dann habe man mitgeteilt, daß zunächst die Sitzung des Politbüros abgewartet werden müsse. Es habe auch vorher eine Sprachregelung an die Parteibezirke gegeben.

Fortsetzung Fußnote von Seite 215
    und verwies den Fall zur Neuverhandlung zurück an das Landgericht Hagen. Vgl. dazu den Artikel „Bundesgerichtshof hebt das Urteil im Fall Weinhold auf"; DIE WELT vom 10. September 1977, S. 4.
[21] Der Angehörige der DDR-Grenztruppen, Fehder, erschoß am 14. Juli 1977 einen Kameraden und floh über die innerdeutsche Grenze. Am 17. Juli 1977 erließ das Amtsgericht Rotenburg/Wümme Haftbefehl gegen Fehder. Vgl. dazu den Artikel „Haftbefehl gegen geflüchteten DDR-Soldaten"; FRANKFURTER ALLGEMEINE ZEITUNG vom 18. Juli 1977, S. 1.
[22] Für den Wortlaut vgl. NEUES DEUTSCHLAND vom 30. Januar 1978, S. 1.

7. Februar 1978: Aufzeichnung von Braunmühl

Die Beurteilung der Bundesregierung sei, daß es richtig gewesen sei, dieses offene und harte Gespräch zu führen. Man habe auf beiden Seiten festgestellt, daß es kein gegenseitiges Hochsteigern geben sollte. Er (Wischnewski) glaube, daß die Begegnung nicht unerheblich zur Beruhigung beigetragen habe.

Der britische Botschafter bedankte sich für die Unterrichtung und betonte, daß die alliierten Missionschefs solche Begegnungen mit StM Wischnewski schätzten. Er fragte, ob sich bei dem Gespräch eine Bestätigung für die Theorie gefunden habe, daß es im Osten allgemein eine härtere Gangart gebe, die den Anfang eines Interregnums in Moskau widerspiegele. Der Bericht StM Wischnewski deute nicht darauf hin.

StM Wischnewski erwiderte: Man müsse mit einer Beurteilung aufgrund eines so kurzen Besuchs vorsichtig sein. Nach seinen Informationsquellen könne man nicht von einer Verhärtung sprechen, eher von einer Verunsicherung. Wenn es in Moskau personelle Veränderungen geben werde, dann werde überall überlegt, was weiter kommen werde. In einer solchen Zeit der Verunsicherung könnten Reaktionen noch stärker ausfallen, als dies unter Bedingungen in kommunistischen Ländern üblich sei. Im übrigen gebe es in der DDR ganz ernste Probleme: Das Problem zweier Währungen und der Intershop-Läden. Die Funktionäre, die kein Westgeld hätten, seien darüber verärgert. Die Verärgerung steige, wenn sie im Fernsehen von der Lieferung der 10 000 Golf Pkw erführen[23], die sie sich nicht kaufen könnten. In diese Lage hinein sei das „Manifest" gekommen, das sicher in vielen Punkten die Stimmung der Bevölkerung wiedergebe. Er hoffe, daß seine Gespräche etwas zur Beruhigung beigetragen hätten, obwohl er zu den Punkten, in denen sachliche Differenzen bestünden, wie hinsichtlich der Pressefreiheit, nicht viel für die DDR Befriedigendes hätte sagen können. Hier gebe es noch eine Frage, die Berlin betreffe und bei der es sich um eine reine Vermutung handele: Abrassimow habe seinen Verantwortlichen wohl mehr und besseres – aus deren Sicht – über das Vier-Mächte-Abkommen gesagt, als dabei wirklich für die Sowjets herausgekommen sei. Darüber dächten wir viel nach.

Der amerikanische Geschäftsträger meinte: Der Bericht Wischnewskis klinge so, als gebe es „im Osten nichts Neues". Nach den Veröffentlichungen im Spiegel solle es erhebliche Spannungen in der SED-Führung geben. Sei davon nichts spürbar gewesen?

StM Wischnewski: Er könne nicht sagen, daß in den Gesprächen Unsicherheit spürbar gewesen sei. Axen habe frei gesprochen, ohne Papiere. Lediglich bei

---

23 Am 1. Dezember 1977 wurde in der Presse berichtet, daß das Volkswagenwerk mit der Firma „Außenhandelsbetrieb Transportmaschinen Export und Import" aus Ost-Berlin einen Vertrag über die Lieferung von 10 000 PKW vom Typ Golf, beginnend ab dem Frühjahr 1978, abgeschlossen habe. Die Wagen würden von der DDR-Staatsfirma in Form eines Kompensationsgeschäfts bezahlt. Schätzungen zufolge werde der Verkaufspreis in der DDR für einen Wagen bei ca. 30 000 Mark liegen. Vgl. dazu den Artikel „VW durchbricht eine Barriere: 10 000 Golf rollen in die ‚DDR'"; DIE WELT vom 1. Dezember 1977, S. 1.
Am 13. Februar 1978 wurde berichtet, daß nach „teilweise heftigen Unmutsäußerungen" in der Bevölkerung der Verkaufspreis auf ca. 19 000 Mark gesenkt worden sei. Vgl. dazu den Artikel „Ansturm in der DDR auf VW-‚Golf'"; FRANKFURTER ALLGEMEINE ZEITUNG vom 13. Februar 1978, S. 2.

der Frage der Einreiseverweigerung gegenüber Herrn Kohl hätten sich die Gesprächspartner offenbar nicht ganz wohl gefühlt.

Braunmühl

VS-Bd. 13060 (210)

38

Gesandter Boss, Brüssel (NATO), an das Auswärtige Amt

114-10591/78 VS-vertraulich   Aufgabe: 7. Februar 1978, 18.50 Uhr[1]
Fernschreiben Nr. 154   Ankunft: 7. Februar 1978, 19.35 Uhr
Citissime

Betr.: Beziehung Griechenlands zur NATO[2]

Bezug: Tel.[3] Gesandter Dr. Boss–Dr. Pfeffer am 7.2.1978

Zur Unterrichtung

Aus der Sicht der Vertretung kann folgendes gesagt werden:

I. 1) Wie bisher versuchen Griechen und Türken, die Allianz für ihre Zwecke einzusetzen, um Positionsgewinne in ihren bilateralen Auseinandersetzungen buchen zu können. Deshalb ist es schwer zu beurteilen, ob und inwieweit die von Karamanlis gegenüber der NATO geführte Politik verhandlungstaktisch ist oder auf innenpolitischen Zwängen beruht. Das gleiche gilt für Ecevits Andeutungen größerer Distanz zur NATO und zu den Vereinigten Staaten.

2) Ziel der Allianz war es bisher, Griechenland in die Integration voll zurückzugewinnen. Dazu war sie auch durch griechische Äußerungen ermutigt, daß Zeitablauf einen solchen griechischen Schritt möglich machen würde. Die Politik der Mehrheit ging deshalb dahin, nur vordringliche Probleme (z. B. Frühwarnsystem) ad hoc mit den Griechen zu lösen und das türkische Drängen auf Gesamtregelung abzufangen. Dabei spielte die Überlegung eine große Rolle, daß ohne Bereinigung des türkisch-amerikanischen Verhältnisses weder Bewegung in die türkisch-griechischen Beziehungen (Zypern) noch in das Verhältnis Allianz–Griechenland kommen könne, das wiederum aus griechischer Sicht Voraussetzung für die Regelung der griechisch-amerikanischen Verteidigungsbeziehungen ist.

3) Die Türken haben bisher mit der Karte ihrer strikten Treue zur NATO-Integration gespielt. Ob dies weiterhin so sein wird, kann nicht mit Sicherheit gesagt werden. Sie könnten darauf verfallen, durch Nachahmung des griechischen Beispiels ihre Positionen verbessern zu können.

---

[1] Hat Vortragendem Legationsrat I. Klasse Heibach am 9. Februar 1978 vorgelegen.
[2] Zu den Bemühungen um einen Wiedereintritt Griechenlands in die militärische Integration der NATO vgl. Dok. 26, Anm. 17 und 18.
[3] Telefongespräch.

II. 1) Die Chancen einer ausgehandelten „Sonderregelung" mit den Griechen müssen auf dem Hintergrund der Bemerkungen zu I. gesehen werden. Aus dem zwischen der Allianz und Griechenland bisher geführten Notenaustausch läßt sich nicht erkennen, welchen Inhalt dieser „Sonderstatus" Griechenlands in den entscheidenden Fragen der Beteiligung an der Verteidigungsplanung, der Verteidigungsüberprüfung und der Rüstungszusammenarbeit haben soll und wie darin die sich aus dem NATO-Vertrag[4] und der Ottawa-Erklärung[5] ergebenden Verpflichtungen definiert werden sollen. Klärung einer Reihe militärtechnischer Fragen werden erst die Expertengespräche mit den Griechen herbeiführen können, die vermutlich in nächster Zeit aufgrund der noch ausstehenden Zustimmung der Griechenland-ad-hoc-Gruppe geführt werden sollen.

2) Zu der Frage, welche positiven und welche negativen Aspekte eine Sonderregelung mit Griechenland hätte, kann deshalb nur sehr beschränkt Stellung genommen werden.

a) Positive Aspekte

Weitgehende militärische Reintegration Griechenlands dürfte die Wirksamkeit der Allianz an der Südostflanke (NADGE[6], Command, Control and Information System) wesentlich erhöhen. Sie wäre auch ein wichtiger Schritt zur Stärkung der Solidarität der Allianz und der an der Südostflanke besonders strapazierten Glaubwürdigkeit der Abschreckung des Bündnisses. Diese Wirksamkeit würde noch wesentlich gesteigert, wenn sich die Griechen – was jetzt nicht abgesehen werden kann – im Rahmen der Regelung bereit erklären würden, an den integrierten Allianz-Organen voll teilzunehmen (DPC, DRC[7] usw.).

b) Negative Aspekte

In gewisser Weise hat jeder Verbündete einen „Sonderstatus" (Großbritannien UK-Air; Dänemark, Norwegen keine Stationierung fremder Truppen und Lagerung von Atomwaffen in Friedenszeiten). Ein Sonderstatus, der sich z. B. aus der in Aussicht genommenen Kommandostruktur ergeben würde, ist jedoch viel gravierender, denn Griechenland will sein zu schaffendes „nationales" Kommando erst mit „reinforced alert" in NATO-Funktion überführen. Damit würde die Beteiligung Griechenlands an dem militärischen Krisenmanagement des Bündnisses entfallen. Es muß auch befürchtet werden, daß andere Bündnispartner eine dem griechischen Vorbild vergleichbare Kommandostruktur für sich in Anspruch nehmen könnten.

Da der zwischen Griechenland und Türkei schwelende Disput nicht gelöst ist, müßten sich auch die bilateralen Konflikte über die See- und Luftgrenzen in der Ägäis[8] weiterhin auswirken.

---

[4] Für den Wortlaut des NATO-Vertrags vom 4. April 1949 vgl. BUNDESGESETZBLATT 1955, Teil II, S. 289–292.

[5] Für den Wortlaut der am 19. Juni 1974 auf der NATO-Ministerratstagung in Ottawa gebilligten und veröffentlichten Erklärung über die Atlantischen Beziehungen, die am 26. Juni 1974 von den Staats- und Regierungschefs in Brüssel unterzeichnet wurde, vgl. NATO FINAL COMMUNIQUES 1949–1974, S. 318–321. Für den deutschen Wortlaut vgl. EUROPA-ARCHIV 1974, D 339–341. Vgl. dazu auch AAPD 1974, I, Dok. 183 und Dok. 191.

[6] NATO Air Defense Ground Environment System.

[7] Defence Review Committee.

[8] Zum griechisch-türkischen Konflikt in der Ägäis vgl. Dok. 3, Anm. 17.
Vom 12. bis 15. Februar 1978 fanden in Paris Gespräche über den Festlandsockel in der Ägäis

c) Zusammenfassend kann gesagt werden, daß die Einräumung eines Sonderstatus für Griechenland nur in Richtung auf eine volle Reintegration in Aussicht genommen werden sollte. Je weiter dieser Sonderstatus hinter der vollen Integration zurückbleiben würde, desto mehr würde er ein gefährliches Präjudiz darstellen, das den Anfang einer Auflösung der Südostflanke bedeuten könnte. Überdies käme ein weitgehender Sonderstatus einer Privilegierung eines Bündnispartners gleich.

Es darf darüber hinaus nicht übersehen werden, daß die Türkei hier ein entscheidendes Wort zu sagen hat und daß ein zu starker Druck auf die Türken, um sie den griechischen Wünschen gefügig zu machen, sehr negative Auswirkungen haben könnte.

III. Ob ein Sonderstatus Griechenlands für die NATO tragbar sein kann, wird sich in den kommenden Gesprächen zeigen. Aus den bisher gemachten Erfahrungen und bei der Komplexität der Materie wird man mit einer längeren Dauer der Gespräche und Verhandlungen rechnen müssen. Bis jetzt ist nicht bekannt, ob die Griechen auf die Fragen der Allianz klare Antworten geben werden. Sollten die griechischen Forderungen zu hoch angesetzt sein, wird es vermutlich besser sein, den bisherigen nicht fixierten Zustand beizubehalten und erst Bewegungen im amerikanisch-türkisch-griechischen Verhältnis abzuwarten. Freilich darf dabei der Nachteil nicht übersehen werden, der durch die sich ständig weiter verfestigende Entfremdung des griechischen Militärs von NATO-Regeln und NATO-Verfahren entsteht.[9]

[gez.] Boss

VS-Bd. 11101 (203)

Fortsetzung Fußnote von Seite 219

statt. Vortragender Legationsrat I. Klasse Heibach notierte dazu am 23. Februar 1978, nach Auskunft der türkischen Botschaft habe „die griechische Seite ihr vorjähriges Angebot, der Türkei ca. 15% des ägäischen Festlandsockels (in Gestalt von zwischen den ostägäischen Inseln ins Meer hinausragender ‚Zungen') zuzugestehen, nunmehr durch Verkleinerung der ‚Zungen' auf ca. 8% reduziert. Der türkische Vorschlag sieht für jedes der beiden Länder 15% Exklusivrechte vor und möchte den Rest als ‚Kondominium' behandelt sehen." Heibach vermerkte dazu: „Um ein realistisches Bild zu gewinnen, müßte man den genannten Prozentzahlen die Ausdehnung der beiderseitigen Territorialgewässer hinzu addieren, die auf türkischer Seite etwa 3%, auf griechischer über 30% der Wasserfläche der Ägäis betragen (solange es bei beiderseits 6 sm bleibt). Mit ihrem Vorschlag, daß die Meeresoberfläche über dem Festlandsockel beider Länder ‚hohe See' bleiben soll, möchten die Türken offenbar erreichen, daß in der Ägäis keine Wirtschaftszonen etabliert werden." Vgl. Referat 203, Bd. 115870.

[9] Vortragender Legationsrat Bensch notierte am 9. Februar 1978, daß die griechische Botschaft den Vorabdruck eines Memorandums über die Beziehungen Griechenlands zur NATO übergeben habe, das am nächsten Tag formell eingereicht werden solle. Dieses enthalte „in der Substanz nichts Neues". Besonders hinzuweisen sei jedoch „auf Ziff. 6 des griechischen Memorandums. Es überrascht, daß man sich hier nochmals auf die Vorschläge vom Januar 1977 bezieht. Diese Vorschläge wurden abgelehnt, da sie antitürkische Polemik enthalten. Für ein solches Abkommen ist aber Einstimmigkeit aller NATO-Mitglieder erforderlich. Man kann von den Türken nicht verlangen, daß sie mit ihrer Unterschrift gegen sie gerichtete griechische Beschuldigungen billigen. Wenn die Griechen in Kenntnis der erfolgten Ablehnung und der Gründe dafür nun wiederum auf diese Vorschläge vom Januar 1977 zurückkommen, sind Zweifel berechtigt, ob es ihnen wirklich um eine Regelung ihres Verhältnisses zum Bündnis, für die sie die türkische Zustimmung brauchen, geht oder nicht vielmehr um einen gegen die Türkei zu erzielenden Propaganda-Effekt." Vgl. Referat 203, Bd. 115870.

39
Runderlaß des Vortragenden Legationsrats von Kameke

012-II-312.74 Aufgabe: 10. Februar 1978, 14.47 Uhr[1]
Fernschreiben Nr. 9 Ortez

Zur 500. Tagung des Rates der Europäischen Gemeinschaften

Mit der Ratstagung (Außenminister) am 7. Februar 1978 ist der gemeinsame Rat der EG seit der Fusion der Gemeinschaftsorgane[2], d. h. seit seiner Tagung am 3. Juli 1967, nunmehr nicht weniger als fünfhundertmal zusammengetreten. Zu Beginn der Jubiläumstagung erinnerte dänische Präsidentschaft[3] an die gewaltige Arbeitsleistung der Außen- und Fachminister, die sich hinter dieser Zahl verbirgt, hob jedoch auch die Einfachheit der Tagesordnung, die die Ratstagung damals kennzeichnete, als Vorbild für die auch heute angestrebte Konzentration auf wichtige Entscheidungsfragen hervor.

Im Vordergrund der Erörterung im Rat standen Beziehungen zu Japan und Beitrittsverhandlungen mit Griechenland. Die wesentlichen Ergebnisse der Tagung sind:

1) Beziehungen zu Japan

Im Anschluß an Auftrag des Europäischen Rats (ER) vom 5./6. Dezember 1977[4] und Beschluß des Rats vom 20. Dezember 1977[5], Konsultationen mit Japan zu intensivieren, billigte Rat als Ergebnis seiner Erörterung ein internes Papier, welches Grundlage weiterer Konsultationen mit Japan bilden soll.[6] Beabsichtigtes Vorgehen entspricht bisheriger Linie der Gemeinschaft und trägt unseren Bestrebungen weitgehend Rechnung, japanischen Handelsbilanzüberschuß expansiv, d. h. durch Ausweitung der EG-Exporte, zu lösen. Hierfür sind insbeson-

---

[1] Durchdruck.
[2] Vgl. dazu den Vertrag vom 8. April 1965 über die Fusion der Exekutiven der Europäischen Gemeinschaften; BUNDESGESETZBLATT 1965, Teil II, S. 1454–1497.
[3] Knud Børge Andersen.
[4] Zur Tagung des Europäischen Rats in Brüssel vgl. AAPD 1977, II, Dok. 357.
[5] Der EG-Ministerrat kam am 20. Dezember 1977 nach einem Bericht des Präsidenten der EG-Kommission, Jenkins, über Gespräche mit dem japanischen Minister für Außenwirtschaftsfragen, Ushiba, am 16. Dezember 1977 in Brüssel überein, auf seiner Tagung am 7. Februar 1978 in Brüssel eine „grundsätzliche Sachaussprache über Beziehungen zu Japan zu führen". Vgl. den Drahtbericht Nr. 5001 des Botschafters Sigrist, Brüssel (EG), vom 21. Dezember 1977; B 201 (Referat 411), Bd. 445.
[6] Botschafter Sigrist, Brüssel (EG), übermittelte am 3. Februar 1978 einen am Vortrag vom Ausschuß der Ständigen Vertreter mit Blick auf die EG-Ministerratstagung am 7. Februar 1978 in Brüssel überarbeiteten Entwurf der EG-Kommission von Richtlinien des EG-Ministerrats für die Gespräche mit Japan. Wesentliche Punkte seien: „Erklärung, daß Gemeinschaft einheitliche Haltung gegenüber Japan einnimmt und M[itglied]s[taaten] sich ebenfalls von dieser Haltung leiten lassen [...]; Notwendigkeit, daß ungeachtet bisheriger japanischer Maßnahmen weitere Schritte unternommen werden müssen, um jap[anischen] Zahlungsbilanzüberschuß abzubauen [...]; Notwendigkeit einer Tendenzwende ab zweiter Hälfte 1978. Dazu zugleich makro-ökonomische Maßnahmen und echte Öffnung des jap. Marktes erforderlich [...]; im makro-ökonomischen Bereich soll Japan durch Anregung der Inlandsnachfrage Wachstum auf hohem Niveau erreichen. Weitere Maßnahmen sind auf fiskalischem, monetärem und dem Gebiet der Devisenkontrolle sowie der Entwicklungshilfe erforderlich". Ferner werde ein Abschluß der multilateralen Handelsverhandlungen im Rahmen des GATT gefordert. Die EG-Kommission solle mit Japan „unverzüglich und auf hoher Ebene Gespräche aufnehmen". Vgl. den Drahtbericht Nr. 442; Referat 341, Bd. 107612.

dere effektivere japanische Maßnahmen zur Marktöffnung und aktiven Importförderung, aber auch Eigenanstrengungen der EG-Exporteure Voraussetzung. Weitere Forderungen an Japan: Volle Verwirklichung japanischer Absichtserklärung betreffend makro-ökonomische Maßnahmen als japanischer Beitrag zur Wiederankurbelung der Weltwirtschaft sowie wesentlich erhöhte japanische Beiträge an multilaterale Entwicklungshilfeorganisationen.

Kommission wurde um Zwischenbericht über ihre Konsultationen mit Japan auf Ratstagung am 7. März[7] und Schlußbericht auf April-Tagung des Rats[8] vor ER am 7./8. April[9] gebeten.

2) Beitrittsverhandlungen mit Griechenland[10]

Rat einigte sich auf eine Erklärung, daß die Gemeinschaft nach der kurz zuvor erfolgten Annahme des ersten Teilmandats für die Beitrittsverhandlungen (über Zollunion im gewerblichen Bereich[11]) durch Ausschuß der Ständigen Vertreter nunmehr in „substantielle Verhandlungsphase" eintreten werde, und bekräftigte gleichzeitig seine Entschlossenheit, alle Anstrengungen zu unternehmen, um die Sachverhandlungen noch in diesem Jahr abzuschließen.[12]

Einen von Frankreich und uns gewünschten Zusatz, daß als Termin für Beitritt Griechenlands der 1.1.1980 angestrebt werden solle, lehnte Mehrzahl unserer Partnerstaaten aus der Befürchtung heraus ab, daß die dadurch geweckten Hoffnungen sich letztlich als unerfüllbar herausstellen könnten.

3) Beziehungen zu Zypern[13]

Auch diesmal gelang es trotz beträchtlichen Engagements der Präsidentschaft nicht, Einigung über eine Verbesserung des Agrarangebots an Zypern zu erzie-

---

[7] Zur EG-Ministerratstagung am 7. März 1978 in Brüssel vgl. Dok. 75.
[8] Zur EG-Ministerratstagung am 3./4. April 1978 in Luxemburg vgl. Dok. 107.
[9] Zur Tagung des Europäischen Rats in Kopenhagen vgl. Dok. 113.
[10] Zum Stand der Verhandlungen über einen EG-Beitritt Griechenlands vgl. Dok. 8, Anm. 40.
[11] Botschafter Sigrist, Brüssel (EG), teilte am 3. Februar 1978 mit, daß der Ausschuß der Ständigen Vertreter am Vortag ein Papier verabschiedet habe, „in dem die Stellungnahme der Gemeinschaft zum Bereich ‚Zollunion und freier Warenverkehr im gewerblichen Bereich' festgelegt wird". Das Papier solle Griechenland schon vor der EG-Ministerratstagung am 7. Februar 1978 in Brüssel übergeben werden. Vgl. den Drahtbericht Nr. 453; Referat 410, Bd. 121687.
[12] Für die Erklärung vgl. den Drahtbericht Nr. 483 des Ministerialdirigenten Kittel, Brüssel (EG), vom 7. Februar 1978; Referat 410, Bd. 121687.
[13] Vortragender Legationsrat I. Klasse Trumpf erläuterte am 30. Dezember 1977: „Bei Verlängerung der ersten Stufe Assoziierungsabkommens (Unterzeichnung Zusatz- und Finanzprotokolls) am 15.9.1977 hat EG in besonderem Briefwechsel zugesichert, alsbald Verhandlungen über Agrarzugeständnisse zugunsten Zyperns mit Ziel aufzunehmen, diese am 1.1.1978 in Kraft zu setzen." Der EG-Ministerrat habe am 21./22. November 1977 in Brüssel ein Verhandlungsmandat zwar grundsätzlich gebilligt: „Bei folgenden Diskussionen über Einzelheiten Vorschlags bestand I jedoch auf sehr restriktiver Regelung für Kartoffeln [...], so daß Rat am 20. Dezember erneut befaßt werden mußte. Er verabschiedete Mandat schließlich, wobei ursprüngliche (großzügigere) Kartoffel-Regelung auf ein Jahr (1978) befristet wurde. [...] Verhandlungen mit Zypern begannen bereits am 22. Dezember. Sie wurden auf zyprischer Seite mit großer Offenheit, ja Schärfe geführt. Zyprer lehnten sowohl Inhalt Mandats als auch autonome Regelung als vor Hintergrund fünfjähriger Assoziation und bisheriger Commonwealth-Präferenzen unannehmbar ab." Vgl. Referat 410, Bd. 121769.
Eine zweite Verhandlungsrunde fand am 24. Januar 1978 statt. Botschafter Sigrist, Brüssel (EG), teilte dazu am 25. Januar 1978 mit, die zypriotische Delegation habe ihre Gegenvorstellungen zum Angebot der Europäischen Gemeinschaften erläutert und dabei ausgeführt, daß dieses insbesondere bei Kartoffeln „nicht annehmbar" sei, da Kartoffeln zwischen 30 und 50 % der Gesamtagrarexporte Zyperns ausmachten. Vgl. dazu den Drahtbericht Nr. 316; Referat 410, Bd. 121769.

len. Annahme eines neuen Vorschlags der Kommission, die noch in vorangegangener Nacht mit zyprischer Seite verhandelt hatte, scheiterte an formalen Bedenken Frankreichs und sachlichen Einwänden anderer Partnerstaaten vor allem gegen Zugeständnisse bei Kartoffeln. Italien macht seine Konzessionsbereitschaft auf diesem Gebiet von Einführung einer Kartoffelmarktordnung mit Außenschutz abhängig.

Rat bat Agrarminister, auf ihrer Ratstagung am 13. Februar[14] zunächst einige technische Fragen zu klären. Danach wird Ausschuß der Ständigen Vertreter die neuen Kommissionsvorschläge prüfen.[15]

4) Eisen- und Stahlindustrie

Kommission berichtete über geplante Vereinbarungen mit Drittländern, die das innergemeinschaftliche Preissystem nach außen absichern und die gegenwärtig vereinfachte Anti-Dumping-Regelung (nach vorherrschender Meinung) ablösen sollen. Verhandlungen mit den EFTA-Ländern im Rahmen der bestehenden Freihandelsabkommen[16] sind schon weit fortgeschritten. Offen sind nur noch Höhe der „Penetrationsmarge" (Differenz zwischen Importmindestpreisen und innergemeinschaftlichen Preisen) und Behandlung der Altkontrakte.

Schwieriger dürften Gespräche mit den sozialistischen Ländern werden, von denen sich bisher nur Rumänien verhandlungsbereit gezeigt hat. Vorstellungen der Kommission über auszuhandelnde Liefermengen und -preise müssen im einzelnen noch unter den EG-Partnern abgestimmt werden.

Mit Japan, Spanien und Südafrika sind Verhandlungen über Selbstbeschränkungsverpflichtungen bei Mengen und Preisen aufgenommen worden.

5) Nord-Süd-Beziehungen

Rat bekräftigte in einer nüchtern geführten vertraulichen Aussprache die Bedeutung, die die EG der nächsten Phase des Nord-Süd-Dialogs beimißt. Die EL sind nach Beurteilung der Gemeinschaft z.Z. nur sehr begrenzt manövrierfähig. Fortschritte bei kommenden Verhandlungen werden wesentlich davon abhängen, ob EL in Lage und bereit sein werden, auf sachliche Vorstellungen der IL einzugehen. Dessen ungeachtet ist Gemeinschaft entschlossen, ihre interne Vor-

---

14 Die EG-Ratstagung auf der Ebene der Landwirtschaftsminister fand am 13./14. Februar 1978 in Brüssel statt. Erörtert wurde die Frage, „welche Regelung im Rahmen der künftigen Marktorganisation für den Kartoffelsektor für Frühkartoffeln zu treffen ist, und [...] insbesondere, wie sich diese Regelung auf den Ausgang der Verhandlungen mit Zypern im Agrarbereich auswirken könnte." Vgl. BULLETIN DER EG 2/1978, S. 98.

15 Botschafter Sigrist, Brüssel (EG), berichtete am 24. Februar 1978, daß die EG-Kommission im Ausschuß der Ständigen Vertreter am Vortag einen neuen Entwurf für ein Mandat für Verhandlungen mit Zypern vorgelegt habe, der sich im wesentlichen mit dem bereits auf der EG-Ministerratstagung am 7. Februar 1978 in Brüssel vorgelegten Entwurf decke. Frankreich und Italien hätten die Verabschiedung in einem schriftlichen Verfahren jedoch abgelehnt. Der Entwurf müsse daher weiter beraten werden. Vgl. dazu den Drahtbericht Nr. 766; Referat 410, Bd. 121769.

16 Am 22. Juli 1972 wurden Freihandelsabkommen zwischen den Europäischen Gemeinschaften und den nicht beitrittswilligen EFTA-Staaten – Island, Österreich, Portugal, Schweden und der Schweiz – unterzeichnet. Das Abkommen mit Finnland konnte nur paraphiert werden, da am 19. Juli 1972 die finnische Minderheitsregierung zurückgetreten war. Es wurde am 5. Oktober 1973 in Brüssel unterzeichnet. Vgl. dazu BULLETIN DER EG 9/1972, S. 11–22, bzw. BULLETIN DER EG 10/1973, S. 63.
Ein Freihandelsabkommen mit Norwegen wurde am 14. Mai 1973 unterzeichnet. Vgl. dazu SIEBENTER GESAMTBERICHT 1973, S. 407 f.

bereitung auf nächste Phase des Nord-Süd-Dialogs (z. B. Integriertes Rohstoffprogramm, Gemeinsamer Fonds[17], Ministerkonferenz des UNCTAD-Rats[18]) fortzusetzen.[19]

6) Nahrungsmittelhilfe

Rat setzte bei Stimmenthaltung Italiens die Nahrungsmittelhilfe in Form von Magermilchpulver für 1978 auf insgesamt 150 000 t fest.

7) Niederlassungsrecht und freier Dienstleistungsverkehr für Zahnärzte

Auf Ratstagung konnte nunmehr der belgische Widerstand gegen Einführung der Niederlassungsfreiheit für Zahnärzte (wegen unterschiedlicher Tätigkeitsdefinition) ausgeräumt werden. Damit ist Weg für die Verabschiedung der vorgesehenen Richtlinie im Prinzip geebnet.

8) Beziehungen zur VR China[20]

Kommission gab vorläufigen Bericht über ihre Verhandlungen (30.1. bis 3.2.1978) mit VR China über ein Handelsabkommen, das am 3. Februar paraphiert wurde. (Wesentlicher Inhalt des nichtpräferentiellen, auf fünf Jahre angelegten Abkommens: gegenseitige Gewährung der Meistbegünstigung im Zollbereich, Verbesserung der Einfuhrregelungen, Absichtserklärung über Ausgleich beiderseitigen Handels, Schutzklausel, gemischte Kommission zur Prü-

---

[17] Auf der IV. UNCTAD-Konferenz vom 5. bis 31. Mai 1976 in Nairobi wurde eine Resolution über ein integriertes Rohstoffprogramm verabschiedet, das dazu beitragen sollte, starke Preisschwankungen zu vermeiden, die Exporterlöse der Entwicklungsländer zu erhöhen und sie stärker an der Vermarktung und dem Transport ihrer Erzeugnisse zu beteiligen sowie den Marktzugang und die Versorgungssicherheit zu verbessern. Weiter verhandelt werden sollte über die Schaffung eines Gemeinsamen Fonds, der in erster Linie den Rohstoffbedarf der Entwicklungsländer im Rahmen des integrierten Rohstoffprogramms finanzieren sollte. Vgl. dazu AAPD 1976, I, Dok. 173.
Vom 7. März bis 2. April 1977 fand in Genf eine erste Verhandlungskonferenz der UNCTAD über einen Gemeinsamen Fonds statt, die mit Vertagung endete. Vgl. dazu den Runderlaß Nr. 39 des Vortragenden Legationsrats I. Klasse Engels vom 5. April 1977; Referat 012, Bd. 106593.
Auf der Tagung des Europäischen Rats am 25./26. März 1977 in Rom stimmten die Staats- und Regierungschefs der EG-Mitgliedstaaten der Errichtung eines Gemeinsamen Fonds prinzipiell zu, legten jedoch keine Einzelheiten fest. Vgl. dazu AAPD 1977, I, Dok. 79.
Auf der abschließenden Ministertagung der KIWZ vom 30. Mai bis 2. Juni 1977 in Paris wurde ebenfalls die Errichtung eines Gemeinsamen Fonds beschlossen. Die Ausgestaltung der Einzelheiten sollte später verhandelt werden. Vgl. dazu AAPD 1977, I, Dok. 167.
Zu diesem Zweck fand vom 7. November bis 2. Dezember 1977 in Genf eine zweite Verhandlungskonferenz der UNCTAD statt. Vortragender Legationsrat I. Klasse Sulimma notierte dazu am 2. Dezember 1977, die „Gruppe der 77" habe eine Unterbrechung verlangt: „Als Grund gaben die EL an, sie seien zu diesem Schritt gezwungen, da ‚einige entwickelte Länder' trotz ihrer Verpflichtungen von Nairobi und Paris (KIWZ) nicht bereit gewesen wären, ‚selbst den fundamentalsten Grundzügen eines G[emeinsamen] F[onds] zuzustimmen, die ihn zum Schlüsselinstrument eines Integrierten Rohstoffprogramms machen würden'. Es sei nutzlos, die Konferenz fortzusetzen, bevor die IL den notwendigen politischen Willen für sinnvolle weitere Verhandlungen bewiesen hätten." Vgl. Referat 402, Bd. 122160.

[18] Zur 9. Sondersitzung des UNCTAD-Rats auf Ministerebene vom 6. bis 11. März 1978 in Genf vgl. Dok. 81.

[19] Referat 402 notierte am 16. Februar 1978, daß sich eine Expertengruppe der EG-Mitgliedstaaten mit dem weiteren Vorgehen hinsichtlich des Gemeinsamen Fonds befaßt habe: „Es bestand Übereinstimmung, daß zunächst die 77 ein Abrücken von ihrer Maximalposition zu erkennen geben müßten, bevor weitere Konzessionen in Betracht gezogen werden könnten. Die Untersuchung von Optionen hinsichtlich Aufgaben, Finanzstruktur und Stimmrechten eines G[emeinsamen] F[onds] wird fortgesetzt." Vgl. Referat 402, Bd. 122079.

[20] Zu den Verhandlungen zwischen den Europäischen Gemeinschaften und der Volksrepublik China vgl. Dok. 9, Anm. 35.

fung aller Fragen der Anwendung des Abkommens und ggf. auftretender Schwierigkeiten, Geltungsbereichsklausel in der von uns gewünschten Fassung.)[21]

Kameke[22]

Referat 012, Bd. 108141

40

Botschafter Freiherr von Wechmar, New York (UNO), an das Auswärtige Amt

Fernschreiben Nr. 323   Aufgabe: 11. Februar 1978, 16.46 Uhr[1]
                         Ankunft: 12. Februar 1978, 08.36 Uhr

Betr.: Namibia-Initiative
hier: Ministergespräche der Fünf mit Südafrika und SWAPO

Bezug: DB Nr. 297 vom 9.2.1978[2]
DB Nr. 312 vom 10.2.1978[3]
DB Nr. 322[4] vom 10.2.1978[5]

---

[21] Das Handelsabkommen zwischen der EWG und der Volksrepublik China wurde am 3. April 1978 in Brüssel unterzeichnet. Für den Wortlaut vgl. AMTSBLATT DER EUROPÄISCHEN GEMEINSCHAFTEN, Nr. L 123 vom 11. Mai 1978, S. 2–5.
[22] Paraphe.
[1] Hat Vortragendem Legationsrat Ueberschaer am 13. Februar 1978 vorgelegen.
[2] Botschafter Freiherr von Wechmar, New York (UNO), informierte: „Heutiges (9.2.) Vorgespräch der New Yorker Kontaktgruppe auf Botschafterebene mit südafrikanischem StS Brand Fourie gab diesem Gelegenheit, den westlichen Lösungsvorschlag aus seiner Sicht im einzelnen zu kommentieren. Dabei wurde deutlich, daß südafrikanische Seite das westliche Papier als Gesprächsgrundlage akzeptiert hat. Fragen und Einwendungen betrafen die Beschreibung der Rolle des VN-Beauftragten, den Komplex der Freilassung der politischen Gefangenen und die Truppenfrage. Überraschende neue sachliche Gesichtspunkte ergaben sich nicht. [...] Insgesamt verlief das heutige Vorgespräch in aufgelockerter und sachlicher Atmosphäre und ließ südafrikanische Konzessionsbereitschaft zumindest in Detailfragen erkennen. Ob diese Konzessionsbereitschaft sich auch auf Substanzfragen bezieht, bleibt abzuwarten." Vgl. Referat 320, Bd. 125260.
[3] Botschafter Freiherr von Wechmar, New York (UNO), berichtete über das Vorgespräch mit dem Präsidenten der SWAPO, Nujoma: „Fragestellung schien eine gewisse Flexibilität SWAPOs hinsichtlich des Verbleibs südafrikanischer Truppen in Namibia anzudeuten, zeigte andererseits aber, daß SWAPO seine Einwände jetzt offenbar stärker auf die Frage der Polizei- und Sicherheitskräfte und den Komplex Walvis Bay und die dort stehenden südafrikanischen Truppen zu konzentrieren beabsichtigt. Nujoma stellte eine grundsätzliche politische Stellungnahme SWAPOs zum westlichen Lösungsvorschlag im Lichte der heutigen Antworten der Fünf in Aussicht." Vgl. Referat 320, Bd. 125260.
[4] Korrigiert aus: „DB Nr. 320".
[5] Botschafter Freiherr von Wechmar, New York (UNO), berichtete: „SWAPO-Präsident Nujoma unterbreitete den Fünf heute (10.2.) nachmittag SWAPOs Vorschläge in Gestalt eines Papiers [...]. Daraus ergibt sich, daß SWAPO nunmehr eine südafrikanische Resttruppe in Höhe von 1500 Mann in Namibia zu akzeptieren bereit ist, allerdings unter der Bedingung, daß diese Truppe in Karasburg im Süden Namibias konzentriert wird und daß südafrikanische Truppen in Walvis Bay auf dieses

Zur Unterrichtung

I. Die Simultan-Gespräche zwischen den Außenministern der Fünf[6] und AM Botha sowie SWAPO-Präsident Nujoma wurden heute (11.2.) vormittags in US-Vertretung aufgenommen. Vorsitz in Gesprächsrunde mit Südafrika übernahm AM Vance, denjenigen in der Runde mit der SWAPO kanadischer AM Jamieson. Vorsitz wird weiter in alphabetischer Reihenfolge rotieren.

In Vorbesprechung der Fünf, die gestern abend in der deutschen Residenz und heute morgen in amerikanischer Vertretung stattgefunden hat, wurde volle Übereinstimmung über einzuschlagendes Verfahren erzielt.

Die ersten Gespräche sowohl mit Südafrika als auch mit der SWAPO verliefen in angenehmer Atmosphäre, brachten aber über die bisher bekannten Standpunkte kaum Zeichen größerer Flexibilität der beiden Seiten.

Die Gespräche werden heute nachmittag zunächst mit den Frontlinienstaaten[7] und dann nach einer weiteren Konsultation unter den Fünf wieder mit Südafrika und wahrscheinlich der SWAPO fortgeführt.

II. Hierzu im einzelnen:

1) In der Vorbesprechung der fünf Außenminister bestand Übereinstimmung, die Gespräche auf folgende Punkte zu konzentrieren:

– Umfang und Stationierung der in Namibia verbleibenden südafrikanischen Truppen,

– Überwachung des Waffenstillstands,

– politische Gefangene,

– Überwachung und Kontrolle durch die VN,

– Walvis Bay,

– Polizei und sonstige Sicherungskräfte in Südafrika.

Zu all diesen Punkten bestand Einvernehmen entsprechend den bereits von den Fünf den übrigen Parteien übergebenen Vorschlägen vom 2.2.[8] Hinsichtlich der unter den Fünf ursprünglich noch nicht voll geregelten Frage der Zahl der in Namibia einzusetzenden VN-Truppen bestand Übereinstimmung dahingehend, daß deren Zahl vom VN-Generalsekretär[9] entsprechend den notwen-

---

Fortsetzung Fußnote von Seite 225

Kontingent angerechnet werden. SWAPO zeigt sich weiter bereit, die elf politischen Gefangenen (‚Shipanga-Gruppe') Zug um Zug gegen die Freilassung der politischen Häftlinge durch Südafrika freizulassen." Das Papier enthalte jedoch eine Reihe von Punkten, über die eine Vereinbarung mit Südafrika „schwer herzustellen" sein werde. Vgl. Referat 320, Bd. 125260.

[6] Hans-Dietrich Genscher (Bundesrepublik), Louis de Guiringaud (Frankreich), Donald C. Jamieson (Kanada), David Owen (Großbritannien), Cyrus R. Vance (USA).

[7] Zu den Gesprächen mit Vertretern aus Angola, Botsuana, Mosambik, Sambia und Tansania vgl. Dok. 45, Anm. 16.

[8] Zum Dokument „Proposal for a Settlement of the Namibian Situation" in der Fassung vom 17. Januar 1978 vgl. Dok. 14, Anm. 13.

Botschafter Freiherr von Wechmar, New York (UNO), berichtete am 1. Februar 1978, das Dokument solle am nächsten Tag in Kapstadt der südafrikanischen Regierung bzw. in Lusaka der SWAPO übergeben werden. Am 3. Februar 1978 sei die Übergabe in Daressalam, Gabarone, Helsinki, Kopenhagen, Lagos, Libreville, Lusaka, Maputo, Oslo, Reykjavik und Stockholm an die dortigen Regierungen vorgesehen. Vgl. dazu den Drahtbericht Nr. 235; Referat 320, Bd. 125260.

[9] Kurt Waldheim.

digen Gegebenheiten festgesetzt werden solle. Einer von uns gemachten Bemerkung, daß finanzielle Gründe kein Hindernis für die Zahl der VN-Truppen darstellen dürfe, widersprach niemand.

2) In der Gesprächsrunde mit AM Botha versuchte AM Vance die Diskussion sofort auf Einzelfragen zu konzentrieren. AM Botha gab jedoch zunächst eine längere Erklärung ab, in der er in etwas wehleidiger Form auf die zahlreichen von Südafrika bereits gemachten Konzessionen hinwies und seiner Überraschung Ausdruck gab, daß von den fünf westlichen Mächten noch weitergehende Forderungen gestellt würden. Die Erklärungen von Botha erbrachten insoweit nichts, was nicht schon in früheren Sitzungen der Kontaktgruppe gesagt worden wäre. In substantiellen Fragen ergab sich noch kein weiteres Nachgeben der Südafrikaner, jedoch gewisse Anzeichen einer möglichen Flexibilität in folgenden Punkten:

– Hinsichtlich der Stärke der nach Ansicht von Südafrika in Namibia zu verbleibenden Resttruppen (1400 Kampftruppen, 1600 Mann logistisches Personal) lehnte Botha einen kanadischen Vorschlag, das logistische südafrikanische Personal durch entsprechendes VN-Personal zu ersetzen, nicht von vornherein ab, sondern erklärte, eine Antwort hierauf könne er erst nach entsprechenden Konsultationen mit dem VN-Generalsekretär geben. Es handle sich auch um ein praktisches Problem. Die Frage solle zunächst ausgeklammert werden.

– Hinsichtlich Walvis Bay[10] wurde zwar die Souveränität Südafrikas betont. Die Frage nach der Zahl der in Walvis Bay befindlichen südafrikanischen Truppen wurde mit Nichtwissen beantwortet. Südafrika werde von Walvis Bay aus mit jeder Regierung von Namibia, gleich welcher politischen Richtung, zusammenarbeiten, wie dies auch mit Mosambik (Maputo) geschehe. Auf die Äußerung von AM Owen, daß eine südafrikanische Erklärung der Art hilfreich sein könnte, daß Südafrika bereit sei, über die Zukunft von Walvis Bay mit der Regierung des unabhängigen Namibias zu verhandeln, äußerte sich Botha nicht unbedingt ablehnend, sondern bat, ihm – angeblich mit Rücksicht auf sein Parlament – eine Antwort zu ersparen. Das gleiche gilt für die Frage der Überwachung der dort befindlichen südafrikanischen Truppen einschließlich der Garantie, daß diese nicht weiter erhöht werden.

---

[10] Vortragender Legationsrat I. Klasse Verbeek legte am 21. Februar 1978 zur Rechtslage des Gebiets um Walvis Bay dar: „1) Großbritannien hat das Gebiet um Walvis Bay im Jahre 1878 annektiert und der Kapregierung unterstellt. Im Jahre 1910 wurden die vier britischen Kolonien der Kapregierung zur Südafrikanischen Union vereinigt und erhielten den Status eines Dominion. Als solches wurde die Südafrikanische Union Mitglied des Völkerbundes; zu ihrem Gebiet gehörte also auch das Gebiet um die Walvis Bay. 2) Nachdem das umliegende Südwestafrika infolge des Versailler Vertrages als C-Mandat durch den Völkerbund der Britischen Krone, vertreten durch die südafrikanische Regierung, unterstellt worden war, hat sich der Völkerbund auch mit dem Status des Gebiets um die Walvis Bay befaßt. Der Völkerbundrat stellte in einer Entschließung vom 31. August 1923 hierzu fest, ‚daß das Gebiet um Walvis Bay so behandelt wird, als ob es Teil des Mandatsgebietes wäre, obwohl es nicht dazugehört'. Hieraus folgt, daß die Unterstellung des Gebiets um die Walvis Bay unter die Mandatsverwaltung nur aus faktischen Gründen und vorläufig erfolgte und daß das Gebiet um die Walvis Bay rechtlich nicht zu dem Gebiet des Mandats zugeschlagen wurde. 3) Nach der Rechtslage könnte also Südafrika das Gebiet um Walvis Bay heute wieder direkt der eigenen Verwaltung unterstellen und damit ganz in den Gebietsverband Südafrikas eingliedern." Vgl. Referat 320, Bd. 125261.

– Bezüglich der Freilassung von politischen Gefangenen in Südafrika wiederholte Botha seine Forderung, daß auch die in Tansania und Sambia festgehaltenen Gefangenen, deren Zahl über 1000 betrage, freigelassen werden müßten. Hinsichtlich der in Südafrika befindlichen Gefangenen, die von ordentlichen Gerichten verurteilt seien, ließ er erkennen, daß in der Frage, ob es sich um kriminelle oder um politische Gefangene handle, ein Kompromiß möglich sei. Er deutete an, daß auf ein unabhängiges „panel of jurists" vielleicht verzichtet werden könne. Entscheidend sei, daß das „casting vote" von einem unabhängigen Juristen getroffen werde.

3) SWAPO-Präsident Nujoma wiederholte seine bereits in den Vorgesprächen vorgebrachten Vorschläge und Argumente. Irgendwelche Zeichen eines weiteren Nachgebens ließ er nicht erkennen. Die einzige Ausnahme war, daß die SWAPO sich mit 4000 statt mit 5000 VN-Truppen zufrieden geben könnte. Bezüglich der politischen Gefangenen wurde die Behauptung aufgestellt, daß es hiervon nur elf in Tansania (Shipanga-Gruppe[11]) gebe, im übrigen handle es sich, wie auch dem VN-Flüchtlingskommissar[12] bewußt sei, um Flüchtlinge in Lagern in Sambia oder um Personen, die sich der SWAPO angeschlossen hätten. Bezüglich Walvis Bay bestand Nujoma kategorisch auf dem Standpunkt „alles oder nichts". Eine Lösung, die Walvis Bay nicht als integralen Bestandteil Namibias einbeziehe, sei unakzeptabel.

[gez.] Wechmar

Referat 320, Bd. 125261

---

[11] Botschafter Landau, Lusaka, berichtete am 5. Mai 1976, ein Sprecher der sambischen Regierung habe am Vortag mitgeteilt, „daß einige SWAPO-Mitglieder nach Auseinandersetzungen innerhalb der Organisation zu ihrer eigenen Sicherheit in Schutzhaft genommen worden seien". Nach Presseberichten befinde sich unter den Verhafteten auch der frühere SWAPO-Sekretär Shipanga. Vgl. den Drahtbericht Nr. 106; Referat 320, Bd. 108201.
Botschafter Albers, Daressalam, teilte am 10. August 1976 mit, daß Shipanga nach vorliegenden Informationen nach Tansania abgeschoben worden sei. Vgl. dazu den Drahtbericht Nr. 271; Referat 320, Bd. 108203.
Am 1. Oktober 1976 berichtete Albers, daß Shipanga mit zehn weiteren früheren SWAPO-Funktionären nach wie vor in Tansania in Haft sei. Vgl. dazu den Schriftbericht Nr. 931; Referat 320, Bd. 108203.
[12] Poul Hartling.

41

Aufzeichnung des Ministerialdirektors Blech, z. Z. New York

230-381.47 SOM VS-NfD   12. Februar 1978[1]

Betr.: Horn von Afrika
hier: Erörterung der fünf Außenminister

Während des Frühstücks am 12.2.1978, New York:

1) Die Diskussion des o. g. Themas wurde mehrfach durch die Erörterung letzter Entwicklungen in den Namibia-Gesprächen[2] unterbrochen. Sie wurde zum großen Teil in Abwesenheit des Herrn Ministers geführt, der sich zu einem bilateralen Gespräch mit dem südafrikanischen AM Botha zu begeben hatte.

2) Zu Beginn legte Vance die Lage aus amerikanischer Sicht dar. Der Unterzeichnete hörte hierzu nur den letzten Teil, in welchem Vance folgendes mitteilte:

– Nach amerikanischen Informationen befinden sich 800 bis 1000 Sowjetrussen in Äthiopien. Es handelt sich hierbei nur um Techniker und Berater.

– Außerdem gibt es etwa 500 Ostdeutsche, deren Funktion nicht klar ist.

– Die Amerikaner sind von den Italienern über ein von diesen in Addis Abeba über die Lösungsmöglichkeiten des äthiopisch-somalischen Konflikts[3] geführtes Gespräch unterrichtet worden. Die äthiopische Haltung sei nicht entgegenkommend gewesen.

– Es gibt Hinweise, daß Iran auf somalischen Wunsch bereit wäre, den Somalis eine gewisse Luftunterstützung zu geben.

– Die Vereinigten Staaten sind wegen des Konflikts mehrfach mit der Sowjetunion in Kontakt getreten. Sie haben dabei zu verstehen gegeben, daß die sowjetische Rolle Auswirkungen auf die amerikanisch-sowjetischen Gespräche über den Indischen Ozean[4] haben würde.

– Die Sowjets haben bei dreifacher Gelegenheit festgestellt, daß die Äthiopier nicht in somalisches Territorium eindringen würden.

– Nach amerikanischer Auffassung haben die Somalis keine Chance, den militärischen Konflikt zu bestehen, da die Äthiopier an Zahl und Ausrüstung weit überlegen sind. Hinzu kommt die Rolle der Kubaner als Speerspitze und die Aussicht, daß weitere 3000 Kubaner eintreffen.

---

[1] Ministerialdirektor Blech leitete die Aufzeichnung am 13. Februar 1978 mit der Bitte um Genehmigung an Bundesminister Genscher.
Hat Vortragendem Legationsrat I. Klasse Lewalter am 14. Februar 1978 vorgelegen, der handschriftlich vermerkte: „R[ücklauf] v[on] BM". Vgl. den Begleitvermerk; Referat 010, Bd. 178768.

[2] Zu den Gesprächen der Außenminister Genscher (Bundesrepublik), de Guiringaud (Frankreich), Jamieson (Kanada), Owen (Großbritannien) und Vance (USA) mit dem südafrikanischen Außenminister Botha und dem Präsidenten der SWAPO, Nujoma, am 11./12. Februar 1978 in New York vgl. Dok. 40 und Dok. 45.

[3] Zum Ogaden-Konflikt vgl. Dok. 1, Anm. 8.

[4] Zu den amerikanisch-sowjetischen Verhandlungen über eine regionale Flottenbegrenzung im Indischen Ozean vgl. Dok. 132.

Im weiteren Verlauf des Gesprächs ergaben sich noch folgende faktische Informationen:

– Zwischen Carter und Mengistu gab es in den letzten Tagen einen Austausch von Botschaften, und zwar auf amerikanische Initiative. Dies hat dazu geführt, daß auf äthiopische Veranlassung am 13. oder 14. Februar ein amerikanischer Emissär zu Mengistu entsandt wird.[5] Mengistu soll nahegebracht werden, was geschehen muß, wenn er unabhängig bleiben will.

– Die amerikanische Seite hat Siad Barre praktisch schon gesagt, daß Somalia sich aus Ogaden zurückziehen muß, wenn ihm wesentlicher Schutz zuteil werden soll und an Zusicherungen bezüglich des Schicksals der Bevölkerung in Ogaden gedacht werden soll.

– Die Sowjetunion hat Bereitschaft erkennen lassen, bei somalischem Rückzug aus Ogaden ernsthaft über eine Lösung für dieses Gebiet zu sprechen, ohne dabei allerdings die Frage des Abzugs fremder Kräfte zu berühren.

– Vance sieht (im Unterschied zu Owen) nicht unbedingt eine Schwierigkeit darin, daß Äthiopien sich einen Abzug der Kubaner nicht leisten kann, weil es sie auf jeden Fall in Eritrea[6] braucht. Nach amerikanischer Information ist es nicht klar, ob sich die Kubaner überhaupt in Eritrea engagieren, d. h. in einem Konflikt, den sie im Gegensatz zum Ogaden-Konflikt möglicherweise als nationalen Befreiungskampf betrachten.

3) Die Erörterung, welche diplomatischen Anstrengungen seitens des Westens notwendig und möglich wären, führte zur Übereinstimmung der Außenminister (außer dem hierbei abwesenden BM) in folgenden Punkten:

– Der Sicherheitsrat wird befaßt, und zwar angesichts des Zeitdrucks möglichst schon am Ende der jetzt beginnenden Woche. Dies soll zunächst als „Bremse" wirken, auch wenn es nicht schnell zu Ergebnissen führt.

---

[5] Der stellvertretende Sicherheitsberater des amerikanischen Präsidenten, Aaron, hielt sich vom 17. bis 20. Februar 1978 in Äthiopien auf. Über dessen Gespräch mit dem Vorsitzenden des Provisorischen Militärischen Verwaltungsrats, Mengistu Haile Mariam, teilte Botschafter von Staden, Washington, am 22. Februar 1978 mit, nach Auskunft des amerikanischen Außenministeriums habe Aaron die Lage „einschließlich fremder militärischer Präsenz so dargestellt, wie USA sie sähen. Er habe insbesondere darauf verwiesen, daß auch USA kein Verbleiben der Somalis im Ogaden wünschten und somalisches Vorgehen nicht durch Waffenlieferungen unterstützt hätten, daß sie jedoch auch über Möglichkeit äthiopischen Vorgehens auf somalisches Gebiet besorgt seien". Mengistu habe in einer persönlichen Mitteilung an Präsident Carter zugesagt, „daß Äthiopien nicht auf somalisches Gebiet vorrücken werde". Vgl. den Drahtbericht Nr. 694; Referat 320, Bd. 116758.

[6] Nach Auflösung der Föderation zwischen Äthiopien und Eritrea und dessen Annexion durch Kaiser Haile Selassie 1962 kam es zu Kämpfen zwischen den eritreischen Unabhängigkeitsbewegungen und äthiopischen Truppen, die nach der Machtübernahme durch den „Provisorischen Militärischen Verwaltungsrat" (Derg) unter Oberstleutnant Mengistu Haile Mariam weiter zunahmen. Botschafter Lankes, Addis Abeba, informierte dazu am 31. März 1977: „Die Probleme in Eritrea blieben weiterhin ungelöst, ja haben auf die Nordprovinzen Tigre, Begemdir und Gojjam übergegriffen. Die sezessionistischen Bewegungen E[thiopian]L[iberation]F[ront], P[eople's]L[iberation]F[ront] und TLP (Tigrai Liberation Front) haben im Januar 1977 gemeinsam mit der Ethiopian Democratic Union (EDU) die Offensive ergriffen. Sie erzielten beachtliche Erfolge durch das Aufrollen äthiopischer Garnisonen hauptsächlich entlang der Grenze zum Sudan. Die äthiopische Armee kontrolliert dort nur noch die größeren Städte (Stillhalteabkommen der örtlichen Kommandeure mit den Sezessionisten). Zunehmend werden auch die Südprovinzen Hararghe, Bale und Sidamo durch das Eindringen von Aufständischen verunsichert, die offensichtlich von Somalia ausgerüstet und gesteuert werden." Vgl. den Schriftbericht; Referat 320, Bd. 116756.

12. Februar 1978: Aufzeichnung von Blech   41

- Die Amerikaner werden unter den Fünf unverzüglich den Entwurf einer SR-Resolution zirkulieren. Nach Abstimmung soll dieser Entwurf den Somalis und den konservativen Arabern zugeleitet werden.
- Wesentliche Elemente einer solchen Resolution sollen sein:
  - Abzug der Somalis aus Ogaden,
  - Perspektive einer Lösung des Ogaden-Problems (Autonomie),
  - Abzug fremder Kräfte aus der Region.
- Mit einer solchen Position sollte der Westen selbst in den SR gehen, sofern nicht Somalia veranlaßt werden kann, dies zu tun. Letzteres ist vorzuziehen, setzt aber voraus, daß Siad Barre von der Notwendigkeit einer radikalen Wendung – Zusage des Rückzugs aus Ogaden und Feststellung, keine territorialen Ansprüche zu haben – überzeugt werden kann.
  Hierzu bedarf es der Einflußnahme auf die Somalis.
- Welche der beiden Alternativen realisiert werden kann, sollte bis Ende der Woche entschieden werden.

4) Aus der zu diesem Ergebnis führenden Diskussion ist festzuhalten:
- Es bestand Übereinstimmung über die außerordentliche Gefahr, daß bei einer Ersetzung Siad Barres durch eine sowjetfreundlichere Führung in Somalia die Sowjetunion als Retter Äthiopiens und Friedensstifter erscheinen würde und sowohl in Äthiopien wie in Mogadischu mit allen Auswirkungen auf die Region insgesamt fest etabliert wäre.
- Owen machte darauf aufmerksam, daß es bei der Rückkehr der Äthiopier nach Ogaden zu „severe scenes" (d. h. Grausamkeiten) kommen könne, für die der Westen nicht verantwortlich gemacht werden dürfe. Gegen solche Ereignisse könne allenfalls die Präsenz der Vereinten Nationen am Ort etwas ausrichten. Guiringaud wandte ein, daß die Verantwortung bei den Somalis selbst liege, die es nicht zu einer solchen[7] Entwicklung hätten kommen lassen dürfen.
- Guiringaud stellte zur Diskussion, die Ogaden-Frage als ein Problem ungeklärter Grenzziehung in den SR einzubringen. Dies würde es möglich machen, unter dem SR eine Kommission zu bilden und Vertreter der Vereinten Nationen in das Konfliktgebiet zu senden. Owen wandte ein, es gäbe sicher größte Schwierigkeiten im SR, wenn man ihn mit Gebietsentscheidungen (territorial adjustments) konfrontieren würde. Schon die Verfolgung anderer Möglichkeiten, wie der Autonomie, wäre schwer genug. Guiringauds Gedanke wurde nicht vertieft.
- Als unentbehrlich wurde die westliche Forderung nach Abzug fremder Kräfte betrachtet. Die Öffentlichkeit in den westlichen Ländern und die konservativen arabischen Staaten würden es nicht verstehen, wenn der Westen nicht hierauf drängen würde. Eine Regelung ohne diesen Punkt würde sich als eine Niederlage darstellen.
- Ebenso notwendig sind Zusicherungen bzgl. der Zukunft Ogadens; ohne diese besteht überhaupt keine Aussicht, Siad Barre zu der notwendigen Schwenkung ohne größeren Gesichtsverlust zu veranlassen.

7 Korrigiert aus: „auf eine solche".

5) Owen stellte abschließend die Frage, was mit Waffenlieferungen an Somalia geschehen solle, wenn es sich tatsächlich aus Ogaden zurückziehe. Großbritannien werde aus Rücksicht auf Kenia sicher zögern, in dieser Beziehung zu viel zu tun. Es betrachte es als besser, daß man sich gegen Waffenlieferung der arabischen Staaten nicht sperre und sich gänzlich desinteressiere, was die Araber mit den von ihnen gekauften Waffen täten. Wenn die Somalis dann unter äthiopischem Druck unbedingt etwas brauchten, könne man immer noch sehen, was man tun könne.

Vance bezog sich auf seine früheren Äußerungen, daß die Vereinigten Staaten bei einem somalischen Rückzug aus Ogaden der Lieferung von Defensivwaffen nähertreten würden.

Jamieson wies darauf hin, daß es notwendig sein könnte, von den Somalis Zusicherungen zu verlangen, daß sie nach der Neuversorgung mit Waffen mit der ganzen Sache nicht wieder von neuem anfangen (to restart the process over again).

Zu einer Vertiefung der Diskussion der Frage der Waffenlieferungen kam es nicht.

Blech

Referat 010, Bd. 178768

42

Gespräch des Bundesministers Genscher mit dem israelischen Außenminister Dayan in New York

010-474/78 VS-vertraulich   **12. Februar 1978**[1]

Protokoll über das Gespräch des Herrn Bundesministers mit Außenminister Dayan in New York am 12.2.1978, 15.20 bis 16.10 Uhr[2]

Dayan eröffnet Sachgespräch mit Hinweis auf zunehmendes Engagement der Sowjetunion in Afrika.

---

[1] Die Gesprächsaufzeichnung wurde von Legationsrat I. Klasse Dröge gefertigt, der handschriftlich vermerkte: „H[errn] Minister m[it] d[er] B[itte] um Zustimmung zum Inhalt und Weitergabe an StS und D 3."
Hat Vortragendem Legationsrat I. Klasse Lewalter am 18. März 1978 vorgelegen, der handschriftlich vermerkte: „1) Reg[istratur]: bitte VS-v eintragen; 2) Durchdruck MB; 3) H[errn] Dg 31: Bundesminister kam nicht dazu, dieses Protokoll durchzusehen. Bitte deswegen keine Verteilung."
Hat Vortragendem Legationsrat I. Klasse Hille am 22. März 1978 vorgelegen, der die Wörter „keine Verteilung" hervorhob und die Weiterleitung an Referat 310 „z[ur] g[efälligen] K[enntnisnahme]" verfügte sowie handschriftlich vermerkte: „Zurück an MB".
Hat Vortragendem Legationsrat I. Klasse Böcker am 22. März 1978 vorgelegen.
Hat Vortragendem Legationsrat Richer vorgelegen.

[2] Bundesminister Genscher hielt sich vom 10. bis 13. Februar 1978 in New York auf.

Bundesminister weist ebenfalls auf die großen Anstrengungen hin, zu denen Sowjetunion in Afrika angesetzt hat. Diese hätten in Angola ihren Anfang genommen. Aktivitäten der Sowjetunion in Afrika seien exemplarisch für deren politisches Konzept, möglicherweise aber langfristig in Afrika kontraproduzent. Viele afrikanische Staaten sähen in der Sowjetunion alte Kolonialmacht.

Dayan: Auch er glaube nicht, daß SU in Afrika langfristig erfolgreich sein werde.

BM: Es komme jetzt darauf an, daß Rassenkrieg in Südafrika verhindert wird. SU habe nur dort Aussicht auf Erfolg, wo mit Waffen gekämpft werde. Am Horn von Afrika habe SU versucht, „zwei Tiger gleichzeitig zu reiten". Einer habe sie abgeworfen.[3] Somalia begehe jedoch den elementaren Fehler, gegen ein gesamtafrikanisches Grundprinzip, das der Unverletzlichkeit der Grenzen[4], zu verstoßen. Dieses Prinzip müsse allerdings auch Äthiopien respektieren. Wenn Israel Äthiopien durch Waffenlieferungen unterstütze, so sei es auch Israels Aufgabe, Äthiopien auf die Einhaltung dieses Prinzips hinzuweisen.

Dayan bestätigt Lieferung von Munition und Ersatzteilen an Äthiopien. Begründet dies mit traditionellen Beziehungen zu Äthiopien, die (auf Frage BM) schon 5000 Jahre alt seien. Diese guten Beziehungen hätten auch während den Revolutionen und Putschen der jüngsten Zeit Bestand gehabt. Wegen Waffenlieferungen habe Israel die Vereinigten Staaten konsultiert, die Vorbehalte geltend gemacht hätten. Die USA seien aber darauf hingewiesen worden, daß Israel an Äthiopien keine US-Waffen liefere, auch keine Tanks und keine Flugzeuge. Es sei kein israelisches Personal in Äthiopien.

BM fragt, ob Israel weiter liefern würde, wenn äthiopische Truppen in Somalia einmarschieren.

Dayan: Nicht unbedingt. Wenn USA oder Bundesrepublik Deutschland Israel um Einstellung der Waffenlieferungen ersuchen würden, so gäbe es für Israel keine Schwierigkeiten, diesem Wunsch nachzukommen. Die USA hätten schon mit der SU über diese Frage gesprochen.

BM: Die Europäer würden sich in dieser Frage zu gegebener Zeit gegenüber der SU äußern. Er sehe auch diese Frage unter dem Gesichtspunkt der „Unteilbarkeit der Entspannung". Die SU verstoße nicht nur in Afrika, sondern gerade auch in der Nahost-Frage gegen dieses Prinzip. Ihm sei ein Gespräch, das er etwa im Mai 1977 mit AM Gromyko in Moskau geführt habe, in unvergeßlicher Erinnerung.[5] Damals habe Gromyko in verschiedenen wichtigen Fragen eine erstaunlich moderate Haltung gezeigt. Er (Genscher) habe unter Hinweis auf die Neuner-Erklärung[6] Gromyko seinerzeit gefragt, ob SU einen

---

3 Zur Kündigung des somalisch-sowjetischen Freundschaftsvertrags vom 11. Juli 1974 durch Somalia am 13. November 1977 vgl. Dok. 1, Anm. 7.

4 Zur Entschließung der zweiten Konferenz der Staats- und Regierungschefs der OAU-Mitgliedstaaten vom 17. bis 21. Juli 1964 in Kairo vgl. Dok. 34, Anm. 5.

5 Bundesminister Genscher führte am 14./15. Juni 1977 Gespräche mit dem sowjetischen Außenminister Gromyko in Moskau. Vgl. dazu AAPD 1977, I, Dok. 154 und Dok. 157.

6 In der am 6. November 1973 beschlossenen Erklärung zum Nahost-Konflikt traten die Außenminister der EG-Mitgliedstaaten dafür ein, daß die Streitkräfte der am Konflikt beteiligten Staaten „sofort zu den Stellungen zurückkehren, die sie am 22. Oktober innehatten", und daß Friedensverhandlungen im Rahmen der UNO aufgenommen werden sollten. Sie äußerten die Auffassung, „daß eine Friedensvereinbarung insbesondere auf folgenden Punkten beruhen sollte: I. Unzulässigkeit des Gebietserwerbs durch Gewalt; II. Notwendigkeit, daß Israel die territoriale Besetzung beendet, die

Palästinenser-Staat errichten wolle, und habe ihn darauf hingewiesen, daß alle verantwortlichen arabischen Staatsmänner eine Ansiedlung der Palästinenser auf der Westbank in Förderation mit Jordanien befürworteten. Gromyko habe geantwortet: „Sie wollen ein freies Volk unter die feudalistische jordanische Krone zwingen." Darauf habe er (Genscher) Gromyko geantwortet: „Und Sie wollen mit Hilfe eines unabhängigen Palästinenser-Staates den Konflikt erhalten. Wir sind unter diesem Gesichtspunkt nicht unbedingt an Ihrer Mitarbeit bei der Lösung der Nahost-Frage interessiert."

BM schiebt Dank für das von AM Dayan übersandte Buch ein, das er im Krankenhaus[7] gelesen habe.

BM fragt sodann nach Einschätzung der Lage im Nahen Osten durch AM Dayan.

Dayan: Sadat brauche und wolle Frieden. Er brauche jedoch auf seiner Seite weitere Partner, um Verhandlungen mit Aussicht auf Erfolg führen zu können. Dies gelte insbesondere für König Hussein, der sich bisher weigere, an den Verhandlungstisch zu kommen. Bei ihm, und nicht etwa bei Saudi-Arabien, dem die Rolle der Bank zukomme, liege der Schlüssel zum Erfolg.

BM fragt nach Entwicklung in Syrien und im Libanon.

Dayan: Syrien habe sich gegen den Libanon gewendet. Der Bund mit den Christen sei aufgehoben. Langfristig würden die Syrer die Sieger sein und die Politik des Libanon diktieren. Die USA verhielten sich demgegenüber gleichgültig. Arabisches Lager teile sich heute in Ablehnungsfront[8] und sogenannte Gruppe der Gemäßigten (moderate group). Die Zeit arbeite gegen Sadat.

BM fragt, ob diese Entwicklung nicht auch ein Problem für Israel sei.

Dayan fragt dagegen: „What can we do?"

BM präzisiert zwei Fragen.

1) Bei letztem Gespräch habe Dayan von der Aufnahmefähigkeit anderer arabischer Länder für palästinensische Flüchtlinge gesprochen.[9] Was könne man

---

Fortsetzung Fußnote von Seite 233

es seit dem Konflikt von 1967 aufrechterhalten hat; III. Achtung der Souveränität, der territorialen Unversehrtheit und Unabhängigkeit eines jeden Staates in dem Gebiet sowie seines Rechts, in Frieden innerhalb sicherer und anerkannter Grenzen zu leben; IV. Anerkenntnis, daß bei der Schaffung eines gerechten und dauerhaften Friedens die legitimen Rechte der Palästinenser berücksichtigt werden müssen." Eine Friedensregelung sollte internationale Garantien erhalten, wobei auch die Entsendung friedenserhaltender Streitkräfte in die vorgesehenen entmilitarisierten Zonen vorgesehen werden sollten. Vgl. EUROPA-ARCHIV 1974, D 29 f.

[7] Bundesminister Genscher wurde seit dem 23. November 1977 wegen „Grippe mit ‚Kreislaufinstabilität'" im Krankenhaus behandelt und nahm ab Mitte Januar 1978 seine Amtsgeschäfte wieder auf. Vgl. dazu die Rubrik „Personalien"; DIE WELT vom 6. Januar 1978, S. 1.

[8] Zur ersten Konferenz der „Ablehnungsfront" (Algerien, Irak, Demokratische Volksrepublik Jemen, Libyen, Syrien sowie die PLO) vom 2. bis 5. Dezember 1977 in Tripolis vgl. Dok. 3, Anm. 14.
Eine zweite Konferenz, an der der Irak nicht teilnahm, fand vom 2. bis 4. Februar 1978 in Algier statt. Dazu wurde in der Presse berichtet, die Teilnehmer hätten die Bemühungen des Präsidenten Sadat um eine Lösung des Nahost-Konflikts verurteilt und andere arabische Staaten davor gewarnt, Sadat zu unterstützen. Vgl. dazu den Artikel „Das Anti-Sadat-Gipfeltreffen von Algier verdammt eine Aussöhnung mit Israel als ‚Kapitulationspolitik'"; FRANKFURTER ALLGEMEINE ZEITUNG vom 6. Februar 1978, S. 2.

[9] Bundesminister Genscher traf am 30. September 1977 in New York mit dem israelischen Außenminister Dayan zusammen. Ministerialdirektor Lahn, z.Z. New York, berichtete dazu am 30. September 1977, Dayan habe betont, Israel werde sich weder auf die Grenzen von 1967 zurückziehen noch einen Palästinenser-Staat hinnehmen: „Ein solcher wäre ein gefährliches Sprungbrett für arabische Aktionen und Herd der Unruhe und neuer arabischer Aggressionen. Die Westbank sei

tun, die arabischen Staaten zu veranlassen, die Lagerinsassen zu integrieren? Die BRD habe nach dem Krieg 10 Mio. Flüchtlinge aufnehmen und insofern ein ähnliches Problem lösen müssen. Müsse man nicht über dieses Problem sehr ernsthaft nachdenken?

2) Welche Bedeutung haben die Siedlungen für Israel? Zumindest auf dem Sinai sei dies doch wohl kein militärisches Problem. Sei es ein psychologisches Problem? Sadat habe auch in Hamburg[10] wieder dargelegt, welch großes Problem gerade diese Siedlungen für ihn seien.

Dayan: Zu Frage 1): Er stimme der Analyse des BM voll zu. Zahlen: 200 000 Flüchtlinge im Gaza, 500 000 Flüchtlinge in Jordanien, 350 000 Flüchtlinge in Syrien und Libanon. Das Problem der Flüchtlinge im Gaza sei eine Geldfrage. Dies gelte weitgehend auch für die Flüchtlinge in Jordanien. Das Kernproblem seien die Flüchtlinge im Libanon. Problem sei mit den Vereinigten Staaten besprochen worden. Israel wolle den Flüchtlingen im Libanon Rückkehr auf die Westbank anbieten. Eine begrenzte Zahl könne auch nach Israel kommen. Aber auch diese Frage setze Verhandlungsbereitschaft Husseins voraus.

Zu 2): Keine Siedlung auf dem Sinai sei unter dieser Regierung gegründet worden. Es werde auch keine neuen Siedlungen unter dieser Regierung geben. Das Problem könne mit Sadat gelöst werden.

Westbank: Dieses sei eine Frage des Selbstverständnisses Israels und seines Verhältnisses zum „biblischen Land". Israelis könnten sich auf biblischem Boden nicht wie Fremde behandeln lassen, das heißt, sie müßten das Recht auf Siedlung behalten. Eine gewisse militärische Präsenz (early warning systems) sei für die Sicherheit Israels ebenfalls unerläßlich. Andererseits könnten die Palästinenser auf der Westbank „self rule" haben, oder sie könnten sich mit Jordanien arrangieren. Es komme darauf an, jetzt zu verhandeln (Hussein!).

Fortsetzung Fußnote von Seite 234

auch nicht groß genug, um die palästinensischen Flüchtlinge aufzunehmen, die letztlich nur in ihre frühere Heimat, d. h. das heutige Israel, zurückkehren wollten. Man müsse nach einem Ausweg suchen, durch den ohne Übertragung der israelischen Souveränität ein Zusammenleben der arabischen Bevölkerung unter jüdischer Verwaltung gewährleistet werden könnte, ähnlich wie heute das Zusammenleben verschiedener Völker und Religionen in Jerusalem möglich geworden sei." Vgl. den Drahtbericht Nr. 2283; Referat 010, Bd. 178682.

10 Bundeskanzler Schmidt und Bundesminister Genscher trafen am 9. Februar 1978 in Hamburg zu einem Gespräch mit Präsident Sadat, dem ägyptischen Außenminister Kaamel und dem ägyptischen Parlamentspräsidenten Marei zusammen. Vortragender Legationsrat I. Klasse Böcker teilte dazu am selben Tag mit, daß Sadat und Kaamel ihre Bereitschaft zur Fortsetzung der Nahost-Verhandlungen betont und ihre Erwartungen zur Lösung der Siedlungsprobleme formuliert hätten: „Kaamel sagte, mit der bekannten Assuan-Formel Carters (Berücksichtigung legitimer Rechte des palästinensischen Volkes, Lösung des Palästinenser-Problems in allen seinen Aspekten, Mitwirkung des palästinensischen Volkes bei der Bestimmung seiner Zukunft) sei Ägypten als Ausgangspunkt für Verhandlungen einverstanden. Als Ergebnis der Verhandlungen über Prinzipienerklärung erwarte Ägypten jedoch mehr, wobei nach unserem Eindruck die Frage der arabischen Souveränität und des israelischen Rückzugs als Abschluß einer etwaigen Interimslösung entscheidende Rolle zu spielen scheint. Sadat äußerte sich ferner sehr positiv über Carters Hinweis auf Illegalität israelischer Siedlungen in besetzten Gebieten. Siedlungsprobleme – besonders Begins Insistieren, daß die Sinai-Siedlungen (Rafiah, Jamit, Arisch) nach Friedensverhandlungen/ Friedensregelung mit Sonderstatus aufrechterhalten und militärisch geschützt werden müßten, hat viel zur Enttäuschung Sadats über israelische Reaktion auf seine Friedensinitiative beigetragen." Vgl. den Runderlaß Nr. 719; Unterabteilung 31, Bd. 135615.

BM: Man dürfe Sadats Stärke nach innen und außen nicht überschätzen und müsse daher seine Zurückhaltung verstehen. Er sei auf die Unterstützung der anderen Araber angewiesen.

Dayan: Hussein sei wohl seit dem Tod seiner Frau[11] „müde".

BM: Er habe in den letzten Monaten den Eindruck gewonnen, daß Syrien sich von SU lösen wolle und eine vernünftige Haltung in Nahost-Frage eingenommen habe. Er fragt, ob sein Eindruck richtig sei, daß sich jetzt wieder eine negative Wendung der Syrer (Hinwendung zur SU) abzeichne.

Dayan: Ja. Ursache sei unter anderem die Neugruppierung der arabischen Staaten (Ablehnungsfront). Der Schah des Iran[12] habe sich ihm gegenüber sehr beunruhigt[13] bezeigt. Für die SU stehe hier die Frage der Ölversorgung im Vordergrund.

BM: Die SU durchlaufe derzeit eine kritische Phase der Entwicklung. Die Aufrüstung bei konventionellen Waffen sei sehr beunruhigend. Er weise beispielhaft auf die laufende Panzerproduktion hin.

Dayan: Verbündete der SU wie z. B. der Irak bekommen mehr Waffen, als sie verwenden können.

BM unterstreicht, daß, wenn der Westen vom Prinzip der weltweiten Unteilbarkeit der Entspannung abrücke, die SU freie Hand gewinne, sich überall dort Vorteile zu holen, wo sie es wünscht. Ein Ergebnis der SALT-Verhandlungen beispielsweise habe keinen wirklichen Wert, wenn die Übermacht der SU bei Mittelstreckenraketen und konventionellen Waffen ständig weiter zunehme. In diesen Rahmen gehöre auch die Kampagne der SU gegen die Neutronenwaffe.

VS-Bd. 14071 (010)

---

[11] Die Ehefrau des Königs Hussein, Alia Baha ad-Din Toukan, starb am 9. Februar 1977 bei einem Hubschrauberabsturz.
[12] Mohammed Reza Pahlevi.
[13] Korrigiert aus: „beruhigt".

43

**Gespräch des Bundesministers Genscher
mit dem amerikanischen Außenminister Vance in New York**

201-363.41-686/78 geheim 12. Februar 1978[1]

Gespräch des Herrn Bundesministers mit Außenminister Vance am 12.2.1978 in New York[2]

Das obengenannte Gespräch fand am 12. Februar 1978 um 17.30 Uhr in der amerikanischen VN-Mission statt und dauerte etwa 40 Minuten. Etwa 20 Minuten sprachen die Minister unter vier Augen. Im übrigen nahmen auf deutscher Seite Botschafter von Staden, D2[3] und Frau VLR Siebourg, auf amerikanischer Seite Assistant Secretary Vest und die Deutschlandreferentin des State Department[4] teil. Aus dem Gespräch in Anwesenheit der Begleiter ist festzuhalten:

1) Neutronenwaffe

BM bezog sich auf die ausführliche Information, die der amerikanischen Seite anläßlich der Konsultationen in Bonn am 30. Januar 1978 gegeben wurde.[5] Es sei notwendig, daß sich die Vereinigten Staaten jetzt schnell an die anderen Alliierten wendeten; die Neutronenwaffe dürfe nicht zu einer deutsch-amerikanischen Angelegenheit werden. Er gehe davon aus, daß Vance mit ausgefeilter deutscher Position vertraut sei (was Vance bestätigte). Es gebe in der Bundesrepublik Deutschland Gegner der Neutronenwaffe; die Mehrheit sei jedoch dafür. Unsere Position würde jedoch erschwert werden, wenn andere Verbündete eine unterschiedliche Haltung einnähmen. Eine Übereinstimmung würde es uns auch leichter machen, gegen den massiven sowjetischen Druck aufzutreten; die Sowjetunion versuche, die Bundesrepublik Deutschland gegen die Vereinigten Staaten auszuspielen und ihre besondere Druckempfindlichkeit wegen Berlin auszunutzen. – BM wies darauf hin, daß während seines Aufenthalts in New York der verteidigungspolitische Sprecher der FDP ankündigen werde, daß die

---

[1] Die Gesprächsaufzeichnung wurde von Ministerialdirektor Blech am 13. Februar 1978 gefertigt und am selben Tag „mit der Bitte um Genehmigung" über Staatssekretär van Well an Bundesminister Genscher geleitet. Dazu vermerkte er: „Als Anlage lege ich einen Vermerk über das o. a. Gespräch vor. Doppel werden erst nach Genehmigung durch den Herrn Minister weitergeleitet."
Hat van Well am 16. Februar 1978 vorgelegen.
Hat Vortragendem Legationsrat I. Klasse Lewalter am 17. Februar 1978 vorgelegen.
Hat Lewalter am 18. März 1978 erneut vorgelegen, der handschriftlich für Blech vermerkte: „Bundesminister kam bisher nicht dazu, den Vermerk durchzulesen. Ich muß ihn deswegen ungenehmigt zurückreichen."
Hat Blech am 20. März 1978 erneut vorgelegen, der handschriftlich für Referat 201 vermerkte: „B[itte] Verteilung der Doppel nur nach Verteiler." Vgl. den Begleitvermerk; VS-Bd. 10574 (201); B 150, Aktenkopien 1978.
[2] Bundesminister Genscher hielt sich vom 10. bis 13. Februar 1978 in New York auf.
[3] Klaus Blech.
[4] Susan M. Klingaman.
[5] Vgl. dazu das Gespräch des Staatssekretärs van Well mit dem stellvertretenden Sicherheitsberater des amerikanischen Präsidenten, Aaron, Dok. 23.

FDP sich als erste politische Partei in der Bundesrepublik Deutschland für die Neutronenwaffe aussprechen werde.[6]

Vance teilte mit, daß die Vereinigten Staaten zur Zeit mit anderen Verbündeten sprächen. Drei von diesen nähmen eine negative Haltung ein, nämlich die Niederlande, Dänemark und Norwegen, in einem gewissen Maße auch Belgien (Vest milderte dies durch einen Zwischenruf etwas ab).

An dieser Stelle wurde das Gespräch als Vier-Augen-Gespräch fortgeführt. Im späteren Verlauf, nachdem die Begleiter wieder hinzugezogen waren, brachte *BM* die Sprache nochmals auf die Neutronenwaffe.

BM stellte die Frage, ob Präsident Carter die Entscheidung des Bundessicherheitsrats kenne.[7]

Vance bejahte dies.

BM fragte ferner, ob die amerikanische Seite bereits darüber entschieden habe, wie Produktionsentscheidung, Rüstungskontrollangebot und Dislozierungsfrage miteinander verbunden würden. Er schloß die Frage an, ob sich die amerikanischen Vorstellungen bezüglich des Inhalts eines Rüstungskontrollangebots (Neutronenwaffe gegen SS-20 oder Panzer) inzwischen konkretisiert hätten.

Vance bemerkte zur ersten Frage, daß es hierzu bisher noch keine Entscheidung gebe. Was die zweite Frage betreffe, so sei man dabei, eine Zahl von Optionen zu prüfen.

Die Zusatzfrage von *BM*, ob mehr als die beiden von ihm genannten Optionen geprüft würden, bejahte Vance.

D2 wies darauf hin, daß auch auf deutscher Seite aufgrund des Mandats des Bundessicherheitsrats Überlegungen über diese Fragen angestellt würden. Bei den Konsultationen am 30. Januar seien beide Seiten noch nicht in der Lage gewesen, hierzu bestimmtes zu sagen. Man sei sich einig, daß hierüber gemeinsam gesprochen werde, sobald die beiderseitigen Vorstellungen Gestalt angenommen hätten.

Vest bemerkte, daß hierzu Gelegenheit bei einer weiteren Konsultationsrunde um den 20. Februar bestehe.[8]

2) KSZE

Auf Veranlassung von BM stellte *D2* die deutsche Sicht der gegenwärtigen Lage in Belgrad dar (zur Zeit Weiterverfolgung des westlichen Interesses an einem substantiellen Schlußdokument, jedoch möglicherweise Notwendigkeit, ange-

---

[6] Der FDP-Abgeordnete Möllemann erklärte in einem Interview am 11. Februar 1978, angesichts der konventionellen Überlegenheit des Warschauer Pakts könne die NATO nicht auf die Neutronenwaffe verzichten, und kündigte einen entsprechenden Beschluß der FDP für den 21. Februar 1978 an. Vgl. dazu den Artikel „Bild-Interview mit dem FDP-Wehrexperten Jürgen Möllemann"; BILD vom 11. Februar 1978, S. 8.
Die FDP-Fraktion verabschiedete am 21. Februar 1978 eine Erklärung zur Neutronenwaffe. Vgl. dazu den Artikel „Bedingtes Ja der FDP zur Neutronenwaffe"; FRANKFURTER ALLGEMEINE ZEITUNG vom 22. Februar 1978, S. 1.

[7] Zum Beschluß des Bundessicherheitsrats vom 20. Januar 1978 zur Neutronenwaffe vgl. Dok. 23, Anm. 3.

[8] Am 20. Februar 1978 fand ein Gespräch des Ministerialdirektors Blech mit dem amerikanischen Gesandten Meehan statt. Vgl. dazu Dok. 55.
Zur Erörterung der Neutronenwaffe im Ständigen NATO-Rat am 24. Februar 1978 vgl. Dok. 62.

sichts sowjetischen Widerstandes auf sog. Option 2 überzugehen, d. h. auf ein kurzes Schlußdokument, das auf jeden Fall einem Dokument, das nur den Anschein von Substanz vermittle, aber gerade die wesentlichen Elemente, wie z. B. Menschenrechte, nicht enthalte, vorzuziehen sei). Er legte dar, daß sich bei der Entwicklung der Option 2 drei Fragen stellen würden:

– Was kann und muß der Inhalt eines solchen kurzen Dokumentes sein, um westlichen Interessen gerecht zu werden?
– Wie ist der Übergang zu Option 2 zu gestalten, damit der Westen in Kontrolle der Entwicklung bleibe und ein kurzes Schlußdokument nicht als etwas erscheine, was ohne Berücksichtigung seiner Interessen ihm abgerungen worden sei?
– Welche Zeitfaktoren sind zu beachten?

Die bisher aus guten Gründen nicht erörterte Frage der Option 2 sei insbesondere deshalb aktuell, weil die Außenminister der Neun am 14. Februar 1978 den weiteren Kurs für Belgrad festzulegen hätten.[9] Nach dem bisherigen Stand würden sie zunächst auf jeden Fall durch eine öffentliche Äußerung der Präsidentschaft an ihrem Willen, ein substantielles Schlußdokument zu bekommen, festhalten.

Vance faßte die amerikanische Haltung wie folgt zusammen:

– Er stimme überein, daß noch einmal ein Versuch zugunsten eines substantiellen Schlußdokuments unternommen werden sollte.
– Gelinge das nicht, müsse die Option 2 zum Zuge kommen.
– Bezüglich der Art und Weise, wie das geschehen solle, stimme er auch damit überein, daß nicht der Anschein eines westlichen Nachgebens entstehen dürfe.

Man sei gerade bezüglich der letzteren Frage mit Goldberg in Verbindung, dessen Stellungnahme aber noch nicht eingegangen sei. Sobald sie vorliege, werde er sich telefonisch mit BM oder Vest mit D 2 in Verbindung setzen.

Vance teilte mit, daß er den sowjetischen Botschafter Dobrynin für Dienstag, 14. Februar, einbestellt habe, um die sowjetische Seite zu einer Bewegung in Belgrad zu veranlassen.[10]

---

[9] Zur Konferenz der Außenminister der EG-Mitgliedstaaten im Rahmen der EPZ am 13./14. Februar 1978 in Kopenhagen vgl. Dok. 50.
[10] Botschafter von Staden, Washington, teilte am 15. Februar 1978 mit, der Abteilungsleiter im amerikanischen Außenministerium, Vest, habe ihn über das Gespräch des amerikanischen Außenministers Vance mit dem sowjetischen Botschafter Dobrynin vom Vortag informiert. Vance habe darauf hingewiesen, „daß die sowjetische Nichtbereitschaft, über den Entwurf der N- und N-Staaten zu verhandeln, erstaune. Wenn man in Belgrad zu einem Ergebnis kommen wolle, dann sei die Verhandlung auf der Grundlage dieses Entwurfs der Weg dahin. Dobrynin habe in sehr klarer Weise erwidert, daß Moskau entschlossen sei, in Belgrad kein neues Dokument entstehen zu lassen, das wiederum als eine Basis für Angriffe auf die Sowjetunion in der Menschenrechtsfrage gebraucht werden könnte. Jedes Dokument von einiger Länge und mit substantiellem Inhalt könnte als eine solche erneute Grundlage gebraucht werden. Die Sowjetunion wünsche ein sehr kurzes Kommuniqué, das sich im wesentlichen auf die Feststellung von Zeitpunkt und Ort des nächsten Treffens beschränke. Auf meine Frage, wie man die Lage im Lichte dieser Darlegungen beurteile, erwiderte Vest, daß es ohne Konsensus kein Abschlußdokument in Belgrad geben könne. Wenn die Sowjetunion auf ihrer Haltung beharre, werde es deshalb zu einem Minimaldokument mit Feststellung von Zeitpunkt und Ort des nächsten Treffens kommen. In diesem Falle stelle sich wiederum die Frage, ob es nicht notwendig wäre, einen westlichen Gegenentwurf auf den Tisch legen zu lassen." Vgl. den Drahtbericht Nr. 605; VS-Bd. 13076 (212); B 150, Aktenkopien 1978.

Vest äußerte sich zur Zeitfrage in dem Sinn, daß die Konferenz vor Ende Februar zu einem Abschluß gebracht werden sollte.

BM betonte, daß deutsche Seite das Thema vor allem im Hinblick auf Kopenhagen aufbringe. Sie wolle die amerikanische Meinung haben, damit nichts geschehe, was Europäer und Amerikaner auseinanderführe.

3) SALT

Auf Veranlassung von BM würdigte *D 2* die bisherigen Konsultationsrunden, die man auf deutscher Seite als außerordentlich wertvoll betrachte. Es sei offenkundig, daß einige Fragen noch vertieft behandelt werden müßten. Es gäbe allerdings einen Bereich, in dem unsere Position bereits entwickelt und auch der amerikanischen Seite nahegebracht worden sei: die Problematik der Nichtumgehung.[11] Wir hätten dankbar festgestellt, daß die amerikanische Seite eine Non-transfer-Klausel im SALT-II-Abkommen ausschlösse. Unsere Bedenken bezögen sich aber auch auf eine allgemeine Nichtumgehungsklausel. Hierzu wurden die Gründe im Sinne des Beschlusses des Bundessicherheitsrates[12] dargelegt (Aufrechterhaltung des Prinzips, daß alles das erlaubt bleibe, was nicht ausdrücklich verboten ist).

Vance bezog sich auf die Tatsache, daß die Nichtumgehungsklausel bereits im Bündnis konsultiert[13] und das Einverständnis über eine solche sehr allgemein gehaltene Klausel herbeigeführt worden sei. Bedeuteten unsere Ausführungen, daß wir hiervon abwichen?

D 2 stellte fest, daß sich aufgrund unserer Überlegungen unsere Sorgen auf die Nichtumgehungsklausel als solche bezögen.

Vance erwiderte, daß dies sehr schwierig sei, da die im Bündnis konsultierte Klausel in Genf bereits auf dem Tisch liege.

BM richtete die Bitte an Vance, dieser solle seinerseits die Problematik nochmals einer Prüfung unterziehen.

VS-Bd. 10574 (201)

---

[11] Vgl. dazu das deutsch-amerikanische Gespräch über SALT am 30. Januar 1978; Dok. 29.

[12] Kapitän zur See Borgemeister, Bundeskanzleramt, vermerkte am 31. Januar 1978, in der Sitzung des Bundessicherheitsrats am 20. Januar 1978 seien die Bundesminister Genscher und Leber beauftragt worden, „in Weiterführung des Auftrages des Bundessicherheitsrats vom 9. November 1977 und unter Berücksichtigung der Tatsache, daß beim gegenwärtigen Verhandlungsstand unsere Präferenz (keine Nichtumgehungsklausel) nicht zu realisieren sein wird, in engen Konsultationen mit den Verbündeten Vorstellungen zu den Fragen zu entwickeln und zu vertreten, welchen Inhalt eine für uns akzeptable Nichtumgehungsklausel haben könnte; welche einseitigen begleitenden Erklärungen der Vereinigten Staaten je nach dem Wortlaut einer Nichtumgehungsklausel unsere Interessen zusätzlich wahren könnten. Dabei ist darauf zu achten, daß das auf einen derartigen Vertrag anzuwendende Prinzip restriktiver Auslegung (was nicht verboten ist, ist erlaubt) durch eine Nichtumgehungsklausel nicht in sein Gegenteil verkehrt werden darf; die politische und technologische Zusammenarbeit im Bündnis weder durch eine Nichtumgehungsklausel noch durch eine Nichtweitergabeklausel im gegenwärtigen Umfang und in ihren zukünftigen Entwicklungsmöglichkeiten beeinträchtigt wird; unsere spezifischen Interessen, insbesondere hinsichtlich der Übertragbarkeit von nicht-zentralen Systemen, Systemteilen und technischen Beschreibungen gewahrt werden." Vgl. VS-Bd. 530 (014); B 150, Aktenkopien 1978.

[13] Zur Erörterung des amerikanischen Vorschlags für eine Nichtumgehungsklausel bei SALT in der NATO vgl. Dok. 29, Anm. 6.

44

Botschafter Freiherr von Wechmar, New York (UNO), an das Auswärtige Amt

VS-NfD Aufgabe: 12. Februar 1978, 20.00 Uhr
Fernschreiben Nr. 324

Betr.: SR;
hier: Prüfung wirtschaftlicher Sanktionen

1) Bei einem Arbeitsessen der fünf westlichen AM in New York am 12.2. ist auf Vorschlag des britischen AM Dr. Owen die Frage möglicher Wirtschaftssanktionen oder anderer Druckmittel gegen Südafrika erörtert und beschlossen worden, daß in der am 20.2. beginnenden Woche in Washington Experten der fünf SR-Mitgliedstaaten in eine Detaildiskussion dieses Problems eintreten sollen.[1] Eine spätere Hinzuziehung Japans wurde für den Fall nicht ausgeschlossen, daß die beim Londoner Wirtschaftsgipfel[2] beschlossene Arbeitsgruppe „Transnationale" anschließend die Weiterberatung dieses Themas übertragen bekommt.

2) Im einzelnen:

AM Owen hielt die Zeit für gekommen, im Kreise der Fünf die Forderung nach Anwendung wirtschaftlicher Druckmittel gegen Südafrika zu erörtern, falls sowohl im Falle Namibias als auch in Rhodesien[3] intern Lösungen vollzogen

---

[1] Die Expertengespräche über wirtschaftliche Maßnahmen gegen Südafrika fanden am 16./17. März 1978 statt. Vgl. dazu Dok. 105.
[2] Zum Weltwirtschaftsgipfel am 7./8. Mai 1977 vgl. AAPD 1977, I, Dok. 111, Dok. 112 und Dok. 114.
[3] Der britische Außenminister Owen und der amerikanische Außenminister Vance unterbreiteten dem südafrikanischen Außenminister Botha am 12. August 1977 in London Vorschläge für eine Lösung des Rhodesien-Konflikts. Sie sahen u. a. die Unabhängigkeit Rhodesiens im Jahr 1978 vor, ferner freie, unparteiische Wahlen auf der Grundlage des allgemeinen Wahlrechts, die Einsetzung eines britischen Residierenden Kommissars zur Leitung einer Übergangsverwaltung und zur Durchführung von Wahlen für eine Unabhängigkeitsregierung, die Entsendung einer UNO-Friedenstruppe während der Übergangszeit, eine demokratische Verfassung sowie die Einrichtung eines Entwicklungsfonds. Für den Wortlaut vgl. EUROPA-ARCHIV 1978, D 264–269.
Referat 320 erläuterte am 14. Februar 1978: „Die monatelangen Bemühungen der Briten und Amerikaner um eine international akzeptable Lösung des Rhodesien-Konflikts werden gegenwärtig von den Versuchen des rhodesischen PM Smith um eine interne Lösung überlagert. Seit 2.12.1977 verhandelt Smith mit Bischof Muzorewa, Rev[erend] Sithole und Chief Chirau. Smith, Chirau und Sithole haben sich inzwischen darauf geeinigt, daß von den vorgesehenen 100 Parlamentssitzen 28 Weißen vorbehalten bleiben und diese in getrennten Wählerlisten nominiert werden." Bischof Muzorewa lehne diese Regelung ab: „Smith hat damit einen deutlichen Rückschlag erlitten. Äußerungen seines Gesundheitsministers Cronjé, wonach [...] lediglich eine Erweiterung des Kabinetts durch Austausch einiger weißer Minister durch Schwarze geplant sei, das gegenwärtige Parlament (66 Abgeordnete, davon 50 Rhodesien-Front PM Smith) zunächst fortbestehen soll und die Vorbereitungen zu den Wahlen sich bis zu 18 Monaten hinziehen könnten, enthüllen die wahren Absichten Smiths. Die Vereinbarung einer Übergangsregelung auf dieser Basis, zudem noch ohne die Beteiligung Muzorewas, ist schwer vorstellbar. In Fortführung ihrer eigenen Initiative hatten der britische AM Owen und US-Botschafter Young vom 30.1. bis 1.2. in Malta einen ausführlichen Meinungsaustausch mit den Ko-Präsidenten der Patriotischen Front, Nkomo und Mugabe." Nach Auskunft des britischen Außenministeriums habe zwar eine Annäherung stattgefunden, in einigen wichtigen Fragen bestünden jedoch weiterhin Meinungsunterschiede. Ferner lehnten „die Frontstaaten und die Patriotische Front [...] die von Smith angestrebte interne Lösung" ab: „Ohne internationale Anerken-

würden und der SR deswegen erneut mit dem Problem Südafrikas beschäftigt werde. Es werde sich möglicherweise schon bald die Frage stellen, ob der Westen bereit sei, nach der Verabschiedung der Res. 418 (Waffenembargo)[4] auch die nächste Schwelle zu überschreiten.

Dabei werde es sich wahrscheinlich zunächst nicht um ein allgemeines Handelsembargo, sondern beispielsweise um ein Ölembargo gegen Rhodesien (und damit gegen Südafrika) oder um die Beschränkung von Investitionen handeln. Eine Forderung nach einem Investitionsstopp nach Kapitel VII sei nicht auszuschließen.[5]

AM Owen schilderte – wie auch die anderen AM – die legislativen Schwierigkeiten, denen sich die Regierungen bei einer Beschränkung von Neuinvestitionen ausgesetzt sehen dürften. Er appellierte mit einmütiger Zustimmung der anderen Vier an eine solidarische Haltung des Westens und forderte, daß die Erhaltung der Einheit der westlichen Fünf Priorität haben müsse.

Bei fortdauernd negativer Entwicklung im südlichen Afrika würden Sanktionen eines Tages wohl notwendig werden. Wann dies geschehe, sei schwer vorauszubestimmen. Deshalb sollte sich der Westen nicht schon jetzt durch eine Art Salami-Taktik in eine Zwangslage hineinmanövrieren lassen. Sanktionen im Investitionsbereich seien ohnehin nicht einzuhalten. Beschlüsse seiner Regierung gebe es nicht, allerdings rege er eine Prüfung aller mit dem Thema Sanktionen zusammenhängenden Fragen an.

Frankreichs AM Guiringaud stimmte zu, daß sich die Frage von Wirtschaftssanktionen stellen könne. Es bestehe ohnehin eine Tendenz, den Westen mit Südafrika zu identifizieren. Er regte daher die Prüfung freiwilliger Maßnahmen an und sagte, Frankreich sei bereit, die Möglichkeit von Restriktionen bei neuen Investitionen zu prüfen. Solche Beschränkungen seien in seinem Land durch eine Beschränkung von Regierungsbürgschaften möglich. In diesem Zusammenhang wolle er allerdings zwei Prinzipien betonen: Kcine Sanktionen gegen frühere Investitionen sowie keine Sanktionen auf spezifischen Gebieten (Öl, nuklear), sondern wenn schon Sanktionen, dann solche allgemeiner Art.

Der kanadische AM Jamieson unterstrich wie Frankreich die Forderung Owens nach gemeinsamem Handeln der Fünf und stellte die Frage, inwieweit freie Bürger überhaupt an der Vergabe von Investitionen an andere Länder gehindert werden könnten. Im übrigen habe er mit Interesse vermerkt, daß afrika-

---

Fortsetzung Fußnote von Seite 241

nung wäre jedoch jede Vereinbarung sinnlos, da die bewaffneten Auseinandersetzungen und die Rhodesien-Sanktionen fortgesetzt würden." Vgl. Referat 320, Bd. 116808.

[4] Für den Wortlaut von Resolution Nr. 418 des UNO-Sicherheitsrats vom 4. November 1977 vgl. UNITED NATIONS RESOLUTIONS, Serie II, Bd. X, S. 41 f.

[5] Kapitel VII der UNO-Charta vom 26. Juni 1945 regelte „Maßnahmen bei Bedrohung oder Bruch des Friedens und bei Angriffshandlungen". Gemäß Artikel 41 konnte der UNO-Sicherheitsrat die Mitgliedstaaten zur Durchführung von Maßnahmen „unter Ausschluß von Waffengewalt" anhalten, um seine Beschlüsse durchzusetzen, u. a. durch „die vollständige oder teilweise Unterbrechung der Wirtschaftsbeziehungen, des Eisenbahn-, See- und Luftverkehrs, der Post-, Telegraphen- und Funkverbindungen sowie sonstiger Verkehrsmöglichkeiten und den Abbruch der diplomatischen Beziehungen". Vgl. BUNDESGESETZBLATT 1973, Teil II, S. 459.

nische Sprecher in Südafrika selbst keineswegs einhellig für Sanktionen einträten (Buthelezi)[6].

Der amerikanische AM Vance teilte die Meinung seiner Vorredner, daß die Sanktionsfrage sehr bald auftauchen könne. Seine Regierung sei daher zur Zeit dabei, unilaterale Maßnahmen, etwa im Bereich der Exim-Bank, zu prüfen. Ein Stopp von Neuinvestitionen bringe eine Fülle von Problemen. Im amerikanischen Kabinett würden nach der von ihm erwähnten Prüfung von möglichen Maßnahmen in absehbarer Zeit die sich stellenden Optionen durchberaten. Das Ergebnis könne in einigen Wochen vorliegen. Im Sanktionszusammenhang lägen dem Kongreß bereits zwei Gesetzentwürfe vor.

BM Genscher sagte, daß er die Bemerkungen Owens im Grundansatz teilen könne, und hielt es gleichfalls für wichtig, daß sich die westlichen Fünf übereinstimmend verhalten. Die Bundesrepublik Deutschland wolle sich nicht gern an Aktionen kollektiver Heuchelei beteiligen, wonach Menschenrechte nur in einem Land verletzt werden. Er stellte die Frage, wen eine solche Aktion treffen würde, und berichtete von den Feststellungen des IG Metall-Vorsitzenden Loderer bei seinem jüngsten Besuch in Südafrika in diesem Zusammenhang.[7]

Waffenexporte könne die Bundesregierung durch Gesetze unterbinden.[8] Hinsichtlich von Investitionen sehe er jedoch nur die Möglichkeit der Verweigerung von Exportbürgschaften. Er sprach sich für eine sehr sorgfältige Prüfung des ganzen Problems aus und empfahl, die Frage im Rahmen der Fünf ausführlich zu studieren. Er warnte vor zu großen Illusionen, was die tatsächlich gegebenen Möglichkeiten angeht.

AM Owen regte ebenfalls an, daß die Fünf einzeln Aktionen unternehmen könnten, um auf diese Weise den Druck in den VN zu mildern. Wenn man jedoch einmal mit Sanktionen beginne, sei das Ende nicht abzusehen.

[gez.] Wechmar

Referat 320, Bd. 116845

---

[6] Zu den Äußerungen des Vorsitzenden der „Inkatha Freedom Party", Buthelezi, am 29. Januar 1978 in Soweto vgl. Dok. 31, Anm. 1.
[7] Zum Besuch des IG Metall-Vorsitzenden Loderer in Südafrika vgl. Dok. 31, Anm. 6.
[8] Zu den rechtlichen Grundlagen der Rüstungsexportpolitik der Bundesregierung vgl. Dok. 1, Anm. 17.

45

**Botschafter Freiherr von Wechmar, New York (UNO),
an das Auswärtige Amt**

Fernschreiben Nr. 326 Aufgabe: 12. Februar 1978, 23.45 Uhr[1]
Citissime nachts Ankunft: 13. Februar 1978, 06.18 Uhr

Bereitschaftsdienst: Vorlage bei Dienstbeginn genügt
Betr.: Namibia-Initiative
hier: Ministergespräche der Fünf mit Südafrika und SWAPO
Bezug: DB 323 vom 11.2.78[2]

Zur Unterrichtung

I. Die Simultan-Gespräche in New York auf AM-Ebene sind am 12.2.78 nach zwei Tagen – wie zu erwarten – ohne Durchbruch, aber auch mit Aussicht auf weitere Bewegung in einigen noch strittigen Fragen zu Ende gegangen.

Gleichzeitig in New York anwesend waren zum Teil hochrangige Vertreter aus den Frontlinienstaaten[3] und den afrikanischen SR-Mitgliedstaaten[4], aus Tansania, Sambia und Botsuana die Außenminister[5].

Neben den Plenarsitzungen mit den beiden Konfliktparteien fanden bilaterale Gespräche (BM mit sambischem AM Mwale, mit SWAPO-Präsident Nujoma[6] und mit AM Botha) statt sowie Arbeitstreffen im engeren Kreis, sowohl auf Minister- wie auch Beamtenebene.

Das Ende der Gespräche wurde zeitweise überschattet – und in der Presse überbetont – durch die vorzeitige Abreise der südafrikanischen Delegation zur Berichterstattung an die eigene Regierung. Ungeachtet dessen fanden jedoch noch Gespräche auf Arbeitsebene zwischen der Kontaktgruppe und StS Brand Fourie statt; mit SWAPO wird der Meinungsaustausch durch die Kontaktgruppe am 13.2. fortgesetzt.[7]

In allen Gesprächen mit den beteiligten und interessierten Parteien hielten die

---

[1] Hat Vortragendem Legationsrat Ueberschaer am 13. Februar 1978 vorgelegen.
[2] Für den Drahtbericht des Botschafters Freiherr von Wechmar, New York (UNO), vgl. Dok. 40.
[3] Angola, Botsuana, Mosambik, Sambia und Tansania.
[4] Gabun, Mauritius und Nigeria.
[5] Benjamin Mkapa (Tansania), Archie M. Mogwe (Botsuana), Siteke G. Mwale (Sambia).
[6] Zum Gespräch am 12. Februar vgl. Dok. 52.
[7] Botschafter Freiherr von Wechmar, New York (UNO), teilte am 17. Februar 1978 mit: „Am 13.2.78 trafen die fünf westlichen Delegationen auf Arbeitsebene erneut mit Nujoma und seiner Delegation zusammen, um [...] den gesamten Text des westlichen Lösungsvorschlags im einzelnen durchzugehen und dabei über die schon bekannten SWAPO-Einwände hinaus alle Formulierungen festzustellen, die SWAPO Schwierigkeiten bereiteten. [...] Nujoma widersetzte sich beharrlich einer solchen Prozedur. Er verwies auf das SWAPO-Papier vom 10.2. und bestand darauf, jetzt müsse erst der Westen unter Berücksichtigung jenes Papiers neue Vorschläge vorbringen. Es erwies sich als unmöglich, Nujoma davon zu überzeugen, daß dies geschehen werde, die Fünf jedoch vor der Ausarbeitung neuer Vorschläge ein umfassendes Bild über alle (womöglich auch weniger zentrale) Bedenken SWAPOs gegen den westlichen Text haben wollten." Vgl. den Drahtbericht Nr. 368; Referat 320, Bd. 125261.

12. Februar 1978: Wechmar an Auswärtiges Amt

Fünf an der im westlichen Lösungsvorschlag festgelegten gemeinsamen Position fest.[8]

Um irreführenden öffentlichen Darstellungen zu begegnen, beschlossen die AM, in den nächsten Tagen ein Resümee des westlichen Lösungsvorschlages zu publizieren. Die Kontaktgruppe arbeitet hierzu einen Vorschlag an die Regierungen aus.

II. Im einzelnen:

Nach den in der bisherigen Berichterstattung bereits behandelten Vorgesprächen am 9.[9] und 10.2.[10] und den ersten Plenarsitzungen am 11.2. gab BM am 11.2., abends, im engeren Kreis (Botha, Fourie) als Sprecher der Fünf (im Rotationsverfahren) der südafrikanischen Delegation eine Zusammenfassung des Ergebnisses des ersten Verhandlungstages aus unserer Sicht. Über die Darstellung der westlichen Positionen war unter den fünf Ministern in einer Vorbesprechung Einigung erzielt worden.[11]

Auf die vom BM gegebene Beschreibung der nach unserer Auffassung noch ungelösten Probleme (Truppenrückzug und Walvis Bay) und auf die Erläuterung der westlichen Auffassung hierzu reagierte AM Botha mit der Feststellung, daß er eine Fortsetzung der Gespräche nicht mehr für notwendig ansehe und daher zur Berichterstattung an seine Regierung unverzüglich abreisen werde. Die fünf AM stimmten anschließend in der Beurteilung der Haltung Bothas darin überein, daß dieser offenbar dem Mißverständnis unterlegen gewesen sei, die von BM berichteten Positionen der anderen Seite seien mit denen des Westens identisch und stellten daher neue Forderungen an Südafrika dar. Es war offenkundig, daß Botha für diesen vermeintlichen Sinneswechsel der Fünf keinen Verhandlungsspielraum hatte.

In getrennten bilateralen Gesprächen Owen–Botha und BM–Botha am Morgen des 12.2. konnte das Mißverständnis ausgeräumt werden, was jedoch nichts am Entschluß Bothas zur Heimreise ändern konnte. Andererseits wurden jedoch

---

8 Zum Dokument „Proposal for a Settlement of the Namibian Situation" in der Fassung vom 17. Januar 1978 vgl. Dok. 14, Anm. 13.

9 Zum Gespräch mit dem Staatssekretär im südafrikanischen Außenministerium, Fourie, vgl. Dok. 40, Anm. 2.

10 Zum Gespräch mit dem Präsidenten der SWAPO, Nujoma, vgl. Dok. 40, Anm. 3.

11 In der Vorbesprechung mit den Außenministern de Guiringaud (Frankreich), Jamieson (Kanada), Owen (Großbritannien) und Vance (USA) legte Bundesminister Genscher dar: „Es geht jetzt darum, ein zusammenfassendes Ergebnis der (heutigen) ersten Gesprächsrunde zu erstellen. Es hat keinen Sinn, sich noch länger zwischen den Extrempositionen (der Konfliktparteien) hin- und herziehen zu lassen. Wir müssen zu unserem (westlichen) Vorschlag stehen und diesen vielleicht hier und da ‚spezifizieren'. Andernfalls steuern wir auf einen Fehlschlag zu. Für die Fünf ergibt sich die Erkenntnis, daß Südafrika (SA) keinen Verhandlungsspielraum mehr hat, vor allem was die Truppenstärke von 3000 anbelangt. Die Gespräche mit dem Generalsekretär der VN ergaben, daß eine genaue Definition der Rechte und Funktionen des U[nited]N[ations] S[pecial]R[epresentative] schriftlich festgelegt werden muß. Außerdem sollte eine Analyse der differenzierten Positionen der (am Nachmittag angesprochenen) afrikanischen Staaten erarbeitet werden [...]. Die Fünf müssen sich im klaren darüber sein, daß ohne Mitwirkung dieser afrikanischen Staaten keine Einwirkung auf mehr Beweglichkeit der SWAPO denkbar ist. Wenn der Eindruck richtig ist, daß die südafrikanische Regierung keine weitergehenden Vollmachten ohne neue Instruktionen von Vorster hat, dann müßten die Fünf deutlich machen, was ein südafrikanischer Alleingang in Richtung auf eine interne Lösung oder ein Eingehen auf den westlichen Vorschlag zur Folge haben könnte: nämlich die Frage, ob die südafrikanische Regierung mit internationaler Entlastung rechnen könne oder nicht." Vgl. die Gesprächsaufzeichnung; Referat 320, Bd. 125261.

die Gespräche mit StS Fourie durch die Kontaktgruppe wieder aufgenommen (DB 325[12]). Daraus und aus den öffentlichen Äußerungen Bothas gegenüber der amerikanischen Presse und dem Fernsehen[13] noch vor seiner Abreise wurde erkennbar, daß auch von südafrikanischer Seite die Tür zu weiteren Gesprächen nicht zugeschlagen worden war.

III. Nach dem Gespräch mit der südafrikanischen Delegation fand eine Begegnung mit der SWAPO-Führung, ebenfalls in engerem Kreis, statt, in welcher AM Owen als Sprecher der Fünf eine Zusammenfassung der Gespräche des ersten Verhandlungstages gab.[14]

Als zentrale Hindernisse für ein Einlenken SWAPOs erwiesen sich:

– die vorgesehenen zwei südafrikanischen Stützpunkte im Norden Namibias,
– Walvis Bay,
– Verhältnis der Funktion des VN-Sonderbeauftragten und des Generalverwalters.

Die unnachgiebige Haltung SWAPOs zu diesen Fragen entsprach dem im Vorgespräch bereits vorgelegten Gegenvorschlag (DB 322 vom 10.2.).[15]

---

[12] Botschafter Freiherr von Wechmar, New York (UNO), berichtete: „Aufgrund der Aussprache mit den Südafrikanern in den vorbereitenden Simultan-Gesprächen vom 9. und 10.2.78 hat die Kontaktgruppe darüber beraten, was von den südafrikanischen Textänderungsvorschlägen zum westlichen Lösungsvorschlag, die nicht den Kern der Hauptstreitpunkte betreffen, evtl. in einem revidierten Text berücksichtigt werden könnte." Das Ergebnis dieser Überlegungen sei der südafrikanischen Delegation inoffiziell und nur andeutungsweise übergeben worden: „Im abschließenden Gespräch mit den Südafrikanern auf der Ebene Kontaktgruppe-Brand Fourie vom 12.2.78 ist vereinbart worden, daß in etwa einer Woche in Kapstadt seitens der Botschaften der Fünf ein Gedankenaustausch über Textänderungen eingeleitet werden solle. Dieser Kontakt soll jedoch als unverbindlich behandelt werden." Vgl. Referat 320, Bd. 125261.

[13] Zu den Äußerungen des südafrikanischen Außenministers Botha wurde in der Presse berichtet, er habe in einer Pressekonferenz und einem Fernsehinterview die Lage als „sehr ernst" bezeichnet: „Obviously referring to SWAPO, Mr. Botha said that there were aspects in the Western plan which would not give the people of the territory equal treatment and would lead to a situation in which they could be ,overrun by a Marxist terrorist organization'. [...] Mr. Botha said that South Africa still was ready to lead the territory to independence by the end of this year and allow U.N. observers in South-West Africa during free elections based on one-man, one-vote principle. But he objected to a takeover by the United Nations." Vgl. den Artikel „Botha Breaks Off Namibia Talks"; INTERNATIONAL HERALD TRIBUNE vom 13. Februar 1978, S. 1 f.

[14] Der britische Außenminister Owen führte zu den Ergebnissen des ersten Verhandlungstages aus: „Zur wichtigsten und noch schwierigsten Frage, dem südafrikanischen Truppenrückzug, halten die Fünf an der Maximalzahl 1500 fest. Vertrauen der Fünf in die Effizienz der VN-Rolle, wobei zahlenmäßige Stärke des zivilen und militärischen VN-Kontingents sowie deren Glaubwürdigkeit als Garant für die Aufrechterhaltung von Gesetz und Ordnung entscheidend sind. Die Fünf werden die Entscheidungen und Empfehlungen des GS der VN akzeptieren und den Einsatz des VN-Kontingents nicht an finanziellen Erwägungen scheitern lassen. Beziehung zwischen U[nited]N[ations] S[pecial]R[epresentative] und A[dministrator]G[eneral] wird von allen interessierten Parteien als klärungsbedürftig angesehen; die Fünf werden versuchen, die ,terms of reference' noch weiter zu konkretisieren. Zur Rolle der Polizei Versicherung der Fünf, daß VN-Kontrolle in der Lage sein muß, Diskriminierung und Einschüchterung zu verhindern. Zu Walvis Bay stehen die Extrempositionen einander unverändert gegenüber; die Fünf werden zwar eine Neuformulierung ihres Vorschlages versuchen, bleiben aber in der Sache bei ihrer Auffassung, daß diese Frage zwischen S[üd]A[frika] und einem unabhängigen Namibia geregelt werden sollte. Die Fünf sind nach wie vor überzeugt, daß ihr Vorschlag den geeigneten Rahmen für die Überführung in die Unabhängigkeit bietet (nach weiterer Klärung einzelner Aspekte), u. zwar verankert in den entsprechenden VN-Resolutionen." Vgl. die Gesprächsaufzeichnung; Referat 320, Bd. 125261.

[15] Korrigiert aus: „DB 320 vom 10.2."
Zu den Vorschlägen der SWAPO vgl. Dok. 40, Anm. 5.

BM hatte am 12.2. Gelegenheit, Nujoma in persönlichem Gespräch die einmalige Chance vor Augen zu führen, in wenigen Monaten auf dem Weg über freie Wahlen und in einem friedlichen Verfahren sowie auf international abgesicherter Basis die Unabhängigkeit Namibias zu erlangen. Er führte ihm am Beispiel der deutschen Geschichte nach dem Zweiten Weltkrieg vor Augen, daß man mehr erreichen kann, wenn man durch maßvolles und dynamisches Vorgehen das Mögliche ergreift, statt auf ein Alles oder Nichts zu bestehen. BM lud Nujoma zu einem Besuch nach Deutschland ein, worauf dieser positiv reagierte.

Ein bilaterales Gespräch Vance–Nujoma ergab das gleiche Bild der Haltung SWAPOs zu den obengenannten Fragen.

IV. Über die Gespräche mit den Vertretern der Frontlinienstaaten wird gesondert berichtet.[16]

[gez.] Wechmar

Referat 320, Bd. 125261

46

Gespräch des Bundeskanzlers Schmidt mit dem amerikanischen Finanzminister Blumenthal

VS-vertraulich
13. Februar 1978[1]

Vermerk über das Gespräch des Herrn Bundeskanzlers mit dem amerikanischen Finanzminister Blumenthal am 13. Februar 1978 im Bundeskanzleramt

Weitere Teilnehmer: Staatssekretär Solomon, BM Apel, BM Graf Lambsdorff, BM Matthöfer, MDg Heick.

---

[16] Botschafter Freiherr von Wechmar, New York (UNO), berichtete am 13. Februar 1978, daß am 11./12. Februar 1978 zwei Gespräche mit den Vertretern von Angola, Botsuana, Mosambik, Sambia und Tansania sowie Gabun, Mauritius und Nigeria stattgefunden hätten: „Beide Gesprächsrunden verliefen in ruhiger und sachlicher Atmosphäre. Einige der schwarz-afrikanischen Staaten erklärten ausdrücklich ihre Anerkennung der Bemühungen der fünf westlichen SR-Mitglieder (Sambia, Tansania und selbst Mosambik). Besonders Tansania und Botsuana erklärten in diesem Zusammenhang, daß es ihre Aufgabe sei, die SWAPO aufgrund der erzielten Ergebnisse zu beraten. [...] In beiden Sitzungen wurde von den Fünf eindringlich appelliert, den westlichen Vorschlag als Gesamtpaket zu sehen und nicht auf einzelnen Punkten zu bestehen. Nur ein ausgewogenes Gesamtpaket habe Aussicht auf Erfolg." Vgl. den Drahtbericht Nr. 336; Referat 320, Bd. 125261.

[1] Ablichtung.
Die Gesprächsaufzeichnung wurde von Ministerialdirigent Heick, Bundeskanzleramt, am 14. Februar 1978 gefertigt und am 21. Februar „im Auftrag des Herrn Bundeskanzlers" an Bundesminister Genscher übermittelt.
Hat Vortragendem Legationsrat I. Klasse Lewalter am 22. Februar vorgelegen, der die Weiterleitung an Genscher verfügte.
Hat Lewalter am 18. März 1978 erneut vorgelegen, der handschriftlich vermerkte: „R[ücklauf]v[on] BM" und die Weiterleitung an Referat 412 verfügte.
Hat Vortragendem Legationsrat Junker am 20. März 1978 vorgelegen, der handschriftlich ver-

Minister *Blumenthal* übergibt zu Beginn eine Botschaft des amerikanischen Präsidenten an den Bundeskanzler.

Der *Bundeskanzler* hebt die Schwierigkeiten der Bundesrepublik hervor, bei einem Exportanteil von fast 30% durch binnenwirtschaftliche Maßnahmen das Wachstum zu stimulieren. Er äußert sich besorgt über die Entwicklung des internationalen Währungssystems. Besondere Sorge bereite ihm, daß in zunehmendem Maße Zuflucht zu kompetitiven Abwertungen genommen werde. BM *Apel* bestätigt dies. Beim Treffen der Schlangenländer[2] in Kopenhagen habe Norwegen keinen Hehl daraus gemacht, daß die Abwertung seiner Währung den Zweck habe, die Exportsituation zu verbessern.[3]

Blumenthal berichtet, daß Präsident Carter besorgt sei über die Lage der Weltwirtschaft. Eine Lösung der Probleme sei nur durch eine enge Zusammenarbeit zwischen den USA und der Bundesrepublik möglich. Der Präsident sehe die zunehmende Gefahr, daß kompetitives Verhalten und Konfrontation unter den Ländern die Weltwirtschaftsentwicklung gefährde. Blumenthal betont dann, daß die USA keinen öffentlichen Druck auf die Bundesrepublik ausgeübt haben und ausüben, zusätzliche Maßnahmen zu ergreifen. Für die USA gehe es um die Frage, was man während der nächsten Monate gemeinsam tun könne.

Der *Bundeskanzler* führt aus, daß deutsche Konjunkturmaßnahmen nur eine geringe Auswirkung auf den Rest der Welt haben. Von größerer Bedeutung, insbesondere für die Weltwährungssituation, sei das hohe amerikanische Leistungs- und Handelsbilanzdefizit. Dieses sei von den Zentralbanken anderer Länder mit Dollarkäufen von 30 bis 40 Mrd. $ im Jahr 1977 finanziert worden. BM *Apel* fügt ergänzend hinzu, daß Großbritannien allein 18 Mrd. $ gekauft habe. Großbritannien werde dies zweifellos nicht wiederholen können. Auch die

---

Fortsetzung Fußnote von Seite 247

merkte: „1) Herrn StM v. Dohnanyi vorgelegt. 2) VS Reg[istratur] 4: bitte W[ieder]v[orlage] am 28.3."
Hat Staatsminister von Dohnanyi und Vortragendem Legationsrat I. Klasse Jelonek am 29. März 1978 vorgelegen. Vgl. das Begleitschreiben; VS-Bd. 9319 (412); B 150, Aktenkopien 1978.

[2] Der EG-Rat auf der Ebene der Wirtschafts- und Finanzminister verabschiedete am 21. März 1972 in Brüssel eine Entschließung zur stufenweisen Verwirklichung der Wirtschafts- und Währungsunion. Darin wurden die Notenbanken der EG-Mitgliedstaaten ersucht, „bei voller Ausnutzung der vom Internationalen Währungsfonds auf weltweiter Ebene zugelassenen Bandbreiten den zu einem bestimmten Zeitpunkt bestehenden Abstand zwischen der am höchsten und der am niedrigsten bewerteten Währung der Mitgliedstaaten schrittweise zu verringern". Die Notenbanken sollten demnach so auf den internationalen Devisenmärkten intervenieren, daß spätestens zum 1. Juli 1972 der Abstand zwischen den Währungen von zwei Mitgliedstaaten nicht größer als 2,25% war (Währungsschlange), während nach außen weiterhin die vom Internationalen Währungsfonds vorgesehenen Dollar-Bandbreiten von 4,5% galten. Vgl. EUROPA-ARCHIV 1972, D 338 f.
Aufgrund eines Vorschlags der EG-Kommission vom 4. März 1973 beschloß der EG-Rat auf der Ebene der Wirtschafts- und Finanzminister am 11./12. März 1973 in Brüssel die Errichtung eines gemeinschaftlichen Wechselkurssystems, das die Beibehaltung des „Gemeinschaftsbands" von 2,25% vorsah, aber auf Interventionen bezüglich des Wechselkurses des US-Dollar verzichtete. Jedoch gehörten zunächst nur Belgien, die Bundesrepublik, Dänemark, Frankreich, Luxemburg und die Niederlande der Währungsschlange an. Vgl. dazu AAPD 1973, I, Dok. 80.
Im Januar 1978 gehörten der Währungsschlange noch Belgien, die Bundesrepublik, Dänemark, Luxemburg, die Niederlande und Norwegen an.

[3] Auf der Tagung der Finanzminister und Notenbankenpräsidenten der an der europäischen Währungsschlange beteiligten Staaten am 10. Februar 1978 in Kopenhagen stimmten die Teilnehmer dem Beschluß der norwegischen Regierung zu, die norwegische Krone um 8% abzuwerten; Norwegen verblieb in der Währungsschlange. Vgl. dazu BULLETIN DER EG 2/1978, S. 32.

Bundesbank könne nicht in demselben Maß Dollars kaufen, wie sie das im vergangenen Jahr getan habe. Ähnliches gelte für andere Zentralbanken.

Blumenthal erwidert darauf, daß das amerikanische Defizit vor allem durch einen Swing der leads and lags[4] von 18 Mrd. $ entstanden sei. Dies werde sich nicht wiederholen. In den USA seien in letzter Zeit sehr positive Entwicklungen zu registrieren. Der Zuwachs des Energieverbrauchs sei von 5% auf 4% im vergangenen Jahr gesunken. Er rechne damit, daß sich die Ölrechnung im Jahr 1978 nicht weiter verschlechtere. Das Energieprogramm[5] werde in ein paar Wochen den Kongreß passieren. Man habe vor allem aus außenwirtschaftlichen Gründen die Zinssätze angehoben. Ein 25 Mrd. $ Steuersenkungsprogramm sei angekündigt. Die Swap-Vereinbarungen mit der Bundesbank[6] würden zur Glättung des Dollarkurses beitragen. Hinzu komme, daß die Japaner ihre Bereitschaft erklärt hätten, im Jahr 1978 ein Wachstum von 7% anzustreben. Die USA hätten bereits sehr viel getan. Sie seien aber bereit, noch mehr zu tun. Vorher wollten sie jedoch mit dem Bundeskanzler sprechen. Die Frage stelle sich, wie man konstruktiv mit den internationalen Problemen fertig werden könne. Nach seiner Meinung sei die Psychologie hierbei ein sehr wichtiger Faktor.

Der *Bundeskanzler* kommt dann auf die Kritik der amerikanischen Presse an der Wirtschaftpolitik der Bundesrepublik zu sprechen.[7] Er betont, daß die Bundesregierung ihre auf dem Gipfel in London gegebenen Versprechungen eingehalten habe. Im Hinblick auf diese Versprechungen habe die Bundesregierung in der zweiten Jahreshälfte erhebliche zusätzliche Konjunkturmaßnahmen – insbesondere Steuersenkungen[8] – beschlossen. Die Steuersenkungen seien spätestens zum 1. Januar in Kraft getreten. Dies zeige, daß die Bundesrepublik erstaunlich schnell reagiert habe.

---

4 Im internationalen Handelsverkehr Bezeichnung für beschleunigte (lead) bzw. verzögerte (lag) Bezahlung von Waren mit Blick auf mögliche Gewinne durch Wechselkursveränderungen.

5 Zum „Nationalen Energieplan" des Präsidenten Carter vom 20. April 1977 vgl. Dok. 5, Anm. 28. Botschafter von Staden, Washington, informierte am 3. März 1978, daß sich in der Frage der künftigen Preisgestaltung für Erdgas, nach „zähen, vertraulich geführten Verhandlungen" ein Kompromiß anzubahnen scheine. Allerdings würden die Chancen, den die Steuern betreffenden Teil des Plans zu verabschieden, innerhalb der amerikanischen Regierung und des amerikanischen Kongresses „gering" eingeschätzt. Die Verhandlungen hierüber seien vom Vermittlungsausschuß noch nicht einmal begonnen worden: „Daher dürfte, falls die Administration auf Einbeziehung dieses wichtigen Teils des Gesetzgebungspakets besteht, noch erhebliche Zeit verstreichen, bevor beide Häuser endgültig über den National Energy Act abstimmen können." Vgl. den Drahtbericht Nr. 850; Referat 405, Bd. 121278.

6 Zur Vereinbarung vom 4. Januar 1978 zwischen der Bundesbank und der amerikanischen Notenbank vgl. Dok. 3, Anm. 38.

7 Referat 412 informierte am 7. Februar 1978: „Die amerikanische Kritik am wirtschaftspolitischen Kurs der Bundesregierung hält unvermindert an. Auch BM Graf Lambsdorff sah sich auf seiner jüngsten USA-Reise mit den bekannten Vorwürfen konfrontiert, daß die Deutschen zu wenig zur Belebung der Weltwirtschaft täten und damit ihren internationalen Verpflichtungen nicht gerecht würden. Diese auch öffentlich geäußerte Kritik findet in einem einflußreichen Teil der US-Presse einen breiten Niederschlag (insbesondere New York Times, Washington Post). [...] Konkret wird uns vorgeworfen, aus übertriebener Inflationsfurcht die Binnennachfrage nur halbherzig anzukurbeln und zu wenig zur Entlastung der Defizitländer beizutragen. Bezweifelt wird darüber hinaus, daß wir unser für 1978 gesetztes Wachstumsziel (BSP + 3,5%) erreichen werden." Vgl. Referat 412, Bd. 122299.

8 Zum Investitionsprogramm der Bundesregierung vom 23. März 1977, verschiedenen Steuersenkungen sowie zu den Maßnahmen vom 14. September 1977 zur Förderung des Wachstums vgl. Dok. 32, Anm. 3.

Das gesamtstaatliche Defizit (einschließlich Sozialversicherungen) liege nunmehr bei fast 5% des BSP. Dies sei ein Rekord. Außerdem habe die Bundesrepublik inzwischen den niedrigsten Zinssatz der Nachkriegszeit. Zweifellos sei es möglich, das Haushaltsdefizit des Bundes um weitere 5 Mrd. DM zu erhöhen. Dies bringe aber die Gefahr von Zinssteigerungen mit sich, was konjunkturpolitisch unerwünscht sei. Zudem müsse die unabhängige Bundesbank einer solchen Politik zustimmen und sie geldpolitisch abstützen.

Blumenthal weist darauf hin, daß der Dollar dann Kursverluste hinnehmen müsse, wenn in der Bundesrepublik erklärt werde, man wolle keine zusätzlichen Maßnahmen zur Förderung des Wachstums ergreifen.

Der *Bundeskanzler* erwidert darauf, daß die Bundesregierung zwar für 1978 ein Wachstumsziel von 3,5% angegeben habe, sie könne aber nicht versprechen, dieses Ziel auch zu erreichen. Wachstum sei nicht machbar bis auf eine Stelle hinter dem Komma. Er lehne es auch ab, eine Ankündigung zu machen, daß die Bundesregierung unter bestimmten Umständen zusätzliche Maßnahmen ergreifen werde, da dies mit Sicherheit bei den Unternehmen wieder Attentismus hervorrufen würde.

BM *Apel* fügt hinzu, daß die öffentlichen Ausgaben kaum weiter gesteigert werden können. Schon die Vorbereitung des letzten Programms habe gezeigt, wie begrenzt die Zahl der vernünftigen Projekte sei. Wenn man also über zusätzliche Maßnahmen nachdenke, dann könnten dies nur Steuersenkungen zur Förderung der privaten Investitionen sein. Im gegenwärtigen Zeitpunkt hätte dies vor allem zwei Auswirkungen: Erstens würden die Gewerkschaften, die sich gegenwärtig in Lohnauseinandersetzungen befinden, dies zum Anlaß nehmen, um ihre Lohnforderungen zu erhöhen. Zweitens würde eine solche Ankündigung zu Attentismus bei den Unternehmen führen.

Der *Bundeskanzler* erklärt, daß er selbstverständlich lieber 5% Wachstum statt 3,5% haben würde, schon weil damit die Arbeitslosigkeit schneller abgebaut würde. Es habe sich aber gezeigt, daß man solche Wachstumsraten nicht erzwingen könne. Er sei wirtschaftspolitisch nicht konservativ. Er sei aufgeschlossen gegenüber allen Maßnahmen, die vernünftig sind. Es habe ihm aber noch niemand Maßnahmen nennen können, die die Einhaltung eines solchen Zieles garantieren. Er sei auch über den Anstieg des D-Mark-Wechselkurses aus konjunkturpolitischen Gründen nicht erfreut.

Blumenthal äußert sein Verständnis für die Attentismus-Befürchtung. Es sei aber doch möglich für die Bundesregierung zu sagen, daß man alles tun werde, um ein hohes Wirtschaftswachstum zu erreichen. Schon dies habe große politische Bedeutung.

Darauf erwidert der *Bundeskanzler*, daß eine Wachstumsrate von 3,5% im Jahresdurchschnitt ohnehin im letzten Quartal dieses Jahres eine Wachstumsrate von über 5% erfordere. Außerdem werde das Wachstum der Bundesrepublik zu einem erheblich größeren Teil durch Exporte bestimmt als z. B. in den USA und Japan. Die Exporte seien aber stark verteuert worden durch den Anstieg der Löhne und der Lohnnebenkosten sowie durch die Aufwertung. Insbesondere die Währungsunruhen verunsichern die Investoren. Sicher wäre es möglich, in der Bundesrepublik höhere Inflationsraten anzustreben. Die Auswirkungen wären aber sowohl innenpolitisch als auch außenpolitisch verheerend. Hinzu komme, daß durch Inflation auf Dauer nicht mehr Arbeitsplätze geschaffen würden.

Ein Hindernis für die Konjunkturpolitik sei die föderalistische Struktur der Bundesrepublik. Die Bundesregierung könne den Ländern nicht befehlen, sich in der gleichen Größenordnung zu verschulden wie der Bund. Hinzu komme, daß die Bundesregierung schon wegen der gegenwärtigen Verschuldungshöhe von der Opposition angegriffen werde, die den Vorwurf des Staatsbankrotts erhebe.

Die Bundesregierung habe deshalb einen Mittelweg zwischen den extremen Forderungen der USA und der Opposition eingeschlagen.

Wenn es sich herausstellen sollte, daß die vorgesehene Wachstumsrate von 3,5% nicht erreicht werden kann, werde die Bundesregierung prüfen, ob zusätzliche Maßnahmen ergriffen werden können. Er wende sich jedoch strikt gegen jede Ankündigungsabsicht, auch was eine eventuelle Prüfung betrifft.

Solomon fragt, wann die Bundesrepublik einen Überblick über die wirtschaftliche Entwicklung im ersten Quartal haben werde. Der Bundeskanzler erwidert darauf, daß man dies erst relativ spät erkennen könne, weil die Bundesrepublik kein so gut ausgebautes System von Früh-Indikatoren habe wie die USA.

Blumenthal äußert dann seine Besorgnis über die politische Situation in Europa, deren Stabilisierung einem großen Risiko ausgesetzt werde, wenn man sich nicht über gemeinsame wirtschaftspolitische Aktionen einigen könne.

Demgegenüber weist der *Bundeskanzler* darauf hin, daß die Unruhe in der Weltwährungspolitik zu einem wesentlichen Teil durch die Vervielfachung der Ölrechnung der USA in den letzten fünf Jahren und die damit verbundene starke Abwertung des Dollars[9] verursacht sei.

Blumenthal erwidert, der starke Anstieg des Handelsbilanzdefizits sei auf die hohe Wachstumsrate der USA zurückzuführen, während gleichzeitig das Wachstum in anderen Ländern zurückgeblieben sei.

BM *Graf Lambsdorff* hält eine schnelle Lösung des US-Defizitproblems für ebenso unrealistisch wie eine schnelle Lösung des Wachstumsproblems der Bundesrepublik. Er weist darauf hin, daß es seit dem Zweiten Weltkrieg nur einmal eine Parallelität in der wirtschaftlichen Entwicklung in den USA und der Bundesrepublik gegeben habe.

Auf jeden Fall sollten Ankündigungen von konjunkturpolitischen Überlegungen vermieden werden, da diese zu Attentismus führen und die Wachstumsaussichten eher verschlechtern würden. Das deutsche Wachstumsziel von 3,5% sei bei seiner Festlegung realistisch gewesen, angesichts der Währungsunruhen müsse man es eher als optimistisch ansehen.

Blumenthal sieht das Hauptproblem darin, wie man angesichts der Tatsache, daß eine fundamentale Änderung der Wirtschaftspolitiken nicht zu erwarten sei, das psychologische Klima verbessern könne. Eine Möglichkeit bestehe darin, daß man sich nicht gegenseitig Vorhaltungen mache, die Bundesregierung sich

---

9 Zum Kursverfall des amerikanischen Dollar vgl. Dok. 3, Anm. 38.

z. B. nicht öffentlich über den Dollarkurs äußere, die amerikanische Regierung nicht öffentlich über das Wirtschaftswachstum der Bundesrepublik.

Außerdem komme es darauf an, stärker das Positive hervorzuheben. In der Bundesrepublik könne man mehr Zuversicht schaffen, wenn man auf pessimistische Reden verzichte. Was die amerikanische Regierung betreffe, so wolle sie deutlich machen, daß die Verbesserung der Energiebilanz ein vorrangiges Ziel sei.

Auf der Grundlage eines verbesserten Klimas könne man dann gemeinsam konkrete Ziele in Angriff nehmen.

Solomon hebt hervor, daß der Bundeskanzler in Europa ein großes Ansehen habe. Er könne das Klima in Europa entscheidend beeinflussen. Die Bundesrepublik müsse die „leadership" in Westeuropa übernehmen. Es gebe sonst niemand in Europa, der dazu in der Lage sei. *Blumenthal* fügt hinzu, daß Healey ihm kürzlich dasselbe gesagt habe.

Der *Bundeskanzler* bestätigt, daß das Ansehen der Bundesrepublik im Ausland wegen ihrer Wirtschaftskraft und ihrer sozialen Stabilität groß sei. Die eigene Bevölkerung erkenne dies weniger deutlich.

Eine „leadership" unter den westeuropäischen Ländern könne die Bundesrepublik allerdings nicht übernehmen. Die Sensibilität der anderen europäischen Staaten gegenüber der Bundesrepublik mache dies unmöglich. Eine Führungsaufgabe unter den westlichen Industriestaaten könne allein von den USA übernommen werden. Aber auch für die USA gelte es, diese Führung zwar faktisch auszuüben, sie aber nicht demonstrativ zu zeigen. Die Bundesrepublik sei bereit, in allen Fragen eng mit den USA zusammenzuarbeiten. Dies gelte auch dann, wenn ein von den USA verfolgtes Konzept für uns nicht völlig überzeugend sei.

Blumenthal bekräftigt, daß die USA bereit seien, die Führungsrolle zu übernehmen. Die USA könnten die Probleme jedoch nicht allein lösen. Dies gelte insbesondere für das Dollar-Problem und für die multilateralen Handelsverhandlungen im Rahmen des GATT.[10] Hierbei benötige man die Unterstützung der Bundesregierung. Es komme darauf an, schon vor dem Gipfeltreffen[11] eine gemeinsame Strategie zu entwickeln.

Auf den für Juli in Bonn geplanten Weltwirtschaftsgipfel eingehend, hebt der *Bundeskanzler* hervor, schon die Tatsache, daß die Staats- und Regierungschefs Gelegenheit zum persönlichen Meinungsaustausch hätten, rechtfertige den Gipfel. Dies gelte nicht nur für wirtschaftspolitische, sondern auch für außenpolitische Fragen. Man solle auch die Bedeutung der vergangenen drei Gip-

---

[10] Zu den GATT-Verhandlungen vgl. Dok. 9, Anm. 17.
  Referat 411 legte am 21. Februar 1978 dar: „Die 1973 eröffnete Tokio-Runde multilateraler Handelsverhandlungen im GATT (MTN) trat am 23. Januar 1978 mit der Übergabe der Verhandlungsangebote durch die EG, Japan und die USA in ihre entscheidende Endphase. Maßgebend dafür war die Initiative von US-Sonderbotschafter Strauss, die Gemeinschaft und Japan auf einen Arbeitskalender festzulegen: Beginn der entscheidenden Abschlußphase Mitte Januar 78, Ende der Verhandlungen Mitte Juli 78. Zwar wird damit gerechnet, daß die Verhandlungen in den meisten Bereichen noch in diesem Jahr beendet werden, die Einhaltung des Schlußtermins erscheint jedoch unwahrscheinlich." Vgl. B 201 (Referat 411), Bd. 614.
[11] Zum Weltwirtschaftsgipfel am 16./17. Juli 1978 vgl. Dok. 225.

feltreffen nicht unterschätzen.[12] Man habe in vielen Fragen Gemeinsamkeit unter den Industriestaaten herstellen können. Immerhin habe eine bessere Zusammenarbeit der Industriestaaten dazu geführt, daß sich eine Depression wie in den dreißiger Jahren nicht wiederholt habe. Zu Beginn der Ölkrise habe er noch befürchtet, daß die Weltwirtschaft in eine tiefe Depression abrutschen könne. Dies sei glücklicherweise nicht eingetreten. Er habe allerdings zu früh – im Jahr 1976 – geglaubt, daß die Krise überwunden sei. Es zeige sich aber, daß man es mit einer länger anhaltenden Weltwirtschaftskrise zu tun habe.

Blumenthal stellt die Frage, wie der ökonomische Teil des Gipfels gehandhabt werden solle. Es bestehe die Möglichkeit, daß die ökonomischen Perspektiven nicht sehr günstig seien. Er nennt in dem Zusammenhang das Wirtschaftswachstum der Industrieländer und steigende Ölpreise. Das Energiesparprogramm werde erst in den achtziger Jahren eine Entlastung bringen. Man müsse sich neue Wege der Wechselkursstabilisierung ausdenken.

BM *Apel* hält die internationale Energiepolitik (einschließlich der Nuklearpolitik) für ein wichtiges Gipfelthema. *Blumenthal* ist hiermit einverstanden.

Blumenthal fragt dann, ob die Bundesregierung der Meinung sei, daß die nationalen Wirtschaftspolitiken weiterhin abgestimmt werden sollen.

Der *Bundeskanzler* bejaht dieses. Man müsse sich aber darüber im klaren sein, daß die angestrebten Ziele von den Regierungen nicht verbindlich als zu erreichen garantiert werden könnten.

Der Bundeskanzler stellt dann die Frage, ob von seiten der amerikanischen Regierung überlegt worden sei, ein währungspolitisches Signal durch Goldverkäufe gegen Dollar zu setzen. *Blumenthal* glaubt nicht, daß dies entscheidend zur Lösung des Währungsproblems beitragen könne, jedoch könne man nach den französischen Wahlen[13] Überlegungen in dieser Richtung anstellen. Er weist in dem Zusammenhang auf die gute Zusammenarbeit zwischen der Deutschen Bundesbank und der Fed hin. Man sei im Gespräch mit der Deutschen Bundesbank, um technische Fragen der Wechselkursstabilisierung zu lösen.

Der *Bundeskanzler* erklärt, die öffentliche Klarstellung der US-Administration, daß sie der Dollar-Kursentwicklung nicht tatenlos gegenüberstehen wolle, sei psychologisch wichtig gewesen.

Blumenthal kritisiert die Verteidigung der europäischen Währungsschlange durch Dollar-Interventionen. Es sei besser, andere Wege zu suchen.

Der *Bundeskanzler* hält andere Wege für möglich. Man solle überlegen, ob man nicht eine europäische Rechnungseinheit oder Sonderziehungsrechte einsetzen könne. Allerdings dürfe nicht der Eindruck entstehen, daß eine Abkehr von Dollar-Interventionen auch ein Abgehen vom Dollar als Reservewährung sei. *Blumenthal* sieht hierin keine Gefahr.

---

[12] Vom 15. bis 17. November 1975 fand der Weltwirtschaftsgipfel auf Schloß Rambouillet statt. Vgl. dazu AAPD 1975, II, Dok. 346 und Dok. 348–350.
  Am 27./28. Juni 1976 fand der Weltwirtschaftsgipfel in San Juan statt. Vgl. dazu AAPD 1976, I, Dok. 208.
  Am 7./8. Mai 1977 fand der Weltwirtschaftsgipfel in London statt. Vgl. dazu AAPD 1977, I, Dok. 111, Dok. 112 und Dok. 114.
[13] In Frankreich fanden am 12. und 19. März 1978 Wahlen zur Nationalversammlung statt.

Abschließend verständigen sich Blumenthal und der Bundeskanzler darüber, in öffentlichen Erklärungen die Gemeinsamkeiten in der Wirtschaftspolitik der beiden Länder hervorzuheben. Diese bestehen z. B. bei den multilateralen Handelsverhandlungen, in der internationalen Energiepolitik und beim Nord-Süd-Dialog.

VS-Bd. 9319 (412)

47
Aufzeichnung des Ministerialdirektors Meyer-Landrut

13. Februar 1978[1]

Empfang von Botschafter Meroz (Israel) durch den Herrn Minister am 9.2.1978
I. Nach Rückkehr von seinem Treffen mit Präsident Sadat und AM Kaamel[2] empfing der Herr Minister den israelischen Botschafter, der vom Gesandten Ruppin begleitet wurde.

Der Herr *Minister* eröffnete das Gespräch mit der Mitteilung über seine Reise nach New York am folgenden Tage (10. bis 13.2.) und seine Bereitschaft, wenn Herr Dayan das wünsche und zufällig im gleichen Zeitraum in New York sei, mit dem israelischen Außenminister zusammenzutreffen.[3]

Auf den Sadat-Besuch eingehend, betonte der Herr Minister, daß die Ägypter unverändert ernsthaft daran interessiert seien, zu einer Friedenslösung zu kommen. Dabei befänden sie sich in einer nicht ganz einfachen Lage, sowohl was die Erwartungen anbetrifft, die sie Israel gegenüber hätten – hier gehe es sehr stark um die Siedlungsfrage –, als auch im Verhältnis zu einigen arabischen Ländern. Einzelheiten würde D 3[4] dem Botschafter mitteilen.

Er, der Herr Minister, wolle auf ein anderes Thema zu sprechen kommen; er sei bedrückt über eine für uns nicht ganz erklärbare kritische Stimmung gegenüber der Bundesrepublik Deutschland, die sich schon seit einigen Wochen, ja Monaten in Israel breitmache, eine Stimmung, die uns nicht nur aus der Presse entgegenschallt, sondern auch aus Gesprächen berichtet werde, die von offiziel-

---

[1] Hat Vortragendem Legationsrat I. Klasse Lewalter am 13. Februar 1978 vorgelegen, der die Aufzeichnung „m[it] d[er] Bitte um Billigung" an Bundesminister Genscher weiterleitete.
Hat Lewalter am 18. März 1978 erneut vorgelegen, der die Weiterleitung an Referat 310 verfügte und handschriftlich vermerkte: „BM ist bis heute nicht dazu gekommen, nachstehenden Vermerk durchzusehen."
Hat Vortragendem Legationsrat Richter am 22. März 1978 vorgelegen.
[2] Zum Gespräch des Bundeskanzlers Schmidt und des Bundesministers Genscher mit Präsident Sadat, dem ägyptischen Außenminister Kaamel und dem ägyptischen Parlamentspräsidenten Marei am 9. Februar 1978 in Hamburg vgl. Dok. 42, Anm. 10.
[3] Für das Gespräch am 12. Februar 1978 vgl. Dok 42.
[4] Andreas Meyer-Landrut.

len israelischen Kreisen geführt würden. Wir fragten uns nach den Ursachen und wer wohl dahinterstecke.

Meroz verwies in seiner Replik auf die Raketenlieferungen an Syrien und die prononcierten deutschen öffentlichen Stellungnahmen zum Selbstbestimmungsrecht. Beides habe ein negatives Echo in Israel gehabt.

Er habe mit StS Hermes über den erstgenannten Komplex gesprochen; dieser habe auf Frankreich verwiesen.[5] Die Franzosen hätten in vorläufiger Stellungnahme zweierlei gesagt:

1) Frankreich kenne kein Lieferembargo; es liefere Waffen an jeden, der welche kaufen wolle;

2) eine Stärkung Syriens mit Waffen aus Frankreich könne einen Beitrag zu einer Wende Syriens zur Vernunft leisten.

Dies könne Israel natürlich nicht akzeptieren.

Man komme aber nicht darum herum, daß Teile dieser Waffen aus deutscher Produktion stammten; es sei nur zu hoffen, daß eine solche Rakete nicht auf eine israelische Siedlung treffe. Dann würde es nämlich nicht heißen, daß es sich um französische, sondern daß es sich um deutsche Waffen handele mit allen weitreichenden psychologischen Implikationen.

Der Herr *Minister* stimmte dieser Beurteilung insofern zu, als diese Meinung auch zum Tragen käme, wenn nur eine Schraube aus Deutschland in einer solchen Waffe verarbeitet worden sei. Es sei aber das ganze Problem auch unter dem Gesichtspunkt zu sehen, daß die rüstungswirtschaftliche Kooperation mit Frankreich ein stabilisierendes Element für Europa bedeute, an dessen Sicherheit und Unempfindlichkeit gegen sowjetischen Druck auch Israel interessiert sein müsse. Da Frankreich sich im Waffenexport nicht binde, heiße für uns die Entscheidung: Koproduktion oder nicht. Die Bundesregierung habe sich aus wohlerwogenen Gründen dafür ausgesprochen.

Zum politischen Punkt wolle er noch darauf hinweisen, daß die Bundesregierung sich Gedanken darüber mache, wie man dem Frieden im Nahen Osten dienen könne. Sadat sei aus der negativ eingestellten, festgefahrenen Front der Araber herausgetreten. Nach ihm komme sicher nichts Besseres, deshalb müsse ihm geholfen werden.

Er habe aber dieses Gespräch unabhängig von diesen beiden aktuellen Fragen führen wollen. Die Bundesregierung sei sich bewußt, daß die Beziehungen zu Israel speziellen Charakter hätten. Dies habe sich auch in unserem Verhalten im bilateralen Verhältnis wie in EPZ und Gemeinschaft niedergeschlagen. Wir seien auch für breite Kontakte auf Regierungs- und Parteienebene mit der neuen israelischen Regierung[6] und den sie tragenden Parteien eingetreten und wünschten, solche Kontakte zu vermehren und zu vertiefen. Wenn man uns von israelischer Seite etwas zu sagen habe, dann solle man das tun. Die gegenwärtige Situation sei jedoch besorgniserregend. Die Bundesregierung und

---

5 Zum Gespräch vom 3. Februar 1978 vgl. Dok. 33, Anm. 11.

6 Am 17. Mai 1977 fanden die Wahlen zum israelischen Parlament statt, aus denen die Likud-Partei unter Menachem Begin als Sieger hervorging. Zusammen mit der Nationalreligiösen Partei und der Partei Agudat Israel bildete Begin am 20. Juni 1977 die Regierung.

er persönlich wolle nicht zulassen, daß Vorstellungen entstehen, die den Beziehungen nicht angemessen seien. Mißverständnisse müßten ausgeräumt werden.

Mit Dayan habe er ein gutes und vertieftes Gespräch geführt, er sei bereit, dies fortzusetzen.[7] Aber auch der Botschafter möge sich Gedanken machen, wie man zu einer Verbesserung der Lage beitragen könne.

Botschafter *Meroz* stimmte den Ausführungen des Herrn Ministers zu und sagte Berichterstattung und Bemühen zu.

II. Anschließend unterrichtete ich den israelischen Botschafter über die Ausführungen von AM Kaamel und Präsident Sadat in kurzen Zügen. Dabei betonte ich einerseits die Notwendigkeit, in den Fragen Prinzipienerklärung und Siedlungen zu Fortschritten zu gelangen, wie auch die positive Einschätzung, die die ägyptischen Politiker ihrem Besuch in den Vereinigten Staaten[8] gegeben hatten.

Dem Herrn Minister mit der Bitte um Billigung.[9]

Meyer-Landrut

Referat 310, Bd. 119876

---

[7] Bundesminister Genscher traf am 30. September 1977 in New York mit dem israelischen Außenminister Dayan zusammen. Vgl. dazu Dok. 42, Anm. 9.

[8] Präsident Sadat hielt sich vom 3. bis 8. Februar 1978 in den USA auf. Botschafter von Staden, Washington, teilte dazu am 7. Februar 1978 mit, nach Auskunft des Abteilungsleiters im amerikanischen Außenministerium, Atherton, sei Sadat „sehr enttäuscht gewesen, daß seine Initiative (fast ‚religiöse Bekehrung') nicht verstanden worden sei und Israelis von alten Argumenten (Sicherheit, Siedlungen, Westufer unter israelischer Kontrolle) nicht abgegangen seien. Besonders habe ihn aufgebracht, daß Israel an Sinai-Siedlungen und deren militärischem Schutz festhalten, Palästinensern Selbstbestimmung verweigern und Westufer behalten wolle. [...] Sadat sehe Prinzipienerklärung als erste Priorität an. Erst wenn sie vorliege, sei er zur Fortsetzung politischer Verhandlungen bereit." Präsident Carter habe „Sadats Sorgen mit Verständnis aufgenommen, ihm aber klargemacht, daß man um Verhandlungsweg, auch wenn er einige Zeit dauere, nicht herumkomme und Schocks wie Abzug ägyptischer Delegation aus Jerusalem vermeiden müsse." Sadat habe auch gegenüber Carter „auf Rolle der USA als ‚voller Partner' in Verhandlungen, nicht lediglich als Vermittler, gedrängt". Vgl. den Drahtbericht Nr. 517; VS-Bd. 11138 (310); B 150, Aktenkopien 1978.

[9] Zu diesem Satz vermerkte Vortragender Legationsrat I. Klasse Lewalter am 18. März 1978 handschriftlich: „Vgl. S. 1". Vgl. Anm. 1.

48

Aufzeichnung des Ministerialdirektors Lautenschlager

403-411.10 KEN-123/78 VS-vertraulich   13. Februar 1978[1]

Über Herrn Staatssekretär[2] Herrn Bundesminister[3]

Betr.: Rüstungsexport
hier: Antrag der Fa. Dornier wegen des Exports der Schulversion des „Alpha Jet" nach Kenia

Bezug: Weisung in der Direktorenbesprechung vom 27.1.1978

Anlg.: 3

Zweck der Vorlage: Bitte um Zustimmung zum Entscheidungsvorschlag auf Seite 3[4]

1) In der Direktorenbesprechung vom 27.1., an der Sie teilgenommen hatten, war die Frage der Möglichkeit einer deutschen Zustimmung zur Lieferung von zwölf Stück der Schulversion des in deutsch-französischer Koproduktion erzeugten Flugzeugtyps „Alpha Jet" durch die Fa. Dornier an das kenianische Verteidigungsministerium erörtert worden; der Sachstand und die Problematik dieser Lieferung sind in der Aufzeichnung der Abt. 4 vom 2.12.1977 (als Anlage beigefügt[5]) dargestellt worden. Es war beschlossen worden, daß

– die politische Bewertung dieser Lieferungen im Licht der Erörterungen der Direktorenbesprechung noch einmal im positiven Sinne überprüft werden solle,

---

[1] Die Aufzeichnung wurde von Vortragendem Legationsrat I. Klasse Pabsch konzipiert.
Hat Ministerialdirigent Matthias am 2. März 1978 vorgelegen, der für Ministerialdirektor Lautenschlager vermerkte: „Referat 403 hat – wie bei derartigen Vorgängen üblich – zunächst die Verteilung bis zur Abzeichnung durch den BM zurückgestellt; D 3 hatte den Vorgang mitgezeichnet. Jetzt bat Abt. 3 um einen Durchdruck, da eine Kenia-Delegation Bonn besuchen will. Wir wissen nicht, ob der BM die Aufzeichnung genehmigt hat."
Hat Lautenschlager am 2. März 1978 erneut vorgelegen.
[2] Hat Staatssekretär Hermes am 22. Februar 1978 vorgelegen.
[3] Hat Bundesminister Genscher vorgelegen.
[4] Vgl. Anm. 12.
[5] Dem Vorgang nicht beigefügt.
Ministerialdirektor Lautenschlager erläuterte, daß die Firma Dornier GmbH angefragt habe, ob mit einer Ausfuhrgenehmigung für zwölf Flugzeuge vom Typ „Alpha Jet" in der Schulversion gerechnet werden könne: „Nach Ansicht des BMVg fällt die Trainer-Version des ‚Alpha Jet' nicht unter das KWKG (da hochentwickelte Elektronik und Feuerleitanlage fehlen), sondern nur unter das AWG [...]. Andererseits ist zu berücksichtigen, daß, falls wir dem Antrag stattgeben, dies der erste Fall wäre, in dem eine deutsche Firma ein Erzeugnis aus deutsch-französischer Koproduktion in ein Nicht-NATO-Land verkauft (bisher hat nur Frankreich geliefert – vor allem in den arabischen Raum); damit fiele unser bisher stets verwandtes Argument weg, daß Frankreich bei Lieferungen aus Koproduktion stets in eigener Verantwortung handle; zudem hätte eine Lieferung an Kenia durch uns mit Sicherheit Präzedenzwirkung für andere Interessenten." Abteilung 3 habe sich gegen eine Lieferung ausgesprochen, da „Kenia als unmittelbarer Nachbar der kriegführenden Staaten Äthiopien und Somalia Spannungsgebiet ist, die Bundesregierung wiederholt ihre Politik der Ausgewogenheit gegenüber dem Konflikt am Horn betont hat, Kenia zugunsten Äthiopiens Partei ergriffen hat [...], die erstmalige Lieferung eines hochmodernen deutschen Flugzeugwaffensystems nach Afrika unserer Politik der Friedenssicherung und Nichteinmischung widersprechen und diese unglaubwürdig machen würde". Vgl. Referat 422, Bd. 124226.

– Sie selbst die Frage der Lieferung bei Ihrem bevorstehenden Besuch in Kenia Ende Februar[6] mit der kenianischen Regierung im positiven Sinne erörtern würden,
– die deutsche Botschaft in Nairobi angewiesen werden sollte, dem kenianischen Außenminister[7] schon jetzt mitzuteilen, daß Sie diese Frage bei Ihrem Besuch erörtern würden, und „als persönlichen Eindruck" zu übermitteln, daß dies voraussichtlich in einem positiven Sinne geschehen werde.

2) Mit Erlaß vom 30.1.1978[8] war Botschafter Heimsoeth entsprechend unterrichtet worden. Mit DB vom 6.2.1978 (als Anlage beigefügt[9]) weist Botschafter Heimsoeth darauf hin, daß die kenianische Regierung sich bisher gegenüber der Botschaft nicht wegen einer Beschaffung von „Alpha Jets" aus deutscher Produktion geäußert habe, und erklärte, er werde angesichts dieser Sachlage zunächst davon absehen, den kenianischen Außenminister von Ihrer Absicht, die Frage bei Ihrem Besuch anzusprechen, zu unterrichten. Er regte an, daß Sie die Frage der Lieferung von „Alpha Jets" bei dem Besuch auch nur dann erörtern, wenn die kenianische Seite von sich aus darauf zu sprechen komme.

3) Mit FS vom 10.2. hat die Fa. Dornier erneut um eine Entscheidung über die von ihr gestellte Anfrage gebeten und mitgeteilt, daß das kenianische Verteidigungsministerium im Hinblick auf die bekannte restriktive Rüstungsexportpolitik der Bundesregierung und das Zögern der deutschen Stellen inzwischen einen Vertrag mit der britischen Konkurrenzfirma Hawker-Siddeley über Jet-Trainer des Typs „Hawk" paraphiert habe, daß aber noch eine gewisse Möglichkeit bestehe, durch einen schnellen positiven Bescheid über die deutsche Botschaft in Nairobi das Blatt zugunsten einer Lieferung von „Alpha Jets" aus Deutschland zu wenden.[10] Der Fa. Dornier wurde daraufhin fernmündlich mitgeteilt, daß die Angelegenheit im AA einer wohlwollenden Prüfung unterzogen würde, daß ein Ergebnis dieser Prüfung aber noch nicht vorliege. Die Fa. Dornier hat daraufhin erneut gebeten, die kenianische Regierung über die deutsche Botschaft in Nairobi hiervon zu unterrichten. Ihr wurde geantwortet, daß dies nicht möglich sei, da ein offizielles kenianisches Ersuchen nicht vorliege. Der deutsche Botschafter in Kenia wurde ferner fernmündlich gebeten, von sich aus vorerst nichts zu veranlassen, sondern abzuwarten, bis die kenianische Regierung an ihn herantrete.[11] In einem solchen Falle könne er entsprechend der ihm mit DE vom 30.1.1978 erteilten Weisung antworten.

[12]4) Es wird vorgeschlagen,

---

[6] Ministerialdirektor Meyer-Landrut vermerkte am 22. Februar 1978, daß der für den 1. bis 3. März 1978 vorgesehene Besuch des Bundesministers Genscher in Kenia auf kenianischen Wunsch abgesagt worden sei, da der kenianische Außenminister Waiyaki einer Einladung in die USA den Vorzug gegeben habe. Vgl. dazu Referat 320, Bd. 116772.

[7] Munyua Waiyaki.

[8] Für den Drahterlaß Nr. 250 des Vortragenden Legationsrats I. Klasse Pabsch vgl. VS-Bd. 9340 (422); B 150, Aktenkopien 1978.

[9] Dem Vorgang beigefügt. Für den Drahtbericht Nr. 52 vgl. VS-Bd. 9340 (422); B 150, Aktenkopien 1978.

[10] Für das Fernschreiben vgl. Referat 422, Bd. 124226.

[11] Botschafter Heimsoeth teilte am 14. Februar 1978 erneut mit, daß die kenianische Regierung bisher nicht an ihn herangetreten sei. Vgl. dazu den Drahtbericht Nr. 63; VS-Bd. 9340 (422); B 150 Aktenkopien 1978.

[12] Beginn der Seite 3 der Vorlage. Vgl. Anm. 4.

– falls die kenianische Regierung um eine Lieferung von „Alpha Jets" der Trainerversion aus der Bundesrepublik Deutschland[13] ersucht, einer solchen Lieferung zuzustimmen.

– die kenianische Regierung bei Ihrem bevorstehenden Besuch entsprechend zu unterrichten und danach die Firma Dornier.[14]

Abt. 3 hat mitgezeichnet.[15]

Lautenschlager

VS-Bd. 9340 (422)

49
Gespräch des Bundesministers Genscher
mit dem ägyptischen Außenminister Kaamel

310-321.11   15. Februar 1978[1]

Gespräch des ägyptischen Außenministers Mohammed Kaamel mit dem Herrn Bundesminister am 15.2.78 (17.00 bis 18.30 Uhr)[2]

1) Der Herr *Bundesminister* würdigte die Verdienste Herrn Kaamels in seiner fast fünfjährigen Tätigkeit als ägyptischer Botschafter in Bonn[3]; in dieser Zeit

---

[13] An dieser Stelle wurde von Staatssekretär Hermes handschriftlich eingefügt: „ausdrücklich".
[14] Dieser Absatz wurde von Staatssekretär Hermes gestrichen.
[15] Staatssekretär Hermes teilte der Firma Dornier GmbH am 18. Mai 1978 mit: „Anläßlich des Besuchs des Vizepräsidenten der Republik Kenia in Bonn vom 8. bis 10. März 1978 hat die kenianische Seite uns wissen lassen, daß sie den zur Erdkampfunterstützung bestimmten Typ des ‚Alpha Jet' (und nicht die Trainerversion) zu erwerben wünscht. Da es sich bei dieser Version um eine Kriegswaffe im Sinne des Kriegswaffenkontrollgesetzes handelt, würde deren Lieferung unserer bekannten restriktiven Rüstungsexportpolitik zuwiderlaufen. Das Auswärtige Amt sieht sich daher nicht in der Lage, diesem Ausfuhrvorhaben zuzustimmen." Vgl. Referat 422, Bd. 124226.

[1] Ablichtung.
Die Gesprächsaufzeichnung wurde von Vortragendem Legationsrat I. Klasse Böcker am 16. Februar 1978 gefertigt und von Ministerialdirektor Meyer-Landrut am selben Tag über Staatssekretär van Well an Bundesminister Genscher geleitet.
Hat van Well am 20. Februar 1978 vorgelegen.
Hat Vortragendem Legationsrat I. Klasse Lewalter am 22. Februar 1978 vorgelegen.
Hat Lewalter am 18. März 1978 erneut vorgelegen, der handschriftlich für Böcker vermerkte: „Der Vermerk konnte bis jetzt von BM nicht durchgesehen werden. Bitte deswegen um restriktive Verwendung."
Hat Böcker am 23. März 1978 erneut vorgelegen, der handschriftlich für Legationsrat I. Klasse Westphal vermerkte: „B[itte] R[ücksprache] wegen Verteil[un]g (restriktiv)".
Hat Westphal am 23. März 1978 vorgelegen, der handschriftlich vermerkte: „310/3 m[it] d[er] B[itte] um Übernahme." Vgl. den Begleitvermerk; Referat 310, Bd. 119868.
[2] Der ägyptische Außenminister Kaamel hielt sich vom 13. bis 20. Februar 1978 in der Bundesrepublik auf.
[3] Mohammed Kaamel war von August 1973 bis Dezember 1977 ägyptischer Botschafter in der Bundesrepublik.

hätten sich die deutsch-ägyptischen Beziehungen erheblich vertieft, was in besonderem Maße auch auf die Tätigkeit Herrn Kaamels zurückzuführen sei.

Der Bundesminister erwähnte den Besuch des ägyptischen Präsidenten in Hamburg am 9.2.[4] als sehr bedeutsam und Ausdruck des Vertrauens, das zwischen Ägypten und der Bundesrepublik Deutschland bestehe. Sowohl öffentliche Meinung wie auch die im Bundestag vertretenen Parteien seien sich in der positiven Einschätzung der Politik des ägyptischen Präsidenten einig.

Minister *Kaamel* bedankte sich und sagte, daß mit Botschafter Omar Sirry ein ausgezeichneter Nachfolger seine Tätigkeit in Bonn fortsetzen werde.[5]

Sodann gab Kaamel im Anschluß an das Gespräch in Hamburg am 9.2. einen Überblick über die Nahost-Lage aus seiner Sicht. Die Unterbrechung der Verhandlungen des Politischen Ausschusses[6] gebe Israel jetzt Zeit, seine starre Position zu überprüfen. Israel habe inzwischen eingesehen, daß ein separater Friedensvertrag nicht in Betracht komme und wohl auch nicht im israelischen Interesse liege; denn die für einen Frieden im Nahen Osten erforderliche Stabilität würde ein Separatfriedensvertrag nicht bringen können. Es gebe nämlich keinerlei Garantie, daß Ägypten einige Zeit nach einem solchen Vertrag nicht doch wieder – trotz bestehenden Vertrages – in die fortbestehende arabisch-israelische Auseinandersetzung gezogen würde.

Ägypten strebe bekanntlich in den Verhandlungen mit Israel eine Prinzipienerklärung an, die, um den späteren Beitritt Jordaniens und auch Syriens zu ermöglichen, mindestens zwei Elemente in zufriedenstellender Weise und eindeutig festlegen müsse:

– Rückzug Israels aus allen 1967 besetzten Gebieten,

– Regelung der Palästinenser-Rechte.

Wenn über eine solche Prinzipienerklärung Einigung erzielt sei, könnte dann bilateral zwischen Israel und den betroffenen Parteien weiterverhandelt werden, d. h. Syrien würde wegen der Golan-Höhen verhandeln; die Einzelheiten der Regelung der Palästinenser-Frage würden zwischen Israel und „sonstjemandem" ausgehandelt werden, wobei Kaamel neben Jordanien, Palästinenser-Vertretern, „evtl. Ägypten" auch die VN erwähnte.

Ägypten setze seine Bemühungen fort, eine befriedigende Prinzipienerklärung zu erreichen. Für den Beitritt Jordaniens sei es wesentlich, auch die Zustimmung der Golf-Staaten zu der Prinzipienerklärung zu erlangen, in denen bekanntlich viele Palästinenser lebten. Der Beitritt Syriens könne zeitlich nach dem Jordaniens erfolgen. Kontakte mit Jordanien würden in der Zwischenzeit aufgenommen.

Auf die Frage des *BM*, ob der Grund für die Zurückhaltung Jordaniens darin liege, daß Jordanien den Fortgang der Verhandlungen abwarten oder Einfluß auf Syrien nehmen möchte, antwortete *Kaamel*, daß nach seiner Einschätzung

---

[4] Zum Gespräch des Bundeskanzlers Schmidt und des Bundesministers Genscher mit Präsident Sadat, dem ägyptischen Außenminister Kaamel und dem ägyptischen Parlamentspräsidenten Marei am 9. Februar 1978 in Hamburg vgl. Dok. 42, Anm. 10.

[5] Omar Sirry trat das Amt des ägyptischen Botschafters am 28. April 1978 an.

[6] Zum Abbruch der Verhandlungen des Politischen Ausschusses durch Ägypten am 18. Januar 1978 vgl. Dok. 10, Anm. 9.

beides eine Rolle spiele. Solange der Rabat-Beschluß[7] der Staaten der Arabischen Liga – einschließlich Jordaniens –, wonach die PLO alleinige Vertreterin des palästinensischen Volkes sei, fortbestehe, müsse König Hussein stets mit der PLO rechnen. Hussein sei besonders skeptisch, was die Haltung Begins angehe. Deshalb warte er ab. Dies zeige, daß die Frage von Fortschritten bei den Friedensverhandlungen und damit der Erzielung einer starken Prinzipienerklärung letzten Endes allein von der Flexibilität Israels abhängen werde.

In Washington habe Übereinstimmung zwischen den Präsidenten Sadat und Carter bestanden, daß die USA aktiv bemüht sein würden, die bestehende Lücke zwischen den unterschiedlichen Positionen Israels und Ägyptens zu überbrücken.[8] Solange Israel seine starre Haltung fortsetze, habe es keinen Sinn, die Sitzung des Politischen Ausschusses wiederaufzunehmen. Um mehr Flexibilität der Israelis zu erreichen, rechne man in Kairo auf deutsche und europäische Hilfe.

Auf die Frage des *BM*, ob das Gespräch Sadat/Peres[9] einen Anhaltspunkt für israelisches Entgegenkommen gebracht habe, antwortete *Kaamel*, Peres habe gesagt, daß er nicht für die israelische Regierung sprechen könne.

Er, Kaamel, habe auch mit Peres gesprochen und den Eindruck gewonnen, daß Peres und die israelische Arbeiterpartei im ganzen flexibler seien als die Regierung. Das gelte mindestens in bezug auf die Siedlungsfrage; Peres habe sich gegen die Errichtung weiterer Siedlungen während des Verhandlungsprozesses ausgesprochen. Ferner sei er dafür, die Palästinenser mit in den Verhandlungsprozeß einzubeziehen, um damit auch die Teilnahme König Husseins zu erleichtern. Ägypten hoffe, daß die flexiblere Haltung der Opposition sich günstig auf die Entwicklung der öffentlichen Meinung in Israel auswirken werde. Die Tatsache, daß der Ma'arach-Block (Arbeiterpartei plus Mapam) flexibler als die Regierung sei, beruhe nicht zuletzt darauf, daß die israelischen Sozialisten mehr Kontakt mit der übrigen Welt hätten (z. B. über die Sozialistische Internationale). Kaamel sagte, daß nach seinem Eindruck auch Prof. Yadin (Vizepremierminister und Führer der Dash-Partei) ebenfalls flexibler sei als Begin und dessen Anhang. Jadins Position in der Siedlungsfrage sei vernünftig, aber sein Einfluß auf die Regierungspolitik sei begrenzt.

Der *BM* nahm Bezug auf sein Gespräch mit Kaamel in Hamburg und wies erneut darauf hin, daß wir unsere Kontakte mit der israelischen Regierungskoali-

---

[7] Zur Konferenz der Könige und Präsidenten der Mitgliedstaaten der Arabischen Liga vom 26. bis 29. Oktober 1974 in Rabat vgl. Dok. 8, Anm. 4.

[8] Zum Besuch des Präsidenten Sadat vom 3. bis 8. Februar 1978 in den USA vgl. Dok. 47, Anm. 8.

[9] Präsident Sadat und der Vorsitzende der israelischen Arbeiterpartei, Peres, führten am 11. Februar 1978 in Salzburg auf Anregung des Bundeskanzlers Kreisky ein Vier-Augen-Gespräch. Dazu wurde in der Presse berichtet, Peres habe betont, daß es nur eine israelische Außenpolitik gebe, nämlich die der israelischen Regierung, und daß er Ministerpräsident Begin über sein Gespräch mit Sadat informiert habe. Peres habe ferner erklärt, daß er keine Verhandlungsposition habe, und es abgelehnt, Fragen von Journalisten zu beantworten: „Auch Präsident Sadat war sichtbar bemüht, irgendwelchen Mißdeutungen seines Gesprächs mit Peres in Israel vorzubeugen und dem Oppositionsführer mögliche Schwierigkeiten mit seiner Regierung zu ersparen. [...] Ob dieses Salzburger Treffen sachliche Fortschritte gebracht hat für die ägyptisch-israelischen Friedensgespräche, war nicht zu erfahren, da die drei Politiker nichts über den Inhalt ihrer Gespräche mitteilten. Die Journalisten spürten jedoch die gute Atmosphäre des Treffens." Vgl. den Artikel „Sadat lädt Peres nach Ägypten ein"; FRANKFURTER ALLGEMEINE ZEITUNG vom 13. Februar 1978, S. 2.

tion ausbauen würden, um so eine konstruktive Haltung Israels zu erwirken. Fraglich sei natürlich, ob wir damit Erfolg haben würden.

Auf die Frage des Ministers, wie Kaamel sich die künftige Haltung der SU vorstelle, antwortete *Kaamel*, beim Bukarester Treffen zwischen Sadat und Ceauşescu[10] habe Übereinstimmung darin bestanden, daß die SU von der Teilnahme am Verhandlungsprozeß nicht völlig ausgeschlossen bleiben könne. Über das Ausmaß einer sowjetischen Beteiligung am Verhandlungsprozeß könne man allerdings geteilter Meinung sein. Er möchte hervorheben, daß Ägypten und Rumänien im Kommuniqué ihre Hoffnung zum Ausdruck gebracht hätten, daß die von GS Waldheim vorgeschlagene Vorbereitungskonferenz[11] mit allen Beteiligten (also auch unter Teilnahme der SU und der Palästinenser) bald zusammentreten könne.[12]

Kaamel sagte weiter, es werde sicherlich einige Zeit vergehen, bis die SU eine positivere Haltung einnähme (gleiches gelte übrigens auch für Syrien). Die SU sei offensichtlich wenig glücklich darüber, sich in der Gesellschaft solcher Länder wie Algerien, Libyen und Irak zu sehen, die allesamt die SRR 242[13] ablehnten. Denn aus diesem Faktum könne man den Schluß ziehen, daß die SU eine Friedenslösung in Wirklichkeit nicht wolle. Er räume ein, daß die SU interessiert sein könnte, die Haltung dieser Länder gegenüber der SRR 242 zu ändern. Der *BM* wies darauf hin, daß langfristig die SU ihre Hand wieder ins Spiel bringen werde. Die Frage sei nur, zu welcher Zeit und zu welchen Bedingungen.

Dann ging der BM auf das Hamburger Gespräch zurück und sprach Kaamel auf den Einfluß an, den der Sadat-Besuch in den USA auf die öffentliche Meinung dort gehabt habe. Von diesem Gesichtspunkt aus betrachtet, habe Sadats Initiative[14] bereits ihre Wirkung erzielt. Man könne angesichts der großen Bedeutung der öffentlichen Meinung in den USA für die Nahostpolitik der Administration nicht erwarten, daß sich die amerikanische Haltung schnell ändert. Das bisher Erreichte rechtfertige jedoch, auf dem bisherigen Weg kontinuierlich fortzufahren. Ägypten müsse einen langen Atem haben; aber Geduld verspreche Erfolg.

Kaamel bestätigte dies und meinte, daß der Besuch insbesondere auch auf Kongreßmitglieder eine positive Wirkung gehabt habe. Das gelte auch für führende Persönlichkeiten jüdischer Organisationen. Sadat habe stets herausgestellt, daß Israel alle Sicherheiten bekommen könne, die es zu seinem eigenen

---

[10] Präsident Sadat traf am 11./12. Februar 1978 mit Präsident Ceauşescu zusammen.

[11] In der Presse wurde berichtet, daß UNO-Generalsekretär Waldheim am 29. November 1977 im Anschluß an die Einladung des Präsidenten Sadat zu einer Vorkonferenz in Kairo vom 26. November 1977 „die Abhaltung einer weiteren Konferenz, entweder im UN-Hauptquartier in New York oder an einem anderen Ort" vorgeschlagen habe, „an der alle von Sadat nach Kairo eingeladenen Parteien teilnehmen sollen". Vgl. dazu den Artikel „Amerikaner nehmen die Einladung nach Kairo an – Carter fühlt sich von Sadat überrumpelt"; FRANKFURTER ALLGEMEINE ZEITUNG vom 30. November 1977, S. 1.

[12] An dieser Stelle Fußnote in der Vorlage: „Kaamel erwähnte nicht, daß die Frage der Palästinenser-Teilnahme für diese Konferenz ein ebenso großes Hindernis bildet wie im Herbst 1977, als man vergeblich versuchte, diese Frage im Hinblick auf die Wiedereinberufung der Genfer Konferenz zu lösen."

[13] Sicherheitsratsresolution.
Für die Resolution Nr. 242 des UNO-Sicherheitsrats vom 22. November 1967 vgl. Dok. 10, Anm. 6.

[14] Zur Friedensinitiative des Präsidenten Sadat vgl. Dok. 3, Anm. 7.

Schutz benötige, daß man aber auf der anderen Seite zwischen dem Schutz Israels und dem Schutz der Eroberungen Israels unterscheiden müsse. Die Administration habe starke Erklärungen zu den Kernfragen Rückzug, Palästinenser-Rechte und Siedlungen abgegeben. In der Haltung der amerikanischen Regierung habe es ein wiederholtes Auf und Ab gegeben. Man könne nur hoffen, daß der bevorstehende Besuch Begins in Washington[15] nicht wieder zu einem Umschwung der Haltung der Regierung führe und damit störend wirke. Für den Erfolg der Friedensbemühungen sei die Konsistenz der amerikanischen Politik unverzichtbare Voraussetzung. Auch in dieser Hinsicht rechne Ägypten mit der Unterstützung der Bundesregierung und Europas: Es gelte, der amerikanischen Regierung klarzumachen, daß ihre Rolle auch für Europa von vitaler Bedeutung sei und Störungen aus innenpolitischen Gründen vermieden werden sollten.

Der *BM* ging darauf mit der Bemerkung ein, er habe von seinem kürzlichen Besuch in New York[16] den Eindruck mitgebracht, daß die Amerikaner sich ihrer besonderen Verantwortung voll bewußt seien und jetzt eine stärkere Rolle spielen würden. Auf das Gespräch mit Dayan[17] eingehend, sagte der Minister, er habe zwar keine Bewegung in der israelischen Haltung feststellen können, habe aber dennoch Dayan die israelische Interessenlage, wie wir sie sähen, definiert. Dabei habe er betont, daß die Stabilität der gesamten Nahost-Region von der Stabilität der Israel umgebenden arabischen Staaten abhänge. Dies wiederum sei so lange nicht gegeben, wie das Problem der Palästinenser nicht gelöst sei.

Das sei am Beispiel Libanon ganz deutlich geworden.

Er habe Dayan gefragt, was mit den Palästinensern geschehen werde, die nach der Gründung eines palästinensischen Staates auf der Westbank nicht in diesem Gebiet unterkommen könnten.

Es liege auf der Hand, daß das Gebiet der Westbank nur begrenzte Aufnahmemöglichkeiten biete. Es sei daher erforderlich, sich rechtzeitig Gedanken darüber zu machen, was mit denjenigen Palästinensern geschehen solle, die nicht in das Westjordanland zurückkehren könnten oder möchten. Man müsse sich also mit der Frage befassen, wie diese Flüchtlinge in den anderen arabischen Staaten integriert werden könnten.

Dayan habe in diesem Zusammenhang erwähnt, daß eine ganze Anzahl von Palästinensern durchaus auch nach Israel (damit habe er Israel in den Grenzen von vor 1967 gemeint) kommen könnte.

Auf die Frage nach dem Standpunkt der ägyptischen Regierung hierzu sagte *Kaamel*, Begin bestreite die Existenz palästinensischer Rechte. Sein Plan[18]

---

[15] Ministerpräsident Begin hielt sich vom 21. bis 23. März 1978 in den USA auf.
[16] Bundesminister Genscher hielt sich vom 10. bis 13. Februar 1978 in New York auf. Vgl. dazu Dok. 40–45 und Dok. 52.
[17] Für das Gespräch am 12. Februar 1978 in New York vgl. Dok. 42.
[18] Ministerpräsident Begin legte am 28. Dezember 1977 im israelischen Parlament einen 26-Punkte-Plan zur „Einführung der Selbstverwaltung für die arabischen Einwohner von Judäa, Samaria und des Gaza-Distrikts" vor. Dieser sah die Abschaffung der bisherigen Militärverwaltung vor. Statt dessen sollten die Bewohner für vier Jahre einen Verwaltungsrat mit Sitz in Bethlehem wählen. Vorgesehen war die Schaffung verschiedener Behörden für Finanzen, Gesundheit, Flüchtlinge, Bauwesen etc. Den Bewohnern sollte es ferner möglich sein, die israelische oder jordanische

(self rule) basiere auf einer expansionistischen historischen Idee. Der Sicherheitsaspekt werde von ihm nur zur Tarnung dieses Expansionismus vorgebracht. Begin versuche, das Verlangen nach einem palästinensischen Staat stets mit dem Argument abzuwehren, daß ein solcher Staat zwangsläufig unter die Kontrolle radikaler PLO-Führer gerate, die eine größtmögliche Zahl von Palästinensern in die Westbank brächten, wodurch erhebliche Gefahr für Israel entstehen würde.

Die ägyptische Seite halte dem entgegen, daß größere Sicherheit für Israel darin liege, das Recht der Palästinenser auf einen Staat anzuerkennen, der mit Jordanien fest verbunden sei. Käme es dazu, würden nur relativ wenige Palästinenser in das Westjordanland zurückkehren wollen. Andere würden anderswo bessere Existenzmöglichkeiten sehen.

2) Der *BM* leitete das Gespräch auf die Lage am Horn von Afrika über. *Kaamel* wiederholte den bekannten ägyptischen Standpunkt zu den Absichten der SU, die die gemäßigten Regierungen in Afrika beseitigen möchte. Ägypten sei unmittelbar bedroht, und zwar hauptsächlich als Nachbar Libyens, wo die SU eine starke politische Stellung und ein großes Waffenarsenal besitze.

Zum somalisch-äthiopischen Konflikt sagte Kaamel, Ägypten unterstütze nicht den territorialen Anspruch Somalias auf das Ogaden-Gebiet[19], weil das den OAE-Grundsatz von der Unverletzbarkeit der überkommenen Grenzen[20] verletze. Dennoch bekomme Somalia von Ägypten alle mögliche Hilfe (auch Waffen und Munition). Diese Hilfe sei jedoch nur für die Verteidigung des somalischen Territoriums bestimmt und geeignet, denn Ägypten befürchte einen von den Sowjets unterstützten äthiopischen Vorstoß auf somalisches Gebiet.

D 3[21] wies darauf hin, daß die USA darauf hinarbeiteten, den Sicherheitsrat mit dem äthiopisch-somalischen Konflikt zu befassen. Die afrikanischen Staaten sollten hierbei die Initiative ergreifen. Es sei jedoch zu befürchten, daß die SU eine auf westliches Betreiben zustande gekommene[22] Initiative im Sicherheitsrat nicht zum Zuge kommen lassen würde.

Fortsetzung Fußnote von Seite 263

Staatsangehörigkeit anzunehmen und an den jeweiligen Parlamentswahlen teilzunehmen. Einwohnern Israels sollte die Niederlassung in den Gebieten erlaubt werden; ebenso sollte arabischen Einwohnern der Gebiete, die sich für die israelische Staatsangehörigkeit entschieden, die Niederlassung in Israel gestattet sein. In Punkt 11 führte Begin aus, daß die israelischen Behörden für Sicherheit und öffentliche Ordnung zuständig sein sollten. In Punkt 24 erklärte er: „Israel hält an seinem Recht und an seinem Anspruch auf Souveränität über Judäa, Samaria und den Gaza-Distrikt fest. Da es weiß, daß andere Ansprüche existieren, schlägt es im Interesse einer Einigung und des Friedens vor, die Frage der Souveränität über diese Gebiete offenzulassen." Zu Punkt 11 erläuterte Begin, daß dieser „selbstverständlich die Stationierung israelischer Streitkräfte […] einschließt". Eine Kontrolle durch die PLO komme nicht in Frage. Ferner erläuterte Begin Prinzipien für die Beziehungen zwischen Israel und Ägypten. Diese sahen vor, daß die ägyptische Armee die Linie von Giddi nach Mitla nicht überschreiten dürfte: „Jüdische Siedlungen sollen dort bleiben, wo sie sind. Diese Siedlungen werden mit der israelischen Verwaltung und Gerichtsbarkeit verknüpft bleiben. Sie werden durch eine israelische Truppe geschützt". Vorgesehen war eine mehrjährige Übergangsperiode sowie eine Garantie für die freie Schiffahrt in der Straße von Tiran. Vgl. EUROPA-ARCHIV 1978, D 120–124.

[19] Zum Ogaden-Konflikt vgl. Dok. 1, Anm. 8, sowie Dok. 41.
[20] Zur Entschließung der zweiten Konferenz der Staats- und Regierungschefs der OAU-Mitgliedstaaten vom 17. bis 21. Juli 1964 in Kairo vgl. Dok. 34, Anm. 5.
[21] Andreas Meyer-Landrut.
[22] Korrigiert aus: „zusammengekommene".

AM *Kaamel* meinte, daß eine Befassung des Sicherheitsrats die Gefahr mit sich bringe, daß beim jetzigen Stand der Dinge Somalia als Aggressor bezeichnet würde, weil es gegen das OAE-Prinzip der Unantastbarkeit der aus der Kolonialzeit überkommenen Grenzen verstoßen habe. Präsident Sadat werde in dieser Frage mit Präsident Barre Kontakt aufnehmen, um ihn in der Ogaden-Frage zu einem gemäßigteren Standpunkt zu bewegen, der den afrikanischen Staaten gegenüber präsentabel sei, und zwar mit dem Ziel, daß der äthiopisch[23]-somalische Konflikt im OAE-Rahmen gelöst werde.

BM begrüßte, daß Präsident Sadat in diesem Sinne mit Präsident Barre Kontakt aufnehmen werde. Er sagte, es komme darauf an, daß eine etwaige Initiative im Sicherheitsrat die territoriale Integrität Somalias zum Ziele habe. Somalia könne in bezug auf das gemäßigte Kenia einen Schritt vorwärts tun. Wir hätten ein gemeinsames Interesse daran, daß die SU sich nicht als Anwalt der OAE-Prinzipien aufspielen könne, um unter diesem Vorwand in Wirklichkeit klassische Machtpolitik zu betreiben. Aus gleichem Grunde sei es auch wichtig, zu den drei Problemen des südlichen Afrika (Namibia, Südafrika, Rhodesien) Fortschritte zu erzielen, damit die Sowjets dort nicht Fuß fassen könnten. Wir hätten den Sowjets klargemacht, daß die Entspannung unteilbar sei: daß man nicht in Europa von Entspannung sprechen und gleichzeitig außerhalb Europas Stellvertreter-Kriege führen könne, um auf diese Weise die Machtverhältnisse in der Welt zugunsten der SU zu verändern.

3) Auf die Frage Kaamels sagte der *BM* zum letzten Ministertreffen in Kopenhagen am 14.2.[24], die neun Minister seien sich einig gewesen, daß zum jetzigen Zeitpunkt eine öffentliche Erklärung zum Nahost-Konflikt wenig sinnvoll wäre. Unser Standpunkt in der Sache sei den Beteiligten ohnehin klar. Die Neun seien der Ansicht, daß es nützlicher wäre, die bestehenden diplomatischen Möglichkeiten auszuschöpfen, um die Initiative Sadats gegenüber Israel, aber auch gegenüber anderen arabischen Staaten zu unterstützen.

Referat 310, Bd. 119868

---

[23] Korrigiert aus: „ägyptisch".
[24] Zur Konferenz der Außenminister der EG-Mitgliedstaaten im Rahmen der EPZ am 13./14. Februar 1978 vgl. Dok. 50.

50

Runderlaß des Vortragenden Legationsrats I. Klasse Engels

012-II-312.74   Aufgabe: 15. Februar 1978, 18:32 Uhr[1]

Fernschreiben Nr. 11 Ortez

Zum 29. EPZ-Ministertreffen (MT) am 14.2.1978 in Kopenhagen

Bei Eröffnung des ersten Ministertreffens unter dänischer Präsidentschaft[2] betonte AM Andersen besondere europapolitische Funktion der EPZ-Ministertreffen in der Hauptstadt der Präsidentschaft. Sie führe der Öffentlichkeit die Zugehörigkeit des Landes zur Gemeinschaft klarer vor Augen als die regelmäßigen Ratstagungen in Brüssel.

29. MT, das BM vor der Presse als „substantiell besonders befriedigend" bezeichnete, erbrachte insbesondere:

KSZE: Politische Leitlinien für Verhandlungen der neun Delegationen über das Schlußdokument von Belgrad.

Afrika: Einigung über Verfahren zur Prüfung theoretisch möglicher Maßnahmen gegenüber Südafrika, Unterstützung der Neun für Namibia-Verhandlungen der fünf westlichen Mitglieder des Sicherheitsrats und der anglo-amerikanischen Verhandlungen über Rhodesien, gemeinsame Bewertung der Lage am Horn.

Nahost: Gemeinsame Bewertung der Lage und Bestätigung der Neuner-Positionen.

Im einzelnen:

1) KSZE

Minister einigten sich nach gründlicher Erörterung auf folgende Leitlinien:

– Die Neun setzen sich für ein substantielles Schlußdokument ein, das die wichtigsten westlichen Positionen enthält und dem Osten nur in Punkten entgegenkommt, die auch für den Westen akzeptabel sind (kein Kompromißdokument zwischen den gegenwärtigen Vorschlägen der Neutralen und Nichtgebundenen (NN)[3] und des Ostens[4]).

– Die Neun arbeiten den Entwurf eines Schlußdokuments aus. Um ihn für alle NN sowie westliche Staaten konsensfähig zu machen, fassen sie Anreicherung des bisher nicht durchwegs akzeptablen NN-Vorschlags ins Auge in enger Abstimmung insbesondere mit USA (sowohl in Belgrad wie in Washington).

Minister waren sich einig, daß der Abschluß der Belgrader Verhandlungen die Weiterführung des multilateralen Entspannungsprozesses fördern müsse, der

---

[1] Durchdruck.
[2] Dänemark übernahm am 1. Januar 1978 die EG-Ratspräsidentschaft.
[3] Für den Wortlaut der Vorschläge der Delegationen Finnlands, Jugoslawiens, Liechtensteins, Österreichs, Schwedens, San Marinos, der Schweiz und Zyperns vom 7. Dezember 1977 bzw. vom 1. Februar 1978 vgl. EUROPA-ARCHIV 1978, D 220–223.
[4] Für den sowjetischen Entwurf vom 17. Januar 1978 für ein Abschlußdokument der KSZE-Folgekonferenz vgl. den Drahtbericht Nr. 22 des Botschafters Fischer, Belgrad (KSZE-Delegation), vom selben Tag; Referat 212, Bd. 115108.
Am 10. Februar legte die sowjetische Delegation eine leicht veränderte Neufassung ihres Entwurfs vor. Vgl. dazu den Drahtbericht Nr. 154 von Fischer vom selben Tag; Referat 212, Bd. 115108.

Erfolg des Treffens daher nicht allein am Inhalt des Abschlußdokuments gemessen werden könne.

Diskussion begann mit Darstellung der Verhandlungslage auf Grundlage eines PK-Berichts[5], wobei Präsidentschaft jugoslawisches Interesse an substantiellem Abschlußdokument hervorhob. BM stellte besonders auf die Notwendigkeit gemeinsamer Haltung des Westens, also insbesondere der Neun und der USA, sowie den unbedingt erforderlichen Gleichklang mit den NN-Staaten ab. Er wurde hierbei von den meisten anderen Rednern unterstützt. Ein vom Westen und den NN-Staaten getragener Text würde verhandlungstaktisch die Position der Neutralen stärken und, auch wenn es nicht gelingt, ihn durchzusetzen, für den Fortgang des Entspannungsprozesses wichtig sein. Präsidentschaft solle in maßvoller Pressemitteilung die Sorge der Neun über den Stand der Beratungen sowie übereinstimmende Weisung an die neun Delegationen erwähnen.[6]

Ein von F verteiltes Dokument versucht die Zusammenstellung der bisher eingebrachten Texte (effort de synthèse). Es soll, wie AM de Guiringaud betonte, der internen westlichen Meinungsbildung dienen und nicht etwa als neuer Kompromißtext in Belgrad eingebracht werden.[7]

---

[5] Im Bericht des Politischen Komitees im Rahmen der EPZ vom 8. Februar 1978 hieß es u. a.: „Wir werden unsere Ziele nicht erreichen, ohne daß auch einige der vom Osten gemachten Vorschläge in das Abschlußdokument eingehen. Für die Sowjetunion geht es in Belgrad nur um wenige spezifische Interessen und nur um wenige konkrete Forderungen wie die nach ‚besonderen gemeinsamen Konsultationen' über die militärischen Aspekte der Entspannung und nach ‚einer gesamteuropäischen Konferenz' über Energiefragen. Viele Aspekte dieser Forderungen sind auf jeden Fall uninteressant für den Westen. Daher ist die westliche Verhandlungsposition schwach. Es sollte jedoch nicht ausgeschlossen werden, daß unter Berücksichtigung des allgemeinen Interesses der Sowjetunion an einem positiven Ergebnis des Belgrader Treffens und an der Fortdauer des KSZE-Prozesses wesentliche Ziele erreicht werden könnten. Außerdem ist sich die Sowjetunion des starken Interesses der neutralen und nichtgebundenen Staaten an einem aussagekräftigen Abschlußdokument bewußt, und dies könnte sie vermehrt veranlassen, Konzessionen gegenüber westlichen Forderungen zu machen. […] Den Neun ist nicht daran gelegen, das Treffen unnötig in die Länge zu ziehen; sie sollten in nächster Zukunft wie bisher alles in ihren Kräften Stehende tun, um zu einem zufriedenstellenden Abschlußdokument zu gelangen. Eine Voraussetzung für die Erreichung unserer Ziele ist weitgehende Einigkeit unter den Neun und ein fortdauernder Zusammenhalt des Westens sowie eine offene und aufgeschlossene Haltung gegenüber Initiativen der neutralen und nichtgebundenen Teilnehmerstaaten und eine flexible Verhandlungsposition." Vgl. Referat 200, Bd. 111217.

[6] Zu den Äußerungen des dänischen Außenministers Andersen vgl. den Artikel „EG-Initiative für die Schlußphase in Belgrad"; FRANKFURTER ALLGEMEINE ZEITUNG vom 15. Februar 1978, S. 1.

[7] Botschafter Fischer, Belgrad (KSZE-Delegation), berichtete am 15. Februar 1978: „Nachdem sich NATO-Gruppe bereits intensiv um Erstellung eines A[bschluß]d[okument]-Entwurfs auf Grundlage des westlichen Entwurfs vom 14. Februar und des in Kopenhagen zirkulierten französischen Entwurfs bemüht hatte, traf Botschafter Richer aus Paris kommend mit Weisung von Präsident Giscard ein, französischen Entwurf nahezu unverändert bereits am 16. Februar unilateral einzubringen. Französischer Botschafter rechtfertigte Vorgehen (das Beschluß der Minister der Neun in Kopenhagen vom Vortag widerspricht) mit taktischer Notwendigkeit, umgehend in Verhandlungen initiativ zu werden. Chance einer Einigung auf gemeinsamen westlichen Entwurf sei unrealistisch minimal (1:10 000) gewesen. Französischer Entwurf binde niemanden, berücksichtige jedoch Essentialia aller westlichen Partner". Fischer teilte mit: „Fast alle übrigen Partner bei Abstimmung in EG- und NATO-Rahmen bedauerten französischen Alleingang lebhaft. NL hatte bereits Weisung, Papier als nicht akzeptabel zu bezeichnen. IRL sprach von jetzt unvermeidbarem Skandal. Es sei taktisch ungeschickt, Papier mit Konzessionen vorzulegen, obwohl mit größter Wahrscheinlichkeit vom Osten keinerlei Gegenkonzessionen zu erwarten seien. Französisches Vorgehen werde westliche Position auf Jahre präjudizieren und sei daher ‚Desaster'. Ich äußerte Erschütterung über Bruch Einheit der Neun und verwies darauf, daß französischer Text bereits Maximum des evtl. in Madrid zu Fordernden präjudizieren könne." Vgl. den Drahtbericht Nr. 178; Referat 212, Bd. 116357.

2) Afrika

Minister beschlossen, den Fragenkomplex theoretisch möglicher wirtschaftlicher und nicht-wirtschaftlicher Maßnahmen gegenüber Südafrika auf Grundlage eines neuen Berichts des PK bei ihrem informellen Treffen am 20./21.5.[8] zu prüfen und sich bei anderen OECD-Ländern für möglichst umfassende Anwendung des Verhaltenskodex[9] auf westliche Firmen in Südafrika einzusetzen. DK und NL zeigten sich enttäuscht über den gegenwärtigen Stand der Prüfung, den Präsidentschaft in mündlichem Zwischenbericht erläutert hatte. BM hob die bereits spürbaren Auswirkungen des Verhaltenskodex in Südafrika hervor (Loderer-Besuch[10]) und plädierte für seine Anwendung auch durch andere OECD-Staaten.

Zu Namibia berichtete BM über die Außenminister-Verhandlungen der Fünf in New York.[11] Wichtig sei fortbestehende Gesprächsbereitschaft aller Seiten und das große Interesse der beteiligten afrikanischen Staaten, die von den westlichen Bemühungen offensichtlich beeindruckt waren (so auch F). Der Verhandlungsprozeß müsse in Gang gehalten werden. Für den Westen biete sich die einmalige Chance, in Namibia ein Modell des Zusammenlebens zwischen Schwarzen und Weißen mitschaffen zu können, das Auswirkungen auf andere Länder haben könne. Die Minister stellten sich hinter die Fünfer-Bemühungen, die als beste Grundlage für eine international annehmbare Verwirklichung der Sicherheitsresolution 385[12] angesehen werden. Sie unterstützten in derselben Weise auch die anglo-amerikanischen Verhandlungen über Rhodesien.[13]

Die Lage am Horn wurde auf Grundlage einer zusammenfassenden Analyse und Bewertung des PK erörtert. Diskussionsbeiträge spiegelten Besorgnis der Minister über Ausdehnung des Konflikts und militärische Intervention des Ostens und Kubas wider, die den Konflikt verschärfen und auch Entspannungspolitik gefährden. Minister stimmten italienischen Vorstellungen zu, wonach sich

---

Fortsetzung Fußnote von Seite 267

Für den französischen Entwurf vom 16. Februar 1978 für ein Abschlußdokument der KSZE-Folgekonferenz vgl. EUROPA-ARCHIV 1978, D 224–231.

[8] Zum informellen Treffen der Außenminister der EG-Mitgliedstaaten im Rahmen der EPZ am 20./21. Mai 1978 in Nyborg vgl. Dok. 156.

[9] Die Außenminister der EG-Mitgliedstaaten traten am 20. September 1977 am Rande der EG-Ministerratstagung in Brüssel zu einem Treffen im Rahmen der EPZ zusammen. Dabei billigten sie einen Verhaltenskodex für Unternehmen, die Vertretungen, Zweigniederlassungen oder Tochtergesellschaften in Südafrika besaßen. Für den Wortlaut vgl. BULLETIN DER EG 9/1977, S. 51 f.

[10] Zum Besuch des IG-Metall-Vorsitzenden Loderer in Südafrika vgl. Dok. 31, Anm. 6.

[11] Zu den Gesprächen der Außenminister Genscher (Bundesrepublik), de Guiringaud (Frankreich), Jamieson (Kanada), Owen (Großbritannien) und Vance (USA) mit dem südafrikanischen Außenminister Botha und dem Präsidenten der SWAPO, Nujoma, am 11./12. Februar 1978 in New York vgl. Dok. 40 und Dok. 45.

[12] Der UNO-Sicherheitsrat verurteilte mit Resolution Nr. 385 vom 30. Januar 1976 erneut die „illegale Besetzung" von Namibia durch Südafrika und dessen Politik der Rassendiskriminierung. Die südafrikanische Regierung wurde aufgefordert, ihre Politik der Schaffung von „Bantustans" bzw. „Homelands" zu beenden und freie Wahlen für ganz Namibia unter Aufsicht der UNO zu ermöglichen. Die südafrikanische Verwaltung in Namibia solle beseitigt und die Macht mit Unterstützung der UNO dem Volk von Namibia übertragen werden. Die Resolution verlangte ferner die Freilassung aller politischen Gefangenen und die Möglichkeit der Rückkehr aller ins Ausland geflüchteten Namibier ohne Gefahr vor politischer Verfolgung. Für den Wortlaut vgl. UNITED NATIONS RESOLUTIONS, Serie II, Bd. X, S. 16 f. Für den deutschen Wortlaut vgl. EUROPA-ARCHIV 1978, D 572–574.

[13] Zu den amerikanisch-britischen Bemühungen um eine Lösung des Rhodesien-Konflikts vgl. Dok. 44, Anm. 3.

Europäer, die mit den Staaten der Region z. B. über das Lomé-Abkommen[14] verbunden seien, für baldige Verhandlungen und friedliche Lösungen in einem afrikanischen Rahmen einsetzen sollten. BM befürwortete ebenso wie VK neben den OAU-Bemühungen auch unterstützende Initiativen in den VN, insbesondere im Sicherheitsrat. Es handele sich um ein afrikanisches Problem, das aber andere Staaten nicht gleichgültig lassen könne. Nach seiner Meinung solle bei Behandlung der Angelegenheit deutlich zum Ausdruck kommen, daß kein außerafrikanisches Land die schwierige Lage am Horn ausnutzen dürfe, um seine eigene Macht- und Einflußzone zu erweitern.

3) Nahost

Minister bekräftigten gemeinsame Nahost-Positionen und waren sich einig, daß der gegenwärtige Stand der Verhandlungen keine Erklärung oder andere Initiativen der Neun erforderlich mache. F hob in einem Bericht über den Stand der Gespräche zwischen den Beteiligten hervor, daß Sadat nach anfänglicher Entmutigung durch Haltung Israels jetzt entschlossen sei, seine Friedenspolitik weiterzuführen. BM ergänzte, daß Reaktion westlicher öffentlicher Meinung Sadat ermutigt habe. Vor der Presse betonte BM, daß es in dieser Verhandlungsphase nicht um spektakuläre Erklärungen gehe, sondern um stille Bemühungen unter Nutzung aller Kontakte. Die Haltung der Neun könne nicht in Zweifel gezogen werden und bedürfe nicht ständiger Wiederholung.

4) Türkei

Minister beauftragten PK, den gegenwärtigen Stand der Beziehungen zwischen den Neun und der Türkei zu prüfen. Präsidentschaft wollte die Prüfung nicht auf die durch EG-Erweiterung aufgeworfenen Probleme beschränken.

5) Beziehungen zum Europäischen Parlament (EP)[15]

Präsidentschaft wird Regierungen und PK eine Resolution des EP vom 19. Januar übermitteln, in der auf Grundlage eines Berichts des Abgeordneten Blumenfeld[16] eine Ausweitung der Information und Mitwirkung des EP im EPZ-Bereich gefordert wird.[17]

Engels[18]

Referat 012, Bd. 108141

---

14 Für den Wortlaut des AKP-EWG-Abkommens von Lomé vom 28. Februar 1975 sowie der Zusatzprotokolle und der am 11. Juli 1975 in Brüssel unterzeichneten internen Abkommen über Maßnahmen zur Durchführung des Abkommens und über die Finanzierung und Verwaltung der Hilfe der Gemeinschaft vgl. BUNDESGESETZBLATT 1975, Teil II, S. 2318–2417.

15 Referat 200 legte am 1. Februar 1978 dar: „1) In der EPZ ist bisher noch nicht grundsätzlich geklärt, wie sich die Neun zu EP-Entschließungen verhalten sollen. Beziehungen zum EP beschränken sich auf die mündlichen EPZ-Jahresberichte des Außenministers der Präsidentschaft vor dem EP, Kolloquien mit dem Politischen Ausschuß jeweils nach Ministertreffen [...], parlamentarische Anfragen. 2) Wir treten seit jeher für eine weitgehende Berücksichtigung der Rolle des EP in der EPZ ein. Wir sehen darin in der Perspektive der Direktwahl eine Stärkung der Kompetenzen des EP, für die wir uns stets eingesetzt haben. Weniger ‚EP-freundlich' werden Partner sein, die die Befugnisse des EP nicht ausweiten möchten (F, VK, DK)." Vgl. Referat 200, Bd. 111217.

16 Für den Wortlaut des „Berichts im Namen des Politischen Ausschusses über die europäische politische Zusammenarbeit", den der Abgeordnete Blumenfeld am 13. Dezember 1977 vorlegte, vgl. EUROPÄISCHES PARLAMENT, SITZUNGSDOKUMENTE 1977–1978, Dokument 427/77.

17 Für den Wortlaut der Entschließung zur Europäischen Politischen Zusammenarbeit vgl. AMTSBLATT DER EUROPÄISCHEN GEMEINSCHAFTEN, Nr. C 36 vom 13. Februar 1978, S. 32 f.

18 Paraphe.

51

Botschafter Wieck, Moskau, an das Auswärtige Amt

114-10710/78 VS-vertraulich Aufgabe: 15. Februar 1978, 12.56 Uhr[1]
Fernschreiben Nr. 524 Ankunft: 16. Februar 1978, 09.36 Uhr

Betr.: Frühjahrstagung der NATO-Regionalexperten vom 21. bis 23.2.1978
über Afrika

Bezug: DE Nr. 105 vom 31.1.1978 – 213-363.00 SOW-200/78 VS-v[2]

Zur Information

In der Anlage werden die mit Bezugserlaß erbetenen Stellungnahmen zu den SU-bezogenen Themen in I. und IV. des Gliederungsentwurfs des Berichts der NATO-Regionalexperten zu Afrika übersandt.

[gez.] Wieck

Folgt Anlage I. „Horn von Afrika", IV. „Afrikapolitik der Sowjetunion"

Anlagen

I. Horn von Afrika (Rolle der SU)

1) Die Errichtung eines revolutionären, sich marxistisch gebärdenden Regimes in Addis Abeba[3] erhielt spätestens seit dem Besuch Mengistus in Moskau (Mai 1977)[4] die vorbehaltlose Unterstützung durch die SU. Sie fand in einer sowjetisch-äthiopischen Prinzipienerklärung über freundschaftliche Beziehungen ihren Ausdruck.[5] Rückblickend kann in ihr der äußerliche Anfang jener Entwicklung gesehen werden, die zum sowjetisch-somalischen Bruch führte. Seit der Kündigung des sowjetisch-somalischen Freundschaftsvertrages von 1974

---

[1] Hat Legationssekretär Vorwerk vorgelegen, der die Weiterleitung an Referat 320 verfügte und handschriftlich vermerkte: „Ablichtungen für Expertentagung vom 21. bis 23.2. Ref[erat] 213 wird im Rahmen der NATO-Ost-Experten Anlage I als dt. Bericht für SU/Osteuropa-Thematik einbringen (Tagung 7. bis 10. März)."
Hat Legationsrat I. Klasse Auer am 27. Februar 1978 vorgelegen, der handschriftlich vermerkte: „In Expertentagung vom 21. bis 23.2. wurde Bericht erstellt, der auch einen kurzen Abschnitt ‚Sowjetische Afrikapolitik' enthält. Bericht wird in ca. zehn Tagen von NATO-Vertretung übersandt."
[2] Korrigiert aus: „213-363.70 SOW-200/78 VS-v".
Vortragender Legationsrat I. Klasse Kühn übermittelte der Botschaft in Moskau einen von der Ständigen Vertretung bei der NATO in Brüssel übersandten Gliederungsentwurf für einen Bericht der Afrika-Experten der Außenministerien der NATO-Mitgliedstaaten und bat um Stellungnahme. Vgl. dazu VS-Bd. 13096 (213); B 150, Aktenkopien 1978.
[3] Am 12. September 1974 wurde Kaiser Haile Selassie abgesetzt und die Regierung in Äthiopien vom Militär übernommen.
[4] Der Vorsitzende des Provisorischen Militärischen Verwaltungsrats von Äthiopien, Mengistu Haile Mariam, besuchte die UdSSR vom 4. bis 8. Mai 1977.
[5] Für den Wortlaut der Erklärung sowie des Kommuniqués vgl. die Artikel „Deklaracija ob osnovach družestvennych vzaimootnošenij i sotrudničestva meždu Sojuzom Sovetskich Socialističeskich Respublik i Socialističeskoj Efiopiej" bzw. „Sovmestnoe sovetsko-efiopskoe kommjunike"; Pravda vom 9. Mai 1977, S. 1 und 4.

durch Somalia⁶ hat sich die SU von der somalischen Regierung unter Siad Barre eindeutig abgewendet. Sie unterstützt seitdem mit Nachdruck Äthiopien gegen den somalischen „Aggressor". Für den somalischen Nationalismus war es unerträglich, daß der feindliche äthiopische Nachbar sich zum Freund der SU entwickelte. Die Sowjets dagegen gingen zunächst davon aus, daß die Solidarität fortschrittlicher Regime zu einer Lösung am Horn unter sozialistischem Vorzeichen führen würde, evtl. sogar in Gestalt einer Föderation. Die vielfältigen, bis zum Bruch vorhandenen Verbindungen zwischen Somalia und der SU haben sich jedoch nicht als das Lenkungsmittel erwiesen, mit welchem die sowjetische Außenpolitik ursprünglich einem somalischen Nationalismus glaubte entgegensteuern zu können.

2) Nach dem Bruch mit Somalia hat die SU auch hinsichtlich der angeblichen Ursachen für den Konflikt am Horn eine klare Position bezogen. Verantwortlich dafür sind laut offiziellen sowjetischen Äußerungen die „expansionistisch" denkende somalische Führung, wobei insbesondere Siad Barre persönlich angegriffen wird, sowie „imperialistische Kreise" (USA, Frankreich, Großbritannien, Italien, Bundesrepublik Deutschland) und reaktionäre arabische Regime. Das somalische Regierungssystem an sich sowie das somalische Volk werden von der SU nicht für den Konflikt verantwortlich gemacht. Im jüngsten Kommuniqué nach Abschluß des Besuches des südjemenitischen Ministerpräsidenten Ali Nasser Muhammad (1. bis 4.2.1978) war ausdrücklich von „progressiven Regimen" am Horn von Afrika die Rede.⁷

3) Wie nach sowjetischer Ansicht eine politische Lösung des Konflikts am Horn von Afrika erreicht werden kann, ist aufgrund von öffentlichen sowjetischen Äußerungen nicht eindeutig zu bestimmen. In der letzten Zeit hat es zwei Formulierungen hierzu gegeben, durch die aber in der Praxis nicht unbedingt unterschiedliche Lösungen angestrebt werden. So war z.B. im Kommuniqué aus Anlaß des Boumedienne-Besuchs in Moskau (12. bis 14.1.1978) eine „friedliche Lösung" gefordert worden auf der Grundlage von Souveränität, Nichteinmischung und territorialer Integrität.⁸

Im Kommuniqué zum Abschluß des Besuchs des südjemenitischen⁹ Ministerpräsidenten hieß es dagegen, daß eine „Regulierung" des Konfliktes auf „friedlichem demokratischem Wege", auf der „Grundlage guter Nachbarschaft und imperialistischer Solidarität" erreicht werden soll, wobei Moskau und Aden die Anstrengungen der OAU zur Konfliktbeilegung auf der Grundlage des Statuts¹⁰ und der Beschlüsse der OAU¹¹ unterstützen. In der Praxis könnte dies bedeuten,

---

6 Zur Kündigung des somalisch-sowjetischen Freundschaftsvertrags vom 11. Juli 1974 durch Somalia am 13. November 1977 vgl. Dok. 1, Anm. 7.
7 Für den Wortlaut vgl. den Artikel „Sovmestnoe kommjunike o vizite v SSSR člena Politbjuro CK OPONF, Prem'er-Ministra NDRJ Ali Nasera Muchammeda"; PRAVDA vom 5. Februar 1978, S. 4.
8 Für den Wortlaut vgl. den Artikel „Sovmestnoe sovetsko-alžirskoe kommjunike"; PRAVDA vom 15. Januar 1978, S. 1 und 4.
9 Korrigiert aus: „Kommuniqué zum Abschluß des südjemenitischen".
10 Für den Wortlaut der Charta der OAU vom 25. Mai 1963 vgl. UNTS, Bd. 479, S. 70–88. Für den deutschen Wortlaut vgl. EUROPA-ARCHIV 1963, D 314–320.
11 Vgl. dazu die Resolutionen der Konferenz der Staats- und Regierungschefs der Unabhängigen Afrikanischen Staaten in Addis Abeba vom 22. bis 25. Mai 1963 in Addis Abeba; EUROPA-ARCHIV 1963, D 320–324.

daß Moskau eine Beseitigung Siad Barres anstrebt („auf friedlichem demokratischem Wege"), der durch einen pro-sowjetisch denkenden somalischen Politiker ersetzt werden soll (Samatar?), und daß danach im Geiste „antiimperialistischer Solidarität und guter Nachbarschaft" die Bildung einer Föderation am Horn unter sozialistischem Vorzeichen verwirklicht werden soll. Jedenfalls dürfte die SU gegenüber Äthiopien auf eine gewisse Autonomie für Ogaden[12] drängen.

4) Um seinem politischem Ziel näherzukommen, setzt Moskau zur Zeit unter Mitwirkung Kubas, der Volksrepublik Jemen und einiger osteuropäischer Bündnispartner insbesondere militärische Mittel in Äthiopien ein. Gleichzeitig sind die Sowjets bemüht, die spärliche ausländische Waffenhilfe an Somalia, das sie selbst entscheidend aufgerüstet haben, als eigentliche Krisenursache herauszustellen. Die SU macht damit insbesondere den Westen zunehmend für eine Entwicklung verantwortlich, für die sie in Gestalt der früheren eigenen Militärhilfe an Mogadischu die entscheidenden machtpolitischen Voraussetzungen geschaffen hat.

5) Andererseits ist die politisch-moralische Position der SU nach wie vor stark, solange sie Somalia aufgrund der Ereignisse im Ogaden als „Aggressor" hinstellen kann. Sie kann sich daher mit ihrer Unterstützung für das äthiopische Streben nach territorialer Integrität in den Augen afrikanischer Staaten als friedensschaffende Macht bestätigen.

Ein kritischer Punkt dürfte allerdings erreicht werden, sobald Äthiopien infolge massiver militärischer Unterstützung durch die SU, Kuba und die Volksrepublik Jemen in die Lage versetzt wird, eine Gegenoffensive bis nach Somalia hineinzutragen. Die Sowjets haben zwar erklärt, daß sie eine solche Entwicklung nicht unterstützen würden. Sie können jedoch keine Garantie dafür bieten, daß die Äthiopier sich wirklich steuern lassen. Hier besteht für Moskau ein Risiko, das negative Auswirkungen auf die Beziehungen der SU, insbesondere zu den meisten arabischen Staaten und dem Iran, haben kann, die Somalia im Geiste arabischer und islamischer Solidarität mehr oder weniger unterstützen.

IV. Afrikapolitik der Sowjetunion

1) Afrika ist für die SU ein erfolgsversprechendes Aktionsfeld, um ihren globalen Machtanspruch gegenüber dem Westen und China zu demonstrieren. Die SU versucht in Afrika, durch die Unterstützung von Befreiungsbewegungen, durch den erklärten Kampf gegen Rassismus und Neokolonialismus sowie durch die Zusammenarbeit mit „progressiven" Staaten den eigenen Einfluß zunächst gegenüber dem Einfluß anderer außerafrikanischer Staaten in ein ungefähres Gleichgewicht zu bringen. Langfristig ist die SU schon allein aus ideologischen Gründen davon überzeugt, daß auch die afrikanischen Staaten dem angeblich notwendigen Gesetz einer Entwicklung zum Sozialismus und Kommunismus unterliegen.

2) Das wichtigste Mittel im bilateralen Bereich, um diese Ziele zu erreichen, sieht Moskau in einer massiven Militärhilfe an sogenannte progressive Staaten und Befreiungsbewegungen. Demgegenüber steht die sowjetische Entwicklungshilfe immer noch zurück. Kredite werden zu relativ ungünstigen Bedingungen und in fast allen Fällen liefergebunden vergeben. Die technische Hilfe der SU

---

[12] Zum Ogaden-Konflikt vgl. Dok. 1, Anm. 8, sowie Dok. 41.

wird von den Afrikanern mit Zögern angenommen, da der Westen in diesem Bereich qualitativ Besseres liefert. Wichtig und von den Afrikanern gern in Anspruch genommen ist aber die Ausbildungshilfe. So werden vor allem in Moskau Tausende von jungen Afrikanern in wichtigen Bereichen der Produktion, Ausbildung und Verwaltung ausgebildet und dabei ideologisch beeinflußt.

Neben dem staatlich vereinbarten Austausch ist die SU ferner bestrebt, durch Beziehungen zwischen der KPdSU und als progressiv oder gar als marxistisch eingestuften afrikanischen Regierungsparteien (FRELIMO, MPLA) Einfluß auf die Politik afrikanischer Staaten zu nehmen. Als weiteres Element kommen die Beziehungen zwischen bilateralen Freundschaftsgesellschaften hinzu.

Im multilateralen Bereich unterstützt Moskau die Arbeit und die Grundsätze der OAU. Die SU genießt in der OAU wie auch in der UNO aufgrund ihres vorbehaltlosen Eintretens für die Entkolonialisierung im südlichen Afrika Ansehen.

3) Die SU hat seit Angola in Afrika zweifellos weiter Fuß fassen können. Allerdings hat es im Verhältnis zu einigen afrikanischen Staaten (Somalia, Sudan) empfindliche Rückschläge gegeben. Äußerungen afrikanischer Politiker, auch solcher von eher pro-sowjetischer Ausrichtung, zeigen, daß der Dank und die Anerkennung für die militärische Unterstützung progressiver Regime und Befreiungsbewegungen gedämpft wird durch die Kritik an der unzureichenden sowjetischen Entwicklungshilfe. Darüber hinaus weist das verstärkte Pochen afrikanischer Politiker auf Ungebundenheit darauf hin, daß in Afrika das Bewußtsein für die Gefahren neuer Abhängigkeiten gewachsen ist.

Ende der Anlagen

VS-Bd. 11169 (320)

52

Aufzeichnung des Ministerialdirigenten Müller

320-320.15 NAM VS-NfD   20. Februar 1978

Betr.: Begegnung Bundesminister–Sam Nujoma, Präsident der SWAPO, in New York am 12.2.1978

Am Rande der New Yorker Simultan-Gespräche der Außenminister der fünf westlichen SR-Mitglieder über Namibia[1] kam es auf Wunsch Nujomas zu einem halbstündigen Gespräch zwischen diesem und dem Herrn Minister.

---

[1] Zu den Gesprächen der Außenminister Genscher (Bundesrepublik), de Guiringaud (Frankreich), Jamieson (Kanada), Owen (Großbritannien) und Vance (USA) mit dem südafrikanischen Außenminister Botha und dem Präsidenten der SWAPO, Nujoma, am 11./12. Februar 1978 in New York vgl. Dok. 40 und Dok. 45.

Bei dem Gespräch waren zugegen: Hidipo Hamutenya, Mitglied des Exekutiv-Komitees der SWAPO; Kapuka Nauyala, Persönlicher Referent Nujomas; Dg 32[2]; BR I Dr. Vergau (UN-Vertretung New York).

Gesprächsverlauf

Minister begrüßte die Gelegenheit zu dieser wichtigen ersten Kontaktnahme und zur Darstellung der Grundlinien unserer Afrikapolitik.

Nujoma dankte für das „privilege", vom Minister empfangen zu werden, und hob historische Verbindungen zum deutschen Volk hervor; die Kolonialzeit liege weit zurück: Inzwischen sei eine „Generation der modernen Welt" herangewachsen, in der es um Fortschritt und das Wohl aller gehe.

Viele Namibier seien blutsmäßig deutschen Ursprungs. Alle seien willkommen, „mit uns zusammen in Namibia zu leben und bei der wirtschaftlichen Entwicklung des Landes mitzuwirken".

Das Verhältnis zu den deutschstämmigen Mitbürgern sollte besser werden, als es jetzt unter dem „auferlegten Rassenhaß" ist; Bitte an die Bundesrepublik Deutschland, größtmöglichen Einfluß auszuüben, daß sich die Namibia-Deutschen mehr mit dem Befreiungskampf identifizieren.

Im Augenblick litten nur die Nichtweißen unter der Oppression, während die Weißen vereint seien in der Ausübung der Unterdrückung. Die Zukunft der Bevölkerung Namibias werde vom guten Willen aller abhängen; SWAPO suche die Unterstützung eben dieser Menschen guten Willens, um ein Klima des Friedens aller Mitbürger in einem Land zu schaffen.

Pretoria versuche hingegen nach wie vor, das Volk in elf ethnische Gruppen aufzuteilen, und Weiße beteiligten sich immer noch an dieser Manipulation. Die Bundesrepublik Deutschland sollte als einer der größten Handelspartner Einfluß auf SA[3] ausüben.

Minister versuchte, Nujoma „die Gefühle in unserem Volk und dessen Haltung zu den afrikanischen Fragen" mit folgender Darstellung zu erläutern:

Die deutsche Kolonialzeit sei mit dem Ersten Weltkrieg endgültig abgeschlossen gewesen; in der Zeit bis zum Zweiten Weltkrieg habe man sich in Deutschland kaum mit Afrika befaßt, und danach habe das deutsche Volk mit den Kriegsfolgen fertig werden müssen und sich daher auf die eigenen Probleme konzentriert. – Die Deutschen hätten am Wiederaufbau ihres Landes gearbeitet, ohne die Hoffnung auf baldige Selbstbestimmung hegen zu können (wörtlich: „Völker zu teilen ist wohl das Reaktionärste, was es heute noch gibt – eine Art Kolonialismus!"). Seine, des Ministers, Amtszeit als Außenminister[4] falle zusammen mit einem wichtigen Abschnitt unserer Außenpolitik nach dem letzten Kriege:

– dem Abschluß der Verträge mit den sozialistischen Staaten über die Entspannung in Europa[5],

---

[2] Helmut Müller.
[3] Südafrika.
[4] Hans-Dietrich Genscher war seit 16. Mai 1974 Bundesminister des Auswärtigen.
[5] Für den Wortlaut des Vertrags vom 12. August 1970 zwischen der Bundesrepublik und der UdSSR vgl. BUNDESGESETZBLATT 1972, Teil II, S. 354f.
Für den Wortlaut des Vertrags vom 7. Dezember 1970 zwischen der Bundesrepublik und Polen

– dem Hinwenden auf die noch ungelösten weltweiten Probleme unseres Jahrhunderts: das Nord-Süd-Verhältnis, die Überwindung von Rassismus und das Ende des Kolonialismus.

Aufgrund bitterer geschichtlicher Erfahrung versuchten wir, die Lösung dieser Probleme auf einen friedlichen Weg zu lenken; wir wüßten, daß der Krieg den Menschen nicht hilft. Er, der Minister, sei daher der Überzeugung, daß Namibia noch nie so nahe an der Unabhängigkeit gewesen sei wie jetzt, da eine friedliche Lösung durch freie und gerechte Wahlen im Bereich des Möglichen liege. Er räume zwar sofort selbst ein, daß der westliche Lösungsvorschlag[6] noch manches, was sich die SWAPO wünsche, nicht erfülle, doch dies gelte ebenso für die Gegenseite. Er wolle aber am Vergleich mit unserer Nachkriegsgeschichte weiter erläutern: Auch Deutschland sei ein besetztes Land gewesen, und es habe damals geschehen können, daß ein Konrad Adenauer als Oberbürgermeister von Köln „wegen Unfähigkeit" durch einen britischen Offizier aus dem Amt entlassen wurde.[7] Auch die Deutschen hätten in jener Zeit immer vor der Frage des „Alles oder Nichts" gestanden; sie hätten sich aber stets für das entschieden, was zu erlangen war, im Glauben an die dynamische Kraft des eigenen Volkes und seinen Willen, letztlich doch das zu erreichen, was es brauchte.

Der Minister bot mit diesen Worten Nujoma den freundschaftlichen Rat für das namibische Volk an, jetzt zuzugreifen und das Beste daraus zu machen, statt auf die Garantie der Erfüllung aller Wünsche zu warten; in der Substanz enthalte der westliche Lösungsvorschlag die Unabhängigkeit und Wahlen, er biete damit eine historische Chance.

Nujoma hörte dem Minister zwar sehr aufmerksam zu, es war aber nicht zu erkennen, ob er innerlich beeindruckt war und sich überzeugen ließ. Bei dieser ersten Aussprache konnte man wohl auch nicht mehr erwarten als die Versicherung des Friedenswillens, das Geltendmachen eigener weitgehender Konzessionen und eine allgemeine Bekundung des guten Willens („with the Germans we have more in common than with others").

Minister fragte sodann, wann Nujoma die Bundesrepublik Deutschland besuchen werde, worauf Nujoma antwortete, er habe noch keine Einladung erhalten. Der Minister bezeichnete dies als hiermit geschehen und betonte, daß ein persönlicher Meinungsaustausch zwischen ihm (Nujoma) und den verantwortlichen politischen Kräften in Deutschland sehr wichtig und nützlich wäre. Er gab dabei zu verstehen, daß politische Stiftungen wohl als die geeignetsten Gastgeber und Organisatoren für einen solchen Besuch fungieren können. Nujoma dankte und bekundete sein Interesse.

Fortsetzung Fußnote von Seite 274
über die Grundlagen der Normalisierung ihrer gegenseitigen Beziehungen vgl. BUNDESGESETZBLATT 1972, Teil II, S. 362 f.
Für den Wortlaut des Vertrags vom 21. Dezember 1972 über die Grundlagen der Beziehungen zwischen der Bundesrepublik und der DDR vgl. BUNDESGESETZBLATT 1973, Teil II, S. 423 f.
Für den Wortlaut des Vertrags vom 11. Dezember 1973 über die gegenseitigen Beziehungen zwischen der Bundesrepublik und der ČSSR vgl. BUNDESGESETZBLATT 1974, Teil II, S. 990–992.

6 Zum Dokument „Proposal for a Settlement of the Namibian Situation" in der Fassung vom 17. Januar 1978 vgl. Dok. 14, Anm. 13.

7 Nachdem er bereits von 1917 bis 1933 Oberbürgermeister von Köln gewesen war, hatte Konrad Adenauer dieses Amt erneut von Mai bis Oktober 1945 inne.

Wertung:

– Aus einer vertraulichen Information wissen wir, daß Nujoma von Präsident Kaunda persönlich angehalten wurde, zur Normalisierung des Verhältnisses der SWAPO zur Bundesregierung den ersten Schritt zu tun.

– Im Hinblick auf das bisherige Fehlen von offiziellen Kontakten und die z. T. sogar feindseligen Äußerungen von SWAPO-Seite in der Vergangenheit war die freundliche, fast herzliche Atmosphäre während dieser ersten hochrangigen Begegnung durchaus bemerkenswert.

– Da bei der SWAPO-Führung trotz ihrer wiederholt abgegebenen Vertrauensbeteuerungen an die Fünf doch noch einige Reserven uns gegenüber bestehen dürften (Beeinflussung durch den Osten, vor allem durch die sich sehr bemühende DDR), könnte das Gespräch in New York den Ausgangspunkt dazu bieten, die Beziehungen zwischen SWAPO und uns weiter zu entkrampfen und zu einem mehr „geschäftsmäßigen" Dialog mit ihrer Führung zu gelangen.

Anmerkung:

1) Der Herr Minister hat nach Rückkehr von New York mit Herrn Willy Brandt vereinbart, daß die Friedrich-Ebert-Stiftung und/oder die Friedrich-Naumann-Stiftung als Gastgeber für einen Besuch Nujomas zur Verfügung stehen.

2) Botschaft Lusaka hat Weisung erhalten, das Gespräch mit Nujoma zwecks Konkretisierung der Besuchseinladung aufzunehmen.[8]

Müller

Referat 320, Bd. 116802

---

[8] Vgl. dazu den Drahterlaß Nr. 882 des Ministerialdirigenten Müller vom 20. Februar 1978; Referat 320, Bd. 116802.

53

Aufzeichnung des Vortragenden Legationsrats Bosch

403-411.10 FRA-125 I/78 geheim 20. Februar 1978[1]

Betr.: Deutsch-französische Rüstungskooperation (Exportfragen);
hier: Gespräch StS Dr. Hermes/Generalsekretär Soutou vom französischen Außenministerium am 17.2.1978 in Paris (11.00 bis 12.45 Uhr)

Teilnehmer an dem Gespräch:
Auf deutscher Seite: Staatssekretär Dr. Hermes, Gesandter Dr. Berninger (Botschaft Paris), VLR Dr. Bächmann, VLR Bosch.

Auf französischer Seite: Generalsekretär Soutou, Unterabteilungsleiter Pagniez, Unterabteilungsleiter d'Aumale.

Staatssekretär Dr. Hermes erklärte zu Beginn, er wolle an sein Gespräch vor 2 1/2 Jahren mit dem damaligen Generalsekretär de Courcel anknüpfen[2]; er habe damals den Vorschlag gemacht, den Prozeß der Information und Konsultation zu intensivieren. GS de Courcel habe diesen Vorschlag akzeptiert, der allerdings nicht auf großen Enthusiasmus gestoßen sei. Danach hätten auch Gespräche über dieses Thema zwischen Staatspräsident und Bundeskanzler bei deutsch-französischen Gipfeltreffen sowie zwischen den Außenministern stattgefunden, das letzte Mal habe die französische Seite die Initiative ergriffen, als AM de Guiringaud BM Genscher auf Lieferungen nach China angesprochen habe.[3]

Staatssekretär Hermes betonte,

– wir wollten die Rüstungs-Koproduktion mit Frankreich fortsetzen (da, wo sie schon besteht, und auch bei künftigen Projekten);

– sie habe sich als wünschenswert und zweckmäßig erwiesen;

– wir erkennen die großen Vorteile dieser Kooperation an.

Man müsse sich dabei allerdings darüber im klaren sein, daß die Rüstungsexportpolitiken Fs und Ds unterschiedlich seien – daraus könnten Divergenzen entstehen. Beim Abschluß der Vereinbarung von 1972[4] sei man davon ausge-

---

[1] Hat Staatssekretär Hermes laut Vermerk des Vortragenden Legationsrats Bächmann vom 21. Februar 1978 vorgelegen.
Ferner vermerkte Bächmann für Vortragenden Legationsrat I. Klasse Pabsch: „Zum Protokoll als letzten Satz bitte hinzufügen: Am Nachmittag unterrichtete Soutou StS Hermes, daß de Guiringaud inzwischen unseren Vorschlägen zugestimmt habe; nunmehr müßten die Vorschläge noch mit den anderen Ressorts abgestimmt werden."
[2] Zum Gespräch am 13. Oktober 1975 in Paris vgl. AAPD 1975, II, Dok. 310.
[3] Zum Gespräch vom 10. November 1977 vgl. AAPD 1977, II, Dok. 329.
[4] In Artikel 2 der Regierungsvereinbarung vom Februar 1972 zwischen der Bundesrepublik und Frankreich über die Ausfuhr von gemeinsam entwickelten und/oder gefertigten Kriegswaffen und sonstigem Rüstungsmaterial in dritte Länder hieß es: „Keine der beiden Regierungen wird die andere Regierung daran hindern, Kriegswaffen und sonstiges Rüstungsmaterial, das aus einer gemeinsam durchgeführten Entwicklung oder Fertigung hervorgegangen ist, in Drittländer auszuführen oder ausführen zu lassen. Da sich der spezifische Charakter von Baugruppen und Einzelteilen eines unter die Ausfuhrformalitäten für Kriegswaffen und sonstiges Rüstungsmaterial fallenden Waffensystems ändert, wenn sie integrierender Bestandteil eines gemeinsam entwickelten und gefertigten Waffensystems werden, verpflichtet sich jede der beiden Regierungen, die für die Lieferung

gangen, daß jede Regierung ihre eigene Rüstungsexportpolitik führen könne und daß man keine Einmischung des einen Partners in die Politik des anderen zulassen wolle. Im Prinzip sei dies gut – in der Ausführung jedoch schwieriger. Wir hätten dabei die Erfahrung gemacht, daß die souveräne Entscheidung der einen Regierung der anderen nachteilig sein könne (z. B. kürzliche Demarche Israels nach französischen „Milan"-Lieferungen nach Syrien)[5]. Der Informations- und Konsultationsprozeß müsse deshalb verbessert werden.

Er betonte erneut, wie BM Genscher es französischem AM de Guiringaud kürzlich gesagt habe[6], wir hätten nicht die Absicht, die deutsch-französische Vereinbarung von 1972 zu ändern; er schlage jedoch vor, den Prozeß der Information zu verbessern. Tatsache sei heute, daß wir kein Recht auf Information über französische Vorhaben hätten, und nur in Ausnahmefällen könnten wir die Zulieferung von Komponenten verweigern – davon hätten wir jedoch nie Gebrauch gemacht. Er könne jedoch nicht verbergen, daß wir bei bestimmten Projekten erhebliche Bedenken hätten, insbesondere bei Lieferungen in den Nahen Osten, der Spannungsgebiet sei, wohin wir den Export von Waffen verbieten[7]. Auf diesem Gebiet stimme die französische mit der deutschen Politik nicht überein. Unsere Politik sei hier ausgewogen im negativen Sinn; die französische sei dagegen ausgewogen im positiven Sinn. Das Problem stelle sich für uns bei Lieferungen von Rüstungsgütern aus Gemeinschaftsentwicklung

– in Länder, die in bewaffnete Auseinandersetzungen verwickelt sind,

– in Länder, denen die Verwicklung in einen bewaffneten Konflikt unmittelbar bevorsteht,

– in Länder, durch die unsere eigenen Sicherheitsinteressen gefährdet würden,

– und dort, wo sich negative Reaktionen gegen uns ergäben.

Der BSR habe daher beschlossen, mit F Gespräche zu führen über Exportvorhaben und Lizenzvergaben an arabische Länder (so sei z. B. Dauer und Volumen der geplanten französischen Zusammenarbeit mit der AOI[8] beachtlich).[9]

Er bitte daher darum, daß

erstens F bei Exportvorhaben aus gemeinsamer Entwicklung und Fertigung uns vor der Entscheidung der Regierung über die Genehmigung eines solchen Vorhabens informiere (wenn die Information wie bisher erst nach Erteilung der

Fortsetzung Fußnote von Seite 277
von Einzelteilen und Komponenten an das ausführende Land erforderlichen Ausfuhrgenehmigungen nach den in den nationalen Gesetzen vorgesehenen Verfahren ohne Verzug zu erteilen. Beide Regierungen sind übereingekommen, daß sie die nationalen Gesetze über die Ausfuhr von Kriegswaffen und sonstigem Rüstungsmaterial im Geiste der deutsch-französischen Zusammenarbeit auslegen und anwenden werden. Die Möglichkeit, eine Ausfuhrgenehmigung für Komponenten eines Gemeinschaftsprojekts zu versagen, kann nur im Ausnahmefall in Anspruch genommen werden. Für einen solchen Fall vereinbaren beide Regierungen, daß sie sich vor einer endgültigen Entscheidung eingehend konsultieren werden. Es liegt bei dem Bundesminister der Verteidigung oder dem Staatsminister für Nationale Verteidigung, die Initiative zu solchen Konsultationen zu ergreifen." Vgl. die Anlage zur Aufzeichnung des Ministerialdirektors Hermes vom 8. April 1975; VS-Bd. 8875 (403); B 150, Aktenkopien 1975.

[5] Zu den Demarchen des israelischen Botschafters Meroz vom 3. bzw. 9. Februar 1978 vgl. Dok. 33, Anm. 11, und Dok. 47.

[6] Zum Gespräch am 6. Februar 1978 in Paris vgl. Dok. 33.

[7] Zu den rechtlichen Grundlagen der Rüstungsexportpolitik der Bundesregierung vgl. Dok. 1, Anm. 17.

[8] Arabische Organisation für Industrialisierung.

[9] Für die Sitzung des Bundessicherheitsrats vom 9. November 1977 vgl. AAPD 1977, II, Dok. 318.

20. Februar 1978: Aufzeichnung von Bosch | 53

Genehmigung erfolge, sei es für uns schwierig, dieselben Konsultationen mit der französischen Regierung zu führen, wie wenn wir vorher gefragt worden wären). Diese Informationen sollten sich beziehen auf sensitive Empfängerländer und sensitive Vorhaben;

zweitens diese Informationen vor der Genehmigung über die Außenministerien geleitet würden.

Bisher seien diese Informationen über untere militärische Stellen geflossen, was wegen der außenpolitischen Verantwortung der Außenministerien nicht adäquat sei; ein Informationsfluß über die Botschaften erscheine uns zweckmäßiger.

Generalsekretär Soutou erwiderte: Viele Sektoren der deutsch-französischen Kooperation seien wichtig (z. B. der nukleare Sektor), die Rüstungskooperation sei ein überaus wichtiges Gebiet, dem F große Bedeutung beimesse: aus technischen Gründen, für Europa, sie zeuge vom Geist der gegenseitigen Intimität. Er verstehe unsere Sorgen und Überlegungen, das Bild von der positiven und negativen Ausgewogenheit entspreche der Realität. Er glaube indessen, daß Fs Überlegungen etwas anders sein könnten.

Nach dem Studium der Akten habe er festgestellt, daß das Kooperationssystem nach Anfangsschwierigkeiten gut funktioniert habe. Zweimal habe F nachgegeben (Jugoslawien und Finnland), da unsere Argumente (Sicherheitsüberlegungen) die französische Seite beeinflußt (touché) hätten. Im Prinzip funktioniere die Zusammenarbeit, die Schwierigkeiten rührten von den Unterschieden der jeweiligen Genehmigungsverfahren her. In Frankreich erfolge die Kontrolle vom Anfang der Verhandlungen an, bei uns erst kurz vor der Ausfuhr.

Er konstatiere, daß

– wir die Rüstungskooperation als gut und dauerhaft ansehen

– und daß wir im Detail vor der Genehmigung durch die zuständige französische Dienststelle (CIEMG = Comité Interministériel pour les Exportations du Matériel de Guerre) informiert werden möchten,

– diese Informationen über die Außenministerien laufen sollten.

Unterabteilungsleiter d'Aumale wies darauf hin, daß F in zwei Fällen Vorhaben auf unsere Bitte hin gestoppt habe. Nach Abschluß der Vereinbarung von 1972 sei es zunächst Sache der beteiligten Unternehmen gewesen, die jeweilige Regierung zu unterrichten. In D erfolge die Genehmigung erst kurz vor der Ausfuhr, in F vorher. Das französische Genehmigungsverfahren laufe wie folgt ab:

– erste Stufe: prospection (Produktwerbung);

– zweite Stufe: prospection – négociation (Werbung plus Verhandlungen);

– dritte Stufe: négociation (unmittelbare Vertragsverhandlung mit dem Ziel der Unterzeichnung);

– vierte Stufe: exportation (Ausfuhr).

Alle vier Stufen unterlägen der Kontrolle. F informiere uns bisher nach Erteilung der Genehmigung zum Vertragsabschluß (dritte Stufe). Zwischen dritter und vierter Stufe könne die französische Regierung die Genehmigung aus politischen Gründen noch widerrufen. Die auf deutscher Seite an der Kooperation beteiligten Unternehmen seien im übrigen über die französischen Vorhaben über ihre französischen Partner rechtzeitig unterrichtet.

StS Hermes wies hier darauf hin, daß wir vor der Erteilung der Genehmigung zur dritten Stufe unterrichtet werden möchten; im übrigen seien die deutschen Unternehmen nicht verpflichtet, die Bundesregierung entsprechend zu informieren.

D'Aumale betonte, daß bei der deutsch-französischen Besprechung über Rüstungskooperationsfragen am 5.7.1977 in Paris[10] der deutsche Delegationsleiter Respondek (U-Abteilungsleiter Rü II im BMVg) erklärt habe, daß D keinen Widerspruch gegen die von F vorgelegten Exportvorhaben erhebe.

StS Hermes dankte für die französische Reaktion auf die israelische Demarche nach Lieferung von „Milan"-Raketen an Syrien.

Es müsse in Zukunft vermieden werden, eine Regierung in eine peinliche Situation (embarras) zu bringen, weil die andere sie erst nach Erteilung einer Genehmigung davon informiere. Diese peinliche Situation lasse sich vermeiden, wenn die Unterrichtung vor der Genehmigung erfolge. „Wir wollen nicht in eine Situation kommen, wo wir vor die Wahl gestellt werden, wegen eines Ihrer Exportvorhaben, dem wir nicht zustimmen können, auch gegen die Kooperation mit Ihnen entscheiden zu müssen."

D'Aumale erläuterte weiter, F habe sich an Geist und Buchstaben der Vereinbarung von 1972 gehalten. Die französische Seite verstehe unsere Bitte, sie wolle aber nicht, daß unser Verhalten die französische Politik störe.

StS Hermes warf ein, wir wollten nicht die Vereinbarung von 1972 ändern, sondern sie in Zukunft gemeinsam harmonischer durchführen. Deshalb solle die Information vor Erteilung der endgültigen Genehmigung erfolgen; er verspreche, daß wir F keine Schwierigkeiten machen würden.

D'Aumale erwiderte, sie hätten verstanden, daß es uns darum gehe, den Zeitpunkt der Information vorzuverlegen und diese Information über die Außenministerien zu leiten, d.h. vor der Erteilung der Genehmigung zum Vertragsschluß.

D'Aumale äußerte seine Besorgnis, daß unser Zögern bei manchen Fällen die Konkurrenz durch Dritte fördere. So habe F zunächst die französische Industrie bei den Verhandlungen über die Lizenzvergabe für „Hot" an die AOI gebremst, das Ergebnis sei nun, daß „Hot" zugunsten der britischen Abwehrrakete Swingfire ausgeschieden sei. Der zweite Fall dieser Art sei die Lizenzvergabe für die Schulversion des „Alpha Jet" an die AOI; dort stehe man in Konkurrenz zur britischen „Hawk" und laufe auch hier Gefahr, das Geschäft wegen des deutschen Zögerns zu verlieren.

StS Hermes mahnte zur Vorsicht gegenüber der AOI und den Folgen einer engen Zusammenarbeit mit ihr auf lange Sicht.

D'Aumale wandte ein, die Anlagen der AOI würden erst in 15 Jahren richtig funktionieren (Probleme der Ausbildung und der Infrastruktur), dann seien die Produkte veraltet; „Hot" sei z.B. schon vor zehn Jahren konzipiert worden. Hinzu komme, daß die Radaranlagen für die AOI in Saudi-Arabien hergestellt würden, das vergrößere noch das Problem. Er erwähnte beiläufig, daß F 1972 110

---

[10] Zum Gespräch vgl. AAPD 1977, II, Dok. 179.

Mirage-Flugzeuge an Libyen geliefert habe, davon seien heute noch 20 funktionsfähig.

D'Aumale unterstrich, daß F bei seiner Ausfuhrkontrolle sehr genau sei: z.B. genehmige man bestimmte Lieferungen für Syrien nicht (wegen der Sensitivität des Materials und des Gebrauchs, den Syrien davon machen könnte).

F sehe zunehmend das Problem bei der Lieferung von Anlagen, auch bei friedlichen Gütern (Schaffung von Konkurrenzproduktionsstätten) – bei Waffen komme das politische Problem hinzu. Wenn wir nicht Anlagen lieferten, werde es der Osten tun. Sicherlich sei eine Beschränkung des Waffenexports notwendig – aber Ost und West müßten dies gemeinsam tun.

Abschließend faßte Generalsekretär Soutou zusammen:

1) D wolle Vereinbarung von 1972 nicht in Frage stellen,

2) D wolle aber früher als bisher informiert werden, um

– besser abwägen zu können,

– (im Extremfall) sich einer bestimmten Lieferung enthalten zu können,

– seine Argumente ggfs. in vollem Umfang zur Geltung bringen zu können.

Man müsse dazu festhalten:

– Wenn wir nicht lieferten, liefere der Osten;

– wir dürften nicht unseren Konkurrenten in die Hände spielen;

– wir müßten gegenüber unseren Kunden eine gewisse Glaubwürdigkeit erhalten;

– man müsse die Geschmeidigkeit des bestehenden Konsultationsmechanismus erhalten.

Er werde unsere Bitte seinem Minister vortragen, und man werde sie prüfen. Ein Problem für das Informationsverfahren sei stets der Kalender.

StS Hermes erwiderte darauf, wir würden so schnell wie möglich antworten. Jetzt warteten wir auf die französische Antwort auf unsere Bitten.

StS Hermes schnitt abschließend zwei französische Exportvorhaben an:

– Wir hätten Bedenken gegen die von F ab April 1978 vorgesehene Lieferung von „Hot" nach Syrien; er kündige das jetzt schon an, ohne zu sagen, wie wir in Kürze definitiv darauf reagieren würden.

– Das Gleiche gelte für das von F geplante Instandsetzungs- und Montagezentrum für „Hot" für den Irak; wir hätten auch da Bedenken.

Die französische Seite erklärte, das letztere Vorhaben sei ihr nicht bekannt, sie wolle das nachprüfen.

StS Hermes dankte für den freundschaftlichen und offenen Meinungsaustausch.[11]

Bosch

VS-Bd. 9338 (422)

---

[11] Botschafter Herbst, Paris, teilte am 21. März 1978 aus einem Gespräch im französischen Außenministerium mit: „Gesprächspartner ging sodann kurz auf Gespräch StS Hermes – GS Soutou am 17.2.78 ein. Deutscher Wunsch, daß gegenseitige Unterrichtung schon vor Abschluß Exportverträge

54

Aufzeichnung des Ministerialdirigenten Fleischhauer

500-503.30/1-146/78 VS-vertraulich   21. Februar 1978[1]

Über Herrn Staatssekretär[2] Herrn Bundesminister[3]

Betr.: Humanitäres Kriegsvölkerrecht[4];
  Zusatzprotokolle zu den Genfer Rot-Kreuz-Abkommen von 1949[5]
  hier: Vorbereitung der Ratifikationsverfahren in der Allianz

Zweck der Vorlage: Zur Information

I. Die beiden Zusatzprotokolle zu den Genfer Rot-Kreuz-Abkommen von 1949 sind Ende 1977 von 12 NATO-Mitgliedern gezeichnet worden.[6] Die Türkei und Griechenland haben, wie sie sich ausdrücken, „noch nicht" gezeichnet. Frankreich hat beschlossen, nicht zu zeichnen, hat diese Entscheidung aber noch nicht publik gemacht und wird dies vor den Wahlen[7] voraussichtlich auch nicht tun.

Bei der Zeichnung haben die Vereinigten Staaten und Großbritannien völkerrechtlich relevante Erklärungen abgegeben, die auf die Nichtanwendbarkeit der

---

Fortsetzung Fußnote von Seite 281
stattfinden soll, sei im Quai auf Verständnis gestoßen. Skeptischer werde dagegen die gleichfalls von deutscher Seite vorgebrachte Anregung beurteilt, bisherigen Konsultationsmechanismus, der sich zwischen den Verteidigungsministerien beider Länder gut entwickelt habe, durch parallele Konsultationen zwischen den Außenministerien zu ergänzen. Die interne Abstimmung zwischen franz[ösischem] Verteidigungs- und Außenministerium sei reibungslos. Eine formelle Einbeziehung der Außenministerien würde die Abstimmung zwischen beiden Regierungen wahrscheinlich schwerfälliger machen. Gesprächspartner betonte, daß es sich bei diesen Überlegungen nur um eine Analyse auf technischer Ebene handele. Antwort Soutous auf Vorschläge StS Hermes sei im übrigen nur infolge der Parlamentswahlen verzögert worden und in naher Zukunft zu erwarten." Vgl. den Drahtbericht Nr. 751; VS-Bd. 9338 (422); B 150, Aktenkopien 1978.

[1] Die Aufzeichnung wurde von Vortragendem Legationsrat I. Klasse Freiherr Marschall von Bieberstein und Legationsrat I. Klasse Fulda konzipiert.

[2] Hat Staatssekretär van Well am 24. Februar 1978 vorgelegen.

[3] Hat Bundesminister Genscher am 23. März 1978 vorgelegen.

[4] Die Diplomatische Konferenz zur Bestätigung und Weiterentwicklung des in bewaffneten Konflikten anwendbaren humanitären Völkerrechts wurde 1974 von der Schweiz einberufen. Nach vier Sitzungsperioden wurden am 8. Juni 1977 die beiden Zusatzprotokolle zu den Genfer Abkommen vom 12. August 1949 zur Verbesserung des Loses der Verwundeten und Kranken der Streitkräfte im Felde, zur Verbesserung des Loses der Verwundeten, Kranken und Schiffbrüchigen der Streitkräfte zur See, über die Behandlung der Kriegsgefangenen sowie zum Schutze von Zivilpersonen in Kriegszeiten angenommen. Vgl. dazu AAPD 1977, I, Dok. 151.

[5] Für den Wortlaut der Genfer Abkommen vom 12. August 1949 zur Verbesserung des Loses der Verwundeten und Kranken der Streitkräfte im Felde, zur Verbesserung des Loses der Verwundeten, Kranken und Schiffbrüchigen der Streitkräfte zur See, über die Behandlung der Kriegsgefangenen sowie zum Schutze von Zivilpersonen in Kriegszeiten vgl. UNTS, Bd. 75, S. 31–417. Für den deutschen Wortlaut vgl. BUNDESGESETZBLATT 1954, Teil II, S. 783–986.
Für den Wortlaut der am 8. Juni 1977 verabschiedeten Zusatzprotokolle einschließlich der dazu abgegebenen Erklärungen und Vorbehalte vgl. UNTS, Bd. 1125, S. 4–434 bzw. S. 610–699.

[6] Die Frage der Unterzeichnung der am 8. Juni 1977 verabschiedeten Zusatzprotokolle zu den Genfer Abkommen vom 12. August 1949 wurde auch während der NATO-Ministerratstagung am 8./9. Dezember 1977 in Brüssel erörtert. Vgl. dazu AAPD 1977, II, Dok. 361.

[7] In Frankreich fanden am 12. und 19. März 1978 Wahlen zur Nationalversammlung statt.

neuen Bestimmungen auf nukleare Waffen hinweisen[8]; die britische Erklärung enthält darüber hinaus eine Reihe von Interpretationserklärungen zu einzelnen Kampfführungsbestimmungen.

Nach bisherigen Informationen sind Norwegen, Dänemark und die Niederlande an einer baldigen Ratifikation interessiert und scheinen in der Lage zu sein, die Ratifikationsverfahren in kürzester Zeit einzuleiten. Großbritannien hat von einer voraussichtlichen Ratifikationsdauer von zwei bis drei Jahren gesprochen.

II. Im Politischen Ausschuß des NATO-Rates hat am 16.2.1978 unter Beteiligung von Völkerrechtsexperten aus den Hauptstädten eine Koordinierungssitzung stattgefunden, die der Erörterung

– der aus der Studie des Militärausschusses der NATO vom Sommer 1977[9] zu ziehenden politischen und rechtlichen Konsequenzen und

– der Abstimmung der Allianzpartner im Hinblick auf die Ratifikationsverfahren

diente.

Wegen der außerordentlichen militärischen und rechtlichen Schwierigkeiten, die eine unterschiedliche Kriegsrechtsentwicklung für die integrierten Bündnisstrukturen hervorrufen müßte, wurde vor allem auf britisches Drängen beschlossen:

a) daß jeder Allianzpartner vor Einleitung des Ratifikationsverfahrens Konsultationen in Brüssel aufnimmt,

b) daß eine Arbeitsgruppe des NATO-Rates auf der Basis der MC-Studie die Notwendigkeit von Interpretationen und Vorbehalten (einschließlich Nuklearerklärungen) erörtert,

c) daß nach Vorlage eines deutschen Modellentwurfs einer NATO-Empfehlung zum Mineneinsatz eine weitere Arbeitsgruppe eingesetzt werden kann, die bündniseinheitliche Empfehlungen für die Formulierung von Heeresdienstvorschriften auf der Grundlage der Genfer Protokolle erarbeiten soll.

Zusammensetzung, Mandat und Arbeitsweise der unter b) und c) genannten Arbeitsgruppen sollen so bald wie möglich im Politischen Ausschuß des Rates festgelegt werden.

Die Notwendigkeit, vor Beginn der Ratifikationsverfahren eine möglichst harmonisierte Rechtsentwicklung sicherzustellen, wurde allgemein anerkannt. Schwierigkeiten wird vor allem die Prüfung folgender Probleme hervorrufen:

– Müssen alle NATO-Partner Nuklearerklärungen abgeben, ggf. in welcher Form?

– Muß auch im konventionellen Bereich wegen unverzichtbarer sicherheitspolitischer Interessen die völkerrechtliche Bindung an einzelne Bestimmungen eingeschränkt werden?

---

8 Für den Wortlaut der britischen bzw. amerikanischen Erklärung bei Unterzeichnung des am 8. Juni 1977 verabschiedeten I. Zusatzprotokolls zu den Genfer Abkommen vom 12. August 1949 vgl. UNTS, Bd. 1125, S. 432–434.

9 Für die Studie „Military Review of Protocol Additional to the Geneva Conventions of 12 August 1949, and Relating to the Protection of Victims of International Armed Conflict (Protocol I – Articles 35–60)" des NATO-Militärausschusses vom 25. Juli 1977 vgl. VS-Bd. 10755 (500).

– Müssen und können aus der humanitären Rechtsentwicklung Konsequenzen für die militärische Operationsplanung gezogen werden, ggf. in welchem Ausmaß?

III. Die Haltung des BMVg hat in den letzten Wochen einige Ansätze pragmatischen Denkens gezeigt, die jedoch immer wieder durch rigoristische Forderungen (entweder nicht ratifizieren oder die Nuklearstrategie ändern!) gestört werden. Immerhin konnte die deutsche Delegation in Brüssel jetzt einer umfassenden Erörterung der militärischen, rechtlichen und politischen Implikationen von Nuklearerklärungen zustimmen.

Fleischhauer

VS-Bd. 10759 (500)

55

Drahterlaß des Ministerialdirektors Blech

201-363.41-749I/78 geheim Aufgabe: 21. Februar 1978, 19.05 Uhr[1]
Fernschreiben Nr. 900 Plurez
Citissime

Nur für Botschafter o. V. i. A. ausschließlich

Betr.: Amerikanischer Vorschlag zur weiteren Behandlung der Neutronenwaffe im Bündnis

Zu Ihrer Unterrichtung

I. 1) Nach Übermittlung eines Vorausexemplars am 18. Februar 1978 übergab mir der amerikanische Geschäftsträger am 20. Februar das anliegende Nonpaper[2], das er wie folgt erläuterte:

Die amerikanische Seite beabsichtige, ihre Vorschläge zur weiteren Behandlung der Frage der Neutronenwaffe im Zusammenhang mit der SALT-Kon-

---

[1] Durchdruck.
Drahterlaß an die Botschafter Pauls, Brüssel (NATO), und von Staden, Washington.
Hat Vortragendem Legationsrat Hofstetter am 23. Februar 1978 vorgelegen, der die Weiterleitung an Vortragenden Legationsrat I. Klasse Dannenbring und Legationsrat I. Klasse Daerr verfügte.

[2] Dem Vorgang beigefügt. In dem amerikanischen Non-paper hieß es: „First, the US would announce that it had decided to begin production of the ERW, looking to its initial deployment in Europe in about two years [...]. Second, at the same time, the US would state that it is willing to agree to a balanced arms control outcome in which we would forego deployment of ERW in Europe in return for Soviet agreement to forego deployment of the SS-20. Third, also at the same time, an allied statement (in a form to be decided) supporting this approach to ERW indicating that the Allies join us in calling on the Soviets to make a constructive response to our arms control proposal for removing the threat of a new destabilizing Soviet system from the theater. And that they accept deployment of the ERW in the European theater as a force modernization step required by Soviet improvements, if the Soviets fail to respond to the arms control offer." Vgl. VS-Bd. 10574 (201); B 150, Aktenkopien 1978.

21. Februar 1978: Drahterlaß von Blech 55

sultation in der NATO am 24. Februar 1978 zur Diskussion zu stellen.³ Diese Frage könne dann auf einer weiteren Sitzung des NATO-Rates näher erörtert werden. Es bestehe nicht die Absicht, das Bündnis schon am 24. Februar um Zustimmung zu den amerikanischen Vorschlägen zu bitten.

Die amerikanische Seite hoffe, daß wir diese Vorschläge unterstützen könnten.

2) Auf meine Frage, ob in dieser Sache auch mit anderen Bündnispartnern Verbindung aufgenommen worden sei, antwortete Gesandter Meehan, daß im gleichen Sinne mit den Briten sowie mit dem französischen Botschafter de Laboulaye in Washington gesprochen worden sei. Auf meinen Hinweis, daß uns besonders daran liege, den Eindruck einer nur deutsch-amerikanischen Absprache zu vermeiden, betonte Meehan, es sei sichergestellt, daß dies nicht nur eine bilaterale Angelegenheit zwischen Washington und Bonn sei. Möglicherweise würden vor Freitag (24. Februar 1978) auch noch andere Bündnispartner unterrichtet werden.

3) Unter Hinweis auf die in diesem Zusammenhang relevanten Termine (NPG-Ministertreffen am 18./19. April 1978⁴, UN-Sondergeneralversammlung im Mai 1978⁵, NATO-Gipfel 30./31. Mai 1978⁶) habe ich erklärt, daß auch nach unserer Auffassung mit Entscheidungen zur Neutronenwaffe nicht mehr lange gewartet werden könne. Die Konsultationen in Brüssel zur Frage der Reaktion auf die Breschnew-Briefe⁷ hätten gezeigt, daß es zunehmend schwierig werde, diese Frage von der Sachentscheidung zu trennen. Auch der Generalsekretär der NATO⁸ halte Beratungen zur Sache für erforderlich.

4) Zu den drei Punkten des amerikanischen Papiers habe ich wie folgt Stellung genommen:

a) Mit dem ersten Punkt hätten wir keine Schwierigkeiten.

b) Offenbar sei in Washington die Entscheidung gefallen, die Neutronenwaffe gegen die SS-20 zu setzen. Außenminister Vance habe bei seinem kürzlichen Gespräch mit dem Bundesminister⁹ noch von mehreren Optionen gesprochen. Auf unserer Seite könnten wir zu dieser Frage noch nicht abschließend Stellung nehmen. Wie ja bekannt, stimmten wir jedoch im Grundsatz damit überein, daß die Neutronenwaffe in Abrüstungsgespräche eingebracht werde. Offen sei noch die Frage des „Wie". Diese müsse für uns letztlich vom Bundessicherheitsrat entschieden werden. Eine detaillierte Darstellung in der NATO bezüglich der Gründe, die die US-Regierung bewogen hätten, sich für eine Rüstungskontrollverwendung im Zusammenhang mit der SS-20 zu entscheiden, könne für unsere interne Meinungsbildung hilfreich sein.

---

3 Zur Sitzung des Ständigen NATO-Rats über die Neutronenwaffe vgl. Dok. 62.
 Zu den Konsultationen über SALT vgl. Dok. 64.
4 Zur Ministersitzung der Nuklearen Planungsgruppe in Frederikshavn vgl. Dok. 124.
5 Zur UNO-Sondergeneralversammlung über Abrüstung vom 23. Mai bis 30. Juni 1978 in New York vgl. Dok. 212.
6 Zur NATO-Ratstagung auf der Ebene der Staats- und Regierungschefs in Washington vgl. Dok. 170.
7 Zu den Schreiben des Generalsekretärs des ZK der KPdSU, Breschnew, vom 12. Dezember 1977 bzw. 5. Januar 1978 an Bundeskanzler Schmidt vgl. Dok. 6.
 Zur Erörterung im Ständigen NATO-Rat am 27. Januar 1978 vgl. Dok. 22.
8 Joseph Luns.
9 Für das Gespräch des Bundesministers Genscher mit dem amerikanischen Außenminister Vance am 12. Februar 1978 in New York vgl. Dok. 43.

c) Der dritte Punkt (Allianzerklärung) hänge entscheidend von der Beantwortung des zweiten ab. Die Allianz könne zum gegebenen Zeitpunkt die amerikanische Produktionsentscheidung zur Kenntnis nehmen und die Grundsatzentscheidung bekanntgeben, die Neutronenwaffe in Rüstungskontrollverhandlungen einzubeziehen. Wir würden es begrüßen, wenn die alliierte Zustimmung hierzu so eindeutig wie möglich ausfallen würde.

5) Schließlich habe ich unter Hinweis, daß Außenminister Vance gegenüber dem Herrn Bundesminister in New York die norwegische Haltung zur Neutronenwaffe als negativ bezeichnet habe, über die bilateralen deutsch-norwegischen Konsultationen auf Direktorenebene in Oslo[10] berichtet. Die Norweger hätten von sich aus erläutert, daß ihre Haltung nicht, wie gelegentlich zu hören sei, generell negativ sei. Es bleibe zwar dabei, daß zu Friedenszeiten keinerlei Kernwaffen auf norwegischem Territorium gelagert werden dürften. Norwegen wolle auch nicht mit der amerikanischen Produktionsentscheidung in Zusammenhang gebracht werden.

Zur Frage der Einführung der Neutronenwaffe in das Arsenal des Bündnisses (die mit der Absicht verbunden wäre, sie anschließend in Rüstungskontrollverhandlungen einzubeziehen) sei die norwegische Haltung jedoch noch durchaus offen. Mein persönlicher Eindruck sei gewesen, daß Norwegen sich einer solchen Entscheidung unter Wahrung seiner bisherigen Position bezüglich des stockpiling kaum widersetzen werde.

II. Für das weitere operative Vorgehen werden Vorschläge in einer gleichzeitigen Vorlage gemacht.

[gez.] Blech

VS-Bd. 10574 (201)

---

[10] Im Gespräch mit Ministerialdirektor Blech am 15. Februar 1978 in Oslo betonte der Abteilungsleiter im norwegischen Außenministerium, Christiansen, „daß Norwegen in Folge seiner Atompolitik von der Frage der Neutronenbombe nicht direkt betroffen sei. Oslo sage weder ja noch nein. Die Atommächte sollten im Rahmen des Abrüstungskomplexes darüber entscheiden. MD Blech wies darauf hin, daß die Entscheidung über die Frage der strategischen Anwendung jedoch im Rahmen der Allianz geregelt werden müsse. Es handele sich bei der Neutronenwaffe um eine Defensivwaffe gegen das konventionelle Übergewicht der Sowjets im Bereich der Panzerwaffe. Die NATO solle der Neutronenwaffe zustimmen, wenn innerhalb von zwei Jahren im Rahmen der Abrüstungsverhandlungen keine klaren Entscheidungen getroffen worden seien. Die Neutronenwaffe sollte jedoch nicht nur auf deutschem Boden stationiert werden." Vgl. die Gesprächsaufzeichnung; Referat 204, Bd. 110356.

56

Gespräch des Bundeskanzlers Schmidt mit dem tschechoslowakischen Außenminister Chňoupek

VS-vertraulich 22. Februar 1978[1]

Vermerk über das Gespräch des Bundeskanzlers mit dem tschechoslowakischen Außenminister Bohuslaw Chňoupek vom 22. Februar 1978[2]

Weitere Teilnehmer: Botschafter Götz, Botschafter Křepelák, Frau Bilkova (Dolmetscherin), MD Dr. Blech, Botschafter Dr. Diesel, MDg Loeck, LR Grönebaum (Dolmetscher).

a) Zum Besuch des Staatspräsidenten der ČSSR

Der *Bundeskanzler* erkundigt sich, ob mit dem Besuch des Staatspräsidenten Husák für April dieses Jahres zu rechnen sei.[3]

Der *Außenminister* überbringt Grüße des Staatspräsidenten, des Ministerpräsidenten und der gesamten tschechoslowakischen Führung. Husák und Štrougal erinnerten sich gern an das Zusammentreffen mit dem Bundeskanzler in Helsinki.[4] Die ČSSR schätze die Bedeutung der realistischen Politik der SPD/FDP-Koalitionsregierung für den Frieden in Europa und in der Welt hoch ein. Bevor er sich zum Husák-Besuch in der Bundesrepublik Deutschland äußere, erbitte er hierzu eine Bewertung des Bundeskanzlers.

Der *Bundeskanzler* erwidert, es sei Zeit für ein erneutes Zwiegespräch. Nach dem Zusammentreffen mit Gierek[5], Kádár[6], Schiwkow[7] und Ceaușescu[8] liege ihm daran, nunmehr auch die von uns für den 10. bis 14. April 1978 ausgesprochene Einladung an Präsident Husák verwirklicht zu sehen.

---

[1] Ablichtung.
Die Gesprächsaufzeichnung wurde von Ministerialdirigent Loeck, Bundeskanzleramt, am 24. Februar 1978 gefertigt und am 27. Februar 1978 „vorbehaltlich der Genehmigung des Bundeskanzlers […] zur Unterrichtung des Bundesministers des Auswärtigen" an Vortragenden Legationsrat I. Klasse Schönfeld übermittelt.
Hat Schönfeld am 28. Februar vorgelegen, der handschriftlich vermerkte: „1) Original an MB 2) Ablichtung: StS, StM, D 2 (m[it] d[er] B[itte] u[m] Übernahme), D 4."
Hat Vortragendem Legationsrat I. Klasse Lewalter am 2. März 1978 vorgelegen, der die Weiterleitung an Bundesminister Genscher verfügte. Vgl. das Begleitschreiben; VS-Band 14076 (010); B 150, Aktenkopien 1978.

[2] Der tschechoslowakische Außenminister Chňoupek hielt sich am 22./23. Februar 1978 in der Bundesrepublik auf.

[3] Präsident Husák besuchte die Bundesrepublik vom 10. bis 13. April 1978. Vgl. dazu Dok. 111 und Dok. 112.

[4] Für das Gespräch des Bundeskanzlers Schmidt mit Präsident Husák und Ministerpräsident Štrougal am 30. Juli 1975 vgl. AAPD 1975, II, Dok. 229.

[5] Für die Gespräche des Bundeskanzlers Schmidt mit dem Ersten Sekretär des ZK der PVAP, Gierek, am 21./22. November 1977 in Warschau vgl. AAPD 1977, II, Dok. 330 und Dok. 334.

[6] Für das Gespräch des Bundeskanzlers Schmidt mit dem Ersten Sekretär des ZK der USAP, Kádár, am 4. Juli 1977 vgl. AAPD 1977, II, Dok. 171.

[7] Bundeskanzler Schmidt führte am 25. November 1975 ein Gespräch mit Staatsratsvorsitzendem Schiwkow. Vgl. AAPD 1975, II, Dok. 356.

[8] Für die Gespräche des Bundeskanzlers Schmidt mit Präsident Ceaușescu am 6./7. Januar 1978 in Bukarest vgl. Dok. 3 und Dok. 4.

Er wolle offen sagen, daß seine Terminlage durch die knappe Parlamentsmehrheit der Koalition[9] erschwert werde, da er für eigene Besuche im Ausland und den Empfang ausländischer Besucher nur jeweils in den sitzungsfreien Parlamentswochen zur Verfügung stehe. Deshalb würde er es begrüßen, wenn der Besuch des Präsidenten nun mit dem Außenminister fest vereinbart werden könnte.

Mit Genugtuung habe er die Aufzeichnungen über die Gespräche gelesen, die Herbert Wehner in Prag[10] geführt habe und die Staatspräsident Husák sicher einen guten Einblick in die Auffassung maßgebender deutscher politischer Kräfte gegeben hätten. Für die Durchführung des Besuches trete er nicht nur unter außenpolitischen, sondern auch unter innenpolitischen Aspekten ein. Gewiß gebe es innerhalb und außerhalb unseres Parlaments auch kritische und ablehnende Einstellungen gegenüber der ČSSR. Dies gelte aber auch gegenüber anderen osteuropäischen Ländern und gegenüber der DDR. Er habe dem Ergebnis der Wehner-Gespräche entnommen, daß die tschechoslowakische Seite sich hierüber im klaren sei und sich hierdurch nicht allzu sehr gestört fühle.

Es sei in der Tat etwas anderes, ob man einen Besuch in der DDR mache oder in der Bundesrepublik Deutschland, wo Meinungsfreiheit bestehe, die gelegentlich auch exzessiv genutzt werde. Es sei leicht, Außenpolitik zu treiben, wenn es im eigenen Lande keine Kritik und keine Opposition gebe. Da wir nicht in dieser Lage seien, sei es für die Bundesregierung um so wichtiger, ihrer Außenpolitik eine kontinuierliche und konsequente Linie zu geben und von ihr unter dem Druck der Opposition keine Abstriche hinzunehmen.

b) Zu gegenwärtigen und künftigen Feldern außenpolitischer Zusammenarbeit

Der Bundeskanzler will die bilateralen Themen der alleinigen Behandlung durch die Außenminister überlassen.[11] Er wendet sich dem multilateralen Bereich zu,

---

[9] Bei den Wahlen zum Bundestag am 3. Oktober 1976 entfielen auf die CDU/CSU 48,6% der Stimmen (243 Sitze), auf die SPD 42,6% (214 Sitze) und auf die FDP 7,9% (39 Sitze). Die z. B. zur Wahl des Bundeskanzlers erforderliche Stimmenzahl lag somit bei 249 Mandaten.

[10] Eine Delegation von SPD-Abgeordneten unter Leitung des Fraktionsvorsitzenden Wehner hielt sich vom 11. bis 14. Januar 1978 in Prag auf. Botschafter Diesel, Prag, berichtete dazu am 15. Januar 1978: „Husák hat seine Gesprächspartner durch seine sichere, freundlich-unbefangene Gesprächsführung, seine Kenntnisse der Verhältnisse in der Bundesrepublik und seinen ‚Realitätssinn' (Eugen Selbmann) stark beeindruckt. Es fiel ferner auf, wie sehr er betonte, daß Europa ‚als Kontinent' eine Verpflichtung habe, weltweit zur Friedenssicherung beizutragen. Für die Nachbarländer Bundesrepublik Deutschland und ČSSR ergebe sich daraus die Pflicht zur Zusammenarbeit. Husák machte deutlich, daß er seinen bevorstehenden Besuch in historischen Dimensionen sieht, die weit über die übliche protokollarische Bedeutung eines solchen Ereignisses hinausreichen: erster Staatsbesuch in Deutschland seit Bestehen der Tschechoslowakischen Republik." Vgl. dazu den Drahtbericht Nr. 40; Referat 214, Bd. 132781.
Staatssekretär van Well notierte am 22. Februar 1978, daß ihm der SPD-Abgeordnete Friedrich einige Hintergrundinformationen gegeben habe: „Die große Aufmerksamkeit, die der Besuch der Gruppe in der ČSSR-Führung und in der tschechoslowakischen Presse [...] gefunden habe, sei als politische Geste zu verstehen gewesen, die das tschechoslowakische Interesse an einer Belebung der seit Jahren stagnierenden Beziehungen zur Bundesrepublik Deutschland bekunden sollte. [...] Herr Friedrich hatte auch den Eindruck, daß die ČSSR sich von der engen Bevormundung durch die DDR in der Berlin-Frage etwas freier macht und sich jetzt mehr auf das konzentriert, was die Sowjetunion für notwendig hält." Ferner habe Friedrich den Eindruck gehabt, „daß man in Prag die groben Fehler der Behandlung der Dissidenten im vergangenen Jahr jetzt erkannt habe und flexibler vorgehen werde". Das Interesse an der Bundesrepublik beziehe sich „vor allen Dingen auf die wirtschaftliche Zusammenarbeit". Vgl. VS-Bd. 525 (014); B 150, Aktenkopien 1978.

[11] Für das Gespräch des Bundesministers Genscher mit dem tschechoslowakischen Außenminister Chňoupek am 22. Februar 1978 vgl. Dok. 57.

den er mit Präsident Husák zu erörtern gedenke. Man habe sich folgende Fragen zu beantworten:

1) Was bedeute die unbefriedigend verlaufende wirtschaftliche Entwicklung in Osteuropa für uns, und gebe es bessere Möglichkeiten der Kooperation?

2) Gebe es Möglichkeiten der Zusammenarbeit im weltwirtschaftlichen Bereich in bezug auf Rohstoff- und Erdölversorgung und bei der Hilfe für die unterentwickelten Länder? Könne man bei der Überwindung der Währungsunruhe zusammenwirken, unter deren Folgen, wie er wisse, auch die osteuropäischen Länder litten, auch wenn sie es öffentlich nicht zugeben wollten oder könnten?

3) Was die europäische Politik anbetreffe, so sei folgendes festzustellen: Er sei nicht begeistert von der Entwicklung, die die Belgrader Folgekonferenz genommen habe. Jedoch sei dies nur eine Etappe der europäischen Politik der Sicherheit und Zusammenarbeit; es werde weitere geben.

4) Er werde einen Meinungsaustausch über Fragen der über Europa hinausreichenden Weltpolitik begrüßen.

5) Zur prozeduralen Seite: Es würden Treffen der Gesamtdelegation sowie Gespräche unter den Fachministern vorzusehen sein. Beides sei auch für die öffentliche Darstellung von Bedeutung. Er selbst lege großen Wert auf ein Gespräch im kleinen Kreis. So habe er auch mit anderen führenden Persönlichkeiten aus Osteuropa und aus dem Westen jeweils Vier-Augen-Gespräche geführt, was sich wegen der größeren Vertraulichkeit als sehr nützlich erwiesen habe. Dies möge der Außenminister Präsident Husák nahebringen.

Der *Außenminister*: Der Bundeskanzler habe sich genau zu den Fragen geäußert, an deren Beantwortung man in Prag vor der Entscheidung über den Besuch des Staatspräsidenten interessiert gewesen sei. Er habe keine Korrekturen anzubringen. Auch seine Seite habe die Entwicklung der Beziehungen seit der Unterzeichnung des deutsch-tschechoslowakischen Vertrages[12] positiv beurteilt, sehe jedoch, daß noch viel Raum offengeblieben sei, der ausgefüllt werden sollte. Dies gelte vor allem hinsichtlich der weltwirtschaftlichen Problematik. Man habe sich in Prag seit dem Treffen von Helsinki mehr erwartet. Offensichtlich hätten Residuen der Vergangenheit darauf hingewirkt, daß man langsamer vorgegangen sei, als möglich gewesen wäre.

Der *Bundeskanzler* wirft ein, daß hierfür auch Residuen der jüngsten Zeit maßgeblich gewesen seien.

Der *Außenminister*: Der Besuch des Präsidenten Husák in der Bundesrepublik Deutschland werde der erste Besuch eines tschechoslowakischen Staatspräsidenten seit 1918 sein. Man habe sich Gedanken gemacht, ob der Zeitpunkt unter innen- und außenpolitischen Gesichtspunkten günstig sei. Deshalb sei er froh, daß der Bundeskanzler den vorgesehenen Zeitpunkt im April ausdrücklich als richtig bezeichnet habe. Der Termin passe dem Präsidenten.

Es sei wichtig, daß dieser erste Besuch nicht formalen Charakter erhalte, sondern sowohl in bilateraler als auch in multilateraler Hinsicht mit möglichst

---

[12] Für den Wortlaut des Vertrags vom 11. Dezember 1973 über die gegenseitigen Beziehungen zwischen der Bundesrepublik und der ČSSR und der dazugehörigen Dokumente vgl. BUNDESGESETZBLATT 1974, Teil II, S. 990–997.

viel Gehalt erfüllt werde. Die ČSSR wolle die hiesigen innenpolitischen Verhältnisse durch den Besuch nicht komplizieren. Im vollen Bewußtsein, daß nicht alle in der Bundesrepublik Deutschland den Besuch begrüßten, erhoffe er sich, daß der Besuch insgesamt in positiver Atmosphäre und ohne irritierende Begleiterscheinungen, die nur unnötig die Empfindlichkeit reizen würden, verlaufen werde. Es gebe auch in der ČSSR, in einer, wie man hier sage, totalitären Struktur, eine öffentliche Meinung. Sie sei ebenso stark wie in Ländern mit anderer Struktur. Es handele sich dabei nicht um eine Opposition, wohl aber um eine in der Verfassung festgelegte, reich gegliederte Struktur, deren Äußerungen von der Regierung zu respektieren seien. Wenn der Besuch anders ablaufe, als beide Seiten es beabsichtigten, würde es daher zumindest viele Fragen geben.

Botschafter Götz, der an den Vertragsverhandlungen beteiligt gewesen sei, könne bestätigen, daß der Abschluß des Vertrages und die Nichtigkeitserklärung des Münchener Abkommens[13] keine einfache Sache gewesen seien. Als der Vertrag im Parlament eingebracht worden sei, seien viele Emotionen und irreale Ansichten laut geworden, denen man habe entgegentreten müssen. Der Besuch Herbert Wehners in Prag habe durch eine bisher nie dagewesene Offenheit und die Kultiviertheit seines Denkens sehr günstigen Einfluß auf die Beziehungen gehabt.

Im Rahmen des Präsidenten-Besuches denke die ČSSR, das Maximale zum Ausbau der Beziehungen zu tun. Dies gelte zunächst für die Infrastruktur, da es den politischen Dialog bisher praktisch nur zwischen den Außenministern gegeben habe. Die Handelsbeziehungen wiesen ein „optimistisches Paradoxon" auf: 1977 habe das Handelsvolumen 3 Mrd. DM erreicht, während demgegenüber so gut wie keine industrielle Kooperation bestehe. Hier müsse man vorangehen. Auch sonst gebe es sicher „weitere Möglichkeiten im vertragsrechtlichen Bereich".

Auf weltpolitischem Gebiet habe der Bundeskanzler die Bereiche erwähnt, auf denen man zu einer Diskussion kommen müsse, nämlich die Weltwirtschaft, die Problematik der Dritten Welt, die auch die Länder der RGW angehe, und den Ost-West-Dialog. Seine Regierung beabsichtige, hier sehr eng mit uns zu kooperieren.

Vor allem sei die ČSSR natürlich an der Zukunft Europas interessiert. Entspannung sei der einzige Weg nach vorn. Man dürfe sich nicht in eine Lage manövrieren lassen, die die Entspannung störe. Europa habe jetzt schon drei Jahrzehnte ohne Krieg gelebt. Wenn unsere Generation keine Schuld auf sich laden wolle, müsse sie dafür sorgen, daß der Entspannungsprozeß weitergeführt werde. Bezüglich der Belgrader Folgekonferenz teile er die Meinung des Bundeskanzlers und wünsche sich eine konstruktive Etappe zur Fortsetzung der Gespräche. Nicht alle hätten diese Zielsetzung. Die ČSSR habe das realistische Auftreten der deutschen Delegierten begrüßt. Er entschuldige sich dafür, wenn er nun aber feststellen müsse, daß dieses Auftreten in der letzten Zeit nicht mehr das realistischste gewesen sei. Der tschechoslowakische Delegationsleiter[14] hätte

---

[13] Für den Wortlaut des Münchener Abkommens vom 29. September 1938 vgl. ADAP, D, II, Dok. 675.
[14] Richard Dvořák.

hierzu mit Botschafter Fischer Gedanken ausgetauscht. Die sowjetischen[15] und die tschechoslowakischen Vorschläge seien eine geeignete Grundlage für den Abschluß in Belgrad. Weiter werde die ČSSR nicht gehen und lasse sich nichts aufzwingen. Wenn sich nur die Alternative stelle, das westliche Dokument[16] zu verabschieden oder gar keines, so sei es besser, auf jegliches Abschlußdokument zu verzichten und nur eine Fortsetzung der Diskussion in Madrid[17] zu vereinbaren.

Auch mit dem Verlauf der MBFR-Gespräche in Wien könne man nicht zufrieden sein. In der Kernfrage stünden die Auffassungen einander unverändert gegenüber: hier symmetrische, dort asymmetrische Reduktionen. Die Verhandlungen müßten in eine andere Atmosphäre eingebettet werden. Wenn es einen Meinungsunterschied über die Streitkräftezahlen in Höhe von einigen Tausend Mann gebe, so entscheide dies nicht über die Gesamtlage in der Welt. Um vom Fleck zu kommen, sei zunächst eine symbolische Reduktion nötig.

Der Präsident werde es sehr begrüßen, diese Fragen mit dem Bundeskanzler behandeln und mit ihm einen Meinungsaustausch unter vier Augen haben zu können.

Der *Bundeskanzler* verweist auf eine von ihm 1966 gehaltene Rede, in der das Verhältnis zwischen der Bundesrepublik Deutschland und der ČSSR eine große Rolle gespielt habe.[18] 1966 habe er auch Prag besucht[19] und seitdem seine Meinung bezüglich des Verhältnisses zwischen den beiden Ländern nicht geändert.

Zu MBFR bemerkt er, daß die Abrüstungsproblematik von jeher Gegenstand seines besonderen Interesses gewesen sei. Hierfür gebe es seit 19 Jahren zahlreiche Zeugnisse einschließlich seines Buches „Strategie des Gleichgewichts"[20].

Man müsse erwägen, die Notwendigkeit einheitlichen Auftretens mit allen seinen Freunden in jedem einzelnen Falle nicht zu überziehen, da es sonst keinen Fortschritt gebe. Natürlich habe die ČSSR in Belgrad Rücksicht zu nehmen. Dies gelte auch für uns. Auch ihm dauere die Datendiskussion in Wien zu lange.

Er habe das Gefühl, daß die führenden Persönlichkeiten genötigt seien, auf zu vielen Schachbrettern zugleich zu spielen. Das letzte Schachbrett dieser Art

---

[15] Die UdSSR legte am 17. Februar 1978 eine weitere überarbeitete Fassung ihres Entwurfs vom 17. Januar 1978 für ein Abschlußdokument der KSZE-Folgekonferenz vor. Für den Wortlaut vgl. EUROPA-ARCHIV 1978, D 231–237.

[16] Belgien, die Bundesrepublik, Dänemark, Griechenland, Großbritannien, Irland, Island, Italien, Kanada, Luxemburg, die Niederlande, Norwegen, Portugal, die Türkei und die USA legten am 21. Februar 1978 den Entwurf eines Abschlußdokuments der KSZE-Folgekonferenz in Belgrad vor. Für den Wortlaut vgl. EUROPA-ARCHIV 1978, D 237–246.
Botschafter Fischer, Belgrad (KSZE-Delegation), teilte dazu am selben Tag mit, der Vorschlag sei von den Warschauer-Pakt-Staaten „sofort nachdrücklich als unannehmbar zurückgewiesen" worden: „Außerdem distanzierte sich Frankreich in unnötiger Schärfe von westlicher Initiative und demonstrierte damit erneut Uneinigkeit unter Neun." Vgl. den Drahtbericht Nr. 214; Referat 212, Bd. 115108.

[17] Zur Einigung auf Madrid als Ort für die nächste KSZE-Folgekonferenz vgl. Dok. 16.

[18] Am 3. Juni 1966 betonte der stellvertretende Parteivorsitzende Schmidt auf dem SPD-Parteitag in Dortmund die Bedeutung, die eine Nichtigkeitserklärung des Münchener Abkommens vom 29. September 1938 vorbehaltlich einer Klärung der Staatsangehörigkeits- und Eigentumsrechte für eine Versöhnung der beiden Völker habe, ohne die der Gedanke an eine Wiedervereinigung „eine bloße Hoffnung" bleiben werde. Vgl. dazu PARTEITAG 1966, S. 460 f.

[19] Helmut Schmidt reiste im Sommer 1966 privat über Prag und Warschau in die UdSSR.

[20] Helmut SCHMIDT, Strategie des Gleichgewichts. Deutsche Friedenspolitik und die Weltmächte, Stuttgart 1969.

betreffe die Neutronenwaffe und SS-20. Vielleicht werde eine gewisse Verzögerung innerhalb des KSZE-Prozesses den Wiener Verhandlungen zugute kommen. Wir erwarteten den Besuch Breschnews[21], von dem wir uns Anstöße auf allen diesen Feldern erhofften.

Was den Besuch des Präsidenten Husák betreffe, so verstehe er die tschechoslowakischen Überlegungen sehr wohl. Auch die Polen hätten derartige Befürchtungen geäußert. Sie hätten sich aber nicht bestätigt. Unerfreuliche Begleitmusik sei allerdings nie auszuschließen. Auf osteuropäischer Seite habe es gelegentlich die Neigung gegeben, nur mit der SPD und der FDP zu sprechen. Er habe sich immer dagegen gewandt. Die Regierungen könnten wechseln, während die Zusammenarbeit zwischen den Ländern bestehen bleiben müsse. Der Außenminister sollte erwägen, auch Kontakt mit der Opposition aufzunehmen.

Der *Außenminister* weist darauf hin, daß er während seines hiesigen Aufenthalts mit Dr. Kohl zusammentreffen werde.

Der *Bundeskanzler*: Es sei Sache der ČSSR, wenn sie sich denen besonders nahe fühle, die die Entspannung am meisten gefördert hätten. Dem Frieden in Europa werde aber ein besserer Dienst erwiesen, wenn sich die Entspannung nicht auf einen Ausschnitt beschränke.

Für Präsident Husák wolle er dem Außenminister folgendes mitgeben: Keine Bundesregierung sei Rechtsnachfolgerin Adolf Hitlers und für diesen historisch verantwortlich. Er denke, daß es eine historische Verantwortlichkeit für die Hitler-Verbrechen gebe. Diese treffe aber nicht allein die in der Bundesrepublik Deutschland lebenden Deutschen. Es sei die sittlich-moralische Pflicht des ganzen deutschen Volkes, die Folgen dessen zu mildern, was in der Hitler-Zeit in unserem Namen anderen angetan worden sei, und den Weg in die Zukunft so anzulegen, daß eine Wiederholung unmöglich werde. Er habe osteuropäischen Besuchern gesagt, daß er Verständnis für die Frage nach der Verantwortung für die Vergangenheit habe, jedoch verlangen müsse, daß diese Frage auch in Ost-Berlin gestellt werde. Wenn die tschechoslowakische Seite insofern einen Unterschied zwischen den in der Bundesrepublik Deutschland und den in der DDR lebenden Deutschen machen wolle, werde der Besuch des Präsidenten Husák ihm Schwierigkeiten bereiten.

Wir bemühten uns um die Ausgestaltung des Verhältnisses zur DDR und nähmen dabei manches in Kauf, auch manchen ungerechtfertigten Vorwurf der Opposition. Wir hätten den Vorteil, ein relativ großer Staat zu sein und uns deshalb gegenüber anderen relativ viel Entgegenkommen leisten zu können. Dies dürfe aber nicht mißverstanden werden, insbesondere nicht in Ost-Berlin.

Der *Außenminister*: Für die ČSSR sei das friedliche Zusammenleben mit dem deutschen Nachbarn Grundlage ihrer Existenz. Obwohl es Schwierigkeiten bereite, in solchen Gesprächen Ausflüge in die Geschichte zu unternehmen, werde der Präsident hierzu gern bereit sein. Die ČSSR identifiziere die Bundesrepublik Deutschland nicht mit dem Hitler-Regime. Dennoch müsse er sagen, daß es gelegentlich in unserem Lande Erscheinungen gebe, die seinem Volke unverständlich seien und die die gleiche Note trügen wie Vorgänge der Vergangen-

---

21 Der Generalsekretär des ZK der KPdSU, Breschnew, besuchte die Bundesrepublik vom 4. bis 7. Mai 1978. Vgl. dazu Dok. 135, Dok. 136, Dok. 142 und Dok. 143.

heit. Er wisse, daß die Bundesregierung und die Koalition damit nichts zu tun hätten.

Der *Bundeskanzler* rät dazu, solche Erscheinungen nicht überzubewerten.

Der *Außenminister* meint, dies würde nicht geschehen, wenn es nicht die Ereignisse der Vergangenheit gegeben hätte. So aber müsse man derartige Vorgänge im historischen Zusammenhang sehen. Er bittet um Verständnis, daß das Auftreten der Bundestagsabgeordneten Hupka und Becher für die ČSSR sehr störend sei.

Zur weiteren Entwicklung des Ost-West-Dialogs: Er sei nicht berechtigt, für die Freunde im Warschauer Pakt zu sprechen, jedoch sei er informiert, daß das Vorhaben des Breschnew-Besuches in der Bundesrepublik Deutschland eine Realität sei. Der Besuch sei ausschließlich aus den uns bekannten Krankheitsgründen verschoben worden[22] und werde in relativ kurzer Zeit stattfinden.

Der *Bundeskanzler* geht hiervon aus.

Der *Außenminister* dankt für den weitgespannten Meinungsaustausch. Er gehe nunmehr davon aus, daß der Besuch Präsident Husáks von Bundesregierung und Koalitionsparteien hochgeschätzt werde. Hierüber werde er wahrheitsgetreu berichten.

Er verlasse dieses Treffen hoffnungsvoll und mit dem Gefühl, daß unser Verhältnis einer günstigen Zukunft entgegengehe.

VS-Bd. 14076 (010)

57

Gespräch des Bundesministers Genscher mit dem tschechoslowakischen Außenminister Chňoupek

22. Februar 1978[1]

Protokoll über das Gespräch von Bundesminister Genscher mit dem tschechoslowakischen Außenminister Chňoupek im Beisein der Delegationen am 22. Februar 1978 nachmittags

Teilnehmer auf deutscher Seite:

Botschafter Diesel; D 2[2]; D 4[3]; Dg 21[4]; RL 214[5]; RL 421[6]; VLR Laub, Referat 610-1; VLR Dr. Haak, Referat 214.

---

[22] Vgl. dazu die Mitteilung des Generalsekretärs des ZK der KPdSU, Breschnew, vom 17. Januar 1978 an Bundeskanzler Schmidt; Dok. 21, Anm. 18.

[1] Ablichtung.
[2] Klaus Blech.
[3] Hans Lautenschlager.
[4] Wilhelm Lücking.

Teilnehmer auf tschechoslowakischer Seite:

Botschafter Götz; Dr. Stanislas Suja, Leiter des Sekretariats des tschechoslowakischen Außenministeriums; Dr. Oldrich Křepelák, für uns zuständiger Abteilungsleiter im tschechoslowakischen Außenministerium; Josef Hadravek, Leiter der Presseabteilung im tschechoslowakischen Außenministerium; Dr. Jan Straka, Stellvertretender Abteilungsleiter (Vertreter von Herrn Křepelák); Dr. Milan Svec, „Berater" im tschechoslowakischen Außenministerium (entspricht Hilfsreferent); Ing. Ivan Kramar, „Berater" im tschechoslowakischen Außenministerium (entspricht Hilfsreferent).

BM *Genscher*: Er begrüße die Fortsetzung des Gesprächs mit Außenminister Chňoupek, das bereits unmittelbar nach dessen Ankunft auf dem Flughafen[7] in aufgelockerter Atmosphäre begonnen habe. Er wolle noch mal die Absicht der Bundesregierung unterstreichen, mit diesem Besuch einen Schritt voranzukommen in der Entwicklung der Beziehungen und durch die Vorbereitung des Besuchs von Staatspräsident Husák[8] zugleich die Voraussetzungen dafür zu schaffen, daß dieser ein Meilenstein in der Entwicklung der Beziehungen zwischen den beiden Staaten werden könne. Beide Minister hätten heute mittag bei ihrem ersten Zusammentreffen die Gespräche unter das Motto gestellt: Wir wollen sehen, wo wir die Möglichkeiten der Zusammenarbeit noch nicht ausgeschöpft haben und wie wir sie in der Zukunft ausschöpfen können. Es bestehe überhaupt kein Zweifel daran, daß sie bisher nicht ausgeschöpft worden seien.

Er würde es sehr gerne sehen, wenn die Minister auch ganz offiziell als Ergebnis ihrer Beratungen hier festhalten könnten, daß sie die Kontakte auf den verschiedenen Ebenen ausbauen wollen.

Um mit den beiden Außenministerien selbst anzufangen: Vorschlag regelmäßiger Konsultationen zwischen den Außenministern beider Staaten wenigstens einmal jährlich. Dies solle auch im Kommuniqué (Husák-Besuch[9]) festgehalten werden.

Hinsichtlich der Möglichkeiten des Ausbaus der Parlamentarierkontakte könnten die Minister nur einen Wunsch, eine politische Absicht zum Ausdruck bringen; die Entscheidung hierüber obliege den Parlamentariern selbst. Aber dies wäre eine sehr gute Sache.

Indem er auf ein Thema zurückkomme, das er schon bei seinem letzten Besuch in Prag[10] angeschnitten habe: Was können wir tun, um die kommunalen Kontakte zu entwickeln? Je mehr Personen mit Verantwortung auf den verschiedensten Ebenen zusammenkämen, desto besser wäre dies für die Beziehungen. Erwartung, daß sich auch hier positive Ansätze ergeben werden, was die Gespräche der Minister noch zeigen sollten.

Fortsetzung Fußnote von Seite 293

5 Renate Finke-Osiander.

6 Alexander Sieger.

7 Der tschechoslowakische Außenminister Chňoupek hielt sich am 22./23. Februar 1978 in der Bundesrepublik auf.

8 Präsident Husák besuchte die Bundesrepublik vom 10. bis 13. April 1978. Vgl. dazu Dok. 111 und Dok. 112.

9 Für den Wortlaut der Gemeinsamen Erklärung vom 11. April 1978 vgl. BULLETIN 1978, S. 304–308.

10 Bundesminister Genscher hielt sich vom 24. bis 26. März 1975 in der ČSSR auf. Vgl. dazu AAPD 1975, I, Dok. 63.

Im übrigen sei wichtig, daß die junge Generation zusammenkomme, daß beide Seiten zu einer Erweiterung des Jugendaustausches gelangten und daß bei aller Respektierung der bei uns gegebenen Unabhängigkeit des Sportes die positive Entwicklung der Sportbeziehungen fortgeführt werde.

Nochmals Aufforderung, nach Feldern des Ausbaus der Beziehungen zu suchen und zu zeigen, daß die beiden Regierungen ihr Streben nach dem Ausbau der Beziehungen ernst meinen im Sinne einer kontinuierlichen, langfristig angelegten Politik und daß es sich dabei nicht nur um die Politik der Regierungen handelt, sondern auch darum, daß die Bürger der beiden Staaten zueinander finden.

AM *Chňoupek*: Nochmals Dank für die Einladung. Bei den Begegnungen der Minister habe immer eine Atmosphäre des Interesses für die Gegenwart und die Zukunft der gegenseitigen Beziehungen geherrscht. Die Begegnungen der Minister seien Konkretisierungen der Atmosphäre der Détente und entsprächen auch den Beschlüssen von Helsinki[11]. Dem entspreche auch die Philosophie des Programms, die Bundesminister Genscher vorgeschlagen habe. Er werde sich nach ihr richten. Er möchte aufrichtig sagen, daß es auch das tschechoslowakische Interesse sei, durch konkrete Taten, wie Bundesminister Genscher gesagt habe, konkret zusammenzuarbeiten. Beide Regierungen hätten das Interesse, auf allen Gebieten zusammenzuarbeiten, und zwar dergestalt, daß die Gesamtatmosphäre der gegenseitigen Beziehungen gepflegt werde. Er wolle für die außerordentliche günstige Atmosphäre danken, die BM Genscher für den Besuch der tschechoslowakischen Delegation herbeigeführt habe. Insbesondere Dank für den Empfang durch den Bundeskanzler. Mit diesem habe er ein sehr eingehendes Gespräch geführt, das nicht nur die gegenseitigen Beziehungen, sondern auch neuralgische Punkte der internationalen Lage betroffen hätte.[12]

Eine der Aufgaben, die bereits bei dem Gespräch mit dem Bundeskanzler erwähnt worden seien: Vorbereitung eines bedeutenden Ereignisses in der Entwicklung der bilateralen Beziehungen. Er habe ein gutes Gefühl, da er Meinungen und praktische Antworten auf von ihm gestellte Fragen gehört habe und da die Ausführungen von Bundesminister Genscher und des Bundeskanzlers die Durchführung dieses Ereignisses sehr erleichtert hätten. Dies sei im Interesse der Beziehungen und auch im Hinblick auf die gegenwärtige Situation in Europa und der Welt als günstig zu beurteilen. Für die Détente gebe es keine Alternative. Die positiven Tendenzen sollten in den gegenseitigen Beziehungen die Oberhand haben, die jetzt noch nicht die ganze Breite der Politik der Détente widerspiegelten. In diesem Sinne wolle er die Anregungen und Themen sehen, die Bundesminister Genscher gerade angesprochen habe.

Hinsichtlich des Besuchs von Präsident Husák könne sich die tschechoslowakische Seite an dem von deutscher Seite vorgeschlagenen Termin, nämlich Woche vom 10. bis 16. April, orientieren. Bis zu diesem Zeitpunkt sei an der Vorbereitung des Besuchs zu arbeiten, mit dem Ziel, daß dieser einen politischen Inhalt bekomme und damit ein wirklicher Beitrag zur Entwicklung der gegenseitigen

---

[11] Für den Wortlaut der KSZE-Schlußakte vom 1. August 1975 vgl. SICHERHEIT UND ZUSAMMENARBEIT, Bd. 2, S. 913–966.
[12] Für das Gespräch des Bundeskanzlers Schmidt mit dem tschechoslowakischen Außenminister Chňoupek am 22. Februar 1978 vgl. Dok. 56.

Beziehungen werde, ein Beitrag zum Haupttrend in Europa. Ein Besuch, der auch einen Meilenstein und einen Impuls darstelle bei der Eröffnung einer neuen Etappe der gegenseitigen Beziehungen. Ein Besuch, der die Bereitschaft beider Länder unterstreiche, die Zusammenarbeit auf der Grundlage der Schlußakte von Helsinki zu entwickeln. Unter diesem Gesichtspunkt sehe die tschechoslowakische Seite auch weitere Perspektiven der Entwicklung der politischen Kontakte. Auch die tschechoslowakische Seite denke dabei an die von Bundesminister Genscher aufgeworfene Frage – hierfür sei er dankbar –, bei den interministeriellen Konsultationen zu einer Regelmäßigkeit zu gelangen. Konsultationen auf Ministerebene einmal jährlich. Die tschechoslowakische Seite bewertete die bisherigen Konsultationen mit den Partnern aus der Bundesrepublik Deutschland als positiv, es habe immer einen Schritt vorwärts gegeben.

Man solle auch darüber nachdenken, wie dieses Übereinkommen über regelmäßige Beratungen der Außenminister zu kodifizieren sei: als Passus im Kommuniqué während des Präsidentenbesuches?

Oder, was möglicherweise besser sei, in einem besonderen, zu unterzeichnenden Text? Die tschechoslowakische Seite habe ein solches Dokument vorbereitet; wenn es auf deutscher Seite Interesse finde, könne sie es vorlegen.

Ferner denke die tschechoslowakische Seite an den Ausbau der Infrastruktur der Beziehungen, insbesondere auch auf dem Wirtschaftsgebiet.

Er halte Kontakte der Finanzminister, der Verkehrs-, Landwirtschafts-, Wissenschafts- und Technik-, Maschinenbau-, Energieminister sowohl in Prag als auch in Bonn für erwägenswert. Hierbei könne der Besuch des slowakischen Industrieministers[13] im März Anregungen geben.

Die Beziehungen zwischen den Parlamenten seien nützlich für die Herstellung eines politischen Klimas. Auch auf tschechoslowakischer Seite sei dies eine Sache der Parlamente selbst. Sehr gute Erfahrungen auf der Grundlage der Parlamentsfraktionen. Bisher nur mit der SPD[14], aber auch nach dem Dafürhalten der tschechoslowakischen Seite sei es gut, den ganzen Komplex zu durchdenken mit dem Ziel, diesen Trend aufrechtzuerhalten.

Gesellschaftliche Gruppen: Bundesminister Genscher habe diese Frage in demselben Sinne angesprochen, wie dies bei dem Treffen der Minister in Prag geschehen sei. Dies begrüße er sehr. Darüber hinaus könne man sich auf das Gespräch Husák–Brandt[15] berufen, das vor einigen Jahren in Prag geführt worden sei.

Die bisher in den Bereichen Gewerkschaft, Jugend und gesellschaftliche Gruppen entstandenen Beziehungen hätten Nutzen gebracht. Bereitschaft, die Frage zu diskutieren, wie diese Beziehungen weiter ausgebaut werden könnten auf einem Gebiet, das die deutsche Seite kommunale Kontakte nenne; die tschechoslowakische Seite spreche von „Städtefreundschaften". Es gehe darum, wie Bun-

---

13 Der slowakische Industrieminister Kusalík besuchte die Bundesrepublik vom 8. bis 14. März 1978.
14 Zum Besuch einer Delegation von SPD-Abgeordneten unter Leitung des Fraktionsvorsitzenden Wehner vom 11. bis 14. Januar 1978 in der Tschechoslowakei vgl. Dok. 56, Anm. 10.
15 Das Gespräch des Bundeskanzlers Brandt mit dem Generalsekretär des ZK der KPČ, Husák, fand am 11. Dezember 1973 in Prag statt. Vgl. AAPD 1973, III, Dok. 412.

desminister Genscher gesagt habe, daß eine größere Anzahl von Menschen in Kontakt komme und Verbindungen miteinander aufnehme.

In diesem Zusammenhang wolle er anmerken, daß sich der Tourismus sehr erfolgreich entwickle. Von deutscher Seite habe es in der Tschechoslowakei im vergangenen Jahr 350 000 Touristen gegeben, während von tschechoslowakischer Seite 100 000 Touristen in der Bundesrepublik Deutschland gewesen seien. Dies sei nicht wenig. Auf tschechoslowakischer Seite werde aufgrund der Anregungen der deutschen Seite diskutiert, wie die Zügigkeit der Abfertigung an den Grenzübergängen gesteigert werden könne.

Sie beendeten gerade die Arbeiten zum Ausbau des Übergangs Vollmau. Die Arbeiten zur Erweiterung der Abfertigungskapazität in Rozvadov würden weitergeführt. Die tschechoslowakische Seite sei bereit, diesen positiven Weg weiterzubeschreiten.

Vertragsbereich

Er sei offen gesagt nicht zufrieden; aus den bekannten Gründen könnten Abkommen nicht realisiert werden und lägen in den Schubladen. Es sei der tschechoslowakischen Seite, wie er schon in Prag gesagt habe, nicht immer klar, weshalb diese Abkommen auf „Westberlin" erstreckt werden müßten. Bei der Beurteilung dieser Frage müsse von der Respektierung der Interpretation des Vier-Mächte-Abkommens durch die Signatarstaaten ausgegangen werden.

Ungeachtet dieser offenen Probleme seien die Verhandlungen über den Abschluß eines Kulturabkommens insgesamt vorangeschritten. (AM wird von seiner Delegation darauf aufmerksam gemacht, daß am 22.2. bereits Paraphierung erfolgt ist.) Dieses Abkommen solle beim Husák-Besuch unterzeichnet werden, so daß es zum Bestandteil des politischen Rahmens des Besuches werde.[16]

Möglicherweise könnten bis zu dem Husák-Besuch auch die Verhandlungen über das Doppelbesteuerungsabkommen[17] zu Ende gebracht werden. Er habe Experten mitgebracht, die hierüber einen Gedankenaustausch führen könnten.[18]

---

[16] Für den Wortlaut des am 11. April 1978 unterzeichneten Abkommens zwischen der Bundesrepublik und der ČSSR über kulturelle Zusammenarbeit vgl. BUNDESGESETZBLATT 1979, Teil II, S. 940 f.

[17] Referat 511 legte am 15. Februar 1978 dar: „Bei Verhandlungen im November 1976 in Bonn wurde Einvernehmen über den Text eines D[oppel]b[esteuerungs]a[bkommens] erzielt. Nachdem die Vorbereitungen für die Unterzeichnung kurz vor dem Abschluß standen, mußte der Bundesminister der Finanzen als Folge der am 1. Januar 1977 in Kraft getretenen Körperschaftssteuerreform der tschechoslowakischen Seite einige geringfügige Änderungen vorschlagen. Die tschechoslowakische Seite nahm die Vorschläge, die für sie von Vorteil waren, ‚mit Verständnis' an, legte jedoch nun ihrerseits Änderungsvorschläge vor. Diese angeblich nur ‚formellrechtlichen' Vorschläge beinhalten jedoch in Wirklichkeit die Berlin-Einbeziehung im Sinne der sowjetischen Auslegung der Frank-Falin-Klausel. Aus verhandlungstechnischen Gründen haben wir uns Anfang des Monats bereit erklärt, unsere Änderungsvorschläge zurückzuziehen, wenn die tschechoslowakische Seite ihrerseits von ihren Änderungsvorschlägen Abstand nimmt. Wir haben erklärt, dadurch eine sonst notwendige Wiederaufnahme der bereits abgeschlossenen Verhandlungen zu vermeiden und so zu baldigen konkreten Ergebnissen im Ausbau der bilateralen Beziehungen beizutragen." Vgl. B 83 (Referat 511), Bd. 1215.

[18] Vortragender Legationsrat I. Klasse Verbeek vermerkte am 24. Februar 1978, daß er während des Besuchs des tschechoslowakischen Außenministers Chňoupek am 22./23. Februar 1978 in der Bundesrepublik Gespräche mit dem Abteilungsleiter im tschechoslowakischen Außenministerium, Vachata, über ein Doppelbesteuerungsabkommen geführt habe. Vachata habe verschiedene Vorschläge unterbreitet, u. a. eine einseitige tschechoslowakische Erklärung. Dies habe er, Verbeek, abgelehnt: „Als offenbar zur Zeit für ihn letzte Rückfallposition schlug Vachata daraufhin vor, der Berlin-Klausel (Frank-Falin) folgenden Satzteil anzuhängen: ‚und zwar in Übereinstimmung mit dem in Berlin geltenden Steuerrecht'." Vachata habe damit durchblicken lassen, „daß er mit einer derartigen Zusatz-

Sollte eine Einigung zustande kommen, so müsse man sich darüber klar sein, daß dieses Abkommen drei Regierungen zur Billigung vorgelegt werden müsse.

Noch zwei weitere Fragen, die behandelt werden könnten: Nämlich die vertragsrechtliche Regelung der Behandlung von Grenzzwischenfällen und die Regelung „Statutenfragen" an den gemeinsamen Grenzen.

- Erster Bereich: gute Erfahrungen mit den Österreichern (Gemeinsame Kommission). Die Frage von Grenzzwischenfällen sei durch das Abkommen von 1973[19] gelöst worden. Die deutsch-tschechoslowakischen Verhandlungen über entsprechendes Abkommen über Errichtung gemeinsamer Grenzkommission seien wegen der Frage von Berlin (West) unterbrochen worden.[20] Dies sei nicht logisch und vom Standpunkt des Völkerrechts her betrachtet nicht begründet. Dennoch sollte versucht werden, eine Lösung zu finden. Ende 1977 habe die tschechoslowakische Seite unter Einschaltung der deutschen Botschaft in Prag einen Vorschlag[21] unterbreitet, wie dieses Problem zu lösen

Fortsetzung Fußnote von Seite 297
formel auch eine Zuständigkeit des Bundesministers der Finanzen für Berlin als ausgeschlossen ansehe". Vgl. B 83 (Referat 511), Bd. 1215.
Vortragender Legationsrat I. Klasse Treviranus stellte am 3. März 1978 fest, der Vorschlag von Vachata „dürfte für uns gänzlich inakzeptabel sein, da er erkennbar auf Sonderbehandlung des Landes Berlin als selbständige politische Einheit hinausläuft und die Einheitlichkeit des Steuerrechts im Bundesgebiet und in Berlin in Frage stellt." Die auch von der ČSSR bislang angewandte Frank--Falin-Formel sollte nicht zum Nachteil der Bundesrepublik geändert werden. Die Bundesregierung müsse „die Proliferation von Berlin-Klauseln vermeiden, durch die wir die Einbeziehung von Berlin immer mehr zum Verhandlungsobjekt machen würden". Für einen Vertragsabschluß mit der ČSSR könne daher „zur Zeit keine günstige Prognose gestellt werden". Vgl. B 83 (Referat 511), Bd. 1215.

[19] Für den Wortlaut des Vertrags vom 21. Dezember 1973 zwischen der ČSSR und Österreich über Verfahren zur Untersuchung von Vorfällen an der gemeinsamen Grenze vgl. BUNDESGESETZBLATT FÜR DIE REPUBLIK ÖSTERREICH, 1974, Bd. 3, S. 2512–2517.

[20] Die Bundesrepublik und die ČSSR verhandelten seit Juli 1976 über die Einrichtung einer gemeinsamen Grenzkommission. Das Bundesministerium des Innern legte dazu mit Schreiben vom 15. Februar 1978 dar: „Da in der letzten Gesprächsrunde am 20./21.12.1976 in Bonn bereits im wesentlichen Übereinstimmung über die Aufgaben, Struktur und Arbeitsweise einer gemeinsamen Grenzkommission erzielt worden ist, sollte auch eine Einigung über die Form der Errichtung dieser Grenzkommission möglich sein." Die Bundesregierung sei sowohl mit einem Staatsvertrag als auch mit einer Regierungsvereinbarung oder einem Notenwechsel einverstanden: „Unabhängig von der Form der Errichtung der Grenzkommission bedarf eine solche Übereinkunft allerdings der Einbeziehung Berlins (West) durch eine Berlin-Klausel." Falls die ČSSR eine solche Klausel ablehne, könnten sich beide Seiten in Form eines Notenwechsels die Bestellung von Delegationen anzeigen, die Vorschläge zur Behandlung einzelner Grenzfragen unterbreiten könnten: „Ein Notenaustausch mit einem derartigen Inhalt würde zwar keine Grenzkommission mit völkerrechtlichen Rechten und Pflichten begründen; auf diese pragmatische Weise könnten aber gleichwohl beiderseits interessierende Grenzfragen erörtert und Vorschläge für ihre Lösung erarbeitet werden. Daneben könnte in diesem Gremium auch die Bildung einer gemeinsamen Grenzkommission weiter vorangetrieben werden." Vgl. Referat 214, Bd. 132794.

[21] Botschaftsrätin Gründer, Prag, teilte am 18. November 1977 mit, der Abteilungsleiter im tschechoslowakischen Außenministerium, Vachata, habe gegenüber einem Angehörigen der Botschaft zur Frage einer gemeinsamen Grenzkommission „erneut die verfassungsrechtliche Problematik auf tschechoslowakischer Seite sowie sein Unverständnis für unsere Haltung in der Frage der Einbeziehung Berlins" dargelegt und auf die „guten Erfahrungen" hinsichtlich der Kontakte mit dem Grenzbeauftragten der bayerischen Grenzpolizei, Bausch, hingewiesen: „Derartiges sollte erweitert und institutionalisiert werden. Nach seiner [...] Auffassung müsse es möglich sein, die Errichtung der deutsch-tschechoslowakischen Grenzkommission auch in Form eines Notenwechsels zu vereinbaren." Vgl. den Drahtbericht Nr. 890; Referat 214, Bd. 132794.
Botschafter Diesel, Prag, berichtete am 21. November 1977, daß Vachata am Vortag erklärt habe, er habe die Frage mit dem tschechoslowakischen Innenministerium erörtert. Dieses sei ebenfalls der Ansicht, daß die Errichtung einer Grenzkommission „auf pragmatische Weise, etwa durch Notenwechsel", möglich sei. Hinsichtlich der Rechte und Pflichten der Kommission könne an die 1976 ge-

sei. Bisher warte die tschechoslowakische Seite auf eine Antwort. Die von ihm mitgebrachten Experten hätten den Auftrag, hier unsere Ansichten zu diesem Thema zu erfragen.[22]

- Hinsichtlich des zweiten Problems: (Statutenfragen an der Grenze). Die Initiative hierfür komme von den bayerischen Polizeibehörden, zuletzt Brief von Herrn Bausch (der bayerische Grenzbeauftragte) vom 13.12.1977. Auch die tschechoslowakische Seite habe Interesse daran, daß Fragen der Instandhaltung und Kennzeichnung der gemeinsamen Grenze und Fragen der Neuabgrenzung dort, wo es notwendig sei, gelöst würden. Es bestehe an den Grenzen eine Situation, wie sie im Jahre 1938 bestanden habe. Einige tschechoslowakische Grenzsteine stünden auf der deutschen Seite und umgekehrt. Angesichts der tschechoslowakischen Verfassungslage sei in diesem Bereich nur eine Regelung durch zwischenstaatliches Abkommen und nicht auf Landesebene möglich. Das Land Bayern habe auf der tschechoslowakischen Seite keinen Partner. Seiner Meinung nach wäre es angebracht, eine Expertengruppe zu bilden, die sich aus Vertretern der föderalen Organe der ČSSR und Vertretern der Bundesorgane der Bundesrepublik Deutschland zusammensetzen würde.

Auch tschechoslowakisches Interesse an einem Vertrag über die wissenschaftlich-technische Zusammenarbeit. Weitere Gebiete: Gesundheitswesen, Veterinärmedizin, Konsularabkommen, Abkommen über Rechtshilfe, Abkommen über „Herausgabe von Verbrechern" (Auslieferungsabkommen).

Hoffnung, daß man zu Abkommen komme, sobald die Frage Westberlins gelöst sei; bis zu dieser Zeit solle aber mindestens in Verhandlungen eingetreten werden.

Wirtschaftliche Zusammenarbeit: Zufrieden mit dem Handel. Aufgrund der tschechoslowakischen Statistiken annäherungsweise 3 Mrd. DM, nach den Statistiken der Bundesrepublik Deutschland 3,4 Mrd.

BM *Genscher*: Wer rechnet falsch?

AM *Chňoupek*: Richtige Addition von unrichtigen Zahlen, wie man auch von unserem Plan behauptet.

BM *Genscher*: Würden wir uns nie erlauben zu sagen.

AM *Chňoupek*: Arbeitsmäßig gesagt. Bremsendes Moment: Unausgeglichenheit der Handelsbilanz. Im vergangenen Jahr Passivum von „250 Mio. DM" (? nicht richtig, sondern 657 Mio. DM). Weiteres bremsendes Moment: weiter anhaltender „vertragsloser Zustand". Habe er bereits bei kürzlichem Besuch von Weh-

---

Fortsetzung Fußnote von Seite 298

führten Gespräche angeknüpft werden: „Nach tschechoslowakischer Auffassung müsse sich die Zuständigkeit der Kommission auf die Lösung von Grenzfragen beschränken." Vachata habe die baldige Aufnahme von Gesprächen angeregt. Vgl. den Drahtbericht Nr. 999; Referat 214, Bd. 132794.

[22] Vortragender Legationsrat I. Klasse Lücking vermerkte am 23. Februar 1978, Vortragender Legationsrat I. Klasse Verbeek habe über sein Gespräch mit dem Abteilungsleiter im tschechoslowakischen Außenministerium, Vachata, mitgeteilt, es sei „in Aussicht genommen" worden, „den Gedanken einer völkerrechtlichen Vereinbarung über Grenzfragen aufzugeben und statt dessen Beauftragte für eine Grenzkommission zu benennen. Ein Vertreter des Bundesministeriums des Innern soll noch vor dem Besuch von Präsident Husák mit der tschechoslowakischen Seite absprechen, welche Kompetenzen die jeweiligen nationalen Delegierten in der Grenzkommission erhalten sollen." Vgl. Referat 421, Bd. 122522.

ner in Prag als „unwürdigen Zustand" bezeichnet (gemeint ist vielleicht Übergang von Kompetenzen auf EG[23]).

Außerdem einige Hindernisse administrativer Natur, die das Tempo der tschechoslowakischen Ausfuhr verlangsamten, einschließlich der Eingriffe „verschiedener EG-Kommissionen". Ferner sei die tschechoslowakische Seite der Meinung, daß neue Formen der wirtschaftlichen Zusammenarbeit unzureichend genutzt würden, nämlich die Kooperation in der Produktion und die Zusammenarbeit auf Dritten Märkten. Die 15 bestehenden Kooperationsverträge seien zu wenig. Wege suchen, um moderne Wirtschaftsformen mehr einzusetzen als bisher. Hierüber sei auf tschechoslowakischer Seite sehr viel nachgedacht worden, es habe Beratungen mit den zuständigen Fachministern gegeben, und man habe sich bisher zu folgenden Anregungen und Themen vorgearbeitet:

1) Bessere Ausnutzung der Gemischten Kommission und der ständigen Arbeitsgruppen, die auf Grund des Abkommens von 1975 geschaffen worden seien.[24]

2) Intensivierung der ständigen Fachausschüsse.

3) Bessere Ausnutzung der Kontaktmöglichkeiten zwischen den Handelskammern.

4) Ferner: Anhebung des Niveaus der Vorsitzenden der Gemischten Kommission. (Anmerkung: StS Rohwedder hat sein Einverständnis erklärt, Kommission künftig zu leiten.) Bisher nur auf Abteilungsleiterebene. Sei angesichts des Ausmaßes der Wirtschaftsbeziehungen (größter westlicher Partner) nicht logisch. Die tschechoslowakische Seite habe in anderen Fällen Gemischte Kommissionen, die von Stellvertretenden Ministerpräsidenten geführt würden. Ein solcher Vorsitzender habe politisch natürlich größere Möglichkeiten, er könne eher „auf den Tisch schlagen". Sofern hierüber mit der deutschen Seite Einvernehmen erzielt werden könne, könne eine entsprechende Passage in das gemeinsame Kommuniqué über den Husák-Besuch gebracht werden.

5) Ferner: auf nichtstaatlicher Ebene Intensivierung der Kontakte der Wirtschaftsvertreter.

Auch Kontakte der Experten auf Regierungs- und Unternehmensebene.

---

[23] Nach Artikel 113 des EWG-Vertrags vom 25. März 1957 sollte nach Ablauf einer Übergangszeit die gemeinsame Handelspolitik nach einheitlichen Grundsätzen gestaltet werden. Vgl. dazu BUNDESGESETZBLATT 1957, Teil II, S. 846.
Am 16. Dezember 1969 beschloß der EG-Ministerrat in Brüssel eine Sonderübergangsregelung, „aufgrund der er auf Vorschlag der Kommission die Mitgliedstaaten ermächtigen kann, bilaterale Verhandlungen aufzunehmen, wenn eine Gemeinschaftsverhandlung nach Artikel 113 des Vertrags nicht möglich ist. [...] Alle auf diese Weise geschlossenen Abkommen müssen spätestens zum 31. Dezember 1974 auslaufen; nach dem 31. Dezember 1972 können keine neuen Jahresprotokolle mehr vereinbart werden, da von diesem Termin an alle Handelsverhandlungen von der Kommission im Namen der Gemeinschaft geführt werden müssen." Vgl. FÜNFTER GESAMTBERICHT 1971, S. 400.
Für den Wortlaut der Entscheidung des Rats vom 16. Dezember 1969 über die schrittweise Vereinheitlichung der Abkommen über die Handelsbeziehungen zwischen den EG-Mitgliedstaaten und dritten Ländern vgl. AMTSBLATT DER EUROPÄISCHEN GEMEINSCHAFTEN, Nr. L 326 vom 29. Dezember 1969, S. 39–42.

[24] Die Bundesrepublik und die ČSSR schlossen am 22. Januar 1975 in Bonn ein Abkommen über die weitere Entwicklung der wirtschaftlichen, industriellen und technischen Zusammenarbeit. In Artikel 6 des Abkommens wurde die Einsetzung einer Gemischten Kommission vereinbart, die zu bestimmten Themen Arbeitsgruppen bilden sollte. Vgl. dazu BUNDESGESETZBLATT 1975, Teil II, S. 599.

22. Februar 1978: Gespräch zwischen Genscher und Chňoupek

Auch Auffassung, daß nicht-traditionelle Formen der Zusammenarbeit genutzt werden sollten. Z.B. könne man gemeinsame operative Gruppen bilden. Nicht im Sinne neuer Organisationen. Aber Gruppen, die die Möglichkeit der Zusammenarbeit an konkreten Projekten beurteilen könnten.

6) Ferner: Einführung von Konsultationen des Wirtschaftsreferenten der tschechoslowakischen Botschaft in Bonn mit dem Wirtschaftsausschuß des Bundestages sowie mit den Abgeordneten dieses Ausschusses.

7) Aktivere Ausnutzung der internationalen Gremien, z.B. der ECE.

Ausnutzung der fachlichen Ergebnisse gesamteuropäischer Konferenzen über Energie, Verkehr usw.

Wirtschaftliche Zusammenarbeit sei nicht nur einseitige Erhöhung der Ausfuhren; man müsse auch die Partnerschaft im Kooperationsbereich suchen.

„Humanitäre Anliegen": Aussiedlung von tschechoslowakischen Bürgern deutscher Nationalität und Familienzusammenführung:

Die tschechoslowakische Seite gehe an diese Fragen im Sinne des Briefwechsels[25] und im Sinne der Bestimmungen der Schlußakte von Helsinki heran. Nach tschechoslowakischer Meinung gebe es in diesem Bereich keine besonderen Probleme. Er stelle mit Befriedigung fest, daß auch die Bundesregierung eine ähnliche Meinung vertrete. Er denke dabei auch an eine Erklärung des DRK-Präsidenten Bargatzky; außerdem an eine Erklärung des Ministers im Januar 1977 im Vorstand der FDP.

Nach ihren Statistiken ergebe sich folgendes Bild:

Seit 1970 seien 3170 Fälle der Aussiedlung positiv beschieden worden. Seit dem Besuch von BM Genscher in Prag sei die Aussiedlung von 1341 Menschen genehmigt worden. Weitere ca. 400 Fälle würden z.Z. behandelt. Man könne deshalb insofern von der Lösung von 1700 Fällen sprechen. Die von der Botschaft der Bundesrepublik Deutschland vorgelegten 23 Fälle seien bei den 400 mit eingeschlossen und befänden sich im Stadium der Behandlung. Die Hälfte von diesen 23 Fällen sei gelöst. Weitere fünf lägen auf dem Tisch und würden positiv gelöst werden. Hinsichtlich des Restes stehe eine Lösung noch aus. AM Chňoupek bezeichnet an tschechoslowakischer Praxis geübte Kritik als unbegründet.

Darüber hinaus gebe es die Fälle von 78 Kindern. Auch diese Fragen würden wohlwollend, „gewissermaßen gratis", erledigt. Insgesamt wolle er sagen, daß für die zügige Erledigung dieser delikaten menschlichen Fragen die Ruhe und eine positive Atmosphäre ein besseres Stimulans seien als ein unnötiger Druck. Zur Frage der Genehmigung von Ausreisen für Kinder zu ihren Eltern, die ohne Genehmigung der tschechoslowakischen Behörden in der Bundesrepublik Deutschland lebten: Bis April 1977 seien 39 Fälle gelöst worden. Bis Ende 1977 etwa 50. Zu der Liste, die Herr BR Giesder am 10. Februar in Prag überreicht

---

[25] Für den Wortlaut des Briefwechsels des Bundesministers Scheel mit dem tschechoslowakischen Außenminister Chňoupek über humanitäre Fragen vom 13. Dezember 1973 vgl. BUNDESGESETZBLATT 1974, Teil II, S. 995.

habe[26]: Diese befinde sich im Geschäftsgang, die deutsche Seite werde hierzu in kurzer Zeit Nachricht erhalten.[27]

Hinweis auf Lösung des Falles Gengenbach durch vorzeitige Haftentlassung[28], Demonstration des guten Willens auf tschechoslowakischer Seite zur Herbeiführung einer günstigen Atmosphäre. So gelöst, wie BM Genscher dies gewünscht habe.

Frage des „Terrorismus"

Die tschechoslowakische Seite habe ihren Standpunkt im politischen Sonderausschuß der Vereinten Nationen im November 1977 dargelegt. Ähnlich wie die deutsche Seite hielte sie widerrechtliche Eingriffe in den zivilen Luftverkehr für eine außerordentlich gefährliche strafbare Handlung. In diesem Sinne habe die tschechoslowakische Seite auch die von ihr gewünschten besonderen Schutzmaßnahmen für Flugzeuge der Lufthansa und für die Botschaft in Prag vorgenommen.

Mit diesem Verfahren der tschechoslowakischen Seite kollidiere aber das doppelte Maß der Bundesrepublik bei der Beurteilung solcher Fälle. Er wolle nicht ins Detail gehen, aber erwähnen, daß es vor einigen Jahren zu einem Vorfall gekommen sei, bei dem der Pilot auf dem Gebiet der Tschechoslowakei ermordet worden sei. Dies sei von der deutschen Polizei bestätigt worden, trotzdem sei keine Auslieferung erfolgt. Für die effektivste Methode des Kampfes gegen diese Verbrechen halte er die Auslieferung. Die deutsche Seite habe aber die tschechoslowakischen Auslieferungsanträge bisher ignoriert.[29]

---

[26] Botschaftsrat I. Klasse Giesder berichtete am 10. Februar 1978, daß er dem tschechoslowakischen Stellvertretenden Außenminister Vejvoda eine Liste mit „23 hartnäckigen Fällen" übergeben habe: „Vejvoda antwortete, daß ČSSR Behandlung Ausreiseanträge im Sinne ausdrücklicher Weisungen Staatspräsidenten großzügig und wohlwollend fortsetzen wolle. In der Mehrzahl der Fälle, so behauptete er, gäbe es keine Schwierigkeiten. Allerdings könne die ČSSR aus ihrer Sicht keine Aussiedlungen im großen Maße propagieren oder gutheißen. [...] Verzögerungen gäbe es bei einwandfreien Fällen nicht, tschechoslowakische Behörden hätten Anweisung, klare Fälle in spätestens drei Monaten zu lösen." Giesder teilte weiter mit, daß er außerdem eine Liste mit den Fällen von 17 Kindern übergeben habe. Vejvoda habe Prüfung zugesagt, allerdings sei eine Antwort erst zum Besuch des Präsidenten Husák möglich. Vgl. den Drahtbericht Nr. 148; Referat 214, Bd. 132795.
Giesder informierte am 20. Februar 1978, der Abteilungsleiter im tschechoslowakischen Außenministerium, Vaněk, habe zu der am 10. Februar 1978 übergebenen Liste von 23 Härtefällen ein Aidemémoire übergeben. Demnach seien neun Fälle positiv erledigt worden, zwei weitere würden erledigt, sobald bestimmte Papiere vorhanden seien, fünf Fälle würden noch geprüft. Zwei Fälle seien in Berufung, während die übrigen fünf Fälle „definitiv abgelehnt" seien. Zu den angesprochenen Kinderfällen liege noch kein Ergebnis vor. Vgl. dazu den Drahtbericht Nr. 199; Referat 214, Bd. 132795.

[27] Botschafter Diesel, Prag, teilte am 4. April 1978 mit, daß das tschechoslowakische Außenministerium am Vortag ein Aide-mémoire übergeben habe, in dem der Stand der Ausreiseverfahren in den Fällen von 17 Kindern mitgeteilt werde. Vgl. dazu den Drahtbericht Nr. 427; Referat 214, Bd. 132795.

[28] Der wegen angeblicher Spionage in der Tschechoslowakei im Oktober 1974 zu zehn Jahren Haft verurteilte Journalist Gengenbach wurde am 27. Januar 1978 aus der Haft entlassen. Vgl. dazu den Artikel „Prag läßt Gengenbach frei"; DIE WELT vom 28. Januar 1978, S. 4.

[29] Am 28. Oktober 1976 entführte der tschechoslowakische Staatsangehörige Bečvář ein Flugzeug von Prag nach München. Ministerialdirigent Fleischhauer legte dazu am 26. März 1977 dar, daß die ČSSR sogleich die Auslieferung beantragt habe und diese Forderung seither in mehreren Noten wiederholt habe, auch unter Hinweis auf weitere Bečvář zu Last gelegte Straftaten. Vgl. dazu B 83 (Referat 511), Bd. 1003.
Vortragender Legationsrat I. Klasse Türk teilte der Botschaft in Prag am 31. März 1977 mit, daß Bečvář vom Landgericht München zu acht Jahren Haft verurteilt worden sei: „Bei rechtskräftigem Urteil würde insoweit keine Auslieferung Bečvářs möglich sein." Vgl. den Drahterlaß Nr. 86; B 83 (Referat 511), Bd. 1003.

Er wolle noch eine Anmerkung zur Berichterstattung einiger deutscher Massenmedien machen. Selbstverständlich trenne uns die Unterschiedlichkeit der Gesellschaftssysteme. Die tschechoslowakische Seite sei für Wettbewerb der Systeme. Dieser Wettbewerb könne auch in den Massenmedien geführt werden. Dies sei nach tschechoslowakischer Seite durchaus in Ordnung. Sie erwarte von unseren Medien kein Lob. Er sei jedoch prinzipiell dagegen, daß die Auseinandersetzung in einer Form geschehe, die manchmal in die Zeit des Kalten Krieges zurückführe und eine Einmischung in die inneren Angelegenheiten der Tschechoslowakei darstelle. Bewußte Verbreitung von Unwahrheiten.

Kulturelle Beziehungen

Er schätze den Stand der kulturellen Beziehungen sehr positiv ein. Auf diesem Gebiet sei die Bundesrepublik Deutschland der größte westliche Partner der Tschechoslowakei. 1977 z. B. habe der Anteil der Bundesrepublik Deutschland an der Gesamtzahl der kulturellen Veranstaltungen (aus dem gesamten Ausland?) 10 % betragen. Bisher seien insgesamt 2200 Vertreter der tschechoslowakischen Kultur und Wissenschaft sowie des Bildungswesens in die Bundesrepublik Deutschland entsandt worden.

Bildungswesen – Wissenschaft

Auch mit der Entwicklung auf diesem Gebiet sei er zufrieden. Im Jahre 1977 seien 330 Personen in die Bundesrepublik Deutschland entsandt worden. Nach tschechoslowakischen Angaben seien in der Tschechoslowakei im gleichen Zeitraum 780 Personen aus der Bundesrepublik Deutschland gewesen. Gute Basis für die Ausweitung der Kontakte. Er bewerte auch die Treffen von Fachleuten aus der Bundesrepublik Deutschland und der ČSSR auf internationalen Konferenzen, Symposien u. a. Veranstaltungen positiv. Die Zahl der ausgetauschten Sportler habe in den letzten Jahren insgesamt 1400 betragen; das sei keine schlechte Zahl.

Abschließend wolle er zu den bilateralen Beziehungen folgendes bemerken:

Man bewege sich auf beiden Seiten in der richtigen Richtung, wenngleich man nicht verheimlichen dürfe, daß es noch Probleme zu lösen gebe. Er danke Bundesminister Genscher und er danke auch den Botschaftern für ihre Arbeit. Einladung an BM Genscher und Frau Genscher zum Besuch der ČSSR, und zwar diesmal nicht nur Prags.

BM *Genscher*: Dank für die ausführlichen Darlegungen AM Chňoupeks. Er wolle nochmals unser Interesse an der Ausschöpfung aller Möglichkeiten unterstreichen. Dank für die Einladung zum Besuch der Tschechoslowakei, die er sehr gerne annehme, weil er mit AM Chňoupek der Meinung sei, daß diese Be-

Fortsetzung Fußnote von Seite 302

Am 11. Oktober 1977 entführten zwei tschechoslowakische Staatsangehörige ein Flugzeug von Karlsbad nach Frankfurt am Main und wurden dort in Untersuchungshaft genommen. Referat 511 notierte dazu am 6. Dezember 1977: „Anklageerhebung und Eröffnung der Hauptverhandlung können in Kürze erwartet werden. Die Prager Regierung hat unverzüglich wie im Fall Bečvář mittels Verbalnote ein Auslieferungsersuchen an uns gerichtet. [...] Nach Billigung durch Herrn Staatssekretär van Well ist eine Anfrage des BMJ, wie sich das AA zum Auslieferungsersuchen der ČSSR stelle, am 29. November 1977 damit beantwortet worden, das AA habe Bedenken, dem Auslieferungsersuchen zu entsprechen, weil dies im Gegensatz zur Praxis der westlichen Staaten im Auslieferungsverkehr mit Staaten des Warschauer Paktes stehe. Nach Meinung des AA solle die Bestrafung der Flugzeugentführer durch ein deutsches Gericht erfolgen. Dies stehe mit dem von uns international vertretenen Grundsatz ‚aut dedere, aut punire' im Einklang." Vgl. B 83 (Referat 511), Bd. 1004.

gegnungen von großem Nutzen für die Entwicklung der gegenseitigen Beziehungen seien, und weil wir damit auch schon das in die Wirklichkeit umsetzten, was wir uns vornehmen wollen, nämlich Außenministerkonsultationen. Diese Absicht der Minister könne schon jetzt erklärt werden, man könne dies aber zugleich auch als Ergebnis des Besuchs von Staatspräsident Husák verwenden. Dabei könne man auch das Interesse an Begegnungen auf Regierungsebene in einzelnen Fachbereichen mitaufführen, von denen einige bereits erwähnt worden seien und an denen Interesse bestehe.

Wirtschaftsbereich: Anhebung des Niveaus des Vorsitzes der Gemischten Regierungskommission halte er für eine gute Sache, man könne dies aus Anlaß des Husák-Besuchs tun. Damit sollte die politische Bedeutung der Kommission hervorgehoben werden; es müsse andererseits nicht bedeuten, daß die unmittelbar befaßten Fachleute ausgeschlossen würden. Er wolle sich in der Regierung für die Anhebung einsetzen und mit dem Bundeskanzler sowie mit dem zuständigen Kollegen[30] im Kabinett sprechen.

Vertragliche Beziehungen

Auftrag an die Mitarbeiter der beiden Minister, die nicht mit nach Wuppertal[31] fahren, sich über die Einzelfragen Gedanken zu machen im Hinblick darauf, wo Fortschritte möglich seien.

Er begrüße sehr die Paraphierung des Kulturabkommens und die damit gegebene Möglichkeit, dieses Abkommen anläßlich des Husák-Besuchs zu unterzeichnen.

Er sehe nichts lieber als den Abschluß von Abkommen auf einer ganzen Anzahl anderer Gebiete, wobei für uns die Einbeziehung des in Berlin (West) vorhandenen Potentials eine wichtige Angelegenheit sei. Sehr klare Position der Bundesrepublik Deutschland, die man am besten mit der von Brandt und Breschnew gefundenen Formulierung umschreiben könne: strikte Einhaltung und volle Anwendung des Vier-Mächte-Abkommens.[32] Hoffnung, in unseren Gesprächen mit der Sowjetunion weiterzukommen. Hinweis auf Breschnew-Besuch.[33]

Die Möglichkeiten der wirtschaftlichen Zusammenarbeit seien nicht ausgeschöpft. Wichtig: Marktbeobachtung. Technologischer Stand der ČSSR schaffe besonders günstige Voraussetzungen für Ausbau der Zusammenarbeit.

---

30 Otto Graf Lambsdorff.
31 Legationsrat I. Klasse Petersmann notierte am 23. Februar 1978, auf der Fahrt von Bonn nach Wuppertal und zurück habe Bundesminister Genscher „nachdrücklich unser ernsthaftes Anliegen, daß die KSZE nicht mit einem Mißerfolg zu Ende gehen dürfe", erläutert und ausgeführt, daß eventuell die Stellvertreter der Außenminister in Belgrad zusammenkommen sollten. Die Bundesregierung habe bereits im Kreise ihrer Verbündeten entsprechend sondiert. Genscher habe den tschechoslowakischen Außenminister Chňoupek aufgefordert, „seinerseits seinen Einfluß geltend zu machen, um einen positiven Abschluß der KSZE zu erreichen". Ferner sei die derzeitige politische Lage in Europa erörtert worden. Genscher habe auf die „vitale Bedeutung einer tragfähigen Berlin-Klausel" in Verträgen mit osteuropäischen Staaten hingewiesen. Außerdem sei eine Reihe von humanitären Fragen behandelt worden; Genscher habe zudem eine Liste mit Härtefällen übergeben. Vgl. Referat 214, Bd. 132787.
32 Vgl. dazu die Gemeinsame Erklärung vom 21. Mai 1973 über den Besuch des Generalsekretärs des ZK der KPdSU, Breschnew, vom 18. bis 22. Mai 1973 in der Bundesrepublik; BULLETIN 1973, S. 575.
33 Der Generalsekretär des ZK der KPdSU, Breschnew, besuchte die Bundesrepublik vom 4. bis 7. Mai 1978. Vgl. dazu Dok. 135, Dok. 136, Dok. 142 und Dok. 143.

Dankenswerterweise habe AM Chňoupek auch die humanitären Fälle angeschnitten. Dank für Lösung des Falles Gengenbach.

Er begrüße die Fortschritte auf dem humanitären Gebiet, auch bei der Lösung der Kinderfälle.

Zu der Entführung von tschechoslowakischen Flugzeugen in die Bundesrepublik Deutschland:

In der tschechoslowakischen Öffentlichkeit werde der Eindruck erweckt, als wenn die von unseren Gerichten verhängten Strafen gering seien. Dies sei nicht der Fall, vielmehr seien sehr erhebliche Strafen verhängt worden. Wir hielten uns bei unserer Praxis an unsere Rechtsordnung und behandelten die Fälle konform mit unseren Vorschlägen bei den Vereinten Nationen[34] (entweder Bestrafung oder Zurückbringung in das Herkunftsland). Er wäre dankbar, wenn die tschechoslowakische Seite dies würdigen würde und vor allen Dingen einsehe, daß diese Vorgänge in der Bundesrepublik Deutschland nicht als „Kavaliersdelikte" behandelt würden.

Zur Presseberichterstattung in der Bundesrepublik Deutschland:

Wir sähen unsere Möglichkeit darin, die Dinge in der Öffentlichkeit so darzustellen, wie wir sie sähen. Es gelte auch für die Entwicklung im humanitären Bereich. Er glaube, daß eine solche objektive Darstellung der Bundesregierung ihre Wirkung auf die Öffentlichkeit nicht verfehlen werde. Es gebe keine feindselige Stimmung der Menschen in unserem Lande der tschechoslowakischen Seite gegenüber. Unsere Bürger seien vielmehr wie die Bundesregierung an einer Verbesserung und Vertiefung der Beziehungen interessiert. Nicht sicher, zu wessen Gunsten der Vergleich der kritischen Äußerungen über den deutschen Außenminister und über den tschechoslowakischen Außenminister ausfallen würde. AM Chňoupek kenne unsere Ordnung und die Grenzen unserer Möglichkeiten. Unsere Möglichkeiten würden wir wahrnehmen, auch im Zusammenhang mit dem Besuch von Präsident Husák. Wir würden diesen Besuch mit den uns zur Verfügung stehenden Kräften vorbereiten.

Nochmals Bekräftigung des Auftrages an die Mitarbeiter, Katalog der Dinge aufzustellen, die bis zum Husák-Besuch noch vorangetrieben werden könnten.[35] Ziel, aus diesem Besuch nicht nur eine protokollarische Veranstaltung, sondern einen Besuch mit politischer Substanz zu machen.

AM *Chňoupek* dankte für die Darlegung des Standpunktes von BM Genscher. Identische oder nahe beieinanderliegende Standpunkte seien festzustellen. Möglichkeit auch, wie bereits geschehen, Fragen des Terrorismus und gewisser Schreibweise der Medien zu diskutieren, aber vielleicht besser nicht an diesem

---

[34] Zum Vorschlag der Bundesrepublik für die Schaffung einer UNO-Konvention gegen Geiselnahme vgl. Dok. 4, Anm. 21.
   Vom 6. bis 24. Februar 1978 fand in Genf eine zweite Sitzung des Sonderausschusses statt. Erörtert wurde ein 14-Punkte-Entwurf der Bundesregierung vom August 1977. Am 9. Februar 1978 bildete der Sonderausschuß zwei Arbeitsgruppen, die sich mit den umstrittenen bzw. den weniger umstrittenen Punkten des Entwurfs befassen sollten. Am 24. Februar 1978 verabschiedete der Sonderausschuß die Abschlußberichte der beiden Arbeitsgruppen und empfahl der UNO-Generalversammlung eine weitere Mandatsverlängerung für 1979. Vgl. dazu YEARBOOK OF THE UNITED NATIONS 1978, S. 966 f.

[35] Für die am 23. Februar 1978 erstellte Liste vgl. Referat 214, Bd. 132787.

Tisch. Insbesondere begrüße er den Auftrag an die Mitarbeiter, Fragenkatalog durchzugehen.

Was tun wir mit den internationalen Themen? Mit dem Bundeskanzler habe er bereits über Belgrad, Entspannung, Wiener Verhandlungen und einige weitere internationale Fragen gesprochen.

BM *Genscher*: In einer stabilen Regierung brauche man Dinge nicht zweimal zu erörtern. Im übrigen sei dafür morgen auf der Fahrt nach Wuppertal noch Zeit. Vorschlag, bei Abschluß des Besuchs u. a. Termin des Besuchs von Husák bekanntzugeben. Er werde in seiner Rede erwähnen, daß er bald stattfinden werde.[36] Frage, ob sich die tschechoslowakische Seite hiermit einverstanden erklären könne.

AM *Chňoupek*: Ja. Über seinen eigenen Besuch solle nicht ein Kommuniqué, sondern eine Pressemitteilung abgegeben werden.

BM *Genscher*: Abgestimmte Information an die Presse.

AM *Chňoupek*: Dank für konstruktives Herangehen an die Fragen unserer Beziehungen.

Referat 214, Bd. 132787

58

Botschafter Behrends, Wien (MBFR-Delegation), an das Auswärtige Amt

114-10796/78 geheim Aufgabe: 22. Februar 1978, 16.01 Uhr[1]
Fernschreiben Nr. 92 Ankunft: 22. Februar 1978, 19.33 Uhr

Delegationsbericht Nr. 20/78

Betr.: MBFR;
  hier: Stand der Datendiskussion

I. Seit Frühjahr 1977 steht die Frage der Datenauffächerung, d.h. des Austausches weiterer Streitkräftedaten, im Vordergrund der MBFR-Verhandlungen. Über Art und Umfang der auszutauschenden Einzeldaten wurde Anfang Dezember 1977 grundsätzlich Einvernehmen erzielt. Strittig bleiben einige Formulierungen eines Austausches vereinbarter Erklärungen, auf denen der Osten besteht, um den Rahmen der künftigen Datendiskussion festzulegen. Solange kein Einvernehmen über die Texte hergestellt ist, werden die Verhandlungen auf der Stelle treten. Der Westen hat sich festgelegt, die Initiative zur Sub-

---

[36] Für die Rede des Bundesministers Genscher anläßlich eines Abendessens für den tschechoslowakischen Außenminister Chňoupek am 22. Februar 1978 vgl. BULLETIN 1978, S. 145 f.

[1] Hat Vortragendem Legationsrat I. Klasse Rückriegel vorgelegen.

stanz erst nach Austausch aufgefächerter Daten einzuführen.[2] Er kann von dieser Position nicht abgehen, ohne die westliche Position in der Datenfrage zu kompromittieren. Der Osten nimmt diese Konsequenz seines hartnäckigen Verhandelns in der Frage des Erklärungsaustausches hin. Er bleibt aber trotz wachsender Skepsis bezüglich der Erfolgsaussichten der MBFR-Verhandlungen anscheinend noch an der Einführung der westlichen Initiative interessiert. Abgesehen von einer vorlauten ungarischen Pressestimme im Dezember hat der Osten es bisher sorgfältig vermieden, die westliche Initiative, deren Grundelemente ihm aus Presseindiskretionen bekannt sind, öffentlich abzuwerten.

Ost und West versuchen z. Z., in intensiven Verhandlungen einen Ausweg aus der Sackgasse zu finden, in die die Verhandlungen geraten sind. In dem entscheidenden Punkt, nämlich der vom Osten geforderten Erklärung des Westens, daß er den östlichen Vorschlag zur Datenauffächerung vom 25.10.1977[3] akzeptiert hat, nehmen jedoch Ost und West weiterhin konträre Positionen ein. Ich glaube nicht, daß die gegenwärtigen Weisungen, nach denen Ost und West verhandeln, in diesem Punkt eine Einigung ermöglichen.

II. Um zu beurteilen, ob und wie die Verhandlungen ohne Nachteil für die westliche Verhandlungsposition deblockiert werden können, ist es notwendig, die Motive der östlichen Position in der Datenfrage zu verstehen. Diese Motive sind in den letzten Monaten zunehmend deutlich geworden.

1) In der Frage des Austausches von Streitkräftedaten ist der Osten seit Beginn der Verhandlungen in der Defensive gewesen. Die östliche Reserviertheit gegenüber einem Datenaustausch ist einmal in der traditionellen Scheu der Ostblockstaaten vor Offenlegung militärischer Daten begründet. Diese Geheimniskrämerei geht so weit, daß offensichtlich die östlichen Delegationsleiter – vielleicht mit Ausnahme des sowjetischen Militärberaters – bis Juni 1976 keine Kenntnis der Daten für ihre eigenen Streitkräfte hatten. Selbst heute kennen sie anscheinend nur die Daten, die zur Einführung in die Verhandlungen vorgesehen sind. Ein weiteres Motiv für die östliche Reserviertheit war, daß der Osten keine Daten vorlegen will, welche die westliche Disparitätstheorie bestätigen und damit das vorrangige sowjetische Ziel in den MBFR-Verhandlungen – die Bewahrung und Festschreibung des gegenwärtigen Kräfteverhältnisses – unerreichbar machen würden. Dem Osten ist klar geworden, daß der Westen niemals das Recht des Ostens auf militärische Überlegenheit in Mitteleuropa anerkennen würde.

2) Im Juni 1976 versuchte der Osten, aus der Defensive herauszukommen und den Datenaustausch seinerseits zur Durchsetzung seines Verhandlungszieles streng symmetrischer Reduzierungen zu nutzen. Nach offenbar langwieriger interner Diskussion und nach Entscheidung auf höchster Ebene gab die Sowjetunion jedenfalls für Mitteleuropa den Anspruch auf militärische Überlegenheit

---

[2] Zur geplanten Initiative der an den MBFR-Verhandlungen teilnehmenden NATO-Mitgliedstaaten vgl. Dok. 12, besonders Anm. 12.

[3] Die an den MBFR-Verhandlungen teilnehmenden Warschauer-Pakt-Staaten äußerten sich am 25. Oktober 1977 zu den Vorschlägen der NATO-Mitgliedstaaten vom 15. Juli 1977. Vgl. dazu AAPD 1977, II, Dok. 310.

des sozialistischen Lagers auf[4] und behauptete, daß in Mitteleuropa bereits ungefähre Parität im Streitkräfteniveau bestehe (so Breschnew in Ostberlin am 29.6.1976[5]). Fast gleichzeitig legte der Osten am 10.6.1976 in Wien Globaldaten vor, mit denen ein ungefährer Gleichstand in der Personalstärke der Streitkräfte der NATO und des WP in Mitteleuropa behauptet wurde.[6]

3) Da der Westen die östlichen Globaldaten bestritt, eine Aufklärung der Datendiskrepanzen durch Vorlage detaillierter Einzeldaten forderte und den Austausch nationaler Globaldaten, auf den der Osten seit Juni 1976 vorbereitet war, als unzureichend und die westliche Verhandlungsposition präjudizierend ablehnte, geriet der Osten erneut in die Defensive. Der westliche Vorschlag vom 15.7.1977[7], Daten für Großverbände auszutauschen, stellte den Osten erneut vor das Risiko sowohl der Preisgabe militärischer Geheimnisse wie auch womöglich der Aufdeckung falscher Datenangaben. Das nachfolgende östliche Kompromißangebot vom 25.10.1977, mit dem der Osten erheblich über seinen früheren Vorschlag, nationale Globaldaten auszutauschen, hinausging und immerhin acht Einzeldaten für die Landstreitkräfte anbot, markierte augenscheinlich die Grenze der vom Osten für möglich gehaltenen Offenlegung.

4) Vor diesem Hintergrund gesehen ist es verständlich, daß die westliche Erklärung vom 9.11.1977, nach Durchführung des vom Osten angebotenen Datenaustausches werde wahrscheinlich eine noch detailliertere Datenauffächerung erforderlich sein und der westliche Vorschlag vom 15.7.1977 bleibe auf dem Tisch, eine heftige Reaktion des Ostens auslöste[8]. Im Osten setzte sich die Befürchtung durch, daß der Westen die vom Osten angebotenen Daten zur Kenntnis nehmen, sie sämtlich oder fast alle bestreiten und unverzüglich eine weitere Auffächerung nach seinem Vorschlag vom 15.7. fordern werde. Damit würde der Osten sowohl in den Verhandlungen wie in der öffentlichen Auseinandersetzung wieder in die Defensive geraten. Daher ist die ganze Verhandlungsenergie des Ostens seit Ende November darauf gerichtet, die westlichen Erklärungen

---

[4] An dieser Stelle vermerkte Vortragender Legationsrat I. Klasse Rückriegel handschriftlich: „scheinbar".

[5] Für den Wortlaut der Rede des Generalsekretärs des ZK der KPdSU, Breschnew, auf der Konferenz der kommunistischen und Arbeiterparteien Europas vgl. Neues Deutschland vom 30. Juni 1976, S. 5f. Vgl. dazu auch AAPD 1976, II, Dok. 215.

[6] Am 10. Juni 1976 legten die an den MBFR-Verhandlungen teilnehmenden Warschauer-Pakt-Staaten eigene Daten für das Personal ihrer Land- und Luftstreitkräfte vor. Vgl. dazu AAPD 1976, I, Dok. 189.

[7] Die an den MBFR-Verhandlungen teilnehmenden NATO-Mitgliedstaaten legten in einer informellen Sitzung am 15. Juli 1977 einen Vorschlag zur Datenauffächerung vor. Vgl. dazu den Drahtbericht Nr. 464 des Botschafters Behrends, Wien (MBFR-Delegation), vom 18. Juli 1977; VS-Bd. 11045 (212); B 150, Aktenkopien 1977. Vgl. dazu ferner AAPD 1977, II, Dok. 182.

[8] Botschafter Behrends, Wien (MBFR-Delegation), faßte am 10. November 1977 die informelle Sitzung vom Vortag zusammen. Nach Ausführungen des Leiters der niederländischen MBFR-Delegation, de Vos, habe der Leiter der sowjetischen MBFR-Delegation, Tarassow, eine vorbereitete Erklärung abgegeben, „in der er die westliche Haltung in der Datenfrage mit Schärfe kritisierte. Er führte aus, die Verhandlungen würden niemals Fortschritte machen, solange der Westen weiterhin versuche, das Unbeweisbare zu beweisen, nämlich die angebliche Überlegenheit des Ostens im Personalbestand der Landstreitkräfte in Mitteleuropa. Seit vielen Jahren gebe es einen ungefähren Gleichstand im Umfang der Streitkräfte des WP und der NATO in Mitteleuropa. Das westliche Disparitätskonzept und die Behauptung aufgeblähter Daten für die WP-Streitkräfte diene anscheinend nur dem Zweck, eine Begründung für das westliche Ziel asymmetrischer Reduzierungen zum Nachteil des Ostens zu finden." Vgl. den Drahtbericht Nr. 764; VS-Bd. 10432 (221); B 150, Aktenkopien 1977. Vgl. dazu ferner AAPD 1977, II, Dok. 349.

vom 9. November aus der Welt zu schaffen und eine Vereinbarung mit dem Westen zu erzielen, daß das östliche Kompromißangebot vom 25. Oktober die Basis der künftigen Datendiskussion ist. Dem Osten ist dabei klar, daß der Westen nicht auf das Recht verzichten wird, weitere Daten zu fordern. Er möchte jedoch zumindest vorläufig aus der Situation des Bedrängtseins in der Datenfrage herauskommen. Dieses östliche Verhalten verdeutlicht die grundsätzlich defensive Haltung des Ostens in der Datendiskussion und gleichzeitig die wesentliche Schwäche dieser Haltung.

5) Ein offensives Motiv der östlichen Haltung zum Datenaustausch ist das östliche Bestreben, die westliche Disparitätsthese zu widerlegen und damit die für die Sowjetunion unerträgliche westliche Forderung nach asymmetrischen Reduzierungen der WP-Streitkräfte und insbesondere der sowjetischen Streitkräfte zu erschüttern. Erklärtes Ziel des Ostens ist es, mit der Vorlage von Daten dem Westen „zu helfen", seine „falschen und übertriebenen Schätzungen" der östlichen Streitkräftestärken zu revidieren. In dieser Position scheint sich der Osten relativ sicher zu fühlen, solange es ihm gelingt, die damit verbundenen Risiken durch Begrenzung des Volumens des Datenaustausches unter Kontrolle zu halten.

6) Ein Problem des Ostens ist es allerdings, daß der Westen auf diese Taktik bisher nicht eingegangen ist und daß der Osten keinerlei Bereitschaft des Westens sieht, aufgrund der vom Osten angebotenen Einzeldaten seine eigenen Daten für die WP-Streitkräfte zu revidieren. Der Osten sieht diese pessimistische Einschätzung zu Recht durch die kühle Aufnahme des östlichen Vorschlags, Zahlen über den durchschnittlichen Auffüllungsgrad der Einheiten jedes direkten Teilnehmers auszutauschen, bestätigt. Zweck dieses Vorschlags ist es offensichtlich, dem Westen eine Eselsbrücke anzubieten, über die er sich von seinen Erkenntnissen über die Stärke der WP-Streitkräfte absetzen und auf die vom Osten behaupteten Daten zubewegen kann. Der Westen hat auf diesen bereits im Juli 1977 vorgelegten Vorschlag bisher nicht reagiert. Der Osten rechnet nicht mehr damit, daß der Westen diesen Vorschlag akzeptieren wird.

7) Während die vom Osten angebotenen Einzeldaten für den Westen einen gewissen Erkenntniswert haben, hat der Osten kein Informationsinteresse an den entsprechenden westlichen Daten. Der Osten hat ein eigenes Interesse an der Datendiskussion nur, wenn er den Westen dazu bewegen kann, letzten Endes die vom Osten angebotenen Daten ganz oder weitgehend zu akzeptieren. Die begrenzte Bereitschaft zur Datendiskussion ist eines der wesentlichen Instrumente östlicher Abnutzungsstrategie gegen die auf asymmetrische Reduzierungen gerichtete westliche Grundposition. Für den Westen ist dies eine der Hauptschwierigkeiten, zu einem akzeptablen Verminderungsabkommen zu kommen. Für den Osten ist die Hauptschwierigkeit, daß der erwünschte Abnutzungseffekt im Westen bisher nicht eingetreten ist.

III. Unsere Haltung zur Frage der vereinbarten Grundlagen eines weiteren Datenaustausches war bisher weitgehend von der Annahme bestimmt, daß es dem Osten hauptsächlich darum geht, einen nationalen Bezugspunkt für die Datendiskussion zu schaffen und damit das östliche Ziel zu fördern, nationale Reduzierungsverpflichtungen und nationale ceilings durchzusetzen. Diese Zielsetzung hat, wenn überhaupt, die östliche Motivation in der Datendiskussion nur vorübergehend und niemals primär bestimmt. In der Tat ist die Durchsetzung nationaler Reduzierungsverpflichtungen und nationaler ceilings ein erklärtes Ziel der östlichen Verhandlungsstrategie. Dem Osten ist jedoch klar, daß die Datenauffächerung kein geeignetes Vehikel[9] zur Förderung dieses Zieles ist. Dies wird durch das östliche Verhalten recht eindeutig bewiesen:

a) Der Osten hat im Juni 1976 kollektive Globaldaten für die WP-Streitkräfte vorgelegt.

b) Der östliche Auffächerungsvorschlag vom 25.10.1977 war offensichtlich von dem Wunsch geprägt, auf die spezifisch deutsche Empfindlichkeit gegenüber einer an nationalen Daten orientierten Datendiskussion Rücksicht zu nehmen. Er akzeptierte im Grundsatz das westliche Konzept, die Stufe des Austausches nationaler Globaldaten zu überspringen. Er akzeptierte insbesondere die gesonderte Ausweisung des Personals in integrierten NATO-Hauptquartieren, durch die eine Addition der westlichen Einzeldaten zu vollständigen nationalen Globalzahlen unmöglich gemacht wird.

c) In den weiteren Verhandlungen hat der Osten sofort und ohne Weisung einzuholen dem westlichen Vorschlag zugestimmt, der Datenauffächerung vertikale Globalzahlen des Gesamtpersonals der NATO und des WP in Großverbänden und außerhalb der Großverbände voranzustellen. Dem Osten war dabei klar, daß dieser Vorschlag nur darauf abzielte, die Datendiskussion funktional auszurichten und eine nationale Ausrichtung zu erschweren. Ebenso hat der Osten, der bei Luftwaffenpersonal selbst nur nationale Globalzahlen vorzulegen bereit ist, ohne weiteres akzeptiert, daß der Westen seine Luftwaffenzahlen ebenso aufgefächert vorlegt wie die Zahlen für die Landstreitkräfte.

d) Schließlich hat der Osten zugestimmt, in der Wiedergabe seines Vorschlags in Teil I der Erklärungen die Worte „for each country", die Anlaß zu dem deutschen Mißtrauen gegeben hatten, zu streichen.

IV. Nach meinem Eindruck wird sich eine Einigung mit dem Osten in der Datenauffächerungsfrage, die wiederum Voraussetzung für die Einführung der deutschen Initiative in die Verhandlungen ist, nur erreichen lassen, wenn der Westen am Beginn des Abschnittes 2 der Erklärungen seine grundsätzliche Zustimmung zu dem in Teil I dargestellten östlichen Vorschlag vom 25.10.1977 zum Ausdruck bringt. Wenn der Westen dazu bereit ist, würde der Osten wahrscheinlich dem von uns gewünschten Disclaimer in Abschnitt 4 zustimmen.

Ich halte diese Lösung, die von der großen Mehrheit unserer Verbündeten befürwortet wird, für vertretbar:

1) Der Osten hat verdeutlicht, daß es ihm nicht darum geht, einen nationalen Bezugspunkt für die Datendiskussion zu schaffen. Das im Prinzip vereinbarte Schema der auszutauschenden Daten und der Disclaimer schützen den Westen ausreichend gegen östliche Versuche, die Datendiskussion an nationalen Daten zu orientieren.

2) Der Erklärungsaustausch enthält keine Festlegungen für die Zukunft. Der Osten weiß, daß der Westen nicht auf sein Recht verzichtet hat und verzichten

---

[9] Die Wörter „Datenauffächerung kein geeignetes Vehikel" wurden von Vortragendem Legationsrat I. Klasse Rückriegel hervorgehoben. Dazu vermerkte er handschriftlich: „Aber wenn wir das Vehikel liefern, wird es benutzt."

wird, zu einem späteren Zeitpunkt eine weitere Datenauffächerung zu fordern. Der Westen weiß, daß der Osten in absehbarer Zukunft keine weitere Datenauffächerung akzeptieren wird. Der Westen ist aufgrund des Erklärungsaustausches nur verpflichtet, das nächste Stadium der Datendiskussion auf der Grundlage des jetzt zu vereinbarenden Datenaustausches zu führen.

3) Wenn die Diskussionsmöglichkeit dieser Einzeldaten erschöpft ist und sich dabei – wie vorauszusehen – keine wesentlichen Aufschlüsse über die Gründe der Datendiskrepanzen ergeben haben, ist es ohnehin ratsam, die Datendiskussion vorläufig zu unterbrechen und erst dann wieder aufzunehmen, wenn beträchtliche Fortschritte in Substanzfragen möglich scheinen. Je mehr der Osten in Einzeldaten auffächert, die in der Summe immer wieder die unglaubwürdigen Globaldaten vom Juni 1976 ergeben werden, desto schwieriger wird es für den Osten, in einem späteren Stadium der Verhandlungen seine eigenen Daten zu revidieren und damit die Voraussetzung für ein akzeptables Reduzierungsabkommen zu schaffen.

[gez.] Behrends

VS-Bd. 11490 (221)

59

Aufzeichnung des Ministerialdirektors Blech

202-321.00 FRA-156/78 VS-vertraulich   23. Februar 1978

Herrn D 4[1]

Betr.: Europäische Weltraumpolitik;
hier: Deutsch-französische Abstimmung

Bezug: FS des BMFT Nr. 751 vom 20.2.1978[2]

1) In der Plenarsitzung auf dem deutsch-französischen Gipfel am 7.2. in Paris[3] hat der Bundeskanzler die politische Bedeutung einer deutsch-französischen Abstimmung auf dem Gebiet der europäischen Weltraumpolitik mit der Bemerkung unterstrichen, beide Regierungen stimmten darin überein, auf diesem Ge-

---

[1] Hat Ministerialdirektor Lautenschlager am 27. Februar 1978 vorgelegen, der die Weiterleitung an Ministerialdirigent Dittmann und Referat 413 „sofort" verfügte.
Hat Dittmann am 27. Februar 1978 vorgelegen.
Hat Vortragendem Legationsrat I. Klasse Rouget am 8. März 1978 vorgelegen.
[2] Korrigiert aus: „FS des BMFT Nr. 251 vom 20.2.1978".
Regierungsdirektor Buschbeck, Bundesministerium für Forschung und Technologie, führte aus: „Im Rahmen der deutsch-französischen Konsultationen vom 6./7. Februar 1978 ist von französischer Seite der Wunsch nach deutscher Teilnahme an der Ariane-Träger-Produktion angesprochen und mit Rücksicht auf den Stand der Nachrichtensatellitenentwicklung bei ESA eine Verringerung des ursprünglich auf sechs Träger angelegten Programms um einen Träger angeboten worden. Der Bundeskanzler hat eine erneute Überprüfung des gesamten Fragenkomplexes unter Beteiligung

biet nicht von den USA abhängig werden zu wollen. Die Bundesregierung wolle die Frage erneut prüfen.[4] Die Botschaft Paris hat (mit DB Nr. 462 vom 16.2.) über die große Resonanz dieser Bemerkung des Kanzlers auf französischer Seite berichtet. Diesem Gipfelergebnis liegen umfangreiche deutsch-französische Auseinandersetzungen über die weitere ESA-Politik zugrunde.

2) In den letzten Wochen und Monaten sind Umstände deutlich geworden, die die politische Bedeutung dieser Zusammenarbeit unterstreichen.

Auf den in jüngster Zeit erneut deutlich gewordenen Zusammenhang mit französischen Besorgnissen in Sachen OTRAG[5] (DB aus Paris Nr. 449 vom 15.2.1978[6]) wurde bereits hingewiesen (Zuschrift 202-413 vom 14.12. – 202-493.22 FRA-1040/77 VS-v)[7].

Inzwischen hat Frankreich sich entschieden, einen nationalen militärischen Beobachtungssatelliten zu bauen und mit Hilfe von Ariane[8] zu starten – wie auf dem deutsch-französischen Gipfel mitgeteilt wurde. Daraus wird die französische Absicht deutlich, das auf diesem Gebiet bestehende amerikanisch-sowjetische Duopol zu brechen – eine Tendenz, die auch dem französischen Vorschlag im Rahmen der Abrüstungsinitiative vom 25.1.[9] der Schaffung einer Weltbehörde für Kontrollsatelliten zugrunde liegt (vielleicht besteht sogar die Absicht, einer solchen Behörde den französischen Satelliten anzudienen).

Im übrigen sind für die fernere Zukunft französische Absichten nicht auszuschließen, sich mit Hilfe von mit Ariane gestarteten militärischen Navigations-

---

Fortsetzung Fußnote von Seite 311

der Deutschen Bundespost (wegen der Nutzlasten des zur Entscheidung anstehenden ESA-Nachrichtensatellitenprogramms) angeordnet. Wie in der Ressortbesprechung zur ESA-Ratsvorbereitung am 17.2.1978 angekündigt, lade ich entsprechend einer Bitte des Bundeskanzleramts zu einer Ressortbesprechung unter Leitung von Min[isterial]dirig[ent] Loosch ein am 27. Februar 1978, 9.30 Uhr im BMFT". Vgl. Referat 413, Bd. 123694.

[3] Zu den deutsch-französischen Konsultationen am 6./7. Februar 1978 in Paris vgl. Dok. 32–35.

[4] Vgl. dazu die Gesprächsaufzeichnung über die Plenarsitzung; VS-Bd. 525 (014); B 150, Aktenkopien 1978.

[5] Zur Tätigkeit der Firma OTRAG in Zaire vgl. Dok. 198.

[6] Gesandter Lahusen, Paris, teilte am 15. Februar 1978 mit, daß die Botschaft in der letzten Zeit wiederholt von französischen Regierungsstellen auf die Tätigkeit der Firma OTRAG in Zaire angesprochen worden sei: „Der stellvertretende Leiter des Planungsstabes, Gergorin, ließ von sich aus in einem Gespräch mit mir durchblicken, unsere bisher vorgetragenen Argumente schienen nicht überall mit zu überzeugen. Er warf den Gedanken auf, ob nicht einige internationale Journalisten nach Zaire eingeladen werden sollten, um die Harmlosigkeit der OTRAG-Raketen darzulegen. [...] Eine uns als zuverlässig bekannte französische Persönlichkeit hat uns unabhängig davon auf den für die Märznummer des ‚Penthouse' vorgesehenen Artikel von Tad Szulc über OTRAG angesprochen. Der bereits Mitte Dezember 1977 von AFP angekündigte Artikel werde mit einem Bild aufgemacht, das eine Cruise Missile über zairischem Dschungel zeige, und verdächtige die Bundesregierung der nuklearen Aufrüstung. Der Gewährsmann verwies darauf, daß Szulc über gute Beziehungen zum NSC (Brzezinski) und zum State Department (Leslie Gelb) verfüge und daß gewisse amerikanische Kreise offenbar glaubten, hinter OTRAG stecke mehr, als von deutscher Seite bisher zugegeben worden sei. Das Mißtrauen entzünde sich an der Behauptung, OTRAG plane eine Zusammenarbeit mit Brasilien." Diese amerikanischen Bedenken würden offenbar auch in der französischen Regierung wachgehalten, „wo man ohnehin wegen einer möglichen Entwicklung deutscher Cruise Missiles besorgt sei". Vgl. Referat 413, Bd. 123705.

[7] Korrigiert aus „1044/77".
Für die Aufzeichnung des Vortragenden Legationsrats I. Klasse Feit vgl. AAPD 1977, II, Dok. 365.

[8] Zur Frage der Produktion von sechs Trägerraketen vom Typ „Ariane" vgl. Dok. 32, Anm. 13.

[9] Zur französischen Abrüstungsinitiative vom 25. Januar 1978 vgl. Dok. 27.

satelliten im Bereich der Verteidigung ein unabhängiges Leitsystem für militärische Flugkörper aufzubauen. Vielleicht ist das BMVg hier über Einzelheiten unterrichtet. Es wird hier vermutet, daß die eingangs zitierte Äußerung des Kanzlers das Ergebnis des Gesprächs mit dem französischen Staatspräsidenten[10] auch über die sicherheitspolitischen Aspekte der Weltraumtechnologie war.

3) Die Weltraumtechnologie jedenfalls erscheint nach all dem deutlich als eine ambivalente Zone, die sowohl eine zivile wie militärische Nutzung möglich macht. Es stellen sich damit Probleme, die eine gewisse Analogie zur Frage der Nutzung der Kernenergie haben. Eine Parallele besteht auch im Verhältnis zu den USA, worauf Botschafter Herbst im DB Nr. 261 vom 26.1. hingewiesen hat:

„Der Gedanke, daß eine künftige US-Regierung den europäischen und nationalen Nutz-Satellitenservice lahmlegen und Starthilfen verweigern könnte, ist vielen Beteiligten unerträglich wie leider auch nicht unwahrscheinlich, wenn man die mehr oder weniger gelinden Erpressungsversuche auf dem Nuklearsektor heute betrachtet."[11]

Die Erfahrungen auf dem Gebiet der friedlichen Nutzung der Kernenergie veranlassen zu Vorsicht: Wettbewerbsnachteile für die friedliche Nutzung der Weltraumtechnologie sind nicht von vornherein für den auszuschließen, der sich der militärischen Nutzung enthält. Die Erfahrungen mit der Kernenergie sollten eher für die aktive Beteiligung an der Entwicklung einer auch militärisch nutzbaren Weltraumtechnologie sprechen. Wir sollten uns daher alle Optionen offenhalten.

Für die Bundesrepublik Deutschland stellt sich die Frage, wie sie ihre Sicherheits- und Technologieinteressen langfristig auf diesem Sektor wahrnehmen und ggf. in welchem Maße sie auf diesem Gebiet mit Frankreich zusammenarbeiten soll. Die deutlich gewordenen französischen Tendenzen zu einem nationalen Alleingang (bei dem Bau eines Beobachtungssatelliten) sollten entsprechende Überlegungen auf unserer Seite beschleunigen. Die bestehenden politischen und rechtlichen Hypotheken, unter denen Deutschland leidet, sprechen für eine enge Zusammenarbeit.

Frankreich könnte bestrebt sein – aus der Sicht seines traditionellen Gleichgewichtsdenkens und in dem Bestreben, die deutsche Wirtschaftsmacht durch eigenen Machtzuwachs zu kompensieren –, die militärische Nutzung der Weltraumtechnologie in Europa für sich national zu monopolisieren.

Die Kosten würden die französische Wirtschaftskraft belasten. Frankreich hat aber bereits bei der Entwicklung der Force de frappe gezeigt, daß finanzielle Engpässe kein unübersteigbares Hindernis darstellen.

4) Daraus folgt, daß bei der vorgesehenen erneuten Befassung der Bundesregierung mit europäischer Weltraumpolitik und der deutsch-französischen Abstimmung eine Beteiligung des BMVg unbedingt erforderlich erscheint. Ohne

---

10 Zum Gespräch des Bundeskanzlers Schmidt mit Staatspräsident Giscard d'Estaing am 6. Februar 1978 in Paris vgl. Dok. 35.
11 Für den Drahtbericht vgl. Referat 413, Bd. 123694.

Einschluß der sicherheits- und rüstungspolitischen Aspekte sollte die deutsche Position in Sachen Satelliten und Ariane nicht formuliert werden.

Aus der Sicht dieser Abteilung erscheint in Fortführung der im Elysée-Vertrag[12] und in der Regierungsvereinbarung 1972[13] niedergelegten Linie eine deutsch-französische Kooperation auf diesem Gebiet erstrebenswert. Sie erscheint auch deshalb erwünscht, um französische Alleingänge möglichst zu verhindern und französisches Mißtrauen gegen eventuelle deutsche Anstrengungen von vornherein abzublocken. Nach den erheblichen Investitionen an Geld und Goodwill auf dem Gebiet des gemeinsamen deutsch-französischen Satelliten Symphonie liegt es nahe, die bewährte Zusammenarbeit auf diesem Gebiet fortzusetzen.[14]

Für das Auswärtige Amt stellt sich eine wichtige Koordinierungsaufgabe gegenüber dem BMVg einerseits und BMFT und anderen Ressorts andererseits.

Ich habe daher Dg 20[15] gebeten, mit dem BMVg die sicherheitspolitischen Interessen an der europäischen Weltraumpolitik und an einer deutsch-französischen Abstimmung abzuklären.[16]

Nach Lage der Dinge und nach den Aussagen auf Gipfelebene ist m. E. das Auswärtige Amt gehalten, nachdrücklich im Sinne meiner Zuschrift auf der Ressortbesprechung am 27.2. im BMFT Stellung zu nehmen. Ich bitte, auch zu erwägen, ob das BMFT veranlaßt werden sollte, das BMVg zu der Ressortbesprechung einzuladen.

Blech

VS-Bd. 9321 (413)

---

[12] Für den Wortlaut des deutsch-französischen Vertrags vom 22. Januar 1963 vgl. BUNDESGESETZBLATT 1963, Teil II, S. 706–710.

[13] Zur Regierungsvereinbarung vom Februar 1972 zwischen der Bundesrepublik und Frankreich über die Ausfuhr von gemeinsam entwickelten und/oder gefertigten Kriegswaffen und sonstigem Rüstungsmaterial in dritte Länder vgl. Dok. 53, Anm. 4.

[14] Die Bundesrepublik und Frankreich vereinbarten mit Abkommen vom 6. Juni 1967 eine Zusammenarbeit bei Planung, Bau, Start und Nutzung des experimentellen Fernmeldesatelliten „Symphonie". Der Satellit sollte der Erprobung der Übertragung von Ton- und Fernsehsendungen, Ferngesprächen, Fernschreiben und Daten dienen. Vgl. dazu die Aufzeichnung des Ministerialdirektors Lautenschlager vom 27. November 1974; Referat 413, Bd. 114289.
„Symphonie 1" wurde am 18. Dezember 1974 mittels einer amerikanischen Trägerrakete in Cape Canaveral, Florida, gestartet. Der Start von „Symphonie 2" erfolgte am 26. August 1975.

[15] Franz Pfeffer.

[16] Dieser Absatz wurde von Ministerialdirektor Lautenschlager durch Fragezeichen hervorgehoben.

60

Ministerialdirektor Blech an die KSZE-Delegation in Belgrad

212-341.20 Aufgabe: 23. Februar 1978, 21.38 Uhr[1]
Fernschreiben Nr. 952 Plurez
Citissime

Betr.: Stand des KSZE-Folgetreffens in Belgrad

1) Die Entwicklung des KSZE-Folgetreffens macht uns Sorge. Große Teile unserer öffentlichen Meinung legen schon jetzt ein Schlußdokument nach der sog. „Option zwei" (kommuniquéartige Darstellung, die sich darauf beschränkt, den äußeren Verfahrensablauf wiederzugeben und Zeit und Ort des nächsten Folgetreffens festzusetzen) als einen Rückschlag für die Entspannung aus. Wir wollen daher nichts unversucht lassen, zu einem substantiellen Ergebnis zu kommen. Wir glauben, daß eine Initiative von unserer Seite zweckmäßig ist, weil

– wir besonderes konkretes Interesse am Fortgang der Entspannung haben,
– bei uns keine Wahlen unmittelbar bevorstehen, die uns dem Verdacht aussetzen, aus innenpolitischen Motiven zu handeln,
– unsere Delegation durch ihre faire und offene Verhandlungsweise die Achtung wohl aller Konferenzteilnehmer in hohem Maße erworben hat.

2) Wir haben heute der sowjetischen Seite durch eine Demarche des Herrn Staatssekretärs[2] gegenüber Botschafter Falin, die in Moskau durch ein Gespräch des Botschafters[3] mit Firjubin, einem der stellvertretenden Außenminister, wiederholt wurde, folgendes nahegebracht:

a) Unter keinen Umständen sollten die Delegationen ohne Schlußdokument auseinandergehen;

b) Wir sollten versuchen, ein gemeinsames Schlußdokument zu erstellen, das fair und objektiv die Diskussionen widerspiegelt, die in Belgrad stattgefunden haben. Es muß möglich sein, dies in einer Weise zu tun, die von allen akzeptiert werden kann. Wir denken nicht an ein Dokument, das gegenseitige Anschuldigungen enthält, sondern an eines, das objektiv feststellt, worüber diskutiert wurde.

c) Wir haben den Eindruck, daß nicht alle Delegationen für diese sehr politische Aufgabe mit ausreichenden Vollmachten ausgestattet sind. Wir fragen uns da-

---

[1] Durchdruck.
Der Drahterlaß wurde von Vortragendem Legationsrat I. Klasse Joetze konzipiert, der handschriftlich für die Telegrammkontrolle vermerkte: „Paraphe von D 2 im Konzept; Original von StS v[an] W[ell] abgezeichnet. Bitte absenden."
Hat Staatssekretär van Well am 23. Februar 1978 zur Mitzeichnung vorgelegen.
[2] Günther van Well.
[3] Botschafter Wieck, Moskau, teilte am 23. Februar 1978 mit, daß er am Nachmittag vom sowjetischen Stellvertretenden Außenminister Firjubin empfangen worden sei und den Vorschlag vorgebracht habe, die KSZE-Folgekonferenz in Belgrad auf die Ebene der Stellvertreter der Außenminister anzuheben. Firjubin habe Prüfung und baldige Antwort zugesagt: „Als erste Reaktion sagte er, die Hauptsache sei das Vorhandensein des aufrichtigen Bestrebens, zu einem gegenseitig akzeptablen Dokument zu kommen." Vgl. den Drahtbericht Nr. 631; Referat 212, Bd. 116361.

her, ob sich für die entscheidenden, letzten Verhandlungstage die Stellvertreter der Außenminister, die für KSZE-Fragen zuständig sind, treffen sollten, um den Verhandlungen positive Impulse zu geben.

3) Zur Erläuterung:

zu b): Es soll im Sinne der Kopenhagener Beschlüsse der neun Außenminister[4] ein zusätzlicher Versuch unternommen werden, zu einem substantiellen Schlußdokument zu kommen. Der Verhandlungslage entspricht es, daß wir diesen Versuch nunmehr durch eine Ergänzung des Papiers gemäß „Option zwei" machen, also gewissermaßen „von unten her" verhandeln.

Natürlich würden wir es bei weitem vorziehen, die Aussagen zu Menschenrechten und zu den humanitären Anliegen in Form konkreter Beschlüsse („Option eins") zu erzielen. Auch wir sind der Meinung, daß ein kurzes Schlußdokument ohne Beschlüsse zu Randthemen die beste Alternative zu dieser „Option eins" ist, wenn diese nicht erreichbar ist. Aber wir wollen keinen Rigorismus bei der Durchführung dieser sog. „Option zwei", die in allzu nüchterner Form als Ausdruck eines Fehlschlags des Belgrader Treffens gedeutet werden könnte. Wir sollten versuchen, daß in ihrem Rahmen die westlichen Hauptanliegen wenigstens in der Form einer Wiedergabe der bisherigen Diskussion erscheinen.

zu c): Wir wollen mit diesem Angebot ein Zeichen unseres guten Willens geben. Wir haben klargemacht, daß wir unsere Initiative nicht weiterverfolgen könnten, wenn nicht auch ein sowjetischer Vize-Außenminister erschiene. Maßgebend hierfür sind nicht Prestigegründe, sondern die Überlegung, daß es ja gerade auf die größere Flexibilität der anderen Seite ankommt.

4) Wir haben von unseren Vorschlägen die dänische Präsidentschaft[5] und unsere drei Hauptverbündeten unterrichtet. Die Botschaften in den übrigen Hauptstädten können von unseren Erwägungen im Rahmen der laufenden politischen Gespräche Gebrauch machen.

5) Wir haben unsere Vorschläge zunächst als Sondierungen bezeichnet. Die Meinungsbildung darüber, ob und gegebenenfalls wann wir sie später in Belgrad einführen und der Öffentlichkeit mitteilen sollen, ist noch nicht abgeschlossen. Dafür, daß dies geschieht, spricht, daß damit der Öffentlichkeit dargelegt würde, daß wir nichts unversucht ließen. Dagegen spricht, daß jeder weitere förmliche, aber fruchtlose Schritt in der Konferenz, das Belgrader Treffen wieder in Gang zu bringen, den Eindruck vermehrt, daß der multilaterale Entspannungsprozeß wirklich in Gefahr sei.

6) Die Delegation wird gebeten, unsere Erwägungen in die dortigen westlichen Konsultationen einzuführen, bei den Arbeiten über einen westlichen Entwurf eines kurzen Abschlußdokuments zu berücksichtigen und über die Reaktion zu berichten.[6]

---

[4] Zur Konferenz der Außenminister der EG-Mitgliedstaaten im Rahmen der EPZ am 13./14. Februar 1978 vgl. Dok. 50.

[5] Dänemark übernahm am 1. Januar 1978 die EG-Ratspräsidentschaft.

[6] Botschafter Fischer, Belgrad (KSZE-Delegation), berichtete am 24. Februar 1978, er habe die Leiter der KSZE-Delegationen der NATO-Mitgliedstaaten über die Überlegungen der Bundesregierung unterrichtet. Keiner der Delegationsleiter habe der Initiative der Bundesregierung „viele Chancen" eingeräumt, da die Warschauer-Pakt-Staaten an ihrer bislang nicht verhandelbaren Position fest-

7) Bei der Unterrichtung der französische Regierung (durch Gespräch zwischen dem Unterzeichneten und dem Politischen Direktor Mérillon) baten wir die Franzosen zusätzlich, im NATO-Rahmen weiterhin konstruktiv mitzuwirken. Eine „isolationistische" Haltung der westlichen Partner gebe sonst ein Bild vom Zustand im westlichen Lager, das man jetzt am wenigsten brauchen könne. Mérillon hat inzwischen nach Gespräch mit Guiringaud positive französische Haltung zu unseren Vorstellungen nach Ziff. 1 und 2 mitgeteilt. Man wäre bereit, Bettencourt zu diesem Zweck vorzeitig nach Belgrad[7] zu schicken, wenn durch sowjetisches Einschwenken Erfolgsaussichten bestehen.[8]

Blech

Referat 212, Bd. 116377

Fortsetzung Fußnote von Seite 316
  halten dürften, Menschenrechte keinesfalls auch nur zu erwähnen oder menschliche Kontakte herauszuheben: „Bei kurzem Gespräch mit Botschafter Woronzow legte ich ihm Sorge BMs hinsichtlich Eindruck Rückschlags für Entspannung bei kommuniquéartigem A[bschluß]d[okument] dar. Ich hob (entsprechend Darlegung gegenüber sowjetischer Seite in Bonn und Moskau) hervor, daß Delegationen unter keinen Umständen ohne AD auseinandergehen dürften und hierin fair und objektiv Diskussionen widergespiegelt werden müßten. Seine Reaktion war unter Hinweis auf seine vorliegenden Instruktionen negativ. Er erklärte wieder, daß sowjetische Delegation auch ohne jegliches AD Belgrad verlassen könne. Im übrigen beantwortete er meine Darlegung mit Hinweis, es sei an Moskau, ihm ggf. aufgrund unserer Demarche neue Instruktionen zu geben." Vgl. den Drahtbericht Nr. 231; Referat 212, Bd. 115108.
[7] Korrigiert aus: „nach Belgrad vorzeitig".
[8] Ministerialdirektor Blech informierte am 26. Februar 1978, daß der sowjetische Botschafter Falin am Vortag gegenüber Staatssekretär van Well ausgeführt habe: „Nach dem, was in der letzten Phase alles diskutiert worden sei, scheine es nicht vielversprechend, alle bereits stattgefundenen Erörterungen und Polemiken wieder aufzunehmen. Die Positionen aller Staaten seien bekannt. Es lägen keine Anhaltspunkte vor, daß man zu einer größeren Übereinstimmung kommen könne. Es bleibe jetzt keine anderer Ausweg als die Vereinbarung eines relativ kurzen S[chluß]d[okuments]. [...] Aus diesen Gründen und im Hinblick auf die objektive Lage erscheine es der sowjetischen Seite nicht zweckmäßig, die Vertreter der Minister jetzt nach Belgrad zu entsenden." Van Well habe Falin gebeten, im sowjetischen Außenministerium auf eine positive Weisung an den Leiter der sowjetischen KSZE-Delegation, Woronzow, hinzuwirken. Blech wies die Botschaft in Moskau an, „die Gegendemarche des StS [...] an hoher Stelle im s[owjetischen] A[ußen]m[inisterium] unterstützend zu wiederholen". Vgl. den Runderlaß Nr. 984; Referat 212, Bd. 116377.
Botschafter Wieck, Moskau, berichtete am 27. Februar 1978, der sowjetische Stellvertretende Außenminister Firjubin habe erklärt: „Er sähe keine Notwendigkeit zu einer weiteren (substantiellen) Diskussion, und so entfalle auch die Notwendigkeit, auf der Ebene der stellv[ertretenden] Außenminister zu sprechen." Es gebe jetzt nur noch einen Weg, nämlich die Annahme eines kurzen Dokuments: „Es bestehe keine Notwendigkeit, die Diskussion zu verlängern. Die Konferenz müsse jetzt abgeschlossen werden, und es müsse ein guter Abschluß sein." Vgl. den Drahtbericht Nr. 667; Referat 212, Bd. 116361.

61

Aufzeichnung des Ministerialdirigenten Pfeffer

Dg 20-201-363.31-848I/78 geheim 24. Februar 1978[1]

Über den Herrn Staatssekretär[2] dem Herrn Bundesminister[3] zur Information

Betr.: Modernisierung der „Theater Nuclear Forces" (TNF) der NATO;
hier: Sitzung der Arbeitsgruppe der NPG auf hoher Ebene (NPG-High Level Working Group) am 16. und 17.2.1978 in Los Alamos, USA

Anlg.: 1) Aufzeichnung des BMVg vom 21.2.1978[4]
2) Delegationsliste[5]

Hiermit lege ich den Bericht des federführenden Bundesministeriums der Verteidigung vom 21.2.1978 vor.

Ich möchte außerdem folgende Punkte festhalten:

1) Die Besprechungen in Los Alamos haben die überragende Bedeutung der Modernisierung erneut deutlich gemacht. Auf dem Gebiet der Waffen-Innovation sind wirtschaftlich frei organisierte Staaten den zentralen Verwaltungswirtschaften überlegen. Der technologische Vorsprung ist das eigentliche Korrektiv der NATO gegen die forcierten Rüstungsanstrengungen des Warschauer Pakts.[6]

In Los Alamos ging es darum, das Gesamt-Waffenspektrum auf notwendige Veränderungen und Verbesserungen zu untersuchen. Dabei kamen auch immer wieder die Neutronenwaffe und die Cruise Missiles ins Spiel.

Es ist gelungen, eine ausgewogene Leitrichtung für die künftige Arbeit durchzusetzen: Gefechtsfeldwaffen und Waffen längerer Reichweite sollen evolutionär verbessert werden.

Die von den USA auch zur Diskussion gestellten Optionen:

– alles beim alten zu belassen (mit dem Effekt einer verminderten Abschreckung und Verteidigungskraft wegen „Verwesung" des Waffenarsenals),

– die Gefechtsfeldwaffen auf Kosten der weiterreichenden Waffen überzubetonen (mit dem Effekt einer verminderten Abschreckung, der Gefahr der Entkopplung und, im Verteidigungsfalle, eines verheerenden Theater Nuclear War in Europa),

– die weiterreichenden Waffen auf Kosten der Gefechtsfeldwaffen überzubetonen (mit dem Effekt einer verminderten Abschreckung, der Gefährdung des

---

[1] Hat Vortragendem Legationsrat I. Klasse Lewalter am 13. März 1978 vorgelegen, der handschriftlich vermerkte: „S. 2!" Vgl. Anm. 7.
Hat Ministerialdirigent Pfeffer am 7. April 1978 erneut vorgelegen, der die Weiterleitung an Referat 201 verfügte.
[2] Hat den Staatssekretären Hermes und van Well am 2. bzw. 10. März 1978 vorgelegen.
[3] Hat Bundesminister Genscher am 23. März 1978 vorgelegen.
[4] Dem Vorgang beigefügt. Vgl. VS-Bd. 10569 (201).
[5] Dem Vorgang beigefügt. Vgl. VS-Bd. 10569 (201).
[6] Dieser Satz wurde von Bundesminister Genscher hervorgehoben. Dazu vermerkte er handschriftlich: „Bedeutung der Modernisierungsoption".

Triadenverbundes (konventionell/nuklear) und, im Verteidigungsfalle, einer zu schnellen Eskalation),

diese für uns und die Allianz ungünstigen Optionen ließen sich ausschalten.

Die Briten erwiesen sich dabei als besonders hilfreich. Erstaunlich war die verhältnismäßig ruhige Haltung der niederländischen Delegation, die sich schließlich einer Grundsatz-Einigung nicht entgegenstellte, allerdings immer wieder innenpolitische Schwierigkeiten in den Vordergrund schob und deshalb in erster Linie für eine wohldurchdachte Öffentlichkeitsarbeit plädierte, wofür sie bei uns Verständnis fand.

Mehrere Delegationen ließen durchblicken und sagten dies in kleinerem Kreise auch unverblümt, daß sie größte interne Schwierigkeiten voraussähen, wenn die Bundesrepublik Deutschland die Verfügung über CMs anstreben würde, die bis in die Sowjetunion hineinreichen. Weitreichende CMs sollten in den Händen der USA bleiben.[7] Vielleicht kämen die europäischen Kernwaffenstaaten Frankreich und Großbritannien als Verfügungsberechtigte in Betracht.

Folgende Übereinstimmung schälte sich schließlich aus der sehr offen und auf hohem Niveau geführten Debatte heraus:

Die Waffenmischungen müssen ausbalanciert sein, damit sie wie bisher der Strategie der flexiblen Antwort[8] entsprechen. Dazu ist eine ständige Modernisierung notwendig. Auf dem Gebiete der Gefechtsfeldwaffen ist die Neutronenwaffe das Kernstück einer solchen Modernisierung. Außerdem ist das Offenhalten der CM-Optionen notwendig.[9] Diese dynamische Waffe wird wahrscheinlich, gerade auch in ihren weitreichenden Versionen, in das NATO-Arsenal eingeführt werden müssen, nicht zuletzt wegen der sowjetischen Entwicklungen auf dem Gebiet der Mittelstreckenraketen.

(McGiffert stellte allerdings verschiedentlich die Frage, ob der SS-20 nicht ebensogut durch ihr entsprechende Raketen-Entwicklungen begegnet werden könne.)

Für die Veröffentlichung werden genau abgestimmte Erklärungen (z.B. für den NATO-Gipfel[10]) notwendig sein. Dabei sollte der Modernisierungsprozeß als ganz normal und undramatisch hingestellt werden.[11]

Die rüstungskontrollpolitischen Fragen und die Kostenprobleme werden erst im zweiten Takt der Arbeit, nämlich nach detaillierter Ausfüllung des beschlossenen Rahmens, näher in die Untersuchung einzubeziehen sein. Im ersten Takt müßten wir von der objektiven Kräftelage ausgehen, also von der Frage, was erforderlich ist, um das ungefähre Gleichgewicht zum Warschauer Pakt auch in Zukunft aufrechtzuerhalten.

---

[7] Der Passus „Mehrere Delegationen ... USA bleiben" wurde von Vortragendem Legationsrat I. Klasse Lewalter durch Pfeil hervorgehoben. Vgl. Anm. 1.
[8] Zur Strategie der „flexible response" vgl. Dok. 5, Anm. 11.
[9] Die Wörter „Offenhalten der CM-Optionen notwendig" wurden von Bundesminister Genscher hervorgehoben. Dazu vermerkte er handschriftlich: „r[ichtig]".
[10] Zur NATO-Ratstagung auf der Ebene der Staats- und Regierungschefs am 30./31. Mai 1978 in Washington vgl. Dok. 170.
[11] Dieser Satz wurde von Bundesminister Genscher hervorgehoben. Dazu vermerkte er handschriftlich: „r[ichtig]".

Ob eine Reduzierung der Gefechtsköpfe aus der Modernisierung folgen wird und ob sich gegebenenfalls aus einer solchen Tatsache rüstungskontrollpolitischer Gewinn schlagen ließe, steht noch dahin. Wir stimmten darin überein, daß sich diese Frage erst nach genauen Detailstudien, an denen SHAPE beteiligt werden muß, beantworten lassen wird.

2) Uns kam sehr zustatten, daß wir den amerikanischen Delegationsleiter McGiffert und die meisten Herren der übrigen Delegationen von bilateralen Sicherheitskonsultationen persönlich kennen. Mit McGiffert hatte ich ein langes Gespräch vor Beginn der Konferenz und mehrere Gespräche zwischen den einzelnen Abschnitten, so daß sich die Konferenz unauffällig steuern ließ. Ähnliches gilt für Großbritannien (Quinlan), Norwegen (Holst), die Niederlande (van Vloten) und Belgien (Champenois). Italiener, Griechen, Türken, Dänen, Kanadier hielten sich verhältnismäßig zurück oder brachten regionale Spezialthemen auf. Die Zusammenarbeit mit den Herren des BMVg war ausgezeichnet (Delegationsliste Anlage 2).

McGiffert legte offenbar Wert auf einen aus der Diskussion herauswachsenden Konsensus und leitete die Konferenz mit Takt und Geschick.

3) Am Rande der Sitzungen gab uns der Direktor des Los Alamos Scientific Laboratory, Mr. H. M. Agnew, einen Überblick über die Arbeit des von ihm geleiteten Institut-Komplexes. Dieser ist aus dem „Manhattan Project"[12] von 1943 (Professor Oppenheimer) hervorgegangen. Heute liegt die überwiegende Tätigkeit des Laboratory auf zivilem Gebiet. Die waffentechnische Entwicklung scheint etwa 45% der Arbeit auszumachen.

Wir hatten Gelegenheit zur Besichtigung des Neutronen-Beschleunigers, der zugleich friedlicher und militärischer Forschung dient (z. B. Krebsforschung/Neutronenwaffen). Los Alamos soll mit seinen über 1100 habilitierten Naturwissenschaftlern die größte Konzentration von Professoren hauptsächlich der Physik und Chemie in der ganzen Welt darstellen.

Bei Gesprächen mit Wissenschaftlern wurde deutlich, welche enormen Anstrengungen die Vereinigten Staaten unternehmen, um technische Gefährdungen durch die Technik einzufangen. Als ich einen der Herren auf den kürzlichen Satellitenunfall der Sowjetunion[13] ansprach, erläuterte er mir, daß die Vereinigten Staaten bereits eine Lösung gefunden hätten. Die sensiblen Teile der US-Satelliten würden in einen besonderen Materialmantel eingekapselt. Diese Kapseln seien mit besonderen Vorrichtungen zur Erprobung auf Granit geschossen worden. Die Aufprallgeschwindigkeit sei die gleiche gewesen wie die eines auf die Erdoberfläche auftreffenden, abgestürzten Satelliten. Das Aufschießen auf Granit simuliere den schlimmsten Fall, nämlich das Aufschlagen auf den Steinen einer Großstadt. Das Material halte diesem Aufprall stand.

Auch die Sicherung von Kernwaffen macht offenbar rasche Fortschritte: Kleinere Waffen, also z. B. Artilleriemunition, werden in näherer Zukunft in unbrechbare Kassetten eingeschlossen, größere Waffen durch „Membranen im

---

[12] Bezeichnung für das amerikanische Programm zur Entwicklung einer Nuklearwaffe während des Zweiten Weltkriegs unter Beteiligung Großbritanniens und Kanadas.
[13] Zum Absturz eines sowjetischen Satelliten über Kanada am 24. Januar 1978 vgl. Dok. 21, Anm. 15.

Innern" geschützt. Unbefugte (Terroristen im Frieden, im Verteidigungsfall der Gegner) könnten mit diesen gesicherten Waffen nichts anfangen.

4) Die High Level Group soll ihre Arbeit am 17. März 1978 in Brüssel fortsetzen.

5) Diese Aufzeichnung hat Herrn D 2[14] vorgelegen.

Pfeffer

VS-Bd. 10569 (201)

62

Botschafter Pauls, Brüssel (NATO), an das Auswärtige Amt

114-10844/78 geheim Aufgabe: 24. Februar 1978, 22.00 Uhr[1]
Fernschreiben Nr. 230 Ankunft: 24. Februar 1978, 23.47 Uhr
Citissime nachts

Betr.: Neutronenwaffe
hier: Amerikanischer Vorschlag im Rat am 24.2.1978 zur weiteren Behandlung der Neutronenwaffe

Zur Unterrichtung

David Aaron führte das Thema Neutronenwaffe mit der Bemerkung ein, die USA wollten heute ihre Überlegungen zum weiteren Vorgehen darlegen. Sie erwarteten dazu im Augenblick keine unmittelbaren Reaktionen. Doch müsse das Bündnis sich bald auf eine Entscheidung zubewegen. Unentschlossenheit sei gefährlich, es dürfe nicht der Eindruck entstehen, als ob der Sowjetunion ein „droit de regard" in Rüstungsfragen der Allianz zustehe.

Das Thema Neutronenwaffe dürfe nicht in zeitliche Nähe der UNO-Sonder-Generalversammlung[2] und des NATO-Gipfels im Mai[3] geraten.

Sodann trug Aaron die drei Punkte über die amerikanischen Vorstellungen des weiteren Vorgehens, wie sie uns am 18.2.1978 in Bonn[4] übergeben wurden,

---

[14] Klaus Blech.

[1] Hat Bundesminister Genscher am 25. Februar 1978 vorgelegen, der handschriftlich vermerkte: „1) Mit D 2 besprochen; 2) Bundesregierung sollte sich Anlehnung an Erklärung Pauls für schnellstmögliche Behandlung einsetzen; 3) v[on] Staden sollte sich bei Vest für Behandlung der Angelegenheit bedanken u. nochmals auf Eilbedürftigkeit Natoratssitzung und unseren Standpunkt in der Sache verweisen."
Hat Ministerialdirektor Blech vorgelegen, der auf einem beigefügten Vermerk handschriftlich vermerkte: „H[err]n Dg 20 b[itte] Bespr[echung] sofort."
Hat Ministerialdirigent Pfeffer am 27. Februar 1978 vorgelegen, der handschriftlich vermerkte: „Erl[edigt]".

[2] Zur UNO-Sondergeneralversammlung über Abrüstung vom 23. Mai bis 30. Juni 1978 in New York vgl. Dok. 212.

[3] Zur NATO-Ratstagung auf der Ebene der Staats- und Regierungschefs am 30./31. Mai 1978 in Washington vgl. Dok. 170.

[4] Zu den am 18. bzw. 20. Februar 1978 übergebenen amerikanischen Papieren vgl. Dok. 55.

vor. Aaron räumte ein, daß die Verbindung zwischen SS-20 und Neutronenwaffe kaum militärischer Art, jedoch vornehmlich politisch-psychologischer Art sei. Die Vorzüge dieses Rüstungskontrollansatzes seien Publikumswirksamkeit, Einfachheit, Verifizierbarkeit und sofortige Verhandelbarkeit.

Die Sowjets würden in diesem Falle einer schnellen Entscheidung in der einen oder der anderen Richtung kaum ausweichen können. Abschließend wiederholte er den amerikanischen Wunsch nach baldiger Entscheidung.

Der niederländische Vertreter erklärte, daß seine Regierung den militärischen Nutzen der Neutronenwaffe anerkenne. Sie habe jedoch starke Vorbehalte gegen die Einführung dieser Waffe in das NATO-Arsenal wegen der Auswirkungen auf die Rüstungskontrollpolitik und der Gefahr eines verstärkten Wettrüstens. Die Niederlande würden es begrüßen, wenn es damit möglich würde, die Einführung der Neutronenwaffe zu vermeiden. Die Niederlande begrüßten deshalb den rüstungskontrollpolitischen Ansatz der Amerikaner.[5] Entsprechende Verhandlungen sollten so bald wie möglich eingeleitet werden. Sie müßten zu substantiellen Zugeständnissen der anderen Seite führen. Zwar befasse sich das Parlament zur Zeit mit dem Problem, eine Entscheidung hierzu liege jedoch nicht vor. Die niederländische Regierung könne zur Zeit keine Stellung zu den amerikanischen Vorschlägen nehmen. Er schätze den Zeitbedarf für eine niederländische Entscheidung auf vier Wochen.[6]

Der französische Vertreter unterstrich, daß Frankreich durch das Diskussionsthema nicht betroffen sei. Die Angelegenheit gehöre eigentlich in das DPC oder in die NPG. Trotzdem wolle er auf die gefährliche Präzedenzwirkung dieses Tauschgeschäfts aufmerksam machen, zumal man nicht wisse, wohin derartige Verhandlungen führen würden.

---

[5] Ministerialdirigent Pfeffer notierte am 24. Februar 1978, der niederländische Außenminister van der Klaauw habe im Gespräch mit Bundesminister Genscher am selben Tag dargelegt: „Die niederländische Regierung werde dem Nein, das ein Großteil der politischen Kräfte in den Niederlanden fordere, entgegenhalten, daß die Frage in der Allianz diskutiert werde und die Option einer rüstungskontrollpolitischen Nutzung der neuen Waffe gegenüber der Sowjetunion – sei es bei SALT, sei es bei MBFR – unbedingt offen gehalten werden müsse. Das sei der Standpunkt der niederländischen Regierung, und bei diesem Standpunkt werde sie bleiben." Vgl. VS-Bd. 11090 (202); B 150, Aktenkopien 1978.

[6] Ministerialdirigent Pfeffer vermerkte am 8. März 1978, daß am Vortag Gespräche mit der niederländischen Regierung zur Neutronenwaffe stattgefunden hätten: „Die Niederländer äußerten sich mit großem Freimut: Die innenpolitische Lage gebe der niederländischen Regierung einen sehr geringen Spielraum. Auch deshalb lege die Regierung Wert darauf, daß die Produktionsentscheidung nur vom amerikanischen Präsidenten zu verantworten sei. Die Delegation bezweifelt, ob die niederländische Regierung die amerikanische Produktionsentscheidung zusammen mit europäischen Verbündeten werde unterstützen können. Sicher werde die niederländische Regierung nicht in der Lage sein, eine Dislozierungsentscheidung schon jetzt unter der auflösenden Bedingung geglückter rüstungskontrollpolitischer Versuche mitzutragen. Die niederländische Delegation war auch der Meinung, daß eine eventuelle spätere Dislozierung auf niederländischem Boden wegen des innenpolitischen Widerstandes nicht in Betracht komme." Ferner habe sich die niederländische Delegation wegen der am selben Tag stattfindenden Parlamentsdebatte besorgt gezeigt. Pfeffer führte dazu aus, nach neuesten Meldungen habe sich eine Zweidrittelmehrheit des niederländischen Parlaments „gegen eine Produktionsentscheidung des amerikanischen Präsidenten ausgesprochen. Dieses Ergebnis ist […] für die Regierung formal nicht bindend, aber faktisch sehr unangenehm." Der niederländische Verteidigungsminister Kruisinga sei zurückgetreten. Vgl. VS-Bd. 10575 (201); B 150, Aktenkopien 1978.

Norwegen begrüßte den rüstungskontrollpolitischen Ansatz und sagte eine eingehende Prüfung der Vor- und Nachteile des amerikanischen Dreipunktevorschlages sowie eine Antwort zu gegebener Zeit zu.

Ich erklärte:

„Wir danken der amerikanischen Regierung für diese Erklärungen. Wir halten den amerikanischen Vorschlag für eine fruchtbare Grundlage unserer baldigen Diskussion. Wir halten es für richtig, die nationale amerikanische Produktionsentscheidung mit einem Rüstungskontroll-Angebot zu verbinden.

Wir werden demnächst im Rat – nach Unterrichtung unserer Regierungen und aufgrund von deren Weisungen – über den Inhalt des rüstungskontrollpolitischen Angebots und über die Allianz-Erklärung eine vertiefte Sachdiskussion führen.

Wir hoffen, daß sich aus dieser Diskussion rasch der notwendige Konsensus zur Entscheidung der anstehenden Probleme herausbilden wird. Wir teilen die amerikanische Auffassung, daß wir schnell arbeiten müssen."

Der britische Vertreter hielt eine Verbindung von Dislozierung und Rüstungskontrolle im amerikanischen Vorschlag für richtig. Bedenklich sei jedoch die Koppelung von Neutronenwaffe und SS-20. Die SS-20 liege in der Grauzone und gehöre eigentlich in den SALT-Bereich, während die Neutronenwaffe eine Gefechtsfeldwaffe sei und nicht in Verbindung mit SALT gebracht werden sollte. Es sollte herausgestellt werden, daß die Neutronenwaffe ein Defensivsystem kurzer Reichweite zur Bekämpfung massierter Panzerziele sei.

Logisch sei es, die Neutronenwaffe gegen Panzer zu handeln. Ein Einbringen in MBFR sei jedoch wegen der Komplexität der Materie problematisch. Man könne vielleicht versuchen, die Sowjets mit Hilfe der Neutronenwaffe zur Annahme der westlichen MBFR-Position zu bewegen.

Der Vorsitzende des Militärausschusses[7] wies auf die Notwendigkeit hin, vor jeder Entscheidung die Stellungnahme der NMAs[8] einzuholen.

Der italienische Vertreter wies auf die unverändert schwierige politische Lage in Italien hin, die es seiner Regierung unmöglich mache, Stellung zu beziehen.

Dänemark und Belgien äußerten ihr Interesse an dem amerikanischen Vorschlag und sagten eingehende Prüfung zu.

In Antwort auf die Diskussion erläuterte Aaron, daß die USA andere rüstungskontrollpolitische Ansätze sehr wohl begrüßt hätten. Trotz des logischen Zusammenhangs hätten sie den MBFR-Rahmen als zu komplex und mit zu viel Risiken belastet verworfen. Zur Verhandlung der Neutronenwaffe seien die USA hinsichtlich Forum und Verfahren offen.

Aaron wiederholte, daß die Entscheidung dringend und die Unterstützung durch die Allianz für die Amerikaner unerläßlich sei.

[gez.] Pauls

VS-Bd. 10574 (201)

---

[7] Herman F. Zeiner Gundersen.
[8] NATO Military Authorities.

63

Bundesminister Genscher an Bundeskanzler Schmidt

201-369.03/10-681 I/78 VS-vertraulich 25. Februar 1978[1]

Betr.: Herstellungsbeschränkungen gemäß Anlage III zu Protokoll III des WEU-Vertrages[2]

Bezug: Mein Schreiben vom 12. April 1976 – 201-369.03/10-1159/76 VS-v[3]
Ihr Schreiben vom 28. April 1976 – 23-37930-We 1/2/76 VS-v[4]

Sehr geehrter Herr Bundeskanzler!

Mit meinem Schreiben vom 12. April 1976 hatte ich Ihnen den zwischen Auswärtigem Amt, Bundesministerium für Wirtschaft und Bundesministerium der Verteidigung abgestimmten Vorschlag unterbreitet, auf die ganze oder teilweise Aufhebung der konventionellen Herstellungsbeschränkungen des WEU-Vertrages hinzuwirken und zu diesem Zweck zunächst mit Frankreich Sondierungsgespräche aufzunehmen. Sie hatten mit Ihrem Schreiben vom 28. April 1976 diesem Vorschlag zugestimmt und um gelegentliche Unterrichtung über die erzielten Ergebnisse gebeten.

1) Unsere Bemühungen, die über Sondierungen mit Frankreich nicht hinausgediehen sind, sind bisher erfolglos geblieben.[5] Die zunächst vorgeschlagene

---

[1] Durchschlag als Konzept.
Das Schreiben wurde von Vortragendem Legationsrat I. Klasse Dannenbring konzipiert.
Ministerialdirektor Blech leitete das Schreiben am 15. Februar 1978 über Staatssekretär van Well an Bundesminister Genscher mit der Bitte um Unterzeichnung.
Hat van Well am 20. Februar 1978 vorgelegen.
Hat Vortragendem Legationsrat I. Klasse Lewalter am 21. Februar 1978 vorgelegen. Vgl. den Begleitvermerk; VS-Bd. 10617 (201); B 150, Aktenkopien 1978.

[2] Die Herstellungsbeschränkungen für die Bundesrepublik waren in Protokoll Nr. III zum WEU-Vertrag vom 23. Oktober 1954 über die Rüstungskontrolle enthalten. Die Herstellung atomarer, biologischer und chemischer Waffen auf dem Gebiet der Bundesrepublik wurde ebenso verboten wie die Herstellung von Waffen großer Reichweite, Lenkwaffen und größeren Kriegsschiffen. Einzelheiten wurden in den Anlagen I bis III zu dem Protokoll ausgeführt. Für den Wortlaut vgl. Bundesgesetzblatt 1955, Teil II, S. 266–272.
Anlage III wurde zwischen 1958 und 1973 mehrfach geändert. Für den Wortlaut der geltenden Fassung vgl. Bundesgesetzblatt 1972, Teil II, S. 768 f., bzw. Bundesgesetzblatt 1974, Teil II, S. 671.

[3] Für das Schreiben des Bundesministers Genscher an Bundeskanzler Schmidt vgl. die Anlage 1 zur Aufzeichnung des Ministerialdirigenten Ruhfus vom 7. April 1976; VS-Bd. 10616 (201); B 150, Aktenkopien 1976.

[4] Für das Schreiben des Bundeskanzlers Schmidt an Bundesminister Genscher vgl. AAPD 1976, I, Dok. 117.

[5] Bundesminister Genscher übergab am 4. Februar 1977 anläßlich der deutsch-französischen Konsultationen in Paris ein Non-paper zur Frage der WEU-Herstellungsbeschränkungen, nachdem bereits am 12. Januar 1977 ein Vorgespräch des Ministerialdirektors Blech mit dem stellvertretenden Abteilungsleiter im französischen Außenministerium, Pagniez, stattgefunden hatte. Die französische Regierung äußerte sich dazu am 18. März 1977. Vgl. dazu AAPD 1977, I, Dok. 65.
Vortragender Legationsrat Holik legte am 16. Mai 1977 ein Non-paper vor, das von Ministerialdirektor Blech am 26. Mai 1977 dem Abteilungsleiter im französischen Außenministerium, de Laboulaye, übergeben wurde. Darin bekräftigte die Bundesregierung, daß das im Non-paper vom 4. Februar 1977 vorgeschlagene Verfahren eine Änderung bzw. Aufhebung der entsprechenden Abschnitte des WEU-Vertrags vom 23. Oktober 1954 durch einen Beschluß des WEU-Rats, d. h. ohne Ratifizierung durch die Parlamente, ermögliche. Vgl. VS-Bd. 10616 (201); B 150, Aktenkopien 1977.
Am 11. August 1977 teilte Botschafter Herbst, Paris, mit, der Generalsekretär des französischen

sogenannte „große Lösung", d. h. die Aufhebung aller Beschränkungen der Anlage III zu Protokoll III aufgrund von Überlegungen allgemeiner politischer, wirtschaftlicher und militärischer Art durch Beschluß des WEU-Rats stieß auf französischen Widerstand. Frankreich befürchtete, daß die Aufhebung aller dieser Beschränkungen ein Politikum schaffen und rechtliche Schwierigkeiten verursachen werde.

Gegen die danach von uns eingeführte sogenannte „kleine Lösung", d. h.

- die Aufhebung aller Beschränkungen im Kriegsschiffbau (Abschnitt V),
- das Bestehenlassen der Beschränkungen für strategische Bombenflugzeuge (Abschnitt VI) und
- die Änderung der Beschränkungen für Raketen derart, daß diese fortan in Kooperation mit unseren NATO-Verbündeten hergestellt werden können (Abschnitt IV),

ebenfalls aufgrund von Überlegungen allgemeiner Art durch Beschluß des WEU-Rats, hatte Frankreich gleichfalls Bedenken. Die französische Seite hat zwar in zahlreichen Kontakten, darunter einem Gespräch mit meinem Kollegen de Guiringaud, ihre prinzipielle Aufgeschlossenheit gegenüber unserem Anliegen betont, zugleich aber unter Hinweis auf innenpolitische Gründe gebeten, die Angelegenheit vorläufig, jedenfalls bis zu den französischen Wahlen im März 1978[6] zurückzustellen. Die französische Seite befürchtet eine kontroverse Diskussion im eigenen Lager, auch wenn, wie von uns vorgeschlagen, die Aufhebung bzw. Änderung der Bestimmungen möglichst lautlos durch Ratsbeschluß erfolgt wäre.

2) Unabhängig von der „großen" bzw. „kleinen" Lösung haben die Ressorts geprüft, ob der deutschen Werftindustrie mit einer Sofortinitiative für Kampf-, Schul- und Hilfsschiffe im Rahmen des im Vertrag selbst vorgesehenen Aufhebungsverfahrens, das in der Vergangenheit schon neunmal praktiziert wurde, geholfen werden kann. Ein solches Aufhebungsverfahren, dessen Dauer sich nicht abschätzen läßt, setzt zwingend einen Bedarf der Streitkräfte und eine darauf gestützte Empfehlung von SACEUR voraus. Angesichts der zunehmenden Notlage der deutschen Werften und der Tatsache, daß seit Jahren große Exportaufträge für Hilfsschiffe über 6000 t sowie Kampf- und Schulschiffe über 3000 t nicht realisiert werden konnten, ist auch geprüft worden, ob bei einem solchen Aufhebungsverfahren mit Kooperationsvorhaben des Bundesministeriums der Verteidigung auf dem Gebiet des Schiffbaus sowie mit einem Bedarf der verbündeten Streitkräfte argumentiert werden kann. Auf eine solche ex-

---

Fortsetzung Fußnote von Seite 324
Außenministeriums, Soutou, habe zum Memorandum der Bundesregierung vom 26. Mai 1977 erklärt: „Die französische Regierung sei nicht ohne Verständnis für die deutschen Wünsche. [...] Deshalb habe sie in der Vergangenheit auch stets versucht, den berechtigten Belangen der Bundesrepublik durch Ausnahmeregelungen ad hoc gerecht zu werden. Sie sei grundsätzlich auch bereit, Verfahren und Formeln (procedures et formules) zu suchen, die den deutschen Wünschen gerecht werden. Nur müsse die französische Regierung um Verständnis dafür bitten, wenn sie darauf dränge, die Diskussion über den deutschen Antrag zu vertagen, und zwar bis zu einem Zeitpunkt nach den Wahlen zur Nationalversammlung im März 1978. Eine öffentliche Diskussion in Frankreich über die Aufhebung von Produktionsbeschränkungen, die der WEU-Vertrag der Bundesrepublik auferlegt, könne der Zielsetzung der Bundesregierung nur schaden." Vgl. den Drahtbericht Nr. 2356; VS-Bd. 14064 (010); B 150, Aktenkopien 1977. Vgl. dazu ferner AAPD 1977, II, Dok. 225.
[6] In Frankreich fanden am 12. und 19. März 1978 Wahlen zur Nationalversammlung statt.

tensive Interpretation hat vor allem das Bundesministerium für Wirtschaft Wert gelegt.

Das Bundesministerium der Verteidigung hat auch diese Ansätze geprüft und hierzu festgestellt, daß sich in absehbarer Zeit weder ein Eigenbedarf der Bundesmarine an Kriegsschiffen noch ein solcher der verbündeten Streitkräfte abzeichnet und daß auch Kooperationsvorhaben des BMVg auf dem Gebiet des Kriegsschiffbaus, die durch die Herstellungsbeschränkungen behindert werden könnten, derzeit nicht bestehen.

3) Bei dieser Sachlage schlage ich vor, daß wir angesichts des beginnenden französischen Wahlkampfs die „kleine Lösung" zur Zeit nicht weiterverfolgen, jedoch alsbald nach den französische Wahlen mit Nachdruck wieder aufgreifen, indem wir auf hoher Ebene die Sondierungsgespräche zunächst mit Frankreich fortsetzen und danach solche auch mit den anderen Partnerländern aufnehmen. Der französischen Seite ist auch bereits zu verstehen gegeben worden, daß wir unsere Absicht, diese die deutsche Wirtschaft einseitig belastenden Vorschriften aufheben oder ändern zu lassen, keinesfalls aufgegeben haben, vielmehr im politisch geeigneten Zeitpunkt wieder aufgreifen würden.

Dieses Schreiben ist mit dem Bundesministerium für Wirtschaft und mit dem Bundesministerium der Verteidigung abgestimmt.[7]

Mit freundlichen Grüßen
gez. Genscher

VS-Bd. 10617 (201)

---

[7] Staatssekretär Schüler, Bundeskanzleramt, teilte Bundesminister Genscher am 6. März 1978 mit: „Der Bundeskanzler stimmt Ihnen zu, daß wir die Sondierungen mit Frankreich angesichts des beginnenden französischen Wahlkampfs zurückstellen, jedoch alsbald nach diesen Wahlen mit Nachdruck wieder aufgreifen." Vgl. VS-Bd. 10617 (201); B 150, Aktenkopien 1978.
In den deutsch-französischen Direktorenkonsultationen am 20. April 1978 in Paris trug Ministerialdirektor Blech den Vorschlag vor, die Frage der WEU-Herstellungsbeschränkungen zu überprüfen. Vortragender Legationsrat Müller-Chorus vermerkte dazu am 28. April 1978: „Er verwies auf die bereits seit Ende 1976 geführten Diskussionen darüber, bezeichnete die Durchsetzung einer großen Lösung als sicherlich sehr schwierig, wiederholte aber unseren Vorschlag einer sog. kleinen Lösung mit Nachdruck: Danach sollten die Beschränkungen im Kriegsschiffbau fallen, während die Begrenzungen für strategische Bomber bestehen bleiben könnten und die Bestimmungen über Raketen derart zu modifizieren seien, daß für eine Koproduktion mit den NATO-Verbündeten keine Beschränkungen gälten. [...] Zur Begründung verwies D 2 vor allem auf die Arbeitslage unserer Werftindustrie, die außerordentlich schlecht sei. [...] Die französische Seite nahm die Ausführungen zur Kenntnis und sagte eine alsbaldige Prüfung zu." Vgl. VS-Bd. 10617 (201); B 150, Aktenkopien 1978.

64
Aufzeichnung des Botschafters Ruth

220-371.80-343I/78 geheim　　　　　　　　　　　　　　　25. Februar 1978

Über Herrn D2[1] und Herrn Staatssekretär[2] dem Herrn Bundesminister[3] zur Unterrichtung vorgelegt

Betr.: SALT;
　　hier: Bündniskonsultationen am 24.2.1978

1) Am 24. Februar fanden ganztägige Bündniskonsultationen über SALT statt, und zwar zunächst im Rat mit Experten. Daran schloß sich eine Expertensitzung an. Auf amerikanischer Seite wurde die Unterrichtung von Botschafter Warnke sowie dem stellvertretenden Sicherheitsberater des Präsidenten, David Aaron, und dem Leiter des politisch-militärischen Büros im State Department, Leslie Gelb, vorgenommen.

2) Mit diesen Konsultationen ist es gelungen, einen wesentlichen Schritt in Richtung auf eine Intensivierung und Substantivierung der NATO-Konsultationen zu tun. Es kann angenommen werden, daß die Modalitäten dieser Unterrichtung für künftige SALT-Konsultationen beibehalten werden. Sie bieten uns Gelegenheit, unsere Vorstellungen zur Geltung zu bringen.

3) Im Mittelpunkt des Interesses standen für uns folgende Themen:
– Nichtumgehungsproblematik,
– Absichtserklärung.

Über die übrigen zur Sprache gekommenen SALT-Themen wird gesonderte Aufzeichnung vorgelegt.

4) Die inhaltliche Präsentation der Amerikaner deckte sich im wesentlichen mit der Unterrichtung, die uns am 30. Januar bilateral in Bonn[4] gegeben worden war und mit den in der Zwischenzeit uns zusätzlich zugegangenen Informationen und Kommentaren. Wir waren deshalb in der Lage, vorbereitet in diese Konsultationen hereinzugehen. Demgemäß hat Botschafter Pauls unmittelbar nach der Eingangserklärung Botschafter Warnkes in zusammenhängender Form unsere Grundsatzüberlegungen dargestellt, insbesondere zu den uns besonders interessierenden Fragen der Nichtumgehung und der Absichtserklärung. Diese Erklärung von Botschafter Pauls entsprach dem mit Weisung vom 22.2.78 an die NATO-Vertretung übermittelten Text.[5] Das von uns gewählte Verfahren

---

[1] Hat Ministerialdirektor Blech am 25. Februar 1978 vorgelegen.
[2] Hat Staatssekretär Hermes am 27. Februar 1978 vorgelegen.
[3] Hat Bundesminister Genscher am 23. März 1978 vorgelegen.
[4] Zu den deutsch-amerikanischen Gesprächen über SALT am 30. Januar 1978 vgl. Dok. 23 und Dok. 29.
[5] In der Erklärung, die mit Drahterlaß Nr. 924 des Botschafters Ruth an die Ständige Vertretung bei der NATO in Brüssel übermittelt wurde, hieß es: „Auch dem Problem der Absichtserklärung kommt große Bedeutung zu. Hier werden entscheidende Weichenstellungen für Nachfolgeverhandlungen vorgenommen. Die sowjetische Forderung einer radikalen FBS-Lösung und einer Einbeziehung der Drittstaatensysteme in SALT III ist konkret im Prawda-Artikel vom 11.2.78 angesprochen. Die Forderung, diese Themen in einer Absichtserklärung zu nennen, liegt auf dem Tisch. Wir haben in diesem Zusammenhang den Eindruck, daß die Sowjetunion die Absicht verfolgt, eine ihr genehme Defini-

hat sich bewährt. Es ist uns gelungen, damit von vornherein zu signalisieren, daß wir eine substantielle Diskussion wünschten. Außerdem haben wir damit unsere Vorstellungen formell im NATO-Rat noch einmal zur Geltung gebracht. Der Redetext ist in einer deutschen Ausfertigung in der Anlage beigefügt.[6]

5) Zur Frage der Aussichten für den Abschluß der SALT-II-Verhandlungen hielten sich die Amerikaner bemerkenswert zurück, sie wiesen jedoch darauf hin, daß die Schwierigkeiten in anderen Bereichen (Belgrad[7], Horn von Afrika) am Verhandlungstisch in Genf nicht spürbar geworden seien und daß es seit Wiederbeginn der Verhandlungen im Januar[8] echte Fortschritte gegeben habe.

II. Nichtumgehungsklausel

1) Die Amerikaner erklärten, sie hätten keinen Zweifel über die von der Sowjetunion verfolgten Absichten. Sie seien zur Erhaltung der Allianzkooperationsfähigkeit fest entschlossen und hätten in den Verhandlungen Gespräche über Non-transfer strikt abgelehnt. Sie hätten ebenso deutlich gemacht, daß es in Zukunft selbstverständlich Transfers geben werde. Das Eingehen auf sowjetische Nichtumgehungswünsche habe ebenso wie die vorgesehene Rückfallposition („through any other state or states or in any other manner") nur den taktischen Zweck, weitergehende sowjetische Forderungen zurückweisen zu können. Die Rückfallposition werde als taktisches Minimum benötigt, um sowjetischen Wünschen nach Non-transfer begegnen zu können. Diese Formel enthalte andererseits keinerlei zusätzliche Verpflichtung. Die Vereinigten Staaten seien bereit, mit den Verbündeten eine gemeinsame Front gegen alle sowjetischen Pressionsversuche aufzubauen, und beabsichtigten zu diesem Zweck, im NATO-Rat und öffentlich im Ratifikationsverfahren vor dem Kongreß zu erklären, daß die gegenwärtige Zusammenarbeit und künftige Modernisierungen nicht beschränkt würden.

2) Wir haben die Bereitschaft der Amerikaner begrüßt, vor Kongreß und NATO-Rat eine in der Sache übereinstimmende Interpretationserklärung abzugeben. Damit werde einem Vorschlag Rechnung getragen, den wir schon im August 1977[9] gemacht hätten. Es komme jetzt darauf an, daß die Formulierungen in der Allianz sorgfältig ausgearbeitet werden.

Fortsetzung Fußnote von Seite 327
tion des Begriffs ‚strategisch' durchzusetzen und damit ihr FBS-Konzept zur Geltung zu bringen. (Danach würde als strategisch alles bezeichnet, was sowjetisches Territorium erreichen kann, gleichgültig, von wo derartige Waffen abgeschossen werden, und ohne Berücksichtigung der Tatsache, daß ein wesentlicher Teil des Mittelstreckenpotentials der UdSSR auf Europa gerichtet ist.) [...] Wir begrüßen die Entschlossenheit der amerikanischen Regierung, die sowjetischen Forderungen nach einer Nichtweitergaberegelung abzulehnen und die wiederholt geäußerte Bereitschaft, das Bündnis in dieser Frage vor neuen Entwicklungen voll zu konsultieren. Wir hätten es vorgezogen, daß ein SALT-II-Abkommen keine Nichtumgehungsregelung enthält. [...] Es geht uns jedoch in erster Linie darum, sicherzustellen, daß der Sowjetunion mit einer Nichtumgehungsklausel nicht ein Instrument an die Hand gegeben wird, mit dem sie politisch auf interne Bündnisangelegenheiten (konkret auf die politische und technologische Zusammenarbeit im Bündnis) Einfluß nehmen kann." Vgl. VS-Bd. 11384 (220); B 150, Aktenkopien 1978.

[6] Dem Vorgang beigefügt. Vgl. Anm. 5.
[7] In Belgrad fand seit 4. Oktober 1977 die KSZE-Folgekonferenz statt.
[8] Die Verhandlungen über eine Begrenzung strategischer Waffen (SALT II) wurden am 10. Januar 1978 in Genf fortgesetzt.
[9] Am 27. Juli 1977 legte Vortragender Legationsrat I. Klasse Andreae eine Weisung für die Ständige Vertretung bei der NATO in Brüssel vor mit der Bitte, in der Sitzung des Ständigen NATO-Rats am 2. August 1977 folgendes vorzutragen: „Die amerikanische Nichtumgehungsklausel kann in

Gegenüber der Nichtumgehungsklausel wurden im übrigen von uns, Frankreich und Belgien starke Bedenken geltend gemacht. Wir betonten unter Hinweis auf die kürzliche Prawda-Veröffentlichung[10] die Gefahr, daß die Sowjetunion ein rechtliches Instrument erhalte, um mit politischem Druck die Allianz-Zusammenarbeit zu stören und damit faktisch ein droit de regard gegenüber der Bündniszusammenarbeit erwerbe. Diese Gefahr werde vor allem durch die amerikanische Rückfallposition verschärft. Schließlich sei die Präzedenzwirkung solcher Klauseln zu beachten; es sei zu befürchten, daß auch in künftigen Abrüstungsverträgen nicht mehr der Grundsatz gelte, daß alles erlaubt bleibe, was nicht ausdrücklich verboten sei. Schließlich haben wir darauf hingewiesen, daß die Formulierung „durch einen dritten Staat oder dritte Staaten" aus dem sowjetischen Non-transfer-Vorschlag stamme. Wenn diese Formulierung in die akzeptierte Klausel übernommen werde, erhebe sich die Frage, ob sichergestellt werden könne, daß das Transfer-Verständnis der Sowjetunion im Verhandlungsablauf ausreichend neutralisiert werden könne und ob von westlicher Seite dieser Formel eine Interpretation entgegengestellt werden könne, die sie unschädlich mache.

Fortsetzung Fußnote von Seite 328
verschiedener Weise interpretiert werden, da der Begriff circumvention nicht eindeutig definiert ist. Wir hätten keine Bedenken gegen die vorgeschlagene Formulierung, wenn sie wirklich nichts anderes besagen würde, als daß die Vertragspartner sich verpflichten, die Bestimmungen des Vertrages einzuhalten. Die Klausel kann aber auch anders ausgelegt werden, insbesondere wenn sie in der Form B) mit dem Zusatz ‚through any other state or states or in any other manner' versehen wird. Diese Formulierung läßt die Deutung zu, daß ‚Nichtumgehung' mehr bedeutet als ‚Nichtverletzung' eines Abkommens, daß nämlich mit dieser Fassung insbesondere die Transfermöglichkeit ausgeschlossen werden soll. [...] Wir würden es daher begrüßen, wenn die amerikanische Delegation bei Abschluß der SALT-II-Verhandlungen eine einseitige Erklärung des Inhalts abgeben könnte, daß die von ihr angebotene Nichtumgehungsklausel kein Element des ‚Non-transfer' enthalte, daß die USA sich wie bisher das Recht vorbehalten, Transfer von nicht durch den Vertrag limitierten Systemen und Systemteilen vorzunehmen, und daß die Klausel im übrigen keine Handhabe zu einer Behinderung der alliierten Zusammenarbeit im Rahmen der NATO bietet (Informationsaustausch über Waffensysteme, Konsultationen in der NPG)." Vgl. VS-Bd. 11406 (220); B 150, Aktenkopien 1977.
Gesandter Boss, Brüssel (NATO), teilte am 2. August 1977 mit, daß er den Vorschlag im Ständigen NATO-Rat eingebracht habe: „Der deutsche Vorschlag einer amerikanischen Interpretationserklärung fand unter den europäischen Verbündeten beachtliches Interesse. Earle sicherte genaue Prüfung durch seine Regierung zu." Vgl. den Drahtbericht Nr. 948; VS-Bd. 10646 (201); B 150, Aktenkopien 1977.

10 Vgl. dazu den Artikel „Zadača ograničenija strategičeskich vooruženij: perspektivy i problemy"; Pravda vom 11. Februar 1978, S. 4.
Ministerialdirektor Blech vermerkte am 21. Februar 1978, in dem Artikel werde ausgeführt: „Das endgültige SALT-Abkommen müsse unzweifelhafte Vereinbarungen enthalten, jede Möglichkeit der Weitergabe strategischer Waffen an Drittländer oder seine Umgehung mittels der Hilfe dritter Länder vollständig auszuschließen. Andernfalls wäre der Wert des Abkommens gleichfalls auf Null reduziert." Blech stellte dazu fest, diese Ausführungen ließen „eine sehr harte Haltung der UdSSR im Bereich der Nichtumgehung/Nichtweitergabe erkennen, die bis zu einem gewissen Grade die bis jetzt unflexible Position der USA in der Frage der Rückfall- (Zusatz-) Formel erklärt. Wir werden von hierher mit erheblichen Schwierigkeiten bei der Durchsetzung unserer Vorstellungen zur Beeinflussung der amerikanischen Rückfallposition (Wegfall der Worte: ‚through any third state or states') zu rechnen haben. Anderseits liefert uns der Prawda-Artikel jedoch Argumente für unsere Konsultationen mit den USA in dieser Frage. Es wird erkennbar, daß die Sowjetunion hier den politischen Kern der SALT-Vereinbarungen sieht; mit der Nichtweitergabe auf die ‚FBS' und speziell auf die Cruise Missiles zielt, und zwar nicht nur zum Zwecke der Verhinderung der Weitergabe an Dritte, sondern auch zur Unterbindung der Stationierung auf dem Territorium Dritter." Vgl. VS-Bd. 11589 (02); B 150, Aktenkopien 1978.

Frankreich und Belgien teilten die deutschen Bedenken und unterstrichen die Kritik an der amerikanischen Vorstellung, eine Formel, die von der Sowjetunion in solcher Hartnäckigkeit verlangt werde, könne in der Weise interpretiert werden, als bedeute sie nichts anderes als Vertragserfüllung nach Treu und Glauben.

Botschafter Warnke hielt dieser Kritik entgegen, mit russischem Einflußnahmeversuch sei mit oder ohne Nichtumgehungsklausel, mit oder ohne SALT-Abkommen zu rechnen. Es komme nur auf die feste Entschlossenheit der Vereinigten Staaten und der Allianz an, diesen Pressionen zu begegnen. Diese Haltung wurde unterstützt von Großbritannien, den Niederlanden, Norwegen und Italien, die auch die Rückfallposition hinnehmen können, obwohl sie die darin liegenden Gefahren sehen. Norweger und Amerikaner glauben die Klausel u. U. auch sogar als Instrument sehen zu können, das gelegentlich der Sowjetunion entgegengehalten werden könne. Die Amerikaner betrachten die Rückfallposition als definitiv letztes Zugeständnis und sehen im übrigen keine sonstigen Alternativen. Das Festhalten an der bisherigen Position würde in der Endphase der Verhandlungen schließlich zu hektisch formulierten Lösungen führen.

3) Alle Delegationen waren sich einig, daß eine Non-transfer-Regelung nicht annehmbar sei. Sie begrüßten die Bereitschaft der Amerikaner, im NATO-Rat und im Kongreß Erklärungen abzugeben, deren Formulierung weiterer Konsultationen bedürfte. Die Amerikaner erklärten sich zu solchen Konsultationen bereit.

III. Absichtserklärung

1) Die USA präsentierten nach einleitendem erneutem Hinweis auf ihre zurückhaltende Position in Fragen eines eventuellen Einschlusses nicht-zentraler Systeme in SALT III die bereits in Bonn am 18.2.78 mitgeteilte Formel

„Any future limitation on US systems principally designed for theater missions should be accompanied by appropriate limitations on Soviet theater systems".

In der anschließenden Diskussion teilte die amerikanische Delegation mit, daß die Sowjetunion – nach amerikanischer Auffassung aus taktischen Gründen – ihre Forderungen nach einer „radikalen Lösung des FBS-Problems" zwischenzeitlich modifiziert (Streichung des Wortes „radikal") und die Forderung nach Einbeziehung von Drittstaatensystemen fallengelassen hätte.

Die USA verdeutlichten ihre Haltung in dieser Frage durch den Hinweis, daß Washington die vorgeschlagene Formel nur als frühzeitig verfügbares und wirkungsvolles Instrument sehe, um einer einseitigen Forderung der Sowjetunion nach Einschluß westlicher nicht-zentraler Systeme durch eine entsprechende einseitige amerikanische Erklärung begegnen zu können. Die Amerikaner unterstrichen, daß die von ihnen vorgeschlagene Formel auch die Option offenhalte, keine nicht-strategischen Systeme in die Verhandlungen einzubeziehen. Diese Formel entspreche insbesondere der amerikanischen Haltung, daß die verhandlungspolitische Cruise-Missile-Option durch die im Protokoll enthaltene vorläufige Regelung nicht konsumiert sei.

Die Offenhaltung aller nicht-strategischen Optionen sei erforderlich auch im

Blick auf die Arbeit im Rahmen der Nuclear Planning Group zur Modernisierung der Theater Nuclear Forces.[11]

2) Wir hatten schon in der Eingangserklärung von Botschafter Pauls unterstrichen, daß SALT III und jede dahin führende Rahmenvereinbarung, wie z. B. eine Absichtserklärung, der sowjetischen Absicht Rechnung tragen müsse, eine ihr genehme Definition des Begriffs „strategisch" durchzusetzen und damit ihr FBS-Konzept zur Geltung zu bringen, und daß das sowjetische nukleare Mittelstreckenpotential angemessen berücksichtigt werden müsse. In der Diskussion haben wir festgestellt, daß wir in der vorgeschlagenen Formel einen Ansatz sehen, dieses Ziel zu erreichen.

Wir haben gleichzeitig betont, daß diese Formel naturgemäß sorgfältig geprüft werden müsse und daß es dazu intensiver Erörterungen in der Allianz bedürfe. Ein Hinweis auf die Notwendigkeit, sowjetische FBS-Forderungen durch eine entsprechende Einbeziehung sowjetischer Systeme auszugleichen, dürfe nicht zu einer Kompartmentalisierung der Verhandlungsebenen führen. Vielmehr müsse auch hier der Triadenverbund deutlich werden. Die Amerikaner haben dem zugestimmt.

3) Der britische Vertreter sagte Prüfung des amerikanischen Vorschlags zu. Er bezeichnete dies als die für die Briten schwierigste Frage im SALT-Zusammenhang, da sie möglicherweise künftige Optionen verbaue. Dies beziehe sich auch auf die Möglichkeit der Mitwirkung von Drittstaaten an künftigen Verhandlungen.

Der französische Vertreter wiederholte die bekannte Auffassung seiner Regierung, daß SALT insgesamt auf zentrale Systeme beschränkt bleiben müsse und daß Frankreich selbstverständlich weder an Verhandlungen teilnehmen noch von künftigen SALT-Verhandlungen betroffen sein werde. Im übrigen wies er darauf hin, daß eine Verhandlung in Ebenen vermieden werden müsse, weil hier die Gefahr der Abkoppelung liege.

4) Im Zusammenhang mit der Diskussion über die Absichtserklärung haben die Amerikaner mitgeteilt, daß die Sowjetunion vor kurzem ein neues Element in die Diskussion eingeführt habe. Sie habe vorgeschlagen, daß nicht nur die weitere Reduzierung der Träger, sondern auch der Gefechtsköpfe[12] vorgesehen werden solle. Eine Diskussion hierüber habe noch nicht stattgefunden. Auf amerikanischer Seite werde dies mit größter Zurückhaltung und Sorgfalt behandelt.[13] Wir haben darauf hingewiesen, daß eine Reduzierung von Gefechtsköpfen wegen der bisherigen Überlegenheit der Amerikaner auf diesem Gebiet sehr problematisch sein würde.

Ruth

VS-Bd. 11384 (220)

11 Zur Tätigkeit der „High Level Working Group" der Nuklearen Planungsgruppe vgl. Dok. 61.
12 Die Wörter „sondern auch der Gefechtsköpfe" wurden von Bundesminister Genscher hervorgehoben. Dazu Ausrufezeichen.
13 Der Passus „vorgeschlagen, daß ... werden solle" und der Passus „dies mit ... Sorgfalt behandelt" wurden von Ministerialdirektor Blech hervorgehoben. Dazu vermerkte er handschriftlich: „Die Überlegenheit bei den Gefechtsköpfen und bei der Innovation dieser Technologie ist ja gerade das am[erikanische] Argument, daß das SU-Mittelstreckenpotential auch nach der Trägerbeschränkung durch SALT II wie bisher durch das US-Intercont[inental]-Potential abgedeckt sei."

65

Botschafter Gehlhoff, Rom (Vatikan), an das Auswärtige Amt

114-10860/78 geheim Aufgabe: 27. Februar 1978, 15.40 Uhr[1]
Fernschreiben Nr. 22 Ankunft: 27. Februar 1978, 17.26 Uhr

Betr.: Kirchenrechtliche Neuordnung in der DDR[2]

Bezug: Drahterlaß Nr. 873 vom 20.2.1978 – 501-506.01-120/78 geh.[3]

Am 24. Februar 1978 hatte ich Gelegenheit, den Sekretär für die öffentlichen Angelegenheiten der Kirche, Erzbischof Casaroli, aufzusuchen und ihm die Ausführungen unter 2) des Bezugsdrahterlasses vorzutragen. Ich habe dabei nachdrücklich die am Schluß dieses Absatzes aufgeführten Punkte herausgestellt, deren Beachtung die Bundesregierung erwarten müsse, wenn sich der Heilige Stuhl zu einer kirchenrechtlichen Neuordnung in der DDR entschließen sollte. In diesem Zusammenhang habe ich betont, wir gingen selbstverständlich davon aus und vertrauten auf die uns mehrfach gegebene Zusage, daß wir vor einem derartigen Schritt von seiten des Heiligen Stuhls rechtzeitig konsultiert würden.

---

[1] Hat Ministerialdirigent Pfeffer vorgelegen.
Hat Vortragendem Legationsrat I. Klasse Heibach am 3. März 1978 vorgelegen.

[2] Seit 1949 befanden sich Teile von Diözesen mit Bischofssitz in der Bundesrepublik auf dem Gebiet der DDR. Die bischöflichen Kompetenzen wurden in diesen Gebieten zunächst durch Kommissare wahrgenommen, die von den jeweiligen Bischöfen der zuständigen Diözesen in der Bundesrepublik ernannt wurden, darüber hinaus jedoch mit einem „Mandatum speciale" des Papstes handelten, das die Übertragung bestimmter, der päpstlichen Genehmigung unterliegender Befugnisse regelte. Bei den kommissarisch verwalteten Jurisdiktionsbezirken der katholischen Kirche in der DDR handelte es sich um das Generalvikariat Erfurt als Teil des Bistums Fulda, das Erzbischöfliche Kommissariat Magdeburg als Teil des Erzbistums Paderborn, das Kommissariat und Generalvikariat Meiningen als Teil des Bistums Würzburg sowie das Kommissariat Schwerin als Teil des Bistums Osnabrück. Vgl. dazu AAPD 1972, III, Dok. 324.
Am 23. Juli 1973 wurden die bisherigen Kommissare zu dem Papst unmittelbar unterstehenden Apostolischen Administratoren ernannt. Vgl. dazu AAPD 1973, II, Dok. 226.

[3] In Ziffer 2 des am 13. Februar 1978 konzipierten Drahterlasses bat Ministerialdirigent Fleischhauer Botschafter Gehlhoff, Rom (Vatikan), dem Sekretär des Rats für die öffentlichen Angelegenheiten der Kirche, Casaroli, folgendes darzulegen: „Die Bundesregierung sei wegen der ihr aus verschiedenen Quellen immer wieder zugehenden Nachrichten über eine bevorstehende Neuregelung der Diözesangrenzen in der DDR in zunehmendem Maße beunruhigt. Dazu trage auch bei, daß die Opposition im Begriff ist, diese Frage innenpolitisch zu akzentuieren und ihre deutschland- und ostpolitische Relevanz erheblich herauszustellen. Sie seien daher durch die Bundesregierung beauftragt, bei ihm vorstellig zu werden und daran zu erinnern, daß die Bundesregierung eine ausreichende Vorabunterrichtung und einen eingehenden Gedankenaustausch mit dem Vatikan in dieser Frage für erforderlich hält. Sie können dabei daran erinnern, daß entsprechende Gespräche im Jahr 1975 und 1976 vor der Einrichtung der Berliner Bischofskonferenz geführt worden sind. Sie seien weiter beauftragt, daran zu erinnern, was die Bundesregierung in der Sache selbst bei den Gesprächen zwischen Casaroli und BM Genscher in Helsinki und Bonn im Jahre 1975 und bei den 1975/76 in Rom geführten Gesprächen betont hat: daß nämlich die Bundesregierung erwarte, daß das Bistum Berlin in seinem gegenwärtigen Bestand nicht angetastet wird und daß der Vatikan respektiert, daß die innerdeutsche Grenze nicht als Ausdruck der endgültigen Spaltung Deutschlands in zwei Staaten angesehen werden darf und daß er mit seinen Maßnahmen nicht in solche Fragen eingreifen sollte, die offen und zwischen den beiden Staaten in Deutschland strittig sind." Vgl. VS-Band 10772 (501); B 150, Aktenkopien 1978.

Erzbischof Casaroli legte seinerseits dar, es sei kein Geheimnis, daß der Heilige Stuhl Überlegungen über eine Neuordnung der in die DDR hineinreichenden Bistümer anstelle, die der Lage im geteilten Deutschland Rechnung trage. Der Vatikan habe volles Verständnis für die Politik der Bundesregierung, die darauf abziele, die deutsche Frage offenzuhalten. Er habe daher keineswegs die Absicht, seinerseits Schritte zu unternehmen, die diesem Ziel entgegenliefen. Andererseits sei es Pflicht des Heiligen Stuhls, keine Möglichkeit außer acht zu lassen, die für die Sicherung seiner Belange, vor allem der freien Religionsausübung, von Nutzen sein könnte. Dazu könne auch die kirchenrechtliche Neuordnung in der DDR gehören, die sich – etwa im Falle Magdeburg – allein schon aus sachlichen Gründen anbiete. Über den Zeitpunkt einer etwaigen Neuordnung, gegen die sich bisher sowohl die Bischöfe in der DDR als auch in der Bundesrepublik Deutschland noch sträubten, sei aber eine Entscheidung bisher noch nicht gefallen.

Erzbischof Casaroli fuhr fort, die Bundesregierung könne versichert sein, daß der Heilige Stuhl den von mir eingangs vorgetragenen Punkten voll Rechnung tragen werde. Es sei ihm auch daran gelegen, von neuem zu betonen, daß der Vatikan Schritte in dieser Richtung „nur nach Konsultation" mit der Bundesregierung unternehmen werde.

Der Sekretär des Rates für die öffentlichen Angelegenheiten der Kirche kam in diesem Zusammenhang noch auf den Besuch zu sprechen, den der DDR-Außenminister Fischer bei der italienischen Regierung geplant hatte, der jedoch wegen der Regierungskrise in Italien wieder verschoben worden ist. Im Hinblick auf diesen Besuch sei dem Heiligen Stuhl zu verstehen gegeben worden, daß Außenminister Fischer seinen Aufenthalt in Rom dazu benutzen könne, um eine Audienz bei Papst Paul VI. zu bitten. Erzbischof Casaroli verwies dabei auf die allgemeine Praxis des Heiligen Stuhls, derartigen Ersuchen nachzukommen, wenn sie von offizieller Seite an ihn herangetragen würden. Es bestehe aus der Sicht des Vatikans kein Grund, im Falle des DDR-Außenministers, wenn dieser tatsächlich den Heiligen Vater zu sprechen wünsche, anders zu verfahren. Der Apostolische Nuntius in Bonn, Erzbischof Del Mestri, habe im übrigen Gelegenheit gehabt, den Herrn Bundeskanzler über diesen Sachverhalt zu unterrichten.

Ich habe zu diesem Teil der Ausführungen von Erzbischof Casaroli erwidert, daß wir sicher keine Einwendungen hätten, wenn Papst Paul VI., der üblichen Praxis entsprechend, auch den DDR-Außenminister bei einem möglichen Besuch in Rom zu einem Gespräch empfange. Ich müsse aber darauf bestehen, daß ein solches Gespräch nicht zum Anlaß genommen werde, eine Neuordnung der kirchenrechtlichen Verhältnisse in der DDR vorzunehmen. Casaroli entgegnete dazu, daß die Bundesregierung in dieser Hinsicht keine Sorgen zu haben brauche. Selbstverständlich würde eine Neuordnung der Diözesangrenzen in der DDR nicht mit diesem Besuch verknüpft werden.[4]

[gez.] Gehlhoff

VS-Bd. 11100 (203)

[4] Ministerialdirigent Fleischhauer teilte der Botschaft beim Heiligen Stuhl in Rom am 1. März 1978 mit: „Die hinhaltenden Einlassungen Casarolis zu unseren Vorstellungen sind nicht geeignet, die

66

Aufzeichnung des Staatssekretärs Hermes

403-411.10 SYR VS-NfD 2. März 1978[1]

Betr.: Demarche des israelischen Botschafters wegen Lieferung von Panzerabwehrraketen nach Syrien aus deutsch-französischer Koproduktion am 28. Februar

Botschafter Meroz suchte mich auf seinem Wunsch am 28.2.78 erneut[2] auf, um über die Raketenlieferungen an Syrien zu sprechen. Er erklärte, er habe den Inhalt seiner Gespräche mit dem Bundesaußenminister[3] und mir nach Jerusalem berichtet und auch die Antworten der Bundesregierung auf einige parlamentarische Anfragen[4] gelesen. In diesen Äußerungen liege der Akzent vorwiegend auf der rechtlichen Bewertung, die die israelische Regierung nicht in Frage stelle. Die Angelegenheit sei aber in erster Linie ein Politikum. Die israelische Regierung habe auch Gespräche mit Frankreich über diese Sache geführt. Die französische Antwort sei gewesen, daß der französische Rüstungsmarkt grund-

---

Fortsetzung Fußnote von Seite 333
Besorgnisse des Auswärtigen Amts zu zerstreuen. Obgleich Casaroli vom fortbestehenden Widerstand der deutschen Bischöfe gesprochen hat, ist nach den bisherigen Erfahrungen nicht auszuschließen, daß die Kurie ihre bereits getroffene Grundsatzentscheidung durch Reorganisationsmaßnahmen ausführt, ohne ihre Zusage rechtzeitiger Konsultation voll einzuhalten. Die Botschaft wird daher gebeten, die weitere Entwicklung in Rom mit unverminderter Aufmerksamkeit zu beobachten und auch ohne besondere Weisung unseren Anspruch auf frühzeitige und ausreichende Vorunterrichtung in geeigneter Weise in Erinnerung zu bringen, wenn dies aufgrund dortiger Erkenntnis ratsam erscheint." Vgl. den Drahterlaß Nr. 1115; VS-Bd. 10772 (501); B 150, Aktenkopien 1978.

[1] Hat Vortragendem Legationsrat Ackermann am 3. März 1978 vorgelegen, der die Weiterleitung an Bundesminister Genscher verfügte.
Hat Vortragendem Legationsrat I. Klasse Lewalter am 3. März und am 18. März 1978 erneut vorgelegen, der handschriftlich vermerkte: „1) Stimmt weitgehend mit Meroz' Vorbringen bei BM am 9.2. überein. 2) BM hat untenstehenden Vermerk bis heute nicht abgezeichnet."
[2] Ein erstes Gespräch des Staatssekretärs Hermes mit dem israelischen Botschafter Meroz fand am 3. Februar 1978 statt. Vgl. dazu Dok. 33, Anm. 11.
[3] Zum Gespräch des Bundesministers Genscher mit dem israelischen Botschafter Meroz am 9. Februar 1978 vgl. Dok. 47.
[4] Korrigiert aus: „Antworten".
Die Frage von Rüstungsexporten aus deutsch-französischer Koproduktion nach Syrien und anderen Staaten des Nahen Ostens war Gegenstand verschiedener parlamentarischer Anfragen an die Bundesregierung. Vgl. dazu die Frage A 2 des SPD-Abgeordneten Hansen vom 10. Februar 1978 sowie die Antwort des Staatsministers von Dohnanyi vom 17. Februar 1978; BT ANLAGEN, Bd. 240, Drucksache Nr. 8/1497, S. 2, bzw. BT STENOGRAPHISCHE BERICHTE, Bd. 105, S. 5789.
Vgl. dazu ferner die Fragen B 13, 14 und 15 des SPD-Abgeordneten Westphal vom 10. Februar 1978 sowie die Antwort der Staatsministerin Hamm-Brücher vom 17. Februar 1978; BT ANLAGEN, Bd. 240, Drucksache Nr. 8/1497, S. 23, bzw. BT STENOGRAPHISCHE BERICHTE, Bd. 105, S. 5806.
Vgl. dazu ferner die Fragen A 100 des SPD-Abgeordneten Dübber und A 101 des FDP-Abgeordneten Gärtner vom 17. Februar 1978 und die Antworten von Hamm-Brücher vom 23. Februar 1978 in der Fragestunde sowie weitere Fragen; BT ANLAGEN, Bd. 240, Drucksache Nr. 8/1526, S. 15, bzw. BT STENOGRAPHISCHE BERICHTE, Bd. 105, S. 5940 bzw. S. 5995.
Vgl. dazu ferner die Frage B 8 des FDP-Abgeordneten Möllemann vom 17. Februar 1978 und die Antwort von Hamm-Brücher vom 24. Februar 1978; BT ANLAGEN, Bd. 240, Drucksache Nr. 8/1526, S. 17 f., bzw. BT STENOGRAPHISCHE BERICHTE, Bd. 105, S. 6038.

sätzlich allen Staaten offenstehe; im übrigen könne es eher günstige Wirkungen haben, wenn Syrien einen Teil seines Rüstungsbedarfs im Westen decke; dies könne auch die syrische Haltung im Nahost-Konflikt positiv beeinflussen und Syrien vielleicht veranlassen, an den Friedensbemühungen im Nahen Osten teilzunehmen. Diese Antwort sei für Israel völlig unbefriedigend.

Er sei nunmehr beauftragt, der Bundesregierung offiziell zu sagen, daß unabhängig von der französischen Antwort die Lieferung der Panzerabwehrraketen nach Syrien einen anhaltenden Schatten auf das deutsch-israelische Verhältnis werfe. Die israelische Regierung wäre daher dankbar, wenn Wege gefunden werden könnten, um die „Verwicklung" deutscher Komponenten in die französischen Lieferungen zu vermeiden.

Ich erwiderte, daß, wie der Bundesaußenminister dem Botschafter bereits dargelegt hätte, unsere rüstungswirtschaftliche Zusammenarbeit mit unseren Bündnispartnern verteidigungspolitisch eine sehr hohe Bedeutung habe; wir seien daher an ihrer Fortsetzung interessiert. Die Stärkung der Verteidigung Europas diene auch den Interessen Israels. Im Rahmen dieser Zusammenarbeit könnten wir unseren Partnern unsere eigene Rüstungsexportpolitik gegenüber dritten Staaten nicht aufzwingen; unsere Partner beanspruchten, über ihre Rüstungsexporte in dritte Staaten in eigenem souveränen Ermessen zu entscheiden. Im übrigen habe Frankreich 1975 einen Vertrag über ähnliche Lieferungen mit Israel geschlossen, der jedoch später von Israel storniert worden sei, da Israel das gleiche Waffensystem aus den USA umsonst bekommen habe. Wenn wir versuchen würden, unseren Partnern vorzuschreiben, nicht in bestimmte Regionen zu exportieren, würde dies mit Sicherheit zur Beendigung dieser Zusammenarbeit führen. Dies müsse in seiner ganzen Konsequenz gesehen werden.

Botschafter Meroz erklärte, daß er die Bedeutung der Koproduktion für die gemeinsame Verteidigung des Westens nicht in Frage stellen wolle. Hier handele es sich jedoch um einen speziellen Fall, der ein spezifisches Land betreffe. Wenn eines der von Frankreich an Syrien gelieferten Geschosse auf einem israelischen Kibbuz lande, würde die israelische Öffentlichkeit solche Geschosse nicht als syrische oder französische, sondern als deutsche ansehen. Mehr könne und wolle er hierzu nicht sagen.

Ich gab zu, daß ich eine solche israelische Reaktion nicht ausschließen könne. Wir müßten aber um Verständnis dafür bitten, daß uns Entscheidungen unserer Rüstungspartner – außer Frankreich seien dies auch USA und Großbritannien und andere NATO-Partner – nicht zugerechnet würden, die uns bei fairer Betrachtung der Situation nicht zugerechnet werden könnten. Die Adresse für die israelische Kritik an den Lieferungen von Panzerabwehrraketen nach Syrien sei weiterhin Paris; die Bundesregierung habe nur die Wahl, entweder die Koproduktion mit Frankreich einzustellen oder sie, trotz der durchaus vorhandenen Probleme, wegen überwiegender politischer und verteidigungspolitischer Notwendigkeiten fortzusetzen. Es gebe Bereiche der internationalen Zusammenarbeit, in denen man die Entscheidungen der Partner hinnehmen müsse, auch wenn man selbst anders entschieden haben würde.

Botschafter Meroz entgegnete, daß im Unterschied zu anderen westlichen Ländern die Bundesregierung als einzige erkläre, keine Waffen in Spannungsgebiete zu liefern[5]; die Frage sei daher berechtigt, ob dies nicht auch für Lieferungen aus Koproduktionen gelten müsse. Außerdem bezweifle er, daß die westliche Zusammenarbeit im Rüstungsbereich tatsächlich gefährdet werden könne, wenn die Bundesregierung in einem Sonderfall ihre Bedenken geltend mache.

Ich erwiderte, daß wir in der Tat hiervon auszugehen hätten. Da unsere Auffassungen darüber, was im Einzelfall als Spannungsgebiet anzusehen sei, mit denen unserer Partner differieren könnten, würde der Versuch, unsere Auffassungen durchzusetzen, zu einer Kette von Schwierigkeiten führen und die Beendigung der verschiedenen Koproduktionen zur Folge haben können.

Botschafter Meroz erklärte abschließend, er habe zwar Verständnis für unsere Überlegungen, sei von ihnen jedoch nicht voll befriedigt. Er werde über das Gespräch seiner Regierung berichten.

Hermes

Referat 010, Bd. 178775

67

Ministerialdirektor Blech, z. Z. Washington, an das Auswärtige Amt

114-10946/78 VS-vertraulich   Aufgabe: 3. März 1978, 20.00 Uhr[1]
Fernschreiben Nr. 857   Ankunft: 4. März 1978, 03.30 Uhr
Citissime

Bitte auch sofort an D 3[2] (Sonnabend[3] vormittag)

Betr.: Horn von Afrika

Zur Unterrichtung

Vier Politische Direktoren erörterten heute obiges Thema in Anwesenheit des Deputy Assistant Secretary für Afrika, Harrop. Folgendes wird festgehalten:

I. Amerikanische Position (Darlegung von Harrop)

1) Lagebeurteilung

– Militärische Lage:

Bewaffnete Auseinandersetzung Äthiopien/Somalia[4] nimmt großräumiges Ausmaß an. Mit großer Offensive äthiopischer und kubanischer Truppen wird für die nächsten Tage, wahrscheinlich Sonntag, 5.3., gerechnet. Zentrum der

---

[5] Zu den rechtlichen Grundlagen der Rüstungsexportpolitik der Bundesregierung vgl. Dok. 1, Anm. 17.

[1] Hat Staatssekretär Hermes am 4. März 1978 vorgelegen.
[2] Andreas Meyer-Landrut.
[3] 4. März 1978.
[4] Zum Ogaden-Konflikt vgl. Dok. 1, Anm. 8, sowie Dok. 41.

Operation Städte: Harrar, Dire Dawa, Jijiga. Auf äthiopischer Seite sind insgesamt 80000 Mann mit annähernd 400 Panzern (einschließlich Kubaner) beteiligt. Oberkommando führt sowjetischer General Petrow. Zahl der in Äthiopien befindlichen Kubaner 11000 bis 12000, darunter etwa 2/3 in einer Panzerdivision.
Somalis riskieren Einkreisung durch äthiopische und kubanische Übermacht.
- Wiederholte äthiopische und sowjetische Versicherungen besagen, daß Äthiopien nicht in somalisches Gebiet eindringen werde. Amerikaner sind sich der Zuverlässigkeit dieser Zusagen nicht ganz sicher. Immerhin haben Aaron und Harrop bei ihrem Besuch in Addis Abeba[5] entsprechende Versicherung in klarer Form von Mengistu selbst (mit Ehrenwort!) erhalten. Amerikaner haben verschiedene Zusagen bewußt in der Absicht veröffentlicht, um Sowjets hierauf festzulegen.[6] Sie haben Äthiopien außerdem klargemacht, daß es auch Folgen hätte, wenn Dschibuti in Mitleidenschaft gezogen werde.
- Lage kann nur gerettet werden, wenn es zu ausgehandeltem Rückzug der Somalis kommt, bevor dieser Rückzug aus Ogaden erzwungen wird. Somalis zeigen hierzu keine Neigung. Hierbei spielt offenbar Furcht vor Repressalien der Äthiopier in Ogaden eine Rolle.
- Amerikaner haben Mengistu äthiopisches Eigeninteresse an Rückzug und Verringerung an sowjetisch-kubanischer Präsenz bei somalischem Rückzug hinter Grenze deutlich gemacht. Mengistu hat sich darauf nicht festlegen lassen.
- Amerikaner sind bezüglich der Wiederherstellung eines erträglichen amerikanisch-äthiopischen Verhältnisses gemäßigt zuversichtlich.

Wie in kürzlichem hochrangigem kenianischem Besuch in Washington[7] deutlich wurde, befürchtet Kenia ebenfalls somalische Expansion. Kenianer haben mit Nachdruck vorgebracht, daß Somalia im Zaume gehalten werden müsse.

2) Operative

Amerikaner haben in letzten Tagen, insbesondere auch aufgrund der Kontakte mit Kenianern, folgendes Aktionsprogramm ausgearbeitet, das sie wahrscheinlich schon morgen auf diplomatischem Wege nahebringen werden:
- Somalischer Rückzug aus Ogaden, volle Anerkennung der territorialen Integrität aller Länder der Region (also auch Dschibutis und Kenias) durch Somalia.
- Eine gewisse internationale afrikanische Präsenz in Ogaden zur Verhinderung von äthiopischen Repressalien und zur Überwachung eines Waffenstillstands. Eine gewisse Verpflichtung („some commitment") zur Verringerung sowjetischer und kubanischer Präsenz in Äthiopien, zumindest im Wege des stillschweigenden Einverständnisses („implicit understanding").

---

[5] Zum Besuch des stellvertretenden Sicherheitsberaters des amerikanischen Präsidenten, Aaron, vom 17. bis 20. Februar 1978 in Äthiopien vgl. Dok. 41, Anm. 5.
[6] Vgl. dazu die Pressemitteilung des amerikanischen Präsidialamts vom 21. Februar 1978 sowie die Äußerungen des Präsidenten Carter auf einer Pressekonferenz am 2. März 1978 in Washington; PUBLIC PAPERS, CARTER 1978, S. 414 f. bzw. S. 442.
[7] Vom 1. bis 4. März 1978 hielt sich der kenianische Vizepräsident Arap Moi in den USA auf.

Gegenüber den Somalis düstere Darstellung ihrer Lage, um sie zum Rückzug zu bewegen, zugleich wird ihnen militärische Hilfe zur Verteidigung ihres eigenen Territoriums im Falle ihres Rückzugs aus Ogaden in Aussicht gestellt (was Amerikaner in gewissem Maße schon getan haben). Bei diesen vier Punkten fehlt bewußt Forderung nach einem Sonderstatus für Ogaden. Amerikaner halten angesichts der jetzigen politischen und militärischen Lage eine solche Forderung an Äthiopien nicht für realistisch.

Amerikaner übersehen nicht die Schwierigkeit, Programme in Realität zu versetzen.

II. Diskussion

Ich stellte Frage nach Herkunft der amerikanischen Zahlen über die sowjetischen und kubanischen Streitkräfte. Harrop: Verdoppelung durch Schiffstransporte und Flüge von Angola her innerhalb letzter zehn Tage. Gegenwärtig täglich ein Flug von ca. 200 Kubanern, unbekannt, welche afrikanische Staaten auf dem Weg von Angola/Äthiopien überflogen werden.

Ich erkundigte mich nach Rolle der DDR: Wir wüßten von 300 Experten. Was habe es ferner mit dem „Politischen Rat" (unter ausländischer Beteiligung) auf sich? Harrop: Der Rat existiert, der Grad seines Einflusses ist den Amerikanern jedoch nicht klar. USA haben den Eindruck, daß Mengistu nach wie vor über eigene Autorität verfügt und keine sowjetische Puppe ist. Ohne Zweifel ist der sowjetische Einfluß groß, aber von einer sowjetischen Machtübernahme in Äthiopien kann noch nicht gesprochen werden.

Mir fiel auf, daß sich Amerikaner mit überproportionaler Präsenz DDR offenkundig nicht näher beschäftigt haben, ihr Interesse gilt Sowjets und Kubanern.

Hibbert stellte die operativen amerikanischen Elemente zur Erörterung. Die Entwicklung könne auch dahin gehen, daß Sowjets und Äthiopier an der Grenze haltmachten. Dann bestehe für sie keine Notwendigkeit für Quidproquo. Ich trug bei, daß in dem amerikanischen Szenario ein Punkt fehle, nämlich die Möglichkeit, daß Barre zurücktrete, bevor er eine Verpflichtung zum Rückzug übernommen habe. Dann entstehe die schlimmste aller Möglichkeiten, nämlich daß Äthiopien in sowjetischem Einfluß bliebe und Somalia unter sowjetischen Einfluß komme. Das Problem des Horns wäre dann im sowjetischen Sinne entschieden und würde zu einem Globalproblem. US-Gesprächspartner antworteten hierauf, daß in ihrer Sicht Feindschaft der Somalis zu den Sowjets so groß sei, daß Barre nicht durch sowjetischen Sympathisanten ersetzt werden könne. Gefahr eines neuen pro-sowjetischen Regimes sei daher nicht praktisch. Vest gab zu, daß in der Entwicklung erhebliche Unsicherheitselemente verblieben.

Ich bemerkte zu den vier amerikanischen Elementen, daß ein Zielkonflikt entstehen könnte: Einmal friedliche Lösung des spezifisch afrikanischen Territorialproblems durch somalischen Rückzug, zum anderen des für die Ost-West-Relation relevanten Problems, die russischen und kubanischen Kräfte zu vermindern. Wo liege Priorität, wenn somalischer Rückzug, also Lösung des afrikanischen Problems, zu einer festeren sowjetisch-kubanischen Präsenz in Äthiopien, also zu einer Verschärfung des Ost-West-Problems führe, das dann nicht mit regionalen, sondern mit globalen Mitteln gelöst werden müßte (Unteilbarkeit der Entspannung)? Mérillon unterstrich Notwendigkeit der globalen Druckmittel, nicht zuletzt unter dem Gesichtspunkt der Glaubwürdigkeit der eigenen Politik.

Harrop sagte, daß die amerikanische Regierung kein Junktim (linkage) zwischen der Lage am Horn und SALT sowie anderen Fragen des sowjetisch-amerikanischen Verhältnisses herstelle. Er verwies auf letzte Erklärungen Carters[8] und Vances[9]. Im übrigen zeige die Erfahrung in anderen afrikanischen Ländern (Beispiel Guinea), daß der afrikanische Nationalismus nach und nach immer für einen Abbau des russischen Einflusses gesorgt habe. Hibbert stellte fest, daß auch Briten für eine Räumung des Ogaden eintreten, jedoch Zweifel haben, ob für politische Operationen gemäß der obigen amerikanischen Planung Zeit bleibt.

Mérillon und ich gaben zu bedenken, daß angesichts aller Implikationen sowjetisch-kubanischer Präsenz auch nach Lösung des diese Präsenz für den Augenblick scheinbar legitimierenden Territorialkonflikts (für Indischen Ozean, südliches Arabien) ein „linkage" nicht von vornherein ausgeschlossen werden sollte. Vest bestätigte, daß das Problem tatsächlich zwei Seiten habe (afrikanisches Problem – Problem der sowjetisch-kubanischen Präsenz). Er gab zu, daß auch die USA kein Mittel sehen, das sowjetisch-kubanische Präsenzproblem kurzfristig zu lösen, hier müsse man langfristigere Prozesse ins Auge fassen.

Amerikaner und übrige Beteiligten stimmten abschließend überein, daß diese schwierige politische Frage bei der Weiterbehandlung der Horn-Problematik fest im Auge behalten werden müsse.[10]

[gez.] Blech

VS-Bd. 11107 (204)

---

8 Präsident Carter erklärte am 2. März 1978 auf einer Pressekonferenz in Washington, daß die amerikanische Regierung keine Verbindung zwischen der sowjetischen Politik am Horn von Afrika und SALT II herstelle. Allerdings müsse ein SALT-II-Abkommen vom amerikanischen Kongreß ratifiziert werden. Folgende Prinzipien müßten verwirklicht werden: somalischer Rückzug aus dem Ogaden, Rückzug kubanischer und sowjetischer Truppen aus Äthiopien, Abbau der Spannungen und Anerkennung der Grenzen: „The Soviets' violating of these principles would be a cause of concern to me, would lessen the confidence of the American people in the word and peaceful intentions of the Soviet Union, would make it more difficult to ratify a SALT agreement or comprehensive test ban agreement if concluded, and therefore, the two are linked because of actions by the Soviets. We don't initiate the linkage." Vgl. PUBLIC PAPERS, CARTER 1978, S. 442.

9 Der amerikanische Außenminister Vance führte auf einer Pressekonferenz am 10. Februar 1978 in Washington mit Blick auf die sowjetische Politik am Horn von Afrika und die amerikanisch-sowjetischen Verhandlungen über eine regionale Flottenbegrenzung im Indischen Ozean aus: „Secondly, with respect to the impact of what is happening there on the overall relationship between the Soviet Union and ourselves, I am not suggesting any direct linkage, but I do suggest it affects the political atmosphere in which these discussions take place." Vgl. DEPARTMENT OF STATE BULLETIN, Bd. 78 (1978), Heft 2012, S. 16.
Vgl. dazu ferner die Pressemitteilung des amerikanischen Außenministeriums vom 27. Februar 1978; DEPARTMENT OF STATE BULLETIN, Bd. 78 (1978), Heft 2013, S. 43.

10 Botschafter von Staden, Washington, berichtete am 9. März 1978, der Mitarbeiter im amerikanischen Außenministerium, Harrop, habe mitgeteilt, daß sich die militärische Lage für Somalia in den letzten 48 Stunden durch einen raschen Vormarsch äthiopischer Truppen mit kubanischer Hilfe „rapide" verschlechtert habe. Die amerikanische Regierung habe daher am 7. März 1978 beschlossen, Somalia zum Rückzug aus dem Ogaden zu drängen „und dabei argumentiert, daß dies einziger Weg sei, friedliche Regelung zu erreichen und Ausweitung Konflikts durch äthiopisches Vordringen nach Somalia zu verhindern." Für den Fall eines Rückzugs würden die USA eine breite diplomatische Initiative unterstützen. Präsident Siad Barre habe sich schließlich zum Rückzug bereit erklärt: „USA hätten inzwischen Äthiopien und Sowjetunion unterrichtet und dringend gebeten,

68

Aufzeichnung des Ministerialdirektors Lautenschlager

413-491.23 BRA-212/78 VS-vertraulich 6. März 1978[1]

Betr.: Gespräch zwischen dem brasilianischen Außenminister Azeredo und Außenminister Genscher anlässlich eines Abendessens im kleinen Kreis im Hause von Herrn Minister Genscher am 5. März 1978[2];
hier: Urenco-Lieferungen an Brasilien[3]

Aus dem längeren Gespräch der beiden Außenminister zum Problemkreis Urenco-Lieferungen Brasilien halte ich als wesentliches Ergebnis fest:

1) Herr Minister Genscher führte in die allgemeine Problematik ein und bat mich zunächst, die derzeitige Lage zu umreißen.

Ich habe daraufhin ausgeführt:

– Wir hielten die am 11. Januar 1978 gemeinsam mit allen Beteiligten vereinbarte Formel für gut und ausreichend. (Einführung der Art. XII A 5-Lösung für Plutoniumlagerung bei der IAEO[4] und, falls IAEO-Regelung nicht rechtzeitig zustande kommt, Bemühungen um eine Ad-hoc-Regelung bis zum Zeitpunkt der effektiven Wiederaufarbeitung.)

Fortsetzung Fußnote von Seite 339
friedlichen Abzug somalischer Truppen zuzulassen. Es sei auch versucht worden, Äthiopien für Zulassung neutraler Beobachter zu erwärmen, was wegen der wirksamen Anerkennung der Grenze in ihrem Interesse liegen müsse und der Weltöffentlichkeit Gewißheit bieten werde, daß es nicht zu Repressalien komme." Vgl. den Drahtbericht Nr. 942; Referat 320, Bd. 116761.

[1] Ministerialdirektor Lautenschlager leitete die Aufzeichnung am 6. März an Bundesminister Genscher. Dazu vermerkte er: „Hiermit lege ich einen Ergebnisvermerk über das gestrige Gespräch mit Außenminister Azeredo mit der Bitte um Billigung vor, zugleich mit dem Vorschlag, ihn möglichst noch heute dem Bundeskanzleramt im Hinblick auf die Gespräche des Herrn Bundeskanzlers mit Präsident Geisel zuzuleiten."
Hat Vortragendem Legationsrat I. Klasse Lewalter am 6. März 1978 vorgelegen, der handschriftlich vermerkte: „7.3., 11.30".
Hat Genscher am 6. März 1978 vorgelegen, der Lewalter um Rücksprache bat.
Hat Lewalter am 7. März 1978 erneut vorgelegen, der handschriftlich vermerkte: „Erl[edigt]." Vgl. den Begleitvermerk; VS-Bd. 9321 (413); B 150, Aktenkopien 1978.

[2] Der brasilianische Außenminister Azeredo da Silveira begleitete Präsident Geisel bei dessen Besuch vom 6. bis 10. März 1978 in der Bundesrepublik.

[3] Referat 413 legte am 23. Februar 1978 dar: „1976 schloß das gemeinsame Industrieunternehmen Urenco mit Zustimmung des Gemeinsamen Regierungsausschusses einen Vertrag mit Nuclebras über die Lieferung von 2000 t angereichertem Uran an Brasilien. Nach längeren, schwierigen Diskussionen kam nach dem Amtsantritt der neuen niederländischen Regierung am 21.12.1977 eine Einigung über die mit Brasilien auf Regierungsebene zu vereinbarenden Sicherungsmaßnahmen für das bei der Wiederaufarbeitung von Urenco-Material anfallende Plutonium zustande. Brasilien stimmte dem am 6.1.1978 überreichten Vorschlag der Troika [...] mit Note vom 11.1.1978 zu". Auf der Sitzung des Gemeinsamen Regierungsausschusses am 13. Januar 1978 habe die niederländische Seite ausdrücklich bestätigt, „daß mit der brasilianischen Annahme des Troika-Vorschlags über Plutoniumlagerung die Voraussetzungen für die Brasilien-Lieferungen gemäß Regierungsbeschluß vom 30.12.1977 erfüllt sind". Vgl. Referat 413, Bd. 123659.

[4] Artikel XII A 5 des Statuts der IAEO vom 26. Oktober 1956 sah u. a. die Lagerung von überzähligem spaltbaren Material unter Aufsicht der IAEO vor. Für den Wortlaut vgl. BUNDESGESETZBLATT 1957, Teil II, S. 1378 f.

- Das holländische Parlament habe aber bekanntlich Bedenken gegen diese Regelung angemeldet (Resolution 19).[5]
- In Besprechungen mit dem niederländischen Außenminister noch vorletzte Woche[6] schien es, als wenn die niederländische Regierung in der Substanz an dem gemeinsam vereinbarten Verfahren festhalten würde; wir hätten bei dieser Gelegenheit auch bei den Niederländern sondiert, ob die Probleme vielleicht leichter lösbar wären, wenn wir die XII A 5-Lösung mit Billigung Brasiliens in die INFCE-Arbeiten[7] einführten.
- In den letzten Tagen hätte uns die niederländische Regierung aber zu verstehen gegeben, daß sie sich über die Wünsche des nl. Parlaments nicht hinwegsetzen könne; sie habe vorgeschlagen, sich gemeinsam mit Großbritannien und Brasilien auf eine Formel zu einigen, wonach das Ad-hoc-Regime gem. Art. XII A 5 vor Lieferung des angereicherten Materials vereinbart sein müsse.[8]
- Gemeinsam mit Großbritannien hätten wir dieser Formel nicht zustimmen können, weil sie in ihrem wesentlichen Punkt über die gemeinsam vereinbarte Formel vom 11.1. hinausginge.
- Im übrigen wollten wir wie bisher in diesem wichtigen Bereich nichts ohne enge Abstimmung und ohne Zustimmung unserer brasilianischen Partner tun; uns würde unter diesem Aspekt die Lagebeurteilung durch die brasilianische Regierung daher besonders interessieren.

---

[5] Referat 413 vermerkte am 23. Februar 1978, das niederländische Parlament habe am 31. Januar 1978 mit großer Mehrheit die Resolution Nr. 19 angenommen. Diese besage: „Keine Anreicherungslieferungen an Nicht-N[icht]v[erbreitungs]-Vertragsparteien ohne Plutoniumlagerung gemäß Artikel XII A 5 IAEO-Satzung; Zielsetzung, internationale Regelung für Plutoniumlager gemäß Art. XII A 5 zu erreichen; falls vor Lieferung der Brennelemente an Brasilien eine internationale Regelung nicht verfügbar, Vereinbarung einer Ad-hoc-Regelung; laufende Unterrichtung und Beratung im Parlament." Die niederländische Regierung stelle nunmehr unter Berufung auf diesen Parlamentsbeschluß die von ihr selbst akzeptierte Regelung in Frage und schlage vor, „daß ein Ad-hoc-Regime schon bei der Lieferung der Brennelemente an Brasilien vereinbart werden soll, d. h. Einführung einer konditionierten Lieferbedingung, es sei denn, daß bis zu diesem Zeitpunkt eine internationale IAEO-Regelung bestünde". Vgl. Referat 413, Bd. 123659.

[6] Im Gespräch des Bundesministers Genscher mit dem niederländischen Außenminister van der Klaauw am 24. Februar 1978 wies Staatssekretär Hermes darauf hin, daß es darum gehe, „bis 1981 eine generelle Regelung für Plutoniumlagerung zu finden. Es müsse auch bedacht werden, daß Brasilien nur dann ein Interesse an dem Bezug von angereichertem Uran von Urenco habe, wenn es klar sei, daß Brasilien die Brennelemente auch erhalte, wenn diese zum Betrieb der Reaktoren benötigt werden. [...] Wir sollten daher an der mit Brasilien getroffenen Regelung festhalten; die Einführung einer konditionierten Lieferbedingung dürfte auf große Schwierigkeiten stoßen, da sie von Brasilien als diskriminierend empfunden werde. Wenn wir den Brasilien-Auftrag verlieren würden, würde dadurch die Lebensfähigkeit von Urenco in Frage gestellt werden." Genscher erkundigte sich, „ob es für das niederländische Parlament ausreichend sei, wenn alle vier Regierungen erklärten, daß sie die Frage im Rahmen von INFCE bis 1981 regeln wollten. Wenn Niederlande einen entsprechenden Vorschlag in INFCE machten, würden wir und auch sicherlich Großbritannien und Brasilien einen solchen Vorschlag mit dem Ziele der Herbeiführung einer allgemeinen internationalen Regelung unterstützen. AM van der Klaauw erwiderte darauf, daß er hier eine Möglichkeit sehe." Vgl. die Gesprächsaufzeichnung; Referat 413, Bd. 123657.

[7] Zu den Bemühungen um eine internationale Evaluierung des Brennstoffkreislaufs vgl. Dok. 5, Anm. 15.

[8] Vgl. dazu die Mitteilung des niederländischen Außenministers van der Klaauw vom 5. März 1978 an Bundesminister Genscher; Referat 413, Bd. 123657.

2) Die Erwiderung des brasilianischen Außenministers läßt sich wie folgt zusammenfassen:

– Nachdem die Troika-Partner im Januar sich auf eine Formel geeinigt hätten, habe die brasilianische Regierung die Formel sofort und ohne Änderungen akzeptiert. Diese schnelle und zustimmende Reaktion sei politisch motiviert; sie sei von dem Wunsch getragen gewesen, insbesondere dem deutschen Partner keine Schwierigkeiten zu machen. Man habe damit auch unter Beweis stellen wollen, daß die Lösung, die dem deutschen Partner möglich erschiene, auch für Brasilien annehmbar sei. Man wolle auch künftig nur in engem Einvernehmen und aufgrund vorheriger Konsultationen vorgehen.

– Die jetzt von den Niederländern ins Gespräch gebrachte Formel (Ad-hoc-Plutonium-Regime bereits vor Lieferung des angereicherten Materials) weiche entscheidend von der gemeinsam vereinbarten Formel vom 11.1. ab. Für die Annahme der Januar-Formel durch Brasilien habe sich die nl. Regierung seinerseits noch offiziell bedankt. Das wirkliche Problem sei, daß die nl. Seite kein verläßlicher Verhandlungspartner mehr sei. Man wisse nicht, mit wem man verhandele. Die Regierung sei offenbar zu schwach, um außenpolitisch agieren zu können. In diesem Bereich brauche man verläßliche Partner und klare Regelungen. Hinzu komme, daß die niederländische Seite bei dieser zukunftsträchtigen umfassenden Zusammenarbeit gleichsam nur als „Händler" interessiert sei; sie trage keine Verantwortung für die weitergehende industrielle und energiepolitische Zusammenarbeit.

– Die brasilianische Seite stehe nicht unter Zeitdruck; sie müsse nur darauf bestehen, daß ihr das für den Reaktorbetrieb notwendige angereicherte Uran rechtzeitig geliefert werde. Sie sehe die Probleme in der Troika und frage sich, ob der deutsche Partner sich für die späteren Lieferungen, aber auch für den Eigenbedarf, ganz von dem nl. Partner abhängig machen müsse. Dies aber sei eine Frage, die die Troika-Partner unter sich auszumachen hätten. Persönlich glaube er aber, daß auf längere Sicht der deutsche Partner eine eigene Anreicherungskapazität haben müsse, über die er frei verfügen könne.

– Von der Idee, die XII A 5-Lösung in INFCE einzuführen, halte er gar nichts. INFCE sei kein Verhandlungsgremium, und man wolle es auch nicht dazu machen. Man könne INFCE informieren, wenn die IAEO ein Plutonium-Regime gem. XII A 5 in Kraft gesetzt hätte oder die vier betroffenen Regierungen sich auf ein Ad-hoc-Regime geeinigt hätten. Wollte man die Dinge jetzt in INFCE behandeln, so würde man in diesem Punkte amerikanischen Vorstellung entgegenkommen, denen man bisher aus den bekannten Gründen nicht hätte folgen wollen.

– Er müsse darauf hinweisen, daß sich immer mehr Interessenten um eine Zusammenarbeit im Nuklearbereich mit Brasilien bemühten; das gelte für die nordischen Länder (insbesondere Schweden), aber auch für Kanada, das gerade im Hinblick auf die kanadisch-argentinische Zusammenarbeit[9] enge Konsultationen mit Brasilien unterhalte.

---

[9] Argentinien und Kanada schlossen am 30. Januar 1976 ein Abkommen über die Zusammenarbeit bei der Entwicklung und Anwendung der Kernenergie zu friedlichen Zwecken. Für den Wortlaut vgl. UNTS, Bd. 1132, S. 204–228.

– Brasilien verstünde sich im übrigen als ein Land des Westens, das genau wie wir auf engste und freundschaftliche Beziehungen mit den Vereinigten Staaten bedacht sein müsse; in bezug auf Lateinamerika sei die amerikanische Politik noch dabei, ihre sehr weitgehenden Wunschvorstellungen mit den Realitäten in Einklang zu bringen. Bei seinen letzten Gesprächen mit Außenminister Vance[10] habe er das Gefühl gehabt, daß die USA im Nuklearbereich in bezug auf Brasilien die Dinge ausgewogener zu sehen begännen; er habe Vance deutlich gemacht, daß die „intellektuelle Proliferation" ohnehin nicht zu verhindern sei und es darauf ankomme, daß alle Länder stringente „safeguards" akzeptieren; zu letzterem sei Brasilien bereit. Er habe Vance auch gesagt, daß er am bilateralen Informationsaustausch mit den USA über den Thorium-Kreislauf interessiert sei, daß dies aber kein Ersatz für den im Augenblick allein wirtschaftlichen Kreislauf auf der Basis von angereichertem Uran sein könne. Brasilien wisse in diesem Bereich sehr genau Bescheid und ließe sich nicht auf falsche Ersatzlösungen abdrängen. Im übrigen wolle man die bestehende Zusammenarbeit mit Jülich[11] über den Thorium-Kreislauf intensivieren, weil man wisse, daß die Deutschen in diesem Bereich weiter seien und daher auch hier die Zusammenarbeit vielversprechender sei.

– Abschließend wolle er betonen, daß Brasilien wie bisher künftig nichts tun wolle, was nicht mit dem deutschen Partner einvernehmlich abgestimmt sei. Man solle ihm sagen, wie wir weiter zu prozedieren wünschten. Brasilien werde dies dann wie bisher schon im Geiste unserer vertrauensvollen Zusammenarbeit prüfen und seinen Beitrag leisten, wenn es gelte, bestehende Probleme gemeinsam zu lösen.

3) Minister Genscher bestätigte, daß auch ihm die starke[12] Abhängigkeit der[13] niederländischen Regierung[14] vom eigenen Parlament große Sorgen mache; in

---

10 Der amerikanische Außenminister Vance hielt sich am 22./23. November 1977 in Brasilien auf.
11 Ministerialdirektor Lautenschlager vermerkte am 22. Februar 1978, das Bundesministerium für Forschung und Technologie habe am 11. Februar 1977 mit der amerikanischen Energieforschungs- und -entwicklungsbehörde ein Abkommen über die Zusammenarbeit auf dem Gebiet des Hochtemperaturreaktors abgeschlossen, dem am 13. September 1977 Frankreich und die Schweiz beigetreten seien. Die USA hätten ohne Wissen der Bundesregierung gegenüber Brasilien angeregt, sich an dieser Zusammenarbeit zu beteiligen, da Brasilien über für den Betrieb von Hochtemperaturreaktoren erforderliche Thoriumvorkommen verfüge: „Wir haben den Brasilianern angeboten, ein bilaterales Kooperationsprogramm im Bereich des H[och]T[emperatur]R[eaktoren] als Grundlage für den Beitritt Brasiliens als fünfter Partner zu dem Viererabkommen auszusprechen." Der brasilianische Außenminister Azeredo habe am 14. Februar 1978 erklärt, „an ein ‚Ja' Brasiliens zum Beitritt zum Viererabkommen könne erst gedacht werden, wenn alle Zweifel (politischer und technischer Art) ausgeräumt werden. Brasilianischer AM mißtraut dem amerikanischen Kooperationsangebot: Versuch, Brasilien von der Leichtwasserreaktorlinie und damit von Wiederaufarbeitung abzubringen. [...] Brasilianischer AM hatte im Gespräch am 14.2.1978 weiter ausgeführt, daß Staatspräsident Geisel sich für eine verstärkte bilaterale Zusammenarbeit mit uns im HTR-Bereich entschieden habe, die nun durch gemeinsame Maßnahmen ausgeführt werden müßte. [...] Wie wir – mehr zufällig – vom BMFT erfahren, soll anläßlich Besuches von Präsident Geisel in Jülich zwischen der K[ern]f[orschungs-]A[nlage] und der Nuclebras eine ‚Absichtserklärung' über die bilaterale Zusammenarbeit im HTR-Bereich unterzeichnet werden." Vgl. Referat 413, Bd. 123617.
12 Dieses Wort wurde von Bundesminister Genscher gestrichen.
13 Dieses Wort wurde von Bundesminister Genscher gestrichen. Dafür fügte er handschriftlich ein: „jeder".
14 An dieser Stelle fügte Bundesminister Genscher handschriftlich ein: „in dieser Frage".

der Tat stelle sich im Lichte der verschiedenen niederländischen Reaktionen bei der Urenco-Problematik die Frage, inwieweit die nl. Regierung in dieser Frage noch als verhandlungsfähiger Partner angesehen werden könne.[15]

Er danke dem brasilianischen Außenminister für seine offenen Ausführungen; dabei sei es ihm vor allem darum gegangen, herauszufinden, was die brasilianische Seite von einer Einführung der XII A 5-Lösung bei INFCE hielte. Er habe insoweit Verständnis für die zurückhaltende brasilianische Reaktion; doch sei die Frage wegen der neuen niederländischen Überlegungen jetzt ohnehin nicht mehr so aktuell. Er wolle versichern, daß wir auch künftig nur im engen Einvernehmen mit der brasilianischen Seite vorgehen würden; dabei sei uns die durch den brasilianischen Außenminister gegebene Lagebeurteilung wertvoll. Wir würden jetzt gemeinsam mit den Partnern in der Troika überlegen müssen, wie weiter zu prozedieren sei.[16]

Lautenschlager

VS-Bd. 9321 (413)

---

[15] Der Passus „in der Tat ... angesehen werden könne" wurde von Bundesminister Genscher gestrichen.

[16] Staatssekretär Haunschild, Bundesministerium für Forschung und Technologie, vermerkte am 9. März 1978, daß er am Rande des Besuchs des Präsidenten Geisel in den Kernforschungszentren Jülich und Karlsruhe ein Gespräch mit dem brasilianischen Außenminister Azeredo geführt habe. Dieser habe ihn über ein Gespräch mit dem niederländischen Außenminister van der Klaauw informiert, das am 7. März 1978 auf Schloß Gymnich stattgefunden habe. Azeredo habe gegenüber van der Klaauw „absolut deutlich gemacht, daß Brasilien nicht bereit sei, irgendwelche zusätzlichen Bedingungen anzunehmen, die über die im Januar 1978 einvernehmlich gefundene Lösung hinausgingen. So sei insbesondere unannehmbar, den Zeitpunkt für die Einrichtung des Systems der Plutonium-Lagerung vorzuverlegen." Angesichts der Haltung der Niederlande habe Azeredo „nur noch geringe Hoffnung, daß die Regierungen der Troika bis zum 1. April, dem Ablaufdatum der bereits um ein Jahr verlängerten Frist, eine Einigung über ihre Zustimmung zu der kommerziell bereits vereinbarten Lieferung erzielen könnte. Dadurch entstehe für die Versorgung der zwei brasilianischen Kernkraftwerke eine Ungewißheit." Brasilien werde entsprechend dem Liefervertrag am 1. April 1978 die erste Zahlung an Urenco leisten. Vgl. Referat 413, Bd. 123618.

69

Botschafter Eick, z. Z. Kapstadt, an das Auswärtige Amt

VS-NfD   Aufgabe: 6. März 1978, 17.10 Uhr[1]
Fernschreiben Nr. 66   Ankunft: 6. März 1978, 20.22 Uhr
Citissime

Betr.: Initiative der fünf westlichen SR-Mitglieder[2] zur Lösung der Namibia-Frage
hier: Persönliche Botschaft BM an AM Botha

Bezug: DB[3] Nr. 49 aus Bujumbura, ohne Datum, über AA
hier eingegangen am 3. März, 17.45 Uhr[4]

Zur Unterrichtung

1) AM Botha war vom 3. bis zum späten 4. März in Windhuk. Am Sonntag, 5. März, war er durch die Gespräche mit dem britischen und amerikanischen Botschafter, die ihn im Namen der Fünf aufsuchten (gesonderter Drahtbericht[5]), in Anspruch genommen. Ich konnte daher die Weisung erst am 6. März um 12.00 Uhr bei AM Botha ausführen.

In den Text habe ich zur Vermeidung von Mißverständnissen das Datum der Äußerungen Bothas in Windhuk (22. Februar 1978[6]) eingefügt, da Botha bei

---

1 Hat Vortragendem Legationsrat Ueberschaer am 7. März 1978 vorgelegen.
Hat den Vortragendem Legationsräten I. Klasse Hampe und Kremer am 8. März 1978 vorgelegen.
2 Bundesrepublik, Frankreich, Großbritannien, Kanada und USA.
3 Korrigiert aus: „DE".
4 Ministerialdirigent Müller, z. Z. Bujumbura, übermittelte am 1. März 1978 zur Weiterleitung an die Dienststelle in Kapstadt ein Schreiben des Bundesministers Genscher an den südafrikanischen Außenminister Botha mit der Bitte um Übergabe. Das Schreiben lautete: „Lieber Herr Kollege Botha, nach Abschluß meines dreitägigen Besuches in Tansania schicke ich Ihnen diese persönliche Botschaft. Meine ausführlichen und intensiven Gespräche mit Präsident Nyerere und AM Mkapa ermutigen mich, an Sie und Ihre Regierung nochmals zu appellieren, die Erfolgsaussichten des westlichen Lösungsvorschlages durch eine Entscheidung nicht einseitig zu beeinträchtigen. Ich habe mit großem Interesse Ihre öffentlichen Äußerungen aus Anlaß Ihres Besuches in Windhuk gelesen, die besagten, daß politische Kreise in Südwestafrika und Sie selbst einer international akzeptablen Lösung Priorität einräumen. Ich sehe in dieser Feststellung ein ermutigendes Anzeichen. [...] Am 4.3. werde ich wieder in Bonn sein und dann umgehend mit Botsch[after] von Schirnding Kontakt aufnehmen." Vgl. Referat 320, Bd. 125261.
5 Botschafter Eick, z. Z. Kapstadt, teilte am 6. März 1978 zum Gespräch der Botschafter Bowdler (USA) und Scott (Großbritannien) mit dem südafrikanischen Außenminister Botha am Vortag mit: „Die Atmosphäre soll sachlich und nicht emotional gewesen sein. Insgesamt haben die beiden Botschafter den Eindruck, daß die informelle Atmosphäre eine positive Voraussetzung gewesen ist. [...] Auffallend soll gewesen sein, daß Botha nicht versucht habe, neue Formulierungen für den westlichen Lösungsvorschlag vorzubringen. Er habe [...] sich um positive Interpretation bzw. Formulierungen bemüht, die eine positive Auslegung zulassen." Hinsichtlich der Ankündigung des Wahldatums sei Botha „nicht unflexibel" gewesen. Vgl. den Drahtbericht Nr. 64; Referat 320, Bd. 125261.
6 Botschafter Eick, z. Z. Kapstadt, berichtete am 23. Februar 1978, der südafrikanische Außenminister Botha habe am Vortag in Windhuk erklärt, „SWAPO sei an einer friedlichen Namibia-Lösung nicht interessiert. [...] Während seine Regierung selbst im Augenblick dabei sei, mit den westlichen Sicherheitsratsmitgliedern zu verhandeln, um eine Basis für eine friedliche Lösung zu finden, die international Anerkennung finden könne, sei SWAPOs Antwort wahlloser Mord unter der Bevölkerung." Botha habe außerdem ausgeführt, „man könne eine weitere Verschiebung der Wahl nicht

seinem letzten Aufenthalt in Windhuk mehrere Presseerklärungen anderer Art abgegeben hatte.

2) Weisungsgemäß habe ich meinen vier Kollegen der Kapstädter Gruppe[7] ebenfalls am 6. März von dem Inhalt der persönlichen Botschaft BM an AM Botha Kenntnis gegeben und sie ferner mit der Bitte um Übermittlung an ihre Außenminister[8] von dem Gespräch BM/AM Mwale[9] unterrichtet.

3) An die Übergabe der persönlichen Botschaft von BM knüpfte sich ein etwa einstündiges Gespräch mit AM Botha an. Botha schloß an den Dank für die Botschaft sogleich die von mir erwartete Frage an, warum BM nicht zu den Äußerungen Nujomas im südafrikanischen Fernsehen (DB Nr. 52 vom 27.2.[10] und DB Nr. 54 vom 28.2.[11]) Stellung genommen habe (eine Frage, die Botha auch an den US- und den britischen Botschafter gerichtet hatte). Ich erwiderte, daß wir ebensowenig auf öffentliche SWAPO-Erklärungen reagierten wie auf öffentliche Äußerungen der SA[12]-Regierung. Für uns sei im Zusammenhang mit der Fünfer-Initiative allein ausschlaggebend, was am Verhandlungstisch geäußert werde. Eine öffentliche Diskussion der Nujoma-Erklärung, die sicherlich gezielt auf Reaktionen in SA gemacht worden sei, würde der Fünfer-Initiative nur abträglich sein.

Botha äußerte dann seine Enttäuschung darüber, daß immer nur er um Zurückhaltung gebeten werde, nicht aber SWAPO. Ich erwiderte, daß er gewiß sein könnte, daß mein Minister keine Gelegenheit versäumte, auch auf die anderen

Fortsetzung Fußnote von Seite 345

ausschließen. Auf Nachfrage gestand er zu, daß der kommende August rein technisch nun wohl der früheste Wahltermin sei." Vgl. den Drahtbericht Nr. 43; Referat 320, Bd. 116805.

[7] William G. Bowdler (USA), George Kinnear Grande (Kanada), Jacques Schricke (Frankreich), David Scott (Großbritannien).

[8] Louis de Guiringaud (Frankreich), Donald C. Jamieson (Kanada), David Owen (Großbritannien), Cyrus R. Vance (USA).

[9] Im Gespräch mit dem sambischen Außenminister Mwale am 25. Februar 1978 bekundete Bundesminister Genscher seine Besorgnis über den gegenwärtigen Stand der Namibia-Gespräche. Südafrika müsse von übereilten Entscheidungen abgehalten werden und dürfe „nicht die Möglichkeit bekommen, den ‚Schwarzen Peter' den afrikanischen Staaten zuzuschreiben". Vgl. die Gesprächsaufzeichnung; Referat 010, Bd. 178768.

[10] Botschafter Eick, z. Z. Kapstadt, berichtete: „Wohl aus dem Zusammenhang eines längeren Interviews sagte Sam Nujoma gestern abend im s[üd]a[frikanischen] Fernsehen auf Frage eines S[outh]A[frican] B[roadcasting]C[orporation]-Korrespondenten in New York, ‚majority rule is out' (!), SWAPO kämpfe nicht dafür. ‚Wir kämpfen, um die Macht in Namibia zu ergreifen zum Wohle des namibischen Volkes.' ‚Wir sind Revolutionäre und keine Konterrevolutionäre. Über majority rule sprechen, nicht aber mit SWAPO.'" Vgl. Referat 320, Bd. 125261.

[11] Botschafter Eick, z. Z. Kapstadt, berichtete: „Erklärung Nujomas, es gehe SWAPO nicht um Mehrheitsherrschaft, sondern um die Ergreifung der Macht, hat hier heftige Reaktionen ausgelöst. a) PM Vorster erklärte gestern vor Parlament, Nujoma, den er immer als ‚Abenteurer' bezeichnet habe, habe S[üd]a[frikas] Verdacht und Beschuldigungen gegenüber SWAPO nunmehr offen bestätigt. ‚Er hat die Katze aus dem Sack gelassen': Er habe klargemacht, daß er nicht wirklich am Wohl des Volkes interessiert sei, sondern nur an SWAPOs revolutionärer Doktrin, die die Ergreifung der Macht über das Territorium und die Einwohner zum Ziele habe. Jetzt, wo Nujoma gesprochen habe, müßten die Westmächte reagieren. […] b) Noch härter äußerte sich Dirk Mudge, der sagte, man sei allmählich an dem Punkt angelangt, wo SWAPO nicht länger als politische Partei angesehen werden könne, die ein Recht auf Teilnahme am demokratischen Prozeß in SA habe." Eick stellte dazu fest: „Nujomas Erklärung […] ist Wasser auf SA Mühlen. Südafrikaner sehen in ihr Bestätigung, daß SWAPO allein an Diktatur des Proletariats und nicht an demokratischen Wahlen nach westlichem Muster interessiert sei." Vgl. Referat 320, Bd. 125261.

[12] Südafrika.

Partner im Rahmen der westlichen Namibia-Initiative in diesem Sinne hinzuwirken.

Botha wiederholte dann (mit melodramatischen Einlagen) seine tiefe Sorge über die drohende Initiative des konservativen Teils der weißen Bevölkerung, in Namibia nächstens eine Wahl zu einer neuen weißen gesetzgebenden Versammlung abzuhalten. Die werde zu einer Ausschaltung von Dirk Mudge und dessen DTA[13] und zu einer schwarz-weißen Konfrontation mit unvorstellbaren Folgen führen. Er, Botha, sei deswegen unter schärfstem Zeitdruck, ein Datum für die Wahlen im Rahmen einer international annehmbaren Lösung anzukündigen. Er könnte damit nur noch wenige Tage warten. Für ihn laute die Alternative, jetzt entweder die geschilderte chaotische Entwicklung oder ein Scheitern der westlichen Initiative mit Sanktionen, Abbruch diplomatischer Beziehungen usw. hinzunehmen. Ich hielt Botha sofort entgegen, daß die Ankündigung des Wahldatums alle bisherigen Bemühungen um eine international akzeptable Lösung zunichte machen würde und die persönliche Botschaft meines Ministers gerade diesen Punkt betreffe. Botha räumt dann im Laufe eines lebhaften Austausches von Argumenten ein, daß er sich allenfalls imstande sehe, „noch ein bis zwei Wochen auszuhalten", wenn der Westen ihn in Stand setze zu sagen, daß in ein bis zwei Wochen die Verhandlungen über den westlichen Lösungsvorschlag abgeschlossen sein würden. Über diesen Termin hinaus werde er keinesfalls gehen können. Ich wies ihn darauf hin, daß wir zur Zeit auf die Reaktion der SA-Regierung auf unsere Vorschläge vom 27. Februar[14] warteten.

Es kam dann noch zu einem Austausch über sehr grundsätzliche Fragen, wobei Botha für SA wieder nur die apokalyptische Vision eines Kampfes bis zum letzten Mann („Auf unseren Grabsteinen soll dann stehen: Daran sind die Amerikaner schuld") gegen den Einwand anzuführen wußte, daß es zwischen dem gegenwärtigen unhaltbaren Zustand und jener Götterdämmerung doch noch vernünftige Zwischenlösungen gäbe, über die man leider nur nicht ernstlich zu diskutieren bereit sei. Zum Schluß betonte Botha, daß die SA-Regierung den Rückzug der SA-Truppen aus Namibia vor Bildung der neuen Regierung nicht hinzunehmen bereit sei.

Wertung:

Zusammengenommen mit der Art der Gesprächsführung Bothas gestern mit US-Botschafter Bowdler und dem britischen Botschafter Scott drängt sich der Eindruck auf, daß Botha den sicherlich wachsenden Druck im Inneren der nationalen Partei und vor allem in Namibia von seiten der AKTUR[15] auf eine interne Lösung sehr stark ausmalt, um uns zu überzeugen, daß die SA-Regierung nur noch einen ganz engen sachlichen und zeitlichen Spielraum für Konzessionen habe. In der Frage des Wahldatums sollte wohl das schließliche Einräumen

---

13 Demokratic Turnhalle Alliance.
14 Botschafter Eick, z.Z. Kapstadt, teilte am 28. Februar 1978 mit: „Die Atmosphäre des Gesprächs der Kapstädter Fünf mit StS Brand Fourie am 27. Februar war sachlich und gut. Verständlicherweise wollte sich Fourie nicht sogleich zu den ihm schriftlich (Non-paper) überlassenen Änderungsvorschlägen der Fünf zum Text des westlichen Lösungsvorschlags äußern. Er sagte unverzügliche Prüfung zu. Fourie ließ wiederum erkennen, daß er sich ernsthaft um eine Annäherung in den noch strittigen Formulierungsfragen bemühen werde." Vgl. den Drahtbericht Nr. 53; Referat 320, Bd. 125261.
15 Aksiefront vir die Behoud van die Turnhalle-Beginsels.

einer Zweiwochenfrist als Konzession erscheinen. Soeben ruft mich StS Fourie an, um mir unter Bezugnahme auf mein Gespräch mit AM Botha noch einmal zu bestätigen, daß die Ankündigung eines Wahltermins nicht vor Ablauf von zehn Tagen erfolgen werde. Dieser Anruf von Fourie erscheint mir aufschlußreich.[16]

[gez.] Eick

Referat 320, Bd. 125261

70

Botschafter von Staden, Washington, an das Auswärtige Amt

114-10976/78 geheim Aufgabe: 6. März 1978, 13.00 Uhr[1]
Fernschreiben Nr. 863 Ankunft: 6. März 1978, 21.35 Uhr
Citissime

Betr.: Gespräche von D 2[2] mit Aaron und Vest am 4.3.

Nachstehend übermittle ich einen Kurzvermerk über die Gespräche, die D 2 am 4.3. mit Aaron und Vest in Washington führte.

I. Unterredung mit Aaron (außerdem anwesend Bartholomew und Schauer).

1) Entspannung

Zu der gegenwärtig in Washington lebhaft geführten Diskussion über die Zusammenhänge zwischen den Aktivitäten der Sowjetunion am Horn von Afrika und der Entspannungspolitik, insbesondere den Bemühungen um den Abschluß

---

[16] Botschaftsrat I. Klasse Schmidt, z. Z. Kapstadt, informierte am 8. März 1978, daß der Staatssekretär im südafrikanischen Außenministerium, Fourie, sich detailliert zu den ihm am 27. Februar 1978 überreichten Vorschlägen geäußert habe: „Anschließend eröffnete er uns, daß uns AM Botha zu sehen wünsche, der uns in seinem Büro erwarten und uns in einer äußerst dringenden und ernsten Angelegenheit sehen wolle." Vgl. dazu den Drahtbericht Nr. 72; Referat 320, Bd. 125261.
Schmidt teilte am selben Tag mit, im anschließenden Gespräch mit den Botschaftern Bowdler (USA), Grande (Kanada) und Schricke (Frankreich) sowie dem britischen Gesandten Summerhayes und ihm selbst habe Botha „seine tiefe Enttäuschung" darüber ausgedrückt, „daß Westmächte noch immer nicht auf Nujoma-Interview im s[üd]a[frikanischen] Fernsehen reagiert hätten. Sodann las er etwa 20 Minuten aus nach Ansicht der Fünf u. U. echten Protokoll einer Sitzung des SWAPO-Militärrates vom 1. Januar 1978 vor, in dessen Besitz man erst vor drei Tagen gelangt sei und welches er gestern erhalten habe. Danach sei Ziel von SWAPO die Verstärkung seiner Aktivität und deren Ausbreitung im gesamten Territorium, die Ermordung von bestimmten schwarzen Personen (die namentlich im Dokument erwähnt seien) sowie das Schüren von Unruhen im ganzen Lande. [...] Angesichts dieser Umstände habe ihn PM Vorster ersucht, einen dringenden Appell an die Westmächte zu richten, ihre Position in den Gesprächen völlig neu zu überdenken." Vgl. den Drahtbericht Nr. 73; Referat 320, Bd. 125261.

[1] Hat Vortragendem Legationsrat I. Klasse Arz von Straussenburg am 7. März 1978 vorgelegen.
Hat Vortragendem Legationsrat I. Klasse Citron vorgelegen, der handschriftlich vermerkte: „Reg[istratur]: bitte noch Kopien an 500+BMVtg."
[2] Klaus Blech.

von SALT, sagte Aaron, sie seien nach wie vor der Auffassung, daß kein Junktim (linkage) hergestellt werden solle. Andererseits werde das Verhalten der Sowjets selbstverständlich Auswirkungen haben, möglicherweise die, daß man einen fertigen SALT-Vertrag dem Senat nicht zuleiten könne, weil dort angesichts des sowjetischen Verhaltens keine Bereitschaft zur Ratifikation bestehe.[3] Den Verhandlungsprozeß selbst wolle man jedoch möglichst ungestört weiterführen. Das bedeute nicht, daß man sich nicht – ganz abgesehen von SALT – weiterführende Gedanken über eine mehr grundsätzliche Reaktion auf das sowjetische Vorgehen machen müsse. Die aus Anlaß des Nixon-Besuchs in der Sowjetunion im Mai 1972 unterzeichnete Grundsatzerklärung über die amerikanisch-sowjetischen Beziehungen[4] bedürfe möglicherweise der gedanklichen Überprüfung. D 2 erläuterte unter anderem an Hand unserer Bemühungen um die Einbeziehung Berlins in die noch offen zweiseitigen Abkommen mit der Sowjetunion[5], daß nach unseren Erfahrungen immer nur konkrete Absprachen und nicht prinzipielle Übereinkunft zu tragfähigen Ergebnissen führten.[6]

2) Neutronenwaffe (ERW)

Aaron sagte, er gehe davon aus, daß der britische Vorschlag, die ERW bei MBFR sozusagen als Zugabe (sweetener) zu verwenden[7], nicht akzeptabel sei. Er nannte sodann die Gründe, die in amerikanischer Sicht gegen die Einbeziehung der ERW in die MBFR-Verhandlungen sprechen.

– Der MBFR-Prozeß werde dadurch kompliziert und gerade das sei wenig wünschenswert. Was er brauche, sei Vereinfachung.

– Die Einführung werde Gegenvorschläge auslösen, die den gesamten nuklearen Bereich betreffen könnten. Das sei gefährlich.

– Es gebe in Washington eine ganze Anzahl von Leuten, die ohnehin – ganz abgesehen von Option III[8] – Ausrüstungsgegenstände in MBFR einbeziehen wollten. Sie würden Auftrieb erhalten.

– Für die Sowjetunion würde es im Rahmen von MBFR ein leichtes sein, die Dislozierung der ERW für immer zu verhindern. Die Zweijahresfrist werde nicht eingehalten werden können. MBFR sei nicht auf zwei Jahre angelegt.

– Er sei aus grundsätzlichen Erwägungen gegen eine Verbindung von ERW und Panzern. Es sei sehr viel besser, Gefechtsfeldwaffen mit TNWS[9] aufzu-

---

[3] Zu den Aussichten für eine Ratifizierung eines SALT-II-Abkommens im amerikanischen Senat vgl. Dok. 28, Anm. 3.

[4] Präsident Nixon hielt sich vom 22. bis 30. Mai 1972 in der UdSSR auf. Für den Wortlaut der Grundsatzerklärung über amerikanisch-sowjetische Beziehungen vom 29. Mai 1972 vgl. DEPARTMENT OF STATE BULLETIN, Bd. 66 (1972), S. 898 f. Für den deutschen Wortlaut vgl. EUROPA-ARCHIV 1972, D 289–291. Zum Besuch vgl. FRUS 1969–1976, XIV, S. 982–1226. Vgl. dazu ferner AAPD 1972, I, Dok. 149, und AAPD 1972, II, Dok. 161.

[5] Zu den geplanten Abkommen vgl. Dok. 17, Anm. 12.

[6] Der Passus „unseren Erfahrungen ... Ergebnissen führten" wurde von Vortragendem Legationsrat I. Klasse Citron hervorgehoben. Dazu vermerkte er handschriftlich: „Das gilt auch für MBFR."

[7] Zu britischen Überlegungen einer Einbeziehung der Neutronenwaffe in die MBFR-Verhandlungen vgl. Dok. 62.

[8] Zum Vorschlag der an den MBFR-Verhandlungen teilnehmenden NATO-Mitgliedstaaten vom 16. Dezember 1975 für eine Einbeziehung amerikanischer nuklearer Komponenten (Option III) vgl. Dok. 12, Anm. 10.

[9] Theater Nuclear Weapons Systems.

rechnen oder umgekehrt. Das stärke den Zusammenhang der Triade und erhöhe die Abschreckung.

(D 2 bat um eine möglichst baldige Überlassung des amerikanischen Argumentationskatalogs. Aaron sagte dies zu.)

Im übrigen werde, so sagte Aaron, die NATO-ERW-Erklärung den Belgiern voraussichtlich besondere Schwierigkeiten bereiten. Sie machten geltend, sie könnten nicht neben der anstehenden Modernisierung anderer TNWS auch noch eine positive ERW-Erklärung abgeben. Die Holländer sagten, sie brauchten mehr Zeit. In beiden Fällen könnte unsere Hilfe sehr wertvoll sein. D 2 erläuterte die Schritte, die der Bundesminister in diesem Bereich bereits unternommen hat. D 2 setzte das Ergebnis seiner kürzlichen Konsultationen mit Oslo[10] in dieser Frage hinzu. Danach hätten die Norweger sehr deutlich gemacht, daß sie – bei Wahrung ihres bekannten negativen Standpunktes zur Lagerung nuklearer Waffen auf norwegischem Territorium – keine Einwände gegen die ERW hätten.

Aaron unterstrich die Notwendigkeit weiterer bilateraler Konsultationen zwischen Bonn und Washington in diesem Punkt. Zur Frage von D 2, ob man sich amerikanischerseits bereits Gedanken über das weitere Vorgehen gegenüber Moskau gemacht habe, ob man in Form einer öffentlichen Erklärung oder auf diplomatischem Wege prozedieren wolle, sagte Aaron, die amerikanischen Überlegungen seien noch nicht abgeschlossen. Grundsätzlich meine man jedoch, schriftlich an Breschnew herantreten zu wollen, und zwar durch eine Art Gegenvorschlag zum sowjetischen Ansinnen eines beiderseitigen Verzichts auf ERWs.[11]

Aaron erwähnte in diesem Zusammenhang, die USA hätten – allerdings nicht beweisbare – Anzeichen dafür, daß die Sowjets bereits über ERW verfügten. Solle man das eventuell publik machen? Wie würde die Reaktion unserer Öffentlichkeit auf eine derartige Mitteilung sein? D 2 erläuterte die verschiedenen Möglichkeiten, insbesondere auch diejenige, daß einige bei uns an der Frage Interessierte dann um so mehr für den beiderseitigen Verzicht auf ERWs eintreten könnten. D 2 riet zur Vorsicht.

3) MBFR

Aaron sagte nach Darlegung unserer MBFR-Position durch D 2, man verstehe unsere Haltung gerade in bezug auf den Grundsatz der Kollektivität vollkommen. Es sei bedauerlich, daß für unsere Beweggründe bei einigen amerikanischen Beobachtern (Senator Nunn, dessen Assistent Record) so wenig Verständnis (sensitivity) bestehe. Wir könnten aber überzeugt sein, daß die Administration unseren Standpunkt ohne Einschränkung unterstütze. Dies werde jetzt auch einigen übereifrigen Verhandlern (gemeint war Dean) deutlich gemacht werden.

---

[10] Zum Gespräch des Ministerialdirektors Blech mit dem Abteilungsleiter im norwegischen Außenministerium, Christiansen, am 15. Februar 1978 in Oslo vgl. Dok. 55, Anm. 10.
[11] Zu den Vorschlägen des Generalsekretärs des ZK der KPdSU, Breschnew, vom 5. Januar 1978 vgl. Dok. 6.

4) SALT

Aaron erläuterte, daß die SALT-Verhandlungen mit Nachdruck betrieben würden (we pursue them vigorously). Man würde es nicht für günstig halten, wenn die Nichtumgehungsklausel erst als letzter Punkt auf der Liste abgehandelt würde. Dadurch könne ein unerwünschter Druck auf die Allianz entstehen, was vermieden werden solle. Zwar hätten sie Anzeichen dafür, daß die Rückfallposition von den Sowjets akzeptiert werde, amerikanischerseits wolle man aber trotzdem keinesfalls mit ihrer Einführung zu lange warten. D2 wies darauf hin, daß der Bundessicherheitsrat erst am 14.3. tage. Vorher könnten wir keine verbindliche Stellungnahme abgeben.[12] Er erkundigte sich, ob das Wort „provisions" in den Text der Rückfallklausel Aufnahme gefunden habe, was bejaht wurde.

D2 trug unseren Wunsch nach Überlassung der Schaubilder vor, die uns in den Konsultationen am 30.1. in Bonn[13] gezeigt wurden. Aaron sprach sich für die Erfüllung dieser Bitte aus, Bartholomew sagte, er stehe deshalb bereits mit dem Pentagon in Verbindung.

5) Viererkonsultationen

Aaron erkundigte sich nach unserer Einschätzung der Viererkonsultationen. In Washington denke man daran, sie stärker zu betreiben (stimulate). D2 stellte unsere Haltung dar, wobei er einerseits sagte, daß die Konsultationen nicht zu einer Routineveranstaltung absinken dürften. Andererseits betonte er ihren großen Nutzen, der – ganz abgesehen von der Tagesordnung – darin liege, daß die Konsultationen das Forum für einen politischen Dialog zwischen Europa und den USA böten.

II. Gespräche mit Vest (außerdem anwesend Hunter, NSC, auf unserer Seite Schauer).

1) ERW

Die meisten der im Gespräch mit Aaron erwähnten Punkte wurden gestreift, ohne daß sich wesentlich neue Gesichtspunkte ergaben.

2) Frankreich. Vest zeigte sich sehr an der Frage interessiert, wie auf eine Linksregierung in Frankreich reagiert werden solle. Er betonte, daß USA vor den Wahlen[14] keinesfalls Stellung nehmen wollten. Danach werde eine Erklärung aber wahrscheinlich notwendig werden. Eventuell würde die französische Regierung sogar um eine Äußerung bitten. Auch die wirtschaftlichen Konsequenzen (Kapitalflucht), die der Amtsantritt einer Linksregierung haben könnte, seien zu bedenken. D2 faßt den Meinungsaustausch dahingehend zusammen, daß uns wahrscheinlich nichts anderes übrig bleibe, als zunächst in jedem Falle eine „Business as usual"-Haltung einzunehmen.

---

12 Zur Übermittlung der Ergebnisse der Sitzung des Bundessicherheitsrats am 14. März 1978 an die amerikanische Regierung vgl. Dok. 77.
13 Zu den deutsch-amerikanischen Gesprächen über SALT am 30. Januar 1978 vgl. Dok. 23 und Dok. 29.
14 In Frankreich fanden am 12. und 19. März 1978 Wahlen zur Nationalversammlung statt.

3) Zypern

Vest sagte, daß die Administration, wie er bereits bei den Viererkonsultationen zum Ausdruck gebracht habe, für ein bilaterales oder ein Einwirken der Neun auf Ankara und Athen dankbar sein würde. Es komme darauf an, die Türken zu ermutigen, ein vernünftiges Verhandlungsangebot auf den Tisch zu legen und der griechischen Seite eine positive Haltung zu den türkischen Vorschlägen anzuraten. Es gehe darum, daß die sich jetzt bietende Gelegenheit nicht ungenutzt vorbeigehe. Die Administration müsse dem Kongreß Anfang April bei den dann stattfindenden Anhörungen Fortschritte vorweisen können, wenn sie die Annahme des amerikanisch-türkischen Abkommens[15] durchsetzen wolle.

4) RFE/RL[16]

D2 erläuterte den Stand der Angelegenheit bei uns. Er machte zwei Punkte besonders deutlich. Einmal, daß es ohne Frage für uns hilfreich sein würde, wenn die von der Voice of America nicht genutzte Langwelle 209 dem Deutschlandfunk überlassen werden könne. Es handele sich nicht um ein Quidproquo. Es wäre jedoch nützlich, wenn diese Frage in Washington vornehmlich unter politischen Gesichtspunkten geprüft werde. Zum anderen betonte D2, daß die Überlassung der Welle an einen Privatmann nicht realisierbar sei. Hierfür werde es bei uns keine Sendegenehmigung geben. Vest, der genau unterrichtet war, reagierte in beiden Punkten grundsätzlich positiv. Er stimmte zu, daß die Frage der Überlassung der 209 an den DLF[17] unter dem politischen Gesamtaspekt gesehen werden müsse. Zur Frage der Wellenvergabe an einen Privatmann teile er völlig die Auffassung von D2. Er fügte allerdings hinzu, daß er dieses Unternehmen eventuell nur auf sehr hoher Ebene werde stoppen können.[18]

---

[15] Zu dem am 26. März 1976 unterzeichneten Abkommen zwischen den USA und der Türkei über Verteidigungshilfe vgl. Dok. 36, Anm. 10.

[16] Vortragender Legationsrat I. Klasse Lücking vermerkte am 14. Februar 1978: „Die Sender RFE und RL wurden von den Amerikanern in der Besatzungszeit errichtet und von den amerikanischen Organisationen Free Europe Committee und Radio Liberty Committee betrieben. Nach Ablösung des Besatzungsstatuts wurden den Sendern 1955 vom Bundesministerium für das Post- und Fernmeldewesen erstmals deutsche Sendegenehmigungen erteilt." Die mit politischen Auflagen verbundenen Sendegenehmigungen seien zunächst bis 1960 erteilt worden und hätten sich seitdem automatisch jeweils um ein Jahr verlängert: „Mit Wirkung vom 1. Oktober 1976 wurden die beiden bisherigen Trägerorganisationen fusioniert. Die neue Trägergesellschaft RFE/RL Inc. braucht eine neue Sendegenehmigung vom BMP. Sie ist unter fernmeldetechnischen und -betrieblichen Gesichtspunkten unproblematisch. Wir haben aber in Aussicht genommen, die sogenannten ‚politischen Auflagen' optisch strenger zu präsentieren und inhaltlich anzureichern." Ferner habe die amerikanische Seite am 15. April 1977 den Antrag gestellt, die Leistung von vier Sendern von RFL in Holzkirchen von bisher 10 auf 250 kW zu erhöhen: „Wenn wir diesen Antrag ablehnen, wird die amerikanische Administration vor dem Kongreß Schwierigkeiten haben. Präsident Carter, der sich persönlich engagiert hat, wird die Angelegenheit als Gesichtsverlust empfinden. Den bestehenden Belastungen des deutsch-amerikanischen Verhältnisses wird eine neue hinzugefügt. Bereits in der verzögerlichen Behandlung der Angelegenheit durch die Bundesregierung ist eine Belastung zu sehen." Vgl. Referat 212, Bd. 116355.

[17] Korrigiert aus: „DFL".

[18] Vortragender Legationsrat I. Klasse Joetze vermerkte am 23. März 1978, daß am 21. März 1978 in Washington deutsch-amerikanische Gespräche stattgefunden hätten. Die USA hätten „noch einmal auf die hohe politische Bedeutung hingewiesen, die die Administration – unterstützt durch den Kongreß – einer baldigen positiven Entscheidung der Bundesregierung über die beantragte Leistungserhöhung für die vier Kurzwellensender der Sendestation Holzkirchen von RFE/RL beimesse. Die Bundesregierung müsse davon ausgehen, daß, falls nicht in den nächsten vier bis fünf Wochen eine (positive) Lösung erfolgt, die Angelegenheit von den USA auf höchster Ebene zur Sprache ge-

5) Konsularvertrag USA–DDR[19]

Vest sagte in Anknüpfung an die Intervention des Bundesministers bei Außenminister Vance anläßlich deren Besprechung am Rande der letzten VN-Generalversammlung[20] in punkto Staatsangehörigkeitsfrage, er lege Wert auf die Feststellung, daß er im Auftrag von Vance diese Frage persönlich im Auge behalte. Die amerikanischen Prioritäten seien klar. Wir könnten überzeugt sein, daß die USA von der vereinbarten Linie nicht abweichen würden.

[gez.] Staden

VS-Bd. 11435 (221)

Fortsetzung Fußnote von Seite 352
bracht werde." Ein formelles Junktim zur Nutzung der Langwellenfrequenz 209 sei nicht hergestellt worden. Eine nochmalige Überprüfung des Problems der Langwellenfrequenz 209 durch Referat 212 habe jedoch ergeben, „daß die Langwelle 209 auf der MW/LW-Konferenz 1975 in Genf ohne jede Beschränkung der Bundesrepublik zugeteilt worden ist. Deutsch-amerikanische Verhandlungen über die Nutzung dieser Frequenz entbehren damit der Grundlage." Die amerikanische Seite habe diese Ansicht akzeptiert, jedoch ausgeführt, „daß die deutsche Seite für eine Nutzung der Langwellenfrequenz 209 durch den DLF ihrerseits Konzessionen machen müsse". Vgl. Referat 212, Bd. 116355.

19 Die USA und die DDR verhandelten seit 1975 über einen Konsularvertrag, konnten jedoch in der Frage der Staatsangehörigkeit keine Einigung erzielen. Vgl. dazu AAPD 1977, II, Dok. 306.
Vortragender Legationsrat I. Klasse Lücking informierte am 14. Dezember 1977, daß nach Auskunft des amerikanischen Vertreters in der Bonner Vierergruppe vom Vortag der amerikanische Botschafter in Ost-Berlin, Bolen, am 8. Dezember 1977 dem stellvertretenden Außenminister der DDR, Grunert, den Entwurf einer Erklärung zur Staatsangehörigkeitsfrage übergeben habe: „Die USA gehe mit der Position in die weiteren Verhandlungen, daß kleinere Formulierungsänderungen möglich seien, nicht jedoch Konzessionen in Substanzfragen wie dem Vorbehalt zur deutschen Staatsangehörigkeit." Vgl. den Runderlaß; B 81 (Referat 502), Bd. 1131.
Gesandter Hansen, Washington, berichtete am 16. Januar 1978, daß nach Auskunft des amerikanische Außenministeriums der stellvertretende Außenminister der DDR, Moldt, gegenüber Bolen erklärt habe, „daß die DDR sich mit den meisten Formulierungen des Entwurfs [...] einverstanden erklären könne. [...] Nicht akzeptabel sei jedoch der amerikanische Vorbehalt zur deutschen Staatsangehörigkeit. Eine derartige Aussage laufe auf eine Unterstützung des Standpunkts der Bundesregierung und auf ein Bekenntnis zu Artikel 116 des Grundgesetzes hinaus. Dies könne die DDR nicht hinnehmen. Eine solche schriftliche Festlegung berge auch die Gefahr des Mißbrauchs durch dritte Staaten (gemeint war die BR Deutschland), und zwar in der Weise, daß sich diese bei der Verfolgung ihrer Ziele auf eine derartige Formulierung berufen könnten." Vgl. den Drahtbericht Nr. 196; B 81 (Referat 502), Bd. 1131.
20 Die XXXII. UNO-Generalversammlung fand vom 26. September bis 21. Dezember 1977 in New York statt.

71

Staatssekretär Hermes an die Botschaft in Teheran

403-411.10 IRN-219I/78 VS-vertraulich   Aufgabe: 7. März 1978, 20.46 Uhr[1]
Fernschreiben Nr. 76
Citissime

Betr.: Iranisches Fregattenbeschaffungsprogramm[2]
hier: Auftrag an deutsche Werften
Bezug: DB Nr. 135 vom 2.3.1978[3]
DB Nr. 140 vom 3.3.1978[4]

I. Mit dieser Frage wird der Bundessicherheitsrat am 8. März befaßt werden. Sie werden über das Ergebnis unverzüglich unterrichtet werden. Im Falle einer positiven Entscheidung werden Sie durch einen weiteren Erlaß gebeten werden, dem Schah[5] folgendes mitzuteilen (es bestehen keine Bedenken, daß Sie den Wortlaut ihrer Erklärung in einem Papier hinterlassen):

1) Am 6.3.1978 hat unter Vorsitz des Bundeskanzlers eine Besprechung mit den zuständigen Bundesministern stattgefunden, in der die Absicht der irani-

---

[1] Durchdruck.
Der Drahterlaß wurde von Legationsrat Woerner konzipiert.
[2] Staatssekretär Hermes vermerkte am 9. Januar 1978: „Staatssekretär Schnell, BMVg, unterrichtete mich heute [...] über folgendes: Der Iran beabsichtige, sechs bis acht Fregatten zu erwerben, entweder in der Bundesrepublik Deutschland oder in den Niederlanden. Es handele sich um einen sehr wichtigen Auftrag im Werte von etwa 2 1/2 Mrd. DM. Sollte der Auftrag zustande kommen, hätte das auch kostengünstige Auswirkungen auf den Bau der deutschen Fregatten. Über die höchst erwünschten Auswirkungen auf die Beschäftigungslage in den Werften wolle er kein weiteres Wort verlieren. Da der von dem Iran gewünschte Fregattentyp sowohl in der Bundesrepublik Deutschland als auch in den Niederlanden gebaut werde, würde der Iran, falls wir es ablehnten, uns um den Auftrag zu bewerben, diesen Auftrag in die Niederlande vergeben." Vgl. VS-Bd. 532 (014); B 150, Aktenkopien 1978.
[3] Botschafter Ritzel, Teheran, berichtete: „Schah hat am 1. März 1978 entschieden, an dem Letter of Intent für Auftrag an Niederlande zum Bau von acht Fregatten unbedingt festzuhalten. Diese Entscheidung ist unabänderlich." Anläßlich eines Besuchs des Ministerialdirektors Sadtler, Bundesministerium der Verteidigung, vom 26. bis 28. Februar 1978 im Iran habe er jedoch gleichzeitig entschieden, „daß ein Auftrag zum Bau von vier Fregatten des deutschen Typs F-122 an deutsche Werften vergeben werden kann. [...] Der Schah bittet aber um ein Schreiben des Herrn Bundeskanzlers an ihn, das zu folgenden Punkten den folgenden Tenor hat: a) Ausbildung iranischer Seeleute durch deutsche Werften und Bundesmarine für die iranischen F-122 in Deutschland und/oder Iran [...], b) Ablieferungsmöglichkeit der ersten iranischen Fregatte nicht später als 1981, wenn dies so vereinbart werden sollte, c) Hinweis, daß die deutschen F-122 nach Ablieferung durch die Werften in Dienst gestellt werden und keine eigentliche Probezeit mehr absolvieren müssen und Hinweise, daß sie [...] den letzten Stand der Technik und erprobte Bauelemente aufweist [...] d) Versicherung, daß deutsche Werften ‚Dollar für Dollar' (so der Schah wörtlich) den Preis von den Niederlanden halten, e) Bereitschaft andeuten, daß deutsche Delegation, geleitet von Staatssekretär Dr. Schnell, zu Präsentation nach Iran kommen könnte. f) Sehr hilfreich wäre Mitteilung, daß deutsche Industrie wie holländische Zahlung oder Teilzahlung in Rohöl akzeptieren würde." Da die unwiderrufliche Entscheidung am 8. März 1978 fallen werde, solle das Schreiben möglichst am 6. März 1978 übergeben werden. Vgl. Referat 422, Bd. 124221.
[4] Botschafter Ritzel, Teheran, legte dar, daß die iranische Seite und insbesondere Schah Reza Pahlevi großen Wert auf ein Schreiben des Bundeskanzlers Schmidt in der Frage der Erteilung eines Auftrags zum Bau von vier Fregatten lege. Vgl. dazu Referat 422, Bd. 124221.
[5] Mohammed Reza Pahlevi.

schen Regierung, einen Auftrag zur Lieferung von vier Fregatten des deutschen Typs F-122 an die deutsche Werft-Industrie unter bestimmten Voraussetzungen zu vergeben, behandelt wurde.

2) Die Bundesregierung dankt dem Schah für die Bereitschaft, die deutsche Werft-Industrie bei der Vergabe der Aufträge zu berücksichtigen, und für das hierdurch bekundete Interesse.

3) Die Bundesregierung ist bereit, die für den Export der Fregatten nach der deutschen Gesetzgebung[6] erforderlichen Genehmigungen zu erteilen.

4) Die Bundesregierung ist bereit, dem Vorschlag des Schahs zu entsprechen und eine Delegation unter Leitung von Staatssekretär Dr. Rohwedder aus dem Bundeswirtschaftsministerium in Kürze zu Besprechungen nach Teheran zu entsenden.

5) Wie bei dem bereits früher vereinbarten Beschaffungsprogramm für U-Boote[7] wird auch hier die Lieferung in den Händen der deutschen Industrie liegen. Deshalb werden Vereinbarungen über die Einzelheiten dieses Programms zwischen der iranischen Regierung und den deutschen Werften zu treffen sein. Die interessierten deutschen Werften haben der Bundesregierung gegenüber erklärt, daß sie in der Lage sind, den gewünschten Ablieferungstermin für die erste Fregatte (nicht später als 1981) einzuhalten. Die Werften haben gegenüber der Bundesregierung ihre Zuversicht ausgedrückt, daß ihr Preisangebot mit dem niederländischen Angebot – soweit vergleichbar – wettbewerbsfähig sein wird.

6) Wie bei den für die Bundesmarine zu liefernden Fregatten wird es sich um sofort und voll einsatzbereite Schiffe nach dem letzten Stand der Technik und nicht um Prototypen handeln.

7) Die Bundesmarine ist bereit, im Rahmen ihrer Möglichkeiten die kaiserlich-iranische Marine bei der Ausbildung des Fregattenpersonals zu beraten und zu unterstützen. Die interessierten Werften haben sich bereit erklärt, ihre eigenen schon bestehenden oder geplanten Ausbildungseinrichtungen (Schulen, Programme etc.) uneingeschränkt zur Verfügung zu stellen.

Der vorgeschlagenen Delegation unter Leitung von Staatssekretär Dr. Rohwedder wird zur Erörterung dieser Fragen ein hochrangiger Vertreter der Bundesmarine[8] angehören.

8) Die Bundesregierung mißt dem weiteren Ausbau der wirtschaftlichen Zusammenarbeit zwischen unseren beiden Ländern eine unvermindert hohe Bedeutung bei.

---

6 Zu den rechtlichen Grundlagen der Rüstungsexportpolitik der Bundesregierung vgl. Dok. 1, Anm. 17.
7 Ministerialdirektor Lautenschlager vermerkte am 17. Februar 1978: „Die Howaldtswerke-Deutsche Werft AG, Kiel, (HDW) hat Antrag auf Gewährung einer Bundesbürgschaft für die Lieferung von sechs kompletten U-Booten des Typs 1300 L an die iranische Marine gestellt. Nach Mitteilung der Werft hat sie einen Letter of Intent für diesen Auftrag erhalten. Mit der endgültigen Auftragserteilung wird in Kürze gerechnet. Der Auftragswert beträgt rund 770 Mio. DM. [...] Die Ausfuhrgenehmigung für diese U-Boote ist formell noch nicht erteilt worden. Der Bundessicherheitsrat hat aber in seiner Sitzung vom 2. Mai 1977 dem Export von acht bis neun Küsten-U-Booten (500 bis 600 t) und drei bis vier seegehenden U-Booten (1750 t) zugestimmt. Dieser Entscheidung lagen Anträge der Thyssen-Nordseewerke und der HDW zugrunde." Vgl. Referat 422, Bd. 124221.
8 Horst Geffers.

II. Zur Unterrichtung

1) Auf eine evtl. Frage, warum kein Schreiben des Bundeskanzlers, könnte mündlich erläutert werden:

Der Bundeskanzler und die beteiligten Minister sind der Meinung, daß wir das Zustandekommen des in Frage stehenden Exportauftrages an die deutsche Industrie am zweckmäßigsten durch eine Demarche des deutschen Botschafters[9] im Auftrag der Bundesregierung fördern.

2) Falls die Frage der Rohölbezüge angesprochen wird, kann folgendes erklärt werden:

Diese Frage wäre zwischen der iranischen Regierung und den Werften zu klären. Ggf. kann auch StS Dr. Rohwedder die hier bestehenden Probleme erläutern.

3) Angelegenheit könnte auch anläßlich Yeganeh-Besuchs in Bonn[10] erörtert werden.

III. Ich wiederhole nochmals ausdrücklich, daß diese Weisung erst durchzuführen ist, wenn Sie über eine positive Entscheidung des BSR besonders unterrichtet worden sind, mit der die Durchführung der Weisung freigegeben wird.[11]

Englische Höflichkeitsübersetzung folgt.

Hermes[12]

VS-Bd. 9340 (422)

---

[9] Gerhard Ritzel.

[10] Der iranische Wirtschafts- und Finanzminister Yeganeh hielt sich vom 14. bis 17. März 1978 in der Bundesrepublik auf.

[11] Ministerialdirektor Lautenschlager teilte der Botschaft in Teheran am 8. März 1978 mit: „Der Bundessicherheitsrat hat heute der Ihnen […] vorab übermittelten Weisung mit der Maßgabe zugestimmt, daß der in Ziff. 2 enthaltene Text nicht in ein von Ihnen zu hinterlassendes Papier aufgenommen werden soll […]. Die folgenden Absätze in I. des Ihnen übermittelten Textes sind dementsprechend neu zu numerieren. Sie werden nunmehr gebeten, die Ihnen […] übermittelte Weisung baldmöglichst auszuführen. Es bestehen keine Bedenken dagegen, daß Sie bei der Durchführung der Demarche dem Schah den Dank der Bundesregierung für die Bereitschaft, deutsche Werften zu berücksichtigen, in Ihnen geeignet erscheinender Weise mündlich zum Ausdruck bringen. Die englische Höflichkeitsübersetzung folgt als Anlage". Vgl. den Drahterlaß Nr. 78; VS-Bd. 9340 (422); B 150, Aktenkopien 1978.
Botschafter Ritzel, Teheran, berichtete am 9. März 1978, daß er das Non-paper der Bundesregierung dem iranischen Außenminister Khalatbari übergeben habe, der die unverzügliche Weiterleitung an Schah Reza Pahlevi zugesagt habe. Vgl. dazu den Drahtbericht Nr. 162; VS-Bd. 11162 (311); B 150, Aktenkopien 1978.
Ritzel legte am 10. März 1978 dar, daß die Angebote der Werften aus der Bundesrepublik jetzt zwar „auf dem Tisch" lägen. Mehr sei jedoch noch nicht erreicht: „Verhandlungen mit Werften haben zu folgen, wenn Iran das am 9. März 1978 überreichte Papier als ausreichend wertet. Die Verhandlungen können Monate dauern, und es wird sich erneut als sehr erschwerend erweisen, daß es gegenüber Iran keinen deutschen Konsortialführer gibt. Ich rechne auch leider mit Querschüssen der deutschen Werften gegeneinander, die zur Revision der Vorentscheidung des Schahs führen können. […] Der Schah und seine Berater stehen der deutschen Fregatte positiv gegenüber. Sie sind aber in Bereichen, die nicht vorzeitig auf den offenen Markt gehören, durchaus auch in der Lage, anders zu entscheiden." Vgl. den Drahtbericht Nr. 164; VS-Bd. 11162 (311); B 150, Aktenkopien 1978.
Staatssekretär Rohwedder, Bundesministerium für Wirtschaft, hielt sich vom 21. bis 24. April 1978 im Iran auf. Oberst i. G. Meyer-Plath, Teheran, teilte dazu am 25. April 1978 mit: „Der Besuch von StS Dr. Rohwedder mit Delegation konnte den Reisezweck erfüllen. Deutschland wird vier Fregatten für Iran bauen. Der Zeitpunkt der Lieferung bleibt offen." Allerdings müßten sich die Werften aus

72

Botschafter Oncken, Neu Delhi, an das Auswärtige Amt

114-11000/78 VS-vertraulich Aufgabe: 8. März 1978, 12.00 Uhr[1]
Fernschreiben Nr. 222 Ankunft: 8. März 1978, 08.47 Uhr

Betr.: Indische Nuklearenergie-Politik
hier: Abwendungstendenz von USA

Bezug: DB Nr. 647 vom 15.7.1977 – Wi 491.00 VS-v[2]
DB Nr. 207 vom 1.3.1978 – Wi 491.07

Zur Information

I. Ich suchte 2. März 1978 Professor Sethna, Leiter indischer Atomenergie-Kommission, in Bombay auf. Gesprächsgrund war, festzustellen, wie Sethna indische Autarkiemöglichkeit vor Hintergrund amerikanischer Haltung in Frage umfassender „safeguards" beurteilte. Aus Gespräch, bei dem GK'in Schöttle anwesend war, halte ich fest:

1) S. verurteilte Haltung des amerikanischen Kongresses. Komplizierter Gesetztext[3] sei in Kontrollfrage so angelegt, daß man schon eines hochqualifizierten

---

Fortsetzung Fußnote von Seite 356
der Bundesrepublik „zur Preisgestaltung auf harte Verhandlungen einstellen". Vgl. den Drahtbericht Nr. 360; VS-Bd. 9340 (422); B 150, Aktenkopien 1978.
12 Paraphe.

[1] Hat Staatssekretär Hermes am 15. März 1978 vorgelegen, der handschriftlich für Ministerialdirektor Lautenschlager vermerkte: „Wir sollten doch einmal mit den Amerikanern – in Bonn oder Washington – dieses Thema besprechen; erb[itte] Vorschläge."
Hat Lautenschlager am 16. März 1978 vorgelegen, der die Weiterleitung an Ministerialdirigent Dittmann und Referat 413 „z[ur] w[eiteren] V[eranlassung]" verfügte und handschriftlich vermerkte: „Erl[edigt]".
Hat Dittmann am 16. März 1978 vorgelegen.
Hat Legationsrat I. Klasse von Neubronner am 11. Mai 1978 vorgelegen, der den Vermerk von Hermes hervorhob und dazu handschriftlich vermerkte: „Vorgesehen für Besuch von Nye am 25. oder 26.V."
[2] Botschafter Oncken, Neu Delhi, berichtete über ein Gespräch mit dem Leiter der indischen Atomenergie-Kommission am 11. Juli 1977. Sethna habe geäußert: „Man wisse nie, woran man mit US sei. Gerade in Nuklearpolitik charakterisiere Wechselhaftigkeit amerikanisches Verhalten. In Kontrollfrage tauchten immer neue Argumente auf, wobei Amerikaner nicht berücksichtigten, daß schon der nächste Tag neue Erfindungen bringen könne. Nächste indisch-amerikanische Verhandlungsphase nach Ausführung amerikanischer Lieferung für Atomkraftwerk Tarapur sei entschieden, Indien werde sich zusätzlichen Kontrollen nicht unterwerfen. [...] In den nächsten Tagen werde indische Linie festgelegt werden. Dabei werde man auch Widersprüchlichkeit Verhaltens Amerikaner einkalkulieren, die einerseits besseres Verhältnis zur Dritten Welt (Afrika) anstrebten und andererseits im vorliegenden Fall Spannungen auslösten." Vgl. VS-Bd. 11566 (222); B 150, Aktenkopien 1977.
[3] Referat 413 vermerkte am 24. Februar 1978, daß der amerikanische Kongreß am 9. Februar 1978 den „Nuclear Non-Proliferation Act of 1978" verabschiedet habe: „Dem Gesetz liegen folgende Zielvorstellungen zugrunde: Verstärkung der Wirksamkeit der Nichtverbreitung im internationalen Rahmen; US-Garantiezusage für die Lieferung nuklearen Brennstoffs an solche Länder, die sich den in dem Gesetz geforderten Bedingungen unterwerfen; Einwirken auf die Nicht-Parteien des NV-Vertrages, diesen so bald als möglich zu ratifizieren; Hilfe für Drittländer bei der Suche und Einführung geeigneter Energien zur Deckung des Energiebedarfes. [...] Die Hauptkriterien der neuen Gesetzgebung sind: Unterwerfung aller nuklearen US-Exporte unter IAEO-Kontrollen im Empfängerland; Verbot der Verwendung von exportierten nuklearen US-Materialien und -Ausrüstungs-

Juristen bedürfe, um Tragweite jeder einzelnen Bestimmung zu erfassen. Es sei Wahnsinn, wenn die Rückführung des gesamten Abfallmaterials, sofern sich aus amerikanischen Lieferungen ergebend, in die USA verlangt werde. Niemand mache sich Gedanken, was geschehe, wenn Transporter in Seenot gerieten und untergingen, Folgen wären nicht auszudenken.

2) Was amerikanische Lieferungen für Tarapur angehe, seien diese zum Stillstand gekommen. Seit Juli 1977 warte man auf zugesagte 7,6 t Kernbrennstoff. Lieferungszusage Carters Anfang Januar 1978 sei lediglich „declaration of intent". Er habe dies Ministerpräsident Desai schon während Carter-Besuch[4] gesagt. Nichts sei seither geschehen. Im übrigen reichten auch 7,6 t nur für vier Monate. Damit zeichne sich Schließung Tarapurs für zweite Hälfte 1979/Anfang 1980 ab. Dies bedeute 14prozentigen Ausfall Energieversorgung in Maharashtra.

3) Ich fragte, ob Indien Forschung so vorantreiben könne, daß Schließung Versorgungslücke aus eigener Kraft möglich sei. Sethna bejahte dies, in drei Jahren (bei Begegnung am gleichen Abend korrigierte er: zwei Jahre!). Niemand könne der Wissenschaft das Forschen verbieten. Ihm unterstünden 30 000 Mitarbeiter, davon 6000 Wissenschaftler, 15 000 Techniker. Im übrigen habe er ggf. Befugnis, auf Großfirmen wie Bhel, Larsen, Tata und andere einzuwirken, deren Aktienkapital sich ganz oder teilweise in Regierungshand befände.

4) Es komme hinzu, daß Indien über mehr als ausreichendes Ausgangsmaterial verfüge. In Meghalaya (Nordostindien) befänden sich Lager 12- bis 14prozentigen Urans, d. h. von einer Qualität, die diejenige der meisten Lieferländer um das Drei- bis Vierfache übertreffe. Man werde diese Lager vorerst nicht anrühren. Es vermittle aber ein Gefühl der Sicherheit, sich in ihrem Besitz zu wissen.

5) Das Ganze bedeute vermutlich eine Durststrecke von 1 1/2 bis 2 Jahren. Es stelle sich daher für ihn immer wieder die Frage, was Amerikaner eigentlich wollten. Ihre Haltung laufe auf das hinaus, was sie den Arabern vorwürfen, der eine praktiziere ein Ölmonopol, der andere ein Nuklearmonopol.

Fortsetzung Fußnote von Seite 357

gegenständen zur Herstellung von Kernsprengkörpern jeglicher Art; US-Vetorecht beim Retransfer und bei Wiederaufarbeitung gelieferter nuklearer US-Materialien und -Ausrüstungsgegenständen; Anwendung angemessener Objektschutzmaßnahmen (physical protection); Gegenstände, die mit Hilfe oder aufgrund von exportierter US-Technologie hergestellt sind, unterliegen denselben Bedingungen." Ferner sehe das Gesetz eine Neuverhandlung bestehender Kooperationsabkommen binnen 30 Tagen nach Inkrafttreten vor. Falls ein Kooperationspartner keine Verhandlungsbereitschaft erkläre, drohe ein Lieferstopp von leicht- und hochangereichertem Uran. Vgl. Referat 413, Bd. 123648.
Das Gesetz trat nach Unterzeichnung durch Präsident Carter am 10. März 1978 in Kraft. Botschafter von Staden, Washington, berichtete dazu am selben Tag, Carter habe erklärt, „er habe immer noch einige Vorbehalte hinsichtlich einer Reihe von Bestimmungen des Gesetzes, nach denen der Kongreß Entscheidungen der Exekutive durch gleichlautende Resolutionen außer Kraft setzen könne. Er sagte, er zeichne das Gesetz trotzdem wegen seiner besonders großen Bedeutung für die amerikanische Nichtverbreitungspolitik." Vgl. den Drahtbericht Nr. 950; Referat 413, Bd. 123648.

[4] Präsident Carter hielt sich vom 1. bis 3. Januar 1978 in Indien auf. Ministerialdirektor Blech vermerkte dazu am 13. Januar 1978: „Einziger Punkt der Nichteinigung blieb der Fragenkomplex der nuklearen Zusammenarbeit. Desai hat die indische Haltung bekräftigt, daß eine Unterstellung unter internationale Kontrollen nur für fremde Lieferungen, nicht für indische Anlagen und Produktionen in Betracht kommt, daß es ferner bei der Nichtunterzeichnung des NV-Vertrags bleibt, solange kein umfassender Teststopp vereinbart ist. Die praktische Bedeutung der von Carter gemachten Lieferzusage für Kernbrennstoff und Schweres Wasser ist einstweilen unklar, da nicht zu erkennen ist, ob sie unter dem Vorbehalt der in Vorbereitung stehenden amerikanischen Gesetzgebung gegeben wurde." Vgl. Referat 204, Bd. 110301.

6) Das Ganze sei um so unerfreulicher, als Amerikaner mit zweierlei Maß mäßen. Sie selbst verletzten im Fall Tarapur die sie bindenden Abmachungen, verlangten aber gleichzeitig, daß Indien sich zusätzlich binden solle. Für die indische Öffentlichkeit sei dies unzumutbar. Die dem Regierungslager angehörenden 98 nationalistischen Jana Sangh-Abgeordneten[5] hätten ihn bereits um detailliertere Auskunft gebeten, nur im übergeordneten politischen Interesse habe er geschwiegen.

7) Leider seien die Amerikaner uneinsichtig. Botschafter Goheen habe ihn kürzlich aufgesucht. Ich, O., hätte ihm zahlreiche Fragen gestellt, Goheen keine einzige, wohl auch deshalb, weil er – von Hause aus Historiker – für diesen Problemkreis kein Interesse habe. Wenn die Amerikaner jedenfalls den Indern nicht entgegenkämen, so bestehe für Indien keine Veranlassung, es Ihnen in Zukunft in Unfreundlichkeit nicht gleichzutun.

8) Der Gesamtkomplex werde 13./14. März in Delhi vermutlich zur Sprache kommen. Desai habe die 62 im Staatssekretärrang stehenden Bürokratiespitzen zu sich gerufen, darunter auch ihn, Sethna. Wenn, wie vermutet, Desai seinen Beamten vor allem wegen seines Lieblingsthemas, der Prohibition, ins Gewissen reden werde, so käme doch auch das Thema des indisch-amerikanischen Verhältnisses in der Kontrollfrage zur Sprache.

9) Sethna zeigte mir hierzu eine griffbereit liegende Übersicht, aus der in zahlreichen Punkten die Verschärfung der amerikanischen Haltung hervorging. Rubrifiziert waren, wenn ich mich recht entsinne, NPT[6], Vertrag Tarapur, die neue Kongreß-Gesetzgebung, ferner ein anderer Punkt. Auf Frage erklärte er mir, er sei bereit, uns ein „Non-paper" zukommen zu lassen, aus dem seine Bewertung amerikanischer Gesetzgebung hervorginge.

10) Sethna wandte sich dann dem deutschen Brasilien-Geschäft[7] zu. Ob ich glaubte, daß dies angesichts US-Gesetzgebung realisiert werden könne? Amerikaner könnten das Geschäft jederzeit zum Scheitern bringen. Ich widersprach dem. Vor allem auch aus politischen Gründen hielte ich es für äußerst unwahrscheinlich, daß es hier zu Rückschlägen käme.

11) Sethna fuhr fort: Sorge bereite ihm das Chaos, das in fünf bis sieben Jahren ausbrechen werde, wenn auch andere Mächte wegen amerikanischer Haltung zur nuklearen Selbstversorgung übergingen. Dies gelte vor allem – von europäischen Ländern oder Japan abgesehen – auch für Länder Dritter Welt. Jugoslawien, Iran, Bangladesch, Vietnam, Korea, Argentinien seien hierzu sicher imstande, möglicherweise auch Ägypten, Irak (letzteres vor Ägypten), Pakistan, Brasilien. Befragt, worauf sich diese Annahme begründe, bemerkte er, daß Wissenschaftler aus all diesen Ländern in indischen Einrichtungen tätig seien. Ihre Art zu forschen lege ihren Wissensstand offen. Ihre indischen Kollegen hät-

---

[5] Korrigiert aus: „98 Nationalisten Jana Sangh-Abgeordneten".
[6] Non-Proliferation Treaty.
   Für den Wortlaut des Nichtverbreitungsvertrags vom 1. Juli 1968 vgl. BUNDESGESETZBLATT 1974, Teil II, S. 785–793.
[7] Zum Abkommen vom 27. Juni 1975 zwischen der Bundesrepublik und Brasilien über Zusammenarbeit auf dem Gebiet der friedlichen Nutzung der Kernenergie vgl. Dok. 33, Anm. 16.

ten ein ziemlich sicheres Gespür dafür, was sich in den Köpfen ihrer Kollegen aus Dritter Welt vollziehe.

12) Abschließend bemerkte er, man stehe vor Wahl zwischen Übel der von uns geforderten Souveränitätsminderung und dem des Chaos. Er selbst komme nicht umhin, sich um Herbeiführung des Chaos zu bemühen – sofern die Amerikaner ihre Haltung nicht änderten. Es sei zutiefst zu bedauern, daß sie dies nicht begriffen.

II. 1) Sethna sprach offen und klar. Man wird in Rechnung zu stellen haben, daß er in erster Linie Wissenschaftler ist, er geht den Dingen auf den Grund, sicher motiviert auch durch Vorstellungen einer indischen Großmachtpolitik.

2) Außer Frage steht indische Entschlossenheit, in Kontrollfrage nicht nachzugeben, dies auch im Gefühl, die Wissenschaftslücke schließen zu können. Ob die Zeitangabe zwei oder drei Jahre zutrifft, vermag ich nicht zu beurteilen. Im Prinzip (Prinzip unterstrichen) wäre Sethna wohl zu folgen. Wie weit die Schließung der Wissenschaftslücke auf eine solche auch der Wirtschaftslücke hinausläuft, bedarf eingehender Prüfung. Hier ist Skepsis am Platz. Das Umsetzen von Erkenntnis in Wirkung benötigt in Indien längere Zeit als anderswo.

3) Was im Vergleich zu Juli 1977 auffiel, war ein fast wegwerfender Mißmut über Amerikaner. Das Gefühl, nicht respektiert worden zu sein, war spürbar (was freilich nicht auf Sympathien für Sowjets hinausliefe, diese seien keineswegs besser, immer wieder „ham-handed", einmal aufgeschlossen, dann wie vor den Kopf geschlagen).

4) Ich halte den wiederholten Hinweis auf das „Chaos" fest, dessen Folgen für internationale Beziehungen sich nicht absehen ließen. Sethna würde es wohl begrüßen, wenn wir verstünden, auf die Amerikaner in seinem Sinn (Verhinderung des Chaos, Aufgeschlossenheit in Kontrollfrage) Einfluß zu nehmen. Insofern dienten dezidiert vorgetragene Ausführungen auch taktischem Zweck. Die Inder scheinen entschlossen, ihre (vermutlich nicht schlechte) Hand voll auszureizen.

5) In diesem Zusammenhang sei verzeichnet, daß „Statesman" nach Ausführungen über ausbleibende 7,6 t am 6. März schreibt, daß nach amerikanischer Vertragsverletzung im Fall Tarapur „India should consider herself free to use the material in any way she wants. This would be an extreme step, but American policy may not leave India with any alternative to disregarding the restrictive provisions". Diesen Punkt hat Sethna nicht angeschnitten.

[gez.] Oncken

VS-Bd. 9320 (413)

73

Aufzeichnung des Ministerialdirigenten Matthias

403-411.10/04-224/78 VS-vertraulich 10. März 1978[1]

Herrn Staatssekretär[2]

Betr.: Begrenzung des Transfers konventioneller Waffen
hier: Konsultationen mit dem US-Sonderbeauftragten für den Transfer konventioneller Waffen am 23.2.1978 in Bonn

Anlg.: 1

Zweck der Vorlage: Unterrichtung und Bitte um Zustimmung

I. In Fortsetzung der von den Sonderbeauftragten der vier westlichen Außenminister[3] am 22.6.1977 in Bonn geführten Gespräche[4] war der US-Sonderbeauftragte Leslie Gelb am 23.2.1978 zu weiteren Konsultationen mit uns nach Bonn gekommen (Teilnehmer s. Anl.[5]). Es bestand Einvernehmen, daß Tatsache und Inhalt auch dieses Treffens vertraulich behandelt werden sollen.

II. Gelb erläuterte kurz noch einmal die Beweggründe für die Initiative Präsident Carters[6]:

– Rüstungsexport hat erhebliche innen- und außenpolitische Auswirkungen,

– Carter ist der Ansicht, daß die knappen Ressourcen der Entwicklungsländer sinnvoll und nicht zu Waffenkäufen verwendet werden sollten,

– eigenes Interesse der USA, nicht durch den Verkauf erstklassiger Waffen die eigene technologische Überlegenheit zu gefährden.

Aufgrund dieser Überlegungen hätten die USA folgende Strategie entwickelt:

1) USA seien der führende Waffenexporteur der Welt, man müsse deshalb Empfänger- und Verkäuferländer zunächst davon überzeugen, daß das Vorhaben der USA zur Rüstungsexportbeschränkung glaubwürdig sei. Daher habe Präsident Carter eine Drosselung der Rüstungsexporte der USA angeordnet.

---

[1] Die Aufzeichnung wurde von Vortragendem Legationsrat I. Klasse Pabsch und Vortragendem Legationsrat Bosch konzipiert.
Ministerialdirigent Matthias leitete die Aufzeichnung mit einer Kurzfassung am 10. März 1978 an Staatssekretär Hermes.
Hat Hermes am 20. März 1978 vorgelegen. Vgl. die Kurzfassung; VS-Bd. 9342 (422); B 150, Aktenkopien 1978.

[2] Peter Hermes.

[3] Hans-Dietrich Genscher (Bundesrepublik), Louis de Guiringaud (Frankreich), David Owen (Großbritannien), Cyrus R. Vance (USA).

[4] An der Sitzung der „special group" nahmen neben Ministerialdirigent Matthias der Mitarbeiter im amerikanischen Außenministerium, Gelb, der Unterabteilungsleiter im britischen Außenministerium, Moberly, sowie der stellvertretende Abteilungsleiter im französischen Außenministerium, Pagniez, teil. Vgl. dazu AAPD 1977, I, Dok. 165.

[5] Dem Vorgang beigefügt. Für die Teilnehmerliste vgl. VS-Bd. 9342 (422); B 150, Aktenkopien 1978.

[6] Zu den Grundsätzen des Präsidenten Carter vom 19. Mai 1977 zur amerikanischen Waffenexportpolitik vgl. Dok. 5, Anm. 26.

2) Dialog mit der Sowjetunion:

Für einen Erfolg der Initiative zur Begrenzung des Rüstungstransfers sei die Mitarbeit der Sowjetunion eine unverzichtbare Notwendigkeit. Die Sowjetunion sei Mitte Dezember 1977 bei den Gesprächen mit den USA über dieses Thema[7] unverbindlich gewesen, die Aussichten seien jedoch besser als erwartet. Die Sowjetunion habe offenbar eingesehen, daß der Wettbewerb um Rüstungsexporte mit eine der Ursachen für Spannungen sei.

3) Gespräche mit den eigenen Alliierten:

Man wolle deren Rüstungskapazitäten erhalten, nicht sie davon abbringen (not discourage them).

4) Gespräche mit den Empfängerländern der Dritten Welt:

Die USA wollten sich nicht dem Vorwurf der Empfängerländer aussetzen, sich in ihre Angelegenheiten einzumischen. Dennoch müßten die USA einen Anfang machen, andere müßten folgen. Ohne die Sowjetunion gehe es allerdings nicht – ebensowenig ohne das Verständnis und die Mitarbeit der Empfängerländer der Dritten Welt.

III. Im einzelnen erläuterte Gelb die Vorstellungen der USA wie folgt:

1) US-Politik zur Beschränkung eigener Rüstungsexporte:

a) Für die Reduzierung der eigenen Rüstungsexporte geht die US-Regierung von folgenden Überlegungen und Zahlen aus:

Gesamter US-Rüstungsexport im Fiskaljahr 1977:	in Mrd. US-Dollar
Verkäufe von Regierung zu Regierung:	11,2
Militärisches Hilfsprogramm:	0,2
Firmenverkäufe:	1,1
Insgesamt:	12,5

(Firmenverkäufe spielen deshalb nur eine geringe Rolle, weil Kriegswaffen im Wert von mehr als 25 Mio. Dollar nur von der US-Regierung selbst verkauft werden dürfen).

Davon sind abzuziehen:

– Verkäufe an von der Beschränkung nicht betroffene Länder (NATO, Japan, Australien, Neuseeland)	– 1,1
– nicht-militärische Verkäufe (wie z.B. Bauleistungen in Saudi-Arabien)	– 1,5
– Firmenverkäufe (im wesentlichen Fahrzeuge, Nachrichtengeräte u.ä.)	– 1,1
	8,8
Preisanstieg von 1977 auf 1978	0,5
Basiswert somit:	9,3

---

[7] Die amerikanisch-sowjetischen Gespräche über Rüstungsexportpolitik fanden vom 14. bis 17. Dezember 1977 in Washington statt. Vgl. dazu den Drahtbericht Nr. 4559 des Botschafters von Staden, Washington, vom 23. Dezember 1977; VS-Bd. 10496 (201); B 150, Aktenkopien 1977.

	in Mrd. US-Dollar
Präsident Carter will diesen Basiswert im Fiskaljahr 1978 um 8% (= 774 Mio. Dollar), verringern,	
somit 1978 zur Verfügung stehender Betrag:	rd. 8,6
Nicht betroffen von der Beschränkungspolitik werden bereits bestehende Verträge und Verpflichtungen im Wert von:	5,0
Somit Spielraum für weitere Verträge im Jahr 1978:	3,6
Für das soeben von Präsident Carter beschlossene Flugzeuglieferungsprogramm in den Nahen Osten[8] im Gesamtwert von 4,3 bis 4,8 Mrd. Dollar sind für Lieferungen im Fiskaljahr 1978 weitere	2,4
abzuziehen, so daß insgesamt für alle anderen Verkäufe im Fiskaljahr 78 nur ein Restbetrag von: übrig bleibt.	1,2

Wie Gelb erläuterte, geht die dem US-Außenministerium vorliegende Wunschliste von Kauf-Interessenten über diesen Betrag weit hinaus. Man wolle jedoch keine Prioritäten setzen, da man keinem Land seine Rangstelle nennen könne; daher müsse man mit jedem möglichen Kunden „über die Probleme reden", um auf diese Weise Zeit zu gewinnen.

b) Im Fiskaljahr 1978 würden trotz der geplanten Beschränkung die gesamten Rüstungsexporte der USA mit voraussichtlich 13,2 Mrd. Dollar höher sein als die im Jahr 1977 wegen

– erhöhter Bauleistungen z. B. in Saudi-Arabien,

– erhöhter Verkäufe an nicht der Beschränkung unterliegende Länder (NATO),

– des voraussichtlichen Preisanstiegs.

c) Weltweiter Trend:

Nach Berechnungen der US-Administration ist der Gesamtexport (einschließlich SU) in die Dritte Welt

von 1972   8,4 Mrd. Dollar
auf 1977   21,0 Mrd. Dollar angestiegen.

Mitte 1977 hätten die USA angenommen, daß die Gesamtverkäufe zurückgehen würden; daran glaube man heute nicht mehr, da nach den den USA vorliegenden Informationen z. Z. weltweit Verträge über Rüstungslieferungen im Wert von 50 bis 60 Mrd. Dollar abgeschlossen seien.

---

[8] Der amerikanische Außenminister Vance gab in einer Presseerklärung am 14. Februar 1978 bekannt, daß Präsident Carter beschlossen habe, dem amerikanischen Kongreß ein Programm zur Lieferung von Kampfflugzeugen an Ägypten, Israel und Saudi-Arabien zu unterbreiten. Über einen Zeitraum von mehreren Jahren solle Ägypten 50 Kampfflugzeuge vom Typ „F-5", Israel zusätzlich zu bereits 25 verkauften weitere 15 Kampfflugzeuge vom Typ „F-15" sowie 75 vom Typ „F-16" und Saudi-Arabien 60 Kampfflugzeuge vom Typ „F-15" erhalten. Vgl. dazu DEPARTMENT OF STATE BULLETIN, Bd. 78 (1978), Heft 2012, S. 37.

2) Gespräche USA–SU:

Bei den geheimen Gesprächen mit der SU Mitte Dezember 1977 in Washington hätten die USA der SU Carters „guidelines" zur Beschränkung des Transfers konventioneller Waffen erläutert und ihr erklärt, daß die amerikanisch-sowjetische Zusammenarbeit bei der Beschränkung der Rüstungsexporte für die USA mit an erster Stelle bei diesem Vorhaben stehe; ohne Mitarbeit der SU sei ein Fortschritt auf diesem Gebiet nicht möglich. Als Punkte gemeinsamen Interesses hätten die USA der SU genannt:

– Verhütung und/oder Begrenzung regionaler Konflikte,

– Bemühungen zur Eindämmung nuklearer Proliferation,

– Vermeidung von Situationen, in denen Empfänger von Waffen die USA und die SU gegeneinander ausspielen könnten,

– die gemeinsame Erkenntnis, daß die Lieferung von Waffen an Dritte keineswegs immer zu den gewünschten Ergebnissen führe,

– Verminderung kostspieliger und unnötiger Waffenkäufe der Dritten Welt,

– Ermutigung anderer Waffenlieferanten, ebenfalls ihre Rüstungsexporte zu beschränken.

Nach Vorstellungen der USA könnten die Richtlinien der Londoner „suppliers group"[9] als Vorbild dienen. Mögliche Punkte gemeinsamer Richtlinien könnten sein:

– Zurückhaltung beim Verkauf hochmoderner Waffensysteme,

– Zurückhaltung bei bestimmten Waffen, die besonders für Zwecke des Terrorismus geeignet seien (z. B. tragbare Boden/Luftraketen),

– Beschränkung bei Koproduktionen mit Dritten,

– Kontrolle der Weitergabe von Waffen.

Dagegen hielten die USA eine Vereinbarung über gemeinsame Höchstgrenzen für Rüstungsexporte für wenig sinnvoll, da die Einzelheiten zu kompliziert seien.

Die Reaktion der Sowjetunion nach Ansicht Gelbs

– scheine nicht völlig negativ zu sein, lasse ein gewisses Einverständnis mit den Sorgen der USA über die weltweite Entwicklung erkennen,

– deute auf ein gewisses Interesse der Sowjetunion an der bevorstehenden Sondergeneralversammlung für Abrüstung[10] hin.

Die USA vermuten, daß die Lieferungen der SU an die Dritte Welt nicht nur revolutionären Zielen dienen, sondern auch durchaus finanzielle Zwecke haben (z. B. Algerien, Libyen, Irak). Gelb sagte uns weitere Unterrichtung über den Fortgang der Gespräche mit der SU zu.

---

[9] Die vierte Konferenz der wichtigsten Lieferstaaten von Kerntechnologie (Suppliers Conference) am 4./5. November 1975 in London verabschiedete ad referendum Richtlinien für das Exportverhalten im Bereich der friedlichen Nutzung der Kernenergie. Vgl. dazu AAPD 1975, II, Dok. 354.
Nach dem Beitritt weiterer Staaten und verschiedener Textänderungen und -ergänzungen wurden die Richtlinien am 11. Januar 1978 der IAEO übergeben. Für den Wortlaut vgl. EUROPA-ARCHIV 1978, D 171–181.

[10] Zur UNO-Sondergeneralversammlung über Abrüstung vom 23. Mai bis 30. Juni 1978 in New York vgl. Dok. 212.

3) Beziehungen zu den Empfängerländern:

a) US-Haltung zur Sondergeneralversammlung für Abrüstung:

Gelb erklärte, der Standpunkt der USA sei noch nicht festgelegt, man werde jedoch mit Sicherheit eine positive Haltung einnehmen. Es werde vor allem darum gehen, die Empfängerländer der Dritten Welt zu der Anerkenntnis zu bewegen, daß sie sich Beschränkungen beim Erwerb von Kriegswaffen auferlegen müßten. Dabei müsse man der Dritten Welt vorhalten, daß der Norden zumindest Versuche zur Rüstungsbeschränkung unternommen habe (SALT, MBFR, Versuchsstopp[11]). Die Dritte Welt solle sich diesen Bemühungen jetzt anschließen, nicht erst, wenn sie aufgerüstet sei.

b) Gelb erklärte, man müsse sich vorstellen, wie die Welt in 15 Jahren aussehen werde, wenn die zur Zeit beantragten und gekauften Waffen ausgeliefert worden seien. Von dieser erheblichen Menge von Rüstungsmaterial werde eine beachtliche destabilisierende Wirkung ausgehen. Weiter sei zu berücksichtigen, daß die Ausdehnung der nationalen Wirtschaftszonen auf den Weltmeeren auf 200 Seemeilen einen beachtlichen Flottenaufbau der Länder der Dritten Welt mit allen denkbaren Folgen nach sich ziehen werde.

Der Aufbau von Rüstungskapazitäten in der Dritten Welt sei ein weiteres Problem.

4) Unsere Haltung

Ich erläuterte die Grundzüge unserer restriktiven Rüstungsexportpolitik[12] und habe insbesondere darauf hingewiesen, daß wir im Verhältnis zu USA, SU, F und GB nur ein sehr kleiner Lieferant sind. Wir seien für alle Versuche aufgeschlossen, den Ausbau des Rüstungspotentials mit der sich daraus ergebenden Ressourcen-Verschwendung und den häufig auftretenden Folgen einer politischen und militärischen Destabilisierung zu begrenzen. Es müßte jedoch berücksichtigt werden, daß

– die Fortsetzung der rüstungswirtschaftlichen Zusammenarbeit im Bündnis für uns einen hohen Stellenwert habe

– die Aufrechterhaltung einer lebensfähigen Rüstungsindustrie in den Ländern der Allianz aus Gründen der eigenen Sicherheit notwendig sei.

Auch äußerte ich gewisse Zweifel an dem Erfolg der Gespräche mit der SU und verwies auf die massive Unterstützung Äthiopiens mit konventionellen Waffen.

5) Amerikanische Vorschläge für die weitere Arbeit

Mr. Gelb übergab ein Papier, das die Grundsätze und Praxis der amerikanischen Rüstungsexportpolitik darstellt; der Austausch derartiger Stellungnah-

---

[11] Zu den Verhandlungen zwischen Großbritannien, den USA und der UdSSR über ein umfassendes Teststoppabkommen vgl. Dok. 5, Anm. 22.
Botschafter von Staden, Washington, berichtete am 8. März 1978, von der amerikanischen Rüstungskontroll- und Abrüstungsbehörde sei der Botschaft mitgeteilt worden: „In Genf seien im Januar eine politische und eine technische Arbeitsgruppe gebildet worden. Die politische Gruppe habe sich um die Themen Gültigkeitsdauer, Ortsinspektionen und PNE bemüht, die technische Arbeitsgruppe überwiegend um die Verifikationsproblematik. [...] Der Gesprächspartner ließ erkennen, daß insgesamt die Verhandlungen durch amerikanische Initiativen gekennzeichnet waren und die sowjetische Verhandlungsseite nur sehr begrenzt und zögernd reagiert habe." Vgl. den Drahtbericht Nr. 917; VS-Bd. 11563 (222); B 150, Aktenkopien 1978.
[12] Zu den rechtlichen Grundlagen der Rüstungsexportpolitik der Bundesregierung vgl. Dok. 1, Anm. 17.

men war auf der letzten Sitzung vereinbart worden. Unsere Stellungnahme wird demnächst den Gesprächspartnern übermittelt werden.

Mr. Gelb machte folgende Vorschläge:

a) Fortsetzung der bilateralen Gespräche in Bonn, London und Paris auf Expertenebene zur Erörterung von Einzelfragen:

– Die Auswirkungen des Exports konventioneller Waffen auf die Dritte Welt,
– Kontrolle der Weitergabe von Waffen durch die Käufer,
– mögliche Höchstbeschränkungen für Rüstungsexporte,
– Richtlinien für den Waffenexport,
– Konsultationsmechanismen,
– „NATO-Zweibahnstraße"[13] (Lizenz und Koproduktion),
– Abstimmung für die bevorstehende SGV für Abrüstung.

Offensichtlich erwarten die USA vorerst keine Zustimmung Frankreichs zu einem weiteren multilateralen Gespräch.

b) Die Amerikaner wollen auch Belgien und Italien über ihre Vorstellungen auf diesem Gebiet unterrichten und fragten nach unserer Meinung.

Ich sagte Prüfung dieser Vorschläge zu.

Beurteilung:

– Die Expertengespräche auf bilateraler Grundlage ermöglichen es den Amerikanern, ihre Ansichten weiter zu erläutern; wir haben keinen Grund, sie abzulehnen.
– Die bilateralen Kontakte der USA mit Belgien sowie Italien könnten zu einer späteren Beteiligung dieser Länder an dem unterbrochenen multilateralen Gespräch führen. Im Hinblick auf die Zusammenarbeit unserer Rüstungswirtschaft mit diesen Ländern wäre ihre Einbeziehung nützlich. Die Nachteile einer Vergrößerung des Teilnehmerkreises haben demgegenüber weniger Gewicht.

Es wird daher gebeten, beiden Vorschlägen zuzustimmen.[14]

Matthias

VS-Bd. 9342 (422)

---

[13] Der britische Verteidigungsminister Mason regte mit Schreiben vom 21. April bzw. 1. Mai 1975 an die Minister der Eurogroup hinsichtlich der Rüstungszusammenarbeit in der NATO an, Sollmengen für europäische Rüstungskäufe in den USA und für amerikanische Rüstungskäufe in Europa festzulegen und unterbreitete entsprechende Vorschläge mit Schreiben vom 5. Mai 1975 dem amerikanischen Verteidigungsminister Schlesinger, der auf der Ministersitzung des Ausschusses für Verteidigungsplanung (DPC) der NATO am 22./23. Mai 1975 in Brüssel das Konzept der „Zweibahnstraße" im Grundsatz billigte. Die Gespräche mit den USA hierüber sollten von der Europäischen Programmgruppe (EPG) vorbereitet werden. Vgl. dazu AAPD 1975, I, Dok. 93 und Dok. 132, und AAPD 1975, II, Dok. 338 und Dok. 378.
Auf der NATO-Ratstagung auf der Ebene der Staats- und Regierungschefs am 10. Mai 1977 in London unterbreitete Präsident Carter Vorschläge für eine Verbesserung der Rüstungszusammenarbeit. Vgl. dazu AAPD 1977, I, Dok. 121 und Dok. 141.
Zur Tätigkeit der Europäischen Programmgruppe vgl. AAPD 1977, II, Dok. 251.

[14] Vortragender Legationsrat I. Klasse Pabsch vermerkte am 17. April 1978, daß am 10. April 1978 ein weiteres deutsch-amerikanisches Gespräch über Rüstungsexportpolitik stattgefunden habe. Die amerikanische Seite habe im Vorfeld Papiere über Beschränkungen durch die Lieferstaaten,

74

Runderlaß des Vortragenden Legationsrats I. Klasse Engels

012-II-312.74 Aufgabe: 10. März 1978, 13.59 Uhr[1]

Fernschreiben Nr. 19 Ortez

Zur Reise des Bundesministers des Auswärtigen nach Tansania, Burundi und Ruanda vom 26.2. bis 3.3.1978

In der Zeit vom 26.2. bis 3.3.1978 stattete BM auf Einladung der jeweiligen Regierung Tansania einen dreitägigen und Burundi und Ruanda je einen eintägigen offiziellen Besuch ab.

Die drei Länder gehören zu den 25 ärmsten Staaten der Welt. Während Tansania über ein beträchtliches, ausbaufähiges Entwicklungspotential verfügt, leiden Ruanda und Burundi unter schwer lösbaren Strukturproblemen (klein, überbevölkert, nur geringe natürliche Ressourcen, Binnenstaaten im Inneren Afrikas mit hohen Transportkosten für Ein- und Ausfuhren, dabei von schwierigen Nachbarn abhängig).

Alle drei besuchten Länder sind Schwerpunktländer unserer Entwicklungshilfe. Seit langem unterhalten wir zu ihnen gute und vertrauensvolle Beziehungen. Sie waren die Voraussetzung für die freimütigen und vertrauensvollen Gespräche, die BM mit ihren Staatspräsidenten und Außenministern führte. Während in Tansania als „Frontstaat" die allgemeinen politischen Fragen Afrikas im Vordergrund standen, überwogen bei den Gesprächen in Ruanda und Burundi die bilateralen Aspekte.

In allen drei Ländern hat BM die solidarische Verbundenheit Europas mit dem Nachbarkontinent Afrika herausgestellt. Die afrikanischen Gesprächspartner unterstrichen einmütig, daß Afrika diese Solidarität begrüßte, aber ein stärkeres politisches Engagement Europas befürworte und auch eine Intensivierung der wirtschaftlichen Zusammenarbeit erhoffe.

Sie

– lehnten Einmischungen raumfremder Mächte in afrikanische Probleme ab,
– forderten die Lösung afrikanischer Probleme durch die Afrikaner selbst und
– wünschten hierzu eine Stärkung der Rolle der OAE.

Fortsetzung Fußnote von Seite 366

Selbstbeschränkung bei den Empfängerstaaten, zur Vorbereitung der UNO-Sondergeneralversammlung über Abrüstung vom 23. Mai bis 30. Juni 1978 in New York sowie zum Informationsaustausch übergeben und ferner darüber informiert, daß am 4./5. Mai 1978 in Helsinki die zweite Runde der amerikanisch-sowjetischen Gespräche über Rüstungsexportpolitik stattfinden solle. Außerdem sei mitgeteilt worden, daß Frankreich bilaterale Gespräche mit den USA abgelehnt habe, weil es erst den Ausgang der amerikanisch-sowjetischen Gespräche abwarten wolle: „Die amerikanische Delegation zeigte sich im großen und ganzen befriedigt über den Verlauf des Meinungsaustauschs und regte an, ihn fortzusetzen. Wir erklärten uns hierzu bereit, sagten aber, daß wir es vorziehen würden, wenn künftige Gespräche dieser Art wieder im Rahmen der vier Regierungen geführt werden würden, die den Meinungsaustausch im Sommer vorigen Jahres begonnen hätten." Vgl. VS-Bd. 9342 (422); B 150, Aktenkopien 1978.

[1] Durchdruck.

BM betonte, daß dies unserer Afrikapolitik entspreche, und erklärte unsere Bereitschaft,

– zur friedlichen Lösung der Konflikte in Afrika beizutragen und

– die politische und wirtschaftliche Unabhängigkeit der Staaten Afrikas durch weitere Hilfe für ihren wirtschaftlichen Aufbau zu stärken.

Alle Gesprächspartner hoben hervor, daß die Konflikte Afrikas, wenn irgend möglich, auf friedliche Weise gelöst werden sollten. Dabei stellte Präsident Nyerere heraus, daß man nötigenfalls auch den bewaffneten Kampf als gerechtfertigt betrachte.

In dreistündigem Gespräch mit Präsident Nyerere nahm Namibia-Frage breiten Raum ein:

Tansanische Seite (Präsident und Außenminister[2])

– anerkannte die von den fünf westlichen SR-Mitgliedern[3] bisher erzielten Fortschritte,

– ermutigte zur Fortsetzung der Bemühungen der Fünf,

– stellte heraus, daß es sich im Grunde um ein Vertrauensproblem für alle am Konflikt Beteiligten handelte,

– bezeichnete strittige Fragen wie politische Gefangene, Streitregelung, Verhältnis VN-Sonderbeauftragter–Generaladministrator als letztlich überwindbare Hindernisse.

Entscheidende Bedeutung für ein Zustandekommen der Verhandlungslösung weist tansanische Seite einer befriedigenden Regelung des Rückzugs des südafrikanischen Resttruppenkontingents und der Lösung der Walvis-Bay-Frage zu.[4] BM hat nach dem Gespräch mit Staatspräsident Nyerere in persönlichen Botschaften den südafrikanischen Außenminister Botha[5] und den sambischen

---

[2] Benjamin Mkapa.
[3] Bundesrepublik, Frankreich, Großbritannien, Kanada, USA.
[4] Ministerialdirigent Müller, z. Z. Daressalam, berichtete am 1. März 1978 zum Gespräch des Bundesministers Genscher mit Präsident Nyerere am 27. Februar 1978: „Die Diskussion zur Walvis Bay nahm ebenfalls breiten Raum ein. Beide Seiten waren sich darüber einig, daß ein Lösungszwang im Rahmen des westlichen Gesamtvorschlags dessen Durchführbarkeit überhaupt in Frage stellen könnte. Nyerere warb für Verständnis dafür, daß SWAPO Klarheit über die Position der Fünf (und der VN) haben wolle. Andererseits – so Nyerere – komme es nicht auf die jetzige Fixierung von Rechtspositionen, sondern auf die ‚politische Zukunftsgestaltung' an. Es sei entscheidend, daß im Rahmen des westlichen Vorschlags nicht nur die formale, sondern vor allem die substantielle ‚Option' offengehalten wird. Er (Nyerere) frage daher die Fünf, ob es nicht möglich sei, daß diese unter Berufung auf die bisherige VN-Auslegung, nämlich daß Walvis Bay integraler Bestandteil des Territoriums sei, ihre Haltung in dieser Richtung klarstellen könnten. Nyerere ließ dabei die Frage der formalen Verbindlichkeit einer solchen Erklärung offen, er bedeutete aber dem BM, daß es nach einem solchen Schritt der Fünf für ihn (Nyerere) leichter wäre, SWAPO dazu zu bewegen, dieses Problem aus der Übergangslösung auszuklammern […]. BM verhielt sich zu diesem Gedanken rezeptiv und erinnerte Nyerere daran, daß weder die Fünf noch die Bundesregierung selbst zur Frage Walvis Bay bisher in der Sache Stellung bezogen haben." Vgl. den Drahtbericht Nr. 109; Referat 320, Bd. 125261.
[5] Zum Schreiben des Bundesministers Genscher vom 1. März 1978 an den südafrikanischen Außenminister Botha vgl. Dok. 69, Anm. 4..

Außenminister Mwale[6] gebeten, sich für das Zustandekommen einer international akzeptablen Lösung auf der Basis des westlichen Vorschlags einzusetzen.

In Burundi und Ruanda ebenfalls sehr vertrauensvolle Gespräche über die afrikanischen Konflikte, wenn auch Einzelheiten dabei zurücktraten.

Präsident Bagaza von Burundi erklärte, daß er eine Verhandlungslösung in Namibia noch für möglich halte und daß er die Fünfer-Initiative weiter unterstützen wolle. Er betonte, für ihn sei allein die SWAPO repräsentativ, und setzte sich für Räumung Walvis Bay durch RSA ein. Bezüglich Rhodesien sprach er sich für die Patriotische Front aus und die anglo-amerikanischen Vorschläge[7]. Eine interne Lösung ohne Beteiligung der PF müsse zu Bürgerkrieg führen.

Präsident Habyarimana von Ruanda, ein kraftvoller und bedeutender, auf Ausgleich bedachter Politiker, betonte bezüglich Namibias und Rhodesiens, es müßten alle politischen Kräfte am Übergangsprozeß beteiligt werden. Auf die Ausführungen des BM über die europäisch-afrikanische Interdependenz erklärte er unter Hinweis auf die franko-afrikanische Gipfelkonferenz des vorigen Jahres[8]: Über diesen enger gesetzten Rahmen müßten wir hinauskommen, die europäisch-afrikanische Zusammenarbeit müsse in den größeren Rahmen der OAE gestellt werden, dies nicht nur für politische Probleme wie bisher, sondern zur Zusammenarbeit auf allen, besonders wirtschaftlichen Gebieten.

Besuch BM hat durch vertiefte persönliche Kontakte erheblich zur Stärkung des Vertrauens der drei afrikanischen Regierungen in die deutsche Afrikapolitik beigetragen.

Engels[9]

Referat 012, Bd. 108141

---

[6] In dem Schreiben vom 1. März 1978 führte Bundesminister Genscher u. a. aus: „Inzwischen liegt ein äußerst lohnender Besuch in Tansania hinter mir. In den sehr intensiven und ausführlichen Gesprächen mit Präsident Nyerere […] sowie mit unserem Kollegen, AM Mkapa, habe ich die Überzeugung gewonnen, daß wir trotz aller noch bestehenden Schwierigkeiten auch die letzten Möglichkeiten einer friedlichen und gerechten Lösung ausschöpfen sollten. Es geht darum, die Tür offenzuhalten. Ich fühle mich mit meinen vier westlichen Kollegen einig in der Bitte an Sie und die sambische Regierung, Ihren Einfluß bei anderen afrikanischen Regierungen und bei SWAPO auch weiterhin geltend zu machen." Vgl. den Drahtbericht Nr. 50 des Ministerialdirigenten Müller, z. Z. Bujumbura, vom 1. März 1978; Referat 320, Bd. 125261.

[7] Zu den amerikanisch-britischen Bemühungen um eine Lösung des Rhodesien-Konflikts vgl. Dok. 44, Anm. 3.

[8] Am 20./21. April 1977 fand in Dakar eine Konferenz von neunzehn afrikanischen Staaten und Frankreich statt, auf der Staatspräsident Giscard d'Estaing seinen Vorschlag erneuerte, einen Entwicklungsfonds für Afrika einzurichten. Für den Wortlaut des Schlußkommuniqués und der Rede von Giscard d'Estaing vgl. LA POLITIQUE ETRANGÈRE 1977, II, S. 28–32.

[9] Paraphe.

75

Runderlaß des Vortragenden Legationsrats I. Klasse Engels

012-II-312.74 Aufgabe: 10. März 1978, 16.42 Uhr[1]
Fernschreiben Nr. 20 Ortez

Zur 504. Tagung des Rates der EG

Der Rat (AM) tagte am 7. März 1978 in Brüssel unter dem Vorsitz des dänischen AM Andersen. Die deutsche Delegation wurde von BM Genscher geleitet. Schwerpunkte des Rates lagen im Bereich der Nord-Süd-Beziehungen, bei der Vorbereitung des 10. Europäischen Rats in Kopenhagen[2], der Eisen- und Stahlpolitik der Gemeinschaft sowie bei der Diskussion über die Lage in Afrika (im Rahmen der EPZ). Die wesentlichen Ergebnisse der Tagung sind:

1) Vorbereitung der Tagung des Europäischen Rats am 7./8. April 1978 in Kopenhagen

Auf der 10. Tagung des ER werden voraussichtlich folgende TOP behandelt werden:

– Wirtschaftliche und soziale Lage der Gemeinschaft,

– Beziehungen zu Japan,

– Direktwahlen,

– Europäische Stiftung,

– EPZ-Fragen.

a) Die Diskussion zur wirtschaftlichen und sozialen Lage der Gemeinschaft soll sämtliche Aspekte einschließlich solcher umfassen, welche diese Lage von außen beeinflussen. Die Vorbereitung obliegt dem Rat der Wirtschafts- und Finanzminister. Neben den wirtschaftlichen und monetären Problemen im allgemeinen ist vom Vorsitz beabsichtigt, auch Fragen der Arbeitslosigkeit, der Energiepolitik, des Protektionismus sowie Nord-Süd-Fragen anzusprechen.

b) Beziehungen zu Japan

Der ER wird sich mit den Ergebnissen der laufenden Gespräche EG–Japan befassen (vgl. unten Ziff. 4).

c) Direktwahlen

Die Minister waren sich einig, daß die Staats- und Regierungschefs in Kopenhagen politische Richtlinien hinsichtlich des Datums setzen würden. Hierfür soll der AM-Rat am 4. April[3] einen realistischen Vorschlag unterbreiten. Auch wir setzten uns für die endgültige politische Bestimmung des Wahltermins durch den 10. ER ein.

---

[1] Durchdruck.
[2] Zur Tagung des Europäischen Rats am 7./8. April 1978 vgl. Dok. 113.
[3] Zur EG-Ministerratstagung am 3./4. April 1978 in Luxemburg vgl. Dok. 107.

d) Europäische Stiftung

Nachdem der 9. ER am 5./6.12.1977 in Brüssel[4] die Errichtung der von MP Tindemans in seinem Bericht zur Europäischen Union vorgeschlagenen Europäischen Stiftung[5] grundsätzlich gebilligt hat, wird der 10. ER voraussichtlich erste Leitsätze über Aufgaben, Ziele, Struktur und Finanzierung der Stiftung verabschieden.

e) EPZ

Das PK wird noch die Frage prüfen, welche Themen der ER behandeln sollte.[6]

2) Nord-Süd-Beziehungen

Der Rat erörterte Fragen des 9. UNCTAD-Sonderrats (6. bis 10. März 1978 in Genf[7]). Die Forderungen der EL konzentrieren sich auf die beiden Hauptbereiche: Erlaß öffentlicher Schulden für die ärmsten EL und Einführung von quasi-automatischen Umschuldungsrichtlinien.

Die Industrieländer sind gegen pauschalen Schuldenerlaß. Auf der KIWZ haben EG–USA gemeinsam sog. „features" vorgeschlagen.[8] Sie sehen in begründeten Einzelfällen vor

– bei einer akuten Verschuldungskrise eine Umschuldung und ein wirtschaftliches Sanierungsprogramm,

– bei strukturellen Schwierigkeiten in erster Linie zusätzliche Entwicklungshilfeleistungen.

Der Rat begrüßte, daß EG und USA die „features" in Genf erneut einbringen werden. Darüber hinaus fand im Rat ein Meinungsaustausch über die Haltung der EG-Mitgliedstaaten zur Frage einer rückwirkenden Anpassung von Konditionen der Entwicklungshilfe für bestimmte EL statt. BM verwies auf Notwendigkeit gemeinsamen Vorgehens von EG und USA in Genf. Verschuldung bilde eine der zentralen Fragen, müsse aber immer im Gesamtzusammenhang der Nord-Süd-Beziehungen gesehen werden.

Die Bundesregierung ist bereit, zu erwägen, den am wenigsten entwickelten Ländern die öffentliche Entwicklungshilfe in Zukunft grundsätzlich in Form von Zuschüssen zu gewähren.

---

4 Zur Tagung des Europäischen Rats vgl. AAPD 1977, II, Dok. 357.

5 Im Tindemans-Bericht über die Europäische Union vom 29. Dezember 1975 wurde zu einer Europäischen Stiftung ausgeführt: „Ihre Aufgabe besteht darin [...], alle Beiträge zu einer besseren Verständigung zwischen unseren Völkern zu fördern, wobei das Hauptgewicht auf die zwischenmenschlichen Kontakte gelegt werden soll." Vgl. EUROPA-ARCHIV 1976, D 77. Vgl. dazu auch AAPD 1976, I, Dok. 1.

6 Das Politische Komitee im Rahmen der EPZ beschloß auf seiner Sitzung am 15./16. März 1978 in Kopenhagen, als mögliche Themen für die Tagung des Europäischen Rats am 7./8. April 1978 in Kopenhagen Afrika, die Lage im Nahen Osten und die Ost-West-Beziehungen vorzuschlagen. Vgl. dazu den Runderlaß Nr. 1333 des Vortragenden Legationsrats I. Klasse von der Gablentz vom 17. März 1978; VS-Bd. 11077 (200); B 150, Aktenkopien 1978.

7 Zur 9. Sondersitzung des UNCTAD-Rats auf Ministerebene vom 6. bis 11. März 1978 in Genf vgl. Dok. 81.

8 Zu den Vorschlägen der EG-Mitgliedstaaten und der USA vom 14. September 1976 vgl. Dok. 13, Anm. 6.

Was die Vergangenheit angeht, so ist die Bundesregierung ferner bereit zu erwägen, im Verhältnis zu am wenigsten entwickelten Ländern Fall für Fall bestehende öffentliche Kredite für am wenigsten entwickelte Länder im Rahmen der finanziellen Zusammenarbeit in Zuschüsse umzuwandeln.

3) EPZ

Die Minister analysierten im Rahmen eines Informationsaustausches die Lage im südlichen Afrika mit Schwerpunkt auf der Entwicklung in Rhodesien. Es bestand Einigkeit, gegenwärtig von Stellungnahmen zu interner Lösung vom 3. März[9] abzusehen, um Konfrontationen zu vermeiden und die Frage unter Beteiligung aller Nationalistenführer im Sicherheitsrat zu diskutieren.

AM Owen ging näher auf interne Lösung ein (zuviel Rechte an weiße Minderheit, kritische Haltung in Afrika, beteiligte Nationalistenführer seien ernst zu nehmen) und sah Nachteile sowohl in Verurteilung interner Lösung durch Westen (Schwierigkeiten, etwaiger kubanischer Intervention glaubhaft entgegenzutreten) wie auch in Nichtverurteilung (Vorwurf des Rassismus).

BM, der über Afrikareise (Tansania, Burundi, Ruanda[10]) berichtete, warnte, Konfrontation wegen interner Lösung würde Sowjetunion Vorwand geben, sich als ehrlicher Makler aufzuspielen, und stellte Bedeutung der Entwicklung in Rhodesien auch für Namibia heraus. Konfrontation wegen Rhodesien brächte auch Gefahr, daß Westen die Unterstützung der Frontstaaten[11] bei Namibia verliere. RSA müsse deutlich gemacht werden, daß es nicht versuchen dürfe, Weg wie Rhodesien zu gehen.

AM de Guiringaud, der Ziel einer SR-Diskussion in Modifizierung interner Lösung sah, berichtete über afrikanisches Mißtrauen gegenüber Absichten der Sowjetunion in Afrika (auf nigerianischen Wunsch im Kommuniqué über seinen Lagos-Besuch[12]: Verurteilung der Einführung ausländischer Ideologien in Afrika).

---

[9] Ministerpräsident Smith, der Vorsitzende der ZUPO, Chirau, der Vorsitzende des Äußeren Flügels des ANC, Muzorewa, und der Vorsitzende der ZANU, Sithole, unterzeichneten am 3. März 1978 in Salisbury ein Abkommen zur Bildung einer Übergangsregierung und zur Übergabe der Regierungsgewalt an eine Mehrheitsregierung. Gebildet werden sollten ein Exekutivrat zur Ausarbeitung einer neuen Verfassung und zur Durchführung von Wahlen sowie ein Ministerrat. Der 31. Dezember 1978 war als Unabhängigkeitstag vorgesehen. Für den Wortlaut vgl. EUROPA-ARCHIV 1978, D 274–278.
Ministerialdirektor Meyer-Landrut vermerkte am 6. März 1978, die Unterzeichnung des Abkommens sei der „erste konkrete Schritt in Richtung auf eine interne Lösung": „Auch nach Unterzeichnung des Abkommens bleiben schwierige Probleme zu lösen. Hierzu gehören der Versuch zur Herbeiführung eines Waffenstillstandes im Guerillakrieg, die Entlassung und Rehabilitierung von politischen Gefangenen, die Revision von Urteilen gegen Freiheitskämpfer und der Abbau aller noch bestehenden rassendiskriminierenden Maßnahmen. Als schwierigstes Problem dürfte sich die Zusammensetzung und Kommandostruktur der künftigen bewaffneten Streitkräfte von Simbabwe erweisen." Vgl. Referat 320, Bd. 116808.
[10] Zum Besuch des Bundesministers Genscher vom 26. Februar bis 3. März 1978 in Tansania, Burundi und Ruanda vgl. Dok. 74.
[11] Angola, Botsuana, Mosambik, Sambia und Tansania.
[12] Korrigiert aus: „Bericht".
Der französische Außenminister de Guiringaud hielt sich vom 1. bis 4. März 1978 in Nigeria auf. Für das Kommuniqué vgl. LA POLITIQUE ETRANGÈRE 1978, I, S. 77 f.

Bei kurzem Gedankenaustausch zur Lage am Horn befürchtete Italien Entwicklung zur Hegemonie der Sowjetunion nach zu erwartender Vermittlung zwischen Somalia und Äthiopien und forderte entschlossenere Verurteilung fremder Interventionen durch den Westen, da sonst Sowjetunion und Kuba Schiedsinstanz in Afrika würden.

4) Beziehungen EG–Japan[13]

AM Andersen berichtete über seine kürzlichen Gespräche als Ratspräsident in Tokio.[14] Auf japanischer Seite sei man skeptisch hinsichtlich der Möglichkeit eines raschen Ansteigens der EG-Einfuhren, jedoch bereit, eine gemeinsame Erklärung mit der Kommission auszuarbeiten. Die Gespräche mit Japan müßten auch im Zusammenhang mit dem für Juli in Bonn geplanten Weltwirtschaftsgipfel[15] gesehen werden.

VP Haferkamp betonte den Gemeinschaftscharakter seiner bevorstehenden Mission nach Tokio.[16] Es ginge darum, Märkte zu öffnen und nicht zu schließen. Dabei seien kurzfristig keine Wunder zu erwarten.

AM de Guiringaud unterstrich die Notwendigkeit energischer Verhandlungsführung der EG, da andernfalls eine protektionistische Reaktion Europas angesichts des enormen japanischen Handelsüberschusses nicht zu vermeiden sein würde.

5) Beitritt Griechenlands

Vorsitz unterrichtete Rat über den Verhandlungsstand.[17] Bisher konnten zahlreiche Fragen in den Bereichen „Zollunion in der gewerblichen Wirtschaft" und „Kapitalverkehr" entschieden werden. Kommission wird in Kürze Positionspapiere zum Bereich „Außenbeziehungen" und bis Ende März zum Bereich „EGKS-Produkte" vorlegen.

6) Assoziation EG–Zypern

Der Rat beschloß die bislang umstrittene Verbesserung des Verhandlungsmandats für eine Agrarverhandlungsregelung mit Zypern[18], und insbesondere bei Kartoffeln, dem für die zyprische Landwirtschaft wichtigsten Ausfuhrzeugnis.

---

13 Zu den Verhandlungen zwischen den Europäischen Gemeinschaften und Japan vgl. Dok. 39, Anm. 5 und 6.
14 Botschafter Diehl, Tokio, berichtete am 1. März 1978, der dänische Außenminister Andersen habe die Botschafter der EG-Mitgliedstaaten über seine Gespräche mit der japanischen Regierung am 28. Februar 1978 unterrichtet: „Andersen betonte, daß er nicht in die von der Kommission geführten Verhandlungen eingegriffen, sondern auf Wunsch des Ministerrates diesen Verhandlungen politischen Nachdruck verliehen habe. [...] Sobald Details berührt wurden, hätten die Gesprächspartner sehr offen die Grenzen der japanischen Konzessionsmöglichkeiten erkennen lassen." Vgl. den Drahtbericht Nr. 211; Referat 341, Bd. 107612.
15 Zum Weltwirtschaftsgipfel am 16./17. Juli 1978 vgl. Dok. 225.
16 Zum Besuch des Vizepräsidenten der EG-Kommission, Haferkamp, vom 22. bis 24. März 1978 in Japan vgl. Dok. 107, besonders Anm. 9.
17 Zum Stand der Verhandlungen über einen EG-Beitritt Griechenlands vgl. Dok. 39, besonders Anm. 11.
18 Zu den Verhandlungen zwischen den Europäischen Gemeinschaften und Zypern über Agrarerzeugnisse vgl. Dok. 39, Anm. 13–15.
Die Europäischen Gemeinschaften und Zypern vereinbarten am 15. März 1978 eine Präferenzregelung für zypriotische Agrarerzeugnisse mit einer Laufzeit vom 1. April 1978 bis 31. Dezember 1979. Vgl. dazu BULLETIN DER EG 3/1978, S. 85.

7) Abkommen EURATOM–USA[19]

Der neue amerikanische „Nuclear Non-Proliferation Act of 1978"[20] verlangt innerhalb von 30 Tagen nach Inkrafttreten eine Bereitschaftserklärung zu Neuverhandlung bestehender Kooperationsabkommen. U. a. sollen nunmehr der Retransfer und die Wiederaufarbeitung von geliefertem US-Material an eine vorherige amerikanische Zustimmung gebunden werden.

Im Rahmen einer Orientierungsdebatte erläuterte Kommissar Brunner die Haltung der Kommission und wies darauf hin, daß Gemeinschaft im Interesse der Versorgungssicherheit bei angereichertem Uran gegenüber den USA konditionierte Gesprächsbereitschaft erklären sollte.

BM erläuterte, daß Zusage der Gesprächsbereitschaft an die Amerikaner innerhalb der 30-Tage-Frist unabweisbar sei. Von gleicher Bedeutung seien aber die Bedingungen, die die Gemeinschaft mit einer solchen Bereitschaftserklärung verbinden müsse.

8) Stand der GATT-Verhandlungen

VP Haferkamp berichtete kurz über die Entwicklung der multilateralen Handelsverhandlungen im GATT.[21] Die Prüfung der Angebote der Partnerländer, insbesondere der USA und Japans, sei im Gange. Insgesamt gesehen blieben die Angebote einiger wichtiger Partner hinter den Erwartungen zurück. Gemeinschaft werde zunächst Nachbesserungen verlangen. Abschwächungen des EG-Angebots[22] könnten erst in zweiter Linie erwogen werden.

9) Eisen- und Stahlindustrie

Rat nahm Sachstandsbericht der Kommission über die Verhandlungen mit Drittländern entgegen:

Abkommen mit EFTA-Staaten[23] können nunmehr in Kraft treten. Sie gestatten diesen Ländern Stahlimporte in die Gemeinschaft zu Preisen bis zu drei Prozent unterhalb des EG-internen Niveaus. Für EG-Stahlproduzenten besteht ein Preisangleichungsverbot.

---

[19] Für den Wortlaut des Abkommens vom 29. Mai/19. Juni 1958 zwischen EURATOM und den USA vgl. BUNDESGESETZBLATT 1959, Teil II, S. 1151f.
Für den Wortlaut des Abkommens vom 8. November 1958 über Zusammenarbeit zwischen EURATOM und den USA bei der friedlichen Verwendung der Atomenergie vgl. BUNDESGESETZBLATT 1959, Teil II, S. 1153–1164.
Für den Wortlaut des Zusatzabkommens vom 11. Juni 1960 über Zusammenarbeit zwischen EURATOM und den USA bei der friedlichen Verwendung der Atomenergie vgl. BUNDESGESETZBLATT 1961, Teil II, S. 547–552.
Für den Wortlaut des Änderungsabkommens vom 21./22. Mai 1962 zum Abkommen vom 8. November 1958 über Zusammenarbeit zwischen EURATOM und den USA sowie zum Zusatzabkommen vom 11. Juni 1960 vgl. BUNDESGESETZBLATT 1962, Teil II, S. 1494–1503.

[20] Zum „Nuclear Non-Proliferation Act of 1978" vom 9. Februar 1978 vgl. Dok. 72, Anm. 3.

[21] Zu den GATT-Verhandlungen vgl. Dok. 46, Anm. 10.

[22] Für die Europäischen Gemeinschaften legte der Vizepräsident der EG-Kommission, Haferkamp, Mitte Januar 1978 in Genf ein Verhandlungsangebot vor. Darin erklärten die Europäischen Gemeinschaften ihre Bereitschaft zu gestaffelten Zollsenkungen im gewerblichen Bereich und bei landwirtschaftlichen Erzeugnissen, verbesserten Handelsbedingungen für Entwicklungsländer und nicht-tariflichen Maßnahmen. Vgl. dazu BULLETIN DER EG 1/1978, S. 8f.

[23] Die Vereinbarungen mit Finnland, Norwegen, Österreich, Portugal und Schweden über Stahlerzeugnisse wurden am 28. Februar 1978 paraphiert und zwischen dem 8. und 15. März 1978 unterzeichnet. Vgl. dazu BULLETIN DER EG 2/1978, S. 76, bzw. BULLETIN DER EG 3/1978, S. 84.

Gespräche der Kommission mit Japan und Südafrika über Mengen- und Preisdisziplin verlaufen nach ihren Angaben positiv. Sehr zweifelhaft ist jedoch noch, inwieweit Kommission auch Selbstbeschränkungsabsprache mit Staatshandelsländern abschließen kann. Bisher ist es nur mit Rumänien zu Sachverhandlungen gekommen.

StM von Dohnanyi wies in diesem Zusammenhang nachdrücklich auf nachteilige Folgen der EG-Stahlpolitik auf Ost-Handel und Handelspolitik insgesamt wie auch auf andere Industriezweige (Metallverarbeitung) hin. Er unterstrich, daß gegenwärtige Krisenmaßnahmen nur zu rechtfertigen seien, wenn europäische Stahlindustrie „Atempause" für Anpassungs- und Umstrukturierungsmaßnahmen nutze, und forderte Kommission zur Vorlage Berichts hierüber auf.

Außerdem forderte StM von Dohnanyi die Kommission auf, für die Einhaltung der obligatorischen Mindestpreise zu sorgen (Problem der italienischen Betonstahlanbieter).

10) Schiffbau

Rat führte erste Diskussion über Programm der Kommission zur Sanierung des Schiffbausektors.[24] Rat verabschiedete vierte Beihilferichtlinie für den Schiffbau[25], mit der Subventionswettlauf diszipliniert werden soll.

Engels[26]

Referat 012, Bd. 108141

---

[24] Für den Wortlaut des Berichts der EG-Kommission über die Sanierung des Schiffbaus in den Europäischen Gemeinschaften, der dem EG-Ministerrat am 9. Dezember 1977 vorgelegt wurde, vgl. BULLETIN DER EG, Beilage 7/1977.
[25] Für den Wortlaut der Richtlinie vom 4. April 1978 betreffend die Beihilfen für den Schiffbau vgl. AMTSBLATT DER EUROPÄISCHEN GEMEINSCHAFTEN, Nr. L 98 vom 11. April 1978, S. 19–25.
[26] Paraphe.

76
Aufzeichnung des Ministerialdirektors Blech

201-363.41-1043/78 geheim 14. März 1978[1]

Über Herrn Staatssekretär[2] Herrn Bundesminister

Betr.: Neutronenwaffe;
hier: Operative Überlegungen im Hinblick auf BSR-Sitzung am 14. März und Bündniskonsultation am 20. März 1978

Bezug: Vorlage vom 10. März 1978 – 201-363.41-983I/78 geheim[3]

Anlg.: 1) Amerikanisches Non-paper vom 20. Februar 1978 (201-745 geh.)[4]
2) Amerikanisches Non-paper vom 10. März 1978 (201-1047 geh.)[5]

1) Die Vereinigten Staaten haben uns bilateral am 20. Februar (Anlage 1) und am 10. März 1978 (Anlage 2) ihre Vorstellungen über die Behandlung der Neutronenwaffe mitgeteilt.

Der Mitteilung vom 20. Februar entsprach die amerikanische Einlassung in der NATO-Konsultation vom 24. Februar 1978.[6]

Die gegenwärtige Problemlage stellt sich folgendermaßen dar:

– Über die grundsätzliche Position (nationale amerikanische Entscheidung über Produktion; Aussage über Dislozierung in zwei Jahren; rüstungskontrollpolitisches Angebot, dessen Realisierung die Verwirklichung der jetzigen grundsätzlichen Dislozierungsentscheidung überflüssig machen kann) besteht Übereinstimmung zwischen uns und den Amerikanern (Gespräch StS van Well/Aaron vom 30. Januar 1978[7] mit mehrfacher Bestätigung in bilateralen Kontakten). Diese Position lag unserem Verhalten in den diesbezüglichen Gesprächen in der Allianz am 24. Februar 1978 und danach zugrunde, ohne daß wir dort unsere Position entsprechend dem BSR-Beschluß vom 20. Januar[8] 1978, also auch gegenüber den anderen Alliierten, offengelegt hätten.

---

[1] Die Aufzeichnung wurde von Vortragendem Legationsrat I. Klasse Dannenbring und Legationsrat I. Klasse Daerr konzipiert.
Hat Vortragendem Legationsrat I. Klasse Lewalter am 18. April 1978 vorgelegen, der handschriftlich vermerkte: „1) Rücklauf von BM, 2) 201."
[2] Günther van Well.
[3] Ministerialdirektor Blech vermerkte, der amerikanische Botschaftsrat Smyser habe Papiere zu den amerikanischen Vorstellungen hinsichtlich der vorgesehenen Konsultationen in der NATO sowie zu einer möglichen Verbindung zwischen der Neutronenwaffe und der sowjetischen SS-20-Rakete übergeben. Vgl. dazu VS-Bd. 10575 (201); B 150, Aktenkopien 1978.
[4] Dem Vorgang beigefügt. Vgl. VS-Bd. 10575 (201).
Zu den am 18. bzw. 20. Februar 1978 übergebenen amerikanischen Papieren vgl. Dok. 55.
[5] Dem Vorgang beigefügt. Vgl. VS-Bd. 10575 (201).
Für das amerikanische Papier vom 10. März 1978 vgl. den Drahterlaß Nr. 43 des Vortragenden Legationsrats I. Klasse Dannenbring vom 15. März 1978 an die Ständige Vertretung bei der NATO in Brüssel; VS-Bd. 10575 (201); B 150, Aktenkopien 1978.
[6] Zur Sitzung des Ständigen NATO-Rats vgl. Dok. 62.
[7] Vgl. Dok. 23.
[8] Korrigiert aus: „Februar".
Zum Beschluß des Bundessicherheitsrats vom 20. Januar 1978 zur Neutronenwaffe vgl. Dok. 23, Anm. 3.

- Offengeblieben ist, welche Haltung wir speziell zu einem Element, nämlich der Konkretisierung des rüstungskontrollpolitischen Angebots, einnehmen. Dies ist Gegenstand der gemeinsamen Vorlage des Bundesaußenministers und des Bundesverteidigungsministers für die BSR-Sitzung vom 14. März.[9]
- Ebenso offengeblieben ist, wie ein Konsens auf der Grundlage der im ersten Anstrich genannten Position plus der Konkretisierung des rüstungskontrollpolitischen Angebots im Bündnis in den Konsultationen selbst erzielt und zum Ausdruck gebracht werden kann. Hierzu haben die Amerikaner ihre Vorstellungen in erster Linie am 10. März 1978 detailliert dargelegt.

Diese Problematik bedarf ebenfalls der Erörterung im BSR mit dem Ziel, eine Leitlinie für das Verhalten des deutschen Vertreters festzulegen.

2) Die Erörterung im BSR muß dem Umstand Rechnung tragen, daß die Amerikaner auf ein sehr baldiges Ergebnis der Konsultationen drängen. Sie erwarten, daß die zwei von ihnen ins Auge gefaßten Konsultationsrunden – am 20. und 23. März 1978 – mit einer Entscheidung abgeschlossen werden können und daß wir damit einverstanden sind.

Wir sollten den Eindruck vermeiden, daß unser Verhalten dafür verantwortlich sein könnte, daß es nicht zu einem zügigen Abschluß kommt.

3) Zum Inhalt der amerikanischen Vorstellungen (auf der Grundlage der Papiere vom 20. Februar und 10. März 1978):

- Die Amerikaner scheinen zwei getrennte, aber zeitlich zusammenliegende Erklärungen ins Auge zu fassen.
  - Bekanntmachung der amerikanischen Regierung des Beschlusses über die Produktion der Neutronenwaffe im Hinblick auf die bzw. in der Erwartung der Erstdislozierung in Europa in etwa zwei Jahren (looking to its initial deployment in Europe in about two years – so Papier vom 20. Februar 1978).
  - Feststellung der Bereitschaft, auf die Dislozierung der Neutronenwaffe in Europa zu verzichten, wenn die SU auf Dislozierung der SS-20 verzichtet (rüstungskontrollpolitisches Angebot).
- Gleichzeitig Allianzerklärung, die
  - die amerikanische Produktionsentscheidung zur Kenntnis nimmt,
  - das rüstungskontrollpolitische Angebot unterstützt,
  - die allgemeine Auffassung zum Ausdruck bringt, daß Allianz bereit sein wird, im Falle der Erfolglosigkeit dieses Angebots zur Dislozierung zu schreiten.

Diese Allianzerklärung könnte die Form einer Mitteilung annehmen, die eine Zusammenfassung der Konsultation im Bündnis durch den Generalsekretär[10] enthält.

Eine gewisse Unklarheit ergibt sich daraus, daß die Amerikaner an anderer Stelle davon sprechen, daß ihre Erklärung mit einem Ausdruck der Unterstüt-

---

9 Für die Kabinettvorlage der Bundesminister Apel und Genscher vom 10. März 1978 vgl. VS-Bd. 14074 (010).
10 Joseph Luns.

zung oder „wenigstens des stillschweigenden Einverständnisses" (at least acquiescence) seitens der Alliierten koordiniert sein sollte. Diese Unklarheit würde sich allerdings auflösen, wenn einzelnen Verbündeten (allies) die Möglichkeit bloßen stillschweigenden Einverständnisses eingeräumt werden soll, das Bündnis als Ganzes aber (alliance) die Bereitschaft zur Dislozierung im Falle der Erfolglosigkeit des rüstungskontrollpolitischen Angebots äußert.

Über Einzelheiten wird erst der von den Amerikanern angekündigte „illustrative Entwurf einer Erklärung über den Konsens" Auskunft geben.

4) Unsere Haltung sollte sich auf folgender Linie bewegen:

– Zustimmung zu dem amerikanischen Wunsch, die Konsultationen auf zwei Tage zu beschränken und am 23. März 1978 abzuschließen.

– Kein Insistieren auf zeitlicher Trennung von amerikanischer Erklärung und Allianzerklärung.

Die Forderung nach zeitlicher Trennung (wie sie der Herr Bundeskanzler bisher befürwortet[11]) würde von amerikanischer Seite als Versuch gedeutet werden, dem klaren Bekenntnis einer intern bereits etablierten gemeinsamen Position auszuweichen; Zweifel an der Verläßlichkeit dieser Position wären unausbleiblich. Außerdem würde eine spätere Allianzerklärung den Eindruck erwecken, die Allianz hätte sich erst durch ein amerikanisches fait accompli zwingen lassen müssen – ein Eindruck, bei dem die Allianz keine gute Figur machen würde.

– Darlegung unserer gesamten Position einschließlich unserer Bereitschaft, in zwei Jahren zu dislozieren, falls das rüstungskontrollpolitische Angebot erfolglos bleibt und falls wir nicht das einzige Dislozierungsterritorium sind.

Dies bedeutet, daß wir die gemäß BSR-Beschluß vom 20.1.1978 nur den Amerikanern vertraulich mitgeteilte deutsche Position in die Bündniskonsultation als Antwort auf eine amerikanische Initiative einbringen.
(Hierüber wäre im BSR Einverständnis herzustellen.)

– Am schwierigsten, allerdings auch am wichtigsten, wird die Herstellung und der Ausdruck eines Konsenses in der Dislozierungsfrage sein. Die Amerikaner scheinen auf die Schwierigkeiten einzelner Bündnismitglieder Rücksicht nehmen zu wollen. Wir sollten daher in Abstimmung mit ihnen mit einer Formel einverstanden sein, die die Dislozierung innerhalb des Bündnisses eindeutig bejaht, ohne jedoch ein einzelnes Land auf die Zulassung der Dislozierung auf seinem eigenen Territorium jetzt schon festzulegen.

---

[11] Mit Schreiben vom 9. März 1978 an Ministerialdirektor Blech teilte Ministerialdirektor Ruhfus, Bundeskanzleramt, mit: „Der Bundeskanzler ist der Auffassung, daß es hinsichtlich unserer Zustimmung zu der von der amerikanischen Seite ins Auge gefaßten Erklärung des Bündnisses entscheidend auf den Zeitpunkt der Abgabe, ihre Form und ihren Inhalt ankomme: Zwischen Produktionsentscheidung und Bündniserklärung sollte ein hinlänglich großer zeitlicher Abstand sein. Eine gesonderte Erklärung des Bündnisses sollte nicht erfolgen; sie sollte vielmehr in das Kommuniqué entweder der nächsten NPG oder der Mai-DPC-Sitzung aufgenommen werden. Für die Formulierung sollten wir anstreben, daß sie die Produktionsentscheidung zur Kenntnis nimmt, das Einbringen in die Rüstungskontrollverhandlungen unterstützt und eine Aussage zur Dislozierung vom Ergebnis der Rüstungskontrollbemühungen abhängig macht." Vgl. VS-Bd. 10575 (201); B 150, Aktenkopien 1978.

Dabei muß allerdings – vor allem gegenüber den USA – klar sein, daß die Bundesrepublik Deutschland mit der Zustimmung zu einer solchen Formel ihre eigene Position in der Dislozierungsfrage nicht zurücknimmt. Gerade auch deshalb ist es wichtig, unsere gesamte Position (in der Präsentation als Reaktion auf die amerikanische Initiative) in die Bündniskonsultation einzubringen.

Hier ist zu beachten, daß die Dislozierungsentscheidung, die im Falle der Neutronenwaffe, d.h. einer Munition, eigentlich eine Lagerungsentscheidung ist, eine Sache nationaler Entscheidung und zu gegebener Zeit eines bilateralen Abkommens zwischen den USA und dem Staat ist, in dem diese Munition gelagert werden soll. Für die Bundesrepublik Deutschland ist wesentlich, daß sie
- sich mit ihrer Haltung, wie sie den Amerikanern erklärt worden ist, auf den Abschluß entsprechender Arrangements zu gegebener Zeit festgelegt hat,
- sofern (abgesehen von der Erfolglosigkeit des rüstungskontrollpolitischen Angebots) ein oder mehrere Bündnismitglieder ebenfalls zu einem solchen Arrangement bereit sind.
- Entscheidend muß für den deutschen Vertreter in den Konsultationen die Herbeiführung eines Konsenses sein.

Die Bedeutung des Konsensgesichtspunktes ist in der gemeinsamen Vorlage über die Konkretisierung des rüstungskontrollpolitischen Angebots nicht, wie es ihr zukommt, hervorgehoben worden. Dies sollte jedoch in dem hier gegebenen Zusammenhang geschehen. Unsere Mitwirkung an der Herstellung eines Konsenses ist wesentlich für unsere Stellung im Bündnis, insbesondere für unsere Glaubwürdigkeit, vor allem gegenüber den Amerikanern.

5) Zur Form des rüstungskontrollpolitischen Angebots an die SU

Die Amerikaner gehen nach unserem bisherigen Kenntnisstand davon aus, daß es im Augenblick noch nicht notwendig ist, eine vollständige Verhandlungsstrategie zur Durchsetzung des rüstungskontrollpolitischen Angebots auszuarbeiten. Sie sehen eher einen gewissen Vorteil darin, diesbezüglich flexibel zu sein.

Sie scheinen jedoch ins Auge zu fassen, dieses Angebot als Gegenangebot zu dem sowjetischen Vorschlag des gegenseitigen Verzichts auf Neutronenwaffen in den bekannten Breschnew-Briefen[12] zu behandeln. Hierfür spricht in der Tat die Logik. Dies erklärt auch die amerikanische Neigung, den Breschnew-Brief erst nach einer Substanzentscheidung über die Neutronenwaffe zu beantworten.

Für uns stellt sich die Frage, ob wir in gleicher Weise verfahren sollen. Die Alternative wäre (vor allem im Hinblick darauf, daß ein Besuch Breschnews in der Bundesrepublik Deutschland doch in absehbarer Zukunft stattfinden könnte[13]), den Breschnew-Brief auf der Grundlage der bisher für die Antwort ins Auge gefaßten allgemeinen Argumentation und ohne Bezugnahme auf eine amerikanische Produktionsentscheidung plus einem konkreten rüstungskontrollpolitischen Angebot zu beantworten.

---

12 Zu den Schreiben des Generalsekretärs des ZK der KPdSU, Breschnew, vom 12. Dezember 1977 bzw. 5. Januar 1978 an Bundeskanzler Schmidt vgl. Dok. 6.
13 Der Generalsekretär des ZK der KPdSU, Breschnew, besuchte die Bundesrepublik vom 4. bis 7. Mai 1978. Vgl. dazu Dok. 135, Dok. 136, Dok. 142 und Dok. 143.

(Nach unserer Information scheint der Herr Bundeskanzler der zweiten Möglichkeit zuzuneigen.)

6) Zur Frage, ob die SU über die Neutronenwaffe bereits verfügt

Wie bereits mündlich vorgetragen, hat mir Aaron gesagt, die Vereinigten Staaten hätten, allerdings nicht verifizierbare, Anzeichen dafür, daß die Sowjets bereits über die Neutronenwaffe verfügten.[14] Wir waren uns einig darüber, es sei nicht zu erwarten, daß die SU dies in nächster Zukunft publik machen würde, weil sie sich damit in Widerspruch zu ihrer eigenen Denunzierung dieser Waffe als einer inhumanen setzen würde. Aaron stellte jedoch die Frage, ob man von westlicher Seite etwas an die Öffentlichkeit geraten lassen sollte. Ich habe davon abgeraten, dies zu tun, weil dies die Kräfte stärken würde, die dann das sachlich unangemessene rüstungskontrollpolitische Angebot „Neutronenwaffe gegen Neutronenwaffe" befürworten würden.

Aus der gleichen Erwägung heraus rege ich an, dieses Thema nicht zu berühren.[15]

Blech

VS-Bd. 10575 (201)

77

Drahterlaß des Vortragenden Legationsrats I. Klasse Dannenbring

201-363.41-1043I/78 geheim 14. März 1978[1]
Fernschreiben Nr. 1257 Plurez Aufgabe: 15. März 1978, 11.19 Uhr
Citissime

Betr.: Neutronenwaffe/SALT
hier: Unterrichtung der US-Botschaft Bonn über Ergebnisse der Sitzung des Bundessicherheitsrats vom 14.3.1978

Zur Unterrichtung von Botschafter o. V. i. A.

StS van Well unterrichtete den amerikanischen Geschäftsträger, Gesandten Meehan, am 14.3.1978 über die Ergebnisse der BSR-Sitzung vom gleichen Tage wie folgt:

---

[14] Zum Gespräch des Ministerialdirektors Blech mit dem stellvertretenden Sicherheitsberater des amerikanischen Präsidenten, Aaron, am 4. März 1978 in Washington vgl. Dok. 70.
[15] Zu den Beschlüssen des Bundessicherheitsrats vom 14. März 1978 vgl. Dok. 77.

[1] Durchdruck.
Drahterlaß an die Botschafter Pauls, Brüssel (NATO), und von Staden, Washington.
Hat Staatssekretär van Well am 15. März 1978 zur Mitzeichnung vorgelegen.

14. März 1978: Drahterlaß von Dannenbring   77

1) Einleitend bat StS, AM Vance die Grüße des Bundesministers zu übermitteln und hinzuzufügen, daß BM dabei auch an seine letzte Unterredung mit Vance über das Thema Neutronenwaffe[2] denke.

2) Zur Frage der Neutronenwaffe habe BSR heute Beschlüsse über Substanz und Verfahren gefaßt.

Zunächst zur Frage der rüstungskontrollpolitischen Nutzung:

Die USA hätten sich für die SS-20-Option ausgesprochen. Demgegenüber treten wir für die Panzeroption ein. Wir hielten dies für eine logische und überzeugende Option, weil die Neutronenwaffe speziell als Gegengewicht zur östlichen Panzerüberlegenheit entwickelt worden sei. Auch in der deutschen Öffentlichkeit und im Parlament würden die Panzer als ein Element empfunden, das das Gleichgewicht in Europa in besonderem Maße bedrohe. Die Bundesregierung beabsichtige deshalb, diese Option bei den bevorstehenden NATO-Konsultationen einzubringen und zu vertreten. Dabei seien wir entschlossen, diese Option nicht in den MBFR-Rahmen zu stellen, sondern außerhalb von MBFR als ein spezifisches Rüstungskontrollangebot. Die Einzelheiten dieses Angebots, also etwa der Frage, wie viele Panzer betroffen sein sollten, ob die Panzer etwa zerstört werden oder wohin sie zurückgezogen werden sollten, müßten noch geprüft werden.[3]

Auf der anderen Seite wollten wir nicht die Bedeutung der SS-20-Option herabmindern, vielmehr sähen wir auch durchaus die Vorteile dieser Option. Es treffe zu, daß uns das sowjetische Mittelstreckenpotential und die Grauzonenproblematik große Sorge bereite und daß auch nach unserer Meinung in dieser Richtung etwas unternommen werden sollte. Es gebe daher keine zwingenden[4] Argumente für die eine oder andere Option. Wir erwarten vielmehr in der NATO eine faire Diskussion des Für und Wider beider Optionen, auf keinen Fall sollte es zu einer Konfrontation zwischen der deutschen und der amerikanischen Position kommen, dies sei das letzte, was wir wollten. Das übergeordnete Ziel müsse es sein, schnell zu einem Konsens in der Allianz zu gelangen, denn die Entscheidung müsse bald getroffen werden. Wir würden aus den angegebenen Gründen die Panzeroption einbringen, aber dies bedeute nicht, daß wir die Bildung eines Konsenses für die SS-20-Option verhindern würden, wenn sich ein Konsens in dieser Richtung entwickeln sollte. In diesem Fall würden wir Wert darauf legen, daß unsere Sorgen wegen der Panzerdisparität auch weiterhin betont würden und daß dieses Problem auf dem Tisch bleibt. Im ungekehrten Fall, also bei einem Konsens über die Panzeroption, würden wir in gleicher Weise die unverminderte Bedeutung des SS-20-Problems hervorheben.

3) Zum weiteren Verfahren: Der BSR habe beschlossen, daß unsere Position in der NATO entsprechend den der amerikanischen Seite bereits mitgeteilten Elementen des BSR-Beschlusses vom 20.1.78[5] dargelegt werde. Wir seien einver-

---

2 Für das Gespräch am 12. Februar 1978 in New York vgl. Dok. 43.
3 Die Wörter „müßten noch geprüft werden" wurden von Staatssekretär van Well handschriftlich eingefügt. Dafür wurde gestrichen: „bestünde bei uns allerdings noch keine Klarheit".
4 Dieses Wort wurde von Staatssekretär van Well handschriftlich eingefügt. Dafür wurde gestrichen: „eindeutigen".
5 Zum Beschluß des Bundessicherheitsrats vom 20. Januar 1978 zur Neutronenwaffe vgl. Dok. 23, Anm. 3.

standen mit dem in den uns in Bonn übergebenen amerikanischen Non-papers vom 20.2.[6] und 10.3.[7] vorgeschlagenen dreistufigen Vorgehen für einen Bündniskonsens. Danach würde das Bündnis

– zur Kenntnis nehmen, daß die USA ihre Entscheidung über die Produktion der Neutronenwaffe bekanntgeben, und zwar im Hinblick auf die Erstdislozierung dieser Waffe in Europa in ungefähr zwei Jahren,

– den Rüstungskontrollvorschlag begrüßen und

– die gemeinsame Ansicht zum Ausdruck bringen, daß das Bündnis bereit sein wird, die Dislozierung vorzunehmen, falls der Rüstungskontrollversuch fehlschlägt.

Diese drei Punkte könnten wir in ihrem wesentlichen Gehalt akzeptieren als geeigneten Rahmen für den Konsens der Allianz, wobei im einzelnen noch kleine Verschönerungen möglich sein könnten. Im übrigen erwarteten wir noch den von den USA angekündigten illustrativen Entwurf für eine solche Bündniserklärung. Auch hinsichtlich der Art der Bekanntmachung dieser Bündniserklärung könnten wir uns dem amerikanischen Vorschlag anschließen, also in der Form eines Kommuniqués oder einer Zusammenfassung durch den Generalsekretär[8]. Dies könne im einzelnen in den Konsultationen entschieden werden.

Auf die Frage von Meehan, ob die Diskussion über die beiden Optionen nicht zu lange dauernden Konsultationen führen würde, da es gute Argumente für beide gebe, erwiderte StS, daß wir entsprechend den amerikanischen Vorschlägen eine abschließende Behandlung des Themas in den vorgesehenen Beratungen am 20. und 23.3.1978 für möglich hielten. Das Bündnis benötige eine baldige und wirksame Entscheidung, um der sowjetischen Kampagne entgegentreten zu können. Die Amerikaner, die die Waffe besäßen, müßten in der Diskussion vorangehen. Nach der ersten Sitzung am 20.3. werde man sehen, wie die Diskussion gelaufen sei. Vielleicht sei es zweckmäßig, dann vor dem 23.3. noch einmal bilateral zu konsultieren. Der amerikanische dreistufige Verfahrensvorschlag erlaube die Bildung eines Konsenses, auch wenn sich der eine oder andere Bündnispartner, z. B. die Holländer, schweigend verhielten. Wenn einzelne Verbündete nicht ausdrücklich widersprächen, könne der Generalsekretär das Ergebnis der Konsultation, wie vorgesehen, gleichzeitig mit der amerikanischen Erklärung bekanntgeben.

4) Übrigens hätten wir vorgesehen, daß die beiden Sitzungen am 20. und 23.3. von Botschafter Pauls wahrgenommen würden. Meehan bemerkte dazu, daß die Botschaft zur Frage der eventuellen Teilnahme eines Vertreters aus Washington noch Weisung erwarte.

5) Zur Frage der Beantwortung des Breschnew-Briefes[9] erklärte StS, nach unserem Eindruck beabsichtigten die USA, den Brief erst nach Beendigung der Allianzkonsultationen zu beantworten, um den Sowjets auf diesem Wege Gegen-

---

[6] Für die am 18. bzw. 20. Februar 1978 übergebenen amerikanischen Papiere vgl. VS-Bd. 10575 (201). Vgl. dazu ferner Dok. 55.

[7] Für das amerikanische Papier vom 10. März 1978 vgl. VS-Bd. 10575 (201). Vgl. dazu ferner Dok. 76.

[8] Joseph Luns.

[9] Zu den Schreiben des Generalsekretärs des ZK der KPdSU, Breschnew, vom 12. Dezember 1977 bzw. 5. Januar 1978 an Bundeskanzler Schmidt vgl. Dok. 6.

vorschläge zur Neutronenwaffe zu unterbreiten. Wir als Nicht-Kernwaffenstaat könnten dies nicht tun. Deshalb beabsichtigten wir, den Brief nunmehr bald, jedenfalls vor den NATO-Konsultationen, zu beantworten. Der Inhalt werde allgemein gehalten sein und sich nach den Elementen des BSR-Beschlusses vom 20.1.78 richten, die wir bereits in die Allianz-Konsultationen über den Breschnew-Brief[10] eingeführt hätten.

6) Zu SALT teilte StS mit, daß im BSR eine lange Diskussion über die Nichtumgehungsklausel und über die amerikanische Interpretationserklärung für die NATO und für den Kongreß stattgefunden habe. Als Ergebnis der Diskussion werde die amerikanische Absicht einer Interpretationserklärung[11] begrüßt. Wir betrachteten die Elemente der Interpretationserklärung im allgemeinen als befriedigend, wobei noch gewisse Änderungen möglich seien. Wir seien bereit, die amerikanische Rückfallposition für die NCC[12] stillschweigend hinzunehmen. Das bedeute, daß wir uns diese Position nicht zu eigen machten, sondern unsere Sorge aufrechterhielten, daß die Sowjets diese Position für ihre Zwecke benutzen könnten.

Zur Absichtserklärung bei SALT II würden wir auf Arbeitsebene noch eine Reihe von Fragen zu stellen haben. Diese Fragen bezögen sich insbesondere auf die Bedeutung des Begriffs theater systems. Hierbei handele es sich um eine neue Terminologie, deren Inhalt noch klärungsbedürftig sei. Das gelte z.B. auch für die Frage, ob SS-20 und sonstige Mittelstreckenraketen von diesem Begriff erfaßt seien. Diese Problematik bedürfe weiterer Diskussion.

Dannenbring[13]

VS-Bd. 10575 (201)

---

[10] Zur Sitzung des Ständigen NATO-Rats am 27. Januar 1978 vgl. Dok. 22.
[11] Die Wörter „einer Interpretationserklärung" wurden von Staatssekretär van Well handschriftlich eingefügt.
[12] Non-circumvention clause.
  Zur amerikanischen Rückfallposition für eine Nichtumgehungsklausel bei SALT vgl. Dok. 29 und Dok. 64.
[13] Paraphe.

78

Botschafter Behrends, Wien (MBFR-Delegation), an das Auswärtige Amt

114-11141/78 geheim Aufgabe: 15. März 1978, 19.03 Uhr[1]
Fernschreiben Nr. 166 Ankunft: 15. März 1978, 19.42 Uhr
Citissime

Delegationsbericht Nr. 39/78

Betr.: MBFR
   hier: Datenaustausch

I. In der informellen Sitzung am 15. März wurden die Daten für die Landstreitkräfte der WP- und NATO-Staaten ausgetauscht.

Basis dafür waren die mit Delegationsbericht Nr. 38/78 übermittelten Erklärungen.[2]

II. Die Zahlen für die WP-Landstreitkräfte sind wie folgt:

Gem. Document C-M (77) 100

	NATO-Zahlen	WP-Zahlen	Reallocation gem. WP-Kriterien[3]
WP-Landstreitkräfte			
Gesamtsumme	962 595	805 000	ca. 936 290
major formations	697 865	638 400	713 565
Others	264 730	166 600	222 725
USSR (major formations)	401 650	344 600	410 800
USSR (others)	74 975	81 700	74 975
Summe	476 625	426 300	485 775
DDR (major formations)	76 165	74 100	77 965
DDR (others)	28 600	18 900	28 600
Summe	104 765	93 000	106 565

---

[1] Hat Botschaftsrat I. Klasse Holik am 17. März 1978 vorgelegen, der handschriftlich für Vortragenden Legationsrat I. Klasse Rückriegel vermerkte: „Dazu habe ich eine Aufz[eichnung] vorgelegt." Hat Rückriegel am 20. März 1978 vorgelegen.

[2] Für den Drahtbericht Nr. 164 des Botschafters Behrends, Wien (MBFR-Delegation), vom 15. März 1978 vgl. VS-Bd. 11490 (221); B 150, Aktenkopien 1978.

[3] An dieser Stelle Fußnote in der Vorlage: „D. h. tschechische und polnische Landesluftverteidigung ist zu den Landstreitkräften gezählt. Helikopter-Personal der Luftstreitkräfte zur Unterstützung der Landstreitkräfte ist zu den Landstreitkräften gezählt. Die polnische Seelandedivision (4600 Mann) ist in diesen Zahlen noch enthalten, die WP-Zahlen enthalten sie nicht."

POL (major formations)	130 350	115 000	133 100
POL (others)	100 120	33 600	73 050
Summe	230 500	148 600	206 150
ČSSR (major formations)	89 700	104 700	91 700
ČSSR (others)	61 035	32 400	46 100
Summe	150 700	137 100	137 800

III. 1) Eine detaillierte Bewertung dieser Zahlen ist noch nicht möglich. Sie kann erst erfolgen, wenn zusätzliche Verständnisfragen über die Zuordnung von Streitkräfteelementen gestellt und beantwortet würden. Außerdem bedarf es dazu auch des Austausches von Luftstreitkräftedaten, da möglicherweise Elemente der Landstreitkräfte bei den Luftstreitkräften gezählt sind bzw. umgekehrt.[4]

2) Eine erste vorläufige Bewertung erlaubt folgende Aussagen:

a) Erwartungsgemäß ergibt die Summe der Einzelelemente für die Warschauer-Pakt-Landstreitkräfte 805 000 analog der Gesamtzahl, die vom Osten im Juni 1976 bekanntgegeben wurde.[5]

b) Der Osten hat für die Landstreitkräfte-Zahlen sein System der Zuordnung benutzt, d.h.:

– Die polnische und tschechische Landesluftverteidigung wurde zu den Luftstreitkräften gezählt.

– Das Hubschrauberpersonal der Luftstreitkräfte, das zur Unterstützung der Landstreitkräfte eingesetzt ist, wurde zu den Landstreitkräften gezählt.

– Die polnische Seelandedivision (4600 Mann) ist in den WP-Zahlen nicht enthalten.

Die WP-Zahlen sind also noch am ehesten vergleichbar mit der Spalte „Reallocation" im Teil II.

3) Die Unterschiede zwischen den „reallocated NATO data" und den heute vom Osten vorgelegten Zahlen sind auf nationale Gesamtzahlen bezogen:

SU 12,2 Prozent

DDR 12,8 Prozent

POL 28 Prozent

ČSSR 0,5 Prozent

Insgesamt 14 Prozent.

---

[4] Die Daten für die Luftstreitkräfte wurden am 4. April 1978 ausgetauscht. Vgl. dazu Dok. 98.
[5] Am 10. Juni 1976 legten die an den MBFR-Verhandlungen teilnehmenden Warschauer-Pakt-Staaten eigene Daten für das Personal ihrer Land- und Luftstreitkräfte vor. Vgl. dazu AAPD 1976, I, Dok. 189.

4) Im weiteren Procedere wird es vor dem Austausch von Luftwaffendaten notwendig werden, zusätzliche Fragen im Hinblick auf

– Zuordnungsprinzipien,
– Einbeziehung bzw. Ausschlüsse von Verbänden

und allgemeine Verständnisfragen zu stellen.

[gez.] Behrends

VS-Bd. 11490 (221)

79

Botschafter Gehlhoff, Rom (Vatikan), an das Auswärtige Amt

114-11161/78 geheim   Aufgabe: 16. März 1978, 16.25 Uhr[1]
Fernschreiben Nr. 33   Ankunft: 16. März 1978, 17.01 Uhr

Betr.: Kirchenrechtliche Neuordnung in der DDR

Zur Unterrichtung

Ich führte heute mit Kardinal Bengsch, der sich zur Zeit in Rom aufhält, ein 45 Minuten währendes Gespräch. Der Kardinal, der Anfang des Jahres eine Kur absolviert hat, machte einen frischen und gut erholten Eindruck. Wir behandelten folgende Punkte:

1) Kardinal Bengsch faßte seinen Gesamteindruck hinsichtlich der Bestrebungen des Heiligen Stuhls zur kirchenrechtlichen Neuordnung in der DDR dahingehend zusammen, daß Papst Paul VI. von dem entschlossenen Widerstand, den sowohl die ostdeutschen wie die westdeutschen Bischöfe gegen diese Pläne erhoben hätten, nachhaltig beeindruckt worden sei. Zwar müsse weiterhin angenommen werden, daß der Heilige Stuhl an der Absicht der kirchenrechtlichen Neuordnung festhalte, doch gebe es gegenwärtig keine Anzeichen, die auf eine baldige Durchführung des Grundsatzbeschlusses hindeuteten.

2) Kardinal Bengsch hält daran fest, daß eine kirchenrechtliche Neuordnung in der DDR pastoral nicht geboten sei. Mit der Verselbständigung der Berliner Bischofskonferenz[2] und mit der Tatsache, daß die päpstlichen Administratoren

---

[1] Hat Vortragendem Legationsrat van Setten am 5. April 1978 vorgelegen.
[2] Ministerialdirigent Fleischhauer vermerkte am 5. Mai 1977: „Der erste Schritt des Vatikans zur Neuordnung der kirchenrechtlichen Verhältnisse in der DDR ist die am 26.10.76 erfolgte Bekanntgabe der intern bereits früher beschlossenen Anhebung der Berliner Ordinarienkonferenz zu einer vollgültigen selbständigen Bischofskonferenz." Das Vorgehen des Heiligen Stuhls sei kirchenrechtlich zwar zulässig, wäre jedoch geeignet gewesen, „deutschlandpolitische Interessen der Bundesrepublik Deutschland zu tangieren. Wenn der staats- und völkerrechtliche Status von Berlin und der durch den Grundvertrag geschaffene Zustand nicht beachtet worden wären, hätten die Maßnahmen des Vatikans für uns negative Rückwirkungen haben können." Dem sei jedoch durch die Zugehörigkeit von Kardinal Bengsch (Berlin) zu beiden Bischofskonferenzen Rechnung getragen worden. Dazu habe der Heilige Stuhl eine Stellungnahme abgegeben, „daß die getroffenen Maßnahmen pa-

16. März 1978: Gehlhoff an Auswärtiges Amt

jener Teile der westdeutschen Diözesen, die in der DDR gelegen sind, nicht der Jurisdiktion der betreffenden westdeutschen Bischöfe unterstehen, sei jedem vernünftigen Verlangen, die staatliche Eigenständigkeit der DDR zu respektieren, genügend Rechnung getragen. Eine Verbesserung für die Lage der katholischen Kirche in der DDR sei im Falle einer kirchenrechtlichen Neuordnung nicht zu erwarten. Der gegenwärtige Schwebezustand (insbesondere hinsichtlich der grundbuchmäßigen Eintragung des Kirchenbesitzes sowie hinsichtlich der rechtlich nicht abgesicherten Aktivitäten der Kirche im Versammlungswesen und bei der Vervielfältigung von Schriften) lasse sich noch längere Zeit aushalten und sei jedenfalls in der Praxis nicht unbefriedigend.

3) Kardinal Bengsch beabsichtigt, in einem für den 17. März 1978 vorgesehenen Gespräch mit Erzbischof Casaroli vorstehend skizzierte Grundposition einzunehmen.[3] Hilfsweise will er nachdrücklich empfehlen, daß der Heilige Stuhl in Sachgesprächen mit der DDR möglichst viele offene Fragen klären sollte. Diese Sachgespräche sollten nach seiner Auffassung freilich nicht zu einem Konkordat führen. Nach wie vor hält es der Kardinal für besonders wünschenswert, daß im Falle der kirchenrechtlichen Neuordnung in der DDR ein Schreiben des Heiligen Vaters an die Bischöfe in der DDR vorliegt, in dem die normalerweise in einer Diözese ausgeübten kirchlichen Aktivitäten und die Befugnisse eines Bischofs detailliert aufgezählt sind und das von den Kanzeln verlesen werden kann. Auf diese Weise solle den Geistlichen in der DDR die Möglichkeit verschafft werden, sich in möglichen Auseinandersetzungen mit Staatsorganen auf den Papst zu berufen.

4) Kardinal Bengsch hielt es für bemerkenswert, daß er – zum ersten Mal – durch ein Schreiben des Nuntius Del Mestri von dem geplanten Besuch von DDR-Außenminister Fischer in Rom und auf die Möglichkeit einer Papstaudienz hingewiesen wurde. In demselben Schreiben habe Erzbischof Del Mestri erklärt, daß eine solche Audienz für Außenminister Fischer keine Änderung der kirchenrechtlichen Lage in Deutschland bedeute.

Der Kardinal berichtete von einer ihm vorliegenden Information, wonach DDR-Außenminister Fischer sehr weitgehende Vollmachten für seine Gespräche mit dem Heiligen Stuhl haben würde. Lediglich der Abschluß eines Konkordats sei hiervon ausgenommen.

Fortsetzung Fußnote von Seite 386

storalen Notwendigkeiten entsprechen und nicht als Stellungnahme des Vatikans zu Fragen zu verstehen sind, die zwischen den beiden deutschen Staaten noch offen sind, insbesondere nicht zur nationalen Frage". Vgl. VS-Bd. 10771 (501); B 150, Aktenkopien 1977.

3 Botschafter Gehlhoff, Rom (Vatikan), teilte am 18. März 1978 zum Gespräch des Kardinals Bengsch mit dem Sekretär des Rats für die öffentlichen Angelegenheiten der Kirche, Casaroli, am Vortag mit: „Über dieses Gespräch hat der Sekretär des Kardinals einen Vermerk gemacht, den ich gesehen habe und der folgenden Inhalt hat: Casaroli hat mitgeteilt, daß der Papst eigene Bistümer in der DDR wolle. Andererseits respektiere er die Position des ‚Ja-aber' der deutschen Bischöfe. [...] Die Gespräche mit der DDR würden nach Auffassung Casarolis schwierig werden, weil die DDR leicht den Eindruck der Verzögerungstaktik seitens des Heiligen Stuhls gewinnen könnte. Am Schluß des Gesprächs hat Casaroli als Arbeitshypothese die Frage aufgeworfen, ob anstelle von Bistümern evtl. Administraturen errichtet werden sollten. Hierbei würden zwar ebenfalls Grenzen gezogen. Aber ein solcher Schritt hätte weniger endgültigen Charakter. Er sei der noch nicht geregelten deutschen Frage eher angemessen und würde nichts präjudizieren. Kardinal Bengsch hat Erzbischof Casaroli zugesagt, daß er über den Gedanken der Errichtung von Administraturen mit seinen Bischöfen sprechen und dann dem Heiligen Stuhl alsbald eine Antwort übermitteln wolle." Vgl. den Drahtbericht Nr. 35; VS-Bd. 11100 (203); B 150, Aktenkopien 1978.

5) Ich habe dem Kardinal noch einmal bestätigt, daß sich die bekannte Position der Bundesregierung nicht geändert habe. Diese Position bestehe prozedural in dem Verlangen nach frühzeitiger und eingehender Konsultation, sachlich in der Herausstellung der pastoralen Gründe, in der Nicht-Präjudizierung der deutschen Frage und in der Nicht-Veränderung der gegenwärtigen Lage in Berlin. Kardinal Bengsch kennt diese Position der Bundesregierung und hat hierzu keine Bemerkungen gemacht oder ergänzende Wünsche geäußert.

6) Ich habe mit dem Kardinal ferner die Frage erörtert, ob die gegenwärtige kirchenrechtliche Lage in Berlin dadurch verändert werden könnte, daß für Westberlin ein eigener Weihbischof bestellt würde, der dann allein das Recht hätte, an der Deutschen Bischofskonferenz (Fulda) teilzunehmen. Der Kardinal bestätigte mir, daß Weihbischöfe nur mit Zustimmung des Bischofs selber ernannt werden könnten, daß also die von mir beschriebene Möglichkeit gegen seinen (Bengschs) Widerstand nicht durchzusetzen sei. Er habe in der Praxis sorgfältig darauf geachtet, daß der ihm seit einigen Jahren beigegebene Weihbischof nie selbständig, sondern stets nur in seiner Begleitung nach Westberlin reise, und er werde an dieser Praxis auch künftig festhalten.

[gez.] Gehlhoff

VS-Bd. 11100 (203)

80

Aufzeichnung des Ministerialdirektors Blech

210-501.24-510/78 VS-vertraulich   17. März 1978[1]

Über Herrn Staatssekretär[2] Herrn Minister[3]

Betr.: Wahl des Regierenden Bürgermeisters von Berlin[4] zum Präsidenten des Bundesrates
hier: Erörterung in der Bonner Vierergruppe

Zweck der Vorlage: Zur Unterrichtung

1) Im Oktober 1978 steht turnusgemäß die Wahl des Regierenden Bürgermeisters von Berlin zum Präsidenten des Bundesrates bevor. Die Alliierten haben uns ihre Besorgnis mitgeteilt, daß es im Zusammenhang mit dieser Wahl zu einer Auseinandersetzung mit der Sowjetunion kommen könne.[5] Sie wünschen

---

[1] Die Aufzeichnung wurde von Vortragendem Legationsrat von Braunmühl konzipiert.
Hat Vortragendem Legationsrat I. Klasse Freiherr von Richthofen am 30. März 1978 vorgelegen, der handschriftlich für Braunmühl vermerkte: „Bitte Bespr[echung] zu Anlage 2." Vgl. Anm. 18.
[2] Hat Staatssekretär Hermes am 22. März 1978 vorgelegen.
[3] Hat Bundesminister Genscher vorgelegen.
[4] Dietrich Stobbe.
[5] Vortragender Legationsrat von Braunmühl vermerkte am 20. Januar 1978, im Gespräch des Staatssekretärs van Well mit den Botschaftern Brunet (Frankreich), Stoessel (USA) und Wright (Groß-

eine Erörterung dieser Fragen in der Bonner Vierergruppe, sobald die deutschen Überlegungen weiter fortgeschritten sind. Wir haben zu verstehen gegeben, daß wir die Wahl, wie in früheren Jahren, für rechtmäßig halten und daß kein Weg daran vorbeiführen könne. Vertreter der Alliierten haben uns angedeutet, daß in den Hauptstädten wahrscheinlich keine Einwendungen gegen die Wahl als solche erhoben werden würden, daß die drei Regierungen jedoch hinsichtlich der Ausübung des Amts des Bundesratspräsidenten durch den Regierenden Bürgermeister und auch im gegebenen Falle bei Wahrnehmung der Befugnisse des Bundespräsidenten erwarteten, daß sichergestellt werde, daß nichts im Widerspruch zum Vier-Mächte-Abkommen geschehe und aus Gründen der politischen Zweckmäßigkeit auch keine unnötigen Angriffspunkte für sowjetische Beschwerden gegeben würden.

2) Vor der ersten Wahl eines Berliner Regierenden Bürgermeisters zum Bundesratspräsidenten im Jahre 1957[6] haben monatelange, ins einzelne gehende Diskussionen der Bundesregierung mit den Alliierten über die Zulässigkeit dieser Wahl stattgefunden. Die Alliierten erhoben im Ergebnis keine Einwendungen. Das zweite Mal, im Jahre 1967, gab es kaum noch Diskussionen zwischen der Bundesregierung und den Alliierten.[7] Die DDR erklärte damals, der zum Bundesratspräsidenten gewählte Regierende Bürgermeister werde die Zugangswege von und nach Berlin nicht benutzen dürfen.[8] RBM Schütz versuchte eine Testfahrt mit dem Auto und wurde von den DDR-Organen nicht durchgelassen.[9]

Fortsetzung Fußnote von Seite 388
britannien) am Vortag hätten sich die Botschafter erkundigt, ob die UdSSR wegen der geplanten Wahl des Regierenden Bürgermeisters Stobbe zum Präsidenten des Bundesrats „eine große Kampagne loslassen" würde. Van Well habe dazu ausgeführt: „Die Sowjets seien Realisten. Sie wüßten: Hier gebe es eine normale Sequenz, die unausweichlich sei. [...] Die Sowjets müßten überlegen, was sie tun sollten: In Erklärungen ihren Standpunkt klarstellen oder eine Riesenaktion unternehmen. Im letzteren Fall müßten sie wissen: Sie würden bei uns das ganze Land gegen sich aufbringen. [...] Dies sei für die Sowjets riskant und kontraproduzent. Im übrigen biete der Regierende Bürgermeister Stobbe persönlich die Gewähr, daß die Angelegenheit mit Verantwortungsbewußtsein und politischem Fingerspitzengefühl vorgenommen werde. Der Herr Staatssekretär sagte zu, daß wir bereit seien, in der Vierergruppe darüber zu sprechen, welche Probleme sich in dem Zusammenhang stellen könnten. Wir würden sicherstellen, daß nichts im Widerspruch zum Vier-Mächte-Abkommen und zur bisherigen Handhabung geschehen werde." Vgl. VS-Bd. 13060 (210); B 150, Aktenkopien 1978.

6 Der Regierende Bürgermeister von Berlin, Suhr, wurde am 19. Juli 1957 zum Präsidenten des Bundesrats gewählt. Nach seinem Tod am 30. August 1957 wurde der neue Regierende Bürgermeister von Berlin, Brandt, am 25. Oktober 1957 für die Zeit vom 1. November 1957 bis 31. Oktober 1958 zum Präsidenten des Bundesrats gewählt.

7 Der Regierende Bürgermeister von Berlin, Schütz, wurde am 27. Oktober 1967 für die Zeit vom 1. November 1967 bis 31. Oktober 1968 zum Präsidenten des Bundesrats gewählt.

8 In einer Erklärung des Außenministeriums vom 26. Oktober 1967 protestierte die DDR gegen die bevorstehende Wahl des Regierenden Bürgermeisters von Berlin, Schütz, zum Präsidenten des Bundesrats und wies darauf hin, „daß die zuständigen Organe der DDR gezwungen sind, die notwendigen Schlußfolgerungen zur Abwehr derartiger aggressiver Schritte zu ziehen". Vgl. DzD V/1, S. 1899 f.
Am 13. April 1968 verfügte der Innenminister der DDR, Dickel, daß den „Ministern und leitenden Beamten der westdeutschen Bundesregierung bis auf weiteres die Durchreise durch das Hoheitsgebiet der Deutschen Demokratischen Republik nach Westberlin" nicht mehr gestattet werde. Vgl. DzD V/2, S. 590.

9 Am 26. April 1968 wurde der Regierende Bürgermeister von Berlin, Schütz, nach längerer Wartezeit am Kontrollpunkt Babelsberg an der Durchreise durch die DDR gehindert. Vgl. dazu AAPD 1968, I, Dok. 141.

Formelle Proteste der Sowjets gegen die Wahlen des Regierenden Bürgermeisters zum Bundesratspräsidenten 1957 und 1967 sind nicht auffindbar.[10]

3) Die Sowjets werden sich jedoch diesmal darauf berufen, daß inzwischen das Vier-Mächte-Abkommen geschlossen wurde. Als Anknüpfungspunkt für ihre Einwendungen werden sie voraussichtlich die Bestimmung über die Beschränkung des Verhältnisses Berlins zur Bundesrepublik Deutschland („kein Bestandteil (konstitutiver Teil) ... nicht von ihr regiert")[11] ins Feld führen und argumentieren, daß diese Bestimmung eine Ämterverbindung ausschließe.

Es liegen Hinweise vor, daß die Sowjets sich intensiv mit diesem Vorgang beschäftigen und ihn ernst nehmen. In letzter Zeit haben wir jedoch den Eindruck gewonnen, daß die Sowjets bereits eingesehen haben, daß die Wahl nicht zu verhindern ist. Falin hat dem Regierenden Bürgermeister zu verstehen gegeben, daß eine Moskau-Reise[12], falls sie zustande komme, rechtzeitig vor seiner Wahl zum Bundesratspräsidenten stattfinden müsse.[13] Abrassimow hat gegenüber RBM Stobbe die ironische Bemerkung gemacht, er erwarte wohl, „ganz ohne Schwierigkeiten" gewählt zu werden[14]; auch dies deutet darauf hin, daß

[10] Der sowjetische Botschafter Zarapkin übergab Bundesminister Brandt am 6. Januar 1968 ein Schreiben, in dem gegen die Bundespräsenz in Berlin (West) und die Wahl des Regierenden Bürgermeisters von Berlin, Schütz, zum Präsidenten des Bundesrats protestiert wurde. Vgl. dazu AAPD 1968, I, Dok. 4.
Vgl. dazu auch das Schreiben des sowjetischen Botschafters in Ost-Berlin, Abrassimow, vom 14. Februar 1968 an die Botschafter McGhee (USA), Roberts (Großbritannien) und François Seydoux (Frankreich); DzD V/2, S. 237–239.

[11] Vgl. dazu Teil II B sowie Anlage II Absatz 1 und 2 des Vier-Mächte-Abkommens über Berlin vom 3. September 1971; BUNDESANZEIGER, Nr. 174 vom 15. September 1972, Beilage, S. 47 bzw. S. 53.

[12] Vortragender Legationsrat I. Klasse Lücking vermerkte am 4. Januar 1978: „Die Landesvertretung Berlin teilte am 2.1.1978 vertraulich mit, daß die sowjetische Botschaft in Bonn bei der Landesvertretung wegen eines Besuchs des Regierenden Bürgermeisters in Moskau sondiert habe. Die Sondierung knüpft an die frühere sowjetische Einladung an den Regierenden Bürgermeister Schütz an, die auf eine Abrede beim Breschnew-Besuch 1973 in Bonn zurückging. Das Vorhaben wurde damals nicht verwirklicht, da man sich in der Frage der Betreuung des Regierenden Bürgermeisters durch die Botschaft Moskau nicht völlig einigen konnte. [...] Die erneute sowjetische Initiative ist grundsätzlich zu begrüßen. Sie dürfte auf den Wunsch zurückgehen, im Hinblick auf den Breschnew-Besuch ein positives und nach außen wirksames Element der für die bilateralen Beziehungen kritischen Berlin-Frage zu fördern." Vgl. VS-Bd. 13058 (210); B 150, Aktenkopien 1978.

[13] Staatssekretär van Well, z. Z. Berlin (West), berichtete am 2. März 1978, der Regierende Bürgermeister von Berlin, Stobbe, habe ihn am Vortag über das Gespräch mit dem sowjetischen Botschafter Falin im Beisein des SPD-Bundesgeschäftsführers Bahr am 16. Februar 1978 unterrichtet. Nach der Erörterung eines Besuchs von Stobbe in der UdSSR habe Falin die turnusgemäße Wahl von Stobbe zum Präsidenten des Bundesrats angesprochen: „Falin meinte, daß eine Einladung wohl nicht in Betracht komme, wenn der RBM diese Position bekleidet. Sowohl Stobbe als auch Bahr hätten unmißverständlich klargestellt, daß der RBM wie vorgesehen sein Amt als Bundesratspräsident antritt. Falin habe durchblicken lassen, daß es wohl gut wäre, wenn die Moskau-Reise des RBM vorher stattfindet. Herr Stobbe sagte mir jedoch, er habe Falin gesagt, er werde nur reisen, wenn er nicht mit innenpolitischer Kritik zu rechnen habe. [...] Deshalb werde er sich in gegebenem Falle persönlich mit jedem Detail des Programms befassen und jedes Detail mit dem Bundeskanzleramt und dem Auswärtigen Amt abstimmen. Unklarheiten dürfe es nicht geben und nichts dürfe offenbleiben oder dem Zufall überlassen werden." Vgl. den Drahtbericht Nr. 13; VS-Bd. 542 (014); B 150, Aktenkopien 1978.

[14] Im Gespräch mit dem Regierenden Bürgermeister von Berlin, Stobbe, am 27. Februar 1978 führte der sowjetische Botschafter in Ost-Berlin, Abrassimow, aus, Stobbe glaube wohl, daß Berlin (West) ein Land der Bundesrepublik sei: „Er, der RBM, mache selbst Vorbehalte, mit denen Westberlin zur BRD gehöre. Er werde [zum] Vorsitzenden des Bundesrates gewählt werden – ganz ohne Schwierigkeiten. Die Verbindungen existierten, sie könnten erweitert werden, die sowjetische Seite sei für ihre Erweiterung." Vgl. die mit Drahtbericht Nr. 13 des Staatssekretärs van Well, z.Z. Berlin (West), vom 2. März 1978 übermittelte Gesprächsaufzeichnung; VS-Bd. 542 (014); B 150, Aktenkopien 1978.

man den Vorgang für unabwendbar hält. Die Sowjets werden es sich jedoch wegen ihres grundsätzlichen Standpunkts kaum leisten zu können glauben, das Ereignis ohne Proteste und ohne kräftigere Geräusche vorübergehen zu lassen. Außerdem werden sie nach der Wahl genau auf die Modalitäten der Amtsausübung achten.

4) In den bisherigen Überlegungen sind wir davon ausgegangen, daß wir uns[15] mit den Alliierten über die Frage der Wahl des Regierenden Bürgermeisters zum Bundesratspräsidenten nicht auseinandersetzen können[16], uns jedoch gegenüber den alliierten Wünschen hinsichtlich der Ausübung der beiden Ämter aufgeschlossen zeigen sollten. Wir haben uns gemeinsam mit der Landesvertretung Berlin informell bei der Bundesratsverwaltung und beim Bundespräsidialamt über die üblichen Gepflogenheiten bei der Ausübung der beiden Ämter, soweit sie für die Wahl des Regierenden Bürgermeisters von Bedeutung sein könnten, informiert. Das Ergebnis ist, daß die Präzedenzfälle insoweit günstig sind, als der Regierende Bürgermeister sich bei dem Bemühen, den alliierten Wünschen entgegenzukommen, im wesentlichen an übliche Vorbilder halten kann. Wir werden den Alliierten auf ihren Wunsch die entsprechenden Beispiele in der Vierergruppe zur Kenntnis geben (vgl. die Aufstellung in Anlage 1[17]).

5) Der Regierende Bürgermeister ist bereit, nach seiner Wahl zum Bundesratspräsidenten im Sinne einer freiwilligen Selbstbeschränkung in kritischen Fragen Zurückhaltung zu üben. Wir haben eine vorläufige erste Liste (Anlage 2[18]) solcher Punkte zusammengestellt, die im wesentlichen auf Beiträgen der LV[19] Berlin beruht. Diese Liste wollen wir erst in einem späteren Stadium der Konsultationen in die Vierergruppe einführen, wenn abzusehen ist, wie sich die Vorstellungen der Alliierten entwickeln. Eine Mitteilung des Regierenden Bürgermeisters an die Alliierten über das von ihm beabsichtigte Verhalten in allgemeinen Zügen ist alliierten Auflagen vorzuziehen, mit denen zu rechnen wäre, wenn eine solche Mitteilung nicht gemacht wird. Die klare Linie würde darin bestehen, daß der Regierende Bürgermeister in Berlin die Funktionen des Bundesratspräsidenten und des amtierenden Bundespräsidenten überhaupt nicht ausübt.[20] Wir sollten jedoch, falls möglich, eine solche Festlegung vermeiden, um für besondere Fälle einen Spielraum zu behalten. Außerdem wollen wir in der Form, auch wegen möglicher innenpolitischer Implikationen, nicht

---

15 Dieses Wort wurde von Ministerialdirektor Blech handschriftlich eingefügt. Dafür wurde gestrichen: „einer Auseinandersetzung".
16 Die Wörter „nicht auseinandersetzen können" wurden von Ministerialdirektor Blech handschriftlich eingefügt. Dafür wurde gestrichen: „aus dem Wege gehen sollten".
17 Dem Vorgang beigefügt. In Anlage 1 wurde dargelegt, daß das Amt des Präsidenten des Bundesrats „im allgemeinen" in Bonn ausgeübt werde. Ferner wurde die Wahrnehmung der Befugnisse des Bundespräsidenten durch den Präsidenten des Bundesrats gemäß Artikel 57 des Grundgesetzes vom 23. Mai 1949 erläutert. Vgl. dazu VS-Bd. 13067 (210); B 150, Aktenkopien 1978.
18 Dem Vorgang beigefügt. Für die Liste „empfindlicher Punkte" bei der Tätigkeit des Regierenden Bürgermeisters von Berlin, Stobbe, als Präsident des Bundesrats bzw. als Stellvertreter des Bundespräsidenten vgl. VS-Bd. 13067 (210); B 150, Aktenkopien 1978.
19 Landesvertretung.
20 Der Passus „Eine Mitteilung des Regierenden ... überhaupt nicht ausübt" wurde von Ministerialdirektor Blech hervorgehoben. Dazu vermerkte er handschriftlich: „An sich verbietet das V[ier-]M[ächte-]A[bkommen] (unter Berücksichtigung des Interpretationsbriefes der Drei Botschafter) nur Amtsakte in Ausübung unmittelbarer Staatsgewalt über die Westsektoren Berlins."

über einen informellen Meinungsaustausch mit den Drei Mächten, der zum normalen Konsultationsverfahren gehört, hinausgehen.

6) Der Herr Staatssekretär hat die Missionschefs der Drei Mächte bei dem Viereressen am 10. März in allgemeinen Zügen über den Stand unserer Überlegungen unterrichtet. Die Missionschefs reagierten mit Befriedigung.[21]

Blech

VS-Bd. 13067 (210)

81

Runderlaß des Vortragenden Legationsrats I. Klasse Engels

012-II-312.74 Aufgabe: 17. März 1978, 12.46 Uhr[1]
Fernschreiben Nr. 24 Ortez

Zum 9. UNCTAD-Sonderrat (6. bis 11.3.78)

Verlauf der Ministertagung

Themen des 9. UNCTAD-Sonderrats waren die Verschuldung der Entwicklungsländer und Entwicklungsprobleme der ärmsten Länder der Dritten Welt. Der Ton der „Gruppe der 77" war gemäßigt, wenngleich sie in ihren Ausführungen

---

[21] Vortragender Legationsrat von Braunmühl notierte am 13. März 1978 zum Gespräch des Staatssekretärs van Well mit den Botschaftern Brunet (Frankreich) und Wright (Großbritannien) sowie dem amerikanischen Gesandten Meehan am 10. März 1978, Brunet habe erklärt: „Wenn die Amtsgeschäfte des Bundespräsidenten durch den Bundesratspräsidenten von Bonn aus wahrgenommen würden, sei die Angelegenheit nicht zu ernst. Man gehe aber davon aus, daß bei der Akkreditierung osteuropäischer Botschafter die Beglaubigungsschreiben zu gegebener Zeit nicht von Herrn Stobbe entgegengenommen würden." Vgl. VS-Bd. 13060 (210); B 150, Aktenkopien 1978.
Vortragender Legationsrat I. Klasse Lücking vermerkte am 22. März 1978: „Die Sprecher der Alliierten teilten in der Bonner Vierergruppe am 21.3.1978 auf Weisung aus ihren Hauptstädten [...] folgendes mit: a) Die drei Regierungen hätten keine Einwendungen gegen die Wahl des Regierenden Bürgermeisters zum Bundesratspräsidenten. Sie hielten die Wahl, wie in den früheren Fällen, für rechtlich zulässig. Sie gingen allerdings davon aus, daß die Sowjets dies anders sehen würden. b) Im Hinblick auf den hochempfindlichen politischen Charakter dieser Angelegenheit sei es wichtig, praktische Vorsorge dafür zu treffen, daß der anderen Seite möglichst wenig Anlaß für die Behauptung einer Verletzung des Vier-Mächte-Abkommens gegeben werde. [...] c) Von alliierter Seite wurde weiter präzisiert, daß zu diesem Zweck zwei Leitlinien beachtet werden sollten: eine ‚maximale Trennung' zwischen der Funktion von Herrn Stobbe als Regierender Bürgermeister und den Funktionen als Bundesratspräsident und amtierender Bundespräsident. Die Funktion als Regierender Bürgermeister sollte er nur in Berlin ausüben und sich sonst vertreten lassen; die Funktion des Bundesratspräsidenten und des amtierenden Bundespräsidenten sollte er nur im Bundesgebiet ausüben. Dadurch sollte jeder Anschein vermieden werden, daß Berlin vom Bund oder der Bund von Berlin regiert werde." Eine Unterzeichnung von Gesetzen, die nicht nach Berlin (West) übernommen würden, durch den Regierenden Bürgermeister von Berlin, Stobbe, als amtierender Bundespräsident, sei „unerwünscht". Ebenso solle Stobbe keine offiziellen Glückwunsch- oder Beileidsbotschaften an Adressaten in Warschauer-Pakt-Staaten schicken. Die Vertreter der Drei Mächte hätten um eine Aufstellung „sensitiver Punkte" gebeten. Vgl. VS-Bd. 13067 (210); B 150, Aktenkopien 1978.

[1] Durchdruck.

das gegenwärtige Weltwirtschaftssystem für die Verschuldung der Entwicklungsländer verantwortlich machte, die Hilfebemühungen der Industrieländer als unzureichend bezeichnete und die Forderung nach einer neuen Weltwirtschaftsordnung wiederholte.

Angesichts einheitlicher und fester Haltung der westlichen Länder konnten die Entwicklungsländer weder ihre Forderung nach generellem Schuldenerlaß durchsetzen noch ihren Wunsch, die Arbeiten in der neuen features-Sachverständigengruppe allein auf die Vorstellungen der EL zu gründen.

Die Zusammenarbeit in der EG war sehr eng und hat die Beratungen in der B-Gruppe[2] stark beeinflußt. Die B-Gruppe trat sehr geschlossen auf. Bis zum Schluß konnte sowohl in den Verhandlungen wie auch im Tenor der nationalen Erklärungen eine relativ einheitliche Linie beibehalten werden. Deutsche Delegation konnte in einem für die Konferenz taktisch günstigen Augenblick eine Verbesserung ihres entwicklungspolitischen Instrumentariums ankündigen (siehe letzten Absatz).

Ergebnis der Ministertagung

Die Ministertagung wurde nach langwierigen Verhandlungen erfolgreich abgeschlossen. Eine Resolution (mit zwei Entscheidungen) wurde verabschiedet, die sich mit dem Verschuldungsproblem und dem Entwicklungsproblem befaßt.[3]

Entscheidung zur rückwirkenden Konditionenanpassung: Zusage der Industrieländer, sich zu bemühen, die Konditionen für noch ausstehende Entwicklungshilfekredite an ärmere Länder, insbesondere am wenigsten entwickelte Entwicklungsländer, an heute übliche weichere Konditionen anzupassen oder gleichwertige Maßnahmen zu treffen. Die Geberländer sind bei ihren Entscheidungen hinsichtlich der Auswahl der Begünstigten frei.

Entscheidung zu Umschuldungsrichtlinien: Aufforderung an den UNCTAD-Generalsekretär[4], eine Sachverständigengruppe einzusetzen, die sich damit befassen soll, international vereinbarte Umschuldungsrichtlinien zu erarbeiten. Dieser Gruppe sind Grundprinzipien der von westlichen Industrieländern eingebrachten features[5] als Richtlinien vorgegeben.

Wertung

Abschluß der Konferenz mit einvernehmlichem Ergebnis war nur möglich, weil beide Seiten, diesmal besonders auch die Entwicklungsländer, an Sachresultaten interessiert waren und jede Tendenz zur Konfrontation vermieden haben. Entwicklungsländer wie Industrieländer sehen in Konferenzergebnis einen Erfolg. Das Verhältnis im Nord-Süd-Dialog dürfte sich dadurch weiter entspannt haben. Industrieländer haben deutlich gemacht, daß sie zu Entgegenkommen im Verschuldungsbereich und in der Konditionenfrage bereit sind. EL haben von ihrer Maximalforderung nach generellem Schuldenerlaß abgelassen.

---

2 Gruppe der westlichen Industrieländer.
3 Für die Resolution vgl. den Drahtbericht Nr. 346 des Botschafters z. b. V. Robert, z. Z. Genf, vom 11. März 1978; Referat 400, Bd. 118541.
4 Gamani Corea.
5 Zu den Vorschlägen der EG-Mitgliedstaaten und der USA vom 14. September 1976 vgl. Dok. 13, Anm. 6.

Die Erklärung, die deutsche Delegation aufgrund Weisung des Bundeskabinetts[6] hat abgeben können[7], hat für Konferenzverlauf und Konferenzergebnis eine wichtige Rolle gespielt. Deutsche Erklärung in der Generaldebatte ist zusammen mit ähnlicher britischer Erklärung[8] stark beachtet worden und hat einen wesentlichen, wenn nicht unverzichtbaren Beitrag zum Konferenzerfolg geleistet.

Deutsche Maßnahmen

Leiter der deutschen Delegation, StS Dr. Hermes, hat in seiner Erklärung folgende Maßnahmen angekündigt:

– Die Bundesregierung ist bereit zu erwägen, den am wenigsten entwickelten Ländern (LLDC) die öffentliche Entwicklungshilfe in Zukunft grundsätzlich in Form von Zuschüssen zu gewähren.

– Was die Vergangenheit angeht, so ist die Bundesregierung ferner bereit zu erwägen, im Verhältnis zu am wenigsten entwickelten Ländern (LLDC) Fall für Fall bestehende öffentliche Kredite im Rahmen der finanziellen Zusammenarbeit in Zuschüsse umzuwandeln.

Über praktische Folgerungen zu dieser Ankündigung ergeht Erlaß zu gegebener Zeit.

Engels[9]

Referat 012, Bd. 108141

---

[6] Vortragender Legationsrat I. Klasse Kampmann teilte der Ständigen Vertretung bei den internationalen Organisationen in Genf am 7. März 1978 als Ergebnis einer Ressortbesprechung unter Leitung des Bundeskanzlers Schmidt am Vorabend mit: „Die deutsche Delegation soll auf der Genfer Konferenz das Gesamtkonzept der Bundesregierung für den Nord-Süd-Dialog darlegen. [...] Die Bundesregierung ist bereit, die features in die Verhandlungen der Konferenz einzubringen. [...] Die Bundesregierung ist grundsätzlich bereit, weiteres Entgegenkommen bei der Schuldenerleichterung der LLDC zu erwägen. Diese Erwägung müsse in den Zusammenhang mit der Erzielung einer wirtschaftlich vernünftigen Regelung in der Rohstoff-Frage gestellt werden. Die Bereitschaft zu weitergehendem Entgegenkommen bei der Schuldenerleichterung der LLDC erstreckt sich a) pro futuro von Fall zu Fall für die künftig zu gewährenden Zuschüsse, b) für die Vergangenheit von Fall zu Fall für die Umwandlung von LLDCs gewährten Darlehen in Zuschüsse." Die obere Grenze für den Schuldendienstausfall liege bei 80 Mio. DM pro Jahr. Außerdem müsse klargestellt werden, „daß diese Regelung nicht für die MSAC [...] in Betracht kommen kann". Vgl. den Drahterlaß Nr. 104; Referat 400, Bd. 118540.

[7] Für den Wortlaut der Rede des Staatssekretärs Hermes am 9. März 1978 in Genf vgl. BULLETIN 1978, S. 254–256.

[8] Für die Rede der britischen Entwicklungshilfeministerin Hart vom 9. März 1978 vgl. Referat 400, Bd. 118541.

[9] Paraphe.

82

Ministerialdirektor Blech an die
Ständige Vertretung bei der NATO in Brüssel

201-363.41-1114^{III}/78 geheim   17. März 1978[1]
Fernschreiben Nr. 1343
Citissime nachts

Betr.: Neutronenwaffe
hier: Weisung für bevorstehende Beratungen im Bündnis

Für Brüssel NATO

Sperrvermerk: Nachstehende Weisung steht noch unter Vorbehalt der Zustimmung des Bundeskanzlers. Verwendung erst nach telefonischer Freigabe.

Für Botschaft Washington: Nur für Botschafter[2] und Vertreter[3] und ausschließlich zur eigenen Unterrichtung.

Folgt Weisung:

Sie werden gebeten, bei den bevorstehenden Konsultationen über die Neutronenwaffe die Position der Bundesregierung entsprechend der folgenden Weisung zu vertreten, die im Einvernehmen mit dem Bundesminister der Verteidigung[4] ergeht und der der Bundeskanzler zugestimmt hat. Die Weisung basiert auf den Ihnen bekannten Beschlüssen des Bundessicherheitsrats vom 20. Januar und 14. März 1978[5]. Im einzelnen:

I. Zum Verfahren

1) Wir sind mit der von den Amerikanern vorgeschlagenen Terminplanung, also der Durchführung von Konsultationen am 20. und, falls erforderlich, am 22. März 1978 einverstanden. In Anbetracht der internationalen Diskussion würde es die Bundesregierung begrüßen, wenn es gelänge, in den bevorstehenden Konsultationen einen Konsens über diese Frage zu erzielen, so daß, wie es der Bundeskanzler in der Sitzung des Bundessicherheitsrats am 14.3.1978 als wünschenswert bezeichnet hat, die Diskussion vor Ostern[6] abgeschlossen werden kann. Auf diese Weise könnte nach unserer Meinung die öffentliche Kontroverse über die Neutronenwaffe entschärft und der östlichen Propagandakampagne wirksam begegnet werden.

---

[1] Durchdruck.
Die Botschaft in Washington erhielt den Drahterlaß nachrichtlich.
Der Drahterlaß wurde von Vortragendem Legationsrat I. Klasse Dannenbring konzipiert.
Hat Vortragendem Legationsrat I. Klasse Hofstetter am 17. März 1978 vorgelegen, der handschriftlich vermerkte: „H[err] D 2 ist einverstanden, daß Erlaß übermittelt wird."
[2] Berndt von Staden.
[3] Niels Hansen.
[4] Hans Apel.
[5] Zu den Beschlüssen des Bundessicherheitsrats vom 20. Januar bzw. 14. März 1978 zur Neutronenwaffe vgl. Dok. 23, Anm. 3, bzw. Dok. 77.
[6] 26./27. März 1978.

Wir nehmen an, daß die Vereinigten Staaten in der Diskussion vorangehen. Wir sollten auf der Grundlage der BSR-Beschlüsse vom 20.1. und 14.3.1978 unterstützend auf die Konsensbildung hinwirken. Dabei sollte der Eindruck vermieden werden, als handele es sich in erster Linie um eine deutsch-amerikanische Angelegenheit. Unsere Sachposition ist flexibel genug, um unser übergeordnetes Ziel der Herbeiführung eines Konsenses zu erreichen.

2) In der Diskussion können Sie zum Ausdruck bringen, daß wir den wesentlichen Elementen des von den Amerikanern vorgeschlagenen Szenarios zustimmen können. Das bedeutet, daß eine Allianzerklärung angestrebt werden sollte, die sich aus folgenden drei Elementen zusammensetzt:

– Die amerikanische Regierung gibt öffentlich ihre Produktionsentscheidung in Erwartung der Erstdislozierung der Neutronenwaffe in Europa in ungefähr zwei Jahren bekannt. Diese Bekanntmachung nimmt das Bündnis zur Kenntnis (dabei legen wir Wert darauf, daß in der amerikanischen Bekanntmachung klar zum Ausdruck kommt, daß es sich um eine nationale Entscheidung der amerikanischen Regierung handelt).

– Gleichzeitig würden die USA erklären, daß sie bereit sind, einer ausgewogenen Rüstungskontrollösung zuzustimmen. (Die Formulierung der erwarteten östlichen Gegenleistung für den Verzicht auf die Neutronenwaffe hängt von dem Ergebnis der Diskussion über die rüstungskontrollpolitische Nutzung der Neutronenwaffe ab – siehe dazu unten Ziffer II. Das Bündnis würde in seiner Erklärung diese Rüstungskontrollvorschläge unterstützen.)

– Schließlich würde das Bündnis als seine gemeinsame Ansicht zum Ausdruck bringen, daß Bereitschaft besteht, nach Ablauf von etwa zwei Jahren die Dislozierung der Neutronenwaffe in Europa durchzuführen, wenn nicht innerhalb von zwei Jahren nach der Produktionsentscheidung des amerikanischen Präsidenten[7] die westliche Seite auf die Dislozierung verzichtet, weil entsprechende Resultate in Rüstungskontrollverhandlungen vorliegen.

3) Die Bundesregierung hat jedoch zur Frage der Lagerung der Sprengköpfe ein besonderes Anliegen: Sie geht bei der Erklärung ihrer Bereitschaft zur Lagerung von Neutronenwaffen auf dem Territorium der Bundesrepublik Deutschland (unter den in vorstehender Ziffer 2), dritter Anstrich, genannten Voraussetzungen) davon aus, daß sie sich auf entsprechende Beratungen im Bündnis stützen kann und es im Interesse der Verteidigungsfähigkeit des Bündnisses notwendig ist, daß nicht nur auf ihrem Territorium disloziert wird. Sie werden gebeten, in der Diskussion über diese Frage eine entsprechende ausdrückliche Erklärung abzugeben.

4) Zur Form der Meinungsbildung im Bündnis haben wir keine festgelegten Vorstellungen. Wir können uns sowohl mit der von den Amerikanern vorgeschlagenen Form eines Kommuniqués oder einer Zusammenfassung durch den Generalsekretär[8] einverstanden erklären. Entscheidend bleibt, daß die Allianzerklärung in gebührender Form an die Öffentlichkeit gelangt.

---

[7] James E. Carter.
[8] Joseph Luns.

II. Zum rüstungskontrollpolitischen Teil:

1) Sie werden angewiesen:

(1) bei den Konsultationen im Bündnis zur rüstungskontrollpolitischen Behandlung der Neutronenwaffe die Option Neutronenwaffe gegen Panzer, verhandelt außerhalb des MBFR-Rahmens, einzuführen und zu vertreten (Hinweis zur eigenen Unterrichtung: so BSR-Beschluß vom 14. März 1978);

(2) deutlich zu machen, daß der Bundesregierung an einer schnellen Konsensbildung im Bündnis gelegen ist.

(3) Die Bundesregierung verkennt nicht, daß auch die Option Neutronenwaffe/SS-20 Vorteile bietet. Falls im Bündnis der Option Neutronenwaffe/SS-20 der Vorzug gegeben werden sollte, werden Sie hiermit angewiesen, auch dieser Option zuzustimmen.

(4) Falls ein Konsens über die Option Neutronenwaffe/Panzer zustande kommt, ist darauf hinzuwirken, daß sich weder an der Einschätzung des bedrohlichen Charakters der Disparitäten beim Mittelstreckenpotential durch die NATO noch an der Perzeption dieser Einschätzung durch die Sowjetunion und ihrer Verbündeten etwas ändert. Sollte umgekehrt ein Konsens über die Option Neutronenwaffe/SS-20 zustande kommen, wäre entsprechendes bezüglich der Panzerüberlegenheit des Warschauer Paktes als Hauptbedrohung zu gewährleisten.

(5) Deutlich zu machen, daß die Bundesregierung großen Wert darauf legt, daß die Allianz nach ihrer grundsätzlichen Entscheidung gemäß Ziffer I. ein glaubwürdiges Verhandlungskonzept für die entsprechende Option entwickelt.

2) Zur Erläuterung der deutschen Position Panzer/Neutronenwaffe ist folgendes auszuführen:

Aus deutscher Sicht würde es für die NATO von großem verteidigungspolitischem Nutzen sein, wenn sie mit dem Angebot eines Dislozierungsverzichts für Neutronenwaffe die Panzerüberlegenheit des Warschauer Pakts in Europa reduzieren könnte. Wir schlagen deshalb die Option eines Dislozierungsverzichts für Neutronenwaffen, außerhalb von MBFR angeboten, bei sowjetischer Bereitschaft zu einem konkret definierten Abbau der Panzerdisparität vor.

Ein solches Angebot dürfte nicht in die MBFR-Verhandlungen einbezogen werden und müßte einen größeren geographischen Bezug erhalten als den Raum der Reduzierungen bei MBFR. Die Option Neutronenwaffe/Panzer, im MBFR-Rahmen behandelt, würde wegen der geographischen Begrenzung von MBFR auf Mitteleuropa so große verteidigungs- und rüstungskontrollpolitische Nachteile bringen, daß sie nicht ernsthaft ins Auge gefaßt werden kann. Vor allem würde ein im MBFR-Rahmen verhandelter Dislozierungsverzicht für Neutronenwaffe ein neues Element, die qualitative Begrenzung, in die MBFR-Verhandlungen einführen, sie komplizieren und damit natürlich auch verzögern. Auch könnte daraus der politische Anspruch des Warschauer Pakts erwachsen, der Westen müsse ein qualitatives Einfrieren für alle hier gelagerten nuklearen Systeme und den Verzicht auf zukünftige Modernisierungsvorhaben hinnehmen. Der begrenzte geographische Anwendungsbereich eines Dislozierungsverzichts würde zudem die Gefahr einer Rüstungskontrollzone mit besonderem Status akzentuieren, die wir aus militärischen und politischen Gründen nicht akzeptieren können.

Das Angebot müßte deshalb außerhalb des MBFR-Rahmens behandelt werden: Der Präsident der Vereinigten Staaten könnte für das Bündnis ohne Bezugnahme auf laufende Rüstungskontrollverhandlungen die Bereitschaft erklären, auf die Dislozierung von Neutronenwaffen generell und ohne geographische Qualifikation unter der Voraussetzung zu verzichten, daß die Sowjetunion ihre Panzerüberlegenheit in Europa erheblich über das bei MBFR geforderte Maß hinaus und in einem größeren Bereich abbaut.

Für diese Option können folgende Gründe angeführt werden:

- Die Option trägt den westlichen Besorgnissen hinsichtlich der destabilisierenden Wirkung der Panzerüberlegenheit des Warschauer Pakts, die auch in der innenpolitischen Diskussion eine wichtige Rolle spielen, ebenso Rechnung wie dem spezifischen waffentechnischen Zusammenhang zwischen Neutronenwaffe und Panzer, der auch die sowjetische Einschätzung der Neutronenwaffe maßgeblich bestimmt (vgl. Äußerungen Bondarenkos gegenüber Verteidigungsattaché Vogel – DB Moskau Nr. 4223 vom 12.12.77[9]).

- Der Verhandlungswert eines generellen Dislozierungsverzichts gegenüber der Sowjetunion wäre erheblich größer als der eines geographisch begrenzten Dislozierungsverzichts. Dies würde es dem Westen bei Ablehnung des Vorschlags durch die Sowjetunion erleichtern, die Unterstützung der Öffentlichkeit für die Einführung der Neutronenwaffe zu erhalten.

- Die schwerwiegenden Probleme, die sich bei einem Dislozierungsverzicht in dem begrenzten geographischen Rahmen von MBFR aus militärischer und politischer Sicht ergäben, würden entfallen. Insbesondere würde die Gefahr einer besonderen Rüstungskontrollzone vermieden; der Westen würde am Beispiel der Neutronenwaffe demonstrieren, daß er bei der militärischen Verwertung seiner technologischen Überlegenheit zur Zurückhaltung bereit ist, sofern der Osten dies durch den Abbau seiner quantitativen Überlegenheit honoriert.

- Das Angebot des Westens, auf die Dislozierung von Neutronenwaffen generell – ohne geographische Qualifikation – zu verzichten, rechtfertigt die Forderung, daß die Gegenleistung, die Reduzierung östlicher Panzer, auf Teile des sowjetischen Territoriums ausgedehnt werden muß.

- Komplikationen der Wiener Verhandlungen durch die Einführung der Neutronenwaffe, vor denen die Sowjetunion in letzter Zeit wiederholt gewarnt hat[10], würden nicht auftreten.

---

[9] Für den Drahtbericht vgl. AAPD 1977, II, Dok. 362. Vgl. dazu ferner Dok. 6, Anm. 4.
[10] Botschafter Behrends, Wien (MBFR-Delegation), berichtete am 16. März 1978: „Östliche Vertreter warnten in dieser Woche in drei Fällen vor Einführung von Neutronenwaffen in die MBFR-Verhandlungen. 1) In dem routinemäßigen Pressegespräch nach meiner heutigen Plenarerklärung erklärte der östliche Pressesprecher, die Einführung von Neutronenwaffen in die MBFR-Verhandlungen würde diese ‚erschweren'. 2) In der informellen Sitzung vom 15. März behauptete der Osten, die vom Westen angebotene Verminderung und Begrenzung amerikanischer Nuklearwaffen könne durch eine Stationierung neuer westlicher Nuklearwaffen mehr als ausgewogen werden. [...] Der Osten stelle erneut mit Entschiedenheit fest, daß die Verwirklichung solcher Pläne die Erzielung eines Abkommens in den Wiener Gesprächen nur verhindern (impede) und neue Hindernisse für die Arbeit der Teilnehmer schaffen könne. 3) Am drastischsten äußerte sich Tarassow am 14.3. im eigenen Haus vor Bolland und den Botschaftern Dänemarks und der Türkei: Sollte der Westen

– Obgleich losgelöst vom MBFR-Rahmen, könnte ein Arrangement in dieser Form Impulse für die Wiener Verhandlungen ergeben. Umgekehrt: Scheitert der westliche Vorschlag außerhalb des MBFR-Rahmens, sind die negativen Rückwirkungen auf MBFR geringer als bei Einbeziehung in MBFR.

– Das Angebot würde die NATO nicht daran hindern, die Einführung von Neutronenwaffen entsprechend ihrem TNF-Modernisierungsprogramm fortzusetzen und der Sowjetunion die Verantwortung dafür zu überlassen, ihre tatsächliche Dislozierung, die aus technischen Gründen ohnehin frühestens ein bis anderthalb Jahre nach Produktionsbeginn anlaufen könnte, durch Einbringung der erwarteten Gegenleistungen innerhalb von zwei Jahren nach Produktionsbeginn zu verhindern.[11]

[gez.] Blech

VS-Bd. 10575 (201)

Fortsetzung Fußnote von Seite 398
versuchen, Neutronenwaffen in die Wiener MBFR-Verhandlungen als Tauschobjekt einzuführen, würde dies die Verhandlungen zum Scheitern bringen (would shatter our negotiations)." Behrends legte dazu dar: „Die östlichen Äußerungen nehmen die in Wien seither nicht wiederholte Warnung Tarassows in der Plenarerklärung vom 15.12.1977 wieder auf, in der er sich auf Pläne westlicher ‚Hitzköpfe' bezogen hatte, Neutronenwaffen oder Lenkraketen als ‚Trumpfkarten' in MBFR zu verwenden. Die östlichen Äußerungen sind die MBFR-bezogene, konsequente Nutzanwendung des sowjetischen Vorschlags, auf Neutronenwaffen gegenseitig zu verzichten, und machen die sowjetische Befürchtung vor weitergehenden westlichen Überlegungen deutlich, die von der Sowjetunion eine echte Gegenleistung fordern würden." Vgl. den Drahtbericht Nr. 168; VS-Bd. 11431 (221); B 150, Aktenkopien 1978.

[11] Vortragender Legationsrat I. Klasse Hofstetter teilte der Botschaft in Washington am 23. März 1978 mit: „1) Nachdem Gesandter Hansen von der Botschaft Washington bereits am Abend des 19. März 1978 VLR Dr. Hofstetter telefonisch über die amerikanische Absicht unterrichtet hatte, die für den 20. und 22. März 1978 vorgesehenen abschließenden NATO-Konsultationen über die Neutronenwaffe sine die absetzen zu lassen, rief am Morgen des 20. März 1978 der Gesandte Meehan Herrn D 2 an, um ihn über die amerikanische Entscheidung zu unterrichten (Vertagung der Konsultationen ‚without rescheduling', d. h. sine die, wegen Lage im Libanon und Besuch Begins in Washington). D 2 bat Meehan zu einem Gespräch hierüber zu sich. 2) Bei diesem Gespräch, an dem Dg 22 teilnahm, führte Meehan aus, die amerikanische Botschaft sei von dieser Entscheidung genauso überrascht worden wie wir." Vgl. den Drahterlaß Nr. 332; VS-Bd. 10575 (201); B 150, Aktenkopien 1978.

83

**Aufzeichnung des
Vortragenden Legationsrats I. Klasse Böcker**

310-310.10 20. März 1978[1]

Über Herrn Staatssekretär[2] Herrn Bundesminister[3]

Betr.: Gespräch des Bundesministers mit den Botschaftern der Mitgliedsländer der Arabischen Liga am 17.3.1978
(17.35 bis 18.20 Uhr)

Zweck der Vorlage: Festhalten des Gesprächsinhalts

Am 17.3.78 empfing der Herr Minister auf deren am Mittag dieses Tages geäußerte Bitte die Botschafter der arabischen Staaten zu einem Gespräch über die Haltung der Bundesregierung zur jüngsten Entwicklung im Nahen Osten.[4]

Nachdem StS van Well einleitend hervorgehoben hatte, daß es sich um ein offizielles Gespräch des Bundesministers mit den arabischen Botschaftern handele, begrüßte der Bundesminister die Botschafter.

I. Der libanesische Botschafter[5] (Doyen der arabischen Botschafter) führte aus:

Er danke, daß Bundesminister der Bitte um ein Gespräch so schnell entsprochen habe. Er spreche hier sowohl als Botschafter des Libanon als auch als Doyen der

---

[1] Hat Vortragendem Legationsrat I. Klasse Böcker am 29. März 1978 erneut vorgelegen, der die Weiterleitung an die Referate 310 und 311 verfügte.
Hat Vortragendem Legationsrat Richter vorgelegen.
Hat Vortragendem Legationsrat I. Klasse Montfort vorgelegen.
[2] Hat Staatssekretär Hermes am 21. März 1978 vorgelegen.
[3] Hat Bundesminister Genscher vorgelegen.
[4] Am 11. März 1978 wurden in der Nähe von Tel Aviv zwei israelische Reisebusse und andere Fahrzeuge angegriffen. Dabei wurden 37 Menschen getötet und 82 verletzt. In der Presse wurde dazu berichtet, daß sich die palästinensische Organisation „Al Fatah" zu dem Anschlag bekannt habe. Vgl. dazu den Artikel „Begin klagt Moskau als Helfer des Terrors gegen Israel an"; DIE WELT vom 13. März 1978, S. 1.
Oberstleutnant i. G. Gerlach, Tel Aviv, berichtete am 15. März 1978: „Isr[aelische] Truppen sind gegen Mitternacht 14./15. März zwischen Küste und Hermon zum Angriff auf Palästinenser-Basen Südlibanons angetreten. Sie wurden durch isr. Luft- und Seestreitkräfte unterstützt. An Operationen sind nach jetzigem Erkenntnisstand vermutlich 24 000 Mann beteiligt. Operationsziel: vermutlich Linie Litani-Hermon. Dabei ist es die erklärte Absicht, Palästinenser-Basen, die für Israel Bedrohung sind, unter weitestgehender Schonung Zivilbevölkerung auszuschalten. Zugleich wurde erklärt, daß sich Operation nicht gegen arabische Friedensstreitmacht und li[ba]n[esische] Armee richtet und damit Signal für Syrien gesetzt. Kämpfe halten zur Zeit an. Über Stand Operation war soeben zu erfahren, daß Masse geplanter Ziele bereits in isr. Hand sei. Feindwiderstand wurde als geringfügig bezeichnet." Vgl. den Drahtbericht Nr. 282; Unterabteilung 31, Bd. 135589.
Botschafter Schütz, Tel Aviv, informierte am 16. März 1978, auf einer Pressekonferenz des Ministerpräsidenten Begin, des israelischen Verteidigungsministers Weizman und des israelischen Stabschefs Gur sei erklärt worden: „Erfolgreich abgeschlossene Militäroperation sei nicht Gegenschlag für Terroraktion vom 11.3., sondern Ausübung legitimen Rechts auf Selbstverteidigung, um künftig Angriffe auszuschalten. [...] Israelische Streitkräfte wollen nicht ständig im Südlibanon verbleiben oder libanesische Territorien beherrschen. Israel wolle Frieden mit Libanon, könne aber nicht dulden, daß Mörder von dort israelisches Gebiet angriffen. Israel hoffe, daß Syrien beschränkten Charakter der Operation versteht." Vgl. den Drahtbericht Nr. 294; Unterabteilung 31, Bd. 135589.
[5] Kesrouan Labaki.

Botschafter der Arabischen Liga. Sein Thema sei die Aggression Israels gegen den Libanon und gegen die PLO im Libanon. Beides sei auf das Schärfste zu verurteilen. In der Erklärung der Bundesregierung vom Vorabend[6] sei die Aggression gegen den Libanon leider nicht besonders erwähnt worden – als ob der Libanon kein Staat sei.

Die israelische Aggression sei keineswegs eine Art Unfall. Die arabischen Botschafter kennten den Hintergrund, insbesondere die klaren Pläne Israels und die Ziele der zionistischen Bewegung. Der Überfall sei keine Vergeltungsmaßnahme, sondern entspreche einem alten, sehr umfassenden Plan: Die Israelis wollten die Palästinenser ausmerzen. Deshalb richte sich die israelische Aktion gegen die palästinensischen Organisationen.

Jetzt bestehe die große Gefahr, daß es in der Region zu einer Explosion komme. Es drohe eine syrisch-israelische Konfrontation. Nach Pressemeldungen sei die syrische Luftwaffe bereits angewiesen, den Südlibanon zu schützen.[7]

Die Israelis behaupteten, die Aktion sei erforderlich, um den israelischen Sicherheitsgürtel zu verbreitern. Aber es habe doch die Möglichkeit gegeben, die arabische Friedenstruppe[8] im Südlibanon (ohne Gefahr für die Sicherheit Israels) zu stationieren. Die Israelis wollten aber die endgültige Besetzung libanesischen Territoriums, so wie sie früher im Sinai, im Golan, auf dem Westufer fremdes Territorium besetzt hätten. Den Äußerungen israelischer Politiker sei ganz klar zu entnehmen, daß es um mehr als eine zeitweilige Besetzung gehe.

Die arabischen Botschafter wollten ihr Vorbringen wie folgt zusammenfassen:

---

[6] Vortragender Legationsrat I. Klasse Böcker teilte der Botschaft in Kairo am 17. März 1978 mit: „Bundesregierung hat am Abend des 16.3. folgende Presseerklärung veröffentlicht: ‚Die Bundesregierung verfolgt mit großer Besorgnis die jüngste Entwicklung im Nahen Osten. Sie birgt ernste Gefahren für die Bemühungen um eine friedliche Lösung des Nahost-Konflikts. Die Bundesregierung bedauert vor allem auch, daß diese tragische Entwicklung schwere Opfer unter der Zivilbevölkerung gefordert hat. Die Bundesregierung erwartet, daß die Friedensbemühungen der letzten Zeit nicht völlig verschüttet werden. Sie unternimmt daher im Rahmen ihrer Möglichkeiten alles, um in Kontakten mit den unmittelbar Beteiligten und in den Vereinten Nationen eine weitere Verschärfung der Lage zu verhindern und um darüber hinaus die Hindernisse, die sich in den letzten Tagen den Friedensbemühungen – nicht zuletzt der mutigen Initiative des ägyptischen Präsidenten – entgegengestellt haben, wieder auszuräumen.'" Vgl. den Drahterlaß Nr. 159; Unterabteilung 31, Bd. 135589.

[7] Botschafter Peckert, Damaskus, legte am 15. März 1978 dar: „Syrische Regierung ist durch israelische Aktion in äußerst schwierige Lage versetzt. Sie kann PLO-Verantwortung für Terroranschlag bei Haifa nicht leugnen und versucht, Berechtigung israelischen Gegenschlags mit der wenig glaubwürdigen Behauptung zu bestreiten, Fedayin-Angriff sei nicht aus libanesischen PLO-Stützpunkten heraus erfolgt. Syrische Reaktion auf israelisches Vorgehen dürfte sich, sofern Litani-Fluß nicht durch israelische Truppen überschritten wird, auf Verbalnote [und] Proteste wie gegenwärtige Demarche beschränken. Kräfteverhältnis macht militärisches Eingreifen unwahrscheinlich, selbst wenn Regierung dadurch innenpolitisch und gegenüber anderen arabischen Staaten in Schwierigkeiten kommen sollte." Vgl. den Drahtbericht Nr. 140; Unterabteilung 31, Bd. 135589.

[8] Auf einer Sondersitzung der Außenminister der Arabischen Liga am 8./9. Juni 1976 in Kairo wurde vor dem Hintergrund des Bürgerkriegs die Entsendung einer arabischen Friedenstruppe in den Libanon beschlossen. Vgl. dazu den Drahtbericht Nr. 360 des Botschafters von Pachelbel-Gehag, Beirut, vom 24. Juni 1976; Referat 310, Bd. 108751.
Vom 16. bis 18. Oktober 1976 fand in Riad eine Konferenz des Königs Khalid, des Emirs as-Sabah, der Präsidenten Assad, Sadat und Sarkis sowie des Vorsitzenden des Exekutivkomitees der PLO, Arafat, statt, auf der die Teilnehmer u. a. die Vergrößerung der arabischen Friedenstruppe beschlossen. Vgl. dazu das Kommuniqué; EUROPA-ARCHIV 1977, D 49–52. Vgl. dazu ferner AAPD 1976, II, Dok. 326.

1) Sie bäten die Bundesregierung, sich dafür auszusprechen, daß Israel sämtliche Truppen aus dem Libanon zurückziehe. Als Mitglied des Sicherheitsrates solle die Bundesregierung einem entsprechenden Resolutionsentwurf zustimmen.

2) Sie bäten um eine neue öffentliche Erklärung der Bundesregierung. Dabei gehe es nicht um eine „harte Erklärung", sondern um eine stärkere Nuancierung als in der Erklärung vom Vorabend, insbesondere um eine Erwähnung des Libanon. Das jetzige Gespräch biete vielleicht eine gute Gelegenheit für eine solche neue Erklärung.

3) Sie bäten die Bundesregierung, sich in bilateralen Kontakten mit Israel oder auch in anderer Weise für den israelischen Rückzug aus dem Libanon einzusetzen.

II. Der Bundesminister dankte für die Offenheit. Die Bundesregierung nehme die Entwicklung im Nahen Osten sehr ernst. Dabei könne er jedes Wort aus der Erklärung vom Vorabend wiederholen. Ein genaues Studium unserer Erklärung ergebe, daß sie folgende Punkte bereits enthalte:

1) Die Haltung der Bundesregierung zur Lösung des Nahost-Konflikts sei unverändert.

2) Dazu gehöre die Forderung nach Respektierung der territorialen Integrität aller Staaten der Region, was den Libanon, insbesondere auch unseren Respekt und unsere Hochachtung gegenüber diesem Land, einschließe.

3) Daraus folge die Notwendigkeit des israelischen Rückzugs aus dem Libanon.

Als Mitglied des Sicherheitsrats stünden wir wegen dieser an sich selbstverständlichen Forderung in Kontakt mit anderen Regierungen. Die amerikanischen Erwägungen über den möglichen Einsatz einer VN-Streitmacht[9] erschienen uns nützlich, wobei ausdrücklich die Vorläufigkeit eines solchen Einsatzes unterstrichen werden sollte.[10]

---

[9] Botschafter Freiherr von Wechmar, New York (UNO), teilte am 15. März 1978 mit: „USA baten westliche Fünf am Abend des 15.3. zu vertraulichen Konsultationen. [...] Botschafter Leonard, der Konsultationen leitete, erhielt dann während Sitzung Anruf von Vance, in dem dieser als US-Reaktion folgendes mitteilen ließ: USA würden gegen einen arabischen Resolutionsentwurf Veto einlegen, der einseitige Verurteilung Israels mit Truppenrückzugsforderungen verbinde; USA regten ihrerseits an, daß Westen Textvorschlag mache, der Rückzugsforderungen ohne einseitige Verurteilung Israels mit Vorschlag eines ‚Peace-keeping-Arrangements' verbinde (Botschafter Leonard hatte bereits vorher zu verstehen gegeben, daß USA Gedanken von VN-Friedensstreitkräften im Südlibanon erwögen). [...] Er kündigte an, daß USA für 16.3. öffentliche Erklärung planten, in der diese Gedanken enthalten sein würden. Leonard fügte hinzu, das Problem sei israelische Zustimmung. Israel habe Gedanken von VN-Friedensstreitkräften im Südlibanon bekanntlich bisher stets skeptisch gegenübergestanden." Vgl. den Drahtbericht Nr. 574; Referat 230, Bd. 121009.

[10] Ministerialdirigent Redies teilte der Ständigen Vertretung bei der UNO in New York am 16. März 1978 mit: „Wir stimmen dem Gedanken zu, daß von westlicher Seite der Vorschlag eines UN-Peacekeeping-Arrangements aktiv betrieben werden sollte. Dabei wäre vermutlich der Ausbau der bestehenden VN-Beobachtergruppe zu einer wirksamen Kontroll- und Überwachungseinheit [...] einfacher zu verwirklichen als die Schaffung einer neuen Organisation. Der westliche Vorschlag könnte etwa dahin gehen, daß der SR den Generalsekretär beauftragt, in kürzester Zeit einen Vorschlag auszuarbeiten, was im VN-Rahmen zur Sicherung der israelisch-libanesischen Grenze vor gewaltsamen Aktionen getan werden könne." Vgl. den Drahterlaß Nr. 1279; Referat 230, Bd. 121009.

Vortragender Legationsrat Granow teilte der Ständigen Vertretung bei der UNO in New York am 17. März 1978 mit, nach Informationen der amerikanischen Botschaft solle eine UNO-Friedenstruppe folgende Aufgaben haben: „Kontrolle der Pufferzonen; Unterstützung libanesischer Regierung bei Wiederherstellung der Kontrolle im Süden. Resolution solle dementsprechend Achtung libanesischer

Anknüpfend an Fragen anderer Botschafter unterstrich der Bundesminister abschließend nochmals die eindeutige Haltung der Bundesregierung zur territorialen Integrität. Deshalb sei auch eine „neue" Erklärung zur Situation im Libanon nicht erforderlich. Das Auswärtige Amt werde aber in einer Pressemitteilung[11], auch im Hinblick auf die Erörterungen der SR-Mitglieder in New York[12], die Haltung der Bundesregierung klarstellen.[13]

Böcker

Unterabteilung 31, Bd. 135589

Fortsetzung Fußnote von Seite 402
Souveränität, sofortigen israelischen Rückzug und Aufforderung an VN-GS, Friedenstruppe aufzustellen. als Hauptelement enthalten. Dabei sei temporärer Charakter der Stationierung zu betonen." Vgl. den Drahterlaß Nr. 250; Referat 230, Bd. 121009.

[11] Im Anschluß an das Gespräch des Bundesministers Genscher mit den Botschaftern der Mitgliedstaaten der Arabischen Liga am 17. März 1978 wurde eine Presseerklärung veröffentlicht. Darin hieß unter Bezugnahme auf die Presseerklärung der Bundesregierung vom Vortag u. a.: „Die Bundesregierung tritt für die Achtung der territorialen Integrität und politischen Unabhängigkeit des Libanon ein. Daraus ergibt sich die Notwendigkeit des israelischen Rückzugs aus dem libanesischen Staatsgebiet. Die Bundesregierung wird sich bei den Beratungen im Weltsicherheitsrat für eine stärkere friedenssichernde und gewaltakte verhindernde Rolle der Vereinten Nationen in diesem Gebiet einsetzen. Der Bundesaußenminister nahm in diesem Zusammenhang auf die von anderen westlichen Mitgliedern des Sicherheitsrats abgegebenen öffentlichen Erklärungen Bezug." Vgl. die Pressemitteilung Nr. 1053/78; Referat 230, Bd. 121009.

[12] Botschafter Freiherr von Wechmar, New York, berichtete am 17. März 1978, daß sowohl Israel als auch der Libanon eine Sitzung des UNO-Sicherheitsrats beantragt hätten: „Hintergrund des überraschend schon am Vormittag statt wie erwartet am Nachmittag des 17.3. gestellten libanesischen Antrags war immer stärkeres Drängen radikaler arabischer Staaten auf sofortige Sitzung." Die USA hätten versucht, Israel von einer Einberufung des UNO-Sicherheitsrats abzubringen, „um die Lage nicht weiter zu komplizieren. Israel hat dies jedoch unter Hinweis darauf verweigert, daß USA ihrerseits Libanon zum Antrag ermuntert hätten, ohne zuvor Israel zu konsultieren." Vgl. den Drahtbericht Nr. 592; Referat 230, Bd. 121009.
Wechmar berichtete am selben Tag, der Versuch Israels, eine Vertagung der Sitzung auf den 20. März 1978 zu erreichen, um den bevorstehenden Besuch des Ministerpräsidenten Begin und des israelischen Außenministers Dayan in den USA abzuwarten, sei abgelehnt worden. Vgl. dazu den Drahtbericht Nr. 600; Referat 230, Bd. 121009.
Wechmar übermittelte am selben Tag einen amerikanischen Resolutionsentwurf, der im Anschluß an die erste Sitzung des UNO-Sicherheitsrats der Bundesrepublik, Frankreich, Großbritannien und Kanada übergeben worden sei: „Amerikaner halten Annahme des Res[olutions]entwurfs durch den SR für möglich, da die libanesische Regierung selbst an der Einsetzung einer Friedensstreitmacht im südlichen Libanon und nicht nur an einer Feuereinstellung interessiert sei. Dieses könnte auch die übrigen arabischen Staaten und damit auch die Ungebundenen und möglicherweise auch die Sowjetunion zur Zustimmung veranlassen. China wird sich an Abstimmung voraussichtlich nicht beteiligen. Amerikaner erwägen deshalb, den Entwurf schon morgen einzubringen, um ihm auf jeden Fall die Priorität zu sichern." Vgl. den Drahtbericht Nr. 605; Referat 230, Bd. 121009.

[13] Der Passus „auch im ... Bundesregierung klarstellen" wurde von Bundesminister Genscher gestrichen. Dafür fügte er handschriftlich ein: „über die Begegnung mit den Botschaftern die Haltung der Bundesregierung erneut bekräftigen".

84

Gespräch des Bundesministers Genscher mit dem amerikanischen Botschafter Stoessel

204-363-222^(II)/78 geheim 22. März 1978[1]

Gespräch des Herrn Ministers mit dem amerikanischen Botschafter Stoessel am 22. März 1978, 16.30 Uhr

Am 22. März 1978 empfing der Herr Minister den amerikanischen Botschafter zu einem knapp eineinhalbstündigen Gespräch. Der Botschafter hatte diese Begegnung nach seiner Rückkehr aus einem fast zweimonatigen Heimaturlaub erbeten.

Aus dem Gespräch wird festgehalten:

1) Deutsch-amerikanisches Verhältnis

Der *Botschafter* übermittelte die persönlichen Grüße von Außenminister Vance an den Herrn Minister. Er wies darauf hin, daß man sich in Washington sehr um die deutsch-amerikanischen Beziehungen kümmere. Finanzminister Blumenthal und Solomon hätten sich erfreut über die Zusammenarbeit mit Bundesfinanzminister Matthöfer[2] geäußert. Beide Herren hätten das Gefühl, daß man jetzt einander sehr viel näher sei als zuvor. Die Hamburger Rede des Bundeskanzlers[3] habe große Anerkennung gefunden, gerade auch bei Carter selbst.

---

[1] Die Gesprächsaufzeichnung wurde von Ministerialdirektor Blech am 23. März 1978 gefertigt und am selben Tag über Staatssekretär Hermes an Bundesminister Genscher „mit der Bitte um Zustimmung" übermittelt.
Hat Hermes am 24. März 1978 vorgelegen.
Hat Genscher am 27. März 1978 vorgelegen.
Hat Ministerialdirigent Pfeffer vorgelegen.
Hat Vortragendem Legationsrat Wentker vorgelegen. Vgl. den Begleitvermerk; VS-Bd. 11124 (204); B 150, Aktenkopien 1978.

[2] Ministerialdirektor Lautenschlager vermerkte am 10. März 1978: „Zwischen den beiden Finanzministerien und Zentralbanken laufen zur Zeit intensive Kontakte mit dem Ziel einer gemeinsamen Erklärung zur Stabilisierung des Dollarkurses. Auch der Bundeskanzler hat gestern mit Präsident Carter eine solche gemeinsame Aktion abgesprochen. [...] Die Erklärung soll einen Schlußstrich unter die deutsch-amerikanische Wechselkurs-Kontroverse setzen und zugleich das Vertrauen an den Devisenbörsen in die künftige Entwicklung des Dollarkurses wiederherstellen. [...] Währungspolitisch soll festgestellt werden, daß ausreichende Mittel zur Stützung des Dollarkurses vorhanden sind. Die USA sind bereit, dazu auch ihre großen Reserven im IWF und in Gold einzusetzen; die Bundesbank wird bereit sein, amerikanische IWF-Positionen gegen DM zu übernehmen. Im wirtschaftspolitischen Teil soll auf die fundamentale Stärke der US-Wirtschaft hingewiesen werden. Die Bedeutung einer raschen Verabschiedung des Energiepakets im Kongreß wird hervorgehoben. Deutscherseits sind keine Zusagen eines expansiveren Wachstumskurses beabsichtigt. Fallengelassen worden ist auch der Gedanke, den USA eine große Fremdwährungsanleihe in europäischen Währungen anzubieten, nachdem die USA hierauf offenbar deutlich abgewinkt haben. [...] Aus Sicht des AA sind diese intensiven Kontakte zwischen den Verantwortlichen für die Währungs- und Notenbankpolitik nur zu begrüßen." Vgl. VS-Bd. 9319 (412); B 150, Aktenkopien 1978.

[3] Bundeskanzler Schmidt führte am 17. Februar 1978 anläßlich der Matthiae-Mahlzeit in Hamburg zu internationalen Währungsfragen aus: „Nun soll man über die gegenwärtig andauernde Abwärtsbewegung des amerikanischen Dollars nicht in dramatischen Attitüden verfallen." Vielmehr solle man Gelassenheit bewahren: „Dies möchte ich unterstreichen und auch auf unsere Besorgnisse anwenden hinsichtlich der jüngsten Entwicklung auf den Devisenmärkten, auf dem amerikanischen Kontinent ebenso wie in Japan oder bei uns in Europa." Vgl. BULLETIN 1978, S. 174

Entsprechendes gelte für Äußerungen des Herrn Ministers, so für seinen Bild-Artikel[4]. Insgesamt sei man jetzt auf einem besseren Wege (on a better track now).

Der *Minister* antwortete, er wolle nicht verschweigen, daß ihm die Behandlung der deutsch-amerikanischen Beziehungen in der beiderseitigen Öffentlichkeit während der letzten Monate große Sorge gemacht habe. Diese Beziehungen seien ein vitaler Bestandteil der Außenbeziehungen der Bundesrepublik Deutschland. Man könne es ertragen, wenn mit dem einen oder anderen Land die Beziehungen einmal nicht so gut seien; man könne es nicht ertragen, wenn ein solcher vitaler Bestandteil leide.

Dies sei der Grund für ihn gewesen, im Parlament und bei anderen Gelegenheiten (so in dem Bild-Artikel) deutliche Klarstellungen zu versuchen.

Auf deutscher Seite halte man es für wichtig, den politischen Besucherverkehr zwischen beiden Ländern verstärkt zu organisieren. Er habe am Vortage mit dem Bundestagspräsidenten gesprochen, der ihm über seine Eindrücke von seinem Besuch in den Vereinigten Staaten[5] berichtet habe. Man würde es begrüßen, wenn die Begegnung von Parlamentariern beider Seiten aktiviert werden könnte. Es sei eine Tatsache, daß auf beiden Seiten die politische Generation der ersten 20 Jahre, die durch die Not zusammengeschweißt worden sei, jetzt abtrete. Der Bundesminister würdigte in diesem Zusammenhang die Rolle eines Mannes wie Senator Humphrey und die Rolle der ehemaligen amerikanischen Hochkommissare[6]. Es müßte eine breitere Basis der politischen Kontakte gerade auch zwischen jüngeren Parlamentariern geschaffen werden, und zwar nicht nur beschränkt auf den engen Kreis ausgesprochen außen- und sicherheitspolitischer Experten.

Der Bundesminister wies sodann auf die Äußerungen des Sprechers der Bundesregierung[7] und des Sprechers des Auswärtigen Amts[8] vom selben Tage über die deutsch-amerikanische Zusammenarbeit vor allem im Sicherheitsrat in der Nahost-Frage[9] hin.

---

[4] Bundesminister Genscher führte am 27. Februar 1978 aus: „Die deutsch-amerikanische Freundschaft ist Eckpfeiler unserer Außenpolitik. Ohne sie gibt es kein Gleichgewicht im geteilten Europa. Deutsche und Amerikaner können sich aufeinander verlassen, denn wir haben gemeinsame Interessen. [...] Die Grundlagen der deutsch-amerikanischen Freundschaft sind solide. Deshalb können wir auch offen über auftauchende Probleme sprechen, so auch über wirtschafts- und währungspolitische. Beide Länder tragen eine große Verantwortung für den weltweiten Kampf gegen Inflation und Arbeitslosigkeit. Ich will die augenblicklichen Probleme (Ankurbelung der Weltwirtschaft, Dollarschwäche) gewiß nicht bagatellisieren. Aber wir haben auch in der Vergangenheit solche Probleme einvernehmlich gelöst." Vgl. den Artikel „Genscher: Unsere Sicherheit und die Neutronen-Bombe"; BILD vom 27. Februar 1978, S. 1 und S. 9.

[5] Bundestagspräsident Carstens hielt sich vom 5. bis 11. Februar 1978 in den USA auf.

[6] John J. McCloy, Walter J. Donnelly, James B. Conant.

[7] Klaus Bölling.

[8] Jürgen Sudhoff.

[9] Zum israelischen Einmarsch in den Libanon am 14./15. März 1978 und den Erörterungen im UNO-Sicherheitsrat vgl. Dok. 83, besonders Anm. 4, 9, 10 und 12.
Am 19. März 1978 verabschiedete der UNO-Sicherheitsrat die von den USA am Vortag eingebrachte Resolution Nr. 425. Darin wurde zur strikten Einhaltung der territorialen Integrität, Souveränität und politischen Unabhängigkeit des Libanon aufgerufen. Israel wurde zur sofortigen Einstellung seiner militärischen Operationen und zum Rückzug seiner Truppen aufgefordert. Ferner wurde die Einsetzung einer UNO-Friedenstruppe zur Überwachung des israelischen Truppenrückzugs, der

Insgesamt sei eben das Bild der Beziehungen ausgesprochen positiv. Es bedürfe keiner Schönfärberei; die negativen Kommentare, die es gebe, betrieben Schlechtfärberei.

Der *Botschafter* bemerkte hierzu, daß dies immerhin dazu führe, daß der Blick auf die wirkliche Realität gelenkt werde.

Der *Bundesminister* sagte, daß das Thema der Neutronenwaffe von interessierter Seite als Störfaktor genutzt worden sei, um Keile zwischen die Vereinigten Staaten und uns wie die anderen Bündnismitglieder zu treiben.

Die wirtschaftlichen Probleme seien nicht so schwer, wie zunächst angenommen worden sei. Die Äußerungen des Vorsitzenden des Federal Reserve Board, Arthur Miller, über die Notwendigkeit der Anti-Inflationspolitik[10] seien sehr befriedigend. In diesem Sinn habe sich auch Bundeswirtschaftsminister Graf Lambsdorff geäußert.

Der *Botschafter* warf hier ein, daß auch Finanzminister Blumenthal über die Inflation sehr besorgt sei.

Der *Bundesminister* stellte fest, daß eben auch hier, wo Gegensätze zu bestehen schienen, die Prioritäten jetzt gleich gesetzt würden. Die Währungsabsprachen[11] hätten ein positives Zeichen gesetzt.

Fortsetzung Fußnote von Seite 405
Wiederherstellung des Friedens und zur Unterstützung der libanesischen Regierung beschlossen. UNO-Generalsekretär Waldheim wurde aufgefordert, binnen 24 Stunden einen Bericht über die Implementierung der Resolution zu erstatten. Vgl. dazu UNITED NATIONS RESOLUTIONS, Serie II, Bd. XI, S. 13.
Botschafter von Hassell. New York (UNO), berichtete am 19. März 1978, die amerikanische Eile bei der Verabschiedung der Resolution habe zur Folge gehabt, „daß auch übrige westliche Vier in Schlußrunden amerikanischer Konsultationen nicht mehr beteiligt, sondern hierüber lediglich noch unterrichtet wurden". Vgl. den Drahtbericht Nr. 610, Referat 230, Bd. 121009.
Mit Resolution Nr. 426 vom 19. März 1978 wurde der Bericht von Waldheim gebilligt und die Einsetzung einer UNO-Friedenstruppe im Libanon für zunächst sechs Monate beschlossen. Vgl. dazu UNITED NATIONS RESOLUTIONS, Serie II, Bd. XI, S. 13.

[10] Gesandter Hansen, Washington, berichtete am 10. Januar 1978: „In Gespräch mit ‚Boston Globe', dessen Inhalt in der Ausgabe vom 10. Januar veröffentlicht wird, gab künftiger amerikanischer Zentralbankpräsident (Chairman of the Federal Reserve Board) G. William Miller einen ersten Einblick in sein wirtschaftspolitisches Programm. Danach sind Millers Hauptziele Eindämmung der Inflationsrate und der Arbeitslosigkeit und Wiederherstellung der Stabilität des Dollars. Boston Globe zufolge rangiert unter diesen Zielen die Inflationsbekämpfung an erster Stelle. Miller will die amerikanische Inflationsrate von gegenwärtig 6,5 Prozent in den nächsten drei Jahren um 1,5 Prozent senken, so daß er für Ende 1981 eine Rate von fünf Prozent erhofft. Miller glaubt, daß dieses Ziel durch Investitionsanreize für die Wirtschaft in Gestalt von Steuersenkungen und Abschreibungserleichterungen zu erreichen ist." Vgl. den Drahtbericht Nr. 99; Referat 412, Bd. 122300.

[11] Am 13. März 1978 erklärten Bundesminister Matthöfer und der amerikanische Finanzminister Blumenthal in einem gemeinsamen Kommuniqué ihre Bereitschaft, „ungeordneten Verhältnissen" an den internationalen Devisenmärkten entgegenzuwirken. Daher hätten die Bundesbank und die amerikanische Notenbank eine Verdoppelung ihrer gegenseitigen Kreditlinie beschlossen. Ferner habe das amerikanische Finanzministerium Schritte eingeleitet, „um aus eigenen Reserven 600 Mio. Sonderziehungsrechte (ungefähr 740 Mio. US $) an die Deutsche Bundesbank zu verkaufen und sich hierdurch DM zu beschaffen; haben darüber hinaus die Vereinigten Staaten eine Reserveposition im IWF, über die sie bis zu einem Gesamtbetrag von ungefähr 5 Mrd. US $ verfügen können, und die sie in Anspruch nehmen werden, wenn und soweit dies für den Erwerb zusätzlicher Devisen erforderlich ist". Beide Seiten bekräftigten außerdem ihren Willen, gegen protektionistischen Druck vorzugehen und die GATT-Verhandlungen bald abzuschließen: „Die deutsche und die amerikanische Wirtschaftspolitik werden nach wie vor unbeirrbar auf einen sich selbst tragenden Konjunkturaufschwung, auf ein stetiges inflationsfreies Wachstum und auf stabile Devisenmärkte gerichtet sein. [...] Die Frage, ob zusätzliche Mittel zur Beseitigung von Störungen auf den Devisenmärkten erforderlich sind, wird ständig sorgfältig geprüft werden." Vgl. BULLETIN 1978, S. 249 f.

2) Sicherheits- und Entspannungspolitik allgemein

Der Bundesminister würdigte die Wake-Forest-Rede Carters vom 17. März 1978[12] positiv und gab seiner großen Befriedigung über die dort enthaltende Bekräftigung der Prinzipien der amerikanischen Sicherheitspolitik Ausdruck. Besondere Bedeutung messe er der Tatsache bei, daß in der Rede sowjetische Zurückhaltung bei Raketenprogrammen, auf anderen Kräfteebenen sowie beim Einsatz eigener oder von Stellvertretertruppen in anderen Ländern und Kontinenten als Voraussetzung dafür bezeichnet wird, daß die Vereinigten Staaten an ihrer Bereitschaft zur Zusammenarbeit mit der Sowjetunion im sozialen, wissenschaftlichen und wirtschaftlichen Bereich festhalten. Dies entspreche dem, was er, der Bundesminister, bereits auf der NATO-Konferenz von Oslo[13] über die Unteilbarkeit der Entspannung gesagt habe. Der Westen müsse dem Osten mit einer Stimme klarmachen, daß man in einem globalen, nicht in einem regionalen Verhältnis zueinander stehe, was daher auch ein globales Verhalten erfordere. Es könne Amerikanern und auch Deutschen nicht gleichgültig sein, was in Afrika, Asien und Lateinamerika geschehe.

Der *Botschafter* wies auf die großen Sorgen hin, die man sich in Washington bezüglich der Vorgänge am Horn von Afrika mache. Es sei allerdings auch klar, daß man dennoch mit SALT weitermachen wolle.

3) SALT

Der *Bundesminister* nahm auf das Gespräch zwischen dem amerikanischen Gesandten und D 2 vom Vortage über die Nichtumgehungsklausel[14] und ihre Kon-

---

[12] Für den Wortlaut der Rede des Präsidenten Carter am 17. März 1978 in der Wake-Forest-Universität in Winston-Salem vgl. PUBLIC PAPERS, CARTER 1978, S. 529–535. Für den deutschen Wortlaut vgl. EUROPA-ARCHIV 1978, D 340–344 (Auszug).
Botschafter von Staden, Washington, legte am 30. März 1978 dar: „Die Wake-Forest-Rede Präsident Carters vom 17.3. zur Verteidigungspolitik war zweifellos auch als Signal an die Sowjets gedacht, die Entspannungspolitik weiterhin als Ganzes zu sehen und die amerikanische öffentliche Meinung, insbesondere den Kongreß, nicht durch Einmischung in lokale und regionale Konflikte zu überstrapazieren. [...] Bei der Analyse der Rede darf nicht übersehen werden, daß die amerikanische Öffentlichkeit zum Thema Sicherheit der freien Welt starke Worte gewohnt ist und erwartet. Eine blassere Rede hätte Carter innenpolitisch den Vorwurf der Nachgiebigkeit, der ‚dovishness', eingetragen, den er für die Ratifikation von SALT II am wenigsten wünschen kann. In der Substanz hat sich an der amerikanischen Verteidigungspolitik durch diese Rede nur wenig geändert. Hier ist lediglich auf die geforderte höhere Mobilität der Streitkräfte zur Erfüllung der Bündnisverpflichtungen in Übersee hinzuweisen. [...] Mitarbeiter des Weißen Hauses betonen gegenüber der Presse, daß die Rede weitgehend für den innenpolitischen Gebrauch formuliert worden sei." Vgl. den Drahtbericht Nr. 1186; Referat 213, Bd. 133110.
[13] Die NATO-Ministerratstagung in Oslo fand am 20./21. Mai 1976 statt. Vgl. dazu AAPD 1976, I, Dok. 152 und Dok. 166.
[14] Botschafter Ruth teilte der Ständigen Vertretung bei der NATO in Brüssel am 23. März 1978 zum Gespräch des Ministerialdirektors Blech mit dem amerikanischen Gesandten Meehan am 21. März 1978 mit: „Meehan trug zunächst vor, die USA beabsichtigten, im NATO-Rat am 29. März 1978 die amerikanische Rückfallposition zu erläutern und die Interpretationserklärung der USA zur Nichtumgehungsklausel vorzutragen. Die amerikanische Regierung hoffe, daß wir in der Lage seien, unsere Zustimmung zur Rückfallposition zu erkennen zu geben, zumindest unsere früheren Bedenken zurückzustellen. Herr D 2 antwortete, unserer Auffassung nach könne eine Erklärung zum gegenwärtigen Zeitpunkt keine endgültige Interpretationserklärung, sondern lediglich die Erklärung zur gegenwärtigen US-Verhandlungsposition darstellen. Eine Interpretationserklärung könne sich ihrem Sinn und Zweck nach nur auf einen abgeschlossenen Vertrag beziehen." Vgl. den Drahterlaß Nr. 1473; VS-Bd. 11406 (220); B 150, Aktenkopien 1978.

sultation im NATO-Rat am 29. März 1978 Bezug. *D2* wiederholte kurz die deutsche Position für diese Konsultation.[15]

4) Neutronenwaffen

Der *Bundesminister* bezog sich auf sein Telefongespräch mit Vance vom 20. März wegen der Verschiebung der für den 20. und 22. März vorgesehenen Konsultation im NATO-Rat.[16] Er wies darauf hin, daß die deutsche Seite für die Vorbereitung dieser Konsultation eine Menge getan habe, damit sie zu einem positiven Ergebnis führe. Wir wären in der Lage gewesen, es am 20. März zu einer Entscheidung im Sinne der den USA bekannten Vorstellungen[17] kommen zu lassen. Die Panzeroption sei für uns sehr wichtig, wir hätten sie aber so vertreten, daß daran eine Einigung nicht gescheitert wäre. Wir hätten also auch bei einem Konsens über die SS-20-Option mitmachen können.

Der Bundesminister verwies auf seine verschiedenen Kontakte mit niederländischen Ministern[18] und mit dem dänischen Außenminister[19] in der gleichen Angelegenheit.

Was den Zeitpunkt einer Entscheidung im Bündnis anbetreffe, so rechne im Augenblick niemand in der Öffentlichkeit mit einer solchen. Dies sei der Grund, weshalb die Gegner der Waffe im Augenblick so verhalten auftreten. Dies könne sich nach der Verschiebung der Konsultation ändern, woraus sich Probleme ergeben würden. Deshalb sei es notwendig, einen neuen Termin für möglichst bald festzusetzen.

---

[15] Botschafter Ruth wies die Ständige Vertretung bei der NATO in Brüssel am 23. März 1978 an: „Sie werden gebeten, bei der Konsultation am 29.3. zum Ausdruck zu bringen, daß unsere Bedenken gegen die vorgesehene Rückfallposition und die in ihr enthaltene Drittstaatenklausel fortbestünden und wir uns deshalb nicht mit ihr identifizieren könnten. Wir seien jedoch in Anbetracht der Tatsache, daß die USA fest zugesagt haben, zu gegebener Zeit während des Ratifikationsprozesses sowohl im Senat als auch im NATO-Rat eine die Bündnispartner befriedigende Interpretationserklärung abzugeben, bereit, die Rückfallposition hinzunehmen. Sie können dann erklären, daß Sie die vom amerikanischen Sprecher vorgetragenen substantiellen Elemente einer Erklärung interessiert zur Kenntnis genommen hätten. Angesichts der Bedeutung der Sachfragen bedürften sie eingehender Konsultation." Vgl. den Drahterlaß Nr. 1473; VS-Bd. 11406 (220); B 150, Aktenkopien 1978.

[16] Zum amerikanischen Wunsch nach Verschiebung der Beratungen über die Neutronenwaffe vgl. Dok. 82, Anm. 11.
Vortragender Legationsrat I. Klasse Lewalter hielt am 20. März 1978 aus einem Telefongespräch des Bundesministers Genscher mit dem amerikanischen Außenminister Vance fest: „Bundesminister sprach die Verschiebung der Beratung des NATO-Rats zur Neutronenwaffe an und fragte, was der Grund für diese Verschiebung gewesen sei. Hier liege zwar kein Problem für uns, aber wegen der Schwierigkeiten bei anderen NATO-Partnern hätte die Allianz ein Interesse daran, die Sache schnell über die Bühne zu bringen. Wir hätten uns allerdings dafür eingesetzt, bereits am ersten Tag der Beratung zu einem Konsens zu kommen. Vance erwiderte, in Washington habe man die Behandlung der Frage in der Osterwoche jetzt nicht mehr für gut befunden. Zudem sei man stark beschäftigt mit den Problemen des südlichen Libanon, der Zusammensetzung der Friedenstruppe und dem Besuch von Begin. Eine Verschiebung um ein bis zwei Wochen schwebe der amerikanischen Seite vor. BM führt dazu aus, es wäre gut, wenn man bald einen neuen Termin finden und ihn auch bald bekanntgeben würde. Vance will das versuchen und Nachricht geben." Vgl. VS-Bd. 14074 (010); B 150, Aktenkopien 1978.

[17] Der Passus „im Sinne ... bekannten Vorstellungen" wurde von Bundesminister Genscher handschriftlich eingefügt.

[18] Vgl. dazu Gespräch des Bundesministers Genscher mit dem niederländischen Außenminister van der Klaauw am 24. Februar 1978; Dok. 62, Anm. 5.

[19] Knud Børge Andersen.

Der *Botschafter* sagte, er hoffe, deshalb bald wieder mit dem Minister in Verbindung treten zu können. Er sei auch der Auffassung, daß sonst noch größere Probleme entstünden. Die Frage des Ministers nach dem Grund für die Verschiebung der Konsultation beantwortete der Botschafter mit dem Hinweis auf die Libanon-Problematik und den Begin-Besuch in Washington[20].

5) Türkei

Der *Bundesminister* verwies auf einen ihm vorliegenden Bericht über den Antwortbrief Ecevits auf die auch anderen Regierungschefs zugegangene Breschnew-Botschaft betreffend die Neutronenwaffe[21]. Er habe den Eindruck, daß Ecevit mit diesem Brief, dessen Wortlaut wir im einzelnen nicht kennten, auch die Absicht verfolge, sich als guter Verbündeter innerhalb der Atlantischen Allianz zu erweisen.

In diesem Zusammenhang wolle er einige Bemerkungen über die Türkei machen. Die Beitrittsverhandlungen EG–Griechenland machten Fortschritte.[22] Die bestehenden Probleme, die sich auch in der Perspektive eines späteren Beitritts Spaniens[23] stellten, würden letztlich gelöst werden. Es werde also relativ bald zur Mitgliedschaft Griechenlands in der Gemeinschaft kommen. Deshalb müsse es auch mit den Beziehungen zwischen dem Westen und der Türkei vorangehen; die Türkei dürfe nicht abgehängt werden. Die Türken machten sich hierüber Sorgen, nicht zuletzt auch im Hinblick darauf, daß die Griechen zu gegebener Zeit in der EPZ mitarbeiten würden.

Der *Botschafter* sagte, daß Vance selbst sich hierüber Sorgen mache.

Der *Bundesminister* bemerkte, er habe seinerzeit dem von ihm hochgeschätzten Karamanlis scherzhaft gesagt, er solle seine griechische Lobby im amerikanischen Kongreß etwas stoppen, sie sei zu gut. Unter diesen Gesichtspunkten sei es gut, daß es jetzt im Kongreß etwas Bewegung gebe (Frage des Defense Cooperation Agreement mit der Türkei[24]).

6) KSZE

Der Bundesminister stellte die Frage, wie die Vereinigten Staaten das KSZE-Thema weiter zu behandeln beabsichtigten. Wir hätten uns bisher noch nicht mit

---

20 Ministerpräsident Begin hielt sich vom 21. bis 23. März 1978 in den USA auf.
21 Zu den Schreiben des Generalsekretärs des ZK der KPdSU, Breschnew, vom 12. Dezember 1977 bzw. 5. Januar 1978 an Bundeskanzler Schmidt vgl. Dok. 6.
22 Zum Stand der Verhandlungen über einen EG-Beitritt Griechenlands vgl. Dok. 75.
23 Zum Stand der Verhandlungen über einen EG-Beitritt Spaniens vgl. Dok. 8, Anm. 42.
24 Zu dem am 26. März 1976 unterzeichneten Abkommen zwischen den USA und der Türkei über Verteidigungshilfe vgl. Dok. 36, Anm. 10.
Botschafter Sahm, Ankara, berichtete am 11. März 1978, er sei am Vorabend kurzfristig in das türkische Außenministerium bestellt worden, wo ihm der stellvertretende Generalsekretär für Sicherheitsfragen, Batu, auf „ausdrücklichen Wunsch" des türkischen Außenministers Ökçün mitgeteilt habe: „Türk[ische] Seite sei außerordentlich beunruhigt, daß amerikanische Administration entgegen allen Absprachen und ihrer bisherigen Haltung nunmehr Verbindung zwischen Einbringung des Defense Cooperation Agreement (DCA) und Aufhebung Embargos einerseits und Zypern-Frage andererseits herstelle." So seien die Anhörungen im amerikanischen Kongreß vom März auf den April verschoben worden. Ferner habe der amerikanische Außenminister Vance erklärt, daß vor weiteren Schritten „zunächst Ergebnis des Gesprächs zwischen Ecevit und Karamanlis sowie die türk. Vorschläge für Zypern-Regelung abgewartet werden sollten". Ökçün lasse daher die Bundesregierung bitten, „ihren Einfluß bei amerikanischer Regierung zu verwenden und zu erklären, daß jede weitere Verzögerung bei Behandlung des DCA und des Waffenembargos erhebliche Schwierigkeiten für Türkei hervorrufe". Vgl. den Drahtbericht Nr. 234; Referat 200, Bd. 111237.

großem Nachdruck zum Ergebnis von Belgrad[25] geäußert. Der Grund hierfür liege darin, daß die Bundesregierung eine Große Anfrage der Opposition[26] zu beantworten habe und die Debatte hierüber am 13. April stattfinde.[27] Bei dieser Gelegenheit werde es eine breite Äußerung der Bundesregierung geben.

Der Bundesminister fragte sodann nach den ihm bekannten amerikanischen Absichten, ein Weißbuch über Belgrad zu veröffentlichen.

Dem *Botschafter* war hierüber nichts bekannt.

7) Ost-West-Verhältnis im besonderen

Der *Bundesminister* fragte nach dem Stand des amerikanisch-sowjetischen Verhältnisses. Er stelle diese Frage auch im Lichte einer Erfahrung während des kürzlichen Besuchs des tschechoslowakischen Außenministers.[28] Er habe mit diesem die letzten fälligen Entscheidungen in Belgrad erörtert und ihn aufgefordert, direkt mit Moskau in einem bestimmten Sinn Verbindung aufzunehmen. Chňoupek habe gefragt, mit wem, der wirklich entscheiden könne, er denn überhaupt sprechen solle – Gromyko sei krank. In diesem Zusammenhang wies der Bundesminister auf den Husák-Besuch hin.[29] Chňoupek sei hier etwas nervös gewesen, und zwar aus zwei Gründen. Einmal befürchtete er die Möglichkeit einer Terminüberschneidung des Husák-Besuchs mit einem Besuch Breschnews[30], was zeige, daß er auch nichts darüber wisse, ob und wann Breschnew einen solchen Besuch überhaupt machen könne. Zum anderen habe er Befürchtungen wegen der Reaktion der deutschen öffentlichen Meinung gehabt. Die Tschechoslowaken seien bemüht, den Besuch publizistisch so gut wie möglich vorzubereiten.

Der *Botschafter* sagte, die amerikanisch-sowjetischen Beziehungen böten ein gemischtes Bild. Man mache sich in Washington Sorgen wegen der sowjetischen Aktivitäten in anderen Teilen der Welt, insbesondere wegen des militärischen Auftretens der Sowjetunion. In diesem Zusammenhang wiederholte der Botschafter, daß man amerikanischerseits mit SALT weitermachen wolle; es bestünden recht gute Chancen, daß die Verhandlungen abgeschlossen werden könnten. Allerdings werde die Ratifikation schwierig.[31] Selbst wenn es zu ei-

---

[25] Für den Wortlaut des abschließenden Dokuments der KSZE-Folgekonferenz in Belgrad vom 8. März 1978 vgl. EUROPA-ARCHIV 1978, D 246–248.

[26] Für den Wortlaut der Großen Anfrage der CDU/CSU-Fraktion vom 7. Dezember 1977 zum Thema „Die menschenrechtliche Lage in Deutschland und der Deutschen in Osteuropa und ihre Erörterung auf dem KSZE-Überprüfungstreffen in Belgrad" vgl. BT ANLAGEN, Bd. 238, Drucksache Nr. 8/1312.

[27] Die Bundesregierung beantwortete die Große Anfrage der CDU/CSU-Fraktion vom 7. Dezember 1977 am 9. März 1978. Für den Wortlaut vgl. BT Anlagen, Bd. 241, Drucksache Nr. 8/1605.
Die Debatte im Bundestag fand erst am 21. Juni 1978 statt. Vgl. dazu BT STENOGRAPHISCHE BERICHTE, Bd. 106, S. 7818–7859.

[28] Der tschechoslowakische Außenminister Chňoupek hielt sich am 22./23. Februar 1978 in der Bundesrepublik auf. Vgl. dazu Dok. 56 und Dok. 57.

[29] Präsident Husák besuchte die Bundesrepublik vom 10. bis 13. April 1978. Vgl. dazu Dok. 111 und Dok. 112.

[30] Der Generalsekretär des ZK der KPdSU, Breschnew, besuchte die Bundesrepublik vom 4. bis 7. Mai 1978. Vgl. dazu Dok. 135, Dok. 136, Dok. 142 und Dok. 143.

[31] Zu den Aussichten für eine Ratifizierung eines SALT-II-Abkommens im amerikanischen Senat vgl. Dok. 28, Anm. 3.
Botschafter von Staden, Washington, berichtete am 16. März 1978: „Man wird unterscheiden müssen zwischen dem Abschluß eines SALT-Abkommens einerseits und einer Behandlung durch den

nem Abschluß des Abkommens in diesem Jahre komme, sei eine Ratifikation 1978 zweifelhaft. Der Botschafter gab ferner dem CTB-Abkommen[32] gute Chancen. Er verwies seinerseits auf die Wake-Forest-Rede Carters. Insgesamt entwickelten sich die Beziehungen; eine Konfrontationsabsicht bestehe auf amerikanischer Seite nicht.

8) Nahost

Der *Bundesminister* drückte den Wunsch aus, daß der Besuch Begins einen Erfolg bringe. Man müsse sagen, daß die Araber sich sehr verantwortungsvoll verhielten (Hinweis auf das Gespräch des Bundesministers mit den arabischen Botschaftern am 17. März[33]). Das Ergebnis der Gespräche der Ablehnungsfront[34] sei sehr mager und nicht geeignet, eine positive Entwicklung zu erschweren. Wir hätten ein Interesse daran, daß Sadat und die anderen Araber wieder zusammenrückten. Man müsse hoffen, daß Begin erkenne, daß er über das Schicksal Sadats mitentscheide.

Der Bundesminister wies auf den augenblicklichen Besuch von MD Kinkel in Syrien[35] und den bevorstehenden Besuch des syrischen Außenministers in der Bundesrepublik Deutschland[36] hin.

Der *Botschafter* erwähnte das Problem des „arms package", d. h. der amerikanischen Waffenlieferungen an Ägypten, Saudi-Arabien und Israel.[37]

Fortsetzung Fußnote von Seite 410
   Senat andererseits. Man kann aller Wahrscheinlichkeit [nach] davon ausgehen, daß eine Unterzeichnung durch die Administration im Frühsommer angestrebt wird. [...] Falls bis dahin die Panamakanal-Frage für die Administration zufriedenstellend geregelt ist, würde die Botschaft es auch nicht ausschließen, daß Carter, die Gunst der Stunde ausnutzend, ein SALT-Abkommen dem Kongreß zuleitet, bevor sich dieser im September für die Herbstwahlen vertagt. [...] Etwas anderes ist es jedoch, ob sich der Senat in dieser Legislaturperiode noch mit dem SALT-Vertrag aktiv befassen würde. Für eine solche Annahme besteht nach dem Urteil der meisten Beobachter, aber auch von einflußreichen Senatoren der Demokratischen Partei, mit denen ich sprach, wenig Anlaß." Die Stimmung habe sich angesichts der sowjetischen Außenpolitik verschlechtert. Daher bleibe die Botschaft „bei ihrer Beurteilung, daß aller Voraussicht nach mit einer Abstimmung im Senat erst 1979 gerechnet werden kann". Vgl. den Drahtbericht Nr. 1034; VS-Bd. 11125 (204); B 150, Aktenkopien 1978.
32 Zu den Verhandlungen zwischen Großbritannien, den USA und der UdSSR über ein umfassendes Teststoppabkommen vgl. Dok. 73, Anm. 11.
   Botschafter Pfeiffer, Genf (CCD), berichtete am 14. März 1978, nach Auskunft eines Mitglieds der amerikanischen Delegation seien die Verhandlungen „in letzten Wochen mit fast täglichen Sitzungen sehr intensiv gewesen; sie würden über Osterzeit für zwei Wochen unterbrochen. Frage der Dauer des Vertrages und des Annexes über PNE-Moratorium sowie der Verifikation seien noch weitgehend ungelöst, so daß gemeinsame Initiative vor Beginn der Abrüstungs-SGV kaum möglich sei, es sei denn, politische Entscheidungen auf höchster Ebene würden getroffen. [...] Offiziell bestehe sowjetische Delegation noch auf dreijähriger Dauer CTB-Vertrages und PNE-Annexes; inoffiziell gebe es Anzeichen für langsames Umdenken und in Zukunft möglicherweise flexiblere Haltung in dieser Frage." Vgl. den Drahtbericht Nr. 351; VS-Bd. 11560 (222); B 150, Aktenkopien 1978.
33 Zum Gespräch des Bundesministers Genscher mit den Botschaftern der Mitgliedstaaten der Arabischen Liga am 17. März 1978 vgl. Dok. 83.
34 Zu den Konferenzen der „Ablehnungsfront" (Algerien, Irak, Demokratische Volksrepublik Jemen (Südjemen), Libyen, Syrien sowie die PLO) vom 2. bis 5. Dezember 1977 in Tripolis bzw. vom 2. bis 4. Februar 1978 in Algier, an der der Irak nicht teilnahm, vgl. Dok. 3, Anm. 14, bzw. Dok. 42, Anm. 8.
35 Zum Besuch des Ministerialdirektors Kinkel vom 19. bis 23. März 1978 in Syrien vgl. Dok. 90.
36 Der syrische Außenminister Khaddam hielt sich vom 6. bis 12. Juni 1978 in der Bundesrepublik auf. Vgl. dazu Dok. 178.
37 Zu den geplanten amerikanischen Flugzeuglieferungen vgl. Dok. 73, Anm. 8.

9) Afrika

Bei der Erörterung Namibias stellte der *Bundesminister* die Frage der Tatsache und[38] des Zeitpunkts des südafrikanischen Truppenabzugs in den Mittelpunkt. Er habe aus seinen Gesprächen mit Nyerere[39] den Eindruck gewonnen, daß diese Frage der wirklich wesentliche Punkt und aktueller[40] als das Problem der Walvis Bay sei. Der Bundesminister wies auf die verschiedenen amerikanischen, britischen und französischen Vorstellungen von Änderungen oder Zusätzen zu der bisherigen relevanten Aussage im Papier der Fünf[41] hin. Alles, was diesen Vorstellungen zur fixierten Fünfer-Position hinzugefügt werde, könne[42] als ein Abweichen von der gemeinsamen Position zugunsten Südafrikas empfunden werden. Wir könnten dadurch die Unterstützung der Fünfer-Initiative durch die Frontstaaten[43] aufs Spiel setzen.

Der *Botschafter* äußerte sich hierzu nicht.[44] Er hatte auch zur Frage des Bundesministers, ob Carter sich während seiner Afrika-Reise[45] mit Vorster treffe[46], keine Information.

---

[38] Die Wörter „der Tatsache und" wurden von Bundesminister Genscher handschriftlich eingefügt.

[39] Zum Besuch des Bundesministers Genscher vom 26. Februar bis 1. März 1978 in Tansania vgl. Dok. 74.

[40] Dieses Wort wurde von Bundesminister Genscher handschriftlich eingefügt. Dafür wurde gestrichen: „wichtiger".

[41] Zum Dokument „Proposal for a Settlement of the Namibian Situation" in der Fassung vom 17. Januar 1978 vgl. Dok. 14, besonders Anm. 13.
Ministerialdirigent Petersen legte am 21. März 1978 dar: „Über den Zeitpunkt des endgültigen Rückzugs der südafrikanischen Resttruppen besteht zwischen den Fünf noch keine Einigkeit. Es handelt sich dabei um eine […] Meinungsverschiedenheit in einer wesentlichen Sachfrage, die auf die Erhaltung oder eine Änderung der Substanz des Lösungsvorschlages hinausläuft." Die britische Regierung schlage entweder eine Änderung der bisherigen Formel vor oder aber ihre Beibehaltung „unter Abgabe einer mündlichen Zusage der Fünf an Südafrika, wonach sie eine Entscheidung der Verfassunggebenden Versammlung zugunsten des Truppenverbleibs als mit dem Lösungsvorschlag vereinbar anerkennen würden. Motiv für den britischen Vorschlag: Schonung der Südafrikaner für den Fall des Scheiterns der Namibia-Initiative bei der Verteilung des ‚Onus'." Frankreich habe einen Kompromißvorschlag unterbreitet: „Einbringung einer Generalklausel in den Lösungsvorschlag, wonach alle Regelungen für die Zeit nach dem Zusammentritt der Verfassunggebenden Versammlung deren Bestätigung unterlägen." Ein amerikanischer Kompromißvorschlag sehe eine Zusage der fünf Regierungen an die südafrikanische Regierung vor, „sie würden gegen eine Entscheidung der Verfassunggebenden Versammlung zugunsten des Truppenverbleibs keine Einwendungen erheben". Petersen führte dazu aus: „Angesichts der Tatsache, daß die Briten an ihrer Haltung konsequent festhalten und dabei praktisch von den Franzosen und den Kanadiern unterstützt werden, ist ein Kompromiß unumgänglich. Wenn auch der amerikanische Vorschlag von uns Abstriche von unserer Position erfordert, so ist er gegenüber dem für uns nicht akzeptablen britischen Vorschlag das geringere Übel. Wir müssen dabei insbesondere darauf bestehen, daß die Zusage in Form einer offenen Erläuterung, nicht aber eines Geheimabkommens erfolgt." Vgl. Referat 320, Bd. 125262.

[42] Der Passus „Alles, was … könne" ging auf Streichungen und handschriftliche Einfügungen des Bundesministers Genscher zurück. Vorher lautete er: „Alles, was nach diesen Vorstellungen zusätzlich zur fixierten Fünfer-Position gesagt werde, werde".

[43] Angola, Botsuana, Mosambik, Sambia und Tansania.

[44] Botschafter Freiherr von Wechmar, New York (UNO), berichtete am 22. März 1978: „Die Diskussion zur Frage des Zeitpunkts des endgültigen Abzugs der südafrikanischen Resttruppe konnte am 22.3. weitgehend abgeschlossen werden. Briten sollen am 23.3. einen Entwurf eines mündlichen Kommentars […] zur Präsentation gegenüber den Südafrikanern vorlegen und einen weiteren Entwurf zur entsprechenden Präsentation gegenüber der afrikanischen Seite. Zur Kernfrage haben beide Entwürfe gleichlautend den Satz zu enthalten: ‚We acknowledge that the constituent assembly may express their opinion on the matter.'" Vgl. den Drahtbericht Nr. 653; Referat 320, Bd. 125262.

[45] Präsident Carter besuchte vom 31. März bis 3. April 1978 Nigeria und am 3. April 1978 Liberia.

10) Amerikanische Nichtverbreitungs-Gesetzgebung

Der *Bundesminister* fragte nach der Tragweite des Nuclear Non-Proliferation Act of 1978.[47] Die Gemeinschaft berate die Lage.[48] Dabei erweise sich als schwierig, die Bedeutung des neuen Gesetzes wegen seiner komplizierten Materie voll zu überschauen. Wir behielten uns Fragen vor und wollten die Aufmerksamkeit darauf ziehen, daß sich hier schwierige Probleme stellen könnten.

Der *Botschafter* stimmte zu, daß es sich um eine schwierige Materie handele. Im Grunde gebe es aber in der gesamten Problematik Fortschritte. Es sei wichtig, die Kontakte hierüber zu pflegen.

11) Besuch des Bundesministers in Washington

Der *Bundesminister* stellte fest, der bisherige Verlauf der Unterhaltung zeige, daß man eine gemeinsame Basis habe und in der Problembehandlung übereinstimme.

Der *Botschafter* verneinte die Frage, ob er noch andere Themen anschneiden wolle.

Der *Bundesminister* erwähnte sodann, er erwöge, Washington eventuell unmittelbar vor dem Europäischen Rat[49] zu besuchen.[50] Er halte einen solchen Besuch für wichtig. Einmal gebe er Gelegenheit zur Besprechung aktueller Fragen (Horn von Afrika, Rhodesien, gemeinsame Verteidigungspolitik). Zum anderen

---

Fortsetzung Fußnote von Seite 412

46 Botschafter Freiherr von Wechmar, New York (UNO), berichtete am 15. März 1978: „Amerikanischer VN-Botschafter Andrew Young unterrichtete mich am 15.3. vertraulich, daß er Präsident Carter vorgeschlagen habe, im Rahmen [von] dessen Afrikareise Ende dieses Monats mit Premierminister Vorster an drittem Ort (Abidjan) zusammenzutreffen, um eine Zustimmung Südafrikas zum westlichen Namibia-Plan herbeizuführen." Vgl. den Drahtbericht Nr. 571; VS-Bd. 14075 (010); B 150, Aktenkopien 1978.
Staatssekretär van Well teilte der Ständigen Vertretung bei der UNO in New York am 16. März 1978 mit, daß nach Ansicht der Bundesregierung größere Anstrengungen unternommen werden müßten, um ein Scheitern der Namibia-Initiative zu verhindern: „Bundesregierung unterstützt daher den Vorschlag zu einer Begegnung Carter-Vorster und steht für sonstige Schritte, die der Initiative der Fünf nutzen könnten, zur Verfügung, auch zu einem zweiten Treffen der Außenminister, sei es in Afrika oder im Rahmen der SGV über Namibia, an der teilzunehmen BM ohnehin beabsichtigt." Vgl. den Drahterlaß Nr. 1301; VS-Bd. 11163 (320); B 150, Aktenkopien 1978.
47 Zum „Nuclear Non-Proliferation Act of 1978" vom 9. Februar 1978 vgl. Dok. 72, Anm. 3.
48 Zur Erörterung des „Nuclear Non-Proliferation Act of 1978" vom 9. Februar 1978 auf der EG-Ministerratstagung am 7. März 1978 in Brüssel vgl. Dok. 75.
Das Bundesministerium für Forschung und Technologie vermerkte am 31. März 1978, daß der Ausschuß der Ständigen Vertreter der EG-Mitgliedstaaten am 21./22. März 1978 in Brüssel entschieden habe, den USA Gesprächsbereitschaft unter Vorbedingungen zu signalisieren. Frankreich habe sich eine endgültige Stellungnahme vorbehalten: „Bisher hatte Frankreich dafür plädiert, auf den US-Neuverhandlungswunsch überhaupt nicht einzugehen, da er gegen die INFCE-Geschäftsgrundlage verstoße und es zweifelhaft sei, ob es Präsident Carter tatsächlich bis zu einem Lieferstopp kommen lasse. Da nach dem Wortlaut des amerikanischen Gesetzes und der wiederholten amerikanischen Erklärungen ohne Reaktion der Gemeinschaft auf den Neuverhandlungswunsch mit einem Lieferstopp zu rechnen ist, haben wir der französischen Seite über unsere Botschaft mitgeteilt, daß wir dem Antwortentwurf zustimmen können und es begrüßen würden, wenn Frankreich im Rat am 4. April 1978 oder jedenfalls vor dem Europäischen Rat dem gemeinsamen Antwortentwurf ebenfalls zustimmen würde. Die Reaktion hierauf war negativ, d. h. Frankreich neigt weiterhin dazu, die 30-Tage-Frist verstreichen zu lassen und damit evtl. einen amerikanischen Lieferstopp zu provozieren." Vgl. Referat 413, Bd. 123648.
49 Zur Tagung des Europäischen Rats am 7./8. April 1978 in Kopenhagen vgl. Dok. 113.
50 Bundesminister Genscher hielt sich am 4. April 1978 in den USA auf. Vgl. dazu Dok. 95–97 und Dok. 99–102.

wäre er für die Öffentlichkeit ein Zeichen für den guten Stand der deutsch-amerikanischen Beziehungen. Er, der Bundesminister, bedauere, daß er Vance im Dezember leider wegen seiner Erkrankung[51] nicht habe treffen können. Er wolle allerdings die Erwägungen über einen Besuch zur Zeit nur im engsten Kreise anstellen, um zu vermeiden, daß man durch eine öffentliche Diskussion in Zugzwang gerate.

Der Bundesminister bat den Botschafter, Vance seine herzlichen Grüße zu übermitteln.

12) Abschließend wurde Übereinstimmung hergestellt, daß die Tatsache des Gesprächs zwischen dem Bundesminister und dem Botschafter durch den Sprecher des Auswärtigen Amts der Presse mitgeteilt werden sollte.

VS-Bd. 11124 (204)

85

Aufzeichnung des Ministerialdirektors Blech

221-372.20/30-574/78 geheim 22. März 1978[1]

Über Herrn Staatssekretär[2] Herrn Bundesminister[3] mit der Bitte um Billigung

Betr.: MBFR;
    hier: Einführung der westlichen Initiative in Wien[4]

Es wird empfohlen, unserer Ständigen Vertretung bei der NATO die Weisung zu erteilen, sich für eine Einführung der westlichen Initiative noch in dieser Runde einzusetzen.

Begründung:

I. Nach dem Austausch aufgefächerter Streitkräftedaten am 15. März[5] steht das NATO-Bündnis vor der Frage, wann die auf deutsche Überlegungen zurückgehende westliche Initiative bei den Wiener MBFR-Verhandlungen eingebracht werden soll.

---

[51] Bundesminister Genscher wurde seit dem 23. November 1977 wegen „Grippe mit ‚Kreislaufinstabilität'" im Krankenhaus behandelt und nahm ab Mitte Januar 1978 seine Amtsgeschäfte wieder auf. Vgl. dazu die Rubrik „Personalien"; DIE WELT vom 6. Januar 1978, S. 1.

[1] Die Aufzeichnung wurde von Vortragendem Legationsrat I. Klasse Rückriegel konzipiert.
[2] Hat Staatssekretär Hermes am 23. März 1978 vorgelegen.
[3] Hat Bundesminister Genscher am 23. März 1978 vorgelegen, der Wiedervorlage verfügte.
  Hat Genscher erneut vorgelegen, der Staatssekretär van Well um Rücksprache bat.
  Hat van Well am 4. April 1978 vorgelegen, der handschriftlich vermerkte: „Erl[edigt]."
[4] Zur geplanten Initiative der an den MBFR-Verhandlungen teilnehmenden NATO-Mitgliedstaaten vgl. Dok. 12, besonders Anm. 12.
[5] Zum Austausch der Daten für die Landstreitkräfte vgl. Dok. 78.

Der Text der Initiative liegt in Form einer am 1. Dezember 1977 finalisierten Weisung an die Wiener Ad-hoc-Gruppe seit dem 5. Dezember, mit dem die Einspruchsfrist endete, absendebereit in Brüssel vor.

II. Für die Einführung der Initiative noch in der laufenden 14. Runde[6] – sie endet in der am 17. April 1978 beginnenden Woche – spricht folgendes:

– Der Westen hat in Gesprächen mit östlichen Vertretern den Datenaustausch stets als Voraussetzung für die Einführung der Initiative bezeichnet. Damit ist auf der östlichen Seite eine gewisse Erwartungshaltung entstanden, der wir, falls nicht schwerwiegende Gründe dagegen sprechen, im Hinblick auf das Verhandlungsklima Rechnung tragen sollten. Eine ähnliche Erwartung besteht bei der Mehrheit der westlichen Bündnispartner:

Bei der NATO-Ministerkonferenz im Dezember letzten Jahres[7] waren sich alle Bündnispartner einig, daß eine Einführung der Initiative ohne vorherigen Datenaustausch nicht in Frage kommen könne. Nachdem diese Voraussetzung erfüllt ist, würde es im Bündnis befremden, wenn sich die deutsche Seite, die die Autorschaft für die Initiative in Anspruch nehmen darf, für eine Verzögerung stark machen würde. Allenfalls die Italiener und die Belgier würden uns vielleicht auf diesem Weg folgen.[8]

– Für die Einführung der Initiative spricht außerdem, daß der Westen damit die Ernsthaftigkeit seiner Verhandlungsführung unter Beweis stellen würde. Die Initiative wird das starke Interesse dokumentieren, daß der Westen an Fortschritten der MBFR-Verhandlungen nimmt.

Die Glaubwürdigkeit des Westens könnte Schaden nehmen, wenn aus kaum plausibel zu machenden Gründen eine längere Pause zwischen Datenaustausch und Einführung der Initiative eingelegt würde.

– Es gilt, den Fortschritt, den der Datenaustausch in sich bedeutet, zu nutzen.

Obwohl der Osten Daten geliefert hat, die in der Summe erneut 805 000 ergeben, wird jetzt erstmalig eine konkrete und vertiefte Datendiskussion ermöglicht, weil die vom Osten übergebenen Zahlen den Sitz der Divergenz vor allem bei den sowjetischen und polnischen Streitkräften erkennbar werden lassen. Wir benötigen östliche Kooperation bei der jetzt folgenden Datendiskussion. Die Beantwortung westlicher Fragen wird mit Sicherheit vom Osten verweigert werden, wenn die Initiative nicht eingebracht wird.[9]

---

[6] Die 14. Runde der MBFR-Verhandlungen begann am 31. Januar 1978 in Wien.

[7] Die NATO-Ministerratstagung fand am 8./9. Dezember 1977 in Brüssel statt. Vgl. dazu AAPD 1977, II, Dok. 359 und Dok. 361.

[8] Botschafter Pauls, Brüssel (NATO), berichtete am 23. März 1978: „In heutiger Sitzung Politischen Ausschusses auf Gesandtenebene konzentrierte sich die Diskussion auf zeitlichen Rahmen der Einführung westlicher Initiative in Wien. Meiste Sprecher plädierten erneut für baldige Einführung angesichts derzeitig feststellbarer Bewegung in Datendiskussion und auch im Hinblick auf VN-SGV zu Abrüstungsfragen. Belgier und Italiener sprachen sich für sorgfältige Analyse östlicher Daten aus, deren Ergebnis in engem Zusammenhang mit weiteren westlichen Schritten stehe, wenn auch nicht förmliche Voraussetzung hierfür sei." Vgl. den Drahtbericht Nr. 325; VS-Bd. 13097 (213); B 150, Aktenkopien 1978.

[9] Gesandter Boss, Brüssel (NATO), gab am 21. März 1978 zu bedenken: „Wir hatten Einführung der Initiative in Wien ursprünglich von Anzeichen östlicher Bereitschaft abhängig gemacht, bisherige östliche Zahlen in Datendiskussion nach oben zu revidieren. Eine solche Entwicklung ist bisher nicht eingetreten, da östliche Bewegung nur in Prozedur-, nicht aber in Substanzfragen erfolgte. Dennoch stellt sich die Frage, ob durch weiteres Zuwarten bessere Voraussetzungen für Einbringen westlichen

– Ein weiteres westliches Zögern könnte bei uns zu einer unerwünschten innenpolitischen Diskussion und Kontroverse über die Gründe für die westliche Zurückhaltung führen. Es wäre kaum zu verhindern, daß die unterschiedliche Haltung der einzelnen Bündnispartner zu dieser Frage bekannt werden würde.

– Der Osten besitzt trotz einiger Presseindiskretionen immer noch kein eindeutiges Bild vom Inhalt der westlichen Initiative. Dies kommt der Initiative selbst zugute. Bei weiterem Zuwarten würden jedoch erneute Indiskretionen geradezu provoziert, wodurch sich die Initiative von selbst verbrauchen könnte.

– Vom 24. bis 26. April 1978 findet in Helsinki eine Abrüstungskonferenz der Sozialistischen Internationale statt[10], an der auch Vertreter von Parteien aus neutralen Staaten teilnehmen werden.

Eine kurz vorher eingeführte Initiative würde bei diesem Gremium den günstigen Eindruck hervorrufen, daß das NATO-Bündnis in Fragen der Abrüstungs- und Rüstungskontrolle eine kohärente und in sich konsequente Politik gegenüber dem Osten verfolgt.

Auch die Wirkung auf die etwa einen Monat später eröffnende Sondergeneralversammlung der Vereinten Nationen[11] ist zu beachten:

Da die ersten Sitzungen der 15. Wiener MBFR-Runde nur knapp eine Woche vor Beginn der Sondergeneralversammlung stattfinden, wäre bei einer Einführung der Initiative erst zu diesem Zeitpunkt keine günstige Wirkung mehr auf die SGV zu erwarten. Im Gegenteil könnte ein Zusammenfallen der beiden Daten die Initiative geradezu der östlichen Abwertung als bloße „Propaganda" preisgeben.

– Schließlich wird die Initiative eine Rückbesinnung auf die politische Bedeutung und die Substanz von MBFR insgesamt und jenseits der Datendiskussion als solcher ermöglichen.

III. Für die Wahl des opportunen Zeitpunkts der Einführung der westlichen Initiative ist vor allem ein Gesichtspunkt maßgebend: Der Westen muß Sorge tragen, daß der Osten die Initiative richtig versteht.

Dem Osten muß Gelegenheit gegeben werden, Fragen zu stellen. Der Westen muß die Möglichkeit haben, die Initiative seinerseits zu erläutern. Es liegt daher im westlichen Interesse, eine Verhandlungspause zwischen zwei Runden zu nutzen, um den östlichen Vertretern Gelegenheit zu geben, die westliche Initiative ihren Regierungen in den Hauptstädten zu erläutern. (Es ist nicht üb-

---

Fortsetzung Fußnote von Seite 415

Vorschlagpakets geschaffen werden können oder ob nicht die derzeitige Bewegung in Datenfrage genutzt werden sollte, dem Osten als Anreiz für substantielles Entgegenkommen das konditionierte westliche Angebot vorzulegen. Dabei würde ein Zeitpunkt noch vor Ende dieser Runde zwar schon erste östliche Reaktion zu Beginn nächster Runde möglich machen. Vorlage bei Beginn nächster Runde dürfte sich aber stärker positiv auf kurz darauf folgende VN-SGV auswirken und auch sorgfältige Analyse östlicher Daten zulassen." Vgl. den Drahtbericht Nr. 313; VS-Bd. 11490 (221); B 150, Aktenkopien 1978.

10 Zur Abrüstungskonferenz der Sozialistischen Internationale vgl. Dok. 118, Anm. 6.

11 Zur UNO-Sondergeneralversammlung über Abrüstung vom 23. Mai bis 30. Juni 1978 in New York vgl. Dok. 212.

lich, daß die östlichen Vertreter während der Verhandlungen zur Berichterstattung nach Hause gerufen werden.)

Diese Überlegungen lassen folgendes zeitliche Szenario ratsam erscheinen:

4.4.1978	In Wien: Austausch der Daten für die Luftstreitkräfte[12]
ca. 6.4.1978	In Brüssel: Entscheidung der NATO über die Einführung der Initiative
11.4.1978	In Wien: Einführung der Initiative in einer informellen Sitzung
13.4.1978	Behandlung der Initiative in einer Plenarsitzung, anschließend Unterrichtung der Öffentlichkeit über ihren Inhalt
18.4.1978	Erste mögliche östliche Reaktion und Beantwortung von Fragen durch den Westen in informeller Sitzung
20./21.4.1978	Ende der 14. Runde
15.5.1978	Beginn der 15. Runde. – Erste Plenarsitzung am 18.5.

Den östlichen Vertretern würde somit ein Monat zur Verfügung stehen, um mit einer nicht unter Zeitdruck stehenden Reaktion an den Verhandlungstisch zurückzukehren.

Eine Einführung erst zu Beginn der nächsten Runde ist aus den oben dargelegten Gründen – zu kurz vor Beginn der SGV, Möglichkeit unüberlegter östlicher Reaktionen – nicht ratsam. Würde die Einführung der Initiative dagegen an das Ende der 15. Runde[13] verlegt, so wäre frühestens im Herbst 1978, d. h. wahrscheinlich erst im Oktober, eine östliche Reaktion zu erwarten.

IV. Gegen die Einführung der westlichen Initiative noch in dieser Runde spricht höchstens die Überlegung, den Fortgang der Wiener Datendiskussion weiter zu beobachten und abzuwarten, ob sich in ihrem Verlauf die Möglichkeit einer Einigung auf beiderseits anerkannte Ausgangsdaten abzeichnet.

Er erscheint nicht ratsam, nur aus diesem Grunde die Initiative zurückzuhalten. Es war nie zu erwarten, daß der Austausch aufgefächerter Daten selbst schnell zu einer Dateneinigung führen würde. Die Initiative soll auch dazu dienen, dem Osten eine Korrektur seiner Daten zu erleichtern. Eine Verzögerung der Einführung der Initiative könnte den relativen Fortschritt, der mit dem Datenaustausch gegeben ist, und die sich abzeichnende östliche Bereitschaft, in wenn auch begrenztem Umfang westliche Fragen nach dem Hintergrund der vom Osten ausgetauschten Daten zu beantworten, zunichte machen.

Wir sollten uns daher im Bündnis für eine Einführung der Initiative noch vor Ende dieser Runde einsetzen.[14]

Blech

VS-Bd. 11490 (221)

---

[12] Zum Austausch der Daten für die Luftstreitkräfte vgl. Dok. 98.
[13] Die 15. Runde der MBFR-Verhandlungen endete am 19. Juli 1978 in Wien.
[14] Vortragender Legationsrat I. Klasse Rückriegel teilte der Ständigen Vertretung bei der NATO in Brüssel am 29. März 1978 mit: „Unsere Entscheidung, die Initiative noch in dieser Runde einzu-

86

Aufzeichnung des Ministerialdirektors Lautenschlager

403-413.GA-203/78 geheim 22. März 1978[1]

Über Herr Staatssekretär[2] Herrn Bundesminister[3]

Betr.: Ausfuhrbürgschaften für Lieferungen von Rüstungsgütern aus Gemeinschaftsproduktion;
hier: insbesondere deutsch-französische Koproduktion „Alpha Jet"

Zweck der Vorlage: Bitte um Zustimmung

Kurzfassung

1) Im Zusammenhang mit der Durchführung von Exportvorhaben aus Gemeinschaftsproduktionen im Rüstungsbereich (anstehende Fälle: „Alpha Jet" für Elfenbeinküste, Marokko, Abu Dhabi, evtl. auch Ägypten und Nigeria) stellt sich die Frage der staatlichen Absicherung durch Ausfuhrbürgschaften bei deutschen Zulieferungen. Es bestehen zwei Probleme:

– Der Verkauf in Drittländer wird häufig nur auf der Basis von Kreditkonditionen möglich sein, die von Frankreich üblicherweise akzeptiert werden. Das Bundeskabinett hatte jedoch am 3.2.1977 – allerdings bei einem Exportvorhaben aus rein deutscher Produktion (U-Boote für Indonesien[4]) – entschieden, daß Rüstungslieferungen außerhalb der NATO nicht zu Kreditbedingungen abgesichert werden sollen. Zu entscheiden ist daher, ob dies auch bei Exporten aus Gemeinschaftsproduktionen gelten soll, auf die sich das Bundeskabinett seinerzeit nicht ausdrücklich bezogen hat.

– Im übrigen stellt sich eine risikopolitische Problematik. Der „Alpha Jet" wird durch den französischen Partner der Koproduktion auf der Basis von Kontrakten exportiert, die auf französische Währung lauten. Hierdurch entstehen für den deutschen Partner untragbare Wechselkursrisiken, deren Absicherung durch die bestehende Regelung der deutschen Wechselkursversicherung erhebliche Schwierigkeiten bereitet.

Fortsetzung Fußnote von Seite 417
  führen, ist im Prinzip auf hoher politischer Ebene gefallen. [...] Sie sollten bei der Diskussion im SPC am 30.3. diese Tatsache jedoch noch nicht zu erkennen geben, sondern können die auf Arbeitsebene angestellten Erwägungen, die für eine Einführung der Initiative noch in dieser Runde sprechen, erwähnen". Vgl. den Drahterlaß Nr. 1507; VS-Bd. 11490 (221); B 150, Aktenkopien 1978.
  Zur Einführung der Initiative der an den MBFR-Verhandlungen teilnehmenden NATO-Mitgliedstaaten am 19. April 1978 vgl. Dok. 110.

[1] Die Aufzeichnung wurde von Vortragendem Legationsrat I. Klasse Pabsch und Vortragendem Legationsrat Heinichen konzipiert.
[2] Peter Hermes.
[3] Hat Bundesminister Genscher am 30. April 1978 vorgelegen.
[4] Das Bundesministerium für Wirtschaft vermerkte am 31. Januar 1977: „Die Howaldtswerke Deutsche Werft AG haben eine Ausfuhrbürgschaft des Bundes für die Lieferung von zwei Unterseebooten im Werte von insgesamt rd. 250 Mio. DM zu Kreditbedingungen an das Verteidigungs- und Sicherheitsministerium der Republik Indonesien beantragt. Das Geschäft befindet sich im Verhandlungsstadium. Indonesien benötigt die Unterseeboote zur Überwachung seiner sehr langen Küsten." Vgl. Referat 422, Bd. 121300.

2) Außenpolitisch ist die Frage der Indeckungnahme von Kreditbedingungen bei der Lieferung von Gemeinschaftsproduktionen in Länder außerhalb der NATO problematisch.

Wir haben abzuwägen:

Einerseits sind wir daran interessiert, daß uns Rüstungsexporte der Franzosen aus Gemeinschaftsproduktionen politisch nicht zugerechnet werden. Konfliktsituationen wären aber bei einer Beteiligung an der staatlichen Absicherung solcher Exporte zu befürchten, da wir im Gegensatz zu Frankreich eine restriktive Rüstungsexportpolitik[5] verfolgen.

Andererseits besteht ein starkes politisches, wirtschaftliches und militärisches Interesse an der Aufrechterhaltung der Gemeinschaftsproduktion, die ohne unsere Bereitschaft zur Übernahme von Deckungen für die auf deutsche Zulieferungen entfallenden Lieferanteile in Frage gestellt wäre; im Falle unserer Nichtbeteiligung an der Absicherung wäre Frankreich nach Art. 4 der deutschfranzösischen Regierungsvereinbarung von 1971[6] befugt, eine Produktionsverlagerung der aus Deutschland zu liefernden Teile auf einen anderen Partner vorzunehmen.

3) Wir sind der Auffassung, daß dem Kooperationsinteresse prinzipiell Vorrang eingeräumt werden muß. Sie entspricht der grundsätzlichen Linie der Bundesregierung im Bereich der Gemeinschaftsproduktion („Politische Grundsätze" vom 16.6.71[7] und sog. „Flächenpapier" vom 16.6.76[8]).

4) Wir kommen daher zu dem Ergebnis, daß – abweichend vom Kabinettbeschluß vom 3.2.1977 – bei Lieferungen aus Gemeinschaftsproduktionen an Länder außerhalb der NATO eine Verbürgung des auf die deutschen Zulieferungen entfallenden Lieferanteils auch dann möglich sein sollte, wenn dem Geschäft Kreditbedingungen zugrunde liegen. (BMWi und BMVg teilen auf Beamtenebene diese Auffassung; BMF will seine Entscheidung in dieser Frage insbesondere vom Votum des AA abhängig machen.) Der französischen Seite sollte daher mitgeteilt werden, daß wir zur Übernahme von Ausfuhrbürgschaften für die deutschen Lieferanteile grundsätzlich bereit sind, uns aber in politisch besonders gelagerten Fällen eine bilaterale Konsultation vorbehalten.

5) In der Frage der Wechselkursversicherung sollten wir den Vorschlägen der insoweit fachlich zuständigen Ressorts BMWi und BMF folgen.

Sachverhalt

1) Im Zusammenhang mit Exportvorhaben aus der deutsch-französischen Gemeinschaftsproduktion von „Alpha Jet"-Flugzeugen stellt sich die Frage der

---

5 Zu den rechtlichen Grundlagen der Rüstungsexportpolitik der Bundesregierung vgl. Dok. 1, Anm. 17.
6 Zur Regierungsvereinbarung vom Februar 1972 zwischen der Bundesrepublik und Frankreich über die Ausfuhr von gemeinsam entwickelten und/oder gefertigten Kriegswaffen und sonstigem Rüstungsmaterial in dritte Länder, der das Kabinett im Dezember 1971 zugestimmt hatte, vgl. Dok. 53, Anm. 4.
7 Zu den „Politischen Grundsätzen der Bundesregierung für den Export von Kriegswaffen und sonstigen Rüstungsgütern" vom 16. Juni 1971 vgl. AAPD 1971, I, Dok. 83.
8 Zum vom Bundessicherheitsrat am 2. Februar 1977 verabschiedeten Entwurf einer Richtlinie für den Rüstungsexport vom 16. Juni 1976 („Flächenpapier") vgl. AAPD 1976, I, Dok. 195, und AAPD 1977, I, Dok. 16.

staatlichen Absicherung durch Ausfuhrbürgschaften für den auf deutsche Zulieferungen entfallenden Lieferanteil. Bisher sind Exporte vom federführenden französischen Partner der Koproduktion (Dassault) exportiert worden, ohne daß besondere Probleme hinsichtlich der Verbürgung auftraten, da zu Barzahlungsbedingungen geliefert werden konnte. Neuerdings werden jedoch von den Interessenten Exportkreditkonditionen verlangt, die eine staatliche Absicherung erfordern.

Verträge für „Alpha Jet"-Flugzeuge der Schulversion stehen nach Mitteilung des BMVg in Kürze an für die Elfenbeinküste (sechs Verkäufe, sechs Optionen), Marokko (24 Flugzeuge) und Abu Dhabi (acht Flugzeuge). Mit weiteren Exportmöglichkeiten nach Ägypten und Nigeria wird gerechnet. (Die Verbürgung des deutschen Lieferanteils an fünf „Alpha Jet" für Togo wurde vom Interministeriellen Ausfuhrgarantie-Ausschuß kürzlich aus Risikogründen abgelehnt.[9])

Die französische Seite hat vorgeschlagen, die sich bei der Finanzierung und staatlichen Absicherung derartiger gemeinsamer Exportvorhaben ergebenden Probleme zum Gegenstand einer gemeinsamen deutsch-französischen Sitzung zu machen.

2) Es ergeben sich hierbei zwei Probleme:

– Kreditkonditionen werden von Frankreich auch bei Rüstungslieferungen üblicherweise akzeptiert. Das Bundeskabinett hatte jedoch am 3.2.1977 – allerdings bei einem Exportvorhaben aus rein deutscher Produktion (U-Boote für Indonesien) – entschieden, daß die Indeckungnahme von Kreditgeschäften im Rüstungsbereich auf die Länder der NATO zu beschränken ist. Die französische Seite legt indessen Wert darauf, Exporte auf Kreditbasis auch in Länder außerhalb der NATO durchführen zu können, wobei die staatliche Absicherung der darin enthaltenen deutschen Zulieferung im Rahmen der deutschen Exportkreditversicherung erfolgen müßte.

Es stellt sich daher die Frage, ob der Beschluß des Bundeskabinetts, Rüstungslieferungen in Länder außerhalb der NATO nicht zu Kreditbedingungen staatlich abzusichern, auch bei Exporten aus Gemeinschaftsproduktionen gelten soll. Das Kabinett hatte seinerzeit diesen speziellen Fall nicht vor Augen, so daß sein Beschluß vom 3.2.77 hierauf nicht ohne weiteres bezogen werden kann.

– Eine weitere Schwierigkeit besteht darin, daß der französische Partner der Koproduktion die Exporte auf der Basis von Lieferverträgen durchführen will, die auf französische Währung laufen. Hierdurch entstehen für den deutschen Partner der „Alpha Jet"-Gemeinschaftsproduktion (Dornier) un-

---

[9] Botschafter Herbst, Paris, teilte am 2. November 1977 mit: „Mitarbeiter der Unternehmen Dassault und Dornier wiesen die Botschaft in den letzten Tagen auf Schwierigkeiten, die bei der Absicherung des Exports von fünf ‚Alpha Jets' nach Togo entstanden sind. Dassault hat das Geschäft auf Kreditbasis in französischen Francs abgeschlossen, da Togo nicht bereit war, in einer anderen Währung zu bezahlen." Vgl. den Drahtbericht Nr. 3289; Referat 422, Bd. 124194.
Vortragender Legationsrat I. Klasse Pabsch informierte die Botschaft in Paris am 11. November 1977: „Der interministerielle Ausfuhrgarantie-Ausschuß hat auf seiner letzten Sitzung die Indeckungnahme des Exports von fünf ‚Alpha Jets' – Anteil Dornier – nach Togo aus Risikogründen abgelehnt (Größenordnung v. ca. 10 Mio. DM, ungeregelter Schadensfall mit Togo)." Vgl. den Drahterlaß Nr. 473; Referat 403;Bd. 121300.

tragbare Wechselkursrisiken, deren Absicherung im Rahmen des Systems der deutschen Wechselkursversicherung jedoch erhebliche Schwierigkeiten bereitet.

Die hierfür zuständigen Ressorts (BMWi und BMF) haben verschiedene Lösungsmodelle diskutiert, auf deren Grundlage Gespräche mit der französischen Seite auf Fachebene in Aussicht genommen sind. Gedacht ist in erster Linie an einen Vertragsabschluß in verschiedenen Währungen: DM (oder auch US-$) und FF. Falls dies nicht möglich sein sollte, wird eine vergleichbare Regelung angestrebt, deren Einzelheiten ggf. noch zu prüfen wären.

II. Stellungnahme

1) Grundsatzproblem (Kreditbedingungen bei Nicht-NATO-Ländern)

Unter außenpolitischem Aspekt ist die Frage der Indeckungnahme von Kreditbedingungen bei der Lieferung von Gemeinschaftsproduktionen in Länder außerhalb der NATO problematisch.

a) Auf der einen Seite haben wir ein Interesse daran, uns Rüstungsexporte der Franzosen aus Gemeinschaftsproduktionen politisch nicht zurechnen zu lassen, wenn es sich um Exporte in Länder handelt, in die wir nach den Grundsätzen unserer restriktiven Rüstungsexportpolitik deutsche Lieferungen nicht genehmigen würden. Da die französische Politik auf diesem Gebiet grundsätzlich keinen Beschränkungen unterliegt, wären Konfliktsituationen kaum auszuschließen. Durch Beteiligung an der staatlichen Absicherung tritt die Bundesregierung aber noch deutlicher in eine Mitverantwortung für das Gesamtgeschäft, als dies bei solchen Exporten, auch wenn sie in nur französischer Verantwortung durchgeführt werden, ohnehin der Fall ist – wie sich gerade kürzlich im Falle der Lieferung von Panzerabwehrwaffen an Syrien[10] gezeigt hat (für die deutsche Ausfuhrbürgschaften nicht gegeben wurden). Insofern ist daher die Kreditverbürgung von deutschen Lieferanteilen aus Gemeinschaftsproduktionen außenpolitisch nicht erwünscht.

b) Auf der anderen Seite haben wir ein starkes Interesse an der Aufrechterhaltung der Gemeinschaftsproduktion, die jedoch in Frage gestellt wäre, wenn wir uns an der staatlichen Absicherung durch Übernahme von Exportbürgschaften nicht beteiligen.

– Nach Art. 3 der deutsch-französischen Regierungsvereinbarung über die Ausfuhr von gemeinsam entwickelten und/oder gefertigtem Rüstungsmaterial in Dritte Länder vom 7.12.1971 werden in der Regel die Exportrisiken gemäß den Lieferanteilen zwischen den beteiligten Koproduzenten aufgeteilt und entsprechende Ausfuhrbürgschaften durch die zuständigen staatlichen Kreditversicherer gegeben. Die Ausfuhren sollen, soweit möglich, zu Barzahlungsbedingungen, soweit erforderlich auch auf Kreditbasis erfolgen.

– Danach ist zwar für die Bundesregierung keine absolute Verpflichtung begründet, Ausfuhrbürgschaften für Rüstungslieferungen aus der Gemeinschaftsproduktion zu übernehmen. Indessen sieht Art. 4 der Vereinbarung vor, daß das exportierende Land andere Unterauftragnehmer heranziehen kann, falls auf seiten des ausländischen Koproduzenten für Zulieferungen

---

10 Zu der von Frankreich geplanten Lieferung von Panzerabwehrwaffen an Syrien vgl. Dok. 66.

keine angemessenen Garantien und Finanzierungen gegeben oder Ausfuhrgenehmigungen versagt werden.

Die Nichtbeteiligung an der staatlichen Absicherung der Lieferungen kann daher eine Produktionsverlagerung der aus Deutschland zu liefernden Teile nach Frankreich zur Folge haben. Diese Gefahr wird dadurch erhöht, daß die französische Firma Dassault grundsätzlich die Federführung für den Export von „Alpha Jet" hat und damit die Verträge in französischen Francs abschließen kann (so auch die bisher abgeschlossenen Verträge mit Belgien, Togo und Elfenbeinküste). Die deutsche Firma Dornier, für die der „Alpha Jet" das Rückgrat der Produktion darstellt, wäre bei einer solchen Entwicklung weitgehend vom Export dieses Flugzeuges ausgeschlossen, was möglicherweise auch dessen weitere deutsche Produktion in Frage stellen könnte.

c) Bei Abwägung der durch diese beiden widerstreitenden Gesichtspunkte gekennzeichneten politischen Interessenlage neigen wir dazu, dem Kooperationsinteresse prinzipiell Vorrang einzuräumen:

– Sollte sich Frankreich bei einer Versagung von Deckungszusagen von den deutschen Zulieferungen freimachen, wäre die Koproduktion möglicherweise insgesamt in Frage gestellt. An ihrer Fortsetzung besteht aber ein hohes außen- und sicherheitspolitisches Interesse (Integration Europas, Standardisierung von Waffen, Interoperabilität von Systemen, Kostensenkung, Ausschöpfung des technologischen und industriellen Potentials im Bündnis).

– Demgemäß sollen auch nach den geltenden Grundsätzen für die Exportpolitik der Bundesregierung im Rüstungsbereich („Politische Grundsätze" vom 16.6.1971 und sog. „Flächenpapier" vom 16.6.1976) auf Zulieferungen an Kooperationspartner im Rahmen von Rüstungskoproduktionen nicht die gleichen Restriktionen angewendet werden wie auf Direktexporte.

In Anwendung dieser Richtlinien hat der BSR bezüglich des deutsch-französischen Gemeinschaftsprojekts „Alpha Jet" am 28.6.1971 den Grundsatz gebilligt, daß die Bundesrepublik einen Export durch Frankreich nicht fördern, aber auch nicht beeinträchtigen solle, und am 9.11.1977 gegen eine Lizenzerteilung zur Fertigung von „Alpha Jets" durch Ägypten keine Bedenken erhoben[11].

Im Einklang mit dieser vom BSR bei Koproduktionen eingeschlagenen Linie sollte daher die Fortsetzung der deutsch-französischen Koproduktion nicht durch eine Versagung von Ausfuhrbürgschaften bei Exporten in Drittländer behindert werden, selbst wenn dadurch in Einzelfällen Konflikte mit unserer restriktiven Rüstungsexportpolitik für Direktexporte auftreten können.

Wir sollten uns daher gegenüber der französischen Seite zur Beteiligung an der staatlichen Absicherung von Exporten aus Gemeinschaftsproduktionen an Länder außerhalb der NATO grundsätzlich bereit erklären, auch wenn die Lieferungen auf Kreditbasis erfolgen (BMWi und BMVg teilen diese Auffassung auf Beamtenebene, das BMF will seine Entscheidung in dieser Frage zunächst vom Votum des AA abhängig machen, es wird in jedem Fall für den einzelnen Exportfall einen Vorbehalt hinsichtlich der Risikobewertung machen).

---

[11] Für die Sitzung des Bundessicherheitsrats vgl. AAPD 1977, II, Dok. 318.

Wir werden allerdings bemüht bleiben müssen, Konflikte mit den Grundsätzen unserer restriktiven Rüstungsexportpolitik soweit wie möglich einzugrenzen. Zu diesem Zwecke wird es unumgänglich sein, die politische Interessenlage in jedem einzelnen Fall abzuwägen. Die Entscheidung wird dabei durch die Leitungen der beteiligten Häuser zu treffen sein. Über außenpolitisch aus unserer Sicht bedenkliche Fälle müßten wir mit der französischen Regierung zu gegebener Zeit sprechen, um zu einem einvernehmlichen Vorgehen zu kommen.

d) Es ist auch nicht auszuschließen, daß die bei einer unterschiedlichen Behandlung der Ausfuhrbürgschaften im Bereich der Koproduktion gegenüber den Direktexporten entstehende Diskrepanz von der Rüstungsindustrie zum Anlaß genommen werden könnte, um auf eine Auflockerung unserer Grundsätze auf dem Gebiet allgemein zu drängen. Es wird daher zu gegebener Zeit notwendig sein, deutlich zu machen, daß hinsichtlich der Koproduktion übergeordnete Interessen eine andere Beurteilung erfordern als bei Direktlieferungen, für die die bisher geltenden Grundsätze maßgebend bleiben müssen.

2) Wechselkursproblematik

Insoweit sollten wir dem von BMWi und BMF vorgeschlagenen Vorgehen folgen. Es sind Expertengespräche mit der französischen Seite in Aussicht genommen, um eine Lösung des Problems zu finden, die mit dem System unserer Wechselkursversicherung in Einklang gebracht werden kann. Außenpolitisch würde diese Frage erst dann relevant werden, wenn eine einvernehmliche Lösung nicht gefunden werden kann und dadurch die Koproduktion in Frage gestellt würde. Ob eine solche Situation eintritt, bleibt jedoch zunächst abzuwarten.

III. Es wird vorgeschlagen,

– die Möglichkeit der Kreditverbürgung für deutsche Zulieferanteile an französischen Exportvorhaben aus Koproduktion auch in Länder außerhalb der NATO grundsätzlich zu eröffnen und unsere grundsätzliche Bereitschaft hierzu der französischen Seite gegenüber mit dem Vorbehalt zu erklären, politisch problematische Ausfuhrvorhaben ggf. zum Gegenstand von Konsultationen mit der französischen Seite zu machen,

– auf dieser Grundlage der Aufnahme von Expertengesprächen mit der französischen Seite über die Wechselkursproblematik entsprechend den Vorstellungen vom BMWi und BMF zuzustimmen.

D 2[12] und D 3[13] haben mitgezeichnet.

Lautenschlager

VS-Bd. 9343 (422)

[12] Klaus Blech.
[13] Andreas Meyer-Landrut.

87

Aufzeichnung des Botschafters Ruth

230-381.47 22. März 1978[1]

Über Herrn Staatssekretär[2] Herrn Bundesminister[3]
Betr.: Deutsche Beteiligung bei VN-Friedensoperationen
Bezug: Mündliche Weisung des Herrn Bundesministers vom 20.3.

I. Praxis der VN-Friedensoperationen

1) Anstelle der praktisch nicht wirksam gewordenen militärischen Zwangsmaßnahmen nach Kap. VII der VN-Charta[4] haben die VN außerhalb der Charta das Instrument der Friedensoperationen (peace-keeping operations) entwickelt.

Der Einsatz von VN-Friedenstruppen hat sich insbesondere im Nahen Osten als wirksames Mittel zur Eindämmung und Entschärfung von Konflikten bewährt. Ein weithin anerkanntes Verfahren für den Truppeneinsatz hat sich eingespielt.

Die Truppen stehen unter der Verantwortung des SR, der sich zur praktischen Durchführung des GS bedient. Dem GS steht ein Stab militärischer Berater zur Verfügung.

Im Gegensatz zu den Zwangsmaßnahmen nach Kap. VII VN-Charta bedarf die Entsendung von Friedenstruppen der Zustimmung aller Beteiligten, insbesondere des Stationierungslandes.

Zusammensetzung der Kontingente

In der Regel werden Truppen neutraler oder zumindest nicht beteiligter Staaten eingesetzt. Ständige SR-Mitglieder wurden bisher ausgeschlossen (Ausnahme: britisches Kontingent für Zypern-Truppe[5] als Folge der besonderen britischen Verantwortung für Zypern[6]). Es bedeutet eine weitere Auflockerung der bisherigen Praxis, daß der GS mit Zustimmung des SR die Teilnahme eines französischen Kontingents an UNIFIL[7] akzeptiert hat – dies wohl auch im Hinblick auf die besonderen Beziehungen Frankreichs zum Libanon[8]. Auch gegenüber den

---

[1] Die Aufzeichnung wurde von Vortragendem Legationsrat I. Klasse Gorenflos und Legationsrat I. Klasse Hoffmann-Loß konzipiert.
[2] Hat Staatssekretär Hermes am 3. April 1978 vorgelegen.
[3] Hat Bundesminister Genscher am 11. April 1978 vorgelegen, der handschriftlich vermerkte: „Handakte".
[4] Die militärischen Zwangsmaßnahmen waren in Artikel 42 bis 49 der UNO-Charta vom 26. Juni 1945 geregelt. Für den Wortlaut vgl. BUNDESGESETZBLATT 1973, Teil II, S. 461–465.
[5] Die „United Nations peace-keeping Force in Cyprus" (UNFICYP) wurde durch Resolution Nr. 186 des UNO-Sicherheitsrats vom 4. März 1964 geschaffen. Für den Wortlaut vgl. UNITED NATIONS RESOLUTIONS, Serie II, Bd. V, S. 12–14.
[6] Gemäß Vertrag vom 16. August 1960 garantierte Großbritannien zusammen mit Griechenland und der Türkei die Unabhängigkeit, territoriale Integrität und Sicherheit Zyperns. Für den Wortlaut vgl. UNTS, Bd. 382, S. 3–7.
[7] Zur Bildung der „United Nations Interim Force in Lebanon" (UNIFIL) am 19. März 1978 vgl. Dok. 84, Anm. 9.
[8] Der Libanon war von 1920 bis 1943 französisches Mandatsgebiet.

Mitgliedstaaten von NATO und Warschauer Pakt besteht Zurückhaltung. Eine Ausnahme ist Kanada, das wiederholt Kontingente gestellt hat. Bei UNDOF (Golan)[9] wurde nach schwierigen Verhandlungen auf sowjetischen Druck zum ersten Mal ein Kontingent eines Warschauer-Pakt-Staates (Polen) zugelassen.

Waffeneinsatz ist wie jetzt auch bei UNIFIL nur zur Selbstverteidigung vorgesehen. Als Selbstverteidigung ist auch die Abwehr gewaltsamer Behinderung von Maßnahmen anzusehen, die von den Friedenstruppen zur Erfüllung ihres friedenssichernden Auftrages vorgenommen werden. (Für UNIFIL wird dies in dem vom SR gebilligten Bericht des Generalsekretärs[10] ausdrücklich bestätigt.)

Die Finanzierung erfolgt durch

– freiwillige Beiträge der Mitgliedstaaten wie im Falle der Zypern-Truppen

– oder aus Mitteln des regulären VN-Haushalts, die von den Mitgliedstaaten durch Pflichtbeiträge zu erbringen sind. Die Kosten sind in diesem Fall gemäß Artikel 17 Absatz 2 der VN-Charta[11] Ausgaben der Organisation und werden durch GV-Beschluß nach einem besonderen Verteilungsschlüssel umgelegt (unser Kostenanteil entspricht unserer Beitragsquote zum VN-Haushalt von 7,70%).

Die Finanzierung aus dem regulären Haushalt wird seit den Erfahrungen der Kongo-Krise[12] angestrebt. Damals verweigerten SU und Frankreich die Beteiligung an der Finanzierung der VN-Streitkräfte. Die Kostenverteilung auf der Grundlage der Beitragsquoten zum VN-Haushalt blieb jedoch auch bei UNEF II[13] und UNDOF umstritten.

Anläßlich der Entschließung zur Aufstellung von UNIFIL haben SU und ČSSR im SR die Berechtigung der Finanzierung durch den regulären Haushalt mit dem Argument abgelehnt, daß der Aggressorstaat (d. h. Israel) die Kosten zu tragen habe. Sie stimmten der Aufstellung nur mit Rücksicht auf den Libanon zu. China lehnt jede Zahlungsverpflichtung für VN-Friedensoperationen ab. Andere Staaten kommen ihren Zahlungspflichten nur zögernd nach.

---

9 Die „United Nations Disengagement Observer Force" wurde mit Resolution Nr. 350 des UNO-Sicherheitsrats vom 31. Mai 1974 gebildet. Für den Wortlaut vgl. UNITED NATIONS RESOLUTIONS, Serie II, Bd. IX, S. 60.

10 Für den Wortlaut des Berichts des UNO-Generalsekretärs Waldheim über die Implementierung der Resolution Nr. 425 des UNO-Sicherheitsrats vom selben Tag (Dokument S/12611) vgl. UN SECURITY COUNCIL, OFFICIAL RECORDS, 33rd year, Supplement for January–March 1978, S. 61 f.

11 Für den Wortlaut vgl. BUNDESGESETZBLATT 1973, Teil II, S. 445.

12 In dem am 30. Juni 1960 von Belgien unabhängig gewordenen Kongo (Léopoldville) brach nach dem Abfall der Provinz Katanga ein Bürgerkrieg aus. Mit Resolution Nr. 143 des UNO-Sicherheitsrats vom 14. Juli 1960 wurde die „United Nations Operation in the Congo" (ONUC) eingesetzt, deren Mandat durch die Resolutionen Nr. 161 vom 21. Februar 1961 bzw. Nr. 169 vom 24. November 1961 erweitert wurde. Für den Wortlaut vgl. UNITED NATIONS RESOLUTIONS, Serie II, Bd. IV, S. 5 bzw. S. 40–43.

13 Am 25. bzw. 27. Oktober 1973 beschloß der UNO-Sicherheitsrat die Einsetzung einer „United Nations Emergency Force" (UNEF II) für den Nahen Osten zur Überwachung der Waffenruhe zwischen Ägypten und Israel. Vgl. dazu die Resolutionen Nr. 340 und 341 vom 25. bzw. 27. Oktober 1973; UNITED NATIONS RESOLUTIONS, Serie II, Bd. IX, S. 45.
Das Mandat wurde mehrfach verlängert, zuletzt bis zum 24. Oktober 1978 durch Resolution Nr. 416 des UNO-Sicherheitsrats vom 21. Oktober 1977. Für den Wortlaut vgl. UNITED NATIONS RESOLUTIONS, Serie II, Bd. X, S. 49.

II. Fragen deutscher Beteiligung an VN-Friedensoperationen

1) Als VN-Mitglied ist die Bundesrepublik Deutschland generell zur Unterstützung der den Zielen und Grundsätzen der Charta dienenden Bemühungen der Organisation verpflichtet; dies bedeutet jedoch keine Verpflichtung, bei einzelnen Friedensoperationen der VN mitzuwirken. Wir sind frei, über unsere Beteiligung an friedenserhaltenden Operationen in jedem Einzelfall politisch zu entscheiden.

2) Rechtlicher Rahmen deutscher Beteiligung:

Für den Einsatz der Bundeswehr bei VN-Friedensoperationen setzt das Grundgesetz Grenzen. Nach Artikel 87 a Absatz 2 GG dürfen

„außer zur Verteidigung die Streitkräfte nur eingesetzt werden, soweit das Grundgesetz es ausdrücklich zuläßt".[14]

Eine Beteiligung an VN-Friedensoperationen dient nicht der Verteidigung im Sinne dieser Bestimmung. Eine Grundgesetznorm im Sinne des Artikel 87 a Absatz 2, die zum Einsatz der Bundeswehr bei VN-Friedensoperationen ermächtigt, fehlt. Nach Artikel 24 GG kann sich

„der Bund zur Wahrung des Friedens einem System gegenseitiger kollektiver Sicherheit einordnen".[15]

Dies ist jedoch keine hinreichende Ermächtigungsnorm im Sinne des Artikel 87 a Absatz 2 GG.

Nach Auffassung der beteiligten Ressorts (BMI, BMJ, BMVg) fehlen die rechtlichen Voraussetzungen für eine mit Waffengebrauch verbundene Beteiligung der Bundeswehr an VN-Friedensoperationen.

Unstreitig ist dagegen die Beteiligung von Bundeswehreinheiten bei Einsätzen, die keinen Waffengebrauch erfordern, so vor allem logistische Aufgaben, Beobachterfunktionen, humanitäre Aktionen.

3) Mögliche Formen deutscher Beteiligung:

– Finanzielle Beiträge

Wir haben bisher erhebliche Leistungen erbracht:

Seit 1964 jährlicher freiwilliger Beitrag zu UNFICYP in Höhe von 1 Mio. Dollar, insgesamt bisher 16,5 Mio. Dollar.

Pflichtbeiträge zu UNEF II und UNDOF, berechnet nach unserer allgemeinen Beitragsquote, Zahlungen seit 1973 insgesamt 27,5 Mio. Dollar.

– Logistische Unterstützung

– Sachleistungen (z. B. Ausrüstungs- und Versorgungsgüter für VN-Truppen, besonders technisches Gerät, z. B. auf Nachrichtensektor).

– Transporthilfe (bisher einziger Fall: Transport von 1000 senegalesischen und ghanaischen Soldaten mit Bundeswehrmaschinen nach Kairo im Januar 1974[16]).

---

[14] Vgl. BUNDESGESETZBLATT 1968, Teil I, S. 711.

[15] Vgl. BUNDESGESETZBLATT 1949, S. 4.

[16] Ghana und Senegal gehörten zu den Staaten, die Truppen für die „United Nations Emergency Force" (UNEF II) zur Verfügung stellten.

Nur die Bundeswehr verfügt über einen rasch einsetzbaren, zuverlässigen Apparat für derartige Aktionen. Allerdings könnte im Einzelfall Auftreten der Bundeswehr politisch Schwierigkeiten schaffen.

Als Alternative für den Einsatz von Bundeswehrpersonal und -gerät ist auch Verwendung zivilen Personals und ziviler Ausrüstung denkbar, z.B. Charterung von Zivilflugzeugen. Ausführung größerer Aktionen mit zivilen Mitteln dürfte jedoch sehr schwierig sein, da kein der Bundeswehr vergleichbarer eingespielter Apparat vorhanden ist.

- Stellung eines Flugzeugs für Kommandeur der VN-Truppen.

  Dies kann bei begrenztem materiellem Engagement optisch besonders wirksame Form deutscher Mitwirkung und Präsenz sein.

- Personelle Hilfe für VN-Sekretariat

  Für besondere Aufgaben im Rahmen von VN-Friedensoperationen könnte ziviles deutsches Personal zur Verfügung gestellt werden.

Im Zusammenhang mit einer VN-Friedensoperation können wir wie im Fall Libanon als selbständige nationale Leistung humanitäre Hilfsaktionen durchführen (wie Versorgung notleidender Bevölkerung). Solche Maßnahmen können je nach Sachlage VN-Operation ergänzen.

Aktionen wie Hilfstransporte werden in der Verantwortung des ausführenden Staats durchgeführt. Formale Grundlage nach VN-Praxis: Ersuchen des VN-Generalsekretärs, Bestätigungsschreiben.

Die aufgeführten möglichen Beiträge sind mit Ausnahme der Pflichtbeiträge freiwillige Leistungen, deren Kosten der ausführende Staat selbst zu tragen hat.

4) Finanzierung

Die Mittel für freiwillige Leistungen im Rahmen von VN-Friedensoperationen sind in der Regel als überplanmäßige Ausgaben im Haushalt des Auswärtigen Amts auszubringen. Soweit die Bundeswehr eingesetzt wird, gehen die dem BMVg entstehenden Kosten zu Lasten des Auswärtigen Amts. Das BMVg betrachtet sich als ausführendes Organ für eine in der Verantwortung des Auswärtigen Amts liegende Aktion. Allerdings berechnet das BMVg günstige Pauschalsätze für die sogenannten beweglichen Kosten (zusätzliche Betriebskosten, ohne laufende Kosten wie Gehälter usw.).

5) Zum Verfahren

Langfristige konkrete Planungen und Vorbereitungen sind in der Regel nicht möglich. UNIFIL hat dies erneut illustriert.

Wenn wir die von uns beanspruchte Mitwirkung und Mitverantwortung bei den Bemühungen zur Friedenssicherung im VN-Rahmen überzeugend und öffentlichkeitswirksam ausfüllen wollen, müssen wir aber in Krisenfällen unbürokratisch und rasch vorgehen. Schwierigkeiten können sich z.B. dadurch ergeben, daß bei größeren Aktionen schon allein wegen der Beteiligung anderer Ressorts und der Bereitstellung außerplanmäßiger Mittel die Befassung des Kabinetts nicht zu vermeiden sein wird.

Wir wollen im Lichte der bisherigen Erfahrungen mit den beteiligten Ressorts prüfen, wie unser Vorgehen vereinfacht werden kann (z.B. Frage einer generellen Ermächtigung an Außenminister und hauptbeteiligte Ressorts; Leertitel im

Haushaltsplan). Auch die Frage der verfassungsrechtlichen Beschränkungen wird erneut aufzugreifen sein.

III. Deutsche Mitwirkung bei VN-Operationen in aktuellen Krisenzonen

1) Naher Osten

Mit der Entsendung einer Friedenstruppe in den Südlibanon wird zur Zeit die letzte Zone unmittelbarer Berührung zwischen Israel und einem Nachbarstaat durch die VN gesichert. Nimmt man die VN-Waffenstillstandskommission (UNTSO)[17] und das VN-Werk für Palästina-Flüchtlinge (UNWRA)[18] hinzu, wird die Intensität des Engagements der VN im Nahen Osten deutlich.

Inwieweit die künftige Entwicklung weitere VN-Aktionen im Nahen Osten erfordert, ist offen. Zwei Fälle sind vor allem denkbar:

– Eine Verschärfung der Spannungen könnte eine Aufstockung der vorhandenen Kontingente für UNEF, UNDOF oder UNIFIL erfordern.

– Eine Regelung für Westbank und Gaza könnte die Entsendung einer weiteren Truppe notwendig machen.

Unser Engagement sollte sich im bisherigen Rahmen bewegen: Beitragszahlung zur Finanzierung der Friedenstruppen; im Einzelfall Sonderaktionen wie Transporthilfe oder Materiallieferungen.[19] Hinzu können als autonome nationale Beiträge humanitäre Leistungen kommen.

2) Namibia

Bei der von den Fünf erstrebten internationalen Lösung auf der Grundlage der SR-Resolution 385[20] wird eine Mitwirkung der VN in doppelter Form notwendig sein:

---

[17] Die „United Nations Truce Supervision Organization" wurde durch die Resolution Nr. 50 des UNO-Sicherheitsrats vom 29. Mai 1948 gegründet. Für den Wortlaut vgl. UNITED NATIONS RESOLUTIONS, Serie II, Bd. II, S. 30 f.

[18] Die „United Nations Relief and Works Agency for Palestine Refugees in the Near East" wurde durch die Resolution Nr. 302 (IV) der UNO-Generalversammlung vom 8. Dezember 1949 geschaffen. Für den Wortlaut vgl. UNITED NATIONS RESOLUTIONS, Serie I, Bd. II, S. 303–305.

[19] Botschafter Freiherr von Wechmar, New York (UNO), berichtete am 21. März 1978, daß UNO-Generalsekretär Waldheim die Bundesregierung um Bereitstellung einer Maschine für den Kommandeur von UNIFIL, Siilasvu, gebeten habe. Die USA hätten ferner angeregt, daß die Bundesregierung Flugzeuge zum Transport norwegischer Angehöriger von UNIFIL zur Verfügung stellen solle. Vgl. dazu den Drahtbericht Nr. 637; Referat 230, Bd. 121020.
Ministerialdirektor Blech legte am 22. März 1978 dar: „Stellung des Kommandeurflugzeugs würde uns ohne hohes materielles Engagement eine Art diskreter Dauerpräsenz in der VN-Operation verschaffen. [...] Übernahme eines Bundeswehrflugzeugs durch VN (symbolisiert durch Übermalung mit VN-Farben) wäre Ausdruck internationaler ‚Einsegnung' der Bundeswehr." Vgl. Referat 230, Bd. 121020.
Vortragender Legationsrat I. Klasse Gorenflos vermerkte am 22. März 1978, nach Mitteilung des Ministerialdirektors Ruhfus, Bundeskanzleramt, sei in der Kabinettssitzung beschlossen worden: „1) Keine deutschen Kontingente zu UNIFIL; 2) BMVg stellt Transportkapazität im Rahmen noch zu prüfender Möglichkeiten zur Verfügung. 3) BMVg prüft Möglichkeit, Jet-Star zur Verfügung zu stellen". Vgl. Referat 230, Bd. 121020.
Gorenflos informierte die Ständige Vertretung bei der UNO in New York am 27. März 1978: „Bundesregierung nunmehr bereit, einen Jet-Star den VN für die Zeit von vier Wochen zur Verfügung zu stellen. [...] Zusage einer Verlängerung zur Zeit noch nicht möglich, da die B[undes]w[ehr] insgesamt nur über drei Jet-Stars verfügt." Vgl. den Drahterlaß Nr. 1466; Referat 230, Bd. 121020.

[20] Zur Resolution Nr. 385 des UNO-Sicherheitsrats vom 30. Januar 1976 vgl. Dok. 50, Anm. 12.

– VN-Beauftragter mit Stab zur politischen Überwachung der Wahl und der Überführung des Landes in die Unabhängigkeit.
– VN-Friedenstruppe als Sicherungskräfte.

Zur Frage unserer Beteiligung sind angesichts der unsicheren Entwicklung gegenwärtig nur allgemeine Überlegungen möglich.

Folgende Formen kommen in Betracht:
– Zusätzliche freiwillige finanzielle Leistungen (neben der Beteiligung an den Kosten über den allgemeinen VN-Haushalt).
– Personal für den Stab des VN-Beauftragten.
– Logistische Unterstützung für die VN-Friedenstruppe, etwa durch Transporthilfe, Materiallieferungen.

Art und Ausmaß müssen unser besonderes Engagement für eine Lösung der Namibia-Frage deutlich machen. Andererseits muß unsere Beteiligung so dosiert sein, daß sie dem Ostblock, insbesondere der DDR, keinen Vorwand liefert, in Namibia über die multilateralen Institutionen eine Art Gegenpräsenz aufzubauen (theoretischer Extremfall: DDR-Truppenkontingent). Die Gefahr einer östlichen Präsenz über die VN ist nach jetzigem Stand gering, da der Osten sich bisher von einem VN-Engagement im Rahmen der Fünfer-Initiative distanziert. Dies könnte sich bei einem erfolgreichen Ablauf jedoch ändern.[21]

D 3[22] hat mitgezeichnet.

i.V. Ruth

Referat 010, Bd. 178805

---

[21] Vortragender Legationsrat I. Klasse Gorenflos teilte der Ständigen Vertretung bei der UNO in New York am 21. April 1978 mit: „Am 20.4.78 hat eine Ressortbesprechung über grundsätzliche Fragen der Beteiligung der BR Deutschland an friedenserhaltenden Operationen der VN stattgefunden. Vertreten waren das BMVg, BMF, BMI und BMJ. [...] Die Besprechung hat gezeigt, daß die Ressorts gegenwärtig freiwilligen Leistungen der B[undes]r[epublik] für Friedenstruppen sehr reserviert gegenüberstehen." Das Bundesministerium der Verteidigung habe erklärt, es könne „Beiträge im Umfang von UNIFIL in Zukunft nicht mehr erbringen. In Betracht kämen nur beschränkte Transportleistungen (mit Ausbildungseffekt für die Bundeswehr) und evtl. Ausbildungshilfe für VN-Friedenstruppenpersonal. Leistungen seien überhaupt nur möglich, wenn das AA die Mittel in seinem Haushalt bereitstelle (UNIFIL wurde über Haushalt des BMVg finanziert). BMF legte Wert darauf, daß bei Friedenstruppen möglichst alle Kosten auf Mitgliedstaaten umgelegt werden sollten." Gorenflos stellte dazu fest: „Um mehr Unterstützung der Ressorts zu erhalten, muß noch erhebliche Aufklärungsarbeit geleistet werden, bei der wir die politische Bedeutung unseres Engagements für friedenssichernde Operationen der VN betonen und sie in den internationalen Vergleich stellen." Vgl. den Drahterlaß Nr. 377; Referat 230, Bd. 120948.
[22] Andreas Meyer-Landrut.

88

Aufzeichnung des Botschafters Fischer

VS-NfD 22. März 1978[1]

Betr.: KSZE-Folgetreffen;
hier: Allgemeiner Erfahrungsbericht

Überblick

I. Ablauf
1) Vertiefter Meinungsaustausch
2) Weiterführende Vorschläge
3) Kritische Bewertung westlicher Vorschläge
4) Verweigerung von Verhandlungen
5) Sowjetischer Gesamtentwurf und N+N-Texte
6) Cross-bargaining
7) Westliche Positionspapiere
8) Abschließendes Dokument

II. Westliche Zusammenarbeit

1) Die Neun
2) Die Rolle Frankreichs
3) Die Rolle Großbritanniens
4) Die Rolle der übrigen EPZ-Staaten
5) Die Rolle der USA
6) Die übrigen NATO-Teilnehmerstaaten

III. Die osteuropäischen Delegationen

1) Die sowjetische Delegation
2) Die Rolle Rumäniens
3) Die übrigen WP-Delegationen (außer DDR)
4) Die Delegation der DDR

IV. Die Neutralen und Nichtgebundenen sowie die sonstigen Teilnehmerstaaten

1) Die „klassischen" Neutralen
2) Die Nichtgebundenen
3) Die Sonstigen

---

[1] Botschafter Fischer leitete die Aufzeichnung am 22. März 1978 an Ministerialdirektor Blech. Dazu vermerkte er: „Als Anlage ist ein umfassender Erfahrungsbericht zur Kenntnisnahme beigefügt. Wegen seiner Länge ist ein Überblick vorangestellt, so daß die jeweils interessierenden Stellen herausgegriffen werden können. Ich beabsichtige, Staatssekretär van Well nach Rückkehr Auszüge vorzulegen."
Hat Blech am 25. März 1978 vorgelegen, der handschriftlich vermerkte: „Ich würde es für gut halten, Herrn StS die gesamte Aufzeichnung vorzulegen (mit D[urch]d[ruck] für MB). Auch Abt. 1 sollte über die für sie relevanten Teile unterrichtet werden." Vgl. den Begleitvermerk; Referat 212, Bd. 116375.
Hat Fischer erneut vorgelegen, der die Aufzeichnung mit Begleitvermerk vom 30. März 1978 an Staatssekretär van Well leitete: „Beigefügt lege ich Ihnen einen umfassenden Erfahrungsbericht über das Belgrader Treffen vor. Herr D 2 hat, wie aus dem handschriftlichen Vermerk (Anlage) hervorgeht, gewünscht, daß er nicht in Auszügen, sondern insgesamt zu Ihrer Kenntnis gelangt."
Hat in Vertretung von van Well Staatssekretär Hermes am 31. März 1978 vorgelegen.
Hat van Well vorgelegen. Vgl. den Begleitvermerk; Referat 212, Bd. 116375.

V. Schlußfolgerungen für Madrid

1) Konsultationen vor dem Treffen
2) „Level" des Haupt-Treffens
3) Überlegungen zum Meinungsaustausch und zu weiterführenden Vorschlägen
4) Zeitliche Festlegung

Anhang: Personelle und administrative Fragen

1) Vorbereitung der Delegationstätigkeit
2) Verbindung mit Abteilung 2
3) Berichterstattung
4) Delegation
5) Büroräume

I. Ablauf

1) Vertiefter Meinungsaustausch

Dreiteilung Meinungsaustausches über Implementierung, zunächst öffentliche Eingangserklärung, abgegeben von StS van Well[2], sodann Erklärungen zu drei Körben des Delegationsleiters in geschlossener Plenarsitzung[3], schließlich Erklärungen zur Erfüllung jeder einzelnen Bestimmung Schlußakte in subsidiären Arbeitsorganen, scheint mir rückblickend zu schwerfällig und zeitraubend zu sein (sechs Wochen wurden damit verbraucht). Alle westlichen Delegationen sahen sich zur Wiederholung ihrer Argumente veranlaßt. Im übrigen stieg notwendigerweise Heftigkeit des Tones und damit auch Irritation.

Meinungsaustausch sollte beim Madrider Treffen erheblich gekürzt werden.[4]

2) Weiterführende Vorschläge

Innerhalb Neun und Fünfzehn vorgenommene Einteilung der weiterführenden Vorschläge in sofort einzubringende, nur als Idee anzusprechende und im Hintergrund zu haltende erwies sich als gefährlich, weil Versuchung, alle auf den Tisch zu bringen[5], damit zu stark wurde. Delegationen, die an Vorschlägen aus beiden letzten Kategorien interessiert waren – vornehmlich F, I und B –, dräng-

---

[2] Für den Wortlaut der Erklärung des Staatssekretärs van Well am 5. Oktober 1977 in Belgrad vgl. EUROPA-ARCHIV 1978, D 62–67.

[3] Für die Erklärung des Botschafters Fischer, Belgrad (KSZE-Delegation), zu allgemeinen Fragen und zum Themenbereich Sicherheit am 11. Oktober 1977 vgl. EUROPA-ARCHIV 1978, D 157–160.
Für die Erklärung von Fischer zum Themenbereich humanitäre Fragen am 13. Oktober 1977 vgl. EUROPA-ARCHIV 1978, D 168–170.
Zur Erklärung der Delegation der Bundesrepublik zum Themenbereich wirtschaftliche Zusammenarbeit vgl. den Drahtbericht Nr. 649 von Fischer vom 13. Oktober 1977; Referat 212, Bd. 115107.

[4] Dieser Satz wurde von Ministerialdirektor Blech hervorgehoben. Dazu Häkchen.

[5] Der Passus „Hintergrund ... bringen" wurde von Ministerialdirektor Blech hervorgehoben. Dazu vermerkte er handschriftlich: „Man muß das in (und vor) Belgrad unterschätzte politisch-psych[ologische] Problem sehen: Das Eingehen auf weiterführende Vorschläge wird um so mehr erschwert, je mehr dies als ‚Schuldgeständnis' nach konkreten Vorwürfen von Implementierungsmängeln erscheint. Wie man dieses Problem sieht, hängt von der Zielvorstellung ab, die man mit einem Folgetreffen verbindet: Schwerpunkt auf Impl[ementierungs]debatte als Mittel der systemaren und ideologischen Gegenüberstellung (bis hin zur pronuncierten Abgrenzung, dies vor allem dann, wenn man sich in Extra-KSZE-Bereichen mit der SU einläßt – SALT II!) oder Schwerpunkt bei den weiterführenden Vorschlägen (weil sich in den hierfür infrage kommenden Bereichen innerhalb des KSZE-Rahmens wesentlich und konkret Entspannung abspielen soll), wobei die Implementierungsdebatte mehr die Funktion der notwendigen Wahrung eigener Grundsatzpositionen erhält."

ten darauf, sie ebenfalls vorzulegen, womit vernünftige Anzahl – höchstens acht bis zehn – überschritten wurde.[6]

Erschwerend war ferner, daß NATO-Delegationen, die nicht zu Neun gehören, Ehrgeiz entwickelten, zusätzliche Papiere einzubringen, wobei sie sich auf mangelhafte und zu kurzfristige Abstimmung innerhalb der NATO beriefen. Hier sollte durch engere Abstimmung vor Beginn des Treffens eindeutig festgestellt werden, wie viele Vorschläge westliche Delegationen insgesamt vorlegen.

An Mitunterzeichnung Vorschläge entzündete sich weiterer Konflikt, weil übrige NATO-Mitglieder Vorschläge der Neun mit einbringen wollten, F jedoch keineswegs Neun im NATO-Kreis „untergehen" lassen wollte. Kompromiß bestand schließlich darin, daß Neun einige Vorschläge allein einbrachten, während bei anderen NATO-Delegationen mitunterzeichneten[7].

Nur kleine Anzahl (vier bis fünf) sorgfältig abgestimmte konkrete Vorschläge sollte auf Madrider Folge-Treffen eingebracht werden

3) Kritische Bewertung westlicher Vorschläge

Zu einzelnen weiterführenden Vorschlägen:

Korb I:

– Zu Prinzipien war der Dissidenten anvisierende Vorschlag über Rechte des Einzelnen gegenüber eigener Regierung weitgehend unter britischem Einfluß entworfen worden – es war klar, daß er „non-starter" war;

– neu hinzugekommen US-Vorschlag zu Menschenrechten wollte Osten durch soziale Menschenrechte neutralisieren (Recht auf Arbeit[8], Gleichberechtigung der Frau[9]), Westen zeigte sich jedoch bereit, diese zu akzeptieren; insofern ging Runde für Westen aus, weshalb SU alle Menschenrechte aus eigenem AD-Entwurf[10] verbannte; im Grunde war Vorschlag ebenfalls „non-starter".

---

[6] Zu diesem Absatz vermerkte Ministerialdirektor Blech handschriftlich: „Die dort angesprochene Unterscheidung hatte taktische Gründe: Es sollte dadurch vermieden werden, daß alles gleichermaßen dringlich behandelt werden sollte. Das hat nicht funktioniert."

[7] Der Passus „der Neun ... mitunterzeichneten" wurde von Ministerialdirektor Blech hervorgehoben. Dazu vermerkte er handschriftlich: „V. a. den Amerikanern muß deutlich gemacht werden, daß die Neun eine spezifische Funktion haben."

[8] Ungarn legte am 2. Dezember 1977 folgenden Vorschlag vor: „Im Bereich der Menschenrechte und Grundfreiheiten bestätigen die Teilnehmerstaaten das Recht jedes Menschen auf Arbeit. Sie geben ihrer Verpflichtung Ausdruck, dieses Recht zu achten und seine uneingeschränkte und wirksame Ausübung, die wesentlich ist für die freie und volle Entfaltung der menschlichen Persönlichkeit, zu sichern. Sie werden auch geeignete Schritte zum Schutz dieses Rechtes unternehmen." Vgl. das Dokument CSCE/BM 62; Referat 212, Bd. 116375.

[9] Bulgarien und die DDR legten am 2. Dezember einen Vorschlag vor, in dem ausgeführt wurde: „Die Teilnehmerstaaten beabsichtigen, [...] die Annahme weiterer geeigneter legislativer und administrativer Maßnahmen sorgfältig zu erwägen, um die gleichberechtigte und wirksame Beteiligung der Frau im politischen, wirtschaftlichen, gesellschaftlichen und kulturellen Leben sowie bei der Gestaltung der Politik auf lokaler, nationaler, regionaler und internationaler Ebene zu gewährleisten und damit ihre Rolle bei der Stärkung von Frieden und Zusammenarbeit in Europa zu erhöhen; die Verstärkung der Zusammenarbeit zwischen nationalen Zentren und Institutionen, welche Forschungsarbeiten in bezug auf Frauen, einschließlich der Organisierung von Seminaren, Symposien und anderer Treffen auf regionaler und internationaler Ebene durchführen, zu fördern." Vgl. das Dokument CSCE/BM 63; Referat 212, Bd. 116375.

[10] Für den sowjetischen Entwurf vom 17. Januar 1978 für ein Abschlußdokument der KSZE-Folgekonferenz vgl. den Drahtbericht Nr. 22 des Botschafters Fischer, Belgrad (KSZE-Delegation), vom gleichen Tag; Referat 212, Bd. 115108.

– Zu CBM war Westen erst mit erheblicher Verspätung (Verzögerung innerhalb NATO) bereit, unerläßliche Präzision zu militärischen Bewegungen vorzuschlagen; auf sowjetischen Vorschlag Manöverlimitierung[11] gelang es NATO bis zum Schluß nicht, klare Stellung zu beziehen; bei von N+N gewünschter Expertengruppe für CBM wären wir wegen unserer reservierten Haltung in taktisch schwierige Lage gekommen, wenn SU durch Wunsch nach Einschluß ihres Aktionsprogramms uns nicht Ablehnung abgenommen hätte; insgesamt war Westen auf diesem Gebiet, wo er leicht initiativ werden konnte, äußerst schwerfällig; Schwäche wurde nur deshalb nicht offenbar, da SU taktisch noch ungeschickter operierte.

Korb II:

– Westliche Vorschläge waren zu wenig ergiebig aus unserer eigenen Interessenlage her gesehen; Feld wurde deshalb durch zahlreiche Vorschläge der N+N abgedeckt, die uns meist neu waren und uns in schwierige Verhandlungsposition brachten; für Osten war es meist leichter, sich N+N-Wünschen anzupassen; in langen Bereichen mußten wir in Korb II „mauern", um Wert unserer Konzessionen im Austausch für östliche Zugeständnisse in anderen Körben (insbesondere der menschlichen Erleichterungen) künstlich zu erhöhen.

Korb III:

– Unsere Vorschläge bei menschlichen Erleichterungen waren vernünftig und sachlich richtig, jedoch in zu viele Einzelstücke aufgespalten; für Präsentation wäre stärkere Zusammenfassung günstiger; im Westen fanden Vorschläge stärkste Unterstützung bei DK, N, TR und CDN, das allerdings durch eigenen Vorschlag, der Automatismus bei Gewährung von Anträgen verlangte[12], Stimmung bei osteuropäischen Delegationen verdarb.

3) Verweigerung Verhandlungen

SU und meiste osteuropäische Staaten verweigerten schon von Beginn Prüfung der Vorschläge in Subsidiären Arbeitsorganisationen jegliche Verhandlungen über Menschenrechte, menschliche Erleichterungen und CBM.[13] Sie stellten anstatt dessen in Korb I Fragen militärischer Sicherheit in Vordergrund („Recht auf Leben" als übergeordnetes Menschenrecht bei Prinzipien, NFU[14] und Abrüstung bei CBM), in Korb III erklärten sie westliche Vorschläge für menschliche Erleichterungen schlichtweg für unakzeptabel.

---

11 Vgl. dazu den sowjetischen Entwurf vom 24. Oktober 1977 für eine „Aktionsbasis zur Festigung der militärischen Entspannung in Europa"; Dok. 4, Anm. 16.

12 Botschafter Fischer, Belgrad (KSZE-Delegation), übermittelte am 3. November 1977 einen kanadischen Vorschlag zu menschlichen Kontakten, der in der folgenden Woche eingebracht werden sollte. Dazu führte er aus: „Vorschlag hat m. E. geringe Chance auf Annahme, da er im Gewand Interpretation Genehmigungspflicht als Normalfall stipuliert." In dem Vorschlag hieß es: „Reference in the Final Act: B) Reunification of families: [...] ,Consideration of applications for the purpose of family meetings ‚favourably', for the purpose of family reunification ‚in a positive and humanitarian spirit', and for the purpose of marriage between citizens of different states ‚favourably and on the basis of humanitarian considerations', should be interpreted as meaning that such applications shall normally be granted. When, in exceptional cases, such applications are not granted, impediments will not be placed in the way of the applicant renewing the application if he so desires.'" Vgl. den Drahtbericht Nr. 793; Referat 212, Bd. 115107.

13 So in der Vorlage.

14 No first use.

Da damit Arbeit in SAO[15] nach erstem Durchgang schon am Ende anzulangen drohte, legte Westen Zusammenfassungen seiner Vorschläge in allen Bereichen unter Berücksichtigung von neutralen und osteuropäischen Vorschlägen, soweit akzeptabel, vor[16], wobei dies ersten Schritt in Richtung auf Kompromiß darstellen sollte. In fünf Unterkapiteln des Korbes III übernahmen osteuropäische Delegationen gleiches Verfahren und legten ihrerseits Zusammenfassungen vor, die letzten kurz vor Weihnachten.[17] Methodologisch hätte auf diesem Weg mittels weiterer Zusammenfassungen unter Annäherung der Standpunkte (der Westen hatte für menschliche Erleichterungen bereits zweite Zusammenfassung vorbereitet) allmählich endgültiger Kompromiß angesteuert werden können.

5) Sowjetischer Gesamtentwurf und N+N-Texte

Substanzloser Entwurf abschließenden Dokuments (AD), den sowjetische Delegation am 17. Januar vorlegte, zerstörte vorgesehenen Ablauf. SU deutete damit endgültig an, daß sie in wesentlichen Bereichen AD keine Substanz zulassen wollte. Damit waren auch Verhandlungen in ab Januar tagenden Redaktionsuntergruppen von Anfang an blockiert. Um östlicher Absicht der Substanzverweigerung möglichst breite Mehrheit von Staaten entgegenzusetzen, die konkretes, substantielles AD wünschten, entschlossen sich westliche Staaten, N+N den Vortritt bei Vorlage neuer Textformulierungen zu allen Körben zu geben. Mehrheit zugunsten konkreten AD, die sich damit manifestierte, betrug von 35 Staaten 29 – einschließlich von R.

Westen brauchte außerdem zu Zeitpunkt, zu dem SU keinerlei Kompromißbereitschaft signalisiert hatte, seinerseits nicht von seinen Positionen abzugehen. Informelle Texte der N+N in Korb I und Korb III trugen zwar Kompromißcharakter, lagen aber westlichen Vorstellungen näher (dafür hatten enge Kontakte mit jeweiligen federführenden N+N gesorgt), in Korb II hatten N+N ihre eigenen Interessen ausführlicher niedergelegt. Westliche Delegationen akzeptierten diese Texte als Verhandlungsgrundlage, selbst wenn sie Zusätze vorschlugen.

In informellen Kontaktgruppen, die zu Verhandlungen hierüber geschaffen wurden, lehnte SU, gefolgt von treuesten Alliierten, erneut jedes Gespräch über Menschenrechte, menschliche Erleichterungen und CBM ab.

6) Cross-bargaining

In dieser Phase hätten Verhandlungen sehr schnell zum Cross-bargaining zwischen Körben führen können. In informeller Kontaktgruppe für Korb II hielt Westen deshalb Zugeständnisse in Fragen hochrangiger Umwelt- und Energietreffen mit Hinweis darauf zurück, daß zunächst osteuropäische Konzessionen in Korb I und insbesondere in Korb III vorliegen müßten. Entsprechend hätten wir zu diesem Zeitpunkt in Lage sein müssen, Verhandlungsbereitschaft über

---

[15] Subsidiäre Arbeitsorgane.

[16] Die Bundesrepublik legte am 15. Dezember 1977 eine Synthese der Vorschläge zum Thema Kultur vor. Für den Wortlaut vgl. den Drahtbericht Nr. 1050 des Botschafters Fischer, Belgrad (KSZE-Delegation), vom 16. Dezember 1977; Referat 212, Bd. 115108.

[17] Die DDR legte am 13. Dezember 1977 Synthesen der Vorschläge zu den Themen Information und Kultur vor. Für den Wortlaut vgl. den Drahtbericht Nr. 1028 des Botschafters Fischer, Belgrad (KSZE-Delegation), vom selben Tag; Referat 212, Bd. 115108.
Die ČSSR legte am 14. Dezember 1977 eine Synthese der Vorschläge zum Thema Erziehung vor. Für den Wortlaut vgl. den Drahtbericht Nr. 1050 des Botschafters Fischer, Belgrad (KSZE-Delegation), vom 16. Dezember 1977; Referat 212, Bd. 115108.

einzigen konkreten sowjetischen Vorschlag zur Sicherheit – Manöverlimitierung – gegen Zugeständnisse in Korb III – neben CBM – einzutauschen. Für diesen, eigentlich selbstverständlichen Zusammenhang – insbesondere aus deutschem Interesse – gelang es allerdings nicht, zustimmende Weisung zu erhalten.[18]

Insgesamt ist zu bezweifeln, ob Westen über genügend Konzessionen verfügt hätte, falls SU zu Verhandlungen bereit gewesen wäre.

7) Westliche Positionspapiere

Da keine Verhandlungen zustande kamen, war es für Westen wichtig, seine Position noch einmal geschlossen auf Tisch zu legen. Um nicht durch Papier eindeutig maximalistischen Charakters (US-Präferenz) Sprengung Treffens zu riskieren oder durch Papier minimalistischen Charakters (F-Präferenz) ohne Verhandlungsnotwendigkeit Karten aus Hand zu geben, wurde unter deutschem Vorsitz Gesamtentwurf des AD vorbereitet, der auf N+N-Texten fußte, sie jedoch hinsichtlich westlicher Wünsche anreicherte.[19] F, dem dieser Text, insbesondere hinsichtlich Implementierung und Menschenrechten, dennoch zu weit ging, legte deshalb eigenen Text mit etwas stärkerem Kompromißcharakter vor.[20] (Passagen über menschliche Erleichterungen hatten wir soweit verstärkt, daß unsere Position in diesem Bereich durch französisches Papier nicht geschwächt werden konnte).

8) Abschließendes Dokument

Obwohl deutsche Delegation ungern Verantwortung für unter diesen Umständen allein übrigbleibendes, substanzloses AD übernehmen wollte, mußten wir aus Verantwortung für Kontinuität KSZE-Prozesses (Risiko, daß sowjetische Delegation Treffen ohne jegliches AD und damit ohne Einigung auf Madrid verlassen würde, war nicht auszuschließen) uns doch mit Neun dazu bereit finden. Unter deutschem Vorsitz wurde erster, sehr kurzer Entwurf ausgearbeitet. US-Delegation ergänzte ihn durch Hinweise auf verschiedenartige Ansichten, die im Meinungsaustausch zum Ausdruck gekommen waren, auf mangelnden Konsensus über weiterführende Vorschläge und auf „Wert an sich" des Meinungsaustausches.

Bevor Text eingebracht wurde, zeigte sich, daß Mittelmeer-Anrainerstaaten weitere Expertengruppe, bei beschränktem Mandat, im Austausch für ihren Konsens verlangten, so daß dritte Gruppe (zu beiden schon in Schlußakte vermerkten) hinzugefügt wurde. YU und R legten ihrerseits Entwürfe für AD vor[21], die

---

[18] Zu diesem Absatz vermerkte Ministerialdirektor Blech handschriftlich: „Die schwierige Frage, ob und wie Cross-bargaining in Betracht gezogen werden soll, wird vor Madrid besonders sorgfältig geprüft werden müssen. Bejaht man die Zweckmäßigkeit (wofür im Unterschied zu Genf einige Gründe sprechen mögen), bedarf es eines Konzepts."

[19] Zum Entwurf Belgiens, der Bundesrepublik, Dänemarks, Griechenlands, Großbritanniens, Irlands, Islands, Italiens, Kanadas, Luxemburgs, der Niederlande, Norwegens, Portugals, der Türkei und der USA vom 21. Februar 1978 vgl. Dok. 56, Anm. 16.

[20] Für den französischen Entwurf vom 16. Februar 1978 für ein Abschlußdokument der KSZE-Folgekonferenz vgl. EUROPA-ARCHIV 1978, D 224–231.

[21] Für den jugoslawischen Entwurf vom 23. Februar 1978 für ein Abschlußdokument vgl. den Drahtbericht Nr. 224 des Botschafters Fischer, Belgrad (KSZE-Delegation), vom selben Tag; Referat 212, Bd. 115108.

Für den rumänischen Entwurf vom 28. Februar 1978 vgl. den Drahtbericht Nr. 247 von Fischer vom selben Tag; Referat 212, Bd. 115108.

bis zu fünf Expertengruppen aufwiesen und deshalb Unterstützung seitens einiger N+N (CH wegen Informationsgruppe, S wegen CBM-Gruppe) erhielten. Da für beide Expertengruppen SU Erweiterung des Mandats verlangte, die für Westen inakzeptabel war, kam es darauf an, Konsens von YU und R für unser Dokument zu erlangen. Dies war nur möglich durch Aufnahme beider Leerformeln über „Bedeutung der Entspannung" und „politische Bedeutung der KSZE".

Malta erklärte schließlich seinen Konsens im Austausch gegen eine weitere Leerformel, nach der Sicherheitsfragen in Madrid behandelt werden könnten, wobei dänischer Vorsitzender der Neun unwidersprochen feststellte, daß damit keine weitergehende Diskussion zugestanden sei als schon in Belgrad. (Sicherheitsfragen des MM wurden vom Westen nur negativ als nicht in KSZE-Rahmen gehörend angesprochen, sonst nur von M und nichtteilnehmenden MM-Staaten.)[22]

II. Westliche Zusammenarbeit

1) Die Neun:

Zusammenhalt der Neun war während gesamter Dauer Treffens ausgezeichnet; einzige Ausnahme bildeten gelegentliche Abweichungen französischer Delegation von gemeinsamer Linie. Von Beginn bis Ende trafen sich neun Delegationschefs jeden Morgen von 9.30 bis 10.30 Uhr und legten ihr gemeinsames Auftreten bis in Einzelheiten fest. Freundschaftliche Beziehungen, die zwischen ihnen entstanden, und Gründlichkeit ihrer jeweiligen Vorbereitung sicherten ihrer Aktivität starke Wirkung zu. Osteuropäische und neutrale Delegationen stellten mehrfach fest, daß Neun geschlossener und energischer handelten als in irgendeiner früheren KSZE-Phase.

Während Herbstmonate war belgischer Delegationschef, Botschafter Graeffe, benevolenter, zur Vorsicht neigender Vorsitzender, was damaliger Phase gut entsprach; in ersten Monaten Jahres 1978 hochqualifizierter dänischer Delegationschef Mellbin, seit Dipoli[23] mit KSZE-Materien befaßt, energisch, taktisch, geschickt, flexibel, aber auch, wenn notwendig, hart.

Neun gelang es, Teilnahme der EG am Folgetreffen dadurch optisch zu stärken, daß von ihnen eingebrachte Vorschläge „im Namen der Mitgliedstaaten der Europäischen Gemeinschaft" vorgelegt wurden; anfängliche östliche (vornehmlich PL und R) Kritik an Erwähnung der Gemeinschaft in mündlichen Stellungnahmen hörte im weiteren Verlauf des Treffens auf. Schlußerklärung dänischen Vorsitzenden[24] enthielt klare Aussage über Zuständigkeit Gemeinschaft für KSZE-Materien. Mitspracherecht Kommissionsvertreters in Angelegenheiten gemeinschaftlicher Zuständigkeit wurde während Belgrader Folgetreffens systematisch ausgebaut.

---

[22] Für das abschließende Dokument der KSZE-Folgekonferenz in Belgrad vom 8. März 1978 vgl. EUROPA-ARCHIV 1978, D 246–248.

[23] Im Dipoli-Konferenzzentrum in Helsinki fand vom 22. November bis 15. Dezember 1972 die erste Runde der multilateralen Vorgespräche für die KSZE statt. Vgl. dazu AAPD 1972, III, Dok. 406.

[24] Für die Ausführungen des Leiters der dänischen KSZE-Delegation, Mellbin, am 9. März 1978 in Belgrad vgl. EUROPA-ARCHIV 1978, D 260 (Auszug).

2) Die Rolle Frankreichs:

Französische Delegation stand unter Unstern. Zunächst ernanntem Delegationschef Richer, wegen seiner Rolle in Nordvietnam[25] im Elysée schlecht angesehen, wurde von Präsident Giscard im letzten Augenblick Senator Bettencourt vor die Nase gesetzt, was zu notorisch schlechtem Verhältnis zwischen beiden führte. Richer, eher exzentrischer Mann, fügte sich von Anfang an nur mit starken Vorbehalten Disziplin der Neun und nahm deshalb Gelegenheit französischen Alleingangs im Februar 1978 mit Genuß wahr, als Giscard aus innenpolitischen Gründen eigenes Dokument einbringen wollte. Danach drohte er mehrfach, entweder NATO-Sitzung oder Sitzungen der Neun fernzubleiben, machte Drohungen auch gelegentlich wahr, unterließ es dann wieder.

Auch sonst zeichnete sich Delegationsführung durch Sprunghaftigkeit aus, was sich auch auf übrige Delegationsmitglieder übertrug.

Ich habe trotz der in seinem Wesen liegenden Schwierigkeiten gutes Verhältnis zu ihm gehabt, und er hat sich deutschen Belangen gegenüber meist verständnisvoll gezeigt. Insgesamt spielte Frankreich im Belgrader Treffen nur Randrolle.

3) Die Rolle Großbritanniens:

Britische Delegation unter Leitung britischen Botschafters in Budapest, Parsons, bemühte sich, stets voll im EPZ-Geleit zu bleiben. Problematisch wurde es für sie und übrige Delegationschefs der Neun nur, wenn Foreign Office durch unerwartete Weisungen in Gang Belgrader Ereignisse eingriff – so z.B., als London plötzlich hart formulierte Wiedergabe Implementierungsdebatte im AD verlangte.

Neben US-Vorschlag für Menschenrechte stellte dieser unerwartete britische Vorstoß zweite, nicht vorher abgestimmte Initiative westlicher Staaten dar, auf die Delegationschefs der Neun – nach erheblicher Abmilderung[26] – einzugehen[27] gezwungen wurden. Es lag dabei von vornherein auf der Hand, daß Formulierungen keine Chance hatten, vom Osten akzeptiert zu werden.

4) Die Rolle übriger EPZ-Staaten

B verfolgte – abgesehen von guter Präsidentschaftsführung im Herbst – nur ein eigenes Interesse: Menschenrechtsexpertengruppe, die Brüssel Delegation immer wieder zu verfolgen aufgab. Botschafter Graeffe hatte genügend Verständnis, um seinem Land Niederlage zu ersparen, indem er bis zum Schluß Sache auf sich beruhen ließ. Er hatte mir am Anfang angeboten, mich vor irgendeiner Initiative zu konsultieren, da er nichts gegen deutsche Wünsche tun wolle. Er hat sich hieran gehalten.

Niederländische Delegation unter Botschafter van der Valk führte eine harte Sprache, sah Mißerfolg Belgrader Treffens ohne Bedenken entgegen und schwankte im übrigen zwischen Unbeugsamkeit und Nachgiebigkeit.

---

[25] Philippe Richer war von 1974 bis 1976 französischer Botschafter in Hanoi.
[26] Korrigiert aus: „Abminderung".
[27] Das Wort „Implementierungsdebatte" und der Passus „Neben US-Vorschlag ... einzugehen" wurden von Ministerialdirektor Blech hervorgehoben. Dazu vermerkte er handschriftlich: „Gründe hierfür liegen in den innenpolitischen Interessenlage Owens und Judds."

Luxemburgischer Delegationschef Heisbourg konnte als ehemaliger Botschafter in Moskau[28] in kluger Weise sowjetische Haltung analysieren, hielt sich aber sonst im Hintergrund.

Italienische Delegation unter Belgrader Botschafter Cavaglieri interessierte sich allein für Mittelmeer-Expertengruppe und legte sonst nur Wert darauf, immer ebenfalls dann zu Wort zu kommen, wenn mehrere Neun im Plenum sprachen.

Irländische Delegation unter Wiener Botschafter O'Sullivan vertrat gesunden Menschenverstand bei Neun und erwarb sich damit große Verdienste.

Dänische Delegation gehörte nicht nur während Präsidentschaft zu aktivsten unter Neun. Sie verfolgte Reihe von Vorhaben, insbesondere Follow-up-Fragen, mit großer Beharrlichkeit und taktischem Geschick.

5) Die US-Delegation

Während übrige westliche Delegationen in Belgrad pragmatisches, konkretes Ziel ansteuerten, nämlich aus sachlichem Meinungsaustausch einige weiterführende Vorschläge in allen Körben zu entwickeln, verfolgte Goldberg Konzept, Belgrad als publizistische Bühne für Menschenrechtskampagne Präsident Carters zu nutzen. Hierin liegt – neben[29] sowjetischer Verweigerung konkreter Beschlüsse – zweiter Grund für schlechten Ausgang des Folgetreffens. (Goldberg wurde innerhalb seiner eigenen Delegation im übrigen sowohl von Angehörigen des State Departments als auch von zum Fascell-Ausschuß des Kongresses[30] gehörenden Mitarbeitern heftig kritisiert, wobei diese beiden Gruppen sich auch untereinander befehdeten.)

Ton, den Goldberg anschlug, zwang alle übrigen westlichen Delegationen ebenfalls, Ton anzuheben. Obwohl amerikanische Delegation sich auch an einigen westlichen weiterführenden Vorschlägen beteiligte, legte sie selbst nur Menschenrechtsvorschlag vor, der über zwei Wochen hinweg von übrigen Delegationschefs zunächst abgewehrt, dann umformuliert wurde, um zum Schluß Form (unnötiger) Bestätigung Schlußakte zu erhalten. Danach verfolgte Goldberg in langen Wochen Ziel, westliches Gesamtpapier, bestehend aus ursprünglichen Vorschlägen, vorzulegen, das zu diesem Zeitpunkt als maximalistisches Papier angesehen worden wäre und damit anderer Seite Möglichkeit zu Sprengung Treffens geboten hätte. Außerdem hätte Prüfung dieses Papiers im NATO-Rahmen zu Zusammenstoß zwischen Maximalisten und Minimalisten unter westlichen Delegierten und damit zu offenem Zusammenbruch NATO-Solidarität geführt. Aus diesem Grund gelang es mir zusammen mit einigen anderen Delegationschefs, Goldberg von Vorhaben abzubringen und zunächst Feld N+N-Textformulierungen zu überlassen. In Schlußphase wollte Goldberg erneut Menschenrechtsexpertengruppe oder Ombudsmann für Menschenrechte vorschlagen, aber

---

[28] Georges Heisbourg war von 1974 bis 1977 luxemburgischer Botschafter in Moskau.

[29] Der Passus „Belgrad ... neben" wurde von Ministerialdirektor Blech hervorgehoben. Dazu vermerkte er handschriftlich: „Beides muß wohl in Verbindung gesehen werden".

[30] Der amerikanische Senat und das amerikanische Repräsentantenhaus bildeten im Mai 1977 eine gemeinsame Kommission zu Fragen der Sicherheit und Zusammenarbeit in Europa, deren Vorsitzender der Abgeordnete Fascell war. Die Kommission hatte die Aufgabe, die „Verwirklichung oder Verletzung der Artikel der Schlußakte der Konferenz über Sicherheit und Zusammenarbeit in Europa unter besonderer Berücksichtigung der Bestimmungen über die Zusammenarbeit im humanitären Bereich" zu überwachen. Vgl. dazu die Aufzeichnung des Ministerialdirigenten Meyer-Landrut vom 8. Juli 1977; Referat 212, Bd. 115101.

auch hiervon konnten wir ihn abbringen. – In extremis, wenn ihm klar wurde, daß übrige westliche Delegationen seinen Weg nicht mitgingen, schwenkte er auf Mehrheitslinie ein – wenigstens meist.

6) Der NATO-Zusammenhalt

Um Goldberg auf unserer Linie zu halten, führten meiste der Delegationschefs der Neun – in Absprache miteinander – täglich Einzelgespräche mit ihm. Außerdem tagten NATO-Delegationschefs anfangs einmal die Woche mehrere Stunden lang, später zweimal, bei schwierigen Situationen sogar täglich. Übrige Nicht-Neun-Delegationen unterstützten dabei durchweg Neun bei Bemühen, Goldberg von seinen Einfällen abzubringen, insbesondere CDN und N. Beide Delegationen spielten ohnehin in dieser Gruppe stärkste Rolle. Übrige interessierten sich vornehmlich für eigene Anliegen: P für Wanderarbeiter und MM, TR für Zypern, Wanderarbeiter, Zugeständnisse an Entwicklungsländer in Europa und MM, GR für Zypern und MM. ISL war selten anwesend.

Trotz engen Zusammenhalts wuchs unter Nicht-Neun-Staaten der NATO Gefühl der Frustration, weil sie zuvor festgelegte Stellungnahmen der Neun aus Zeitdruck meist übernehmen mußten, ohne auf ihre Ausarbeitung Einfluß nehmen zu können. Neun versuchten, Problem durch Genfer „buddy-system" (Kumpelsystem) abzumildern, bei dem jeder Delegationschef der Neun „Kumpel" unter NATO-Delegierten (sowie auch unter N+N) zugewiesen bekam, den er über Vorstellungen der Neun laufend unterrichten mußte. (Ich habe System zugunsten NATO- „Kumpels" – N[31] – und neutralen „Kumpels" – A – sehr extensiv, täglich mehrmals, und damit zu ihrer Zufriedenheit geübt, bei anderen Delegationen ist dies wohl nicht Fall gewesen).

Innerhalb NATO wird Problem bei Auswertung Belgrader Treffens sicherlich zur Debatte stehen[32], wobei NATO-Staaten Grundprinzip Neuner-Abstimmung mit Vorschlag angreifen dürften, westliche Staaten sollten sich in allgemeinem „westlichen Caucus" (einschließlich IRL und ggf. E) abstimmen. Dies ist selbstverständlich inakzeptabel. Ebensowenig können sich Neun zwingen lassen, Argumente übriger schon bei Beschlußfassung voll zu berücksichtigen, wie es Amerikaner verlangen. Angebot, daß sich Neun mit Fünfzehn ebenso häufig abstimmen wie untereinander, kann nach Belgrader Erfahrung auf Grund Zeitdrucks und physischer Fähigkeiten nicht gemacht werden. Damit gibt es keine andere Lösung für dieses Problem, als daß Neun erneut Bereitschaft versichern, so eng wie möglich mit übrigen zusammenzuarbeiten.

III. Die osteuropäischen Delegationen

1) Die sowjetische Delegation

Sie ist von Anfang unverhältnismäßig hart und unflexibel aufgetreten, wobei sie Härte Argumente bis zum Schluß sukzessiv steigerte. Sie nahm wenig Rücksicht auf ihre Verbündeten (Botschafter Woronzow zu Goldberg: „If I give the lead, the others follow."). In extremen Situationen einigte sich Woronzow allein mit Westen und unterließ es sogar, wie mehrfach festgestellt wurde, übrige osteuropäische Delegationen sofort von Einigungsformel zu unterrichten.

---

31 Leif Mevik.
32 Zur Bewertung der KSZE-Folgekonferenz vom 4. Oktober 1977 bis 9. März 1978 in Belgrad durch die NATO-Mitgliedstaaten vgl. Dok. 133.

Nachdem nationale Nuancen in Auftreten polnischer und ungarischer Delegation für alle ersichtlich geworden waren und Goldberg dies auch (leider) vor Presse[33] aussprach, wurden beide in Schlußphase gezwungen, sowjetische Linie als eigene zu verteidigen.

Innerhalb sowjetischer Delegation spielte Stellvertreter Loginow Rolle Befehlsausführers, während dritter Mann, Kondratschew, als KGB-Mann subtilere Aufgaben ausführte und wohl auch über eigenen Berichterstattungsstrang nach Moskau verfügte.

Osteuropäische Staaten führten anfangs einmal die Woche, später öfters, gemeinsame Sitzungen durch, wobei wegen rumänischen Einspruchs dabei keine Beschlüsse gefaßt wurden. Im späteren Verlauf haben sich WP-Staaten deshalb auch ohne R versammelt.

Ich unterhielt mit Woronzow gute persönliche Beziehungen, ohne daß große Zahl politischer Gespräche, die dabei geführt wurden, sowjetische Verweigerung konkreter Beschlüsse erschüttern konnte. Sowjetische Delegation vermied im allgemeinen direkte Angriffe auf unsere Delegation, außer in wenigen Repliken auf unsere Erklärungen. In letzter Phase nannte Woronzow gelegentlich deutsche zusammen mit amerikanischer Delegation als diejenigen, die auf sowjetische Sicherheitsvorstellungen nicht eingehen wollten.[34]

2) Die Rolle Rumäniens

Rumäniens Selbständigkeit wuchs im Verlauf Treffens. Je negativer sich SU gegenüber konkreten Beschlüssen zeigte, um so offener bekämpfte rumänische Delegation diese Haltung. Botschafter Lipatti scheute sich nicht, mich ebenso wie andere westliche Delegationschefs über Ablauf interner WP-Sitzungen zu informieren und uns Ratschläge zu geben, wie sowjetisches Veto am besten zu überwinden sei. Er warb bei allen westlichen Delegationen um Unterstützung zahlreicher rumänischer Vorschläge (allein 14), womit er meist auch Erfolg hatte, da Westen versucht war, seine eindeutige Haltung zu honorieren.

3) Die übrigen WP-Delegationen, außer DDR

Polnische Delegation unter Leitung von Professor Dobrosielski und ungarische Delegation unter Leitung von János Petrán zeigten in Eingangserklärungen nationale Schattierungen.[35] Sie brachten ernsthafte weiterführende Vorschläge ein, an deren Verabschiedung ihnen offensichtlich lag.

---

[33] Die Wörter „dies auch (leider) vor Presse" wurden von Ministerialdirektor Blech hervorgehoben. Dazu Ausrufezeichen.

[34] Der Passus „letzter Phase ... eingehen wollten" wurde von Ministerialdirektor Blech hervorgehoben. Dazu vermerkte er handschriftlich: „Üblich!"

[35] Für den Wortlaut der Erklärung des Leiters der polnischen KSZE-Delegation, Dobrosielski, am 6. Oktober 1977 in Belgrad vgl. EUROPA-ARCHIV 1978, D 79–81 (Auszug).
Botschafter Fischer, Belgrad (KSZE-Delegation), berichtete am 7. Oktober 1 977: „Der ungarische Botschafter Petrán gab zu, daß die S[chluß]a[kte] in einigen Gebieten schneller hätte verwirklicht werden können. Doch sei die SA ein Auswuchs der Entspannung und daher von ihrem Verlauf abhängig (Wohlverhaltensklausel). Nicht zu vergessen sei, daß die SA ein langfristiges Programm enthalte, ein integrales Ganzes darstelle und von den höchsten Repräsentanten der Teilnehmer unterzeichnet worden sei. [...] Im CBM-Bereich beklagte der Ungar, daß Manöver im Westen von Propagandakampagnen begleitet seien, welche die beabsichtigte Vertrauensbildung zunichte machten. [...] Zu Korb III behauptete P., das Problem der Familienzusammenführung sei in Ungarn gelöst. Für Eheschließungen mit Ausländern gebe es keine Sonderregeln. Generelle Freizügigkeit werde bis zur Grenze des wirtschaftlich Möglichen gewährt." Vgl. den Drahtbericht Nr. 614, Bd. 115107.

Sowjetischer Kurzentwurf für AD stieß deshalb deutlich bei ihnen auf Reserven (Woronzow hatte übrigen osteuropäischen Delegationschefs Text in Moskau vorbereiteten Papiers erst am Tag vor Einbringung im Plenum gezeigt).

Zu weitreichendsten Feststellungen Belgrader Treffens gehört, daß Interessenparallelität in bezug auf pragmatische, konkrete Weiterentwicklung Bestimmungen Schlußakte zwischen Staaten an Trennlinie zwischen Ost- und West-Europa[36] besteht: Auf westeuropäischer Seite in erster Linie wir, aber auch N und DK, unter N+N A und S, unter osteuropäischen Staaten PL und H, außer R. Diese Gemeinsamkeit gilt es, behutsam fortzuentwickeln.

Bei PL und H scheint wesentliches Interesse an konkreten Beschlüssen, abgesehen vom Inhalt, darin zu liegen, daß sie bei Anwendung dieser aus außersystemarer Legitimität (nicht WP und COMECON) stammenden Beschlüsse Freiheitsraum vergrößern können.

Tschechoslowakische Delegation unter Botschafter Dvořák war auf Belgrader Treffen Rolle zugewiesen worden, durch Prager Prozeß gegen Chartisten[37], der in erster Phase stattfand, westliche Reaktion zu testen und ggf. Angriffe wegen Menschenrechtsverletzungen auf sich zu ziehen. Servilität, mit der tschechoslowakische Delegation dies tat, ließ Verdacht aufkommen, daß sie Westen ihre Zwangssituation signalisieren wollte.

Bulgarische Delegation unter Botschafter Stajkow trat als sowjetisches Sprachrohr ohne eigene Sonderinteressen auf.

Persönlich waren Beziehungen zu osteuropäischen Delegationschefs freundlich, zu Professor Dobrosielski und Botschafter Petrán herzlich. In Schlußphase, als sie zur Verteidigung sowjetischer Linie antreten mußten, vermieden sie Kontakt.[38]

4) Die Delegation der DDR

Unter Führung von Botschafter Krabatsch galt sie unter westlichen und N+N-Delegationen als ausgesprochen farblos. Ihr Auftreten wirkte unsicher, ihre Sprache war vielleicht deshalb oft unnötig hart und fast beleidigend, insbesondere wenn sie Recht auf Replik ausübte.

---

36 Korrigiert aus: „zwischen Ost und Europa".
37 Am 7. Januar 1977 erschien in verschiedenen westeuropäischen Tageszeitungen eine Erklärung tschechoslowakischer Bürger („Charta 77"). Darin legten die Verfasser dar, daß die ČSSR zwar verschiedene internationale Abkommen über Menschenrechte sowie die Schlußakte der KSZE vom 1. August 1975 unterzeichnet habe, zahlreiche Grundrechte der Bürger jedoch „nur auf dem Papier gelten". Ziel der „Charta 77" sei daher, „sich einzeln und gemeinsam für die Respektierung der Bürger- und der Menschenrechte in unserem Land und in der Welt einzusetzen". Als Sprecher der „Charta 77" wurden der ehemalige tschechoslowakische Außenminister Hájek, der Dramatiker Havel und der Philosoph Patočka benannt. Vgl. EUROPA-ARCHIV 1977, D 355–358.
Am 18. Oktober 1977 wurden Havel, die Regisseure Ernest und Pavlíček sowie der Journalist Lederer wegen „Subversion gegen die Republik" zu Freiheitsstrafen zwischen 3 1/2 Jahren und 14 Monaten Gefängnis mit Bewährung verurteilt. Ministerialdirigent Meyer-Landrut teilte der KSZE-Delegation in Belgrad am 19. Oktober 1977 dazu mit: „Drei der Verurteilten sind Unterzeichner der Charta. Die offiziell erhobenen Vorwürfe gegen die Angeklagten beziehen sich auf Literaturkontakte mit dem Ausland. Die Durchführung des Prozesses im Zeitpunkt der Belgrader Folgekonferenz entspringt offenbar bewußter Regie, mit der nach innen demonstriert werden soll, daß die Berufung auf die KSZE-Schlußakte nutzlos ist, und die nach außen den tschechoslowakischen Standpunkt unterstreichen soll, daß die Behandlung von Bürgerrechtlern eine rein innerstaatliche Angelegenheit sei." Vgl. den Drahterlaß; Referat 212, Bd. 115110.
38 Dieser Satz wurde von Ministerialdirektor Blech durch Ausrufezeichen hervorgehoben.

Sofern deutsch-deutsche Kontroversen erforderlich waren, haben wir sie deutlich geführt, ohne sie ausufern zu lassen. Unsere Nüchternheit fand bei übrigen Delegationen Respekt.

IV. Die Neutralen und Nichtgebundenen sowie die sonstigen Teilnehmerstaaten

1) Die „klassischen" Neutralen

Sie spielten in Belgrad stärkste Rolle in dieser Gruppe. Sie waren verbunden durch Interesse an Kontinuität KSZE-Prozesses, von denen ihr außenpolitischer Spielraum abhängt. Dennoch waren Unterschiede zwischen ihnen augenfällig:

– A ist Land, dessen Interessen mit unseren am meisten zusammenfallen, weil es Bemühungen ebenfalls auf konkrete Verbesserungen im Bereich menschlicher Erleichterungen konzentriert. Dabei bemühte sich österreichische Delegation unter Leitung Belgrader Botschafters Liedermann um ständige Abstimmung mit unserer Delegation, der ich durch Wahl Österreichs als unserem „neutralen" Kumpel entgegenkommen konnte. Da ihm meist Rolle Koordinators in Korb III zufiel, war enge Verbindung mit ihm für uns besonders wertvoll. Von Wien aufgegebene Vorschläge zur Binnenschiffahrt[39] und zur Energie-Zusammenarbeit[40] wurden von Delegation zwar verfolgt, mir wurde jedoch deutlich gemacht, daß im entscheidenden Augenblick zunächst Einigung mit uns gesucht würde.

– S liegt unter Delegationschef Botschafter Arvidson auf ähnlicher Linie wie A, ging aber gegenüber osteuropäischem Druck leichter in die Knie.

---

[39] Der am 16. Dezember 1977 von Österreich vorgelegte Vorschlag für ein gesamteuropäisches Binnenwasserstraßenkonzept lautete: „Mit dem Ziel der optimalen Nutzung der vorhandenen, wie auch der zukünftigen Binnenwasserstraßen durch möglichst alle an der Binnenschiffahrt interessierten europäischen Länder, erklärten die Teilnehmerstaaten ihre Entschlossenheit, auf die Schaffung eines zusammenhängenden europäischen Binnenwasserstraßensystems durch eine gesamteuropäische Koordination bei der Planung, dem weiteren Ausbau und der Verbindung der Binnenwasserstraßennetze Europas hinzuarbeiten. Zu diesem Zweck erklären sie ihre Bereitschaft, so bald wie möglich im Rahmen der ECE Expertentreffen abzuhalten, bei denen ein Informations- und Erfahrungsaustausch zwecks Erarbeitung eines gesamteuropäischen Binnenwasserstraßenkonzeptes stattfinden soll." Vgl. den Drahtbericht Nr. 1079 des Botschafters Fischer, Belgrad (KSZE-Delegation), vom 21. Dezember 1977; Referat 212, Bd. 115108.

[40] Österreich legte am 12. Oktober 1977 einen Vorschlag zur Intensivierung der Zusammenarbeit auf dem Energiesektor vor. Geplant war ein Meinungsaustausch zu folgenden Fragen: „Prüfung, inwieweit die energiereichen Länder der Region durch verstärkte Exporte zur Energieversorgung der energiearmen Länder beitragen können; Klärung der Möglichkeiten für eine gemeinsame Nutzung der in der Region vorhandenen Energieressourcen auf Grund internationaler Vereinbarungen; Möglichkeiten der Ausweitung des intra-regionalen Handels durch verstärkte Einbeziehung der Energieträger; Ausarbeitung von Projekten der industriellen Kooperation bzw. von Projekten gemeinsamen Interesses auf dem Gebiet der Erschließung und Förderung konventioneller Energieträger; Zusammenarbeit bei der Entwicklung, Verbesserung und Planung internationaler Leitungs- und Transportsysteme für Öl, Gas, Kohle und Elektrizität." Vgl. den Drahtbericht Nr. 639 des Botschafters Fischer, Belgrad (KSZE-Delegation), vom selben Tag; Referat 212, Bd. 115107.
Botschafter Fischer berichtete am 13. Dezember 1977, Österreich habe einen Vorschlag bezüglich eines Expertentreffens zu Energiefragen vorgelegt. Dieser laute: „With the aim of a better and secure supply of primary and secondary energy, the full utilisation of possibilities in the energy field for the expansion of trade, and the promotion of economic relations in general, the participating states declare their resolve to cooperate more closely in the field of energy in the future. To this end, they declare their readiness to hold as soon as possible within the framework of the ECE expert meetings at which, by means of a detailed exchange of information and exchange of views, an energy balance for Europe will be drawn up and which could then serve as a basis for the formulation of concrete proposals for the possible fields as well as the form of future European cooperation in the field of energy." Vgl. den Drahtbericht Nr. 1029; Referat 212, Bd. 115108.

– CH verfolgt meist Sonderinteressen (in Helsinki Streitschlichtung, in Belgrad Informationsexpertengruppe[41]). Schweizerische Delegation war in Belgrad zwischen Delegationschef, Botschafter Bindschedler, der nur zeitweise anwesend war, und Stellvertreter, Gesandtem Brunner, hin- und hergerissen und hat undurchsichtige Rolle gespielt.

– SF ist unter Botschafter Rajakoski gegenüber SU noch vorsichtiger geworden als früher. Delegation gilt weitgehend als „stiller" Informant Ostens.

2) Die Nichtgebundenen

YU hat unter Botschafter Pešić nicht unkritisierte Rolle gespielt. Als Gastgeber bemühte es sich anfangs um Neutralität, ging aber in späterem Verlauf zu offenem Kampf zugunsten konkretem, substantiellem AD über. Delegation scheute sich nicht, auch offen gegen SU Stellung zu beziehen. Als sich allerdings sowjetisches Veto als unumstößlich erwies, war jugoslawisches Interesse an konkretem AD so groß, daß es selektive Substanz in Kauf nahm und damit auf westliche Ablehnung stieß.

Von übrigen Staaten der N+N-Gruppe bezieht Liechtenstein im allgemeinen eigene, gegenüber Schweiz sogar oft eindeutigere Haltung und ist deshalb für Westen gelegentlich von großer Hilfe.

Malta und Zypern interessierten sich in erster Linie für eigene Belange.

San Marino wußte in wenigen Interventionen menschliche Dimension KSZE-Prozesses in eindrucksvoller Weise in Vordergrund zu rücken.

3) Die Sonstigen

E hat unter Leitung von Botschafter Pan de Soraluce eigenständige Rolle gespielt.

Keiner Gruppe angehörend, ist Delegation stets umworben. Sie hat sich häufig für menschliche Erleichterungen eingesetzt. In Wanderarbeitnehmerfragen und in Fragen des Mittelmeers verfolgte sie zwar eigene Interessen, suchte aber Abstimmung mit unserer Delegation. In wirtschaftlichen Fragen Korbes II hat sich E bereit gezeigt, an allgemeinem „westlichen Caucus" teilzunehmen. Dies könnte weiterverfolgt werden.

Vatikan, dessen Delegation de facto unter Leitung von Msgr. Sáinz Muñoz steht, engagierte sich für religiöse Freiheiten und verfolgte dies in Belgrad mit Hartnäckigkeit, allerdings auch mit gebotener Vorsicht (was Delegation Beschwerde Goldbergs bei Erzbischof Casaroli eintrug[42]).

Monaco erschien nur zum Anfang und zum Ende.

---

41 Zum Schweizer Vorschlag der Einsetzung eines Expertengremiums zur Ausarbeitung einer gesamteuropäischen Konvention über die Arbeitsbedingungen der ausländischen Journalisten vom 31. Oktober 1977 vgl. Dok. 15, Anm. 27.
Referat 212 vermerkte am 23. März 1978: „Der Westen begrüßte das sachliche Anliegen des Vorschlags. [...] Der Osten war zeitweilig bereit, dem Gedanken einer solchen Expertengruppe unter der ‚Bedingung näherzutreten, daß diese auch die Frage der Verantwortung der Journalisten für ‚wahrheitsgetreue' Berichterstattung sowie die Aufstellung eines Verhaltenskodex für Journalisten behandeln würde. Konsens kam nicht zustande, da die Schweiz, andere N+N-Staaten und der Westen diese Mandatserweiterung nicht akzeptieren konnten." Vgl. Referat 212, Bd. 116360.
42 Der Passus „was Delegation ... Casaroli eintrug" wurde von Ministerialdirektor Blech durch Ausrufezeichen hervorgehoben.

V. Schlußfolgerungen für Madrid

1) Konsultationen vor dem Treffen

Die vor Belgrad schon getätigten Konsultationen zwischen allen Teilnehmerstaaten[43] müssen vor Madrid weit mehr ins Detail geführt werden. Erstes Erfordernis wäre absolute Übereinstimmung über zu verfolgendes Konzept zwischen Neun einerseits und – noch wichtiger – Neun und USA andererseits. Konzept darf auf keinen Fall, wie in Belgrad geschehen, durch spätere Entscheidungen eines Delegationschefs abgeändert werden.

Anzustreben wäre ferner, daß die wenigen Bereiche, in denen konkrete Beschlüsse gefaßt werden können, in multilateralen Kontakten im Rahmen der Neun und Fünfzehn und bilateralen Kontakten mit osteuropäischen sowie N+N-Teilnehmern zuvor einvernehmlich identifiziert werden und Inhalt Beschlüsse, soweit wie möglich, abgesprochen wird. Es muß vermieden werden, daß einzelne Teilnehmer, wie auf Belgrader Treffen, kurz vor oder nach Beginn völlig neue Vorschläge einbringen und damit Konzept durcheinanderbringen. Außerdem sollten Verfahrensfragen vorher so weit geregelt sein, daß Vorbereitungstreffen sich nicht zu lange damit beschäftigen muß.

2) „Level" des Haupttreffens

Wir haben in Belgrad klargemacht, daß wir Madrider Haupttreffen auf politische Ebene Außenminister gehoben zu sehen wünschen. Wir haben dabei offene und energische Unterstützung bei GB, CDN und A gefunden, andere – z.B. YU – haben sich positiv ausgedrückt. Unter Neun waren F und N reserviert. Wir sollten in Konsultationen Entscheidung des VT[44] vorbereiten, nach der Außenminister erste vier Tage Treffens sowie letzte drei Tage anwesend sind. Dazwischen sollte Treffen auf Beamtenebene weitergeführt werden.[45]

3) Überlegungen zum Meinungsaustausch und zu weiterführenden Vorschlägen

Größte Schwierigkeiten beim Belgrader Treffen bildete Übergang von notwendigerweise kritischem Meinungsaustausch zur Prüfung und Verabschiedung weiterführender Vorschläge, die konsensgebunden sind. Für kommunistische Delegationen sind weiterführende Vorschläge dann besonders unangenehm, wenn sie sich aus negativen Feststellungen über Art Implementierung ergeben.

Verschiedene Kombinationen könnten vor Madrid geprüft werden:

– Meinungsaustausch über Implementierung und Prüfung weiterführender Vorschläge könnten stärker miteinander verwoben werden, als es in Belgrad geschah, wo das zweite aus dem ersten entwickelt wurde. Aber auch dann bleibt Übergang vom Negativen zum Positiven;

– Meinungsaustausch könnte zuvor schriftlich abgewickelt werden – damit entfiele allerdings der für öffentliche Meinung unerläßliche Niederschlag;

---

[43] Vom 15. Juni bis 5. August 1977 fand in Belgrad ein Vorbereitungstreffen für die KSZE-Folgekonferenz statt. Vgl. dazu AAPD 1977, II, Dok. 208.

[44] Vorbereitungstreffen.

[45] Der Passus „waren F ... weitergeführt werden" wurde von Ministerialdirektor Blech hervorgehoben. Dazu vermerkte er handschriftlich: „Im Augenblick sollten wir unsere Position aufrechterhalten; operativ brauchen wir sie erst vor Madrid – im Lichte der dann bestehenden pol[itischen] Lage – zu spezifizieren."

– Meinungsaustausch könnte Prüfung weiterführender Vorschläge nachgestellt werden – allerdings könnte die Öffentlichkeit Schwierigkeiten haben, dies nachzuvollziehen;

– Vernünftiger Weg könnte in Beschluß liegen, daß Außenminister Meinungsaustausch über Implementierung in ersten drei Tagen auf politischer Ebene einleiten. Er wäre damit verkürzt und notwendigerweise weniger detailliert als in Belgrad. Am letzten Tag ihrer Anwesenheit könnten Außenminister Vertretern Auftrag zur Ausformulierung weniger (höchstens vier bis fünf) konkreter weiterführender Beschlüsse in zuvor zwischen allen Teilnehmerstaaten identifizierten Bereichen geben. Während Formulierungsarbeit könnten Vertreter zur Begründung auf Implementierung zurückkommen (Weg führte in diesem Fall vom Positiven zum Negativen), womit auch Erfordernissen Öffentlichkeit Rechnung getragen wäre. Nach Abschluß Formulierung könnten Außenminister zur Beschlußfassung und Verabschiedung sowie zur Abgabe Schlußerklärung erneut zusammentreten.[46]

4) Zeitliche Festlegung

Bei derartigem Ablauf sollte Schlußdatum zuvor festgelegt werden. Gefahr zeitlicher Guillotine, die in Belgrad vermieden werden mußte, wäre in Madrid nicht so groß, da es sich um Ausformulierungen von Beschlüssen in zuvor identifizierten Bereichen handeln würde. Wegen Beteiligung Außenminister sollten alle Teilnehmerstaaten überdies an positivem Ergebnis interessiert sein. Bei Anfangsdatum vom 11. November 1980 könnten Außenminister bis 14. November bleiben und vom 15. bis 18. Dezember 1980 zum Abschluß zurückkehren.[47] Damit stünden fünf Wochen zur Ausformulierung zur Verfügung.

Fischer

Anhang:

Personelle und administrative Fragen

1) Vorbereitung Delegationstätigkeit

Durch D 2[48], Dg 21[49] und RL 212[50] sowie Mitarbeitern Referats und andere beteiligte Referate geleistete Vorbereitungsarbeit erwies sich als erschöpfend. Delegation mußte nur in wenigen Einzelfragen, die in Belgrad zusätzlich auftauchten, neues Material anfordern. Sie war ansonsten für weit mehr Eventualitäten eingerichtet, als tatsächlich auftraten. Dies gab ihr von Anfang an notwendiges Gefühl der Sicherheit.

---

[46] Der Passus „Meinungsaustausch über Implementierung und Prüfung ... erneut zusammentreten" wurde von Ministerialdirektor Blech hervorgehoben. Dazu vermerkte er handschriftlich: „Letztlich hängt dies mit der Frage zusammen, ob man nochmals ein konkret spezifiziertes und dabei flächendeckendes Schlußdokument anstreben sollte. M. E. gibt es gewichtige Gründe dagegen und durchaus in Betracht zu ziehende Alternativen. Natürlich wird die Diskussion hierüber in Madrid im Zeichen des Belgrader Präzedenzfalls geführt werden."
[47] Die KSZE-Folgekonferenz in Madrid wurde am 11. November 1980 auf der Ebene der Außenminister bzw. der stellvertretenden Außenminister eröffnet.
[48] Klaus Blech.
[49] Andreas Meyer-Landrut.
[50] Günter Joetze.

2) Verbindung mit Abteilung 2

In jeder Phase Treffens bestand enge Verbindung mit D 2, Dg 21, RL 212 und dessen Mitarbeitern. Bitten um Weisungen wurde schnell nachgekommen. Referat 212 war auch in der Lage, als zentrale Verteilerstelle übrige beteiligten Referate sowie andere Ressorts zeitgerecht zu unterrichten. Da 212 Verhandlungssituation am besten beurteilen konnte, gelang es ihm auch meist, Weisungen rechtzeitig von anderen Stellen des Hauses einzuholen.

Für Delegation ist es unerläßlich, einzige Anlaufstelle im Auswärtigen Amt zu besitzen, die für Verbindungen mit allen Stellen verantwortlich ist. Dies ist erfreulicherweise von allen Referaten der Zentrale akzeptiert worden (am schwierigsten erwies es sich im Verhältnis zu Referat 221, das Adressierung sämtlicher Drahtberichte an Referat 212 zunächst nicht annehmen[51] wollte, sich gelegentlich gesonderte telefonische Berichterstattung erbat und mit Referat 212 nicht abgestimmte Weisung übersandte).

3) Berichterstattung

Delegation hatte sich sehr ausführliche Berichterstattung zur Aufgabe gemacht, um Spitze des Hauses, Referat 212, allen übrigen beteiligten Referaten, Bundeskanzleramt, BMWi und BMVg Gefühl zu vermitteln, an jeder Phase Treffens unmittelbar und umfassend teilzunehmen. Nur dann ist gesichert, daß erbetene Weisungen in Kenntnis Zusammenhänge gegeben werden und nicht aus falschem Informationsstand Einfluß auf Tätigkeit der Delegation genommen wird. Diese Art Berichterstattung hat sich bewährt.

Neben laufender Berichterstattung hat Delegation wöchentliche Zusammenfassung vorgelegt, die „großem KSZE-Verteiler" ausreichenden Unterrichtungsstand zusicherte.

Delegation sind während Gesamtdauer Treffens keinerlei Beschwerden wegen mangelnder Unterrichtung gemacht worden. (Insgesamt sind während 20wöchiger Dauer etwa 500[52] Fernschreiben von Delegation verfaßt und abgesandt worden.)

4) Delegation

Delegation entsprach in fachlicher und menschlicher Zusammensetzung voll und ganz Erfordernissen. Alle Mitglieder (Liste anbei[53]) erwiesen sich ihnen gestellten Aufgaben gewachsen.

Es bewährte sich, Delegationsmitglieder 14 Tage vor Beginn Treffens in Bonn zu versammeln. Referat 212 veranstaltete ausgedehntes „Teach-in". Einzelne Delegationsmitglieder konnten unmittelbar Kontakte mit Referat 212, jeweils zuständigen Referaten des Hauses und, soweit erforderlich, mit Ressorts knüpfen. Außerdem begann damit Anpassungsprozeß Delegationsmitglieder aneinander schon vor Beginn Belgrader Streß-Situation.

---

[51] Der Passus „Verhältnis zu ... nicht annehmen" wurde von Ministerialdirektor Blech hervorgehoben. Dazu vermerkte er: „Problem war am Schluß unter Kontrolle und wird es bleiben."
[52] Dieses Wort wurde von Ministerialdirektor Blech hervorgehoben. Dazu Ausrufezeichen.
[53] Dem Vorgang beigefügt. Für die Liste der Delegationsmitglieder vgl. Referat 212, Bd. 116375.

Beide Beamte anderer Häuser, des BMWi[54] und des BMVg[55], integrierten sich nahtlos in Delegation.

Die Entsendung eines Beamten Pressereferats als Pressesprecher[56] erwies sich als außerordentlich hilfreich, da er aus Kenntnis der Zentrale Pressearbeit zwischen Bonn und Delegation laufend koordinieren konnte. Tatsache, daß keine Pressepanne passierte, ist weitgehend hierauf zurückzuführen.

Da echte Verhandlungen über weiterführende Vorschläge nicht stattfanden, konnte ich im späteren Teil Treffens auf zweiten Sprecher in Wirtschaftsangelegenheiten und auf Sprecher für Kultur und Bildung verzichten. Falls es zu Verhandlungen gekommen wäre, entsprach die Zusammensetzung Delegation auch numerisch gestellten Aufgaben.

Dienste eines Registrators, zweier Sekretärinnen, einer Vertreterin Konferenzsekretariats und zweier Fernmeldebeamter erwiesen sich als unerläßlich.

Alle Mitglieder der Delegation waren im Durchschnitt von morgens 8.30 Uhr bis abends 19.00 oder 20.00 Uhr tätig. Sie haben Belastungen bereitwillig auf sich genommen. Krankheitsausfälle waren nicht zu verzeichnen.

5) Büroräume

Es erwies sich als richtig, Delegation geschlossen im Sitzungsgebäude unterzubringen, wo Verbindung untereinander stets leicht gehandhabt werden konnte. Büros in Botschaft zu benutzen, wäre mit großen Komplikationen verbunden gewesen.

Zur Bewachung Schriftguts war Anwesenheit BGS-Beamten, der nachts im Büro schlief, unerläßlich, um ständigen Transport zwischen Konferenzgebäude und Botschaft zu vermeiden.

Delegation war ausreichend mit Material versorgt, allerdings anfangs nicht mit fehlerfrei funktionierenden Schreibmaschinen, die gerade bei derartiger Belastung dringend erforderlich sind.

Mangel Fernkopiergeräts verursachte erhebliche Mehrarbeit, insbesondere wenn es galt, bis zu 30 Seiten lange Dokumente nach Bonn durchzugeben.

Störungsfreies Telefon war bei einigen Anlässen dringend erforderlich.

Botschaft Belgrad war von Anfang bis Ende hilfreich und nahm Mehrarbeit bereitwillig auf sich.

Referat 212, Bd. 116375

---

[54] Ulrich Mohrmann.
[55] Wolf-Eberhard von dem Hagen.
[56] Hans-Günter Altenburg.

89

Botschafter Wieck, Moskau, an das Auswärtige Amt

Fernschreiben Nr. 959   Aufgabe: 23. März 1978, 20.15 Uhr[1]
                                     Ankunft: 24. März 1978, 09.09 Uhr

Betr.: Sowjetisch-amerikanische Beziehungen

Bezug: Drahtberichte der Botschaft Washington Nr. 846 vom 3.3.78[2]
        und 1091 vom 20.3.78[3]

Zur Information

1) Die Rede Präsident Carters in der Wake Forest University am 17. März[4] hat, soweit bisher zu erkennen ist, einen hohen Grad von Irritation in der Sowjetunion hervorgerufen. Zahlreiche Gespräche, insbesondere mit führenden Journalisten der Prawda und Iswestija, bestätigen den Eindruck, den die erste Pressereaktion[5] vermittelt hat. Allgemein wird hervorgehoben, daß der Präsident die Tendenz zum Ausdruck gebracht habe, die bisherige Politik der Abstimmung und Verhandlungen der USA mit der Sowjetunion zugunsten eines Vorgehens mit Druck und Drohungen aufzugeben. Das Unbehagen wurde verstärkt durch die Geste des Präsidenten, im Anschluß an die Rede eine Fahrt mit dem modernsten amerikanischen Flugzeugträger zu unternehmen. Mit der Reaktion auf die Rede erreicht die kritische Stimmung der Sowjetunion gegenüber den Vereinigten Staaten ihren bisherigen Höhepunkt seit dem letzten Herbst. Bezeichnend für die Lage dürfte auch sein, daß einem der hiesigen politischen Kom-

---

[1] Hat Vortragendem Legationsrat I. Klasse Kühn vorgelegen.
    Hat Vortragendem Legationsrat Heyken am 28. März 1978 vorgelegen, der handschriftlich vermerkte: „846 liegt bei, 1091 auch nicht bei 214."
[2] Botschafter von Staden, Washington, berichtete über Äußerungen des Präsidenten Carter, des Sicherheitsberaters des amerikanischen Präsidenten, Brzezinski, und des amerikanischen Außenministers Vance zu einem möglichen Zusammenhang zwischen der Lage am Horn von Afrika und SALT II. Vgl. dazu Referat 213, Bd. 133110.
[3] Gesandter Hansen, Washington, übermittelte eine Zusammenfassung der Rede des Präsidenten Carter am 17. März 1978 in der Wake-Forest-Universität in Winston-Salem und führte dazu aus, die „nüchterne und ernste Sprache" in der Rede sei „nicht zuletzt auch an die inländische Adresse gerichtet. Sie soll offenbar auch die Atmosphäre für die Ratifikation von SALT II vorbereiten. Gerade gegenüber dem Kongreß darf der Präsident nicht den Eindruck der Schwäche oder gar des Ausverkaufs amerikanischer Interessen erwecken. [...] Die zum Teil recht unverblümte Sprache in Richtung Moskau – der Entwurf der Rede stammt aus dem National Security Council – ist ein Signal, das vor weiterer Einmischung in Afrika warnen soll und die Sowjets zur Zurückhaltung am Horn von Afrika auffordert. Gerade auch diese Passagen lassen an Deutlichkeit nicht zu wünschen übrig." Vgl. VS-Bd. 9568 (201); B 150, Aktenkopien 1978.
[4] Zur Rede des Präsidenten Carter am 17. März 1978 in Winston-Salem vgl. Dok. 84, Anm. 12.
[5] Botschafter Wieck, Moskau, berichtete am 21. März 1978 über Reaktionen in der sowjetischen Presse auf die Rede des Präsidenten Carter am 17. März 1978 in der Wake-Forest-Universität in Winston-Salem: „Sowjetische Zentralpresse hatte am 19.3. über diese erste Rede von Carter über Verteidigungsfragen berichtet und u. a. kommentiert, daß die Ausführungen des Präsidenten eine Akzentverschiebung der amerikanischen Außenpolitik von einem Verhandlungskurs auf einen Kurs der Bedrohung und des Drucks indizierten. Carter habe auf den Bau neuer moderner Waffensysteme (Trident-U-Boote, Flügelraketen, ballistische Raketen etc.) hingewiesen und als Rechtfertigung hierfür zur These von der angeblichen sowjetischen Gefahr Zuflucht genommen. Darüber hinaus habe Carter laut sowjetischer Presse behauptet, daß sich die UdSSR in lokale Konflikte einmische und in diesem Zusammenhang Afrika erwähnt." Vgl. den Drahtbericht Nr. 911, Bd. 133110.

mentatoren des Fernsehens zufolge in der Bevölkerung die Frage gestellt werde, ob es zu einem Krieg mit den Vereinigten Staaten komme. Derartige Zweifel einzelner sind für die Beurteilung der sowjetischen Führung zwar ganz untypisch, indizieren aber jedenfalls die anhaltende und in die Tiefe gehende Unsicherheit.

2) Nach dem Rückschlag, den das sowjetisch-amerikanische Verhältnis im Frühjahr 1977, insbesondere nach dem Vance-Besuch in Moskau[6], erfahren hatte, war mit den Gesprächen zwischen Carter und Gromyko Ende September 1977[7] ein relativer Durchbruch sowohl bei SALT als auch bezüglich des Nahen Ostens zu verzeichnen. Die Befriedigung über den in sowjetischer Sicht positiven, zum ersten Mal seit Antritt der Carter-Regierung[8] zu verzeichnenden Fortschritt in den Beziehungen blieb freilich nur kurze Zeit ungetrübt.

3) Menschenrechtspolitik:

Den ersten Rückschlag brachte aus sowjetischer Sicht die Haltung der amerikanischen Delegation unter Goldberg in Belgrad.[9] Die von ihr bis zum Abschluß des Folgetreffens eingenommene Haltung gegenüber der Sowjetunion, insbesondere in der Menschenrechtsfrage, ist ohne Einschränkung als feindlich und als Wiederbelebung des Kalten Krieges interpretiert worden. Wenngleich dem amerikanischen Verhalten in Belgrad ein geringerer Grad von Gefährlichkeit beigemessen wurde, weil es sich um Angriffe innerhalb einer multilateralen Veranstaltung und auf verhältnismäßig niedriger Ebene handelte und nicht, wie früher, um Stellungnahmen des Weißen Hauses, die direkt zu einigen jeweils aktuellen Fällen in der sowjetischen inneren Szene abgegeben wurden, so wurde doch das amerikanische Vorgehen in Belgrad als Fortsetzung der bereits aufgeben geglaubten Politik der Interventionen empfunden. Die prinzipiell genährten früheren Besorgnisse belebten sich von neuem. Äußerungen Brzezinskis, denen zufolge die Menschenrechtspolitik eine grundsätzliche Komponente der amerikanischen Außenpolitik werden solle, konnten die Befürchtungen nur erhärten.

Naher Osten:

Die Reise Sadats nach Jerusalem[10] und die amerikanische Teilnahme an den darauf folgenden israelisch-ägyptischen Gesprächen[11] wurde von der Sowjetunion als eine erneute Machination der amerikanischen Führung bewertet mit dem Ziel, die Sowjetunion aus einer Nahost-Regelung auszuschalten und das arabische Lager zu spalten. Auch diese Politik empfand sie als wesentlich gegen sich gerichtet. Diese Beurteilung wurde in ihrer Schärfe nur wenig dadurch gemildert, daß die Sowjetunion die Versuche Sadats als von Anfang an zum

---

6 Zum Besuch des amerikanischen Außenministers Vance vom 27. bis 30. März 1977 in der UdSSR vgl. Dok. 23, Anm. 10.
7 Der sowjetische Außenminister Gromyko führte am 22./23. bzw. 27. September 1977 Gespräche mit Präsident Carter. Zur Erörterung von SALT II vgl. AAPD 1977, II, Dok. 261, Dok. 263 und Dok. 276.
8 Am 2. November 1976 fanden in den USA Präsidentschaftswahlen statt, aus denen der Kandidat der Demokratischen Partei, Carter, als Sieger hervorging. Die neue Regierung übernahm am 20. Januar 1977 die Amtsgeschäfte.
9 In Belgrad fand vom 4. Oktober 1977 bis 9. März 1978 die KSZE-Folgekonferenz statt.
10 Zum Besuch des Präsidenten Sadat vom 19. bis 21. November 1977 vgl. Dok. 3, Anm. 7.
11 Zur Sitzung des Politischen Ausschusses am 17./18. Januar 1978 vgl. Dok. 10, Anm. 9.

Scheitern verurteilt betrachtete. Die Entwicklung traf die sowjetische Führung um so härter, als sie auf die gemeinsame Erklärung mit den Amerikanern vom 1. Oktober[12], bei der sie selbst freilich nur einen verbalen Kompromiß geschlossen hatte, erhebliche Hoffnungen gesetzt hatte. Sie sah sich erneut als gleichberechtigter Weltmacht-Partner der USA in dem nach wie vor bedeutendsten Krisenherd des internationalen Lebens ausgeschaltet und diesmal hintergangen.

SALT:

Nachdem die sowjetische Führung offenbar auch noch bis in den Anfang dieses Jahres die verhältnismäßig optimistische Bewertung Präsident Carters für den Abschluß von SALT noch in diesem Frühjahr geteilt hatte, legte sie sich zunehmend über die möglichen Konsequenzen des im Kongreß wachsenden Widerstandes gegen die Ratifizierung eines Abkommens[13] in seinen gegenwärtigen Konturen Rechenschaft ab. Dieser für die sowjetische Führung unerwartete Widerstand komplizierte zusätzlich zur Haltung der Administration in den noch offenen Punkten die Aussichten für eine erfolgreiche Beendigung der Gespräche. Die Sowjetunion ging dabei ihrer üblichen Manier entsprechend davon aus, daß Konzessionen im wesentlichen von der anderen Seite zu machen seien. In diesem Fall hielt sich die sowjetische Führung an diese Maxime, als die Positionen zu SALT in offenbar längeren Konsultationen der politischen mit der militärischen Führung festgelegt worden waren und eine Marge für Manöver vermutlich nur in begrenztem Maße vorgesehen war. Eine zusätzliche und wohl auch unerwartete Komplizierung brachten die Verbindung des sowjetischen Vorgehens am Horn mit dem Abschluß von SALT durch Präsident Carter.[14] Hier wurde zwar gegen die Sowjetunion nur das Verfahren einer Verbindung angewandt, was sie selbst im Frühjahr 1977 in bezug auf die Menschenrechtskampagne und SALT praktiziert hatte.[15] Das ändert aber nichts daran, daß die SU dieses Vorgehen als eine unwillkommene Drohung empfand.

---

[12] In der am 1. Oktober 1977 in New York veröffentlichten gemeinsamen amerikanisch-sowjetischen Erklärung über den Nahen Osten hieß es, eine Lösung des Nahost-Konflikts müsse alle beteiligten Parteien und Fragen umfassen. Schlüsselfragen seien der Rückzug israelischer Streitkräfte aus den 1967 besetzten Gebieten, die Lösung der Palästinenser-Frage einschließlich der Sicherung der legitimen Rechte des palästinensischen Volkes, die Beendigung des Kriegszustands und die Schaffung normaler friedlicher Beziehungen auf der Grundlage einer gegenseitigen Anerkennung der Prinzipien der Souveränität, territorialen Integrität und politischen Unabhängigkeit. Auf Wunsch der Vertragspartner seien die USA und die UdSSR bereit, sich neben der Schaffung entmilitarisierter Zonen und einer Stationierung von UNO-Truppen oder -Beobachtern auch an internationalen Grenzgarantien und der Einhaltung dieser Regelungen zu beteiligen. Der richtige und effektive Weg zu einer Lösung sei die Einberufung einer Friedenskonferenz für den Nahen Osten in Genf bis spätestens Dezember 1977, an der Vertreter aller Konfliktparteien, einschließlich des palästinensischen Volks, teilnehmen sollten. Für den Wortlaut der Erklärung vgl. DEPARTMENT OF STATE BULLETIN, Bd. 77 (1977), S. 639 f. Für den deutschen Wortlaut vgl. EUROPA-ARCHIV 1978, D 97 f.

[13] Zu den Aussichten für eine Ratifizierung eines SALT-II-Abkommens im amerikanischen Senat vgl. Dok. 84, Anm. 31.

[14] Vgl. dazu die Äußerungen des Präsidenten Carter am 2. März 1978 auf einer Pressekonferenz in Washington; Dok. 67, Anm. 8.

[15] Der sowjetische Außenminister Gromyko erklärte am 31. März 1977 auf einer Pressekonferenz in Moskau auf die Frage nach einem möglichen Einfluß der Menschenrechtspolitik des Präsidenten Carter auf SALT II, „daß alles, was in den USA über die Menschenrechte in der letzten Zeit gesprochen wird, [...] natürlich die Atmosphäre vergiftet und das politische Klima verschlechtert. Hilft denn das der Lösung anderer Fragen, darunter auch solcher, die sich auf die strategischen Waffen beziehen? Nein, das hilft dabei nicht, sondern ist vielmehr hinderlich." Vgl. EUROPA-ARCHIV 1977, D 298.

Rüstungswettlauf:
Ein weiteres kritisches Element bilden die Erwägungen des westlichen Bündnisses zur Einführung der Neutronenwaffe. Sie und die übrigen amerikanischen militärischen Rüstungsprogramme zur Stärkung der Sicherheit werden hier auch als eine Politik der drohenden Geste verstanden.

4) Die letzte öffentliche Äußerung der sowjetischen Führung zum sowjetisch-amerikanischen Verhältnis stammt vom 24. Februar. Damals hatte Breschnew in einer kurzen Übersicht über den Stand der Beziehungen kritische Worte zu SALT, Neutronenbombe und zu dem Stand der Wirtschaftsbeziehungen gefunden und als Ergebnis festgehalten, es sei nunmehr eine Periode in dem sowjetisch-amerikanischen Beziehungen angebrochen, in der es notwendig sei, neue Anstrengungen zu unternehmen, um ihnen Dynamik und einen konstruktiven Charakter zu geben.[16] Derartige Anstrengungen sind bisher nicht zu vermerken. Die sowjetische Führung hatte sich vermutlich eine gewisse Wirkung von der Einladung an Senator Jackson versprochen. Da er seinen Moskau-Besuch jedoch mit Kontakten zu Dissidenten zu verbinden wünschte, sah sie sich nicht in der Lage, die Einladung aufrechtzuerhalten. Die Anwesenheit Botschafter Dobrynins in Moskau indiziert, daß die Beziehungen einer Prüfung unterzogen werden. Einstweilen und insbesondere nach der Rede Carters in Wake Forest lassen sich jedoch in sowjetischer Sicht keine Tendenzen eines amerikanischen Entgegenkommens erkennen. Die Beziehungen haben die Schärfe vom Frühjahr 1970 zwar nicht erreicht, sind aber in einem hohen Maße als belastet anzusehen.[17]

[gez.] Wieck

Referat 213, Bd. 133110

---

[16] Für die Äußerungen des Generalsekretärs des ZK der KPdSU, Breschnew, auf der Tagung des Präsidiums des Obersten Sowjets der UdSSR am 24. Februar 1978 in Moskau vgl. BRESCHNEW, Wege, Bd. 7, S. 259–263.

[17] Vortragender Legationsrat I. Klasse Kühn legte am 22. März 1978 dar: „Eine Gesamtbewertung der sowjetischen Westpolitik seit Anfang 1977 läßt keine wesentliche Neuorientierung erkennen. Die sowjetischen Forderungen (zu den Grundlagen der bisherigen Verhandlungen zurückzukehren, die Spielregeln des ‚Bilateralismus' auf der Grundlage der Gleichberechtigung einzuhalten, die Entspannung als ‚einzig vernünftige und annehmbare Norm zwischenstaatlicher Beziehungen' fortzusetzen, die ‚Menschenrechtskampagne' als Störung des Entspannungsprozesses einzustellen) zeigen im Gegenteil den sowjetischen Wunsch, den sowjetisch-amerikanischen Dialog zu den Bedingungen der beiden vorangegangenen amerikanischen Administrationen unverändert fortzusetzen. Offenbar sieht die sowjetische Führung ihr Ziel, als gleichberechtigte Weltmacht mit gleichem globalen Mitspracherecht anerkannt und behandelt zu werden, nur zu diesen Bedingungen hinreichend berücksichtigt. Dementsprechend begegnet die sowjetische Führung der gegenwärtigen amerikanischen Politik mit unverkennbarem Argwohn; sie befürchtet offenbar, daß Präsident Carter die Grundlagen und Ergebnisse des bisherigen Entspannungsdialogs in Frage zu stellen beabsichtigt. [...] Es ist zu vermuten, daß sich die sowjetische Politik als defensive Reaktion auf eine ‚westliche Herausforderung' versteht mit dem Ziel, den vor Jahren erreichten Status quo in den Ost-West-Beziehungen festzuschreiben. Die sowjetischen Reaktionen wären danach z. Z. weniger als Anzeichen für eine sowjetische Verhärtung zu verstehen; sie erschienen vielmehr als Ausdruck enttäuschter Erwartungen." Vgl. Referat 213, Bd. 133110.

90

Aufzeichnung des Ministerialdirektors Kinkel

28. März 1978[1]

Erkenntnisse aus der Syrien-Reise[2]

1) Der Bruch Syriens mit Sadat[3] (nicht mit dem ägyptischen Volk) als Verräter scheint tief und fast nicht reparabel zu sein.

2) Syrien strampelt mächtig, um evtl. eine Führungsrolle im arabischen Lager (durch Assad) zu erringen, nachdem die Sadatsche Friedensinitiative[4] nach syrischer Meinung endgültig gescheitert ist.

3) Syrien versucht – stärker als wir bisher erkannt und anerkannt haben –, eine unabhängige, von den Großmächten möglichst getrennte Politik zu betreiben.

4) Deshalb auch die große Hoffnung auf ein stärkeres Engagement Europas im Nahen Osten, speziell durch die Bundesrepublik.

5) Im Gegensatz zu den USA, England und Frankreich gibt es zu uns eine unerwiderte enttäuschte Liebe, die uns viele Türen bei entsprechendem Engagement öffnen würde.

6) Die Hinwendung Assads zur PLO ist stark. Es mag Wiedergutmachung nach den Ereignissen im Libanon[5] mitspielen. – Man wird in Syrien genau beobachten, wie wir es mit der PLO halten.

7) Die Aufrüstung der Syrer durch die Sowjetunion scheint geringer zu sein, als wir immer annehmen. Ein entsprechender Bericht des Militärattachés[6] sollte angefordert werden.

8) Unsere Botschaft muß mehr die Kontakte zur Baath-Partei pflegen. Das wird offensichtlich erwartet.

9) Wir müssen alles tun, um den übrigen arabischen Staaten klarzumachen, daß wir nicht einseitig Ägypten bzw. Sadat unterstützen.

10) Gleichberechtigte, partnerschaftliche Zusammenarbeit suchen Länder wie Syrien. Hier liegt unsere Chance.

11) Es sollte untersucht werden, die bevorstehenden Besuche Khaddams[7] und

---

[1] Durchdruck.
Hat Staatssekretär Hermes am 28. März 1978 vorgelegen, der die Weiterleitung an Ministerialdirektor Meyer-Landrut verfügte und handschriftlich vermerkte: „Oper[ative] Vorschläge?"
Hat Meyer-Landrut vorgelegen, der die Weiterleitung an Vortragenden Legationsrat I. Klasse Hille und Referat 310 verfügte und handschriftlich vermerkte: „Bitte in Vorlage zu Ziff[er] 21 einbeziehen".
Hat Hille am 29. März 1978 vorgelegen.
[2] Ministerialdirektor Kinkel hielt sich vom 19. bis 23. März 1978 in Syrien auf.
[3] Zum Abbruch der diplomatischen Beziehungen zwischen Ägypten und Syrien am 5. Dezember 1977 vgl. Dok. 3, Anm. 14.
[4] Zur Friedensinitiative des Präsidenten Sadat vgl. Dok. 3, Anm. 7.
[5] Zum israelischen Einmarsch in den Libanon am 14./15. März 1978 vgl. Dok. 83, besonders Anm. 4.
[6] Jürgen von Plüskow.
[7] Der syrische Außenminister Khaddam hielt sich vom 6. bis 12. Juni 1978 in der Bundesrepublik auf. Vgl. dazu Dok. 178.

28. März 1978: Aufzeichnung von Kinkel   90

Assads[8] so zu gestalten, daß unsere bilateralen Beziehungen zu Syrien gestärkt werden, zugleich aber auch deutlich wird, welche Rolle wir Syrien im Rahmen der „Ablehnungsstaaten" beimessen.

12) Entwicklungshilfe jetzt wieder herunterzufahren wäre falsch.

13) Unsere Stipendienpolitik gegenüber Syrien muß überdacht werden.

14) Wirtschaftlich darf von unseren Beziehungen zu Syrien nicht zu viel erwartet werden; politisch sollten wir den Kontakt insgesamt ausbauen.

15) Das syrisch-irakische Verhältnis ist schlecht und wird es wohl auch auf absehbare Zeit bleiben. Das sowjetisch-syrische Verhältnis ist sachbezogen, nicht übermäßig freundlich. Die Sowjets halten sich in Syrien sehr zurück, mehr als die DDR.

16) Assad und seine Regierung sitzen wohl fester im Sattel, als bisher angenommen wurde. Die schlechte Wahlbeteiligung[9] darf nicht zu falschen Schlüssen führen. Die Unterstützung Assads aus dem Volk ist echt. Er gilt als solide und bescheiden. Anders sein Bruder[10].

17) Starke Gefahr droht aus dem Irak, wohin die Assad-Gegner geflohen sind und woher sie operieren.

18) Hauptproblem bleibt die Landwirtschaft und die Ernährungsfrage. Man scheint dies erkannt zu haben und anderweitige ehrgeizige Projekte eher zu stoppen.

19) Politische Gefangene ohne rechtliches Gehör und Verfahren scheint es eine ganze Anzahl zu geben.

20) Die Judenproblematik in Syrien scheint inzwischen relativ gut gelöst zu sein.

21) Wir sollten unserem Botschafter[11] und seinem Vertreter[12] „grünes Licht" für Kontakte mit der PLO auf Arbeitsebene geben. Es gibt keinen Grund, Damaskus anders als Kairo und[13] Beirut zu behandeln.[14]

22) Der emotionale Haß gegenüber den Israelis ist unverändert. Er wird offiziell geschürt und unterstützt. Die Palästinenser-Probleme finden volle, undifferenzierte Unterstützung.

23) Das Ansehen der USA ist eher schwach, die Hinwendung zu Europa stärker.

Kinkel

Referat 310, Bd. 125026

---

[8] Präsident Assad besuchte die Bundesrepublik vom 11. bis 15. September 1978. Vgl. dazu Dok. 261.
[9] Präsident Assad wurde am 8. Februar 1978 in einer Volksabstimmung bei einer Wahlbeteiligung von 97 % mit 99,6 % der abgegebenen Stimmen für weitere sieben Jahre im Amt bestätigt.
[10] Rifaat al-Assad.
[11] Joachim Peckert.
Dieses Wort wurde von Ministerialdirektor Meyer-Landrut hervorgehoben. Dazu vermerkte er handschriftlich: „Nein".
[12] Johannes Giffels.
Dieses Wort wurde von Ministerialdirektor Meyer-Landrut hervorgehoben. Dazu vermerkte er handschriftlich: „Ja".
[13] Die Wörter „Grund, Damaskus anders als Kairo und" wurden von Ministerialdirektor Meyer-Landrut hervorgehoben. Dazu vermerkte er handschriftlich: „Nein".
[14] Zu diesem Absatz vermerkte Vortragender Legationsrat I. Klasse Hille handschriftlich: „Ich hätte keine Bedenken".

91

Gespräch des Bundesministers Genscher mit dem stellvertretenden amerikanischen Außenminister Christopher

D 2-321.00 USA-624I/78 geheim 30. März 1978[1]

Der Bundesaußenminister traf am 30.3. mit dem stellvertretenden amerikanischen Außenminister Christopher zu einem zweieinhalbstündigen Gespräch zusammen.[2] Christopher wurde von Mr. Vest und Gesandtem Meehan begleitet. Auf deutscher Seite nahmen Staatssekretär Hermes, der Unterzeichnete[3] und VLR I Weber teil. In diesem Gespräch wurden folgende Themen angesprochen:

1) Deutsch-amerikanische Beziehungen.

2) Ergebnis des Besuchs von Christopher in Ankara.

3) Namibia, Rhodesien, Südafrika.

4) Nahost-Probleme.

5) Bündnisfragen.

6) Nuclear Non-Proliferation Act of 1978.

Nach dem Gespräch über dieses Thema folgte ein Vier-Augen-Gespräch.[4] Im einzelnen:

I. Deutsch-amerikanische Beziehungen

Der *Bundesminister* leitete das Gespräch mit kurzen Bemerkungen über seinen privaten Besuch in der DDR ein.[5]

Christopher stellte fest, daß er sich freue, diese Gelegenheit zu einem Gedankenaustausch zu haben. Er sprach dem Bundesminister seinen Dank für seinen Beitrag zu den deutsch-amerikanischen Beziehungen aus.

---

[1] Die Gesprächsaufzeichnung wurde von Botschafter Ruth am 31. März 1978 gefertigt und von Ministerialdirektor Blech am 3. April 1978 über die Staatssekretäre Hermes und van Well an Bundesminister Genscher geleitet.
Hat Hermes und van Well am 5. April 1978 vorgelegen.
Hat Genscher am 12. April 1978 vorgelegen. Vgl. den Begleitvermerk; VS-Bd. 11107 (204); B 150, Aktenkopien 1978.

[2] Botschafter Ruth vermerkte am 28. März 1978: „Gesandter Hansen rief mich in der Nacht zum 28. März aus Washington an, um mir folgende Unterrichtung durch Mr. Vest, State Department, mitzuteilen: ‚1) Der Präsident habe entschieden, dem Herrn Bundeskanzler eine persönliche Nachricht zur weiteren Behandlung des Problems Neutronenwaffe zukommen zu lassen. Überbringer der Nachricht werde Unterstaatssekretär Christopher sein. 2) Christopher ist am 27.3. nach Ankara zu einem zweitägigen Besuch abgeflogen. Er wird im Anschluß an Ankara nach Bonn oder an den Urlaubsort des Herrn Bundeskanzlers fliegen, um diese Nachricht zu überbringen. Christopher steht am 30. oder 31.3. zur Verfügung. 3) Über den Inhalt der Nachricht konnte Herr Hansen keine Auskunft geben. [...] 4) Premierminister Callaghan wurde während seines Besuchs im Sinne der beabsichtigten Botschaft an den Bundeskanzler unterrichtet. Auch von den Briten ist in Washington nichts über den Inhalt zu erfahren. 5) Es ist beabsichtigt, daß Christopher nach seinem Gespräch mit dem Bundeskanzler zu Callaghan fliegt. 6) Herr Lewalter hat den Herrn Minister unterrichtet." Vgl. VS-Bd. 11431 (221); B 150, Aktenkopien 1978.

[3] Friedrich Ruth.

[4] Vgl. Dok. 92.

[5] Bundesminister Genscher hielt sich vom 28. bis 30. März 1978 in Weimar, Naumburg, Dresden, Reideburg und Halle auf. Vgl. dazu die Rubrik „Bonn Soir"; DIE WELT vom 30. März 1978, S. 3.

Der *Bundesminister* stellte fest, daß das Thema der deutsch-amerikanischen Beziehungen am Anfang der Unterhaltung stehe. Es sei eine große Aufgabe, sicherzustellen, daß in der Öffentlichkeit nicht falsche Eindrücke entstehen, die mit der Wirklichkeit nicht übereinstimmen. Er drückte seine Freude über das Vance-Interview im „Spiegel"[6] aus, das wichtig und hilfreich für unsere Beziehungen sei. Es komme darauf an, sicherzustellen, daß der wirkliche Stand der Beziehungen auch in der Öffentlichkeit widergespiegelt werde.

II. Christopher-Besuch in Ankara

Christopher bezeichnete das Ergebnis des zweitägigen Besuchs als nützlich. Die amerikanische Regierung schätze die Schritte, die die Bundesregierung unternommen habe, um die Beziehungen mit der Türkei auf einer befriedigenden Ebene zu halten.[7] Die Vereinigten Staaten machten jetzt Anstrengungen, um einen neuen Anfang zu machen. Der Präsident habe einen policy review abgeschlossen. Die Reise nach Ankara sei eine Konsequenz dieses policy review gewesen.

Christopher sei mit einem Paket von vier Vorschlägen nach Ankara gereist, deren Ziel es sei, das Verhältnis zwischen Washington und Ankara zu revitalisieren:

1) Der Präsident beabsichtige, in Kürze den Kongreß zu bitten, das Embargo von 1974 gegen Waffenexporte an die Türkei[8] aufzuheben. Diese Bitte werde schon am 6. April während einer Anhörung von Christopher oder von Vance im Kongreß[9] vorgebracht werden.

2) Der Präsident beabsichtige, den Kongreß um die Freigabe von finanzieller Hilfe in Höhe von 50 Mio. $ als security support assistance zu bitten. Dies sei eine wichtige Hilfe für die türkische Wirtschaft.

3) Der Präsident beabsichtige, den Kongreß um die Genehmigung eines Foreign Military Sales Kredits in Höhe von 175 Mio. $ zu bitten.

4) Es werde vorgeschlagen, das Defense Cooperation Agreement von 1976[10] aus folgenden Gründen neu zu verhandeln,

---

6 Der amerikanische Außenminister Vance erklärte in einem Interview mit der Wochenzeitschrift „Der Spiegel": „Ich halte die amerikanisch-deutschen Beziehungen für sehr gut. Wir konsultieren uns auf sehr viel mehr Ebenen sehr viel öfter als je zuvor, und das Verhältnis aller Beteiligten zueinander ist ausgezeichnet. Die Diskussionen sind offen, sie sind umfassend und zahlreich. [...] Natürlich haben wir Meinungsverschiedenheiten, wie es sie zwischen Verbündeten und Freunden ganz selbstverständlich gibt. Aber es gibt nur sehr wenige. [...] Deshalb sind die ganzen Geschichten über Streitigkeiten stark übertrieben." Vgl. DER SPIEGEL, Nr. 12/13 vom 27. März 1978, S. 132.

7 Bundeskanzler Schmidt teilte Ministerpräsident Ecevit am 28. Februar 1978 mit, „daß die Bundesregierung bereit ist, Ihrem Lande in diesem Jahr neben einer substantiellen Kapitalhilfe in Höhe von 130 Mio. DM zur Projektfinanzierung zusätzliche Mittel in Höhe von 50 Mio. DM als Soforthilfe zur Verfügung zu stellen. Dieser Betrag kann zum Ankauf von Waren und Ausrüstungen in Anspruch genommen werden, sobald das für die Abwicklung erforderliche Abkommen abgeschlossen ist." Vgl. den Drahterlaß Nr. 69 des Vortragenden Legationsrats I. Klasse Schönfeld vom selben Tag an die Botschaft in Ankara; VS-Bd. 532 (014); B 150, Aktenkopien 1978.

8 Zum amerikanischen Waffenembargo gegen die Türkei vgl. Dok. 8, Anm. 45.

9 Für den Wortlaut der Ausführungen des amerikanischen Außenministers Vance vor dem Ausschuß für Internationale Beziehungen des amerikanischen Repräsentantenhauses am 6. April 1978 in Washington vgl. DEPARTMENT OF STATE BULLETIN, Bd. 78 (1978), Heft 2014, S. 33–35.

10 Zu dem am 26. März 1976 unterzeichneten Abkommen zwischen den USA und der Türkei über Verteidigungshilfe vgl. Dok. 84, Anm. 24.

a) weil es nicht mehr den aktuellen Anforderungen entspreche. So sei es nicht zeitgemäß, was die Behandlung der Frage der NATO-Basen angeht.

b) Es sei klar geworden, daß das alte DCA im Kongreß keine Aussicht auf Billigung habe, vor allem auch wegen seiner vierjährigen Laufzeit. Das neue Abkommen werde eine zwei- oder noch wahrscheinlicher eine einjährige Laufzeit haben.

Christopher stellte fest, daß er dieses Programm Ministerpräsident Ecevit mit der Bemerkung dargestellt habe, daß es nicht mit Vorbedingungen verbunden sei. Er habe jedoch klargestellt, daß Fortschritte in der Zypern-Frage wichtige Auswirkungen auf die Stimmung im Kongreß haben würden.

Zu 1): Es sei klar geworden, daß die Aufhebung des Embargos von größter Bedeutung sei.

– Sie versetze die Türkei in die Lage, wieder militärische Ausrüstung zu erwerben.

– Sie entsperre seit Jahren für die Türkei bereitliegende militärische Ausrüstungen im Werte von 80 Mio. $.

– Sie beseitige Hindernisse dagegen, daß das Überschußmaterial, das in einer Liste zum DCA von 1976 aufgeführt ist, verfügbar gemacht wird.

– Sie mache militärische Ausbildung in den Vereinigten Staaten wieder möglich.

Als Ergebnis seines Ankara-Besuchs könne festgehalten werden:

– Der Besuch werde von beiden Seiten positiv gewertet.

– Das Vier-Punkte-Programm des Präsidenten werde in Kürze angekündigt.[11]

– Diese Ankündigung werde durch eine Erklärung Ministerpräsident Ecevits und möglicherweise Denktaschs zu Zypern-Problemen ergänzt werden. Hier handele es sich nicht um ein Junktim, sondern um eine hilfreiche Chronologie.

Man sei auf gutem Wege, die Beziehungen zu einem wichtigen Alliierten wiederherzustellen. Der amerikanische Vorschlag mache deutlich, daß in Washington die stabilisierende Funktion der türkischen Streitkräfte richtig eingeschätzt werde.

Bundesminister wies darauf hin, daß die Bundesregierung sich bemüht habe, in den schwierigen Zeiten einzuspringen. Sie habe eine Reihe von militärischen Programmen in Gang gesetzt. Eine der wichtigsten Aufgaben sei es, das Vertrauen der Türken zu stärken, ihre eigenen Probleme lösen zu können. Wir seien uns im klaren darüber, daß diese Probleme nicht dadurch erleichtert werden, daß Griechenland auf dem Wege in die Europäische Gemeinschaft[12] sei, was wir begrüßten, denn diese Entwicklung sei für die Stabilität der griechischen Demokratie von größter Bedeutung. Je näher sich Griechenland auf die EG zubewege, um so schwieriger würden jedoch die Probleme für die Türkei. Deshalb sei der amerikanische Schritt von so großer politisch-psychologischer Bedeutung. Er sei wichtig für das Selbstvertrauen und für die innere Haltung der türkischen Armee, die ihrerseits für die politische und wirtschaftliche Stabilität des Landes von größter Bedeutung sei. Er wolle daran erinnern, daß wir mit der Tür-

---

[11] Vgl. dazu die Presseerklärung des amerikanischen Außenministeriums vom 4. April 1978; DEPARTMENT OF STATE BULLETIN, Bd. 78 (1978), Heft 2014, S. 34.
[12] Zum Stand der Verhandlungen über einen EG-Beitritt Griechenlands vgl. Dok. 75.

kei auch unmittelbar durch die türkischen Gastarbeiter verbunden seien. Es sei eine wichtige Sache, daß bei einer Million Arbeitslosen von den mehreren 100 000 Türken keiner nach Hause geschickt worden sei.

Bundesminister fragte, ob Christopher den Eindruck habe, daß die neue türkische Regierung[13] ein klares Konzept für die Lösung der wirtschaftlichen Probleme habe.

Christopher erwiderte, daß dies diskutiert worden sei. Die amerikanische Regierung sei befriedigt darüber, daß beim Besuch des türkischen Finanzministers[14] in Washington eine Absichtserklärung zu einem IWF-Programm vereinbart worden sei. Dies impliziere Vertrauen in die Türkei.

Christopher: Er selbst habe mit Vertretern der Export- und Importbank gesprochen, um eine positive Haltung zu fördern.

Christopher bemerkte dann, daß er eine Botschaft von Ministerpräsident Ecevit an die Bundesregierung zu überbringen habe:

Eine Auswirkung der amerikanischen Vorschläge sei es, daß amerikanische militärische Ausrüstung durch Drittstaaten an die Türkei transferiert werden könne. Ecevit bitte uns, diese Möglichkeit wohlwollend zu prüfen. Außerdem hoffe er, daß die Türkei eine Rolle in der Waffenproduktion (und -standardisierung) spielen könne.

StS *Hermes* erwiderte, daß zur Zeit der Verhängung des Embargos 1974 Ausrüstungsgegenstände aus amerikanischer Quelle von uns an die Türkei gegeben worden seien. Dies sei dann vom Kongreß unterbunden worden. Sobald das Embargo aufgehoben werde, seien wir bereit, diese Praxis auch wiederaufzunehmen. Zur Frage des Rüstungsexports[15] teilte er mit, daß wir vor eineinhalb Jahren Bürgschaften für militärische Ausrüstungsgeschäfte für die Türkei grundsätzlich zugesagt hätten, und zwar in Höhe von 1/2 Mrd. DM.[16] Es sei unsere Absicht, darauf hinzuwirken, daß das Türkei-Konsortium der OECD[17] der türki-

---

[13] Nach dem Verlust der Parlamentsmehrheit durch den Parteiaustritt mehrerer Abgeordneter trat die Regierung von Ministerpräsident Demirel am 31. Dezember 1977 zurück. Der bisherige Oppositionsführer Ecevit bildete am 5. Januar 1978 eine neue Regierung, der das türkische Parlament am 17. Januar 1978 das Vertrauen aussprach.

[14] Ziya Müezzinoglu.

[15] Die Wörter „des Rüstungsexports" wurden von Staatssekretär Hermes handschriftlich eingefügt. Dafür wurde gestrichen: „der Fabrikation".

[16] Zum geplanten türkischen Rüstungsbeschaffungsprogramm vgl. Dok. 19, Anm. 11.
Referat 420 vermerkte am 9. Februar 1978: „Die Bundesregierung hatte im März 1977 für ein türkisches Waffenbeschaffungsprogramm ein Bürgschaftsvolumen von 560 Mio. DM gegenüber Lieferwünschen von insgesamt 1,2 Mrd. DM zur Verfügung gestellt. Da die Türkei den Restbetrag in Devisen nicht aufbringen konnte, wurde die Bürgschaft bisher nicht in Anspruch genommen. Inzwischen hat der BMF infolge der immer schlechter werdenden türkischen Zahlungsbilanzlage und des damit steigenden Bürgschaftsrisikos die Inanspruchnahme des bereits genehmigten o. a. Bürgschaftsvolumens von einer erneuten Kabinettsentscheidung abhängig gemacht." Vgl. Referat 420, Bd. 124270.

[17] Ministerialdirektor Lautenschlager legte am 30. März 1978 dar, daß trotz einer soeben zwischen der Türkei und dem IWF geschlossenen Kreditvereinbarung über ca. 460 Mio. Dollar „die akuten Zahlungsbilanzprobleme der Türkei keineswegs gelöst" seien. Weitere Maßnahmen seien noch nötig: „Prozedural liegen bisher zwei Vorschläge vor: a) Der Generalsekretär der OECD beabsichtigt, das Türkei-Konsortium zu reaktivieren, und hat den Vorsitzenden des Konsortiums, Herrn Dr. Giel, beauftragt, eine baldige Sitzung der Mitgliedstaaten einzuberufen. [...] b) Die US-Regierung verfolgt demgegenüber den Plan der Errichtung einer breit zusammengesetzten Konsultativgruppe (‚expanded consultative group'), in der die Türken den Vorsitz übernehmen und außer den 14 Konsortialmitgliedern auch weitere potentielle Geberländer, wie Iran und Saudi-Arabien, sowie alle interessierten internationalen

schen Wirtschaft neue Impulse verleihe, und wir hofften auf amerikanische Unterstützung.

Christopher stellte fest, daß Ecevit das Gefühl habe, im wirtschaftlichen Bereich Schritte in die richtige Richtung zu tun, und daß er auf Fortschritte im nächsten Jahr hoffe.

Christopher berichtete dann über das Gespräch Ecevits mit Karamanlis.[18] Ecevit habe festgestellt, dieses Gespräch sei besser gewesen, als das Kommuniqué anzeige. Es habe sich um folgende Probleme gehandelt:

– Ägäis-Schelf-Problem[19],

– den Luftraum über der Ägäis,

– die Militarisierung der griechischen Inseln,

– die türkische Minderheit in Griechenland.

Ecevit sei der Auffassung, daß für alle diese Probleme schließlich Lösungen gefunden werden können. Es sei wichtig, daß diese Lösungen von den Beteiligten selbst gefunden werden. Der nächste Schritt werde ein Treffen zwischen den Außenministern[20] in Ankara sein.

Bundesminister fragte nach den Aussichten für das Paket im Kongreß.

Christopher antwortete, daß das Paket im Blick auf die Reaktionen im Kongreß entwickelt worden sei. Es sei zu erwarten, daß die griechische Lobby zunächst kritisch reagieren werde, daß aber doch positiv vermerkt werde, daß man das

---

Fortsetzung Fußnote von Seite 457

Organisationen vertreten sein würden. Die Amerikaner glauben, daß ein solches Gremium besser geeignet sei, über etwaige Hilfsmaßnahmen zu beraten, als das Konsortium, zu dem ‚die falschen Leute kommen würden'." Der amerikanische Vorschlag werde bislang von keinem der Ressorts der Bundesregierung unterstützt. In einer Ressortbesprechung am 30. März 1978 sei Einvernehmen erzielt worden, daß die Bundesregierung weiterhin die Einberufung des Türkei-Konsortiums der OECD befürworten solle. Vgl. Referat 420, Bd. 124273.

[18] Die Ministerpräsidenten Ecevit und Karamanlis trafen am 10./11. März 1978 in Montreux zusammen. In der Presse wurde dazu berichtet: „In dem gemeinsamen Kommuniqué ist von einem ‚freundlichen und aufrichtigen Ablauf des Dialogs' die Rede. Die Ministerpräsidenten wollen den Gedankenaustausch fortsetzen, um zu ‚konkreten Lösungen' jener Probleme zu gelangen, die die Beziehungen der beiden Nachbarstaaten bisher überschattet haben. Nach einer Prüfung der Vorschläge von Montreux sollen schon in zwei oder drei Wochen ‚Delegationen auf hoher Ebene', offenbar unter Führung der Außenminister, über deren Realisierung verhandeln. […] Die Griechen wollen in die Zypern-Verhandlungen, die die Türken nach Ecevits Darlegungen ‚so schnell wie möglich abgewickelt zu sehen wünschen', nicht direkt verwickelt werden. ‚Beide Regierungen', so sagte Ecevit nach dem Abflug der Griechen am Wochenende vor Journalisten in Montreux, ‚wollen aber die Volksgruppen in jeder Weise zu einer dauerhaften Friedensregelung ermutigen und dazu beitragen'." Vgl. den Artikel „Annäherung zwischen Griechen und Türken in Montreux"; FRANKFURTER ALLGEMEINE ZEITUNG vom 13. März 1978, S. 1.

Botschafter Poensgen, Athen, berichtete am 16. März 1978, das Treffen sei aus griechischer Sicht nützlich gewesen: „Offenbar ist es Ecevit gelungen, den zunächst skeptischen Karamanlis durch beachtlichen persönlichen Einsatz […] aus der Reserve herauszulocken. […] Rein sachlich dagegen ist – ganz wie man dies erwartet hatte – in griechischen Augen bei dem Treffen nicht viel herausgekommen. Für Ecevit hatte die Bemühung, Sachfragen anzusprechen, im Vordergrund gestanden. Karamanlis war es dagegen […] darauf angekommen, Prozeduren zu besprechen und – soweit erfolglos – möglichst zu vereinbaren, da diese es für Ecevit leichter machen könnten, Konzessionen vor der türkischen Öffentlichkeit zu vertreten. So vor allem in der Ägäis-Frage, wo Karamanlis z. B. erneut den Vorschlag gemacht habe, die Sache an den IGH heranzutragen, worauf Ecevit jedoch nicht eingehen wollte." Vgl. den Drahtbericht Nr. 175; Referat 203, Bd. 115870.

[19] Zum griechisch-türkischen Konflikt in der Ägäis vgl. Dok. 38, Anm. 8.

[20] Gündüz Ökçün bzw. Panayotis Papaligouras.

DCA mit vierjähriger Laufzeit aufgebe. Viel werde abhängen von der Reaktion der türkischen Zyprioten, insbesondere, was die Frage der Umsiedlung im Gebiet von Famagusta angeht.

Auf die Frage von StS Hermes nach dem DCA mit Griechenland[21] erwiderte Christopher, daß man auch hier Neuverhandlungen vorschlagen werde.

Vest fügte hinzu, daß beabsichtigt sei, auch für Griechenland den Umfang der Foreign Military Sales anzuheben (145 Mio. $).

Bundesminister stellte fest, daß wir über jeden Schritt in Richtung auf eine Verwirklichung des Planes erfreut seien. Ein positives Echo auf das anvisierte Paket sei sehr wichtig, Man müsse bemüht bleiben, die Lage der türkischen Regierung zu erleichtern.

Christopher wies abschließend auf die Vertraulichkeit der Unterrichtung hin. Der *Bundesminister* unterstrich die Sensitivität der Operation.

Auf eine anschließende Frage gegenüber *Vest* stellte dieser klar, daß es sich darum handeln werde, alle vier Punkte des Programms geschlossen vorzuschlagen, daß aber naturgemäß die Verhandlungen über ein neues DCA längere Zeit in Anspruch nähmen. Die ersten drei Punkte könnten dagegen noch von dem jetzigen Kongreß[22] verwirklicht werden.

III. Namibia, Rhodesien, Südafrika

Zu Namibia eröffnete *Christopher* das Gespräch mit der Bemerkung, daß die SWAPO auf Antworten zu zwei Fragenkomplexen warte:

– Fragen im Verhältnis zum Problem Walvis Bay,
– Bereitschaft, Wirtschaftssanktionen gegenüber Südafrika zu ergreifen, falls es sich unbeweglich zeige.

---

[21] Der amerikanische Außenminister Kissinger und der griechische Außenminister Bitsios paraphierten am 15. April 1976 in Washington „Grundsätze über die zukünftige militärische Zusammenarbeit". Dazu teilte Gesandter Hansen, Washington, am 17. April 1976 mit: „1) Beide Regierungen werden ‚so bald wie möglich' neues Abkommen über militärische Zusammenarbeit schließen. 2) Abkommen soll traditioneller Verbindung USA–Griechenland und NATO-Interessen beider Länder entsprechen. 3) Abkommen wird Status und Operationsmodalitäten der US-Einrichtungen in Griechenland definieren [...]. 4) Als integraler Bestandteil neuen Abkommens sehen USA vor, sich für vier Jahre zur Leistung von insgesamt 700 Mio. Dollar Militärhilfe, teilweise als ‚grant aid' zu verpflichten." Vgl. den Drahtbericht Nr. 1277; Referat 203, Bd. 110223. Vgl. dazu ferner DEPARTMENT OF STATE BULLETIN, Bd. 74 (1976), S. 629f.
Im Anschluß an die Rahmenvereinbarung begannen die USA und Griechenland mit Verhandlungen über ein Stützpunktabkommen, das am 28. Juli 1977 in Athen paraphiert wurde. Botschaftsrat I. Klasse Schlingensiepen, Athen, berichtete am 29. Juli 1977: „Den Amerikanern bleiben aufgrund des Abkommenstextes die Benutzung der vier Stützpunkte in Nea Makri, Souda (Kreta), Iraklio (Kreta) und Ellinikon (beim internationalen Flughafen Athen) erhalten. Während der Laufzeit des Vertrages wollen die Vereinigten Staaten den Griechen eine Verteidigungshilfe von 700 Mio. Dollar gewähren." Schlingensiepen teilte ferner mit, daß die Unterzeichnung des Vertrags für September vorgesehen sei: „Danach muß Ratifizierung durch griechisches Parlament und gemeinsame Resolution US-Kongresses erfolgen." Vgl. den Drahtbericht Nr. 582; VS-Bd. 9661 (201); B 150, Aktenkopien 1977.
Referat 203 erläuterte am 28. November 1977: „Neues griechisch-amerikanisches Verteidigungsabkommen wurde im Juli 1977 paraphiert, ist jedoch noch nicht unterzeichnet. Griechenland zögert im Hinblick auf engen Zusammenhang mit türkisch-amerikanischem Abkommen die Unterzeichnung hinaus, da Aufrechterhaltung Waffenembargos gegenüber der Türkei in seinem Interesse liegt." Vgl. VS-Bd. 11094 (203); B 150, Aktenkopien 1977.

[22] Am 8. November 1978 fanden in den USA Gouverneurswahlen, Wahlen zum Repräsentantenhaus und Teilwahlen zum Senat statt.

Bundesminister stellte fest, daß die Lage durch die Ermordung Kapuuos[23] schwieriger geworden sei. Sie habe die psychologische Situation schärfstens belastet. Es sei nicht sicher, ob sich der Nyerere-Vorschlag zur Lösung des Problems Walvis Bay[24] durchsetzen könne. Hier handele es sich um ein Problem, das für Südafrika und für die SWAPO zu einer der beiden zentralen Fragen geworden sei. Es sei nicht klar, welche Ziele Südafrika neuerdings in der Frage Walvis Bay verfolge.

Christopher erwiderte, daß er nicht wisse, inwieweit Südafrika eine bargaining position aufbaue. Die historischen Rechte lägen auf der Seite Südafrikas. Was die südafrikanischen Intentionen seien, sei nicht bekannt.

Bundesminister stellte die Interdependenz zwischen Rhodesien und Namibia-Problemen fest. Die Lage in Rhodesien beeinflusse die Aktionen der Frontstaaten.

Christopher berichtete, daß eine gewisse Aussicht bestehe, daß sich Außenminister Vance am Rande des Carter-Besuchs in Lagos[25] am Wochenende mit den Außenministern der Frontstaaten[26] treffe. Was Rhodesien angehe, habe man zunächst gewisse Vorzüge der internen Regelung des Salisbury-Plans[27] gesehen, doch stoße man zunehmend auf die damit verbundenen Probleme. Man hoffe, mit den Frontstaaten zunächst die internen und dann die externen Lösungsmöglichkeiten zu diskutieren. Falls die Frontstaaten das Vertrauen in die Möglichkeit einer Lösung verlören, würde eine schwierige Situation entstehen. Es sei die Frage, wie rasch das Salisbury-Abkommen mit den angloamerikanischen Vorschlägen[28] kombiniert werden könne.

Bundesminister wies darauf hin, daß uns Namibia naturgemäß näherliege[29], daß aber der Einfluß der Rhodesien-Situation auf die Lage in Namibia unverkennbar sei. Wenn sich Außenminister Vance mit den Außenministern der Frontstaaten treffen könne, sei dies eine wichtige Sache. Er habe das Gefühl, daß auch die Frontstaaten eine Lösung des Problems wollten und daß sie unter der Situation

---

[23] Der Vorsitzende der Demokratischen Turnhalle Allianz und Häuptling des Herero-Stamms, Kapuuo, wurde am 27. März 1978 in Katatatura bei Windhuk ermordet. Vgl. dazu den Artikel „Führender schwarzer Politiker bei Windhuk erschossen"; DIE WELT vom 28. März 1978, S. 1.

[24] Zu den Äußerungen des Präsidenten Nyerere im Gespräch mit Bundesminister Genscher am 27. Februar 1978 in Daressalam vgl. Dok. 74, Anm. 4.
Botschafter Florin, Daressalam, berichtete am 29. März 1978, im Gespräch mit dem französischen Botschafter de Guilhem de Lataillade und ihm habe Nyerere erklärt: „An der Walvis Bay dürfe friedliche Namibia-Lösung nicht scheitern. SWAPO könne nur dann auf sofortige und vorbehaltlose Eingliederung von Walvis Bay in befreites Namibia verzichten, wenn VN und ausdrücklich auch Sicherheitsrat Walvis Bay als Teil Namibias bezeichnen und damit politische Absicht künftiger Lösung im Sinne Namibias verbindet. Danach habe SWAPO die Möglichkeit, aus Position der Stärke mit S[üd]a[f]rika] zu verhandeln. – (Offenbar genügt heute nicht mehr die im Gespräch mit BM geäußerte Vorstellung, daß lediglich die fünf westlichen SR-Mitglieder in unmittelbarem Zusammenhang mit Namibia-Vorschlag entsprechende politische Absichtserklärung abgeben.)" Vgl. den Drahtbericht Nr. 142; Referat 320, Bd. 125262.

[25] Präsident Carter besuchte Nigeria vom 31. März bis 3. April 1978.

[26] Joaquim Chissano (Mosambik), Benjamin Mkapa (Tansania), Archie M. Mogwe (Botsuana), Siteke G. Mwale (Sambia), Paulo Teixera Jorge (Angola).

[27] Zum Abkommen von Salisbury vom 3. März 1978 vgl. Dok. 75, Anm. 9.

[28] Zu den amerikanisch-britischen Bemühungen um eine Lösung des Rhodesien-Konflikts vgl. Dok. 44, Anm. 3.

[29] Namibia war als Deutsch-Südwestafrika seit 1884 eine Kolonie des Deutschen Reiches. Nach der Kapitulation deutscher Truppen geriet es 1915 unter die Herrschaft der Südafrikanischen Union.

litten. Es wäre gut, wenn das Treffen zustande kommen könnte. Es werde interessant sein zu sehen, welches Interesse der angloamerikanische Plan nunmehr bei Leuten habe, die ihn vorher ablehnten.

Bundesminister fragte dann, ob es in dieser Frage einen sowjetisch-amerikanischen Gedankenaustausch gegeben habe.

Christopher antwortete, daß die Frage nur oberflächlich diskutiert worden sei. Die Amerikaner hätten deutlich gemacht, daß es wichtig sei, eine Entwicklung wie am Horn von Afrika zu vermeiden, und daß eine Verwendung kubanischer Streitkräfte im Süden ausgesprochen negativ sei.

Bundesminister bemerkte, daß die Frontstaaten, die Nkomo unterstützten, ein gutes Verhältnis zur Sowjetunion hätten. Im Blick auf Namibia[30] handele es sich nicht nur um das Problem der Walvis Bay, sondern auch um die Frage der Stationierung südafrikanischer Truppen, ihres Rückzugs und um das Problem der politischen Gefangenen.

Bundesminister fragte, ob man auf amerikanischer Seite den möglichen Ausgang von Wahlen abschätzen könne.

Christopher erwiderte, daß der Einfluß Nkomos schwer abzuschätzen sei. Nach seiner Auffassung tendiere er nicht ausschließlich zur Sowjetunion. Zur Frage des Ministers meinte er, falls Nkomo außerhalb Rhodesiens bleibe, werde Muzorewa die populärste Figur sein. Sei er jedoch in Rhodesien, wäre Nkomo wohl populärer.

Bundsminister meinte, es sei nicht sicher, ob Nkomo der Erfolgreiche sein werde. StS *Hermes* ergänzte, daß Nkomo vermutlich nicht die absolute Mehrheit erringen werde.

Bundesminister stellte fest, daß das Vertrauen in die Fähigkeit der westlichen Staaten, eine Lösung herbeizuführen, die zentrale Frage sei. Dies müsse Südafrika klargemacht werden. Es dürfe nicht eine Situation entstehen, die es der Sowjetunion erlaube, Einflußmöglichkeiten zu gewinnen. Es stelle sich die Frage nach der richtigen Methode, um zu verhindern, daß sich die Sowjetunion einmische. Man müsse klar sehen, daß die führenden Persönlichkeiten, die unser Vertrauen verdienen – wie Kaunda – in Schwierigkeiten gerieten, wenn nicht in absehbarer Zeit Fortschritte in beiden Problemen erzielt werden könnten.

Bundesminister fragte dann nach der amerikanischen Position in der Frage der wirtschaftlichen Beziehungen zu Südafrika und nach dem Verhältnis der Vereinigten Staaten zum Verhaltenskodex der Europäischen Gemeinschaft.[31] Wir seien für diesen Kodex stark eingetreten. Von einem führenden Gewerkschafter sei bescheinigt worden, daß unsere Industrie ihn beachte.

Christopher bemerkte, daß sich hier für die Amerikaner ein Dilemma darstelle. Der Verhaltenskodex sei vergleichbar dem „Sullivan-Plan"[32]. Die meisten ameri-

---

[30] An dieser Stelle wurde von Bundesminister Genscher gestrichen: „sei es schwierig, sich vorzustellen, daß sich die Frontstaaten für eine Beeinflussung der SWAPO einsetzen würden. Hier". Dazu Fragezeichen.

[31] Zu dem am 20. September 1977 verabschiedeten Verhaltenskodex für Unternehmen mit Tochtergesellschaften, Zweigniederlassungen oder Vertretungen in Südafrika vgl. Dok. 50, Anm. 9.

[32] Auf Initiative des Vorstandsmitglieds von General Motors, Sullivan, verabschiedeten zwölf amerikanische Firmen, die Niederlassungen in Südafrika unterhielten, am 1. März 1977 einen Verhaltenskodex,

kanischen Firmen hätten sich mit ihm identifiziert. Die amerikanische Haltung zur Frage wirtschaftlichen Drucks sei jedoch ambivalent. Er berichtete darüber, daß die City Bank of New York ihre Kreditvergabe an Südafrika eingestellt habe. Man sei sich darüber im klaren, daß die Vereinten Nationen Druck in Richtung auf Wirtschaftssanktionen ausüben könnten.

StS *Hermes* wies auf den wachsenden Druck afrikanischer Staaten hin, daß die westlichen Wirtschaftsbeziehungen zu Südafrika reduziert würden. So habe früher Nigeria vor der Erteilung von Aufträgen eine Zusicherung von Firmen verlangt, daß wir

– keine Waffen an Südafrika verkauften,

– auf nukleare Kooperation mit Südafrika verzichten,

– keine Expansion der wirtschaftlichen Beziehungen mit Südafrika beabsichtigen.

Wir hätten keine Probleme mit den ersten beiden Forderungen, und wir hätten nicht die Absicht, die Wirtschaftsbeziehungen zu expandieren. In der letzten Woche habe Nigeria nunmehr verlangt, daß die wirtschaftlichen Aktivitäten mit Südafrika reduziert würden.

Bundesminister fragte, ob auf amerikanischer Seite ein Instrumentarium bestehe, wirtschaftlich auf Südafrika Einfluß zu nehmen.

Christopher antwortete, daß es sich bei diesen Fragen um sehr schwierige Entscheidungen handeln werde. Ein Instrumentarium der Regierung, auf die Privatwirtschaft Einfluß zu nehmen, bestehe nicht, es sei denn im Bereich der Teile, wo Lizenzen notwendig sind oder wo es sich um die Verteidigungsindustrie handele. Ein Instrumentarium zur Drosselung der Wirtschaftsaktivitäten mit Südafrika gebe es jedenfalls nicht.

IV. Nahost-Probleme

Zum Begin-Besuch[33] stellte Christopher fest, daß das Treffen keinen Anlaß zu besonderer Freude gegeben habe, obwohl das Ergebnis nicht überraschend gewesen sei. Es sei darauf angekommen, die Punkte zu definieren, bei denen substantielle Meinungsverschiedenheiten bestehen. Es handele sich dabei um:

1) Interpretation der Resolution 242.[34]

In dieser Frage habe Begin sich von früheren Äußerungen wieder entfernt.

2) Die Frage, inwieweit Israel bereit ist, die Selbstbestimmung der Palästinenser zu akzeptieren.

3) Die Frage der israelischen Siedlungspolitik, insbesondere auf der Sinai-Halbinsel.

Auf die Frage des Bundesministers nach der Bewegungsfähigkeit Begins antwortete Christopher, daß er in Washington nicht bereit gewesen sei, sich zu bewegen. Er habe die Fähigkeit dazu, aber zur Zeit nicht die Bereitschaft.

Fortsetzung Fußnote von Seite 461
    um die Rassentrennung zu unterbinden und faire Arbeitsbedingungen zu ermöglichen. Vgl. dazu den Artikel „12 Large Firms in U.S. Adopt Anti-Bias-Code for S[outh] Africa"; INTERNATIONAL HERALD TRIBUNE vom 3. März 1977, S. 3.

[33] Ministerpräsident Begin hielt sich vom 21. bis 23. März 1978 in den USA auf.

[34] Für die Resolution Nr. 242 des UNO-Sicherheitsrats vom 22. November 1967 vgl. Dok. 10, Anm. 6.

Bundesminister stellte fest, daß unser Problem mit Ministerpräsident Begin darin liege, daß noch kein deutscher Politiker Gelegenheit gehabt habe, mit ihm zu sprechen. Deshalb sei die Einschätzung für uns besonders kompliziert. Wir hätten zwar jetzt ein gutes Verhältnis zum Außenminister[35], und Kontakte bestünden auch auf Parteiebene zum Likud. Die Politik, die wir verfolgten, sei klar. Sie beruhe auf der europäischen Position vom Juli 1977.[36]

Christopher antwortete, daß Begin auch für die USA ein Rätsel sei. Er wiederholte, daß er die Möglichkeit zur Flexibilität habe, sie in jüngsten Diskussionen jedoch nicht gezeigt habe. Man hoffe, daß er nach seiner Rückkehr nach Israel die Dinge anders sehen werde.

Bundesminister wies auf unsere Sorge um Sadat hin, wenn es keine Fortschritte gebe.

Christopher bestätigte, daß die Vereinigten Staaten diese Sorge teilten. Sadat habe sich außerordentlich einsichtig gezeigt. Man könne nicht erwarten, daß die Situation unbegrenzt haltbar sei. Nach Sadats Auffassung beginne im Herbst dieses Jahres die Zeit knapp zu werden.

V. Bündnisfragen

Bundesminister erwähnte die Rede des amerikanischen Präsidenten in Wake Forest[37] und unterstrich die Bedeutung des Zusammenhangs der verschiedenen politischen Felder. Er teile die Auffassung von der Unteilbarkeit der Entspannung und sei überzeugt, daß es sich um eine bedeutsame Rede gehandelt habe. Die deutschen Kommentare hätten wegen des Druckerstreiks[38] verspätet eingesetzt.

Der Bundesminister stellte fest, daß für uns der Bündniszusammenhalt von entscheidender Bedeutung sei. Die Entspannung müsse fortgesetzt werden, auch wenn Belgrad[39] wenig erfolgreich gewesen sei. Dies sei aber nur möglich auf der Grundlage eines aktionsfähigen Bündnisses. In unserer Öffentlichkeit werde die Mission Christophers mit dem Bündniszusammenhalt in Verbindung gebracht. Zum Problem der Neutronenwaffe stellte der Bundesminister fest, daß wir darauf vorbereitet waren, Beschlüsse in der NATO zu erleichtern, weil nach unserer Auffassung das Bündnis als solches gefordert ist.

Christopher stellte fest, daß er die Auffassung des Ministers über die Bedeutung der Allianz-Solidarität teile. Dies sei dadurch unterstrichen worden, daß sich die Konsultationen in der NATO über SALT und MBFR intensiviert haben. Der *Minister* bestätigte, daß sich diese Konsultationen gut entwickelt hätten.

---

35 Moshe Dayan.
36 Der Europäische Rat verabschiedete auf seiner Tagung am 29./30. Juni 1977 in London eine Erklärung zum Nahen Osten. Für den Wortlaut vgl. EUROPA-ARCHIV 1977, D 516 f. Vgl. dazu ferner AAPD 1977, II, Dok. 174.
37 Zur Rede des Präsidenten Carter am 17. März 1978 in der Wake-Forest-Universität in Winston-Salem vgl. Dok. 84, Anm. 12, und Dok. 89, Anm. 3.
38 Im März 1978 kam es wegen der Einführung neuer Techniken im Druck- und Verlagsgewerbe zu Streiks und Aussperrungen, in deren Folge am 6./7. März bzw. zwischen dem 15. und 19. März 1978 zahlreiche Tageszeitungen nicht oder nur mit Notausgaben erschienen. Am 19. März 1978 erfolgte die Einigung auf einen neuen Tarifvertrag. Vgl. dazu den Artikel „Aus der Chronik des Druck-Konflikts"; DIE WELT vom 21. März 1978, S. 4.
39 In Belgrad fand vom 4. Oktober 1977 bis 9. März 1978 die KSZE-Folgekonferenz statt.

VI. Nuclear Non-Proliferation Act of 1978[40]

Bundesminister fragte nach der in der Presse berichteten Äußerung des amerikanischen Präsidenten in Brasilia[41] zum deutsch-brasilianischen Vertrag.[42] *Christopher* war über dieses Gespräch nicht unterrichtet.

Zum Nuclear Non-Proliferation Act betonte Christopher, daß es sich um ein Gesetzgebungswerk handele, das der Politik der Administration entspreche, jedoch durch die Gesetzgeber angereichert worden sei. Es biete die Möglichkeit, im Verhältnis zu den Freunden der Vereinigten Staaten die Probleme in befriedigender Weise zu lösen. Die Absprachen zwischen den Vereinigten Staaten und EURATOM[43] würden durch den Nuclear Non-Proliferation Act nicht außer Kraft gesetzt werden. Falls Fragen zur Interpretation des Gesetzgebungswerks bestünden, seien die Vereinigten Staaten bereit, Experten zur Erläuterung zur Verfügung zu stellen.

Vest ergänzte, daß der 10. April der verpflichtende Termin sei, an dem Gespräche begonnen werden müßten.[44] Hinsichtlich des Inhalts dieser Gespräche bestehe jedoch Flexibilität. Es genüge, daß Gespräche begonnen hätten. Damit sei sicher-

---

[40] Zum „Nuclear Non-Proliferation Act of 1978" vom 9. Februar 1978 vgl. Dok. 72, Anm. 3.

[41] Präsident Carter führte am 30. März 1978 während einer Pressekonferenz in Brasilia aus: „We have no authority over either West Germany nor Brazil, nor do we want any. But as a friend of both countries, we reserve the right to express our opinion to them, that it would be very good to have, and possible to have, a complete nuclear fuel system throughout a country without having the ability to reprocess spent fuel from the power reactors. [...] The right of Brazil and West Germany to continue with their agreement is one that we don't challenge, but we have reserved the right and have used the right to express our concern, both to the Brazilian Government and to the West German Government." Vgl. PUBLIC PAPERS, CARTER 1978, S. 630.

[42] Zum Abkommen vom 27. Juni 1975 zwischen der Bundesrepublik und Brasilien über Zusammenarbeit auf dem Gebiet der friedlichen Nutzung der Kernenergie vgl. Dok. 33, Anm. 16.

[43] Für den Wortlaut des Abkommens vom 29. Mai/19. Juni 1958 zwischen EURATOM und den USA vgl. BUNDESGESETZBLATT 1959, Teil II, S. 1151 f.
Für den Wortlaut des Abkommens vom 8. November 1958 über Zusammenarbeit zwischen EURATOM und den USA bei der friedlichen Verwendung der Atomenergie vgl. BUNDESGESETZBLATT 1959, Teil II, S. 1153–1164.
Für den Wortlaut des Zusatzabkommens vom 11. Juni 1960 über Zusammenarbeit zwischen EURATOM und den USA bei der friedlichen Verwendung der Atomenergie vgl. BUNDESGESETZBLATT 1961, Teil II, S. 547–552.
Für den Wortlaut des Änderungsabkommens vom 21./22. Mai 1962 zum Abkommen vom 8. November 1958 über Zusammenarbeit zwischen EURATOM und den USA sowie zum Zusatzabkommen vom 11. Juni 1960 vgl. BUNDESGESETZBLATT 1962, Teil II, S. 1494–1503.

[44] Zur Erörterung des „Nuclear Non-Proliferation Act of 1978" vom 9. Februar 1978 in den Europäischen Gemeinschaften vgl. Dok. 84, Anm. 48.
Vortragender Legationsrat I. Klasse Wallau vermerkte am 3. April 1978 über ein Telefongespräch des Bundesministers Genscher mit dem französischen Außenminister de Guiringaud: „BM führte zu dem Abkommen EURATOM/USA (Antwort auf US-Neuverhandlungswunsch) aus, daß wir an der Position, die wir auf dem letzten EG-Rat vertreten hätten, festhielten. Er habe auch mit Christopher, als dieser in Bonn war, darüber gesprochen und ihm dabei gesagt, daß wir bereit seien, Gespräche zu diesem Thema aufzunehmen und uns flexibel verhalten wollten. [...] Dies sei kein Thema, das er, BM, morgen in Washington besprechen wolle; er könne dort ja auch nicht für die EG als Sprecher auftreten. [...] Er, BM, bitte um Verständnis, daß wir an unserer Position festhielten. Er reise mit einem wichtigen Gesprächspunkt im Gepäck nach Washington und könne einen zweiten zusätzlich nicht gebrauchen." Nach dem Gespräch habe Genscher berichtet, „AM de Guiringaud habe ihm gesagt, daß die Franzosen zu Verhandlungen mit den USA nicht bereit seien. Sie seien nicht geneigt, amerikanischem Druck nachzugeben. Sie meinten, hierzu sei der Präsident nicht verpflichtet." Vgl. Referat 010, Bd. 178766.

gestellt, daß während der Laufzeit von INFCE[45] keine Verpflichtung zur Veränderung der bestehenden Praxis gegeben sei. Es komme darauf an, daß Botschafter Smith, der die Gespräche zu führen haben werde, die Gespräche beginne. Dies werde dem Erfordernis des Beginns von Verhandlungen genügen.

VS-Bd. 11107 (204)

92

Gespräch des Bundesministers Genscher mit dem stellvertretenden amerikanischen Außenminister Christopher

010-846/78 geheim   30. März 1978[1]

Vermerk über Vier-Augen-Gespräch Bundesminister/Christopher im Anschluß an Gespräch im großen Kreis am 30.3.1978[2]

Christopher sagte, er sei von Vance ermächtigt, Bundesminister im voraus über Botschaft zu unterrichten, die er morgen Bundeskanzler überbringen werde.[3] Er hoffe, daß BK die Reihenfolge nicht mißverstehen werde, sie habe aber nur logistische Gründe, weil er zuerst in Bonn und dann in Hamburg sei.

Bundesminister erklärte dazu, er könne ihn beruhigen, BK habe dafür volles Verständnis. Im übrigen habe er unmittelbar vor seinem, Christophers, Eintreffen mit dem BK telefoniert und werde, wenn er gegangen sei, wiederum mit dem BK sprechen.

Er, *Christopher*, verlasse sich auf Diskretion Bundesministers. Es gehe um die Neutronenwaffe. Die Vereinigten Staaten befänden sich in dem ernsten Prozeß einer Bewertung dieser Waffe und der Reaktion anderer. Man prüfe dabei, ob die Waffe hergestellt werden solle oder nicht, ob sie disloziert werden solle oder nicht, wie sie eingesetzt werden solle, welche Verhandlungsstrategie einzuschlagen sei usw.

Der Präsident[4] widme diesem Problem sehr große Aufmerksamkeit. Christopher dankte Bundesminister dafür, daß Bundesregierung und er persönlich soviel dazu beigetragen hätten, eine Atmosphäre zu schaffen, in der dieser Entscheidungsprozeß frei stattfinden könne. Die zu treffende Entscheidung müsse als eine ausschließliche Entscheidung der Vereinigten Staaten angesehen werden. Der Präsident betrachte sie als seine persönliche Verantwortung.

---

[45] Zu den Bemühungen um eine internationale Evaluierung des Brennstoffkreislaufs vgl. Dok. 5, Anm. 15.

[1] Die Gesprächsaufzeichnung wurde von Bundesminister Genscher am 31. März 1978 gefertigt.
[2] Vgl. Dok. 91.
[3] Für das Gespräch am 31. März 1978 in Hamburg vgl. Dok. 93.
[4] James E. Carter.

Bundesminister unterstrich, daß es wichtig sei, dies auch in dem morgigen Gespräch deutlich zu machen.

Christopher erklärte, der Präsident neige derzeit sehr stark dazu, die Neutronenwaffe nicht herzustellen. Es gebe eine Reihe von Faktoren, die ihn in diese Richtung bewegten. Zunächst befürchte er, daß die Herstellung der Waffe eine spaltende Wirkung innerhalb des Bündnisses haben würde, da die Reaktion einer Reihe von Ländern im Bündnis negativ gewesen sei. Man wolle nicht ihnen die Verantwortung zuschieben, doch macht ihre Reaktion deutlich, daß die Produktion das Bündnis spalten könnte.

Ein weiterer Faktor sei die Auswirkung, die der Beschluß zur Herstellung der Waffe auf die öffentliche Meinung in der freien Welt haben könnte. Die Entscheidung könnte die Bereitschaft der öffentlichen Meinung beeinträchtigen, andere Aspekte, die für die westliche Sicherheit entscheidend seien, weiterhin zu unterstützen. Der Präsident sei der Auffassung, daß durch eine Modernisierung bestehender Gefechtsfeldwaffen und sonstiger Waffen die Sicherheit weiterhin gewährleistet werden könne. Die Neutronenwaffe sei kein Allheilmittel, sie sei nur von marginalem Wert und löse keineswegs alle Sicherheitsprobleme ein für alle Mal. Christopher unterstrich erneut, daß dies eine Entscheidung sei, die ausschließlich bei den Vereinigten Staaten liege und die der Präsident als seine persönliche Verantwortung betrachte. Für Äußerungen des Bundesministers wäre er dankbar.

Bundesminister erklärte, daß er sich in Anbetracht der weittragenden Bedeutung der Angelegenheit zur Sache jetzt nicht äußern könne und wolle. Es handle sich um eine Angelegenheit, für deren Behandlung wir ein besonderes Gremium, nämlich den Bundessicherheitsrat, hätten, mindestens aber müsse vor einer Stellungnahme in der Sache die Angelegenheit zwischen dem BK und ihm – und zwar in seiner doppelten Eigenschaft sowohl als dessen Stellvertreter als auch als Außenminister, – besprochen werden. Er könne nur soviel sagen, daß es von großer Wichtigkeit sein werde, wie amerikanische Entscheidung, falls sie so falle, formuliert und begründet werde.

Er wolle außerdem schon jetzt daran erinnern, daß Außenminister Vance bei dem Telefongespräch am Montag, dem 20.3., auf seine Frage, warum denn die bis ins einzelne verabredete Behandlung in der Allianz so plötzlich auf amerikanischen Wunsch verschoben worden sei, ihm erklärt habe, das sei allein in der Tatsache des Begin-Besuchs[5] und der damit zusammenhängenden Entwicklung im Nahen Osten begründet.[6] Man könne nicht so viele wichtige Dinge nebeneinander tun. Bundesminister fragte ferner, ob die Entscheidung des Präsidenten aufgeschoben oder ob sie schon definitiv sei.

Christopher sagte, er gehe davon aus, daß die Entscheidung des Präsidenten definitiv in Kürze, das heißt nicht innerhalb der nächsten Monate, sondern der nächsten Wochen, gefällt werden dürfte. Es werde sicher keine langen Verzögerungen geben, und er selbst erwarte nicht, daß der Präsident zu einer anderen

---

[5] Ministerpräsident Begin hielt sich vom 21. bis 23. März 1978 in den USA auf.
[6] Zum Telefongespräch des Bundesministers Genscher mit dem amerikanischen Außenminister Vance am 20. März 1978 vgl. Dok. 84, Anm. 16.

Entscheidung gelange. Mit einer Erklärung sei in absehbarer Zeit zu rechnen.[7] Die Entscheidung gehe auf eine Reihe von Faktoren zurück.

Bundesminister sagte, um noch einmal festzustellen, ohne sich zur Sache zu äußern, Formulierungen und Begründungen einer etwaigen Entscheidung dürften nicht den Eindruck erwecken, als ob ein Schwarzer Peter innerhalb des Bündnisses hin- und hergeschoben werden solle. Bundesminister fragte, ob die Briten schon informiert seien und wie man die anderen Verbündeten zu informieren gedenke.

Christopher erwiderte, nach seinem Gespräch mit BK werde er nach London weiterreisen und dort wahrscheinlich mit Owen zusammentreffen, da Callaghan Urlaub mache. Während dessen Besuchs in Washington[8] habe der Präsident ihm aber zu verstehen gegeben, in welche Richtung sich seine Überlegungen bewegten. Callaghan habe auf diese Weise Andeutungen erhalten. Sonst sei niemand darüber unterrichtet, auch nicht die Führer des Kongresses. Die übrigen führenden Persönlichkeiten der NATO würden zu gegebener Zeit unterrichtet werden. Der Präsident habe gewünscht, daß er auf dieser Reise BK, Bundesminister und die Briten in Kenntnis setze.

Christopher sagte, daß man für Ratschläge dankbar sei, wie die Angelegenheit behandelt werden und nächste Schritte vorbereitet werden sollen. (We would appreciate your counsel and advice as to how to handle the matter and how to prepare the next steps.)

Bundesminister fragte, was den Wandel in der amerikanischen Haltung herbeigeführt habe, nachdem die amerikanische Linie doch bis hin zur Vereinbarung von Formulierungen völlig klar gewesen sei, und er müsse noch einmal fragen, was letztlich die eigentlichen Motive für die Sinnesänderung seien.

Christopher wiederholte, die entscheidenden Faktoren seien gewesen, daß einige Mitglieder des Bündnisses deutlich zu erkennen gegeben hätten, daß sie gegen die Waffe seien. Damit wolle man aber keineswegs ihnen die Schuld für die Entscheidung zuschieben. Es sei aber zu befürchten, daß diese Situation zu einer Spaltung führen müßte.

Als zweiter Faktor sei die öffentliche Meinung in der freien Welt und deren Bereitschaft zu nennen, gewisse Sicherheitsmaßnahmen zu unterstützen, die erforderlich seien. Diese Bereitschaft könnte beeinträchtigt werden. Weniger prominent seien Überlegungen im Zusammenhang mit einem Drei-Schritt-Verfahren oder mit der Möglichkeit gewesen, die Waffe als Tauschobjekt gegen die SS-20 zu verwenden. Die Waffe sei nicht entscheidend für die Sicherheit des Westens, die auch auf andere Weise gewährleistet werden kann. Er unterstrich, daß die heftige sowjetische Reaktion keinerlei Wirkung auf die Überlegungen des Präsidenten gehabt habe. Wäre dies der Fall gewesen, so hätte sie eher die gegenteilige Wirkung gehabt.

Falls es so komme, wie Christopher es jetzt mitgeteilt habe, dann werde es besonders wichtig sein, dies der Öffentlichkeit klarzumachen.

---

[7] Präsident Carter gab am 7. April 1978 eine Erklärung ab. Vgl. Dok. 108.
[8] Premierminister Callaghan hielt sich am 23. März 1978 in den USA auf.

Bundesminister fragte, wann die Entscheidung des Präsidenten bekanntgegeben werden solle. Darauf erklärte *Christopher*, in relativ naher Zukunft, innerhalb einiger Wochen, nicht Monate.

Bundesminister bedankte sich für die Information. Er werde den BK vorab informieren und müsse noch einmal um Verständnis bitten, daß er in Anbetracht der Bedeutung der Angelegenheit sich zur Sache selbst jetzt nicht äußere. Er sage dies im Hinblick darauf, daß Christopher sich einige Notizen mache.

VS-Bd. 14074 (010)

93

Gespräch des Bundeskanzlers Schmidt mit dem stellvertretenden amerikanischen Außenminister Christopher in Hamburg

Geheim 31. März 1978[1]

Vermerk über das Gespräch des Bundeskanzlers mit dem stellvertretenden amerikanischen Außenminister Christopher am 31. März 1978, von 11.00 bis 13.10 Uhr, im Hause des Bundeskanzlers in Hamburg

Weitere Teilnehmer:

auf amerikanischer Seite: Botschafter Stoessel; G. Vest, Direktor für europäische Angelegenheiten in State Department;

auf deutscher Seite: MD Dr. Ruhfus

Nach einleitenden Worten der Begrüßung kam *Christopher* auf seine Mission zu sprechen.

Neutronenwaffe

Christopher: Er habe am 27. März abends mit Präsident Carter vor dessen Abreise nach Südamerika[2] gesprochen. Präsident Carter habe ihn gebeten, dem Bundeskanzler des Präsidenten Gedanken zu übermitteln. Es gehe um eine amerikanische Entscheidung. Der Präsident wolle seine Verantwortung nicht auf andere übertragen. Er wolle jedoch dem Bundeskanzler seine persönlichen Ge-

---

[1] Ablichtung.
Die Gesprächsaufzeichnung wurde von Ministerialdirektor Ruhfus, Bundeskanzleramt, am 3. April 1978 gefertigt und von Kapitän zur See Borgemeister, Bundeskanzleramt, am 5. April 1978 an die Bundesminister Apel, Genscher, Graf Lambsdorff, Maihofer und Matthöfer sowie Staatssekretär Frank, Bundespräsidialamt, zur „persönlichen Unterrichtung" übermittelt.
Hat Vortragendem Legationsrat I. Klasse Lewalter am 5. April 1978 vorgelegen, der die Weiterleitung einer Ablichtung an Ministerialdirektor Blech verfügte. Vgl. das Begleitschreiben; VS-Bd. 14073 (010); B 150, Aktenkopien 1978.
[2] Präsident Carter hielt sich am 28./29. März 1978 in Venezuela und vom 29. bis 31. März 1978 in Brasilien auf. Ferner besuchte er vom 31. März bis 3. April 1978 Nigeria und am 3. April 1978 Liberia.

danken vertraulich mitteilen. Außer Premierminister Callaghan seien keine anderen Regierungen unterrichtet.

Der Präsident habe eine starke Abneigung (leaning strongly) gegen die Entscheidung, die ER-Waffen (ERW) zu produzieren.

Bundeskanzler fragte, ob dies die persönlichen Ausführungen des Präsidenten seien.

Christopher: Die Ausführungen kämen vom Präsidenten (from the President's mind and mouth). Die ERW hätten ein hohes Potential für Spaltung (divisiveness) innerhalb des Bündnisses. Es sei allgemein bekannt, daß eine Reihe von Ländern innerhalb der Allianz Vorbehalte gegen die ERW hätten.

Bundeskanzler: Die Bundesrepublik könne hierzu nicht gerechnet werden.

Christopher bestätigt, die US-Regierung habe in dieser Frage sehr starke Unterstützung (tremendous aid) von der Bundesrepublik erhalten. Die Loyalität und die Hilfe der Bundesrepublik würden anerkannt. Der Präsident wolle diese Entscheidung nicht auf andere Regierungen abwälzen. Auch der Hinweis auf das Spaltungspotential sei nicht der Versuch, die Schuld irgend jemandem zuzuschieben (lay the blame on anybody).

Bundeskanzler fragt, welche Länder gemeint seien.

Christopher: Länder, die Vorbehalte geäußert hätten, seien die Niederlande, Norwegen, Belgien und Dänemark. Zwischen den Positionen der einzelnen Länder gäbe es Nuancen und Unterschiede, aber sie hätten alle Vorbehalte geltend gemacht.

Vest bestätigte, auch die belgische Regierung habe ausgeführt, die ERW bereiteten ihr Schwierigkeiten.

Christopher: Das zweite Element für die Haltung des Präsidenten sei die Tatsache, daß die öffentliche Meinung in der freien Welt und in den NATO-Ländern in dieser Frage geteilt sei. Es bestehe die Gefahr, daß Unsicherheit geschaffen werde und daß die Unterstützung der öffentlichen Meinung, die für andere Anliegen der Verteidigungsallianz gewünscht werde, beeinträchtigt werde.

Bundeskanzler fragt: Geteilte öffentliche Meinung nur in anderen NATO-Ländern oder auch in den USA?

Christopher: Auch die Meinung in den USA zu dieser Frage ist weit gespalten.

Bundeskanzler: Er meine sich zu erinnern, daß es im Juni oder Juli letzten Jahres über diese Frage im Senat Diskussionen gegeben habe. Er glaube sich zu erinnern, daß es damals eine Entscheidung mit Stimmengleichheit gegeben habe, die nur durch die Stimme des Vizepräsidenten[3] zugunsten der Regierungsvorlage entschieden werden konnte.[4]

---

[3] Walter F. Mondale.
[4] Am 4. Juli 1977 wurde in der Presse berichtet, daß der amerikanische Senat in einer geheimen Sitzung Mittel zum Bau der Neutronenwaffe bewilligt habe. Vgl. dazu den Artikel „U.S. Senate Approves Funds To Develop Neutron Weapons"; INTERNATIONAL HERALD TRIBUNE vom 4. Juli 1977, S. 3. Am 13. Juli 1977 fand eine weitere Abstimmung statt. Dazu hieß in der Presse: „After a day of sometimes bitter and emotional debate on the neutron weapons, the Senate approved, 85 to 3, the public works money bill which contained funds for controversial water projects and the Clinch River breeder reactor, as well as the new nuclear weapons. By a 53–38 vote, the Senate defeated an

Christopher: Er könne sich nicht genau erinnern, aber er meine auch, die entscheidende Stimme des Vizepräsidenten in dieser Angelegenheit im Gedächtnis zu haben. Dieser Vorgang zeige nur die Delikatesse (tenderness) der Angelegenheit.

Die dritte Überlegung sei, daß die ERW kein Wundermittel (panacea) seien. Sie lösten nicht die Probleme, vor denen die USA stünden. Sie hätten „nur marginale Bedeutung für die Verteidigung".

Der vierte Grund sei, daß die Sicherheitsanliegen adäquat abgedeckt werden könnten durch die Modernisierung der bestehenden konventionellen Kräfte und durch die Modernisierung von Lance und den 8-inch (203 mm) Haubitzen.

Fünfte Überlegung: Die Bemühungen, die ERW als Handelsobjekt (bargaining chip) zu verwenden, seien nicht sehr vielversprechend. Es sei schon kontrovers, was als Gegenleistung gefordert werden sollte. Selbst bei Einigung hierüber bestehe keine hohe Erfolgsaussicht.

Diese Gründe führten zu der starken Abneigung des Präsidenten gegen die Entscheidung, die ERW zu produzieren.

Er bitte im Auftrage des Präsidenten um die Einschätzung des Bundeskanzlers und um Rat, wie die Angelegenheit von hier an weiterbehandelt werden solle.

Präsident Carter habe mit PM Callaghan auf der Linie dieser Überlegungen gesprochen.[5]

Bundeskanzler fragte nach Callaghans Antwort.

Christopher: PM Callaghan habe die Überlegungen des Präsidenten verständnisvoll aufgenommen. Er habe selbst schon hinsichtlich des Handelsobjekts Zweifel gehabt. PM Callaghan unterstütze Carters ablehnende Haltung gegenüber der Produktionsentscheidung.

Bundeskanzler: Er sei heute noch nicht in der Lage, auf die Bitte um Rat und seine Einschätzung einzugehen. Er werde am Montag oder Dienstag[6] eine Sitzung des Bundessicherheitsrats einberufen.[7] Bundesminister Genscher werde am Mittwoch[8] in die USA fliegen.[9] BM Genscher werde sodann seine Antwort überbringen.

Vorbehaltlich der endgültigen Stellungnahme, die BM Genscher überbringe, wolle er jetzt schon einige vorläufige Bemerkungen machen:

Fortsetzung Fußnote von Seite 469

amendment by Sen[ator] Mark Hatfield, R[epublican]–Ore[gon], that would have prohibited spending any funds in the bill for production of neutron weapons. Late in the evening, it voted an amendment that would give Congress 45 days to pass a concurrent resolution disapproving production of the weapons if the President decides to go ahead with them. The vote was 74 to 19." Vgl. den Artikel „U. S. Senate Approves Production Funds for Neutron Arms"; INTERNATIONAL HERALD TRIBUNE vom 15. Juli 1977, S. 1.

5 Premierminister Callaghan hielt sich am 23. März 1978 in den USA auf.

6 3. bzw. 4. April 1978.

7 Zu den Beschlüssen des Bundessicherheitsrats vom 3. April 1978 vgl. Dok. 95, Anm. 4.

8 5. April 1978.

9 Zum Besuch des Bundesministers Genscher am 4. April 1978 in den USA vgl. Dok. 95–97 und Dok. 99–102.

31. März 1978: Gespräch zwischen Schmidt und Christopher 93

Er stimme zu, daß die Entscheidung über die Produktion allein beim amerikanischen Präsidenten liege. Dies habe er Brzezinski schon im September[10] und auch anderen amerikanischen Gesprächspartnern gesagt.

In einigen Perioden habe er den Eindruck gewonnen, daß versucht worden sei, die Bundesregierung in die Entscheidung einzubeziehen. Wir seien stets dabei geblieben, dies sei eine Entscheidung des amerikanischen Präsidenten.

Wir hätten dankbar das Ausmaß der Konsultationen und die Dichte der Abstimmung anerkannt, die es in dieser Frage zwischen der amerikanischen und der deutschen Regierung gegeben habe.

Vor der für den 20. März geplanten Sitzung des NATO-Rats habe der Eindruck völliger Übereinstimmung zwischen beiden Regierungen in der Substanz und zum Verfahren bestanden.

Wir hätten für die NATO-Ratssitzungen am 20. und 22. März speaking-notes der US-Botschaft in Bonn erhalten.[11]

Der Bundessicherheitsrat habe nach eingehender Analyse und Beratung in zwei oder drei Sitzungen die volle Annahme der amerikanischen Position, so wie sie uns in den speaking-notes mitgeteilt worden sei, beschlossen.[12] Er sei gern bereit, Einblick in die Weisungen an Botschafter Pauls für die Sitzung am 20. März geben zu lassen.[13] Die deutsche Linie habe in der Sache hundertprozentig, im Wortlaut fast hundertprozentig der amerikanischen Haltung (gemäß der amerikanischen speaking-notes) entsprochen.

Er könne sein Erstaunen über die neue Entwicklung kaum verbergen. Wir seien am 20. März morgens formell unterrichtet worden über eine seitens USA-gewünschte Verschiebung der Ratssitzung[14]; als Gründe seien uns Libanon und der Begin-Besuch[15] genannt worden.

Er wäre sehr dankbar, wenn Christopher dafür Sorge tragen würde, daß dem Präsidenten zu Bewußtsein gebracht würde, daß die USA, die Bundesrepublik und auch Großbritannien vor dem 20.3. volle Übereinstimmung hinsichtlich der drei Elemente erzielt hatten:

– Der Rat nimmt Kenntnis von der Entscheidung des amerikanischen Präsidenten, die ERW zu produzieren.

– Basierend auf diese Entscheidung indossiert der Rat das Angebot an die Sowjetunion, die ERW in Rüstungskontrollverhandlungen einzubringen.

– Falls diese Verhandlungen keinen Erfolg haben, dann würden wir in zwei Jahren bereit sein, die ERW auf deutschem Boden zu dislozieren – und zwar in dem Verständnis, daß die Bundesrepublik Deutschland nicht das einzige Land sein würde und daß das Bündnis einen gemeinsamen Beschluß über die Dislozierung faßt.

---

10 Bundeskanzler Schmidt und der Sicherheitsberater des amerikanischen Präsidenten, Brzezinski, trafen am 27. September 1977 zusammen. Vgl. dazu AAPD 1977, II, Dok. 257 und Dok. 261.
11 Zu den amerikanischen Papieren vom 20. Februar bzw. 10. März 1978 vgl. Dok. 55 und Dok. 76.
12 Zu den Beschlüssen des Bundessicherheitsrats vom 14. März 1978 vgl. Dok. 77.
13 Für den Drahterlaß des Ministerialdirektors Blech vom 17. März 1978 vgl. Dok. 82.
14 Zum amerikanischen Wunsch nach Verschiebung der Beratungen im Ständigen NATO-Rat über die Neutronenwaffe vgl. Dok. 82, Anm. 11, bzw. Dok. 84, Anm. 16.
15 Ministerpräsident Begin hielt sich vom 21. bis 23. März 1978 in den USA auf.

Er wisse nicht, ob der Präsident über diese Einzelheiten informiert sei. Er halte es aber für sehr wichtig, daß der Präsident hierüber unterrichtet werde.

Er schildere diesen Stand so ausführlich, da er Sorge habe, wie diese Angelegenheit schließlich in der Presse dargestellt werde.

Es sei zu erwarten, daß einige in der Bundesrepublik die Entscheidung des Präsidenten, nicht zu produzieren, willkommen heißen. Diese werden nicht die Mehrheit sein. Es werde vielmehr schwer sein, unserer Öffentlichkeit klarzumachen, warum die ERW nicht als bargaining chip dienen könnten.

Die Entscheidung liege bei den USA. Aber diese Entscheidung werde Auswirkungen haben auf das sicherheitspolitische Umfeld der Europäer. Er sehe einige Verbindungen zu SALT.

Er habe das Gefühl, daß SALT II schon zur Zeit von Ford/Kissinger und auch unter Carter/Vance möglicherweise in einigen Bereichen eine Flanke für die Sicherheit Europas offengelegt habe.

Je näher beide Mächte dem Gleichgewicht im Bereich der interkontinentalen Waffen kämen, desto weniger könnten diese ICBMs genutzt werden, um das sowjetische Übergewicht in Europa im intrakontinentalen Bereich (sowohl konventionell als auch Nuclear Theater Forces) auszugleichen.

Er sei schon als Verteidigungsminister[16] für ein Gleichgewicht im Bereich der strategischen (= interkontinentalen) Nuklearwaffen eingetreten. Er habe aber gleichzeitig darauf hingewiesen, daß man das Übergewicht der Sowjetunion in anderen Bereichen und den geographischen Vorteil der Sowjetunion nicht übersehen dürfe.

Die Sowjetunion habe mit SS-20 und Backfire kontinentale Waffen (intracontinental weapons) entwickelt. Diese Systeme bedrohen nicht das Territorium USA, wohl aber Europa und den Nahen Osten; mit europäischen Augen gesehen, seien die SS-20 und die Backfire „strategische" Waffen. Dieser Ausbau der nuklearen Fähigkeiten im intrakontinentalen Bereich trete neuerdings zu dem konventionellen Übergewicht hinzu, über das die Sowjetunion seit 1945 verfüge.

Deshalb habe er mit großer Aufmerksamkeit verfolgt, daß die USA und die Sowjetunion seit Wladiwostok[17] zwar Cruise Missiles und Backfire in ihre Ver-

---

[16] Helmut Schmidt war von 1969 bis 1972 Bundesminister der Verteidigung.

[17] Die USA und die UdSSR verabschiedeten am 24. November 1974 in Wladiwostok eine Gemeinsame Erklärung zu den Verhandlungen über eine Begrenzung strategischer Waffen (SALT). Sie kamen überein, daß das Interimsabkommen vom 26. Mai 1972 über Maßnahmen hinsichtlich der Begrenzung strategischer Waffen (SALT) bis Oktober 1977 verlängert werde und seine Bestimmungen in ein neues Abkommen zu übernehmen seien. Die neue Vereinbarung werde eine Laufzeit von Oktober 1977 bis 31. Dezember 1985 haben. Ferner sollten beide Seiten berechtigt sein, eine bestimmte Anzahl strategischer Trägerwaffen und eine vereinbarte Gesamtzahl von ICBMs und SLBMs mit Mehrfachgefechtsköpfen zu besitzen. Schließlich wurde vereinbart, nicht später als 1980/81 neue Verhandlungen über die Begrenzung und Reduzierung strategischer Waffen zu beginnen. Vgl. dazu DEPARTMENT OF STATE BULLETIN, Bd. 71 (1974), S. 879. Für den deutschen Wortlaut vgl. EUROPA-ARCHIV 1975, D 95 f. Vgl. dazu ferner AAPD 1974, II, Dok. 374.
Am 2. Dezember 1974 gab Präsident Ford vor der Presse die vereinbarten Zahlen bekannt. Demnach wurde die Höchstgrenze für interkontinentale ballistische Flugkörper, einschließlich von U-Booten zu startenden Flugkörpern und schweren Bombern, auf jeweils 2400 festgelegt. Davon sollten 1320 mit Mehrfachgefechtsköpfen (MIRV) ausgerüstet werden dürfen. Vgl. dazu PUBLIC PAPERS, FORD 1974, S. 679. Für den deutschen Wortlaut vgl. EUROPA-ARCHIV 1975, D 100.

handlungen einbezogen hätten – nicht dagegen die SS-20. Er wolle keine zu starken Worte benutzen, aber dies sei für ihn Anlaß zur Vorsicht.

Er sei über den letzten Stand von SALT nicht unterrichtet. Aber nach seiner Kenntnis bestünden Tendenzen, westliche Begrenzungen der intrakontinentalen Systeme hinzunehmen wie beispielsweise bei den see- und bodengestützten Cruise Missiles.

Daher habe er es gut gefunden, daß die Möglichkeit eröffnet würde, die ERW gegen SS-20 oder gegen das Panzerübergewicht zu verhandeln. Die USA hätten die Option ERW/SS-20 vorgezogen. Die deutschen Militärs hätten den Panzer die Präferenz gegeben. Der Bundessicherheitsrat sei bereit gewesen, auch bei der Haltung der USA zugunsten der SS-20 mitzumachen.

Das Verhandlungsobjekt sei jetzt vom Tisch. Wir müßten jetzt weiter rechnen mit der Vermehrung der SS-20 und der Backfire und dem Ausbau des Vorsprungs der Sowjetunion im konventionellen Bereich.

BM Genscher sei mit Außenminister Vance am kommenden Mittwoch verabredet. Er werde dann die offiziellen Überlegungen der Bundesregierung überbringen. Er denke aber, daß darunter eine Reihe von den Gedanken sein würden, die er jetzt vorläufig geäußert habe.

Christopher dankt für die Ausführungen des Bundeskanzlers. Zu SALT wolle er hinweisen, daß das Protokoll[18] die Erprobung aller Cruise Missiles ermögliche. Im übrigen gelten die Begrenzungen für die Cruise Missiles nur für drei Jahre.

Bundeskanzler: Er halte es für sehr fraglich, ob das Protokoll nach drei Jahren rückgängig gemacht werden könne.

Christopher: Die Begrenzungen für Backfire seien eine der wichtigsten noch ungeklärten Fragen. Es werde kein SALT II ohne eine Begrenzung der Backfire geben.

Bundeskanzler: Bedeute dies Begrenzung der Backfire im Hinblick auf die Sicherheitsinteressen der USA oder der näher bei der Sowjetunion gelegenen Länder?

Christopher: SALT beziehe sich auf strategische Systeme. Daher werde der Hauptakzent wohl auf den strategischen Aspekten liegen.

Er wolle hervorheben, daß die weltweite Kampagne der Sowjetunion gegen die ERW die Entscheidung von Präsident Carter nicht beeinflußt habe. Wenn sie eine Rolle gespielt hätte, wäre die Entscheidung eher in die entgegengesetzte Richtung gegangen.

Bundeskanzler weist auf die Bedeutung der richtigen Unterrichtung der Öffentlichkeit hin. Zur Zeit stehe die deutsche Presse unter dem Eindruck, daß er – der Bundeskanzler – den Präsidenten an einer positiven Entscheidung hindere.

Christopher: Bei der Ankündigung[19] solle klargemacht werden, daß die Entscheidung des amerikanischen Präsidenten nicht von der Bundesrepublik veranlaßt oder angetrieben worden sei. Christopher fragt sodann, wie man aus der be-

---

18 Zur Einigung vom Mai 1977 zwischen den USA und der UdSSR auf eine dreiteilige Struktur für SALT II vgl. Dok. 23, Anm. 9.
19 Für die Erklärung des Präsidenten Carter vom 7. April 1978 vgl. Dok. 108.

vorstehenden Entscheidung des Präsidenten noch politischen Nutzen ziehen könne (gegenüber der Sowjetunion).

Bundeskanzler stellt die Gegenfrage: Wie habe die Sowjetunion auf die Einstellung der B-1[20] reagiert? Diese Entscheidung habe größeres militärisches Gewicht gehabt und geringere psychologische Schwierigkeiten bereitet, da es hier keine sowjetische Propaganda gegeben habe. Nach seiner Kenntnis hätte die US-Regierung nichts erhalten. Er sehe daher auch keine Chance, etwas für die bevorstehende Entscheidung nachträglich einzuhandeln.

Christopher: Er komme zu der gleichen Einschätzung.

Botschafter *Stoessel* sieht die Möglichkeit, etwas politischen Druck auszuüben.

Christopher: Nach der Entscheidung könnten die USA sich stärker auf russische Schwachstellen konzentrieren.

Bundeskanzler gibt zu überlegen, ob die Produktionsentscheidung für zwei oder drei Jahre aufgeschoben werden könne. Über einen noch längeren Zeitraum werde nichts mehr einzuhandeln sein, da der Vorsprung der USA voraussichtlich nur zwei bis drei Jahre betrage. Danach könne wohl nur noch eine Vereinbarung erreicht werden, daß beide auf die ERW verzichten. Ein einseitiger Verzicht der USA für alle Zeit sei problematisch. Er könne dazu führen, daß die USA sich auf einen Verzicht festlegen, während die Sowjetunion in einigen Jahren produziere.

Christopher: Man könne der Sowjetunion nur drohen, wenn man bereit sei zu handeln.

Bundeskanzler stimmt zu. Die Bundesregierung sei bereit gewesen, die ERW einzuführen und zu dislozieren.

Die Entscheidung der amerikanischen Regierung werde voraussichtlich Lob erhalten in der Öffentlichkeit der Niederlande, etwas weniger in Skandinavien, möglicherweise in Belgien und in einigen Teilen unserer Öffentlichkeit. Dieser kurzfristige Vorteil werde jedoch sehr schnell verfliegen.

Bei der Präsentation gegenüber der Öffentlichkeit sollte herausgestellt werden, daß es eine souveräne Entscheidung des Präsidenten der USA ist.

Er rate zur Vorsicht mit dem Hinweis auf die Spaltungstendenzen. Dies könne eine Einladung sein, auch in anderen Punkten eine Aufspaltung der Allianz zu versuchen.

Schließlich bestehe die Möglichkeit, daß auch die jetzige Entscheidung – die Absage des Stufenplans – das Bündnis aufspalte. Man sei auf dem Wege zu einer einstimmigen Haltung auf der Grundlage des Stufenplans gewesen. Jetzt werde es nötig sein, auch für die neue Entscheidung eine möglichst einheitliche Haltung der Allianz zu finden.

Die amerikanische Regierung könne stets auf die Kooperation der Bundesregierung und auch der britischen Regierung zählen.

Er befürchte allerdings, daß die Opposition ihn schon bald angreifen werde mit der Behauptung, er habe diese Entscheidung des amerikanischen Präsidenten

---

[20] Präsident Carter teilte am 30. Juni 1977 auf einer Pressekonferenz in Washington den Verzicht auf die Produktion des Bombers vom Typ „B-1" mit. Vgl. dazu PUBLIC PAPERS, CARTER 1977, S. 1197–1200.

ausgelöst. Möglicherweise werde diese Version aus Washington genährt. Er würde der Opposition gerne eine ähnliche Antwort geben wie der amerikanische Präsident.

Er halte es für denkbar, daß die nächste Woche schwierig werde, vielleicht weniger in den USA als hier in Europa.

Wenn er von der Opposition mit niederträchtigen Argumenten angegriffen werde, könnte er sich möglicherweise gezwungen sehen, die Instruktion an Botschafter Pauls für die Sitzung vom 20. März der Öffentlichkeit bekanntzugeben.

Christopher: Er werde den Präsidenten eingehend über das Gespräch unterrichten. Die amerikanische Regierung sei dankbar für das, was die Bundesrepublik getan habe, um die Entscheidung im NATO-Rat vorzubereiten.

Er werde versuchen, daß der Bundesregierung der Entwurf für die Ankündigung des Präsidenten am Montag (3. April) zur Verfügung gestellt werde.

Bundeskanzler: Die Bundesregierung wäre dankbar, wenn die Mitteilung erst am Donnerstag[21] bekanntgegeben würde, nachdem Bundesminister Genscher am Mittwoch mit Außenminister Vance gesprochen habe.

Christopher: Präsident Carter und Außenminister Vance kämen erst Montagnacht zurück.

MD Dr. *Ruhfus* verweist auf die Notwendigkeit, das Bündnis zu unterrichten.

Auf Fragen des Bundeskanzlers teilt *Christopher* mit, Haig und Luns seien bisher nicht unterrichtet. Die amerikanische Regierung beabsichtige, die verbündeten Regierungen rechtzeitig in den Hauptstädten zu unterrichten.

Bundeskanzler regt an, daß versucht werden soll, die Reise von BM Genscher nach Washington auf Dienstag vorzuverlegen.

Christopher wies darauf hin, daß Außenminister Vance erst Montagnacht zurückkehrt. Er stimmte jedoch der Eilbedürftigkeit und dem Versuch, das Gespräch vorzuverlegen, zu.

Bundeskanzler erneuerte seine Bitte, daß eine öffentliche Erklärung in Washington erst nach dem Gespräch Genscher/Vance abgegeben werden soll.

Anschließend erfolgte eine kurze Erörterung der Themen Naher Osten, Türkei, Wirtschaftsgipfel[22], NATO-Gipfel[23], Besuch Präsident Carters in der Bundesrepublik[24], amerikanischer Non-Proliferations-Act[25]. Hierüber wird gesonderter Vermerk gefertigt.[26]

VS-Bd. 14073 (010)

---

[21] 6. April 1978.
[22] Zum Weltwirtschaftsgipfel am 16./17. Juli 1978 vgl. Dok. 225.
[23] Zur NATO-Ratstagung auf der Ebene der Staats- und Regierungschefs am 30./31. Mai 1978 in Washington vgl. Dok. 170.
[24] Zum Besuch des Präsidenten Carter vom 13. bis 17. Juli 1978 vgl. Dok. 219 und Dok. 223.
[25] Zum „Nuclear Non-Proliferation Act of 1978" vom 9. Februar 1978 vgl. Dok. 72, Anm. 3.
[26] Für die Aufzeichnung des Ministerialdirektors Ruhfus, Bundeskanzleramt, vom 31. März 1978 vgl. Bundeskanzleramt, AZ: 21-30 100 (56), Bd. 44; B 150, Aktenkopien 1978.

94
Gespräch des Bundeskanzlers Schmidt
mit dem amerikanischen Botschafter Stoessel

VS-vertraulich   **4. April 1978**[1]

Vermerk über das Gespräch, das der Bundeskanzler im Anschluß an die Unterredung mit Botschafter Owen[2] mit dem amerikanischen Botschafter Stoessel am 4. April 1978 führte

Teilnehmer: MD Dr. Ruhfus

Bundeskanzler führte aus, es habe wohl in der 29jährigen Geschichte der Bundesrepublik keinen Bundeskanzler gegeben, der den USA so eng verbunden gewesen sei wie er. Gleichzeitig habe es wohl auch kaum eine Zeit gegeben, in der so viele Irritationen aufgetreten seien wie in den letzten 15 Monaten.

Er habe bei der Behandlung der Neutronenwaffe sein Äußerstes getan, um zu einer einvernehmlichen Haltung mit den USA zu kommen. Er sei dabei so weit gegangen, daß er sein persönliches Einvernehmen mit Brandt und Wehner[3] aufs Spiel gesetzt habe.

Wenn er die Haltung des amerikanischen Präsidenten früher gekannt hätte, wäre vieles für ihn leichter gewesen. So habe er im Bundessicherheitsrat Mitte März[4] vor der geplanten Sitzung des NATO-Rats vom 20. März[5] die Zustimmung zu den amerikanischen speaking-notes[6] durchgesetzt. Nachdem er Brandt und Wehner über diese Entscheidung unterrichtet habe, seien sie grußlos in die Osterferien abgereist.

Er habe gestern abend Brandt über die neue Lage unterrichtet und ihn gebeten, keinen falschen Applaus zu spenden.

Botschafter *Stoessel*: Präsident Carter werde seine Entscheidung als eigene persönliche Entscheidung darstellen.[7]

---

[1] Ablichtung.
Hat Bundeskanzler Schmidt vorgelegen.
Die Gesprächsaufzeichnung wurde von Ministerialdirektor Ruhfus, Bundeskanzleramt, gefertigt und am 14. April 1978 „zur persönlichen Unterrichtung des Herrn Bundesaußenministers" an Vortragenden Legationsrat I. Klasse Lewalter übermittelt.
Hat Lewalter am 14. April 1978 vorgelegen. Vgl. das Begleitschreiben; VS-Bd. 14072 (010); B 150, Aktenkopien 1978.

[2] Im Mittelpunkt des Gesprächs mit dem Persönlichen Beauftragten des Präsidenten Carter, Owen, standen die wirtschaftliche Lage in der Bundesrepublik und den USA sowie die Vorbereitung des Weltwirtschaftsgipfels am 16./17. Juli 1978. Vgl. dazu die Gesprächsaufzeichnung; Bundeskanzleramt, AZ: 21-30 100 (56), Bd. 44; B 150, Aktenkopien 1978.

[3] Der Passus „sein persönliches ... und Wehner" ging auf Streichungen und handschriftliche Einfügungen des Bundeskanzlers Schmidt zurück. Vorher lautete er: „daß er den Bruch seiner persönlichen Beziehungen zu Brandt und zu Wehner".

[4] Zur Sitzung des Bundessicherheitsrats am 14. März 1978 vgl. Dok. 77.

[5] Zum amerikanischen Wunsch nach Verschiebung der Beratungen im Ständigen NATO-Rat über die Neutronenwaffe vgl. Dok. 82, Anm. 11.

[6] Zu den amerikanischen Papieren vom 20. Februar bzw. 10. März 1978 vgl. Dok. 55 und Dok. 76.

[7] Für die Erklärung des Präsidenten Carter vom 7. April 1978 vgl. Dok. 108.

Bundeskanzler: Er habe auf Umwegen gehört, daß Haig aus Washington mit dem Eindruck zurückgekehrt sei, die Entscheidung des amerikanischen Präsidenten sei auf deutsches Zögern zurückzuführen. Wenn über die Haltung der Bundesregierung unzutreffende Darstellungen verbreitet würden, könne er sich gezwungen sehen, den Wortlaut der Weisung, die Botschafter Pauls für die NATO-Sitzung am 20.3. erhalten habe, zu veröffentlichen.[8]

Man müsse darauf achten, daß die persönlichen Beziehungen zwischen den Verantwortlichen in Bonn und in Washington nicht beeinträchtigt würden. Er denke hier vor allem an das persönliche Verhältnis zwischen Vance und Genscher. Genscher habe aus dem Telefongespräch mit Vance vom 19. oder 20. den Eindruck gewonnen, daß der Libanon[9] und der Besuch Begins[10] der Grund für die Verschiebung der NATO-Ratssitzung seien.[11]

Botschafter Stoessel: Dies könne insoweit zutreffend sein, als der Präsident offenbar durch die überraschenden Ereignisse im Libanon und den Besuch von Begin nicht die Zeit gefunden habe, die von ihm zu treffende Entscheidung mit der erforderlichen Gründlichkeit zu überdenken.

Bundeskanzler: Christopher sei auf die Bedenken, die er (der BK) wegen der Nichteinbeziehung der SS-20 in SALT II geäußert habe, in dem Gespräch in Hamburg nicht eingegangen.[12]

Botschafter Stoessel: Die sowjetischen Mittelstreckenraketen gebe es schon länger. SS-20 könnten möglicherweise in die nächste SALT-Runde einbezogen werden.

Bundeskanzler: Im Bundessicherheitsrat habe es Erwägungen gegeben, ob die ERW möglicherweise schon in die SALT-II-Verhandlungen einbezogen worden seien.

Botschafter Stoessel weist diese Überlegungen zurück.

Bundeskanzler: Er habe die hohe Einschätzung der ERW durch die Militärs nie geteilt. Aber man könne nicht zunächst den persönlichen Einsatz der deutschen Politiker engagieren und nachher dann erklären, die ERW hätten nur marginale Bedeutung.

Botschafter Stoessel fragte nach der Linie, die BM Genscher bei dem Gespräch in Washington einnehmen werde.[13]

Bundeskanzler: Die Bundesregierung werde an der Haltung festhalten, die sie vor der NATO-Ratssitzung (20.3.) mitgeteilt habe. BM Genscher werde sich erkundigen, ob die amerikanische Entscheidung gegen die Produktion der Neutro-

---

8 Für den Drahterlaß des Ministerialdirektors Blech vom 17. März 1978 vgl. Dok. 82.
9 Zum israelischen Einmarsch in den Libanon am 14./15. März 1978 vgl. Dok. 83, besonders Anm. 4.
10 Ministerpräsident Begin hielt sich vom 21. bis 23. März 1978 in den USA auf.
11 Zum Telefongespräch des Bundesministers Genscher mit dem amerikanischen Außenminister Vance am 20. März 1978 vgl. Dok. 84, Anm. 16.
12 Für das Gespräch des Bundeskanzlers Schmidt mit dem stellvertretenden amerikanischen Außenminister Christopher am 31. März 1978 vgl. Dok. 93.
13 Bundesminister Genscher hielt sich am 4. April 1978 in den USA auf. Vgl. dazu Dok. 95–97 und Dok. 99–102.

nenwaffe eindeutig gefallen sei. Er werde zu überlegen geben, daß[14] ein endgültiger Produktionsverzicht nicht[15] ausgesprochen werden solle.

Botschafter *Stoessel*: Bedeute dies, daß die Bundesregierung eine erneute Änderung der Haltung des Präsidenten und damit eine positive Entscheidung wünsche?

Bundeskanzler: Es würde wohl nicht gut sein, wenn nochmals wieder eine neue Schwenkung der Haltung des amerikanischen Präsidenten vollzogen würde.

VS-Bd. 14072 (010)

95

Gespräch des Bundesministers Genscher mit dem amerikanischen Außenminister Vance in Washington

010-3/78 streng geheim 4. April 1978[1]

Gespräch BM–Vance 4.4.78, State Department

Vance sagte, er habe am Vorabend längeres Gespräch mit Präsident[2] über Neutronenwaffe gehabt. Dieser neige dazu, die Entscheidung zu verschieben und in der Zwischenzeit andere Systeme (Lance) zu modernisieren.

Er beabsichtige, Zwischenzeit für rüstungskontrollpolitische Sondierungen zu nutzen. Entscheidung solle bis zum nächsten Budget verschoben werden. Präsident wolle starke nukleare Kapazität und wünsche seitens SU Maßnahmen, die Sicherheit in Europa erhöhten.

BM verwies auf Gespräche mit Christopher.[3] Deutsche Position sei sehr klar dargelegt worden und sei in der Sache unverändert. Bundesregierung befinde sich in schwieriger Lage, da Vorwurf erhoben werde, sie hindere Präsident an Entscheidung. Deshalb sollten US klarmachen, daß Präsident nicht durch Bundesregierung an positiver Entscheidung gehindert werde.

Es sei wichtig, daß Vance Eindruck gewonnen habe, Präsident werde nicht gegen die Produktion entscheiden.

---

[14] An dieser Stelle wurde von Bundeskanzler Schmidt gestrichen: „nicht".
[15] Dieses Wort wurde von Bundeskanzler Schmidt handschriftlich eingefügt.

[1] Die Gesprächsaufzeichnung wurde von Vortragendem Legationsrat I. Klasse Lewalter am 5. April 1978 handschriftlich gefertigt, der vermerkte: „1) Von Bundesminister noch nicht gebilligt. 2) 2. und 3. Ausfertigung StS van Well."
Zum Gespräch vgl. auch GENSCHER, Erinnerungen, S. 406.
[2] James E. Carter.
[3] Für das Gespräch des Bundesministers Genscher mit dem stellvertretenden amerikanischen Außenminister Christopher am 30. März 1978 vgl. Dok. 92.
Für das Gespräch des Bundeskanzlers Schmidt mit Christopher am 31. März 1978 in Hamburg vgl. Dok. 93.

Vance: Präsident habe sich noch nicht entschieden, neige aber sehr stark in diese Richtung.

BM trug Beschluß BSR vom 3.4.78 vor.[4] BM unterstrich, daß wir vereinbarte Position vom 20.3. immer noch für richtig hielten.

Vance: Präsident denke bei Verschiebung an gleichzeitige Modernisierung anderer Systeme und wolle nuklearen Bereich keineswegs vernachlässigen.

BM: Erwähnte zusätzlich 8-inch-Haubitzen.

Vance: Bei Haubitze stellten sich etwas kompliziertere Probleme.

BM unterstrich Wunsch, Mißverständnisse auszuräumen. Deshalb heutige Gespräche so wichtig. Sinn aller seiner Begegnungen sei Stärkung deutsch-amerikanischen Verhältnisses gewesen. Von lebenswichtiger Bedeutung für deutsche Außenpolitik. Fragte nach eigentlichen Motiven für Wandel amerikanischer Haltung. Wichtig um Situation gegenüber denen zu erläutern, die Entscheidung unterstützten.

Vance: BM werde das von Präsident persönlich hören.[5] Er selbst vermute, Präsident habe sich im Verlauf seiner Überlegungen gefragt, ob Nutzen aus neuer Waffe tatsächlich so groß sei. Er neige zu der Auffassung, daß sich das gleiche Ziel durch eine normale Modernisierung ebenso erreichen lasse. Deshalb Frage, ob es überhaupt nötig sei. Andererseits seien ihm auch die politischen Implikationen bewußt angesichts der Maßnahmen, die US getroffen hätten und zu denen sie andere aufgefordert hätten. Er wolle sicher sein, daß nichts überstürzt werde und wolle vor allem Aufspaltung des Bündnisses vermeiden.

BM: Es sei sehr wichtig, im Bündnis zu konsultieren. Es dürfe nicht Eindruck deutsch-amerikanischer Entscheidung oder deutsch-US-UK Beschlusses entstehen. US-Entscheidung müsse im Bündnis konsultiert werden. Rüstungskontrollpolitische Möglichkeiten müßten geprüft werden, um europäischen Interessen (Mittelstreckenbereich) Rechnung zu tragen. In der gemeinsamen Position

---

[4] Ministerialdirektor Blech teilte Staatssekretär van Well, z.Z. Washington am 4. April 1978 mit, der Bundessicherheitsrat habe in seiner Sitzung am Vortag Bundesminister Genscher beauftragt, bei den Gesprächen in Washington „a) festzustellen, ob die uns angekündigte amerikanische Entscheidung gegen die Produktion der Neutronenwaffe tatsächlich endgültig ist; b) darauf hinzuweisen, daß es sich bei der Produktionsentscheidung zwar um eine amerikanische Entscheidung handelt, daß aber die verteidigungs- und rüstungskontrollpolitischen Konsequenzen von großer und unmittelbarer Bedeutung für die Allianz sind; c) daß wir es für unabdingbar halten, daß vor einer Bekanntgabe einer Entscheidung eine angemessene Allianzkonsultation stattfindet, um nachteilige Auswirkungen für die Solidarität des Bündnisses zu vermeiden; d) darauf hinzuwirken, daß die Entscheidung des Präsidenten auch die Aspekte der europäischen Sicherheit berücksichtigt, insbesondere hinsichtlich der bestehenden Disparitäten im Mittelstreckenpotential (SS-20 und Backfire und konventionelle Panzer). Der Breschnew-Vorschlag – beiderseitiger Verzicht auf Neutronenwaffe – erscheint uns unzureichend; e) klarzustellen, daß die zwischen Briten, Amerikanern und uns ausgearbeitete und vom Bundessicherheitsrat gebilligte Position nach wie vor die von uns für richtig gehaltene Position bleibt. Für den Fall, daß sich ein amerikanisches Abweichen von dieser Position als unausweichlich darstellt, die Option nahezulegen, daß nicht ein endgültiger Produktionsverzicht ausgesprochen wird, sondern daß allenfalls ein Aufschub erfolgt und daß die rüstungskontrollpolitischen Möglichkeiten dieses Aufschubs in der Allianz unverzüglich geprüft werden; f) darauf hinzuweisen, daß die Art und Form der Produktionsentscheidung darauf Rücksicht nehmen muß, daß die technologischen Möglichkeiten des Westens auch weiterhin erhalten bleiben und beim Ausgleich bestehender Disparitäten optimal genutzt werden; g) darauf hinzuwirken, daß jede Entscheidung zur Neutronenwaffe mit der Erwartung einer angemessenen Gegenleistung der Sowjetunion verbunden wird." Vgl. den Drahterlaß Nr. 1595; VS-Bd. 10576 (201); B 150, Aktenkopien 1978.

[5] Für das deutsch-amerikanische Regierungsgespräch am 4. April 1978 in Washington vgl. Dok. 96.

sei vorgesehen, Zeit bis zur Dislozierung für Sondierungen gegenüber SU zu nutzen. Auch bei Verschiebung könne Zeit hierfür genutzt werden. Dies sei unser Hilfsvorschlag, wenn alte Position, wie er höre, von US aufgegeben werde.

Vance: Präsident habe ihm gestern gesagt, daß er dies beabsichtige.

BM: BK habe in Hamburg klargemacht, daß wir zur vereinbarten Position stünden. Wenn die Sondierungen kein adäquates Ergebnis erbrächten, sei Bundesregierung zu Dislozierung bereit, wobei sie davon ausgehe, daß auch andere Länder dies täten. Zitiert Äußerung BK gegenüber Christopher.

BM verweist anschließend auf Bereitschaft, formellen Beschluß oder summing up zu akzeptieren und sich im NATO-Rat auch über andere Optionen zu unterhalten.

Vance: Optionen sollten sehr allgemein formuliert werden und nicht an SS-20 oder Panzer gebunden sein.

BM: Auch wenn Präsident in dem angedeuteten Sinn entscheide, würden wir Konsultationen in NATO vorschlagen. Wir seien offen für flexible Gespräche über Optionen. Wichtig sei rüstungskontrollpolitischer Aspekt. Bemerkung BK in Hamburg über B-1 habe dies unterstreichen wollen.

BM fragte, ob Vance die Haltung des Präsidenten vom Vorabend für die endgültige ansehe.

Vance bejahte.

BM erkundigte sich nach Budgetgesetz.

Vance sagte, genauer Zeitpunkt lasse sich nicht angeben.

BM: Zwischen sechs und 18 Monaten?

Vance: Ja.

VS-Bd. 13752 (201)

96

Deutsch-amerikanisches Regierungsgespräch in Washington

010-1/78 streng geheim   **4. April 1978**[1]

Gespräch BM mit Präsident Carter am 4.4.1978 im Weißen Haus in Washington in Anwesenheit von Vance und Brzezinski

Einleitend unterrichtete *Vance* den Präsidenten über die am Vormittag und beim Mittagessen behandelten Themen.[2]

---

[1] Hat Vortragendem Legationsrat I. Klasse Lewalter am 5. April 1978 vorgelegen, der handschriftlich vermerkte: „1) Von Bundesminister noch nicht gebilligt. 2) 2. und 3. Ausfertigung StS van Well." Zum Gespräch vgl. auch GENSCHER, Erinnerungen, S. 407 f.

[2] Für das Gespräch des Bundesministers Genscher mit dem amerikanischen Außenminister Vance am 4. April 1978 vgl. Dok. 95. Vgl. dazu ferner Dok. 99–102.

Zur Neutronenwaffe führte *Carter* aus, daß eine Produktion nicht ratsam sei, wenn nicht auch die Dislozierung sichergestellt sei. Dies habe er BK bereits November 1977 erklärt.[3] Die Bundesregierung habe zwar gewisse Maßnahmen getroffen, doch liege seitens anderer Regierungen keine offizielle Reaktion vor. Er müsse diese Frage auch unter budgetärem Gesichtspunkt sehen, wobei sich das Erfordernis stelle, Prioritäten festzulegen.

BM nahm Bezug auf das Gespräch mit Vance, in dem dieser ihn darüber unterrichtet habe, daß nach dem gegenwärtigen Stand der amerikanischen Überlegungen ein Aufschub der Produktionsentscheidung in Aussicht genommen sei.

Er nehme außerdem Bezug auf das Gespräch des BK mit Christopher[4], über das der Präsident sicher unterrichtet sei – was dieser bejahte. Er unterrichtete sodann Carter eingehend über den Beschluß des BSR vom 3.4.1978.[5] Dabei unterstrich er, daß Entscheidung, die originär amerikanische Entscheidung sei, nicht als deutsch-amerikanische oder deutsch-amerikanisch-britische Entscheidung erscheinen dürfe. Bis zum 20.3. habe es eine gemeinsame Position gegeben, die noch am 18.3. in Brief von Vance bestätigt worden sei.[6] Was Optionen angehe, so sei Bundesregierung bereit, außer den beiden bekannten Optionen auch andere im NATO-Rat zu prüfen.

Carter bedauerte, daß bisher keine offizielle Reaktion aus anderen Ländern vorliege, die ebenfalls dislozieren sollten. Er fragte, ob Deutschland zur Dislozierung auch bereit wäre, wenn es das einzige Land bliebe.

BM zitierte auf englisch Äußerung BK gegenüber Christopher. Man sei bereit gewesen, eine formale Entscheidung oder ein summing up zu akzeptieren. Er fragte, ob er unverändert davon ausgehen könne, daß derzeitige Überlegungen des Präsidenten auf Verschiebung hinausliefen.

---

3 In einem Schreiben an Bundeskanzler Schmidt vom 23. November 1977 führte Präsident Carter aus: „In the meantime, I do wish to inform you that I have decided, subject to allied agreement, to inform Congress that the United States is prepared to produce and then deploy in Europe enhanced radiation weapons. I would expect, in turn, that you and other allies would express explicit support for the deployment of these weapons in Europe, and that we would issue coordinate statements to that effect. At the same time, I think we should explore further your Government's suggestion of linking deployment of these weapons to arms control, in particular, MBFR. Another alternative which might have political advantages would be for the West to inform the Soviet Union that we will refrain from deployment of enhanced radiation weapons if the Soviet Union reciprocates by not deploying the SS-20. [...] Whatever approach we choose with regard to an offer to the Soviets, it ought to be timed to coincide with our statement on the deployment of the enhanced radiation weapons." Vgl. den Drahterlaß Nr. 1942 des Ministerialdirektors Blech vom 25. November 1977 an Botschafter von Staden, Washington; VS-Bd. 11382 (220); B 150, Aktenkopien 1977.

4 Für das Gespräch des Bundeskanzlers Schmidt mit dem stellvertretenden amerikanischen Außenminister Christopher am 31. März 1978 in Hamburg vgl. Dok. 93.

5 Zu den Beschlüssen des Bundessicherheitsrats vom 3. April 1978 vgl. Dok. 95, Anm. 4.

6 In dem Schreiben an Bundesminister Genscher führte der amerikanische Außenminister Vance aus: „I know you share my view of the importance of the consultations in Brussels Monday on the enhanced radiation weapon. It is essential that the United States, the Federal Republic of Germany and the United Kingdom demonstrate our united desire for a swift and clear outcome to this question, which will reflect strong Alliance cohesion and resolve. Ambassador Bennett will be working for the greatest possible harmony of views in Brussels, and I would hope that you could similarly instruct Ambassador Pauls, so that we could emerge from the Monday meeting with an Alliance consensus which would make possible final positive action later in the week." Vgl. den Drahterlaß Nr. 1353 des Ministerialdirektors Blech vom 20. März 1978 an Botschafter Pauls, Brüssel (NATO); VS-Bd. 10575 (210); B 150, Aktenkopien 1978.

Carter bejahte dies und sagte, er sei bereit, den amerikanischen Standpunkt noch vor Abreise BM schriftlich zu fixieren und ihm mitzugeben.

BM erklärte, er müsse in aller Offenheit sagen, daß er das für falsch halten würde. Denn die Produktionsentscheidung sei allein eine amerikanische Entscheidung und die damit zusammenhängenden Fragen eine Angelegenheit des Bündnisses in seiner Gesamtheit. Deshalb würde ein zeitlicher Zusammenhang mit seinem Besuch zu Mißverständnissen führen. Er fühle sich nicht düpiert, wenn er erst in Bonn unterrichtet werde. Er habe soeben darüber auch mit BK gesprochen. Für inneren Zusammenhalt des Bündnisses sei Konsultation im NATO-Rat wesentlich. Erst danach sollte amerikanische Entscheidung bekanntgegeben werden.

BM erklärte, daß BK und er ohnehin aufgrund der Änderung der amerikanischen Haltung in eine schwere innenpolitische Lage gekommen seien. Denn auf der einen Seite hätten sie sich zu einer klaren Entscheidung am 20. März bekannt, auf der anderen Seite bestehe die Gefahr der Unterstellung, daß man den amerikanischen Präsidenten durch eine unklare deutsche Haltung an der Produktionsentscheidung gehindert habe.

Carter sagte, man sei sich von Anfang an bewußt gewesen, daß die Frage für einzelne Verbündete politische Schwierigkeiten mit sich bringen könne. Dies wolle man tunlichst vermeiden. Auf alle Fälle müsse aber die Frage der Dislozierung im voraus geklärt werden. Er wolle nicht in eine Situation geraten, in der die Dislozierung nicht möglich sei.

Brzezinski fragte, ob Bundesregierung auch bei negativer sowjetischer Reaktion (keine Gegenleistung) darauf bestehe, daß auch andere Länder dislozierten.

Brzezinski wiederholte seine Frage und sagte, die Position vom 20. März sei zwar abgestimmt, aber nichtsdestoweniger unklar und nicht eindeutig gewesen. Wenn die Sowjets Nein sagten, stehe er wieder vor denselben Schwierigkeiten wie heute.

BM sagte, eine Verschiebung sei keine definitive Entscheidung. Sie biete die Möglichkeit, den rüstungskontrollpolitischen Fortschritt zu prüfen. Die an ihn gerichtete Frage müsse auch anderen europäischen Ländern gestellt werden, z. B. Türkei, Griechenland und Belgien. Die niederländische Haltung sei auch noch offen.

Was man denn aus diesen Ländern gehört habe?

Carter erklärte, es gehe zunächst um die Frage, ob die Waffe überhaupt produziert werden solle. Dies werde mitbestimmt durch die Priorität, die man ihr im Vergleich mit anderen Möglichkeiten zumesse. Eine weitere Frage sei, ob man die Entscheidung von einer vernünftigen Reaktion der Sowjets abhängig machen solle. Schließlich ergebe sich aus der deutschen Haltung ein Problem. Die Briten kämen wegen der geographischen Lage nicht in Frage. Sie seien wohl bereit, die Waffe zu lagern. Er fragte, ob dies für die deutsche Seite ausreiche.

BM fragte, ob man darüber mit den Briten gesprochen habe, denn Callaghan sei ja hier gewesen.[7]

Präsident erwiderte, nicht im Detail.

---

[7] Premierminister Callaghan hielt sich am 23. März 1978 in den USA auf.

BM sagte, im übrigen sei die Frage Großbritanniens so entscheidend, daß er darüber erst mit dem BK sprechen wolle. Er stellte schnelle Antwort in Aussicht.[8]

Brzezinski gab Befürchtung Ausdruck, daß bei derzeitiger Situation Sowjets ihre Propaganda fortsetzen und auf Länder wie Belgien und Niederlande konzentrieren würden. Wenn die allgemeine Haltung die eines „Bitte, nach Ihnen" sei, frage er sich, ob es nicht besser wäre, die Angelegenheit nicht weiter zu verfolgen.

BM widersprach nachdrücklich der Äußerung über eine „Bitte-nach-Ihnen-Haltung".

Carter bemerkte, alle diese Probleme würden sich für ihn nicht stellen, wenn ER-Waffe[9] auf amerikanischem Territorium disloziert werden könnte.

BM unterstrich, daß Position vom 20.3. vereinbarte Position gewesen und es nicht darum gegangen sei, einander Schwarzen Peter zuzuschieben.

Brzezinski bemerkte erneut, daß Position nicht eindeutig und klar gewesen sei. Er fragte, warum Bundesregierung auf Beteiligung weiterer Verbündeter bestehe.

BM widersprach, daß Position noch am 18.3. durch Vance bestätigt worden sei.

Im übrigen dürfe die Sache nicht eine deutsch-amerikanische Angelegenheit allein sein. Eine breitere Basis sei erforderlich. Auch für uns sei die Sache ja nicht ohne Probleme.

Zum Verfahren wurde schließlich folgendes vereinbart:

Die amerikanische Seite formuliert in den nächsten zwei bis drei Tagen ihre vorläufige Haltung, über die im NATO-Rat konsultiert wird.[10] Erst nach der Konsultation wird die endgültige Entscheidung öffentlich bekanntgegeben.

VS-Bd. 13752 (201)

---

[8] Staatssekretär van Well teilte Botschafter von Staden, Washington, am 5. April 1978 mit: „Der Herr Bundesminister hat gestern seinen Gesprächspartnern in Washington in Aussicht gestellt, sie über die Haltung der Bundesregierung zur Dislozierung der Neutronenwaffe über die Bundesrepublik Deutschland hinaus zu unterrichten. Sie werden gebeten, Außenminister Vance folgendes mitzuteilen: Die Bundesregierung bestätigt, daß sie auch in der Dislozierungsfrage an der am 20.3.1978 mit den USA und Großbritannien verabredet gewesenen Position festhält. Danach erklärt sie ihre Bereitschaft, die Dislozierung der Neutronenwaffe auf ihrem Territorium unter den zu dritt vereinbarten Bedingungen und unter der Voraussetzung zuzulassen, ‚daß sie sich auf entsprechende Beratungen im Bündnis stützen kann und es im Interesse der Verteidigungsfähigkeit des Bündnisses notwendig ist, daß nicht nur auf ihrem Territorium disloziert wird'. Wegen der Reichweite der Träger und der geographischen Lage Großbritanniens kann sich dies nur auf eine Dislozierung in Festlandsstaaten beziehen. Sicherlich wird die Bundesregierung eine Lagerung von Neutronenwaffen in Großbritannien begrüßen. Die Verteidigungsfähigkeit des Bündnisses würde es jedoch nach Auffassung der Bundesregierung notwendig machen, daß nicht nur in der Bundesrepublik Deutschland disloziert wird." Vgl. den Drahterlaß Nr. 389; VS-Bd. 10576 (201); B 150, Aktenkopien 1978.

[9] Enhanced Radiation-Waffe.

[10] Zum Schreiben des Präsidenten Carter vom 6. April 1978 an Bundeskanzler Schmidt bzw. zur Erklärung von Carter vom 7. April 1978 vgl. Dok. 108.
Zur Sitzung des Ständigen NATO-Rats am 7. April 1978 vgl. Dok. 109.

97

Gespräch des Bundesministers Genscher mit dem amerikanischen Verteidigungsminister Brown in Washington

010-2/78 streng geheim 4. April 1978[1]

Zum Thema Neutronenwaffe bemerkte *Brown* einleitend, diese Waffe sei vom militärischen Standpunkt nützlich, es gebe jedoch andere Waffensysteme, die noch wichtiger seien. Da dieses Thema inzwischen politisiert sei, müsse die anstehende Entscheidung nicht unter militärischen, sondern unter politischen Gesichtspunkten getroffen werden.

Nach einem Telefongespräch mit Carter bat Brown den BM noch einmal um Präzisierung des von ihm vorgeschlagenen Verfahrens.

Der *BM* erklärte, daß es sich bei der Produktionsentscheidung allein um eine amerikanische Entscheidung handele, sie dürfe insbesondere nicht als eine deutsch-amerikanische oder deutsch-britisch-amerikanische Entscheidung erscheinen.

Für den inneren Zusammenhalt des Bündnisses und wegen der mit der Produktionsentscheidung zusammenhängenden Fragen sei es wesentlich, daß die Amerikaner ihre Vorstellungen in die NATO zur vollen Konsultation einbrächten, bevor der Präsident seine endgültige Entscheidung bekanntgebe[2].

Brown stimmte diesen Anregungen zu und erklärte, daß die NATO-Konsultationen schon in wenigen Tagen stattfinden sollten.[3] Anschließend würde der Präsident im Lichte dieser Konsultationen seine Entscheidung treffen. Es sei schwierig, die Produktion von der Dislozierung zu trennen, und man könne es sich nicht leisten, zu produzieren, ohne daß später Bereitschaft zur Dislozierung bestehe. Zum Ablauf könne man heute soviel sagen, daß sich zumindest ein Teil der Produktionsentscheidung verschieben ließe („today we may be able[4] to defer at least part of the production decision").

Brown bemerkte zu den Rüstungskontrollvorschriften vom 20. März 1978, daß sich die SS-20-Option als unrealistisch erweise, weil ein Eingehen der Sowjetunion darauf nicht zu erwarten sei. Man müsse daher andere Optionen neu überlegen.

BM erklärte sich bereit, diese Vorschläge im NATO-Rahmen zu prüfen.

Brown kam abschließend auf den deutschen Wunsch zu sprechen, die Neutronenwaffe nicht allein auf deutschem Territorium zu dislozieren.

---

[1] Hat Vortragendem Legationsrat I. Klasse Lewalter am 5. April 1978 vorgelegen, der handschriftlich vermerkte: „1) Von Bundesminister noch nicht gebilligt. 2) 2. und 3. Ausfertigung StS van Well."
Hat Bundesminister Genscher vorgelegen.
[2] Dieses Wort wurde von Bundesminister Genscher handschriftlich eingefügt. Dafür wurde gestrichen: „treffe".
[3] Zur Sitzung des Ständigen NATO-Rats am 7. April 1978 vgl. Dok. 109.
[4] Korrigiert aus „may able".

BM zitierte auf englisch Äußerungen BK zu dieser Frage aus Gespräch mit Christopher[5] und wies darauf hin, daß Gelb von StS van Well bereits im Januar über den entsprechenden Beschluß des BSR unterrichtet worden sei.[6]

Brown fragte, ob Großbritannien als drittes Land akzeptabel sei.

Dänemark und Norwegen seien abgeneigt, Italien habe eine zu schwache Regierung, im Falle Großbritanniens komme wegen der geographischen Lage nur eine Dislozierung bei den britischen Gruppen in Deutschland in Frage. Somit blieben noch die Niederlande und Belgien übrig.

Auf Frage *BM*, ob darüber mit den Briten gesprochen worden sei, erwiderte *Brown*, die Frage sei angeschnitten, aber nicht vertieft worden.

BM folgerte daraus, wie wichtig Konsultationen im NATO-Rahmen seien.

VS-Bd. 13752 (010)

98

Botschafter Behrends, Wien (MBFR-Delegation), an das Auswärtige Amt

114-11432/78 geheim Aufgabe: 4. April 1978, 15.31 Uhr[1]
Fernschreiben Nr. 224 Ankunft: 4. April 1978, 16.35 Uhr
Citissime

Delegationsbericht Nr. 47/78

Betr.: MBFR;
hier: Datenaustausch

Bezug: Delegationsbericht Nr. 39/78 v. 15.3.78 geh.[2]

I. In der informellen Sitzung am 4.4. wurden die Daten für die Luftstreitkräfte der NATO- und WP-Staaten ausgetauscht.

II. Die Zahlen für die WP-Luftstreitkräfte sowie für die zusammengefaßten Land- und Luftstreitkräfte sind wie folgt:

---

[5] Für das Gespräch des Bundeskanzlers Schmidt mit dem stellvertretenden amerikanischen Außenminister Christopher am 31. März 1978 in Hamburg vgl. Dok. 93.
[6] Staatssekretär van Well legte am 30. Januar gegenüber dem stellvertretenden Sicherheitsberater des amerikanischen Präsidenten, Aaron, den Beschluß des Bundessicherheitsrats vom 20. Januar 1978 zur Neutronenwaffe dar. Vgl. dazu Dok. 23, besonders Anm. 3.

[1] Hat Vortragendem Legationsrat I. Klasse Schönfeld am 4. April 1978 vorgelegen.
[2] Für den Drahtbericht Nr. 166 des Botschafters Behrends, Wien (MBFR-Delegation), vgl. Dok. 78.

	NATO-Zahlen[3]	WP-Zahlen	NATO-Zahlen[4] gemäß WP-Allocation
1) Luft-Streitkräfte WP insgesamt	201 800		228 100
davon			
UdSSR	59 000	40 500	49 900
POL	62 200	67 300	86 500
ČSSR	41 600	44 700	54 500
DDR	39 000	29 800	37 200
2) Land- und Luftstreitkräfte WP insgesamt		987 300	1 164 300
davon			
UdSSR		466 800	535 600
POL		215 900	292 700
ČSSR		181 800	192 300
DDR		122 800	143 700

3) Die Unterschiede zwischen den „Reallocated NATO Data" und den vom Osten vorgelegten Zahlen für seine Luftstreitkräfte betragen bei

    UdSSR   19 Prozent = 9400
    POL   22 Prozent = 19 200
    ČSSR   18 Prozent = 9800
    DDR   20 Prozent = 7400
    WP insgesamt 20 Prozent = 45 800

4) Für die nationalen Gesamtdaten der Land- und Luftstreitkräfte der WP-Staaten betragen die Unterschiede gegenüber den NATO-Erkenntnissen bei

    UdSSR   13 Prozent = 68 800
    POL   26 Prozent = 76 800
    ČSSR   5 Prozent = 10 500
    DDR   15 Prozent = 20 900
    WP insgesamt 15 Prozent = 177 000

III. 1) Eine detaillierte Bewertung dieser Zahlen ist noch nicht möglich.

Sie kann erst erfolgen, wenn Verständnisfragen über die Zuordnung von Streitkräfteelementen gestellt und beantwortet werden.

---

[3] An dieser Stelle Fußnote in der Vorlage: „NATO-Zahlen gem[äß] CM (77) 69 und CM (77) 100".
[4] An dieser Stelle Fußnote in der Vorlage: „NATO-Zahlen gem[äß] CM (77) 69 und CM (77) 100".

Dazu gehören auch Fragen über den Ein- oder Ausschluß von bestimmten Elementen der einzelnen WP-Streitkräfte.

2) Eine erste vorläufige Bewertung erlaubt folgende Aussagen:

a) Erwartungsgemäß ergibt die Summe der Einzelelemente für die Warschauer-Pakt-Luftstreitkräfte 182 300 Mann, analog der Zahl, die vom Osten im Juni 1976 vorgelegt wurde.[5]

Die Diskrepanz zwischen den vom WP vorgelegten Zahlen und den „Reallocated NATO Data" beträgt ca. 20 Prozent.

Sie ist im Gegensatz zu den Diskrepanzen bei den Landstreitkräften ziemlich gleichmäßig verteilt. Die große Diskrepanz ist wieder bei den polnischen Streitkräften.

b) Der Osten hat für seine Luftstreitkräfte – analog dem Vorgehen bei den Landstreitkräften – sein System der Zuordnung benutzt, d.h.

- die polnische und tschechische Landes-Luftverteidigung zu den Luftstreitkräften gezählt und

- das Hubschrauberpersonal der Luftstreitkräfte, das zur Unterstützung der Landstreitkräfte eingesetzt ist, zu den Landstreitkräften gezählt.

Die WP-Zahlen sind also noch am ehesten vergleichbar mit der Spalte „Reallocation" im Teil II.

c) Die Diskrepanz von 20 Prozent bei den Luftstreitkräften ist größer als die Diskrepanz bei den Landstreitkräften mit 14 Prozent.

Für die Streitkräfte der UdSSR und DDR liegt die Diskrepanz in etwa im Rahmen der durchschnittlichen Diskrepanz von 15 Prozent, für die ČSSR ist sie mit 5 Prozent sehr gering, für die Polen mit 26 Prozent unverhältnismäßig groß.

IV. Zu den informellen Sitzungen am 3. und 4. April wurden zahlreiche Fragen zu den aufgefächerten Landstreitkräftedaten gestellt und beantwortet. Bericht darüber folgt.[6]

[gez.] Behrends

VS-Bd. 14075 (010)

---

[5] Am 10. Juni 1976 legten die an den MBFR-Verhandlungen teilnehmenden Warschauer-Pakt-Staaten eigene Daten für das Personal ihrer Land- und Luftstreitkräfte vor. Vgl. dazu AAPD 1976, I, Dok. 189.

[6] Vgl. dazu den Drahtbericht Nr. 233 des Botschafters Behrends, Wien (MBFR-Delegation), vom 5. April 1978; VS-Bd. 10434 (221); B 150, Aktenkopien 1978.

99

**Aufzeichnung des
Vortragenden Legationsrats I. Klasse Dannenbring**

201-360.90 USA-1370/78 VS-vertraulich   5. April 1978[1]

Betr.: Gespräche des Herrn Bundesministers in Washington
am 4. April 1978;
hier: Wirtschaftliche Sanktionen gegen Südafrika

Bei der Erörterung der Entwicklung im südlichen Afrika mit Außenminister Vance bat der Bundesminister den amerikanischen Außenminister, die US-Position zu wirtschaftlichen Sanktionen gegen Südafrika zu erläutern.

Der Bundesminister berichtete zunächst über den im EG-Rahmen vereinbarten Verhaltenskodex[2], der für in Südafrika tätige Unternehmen, aber auch[3] für die Praxis der Kreditgarantien gelte[4].

Dieser Verhaltenskodex werde von deutschen Firmen korrekt angewandt. Dies habe auch der IG-Metall-Vorsitzende Loderer nach einem kürzlichen Besuch in Südafrika bestätigt.[5] Loderer habe dabei auch festgestellt, daß Boykottmaßnahmen in erste Linie die schwarze Bevölkerung treffen würden, weil dadurch Arbeitsplätze gefährdet werden. Uns interessiere, ob die USA auch den Weg eines Verhaltenskodex oder einen anderen Weg, nämlich Wirtschaftsboykott, beschreiten wollten.

Vance erwiderte, daß die USA das Konzept eines Verhaltenskodex voll unterstützten. Es gebe eine Anzahl amerikanischer Untenehmen, die sich einem solchen Kodex freiwillig unterwürfen[6], wenn auch die Regeln nicht so streng wie diejenigen der EG seien. Die Regierung ermutige diese Firmen, ihren Kodex im Sinne des deutschen[7] Beispiels zu verstärken. Dies habe er auch kürzlich in Lagos gegenüber dem Staatschef von Nigeria erwähnt.[8]

---

[1] Die Aufzeichnung wurde von Vortragendem Legationsrat I. Klasse Dannenbring mit Begleitvermerk vom 6. April 1978 an Staatssekretär van Well weitergeleitet. Dazu vermerkte er: „Hiermit werden Einzelvermerke zu folgenden Themen mit der Bitte um Zustimmung vorgelegt: Wirtschaftliche Sanktionen gegen Südafrika; SALT und MBFR; Naher Osten."
Hat van Well am 13. April 1978 vorgelegen. Vgl. den Begleitvermerk; VS-Bd. 10461 (201); B 150, Aktenkopien 1978.

[2] Zu dem am 20. September 1977 verabschiedeten Verhaltenskodex für Unternehmen mit Tochtergesellschaften, Zweigniederlassungen oder Vertretungen in Südafrika vgl. Dok. 50, Anm. 9.

[3] Die Wörter „aber auch" wurden von Staatssekretär van Well gestrichen. Dafür fügte er handschriftlich ein: „gilt und".

[4] Dieses Wort wurde von Staatssekretär van Well gestrichen. Dafür fügte er handschriftlich ein: „Bedeutung habe".

[5] Zum Besuch des IG-Metall-Vorsitzenden Loderer in Südafrika vgl. Dok. 31, Anm. 6.

[6] Zum Verhaltenskodex amerikanischer Unternehmen in Südafrika („Sullivan-Plan") vgl. Dok. 91, Anm. 32.

[7] Dieses Wort wurde von Staatssekretär van Well gestrichen. Dafür fügte er handschriftlich ein: „EG-".

[8] Präsident Carter und der amerikanische Außenminister Vance hielten sich vom 31. März bis 3. April 1978 zu Gesprächen mit dem Chef der Bundesmilitärregierung, Obasanjo, in Nigeria auf.

Zur Frage des Wirtschaftsboykotts führe die US-Regierung zur Zeit eine Untersuchung (review) durch. Diese Prüfung erstrecke sich von der Erschwerung von Garantien der Export/Import-Bank bis zum Verbot von[9] Investitionen – das letztere würde allerdings ein weitgehender Schritt sein, der vorherige legislative Schritte des Kongresses erfordern würde. Vorläufig (for the time being) werde seine Regierung jedoch keinen Druck in Richtung wirtschaftlicher Sanktionen ausüben. Vielmehr sollte zunächst die Entwicklung in Namibia und Rhodesien abgewartet werden, denn zu diesem Zeitpunkt würden Wirtschaftssanktionen nur kontraproduzent wirken.

Aaron warf ein, daß man genau unterscheiden müsse, welche Sanktionen Südafrika oder uns selbst[10] mehr schaden würden. Dies entspreche auch den Erfahrungen mit Botsuana und Malawi. Jedenfalls sollte vermieden werden, daß dadurch der Gebrauch der Erdölwaffe ermutigt werde[11].

Christopher bemerkte, daß die City Bank ihre Kreditvergabe an Südafrika eingestellt habe, weil sie langfristig das Risiko von Gewaltausbrüchen fürchte und unter dem Druck ihrer Kunden stehe.

Vance fügte hinzu, daß auch Polaroid und IBM ähnliche Erwägungen anstellten.

Der Bundesminister bedankte sich für diese Informationen und stimmte zu, daß wirtschaftliche Sanktionen zu diesem Zeitpunkt taktisch falsch sein würden, man müsse jedoch unterscheiden zwischen den kommerziell motivierten Unternehmensentscheidungen und Entscheidungen der Regierungen. Eines nicht so fernen Tages würden die Unternehmen abzuwägen haben, ob sie Aufträge an Südafrika oder an die übrigen afrikanischen Länder erteilen wollten.

Vance stimmte dieser Bemerkung mit dem Hinweis auf Nigeria zu.

Dannenbring

VS-Bd. 10461 (201)

---

[9] Dieses Wort wurde von Staatssekretär van Well gestrichen. Dafür fügte er handschriftlich ein: „neuer".
[10] An dieser Stelle wurde von Staatssekretär van Well handschriftlich eingefügt: „und Anderen".
[11] An dieser Stelle wurde von Staatssekretär van Well handschriftlich eingefügt: „denn das könnte ein gefährlicher Präzedenzfall werden."

100

Aufzeichnung des Vortragenden Legationsrats I. Klasse Dannenbring

201-371-1371/78 VS-vertraulich 5. April 1978[1]

Betr.: Gespräche des Herrn Bundesministers in Washington am 4. April 1978;
    hier: SALT und MBFR

I. SALT:

Paul Warnke nahm am Mittagessen der beiden Delegationen teil und wurde von Vance gebeten, während des Essens über den Stand von SALT zu berichten. Mit dem Hinweis, daß er gerade aus Genf zurückgekehrt sei, erklärte er, daß man nunmehr einer Einigung ziemlich nahe sei (pretty close) und daß nur noch weniger als zehn Punkte offen seien, darunter die folgenden Probleme:

- Die genauen Zahlen der quantitativen Reduzierung: Wahrscheinlich werde man sich auf die Zahl 2200 als einen logischen Mittelwert einigen. Dabei seien die Fristen (timing) von ganz erheblicher Bedeutung, denn die Sowjets hätten technische Probleme, die überzähligen Systeme kurzfristig zu zerstören oder abzubauen. Nach amerikanischer Auffassung solle die[2] Vernichtung der überzähligen Systeme am 1. Januar 1980 begonnen werden und innerhalb von sechs Monaten abgeschlossen sein. Die Sowjets wollten erst 1981 beginnen und verlangten 18 Monate Zeit. Dies sei nicht annehmbar, weil die USA jedenfalls sicherstellen wollten, daß die Reduzierung während der Laufzeit des Projekts[3] abgeschlossen werde. Eine Lösung könne darin liegen, daß die Sowjets sich verpflichten, die Systeme innerhalb einer kürzeren Frist unbrauchbar (inoperable) zu machen und die Vernichtung zu einem späteren Zeitpunkt abzuschließen. Die USA würden in der Lage sein, die Einhaltung mit nationalen Mitteln zu verifizieren.

- Qualitative Beschränkungen: Die USA strebten ein völliges Verbot der Entwicklung von neuen Typen von ICBMs an. In diesem Punkt gingen die amerikanischen und sowjetischen Vorstellungen noch auseinander, wobei die Schwierigkeit der Verifikation eine erhebliche Rolle spiele. Ein Kompromiß erscheine jedoch möglich.

- Die Sowjetunion beabsichtige, ihre veraltete SS-11 durch eine moderne Rakete mit einem Gefechtskopf, also ohne MIRV, zu ersetzen. Dies bedeute für die USA ein großes Problem.

- Die Definition der schweren Bomber sei noch ungelöst, was besondere Bedeutung für die Frage der ALCM habe. Zu diesem Punkt seien letzte Woche neue Vorschläge gemacht worden. Auch hier erhebe sich das Verifikations-

---

[1] Die Aufzeichnung wurde von Vortragendem Legationsrat I. Klasse Dannenbring mit Begleitvermerk vom 6. April 1978 an Staatssekretär van Well weitergeleitet. Vgl. dazu Dok. 99, Anm. 1.

[2] Korrigiert aus: „mit der".

[3] Dieses Wort wurde von Staatssekretär van Well gestrichen. Dafür fügte er handschriftlich ein: „3-Jahres-Protokolls".

problem, ob ein spezifisches Flugzeug in der Lage ist, ALCM zu transportieren.
- Bei den Cruise Missiles sei noch immer die Definition der Reichweite ungeklärt. Dies sei ein besonderes Problem, weil die CM keine gerade Flugbahn verfolgen, sondern auf der Suche nach ihrem Ziel unerhebliche[4] Umwege beschreiben. Man versuche zwischen vertikalen und horizontalen Umwegen (variation) zu unterscheiden. Viel hänge auch vom Auftrag der CM ab, nämlich ob es sich um ein festes oder bewegliches Ziel (z.B. Schiff zu Schiff) handele.
- Auch das Backfire-Problem sei noch nicht gelöst. Hier gehe es darum, welche Beschränkungen vereinbart werden müßten, um sicherzustellen, daß der Backfire keine strategischen Aufträge ausführen könne. Auf Zwischenfrage des Bundesministers, ob bei Backfire Reichweiten oder auch Zahlen zur Debatte stünden, antwortete Warnke: beides. Der Bundesminister erklärte daraufhin, daß – wie auch der Bundeskanzler gegenüber Christopher erwähnt habe[5] – für Europa auch ein Backfire mit begrenzter Reichweite strategischen Charakter besitze. Warnke stimmte dem zu.
- Die MIRV-Verifikation und die Datenbasis seien entsprechend den amerikanischen Vorstellungen geregelt.
- Nichtumgehung/Nichtweitergabe: Hier gebe es eine gewisse sowjetische Bewegung, die jedoch noch nicht ausreiche. An dieser Stelle bat der Bundesminister StS van Well, unsere Position zur Nichtumgehung noch einmal zu erläutern.

StS van Well erklärte, daß wir prinzipielle Bedenken hätten, die auch auf negative Erfahrungen z.B. mit dem Vier-Mächte-Abkommen zurückgingen. Wie wir bereits mitgeteilt hätten, würden wir der Rückfallposition nicht widersprechen.[6] Um so größeren Wert legten wir auf die angekündigten Interpretationserklärungen gegenüber dem Kongreß und der NATO. Wir seien befriedigt, daß solche Interpretationserklärungen auch von den übrigen Verbündeten unterstützt würden. Uns komme es darauf an, sowjetischen Fehlinterpretationen entgegentreten zu können. Die Rechtsfrage, welche Wirkung solche Interpretationserklärungen auf die Sowjets hätten, bedürfe allerdings noch genauerer Prüfung.

Warnke erwiderte, daß es in der grundsätzlichen Beurteilung keine Meinungsunterschiede gebe. Die amerikanische Seite habe die Problematik erkannt. Bei der Interpretation werde die Verhandlungsgeschichte hilfreich sein. Er habe den Sowjets ausdrücklich erklärt, daß Weitergaben (transfer) vorgenommen werden würden und daß dies nicht als Nichtumgehung ausgelegt werden könne.[7] Es bleibe daher Sache der Amerikaner, wie sie sich später verhalten wollen. Die Rückfallposition[8] sei den Sowjets noch nicht übergeben worden. Dies würde das Problem lösen.

---

[4] Die Vorsilbe „un" wurde von Staatssekretär van Well gestrichen.
[5] Für das Gespräch des Bundeskanzlers Schmidt mit dem stellvertretenden amerikanischen Außenminister Christopher am 31. März 1978 in Hamburg vgl. Dok. 93.
[6] Vgl. dazu die Äußerungen des Staatssekretärs van Well gegenüber dem amerikanischen Gesandten Meehan am 14. März 1978; Dok. 77.
[7] So in der Vorlage.
[8] Zur amerikanischen Rückfallposition für eine Nichtumgehungsklausel bei SALT vgl. Dok. 29 und Dok. 64.

– Ein weiteres noch offenes Problem sei die Grundsatzerklärung (statement on principles and guidelines). Hier werde es einen vereinbarten Kern sowie getrennte Erklärungen, z. B. zu den Fragen der Grauzone und der Kernwaffen der Alliierten, geben. Die USA würden nur Formulierungen akzeptieren, die in getrennten Erklärungen auf die nicht-strategischen Systeme (Theater Systems) Bezug nehmen. Wenn z. B. die Sowjets eine Erklärung zu FBS abgeben, dann würden die USA eine Erklärung abgeben, die sich auf entsprechende sowjetische Systeme beziehen würde.

StS van Well stellte die Zwischenfrage, wie der von Warnke dargelegte gemeinsam vereinbarte Kern der Grundsatzerklärung und die einseitigen Erklärungen strukturiert sein sollten.

Warnke erwiderte, daß man an den umfassenden Wladiwostok-Typus[9] einer Vereinbarung denken könne. Dies erscheine ihm jedoch nicht gut. In den Vertragstext sollten nur solche Punkte aufgenommen werden, wo zwischen beiden Seiten Einverständnis bestehe, der Rest sollte außerhalb des SALT-Abkommens behandelt werden.

StS van Well warf die Frage auf, ob die CM, die wegen ihrer Reichweiten einen ambivalenten Charakter, nämlich sowohl strategischen wie nicht-strategischen, besäßen, in einer vereinbarten Erklärung behandelt würden. Entscheidend müsse bleiben, daß das Bündnis ein einheitliches Verteidigungsgebiet habe.

Warnke erwiderte, die Sowjets wüßten, daß, wenn sie die FBS erwähnten, die Amerikaner ihre entsprechenden Systeme ansprechen würden. Deshalb würden die Sowjets diesen Punkt nicht anschneiden. Entscheidend bleibe in der Tat die Bestimmung des Nordatlantik-Vertrages, wonach ein Angriff auf Westeuropa auch ein Angriff auf die USA sei[10]; dies gelte unabhängig davon, ob der Angriff mit Waffen ausgeführt werde, die die USA treffen könnten, oder anderen, wie den sowjetischen TNF, die die USA nicht treffen könnten.

Vance bekräftigte diese Feststellung mit einer zustimmenden Bemerkung.

II. MBFR:

Vance erklärte, er sei befriedigt, daß der erste Datenaustausch vorgenommen worden sei.[11] Trotz der darin sichtbar werdenden Unterschiede in den Zahlenangaben bewertete er diese positiv, weil damit die Grundlage für ein besseres gegenseitiges Verständnis geschaffen werde. Es sei jedenfalls ein Schritt vorwärts.

Er sei der Ansicht, daß die neue westliche Initiative noch in dieser Verhandlungsrunde eingeführt werden sollte. Der Westen schaffe sich damit eine gute Ausgangsposition für die SGV[12] und den NATO-Gipfel[13].

---

[9] Zu den amerikanisch-sowjetischen Vereinbarungen von Wladiwostok vom 24. November 1974 vgl. Dok. 93, Anm. 17.

[10] Vgl. dazu Artikel 5 und 6 des NATO-Vertrags vom 4. April 1949; BUNDESGESETZBLATT 1955, Teil II, S. 290.

[11] Zum Austausch der Daten für die Landstreitkräfte am 15. März 1978 vgl. Dok. 78.
Zum Austausch der Daten für die Luftstreitkräfte am 4. April 1978 vgl. Dok. 98.

[12] Zur UNO-Sondergeneralversammlung über Abrüstung vom 23. Mai bis 30. Juni 1978 in New York vgl. Dok. 212.

[13] Zur NATO-Ratstagung auf der Ebene der Staats- und Regierungschefs am 30./31. Mai 1978 in Washington vgl. Dok. 170.

Der Bundesminister erwiderte, daß im Prinzip vieles für diesen amerikanischen Vorschlag spreche. Allerdings sei es vielleicht besser, wenn man mit der Entscheidung über die Einführung der Initiative warte, bis auch über die Neutronenwaffe entschieden sei.

StS van Well fügte hinzu, daß es günstig wäre, wenn die Initiative vor dem angekündigten Breschnew-Besuch bei uns Anfang Mai[14] eingeführt wäre.

Vance stimmte zu, er sei einverstanden, daß diese Frage später besprochen werde.

(Bundesminister hat die Absicht, die Frage des Zeitpunkts der Einführung der Initiative im Lichte seiner Washingtoner Gespräche über die Neutronenwaffe nach seiner Rückkehr nach Bonn mit dem Bundeskanzler zu besprechen.)[15]

Dannenbring

VS-Bd. 10461 (201)

101

Aufzeichnung des
Vortragenden Legationsrats I. Klasse Dannenbring

201-360.90 ISR-1372/78 VS-vertraulich   **5. April 1978**[1]

Betr.: Gespräche des Herrn Bundesministers in Washington am 4. April 1978; hier: Naher Osten

Vance berichtete einleitend, daß er heute morgen von Begin gebeten worden sei, Dayan in Washington zu empfangen. Er habe keine andere Wahl, als dieser Bitte zu entsprechen, und werde mitteilen, daß dafür aus Termingründen nur die nächste Woche in Frage komme.[2]

Sadat habe ihn wissen lassen, daß er entschlossen sei, die Gespräche mit Israel bis zu äußersten Grenze weiterzuführen (to walk the last mile). Er erwarte kei-

---

[14] Der Generalsekretär des ZK der KPdSU, Breschnew, besuchte die Bundesrepublik vom 4. bis 7. Mai 1978. Vgl. dazu Dok. 135, Dok. 136, Dok. 142 und Dok. 143.
[15] Zur Einführung der Initiative der an den MBFR-Verhandlungen teilnehmenden NATO-Mitgliedstaaten am 19. April 1978 vgl. Dok. 110.

[1] Die Aufzeichnung wurde von Vortragendem Legationsrat I. Klasse Dannenbring mit Begleitvermerk vom 6. April 1978 an Staatssekretär van Well weitergeleitet. Vgl. dazu Dok. 99, Anm. 1.
[2] Vortragender Legationsrat I. Klasse Böcker teilte der Botschaft in Washington am 24. April 1978 mit, daß der „ursprünglich für Anfang April vorgesehen gewesene Besuch des israelischen AM in Washington nunmehr auf den 26./27. April festgelegt worden sei". Nach Auskunft der amerikanischen Botschaft seien wichtige Entscheidungen von diesem Besuch nicht zu erwarten. Vgl. den Drahterlaß Nr. 1973; Unterabteilung 31, Bd. 135590.

nerlei Ergebnisse aus seinen Gesprächen mit Weizman, die nur Gaza und das Westufer, nicht jedoch den Sinai betroffen hätten.[3]

Nach amerikanischer Auffassung sei es jetzt Zeit, zu einer Grundsatzentscheidung zu kommen. Es gehe um drei Hauptprobleme:

- die Anwendung der SR-Resolution 242[4] auf das Westufer und den Gaza-Streifen in einem Interimsabkommen,
- die Selbstbestimmung für die Palästinenser am Westufer und im Gaza-Streifen und
- die israelischen Siedlungen.

Diese Fragen seien auch innerhalb der israelischen Regierung und Bevölkerung erheblich umstritten. Das Kabinett Begin erweise sich als ein Hindernis für jeden Fortschritt. Die Diskussion sei in eine Sackgasse geraten, und man müsse sich fragen, was nun getan werden solle.

Die Zahl der UN-Truppen im Südlibanon werde Ende dieser Woche noch 2000 bis 2500 erreichen. Das Problem sei, daß es für den israelischen Rückzug noch keinen Zeitplan gebe. Nunmehr müßten die Israelis gedrängt werden, sich zurückzuziehen. Für die USA gebe es noch das zusätzliche Problem, daß nach den gesetzlichen Bestimmungen amerikanische Waffenlieferungen nur für Verteidigungszwecke benutzt werden dürften. Auch deshalb sei der israelische Rückzug notwendig.

Gegenwärtig erwarte er keinen Regierungswechsel in Israel, aber die interne Diskussion sei dort sehr lebhaft.

Der Forderung nach Sicherheit für Israel werde jetzt von allen Seiten zugestimmt, aber dies könne nur erreicht werden nach Gewährung der Selbstbestimmung (self-government) am Westufer und im Gaza-Streifen. Nach seinen persönlichen Vorstellungen sollte sich Israel in diesen Gebieten für die Dauer einer Interimsperiode von ungefähr fünf Jahren auf einzelne Stützpunkte zurückziehen. Die Entwicklung im Nahen Osten stehe unter starkem Zeitdruck, die Zeit laufe langsam aus, und das Fenster schließe sich mehr und mehr. Sadat sei in dieser Entwicklung ein äußerst positiver Faktor (Sadat is much the best).

Bundesminister erklärte, daß auch er die Nahost-Entwicklung mit großer Sorge betrachte, und zwar auch wegen der Position Sadats. Er begrüße deshalb den

---

[3] Der israelische Verteidigungsminister Weizman hielt sich am 30./31. März 1978 in Ägypten auf. Botschafter Steltzer, Kairo, teilte dazu am 1. April 1978 mit: „Vor amerikanischen Geschäftsleuten erklärte Sadat nach Weizman-Besuch, er habe über isr[aelischen] Verteidigungsminister Begin wissen lassen, daß dieser bisher nicht auf seine (Sadats) Initiativen eingegangen sei. Die Friedensinitiative bestehe fort, und er sei bereit, die Gespräche fortzusetzen, sobald beide eine gemeinsame Sprache sprächen. [...] Sadat wies neben der Wiederholung seiner bekannten Forderungen für Friedensregelung ausdrücklich darauf hin, daß er bereit sei, die Frage der isr. Sicherheit zu diskutieren; dafür habe er Begin einen Vorschlag mit sechs Punkten unterbreitet (die hier nicht bekannt sind), aber Israel sei zu Annahme nicht bereit." Vgl. den Drahtbericht Nr. 613; Unterabteilung 31, Bd. 135590.
Botschafter Schütz, Tel Aviv, informierte am 4. April 1978: „Israel schließt aus Begegnung Sadat-Weizman während dessen Kairo-Aufenthalts trotz Fortdauer Südlibanon-Besetzung auf genuines ägyptisches Interesse an Fortsetzung Friedensbemühungen. Weizman wird daher ‚in nächsten Tagen', vermutlich Mitte nächster Woche, erneut nach Kairo reisen, um Einigung über politische Zukunft Westufer-Gaza-Gebiet anzustreben. Ob Weizman neue Vorschläge vorlegen wird, ist noch nicht bekannt." Vgl. den Drahtbericht Nr. 374; Unterabteilung 31, Bd. 135590.

[4] Für die Resolution Nr. 242 des UNO-Sicherheitsrats vom 22. November 1967 vgl. Dok. 10, Anm. 6.

amerikanischen Einfluß auf die Haltung Israels. Ägypten würde gerne eine neue EG-Erklärung zur Lage im Nahen Osten haben.[5] Dies sei jedoch nicht nötig, denn die Position der EG sei im letzten Sommer klar definiert worden.[6]

Aus privaten Unterhaltungen mit arabischen Führern habe er entnommen, daß diese sich die Selbstbestimmung für Palästinenser nur in Verbindung mit Jordanien vorstellen könnten, während die Sowjetunion ein unabhängiges Palästina wünsche.

Dannenbring

VS-Bd. 10461 (201)

102

Aufzeichnung des Ministerialdirektors Lautenschlager

VS-NfD 5. April 1978[1]

Betr.: Gespräch zwischen dem amerikanischen Außenminister Vance und Herrn Bundesminister Genscher am 4.4.1978 in Washington;
hier: Erörterung der sich aus dem „Nuclear Non-Proliferation Act of 1978"[2] der USA ergebenden Probleme

Aus den in Gegenwart der Staatssekretäre Christopher und van Well zwischen den beiden Außenministern im State Department geführten Gespräche halte ich folgendes fest:

---

[5] Botschafter Steltzer, Kairo, berichtete am 28. März 1978: „Ägy[ptischer] AM Kaamel hat über dänischen Botschafter am 23.3. EG offiziell gebeten, neue gemeinsame Erklärung zu N[ah]o[st] abzugeben. Zur Begründung führte er an, die bisherigen bilateralen diplomatischen Schritte der EG-Staaten gegenüber Israel seien richtig gewesen, jetzt seien jedoch zwei neue Elemente aufgetreten, die es nötig machten, erneut eine gemeinsame Erklärung der Neun zu verabschieden, nämlich die Invasion Israels im S[üd]-Libanon und die isr[aelischen] Versuche, Res[olution] 242 nicht auf die Westbank anzuwenden. Zu Inhalt neuer Stellungnahme meinte Kaamel, sie solle im wesentlichen frühere Standpunkte wiederholen." Vgl. den Drahtbericht Nr. 580; Unterabteilung 31, Bd. 135589.

[6] Der Europäische Rat verabschiedete auf seiner Tagung am 29./30. Juni 1977 in London eine Erklärung zum Nahen Osten. Für den Wortlaut vgl. EUROPA-ARCHIV 1977, D 516f. Vgl. dazu ferner AAPD 1977, II, Dok. 174.

[1] Ablichtung.
Ministerialdirektor Lautenschlager leitete die Aufzeichnung am 6. April 1978 über Staatssekretär van Well an Bundesminister Genscher. Dazu vermerkte er: „Absprachegemäß lege ich über den Teil ‚Nuclear Non-Proliferation Act' der Außenministergespräche in Washington den beiliegenden ausführlichen Vermerk vor. Er faßt zusammen die Delegationsgespräche und die Gespräche vor und während des Mittagessens. Ich wäre für Zustimmung dankbar. Nach Billigung würde ich die Vermerke auch an das BK, das BMFT und BMWi verteilen. Im Hinblick auf den Europäischen Rat am 7./8. April sollte der Herr Bundeskanzler möglichst noch vorher im Besitz dieses Vermerks sein." Vgl. den Begleitvermerk; Referat 014, Bd. 227.

[2] Zum „Nuclear Non-Proliferation Act of 1978" vom 9. Februar 1978 vgl. Dok. 72, Anm. 3.

Bundesminister Genscher wies einleitend darauf hin, daß der von Präsident Carter am 10. März 1978 unterzeichnete „Nuclear Non-Proliferation Act" eine Reihe von Problemen aufwerfe, die es freundschaftlich zu erörtern gelte und für die auch im beiderseitigen Interesse einvernehmliche Lösungen gefunden werden müßten.

Es handele sich primär um ein Problem zwischen der Europäischen Gemeinschaft und den Vereinigten Staaten im Hinblick auf das zwischen diesen beiden Partnern bestehende Abkommen über die Zusammenarbeit bei der friedlichen Nutzung der Kernenergie.[3] Die Gemeinschaft habe zur Kenntnis genommen, daß nach dem Wortlaut des amerikanischen Gesetzes sie ihre Bereitschaft erklären müsse, mindestens Gespräche über die mit dem neuen amerikanischen Gesetz geschaffene Lage zu führen; anderenfalls sei die amerikanische Administration gehalten, die Ausfuhren von nuklearem Brennstoff nicht mehr zu genehmigen. Wir hätten uns in der Gemeinschaft dafür eingesetzt, daß diese rechtzeitig ihre Gesprächsbereitschaft signalisiere[4]; wir hätten dies getan im Interesse der beiderseitigen Zusammenarbeit und um einem eventuellen Lieferstopp mit seinen schwerwiegenden Folgen vorzubeugen. Dabei gingen wir davon aus, daß die Voraussetzungen, auf die wir uns auch mit den USA vor Teilnahme an den INFCE-Studien[5] verständigt hätten, unveränderte Gültigkeit besäßen. Das bedeute, daß während der Dauer von INFCE keine Veränderung der gegenwärtigen Lage eintrete. Unter diesem Aspekt hätten wir seinerzeit vor allem unsere französischen Partner bewegen können, sich an den INFCE-Arbeiten zu beteiligen; dies sei ein wichtiger Gesichtspunkt zur Beurteilung der französischen Haltung wie auch der Gemeinschaft insgesamt.

Die Ratstagung in Luxemburg am 4.4.1978[6] habe wegen französischer Vorbehalte noch keine Verständigung darüber gebracht, ob, wann und in welcher Form die Gemeinschaft den USA ihre Gesprächsbereitschaft signalisieren könne. Wir hätten der Bekundung einer positiven Gesprächsbereitschaft der EG bei materieller Aufrechterhaltung unserer vor Beginn der INFCE-Studien gemeinsam festgelegten Grundhaltung zustimmen können. Die französische Regierung habe sich hierzu aus grundsätzlichen Erwägungen bisher nicht in der Lage gesehen. Der Meinungsbildungsprozeß innerhalb der Gemeinschaft werde möglicherweise am Rande des Europäischen Rates in Kopenhagen am 7./8.4.1978[7] fortgesetzt werden. Wir würden uns dabei weiter für Lösungen einsetzen, die in for-

---

[3] Für den Wortlaut des Abkommens vom 29. Mai/19. Juni 1958 zwischen EURATOM und den USA vgl. BUNDESGESETZBLATT 1959, Teil II, S. 1151 f.
Für den Wortlaut des Abkommens vom 8. November 1958 über Zusammenarbeit zwischen EURATOM und den USA bei der friedlichen Verwendung der Atomenergie vgl. BUNDESGESETZBLATT 1959, Teil II, S. 1153–1164.
Für den Wortlaut des Zusatzabkommens vom 11. Juni 1960 über Zusammenarbeit zwischen EURATOM und den USA bei der friedlichen Verwendung der Atomenergie vgl. BUNDESGESETZBLATT 1961, Teil II, S. 547–552.
Für den Wortlaut des Änderungsabkommens vom 21./22. Mai 1962 zum Abkommen vom 8. November 1958 über Zusammenarbeit zwischen EURATOM und den USA sowie zum Zusatzabkommen vom 11. Juni 1960 vgl. BUNDESGESETZBLATT 1962, Teil II, S. 1494–1503.
[4] Zur Erörterung des „Nuclear Non-Proliferation Act of 1978" vom 9. Februar 1978 in den Europäischen Gemeinschaften vgl. Dok. 84, Anm. 48, bzw. Dok. 91, Anm. 44.
[5] Zu den Bemühungen um eine internationale Evaluierung des Brennstoffkreislaufs vgl. 5, Anm. 15.
[6] Zur EG-Ministerratstagung am 3./4. April 1978 vgl. Dok. 107.
[7] Zur Tagung des Europäischen Rats vgl. Dok. 113.

meller Hinsicht Rücksicht auf die Fristen des „Nuclear Non-Proliferation Acts" nähmen, die aber unsere materiellen Positionen nicht präjudizierten. Auch im Zusammenhang mit der Anwendung des neuen Gesetzes durch die amerikanische Administration wäre es vielleicht nützlich, gemeinsam zu überlegen, ob nicht aus den laufenden INFCE-Arbeiten Ansatzpunkte für eine alle befriedigende Auslegung und Anwendung des amerikanischen Gesetzes gefunden werden könnten. Reibungspunkte zwischen Europäern und Amerikanern im Bereich der Zusammenarbeit bei der friedlichen Nutzung der Kernenergie sollen im beiderseitigen Interesse vermieden werden.

Bundesminister Genscher wies sodann darauf hin, daß unser Studium der sehr komplizierten Gesetzesmaterie noch nicht abgeschlossen sei. Schon jetzt aber stellten sich einige Fragen, für deren Beantwortung er dankbar wäre, nämlich:

- Wie muß die Antwort der Gemeinschaft gehalten sein, damit aus der Sicht der amerikanischen Administration die Lieferungen von Kernmaterial nicht beeinträchtigt würden?
- Welches sind die Folgen, wenn eine positive Reaktion der Gemeinschaft nicht rechtzeitig erfolgt?
- Nach unserem Verständnis des amerikanischen Gesetzes berühre dieses das deutsch-brasilianische Nuklearabkommen[8] nicht. Ist diese Auslegung zutreffend?

Dies seien einige aktuelle Fragen, die sich im Augenblick stellten. Sie könnten nicht erschöpfend sein, weil das Studium des Gesetzes noch nicht abgeschlossen sei. Weitere Fragen mögen sich ergeben, die dann einvernehmlich geklärt werden müßten.

Außenminister Vance, unterstützt von Staatssekretär Christopher, erläuterte kurz Motive und Entstehungsgeschichte des „Nuclear Non-Proliferation Act". Beide wiesen darauf hin, daß die 30-Tage-Frist für eine positive Reaktion die Administration bindet.

Sie seien sich bewußt, daß die Durchführung Probleme aufwerfe, und unterstrichen, daß Botschafter Smith sich bei seinen Gesprächen mit der Kommission bemüht habe, hilfreich zu sein.[9] Die Beantwortung der von Herrn Bundesmini-

---

[8] Zum Abkommen vom 27. Juni 1975 zwischen der Bundesrepublik und Brasilien über Zusammenarbeit auf dem Gebiet der friedlichen Nutzung der Kernenergie vgl. Dok. 33, Anm. 16.

[9] Am 24. Februar 1978 fand in Brüssel ein Gespräch des amerikanischen Sonderbotschafters Smith mit den Ständigen Vertretern der EG-Mitgliedstaaten und der EG-Kommission statt. Botschafter Sigrist, Brüssel (EG), berichtete dazu am 27. Februar 1978, Smith habe den Stand des „Nuclear Non-Proliferation Act of 1978" vom 9. Februar 1978 erläutert und ausgeführt, daß für die notwendigen Neuverhandlungen zwischen EURATOM und den USA 24 Monate zur Verfügung stünden, „die der Präs[ident] um ein weiteres Jahr ausdehnen könne, wenn nach seiner Beurteilung die Verhandlungen ‚in good faith' geführt würden. [...] Auf die von verschiedenen Del[egationen] aufgeworfene Frage des Verhältnisses eventueller Verhandlungen zu INFCE äußerte sich Smith wie folgt: Die Beratungen im Rahmen von INFCE seien gut angelaufen. Man könne mit einem Abschluß Ende 1979, Anfang 1980 rechnen. Auf französischen Einwand, man könne doch nicht zweimal verhandeln (einmal auf der Grundlage von INFCE, ein andermal im Zusammenhang des Euratom-USA-Abkommens), antwortete Smith, daß INFCE nach dem erklärten Willen insbesondere der europäischen Partner ‚findings but not bindings' bringen solle. Franz[ösische] Bemerkung, man könne vielleicht zunächst einmal die Komplexe vorziehen, bei denen Einigkeit zu erzielen sei, um dann bei den strittigen Fragen den Ausgang von INFCE abzuwarten, begegnete Smith mit der Bemerkung, dies solle man doch dem Gang der Verhandlungen überlassen." Vgl. den Drahtbericht Nr. 787; Referat 413, Bd. 123665.

ster Genscher gestellten Fragen sagten sie für den Nachmittag nach Rücksprache mit dem Rechtsberater des State Departments[10] zu. In der Nachmittagssitzung faßte StS Christopher diese Antworten dann wie folgt zusammen:

Es sei nach Auffassung der Administration ausreichend, wenn die Gemeinschaft rechtzeitig ihre Gesprächsbereitschaft signalisiere und man Einverständnis über zu führende Gespräche erziele. Diese Gespräche müssen „in good faith" geführt werden; als Indiz dafür, daß dies der Fall sei, könne man die im Rahmen von INFCE und in anderen Gremien geführten Gespräche heranziehen.

Was die 30-Tage-Frist beträfe, so sei diese in der Tat für die Administration eine verbindliche Frist. Würde sie nicht eingehalten, so könne die Administration keine Lieferungen von Kernmaterial mehr genehmigen. Sollte indessen nach Ablauf der Frist z. B. einige Wochen später noch eine positive Reaktion der Gemeinschaft erfolgen, so könne die Administration wieder Lieferungen genehmigen (power flows back to the administration to grant licences). Er, Christopher, müsse allerdings darauf hinweisen, daß eine positive Reaktion nach Ablauf der Frist nicht zu lange auf sich warten lassen dürfe (extremes should be avoided).

Was schließlich das deutsch-brasilianische Nuklearabkommen beträfe, so bestätigte Außenminister Vance ausdrücklich, daß dieses Abkommen vom „Nuclear Non-Proliferation Act" nicht betroffen sei.

Lautenschlager

Referat 014, Bd. 227

103

Botschafter Pauls, Brüssel (NATO), an das Auswärtige Amt

114-11452/78 geheim Aufgabe: 5. April 1978, 00.45 Uhr
Fernschreiben Nr. 370 Ankunft: 5. April 1978, 00.50 Uhr
Citissime nachts

Nur für Washington und Bundeskanzleramt

Washington für Bundesaußenminister[1]

Bundeskanzleramt für MD Ruhfus zur Weiterleitung an Bundeskanzler

Betr.: Enhanced Radiation Weapon

I. Habe General Haig weisungsgemäß unterrichtet. Nach Anhören meiner ausführlichen Darlegung erwiderte Haig, er sei für diese Unterrichtung besonders dankbar, da sie ihn ungeschminkt informiere. Er sei tief schockiert. Er sei zu dem ganzen Komplex von der US-Regierung nicht konsultiert worden. Am Don-

---

[10] Herbert J. Hansell.

[1] Hat Bundesminister Genscher am 5. April 1978 vorgelegen.

nerstagabend vergangener Woche[2] habe Verteidigungsminister Brown ihn telefonisch von der Entscheidung des Präsidenten unterrichtet. Er habe sofort erklärt, daß er diese für falsch halte und habe das begründet. Am Samstag vergangener Woche[3] habe ihn hoher Funktionär der amerikanischen Regierung, der um Anhalten bzw. Revision der Entscheidung des Präsidenten bemüht war, angerufen. Daraufhin habe er mit Brown telefoniert und ihn gefragt, ob er es für hilfreich halte, wenn er, Haig, sich mit einem nachdrücklichen Appell an den Präsidenten wende. Brown habe das verneint. Er habe dann Brown gekabelt, wenn keine positive Entscheidung getroffen werde, jede Entscheidung zu vertagen und den NATO-Rat zu konsultieren mit der Bitte, diese Stellungnahme dem Präsidenten vorzulegen. Sonntagabend[4] habe er eine nicht auf Christopher zurückgehende Information erhalten, daß die deutsche Regierung auf die präsidentielle Wendung einigermaßen gelassen reagiert habe. Er habe dieser Information mißtraut und sich Montag[5] erneut an Brown gewandt mit dem Hinweis, daß die US-Regierung den Bundeskanzler und seine Regierung in eine unmögliche Situation bringe.

Gleichfalls am Montag habe er eine Information aus Washington erhalten, daß Christopher über seine Unterredungen in Deutschland[6] sehr klar berichtet habe und daß von einer gelassenen deutschen Reaktion keine Rede sein könne. Christophers Bericht, anderer und seine Bemühungen hätten am Montag offensichtlich in Washington zu einer gewissen Konsternation geführt. Er könne jetzt nur hoffen, daß Außenminister Genscher in Washington sehr fest spreche und eine negative Entscheidung aufzuhalten bzw. eine Vertagung jeder Entscheidung zu erreichen vermöge.[7] Wenn das in diesem fortgeschrittenen Stadium nicht mehr durchsetzbar sei, hoffe er, daß der Bundesaußenminister eine nur temporäre Festlegung durchzusetzen vermöge, die technische Optionen und solche der Rüstungskontrollpolitik offenhalte, so wie der Bundeskanzler das in der Unterredung mit Christopher nahegelegt habe.

II. Zur der Genesis des frappierenden Entschlusses des Präsidenten meinte Haig, daß Sorge um die Senatsmehrheit dabei keine Rolle spiele. Der Kongreß sei zur Zeit so pro-NATO eingestellt, daß der Präsident eine positive Entscheidung ohne größere Schwierigkeiten durchsetzen könne. Das sei sein Eindruck von seinen einige Tage zurückliegenden Hearings und Kontakten.

Grundlegend sei die prinzipielle Einstellung des Präsidenten zu dem Nuklearkomplex. Auslösend seien die Tage seines Briefings über die Vorbereitung der VN-Sondergeneralversammlung für die Abrüstung[8] mit Mondale und Young. Sie

---

[2] 30. März 1978.
[3] 1. April 1978.
[4] 2. April 1978.
[5] 3. April 1978.
[6] Für die Gespräche des Bundesministers Genscher bzw. des Bundeskanzlers Schmidt mit dem stellvertretenden amerikanischen Außenminister Christopher am 30. bzw. am 31. März 1978 in Hamburg vgl. Dok. 92 und Dok. 93.
[7] Zum Besuch des Bundesministers Genscher am 4. April 1978 in den USA vgl. Dok. 95–97 und Dok. 99–102.
[8] Zur UNO-Sondergeneralversammlung über Abrüstung vom 23. Mai bis 30. Juni 1978 in New York vgl. Dok. 212.

beide seien insoweit von größtem Einfluß auf den Präsidenten gewesen. Carter habe von der mit uns und den Briten getroffenen Absprache – Substanz und Prozedur – erst kurz vor dem 20.3. erfahren.

III. In Verbindung mit Haigs Stellungnahme muß ich berichten, daß er mir mit der Bitte um vollkommen vertrauliche Behandlung sagte, er habe den Präsidenten vor einiger Zeit um seine Ablösung gebeten: Er werde in Angelegenheiten, die seine unmittelbare Verantwortung beträfen, von seiner Regierung nicht konsultiert. Diese solle einen General berufen, der ihr Vertrauen habe und den sie konsultiere. Er sei nachdrücklich gebeten worden zu bleiben, er werde besser konsultiert werden. So sei es zu dem Anruf Browns Donnerstag vergangener Woche gekommen. Aber es sei keine Konsultation, sondern nur eine bevorzugte Information im Nachhinein gewesen.

Welche Gedanken er sich in den letzten Tagen gemacht habe, könne ich mir wohl vorstellen. Aber er meine, er müsse jetzt durchhalten, um Schaden abwenden zu helfen. In erster Linie beschäftigten ihn jetzt die bedrückenden politisch-psychologischen Auswirkungen auf das Bündnis und die Öffentlichkeit, erst in zweiter Linie die militärisch-waffentechnischen Nachteile.

Er rechne mit seiner Abberufung vor Ende des Jahres.

IV. Generalsekretär Luns habe ich noch nicht sprechen können. Er ist in Holland. Ich habe ihm telefonisch mitgeteilt, daß ich ihn dringend informieren müsse, und habe das Thema, soweit geboten und über Draht möglich, klargemacht. Ich treffe ihn Mittwoch, 5.4., gegen Mittag.[9]

[gez.] Pauls

VS-Bd. 14074 (010)

---

[9] Botschafter Pauls, Brüssel (NATO), berichtete am 5. April 1978: „Habe soeben Generalsekretär Luns unmittelbar nach seiner Rückkehr nach Brüssel weisungsgemäß unterrichtet. Luns bat mich, Bundeskanzler und Bundesaußenminister seinen Dank für diese für ihn sehr wichtige und klare Information zu übermitteln. Er teile vollkommen die Auffassung der Bundesregierung. Er könne in dieser Lage nur hoffen, daß die Mission des Bundesaußenministers in Washington erfolgreich gewesen sei. Soweit er nach Auffassung der Bundesregierung hilfreich sein könne, stehe er voll zur Verfügung. Was er über die Entscheidung von Präsident Carter gehört habe, versetze ihn in tiefes Erstaunen, und das sei ein Understatement." Vgl. den Drahtbericht Nr. 371; VS-Bd. 14074 (010); B 150, Aktenkopien 1978.

104

Aufzeichnung des
Ministerialdirektors Ruhfus, Bundeskanzleramt

Geheim   5. April 1978[1]

Betr.: Kabinettssitzung vom 5. April 1978
Bericht von BM Genscher über die Gespräche in Washington[2]

Bundeskanzler weist einleitend darauf hin, daß im Zusammenhang mit diesem Tagesordnungspunkt Staatsgeheimnisse, insbesondere der Vereinigten Staaten, berührt würden und daß der Inhalt der Beratungen mit der gebührenden Vertraulichkeit behandelt werden müsse. Ferner lege er Wert auf die Feststellung, daß nur BM Genscher, BM Apel und er selbst gegenwärtig befugt seien, über diesen sehr delikaten Gegenstand Gespräche zu führen.

Seit Sommer 1977 gebe es die Diskussion über die Enhanced Radiation Waffen (ERW).[3] Dies sei eine modernisierte Form der Nuklearwaffen, die zum Unterschied von den bisherigen taktischen Nuklearwaffen einen geringeren Fallout, eine kleinere Druckwelle und eine geringere und kürzere Verseuchung des betroffenen Geländes mit sich brächten. Unter den Militärs sei umstritten, ob die Vorteile dieser modernisierten Waffen größer für die Verteidigung oder für den Angreifer seien. Im westlichen Lager bestehe überwiegend die Ansicht, daß die Einführung der ERW dem westlichen Bündnis Vorteile bringen würde, da die zur Abwehr von massierten Panzerverbänden besonders geeignete Waffe eine erhebliche Umstrukturierung der Truppen der Sowjetunion erforderlich machen würde.

Die Entscheidung über Produktion und Einführung der ERW sei im amerikanischen Kongreß sehr umstritten gewesen. Im Juli 1977 habe es im Senat eine Kampfabstimmung gegeben, die nur mit der Stimme des Vizepräsidenten[4] zugunsten der Administration entschieden worden sei. Der Kongreß habe schließlich ein positives Votum gefällt. In einer späteren Abstimmung habe sich der Senat jedoch noch für einen Abänderungsvorschlag ausgesprochen, der beiden Häusern des Kongresses in gleichlaufenden Abstimmungen die Möglichkeit gibt,

---

[1] Ablichtung.
[2] Zum Besuch des Bundesministers Genscher am 4. April 1978 in den USA vgl. Dok. 95–97 und Dok. 99–102.
[3] In einem Artikel vom 6. Juni 1977 berichtete die amerikanische Tageszeitung „The Washington Post" über eine Gesetzesvorlage zur Finanzierung öffentlicher Arbeiten, die im Rahmen der Aufträge für die „Energy Research and Development Administration" (ERDA) auch Mittel für die Entwicklung einer Neutronenwaffe („Enhanced Radiation Weapon") enthalte. Dabei handele es sich um Gefechtsköpfe für Kurzstreckenraketen vom Typ „Lance". Vgl. dazu den Artikel „Neutron Killer Warhead Buried in ERDA Budget"; THE WASHINGTON POST vom 6. Juni 1977, S. A 1.
Am 8. August 1977 gab Carter in Plains, Georgia, mit der Unterzeichnung des Gesetzes über die Finanzierung öffentlicher Arbeiten auch die Mittel für die Fortführung der Entwicklung der Neutronenwaffe frei. Gleichzeitig erklärte er, daß er sich eine endgültige Entscheidung über die Produktion der Waffe für Mitte August vorbehalte. Vgl. dazu die Meldung „Carter gibt Mittel für Neutronenbombe frei", FRANKFURTER ALLGEMEINE ZEITUNG vom 10. August 1977, S. 1.
[4] Walter F. Mondale.

45 Tage nach einer endgültig positiven Entscheidung des Präsidenten erneut abzustimmen.[5]

Diese interne Diskussion habe die amerikanische Regierung veranlaßt, Rückendeckung bei den Verbündeten zu suchen.

In den Folgemonaten habe die Sowjetunion eine große Propaganda-Aktion gestartet. Breschnew habe Briefe geschrieben an die verbündeten Regierungen und auch an ihn, den Bundeskanzler[6]. Die Antworten der Verbündeten seien nicht koordiniert worden. Einige Regierungen hätten auf ihre traditionelle Haltung gegenüber Atomwaffen (keine Stationierung auf ihrem Territorium in Friedenszeiten) hingewiesen, andere hätten die Ausführungen des Generalsekretärs zurückgewiesen.

Seit Herbst 1977 habe es über die ERW enge Kontakte zwischen der amerikanischen Regierung und der Bundesregierung gegeben. Er, der Bundeskanzler, habe im September ein ausführliches Gespräch mit Brzezinski geführt.[7]

Die Haltung der Bundesregierung sei in einer Reihe von Sitzungen des Bundessicherheitsrats entwickelt und festgelegt worden. Die wesentlichen Elemente dieser Haltung seien die folgenden gewesen:

– Die Bundesregierung ist kein Kernwaffenstaat. Daher hat sie bisher an keiner Entscheidung über die Produktion von Kernwaffen mitgewirkt. Sie wird sich auch in Zukunft an keiner Entscheidung über die Produktion von Kernwaffen beteiligen.

– Wenn der amerikanische Präsident in souveräner Entscheidung die Produktion beschließt, dann sollten die Chancen genutzt werden, um die ERW in Rüstungskontrollverhandlungen einzubringen.

– Wenn die Bemühungen, die ERW in Rüstungskontrollverhandlungen einzubringen, nach zwei Jahren – diese Zeit sei erforderlich, um die ERW zu produzieren und um einen realistischen Verhandlungsversuch zu machen – nicht zu konkreten Ergebnissen führten, dann würde die Einführung der ERW bei den NATO-Truppen erforderlich werden.

– Wir hätten unsere Bereitschaft erklärt, die ERW auf dem Territorium der Bundesrepublik zu dislozieren unter der Voraussetzung, daß ein gemeinsamer Beschluß des Bündnisses gefaßt werde und daß die Waffen nicht nur auf deutschem Boden stationiert würden. Für die letzte Überlegung sei maßgebend gewesen, daß man der Bundesrepublik nicht neben den Nuklearmächten USA, Großbritannien und Frankreich eine besondere Position zuweisen wolle, die sie von den übrigen Partnern des Bündnisses abhebt. Ferner kämen Rücksichten hinzu auf unser Verhältnis zur Sowjetunion, zu unseren europäischen Nachbarn und schließlich auch auf die innenpolitische Situation in der Bundesrepublik. Wenn die Dislozierung in Deutschland für erforderlich gehalten werde, so müsse dieses auch gelten für Anatolien oder Thrakien. Lagerung von

---

[5] Zu den Abstimmungen im amerikanischen Kongreß über die Neutronenwaffe im Sommer 1977 vgl. Dok. 93, Anm. 4.

[6] Zu den Schreiben des Generalsekretärs des ZK der KPdSU, Breschnew, vom 12. Dezember 1977 bzw. 5. Januar 1978 an Bundeskanzler Schmidt vgl. Dok. 6.

[7] Zum Gespräch des Bundeskanzlers Schmidt mit dem Sicherheitsberater des amerikanischen Präsidenten, Brzezinski, am 27. September 1977 vgl. AAPD 1977, II, Dok. 257 und Dok. 261.

ERW in Großbritannien sei hilfreich, aber entspräche nicht der Forderung nach Dislozierung auf dem europäischen Festland angesichts der begrenzten Reichweite von Lance und Artillerie, für die die ERWs vorgesehen seien.

Die Position sei in einer Reihe von Konsultationen verfeinert und ausgearbeitet worden:

1) Im Januar 1978 hätten die Gespräche mit Gelb und Aaron in Bonn stattgefunden.[8]

2) Anschließend hätten eingehende Konsultationen mit Großbritannien und den USA stattgefunden.

3) Am 18. März habe eine hundertprozentige Einigkeit zwischen der Bundesrepublik, USA und Großbritannien zur Sache und eine achtundneunzigprozentige Einigkeit zur Formulierung bestanden. Die drei Regierungen hätten auch darin übereingestimmt, daß nicht ein formeller Beschluß des NATO-Rats gefaßt werden sollte, sondern daß der Generalsekretär[9] das Ergebnis auf der Linie vorher festgelegter Formulierungen zusammenfassen sollte.

Der stellvertretende amerikanische Außenminister Christopher habe in den Gesprächen am 30. und 31. März dem Bundeskanzler und dem Bundesaußenminister hierfür auch im Namen des amerikanischen Präsidenten ausdrücklich gedankt.[10]

4) Er, der Bundeskanzler, habe diesen Standpunkt in seinem Gespräch mit Christopher am 31. März vorgetragen.

5) BM Genscher habe sich in seinem Gespräch mit Präsident Carter am 4. April wiederum im gleichen Sinne geäußert.

Es habe unterschiedliche Auffassungen zwischen Washington und Bonn gegeben, welche Gegenleistungen der Sowjetunion angestrebt werden sollten. Die USA habe der Begrenzung der SS-20 Vorrang gegeben. Auf deutscher Seite habe man der Verringerung der Panzerüberlegenheit der Sowjetunion die Präferenz gegeben. Wir hätten aber klargemacht, daß wir auch mit der amerikanischen Linie ERW gegen SS-20 mitmachen würden.[11]

Der Bundeskanzler berichtete sodann über die militärische Bedeutung der sowjetischen Mittelstreckenrakete SS-20. Die SS-20 erreiche nicht das amerikanische Territorium, wohl aber könne sie große Teile Chinas, den Nahen Osten, das Mittelmeer und Europa erreichen. Zum Unterschied von bisherigen sowjetischen Mittelstreckenraketen sei die SS-20 mobil, gemirvt. Ferner könne sie durch geringe Ergänzung von einer intrakontinentalen in eine interkontinentale Rakete (SS-19) umgewandelt werden.

Der Bundeskanzler habe gemeinsam mit dem Bundesaußenminister und dem Bundesverteidigungsminister die Bemühungen von Ford/Kissinger und Carter/Vance unterstützt, bei SALT II ein Gleichgewicht bei den interkontinentalen Raketen anzustreben. Er habe jedoch mit Besorgnis verfolgt, daß bei SALT II

---

8 Für das Gespräch des Staatssekretärs van Well mit dem stellvertretenden Sicherheitsberater des amerikanischen Präsidenten, Aaron, am 30. Januar 1978 vgl. Dok. 23.
9 Joseph Luns.
10 Vgl. Dok. 92 und Dok. 93.
11 Zur Übermittlung der Ergebnisse der Sitzung des Bundessicherheitsrats am 14. März 1978 an die amerikanische Regierung vgl. Dok. 77.

keine Notiz von dem Ungleichgewicht im intrakontinentalen Bereich genommen werde. Es habe schon früher ein Übergewicht der Sowjetunion im intrakontinentalen konventionellen Bereich, beispielsweise bei den Panzern, gegeben. Die SS-20 schaffe zusätzliche intrakontinentale Überlegenheit auf nuklearem Gebiet. Er sei besorgt, daß SALT II Parität im interkontinentalen Bereich schaffe, dagegen die sowjetische Überlegenheit im intrakontinentalen Bereich bestehen lasse oder gar verstärke. Aus diesem Grunde habe er Verständnis für den amerikanischen Vorschlag gehabt, die ERW in Zusammenhang mit der SS-20 zu bringen. Auch Großbritannien sei für ERW/SS-20 eingetreten.

In der Sitzung des Bundessicherheitsrats vom 14. März sei festgelegt worden, deutsche Präferenz ERW/Panzer. Aber die Bundesregierung sei auch bereit, bei ERW/SS-20 mitzumachen.

Auf dieser Linie sei unmittelbar vor der für den 20. März vorgesehenen Sitzung des NATO-Rats volle Einigkeit zwischen USA, Großbritannien und der Bundesrepublik erzielt worden.

Am 20. März vormittags sei dann die überraschende Mitteilung über den Wunsch der USA, die Sitzung zu verschieben, eingegangen.[12] BM Genscher habe daraufhin mit dem amerikanischen Außenminister Vance telefoniert.[13] Vance habe als Gründe für den Verschiebungswunsch genannt: Libanon und den bevorstehenden Besuch von Begin[14], d. h. Motive, die mit der Sache nichts zu tun hatten.

Am 31. März habe sodann der stellvertretende amerikanische Außenminister mitgeteilt, Präsident Carter habe entschieden, die ERW nicht zu produzieren.

Als Gründe habe Christopher genannt:

1) die spaltende Wirkung innerhalb des Bündnisses (Christopher habe allerdings die Bundesrepublik von den Ländern, die gegen ERW gewesen seien, ausdrücklich ausgenommen);

2) die Tatsache, daß die öffentliche Meinung in den Mitgliedsländern einschließlich der USA über diese Frage gespalten sei;

3) die ERW hätten verteidigungspolitisch nur marginale Bedeutung;

4) über die von der Sowjetunion zu fordernde Gegenleistung bestehe innerhalb des Bündnisses keine Einigkeit. Außerdem seien die Aussichten, sowjetische Gegenleistungen zu erhalten, überaus gering.

Er (Bundeskanzler) habe ausführlich über die Vorgeschichte der engen deutsch-amerikanischen Abstimmung berichtet. Die Bundesregierung bleibe bei der für die Sitzung vom 20. März festgelegten Haltung.[15]

Wir seien stets dafür eingetreten, daß die Entscheidung über die Produktion Sache des amerikanischen Präsidenten sei. Nachdem wir weit in die Vorbereitungen einbezogen worden seien, was für uns innenpolitische Probleme geschaf-

---

[12] Zum amerikanischen Wunsch nach Verschiebung der Beratungen im Ständigen NATO-Rat über die Neutronenwaffe vgl. Dok. 82, Anm. 11.
[13] Zum Telefongespräch des Bundesministers Genscher mit dem amerikanischen Außenminister Vance am 20. März 1978 vgl. Dok. 84, Anm. 16.
[14] Ministerpräsident Begin hielt sich vom 21. bis 23. März 1978 in den USA auf.
[15] Vgl. dazu die Weisung an Botschafter Pauls, Brüssel (NATO), vom 17. März 1978; Dok. 82.

fen habe und auch zu außenpolitischen Schwierigkeiten geführt habe, komme die neue Entscheidung des amerikanischen Präsidenten sehr überraschend für uns. Christopher habe um Rat gebeten, was man tun könne, um für die Entscheidung, nicht zu produzieren, Gegenleistungen der Sowjetunion einzuhandeln. Er (Bundeskanzler) habe mit der Gegenfrage repliziert, was die USA für den Verzicht auf die Produktion der B 1-Bomber[16] erhalten habe.

Er habe Christopher ferner gesagt, falls die USA noch etwas von der Sowjetunion einhandeln wolle, dürfe keine endgültige Entscheidung getroffen werden. Er habe schließlich auf die Notwendigkeit hingewiesen, die Verbündeten im NATO-Rat zu konsultieren.

Christopher habe den amerikanischen Präsidenten unterrichtet. Die Führungsgruppe um Präsident Carter habe sich offenbar auf dem Rückflug von Afrika mit dem Bericht befaßt.[17]

Der Pressebericht der New York Times über die Absicht des Präsidenten, die ERW nicht zu produzieren[18], hätte die Situation weiterhin kompliziert.

BM Genscher: Er habe zunächst mit Außenminister Vance ein Vier-Augen-Gespräch geführt, sodann habe er mit Präsident Carter und mit Verteidigungsminister Brown gesprochen.

Er habe in diesen Gesprächen den Standpunkt der Bundesregierung, der im BSR vom 3.4.[19] festgelegt worden sei, eingenommen (BM Genscher trug sodann den Inhalt des Beschlusses vor).

Präsident Carter habe sich offenbar auf dem Rückflug von Nigeria eingehend mit der Angelegenheit beschäftigt. Er habe ihm gesagt, im Augenblick bestünde die Überlegung, die Entscheidung aufzuschieben. Man müsse noch einmal darüber nachdenken. Es werde eine originäre Entscheidung der USA sein. Um dieses deutlich zu machen, solle die Entscheidung auch nicht in zu großem zeitlichen Zusammenhang mit dem Besuch des Bundesaußenministers in Washington gefällt werden.

Er (BM Genscher) habe auf die Notwendigkeit von Konsultationen im NATO-Rat hingewiesen. Diese Konsultationen sollten Anfang nächster Woche stattfinden.[20] Wie die Entscheidung des amerikanischen Präsidenten letztlich aussehen werde, sei heute nicht vorauszusagen.

Er habe aus dem Gespräch den Eindruck gewonnen, daß die Frage der Dislozierung – nur in der Bundesrepublik oder auch in anderen Ländern – in diesem Zusammenhang von Bedeutung sein werde.

Bundeskanzler dankt für den Bericht. Er beschäftige sich seit 20 Jahren mit sicherheitspolitischen Angelegenheiten. Er könne sich nur an einen Vorgang er-

---

[16] Präsident Carter teilte am 30. Juni 1977 auf einer Pressekonferenz in Washington den Verzicht auf die Produktion des Bombers vom Typ „B-1" mit. Vgl. dazu PUBLIC PAPERS, CARTER 1977, S. 1197–1200.
[17] Präsident Carter besuchte am 28./29. März 1978 Venezuela, am 30./31. März 1978 Brasilien, vom 31. März bis 3. April 1978 Nigeria und am 3. April 1978 Liberia.
[18] Vgl. dazu den Artikel „Aides Report Carter Bans Neutron Bomb; Some Seek Reversal"; THE NEW YORK TIMES vom 4. April 1978, S. 1 und 4.
[19] Korrigiert aus: „1.4."
Zu den Beschlüssen des Bundessicherheitsrats vom 3. April 1978 vgl. Dok. 95, Anm. 4.
[20] Zur Sitzung des Ständigen NATO-Rats am 7. April 1978 vgl. Dok. 109.

innern, der eine entfernte Parallele zu den heutigen Ereignissen aufweise – die MLF-Entscheidung von Präsident Johnson.[21] Es werde Vorwürfe gegen die Haltung der Bundesregierung von den verschiedensten Seiten geben.

Wir hätten ein dringendes Interesse daran, daß das Verhältnis zu unserem wichtigsten Verbündeten keinen unübersehbaren Schaden leide, auch wenn die USA uns in „singulärer Weise" behandelt hätten. Der SACEUR, General Haig, sei ähnlich brüskiert worden.[22]

Die Bundesregierung werde vor der Konsultation im NATO-Rat keine Erklärung abgeben. Die Fraktionsvorsitzenden[23] seien im Anschluß an den BSR vom 3.4.[24] unterrichtet worden. Dies solle auch nach der heutigen Kabinettssitzung geschehen.

An der anschließenden Debatte beteiligten sich BM Vogel, BM Huber, BM Ertl, BM Graf Lambsdorff, BM Genscher und PStS v. Bülow.

Der Bundeskanzler faßte das Ergebnis der Beratungen wie folgt zusammen:

Das Kabinett billigt die Linie, die vom Bundessicherheitsrat festgelegt worden ist und die von der Bundesregierung gegenüber den USA eingenommen worden ist.

Er behalte sich vor, den BSR erneut einzuberufen, um erforderlichenfalls weitere Details zu klären.[25]

Die Dislozierung von ERW auf dem Boden der Bundesrepublik komme nur in Betracht unter der Voraussetzung, daß nicht nur bei uns disloziert wird und daß ein gemeinsamer Beschluß des Bündnisses gefaßt wird.

Für die Unterrichtung der Presse[26] über die Beratung des Kabinetts gab Bundeskanzler folgende Richtlinien:

- Bundesregierung stimmt mit den USA überein, daß die Entscheidung über die Produktion der ERW ausschließlich Sache des amerikanischen Präsidenten ist.

- Die Entscheidung des amerikanischen Präsidenten bleibt abzuwarten.

---

[21] Die Initiative zur Bildung einer multilateralen Atomstreitmacht der NATO (MLF) ging im Dezember 1960 vom amerikanischen Außenminister Herter aus und wurde Ende 1962 von Präsident Kennedy wiederaufgenommen. An Verhandlungen über den Aufbau einer solchen Streitmacht beteiligten sich neben den USA vor allem die Bundesrepublik, Großbritannien und Italien. Den Kern der Streitmacht sollten mit „Polaris"-Raketen bestückte und mit gemischten Besatzungen bemannte Schiffe bilden. Vgl. dazu AAPD 1963, I, Dok. 2, Dok. 16 und Dok. 20.
Präsident Johnson entschied jedoch am 17. Dezember 1964, daß weder inhaltliche noch zeitliche Zusagen hinsichtlich der Verwirklichung des Projekts zu machen seien. Vgl. dazu FRUS 1964–1968, XIII, S. 165–167. Vgl. dazu ferner AAPD 1964, II, Dok. 401.

[22] Zur Haltung des Oberbefehlshabers der alliierten Streitkräfte in Europa (SACEUR), Haig, vgl. Dok. 103.

[23] Helmut Kohl (CDU/CSU), Wolfgang Mischnick (FDP) und Herbert Wehner (SPD).

[24] Korrigiert aus: „1.4."

[25] Der Bundessicherheitsrat trat am 7. April 1978 erneut zusammen. Vgl. dazu Dok. 108.

[26] Zu den Äußerungen des Staatssekretärs Bölling, Presse- und Informationsamt, am 5. April 1978 vgl. den Artikel „Carter von Genscher nicht umgestimmt"; FRANKFURTER ALLGEMEINE ZEITUNG vom 6. April 1978, S. 2.
Für die Erklärung von Bölling vom 7. April 1978 vgl. den Artikel „Stellungnahme der Bundesregierung"; FRANKFURTER ALLGEMEINE ZEITUNG vom 10. April 1978, S. 2.

– Im übrigen handelt es sich um eine Angelegenheit, die das Bündnis in seiner Gesamtheit angeht, und nicht um eine deutsch-amerikanische Frage. Die Angelegenheit wird im Bündnis in der kommenden Woche beraten werden.
– Die Fraktionsvorsitzenden des Bundestages sind am 1.4. unterrichtet worden und werden auch über die heutige Kabinettssitzung unterrichtet.

[gez.] Ruhfus

VS-Bd. 10577 (201)

105

Aufzeichnung des Ministerialdirektors Meyer-Landrut

320-310.10 SUA-352/78 VS-vertraulich   6. April 1978[1]

Über Herrn Staatssekretär[2] Herrn Minister

Betr.: Washingtoner Expertengespräche über wirtschaftliche Maßnahmen gegenüber Südafrika am 16. und 17. März 1978;
hier: Allgemeine politische Erörterungen

Bezug: Delegationsbericht DB Washington Nr. 1078 VS-v vom 18.3.1978 (beigefügt)[3]

Zur Information

1) Bei dem Expertentreffen der fünf westlichen Sicherheitsratsmitglieder über Frage wirtschaftlicher Druckmittel gegen Südafrika, das am 16. und 17. März in Washington stattfand (Delegationsleitung RL 403[4]) wurden allgemeine Fragen der westlichen Südafrika-Politik erörtert. Daraus ist folgendes festzuhalten:

1.1) Gemeinsame Faktoren der Beziehungen zu Südafrika

1.1.2) Dringlichkeit, eine gemeinsame, koordinierte Linie zu finden, zumal wenn die Bemühungen um friedliche Lösung der Konflikte in Namibia und Rhodesien scheitern;

---

[1] Die Aufzeichnung wurde von Vortragendem Legationsrat Kremer und Legationsrat I. Klasse Petri konzipiert.
Hat Legationsrat I. Klasse Dröge am 21. April 1978 vorgelegen.
Hat laut Vermerk des Legationsrats I. Klasse Petersmann vom 25. April 1978 Bundesminister Genscher vorgelegen.
[2] Hat Staatssekretär van Well am 21. April 1978 vorgelegen.
[3] Dem Vorgang nicht beigefügt.
Vortragender Legationsrat I. Klasse Pabsch, z. Z. Washington, gab einen Überblick über die Gespräche von Vertretern der Außenministerien der Bundesrepublik, Frankreichs, Großbritanniens, Kanadas und der USA. Erörtert worden seien der Stand der jeweiligen Politik gegenüber Südafrika, die Wirtschaftsbeziehungen und mögliche wirtschaftliche Maßnahmen sowie die Lage in der UNO: „Expertentreffen ergab weitgehende Übereinstimmung in der politischen Zielsetzung, jedoch Divergenzen zum Teil erheblicher Natur über Opportunität und Umfang wirtschaftlicher Maßnahmen und einzuschlagende Taktik." Vgl. VS-Bd. 11127 (230); B 150, Aktenkopien 1978.
[4] Wiegand Pabsch.

Geschlossenheit des Westens ist nicht nur aus taktischen Gründen gegenüber den teilweise überzogenen Forderungen der Schwarzafrikaner in den VN, sondern auch für die Wirksamkeit der zu ergreifenden Maßnahmen unerläßlich.

1.1.3) Innerer Zusammenhang zwischen unserem Verhältnis zu Südafrika und demjenigen zu Schwarzafrika. Beides steht in einem umgekehrt proportionalen Verhältnis zueinander.

1.1.4) Öffentliche Meinung in den fünf Staaten, die Druck in Richtung auf weitere Distanzierung von Südafrika ausübt. Gleichwohl stellten alle Fünf fest, daß die öffentliche Meinung zwischen den Polen „Menschenrechte" und „Wirtschaftsinteressen" gespalten ist. Maßnahmen der Regierungen könnten daher nicht über das hinausgehen, was die Öffentlichkeit zu tragen bereit ist.

1.1.5) Glaubwürdigkeit der Anti-Apartheid-Politik

1.1.6) Menschenrechtsaspekt

1.1.7) Notwendigkeit des aktiven Agierens im Unterschied zum bloßen Reagieren

1.1.8) Keine Sanktionen nach Kapitel VII der VN-Charta[5]

1.2) Individuelle Schwerpunkte

1.2.1) Die kanadische Delegation zeigte sich als diejenige, die zu den einschneidendsten Maßnahmen gegenüber Südafrika bereit war und letztlich auch Sanktionen nach Kapitel VII VN-Charta nicht ausschließen wollte. Kanada liegt demnach eingestandenermaßen auf der Linie der nordischen Staaten und der Niederlande. Sein Verhältnis zu Schwarzafrika genießt Priorität vor seinem relativ geringen Engagement in Südafrika. Die Delegation befürchtete, daß der Westen in den VN von Schwarzafrika zu drastischen Maßnahmen gezwungen werde (be stampeded into), wenn er nicht von selbst aktiv werde. Zunächst käme es darauf an, sämtliche staatliche Unterstützung des wirtschaftlichen Verkehrs mit SA[6] einzustellen. Erst in einem späteren Stadium sei dann an eine Beschränkung und schließlich an ein Verbot derartiger Beziehungen zu denken (von „permit" über „inhibit" zu „prohibit").

1.2.2) Aus den Ausführungen der amerikanischen Delegation ließ sich folgende Haltung ihrer Regierung ablesen: Sie hat die Absicht, den friedlichen und schrittweisen Wandel in SA mit dem Endziel der „vollen Beteiligung aller Bevölkerungsgruppen an der politischen Verantwortung" zu fördern, hat hierfür aber keinen Zeitplan und keinen „blueprint". Sie ist dementsprechend noch nicht in der Lage zu definieren, welche Schritte des Wandels von seiten der südafrikanischen Regierung sie sehen möchte. Für sie ist zwar das Ziel klar definiert, nicht aber der Weg dorthin.

Die Beziehungen zu Schwarzafrika gewinnen gegenüber denen zur RSA deutlich an Bedeutung – nicht zuletzt wegen der eigenen „black constituency" –, wenngleich man auch SA nicht in eine Entfremdung vom Westen treiben möchte. Deshalb wollen die USA weitere „Signale" setzen, um Schwarzafrikanern zu erkennen zu geben, daß der Westen ernsthaft für den Abbau der Apartheid ein-

---

[5] Zu Kapitel VII der UN-Charta vom 26. Juni 1945 vgl. Dok. 44, Anm. 5.
[6] Südafrika.

tritt, und gleichzeitig die Distanzierung von der derzeitigen Regierung der RSA zu verdeutlichen.

An welche Maßnahmen sie hier hierbei denken, ist noch ungeklärt. Die Abstimmung der einander entgegenstehenden Interessen innerhalb der Regierung und mit dem Kongreß dürfte schwierig sein. Auch die USA wünschen jedenfalls keinen Handelskrieg mit der RSA. Andererseits ist für sie eine Maßnahme wie der EG-Verhaltenskodex[7] allenfalls der „kleinste gemeinsame Nenner", den sie zwar nicht als unnütz, aber mittlerweile als unzureichend empfinden.

Trotz grundsätzlicher Bereitschaft zur westlichen Solidarität ziehen sie aber die Grenze dort, wo sich die Solidarität auf den kleinsten gemeinsamen Nenner beschränkt. Sie haben klar zu verstehen gegeben, daß sie notfalls darüber hinausgehende einseitige Maßnahmen ergreifen werden, ohne dadurch allerdings die übrigen Partner zu Gleichem zwingen zu wollen.

1.2.3) Die französische Delegation zeigte sich primär daran interessiert, daß durch etwaige Maßnahmen gegenüber Südafrika der Auftrag für den Bau des ersten südafrikanischen Kernkraftwerkes[8] nicht berührt wird. Sie verwies darauf, daß Frankreich durch das mandatorische Waffenembargo des Sicherheitsrats[9] und die daraufhin erfolgte Einstellung der Lieferung zweier U-Boote und zweier Korvetten bereits erhebliche Vorleistungen erbracht habe. Im übrigen zeigte sich die Delegation überraschend flexibel, legte aber ebenfalls großen Wert auf die westliche Solidarität und möglichst gleichmäßige Verteilung der wirtschaftlichen Nachteile. Kommt diese Solidarität nicht zustande, sei Frankreich bereit, „totale" Maßnahmen zu fordern, die anderen möglicherweise mehr schaden als ihm selbst.

1.2.4) Gemäß den Ausführungen der britischen Delegation ist Großbritannien infolge seines sehr großen wirtschaftlichen Engagements in SA noch am wenigsten bereit, weitere Maßnahmen zu ergreifen, obwohl es wie alle anderen keine echten Veränderungen in SA oder auch nur Anzeichen dafür sieht. GB wolle die bestehenden Wirtschaftsbeziehungen zur Einflußnahme auf die inneren Verhältnisse in SA (EG-Kodex) nutzen. GB liegt damit eher auf unserer Linie. Die Briten waren auch diejenigen, die Signale nicht nur an Südafrika, sondern auch an Schwarzafrika anregten, um die Grenzen deutlich zu machen, über die der Westen nicht hinausgehen könne. Sie kritisierten auch die zunehmende Ten-

---

[7] Zu dem am 20. September 1977 verabschiedeten Verhaltenskodex für Unternehmen mit Tochtergesellschaften, Zweigniederlassungen oder Vertretungen in Südafrika vgl. Dok. 50, Anm. 9.

[8] Die staatliche südafrikanische Energieversorgungsgesellschaft Escom gab am 29. Mai 1976 bekannt, das französische Konsortium Framatome erhalte den Zuschlag zum Bau zweier Kernreaktoren auf Leichtwasserbasis in Koeberg bei Kapstadt. Vgl. dazu den Drahtbericht Nr. 102 des Botschafters Eick, Pretoria, vom 1. Juni 1976; Referat 413, Bd. 119576.
Botschafter von Staden, Washington, berichtete am 22. Dezember 1977: „Wie weiter vertraulich zu erfahren war, hat Südafrika vor kurzem versucht, Frankreich zur Lieferung von hochangereichertem Uran für Koeberg I und II zu bewegen. Frankreich habe darauf jedoch nicht positiv reagiert. Im übrigen frage sich, so Mitarbeiter des State Department, französische Seite, ob es seinerzeit politisch klug war, daß Frankreich den Bauauftrag für Koeberg I und II gewonnen habe. Dem Vernehmen nach soll es auf französischer Seite bereits Planspiele geben, den Kooperationsvertrag über Koeberg I und II abzubrechen. Hierzu konnte jedoch nicht näheres in Erfahrung gebracht werden." Vgl. den Drahtbericht Nr. 4541; Referat 413, Bd. 119674.

[9] Vgl. dazu Resolution Nr. 418 des UNO-Sicherheitsrats vom 4. November 1977; UNITED NATIONS RESOLUTIONS, Serie II, Bd. X, S. 41 f.

denz der Schwarzafrikaner, den Westen für die Verhältnisse in SA verantwortlich zu machen. Man könne sich nicht von Schwarzafrika einen Handelskrieg gegen SA aufzwingen lassen. Die Briten wiesen als einzige darauf hin, daß, wenn man schon Druck ausübe, man auch bereit sein müsse zu definieren, was in SA als Fortschritt in die richtige Richtung zu werten sei.

2) Gesamteindruck

Der Washingtoner Meinungsaustausch zeigte, daß es USA und Kanada nicht mehr darum geht, ob weiterer Druck auf Südafrika auszuüben sei, sondern nur noch darum, wie Druck auszuüben sei. Die Briten und wir stellten noch die Frage, welchen konkreten Zweck und welche Wirkungen die einzelnen Maßnahmen einer Druckanwendung erreichen sollten. Die Amerikaner waren aber nicht bereit, hierauf einzugehen.

Ebensowenig Bereitschaft zur Diskussion zeigten sie in der von einigen Delegationen à titre personnel aufgeworfenen Frage, ob nicht noch Möglichkeiten bestünden, den kritischen Dialog mit Südafrika über Einzelaspekte der Apartheid zu vertiefen, um auf diese Weise konkrete Fortschritte beim Abbau der Apartheid zu erzielen. Offenbar neigt sich die Geduld der Amerikaner und Kanadier mit der südafrikanischen Regierung rasch dem Ende zu. Der – wenngleich vorerst noch unausgesprochene – Gedanke einer „Bestrafung" Südafrikas für seine Passivität gewinnt Auftrieb.

Inwieweit und in welchem Zeitraum sich solche Erwägungen allerdings in aktuelle amerikanische Politik umsetzen werden, ist schwer vorauszusagen. Der „liberalen" Auffassung des State Department stehen „konservative" Vorstellungen im Department of Commerce, anderen Teilen der Administration und im Kongreß entgegen, die nicht leicht auf einen Nenner zu bringen sein werden. Von wesentlicher Bedeutung wird dabei sein, ob die Südafrika-Frage in den Augen des Kongresses einen so hohen Grad an Dringlichkeit gewinnen wird, daß jetzt dort noch zu beobachtendes Zögern überwunden wird.

In jedem Falle werden wir bei unseren künftigen Überlegungen über unsere Haltung gegenüber Südafrika die Haltung der USA sorgfältig beobachten müssen. Es ist zunehmend damit zu rechnen, daß der Druck der Schwarzafrikaner auf den Westen in den USA früher als in Europa zu einer Sensibilisierung politisch wichtiger Teile der Öffentlichkeit führt und daß die USA dabei in wachsendem Maß zum Fürsprecher schwarzafrikanischer Forderungen werden.

Abteilung 4 hat mitgezeichnet.

Meyer-Landrut

VS-Bd. 11163 (320)

106

Botschafter von Staden, Washington, an Bundesminister Genscher

114-11513/78 geheim Aufgabe: 6. April 1978, 14.10 Uhr
Fernschreiben Nr. 1267 Ankunft: 6. April 1978, 20.31 Uhr
Citissime nachts

Für Bundesminister[1] und StS van Well ausschließlich

Betr.: ERW

Bezug: Ferngespräch mit Herrn Bundesminister

Ich habe heute um 11.30 Uhr Brzezinski angerufen und ihn gefragt, ob er mir etwas Neues über die jüngste Entwicklung sagen könne. Brzezinski erwiderte, daß ein Zusammentritt des NATO-Rats für Freitag nachmittag[2] beantragt und eine Botschaft an den Bundeskanzler abgefertigt[3] worden sei.

Brzezinski ging dann in stark verärgerter Form auf den heutigen Bericht von Vinocur aus Bonn in der New York Times ein, in dem der Korrespondent u. a. behauptet, daß sich eine deutsche Persönlichkeit mit Zugang zu den Protokollen des Bundeskabinetts kritisch über die Entscheidung des Präsidenten und deren Folgen geäußert und darauf hingewiesen habe, daß Brzezinski, Brown und Vance dagegen gewesen seien und daß man Haig nicht konsultiert habe.[4] Wenn wir jetzt anfingen, uns gegenseitig öffentliche Vorwürfe zu machen, so wisse niemand, wo das ende. Man dürfe schließlich nicht übersehen, daß die deutsche Haltung bis zuletzt zweideutig geblieben sei und daß die Bundesregierung sich nicht dazu habe entschließen können, in der Frage der Stationierung eine klare Haltung einzunehmen. Sie habe ihre Entscheidung vielmehr von der Haltung kleinerer europäischer Staaten abhängig gemacht und diese dadurch starkem sowjetischen Druck ausgesetzt. Das sei absurd, denn man versuche, die kleineren Länder damit zu einer Entscheidung zu bringen, die im Grunde erst dann Sinn mache, wenn das Territorium der Bundesrepublik besetzt sei.

Ich habe Brzezinski geantwortet, daß öffentliche Auseinandersetzungen bedauerlich seien, ich aber über die Herkunft und Entstehung des Berichts von Vinocur nichts sagen könne. Unabhängig davon müsse man aber zwischen der Frage öffentlicher Auseinandersetzungen und der Substanzfrage selbst unterscheiden. Es sei schließlich kein Geheimnis, daß mehr als eine europäische Regierung hier vor einem komplexen und schwierigen Problem gestanden habe. Das in der NATO angebahnte Verfahren habe den Sinn gehabt, am 20.3. zu ei-

---

[1] Hat Bundesminister Genscher am 7. April 1978 vorgelegen.
[2] Zur Sitzung des Ständigen NATO-Rats am 7. April 1978 vgl. Dok. 109.
[3] Für das Schreiben des Präsidenten Carter vom 6. April 1978 an Bundeskanzler Schmidt vgl. Dok. 108.
[4] In dem Artikel wurde weiter ausgeführt: „The series of events, raising issues beyond the question of whether the weapon would be manufactured and deployed, appeared to reinforce doubts in the Government here about the coherence of President Carter's policies and his ability to provide firm leadership in the North Atlantic Treaty Organization." Vgl. den Artikel „Bonn Says Allied Alarm Caused Carter Weapon Shift"; THE NEW YORK TIMES vom 6. April 1978, S. A 8.

nem Konsensus zu gelangen, der es erlaubt hätte, die sachlich richtigen Entscheidungen zu treffen. Dieser Prozeß sei plötzlich unterbrochen worden, und wie immer es nun weitergehe, die Situation sei jedenfalls wesentlich erschwert worden.

Brzezinski räumte dies ein und sagte, daß er die Entwicklung außerordentlich bedauere. Er machte aber geltend, daß es auch im Rahmen des vorgesehenen Allianzverfahrens nach amerikanischer Auffassung nicht zu einer ausreichend klaren Situation hätte kommen können.

Auf meine Frage, ob man hier die Äußerungen von Abrassimow[5] registriert und – ähnlich wie in London[6] – auf Arbeitsebene von sowjetischer Seite angesprochen worden sei[7], erwiderte Brzezinski zum ersten Teil bejahend, zum zweiten verneinend. Man prüfe die Äußerungen von Abrassimow, sei sich aber nicht darüber im klaren, wie weit er in dieser Frage authentisch habe sprechen können.

Wie Curt Gasteyger einem meiner Mitarbeiter gleichzeitig vertraulich mitteilt, habe Brzezinski sich ihm gegenüber am 6.4. in ähnlicher Weise geäußert, und zwar mit schockierender Schärfe.

Wir müssen m. E. damit rechnen, daß es zu einer äußerst unangenehmen öffentlichen Auseinandersetzung kommen kann, wenn hier der Anschein entstehen sollte, daß wir unsererseits in eine Pressepolemik eintreten.[8]

[gez.] Staden

VS-Bd. 14074 (010)

---

[5] Am 5. April 1978 wurde in der Presse berichtet: „The Soviet Ambassador to East-Germany says Moscow is now prepared to negotiate with the U.S. over the highly controversial neutron bomb. Ambassador Piotr Abrassimow, a member of the Soviet Central Committee and one of Moscow's leading diplomats, says the negotiations should be bi-lateral, between Washington and Moscow. [...] The Soviet Ambassador told foreign newsmen in West Berlin that the ‚negotiations can take place between those who maintain they have such a bomb and those who could produce it quickly.'" Vgl. den Artikel „Moscow ready to negotiate bilaterally"; FINANCIAL TIMES vom 5. April 1978, S. 2.

[6] Botschafter Ruete, London, berichtete am 5. April 1978: „Mitarbeiter sprach amerikanischen Gesprächspartner auf die heutige Meldung der ‚Financial Times' an, nach der Abrassimow angedeutet habe, man könne über die E[nhanced]R[adiation]-Waffe verhandeln. Gesprächspartner erwiderte darauf, auch in London hätten sowjetische Diplomaten Fühler in dieser Richtung ausgestreckt und ihre amerikanischen Kollegen gefragt, was ihre Vorstellungen seien, ob man über die ER-Waffe in CCD, in den MBFR-Verhandlungen oder an anderer Stelle verhandeln könne." Vgl. den Drahtbericht Nr. 753; VS-Bd. 14074 (010); B 150, Aktenkopien 1978.

[7] Unvollständiger Satz in der Vorlage.

[8] Staatssekretär van Well teilte Botschafter von Staden, Washington, am 7. April 1978 mit: „1) In heutiger BSR-Sitzung berichtete Bundesminister Graf Lambsdorff über die Gespräche, die er anläßlich seines letzten Aufenthalts in Washington mit Brzezinski über das Thema Neutronenwaffe geführt hat. Brzezinski habe auch ihm gegenüber kritische Bemerkungen über die Haltung der Bundesregierung gemacht. Graf Lambsdorff hat sich daraufhin über die Position der Bundesregierung vergewissert und anschließend noch einmal mit Brzezinski gesprochen. Brzezinski hat ihm daraufhin erklärt, daß er volles Verständnis für die Haltung der Bundesregierung habe. Er verstehe, daß die Bundesrepublik Deutschland die Last der Dislozierung nicht alleine tragen könne und daß sich mehrere andere Verbündete an der Dislozierung beteiligen sollten. Brzezinski habe sodann einige Länder genannt, die nach seiner Meinung ebenfalls für eine Dislozierung in Betracht kämen. 2) Sie werden gebeten, Brzezinski unter Bezugnahme auf seine Äußerungen gegenüber Graf Lambsdorff in geeignet erscheinender Weise zum Ausdruck zu bringen, daß seine Ausführungen Ihnen gegenüber hier überrascht hätten und in dieser Form nicht unwidersprochen hingenommen werden könnten." Vgl. den Drahterlaß Nr. 405; VS-Bd. 10576 (201); B 150, Aktenkopien 1978.

107

Runderlaß des Vortragenden Legationsrats I. Klasse Engels

012-II-312.74 Aufgabe: 7. April 1978, 16.54 Uhr[1]
Fernschreiben Nr. 29 Ortez

Betr.: Zur Tagung des EG-Rats am 3./4.4.1978 in Luxemburg

Aus Tagung
- des Gemeinsamen Rats der Außen und Finanzminister,
- des EG-Rats (Außenminister) sowie
- der sechsten Tagung der Verhandlungskonferenz EG–Griechenland auf Ministerebene

am 3. und 4. April 1978 in Luxemburg ist festzuhalten:

I. Gemeinsamer Rat der Außen- und Finanzminister am 3.4.:

Gemeinsamer Rat der Außen- und Finanzminister führte zum dritten Mal eine Orientierungsdebatte über die Haushalts- und Finanzlage der Gemeinschaft. Dabei ging es um mittelfristige Leitlinien und Prioritäten. Aussprache ergab Zustimmung aller Delegationen zu den von der Kommission genannten Prioritäten (Strukturpolitik, Energiepolitik, internationale Zusammenarbeit und Verringerung regionaler Ungleichgewichte), allerdings in unterschiedlichem Maße und ohne verbindliche finanzielle Schlußfolgerungen für den Haushalt 1979. Mehrere Delegationen wünschten kritische Überprüfung der gemeinsamen Agrarpolitik. Die Quantifizierung der Prioritäten erfolgt im Haushaltsverfahren, das durch die Orientierungsdebatte nicht präjudiziert ist. Alle Delegationen waren der Ansicht, daß der EG-Haushalt die finanzielle Konsequenz vorausgehender Sachentscheidungen darstelle. Rat stimmte der Auffassung der Kommission zu, daß Aktivitäten nur dann aus dem EG-Haushalt finanziert werden sollen, wenn dies effektiver als nationale Finanzierung ist.

II. EG-Rat (Außenminister) am 4.4.

1) Vorbereitung des Europäischen Rats am 7./8.4. in Kopenhagen[2]:

a) Direktwahlen zum EP

Die Minister gingen davon aus, daß die Staats- und Regierungschefs eine politische Entscheidung über das Datum der ersten Direktwahlen zum EP fällen würden. Es bestand Einigkeit, daß als Grundlage für diese in Kopenhagen zu treffende politische Entscheidung die Termine 17. bis 20. Mai 1979 und 7. bis 10. Juni 1979 zur Auswahl dienen sollen.

Die formale Entscheidung kann aus Rechtsgründen erst durch den AM-Rat im Herbst d.J. nach Notifizierung der Umsetzung des Ratsbeschlusses vom 20.9.1976[3] zur Einführung der Direktwahl in das innerstaatliche Recht durch

---

[1] Durchdruck.
[2] Zur Tagung des Europäischen Rats vgl. Dok. 113.
[3] Zum Beschluß des EG-Ministerrats vom 20. September 1976 vgl. Dok. 8, Anm. 28.

sämtliche Mitgliedstaaten erfolgen (bislang notifizierten erst D, DK, I, IRL und L).[4]

b) Demokratie-Erklärung

Die AM einigten sich über den Entwurf einer Erklärung über die Geltung und Beachtung der Grundsätze der repräsentativen Demokratie und der Menschenrechte in der Gemeinschaft. Die Erklärung soll vom ER in Kopenhagen im Zusammenhang mit der politischen Bestimmung des Direktwahltermins verabschiedet werden.[5]

c) Europäische Stiftung

Nachdem der 9. ER am 5./6.12.1977 in Brüssel[6] die Errichtung der von MP Tindemans in seinem Bericht zur Europäischen Union vorgeschlagenen Europäischen Stiftung[7] grundsätzlich gebilligt hat, wird der 10. ER aufgrund einer Einigung im Ministerrat am 4. April Leitsätze über Rechtsgrundlage, Aufgaben, Struktur und Finanzierung verabschieden.

d) EG–Japan[8]

Rat hat Ergebnis der Konsultationen von Tokio vom 23./24.3.1978 zwischen EG-Kommission (VP Haferkamp) und japanischer Regierung (Minister Ushiba)[9], die den Abbau des wachsenden Handelsdefizits der Gemeinschaft gegenüber Japan zum Gegenstand hatten, gebilligt.[10] Kommission wurde beauftragt, bisher verfolgte expansive Strategie gegenüber Japan fortzusetzen.

Deutsche Delegation hat wie Mehrheit der anderen Delegationen der EG-Kommission für Verhandlungsführung gedankt und positive Elemente des Gemeinsamen Kommuniqués[11] gewürdigt. Wir haben insbesondere begrüßt

– die gemeinsamen Aussagen zum makroökonomischen Bereich (Notwendigkeit größeren Maßes an Währungsstabilität, Wachstum ohne Inflation, Erhöhung der Entwicklungshilfe, Abbau des Zahlungsbilanzüberschusses);

– japanische Zusage für Maßnahmen zur Steigerung der Fertigwaren-Einfuhren aus der EG

---

[4] Die Wahlen zum Europäischen Parlament fanden am 7. und 10. Juni 1979 statt.

[5] Für den Wortlaut vgl. EUROPA-ARCHIV 1978, D 284.

[6] Zur Tagung des Europäischen Rats vgl. AAPD 1977, II, Dok. 357.

[7] Zu der im Tindemans-Bericht über die Europäische Union vom 29. Dezember 1975 angeregten Stiftung vgl. Dok. 75, Anm. 5.

[8] Zu den Verhandlungen zwischen den Europäischen Gemeinschaften und Japan vgl. Dok. 75, besonders Anm. 14.

[9] Botschafter Diehl, Tokio, teilte zum Besuch des Vizepräsidenten der EG-Kommission, Haferkamp, vom 22. bis 24. März 1978 in Japan mit: „Der schließlich erfolgreiche Abschluß der Verhandlungen mit uns war für Japan keineswegs zwangsläufig, sondern Ausdruck des politisch guten Willens. Die erneute Bekräftigung, die Zusammenarbeit bilateral und multilateral weiter verstärken zu wollen, sollten wir nicht als selbstverständlich nehmen. Mandat und Beginn der Verhandlungen haben hier den Eindruck vermittelt, daß die EG im Begriff war, ihre Karte gegenüber Japan zu überreizen. Europa hat weder politisch wie außenwirtschaftlich das Gewicht wie die USA. Es ist klug, den offenbaren japanischen guten Willen anzuerkennen, statt [...] von Zweifeln daran auszugehen und die Performance der japanischen Regierung kontrollieren zu wollen." Vgl. den Drahtbericht Nr. 362; Referat 341, Bd. 107612.

[10] Für die auf dem Bericht des Vizepräsidenten der EG-Kommission, Haferkamp, basierenden „Schlußfolgerungen betreffend die Beziehungen zu Japan" vgl. BULLETIN DER EG 3/1978, S. 14.

[11] Für den Wortlaut vgl. BULLETIN DER EG 3/1978, S. 11–14.

und unterstrichen Notwendigkeit zusätzlicher japanischer Zugeständnisse bei den weiterlaufenden Verhandlungen.

Nächste Konsultationsrunde ist für Juni vereinbart.[12]

2) Multilaterale Handelsverhandlungen im Rahmen des GATT[13]

Rat verabschiedete Schlußfolgerungen über weiteres Vorgehen in der GATT-Runde, die Kommission in die Lage versetzen, die Verhandlungen auf flexibler Basis weiterzuführen.[14] Vorrangiges Ziel der Gemeinschaft, die in Genf ein Zollangebot ohne Ausnahmen vorgelegt hat, ist, eine Nachbesserung der Angebote ihrer wichtigsten Handelspartner zu erreichen. Rücknahmen im Angebot der Gemeinschaft sollen erst im Licht der Ergebnisse der Nachbesserungsverhandlungen erfolgen. Kommission wird jedoch ihre Verhandlungspartner von der Existenz einer Liste möglicher EG-Rücknahmen in Kenntnis setzen. Sie wird darüber hinaus eine ergänzende zweite Rücknahmeliste ausarbeiten, deren Verwendung vom weiteren Verlauf der Verhandlungen abhängen wird.[15]

3) Abkommen EURATOM–USA[16]

Rat konnte am 4.4. in Luxemburg noch keinen Konsensus über eine Antwort auf den US-Neuverhandlungswunsch erzielen.

Frankreich lehnte aus prinzipiellen Erwägungen ab, sich durch inneramerikanische Gesetzgebung vorschreiben zu lassen, ob und insbesondere wann (Stichtag

---

[12] Zu den Gesprächen zwischen der EG-Kommission und der japanischen Regierung am 22./23. Juni 1978 in Tokio vgl. Dok. 208, Anm. 19.

[13] Zu den GATT-Verhandlungen vgl. Dok. 75, Anm. 22.

[14] Für die „Schlußfolgerungen des Rats hinsichtlich der multilateralen Handelsverhandlungen" vgl. B 201 (Referat 411), Bd. 615.

[15] Am 9./10. April 1978 fand ein informelles Treffen des Vizepräsidenten der EG-Kommission, Haferkamp, des amerikanischen Handelsbeauftragten Strauss und des japanischen Ministers für Außenwirtschaftsfragen, Ushiba, statt. Gesandter Baron von Stempel, Genf (Internationale Organisationen), teilte dazu am 11. April 1978 mit, es sei zu folgenden Ergebnissen gekommen: „1) Einigung darüber, Verhandlungen ab sofort erheblich zu beschleunigen und zu erfolgreichem Abschluß zu führen. 2) USA wünschen Einigung über Grundzüge eines Gesamtpakets bis Mitte Juli. Letzte Fragen sollen beim Wirtschaftsgipfel in Bonn erörtert werden. 3) Japan bereit, über Verbesserungswünsche der Gemeinschaft nachzudenken und über selektive Anwendung der Schutzklausel zu verhandeln, falls Autorisierung durch Panel vorhergeht und noch bestehende diskriminierende mengenmäßige Beschränkungen gegenüber Japan abgebaut werden. 4) Gemeinschaft drohte mit Rücknahmeliste, wenn bis Ende dieses Monats auf Verbesserungswünsche der Gemeinschaft im Zollbereich nicht eingegangen werde." Es sei damit zu rechnen, daß in der Schlußphase der Verhandlungen ab Anfang Juni 1978 die Sitzungen in Genf intensiver und eventuell „in Form permanenter Koordination" durchgeführt würden. Vgl. den Drahtbericht Nr. 467; B 201 (Referat 411), Bd. 615.

[16] Für den Wortlaut des Abkommens vom 29. Mai/19. Juni 1958 zwischen EURATOM und den USA vgl. BUNDESGESETZBLATT 1959, Teil II, S. 1151 f.
Für den Wortlaut des Abkommens vom 8. November 1958 über Zusammenarbeit zwischen EURATOM und den USA bei der friedlichen Verwendung der Atomenergie vgl. BUNDESGESETZBLATT 1959, Teil II, S. 1153–1164.
Für den Wortlaut des Zusatzabkommens vom 11. Juni 1960 über Zusammenarbeit zwischen EURATOM und den USA bei der friedlichen Verwendung der Atomenergie vgl. BUNDESGESETZBLATT 1961, Teil II, S. 547–552.
Für den Wortlaut des Änderungsabkommens vom 21./22. Mai 1962 zum Abkommen vom 8. November 1958 über Zusammenarbeit zwischen EURATOM und den USA sowie zum Zusatzabkommen vom 11. Juni 1960 vgl. BUNDESGESETZBLATT 1962, Teil II, S. 1494–1503.

gemäß US-Nuclear Non-Proliferation Act[17] 10. April 1978) die Gemeinschaft über das langfristige Abkommen EURATOM – USA verhandeln müsse.

Die Angelegenheit soll am 7./8. April 1978 anläßlich des Europäischen Rates in Kopenhagen behandelt werden.

4) Eisen- und Stahlsektor

Der Rat billigte das von der Kommission ausgehandelte Preisarrangement mit Japan: Hiernach wird die Gemeinschaft künftig keine Anti-Dumping-Maßnahmen gegen japanische Stahllieferungen ergreifen, die sich innerhalb einer „Marktdurchdringungsmarge" von sechs Prozent (bei Spezialstahl vier Prozent) unterhalb des innergemeinschaftlichen Preisniveaus bewegen. Für Altverträge gilt eine flexible Übergangsregelung. Diese Absprache tritt ergänzend neben die autonome Selbstbeschränkungsverpflichtung der japanischen Stahlproduzenten, ihre Lieferungen 1978 auf rund 1,4 Mio.t einzufrieren. In den schon weit fortgeschrittenen Verhandlungen mit Südafrika, Spanien und der ČSSR (letztere im Rahmen des GATT) sollen ähnliche Preis- und Mengenregelungen getroffen werden.

Deutsche Delegation betonte erneut mit Nachdruck, daß gegenwärtige Krisenmaßnahmen befristet bleiben und daß EG-Stahlunternehmen die „Atempause" zur Umstrukturierung nutzen müßten. Kommission sagte baldige Vorlage eines Subventionskodex zu. Rat wird voraussichtlich noch vor der Sommerpause eine Orientierungsdebatte über die Umstrukturierung führen.

5) Zypern[18]

Nach längerer Diskussion erzielte der Rat – vorbehaltlich seiner im schriftlichen Verfahren zu erteilenden Zustimmung im einzelnen – Einvernehmen über eine autonome Regelung für die Einfuhr landwirtschaftlicher Erzeugnisse aus Zypern. Dabei konnte für das zweite Quartal 1978 der Widerstand Italiens gegen eine Zollpräferenz von 65 v. H. für die Einfuhr zyprischer Frühkartoffeln vor dem 15. Mai nur durch Einführung einer Quotenergänzung auch für diesen Zeitraum überwunden werden. Italien erhielt die Zusicherung der Kommission, sich um eine „verbesserte" Lösung für die Marktprobleme bei Kartoffeln zu bemühen.

6) Ölpest in Frankreich

Rat befaßte sich auch mit Ölkatastrophe des Tankers Amoco Cadiz vor bretonischer Küste[19]: Gemeinschaft müsse baldmöglichst in Beratungen über Konsequenzen aus Ölunfall eintreten und Ergebnisse möglichst in internationalen Kontext einbetten.

---

[17] Zum „Nuclear Non-Proliferation Act of 1978" vom 9. Februar 1978 vgl. Dok. 72, Anm. 3.
Zur Erörterung in den Europäischen Gemeinschaften vgl. Dok. 84, Anm. 48, bzw. Dok. 91, Anm. 44.
[18] Zu den Verhandlungen zwischen den Europäischen Gemeinschaften und Zypern über Agrarerzeugnisse vgl. Dok. 75, Anm. 18.
[19] In der Nacht vom 16. auf den 17. März 1978 lief der unter liberianischer Flagge fahrende Öltanker „Amoco Cadiz" vor der bretonischen Küste auf Grund. Dabei traten ca. 170 000 t Rohöl aus, die große Strandabschnitte verschmutzten. Vgl. dazu die Artikel „Ölpest vor der bretonischen Küste" bzw. „Die größte Ölpest der Geschichte"; FRANKFURTER ALLGEMEINE ZEITUNG vom 21. März 1978, S. 5, bzw. vom 23. März 1978, S. 7.

Präsidentschaft und alle übrigen Delegationen unterstützten nachdrücklich die von der französischen Delegation vorgebrachten Anregungen, verstärkte Anstrengungen zu unternehmen, die Vorschriften u. a. hinsichtlich der Tankersicherheit sowie des Schutzes der Küstenumwelt gemeinschaftlich und international zu verbessern.

StM von Dohnanyi unterstrich in diesem Zusammenhang, daß gemeinschaftliche Aktionen Ausdruck der Solidarität in Europa seien und damit zugleich politische Bedeutung hätten.

III. EG–Griechenland[20]

Nach Vorbereitung im EG-Rat traten Außenminister zur sechsten Ministertagung der Verhandlungskonferenz für den EG-Beitritt Griechenlands mit griechischem AM Papaligouras zusammen. Beide Seiten verhandelten zum ersten Mal auch auf Ministerebene über streitige materielle Fragen. Dabei konnte über Herstellung der Zollunion und freien Warenverkehrs im gewerblichen Bereich Einvernehmen in allen wesentlichen Punkten erzielt werden. Abschluß dieses Verhandlungskapitels steht allerdings unter Vorbehalt späterer Gesamteinigung über sämtliche Bereiche.

Auch über Grundsätze der Einbeziehung Griechenlands in das Netz der Außenbeziehungen der EG wurde Einigkeit erzielt. Dagegen mußte der Bereich Kapitalverkehr zur Verhandlung auf Ebene der Minister-Stellvertreter zurückverwiesen werden, weil griechische Seite den Wertzuwachs der von Deviseninländern der jetzigen EG in Griechenland vorgenommenen Altinvestitionen nicht in die vorgesehene schrittweise Liberalisierung des Erlöstransfers bei Liquidation einbeziehen wollte.

Nachtrag: Im Ortez vom 6. April 1978[21] ist unter Punkt 5 der Monat Juni als voraussichtlicher Termin für den Wirtschaftsgipfel in Bonn genannt. Es muß heißen: Juli.[22]

Um Berichtigung wird gebeten.

Engels[23]

Referat 012, Bd. 108141

---

[20] Zum Stand der Verhandlungen über einen EG-Beitritt Griechenlands vgl. Dok. 75.
[21] Für den Runderlaß Nr. 28 des Vortragenden Legationsrats I. Klasse Engels vgl. Referat 012, Bd. 108141.
[22] Zum Weltwirtschaftsgipfel am 16./17. Juli 1978 vgl. Dok. 225.
[23] Paraphe.

108

Staatssekretär van Well an
Botschafter von Staden, Washington

201-363.41-1429/78 geheim Aufgabe: 7. April 1978, 17.56 Uhr[1]
Fernschreiben Nr. 403
Citissime nachts

Nur für Botschafter zur persönlichen Unterrichtung

Betr.: Neutronenwaffe;
  hier: BSR-Beschluß vom 7. April 1978

1) Präsident Carter hat am 6. April 1978 den Bundeskanzler über seine Entscheidung zur Neutronenwaffe unterrichtet.[2] Diese Entscheidung werde nach formeller Konsultation im NATO-Rat[3] am Freitag, dem 7. April, veröffentlicht werden. Präsident Carter hat die Hoffnung ausgedrückt, daß der Bundeskanzler die Lösung gutheißen und daß er „Gelegenheit finden werde", sie zu unterstützen.

Der Wortlaut dieses Briefes folgt als Anlage 1.

2) Der Bundessicherheitsrat hat über die Mitteilung des Präsidenten am 7. April 1978, morgens, beraten und einen Beschluß gefaßt, der als Anlage 2 übermittelt wird.

3) Der Bundeskanzler hat anschließend die Ziffern 1 bis 6 dieses BSR-Beschlusses an Präsident Carter übermittelt (mit Ausnahme des letzten Satzes von Ziff. 2[4]). In seinem Übermittlungsschreiben hat sich der Bundeskanzler einleitend für die Botschaft des Präsidenten vom 6. April bedankt und mitgeteilt, daß er daraufhin unverzüglich den Bundessicherheitsrat einberufen habe. Das Schreiben schließt mit dem Satz: „After this meeting I should like to inform you that following your request our Permanent Representative to NATO has received the following instruction in support of the American position."

van Well[5]

Folgt Anlage 1:

„Ich habe entschieden, die Produktion von Waffen mit gesteigerter Strahlungswirkung aufzuschieben. Die endgültige Entscheidung betreffend die Einführung

---

[1] Durchdruck.
  Der Drahterlaß wurde von Vortragendem Legationsrat I. Klasse Dannenbring konzipiert.
  Hat Ministerialdirigent Pfeffer zur Mitzeichnung vorgelegen.
  Hat Vortragendem Legationsrat Hofstetter am 11. April 1978 vorgelegen, der die Weiterleitung an Legationsrat I. Klasse Daerr verfügte.
  Hat Daerr am 12. April 1978 vorgelegen.
[2] Für das Schreiben des Präsidenten Carter vgl. VS-Bd. 14073 (010).
[3] Zur Sitzung des Ständigen NATO-Rats am 7. April 1978 vgl. Dok. 109.
[4] Der Passus „mit Ausnahme ... Ziff. 2" wurde von Staatssekretär van Well handschriftlich eingefügt.
[5] Paraphe.

von ER-Elementen[6] in unsere modernisierten Gefechtsfeldwaffen wird später erfolgen und wird durch das Maß beeinflußt sein, in dem die Sowjetunion Zurückhaltung zeigt in ihren konventionellen und nuklearen Waffenprogrammen und Streitkräftedislozierungen, die die Sicherheit der Vereinigten Staaten und Westeuropas berühren.

Dementsprechend habe ich das Verteidigungsministerium angewiesen, mit der Modernisierung des nuklearen Sprengkopfes der Lance-Rakete und des 203 mm-Waffensystems zu beginnen, wobei die Option der Installierung der ER-Elemente offenbleibt.

Die Vereinigten Staaten haben ihre Bündnispartner im Nordatlantikrat in bezug auf diese Entscheidung konsultiert und werden die Diskussion mit ihnen über angemessene Rüstungskontrollmaßnahmen fortsetzen, die gegenüber der Sowjetunion verfolgt werden sollen.

Wir werden zusammen mit unseren Verbündeten fortfahren, unsere militärischen Fähigkeiten zu modernisieren und zu stärken, und zwar sowohl im konventionellen als auch im nuklearen Bereich. Wir sind entschlossen, alles zu tun, was notwendig ist, um unsere kollektive Sicherheit und die Vorneverteidigung Europas[7] sicherzustellen."[8]

Folgt Anlage 2:

„Der Bundessicherheitsrat beschließt, Botschafter Pauls für die Sitzung des NATO-Rats am 7. April 1978 folgende Weisung zu erteilen:

1) Die Bundesregierung bekräftigt ihre kontinuierlich in Übereinstimmung mit den USA vertretene Auffassung: Die Entscheidung über die Produktion einer nuklearen Waffe ist ausschließlich souveräne Entscheidung des betreffenden Nuklearwaffenstaates, in diesem Fall der USA.

Die Bundesregierung begrüßt die Gelegenheit zur heutigen Allianzkonsultation über die Konsequenzen der Entscheidung des amerikanischen Präsidenten zur Neutronenwaffe.

2) Meine Regierung hatte mich beauftragt[9], in der für den 20. März vorgesehenen NATO-Konsultation folgende Position zu beziehen:

– Die amerikanische Regierung gibt öffentlich ihre Produktionsentscheidung in Erwartung der Erstdislozierung der Neutronenwaffe in Europa in ungefähr zwei Jahren bekannt. Diese Bekanntmachung nimmt das Bündnis zur Kenntnis.

– Gleichzeitig würden die USA erklären, daß sie bereit sind, einer ausgewogenen Rüstungskontrollösung zuzustimmen. Die Formulierung der erwarteten östlichen Gegenleistung für den Verzicht auf die Neutronenwaffe hängt von dem Ergebnis der Diskussion über die rüstungskontrollpolitische Nutzung der Neutronenwaffe ab. Das Bündnis würde in seiner Erklärung diese Rüstungskontrollvorschläge unterstützen. Dabei hätte die Bundesregierung sowohl ei-

---

6 Enhanced Radiation-Elementen.
7 Zum Konzept der Vorneverteidigung vgl. Dok. 5, Anm. 10.
8 Für den Wortlaut der Erklärung des Präsidenten Carter vgl. PUBLIC PAPERS, CARTER 1978, S. 702. Für den deutschen Wortlaut vgl. EUROPA-ARCHIV 1978, D 470 (Auszug).
9 Für die Weisung an Botschafter Pauls, Brüssel (NATO), vom 17. März 1978 vgl. Dok. 82.

ner Einbringung der Neutronenwaffe gegen östliche Panzer außerhalb MBFR als auch gegen die sowjetische SS-20 zugestimmt.

– Schließlich würde das Bündnis als seine gemeinsame Ansicht zum Ausdruck bringen, daß Bereitschaft besteht, nach Ablauf von etwa zwei Jahren die Dislozierung der Neutronenwaffe in Europa durchzuführen, wenn nicht innerhalb von zwei Jahren nach der Produktionsentscheidung des amerikanischen Präsidenten die westliche Seite auf die Dislozierung verzichtet, weil entsprechende Resultate in Rüstungskontrollverhandlungen vorliegen.

Ich darf hier einfließen lassen, daß die amerikanische Regierung der Bundesregierung gegenüber ihre Dankbarkeit zum Ausdruck gebracht hat für die „tremendous aid", die sie in dieser Frage im Verlauf des Meinungsbildungsprozesses von der Bundesregierung erhalten hat.

3) Die Bundesregierung nimmt den Beschluß des Präsidenten zur Kenntnis, die Entscheidung über die Produktion der Neutronenwaffe aufzuschieben und die endgültige Entscheidung im Lichte des Verhaltens der Sowjetunion und der daraus resultierenden verteidigungspolitischen Erfordernisse und rüstungskontrollpolitischen Möglichkeiten des Bündnisses zu fällen. Sie unterstreicht die Feststellung des Präsidenten über die Bedeutung der sowjetischen konventionellen und nuklearen Waffenprogramme und Streitkräftedislozierungen, die die Sicherheit Nordamerikas und Westeuropas berühren.

4) Die Bundesregierung teilt die Überzeugung des amerikanischen Präsidenten, daß die technologischen Möglichkeiten des Westens auch weiterhin erhalten bleiben und beim Ausgleich bestehender Disparitäten optimal genutzt werden müssen.

5) Die Bundesregierung mißt unverändert der Nutzung der rüstungskontrollpolitischen Möglichkeiten der Neutronenwaffe große Bedeutung bei, um die Disparitäten im Kräfteverhältnis, vor allem bei den Mittelstreckenpotentialen und bei den Panzern, abzubauen. Für sie haben deshalb die geplanten Bündniskonsultationen zur rüstungskontrollpolitischen Nutzung besonderes Gewicht; deshalb wird sich die Bundesregierung an diesen Konsultationen weiterhin intensiv beteiligen.

6) Wir begrüßen und teilen die Entschlossenheit des amerikanischen Präsidenten zur Modernisierung der Waffensysteme der Allianz und zur Stärkung der gemeinsamen Vorneverteidigung.

7) Ich bin beauftragt, folgende Fragen zu stellen:

a) Was ist zu verstehen unter Ingangsetzung der „Modernisierung des nuklearen Sprengkopfes der Lance-Rakete und des 203 mm-Waffensystems, wobei die Option der Installierung der ER-Elemente offenbleibt"?

b) Welche begleitende Presseerklärung wird das Bündnis abgeben?

Botschafter Pauls ist beauftragt, in geeigneter Weise folgende Vorstellungen hierzu in den Beratungen einzubringen:

1) Wir gehen davon aus, daß der Generalsekretär[10] für das Bündnis Stellung nimmt.

---

[10] Joseph Luns.

2) Wir halten es für richtig, daß die nationalen Regierungen ihre eigenen Äußerungen mit dieser Verlautbarung in Einklang bringen. (Wir möchten zum Ausdruck bringen, daß sich weder der Bundeskanzler noch der Außenminister noch der Pressesprecher der Bundesregierung[11] seit der Vorbereitung der für den 20. März 1978 vorgesehenen NATO-Konsultation trotz schwersten Druckes der Öffentlichkeit zu diesem Problem geäußert haben.)

3) Unseres Erachtens sollten in einer solchen Verlautbarung folgende Elemente enthalten sein:

a) Das Bündnis hat die Entscheidung des amerikanischen Präsidenten zur Kenntnis genommen.

b) Das Bündnis unterstützt die Zielsetzung, mit dieser Entscheidung die verteidigungs- und rüstungskontrollpolitischen Möglichkeiten auszuschöpfen.

c) Die Beratungen darüber werden fortgesetzt."

Ende der Anlagen

VS-Bd. 10576 (201)

109

Botschafter Pauls, Brüssel (NATO), an das Auswärtige Amt

114-11541/78 geheim Aufgabe: 7. April 1978, 18.15 Uhr[1]
Fernschreiben Nr. 397 Ankunft: 7. April 1978, 18.25 Uhr
Citissime

Auswärtiges Amt auch für Dg 20[2]

Bundeskanzleramt für MD Ruhfus

BMVg für FüS III

Kopenhagen Diplo für Bundeskanzler und Bundesminister[3] (je besonders)

Betr.: Neutronenwaffe;
hier: Sitzung des NATO-Rats vom 7.4.

Bezug: DB Nr. 371 vom 5.4.1978 (geheim)[4]

I. Der NATO-Rat (ohne Frankreich) trat am 7.4. unter Vorsitz von Generalsekretär Luns zur Beratung des weiteren Vorgehens in der Frage der Neutronenwaffe zusammen. Zu Beginn der Sitzung trug der US Ständige Vertreter, Botschaf-

---

[11] Klaus Bölling.
[1] Hat Vortragendem Legationsrat I. Klasse Rückriegel am 13. April 1978 vorgelegen.
[2] Franz Pfeffer.
[3] Bundeskanzler Schmidt und Bundesminister Genscher hielten sich anläßlich der Tagung des Europäischen Rats in Kopenhagen auf.
[4] Für den Drahtbericht des Botschafters Pauls, Brüssel (NATO), vgl. Dok. 103, Anm. 9.

ter Bennett, die dort vorliegende Erklärung des Präsidenten der Vereinigten Staaten vor, die am 7.4. nicht später als 19.00 Uhr Brüsseler Zeit veröffentlicht werden soll.[5]

Alle Ständigen Vertreter, die allerdings zum Teil ohne Weisung waren, stimmten mit unterschiedlichen Akzenten der Erklärung des Präsidenten zu. Die Alliierten ermächtigten den Generalsekretär, die mit gesondertem FS folgende Erklärung in seinem Namen abzugeben.[6]

Diese Erklärung wird der Generalsekretär vermutlich um 17.30 Uhr Brüsseler Zeit abgeben.

II. Im einzelnen ist festzuhalten:

Der italienische Ständige Vertreter[7] begrüßte die Entscheidung des US-Präsidenten. Er hob dabei besonders die Aufforderung an die sowjetische Seite zur eigenen Rüstungsbegrenzung hervor und drückte die Hoffnung aus, daß die Verschiebung über die Entscheidung der Produktion der Neutronenwaffe zu entsprechenden Rüstungskontrollmaßnahmen führen werde.

Ich selbst gab die vorbereitete Erklärung ab[8], trug unsere Vorstellungen über den Inhalt der vom Generalsekretär abzugebenden Erklärung vor. Ich stellte die Frage, wie die Modernisierung von Lance und 8-inch-Weapon zu verstehen sei. Ich erhielt darauf die Antwort, daß die Absicht bestehe, eine Gefechtskopfproduktion eher nach dem Modell 3 als nach dem Modell 2 aufzunehmen. Das Modell 3 sei an die Neutronenwaffe angepaßt, Modell 2 sei derzeit vorhanden.

Auch der britische Ständige Vertreter[9] erklärte, daß seine Regierung die Entscheidung des US-Präsidenten unterstütze. Er hoffe, daß die Reaktion der Alliierten darauf in der Öffentlichkeit einheitlich sein werde. Die Entscheidung stehe im rechten Zusammenhang mit der „balance of forces" zwischen NATO und Warschauer Pakt. Die Sowjetunion solle nun in einer Weise antworten, die die Bedrohung für die NATO herabsetze.

Der belgische Ständige Vertreter[10] betonte, daß die Entscheidung des Präsidenten durchaus in der Richtung der Stimmung des belgischen Parlaments und

---

[5] Für die Erklärung des Präsidenten Carter vgl. Dok. 108.

[6] Die Erklärung des NATO-Generalsekretärs Luns lautete: „At their meeting today, Permanent Representatives continued their consultation on the question of weapons with enhanced radiation and reduced blast effects (ER). The Allies reiterated their concern with the increasing offensive capabilities of Soviet conventional forces and with the continued expansion and improvement of offensive Soviet nuclear forces. They therefore stressed the need to modernize NATO's military capabilities both conventional and nuclear. In this connection, the Allies noted that the United States intended to proceed with the modernization of the Lance system and of the 8-inch gun leaving open the option of installing ER-capabilities. At the same time, the Allies underlined the importance of contributing to European and world security through arms control and disarmament and through acts of mutual restraint as between NATO and the Warsaw Pact. The Allies therefore expressed understanding with the US decision to defer production of enhanced radiation weapons. The Allied agreed that further action would be influenced by the degree to which the Soviet Union showed restraint in its arms programs and force deployments which affect NATO's security. They agreed that the Allies will continue to consult on this subject and to discuss appropriate disarmament and arms control measures to be pursued with the Soviet Union." Vgl. den Drahtbericht Nr. 398 des Botschafters Pauls, Brüssel (NATO), vom 7. April 1978; Referat 221, Bd. 112971.

[7] Felice Catalano di Melilli.

[8] Zur Weisung an Botschafter Pauls, Brüssel (NATO), vgl. Dok. 108.

[9] Sir John Killick.

[10] Constant Schuurmans.

der belgischen Öffentlichkeit liege, der besonders an Rüstungsvereinbarungen gelegen sei. Dabei dürfe man sich jedoch nicht verheimlichen, daß durch das Hin und Her in der Frage der Neutronenwaffe in der Öffentlichkeit der Eindruck entstehen werde, daß die jetzige Entscheidung des Präsidenten durch die Propagandakampagne der Sowjetunion und der Linken in Europa herbeigeführt worden sei. Es werde deshalb unvermeidlich sein, daß die Allianz sich in der Bewertung der Entscheidung des Präsidenten solidarisch verhalte. Sonst liege bei den Russen der Schluß nahe, daß dies ein Ergebnis ihrer Haltung sei.

Der niederländische Ständige Vertreter[11] drückte seine Befriedigung darüber aus, daß endlich eine Entscheidung gefallen sei. Persönlich habe er große Sympathie für die deutsche Haltung. Im übrigen könne er sich den vom britischen und belgischen Ständigen Vertreter vorgebrachten Ausführungen anschließen.

Der luxemburgische Ständige Vertreter[12] wandte sich der Frage der Erklärung des Generalsekretärs zu und meinte, es müsse darin klar zum Ausdruck kommen, daß die Allianz gewisse Gesten der Sowjets erwarte. Sie müsse auch deutlicher, als es in der amerikanischen Erklärung geschehe, zum Ausdruck bringen, was wir darunter verstünden; zum zweiten müsse die Erklärung klarmachen, daß diese Entscheidung nicht auf russischen Druck zurückzuführen sei.

Der dänische Ständige Vertreter[13] unterstrich, daß die nun vom US-Präsidenten getroffene Entscheidung durchaus auf der von der dänischen Regierung seit langem verfolgten Linie liege, die die Herstellung der Neutronenwaffe als ein störendes Element für den Rüstungskontrollprozeß angesehen habe. Man müsse nun allerdings auch auf eine positive Reaktion der Sowjets drängen.

Der norwegische Ständige Vertreter[14], dessen Erklärung beigefügt ist[15], wies auf die Diskussion im norwegischen Parlament und in der norwegischen Öffentlichkeit hin, die gezeigt habe, daß die überwiegende Mehrheit der norwegischen Bevölkerung gegen Herstellung und Einführung der Neutronenwaffe sei. Damit müsse man aber die Hoffnung verbinden, daß die Entscheidung des Präsidenten nunmehr von der Sowjetunion auch honoriert werde.

Der kanadische Vertreter[16] drückte das Verständnis seiner Regierung für das Dilemma aus, in dem sich Präsident Carter bei seiner Entscheidung befunden habe, da Gegner und Befürworter mit wichtigen Argumenten operiert hätten. Aus diesem Grunde sei die Entscheidung sehr komplex und schwierig gewesen. Die kanadische Regierung hoffe, daß der nun gefundene Kompromiß sich für SALT und die bevorstehende Sondersitzung der UN für Abrüstung[17] günstig auswirken werde. Auch die kanadische Regierung sei der Auffassung, daß die Sowjetunion zu Gegenleistungen aufgefordert werden sollte.

---

[11] Abraham. F. K. Hartogh.
[12] Pierre Wurth.
[13] Anker Svart.
[14] Kjeld Vibe.
[15] Dem Vorgang beigefügt. Für die Erklärung vgl. VS-Bd. 11432 (221); B 150, Aktenkopien 1978.
[16] Joseph Evremont Ghislain Hardy.
[17] Zur UNO-Sondergeneralversammlung über Abrüstung vom 23. Mai bis 30. Juni 1978 in New York vgl. Dok. 212.

Der türkische[18] und der griechische Ständige Vertreter[19] erklärten, daß sie mit der Erklärung des amerikanischen Präsidenten keine Schwierigkeiten hätten.

[gez.] Pauls

VS-Bd. 11432 (221)

110

Botschafter Ruth an die MBFR-Delegation in Wien

221-372.20/30-697/78 geheim	10. April 1978[1]
Fernschreiben Nr. 1747 Plurez	Aufgabe: 12. April 1978

Betr.: MBFR;
hier: Einführung der westlichen Initiative[2]

Das zufällige Zusammentreffen zwischen Einführung der MBFR-Initiative des Bündnisses mit der Neutronendiskussion verändert in gewisser Weise das politische Umfeld für die Initiative. Es liegt auf der Hand, daß sie im Zusammenhang mit der Neutronendiskussion als weiterer rüstungskontrollpolitischer Schritt von der Öffentlichkeit mit kritischen Augen geprüft werden wird. Aus diesem Grunde ist es erforderlich, auf die Erarbeitung der öffentlichen Präsentation besondere Aufmerksamkeit zu legen. Es muß darauf geachtet werden, daß die Initiative durch die zeitliche Koinzidenz nicht entwertet wird.

Von besonderer Bedeutung dürfte in diesem Zusammenhang das Angebot der NATO sein, die Forderung auf Abzug einer Panzerarmee[3] zu modifizieren. Zusammen mit dem vorläufigen Aufschub der Produktionsentscheidung bei der Neutronenwaffe[4] könnte hier der Anschein entstehen, als liege ein doppeltes Nachgeben gegenüber östlichen Forderungen vor. Diesem Eindruck muß entgegengewirkt werden:

---

[18] Coşkun Kirca.
[19] Eustache P. Lagacos.

[1] Durchdruck.
Der Drahterlaß wurde von Botschafter Ruth und Vortragendem Legationsrat I. Klasse Rückriegel konzipiert.
[2] Zur Frage der Einführung der Initiative der an den MBFR-Verhandlungen teilnehmenden NATO-Mitgliedstaaten vgl. Dok. 85.
Botschafter Ruth vermerkte am 10. April 1978: „Der NATO-Rat wird heute auf dem Wege der stillschweigenden Zustimmung die im Dezember in der Substanz vereinbarte westliche Initiative für die Einbringung in die Verhandlungen in Wien freigeben. Es ist vorgesehen, diese Initiative zum ersten Mal in einer informellen Sitzung mit Vertretern des Warschauer Pakts am Mittwoch, dem 12. April, vorzubringen." Vgl. VS-Bd. 11490 (221); B 150, Aktenkopien 1978.
[3] Vgl. dazu die am 22. November 1973 von den an den MBFR-Verhandlungen teilnehmenden NATO-Mitgliedstaaten vorgelegten Rahmenvorschläge; Dok. 12, Anm. 7.
[4] Vgl. dazu die Erklärung des Präsidenten Carter vom 7. April 1978; Dok. 108.

Hinsichtlich der Modifizierung Panzerarmee muß deutlich werden, daß keine westlichen Sicherheitsinteressen preisgegeben werden.

Dem Osten gegenüber muß der Eindruck vermieden werden, als sei der Westen bei MBFR zu Konzessionen ohne Gegenleistung bereit und als wäre die Modifizierung der Forderung Panzerarmee ein Hinweis auf ein Nachlassen unserer Sorge über die Panzerdisparität in Europa. Vielmehr stellt dieser Teil der Initiative klar, daß die Aufmerksamkeit des Westens nach wie vor – neben der Forderung nach Parität beim Personal der Landstreitkräfte – dem Abbau der östlichen Panzerüberlegenheit gilt, der auch nach Abzug von 1700 Kampfpanzern nicht aufgehoben sein wird. Die westliche Einschätzung der in der Panzerüberlegenheit des Warschauer Pakts liegenden Bedrohung und die daraus resultierende Forderung, diese Überlegenheit im Interesse der Stabilität in Europa abzubauen, bleibt bestehen.

Wir bitten, dem Tatbestand der Panzerdisparität bei der Präsentation gegenüber dem Osten[5], insbesondere in der Plenarerklärung[6] und bei der Presseunterrichtung[7], Rechnung zu tragen.

Folgende Argumentationselemente kommen u. E. in Frage:

1) Der westliche Verhandlungsvorschlag hat von Anfang an neben der Herstellung der Parität beim Personal den Abbau der Disparität bei den Panzern angestrebt. Die westliche Initiative dient dieser doppelten Zielsetzung. Es liegt auf der Hand, daß sicherheitspolitische Stabilität auf der Grundlage überlegener Offensivkapazitäten einer Seite nicht möglich und daß eine wirkliche Politik der Friedenssicherung den Abbau bestehender Kapazitäten, die über das für die Verteidigung erforderliche notwendige Maß hinausgehen, erfordert.[8]

2) Das Bündnis hat die vorliegende Initiative in intensiver Arbeit entwickelt und im Dezember verabschiedet.[9] Sie wird jetzt in die Verhandlungen eingeführt, nachdem es zu dem von den Bündnispartnern geforderten Datenaustausch[10] gekommen, die Diskussion über die Daten angelaufen ist und die Initiative somit für die Zielsetzung einer Dateneinigung eingesetzt werden kann.

---

5 Botschafter Behrends, Wien (MBFR-Delegation), berichtete am 12. April 1978, daß er die Initiative der an den MBFR-Verhandlungen teilnehmenden NATO-Mitgliedstaaten in einer informellen Sitzung eingeführt habe, nachdem die amerikanische MBFR-Delegation die sowjetische MBFR-Delegation am Vortag bereits „in großen Zügen über die wesentlichen Elemente" vorab unterrichtet habe. Vgl. den Drahtbericht Nr. 251; VS-Bd. 11490 (221); B 150, Aktenkopien 1978.
Am 17. April 1978 teilte Behrends mit, daß es in einer informellen Sitzung am 14. April 1978 zu einem ersten Austausch von Fragen und Antworten zu der Initiative gekommen sei. Vgl. dazu den Drahtbericht Nr. 267; VS-Bd. 10435 (221); B 150, Aktenkopien 1978.

6 Botschafter Behrends, Wien (MBFR-Delegation), führte namens der an den MBFR-Verhandlungen teilnehmenden NATO-Mitgliedstaaten die Initiative in einer Plenarsitzung am 19. April 1978 formell in die Verhandlungen ein. Für die Erklärung vgl. den Drahtbericht Nr. 274 von Behrends vom selben Tag; VS-Bd. 11472 (221); B 150, Aktenkopien 1978.

7 Vgl. dazu die Erklärung des Leiters der niederländischen MBFR-Delegation, de Vos, vom 19. April 1978; WIENER VERHANDLUNGEN, S. 216 f.
Vgl. dazu ferner den Artikel „NATO legt Kompromißplan für Truppenabbau vor"; FRANKFURTER ALLGEMEINE ZEITUNG vom 20. April 1978, S. 4.

8 Unvollständiger Satz in der Vorlage.

9 Zur Verabschiedung der geplanten Initiative der an den MBFR-Verhandlungen teilnehmenden NATO-Mitgliedstaaten vgl. Dok. 12, Anm. 12.

10 Zum Austausch der Daten für die Landstreitkräfte am 15. März 1978 vgl. Dok. 78.
Zum Austausch der Daten für die Luftstreitkräfte am 4. April 1978 vgl. Dok. 98.

Diese Aktion in MBFR zeigt die Fähigkeit des Bündnisses zu abgestimmtem und solidarischem Handeln.

3) Die Initiative beruht auf den Kernelementen der Bündnisposition, der Parität, Kollektivität und der Selektivität der Waffensysteme. Sie geht von der Überzeugung aus, daß die Verwirklichung dieser Kernelemente rüstungskontrollpolitisch vernünftig und verhandlungspolitisch möglich ist. Aus diesem Grunde konkretisiert sie die bisher in der Verhandlungsposition des Westens enthaltenen Vorschläge und versucht gleichzeitig, Bewegungen, die sich bisher am Verhandlungstisch angedeutet haben, in der neuen Position zusammenzufassen.

4) Die drei Kernelemente sind in folgenden Vorschlägen der westlichen Initiative enthalten:

a) Parität: Vereinbarung der Paritätszahl als Ziel der Verhandlungen von Anfang an.

b) Vereinbarung des Verhandlungszieles der übereinstimmenden kollektiven Gesamthöchststärke und Festlegung des kollektiven Umfangs der Reduzierungen im Personal der nicht-amerikanischen und nicht-sowjetischen direkten Teilnehmer schon im Zusammenhang mit der ersten Verhandlungsphase.

c) Selektivität: An der Forderung auf Abzug von 1700 sowjetischen Panzern und 68 000 Mann sowjetischem Personal in der ersten Phase gegen Abzug von 29 000 amerikanischen Soldaten und nuklearen Elementen wird festgehalten. Der Westen stellt in diesem Zusammenhang klar, daß anderes Material nicht vermindert oder limitiert wird, und entspricht damit der Notwendigkeit, Rüstungslimitierungen auf westlicher Seite über die selektive Einbeziehung hinaus zu vermeiden.

5) Darüber hinaus enthält die westliche Initiative folgende Punkte:

a) Die ursprüngliche Forderung des Westens auf Abzug einer Panzerarmee wird insofern modifiziert, als gefordert wird, daß beim Abzug von 68 000 Mann und 1700 Panzern fünf Divisionen abgezogen werden müssen. Damit bleibt die Forderung nach Abbau der Disparität bei den Panzern aufrechterhalten, während gleichzeitig dem sowjetischen Einwand, Herauslösung einer gesamten Armee aus dem östlichen Dispositiv sei nicht akzeptabel, Rechnung getragen wird. Damit würde noch kein ausgewogenes Verhältnis bei den Panzern im Raum der Reduzierungen und noch weniger ein Gleichgewicht in bezug auf Gesamteuropa hergestellt. Deshalb wird der Westen auch künftig auf die bestehende Panzerdisparität in Europa aufmerksam machen und sich für ihren Abbau als Ziel rüstungskontrollpolitischer Bemühungen einsetzen.

b) In der Initiative unterstreicht der Westen noch einmal die Bedeutung, die er begleitenden stabilisierenden Maßnahmen beimißt. Er kündigt an, daß in Kürze Überlegungen zu diesem Komplex zur Diskussion gestellt werden.

Entsprechende Diskussionen zur Substanz in dieser Frage sind bereits im Bündnis im Gange.[11]

[gez.] Ruth

VS-Bd. 11490 (221)

---

[11] Botschafter Pauls, Brüssel (NATO), berichtete am 21. April 1978, daß der Ständige NATO-Rat durch Vertreter der Ad-hoc-Gruppe in Wien über den Stand der MBFR-Verhandlungen unterrich-

111

**Gespräch des Bundesministers Genscher
mit Präsident Husák auf Schloß Gymnich**

105-18.A/78   11. April 1978[1]

Gespräch des Herrn Bundesministers mit dem tschechoslowakischen Präsidenten Husák am 11. April 1978, 10.00 Uhr, in Schloß Gymnich[2];
hier: Dolmetscheraufzeichnung

Auf die eingangs von Präsident *Husák* an BM Genscher gestellte Frage, wie es mit dessen politischer Arbeit aussehe, antwortete BM *Genscher* zunächst mit dem Hinweis, die Situation sei aufgrund des föderativen Charakters der Bundesrepublik Deutschland etwas kompliziert. Für wichtige Gesetze benötige man die Mehrheit von zwei Häusern, des Bundestags und des Bundesrats. Das Problem sei jedoch in letzter Zeit etwas entschärft, weil die FDP in zwei Bundesländern eine Koalition mit der CDU eingegangen sei[3]. Wichtig sei die vertrauensvolle Zusammenarbeit innerhalb der Bundesregierung und der Führung der beiden Koalitionspartner. Die geplante Reise des FDP-Fraktionsvorsitzenden im Herbst dieses Jahres nach Prag halte er für eine wichtige Sache.[4] Alles in allem könne man sagen, daß die Regierung zwar Probleme habe – aber von welcher Regierung könne man das nicht sagen –, daß sie sich jedoch in einer guten inneren Verfassung befinde und vom Willen zu einer vertrauensvollen Zusammenarbeit getragen sei.

Auf die Frage von Präsident *Husák*, ob man aus diesen Ausführungen schließen könne, daß mit einer Fortsetzung der Koalition zu rechnen sei, unterstrich BM *Genscher*, die Koalition sei nicht gefährdet. Die Grundlinie der Außenpolitik habe sich verfestigt, und er wolle hier noch einmal darauf hinweisen, daß der Bundespräsident in seiner gestrigen Rede[5] hervorgehoben habe, selbst einstige

---

Fortsetzung Fußnote von Seite 526

tet worden sei. Dabei habe der Leiter der niederländischen MBFR-Delegation, de Vos, den Wunsch vorgetragen, „möglichst bald in die Lage versetzt zu werden, dem Osten Vorschläge zu associated measures vorlegen zu können". Er, Pauls, habe unterstrichen, „welche Bedeutung auch wir associated measures (a.m.) beimessen, wobei entsprechende Vorschläge allerdings sorgfältiger Vorbereitung in Bündnis bedürften. Auf meine Frage nach Zeitvorstellungen der A[d]h[oc]-G[ruppe] antwortete de Vos, daß es lange Zeit brauche, unsere Überlegungen nahezubringen. Daher sei es wichtig, a.m.-Vorschläge bald, vorzugsweise noch vor Ende nächster Runde, vorzulegen." Vgl. den Drahtbericht Nr. 457; VS-Bd. 11465 (221); B 150, Aktenkopien 1978.

[1] Die Gesprächsaufzeichnung wurde von Legationsrat Grönebaum, z.Z. Bonn, am 12. April 1978 gefertigt und am selben Tag von Vortragendem Legationsrat I. Klasse Weber an Vortragenden Legationsrat I. Klasse Lewalter geleitet.
Hat Lewalter am 13. April 1978 vorgelegen. Vgl. den Begleitvermerk; Referat 010, Bd. 178782.
[2] Präsident Husák hielt sich vom 10. bis 13. April 1978 in der Bundesrepublik auf.
[3] Nach den Landtagswahlen am 19. Januar 1977 wurde in Niedersachsen eine Regierungskoalition von CDU und FDP unter Ministerpräsident Albrecht gebildet.
Im Saarland bildeten CDU und FDP am 1. März 1977 eine Regierung unter Ministerpräsident Röder.
[4] Eine Delegation der FDP-Bundestagsfraktion unter Leitung des Fraktionsvorsitzenden Mischnick besuchte die ČSSR vom 28. bis 31. August 1978.
[5] Für den Wortlaut der Rede des Bundespräsidenten Scheel am 10. April 1978 vgl. BULLETIN 1978, S. 301 f.

Gegner der Ostverträge seien heute auf deren Einhaltung bedacht. In diesem Zusammenhang begrüße er es, daß Präsident Husák morgen die Herren Kohl und Strauß empfangen werde. BM Genscher erwiderte auf die Frage von Präsident Husák, ob dies mit Zustimmung von BM Genscher geplant worden sei, er habe es befürwortet. Man müsse sich abgewöhnen, sich von der Presse vergewaltigen zu lassen, die vor jedem Besuch spekuliere, was dabei herauskomme. Der Besuch von Präsident Husák müsse vor dem Hintergrund eines historischen Ereignisses gesehen werden, er sei ein Markstein in der Entwicklung, wie er, BM Genscher, dies in der gestrigen Tischrede zum Ausdruck gebracht habe.[6] Es gehe darum, daß alle politischen Kräfte diese Entwicklung mittragen. An dieser Stelle warf Präsident *Husák* ein, er verstehe, daß es nicht um eine Unterstützung gehen könne, sondern sich um ein Mittragen handeln müsse.

Im Anschluß daran wies BM *Genscher* darauf hin, die Arbeit der Gemischten Kommission[7] weise wichtige Elemente auf, und er halte es für richtig, die Gemischte Kommission politisch zu behandeln. Die deutsche Seite habe sich bereit erklärt, den Vorsitz dieser Kommission auf Ministerebene anzuheben, von deutscher Seite werde der BM für Wirtschaft[8] bestimmt.

Präsident *Husák* gab zu verstehen, er habe sich in letzter Zeit einige Unterlagen der Gemischten Kommission angesehen und dabei festgestellt, daß sie interessante Anregungen enthalten würden. Es gebe erste Kooperationsansätze zwischen tschechoslowakischen Betrieben und den Firmen Siemens und Krupp[9], und auch hinsichtlich der Zusammenarbeit auf Drittmärkten habe man erste Erfahrungen gemacht. Es komme nunmehr darauf an, nach einer aufsteigenden Welle die Perspektiven nicht wieder aus den Augen zu verlieren und nicht wieder in einen Schlaf zu verfallen.

BM *Genscher* machte daraufhin geltend, daß ein solcher Schlaf auch ein Heilschlaf sein könne und mit dem ruhigen Betreiben einer Sache ebenfalls eine positive Entwicklung bewirkt werden könne, während Phasen hektischen Betriebs kontraproduzent wirken könnten.

Präsident *Husák* betonte, er hege keine großen Illusionen und rechne nicht mit großen Sprüngen. Der Herr Bundeskanzler habe bereits angekündigt, die ČSSR im nächsten Jahr aufsuchen zu wollen.[10] Man erwarte außerdem den Herrn Vizekanzler und BM des Auswärtigen[11], und auch der Bundespräsident sei einge-

---

[6] Für den Wortlaut der Rede vom 10. April 1978 vgl. BULLETIN 1978, S. 318 f.

[7] In Artikel 6 des Abkommens vom 22. Januar 1975 zwischen der Bundesrepublik und der ČSSR über die weitere Entwicklung der wirtschaftlichen, industriellen und technischen Zusammenarbeit wurde die Einsetzung einer Gemischten Kommission vereinbart. Vgl. dazu BUNDESGESETZBLATT 1975, Teil II, S. 599.

[8] Otto Graf Lambsdorff.

[9] Referat 421 legte am 22. März 1978 dar: „Die Firma Siemens hat mit der ČSSR eine Rahmenvereinbarung über wissenschaftlich-technische Zusammenarbeit geschlossen, die zu gemeinsamer industrieller Forschung und Entwicklung im Rahmen von spezifischen Kooperationsprojekten führen kann. [...] B. Beitz und Ministerpräsident Štrougal haben im Juni 1977 ein informelles Treffen von Management-Vertretern der Firma Krupp mit Vertretern des Ministeriums für technische Entwicklungen und Investitionen verabredet, das im September 1977 in Prag stattfand und zur Festlegung eines Arbeitsprogramms führte." Vgl. Referat 421, Bd. 122522.

[10] Zur Ankündigung des Bundeskanzlers Schmidt im Gespräch mit Präsident Husák am 10. April 1978 vgl. Dok. 112, Anm. 3.

[11] Bundesminister Genscher besuchte die ČSSR vom 18. bis 20. Dezember 1980.

laden worden. Darüber hinaus seien Besuche des Landwirtschaftsministers[12] und des Ministers für Post und Verkehr[13] im Gespräch.

Im Anschluß daran betonte BM *Genscher* die Notwendigkeit, über die bilateralen Beziehungen hinaus den Entspannungsprozeß weiter voranzubringen. Dies könnten zwar nicht allein Deutsche und Tschechoslowaken tun, aber sie müßten ihren Beitrag dazu leisten. Man hoffe, daß bei den MBFR-Verhandlungen ein paar Fortschritte erzielt werden könnten, und wünsche, der bevorstehende Besuch von AM Vance in Moskau[14] werde die SALT-Gespräche voranbringen. In Genf habe es Gespräche zwischen den USA und der SU gegeben, die Fortschritte möglich machen sollten. Die geplante Moskau-Reise von AM Vance unterstreiche den Wunsch nach ernsthaften Gesprächen, die nicht so formalen Charakter wie in Genf hätten.

Präsident *Husák* wies darauf hin, auch der geplante Besuch von GS Breschnew in Bonn[15] werde einen Impuls darstellen. Für den Aufschub dieses Besuchs[16] seien rein gesundheitliche Gründe ausschlaggebend gewesen. GS Breschnew sei nun physisch wiederhergestellt und habe seine Arbeit wieder aufgenommen.

BM *Genscher* betonte, man dürfe diesen Besuch nicht mit unerfüllbaren Erfolgserwartungen belasten. Das deutsch-deutsche Verhältnis sei ein entscheidender Faktor für die Entspannung in Europa. Wichtige Fragen könnten jedoch nicht geregelt werden, wenn es in den deutsch-sowjetischen Beziehungen nicht gewisse Fortschritte gebe. Die strikte Einhaltung und volle Anwendung des Vier-Mächte-Abkommens sei eine wichtige Frage. Man hoffe, daß auch die Führung der SU erkenne, daß Berlin eine Frage von einem vitalen deutschen Interesse sei. In diesem Zusammenhang gebe es Probleme, die für die deutsche Seite größer seien als für die SU. Für die deutsche Seite sei wichtig, daß der Besuch erkennbar mache, wie beide Länder, ausgehend vom Moskauer Vertrag[17], an den langfristigen Perspektiven der Zusammenarbeit, denen besonderes Gewicht zukomme, arbeiten würden. Hinsichtlich des Verhältnisses zwischen der Bundesrepublik Deutschland und der DDR sei man ernsthaft entschlossen, eine Weiterentwicklung zu erzielen. Man habe alles getan, um Störungen nach der Veröffentlichung des „Manifests"[18] abzubauen, und er, Genscher, habe sich in diesem Zusammenhang für die Reise von StM Wischnewski nach Berlin[19] eingesetzt. Diese Reise sei ein Erfolg gewesen, denn man habe die beiden beabsichtigten Wirkungen erreicht:

---

[12] Josef Ertl.
[13] Bundesminister Gscheidle besuchte die ČSSR vom 8. bis 11. Juli 1979.
[14] Der amerikanische Außenminister Vance hielt sich vom 19. bis 23. April 1978 in der UdSSR auf. Vgl. dazu Dok. 126.
[15] Der Generalsekretär des ZK der KPdSU, Breschnew, besuchte die Bundesrepublik vom 4. bis 7. Mai 1978. Vgl. dazu Dok. 135, Dok. 136, Dok. 142 und Dok. 143.
[16] Vgl. dazu die Mitteilung des Generalsekretärs des ZK der KPdSU, Breschnew, vom 17. Januar 1978 an Bundeskanzler Schmidt; Dok. 21, Anm. 18.
[17] Für den Wortlaut des Vertrags vom 12. August 1970 zwischen der Bundesrepublik und der UdSSR vgl. BUNDESGESETZBLATT 1972, Teil II, S. 354 f.
[18] Für den Wortlaut des „Manifests" vgl. DER SPIEGEL, Nr. 1 vom 2. Januar 1978, S. 21–24, bzw. Nr. 2 vom 9. Januar 1978, S. 26–30. Vgl. dazu auch Dok. 2, besonders Anm. 3.
[19] Zu den Gesprächen des Staatsministers Wischnewski, Bundeskanzleramt, am 28. Januar 1978 in Ost-Berlin vgl. Dok. 37.

1) sei der Führung der DDR der Wille deutlich gemacht worden, daß man die bisherige Politik fortsetzen wolle, und

2) sei somit zum Ausdruck gebracht worden, daß man im Gespräch bleiben und eine Beruhigung der Situation herbeiführen wolle. Dies sei nun eingetreten, denn die öffentliche Auseinandersetzung sei ja inzwischen beendet. Das deutsch-deutsche Verhältnis sei empfindlich, man sei ein geteiltes Land, und dazu sei im Brief zur deutschen Einheit[20] eine Stellungnahme abgegeben worden. Trotz der bestehenden Hindernisse basiere die Zusammenarbeit jedoch auf Grundlagen. Keine Führung könne sich im luftleeren Raum bewegen, sondern sei an ein objektives Koordinatensystem gebunden, das weder die tschechoslowakische Seite noch die deutsche ändern könne. Dies müsse man in Betracht ziehen, und die Regierung der Bundesrepublik Deutschland gehe beim Entspannungsprozeß davon aus.

Man habe eine gemeinsame Verantwortung für den Frieden, denn es gebe nur einen und keinen tschechischen, deutschen oder polnischen Frieden.

Auf seine kürzliche Reise in die DDR[21] angesprochen, erläuterte BM Genscher Präsident Husák kurz einige Einzelheiten dieses Besuchs.

Anschließend äußerte sich Präsident *Husák* auf eine entsprechende Frage zur Situation in der ČSSR. Er betonte dabei u.a., die politische Situation sei jetzt konsolidiert. Westliche Zeitungen stellten unsinnige Spekulationen über angebliche bevorstehende Veränderungen in der Führung und wirtschaftliche Schwierigkeiten an. Sein Land sei politisch und gesellschaftlich gefestigt. Nur ein Grüppchen von Menschen vertrete abweichende Meinungen, die jedoch im eigenen Land nichts bedeuten würden. Lediglich im Ausland messe man ihnen eine große Bedeutung bei. Von den Schriftstücken und Briefen, die sie verfassen und an ihn schicken würden, erfahre er immer zuerst durch westliche Agenturen. Im wirtschaftlichen Bereich erfülle man im großen und ganzen den Plan, wobei in der Industrieproduktion durchschnittliche Zuwachsraten von 5,4, 5,5 und im letzten Jahr von 5,8 % verzeichnet worden seien. Probleme würden die Außenkontakte bereiten: Die ČSSR sei ein Exportland, das alle Rohstoffe einführen müsse. Erdöl und Gas habe man bisher ausschließlich aus der UdSSR bezogen, nunmehr müsse man auch auf Importe aus anderen Ländern zurückgreifen. Die Industrie sei jetzt aufgefordert, effektiver und Waren von höherer Qualität zu produzieren und den Fertigwarenanteil von hohem Niveau am Export zu erhöhen. Die Landwirtschaft befinde sich in gutem Zustand, auch wenn man keine Spitzenerträge wie z.B. in Dänemark, der Bundesrepublik Deutschland und Holland erziele. Immerhin habe man im vergangenen Jahr Hektarerträge von 38 Doppelzentnern erzielen können. Die Fleischversorgung der Bevölkerung, die mit 82 kg pro Kopf im Jahr sehr hoch sei, decke man aus eigenen Quellen. In diesem Jahr wolle man größeres Gewicht auf eine ausreichende Versorgung der Bevölkerung mit Industriegütern legen. Präsident Husák wies im folgenden

---

[20] Anläßlich der Unterzeichnung des Vertrags vom 21. Dezember 1972 über die Grundlagen der Beziehungen zwischen der Bundesrepublik und der DDR richtete Staatssekretär Bahr, Bundeskanzleramt, einen Brief an den Staatssekretär beim Ministerrat der DDR, Kohl. Für den Wortlaut vgl. BUNDESGESETZBLATT 1973, Teil II, S. 425.

[21] Bundesminister Genscher hielt sich vom 28. bis 30. März 1978 in Weimar, Naumburg, Dresden, Reideburg und Halle auf. Vgl. dazu die Rubrik „Bonn Soir"; DIE WELT vom 30. März 1978, S. 3.

noch auf den Mangel an Arbeitskräften hin, der es u. a. nicht erlaube, in manchen Maschinenbaubetrieben einen Mehrschichtenbetrieb einzuführen, erläuterte das System der Ehestandsdarlehen und der staatlichen Subventionen für Grundnahrungsmittel. Alles dies trage zur Zufriedenheit der Bevölkerung bei. Dem kleinen Grüppchen der Unzufriedenen habe man angeboten, das Land zu verlassen, wenn sie meinen würden, daß es ihnen woanders besser gehe. Es handle sich bei diesem Personenkreis zumeist um ehemalige politische Funktionäre, die aufgrund der politischen Entwicklung ihre Stellung und hohe Einnahmen verloren hätten und sich nun geschädigt fühlten. Die ČSSR werde diese Frage jedoch in politischer Arbeit und nicht durch Einsatz von Machtmitteln lösen.

Im Zusammenhang mit den Journalistenreisen riet BM *Genscher* Präsident Husák, auch den FAZ-Korrespondenten[22] in die ČSSR einreisen zu lassen. Die deutsche Seite habe ihrerseits die in der Vergangenheit verzeichnete gute Entwicklung bei der Lösung humanitärer Fragen an die Presse weitergegeben. Heute abend wolle er AM Chňoupek noch solche Fälle übergeben und auch die Frage der Bremer Gastprofessur von tschechoslowakischen Wissenschaftlern[23] anschneiden. In diesem Zusammenhang könne er nur raten, so großzügig wie möglich zu verfahren.

Präsident *Husák* wandte ein, gewisse Journalisten, die die ČSSR bereisten, würden ausschließlich Kontakt mit Oppositionellen aufnehmen und dann nur Negatives verbreiten, so daß in diesem Fall von einer objektiven seriösen Berichterstattung nicht die Rede sein könne. Auf eine Bemerkung des *BM*, man müsse sich ein dickes Fell zulegen, denn auch hier werde man täglich attackiert, äußerte Präsident *Husák*, er habe dieses Schicksal bereits seit 1929 erfahren, als er sich der kommunistischen Bewegung zugewandt habe, und dann auch Repressionen über sich ergehen lassen, als er nach Beendigung des Jurastudiums aufgrund dieser politischen Tätigkeit keine Anstellung habe finden können.

---

22 Ministerialdirektor Blech legte am 22. März 1978 zur Frage eines Visums für den Osteuropa-Korrespondenten der FAZ, Meier, dar: „Der Fall der Visumserteilung für Viktor Meier wurde von BM Genscher in einem Gespräch mit AM Chňoupek während dessen Besuchs in Bonn am 23. Februar ausdrücklich angesprochen. Der zu den Gesprächen zugezogene Leiter der Presseabteilung des tschechoslowakischen Außenministeriums (Dr. Hadravek) erklärte hierauf mit Bestimmtheit, dieser Fall sei bereits positiv gelöst. AM Chňoupek schwächte dies ab (er sei nicht so sicher). [...] Botschafter Diesel bat AM Chňoupek am 15. März weisungsgemäß um Unterstützung des inzwischen von Herrn Meier eingereichten neuen Visumsantrags [...]. AM Chňoupek lehnte dies sehr entschieden mit der Begründung ab, eine solche Entscheidung könne er nicht durchsetzen. Andere Vertreter der FAZ seien hiervon nicht betroffen." Der tschechoslowakischen Seite scheine die Berichterstattung von Meier offenbar besonders negativ. Vgl. Referat 214, Bd. 132784.
Am 12. Juli 1978 teilte die Botschaft in Wien mit, daß Meier am Vortag von der tschechoslowakischen Botschaft die Mitteilung erhalten habe, daß ein Visum für ihn bereitliege. Meier werde daher am 15. Juli 1978 in die ČSSR reisen. Vgl. dazu den Drahtbericht Nr. 522; Referat 214, Bd. 132784.

23 Referat 214 vermerkte am 21. Februar 1978: „Tschechoslowakische Historiker Dr. Václav Kural und Dr. Jan Křen (Spezialgebiet ČSR 1918–1938), seit 1970 nicht mehr als Wissenschaftler beschäftigt, haben Einladung von Universität Bremen zu Gastprofessuren (ab 1.4.1978 für zwei Semester) erhalten. Ausreisegenehmigung wurde am 31.10.77 beantragt, im Februar 1978 abschlägig beschieden. Begründung: Die Ausreise könne nur als Auswanderung bewilligt werden." Die Antragsteller seien auf eine Verordnung von 1977 verwiesen worden, in der festgelegt sei, „daß Privatreisen tschechoslowakischer Bürger ins Ausland zwecks Beschäftigung, Praxis oder Studium grundsätzlich nicht genehmigt werden. Antragsteller wünschen keine Auswanderung, wollen aber Gastaufenthalt in Bremen antreten. Sie haben daher bei Innenminister Protest eingelegt und um Revision der Entscheidung ersucht." Vgl. Referat 214, Bd. 132796.

BM *Genscher* betonte im Zusammenhang mit der KSZE-Problematik, daß man das geplante Madrider Treffen[24] auf eine höhere politische Ebene heben wolle, damit der multilaterale Entspannungsprozeß nicht bürokratisch versande.

Präsident *Husák* wies darauf hin, daß, wenn man die Menschenrechte in der Welt, in einzelnen Ländern betrachte, so könne man zwar nicht sagen, daß alles in der ČSSR ideal sei, der Apparat oder die Menschen ohne Fehler wären, jedoch gehöre die ČSSR in Europa ganz entschieden nicht zu den schlimmsten Ländern hinsichtlich der Menschenrechte. Mit der übermäßigen Betonung dieser Menschenrechte sei Belgrad ein wenig verdorben worden. Es gebe eine Tendenz, daß sich jeder aus Helsinki[25] heraussuche, was er brauche, und nicht sehen wolle, was ihm gerade nicht passe.

BM *Genscher* pflichtete Präsident Husák bei, man müsse von einer gleichwertigen Beachtung aller Prinzipien ausgehen. So sehe man auch die geplante Sonder-GV der VN[26]. Es sei angesichts des Lebensstandards der Dritten Welt unverantwortlich, daß die Industriestaaten ihre Rüstungen weiter stärken würden. Hier gelte es, gemeinsame Anstrengungen zu unternehmen.

Auf die Bemerkung von BM Genscher, MBFR habe zum Ziel, eine Parität im Bereich der konventionellen Waffen, aber auch z. B. der Mittelstreckenraketen und in anderen Bereichen zu bewirken sowie eine Regelung der Panzerüberlegenheit herbeizuführen, antwortete Präsident *Husák*, es sei angesichts des unterschiedlichen technischen Niveaus und der schnellen technischen Entwicklung nicht möglich, einen einfachen Vergleich der Stückzahlen vorzunehmen. Deshalb habe man zunächst ein Einfrieren vorgeschlagen[27], um dann weitere Schritte zu unternehmen.

BM *Genscher* konstatierte in diesem Zusammenhang, man habe inzwischen Fortschritte bei der Datendiskussion erzielt. Nicht ein Einfrieren des jetzigen Zustandes, sondern eine Verringerung der Disparität sei anzustreben. Man sei hoffnungsvoll hinsichtlich möglicher Impulse im Zusammenhang mit dem Vance-Besuch. Man werde alle Kontakte, auch den bevorstehenden Breschnew-Besuch, nutzen, um die Aufgabe zu erfüllen, die unserer Generation gestellt, sei: Friedenssicherung für diejenige Generation, die den Krieg nicht unmittelbar erlebt habe, um sie vor diesem Schrecken zu bewahren.

Referat 010, Bd. 178782

---

[24] Im abschließenden Dokument der KSZE-Folgekonferenz in Belgrad vom 8. März 1978 wurde festgelegt, daß ab 9. September 1980 ein Vorbereitungstreffen in Madrid stattfinden sollte, um die zweite KSZE-Folgekonferenz ab 11. November 1980 in Madrid vorzubereiten. Vgl. dazu EUROPA-ARCHIV 1978, D 247.

[25] Für den Wortlaut der KSZE-Schlußakte vom 1. August 1975 vgl. SICHERHEIT UND ZUSAMMENARBEIT, Bd. 2, S. 913–966.

[26] Zur UNO-Sondergeneralversammlung über Abrüstung vom 23. Mai bis 30. Juni 1978 in New York vgl. Dok. 212.

[27] Die an den MBFR-Verhandlungen teilnehmenden Warschauer-Pakt-Staaten schlugen am 26. November 1974 ein Moratorium der Land- und Luftstreitkräfte der elf direkten Teilnehmerstaaten im Reduzierungsgebiet für die Dauer der Verhandlungen vor. Vgl. dazu AAPD 1974, II, Dok. 343.

112

Deutsch-tschechoslowakisches Regierungsgespräch

11. April 1978[1]

Vermerk über das Delegationsgespräch des Bundeskanzlers mit Staatspräsident Husák am 11. April 1978[2]

Der *Bundeskanzler* dankt einleitend Präsident Husák für das ausführliche persönliche Gespräch vom Vortag[3], das ihn in seiner Auffassung bestätigt habe, daß beide Seiten an einer Fortsetzung der Entspannungspolitik unmittelbares Interesse hätten. Der Fortgang des Entspannungsprozesses in Europa sei entscheidend davon abhängig, daß die benachbarten Staaten Bundesrepublik Deutschland, DDR, Österreich und ČSSR zu normalen Nachbarschaftsverhältnissen kämen. Er verbinde gute Erinnerungen an das Gespräch, das er mit Präsident Husák in Helsinki[4] geführt habe und das die Außenminister danach fortgesetzt hätten; eine zusätzliche Intensivierung der Kontakte sei aber nötig und möglich. Er hoffe, der von Präsident Husák ausgesprochenen Einladung zu einem Besuch in Prag 1979 Folge leisten zu können. Dem Wunsch der tschechoslowakischen Seite, die Gemischte Wirtschaftskommission auf Ministerebene anzuheben, seien wir bereit zu entsprechen. Vorsitzender auf deutscher Seite werde BM Graf Lambsdorff sein.

Präsident *Husák* schließt sich der Bewertung des gestrigen Gesprächs durch den Bundeskanzler als offen und aufrichtig an. Er habe insgesamt den Eindruck gewonnen, daß der Empfang für ihn und seine Delegation nicht nur formell, sondern freundschaftlich sei. Das gemeinsame Bemühen um eine Verbesserung der bilateralen Beziehungen und die Sorge um den Frieden bilde eine gute Grundlage für die Beziehungen.

Auch die Beziehungen ČSSR–Österreich befänden sich nach Überwindung einiger Probleme jetzt auf einem guten Stand. So erwarte man nach dem kürzlichen

---

[1] Ablichtung.
Die Gesprächsaufzeichnung wurde von Ministerialdirektor Ruhfus, Bundeskanzleramt, am 12. April 1978 gefertigt und am 14. April 1978 an Vortragenden Legationsrat I. Klasse Lewalter „zur Unterrichtung des Auswärtigen Amts" übermittelt. Dazu vermerkte er: „Ich weise darauf hin, daß der Bundeskanzler den Vermerk noch nicht gebilligt hat."
Hat Lewalter am 18. April 1978 vorgelegen, der handschriftlich vermerkte: „Abl[ichtungen] B[üro] StS, D 2, D 4, Ref[erat] 214 gesondert."
Hat Ministerialdirektor Blech und Vortragendem Legationsrat I. Klasse Lücking am 24. April 1978 vorgelegen. Vgl. das Begleitschreiben; Referat 214, Bd. 132786.

[2] Präsident Husák hielt sich vom 10. bis 13. April 1978 in der Bundesrepublik auf.

[3] Ministerialdirektor Ruhfus, Bundeskanzleramt, vermerkte am 11. April 1978, nach Auskunft des Bundeskanzlers Schmidt habe dieser im Gespräch mit Präsident Husák eine Einladung zu einem Besuch in der ČSSR für 1979 angenommen. Ferner seien jährliche Außenministerkonsultationen vereinbart worden sowie Besuche der Bundesminister Ertl und Gscheidle. Schmidt habe ferner den Wunsch nach der Öffnung weiterer Grenzübergänge vorgebracht. Husák habe die Zahl der Grenzübergänge als ausreichend bezeichnet, jedoch die Bereitschaft zum beschleunigten Ausbau des besonders überlasteten Grenzübergangs Raswodow/Waidhaus erklärt. Neben der Gemischten Kommission sei außerdem die innenpolitische und wirtschaftliche Lage der ČSSR erörtert worden. Vgl. dazu Bundeskanzleramt, AZ: 21-30 100 (56), Bd. 44; B 150, Aktenkopien 1978.

[4] Für das Gespräch des Bundeskanzlers Schmidt mit Präsident Husák am 30. Juli 1975 vgl. AAPD 1975, II, Dok. 229.

Besuch von MP Štrougal in Österreich[5] jetzt den österreichischen Staatspräsidenten[6]. Außer dem Bundeskanzler habe er auch Bundespräsident Scheel eingeladen. Die Anhebung des Niveaus der Gemischten Kommission sei ein guter Beschluß; der Vorsitzende auf tschechoslowakischer Seite werde nach seiner Rückkehr nach Prag bestimmt werden.[7]

AM *Chňoupek* bewertete seine Gespräche mit BM Genscher, die in konstruktiver und sachlicher Atmosphäre stattgefunden hätten, positiv. Sowohl die Gemeinsame Erklärung[8] wie auch das Kulturabkommen[9] bildeten eine solide Basis für die Entwicklung der bilateralen Beziehungen. Es sei allerdings zu bedauern, daß weitere Abkommen wie ein Abkommen über die Doppelbesteuerung[10] und ein Notenaustausch über die Einsetzung einer Grenzkommission[11] nicht mehr rechtzeitig fertig geworden seien. Bei der Erörterung internationaler Fragen habe sich bei der Beurteilung des Belgrader Folgetreffens ein sehr ähnlicher Standpunkt ergeben.

BM *Genscher* unterstreicht ergänzend, daß beide Seiten die Entspannungspolitik als einen langfristig angelegten Prozeß betrachteten. Zum vorgesehenen weiteren Folgetreffen 1980 in Madrid[12] habe er unser Interesse daran zum Ausdruck gebracht, daß dieses Treffen auf politischer Ebene stattfinde, damit der Entspannungsprozeß nicht bürokratisch versande. Zu MBFR habe Einigkeit über die politische Bedeutung bestanden, die dem Datenaustausch[13] zukomme. Zu SALT habe er schließlich gegenüber AM Chňoupek die Hoffnung zum Ausdruck gebracht, daß es Fortschritte geben werde; zugleich habe er aber auch hervorgehoben, daß damit für uns noch nicht alle Probleme im Abrüstungsbereich beseitigt seien.

Auf eine Frage des *Bundeskanzlers*, ob es denn Grenzprobleme gäbe, erklärt Präsident *Husák*, es handele sich nur um kleinere Vorfälle. Er verweist dabei auf die mit Österreich eingesetzte Grenzkommission[14], die sehr gute Arbeit leiste.

Der *Bundeskanzler* erklärt hierzu, auf unserer Seite bestünde durchaus Interesse an einer Klärung dieser Frage; er habe den Eindruck, daß die noch offenen

---

[5] Ministerpräsident Štrougal hielt sich am 22./23. November 1977 in Österreich auf.
[6] Bundespräsident Kirchschläger besuchte die ČSSR vom 12. bis 15. März 1979.
[7] Tschechoslowakischer Vorsitzender der deutsch-tschechoslowakischen Gemischten Kommission wurde der Stellvertretende Vorsitzende des Ministerrats, Záhradník. Vgl. dazu den Drahtbericht Nr. 793 des Botschafters Diesel, Prag, vom 23. Juni 1978; Referat 214, Bd. 132786.
[8] Für den Wortlaut der Gemeinsamen Erklärung vom 11. April 1978 vgl. BULLETIN 1978, S. 304–308.
[9] Für den Wortlaut des Abkommens vom 11. April 1978 zwischen der Bundesrepublik und der ČSSR über kulturelle Zusammenarbeit vgl. BUNDESGESETZBLATT 1979, Teil II, S. 940f.
[10] Zu den Verhandlungen mit der ČSSR über ein Doppelbesteuerungsabkommen vgl. Dok. 57, Anm. 17 und 18.
[11] Zu den Verhandlungen mit der ČSSR über die Einrichtung einer gemeinsamen Grenzkommission vgl. Dok. 57, Anm. 20–22.
[12] Im abschließenden Dokument der KSZE-Folgekonferenz in Belgrad vom 8. März 1978 wurde festgelegt, daß ab 9. September 1980 ein Vorbereitungstreffen in Madrid stattfinden sollte, um die zweite KSZE-Folgekonferenz ab 11. November 1980 in Madrid vorzubereiten. Vgl. dazu EUROPA-ARCHIV 1978, D 247.
[13] Zum Austausch der Daten für die Landstreitkräfte am 15. März 1978 vgl. Dok. 78.
Zum Austausch der Daten für die Luftstreitkräfte am 4. April 1978 vgl. Dok. 98.
[14] Die ČSSR und Österreich schlossen am 21. Dezember 1973 einen Vertrag über Verfahren zur Untersuchung von Vorfällen an der gemeinsamen Grenze. Für den Wortlaut vgl. BUNDESGESETZBLATT FÜR DIE REPUBLIK ÖSTERREICH, 1974, Bd. 3, S. 2512–2517.

Fragen bis 1979 sollten geklärt werden können. Zur KSZE wolle er deutlich machen, daß wir nicht nur ein Interesse an der Fortsetzung des KSZE-Prozesses auf politischer Ebene hätten, sondern auch ein grundlegendes Interesse an einer fortschreitenden Verwirklichung der KSZE-Schlußakte in allen Bereichen. Zum Komplex MBFR/Abrüstung wolle er betonen, daß die Bundesregierung an Fortschritten in diesem Bereich ein überragendes Interesse habe. Er werde dies bei der SGV auch zum Ausdruck bringen.[15] Er hoffe, daß das Kulturabkommen zu konkreten sichtbaren Ergebnissen führe. Ihm liege daran, die zentrale Rolle, welche Prag über 500 Jahre hindurch im kulturellen Leben Europas gespielt habe, wieder ins öffentliche Bewußtsein zu heben und an diese Rolle Prags anzuknüpfen.

Stellvertretender Ministerpräsident *Húla* bewertet die Entwicklung des Handelsaustausches zwischen beiden Ländern, der in den letzten 17 Jahren ein durchschnittliches jährliches Wachstum von 12% aufgewiesen habe, grundsätzlich sehr positiv; dennoch seien die Möglichkeiten bei weitem nicht ausgeschöpft. Hemmend auswirken könnten sich insbesondere einige bedauerliche Tendenzen, die in den letzten Jahren aufgetreten seien, nämlich die Unausgeglichenheit der Handels- und Zahlungsbilanz, die mengen- und wertmäßigen Beschränkungen, denen die tschechoslowakische Ausfuhr in einigen Bereichen unterworfen sei, sowie strukturelle Fragen im bilateralen Warenaustausch (abnehmender Anteil von Fertigprodukten an dem tschechoslowakischen Export, Rückgang des Exports von Erzeugnissen aus dem Bereich des Maschinenbaus). Eine der wichtigsten Möglichkeiten, die Wirtschaftsbeziehungen auszuweiten, sehe die tschechoslowakische Seite in der Intensivierung der Kooperation bei der Produktion und beim Export von Investitionsgütern auf Drittmärkte. Die tschechoslowakische Seite habe den Eindruck, daß in deutschen Unternehmerkreisen hieran Interesse bestünde, und werde ihrerseits die tschechoslowakischen Betriebe zu größerer Aktivität auf diesem Gebiet anhalten.

BM Graf *Lambsdorff* bewertet strukturelle Gegebenheiten als günstig für eine weitere Intensivierung der Wirtschaftsbeziehungen (beiderseits hoher Industrialisierungsgrad, geographische Nachbarschaft, Außenhandelsorientierung beider Staaten). Zur Frage der Beschränkungen weist er darauf hin, daß es sich um sensitive Bereiche handele; die Bundesregierung werde sich gegenüber ihren EG-Partnern aber weiterhin für eine großzügige Handhabung gerade gegenüber der ČSSR einsetzen. Die Absicht der ČSSR, sich beim Export auf technologisch hochentwickelte Gebiete zu konzentrieren, sei auch deshalb zu begrüßen, weil es auf diesen Gebieten keine Beschränkungen gäbe. Gemeinsame Kooperationsvorhaben, die im Verhältnis zur ČSSR noch zahlenmäßig zurückgeblieben seien, werde die Bundesregierung weiterhin fördern. Auch die Kooperation auf Drittmärkten sei ein erfolgversprechendes Feld, wenn man auch die Probleme, die sich hier ergäben, nicht unterschätzen dürfe.

Bundeskanzler: Beide Volkswirtschaften leiden unter den Auswirkungen einer weltwirtschaftlichen Strukturkrise. Für beide Länder gelte dieses sowohl hin-

---

15 Zur UNO-Sondergeneralversammlung über Abrüstung vom 23. Mai bis 30. Juni 1978 in New York vgl. Dok. 212.
Bundeskanzler Schmidt nahm am 26. Mai 1978 an der UNO-Sondergeneralversammlung über Abrüstung in New York teil. Für den Wortlaut seiner Rede vgl. BULLETIN 1978, S. 529–535.

sichtlich der Öl- und Rohstoffpreise wie auch bezüglich ihres Exportes, da die Fähigkeit ihrer Außenhandelspartner, zu importieren, infolge von Zahlungsbilanzproblemen zunehmend begrenzt werde. Er glaube nicht, daß diese Probleme in naher Zukunft verschwinden würden, sondern rechne eher mit zunehmenden Schwierigkeiten.

Er wolle hierzu zwei Bemerkungen machen. Auf den ersten Punkt werde er auch Generalsekretär Breschnew[16] ansprechen, so wie er ihn auch bei seinen bisherigen Gesprächen mit führenden Staatsmännern aus osteuropäischen Staaten angesprochen habe:

a) Bei der wirtschaftlichen Abhängigkeit aller Staaten voneinander könne die Lösung der anstehenden weltwirtschaftlichen Probleme nicht nur einer kleinen Staatengruppe überlassen werden. Er wünsche sich daher eine aktivere Rolle der RGW-Länder bei der Bewältigung der weltwirtschaftlichen Strukturprobleme einschließlich der Nord-Süd-Problematik.

b) Die Erdölversorgung werde in spätestens 20 Jahren einen allgemeinen Engpaß darstellen, auch wenn es keine zusätzlichen Probleme von seiten der OPEC-Länder gäbe. Auch bei einem stärkeren Rückgriff auf die Kohle würden schwerstwiegende Umstellungs- und Kostenprobleme auf alle Volkswirtschaften zukommen. Er sei deshalb der Ansicht, daß eine allgemeine Energiekonferenz, die zu einer größeren Transparenz führe, im allgemeinen Interesse liege. Er wolle dies so nachdrücklich betonen, da er die Tendenz zu erkennen glaube, nach Belgrad von einer derartigen Konferenz eher Abstand zu nehmen.

Referat 214, Bd. 132786

113

Runderlaß des Vortragenden Legationsrats I. Klasse Engels

012-II-312.74   Aufgabe: 11. April 1978, 18.32 Uhr[1]
Fernschreiben Nr. 30 Ortez

Betr.: Zum 10. Europäischen Rat am 7./8. April 1978 in Kopenhagen

Der 10. Europäische Rat der Staats- und Regierungschefs sowie der Außenminister der Gemeinschaft fand am 7./8. April 1978 in Kopenhagen statt. Zum Teil in Form eines informellen Meinungsaustausches wurden auf ihm in guter Atmosphäre eine ganze Reihe wichtiger wirtschaftlicher und politischer Probleme – insbesondere in Vorbereitung auf den Weltwirtschaftsgipfel Mitte Juli dieses Jahres in Bonn[2] – behandelt. Besondere Hervorhebung verdienen die

---

[16] Der Generalsekretär des ZK der KPdSU, Breschnew, besuchte die Bundesrepublik vom 4. bis 7. Mai 1978. Vgl. dazu Dok. 135, Dok. 136, Dok. 142 und Dok. 143.

[1] Durchdruck.
[2] Zum Weltwirtschaftsgipfel am 16./17. Juli 1978 vgl. Dok. 225.

Entscheidung über den Termin für die ersten Direktwahlen zum Europäischen Parlament sowie die Beratungen über die wirtschaftliche und soziale Lage der Gemeinschaft und über EPZ-Themen wie Nahost, Afrika und KSZE.

1) Wirtschaftliche und soziale Lage der Gemeinschaft

a) Entsprechend der Zusammenfassung durch die dänische Präsidentschaft einigten sich die Staats- und Regierungschefs darauf, in den kommenden drei Monaten eine „gemeinsame Strategie" in den Bereichen Wirtschaft, Währung, Beschäftigung, Energie, Handel, Industriepolitik und Beziehungen zur Dritten Welt zur Überwindung der gegenwärtigen unbefriedigenden wirtschaftlichen und sozialen Lage zu entwickeln.[3] Dabei soll für Mitte 1979 eine jährliche Wachstumsrate von 4,5 Prozent angestrebt werden. Vorhandene Möglichkeiten wie die Gemeinschaftsanleihe sollen stärker genutzt und das Kapital der Europäischen Investitionsbank verdoppelt werden. Der ER anerkannte die Notwendigkeit größerer monetärer Stabilität. Er bezeichnete die Verbesserung der Beschäftigungslage als ein entscheidendes Ziel der zu entwickelnden „Strategie". Die Verringerung der Abhängigkeit von Öleinfuhren durch Energiesparmaßnahmen und erhöhte Eigenproduktion müsse in allen Industriestaaten angestrebt werden.

Der Welthandel erfordere als Voraussetzung für weiteres Wachstum, daß protektionistischen Tendenzen widerstanden und die GATT-Verhandlungen[4] zu einem erfolgreichen Abschluß gebracht werden. Die Wettbewerbsfähigkeit notleidender Industriezweige müsse wiederhergestellt werden. Gemeinsam mit den Sozialpartnern müsse das Problem der strukturellen Überkapazitäten gelöst werden.

Die Staats- und Regierungschefs anerkannten die Notwendigkeit einer Überprüfung der mediterranen Agrarpolitik der Gemeinschaft sowie einer verstärkten Hilfe für die Dritte Welt. Die Gemeinschaft werde konstruktiv zum Nord-Süd-Dialog beitragen.

b) Die verschiedenen Ziele der dargelegten „Strategie" sollen in den kommenden Monaten von den zuständigen Gremien der Gemeinschaft in Angriff genommen werden. In einer anschließenden Pressekonferenz äußerte der Bundeskanzler eine gewisse Skepsis gegenüber dem von der Präsidentschaft dargelegten Ziel einer für Mitte 1979 zu erreichenden durchschnittlichen Wachstumsrate der Gemeinschaft von 4,5 Prozent. Es handele sich hier um „ehrgeizige Projektionen", denen auch nach Ansicht anderer Regierungschefs die erforderliche Vorsicht entgegenzubringen sei. Der Bundeskanzler unterstrich, daß gegenwärtig für die BR Deutschland kein Anlaß zu weiteren konjunkturfördernden Maßnahmen gegeben sei.[5]

---

[3] Vgl. dazu die Erklärung über die wirtschaftliche und soziale Lage vom 8. April 1978; EUROPA-ARCHIV 1978, D 285f.

[4] Zu den GATT-Verhandlungen vgl. Dok. 107, Anm. 15.

[5] Zu den Äußerungen des Bundeskanzlers Schmidt gegenüber der Presse am 8. April 1978 in Kopenhagen wurde berichtet, bezüglich der Erörterung der europäischen Währungsfragen sei Schmidt „eher einsilbig" gewesen: „Es sei auch noch zu früh, schon jetzt die Ergebnisse des Nachdenkens bekanntzugeben. [...] So richtig in Fahrt geriet der Kanzler aber, als das Thema Wirtschaftswachstum zur Sprache kam. Es sei ‚lächerlich', daß Regierungen bestimmte Wachstumsraten in Prozenten festlegen sollen." Vgl. den Artikel „In Kopenhagen demonstrierte der Kanzler aufgeschlossenen Optimismus"; FRANKFURTER ALLGEMEINE ZEITUNG vom 10. April 1978, S. 3.

Bundeskanzler wie auch MP Jørgensen verweigerten vor der Presse – mit Rücksicht auf evtl. Spekulationen – jede Auskunft über die Diskussion zu währungspolitischen Fragen.[6] Laut Kommissionspräsident Jenkins ist es in diesem Bereich nicht zu Entscheidungen, wohl aber zur „Eröffnung neuer Dimensionen" für die Zusammenarbeit gekommen.

2) Beziehungen zu Japan

Im Lichte des Berichts der Kommission über die kürzlichen Verhandlungen mit der japanischen Regierung[7] über eine Verringerung der japanischen Zahlungsbilanzüberschüsse stellte der ER fest, daß das gemeinsame Kommuniqué EG–Japan vom 24. März d. J[8]. nur als ein erster Schritt bezeichnet werden könne. Die Konsultationen seien mit Nachdruck fortzuführen. Angemessene Maßnahmen der japanischen Seite zur Verringerung der Überschuß-Situation seien erforderlich. Der ER beabsichtigt, sich auf seiner Juli-Tagung in Bremen[9] erneut mit der Frage zu befassen.[10]

3) Direktwahlen zum EP

a) Die Staats- und Regierungschefs beschlossen, die ersten Direktwahlen zum Europäischen Parlament vom 7. bis 10. Juni 1979 durchzuführen.

b) Im Zusammenhang mit der politischen Bestimmung des Direktwahltermins verabschiedete der ER eine Erklärung zur Demokratie in der Gemeinschaft.[11] Die Regierungen bekennen sich zur Achtung und Bewahrung der Grundsätze der repräsentativen Demokratie und der Menschenrechte in jedem Mitgliedstaat als wesentliche Elemente für die Mitgliedschaft in der Gemeinschaft.

4) EPZ-Themen

ER billigte zwei Erklärungen

– zum Terrorismus (Solidarität mit Italien, verstärkte Zusammenarbeit der neun Innenminister und Justizminister in den Bereichen innere Sicherheit, Auslieferungsrecht und Vorschläge für europäischen Rechtsraum)[12],

– zu Namibia[13] (Unterstützung der Vorschläge der fünf westlichen SR-Mitglieder[14])

sowie Leitlinien für Pressemitteilung des Vorsitzenden[15] zu Nahost, Entspannung, Rhodesien und dem Horn von Afrika.

---

[6] Zur Erörterung der Pläne für ein europäisches Währungssystem vgl. SCHMIDT, Nachbarn, S. 226 f.

[7] Zum Besuch des Vizepräsidenten der EG-Kommission, Haferkamp, vom 22. bis 24. März 1978 in Japan vgl. Dok. 107, besonders Anm. 9.

[8] Für den Wortlaut vgl. BULLETIN DER EG 3/1978, S. 11–14.

[9] Zur Tagung des Europäischen Rats am 6./7. Juli 1978 vgl. Dok. 216.

[10] Vgl. dazu die Erklärung über die Beziehungen zu Japan vom 8. April 1978; EUROPA-ARCHIV 1978, D 286 f.

[11] Für den Wortlaut der Erklärung über die Demokratie vom 8. April 1978 vgl. EUROPA-ARCHIV 1978, D 284.

[12] Für den Wortlaut der Erklärung über den Terrorismus vom 8. April 1978 vgl. EUROPA-ARCHIV 1978, D 288.

[13] Für den Wortlaut der Erklärung über Namibia vom 8. April 1978 vgl. BULLETIN DER EG 4/1978, S. 70.

[14] Für den Wortlaut des Vorschlags der fünf westlichen Mitglieder des UNO-Sicherheitsrats vom 10. April 1978 für eine Lösung der Namibia-Frage vgl. EUROPA-ARCHIV 1978, D 574–578.

[15] Anker Jørgensen.

Ausformuliert wurde Pressemitteilung zu Nahost, in der baldige Durchführung der SR-Resolution 425 und 426[16] sowie Erhaltung der Dynamik des Friedensprozesses gefordert und Nahost-Erklärung vom 29.6.1977[17] im Licht der neuen Lage bestätigt wird, insbesondere, „daß die in allen ihren Teilen und an allen Fronten angewandte SR-Entschließung 242[18] die Grundlage für eine Regelung bilden muß". Mit diesem Text kam ER auch einer Bitte ägyptischer Regierung an dänische Präsidentschaft nach.[19]

Erklärungstexte und Presseleitlinien wurden von Außenministern in einer EPZ-Sitzung vereinbart. Aus der Erörterung ist festzuhalten:

a) KSZE: Minister gaben keine abschließende Beurteilung der Ergebnisse von Belgrad, unterstrichen aber positive Bedeutung folgender Elemente: Debatte über Implementierung der ganzen Schlußakte, Einigung auf Fortsetzung der Debatte in Madrid 1980[20]. In der Bewertung waren DK, D, VK merklich positiver als F, I und NL. BM Genscher betonte, wir seien nicht enttäuscht, da wir zwar mehr gewünscht, es realistischerweise aber nicht erwartet hätten. Entscheidend sei Bestätigung des in Helsinki[21] eingeschlagenen Weges. Fortgesetzte Debatte über Durchführung der Schlußakte schaffe Erfüllungszwang vor allem im Osten. Sie müsse in Madrid auf politischer Ebene der Außenminister erfolgen, um nicht auf technokratischer Ebene zu versanden (so auch AM Owen, der dieselbe Gefahr bei MBFR sah – NL, I und F wollten sich auf politische Ebene für Madrid nicht festlegen). BM setzte sich wie seine Kollegen für gründliche Vorbereitung Madrids in enger Zusammenarbeit mit USA und Kanada sowie der N+N-Staaten ein (EPZ als Kristallisationspunkt westlicher Diskussion). Er unterstrich nachdrücklich die Unteilbarkeit der Entspannung. Dem Osten müsse das Gefühl dafür verstärkt werden, daß Instabilitäten im außereuropäischen Raum nicht ohne negative Auswirkungen auf andere Teile der Entspannungspolitik bleiben könnten. AM Owen warnte vor dem neuen Phänomen, daß sich eine Supermacht um ein wohlgeordnetes Gleichgewicht in Europa bemühe, aber durch ihre Hilfstruppen in anderen Weltteilen das Gleichgewicht zu ihren Gunsten ändere.

b) Nahost: Auf Anregung des BM wird Pressemitteilung den Ägyptern als Antwort auf ihre Bitte auch schriftlich übermittelt.

c) Afrika: VK unterrichtete über die von den Neun unterstützte angloamerikanische Rhodesien-Diplomatie[22] und betonte entscheidende Bedeutung einer international akzeptablen Namibia-Lösung auch für eine solche in Rhodesien.

---

16 Zu den Resolutionen Nr. 425 und 426 des UNO-Sicherheitsrats vom 19. März 1978 vgl. Dok. 84, Anm. 9.
17 Für den Wortlaut der Erklärung des Europäischen Rats über den Nahen Osten vom 29. Juni 1977 vgl. EUROPA-ARCHIV 1977, D 516 f. Vgl. dazu ferner AAPD 1977, II, Dok. 174.
18 Für die Resolution Nr. 242 des UNO-Sicherheitsrats vom 22. November 1967 vgl. Dok. 10, Anm. 6.
19 Zum ägyptischen Wunsch nach einer erneuten Nahost-Erklärung der EG-Mitgliedstaaten vgl. Dok. 101, Anm. 5.
20 Im abschließenden Dokument der KSZE-Folgekonferenz in Belgrad vom 8. März 1978 wurde festgelegt, daß ab 9. September 1980 ein Vorbereitungstreffen in Madrid stattfinden sollte, um die zweite KSZE-Folgekonferenz ab 11. November 1980 in Madrid vorzubereiten. Vgl. dazu EUROPA-ARCHIV 1978, D 247.
21 Die KSZE-Schlußkonferenz fand vom 30. Juli bis 1. August 1975 in Helsinki statt.
22 Zu den amerikanisch-britischen Bemühungen um eine Lösung des Rhodesien-Konflikts vgl. Dok. 44, Anm. 3.

d) Horn von Afrika:

Minister betonten Bereitschaft, auf Hilfsersuchen internationalen Flüchtlingskommissars für Flüchtlinge[23] in der Region einzugehen, und wollen Bemühungen des OAU-Vermittlungsausschusses unterstützen.

e) Verhältnis EG–europäische Drittstaaten:

Auf Anregung von B kam es zu kurzem Gedankenaustausch über die wachsenden politisch-psychologischen Belastungen im Verhältnis der EG-Neun zu Staaten wie Türkei und Jugoslawien, die der Erweiterungsprozeß noch verschärfen könnte. Gespräch soll bei informellem Ministertreffen am 20./21.5.[24] vertieft werden.

5) Europäische Stiftung

Im Anschluß an die Grundsatzentscheidung des 9. ER vom 5./6.12.1977[25] billigte der ER Leitlinien zur Rechtsgrundlage, zu den Aufgaben, der Struktur, der Finanzierung der Stiftung. Als Sitz der Stiftung wurde Paris bestimmt. Die weitere Ausarbeitung der Vertragstexte soll so bald wie möglich in den Gemeinschaftsgremien erfolgen.[26]

6) Meeresverschmutzung

Auf französische Initiative und im Hinblick auf das kürzliche Tankerunglück[27] beschlossen die Staats- und Regierungschefs, die Verhütung und Bekämpfung der Meeresverschmutzung, insbesondere durch Kohlenwasserstoffe, zu einem wichtigen Ziel der Gemeinschaft zu machen. Der Rat soll auf Vorschlag der Kommission unverzüglich geeignete Maßnahmen (Anwendung der bestehenden internationalen Regeln über Mindestnormen für den Betrieb von Seeschiffen, Unfallverhütung durch koordinierte Kontrollaktionen u. a.) ergreifen.[28]

7) Am Rande des ER fanden Gespräche über den amerikanischen Neuverhandlungswunsch zum Abkommen USA–EURATOM statt.[29] Es ergab sich die Tendenz, erst nach erneuter Beratung im Rahmen der Gemeinschaft der amerikanischen Seite eine Antwort zu erteilen. Es wurde deutlich, daß insbesondere F wenig Bereitschaft zeigt, den von amerikanischer Seite geschaffenen Termindruck zu akzeptieren.

Engels[30]

Referat 012, Bd. 108141

---

[23] Poul Hartling.
[24] Zum informellen Treffen der Außenminister der EG-Mitgliedstaaten im Rahmen der EPZ in Nyborg vgl. Dok. 156.
[25] Zur Tagung des Europäischen Rats in Brüssel vgl. AAPD 1977, II, Dok. 357.
[26] Vgl. dazu die Erklärung über die Europäische Stiftung vom 8. April 1978; EUROPA-ARCHIV 1978, D 287.
[27] Zur Havarie des Öltankers „Amoco Cadiz" am 16./17. März 1978 vgl. Dok. 107, Anm. 19.
[28] Vgl. dazu die Erklärung über Meerwasserverschmutzung vom 8. April 1978; EUROPA-ARCHIV 1978, D 287.
[29] Zum „Nuclear Non-Proliferation Act of 1978" vom 9. Februar 1978 vgl. Dok. 72, Anm. 3.
   Zur Erörterung in den Europäischen Gemeinschaften vgl. Dok. 107.
[30] Paraphe.

114

Botschafter von Staden, Washington, an das Auswärtige Amt

114-11623/78 geheim Aufgabe: 12. April 1978, 12.17 Uhr[1]
Fernschreiben Nr. 1371 Ankunft: 12. April 1978, 19.57 Uhr
Citissime

Betr.: ERW;
  hier: Gespräch mit Brzezinski am 12.4.

Bitte Herrn Staatssekretär[2] vorlegen.

Aus dem halbstündigen Gespräch, das unter vier Augen geführt wurde, halte ich zusammenfassend fest:

Brzezinski führte die Unterhaltung in sehr ruhigem und freundschaftlichem Ton, ohne jede Schärfe.

Einleitend sagte ich ihm weisungsgemäß, daß der Herr Bundesminister seine Ausführungen im deutschen Fernsehen[3] als hilfreich begrüßt habe. Brzezinski bedankte sich.

Anschließend nahm ich Bezug auf das Gespräch zwischen dem Herrn Staatssekretär und Botschafter Stoessel am 10.4.[4], über das Brzezinski unterrichtet

---

[1] Hat Vortragendem Legationsrat I. Klasse Schenk am 13. April 1978 vorgelegen, der die Weiterleitung an Vortragenden Legationsrat Wentker verfügte.
Hat Wentker vorgelegen.
[2] Günther van Well.
[3] Zu den Äußerungen des Sicherheitsberaters des amerikanischen Präsidenten am 11. April 1978 wurde in der Presse berichtet, Brzezinski habe „den in Europa erhobenen Vorwurf der Unberechenbarkeit der amerikanischen Außenpolitik" zurückgewiesen: „In der Sendung ‚Panorama' des Deutschen Fernsehens sagte Brzezinski, in den entscheidenden Fragen sei der Kurs klar. ‚Wir wollten und wollen ein neues SALT-Abkommen mit den Sowjets. Wir suchten und suchen enge Zusammenarbeit mit Europa in Verteidigungsfragen [...].' In der Frage der Neutronenwaffe sei nach gemeinsamen Beratungen eine Lösung zustande gekommen, ‚die nach unserem Urteil den Sicherheitsbedürfnissen der Verbündeten entspricht, die uns optimale Möglichkeiten gibt, Fragen der Rüstungsbegrenzung auszuloten und die zugleich die Einheit der Allianz stärkt'. Brzezinski bestritt die Einschätzung des CDU-Vorsitzenden Helmut Kohl, daß es zu einer dramatischen Verschlechterung im deutsch-amerikanischen Verhältnis gekommen sei. Die fundamentale Bedeutung dieses Verhältnisses lasse auch gelegentliche Meinungsverschiedenheiten zu, sagte der Sicherheitsberater." Vgl. den Artikel „Brzezinski weist die Kritik an Washington zurück"; DIE WELT vom 12. April 1978, S. 4.
[4] Vortragender Legationsrat I. Klasse Dannenbring teilte der Botschaft in Washington am 10. April 1978 zum Gespräch des Staatssekretärs van Well mit dem amerikanischen Botschafter Stoessel mit, van Well habe darauf hingewiesen, der Bundessicherheitsrat habe am 7. April 1978 festgestellt, „daß die öffentliche Darstellung der Neutronenwaffendiskussion jetzt von großer Bedeutung sei. Es müsse darauf hingewirkt werden, daß in dieser Diskussion unsere grundlegenden Interessen und die Kohäsion des Bündnisses sowie die Position der Bundesregierung nicht von Kritik überlagert würden. Ferner komme es darauf an, die von Präsident Carter herausgestellten offenen Optionen für die Rüstungskontrollpolitik nicht herabzumindern. Gegenseitige Vorwürfe könnten jetzt nicht in unserem gemeinsamen Interesse liegen. Die Bundesregierung habe eine klare Position bezogen. Sie habe sich an die vereinbarte Vertraulichkeit der Konsultationen gehalten. Wir könnten die in Teilen der amerikanischen Presse gegen die Bundesregierung erhobenen Vorwürfe, daß sie in der öffentlichen Diskussion eine ausweichende Haltung eingenommen und sich hinter kleineren Verbündeten versteckt habe, nicht verstehen. Das Ziel der Bundesregierung sei es, in der Frage der Neutronenwaffe nicht in eine Sonderrolle gedrängt zu werden, es handele sich auch nicht um eine bilaterale deutsch-amerikanische, sondern um eine Bündnisangelegenheit." Vgl. den Drahterlaß Nr. 1719; VS-Bd. 10497 (201); B 150, Aktenkopien 1978.

war. Ich hob vor allem die Darlegung des Herrn Staatssekretärs hervor, daß die Kohäsion des Bündnisses nicht von Kritik überlagert werden und die rüstungskontrollpolitische Option der Entscheidung des Präsidenten[5] nicht durch Polemik in ihrem Verhandlungswert gemindert werden sollte.

Diese Linie sei durch die Ausführungen des Herrn Bundeskanzlers in der geheimen Sitzung der Bundestagsausschüsse für Auswärtiges und Verteidigung am 11.4. nachdrücklich unterstrichen worden. Schließlich kündigte ich Brzezinski die Regierungserklärung vom 13.4.[6] an und machte auf die Ausführungen aufmerksam, die zur Frage des deutsch-amerikanischen Verhältnisses[7] und der Atlantischen Allianz beabsichtigt seien. Brzezinski bat, ihm den Text, sobald er vorliegt, zu übermitteln.

Anknüpfend an Brzezinskis telefonische Mitteilung vom 11.4. über die Direktive des Präsidenten, die deutsche Position nicht polemisch anzusprechen, insbesondere den Vorwurf des „Versteckens hinter kleineren Alliierten" zu unterlassen, führte ich aus, diese Weisung werde bei uns sehr begrüßt werden. Ich wolle den diesbezüglichen Ausführungen des Herrn Staatssekretärs gegenüber Botschafter Stoessel noch die Bemerkung hinzufügen, daß unsere Haltung insoweit immer konsistent und logisch gewesen sei. Wir müßten einerseits einem Sonderstatus der Bundesrepublik und andererseits einer Aufspaltung der Allianz in Sonderregionen widerstehen. Mutatis mutandis hätten wir die gleiche Haltung im Rahmen von MBFR von jeher konsequent vertreten. Wir hätten auch den Eindruck haben dürfen, daß dies amerikanischerseits verstanden und akzeptiert worden sei. Ich erinnerte mich u. a., daß Graf Lambsdorff nach Rückfrage beim Herrn Bundesaußenminister Auskunft über unsere Haltung gegeben habe und mir nachher berichtete, daß er, Brzezinski, davon voll befriedigt gewesen sei.[8]

---

[5] Vgl. dazu die Erklärung des Präsidenten Carter vom 7. April 1978; Dok. 108.
[6] Korrigiert aus: „14.10.".
Bundeskanzler Schmidt äußerte sich am 13. April 1978 im Rahmen einer Regierungserklärung vor dem Bundestag zur Neutronenwaffe. Dabei legte er dar, daß 1) „eine etwaige Produktionsentscheidung eine souveräne Entscheidung der Vereinigten Staaten von Amerika bleiben" müsse; 2) nach „einer etwaigen Produktionsentscheidung der USA sollten die sich bietenden Möglichkeiten zu Fortschritten bei Rüstungsbegrenzungsverhandlungen, insbesondere bis zur tatsächlichen Dislozierung der Neutronenwaffe, geprüft und solche Möglichkeiten in Verhandlungen sodann auch tatsächlich genutzt werden"; 3) habe die Bundesregierung ihre Bereitschaft erklärt, „dann die Lagerung von E[nhanced]R[adiation]-Waffen auf dem Territorium der Bundesrepublik Deutschland zuzulassen, wenn nicht innerhalb von zwei Jahren nach amerikanischer Produktionsentscheidung die westliche Seite deshalb auf die Dislozierung verzichtet, weil inzwischen entsprechende Resultate von Rüstungsbegrenzungsverhandlungen vorliegen", wobei ein gemeinsamer Beschluß in der NATO herbeigeführt werden solle und „die Dislozierung von ER-Waffen nicht allein auf deutschem Territorium erfolgen könnte". Vgl. BT STENOGRAPHISCHE BERICHTE, Bd. 105, S. 6502.
[7] Bundeskanzler Schmidt führte am 13. April 1978 im Rahmen einer Regierungserklärung vor dem Bundestag aus: „Die deutsch-amerikanische Freundschaft ist so fest verankert, daß ihr tagespolitische Meinungsverschiedenheiten, zu denen es bei bester Zusammenarbeit immer auch wieder kommen kann, nichts anhaben können. [...] Das Fundament unserer Freundschaft sind die geschichtlichen, die geistesgeschichtlichen und die menschlichen Bindungen sowie die weitgehende Identität unserer politischen und sozialen Wertvorstellungen. Daraus ergibt sich: Der deutsch-amerikanische Konsensus ist breit und tief fundiert; er ist nicht zu erschüttern." Vgl. BT STENOGRAPHISCHE BERICHTE, Bd. 105, S. 6504.
[8] Zu den Äußerungen des Sicherheitsberaters des amerikanischen Präsidenten, Brzezinski, gegenüber Bundesminister Graf Lambsdorff vgl. Dok. 106, Anm. 8.

Brzezinski erwiderte ohne Zögern, daß in dem damaligen Gespräch nicht von „kontinentalen" Bündnispartnern gesprochen worden sei. Inzwischen aber sei die deutsche Haltung dahingehend präzisiert worden, daß auf die Beteiligung kontinental-europäischer Partner an der Dislozierung nicht verzichtet werden könne.[9] Damit seien unsere kleineren Nachbarn unter starken sowjetischen Druck geraten, obwohl eine Dislozierung auf ihrem Gebiet militärisch keinen Sinn mache. Dies gelte um so mehr, als man von einer Strategie der Vorneverteidigung[10] ausginge. Brzezinski erwähnte in diesem Zusammenhang, er habe vor einigen Wochen im Gespräch mit dem belgischen Außenminister[11] den Eindruck gewonnen, daß Belgien sich zur Dislozierung entschlossen haben würde.

Auf meine Bemerkung, daß man ja in der Allianz auch auf dem Weg zum Konsensus gewesen sei, daß aber die Entscheidung des amerikanischen Präsidenten diesen Prozeß unterbrochen habe, erwiderte Brzezinski, der ins Auge gefaßte Konsensus habe in der Form nicht dem entsprochen, was der Präsident aufgrund seiner Schreiben an den Herrn Bundeskanzler[12] erwartet habe. Um Aufklärung dieser Bemerkung gebeten, erläuterte Brzezinski, daß nur eine Zusammenfassung des Konsensus durch den Generalsekretär[13] vorgesehen gewesen sei, nicht aber ein eindeutiges Indossament durch die Regierungsvertreter selbst. Brzezinski bemerkte in diesem Zusammenhang, daß man die Verantwortung für die jetzt entstandene Lage wohl teilen müsse. Vielleicht hätten die USA selbst nicht frühzeitig genug eine klare Produktionsentscheidung getroffen und die Europäer damit mitgezogen. Hätte man vor einem halben Jahr so gehandelt, dann wäre das Problem möglicherweise längst vom Tisch. Ich wollte an dieser Stelle die Frage nicht unterdrücken, ob er damit nicht etwa andeuten wolle, daß er zwischen den USA und der Bundesrepublik ein ähnliches Größenverhältnis sähe wie zwischen der Bundesrepublik und etwa Belgien. Brzezinski antwortete lachend: nicht ganz.

Auf meine Frage, wie man sich in Washington das weitere Vorgehen vorstelle, erwiderte Brzezinski, man gehe nunmehr mit dem Bau von Sprengköpfen für Lance voran, die so konstruiert seien, daß ERW-Sprengsätze rasch und ohne technische Schwierigkeiten eingebaut werden könnten. Technisch schwieriger sei die Konstruktion von Haubitzen-Geschossen für eventuelle Ausrüstung mit ERW-Sprengsätzen.

Unabhängig davon werde man aber nach einigen Monaten möglicherweise vor dem gleichen Dilemma eines Konsensus stehen wie zuvor.

Ich wies darauf hin, daß für die Entscheidung des Präsidenten mehrere Gründe erwähnt worden seien. Ich wolle deshalb die hypothetische Frage stellen, ob es zu einer Produktionsentscheidung kommen würde, falls die Sowjetunion sich rüstungskontrollpolitisch unkooperativ verhielte und die Allianz ihrerseits zu einem für die amerikanische Regierung befriedigenden Konsensus bereit wäre.

---

[9] Vgl. dazu die Mitteilung des Bundesministers Genscher vom 5. April 1978 an den amerikanischen Außenminister Vance; Dok. 96, Anm. 8.
[10] Zum Konzept der Vorneverteidigung vgl. Dok. 5, Anm. 10.
[11] Henri Simonet.
[12] Zum Schreiben des Präsidenten Carter vom 23. November 1977 an Bundeskanzler Schmidt vgl. Dok. 96, Anm. 3.
[13] Joseph Luns.

Brzezinski erwiderte ausweichend, daß die heutige Situation nicht mehr die gleiche sei wie früher. Es käme darauf an, wie die weitere Entwicklung ausfiele und ob es andere adäquate Mittel gäbe, den verteidigungspolitischen Zweck der ERW abzudecken. Verteidigungsminister Brown halte die ERW für wichtig und erwünscht, schließe aber adäquate Alternativen nicht aus. Die militärische Führung verfechte die Notwendigkeit von ERW mit größerer Entschiedenheit.

Auf meine Frage, ob man über Signale aus Moskau verfüge und wie man gegenüber der Sowjetunion weiter zu verfahren gedenke, antwortete Brzezinski, daß man vom Kreml über die ersten öffentlichen Reaktionen[14] hinaus nichts gehört habe. Washington sei sich über das weitere Verfahren gegenüber der Sowjetunion nicht schlüssig. Im Gegensatz zu den Eindrücken, die der niederländische Außenminister in seinem Gespräch mit Vance gewonnen hatte[15], meinte Brzezinski, daß der Secretary of State die Frage in Moskau[16] von sich aus ansprechen und die sowjetische Führung darauf hinweisen würde, daß man von ihr konkrete Akte der Mäßigung erwarte. Spezifische Vorschläge werde man jedoch nicht beitragen.

Man werde sich in der Allianz überlegen müssen, ob man es dem Kreml gegenüber vorerst bei der allgemeinen Forderung nach konkreten Akten der Mäßigung bewenden lassen oder spezifische Vorschläge in bezug auf SS-20 oder Panzer oder andere Rüstungsbegrenzungen machen wolle. Der ganze Problemkreis könne ein Gegenstand des NATO-Gipfels Ende Mai[17] sein. Als meine persönliche Meinung erwiderte ich, daß dieser Tagesordnungspunkt gegebenenfalls

---

[14] Botschafter Wieck, Moskau, berichtete am 10. April 1978: „Sowjetische Zentralpresse vom Wochenende kritisierte Vertagung der Entscheidung über Produktion der Neutronenwaffe durch Präsident Carter. Sie brachte dabei folgende Gesichtspunkte vor: 1) Aufschub der Entscheidung zeige, daß USA Absicht, Neutronenbombe zu produzieren, noch nicht aufgegeben hätten. 2) Carter habe, auf Druck ‚einiger politischer Kreise' hin, lediglich Kompromißentscheidung gefällt und dadurch ein gefährliches Element der Unsicherheit in die Frage der Neutronenwaffe eingeführt. 3) USA setzten gleichzeitig Modernisierung von Trägersystemen fort, die für Neutronenwaffe vorgesehen seien. 4) Carter habe endgültige Entscheidung über Produktion der Neutronenwaffe mit sowjetischen Verteidigungsmaßnahmen verknüpft, die mit der Neutronenwaffe in keinem Zusammenhang stünden. 5) Aufschub der Entscheidung durch Carter ziele vor allem darauf ab, öffentliche Protestwelle gegen Produktion der Neutronenwaffe zum Schweigen zu bringen und westeuropäische Öffentlichkeit für Dislozierung der Waffe günstiger zu stimmen." Wieck führte dazu aus: „Negative sowjetische Reaktion kommt angesichts sowjetischer Haltung erwartungsgemäß. Sowjetunion fordert Verzicht auf Produktion der Neutronenwaffe und lehnt zusätzlich eigene Zugeständnisse dafür ab. In sowjetischer Reaktion auf Entscheidung Carters wird dies erneut zum Ausdruck gebracht." Vgl. den Drahtbericht Nr. 1162; Referat 221, Bd. 112971.

[15] Der niederländische Außenminister van der Klaauw hielt sich am 10./11. April 1978 in den USA auf. Botschafter von Staden, Washington, berichtete dazu am 11. April 1978, van der Klaauw habe gegenüber den Botschaftern der EG-Mitgliedstaaten zu seinen Gesprächen mitgeteilt: „Alle Gesprächspartner in der Administration (Brzezinski, Vance, Warnke) hätten sehr nachdrücklich den internen Konsensus unterstrichen, von dem die Entscheidung des Präsidenten in der abschließenden Phase getragen worden sei. [...] Jedoch habe sich außer Brzezinski niemand kritisch zur europäischen Haltung geäußert. [...] Die Amerikaner seien sich noch nicht schlüssig, wie sie weiter prozedieren sollen. Man nehme vorerst eine Haltung des ‚wait and see' ein. Vance habe deshalb die Absicht, sich in Moskau rezeptiv zu verhalten und abzuwarten, ob Breschnew das Thema E[nhanced]R[adiation]-Waffen ansprechen werde, womit der amerikanische Außenminister rechne. Dann werde er antworten." Vgl. den Drahtbericht Nr. 1361; VS-Bd. 13097 (213); B 150, Aktenkopien 1978.

[16] Der amerikanische Außenminister Vance hielt sich vom 19. bis 23. April 1978 in der UdSSR auf. Vgl. dazu Dok. 126.

[17] Zur NATO-Ratstagung auf der Ebene der Staats- und Regierungschefs am 30./31. Mai 1978 in Washington vgl. Dok. 170.

wohl sorgfältig vorbereitet werden müsse, da ich mir nicht vorstellen könnte, daß es richtig wäre, die Staats- und Regierungschefs ohne eine weitere Vorbereitung mit einer solchen Frage zu konfrontieren. Brzezinski stimmte dem zu.

Abschließend äußerte sich Brzezinski zu den Aussichten des Besuchs von Vance in Moskau. Man sehe dieser Begegnung ohne allzu große Erwartungen entgegen. Es gäbe bekanntlich einige schwierige Probleme und Meinungsverschiedenheiten außerhalb von SALT. Bei SALT selbst wolle er der relativ optimistischen Einschätzung durch Warnke nicht direkt widersprechen, aber doch darauf hinweisen, daß ein Unterhändler schon aufgrund der ihm gestellten Aufgabe eher zum Optimismus neige. Man dürfe nicht verkennen, daß die offenstehenden Fragen schwerwiegend seien. Brzezinski nannte in diesem Zusammenhang Backfire, die Verbesserung bestehender Raketensysteme und die Frage eines neuen sowjetischen Raketensystems. Die amerikanische Verhandlungsmarge sei sehr gering. Man habe nicht viel Raum für Konzessionen.

Der vertrauliche Charakter des Gesprächs veranlaßt mich, um restriktive Behandlung zu bitten.

[gez.] Staden

VS-Bd. 11124 (204)

115

Runderlaß des Ministerialdirigenten Müller

320-381.40 Allg. SB 14. April 1978[1]
Fernschreiben Nr. 1835 Plurez Aufgabe: 17. April 1978, 12.51 Uhr
Citissime

Betr.: Initiative der fünf westlichen Sicherheitsratsmitglieder zur Lösung der Namibia-Frage[2];
hier: Unterstützende Botschaft des Bundesministers an afrikanische Außenminister

Für Botschafter oder V. i. A.

Sie werden gebeten, dem Außenminister des Gastlandes umgehend folgende persönliche Botschaft des Bundesministers zu übermitteln:

Text der Botschaft:

„Herr Außenminister, sehr geehrter Herr Kollege,

ich weiß, welchen nachhaltigen Anteil Sie persönlich und Ihre Regierung am

---

[1] Durchdruck.
Der Runderlaß wurde von Vortragendem Legationsrat I. Klasse Kremer konzipiert.
[2] Für den Wortlaut des Vorschlags der fünf westlichen Mitglieder des UNO-Sicherheitsrats vom 10. April 1978 für eine Lösung der Namibia-Frage vgl. EUROPA-ARCHIV 1978, D 574–578.

Schicksal des namibischen Volkes nehmen. Erlauben Sie mir heute, Sie und die Regierung Ihres Landes um Unterstützung für die Ihnen bekannte westliche Namibia-Initiative zu bitten, deren Gelingen uns um einen wichtigen Schritt in Richtung auf das gemeinsame Ziel – die Selbstbestimmung für die schwarze Bevölkerungsmehrheit im südlichen Afrika – weiterbringen kann.

Um die trotz großer Fortschritte noch bestehenden Meinungsunterschiede zwischen den beiden Hauptbeteiligten zu überbrücken, haben die fünf westlichen Mächte einen Kompromißvorschlag erarbeitet, den ihre Außenminister am 11./12. Februar d.J. bei den Simultan-Gesprächen in New York präsentiert und erläutert haben.[3]

Die Schlußfassung des Lösungsvorschlages ist SWAPO, der südafrikanischen Regierung, dem Generalsekretär der VN[4], den Frontlinienstaaten[5] sowie Nigeria und Gabun Ende März/Anfang April d.J. überreicht worden. Eine offizielle Stellungnahme der beiden Hauptbeteiligten liegt bisher noch nicht vor.[6]

Um den Fortgang ihrer Initiative zu beschleunigen und um die Bedeutung herauszustellen, die sie dem baldigen Zustandekommen einer Verhandlungslösung beimessen, haben die fünf westlichen Regierungen ihren Lösungsvorschlag am 10. April d.J. dem Sicherheitsrat zugeleitet. Sie hoffen, daß der Sicherheitsrat sich recht bald zum Erlaß einer Resolution entschließt, die das im Lösungsvorschlag vorgesehene Verfahren in Gang setzt. In dieser Resolution sollte der VN-Generalsekretär beauftragt werden, den VN-Sonderbevollmächtigten für Namibia zu ernennen und umgehend seine Empfehlungen für die Durchführung des Lösungsvorschlags zu erarbeiten. Weitere Verzögerungen hingegen spielen angesichts der sich zunehmend verschärfenden inneren Situation im Territorium und der Möglichkeit weiterer Gewaltakte nur denjenigen in die

---

[3] Zu den Gesprächen der Außenminister Genscher (Bundesrepublik), de Guiringaud (Frankreich), Jamieson (Kanada), Owen (Großbritannien) und Vance (USA) mit dem südafrikanischen Außenminister Botha und dem Präsidenten der SWAPO, Nujoma, am 11./12. Februar 1978 vgl. Dok. 40 und Dok. 45.

[4] Kurt Waldheim.

[5] Angola, Botsuana, Mosambik, Sambia und Tansania.

[6] Die südafrikanische Regierung gab am 25. April 1978 ihre Zustimmung zum Vorschlag der fünf westlichen Mitglieder des UNO-Sicherheitsrats vom 10. April 1978 für eine Lösung der Namibia-Frage bekannt. Für den Wortlaut der Erklärung vgl. EUROPA-ARCHIV 1978, D 578 f.
Botschafter Eick, z.Z. Kapstadt, teilte dazu am selben Tag mit, die südafrikanische Erklärung sei ein „geschickter Zug", nunmehr die fünf Westmächte und den Sicherheitsrat in Zugzwang zu bringen". Der Text enthalte keine ausgesprochenen Bedingungen, umreiße jedoch die von Südafrika für entscheidend gehaltenen Punkte der Geschäftsgrundlage für die Annahme: „Es ist ferner der unübersehbare Versuch, den Westen auf seinen Lösungsvorschlag in der gegenwärtigen Form festzulegen und ihn insofern an ihn zu binden, da von der weiteren Behandlung in der GV und im SR allenfalls eine Verschlechterung der Bedingungen erwartet wird." Vgl. den Drahtbericht Nr. 148; Referat 320, Bd. 125262.
Der Präsident der SWAPO, Nujoma, nannte in seiner Rede vor der UNO-Sondergeneralversammlung über Namibia am 28. April 1978 in New York weitere Bedingungen für eine Zustimmung zum Vorschlag. Für den Wortlaut vgl. EUROPA-ARCHIV 1978, D 581–584.
Ministerialdirigent Müller, z.Z. New York, berichtete dazu am 28. April 1978: „Die südafrikanische Zustimmung zum westlichen Vorschlag hat in der SWAPO-Führung große Verwirrung gestiftet, die von östlicher Seite in New York nachweislich genährt wird. [...] Zur Begründung der Forderung nach weiteren Verhandlungen werden die noch strittigen Fragen herangezogen. Nujoma versucht auf diese Weise, vor der Weltöffentlichkeit glaubhaft zu begründen, warum der SWAPO zum jetzigen Zeitpunkt ein Ja zum westlichen Vorschlag noch nicht zugemutet werden kann." Vgl. den Drahtbericht Nr. 1012; Referat 232, Bd. 121211.

Hände, die bereits darauf warten, das Startsignal für eine interne Lösung zu geben.

Mit Ihrem Wunsch nach baldigem Tätigwerden des Sicherheitsrats wollen die fünf westlichen Mächte in keiner Weise den Beratungen der VN-Sondergeneralversammlung vorgreifen, die am 24. April d. J. beginnt.

Unsere Partner und wir messen ganz im Gegenteil der Sondergeneralversammlung und dem Sicherheitsrat ergänzende Funktionen zu, um die Beratungen des Sicherheitsrats zu einem Erfolg werden zu lassen. Sie erhoffen sich deshalb, daß die Sondergeneralversammlung den westlichen Lösungsvorschlag in realistischer Weise prüfen und bei seiner Verwirklichung durch den Sicherheitsrat Hilfe leisten wird. Eine negative Stellungnahme der Sondergeneralversammlung zu dem Lösungsvorschlag oder zu einzelnen Teilen birgt die Gefahr in sich, daß diese gute Chance, dem namibischen Volk in naher Zukunft zu Freiheit und Unabhängigkeit zu verhelfen, ungenutzt vorübergeht.[7]

In der Gewißheit, daß Sie meine Sorgen teilen, bitte ich Sie, Herr Kollege, dem westlichen Lösungsvorschlag Ihre nachdrückliche Unterstützung zu gewähren.

Mit freundlichen Grüßen

Hans-Dietrich Genscher".

Ende des Textes der Botschaft

Höflichkeitsübersetzung in die englische bzw. französische Sprache folgt mit Citissime-Drahterlaß sofort nach Fertigstellung, spätestens am Dienstag, den 18. April.[8]

Müller[9]

Referat 320, Bd. 116805

---

[7] Die UNO-Sondergeneralversammlung über Namibia fand vom 24. April bis 3. Mai 1978 in New York statt. Botschafter Freiherr von Wechmar, New York (UNO), teilte dazu am 4. Mai 1978 mit: „Erwartungsgemäß war die Namibia-SGV [...] für die Fünfer-Initiative nicht hilfreich. Eine Abwägung der schädlichen Einwirkungen gegen die fördernden Faktoren ergibt, daß es dem Westen immerhin gelungen ist, den Schaden gering zu halten. [...] Zum Nachteil der Fünfer-Initiative wirkte sich vor allem die Rede des SWAPO-Präsidenten Nujoma aus, in der dieser den westlichen Lösungsvorschlag in mehreren wesentlichen Punkten kritisierte und damit den Eindruck einer mittelbaren Ablehnung hervorrief. Zugleich entzog Nujoma den Fünf das bisher demonstrierte Vertrauen in deren Vermittlerrolle und verdächtigte sie der Komplizenschaft mit Südafrika. [...] Weniger gravierend, aber doch nicht unbedenklich für die Fünfer-Initiative, ist das mit 119 Ja-Stimmen bei 21 Enthaltungen angenommene Schlußdokument (,Declaration on Namibia and programme of action in support of self-determination and national independence for Namibia'). Obwohl die meisten SGV-Teilnehmer nicht nur in Gesprächen mit uns, sondern sogar in ihren Reden gegenteilige Auffassungen vertreten haben, scheuten sie sich nicht, für die Anerkennung von SWAPO als ‚alleinige und authentische Vertreterin des Volkes von Namibia' und für die Intensivierung des bewaffneten Kampfes mit allen Mitteln zu stimmen. [...] Einmal mehr disqualifizierte die Generalversammlung sich selbst und läßt den Sicherheitsrat als das einzige Entscheidungsgremium erscheinen, wo in den VN, wenn überhaupt, wirklichkeitsbezogene Beschlüsse betreffend das südliche Afrika durchsetzbar sind." Vgl. den Drahtbericht Nr. 1050; Referat 232, Bd. 121181.

[8] Vgl. dazu die Runderlasse Nr. 1855 bzw. Nr. 1870 des Ministerialdirigenten Petersen vom 18. April 1978; Referat 320, Bd. 116805.

[9] Paraphe vom 17. April 1978.

116

Gespräch des Bundesministers Genscher mit dem japanischen Außenminister Sonoda in Tokio

105-25.A/78   19. April 1978[1]

Gespräch des Herrn Bundesministers des Auswärtigen mit dem japanischen Außenminister Sonoda am 19.4.1978 in Tokio[2] um 7.00 Uhr (Fortsetzung des Gesprächs vom Vortag[3]);

hier: Dolmetscheraufzeichnung

BM hob hervor, daß der Wunsch beider Seiten nach Fortsetzung des Gesprächs vom Vortag ein deutlicher Ausdruck der Gemeinsamkeit der Interessen beider Seiten sei.

Sonoda begann mit der Skizzierung der Aufgaben eines japanischen Außenministers, wobei er sich auf ein Gespräch mit dem Tenno[4] vom Vortag bezog:

Das Wichtigste sei die weitere Festigung und Verbreiterung der Basis der japanischen Außenpolitik. Diese sei auf den engen Kontakt mit den USA gegründet. Diese Aufgabe rangiere noch vor der zukünftigen Gestaltung der Beziehungen Japans zu China und zur Sowjetunion. Das Verhältnis zwischen Deutschland und Japan sei vor dem Zweiten Weltkrieg dem zweier Geschwister vergleichbar gewesen, heute sei es jedoch nicht mehr so eng. Er beabsichtige, die Beziehungen beider Länder wieder auf den alten Stand zu bringen. Sowohl der Kaiser als auch PM Fukuda teilten diese Auffassung.

Sonoda erwähnte dann, daß nach ihm vorliegenden Informationen in den USA Strauss zum Verantwortlichen für Inflationsbekämpfung ernannt werden solle. Daraufhin sei das Gerücht entstanden, daß Blumenthal dann wohl zurücktreten und einer der Direktoren der Rockefeller Bank sein Nachfolger werden würde. (Später wurde von Mitarbeitern Sonodas darauf hingewiesen, daß eine Bestätigung dieser Gerüchte nicht zu erhalten gewesen sei.)

Zum Abzug amerikanischer Truppen aus Südkorea[5] führte der AM aus, daß

---

[1] Durchdruck.
Die Gesprächsaufzeichnung wurde von Legationsrat Schulte am 25. April 1978 gefertigt.

[2] Bundesminister Genscher begleitete Bundespräsident Scheel vom 16. bis 19. April 1978 bei dessen Besuch vom 16. bis 21. April 1978 in Japan.

[3] Im Mittelpunkt des Gesprächs am 18. April 1978 in Tokio standen die japanische Außenpolitik, die bilateralen Beziehungen, die Grundlagen der Außenpolitik der Bundesregierung, die Beziehungen zwischen den Europäischen Gemeinschaften und den ASEAN-Mitgliedstaaten, die Erweiterung der Europäischen Gemeinschaften und die UdSSR. Vgl. dazu die Gesprächsaufzeichnung; Referat 010, Bd. 178767.

[4] Hirohito.

[5] In einer Pressekonferenz am 9. März 1977 in Washington erklärte Präsident Carter, er halte an seinem Wahlkampfversprechen fest, die amerikanischen Bodentruppen aus der Republik Korea (Südkorea) zurückzuziehen. Dies solle innerhalb der nächsten vier bis fünf Jahre in enger Absprache mit der südkoreanischen und der japanischen Regierung umgesetzt werden. Vgl. dazu PUBLIC PAPERS, CARTER 1977, S. 343.
Botschafter von Staden, Washington, berichtete am 2. Mai 1978: „Präsident Carter gab am 21.4. bekannt, daß Abzug anderer als Kampftruppen der USA in Südkorea planmäßig fortgesetzt wird und 2600 Mann davon bis 31.12.1978 Südkorea verlassen; von drei zum Abzug vorgesehenen Bataillonen

beim Gipfeltreffen Carter–Fukuda[6] letzterer dringend von einem Truppenabzug abgeraten habe. Solle dieser dennoch durchgeführt werden, dann dürfe er nur stufenweise erfolgen. Daraufhin habe Carter auf sein Wahlversprechen verwiesen, das er einhalten müsse. Von den zum Abzug vorgesehenen 6000 Mann seien bisher jedoch nur die Hälfte in die USA zurückgekehrt. Der Rest werde in Korea bleiben, solange die Korea als Ausgleich für den Truppenabzug versprochenen Kompensationsmaßnahmen vom Kongreß nicht gebilligt seien.

Im Grunde könne man gegen Präsident Carter nichts haben, doch sei es für die Weltpolitik ungünstig, wenn er vieles sage, was sich gut anhöre, aber später revidiert oder aufgegeben werden müsse.

Zur Frage einer eventuellen Annäherung Nordkoreas und der USA erwähnte Sonoda, daß Jugoslawien sich als Vermittler angeboten habe. Wegen seiner extrem schlechten Finanzlage sei Nordkorea an einer Annäherung an die USA interessiert. Mit einer entsprechenden Initiative der Amerikaner sei wohl kaum zu rechnen, da sie zu sehr auf Südkorea Rücksicht nehmen müßten. Auf der koreanischen Halbinsel seien die Einflüsse und Interessen der Sowjetunion, Chinas und der USA auf höchst komplizierte Weise miteinander vermischt. Es sei damit zu rechnen, daß sich die Situation dort gerade deswegen nicht ändern und es nicht zu neuen Unruhen kommen würde.

Das Verhältnis der Staaten Südostasiens zu China sei wesentlich davon mitbestimmt, ob diese Festlandstaaten seien oder nicht. Birma z.B. fürchte die von China aus operierenden Guerillas so sehr, daß es täglich zahlreiche Panzer in seine Grenzgebiete schicke. Andererseits wolle es Gespräche und Kontakte mit China, sei sich jedoch bewußt, daß dabei die Gefahr vermieden werden müsse, dem Nachbarn Vorwände für Beeinflussungsversuche, Einmischung in die eigenen Angelegenheiten und Anfachung innerer Unruhen zu geben. Sichtbarer Ausdruck dieser Situation seien die zahlreichen birmanischen Besucher in China. Möglicherweise verlaufe die Entwicklung in der Region so, daß man qua ASEAN mit China reden wolle.

Der Stand der Beziehungen zwischen den USA und China werde durch den Besuch von AM Vance beleuchtet: Dieser habe sich kurz darauf in einem Gespräch mit PM Fukuda lobend über die Volksrepublik und seine dort gewonnenen Eindrücke geäußert.[7] Allerdings habe er nur ganz allgemein gesprochen. Hinsichtlich Taiwans sei keine Annäherung der Standpunkte erfolgt. Vance habe versucht, die Chinesen zu der Zusage zu bewegen, die Insel nicht mit Waffengewalt einzugliedern. Demgegenüber hätten die Chinesen weiterhin darauf bestanden, daß zunächst einmal die auf Taiwan stationierten amerikanischen Truppen abgezogen werden müßten, dann werde man weitersehen. Vance habe bei dem Gespräch mit Fukuda hinzugefügt, daß bei den Kontakten zu China nunmehr die Japaner vor den Amerikanern rangierten.

Fortsetzung Fußnote von Seite 548
Kampftruppen der zweiten Division 1978 erst eines abgezogen wird und die übrigen bis 1979 in Südkorea verbleiben". Carter habe den Kongreß „zur baldigen Bewilligung des vorgesehenen Rüstungskredits von 275 Mio. Dollar und zur zügigen Behandlung der Übertragung zurückzulassender Rüstungsgüter für 800 Mio. Dollar auf Südkorea" aufgefordert. Vgl. den Drahtbericht Nr. 1641; Referat 341, Bd. 107626.

[6] Ministerpräsident Fukuda hielt sich vom 20. bis 23. März 1977 in den USA auf.
[7] Der amerikanische Außenminister Vance hielt sich vom 20. bis 26. August 1977 in der Volksrepublik China auf und besuchte am 26./27. August 1977 Japan.

In seiner Antwort habe Fukuda darauf hingewiesen, daß es für Japan natürlich höchst unangenehm sei, wenn eine Annäherung zwischen den USA und China über die Köpfe der Japaner hinweg erfolge, wie 1971 und 1972 geschehen.[8] Eine zukünftige Intensivierung der Kontakte beider Staaten werde sich nach Meinung Sonodas daher wohl kaum mehr über die Köpfe der Japaner hinweg abspielen. Eher sei zu befürchten, daß die USA und China unter dem Tisch Hand in Hand arbeiten könnten.

Die wichtigsten der von Hua Kuo-feng angestrebten Vier Modernisierungen[9] seien zweifellos die des Heeres und der Industrie. Bei ersterer sei eine Hilfe der Amerikaner durch Lieferung älterer konventioneller Waffen an die Chinesen vorstellbar.

Wesentlich für die Bewertung des Vance-Besuchs sei die Tatsache, daß dieser ganze sieben Stunden mit seinem chinesischen Amtskollegen[10] konferiert und darüber hinaus drei Stunden mit Vizepremier Teng Hsiao-ping gesprochen habe. Daraus sei zu schließen, daß die Gespräche ein großer Erfolg gewesen seien. Außerdem leite er aus dieser Tatsache die Möglichkeit ab, daß die USA und China, wie bereits erwähnt, unter dem Tisch Hand in Hand arbeiten würden.

In diesem Zusammenhang sei auch zu beachten, daß die USA bzw. COCOM[11] in letzter Zeit bei Exporten in die Volksrepublik eine flexiblere Haltung einnähmen. So dürfe Japan z. B. Computer dorthin exportieren. Daraus gehe hervor, daß die Amerikaner freundschaftliche Kontakte mit den Chinesen haben und ihnen helfen wollten. Auf dieser Basis könne sich sogar ein gutes trilaterales Verhältnis Japan–China–USA herausbilden, das eventuell gegen die Sowjetunion gerichtet sei. Hierfür würden die Chinesen größtes Interesse haben, da es ihre Abschreckungskraft gegenüber den Russen stärken würde. Auch auf amerikanischer Seite sei man an freundschaftlichen Beziehungen zu China interessiert, würde jedoch nichts unternehmen, was die Sowjetunion reizen könne.

Bei den Senkaku-Inseln, die unbestreitbar japanisches Territorium seien, hätten die Amerikaner seit dem Auftauchen der chinesischen Fischereifahrzeuge[12]

---

[8] Nach Vorbereitung durch eine zunächst geheimgehaltene Reise des Sicherheitsberaters des amerikanischen Präsidenten, Kissinger, vom 9. bis 11. Juli 1971 in die Volksrepublik China und eine weitere Reise Kissingers vom 20. bis 26. Oktober 1971 hielt sich Präsident Nixon dort vom 21. bis 28. Februar 1972 auf. Vgl. dazu FRUS 1969–1976, XVII, S. 359–455, S. 498–570 und S. 677–824. Vgl. dazu ferner AAPD 1971, II, Dok. 252.
[9] Die „Vier Modernisierungen" bezogen sich auf die Landwirtschaft, die Industrie, den Verteidigungssektor sowie auf Wissenschaft und Technologie.
[10] Huang Hua.
[11] Gemäß der Embargo-Liste des 1951 unter Vorsitz der USA gegründeten Coordinating Committee for East-West Trade Policy (COCOM) war die Ausfuhr bestimmter Güter an kommunistische Staaten untersagt bzw. einer strengen Kontrolle und Kontingentierung unterworfen.
[12] Botschafter Diehl, Tokio, berichtete am 14. April 1978: „Zwischen Japan und China ist ein diplomatischer Disput um den Besitz der unbewohnten Senkaku-Inselgruppe [...] ausgebrochen. Ca. 100 chinesische Fischerboote versammelten sich am 12. April in der Nähe der Inseln, von denen zeitweise etwa 25 Boote innerhalb der Zwölf-Meilen-Territorialgewässer fischten." Japan habe Boote und Flugzeuge eingesetzt, um die chinesischen Boote zum Verlassen der Territorialgewässer aufzufordern. Ferner habe die japanische Regierung gegenüber der Botschaft der Volksrepublik China protestiert. Die Volksrepublik China habe die Inselgruppe dagegen als chinesisches Territorium bezeichnet. Hintergrund des bereits seit Jahren schwelenden Konflikts seien vermutlich die Fischgründe, aber auch vermutete Ölvorkommen. Vgl. den Drahtbericht Nr. 547; Referat 341, Bd. 107595.
Am 24. April 1978 wurde in der Presse berichtet, daß der Konflikt abgeflaut sei, da sich die chinesi-

auf ihre regelmäßigen wöchentlichen Schießübungen verzichtet. (In diesem Zusammenhang verwies AM auf Artikel 3 des Friedensvertrags von San Francisco[13].) Dies zeige, daß die USA China nicht reizen wollten.

Auf die Frage BM nach Gründen des chinesischen Verhaltens antwortete Sonoda, daß diese schwer durchschaubar seien. Möglicherweise gebe es in China eine gegen den baldigen Abschluß des japanisch-chinesischen Friedens- und Freundschaftsvertrages[14] gerichtete Strömung, deren Vertreter auf diese Weise Sabotage zu üben versuchten. Dies sei wohl kaum im Sinne Hua Kuo-fengs, der den Vertrag wolle. Eher könne es sich um Anhänger Teng Hsiao-pings handeln, obwohl dieser selbst als Befürworter der Vier Modernisierungen den Standpunkt Huas teilen dürfe. Wahrscheinlich habe Hua noch nicht das ganze Land unter Kontrolle, so daß der militärische Oberbefehlshaber der Küstenprovinz Fukien, ein Mann Teng Hsiao-pings, den Schiffen eigenmächtig den Kurs auf die Senkakus habe befehlen können.

Klarheit herrsche lediglich darüber, daß den chinesischen Gesprächspartnern der Japaner der Vorfall unangenehm sei, zeige er doch, daß der Vertrag in ihrem Lande auch auf Gegnerschaft gestoßen sei. Zu den Gründen sei jedoch keine einheitliche oder gar eindeutige Antwort zu erhalten. Manche sagten, es handele sich lediglich um einen Zufall. Angehörige der chinesischen Botschaft in Tokio sagten, sie wüßten selbst nichts Genaueres.

Offenbar strebe China jedoch eine Lösung an, bei der es nicht das Gesicht verliere. Schließlich könne es jetzt schlecht zugeben, daß der Vertrag nicht im gan-

---

Fortsetzung Fußnote von Seite 550
    schen Boote wieder aus dem Gebiet zurückgezogen hätten. Vgl. dazu den Artikel „Streit um Senkaku-Inseln auf Sparflamme"; DIE WELT vom 24. April 1978, S. 7.

13 Artikel 3 des Friedensvertrags von San Francisco vom 8. September 1951: „Japan will concur in any proposal of the United States to the United Nations to place under its trusteeship system, with the United States as the sole administering authority, Nansei Shoto south of 29° north latitude (including the Ryukyu Islands and the Daito Islands), Nanpo Shoto south of Sofu Gan (including the Bonin Islands, Rosario Island and the Volcano Islands) and Parece Vela and Marcus Island. Pending the making of such a proposal and affirmative action thereon, the United States will have the right to exercise all and any powers of administration, legislation and jurisdiction over the territory and inhabitants of these islands, including their territorial waters." Vgl. UNTS, Bd. 136, S. 50.

14 Botschafter Diehl, Tokio, teilte am 10. März 1978 mit: „Nach über zweijähriger Pause sind die Gespräche zwischen Tokio und Peking über die Wiederaufnahme der Verhandlungen zum Abschluß eines Friedens- und Freundschaftsvertrags wieder in Gang gekommen. Zweimal, am 14.2. und 4.3., trafen auf japanischen Wunsch der jap[anische] Botschafter in Peking, Sato, und der chinesische Vize-Außenminister Han Nien-lung zusammen. [...] Botschafter Sato habe nach Auskunft des japanischen Außenministeriums in diesen Gesprächen vor allem die japanische Grundeinstellung zu dem Vertragsabschluß erläutert: konsequente japanische Friedenspolitik, Aufrechterhaltung guter Beziehungen zu allen Staaten, keine gegen einen dritten gerichtete vertragliche Bindung, weltweite Geltung des Prinzips der Anti-Hegemonie. Im japanischen Außenministerium werden Presseberichte nicht dementiert, daß Vize-AM Han im letzten Gespräch (am 4.3.) zugestanden habe, die japanische Seite sei frei, nach Unterzeichnung des Vertrags einseitig eine Interpretation ihres Verständnisses der Anti-Hegemonie-Klausel abzugeben; China werde dagegen keine Einwendungen erheben." Diehl erläuterte dazu: „Sollte China tatsächlich einer solchen japanischen Interpretation freien Raum zu geben bereit sein, bedeutete dies eine grundlegende Änderung der bisherigen, seit Jahren aufrechterhaltenen chinesischen Haltung." Ministerpräsident Fukuda scheine jedoch auf das Angebot einer einseitigen japanischen Interpretation nicht eingehen zu wollen, sondern strebe die „volle Einigung über Text, Auslegung und Anwendung" an. Die japanische Regierung habe sich zwar zur Aufnahme einer Anti-Hegemonie-Klausel bereiterklärt; der Vertrag dürfe jedoch dadurch keinen Bündnischarakter erhalten, der Japan zu bestimmten Handlungen verpflichte. Vgl. den Drahtbericht Nr. 265; Referat 341, Bd. 107596.

zen Lande einhellig begrüßt werde. Nach Prüfung dieser Haltung wolle Japan sich möglichst bemühen, ihr zu entsprechen und bei der Behandlung der Frage die Chinesen weder in Widersprüche verwickeln noch kontrovers diskutieren. Sonoda fügte hinzu, daß er für einen baldigen Abschluß des Vertrages sei.

Auf die Frage *BM*, ob der Vertrag die Anti-Hegemonie-Klausel enthalten würde, antwortete *Sonoda*, daß dieses Problem nicht groß sei und in Gesprächen ausgeräumt werden könne.

Im übrigen sehe er einen Unterschied zwischen der Bundesrepublik und Japan darin, daß die politischen Führer in Deutschland eine klare Linie des Friedens verfolgten. In diesem Punkt habe es in der Bundesrepublik mehr Fortschritt als in Japan gegeben, wo ultranationale Meinungen noch immer zahlreiche Anhänger fänden. In der Bundesrepublik seien demgegenüber derartige Anschauungen besser „unter Kontrolle", besonders seit dem Beginn der Ostpolitik. Wegen schwächerer Führerschaft existierten in Japan im Unterschied zur Bundesrepublik noch Überreste vorkriegszeitlicher Anschauungen; nach Ansicht Sonodas müsse dies einmal offen ausgesprochen werden.

Die chinesisch-sowjetische Konfrontation werde zwar zu Konflikten an der gemeinsamen Grenze führen, andererseits liege der enorme Unterschied in der militärischen Stärke beider Länder auf der Hand. Da die Sowjetunion das wahre Potential Chinas kenne, fühle sie sich von dort nicht bedroht. Für die VR China gelte das Umgekehrte. Daher könne und wolle die SU den gewichtigeren Teil ihrer militärischen Macht in Europa konzentrieren, zumal sie zu diesem Zweck ein mittelbares oder unmittelbares Arrangement mit China anstrebe. Nach Auffassung Sonodas werde es daher keinen ernsten Streit zwischen den beiden Nachbarn geben. China suche Verbündete, z.B. die USA, vielleicht denke man in Peking sogar an eine Art kollektives Sicherheitssystem. Heftige verbale Angriffe auf die SU änderten jedoch nichts daran, daß die Chinesen gar nicht an einen militärischen Angriff dächten. Die ostasiatische Denkweise sei eben kompliziert. Jedenfalls schickten Chinesen und Russen sich gegenwärtig Delegationen[15], was das Interesse beider Seiten an der Aufrechterhaltung ihrer Kontakte verdeutliche.

Der angestrebte japanisch-chinesische Vertrag brächte Japan wenig Vorteile, andererseits sei es schlecht, ihn nicht abzuschließen; denn der Vertrag würde Japans Einfluß in den befreundeten Ländern der Region vermehren. Entsprechendes gelte für die Möglichkeiten der Einflußnahme auf die Volksrepublik. Bei aller Verschiedenheit der politischen Systeme beider Länder wolle Japan die Koexistenz, und China sei auf japanische Hilfe bei seiner Entwicklung zur wirtschaftlichen Großmacht angewiesen.

---

[15] Botschafter Wickert, Peking, berichtete am 26. April 1978: „Der Leiter der sowjetischen Delegation zu den chinesisch-sowjetischen Grenzverhandlungen, der stellv[ertretende] Außenminister Iljitschow, wird heute in Peking zurückerwartet. Iljitschow ist ständig bei der chinesischen Regierung akkreditiert und befindet sich nach offizieller Leseart seit Ende Februar 1977, dem Zeitpunkt seiner letzten Abreise aus Peking, lediglich auf Urlaub. [...] Die nie endenden Spekulationen über eine chinesisch-sowjetische Aussöhnung werden sich jetzt zweifellos wieder beleben. [...] Die Botschaft rechnet nicht damit, daß die nunmehr bevorstehende Runde die seit nahezu neun Jahren andauernden Verhandlungen voranbringen wird. Bestenfalls sind einige technische Übereinkünfte zu erwarten." Vgl. den Drahtbericht Nr. 408; Referat 341, Bd. 107505.

Seine Ausführungen zum japanisch-sowjetischen Verhältnis begann Sonoda mit dem Hinweis auf die prekäre finanzielle Situation, in die die SU durch ihre Rüstungsanstrengungen geraten sei. Er habe in Moskau[16] gehört, daß man sich dort mittlerweile gezwungen sehe, Anleihen bei Privatbanken aufzunehmen. Die SU befinde sich in einem Dilemma: Bei ihrer eigenen Entwicklung könne sie ohne ausländische Hilfe nicht weiterkommen und wolle wegen ihrer wirtschaftlichen Schwierigkeiten japanische Hilfe in Anspruch nehmen. Um als Großmacht jedoch nicht ihr Gesicht zu verlieren, bemühe sie sich andererseits, diese Absicht zu verschleiern.

Ihre gewaltigen Rüstungsanstrengungen setze sie jedoch unvermindert fort, denn ihr Ziel sei die Weltherrschaft. Dennoch werde sie in absehbarer Zeit nicht wesentlich aktiver werden als bisher oder gar einen Krieg erwägen. Dazu fürchte sie das nukleare[17] Potential der USA zu sehr.

Die Rückgabe der Nordgebiete an Japan[18] sei nicht absolut schwierig. Zwar seien die beiden Inseln Kunashiri und Etorofu – von dort war der Angriff der japanischen Marine und Luftwaffe auf Pearl Harbor ausgegangen – von großer strategischer Bedeutung, besonders für die Sowjetunion, die sich seit ihrem Bestehen[19] überall Flottenbasen zu sichern versuche. Doch könnten freundschaftliche Kontakte zur SU eventuell Erfolge in dieser Frage bringen. Es sei denkbar, daß zunächst nur die nicht für militärische Zwecke benutzten Inseln zurückgegeben würden und die anderen erst zu einem späteren Zeitpunkt. (Nach dem Gespräch wurde von japanischer Seite darauf hingewiesen, daß man jedoch nie über eine Teilrückgabe verhandeln werde.) Sobald der japanisch-chinesische Vertrag abgeschlossen sei, wolle man sich mit allen Kräften den Beziehungen zur und einer Friedenspolitik gegenüber der SU widmen.

Im Vergleich zur Bundesrepublik sei man in dieser Hinsicht ein wenig im Rückstand. Daher wolle er die Basis für Gespräche mit der SU verbreitern.

Nach Abschluß des Vertrages mit der VR China wolle man sich außerdem noch stärker als bisher um die ASEAN-Staaten, die voll Sorge auf China schauten, kümmern und ihnen bei der Festigung ihrer Unabhängigkeit helfen. Vor allem wolle man Birma und Australien helfen. Australien hege gegenüber Japan große Erwartungen, zumal seine Kontakte zu Großbritannien nicht mehr so eng wie früher seien. Der Präsident Birmas[20] sei besonders auf die Unabhängigkeit seines Landes bedacht. Als ehemaligem Militär mangele es ihm jedoch anscheinend an ausreichenden wirtschaftlichen Kenntnissen. Da Birma sich so stark gegenüber der Außenwelt abschließe, sei es schwierig, Kontakte dorthin zu unterhalten und Hilfe zu leisten. Da die Beziehungen Japans zu Birma in der Vergangenheit jedoch besonders gut waren, bestünden u. U. gute Aussichten für bilaterale Gespräche.

---

16 Der japanische Außenminister Sonoda besuchte die UdSSR vom 8. bis 11. Januar 1978.
17 Korrigiert aus: „unklare".
18 Im Friedensvertrag von San Francisco vom 8. September 1951 verzichtete Japan auf alle Rechte und Ansprüche an den Kurilen und Südsachalin. Allerdings wurde die Bezeichnung „Kurilen" nicht genauer definiert. Nach japanischer Auffassung gehörten dazu nur die nördlich von Etorofu gelegenen Inseln, nicht jedoch die ebenfalls von der UdSSR 1945 besetzten, nordöstlich von Hokkaido gelegenen Inseln Kunashiri, Etorofu sowie die Gruppe der Habomai-Inseln.
19 Die Sowjetunion wurde am 30. Dezember 1922 gegründet.
20 Ne Win.

Im Zusammenhang mit den für Mai vorgesehenen Treffen BM mit Vertretern der ASEAN-Staaten sprach Sonoda von seinen diesbezüglichen Erfahrungen. Als einheitliche Organisation, welche ihre Mitglieder nach außen vertrete, sei ASEAN noch jung.[21] Entsprechend spielten die Unterschiede in Tradition, Geschichte und Bräuchen der Mitgliedsländer nach wie vor eine bedeutende Rolle. Bei Gesprächen Sonodas mit Vertretern der verschiedenen Länder hätten diese schlecht über ihre Bündnispartner geredet. So werde Lee Kuan-yew z. B. als Wissenschaftler und guter Ökonom anerkannt. Doch sage man ihm nach, er strebe Kontakte zu China an. Über Suharto habe er hören müssen, daß dieser die Weltsituation nicht beurteilen könne. Diese Problematik müsse man bei Begegnungen mit ASEAN-Politikern stets im Auge behalten, nach Möglichkeit solle man Einzelgespräche führen.

Bei Gesprächen über Wirtschaftshilfe dürfe man nicht vergessen, daß die ASEAN-Führer weniger den Nutzen ihrer Völker als den eigenen verfolgten. Nach Auffassung Sonodas habe sich die bisherige Entwicklungshilfe an die ASEAN-Staaten schwerlich zum Wohle ihrer Bürger ausgewirkt. Zwischen Führung und Bevölkerung dieser Länder liege noch immer ein tiefer Graben. Um sich das Volk nicht ganz zu entfremden, müsse die Führung dauernd Festivals oder ähnliche Veranstaltungen aufziehen. Diese Gegebenheiten seien der Grund dafür, daß unser guter Wille nicht richtig verstanden werde. Der AM fügte hinzu, daß er in den Parlamentsferien in die ASEAN-Staaten zu reisen gedenke.[22]

Hinsichtlich Indochinas erklärte Sonoda, daß seine Sicht der Lage mit der des BM übereinstimme und den dortigen Staaten angemessene Hilfe gewährt werden müsse. Die Kontakte seines Landes zu Vietnam würden Schritt für Schritt ausgebaut. Für das Problem der Entschuldung Vietnams habe man in grundsätzlichen Gesprächen einen Lösungsweg gefunden, Konkretes sei jedoch noch nicht vereinbart. Kambodscha sei wegen seiner schwierigen inneren Situation zu Gesprächen mit dem Ausland vorerst weder bereit noch in der Lage.

Im Nahen Osten empfinde man die Bedrohung seitens der Sowjetunion als überaus stark. Die Situation werde zusätzlich erschwert durch das erhebliche Gefälle zwischen den ölproduzierenden Staaten und denen ohne Ölvorkommen. Außerdem sorge man sich in den Ölstaaten, was zu tun sei oder geschehen werde, wenn die Ölquellen erschöpft seien.

Die Initiative Sadats[23] sei von höchster Bedeutung. Dies um so mehr, als auch die meisten anderen Staaten der Region sie unterstützten oder ihr wenigstens Erfolg wünschten; denn sie sähen die Gefahr, daß bei einem Fehlschlag der ägyptischen Bemühungen die Sowjetunion eine Offensive auf die Region unternehmen würde.

Das Verhältnis der Staaten der Region zu Israel sei natürlich eines der Hauptprobleme. Doch seien nicht alle grundsätzlich gegen Israel. Diejenigen, die den

---

[21] ASEAN wurde am 8. August 1967 in Bangkok von Indonesien, Malaysia, den Philippinen, Singapur und Thailand gegründet. Für den Wortlaut des Vertrags vgl. UNTS, Bd. 1331, S. 235–241.
[22] Am 17. Juni 1978 fand im Anschluß an eine Konferenz der Außenminister der ASEAN-Mitgliedstaaten vom 14. bis 16. Juni 1978 in Pattaya ein Gespräch des japanischen Außenministers Sonoda mit den Außenministern Kusumaatmadja (Indonesien), Upadit Pachariyangkun (Thailand), Rajaratnam (Singapur), Rithaudeen (Malaysia) und Romulo (Philippinen) statt.
[23] Zur Friedensinitiative des Präsidenten Sadat vgl. Dok. 3, Anm. 7.

Frieden wünschten und am stärksten auf ihn angewiesen seien, seien für den Abbau der Konfrontation und für Verträge mit Tel Aviv. Natürlich müßten sie darauf bedacht sein, das Gesicht zu wahren.

Bei seiner Reise in die Nahost-Staaten sei dem AM häufig erklärt worden, wie unzufrieden man mit den Friedensbemühungen der USA sei.

Es wurde sogar die Bitte geäußert, ob Japan in den USA nicht auf diesen Punkt hinweisen und die Sorgen seiner Gesprächspartner erklären könnte. Der AM fügte hinzu, er habe bei der Gelegenheit den nicht ölproduzierenden Ländern wirtschaftliche und technische Kooperation zugesagt.

Japans Beziehungen zu Afrika seien in der Vergangenheit nicht besonders eng gewesen, doch seien sie in den letzten Jahren intensiviert worden. Er selbst sei bisher noch nicht in Afrika gewesen, wolle dies aber möglichst bald nachholen. Den afrikanischen Staaten liege, von Ausnahmen abgesehen, viel daran, ihre Probleme und Interessen einheitlich darzustellen.

BM dankte für die hochinteressanten Ausführungen und fügte hinzu, er erwarte viel von der künftigen Entwicklung der japanisch-chinesischen Beziehungen. Nach seiner Auffassung seien die Bemühungen um einen Friedensvertrag mit China ein wichtiger Beitrag für den Frieden in der Region. Entsprechendes gelte für die Absichten Japans, bei Wiederaufbau und Konsolidierung in Indochina Hilfe zu leisten, sowie für die japanische Politik gegenüber ASEAN. Über den inneren Zusammenhalt dieses Bündnisses hege man deutscherseits jedoch keine Illusionen. Doch da Politik die Wahl zwischen Alternativen bedeute, hätten sich die Bundesrepublik und Japan für den vernünftigeren Weg entschieden, die ASEAN-Staaten nicht sich selbst zu überlassen, sondern ihre Souveränität und Unabhängigkeit zu stärken und die Region wirtschaftlich wie politisch konsolidieren zu helfen.

Die Beziehungen zwischen China und der Sowjetunion, die er ebenso sehe wie Sonoda, ließen sich vereinfacht auf die Formel bringen, daß beide Länder Angst voreinander empfänden, ihre Konfrontation jedoch nicht nur auf nationalen Gegensätzen beruhe. Die SU habe sich im Laufe der Jahre immer stärker verbürokratisiert. Sie weise das gleiche Merkmal wie alle alten imperialistischen Mächte auf: Ihr Ziel sei die Vorherrschaft über möglichst viele Staaten. Das gehe aus ihrer Politik in Osteuropa, im Nahen Osten, in Indochina und Afrika deutlich hervor. Die Aufrüstung der sowjetischen Flotte wecke Erinnerungen an Kaiser Wilhelm II.

Die Ziele unserer Politik müßten sein:

1) Förderung der Entspannung zwecks Abbau von Konflikten und

2) durch militärische Stärke zu verhindern, in den machtpolitischen Sog der SU zu geraten.

Die beiden Supermächte USA und Sowjetunion stünden heute jeweils vor einem Phänomen, das ihnen in ihrer Geschichte bisher nie begegnet sei. Die Sowjetunion sei daran gewöhnt, jedem bisherigen Kriegsgegner an Zahl, wenn auch nicht unbedingt hinsichtlich Ausbildungsstand und Ausrüstung ihrer Truppen, weit überlegen gewesen zu sein. Die USA hätten in beiden Weltkriegen absolut sicher sein können, daß ihr eigenes Gebiet in keiner Weise in Mitleidenschaft gezogen würde.

Diese Ausgangslage habe sich jedoch einschneidend verändert, was zu einer neuen Philosophie geführt habe, die der Hintergrund von SALT und der in diesem Rahmen unternommenen Bemühungen um ein militärisches Gleichgewicht sei.

Der Westen müsse verhindern, daß die SU in Nordafrika und den arabischen Ländern durch ihr militärisches Potential machtpolitisch das Übergewicht gewinne, und den Versuchen der Russen begegnen, ihre Militärmacht auf allen Gebieten auszubauen. Nur so könne das strategische Gleichgewicht in der Welt und damit der Frieden aufrechterhalten werden.

BM erklärte, er halte Japans Bestreben, sich aus dem Streit zwischen China und der SU herauszuhalten, für eine kluge Politik. Bei seinem Besuch in China im Oktober 1977[24] habe er dem Vorsitzenden Hua gegenüber betont, die Bundesrepublik wolle sehr gute Beziehungen zu China. Hinsichtlich der Probleme beider Länder mit der Sowjetunion habe er Hua jedoch seine der japanischen Auffassung entsprechende Vorstellung zu verstehen gegeben. Zu diesem Zweck habe er das chinesische Wort zitiert, daß ferne Wasser nahe Brände nicht löschen könnten.

Abschließend wies BM auf die große gemeinsame Verantwortung beider Länder und ihren Willen hin, trotz der in letzter Zeit entstandenen Probleme die Freundschaft mit den Vereinigen Staaten weiter zu festigen und in gemeinsamem Vorgehen die Aufgaben der Zukunft zu bewältigen.

Das Gespräch endete um 8.35 Uhr.

Referat 010, Bd. 178767

117

Gespräch des Bundesministers Genscher mit dem japanischen Außenminister Sonoda in Tokio

341 VS-NfD   **19. April 1978**[1]

Mittagessen Bundesminister des Auswärtigen mit dem japanischen Außenminister Sonoda am 19.4.1978[2]

Das Gespräch schloß sich an das Frühstücksgespräch der beiden Außenminister vom gleichen Tag an.[3]

Sonoda erwähnte, daß Nahost ausführlich abgehandelt worden sei und daß auch über die Beziehungen zu den asiatischen Staaten nichts mehr hinzuzufügen sei.

---

[24] Bundesminister Genscher hielt sich vom 12. bis 15. Oktober 1977 in der Volksrepublik China auf. Vgl. dazu AAPD 1977, II, Dok. 285.

[1] Die Gesprächsaufzeichnung wurde von Vortragendem Legationsrat I. Klasse Wegner am 20. April 1978 gefertigt.
[2] Bundesminister Genscher begleitete Bundespräsident Scheel vom 16. bis 19. April 1978 bei dessen Besuch vom 16. bis 21 April 1978 in Japan.
[3] Vgl. Dok. 116.

Frage: Wie ist die Zukunft der EG zu beurteilen? Wird sie bei dem gegenwärtigen Zustand bleiben oder sich zu einer Föderation entwickeln?

Bundesminister (BM): Wenn es nach uns ginge, würde es eine Föderation werden. Realistischerweise ist aber festzustellen, daß Einsichten in dieser Richtung noch nicht weit genug fortgeschritten sind. Großbritannien und Frankreich sind sich einig, daß sie keine Föderation wollen. Ihnen schwebt eine politische Union vor, deren Inhalt sie nicht genau definieren. Also gehen wir pragmatisch vor und versuchen, das heute Mögliche zu erreichen. In der letzen Zeit haben wir auf einem anderen Gebiet, nämlich der Entwicklung einer gemeinsamen Außenpolitik (EPZ), Fortschritte gemacht. Auf den vier Gebieten Nah- und Mittelost, Entspannung, Afrika, VN haben wir eine gemeinsame Außenpolitik erschlossen, und wir werden die gemeinsame Außenpolitik auf weitere Gebiete ausdehnen.

In den eher materiellen Fragen, wenn es um Geld geht, gewinnen die Buchhalter die Oberhand, was wir zu verhindern suchen.

Verständnis für die psychologischen Probleme einiger Mitgliedstaaten ist nötig, z.B. für Großbritannien, das früher noch weltweit ausgerichtet mit dem Rücken zum Kontinent stand und jetzt zum Kontinent blicken muß und sich daran zu halten hat, daß in der EG jeder über nur eine Stimme verfügt. Dies fällt den Engländern nicht leicht.

Sonoda: Das kann ich gut verstehen. Großbritannien hatte durch seine komplizierte Interessenlage Schwierigkeiten mit seinem EG-Beitritt.[4] Vielleicht ist Frankreich ein Beispiel für ein Land, das eine andere Wirtschaftstheorie verfolgt.

BM: Es ist richtig, daß die Franzosen in bestimmten marktwirtschaftlichen Fragen weniger streng sind als wir (staatliche Banken, staatliche Interventionen), auch die Rüstungsindustrie orientiert sich nicht am Verteidigungsbedarf, sondern produziert für den Export.

Sonoda: Lassen Sie uns über Entspannungsbündnisse und Friedenspolitik unserer beiden Länder sprechen.

BM stellt klar, daß die Bündnispolitik für uns an erster Stelle steht und sich nur auf dieser Grundlage auch eine Entspannung vollziehen läßt.

Sonoda: Japan sei in einer anderen Situation, umgeben von Meer, weshalb die Seeverteidigung die größte Rolle spiele, z.B. muß man an Angriffe durch feindliche Atom-U-Boote denken. In Deutschland denke man wohl zuerst an eine Landverteidigung, dies habe er vor Jahren bei einem Besuch einer deutschen Panzerschule gelernt. In diesem Zusammenhang stelle sich auch die Frage nach der Neutronenbombe. Dieses Thema sei für Deutschland und die USA wichtig. Präsident Carter habe sich noch nicht ganz festgelegt und schwanke, wie auch in anderen Fällen, zwischen Idealvorstellungen und der Realität.

BM: Die Strategie der NATO beruht auf der flexible response[5], d.h. auf der nicht kalkulierbaren Verwendung innerhalb der Triade von konventionellen Streitkräften, taktischen und strategischen Atomwaffen. Ein potentieller Gegner darf nicht sicher sein, wann vom Einsatz konventioneller Waffen auf andere Waffen

---

4 Großbritannien trat den Europäischen Gemeinschaften mit Wirkung vom 1. Januar 1973 bei.
5 Zur Strategie der „flexible response" vgl. Dok. 5, Anm. 11.

übergegangen wird. Nur dies schafft eine gewisse Stabilität. Würde diese Unsicherheit berechenbar, so kämen das Übergewicht und der strategische Vorteil der Sowjetunion zum Zuge, da die Sowjetunion den Landzugang habe, die USA aber nicht.

BM verweist auf Ausführungen vom gleichen Morgen, daß die beiden Supermächte vor neuen Tatbeständen stehen.

Die Sowjetunion hat seit Bestehen des zaristischen Reiches an keinem Krieg teilgenommen, bei dem sie nicht von vornherein zahlenmäßig überlegen war. Im Verhältnis zu China wird sie zum ersten Mal mit der Tatsache konfrontiert, hier einem zahlenmäßig weit überlegenen Gegner gegenüber zu stehen. Dies ist einer der Gründe für die Irritationen zwischen der Sowjetunion und China.

Auch für die USA, die an zwei Weltkriegen teilgenommen hat, ergebe sich eine veränderte Lage, weil ihr Heimatland, das früher unverletzbar war, jetzt voll verletzlich ist.

Damit gewinnen die SALT-Verhandlungen der beiden Großmächte mit dem Ziel der Herstellung eines strategischen Gleichgewichts besondere Bedeutung. Ein Unterpunkt dabei ist die konventionelle Stärke und das Problem der Mittelstreckenraketen, die zwar die USA nicht erreichen, aber fast alle anderen Länder. Es ist das geheime Ziel der Sowjetunion, einen Zustand herbeizuführen, in dem sie eine strategische Parität erreicht und ein Übergewicht im konventionellen und Mittelstreckenbereich erhalten kann, um die USA daran zu hindern, von ihren strategischen Waffen Gebrauch zu machen.

Dies bedeutet nicht, daß die Sowjetunion Krieg führen will, aber militärische Überlegenheit läßt sich in politische Macht umwandeln.

Die neue Mittelstreckenrakete der Sowjetunion, SS-20, hat für diesen Bereich die Bedeutung einer strategischen Waffe. Sie hat MIRV und außerdem die Eigenschaft, in eine SS-19 verwandelt werden zu können, d. h. in eine interkontinentale Rakete, die auch die USA erreichen könnte. SS-19 und SS-20 sind schwer voneinander zu unterscheiden. Damit hat die Sowjetunion eine wichtige Waffe. Außerdem hat sie ein offensives Potential in Europa, das auch seinen Teil zur Beherrschung der Satelliten beiträgt.

Vor diesem Hintergrund wurde die Neutronenwaffe entwickelt, weil sie eine taktische Nuklearwaffe ist, bei der zusätzliche Schäden gering und bemeßbar sind. Sie kann besonders gegen Panzerkeile eingesetzt werden. Dies hat Bedeutung, weil bei Durchstößen sowjetischer Panzerkeile Westeuropa sehr schnell in der Mitte abgeschnürt werden könnte. Die Empfindlichkeit der Sowjetunion gegen die Neutronenbombe beruht darauf, daß diese Waffe ein Mittel gegen die Panzerüberlegenheit darstellt und sich die sowjetische Panzerwaffe als Fehlinvestition herausstellen könnte. Die Entscheidung von Präsident Carter[6] läßt die künftige Entwicklung offen, wir selbst sind kein Kernwaffenstaat und wollen auch keiner werden. Es geht darum, ob die Sowjetunion positiv darauf reagiert, daß die Entscheidung über den Bau der Neutronenbombe ausgesetzt worden ist. Der Bundeskanzler hat gesagt, daß wir die nächste Zeit für Rüstungskontrollmaßnahmen nutzen wollen. Sollten diese Bemühungen vergeblich sein, so kä-

---

[6] Vgl. dazu die Erklärung des Präsidenten Carter vom 7. April 1978; Dok. 108.

me die Waffe nach Europa, wobei es sich allerdings um eine Bündnisangelegenheit handle.[7] Wir sind zwar ein Kernstück der NATO, unser Gewicht soll aber gegenüber den anderen Verbündeten nicht zu groß sein.

Sonoda: Unsere beiden Länder haben wichtige Beziehungen zu den USA, die wir nicht nur politisch, sondern auch auf allen Ebenen verstärken wollen.

Frage: Auf welchen Gebieten würden Sie sich eine solche Verstärkung wünschen?

BM: Im Grunde sind die Beziehungen auf allen Gebieten erstklassig. Die NATO ist ein Bündnis, das auf gemeinsamen Wertvorstellungen beruht. Wir befinden uns im Austausch aller wichtiger Fragen der Weltpolitik. Die USA hat erklärt, daß der europäische Zusammenschluß im gemeinsamen beiderseitigen Interesse liegt. Dies hat Präsident Carter bei seinem letzten Besuch in Brüssel erneut verdeutlicht.[8] Anpassung und Abstimmung der Außenpolitik macht auf denselben Feldern Fortschritte, die ich bereits bei der EPZ erwähnt habe.

Zu Nahost haben Sie heute morgen auf Fortschritte hingewiesen. Wir stimmen dem zu und sind der Meinung, daß Sadat eine staatsmännische Leistung vollbracht hat. Nunmehr sind Fortschritte nötig, um die Einheit im arabischen Lager wiederherzustellen. Dies ist wichtig, um den friedenswilligen Staatsmännern wie Hussein, Assad, der im Innern Schwierigkeiten hat, und der saudischen Regierung den Rücken zu stärken. Uns Deutschen sind aus historischen Gründen gegenüber Israel Grenzen gesetzt. Es gibt keine persönlichen Beziehungen zu Begin. Zur Zeit laufen Versuche, zu den Rechtsliberalen im Likud (Finanzminister Ehrlich) einen Kontakt herzustellen.

Ich gebe Ihnen darin recht, daß der Ausbruch eines Krieges in Nahost für die Sowjetunion die Möglichkeit bedeuten würde, sich dort wieder festzusetzen. Aus Gründen des Friedens, der gerechten Lösung des Palästinenser-Problems und aus machtpolitischen Gründen spricht alles dafür, eine Machtausweitung der Sowjetunion zu verhindern und die Israelis zu einem Entgegenkommen zu veranlassen.

Sonoda (leitet auf ASEAN über): Die ASEAN-Staaten möchten enge Beziehungen zu den USA. Sie zeigen aber Unzufriedenheit und Befürchtungen gegenüber der amerikanischen Außenpolitik nach den Erfahrungen mit dem amerikanischen Rückzug aus Vietnam[9] und Korea[10]. Wir haben beim letzen Gipfelgespräch mit Präsident Carter[11] darauf hingewiesen und dazu gesagt, daß sich die USA nicht bei günstiger Lage engagieren und bei ungünstiger Lage zurückziehen können. Leider ist das Verhältnis USA–ASEAN in der letzten Zeit nicht enger geworden.

---

[7] Vgl. dazu die Regierungserklärung des Bundeskanzlers Schmidt am 13. April 1978; Dok. 114, Anm. 6.
[8] Zum Besuch des Präsidenten Carter beim Ständigen NATO-Rat sowie bei der EG-Kommission am 6. Januar 1978 in Brüssel vgl. Dok. 5 und Dok. 9.
[9] Am 30. April 1975 erklärte die Regierung der Republik Vietnam (Südvietnam) die bedingungslose Kapitulation gegenüber der Provisorischen Revolutionsregierung der Republik Südvietnam (PRRSV). Am selben Tag verließen die letzten Amerikaner Saigon.
[10] Zum geplanten Abzug amerikanischer Truppen aus der Republik Korea (Südkorea) vgl. Dok. 116, Anm. 5.
[11] Ministerpräsident Fukuda hielt sich vom 20. bis 23. März 1977 in den USA auf.

PM Fukuda und ich werden die Notwendigkeit guter Beziehungen zwischen USA und ASEAN weiter betonen, und ich glaube, daß dies in Washington verstanden wird. Der Kompromiß zwischen den USA und Korea über den Truppenabzug ist ein gutes Beispiel für amerikanisches Verständnis der Lage. AM Vance wird wahrscheinlich demnächst die ASEAN-Staaten besuchen, was wir sehr begrüßen. Auch wir bemühen uns um ASEAN, erklären dort die amerikanische Politik und übernehmen Vermittlung zwischen USA und ASEAN.

ASEAN sollte weiterentwickelt werden, ohne eine Blockbildung zu erzeugen, die ihrerseits die Gefahr des Nationalismus mit sich bringen würde, der zerstörerische Kräfte sowohl für ASEAN als auch für die Welt hervorbringen könnte.

Japan ist sich seiner großen Verantwortung für Frieden und Stabilität in den ASEAN-Ländern bewußt.

Die deutschen Beziehungen zu den USA sind von anderer Qualität als die japanisch-amerikanischen Beziehungen. Die amerikanische und europäische Bevölkerung gehören zur gleichen Rasse, und in den wirtschaftlichen Beziehungen gibt es ein erhebliches amerikanisches Investment in Europa. Daraus resultiert eine unmittelbare amerikanische Unterstützung für Europa.

Eine Unterstützung für Stabilität und Frieden in Asien ist gleichermaßen wichtig. Wir bemühen uns gemeinsam mit Europa und den USA um eine Friedenspolitik.

Unsere Beziehungen zu den USA sind gut, und wir möchten auf dieser Grundlage offen reden. Die Beziehungen der Regierungschefs sind ein gutes Mittel dazu. Es ist uns noch nicht klar, welche Weltpolitik die USA künftig verfolgen wollen. Ihre Weltverantwortung besteht darin, die weitere Ausdehnung kommunistischer Staaten zu verhindern. Aber darüber ist bis jetzt nicht viel gesagt worden, und wir sind mit diesem Stand der Dinge unzufrieden.

Auf wirtschaftlichem Gebiet haben wir viele Probleme geklärt. Aber eine Klärung grundsätzlicher Prinzipien steht immer noch aus. Hätten wir eine solche Orientierung in den grundsätzlichen Prinzipien, so könnten wir unseren Teil zur internationalen Verantwortung freiwillig beitragen, denn unter Druck läßt sich nichts machen.

Sonoda gab folgende Schlußbemerkung ab:

Ich habe nach dem Gespräch mit AM Genscher dem Kaiser[12] Bericht erstattet und gesagt, daß Bundespräsident und Außenminister mit dem Besuch zufrieden sind. Ich habe dabei weiter ausgeführt, daß AM Genscher eine politische Kraft mit großer Verantwortung für die Außenpolitik und die gesamtdeutsche Politik darstellt. Unsere Beziehungen mit Deutschland sind sehr wichtig. Unsere Gespräche hatten nicht formell, sondern inhaltlich sehr bedeutenden Charakter. Wir möchten mit Deutschland nicht nur wirtschaftlich, sondern auf politischen Gebieten und in Zusammenarbeit mit den USA eine Friedenspolitik verfolgen und Stabilität und Frieden in der Welt verwirklichen.

Durch diese Gespräche ist eine neue Phase deutsch-japanischer Beziehungen eingeleitet worden. Damit sind wir den Erwartungen der Welt entgegengekommen.

[12] Hirohito.

Der Kaiser hat mir zugestimmt.

Es ist nur schade, daß wir so wenig Zeit für Ihren Besuch hatten. Aber wir werden die Beziehungen weiter vertiefen und verstärken.

BM dankt für die herzlichen Worte. Ich habe meine Gespräche hier als politisch bedeutsame Konsultationen empfunden, die neben dem Staatsbesuch einhergingen, und ich habe einen neuen persönlichen und politischen Freund gefunden, mit dem ich mich vom ersten Augeblick an sehr gut verstanden habe.

Ich hoffe, Sie bald zum Gipfel[13] und zu Konsultationen in Bonn[14] zu sehen.

Ich folge Ihnen darin, daß ein neues Kapitel in unseren Beziehungen begonnen hat. Wir werden die jetzt besprochenen Themen (Entspannung, Bewahrung der Selbstständigkeit und Unabhängigkeit, Friedenspolitik, Nahostpolitik usw.) weiterverfolgen. Wir sind eng miteinander befreundet und bleiben uns bewußt, daß unsere beiderseitige Freundschaft mit den USA für uns lebenswichtig ist. Die drei großen Kräfte Japan, USA, Europa sollen eng zusammengehalten werden. Unsere beiden Länder sind in eine große Verantwortung hineingewachsen, nach der wir uns nicht gedrängt haben, und nehmen diese bewußt wahr.

Noch nicht genehmigtes Protokoll.

Referat 010, Bd. 178767

118

Botschafter Wieck, Moskau, an das Auswärtige Amt

114-11783/78 VS-vertraulich Aufgabe: 20. April 1978, 12.50 Uhr[1]
Fernschreiben Nr. 1361 Ankunft: 20. April 1978, 10.59 Uhr
Cito

Betr.: Bahr-Besuch in Moskau[2]
  Gespräch mit ZK-Sekretär Ponomarjow am 19.4.78

SPD-Bundesgeschäftsführer Egon Bahr hat am 19.4.78 zum Abschluß seines Moskau-Aufenthaltes ein eineinhalbstündiges Gespräch mit Ponomarjow (ZK-Sekretär für internationale Angelegenheiten und Kandidat des Politbüros) ge-

---

13 Zum Weltwirtschaftsgipfel am 16./17. Juli 1978 vgl. Dok. 225.
14 Der japanische Außenminister Sonoda hielt sich am 18./19. Januar 1979 in der Bundesrepublik auf. Für die Gespräche mit Bundeskanzler Schmidt und Bundesminister Genscher am 18. Januar 1979 vgl. AAPD 1979.

1 Hat Legationsrat I. Klasse Ohr am 24. April 1978 vorgelegen, der die Weiterleitung an Vortragenden Legationsrat I. Klasse Kühn und Vortragenden Legationsrat Heyken verfügte und handschriftlich vermerkte: „Bahr [hat] über Nord-Süd-Fragen gesprochen. BK hatte nichts dagegen."
Hat Kühn vorgelegen.
Hat Heyken am 27. April 1978 vorgelegen.
2 SPD-Bundesgeschäftsführer Bahr hielt sich vom 16. bis 19. April 1978 in Moskau auf.

führt. Bahr unterrichtete mich über das Ergebnis des Gesprächs im folgenden Sinne:

1) Die sowjetische Seite ist bereit, einzelne Mitglieder der unter dem Vorsitz des SPD-Vorsitzenden Willy Brandt stehenden internationalen Kommission für Entwicklungsfragen[3] im Laufe des Sommers dieses Jahres zu informatorischen Gesprächen zu empfangen. Auf sowjetischer Seite werden die Gespräche vom Internationalen Institut für Weltwirtschaftsfragen (IMEMO, Leiter Professor Inosemzew) geführt werden. Es wird daran gedacht, Professor Ohlin und das jugoslawische Mitglied der Kommission[4] nach Moskau zu entsenden. Weitere Kontakte sind nicht ausgeschlossen.

Damit hat die Bemühung des SPD-Bundesgeschäftsführers, im Auftrage des Kommissionsvorsitzenden Möglichkeiten einer Kooperation sowjetischer Stellen mit der Kommission zu sondieren, ein positives Resultat erbracht.[5]

2) Bei der Aussprache über Abrüstungsfragen hat Ponomarjow seine Absicht bekundet, zu der in Kürze in Helsinki stattfindenden internationalen Abrüstungskonferenz[6], zu der auch der Vorsitzende der SPD, Willy Brandt, fährt, zu kommen. Eine Begegnung Brandt/Ponomarjow wird nicht ausgeschlossen. Bei der Aussprache über Abrüstungsfragen hat Bahr die Sorgen des Westens wegen der sowjetischen militärischen Überlegenheit, insbesondere in Europa, und die Notwendigkeit hervorgehoben, diejenigen Waffensysteme in Abrüstungsverhandlungen einzubeziehen, die weder von SALT- noch von MBFR-Verhandlungen erfaßt werden. Für beide Aspekte hat Ponomarjow Verständnis gezeigt. Hinsichtlich der Neutronenwaffe hat Egon Bahr in derselben Form argumentiert wie gegenüber Generalsekretär Breschnew (vgl. DB-Nr. 1320 vom 18.4.78, Ziff. 3[7]).

---

[3] Zur „Nord-Süd-Kommission" vgl. Dok. 4, Anm. 10.

[4] Dragoslav Avramović.

[5] Gesandter Berendonck, Moskau, teilte am 17. Juli 1978 mit, SPD-Bundesgeschäftsführer Bahr habe in einem Gespräch mit Korrespondenten aus der Bundesrepublik darüber informiert, daß er am 10./11. Juli 1978 in Begleitung von Vertretern des Sekretariats der „Nord-Süd-Kommission" Gespräche mit sowjetischen Wissenschaftlern und Experten geführt habe: „Der sowjetischen Seite seien Zielsetzung und Arbeitsweise der Kommission vorgestellt worden. Die sowjetische Seite habe Ausführungen zu vorher übermittelten Fragen gemacht. Es habe sich um folgende Themen gehandelt: Lage der Weltwirtschaft, Rohstoffsituation, Finanzierungsfragen, Abrüstung und ihre Verknüpfung mit Entwicklungspolitik." Weitere Kontakte seien ins Auge gefaßt worden. Bahr habe deutlich gemacht, „daß es sich bisher um Gespräche auf Institutsebene ohne jede Bindung oder Verpflichtung für die sowjetische Regierung gehandelt habe". Bahr sei am 12. Juli mit dem Abteilungsleiter im ZK der KPdSU, Ponomarjow, zusammengetroffen: „Bahr gewann aus seiner Unterhaltung mit Ponomarjow den Eindruck, daß die Sowjets anfangen, sich ernsthaft mit der Nord-Süd-Problematik zu beschäftigen. [...] Bahr zeigte sich vor seinem Abflug am 16.7. über das Ergebnis seiner Gespräche mit sowjetischen Persönlichkeiten befriedigt. Das sowjetische Eingehen auf die im Rahmen des Nord-Süd-Dialogs geäußerten Gedanken und Ziele habe seine ursprünglichen Erwartungen noch übertroffen." Vgl. den Drahtbericht Nr. 2488; Referat 402, Bd. 122241.

[6] Vom 24. bis 26. April 1978 fand in Helsinki eine Abrüstungskonferenz der Sozialistischen Internationale statt. Dazu wurde in der Presse berichtet, der Vorsitzende der Sozialistischen Internationale, Brandt, habe „verhältnismäßig positiv [...] auf die Aufforderung des sowjetischen Führungsmitgliedes Ponomarjow reagiert, diese Internationale solle mit Moskau einen Abrüstungsdialog auf höchster Ebene aufnehmen". Allerdings habe Brandt hervorgehoben, daß sich die Sozialistische Internationale nicht „für einseitige Aktivitäten zur Verfügung stellen" werde. Vgl. dazu den Artikel „Brandt geht auf Ponomarjows Angebot ein"; FRANKFURTER ALLGEMEINE ZEITUNG vom 27. April 1978, S. 1.

[7] Botschafter Wieck, Moskau, informierte über das Gespräch des SPD-Bundesgeschäftsführers Bahr mit dem Generalsekretär des ZK der KPdSU, Breschnew, am 18. April 1978 in Moskau. Hinsichtlich der Neutronenwaffe habe Bahr „darauf hingewiesen, daß die Bundesrepublik sie weder habe noch

3) Der letzte Teil des Gesprächs widmete sich den Fragen der Beziehungen zwischen kommunistischen Parteien und sozialdemokratischen Parteien sowie der Thematik des Eurokommunismus.

[gez.] Wieck

VS-Bd. 13090 (213)

119
Aufzeichnung des
Vortragenden Legationsrats I. Klasse Pabsch

403-413.00 SUA-380/78 VS-vertraulich 21. April 1978[1]

Über Herrn Staatssekretär[2] Herrn Bundesminister

Betr.: Wirtschaftliche Maßnahmen gegen Südafrika;
hier: Expertengespräche in Paris am 20.4.78

Bezug: Vorlage der Abt. 4 vom 14.4.78[3]

Zweck der Vorlage: Zur Unterrichtung im Hinblick auf Ihre Gespräche mit AM Owen in London am 24.4.78[4]

Das Expertentreffen der drei westlichen SR-Mitglieder aus dem Kreise der Neun in Paris am 20.4.78 (Delegationsleitung F: Unterabteilungsleiter Follin; Delegationsleitung GB: Unterabteilungsleiter Mansfield; deutsche Delegation: RL 403[5];

Fortsetzung Fußnote von Seite 562
produziere und daher auch nicht über sie verhandeln könne. Hingegen seien Abrüstungsfragen für die Bundesregierung von großer Bedeutung. Es handele sich dabei neben den amerikanisch-sowjetischen Gesprächen über die strategischen Waffen und den Wiener Verhandlungen über den ausgewogenen beiderseitigen Truppenabzug in Europa auch darum, diejenigen Waffensysteme in die Abrüstungsgespräche einzubeziehen, die weder von der einen noch von der anderen Verhandlung erfaßt würden." Vgl. VS-Bd. 14072 (010); B 150, Aktenkopien 1978.

1 Hat Legationsrat I. Klasse Petersmann am 21. April 1978 und am 25. April 1978 erneut vorgelegen, der die Rückgabe an Referat 403 verfügte und handschriftlich vermerkte: „Hat BM vorgelegen." Hat Ministerialdirektor Lautenschlager am 3. Juni 1978 vorgelegen, der handschriftlich vermerkte: „422 (403) zum Vorgang".
2 Hat Staatssekretär van Well am 21. April 1978 vorgelegen.
3 Ministerialdirektor Lautenschlager informierte Bundesminister Genscher, daß die französische Botschaft am Vortag zu einem Treffen über mögliche wirtschaftliche Maßnahmen gegen Südafrika in der kommenden Woche eingeladen habe: „Die Botschaft berief sich dabei auf Ihr Gespräch mit AM Owen und AM de Guiringaud am Rande des Europäischen Rates, bei dem die Abhaltung eines solchen Treffens beschlossen worden sei." Lautenschlager legte dazu dar: „Das vorgeschlagene Treffen in Paris bietet uns die Möglichkeit, den Grad der Geschlossenheit der drei westlichen SR-Mitglieder aus dem Kreis der Neun in der Frage wirtschaftlicher Maßnahmen gegen Südafrika zu verstärken. Dies könnte im Hinblick auf eine gewisse Unsicherheit in der amerikanischen Haltung, die bei dem Expertentreffen der fünf westlichen SR-Mitglieder in Washington am 16./17.3. zutage trat, nützlich und zweckmäßig sein." Vgl. Referat 403, Bd. 121388.
4 Für das Gespräch in Chequers vgl. Dok. 122.
5 Wiegand Pabsch.

VLR Granow, 230; LR I Dr. Petri, 320) über die Frage künftiger wirtschaftlicher Maßnahmen gegen Südafrika hatte folgendes Ergebnis:

F erklärte, die Frage wirtschaftlicher Sanktionsmaßnahmen gegen Südafrika (Kapitel VII VN-Charta[6]) könne sich jederzeit in den VN wieder stellen; insbesondere befürchte man, daß im Rahmen der VN-Sondergeneralversammlung über Namibia[7] von schwarzafrikanischer Seite die Anwendung des Kap. VII gefordert werden könne, falls die südafrikanische Regierung eine intransigente Haltung zeige oder einseitig zu einer „internen Lösung" der Namibia-Frage übergehe. Die westlichen SR-Mitglieder könnten dann die Anwendung des Kap. VII nur vermeiden, wenn sie selbst freiwillige Initiativen im Wirtschaftsbereich gegenüber SA[8] ankündigten. Da das amerikanische Verhalten in einer solchen Situation höchst unsicher sei, komme es darauf an, daß die drei SR-Mitglieder aus dem Kreise der Neun ein klares Konzept entwickelten, auf das man die Amerikaner festlegen könne. F, GB und wir sollten uns daher rechtzeitig auf solche freiwilligen Maßnahmen unterhalb der Sanktionsschwelle einigen.

GB erklärte, sie hielten es für möglich, aber nicht wahrscheinlich, daß im Namibia-Zusammenhang die Forderung nach Anwendung des Kap. VII erwogen werden würde. Gleichwohl stimmten sie dem Gedanken zu, eine Einigung unter den drei SR-Mitgliedern aus dem Kreis der Neun über mögliche freiwillige Initiativen herbeizuführen; man habe in London gewisse Überlegungen in dieser Richtung angestellt, möchte aber zuvor die Meinung der beiden anderen Partner kennenlernen.

Wir erklärten, daß wir wirtschaftliche Sanktionsmaßnahmen oder Maßnahmen anderer Art vor einer Namibia-Lösung weiterhin für unangebracht hielten, weil sie die Kooperation mit Südafrika, auf die wir im Namibia-Zusammenhang angewiesen sind, stören würden. Gleichwohl hielten wir es für nützlich, die Möglichkeiten künftiger Initiativen freiwilliger Art unterhalb der Sanktionsschwelle zu prüfen, wobei der Zeitpunkt ihrer evtl. Anwendung offenbleiben müsse. Im übrigen verwiesen wir auf unsere Erklärung bei dem Washingtoner Expertentreffen der Fünf am 16./17.3.[9], wonach wir

– schon heute keine staatlichen Anlagegarantien für Südafrika mehr gäben,

– unsere Ausfuhrbürgschaften für Südafrika-Export bereits auf ein Volumen für Einzelgeschäfte von 50 Mio. DM und eine Kreditlaufzeit von fünf Jahren begrenzt hätten und

– als Grundlage für die Erteilung von Ausfuhrbürgschaften eine Erklärung der antragstellenden Unternehmen über die Anwendung des Verhaltenskodex[10] forderten.

Mit diesen Maßnahmen seien wir bereits weiter gegangen als andere westliche Partner. Wir könnten uns deshalb vorstellen, daß eine gemeinsame Linie der

---

[6] Zu Kapitel VII der UNO-Charta vom 26. Juni 1945 vgl. Dok. 44, Anm. 5.
[7] Zur UNO-Sondergeneralversammlung über Namibia vom 24. April bis 3. Mai 1978 in New York vgl. Dok. 115, Anm. 7.
[8] Südafrika.
[9] Zu den Expertengesprächen über wirtschaftliche Maßnahmen gegen Südafrika vgl. Dok. 105.
[10] Zu dem am 20. September 1977 verabschiedeten Verhaltenskodex für Unternehmen mit Tochtergesellschaften, Zweigniederlassungen oder Vertretungen in Südafrika vgl. Dok. 50, Anm. 9.

drei westlichen SR-Mitglieder aus dem Kreis der Neun auf dieser Grundlage gefunden werden könne. Wir könnten eine solche gemeinsame Haltung nach außen unter das Vorzeichen stellen, die drei Länder (bzw. die Neun oder evtl. auch die Fünf) hätten staatliche Förderungsmaßnahmen für neue Investitionen in Südafrika eingestellt und die staatliche Außenhandelsförderung durch Ausfuhrbürgschaften begrenzt. Wir sollten ferner unsere Motivation, die dem EG-Verhaltenskodex zugrunde liegt, nach außen – auch gegenüber schwarzafrikanischen Staaten – tatkräftiger vertreten und der Tendenz, die Bedeutung dieses Kodex zu minimieren, entgegentreten. Im übrigen sollten wir erwägen, ob es nicht im Sinne unseres konstruktiven und kritischen Dialogs mit der südafrikanischen Regierung liegen würde, wenn wir vor der Verkündung evtl. freiwilliger Maßnahmen an die südafrikanische Regierung heranträten, auf den Druck, dem wir in den VN und anderswo ausgesetzt sind, hinwiesen und die südafrikanische Regierung aufforderten, in noch genauer zu definierenden Bereichen konkrete Schritte in Richtung auf den Abbau der Apartheid zu tun, um uns damit den Nachweis zu ermöglichen, daß unsere Politik der konstruktiven Nutzung unseres Wirtschaftspotentials zum Abbau der Rassendiskriminierung bereits konkrete Früchte trage.

F und GB stimmten diesen Überlegungen zu. Beide erklärten ihre Bereitschaft, ihren Regierungen zu empfehlen, die staatliche Investitionsförderung durch Kapitalanlagegarantie ebenso wie wir einzustellen, staatliche Exportkredite für Südafrika und staatliche Ausfuhrbürgschaften für Lieferantenkredite an Südafrika ebenso wie wir zu begrenzen und die Gewährung von Ausfuhrbürgschaften von einer Erklärung der ausführenden Firma über die Anwendung des Verhaltenskodex abhängig zu machen.

F und GB erwägen ferner, ihre Außenhandelsförderung in anderen Bereichen (amtliche Wirtschaftsförderungsstellen in Südafrika; Messebeteiligungen) einzuschränken. Wir erklärten, daß unsere Auslandsvertretungen in Südafrika schon heute keine amtliche Außenhandelsförderung betreiben und daß auch wir erwägen könnten, die staatliche Förderung von Beteiligungen an Messen in Südafrika einzuschränken, wenn alle anderen Partner dies täten.

F stellte abschließend die Frage, ob die erörterten Maßnahmen ausreichend seien oder ob man noch eine zweite Verteidigungslinie aufbauen müsse und ob man diese Maßnahmen nacheinander oder als Paket ankündigen solle; ferner stellten sie die Frage nach dem geeigneten Zeitpunkt ihrer Ankündigung. F. schlug vor, daß wir nach Klärung dieser Fragen unter den Drei auch an die USA, Japan und die anderen Partner im Rahmen der Neun mit dem Ziel herantreten sollten, eine Einigung auf Grund unserer Überlegungen herbeizuführen. GB erklärte zum letzteren Vorschlag, wir sollten zunächst mit Japan, dann mit den USA und erst am Schluß mit den anderen Partnern der Neun hierüber sprechen. Wir wiederholten, daß wir den Zeitpunkt für den Aufbau einer „zweiten Verteidigungslinie" noch nicht für gekommen hielten; wir sollten statt dessen die Erörterungen über die heute erwogenen Maßnahmen fortführen. Zu dem französischen Vorschlag von Gesprächen mit weiteren Partnern sagten wir lediglich, daß es in der Logik der Washingtoner Gespräche liegen würde, nach der Einigung zu dritt zunächst mit den Amerikanern zu sprechen, behielten uns aber eine abschließende Stellungnahme vor.

Im übrigen wurde vereinbart, daß die Tatsache der Gespräche in Paris vertraulich behandelt werden solle; es dürfte sich daher auch nicht empfehlen, die Ergebnisse der Pariser Gespräche schon jetzt gegenüber den USA und Kanada zu erwähnen.

F will in etwa zehn Tagen erneut an uns herantreten und ein neues Treffen zu dritt in Paris vorschlagen.[11]

Pabsch

VS-Bd. 9343 (422)

120

Aufzeichnung des Referats 412

412   21. April 1978[1]

Betr.: Überlegungen zur Verstärkung des EG-Währungssystems

I. Sachverhalt

1) Ausgangslage

Es gibt Bemühungen des Bundeskanzlers zur Verstärkung des EG-Währungssystems (Gespräch von Rambouillet mit Präsident Giscard[2] und Europäischer

---

[11] Vortragender Legationsrat I. Klasse Pabsch vermerkte am 1. Juni 1978, daß Frankreich bislang noch keine Einladung zu einem weiteren Expertengespräch ausgesprochen habe. Vgl. dazu Referat 403, Bd. 121388.

[1] Durchdruck.
Die Aufzeichnung wurde von Vortragendem Legationsrat Junker am 25. April 1978 an das Ministerbüro weitergeleitet. Dazu vermerkte er: „Der Bundeskanzler hatte die BM Graf Lambsdorff und Matthöfer am 19. April zu einer ersten Aussprache über seine Vorstellungen zur Währungsordnung eingeladen. Worum es ging, zeigt der anliegende Vermerk. BM Genscher hatte seine Beteiligung angemeldet. StS Hermes hatte dies StS Schüler telefonisch mitgeteilt. Wegen der Japan-Reise war der Herr Minister jedoch an jenem Tag verhindert. Es ist davon auszugehen, daß diesem ersten Gespräch weitere folgen werden, und zwar nunmehr auch in Kenntnis der britischen Reaktion bei den gestrigen Konsultationen in Chequers. Auf Referatsebene sind hierüber wegen strenger Geheimhaltung keine Auskünfte von den Ressorts zu erhalten. Ref[erat] 412 regt daher an, sich im Kanzlerbüro nach dem Fortgang der Gespräche zu erkundigen."
Hat Vortragendem Legationsrat Ackermann am 26. April 1978 vorgelegen, der die Weiterleitung an Vortragenden Legationsrat I. Klasse Lewalter verfügte und dazu handschriftlich vermerkte: „Ausk[unft] Kliesow (BK): Kein neuer Termin z. Zt. ins Auge gefaßt. Falls es zu einem neuen Gespräch kommt, soll BM eingeladen werden."
Hat Lewalter am 26. April 1978 vorgelegen.
Hat Ackermann am 13. Juni 1978 erneut vorgelegen, der handschriftlich für Legationsrat I. Klasse Dröge vermerkte: „Gibt es einen neuen T[ermin]?"
Hat Dröge vorgelegen, der handschriftlich vermerkte: „M[eines] W[issens] nein". Vgl. den Begleitvermerk; Referat 010, Bd. 178777.

[2] Am 3. April 1978 wurde in der Presse berichtet: „Bundeskanzler Schmidt ist am Sonntag zu einer vorher nicht angekündigten Unterredung mit dem französischen Staatspräsidenten Giscard d'Estaing nach Paris geflogen. Wie aus einer am Sonntagabend veröffentlichten Erklärung der Bundesregierung hervorgeht, kamen die beiden Politiker zwischen 16.00 und 18.30 Uhr zu einer Unterredung

Rat von Kopenhagen³). Es gab dafür keine im Ressort erarbeiteten Entwürfe. Durchgesickert ist nur, daß StS Lahnstein dem Bundeskanzler ein Papier vorgelegt hat. Der Bundeskanzler hat ein strenges „Informationsembargo" verfügt.⁴ Er hat inzwischen mit BM Graf Lambsdorff und BM Matthöfer ein Gespräch geführt, die gleichfalls zu strikter Verschwiegenheit angehalten wurden.

Ziel der Kanzlerinitiative ist es, durch stabilere Wechselkursverhältnisse in Europa eine stärkere Wirtschaftsexpansion zu ermöglichen.

Hierzu zunächst einige tatsächliche Feststellungen (vgl. Zahlenbild in der Anlage⁵):

– Die Schwankungen der einzeln floatenden Währungen in Europa treffen unseren Außenhandel stark.

– Der Anteil unseres Außenhandels mit Schlangenländern⁶ am Gesamtexport ist nach dem Ausscheiden Schwedens⁷ auf 21,5% zurückgegangen. Die Einzelfloater in der EG nehmen dagegen rd. 25% unserer Exporte ab. Zusammen liegt der Anteil der EG an unserem Außenhandel bei rd. 46%.

In die USA exportieren wir zwar nur 6,7%, doch umfaßt der Dollarraum insgesamt rd. 30%.

– Von den Schwankungen des Dollarkurses geht eine disruptive Wirkung auch auf die EG-Währungen aus.

– In den USA ist für absehbare Zeit noch mit einem tendenziell schwachen Dollar zu rechnen.⁸ Der deutsche Einfluß auf die Entwicklung des Dollarkurses ist gering.

Wir haben bisher in unserer Währungspolitik vor allem versucht, den Dollar zu stützen. Die Erfolge waren nur mäßig und z.T. zufällig. Die EG-Währungen machten z.T. vom Dollar unabhängige Schwächeanfälle durch (FF vor den Wahlen⁹, £ gegenwärtig). Es ist daher der Versuch verständlich, heute bei einem deutschen Konzept an der Stabilisierung der europäischen Währungen anzusetzen.

2) Umrisse eines Konzepts

Wir kennen die Vorstellungen des Bundeskanzlers nicht; wir können jedoch aus Andeutungen, Hypothesen und der uns bekannten Interessenlage verschiedene Elemente zu einer Art Konzept kombinieren:

a) Die Währungsschlange bleibt unter ihren jetzigen Mitgliedern erhalten. Einige Modalitäten des Saldenausgleichs müssen ggf. etwas abgewandelt werden.

Fortsetzung Fußnote von Seite 566
    unter vier Augen zusammen. Dabei sei, so heißt es in der knappen Mitteilung, die ‚internationale Wirtschaftslage in Europa und in der Welt' erörtert worden." Vgl. den Artikel „Überraschendes Gespräch Schmidts mit Giscard"; FRANKFURTER ALLGEMEINE ZEITUNG vom 3. April 1978, S. 1.

3 Zur Tagung des Europäischen Rats am 7./8. April 1978 in Kopenhagen vgl. Dok. 113.

4 Zu den Vorbereitungen der Initiative für ein europäisches Währungssystem vgl. SCHMIDT, Nachbarn, S. 221–226.

5 Dem Vorgang beigefügt. Die Anlage enthielt Übersichten über Währungsschwankungen, den Anteil einzelner Staaten am Export der Bundesrepublik sowie eine Auflistung der Inflationsraten in den EG-Mitgliedstaaten. Vgl. dazu Referat 010, Bd. 178777.

6 Zur europäischen Währungsschlange vgl. Dok. 46, Anm. 2.

7 Schweden schied am 28. August 1977 aus der europäischen Währungsschlange aus.

8 Zum Kursverfall des amerikanischen Dollar vgl. Dok. 3, Anm. 38.

9 In Frankreich fanden am 12. und 19. März 1978 Wahlen zur Nationalversammlung statt.

b) Die bisherigen Einzelfloater werden in ein geordnetes Verhältnis zur Schlange gebracht. Hierbei ist grundsätzlich an erweiterte Bandbreiten (z. B. 10 % nach oben und unten) gedacht. Diese Bandbreiten könnten in verschiedener Weise definiert werden: Im Vordergrund steht offenbar eine Definition gegenüber der ERE (Währungskorb); denkbar ist aber auch, daß man die Leitkurse der Schlangenwährungen oder die Währungen der Haupthandelspartner als Bezugspunkte wählt.

Zu diesem erweiterten Verbund könnten auch andere europäische Länder, z. B. Schweden, Österreich, evtl. Schweiz, stoßen.

c) Die neuen Bandbreiten werden durch Interventionen verteidigt. Als Interventionsmasse werden dem Europäischen Fonds für Währungspolitische Zusammenarbeit Währungsreserven der Mitgliedsländer übertragen. Damit dies liquiditätsmäßig neutral bleibt, wäre an eine Übertragung von Goldreserven zu denken. Der Fonds tritt durch seinen Agenten, die BIZ, an den Devisenbörsen auf. Dabei sollen stärker als bisher EG-Währungen und weniger der Dollar verwendet werden.

d) Die Regeln für den Ausgleich der Salden aus Interventions-Krediten werden abgewandelt. Bisher müssen die Salden entsprechend der Zusammensetzung der Währungsreserven des Schuldnerlandes ausgeglichen werden, d. h. größtenteils in Dollar. Künftig ist an einen Saldenausgleich in ERE gedacht. Technisch gesehen, werden dabei die vom Fonds für Interventionen aufgewendeten Mittel in ERE umgerechnet und müssen ihm nach der dafür zu fixierenden Frist zum selben ERE-Betrag zurückgezahlt werden. Praktisch bedeutet dies, daß der Fonds und die ihm kreditgebenden Länder einen Teil des Wechselkursrisikos tragen.

e) Gegenüber dem Dollar würde die Schlange einschließlich des erweiterten Verbundes auch künftig frei floaten. Dabei würden die Ausschläge aber voraussichtlich geringer, weil sich innerhalb des erweiterten Verbundes auch Schwachwährungen befinden.

II. Stellungnahme

1) Politische Gesichtspunkte

Wenn der deutsche Bundeskanzler mit einer währungspolitischen Initiative in der EG hervortritt, so ist dies nicht nur ein ökonomisches Novum, sondern auch ein Akt von politischer Bedeutung. Währungspolitische Initiativen gingen in der EG bisher stets von der Kommission (Barre[10], Jenkins[11]), von Frankreich (Giscard, Fourcade[12]) oder Benelux (Werner[13], Duisenberg[14]) aus. Deutschland

---

[10] Am 12. Februar 1969 legte der Vizepräsident der EG-Kommission, Barre, dem EG-Ministerrat ein „Memorandum über die Koordinierung der Wirtschaftspolitik und die Zusammenarbeit in Währungsfragen innerhalb der Gemeinschaft" vor. Vgl. BULLETIN DER EG 3/1969, Sonderbeilage.

[11] Die EG-Kommission unterbreitete am 11. Oktober 1977 Vorschläge zu einer Koordinierung der Wirtschaftspolitik der EG-Mitgliedstaaten. Diese betrafen die Haushaltspolitik, die Geld- und Kreditpolitik sowie die Wechselkurspolitik. Vgl. dazu BULLETIN DER EG 10/1977, S. 45.

[12] Auf der EG-Ratstagung auf der Ebene der Wirtschafts- und Finanzminister am 16. September 1974 in Brüssel unterbreitete der französische Wirtschafts- und Finanzminister Fourcade als amtierender EG-Ratspräsident Vorschläge zur Wiederbelebung der europäischen Währungspolitik. Vgl. dazu BULLETIN DER EG 9/1974, S. 23 f.

[13] Gemäß den Beschlüssen der Konferenz der Staats- und Regierungschefs der EG-Mitgliedstaaten am 1./2. Dezember 1969 in Den Haag wurde am 6. März 1970 eine Arbeitsgruppe unter Vorsitz des Ministerpräsidenten Werner mit der Ausarbeitung eines Stufenplans für eine Wirtschafts- und Wäh-

betonte demgegenüber traditionell den Vorrang der wirtschaftspolitischen Konvergenz, wofür es im Laufe der Zeit auch mehr und mehr Zustimmung fand.

Integrationspolitisch wäre sowohl die Einbindung der Einzelfloater als auch[15] der Ausbau des EFWZ[16] und die Verwendung der ERE im Währungsbereich von beträchtlichem Gewicht.

Dabei ist zu betonen, daß die hier skizzierte Verwendung der ERE noch nicht zu einer Parallelwährung führt, wie dies in Kopenhagen von Jenkins befürwortet wurde. Die ERE bleibt noch bloße Rechnungseinheit zwischen den Zentralbanken. Andererseits ist sie beim mittelfristigen Währungsbeistand bereits durch die Reform von 1977[17] eingeführt worden.

Außenpolitisch muß betont werden, daß eine solche Initiative zwar eine Art Absetzbewegung vom Dollar als Akt der „europäischen Selbsthilfe" beinhaltet, aber nicht als bewußte Spitze gegen die USA gedacht ist. Wenn die Ausschläge der EG-Währungen gegenüber dem Dollar gemildert werden, so liegt dies auch im Sinne der USA. Sie haben es in der Vergangenheit selbst nicht gern gesehen, wenn innerhalb der Schlange mit Dollar interveniert wurde und damit das Dollarangebot an den Devisenbörsen stieg. Wir haben es heute auch in den USA mit größeren Anstrengungen für die eigene Währung (Goldverkäufe) zu tun, die mit europäischen Anstrengungen durchaus vereinbar sind.

Denkbar ist allerdings der Einwand, daß wir selbst gegenüber dem Dollar zu einer Politik des „benign neglect" übergehen wollen, was zu Verlagerung von Dollarreserven und weiterem Abrutschen des Dollarkurses führen könnte. Er würde aber sowohl die tatsächlichen Verhältnisse als auch[18] unsere Interessenlage ver-

---

Fortsetzung Fußnote von Seite 568
rungsunion beauftragt. Dieser wurde am 8. Oktober 1970 abgeschlossen. Der „Werner-Bericht" sah für die erste Stufe auf dem Weg zu einer Wirtschafts- und Währungsunion, einem Zeitraum von drei Jahren, folgende Maßnahmen vor: verstärkte Koordinierung der Wirtschafts-, Konjunktur-, Haushalts- und Währungspolitik der EG-Mitgliedstaaten, gemeinsame Festlegung grundlegender wirtschafts- und währungspolitischer Ziele, eine engere Zusammenarbeit der Notenbanken sowie die Harmonisierung von Steuern. In einer zweiten Stufe sollte eine noch intensivere Koordinierung der nationalen Politiken erreicht werden, schließlich deren Harmonisierung durch Annahme gemeinsamer Richtlinien und Entscheidungen sowie die Übertragung von Befugnissen auf Gemeinschaftsinstanzen. Insgesamt gingen die Mitglieder der „Werner-Gruppe" davon aus, daß die Wirtschafts- und Währungsunion „im Laufe dieses Jahrzehnts" erreicht werden könne. Für den Wortlaut des Berichts vgl. EUROPA-ARCHIV 1970, D 530–546. Vgl. dazu ferner AAPD 1970, III, Dok. 503.

[14] Der niederländische Finanzminister Duisenberg unterbreitete den Finanzministern der EG-Mitgliedstaaten am 6. Juli 1976 Vorschläge zur Verbesserung der wirtschaftlichen und monetären Kohärenz der Europäischen Gemeinschaften, die am 26. Juli 1976 auf der EG-Ratstagung auf der Ebene der Wirtschafts- und Finanzminister in Brüssel erörtert wurden. Die Vorschläge beinhalteten eine bessere Abstimmung der einzelstaatlichen Wirtschaftsprogramme und der Ausgabe von Gemeinschaftsmitteln mit der mittelfristigen Wirtschaftspolitik der Europäischen Gemeinschaften. Ferner schlug Duisenberg ein allgemeines System zur Konsultation und Überwachung der Wechselkurspolitik und die Vereinbarung von „Zielzonen" für die Wechselkurse vor. Vgl. dazu BULLETIN DER EG 7-8/1976, S. 36 f.

[15] Korrigiert aus: „als der".

[16] Europäischer Fonds für währungspolitische Zusammenarbeit.

[17] Der EG-Rat auf der Ebene der Wirtschafts- und Finanzminister verabschiedete am 19. Dezember 1977 in Brüssel einen Beschluß zur Anpassung des mittelfristigen finanziellen Beistands. Dieser sah eine Verdopplung des Bereitstellungsplafonds der EG-Mitgliedstaaten vor. Dieser sollte, ebenso wie die mit einer Beistandsgewährung verbundenen Transaktionen, in Europäischen Rechnungseinheiten ausgedrückt werden. Für den Beschluß vgl. AMTSBLATT DER EUROPÄISCHEN GEMEINSCHAFTEN, Nr. L 14 vom 18. Januar 1978, S. 14–16. Vgl. dazu ferner BULLETIN DER EG 12/1977, S. 27.

[18] Korrigiert aus: „als unsere".

kennen. Der Dollar bleibt im Mittelpunkt des Weltwährungssystems, weshalb sein Kurs auch für uns entscheidende Bedeutung behält. Auch wir können uns wegen der Wettbewerbslage auf dritten Märkten, aber auch am deutschen Markt, eine Vernachlässigung des Dollarkurses nicht leisten. Diesen Standpunkt wird vor allem die Bundesbank unbeirrt weiter vertreten.

In der Bundesrepublik wäre eine Währungsinitiative der Bundesregierung auch innenpolitisch relevant. Denn sie würde die Exportsituation unserer Wirtschaft im EG-Raum zu stärken versuchen und damit als Wachstumshilfe und Stütze des Arbeitsmarktes angesehen werden. Es ist daher eine günstige Reaktion unserer Wirtschaft und Gewerkschaften vorauszusehen.

2) Wirtschaftliche Gesichtspunkte

a) Zur ökonomischen Bewertung kann man folgenden Kosten-Nutzen-Vergleich anstellen:

Die Kosten für uns wären:

– Die Poolung eines Teils unserer Währungsreserven im EFWZ von z. B. 10 %, das wären rd. 8 Mrd. DM.

– Ein Wechselkursrisiko bei der Abrechnung von Salden aus der Intervention in ERE; hier kann man keine Aussage über Beträge machen, weil sie von unbekannten Größen (Umfang der erforderlichen Interventionen, Fristen für den Saldenausgleich) abhängen.

– Interventionen in DM können einen Geldmengen-Effekt haben und damit Inflationsimpulse auslösen, falls es nicht gelingt, sie durch entsprechende Stillegungen zu neutralisieren.

– Zielzonen für Einzelfloater stellen eine Art Einladung zur Spekulation als Test auf die Widerstandskraft dar.

Unterstellt man, daß das System nur solange Bestand hätte, als es von der Wirtschaftspolitik her nicht überfordert wird, so kann man folgern, daß auch die Kosten nicht ins Unermeßliche[19] steigen würden. Andererseits könnte eine EG-Zusammenarbeit sogar die z. Z. hohen Kosten der Dollarkursstützung senken.

Der Nutzen läge primär im handelspolitischen Bereich: Unsere Ein- und Ausfuhr innerhalb der EG könnte mit besser voraussehbaren Wechselkursen arbeiten, was auch Kosten (Kursdeckung) spart und vor Gewinneinbußen (Wechselkursverlusten) schützt. Hieraus ergeben sich günstige Folgewirkungen für Produktion und Beschäftigung.

Man soll diese Vorteile nicht unterschätzen, aber auch nicht überbewerten. Sie können allein gewiß nicht das Wachstum sichern, wohl aber störende Wachstumshemmnisse beseitigen.

Soweit wir also wirtschaftliche Vorteile mit monetären Opfern erkaufen, wäre dies in der jetzigen Lage kein schlechter Einsatz von Währungsreserven. Die Autonomie der Bundesbank darf dabei nicht übersehen werden; vermutlich würde diese letztlich mitwirken, aber strenge Maßstäbe für den Reservetransfer anlegen.

---

[19] Korrigiert aus: „ungemessene".

b) Zur Frage des Zeitpunkts

Es hat seit 1977 eine Annäherung der Wirtschaftsabläufe in der EG stattgefunden, die die Periode der Divergenzen 1974 bis 1976 abgelöst hat. Sie betrifft Wirtschaftswachstum, Arbeitsmarktlage, Zahlungsbilanzen und Währungsreserven. Auch die Inflationsraten waren rückläufig, wobei sich allerdings der Abstand von Schlangenwährungen zu Einzelfloatern weniger deutlich verringert hat, weil auch die Schlangenländer Stabilitätsfortschritte machten. Es dürfte für beide Gruppen schwer sein, ihren jetzt erreichten Inflationsgrad noch weiter zu vermindern. Es wird also ein Inflationsdifferential fortbestehen. Dies ist bei der Fixierung der neuen Bandbreite zu berücksichtigen.

Politisch scheint die Konjunktur für eine Währungsinitiative günstiger. Für ihre Verwirklichung wird man, wenn überhaupt, nicht mit kurzen Zeiträumen operieren können. Ein deutscher Denkanstoß könnte durchaus zu einer neuen Konstante in der kommenden Konferenzserie werden, auch wenn er nicht im ersten Anlauf auf Zustimmung stößt.

3) Haltung anderer EG-Länder

Frankreich scheint dem Projekt sehr viel Zustimmung entgegenzubringen und ist möglicherweise sogar als „Miteinbringer" in Kopenhagen aufgetreten. Für Paris lautet die eigentliche Frage, ob es nicht uneingeschränkt in die jetzige Schlange zurückkehren kann. Dies mag nach der Erfahrung von 1975 noch zurückhaltend zu beurteilen sein; sicher würde man aber für Frankreich mit einer wesentlich engeren Bandbreite als 10 % auskommen.

Am weitesten entfernt von solchen Währungsplänen ist Italien. Seine Wirtschaftslage erlaubt allenfalls einen Gleichschritt mit dem Dollar: Es wird wegen der inflationären Automatik der Lohnindexierung weiterhin unter Abwertungsdruck bleiben. Obligatorische Stützungen der Lira könnten daher sehr teuer werden.

Großbritannien ist sofort auf Distanz gegangen. Im Grunde sind ihm alle Kursfestlegungen unerwünscht. Die Bank of England betreibt eine souveräne Politik der Kursregulierung. Sie richtet sich dabei zur Zeit nach einem handelsgewichteten Währungskorb, in dem der US-Dollar am schwersten wiegt. Auch europapolitisch wäre ein so integrationsfreundlicher Schritt wie die Zusammenlegung von Währungsreserven in GB wenig populär.

Schatzkanzler Healey hat jedoch nach typisch britischem Verhaltensmuster nicht Nein gesagt, sondern zwei Bedingungen formuliert:

– keine antiamerikanische Ausrichtung des Konzepts,
– die Überschußländer in der EG müssen sich zu stärkeren Wachstumszielen verpflichten.

Hierzu ist zu sagen: Wie schon dargelegt, kann von einer Spitze des Konzepts gegen die USA nicht die Rede sein; auch wir würden diese britische Bedingung für uns unterschreiben. Wahrscheinlich geht es jedoch den Briten um mehr: Sie möchten die währungspolitische Zusammenarbeit lieber gleichzeitig mit den USA organisieren.

Die Forderung nach verstärkter Wachstumspolitik der Überschußländer ist gleichfalls eine Konstante der britischen Europapolitik. Sie richtet sich primär an Deutschland. Dabei wird auch London nicht übersehen, daß stabilere Wechselkurse bereits als solche eine Wachstumshilfe darstellen. Es geht ihm aber auch hier um mehr, nämlich augenscheinlich um ein „package deal" von Währungsdisziplin gegen eine aktivere deutsche Wachstumspolitik.

Ob mit GB letztlich eine Verständigung möglich ist, kann heute nicht vorausgesagt werden und wird neben vielem anderen auch vom persönlichen Verhältnis zwischen Bundeskanzler und PM Callaghan abhängen. Ein Schuß Skepsis ist sicher geboten. Wir brauchen aber diese Diskussion mit GB nicht zu fürchten. Von Bedeutung ist auch, daß GB das nächste große EG-Land mit Parlamentswahlen sein dürfte.[20]

Während die übrigen EG-Länder Benelux, Dänemark und Irland sicher zu den Befürwortern einer Währungsinitiative in der EG zu zählen sind, ist die Haltung der Kommission im einzelnen noch nicht festgelegt. Diese wird möglicherweise eine größere Auflockerung in der Schlange befürworten, um einen möglichst großen gemeinsamen Nenner für alle EG-Länder zu finden. Dies entspräche auch der Rolle der Kommission, könnte sie aber mit uns z. T. in Gegensatz bringen.

4) Vorläufige Bewertung

Es wäre zu gewagt, ohne tatsächliche Kenntnis der Vorschläge des Bundeskanzlers ein Urteil zu formulieren. Allenfalls wird man sagen können, daß das Konzept taktisch und psychologisch sicher Vorteile bietet. In wirtschaftlicher Hinsicht könnte es uns und der EG auch weiterhelfen, wobei die Wirkung allerdings von verschiedenen externen Faktoren abhängt. Im ganzen ist bei unseren Erwartungen eher Zurückhaltung geboten. Auch wenn sich das Konzept aber nicht als realisierbar erweist, ist es in der jetzigen internationalen Diskussion und angesichts des Konferenzfahrplans ein lohnender deutscher Vorstoß.

III. Weiteres Verfahren

Unterscheidet man einmal zwischen der laufenden Arbeit in den EG-Organen und der Zusammenarbeit in der Ebene der Regierungschefs, so kann man die weiteren Schritte wie folgt skizzieren:

Im EG-Rahmen hat der ECOFIN-Rat am 17. April[21] ein eher gemächliches Tempo eingeschlagen. Die interessanteste Diskussionsebene ist dabei der EG-Währungsausschuß, der an der Schwelle zwischen Experten und Politikern steht.

Er wird in einer dreitägigen Sitzung im Mai eine gründliche Analyse mit Vorschlägen an den Rat entwickeln.[22] Die EG-Kommission ist gleichfalls um einen

---

20 In Großbritannien fanden am 3. Mai 1979 Wahlen zum Unterhaus statt.
21 Ministerialdirektor Lautenschlager vermerkte am 18. April 1978 zur EG-Ratstagung auf der Ebene der Wirtschafts- und Finanzminister am Vortag in Luxemburg: „Gemessen an der in Kopenhagen ausgelösten Diskussion über neue Initiativen in der EG-Währungspolitik verlief dieser Rat auffällig farblos. Über sachliche Konzepte wurde allenfalls bei dem Arbeitsessen in engstem Kreis gesprochen." Der EG-Rat habe sich auf Prozedurfragen beschränkt. Vgl. Referat 412, Bd. 122319.
22 Zur Sitzung des EG-Währungsausschusses am 11./12. Mai 1978 in Brüssel legte das Bundesministerium der Finanzen am 16. Mai 1978 dar: „Der Ausschuß diskutierte ausführlich Möglichkeiten und Ansatzpunkte für eine engere europäische Wechselkurszusammenarbeit. Grundlage war dabei ein vom Vorsitzenden vorgelegter Fragebogen [...]. Dabei wurde die Diskussion zwar im Hinblick auf die Sitzung des Europäischen Rats in Kopenhagen sowie als Vorbereitung der Bremer Sitzung des Europäischen Rats geführt, da aber von keiner Seite genaue Kenntnis über den Inhalt der Diskussion in Kopenhagen vorlag, wird der Währungsausschuß allgemein zu den technischen Problemen einer engeren Wechselkurspolitik in Europa Stellung nehmen. [...] Alle Mitglieder des Ausschusses waren sich darüber einig, daß es nicht realistisch sei anzunehmen, daß alle anderen EG-Währungen in absehbarer Zeit der ‚Schlange' beitreten könnten. Wenn auch von allen eine größere Konvergenz in den

ausgearbeiteten Vorschlag gebeten worden, den sie im Mai vorlegen wird. Der ECOFIN-Rat wird dann vor allem in der Juni-Tagung über Vorschläge an den Europäischen Rat beraten.[23]

In der Ebene der Regierungschefs steht jetzt zunächst die deutsch-britische Konsultation am Wochenende bevor.[24] Vorauszusehen ist, daß der Bundeskanzler auch weitere Kontakte suchen wird. Es wird dann darauf ankommen, ob bis zum Europäischen Rat in Bremen[25] eine genügende Annäherung der Standpunkte eingetreten ist, um Beschlüsse zu erlauben. Ggf. kann aber das Thema auch durchaus im weiteren Verlauf unserer Präsidentschaft[26] auf der Tagesordnung bleiben.

Referat 010, Bd. 178777

121

Gespräch des Bundeskanzlers Schmidt mit Premierminister Callaghan in Chequers

VS-vertraulich   24. April 1978[1]

Vermerk über das Gespräch des Bundeskanzlers mit Premierminister Callaghan am 24. April 1978, 10.30 Uhr[2]

weitere Teilnehmer: Mr. Stowe, MD Dr. Ruhfus als Note-taker

Fortsetzung Fußnote von Seite 572
  Wechselkursrelationen als wünschenswert angesehen wurde, so zeigte sich doch weitgehende Skepsis gegenüber irgendwelchen Versuchen, für die Herbeiführung größerer Stabilität irgendwelche institutionellen wechselkurspolitischen Arrangements vorzusehen." Vgl. Referat 412, Bd. 122323.
23 Zur EG-Ratstagung auf der Ebene der Wirtschafts- und Finanzminister am 19. Juni 1978 in Luxemburg vgl. Dok. 191, Anm. 19.
24 Für die deutsch-britischen Regierungsgespräche am 23./24. April 1978 in Chequers und London vgl. Dok. 121–123.
25 Zur Tagung des Europäischen Rats am 6./7. Juli 1978 vgl. Dok. 216.
26 Die Bundesrepublik übernahm am 1. Juli 1978 die EG-Ratspräsidentschaft.

1 Ablichtung.
  Die Gesprächsaufzeichnung wurde von Ministerialdirektor Ruhfus, Bundeskanzleramt, am 25. April 1978 gefertigt und am 27. April an Vortragenden Legationsrat I. Klasse Lewalter übermittelt. Dazu vermerkte er: „Beigefügt ist ein Vermerk über das Gespräch des Bundeskanzlers mit PM Callaghan am 24. April 1978, an dessen zweitem Teil auch die Außenminister beteiligt waren. Der Bundeskanzler hat dem Vermerk noch nicht zugestimmt. Ich bitte, den Bundesaußenminister und das Auswärtige Amt zu unterrichten."
  Hat Lewalter am 27. April 1978 vorgelegen.
  Hat Vortragendem Legationsrat Ackermann am 27. April 1978 vorgelegen, der die Weiterleitung an Bundesminister Genscher verfügte und handschriftlich vermerkte: „D 2 und D 4 erhalten Durchdruck vorab über B[üro] StS. Referat 413 hat Durchdruck der Seiten 7–9 vorab erhalten." Vgl. Anm. 15 und 23.
  Hat Lewalter am 5. Mai 1978 erneut vorgelegen, der handschriftlich vermerkte: „Ein weiterer Durchdruck an Ref[erat] 420 mit Boten." Vgl. das Begleitschreiben; VS-Bd. 14071 (010); B 150, Aktenkopien 1978.
2 Bundeskanzler Schmidt hielt sich am 23./24. April 1978 in Großbritannien auf.

Sowjetunion

Auf Bitten vom PM Callaghan berichtete der *Bundeskanzler* über seine Einschätzung des bevorstehenden Besuchs von Generalsekretär Breschnew.[3]

Breschnew engagiere sich persönlich für die Entspannung. Hierbei spielen seine Erinnerungen und persönlichen Eindrücke aus dem letzten Krieg eine starke Rolle. Sein Leben gehe dem Abend entgegen. Vorher wolle er sich ernsthaft bemühen, den Frieden zu stabilisieren. Es gebe im Politbüro Persönlichkeiten, die ihm bei dieser Politik helfen. Andere seien reserviert.

Breschnew habe sich mit Konzessionen an die Militärs den Bewegungsspielraum für seine Politik schaffen müssen. Er wisse nicht, ob Breschnew Zahlen über das militärische Kräfteverhältnis Ost–West wirklich bekannt seien. Man solle die Gelegenheit unter Breschnew soweit möglich noch nutzen. Nach seinem Abgang werde voraussichtlich eine Periode der Unsicherheit kommen.

PM *Callaghan* fragte, ob Gromyko Einfluß gewonnen habe.

Bundeskanzler: Einige Bereiche, die früher primär von Breschnew behandelt wurden, seien jetzt stärker dem sowjetischen Außenministerium überlassen.

Bundeskanzler fragt sodann nach der britischen Einschätzung der sowjetischen Politik in Afrika.

Callaghan: Die sowjetische Politik sei in Afrika eine Mischung aus Zufallsergebnissen und Opportunismus. Die Sowjetunion habe ihr Engagement in Angola ohne klares Konzept gestartet. Da sie auf so gut wie keinen Widerstand des Westens gestoßen sei, habe sie die Gelegenheit genutzt und weitergemacht. Die Sowjetunion lasse die Kubaner agieren. Bisher hätten die Kubaner keine allzu großen Verluste gehabt. Der Westen müsse in seinen Hinweisen (indications) an die Sowjetunion einen festen Stand einnehmen.

Bundeskanzler fragt: Heißt das notfalls, SALT II zu stoppen?

Callaghan: Das ginge wohl zu weit. Aber der Westen könne die Übergabe von Technologie, den Ausbau des Handels mit der Sowjetunion verlangsamen.

Auf Bitten vom PM Callaghan berichtet der *Bundeskanzler* über die geplanten wirtschaftlichen Vereinbarungen mit der Sowjetunion. Er denke an eine langfristige Vereinbarung, die bis ins nächste Jahrhundert hineinreiche. Er wolle eine Situation schaffen, in der die Sowjetunion Vertrauen gegenüber der Bundesrepublik gewinnen kann. Die bilateralen Möglichkeiten im Abrüstungsbereich seien sehr begrenzt. Daher dächten wir an gemeinsame Perspektiven für den Austausch von Gütern, Rohstoffen und Anlagen. Je mehr die Pläne der Sowjetunion mit westlichen Lieferungen verflochten seien, um so stärker werde das politische Interesse an der Fortsetzung. Wir dächten daran, dem sowjetischen fünfjährigen Planungsrhythmus bei der Gestaltung der Wirtschaftsbeziehungen entgegenzukommen. Hinsichtlich der Finanzierung sei festzustellen, daß die COMECON-Länder allgemein sich bemühten, ihre Verschuldung gegenüber dem Westen abzubauen.

---

[3] Der Generalsekretär des ZK der KPdSU, Breschnew, besuchte die Bundesrepublik vom 4. bis 7. Mai 1978. Vgl. dazu Dok. 135, Dok. 136, Dok. 142 und Dok. 143.

24. April 1978: Gespräch zwischen Schmidt und Callaghan 121

Callaghan: Was sind die Ziele der Sowjetunion in Westeuropa? Sind die sowjetischen Führer der Ansicht, daß die USA einen zu starken Einfluß in Europa haben?
Bundeskanzler: Die Sowjetunion habe selbst zur Einbeziehung der USA in Europa beigetragen, beispielsweise durch die KSZE, das Dokument von Helsinki[4] und die Beteiligung der USA an den Wiener Verhandlungen[5]. Allgemein gesehen müsse man wohl aber sagen, daß der Einfluß der USA in Europa seit 1972 eher schwächer geworden sei. Dies sei eine Tendenz, die schon unter Nixon/Kissinger sichtbar geworden sei.
Callaghan: Der Bundeskanzler habe Skepsis gegenüber der Wirtschaftspolitik der USA zu erkennen gegeben.
Bundeskanzler: Nur gegenüber der Politik einiger weniger Persönlichkeiten.
Callaghan: Diese Haltung sollte nicht auf die Verteidigung übergreifen. Er rate zur Vorsicht bei dem Long Term Defence Programme (LTDP).[6] Die Europäer sollten auf dem bevorstehenden NATO-Gipfel[7] deutlich machen, daß wir das amerikanische Engagement in Europa begrüßen und ermutigen.
Der *Bundeskanzler* stimmte zu. Er berichtete über die intensiven persönlichen Beziehungen, die er zu den USA und zu amerikanischen Politikern schon seit seiner Zeit als Fraktionsvorsitzender[8] unterhalte. Er habe in all diesen Kontakten den Amerikanern stets gesagt, sie müßten die Allianz führen, ohne es zu deutlich zu zeigen. Dies sei eine schwierige Aufgabe. Die Führung werde bestimmt von Kontinuität und Voraussehbarkeit. Gemessen an diesen Anforderungen, gebe es gegenwärtig Probleme. Die Bundesrepublik Deutschland hänge sehr viel stärker von den USA ab als Großbritannien. Dies gelte vor allem auch für Berlin. Die Bundesregierung und die Bundesrepublik werden sich dieser Tatsache stets bewußt sein.
Callaghan: BM Apel habe als neuer Verteidigungsminister[9] gesagt, er wolle die Haltung der Bundesregierung gegenüber dem LTDP überprüfen. Der Bundeskanzler möge dazu beitragen, daß BM Apel keine zu reservierte Haltung einnehme.
Bundeskanzler: Die Bundesregierung sei positiv eingestellt. Sie werde mitmachen. Aber wir wollten uns nicht von Persönlichkeiten, die erst vor zwölf Monaten neue Ämter angetreten haben, sagen lassen, daß alles, was bisher geschehen sei, nicht richtig und völlig unzureichend war.

---

4 Für den Wortlaut der KSZE-Schlußakte vom 1. August 1975 vgl. SICHERHEIT UND ZUSAMMENARBEIT, Bd. 2, S. 913–966.
5 Seit dem 30. Oktober 1973 fanden in Wien die MBFR-Verhandlungen statt.
6 Präsident Carter regte auf der NATO-Ratstagung auf der Ebene der Staats- und Regierungschefs am 10./11. Mai 1977 in London die Ausarbeitung eines Langfristigen Verteidigungsprogramms an. Für seine Ausführungen vgl. PUBLIC PAPERS, CARTER 1977, S. 848–852. Für den deutschen Wortlaut vgl. EUROPA-ARCHIV 1977, D 332–336. Vgl. dazu ferner AAPD 1977, I, Dok. 121 und Dok. 141.
7 Zur NATO-Ratstagung auf der Ebene der Staats- und Regierungschefs am 30./31. Mai 1978 in Washington vgl. Dok. 170.
8 Helmut Schmidt war von 1967 bis 1969 Vorsitzender der SPD-Bundestagsfraktion.
9 Hans Apel war seit dem 17. Februar 1978 Bundesminister der Verteidigung.

Callaghan: Wir sollten den USA nicht das Gefühl geben, daß wir ihre Haltung in den Wirtschafts- und Finanzfragen kritisierten und daß wir nicht bereit wären, genügend Anstrengungen für die Verteidigung zu machen.

Bundeskanzler: Präsident Carter habe bei dem NATO-Gipfel angekündigt, er werde sich für eine Zweibahnstraße bei den militärischen Lieferungen einsetzen.[10] Bisher sei sehr wenig geschehen.

Callaghan stimmt zu. Wir hätten für eine Milliarde gekauft und nur Güter in Höhe von 100 Millionen an die USA verkauft.

Bundeskanzler: Es gehe nicht nur um die Waffenverkäufe, es gehe auch um die Einhaltung von abgegebenen Zusagen. Dies beziehe sich nicht auf Präsident Carter, sondern auf einige Mitarbeiter auf der Ebene unterhalb des Präsidenten.

Zivile Luftfahrt

Callaghan berichtet, Boeing habe Großbritannien ein attraktives Angebot für Zusammenarbeit unterbreitet.[11] Boeing erwarte eine Antwort bis zum 15. Mai. Die britische Regierung werde in drei bis vier Monaten eine endgültige Entscheidung treffen müssen. Die britische Regierung sei hin- und hergerissen. Die Firma Rolls-Royce mit ca. 50 000 Beschäftigen sei mit ihren Lieferungen nach USA ausgerichtet. Die Firma Aerospace sei mit ihren Zulieferungen zum Airbus nach Europa orientiert. British Airways wünsche, möglichst kostengünstig zu kaufen. Er bemühe sich im Augenblick, die Elemente für die Entscheidung zusammenzutragen. Er sehe seine Verantwortung gegenüber Europa und werde dies in seine Entscheidung einbeziehen.

Bundeskanzler: Es handele sich in der Tat um eine wichtige und weitreichende Entscheidung, die nicht nur unter nationalen Aspekten getroffen werden sollte. Gestern abend habe man über Zukunftsindustrien, in denen den Industrieländern auf absehbare Zeit keine Konkurrenz aus der Dritten Welt drohe, gesprochen.

Dazu gehöre sicher die Luftfahrtindustrie. Mit MRCA sei eine gute Grundlage für die Kooperation im militärischen Flugzeugbau geschaffen.[12] Wenn Europa

---

10 Zum Konzept der „Zweibahnstraße" vgl. Dok. 73, Anm. 13.

11 Botschafter Ruete, London, informierte am 14. April 1978: „Financial Times berichtet gestern und heute gleich von zwei ‚Ultimaten', die Boeing den Briten gestellt habe: Das erste ist bis nächste Woche begrenzt und soll die Briten zu der Mitteilung veranlassen, ob sie am Kauf von 200 Boeing 737 interessiert sind oder nicht. British Airways übermittelt der Regierung Anfang dieser Woche den Wunsch nach Ankauf von 20 Boeing 737 Kurzstreckenjets (Auftragsvolumen 100 Mio. Pfund). British Airways entschied sich damit gegen die Alternativen Modelle BAC 1-11 und die amerikanische DC 9-40. British Aerospace bietet dagegen eine gestreckte Version der BAC 1-11, um mit Argumenten der Arbeitsplatzsicherung und des sparsameren Betriebs den Auftrag in England zu halten. [...] Ein zweites ‚Ultimatum' ist laut F[inancial]T[imes] bis 15. Mai befristet. Bis dahin erwartet Boeing die britische Absichtserklärung, sich an der Produktion der neuen Boeing 757 zu beteiligen." Aus dem britischen Industrieministerium habe die Botschaft erfahren, daß die Entscheidung jedoch erst Ende Juni 1978 erwartet werde: „Boeing habe in Hinblick auf die 757 ein Angebot gemacht, wonach die Briten mit ungefähr 40 Proz[ent], bei Einschluß der Rolls-Royce-Triebwerke RB-211 (Dash 535) sogar mit mehr als 55 Proz. an der Produktion beteiligt wären. Rolls-Royce habe sich deswegen eindeutig auf das Geschäft mit den Amerikanern festgelegt. Auch die Endmontage und Testflüge sollen in Großbritannien stattfinden." Das Geschäft mit der Boeing 757 werde einen Umfang von ca. 15 Mrd. Dollar haben. Vgl. den Drahtbericht Nr. 867; Referat 420, Bd. 117909.

12 Im Sommer 1968 beschlossen zunächst Belgien, die Bundesrepublik, Großbritannien, Italien, Kanada und die Niederlande die Entwicklung eines „Multi Role Combat Aircraft" (MRCA). Dieses sollte die bisher verwendeten Flugzeugtypen F 104-Starfighter und Fiat-G 91 ersetzen. Vgl. dazu die Aufzeich-

sich nicht im zivilen Flugzeugbau zusammentue, dann bestehe Gefahr, daß im Jahre 2000 nur noch die USA und in kleinerem Maße die Sowjetunion den Markt beherrschten.

Bundeskanzler regte an, daß die Angelegenheit zwischen der Bundesrepublik und Großbritannien auf der Ebene von Ministern (nicht Junior-Ministers) eingehend besprochen werden solle. Er schlug ferner vor, mit Präsident Giscard zu sprechen. Nach der Unterrichtung des französischen Staatspräsidenten könnten die Staats- und Regierungschefs notfalls direkt zum Telefon greifen.

Callaghan sagte zu, er werde jemand zu Präsident Giscard entsenden. Er habe erst am letzten Donnerstag[13] den Industrieminister autorisiert, mit Boeing die Gespräche aufzunehmen.[14]

Ein kurzfristiges Problem stelle sich mit dem Ankauf von Flugzeugen für British Airways. Die Gesellschaft habe gerade erst ohne Einschaltung der Regierung beschlossen, 19 Flugzeuge Boeing 737 zu kaufen.

Bundeskanzler: Dies sei in der Tat eine erstaunliche Entscheidung. Er habe bisher den Endruck gehabt, daß die BAC 1-11 ein gutes Flugzeug sei.

Callaghan: Die Regierung habe durchaus noch Einfluß auf die Entscheidung. Das Geld werde letztlich von der Regierung kommen.

Bundeskanzler erkundigt sich nach der Einschätzung der MRCA in Großbritannien.

Callaghan: Die Einschätzung des Flugzeugs sei keineswegs schlecht.

Bundeskanzler und *Premierminister* stimmen überein, daß diesem gemeinsamen Projekt mehr Publizität in beiden Ländern gegeben werden soll.

Beteiligung einer Shakespeare-Gesellschaft an der Hamburger Theaterwoche.

Callaghan teilte mit, er werde sein Bestes tun, um eine gute Aufführung für das Hamburg-Festival zu gewinnen.

Fortsetzung Fußnote von Seite 576
nung des Ministerialdirigenten Sahm vom 7. Januar 1969; VS-Bd. 1913 (201); B 150, Aktenkopien 1969. Vgl. dazu ferner AAPD 1969, II, Dok. 408.
1970 und 1971 wurden Zweifel an der Wirtschaftlichkeit des Vorhabens laut. Vgl. dazu AAPD 1971, I, Dok. 87, und AAPD 1971, II, Dok. 240.
Am 9. September 1971 teilte das Bundesministerium der Verteidigung mit, daß die Bundesrepublik, Großbritannien und Italien eine Fortsetzung des MRCA-Projekts beschlossen hätten. Vgl. dazu AdG 1971, S. 16525.
Das Kabinett beschloß am 7. April 1976 den Beginn der Produktion des MRCA unter dem Namen „Tornado" zum 1. Juli 1976. Dazu wurde mitgeteilt: „Das Programm hat für die Bundesrepublik Deutschland einen Umfang von 15,556 Mrd. DM. Der Geräte-Stückpreis für ein Flugzeug beträgt 32,21 Mio. DM (jeweils Preisstand 31. Dezember 1975). Für die Luftwaffe und die Marine werden 322 Flugzeuge gebaut, die Partnerstaaten Großbritannien und Italien werden 385 bzw. 100 Tornado beschaffen. Der Zulauf der Flugzeuge ist für 1979 geplant und soll sich bis in das Jahr 1987 erstrecken." Vgl. dazu BULLETIN 1976, S. 660.
13 20. April 1978.
14 Botschafter Ruete, London, teilte am 27. April 1978 mit: „Nach Pressemeldungen hat der britische Industrieminister Eric Varley die Präsidenten von Boeing, Lockheed und McDonnell Douglas für die nächste Woche zu getrennten Gesprächen über eine mögliche anglo-amerikanische Kooperation im zivilen Flugzeugbau nach London eingeladen. [...] Britische Seite betont, es handele sich nicht etwa bereits um Verhandlungen, sondern um exploratorische Gespräche." Ferner sei erklärt worden, daß für eine Entscheidung „ausschließlich kommerzielle, nicht aber politische Gründe Ausschlag geben würden". Vgl. den Drahtbericht Nr. 981, Referat 420, Bd. 117897.

[15]Um 11.45 Uhr traten Bundesminister Genscher und AM Owen zu dem Gespräch.[16]

Auf englischer Seite übernahm Cartledge als Note-taker.

Urenco[17]

AM *Owen* berichtet über die Gespräche der beiden Delegationen. Man wolle dem niederländischen Ministerpräsidenten van Agt etwas entgegenkommen, aber nicht so weit, daß ein niederländisches Veto ermöglicht würde. Man könne nicht so weit gehen, daß die Niederländer die Lieferung blockieren könnten. Die Niederlande hätten ihre Haltung zu oft geändert.

Bundeskanzler: Man müsse es der niederländischen Regierung ermöglichen, das Gesicht zu wahren. Aber in der Substanz könne man nicht nachgeben.

PM *Callaghan* stimmt zu. Man solle in der interpretativen Formel so weit wie möglich gehen.

Sodann müsse die niederländische Regierung sich an das Parlament wenden. Wenn es der Regierung nicht gelinge, das Parlament umzustimmen, werde man über die Konsequenzen nachdenken müssen.

Bundeskanzler: Man müsse die Niederländer auf die Konsequenzen hinweisen, nicht schriftlich, aber man müsse sie mündlich auf die vertraglichen Verpflichtungen aufmerksam machen.

BM *Genscher*: Die niederländische Regierung sei sich dessen bewußt.

AM *Owen*: Die Niederländer würden möglicherweise versuchen, Proliferationsängste zu wecken. Aber Urenco sei ein falscher Hebel, um der Proliferation entgegenzutreten. Großbritannien, die Niederländer und die Bundesrepublik träten alle gemeinsam für die internationale Plutoniumlagerung ein.

Callaghan: Wenn die Niederlande nicht mitmachten, werde dies zu Schwierigkeiten führen. Daher solle man zunächst versuchen, sie zu einer Formel zu überreden. Wenn sie dann nicht mitmachten, dann müßten dringende Gespräche zwischen der britischen und der deutschen Regierung stattfinden. Beide Länder

---

15 Beginn der Seite 7 der Vorlage. Vgl. Anm. 1.

16 Für das vorangegangene Gespräch des Bundesministers Genscher mit dem britischen Außenminister Owen am 24. April 1978 in Chequers vgl. Dok. 122.

17 Zur Lieferung von angereichertem Uran an Brasilien durch die deutsch-britisch-niederländische Firma Urenco vgl. Dok. 68, Anm. 3, 5, 6 und 16.
Legationsrat I. Klasse von Neubronner legte am 10. April 1978 dar, daß am Rande der Tagung des Europäischen Rats am 7./8. April 1978 in Kopenhagen ein Gespräch des Bundesministers Genscher mit Ministerpräsident van Agt und dem britischen Außenminister Owen stattgefunden habe, das jedoch ohne Ergebnis geblieben sei. Die niederländische Seite habe einen Vorschlag eingebracht, der darauf hinauslaufe, „daß in Brasilien Urenco-Material nur wiederaufgearbeitet werden darf, wenn ein Plutonium-Lager-Regime (IAEO-Regelung oder Vierer-Ad-hoc-Regelung) vereinbart worden ist. Ist ein solches Regime nicht in Kraft, müssen die abgebrannten Brennelemente zwischengelagert werden, bis Einigung über ein Plutonium-Lager-Regime erzielt wurde." Insgesamt habe der Eindruck bestanden, daß die niederländische Regierung auf der Resolution Nr. 19 des niederländischen Parlaments vom 31. Januar 1978 bestehe und nicht mehr zur am 11. Januar 1978 erzielten Einigung stehe. Vgl. Referat 413, Bd. 123657.
Ministerialdirigent Dittmann notierte, daß van Agt in gleichlautenden Schreiben vom 14. April 1978 an Bundeskanzler Schmidt und Premierminister Callaghan vorgeschlagen habe: „Vereinbarung einer Ad-hoc-Plutoniumlagerregelung unter den Vier vor Lieferbeginn, falls im Rahmen von INFCE keine Einigung über eine allgemeine IAEO-Regelung erzielt wird. Aufnahme entsprechender Vierer-Beratungen Anfang 1980 und Abschluß bis Lieferbeginn (nicht vor Ende 1981)." Vgl. Referat 413, Bd. 123657.

sollten auf jeden Fall die Partnerschaft fortsetzen. Die Reaktionen würden weniger abträglich sein, als wenn Deutschland und Großbritannien separate Lösungen anstrebten.

AM *Owen*: Besser zu dritt, aber sonst lieber zu zweit. Es sei vorgeschlagen worden, die Anreicherung für Brasilien nur in Capenhurst vorzunehmen. Aber die Produktion in Capenhurst sei zu langsam.

Bundeskanzler: Die Bundesrepublik werde auf längere Sicht nicht auf eine Anreicherungsanlage verzichten können. Er werde es nicht zulassen, daß die Bundesrepublik etwa durch das niederländische Parlament zu einem drittklassigen Land gemacht werde.

AM *Owen*: Es werde sicher vorteilhaft sein, wenn Großbritannien in Gronau beteiligt werde. Der Widerstand werde geringer sein. Es sei gut, wenn ein Kernwaffenstaat und ein Nicht-Kernwaffenstaat zusammenarbeiten, die beide den Nichtverbreitungsvertrag[18] unterzeichnet hätten.

Callaghan: Man werde Großbritannien vorwerfen, es verhelfe der Bundesrepublik zur nuklearen Macht. Daher solle man zunächst noch einmal ernsthaft versuchen, die Niederlande dabeizuhalten.

Genscher: Die niederländische Regierung erwarte eine klare Stellungnahme der britischen und der deutschen Regierung, die ihr gegenüber dem Parlament helfe.[19]

Owen berichtet über die Diskussion im britischen Parlament über den Bericht zur Wiederaufarbeitungsanlage in Windscale.[20]

---

18 Für den Wortlaut des Nichtverbreitungsvertrags vom 1. Juli 1968 vgl. BUNDESGESETZBLATT 1974, Teil II, S. 785–793.
19 Mit Schreiben von 11. Mai 1978 teilte Bundeskanzler Schmidt Ministerpräsident van Agt mit, daß er mit Premierminister Callaghan darin übereinstimme, „an der Januar-Lösung festzuhalten", da es „unüberwindbare Schwierigkeiten" geben werde, diese zu ändern: „Ich halte es daher auch für sehr schwierig, eine zusätzliche Passage, wie Sie sie vorgeschlagen haben, in den vorgesehenen Notenwechsel mit Brasilien aufzunehmen. [...] Auch ich halte es für angezeigt, der brasilianischen Seite in einer interpretativen Erklärung zu bestätigen, daß ein Plutoniumlagerregime eingerichtet sein wird, bevor von URENCO geliefertes Kernmaterial in Brasilien wiederaufgearbeitet wird. Ich meine, daß der meinem Schreiben als Anlage beigefügte Text einer interpretativen Erklärung diesem von Ihnen und von mir vertretenen Anliegen voll Rechnung trägt." Vgl. den Drahterlaß Nr. 2332 des Vortragenden Legationsrats I. Klasse Rouget vom 12. Mai 1978 an die Botschaften in Den Haag und London; Referat 413, Bd. 123658.
20 Am 1. März 1977 beantragte die British Nuclear Fuels Ltd. die Genehmigung zum Bau einer Wiederaufarbeitungsanlage in Windscale. Zur Untersuchung aller für eine Entscheidung notwendigen Gesichtspunkte setzte der britische Umweltminister Shore eine unabhängige Kommission unter Leitung des Richters Parker ein, die am 26. Januar 1978 ihren Bericht fertigstellte. Vgl. dazu das undatierte Aide-mémoire der britischen Botschaft; Referat 413, Bd. 123628.
Botschafter Ruete, London, teilte am 7. März 1978 mit, daß Shore am Vortag im britischen Unterhaus erklärt habe, „daß Parker Genehmigung für Errichtung Wiederaufarbeitungsanlage [...] dringend empfehle. Schlußfolgerungen aus Inquiry und Begründungen für Empfehlungen seien überzeugend und müßten von Regierung akzeptiert werden." Ruete führte aus: „In seinem Bericht bejaht Justice Parker die drei zu Beginn des Windscale-Verfahrens gestellten Fragen, ob verbrauchte Oxidbrennelemente überhaupt wieder aufgearbeitet werden sollten, ob die dafür notwendigen Anlagen in Windscale errichtet werden sollten und ob die Anlagen so ausgelegt werden sollten, daß auch über nationalen Bedarf hinaus für andere Nationen Wiederaufarbeitung vorgenommen werden sollte, ohne Einschränkung. Die von Opponenten vorgebrachten Sicherheitsbedenken finden Niederschlag in einer langen Reihe von Bedingungen und Auflagen, die er mit der Genehmigung verknüpft sehen möchte." Vgl. den Drahtbericht Nr. 546; Referat 413, Bd. 123628.
Am 23. März 1978 berichtete Ruete, daß das britische Unterhaus am Vortag nach über fünfstündi-

Callaghan: Dieser Bericht, den ein unabhängiger Richter in einjähriger Arbeit erstellt habe, sei gut und interessant. Er sei von der Öffentlichkeit positiv aufgenommen worden.

Bundeskanzler bittet um Überlassung einer Kopie.

Callaghan regt an, die Gespräche über den Bau von Reaktoren und Schnellen Brütern zu intensivieren.

Bundeskanzler stimmt zu. Man solle dieses Gespräch nicht nur Experten und Fachministern für Technologiefragen überlassen. Die Bundesregierung habe einen Nuklearen Rat geschaffen, in dem die Oppositionsparteien, die Arbeitgeber und die Gewerkschaften mitwirkten.[21]

Callaghan: Die innere Situation in Großbritannien sei fast die gleiche.

Bundeskanzler: Die amerikanische Administration übersehe nicht ganz die Implikationen der Energiefrage für die europäischen Länder.

Kohle

Owen: In der EG diskutiere man die Alternativen zur Ölversorgung. Die Gemeinschaft solle mehr für die Kohle tun. Für die Nahrungsmittel zahle man in der EG teurere Preise als auf dem Weltmarkt. Die Kohle werde dagegen dort gekauft, wo sie am billigsten ist.

Bundeskanzler stimmt zu. Großbritannien sei aber noch in einer relativ günstigeren Situation als die Bundesrepublik. Unsere Kohle sei teurer. Zur Zeit lägen etwa 36 Mio. Tonnen auf Halde. Es wurde vereinbart, daß die zuständigen Fachminister[22] gebeten werden sollen, über dieses Thema in der Plenarsitzung zu berichten.[23]

Lomé II

Bundeskanzler weist auf die Bedeutung der Lomé II-Gespräche[24] hin. Das Lomé-

---

Fortsetzung Fußnote von Seite 579
   ger Debatte mit 186 gegen 56 Stimmen einen Antrag der Liberalen Partei auf Vertagung der Entscheidung über Windscale abgelehnt habe, weshalb eine Zustimmung zum Projekt „so gut wie sicher" sei. Vgl. den Drahtbericht Nr. 687; Referat 413, Bd. 123628.
   Das britische Unterhaus stimmte am 18. Mai 1978 mit 224 zu 80 Stimmen für die Erteilung einer Planungsgenehmigung für die Wiederaufarbeitungsanlage in Windscale. Vgl. dazu den Drahtbericht Nr. 1144 von Ruete vom 18. Mai 1978; Referat 413, Bd. 123628.

[21] Mit Schreiben vom 15. Februar 1977 schlug das Bundeskanzleramt die Bildung eines Rats für die friedliche Nutzung der Kernenergie vor, in dem neben Bundeskanzler Schmidt und Vertretern des Auswärtigen Amts, des Bundesministeriums des Innern und der Bundesministerien für Wirtschaft bzw. für Forschung und Technologie zwei Ministerpräsidenten, „die Vorsitzenden der drei Bundestagsfraktionen, die vier Parteivorsitzenden, ein Vertreter der Wirtschaft, ein Vertreter der Gewerkschaften und ein Vertreter der Wissenschaft" zusammenkommen sollten. Vgl. Referat 413, Bd. 119595.
Die konstituierende Sitzung fand am 23. März 1977 statt. Vgl. dazu den Drahterlaß Nr. 80 des Vortragenden Legationsrats I. Klasse Rouget vom 25. März 1977 an die Botschaft in Brasilia; VS-Bd. 9320 (413); B 150, Aktenkopien 1977.

[22] Otto Graf Lambsdorff und Anthony Wedgwood Benn.

[23] Ende der Seite 9 der Vorlage. Vgl. Anm. 1.
Für die Plenarsitzung am 24. April 1978 in London vgl. Dok. 123.

[24] Referat 410 erläuterte am 10. April 1978: „In der zweiten Hälfte dieses Jahres, also während der deutschen EG-Präsidentschaft, ist mit den AKP-Staaten über die Erneuerung des Lomé-Abkommens zu verhandeln. Die Verhandlungen sollen am 24. Juli 1978 in Brüssel feierlich eröffnet und die materiellen Gespräche Anfang September aufgenommen werden. Die Kommission hat am 15. Februar ein Memorandum zu den künftigen Verhandlungen des Abkommens vorgelegt." Die Vorschläge der EG-Kommission sähen vor, daß der Kreis der Vertragspartner nicht erweitert werden solle, während Großbritannien etwa eine Ausweitung auf Südostasien erwäge. Im Bereich der Menschenrechte schla-

Modell sei besser als der Common Fund[25], weil letzterer auch reiche rohstoffproduzierende Industrieländer begünstige.

AM *Owen* berichtet über den derzeitigen Stand der Vorbereitung für Lomé II. Problem sei die Ausdehnung von Lomé I[26] auf andere Länder, insbesondere auf Indien. Ferner sei die Erwähnung der Menschenrechte problematisch. Einige Europäer fürchteten, daß die Erwähnung der Menschenrechte im Abkommen Lomé II mehr Schwierigkeiten als Vorteile bringe. So zögere beispielsweise die französische Regierung.[27]

BM *Genscher* bezeichnete die deutsche Haltung in dieser Frage als pragmatisch.

PM *Callaghan* wies auf die Bedeutung Indiens hin. Es sei eine Demokratie mit 600 Mio. Einwohnern. Die Bande zwischen Großbritannien und Indien seien nach wie vor eng.

Bundeskanzler betonte abschließend, Lomé II müsse ein Erfolg werden.

Callaghan stimmte zu. Allerdings könne Lomé II kein Ersatz für den Common Fund werden.

Jamaika

Callaghan kam auf die Einladung zu einem Treffen in Jamaika zu sprechen.[28]

Fortsetzung Fußnote von Seite 580
  ge die EG-Kommission „‚genaue und ausdrückliche' Bezugnahme auf VN-Verpflichtungen zur Wahrung individueller Grundrechte (Leben und Freiheit der Person, keine unmenschliche Behandlung) in Präambel von Lomé II vor. Wir empfehlen eine realistische Einstellung. Die Frage einer Bezugnahme des Abkommens auf die Menschenrechte wird kontrovers werden. [...] Nach heutiger allgemeiner Auffassung bestehen Menschenrechte im übrigen nicht nur aus individuellen Freiheitsrechten. Die Bereiche der wirtschaftlichen und sozialen Rechte sowie die Frage des Rassismus im südlichen Afrika werden daher voraussichtlich nicht ausgeklammert werden können." Vgl. Referat 410, Bd. 121706.
25 Zum Projekt eines Gemeinsamen Fonds vgl. Dok. 39, Anm. 17 und 19.
  Vortragender Legationsrat I. Klasse Sulimma legte am 12. April 1978 dar, nach neuesten Informationen sei eine Fortsetzung der Verhandlungskonferenz „wohl erst im Herbst zu erwarten". Gegenwärtig unternehme UNCTAD-Generalsekretär Corea eine Informations-und Sondierungsreise durch verschiedene Staaten. Die Industriestaaten seien der Ansicht, „daß es besser wäre, eine sorgfältige Vorbereitung auf beiden Seiten für den Herbst zu treffen als übereilt in eine neue Verhandlungsrunde zu gehen, die ein drittes Mal scheitern könnte." Die Gruppe der 77 habe jedoch bislang „kein Abrücken von ihrer Maximalposition signalisiert". Vgl. Referat 402, Bd. 122161.
26 Für den Wortlaut des AKP-EWG-Abkommens von Lomé vom 28. Februar 1975 sowie der Zusatzprotokolle und der am 11. Juli 1975 in Brüssel unterzeichneten internen Abkommen über Maßnahmen zur Durchführung des Abkommens und über die Finanzierung und Verwaltung der Hilfe der Gemeinschaft vgl. BUNDESGESETZBLATT 1975, Teil II, S. 2318–2417.
27 Botschafter Sigrist, Brüssel (EG), berichtete am 17. April 1978: „Beim Mittagessen des Ministerrats am 7. März wurde über die Berücksichtigung der Menschenrechte bei einem Lomé II-Vertrag gesprochen. Dabei zeigte sich, daß die Ansichten des französischen Außenministers und die Ansichten des britischen Außenministers entgegengesetzt sind. StM von Dohnanyi regte an, die Frage z. B. im Ministerrat Anfang Mai zu diskutieren. Bis dahin sollte vermieden werden, [...] Erklärungen zu dieser Frage öffentlich abzugeben. [...] Nach der Auffassung von StM von Dohnanyi sollte eine Formel vermieden werden, die zur Rücknahme der Hilfe zwingt, wenn die Gemeinschaft nicht in den Verdacht kommen will, die Maßnahmen zu billigen, die die Menschenrechte beeinträchtigen." Vgl. den Schriftbericht Nr. 729; Referat 410, Bd. 121706.
28 Im Gespräch mit Bundeskanzler Schmidt am 9. Februar 1978 schlug Ministerpräsident Manley ein Treffen über Nord-Süd-Fragen mit Ministerpräsident Barre, Premierminister Callaghan, Ministerpräsident Nordli, dem Chef der Bundesmilitärregierung, Obasanjo, und Präsident Pérez „im Anschluß an die Teilnahme des Bundeskanzlers am NATO-Gipfeltreffen (30. Mai 1978)" auf Jamaika vor. Schmidt erklärte sich grundsätzlich einverstanden und stellte fest, „man solle den Teilnehmerkreis auf höchstens acht bis neun Regierungschefs und je einen Begleiter beschränken, für einen privaten Rahmen (außerhalb Kingstons) sorgen und möglichst keine Publizität zulassen". Der ins Auge ge-

PM Manley erwecke mit dem Hinweis auf die Teilnahme des Bundeskanzlers große Erwartungen. Er habe ihn (Callaghan) viermal angerufen, um ihn auch zur Teilnahme zu bewegen. Er werde versuchen, den Bundeskanzler für seine Zwecke zu gebrauchen.

Bundeskanzler betonte, er habe Manley klar gesagt, daß es sich nur um ein privates Treffen handeln werde.[29]

SALT/MBFR

Owen berichtet über die Unterrichtung durch AM Vance.[30] Das nächste Treffen Gromyko/Vance solle am Rande der Sonderversammlung der GV über Abrüstungsfragen[31] stattfinden.[32] Möglicherweise könne SALT II im Juli abgeschlossen werden.

Über Non-circumvention sei Übereinstimmung erzielt worden. Allerdings müsse die Interpretationserklärung in der NATO noch konsultiert werden. Bei den Absprachen hinsichtlich der Modernisierung von Waffensystemen habe es Fortschritte gegeben. Ein schwieriges Problem sei nach wie vor Backfire. Breschnew habe sich offenbar festgelegt und schon zu Kissingers Zeiten vor dem Politbüro erklärt, Backfire sei keine strategische Waffe. Seitdem sei sein Prestige involviert.

Bundeskanzler: Backfire und SS-20 seien für die europäischen Länder eine gefährliche Entwicklung

Owen stimmt zu. Die Amerikaner träten nur dafür ein, das strategische Profil der Backfire-Bomber zu begrenzen.

Genscher: AM Vance habe eingestanden, daß Backfire für Europa ein strategisches System sei.

Bundeskanzler fragt, wie die Grauzonen in Zukunft behandelt werden sollten, ob in SALT III oder anderswo, und ob Großbritannien sich beteiligen werde.

Callaghan äußert sich zurückhaltend. Wenn jedoch die FBS einbezogen würden, müsse Großbritannien wohl dabei sein.

Owen: Die Frage des Forums sei bedeutsam. Frankreich werde nicht mitmachen. Er fragt, ob die Bundesregierung sich beteiligen wolle.

Bundeskanzler: Die Bundesregierung habe noch keine Entscheidung getroffen. Aber man müsse feststellen, daß die europäischen Interessen in diesem Bereich gegenwärtig nicht genügend gewahrt seien.

Fortsetzung Fußnote von Seite 581
faßte „private Meinungsaustausch" dürfe jedoch „nicht unter Erfolgszwang gesetzt" werden. Vgl. die Gesprächsaufzeichnung; Bundeskanzleramt, AZ: 21-30 100 (56), Bd. 44; Aktenkopien 1978.

[29] Das informelle Treffen von sieben Staats- und Regierungschefs fand am 28./29. Dezember 1978 auf Jamaika statt. Vgl. Dok. 401.

[30] Der amerikanische Außenminister Vance hielt sich im Anschluß an einen Besuch vom 19. bis 23. April 1978 in der UdSSR am 23. April 1978 in Großbritannien auf. Zum Besuch in der UdSSR vgl. Dok. 126.

[31] Zur UNO-Sondergeneralversammlung über Abrüstung vom 23. Mai bis 30. Juni 1978 in New York vgl. Dok. 212.

[32] Der sowjetische Außenminister Gromyko führte am 27. Mai 1978 in Washington Gespräche mit Präsident Carter und dem amerikanischen Außenminister Vance. Am 31. Mai 1978 traf er erneut mit Vance in New York zusammen. Zu den Gesprächen über SALT II vgl. Dok. 169.

Owen stimmt zu. Dies habe auch die Regelung der Cruise Missiles in SALT II gezeigt. Die Erfahrung der Verhandlungen über den Comprehensive Test Ban (CTB)[33] habe gelehrt, daß es gut sei, dabei zu sein.

Bundeskanzler fragt, ob Großbritannien Cruise Missiles produzieren wolle.

Callaghan: Man prüfe zur Zeit die Option, aber bis zur Entscheidung sei es noch weit.

Owen: Großbritannien habe eher Interesse an seegestützten als an landgestützten Cruise Missiles. Großbritannien verfüge über den größten Teil der Technologie. Wichtig sei die Hilfe der USA für das mapping. Auch die bisherige SALT II-Regelung gebe die Möglichkeit, die Tests fortzuführen.

Bundeskanzler: Nach drei Jahren werde es schwierig sein zu fordern, daß jetzt wieder der frühere Zustand gelten solle.

Callaghan: Man solle einmal zu dritt mit Giscard über einige dieser Fragen sprechen, um zu sehen, ob er nach den Wahlen[34] eine andere Haltung einnehme.

Callaghan weist auf die Gleichzeitigkeit von Sondergeneralversammlung und NATO-Gipfel hin. Man solle etwas Druck auf die Sowjetunion ausüben und vorschlagen, daß im Herbst ein MBFR-Treffen auf der Ebene der Außenminister stattfindet. Die westliche Seite habe jetzt inhaltsreiche Vorschläge vorgelegt.[35]

Owen: Breschnew[36] und Gromyko hätten in Moskau zu erkennen gegeben, daß sie die neue Initiative ernst nähmen.

Bundeskanzler regt an zu überlegen, daß alle MBFR-Mächte zustimmen, die vertrauensbildenden Maßnahmen von Helsinki als Verpflichtung zu übernehmen.

Owen sieht Chancen für Fortschritte im Bereich der vertrauensbildenden Maßnahmen. Diese Überlegungen sollten für das NATO-Gipfeltreffen vorbereitet werden. Wenn die Bundesregierung dafür eintrete, würden auch die USA bereit sein.

Es wurde vereinbart, daß Großbritannien auf dem NATO-Gipfel vorschlagen soll, daß im November ein MBFR-Treffen auf Ebene der Außenminister stattfinden soll. Die USA sollen vorher unterrichtet werden. Die Bundesregierung wird die Unterrichtung der amerikanischen Regierung vornehmen und dabei mitteilen, daß die britische Regierung einverstanden ist. Ferner sei zu überlegen, ob diese Anregung bei der Sowjetunion sondiert werden soll.

Owen: Die Sowjetunion müsse nunmehr auf die neuen westlichen Vorschläge reagieren.

Bundeskanzler fragt, ob es möglich sein werde, auf der Sonderversammlung der VN vorzuschlagen, daß die vertrauensbildenden Maßnahmen durch internationale Verträge in Europa und in anderen Regionen außerhalb Europas, möglicherweise im westlichen Pazifik oder im Nahen Osten, eingeführt werden.

---

33 Zu den Verhandlungen zwischen Großbritannien, den USA und der UdSSR über ein umfassendes Teststoppabkommen vgl. Dok. 84, Anm. 32.
34 In Frankreich fanden am 12. und 19. März 1978 Wahlen zur Nationalversammlung statt.
35 Zur Initiative der an den MBFR-Verhandlungen teilnehmenden NATO-Mitgliedstaaten vom 19. April 1978 vgl. Dok. 110.
36 Korrigiert aus: „Brzezinski".

Callaghan: Erste Ansätze für vertrauensbildende Maßnahmen bestünden bereits zwischen Israel und Jordanien. Zwischen Israel und Syrien werde es nicht möglich sein. Vielleicht bestünden Möglichkeiten zwischen der Sowjetunion und China.

Bundeskanzler: Eventuell auch zwischen China und Indien.

Owen: Die britische Regierung unterstütze regionale Sicherheitsvorkehrungen.

Besuch der Königin in Berlin[37]

Bundeskanzler dankt für den Besuch und besonders für die Einbeziehung Berlins in das Programm. Präsident Carter werde sechs Wochen später nach Berlin reisen.[38] Man solle die Programme in Berlin ähnlich gestalten.

Callaghan bittet um Anregungen.

BM *Genscher*: Hier stelle sich die Frage, ob eine politische Erklärung abgegeben werden solle. Präsident Carter beabsichtige eine politische Erklärung.[39]

Callaghan erklärt sich einverstanden, daß auch die Königin für die britische Regierung eine Erklärung abgibt.[40] Außenminister Owen werde die Königin für die britische Regierung begleiten.

Bundeskanzler regt an, daß die Frage der Begleitung seitens der Bundesregierung in der Vierergruppe angesprochen wird.

Callaghan: Die britische Regierung möchte vermeiden, daß die Königin Gegenstand von Kritik wird.

Genscher: Eventuelle Kritik wegen der Begleitung der Königin seitens der Bundesregierung werde gegen die Bundesregierung gerichtet, nicht aber gegen die Königin.

BM Genscher verweist sodann auf die Präzedenzfälle:

Besuch der Königin in Berlin 1965[41] und der amerikanischen Präsidenten Kennedy und Nixon 1963 und 1969[42], in denen jeweils der Bundeskanzler und der Bundesaußenminister die Gäste begleitet hätten.

---

[37] Königin Elizabeth II. besuchte vom 22. bis 26. Mai 1978 die Bundesrepublik.

[38] Präsident Carter besuchte die Bundesrepublik vom 13. bis 17. Juli 1978. Vgl. dazu Dok. 219 und Dok. 223.

[39] Für den Wortlaut der Rede des Präsidenten Carter am 15. Juli 1978 anläßlich einer Kranzniederlegung am Luftbrückendenkmal in Berlin (West) vgl. PUBLIC PAPERS, CARTER 1978, S. 1293–1295. Für den deutschen Wortlaut vgl. EUROPA-ARCHIV 1978, D 563 (Auszug).
Für seine Ausführungen während einer Fragestunde mit Berliner Bürgern am selben Tag vgl. PUBLIC PAPERS, CARTER 1978, S. 1295–1306.

[40] Für die Rede von Königin Elizabeth II. am 25. Mai 1978 in Berlin (West) vgl. BULLETIN 1978, S. 542.

[41] Königin Elizabeth II. hielt sich in Begleitung des Bundeskanzlers Erhard und des Bundesministers Schröder während eines Besuchs vom 18. bis 28. Mai 1965 in der Bundesrepublik am 27. Mai 1965 in Berlin (West) auf. Vgl. dazu AAPD 1965, II, Dok. 239.

[42] Präsident Kennedy hielt sich in Begleitung des Bundeskanzlers Adenauer und des Bundesministers Schröder während eines Besuchs vom 23. bis 26. Juni 1963 in der Bundesrepublik am 26. Juni 1963 in Berlin (West) auf. Vgl. dazu AAPD 1963, II, Dok. 206 und Dok. 208. Zum Besuch in Berlin (West) vgl. auch FRUS 1961–1963, XV, S. 536 f.
Präsident Nixon hielt sich in Begleitung des Bundeskanzlers Kiesinger und des Bundesministers Brandt während eines Besuchs am 26./27. Februar 1969 in der Bundesrepublik am 27. Februar 1969 in Berlin (West) auf. Vgl. dazu AAPD 1969, I, Dok. 79–81. Zum Besuch in der Bundesrepublik vgl. auch FRUS 1969–1976, XL, S. 34–48.

24. April 1978: Gespräch zwischen Schmidt und Callaghan   **121**

Callaghan zeigt sich von den Präzedenzfällen beeindruckt. Wenn das so sei, sei er dafür, daß die Beamten prüften, ob auf Grund des Vier-Mächte-Abkommens eine andere Lage geschaffen worden sei, die zu Bedenken Anlaß gäbe. Wenn dies nicht der Fall sei, dann sei er dafür, daß der Bundeskanzler nach Berlin gehe.

Nachdem der Eindruck bestand, daß das Vier-Mächte-Abkommen keine Vorschrift enthält, die die Begleitung von ausländischen Staatschefs durch die Bundesregierung ausschließt, führte der *Bundeskanzler* aus, die Königin werde aus eigenem Recht nach Berlin gehen. Er sei bereit, sie zu begleiten.

Fischerei[43]

Callaghan: Es bestehe in Europa der Eindruck, daß Großbritannien in der Fischereifrage nicht genügend kompromißbereit sei. Seiner Regierung seien durch die Stimmung im Lande und durch die Haltung des Parlaments enge Grenzen gesetzt. Auf einen Einwurf von BM Genscher führte Callaghan aus, daran werde sich auch durch eventuelle Wahlen nichts ändern.

Owen verweist darauf, daß es die britische Regierung erreicht habe, daß die 50-Meilen-Zone nicht eine exklusive Zone, sondern nur eine präferentielle Zone geworden sei. Man müsse versuchen, die Fangpläne innerhalb der präferentiellen Zone so zu arrangieren, daß man zu einer einvernehmlichen Lösung kommen könne.

Bundeskanzler weist auf die Bedeutung der Fischereifragen für die deutschen Küstengebiete hin.

Genscher führt aus, daß die Fortschritte bei den Verhandlungen der EG mit dritten Staaten blockiert würden.

Bundeskanzler regt an, daß die Außenminister versuchen, eine Lösung zu finden.

Owen spricht sich gegen die Übertragung auf die Außenminister aus. Die Fangpläne müßten von den fischverarbeitenden Industrien akzeptiert werden. Dies könne der Fischereiminister eher ereichen.

Es wurde vereinbart, daß versucht werden soll, auf dem informellen Treffen der Außenminister 20./21. Mai[44] eine Lösung zu erörtern, für die dann später die Unterstützung der Landwirtschafts- und Fischereiminister gewonnen werden soll.

---

[43] Zur Kontroverse über Fischereifragen in den Europäischen Gemeinschaften vgl. Dok. 33, Anm. 3. Ministerialdirektor Lautenschlager vermerkte am 25. April 1978 zur EG-Ratstagung auf der Ebene der Agrar- und Fischereiminister am Vortag in Luxemburg: „Fischereirat, auf dessen Tagesordnung Fischereibeziehungen der EG zu Norwegen, Schweden und Färöer (insbesondere Fangquotenaufteilung) sowie – wegen des untrennbaren Sachzusammenhangs – das interne Fischereiregime standen, beschloß lediglich, bestehende Übergangsregelungen für die genannten Drittländer um einen Monat bis 31.5.1978 zu verlängern. Inzwischen soll Kommission ihrem Wunsch entsprechend bilaterale Gespräche mit VK, bei denen nach Mitteilung der Kommission Fortschritte zu verzeichnen sind, und übrigen Mitgliedstaaten über gesamte Gemeinschaftsregelung fortsetzen und ggf. bei Agrarrat am 22./23.5.1978 über Ergebnisse berichten. Britischer Landwirtschaftsminister Silkin begründete den bereits durch bilaterale Demarchen in EG-Hauptstädten vor Ratstagung übermittelten Wunsch VKs nach baldiger Einigung über Fischereiregime, fügte allerdings hinzu, daß dieser Wunsch nicht mit britischer Bereitschaft zu generellem Nachgeben gleichzusetzen sei. Vielmehr müsse jede Lösung britischer Sonderstellung bei der Fischerei Rechnung tragen." Vgl. B 201 (Referat 411), Bd. 567.

[44] Zum informellen Treffen der Außenminister der EG-Mitgliedstaaten im Rahmen der EPZ in Nyborg vgl. Dok. 156.

Genscher bat AM Owen, ihm möglichst bald die Karten für die Fangpläne zu übergeben.

Landwirtschaftspreise[45]

Owen führte aus, 75% des Budgets der EG würde für die Landwirtschaft ausgegeben. Großbritannien trete für einen Null-Anstieg der landwirtschaftlichen Ausgaben für das nächste Jahr ein. Das Problem der Mittelmeer-Agrarprodukte[46] solle in erster Linie gelöst werden durch eine Restrukturierung des Preissystems für die nördlichen Agrarprodukte. Im übrigen solle man sehen, daß die jährliche Festsetzung der Preise durch eine Fünfjahresregelung ersetzt werde.

Bundeskanzler: Er stimme diesen Überlegungen weitgehend zu. Mit dem britischen Beitritt zur EG[47] habe er die Hoffnung auf britische Unterstützung für eine Korrektur des Agrarpreissystems verbunden. Diese Probleme könnten nicht allein den Landwirtschaftsministern überlassen bleiben.

Es wurde vereinbart, daß auch diese Frage gegebenenfalls bei der privaten Begegnung der Außenminister weiter besprochen werden soll.

VS-Bd. 14071 (010)

---

[45] Referat 411 informierte am 18. April 1978: „Von der Kommission vorgeschlagene durchschnittliche Erhöhung der Marktordnungspreise von 2% in RE wird von uns aus markt- und stabilitätspolitischen Erwägungen grundsätzlich begrüßt und unterstützt. Allerdings wird die für uns bei einem vorgeschlagenen Abbau unseres Währungsausgleichs um 1,1%-Punkte verbleibende durchschnittliche Preiserhöhung in DM von knapp 0,9% einkommenspolitisch der Landwirtschaft gegenüber kaum zu vertreten sein. Ressorts sind sich mit BML einig, daß als Endziel Erhöhung in DM von ca. 2% angestrebt werden soll". Vgl. B 201 (Referat 411), Bd. 567.

[46] Referat 410 vermerkte am 11. April 1978: „Vorschlagspaket der Kommission zur Agrarproblematik im Mittelmeerraum, die im Vorfeld der Erweiterung eine erhebliche Rolle spielt, wird seit Dezember 1977 im Rat erörtert. Es enthält Maßnahmen sowohl für Struktur als auch Marktbereich (letzteres insbesondere bei Obst und Gemüse, Olivenöl und Wein). Obwohl es sich nicht um ein abschließendes Paket handelt […], wird Großteil der Vorschläge auf Drängen der beiden Hauptinteressenten F und I im Zusammenhang mit Preispaket 1978/79 behandelt und verabschiedet werden müssen. Auch der ER hat am 7./8. April Agrarrat gebeten, sich in dieser Richtung zu bemühen. Unsere interne Prüfung Gesamtproblems ist noch nicht abgeschlossen. Dies gilt auch für die entscheidende Frage, in welcher Höhe zusätzliche Kosten entstehen dürfen. […] Allgemein streben wir Lösungen an, die keine Anreize zu neuer Überschußproduktion schaffen, kostenmäßig begrenzt bzw. kalkulierbar sind, Drittlandshandel möglichst wenig beeinträchtigen. In dieser Zielsetzung stimmen wir mit VK überein." Vgl. Referat 410, Bd. 121706.

[47] Großbritannien trat den Europäischen Gemeinschaften mit Wirkung vom 1. Januar 1973 bei.

122

**Gespräch des Bundesministers Genscher
mit dem britischen Außenminister Owen in Chequers**

105-23.A/78   24. April 1978[1]

Gespräch des Herrn Bundesministers des Auswärtigen mit Außenminister Dr. Owen am 24. April 1978, 10.50 Uhr in Chequers[2]

Im Zusammenhang mit dem Namibia-Gespräch vom Vorabend sagte *Owen*, wenn Namibia glattgehe, gehe alles glatt.[3]

BM teilte Auffassung. Es wäre falsch gewesen, mit Rhodesien anzufangen. Südafrikaner wollten internationalen Ballast abwerfen.

Owen begrüßte Äußerungen von Vance über Moskauer Gespräche.[4] Dies sei eine gute Nachricht, und es sehe so aus, als ob US und SU sich etwas nähergekommen seien und nun auf festerem Boden stünden.

BM unterstrich Bedeutung einer Interpretationserklärung, die auch Zustimmung der Sowjets finden müsse. Es komme vor allem darauf an, sowjetisches Mitspracherecht oder Schaffung von Kontrollzonen auszuschließen.

Owen sagte, GB habe sich wegen Produktion von Cruise Missiles (CM) noch nicht entschieden. Man prüfe die Angelegenheit noch. GB sei nicht an landgestützten CM interessiert, wohl aber an CM, die von U-Booten aus eingesetzt werden könnten. Owen vertrat Auffassung, daß GB nukleare Waffen beibehalten sollte. Es sei auch für Bundesrepublik günstig, wenn GB über sie verfüge. Es wäre schlecht für Europa, wenn nur Frankreich nukleare Waffen besäße.

Im Zusammenhang mit Nichtweitergabe bemerkte Owen, für GB sei Zugang zur Technologie wesentlich. Was CM betreffe, so besitze man die erforderliche Technologie bereits selbst, bis auf einige Steuerungselemente, die, wenn sie von den US zu erhalten wären, die eigene Entwicklung erheblich verkürzen könnten. Bezüglich der Technologie der nuklearen Sprengköpfe habe man alles, was man brauche. Eine Entscheidung werde s. E. nicht vor drei Jahren getroffen. Unter Hinweis darauf, daß er Dreijahresfrist für unglücklich halte, bemerkte er bezüglich seegestützter CM, daß sich GB durch bilaterale amerikanisch-sowjetische Regelung nicht gebunden fühle.

---

1 Die Aufzeichnung wurde von Vortragendem Legationsrat I. Klasse Weber am 26. April 1978 gefertigt und am 28. April an Legationsrat I. Klasse Petermann weitergeleitet. Hat Petersmann am 28. April 1978 vorgelegen, der handschriftlich vermerkte: „H[errn] Minister m[it] d[er] B[itte] um Genehmigung." Vgl. den Begleitvermerk; Referat 010, Bd. 178767.
2 Bundesminister Genscher hielt sich am 23./24. April 1978 in Großbritannien auf.
3 Am 23. April 1978 fand in London ein Gespräch des Bundesministers Genscher mit den Außenministern de Guiringaud (Frankreich), Jamieson (Kanada), Owen (Großbritannien) und Vance (USA) statt. Ministerialdirigent Müller, z. Z. London, teilte dazu am 24. April 1978 mit, es sei beschlossen worden, den britischen Botschafter in Pretoria, Scott, zu beauftragen, der südafrikanischen Regierung „talking points" zur Sicherheitslage in Namibia und zu den dort befindlichen südafrikanischen Truppen zu übermitteln. Vgl. dazu den Drahtbericht Nr. 944; Referat 320, Bd. 125262.
4 Der amerikanische Außenminister Vance hielt sich vom 19. bis 23. April 1978 in der UdSSR auf. Vgl. dazu Dok. 126.

BM bemerkte, daß Grauzone besondere Aufmerksamkeit erfordere.

Owen sagte, er habe instinktiv etwas dagegen, daß die Amerikaner über die Grauzone und FBS ohne die Europäer sprächen. Anläßlich seines Besuchs in Moskau[5] habe ihm Gromyko im Zusammenhang mit FBS gesagt, die Bundesrepublik sei zwar kein Kernwaffenstaat, doch könne sie an Verhandlungen beteiligt werden, da sich nukleare Waffen auf ihrem Territorium befänden. Die Frage sei schließlich offengeblieben. Sie müsse aber behandelt werden, sei es in SALT III oder in einem neuen Forum, sei es, daß man einen Anfang damit bei MBFR mache.

Das Gespräch wandte sich dann kurz dem französischen Vorschlag zu, der nach Auffassung beider Minister einige positive Aspekte enthalte, die sich vor allem im Interesse an einer Beteiligung manifestierten.

BM ging ausführlich auf die besonderen Probleme ein, die sich bei MBFR allgemein für den Westen und insbesondere für die Bundesrepublik ergäben (Rückzug, Demobilisierung, Wahrung des Grundsatzes der Kollektivität, Zunahme der relativen Stärke der Bundeswehr bei nachlassenden Anstrengungen anderer Verbündeter usw.).

Owen sagte, die Frage der deutschen Streitkräfte sei für die Russen ein „sensitive issue". Es liege in niemandes Interesse, wenn die gesamte westeuropäische Verteidigung den Deutschen zufalle. Er fragte, was BM von der Möglichkeit halte, daß Westmächte bei Fortschritten in Wien Verpflichtung übernähmen, die Stärke der deutschen Streitkräfte niemals 50% der Gesamtstärke der westlichen Streitkräfte überschreiten zu lassen.

BM erwiderte mit Nachdruck, diese Regelung sei diskriminierend, sie gebe der Sowjetunion die Möglichkeit, durch gezielten Druck auf einzelne Länder indirekt eine Verminderung der deutschen Streitkräfte herbeizuführen und wäre für die Bundeswehr schlechthin unverständlich. Die Bundesregierung könne dem nicht zustimmen.

Nachdem *Owen* noch zweimal auf den Vorschlag zurückgekommen war und *BM* seine Argumente bekräftigte, sagte *Owen*, er werde angesichts dieser Reaktion die Angelegenheit nicht weiterverfolgen.

Das Gespräch endete gegen 11.30 Uhr.

Referat 010, Bd. 178767

---

[5] Der britische Außenminister Owen besuchte die UdSSR vom 9. bis 11. Oktober 1977.

123

Deutsch-britisches Regierungsgespräch in London

VS-vertraulich   24. April 1978[1]

Deutsch-britische Konsultationen (23./24. April 1978);
hier: Plenarsitzung am 24. April

PM *Callaghan* eröffnet, indem er die Bedeutung der persönlichen Kontakte zwischen den Regierungschefs und Ministern bei den regelmäßigen, alle sechs Monate stattfinden Treffen unterstreicht.

BM *Matthöfer* berichtet, daß er Schatzkanzler Healey in Fortsetzung der in Kopenhagen begonnenen Gespräche über EG-Pläne[2] die deutsche Wachstums- und Steuerpolitik erläutert habe. Das Gespräch solle fortgesetzt werden.

Vorbereitung der IWF-Tagung in Mexiko[3]: Man war sich einig darüber, daß Quotenerhöhung auf amerikanischen Widerstand stoßen könne. Von deutscher Seite gebe es keine Schwierigkeiten.

Schatzkanzler *Healey* erläutert, daß der britische Haushalt auch auf den Wachstumserwartungen der anderen europäischen Länder aufbaue. Er hält eine Wachstumsrate von 3% für möglich; wünschenswert wäre eine um 1% höhere Rate.

Healey dankt für die ihm von BM Matthöfer gegebenen Erläuterungen zum deutschen Gesetzgebungsverfahren bei Steuersenkungen. *Bundeskanzler*, BM

---

[1] Die Gesprächsaufzeichnung wurde von Vortragendem Legationsrat I. Klasse Zeller, Bundeskanzleramt, gefertigt.
Hat Ministerialdirigent Loeck, Bundeskanzleramt, am 3. Mai 1978 vorgelegen.
Hat Vortragendem Legationsrat I. Klasse Oldenkott, Bundeskanzleramt, vorgelegen.

[2] Zur Tagung des Europäischen Rats am 7./8. April 1978 in Kopenhagen vgl. Dok. 113.
Zu den Überlegungen für ein europäisches Währungssystem vgl. Dok. 120.

[3] Vom 27. bis 30. April 1978 fanden in Mexico City Sitzungen des Interimsausschusses des Gouverneursrats des IWF, des 24er-Ausschusses der Entwicklungsländer sowie der Fünfer- bzw. Zehnergruppe statt. Vortragender Legationsrat I. Klasse Engels teilte dazu am 5. Mai 1978 mit: „Um die labile Weltkonjunktur zu stützen, einer erneuten Rezession vorzubeugen und dem um sich greifenden Protektionismus Einhalt zu gebieten, einigten sich die Finanzminister auf eine koordinierte Strategie zur Durchsetzung eines inflationsfreien Wachstums, zur Verminderung der Arbeitslosigkeit und zum Abbau der Zahlungsbilanzungleichgewichte. Im Rahmen dieses Konzepts sollen sich die individuellen Ankurbelungsmaßnahmen nach den jeweiligen nationalen Gegebenheiten und Möglichkeiten richten." Die Verwirklichung dieses Konzepts setze bei wichtigen Industrieländern eine „nicht unerhebliche Änderung" ihrer bisherigen Politik voraus. Der Bundesrepublik etwa werde eine Senkung der direkten Steuern und eine Erhöhung der Entwicklungshilfe nahegelegt. Bundesminister Matthöfer habe „feste Zusagen über zusätzliche Stimulierungmaßnahmen" abgelehnt: „Die Kritik an der deutschen Wirtschaftspolitik wurde im allgemeinen maßvoll, aber deutlich, nicht nur von den industriellen Defizitländern, dem IWF- und dem OECD-Generalsekretär, sondern auch von einer Reihe von Entwicklungsländern vorgetragen. Während die Briten wie gewohnt die Speerspitze waren, hielt sich Finanzminister Blumenthal sichtlich zurück." In der Wechselkursfrage seien wenig Fortschritte erzielt worden. Zu begrüßen sei aber, „daß bei der Frage der Ausweitung der IWF-Mittel nach wie vor stabilitätspolitische Gesichtspunkte erhebliches Gewicht haben und insgesamt ein behutsames Vorgehen bei der Ausweitung der internationalen Liquidität befolgt wird. Wie wir sind auch die übrigen Interimsausschuß-Staaten zunächst einmal daran interessiert, daß die USA die sog. Witteveen-Fazilität (rd. 10 Mrd. Dollar) so bald wie möglich ratifizieren, und diese neuen Kredite insbesondere den Entwicklungsländern zugute kommen." Vgl. den Runderlaß Nr. 42; Referat 012, Bd. 108141.

Matthöfer und BM *Graf Lambsdorff* geben hierzu weitere Erläuterungen. Auch PM *Callaghan* beteiligt sich an der Aussprache zu dieser Frage.

Zum Thema IWF führt Schatzkanzler *Healey* aus: Die USA sollten neue SZR[4] nicht durch Hingabe von Dollars erwerben, sondern durch Hingabe von Gold. Der Dollarüberhang müsse reduziert werden. Man werde aber keinen öffentlichen Druck auf die USA ausüben.

Der *Bundeskanzler* berichtet von dem Gutachten fünf privater Institute[5]: Ihre Empfehlungen seien zum Teil widersprüchlich. Eines empfehle die massive Erhöhung der öffentlichen Ausgaben, andere legten das Schwergewicht auf Steuersenkungen und eine maßvolle Lohnpolitik. Bundesregierung habe aber schon Maßnahmen ergriffen.[6] Ende 1977 stieg Wachstumsrate bis auf 6%. 1978 brachte uns bisher niedrige Wachstumsraten. Wenn wir neue Beschlüsse fassen, dann frühestens zum Wirtschaftsgipfel.[7] Wir wollten aber eine öffentliche Diskussion über neue Maßnahmen unbedingt vermeiden.

Im übrigen wären auch wir nur froh, wenn Wachstum höher wäre; dies sei aber nicht so einfach zu erreichen.

Bundeskanzler verweist darauf, daß wir zur Zeit den niedrigsten Zinssatz seit 1931/32 haben. Den Investoren fehle es noch an Vertrauen.

Bundeskanzler bittet, uns nicht öffentlich zu drängen. Wenn die Daten für das zweite Quartal vorliegen, so wollten wir erneut unsere Haltung prüfen.

Verteidigungsminister *Mulley* berichtet über sein Gespräch mit BM Apel:

NATO-Gipfel in Washington müsse zu einem politischen Erfolg werden.[8] Präsident Carter habe sehr viel Prestige in das LTDP investiert.[9] Erfolg sei auch wichtig im Ost-West-Kontext. Im Rahmen von LTDP müsse sicher berücksichtigt werden, daß Rüstungskäufe im Verhältnis zu den USA nicht zu einer Einbahnstraße werden. Im übrigen müsse LTDP im positiven Geist geprüft werden, damit dieses Programm als Erfolg erscheint, auch wenn nicht alle Vorschläge gut

---

[4] Sonderziehungsrechte.
[5] Dazu wurde in der Presse berichtet: „Die fünf führenden Konjunkturforschungsinstitute haben ihre Wachstumsprognose für 1978 nach unten korrigiert. Sie rechnen nunmehr damit, daß das Sozialprodukt 1978 nur noch um etwa 2,5 Prozent wachsen wird. [...] Die ungünstigere Einschätzung begründen die Institute, wie zu hören ist, mit dem Kursverfall des Dollar, mit dem ungünstigeren sozialen Klima nach den Arbeitskämpfen und mit den überhöhten Tarifabschlüssen der letzten Zeit. [...] Dem Staat wird empfohlen, die laufenden Investitionsprogramme zügig abzuwickeln und die leistungshemmenden Steuern abzubauen. Steuerentlastungen wirkten konjunkturell schneller. Von einer forcierten Konsolidierung der Haushalte wird abgeraten. Die Bundesbank soll den Anstieg des Geldvolumens behutsam verlangsamen. Die Tarifparteien sollen mehr als bisher zur Stärkung der Wachstumskräfte beitragen." Vgl. den Artikel „Konjunkturforscher rechnen nur mit 2,5 Prozent Wachstum"; FRANKFURTER ALLGEMEINE ZEITUNG vom 24. April 1978, S. 1.
[6] Zum Investitionsprogramm der Bundesregierung vom 23. März 1977, verschiedenen Steuersenkungen sowie zu den Maßnahmen vom 14. September 1977 zur Förderung des Wachstums vgl. Dok. 32, Anm. 3.
[7] Zum Weltwirtschaftsgipfel am 16./17. Juli 1978 vgl. Dok. 225.
[8] Zur NATO-Ratstagung auf der Ebene der Staats- und Regierungschefs am 30./31. Mai 1978 vgl. Dok. 170.
[9] Präsident Carter regte auf der NATO-Ratstagung auf der Ebene der Staats- und Regierungschefs am 10./11. Mai 1977 in London die Ausarbeitung eines Langfristigen Verteidigungsprogramms an. Für seine Ausführungen vgl. PUBLIC PAPERS, CARTER 1977, S. 848–852. Für den deutschen Wortlaut vgl. EUROPA-ARCHIV 1977, D 332–336. Vgl. dazu ferner AAPD 1977, I, Dok. 121 und Dok. 141.

sind. Wir müßten uns daher gründlich überlegen, wie das Programm präsentiert werden solle.

Gleichzeitige SGV[10] mache die Angelegenheit noch komplizierter. Sicherheit und Abrüstung seien aber nur die zwei Seiten derselben Medaille.

SALT: Hauptproblem sind Grauzonenwaffen. Hierbei gebe es einen gewissen Unterschied in der Bewertung zwischen D und GB. Wir (D) meinten, daß SS-20 nicht auf Dauer unberücksichtigt bleiben könnten. GB stelle sich die Frage, ob Einbeziehung für uns (Europäer) günstig sei. Wir sollten den Gedankenaustausch hierüber fortsetzen. Dies sei vorwiegend Angelegenheit der Außenminister.

Verteidigungsminister haben auch noch andere Fragen besprochen, so insbesondere die Finanzierung des Tornado-Programms[11] (insbesondere Ausbildungssektor).

Der *Bundeskanzler* fragt, ob nach britischer Meinung SS-20 überhaupt nicht in die Beschränkungsgespräche einbezogen werden sollten.

Verteidigungsminister *Mulley*: Für SALT III gebe es viele offene Fragen: Welche Elemente seien einzubeziehen, insbesondere welche europäischen Elemente, und wie? Dies müsse von Experten vorgeklärt werden. GB sehe im Augenblick nicht, wie dies geschehen könne. F sei im übrigen nicht bereit, hierüber zu sprechen.

PM *Callaghan*: Dies ist eine taktische Frage, nämlich danach, was günstiger für uns ist.

Bundeskanzler entwickelt Überlegungen, wie sowohl neue Waffensysteme wie auch andere Regionen in die Abrüstungsgespräche einbezogen werden können und in welchem Rahmen. Jedenfalls müßten wir der SU eine Reihe von Fragen vorlegen. Zuvor müßten wir mit den USA konsultieren. Bundeskanzler verweist in diesem Zusammenhang auf die Gefahr einer Gleichgewichtsverschiebung in zehn bis 15 Jahren.

Verteidigungsminister *Mulley*: Es sei fraglich, ob SALT der am besten geeignete Rahmen ist. Außer SS-20 gibt es andere Waffensysteme (SS-4 und SS-5), die einbezogen werden müßten. GB sehe nicht, wie dies im SALT-Kontext gelöst werden könnte.

Handelsminister *Dell* berichtet über sein Gespräch mit BM Graf Lambsdorff: Bei Handelsverhandlungen[12] gewisse Schwierigkeiten mit den USA wegen der Schutzklauseln. Es bestehe Einvernehmen darüber, daß auch landwirtschaftliche Güter (Weizen) einzubeziehen seien. Wichtig für uns sei, daß unsere regionale, europäische Politik nicht gestört werde. Im Verhältnis zu den USA sei eine gewisse Reziprozität anzustreben.

Das Verhältnis zu Japan werde von uns (D) optimistischer eingeschätzt als von britischer Seite.

BM *Graf Lambsdorff* spricht Frage der Exportsubsidien an: Mehrwertsteuererstattung sei keine Exportförderung.

---

10 Zur UNO-Sondergeneralversammlung über Abrüstung vom 23. Mai bis 30. Juni 1978 in New York vgl. Dok. 212.
11 Zum Projekt des Kampfflugzeugs vom Typ „Tornado" vgl. Dok. 121, Anm. 12.
12 Zu den GATT-Verhandlungen vgl. Dok. 107, Anm. 15.

PM *Callaghan* erkundigt sich nach dem Gesprächsergebnis zum Thema Protektionismus.

Nach Meinung von Handelsminister *Dell* könne Protektionismus nur durch höhere Wachstumsraten verhindert werden. Er äußert sich skeptisch, was den Erfolg multilateraler Handelsverhandlungen (MTN) angeht. In den USA herrsche starker protektionistischer Druck.

BM *Graf Lambsdorff*: MTN könnten hilfreich sein, um Protektionismus einzudämmen. Sie werden auch in den USA als sehr wichtig eingeschätzt.

Wir müssen den Trade Pledge[13] in diesem Jahr verlängern, da es sonst zu einem Rückschritt kommen werde. 1979 könnten wir versuchen, ihn zu verbessern.

Dell äußert sich hierzu skeptisch.

Auf Aufforderung von PM Callaghan und Bundeskanzler berichtet BM *Graf Lambsdorff* ausführlich über sein Gespräch mit dem in der Plenarsitzung abwesenden Energieminister Benn, insbesondere zum Thema Kohle.

Ölversorgung werde weniger schnell kritisch werden als erwartet, wohl aber gegen 1985. Bis dahin grundsätzlich relativ stabile Preise. Danach rascher und steiler Preisanstieg nicht auszuschließen. Skeptisch gegenüber Erfolg Energiegesetzgebung in den USA[14]. Frage nach der künftigen Rolle der IEA.

Energiefrage müsse auch auf dem Weltwirtschaftsgipfel eine Rolle spielen.

ECE Ost-West-Energiekonferenz[15]: Interessant als Ausspracheforum; man solle aber keine großen konkreten Ergebnisse erwarten.

---

[13] Auf der Tagung des OECD-Rats am 29./30. Mai 1974 in Paris verabschiedeten die Teilnehmer eine „Erklärung über einen Verzicht auf einseitige Maßnahmen im internationalen Handelsverkehr". Vgl. EUROPA-ARCHIV 1974, D 267 f.
Die Erklärung wurde auf den Tagungen des OECD-Rats am 28./29. Mai 1975, am 21./22. Juni 1976 sowie am 23./24. Juni 1977 in Paris jeweils um ein Jahr verlängert. Vgl. dazu EUROPA-ARCHIV 1975, D 350, EUROPA-ARCHIV 1976, D 461, und EUROPA-ARCHIV 1977, D 424.
Eine weitere Verlängerung erfolgte auf der Tagung des OECD-Rats am 14./15. Juni 1978 in Paris. Vgl. dazu EUROPA-ARCHIV 1978, D 455–457.

[14] Zum „Nationalen Energieplan" des Präsidenten Carter vom 20. April 1977 vgl. Dok. 46, Anm. 5.
Botschafter von Staden, Washington, berichtete am 21. April 1978, daß es dem amerikanischen Energieminister Schlesinger am Vortag gelungen sei, zusammen mit einigen führenden Mitgliedern des Vermittlungsausschusses einen Kompromiß in der Frage der künftigen Gestaltung des Erdgaspreises zu erzielen. Allerdings müsse dieser Kompromiß noch vom gesamten Vermittlungsausschuß sowie im Anschluß im Repräsentantenhaus und im Senat beraten werden. Vgl. dazu den Drahtbericht Nr. 1506; Referat 405, Bd. 121278.
Staden teilte am 28. April 1978 mit, daß der Kompromiß immer noch „in der Schwebe" sei und noch nicht im Vermittlungsausschuß behandelt worden sei. Außerdem formiere sich im Repräsentantenhaus Widerstand „gegen jegliche Art der Aufhebung der Preiskontrollen für Erdgas und gegen die Rohölausgleichssteuer (über die der Vermittlungsausschuß erst beraten will, wenn die Ergasfrage geklärt ist). Die Gegner des Kompromisses versuchen, die drei vom Vermittlungsausschuß bisher verabschiedeten Teile des Energiepakets (Energieeinsparung, Umstellung von Öl und Gas auf Kohle, Stromtarifreform) von den kontroversen Teilen zu lösen und selbständig zur Abstimmung zu bringen." Dies würde jedoch nur bedingt zur Energieeinsparung beitragen. Der nach Ansicht der amerikanischen Regierung wichtigste Teil, die Anhebung der einheimischen Ölpreise, sei zudem auch im Senat gefährdet. Vgl. den Drahtbericht Nr. 1610; Referat 405, Bd. 121278.

[15] Vom 11. bis 21. April 1978 fand in Genf die 33. Jahresversammlung der ECE statt. Vortragender Legationsrat I. Klasse Engels teilte dazu am 28. April 1978 mit, es sei eine Resolution zu den seit Dezember 1975 mehrfach unterbreiteten Vorschlägen der UdSSR für gesamteuropäische Konferenzen über Umwelt, Energie und Verkehr verabschiedet worden: „1) Für den Bereich Umwelt ist de facto mit dem Wortlaut der Gesamtresolution die Grundsatzentscheidung für die Abhaltung einer hochrangigen Umwelttagung im Rahmen der ECE gefallen. Im Bereich Energie ist es nicht zu den von

EG-Politik: Wir sollten keine zu hohen Erwartungen an unsere Präsidentschaft[16] knüpfen. Es gehe um praktische kleine Schritte, nicht um eine große Vision.

Anschließend erläutert Graf Lambsdorff unsere bekannte Position in Frage der EG-Unterstützung für Kraftwerkskohle und Kokskohle[17]: Wir würden den Kommissionsvorschlag für Kraftwerkskohle[18] unterstützen, wenn wir Unterstützung (some backing) in der Kokskohlefrage erhielten. Im Energierat werden wir unsere Partner um Kompromißbereitschaft bitten.[19] Energieminister Benn wolle dieses unter Petitum prüfen, habe sich aber nicht festgelegt.[20]

Kohleindustrie habe eine wichtigere Rolle in Zukunft zu spielen. Wir könnten Importe aber nicht ganz ausschließen; wir brauchten sie im Normalfall.

Im übrigen müßten D und GB auf dem Kohlesektor eng zusammenarbeiten, da sie die einzigen Kohleproduzenten in der Gemeinschaft seien.

Im Raffineriegeschäft könnten wir Importe ebenfalls nicht ausschließen; sie spielten aber keine große Rolle. Wir wollten die Entscheidungsfreiheit der Unternehmen erhalten, wenn auch Gespräche mit ihnen über Produktionsniveau nütz-

Fortsetzung Fußnote von Seite 592
    der Sowjetunion gewünschten Fortschritten in Richtung auf eine gesamteuropäische Energiekonferenz gekommen. [...] Ferner ist im Zusammenhang mit einem Energieausschuß, dessen Gründung auf der ECE-Jahresversammlung 1979 ‚in konstruktiver Weise' erwogen werden soll, auch die Rede von einem möglichen Mandat ‚for further cooperation on energy'. Mit dieser Formulierung ist die Möglichkeit einer Energiekonferenz angesprochen. Im Bereich Verkehr beschränkte man sich angesichts der ablehnenden Haltung des Westens lediglich auf eine Beauftragung des Exekutivsekretärs, Stellungnahme der ECE-Mitgliedsregierungen zu dem Vorschlag einer gesamteuropäischen Verkehrskonferenz zu zirkulieren." Vgl. den Runderlaß Nr. 39; Referat 012, Bd. 108141.

16 Die Bundesrepublik übernahm am 1. Juli 1978 die EG-Ratspräsidentschaft.
17 Das Bundesministerium für Wirtschaft legte am 15. März 1978 dar, daß bei Kraftwerkskohle das Interesse der Bundesregierung an einem Subventionssystem gering sei, da der innergemeinschaftliche Austausch nur wenig Bedeutung habe. Angesichts des Preisunterschieds zu Importkohle erscheine „ein wesentlich verstärktes Engagement des deutschen Steinkohlebergbaus in Europa betriebswirtschaftlich und letztlich auch energiepolitisch nicht vertretbar". Anders sei die Situation in Großbritannien, wo die Kosten wesentlich niedriger seien: „Entscheidender Bestandteil eines für uns akzeptablen Systems ist deshalb die Berücksichtigung der unterschiedlichen Gestehungskosten der EG-Kohle." Bei Kokskohle seien die Europäischen Gemeinschaften dagegen „traditionell ein wichtiger Markt", da auf die Bundesrepublik 95 % des innergemeinschaftlichen Handels entfielen. Hier habe die Bundesregierung das Ziel, „eine erheblich bessere Gemeinschaftsregelung zu erreichen". Großbritannien beteilige sich jedoch nicht an der Finanzierung der Beihilfen. Vgl. Referat 412, Bd. 122334.
18 Die EG-Kommission unterbreitete am 23. Februar 1978 dem EG-Ministerrat eine Mitteilung zur „Einführung eines gemeinschaftlichen Beihilfesystems zugunsten des innergemeinschaftlichen Austauschs von Kraftwerkskohle". Darin wurde die Gewährung von Beihilfen der Gemeinschaft für den Handel mit Kohle innerhalb der Europäischen Gemeinschaften vorgeschlagen. Ziel dieser auf drei Jahre begrenzten Maßnahmen sollte die Steigerung des Kohlehandels von ca. 3 Mio. t im Jahr 1977 auf 12 Mio. t pro Jahr sein. Vgl. dazu BULLETIN DER EG 2/1978, S. 25.
19 Referat 412 erläuterte am 6. Juni 1978, daß sich der EG-Rat auf der Ebene der für Energiefragen zuständigen Minister am 30. Mai 1978 in Brüssel wegen „unüberwindlicher Gegensätze" zwischen der Bundesrepublik, Großbritannien und Italien nicht auf ein Beihilfesystem für Kohle aus den Europäischen Gemeinschaften habe einigen können. Während Großbritannien der wesentliche Nutznießer eines Beihilfesystems wäre, habe Italien, das nur Beiträge zu zahlen, aber keine Rückflüsse zu erwarten habe, ein solches System für inakzeptabel erklärt. Die Bundesrepublik habe einen britisch-italienischen Ausgleich noch erschwert, in dem sie „an die britischen Kohleforderungen zusätzliche eigene Wünsche angehängt hat". Auch im Raffineriebereich sei keine Einigung möglich gewesen: „Festzustellen ist, daß GB an Mißerfolg dieses Energierates größere Verantwortung trägt als wir. Denn wir haben unsere – lange umkämpfte – Zustimmung zu den Richtlinien ‚Demonstrationsvorhaben' und ‚alternative Energiequellen' gegeben, ohne irgendwelche Konzessionen in anderen Bereichen zu erlangen." Vgl. Referat 412, Bd. 122334.
20 So in der Vorlage.

lich sein könnten. Wir seien aber nicht bereit, den Kommissionsvorschlägen[21] zu folgen.

Forschungs-Demonstrationsvorhaben: Unsere Haltung noch nicht festgelegt. Es müßten Projekte gefunden werden. EG-Gelder sollten nicht nationale Mittel ersetzen, sondern für zusätzliche Projekte bereitgestellt werden.

AM *Owen* betont, daß wir es bedauern würden, wenn wir unsere Kohleindustrie schrumpfen ließen.

Bundeskanzler fragt, was EGKS-Vertrag[22] über Kohleimporte sagt.

BM *Graf Lambsdorff*: In der augenblicklichen Rezession brauchen wir keine Importe, wohl aber zu Normalzeiten. Es wäre daher gefährlich, jetzt unsere Importverbindungen abzuschneiden. Auch würden wir in politische Schwierigkeiten insbesondere mit Polen geraten, wenn wir unsere Importe aus diesem Land noch weiter verringern würden.

PM *Callaghan*: GB hat Kohlenvorräte für 300 Jahre. Wenn jetzt eine Grube geschlossen wird, so können wir sie nicht wieder öffnen.

BM *Graf Lambsdorff*: Manche unserer (D) Gruben sind unglaublich unwirtschaftlich. Wir wollen die Produktion stabilisieren und die guten Gruben so modernisieren, daß sie bis 1981/82 konkurrenzfähig seien.

Bundeskanzler betont, daß es unverantwortlich wäre, unsere Gruben absaufen zu lassen und damit unsere eigenen Ressourcen zu verschleudern. Dies wäre ein strategischer Irrtum.

PM *Callaghan*: Natürlich müssen unwirtschaftliche Gruben geschlossen werden. GB habe aber viele gute Gruben.

BM *Graf Lambsdorff* spricht zunehmende Kosten der Haldenfinanzierung an: gesamte Kohlensubventionierung sei von 3 Mrd. DM 1976 auf ca. 5 Mrd. DM 1978 gestiegen. Wir geraten damit an die Grenzen unserer Möglichkeiten.

PM *Callaghan*: Wenn das gesamte Produktionsniveau steigt, werden wir Mangel an Kohle haben.

Bundeskanzler bemerkt, daß GB Kohle billiger produziere. Wir sollen die EGKS überprüfen (we should look into ...) und auch, wie wir die Aufrechterhaltung der Kohleproduktion finanzieren können.

BM *Graf Lambsdorff*: Britische und deutsche Kohleindustrie leisteten der Gemeinschaft einen Dienst; daher auch Gemeinschaftsfinanzierung.

PM *Callaghan* weist auf britische Fortschritte bei den Kohletechnologien hin.

Bundeskanzler wiederholt, daß Verzicht auf vernünftige Nutzung der Kohlereserven ein strategischer Irrtum wäre.

---

[21] Am 23. Februar 1978 legte die EG-Kommission dem EG-Ministerrat Vorschläge zur Förderung der Rationalisierung der Raffinerieindustrie in den Europäischen Gemeinschaften vor. Diese beinhalteten Maßnahmen zur Anpassung der Raffinerieproduktion an die Nachfrage, Verzicht auf den Bau neuer Destillationsanlagen, Maßnahmen zur Regelung der Einfuhr von Mineralölerzeugnissen sowie zur Verbesserung von Preisinformation und Markttransparenz. Vgl. dazu BULLETIN DER EG 2/1978, S. 25–27.

[22] Für den Wortlaut des EGKS-Vertrags vom 18. April 1951 vgl. BUNDESGESETZBLATT 1952, Teil II, S. 447–504.

AM *Owen* berichtet über den Stand der Namibia-Gespräche.

Er ist zuversichtlich, daß es in Rhodesien zu einer Allparteienkonferenz kommt.[23] Dies aber nicht vor Ende Mai. Konferenzort für einen Gipfel unter britischer (und US-) Ägide in Afrika.

Zu Urenco bemerkt er, daß beide Seiten auf MP van Agt-Brief antworten und in Urenco-Fragen eng zusammenarbeiten wollten.[24]

Anschließend berichtet AM Owen über die Vance-Gespräche in Moskau.[25]

Abrüstungsfragen sollten auf AM-Ebene besprochen werden.

Bundeskanzler bemerkt, daß er und PM Callaghan bei US-Besuch mit Präsident Carter über Abrüstungsfragen sprechen sollten.[26] Problem sei die französische Initiative.[27]

PM *Callaghan*: Sie enthält einige interessante Aspekte, aber im Grunde seien D, GB und US mit ihr nicht ganz glücklich. Problematisch seien die beabsichtigten, im Grunde allerdings nur kosmetischen Änderungen bei den Genfer Abrüstungsgesprächen. Gut sei der Vorschlag eines rotierenden Vorsitzes. Problematisch der Vorschlag wechselnder Mitgliedschaft.

Dem Gedanken an eine europäische Abrüstungs(sicherheit)-Konferenz könne man nähertreten, wenn bis zum Ende des Jahres keine Fortschritte bei MBFR erzielt worden seien.

PM Callaghan erläutert die britische Position bei europäischer Zusammenarbeit der Luftfahrtindustrien. Divergierende Interessen zwischen Rumpf- und Flügelherstellern (europäisch orientiert); Motorenfabrikation (Rolls-Royce, enge Kontakte zu den USA) und Luftfahrtunternehmen (Abnehmer von Boeing). Boeing übe Druck aus[28]: Zusammenarbeit für GB interessant, wenn auch GB nur Junior-Partner wäre. GB wolle mit Boeing und McDonnell[29] sprechen, damit

---

[23] Zu den amerikanisch-britischen Bemühungen um eine Lösung des Rhodesien-Konflikts vgl. Dok. 44, Anm. 3.
Präsident Carter führte am 2. April 1978 in einer Pressekonferenz in Lagos aus, daß Großbritannien und die USA bestrebt seien, so bald wie möglich zu einer Konferenz aller am Rhodesien-Konflikt beteiligten Parteien sowie der UNO einzuladen. Vgl. dazu PUBLIC PAPERS, CARTER 1978, S. 653.
Zur Vorbereitung einer solchen Konferenz führten die Außenminister Owen (Großbritannien) und Vance (USA) vom 14. bis 17. April 1978 Gespräche in Daressalam, Pretoria und Salisbury. Referat 320 vermerkte dazu am 26. April 1978: „Während die Frontstaaten und die Patriotische Front einer solchen Konferenz zustimmten, lehnte Salisbury am 25.4.1978 nach anfänglich ausweichender Antwort jede Teilnahme an einer Allparteienkonferenz ab. [...] Nach dieser klaren Stellungnahme kann es keinem Zweifel mehr unterliegen, daß rhodesische Interimsregierung an der Implementierung der internen Lösung, allen internationalen Pressionen zum Trotz, festhalten will." Vgl. Referat 320, Bd. 116809.

[24] Zum Schreiben des Ministerpräsidenten van Agt vom 14. April 1978 an Bundeskanzler Schmidt bzw. Premierminister Callaghan sowie zum Antwortschreiben von Schmidt vom 11. Mai 1978 vgl. Dok. 121, Anm. 17 bzw. 19.

[25] Der amerikanische Außenminister Vance hielt sich vom 19. bis 23. April 1978 in der UdSSR auf. Vgl. dazu Dok. 126.

[26] Zum Gespräch des Bundeskanzlers Schmidt mit Präsident Carter am 30. Mai 1978 in Washington vgl. Dok. 168.
Premierminister Callaghan hielt sich vom 29. Mai bis 2. Juni 1978 in den USA auf.

[27] Zur französischen Abrüstungsinitiative vom 25. Januar 1978 vgl. Dok. 27.

[28] Zum Angebot der Firma Boeing an die britische Luft- und Raumfahrtindustrie vgl. Dok. 121, Anm. 11.

[29] Korrigiert aus: „McDonald".

britische Regierung auch die amerikanische Alternative (zur europäischen Zusammenarbeit) kenne.[30]

Britische Regierung sehe sehr deutlich die politischen Implikationen einer europäischen Zusammenarbeit. In dieser Angelegenheit werde er auch persönlich Kontakt zum Bundeskanzler halten.

Deutsch-Britische Stiftung[31]

Handelsminister *Dell*: Es sei genau zu prüfen, in welcher Höhe Finanzierung auf GB zukomme.

PM *Callaghan*: Hat Stiftung nützliche Arbeit geleistet?

Dell: Keine Meinung.

BM *Genscher*: Im Prinzip ja.

PM *Callaghan*: Es wäre unglücklich, das Projekt aufzugeben, aber wir wollen etwas für unser Geld haben.

Bundeskanzler: Die zuständigen Minister (BM Genscher/Handelsminister Dell) sollten sich der Angelegenheit annehmen.[32]

Bundeskanzler erklärt, daß wir dem Besuch der Königin[33] mit hohen Erwartungen entgegensehen. Wir begrüßten, daß Königin nach Berlin gehe, wie danach auch Präsident Carter.[34]

Anschließend berichtet Bundeskanzler über bevorstehenden Breschnew-Besuch.[35] Hauptthemen: Wirtschaftsbeziehungen, Abrüstung, zwei deutsche Staaten/Berlin. Zuversicht, daß Entspannungsprozeß sich fortsetze, insbesondere

---

[30] Zur Ankündigung von Gesprächen des britischen Industrieministers Varley mit Vertretern der Firmen Boeing, Lockheed und McDonnell Douglas vgl. Dok. 121, Anm. 14.

[31] Mit Abkommen vom 2. März 1973 zwischen der Bundesrepublik und Großbritannien wurde die Deutsch-Britische Stiftung für das Studium der Industriegesellschaft gegründet. Artikel 1 sah vor, daß die Bundesrepublik als Anschubfinanzierung in den ersten fünf Jahren nach Gründung der Stiftung jährlich drei Mio. DM. zur Verfügung stellen sollte. Gemäß Artikel 10 sollten nach Ablauf der fünf Jahre Konsultationen zwischen beiden Regierungen über die Bereitstellung weiterer Finanzmittel stattfinden. Vgl. dazu BUNDESGESETZBLATT 1973, Teil II, S. 554–556.
Referat 640 erläuterte am 12. April 1978: „Die britische Seite hat die Stiftung bisher nur durch Übernahme der Kosten des Büros in London und Zahlung eines Teils des Gehalts des Generalsekretärs unterstützt. Für die künftige Finanzierung muß eine stärkere finanzielle Beteiligung der Briten – etwa im Verhältnis 2:1 – angestrebt werden. [...] Nach unseren Vorstellungen sollte angestrebt werden, die Stiftung möglichst bald von laufenden jährlichen Zuwendungen der beiden Regierungen unabhängig zu machen. Zu diesem Zweck sollte ein Stiftungskapital gebildet werden, das es der Stiftung erlaubt, ihren jährlichen Bedarf an Projektmitteln allein aus den Erträgen ihres Kapitals zu decken." Vgl. Referat 640, Bd. 126451.

[32] Ministerialdirektor Müller vermerkte am 12. Mai 1978, daß die britische Botschaft am Vortag einen Vorschlag zur Weiterfinanzierung der Deutsch-Britischen Stiftung für das Studium der Industriegesellschaft vorgelegt habe. Dieser sehe vor, „daß die britische Seite ab 1979 für einen Zeitraum von fünf Jahren einen jährlichen Beitrag von 125 000 Pfund (ca. DM 500 000) leistet, während die Bundesregierung für fünf Jahre jährlich 250 000 Pfund (ca. DM 1 Mio.) zahlen soll. [...] Dieser Vorschlag kommt den deutschen Vorstellungen entgegen. Die britische Regierung [...] hat sich damit erstmals zu einem namhaften finanziellen Engagement bereit erklärt." Müller sprach sich dafür aus, das britische Angebot anzunehmen. Vgl. Referat 640, Bd. 126451.

[33] Königin Elizabeth II. hielt sich im Rahmen eines Besuchs vom 22. bis 26. Mai 1978 in der Bundesrepublik am 25. Mai 1978 in Berlin (West) auf. Für den Wortlaut ihrer Rede dort vgl. BULLETIN 1978, S. 542.

[34] Präsident Carter hielt sich am 15. Juli 1978 in Berlin (West) auf.

[35] Der Generalsekretär des ZK der KPdSU, Breschnew, besuchte die Bundesrepublik vom 4. bis 7. Mai 1978. Vgl. dazu Dok. 135, Dok. 136, Dok. 142 und Dok. 143.

zwischen USA und SU. Bundeskanzler verweist auf Bedeutung der vertrauensbildenden Maßnahmen. Bei SGV und LTDP müßten wir konkrete Entscheidungen fassen. Gemeinsamer Nenner sei die Erhaltung des Gleichgewichts.

Anschließend erläutert Bundeskanzler unser Verhältnis zu den USA unter nachdrücklicher Betonung des hohen Werts der Partnerschaft zu den USA. Schwierigkeiten in Einzelfragen sollten nicht überschätzt werden.

PM *Callaghan* wird die Königin unterrichten. Es sei gut, daß der Bundeskanzler, wie zwischen ihm und BK besprochen[36], sie begleite. Die Königin solle in Berlin eine Erklärung abgeben.

Im übrigen faßt PM Callaghan die Diskussion wie folgt zusammen:

NATO-Gipfel müßte ein Erfolg werden. Die USA hätten viel Prestige in LTDP investiert. Die Verteidigungsminister (Mulley/Apel) sollten teilnehmen. Weisung von PM und Bundeskanzler: positive approach. Wir sollten eine Anstrengung in Richtung Abrüstung machen. Zunächst die Experten, im Spätherbst die Außenminister.

Die deutsche Haltung gegenüber den USA sei verstanden. Es sei wichtig, im Verhältnis zu Präsident Carter jedes Mißverständnis auszuräumen. Bundeskanzler solle sich dafür während seines US-Aufenthalts viel Zeit nehmen. Er, PM Callaghan, sei sicher, daß Carter sehr bereitwillig darauf eingehen werde.

Wichtig sei es auch, daß Breschnew nicht den falschen Eindruck von unseren Beziehungen zu den USA erhalte und auch nicht über die Fähigkeiten Präsident Carters zu leadership im Zweifel sei.

Bundeskanzler: Wir werden niemandem gestatten, unsere Verteidigungsanstrengungen zu mindern (down-grade).

Nächstes deutsch-britisches Treffen im Oktober[37]; hierzu Kontakte auf Arbeitsebene.

Bundeskanzleramt, AZ: 21-30 100 (56), Bd. 44

---

36 Für das Gespräch am 24. April 1978 in Chequers vgl. Dok. 121.
37 Für die deutsch-britischen Regierungsgespräche am 18./19. Oktober 1978 vgl. Dok. 313 und Dok. 314.

124

**Aufzeichnung des
Vortragenden Legationsrats I. Klasse Dannenbring**

201-363.21-1643/78 geheim 24. April 1978[1]

Über Herrn Staatssekretär[2] Herrn Bundesminister zur Unterrichtung

Betr.: Ergebnis der 23. NPG-Ministerkonferenz (18./19. April 1978 in Frederikshavn/Dänemark)

Bezug: Vorlage vom 13.4.1978 – 201-363.21-1513/78 geh. (Vorschau)[3]

I. Im Mittelpunkt des traditionellen amerikanischen Vortrags zum nuklearen Kräfteverhältnis standen diesmal weniger neue Informationen über das Arsenal auf beiden Seiten als vielmehr Aussagen konzeptioneller Art, insbesondere die Betonung des Triadenverbunds.

1) US-Verteidigungsminister Brown legte dar, daß die USA im strategischen Bereich mit oder ohne ein SALT-II-Abkommen ihren Vorsprung in der Zahl der verfügbaren Sprengköpfe aufrechterhalten werden. Die Disparität zu Lasten der NATO bei den Theater Nuclear Forces (TNF) größerer Reichweite müsse vor diesem Hintergrund gesehen werden, da das Verteidigungskonzept der NATO ein Zusammenwirken dieser beiden Elemente der Triade vorsehe. Der Ausgleich der Mittelstrecken-Disparität sei nicht nur rechnerisch möglich, sondern er komme auch in der Koordinierung der integrierten und der nationalen US-Einsatzmittel bei der Zielplanung für den nichtsowjetischen Warschauer-Pakt-Bereich und die westliche Sowjetunion zum Ausdruck. Hieran ändere sich auch nichts Grundsätzliches durch die Einführung der SS-20, dies sei vielmehr „ein psychologisches Problem". Im übrigen betonte Brown, er sei fest überzeugt, daß sich ein bewaffneter Konflikt mit der Sowjetunion ohnehin nicht regionalisieren lasse.

2) Auch die anschließende Diskussion konzentrierte sich auf die Grauzonenproblematik. Die Minister Ruffini und – ganz besonders – Mulley unterstrichen die Notwendigkeit, die Einheit des Verteidigungsbereichs zu wahren und eine Abkoppelung des strategischen Triadenelements zu vermeiden, was als Absage an eine eurostrategische Parität zu verstehen war. Mulley bezweifelte in diesem Zusammenhang, daß eine Einbeziehung der Grauzonensysteme in SALT III zum Vorteil der NATO sein würde. Die Notwendigkeit der Wahrung westlicher Flexibilität sowie der – an der östlichen Überlegenheit gemessene – Mangel an Verhandlungsmasse auf westlicher Seite sprächen eher dagegen.

Die Behandlung dieser grundsätzlichen Aspekte des nuklearen Konzeptes der NATO hinterließ den Eindruck, daß es in wichtigen Fragen eine klare und von

---

[1] Die Aufzeichnung wurde von Vortragendem Legationsrat I. Klasse Dannenbring und Legationsrat I. Klasse Daerr konzipiert.
Hat Vortragendem Legationsrat I. Klasse Lewalter am 8. Mai 1978 und am 14. Juli 1978 erneut vorgelegen, der handschriftlich vermerkte: „1) Durch Zeitablauf überholt; 2) 201".

[2] Hat Staatssekretär van Well am 5. Mai 1978 vorgelegen.

[3] Für die Aufzeichnung des Vortragenden Legationsrats I. Klasse Dannenbring vgl. VS-Bd. 10539 (201); B 150, Aktenkopien 1978. Für Auszüge vgl. Anm. 10 und 11.

allen Verbündeten getragene Haltung noch nicht gibt. Insbesondere bleibt umstritten oder unklar, ob die Beseitigung der eindeutigen Disparität im Grauzonenbereich wirklich eine verteidigungspolitische Notwendigkeit ist. Wo diese Frage bejaht wird, gehen die Meinungen darüber auseinander, ob man die Disparitäten besser durch rüstungskontrollpolitische Ansätze oder durch eigene zusätzliche Verteidigungsanstrengungen ausgleicht. Dementsprechend gibt es auch noch keine übereinstimmende Beurteilung der Frage, wie in diesem Zusammenhang die Cruise Missiles genutzt werden sollten. Einig ist man sich gegenwärtig nur, daß insoweit die Optionen offengehalten werden sollen. Brown hat erneut betont, daß die USA nach dem Auslaufen des SALT-Protokolls[4] keinerlei Beschränkungen mehr unterworfen sein würden, er hat aber, auch auf Fragen von BM Apel, hinzugefügt, daß dann die strategische oder rüstungskontrollpolitische Nutzung von Cruise Missiles auf höchster politischer Ebene entschieden werden müsse. Für die eventuelle Entwicklung einer mobilen Mittelstreckenrakete, die ebenfalls als in Europa stationiertes Gegengewicht gegenüber dem entsprechenden sowjetischen Potential in Betracht kommt, ist, wie Brown sagte, zunächst nur ein Studienauftrag erteilt worden. Über die konzeptionelle Einordnung eines solchen Waffensystems gibt es ebenfalls noch keine klaren Vorstellungen.

3) Aus der Grundsatzdiskussion sind ferner die folgenden Einzelinformationen zu erwähnen:

– Von Bundesminister Apel auf die weitere Behandlung der Neutronenwaffe und die Panzerbedrohung angesprochen, wies Brown darauf hin, daß man unabhängig von der ER[5]-Komponente sowohl die bereits vorhandene nukleare als auch die konventionelle Panzerabwehrkapazität weiterentwickeln könne. Präsident Carter habe eine Modernisierung der Lance- und Artilleriegefechtsköpfe angeordnet, die den nachträglichen, kurzfristigen Einbau von ER-Elementen ermögliche. Zur rüstungskontrollpolitischen Nutzung der Neutronenwaffe bemerkte Brown in der Diskussion lediglich, daß es zu früh sei, dazu etwas zu sagen, die Sowjets hätten bereits erklärt, daß sie nicht bereit seien, über einen gegenseitigen Verzicht hinaus etwas zu geben. Es könne übrigens sein, daß die SU schon selbst Neutronenwaffen entwickelt und disloziert habe. Im Schlußkommuniqué wird festgestellt, die Einführung von ER-fähigen Waffen seitens der NATO hänge davon ab, daß die Sowjetunion Mäßigung bei ihren gegen die NATO gerichteten Rüstungsanstrengungen zeige, und zwar sowohl im konventionellen Bereich als auch bei den auf Europa gerichteten Kernwaffen.[6] Eine positive sowjetische Reaktion auf Präsident Carters Entscheidung sei daher wichtig.

– Zu SALT führte Brown aus, daß der Anreiz für die Sowjetunion vermutlich weniger in der Aussicht auf Einsparungen bei den Rüstungsausgaben als vielmehr in der Hoffnung auf eine Fesselung der technologischen Kapazität der USA liegen dürfte. Die Aussichten auf Ratifizierung des SALT-Vertrages

---

[4] Zur Einigung vom Mai 1977 zwischen den USA und der UdSSR auf eine dreiteilige Struktur für SALT II vgl. Dok. 23, Anm. 9.
[5] Enhanced Radiation.
[6] Für den Wortlaut vgl. NATO FINAL COMMUNIQUES 1975–1980, S. 84 f. Für den deutschen Wortlaut vgl. EUROPA-ARCHIV 1978, D 472.

durch den Kongreß schätzte Brown „more than even" ein.[7] In Anbetracht des Terminkalenders des Kongresses und der für November anstehenden Wahlen[8] werde es voraussichtlich erst anschließend zur Ratifizierung kommen.

- Zur SS-20-Dislozierung sagte Brown, daß bisher zehn Stellungen im Osten, im Westen und im zentralen Bereich der SU identifiziert seien und daß man mit einer späteren Gesamtzahl von 250 Werfern à drei Raketen mit je drei Sprengköpfen rechne, also insgesamt mit[9] 2250 Sprengköpfen rechnen müsse. (Bei früheren NPG-Treffen war von bis zu 3750 Sprengköpfen die Rede.)
- Das Fragezeichen hinter der Nuklearfähigkeit der sowjetischen Artillerie bleibt erhalten.
- Einsatzfähige Cruise Missiles aller drei Versionen könnten in fünf Jahren verfügbar sein, eine amerikanische Mittelstreckenrakete erst in etwa zehn Jahren.
- Das Jagd-Satelliten-Problem wurde nicht angesprochen.

II. Die Diskussion zum Thema „Modernisierung der Theatre Nuclear Forces" war relativ kurz.

1) Die SACEUR-Studie zur kurzfristigen Modernisierung der TNF[10] wurde grundsätzlich gebilligt. Die vorgeschlagenen Maßnahmen sollen nun im einzelnen geprüft und weiterverfolgt werden. Dabei ist der allgemeine politische und der rüstungskontrollpolitische Zusammenhang in Rechnung zu stellen.

2) Der Bericht der „High Level Group" über ein langfristiges Modernisierungsprogramm[11] wurde zur Kenntnis genommen und es wurde beschlossen, das Ka-

---

[7] Zu den Aussichten für eine Ratifizierung eines SALT-II-Abkommens im amerikanischen Senat vgl. Dok. 84, Anm. 31.
Botschafter von Staden, Washington, teilte am 12. April 1978 mit: „Ein SALT-Kritiker hat kürzlich Botschaftsangehörigem einen Überblick über das voraussichtliche Stimmenverhältnis im Senat gegeben, wenn das Abkommen jetzt zur Abstimmung käme. Nach dieser – nicht nachprüfbaren – Zählung würden bei den Republikanern dreißig Senatoren gegen das Abkommen stimmen, bei den Demokraten sechs. Weitere acht demokratische Senatoren seien zögern bis ablehnend. Damit würde die benötigte Zweidrittelmehrheit nicht erreicht werden." Vgl. den Schriftbericht Nr. 607; Referat 220, Bd. 112968 b.

[8] Am 8. November 1978 fanden in den USA Gouverneurswahlen, Wahlen zum Repräsentantenhaus und Teilwahlen zum Senat statt.

[9] Korrigiert aus: „insgesamt 2250".

[10] Vortragender Legationsrat I. Klasse Dannenbring erläuterte am 13. April 1978, in der Studie zur Modernisierung der verfügbaren TNF bis 1983 würden „nach einer gründlichen Bestandsaufnahme des derzeitigen Arsenals und einer Analyse der Schwachstellen konkrete Verbesserungsvorschläge wie technische Modernisierung der vorhandenen Waffen, Organisation der Einsatzmittel und nuklearbezogene Infrastrukturmaßnahmen (Lagerung, Transport, Führungssysteme) gemacht. Diese Vorschläge müssen von den jeweils betroffenen Nationen im einzelnen geprüft werden." Vgl. VS-Bd. 10539 (201); B 150, Aktenkopien 1978.

[11] Vortragender Legationsrat I. Klasse Dannenbring führte am 13. April 1978 aus, der Bericht der „High Level Group" über ein langfristiges TNF-Modernisierungsprogramm bestehe „aus einem konzeptionellen Rahmen, einer Bewertung des eigenen und des gegnerischen Potentials sowie Schlußfolgerungen, die sich wie folgt zusammenfassen lassen: Die TNF können ihre Aufgabe im Triadenverbund nur dann voll erfüllen, wenn über die ganze Breite des TNF-Spektrums flexible und glaubwürdige Optionen zur Verfügung stehen. Der Bericht enthält ein klares Plädoyer für die TNF-Modernisierung. Er lehnt eine einseitige Konzentration auf Gefechtsfeldwaffen oder auf Systeme größerer Reichweite ab, hebt aber die Notwendigkeit der Stärkung und Modernisierung der TNF großer Reichweite insofern besonders hervor, als er angesichts der Bedrohung durch den Warschauer Pakt hier die zur Zeit schwächste Stelle im TNF-Spektrum der NATO sieht. Konkrete westliche Optionen (Cruise Missiles oder neue US-Mittelstreckenrakete) werden jedoch nicht angesprochen." Vgl. VS-Bd. 10539 (201); B 150, Aktenkopien 1978.

pitel 6 dieses Berichts nach nochmaliger Überarbeitung dem DPC als Beitrag zum „Langfristigen Verteidigungsprogramm der NATO"[12] zuzuleiten.

Die Aussage in Kapitel 6, daß eine gewisse Stärkung und Modernisierung der TNF großer Reichweite erforderlich ist, wurde nochmals durch den Hinweis auf politische Implikationen relativiert, bleibt aber grundsätzlich erhalten. Sie ist jedoch auch im Lichte der oben dargelegten Grundsatzdiskussion zum nuklearen Kräfteverhältnis zu sehen.

3) Der amerikanische Versuch, den Schwerpunkt der Folgearbeit zur TNF-Modernisierung aus dem normalen NPG-Rahmen heraus in die High Level Group zu verlagern, blieb ohne Erfolg. Die Ständigen Vertreter behalten auch insoweit ihre Koordinierungsfunktion in der NPG-Arbeit.

Dannenbring

VS-Bd. 10539 (201)

125

Botschafter Steltzer, Kairo, an das Auswärtige Amt

VS-NfD Aufgabe: 24. April 1978, 12.15 Uhr[1]
Fernschreiben Nr. 757 Ankunft: 24. April 1978, 13.42 Uhr

Betr.: Mein Abschiedsbesuch bei Präsident Sadat am 23.4.1978[2]

1) Verabschiedete mich heute bei Präsident Sadat, der mich in Hurghada am Roten Meer zu 40-Minuten-Gespräch empfing. Präsident bemerkt eingangs, daß er sich über Hunderte von Zuschriften aus der Bundesrepublik Deutschland auf seine Nahost-Initiative[3] besonders gefreut habe. Noch in den letzten Tagen habe er viele Briefe erhalten. Diese Anteilnahme gerade aus der Bundesrepublik Deutschland zeige, wie sehr sich die Beziehungen zwischen unseren Ländern gebessert hätten. Meine Erwiderung, daß selten ein ausländischer Staatsmann in unserer Öffentlichkeit soviel Zustimmung gefunden habe wie Präsident Sadat auf seiner Reise nach Jerusalem, veranlaßte ihn, auf seine letzte Begegnung mit Bundeskanzler Schmidt[4] einzugehen und dessen verständnis-

---

[12] Präsident Carter regte auf der NATO-Ratstagung auf der Ebene der Staats- und Regierungschefs am 10./11. Mai 1977 in London die Ausarbeitung eines Langfristigen Verteidigungsprogramms an. Für seine Ausführungen vgl. PUBLIC PAPERS, CARTER 1977, S. 848–852. Für den deutschen Wortlaut vgl. EUROPA-ARCHIV 1977, D 332–336. Vgl. dazu ferner AAPD 1977, I, Dok. 121 und Dok. 141.

[1] Hat Legationsrat I. Klasse Eickhoff am 25. April 1978 vorgelegen, der die Weiterleitung an Vortragenden Legationsrat Richter verfügte.
Hat Richter vorgelegen.

[2] Hans Georg Steltzer war vom 20. August 1972 bis zum 30. April 1978 Botschafter in Kairo.

[3] Zur Friedensinitiative des Präsidenten Sadat vgl. Dok. 3, Anm. 7.

[4] Zum Gespräch des Bundeskanzlers Schmidt und des Bundesministers Genscher mit Präsident Sadat, dem ägyptischen Außenminister Kaamel und dem ägyptischen Parlamentspräsidenten Marei am 9. Februar 1978 in Hamburg vgl. Dok. 42, Anm. 10.

volle Haltung besonders anzuerkennen. Der Bundeskanzler sei eine „shrewd personality", dessen Rat ihm sehr viel bedeute. Er habe auf seine Anregung hin mit Peres[5] gesprochen und von diesem den gleichen positiven Eindruck gewonnen, wie ihn der Bundeskanzler ihm gegenüber geschildert habe. Das konstruktive Gespräch habe nicht wie ursprünglich geplant 1/2 Stunde, sondern 2 1/2 Stunden gedauert.

2) Sadat betonte, daß er seine Friedensinitiative weiter fortsetzen werde. Hierzu gäbe es für ihn keine Alternative.

Sie habe Israel überrascht und es vor der Weltöffentlichkeit gezwungen, Farbe zu bekennen. Israel habe zwar früher viele Lippenbekenntnisse für den Frieden abgelegt, aber niemals ernsthaft daran gedacht, erobertes arabisches Land zurückzugeben. Jetzt stehe die Weltmeinung hinter ihm, und Israel sei im Zugzwang. Die Unterstützung der USA sei für ihn jetzt entscheidend. Er habe in die jetzige Administration Vertrauen, weil sie nicht wie die Vorgängerin einseitig Israel bevorzuge. Er baue auch weiterhin auf die Unterstützung Westeuropas. Letzteres müsse seinen zweifellos vorhandenen Einfluß auf die Vereinigten Staaten noch intensiver ausüben.

3) Man solle die innerarabischen Meinungsverschiedenheiten nicht überbewerten, auch nicht die bestehenden Spannungen mit Syrien.[6] Als ich Sadat daraufhin von dem bevorstehenden Besuch Khaddams in Bonn[7] unterrichtete, meinte Sadat, daß von diesem kein konstruktives Handeln zu erwarten sei. Khaddam sei lediglich ein Exponent der Baath-Partei. Mit Assad könne man schon eher reden, aber dieser sei eifersüchtig auf Ägypten. Assad strebe zwar ebenso wie er eine friedliche Lösung des Nahost-Konflikts an, aber eben nicht durch Sadat.

4) Sadat bemerkte weiter, daß er von Genfer Konferenz[8] niemals viel gehalten habe. Dort hätten die Sowjets die radikaleren arabischen Kräfte unterstützt und damit die USA erneut in die Arme Israels getrieben. Es hätte eine erneute Polarisierung gegeben mit Verewigung des no-peace-no-war-Zustands. Eine Genfer Konferenz erschiene ihm erst dann sinnvoll, wenn man sich mit Israel über die Prinzipien einer künftigen Friedenslösung geeinigt habe.

[5] Zum Gespräch des Präsidenten Sadat mit dem Vorsitzenden der israelischen Arbeiterpartei, Peres, am 11. Februar 1978 in Salzburg vgl. Dok. 49, Anm. 9.

[6] Botschafter Peckert, Damaskus, berichtete am 24. April 1978, er habe mit dem Berater des syrischen Präsidenten, Daoudi, ein Gespräch über die Friedensinitiative des Präsidenten Sadat geführt und ihn um eine Erläuterung der syrischen Haltung gebeten: „Ich ginge bei dem vorhandenen militärischen Kräfteverhältnis von der Annahme aus, daß Syrien an einer Konfliktlösung mit politischen, nicht militärischen Mitteln interessiert sei." Daoudi habe dem „nachdrücklich" zugestimmt und erklärt: „Syrien lehne die Sadat-Initiative eben deswegen ab. Eine Friedenslösung dürfe, wenn sie für die arabische Seite erträglich sein wolle, nur mit allen am Konflikt beteiligten arabischen Staaten gemeinsam gefunden werden. Die militärische Option müsse jedoch als politisches Gewicht in der Waagschale hinter den Friedensverhandlungen stehen. Sadat habe sich beide Möglichkeiten vergeben. Er habe auf die militärische Option verzichtet und strebe einen Separatfrieden an." Sadat „treibe ein verschlagenes politisches Spiel". Daoudi habe versichert, „daß Präsident Assad den Verhandlungsfrieden mit Israel ernsthaft wolle, jedoch den von Sadat eingeschlagenen Weg für falsch und mit Verzicht auf die militärische Option für einen im Krieg befindlichen Staat schlicht als unwürdig betrachte. Dies gelte auch dann, wenn man eine militärische Lösung in seinem praktischen Handeln ausschlösse. Verzichten auf sie dürfe man nicht." Vgl. den Drahtbericht Nr. 253, Unterabteilung 31, Bd. 135590.

[7] Der syrische Außenminister Khaddam hielt sich vom 6. bis 12. Juni 1978 in der Bundesrepublik auf. Vgl. dazu Dok. 178.

[8] Zur Friedenskonferenz für den Nahen Osten in Genf vgl. Dok. 8, Anm. 9.

5) Die Einberufung der Kairo-Konferenz[9] dagegen habe er trotz Abwesenheit anderer Konfrontationsstaaten für notwendig gehalten, um vor der Welt zu zeigen, daß nicht die arabische Seite den Frieden blockiere. Durch die Anwesenheit der Weltpresse, die er besonders gefördert habe, hätte er diese Absicht voll verwirklichen können. Jetzt sei Begin an der Reihe, seinen Friedenswillen zu beweisen. Hinsichtlich der Friedensbereitschaft sei durch seine jüngste Initiative eine Art Umkehrung der Beweislast eingetreten.

6) Erklärungen über Rückgabe Sinais an Ägypten seien jetzt nicht das Problem, auch wenn Israel bereit sei, 95 Prozent des dort besetzten Gebiets zu räumen. Es ginge bei der Lösung des Nahost-Konflikts ausschließlich um die Westbank und das Palästinenser-Problem. Hier müsse ein Durchbruch erzielt werden. Alles andere seien im Vergleich dazu Randprobleme.

7) Auf meine Frage, ob er sich von jetzigem Atherton-Besuch[10] Fortschritte erhoffe, erklärte Sadat, daß dies nicht der Fall sei. Man müsse sich zur Lösung des Konflikts mehr Zeit nehmen. Die Welt stehe hinter seiner Initiative. Er erwähnte dabei besonders Bundeskanzler Schmidt, Callaghan, Giscard d'Estaing, Carter und Ceauşescu. Wenn Begin kein Entgegenkommen zeige, könne er sich auf die Dauer nicht behaupten. Als religiöser Fanatiker und ausschließlich bisher in der Opposition arbeitender Politiker sei er eine Regierungsverantwortung nicht gewohnt und müsse sich erst mit dieser neuen Funktion vertraut machen. Er, Sadat, sei überzeugt, daß sich auch in Israel die Kräfte des Friedens durchsetzen würden. Auch in jüdischen Kreisen der USA gewänne seine Initiative zunehmend Unterstützung.

8) Auf die deutsch-ägyptischen Beziehungen und meine Arbeit eingehend betonte er, daß ich es zu Anfang recht schwer gehabt hätte, daß aber jetzt nicht nur die alte Freundschaft zwischen unseren Ländern wiederhergestellt sei, sondern daß sich die Beziehungen in jeder Hinsicht hervorragend entwickelt hätten. Ägypten habe eine traditionelle Zuneigung zu Deutschland, und er würde sich dafür einsetzen, daß die deutsch-ägyptische Freundschaft durch echte Partnerschaft in allen Bereichen der Zusammenarbeit noch stärker ergänzt würde. Sadat bewertete unsere Hilfe vor allem auch im Bereich der Landwirtschaft und der Forschung besonders positiv und betonte, daß diese Möglichkei-

---

9 Zur Einladung des Präsidenten Sadat für eine Nahost-Konferenz in Kairo vgl. Dok. 10, Anm. 2.
10 Der Abteilungsleiter im amerikanischen Außenministerium, Atherton, hielt sich vom 21. bis 25. April 1978 in Ägypten auf. Botschaftsrat I. Klasse Strenziok, Kairo, teilte dazu am 26. April 1978 mit, Atherton sei mit Präsident Sadat sowie zweimal mit dem ägyptischen Außenminister Kaamel zusammengetroffen: „Die Gespräche konzentrierten sich im wesentlichen auf Erörterung möglicher Formeln für eine Prinzipienerklärung. Dabei brachte ägyptische Seite erneut ihre bereits bekannte Haltung zum Ausdruck, d. h. kein Separatfrieden; Forderung vollständigen israelischen Rückzugs aus allen besetzten Gebieten; Wiederherstellung legitimer Rechte des palästinensischen Volkes. [...] Aus den Gesprächen Athertons mit ägyptischer Führung scheinen sich keine neuen Gesichtspunkte für eine Nahost-Lösung ergeben zu haben. Atherton, der nach eigenen Äußerungen nicht nach Kairo gekommen war, um neue Vorschläge zu unterbreiten, nahm Botschaft Präsident Sadats für Präsident Carter mit, die ägyptische Auffassung hinsichtlich Formel für Prinzipienerklärung enthält. Auch diese dürfte jedoch für die amerikanische Regierung keine wesentlichen neuen Erkenntnisse beinhalten. Zweck des Besuches scheint es daher vornehmlich gewesen zu sein, fortbestehende ägyptische Gesprächsbereitschaft und US-Vermittlungsaktivitäten zu dokumentieren, gleichzeitig aber auch zu verdeutlichen, daß nächster Schritt nicht aus Washington zu erwarten sei. Kairo wartet weiter auf isr[aelische] Konzessionsbereitschaft, die es als Ergebnis kommender Gespräche Begins und Dayans in Washington erhofft." Vgl. den Drahtbericht Nr. 778; Unterabteilung 31, Bd. 135590.

ten der Kooperation noch weiter ausgeschöpft werden sollten. Der Präsident bedankte sich in herzlichen Worten für meine Arbeit und gab seiner Hoffnung Ausdruck, daß ich auch nach meinem Ausscheiden an der Ausgestaltung der deutsch-ägyptischen Beziehungen weiter mitarbeiten würde.

Sadat machte einen frischen, zuversichtlichen und erholten Eindruck. Er bat mich, Bundespräsident Scheel, Bundeskanzler, Bundesminister und BM Bahr seine herzlichen Grüße zu übermitteln.

9) Mit diesem Bericht verabschiede ich mich aus dem aktiven Dienst, danke für die verständnisvolle Haltung der Zentrale gegenüber der Arbeit der Botschaft und wünsche meinem Nachfolger[11] viel Glück und Erfolg.[12]

[gez.] Steltzer

Referat 310, Bd. 119868

126

Vortragender Legationsrat I. Klasse Citron, z. Z. Brüssel, an das Auswärtige Amt

114-11849/78 geheim Aufgabe: 24. April 1978, 19.00 Uhr[1]
Fernschreiben Nr. 464 Ankunft: 24. April 1978, 19.25 Uhr
Citissime

Betr.: SALT;
hier: Unterrichtung über die amerikanisch-sowjetischen Gespräche in Moskau[2]

Bezug: 1) DE 1957 vom 21.4.78 geh.[3]
2) DB 459 vom 22.4.78 geh.[4]

Zur Unterrichtung

I. Botschafter Warnke und Botschafter Earle unterrichteten am 24. April den NATO-Rat ausführlich über die Ergebnisse der SALT-Gespräche vom AM Vance

---

[11] Wolfgang Behrends.
[12] Staatssekretär van Well teilte Botschafter Steltzer, Kairo, am 25. April 1978 mit: „Bezugsbericht über Abschiedsbesuch hat hier großes Interesse gefunden. Auswärtiges Amt nimmt seinerseits Ziffer 9 des Berichts zum Anlaß, Botschafter für engagierte und erfolgreiche Arbeit Dank und Anerkennung auszusprechen." Vgl. den Drahterlaß Nr. 217; Referat 310, Bd. 119868.

[1] Hat Vortragendem Legationsrat I. Klasse Schenk am 25. April 1978 vorgelegen.
[2] Der amerikanische Außenminister Vance hielt sich vom 19. bis 23. April 1978 in der UdSSR auf.
[3] Botschafter Ruth übermittelte der Ständigen Vertretung bei der NATO in Brüssel einen Fragenkatalog für die bevorstehende Unterrichtung über den Besuch des amerikanischen Außenministers Vance vom 19. bis 23. April 1978 in der UdSSR. Vgl. dazu VS-Bd. 11384 (220); B 150, Aktenkopien 1978.
[4] Botschafter Pauls, Brüssel, teilte Einzelheiten zum Ablauf der Unterrichtung des Ständigen NATO-Rats über den Besuch des amerikanischen Außenministers Vance vom 19. bis 23. April 1978 in der UdSSR mit. Vgl. dazu VS-Bd. 11384 (220); B 150, Aktenkopien 1978.

in Moskau. Sie betonten, daß es der amerikanischen Delegation um Fortschritte bei wichtigen offenen Punkten gegangen sei, daß sie jedoch keine schnelle Lösung erwartet hätte.

Die sachlich geführten Gespräche hätten auf beiden Seiten zu einem besseren Verständnis der Positionen geführt. Es habe insgesamt vier lange Delegationssitzungen mit Gromyko, Marschall Ogarkow, Kornienko, Semjonow und Dobrynin – dann zwei Gespräche der beiden Außenminister und ein zweistündiges Gespräch von Breschnew mit Vance gegeben.

Breschnew erschien Vance gesünder als im März 77[5], während des Gesprächs lebhaft und voll Herr der Lage, allerdings nach den zwei Stunden ermüdet.

SALT stand eindeutig im Mittelpunkt der Gespräche, während Nahost und die SGV[6] nur 15 Minuten in Anspruch nahmen.

Vor allem folgende Probleme wurden erörtert:

Neue ICBM – die Definition des Verbots neuer Typen, die Plafondzahlen, der Beginn des Reduzierungszeitraums, der Backfire, die Definition schwerer Bomber, die CM-Reichweiten und ihre Verifizierung, die Absichtserklärung.

Vance führte in Moskau die Non-circumvention-Rückfallposition[7] ein, nachdem Dobrynin die schon in Washington ausgesprochene amerikanische Forderung angenommen hatte, die Formel so zu akzeptieren und auf jede weitere Erörterung von NC[8] und Non-transfer zu verzichten.

Warnke bestätigte, daß Moskau weiterhin sehr an baldigem Abschluß von SALT II interessiert sei. Gespräche würden jetzt in Genf weitergeführt, man hoffe auf weitere Fortschritte bei Begegnung Vance/Gromyko bei der SGV in New York.[9]

Auf Frage erklärte er ferner, daß Vance Entscheidung des Präsidenten, ER/RB[10]-Waffe jetzt nicht zu produzieren[11], dargelegt hätte, daß Sowjets darauf jedoch nicht reagiert hätten.

II. Aus der amerikanischen Darlegung und der anschließenden Erörterung ist folgendes festzuhalten:

1) Neue Typen von ICBM

a) Definition eines neuen Typs

– USA wünschten ursprünglich sehr enge Definition. Jede Änderung im technischen Aufbau (Hardware) würde „neuen Typ" darstellen.

---

5 Zum Besuch des amerikanischen Außenministers Vance vom 27. bis 30. März 1977 in der UdSSR vgl. Dok. 23, Anm. 10.
6 Zur UNO-Sondergeneralversammlung über Abrüstung vom 23. Mai bis 30. Juni 1978 in New York vgl. Dok. 212.
7 Zur amerikanischen Rückfallposition für eine Nichtumgehungsklausel bei SALT vgl. Dok. 29 und Dok. 64.
8 Non-circumvention.
9 Der sowjetische Außenminister Gromyko führte am 27. Mai 1978 in Washington Gespräche mit Präsident Carter und dem amerikanischen Außenminister Vance. Am 31. Mai 1978 traf er erneut mit Vance in New York zusammen. Zu den Gesprächen über SALT II vgl. Dok. 169.
10 Enhanced Radiation/Reduced Blast.
11 Vgl. dazu die Erklärung des Präsidenten Carter vom 7. April 1978; Dok. 108.

- SU wünscht eine weniger enge Definition:
Nur bedeutende Änderungen in den Abmessungen sowie im Start- und Wurfgewicht führen zu einem neuen Typ.

USA habe daraufhin neue Definition unterbreitet, die sich sowjetischer Haltung annähere, weil sich auch amerikanisches Verteidigungsministerium für größeren Spielraum bei der Definition eingesetzt habe, insbesondere, um neue Lenksysteme in bisherige ICBM einbauen zu können.

Verboten bleiben soll jedoch die Erhöhung der Zahl der Wiedereintrittskörper (REV[12]).

Diskussion soll in Genf vertieft werden.

2) SU fordert weiterhin Ausklammerung eines neuen Typs von ICBM mit einem Wiedereintrittskörper vom Verbot der Entwicklung neuer ICBM (Ersatz für veraltete SS-11). USA blieben bisher fest: Wenn Verbot der Entwicklung neuer Typen von ICBM vorgesehen sei, dann sollte für die vorgesehene Dauer von drei Jahren keine Ausnahme gemacht werden. Frage muß weiter diskutiert werden.

3) Plafonds

Zur Frage der jeweiligen Höchstzahlen konnte noch keine Einigung erzielt werden:

USA wollen Obergrenze für strategische Nuklearträger insgesamt nach wie vor auf 2160 senken, SU besteht auf 2250 (SU hat zur Zeit mehr als 2400 strategische Träger, während USA weniger als 2160 haben). Allerdings gebe es begründete Hoffnung darauf, daß SU amerikanischen Vorschlag für Höchstgrenze von 1200 (SU bisher: 1250) für gemirvte ballistische Raketen akzeptieren werde.

4) Zeitlicher Rahmen für Reduzierungen

- SU fordert 18 Monate Zeit für Reduzierung ihrer gegenwärtigen Trägerzahl auf 2250. (Sie machte lediglich symbolisches Zugeständnis, indem diese Frist nicht mehr wie bisher am 1.1.1981, sondern am 31.12.1980 beginnen soll.)
- Nach amerikanischer Ansicht sollte Reduzierung (auf 2160 Träger) sogar schon bis Ende 1980 (Ende der Geltungsdauer des Protokolls) abgeschlossen sein.

Hier zeichnet sich noch keine Lösung ab.

5) Backfire

Auf unsere Frage nach der Bindungswirkung einer einseitigen sowjetischen Erklärung über Backfire-Beschränkungen bestätigte Warnke, daß dies das Hauptproblem darstelle. Die SU-Erklärung müsse Teil der Ratifikationsdokumente sein. Auch die SU müsse ihre Erklärung als Teil des Abkommens betrachten und damit voll gebunden werden.

Botschafter Warnke erwähnte ferner, daß Backfire nicht nur politisches, sondern auch militärisches Problem darstelle, da er US-Territorium erreichen könne (bei langsamem Flug in großer Höhe). Außerdem könne die Reichweite dieses relativ großen mittleren Bombers durch entsprechende Umbauten (u. a. stärke-

---

[12] Re-entry vehicles.

re Triebwerke) erhöht werden. Präzise Zusagen der SU seien daher unbedingt erforderlich (Produktionsrate, Flugprofil, Reichweite). Backfire-Problem müsse auf höherer Ebene weiter erörtert werden.

6) Schwere Bomber als Cruise-Missile-Träger

USA hätten vorgeschlagen, zur Vereinfachung der Verifikation der schweren Bomber, die als CM-Träger vorgesehen seien, vor allem zur Vermeidung von zukünftigen Problemen auf „functionally related observable features (FROF)[13]", also auf äußerlich erkennbare, funktionsorientierte Merkmale abzustellen.

Zum Beispiel besäßen schwere Bomber in der Aufklärungsversion keine Bombenschächte; da dies äußerlich erkennbar sei, sollten sie nicht auf Zahl der möglichen CM-Träger angerechnet werden.

Schwierigkeiten bestünden allerdings bei sowjetischem schwerem Bomber „Bear" (ASW[14]-Version) und bei amerikanischem B-52.

a) „Bear" (ASW-Version) könnte theoretisch als schwerer Bomber eingesetzt werden, besitzt jedoch keine FROFs, die ihn von anderen Versionen unterscheiden. USA wären jedoch bereit, ihn von Zählung auszunehmen, falls SU ihrerseits Entgegenkommen bei B-52 zeige.

b) In bestehende B-52 könnten USA bestimmte Unterscheidungsmerkmale einbauen, wenn sie nicht als CM-Träger benutzt würden. Die übrigen B-52 würden aufgrund ihrer Fähigkeit, CM im Rumpf zu tragen, als CM-Träger mitgezählt.

SU habe gegen Vorschlag der FROFs Bedenken (auch weil es 200 B-52 mit short range attack launchers gebe, die auch für CM dienen könnten), allerdings scheine dies Problem aus amerikanischer Sicht lösbar. SU habe Ausklammerung von „Bear" (ASW-Version) zugestimmt, B-52 Ausnahmen jedoch zurückgewiesen, da funktionelle Unterschiede nicht mit nationalen technischen Mitteln verifizierbar seien.

Alle sowjetischen schweren Bomber vom Typ „Bison" sollen als strategische Trägermittel voll mitgezählt werden, SU habe dem nicht widersprochen.

Ursprünglicher SU-Vorschlag, Ausrüstung ziviler Großraumflugzeuge mit CM zu verbieten, sei aufgegeben worden. Neue Position: Neue CM-Trägerflugzeuge, die speziell für diesen Zweck gebaut worden seien, würden angerechnet. (Es sei also z. B. verboten, existierende Boeing 747 zu CM-Träger umzubauen.) Allerdings sei Neubau einer adoptierten Version der Boeing 747 (die dann auf Höchstzahlen angerechnet würde) möglich. US hätten dies noch nicht akzeptiert.

Botschafter Earle teilte ferner mit, daß SU zum ersten Mal die Möglichkeit einer Begrenzung der Zahl von CM in einem Trägerflugzeug angedeutet habe, ohne jedoch in Einzelheiten zu gehen. USA würden solchen Vorschlag ablehnen, es gebe ja auch keine Beschränkungen für die Zahl der Wiedereintrittskörper der SS-18.

---

13 Gesandter Boss, Brüssel (NATO), übermittelte am 25. April 1978 zu Ziffer 6 folgende Korrekturen: „Statt ‚functionally related observable features (FROF)' muß es heißen ‚functionally related observable differences (FROD)'." Vgl. den Drahtbericht Nr. 476; VS-Bd. 11125 (204); B 150, Aktenkopien 1978.

14 Anti-submarine warfare.

7) Beschränkung der Entwicklung neuer SLBM

Auf unsere Frage erklärte Warnke, daß nach amerikanischer Auffassung SLBM besser nicht von SALT III[15] erfaßt werden sollten, auf jeden Fall sollten sowjetische Typhoon und amerikanische Trident II ausgeklammert werden.

Es wäre im Grunde vorteilhaft, wenn SU verstärkt in SLBM investiere, da diese Systeme weniger zielgenau und damit weniger destabilisierend seien.

Sowjetische Seite habe bisher Ausklammerung von Typhoon und Trident I vorgeschlagen.

8) CM-Reichweiten

Warnke betonte, daß in dieser Frage keine Fortschritte erzielt wurden. SU bestehe weiterhin auf einer eng definierten Reichweitenbegrenzung (Reichweite ist gleich kürzester Weg von Abschußstelle bis Ziel) während US verlangen, daß CM-Umwege nicht in Reichweitenbegrenzung von 2500 bzw. 600 km eingerechnet werden. Warnke gab zu, daß Reichweitenverifizierung zur Zeit noch ein sowjetisches Problem sei, doch gelte es, eine Lösung zu suchen, da dies in Zukunft auch in westlichem Interesse sein werde. Ein möglicher Kompromiß sehe z.B. vor, zur kürzesten Strecke Abschußstelle bis Ziel noch gewisse Prozentsätze zusätzlich für Umwege zuzugestehen.

Auf niederländische Frage bestätigte Warnke, daß US, falls dies für ihre Strategie nötig sei, bei SALT III auf größere CM-Reichweiten als 2500 km bestehen würden.

9) Absichtserklärung für SALT III

Beide Seiten hätten ziemlich detaillierte Vorschläge für die SALT-III-"Guidelines" vorgelegt, die aber jeweils von der Gegenseite als nicht akzeptabel bezeichnet worden sein.

Botschafter Warnke betonte, daß seiner Ansicht nach bei Festlegung der Richtlinien nicht bereits Substanz von SALT III verhandelt werden könne. Man werde sich daher weitgehend auf eine allgemeine Erklärung über Verhandlungsziele beschränken. USA würden daher in ihrem Vier-Seiten-Entwurf bisher geplante detaillierte Zahlenangaben über weitere Reduzierungen streichen (ohnehin seien die bisherigen amerikanischen Plafondsvorschläge noch zu hoch, man müsse bei SALT III zu weitergehenden Reduzierungen kommen). Man denke jetzt an sehr allgemeine Formulierungen: z.B. „significant reductions", „limitation of flight tests", „qualitative restrictions on ICBM".

Britischer Ständiger Vertreter[16] erinnerte an Erklärung britischen Verteidigungsministers bei NPG in Dänemark[17], daß es weiterhin im Interesse der Bündnispartner liegen dürfte, die Grauzonensysteme nicht in SALT III einzubeziehen, besonders weil der WP so stark darauf abziele, die westlichen Systeme zu erfassen.

---

[15] Gesandter Boss, Brüssel (NATO), übermittelte am 25. April 1978 zu Ziffer 7 folgende Korrekturen: „Statt ‚SALT III' muß es in Zeile 3 heißen ‚SALT II'." Vgl. den Drahtbericht Nr. 476; VS-Bd. 11125 (204); B 150, Aktenkopien 1978.

[16] Sir John Killick.

[17] Für die Äußerungen des britischen Verteidigungsministers Mulley auf der Ministersitzung der Nuklearen Planungsgruppe am 18./19. April 1978 in Frederikshavn vgl. Dok. 124.

Warnke bestätigte, daß es bessere wäre, FBS nicht speziell zu erwähnen, sondern eher eine allgemeine Formel – gerade auch wegen der Allianzimplikationen.

Westliche FBS kämen nur in Betracht, wenn die SU sich bereit zeigte, ihre Theater-Systeme wie Backfire und SS-20 zu erörtern.

10) Non-circumvention

Warnke berichtete, daß die Rückfallposition zur NC-Klausel vor der Moskau-Reise mit Dobrynin besprochen worden war mit der Maßgabe, daß Formel nur dann[18] eingeführt werde, wenn damit die gesamte NC und NT[19]-Thematik beendet sei. In Moskau hätten Gromyko und Breschnew die Formel und die amerikanische Bedingung akzeptiert. Die USA beabsichtigten, diese Frage nicht mehr in Moskau zu erörtern und auch keine etwaigen theoretischen Fragen zu beantworten.

Wir erinnerten noch einmal an deutsche Haltung zur Rückfallposition und die Notwendigkeit einer eindeutigen Interpretationserklärung. Auch belgischer Ständiger Vertreter[20] erbat amerikanische Zusage, daß USA eine solche Erklärung abgeben werden. Warnke bestätigte Notwendigkeit einer Interpretation und amerikanische Absicht, Text einer solchen Erklärung mit Bündnispartnern zu konsultieren.

Luxemburgischer Ständiger Vertreter[21] fragte, was mit NC z.B. gemeint sei. Warnke nannte als Beispiel Weitergabe von durch Reduzierungsverpflichtung erfaßten ICBM an Alliierte.

Britischer Ständiger Vertreter begrüßte nun gefundene NC-Lösung als Stärkung der Allianzposition.

11) Auf deutsche Frage erklärte Warnke, daß MBFR nur sehr kurz in Moskau angesprochen worden sei, neue Initiative[22], die in Moskau noch geprüft werde, sei von sowjetischer Seite als interessant bezeichnet worden.

12) Datenaustausch

Botschafter Earle teilte mit, daß sowjetischer Datenaustausch gewisse Fortschritte mache. SU habe u. a. angegeben, daß sie keine Air-to-Surface Ballistic Missiles und keine schweren Bomber als CM-Träger habe. US-Seite sei jedoch bekannt, daß „Bear"-Bomber mit CM des Typs „Kangaroo" ausgerüstet seien. Amerikaner seien sich bewußt, daß Bear mit Kangaroo je nach späterer Reichweiteneinigung als schwerer Bomber mit CM gerechnet werden könne. Ferner hätte SU Zahl der ICBM mitgeteilt, die sich mit amerikanischer Information decke. Allerdings seien dabei 18 Träger auf Testrampe nicht berücksichtigt gewesen, die Frage werde noch geprüft.

---

[18] Korrigiert aus: „nur da".
[19] Non-transfer.
[20] Constant Schuurmans.
[21] Pierre Wurth.
[22] Zur Initiative der an den MBFR-Verhandlungen teilnehmenden NATO-Mitgliedstaaten vom 19. April 1978 vgl. Dok. 110.

13) CTB

Norwegischer Ständiger Vertreter[23] erkundigte sich mit Rücksicht auf SGV nach Stand der CTB-Verhandlungen. Warnke antwortete, daß keine Chance bestehe, diese vor SGV abzuschließen. Gespräche würden am 4. Mai in Genf wieder aufgenommen.[24]

Schwierige Verifikationsprobleme – vor allem die Frage der Installation einer gewissen Zahl seismischer Stationen – müßten noch gelöst werden. CTB-Problematik sei in SALT-Zusammenhang nicht angesprochen worden. Die Verhandlungen hingen nicht voneinander ab.

14) Die schnelle Unterrichtung der Bündnispartner wurde von allen Ständigen Vertretern ausdrücklich begrüßt. Dabei wurde der Wunsch zum Ausdruck gebracht, daß es den USA gelingen möge, die Verhandlungen zu einem erfolgreichen Abschluß zu bringen.

Botschafter Warnke bedauerte, daß es ihm angesichts der Kürze der Zeit nicht möglich gewesen sei, die Fülle der vorstehenden Informationen schriftlich niederzulegen.[25]

[gez.] Citron

VS-Bd. 11125 (204)

---

[23] Kjeld Vibe.
[24] Zu den Verhandlungen zwischen Großbritannien, den USA und der UdSSR über ein umfassendes Teststoppabkommen vgl. Dok. 84, Anm. 32.
[25] Botschafter Pauls, Brüssel (NATO), berichtete am 3. Mai 1978: „Amerikanischer Ständiger Vertreter unterrichtete Verbündete in heutiger Sitzung NATO-Rats ergänzend über Atmosphäre und Gesprächsthemen bei Besuch AM Vance in Moskau [...]. 1) Bei Gesprächen über SALT mit Breschnew und Gromyko sei Atmosphäre trotz pessimistischer sowjetischer Presseberichterstattung gut gewesen. [...] Ein Gipfeltreffen sei weder in Vorbereitung noch habe man sich Termine gesetzt, da man ein Schritt-für-Schritt-Vorgehen bevorzuge. 2) Auch bei den nicht SALT betreffenden Gesprächen sei der Ton trotz meist diametral entgegengesetzter Auffassungen nicht schroff gewesen. Nahost: Sowjets hätten ihre Enttäuschung (frustration) über amerikanische Mittlerrolle zwischen Israel und Ägypten gezeigt. Vance habe Bemühen über umfassende Nahost-Regelung herausgestellt. Afrika: Vance habe deutlich gemacht, daß Entwicklung in Afrika SALT und Behandlung von SALT im Kongreß negativ beeinflussen könne. Sowjets hätten offensichtlich die Auswirkungen kubanischer Aktivitäten in Afrika auf Stimmung in USA erheblich unterschätzt. Bei Erörterung von Menschenrechtsfragen habe sich nichts Neues ergeben." Vgl. den Drahtbericht Nr. 518; VS-Bd. 13097 (213); B 150, Aktenkopien 1978.

127

Botschafter Behrends, Wien (MBFR-Delegation), an das Auswärtige Amt

114-11851/78 geheim Aufgabe: 24. April 1978, 17.15 Uhr
Fernschreiben Nr. 288 Ankunft: 24. April 1978, 20.20 Uhr
Cito

Delegationsbericht Nr. 68/78

Betr.: MBFR;
  hier: Abschlußbericht über die 14. Verhandlungsrunde[1]

I. Die 14. Verhandlungsrunde von Ende Januar bis Mitte April 1978 war seit langem die ereignisreichste.

1) Im März konnte Einigung über den Text des Austausches von Erklärungen über den weiteren Datenaustausch erzielt werden, nachdem diese Frage seit November 1977 die Verhandlungen völlig blockiert hatte.

2) Am 15.3. wurden Einzeldaten für das Personal der Landstreitkräfte[2] und am 4.4. für das der Luftstreitkräfte[3] beider Seiten ausgetauscht. Der Osten legte vereinbarungsgemäß für jeden der vier östlichen direkten Teilnehmer zwei Zahlen für das Personal der Landstreitkräfte (Personal in Großverbänden und anderes Personal) und eine Zahl für das der Luftstreitkräfte vor.

3) Die westliche Initiative wurde vom deutschen Vertreter in der Runde am 19.4. eingeführt.[4]

Mit der Einführung der neuen Vorschläge zog der Westen am Ende der Runde die Verhandlungsinitiative eindeutig an sich.

II. Datendiskussion

1) Die Datendiskussion bleibt das schwierigste und derzeit unlösbar erscheinende Problem der Verhandlungen. Im Prinzip besteht ein prekäres Einvernehmen über die Notwendigkeit einer Einigung über die Personaldaten beider Seiten und über den Grundsatz der Parität. Dies erleichtert jedoch keineswegs eine Dateneinigung, die wesentliche Voraussetzung eines Reduzierungsabkommens bleibt. Die Positionen beider Seiten sind bisher in der Substanz unvereinbar:

a) Nach westlicher Ansicht wird das Kräfteverhältnis in Mitteleuropa durch erhebliche Disparitäten zugunsten des Ostens im Personalbestand bestimmt. Parität kann daher nur durch stark asymmetrische Reduzierungen zu Lasten des Ostens hergestellt werden. Eine Dateneinigung muß sich folglich an den

---

[1] Die 14. Runde der MBFR-Verhandlungen fand vom 31. Januar bis 19. April 1978 in Wien statt.
[2] Zum Austausch der Daten für die Landstreitkräfte vgl. Dok. 78.
[3] Zum Austausch der Daten für die Luftstreitkräfte vgl. Dok. 98.
[4] Zur Einführung der Initiative der an den MBFR-Verhandlungen teilnehmenden NATO-Mitgliedstaaten durch Botschafter Behrends, Wien (MBFR-Delegation), am 19. April 1978 vgl. Dok. 110.

bestehenden Disparitäten und damit an den westlichen Erkenntnissen über die Stärke der WP-Kräfte orientieren.

b) Nach östlicher Ansicht besteht in Mitteleuropa bereits ungefähre Parität sowohl insgesamt wie in den Personalstärken beider Seiten. Diese Parität bleibt durch streng symmetrische, gleichprozentige Reduzierungen erhalten. Sie wird durch die östlichen Zahlen für die WP-Streitkräfte „nachgewiesen", die offizielle Zahlen und daher nicht negotiabel sind und allein Basis der Dateneinigung bilden können.

2) Wie zu erwarten, ergeben die vom Osten vorgelegten Einzeldaten in der Summe die vom Osten im Juni[5] vorgelegten Globaldaten (805 000 Mann für seine Landstreitkräfte und 182 300 Mann für seine Luftstreitkräfte). Die Diskrepanz zwischen diesen Zahlen und den westlichen Zahlen für die WP-Streitkräfte, die insgesamt um 177 000 Mann höher liegen, bleibt unverändert.

3) Bei den Landstreitkräften sind die Diskrepanzen zwischen westlichen und östlichen Zahlen überproportional groß beim sowjetischen Personal in Großverbänden und insbesondere bei den polnischen Streitkräften. Dagegen sind die östlichen Zahlen für die ČSSR-Landstreitkräfte fast identisch mit den westlichen Zahlen. Bei den Luftstreitkräften ist die Diskrepanz gleichmäßig verteilt. Bei allen vier östlichen Teilnehmern betragen die östlichen Zahlen ca. 80 Prozent der westlichen Zahlen.

4) Die Diskussion der ausgetauschten Einzeldaten hat sich bisher darauf konzentriert, bei den östlichen Landstreitkräften die Kriterien für die Zuordnung von Personal zu den Kategorien „Großverbände" einerseits und „anderes Personal" andererseits festzustellen, um die östlichen Einzelzahlen mit den entsprechenden westlichen Zahlen für die WP-Streitkräfte vergleichbar zu machen. Die Diskussion ergab erhebliche Unterschiede in den Zuordnungskriterien, jedoch noch keine endgültige Klärung.

5) In der nächsten Runde[6] wird sich der Westen darauf konzentrieren müssen, durch gezielte Fragen herauszufinden, ob und welche Streitkräfteelemente in den östlichen Zahlen nicht enthalten sind und ob damit die Ursachen für die Diskrepanzen wenigstens teilweise aufgeklärt werden können. Diese Detektivarbeit wird voraussichtlich marginale Ergebnisse erbringen, jedoch keine Aufklärung der Masse der Diskrepanzen ermöglichen. Die vom Osten vorgelegte Datenauffächerung ergibt einen zu groben Raster, um die vom Osten unterschlagenen und in den östlichen Daten nicht enthaltenen Streitkräfteelemente aufspüren zu können. Zu einer weiteren Auffächerung wird der Osten in absehbarer Zeit nicht bereit sein.

6) Die westliche Initiative, die ausdrücklich unter die[7] Voraussetzung einer Dateneinigung gestellt ist, wird sicherlich nicht unmittelbar dazu führen, daß der Osten seine Daten nach oben korrigiert. Immerhin verdeutlicht sie dem Osten, daß auf der Basis seiner gegenwärtigen Position in der Datenfrage ein

---

[5] Am 10. Juni 1976 legten die an den MBFR-Verhandlungen teilnehmenden Warschauer-Pakt-Staaten eigene Daten für das Personal ihrer Land- und Luftstreitkräfte vor. Vgl. dazu AAPD 1976, I, Dok. 189.
[6] Die 15. Runde der MBFR-Verhandlungen fand vom 18. Mai bis 19. Juli 1978 in Wien statt.
[7] Korrigiert aus: „der".

MBFR-Abkommen nicht erreichbar ist. Solange die Streitkräftedefinition und die Zählkriterien nicht vereinbart sind, bleibt dem Osten die Möglichkeit, durch deren Korrektur seine bereits vorgelegten Zahlen aufzustocken, ohne sich von ihnen distanzieren zu müssen. Auf diese Möglichkeiten wird der Osten vermutlich erst in einem aktiven Stadium der Verhandlungen über die Formulierung eines Phase-I-Abkommens zurückgreifen, von dem wir noch weit entfernt sind.

III. Westliche Initiative

1) Obwohl die westliche Initiative die wesentlichen Ziele der westlichen Verhandlungsposition (Parität, kollektive Natur der Reduzierungsverpflichtung und Höchststärken, nur selektive Rüstungsverminderungen) unverändert läßt und deren Durchsetzung erleichtern soll, kommt sie dem Osten in erheblichem Maße entgegen. Sie ist gewichtiger, als der Osten wohl erwartet hatte.

a) Die Initiative kommt dem östlichen Konzept am weitesten mit dem Angebot entgegen, den Zeitpunkt und das Gesamtvolumen der für Phase II vorgesehenen Verminderungen der nicht-amerikanischen und nicht-sowjetischen Streitkräfte bereits im Phase-I-Abkommen festzulegen.

In östlicher Sicht bleibt dagegen negativ, daß die Initiative nationale Verminderungs- und Begrenzungsverpflichtungen der westeuropäischen Teilnehmer und Kanadas in einem Phase-I-Abkommen eindeutig ausschließt, gleichzeitig aber hinsichtlich der sowjetischen Stationierungsstreitkräfte auf solchen Verpflichtungen beharrt. Immerhin ist mit diesem Angebot und dem östlichen Vorschlag vom Februar 1976[8] de facto ein Kompromiß in der Frage des Phasenkonzepts als solchem erreicht.

b) Das westliche Angebot, die Verminderung des nach Phase-I-Verminderungen verbleibenden „Überhanges" für beide Seiten in gleichen Prozentsätzen des Überhanges auszudrücken, kommt dem Osten zwar nur in formaler Hinsicht entgegen, könnte jedoch für den Osten zur Verschleierung asymmetrischer Verminderungen interessant werden, falls er solchen letztlich zustimmen sollte. Das Angebot, diese Überhangsreduzierung der Phase II in zwei Stufen durchzuführen, rückt westeuropäische Reduzierungen zeitlich nahe an Phase I heran.

c) Die Modifikation der westlichen Forderung betreffend sowjetische Verminderungen in Phase I ist für die Sowjetunion in zweifacher Hinsicht interessant: Sie ersetzt die für die sowjetischen Militärs indiskutable Forderung, aus der DDR eine gesamte Panzerarmee mit ihrer Bewaffnung und Ausrüstung abzuziehen, durch die ohnehin in das östliche Konzept der Verminderungen nach

---

[8] Am 17. Februar 1976 legte der Leiter der sowjetischen MBFR-Delegation, Chlestow, in einer informellen Sitzung in Wien einen neuen Vorschlag der an den MBFR-Verhandlungen teilnehmenden Warschauer-Pakt-Staaten vor, der zwei Tage später auch formell eingebracht wurde. Der Vorschlag sah Reduzierungen in zwei Phasen vor: In einer ersten Phase sollten sowjetische und amerikanische Streitkräfte um 2 bis 3% des Gesamtbestands der Streitkräfte beider Seiten reduziert werden und die übrigen direkten Teilnehmer sich verpflichten, ihre Streitkräfte in einer zweiten Stufe (1977/78) um den gleichen Prozentsatz, in vollständigen Einheiten und mit Bewaffnung, zu vermindern und bis dahin ihre Streitkräfte in der bisherigen Höhe einzufrieren. Der vorgesehene Abbau sollte dann in der zweiten Stufe erfolgen, für die darüber hinaus Verminderungen der Nuklearwaffen und -systeme aller Teilnehmerstaaten vorgesehen waren. Vgl. dazu AAPD 1976, I, Dok. 53 und Dok. 76.

Einheiten passende Forderung, fünf Divisionen abzuziehen. Die Sowjetunion erhält freie Hand bei der Auswahl dieser Divisionen. Von mehr marginalem Interesse ist ferner der Vorschlag, lediglich sowjetisches Personal und sowjetische Panzer zu begrenzen.

d) Die Präzisierung des amerikanischen Verminderungsangebotes für Phase I (zwei bis drei in Einheiten) ist für den Osten potentiell interessant. Er könnte versuchen, unter Berufung auf diesen „Präzedenzfall" gleiches oder ähnliches für die Verminderung der westeuropäischen Streitkräfte zu verlangen.

e) In östlicher Sicht bleibt negativ, daß der Westen unverändert auf dem Disparitätskonzept besteht und seine Forderung auf Abzug sowjetischen Militärpersonals und sowjetischer Panzer dem zahlenmäßigen Umfang nach nicht geändert hat.

f) Negativ bleibt für den Osten ferner, daß der Westen keine Verminderung oder Begrenzung westeuropäischer Rüstungen angeboten und insofern seine Position nicht verändert hat.

2) In seiner ersten Reaktion auf die Initiative beschränkte sich der Osten auf die Zusage, die westlichen Vorschläge sorgfältig zu prüfen. Er fügte allerdings hinzu, daß das Kriterium dieser Prüfung sein werde, wie weit die westlichen Vorschläge die bisherige Zielsetzung des westlichen Konzepts veränderten, einseitige militärische Vorteile für den Westen durchzusetzen. Er stellte zahlreiche Fragen zu den westlichen Vorschlägen, die erkennen ließen, daß er die Vorschläge sorgfältig und inhaltlich zutreffend analysiert hat.

3) Informelle Äußerungen östlicher Vertreter lassen erkennen, daß sie sich der Notwendigkeit einer substantiellen Reaktion des Ostens bewußt sind. Tarassow sagte mir ferner, die Vorschläge seien nützlich als Beweis für das bisher in Moskau sehr gering veranschlagte Interesse des Westens und insbesondere der Bundesrepublik Deutschland an Fortschritten in den Wiener Verhandlungen. Es ist damit zu rechnen, daß der Osten in der nächsten Runde Gegenvorschläge vorlegen wird. Diese werden vermutlich die wesentlichen Elemente des östlichen Konzepts unverändert lassen und gerade so substantiell sein, um das westliche Interesse an einem Fortgang der Verhandlungen wachzuhalten.[9]

4) Ein Ausblick auf den möglichen Inhalt der östlichen Reaktion folgt gesondert (mit beschränktem Verteiler).[10]

[gez.] Behrends

VS-Bd. 11472 (221)

---

[9] Zu den Gegenvorschlägen der an den MBFR-Verhandlungen teilnehmenden Warschauer-Pakt-Staaten vom 8. Juni 1978 vgl. Dok. 180.
[10] Vgl. Dok. 128.

128

**Botschafter Behrends, Wien (MBFR-Delegation),
an das Auswärtige Amt**

114-11859/78 geheim Aufgabe: 24. April 1978, 17.56 Uhr[1]
Fernschreiben Nr. 292 Ankunft: 25. April 1978, 07.05 Uhr

Delegationsbericht Nr. 70/78

Betr.: MBFR;
hier: Mögliche östliche Reaktion auf die westliche MBFR-Initiative[2]

Bezug: Im Anschluß an DB Nr. 288 vom 24.4.1978[3]

1) Die Richtung der östlichen Fragen zur westlichen Initiative und der Tenor der letzten östlichen Plenarerklärung am 19.4.[4] geben Anhaltspunkte für die mögliche Gewichtung der östlichen Antwort auf die Initiative. In der Plenarerklärung kritisierte Tarassow mit Nachdruck und Vorrang das Disparitätskonzept, weil es den amtlichen östlichen Zahlen widerspreche und darauf angelegt sei, einseitige westliche Vorteile zu Lasten der östlichen Sicherheit durchzusetzen. In dieselbe Richtung zielte die östliche Frage, warum der Westen in der Initiative unverändert auf asymmetrischen Reduktionen in beiden Phasen bestehe und gleichzeitig, im inneren Widerspruch dazu, eine Einigung über die Streitkräftedaten als Voraussetzung für ein Abkommen und als Bedingung der Initiative bezeichne.

Im Gegensatz zu früheren Erklärungen hat sich Tarassow in seiner letzten Plenarerklärung direkter Angriffe auf das westliche Kollektivitätskonzept[5] – darüber hinaus selbst konkreter Erwähnung der Höchststärkenthematik – enthalten und statt dessen die auslegungsfähigen Prinzipien „mutuality of obligations" und „equivalence of contributions of each state" in den Vordergrund gestellt.[6]

2) Diese Äußerung Tarassows und Andeutungen über östliche Rückfallpositionen in bilateralen Gesprächen mit östlichen Vertretern seit Februar 1976 lassen folgende Elemente einer östlichen Reaktion auf die westliche Initiative als denkbar erscheinen:

a) Annahme des westlichen Angebots, Umfang und Zeitpunkt von Phase-II-Verminderungen in einem Phase-I-Abkommen festzulegen, jedoch Ablehnung

---

[1] Hat Vortragendem Legationsrat I. Klasse Rückriegel vorgelegen.
[2] Zur Initiative der an den MBFR-Verhandlungen teilnehmenden NATO-Mitgliedstaaten vom 19. April 1978 vgl. Dok. 110.
[3] Für den Drahtbericht des Botschafters Behrends, Wien (MBFR-Delegation), vgl. Dok. 127.
[4] Korrigiert aus: „18.4.".
Für die Erklärung des Leiters der sowjetischen MBFR-Delegation, Tarassow, in der Plenarsitzung am 19. April 1978 vgl. den Schriftbericht Nr. 26 des Botschafters Behrends, Wien (MBFR-Delegation), vom 21. April 1978; Referat 220, Bd. 112976.
[5] Der Passus „direkter ... Kollektivitätskonzept" wurde von Vortragendem Legationsrat I. Klasse Rückriegel hervorgehoben. Dazu vermerkte er handschriftlich: „Ich hatte diesen Eindruck nicht so."
[6] Der Passus „darüber hinaus ... Vordergrund gestellt" wurde von Vortragendem Legationsrat I. Klasse Rückriegel angeschlängelt. Dazu Fragezeichen.

des Konzepts kollektiver Reduzierungsverpflichtungen ohne Spezifizierung der Reduzierungsanteile der einzelnen westeuropäischen Teilnehmer und Kanadas.

b) Vorschlag, auf der Grundlage strikter „mutuality of obligations" identische Höchststärkenregelungen für alle direkten Teilnehmer vorzusehen, d. h. entweder nationale Höchststärken für alle direkten Teilnehmer oder kollektive Höchststärken für jede Seite ohne „diskriminierende Ausnahmeregelung" für die Sowjetunion.

Mit einer solchen verbalen Annahme des Prinzips der Kollektivität wäre nur wenig gewonnen, weil die nationale Begrenzung der Sowjetunion ein wesentliches Element der westlichen Position ist. Im übrigen widerspricht die Gleichbehandlung der sowjetischen Stationierungsstreitkräfte und der Bundeswehr insgesamt unseren politischen und militärischen Interessen.

c) Annahme des Prinzips der Reduzierung in Divisionsverbänden für Phase I, aber im übrigen ausweichende Stellungnahme zur Modifikation der westlichen Forderung betreffend sowjetische Verminderungen in Phase I mit der Begründung, daß der Westen selbst eine Dateneinigung als unerläßliche Voraussetzung eines Abkommens und als Bedingung für die Inkraftsetzung der Initiative ansehe. Gleichzeitig fortgesetzt scharfe Kritik des Disparitätskonzeptes und Beharren auf den östlichen Daten und auf gleichprozentigen Verminderungen.

d) Vorschlag einer östlichen Variante selektiver Rüstungsverminderungen. Bereits in dieser Runde hat der Osten darauf hingewiesen, daß der östliche Vorschlag vom Februar 1976[7] vorsehe, daß die Sowjetunion und die Vereinigten Staaten in Stufe I lediglich die im Vorschlag genannten Waffenarten vermindern und begrenzen (Boden-Boden-Raketen, nuklearfähige Flugzeuge, Boden-Luft-Raketen, nukleare Sprengköpfe, Panzer). Er hat ferner ausgeführt, daß in der zweiten Stufe die europäischen Teilnehmer und Kanada ebenfalls Rüstungen reduzieren und vermindern müßten, daß aber Art und Umfang dieser Verminderungen den Verhandlungen über die zweite Stufe vorbehalten bleiben würde. Es ist denkbar, daß der Osten vorschlagen wird, in Phase II keine Verminderungen von Rüstungen der nicht-amerikanischen und nicht-sowjetischen Teilnehmer vorzusehen, sondern lediglich das Einfrieren der in der ersten Stufe von den Amerikanern und Russen zu vermindernden Waffenarten. Der Osten könnte argumentieren, daß eine solche Verpflichtung notwendig ist, um eine Umgehung der in für Phase I vereinbarten Waffenbegrenzungen zu verhindern.

Auch ein solches selektives Herangehen des Ostens würde angesichts der östlichen Überlegenheit an Panzern und Kampfflugzeugen wesentlichen westlichen Sicherheitserfordernissen widersprechen.

3) Es ist anzunehmen, daß der Osten weiterhin auf seinem Vorschlag beharrt, die Streitkräftestärken während der Dauer der Verhandlungen einzufrieren. Es ist denkbar, daß der Osten versuchen wird, diesen Vorschlag attraktiver zu

---

[7] Zum Vorschlag der an den MBFR-Verhandlungen teilnehmenden Warschauer-Pakt-Staaten vom 17. Februar 1976 vgl. Dok. 127, Anm. 8.

machen, indem er anbietet, im Zusammenhang mit einem solchen freeze stabilisierende und vertrauensbildende Maßnahmen zu vereinbaren.[8]

4) Bei den Überlegungen über die möglichen östlichen Reaktionen auf die westliche Initiative ist das Problem der ER[9]-Waffen (Neutronenwaffen) als Unsicherheitsfaktor in Rechnung zu stellen. Solange die Sowjetunion mit der Möglichkeit rechnen muß, daß der Westen als Preis für den Verzicht auf die Einführung und Stationierung von ER-Waffen in Europa zusätzliche Panzerreduzierungen verlangen wird, und solange andererseits die Sowjetunion es für möglich hält, als westliche Zugabe für den Abzug von 1700 Panzern im Rahmen eines MBFR-Abkommens den westlichen Verzicht auf ER-Waffen zu erhalten, könnte sich die Sowjetunion veranlaßt fühlen, in der Frage des Abzugs sowjetischer Panzer zurückhaltend zu taktieren.[10]

[gez.] Behrends

VS-Bd. 11490 (221)

129

Gespräch des Bundeskanzlers Schmidt mit dem Hohen Flüchtlingskommissar der UNO, Hartling

25. April 1978[1]

Weitere Gesprächsteilnehmer:

Der Leiter des Büros des Hohen Flüchtlingskommissars in Bonn, Zarjevski; Botschafter Dr. Fischer; MDg Loeck.

Der *Hohe Kommissar* dankt für den finanziellen Beitrag der Bundesregierung für die Tätigkeit seines Amtes.[2] Dieser sei zwar, pro Kopf der Bevölkerung ge-

---

[8] Der Passus „im Zusammenhang ... zu vereinbaren" wurde von Vortragendem Legationsrat I. Klasse Rückriegel hervorgehoben. Dazu Ausrufezeichen.
[9] Enhanced Radiation.
[10] Zu den Gegenvorschlägen der an den MBFR-Verhandlungen teilnehmenden Warschauer-Pakt-Staaten vom 8. Juni 1978 vgl. Dok. 180.

[1] Ablichtung.
Die Gesprächsaufzeichnung wurde von Ministerialdirigent Loeck, Bundeskanzleramt, am 2. Mai 1978 gefertigt und am nächsten Tag „vorbehaltlich der Genehmigung des Bundeskanzlers" an Vortragenden Legationsrat I. Klasse Schönfeld übermittelt.
Hat Schönfeld am 5. Mai 1978 vorgelegen, der die Weiterleitung „über Herrn Dg 32 Herrn Dg 23 (Übern[ahme] u[nd] z[um] Verbleib)" verfügte.
Hat in Vertretung des Ministerialdirigenten Redies Vortragendem Legationsrat I. Klasse Gorenflos vorgelegen, der die Weiterleitung an Referat 231 verfügte.
Hat Vortragendem Legationsrat Granow am 9. Mai 1978 vorgelegen. Vgl. das Begleitschreiben; Referat 231, Bd. 115859.
[2] Referat 231 erläuterte am 17. April 1978, daß der finanzielle Beitrag der Bundesrepublik zum UNHCR im Jahr 1977 bei ca. 6,6 Mio. DM gelegen habe. Damit nehme die Bundesrepublik den siebten Platz unter den Beitragszahlern ein: „Für 1978 haben wir unseren regulären freiwilligen Beitrag um 0,5 Mio. DM erhöht. Ferner wurde aus Mitteln der humanitären Hilfe des Auswärtigen

rechnet, niedriger als derjenige einiger anderer Geberländer. Dennoch sei er als großzügig zu bezeichnen. Etwa zwölf Länder finanzierten ca. 80% des Gesamtaufkommens. Mit der US-Administration, deren Pro-Kopf-Beitrag sehr niedrig sei, habe er kürzlich über eine Erhöhung gesprochen.[3]

Der *Bundeskanzler* fragt, weshalb Frankreich sich nicht finanziell beteilige.

Der *Hohe Kommissar* weist darauf hin, daß Frankreich unmittelbar große Anstrengungen für die Flüchtlingshilfe mache. So nehme es z. B. gegenwärtig monatlich ca. 1000 vietnamesische Flüchtlinge auf.

Der *Bundeskanzler* bittet den Hohen Kommissar um Wiedergabe der Eindrücke seiner kürzlichen Afrika-Reise.[4]

Der *Hohe Kommissar* erläutert, er habe außer Tansania mehrere Frontstaaten der Auseinandersetzung mit Simbabwe besucht. In Maputo seien 24000 Flüchtlinge aus Simbabwe, darunter 6000 Kinder. In Botsuana habe er die Lager Selebe Phikwe und Francistown besucht. Er unterstreiche, daß in keinem von beiden, also auch nicht in Selebe Phikwe, Guerillakämpfer ausgebildet würden.

In Sambia habe ihn Nkomo zu einem „Kämpferlager" geführt. Nkomo habe hierbei aber jede Andeutung vermieden, daß er sich Unterstützung des Hohen Kommissars für dieses Lager erhoffe.

Auf Frage des Bundeskanzlers nach den aus Namibia kommenden Flüchtlingen erwidert der Hohe Kommissar, es gebe eine größere Anzahl solcher Flüchtlinge in Angola, Botsuana und anderen Nachbarländern Namibias. Sie warteten aber nur eine politische Lösung ab, um dann in ihre Heimat zurückzukehren.

Der *Bundeskanzler* erkundigt sich, ob die angolanischen Flüchtlinge schon nach Angola zurückgewandert seien.

Der *Hohe Kommissar* erwidert, daß dies nur teilweise geschehen sei. So bemühten sich die sambischen Behörden vergebens, angolanische Flüchtlinge zur Heimkehr zu veranlassen. Unter dem Eindruck der in Angola anhaltenden Guerilla-Kämpfe flüchteten noch heute Zehntausende von Angolanern nach Zaire. Es sei allerdings festzustellen, daß es umgekehrt auch einen Flüchtlingsstrom von Zaire nach Angola gebe.

Der *Bundeskanzler* fragt nach den Grenzverhältnissen zwischen Maputo und Südafrika.

Der *Hohe Kommissar*: Maputo habe zwar seine Grenze nach Simbabwe geschlossen, nicht aber die nach Südafrika, da es vom Wirtschaftsaustausch mit Südafrika abhänge. Er habe Vertreter der Regierung gefragt, ob sie denn die

---

Fortsetzung Fußnote von Seite 617

Amts im Rahmen der Hilfsaktion des UNHCR für Angola-Flüchtlinge in Zaire Ende Februar 1978 ein Beitrag von 200 000 DM zur Verfügung gestellt. Welche weiteren Sonderleistungen die Bundesrepublik Deutschland 1978 erbringen kann, wird z. Z. geprüft (aus Mitteln der humanitären Hilfe: für Flüchtlinge am Horn von Afrika und für Flüchtlinge aus dem südlichen Afrika; aus Treuhandfondmitteln des BMZ: für Flüchtlinge aus Angola in Zaire, für Flüchtlinge aus Rhodesien in Mosambik, für Flüchtlinge aus dem ehemaligen Indochina in Thailand)." Vgl. Referat 231, Bd. 115859.

[3] Der Hohe Flüchtlingskommissar der UNO, Hartling, hielt sich vom 25. bis 28. Februar 1978 in den USA auf.

[4] Der Hohe Flüchtlingskommissar der UNO, Hartling, hielt sich Ende Januar 1978 in Tansania, Sambia, Botsuana, Swaziland und Lesotho auf.

Grenze zu Simbabwe auch dann geschlossen halten würden, wenn dort eine schwarze Regierung an der Macht sei. Die Antwort sei man ihm schuldig geblieben.

Die schwarzen Rhodesier in Sambia und Tansania würden seinem Eindruck nach sehr gern einen Weg der Verständigung mit den gemäßigten Führern der schwarzen Mehrheit in Simbabwe finden.

Auf Frage des Bundeskanzlers nach der Rolle Nyereres erwidert der Hohe Kommissar: Nyerere verdiene Vertrauen. Er zähle ebenso wie Kaunda zu den vertrauenswürdigsten afrikanischen Führern. In noch höherem Maße gelte dies für den botsuanischen Präsidenten Seretse Khama.

Die humanitäre Grundeinstellung Nyereres sei auch gegenüber den in Daressalam inhaftierten 23 SWAPO-Dissidenten deutlich geworden. Wenn er sie in Tansania freigelassen hätte, so wären sie umgebracht worden. Er habe sich deshalb gegenüber dem Hohen Kommissar ausdrücklich bereit erklärt, den Häftlingen Ausreisevisa zu geben. Dies sei dann leider bekannt geworden und habe erheblichen Druck der SWAPO auf Nyerere ausgelöst.

Referat 231, Bd. 115859

130

Aufzeichnung des Ministerialdirektors Blech

214-321.02 POL   25. April 1978[1]

Über Herrn Staatssekretär[2] Herrn Bundesminister

Betr.: Polnische Kreditwünsche;
     hier: Verknüpfung mit unseren Interessen

Zweck der Vorlage:

Vorschlag:

1) Für den Fall, daß die Bundesregierung positiv über einen polnischen Kreditwunsch entscheidet, soll vor der Kreditvereinbarung mit Polen gewährleistet sein, daß Polen unseren Interessen in konkreten Sachfragen entgegenkommt.

2a) Eine entsprechende Klärung sollte in Konsultationen auf der Ebene StS van Well/VAM Czyrek herbeigeführt werden.

---

[1] Die Aufzeichnung wurde von Vortragender Legationsrätin I. Klasse Finke-Osiander und Vortragendem Legationsrat Scheel konzipiert.
   Hat Vortragendem Legationsrat von Studnitz am 26. Mai 1978 vorgelegen, der handschriftlich vermerkte: „Zurück an 214".

[2] Hat Staatssekretär van Well am 8. Mai 1978 vorgelegen, der handschriftlich vermerkte: „B[itte] zunächst Hausbespr[echung] am 18.5."

b) Soweit erforderlich, sollte eine abschließende Klärung im Gespräch zwischen den beiden Außenministern[3] erfolgen.[4]

I. Polen hat infolge seiner hohen Verschuldung gegenüber westlichen Ländern einen großen Bedarf an konvertibler Währung. Aufgrund entsprechender polnischer Sondierungen[5] gibt es Überlegungen, ob und in welcher Form wir polnischen Anliegen auf diesem Gebiet entgegenkommen können.

Sofern es wirtschaftlich notwendig erscheint, den Wünschen zu entsprechen, und wir solche Möglichkeiten finden können, bestehen dagegen unter politischen Gesichtspunkten keine Bedenken. Wir haben kein Interesse daran, daß Polen in ernsthafte Zahlungsschwierigkeiten gerät, die zu inneren Schwierigkeiten und zu erhöhter Abhängigkeit von der Sowjetunion führen könnten.

Ein solches Eingehen auf polnische Kreditanliegen sollte ggf. jedoch nicht isoliert behandelt, sondern in den Gesamtzusammenhang der deutsch-polnischen Beziehungen einbezogen werden. Wir haben ein dringendes Interesse daran, soweit wie möglich sicherzustellen, daß sich die deutsch-polnischen Beziehungen insgesamt kontinuierlich positiv entwickeln. Daher erscheint es erforderlich, daß einige Schwierigkeiten, die in letzter Zeit in den deutsch-polnischen Beziehungen aufgetreten sind, vorher mit der polnischen Seite abgeklärt werden. Das gilt um so mehr, als die polnische Haltung, die diese Schwierigkeiten ausgelöst hat, wenigstens zum Teil als Versuch gewertet werden muß, sich im Hinblick auf polnische Anliegen eine Verhandlungsposition aufzubauen.

II. 1) Folgende aktuelle Schwierigkeiten sollten vor Ablauf der Kreditvereinbarung bereinigt werden:

a) Ausreisen

aa) Volle Erfüllung des Ausreiseprotokolls vom 9.10.1975[6] sollte sichergestellt werden.

Die Zahl der Personen, die mit polnischer Genehmigung in die Bundesrepublik Deutschland eingereist sind, bleibt etwa 4% hinter den vereinbarten Durchschnittszahlen zurück. Nach Zahlung der letzten Rate von 430 Mio. DM aus

---

[3] Hans-Dietrich Genscher und Emil Wojtaszek.

[4] Dieser Absatz wurde von Staatssekretär van Well hervorgehoben. Dazu vermerkte er handschriftlich: „Erl[edigt] durch Hausbespr[echung] am 18.5."

[5] Staatssekretär van Well vermerkte am 21. Dezember 1977, Ministerpräsident Jaroszewicz habe Bundeskanzler Schmidt während dessen Besuchs vom 21. bis 25. November 1977 in Polen um die Bürgschaft für einen Kredit gebeten: „Die polnische Seite habe Kreditgespräche mit der Dresdner Bank als Konsortialführer aufgenommen [...]. Es handele sich um einen ungebundenen Finanzkredit über 3,5 Mrd. DM zu kommerziellen Bedingungen (sie seien bereit, den Marktzins zu zahlen), Auszahlungen über fünf Jahre verteilt. Mit einem solchen Kredit würden sie etwa 70% ihrer Rückzahlungsverpflichtungen in den Jahren 1978/79 abdecken können." Bundeskanzler Schmidt habe Bundesminister Apel um Stellungnahme gebeten, die bislang jedoch noch nicht erfolgt sei. Vgl. VS-Bd. 14060 (010); B 150, Aktenkopien 1977.
Vortragender Legationsrat I. Klasse Lücking legte am 3. März 1978 dar: „Wie Frau VLR I Dr. Finke-Osiander aus dem Bundeskanzleramt erfahren hat, hat vor einigen Tagen ein Gespräch Bundesminister Matthöfers mit dem Herrn Bundeskanzler über die Frage eines neuen deutschen Kredits an Polen stattgefunden. [...] Während Bundesminister Matthöfer vor dem Gespräch mit dem Bundeskanzler dem Gedanken eines neuen Kredits an Polen eher kritisch gegenüberstand, soll seine Einstellung nach dem Gespräch positiver geworden sein. Jedenfalls scheint die Prüfung eines Kredits an Polen in ein akutes Stadium eingetreten zu sein." Vgl. VS-Bd. 14071 (010); B 150, Aktenkopien 1978.

[6] Für den Wortlaut des Ausreiseprotokolls vom 9. Oktober 1975 vgl. BULLETIN 1975, S. 1199.

dem Sozialversicherungsabkommen[7] am 15.5.1978 ist zu befürchten, daß die Ausreisen eher noch weiter absinken werden. Wir benötigen von Polen eine klare Zusage, daß das Ausreiseprotokoll auch nach Zahlung dieser Rate ordnungsgemäß abgewickelt wird.

bb) Einbeziehung der sog. „Neu-Illegalen" in das Ausreiseprotokoll.

Bisher wurden in das Protokoll Familienangehörige nur solcher Illegaler einbezogen, die bis Oktober 1975 nicht mehr von einer Besuchsreise nach Polen zurückgekehrt waren.

Jetzt sollten auch Personen, die nach Oktober 1975 ohne polnische Ausreisegenehmigung in das Bundesgebiet eingereist sind, entsprechend dem Ausreiseprotokoll behandelt werden:

– Sie sollten ihren Status legalisieren können.

– Ausreiseanträge ihrer Familienangehörigen sollten genehmigt werden.

– Interventionsnotizen der Botschaft sollten entgegengenommen werden.

b) Ortsbezeichnungen

Entsprechend der internationalen Praxis sollte Polen deutsche Ortsbezeichnungen in Pässen und anderen Dokumenten der Bundesrepublik Deutschland akzeptieren und damit ein Feld ständiger Friktionen, das in den Augen der deutschen Öffentlichkeit die deutsch-polnischen Beziehungen stark belastet, beseitigen.

Sofern dies nicht erreichbar ist, sollte Polen zumindest

aa) hinsichtlich der Paßabsprache von 1970[8], die schon ein erhebliches deutsches Zugeständnis darstellte, den Status quo wiederherstellen.[9]

---

[7] Für den Wortlaut des Abkommens vom 9. Oktober 1975 zwischen der Bundesrepublik und Polen über Renten- und Unfallversicherung und der dazugehörigen Vereinbarung vgl. BUNDESGESETZBLATT 1976, Teil II, S. 396–402.

[8] Ministerialdirigent Meyer-Landrut vermerkte am 24. März 1976: „Im Dezember 1970 ist mit der polnischen Regierung eine Absprache über die Bezeichnung von im Gebiet des Deutschen Reiches nach dem Stand vom Dezember 1937 gelegenen Geburtsorten in deutschen Reisepässen getroffen worden, um bis dahin bei der Visaeintragung bei polnischen Stellen auftretende Schwierigkeiten auszuräumen. Dieser Absprache zufolge wird bei einer Geburt des Paßinhabers vor Kriegsende (8. Mai 1945) der Geburtsort in seiner deutschen Bezeichnung, bei einer Geburt nach diesem Zeitpunkt in polnischer und dahinter in Klammern in deutscher Sprache eingetragen. Die Absprache hat sich im Paßbereich eingespielt und bewährt. [...] Die polnische Seite hat sich in der Folgezeit jedoch nicht bereit finden können, die Absprache auf sonstige Urkunden und Dokumente sowie auf den Rechtshilfeverkehr anzuwenden. Ebenso hat die polnische Seite einer sinngemäßen Erstreckung auf die infolge des Versailler Vertrages an Polen übergegangenen Gebiete (deutsche Ortsbezeichnungen vor Gebietsübergang) bisher nicht zugestimmt." Vgl. Referat 214, Bd. 116654.

[9] Ministerialdirektor Blech vermerkte am 6. Januar 1978, daß der Botschaft der Bundesrepublik am 4. Januar 1978 durch das polnische Außenministerium mitgeteilt worden sei, „daß die Paßabsprache nur für die Zeit bis zum Inkrafttreten des Warschauer Vertrages geschlossen gewesen sei. Durch Inkrafttreten des Vertrages sei eine neue rechtliche und politische Situation entstanden, die von der Bundesrepublik Deutschland zu berücksichtigen sei [...]. Die Volksrepublik Polen werde in Zukunft an deutsche Paßinhaber, in deren Pässen die Geburtsorte mit deutschem Klammerzusatz eingetragen seien, kein Visum mehr erteilen." Vgl. Referat 214, Bd. 116613.
Am 4. Februar 1978 führte der polnische Stellvertretende Außenminister Czyrek gegenüber Botschafter Ahrens, Warschau, aus: „Über die polnischen Ortsbezeichnungen entschieden allein die polnischen Behörden. Sie seien ausschließlich zuständig zu bestimmen, ob sie einen Paß akzeptierten, in dem bestimmte Ortbezeichnungen verwendet würden. [...] Gespräche oder Verhandlungen über das Problem halte die polnische Seite nicht für sinnvoll, weil es nur eine Lösung geben könne, nämlich eingehend auf den polnischen Vorschlag, im gesamten Ortsbezeichnungsbereich einschließ-

Entgegen dieser Absprache beanstandet die polnische Botschaft in Köln seit Dezember 1977 Pässe, in die Geburtsorte (bei Geburt nach 1945 in den Gebieten östlich von Oder und Neiße) absprachegemäß in polnischer Sprache mit deutschen Klammerzusatz eingetragen sind. Sie versucht, die Visaerteilung von einer Paßänderung abhängig zu machen. Ebenfalls entgegen dieser Absprache (vor Gebietsübergang ausschließliche Verwendung deutscher Ortsnamen) hat die polnische Seite darüber hinaus in einem Abkommensentwurf[10] vorgeschlagen, künftig Orte im polnischen Bereich nur noch polnisch zu bezeichnen.

Die polnische Seite sollte zusichern, daß sie die Paßabsprache auch weiter honoriert und in Zukunft nicht in Frage stellen wird.

bb) Hinsichtlich der Ehefähigkeitszeugnisse für Deutsche, die polnische Staatsangehörige heiraten wollen, soll die polnische Seite die Schwierigkeiten ausräumen, die sie bei der notwendigen Legalisierung trotz einseitiger deutscher Bemühungen, den polnischen Wünschen entgegenzukommen, seit Jahren weiterhin bereitet.

2) Im Interesse von deutlichen Fortschritten in deutsch-polnischen Beziehungen, die sowohl von der Sache her wie zur Begründung deutschen Entgegenkommens wünschenswert sind, sollten darüber hinaus vor der Kreditvereinbarung klare polnische Schritte hinsichtlich der Verwirklichung folgender Anliegen angestrebt werden:

a) Kulturinstitut in Warschau

Entsprechend der Zusage, die die polnische Seite während des Gierek-Besuchs im Juni 1976[11] gegeben hat, Aufnahme von Verhandlungen zwecks baldiger Einrichtung von Kulturinstituten.

b) Jugendaustauschprogramm

Verwirklichung der von beiden Seiten während des Gierek-Besuchs bekräftigten Absicht, eine Vereinbarung über den Jugendaustausch zu schließen.

Fortsetzung Fußnote von Seite 621
lich der Pässe durchgehend und folgerichtig strikt gemäß dem Gebietsübergangsprinzip ohne irgendwelche Klammerzusätze zu verfahren. [...] Trotz dieser klaren Rechtslage habe das polnische Außenministerium, nicht zuletzt aufgrund der Vorstellungen von StS van Well, der polnischen Botschaft in Köln Weisung erteilt, Elastizität zu zeigen. In Fällen, in denen Schwierigkeiten aufträten, solle und werde die polnische Botschaft flexibel verfahren. Dies könne aber nicht lange so gehen. Die polnische Seite erwarte deshalb, daß wir auf ihre Vorstellungen eingehen." Vgl. den Drahtbericht Nr. 142 von Ahrens vom 6. Februar 1978; Referat 214, Bd. 116613.

[10] Botschafter Ahrens, Warschau, berichtete am 10. Februar 1978, daß der Abteilungsleiter im polnischen Außenministerium, Wędrowski, Botschaftsrat Vogel eine Note übergeben habe, „in der unter Bezugnahme auf Art. 3 des Warschauer Vertrags und der deutsch-polnische Gemeinsame Erklärung vom 25.11.1977 vorgeschlagen wird, baldmöglich zwischen den beiden Außenministerien auf Direktorenebene Gespräche über den Abschluß folgender Verträge aufzunehmen: einen Konsularvertrag mit einer Definition des ‚Staatsangehörigen des Entsendestaates', einen Vertrag über die Verhinderung von Fällen doppelter Staatsangehörigkeit und eine Vereinbarung über die Festlegung der Prinzipien der Ortsbezeichnung in den gegenseitigen Beziehungen. [...] Der Entwurf für die Ortsbezeichnungsvereinbarung sieht vor, daß Namen der Ortschaften, die auf dem Territorium der anderen vertragschließenden Seite liegen, in der Amtskorrespondenz und in den Dokumenten ausschließlich nach dem von dieser anderen Seite amtlich festgelegten Wortlaut angewendet werden; die in den von einer Seite ausgestellten Dokumenten auftretenden Namen in den amtlichen Übersetzungen in die Sprache der anderen Seite nicht übersetzt werden und daß sich die vertragschließenden Parteien verpflichten, die Bestimmungen dieser Vereinbarung auf dem Wege entsprechender innerer Bestimmungen ins Leben zu rufen." Vgl. den Drahtbericht Nr. 163; Referat 214, Bd. 116613.

[11] Der Erste Sekretär des ZK der PVAP, Gierek, hielt sich vom 8. bis 12. Juni 1976 in der Bundesrepublik auf. Vgl. dazu AAPD 1976, I, Dok. 181 und Dok. 186.

c) Botschaftsgrundstück in Warschau[12]

Entsprechend der vom Bundeskanzler geäußerten Bitte[13] Angebote von wirklich geeigneten Grundstücken für den Bau eines Botschaftsgebäudes in Warschau.[14]

Blech

Referat 214, Bd. 116607

---

[12] Ministerialdirektor Röding erläuterte am 6. Juli 1977: „Seit Jahren werden mit Polen Gespräche und Verhandlungen über die gegenseitige kostenlose Bereitstellung von Grundstücken für Botschaftsneubauten (Kanzlei und Residenz) in Bonn und in Warschau geführt. [...] Die polnische Seite hatte den Vorschlag zum Abschluß einer entsprechenden Vereinbarung erstmals im Jahre 1972 gemacht." Die der Bundesrepublik bislang in Warschau angebotenen Grundstücke seien alle zu klein gewesen und hätten sich „meist in unzumutbarer Lage" befunden. Ein Eingehen auf die zuletzt von Polen gemachten Vorschläge käme nach Ansicht des Botschafters Ahrens, Warschau, angesichts des wesentlich besseren Angebots für Grundstücke in Bonn „der Hinnahme einer Diskriminierung gleich". Vgl. Referat 111, Bd. 162585.
Vortragender Legationsrat I. Klasse Trefftz teilte der Botschaft in Warschau am 15. Februar 1978 mit, es sei zu befürchten, „daß die polnische Regierung sich nicht mehr ernsthaft um ein besseres Grundstücksangebot bemühen wird. Diese Auffassung wird dadurch verstärkt, daß dem Vernehmen nach die polnische Botschaft in Köln sich sehr intensiv bemüht, unter Einschaltung von Maklern ein für ihre Zwecke geeignetes Grundstück bzw. mehrere Grundstücke im Bonner Raum ausfindig zu machen und selbst zu erwerben. Daraus kann geschlossen werden, daß die Polen versuchen, der bisher angestrebten Gegenseitigkeitsvereinbarung auszuweichen." Vgl. den Schrifterlaß; Referat 214, Bd. 116607.

[13] Bundeskanzler Schmidt hielt sich vom 21. bis 25. November 1977 in Polen auf. Vortragende Legationsrätin Finke-Osiander notierte am 28. November 1977, daß Schmidt in der abschließenden Plenarsitzung am 25. November 1977 die Bitte geäußert habe, „den Austausch von repräsentativen Botschaftsgründen in Bonn und in Warschau zu ermöglichen". Eine Antwort der polnischen Seite sei nicht erfolgt, „so daß die Frage unter Bezugnahme auf die Bitte des Kanzlers anschließend weiter verfolgt werden muß". Vgl. Referat 010, Bd. 178683. Zum Besuch vgl. ferner AAPD 1977, II, Dok. 330 und Dok. 334.

[14] In einer Hausbesprechung am 19. Mai 1978 führte Vortragender Legationsrat I. Klasse Sieger aus: „Auf der letzten Tagung der deutsch-polnischen Gemischten Wirtschaftskommission habe Bundesminister Graf Lambsdorff klargemacht, daß Überbrückungskredit wegen Devisenschwierigkeiten nach unserem Instrumentarium nicht in Frage komme. Man könne nur einzelne Projekte zusammenfassen und einen Kredit der deutschen Banken für eine größere Summe mit einer Bürgschaft der Bundesregierung geben. Premierminister Jaroszewicz sei nicht mehr auf den polnischen Wunsch nach einem Finanzkredit zurückgekommen." Sieger wies darauf hin, daß Polen gegenüber der Bundesrepublik in den Jahren 1978 bis 1980 jährliche Rückzahlungsverpflichtungen in Höhe von 250 bis 280 Mio. DM habe. Insgesamt sei die Bundesrepublik mit 5 Mrd. DM der größte Gläubiger. Staatssekretär van Well vertrat die Ansicht, daß ein Kredit an Polen zu Entwicklungshilfekonditionen in der Öffentlichkeit und im Bundestag auf Kritik stoßen werde. Ministerialdirektor Müller legte dar, daß die Errichtung eines Kulturinstituts in Warschau gegenwärtig nicht durchzuführen sei. Van Well hielt Verhandlungen in dieser Frage ebenso wie beim Jugendaustausch für notwendig. Beim Thema Ausreise erklärte van Well: „Wir sollten hinsichtlich der Neu-Illegalen-Problematik eine ähnliche Lösung für Polen finden, wie wir sie für Rumänien gefunden haben. Die Neu-Illegalen sollten den Ausreiseantrag nachholen können." Ministerialdirigent Fleischhauer regte an, zu argumentieren: „Die Ausreisezahlen entsprechen nur dann dem Ausreiseprotokoll, wenn man die Neu-Illegalen mit einbezieht. Das soll zur Folge haben, daß die Familienangehörigen Ausreiseanträge stellen können." Zu den von Polen am 10. Februar 1978 übergebenen Vertrags- und Vereinbarungsentwürfen erklärte van Well, daß die Bundesregierung ihre Bereitschaft zu Gesprächen auf Direktorenebene erklären solle. Vgl. die Gesprächsaufzeichnung; Referat 214, Bd. 116616.

131

Botschafter Balken, Bukarest, an das Auswärtige Amt

114-11862/78 VS-vertraulich Aufgabe: 25. April 1978, 10.30 Uhr[1]
Fernschreiben Nr. 318 Ankunft: 25. April 1978, 10.38 Uhr
Cito

Betr.: Entwicklung der deutsch-rumänischen Beziehungen

Bezug: 1) DB Nr. 308 vom 21.4.1978 – Pol 321.00 RUM Tgb. Nr. 5I/78 geh.[2]
2) DB Nr. 236 vom 30.3.1978 – Wi 410.20/9 VS-NfD[3]

Zur Information und mit der Bitte um Weisung

Das Gespräch, das der neue rumänische Außenminister Ştefan Andrei am 18. April mit MD Dr. Blech[4] in meiner Gegenwart geführt hat, und das Gespräch, das ich am 20. April mit dem Minister bei der Präsidentschaft, Vasile Pungan, geführt habe, geben mir Veranlassung, einige Gedanken und Anregungen zum gegenwärtigen Stand der deutsch-rumänischen Beziehungen zu übermitteln:

---

[1] Hat Vortragender Legationsrätin I. Klasse Finke-Osiander am 26. April 1978 vorgelegen.
[2] Botschafter Balken, Bukarest, teilte mit, daß er am Vortag ein Gespräch mit dem Berater des rumänischen Präsidenten, Pungan, über Zahlungen der Bundesrepublik an Rumänien und die Ausreise von rumänischen Staatsangehörigen deutscher Volkszugehörigkeit geführt habe: „Pungan verwies darauf, daß er bereits in den Gesprächen mit StS van Well wiederholt klargemacht habe, daß ein Zusammenhang, wie wir ihn sehen, nicht akzeptabel sei. Die nach schwierigen Diskussionen erreichten Formulierungen bezögen sich auf die in der Gemeinsamen Erklärung des Präsidenten und des Bundeskanzlers enthaltenen Absichten der Verbesserung der deutsch-rumänischen Gesamtbeziehungen. [...] Pungan erwähnte dabei auch das VFW-Fokker-Projekt, das nach wie vor ein zentrales Anliegen Rumäniens sei. Als ich ihm mein Erstaunen zum Ausdruck brachte und fragte, ob er etwa die humanitären Fragen mit VFW in Beziehung setzen wolle, schwächte er etwas ab und bezog sich wieder auf die gesamte Gemeinsame Erklärung und bezeichnete das Ergebnis des Kanzlerbesuchs als ein ‚package deal'." Pungan habe noch einmal „das dringende Interesse" Rumäniens am Projekt des Verkehrsflugzeugs vom Typ „VFW-Fokker 614" und am Maschinenbauprojekt in Temesvar zum Ausdruck gebracht. Vgl. VS-Bd. 10815 (513); B 150, Aktenkopien 1978.
[3] Botschafter Balken, Bukarest, äußerte sich zu möglichen Folgen eines Scheiterns des Projekts des Verkehrsflugzeugs vom Typ „VFW-Fokker 614" und erklärte, rumänische Äußerungen über die Bedeutung des Projekts für die Beziehungen zur Bundesrepublik könnten „durchaus als versteckte Drohung gewertet werden. Dahinter scheint die Absicht zu stehen, die Diskussion um dieses Projekt in eine Bahn zu lenken, wo sie meinen, für den Fall eines Scheiterns wirtschaftliche und politische Interessen der Bundesregierung unmittelbar beeinträchtigen zu können." So könne z. B. die Stellung der Bundesrepublik als bevorzugter Handelspartner Rumäniens gefährdet sein: „Auf politischem Gebiet ist nicht auszuschließen, daß die Rumänen, abgesehen von einer generellen Abkühlung der Beziehungen zu uns, eine Verknüpfung mit der Familienzusammenführung, die bisher noch nicht in dem für die Erreichung der Vorjahreszahlen erforderlichen Tempo läuft, herstellen". Vgl. Referat 421, Bd. 122492.
[4] Ministerialdirektor Blech hielt sich am 17./18. April 1978 in Rumänien auf und führte am 18. April 1978 ein Gespräch mit dem rumänischen Außenminister. Botschafter Ruth vermerkte dazu am 19. April 1978, Andrei habe darauf hingewiesen, „daß sich Rumänien rasch entwickle und daß es einen hohen Bedarf an internationalen Investitionen habe. Es bestehe die Möglichkeit, daß die rumänisch-amerikanischen Wirtschaftsbeziehungen so intensiviert werden, daß das Volumen des Handels mit der Bundesrepublik Deutschland übertroffen werde. [...] Rumänien versuche, seine Wirtschaftsbeziehungen auch mit uns rascher zu entwickeln." Vgl. Referat 214, Bd. 116694.

1) Andrei, der Dr. Blech unmittelbar nach Rückkehr von einer anstrengenden Reise nach Amerika[5] zu sich bat, verfolgte damit sicherlich die Absicht, mit mehr Nachdruck als sein Vorgänger[6] auf die Notwendigkeit vermehrter deutscher Bemühungen um den konkreten Ausbau unserer Beziehungen hinzuweisen.

Seine wohl als leise Drohung gemeinten Hinweise darauf, daß die Amerikaner uns sehr bald von der ersten Stelle der westlichen Handelspartner verdrängen würden, kann man zunächst mit einer gewissen Gelassenheit der tatsächlichen Entwicklung überlassen. Auch der amerikanisch-rumänische Weizen blüht nur unter wechselnden Wetterbedingungen.

Seine wiederholten Bemerkungen über den Charakter der Gemeinsamen Erklärung des Präsidenten und des Kanzlers vom 7. Januar[7] sind m.E. jedoch ernst zu nehmen. Zu diesem Punkt vertrat Pungan die gleiche Linie.

2) Wir müssen uns darüber klar sein, daß die Gemeinsame Erklärung für die Rumänen eine Weisung der beiden Führungspersönlichkeiten an ihre nachgeordneten Mitarbeiter und Institutionen darstellt, die darin enthaltenen Grundsätze und Themen konkret in die Tat umzusetzen. Am Ende des Jahres muß sozusagen abgehakt und vorgewiesen werden, was erfüllt oder nicht erfüllt ist.

3) Diese Betrachtungsweise müssen wir als kaum veränderbaren Faktor in die deutsch-rumänischen Beziehungen einstellen, da sie sich aus der Natur des hiesigen politischen und wirtschaftlichen Systems ergibt. Daß dabei in Einzelfragen auch unterschiedliche Interpretationen der nach langen Verhandlungen erreichten Formulierungen bestehen, ist eine zusätzliche Schwierigkeit. (Als Beispiel dafür: Die eigenwillige Darlegung Ceaușescus bei der Pressekonferenz am 7. Januar zum Thema VFW 614.[8])

4) Der erste aus diesem Tatbestand zu folgernde Schluß ist m.E. der, daß wir uns bei der Erarbeitung solcher gemeinsamer Dokumente viel stärker bewußt sein müssen, welcher unmittelbare Druck damit auf rumänischer Seite erzeugt wird. (Der Conducator will Taten sehen.)

Vom Erfolg oder Mißerfolg in der Ausführung der in solcher Gemeinsamer Erklärung enthaltenen Weisungen hängt für die rumänische Seite die Einschätzung unserer Gesamtbeziehungen ab.

5) Dies um so mehr, als die Wahrnehmung und Kontrolle der Gesamtbeziehungen nunmehr den engsten Vertrauten des Präsidenten anvertraut ist. Oprea, Andrei und Pungan sind Namen, die den innersten Kern der rumänischen Führung kennzeichnen. Bei allen dreien handelt es sich um Männer, die ungeachtet verschieden verbindlicher Umgangsformen das sind, was die Amerikaner einen „tough customer" nennen. (Kennzeichnend eine frühere Bemerkung Andreis zu einem deutschen Besucher: Man sei sich klar, daß ein Verzicht auf Käufe in

---

[5] Der rumänische Außenminister Andrei begleitete Präsident Ceaușescu bei dessen Besuch vom 12. bis 17. April 1978 in den USA.

[6] George Macovescu.

[7] Für den Wortlaut vgl. BULLETIN 1978, S. 21–24.

[8] Auf der gemeinsamen Pressekonferenz in Bukarest erklärte Präsident Ceaușescu: „Neben vielen anderen Fragen, die ich mit dem Herrn Bundeskanzler durchgesprochen habe, sind wir auch in der Frage der Bildung neuer Gemischter Gesellschaften weitergekommen. Wir haben uns vorgenommen, den Abschluß weiterer Zusammenarbeit bei der Produktion des Flugzeuges Fokker 614 voranzutreiben." Vgl. BULLETIN 1978, S. 35.

Deutschland große Schwierigkeiten für die rumänische Wirtschaft mit sich bringen werde. Dann müsse man eben den Gürtel enger schnallen. Das rumänische Volk sei es gewohnt, den Gürtel enger zu schnallen.)

6) Angesichts dieser notwendigerweise grob eingeschätzten Lage müssen wir uns fragen, welchen Stellenwert wir den deutsch-rumänischen Beziehungen beimessen.

Dabei ist als entscheidendes Element für die Bewertung dieser Beziehungen von rumänischer Seite festzuhalten, daß für sie Intensität und Umfang unserer wirtschaftlichen Beziehungen ausschlaggebend ist.

In Anbetracht des Wertes, den der deutsch-rumänische Außenhandel in unserem Außenhandelsvolumen insgesamt darstellt, könnten wir versucht sein, dementsprechend den Wert unserer Gesamtbeziehungen einzustufen.

Dies wäre jedoch m. E. nur möglich, wenn wir die Probleme außer acht ließen, die eine erhebliche Anzahl von Menschen in Rumänien und in unserem eigenen Lande unmittelbar treffen und die zu lösen wir als einen wesentlichen Bestandteil unserer Gesamtbeziehungen betrachten.

Sichtbar mangelndes Interesse unsererseits an einem kräftigen Ausbau der Wirtschaftsbeziehungen würde Folgen für die Gesamtbeziehungen haben und sich damit auch auf die Fragen auswirken, an deren zufriedenstellender Lösung uns gelegen ist.

7) Wir müssen, so meine ich, nach Mitteln und Wegen suchen, um den Rumänen zu zeigen, daß wir ihnen helfen wollen. Der bloße Verweis an die deutschen Firmen unter Bezugnahme auf unser Wirtschaftssystem wird ungeachtet seiner Wahrheit von den Rumänen als mangelndes Interesse der Bundesregierung verstanden. So hat z. B. die Bemerkung des Kanzlers, das von Ceaușescu ins Gespräch gebrachte Projekt „Kooperation in Temesvar"[9] sei interessant und müsse geprüft werden, Hoffnungen erweckt auf Bemühungen zuständiger Stellen der Bundesregierung.

---

[9] Zum Maschinenbau-Projekt in Temesvar vgl. Dok. 3, Anm. 46.
    Botschafter Balken, Bukarest, teilte am 28. April 1978 mit, daß im Februar 1978 eine Delegation des rumänischen Maschinenbauministeriums zu Gesprächen mit den Firmen AEG/Telefunken, Bosch, Nixdorf und Siemens in die Bundesrepublik gereist sei: „Der Rundreise lag offensichtlich nicht mehr das Konzept einer Produktionsstätte für schwere Werkzeugmaschinen und hydraulische Geräte zugrunde, das von rumänischer Seite in den Gesprächen V[ize]P[remierminister] Oprea/StS Grüner während des Kanzlerbesuchs vorgelegt worden war, sondern nunmehr drei parallele Betriebsprofile [...]. Es handelt sich dabei um die gemeinsame Herstellung von Hochdruckhydraulik-Ausrüstungen, um den Bau von Mini- und Mikro-Computern verschiedener Leistungsgrößen und um die Fertigung von Ausrüstungen im Bereich der Nachrichtenübermittlung." Der Besuch sei insgesamt „enttäuschend verlaufen", da keine der Firmen Interesse gezeigt habe. Sondierungen der rumänischen Handelsvertretung in Köln beim „Rumänien-Kreis" des Ost-Ausschusses der Deutschen Wirtschaft hätten offenbar ebenfalls kein Ergebnis gebracht. Vgl. den Schriftbericht Nr. 575; Referat 421, Bd. 122492.
    Vortragender Legationsrat I. Klasse Sieger teilte der Botschaft in Bukarest am 26. Mai 1978 mit, angesichts der revidierten rumänischen Pläne sei es noch zu früh, um ein endgültiges Interesse oder Desinteresse der Wirtschaft aus der Bundesrepublik zu konstatieren: „Die Prüfung der Projekte in technischer und kaufmännischer Hinsicht durch die Firmen wird nach Ansicht des Ost-Ausschusses noch einige Zeit in Anspruch nehmen. Erfahrungsgemäß lassen die Firmen in diesem frühen Stadium – auch aus Konkurrenzgründen – nicht erkennen, wie sie zu einem Projekt stehen." Vgl. Referat 421, Bd. 122492.

25. April 1978: Balken an Auswärtiges Amt 131

Es käme darauf an, unser Interesse an guten Beziehungen nicht nur durch Zurverfügungstellen von großen Kreditgarantien, sondern durch sichtbare Hilfe in Einzelfragen deutlich zu machen. Temesvar könnte dafür ein Beispiel sein. Um so mehr, wenn, wie zu erwarten ist, das VFW-614-Projekt, das nach wie vor im Mittelpunkt rumänischer Wünsche steht, endgültig scheitern wird.[10]

8) Ich wäre für gelegentliche Unterrichtung über den Stand der dortigen Überlegungen dankbar.

[gez.] Balken

VS-Bd. 13106 (214)

---

[10] Zum Projekt des Verkehrsflugzeugs vom Typ „VFW-Fokker 614" vgl. Dok. 4, Anm. 29 und 31.
Staatsminister Wischnewski, Bundeskanzleramt, vermerkte am 21. März 1978, daß er am selben Tag ein Gespräch mit dem Staatssekretär im rumänischen Innenministerium, Pacepa, geführt habe, der eine Mitteilung des Präsidenten Ceaușescu an Bundeskanzler Schmidt übergeben habe. Darin weise Ceaușescu auf die besondere Bedeutung des Projekts hin: „Rumänien hat in dieser Frage eine politische Entscheidung für die Bundesrepublik Deutschland getroffen." Leider habe die Firma Fokker mitgeteilt, daß es zu der geplanten Kooperation nicht kommen werde. Statt dessen solle offenbar die gesamte Technik in die USA verkauft werden. Ceaușescu bitte Schmidt um Überprüfung: „Rumänien ist bereit und dringend daran interessiert, die gesamte Produktion und das Knowhow nach Rumänien zu übernehmen. [...] Rumänien sei also bereit, die Fertigung des Flugzeuges in Lizenz in Rumänien zu übernehmen – ohne eine zweite Fertigungsstraße in der Bundesrepublik –, da die Wiederaufnahme der Produktion der VFW 614 in der Bundesrepublik offensichtlich nicht möglich sei." Ceaușescu vertrete die Auffassung, „daß dieser Vorschlag der einzige Weg sei, um die guten Beziehungen zwischen beiden Staaten nicht zu stören. Er vertritt ferner die Auffassung, daß eine solche Entscheidung dazu beitragen würde, die positive Entwicklung in den Fragen der humanitären Zusammenarbeit nicht zu stören." Pacepa habe darauf hingewiesen, daß das Projekt „das Lieblingskind des Staatspräsidenten" sei: „Dieses Projekt sei mit dem Prestige des Namens und des Amtes von Ceaușescu auf das engste verbunden. Wenn dieses Projekt schiefginge, könne die Lage nur als katastrophal bezeichnet werden, auch für den Staatspräsidenten als Person." Wischnewski vermerkte, er habe darauf hingewiesen, daß er erst am Vortag darüber informiert worden sei, daß die Firma Fokker ihren am 21. Februar 1978 an die Bundesregierung gerichteten Antrag, die Produktion von „VFW-Fokker 614" wieder aufzunehmen, zurückgezogen habe. Vgl. VS-Bd. 13106 (214); B 150, Aktenkopien 1978.
Mit Schreiben vom 31. Juli 1978 teilte Schmidt Ceaușescu bezüglich eines Transfers des Projekts nach Rumänien mit, er würde sich freuen, „wenn die zur Zeit laufenden Expertenuntersuchungen positiv ausfallen und in den Verhandlungen mit der Industrie eine für alle Beteiligten befriedigende und praktikable Grundlage gefunden werden kann. Die Bundesregierung wird sich dann im Rahmen ihrer Möglichkeiten für eine positive Lösung einsetzen. [...] Allerdings muß sichergestellt sein, daß die zwischen VFW-Fokker und Rumänien eventuell abzuschließenden Vereinbarungen keinerlei Gefährdung des Sanierungskonzeptes für das Unternehmen [...] mit sich bringen. Es muß ferner klar sein, daß die Bundesregierung keine politische und kommerzielle Verantwortung für die Durchführung des Transfers übernehmen kann und daß ihr finanzielle Hilfen zur Lösung etwaiger später auftretender Probleme nicht möglich sind." Vgl. Referat 421, Bd. 122492.

132

Aufzeichnung des Botschafters Ruth

222-372.85   26. April 1978[1]

Über Herrn D 2[2] Herrn Staatssekretär[3] weisungsgemäß zur Unterrichtung vorgelegt

Betr.: Verhandlungen USA–SU über regionale Flottenbegrenzung im Indischen Ozean

Anlg.: 4[4]

1) Die Regierung Carter gab schon bald nach ihrem Amtsantritt[5] unter den Projekten ihrer verstärkten Rüstungskontrollpolitik der Aufnahme von Verhandlungen mit der SU über ein regionales Flottenabkommen (Naval Arms Limitations Talks, NALT) im Indischen Ozean (im Text kurz „Indik" genannt) einen hohen Rang.

Im März 1977 trat eine bilaterale Arbeitsgruppe zusammen, von Juni 1977 bis Februar 1978 verhandelten Botschafter Warnke und Botschafter Mendelewitsch in vier Runden von je zwei Wochen Dauer in Moskau, Washington und Bern.

Angestrebt wird ein Abkommen, durch das die derzeitige Präsenz der Luft- und Seestreitkräfte für fünf Jahre eingefroren und den Vertragspartnern Zurückhaltung in ihrer militärischen Aktivität auferlegt wird. Eine beiderseits akzeptierte Erklärung über den Stand der Kräfteverhältnisse soll konkreten Stabilisierungs- und eventuellen späteren Reduzierungsmaßnahmen als Grundlage dienen.

2) Die Entwicklung, die zu diesen Verhandlungen führte, begann schon in der unmittelbaren Nachkriegszeit mit

– Übernahme der britischen Erbschaft „East of Suez" durch die US-Navy; sie

---

[1] Die Aufzeichnung wurde von Vortragendem Legationsrat I. Klasse Arz von Straussenburg konzipiert.
Hat Vortragendem Legationsrat von Studnitz am 9. Mai 1978 vorgelegen, der handschriftlich vermerkte: „Zurück an 222".
Hat Arz am 18. Mai 1978 erneut vorgelegen, der handschriftlich für Botschafter Ruth vermerkte: „Dg 22 z[ur] K[enntnisnahme] (für Blauen Dienst? ohne Anlagen)."
Hat Ruth am 18. Mai 1978 erneut vorgelegen, der handschriftlich vermerkte: „Ja".
[2] Hat Ministerialdirektor Blech am 5. Mai 1978 vorgelegen.
[3] Hat Staatssekretär van Well vorgelegen.
[4] Dem Vorgang beigefügt. Anlage 1 enthielt einen Überblick über den Hintergrund der amerikanisch-sowjetischen Verhandlungen über eine regionale Flottenbegrenzung im Indischen Ozean. Für einen Auszug vgl. Anm. 11.
Anlage 2 enthielt einen Überblick über die militärischen Potentiale verschiedener Staaten im Indischen Ozean. Für einen Auszug vgl. Anm. 7.
Anlage 3 enthielt den Text von Resolution Nr. 32/86 der UNO-Generalversammlung vom 12. Dezember 1977 zur Schaffung einer Friedenszone im Indischen Ozean.
Anlage 4 enthielt eine Aufstellung aller Anlieger- und Hinterlandstaaten des Indischen Ozeans.
Vgl. Referat 222, Bd. 113009.
[5] Am 2. November 1976 fanden in den USA Präsidentschaftswahlen statt, aus denen der Kandidat der Demokratischen Partei, Carter, als Sieger hervorging. Die neue Regierung übernahm am 20. Januar 1977 die Amtsgeschäfte.

ist seit 1948 mit einem Verband der Sechsten Flotte (drei Kampfschiffe) im westlichen Indik ständig präsent.
- Pachtvertrag seit Dezember 1966 über das Atoll Diego Garcia im britischen Chagos-Archipel zwecks Ausbau zum US-Luft- und Seestützpunkt.[6] Die Insel ist von der Bevölkerung (120 000) evakuiert und dient zusammen mit den US-Fernmeldestationen in Australien (North-West Cape) und auf den Seychellen (Mahé) der weitgehenden Luftüberwachung des Indik sowie der Führung von Atom-U-Booten und Aufklärungssatelliten. Darüber hinaus ist die Insel geeignet, nach beendetem Ausbau als Flottenstützpunkt Bahrain und Subic Bay (Philippinen) sowie andere Anlaufhäfen zu ersetzen.
- Erscheinen 1968 eines ständigen Verbandes der Roten Flotte, zunächst zwei Kampf- und sechs Versorgungsschiffe, im nördlichen Indik und ihrer Verstärkung 1971 bis 1973 mit Anlehnung an Aden (Südjemen, seit 1974) und Berbera (Somalia, 1974 bis 1977).
- Abordnung einer task force der Siebten US-Flotte mit Flugzeugträger.
- Beginn des Ausbaus von Diego Garcia (1968) als Flottenstützpunkt.

Während die US-Navy von 1967 bis heute konstant bei etwa 1200 Überwasser-Kampfschiffstagen stehenblieb, stieg die Präsenz der Roten Flotte bis 1969 von 0 auf 1000 und bis 1973 (Nahost-Krise) weiter auf 3000 Schiffstage an, um sich dann bis 1976 auf 2000 zu stabilisieren (Einzelheiten zum Kräftevergleich siehe Anlage 2[7]).

Die Anlehnung an den ANZUS-Pakt[8] sowie die Reaktivierung von CENTO[9] (Großbritannien, Pakistan, Iran, Türkei) gewährleisten jedoch die militärische Überlegenheit der USA im Indik.

3) Interessenlage der Vertragspartner

Die drohende Rüstungseskalation der Großmächte im Indik blieb aus. Das gemeinsame Interesse an der Erhaltung des militärischen Status quo und wohl auch die Stimmung in den VN (seit 1971 jährliche Resolution zum Projekt „Friedenszone Indik"[10]) ließen eine vertragliche Stabilisierung der Flottenstär-

---

6 Die Insel Diego Garcia wurde 1965 durch Großbritannien von Mauritius erworben. Mit Vertrag vom 30. Dezember 1966 wurde sie an die USA verpachtet und zu einem amerikanisch-britischen Militärstützpunkt ausgebaut. Der Vertrag hatte eine Laufzeit von zunächst 50 Jahren, die sich um 20 Jahre verlängerte, falls keine Vertragspartei kündigte. Für den Wortlaut vgl. UNTS, Bd. 603, S. 274–291.

7 In Anlage 2 hieß es: „Hafen-Nutzungsrechte stehen der Roten Flotte lediglich in Aden (Südjemen) und Umm/Quasr (Irak) unbefristet zur Verfügung. Versorgungs- und Überholungsaufenthalte von befristeter Dauer sind möglich in den Häfen von: Singapur, Mauritius, Hodeida (Jemen), Chittagong (Bangladesh) und Vishakhapatnam (Indien). Ständige Ankerplätze liegen vor den Seychellen, vor Mauritius und dem Chagos-Archipel sowie vor Socotra (Südjemen)." Vgl. Referat 222, Bd. 113009.

8 Für den Wortlaut des Sicherheitsvertrags vom 1. September 1951 zwischen Australien, Neuseeland und den USA vgl. UNTS, Bd. 131, S. 84–88. Für den deutschen Wortlaut vgl. EUROPA-ARCHIV 1951, S. 4551 f.

9 Am 24. Februar 1955 wurde in Bagdad ein Verteidigungsbündnis zwischen dem Irak und der Türkei geschlossen, dem im gleichen Jahr Großbritannien, Pakistan und Iran beitraten. Nach dem Austritt des Irak wurde das Bündnis 1959 in Central Treaty Organisation (CENTO) umbenannt.

10 Die UNO-Generalversammlung forderte am 16. Dezember 1971 mit Resolution Nr. 2832 erstmals die Schaffung einer Friedenszone im Indischen Ozean. Für den Wortlaut vgl. UNITED NATIONS RESOLUTIONS, Serie I, Bd. XIII, S. 392 f.
Sie bekräftigte dies zuletzt mit Resolution Nr. 32/86 vom 12. Dezember 1977. Für den Wortlaut vgl. UNITED NATIONS RESOLUTIONS, Serie I, Bd. XVI, S. 523.

ken beiderseits vorteilhaft erscheinen (zum politischen Hintergrund der sowjetisch-amerikanischen Verhandlungen siehe Anlage 1[11]).

Für beide Seiten brächte das angestrebte Abkommen den Vorteil,

- die Kritik in den VN zu unterlaufen, ohne das Heft aus der Hand zu geben und auf Vorstellungen eines maritimen Sonderstatus für die Region einzugehen,
- die Gefahr der Eskalation unter Aufrechterhaltung der Präsenz der Großmächte zu beseitigen,
- eine Verschärfung des Gegensatzes zwischen potentiellen regionalen Führungsmächten untereinander sowie zwischen diesen und den schwächeren Anliegerstaaten zu vermeiden und damit
- die Stabilität in der Region zu erhalten.

Die USA versprechen sich darüber hinaus von einem Abkommen

- Erhaltung ihrer militärischen Überlegenheit,
- neue Impulse eines Verhandlungserfolges für andere weltweite Projekte der Rüstungskontrollpolitik.

Die Sowjetunion kann darauf hinweisen, daß sie

- bereits 1964 eine Entmilitarisierung des Indik (und des Mittelmeeres) und
- mit der Breschnew-Rede vom 11.6.1971[12] eine bilaterale Kräftestabilisierung im Indik vorgeschlagen hat und
- an dem Grundgedanken des VN-Projekts „Friedenszone Indik", der vollständigen Entmilitarisierung, als zur Zeit wegen amerikanischen Widerstandes nicht realisierbarem Fernziel festhält.

Daß die SU trotz des Verlustes von Berbera[13] (Tauschobjekt für Diego Garcia) in erheblich geschwächter Verhandlungsposition weiterhin Interesse an einem Abkommen zeigt, deutet darauf hin, daß auch sie sich hiervon handfeste Vorteile erhofft:

- Festschreiben der militärischen Präsenz der USA im Indik, vor allem
- Verhinderung der Fertigstellung der Anlagen auf Diego Garcia sowie der

---

[11] In Anlage 1 hieß es: „Die USA fühlen sich als westliche Führungsmacht verantwortlich für die Sicherheit des Zugangs zu den Ölquellen um den Persischen Golf [...] und für die Offenhaltung der Verbindungswege durch den Indik. Sie werden darin nicht nur von GB, F und Austr[alien], sondern auch von einer Reihe asiatischer Anrainerstaaten unterstützt. Die SU betrachtet sich als auch asiatische Macht und – im Gegensatz zu den USA – als selbst zur Region gehörig. Der Konfliktherd Indik ist für sie ein ebenso sensitiver Bereich wie etwa für uns der Nahe Osten. Militärische Präsenz im Indik bedeutet für die SU die Sicherung ihres südasiatischen Vorfelds. Das Sicherheitsmotiv – Abwehr der Bedrohung der Südflanke im Konfliktfall – ist für die Entsendung einer ständigen Flotte ebenso wichtig wie deren politische Wirkung auf die Anliegerstaaten in Ostafrika und Südasien, aber – mittelbar – auch auf Ostasien (China). Schwerpunkt der Dislozierung liegt dabei im Arabischen Meer (Ölroute; potentielle Basis amerikanischer strategischer Waffen). Die SU begründet diese Präsenz nach außen mit dem Schutz der eisfreien Seeverbindung zwischen ihren östlichen und westlichen Landesteilen und mit der Freiheit der Meere." Vgl. Referat 222, Bd. 113009.

[12] Für den Wortlaut der Rede des Generalsekretärs des ZK der KPdSU, Breschnew, auf einer Wahlkundgebung in Moskau vgl. EUROPA-ARCHIV 1971, D 354 (Auszug).

[13] Zur Kündigung des somalisch-sowjetischen Freundschaftsvertrags vom 11. Juli 1974 durch Somalia am 13. November 1977 vgl. Dok. 1, Anm. 7.

26. April 1978: Aufzeichnung von Ruth 132

- Dislozierung atomarer Waffen der USA (Fernbomber, MIRV-SLBM Poseidon), dadurch
- Einsparung des Ausbaus einer eigenen kostspieligen Abwehrfront an der Südflanke,
- Prestigegewinn durch Aufwertung ihrer Stellung als „die andere Ordnungsmacht" im asiatischen Raum,
- Präzedenzwirkung für Vereinbarung maritimer kernwaffenfreier Zonen in anderen Regionen und damit Propagandaerfolg bei den Nichtgebundenen.

4) Nach dem gegenwärtigen Verhandlungsstand ist Einigung in weniger bedeutenden formalen Fragen erzielt worden.

Keine Einigung besteht jedoch in folgenden Punkten:
- Ausdrückliche Nennung der auszuschließenden Kernwaffenträger. USA lehnen dies ab mit der Versicherung, keine Kernwaffen im Indik stationiert zu haben,
- Schicksal des US-Stützpunktes Diego Garcia. SU fordert Einstellung des Ausbaus. USA bestehen auf Fertigstellung.
- Definition der jährlichen „Schiffs-Tonnage-Tage" als Berechnungsgrundlage der Flottenpräsenz: US bevorzugen Pauschal-, SU Detailangaben.
- Begriffsdefinitionen für „Transit" und „Hafenbenutzung".
- Definition des „Vertragsgebietes". USA lehnen Einbeziehung australischer Nord- und Südküste ab.
- Definition von „Kampf"- und „Versorgungsschiff" (Bewaffnungsfrage).
- Berücksichtigung der Streitkräfte der USA in angrenzenden Regionen. Die SU bedient sich eines Arguments, das sie bei MBFR nicht gelten läßt: die Länge ihrer Nachschublinien.
- Nichtumgehungsklausel unter Einbeziehung der Streitkräfte anderer NATO-Staaten (Forderung der SU).
- Absichtserklärung für Folgeverhandlungen (Forderung der SU).

5) Die Spannungen am Horn von Afrika und ein Protest der USA gegen Verstärkung der Indik-Flotte der SU durch zwei Fregatten kurz vor Beginn der vierten Verhandlungsrunde führte zu deren Beendigung ohne den erhofften Durchbruch und ohne Vereinbarung eines neuen Termins. Die langfristigen Interessen beider Seiten sprechen jedoch dafür, daß die Verhandlungen trotz dieser Störung später fortgesetzt werden. Durch die Suspendierung wollten sich die USA augenscheinlich den taktischen Vorteil sichern, über die Fortsetzung der Verhandlungen durch neue Terminvereinbarungen selbst bestimmen zu können.

Die Referate 230 und 340 haben mitgezeichnet.

Ruth

Referat 222, Bd. 113009

133

Botschafter Pauls, Brüssel (NATO), an das Auswärtige Amt

VS-NfD Aufgabe: 28. April 1978, 19.25 Uhr[1]
Fernschreiben Nr. 507 Ankunft: 28. April 1978, 18.27 Uhr

Betr.: KSZE – Belgrad – Madrid;
hier: NATO-Konsultation mit Delegationsleitern und Experten am 27.4.1978

Zur Unterrichtung

1) Diese ganztägige Konsultation im NATO-Rat bot nach Belgrad erste Gelegenheit in Allianz zu Analyse Belgrader Folgetreffens, kritischer Wertung westlicher Vorbereitung und Durchführung Belgrads und zu Vorschau auf Madrid[2]. Ungebrochenes Interesse der Bündnispartner an KSZE und an Konsultation in Allianz wurde durch Anwesenheit von elf Delegationsleitern unterstrichen. USA (George Vest) und Belgien hatten hochrangige Vertreter entsandt. Um so mehr fiel auf, daß Frankreich – neben Island – nur durch seinen NATO-Botschafter vertreten war[3] und noch dazu seine in bezug auf KSZE im Bündnis immer restriktiver werdende Linie dadurch betonte, daß es sich hartnäckig weigerte, die Erstellung eines rein deskriptiven „chairman's report" über Verlauf der Konsultation zuzulassen. Frankreich brachte damit einzigen Mißklang in den ansonsten umfassenden, freimütigen und fruchtbaren Meinungsaustausch, dessen intensive Fortsetzung von allen Sprechern gewünscht wurde.[4]

---

[1] Hat Vortragendem Legationsrat I. Klasse Joetze vorgelegen.
Hat Botschafter Fischer am 16. Mai 1978 vorgelegen.

[2] Im abschließenden Dokument der KSZE-Folgekonferenz in Belgrad vom 8. März 1978 wurde festgelegt, daß ab 9. September 1980 ein Vorbereitungstreffen in Madrid stattfinden sollte, um die zweite KSZE-Folgekonferenz ab 11. November 1980 in Madrid vorzubereiten. Vgl. dazu EUROPA-ARCHIV 1978, D 247.

[3] Jacques Tiné bzw. Gudmundur I. Gudmundsson.

[4] Botschafter Pauls, Brüssel (NATO), berichtete am 5. Mai 1978: „Bemühungen, Frankreich zur Aufgabe seines Widerstandes gegen einen Bericht für Washingtoner Gipfeltreffen über NATO-Konsultationen vom 27.4. zum Belgrader Folgetreffen (chairman's report) zu bewegen, bleiben auch in Sitzung des NATO-Rats am 2.5. ohne Erfolg. Ungeachtet der eindringlichen Appelle insbesondere der USA, UK und der NL, in einer Frage, die die Grundlage der NATO-Zusammenarbeit im KSZE-Bereich berühre, größere Flexibilität zu zeigen, beharrte der französische Botschafter auf restriktivem Standpunkt. Frankreich könne einem NATO-Bericht über Belgrad […] nicht zustimmen. Es sei jedoch bereit, einer mündlichen Berichterstattung des GS auf Washingtoner Gipfel zuzustimmen. Der Versuch, den Generalsekretär auf eine mündliche Berichterstattung festzulegen, wurde allgemein abgelehnt." Pauls führte dazu aus: „Starre Haltung Frankreich droht nicht nur künftige Zusammenarbeit im Bündnis in KSZE-Fragen, sondern auch generell Kompetenzen des GS zu berühren." Vgl. den Drahtbericht Nr. 523; Referat 212, Bd. 116362.
Pauls berichtete am 11. Mai 1978, daß NATO-Generalsekretär Luns mitgeteilt habe, daß er „im Hinblick auf den französischen Widerspruch" darauf verzichten werde, einen Bericht zu erstellen und statt dessen über die Sitzung des Ständigen NATO-Rats mit den Leitern der KSZE-Delegationen der NATO-Mitgliedstaaten am 27. April 1978 in Brüssel in seiner Eröffnungsrede auf der Sitzung des NATO-Rats auf der Ebene der Staats- und Regierungschefs am 30. Mai 1978 in Washington ausführlich berichten werde. Vgl. dazu den Drahtbericht Nr. 559; Referat 212, Bd. 116362.

In Bewertung Belgrads differierten Bündnispartner nur in Nuancen. Sie stimmten darin überein, auf Grundlage Belgrader Erfahrungen das Madrider Treffen frühzeitig und gründlich vorzubereiten.

KSZE wird weiterhin als Kern des multilateralen Entspannungsprozesses und als einer der Hauptfaktoren im Ost-West-Verhältnis angesehen. Möglichst vollständige Implementierung der Bestimmungen der Schlußakte durch östliche Teilnehmer bleibt auch in kommenden Jahren westliches Hauptanliegen.

2) Belgrad

Positiv gewertet wurde:

- daß Belgrad stattfand, „ordentlich" zu Ende geführt wurde, ein Schlußdokument[5] zustande kam,
- daß es Westen möglich war, eine umfassende und detaillierte Implementierungsbilanz durchzuführen,
- daß vom Westen die „menschliche Dimension" der Schlußakte betont und als wesentlicher Entspannungsfaktor herausgestellt werden konnte,
- daß Schlußdokument wesentliche politische Elemente enthält: Bestätigung der Bedeutung und Gültigkeit der Schlußakte, Implementierungsverpflichtung, Betonung des Wertes der Implementierung für Fortgang des Entspannungsprozesses,
- daß unnachgiebige sowjetische Haltung zu weiterem Sympathieverlust bei N+N-Staaten und zu gewisser Unzufriedenheit selbst im östlichen Lager geführt hat,
- Einigung auf weiteres Folgetreffen in Madrid.

Negativ gewertet wurde:

- daß es nicht gelungen ist, ein substantielles Schlußdokument zu erarbeiten,
- daß sich keine Vorschläge zur Verbesserung und Weiterführung der Implementierung durchsetzen ließen,
- daß ein echter Dialog mit den östlichen Teilnehmern nicht etabliert werden konnte,
- von Malta erpreßtes Zugeständnis zu Expertentreffen in La Valletta[6], dem Bündnispartner z. Z. noch rat- und konzeptionslos, aber mit bösen Vorahnungen gegenüberstehen.

Uneinheitlich bewertet wurde:

- Dauer des Treffens: insgesamt eventuell zu lang, vor allem zweite Phase zu westlichem Nachteil,
- Zahl westlicher Vorschläge zu groß und Vorschläge teilweise unrealistisch,

---

[5] Für das abschließende Dokument der KSZE-Folgekonferenz in Belgrad vom 8. März 1978 vgl. EUROPA-ARCHIV 1978, D 246–248.

[6] Im abschließenden Dokument der KSZE-Folgekonferenz in Belgrad vom 8. März 1978 wurde festgelegt, daß am 13. Februar 1979 in Valletta ein Expertentreffen zum Mittelmeerraum einberufen werden sollte, um Möglichkeiten für wirtschaftliche, wissenschaftliche und kulturelle Zusammenarbeit zu prüfen. Vgl. dazu EUROPA-ARCHIV 1978, D 248.

- Implementierungsbilanz zu ausführlich, führt zu abnehmender Bereitschaft der östlichen Seite – falls Bereitschaft je vorhanden –, sich auf Erörterung weiterführender Vorschläge einzulassen,
- westliches Beharren auf Einschluß Implementierungsbilanz in Schlußdokument vielleicht taktisch unklug,
- Rolle der Neutralen und Ungebundenen: überwiegend positiv, gefährlich aber deren Tendenz, eigene, in sich zwangsläufig sehr uneinheitliche Gruppe zu bilden, da dies ihre Vermittlerrolle beeinträchtige,
- 7. Prinzip zuungunsten praktischer Erleichterungen und Fortschritten in Korb 3 überbetont.[7]

3) Madrid

Angeregt wurde:

- rechtzeitige und umfassende Vorbereitung im Bündnis, aber auch im Europarat. Hierzu eingehende Konsultationen mit N+N-Staaten,
- klare Definition westlicher Ziele, z. B. verhandeln oder überprüfen?
- Erwartungshorizont nicht überspannen,
- das dann vermutlich herrschende internationale und Ost-West-Klima berücksichtigen, besonders Verhältnis der Supermächte,
- wenige neue, dafür aber konkrete und realistische Vorschläge,
- kürzere Implementierungsbilanz,
- politischer Impetus durch Eröffnung und Abschluß auf politischer Ebene. Argument: Wenn SU überhaupt konzessionsbereit, dann nur auf hoher Ebene,
- zu versuchen, sich schon vor Beginn Madrids in Vorverhandlungen mit WP-Ländern auf Umriß eines Ergebnisses und mögliche Gestaltung eines Schlußdokuments zu einigen,
- Gebiete östlichen Interesses sorgfältiger sondieren und analysieren, um eher zu einem annehmbaren „give and take" zu gelangen.

[gez.] Pauls

Referat 212, Bd. 116362

---

[7] Vgl. dazu Punkt VII der Prinzipienerklärung (Korb I) sowie die Erklärung „Zusammenarbeit in humanitären und anderen Bereichen" (Korb III) der KSZE-Schlußakte vom 1. August 1975; SICHERHEIT UND ZUSAMMENARBEIT, Bd. 2, S. 917 f. bzw. S. 946–964.

134

Gespräch des Bundeskanzlers Schmidt
mit Ministerpräsident Karamanlis

VS-NfD   3. Mai 1978[1]

Vermerk über das Gespräch des Bundeskanzlers mit Ministerpräsident Karamanlis am 3. Mai 1978 im Bundeskanzleramt[2]

Weitere Teilnehmer:

auf griechischer Seite: Außenminister Papaligouras, Kabinettschef Moliviatis;

auf deutscher Seite: BM Genscher, MD Dr. Ruhfus.

Beitritt Griechenlands zur EG[3]

Bundeskanzler äußert die Hoffnung, daß in der zweiten Hälfte dieses Jahres während der deutschen Präsidentschaft[4] alle wichtigen Fragen unter Dach und Fach gebracht werden könnten. Dann würde während der französischen Präsidentschaft im ersten Halbjahr 1979[5] die formelle Seite des Beitritts abgeschlossen. Dies entspräche dem persönlichen Engagement von Bundeskanzler Schmidt und Staatspräsident Giscard für den griechischen Beitritt. Die Beitrittsakte solle somit bis zum 30.6.1979 vollzogen sein. Er sei sicher, daß dann im Jahre 1980 auch die parlamentarischen Ratifikationen abgeschlossen würden.

Karamanlis: Diese Ziele entsprächen auch seinen Vorstellungen. Er habe wiederholt gesagt, welch große Bedeutung er dem griechischen Beitritt zur EG beimesse. Es sei sein Ziel, das Schicksal Griechenlands wirtschaftlich, politisch und verteidigungsmäßig mit dem Westen zu verbinden.

Karlspreis

Bundeskanzler äußert seine Freude, daß der Karlspreis dieses Jahr an Ministerpräsident Karamanlis verliehen wird. Dies werde auch in der öffentlichen Meinung bei uns die Verbundenheit Griechenlands mit Europa deutlich machen.

---

[1] Ablichtung.
Die Gesprächsaufzeichnung wurde von Ministerialdirektor Ruhfus, Bundeskanzleramt, gefertigt und am 5. Mai 1978 von Vortragendem Legationsrat I. Klasse Zeller, Bundeskanzleramt, Vortragendem Legationsrat I. Klasse Lewalter übermittelt. Dazu vermerkte er: „Der Bundeskanzler hat dem Vermerk noch nicht zugestimmt."
Hat Lewalter am 5. Mai 1978 vorgelegen, der handschriftlich vermerkte: „1) In Abl[ichtung] über Büro Staatssekretäre und H[errn] D 2 sowie H. D 4 Referat 203. 2) Original H. Minister." Vgl. das Begleitschreiben; Referat 010, Bd. 178767.

[2] Ministerpräsident Karamanlis hielt sich vom 3. bis 5. Mai 1978 anläßlich der Verleihung des Internationalen Karlspreises der Stadt Aachen am 4. Mai 1978 in der Bundesrepublik auf.

[3] Zum Stand der Verhandlungen über einen EG-Beitritt Griechenlands vgl. Dok. 107.
Referat 410 legte am 2. Mai 1978 dar: „Auf 14. Stellvertreter-Tagung am 12. Mai sollen Restfragen auf Gebiet der Zollunion (staatliche Käufe, Staatsmonopole) geklärt sowie die Kapitel Außenbeziehungen und EGKS erstmals substantiell verhandelt werden. Verhandlungsmandate sind bereits erstellt. Es geht im wesentlichen jeweils um Gestaltung der Übergangsregelungen nach erfolgtem Beitritt, wobei deren Dauer vorerst offen bleibt (griechisches Petitum: generell fünf Jahre)." Nach dem bislang vorgesehenen Zeitplan sollten bis Ende Juli 1978 die noch ausstehenden Papiere der EG-Kommission für die fehlenden Verhandlungskapitel vorliegen; die Sachverhandlungen selbst sollten bis Ende Dezember 1978 abgeschlossen sein. Vgl. Referat 203, Bd. 115871.

[4] Die Bundesrepublik übernahm am 1. Juli 1978 die EG-Ratspräsidentschaft.

[5] Frankreich übernahm am 1. Januar 1979 die EG-Ratspräsidentschaft.

Bundeskanzler und *Bundesaußenminister* bedauerten, daß sie wegen des Breschnew-Besuchs[6] bei der Verleihung in Aachen nicht anwesend sein können.

Karamanlis: Er wisse die Ehre, die ihm zuteil werde, zu schätzen. Sie gelte nicht so sehr seiner eigenen Person als Griechenland.

Bundeskanzler und *Karamanlis* unterhielten sich über die historische Bedeutung Aachens für Europa.

Innenpolitische Lage Griechenlands

Karamanlis berichtet, die Innenpolitik seines Landes werde bestimmt durch politische und wirtschaftliche Stabilität. Das Nationaleinkommen sei im vergangenen Jahr um 5 % real gestiegen, die Investitionen seien um 7 bis 8 % gewachsen. Zwar ginge ein großer Teil der Investitionen in den Baubereich, aber immerhin führten auch sie zu wirtschaftlicher Aktivität. Die Inflationsrate habe 12 % betragen. Die Importe seien allerdings doppelt so hoch gewesen wie die Exporte.

Verglichen mit anderen Ländern, sei die soziale Lage ruhig. Vor wenigen Wochen habe das Parlament ein weitreichendes Anti-Terroristengesetz verabschiedet. Die Opposition habe der Regierung in diesem Zusammenhang Verbindungen mit dem Bundeskanzler vorgeworfen.

Während die innenpolitische Lage insgesamt günstig sei, sei die außenpolitische Lage schlecht. Dieser Zustand sei auf die Türkei zurückzuführen. Er habe seit seiner Rückkehr als Ministerpräsident[7] versucht, logische Lösungen zu finden. Bisher habe er nichts erreichen können. In Zypern habe die griechischzypriotische Seite Entgegenkommen gezeigt. Die Türken hätten einen Bundesstaat gefordert, die griechischen Zyprioten hätten zugestimmt. Die Türken hätten eine polizeiliche Regionalgewalt gefordert, die griechischen Zyprioten hätten zugestimmt. Die türkischen Zyprioten machten 18 % der Bevölkerung aus. Die griechischen Zyprioten seien einverstanden, daß sie über 20 % des Territoriums behielten. Wenn die Türken auf diese entgegenkommenden Vorschläge eingingen, könnte die Zypern-Frage bald geregelt werden. Sodann könnte das Embargo[8] aufgehoben werden. Diese Entwicklung würde das Verhältnis zu Griechenland entspannen und alle Verbündeten von Kopfschmerzen befreien.

---

[6] Der Generalsekretär des ZK der KPdSU, Breschnew, besuchte die Bundesrepublik vom 4. bis 7. Mai 1978. Vgl. dazu Dok. 135, Dok. 136, Dok. 142 und Dok. 143.

[7] Nach seiner Rückkehr aus dem Exil in Frankreich wurde Konstantinos Karamanlis im Juli 1974 griechischer Ministerpräsident, nachdem er dieses Amt bereits von 1955 bis 1963 innehatte.

[8] Zum amerikanischen Waffenembargo gegen die Türkei vgl. Dok. 91.
Botschafter von Staden, Washington, berichtete am 28. April 1978: „Aus Gesprächen der letzten Tage und der Beobachtung der Szene im Kongreß geht hervor, daß sich die Administration mit großem Nachdruck für die Aufhebung des Embargos einsetzt. Die Anhörungen im Auswärtigen Ausschuß des Senats beginnen am 2. Mai." Die Erfolgsaussichten seien jedoch nach Ansicht des amerikanischen Außenministeriums „eher skeptisch zu beurteilen", solange es keine Fortschritte in der Zypern-Frage gebe. Vgl. den Drahtbericht Nr. 1605; Referat 203, Bd. 115911.
Am 3. Mai 1978 teilte Gesandter Hansen, Washington, mit: „Der Auswärtige Ausschuß des Repräsentantenhauses hat am 3.5.1978 mit 18 zu 17 Stimmen für die Aufhebung des Waffenembargos votiert." Nach Schätzungen werde es „bis Ende Juni oder Juli dauern, bis das Plenum des Senats über diese Einzelfrage im Rahmen des Auslandshilfegesetzes für das Haushaltsjahr 1979 entscheidet. Die Verabschiedung des ganzen Gesetzes kann sich nach den Erfahrungen der letzten Jahre aus anderen Gründen, unabhängig von der Türkei, bis September hinziehen." Angesichts der knappen Ausschußentscheidung sei es noch offen, wie das Plenum des Repräsentantenhauses votieren werde. Vgl. den Drahtbericht Nr. 1669; Referat 203, Bd. 115911.

Karamanlis fragt, ob der Bundeskanzler die neuen türkischen Vorschläge für Zypern kenne.[9]

Bundeskanzler: Er werde sich für den Besuch von Ecevit[10] rechtzeitig vorbereiten.

Karamanlis: Diese Vorschläge seien völlig unzureichend. Sie sähen vor, daß 35 % des Territoriums bei den türkischen Zyprioten verbleiben und nur 3 % des Gebiets zurückgegeben werden sollten. Dies würde keine Lösung der Flüchtlingsfrage ermöglichen. Auch die Vorschläge für die Verfassung seien unzureichend. Beide Seiten sollten eigene Parlamente, eigene Truppen und eigene Präsidenten haben. Das Bundesparlament solle je zehn Vertreter der türkischen Zyprioten und der griechischen Zyprioten umfassen. Falls diese beiden Parlamentariergruppen sich nicht einigen könnten, liege die Entscheidung bei dem Verfassungsgericht. Dieses sei aber ebenfalls wieder zu gleichen Anteilen von türkischen und griechischen Zyprioten zusammengesetzt. Das von türkischer Seite vorgeschlagene Staatsgebilde würde nicht funktionsfähig sein.

Bundeskanzler: Die griechische Seite habe jahrelang türkische Vorschläge gefordert. Jetzt hätten die Türken Vorschläge unterbreitet. Warum könne man diese Vorschläge nicht als Ausgangsbasis aufgreifen? Wir hätten auch einem völlig unzureichenden sowjetischen Entwurf für eine Erklärung anläßlich des Breschnew-Besuchs einen deutschen Gegenentwurf gegenübergestellt.[11] Jetzt fänden aussichtsreiche Gespräche statt, um einen gemeinsamen Text fertigzustellen.[12]

Fortsetzung Fußnote von Seite 636

Hansen informierte am 12. Mai 1978: „Der Auswärtige Ausschuß des Senats hat am 11.5.1978 mit 8 zu 4 Stimmen gegen die Aufhebung des Embargos votiert. Damit sind die Möglichkeiten der Administration, die Aufhebung im Kongreß durchzusetzen, nicht erschöpft. Jedoch sind die Erfolgsaussichten weiter gesunken." Vgl. den Drahtbericht Nr. 1819; Referat 203, Bd. 115911.

9 Die Vorschläge der türkischen Volksgruppe auf Zypern wurden am 13. April 1978 übergeben. Botschafter Sahm, Ankara, berichtete am 14. April 1978, der Generalsekretär des türkischen Außenministeriums, Elekdag, habe ihm dazu mitgeteilt: „Waldheim wurden zwei Dokumente und eine Karte übergeben. Erstes Dokument enthielt die Hauptaspekte der vorgeschlagenen Verfassung mit Auszügen aus ihr, eine Darstellung der Grenzüberlegungen, wobei auf beigefügter Karte sechs Gebiete gekennzeichnet sind, bei denen Grenzänderungen als möglich bezeichnet werden, sowie einen Vorschlag über Varosha. Zweites Dokument ist eine auch der Presse zugänglich gemachte Erläuterungsschrift von 27 Druckseiten, die im wesentlichen den Hintergrund der vorgeschlagenen Lösungen, geschichtliche Gründe und [zu] berücksichtigende Problematik enthält." Vgl. den Drahtbericht Nr. 354; Referat 203, Bd. 115917.

10 Ministerpräsident Ecevit besuchte die Bundesrepublik vom 10. bis 13. Mai 1978. Vgl. dazu Dok. 146 und Dok. 147.

11 Vortragender Legationsrat I. Klasse Kühn übermittelte der Botschaft in Moskau am 22. April 1978 einen vom sowjetischen Botschafter Falin am selben Tag im Bundeskanzleramt übergebenen sowjetischen Entwurf für eine Gemeinsame Deklaration. Dazu vermerkte er: „Text wird hier zur Zeit geprüft. Er begegnet wegen seiner Substanz, aber auch wegen seines vertragsähnlichen Charakters hier sehr erheblichen Bedenken." Vgl. den Drahterlaß Nr. 354; Referat 213, Bd. 133097.
Der Gegenentwurf der Bundesregierung wurde von Staatssekretär van Well am 27. April 1978 Falin übergeben. Vgl. dazu den Drahterlaß Nr. 378 des Ministerialdirektors Blech vom selben Tag an Botschafter Wieck, Moskau; Referat 213, Bd. 133095.

12 Im Gespräch mit Bundeskanzler Schmidt am 29. April 1978 in Hamburg wies der sowjetische Botschafter Falin auf die „große politische Bedeutung" der Gemeinsamen Deklaration hin: „Der von der Bundesregierung übergebene Entwurf werde diesen Vorstellungen nicht gerecht. Er sei daher für die sowjetische Seite nicht annehmbar." Schmidt führte aus, „er habe den Eindruck, daß Botschafter Falin weitreichende Vollmachten für Verhandlungen über die Erklärung habe. Botschafter Falin widersprach dem nicht. Er ließ durchblicken, daß es vielleicht am günstigsten sei, wenn man beide Entwürfe beiseite lege und versuche, auf der Grundlage der gemeinsamen Auffassungen, die

Karamanlis: Die türkische Seite ginge von Grundlage aus, die die Zyprioten nicht als Ausgangsbasis akzeptieren könnten. Er habe Ecevit in Montreux[13] gebeten, rationale Vorschläge zu unterbreiten und keine Basar-Angebote. Dann würde er diese rationalen Vorschläge unterstützen. Leider entsprächen die jüngsten türkischen Vorschläge keineswegs diesen Erwartungen.

Bundeskanzler fragt, warum Karamanlis nicht seinerseits Vorschläge unterbreite.

Karamanlis: Zypern sei ein drittes Land. Er sei bereit, mit Ecevit zu sprechen, aber er habe nicht das Recht, eigene Vorschläge zu unterbreiten.

Bundeskanzler: Nachdem Makarios abgetreten sei[14], habe Athen heute größeren Einfluß.

Karamanlis: Er könne nur empfehlen, aber keinen direkten Einfluß ausüben.

Waldheim habe heute eine Erklärung abgegeben. Nach seinen Worten seien die Meinungsverschiedenheiten groß. Gleichwohl sei Waldheim bereit, weiter zu sondieren. Er sei bereit, Waldheim hierbei zu unterstützen. Der Bundeskanzler könne helfen, die Türken zu beeinflussen, daß sie rationalere Vorschläge unterbreiteten.

Montreux sei eine gute Begegnung gewesen. Er habe mit Ecevit vereinbart, daß man einen offenen Dialog ohne Protokolle führen wolle. Die insgesamt achtstündigen Gespräche seien freundschaftlich zu Ende gegangen. Er habe sich bereit erklärt zu weiteren Begegnungen der Regierungschefs. In der Zwischenzeit sollten die Generalsekretäre[15] zusammentreffen.

Die Verhandlungen über das Embargo im amerikanischen Kongreß hätten zu einer Verhärtung der innenpolitischen Fronten in der Türkei, in Griechenland und auf Zypern geführt. Er habe daraufhin Ecevit vorgeschlagen, man solle das Treffen der Generalsekretäre verschieben, damit es nicht von den Spannungen in der Öffentlichkeit beeinträchtigt werde, und als Begründung technische Grün-

---

Fortsetzung Fußnote von Seite 637

sich in den bisherigen Gesprächen herausgeschält hätten, den Versuch zu machen, einen neuen Entwurf zu fertigen." Vgl. die Gesprächsaufzeichnung; Bundeskanzleramt, AZ: 21-30 100 (56), Bd. 44; B 150, Aktenkopien 1978.
Vortragender Legationsrat I. Klasse Kühn übermittelte der Botschaft in Moskau am 2. Mai 1978 einen Entwurf, der in mehreren Gesprächen des Staatssekretärs van Well mit Falin am 30. April und 1. Mai 1978 erörtert worden sei. Vgl. dazu den Drahterlaß Nr. 403; Referat 213, Bd. 133096.
Vortragender Legationsrat von Braunmühl vermerkte am 5. Mai 1978, in einem Gespräch mit van Well am 3. Mai 1978 habe Falin mitgeteilt, daß die sowjetische Regierung den Entwurf bis auf einige Punkte gebilligt habe: „Diese Punkte betrafen Belgrad, Madrid und im übrigen Aspekte der Deutschland- und Berlin-Frage. [...] Zum Berlin-Passus gab Falin eine formelle Erklärung ab: Die sowjetische Seite sei nicht sicher, daß in dieser Deklaration, nachdem die Formel aus der Schlußakte ‚in ganz Europa' die West-Berliner Angelegenheiten abdecke, noch ein zusätzlicher Punkt über Berlin notwendig sei. Wenn die Bundesregierung diesem Punkt besonderen Wert beimesse und falls alle anderen Punkte in dieser Deklaration im beiderseitigen Einvernehmen geklärt werden könnten, so sei die sowjetische Seite bereit, als Berlin-Passus in Ziffer IX die Formulierung zu übernehmen, über die man sich ad referendum für das Kommuniqué geeinigt habe, d.h. Zitat aus der Petersberger Erklärung mit einleitendem Passus gemäß dem Kommuniqué von 1974 mit der Bezugnahme auf die bilateralen Beziehungen. Im Kommunique sei dann kein Berlin-Passus erforderlich." Vgl. Referat 213, Bd. 133096.

[13] Zum Treffen der Ministerpräsidenten Ecevit und Karamanlis am 10./11. März 1978 vgl. Dok. 91, Anm. 18.
[14] Präsident Makarios starb am 3. August 1977.
[15] Şükrü Elekdağ bzw. Byron Theodoropoulos.

de anführen.[16] Ecevit habe sehr verärgert reagiert und durch den türkischen Botschafter[17] einen massiven Protest aussprechen lassen. Ecevit habe der griechischen Regierung vorgeworfen, Griechenland wolle die Situation im Zusammenhang mit dem Embargo erschweren.

Bundeskanzler fragt, was er Ecevit sagen könne. Er denke daran, ihm folgendes mitzuteilen: Karamanlis sei bereit, den Dialog fortzusetzen. Das NATO-Treffen in Washington[18] gebe Gelegenheit zu einem neuen Treffen unter vier Augen.[19]

Karamanlis erklärt sich einverstanden. Allerdings solle dies nicht öffentlich mitgeteilt werden. Er wünsche die Fortsetzung eines ernsten und verantwortungsvollen Dialogs, allerdings ohne die täglichen Herausforderungen. Seit Montreux habe Ecevit achtzehn öffentliche Erklärungen abgegeben, er selbst nur eine.

Bundeskanzler: Er werde dies Ecevit nicht berichten, aber eventuell eine entsprechende persönliche Bemerkung machen.

Das Embargo treffe die Türkei sehr hart. Es habe zu einer Versteifung der türkischen Haltung geführt. Die amerikanische Haltung trage dazu bei, daß die Türkei gegenüber einem Flirt mit der Sowjetunion[20] aufgeschlossener werde.

---

[16] Botschafter Poensgen, Athen, berichtete am 12. April 1978: „Das auf 14.4. angesetzte Treffen zwischen den beiden Generalsekretären Theodoropoulos und Elekdag ist auf griechischen Wunsch nunmehr auf einen späteren, noch im beiderseitigen Einvernehmen zu bestimmenden Zeitpunkt verschoben worden. Mit dieser Entscheidung beabsichtigt die griechische Regierung – wie aus den Begleitumständen und Äußerungen von Politikern deutlich wird – ihr Mißbehagen über die gegenwärtige Entwicklung im griechisch-türkischen Verhältnis zu bekunden, wobei Zielrichtung vor allem die griechische Öffentlichkeit sein dürfte, die aufgrund von Presseberichten über angeblich völlig unzureichende türkische Zypern-Vorschläge und die gleichzeitigen Schritte der US-Administration in Richtung Aufhebung des Türkei-Embargos zutiefst beunruhigt ist. Ein Treffen der beiden Generalsekretäre wäre im gegenwärtigen Zeitpunkt innenpolitisch hier sehr schlecht zu ‚verkaufen' gewesen. Allerdings möchte ich nicht ganz ausschließen, daß man griechischerseits auch gerne die Gelegenheit wahrnimmt, um den Befürwortern einer Aufhebung des Embargos in den USA vor Augen zu führen, daß die positiven Veränderungen im griechisch-türkischen Verhältnis so drastisch nun auch wieder nicht sind." Vgl. den Drahtbericht Nr. 231; Referat 203, Bd. 110227.

[17] Necdet Tezel.

[18] Zur NATO-Ratstagung auf der Ebene der Staats- und Regierungschefs am 30./31. Mai 1978 vgl. Dok. 170.

[19] Zum Treffen der Ministerpräsidenten Ecevit und Karamanlis am Rande der NATO-Ratstagung auf der Ebene der Staats- und Regierungschefs am 30./31. Mai 1978 in Washington vgl. Dok. 164, Anm. 17.

[20] Gesandter von Alten, Ankara, teilte am 12. Mai 1978 mit: „Laut Presse vom 12. Mai 1978 wurde türkischer Entwurf eines ‚Politischen Dokuments' über freundschaftliche Beziehungen und Zusammenarbeit vom Generalsekretär Elekdag dem sowjetischen Botschafter Rodionow in Antwort auf einen entsprechenden Entwurf der Sowjetunion aus dem Jahre 1976 übergeben. Es wird damit gerechnet, daß das ‚Politische Dokument' während Ecevits Besuch Mitte Juni in Moskau unterzeichnet wird. Der türkische Entwurf sei keinem ‚Nichtangriffspakt' gleichzusetzen, sondern enthalte der Schlußakte von Helsinki entsprechende Prinzipien. Türkisches Außenministerium bestätige auf Anfrage Übergabe des Entwurfs an Rodionow bereits vor etwa einer Woche, sieht sich jedoch zu weiteren Erläuterungen zum gegenwärtigen Zeitpunkt nicht in der Lage." Vgl. den Drahtbericht Nr. 452; Referat 203, Bd. 115911.
Botschafter Wieck, Moskau, berichtete am 17. Mai 1978, nach Auskunft der türkischen Botschaft werde in dem türkischen Entwurf „der Wille zu einem gutnachbarschaftlichen Verhältnis beider Staaten bekräftigt. Entwurf enthalte auch eine Äußerung zu politischen Konsultationen. Türkische Regierung sei sich noch nicht ganz schlüssig, wie weit sie bezüglich der Konsultationen gehen solle. Auf die von Mitarbeiter geäußerte Vermutung, daß Sowjets ihrerseits einen Vertrag mit der Türkei anstreben dürften, sagte Gesprächspartner, dies sei so. Türkei lehne indessen einen Vertrag entschieden ab." Vgl. den Drahtbericht Nr. 1721; Referat 203, Bd. 115912.

Er halte dies für eine Fehlentscheidung des amerikanischen Kongresses, werde sich hierzu aber nicht öffentlich äußern.

Karamanlis bezeichnete einen Flirt der Türkei mit der Sowjetunion als ausgeschlossen. Wenn man den Türken sage, sie könnten die NATO verlassen, wann sie wollten, würden sie schnell ruhig werden.

Bundeskanzler: Ein Flirt mit der Sowjetunion könnte in der türkischen Öffentlichkeit und in der türkischen Armee zu Entwicklungen führen, die ihr Eigengewicht erhielten. Die Türkei werde von Militärs beherrscht. Generale legten in der Regel Wert auf Geld, Ansehen und Waffen. Sie neigten daher zu Ländern, die ihnen diese Waffen verschafften. Auch in Griechenland habe der Austritt aus der NATO[21] Eigengewicht erhalten. Die griechische Regierung habe zunächst gesagt, der Austritt aus der NATO sei vorübergehend und solle später korrigiert werden. Aber erst später habe sich herausgestellt, wie schwer dies sei.

Die Entwicklung in der Türkei würde durch die jüngsten Ereignisse im Nahen Osten noch ernster. Er denke hier an die schwierige Lage Sadats, die Beziehungen zwischen USA und Israel, die Ereignisse im südlichen Libanon[22] und Syrien.

In Italien drohe die Gefahr einer Beteiligung der Kommunisten an der Regierung. Angesichts dieser Konstellation hätten wir den dringenden Wunsch, daß ein Dialog zwischen der Türkei und Griechenland stattfinde und daß dieser Dialog die Probleme einer Lösung näherbringe.

Bundeskanzler bittet Karamanlis, ihn auch weiterhin als guten persönlichen Freund zu betrachten, über den er stets, auch als Übermittler von Botschaften, verfügen könne.

Regierung und Volk der Bundesrepublik fühlten sich Griechenland mit Herz und Verstand eng verbunden. Aber angesichts der geschilderten Entwicklung in den Ländern des Nahen Ostens – Karamanlis warf ein: und in Afghanistan[23] – hätte auch die Pflege der freundschaftlichen Beziehungen zur Türkei große Bedeutung für uns und für die westliche Welt. Er habe nicht genügend Detail-

---

[21] Griechenland erklärte am 14. August 1974 unter Hinweis auf den Zypern-Konflikt den Austritt aus der militärischen Integration der NATO. Vgl. dazu AAPD 1974, II, Dok. 236.
Zu den Bemühungen um einen Wiedereintritt Griechenlands in die militärische Integration der NATO vgl. Dok. 26, Anm. 17 und 18, und Dok. 38.

[22] Zum israelischen Einmarsch in den Libanon am 14./15. März 1978 vgl. Dok. 83, besonders Anm. 4.
Referat 310 vermerkte am 25. April 1978: „Über einen Monat nach dem Aufruf des VN-Sicherheitsrats an Israel, seine Streitkräfte aus dem Libanon zurückzuziehen, und dem SR-Beschluß, die UNIFIL-Friedenstruppe in den südlichen Libanon zu entsenden, halten die israelischen Streitkräfte noch immer weite Teile des Südlibanon besetzt. In den vergangenen Tagen sind die ersten Truppenkontingente nach Israel zurückgeführt worden, doch verknüpft die israelische Regierung den völligen Abzug der Interventionsstreitkräfte nach wie vor mit der Forderung, daß UNIFIL anstelle der eigenen Streitkräfte die Aufgabe übernimmt, den Südlibanon militärisch zu befrieden und die Rückkehr palästinensischer Kampfverbände in das Gebiet südlich des Litani zu verhindern. [...] Nur bei einer schnellen Beendigung der militärischen Besetzung des Südlibanon durch Israel wird es möglich sein, negative Auswirkungen auf die laufenden Friedensbemühungen zu begrenzen. Bei einem Andauern der israelischen Okkupation wird es insbesondere für Syrien immer schwieriger, dem Druck der radikalen arabischen Staaten und der Palästinenser standzuhalten, welche die militärische und politische Zurückhaltung Syriens gegenüber der israelischen Besetzung des Südlibanon kritisieren und auf syrische Gegenmaßnahmen drängen." Vgl. Unterabteilung 31, Bd. 135590.

[23] Zum Sturz der afghanischen Regierung am 27. April 1978 vgl. Dok. 145.

kenntnisse über die Aktivitäten von Generalsekretär Waldheim, von Denktasch und Kyprianou. Er wolle aber feststellen, daß die Freundschaft zu Griechenland und zur Türkei Elemente der deutschen Haltung seien, mit denen gerechnet werden müsse.

Karamanlis: Er sei mit diesen Feststellungen voll einverstanden. Er teile die Unruhe und die Skepsis des Bundeskanzlers. Seine eigene Unruhe und Skepsis seien eher noch größer. Er hoffe, daß im Interesse Griechenlands, der Türkei und des demokratischen Europa Lösungen gefunden werden könnten. Er habe durch Taten bewiesen, daß er zu konstruktiver Haltung bereit sei. Er habe zweimal nachgegeben, einmal als er den Anschluß Zyperns an Griechenland aufgab, um kriegerische Auseinandersetzungen zu verhindern.

Er hätte der Politik schon den Rücken gekehrt, wenn er nicht noch zwei Aufgaben vor sich sähe, nämlich

– die Lösung der Probleme zwischen Griechenland und der Türkei und
– die Festigung der griechischen Position im Westen.

Bundeskanzler fragt, ob er diese Äußerungen Ecevit mitteilen könne.

Karamanlis stimmt zu.

Er tue sein mögliches, um Auseinandersetzungen zu vermeiden, aber auch die andere Seite müsse ein Minimum an Verständnis und Entgegenkommen zeigen. Er verwies auf die türkische Haltung gegenüber dem griechischen Vorschlag, die Ägäis-Frage dem Internationalen Gerichtshof vorzulegen.[24]

Bundeskanzler: Er werde diese Punkte mit Ecevit besprechen.

Beim Hinausgehen kam Karamanlis auf die Verhandlungen zwischen Griechenland und der NATO zu sprechen. Der Abschluß der Vereinbarung werde bedeuten, daß Griechenland zu 90% in die Integration zurückkehre. Die Türken machten Schwierigkeiten bei dem Abschluß der Verhandlungen mit der NATO. Er bat den Bundeskanzler, auch diese Frage mit Ecevit zu besprechen.

Bundeskanzler stimmte zu.

Referat 010, Bd. 178767

---

[24] Zum griechisch-türkischen Konflikt in der Ägäis vgl. Dok. 38, Anm. 8.
Gesandter von Alten, Ankara, teilte am 25. April 1978 mit, daß die türkische Regierung einer Erklärung des Außenministeriums zufolge am Vortag dem IGH mitgeteilt habe, „sie könne die Zuständigkeit des IGH in der Frage des Kontinentalsockels in der Ägäis nicht anerkennen". Alten führte dazu aus: „Damit kommt die Türkei einer Auflage des IGH aus dem Jahre 1976 nach, bei der im Zusammenhang mit der von Griechenland beantragten einstweiligen Verfügung zur Einstellung von Explorationsfahrten des türkischen Forschungsschiffes ‚Sismik I' der IGH eine Entscheidung in der Sache von der Abgabe beiderseitiger Stellungnahmen zu seiner Zuständigkeit abhängig gemacht hatte. Die Türkei betont in diesem Zusammenhang erneut ihre Bereitschaft zur Fortführung unmittelbarer Verhandlungen mit Griechenland über strittige Fragen in der Ägäis."
Vgl. den Schriftbericht Nr. 629; Referat 203, Bd. 115870.

135

Gespräch des Bundeskanzlers Schmidt mit dem Generalsekretär des ZK der KPdSU, Breschnew

105-26.A/78 geheim   4. Mai 1978[1]

Gespräch zwischen dem Herrn Bundeskanzler und dem Generalsekretär des ZK der KPdSU und Vorsitzenden des Präsidiums des Obersten Sowjets der UdSSR, L. I. Breschnew, am 4. Mai 1978 um 16.35 Uhr[2];
hier: Dolmetscheraufzeichnung

Bundeskanzler: Er wolle dem Herrn Generalsekretär zunächst in seinem eigenen Hause[3] ebenso wie Herrn Gromyko und den anderen Herren seiner Begleitung ein herzliches Willkommen sagen. Wir hätten uns lange auf diesen Besuch gefreut. Wir seien sehr froh, daß er heute, morgen und bis Sonntag stattfinde. Man hätte bereits im Auto über das Wetter gestritten, welche der beiden Seiten für das gute Wetter gesorgt habe. Er glaube, man könne diese Streitfrage offenlassen und brauche sie nicht im Kommuniqué festzuhalten. Der Herr Generalsekretär habe sicher gespürt, daß die Menschen an den Straßen ihm freundlich zugewinkt hätten. Diese Leute seien nicht bestellt gewesen. Im Gegenteil, sie seien aufgehalten worden, weil die Straßen gesperrt gewesen seien. Sie hätten eine Viertelstunde auf ihre Weiterfahrt warten müssen, aber sie hätten ihn freundlich begrüßt. Er dürfe versichern, daß nicht nur die Bundesregierung, die hier durch ihn selbst und den Herrn Bundesaußenminister vertreten sei, sondern das ganze deutsche Volk den Besuch des Generalsekretärs nicht nur als eine große Ehre, sondern als eine höchst bedeutsame Sache betrachteten. Er wolle den Gast im Namen aller Bürger herzlich willkommen heißen.

Breschnew: Er freue sich über die neue Begegnung mit dem Herrn Bundeskanzler. Seit dem Zeitpunkt des letzten Gespräches in Helsinki[4] seien fast drei Jahre vergangen. Man sei jedoch in ständigem Kontakt miteinander gewesen. Man habe einen offenherzigen Meinungsaustausch zu allen entstehenden Fragen

---

[1] Ablichtung.
Die Gesprächsaufzeichnung wurde von Legationsrat I. Klasse Hartmann gefertigt und am 10. Mai 1978 von Ministerialdirektor Ruhfus, Bundeskanzleramt, an Vortragenden Legationsrat I. Klasse Lewalter übermittelt. Dazu vermerkte er: „Lieber Herr Lewalter, im Nachgang zu meinem Vermerk über das Gespräch des Bundeskanzlers mit Generalsekretär Breschnew vom 4. Mai 1978, den ich Herrn VLR I Kühn bereits am 6. Mai 1978 übersandte, sende ich Ihnen hiermit im Auftrag des Bundeskanzlers zur persönlichen Unterrichtung von BM Genscher Ablichtung der Dolmetscheraufzeichnung über dieses Gespräch. Der Text der Aufzeichnung ist vom Bundeskanzler bereits genehmigt worden. Zusätzlich sende ich Ihnen vorbehaltlich der Zustimmung des Bundeskanzlers Ablichtung meines Vermerks über das Gespräch, das der Bundeskanzler am 5. Mai 1978 mit Generalsekretär Breschnew geführt hat. Ich weise darauf hin, daß dieser Vermerk vom Bundeskanzler noch nicht genehmigt worden ist. […] P.S. 1) StS van Well erhält jetzt unmittelbar Ablichtung der Aufzeichnung über Gespräch in Hamburg am 6.5. 2) BK bittet sehr um Protokoll Vier-Augen-Gespräch BM Genscher-AM Gromyko." Vgl. das Begleitschreiben; VS-Bd. 14072 (010); B 150, Aktenkopien 1978.
[2] Der Generalsekretär des ZK der KPdSU, Breschnew, hielt sich vom 4. bis 7. Mai 1978 in der Bundesrepublik auf. Vgl. dazu das Kommuniqué; BULLETIN 1978, S. 433–436. Vgl. dazu ferner die Gemeinsame Deklaration vom 6. Mai 1978, BULLETIN 1978, S. 429 f.
[3] Das Gespräch fand im Bundeskanzleramt statt.
[4] Für das deutsch-sowjetisch Regierungsgespräch am 31. Juli 1975 vgl. AAPD 1975, II, Dok. 234.

geführt. Er selbst schätze diesen Kontakt. Aber eine Korrespondenz könne einen persönlichen Austausch nicht ersetzen. Ihm scheine, daß der Zeitpunkt für das gegenwärtige Treffen äußerst gut gewählt sei. Das Interesse einer weiteren Vertiefung der Entspannung verlange, daß man die gegenseitigen Standpunkte vergleicht, daß man ernsthaft über den Stand der Beziehungen zwischen beiden Ländern spricht und daß man ganz selbstverständlich auch über internationale Dinge rede.

Er schlage vor, die Reihenfolge der interessierenden Fragen zu vereinbaren. Vielleicht sei es zweckmäßig, heute die bilateralen Fragen und am morgigen Tag die internationalen Probleme zu erörtern. Wenn der Herr Bundeskanzler damit einverstanden sei, so wolle er beginnen. Er sei der Meinung, daß man im Laufe des Besuches die wichtigsten Orientierungslinien für die Zusammenarbeit zwischen beiden Ländern für eine lange Zeitspanne festlegen müsse sowie die Hauptaufgaben bestimmen müsse, auf denen sich die praktische Arbeit konzentriere. Es sei nötig, die Kontinuität der Politik zu bestätigen, die auf die Festigung und Erhaltung guter bilateraler Beziehungen ausgerichtet sei. Gerade diesem Ziele diene die Gemeinsame Deklaration, die zu unterzeichnen man sich anschicke. Gegründet auf die Erfahrungen der letzten acht Jahre und gestützt auf das feste Fundament des Moskauer Vertrages[5] wolle die sowjetische Seite alles tun, um einen weiteren Schritt vorwärts zu machen. Man werde die politischen Prinzipien der friedlichen Zusammenarbeit für die kommenden Jahrzehnte verkünden. Durch ein solches Dokument werde in unseren Völkern und in den Völkern Europas die Überzeugung gefestigt, daß das Gebäude des Friedens, an dem man baue, ein festes sei und daß die heutige Generation und die zukünftigen Generationen darin leben könnten.

Er wisse gut, daß in den Beziehungen nicht alles glatt verlaufe. Neben positiven Erscheinungen gebe es auch negative. Er wolle die vorhandenen Schwierigkeiten nicht übertreiben. Im Leben könne man nicht alle Fragen sofort lösen. Wichtig sei, daß der Wunsch nach der Lösung dieser Probleme vorhanden sei, und zwar in einem konstruktiven, sachlichen Geist. Man dürfe keine Lage zulassen, in der Mißverständnisse, seien es absichtliche oder zufällige, zu einer undurchdringlichen Sperre für die Vorwärtsbewegung würden. Warum spreche er davon? Der Herr Bundeskanzler wolle sicher nicht leugnen, daß es in der Bundesrepublik Deutschland einflußreiche Kräfte gebe, die bereit seien, die Beziehungen zur Sowjetunion und den anderen sozialistischen Ländern zu bremsen oder zurückzuwerfen. Anscheinend seien manche der Meinung, man könne allen Nutzen, den die Politik der Entspannung der Bundesrepublik Deutschland bringe, akzeptieren und gleichzeitig das Gebäude der Entspannungspolitik untergraben. Die Versuche von bestimmten Kräften, die Legitimität der bestehenden Grenze in Frage zu stellen, Druck auf die DDR auszuüben, feindselige Gefühle gegen die Sowjetunion und die anderen sozialistischen Länder zu wecken und die Lage um Westberlin zu verschärfen und andere Versuche könnten kein anderes Ziel haben. Auf diesem Wege werde man nichts erreichen, aber man könne viel verlieren. Vor allem könne man verlieren, was die Bundesrepublik Deutschland dank ihrer Ostpolitik errungen habe, zu deren wichtigsten Archi-

---

5 Für den Wortlaut des Vertrags vom 12. August 1970 zwischen der Bundesrepublik und der UdSSR vgl. BUNDESGESETZBLATT 1972, Teil II, S. 354 f.

tekten Herr Brandt, Herr Scheel und der Herr Bundeskanzler gehörten. Die sowjetische Seite wisse, daß der Kurs der Gegnerschaft zur Entspannung nicht der Stimmung der westdeutschen Bevölkerung entspreche, die für gutnachbarliche Beziehungen zur Sowjetunion eintrete. Das persönliche, wohlwollende Herangehen des Herrn Bundeskanzlers an diese Probleme sei bekannt.

Die Zusammenarbeit zwischen zwei Staaten unterschiedlichen Systems sei keine leichte Sache, besonders für unsere Länder, weil man eine schwere Vergangenheit geerbt habe. Die sowjetische Seite verstehe die Schwierigkeiten, die im ständigen Kampf der verschiedenen politischen Kräfte in der Bundesrepublik entstünden. Schlimm sei es, wenn dies Einfluß auf die Beziehungen habe. Er glaube, daß ihm der Herr Bundeskanzler zustimmen werde, daß unter so schwierigen Bedingungen die Rolle der Staatsmänner wachse. Gerade sie müßten sich vor allem darum kümmern, daß konjunkturelle Interessen und taktische Vorteile und Berechnungen den Fortschritt auf der Hauptrichtung der Zusammenarbeit nicht blockierten. Diese Aufgabe müsse man gemeinsam lösen, in engem Kontakt, im Geiste der gegenseitigen Achtung, des gegenseitigen Vertrauens und der Offenheit.

Da er nun dieses Thema berühre, wolle er mit besonderem Vergnügen den Herrn Bundeskanzler zu einem Besuch in der Sowjetunion zu einem ihm passenden Zeitpunkt einladen.[6]

Er sei nicht so kühn zu sagen, woher der Nutzen oder Nichtnutzen infolge der ständigen Festigung der Position der Bundesrepublik Deutschland auf europäischer Ebene und im Weltmaßstab herrühre. Aber er irre sich sicher nicht, wenn er sage, daß nicht nur der wirtschaftliche Sektor die Autorität der Bundesrepublik fördere. Es bestehe kein Zweifel daran, daß die Rolle der Bundesrepublik Deutschland als eines Staates, der eine selbständige und unabhängige Politik betreibe, zu dem Zeitpunkt begonnen habe, als man die Tür zu einer Annäherung an die Sowjetunion und die anderen sozialistischen Staaten aufgestoßen habe; als das begonnen habe, was man in der Bundesrepublik Ostpolitik zu nennen pflege. Wir, so fuhr der Generalsekretär fort, sind Befürworter der Entwicklung der praktischen Konsultationen, besonders auf der Linie der Außenministerien, um keinen Stillstand in den Beziehungen zwischen den beiden Ländern zuzulassen und um die Aktionen auf internationaler Ebene zu vereinbaren.

Die Linie der allseitigen Entwicklung der Beziehungen zur Bundesrepublik Deutschland sei eine konsequente und langfristige Linie der sowjetischen Seite, die von den Beschlüssen des 25. Parteitags der KPdSU[7] bestimmt sei und auch den Prinzipien der neuen sowjetischen Verfassung[8] entspreche. Die sowjetische Seite beabsichtige, dieser Linie unabweichlich zu folgen. Natürlich sei dies nur bei voller Gegenseitigkeit möglich.

Wenn er nun von den wirtschaftlichen Beziehungen spreche, so müsse gesagt werden, daß die Wirtschaft und der Handel einen wichtigen Platz in den bila-

---

[6] Bundeskanzler Schmidt besuchte die UdSSR vom 30. Juni bis 1. Juli 1980.
[7] Der XXV. Parteitag der KPdSU fand vom 24. Februar bis 5. März 1976 in Moskau statt. Vgl. dazu AAPD 1976, I, Dok. 69.
[8] Für den Wortlaut der sowjetischen Verfassung vom 7. Oktober 1977 vgl. EUROPA-ARCHIV 1977, D 625–632 (Auszug).

teralen Beziehungen einnähmen. Wie der Herr Bundeskanzler, so habe auch er diese Fragen ständig im Auge. Es gebe hier bestimmte Ergebnisse. Der Handel zwischen den beiden Ländern entwickele sich recht schnell, die Wachstumsraten dieses Handels überstiegen die Wachstumsraten sowohl des Handels der Sowjetunion als auch des Handels der Bundesrepublik Deutschland.

Der Umfang des Warenaustausches habe die Summe von 3 Milliarden Rubel erreicht. Die Bundesrepublik Deutschland habe als erstes Land die sowjetische Idee der Zusammenarbeit auf Kompensationsgrundlage[9] unterstützt; sie sei hier als eine Art Pionier aufgetreten. Auf der Grundlage von Kompensationsgeschäften seien einige große Industriewerke errichtet worden. Der sowjetischen Seite scheine, daß die Ergebnisse der Zusammenarbeit größer sein könnten. Von der sowjetischen Seite aus werde alles Nötige getan; es sei aber erforderlich, daß auch von seiten der Bundesrepublik Deutschland eine ähnliche Betrachtungsweise gezeigt werde. Die Fakten bewiesen, daß Firmen der Bundesrepublik Deutschland und häufig auch Regierungsinstitutionen bei weitem nicht immer auf wichtige Initiativen reagierten, die auf die weitere Entwicklung der Beziehungen gerichtet seien. Man möge sich z. B. die Handelsbilanz betrachten. Jahr für Jahr kaufe die Bundesrepublik Deutschland weniger Waren, als sie der Sowjetunion liefere. Der Unterschied betrage 600 Millionen Rubel. Dieses Problem könne man nur durch gemeinsame Anstrengungen lösen. Dieses Problem, so fuhr der Generalsekretär fort, liegt uns schwer im Magen. Die sowjetischen Firmen erzeugten viele Produkte, die auch für den westdeutschen Markt von Interesse sein müßten. Handel könne nur erfolgreich sein, wenn er ausgewogen sei.

An dieser Stelle unterbrach der Generalsekretär seinen Text und führte aus, daß es ihm gefalle, daß man hier über ernste Probleme spreche.

Er fuhr dann fort, daß die Ausweitung des sowjetischen Exportes durch Begrenzungen für den Import von sowjetischen Waren gestört werde. Er frage, warum man den Import sowjetischer Waren verbiete.

Ihm imponiere der gewaltige Maßstab der Auffassung des Herrn Bundeskanzlers, den er mit der Idee eines neuen Wirtschaftsabkommens für die Perspektiven der Zusammenarbeit bis zum Jahre 2000 bekundet habe. Die Unterzeich-

---

[9] Referat 421 vermerkte am 17. April 1978: „Auf dem 25. Parteitag 1976 hat Breschnew die Kompensation als neue und effektivste Form der Außenwirtschaftsbeziehungen proklamiert. Von der Kompensation werden schnellere Ergebnisse als von der für das System problematischen industriellen Kooperation und ein Ersatz für die aus ideologischen Gründen nicht akzeptierten westlichen Privatinvestitionen erwartet. Die Kompensationsgeschäfte gewinnen vor allen vor dem Hintergrund des hohen Kapitalbedarfs beim Ausbau der industriellen Basis in Sibirien (Rohstoffe, Energieträger, Chemie), den die Sowjetunion aus eigener Kraft nicht rasch genug decken kann, eine zunehmende Bedeutung. Die UdSSR kann bei Kompensationsgeschäften mit einer größeren Kreditbereitschaft westlicher Banken rechnen. [...] Nach Schätzungen der OECD verhandeln deutsche Firmen gegenwärtig über Kompensationslieferungen im Gesamtwert von zwei bis drei Mrd. Dollar." Die sowjetischen Kompensationsforderungen bedeuteten für „die deutschen Firmen, insbesondere aber für den mittelständischen Bereich, ein großes Erschwernis der Geschäftsbeziehungen. Probleme entstehen besonders dann, wenn Waren angeboten werden, für die die jeweiligen deutschen Firmen keinen Eigenbedarf haben und die auch nicht ohne größere Schwierigkeiten vermarktet werden können. Im Falle der UdSSR werden die üblichen Probleme der Kompensation durch die großen Dimensionen und langen Zeithorizonte der Projekte noch gesteigert." Vgl. Referat 421, Bd. 122499.

nung eines solchen Abkommens sei ein Akt von großer politischer Bedeutung.[10] Das unterstütze konkret das gemeinsame Streben, in Frieden und wie gute Nachbarn zu leben – heute und in Zukunft. Gestützt auf dieses Abkommen, sei es erforderlich, zielbewußt und voller Ernst insbesondere auf der Grundlage von Kompensationsgeschäften bei der Verwirklichung von Großprojekten zu arbeiten und zu kooperieren. Hier dürfe man nicht mit halber Kraft handeln, wenn man spürbare Ergebnisse erzielen wolle.

Zu diesem Zwecke wäre es zweckmäßig, schon jetzt an die Festlegung von Großprojekten für eine gegenseitig nützliche Zusammenarbeit zu gehen. Besonders aussichtsreiche Sektoren seien in der Sowjetunion die chemische Industrie, die Energiewirtschaft, der Maschinenbau, die Elektronik, die Eisen- und Nichteisenmetallurgie, die Forst-, Papier- und Zelluloseindustrie, die holzverarbeitende Industrie sowie die Leicht- und Nahrungsmittelindustrie. Es könne sich um eine Zusammenarbeit auf Kompensationsgrundlage beim Bau von chemischen Werken mit Gas und Erdöl als Ausgangsrohstoffen handeln. Er denke hierbei z. B. an den petrochemischen Komplex von Tomsk.[11] Westdeutsche Firmen könnten die Ausrüstung liefern und einen Teil der Produktion dieses Werkes kaufen. Es gebe reale Möglichkeiten für die Produktion von Polyäthylenfasern und synthetischen Fasern sowie beim Bau des Eisenhüttenwerks von Oskol (Projekt Kursk[12]), das nach Entwürfen einer Firmengruppe aus der Bundesrepublik Deutschland errichtet werde.

Nach sowjetischer Meinung könne auch die Zusammenarbeit bei der Prospektion und beim Abbau einer Reihe von Bodenschätzen inklusive Erdöl und Erdgas auf sowjetischem Territorium Vorteile bringen. Für die Anbahnung der Zusammenarbeit in diesen Richtungen müßten natürlich die technischen, wirtschaftlichen und finanziellen Bedingungen akzeptabel sein. Man könne die gemein-

---

10 Für den Wortlaut des Abkommens vom 6. Mai 1978 über die Entwicklung und Vertiefung der langfristigen Zusammenarbeit der Bundesrepublik und der UdSSR auf dem Gebiet der Wirtschaft und Industrie vgl. BULLETIN 1978, S. 431 f.

11 Am 19. April 1978 legte Referat 421 dar: „Das von sowjetischer Seite Anfang 1976 in die Diskussion eingebrachte Tomsk-Projekt sieht die Errichtung eines petrochemischen Großprojektes einschließlich Raffinerie vor. Das Investitionsvolumen von ca. 7,5 Mrd. DM soll durch den Auftragnehmer im Rahmen eines Kompensationsgeschäfts vorfinanziert werden. Die Kompensation soll nach bisherigen sowjetischen Vorstellungen aus den petrochemischen Produkten des Tomsk-Projektes über einen Tilgungszeitraum von zehn Jahren erfolgen. Roböleinsatz 10 Mio. t/Jahr. In der von sowjetischer Seite bisher vorgeschlagenen Form sollte das Projekt abgelehnt werden, da durch die angebotenen Kompensationslieferungen nachhaltige Auswirkungen auf die Kapazitätsauslastung der deutschen Chemie und damit auch eine Gefährdung der Arbeitsplätze zu befürchten sind." Aus gesamtwirtschaftlicher Sicht erscheine das Projekt „erst dann durchführbar, wenn die sowjetische Seite bereit wäre, das Projekt auf ein realistisches Maß zurückzuschrauben und nicht nur die bisher genannten Kompensationsprodukte, sondern auch Chemierohstoffe [...] sowie primäre und sekundäre Energieträger (Erdöl, Erdgas, Uran, Benzin) zu liefern." Vgl. Referat 421, Bd. 122499.

12 Referat 421 erläuterte am 19. April 1978: „In Kursk soll ein integriertes Hüttenwerk auf Direktreduktionsbasis errichtet werden. (‚Oskol-Elektro-Metallurgisches Kombinat'). Eine 1974 unterzeichnete Generalvereinbarung sah ein Projektvolumen von sechs bis sieben Mrd. DM vor, wovon fünf Mrd. auf deutsche und der Rest auf sowjetische Lieferungen entfallen sollten. Die 1976 fertiggestellte Vorprojektstudie bezifferte den Gesamtwert jedoch auf 20 Mrd. DM. Daraufhin wurde auf sowjetischen Wunsch die Generalvereinbarung dahingehend geändert, daß – entgegen früheren Absichten – die erste Ausbaustufe einschließlich Koordinierungs- und Ingenieurleistungen ausschließlich von sowjetischer Seite übernommen wird. Außerdem wurden die Kapazitätsvorstellungen inzwischen deutlich nach unten revidiert. Der derzeitige Projektumfang wie auch der Gesamtwert von Lieferungen deutscher Unternehmen läßt sich nicht beziffern." Vgl. Referat 421, Bd. 122499.

same Kommission für die wirtschaftliche und wissenschaftlich-technische Zusammenarbeit dahingehend orientieren, daß sie bald neue wichtige Projekte festlege und die Richtung für neue gemeinsame Anstrengungen bestimme.

Leider sei die Entwicklung der Zusammenarbeit zwischen den beiden Ländern in den letzten Jahren nicht durch den Abschluß neuer Abkommen zu konkreten Gebieten gefestigt worden. Er wolle offen reden. Man müsse sich hier fragen, warum dies so sei. Der Grund sei oft ein und derselbe – man wolle von der sowjetischen Seite, daß sie ihre prinzipielle Position in Westberliner Angelegenheiten ändere, und es werde versucht, die sowjetische Seite zu Entscheidungen zu veranlassen, die nicht im Rahmen des Vierseitigen Abkommens[13] lägen. Er wolle das Beispiel des Abkommens über wissenschaftlich-technische Zusammenarbeit[14] nennen. Der Text dieses Abkommens sei seit fünf Jahren ausgearbeitet. Es sei keine Frage, ob dieses Abkommen auf Westberlin ausgedehnt werde oder nicht, die sowjetische Seite sei nicht gegen eine Ausdehnung. Aber man verlange, daß die sowjetische Seite mit zentralen Bundesbehörden aus Westberlin zusammenarbeite und somit erkläre, daß diese Behörden sich dort legitim aufhielten. Die sowjetische Seite könne diesen Weg nicht beschreiten. Wenn die westdeutsche Seite eine realistischere und ausgewogenere Betrachtungsweise zeigen werde, würde sich der Weg zur Unterzeichnung dieses und anderer Abkommen öffnen. Es wäre nicht richtig, das Fehlen entsprechender Abkommen zur künstlichen Abbremsung der Zusammenarbeit in einigen Gebieten zu nutzen. Aber es gebe leider solche Versuche. Erst kürzlich habe die Bundesrepublik Deutschland auf die Unterzeichnung eines Abkommens über Chemie verzichtet[15] und dies mit dem Fehlen eines allgemeinen Abkommens über die wissenschaftlich-technische Zusammenarbeit begründet. Gleiches gelte auch für die Zusammenarbeit auf landwirtschaftlichem Gebiet. Wenn man mittels irgendwelcher Methoden versuche, Druck auf die sowjetische Seite auszuüben, so könne er sagen, daß daraus nichts werden würde. Dies sei aber von Schaden für die gemeinsamen Angelegenheiten und gemeinsamen Interessen. Er glaube, daß man einen Fortschritt erzielen müsse und nicht auf der Stelle treten dürfe.

Für die Herausbildung unserer Beziehungen könne die Schaffung einer wohlwollenden Atmosphäre und die Erziehung zur gegenseitigen Achtung und zum

---

[13] Für den Wortlaut des Vier-Mächte-Abkommens über Berlin vom 3. September 1971 sowie des Schlußprotokolls vom 3. Juni 1972 vgl. BUNDESANZEIGER, Nr. 174 vom 15. September 1972, Beilage, S. 44–73.
[14] Zum geplanten Abkommen über wissenschaftlich-technische Zusammenarbeit vgl. Dok. 17, Anm. 12.
[15] Referat 421 erläuterte am 17. April 1978: „Die Sowjetunion hatte für den Breschnew-Besuch die Unterzeichnung eines zehnjährigen Abkommens über die Zusammenarbeit im Chemiebereich vorgeschlagen und einen Textentwurf übermittelt [...]. Der sowjetische Entwurf enthält allgemeine Formeln zur Förderung der wissenschaftlich-technischen – und nur andeutungsweise auch der industriellen – Zusammenarbeit." Das Präsidium des Verbandes der Chemischen Industrie habe sich in einer ersten Stellungnahme gegen den sowjetischen Entwurf und „generell gegen ein Regierungsabkommen zur Chemie-Kooperation ausgesprochen. Die chemische Industrie ist der Auffassung, daß über ein derartiges Chemieabkommen Druck auf sie ausgeübt werden soll, um sie zu einer Beteiligung an Projekten wie ‚Tomsk' oder ‚Methanol' zu zwingen. Sie hält diese Projekte für überdimensioniert und wegen des damit verbundenen Ausmaßes an Kompensationslieferungen für nicht realisierbar ohne wesentliche Beeinträchtigung der eigenen Entwicklung. [...] Wir haben der sowjetischen Seite durch unsere Botschaft in Moskau wissen lassen, daß wir für den Abschluß eines solchen Abkommens Schwierigkeiten sehen, da der sowjetische Entwurf im wesentlichen eine wissenschaftlich-technische Zusammenarbeit zum Gegenstand hat, die ihrerseits abhängig ist vom Abschluß eines entsprechenden Regierungsabkommens, das bisher wegen der Einbeziehung von Bundesinstitutionen in Berlin (West) nicht zustande gekommen ist." Vgl. Referat 421, Bd. 122499.

gegenseitigen Vertrauen der Völker von großer Bedeutung sein. Manches sei bereits getan. Aber es blieben noch Fragen bestehen, und nicht wenige Fragen. Die Tatsachen zeigten, daß die Massenmedien der Bundesrepublik Deutschland häufig die Lage in der Sowjetunion und die Politik des Sowjetstaates verzerrt darstellten. Mit der Verbreitung von Materialien, die man nicht anders als antisowjetisch bezeichnen könne, seien viele Zeitungen und Zeitschriften und das Fernsehen befaßt. Das gleiche gelte auch für die Übertragungen der Deutschen Welle in die Sowjetunion. Auf dem Gebiet der Bundesrepublik Deutschland arbeiten ausländische Radiostationen wie Radio Liberty und Radio Free Europe, die sich nicht scheuten, sich auf das Gröbste in die inneren Angelegenheiten anderer Staaten einzumischen.

Von Schaden sei auch die Tätigkeit von Emigranten- und Umsiedlerorganisationen. Große Abscheu rufe in der Sowjetunion die Tatsache hervor, daß in der letzten Zeit in der Bundesrepublik Deutschland Hitler und andere Nazibonzen sowie die nazistische Bewegung insgesamt propagiert würden. Dies vergifte die Seelen der jungen Generation und erzeuge gefährliche, nationalistische Tendenzen. Warum werde die sogenannte Pressefreiheit hauptsächlich zur Verbreitung von nationalistischen Ideen und zur Beschimpfung der Sowjetunion im Auge der westdeutschen Bevölkerung verwendet? Und warum werde sie so wenig für ein positives Wort der Wahrheit oder zumindest für ein Dementi der Unwahrheit genutzt? Was in der Bundesrepublik Deutschland über die Sowjetunion geredet und geschrieben werde, entspreche bei weitem nicht dem erzielten Niveau der Beziehungen zwischen unseren beiden Ländern und noch weniger den Aufgaben für die Entwicklung der Beziehungen auf lange Sicht. In der Sowjetunion tue man viel, um die Beziehungen zwischen unseren beiden Ländern und die Atmosphäre zu verbessern. Die sowjetische Seite wünsche, daß die politischen Kräfte, Parteien und andere Organisationen der Bundesrepublik Deutschland genauso handelten.

Der Generalsekretär schloß seine Ausführungen mit der Bemerkung, daß man vielleicht morgen über internationale Probleme und den Kurs auf Entspannung und Frieden sprechen könne.

Bundeskanzler: Er stimme dem letzten Vorschlag bei, die multilateralen Probleme morgen zu besprechen, vielleicht könnten dies auch die Außenminister[16] oder andere tun. Er wolle aber auf einige Punkte noch antworten.

Zunächst wolle er dem beipflichten, was der Generalsekretär über die große politische Bedeutung der Gemeinsamen Deklaration gesagt habe. Er wolle einen Satz aus Punkt 4 besonders hervorheben, dieser Satz sei mit seinem eigenen Herzblut geschrieben: Beide Seiten seien fest entschlossen, die Qualität und das Niveau der Beziehungen zu erhöhen und danach zu streben, daß gute Nachbarschaft und wachsende Zusammenarbeit zu einem gesicherten Gut der zukünftigen Generationen würden. Er bitte den Generalsekretär, davon auszugehen, daß dies ein Leitsatz sei, von dem er sich in den Verhandlungen heute und morgen und auch in den künftigen Monaten und Jahren leiten lasse. So sei auch seine Idee von einem Abkommen mit einer Laufzeit von 25 Jahren zu verstehen.

---

[16] Hans-Dietrich Genscher bzw. Andrej Andrejewitsch Gromyko.

Der Generalsekretär habe gesagt, daß es Schwierigkeiten in den bilateralen Beziehungen gebe. Das sei wahr. Er habe auch gesagt, daß es Kräfte gebe – er habe auf Massenmedien und politische Kräfte hingewiesen –, die Schwierigkeiten für die Politik der Entspannung schüfen. Auch dies treffe zu. Er wolle aber darum bitten zu verstehen, daß die öffentliche Meinung in der Bundesrepublik Deutschland eine andere Struktur als in der SU habe. In den letzten acht bis zwölf Wochen sei kaum jemand schärfer in den Medien kritisiert worden als der amerikanische Präsident Carter. Ihm selbst sei das nicht lieb. Und wenn man 365 Tage lang Fernsehen und Presse verfolge, so stelle man fest, daß wohl niemand schärfer kritisiert werde als er selbst, und gleich danach komme Herr Genscher. Er bitte darum, die unfreundliche Kritik nicht wichtiger zu nehmen als er selbst.

Der Generalsekretär habe davon gesprochen, daß Druck auf die DDR ausgeübt werde. Er nehme nicht an, daß damit die Bundesregierung gemeint sei. Man führe mit der DDR über eine Reihe von Gebieten Verhandlungen. Man rede auch von der Möglichkeit eines Treffens mit Herrn Honecker[17], vielleicht könne man zu dieser Frage morgen nochmals zurückkehren.

Der Generalsekretär habe recht, wenn er sage, daß das internationale Gewicht der Bundesrepublik Deutschland seit der Zeit des Moskauer Vertrages zugenommen habe. Man habe dieses Gewicht zur Förderung der Entspannung eingesetzt. Er wolle nur einige Beispiele nennen. Es hätten Besuche und Austausch von Besuchen mit Gierek[18], Kádár[19], Schiwkow[20], Ceauşescu[21] stattgefunden. Dr. Husák habe sein Land als erstes westliches Land besucht.[22] Auf diese Weise habe man Anstrengungen und Mühen unternommen und versucht, die öffentliche Meinung im eigenen Lande und in den östlichen Nachbarländern zu beein-

---

17 In einem Schreiben vom 22. Dezember 1977 an den Generalsekretär des ZK der SED, Honecker, legte Bundeskanzler Schmidt seine Auffassung dar, „daß ein Zusammentreffen mit Ihnen im Laufe des kommenden Jahres nützlich wäre. Ich bin deshalb auch zu einem offiziellen Besuch in der DDR bereit." Vgl. BONN UND OST-BERLIN, S. 395.
18 Bundeskanzler Schmidt führte am 1. August 1975 am Rande der KSZE-Schlußkonferenz in Helsinki und erneut im Rahmen des Besuchs des Ersten Sekretärs des ZK der PVAP vom 8. bis 12. Juni 1976 in der Bundesrepublik Gespräche mit Gierek. Vgl. dazu AAPD 1975, II, Dok. 244, sowie AAPD 1976, I, Dok. 181 und Dok. 186.
Für die Gespräche zwischen Schmidt und Gierek am 21./22. November 1977 in Warschau vgl. AAPD 1977, II, Dok. 330 und Dok. 334.
19 Bundeskanzler Schmidt und der Erste Sekretär des ZK der USAP, Kádár, trafen am 30. Juli 1975 am Rande der KSZE-Schlußkonferenz in Helsinki zusammen. Vgl. dazu die Gesprächsaufzeichnung; Referat 214, Bd. 116586.
Für das Gespräch am 4. Juli 1977 vgl. AAPD 1977, II, Dok. 171.
20 Bundeskanzler Schmidt und Staatsratsvorsitzender Schiwkow trafen am 1. August 1975 am Rande der KSZE-Schlußkonferenz in Helsinki zusammen. Vgl. dazu die Gesprächsaufzeichnung; Referat 214, Bd. 132762.
Ferner führten Schmidt und Schiwkow am 25. November 1975 ein Gespräch. Vgl. AAPD 1975, II, Dok. 356.
21 Staatsratsvorsitzender Ceauşescu hielt sich vom 26. bis 30. Juni 1973 in der Bundesrepublik auf. Vgl. dazu AAPD 1973, II, Dok. 202, Dok. 203 und Dok. 209.
Bundeskanzler Schmidt und Ceauşescu führten am 1. August 1975 in Helsinki ein Gespräch. Vgl. dazu AAPD 1975, II, Dok. 239.
Für die Gespräche von Schmidt und Ceauşescu am 6./7. Januar 1978 in Bukarest vgl. Dok. 3 und Dok. 4.
22 Präsident Husák besuchte die Bundesrepublik vom 10. bis 13. April 1978. Vgl. dazu Dok. 111 und Dok. 112.

flussen und im Sinne einer guten Nachbarschaft zu erziehen. Die Bundesrepublik habe ihr Gewicht zum Nutzen der Entspannung verwendet. Natürlich stünden die deutsch-sowjetischen Beziehungen im Mittelpunkt der Ostpolitik. Dies werde auch in den nächsten 30 Jahren so sein.

Das wirtschaftliche Abkommen, das bis ins nächste Jahrhundert reiche, sei seiner Meinung nach aus gegenseitigem wirtschaftlichem Interesse heraus geboren; aber er wolle hinzufügen, daß dieses Abkommen für ihn von außerordentlicher politischer Bedeutung sei. Diese politische Bedeutung wiege für ihn noch schwerer als die wirtschaftliche Bedeutung. Er wolle soweit gehen zu sagen, daß man gemeinsam die öffentliche Meinung und die Führung von Politik und Industrie dazu erziehen müsse, daß beide Staaten daran interessiert sein müßten, daß die Menschen im jeweils anderen Lande in wirtschaftlichem Wohlstand lebten.

Der Generalsekretär habe über viele Einzelheiten auf wirtschaftlichem Gebiet gesprochen, er wolle darauf jetzt nicht antworten, da die Zeit dränge. Eines wolle er jedoch sagen: Die Bundesrepublik sei an einem Handelsüberschuß nicht interessiert. Sie habe größtes Interesse an einer ausgeglichenen Handelsbilanz. Es sei einfach so, daß sie kein finanzielles Guthaben in der Sowjetunion haben wolle, sondern sie wolle für ihre Waren Waren zurückerhalten und keine papierenen Gutschriften. Im übrigen habe die Bundesrepublik Deutschland dieses Problem in gleicher Weise mit fast allen Ländern der Welt. Der deutsche Arbeiter würde besser leben, wenn es Importüberschüsse und keine Exportüberschüsse gebe.

Der Generalsekretär habe über Berlin gesprochen, er wolle dazu heute nur zwei Sätze sagen. Zum ersten – die Bundesregierung strebe nicht nach taktischen Vorteilen in Berlin. Sie habe nicht die Absicht, den Status, der sich aus dem Vier-Mächte-Abkommen ergebe, zu ändern oder zu verbessern. Zweitens – die Bundesregierung habe infolgedessen in den Jahren, in denen er gemeinsam mit Herrn Genscher und anderen die Regierung bilde[23], in Berlin-West keine neuen Einrichtungen des Bundes geschaffen, und man wolle dies auch in Zukunft nicht tun. Leider ergebe sich oft aus der öffentlichen Meinung und aus der veröffentlichten Meinung ein anderes Bild. Der Generalsekretär habe davon gesprochen. Man möge seine Äußerung (des Bundeskanzlers) so nehmen – die Bundesregierung wolle den Status von Berlin-West nicht ändern.

Der Generalsekretär habe von der Notwendigkeit gesprochen, unsere öffentliche Meinung und unsere Völker zu gegenseitiger Achtung und gegenseitigem Vertrauen zu erziehen. Er wolle diesen Satz ausdrücklich unterstreichen.

Der Generalsekretär habe über zahlreiche Einzelheiten gesprochen, er müsse sich vorbehalten, hierauf zurückzukommen. Es gebe aber noch einen besonders wichtigen Punkt. Der Generalsekretär sei so liebenswürdig gewesen, ihn zu einem Besuch in der Sowjetunion einzuladen. Er komme dieser Einladung mit großem Vergnügen nach und freue sich auf den Besuch.

Abschließend wurde darüber gesprochen, wer die jeweiligen Dokumente unterzeichnen solle. Es wurde Einigung darüber erzielt, daß die Gemeinsame Dekla-

---

[23] Helmut Schmidt wurde am 16. Mai 1974 zum Bundeskanzler gewählt. Bundesminister Genscher trat sein Amt am selben Tag an.

ration vom Bundeskanzler und vom Generalsekretär, das Wirtschaftsabkommen zusätzlich auch von den beiden Außenministern unterzeichnet werden solle. Das Kommuniqué solle nicht unterzeichnet werden.

An dem Gespräch nahmen ferner teil:

von sowjetischer Seite – Außenminister Gromyko, Botschafter Falin, ZK-Abteilungsleiter Samjatin, die Berater des Generalsekretärs, Alexandrow und Blatow, der Dolmetscher Kurpakow;

von deutscher Seite – Bundesaußenminister Genscher, Botschafter Wieck, Staatssekretär Bölling (zeitweise), Ministerialdirektor Ruhfus, der Unterzeichnende als Dolmetscher.

Dauer des Gesprächs: 90 Minuten.

Diese Aufzeichnung wurde von Herrn Botschafter Wieck durchgesehen.

VS-Bd. 14072 (010)

136

Gespräch des Bundeskanzlers Schmidt mit dem Generalsekretär des ZK der KPdSU, Breschnew, auf Schloß Gymnich

Geheim 5. Mai 1978[1]

Vermerk über das Gespräch des Bundeskanzlers mit Generalsekretär Breschnew am 5.5.1978 von 10.00 bis 12.15 Uhr[2]

Weitere Teilnehmer:

Alexandrow, Blatow, MD Dr. Ruhfus, zwei Dolmetscher

Bundeskanzler: Wegen der Kürze der Zeit habe er gestern[3] auf die Ausführungen des Generalsekretärs zu den bilateralen Fragen nicht im vollen Umfang eingehen können. Daher wolle er dies heute nachholen.

Medien

Es gebe in den deutschen Medien einige rückwärts gerichtete Tendenzen. Es gebe auch linksextremistische und rechtsextremistische Tendenzen. Diese hätten jedoch quantitativ einen außerordentlich geringen Umfang. Auch die rechts-

---

[1] Ablichtung.
Die Gesprächsaufzeichnung wurde von Ministerialdirektor Ruhfus, Bundeskanzleramt, gefertigt und am 10. Mai 1978 an Vortragenden Legationsrat I. Klasse Lewalter übermittelt. Vgl. Dok. 135, Anm. 1.
Zum Gespräch vgl. auch SCHMIDT, Menschen, S. 91–94.

[2] Der Generalsekretär des ZK der KPdSU, Breschnew, hielt sich vom 4. bis 7. Mai 1978 in der Bundesrepublik auf.

[3] Für das Gespräch am 4. Mai 1978 vgl. Dok. 135.

und linksextremistischen Parteien erhielten bei den Wahlen nur sehr wenige Stimmen.

Breschnew erkundigte sich, wer die Terroristen seien.

Bundeskanzler: Die Terroristen behaupteten von sich, sie seien Kommunisten. Im Grunde seien sie aber Anarchisten, wie beispielsweise auch die anarchistischen Gruppierungen in Italien. Die deutschen Terroristen hätten im Augenblick die Bundesrepublik verlassen, weil die Polizei intensiv nach ihnen fahnde.

Radio Free Europe/Radio Liberty

Bundeskanzler: Er sei mit der Tätigkeit der beiden amerikanischen Rundfunkstationen nicht sehr zufrieden. Die Bundesregierung unterhalte auch keine Stationen auf fremdem Boden. Er habe die Frage mit Kissinger erörtert und ihm nahegelegt, daß die Tätigkeit der Stationen irgendwann einmal ein Ende finden müsse.[4] Jetzt müsse das Gespräch mit der neuen amerikanischen Regierung aufgenommen werden.[5]

Er wolle aber auch nicht verschweigen, daß es intensive Propaganda gebe, die in Richtung auf die Bundesrepublik ausgestrahlt würde. Diese Propaganda komme zu einem großen Teil aus Ostberlin. Sie werde letztlich mit den Devisenzahlungen finanziert, die wir aus unseren Leistungen an die DDR erbrächten.

Berlin

Bundeskanzler: Wie bereits gestern gesagt, habe die Bundesregierung nicht die Absicht, den Status von Berlin zu verändern oder die Ausweitung der bestehenden Bindungen zu betreiben. Er gehe allerdings davon aus, daß die Zustimmung der sowjetischen Seite zu der Formel, die seinerzeit mit Willy Brandt vereinbart worden sei – der strikten Einhaltung und vollen Anwendung[6] –, beinhalte, daß die bestehenden Bindungen aufrechterhalten werden und daß der Status nicht negativ verändert werde.

Er wolle auf eine Kleinigkeit hinweisen, die aber gleichwohl unschön und nicht ohne Bedeutung gewesen sei. Bei dem letzten Besuch des Bundespräsidenten

---

[4] Vgl. dazu das deutsch-amerikanische Regierungsgespräch am 15. Juli 1976 in Washington; AAPD 1976, II, Dok. 233.

[5] Zur Tätigkeit der Sender „Radio Free Europe" und „Radio Liberty" vgl. Dok. 70, Anm. 16 und 18. Referat 212 vermerkte am 27. Juni 1978: „Nach einer umfassenden Überprüfung der gesamten Problematik von RFE/RL durch die Bundesregierung, die insbesondere die Berechtigung des amerikanischen Wunsches nach Leistungserhöhung der vier Kurzwellensender in Holzkirchen von bisher 10 KW auf 250 KW ergab, und nach einem zustimmenden Schreiben des Chefs des Bundeskanzleramts vom 19. Mai 1978 unterrichtete der Staatssekretär des Auswärtigen Amts am 9. Juni 1978 den amerikanischen Botschafter, daß die Bundesregierung die beantragte Übertragung der bisherigen Sendegenehmigungen für RFE und RL auf die neue Trägergesellschaft RFE/RL Inc. mit deutlichen politischen Auflagen und die beantragte Leistungserhöhung für vier KW-Sender der Sendestation Holzkirchen von RFE/RL von bisher 10 auf 250 KW genehmigen werde. Die Entscheidung der Bundesregierung hinsichtlich der Übertragung der Sendegenehmigung wird formalisiert, sobald RFE/RL gegenüber dem Bundesministerium für das Post- und Fernmeldewesen eine Erklärung abgegeben hat, mit der der Sender sich mit den von der Bundesregierung erteilten politischen Auflagen einverstanden erklärt." Langfristig solle jedoch gegenüber den USA die Möglichkeit „einer allmählichen Inkorporierung von RFE/RL in die Voice of America" erörtert werden. Dabei müsse sich die Bundesregierung allerdings bewußt sein, daß diese Möglichkeit „für die aktuelle amerikanische Politik aus innenpolitischen Gründen zur Zeit nicht in Betracht kommen" könne. Vgl. VS-Bd. 13075 (210); B 150, Aktenkopien 1978.

[6] Vgl. dazu die Gemeinsame Erklärung vom 21. Mai 1973 über den Besuch des Generalsekretärs des ZK der KPdSU, Breschnew, vom 18. bis 22. Mai 1973 in der Bundesrepublik; BULLETIN 1973, S. 575.

hätte sich eine sowjetische Patrouille in die Fahrzeugkolonne des Bundespräsidenten eingefädelt und die Fahrt des Bundespräsidenten zu seiner Residenz behindert.[7]

Hinsichtlich des Wissenschaftsabkommens[8] und des Kulturprogramms[9] gebe es prinzipielle Übereinstimmung über den Text der Vereinbarungen und auch über die Einbeziehung Berlins in den Vertragstext. Es sei schwer verständlich, daß ihm gesagt würde, daß die Außenministerien nach wie vor Schwierigkeiten hätten, sich über die praktische Anwendung der Abkommen auf die Berliner zu einigen.

Er wolle nicht den Anschein erwecken, daß er in Berlin Regierungsakte vornehme. Aus diesem Grund werde er auch in der kommenden Woche nicht zu der Fraktionssitzung der SPD nach Berlin gehen, da dort unvermeidlich von ihm ein Bericht über seine Gespräche mit dem Generalsekretär erwartet würde.

Andererseits wolle er mitteilen, daß er die britische Königin[10] und Präsident Carter[11] als „Ehrenbegleiter" bei ihren Besuchen in Berlin (West) in den kommenden Monaten begleiten werde.

Er wisse, daß es in Osteuropa kritische Stimmen zu der Einbeziehung Berlins in die bevorstehenden Wahlen zum Europäischen Parlament[12] gegeben habe. Die Berliner Abgeordneten für das Europäische Parlament seien schon bisher ernannt und nicht gewählt worden. Daran werde sich nichts ändern. Alle Mitglieder des Europäischen Parlaments würden gewählt, die Berliner Vertreter würden jedoch vom Abgeordnetenhaus ernannt. Dies zeige, daß sorgfältig darauf geachtet worden sei, keine Veränderung des Status herbeizuführen.

Bundeskanzler betonte die konstruktive Politik des neuen Regierenden Bürgermeisters Stobbe. Er verwies auf die ausgewogenen Ausführungen von RBM

---

[7] Am 4. April 1978 wurde in der Presse berichtet, daß am Vortag die Wagenkolonne des Bundespräsidenten Scheel in Berlin (West) behindert worden sei: „Scheel befand sich auf dem Weg zu einer Werksbesichtigung, als sich ein mit vier Sowjetoffizieren besetztes Militärfahrzeug in den Konvoi drängte. Beim Verlassen des Werkes wurde Scheel von den Sowjets fotografiert. Anschließend versuchten die Soldaten, sich der Kolonne wieder anzuschließen, wurden jedoch von einer britischen Militärpatrouille abgedrängt." Vgl. die Meldung „Sowjets behindern Scheel"; DIE WELT vom 4. April 1978, S. 1.

[8] Zum geplanten Abkommen über wissenschaftlich-technische Zusammenarbeit vgl. Dok. 17, Anm. 12.

[9] Botschafter Wieck, Moskau, erläuterte am 19. April 1978, der Umfang des Kulturaustauschs mit der UdSSR habe sich in den meisten Bereichen „seit mehreren Jahren auf etwa dem gleichen Niveau gehalten. Ein Ausbau der kulturellen Zusammenarbeit würde die Vereinbarung eines Zweijahresprogramms, wie es in dem deutsch-sowj[etischen] Kulturabkommen vom Mai 1973 vorgesehen ist, voraussetzen. Die Vereinbarung eines solchen Zweijahresprogramms scheitert nach wie vor an der Frage der Einbeziehung Berlins. Die SU ist – entsprechend ihrer Haltung beim wissenschaftlich-technischen Regierungsabkommen – nicht bereit, eine saubere personenbezogene Lösung zu akzeptieren, die auch eine Beteiligung der in Berlin vorhandenen Bundesinstitutionen am Kulturaustausch gewährleistet." Vorrangiges sowjetisches Interesse sei die Aufnahme von Schulbuchgesprächen und eine Erhöhung der Quote der langfristigen Stipendien für sowjetische Wissenschaftler, während die Bundesregierung an einer Erweiterung der Möglichkeiten von Gastspielen und Ausstellungen und der Entsendung von Lektoren in die UdSSR interessiert sei. Vgl. den Drahtbericht Nr. 1135; Referat 213, Bd. 133097.

[10] Im Rahmen einer Reise vom 22. bis 26. Mai 1978 in die Bundesrepublik hielt sich Königin Elizabeth II. am 25. Mai 1978 in Berlin (West) auf.

[11] Im Rahmen eines Besuchs vom 13. bis 17. Juli 1978 in der Bundesrepublik besuchte Präsident Carter am 15. Juli 1978 Berlin (West).

[12] Zum Beschluß des Europäischen Rats vom 12./13. Juli 1976 zur Einführung von Direktwahlen zum Europäischen Parlament vgl. Dok. 8, Anm. 28.
Zur Festlegung des Wahltermins 7. bzw. 10. Juni 1979 vgl. Dok. 113.

Stobbe im Fernsehen.[13] Stobbe habe dort auf die Berliner Realitäten hingewiesen und ausgeführt, daß Berlin (West) kein konstitutiver Teil der Bundesrepublik Deutschland sei. Er rege an, daß der Generalsekretär die Amtsführung von Stobbe mit Aufmerksamkeit, aber auch mit Sympathie verfolge, die Stobbe nötig habe und der er würdig sei.

Breschnew: Er wolle später noch auf Berlin zurückkommen.

Familienzusammenführung

Bundeskanzler: Er habe bei seinem letzten Gespräch mit dem Generalsekretär über humanitäre Fälle und über Familienzusammenführung gesprochen.[14] Er sei dankbar für die Art, in der im Anschluß an die Gespräche die humanitären Fälle und die Familienzusammenführung von der sowjetischen Seite behandelt worden seien. Er bat um Zustimmung, daß MD Ruhfus Alexandrow eine Liste von humanitären Fällen übergeben könne.

Breschnew stimmte spontan zu. *Alexandrow* schränkte ein, auf Prüfung der Fälle.[15]

Militärische Fragen

Breschnew trug anhand von Papieren vor. Die Bundesrepublik Deutschland gebe Milliarden für die Rüstung aus. Die Entwicklung entferne sich von dem, was die Bundesrepublik Deutschland als Begrenzung angegeben habe. Der Bau deutscher Raketen in Zaire[16] erfülle ihn mit Sorge. Auf den sowjetischen Vorschlag, einen no first use[17] zu vereinbaren, habe es keine positive Reaktion der Bundesrepublik gegeben. Es sei absurd, strategische Überlegungen mit der angeblichen Bedrohung durch die Sowjetunion zu begründen. Die Sowjetunion wolle die Bundesrepublik nicht überfallen, weder konventionell noch nuklear. Es bereite ihm kein Vergnügen, darüber zu sprechen. Aber wenn man Vertrauen schaffen wolle, müsse man auch strategische Fragen ansprechen.

Bundeskanzler stimmte zu.

---

[13] Der Regierende Bürgermeister von Berlin, Stobbe, erklärte am 27. April 1978 auf einer Pressekonferenz in Berlin (West): „Die Fortentwicklung der Beziehungen zwischen der Bundesrepublik Deutschland und der Sowjetunion wird entscheidend davon bestimmt, daß die Realität Berlin (West) auch von der Sowjetunion voll respektiert wird. Diese Realität besteht vor allem anderen darin, daß unsere Stadt [als] Ausdruck ihrer Zusammengehörigkeit mit dem Bund fester Bestandteil des Rechts-, Wirtschafts- und Finanzsystems und der Gesellschaftsordnung der Bundesrepublik Deutschland geworden ist. [...] Wir sind uns dabei aber auch der Realität bewußt, daß Berlin (West) kraft der Entscheidung der drei Schutzmächte kein konstitutiver Teil der Bundesrepublik Deutschland sei, nicht von ihr regiert werden kann. Die Stadt ist aber deshalb kein drittes Völkerrechtssubjekt auf deutschem Boden." Vgl. den Drahtbericht Nr. 26 des Vortragenden Legationsrats von Siegfried, Berlin (West), vom 27. April 1978; Referat 210, Bd. 116419.

[14] Bundeskanzler Schmidt sprach die Frage der Familienzusammenführung in einem Gespräch mit dem Generalsekretär des ZK der KPdSU, Breschnew, am 30. Oktober 1974 in Moskau an. Vgl. AAPD 1974, II, Dok. 315.

[15] Ministerialdirektor Ruhfus, Bundeskanzleramt, notierte am 8. Mai 1978 über ein Gespräch mit den Beratern des Generalsekretärs des ZK der KPdSU, Alexandrow-Agentow und Blatow, am 6. Mai 1978: „Ich übergab Alexandrow die Liste der Härtefälle (sowohl der 68 bereits von hochstehenden deutschen Persönlichkeiten angesprochenen als auch die weiteren 73 vergleichbaren Fälle). Alexandrow sagte Prüfung aller Fälle und Weiterleitung an die zuständigen Behörden zu." Vgl. Bundeskanzleramt, AZ: 21-30 100 (56), Bd. 45; B 150, Aktenkopien 1978.

[16] Zu den sowjetischen Protesten gegen die Tätigkeit der Firma OTRAG in Zaire vgl. Dok. 21, Anm. 17.

[17] Vgl. dazu den sowjetischen Entwurf vom 24. Oktober 1977 für eine „Aktionsbasis zur Festigung der militärischen Entspannung in Europa"; Dok. 4, Anm. 16.

Breschnew: Die Sowjetunion erwarte, daß die Bundesrepublik ihre Politik nicht auf Erhöhung ihrer militärischen Macht ausrichte. Man solle Europa nicht zum möglichen Schauplatz eines nuklearen Krieges machen. Die Sowjetunion habe keine derartige Absicht. Ihm seien Äußerungen aus der Bundesrepublik über Besorgnisse vor einem Übergewicht der Sowjetunion und des Warschauer Pakts bekannt. Man solle sich an die Realitäten halten.

Die Sowjetunion unterhalte keine geringen Streitkräfte und müsse für deren Unterhaltung bedeutsame Summen ausgeben. Aber man müsse hierfür in Betracht ziehen die Politik der Vereinigten Staaten und anderer Länder. Die Vereinigten Staaten verfügen über ein großes nukleares Potential, mehr als 1000 interkontinentale Raketen, über 650 Raketen auf U-Booten, über mehr als 400 strategische Bomber. Die USA könnten mehr als 10 000 Sprengköpfe gegen die Sowjetunion einsetzen. Zur Zeit arbeiteten die USA an noch wirksameren Waffen mit noch höherer Präzision, an neuen Raketen und an Verbesserungen der Luftwaffe, an der Schaffung von strategischen Cruise Missiles. Die USA zielten darauf ab, das Übergewicht zu erreichen.

Es werde behauptet, daß die Sowjetunion ungerechtfertigt große konventionelle Streitkräfte besitze. Sie sei ein großes Land mit langen Grenzen.

Alexandrow warf ein, ein britischer Vertreter habe kürzlich gesagt, die VR China und Großbritannien hätten einen gemeinsamen Feind, nämlich die Sowjetunion.

Breschnew: In Mitteleuropa seien NATO-Streitkräfte von etwa einer Million stationiert. Es gebe dort ein ungefähres Gleichgewicht im konventionellen Bereich. Die Sowjetunion habe während des Zweiten Weltkriegs einen zu hohen Preis für die Unterschätzung der Kampfkraft ihrer Nachbarn gezahlt. Er habe kürzlich zwei radikale Vorschläge für den Abbau der konventionellen Rüstung gemacht:

– Verzicht auf Vergrößerung der Streitkräfte und auf Steigerung der konventionellen Rüstung durch die Ständigen Mitglieder des Sicherheitsrats und mit ihnen verbündete Länder.

– Einstellung der Entwicklung neuer konventioneller Rüstungssysteme mit starker Zerstörungskraft.[18]

Manche westliche Länder versuchten, ihre Aufrüstung durch den Hinweis auf die sowjetische Rüstung zu rechtfertigen. Die sowjetische Doktrin sei auf die Verteidigung des sozialistischen Vaterlandes gerichtet, nicht aber auf Aggression. Die Verpflichtung auf den Frieden sei auch in der Verfassung niedergelegt.[19] Nur außerordentliche Bedingungen würden die Sowjetunion zum Einsatz der furchtbaren nuklearen Waffen veranlassen, nämlich der Angriff auf das eigene Land oder auf einen Verbündeten der Sowjetunion.

---

[18] Vgl. dazu die Rede des Generalsekretärs des ZK der KPdSU, Breschnew, auf dem XVIII. Kongreß des Kommunistischen Jugendverbands der UdSSR am 25. April 1978 in Moskau; EUROPA-ARCHIV 1978, D 350–352.

[19] In der Präambel der sowjetischen Verfassung vom 7. Oktober 1977 wurde als eines der Hauptziele des Staats die „Festigung des Friedens" genannt. Artikel 28 und 29 enthielten die Leitlinien der Außenpolitik und sahen u. a. den Verzicht auf Gewaltanwendung sowie die friedliche Regelung von Streitigkeiten vor. Vgl. dazu EUROPA-ARCHIV 1977, D 625–632.

Neutronenwaffen (NW)

Breschnew: Diese unangenehme Frage sei nicht von der Sowjetunion geschaffen worden. Er sei eindeutig gegen die Pläne für NW und habe die Motive in seinen Briefen an den Bundeskanzler[20] dargelegt.

Präsident Carter habe seine Entscheidung über die Produktion nur aufgeschoben.[21] Das Problem bedürfe nach wie vor der Lösung. Manche Politiker versuchten, die Neutronenwaffen wie Schokolade in schöner Verpackung zu präsentieren. Man solle sich nicht täuschen, die NW würden die Schwelle nuklearer Konflikte senken.

Die Sowjetunion habe den gegenseitigen Verzicht von NW vorgeschlagen. Dieses faire Angebot trage den Interessen von NATO und Warschauer Pakt Rechnung. Man versuche nunmehr, die Sowjetunion in Feilschen über NW hineinzuziehen.[22]

Die Sowjetunion werde keine NW herstellen, solange die USA nicht die Produktion aufnehmen. Wenn die USA produzieren, sei die Sowjetunion nicht mehr gebunden und werde entsprechend verfahren.

Man habe die Entwicklung der Haltung der Bundesrepublik aufmerksam verfolgt. Die Haltung sei unklar gewesen. Man habe den Eindruck gewonnen, daß es auch in hohen staatlichen Funktionen Menschen gebe, die nicht gegen die NW seien, die es aber vorzögen, sich die NW aufzwingen zu lassen und die Schuld für deren Dislozierung in die Schuhe der USA oder gar der Sowjetunion zu schieben, nachdem man vorher unannehmbare Gegenforderungen aufgestellt habe.

Dies sei ein durchsichtiges Spiel. Niemand könne die Bundesrepublik von der Mitverantwortung bei der Lösung des Problems der NW befreien. Eine Entscheidung für die NW würde sich negativ auswirken auf die internationale Lage und auch auf die sowjetisch-westdeutschen Beziehungen.

Jetzt sei noch Zeit, den richtigen Weg zu wählen. Er hoffe, daß die Bundesrepublik eine entsprechende Wahl treffen werde.

SALT

Breschnew: Die Gespräche mit den USA würden in unmöglicher, ja beinahe unverschämter Weise in die Länge gezogen. Die Sowjetunion führe die Verhandlungen mit dem Wunsch, dieses Abkommen, das ein Meilenstein auf dem Weg zur Verlangsamung des Wettrüstens sein könne, möglichst bald abzuschließen. Auch die amerikanische Regierung vermittle den Eindruck, den baldigen Abschluß des Abkommens zu wollen. Aber die Regierung Carter versuche, einseitige Vorteile auszuhandeln. Die amerikanische Verhandlungsstrategie reflektiere innenpolitische Überlegungen, die nichts mit SALT zu tun hätten. Bei dem letzten Gespräch mit Außenminister Vance[23] seien gewisse Fortschritte erzielt worden. Aber es seien noch nicht alle Probleme gelöst. Die USA seien bestrebt,

---

[20] Zu den Schreiben des Generalsekretärs des ZK der KPdSU, Breschnew, vom 12. Dezember 1977 bzw. 5. Januar 1978 an Bundeskanzler Schmidt vgl. Dok. 6.
[21] Vgl. dazu die Erklärung des Präsidenten Carter vom 7. April 1978; Dok. 108.
[22] So in der Vorlage.
[23] Der amerikanische Außenminister Vance hielt sich vom 19. bis 23. April 1978 in der UdSSR auf. Vgl. dazu Dok. 126.

ein Minimum an Einschränkungen der Cruise Missiles mit großen Reichweiten zu erzielen, was den Vereinbarungen vom September 1977[24] widerspreche. Die USA versuchten, der Sowjetunion das Recht vorzuenthalten, ballistische Raketen neuen Typs mit MIRV zu entwickeln. Sie wollten die Modernisierung durch die Schaffung einer neuen Rakete mit nur einem Kopf verhindern. Sie bestünden auf Regelungen für Backfire, obwohl es sich hier nur um ein Mittelstreckenflugzeug handele. Es werde wohl noch einige Zeit erforderlich sein, um die Vereinbarung abzuschließen.

Das wichtigste für die Beziehungen zwischen USA und Sowjetunion sei die gegenseitige Rücksichtnahme auf die legitimen Interessen der anderen Seite, das Prinzip der unverminderten Sicherheit und der Nichteinmischung in die inneren Angelegenheiten. Man habe Vance auch gesagt, die Sowjetunion könne die Reden der amerikanischen Vertreter nicht verstehen, die einmal für den Frieden einträten, sich dann aber andererseits für Aufrüstung gegen die Sowjetunion aussprächen.

Er gehe davon aus, daß die Bundesrepublik interessiert sei an einem erfolgreichem Abschluß von SALT. Seit einiger Zeit höre man jedoch Stimmen, daß die Sicherheit der NATO-Länder beeinträchtigt werden könne, wenn die NATO-Staaten nicht Cruise Missiles in ihrem Arsenal hätten. Diese Stimmen seien insbesondere auf der NATO-Tagung im Dezember 1977[25] laut geworden. Er wolle nicht glauben, daß die Bundesrepublik für Wettrüsten eintrete. Was aber sei die Haltung der Bundesrepublik? Ob unter Grauzone der Bereich zu verstehen sei, der nicht von den SALT-Gesprächen zwischen der Sowjetunion und den USA umfaßt werde?

Bundeskanzler: Richtig.

Breschnew: Wenn BK nach „Grauzone" frage, so sei SU bereit, alle Arten von Waffen zu reduzieren im Einvernehmen zwischen den Staaten, ohne Beeinträchtigung der Sicherheit der Seiten und bei voller Gegenseitigkeit.

Bundeskanzler dankt für die ausführlichen Darlegungen. Er fühle sich in dem Eindruck bestätigt, den er bereits vor fünf Jahren[26] gewonnen habe, daß der Generalsekretär vom Willen zum Frieden geleitet werde. Der Generalsekretär möge davon ausgehen, daß der Bundeskanzler sich mit dem gleichen Engagement für den Frieden einsetze.

Er wolle acht Anmerkungen machen:1) Er müsse den Ausführungen des Generalsekretärs, daß die Bundesrepublik über die bisherigen Grenzen ihrer Rüstung hinausgehe, widersprechen. Die Bundeswehr sei seit einem Jahrzehnt nicht verstärkt worden. Auch für die Zukunft bestehe keine Absicht, sie zu verstärken. Wir hielten uns an die Grenzen, die uns gesetzt seien und die wir uns

---

[24] Der sowjetische Außenminister Gromyko führte am 22./23. bzw. 27. September 1977 Gespräche mit Präsident Carter. Zur Erörterung von SALT II vgl. AAPD 1977, II, Dok. 261, Dok. 263 und Dok. 276.

[25] Die NATO-Ministerratstagung fand am 8./9. Dezember 1977 in Brüssel statt. Vgl. dazu AAPD 1977, II, Dok. 359 und Dok. 361.

[26] Helmut Schmidt traf während des Besuchs des Generalsekretärs des ZK der KPdSU vom 18. bis 22. Mai 1973 in der Bundesrepublik mit Breschnew zusammen. Vgl. dazu SCHMIDT, Menschen, S. 18–20.
Zum Besuch von Breschnew vgl. AAPD 1973, II, Dok. 145–152.

selbst gesetzt hätten. Wir produzierten beispielsweise wohl Raketen zur Abwehr von Panzern oder von Flugzeugen, aber keine weitreichenden Raketen.

Die Bundesrepublik verfüge weder über atomare noch über biologische oder chemische Waffen, noch strebe sie für die Zukunft danach.[27]

Er freue sich, daß inzwischen, wie bei den letzten Moskauer Gesprächen[28] vereinbart, Militärattachés ausgetauscht worden seien[29] und daß Manöver angekündigt und beobachtet würden[30]. Dies gebe den Fachleuten Gelegenheit, sich von der Wahrheit seiner Ausführungen zu überzeugen.

2) Bei OTRAG handele es sich um ein Abenteuer einer privaten Wirtschaftsgruppe, die in Deutschland keine Rolle spiele. Ein Beamter der Bundesregierung habe sich das Gelände angesehen[31] und festgestellt, daß nur einige Handwerker sich dort aufhielten, aber kein Wissenschaftler. Es bestehe der Eindruck, daß hier der deutsche Steuerzahler geprellt würde. Er habe Mobutu gebeten, die Anlage unter strenger Kontrolle zu halten.[32] Er habe den brasilianischen Präsidenten Geisel vor der Aktivität von OTRAG gewarnt.[33] Er nehme dieses

---

[27] Zu den Herstellungsbeschränkungen für die Bundesrepublik vgl. Dok. 63, Anm. 2.
Anlage I des Protokolls Nr. III zum WEU-Vertrag vom 23. Oktober 1954 enthielt die Erklärung des Bundeskanzlers Adenauer vom 3. Oktober 1954 in London betreffend den Verzicht auf die Herstellung atomarer, biologischer und chemischer Waffen auf dem Gebiet der Bundesrepublik. Für den Wortlaut vgl. BUNDESGESETZBLATT 1955, Teil II, S. 269.

[28] Bundeskanzler Schmidt und Bundesminister Genscher hielten sich vom 28. bis 31. Oktober 1974 in der UdSSR auf. Vgl. dazu AAPD 1974, II, Dok. 309 und Dok. 311–316.

[29] Die Militärattachés Vogel bzw. Knyrkow nahmen ihre Tätigkeit am 1. Oktober 1976 auf.

[30] Im „Dokument über vertrauensbildende Maßnahmen und bestimmte Aspekte der Sicherheit und Abrüstung" der KSZE-Schlußakte vom 1. August 1975 verpflichteten sich die Teilnehmerstaaten zur Ankündigung von Manövern auf ihrem Territorium bei einer Gesamtstärke von 25 000 Mann. Bei Teilnehmerstaaten mit außerhalb von Europa liegendem Territorium waren Manöver anzukündigen, „die in einem Gebiet innerhalb von 250 Kilometern von seiner Grenze stattfinden, die einem anderen europäischen Teilnehmerstaat gegenüberliegt, oder die er mit ihm teilt". Ferner war die Einladung von Manöverbeobachtern vorgesehen. Vgl. SICHERHEIT UND ZUSAMMENARBEIT, Bd. 2, S. 922f.

[31] Vortragender Legationsrat Nestroy hielt sich vom 7. bis 12. Februar 1978 in der Raketenversuchsstation der Firma OTRAG in Shaba auf und vermerkte dazu am 23. Februar 1978, es sei dort weder raketentechnisches Personal noch Verwaltungspersonal anwesend gewesen. Er habe sich auf dem Gelände frei bewegen und auch fotografieren dürfen. Neben einer Betonplattform mit einfachem Abschußtisch bestehe die Anlage u. a. aus einem Montagegerüst und einem Erdbunker mit einfacher Computeranlage für die Betankung. Anhaltspunkte für eventuelle weitere unterirdische Anlagen hätten sich nicht ergeben. Erst bei einem für Mai 1978 erwarteten erneuten Raketenstart werde sämtliches Material und raketentechnisches Personal eingeflogen werden. Vgl. dazu Referat 321, Bd. 115615.

[32] Im Gespräch mit Präsident Mobutu am 1. Februar 1978 führte Bundeskanzler Schmidt aus: „Wir seien durch vielfältige Verleumdungen und Beschuldigungen, die wegen der Aktivität dieses deutschen Unternehmens in Zaire gegen die Bundesregierung gerichtet worden seien, beunruhigt. Obwohl wir von dem friedlichen Zweck des Vorhabens überzeugt seien, müsse er ankündigen, daß wir den Export von Raketen und Raketenteilen von einer Genehmigung der Regierung abhängig machen wollten, um eine friedliche Verwendung in rechtsförmlicher Weise sicherzustellen. Er gehe im übrigen davon aus, daß der Präsident die Tätigkeit der Firma auf seinem Staatsgebiet unter Kontrolle habe. Präsident Mobutu bestätigt dies." Vgl. die Gesprächsaufzeichnung; Referat 200, Bd. 111245.

[33] Während eines Mittagessens mit Präsident Geisel teilte Bundeskanzler Schmidt mit, „er wisse, daß einige Offiziere in Brasilien an der Entwicklung von Raketen interessiert seien. Von dem französischen Präsidenten Giscard d'Estaing habe er erfahren – dies stehe nicht in unmittelbarem Zusammenhang mit obiger Bemerkung –, daß ebenfalls Interesse an einer Zusammenarbeit mit der deutschen Firma OTRAG bestehe, die in Zaire tätig sei. Hierbei handele es sich um ein Unternehmen, das die Bundesregierung nicht für seriös halte und nicht unterstütze. Dies habe er Präsident Mobutu mitgeteilt und ihm erklärt, er erwarte von dem zairischen Präsidenten, daß er die Aktivi-

5. Mai 1978: Gespräch zwischen Schmidt und Breschnew   **136**

Unternehmen nicht ernst und bitte den Generalsekretär, ebenso zu verfahren. Die Angelegenheit sei ärgerlich, aber ohne jede militärische Bedeutung.

3) Die sowjetischen Vorwürfe an die Adresse der Bundesregierung im Zusammenhang mit den sowjetischen Vorschlägen über die Vereinbarung eines no first use seien bei der Bundesregierung nicht richtig adressiert. Wir seien Mitglied des Nordatlantischen Bündnisses. Zu diesen Vorschlägen könne nicht die Bundesrepublik reagieren, sondern nur das Bündnis Stellung nehmen.

4) SALT sei nach unserem Verständnis eine Angelegenheit der Weltmächte. Die Vereinigten Staaten konsultierten von Zeit zu Zeit ihre Verbündeten. Wir hätten großes Interesse an dem Zustandekommen von SALT II. Als nichtnukleares Land hätten wir sogar den Anspruch aufgrund des Nichtverbreitungsvertrages auf Schritte zur nuklearen Abrüstung seitens der Kernwaffenmächte.[34]

Als Fußnote wolle er anfügen, daß wir größten Wert auf Einhaltung von Artikel 4 des Nichtverbreitungsvertrages legten. Dieser Artikel sichere die volle Handlungsfreiheit für die zivile Nutzung der Kernenergie.[35]

5) Er habe keine Sorge, daß die Sowjetunion angreife, solange die Führung in den Händen des Generalsekretärs liege. Aber er mache sich Gedanken über spätere Zeiten, wenn andere Generationen die Führung übernähmen. Es wären vor allem drei Bereiche, die ihm Sorge bereiteten:

die Panzerüberlegenheit des Warschauer Pakts im Reduzierungsraum,

die Überlegenheit im Bereich der Mittelstreckenraketen und im Bereich der Bomber.

Der Bundeskanzler übergab hierzu Darstellungen[36] und bat um Überprüfung der Zahlen. Er wies besonders auf das Problem der SS-20 hin. Dieses System falle unter die Grauzone. Er habe mit Genugtuung gehört, daß die Sowjetunion bereit sei, auch über die Waffen im Mittelstreckenbereich zu verhandeln. Er würde es sehr begrüßen, wenn es zu Verhandlungen zwischen der Sowjetunion und den USA über die Waffen in diesem Bereich kommen würde.

Er habe den Hinweis auf die langen Grenzen der Sowjetunion und auf die VR China verstanden. Seine Besorgnisse richteten sich auf den Wiener Reduzie-

Fortsetzung Fußnote von Seite 658
    täten dieser Firma unter Kontrolle halte. Es sei ihm daran gelegen, auch Präsident Geisel auf die Einstellung der Bundesregierung in dieser Angelegenheit aufmerksam zu machen. Der brasilianische Präsident dankte für den Hinweis. Offiziell habe er keine Kenntnis von der Firma OTRAG, jedoch in der Presse darüber gelesen." Vgl. die Gesprächsaufzeichnung; Bundeskanzleramt, AZ: 21-30 100 (56), Bd. 44; B 150, Aktenkopien 1978.

34 Vgl. dazu Artikel VI des Nichtverbreitungsvertrags vom 1. Juli 1968; BUNDESGESETZBLATT 1974, Teil II, S. 790.

35 Für den Wortlaut von Artikel IV des Nichtverbreitungsvertrags vom 1. Juli 1968 vgl. BUNDESGESETZBLATT 1974, Teil II, S. 789f.

36 Ministerialdirektor Ruhfus, Bundeskanzleramt, notierte am 8. Mai 1978 aus einem Gespräch mit den Beratern des Generalsekretärs des ZK der KPdSU, Alexandrow-Agentow und Blatow, am 6. Mai 1978: „Alexandrow war nicht bereit, die Darstellungen, die der Bundeskanzler Generalsekretär Breschnew am Vortage gezeigt hatte, entgegenzunehmen. Er hat allerdings Kenntnis von den Zahlen genommen. Ich habe angeregt, daß er die Relation der Panzer, der Flugzeuge und der Mittelstreckenraketen im Osten und im Westen überprüfen läßt und mir die sowjetischen Zahlen übermittelt. Alexandrow sagte zu, er werde sich diese Anregung durch den Kopf gehen lassen. Zu weiterer Festlegung war er nicht bereit." Vgl. Bundeskanzleramt, AZ: 21-30 100 (56), Bd. 45; B 150, Aktenkopien 1978.

rungsraum in Europa. Er wolle anfügen, die Bundesrepublik liefere nur konventionelle Waffen und nur innerhalb des Bündnisses. Lieferungen nach Lateinamerika und Asien seien Ausnahmen; nach Argentinien[37] und Iran[38] gelieferte U-Boote dürften die SU nicht beunruhigen.

6) MBFR: Er habe sich seit 1959 für Verhandlungen über die Fragen, die in Wien erörtert werden, eingesetzt.[39] Er habe sich im Herbst in London hierzu ausführlich geäußert.[40]

Ähnlich wie bei SALT müsse auch bei MBFR Parität im Reduzierungsraum angestrebt werden.

Weil auf beiden Seiten Bündnisse involviert seien, müsse die Parität durch kollektive Regelungen auf beiden Seiten hergestellt werden.

Er gehe davon aus, daß sich die SU und die Bundesrepublik an Reduzierungen, die als Ergebnis von MBFR vereinbart würden, beteiligen würden.

---

[37] Vortragender Legationsrat I. Klasse Dufner teilte der Botschaft in Buenos Aires am 3. Juli 1977 mit, der Bundessicherheitsrat habe am 2. Mai 1977 beschlossen, „daß die Bundesregierung einem Antrag der Thyssen Rheinstahl Technik GmbH bzw. Thyssen Nordseewerke GmbH für den Export von Ausrüstungsmaterialien für sechs U-Boote bzw. ein oder zwei kompletten U-Booten (T[hyssen] R[heinstahl]-1400 bzw. 1700) und Fertigungsunterlagen zustimmen würde unter der Bedingung, daß die Lizenz von Argentinien aus nicht und die aufgrund der Lizenz gebauten Boote nur nach vorheriger Zustimmung durch die Bundesregierung an Drittstaaten weitergegeben werden dürfen." Vgl. den Drahterlaß Nr. 178; Referat 403, Bd. 124201.
Am 24. Februar 1978 teilte Vortragender Legationsrat I. Klasse Pabsch der Botschaft in Buenos Aires mit, daß die Firmen Thyssen Rheinstahl Technik GmbH, Düsseldorf, und Thyssen Nordseewerke GmbH, Emden, am 1. Dezember 1977 Verträge mit der argentinischen Regierung über die Lieferung eines in der Bundesrepublik zu bauenden U-Boots vom Typ TR-1700 sowie den Bau von drei U-Booten vom Typ TR-1700 bzw. von zwei U-Booten vom Typ TR-1400 in Argentinien abgeschlossen hätten. Vgl. dazu den Drahterlaß; Referat 403, Bd. 124201.
Gesandter von Vacano, Buenos Aires, teilte am 30. August 1978 mit, daß die argentinische Regierung die gewünschten Endverbleibserklärungen abgegeben habe. Vgl. dazu den Schriftbericht Nr. 1186; Referat 403, Bd. 124201.

[38] Zur geplanten Lieferung von sechs U-Booten an den Iran vgl. Dok. 71, Anm. 7.
Vortragender Legationsrat I. Klasse Pabsch teilte der Botschaft in Djidda am 24. Mai 1978 mit, daß der Vertrag zwischen der Howaldtswerke-Deutsche Werft AG, Kiel, und der iranischen Regierung „kürzlich" unterzeichnet worden sei. Vgl. den Drahterlaß; Referat 422, Bd. 124221.

[39] Der SPD-Abgeordnete Schmidt sprach sich am 5. November 1959 im Bundestag für eine regionale Abrüstung in Mitteleuropa und Verhandlungen über eine „mitteleuropäische Rüstungsbegrenzungs- und Kontrollzone" aus. Vgl. dazu BT STENOGRAPHISCHE BERICHTE, Bd. 44, S. 4760–4767.

[40] Bundeskanzler Schmidt führte am 28. Oktober 1977 vor dem International Institute for Strategic Studies zu MBFR aus: „Ich habe dazu die folgenden sieben Überlegungen: 1) Beide Seiten, alle Teilnehmer der MBFR-Verhandlungen, bringen ihren Willen zum Ausdruck, die Verhandlungen zu einem positiven Ergebnis zu führen und sich dabei gleichwertig an Reduzierungen zu beteiligen. 2) Vorrang hat das Ziel, das ohne Verzug erreicht werden sollte, nämlich ein weiteres Anwachsen der militärischen Konfrontation zu verhindern und dadurch Ängste auszuräumen. 3) Die Gefahr eines Überraschungsangriffs muß ausgeschaltet werden. 4) Die bei der KSZE freiwillig vereinbarten vertrauensbildenden Maßnahmen müssen verbindlich übernommen werden. 5) Hauptziel von MBFR bleibt, durch Reduzierungen ein gleichgewichtiges Kräfteniveau auf niedrigerer Ebene herbeizuführen. 6) Truppenreduzierungen müssen am Prinzip der Parität orientiert und verifizierbar sein. Parität und Kollektivität sind als die bestimmenden Grundprinzipien anzuerkennen. 7) Die Fähigkeit der beiden Bündnissysteme, ihre Verteidigung zu organisieren, darf nicht beeinträchtigt werden. Wir sollten überlegen, ob es notwendig ist, die vertrauensbildenden Maßnahmen über den bisher vereinbarten Raum hinaus auszudehnen. Denn auch dann, wenn wir im Reduzierungsraum von MBFR schließlich zur konventionellen Parität gelangen sollten, haben wir noch keineswegs eine Parität der konventionellen Kräfte in ganz Europa. Dies um so weniger, als die Sowjetunion ihre strategischen Transportkapazitäten erheblich vergrößert hat und daher ihre Streitkräfte außerhalb des Reduzierungsraumes massieren könnte, während amerikanische Streitkräfte durch den Atlantik von Europa getrennt sein würden." Vgl. BULLETIN 1977, S. 1015.

7) Die Diskussion über die Neutronenwaffe sei verwirrend gewesen. Der Bundeskanzler verweist hierzu auf die Darlegung der Haltung der Bundesregierung in der Erklärung vor dem Bundestag Anfang dieses Monats.[41] Nach unserer Ansicht müßten die Neutronenwaffen einbezogen werden in die allgemeine Reduzierung atomarer Rüstung. Unsere Sorge über die mögliche Anwendung von Neutronenwaffen sei ebenso groß wie die im Hinblick auf alle anderen nuklearen Waffen des taktischen, des strategischen oder des Mittelstreckenbereichs.

8) Er sei vom Friedenswillen Präsident Carters ebenso überzeugt wie von den friedlichen Absichten des Generalsekretärs.

Breschnew: Er kenne Präsident Carter noch nicht persönlich.

Bundeskanzler: Präsident Carter sei interessiert, mit Breschnew zusammenzutreffen. Er sei ernsthaft bestrebt, SALT II zum Erfolg zu führen. Es gebe Widerstände in Teilen der amerikanischen Öffentlichkeit und im Kongreß. Der Vertrag bedürfe der Ratifikationsmehrheit im Senat.[42] Von Bonn aus gesehen würden die Dinge auch beeinflußt von der Entwicklung in Afrika, in Somalia, in Äthiopien und in Angola.

Die Bundesregierung wünsche Gleichgewicht. Dies könne erzielt werden durch Reduzierung der Rüstung oder durch Aufrüstung. Er trete mit ganzem Herzen für Rüstungsbegrenzungen ein.

Breschnew: Man werde das Problem der unterschiedlichen Zahlen so schnell nicht lösen können. Er verwies auf die nahezu zahlenmäßige Gleichheit der Bundeswehr und der sowjetischen Truppen im Reduzierungsraum und auf die hohe Zahl der bei der Luftwaffe und der Luftabwehr der Bundesrepublik beschäftigten Soldaten.

Zu Berlin führte Breschnew aus, daß eine Bewertung der Lage um West-Berlin ergebe, daß die grundlegende Gesundung in den 70er Jahren dem Inkrafttreten des Vier-Mächte-Abkommens vom 3. September zu verdanken sei. Der Abschluß des Vier-Mächte-Abkommens sei ein bedeutsames Ereignis in Europa gewesen, er habe den Weg zur Umwandlung von West-Berlin aus einer Quelle der Streitigkeiten in ein Element des Friedens und der Entspannung eröffnet. Unter den gegenwärtigen Bedingungen sei das Vier-Mächte-Abkommen die einzige Grundlage für die Verständigung in Westberliner Angelegenheiten. Die sowjetische Seite wolle, daß es keine Reibungen gebe und Westberlin nicht die Entwicklung der Beziehungen störe. Eine nichtkomplizierte Lage läge auch im Interesse der Bundesrepublik.

Der *Bundeskanzler* stimmte zu.

Breschnew: Man sage ihm, für einige Bestimmungen gebe es unterschiedliche Interpretationen. Der Wortlaut des Abkommens sei eindeutig. Es komme auf den approach an. Es gebe im allgemeinen keine Reibungen beim Transitverkehr, auch nicht bei den Besuchen aus Berlin (West) im anderen Teil der Stadt. Dies

---

41 Zur Regierungserklärung des Bundeskanzlers Schmidt vom 13. April 1978 vgl. Dok. 114, Anm. 6.
Vgl. ferner die Rede des Bundesministers Genscher am selben Tag; BT STENOGRAPHISCHE BERICHTE, Bd. 105, S. 6532–6535.

42 Zu den Aussichten für eine Ratifizierung eines SALT-II-Abkommens im amerikanischen Senat vgl. Dok. 124, Anm. 7.

sei so, weil die Sowjetunion Berlin keine Schwierigkeiten bereiten wolle. Auch die DDR zeige guten Willen.

Die Bemerkungen des Bundeskanzlers berechtigten zu der Hoffnung, daß führende Kreise in der Bundesrepublik die Bedeutung und den Vorteil der strikten Einhaltung des Vier-Mächte-Abkommens verstünden. Das gebe Anlaß zu Optimismus für eine positive Entwicklung in der Zukunft.

Er nehme zur Kenntnis, daß der Bundeskanzler nicht die Absicht habe, Regierungsfunktionen auf Westberlin auszudehnen. In diesem Lichte sei es aber unverständlich, warum er dann die englische Königin und den amerikanischen Präsidenten nach Berlin begleiten wolle. Ob das nicht als Versuch einer Demonstration zu werten sei, daß Berlin (West) zur Bundesrepublik gehöre?

Die Sowjetunion halte derartige Handlungen für unrichtig. Sie seien für die Entspannung nicht förderlich. Wenn sie stattfänden, werde man erneut darüber sprechen.

Auf die weiteren Einzelheiten der Ausführungen des Bundeskanzlers wolle er nicht eingehen. Die sollten von den Außenministern besprochen werden.

Der *Bundeskanzler* begrüßt die zuversichtlichen Äußerungen des Generalsekretärs zu Berlin. Optimismus sei ein gutes Wort, das beide weitertragen sollten und das auch andere beflügeln sollte.

Das englische und das amerikanische Staatsoberhaupt besuchten Berlin (West) aus eigenem Recht. Sie würden auch von ihren eigenen Streitkräften in Berlin begrüßt.

Die Anwesenheit des Bundeskanzlers sei eine Geste der Höflichkeit, wie die seiner Vorgänger bei früheren Besuchen der Königin und des amerikanischen Präsidenten.[43] Man solle der Angelegenheit keine übertriebene Bedeutung beimessen.

Er begrüße die große Offenheit, in der er alle diese Fragen mit dem Generalsekretär habe besprechen können.

VS-Bd. 14072 (010)

---

[43] Präsident Kennedy hielt sich in Begleitung des Bundeskanzlers Adenauer und des Bundesministers Schröder während eines Besuchs vom 23. bis 26. Juni 1963 in der Bundesrepublik am 26. Juni 1963 in Berlin (West) auf. Vgl. dazu AAPD 1963, II, Dok. 206 und Dok. 208. Zum Besuch in Berlin (West) vgl. auch FRUS 1961–1963, XV, S. 536f.
Königin Elizabeth II. hielt sich in Begleitung des Bundeskanzlers Erhard und des Bundesministers Schröder während eines Besuchs vom 18. bis 28. Mai 1965 in der Bundesrepublik am 27. Mai 1965 in Berlin (West) auf. Vgl. dazu AAPD 1965, II, Dok. 239.
Präsident Nixon hielt sich in Begleitung des Bundeskanzlers Kiesinger und des Bundesministers Brandt während eines Besuchs am 26./27. Februar 1969 in der Bundesrepublik am 27. Februar 1969 in Berlin (West) auf. Vgl. dazu AAPD 1969, I, Dok. 79–81. Zum Besuch in der Bundesrepublik vgl. auch FRUS 1969–1976, XL, S. 34–48.

137

Gespräch des Bundesministers Genscher mit dem sowjetischen Außenminister Gromyko

213-320.10 SOW VS-vertraulich   5. Mai 1978[1]

Gespräch zwischen Bundesminister Genscher und Außenminister Gromyko am 5.5.1978[2];
hier: Gemeinsame Deklaration[3] und Kommuniqué

Zu Beginn des Gesprächs der Minister wurden nach kurzen einführenden Erklärungen die Texte der Gemeinsamen Deklaration und des Kommuniqués durchgesehen und kommentiert.

Bundesminister: Wir betrachten den Besuch des Generalsekretärs in der Bundesrepublik Deutschland als ein wichtiges Ereignis. Die Reden des Bundespräsidenten[4] und auch des Generalsekretärs[5] haben deutlich gemacht, daß wir das Vertrauen zwischen uns ausbauen und festigen wollen, das eine wesentliche Grundlage unserer Beziehungen ist. Zur Festigung des Vertrauens sollen auch die heutigen Gespräche beitragen.

Gromyko: Wir wollen die Gespräche in gleichem Geist führen. Der Gedankenaustausch des Generalsekretärs mit dem Bundespräsidenten[6] und dem Bundeskanzler[7] ist gut verlaufen. Die allgemeine Atmosphäre ist günstig für die weitere Vertiefung unserer Beziehungen und die Stärkung des Vertrauens.

---

1 Die Gesprächsaufzeichnung wurde von Vortragendem Legationsrat I. Klasse Kühn gefertigt und am 11. Mai 1978 über Ministerialdirektor Blech an das Ministerbüro geleitet. Dazu vermerkte er: „In der Anlage werden die auf Weisung des Herrn Bundesministers ergänzten Gesprächsvermerke erneut vorgelegt."
Hat Blech am 11. Mai 1978 vorgelegen.
Hat Vortragendem Legationsrat I. Klasse Lewalter am 12. Mai 1978 vorgelegen.
Hat Bundesminister Genscher am 16. Juni 1978 vorgelegen.
Hat Lewalter am 19. Juni 1978 erneut vorgelegen, der handschriftlich für Referat 213 vermerkte: „MB hat zwei Abl[ichtungen] gefertigt. Eine verbleibt bei MB, eine wird zur Unterrichtung des Herrn Bundeskanzlers an BK[A] gesandt." Vgl. den Begleitvermerk; VS-Bd. 13089 (213); B 150, Aktenkopien 1978.

2 Der sowjetische Außenminister Gromyko begleitete den Generalsekretär des ZK der KPdSU, Breschnew, bei dessen Besuch vom 4. bis 7. Mai 1978 in der Bundesrepublik. Für das Gespräch vgl. auch Dok. 138.

3 Zu den Verhandlungen mit der UdSSR über eine Gemeinsame Deklaration anläßlich des Besuchs des Generalsekretärs des ZK der KPdSU, Breschnew, vom 4. bis 7. Mai 1978 in der Bundesrepublik vgl. Dok. 134, Anm. 11 und 12.

4 Für den Wortlaut der Rede des Bundespräsidenten Scheel anläßlich eines Abendessens für den Generalsekretär des ZK der KPdSU, Breschnew, am 4. Mai 1978 auf Schloß Augustusburg bei Brühl vgl. BULLETIN 1978, S. 421–423. Für einen Auszug vgl. Dok. 157, Anm. 5.

5 Für den Wortlaut der Rede des Generalsekretärs des ZK der KPdSU, Breschnew, anläßlich eines Abendessens am 4. Mai 1978 auf Schloß Augustusburg bei Brühl vgl. BULLETIN 1978, S. 423f. Für einen Auszug vgl. Dok. 138, Anm. 5.

6 In einem Gespräch am 4. Mai 1978 erörterten Bundespräsident Scheel und der Generalsekretär des ZK der KPdSU, Breschnew, die bilateralen Beziehungen, die Erziehung der Jugend und die kulturelle Zusammenarbeit. Ferner lud Breschnew Scheel zu einem Besuch in der UdSSR ein. Vgl. dazu die Gesprächsaufzeichnung; VS-Bd. 13089 (213); B 150, Aktenkopien 1978.

7 Für das Gespräch des Bundeskanzlers Schmidt mit dem Generalsekretär des ZK der KPdSU, Breschnew, am 4. Mai 1978 vgl. Dok. 135.

Es wurden dann einzelne Fragen betreffend die Gemeinsame Deklaration besprochen. Zu Ziffer II erklärte *Bundesminister*, hier müsse eine breitere Formulierung gefunden werden, da sie sich nicht nur auf das bilaterale Verhältnis, sondern auf die Entspannung in ganz Europa beziehe. Die KSZE solle gerade dem Einzelmenschen etwas bringen. Man könne an Formulierungen wie „der Menschen in Europa" oder „aller Menschen" denken. Nach weiterer Erörterung (die sowjetische Seite schlug „Völker" statt „Menschen" vor) wurde vereinbart, in Ziffer II der Deklaration die Formulierung „im Interesse der Zusammenarbeit der Staaten und zum Wohle der Menschen" anzunehmen. Ebenso wurden Formulierungen in Ziffer VI („beider Staaten" statt „beider Länder") und VII („Menschen in beiden Ländern", da nicht nur staatliche Stellen involviert sind) abgestimmt.

Zu Ziffer IX (Berlin) erklärte der Bundesminister, der sowjetische Zusatzvorschlag zur Petersberger Formel[8] „beide Seiten bekräftigen, soweit es ihre bilateralen Beziehungen betrifft, die Auffassung" sei zu einschränkend und könne zu vielen Spekulationen und Mißdeutungen führen. Die Bekräftigung der Petersberger Formel in Ziffer IX zeige, daß das VMA[9] eine wesentliche Voraussetzung für die Entspannung in Europa sei. Eine Einschränkung auf das bilaterale Verhältnis sei daher gerade in einem so bedeutenden Dokument nicht gut.

Gromyko: Er sei erstaunt, daß die Formel der deutschen Seite nicht zusage.

Bundesminister: Die Veränderung einer guten Formel könne nur zu unerwünschten Spekulationen führen. In der Deklaration stünden viele wichtige und gute Dinge, aber die Aufmerksamkeit werde sich besonders auf Ziffer IX konzentrieren. Deshalb sei es besser, alle Änderungen zu vermeiden. Die Formel solle so geschrieben werden wie bisher.

Gromyko: Die sowjetische Seite beabsichtige keine Änderungen. Er könne aber dem deutschen Wunsch zustimmen.

Zu Ziffer III der Deklaration erklärte der *Bundesminister*, der Bundeskanzler werde im Gespräch mit dem Generalsekretär[10] ausführlich das Thema Abrüstung und in diesem Zusammenhang die Frage einer gemeinsamen Auslegung des Begriffs „annähernde Gleichheit"[11] ansprechen[12], ebenso wie die Formulie-

---

[8] Vgl. dazu die Gemeinsame Erklärung vom 21. Mai 1973 über den Besuch des Generalsekretärs des ZK der KPdSU, Breschnew, vom 18. bis 22. Mai 1973 in der Bundesrepublik; BULLETIN 1973, S. 575.

[9] Vier-Mächte-Abkommen.

[10] Für das Gespräch des Bundeskanzlers Schmidt mit dem Generalsekretär des ZK der KPdSU, Breschnew, am 5. Mai 1978 auf Schloß Gymnich vgl. Dok. 136.

[11] In einem Interview mit der Wochenzeitung „Vorwärts" erklärte der Generalsekretär des ZK der KPdSU, Breschnew, daß NATO und Warschauer Pakt in Mitteleuropa „über annähernd gleich starke Streitkräfte" verfügten, allerdings mit einer eigenen Struktur: „Bei uns überwiegen beispielsweise die Raketen der Landtruppen, beim NATO-Block dagegen die Raketen mit Kernsprengköpfen im Bestand der Luftstreitkräfte usw." Auch im globalen Kräfteverhältnis zwischen den USA und der UdSSR gebe es „eine annähernde Ausgewogenheit, das heißt ein Gleichgewicht der strategischen Kräfte". Die UdSSR sei der Ansicht, „daß eine annähernde Gleichheit und Ausgewogenheit für Verteidigungszwecke ausreichen". Breschnew führte aus: „Wir sind bereit, in Wien jederzeit ein Abkommen über die Senkung des Niveaus der Streitkräfte und Rüstungen der Seiten in Mitteleuropa um fünf, um zehn, um zwanzig, ja, wenn Sie wollen, um fünfzig Prozent zu unterzeichnen. Aber laßt uns das ehrlich tun, so daß das gegenwärtige Kräfteverhältnis nicht gestört wird, so daß sich daraus keine Vorteile nur für eine Seite, keine Nachteile für die andere ergeben." Vgl. den Artikel „Entspannungspolitik muß sich bewähren"; VORWÄRTS, Nr. 18 vom 4. Mai 1978, S. 17f.

[12] Ministerialdirektor Blech führte am 3. Mai 1978 aus, die Äußerungen des Generalsekretärs des ZK

rung „Rüstungsbegrenzung im nuklearen und konventionellen Bereich". Dies beziehe sich auf das Problem der sog. „Grauzone", die in allgemeiner Form angesprochen werden solle. Hier denke man an Einfügung des Wortes „im gesamten nuklearen".

Gromyko sagte hierzu, daß sich aus der russischen Fassung ohne weiteres ergebe, daß insoweit keine Einschränkung bestünde. Eine Ergänzung der Formulierung sei deshalb nicht nötig.

Bei der Erörterung des Kommuniqué-Textes wurde erklärt, daß in Ziffer 39 es im deutschen Text „des palästinensischen Volkes" heißen solle, während es im russischen „des arabisch-palästinensischen Volkes" heißt. Der *Bundesminister* erklärte, daß wir stets die erwähnte Bezeichnung gebrauchten, die auch der VN-Praxis entspreche. In der Sache gebe es keine Differenzen.

Der Bundesminister sprach dann die Frage eines Berliner Passus im Kommuniqué an. Es solle zum Ausdruck gebracht werden, daß ein Meinungsaustausch über Fragen der Verwirklichung des VMA – soweit es die bilateralen deutsch-sowjetischen Beziehungen betrifft – stattgefunden habe.

Gromyko erklärte das für inakzeptabel. Er werde in der DDR[13] gefragt werden, warum ein solcher Passus in das Kommuniqué aufgenommen worden sei. Auch in der Form eines Hinweises wie 1974[14] käme eine Ziffer über Berlin nicht in Frage. Das Problem sei durch die Ziffer IX der Gemeinsamen Deklaration abgedeckt. Über einen Berlin-Passus auch im Kommuniqué werde es viel Spekulationen geben und alles sehr kompliziert werden. Er bäte die deutsche Seite ausdrücklich darum, nicht auf einem solchen Passus zu bestehen.

Fortsetzung Fußnote von Seite 664

der KPdSU, Breschnew, in der Wochenzeitung „Vorwärts" hätten folgende Implikationen: „quantitative und qualitative Veränderungen des bestehenden Kräfteverhältnisses in Europa würden über das Erfordernis der Verteidigungsfähigkeit hinausgehen; die Formel bietet Ansatz zu der Kritik, der Westen verfolge aggressive Absichten, wenn er seine Streitkräfte und Rüstungen verstärkt und modernisiert; asymmetrische Reduzierungen, die nach westlicher Auffassung bei MBFR erforderlich sind, um Parität herzustellen, werden als Veränderung des Kräfteverhältnisses zugunsten des Westens abgelehnt, westliche Kritik an bestehenden Disparitäten bei Panzern und anderen Hauptwaffensystemen sowie im Mittelstreckenbereich soll durch Behauptung bereits bestehender annähernder Gleichheit in Mitteleuropa und Europa neutralisiert werden." Vgl. VS-Bd. 11448 (221); B 150, Aktenkopien 1978.

Blech legte am selben Tag ergänzend dar, daß der Inhalt des Interviews der Abteilung 2 erst am 2. Mai 1978 bekannt geworden sei. Hinsichtlich der bisher ausgehandelten Formel für die Gemeinsame Deklaration („sie gehen davon aus, daß annähernde Gleichheit und Parität zur Gewährleistung der Verteidigung ausreichen") schaffe das Interview „eine neue Lage". Daher sei die Verwendung des Begriffs „annähernde Gleichheit" in dem bisher vorgesehenen Zusammenhang „äußerst problematisch", etwa hinsichtlich der sowjetischen Mittelstreckenraketen und der Überlegenheit auf dem Gebiet der Panzer: „Die Übernahme der Interview-Formel in die Deklaration läuft im Effekt auf eine politische Indossierung der sowjetischen Bemühungen um einen qualitativen und quantitativen freeze besonders in Mitteleuropa hinaus, der die bestehenden Disparitäten festschreibt." Blech schlug vor, „den Begriff der annähernden Gleichheit unter Hinweis auf die durch das Breschnew-Interview entstandene neue Lage durch die sowjetische Seite erläutern zu lassen und ihn dann, wenn die Erläuterungen die obigen Bedenken nicht klar ausräumen, abzulehnen". Vgl. VS-Bd. 11448 (221); B 150, Aktenkopien 1978.

13 Der sowjetische Außenminister Gromyko hielt sich am 11./12. Mai 1978 in der DDR auf.
14 In der Gemeinsamen Erklärung vom 30. Oktober 1974 anläßlich des Besuchs des Bundeskanzlers Schmidt vom 28. bis 31. Oktober 1974 in der UdSSR hieß es: „Beide Seiten erörterten die Fragen, die mit der Anwendung des Vier-Mächte-Abkommens vom 3. September 1971 zusammenhängen, soweit es ihre bilateralen Beziehungen betrifft, und bekräftigten insoweit die Gemeinsame Erklärung vom 21. Mai 1973." Vgl. BULLETIN 1974, S. 1309.

Bundesminister: Wir wollen die Deklaration nicht verändern. Da aber über das Berlin-Thema gesprochen worden ist, hätten wir an sich gern im Kommuniqué die Anwendung auf die zweiseitigen Beziehungen erwähnt. Das ist schwierig für Sie. Wir kommen Ihnen deshalb entgegen. Entscheidend ist jedenfalls, daß der Punkt in das von beiden Seiten unterschriebene Kommuniqué aufgenommen ist.

Bundesminister schlug weiter vor, man solle sich – um Meinungsverschiedenheiten zu vermeiden – so verständigen, daß die Frage, ob über das VMA gesprochen worden sei, bejaht werden würde. Das sei unter anderem dadurch abgedeckt, daß der Punkt in die Gemeinsame Deklaration aufgenommen sei.

Gromyko: Alles, was über eine bloße Bestätigung hinausgehe, daß das VMA erfüllt werden solle, sei aber nicht annehmbar. Wenn es bezüglich eines Meinungsaustausches über Berlin Erklärungen gegenüber der Presse gebe, die zu weit gingen, müsse die sowjetische Seite Richtigstellungen vornehmen.

Wegen des bekannten Dissenses über die Bezeichnung der Bundesrepublik Deutschland im Russischen[15] wurde Einvernehmen erzielt, in der Überschrift des Kommuniqués weiterhin vom „Aufenthalt des Generalsekretärs ... in der Bundesrepublik Deutschland" zu sprechen (nicht : „Besuch ... in der Bundesrepublik Deutschland", wie von den Sowjets während der Sitzung vorgeschlagen).[16]

An dem Gespräch nahmen teil :

StS van Well; Botschafter Dr. Wieck; MD Dr. Blech; MD Dr. Kinkel; VLR I Dr. Kühn; VLR I Dr. Sudhoff; LR I Scheel als Dolmetscher.

Stellvertretender Außenminister Kowaljow; Botschafter Falin; Herr Makarow, Chefberater von Außenminister Gromyko; Herr Bondarenko, Leiter der Dritten Europäischen Abteilung, SAM[17]; Herr Terechow, Stellvertretender Leiter der Dritten Europäischen Abteilung, SAM; Herr Nowikow als Dolmetscher.

VS-Bd. 13089 (213)

---

[15] Zwischen der Bundesrepublik und der UdSSR war die Frage der Bezeichnung der Bundesrepublik in der russischen Sprache umstritten. Während die Bundesrepublik sich für die Bezeichnung „Federativnaja Respublika Germanija" (Bundesrepublik Deutschland) aussprach, verwendete die UdSSR die Bezeichnung „Federativnaja Respublika Germanii" (Bundesrepublik Deutschlands). Vgl. dazu AAPD 1977, I, Dok. 148.

[16] Für den Wortlaut der Gemeinsamen Deklaration vom 6. Mai 1978 bzw. des Kommuniqués anläßlich des Besuchs des Generalsekretärs des ZK der KPdSU, Breschnew, vom 4. bis 7. Mai 1978 in der Bundesrepublik vgl. BULLETIN 1978, S. 429f. bzw. S. 433–436.

[17] Sowjetisches Außenministerium.

138

Gespräch des Bundesministers Genscher mit dem sowjetischen Außenminister Gromyko

213-321.10 SOW VS-vertraulich　　　　　　　　　　　　　　　5. Mai 1978[1]

Gespräch zwischen Bundesminister Genscher und Außenminister Gromyko am 5.5.1978[2];
hier: Sondergeneralversammlung für Abrüstungsfragen[3]

Gromyko: Ich würde vorschlagen, zwei Fragen zu erörtern, die auch Generalsekretär Breschnew und Bundeskanzler Schmidt[4] behandeln werden, nämlich:
- Sondergeneralversammlung für Abrüstung,
- Probleme betreffend Afrika.

Kurz zur Sondergeneralversammlung: Wir messen dem Forum große Bedeutung bei, weil alle Teilnehmer Gelegenheit haben werden, ihre Ansichten zur Abrüstung zum Ausdruck zu bringen. Auch die Sowjetunion wird ihren Standpunkt darlegen. Wir werden die Vorschläge erläutern, die bereits bekannt sind, aber auch solche, an die Sie sich noch nicht ganz gewöhnt haben.

Ich möchte hervorheben, daß wir mit diesen Vorschlägen ernsthafte Absichten verfolgen. Dies hat auch Generalsekretär Breschnew in seiner Rede gestern abend deutlich gemacht.[5] Wir halten den gegenwärtigen Stand der Rüstung für monströs und gefährlich. Es gibt reichere Länder und ärmere Länder, es gibt Staaten mit mehr und solche mit weniger Waffen. Aber sowohl die Staaten, die üblicherweise als Entwicklungsländer bezeichnet werden, wie auch die Industrieländer haben viele soziale und wirtschaftliche Schwachstellen und Widersprüche. Wir meinen, daß die für Rüstung eingesetzten Mittel besser zum Wohle der Menschen verwendet werden können. Diese Auffassung haben wir auch in der Gemeinsamen Deklaration zum Ausdruck gebracht.[6] An diese Linie halten wir uns sowohl bei den SALT-Verhandlungen mit den USA wie auch

---

[1] Die Gesprächsaufzeichnung wurde von Vortragendem Legationsrat Heyken gefertigt und von Vortragendem Legationsrat I. Klasse Kühn am 11. Mai 1978 über Ministerialdirektor Blech an das Ministerbüro geleitet. Vgl. dazu Dok. 137, Anm. 1.

[2] Der sowjetische Außenminister Gromyko begleitete den Generalsekretär des ZK der KPdSU, Breschnew, bei dessen Besuch vom 4. bis 7. Mai 1978 in der Bundesrepublik. Für das Gespräch vgl. auch Dok. 137.

[3] Zur UNO-Sondergeneralversammlung über Abrüstung vom 23. Mai bis 30. Juni 1978 in New York vgl. Dok. 212.

[4] Für das Gespräch des Bundeskanzlers Schmidt mit dem Generalsekretär des ZK der KPdSU, Breschnew, am 5. Mai 1978 vgl. Dok. 136.

[5] In seiner Rede anläßlich eines Abendessens auf Schloß Augustusburg bei Brühl erklärte der Generalsekretär des ZK der KPdSU, Breschnew: „Die Sowjetunion unterbreitete soeben einen Komplex von Vorschlägen über volle Einstellung des weiteren quantitativen und qualitativen Wachstums der Rüstungen und Streitkräfte der Staaten, die über ein erhebliches Potential verfügen. Wir sind davon überzeugt, daß es heutzutage keine herangereiftere und unaufschiebbarere Aufgabe gibt, als alle Kanäle des Wettrüstens, ob nuklear oder konventionell, abzusperren." Vgl. BULLETIN 1978, S. 423 f.

[6] Für den Wortlaut der Gemeinsamen Deklaration vom 6. Mai 1978 anläßlich des Besuchs des Generalsekretärs des ZK der KPdSU, Breschnew, vom 4. bis 7. Mai 1978 in der Bundesrepublik vgl. BULLETIN 1978, S. 429 f.

bei multilateralen Verhandlungen. Es wäre zu begrüßen, wenn auf der Sondergeneralversammlung unsere Meinungen zu den dort behandelten Fragen – insbesondere als Ergebnis dieses Besuches – übereinstimmen würden.

Bundesminister: Es ist nicht von ungefähr, daß die Idee der Sondergeneralversammlung von den ungebundenen Staaten ausgegangen ist, von den Staaten, die an der Colombo-Konferenz teilgenommen haben.[7] Die Bundesrepublik Deutschland hat sich sofort der Idee angeschlossen, weil sie der Überzeugung ist, daß das Thema Abrüstung im Zusammenhang mit den Problemen behandelt werden muß, die im Verhältnis zwischen den Industriestaaten und den Entwicklungsländern bestehen.

Zwei Umstände machen uns besorgt:

1) In den Industrieländern werden erhebliche Aufwendungen für Rüstung gemacht, sowohl für konventionelle als auch für nukleare Waffen. Dies sind Aufwendungen, die besser für die Entwicklungsländer verwendet werden können.

2) Wir sind besorgt darüber, daß die Entwicklungsländer mit Waffen vollgepumpt werden. Bekanntlich verfolgt die Bundesrepublik Deutschland eine restriktive Politik bezüglich des Exports von Waffen.[8] Es wäre gut, wenn sich alle Länder an dieser Politik orientieren würden. Die Entwicklungsländer brauchen Traktoren und keine Waffen. Nach unserer Überzeugung kann kein Zweifel daran bestehen, daß das so ist. Aber auch die Fähigkeit, den Entwicklungsländern Hilfe zu gewähren, wird durch zu hohe Rüstungsausgaben beeinträchtigt. Die Verpflichtung der Industrieländer, den Entwicklungsländern zu helfen, besteht unabhängig von der Gesellschaftsordnung des jeweiligen anderen Staates, ob dieses Land nun marktwirtschaftlich oder planwirtschaftlich ausgerichtet ist.

Wir müssen uns der weltwirtschaftlichen Interdependenzen bewußt sein. Dies ist nicht nur eine moralische Verpflichtung. Vielmehr sind wir davon überzeugt, daß die Industrie- und die Entwicklungsländer insgesamt von einer solchen Haltung profitieren werden.

Fortschritte in dieser Richtung werden allerdings nur durch konkrete Abrüstungsvorschläge von der Art erzielt, wie sie die Bundesregierung unterstützt. Dazu gehören Offenlegung der Militärbudgets, Manöver-Ankündigungen, Maßnahmen der Verifikation usw. Die Sondergeneralversammlung bietet die Möglichkeit, die Entwicklungsländer in die Abrüstungsdiskussion einzubeziehen. Die Sondergeneralversammlung sollte im Geiste der Kooperation durchgeführt

---

[7] Der Vorschlag einer UNO-Sondergeneralversammlung über Abrüstung wurde erstmals in Ziffer 20 des Kommuniqués der ersten Konferenz der Staats- und Regierungschefs blockfreier Staaten vom 1. bis 6. September 1961 in Belgrad unterbreitet. Für den Wortlaut vgl. EUROPA-ARCHIV 1961, D 593.
In der „Politischen Erklärung", die von der fünften Konferenz der Staats- und Regierungschefs blockfreier Staaten vom 16. bis 19. August 1976 in Colombo verabschiedet wurde, wurde der Vorschlag erneut vorgebracht. Für die „Politische Erklärung" vgl. Referat 304, Bd. 102086.
Die UNO-Generalversammlung beschloß am 21. Dezember 1976, eine Sondergeneralversammlung über Abrüstung für Mai/Juni 1978 nach New York einzuberufen. Für den Wortlaut der Resolution Nr. 31/189 B vgl. UNITED NATIONS RESOLUTIONS, Serie I, Bd. XVI, S. 304 f. Für den deutschen Wortlaut vgl. EUROPA-ARCHIV 1977, D 211.
[8] Zu den rechtlichen Grundlagen der Rüstungsexportpolitik der Bundesregierung vgl. Dok. 1, Anm. 17.

werden, wie das schon bei der SGV für ökonomische Fragen[9] der Fall war. Auf der bevorstehenden Sondergeneralversammlung wird der Bundeskanzler für die Bundesrepublik Deutschland sprechen.[10]

Gromyko: Unmittelbar nach der Sondergeneralversammlung findet die Tagung des NATO-Rates statt.[11] Herr Minister, auf dieser Tagung werden sich die Vertreter der NATO-Staaten zwar voraussichtlich für Entspannung aussprechen. Die Frage ist aber, ob dies nur verbale Entspannungsbekundungen sind und ob die NATO-Staaten nicht zur gleichen Zeit neue Maßnahmen zur Aufrüstung beschließen werden. Meine Frage ist vielleicht etwas direkt gestellt, aber es ist besser, eine klare Sprache in diesen wichtigen Fragen zu sprechen.

Bundesminister: Die Mitglieder der NATO werden sich auf der bevorstehenden Tagung mit den Vorschlägen befassen, die der amerikanische Präsident bei dem letzten NATO-Treffen eingebracht hat.[12] Das Ziel der Erörterungen wird sein, zu einer Stärkung der Allianz zu kommen. Uns wäre es lieber, wir würden dazu nicht gezwungen werden.

In Wien z. B. sehen wir jedoch, daß wir einer Überlegenheit Ihres Landes in einigen Bereichen gegenüberstehen. Es wäre besser, gemeinsam Fortschritte zu erzielen. Um es direkter zu sagen: Wir sollten uns alle am Ziel des Gleichgewichts orientieren. Je niedriger die Ebene des Gleichgewichts ist, desto besser.

Gromyko: Es scheint, daß es also so kommen wird, daß die NATO-Länder weitere Schritte zur Aufrüstung besprechen werden. Wir stellen aber fest, daß dabei oft auf die Sowjetunion Bezug genommen wird. GS Breschnew hat in seiner gestrigen Rede versucht zu erklären, daß diese Bezüge gegenstandslos sind. Wir könnten täglich und stündlich zitieren, was die NATO-Staaten an Waffen produzieren. Wir könnten darauf hinweisen, daß dies uns zu Gegenmaßnahmen veranlaßt. Da gibt es die Pläne zur Entwicklung der Neutronenbombe, über die viel Aufhebens gemacht wird und über die bei der SGV noch zu sprechen sein wird. Diese Pläne rufen bei uns große Bedenken hervor. Es ist zu befürchten, daß auf der Sondergeneralversammlung zwar Resolutionen beschlossen, diese aber zu den Akten gelegt werden. Dann wird die Sowjetunion gezwungen sein, klarzulegen, wer an dieser Entwicklung schuld ist.

Wenn wir uns den letzten westlichen Vorschlag zu Wien[13] ansehen, scheint uns trotz des bisherigen Ausbleibens einer sowjetischen offiziellen Antwort der Vorschlag wiederum an Einseitigkeit zu leiden.

---

9 Vom 1. bis 16. September 1975 fand in New York die UNO-Sondergeneralversammlung für Entwicklung und internationale Zusammenarbeit statt. Vgl. dazu AAPD 1975, II, Dok. 270.

10 Bundeskanzler Schmidt nahm am 26. Mai 1978 an der UNO-Sondergeneralversammlung über Abrüstung in New York teil. Für den Wortlaut seiner Rede vgl. BULLETIN 1978, S. 529–535.

11 Zur NATO-Ratstagung auf der Ebene der Staats- und Regierungschefs am 30./31. Mai 1978 in Washington vgl. Dok. 170.

12 Präsident Carter regte auf der NATO-Ratstagung auf der Ebene der Staats- und Regierungschefs am 10./11. Mai 1977 in London die Ausarbeitung eines Langfristigen Verteidigungsprogramms an und unterbreitete Vorschläge für eine Verbesserung der Rüstungszusammenarbeit. Für seine Ausführungen vgl. PUBLIC PAPERS, CARTER 1977, S. 848–852. Für den deutschen Wortlaut vgl. EUROPA-ARCHIV 1977, D 332–336. Vgl. dazu ferner AAPD 1977, I, Dok. 121 und Dok. 141.

13 Zur Initiative der an den MBFR-Verhandlungen teilnehmenden NATO-Mitgliedstaaten vom 19. April 1978 vgl. Dok. 110.

Wir haben nicht zum ersten Mal über diese Fragen gesprochen und erörtern sie auch nicht zum letzten Mal. Die Gespräche waren nicht immer in jeder Hinsicht positiv, sondern hatten auch negative Charakterzüge. Wenn ich all dies sage, so bedeutet das nicht, daß wir uns über die komplizierten Fragen nicht konsultieren sollten. Vielmehr sollten wir während und auch nach der Sondersitzung Konsultationen miteinander pflegen. Konsultationen entsprächen dem Geist der Verhandlungen, die wir miteinander führen. Es ist wichtig, daß wir uns ständig konsultieren.

Bundesminister: Konsultationen halten wir ebenso wie Sie für bedeutungsvoll. Ich teile Ihre Meinung, daß wir sie fortführen sollten.

Die Vorschläge, die der Westen vor kurzem in Wien gemacht hat, verdienen nach meiner Überzeugung sorgfältige Prüfung. Sie sind konstruktive Beiträge mit dem Ziel, die Wiener Verhandlungen voranzubringen. Bei den SALT-Verhandlungen geben die USA und die Sowjetunion ein wichtiges Beispiel zur Schaffung von Gleichheit und Parität.

Sie erwähnten die Neutronenwaffe, die es noch gar nicht gibt. Ich kann mit viel mehr Berechtigung die SS-20 erwähnen. Es handelt sich hierbei um eine in der Wirkung strategische Waffe, ungeachtet dessen, daß sie „nur" auf Europa gerichtet ist, und gibt uns Anlaß zu ernster Sorge.[14] Sie wissen, wir haben mit der Entscheidung Präsident Carters zur Neutronenwaffe[15] die Erwartung verknüpft, daß Maßnahmen ergriffen werden, die einen wichtigen kontrollpolitischen Aspekt haben.[16] Die NATO sucht nach jeder Möglichkeit, die zu konkreten Abrüstungserfolgen führt. Dabei ist für uns das Gleichgewicht das entscheidende Ziel.

VS-Bd. 13089 (213)

---

[14] So in der Vorlage.
[15] Vgl. dazu die Erklärung des Präsidenten Carter vom 7. April 1978; Dok. 108.
[16] Vgl. dazu die Erklärung des NATO-Generalsekretärs Luns vom 7. April 1978; Dok. 109, Anm. 6.
Vgl. dazu ferner die Regierungserklärung des Bundeskanzlers Schmidt vom 13. April 1978; Dok. 114, Anm. 6.

139

Ministerialdirigent Müller, z. Z. New York, an das Auswärtige Amt

Schriftbericht Nr. 834   **5. Mai 1978**[1]

Betr.: Deutsch-angolanische Beziehungen;
hier: Gespräch Dg 32 mit dem angolanischen Außenminister Jorge am 3.5.78 in New York (am Rande der SGV über Namibia[2])

Bezug: Drahtbericht Nr. 1052 vom 4. Mai 1978[3]

2 Doppel

Doppel für Referat 321, Abteilung 5 und Abteilung 1

Bitte Vorlage bei Herrn StS

Am Rande der Sondergeneralversammlung über Namibia hatte ich Gelegenheit, am 1. Mai 1978 mit der Leiterin der Politischen Abteilung im angolanischen Außenministerium, Frau Olga Lima, und – durch deren Vermittlung – am 3. Mai 1978 mit dem angolanischen Außenminister, Herrn Jorge, Gespräche über die deutsch-angolanischen Beziehungen zu führen.

Nachdem Frau Lima mir versichert hatte, daß der OTRAG-Komplex[4] das einzige der Normalisierung der Beziehungen noch im Wege stehende Hindernis sei, konzentrierte ich mein Gespräch mit dem Minister auf dieses Thema.

Es erwies sich allerdings als sehr nachteilig, daß ich mich dabei noch nicht auf das zugesagte und von AM Jorge seit langem erwartete persönliche Schreiben von Staatsminister von Dohnanyi berufen konnte, dessen Entwurf zum Zeitpunkt meines hiesigen Gesprächs noch immer zur Überarbeitung bei Abteilung 5 lag.[5]

---

[1] Hat Legationsrat I. Klasse Auer am 9. Mai 1978 vorgelegen, der den Schriftbericht über Ministerialdirektor Meyer-Landrut an Staatssekretär van Well leitete.
Hat Meyer-Landrut am 11. Mai 1978 vorgelegen.
Hat van Well vorgelegen.
Hat Vortragendem Legationsrat Studnitz am 30. Mai 1978 vorgelegen, der den Schriftbericht an Vortragenden Legationsrat I. Klasse Kremer leitete.
Hat Kremer vorgelegen.

[2] Zur UNO-Sondergeneralversammlung über Namibia vom 24. April bis 3. Mai 1978 in New York vgl. Dok. 115, Anm. 7.

[3] Ministerialdirigent Müller, z. Z. New York, übermittelte einen ersten Bericht über sein Gespräch mit dem angolanischen Außenminister Jorge am 3. Mai 1978. Vgl. dazu Referat 320, Bd. 116754.

[4] Zur Tätigkeit der Firma OTRAG in Zaire vgl. Dok. 198.

[5] Ministerialdirigent Müller notierte am 15. Dezember 1977, Staatsminister von Dohnanyi sei am Rande der Weltkonferenz gegen Apartheid vom 22. bis 26. August 1977 in Lagos mit dem angolanischen Außenminister Jorge zusammengetroffen und auf die Tätigkeit der Firma OTRAG in Zaire angesprochen worden: „Das Thema wurde nicht vertieft; StM von Dohnanyi stellte gelegentliche Unterrichtung in Aussicht. Diese Gelegenheit sollte sich ergeben, sobald die der angolanischen Regierung seit langem angebotenen Gespräche zur Frage der Aufnahme diplomatischer Beziehungen stattfinden." Inzwischen habe sich jedoch herausgestellt, daß Jorge eine schriftliche Unterrichtung erwarte. Vgl. Referat 320, Bd. 116754.
Ministerialdirigent Petersen legte am 22. März 1978 den Entwurf für ein Schreiben von Dohnanyi an Jorge vor. Vgl. dazu Referat 320, Bd. 116754.
Ein weiterer Entwurf wurde von Ministerialdirektor Meyer-Landrut am 10. Mai 1978 vorgelegt. Vgl. dazu Referat 321, Bd. 115615.

Ich kann nur hoffen, daß ich AM Jorge als „Begründung" für die Verzögerung glaubhaft machen konnte, wir wollten noch das Inkrafttreten zusätzlicher Ausfuhr-Kontrollbestimmungen[6] und gewisser Abmachungen mit der zairischen Regierung[7] abwarten, um das Schreiben des Staatsministers auf den neuesten Stand zu aktualisieren. Jorge schien dies zumindest äußerlich zu akzeptieren.

Ich versicherte dem Minister, daß die Bundesregierung die Sorgen und Befürchtungen der angolanischen und anderer Regierungen der Region trotz der von gewisser Seite betriebenen propagandistischen Ausschlachtung des Themas ernst nehme, was sie schon durch die Änderung der Ausfuhrbestimmungen beweise. Im übrigen legte ich dem Minister nahe, sich bei seinem tansanischen Kollegen nach dem Ergebnis von dessen Gespräch mit Bundesminister Genscher in Daressalam im März dieses Jahres[8] zu erkundigen. Ich lenkte Jorges Aufmerksamkeit auch auf die Neujahrsansprache Mobutus, in der dieser die Nachbarstaaten nicht nur zur Beobachtung, sondern sogar zur Mitarbeit am OTRAG-Projekt eingeladen hat[9], was schließlich die besten Möglichkeiten zu effektiver Kontrolle bieten würde.

Jorge widersprach dem zwar nicht, legte aber Wert darauf, die angolanischen Sorgen noch einmal zu begründen:

– Selbst wenn das Projekt zunächst nur friedlichen Zwecken dient, könne man nicht sicher sein, ob es dennoch nicht später auch für militärische Ziele eingesetzt werden könnte.

– Angola sei daher schon allein durch die geographische Nähe dieser Anlage beunruhigt, und man frage sich, warum gerade dieser Standort in einer politisch doch sehr sensitiven Region gewählt wurde.

– Schließlich bitte er uns auch zu bedenken, daß die deutsche Politik gegenüber Südafrika, die die angolanische Regierung uns zwar nicht vorschreiben wolle, mit der sie aber nicht übereinstimmen könne, auf dem Hintergrund

---

[6] Vgl. dazu die Sechsunddreißigste Verordnung zur Änderung der Ausfuhrliste – Anlage AL zur Außenwirtschaftsverordnung vom 22. August 1961 – vom 27. April 1978, die am 4. Mai 1978 in Kraft trat; BUNDESANZEIGER, Nr. 83 vom 3. Mai 1978, S. 2.

[7] Vortragender Legationsrat I. Klasse Vestring wies die Botschaft in Kinshasa am 21. April 1978 an, im zairischen Außenministerium eine Note zu übergeben, in der die Bundesregierung um eine Bestätigung bat, „daß die von OTRAG nach der Republik Zaire verbrachten Raketen oder ihre Teile ausschließlich für friedliche Zwecke verwendet werden und insbesondere weder unmittelbar noch mittelbar, sei es auch durch Forschungstätigkeiten, zum Abschluß von Waffen oder anderen Explosivkörpern benutzt werden; daß zu diesem Zweck die Tätigkeit der OTRAG in der Republik Zaire der Genehmigung der Regierung der Republik Zaire unterworfen und von dieser ständig überwacht werde; daß die Raketen oder ihre Bestandteile nur zu Versuchen und Starts im oder vom Hoheitsgebiet der Republik Zaire benutzt und nicht an dritte Staaten oder unbefugte Dritte weitergegeben werden." Vgl. den Drahterlaß Nr. 57; Referat 321, Bd. 115615.
Ministerialdirektor Meyer-Landrut notierte am 24. Mai 1978, daß nach Auskunft der Botschaft in Kinshasa die zairische Regierung zwar prinzipiell einverstanden sei, jedoch noch auf Änderungen bestehe. Vgl. dazu Referat 321, Bd. 115615.
Vortragender Legationsrat Freundt teilte der Botschaft in Kinshasa am 12. Juni 1978 mit, daß der Notenwechsel mit den von der zairischen Regierung gewünschten Änderungen eingeleitet werden könne. Vgl. dazu den Drahterlaß Nr. 105; Referat 321, Bd. 115616.

[8] Bundesminister Genscher hielt sich vom 26. Februar bis 1. März 1978 in Tansania auf und führte u. a. Gespräche mit dem tansanischen Außenminister Mkapa. Vgl. dazu Dok. 74.

[9] Für einen Auszug aus der Neujahrsansprache des Präsidenten Mobutu vom 6. Januar 1978 an das diplomatische Korps vgl. den Drahtbericht Nr. 6 des Botschafters Döring, Kinshasa, vom selben Tag; Referat 321, Bd. 115615.

der engen Beziehungen der Bundesrepublik Deutschland sowohl zu Südafrika als auch zu dem Angola nicht freundlich gesinnten Zaire die angolanische Haltung zum OTRAG-Projekt natürlich mit beeinflusse und daß alle diese „Zufälligkeiten" Mißtrauen erregen.

Wohl ohne Aussicht auf Erfolg habe ich versucht, wenigstens der Vorstellung von einer aggressiven Dreiecks-Kollusion Deutschland–Südafrika–Zaire entgegenzuwirken.

Ich ließ mir von dem Minister die von Frau Lima gegebene Versicherung bestätigen, daß der OTRAG-Komplex das einzige Hindernis sei, und fragte ihn, wie wir nach der von uns auf jeden Fall erwarteten positiven Wirkung des Staatsminister-Briefes weiter verfahren könnten. Jorge antwortete, daß – die Ausräumung der Bedenken unterstellt – er zunächst den Ministerrat befassen müsse. Dessen Zustimmung vorausgesetzt, könnten die weiteren Formalitäten zur Aufnahme diplomatischer Beziehungen zügig erledigt werden. Für diesen Fall sagte ich zu, daß eine deutsche Verhandlungsdelegation jederzeit kurzfristig nach Luanda reisen könne.

Jorge betonte abschließend, daß seine Regierung mit möglichst allen Staaten normale Beziehungen anstrebe. Er versichere dem deutschen Außenminister, daß er nach Ausräumung der angolanischen Bedenken gegen das OTRAG-Projekt keinen Grund sehe, die Bundesrepublik Deutschland von der Aufnahme solcher Beziehungen auszuschließen.

Ich betone, daß auch die Bundesregierung gute partnerschaftliche Beziehungen zu allen Ländern wünsche. Ebensowenig wie wir uns von anderen Regierungen die Gestaltung unseres wirtschaftlichen und gesellschaftspolitischen Systems vorschreiben ließen, würden wir uns das Recht herausnehmen, uns in dieser Hinsicht in die inneren Angelegenheiten anderer Staaten einzumischen. Ausschlaggebend für eine beiderseits nutzbringende Zusammenarbeit sei die Interessenlage, d.h. die Möglichkeiten und die Qualität einer solchen Partnerschaft. Wie die Vergangenheit beweise, gehöre Angola wegen seines Rohstoffreichtums zu den für die exportabhängige Bundesrepublik Deutschland besonders interessanten Ländern. Jorge bestätigte ausdrücklich, daß er diese Einschätzung teile.

Bei dem in ruhigem, sachlichem Ton geführten Gespräch waren Frau Lima und der angolanische VN-Botschafter[10] zugegen.[11]

Müller

Referat 320, Bd. 116754

[10] Elisio de Figueiredo.
[11] Im Schreiben vom 1. Juni 1978 an den angolanischen Außenminister Jorge stellte Staatsminister von Dohnanyi klar, daß „weder die Bundesregierung noch sonstige deutsche öffentliche Stellen" an der Tätigkeit der Firma OTRAG in Zaire beteiligt seien oder das Projekt förderten. Die Bundesregierung habe das Projekt geprüft und sei zu dem Ergebnis gelangt, „daß die zur Zeit noch im Versuchsstadium befindliche Entwicklung von Raketen, wie sie die Firma OTRAG betreibt, nicht auf andere als friedliche Zwecke gerichtet ist und anderen als solchen Zwecken sinnvoll auch gar nicht dienen könnte; das bestätigen auch eindeutige Erklärungen der zairischen Regierung. Die Bundesregierung ist daher davon überzeugt, daß das Vorhaben der OTRAG keine Bedrohung der Nachbarstaaten Zaires darstellt. Sie wird auch in der Zukunft alle rechtlichen Möglichkeiten, die in ihrer Macht stehen, ausschöpfen, um eine andere als friedliche Nutzung von OTRAG-Raketen auszuschließen." Vgl. Referat 321, Bd. 115616.

140

Gespräch des Bundesministers Genscher mit dem sowjetischen Außenminister Gromyko auf Schloß Gymnich

213-321.10 SOW VS-vertraulich 6. Mai 1978[1]

Gespräch von Bundesminister Genscher und Außenminister Gromyko am 6. Mai 1978 auf Schloß Gymnich[2]
Beginn 10.00 Uhr (Gesprächsdauer: 1 Std. 40 Minuten)

Nach Erörterung im Zusammenhang mit der Veröffentlichung der Dokumente[3] und auf den Vorschlag des Herrn Bundesministers, den Meinungsaustausch vom Vortage[4] fortzusetzen, schlug AM Gromyko vor, über Afrika zu sprechen.

Gromyko: Wir haben wiederholt die Mitteilung erhalten, daß die Südafrikanische Union bald über Atomwaffen verfügen und Atombombenversuche durchführen wird. In diesem Zusammenhang wird von Zeit zu Zeit die Bundesrepublik Deutschland genannt. Ich weiß, Sie haben Ihre Auffassungen dazu uns gegenüber dargelegt[5], die Mitteilungen kehren jedoch immer wieder. Als wir dies hörten, fragten wir uns, welche Absichten die Bundesrepublik Deutschland verfolgt, die sie an dem Vertrieb von Waffen verdient, die nach Südafrika gelangen.[6] Unsere Bedenken bleiben bestehen. Wenn sie sich als wahr herausstellten, würde dies einen Schatten auf die internationale Lage werfen. Ich wäre für ein autoritatives Wort von Ihnen zu diesem Thema dankbar.

Bundesminister: Von dem, was Sie soeben gesagt haben, haben Sie in einem Punkte recht, aber auch nur in diesem Punkt. In der Tat, es gibt kein Feuer ohne Rauch. Ich möchte aber hinzufügen, es gibt Brandstifter, die Feuer legen, um den Rauch zu sehen. Die Bundesrepublik Deutschland ist kein Kernwaffenstaat. Es kann überhaupt kein Zweifel daran bestehen, daß wir keine Nuklearwaffen liefern, weder an Südafrika noch an andere Staaten, wie das in Ihrer Frage mitschwang. Darüber hinaus wiederhole ich, daß wir auf dem Gebiet der Kernenergie auch keine friedliche Zusammenarbeit mit Südafrika betreiben. Sie haben eine autoritative Antwort von mir erbeten. Dieses ist meine Ant-

---

[1] Die Gesprächsaufzeichnung wurde von Vortragendem Legationsrat Heyken gefertigt und von Vortragendem Legationsrat I. Klasse Kühn am 11. Mai 1978 über Ministerialdirektor Blech an das Ministerbüro geleitet. Vgl. dazu Dok. 137, Anm. 1.

[2] Der sowjetische Außenminister Gromyko begleitete den Generalsekretär des ZK der KPdSU, Breschnew, bei dessen Besuch vom 4. bis 7. Mai 1978 in der Bundesrepublik.

[3] Für den Wortlaut der Gemeinsamen Deklaration vom 6. Mai 1978 bzw. des Kommuniqués anläßlich des Besuchs des Generalsekretärs des ZK der KPdSU, Breschnew, vom 4. bis 7. Mai 1978 in der Bundesrepublik vgl. BULLETIN 1978, S. 429 f. bzw. S. 433–436.

[4] Für das Gespräch am 5. Mai 1978 vgl. Dok. 137 und Dok. 138.

[5] Bundesminister Genscher äußerte sich am 9. August 1977 gegenüber dem sowjetischen Botschafter Falin zu einer mündlichen Mitteilung des Generalsekretärs des ZK der KPdSU, Breschnew, an Bundeskanzler Schmidt bezüglich eines möglichen südafrikanischen Kernwaffenprogramms. Vgl. dazu den Drahterlaß Nr. 3525 des Vortragenden Legationsrats I. Klasse Hauber vom selben Tag an die Botschaften in London, Paris, Pretoria und Washington; VS-Bd. 11562 (222); B 150, Aktenkopien 1977.
Ferner wurde das Thema in einem Gespräch des Staatssekretärs van Well mit Falin am 30. September 1977 erörtert. Vgl. AAPD 1977, II, Dok. 269.

[6] So in der Vorlage.

wort. Es wäre gut, wenn wir uns in solchen Fragen nicht gegenseitig unsere Glaubwürdigkeit streitig machen würden. Ich weise noch einmal darauf hin, daß wir Ihnen unsere Position dargelegt haben. Auch haben wir Südafrika aufgefordert, dem Nichtverbreitungsvertrag beizutreten.[7]

Gromyko: Wir nehmen Ihre Erklärung zur Kenntnis. Wir werden sehen, wie sich die Lage in der Region weiter entwickelt.

Lassen Sie uns kurz unsere Standpunkte zu Rhodesien und Namibia darlegen.

Wir betrachten die Lage in Rhodesien und Namibia nicht als die Zukunft dieser Länder. Die gegenwärtigen Zustände sind Überbleibsel aus der kolonialen Vergangenheit. Unsere Auffassung geht dahin, daß die Macht in die Hände des Volkes übergehen soll. Das haben wir überall erklärt, auch gegenüber England und den USA. Wir sind dagegen, daß jemand von außen diesen Völkern seinen Willen diktiert.

Jedes Mal, wenn wir mit den Amerikanern und den Engländern diese Fragen erörtern, wird der Sowjetunion vorgeworfen, sie übe Einfluß auf diese Länder aus. Welcher Einfluß ist damit gemeint? Als AM Vance vor kurzem in Moskau war, kam er gerade aus Rhodesien.[8] Ich frage, wer übt dort Einfluß aus? Bislang war noch kein sowjetischer Minister in Rhodesien, auch nicht in Namibia.

Kann es als eine Einmischung bezeichnet werden, wenn wir unseren Standpunkt in den Vereinten Nationen äußern? Wenn dem so wäre, würden sich viele Staaten jeden Tag einmischen.

Bundesminister: Ich pflichte Ihnen in dem, was Sie zunächst sagten, völlig bei. Es ist selbstverständlich, daß wir unsere Auffassungen zu Entwicklungen in anderen Staaten aussprechen, ohne daß dies als Einmischung betrachtet werden kann, denn wir leben in einer Welt, die immer kleiner wird. Diese Feststellung gilt für die Klärung aller Fragen, nicht nur für solche, die Rhodesien und Namibia betreffen.

In Rhodesien und Namibia geht die koloniale Epoche jetzt zu Ende. Wir betrachten diese Tatsache als einen großen Fortschritt. Uns allen muß daran liegen, daß in dem benachbarten Afrika die Staaten wirklich unabhängig sind und ihre Völker über ihre innere Ordnung selbst entscheiden können. Dabei verlangen wir nicht, daß diese Ordnung dieselbe ist wie die in der Bundesrepublik Deutschland. Es ist kein Zweifel, daß die Vielfalt der Staaten und Völker in Afrika ebenso wie die Unterschiedlichkeit der Strukturen und Entwicklungsstufen dieser Länder berücksichtigt werden muß.

Was die Lösung der Probleme Rhodesiens und Namibias anbelangt, so ist unsere Position bekannt: Wir wünschen, daß die Probleme auf friedliche Weise gelöst werden. Hinsichtlich Namibias haben wir zusammen mit vier anderen Mitgliedern des Sicherheitsrates einen Vorschlag vorgelegt, der aufzeigt, wie Fortschritte ohne Blutvergießen erzielt werden können.[9] Ich war selbst in New

---

[7] Bundesminister Genscher führte am 13. August 1977 in Frankfurt am Main ein Gespräch mit dem südafrikanischen Außenminister Botha. Vgl. AAPD 1977, II, Dok. 216.

[8] Der amerikanische Außenminister Vance hielt sich am 17. April 1978 in Rhodesien sowie vom 19. bis 23. April 1978 in der UdSSR auf. Vgl. dazu Dok. 123, Anm. 23, bzw. Dok. 126.

[9] Für den Wortlaut des Vorschlags der fünf westlichen Mitglieder des UNO-Sicherheitsrats vom 10. April 1978 für eine Lösung der Namibia-Frage vgl. EUROPA-ARCHIV 1978, D 574–578.

York und habe[10] mit Vertretern der SWAPO, anderer afrikanischer Staaten, auch solcher der Frontstaaten[11], gesprochen.[12] Wir haben feststellen können, daß der Vorschlag als ein sehr ernstzunehmender Beitrag zur Lösung der Probleme angesehen wird. Es liegt im Interesse aller, auf friedliche Weise voranzukommen. Ich glaube daher, daß dieser Vorschlag gegenwärtig die einzig aussichtsreiche Lösung darstellt. Es wäre gut, wenn Sie, Herr Minister, uns sagen könnten, welche Bedenken Sie gegen den Vorschlag haben. Die Haltung der Sowjetunion ist bei der Behandlung der Frage im Sicherheitsrat wichtig.

Was Rhodesien anbelangt, so unterstützen wir die Positionen der USA und Großbritanniens.[13] Wir sind der Auffassung, daß die Reise von AM Vance nach Rhodesien hilfreich war. Wir teilen die Auffassung, daß die „interne Lösung"[14] ohne Perspektiven ist. Die Lösung soll sich nicht auf einige Kräfte beschränken, vielmehr sollen alle Kräfte an den Verhandlungstisch kommen. Die Tatsache, daß die Lösung sich so spät einstellt, macht die Sache nicht leichter. Aber es ist besser so, als wenn nichts geschehe. Andernfalls droht ein Rassenkrieg, dessen Konsequenzen fürchterlich wären.

Gromyko: Der Rassenkrieg wurde schon vor langer Zeit begonnen und geht weiter. Wenn Sie die Reise von AM Vance hilfreich fanden, dann frage ich, warum soll ich nicht nach Rhodesien reisen?

Sie sagten, Sie haben mit den Vertretern der Südafrikanischen Union gesprochen. Haben Sie sie auch gefragt, wann Südafrika seine Truppen aus Namibia zurückzieht?

Bundesminister: Ich möchte nur darauf hinweisen, daß die Frage des Rückzugs der südafrikanischen Truppen einen Hauptpunkt des Fünf-Punkte-Vorschlags des Sicherheitsrats darstellt. Die Überlegungen gehen dahin, daß Truppen der Vereinten Nationen nach dem Abzug der südafrikanischen Truppen – Restbestände sollen für eine Übergangsperiode bleiben – die Sicherheit garantieren. Wir haben den Eindruck, daß dieser Gedanke von der SWAPO nicht als unannehmbar betrachtet wird. Auch die Nachbarstaaten sehen darin Möglichkeiten, bewaffnete Auseinandersetzungen zu vermeiden. Sie haben recht, Herr Minister: Es gibt bereits bewaffnete Auseinandersetzungen, aber es kommt darauf an, solche Konflikte ganz zu vermeiden. Das Volk muß die Möglichkeit erhalten, durch freie Wahlen zu entscheiden, wie es seine politische Ordnung regelt. Die SWAPO soll auf völlig gleichberechtigter Basis an diesen Wahlen teilnehmen. Ich habe den Eindruck, daß die SWAPO darin eine Chance sieht.

Gromyko: In manchen Fragen gibt es zwischen unseren Auffassungen Unterschiede. Wir haben jedoch den Wunsch, auch in Zukunft mit Ihnen über diese

---

10 Korrigiert aus: „und mit".
11 Angola, Botsuana, Mosambik, Sambia und Tansania.
12 Zu den Gesprächen der Außenminister Genscher (Bundesrepublik), de Guiringaud (Frankreich), Jamieson (Kanada), Owen (Großbritannien) und Vance (USA) mit dem südafrikanischen Außenminister Botha und dem Präsidenten der SWAPO, Nujoma, am 11./12. Februar 1978 vgl. Dok. 40 und Dok. 45.
Zum Gespräch zwischen Genscher und Nujoma am 12. Februar 1978 vgl. Dok. 52.
13 Zu den amerikanisch-britischen Bemühungen um eine Lösung des Rhodesien-Konflikts vgl. Dok. 44, Anm. 3.
14 Vgl. dazu das Abkommen von Salisbury vom 3. März 1978; Dok. 75, Anm. 9.

Probleme zu sprechen. Wären Sie damit einverstanden, daß wir von Zeit zu Zeit unsere Meinungen hierzu austauschen?

Bundesminister: Sehr gern! Es ist in der Tat wichtig, Mißverständnisse zu vermeiden. Auch möchte ich auf die gemeinsame Verantwortung hinweisen, die uns obliegt. Es ist eine wichtige Sache, die friedliche Entwicklung auf dem afrikanischen Kontinent zu fördern und Katastrophen zu vermeiden. Sonst besteht die Gefahr, daß die Nachbarregion Europa von solchen Entwicklungen beeinträchtigt wird. Afrika soll sich auf seinen friedlichen Aufbau konzentrieren können.

Gromyko: Wenn Sie einverstanden sind, kommen wir jetzt zur Lage im Nahen Osten. Mich würde interessieren, ob Sie über neue Informationen verfügen.

Bundesminister: Noch ein Wort zu Afrika. Wir sollten uns darin einig sein, daß das Prinzip der territorialen Integrität gewahrt wird und der Grundsatz, der von den bestehenden Grenzen ausgeht[15], Beachtung findet. Wir meinen, daß Afrika sich ohne Einfluß von außen entwickeln muß. Dieser Auffassung entspricht die restriktive Politik der Bundesrepublik Deutschland hinsichtlich der Waffenexporte.[16] Die Politik der Bundesregierung ist vielleicht die restriktivste von allen Ländern, die in der Lage sind, Waffen zu exportieren. Wir wollen nicht, daß Afrika mit Waffen vollgepumpt wird.

Was Nahost anbelangt, so haben wir keine neuen Informationen. Seit unserem letzten intensiven Meinungsaustausch in Moskau im letzten Sommer[17] hat sich in Nahost viel ereignet. Diese Entwicklungen haben unsere Positionen jedoch nicht verändert. Unsere Haltung wurde durch den Beschluß des Europäischen Rates vom Juli 1977[18] bekräftigt. Als ein wesentlicher Aspekt bei der Betrachtung der gegenwärtigen Lage erscheint mir die Einheit des arabischen Lagers, für deren Erhaltung wir einen Beitrag leisten müssen. Dauerhafte Lösungen können nicht mit neuen Problemen und Spannungen einhergehen, durch die die arabische Einheit aufs Spiel gesetzt wird. Ich werde im Juni Israel besuchen und dort zum ersten Mal den israelischen Ministerpräsidenten Begin sehen.[19] Ich hoffe, seine Vorstellungen zu den Entwicklungen in der Region zu erfahren. Im Juni kommt der syrische Außenminister zu uns nach Bonn[20], außerdem erwarten wir den Besuch des saudi-arabischen Kronprinzen[21]. Alle diese Kontakte geben uns Gelegenheit, ein umfassenderes Bild von der Situation zu erhalten. Uns würde Ihre Auffassung interessieren.

---

15 Vgl. dazu die Entschließung der zweiten Konferenz der Staats- und Regierungschefs der OAU-Mitgliedstaaten vom 17. bis 21. Juli 1964 in Kairo; Dok. 34, Anm. 5.
16 Zu den rechtlichen Grundlagen der Rüstungsexportpolitik der Bundesregierung vgl. Dok. 1, Anm. 17.
17 Bundesminister Genscher und der sowjetische Außenminister Gromyko erörterten den Nahost-Konflikt in einer Plenarsitzung am 14. Juni 1977 im Rahmen des Besuchs von Genscher vom 13. bis 15. Juni 1977 in der UdSSR. Vgl. dazu den Drahtbericht Nr. 2109 des Staatssekretärs van Well, z. Z. Moskau, vom 14. Juni 1977; Referat 213, Bd. 133099. Zum Besuch vgl. auch AAPD 1977, I, Dok. 154 und Dok. 156–158.
18 Für den Wortlaut der Erklärung des Europäischen Rats über den Nahen Osten vom 29. Juni 1977 vgl. EUROPA-ARCHIV 1977, D 516 f. Vgl. dazu ferner AAPD 1977, II, Dok. 174.
19 Zum Besuch des Bundesministers Genscher in Israel vgl. Dok. 203 und Dok. 205.
20 Der syrische Außenminister Khaddam hielt sich vom 6. bis 12. Juni 1978 in der Bundesrepublik auf. Vgl. dazu Dok. 178.
21 Kronprinz Fahd besuchte die Bundesrepublik vom 21. bis 23. Juni 1978. Vgl. dazu Dok. 195 und Dok. 197.

Gromyko: Noch einmal zurück zu Afrika: Vieles an dem, das Sie sagten, ist richtig. Das Prinzip der territorialen Integrität verdient Unterstützung, sonst wird Afrika ein Hexenkessel. Was geschieht jedoch, wenn ein Staat einen anderen angreift und dieser sich nicht allein verteidigen kann? Zweifellos hat dieser Staat in voller Übereinstimmung mit der VN-Charta das Recht, einen anderen Staat um Hilfe zu bitten.[22] Ein Beispiel ist der Konflikt zwischen Somalia und Äthiopien.[23]

Bundesminister: Nur eine Bemerkung hierzu: Immer dann, wenn ein Staat in Sorge um seine territoriale Integrität ist, soll er sich an die Vereinten Nationen wenden können, weil VN-Truppen eine andere Qualität als sonstige Truppen haben.

Gromyko: In der Tat soll man den Sicherheitsrat anrufen können. Wenn aber aufgrund eines Vetos im Sicherheitsrat keine Entscheidung zustande kommt, stehen gemäß der UN-Charta andere Wege offen: Zum Beispiel ist der betreffende Staat befugt, sich allein oder mit Hilfe anderer Staaten zu verteidigen.

Was Nahost anbelangt, so sind wir der Auffassung, daß dort die Lage noch nie so verwirrend war wie jetzt. Die Genfer Konferenz ist völlig immobilisiert.[24] Es besteht nicht einmal Einigung über die Minimalvoraussetzungen für die Wiederaufnahme der Konferenz. Die letzten Entwicklungen in der Region möchte ich dahingehend umschreiben, daß Israel seine Positionen befestigt hat und daß die Kontakte zwischen Kairo und Jerusalem zu nichts geführt haben. Wir verurteilen eine solche Politik. Wie Sie wissen, beruht die Nahostpolitik der Sowjetunion auf drei Prinzipien:

– Befreiung aller besetzter Gebiete;

– Berücksichtigung der legitimen Interessen aller Staaten der Region einschließlich der Schaffung eines – wenn auch kleinen – palästinensischen Staates;

– Existenzrecht aller Staaten in Nahost.

In Israel scheint man der Auffassung zu sein, daß das Geschenk des Staates vom Himmel gefallen ist. Ich möchte daran erinnern, daß die Sowjetunion schon 1947 den Vorschlag zur Schaffung eines selbständigen jüdischen Staates gemacht hat.[25] Ich habe seinerzeit die Delegation geleitet. Irgendwo in Israel

---

[22] Vgl. dazu Artikel 51 der UNO-Charta vom 26. Juni 1945; BUNDESGESETZBLATT 1973, Teil II, S. 465.

[23] Zum Ogaden-Konflikt vgl. Dok. 67.

[24] Zur Friedenskonferenz für den Nahen Osten in Genf vgl. Dok. 8, Anm. 9.

[25] Vom 28. April bis 15. Mai 1947 fand in New York die UNO-Sondergeneralversammlung über Palästina statt. Der sowjetische UNO-Botschafter Gromyko erklärte am 14. Mai 1947: „The fact that no Western European State has been able to ensure the defence of the elementary rights of the Jewish people, and to safeguard it against the violence of the fascist executioners, explains the aspirations of the Jews to establish their own State. It would be unjust not to take this into consideration and to deny the right of the Jewish people to realize this aspiration. It would be unjustifiable to deny this right to the Jewish people, particularly in view of all it has undergone during the Second World War." Weder die arabische noch die jüdische Seite dürfe bevorzugt werden: „An equitable solution can be reached only if sufficient consideration is given to the legitimate interests of both these peoples. All this leads the Soviet delegation to the conclusion that the legitimate interests of both the Jewish and Arab populations of Palestine can be duly safeguarded only through the establishment of an independent, dual, democratic, homogeneous Arab-Jewish State. Such a State must be based on equality of rights for the Jewish and the Arab populations, which might lay foun-

liegt eine Platte mit meinem Namen, die jetzt vielleicht zugemauert ist. Manchmal haben wir den Eindruck, als ob wir das Existenzrecht Israels konsequenter als andere verteidigen.

Bundesminister: Die Bundesregierung hat die Initiative des ägyptischen Präsidenten[26] begrüßt. Ich hoffe, daß die bestehenden Schwierigkeiten innerhalb des arabischen Lagers überwunden werden. Ich hoffe ferner, daß Israel sich von der Notwendigkeit überzeugt, daß die Palästinenser eine staatliche Organisation begründen können.

Gromyko: Warum will Israel die Schaffung eines kleinen palästinensischen Hauses nicht zulassen?

Bundesminister: Das ist keine Frage an uns. Sie berühren jedoch ein schwieriges Problem, denn was soll mit den Palästinensern geschehen, die in dem kleinen palästinensischen Haus keine Lebensmöglichkeiten vorfinden?

Gromyko: Israel ist auch ein kleiner Staat, hat aber drei Millionen Einwohner. Warum soll es da Schwierigkeiten um Palästina geben? Wir meinen, daß das Gebiet am linken Jordan-Ufer und der Gaza-Streifen ausreichen sollten.

Bundesminister: Wir sollten uns darauf einstellen, daß in dem Zeitpunkt, in dem die Palästinenser über ein eigenes Heimatland verfügen, sie dann unsere Aufbauhilfe benötigen.

Gromyko: Dem ist zuzustimmen.

Bundesminister: Ich möchte vorschlagen, daß wir jetzt über die vor uns liegenden Aufgaben sprechen, da die Bundesrepublik Deutschland im zweiten Halbjahr 1978 die Präsidentschaft in der Europäischen Gemeinschaft hat. Sodann könnten wir uns unter vier Augen zusammensetzen[27] und anschließend mit unseren Mitarbeitern das Mittagessen einnehmen.

Während der Zeit der deutschen Präsidentschaft in der EG werden wichtige Verhandlungen zu führen sein. Einmal geht es um ein zweites Abkommen nach dem Typ von Lomé mit den sogenannten AKP-Staaten.[28] Dieses Abkommen erscheint uns als ein gutes Modell für die Zusammenarbeit zwischen Nord und Süd. Besonderes Gewicht messen wir den Beitrittsverhandlungen mit den Ländern zu, die Mitglieder der EG werden wollen. Wir hoffen, daß wir die Verhandlungen mit Griechenland[29] während unserer Präsidentschaft zu Ende führen können. Ich gehe ferner davon aus, daß während der Präsidentschaft die Verhandlungen mit Portugal[30] aufgenommen werden und daß es Fortschritte mit Spanien[31] gibt.

Fortsetzung Fußnote von Seite 678

dations of co-operation between these two peoples to their mutual interest and advantage." Vgl. OFFICIAL RECORDS OF THE FIRST SPECIAL SESSION OF THE GENERAL ASSEMBLY, Bd. I, S. 132–134.

[26] Zur Friedensinitiative des Präsidenten Sadat vgl. Dok. 3, Anm. 7.

[27] Vgl. Dok. 141.

[28] Zur Vorbereitung einer Erneuerung des AKP-EWG-Abkommens von Lomé vom 28. Februar 1975 vgl. Dok. 121, Anm. 24 und 27.

[29] Zum Stand der Verhandlungen über einen EG-Beitritt Griechenlands vgl. Dok. 134, Anm. 3.

[30] Portugal stellte am 28. März 1977 den Antrag auf Beitritt zu den Europäischen Gemeinschaften. Vgl. dazu BULLETIN DER EG 3/1977, S. 8–10.
Die EG-Kommission gab am 19. Mai 1978 eine Stellungnahme zum Beitrittsantrag Portugals ab. Vgl. dazu Dok. 156, Anm. 17.

[31] Zum Stand der Verhandlungen über einen EG-Beitritt Spaniens vgl. Dok. 8, Anm. 42.

Die Erweiterung der EG wird also ein wichtiges Thema sei: Die beitrittswilligen Länder sehen in der EG einen wichtigen Faktor für ihre innere Entwicklung, aber auch für ihre außenpolitische Orientierung. Eines der Probleme wird eine gemeinsame Wirtschafts- und Währungspolitik sein, die dazu beitragen soll, die zwischen den einzelnen Ländern bestehenden Entwicklungsunterschiede zu überwinden. Ich weiß nicht, wie lange die dazu erforderliche Übergangsperiode dauern wird. Ich glaube aber, wir müssen mit einem Zeitraum von fünf Jahren oder länger rechnen. Wir haben also eine interessante, aber nicht leichte Entwicklungsphase vor uns, die wir im konstruktiven Geiste lösen wollen.

Daneben werden Verhandlungen mit den COMECON-Staaten zu führen sein.[32] Diese Perspektiven zeigen, daß die EG ein immer attraktiverer Faktor in Europa wird.

Gromyko: Ich danke Ihnen für diese Informationen. Ich möchte Sie fragen, wie Sie die Perspektiven der Verhandlungen zwischen dem RGW und dem Gemeinsamen Markt beurteilen.

Bundesminister: Positiv.

Gromyko: Werden die Verhandlungen in der Zeit Ihrer Präsidentschaft abgeschlossen werden können?

Bundesminister: Das kann niemand voraussagen. Aber Sie können sich vorstellen, daß wir es begrüßen würden, wenn die Verhandlungen in dieser Zeit zum Abschluß kämen.

An dem Gespräch nahmen teil:

StS van Well; Botschafter Dr. Wieck; MD Dr. Blech; MD Dr. Kinkel; VLR I Dr. Sudhoff; VLR Dr. Heyken; LR I Scheel als Dolmetscher.

Stellvertretender Außenminister Kowaljow; Botschafter Falin; Herr Bondarenko, Leiter der Dritten Europäischen Abteilung, SAM[33]; Herr Terechow, Stellvertretender Abteilungsleiter; Herr Tarassow, MBFR-Spezialist; BR Popow; Herr Nowikow als Dolmetscher.

VS-Bd. 13089 (213)

---

[32] Am 16. Februar 1976 bzw. 17. November 1976 tauschten der RGW und die Europäischen Gemeinschaften Entwürfe für ein Abkommen über die Grundlagen der gegenseitigen Beziehungen aus. Vgl. dazu BULLETIN DER EG 2/1976, S. 16–18, bzw. BULLETIN DER EG 11/1976, S. 14 f.
Am 21. September 1977 fanden in Brüssel Gespräche zwischen dem RGW und der EG-Kommission statt. Im Kommuniqué hieß es, daß es aufgrund des Ablaufs möglich gewesen sei, „den Beginn der Verhandlungen über ein Abkommen für die erste Hälfte des Jahres 1978 in Betracht zu ziehen." Vgl. BULLETIN DER EG 9/1977, S. 11.
Am 29./30. Mai 1978 hielt sich der Vizepräsident der EG-Kommission, Haferkamp, zu Gesprächen mit dem Generalsekretär des RGW, Fadejew, in Moskau auf. Vgl. dazu Dok. 181, besonders Anm. 12.
[33] Sowjetisches Außenministerium.

141

Gespräch des Bundesministers Genscher mit dem sowjetischen Außenminister Gromyko

010-1171/78 VS-vertraulich 6. Mai 1978

Vier-Augen-Gespräch zwischen dem Herrn Bundesminister des Auswärtigen, Hans-Dietrich Genscher, und dem Minister für Auswärtige Angelegenheiten der UdSSR, Herrn A. Gromyko, am 6.5.1978 von 11.25 bis 12.15 Uhr[1];
hier: Dolmetscheraufzeichnung

Genscher: Er wolle mit Herrn Gromyko eine Frage klären, nämlich die Frage des Besuches von Herrn Gromyko in der Bundesrepublik. Solle der Besuch als erledigter Teil in der Serie der gegenseitigen Konsultationen[2] betrachtet werden oder nicht? Wenn Herr Gromyko dies bejahe, so brauche für dieses Jahr keine weitere Konsultationsrunde mehr vorgesehen zu werden. Wenn er verneine, was er, Genscher, vorziehe, da man Herrn Gromyko gerne in Bonn begrüßen werde, d. h. also, wenn man sich darauf verständige, daß die Gespräche während dieses Besuches nicht als Teil der Konsultationen anzusehen seien, dann werde man Herrn Gromyko zu Konsultationsgesprächen gesondert nach Bonn einladen.

Gromyko: Das sei jetzt schwer zu entscheiden, wahrscheinlich aber werde es schwer, noch für dieses Jahr eine gesonderte Reise nach Bonn ins Auge zu fassen. Man könne ja auch davon ausgehen, daß Herr Genscher sowieso in die Sowjetunion kommen werde. Wenn nicht allein, so doch in Begleitung entweder des Bundespräsidenten oder des Bundeskanzlers. Obwohl er, Gromyko, die Absichten weder Herrn Genschers noch des Präsidenten noch des Kanzlers kenne, meine er, daß das eine akzeptable Einigung sein müßte. Jedenfalls liege die Initiative auf seiten der Bundesrepublik.

Genscher: Dann könne man auf jeden Fall sagen, daß Herr Gromyko in die Bundesrepublik eingeladen werde; Näheres werde[3] dann entschieden, je nachdem, ob vorher ein Besuch des Bundespräsidenten oder des Bundeskanzlers in Moskau anberaumt wäre oder nicht.

Gromyko: Wer zuerst reise, entscheide die Seite der Bundesrepublik. Natürlich nehme er die Einladung gerne an, wolle aber noch einmal sagen, daß es recht kompliziert sein würde, eine Reise nach Bonn noch in diesem Jahre zu bewerkstelligen. Es sei sicher realer, davon auszugehen, daß Herr Genscher zu den

---

[1] Der sowjetische Außenminister Gromyko begleitete den Generalsekretär des ZK der KPdSU, Breschnew, bei dessen Besuch vom 4. bis 7. Mai 1978 in der Bundesrepublik.
[2] In der Gemeinsamen Erklärung vom 30. Oktober 1974 über den Besuch des Bundeskanzlers Schmidt und des Bundesministers Genscher vom 28. bis 31. Oktober 1974 in der UdSSR wurde vereinbart, „mindestens einmal jährlich" Konsultationen der Außenminister, abwechselnd in Bonn und Moskau, durchzuführen. Vgl. dazu BULLETIN 1974, S. 1307.
[3] Korrigiert aus: „wäre".

nächsten Konsultationen entweder mit dem Bundespräsidenten oder dem Bundeskanzler nach Moskau reise.[4]

Genscher: Es komme ihm darauf an, den beiderseitigen Dialog kontinuierlich aufrechtzuerhalten, denn es habe sich gezeigt, daß durch einen freimütigen Gedankenaustausch auch zu Fragen, zu denen keine Übereinstimmung bestehe, das gegenseitige Verständnis hierdurch gestärkt werde. (*Gromyko* stimmt zu.)

Er, *Genscher*, wolle noch einige Bemerkungen über Berlin machen. Herr Gromyko habe sicher beobachtet, daß die drei anstehenden Abkommen, die wegen der Berlin-Problematik nicht hätten abgeschlossen werden können[5], in unseren Gesprächen nicht zum Gradmesser der Bewertung dieses Besuchs gemacht worden seien. Es sei unser Interesse, in dieser Situation uns nicht gegenseitig zu überfordern, statt dessen dafür zu arbeiten, daß später die Lösung unter voller Einbeziehung Berlins möglich werde. Was die Bedeutung der Berlin-Frage angehe, so wolle er auf das verweisen, was er am Tage zuvor dem GS[6] gesagt habe.

Gromyko stimmt zurückhaltend zu. Er habe sich in der Richtung ja auch schon beim letzten Treffen in New York[7] geäußert.

Genscher: Die New Yorker Begegnung sei übrigens nicht unfruchtbar gewesen, denn sie habe wesentlich dazu geführt, daß heute das Wirtschaftsabkommen[8] unterzeichnet werden könne.

Eine Frage im Zusammenhang mit der Berlin-Problematik sei nach seinem Eindruck jedoch schon gegenwärtig lösbar. Es gehe um die sog. Fernbetreuung von Westberliner Einwohnern durch die diplomatischen Vertretungen der Bundesrepublik Deutschland in der Sowjetunion. Schon vor Jahren sei sowjetischerseits geäußert worden, daß hiergegen keine prinzipiellen Bedenken bestünden. Die sowjetische Praxis lasse erkennen, daß auch demgemäß verfahren werde. Schwierigkeiten bei der konsularischen Fernbetreuung habe in besonderem Maße jedoch unsere Ständige Vertretung in der DDR, wo aus verständlichen Gründen einschlägige Fälle viel öfter als in der Sowjetunion aufträten. Seitens der DDR sei uns zu verstehen gegeben[9], daß die Schwierigkeiten sich leichter beheben ließen, wenn es gelänge, mit der Sowjetunion, wenn auch nur in einfacher Form, das Prozedere in dieser Hinsicht zu formalisieren. Er, Genscher, habe seine Mitarbeiter angewiesen, dazu Vorschläge vorzubereiten, die sie den Mitarbei-

---

[4] Der sowjetische Außenminister Gromyko besuchte die Bundesrepublik vom 21. bis 24. November 1979. Für die Gespräche mit Bundesminister Genscher am 21./22. November bzw. mit Bundeskanzler Schmidt am 23. November 1979 vgl. AAPD 1979.

[5] Zu den geplanten Abkommen vgl. Dok. 17, Anm. 12.

[6] Bundesminister Genscher traf in seiner Eigenschaft als FDP-Vorsitzender am 5. Mai 1978 mit dem Generalsekretär des ZK der KPdSU, Breschnew, zusammen. Vgl. dazu den Artikel „Gespräch auch über Berlin"; DIE WELT vom 6. Mai 1978, S. 3.

[7] Zum Gespräch des Bundesministers Genscher mit dem sowjetischen Außenminister Gromyko am 28. September 1978 in New York vgl. AAPD 1977, II, Dok. 268.

[8] Für den Wortlaut des Abkommens vom 6. Mai 1978 über die Entwicklung und Vertiefung der langfristigen Zusammenarbeit der Bundesrepublik und der UdSSR auf dem Gebiet der Wirtschaft und Industrie vgl. BULLETIN 1978, S. 431 f.

[9] Unvollständiger Satz in der Vorlage.

tern Herrn Gromykos übergeben könnten.[10] *Gromyko* stellt zunächst die Frage, ob es sich dabei um Rechtshilfe handele.

Eine entsprechende aufklärende Antwort wird gegeben.

Er sei mit dieser Frage noch nicht befaßt worden, werde sich aber informieren und seinen Mitarbeitern entsprechende Anweisungen geben. Er gehe davon aus, daß nicht daran gedacht sei, diese Angelegenheit noch während des einen verbleibenden Besuchstags zu regeln.

Genscher: Natürlich nicht; er bitte nur, im Verständnis des eben Gesagten zu prüfen, ob beiderseits keine Regelung gefunden werden könne, um so mehr als es in der Praxis keine akuten Streitpunkte gegeben habe.

Gromyko: Sowjetische Seite werde die Sache prüfen.[11]

Genscher: Nur zur Klärung: Es gehe nicht um Rechtshilfe. In der Praxis funktioniere die Sache zwischen unseren Staaten. Es würde jedoch, wie schon gesagt, die Praxis unserer Vertretung in der DDR erleichtern, wenn in einfacher Form eine Möglichkeit der Formalisierung gefunden werden könne.

Genscher: Da wir an der Schaffung eines Vertrauensklimas in allen Fragen interessiert seien, möchte er, Genscher, zwei Themen aufgreifen, die in näherer Zeit akut würden.

1) Es gehe um die Amtszeit des Berliner Regierenden Bürgermeisters als Präsident des Bundesrates.[12] Herr Stobbe werde dieses Amt in einer Form ausüben,

---

10 Vortragender Legationsrat I. Klasse Freiherr von Richthofen teilte der Botschaft in Moskau am 8. Mai 1978 mit, daß Ministerialdirektor Blech dem Abteilungsleiter im sowjetischen Außenministerium, Bondarenko, am 6. Mai 1978 den Entwurf für eine sowjetische Mitteilung an die Bundesregierung zur Frage der konsularischen Betreuung von Personen mit ständigem Wohnsitz in Berlin (West) übergeben habe. Dieser laute: „Unter Bezugnahme auf die hierüber geführten Gespräche teile ich mit, daß die im Vier-Mächte-Abkommen vom 3. September 1971 (Anlage IV, A–B, Ziffer 2 a) genannte Ausübung der konsularischen Betreuung von Personen mit ständigem Wohnsitz in den Westsektoren von Berlin durch die Bundesrepublik Deutschland von der sowjetischen Seite nicht davon abhängig gemacht wird, daß die betroffenen Personen sich auf dem Territorium der Union der Sozialistischen Sowjetrepubliken befinden." Vgl. den Drahterlaß Nr. 2195; Referat 210, Bd. 116461.

11 Botschafter Wieck, Moskau, berichtete am 7. Juni 1978: „Bei Gelegenheit eines Abendessens am 5.6. erwähnte Bondarenko von sich aus die Fernbetreuung und bemerkte, wir sollten nicht vermuten, die sowjetische Seite verharre in Untätigkeit. Unsere Vorschläge würden derzeit geprüft. Sowjetische Seite werde von sich aus darauf zurückkommen." Vgl. den Drahtbericht Nr. 1998; Referat 210, Bd. 116461.

12 Zur geplanten Wahl des Regierenden Bürgermeisters von Berlin, Stobbe, zum Präsidenten des Bundesrats vgl. Dok. 80.
Ministerialdirektor Blech notierte am 22. Mai 1978, die Bundesregierung habe in der Bonner Vierergruppe am 11. April 1978 eine „Liste empfindlicher Punkte, in denen RBM Stobbe als Bundesratspräsident und bei der Wahrnehmung der Befugnisse des Bundespräsidenten Zurückhaltung üben könnte", übergeben. Die Drei Mächte hätten diese zwar gewürdigt, jedoch habe insbesondere Großbritannien auf Ergänzungen gedrängt und den Wunsch geäußert, daß eine „maximale Trennung zwischen den Berliner und den Bundesfunktionen von Herrn Stobbe" vorgenommen werden solle: „Insbesondere sollte Herr Stobbe, während er im Bundesgebiet die Funktion eines Bundesratspräsidenten ausübt, sich in Berlin von Bürgermeister Lüder vertreten lassen. Außerdem sollte Herr Stobbe als amtierender Bundespräsident keine Gesetze unterzeichnen, die nicht nach Berlin übernommen werden können (z. B. über Verteidigungsangelegenheiten), keine Offiziere ernennen und keine Offiziere dekorieren." Blech vermerkte dazu, es erscheine nicht empfehlenswert, eine „derartige casuistische Aufzählung von Tätigkeiten in die Liste aufzunehmen, die der Regierende Bürgermeister als amtierender Bundesratspräsident nicht vornehmen wird. Dies könnte ihn in nicht wünschenswerter Weise festlegen, und es könnte die Frage auftauchen, ob der Regierende Bürgermeister das Amt des Bundesratspräsidenten überhaupt übernehmen kann, wenn er in so präziser Form auf einen Teil der damit verbundenen Funktionen von vornherein verzichtet. […] Wir haben

die ungeachtet der rechtlichen Zulässigkeit auf psychologische Aspekte Rücksicht nehmen werde.

2) Die anstehenden Direktwahlen zum Europaparlament im Juni 1979.[13] Nach bisheriger Prozedur würden die Abgeordneten des Europaparlaments einschließlich der Berliner aus der Mitte des Deutschen Bundestages gewählt. Durch Einführung der Direktwahlen entfalle die Entsendung aus dem Bundestage, im Falle der Berliner Abgeordneten für das Europaparlament werde aber so verfahren, daß sie aus der Mitte des Abgeordnetenhauses gewählt würden, also nicht direkt. Er, Genscher, halte es für notwendig, in aller Offenheit solche bevorstehenden Dinge zu erörtern, denn er wolle nicht in einem Jahr in die Situation kommen, wieder mit Herrn Gromyko zusammenzutreffen und sich dann eventuell den Vorwurf anhören zu müssen, warum er, Gromyko, denn nicht vorher informiert worden sei. Er bitte Herrn Gromyko dabei, unsere Motive zu verstehen.

Gromyko: Wenn die Problematik ausführlich diskutiert werden sollte, so fehle dazu die Zeit. Es genüge zu sagen, daß die sowjetische Seite für strikte Einhaltung des VMA[14] sei. Sie würde es nicht empfehlen, Schritte zu unternehmen, die dem VMA entgegenstünden – das sei weder für die Bundesrepublik noch für ihr Verhältnis zur SU noch für das Verhältnis zur DDR günstig. Wisse denn die Regierung der DDR von diesen beiden Punkten? Wenn ja, wie sehe die Stellungnahme der DDR aus? Er, Gromyko, müsse dies fragen, da sowjetische Seite sich mit DDR beraten müsse.

Genscher: Über die öffentlichen Medien sei die DDR-Regierung sicher informiert. Die Bundesregierung stehe in diesen Fragen in Kontakt mit den drei westlichen VMA-Unterzeichnerstaaten. In den Gesprächen mit der DDR seien diese Punkte jedoch nicht zu Themen gemacht worden.

Er habe diese Mitteilung informationshalber gemacht, um damit den Ausdruck unserer Entschlossenheit zu verbinden, künftige Schwierigkeiten vermeiden zu wollen. An der rechtlichen Zulässigkeit bestehen auch nach der Auffassung der Drei Mächte keine Bedenken. Unabhängig von dieser Sache sei es sicher gut, wenn Herr Gromyko sich mit der Antwort des Staatsministers im AA, Herrn von Dohnanyi, auf eine Anfrage des Abgeordneten Ollesch bekanntmache, in der unsere Rechtsauffassung wiedergegeben werde.[15] Eine positive Bewertung hätten wir auch sowjetischen Reaktionen entnehmen können.

Gromyko fragt, von wem solche sowjetischen Reaktionen denn stammten.

Genscher: Es gehe hier nicht um offizielle Reaktionen der Sowjetregierung, sondern eher um Eindrücke, die aus Gesprächen mit sowjetischen Partnern ge-

---

Fortsetzung Fußnote von Seite 683
   auch dies den Alliierten mitgeteilt, die sich davon nicht vollständig befriedigt sahen." Vgl. VS-Bd. 13071 (210); B 150, Aktenkopien 1978.

13 Zum Beschluß des Europäischen Rats vom 12./13. Juli 1976 zur Einführung von Direktwahlen zum Europäischen Parlament vgl. Dok. 8, Anm. 28.
   Zur Festlegung des Wahltermins 7. bis 10. Juni 1979 vgl. Dok. 113.

14 Vier-Mächte-Abkommen.

15 Zur Anfrage des FDP-Abgeordneten Ollesch vom 18. November 1977 sowie zur Antwort des Staatsministers von Dohnanyi vom 25. November 1977 und zur Reaktion des sowjetischen Botschafters Falin vgl. Dok. 17, besonders Anm. 5.

wonnen worden seien. Er entnehme jedoch aus der Reaktion des Herrn Ministers, daß ihm der Text nicht bekannt sei.

Gromyko: Wann sei diese Äußerung im Bundestag getan worden?

Genscher: Vor einigen Monaten.

Gromyko: Er werde sich mit dem Text bekanntmachen. Er wolle jedoch hinzufügen, wenn diese Fragen von der Bundesregierung mit der DDR aufgenommen würden, sei es falsch, sich dann auf die Sowjetunion in dem Sinne zu beziehen, als habe die Sowjetunion bereits ein positives Echo gegeben. Sowjetische Seite werde nichts Verbindliches dazu sagen, bevor sie in Konsultationen mit der DDR eingetreten sei. Er könne daher nur allgemein wiederholen: Sowjetunion sei für volle Einhaltung des VMA.

Genscher: Die Erklärung Herrn von Dohnanyis habe nichts mit den vorher angesprochenen konkreten Fragen wie Fernbetreuung, Europawahlen, Bundesratspräsidentschaft zu tun. Es handele sich um eine Gesamtdarlegung unserer Auffassungen.

Gromyko: Bei seiner Rückkehr vom Besuch in der Bundesrepublik Deutschland werde er eventuell für ein bis zwei Tage in der DDR sein.[16] Er nehme aber nicht an, daß diese Themen auf seiner Ebene dort angesprochen würden. Damit würden sich sicherlich Experten befassen, nicht jedoch die Minister.[17]

VS-Bd. 14072 (010)

142

Deutsch-sowjetisches Regierungsgespräch

213-321.00 SOW-995/78 VS-vertraulich   6. Mai 1978[1]

Abschlußgespräch zwischen Bundeskanzler und GS Breschnew im erweiterten Delegationskreis am 6.5.[2], 17.30 Uhr, im Bundeskanzleramt[3]

Generalsekretär *Breschnew* stimmt dem Vorschlag des Bundeskanzlers zu, daß zunächst die Außenminister über ihre Gespräche[4] berichten sollen.

---

16 Der sowjetische Außenminister Gromyko hielt sich am 11./12. Mai 1978 in der DDR auf.
17 An dieser Stelle Fußnote in der Vorlage: „Diese Aufzeichnung konnte vom Dolmetscher nicht mehr überprüft und daher auch nicht unterzeichnet werden, da der Dolmetscher vor Beendigung der maschinellen Niederschrift Bonn wieder verlassen mußte."

1 Die Gesprächsaufzeichnung wurde von Vortragendem Legationsrat I. Klasse Kühn gefertigt.
2 Korrigiert aus: „5.5.".
3 Der Generalsekretär des ZK der KPdSU, Breschnew, hielt sich vom 4. bis 7. Mai 1978 in der Bundesrepublik auf.
4 Für die Gespräche des Bundesministers Genscher mit dem sowjetischen Außenminister Gromyko am 5./6. Mai 1978 vgl. Dok. 137, Dok. 138, Dok. 140 und Dok. 141.

AM *Gromyko*: Das Treffen war gut vorbereitet; viel praktische Arbeit ist vor und während des Besuches geleistet worden, und während des Besuches war diese Arbeit besonders intensiv. Wir haben die Gemeinsame Deklaration und das Kommuniqué[5] ausgearbeitet: Die Gemeinsame Deklaration enthält prinzipielle Bestimmungen. Sie ist allgemein gehalten und in einem feierlichen Geiste geschrieben. Bei den Formulierungen gingen wir davon aus, daß die gemeinsame Deklaration sich auf den Vertrag von Moskau[6] stützen muß. Die Deklaration beachtet auch Fragen, die im Zusammenhang mit der internationalen Lage stehen, so wie sie sich bis zu diesen Tagen entwickelt hat.

Die Gemeinsame Deklaration ist nicht eine Ergänzung und nicht eine Korrektur des Moskauer Vertrages, aber sie beruht auf dem Granitfundament des Vertrages. Sie trägt der gegenwärtigen Lage, den politischen Gegebenheiten Rechnung, und zwar sowohl was die bilateralen Beziehungen als auch den internationalen Bereich angeht. Es ist eine wirklich gute Erklärung. In dem Vertrag (!) wird hervorgehoben, daß wir den Weg, der im Moskauer Vertrag gezeichnet ist, weitergehen wollen.

Was das Langfristige Kooperationsabkommen[7] angeht, so handelt es sich hier in der Tat um ein „starkes Dokument". Es packt nicht nur die Politiker, sondern ist so geschrieben, daß es auch die Werktätigen lesen könnten. Das Abkommen bietet Vorteile für die Wirtschaftsentwicklung in beiden Ländern und schafft Arbeitsplätze.

Wir haben auch in verschiedenen Bereichen über afrikanische Angelegenheiten gesprochen. Ich möchte nicht sagen, daß unsere Positionen überall übereinstimmen. Wir betrachten manche Sachen in unterschiedlicher Beleuchtung. Wir wollen Herrn Breschnew darauf aufmerksam machen, daß die Bundesrepublik mit uns voll darin übereinstimmt, daß auch in Afrika die Grenzen nicht verändert werden sollen. Afrika ist populär geworden. Die nationalen Fragen in Rhodesien und Namibia betrachten wir nicht in dem gleichen Licht. Die Stammbevölkerung muß regieren, aber die Bewertung der Lage in Rhodesien durch die Bundesrepublik ist zu optimistisch. Die Völker sollten an der Macht sein. Was da jetzt ist in diesen afrikanischen Gebieten, ist nicht die Zukunft der afrikanischen Völker. Sie sollen selbst bestimmen, der Rassismus ist Vergangenheit in der Geschichte Afrikas.

Naher Osten. Unsere Position ist einfach. Die eroberten arabischen Gebiete müssen – und zwar alle – befreit, die Rechte der Araber geschützt werden. Es gibt ein Recht auf die Schaffung eines kleinen palästinensischen Staates. Wir haben seinerzeit selbst den Vorschlag der Schaffung eines israelischen Staates

---

[5] Für den Wortlaut der Gemeinsamen Deklaration vom 6. Mai 1978 bzw. des Kommuniqués anläßlich des Besuchs des Generalsekretärs des ZK der KPdSU, Breschnew, vom 4. bis 7. Mai 1978 in der Bundesrepublik vgl. BULLETIN 1978, S. 429f. bzw. S. 433–436.

[6] Für den Wortlaut des Vertrags vom 12. August 1970 zwischen der Bundesrepublik und der UdSSR vgl. BUNDESGESETZBLATT 1972, Teil II, S. 354f.

[7] Für den Wortlaut des Abkommens vom 6. Mai 1978 über die Entwicklung und Vertiefung der langfristigen Zusammenarbeit der Bundesrepublik und der UdSSR auf dem Gebiet der Wirtschaft und Industrie vgl. BULLETIN 1978, S. 431f.

eingebracht.⁸ Die Politik Jerusalem/Kairo hat eine Pleite erlitten. Die deutsche Seite ist optimistisch, aber die Ereignisse beweisen das Gegenteil.

Aber zum Schluß muß ich sagen, daß die Differenzen nicht so wichtig sind, vielmehr sollte die Sphäre unserer Zusammenarbeit erweitert werden. Wir haben ausführlich das Gebiet unserer Zusammenarbeit im bilateralen, aber auch im internationalen Bereich, in Europa und in der ganzen Welt besprochen. Davon konnten wir früher nur träumen. Aber jetzt haben wir den Vertrag. Das ist zum Vorteil der ganzen Welt.

BM *Genscher*: Wir haben in der Tat die langfristigen Perspektiven der Zusammenarbeit zwischen der Bundesrepublik Deutschland und der Sowjetunion erörtert. Ich möchte zwei Themen nachtragen. Wir haben ausführlich über die Sondergeneralversammlung⁹ gesprochen. Ihre Bedeutung liegt vor allem auch darin, daß alle Möglichkeiten der Abrüstung und Rüstungsbegrenzung ausgeschöpft werden sollen. Was man an finanziellen Mitteln dann in diesem Bereich einsparen kann, das könnte den Entwicklungsländern zugute kommen und sie voranbringen. Hierzu soll es noch einen Meinungsaustausch geben.

Die Situation in Afrika. Auch wir betrachten die Respektierung der territorialen Integrität der Staaten als Voraussetzung für die Sicherung des Friedens in Afrika. Auch für uns ist die Unabhängigkeit und Selbständigkeit der afrikanischen Staaten wichtig. Wir lehnen gleichfalls den Kolonialismus ab und unterstützen die OAU. Wir wollen ihnen nicht unser System aufzwingen. Sie müssen selbst entscheiden, welchen Weg sie gehen wollen. Die unterschiedlichen Bewertungen bezüglich Rhodesien und Namibia beziehen sich auf die Möglichkeit, das Ziel mit friedlichen Mitteln zu erreichen. Wir haben bekanntlich mit einer Reihe anderer Staaten eine Namibia-Initiative ergriffen¹⁰ und unterstützen sie.

Naher Osten. Ich möchte festhalten, was Herr Gromyko dazu gesagt hat. Respektierung des Existenzrechts von Israel einerseits und legitimes Recht des palästinensischen Volkes andererseits. Ja, es gibt eine unterschiedliche Bewertung der Initiative von Sadat¹¹; aber Übereinstimmung, daß Einheit der Araber wichtiges Element für friedliche Lösung darstellt. Es muß dazu beigetragen werden, die Meinungsunterschiede im arabischen Lager¹² beizulegen.

Schließlich waren wir darin einig, daß die strikte Einhaltung und die volle Anwendung des Vier-Mächte-Abkommens die entscheidende Voraussetzung für eine gute Entwicklung in Europa ist. Die Notwendigkeit der Vertrauensbildung und ihre Vertiefung, die in diesen Tagen so sehr von allen Seiten unterstrichen wurde, ist insbesondere auch für Berlin im Zentrum Europas wichtig.

---

8 Vgl. dazu die Rede des sowjetischen UNO-Botschafters Gromyko am 14. Mai 1947 in New York; Dok. 140, Anm. 25.

9 Zur UNO-Sondergeneralversammlung über Abrüstung vom 23. Mai bis 30. Juni 1978 in New York vgl. Dok. 212.

10 Für den Wortlaut des Vorschlags der fünf westlichen Mitglieder des UNO-Sicherheitsrats vom 10. April 1978 für eine Lösung der Namibia-Frage vgl. EUROPA-ARCHIV 1978, D 574–578.

11 Zur Friedensinitiative des Präsidenten Sadat vgl. Dok. 3, Anm. 7.

12 Zur Ablehnung der Friedensinitiative des Präsidenten Sadat durch verschiedene arabische Staaten vgl. Dok. 3, Anm. 14, bzw. Dok. 42, Anm. 8.

Ich schließe mich der Bewertung von Herrn Gromyko an: Es ist ein bedeutender Fortschritt, daß wir offen und vertrauensvoll miteinander über alles, was in der Welt vorgeht, und über die bilateralen Probleme sprechen.

Bundeskanzler: Wirtschaft. Entsprechend den unterschiedlichen Wirtschaftsverfassungen unserer Staaten kommt es bei Ihnen entscheidend auf den Staat, Beamte und Bürokratie, bei uns auf die private Wirtschaft an. Das ist der Grund, daß ich Herrn Wolff von Amerongen gebeten habe, an diesem Tisch mit Platz zu nehmen, ebenso wie Herrn Vetter, der die Arbeitnehmer vertritt.

Tichonow: Wir haben Gespräche mit Graf Lambsdorff und seinen Mitarbeitern geführt.[13] Dabei haben wir den ausgearbeiteten Text des Langfristigen Wirtschaftsabkommens endgültig bestätigt und Maßnahmen besprochen, die zur Verwirklichung des Abkommens notwendig sind. Das Abkommen ist wirklich ein hervorragendes Dokument, das z. B. durch die vorgesehene Periode von 25 Jahren große Möglichkeiten für eine günstige Entwicklung der Wirtschaftsbeziehungen zwischen unseren Ländern eröffnet.

Wir hatten ferner Gespräche mit Vertretern deutscher Wirtschaftskreise und Banken unter Leitung von Herrn von Amerongen. Dabei berichtete die sowjetische Seite über ihre perspektivische Wirtschaftsplanung, erläuterte die Entwicklung in gewissen Regionen und Branchen und beantwortete viele Einzelfragen. Das Gespräch wurde sehr aktiv geführt und war sehr nützlich. Es half, verschiedene Unklarheiten zu beseitigen sowie Möglichkeiten und Richtlinien der wirtschaftlichen Zusammenarbeit darzulegen. Beide Seiten werden Anstrengungen unternehmen, um das Abkommen in absehbarer Zeit mit konkretem Inhalt auszufüllen. Dazu sind in nächster Zukunft auf unterschiedlichen Ebenen verschiedene Treffen vorgesehen.

BM *Graf Lambsdorff*: Ich stimme der Gesamtwürdigung zu. Das gilt im wirtschaftlichen Bereich wie auch aus politischer Sicht. Vor zehn Jahren hätte keiner für möglich gehalten, daß wir ein solches Abkommen abschließen würden. Damit will ich nicht sagen, es hätte in Einzelfällen keine Schwierigkeiten gegeben, und ich kann gewisse Schwierigkeiten auch für die Zukunft nicht ausschließen. Unsere Aufgabe muß es bleiben, solche Schwierigkeiten zu beseitigen. Das Abkommen, das unterzeichnet werden soll, bietet uns gute Chancen. Es hat einen weiten Horizont von 25 Jahren. Das Abkommen muß nun mit Leben erfüllt werden. Das wird in erster Linie Aufgabe der deutsch-sowjetischen Wirt-

---

[13] Zu den Gesprächen des Bundesministers Graf Lambsdorff mit dem sowjetischen Ersten Stellvertretenden Ministerpräsidenten Tichonow und dem sowjetischen Außenhandelsminister Patolitschew und den Gesprächen mit Vertretern von Wirtschaftsunternehmen aus der Bundesrepublik am 5. Mai 1978 teilte Vortragender Legationsrat I. Klasse Sieger der Botschaft in Moskau am 10. Mai 1978 mit, Patolitschew habe ausgeführt, daß man die UdSSR nicht ausschließlich als Land der Rohstoffe ansehen dürfe: „Er sei nicht dagegen, Rohstoffe, z. B. Erdgas, zu liefern. Aber zwischen Rohstoffen und dem Endprodukt gebe es eine lange Palette von Halbfabrikaten. Die UdSSR sei bereit, flexibler zu sein. [...] Es gehe jedenfalls nicht an, daß nur die untersten Stufen in der Produkt-Palette abgenommen würden." Die UdSSR werde Vorschläge zur Verarbeitung von Rohstoffen, energieintensiven Produkten, Maschinenbau, Holz- und Papieranlagen und zur Zellstoffindustrie vorlegen, erwarte aber auch Vorschläge aus der Bundesrepublik. Lambsdorff habe erwidert, „daß man nicht die Absicht habe, nur Rohstoffe zu importieren. [...] Wenn allerdings Kompensationsprodukte in großen Mengen zu billigen Preisen verkauft würden, so müßten Schwierigkeiten mit den deutschen Produzenten und den Gewerkschaften entstehen." Vgl. den Drahterlaß Nr. 425; Referat 421, Bd. 122498.

schaftskommission sein. Die nächste Sitzung ist für September d. J. in Moskau vorgesehen.[14] Die Arbeitsgruppe sollte schon vorher zusammentreten und sich mit einigen Sonderproblemen befassen.[15]

Ferner haben Gespräche stattgefunden über eine ganze Reihe von Projekten. Das Erdgas-Röhrengeschäft[16] möchte ich als ein hervorragendes Beispiel der deutsch-sowjetischen Wirtschaftskooperation nennen. Beim Raffinerieprojekt Tomsk[17] stellt sich vor allem das Problem der Kompensation. Hier besteht noch keine volle Übereinstimmung zwischen den Wünschen der einen und den Vorstellungen der anderen Seite. Das metallurgische Projekt Kursk/Oskol[18] befindet sich im Stadium der praktischen Ausführung. Dieses Projekt ist ein Beispiel dafür, wie man nach langen und mühsamen Gesprächen zu einem gemeinsamen Denken und einem guten Ergebnis gelangen kann.

Zusammenfassend: Die Wirtschaftsbeziehungen zwischen unseren beiden Ländern sind entwicklungsfähig. Wir sind für einander interessante Partner. Unsere Volkswirtschaften ergänzen sich gegenseitig. Über das Wirtschaftliche hinaus können und müssen wir auch in politischer Hinsicht Aufgaben erfüllen und einen Beitrag zur Entspannungspolitik in Europa leisten.

Der *Kanzler* fragt Herrn Breschnew, ob er als erster eine Schlußbewertung geben möchte oder ob er, der Kanzler, das tun solle.

Breschnew antwortet: „Was könnte ich Ihnen sagen? Ich möchte Ihre Meinung hören."

---

[14] Die achte Tagung der deutsch-sowjetischen Kommission für wirtschaftliche und wissenschaftlich-technische Zusammenarbeit fand am 11./12. September 1978 in Moskau statt. Vgl. dazu Dok. 283, Anm. 20.

[15] Die Sitzung der Arbeitsgruppe der deutsch-sowjetischen Kommission für wirtschaftliche und wissenschaftlich-technische Zusammenarbeit fand vom 3. bis 5. Juli 1978 statt. Erörtert wurden die Entwicklung des Warenverkehrs, die Zusammenarbeit bei langfristigen Großprojekten, der sowjetische Wunsch nach Kompensationsgeschäften, die Akkreditierung von Firmen aus der Bundesrepublik in der UdSSR, Erdgaslieferungen, die Befreiung sowjetischer Spezialisten von der Arbeitserlaubnispflicht, der Textilhandel, Kohleimporte aus der UdSSR, die Zusammenarbeit bei der Vorbereitung der XXII. Olympischen Sommerspiele vom 19. Juli bis 3. August 1980 in Moskau und ein langfristiges Programm zur wirtschaftlichen Zusammenarbeit. Vgl. das Sitzungsprotokoll; Referat 421, Bd. 122508.

[16] Referat 421 legte am 20. April 1978 dar: „Die deutsch-sowjetische Zusammenarbeit auf dem Erdgassektor begann im Jahre 1970. Sie stützt sich heute auf drei Erdgasliefervertäge mit der Ruhrgas AG über jährlich 12 Mrd. Kubikmeter (in der Plateau-Phase). Alle drei Vereinbarungen laufen bis zum Ende des Jahres 2000. [...] Im Zusammenhang mit den drei Erdgaslieferverträgen sind getrennte Materiallieferungs- und Kreditverträge unterschrieben worden, und zwar drei Vereinbarungen über die Lieferung von zweimal 1,2 Mio. t und einmal von 0,95 Mio. t Großrohren. Vertragspartner auf deutscher Seite waren die Arbeitsgemeinschaft Mannesmann Export AG/Thyssen Stahlunion AG; drei Kreditverträge mit der Deutschen Bank, der Commerzbank AG, der Dresdner Bank AG und der Westdeutschen Landesbank Girozentrale AG über zweimal 1,2 Mrd. DM und einmal 1,5 Mrd. DM." Gegenwärtig unternehme die UdSSR große Anstrengungen zur Erschließung der zu zwei Dritteln in West-Sibirien in der Region Tjumen gelegenen Erdgasvorräte. Der Transport des dort geförderten Erdgases sei vermutlich von Materiallieferungen aus dem Ausland abhängig: „Nach vorliegenden Informationen werden seit einiger Zeit mit den Außenhandelsorganisationen der UdSSR Gespräche über die Möglichkeit weiterer Erdgaslieferungen geführt. Wegen der großen Mengen (etwa 10 bis 20 Mrd. Kubikmeter/Jahr) kommt auf der Abnehmerseite nur ein westeuropäisches Konsortium in Betracht, an dem sich deutsche Unternehmen maßgeblich beteiligen wollen. Die Gespräche haben jedoch noch nicht den Stand erreicht, um sie auf politischer Ebene konkret anzusprechen und durch entsprechende Stellungnahmen abzustützen." Vgl. Referat 421, Bd. 122499.

[17] Zum petrochemischen Projekt in Tomsk vgl. Dok. 135, Anm. 11.

[18] Zum Projekt eines integrierten Hüttenwerks in Kursk vgl. Dok. 135, Anm. 12.

Bundeskanzler: Ich möchte nachtragen, daß wir im Gespräch Genscher–Gromyko die sowjetische Seite auch über die Entwicklung der Europäischen Gemeinschaft unterrichtet haben.

Nun die Bewertung der gesamten Arbeit: Dank an Sie, Herr Generalsekretär, und unsere anderen sowjetischen Gäste für die vertrauensvolle Offenheit, in der alle Gespräche geführt worden sind. Sie haben gestern dieses Treffen mit drei Adjektiven gekennzeichnet. Sie haben gesagt, die Gespräche waren notwendig, inhaltsreich und nützlich.[19] Ich mache mir alle diese Adjektive zu eigen.

Herr Gromyko und Herr Genscher haben darauf hingewiesen, daß vor zehn Jahren das alles unmöglich gewesen wäre. Auch ich halte das für einen ganz großen Fortschritt in den deutsch-sowjetischen Beziehungen.

Das wirtschaftliche Kooperationsabkommen ist auf 25 Jahre angelegt, meines Wissens gibt es dafür keine Parallele in der Welt. Das ist eine sehr lange Zeit, und ich veranschlage die wirtschaftliche und politische Bedeutung außerordentlich hoch. Wir müssen alle Anstrengungen in den nächsten Jahren unternehmen, um das Abkommen mit konkretem Inhalt und guten Ergebnissen auszufüllen. Mir hat solch ein Abkommen bereits seit 1973 vorgeschwebt.

Ich bin aber auch glücklich über die Gemeinsame Erklärung. Herr Gromyko hat zunächst die internationale und die bilaterale Bedeutung der Erklärung hervorgehoben. Ich will das gleich vor der Presse in demselben Sinne tun.

Unsere Kollegen von der Diplomatie haben nicht verschwiegen, daß es gelegentlich noch Schwierigkeiten oder Meinungsverschiedenheiten gibt, die überwunden werden müssen. Ich möchte hier aus der Gemeinsamen Erklärung nur einen Satz zitieren. Das ist die Ziffer 4:

Beide Seiten sind fest entschlossen, die Qualität und das Niveau ihrer Beziehungen auf allen Gebieten weiter zu erhöhen und danach zu streben, daß gute Nachbarschaft und wachsende Zusammenarbeit zum gesicherten Gut auch kommender Generationen werden können.

Dieser Satz allein würde Ihren Besuch, Herr Generalsekretär, in Bonn rechtfertigen. Ihr Besuch in Bonn hat sich für uns und auch für die deutsch-sowjetischen Beziehungen gelohnt. Er war wichtig und nützlich. Ich danke Ihnen sehr herzlich.

Generalsekretär Breschnew: Wir werden gleich unsere Unterschrift unter wichtige Dokumente setzen. Es geht um den politischen Inhalt für unsere Zusammenarbeit in der Zukunft. Es geht darum, unsere Zusammenarbeit auf einen höheren Stand zu bringen. Unseren Völkern wird man Mitteilung machen von der Arbeit, die wir in diesen Tagen geleistet haben. Wichtig ist, daß wir eine Annäherung unserer Ansichten über viele Fragen erreicht haben. Unsere Gespräche haben an den Tag gelegt, daß es uns um die friedliche Zukunft unserer Völker geht. Es gibt ein gemeinsames Verständnis, daß der Abbau des Wettrüstens zielbewußt verfolgt werden muß. Wir waren uns einig, als wir von der Wichtigkeit des Entspannungsprozesses gesprochen haben und daß wir daran aktiv teilnehmen müssen.

---

[19] Vgl. dazu die Rede des Generalsekretärs des ZK der KPdSU, Breschnew, anläßlich eines Mittagessens am 5. Mai 1978 in Bad Godesberg; BULLETIN 1978, S. 425.

Die bilateralen Beziehungen haben wir konkret erörtert. Es geht darum, die Vergangenheit zu überwinden und unsere Beziehungen zu einem Faktor der internationalen Stabilität zu machen. Die Gemeinsame Deklaration und das Abkommen zeigen, daß wir bereits in der Praxis so etwas tun. Vieles hängt von dem politischen Willen ab, den Kurs stabil zu verfolgen. Für die sowjetische Seite sage ich, es gibt bei uns eine solche Entschlossenheit. Solche Begegnungen wie diese sind eine äußerst nützliche Sache unter den gegenwärtigen Bedingungen. Es bedarf der Arbeit, des Fleißes und der Energie, und Nerven muß man haben. Wir tun dies alles für unsere Völker, damit die Menschen auf der Erde ruhiger leben können. Die Völker müssen verstehen können, was wir machen und was hier erörtert wurde.

Zum Schluß danke ich im Namen aller meiner Begleiter dem Herrn Bundespräsidenten, dem Herrn Bundeskanzler und dem Vizekanzler für die Zusammenarbeit, Bereitschaft und das gegenseitige Bestreben, alle Probleme zu lösen im Interesse der Entspannung.

VS-Bd. 13089 (213)

143

Gespräch des Bundeskanzlers Schmidt mit dem Generalsekretär des ZK der KPdSU, Breschnew, in Hamburg

105-29.A/78 geheim 7. Mai 1978[1]

Gespräch des Herrn Bundeskanzlers mit dem Generalsekretär des ZK der KPdSU und Vorsitzenden des Präsidiums des Obersten Sowjets der UdSSR, L. I. Breschnew, am 7. Mai 1978 um 10.30 Uhr in dem privaten Haus des Herrn Bundeskanzlers in Hamburg[2];
hier: Dolmetscheraufzeichnung

An dem Gespräch waren weiter anwesend:

Von sowjetischer Seite: Außenminister Gromyko, ein Dolmetscher.

Von deutscher Seite: Bundesminister Genscher, der Endunterzeichnende als Dolmetscher.

Breschnew: Er wolle das Gespräch fortsetzen, ohne in eine besondere Diskussion einzutreten. Die Fakten des Lebens bestünden, aber sie sollten in das Protokoll aufgenommen werden, jedoch nicht in den Dokumenten stehen. Er wolle auf die Frage der Beziehungen zwischen der Bundesrepublik Deutschland und

---

[1] Ablichtung.
Die Gesprächsaufzeichnung wurde von Legationsrat I. Klasse Hartmann am 8. Mai 1978 gefertigt.
Zum Gespräch vgl. auch SCHMIDT, Menschen, S. 96–98.
[2] Der Generalsekretär des ZK der KPdSU, Breschnew, hielt sich vom 4. bis 7. Mai 1978 in der Bundesrepublik auf.

der DDR zu sprechen kommen. Der sowjetischen Seite sei es nicht gleichgültig, wie sich diese Beziehungen entwickelten. Sie sei froh, daß sich diese Beziehungen nach Abschluß des Grundlagenvertrags vom 21.12.1972[3] wesentlich zum Besseren hin verändert hätten. Dies fühle in der Praxis auch die Bevölkerung der beiden deutschen Staaten.

Die Voraussetzung für diese Entwicklung sei damals und heute die Anerkennung der territorialen und politischen Realitäten in Europa durch die Bundesrepublik Deutschland gewesen. Beide Begriffe seien untrennbar. Wie die DDR-Führung der sowjetischen Seite mitgeteilt habe, spüre sie in den letzen Jahren häufig eine Tendenz von seiten der Bundesrepublik, den Prozeß der Normalisierung der Beziehungen in eine Einbahnstraße zu verwandeln. Die DDR löse die praktischen Fragen der Entwicklung der Beziehungen in konstruktivem Geiste. Man frage sich, woran die westdeutsche Seite interessiert sei. Gleichzeitig sei der sowjetischen Seite bekannt, daß die Bundesrepublik nicht an die Lösung solcher herangereifter Fragen wie der Anerkennung der Staatsbürgerschaft der DDR, der Anhebung des Status der jeweiligen Vertretungen und des Abschlusses der Markierung der Grenze zwischen der Bundesrepublik und der DDR herangehe. Was sei hier los? Einige Politiker und führende Vertreter von Parteien erklärten in aller Offenheit, daß sie gegen normale völkerrechtliche Beziehungen zwischen den beiden deutschen Staaten und für besondere Beziehungen mit der DDR einträten, die es ermöglichten, die deutsche Frage – so drückten sie sich aus – offenzuhalten und den Boden für Veränderungen der Lage zu bereiten.

Der Herr Bundeskanzler kenne die Position der Sowjetunion und der DDR. Es gebe zwei selbständige deutsche Staaten; dies sei die Realität und davon müsse man ausgehen. Wenn die Bundesrepublik die Entwicklung normaler und konstruktiver Beziehungen zur DDR wünsche, müsse sie sich von den Normen des Völkerrechts leiten lassen. Eine andere Grundlage gebe es nicht. Die Regierung der DDR habe dies mehrfach erklärt. Die Sowjetunion teile diese Position völlig.

Er wolle wiederholen, daß er hier keine neue Diskussion anfangen wolle, sondern die Fortsetzung der bisherigen Verhandlungen wünsche, wie man sie die ganze Zeit geführt habe.

Bundeskanzler: Er verstehe gut, daß B. diesen Punkt habe zur Sprache bringen wollen. Vielleicht hätten an den Vortagen viele andere Themen im Vordergrund gestanden. Er begrüße die Möglichkeit, seine Meinung hierzu ausdrücken zu können.

Die Bundesregierung beurteile die Entwicklung der Beziehungen zwischen der DDR und der Bundesrepublik so, daß sie sich in den letzten Jahren insgesamt zum Positiven hin entwickelt hätten. Dies betreffe besonders den Reiseverkehr in die DDR, die Familienzusammenführung, Handel, Postwesen und Verkehr. Aber es bleibe noch sehr vieles zu tun. Der Normalisierungsprozeß sei äußerst kompliziert und langsam. Und es gebe Rückschläge. Er wolle nur zwei Rück-

---

[3] Für den Wortlaut des Vertrags vom 21. Dezember 1972 über die Grundlagen der Beziehungen zwischen der Bundesrepublik und der DDR und der begleitenden Dokumente vgl. BUNDESGESETZBLATT 1973, Teil II, S. 423–429.

schläge des letzten Frühjahrs erwähnen: Die Behörden der DDR hätten den Oppositionsführer Kohl bei der Einreise nach Ostberlin zurückgewiesen[4], des weiteren sei das Redaktionsbüro einer westdeutschen Zeitschrift, des „Spiegel"[5], geschlossen worden.

Er würde es begrüßen, wenn die sowjetische Führung die Bestrebungen der Bundesregierung nach Normalisierung weiter unterstützen würde. Dem Herrn Generalsekretär sei bekannt, daß die Bundesrepublik Deutschland – und dies stehe seit 30 Jahren im Grundgesetz – an dem Ziel der Einheit der deutschen Nation auf der Grundlage der Selbstbestimmung festhalte.[6] Dies sei auch heute die Meinung der deutschen Bevölkerung. Die Bundesregierung wisse, daß die Überwindung der Teilung Deutschlands heute und auf lange Frist nicht möglich erscheine, deshalb sehe sie die deutsche Frage und ihre Lösungsmöglichkeiten eingebunden in einen historischen Prozeß, dessen Entwicklung schwer voraussehbar sei.

Der Generalsekretär habe über die Grenzen gesprochen. Die Bundesrepublik habe sich zum Gewaltverzicht und zur Respektierung der bestehenden Grenzen verpflichtet. Die DDR und die Bundesrepublik haben an fast hundert Stellen den Verlauf der Grenze festgestellt; bald werde ein entsprechendes gemeinsames Regierungsdokument veröffentlicht werden.[7] An zwei Stellen sei die Feststellung leider nicht möglich, weil die ursprüngliche Festlegung der vier Siegermächte der Anti-Hitler-Koalition unklar sei. Es gelinge nicht, den damaligen Willen der vier Siegermächte eindeutig zu ermitteln. Aber an hundert Stellen habe man Einigung erzielt.

Bundesaußenminister *Genscher*: Er wolle eine Bemerkung im Zusammenhang damit machen, daß die entsprechenden Verhandlungen mit der DDR von seiten der Bundesregierung vom Innenministerium geführt würden und begonnen hätten, als er selbst noch Innenminister[8] gewesen sei.

Es sei beachtenswert und begrüßenswert, daß der Generalsekretär von der Markierung der Grenzen und nicht von der Findung neuer Grenzen – nur von

---

4 Zur Verweigerung der Einreise für den CDU-Vorsitzenden Kohl am 15. Januar 1978 vgl. Dok. 17, Anm. 7.
5 Zur Schließung des Büros der Wochenzeitschrift „Der Spiegel" in Ost-Berlin am 10. Januar 1978 vgl. Dok. 37, Anm. 8.
6 Das Gebot zur Wiedervereinigung war in der Präambel des Grundgesetzes vom 23. Mai 1949 niedergelegt. Für den Wortlaut vgl. BUNDESGESETZBLATT 1949, S. 1.
7 Zu den Verhandlungen zwischen der Bundesrepublik und der DDR über den Grenzverlauf an der Elbe vgl. Dok. 37, Anm. 17.
Ministerialdirektor Blech erläuterte am 5. Mai 1978, über die Formulierung einer Gesamtdokumentation zur Tätigkeit der Grenzkommission sei „mit Ausnahme von fünf wesentlichen Punkten Einvernehmen erzielt worden". Zur Ausklammerung des Grenzverlaufs an der Elbe habe die Delegation der Bundesrepublik Formulierungen vorgeschlagen, zu denen sich die DDR bislang nicht geäußert habe: „Dennoch scheint eine inhaltlich unseren Wünschen entgegenkommende Formulierung nach Auffassung unserer Delegation nicht unerreichbar." Während die Bundesrepublik nach wie vor darauf beharre, daß „die Arbeiten der Grenzkommission nur in der Form eines Regierungsprotokolls abgeschlossen werden können", habe die DDR „ihren Vorschlag vom Juni 1976, einen Grenzvertrag abzuschließen, den unsere Delegation sofort zurückgewiesen hatte, offiziell noch nicht zurückgezogen. Nach Auffassung unserer Delegation scheint die DDR inzwischen aber von ihrer unrealistischen Forderung abgekommen zu sein und dürfte voraussichtlich die Form eines Regierungsprotokolls akzeptieren." Vgl. VS-Bd. 13071 (210); B 150, Aktenkopien 1978.
8 Hans-Dietrich Genscher war von 1969 bis 1974 Bundesminister des Innern.

der Findung der Markierung für die tatsächlichen Grenzen gesprochen habe. Die Siegermächte wären bei der Grenzziehung den altpreußischen Provinzialgrenzen gefolgt. Nach dem Krieg hätten sich die britischen und sowjetischen Besatzungsmächte entsprechend geeinigt. Aus praktischen Gründen habe man häufig einmal der einen, dann der anderen Seite Zugeständnisse gemacht und so den Verlauf der Grenze geändert. Es gebe keine vollständigen Aufzeichnungen hierüber, was auch aus der Lage des Jahres 1945 verständlich sei. Das alles sei kompliziert, insbesondere an der Elbe. Hier gebe es jedoch keine politischen Positionen, sondern es gehe um die Ermittlung dessen, was ein sowjetischer Major und ein britischer Captain 1945 beschlossen hätten; es gebe keine Karten oder Verträge bezüglich der Stellen, an denen die alten Provinzialgrenzen geändert worden seien. Beide Seiten zeigten keinen bösen Willen, es gebe jedoch objektive Schwierigkeiten.

Gromyko: Die Frage sei heute einfacher. Im Ergebnis von Verhandlungen habe man sich bezüglich der Landgrenzen mehr oder weniger geeinigt, obwohl die Ebene für die Unterzeichnung der entsprechenden Vereinbarung nicht dem allgemeinen Völkerrecht entspreche. Die Bundesrepublik versuche, die Ebene herabzudrücken. Was die Elbe anbelange, so sage die DDR, daß die Grenze durch das Fahrwasser gebildet werde, wie dies überall üblich sei; die Bundesrepublik wolle jedoch die Grenze am Ostufer der Elbe. Diese Frage sei offen. Die westdeutsche Seite schlösse die Möglichkeit einer Vereinbarung in bezug auf die Elbe aus, wenn sie ihre Position nicht ändere.

Bundeskanzler: Die Militärorganisationen Großbritanniens und der Sowjetunion hätten damals de facto eine größere Zahl von Gebietsaustauschen vorgenommen. In Wirklichkeit wäre die Grenze ursprünglich sehr oft über die Elbe hin und her gesprungen. Man habe 1945 die neue Grenze nicht genau festgelegt. Es gebe keine englisch-sowjetischen Dokumente. Die Bundesregierung habe die Engländer gefragt, ob sie ihren damaligen Willen erklären könnten. Dies sei ihnen nicht möglich gewesen. Ihr damaliger Wille sei heute unklar. Er glaube jedoch, daß man zu einem Modus vivendi gelangen und sich darüber auch einigen könne, ohne daß es auf die Dauer Schwierigkeiten geben müsse.

Er wolle auf etwas hinweisen, worüber die Bundesregierung nicht laut spreche – er meine den beträchtlichen Beitrag in harter Währung, in Deutscher Mark, an die DDR für die Benutzung und den Bau der Autobahnen, für die Benutzung des Telefonnetzes. Es handele sich hierbei jedes Jahr um erhebliche Summen. Diese Gelder würden im Parlament nicht in einer Summe ausgewiesen, weil die Regierung eine starke Opposition im Bundestag und im Bundesrat habe. Erst in der vergangenen Woche habe der Führer der Opposition, Kohl, ihn dringend ersucht, die finanziellen Leistungen an die DDR zu reduzieren. Er habe dem entschieden widersprochen. Er wisse, daß man auch außerhalb der DDR, um es zurückhaltend zu äußern, mit Interesse darauf schaue, wieviel Geld von der Bundesrepublik in die DDR fließe. Es werde in Zukunft noch mehr sein, wenn ab 1980 eine Autobahn von Hamburg zum Berliner Ring gebaut werden würde.[9]

---

[9] Die DDR schlug der Bundesregierung am 9. Dezember 1974 u. a. vor, den „Bau von 140 km Autobahn von Berlin (West) nach Hamburg" zu erörtern. Vgl. ZEHN JAHRE DEUTSCHLANDPOLITIK, S. 281. Vortragender Legationsrat I. Klasse Lücking legte am 7. April 1978 dar: „Bei den Sondierungsge-

Gromyko: Die Archive gäben nichts her. Wenn man dort zu graben begänne, würde man herausfinden, daß die Lage um Westberlin ebenfalls das Ergebnis eines Gebietsaustausches sei.[10]

Die Seiten gingen bei der Landgrenze davon aus, daß man die tatsächliche Lage berücksichtigen müsse. Wer wem was gegeben hätte, würde heute niemand mehr herausfinden.

Bundeskanzler: Dem stimme er zu. Deshalb meine er, daß man mit vernünftigen Partnern einen vernünftigen Modus vivendi finden könne.

Er habe dem Generalsekretär am Freitag[11] auf der Fahrt zum sowjetischen Essen gesagt, daß man Überlegungen über einen Besuchsaustausch mit Herrn Honecker anstelle.[12] Er habe gesagt, daß er in einem solchen Falle als erster nach Ostberlin reisen würde. Er bitte darum, diese Überlegung als ein Kennzeichen dafür zu nehmen, daß die Bundesregierung tatsächlich nach einer Normalisierung der Verhältnisse in den beiden deutschen Staaten strebe. Es werde auch in Zukunft Schwierigkeiten geben, man werde sie aber bereinigen können. Aber eines wolle er noch sagen: Wenn die Führung der DDR ihre Menschen so großzügig reisen ließe wie z.B. Herr Kádár in Ungarn, wäre vieles einfacher.

Breschnew: Dies ist eine Sache Ihrer Vereinbarung und Ihrer Verhandlungen (gemeint war: mit der DDR). Er und Gromyko könnten keine Garantien geben.

Fortsetzung Fußnote von Seite 694
sprächen StM Wischnewski/Dr. Kohl im Herbst 1977 stimmten beide Seiten überein, wie im Dezember 1975 vorgesehen, 1978 Verhandlungen über das Projekt aufzunehmen. StM Wischnewski sprach sich gegenüber Dr. Kohl Ende Dezember 1977 für einen raschen Verhandlungsbeginn aus. Bisher hat die DDR Verhandlungsbeginn verzögert, aus Gründen, die offenbar nicht allein in ihrem Bereich liegen (sowjetische Unlust). StS Gaus hat aufgrund eines entsprechenden Auftrags mit ersten Sondierungsgesprächen begonnen [...]. Dabei wurde ihm bedeutet, es könnte nützlich sein, wenn unsere Seite während des Breschnew-Besuchs ihr Interesse an dem Autobahnprojekt erwähnen würde." Am 5. Juni 1978 solle über die Trassenführung entschieden werden. Eine Beteiligung von Firmen aus dem Bundesgebiet am Bau der Autobahnstrecke in der DDR sei „nicht erreichbar": „Firmen aus der Bundesrepublik Deutschland sollten sich aber durch Maschinenlieferungen am Projekt beteiligen können." Vgl. VS-Bd. 13063 (210); B 150, Aktenkopien 1978.

10 Referat 500 legte in einer undatierten Aufzeichnung dar, daß im Londoner Protokoll vom 12. September 1944 die Demarkationslinien zwischen den vorgesehenen Besatzungszonen festgelegt worden seien: „Im Zeitpunkt der Kapitulation der deutschen Wehrmacht im Mai 1945 waren erhebliche Teile des in dem Londoner Protokoll der Sowjetunion als Besatzungszone zugesprochenen Gebiets von amerikanischen und britischen Truppen besetzt; es handelte sich hierbei um ganz Thüringen, um den größten Teil Sachsens und um Teile Mecklenburgs. Auf der anderen Seite hatten die Westmächte es der Roten Armee überlassen, Berlin zunächst allein zu erobern und zu besetzen, obgleich in dem Londoner Protokoll eine gemeinsame Besetzung Berlins durch die Sowjetunion und die Westmächte vereinbart worden war. Die Alliierten standen daher vor der Aufgabe, die tatsächliche militärische Besetzung Deutschlands mit den Vereinbarungen des Londoner Protokolls durch entsprechende Truppenverschiebungen in Einklang zu bringen. Hierüber fand im Juni 1945 der [...] Telegrammwechsel zwischen Präsident Truman und Stalin und die anschließende Besprechung der militärischen Befehlshaber vom 29. Juni 1945 statt." Diese Besprechungen hätten zur Räumung der von den amerikanischen und britischen Truppen besetzten Gebiete geführt, während gleichzeitig die Drei Mächte ihre Sektoren in Berlin eingenommen hätten. In völkerrechtlicher Hinsicht handele es sich nicht um einen Tausch besetzter Gebiete, sondern um die Durchführung früherer Vereinbarungen. Vgl. die Anlage zum Schreiben des Gesandten Ritter vom 10. April 1962 an Staatssekretär Globke, Bundeskanzleramt; VS-Bd. 5576 (V 1); B 150, Aktenkopien 1962.

11 5. Mai 1978.

12 Zur Möglichkeit eines Treffens des Bundeskanzlers Schmidt mit dem Generalsekretär des ZK der SED, Honecker, vgl. Dok. 135, Anm. 17.

Bundeskanzler: Er glaube, daß es wichtig sei, ihn von der Erwägung zu unterrichten, diese Absicht sei noch nicht endgültig. Wie bei dem Besuch des Herrn Generalsekretärs oder bei seinem eigenen Besuch in Moskau[13] müsse eine positive Atmosphäre vorhanden sein, und Ergebnisse müßten möglich sein. Es gehöre zu dem Gesamtrahmen der europäischen Entspannung, daß beide deutschen Teile nach einer Verbesserung der Beziehungen strebten; die Bundesregierung strebe ehrlich danach.

Breschnew: Er möchte noch etwas zur China-Problematik sagen. Die Chinesen drängten sich den Ländern der EG und auch der Bundesrepublik Deutschland als Freunde auf. Was verfolgten sie dabei? Es sei kein Geheimnis, daß die Chinesen zwischen der Sowjetunion und den westeuropäischen Ländern Streit säen und so den Entspannungsprozeß stören wollten. Das zweite Ziel sei der Bedarf an westlicher Technologie für ihre Rüstungsindustrie, dies diene den Hegemoniebestrebungen der neuen chinesischen Führung. Dies alles habe zum Ziel, die militärischen Ambitionen der Chinesen zu unterstützen. Dies sei eine reale Bedrohung für alle, für den Frieden, die Entspannung, für alle Staaten der Welt.

Er meine, daß der Herr Bundeskanzler und er hier keine Mißverständnisse zulassen sollten. Er wolle besonders darauf hinweisen, daß nach der sowjetischen Seite vorliegenden Informationen immer mehr Firmen der Bundesrepublik Deutschland aktiver an Geschäften mit der chinesischen Industrie teilnehmen, entweder direkt mit der Rüstungsindustrie oder mit an diesen Industriezweig angrenzenden Sektoren.

Er habe eine Reise nach dem Fernen Osten unternommen.[14] Er habe sich mit der Entwicklung der Industrie, aber auch mit dem Stand der Verteidigung in diesem Landesteil vertraut gemacht und stehe noch immer unter dem Eindruck dieser Reise. Im Westen habe man behauptet, daß seine Reise eine Demonstration gegen China gewesen sei. Das sei falsch, er brauche keine Demonstrationen. Die Chinesen wüßten, daß die sowjetische Seite nichts von ihnen verlange, aber auch nichts hergeben würde. Die sowjetische Seite sei für eine Normalisierung der Beziehungen, es liege jedoch an den Chinesen, wie das weitergehen solle. Er möchte nur, daß der Herr Bundeskanzler dies wisse.

Bundeskanzler: Er habe vor langer Zeit im Bundestag erklärt, daß die Spannungen zwischen der Volksrepublik China und der Sowjetunion für die Bundesrepublik eine Quelle der Besorgnis seien und daß niemand in der Welt einen Vorteil von einem Krieg zwischen diesen beiden Staaten haben könne. Er habe Mao Tse-tung deutlich widersprochen, als dieser von der Unvermeidbarkeit eines Krieges gesprochen habe.[15] Das Interesse der Bundesrepublik an China sei vor allem ein Interesse des wirtschaftlichen Austausches. Dieser wirtschaftliche

---

[13] Bundeskanzler Schmidt und Bundesminister Genscher hielten sich vom 28. bis 31. Oktober 1974 in der UdSSR auf. Vgl. dazu AAPD 1974, II, Dok. 309 und Dok. 311–316.

[14] Der Generalsekretär des ZK der KPdSU, Breschnew, unternahm zwischen dem 28. März und dem 9. April 1978 eine Rundreise durch Sibirien und den östlichsten Teil der UdSSR.

[15] Bundeskanzler Schmidt besuchte die Volksrepublik China vom 29. Oktober bis 2. November 1975. Für das Gespräch mit dem Vorsitzenden des ZK und des Politbüros der KPCh, Mao Tse-tung, am 30. Oktober 1975 in Peking vgl. AAPD 1975, II, Dok. 323.

7. Mai 1978: Gespräch zwischen Schmidt und Breschnew 143

Austausch sei bis jetzt minimal, er sei geringer als der mit dem Großherzogtum Luxemburg. Militärische Güter seien dabei völlig ausgeschlossen.

Er wolle noch eine politische Bemerkung anschließen. Wenn man den Globus betrachte, so liege hier Deutschland und dort China. Die Sowjetunion sei im Vergleich dazu ein naher Nachbar und naher Vertragspartner. So blicke er auf die Welt.

Bundesaußenminister: Er habe in China ein chinesisches Sprichwort zitiert: „Weite Wasser löschen nicht."[16]

Breschnew: Die Verhandlungen in Wien seien nun schon vier Jahre im Gange. Die Dinge liefen langsam. Im April hätten jedoch die westlichen Länder ihre Position etwas korrigiert.[17] Die sowjetische Seite prüfe diese Vorschläge gegenwärtig. Aber der erste Eindruck sei, daß der Westen ungeachtet gewisser Fortschritte weiter einseitige Vorteile anstrebe.

Dies hier sei ein offenes Gespräch, und er wolle auch offen und ehrlich reden.

Den westlichen Vorschlägen liege die Forderung zugrunde, daß die Verringerung der Zahl der Soldaten des Warschauer Pakts die Verringerung der NATO-Länder um das Dreifache übersteigen solle. Er wolle, daß der Herr Bundeskanzler ihn richtig verstehe. Weder die Sowjetunion noch ihre Bündnispartner könnten sich damit einverstanden erklären. Was man in Wien auch reden möge, im vorgesehenen Reduzierungsraum herrsche ein ungefähres Kräftegleichgewicht, und der Westen wisse das.

Der von den NATO-Ländern begonnene Datenstreit sei eine überflüssige Sache. Sie könnten die angeführten Daten nicht begründen, diese Streitereien seien reiner Zeitverlust. Die sowjetische Seite sei für eine Verringerung des Niveaus der militärischen Konfrontation auf einer gegenseitig akzeptablen Grundlage. Sie sei bereit zu einer aktiveren Zusammenarbeit mit den westlichen Verhandlungspartnern.

Lassen Sie uns doch, so fuhr der Generalsekretär fort, als ersten Schritt vereinbaren, die Zahl der Truppen während der Verhandlungen nicht zu erhöhen. Bei eingefrorenen Beständen sei eine Verringerung leichter zu erreichen.

Gegenwärtig seien die Verhandlungen in Wien unterbrochen.[18] Vielleicht sei es nötig, vor der Wiederaufnahme der Verhandlungen bilaterale Konsultationen durchzuführen, damit die Sache vorankomme und die Verhandlungen schneller und effektiver liefen.

Die sowjetische Seite wisse, daß der Herr Bundeskanzler lebhaftes Interesse an den Wiener Verhandlungen habe. Der Herr Bundeskanzler könne fest davon ausgehen, daß die Sowjetunion einen positiven Abschluß der Verhandlungen anstrebe.

---

16 Bundesminister Genscher besuchte die Volksrepublik China vom 12. bis 15. Oktober 1977. Für das Gespräch mit Ministerpräsident Hua Kuo-feng am 14. Oktober 1977 in Peking vgl. AAPD 1977, II, Dok. 285.
17 Zur Initiative der an den MBFR-Verhandlungen teilnehmenden NATO-Mitgliedstaaten vom 19. April 1978 vgl. Dok. 110.
18 Die 14. Runde der MBFR-Verhandlungen fand vom 31. Januar bis 19. April 1978 in Wien statt. Die 15. Runde begann am 18. Mai 1978 und endete am 19. Juli 1978.

Bundeskanzler: Die Bundesrepublik Deutschland sei für die westlichen Teilnehmer an den Wiener Verhandlungen nicht Wortführer und nicht Vormacht, man sei in der Gemeinsamen Deklaration soweit gegangen, wie man als einzelnes Mitglied des Nordatlantischen Bündnisses habe gehen können.[19] Er glaube, daß die in der Deklaration enthaltene Formulierung über die Parität einen Schritt vorwärts darstelle. Man habe bereits vorgestern in Gymnich dieses Thema berührt[20], und er habe die Möglichkeit gehabt, seine Besorgnis über den großen Unterschied bei der Zahl der Panzer im Reduzierungsraum auszudrücken. Er wolle das Interesse des Generalsekretärs für diese Frage erbitten. Er wäre dankbar, wenn das, was er gesagt habe, geprüft werden könne. Er sei dankbar, daß der Generalsekretär sein persönliches Interesse an einem Erfolg der Wiener Verhandlungen hervorgehoben habe. Diesem stimme er zu. Wenn die sowjetische Seite die letzten westlichen Vorschläge positiver beurteile als den bisherigen Verlauf der Verhandlungen (er verstehe, daß die sowjetische Seite die Vorschläge nicht völlig billige), so solle man doch beachten, daß diese Vorschläge auf Herrn Genscher und ihn selbst zurückgingen.[21] Man habe mehr als sechs Monate gebraucht, um diese Meinung in der Allianz durchzusetzen. Die deutschen Vorschläge seien weiter gegangen, aber man habe die Interessen der Bündnispartner berücksichtigen müssen. Der Generalsekretär könne darauf bauen, daß die Bundesregierung ein besonderes Interesse an den Verhandlungen habe. Es sei doch aber wahrscheinlich so, daß man in Wien nur dann einen Fortschritt erwarten könne, wenn das SALT-II-Abkommen zwischen Breschnew und Carter unterzeichnet sei.

Breschnew: Carter sehe den Zusammenhang genau umgekehrt.

Bundeskanzler: Carter sei an SALT II interessiert, er sei an SALT mehr interessiert als an MBFR. Er wolle sich bemühen, damit das Interesse von Carter an MBFR genauso groß werde wie das an SALT. Wenn der Generalsekretär nichts dagegen habe, wolle er heute noch Carter anrufen und ihm das dringende Interesse des Generalsekretärs an SALT II übermitteln.[22]

Gromyko: Er stimme den Ausführungen des Generalsekretärs zu dieser wichtigen Frage zu. Der Westen habe in der Vergangenheit genau wie gegenwärtig

---

[19] In Ziffer III der Gemeinsamen Deklaration vom 6. Mai 1978 anläßlich des Besuchs des Generalsekretärs des ZK der KPdSU, Breschnew, vom 4. bis 7. Mai 1978 in der Bundesrepublik hieß es u. a.: „Beide Seiten betrachten es als wichtig, daß niemand militärische Überlegenheit anstrebt. Sie gehen davon aus, daß annähernde Gleichheit und Parität zur Gewährleistung der Verteidigung ausreichen. Ihrer Meinung nach würden angemessene Maßnahmen der Abrüstung und Rüstungsbegrenzung im nuklearen und konventionellen Bereich, die diesem Grundsatz entsprechen, von großer Bedeutung sein. Hinsichtlich der Streitkräfte in Mitteleuropa bekräftigen beide Seiten das Ziel der Wiener Verhandlungen, auf der Grundlage unverminderter Sicherheit der Beteiligten zu einer stabileren Lage auf niedrigerem militärischen Niveau als heute zu gelangen. Beide Seite bekräftigen erneut, daß sie dementsprechend bereit sein werden, sich mit ihren Streitkräften an Verringerungen der direkten Teilnehmer der Verhandlungen gemäß den Modalitäten, die in Wien ausgehandelt werden, zu beteiligen." Vgl. BULLETIN 1978, S. 429.

[20] Für das Gespräch des Bundeskanzlers Schmidt mit dem Generalsekretär des ZK der KPdSU, Breschnew, am 5. Mai 1978 auf Schloß Gymnich vgl. Dok. 136.

[21] Die Überlegungen der Bundesregierung zu MBFR wurden im deutsch-amerikanischen Regierungsgespräch am 14. Juli 1977 in Washington erörtert. Vgl. dazu AAPD 1977, II, Dok. 194. Vgl. dazu ferner AAPD 1977, II, Dok. 200.

[22] Für das Telefongespräch des Bundeskanzlers Schmidt mit Präsident Carter am 7. Mai 1978 vgl. Dok. 144.

gesagt, daß die Sowjetunion mehr Soldaten und 1700 Panzer reduzieren solle[23], der Westen solle keine Soldaten und nicht einen einzigen Panzer reduzieren. Dies sei eine Sache. Die zweite sei, daß die USA bereit seien, 1000 Sprengköpfe zu reduzieren.[24] Man frage sich, wer das kontrollieren solle. Dies könne man nicht kontrollieren, man könne heute 1000 Sprengköpfe abtransportieren und morgen 5000 neue herbeibringen. Hier gehe alles auf Ehrenwort vor sich. Die Amerikaner wollten auch einige Raketenabschußrampen beseitigen. Aber alle Welt wisse, daß es sich hier um alte Rampen handele, die sowieso beseitigt werden müßten. Die Amerikaner wüßten aber auch, daß die Sowjetunion dies wisse.

Breschnew: Man rede hier über lauter bekannte Sachen.

Bundeskanzler: Die sowjetische Seite habe aber dreimal mehr Panzer dort.

Gromyko: Niemand habe die Panzer gezählt. Der Westen behaupte immer, die sowjetischen Zahlen seien falsch. Als man sich jedoch genauer mit den Zahlen über die Soldaten befaßt habe, habe der Westen den sowjetischen Zahlen zugestimmt. Im Westen sei es üblich, alles der Sowjetunion Gehörende um das Hundertfache zu übertreiben.

VS-Bd. 14072 (010)

144

Telefongespräch des Bundeskanzlers Schmidt mit Präsident Carter

Geheim 7. Mai 1978[1]

Telefongespräch Bundeskanzler/Präsident J. Carter am Sonntag, dem 7. Mai, 18.07 bis 18.32 Uhr (von Hamburg)

Bundeskanzler berichtete über seine Gespräche mit GS Breschnew.[2] Sie seien in freundlicher Atmosphäre verlaufen. B. sei bemüht gewesen, Kontroversen

---

23 Vgl. dazu die am 22. November 1973 von den an den MBFR-Verhandlungen teilnehmenden NATO-Mitgliedstaaten vorgelegten Rahmenvorschläge; Dok. 12, Anm. 7.
24 Vgl. dazu den Vorschlag der an den MBFR-Verhandlungen teilnehmenden NATO-Mitgliedstaaten vom 16. Dezember 1975 für eine Einbeziehung amerikanischer nuklearer Komponenten (Option III); Dok. 12, Anm. 10.

1 Ablichtung.
Die Gesprächsaufzeichnung wurde von Legationsrat I. Klasse Kliesow, Bundeskanzleramt, am 11. Mai 1978 gefertigt und von Vortragendem Legationsrat I. Klasse Graf zu Rantzau, Bundeskanzleramt, am 17. Mai 1978 an Vortragenden Legationsrat I. Klasse Lewalter „zur Unterrichtung des Herrn Bundesministers" übermittelt.
Hat Lewalter am 17. Mai 1978 vorgelegen, der handschriftlich vermerkte: „1) In Abl[ichtung] Herrn Staatssekretär, getrennt Herrn D 2. 2) Original H[errn] Minister."
Hat Bundesminister Genscher am 19. Mai 1978 vorgelegen. Vgl. das Begleitschreiben; VS-Bd. 14072 (010); B 150, Aktenkopien 1978.
2 Der Generalsekretär des ZK der KPdSU, Breschnew, besuchte die Bundesrepublik vom 4. bis 7. Mai 1978. Vgl. dazu Dok. 135, Dok. 136, Dok. 142 und Dok. 143.

herunterzuspielen. Er wolle gegenüber Präsident Carter besonders einen Punkt erwähnen: B. habe sich ausführlich in einem Vier-Augen-Gespräch über die Ansichten von BK über Präsident Carter erkundigt. B. habe in diesem Zusammenhang nahezu inquisitorisch gefragt. BK betonte die friedlichen Absichten von Präsident Carter, seine Entschlossenheit, SALT II zu einem guten Ende zu führen, und unterstrich die Ernsthaftigkeit der Bemühungen des Präsidenten. Im Zusammenhang mit SALT II sei auch die Opposition im Kongreß[3] zur Sprache gekommen. Er habe darauf verwiesen, daß der Widerstand im Kongreß wegen der sowjetischen Aktivitäten in Afrika eher zunehme.

Zum gesundheitlichen und psychischen Zustand des Generalsekretärs führte der Bundeskanzler aus, er kenne ihn seit fünf Jahren[4], und B. sei sicher nicht mehr so stark wie damals. Heute halte er sich überwiegend an seine Papiere und führe offenbar ungern Gespräche ohne Gromyko oder seine Assistenten. Er sei aber sicher noch die bestimmende Kraft im Politbüro und wohl auch noch in der Lage, die Grundlinien der sowjetischen Politik zu bestimmen. Man könne ihn nicht als gebrechlich bezeichnen, und sein Friedens- und Verständigungswillen sei nach wie vor bestimmend und klar.

Auf Frage von Präsident Carter bestätigte der Bundeskanzler, daß auch die militärische Gleichgewichtssituation erörtert worden sei. Er habe B. entsprechende Charts gezeigt, die B. kommentarlos zur Kenntnis genommen habe. Wichtig sei jedoch, daß B. die sowjetische Verhandlungsbereitschaft für Waffen des sog. Grauzonenbereichs zu erkennen gegeben habe. Diese Waffen sollten jedoch weder in die laufenden SALT- noch in die MBFR-Verhandlungen eingeführt werden.

Carter sagte, er strebe Abschluß SALT II in diesem Jahre 1978, Vorlage beim Senat aber erst 1979 an. Auf Frage nach Ratifizierungschance: Es gebe ein Beispiel eines Abkommens mit der Sowjetunion, das – obwohl ratifizierungsbedürftig – in der Sowjetunion und von den USA eingehalten worden sei, ohne vom Senat ratifiziert worden zu sein.[5] Er erkundigte sich nach Attitüde Breschnews.

---

[3] Zu den Aussichten für eine Ratifizierung eines SALT-II-Abkommens im amerikanischen Senat vgl. Dok. 124, Anm. 7.

[4] Helmut Schmidt traf während des Besuchs des Generalsekretärs des ZK der KPdSU vom 18. bis 22. Mai 1973 in der Bundesrepublik mit Breschnew zusammen. Vgl. dazu SCHMIDT, Menschen, S. 18–20.

[5] Die USA und die UdSSR schlossen am 3. Juli 1974 ein Abkommen über die Begrenzung unterirdischer Kernwaffenversuche. Für den Wortlaut des Abkommens sowie des dazugehörigen Protokolls vgl. DEPARTMENT OF STATE BULLETIN, Bd. 71 (1974), S. 217f. Für den deutschen Wortlaut vgl. EUROPA-ARCHIV 1974, D 364–367.
Seit dem 7. Oktober 1974 verhandelten die USA und die UdSSR in Ausführung von Artikel III dieses Vertrags über den Abschluß eines weiteren, zu dessen Inkraftsetzung notwendigen Abkommens zur Einschränkung unterirdischer Kernwaffenversuche zu friedlichen Zwecken. Die Verhandlungen wurden am 9. April 1976 in Washington abgeschlossen, das Abkommen am 12. Mai 1976 in Moskau paraphiert und am 28. Mai 1976 von Präsident Ford und dem Generalsekretär des ZK der KPdSU, Breschnew, gleichzeitig in Washington bzw. Moskau unterzeichnet. Zum Abkommen gehörten ferner ein Protokoll, das technische und Verfahrensfragen regelte, sowie eine vereinbarte Erklärung. Für den Wortlaut vgl. DEPARTMENT OF STATE BULLETIN, Bd. 74 (1976), S. 802–812. Für den deutschen Wortlaut des Abkommens und der vereinbarten Erklärung vgl. EUROPA-ARCHIV 1976, D 539–542.
Am 29. Juli 1976 legte Ford beide Vertragswerke dem amerikanischen Senat zur Ratifizierung vor.

Bundeskanzler berichtete, daß B. ein großes persönliches Interesse an einem Zusammentreffen mit Präsident Carter gezeigt habe. Ein ebenso großes eigenes Engagement habe er an einem Zustandekommen der SALT-II-Vereinbarung. Offenbar bestünden aber in der sowjetischen Administration erhebliche Widerstände gegen ein Treffen Carter/Breschnew, bevor die SALT-II-Verhandlungen zu einem Abschluß gekommen sind.

Carter: Er sei mit Gromyko[6] in drei Stunden weiter gekommen als die offiziellen Delegationen in vielen Wochen. Direkte Gespräche seien sehr wichtig.

Zu Gromyko berichtete der *Bundeskanzler*, er habe sich in den Gesprächen für seine Verhältnisse recht konstruktiv und gelockert gezeigt. G. werde Ende des Monats in die USA kommen.[7]

Zurückkommend auf SALT II erklärte der Bundeskanzler, er habe B. gegenüber die Vermutung geäußert, daß Präsident Carter entschlossen sei, die Verhandlungen in diesem Jahr zu Ende zu führen, das Ergebnis dem Kongreß aber erst Anfang 1979 vorzulegen.

Carter: Das ist meine Absicht. Carter kam sodann auf seine Botschaft zum NATO-Gipfel[8] zu sprechen. Trudeau zeige wegen der Erklärung erhebliche reluctance. Frage: Was BK davon und von den anderen Vorschlägen Trudeaus[9] halte?

Der *Bundeskanzler* bestätigte den Empfang des Telegramms von Präsident Carter zum NATO-Gipfel. Er habe keine „reluctance" gegen den von Präsident Carter übermittelten draft.[10] Er habe den Entwurf gelesen und möchte nach

Fortsetzung Fußnote von Seite 700
  Sie wurden zunächst an den Ausschuß für Auswärtige Beziehungen überwiesen. Vgl. dazu CONGRESSIONAL RECORD, Bd. 122, Teil 19, S. 24589 f.
6 Der sowjetische Außenminister Gromyko führte am 22./23. bzw. 27. September 1977 Gespräche mit Präsident Carter. Zur Erörterung von SALT II vgl. AAPD 1977, II, Dok. 261, Dok. 263 und Dok. 276.
7 Der sowjetische Außenminister Gromyko führte am 27. Mai 1978 in Washington Gespräche mit Präsident Carter und dem amerikanischen Außenminister Vance. Am 31. Mai 1978 traf er erneut mit Vance in New York zusammen. Zu den Gesprächen über SALT II vgl. Dok. 169.
8 Präsident Carter schlug am 5. Mai 1978 in einem Schreiben an Bundeskanzler Schmidt vor, daß die Staats- und Regierungschefs der NATO-Mitgliedstaaten am 30./31. Mai 1978 in Washington zusätzlich zum üblichen Kommuniqué eine Erklärung abgeben sollten: „I believe that this declaration could be valuable in outlining the challenges we face in the future. It could also propose an exchange of views among our Governments, during the months leading up to NATO's 30th anniversary meeting next year, on allied purposes and goals for the 1980s." Carter übermittelte den Entwurf einer entsprechenden Erklärung und teilte mit, daß er den Vorschlag ebenfalls Premierminister Callaghan, Staatspräsident Giscard d'Estaing und Ministerpräsident Trudeau unterbreitet habe. Ferner schlug Carter ein informelles Essen der Staats- und Regierungschefs der NATO-Mitgliedstaaten am 30. Mai 1978 in Washington vor und nannte mögliche Gesprächsthemen. Vgl. den Drahterlaß Nr. 2387 des Ministerialdirektors Blech vom 17. Mai 1978 an die Botschafter Pauls, Brüssel (NATO), und von Staden, Washington; VS-Bd. 10511 (201); B 150, Aktenkopien 1978.
9 Ministerialdirektor Blech vermerkte am 8. Mai 1978, daß Ministerpräsident Trudeau in einem Schreiben vom 24. April 1978 an Bundeskanzler Schmidt angeregt habe, „daß die Staats- und Regierungschefs Gelegenheit zu einem formlosen Meinungsaustausch haben sollten, und daß die Verlesung vorbereiteter Erklärungen möglichst vermieden werden sollte". Ferner habe Trudeau vorgeschlagen, daß „eventuell Präsident Carter den Vorsitz" übernehmen sollte. Vgl. VS-Bd. 10511 (201); B 150, Aktenkopien 1978.
10 Der von Präsident Carter am 5. Mai 1978 übermittelte Entwurf für eine Erklärung der Staats- und Regierungschefs der NATO-Mitgliedstaaten lautete: „For nearly three decades, the North Atlantic Treaty Organization has been the bulwark of Western defense, and the framework for unparalleled advancement in the wellbeing of our peoples. As we approach the thirtieth anniversary of NATO in April 1979, each of our nations – and the Alliance as a whole – face new challenges: the military threat to the Alliance posed by the Warsaw Pact States continues to grow, out of proportion to any

erster Durchsicht bemerken, daß besonders der Punkt über Rüstungskontrolle deutlicher und klarer ausgearbeitet werden müsse. Im Hinblick auf den zeitlichen Zusammenhang zwischen der Sondergeneralversammlung der VN[11] und dem NATO-Gipfel[12] sei es notwendig, den gemeinsamen Nenner für beide Konferenzen prägnanter darzustellen. Es müsse klarwerden, daß es sich hier wie dort um die Herstellung eines militärischen Gleichgewichts handele, das sich entweder durch Rüstungsbegrenzung oder durch Rüstungsanstrengungen herbeiführen ließe.

Über den Text des von Präsident Carter vorgeschlagenen Statements seien im übrigen noch weitere Konsultationen und Kontakte notwendig.[13]

Präsident *Carter* bat darum, die Gegenvorstellung der Bundesregierung zu seinem draft[14] gleichzeitig auch Präsident Giscard, PM Callaghan und PM Trudeau[15] zu übermitteln.

Der *Bundeskanzler* erklärte sich damit einverstanden, am Dienstag, den 30.5., mit Präsident Carter zu frühstücken[16] und an einem privaten Mittagessen der Regierungschefs teilzunehmen.

Fortsetzung Fußnote von Seite 701

legitimate needs for security; the growth of Soviet power and its projection on places like Africa, both directly and through its ally Cuba, complicates the search for peace and our ability to sustain support among our peoples for détente. A new generation of modern weaponry places new demands on defense planning, and on securing arms control agreements that enhance the security of the Alliance while reducing tensions; economic change, both within our countries and throughout the world, has increased both our interdependence and the complexity of promoting the economic and social welfare of our peoples and social change in our countries, brought about in part by our success in economic and political development, will require creative thought and effort by each of our nations. As we face these challenges together, we reaffirm the central role of the North Atlantic Treaty Organization as the guardian of our security, and as a principal basis for our cooperation in meeting the demands of the future. The work of this summit clearly and firmly relates to the new challenges facing the Alliance, now and in the future. To build upon the work done here and to help us chart the course of the Alliance for the 1980s, during the coming months we will review our common goals and purposes for the years ahead, looking toward the Alliance's thirtieth anniversary meeting next year." Vgl. den Drahterlaß Nr. 2387 des Ministerialdirektors Blech vom 17. Mai 1978 an die Botschafter Pauls, Brüssel (NATO), und von Staden, Washington; VS-Bd. 10511 (201); B 150, Aktenkopien 1978.

[11] Zur UNO-Sondergeneralversammlung über Abrüstung vom 23. Mai bis 30. Juni 1978 in New York vgl. Dok. 212.

[12] Zur NATO-Ratstagung auf der Ebene der Staats- und Regierungschefs am 30./31. Mai 1978 in Washington vgl. Dok. 170.

[13] In einem Telefongespräch am 10. Mai 1978 mit Ministerpräsident Trudeau sprach sich Bundeskanzler Schmidt dafür aus, es „solle ein größerer Teil des Treffens als bisher dem privaten Meinungsaustausch der Regierungschefs offengehalten werden. Er sei auch damit einverstanden, daß keine langen vorfabrizierten Eingangsstatements verlesen würden." Trudeau führte aus: „In dem von Präsident Carter übersandten Entwurf vermisse er wirkliche politische Bezüge. Es sei zuviel von Waffenproblemen die Rede, ohne daß die politische Gesamtsituation ausreichend berücksichtigt sei. Der Entwurf enthalte zu viele Banalitäten. Deshalb stünde er auch einem Kommuniqué zurückhaltend gegenüber. Er sehe keine Notwendigkeit für ein Kommuniqué und schlage statt dessen vor, im nächsten Jahr zum 30jährigen Jubiläum der NATO eine substantielle und grundlegende Erklärung vorzubereiten. Der Bundeskanzler verwies darauf, daß Präsident Carter in dem Entwurf offenbar auch seinen innenpolitischen Notwendigkeiten Rechnung getragen habe. Er müsse dem Kongreß zeigen, daß er sich nachhaltig für verstärkte Verteidigungsanstrengungen einsetze." Vgl. die Gesprächsaufzeichnung; Bundeskanzleramt, AZ: 21-30 100 (56), Bd. 45; B 150, Aktenkopien 1978.

[14] Für die Überlegungen des Bundeskanzlers Schmidt vgl. das Schreiben vom 16. Mai 1978 an Präsident Carter; Dok. 148.

[15] Bundeskanzler Schmidt übermittelte seine Überlegungen in einem Schreiben vom 22. Mai 1978 an Ministerpräsident Trudeau. Vgl. dazu VS-Bd. 525 (014); B 150, Aktenkopien 1978.

[16] Zum Gespräch in Washington vgl. Dok. 168.

Präsident *Carter* erwähnte sodann gute Gesprächsergebnisse mit Fukuda.[17] Die Situation des US $ habe sich verbessert. Allerdings steige die Inflationsrate in den USA. Die Beschäftigungslage sei gut.

Beide bestätigten die Vier-Augen-Verabredung für Washington.

VS-Bd. 14072 (010)

145

Botschafter Hoffmann, Kabul, an das Auswärtige Amt

Schriftbericht Nr. 314   **9. Mai 1978**[1]

Betr.: Umsturz in Afghanistan[2] – Rolle der Sowjetunion

Durchdrucke an Botschaften Moskau, Islamabad, Neu Delhi, Teheran (unmittelbar)

Zur Information

Die Frage nach der Rolle der Sowjetunion bei dem Sturz des Daud-Regimes ist hier schon viel erörtert worden, ohne daß es bestimmte Informationen gäbe. Sicher ist die militärische Aktion von jungen, vielfach in der Sowjetunion ausgebildeten Offizieren getragen worden, denselben Kräften, die auch Daud zur

---

[17] Ministerpräsident Fukuda hielt sich vom 1. bis 3. Mai 1978 in den USA auf.

[1] Hat Vortragendem Legationsrat Heymer vorgelegen.
Vortragender Legationsrat I. Klasse Steger leitete den Schriftbericht am 17. Mai 1978 „mit der Bitte um Kenntnisnahme" an Staatssekretär van Well.
Hat van Well vorgelegen. Vgl. den Begleitvermerk; Referat 340, Bd. 107442.

[2] Botschafter Hoffmann, Kabul, informierte am 27. April 1978: „Seit heute mittag sporadisch Pistolen-, Maschinengewehr- und Panzergeschützfeuer im Bereich des Palastes. [...] Anscheinend kommunistischer Putschversuch mit Unterstützung von Teilen der Streitkräfte. Vorgeschichte: Ein Führer hiesiger Kommunisten Moskauer Richtung ist vorige Woche mit ungeklärtem Hintergrund ermordet worden. Begräbnis wurde zu einer politischen Demonstration. [...] Vorgestern sind Führer der Demonstration verhaftet worden. Heutige Unruhen vermutlich Reaktion darauf. Über Verbleib Präsident Daud nur Gerüchte." Vgl. den Drahtbericht Nr. 151; Referat 340, Bd. 107442.
Hoffmann teilte am 29. April 1978 ergänzend mit, daß Präsident Daud „mit hoher Wahrscheinlichkeit in der Nacht zum 28. in oder vor seinem Amtssitz" unter noch ungeklärten Umständen ums Leben gekommen sei. Vgl. den Drahtbericht Nr. 160; Referat 340, Bd. 107442.
Ministerialdirektor Meyer-Landrut erläuterte am 3. Mai 1978, am 1. Mai 1978 sei eine neue Regierung gebildet worden: „Oberstes Regierungsorgan ist der Revolutionsrat, zu dessen Vorsitzendem der Führer einer bisher verbotenen kommunistischen Partei (Khalq-Gruppe), Nur Mohammad Taraki, gewählt wurde. Taraki ist gleichzeitig Ministerpräsident. Der Anführer des Putsches, Oberst Abdul Quader, wurde Verteidigungsminister. Außenminister und zweiter Stellvertretender Ministerpräsident wurde Hafizullah Amin. Afghanistan heißt, ‚entsprechend seiner politischen Ordnung', Demokratische Republik Afghanistan. Die Verfassung ist außer Kraft gesetzt [...]. Die neue Regierung hat im Rundfunk ihre ‚islamische, nationale und demokratische' Ausrichtung bekanntgegeben. [...] Der Putsch scheint durch anti-kommunistische Maßnahmen Dauds ausgelöst worden zu sein: Sechs der neuen Kabinettsmitglieder waren vor dem Putsch verhaftet worden und sollten angeblich am 28. April erschossen werden. An der sowjetischen Einflußnahme auf Zeitpunkt und Durchführung des Putsches ist kaum zu zweifeln". Vgl. Referat 340, Bd. 107442.

Macht verholfen haben³, von ihm aber planmäßig ausgeschaltet worden sind. Die Sowjetfreundlichkeit dieser Offiziere zeigt sich oft bei Begegnungen; Vertreter des westlichen Auslandes werden höflich behandelt, aber es wird deutlich, daß man als Russe mehr Entgegenkommen finden würde. Da sowjetische Militärberater bei der Truppe Dienst tun, ist es schwer vorzustellen, daß sie nichts von dem Putschplan bemerkt haben (allerdings hat die afghanische höhere Führung auch nichts gemerkt). Es wird behauptet, daß in Panzern der Aufständischen sowjetische Soldaten gesehen worden seien. Ein ausländischer Fachmann will bei den Luftangriffen immer eine viel geschickter anfliegende MiG beobachtet haben und vermutet da den sowjetischen Ausbilder. Für die Mitwirkung der sowjetischen Berater auf der Seite der Aufständischen mag auch die Tatsache sprechen, daß ihre Aktion in Vorbereitung und Ausführung vorzüglich war, während die Abwehr mangelhaft funktionierte. Das alles ist indessen ungewiß. Der Sowjetbotschafter⁴ erzählt gern in breiter Ausführlichkeit seine Erlebnisse am Tage des Putsches, um darzutun, wie überraschend die Ereignisse für ihn waren und wie seine Botschaft Gott danken müsse (sic!), ohne Verluste davongekommen zu sein.

Die Frage nach dem Motiv einer möglichen sowjetischen Mitwirkung führt zu folgenden Überlegungen: Das Daud-Regime, in dem Moskau sich im Anfang gewiß ein willfähriges Instrument versprochen hatte, war mit seiner wenig reformistischen Innenpolitik und noch mehr mit der zäh auf Unabhängigkeit bedachten Außenpolitik für die Sowjetunion enttäuschend, und es gab Reibungen. Über den Gegensatz wurde im afghanischen Außenministerium zuletzt rückhaltlos, wenn auch vertraulich gesprochen (vgl. noch DB Nr. 144 vom 25.4.1978). Das wäre indessen kein Grund für Moskau gewesen, den Sturz des Regimes zu betreiben. Die afghanische Unabhängigkeit galt nur für normale Friedenszeiten; im Falle einer ernsten Konfrontation, wenn die Sowjetunion ihre Machtmittel einsetzte, konnte keine Macht der Welt Afghanistan davor bewahren, willenloses Objekt in der Hand der Sowjets zu sein. Das war für Moskau eigentlich⁵ der beste Zustand: Es hatte die Macht, aber – in normalen Zeiten – nicht die Verantwortung. Wenn die Sowjetunion mit dem neuen Regime direkten Einfluß in Afghanistan gewinnt, dann übernimmt sie zugleich eine schwere Last mit höchst unsicheren Konsequenzen. Sie muß den Bestand des Regimes sichern, und der ist gefährdet. Die beiden Gruppen, die zusammen die das Regime tragende Bewegung bilden, können sich wieder wie früher entzweien.⁶ Wenn das Regime Reformen einleitet, ist die Gegnerschaft der traditionellen

---

[3] Am 17. Juli 1973 kam es in Afghanistan unter Führung des ehemaligen Ministerpräsidenten Prinz Daud zu einem Staatsstreich und zur Ausrufung der Republik. Daud übernahm selbst die Ämter des Präsidenten, Ministerpräsidenten, Außen- und Verteidigungsministers.
[4] Alexander Michajlowitsch Pusanow.
[5] Der Passus „Macht der Welt ... für Moskau eigentlich" wurde von Vortragendem Legationsrat Heymer durch Fragezeichen hervorgehoben.
[6] Botschafter Hoffmann, Kabul, berichtete am 16. Mai 1978, daß die nach dem Umsturz vom 27. April 1978 regierende Partei ihren Ursprung in der etwa 1965 gegründeten „Volksdemokratischen Partei" habe, die nach ihrer Parteizeitschrift „Khalq-Partei" genannt worden sei. Davon habe sich etwa 1968 die „Parcham-Partei" abgespalten. Beide Parteien seien seit 1977 wieder vereinigt, „wobei sowjetische Einflußnahme eine entscheidende Rolle gespielt haben soll". Die Gründe für die seinerzeitige Abspaltung seien unklar; vermutlich habe es sowohl persönliche Rivalitäten als auch politische und ideologische Meinungsverschiedenheiten gegeben: „Es gibt Hinweise dafür, daß der alte Gegensatz auch heute noch nicht bereinigt ist und daß somit die das neue Regime tragende Partei

Mächte, der Stämme und der religiösen Führer, unvermeidlich. Afghanistan unter einer ungläubigen Regierung ist undenkbar; in diesem Punkt zeigt sich schon jetzt sorgenvolle Skepsis, wenn auch das Regime die Koranlesungen im Rundfunk verlängert und Ergebenheitserklärungen von Mullahs sammelt. Es wird eine zunehmend repressive Politik notwendig werden, und die kann eine afghanische Regierung allein nicht durchhalten. Mit ihrem Eingreifen werden sich die Sowjets in einem Land, das für den Guerilla-Kampf geradezu geschaffen ist, die größten Schwierigkeiten zuziehen. Sie haben auf ihrer Seite der Grenze reichlich 20 Jahre gebraucht, um die Basmatschi-Bewegung niederzuwerfen, und die könnte vielleicht noch heute wiederaufleben. Zudem ist eine effektive Herrschaft gegen den Willen der eingesessenen Kräfte nur nach einer sehr kostspieligen Verbesserung der Infrastruktur, besonders der Verkehrswege, möglich. Kostspielig für den Schutzherrn – wie in Kuba – werden übrigens auch die Erfolge in der Verbesserung der wirtschaftlichen und sozialen Verhältnisse, die das afghanische Regime auf die Dauer vorweisen muß.

Auch außenpolitisch ist ein direkter Einfluß in Afghanistan ein zweifelhafter Gewinn für die Sowjetunion. Er bringt ihr keinen erheblichen Machtzuwachs, aber er würde das Bild der Machtverhältnisse in der Region beträchtlich ändern. Das kann in gewissem Maße ein Vorteil für Moskau sein, seine Stimme hätte mehr Gewicht in Angelegenheiten der Region. Andererseits wäre das Gefühl der Bedrohung und das Mißtrauen bei den Nachbarn verstärkt. Schon jetzt wird ja in Indien die Sowjetmacht erstmals als ein Problem empfunden.

Nach allem ist es nicht wahrscheinlich, daß die Sowjets den Sturz von Daud gewünscht und zu diesem oder einem späteren Zeitpunkt aktiv betrieben haben. Wohl aber ist es möglich, daß sie angesichts der offenbar schwindenden inneren Kraft des Daud-Regimes mit seinem Ende rechneten und für diesen Fall eine ihnen nahestehende starke Kraft in Bereitschaft haben wollten. Natürlich mußten sie diese Kraft auch – mindestens moralisch – unterstützen, als sie, durch die Umstände gezwungen, vorzeitig losschlug. Die nahezu augenblickliche Anerkennung des neuen Regimes durch Moskau paßt in dieses Bild.

Wenn diese Deutung der sowjetischen Afghanistan-Politik zutrifft, ist es für die Sowjets folgerichtig, das neue Regime in Afghanistan ähnlich unabhängig agieren zu lassen[7] wie das Daud-Regime und direktes eigenes Eingreifen über die Entsendung von Beratern hinaus so lange wie möglich zu vermeiden. Die neuen Herren in Afghanistan scheinen ihren Spielraum nutzen zu wollen. Aber vielleicht müssen sie schon bald mehr Anlehnungsbedürfnis zeigen, als den Sowjets lieb ist.

F. J. Hoffmann

Referat 340, Bd. 107442

Fortsetzung Fußnote von Seite 704
    gemäßigte und radikale Linkskräfte in sich vereinigt." Vgl. den Schriftbericht Nr. 319; Referat 340, Bd. 107441.
7 Die Wörter „unabhängig agieren zu lassen" wurden von Vortragendem Legationsrat Heymer hervorgehoben. Dazu vermerkte er handschriftlich: „r[ichtig]".

146

**Gespräch des Bundeskanzlers Schmidt
mit Ministerpräsident Ecevit**

10. Mai 1978[1]

Vermerk betreffend Gespräch des Bundeskanzlers mit dem türkischen Ministerpräsidenten Ecevit am 10.5.1978, 17.40 Uhr[2]

Weitere Teilnehmer:

Auf deutscher Seite: Bundesminister Genscher, Ministerialdirektor Ruhfus, Ministerialdirektor Lautenschlager, Botschafter Sahm.

Auf türkischer Seite: Außenminister Ökçün, Staatsminister Çetin, Industrieminister Alp, Staatssekretär Elekdag, Botschafter Halefoglu.

Ministerpräsident *Ecevit* setzte die Ausführungen, die er in dem Gespräch mit dem Bundeskanzler allein begonnen hatte[3], im größeren Kreis fort.

Die internationalen Beziehungen der Türkei seien in den letzten drei Jahren praktisch zum Stillstand gekommen. Schon in der Opposition hätte er gefordert, daß die Türkei in der Zypern-Frage initiativ werden sollte. Er habe zu seinem Wort gestanden und unverzüglich Karamanlis eingeladen.[4] Seine Regierung habe auch begonnen, an einem neuen nationalen Verteidigungskonzept[5] zu arbeiten, das geschaffen werden müsse, gleichgültig, ob das Embargo[6] aufgehoben würde oder nicht. Dafür seien folgende Gründe maßgebend:

---

[1] Die Gesprächsaufzeichnung wurde von Botschafter Sahm, z. Z. Schloß Gymnich, am 12. Mai 1978 gefertigt und am 13. Mai 1978 Vortragendem Legationsrat I. Klasse Heibach übersandt. Dazu vermerkte er: „Beiliegend übersende ich Ihnen die Vermerke über die Gespräche Ecevits mit dem Bundeskanzler am 10. Mai im größeren Kreise sowie mit den Bundesministern Apel, Ehrenberg, Matthöfer sowie dem Regierenden Bürgermeister von Berlin. Weitere Vermerke über das Gespräch mit Bundesminister Lambsdorff schicke ich Ihnen aus Ankara. Dafür wäre ich dankbar, wenn ich die hier gefertigten Aufzeichnungen über die Gespräche mit dem Bundespräsidenten, dem Bundeskanzler, mit dem Bundesminister des Auswärtigen und des Bundesministers des Auswärtigen mit Außenminister Ökçün erhalten könnte." Vgl. das Begleitschreiben; Referat 203, Bd. 110274.
[2] Ministerpräsident Ecevit besuchte die Bundesrepublik vom 10. bis 13. Mai 1978.
[3] Im Mittelpunkt des Gesprächs am 10. Mai 1978 standen die innen- und wirtschaftspolitische Lage der Türkei und die Auswirkungen des amerikanischen Waffenembargos. Vgl. dazu die Gesprächsaufzeichnung; Bundeskanzleramt, AZ: 21-30 100 (56), Bd. 45; B 150, Aktenkopien 1978.
[4] Zur Einladung an Ministerpräsident Karamanlis vgl. Dok. 26, Anm. 11.
[5] Zum geplanten Verteidigungskonzept der türkischen Regierung legte Oberst i. G. Thiele, Ankara, am 14. Februar 1978 dar, es solle „der nationalen Sicherheit Vorrang geben; die türkische Unabhängigkeit auf eine solide Grundlage stellen; im Einklang mit der Mitgliedschaft der Türkei in Allianzen stehen, aber die Schwächen der gemeinsamen Verteidigungssysteme ausschalten; sich stützen auf das Prinzip einer integrierten nationalen Verteidigung; parallel mit dem wirtschaftlichen Aufschwung entwickelt werden; so verwirklicht werden, daß während seiner Einführung keine Lücken oder Rückschritte auf- bzw. eintreten." Vgl. den Schriftbericht; Referat 203, Bd. 110275.
Am 9. Mai 1978 teilte Thiele mit, nach Presseberichten habe ein von der Regierung mit der Erarbeitung des neuen Verteidigungskonzepts beauftragtes Komitee aus Mitgliedern des Generalstabes, des Außen- und des Verteidigungsministeriums und des Staatlichen Planungsamts seine Arbeiten abgeschlossen. Das Konzept solle zunächst vom Nationalen Sicherheitsrat erörtert und anschließend durch den Ministerrat umgesetzt werden. Die wesentlichen Grundsätze seien: „Als langfristige und fundamentale (deep-rooted) Maßnahme wird die Türkei eine nationale Rüstungsindustrie gründen und fortentwickeln. Dabei werden die wirtschaftlichen Erfordernisse und Möglichkeiten des Landes berücksichtigt werden. Die türkische nationale Verteidigung, bisher entspre-

1) Das bestehende türkische Verteidigungskonzept stamme aus der Zeit des Kalten Krieges. Jetzt sei die Entspannung Wirklichkeit geworden. Das Konzept müsse dieser neuen Entwicklung angepaßt werden und darauf Rücksicht nehmen, daß die Beziehungen zu allen Nachbarn (mit Ausnahme von einem) sich inzwischen verbessert hätten.

2) Anpassung an die veränderte Technologie.

3) Anpassung der Verteidigungsanstrengungen an die wirtschaftliche Lage. Verteidigung dürfe nicht Last, sondern müsse Antrieb für die Wirtschaft sein.

4) Verteidigung und dazu erforderliche Ausrüstung dürfe nicht von einer einzigen Quelle abhängig sein.

5) Teilnahme an der Interdependenz der Rüstungsproduktion innerhalb des Bündnisses.

Bei der Vorbereitung des neuen Konzepts sei man sich der Verantwortlichkeit der Türkei durchaus bewußt. Die heutige Weltlage beruhe auf einer gefährlichen Balance, die durch eine rasche Bewegung gefährdet werden könne. Größere Sicherheit gebe es auch über gute Verhältnisse zu den Nachbarn, wodurch eine Atmosphäre des Vertrauens geschaffen wird. Die Beziehungen zur Sowjetunion hätten sich zunehmend verbessert. In den letzten Jahrzehnten hätte sich gegenseitiges Vertrauen entwickelt, was zu enger wirtschaftlicher Zusammenarbeit, jedoch nicht zu militärischer Kooperation, geführt hätte. Während des kürzlichen Besuches des sowjetischen Generalstabschefs in der Türkei[7] hätte dieser sich sorgfältig gehütet, politische Fragen zu berühren. Auch hätte er – abgesehen von diskreten Sondierungen – keine militärische Zusammenarbeit vorgeschlagen.

Ecevit ging dann über auf die bilateralen Streitfragen mit Griechenland. Er sei ernsthaft überzeugt, daß die gemeinsamen Interessen stärker seien als die Gegensätze.

Zur Frage des Luftraumes führte er aus, daß in den fünfziger Jahren gute Beziehungen zwischen den beiden Ländern bestanden hätten und die Türkei eingewilligt hätte, die FIR[8]-Verantwortlichkeit von den Griechen übernehmen zu lassen. Die Griechen hätten die daraus folgenden Befugnisse jedoch zur Frage politischer Souveränität umgeformt und Beschränkungen auch auf dem Gebiet

---

Fortsetzung Fußnote von Seite 706

chend dem NATO-Auftrag an der einseitigen Verteidigung gegenüber der ‚Gefahr aus dem Norden' orientiert, soll sich künftig gegenüber anderen Bedrohungen und Möglichkeiten ausrichten, die nicht unmittelbar die Allianz betreffen, die jedoch für die Türkei von großer Bedeutung sind (wie z. B. die Ägäis- und Zypern-Frage und die griechische Rüstung). Die Türkei wird zwar die Allianz nicht verlassen, sie wird aber bei der ‚Neuorientierung' ihre eigenen Interessen im Auge behalten. Die Verteidigungspolitik soll der Entspannung zwischen den Blöcken in der Welt einerseits und andererseits den Entwicklungen innerhalb der Region, in der die Türkei liegt, Rechnung tragen." Vgl. den Schriftbericht; Referat 203, Bd. 110275.

6 Zum amerikanischen Waffenembargo gegen die Türkei vgl. Dok. 134, Anm. 8.

7 Der sowjetische Generalstabschef und Erste Stellvertretende Verteidigungsminister Ogarkow hielt sich vom 25. bis 29. April 1978 in der Türkei auf. Botschafter Sahm, Ankara, berichtete dazu am 3. Mai 1978: „Besuch Ogarkows kommt türkischer politischer Führung zu diesem Zeitpunkt sicher gelegen, um im Hinblick auf Embargo-Verhandlungen im Kongreß Möglichkeit einer Hinwendung der Türkei zur UdSSR im Falle negativer Entscheidung anzudeuten. Insofern kommt Besuch aktuelles politisches Gewicht zu, das offenbar im voraus einkalkuliert wurde." Vgl. den Drahtbericht Nr. 413; Referat 203, Bd. 110275.

8 Flight Information Region.

der Verteidigung eingeführt. Dies hätte dazu geführt, daß der Luftraum über der Ägäis für die Türken praktisch gesperrt sei.

Zum Festlandsockel[9] erklärte Ecevit, die Türkei hätte zur Zeit praktisch keine Rechte, was dazu führe, daß das ganze Ägäische Meer für die Türken geschlossen sei, was zu einem Gefühl der Klaustrophobie führe. Die Aufteilung der NATO-Kommandos hätte den griechischen Anspruch auf die ganze Ägäis noch verstärkt. In den technischen Gesprächen, die seit 1974 zwischen den beiden Ländern über die Ägäis geführt worden seien, sei praktisch kein Vorteil erreicht worden. Seine Vorschläge als Oppositionsführer, die Gespräche auf politische Ebene zu heben, seien weder von Karamanlis noch von Demirel befolgt worden. Bei dem Gespräch mit Karamanlis in Montreux[10] hätte er Karamanlis an die Regelung für die Kanalinseln[11] erinnert und ihn aufgefordert, mehr Realismus zu zeigen. Dabei hätte er erklärt, daß der politische Status der Inseln in keiner Beziehung zu den Rechten am Festlandsockel stünde und umgekehrt. Karamanlis scheine zwar eine realistischere Einstellung einzunehmen, versuche aber, Zeit zu gewinnen. Je länger die Frage ungelöst bleibe, desto schwieriger werde die Situation auch für die Verbündeten.

Ecevit erinnerte dann an die Vereinbarung in Montreux, daß die Generalsekretäre der beiden Außenministerien zur Fortsetzung der Gespräche und zur Vorbereitung des nächsten Treffens zusammenkommen sollten, was die Griechen dann in letzter Minute verhindert hätten[12], nachdem Carter dem Kongreß die Aufhebung des Embargos vorgeschlagen[13] hatte. Die Griechen hätten behauptet, daß bei der dadurch entstehenden Atmosphäre keine fruchtbaren Ergebnisse zu erwarten seien.

Solange das Embargo aufrechterhalten bleibe, werde Griechenland nicht bereit sein, eine Lösung des Zypern-Problems zu akzeptieren. Solange dieses Problem aber ungelöst sei, sehe er keine Möglichkeit, die Spannungen zwischen Griechenland und der Türkei zu beseitigen.

---

[9] Zum griechisch-türkischen Konflikt in der Ägäis vgl. Dok. 134, Anm. 24.

[10] Zum Treffen der Ministerpräsidenten Ecevit und Karamanlis am 10./11. März 1978 vgl. Dok. 91, Anm. 18.

[11] Zwischen Frankreich und Großbritannien war die Abgrenzung des Festlandsockels im Ärmelkanal umstritten. Beide Seiten einigten sich am 10. Juli 1975 darauf, die Frage durch ein internationales Schiedsgericht klären zu lassen. Dieses traf seine Entscheidung am 30. Juni 1977. Vgl. dazu REPORTS, Bd. XVIII, S. 3–129.
Referat 203 erläuterte am 18. Januar 1978, das Schiedsgericht habe „die französische Auffassung bestätigt, daß die der bretonischen Küste vorgelagerten englischen Kanalinseln lediglich Enklaven auf dem französischen Festlandsockel, der sich hinter ihnen seewärts wieder schließt, bilden. Das entspricht der türkischen These, wonach die ostägäischen Inseln auf dem anatolischen Festlandsockel bloß ,aufsitzen'." Vgl. Referat 203, Bd. 115869.
Nachdem Großbritannien mit Note vom 17. Oktober 1977 eine Klärung von Auslegungsfragen verlangt hatte, traf das Schiedsgericht am 14. März 1978 eine endgültige Entscheidung, in der der Verlauf des Festlandsockels an einigen Punkten geringfügig korrigiert wurde. Vgl. dazu REPORTS, Bd. XVIII, S. 271–337.

[12] Zur Absage der Gespräche der Generalsekretäre des türkischen bzw. griechischen Außenministeriums, Elekdag bzw. Theodoropoulos, durch Griechenland am 12. April 1978 vgl. Dok. 134, Anm. 16.

[13] Vgl. dazu die Ausführungen des amerikanischen Außenministers Vance vor dem Ausschuß für Internationale Beziehungen des amerikanischen Repräsentantenhauses am 6. April 1978 in Washington; DEPARTMENT OF STATE BULLETIN, Bd. 78 (1978), Heft 2014, S. 33–35.

Obwohl Waldheim die türkischen Vorschläge[14] als konkret, substantiell, zeitgerecht und umfangreich bezeichnet hätte[15], scheint dieser inzwischen den Eindruck gewonnen zu haben, daß die Zypern-Griechen ihre intransigente Haltung beibehalten werden, solange das Embargo gültig ist. Leider sagte er dies jedoch nicht öffentlich, so daß die Schuld für die gegenwärtige festgefahrene Lage auf der türkischen Seite zu liegen scheint. Waldheim sei nicht konstruktiv. Er sollte die Einladung zu den Volksgruppengesprächen[16] ausgesprochen haben und bei zyprischer Weigerung öffentlich darauf hingewiesen haben. Waldheim sei unfair und nicht hilfreich. Die türkischen Vorschläge seien flexibel und lediglich eine Verhandlungsposition. So habe man sechs Gebiete gekennzeichnet, bei denen über Grenzveränderungen gesprochen werden könne, so habe man das gesamte Niemandsland den Griechen überlassen und so habe man für Varosha die Rückkehr von Tausenden von Griechen angeboten. Die Verfassungsvorschläge enthielten eine echte föderalistische Lösung, die zu immer engerem Zusammenwachsen zu einer politischen Struktur im Ablauf der Zeit führen soll. Die von griechischer Seite geforderte volle Freizügigkeit würde unter gegenwärtigen Umständen neue Probleme hervorrufen, da in der griechischen Hälfte zahlreiche palästinensische Elemente existierten, die bei Öffnung der Grenzen Guerilla-Aktionen einleiten würden. Deswegen müsse man eine allmähliche Entwicklung zur Freizügigkeit vorsehen.

Eine Revision der türkischen Vorschläge würde die Griechen veranlassen, andere Gründe für eine Ablehnung zu finden. Athen habe heute einen größeren Einfluß als zu Makarios' Zeiten, der offensichtlich eine stärkere Persönlichkeit war, als es Kyprianou ist. Die türkischen Vorschläge beruhten auf den vier Prinzipien, auf die sich Denktasch und Makarios am 12.2.77 in Nikosia[17] ge-

---

14 Zu den Vorschlägen der türkischen Volksgruppe auf Zypern vom 13. April 1978 vgl. Dok. 134, Anm. 9.
15 Botschafter Grabert, Wien, teilte am 21. April 1978 mit, am 16. April 1978 sei eine Erklärung des UNO-Generalsekretärs Waldheim veröffentlicht worden, in der erklärt werde: „The Turkish Cypriot proposals deal with the constitutional and territorial aspects of the Cyprus problem in a concrete und substantial way". Nach sofort erfolgten Protesten von griechisch-zypriotischer Seite habe Waldheim unmittelbar vor seiner Abreise aus Wien nach Meldungen der Nachrichtenagentur APA in einem „improvisierten Pressegespräch" noch ergänzt: „Diese Vorschläge seien konkret und substantiell (wie in der Presseerklärung mitgeteilt). Das ließe sich nicht bestreiten, aber dies sei eine Tatsachenfeststellung und kein Werturteil über ihren Inhalt. Er habe sie nicht als gut und nicht als schlecht bezeichnet". Vgl. den Schriftbericht Nr. 591; Referat 203, Bd. 115917.
16 Zu den seit April 1977 unterbrochenen Gesprächen zwischen Vertretern der griechischen bzw. türkischen Volksgruppe auf Zypern vgl. Dok. 18, Anm. 10.
Botschafter Freiherr von Wechmar, New York (UNO), berichtete am 28. April 1978: „VN-GS Waldheim berichtete mir bei Gespräch aus anderem Anlaß am heutigen 28.4., daß er von türkischer Seite (Ecevit) nachdrücklich gedrängt werde, alsbald eine neue Sitzung der Volksgruppengespräche nach Wien einzuberufen, um dort die neuen türkischen Vorschläge zu erörtern. Seine Bemühungen, von Kyprianou dazu eine Einwilligung zu erlangen, seien jedoch fehlgeschlagen. Kyprianou habe ihm telefonisch direkt und durch den hiesigen zypriotischen VN-Botschafter Rossides erneut nachdrücklich versichert, daß die türkischen Vorschläge keine Verhandlungsgrundlage seien und daß er nicht einmal bereit wäre, über sie in eine Diskussion einzutreten. Streng vertraulich sagte mir Waldheim, daß Kyprianou ihm schlankweg erklärt habe, wenn Waldheim eine neue Runde der Volksgruppen ansetzt, würde Zypern keine Delegation entsenden." Waldheim werde nun öffentlich lediglich erklären, die Möglichkeiten für eine Wiederaufnahme der Gespräche weiter prüfen zu wollen. Waldheim glaube, „daß die Zypern-Verhandlungen vorerst in einer Sackgasse angelangt sind und daß wenig Aussicht auf eine erfolgreiche Wiederaufnahme bestehe". Vgl. den Drahtbericht Nr. 1002; Referat 115917.
17 Zur Vereinbarung des Präsidenten Makarios und des Sprechers der türkischen Volksgruppe auf Zypern, Denktasch, vgl. Dok. 36, Anm. 2.

einigt hätten. Heute sei Zypern jedoch hartnäckiger als damals Makarios. Athen müsse dahinterstehen. Grund dafür sei die Hoffnung auf teilweise Enosis[18], die bei einer bundesstaatlichen Lösung auszuschließen sei.

Griechenland will zwei Drittel der Insel annektieren, während die Türkei keine Teilung wünscht. Während Karamanlis innenpolitische Faktoren und angebliche Probleme mit den Zypern-Griechen ausnutze, mache die türkische Regierung von ihren eigenen Schwierigkeiten keinen Gebrauch. Es erfordere aber Mut, den Frieden zu gestalten. Hierbei könne Deutschland helfen, indem der Bundeskanzler mit seinem ganzen Gewicht versucht, Waldheim zu beeinflussen.

Der *Bundeskanzler* hielt dem entgegen, daß die eigentliche Entscheidung nur von Ecevit und Karamanlis getroffen werden könnte.

Ecevit erwiderte, daß der Bundeskanzler Karamanlis hiervon überzeugen müßte, denn er scheue sich, das Zypern-Problem überhaupt zu erörtern. Ebenso solle der Kanzler versuchen, Carter zu überzeugen, daß er sein persönliches Gewicht in gleicher Weise zur Aufhebung des Embargos einsetzen solle, wie er es für den Panamakanal[19] getan hätte. Schließlich solle er auf Athen einwirken, an den Verhandlungstisch zu kommen.

Wenn Griechenland bereits versprochen würde, daß es Vollmitglied der EG wird[20], dann könnten die Griechen sich frei fühlen, alle Verhandlungsvorschläge abzulehnen. Wenn diese Frage jedoch noch offen sei, könnte dies ein Anlaß für Karamanlis sein, sich entgegenkommender zu verhalten. Der Bundeskanzler möge auch eine symbolische Geste gegenüber dem türkischen Teil von Zypern machen, wie z. B. die Einrichtung einer Handelsvertretung in Famagusta oder andere Schritte bis kurz vor diplomatischer Anerkennung. Bei der New Yorker Abrüstungskonferenz[21] könne auch eine Begegnung mit Denktasch vorgesehen werden.

Der *Bundeskanzler* antwortete auf die bisherigen Ausführungen unter Hinweis auf die folgenden beiden Punkte, unter denen er insbesondere das türkisch-griechische und das türkisch-amerikanische Verhältnis sieht:

---

[18] Griechisch: Vereinigung. Der Begriff „Enosis" ging in seiner politischen Bedeutung auf die im 19. Jahrhundert aus dem Widerstand gegen die osmanische Herrschaft entstandene Enosis-Bewegung der griechischen Bevölkerungsmehrheit auf Zypern zurück, die für eine staatliche Vereinigung mit Griechenland eintrat.

[19] Seit 1965 verhandelten die USA und Panama mit Unterbrechungen über eine Neuregelung des Rechtsstatus des Panamakanals. Die Verhandlungen wurden am 10. August 1977 abgeschlossen. Der Panamakanal-Vertrag, der die schrittweise Übergabe der Souveränität über die Kanalzone an Panama bis 31. Dezember 1999 regelte, sowie der Vertrag über die immerwährende Neutralität und den Betrieb des Panamakanals nebst Protokoll wurden am 7. September 1977 unterzeichnet. Für den Wortlaut vgl. DEPARTMENT OF STATE BULLETIN, Bd. 77 (1977), S. 483–501. Für den deutschen Wortlaut vgl. EUROPA-ARCHIV 1977, D 640–650 (Auszug).
Der Vertrag über die Neutralität wurde am 16. März 1978 mit 68 zu 32 Stimmen im amerikanischen Senat gebilligt. Vgl. dazu den Artikel „Senate Approves First Treaty on Panama Canal"; INTERNATIONAL HERALD TRIBUNE vom 17. März 1978, S. 1.
Der Vertrag zur Übergabe der Souveränität an Panama wurde am 18. April 1978 ebenfalls mit 68 zu 32 Stimmen ratifiziert. Vgl. dazu den Artikel „Senate Ratifies 2d Canal Treaty, Panama to Own It by Year 2000"; INTERNATIONAL HERALD TRIBUNE vom 20. April 1978, S. 1.

[20] Zum Stand der Verhandlungen über einen EG-Beitritt Griechenlands vgl. Dok. 134, Anm. 3.

[21] Zur UNO-Sondergeneralversammlung über Abrüstung vom 23. Mai bis 30. Juni 1978 in New York vgl. Dok. 212.

1) Die Verschlechterung der strategischen Situation der Allianz in der Region. Er erinnerte an Tendenzen, die gegen die Initiative von Sadat[22] und den Libanon wirken und die die ganze Situation beeinflußten. Hinsichtlich der Entspannung sei er nicht sicher, ob er die Gefühle des Ministerpräsidenten teilen könne, obwohl er es gern täte. Die Sowjets versuchten, ihr Einflußgebiet auf das östliche Mittelmeer zu erstrecken. Seit der Mitte der 60er Jahre hätte sich diese Situation geändert: Die Seestreitkräfte hätten sich zum Vorteil der Sowjetunion entwickelt, Griechenland hätte die militärische Organisation der NATO verlassen[23], und schließlich die Schwierigkeiten durch den Fehler des amerikanischen Embargos.

2) Ein weiterer Faktor seien die langen traditionellen Gefühle der Freundschaft mit der Türkei und Griechenland, die er aufrechterhalten wolle. Er hätte Karamanlis in der vergangenen Woche[24] gesagt, daß die Probleme zwischen Griechenland und der Türkei nicht in die Europäische Gemeinschaft importiert werden dürften, da dies die Teilnahme Griechenlands eher erschweren würde. Er hätte ebenfalls bedauert, daß die Besprechung der Generalsekretäre abgesagt worden sei. Er hätte die Hoffnung ausgedrückt, daß bei der Begegnung in Washington Ende Mai[25] ein Gespräch zwischen Karamanlis und Ecevit zustande komme[26]. Karamanlis sei bereit, das Gespräch fortzusetzen und hätte den Vorschlag akzeptiert, jedoch gebeten, ihn nicht vorher zu veröffentlichen.

Karamanlis wünsche den ernsthaften und verantwortlichen Dialog fortzusetzen. Deshalb hätte er in letzter Zeit auch keine öffentlichen Erklärungen abgegeben. Er hätte wiederholt erwogen, sein Amt zu verlassen, jedoch werde er nicht aus der Politik ausscheiden, bevor zwei Ziele erreicht seien:

– Lösung des griechisch-türkischen Problems;

– Stabilisierung der Stellung Griechenlands innerhalb des Westens.

Karamanlis sei damit einverstanden gewesen, daß der Bundeskanzler dies Herrn Ecevit übermittelt.

Der Bundeskanzler drückte die Überzeugung aus, daß Karamanlis jetzt stärker sei als in der Vergangenheit, und er hätte ihm dies auch gesagt. Trotz aller internen Probleme sei er stärker als in den Tagen von Makarios.

Karamanlis hätte erklärt, daß er sich bemühen wolle, jedoch nicht offiziell für Zypern sprechen könne, das nicht zu Griechenland gehöre. Er hätte öffentlich auf die Enosis verzichtet.

---

22 Zur Friedensinitiative des Präsidenten Sadat vgl. Dok. 3, Anm. 7.
23 Griechenland erklärte am 14. August 1974 unter Hinweis auf den Zypern-Konflikt den Austritt aus der militärischen Integration der NATO. Vgl. dazu AAPD 1974, II, Dok. 236.
  Zu den Bemühungen um einen Wiedereintritt Griechenlands in die militärische Integration der NATO vgl. Dok. 26, Anm. 17 und 18, und Dok. 38.
24 Für das Gespräch des Bundeskanzlers Schmidt mit Ministerpräsident Karamanlis am 3. Mai 1978 vgl. Dok. 134.
25 Zur NATO-Ratstagung auf der Ebene der Staats- und Regierungschefs am 30./31. Mai 1978 vgl. Dok. 170.
26 Zum Treffen der Ministerpräsidenten Ecevit und Karamanlis am Rande der NATO-Ratstagung auf der Ebene der Staats- und Regierungschefs am 30./31. Mai 1978 in Washington vgl. Dok. 164, Anm. 17.

Man müsse bedenken, daß Karamanlis nicht mehr viele Jahre hätte. Man solle nicht zu viel Zeit verlieren. Je länger die Lösungen verzögert würden, um so permanenter werde die gegenwärtige Situation. Er freue sich, Ecevit in Washington wiederzusehen. Er werde mit Sicherheit in vertraulichen Gesprächen mit den Amerikanern wieder über das Embargo sprechen, wie es der Bundesaußenminister schon wiederholt getan hätte.

Er hätte nicht das Gefühl, daß die Vorschläge Denktaschs in der Verfassungsfrage sehr eindrucksvoll seien. Das gleiche gelte für die territorialen Fragen. Beide Vorschläge seien zu weit von dem Punkt, an dem Verhandlungen beginne könnten. Eine Geste von türkischer Seite würde ratsam sein, insbesondere zu Varosha, und zwar laut und deutlich. Bisher seien die Vorschläge noch formell geheim. Die Zeit läuft aus. Er bitte um Verständnis für die offene Sprache eines Freundes. Er könne nichts tun, um Waldheim von seiner Verantwortung zu befreien. Er werde ihn jedoch ermutigen, seine guten Dienste anzubieten und sich seiner Verantwortung bewußt zu sein. Letztlich könne aber der Generalsekretär der VN nur technische Dienste leisten. Worauf es ankomme, sei eine Einigung zwischen den beiden Führern der Türkei und Griechenlands. Denktasch und Kyprianou seien nicht in der Lage, eine Einigung herbeizuführen, da einer den anderen ausmanövriere. Sie seien nicht souverän genug, um die gegensätzlichen Auffassungen über den Zentralstaat einerseits und die Trennung in eine bundesstaatliche Struktur andererseits zu überwinden. Es hinge letztlich davon ab, was Ankara und Athen entschieden.

Die Bundesregierung sei bereit, die militärische Hilfe an Griechenland und Türkei im Verhältnis 2:3 fortzusetzen.[27] Die Bundesrepublik sei aber nicht stark genug, um die Ausfälle der amerikanischen Hilfe auszugleichen. Dies hätte er auch Carter und den Senatoren deutlich gemacht.

Er hätte Karamanlis gesagt, daß er sowohl Ecevit wie Karamanlis vertraue und überzeugt sei, daß beide Männer alles daran setzen würden, um einen ernsthaften Streit zu vermeiden, da sie beide ohne Zweifel friedliebend seien.

Ecevit stimmte mit der Betrachtungsweise des Bundeskanzlers überein. Er hätte unmittelbar nach Regierungsantritt[28] die Initiative ergriffen und mit Karamanlis gesprochen sowie die Zypern-Türken zu ihren Vorschlägen ermutigt. In der Verfassung sei eine echte föderative Lösung enthalten. Es gebe weite Gebiete der Zuständigkeit der Bundesorgane. Was Varosha betrifft, so könnten dort 35 000 Griechen angesiedelt werden. Wirtschaftlich stelle Varosha einen Wert

---

[27] Zur Verteidigungshilfe an Griechenland und die Türkei vgl. Dok. 26, Anm. 31 und 32.
Vortragender Legationsrat I. Klasse Dannenbring legte am 2. Mai 1978 dar, daß die Verhandlungen mit der Türkei bislang wegen verzögerter Stellungnahmen der türkischen Seite nicht hätten abgeschlossen werden können: „Eine Gefährdung der laufenden Projekte ist jedoch in keiner Weise gegeben, weil die Anschlußbeschaffungen sichergestellt sind." Das zehnte Abkommen werde einen Wert von 100 Mio. DM haben. Mit Griechenland sei am 27. April 1978 ein fünftes Abkommen über Verteidigungshilfe in Höhe von 60 Mio. DM unterzeichnet worden. Vgl. VS-Bd. 9610 (201); B 150, Aktenkopien 1978.

[28] Nach dem Verlust der Parlamentsmehrheit durch den Parteiaustritt mehrerer Abgeordneter trat die Regierung von Ministerpräsident Demirel am 31. Dezember 1977 zurück. Der bisherige Oppositionsführer Ecevit bildete am 5. Januar 1978 eine neue Regierung, der das türkische Parlament am 17. Januar 1978 das Vertrauen aussprach.

dar, der etwa der Hälfte des gesamten wirtschaftlichen Potentials der Insel entspreche.

Man sei bereit, über den politischen Status von Varosha zu sprechen. Auch sei Denktasch bereit, Kompromisse in der Territorialfrage zu machen. Er teile auch die Auffassung des Bundeskanzlers, daß Karamanlis die geeignete Persönlichkeit sei, die Probleme zu lösen, während die Zypern-Griechen an einer Lösung nicht interessiert seien. Wenn Karamanlis tatsächlich bereit sei, mit ihm über Zypern zu sprechen, dann verliere die Funktion Waldheims an Gewicht.

Der *Bundeskanzler* erinnerte an die Situation des geteilten Deutschland nach dem Zweiten Weltkrieg. Die Gespräche mit den Sowjets seien unverhältnismäßig schwieriger gewesen, da sie an die Lebenssubstanz der Nation rührten.

Dennoch hätte die Bundesregierung die Gespräche mit der Sowjetunion geführt angesichts einer starken Opposition in Parlament und öffentlicher Meinung. Bei der Türkei und Griechenland handele es sich auf Zypern dagegen um einen nur geringen Teil ihrer Nationen. Es müsse möglich sein, einen Kompromiß zu finden, wenn beide Seiten ihre Lieblingsideen aufgäben. Auch beim besten Kompromiß jedoch blieben beide Seiten unbefriedigt.

Die Geschichte von Zypern sei schließlich nicht erst drei Monate alt. Militärische Gewalt sei nicht nur einmal, sondern zweimal angewendet worden.[29] Beide Seiten hätten Grund zu Beschwerden.

Am Ende einigten sich der Bundeskanzler und Ecevit, das Gespräch am nächsten Tag, insbesondere zu wirtschaftlichen Fragen, fortzusetzen.[30]

Referat 203, Bd. 110274

---

[29] Im Dezember 1963 brachen auf Zypern, das 1960 von Großbritannien unabhängig geworden war, Kämpfe zwischen der griechischen und türkischen Bevölkerung aus. Präsident Makarios kündigte am 4. April 1964 die Garantie- und Bündnisverträge mit Griechenland und der Türkei und damit die bisherige verfassungsrechtliche Ordnung Zyperns. Im März 1964 ernannte die UNO einen Vermittler in der Zypern-Krise und entsandte erste Einheiten einer UNO-Friedenstruppe. Vgl. dazu AAPD 1966, I, Dok. 17.
Zu den Kampfhandlungen auf Zypern im Juli/August 1974 vgl. Dok. 26, Anm. 19.

[30] Für das Gespräch am 11. Mai 1978 vgl. Dok. 147.

147

Gespräch des Bundeskanzlers Schmidt mit Ministerpräsident Ecevit

VS-NfD 11. Mai 1978[1]

Vermerk über das Gespräch des Bundeskanzlers mit Ministerpräsident Ecevit am 11. Mai 1978, 15.00 Uhr[2]

Weitere Teilnehmer:

Auf türkischer Seite: Minister Çetin, Minister Alp, Herr Yegen als Note-taker.

Auf deutscher Seite: BM Offergeld, MD Dr. Ruhfus.

EG–Griechenland[3]

Ecevit äußerte die Besorgnis, daß Griechenland als Mitglied eine Art Vetorecht erhalten würde in allen Fragen, die die Beziehungen zur Türkei betreffen.

Bundeskanzler: Formelle gemeinsame Beschlüsse würden bei internen Angelegenheiten der Gemeinschaft gefaßt wie z. B. bei Marktordnungen etc. Im außenpolitischen Bereich gebe es kein Vetorecht. Im übrigen gehe er davon aus, daß für Griechenland wie für Portugal[4] und Spanien[5] eine etwa zehnjährige Übergangszeit vorgesehen würde und daß sie während dieser Zeit noch keine volle Rolle spielen könnten. Außerdem habe er in seinen Gesprächen mit MP Karamanlis eindeutig klargemacht, daß Griechenland nicht seine speziellen Querelen mit der Türkei in die EG hineintragen könne.[6]

Ecevit: Er wolle gerne vermeiden, daß es der EG ähnlich gehe wie der amerikanischen Administration und daß ihre Politik von einer griechischen Gruppe eingeengt werde.

Bundeskanzler: Er sei gern bereit, die Zusage zu geben, daß er die türkische Regierung unterrichten werde, wenn eine derartige Situation auftreten sollte.

---

[1] Ablichtung.
Die Gesprächsaufzeichnung wurde von Ministerialdirektor Ruhfus, Bundeskanzleramt, am 12. Mai 1978 gefertigt und am 19. Mai 1978 an Vortragenden Legationsrat I. Klasse Lewalter übermittelt. Dazu vermerkte er: „Ich bitte, vorbehaltlich der Zustimmung des Bundeskanzlers, den Herrn Bundesminister und das Auswärtige Amt zu unterrichten."
Hat Lewalter am 22. Mai 1978 vorgelegen, der handschriftlich vermerkte: „1) Abl[ichtung] über Herrn StS H[errn] D 2, H. D 4 getrennt, Referat 203 Durchdruck vorab. 2) Original H. Minister."
Hat laut Vermerk des Vortragenden Legationsrats von Studnitz vom 24. Mai 1978 Staatssekretär van Well vorgelegen.
Hat laut Vermerk des Vortragenden Legationsrats Bächmann vom 24. Mai 1978 Staatssekretär Hermes vorgelegen.
Hat Ministerialdirigent Pfeffer am 26. Mai 1978 vorgelegen.
Hat Ministerialdirektor Blech vorgelegen. Vgl. das Begleitschreiben; Referat 203, Bd. 110274.

[2] Ministerpräsident Ecevit besuchte die Bundesrepublik vom 10. bis 13. Mai 1978.

[3] Zum Stand der Verhandlungen über einen EG-Beitritt Griechenlands vgl. Dok. 134, Anm. 3.

[4] Zum Stand der Verhandlungen über einen EG-Beitritt Portugals vgl. Dok. 140, Anm. 30.

[5] Zum Stand der Verhandlungen über einen EG-Beitritt Spaniens vgl. Dok. 8, Anm. 42.

[6] Für die Gespräche des Bundeskanzlers Schmidt mit Ministerpräsident Karamanlis am 31. Januar bzw. 3. Mai 1978 vgl. Dok. 26 bzw. Dok. 134.

EG–Türkei[7]

Ecevit berichtete, seine Regierung wolle die Politik gegenüber der EG überprüfen. Die Exporte türkischer Industriezweige seien unbefriedigend geregelt. Sobald die Industrien konkurrenzfähig würden, wie z.B. im Textilbereich, errichte die EG Barrieren. Auch bei den interessanten landwirtschaftlichen Produkten, wie beispielsweise bei den Fruchtsaftkonzentraten, werde die Ausfuhr durch Quoten eingegrenzt. Von der EG werde gesagt, daß die Zusagen der Freizügigkeit[8] nicht eingehalten werden könnten. Wenn dem so sei, werde die Türkei andere Gegenforderungen stellen.

Bundeskanzler fragte, worauf das große Defizit im deutsch-türkischen Handelsverkehr[9] zurückzuführen sei.

Ecevit wies auf das begrenzte Warenangebot der Türkei hin. Außerdem seien die Türken traditionell schlechte Kaufleute.

Bundeskanzler appellierte nachdrücklich, die bürokratischen Barrieren in der Türkei abzubauen. Man müsse den Firmen und den Banken mehr Freizügigkeit für wirtschaftliches Engagement geben. Er verwies auf das Beispiel des kaufmännischen Leiters der Mannesmann-Niederlassung. Die Firma bemühe sich vergeblich um die Erteilung einer Arbeitserlaubnis für den Nachfolger.

---

[7] Zu den Beziehungen zwischen den Europäischen Gemeinschaften und der Türkei vgl. Dok. 18, Anm. 11 und 12.
Referat 410 vermerkte am 2. Mai 1978, daß die Beziehungen zwischen den Europäischen Gemeinschaften und der Türkei seit einem Jahr stagnierten. Die Türkei habe noch immer nicht auf Vorschläge der Europäischen Gemeinschaften vom 20. Dezember 1976 reagiert, „die türkische Wirtschaft zum Beispiel durch Schutzmaßnahmen für junge Industrien (vorübergehende Lockerung einiger Bestimmungen des Zusatzprotokolls betreffend die Wiederanwendung von Zöllen und mengenmäßigen Beschränkungen, Verschiebung der Termine für den Zollabbau der Türkei) und eine flexiblere Handelspolitik gegenüber einigen Entwicklungsländern zu unterstützen." Daher sei die Türkei der Auffassung, selbst mit konkreten Vorschlägen im Zuge zu sein, und beabsichtige, bis zum Juni 1978 ihre Politik gegenüber den Europäischen Gemeinschaften neu zu definieren sowie Verhandlungen über die Neugestaltung der Assoziation unter der EG-Ratspräsidentschaft der Bundesrepublik einzuleiten: „Unter Berücksichtigung der außen- und sicherheitspolitischen Bedeutung der Türkei für Europa liegt es auch in unserem Interesse, weiterhin an der Beitrittsperspektive i. S. einer politischen Zielvorstellung festzuhalten. Gleichzeitig wäre jedoch bei der Notwendigkeit einer weitgespannten wirtschaftlichen und handelspolitischen Zusammenarbeit unter Zurückstellung des Zieles der Zollunion hinzuwirken." Vgl. Referat 410, Bd. 121760.

[8] Referat 410 erläuterte am 2. Mai 1978: „Nach Artikel 12 des Assoziierungsabkommens sollen sich die Vertragsparteien von den Art. 48, 49 und 50 des EWG-Vertrages leiten lassen, um die Freizügigkeit der Arbeitnehmer herzustellen. Ergänzend spricht das Zusatzprotokoll von 1970 die Verpflichtung der EG aus, zwischen dem Ende des 12. und 22. Jahres nach Inkrafttreten des Assoziationsabkommens (also in der Zeit vom 1.12.1976 bis 30.11.1986) die Freizügigkeit der Arbeitnehmer schrittweise herzustellen." Die Zahl der türkischen Gastarbeiter belaste mittlerweile die Aufnahmefähigkeit des Arbeitsmarkts und ziehe soziale und infrastrukturelle Probleme nach sich: „Deshalb entsprach es insbesondere auch unserem Interesse, daß durch einen Beschluß des Assoziationsrats vom 20.12.1976 die vorgesehene Freizügigkeit für eine erste Phase von vier Jahren nur durch die Konsolidierung der Rechtsstellung der in der EG bereits tätigen und ansässigen türkischen Arbeitnehmer eingeleitet wurde." Vgl. Referat 410, Bd. 121760.

[9] Das Bundesministerium für Wirtschaft legte am 2. Mai 1978 dar, daß die Bundesrepublik „mit Abstand" der bedeutendste Handelspartner der Türkei sei. 1977 sei sowohl auf der Import- als auch Exportseite ein Rückgang zu verzeichnen, „der offensichtlich auf die sich zuspitzende Verschlechterung der Zahlungsbilanzlage zurückzuführen ist". Während die Bundesrepublik Waren im Wert von 2,33 Mrd. DM in die Türkei exportiert habe, habe sie Waren im Wert von 872 Mio. DM importiert. Vgl. dazu Referat 420, Bd. 124269.

Ecevit: Er habe versucht, die Entscheidungen für ausländische Investitionen zu zentralisieren. Der beste Weg, der türkischen Wirtschaft zu helfen, sei durch Wirtschaftskooperation zwischen den EG-Ländern und der Türkei. Die Türkei sei ein großer, schnell wachsender, geographisch gut gelegener Markt. Da die Löhne verhältnismäßig schnell stiegen, sei die Lieferung veralteter und ausrangierter Anlagen oder die Empfehlung, arbeitsintensive Industrien aufzubauen, keine Antwort.

Bundeskanzler zeigte Verständnis. Er sei allerdings nicht der richtige Gesprächspartner. Er verwies Ecevit nachdrücklich auf die deutsche Industrie und auf die Notwendigkeit, Investitionen der Unternehmen zu ermutigen. Als Beispiel verwies er auf die große Anpassungsfähigkeit, die die deutschen Unternehmen nach der Ölpreiserhöhung bei den Exporten in die OPEC-Länder gezeigt hätten.

Wenn die türkische Regierung wie bei der Erteilung der Arbeitserlaubnis in dem von ihm genannten Fall oder bei anderen Einzelfällen Beweise unbürokratischen Verhaltens gäbe, würde sich dies bei den Unternehmen schnell herumsprechen.

Umschuldung[10]

Ecevit berichtete über die Umschuldung. Er ließ dabei erkennen, daß die türkische Regierung dringend einen deutschen Vorsitzenden der Ad-hoc-Gruppe wünscht und wegen der engeren Bindungen Frankreichs an Athen Vorbehalte gegen einen französischen Vorsitz in der Ad-hoc-Gruppe hat.[11]

---

[10] Zu den Überlegungen für eine Lösung der Zahlungsbilanzprobleme der Türkei im Rahmen der OECD vgl. Dok. 91, Anm. 17.
Referat 420 erläuterte am 18. April 1978: „Es kann davon ausgegangen werden, daß die fälligen Auslandsverbindlichkeiten über US-$ 2 Mrd. betragen, während die gesamte Auslandsverschuldung über 8 Mrd. $ erreicht. Hinzu kommt das Problem der Finanzierung des lfd. Einfuhrbedarfs, der weitere Verschuldung erforderlich machen wird. Mit einem erneuten Zahlungsbilanzdefizit von mindestens 670 Mio. US-$ muß im Jahre 1978 gerechnet werden." Das Türkei-Konsortium der OECD habe Anfang April 1978 eine „Fact-finding-Mission" in die Türkei entsandt: „Ende April/Anfang Mai soll eine informelle Sitzung des Konsortiums einberufen werden, deren Ziel es sein wird, die Funktion des Konsortiums neu zu definieren". Dabei werde auch zu klären sein, „ob es sich nur mit der Zahlungsbilanzhilfe oder auch mit der dringenden Regelung der türkischen Altschulden befassen sollte. Für das dringende Problem der Regelung der Altschulden bietet sich zunächst der sog. ‚Pariser Club' an, in dem Umschuldungen seit langem in einem festgelegten Verfahren durchgeführt werden. Befassung des Pariser Clubs hat jedoch für das betroffene Land das Odium einer Bankrotterklärung und die türkische Regierung hat daher [...] bereits nachdrückliche Vorstellungen dagegen erhoben." Die Bundesregierung neige daher dazu, „einem ad hoc zu bildenden internationalen Gremium, eventuell einer Arbeitsgruppe des OECD-Türkei-Konsortiums, den Vorzug vor dem ‚Pariser Club' zu geben und damit so weit wie möglich den türkischen Wünschen entgegenzukommen. Inwieweit das Verfahren eines solchen Ad-hoc-Gremiums von dem des ‚Pariser Clubs' verschieden sein kann, muß noch geprüft werden." Vgl. Referat 420, Bd. 124270.
Botschafter Emmel, Paris (OECD), teilte am 28. April 1978 mit, daß auf einer informellen Sitzung des Türkei-Konsortiums der OECD folgendes beschlossen worden sei: „Innerhalb der OECD wird im Rahmen des Türkei-Konsortiums eine Ad-hoc-Gruppe gebildet, die sich mit der Verschuldensfrage der Türkei befaßt. Diese Gruppe wird aller Wahrscheinlichkeit nach unter französischen Vorsitz gestellt. Die Regeln des Pariser Klubs werden angewandt. [...] Das Mandat der Ad-hoc-Gruppe umfaßt die offiziellen Schulden." Die Besprechungen sollten am 17./18. Mai 1978 aufgenommen werden; eine formelle Sitzung des Türkei-Konsortiums sei für den 19./20. Mai 1978 vorgesehen. Vgl. den Drahtbericht Nr. 275; Referat 420, Bd. 124297.

[11] Ministerialdirigent Freiherr von Stein vermerkte am 19. Mai 1978, daß die türkische Regierung am Vortag sowohl dem Mandat der Ad-hoc-Gruppe als auch der Einnahme des Vorsitzes durch Frankreich zugestimmt habe. Vgl. dazu Referat 420, Bd. 124297.

11. Mai 1978: Gespräch zwischen Schmidt und Ecevit

Zusätzliche finanzielle Hilfe der Bundesregierung

Bundeskanzler berichtete über den Verlauf der Kabinettssitzung am 10. Mai.[12] Es werde sehr schwer sein, die Zurückhaltung des Finanzministers[13] zu überwinden und das Kabinett für zusätzliche Maßnahmen zu gewinnen. Hierbei könnten zwei denkbare türkische Gesten hilfreich sein. Er wolle keineswegs Druck auf den türkischen Ministerpräsidenten ausüben. Er wolle ihm lediglich dartun, welche Dinge ihm helfen würden, eine positive Entscheidung des Kabinetts herbeizuführen.

Eine Geste im internationalen Bereich: Entgegenkommen in Varosha. Dies würde vor dem NATO-Gipfel[14] zu positiven Reaktionen in USA führen und möglicherweise entscheidende Auswirkungen auf die Haltung des Kongresses zum Embargo[15] haben.

Ecevit zeigte Anzeichen von Erregung. Es sei bezeichnend, daß Varosha im Zusammenhang mit bilateralen Finanzverhandlungen genannt werde. Es sei typisch, daß die griechische Propaganda die Zypern-Frage in andere Bereiche eingeschleust habe, die mit Zypern nichts zu tun hätten. Varosha habe für Zypern große wirtschaftliche Bedeutung.

Bundeskanzler: In der Bundesrepublik gebe es keine griechische Lobby. Die Sympathie richte sich eher auf die Türkei. Aber eine Geste würde dem türkischen Ansehen förderlich sein und die Aussichten für eine positive Entscheidung des Kabinetts verbessern.

Ecevit berichtete über die Genfer Konferenz von 1974.[16] Er habe damals einen

---

Fortsetzung Fußnote von Seite 716

Vorsitzender der Ad-hoc-Gruppe des Türkei-Konsortiums der OECD wurde der Unterabteilungsleiter im französischen Wirtschaftsministerium, Camdessus. Vgl. dazu die Pressemitteilung der OECD; Referat 420, Bd. 124297.

12 Zur Kabinettssitzung am 10. Mai 1978 vermerkte Referat 011 am 17. Mai 1978: „Nach dem einleitenden Vortrag BM Genschers erörtert das Kabinett die Möglichkeiten, zusätzliche Mittel für die Türkei in Form einer Soforthilfe bereitzustellen. Dabei ist sich das Kabinett einig, daß eine derartige Hilfe nur in Frage kommt, wenn sie keine Präjudizien für andere Fälle schafft, eine Lieferbindung vereinbart wird und die türkische Zentralbank ihre Haltung gegenüber den Zahlungsforderungen deutscher Unternehmer ändert. Für den Fall, daß sich während der Gespräche mit dem türkischen Premierminister die Notwendigkeit ergeben sollte, der Türkei unter diesen Voraussetzungen eine Soforthilfe zu gewähren, beschließt das Kabinett, weitere 100 Mio. DM in den Nachtragshaushalt aufzunehmen." Vgl. Referat 203, Bd. 110274.

13 Hans Matthöfer.

14 Zur NATO-Ratstagung auf der Ebene der Staats- und Regierungschefs am 30./31. Mai 1978 vgl. Dok. 170.

15 Zum amerikanischen Waffenembargo gegen die Türkei vgl. Dok. 134, Anm. 8.

16 Auf britische Initiative führten die Außenminister Callaghan (Großbritannien), Güneş (Türkei) und Mavros (Griechenland) vom 25. bis 30. Juli 1974 in Genf Verhandlungen über eine Lösung des Zypern-Konflikts. In einer am 30. Juli 1974 veröffentlichten Erklärung betonten sie die Bedeutung des Garantievertrags vom 16. August 1960 über die Unabhängigkeit Zyperns und des Bündnisvertrags vom 16. August 1960 zwischen Zypern, Griechenland und der Türkei sowie der Resolution Nr. 353 des UNO-Sicherheitsrats vom 20. Juli 1974. Als Sofortmaßnahmen zur Stabilisierung der Lage sollten die am 30. Juli 1974 um 22 Uhr Genfer Zeit von den Streitkräften in der Republik Zypern kontrollierten Gebiete nicht weiter ausgedehnt und sämtliche Kampfhandlungen eingestellt werden. Vorgesehen war außerdem die Einrichtung einer Sicherheitszone entlang der Grenze der von türkischen Streitkräften besetzten Gebiete, die nur von Mitgliedern der UNFICYP betreten werden durfte, sowie die Räumung aller von griechischen oder griechisch-zypriotischen Truppen besetzten türkischen Enklaven und die Wahrnehmung von Sicherheits- und Polizeifunktionen durch UNFICYP. Für den Wortlaut vgl. EUROPA-ARCHIV 1974, D 445 f.

Am 8. August 1974 wurde eine zweite Verhandlungsrunde eröffnet, die jedoch nach dem Angriff türki-

weitgehenden Vorschlag für eine demilitarisierte Zone entwickelt, der etwa 17% der Insel umfassen sollte. Er habe seinerzeit Kissinger informiert. Der Vorschlag habe auch Eingang in die Protokolle gefunden. Die griechische Seite sei niemals auf den Vorschlag eingegangen.

Der *Bundeskanzler* faßte das Ergebnis der Gespräche wie folgt zusammen:

1) Wir sind bereit, im politischen Bereich zu helfen. Wir stellen zur Verfügung unsere guten Dienste für das Verhältnis zwischen Griechenland und der Türkei (der Bundeskanzler ergänzte, dieses Angebot werde hoffentlich von geringerer Bedeutung sein, da MP Ecevit mit Karamanlis sprechen werde[17]).

2) Wir wollen hilfreich sein gegenüber dem Senat. Wir werden uns bemühen, einigen Senatoren zu zeigen, daß die türkische Regierung es ernst meint. Für diese Bemühungen würde eine politische Geste der türkischen Regierung im Zusammenhang mit Zypern hilfreich sein.

3) Wir sind bereit, mehr finanzielle Hilfe zu leisten. Allerdings müsse der türkische Ministerpräsident dem Bundeskanzler helfen mit einer positiven politischen Geste (Ziffer 2), die es ihm ermöglicht, eine positive Entscheidung des Kabinetts zu erreichen.

Ferner bat der Bundeskanzler den türkischen Ministerpräsidenten in diesem Zusammenhang, an eine Geste zu denken gegenüber deutschen Unternehmen und anderen deutschen Gläubigern, deren Rückflüsse und Überweisungen aus der Türkei derzeit von der Nationalbank nicht genehmigt werden.

4) Der Bundeskanzler will abschließend am 12.5. mit dem türkischen Ministerpräsidenten über die Frage zusätzlicher Hilfeleistungen sprechen.

5) Der Bundeskanzler bat, daß die türkische Delegation über eine Geste im politischen Bereich[18] und gegenüber den deutschen Gläubigern nachdenkt und MD Ruhfus bis zum Abend des 11.5. das Ergebnis mitteilt.[19]

Fortsetzung Fußnote von Seite 717
scher Truppen am 14. August 1974 ergebnislos endete. Vgl. dazu AAPD 1974, II, Dok. 233, Dok. 236 und Dok. 238.
[17] Zum Treffen der Ministerpräsidenten Ecevit und Karamanlis am Rande der NATO-Ratstagung auf der Ebene der Staats- und Regierungschefs am 30./31. Mai 1978 in Washington vgl. Dok. 164, Anm. 17.
[18] Staatssekretär van Well teilte am 13. Mai 1978 mit, daß Ministerpräsident Ecevit anläßlich eines Pressegesprächs am 11. Mai 1978 ausgeführt habe: „The Turkish side indicates their willingness to let Greeks be settled in Varosha, which means that the settlement problem for at least 30 000 Greeks, perhaps more, would be provided for in such a part of the islands whose value could not be measured by percentages because the existing and immediately useful economic potential of Varosha is worth half the Island. Apart from that the Turkish Cypriots indicated that they leave the political framework for Varosha open to negotiation." Van Well legte dazu dar: „Wir halten diese Ausführungen, insbesondere den letzten Satz, für einen Fortschritt gegenüber der bisherigen türkischen Position und sind der Meinung, daß der gute Wille Ecevits in einem neuen Volksgruppengespräch auf die Probe gestellt werden sollte. Wir treten also dafür ein, daß VN-Generalsekretär Waldheim zu einer neuen Gesprächsrunde einlädt." Van Well wies die Ständige Vertretung bei der UNO in New York an, UNO-Generalsekretär Waldheim entsprechend zu informieren. Vgl. den Runderlaß Nr. 2338; Referat 203, Bd. 110274.
[19] Ministerialdirektor Ruhfus, Bundeskanzleramt, vermerkte am 12. Mai 1978 für Bundeskanzler Schmidt: „StM Çetin hat AL 2 am 11.5. spätabends die Reaktion von MP Ecevit auf Ihr Gespräch von gestern (11.5.) überbracht. Zu der Forderung nach einer Geste im Hinblick auf Zypern verwies Çetin auf das Gespräch von MP Ecevit mit deutschen Korrespondenten am 11.5. abends. Zu dem Wunsch nach einer entgegenkommenden Behandlung der Rücküberweisungen von Forderungen

Der Bundeskanzler betonte abschließend noch einmal, daß er auf keinen Fall den Eindruck erwecken wolle, Druck auf den türkischen Ministerpräsidenten auszuüben. Es gehe ihm nur um Überlegungen, wie am besten geholfen werden könne.

Ecevit zeichnete ein optimistisches Bild von den Verhandlungen mit dem IWF und der Weltbank[20] sowie über eine Umschuldung der Außenstände der privaten Banken.

Rüstungszusammenarbeit

Ecevit äußerte die Sorge, daß die Türkei von der sich anbahnenden europäischen Rüstungszusammenarbeit[21] ausgeschlossen werde. Er appellierte, die Türkei in gemeinsame Projekte einzubeziehen. Für die gemeinsam produzierten Rüstungsgüter gebe es in den arabischen Ländern durchaus Absatzchancen. Als mögliche Projekte nannte er die Fertigung von Dieselmotoren für den M-48-Panzer sowie die Fertigung von Leopard-Panzern.

Bundeskanzler wies darauf hin, daß die Bundesrepublik zu seiner Zeit als Verteidigungsminister[22] Munition in der Türkei gekauft habe.[23] Er habe Verständnis dafür, daß die Türkei von der gemeinsamen Produktion nicht ausgeschlossen werden wolle. Wir könnten jedoch bei einer gemeinsamen Produktion für dritte Länder außerhalb der NATO nicht mitmachen. Dies widerspreche unserer seit Jahren kontinuierlich eingehaltenen Politik. Wir hätten lukrative Lieferungen von Panzern nach Saudi-Arabien[24], Iran[25] und in andere Länder ab-

Fortsetzung Fußnote von Seite 718
   deutscher Kleinunternehmer zeigte er grundsätzliche Bereitschaft, wies aber darauf hin, daß der türkische Letter of Intent an den IMF prioritäre Behandlung einzelner Länder nicht erlaube." Vgl. Referat 203, Bd. 110274.
20 Zu den Verhandlungen zwischen der Türkei und dem IWF vgl. Dok. 18, Anm. 3.
21 Zur europäischen Rüstungszusammenarbeit und zur Tätigkeit der europäischen Programmgruppe vgl. Dok. 73, Anm. 13, bzw. Dok. 150.
22 Helmut Schmidt war von 1969 bis 1972 Bundesminister der Verteidigung.
23 Die Bundesrepublik und die Türkei schlossen am 29. August 1956 einen Vertrag über den Kauf von Munition. Das Bundesministerium der Verteidigung teilte am 19. November 1971 mit, daß die türkische Regierung den Wunsch nach einem Anschlußvertrag vorgebracht habe, und legte zum Vertrag dar: „Der ursprünglich auf eine Laufzeit von vier bis fünf Jahren berechnete Vertrag hat [...] 18 Jahre bis zu seiner Erfüllung benötigt." Die Abwicklung der noch laufenden Aufträge werde sich möglicherweise noch bis 1975 erstrecken. Das Bundesministerium der Verteidigung schlug vor, „der türkischen Seite keine Hoffnungen auf nennenswerte Zukunftsaufträge" zu machen. Vgl. B 26 (Referat I A 4), Bd. 464.
24 Ministerialdirektor Lautenschlager notierte am 15. Januar 1976: „Saudi-Arabien zeigt seit 1974 wachsendes Interesse an Lieferung von Kriegswaffen und kriegswaffennahen Rüstungsgütern aus der Bundesrepublik, insbesondere für den Schützenpanzer ‚Marder'. Seit Mitte 1975 hat Saudi-Arabien mehrfach über unsere Botschaft in Djidda und durch den saudi-arabischen Botschafter in Bonn darum gebeten, den Export von ‚Marder' nach Saudi-Arabien zu genehmigen." Die Firma Rheinstahl AG habe am 2. Oktober 1975 den Antrag für den Export von 300 Schützenpanzern vom Typ „Marder" im Wert von 540 Mio. DM gestellt. Vgl. VS-Bd. 8879 (403); B 150, Aktenkopien 1976.
In einer Ministerbesprechung unter der Leitung des Bundeskanzlers Schmidt am 18. Februar 1976 wurde beschlossen, keine Panzer nach Saudi-Arabien zu liefern. Vgl. dazu AAPD 1976, I, Dok. 59.
25 Der Iran bemühte sich seit 1968 um den Erwerb von Panzern vom Typ „Leopard" aus der Bundesrepublik. Am 30. Oktober 1974 teilte die iranische Regierung jedoch ihre Absicht mit, daß sie britische Panzer vom Typ „Chieftain V" erwerben werde. Vgl. dazu AAPD 1975, I, Dok. 169.
Vortragender Legationsrat I. Klasse Dufner vermerkte am 15. Oktober 1976, aufgrund von Schwierigkeiten bei der Entwicklung eines verstärkten Motors für den britischen Panzer vom Typ „Chieftain" sei es möglich, daß der Iran von seiner Kaufoption keinen Gebrauch mache und mögli-

gelehnt. Man könne evtl. daran denken, gemeinsam eine Fabrik zu bauen, die für die türkische Verteidigung produziert. Was die Türkei mit den später über den eigenen Bedarf hinausgehenden produzierten Waren anstelle, sei dann möglicherweise eine Angelegenheit der Türkei.

Ecevit berichtete, er habe ein ausführliches Gespräch mit BM Ehrenberg über Fragen der Gastarbeiter geführt.[26]

Abschließend wurde vereinbart, daß das Gespräch am 12.5. vor dem Abflug kurz fortgesetzt werden soll.[27]

Referat 203, Bd. 110274

Fortsetzung Fußnote von Seite 719
cherweise die direkte Lieferung von Panzern vom Typ „Leopard" anstrebe. Vgl. VS-Bd. 8877 (403); B 150, Aktenkopien 1976.
Ministerialdirektor Lautenschlager sprach sich am 26. Oktober 1976 gegen eine Lieferung von Panzern vom Typ „Leopard" an den Iran aus. Vgl. dazu AAPD 1976, II, Dok. 317.

[26] Im Gespräch am 11. Mai 1978 befaßten sich Bundesminister Ehrenberg und Ministerpräsident Ecevit mit dem Kindergeld, der Wohnungsbauprämie und dem Rentenéintrittsalter für türkische Gastarbeiter, der Erziehung türkischer Kinder in der Bundesrepublik sowie mit der Tätigkeit der Arbeiterwohlfahrt für türkische Gastarbeiter. Vgl. dazu die Gesprächsaufzeichnung; Referat 203, Bd. 110274

[27] Im Gespräch am 12. Mai 1978 teilte Bundeskanzler Schmidt die Bereitschaft der Bundesregierung zu einem Kredit in Höhe von 100 Mio. DM mit und führte zum amerikanischen Waffenembargo gegen die Türkei aus: „Er beabsichtige, auf den Präsidenten einzuwirken sowie auf einige Kongreßmitglieder. Es wäre hilfreich, wenn er diesen Persönlichkeiten klarmachen könnte, daß die türkische Seite beweglich sei. Hierzu brauche er etwas mehr Präzision über Varosha." Ferner erörterten Schmidt und Ministerpräsident Ecevit den Entwurf des Präsidenten Carter für eine Erklärung der Staats- und Regierungschefs der NATO-Mitgliedstaaten. Ecevit legte dar: „Der Entwurf lese sich so polemisch wie der Text eines jungen Journalisten. Seine Wirkung wäre die Zerstörung der atmosphärischen Entspannung. [...] Der Text stamme offensichtlich von einer Gruppe intelligenter, junger, halb-politischer Burschen im Weißen Haus." Vgl. die Gesprächsaufzeichnung; Referat 203, Bd. 110274.

148

Bundeskanzler Schmidt an Präsident Carter

Geheim   16. Mai 1978[1]

Dear Jimmy,

Thank you very much for your letter of 11 April 1978[2] in which, in referring to my discussion with Henry Owen[3], you commented on economic policy issues and the July summit[4], and for your message of 5 May 1978[5] concerning your deliberations regarding the NATO summit[6]. I have summarized my thoughts on the aspects of the NATO summit you have broached, as well as on SALT and world economic problems, in the three enclosed exposés.

If you agree, we could discuss these points as well at breakfast on 30 May 1978.[7] The luncheon you have proposed for the same day will give us an additional opportunity to continue our exchange of views together with the other Heads of State and Government.

In the past few days I have had comprehensive talks with Mr. Ecevit[8], the Turkish Prime Minister, the results of which will no doubt already have been brought to your attention through diplomatic channels. We have informed our

---

[1] Ablichtung.
Das Schreiben wurde von Vortragendem Legationsrat I. Klasse Graf zu Rantzau, Bundeskanzleramt, am 17. Mai 1978 an Vortragenden Legationsrat I. Klasse Schönfeld übermittelt. Dazu vermerkte er: „Lieber Herr Schönfeld, beigefügt übersende ich zur Unterrichtung des Auswärtigen Amts ein Schreiben des Bundeskanzlers an Präsident Carter vom 16. Mai, welches eilbedürftigkeitshalber dem Weißen Haus fernschriftlich von hier bereits übermittelt worden ist."
Hat Schönfeld vorgelegen,der handschriftlich vermerkte: „Original an Referat 201 m[it] d[er] B[itte] um Übernahme. Von hier werden unterrichtet mit je einer Ablichtung: MB, StS, 02." Vgl. das Begleitschreiben; VS-Bd. 14072 (010); B 150, Aktenkopien 1978.

[2] In dem Schreiben, das am 14. April 1978 im Bundeskanzleramt einging und von Ministerialdirigent Loeck, Bundeskanzleramt, am 18. April 1978 Vortragendem Legationsrat I. Klasse Schönfeld übermittelt wurde, führte Präsident Carter aus: „I am glad that you and I agree on the need for a concerted economic approach to the industrial nations' problems, both in the months ahead and at the Summit. The United States will try to make its contributions – by adopting stronger anti-inflation measures and by moving on the energy front. I share your view about the key importance of both these actions. [...] I welcome your willingness to take stimulus measures, if needed to fulfill Germany's growth target, and I understand the importance of avoiding any public discussion until and unless the need arises. I realize that if such measures prove necessary, their timing has to take account of German domestic, political and economic factors; I hope you will agree that if a decision cannot be taken by mid-spring, as implied in our agreed March 13 statement, a decision at the Summit would be of great importance in underling the fact that our actions are part of a package of mutually reinforcing measures." Vgl. Referat 010, Bd. 178769.

[3] Zum Gespräch des Bundeskanzlers Schmidt mit dem Persönlichen Beauftragten des Präsidenten Carter, Owen, am 4. April 1978 vgl. Dok. 94, Anm. 2.

[4] Zum Weltwirtschaftsgipfel am 16./17. Juli 1978 vgl. Dok. 225.

[5] Zum Schreiben des Präsidenten Carter vom 5. Mai 1978 an Bundeskanzler Schmidt sowie zum Entwurf für eine Erklärung der Staats- und Regierungschefs der NATO-Mitgliedstaaten vgl. Dok. 144, Anm. 8 und 10.

[6] Zur NATO-Ratstagung auf der Ebene der Staats- und Regierungschefs am 30./31. Mai 1978 in Washington vgl. Dok. 170.

[7] Zum Gespräch in Washington vgl. Dok. 168.

[8] Ministerpräsident Ecevit besuchte die Bundesrepublik vom 10. bis 13. Mai 1978. Vgl. dazu Dok. 146 und Dok. 147.

Turkish partners that we are prepared to help them in their present economic and financial crisis within the scope of our possibilities. In view of the importance that attaches to the stabilization of the Alliance's South-Eastern flank, this seems to me to be a task which also requires our joint and special attention.

I am looking forward to our meeting in Washington.

Sincerely yours
Helmut Schmidt

Annex I

NATO summit, especially adoption of joint declaration

1) Strongly emphasize the great political significance of the forthcoming NATO summit conference. The Alliance should on this occasion demonstrate its resolve to maintain a credible defense capability and to continue its policy of détente on that basis.

2) A joint declaration by the Heads of State and Government could also, in my view, be a suitable instrument for publicly reaffirming the solidarity and vitality of the Alliance. It would follow up on previous important statements by the Alliance, more recently the Declaration of Ottawa on Atlantic relations (1974).[9]

The declaration should, in harmony with the results of the East-West Study[10] which will be submitted at the summit, reflect the fundamental link between the maintenance of an adequate defense capability and the continuation of the policy of détente and arms control.

This appears to be particularly necessary in view of the special session of the General Assembly on disarmament.[11] We must ensure that we adopt corresponding and hence credible positions in Washington and in New York. I feel it is important in this connection to make it clear to the world that the balance of power between East and West has a peace-preserving function. In so doing we should leave no doubt that we give preference to a stabilization of that balance at a lower level.

We must not ignore the fact that in New York the Third World will demand a reduction of armaments expenditure for the benefit of economic development as well. The NATO declaration should, therefore, in its economic part, also expound on the great importance of the North-South dialogue and point out that a world-wide balance of prosperity will help to reduce tensions in the security sphere and hence make peace safer.

---

[9] Für den Wortlaut der am 19. Juni 1974 vom NATO-Ministerrat in Ottawa gebilligten und veröffentlichten Erklärung über die Atlantischen Beziehungen, die am 26. Juni 1974 von den Staats- und Regierungschefs in Brüssel unterzeichnet wurde, vgl. NATO FINAL COMMUNIQUES 1949–1974, S. 318–321. Für den deutschen Wortlaut vgl. EUROPA-ARCHIV 1974, D 339–341. Vgl. dazu auch AAPD 1974, I, Dok. 183 und Dok. 191.

[10] Zur Ost-West-Studie der NATO vgl. Dok. 174.

[11] Zur UNO-Sondergeneralversammlung über Abrüstung vom 23. Mai bis 30. Juni 1978 in New York vgl. Dok. 212.

The drafting of this joint declaration could take place within the framework of Alliance consultations which, owing to the short time available, should be begun immediately.

3) As regards the Long Term Defence Programme[12], the German contribution is oriented to the high political expectations which the Alliance attaches to this initiative which you have proposed. We have been guided by the principle that joint programmes – presupposing a fair sharing of burdens – will further the solidarity of the Alliance. In assessing our substantial contribution to the LTDP, allowance should be made for the fact that we have in the past borne a consistently large share of the Alliance's burden and aim to do so in the future. In this context I would refer, for instance, to the fact that the German Bundestag has already noted with approval the draft legislation proposing the introduction of the new generation of weapons which will cost DM 40 billion up to 1987.

We are, moreover, no doubt agreed that it cannot be in the interests of the Alliance for the Federal Republic of Germany to acquire a position of military strength within the Alliance that is disproportionate to that of the other Allies.

4) With respect to the conference itself, I welcome your proposal that as much time as possible should be set aside for a free exchange of views. The luncheon in limited company and the restricted session to follow will provide the right framework. This informal discussion should be conducted without a fixed agenda so that all participants will have an opportunity of discussing the matters they consider important. I have also replied to Pierre Trudeau along these lines.[13]

Annex II

German deliberations on SALT II

I. 1) The Federal Government notes with satisfaction that the bilateral and intra-Alliance consultations on SALT have been progressively intensified on the basis of close and trustful cooperation.

2) We welcome SALT II as an important contribution to the political stabilization of East-West relations and also as a major step towards reducing the military confrontation in the field of nuclear strategy. The Federal Government has from the very beginning supported the efforts of the United States to reach agreement on these matters with the Soviet Union.

II. 1) The Federal Government holds the view that, as a consequence of the establishment of parity as regards strategic nuclear delivery systems, greater significance attaches to disparities either existing or arising in favor of the Soviet Union at other levels. This holds true for both medium-range missiles and conventional weapons.

2) The Federal Government has no doubt that at the present time, considering the developments taking shape within SALT, the target coverage within the

---

[12] Präsident Carter regte auf der NATO-Ratstagung auf der Ebene der Staats- und Regierungschefs am 10./11. Mai 1977 in London die Ausarbeitung eines Langfristigen Verteidigungsprogramms an. Für seine Ausführungen vgl. PUBLIC PAPERS, CARTER 1977, S. 848–852. Für den deutschen Wortlaut vgl. EUROPA-ARCHIV 1977, D 332–336. Vgl. dazu ferner AAPD 1977, I, Dok. 121 und Dok. 141.

[13] Zum Telefongespräch des Bundeskanzlers Schmidt mit Ministerpräsident Trudeau am 10. Mai 1978 vgl. Dok. 144, Anm. 13.

framework of the triad linkage necessary for the defense of the Alliance is guaranteed, primarily by the strategic potential of the United States.

However, the Federal Government is concerned that with the growing Soviet medium-range capacity, even given the possibility of a quantitative equalization through the overhang in terms of warheads of nuclear strategic systems, the continued existence of the deterrence capacity could be in jeopardy. To counteract this it will be necessary to secure either an adequate offset of the Soviet medium-range potential in and for Europe or find a solution with the corresponding effects in terms of arms control. The Federal Government gives preference to the latter.

III. 1) To the Federal Government it is of crucial importance that, after the expiry of the three-year validity of the protocol[14], the cruise missiles should be retained as a defensive counterweight and possibly as a „contrepartie" as regards arms control in the non-central area, and that the cruise missiles should not, through a provisional regulation in the protocol, be used up as a makeweight in the central nuclear balance without any corresponding concession by the Soviet Union with regard to medium-range capacities.

2) The Federal Government has noted that the US fallback position on non-circumvention[15] has been introduced into the negotiations.[16] It has accepted this solution without itself being able to agree with it. It attaches special importance to the fact that the United States Government has declared its willingness to make interpretative statements before the NATO Council and the United States Congress in connection with the signing and ratification of the agreement.

We are still concerned that the Soviet Union may use a non-circumvention clause oriented to the US fallback position in order to exert influence on political and technological cooperation within the Alliance.

The Federal Government welcomes the assurance by the United States that the Allies will be consulted on the question of the content of an interpretative statement. In the talking points handed over to the United States Government on 14/15 April 1978[17], it put forward proposals for supplementing such a statement.

---

[14] Zur Einigung vom Mai 1977 zwischen den USA und der UdSSR auf eine dreiteilige Struktur für SALT II vgl. Dok. 23, Anm. 9.

[15] Korrigiert aus: „Non-intervention".

[16] Zur amerikanischen Rückfallposition für eine Nichtumgehungsklausel bei SALT vgl. Dok. 29 und Dok. 64.
Der amerikanische Außenminister Vance führte die amerikanische Rückfallposition während seines Besuchs vom 19. bis 23. April 1978 in der UdSSR in die Verhandlungen ein. Vgl. dazu Dok. 126.

[17] Botschafter Ruth übermittelte der Botschaft in Washington am 14. April 1978 Gesprächspunkte zu SALT mit der Bitte, „die Papiere möglichst umgehend in State Department und ACDA auf geeigneter Ebene" zu übergeben. Beigefügt war außerdem der Entwurf für eine Interpretationserklärung der amerikanischen Regierung. Darin hieß es u. a.: „In the view of the United States, the non-circumvention provision in the SALT agreement simply makes explicit the inherent obligation any state assumes when party to an international agreement not to circumvent the provisions of that agreement. It is a basic tenet of international law that agreements once entered into are to be carried out and not circumvented, and the United States would be so obligated with or without a non-circumvention provision. It is the position of the United States that the non-circumvention provision does not impose any additional obligation whatever on it beyond the specific obligations of the

3) The declaration of intent with regard to SALT III touches upon matters relating to the content and organization of SALT follow-up negotiations which are of special importance to the Federal Republic of Germany and Europe.

As regards the subject of such future negotiations, the Soviet Union has already come forward with demands for the inclusion of long-range US and third-state systems stationed in Europe, and of late, for the limitations of warheads.

The Federal Government sees the US formula proposed in the Alliance, according to which any limitation of US systems for theater use must be accompanied by a corresponding limitation of similar Soviet capacities, in principle as a practical basis for US reaction to the Soviet demands with regard to the medium-range sphere. However, this formula does not guarantee that Soviet medium-range capacities will be covered by SALT III.

In order to be prepared for all contingencies, the Federal Government considers that the Alliance should even now prepare a negotiating position on the question of the inclusion of non-central systems in SALT follow-up negotiations. The Federal Government stated its views on this matter in the talking points transmitted to the US Government on 14/15 April 1978.[18]

Annex III

Deliberations on the world economic summit

1) I agree with the view expressed in your message of 11 April 1978 that the worldwide problems of economic development can only be resolved by the joint efforts of all countries. As I see it, the principal aim must be to ensure constant long-term economic growth on the basis of stability and the necessary trust in the future, not to ignite a sudden but short-lived economic upswing. Quite apart from this, I do not think it feasible in a free economy to ensure precise control of economic trends towards a fixed growth rate.

2) All of the problems currently facing us in the economic sphere have a very considerable long-term structural component. This applies to the worldwide

Fortsetzung Fußnote von Seite 724
provisions of the treaty and, for the period of its effectiveness, the protocol. It follows from the generally recognized principles governing the interpretation of international treaties, that which is not specifically prohibited by the provision of the present agreement remains permissible. [...] The United States wishes specifically to state that the non-circumvention provision will not affect existing patterns of collaboration and cooperation with its Allies nor will it [...] impair further cooperation in modernization in accordance with the inherent right of individual and collective self-defense, recognized under article 51 of the UN Charter." Vgl. den Drahterlaß Nr. 1826; VS-Bd. 11395 (220); B 150, Aktenkopien 1978.

18 In den Gesprächspunkten zu SALT wurde hinsichtlich der amerikanischen Überlegungen für eine Absichtserklärung zu SALT III ausgeführt: „Unabhängig von entsprechenden Präzisierungen der gegenwärtigen Formel sollten sich die Bündnispartner möglichst bald auf SALT-II-Nachfolgeverhandlungen dadurch vorbereiten, daß sie Möglichkeiten prüfen, wie die Disparitäten im Mittelstreckenbereich abgebaut werden können, und daß sie auf dieser Grundlage entsprechende Verhandlungsoptionen vorbereiten. U. E. wäre es an der Zeit, insbesondere zum Problem der Mittelstreckenraketen bilateral und in der Allianz an einem Verhandlungskonzept zu arbeiten. Dabei müßte man sich im wesentlichen mit drei Problemkreisen befassen: a) Die Frage der Wünschbarkeit und Machbarkeit von Verhandlungen über Mittelstreckenpotentiale (verteidigungs- und rüstungskontrollpolitische Implikationen) und damit eng zusammenhängend die Frage nach dem möglichen konkreten Verhandlungsgegenstand. b) Welche sowjetischen Mittelstreckenpotentiale sollen erfaßt werden? c) Welche westlichen Systeme können in die Verhandlungen eingebracht werden?" Vgl. den Drahterlaß Nr. 1826 des Botschafters Ruth vom 14. April 1978 an die Botschaft in Washington; VS-Bd. 11395 (220); B 150, Aktenkopien 1978.

problems of unemployment, inflation, energy supply, payments imbalances, the necessary adjustments of production capacities, the development of international trade relations, the relationship between industrial and developing countries, the problem of securing adequate economic growth and not least monetary problems.

3) I therefore deem it extremely important that at the July summit we should devote special attention to the long-term structural aspects of economic development. Our personal representatives should also go about their preparations for the summit with this in mind.[19]

4) I have noted with interest that in the United States there has been a shift of emphasis towards more intensive efforts to combat inflation. This is fully in line with the decisions taken at last year's London economic summit[20], and with your Energy Conservation Programme which the entire Western world are hoping will soon pass Congress.[21] At an economic symposium in Hamburg in April I took the liberty of drawing attention in this connection to the need for American leadership in the economic field to be appreciated on Capitol Hill as well.[22]

VS-Bd. 14072 (010)

---

[19] Referat 412 erläuterte am 19. Mai 1978, daß auf einer Sitzung der Persönlichen Beauftragten der Staats- und Regierungschefs der am Weltwirtschaftsgipfel am 16./17. Juli 1978 teilnehmenden Staaten am 31. März 1978 auf Schloß Gymnich ein Themenkatalog festgelegt worden sei. Dieser umfasse die internationale Wirtschaftslage, Energiefragen, den internationalen Handel, die Währungspolitik und die Zusammenarbeit mit den Entwicklungsländern. Vgl. dazu Referat 412, Bd. 122302.
Eine weitere Sitzung fand am 27./28. Mai 1978 in Washington statt. Ministerialdirektor Lautenschlager, z. Z. Washington, vermerkte dazu am 29. Mai 1978: „In der Sitzung ging es im wesentlichen darum, sich über die Schwerpunktthemen des Gipfels schlüssig zu werden; ein etwaiges ‚Paket' in Umrissen abzustecken; Meinungen über den Charakter des Gipfels auszutauschen (verbindliche Beschlüsse in Teilbereichen oder lediglich politische Orientierung im Rahmen einer Gesamtstrategie?) und gemeinsame Überlegungen über Struktur und Inhalt des Abschlußkommuniqués anzustellen." Diese Ziele seien „im großen und ganzen" erreicht worden: „Hauptpunkt des Gipfels wird die bekannte makroökonomische Thematik sein: Wachstum, Inflation, Arbeitslosigkeit in ihrem Zusammenhang mit Fragen der internationalen Währungs-, Handels und Strukturpolitik. Zusätzlich wird auch – mehr aus politischen Gründen – das Nord-Süd-Problem mit behandelt werden." Vgl. Referat 412, Bd. 122302.

[20] Zum Weltwirtschaftsgipfel am 7./8. Mai 1977 vgl. AAPD 1977, I, Dok. 111, Dok. 112 und Dok. 114.

[21] Zum „Nationalen Energieplan" des Präsidenten Carter vom 20. April 1977 vgl. Dok. 123, Anm. 14.
Gesandter Ruyter, Washington, teilte am 25. Mai 1978 mit: „Nach monatelangem Tauziehen in der Frage der künftigen Erdgaspreisgestaltung hat sich der Vermittlungsausschuß von Senat und Repräsentantenhaus gestern auf die Grundzüge eines Kompromisses einigen können. Damit besteht Hoffnung, daß die seit Dezember blockierten Beratungen über das amerikanische Energieprogramm (‚National Energy Act') doch noch bis zum Ende der Legislaturperiode (voraussichtlich Oktober) – wenigstens teilweise – zu einem Abschluß gebracht werden können. Zweifelhaft bleibt aber weiterhin, ob auch Einigkeit über den wichtigsten der fünf Einzelteile des Energieprogramms, der alle steuerlichen Vorschriften enthält, erzielt werden kann." Vgl. den Drahtbericht Nr. 1976; Referat 121278.

[22] Bundeskanzler Schmidt äußerte sich am 28. April 1978 auf den Hamburger Wirtschaftstagen der Friedrich-Ebert-Stiftung zur wirtschaftlichen Führungsrolle der USA und vertrat die Ansicht, daß diese in den USA zuwenig verstanden werde. Die Bundesrepublik erkenne diese Führungsrolle an: „Dies ist der Punkt, wo wir an die öffentliche Meinung Amerikas, an die politischen und wirtschaftlichen Führungsschichten, d. h. insbesondere an den Kongreß und vor allem den Senat, appellieren müssen. [...] Da muß man hinfahren und reden und diskutieren und appellieren, daß die Führungsrolle Amerikas z. B. bei der Energiegesetzgebung auf dem Capitol Hill erkannt und bewußt wahrgenommen wird." Vgl. BULLETIN 1978, S. 416.

149

Botschafter Pauls, Brüssel (NATO), an das Auswärtige Amt

114-12174/78 geheim   Aufgabe: 16. Mai 1978, 18.20 Uhr[1]
Fernschreiben Nr. 572   Ankunft: 16. Mai 1978, 17.47 Uhr
Citissime

Betr.: SALT-Konsultation im NATO-Rat am 16. Mai 1978

Bezug: DB 569 vom 16.5.1978 cts[2]

I. Botschafter Earle unterrichtete den Rat über den letzten Stand der SALT-Gespräche in Genf. Der Text seiner Erklärung wird mit besonderem DB vorgelegt.

Die kurze Erörterung im Rat konzentrierte sich vor allem auf den Inhalt der gemeinsamen Absichtserklärung für SALT III.

Italienischer Ständiger Vertreter[3] unterstützte unsere Anregung, möglichst bald in der Allianz über die in der Absichtserklärung angesprochene SALT-Thematik zu konsultieren.

US-Seite bestätigte ferner, daß offene wichtige Fragen, u. a. Backfire, bei vorgesehenem, aber zeitlich noch nicht fixierten Gespräch zwischen Vance und Gromyko in USA[4] angesprochen werden sollen.

II. Aus der Diskussion ist folgendes festzuhalten:

1) Joint Statement of Principles

Auf Fragen mehrerer Ständiger Vertreter erklärte Botschafter Earle, daß beide Seiten jetzt am Text einer gemeinsamen Erklärung arbeiten. Einseitige Verlautbarungen, an die man früher gedacht habe, seien nicht mehr vorgesehen.

Auch sei man übereingekommen, statt den ursprünglich geplanten präzisen Angaben zur SALT-III-Thematik nur sehr allgemeine Formulierungen zu verwenden. Über Teil I und II, die im wesentlichen „preambular language" enthalten, sei man sich auch schon einig.

Als Beispiel für die vorgesehenen allgemeinen Formulierungen nannte Botschafter Earle, daß bei SALT III „significant reductions" erstrebt werden sollen; ferner zitierte er jüngsten sowjetischen Textvorschlag, der ursprüngliche von US abgelehnte FBS-Formulierung ersetze. Zu erörtern seien bei SALT III „all relevant factors that determine the strategic situation".

Er fügte hinzu, daß diese Formulierung nicht neu sei, US hätte im Grunde keine Bedenken, da es ohnehin jeder Seite bei SALT III freistehe, jedes Thema in die Gespräche einzubringen, ob es nun einen Hinweis in der Absichtserklärung gebe oder nicht.

---

[1] Hat Vortragendem Legationsrat Roßbach vorgelegen.
[2] Cosmic top secret.
[3] Felice Catalano di Melilli.
[4] Der sowjetische Außenminister Gromyko führte am 27. Mai 1978 in Washington Gespräche mit Präsident Carter und dem amerikanischen Außenminister Vance. Am 31. Mai 1978 traf er erneut mit Vance in New York zusammen. Zu den Gesprächen über SALT II vgl. Dok. 169.

Britischer Ständiger Vertreter[5] betonte noch einmal starke britische Präferenz, alle Optionen für die Allianz, die über diese Thematik konsultieren müsse, offenzuhalten. Wir betonten angesichts jüngster Fortschritte bei SALT II unser Interesse an weiteren Konsultationen über die in Absichtserklärung angesprochene Thematik. Italienischer Ständiger Vertreter unterstützte uns und verwies[6] besonders auf die Notwendigkeit, in der Allianz Einigung darüber zu erzielen, wie die Grauzonensysteme, welche die europäische Sicherheit betreffen, in SALT III einbezogen werden sollen und welches die sowjetischen Absichten seien.

Französischer Ständiger Vertreter[7] erinnerte an bekannte französische Position. Amerikanischer Verhandlungsführer erwiderte, daß es unwahrscheinlich sei, daß es irgendeinen präzisen Hinweis auf Grauzonensysteme in der gemeinsamen Erklärung geben werde.

Luxemburgischer Ständiger Vertreter[8] stellte die Frage, ob SALT III sofort an SALT II anschließen würde. Earle erwiderte, daß bisheriger Textentwurf Beginn von SALT III unmittelbar nach Inkrafttreten von SALT II vorsehe. Vielleicht würden die Sowjets jedoch das Momentum zu erhalten wünschen und schon früher weiterverhandeln.

Begrenzung der Zahl nuklearer Sprengköpfe

Botschafter Earle erwähnte ferner, daß SU vorgeschlagen habe, in die Absichtserklärung auch die zahlenmäßige Begrenzung der nuklearen Sprengköpfe aufzunehmen. Auf deutsche Frage an Earle nach der Sitzung erwiderte dieser, daß sowjetische Absicht nicht ganz klar sei. US würde allenfalls erwägen, Zahl der MIRV pro ICBM zu begrenzen, nicht jedoch Gesamtzahl nuklearer Sprengköpfe. RL 220[9] betonte, daß wir davon ausgegangen seien, daß US an ihrer zahlenmäßigen Überlegenheit angesichts sowjetischer Stärke bei Wurfgewicht festhielten.

2) Auf unseren Hinweis, daß wir amerikanische Bereitschaft, über Interpretationserklärung zur „Non-circumvention" bald zu konsultieren, sehr begrüßten, bestätigte Earle amerikanische Zusage.

3) Functionally Related Observable Differences (FRODS)

Auf Frage des französischen Ständigen Vertreters ging Botschafter Earle näher auf „Functionally Related Observable Differences" (FRODS) bei schweren Bombern ein. Zweck und Ziel sei es, vor allem für die Zukunft klare Erkennungsregeln zu entwickeln. Bei verschiedenen Flugzeugen des gleichen Typs könne es Merkmale geben, die

– äußerlich erkennbar (externally observable) und/oder

– funktionsbezogen (functionally related)

seien. An ihnen solle zu erkennen sein, ob von dem betreffenden Flugzeug CM abgefeuert werden könnten oder nicht (positive bzw. negative FRODS). Das

---

[5] John Killick.
[6] Korrigiert aus: „wies".
[7] Jacques Tiné.
[8] Pierre Wurth.
[9] Klaus Jürgen Citron.

einzige bisher existierende Beispiel eines schweren Bombers mit FRODS sei die Aufklärungsversion des Tupolew „Bär": Da hier die Türen der Bombenschächte fehlten, könne man davon ausgehen, daß dieses Flugzeug nicht als CM-Träger eingesetzt werde.

Da einige der Unterscheidungsmerkmale jedoch nicht klar erkennbar sein würden, wolle man von amerikanischer Seite zusätzliche „cooperative measures" vorschlagen, um etwa auftauchende Zweifel mit anderen als „national measures" ausräumen zu können. Welcher Art diese Maßnahmen sein würden, werde von den Einzelumständen abhängen. Sowjetische Seite habe sich bisher diesem Gedanken gegenüber ablehnend verhalten. Allerdings habe Semjonow in Gespräch mit Earle am 15.5. angedeutet, daß SU in dieser Frage kleine Zugeständnisse machen könnte.

4) Laufzeit des Protokolls[10]

Britischer Ständiger Vertreter äußerte sich auf persönlicher Basis zu amerikanischer Haltung zur Laufzeit des Protokolls. Da diese nach US-Auffassung am 31.12.1980 auslaufen solle, verblieben von der ursprünglich vorgesehenen Geltungsdauer von drei Jahren lediglich etwa 18 Monate. UK würde zwar eine kurze Laufzeit begrüßen, aber im Interesse der Verhandlungen müsse USA in dieser Frage wohl etwas nachgeben. Earle erwiderte, daß mit dem Protokoll beabsichtigt sei, technologische Weiterentwicklungen bestimmter Systeme zeitlich zu beschränken. Die Technologie bleibe jedoch unabhängig von der Existenz des Protokolls ohnehin nicht stehen. Daher wolle man von US-Seite an begrenzter Geltungsdauer des Protokolls bis Ende 1980 festhalten, während SU Laufzeit des Protokolls erst mit Abschluß Ratifizierungsverfahrens beginnen lassen wolle.

5) Bedeutung von SALT II

Kanadischer Ständiger Vertreter[11] berichtete kurz über Besuch von Arbatow in Ottawa, der mit AM[12] und anderen Mitgliedern der kanadischen Administration gesprochen und sich sehr stark für baldige Einigung ausgesprochen habe.

SALT habe eine solche symbolische Bedeutung erlangt, daß unbedingt Einigung über ein Abkommen erreicht werden müsse. Mit der Zustimmung zu SALT II entscheide man nicht so sehr über bestimmte Einzelbestimmungen, sondern vielmehr über den künftigen Weg.

[gez.] Pauls

VS-Bd. 11385 (220)

---

10 Zur Einigung vom Mai 1977 zwischen den USA und der UdSSR auf eine dreiteilige Struktur für SALT II vgl. Dok. 23, Anm. 9.
11 Joseph Evremont Ghislain Hardy.
12 Donald C. Jamieson.

150

Botschafter Pauls, Brüssel (NATO), an das Auswärtige Amt

114-12200/78 VS-vertraulich Aufgabe: 17. Mai 1978, 19.00 Uhr
Fernschreiben Nr. 585 Ankunft: 17. Mai 1978, 18.34 Uhr

Zur Unterrichtung

Betr.: Eurogroup-Ministerkonferenz am 17.5.1978[1]
   hier: Restricted session Teil I

Unabhängige europäische Programmgruppe[2]

Das Thema wurde durch den italienischen Verteidigungsminister[3] eingeführt. Er gab einen Überblick über die Aktivitäten der drei Panel der IEPG und erläuterte insbesondere die Probleme im Zusammenhang mit der Aufnahme des transatlantischen Dialoges. Er betonte den Willen der IEPG-Staaten, diesen Dialog aufzunehmen, obwohl auf der anderen Seite die zwischen Nordamerika und Europa noch bestehenden Meinungsunterschiede über die Formierung des Dialoges nicht verkannt werden dürften. Derartige Anfangsschwierigkeiten sollten aber nicht zu einer Entmutigung führen. Der Dialog könne jedoch nur dann und in den Fällen konstruktiv geführt werden, in denen es den Europäern gelänge, sich auf eine gemeinsame Position zu einigen.

Große Bedeutung für die Zukunft werde es haben, zu vollständig im Rahmen der IEPG entwickelten Projekten zu kommen, wobei die dafür bereits erarbeiteten Verfahrensregeln sorgfältig beachtet werden sollten. Wirksame politische Unterstützung sei notwendig, und die Minister sollten ihren Vertretern in der IEPG die nötigen Instruktionen geben.

Der britische Verteidigungsminister[4] unterstützte die Forderung, den Schwerpunkt darauf zu legen, konkrete IEPG-Projekte auf den Weg zu bringen. Hinsichtlich des transatlantischen Dialoges sei er von dem ernsthaften Willen der amerikanischen Administration überzeugt, zu einer ausgeglichenen Zweibahnstraße zu kommen.

Jüngste Tendenzen im amerikanischen Kongreß gäben jedoch Anlaß zur Besorgnis, die von den Europäern gegenüber Secretary Brown auch klar geäußert werden sollten.

Die Amerikaner müßten akzeptieren, daß die europäische Industrie ihre eigenständige Bedeutung habe, was sich auch im Rahmen des transatlantischen Dialoges auswirken müsse. Es sei notwendig, daß die Regierungen sich der Unterstützung und Zustimmung ihrer Parlamente versicherten.

Von niederländischer Seite wurde die gegenwärtige Situation der IEPG als wenig glänzend bezeichnet. Transatlantischer Dialog und Aktivitäten der IEPG

---

[1] Zur Ministersitzung der Eurogroup vgl. auch Dok. 151.
[2] Zur europäischen Rüstungszusammenarbeit und zur Tätigkeit der europäischen Programmgruppe vgl. Dok. 73, Anm. 13.
[3] Attilio Ruffini.
[4] Frederick Mulley.

seien eng miteinander verbunden. Das Zögern einiger europäischer Staaten, den transatlantischen Dialog auf breiter Grundlage aufzunehmen, habe seine[5] Ursache auch in den bisher nur geringen konkreten Ergebnissen der IEPG.

Die Amerikaner seien mit einigem Grund über die Zurückhaltung der Europäer enttäuscht. Auf der Sitzung des Panel 3 im Juni sollten die amerikanischen Vorschläge sehr ernsthaft geprüft und die Ergebnisse sodann auf der sich anschließenden Konferenz der Rüstungsdirektoren diskutiert werden.

Es bedürfe klarer politischer Impulse, wenn Erfolge erreicht werden sollen. Die Minister sollten ihre Vertreter in der IEPG anweisen, auf konkrete Fortschritte hinzuwirken.

Der türkische Verteidigungsminister[6] betonte mit Nachdruck, daß Möglichkeiten und Vorteile der Kooperation in eine Balance gebracht werden müßten. Zumindest längerfristig müßte den Ländern mit geringer entwickelter Rüstungsindustrie ebenfalls eine reale Chance gegeben werden. Das Mittel dafür sei, diesen Ländern geeignete Aufträge zu geben. Bisher sei dieses Problem der Arbeitsteilung nicht ausreichend berücksichtigt worden.

Der türkische Verteidigungsminister appellierte an seine Kollegen, ihre Rüstungsprogramme daraufhin überprüfen zu lassen, welche Aufträge an die Türkei und die anderen europäischen Partner ähnlicher Position vergeben werden könnten.

Dieser Appell wurde von griechischer Seite voll unterstützt.

Der Vorsitzende[7] faßte die Diskussion dahin zusammen, daß politische Impulse notwendig seien. Die IEPG werde nur dann erfolgreich sein, wenn es in Zukunft zu einer Produktion von IEPG-Projekten komme. Das Problem der industriellen Disparitäten sei von entscheidender Bedeutung, werde jedoch nur längerfristig einer Lösung zugeführt werden können.

[gez.] Pauls

VS-Bd. 10525 (201)

---

5 Korrigiert aus: „ihre".
6 Hasan Esat Işik.
7 Willem Scholten.

151

Botschafter Pauls, Brüssel (NATO), an das Auswärtige Amt

114-12215/78 VS-vertraulich   Aufgabe: 18. Mai 1978, 13.45 Uhr[1]
Fernschreiben Nr. 588   Ankunft: 18. Mai 1978, 13.14 Uhr
Citissime nachts

Zur Unterrichtung

Betr.: Eurogroup-Ministerkonferenz am 17.5.1978[2]
    hier: Restricted session Teil II

Long Term Defence Programme[3]

Das Thema wurde durch den britischen Verteidigungsminister[4] eingeführt, der darauf hinwies, daß zwar nicht immer Einstimmigkeit hinsichtlich der Programme bestehe, jedoch Einverständnis darüber, daß ein erfolgreicher Abschluß des Gesamtvorhabens notwendig ist. Dafür seien insbesondere zwei Gründe ausschlaggebend:

Einmal müsse dem Osten eine klare Antwort auf dessen Rüstungsmaßnahmen gegeben werden, zum anderen sei es notwendig, durch entsprechende Verteidigungsanstrengungen der Europäer die volle Beteiligung der USA an der gemeinsamen europäischen Verteidigung auch in Zukunft sicherzustellen.

Zwar hätten sich im Rüstungskontrollbereich einige positive Ansätze ergeben, insgesamt sei der bisherige Erfolg dieser Bemühungen jedoch sehr bescheiden und habe eine ständige Aufrüstung des Warschauer Paktes nicht verhindern können.

Eine gemeinsame Aktion sei daher erforderlich, um den Zusammenhalt der Allianz zu demonstrieren und zu gemeinsamen Maßnahmen zu gelangen, die eine Antwort auf das verstärkte Engagement der amerikanischen Regierung gegenüber der NATO gäben. Dieses amerikanische Engagement sei auch in Zukunft unabdingbare Voraussetzung für die Sicherheit Westeuropas. Die Gipfelkonferenz[5] dürfte daher von ihrem Ergebnis her der USA keinen Anlaß geben, in ihrem Engagement gegenüber der NATO nachzulassen.

Der vorliegende Bericht an den Gipfel[6] sei ein guter Bericht, es sei jedoch erforderlich, die noch zahlreichen Fußnoten möglichst weitgehend zu reduzieren, da zu viele nationale Vorbehalte den Bericht verwässern würden.

---

[1] Hat Vortragendem Legationsrat Roßbach am 29. Mai 1978 vorgelegen.
    Hat Vortragendem Legationsrat I. Klasse Citron vorgelegen.
[2] Zur Ministersitzung der Eurogroup vgl. auch Dok. 150.
[3] Präsident Carter regte auf der NATO-Ratstagung auf der Ebene der Staats- und Regierungschefs am 10./11. Mai 1977 in London die Ausarbeitung eines Langfristigen Verteidigungsprogramms an. Für seine Ausführungen vgl. PUBLIC PAPERS, CARTER 1977, S. 848–852. Für den deutschen Wortlaut vgl. EUROPA-ARCHIV 1977, D 332–336. Vgl. dazu ferner AAPD 1977, I, Dok. 121 und Dok. 141.
[4] Frederick Mulley.
[5] Zur NATO-Ratstagung auf der Ebene der Staats- und Regierungschefs am 30./31. Mai 1978 in Washington vgl. Dok. 170.
[6] Für das Papier „Long-Term Defence Programme: Report to Heads of State and Government by the Defence Planning Committee in Ministerial Session" (DPC/D (78) 7 Final) vom 22. Mai 1978 vgl. VS-Bd. 10512 (201). Vgl. dazu Dok. 153, Anm. 5.

Die USA erwarteten keine Bindungen, die über eine dreiprozentige Steigerung der Verteidigungshaushalte[7] hinausgehen. Großbritannien könne den Vorschlägen weitestgehend zustimmen, da eine Vielzahl von Maßnahmen ohnehin in entsprechenden britischen Programmen vorgesehen sei.

Zusammenfassend stellte der britische Verteidigungsminister fest, daß ein Erfolg beim Gipfeltreffen notwendig sei für das künftige Verhältnis zwischen den USA und ihren westeuropäischen Verbündeten. Er hoffe, daß die DPC-Sitzung[8] wichtige Richtlinien für die weitere Arbeit am LTDP gebe, den politischen Schwung dieses Programms erhalte und damit zum Gesamterfolg beitrage. Wichtig sei in diesem Zusammenhang die öffentliche Präsentation des Programms. Aus diesem Grunde schlage er vor, in einem Anhang zum Kommuniqué[9] die in den Task Forces geleistete Arbeit öffentlichkeitswirksam darzustellen und damit nicht bis zum Gipfel zu warten.

BM Dr. Apel erklärte seine prinzipielle Übereinstimmung mit den Ausführungen des britischen Verteidigungsministers. Die Stärkung unserer Verteidigungsfähigkeit sei unabdingbare Voraussetzung für die Fortführung unserer Entspannungspolitik. Ohne eine gesicherte Verteidigung hätten Rüstungskontrollverhandlungen keine Aussicht auf Erfolg. Insofern müsse der WP erkennen, daß er mit seinen Aufrüstungsmaßnahmen nicht zum gewünschten Ziel käme.

Eine wichtige Frage sei die der öffentlichen Präsentation des LTDP. Es sei wichtig, darzustellen, wieviel wir bisher schon erreicht haben und wieviel dafür getan wurde, weniger sollte öffentlich auf die Schwachstellen hingewiesen werden.

Der vorliegende Bericht an den Gipfel sei insgesamt zufriedenstellend. Es solle jedoch geprüft werden, inwieweit durch eine Straffung die politisch wichtigen Punkte stärker akzentuiert werden könnten.

---

[7] Der Ausschuß für Verteidigungsplanung (DPC) der NATO verabschiedete am 17./18. Mai 1977 in Brüssel die „Ministerial Guidance 1977", in der ein Realzuwachs der Verteidigungsausgaben um ca. 3% jährlich festgelegt wurde. Für den Wortlaut vgl. NATO FINAL COMMUNIQUÉS 1975–1980, S. 71–74. Für den deutschen Wortlaut vgl. EUROPA-ARCHIV 1977, D 349–352. Vgl. dazu ferner AAPD 1977, I, Dok. 123 und Dok. 141.

[8] Zur Ministersitzung des Ausschusses für Verteidigungsplanung (DPC) der NATO am 18./19. Mai 1978 in Brüssel vgl. Dok. 153 und Dok. 155.

[9] In Ziffer 8 des Kommuniqués der Ministersitzung des Ausschusses für Verteidigungsplanung (DPC) der NATO am 18./19. Mai 1978 in Brüssel stellten die Teilnehmer fest, daß das Langfristige Verteidigungsprogramm den Rahmen für eine umfassende und langfristig ausgelegte Verteidigungsplanung schaffen sollte, um die gemeinsamen Bedürfnisse der NATO bei der Ausarbeitung der nationalen Pläne stärker zu berücksichtigen: „They noted with satisfaction that the measures submitted to them contributed to this objective, both in the projection of NATO's military needs up to and beyond 1990 and the emphasis placed on the achievement of a greater degree of co-operation and rationalization in meeting those needs." In Ziffer 9 wurden die wesentlichen Inhalte des Langfristigen Verteidigungsprogramms niedergelegt: Verbesserung der Bereitschaft der Streitkräfte, insbesondere ihrer Verfügbarkeit und Überlebensfähigkeit; Verstärkungen in Krisen- und Spannungszeiten sowie Verbesserung der europäischen Reserven; Luftverteidigung des NATO-Gebiets und der Seegebiete; Abwehr der Bedrohung durch elektronische Kampfführung; wirksame logistische Unterstützung der Streitkräfte; Verbesserung der Fähigkeit zur Seekriegführung sowie der Führungs- und Fernmeldemittel; Rationalisierung der Verteidigungsanstrengungen. Vgl. NATO FINAL COMMUNIQUES 1975–1980, S. 87 f. Für den deutschen Wortlaut vgl. EUROPA-ARCHIV 1978, D 474.
In einem dem Kommuniqué beigefügten Anhang wurden die wesentlichen Elemente des Langfristigen Verteidigungsprogramms näher erläutert. Für den Wortlaut vgl. BULLETIN 1978, S. 502 f.

Bei allem Bemühen, das LTDP zu einem Erfolg zu machen und auch entsprechend der Öffentlichkeit zu präsentieren, dürfe insgesamt nicht von zu optimistischen Erwartungen ausgegangen werden. Es sei schon sehr viel wert, wenn der reale Zuwachs in unseren Verteidigungshaushalten bei drei Prozent gehalten werden könne. Je mehr Details dargestellt würden, um so größer würden die Erwartungen zwangsläufig sein. Man müsse daher vorsichtig sein und nicht Einzelheiten ankündigen, die dann möglicherweise von den nationalen Parlamenten nicht honoriert würden.

Zusammenfassend halte er es für wichtig, daß die Bündnispartner gemeinsam eine Erhöhung ihrer Anstrengungen anstrebten und daß das Programm wirksam politisch präsentiert werde. Wenn sich eine engere Rüstungszusammenarbeit mit den USA vollziehen solle, dann könne dies nur auf der Grundlage einer Zweibahnstraße geschehen.

Es sei schwierig, kurz- und mittelfristig bereits bestehende nationale Programme zu ändern, vielleicht sei es jedoch möglich, in der zweiten Hälfte der 80er Jahre gewisse Umschichtungen in den Planungen vorzunehmen. In jedem Falle sei man bei Aufnahme immer vor den Zwang zusätzlicher Programme gestellt, dafür aus den bestehenden Planungen Programme herauszustreichen.

Der italienische Verteidigungsminister[10] wies darauf hin, daß das LTDP ein geeignetes Mittel sei, um der gewachsenen Bedrohung der Allianz mit ausbalancierten Mitteln zu begegnen. Das Hauptproblem stelle sich mit der Notwendigkeit, die Aktivitäten so zu koordinieren, daß ein kontinuierlicher Dialog mit den USA ermöglicht werde.

Der türkische Verteidigungsminister[11] wies auf die Notwendigkeit des LTDP hin, stellte jedoch heraus, daß dieses Programm auch glaubwürdig sein müsse. Dabei müsse sich die Solidarität im Bündnis dadurch beweisen, daß das Bündnis dafür sorgt, daß die Streitkräfte aller Bündnispartner mindestens auf dem Stand gehalten werden, den sie z. Z. haben.

Der niederländische Vertreter[12] wies auf das Problem der Präsentation des LTDP hin. Es sei die Frage, ob Details bei der DPC-Sitzung diskutiert und entsprechend dargestellt werden sollten oder ob dies beim Gipfel geschehen solle. Nach niederländischer Auffassung sollte sich der Gipfel nicht mit Einzelheiten, sondern mit politischen Grundsatzaussagen befassen. Auf niederländischer Seite gehe man davon aus, daß das LTDP der Öffentlichkeit bereits in Umrissen bekannt sei und die Verteidigungsminister daher zum Inhalt des Berichts gefragt würden. Um eine einheitliche Beantwortung sicherzustellen, sei es folglich notwendig, das Kommuniqué des DPC mit einem entsprechenden Annex zu versehen, der den Inhalt der geleisteten Arbeit angemessen darstelle.

BM Dr. Apel erklärte sich mit dem niederländischen Vorschlag einverstanden. Wenn über Details gesprochen werden müsse, so sei es besser, dies auf Ministerebene im DPC zu tun. Die Regierungschefs könnten in keinem Falle über einzelne Waffensysteme reden.

---

10 Attilio Ruffini.
11 Hasan Esat Işık.
12 Willem Scholten.

Der ursprünglich vom Vorsitzenden gemachte Vorschlag, im Bericht an das DPC im Namen der Eurogroup die Einfügung eines Annexes an das Kommuniqué des DPC vorzuschlagen, wurde auf italienischen und belgischen Einspruch dahingehend abgeändert, daß es den Ministern überlassen wird, ihre Haltung zur Einfügung eines Annexes im DPC darzulegen.

Grauzonenproblematik

Der britische Verteidigungsminister führte das Thema mit dem Hinweis auf die laufenden SALT-Verhandlungen ein. Er wies darauf hin, daß durch die Stabilisierung des strategischen Kräfteverhältnisses die Disparitäten im konventionellen und Mittelstreckenbereich zunehmend an Bedeutung gewinnen.

Während im konventionellen Bereich einerseits Bemühungen unternommen würden, die Disparitäten durch MBFR abzubauen, anderseits das Kräfteverhältnis durch Maßnahmen, wie sie[13] im LTDP vorgesehen seien, zu verbessern, stelle sich die Entwicklung im Mittelstreckenbereich grundsätzlich anders dar.

Es würde mit Sicherheit der Sache nicht dienen, wollte man ein europäisches Potential aufbauen, um so die eurostrategische Balance wiederherzustellen. Einerseits fehlten dafür in Europa die entsprechenden Grundlagen, zum anderen müsse ein solcher Schritt zwangsläufig zu einem decoupling führen. Jedoch auch das Angebot der USA, zusätzliche SLBM der NATO zu assignieren, könne das Problem nicht lösen, da es ein politisch-psychologisches[14] sei. Secretary Brown habe während der 23. NPG[15] deutlich gemacht, daß die USA dieses Problem erkannt hätten.

Es stelle sich die prinzipielle Frage, wie der Disparität in der Zukunft zu begegnen sei:

Ob durch die Bereitstellung entsprechender Mittel oder aber durch Rüstungskontrollmaßnahmen.

Der Rüstungskontrollansatz sei zweifellos attraktiv, da Cruise Missiles teilweise bereits in solche Verhandlungen eingebunden seien und möglicherweise die Chance bestünde, entsprechende sowjetische Systeme ebenfalls mit einzubeziehen. Die bestehende Disparität im Mittelstreckenbereich würde uns jedoch in eine Position der Schwäche versetzen, aus der heraus zu verhandeln wenig Aussicht auf Erfolg habe. Darüber hinaus seien dann mit Sicherheit Cruise-Missiles-Optionen endgültig vergeben. Nach seiner Auffassung sei es daher besser, wenn die sogenannten Grauzonensysteme nicht in künftige SALT-Verhandlungen einbezogen würden.

Es erschiene daher weit zweckmäßiger, die eigenen Long Range Theater Forces zu verbessern, ohne damit einer allgemeinen Aufrüstung das Wort zu reden. Hierzu müsse das TNF-Long Range-Potential verbessert werden. Es sei zu prüfen, ob hierzu Cruise Missiles, MRBM oder aber Flugzeuge die geeigneten

---

[13] Korrigiert aus: „wie die".
[14] Die Wörter „politisch-psychologisches" wurden von Vortragendem Legationsrat I. Klasse Citron hervorgehoben. Dazu vermerkte er handschriftlich: „Siehe Pl[anungs]stab".
[15] Zur Ministersitzung der Nuklearen Planungsgruppe am 18./19. April 1978 in Frederikshavn vgl. Dok. 124.

Mittel seien. In diesem Zusammenhang bedauerte es der britische Verteidigungsminister, daß im Bericht an den Gipfel zum Erfordernis der Verbesserung der TNF-Long Range capabilities keine Aussage gemacht wird.

Der norwegische Verteidigungsminister[16] stellte fest, daß erfolgreiche SALT-Verhandlungen einen Sicherheitsgewinn für die gesamte Allianz darstellen würden. Norwegen sei besorgt über das Ausmaß der sowjetischen Aufrüstung im Mittelstreckenbereich, d. h. über die Rückführung von Golf-U-Booten in die Ostsee, die Einführung der SS-20 sowie die Produktion des Bombers Backfire. Eindeutige Zielsetzung solcher Maßnahmen sei es, die Verteidigungseinheit des Bündnisses durch eine Trennung Westeuropas von den USA herbeizuführen und damit ein decoupling zu bewirken. Es sei daher erforderlich, die Grauzonensysteme in SALT zu verhandeln, um einen weiteren Aufwuchs zu verhindern.

Der niederländische Vertreter äußerte Zweifel, ob man die Grauzonen-Systeme aus künftigen SALT-Verhandlungen heraushalten könne. Es schiene jedoch noch zu früh zu sein, darüber endgültig zu urteilen, weil eine solche Maßnahme vom SALT-II-Abkommen und vom weiteren sowjetischen Verhalten abhängig gemacht werden müsse. Er schlug vor, die Überlegungen des britischen Verteidigungsministers in die NPG einzuführen.

Der italienische Verteidigungsminister wies darauf hin, daß künftige SALT-Verhandlungen eine erhöhte europäische Aufmerksamkeit erforderten. Die UdSSR habe ein deutliches Interesse an einer Einbeziehung auch von Theater Nuclear Forces der Allianz in künftige Verhandlungen zu erkennen gegeben. Das Problem liege darin, daß diese Systeme auf unserer Seite Waffen der Allianz seien, auf seiten des WP jedoch allein die Sowjetunion betroffen sei. Für Cruise Missiles sollten alle Optionen, politische wie militärische, offengehalten werden. Es müsse im Interesse aller Europäer liegen, bei künftigen Verhandlungen so eng wie möglich mit den USA zusammenzuarbeiten, um dem eindeutigen Ansinnen der UdSSR zu begegnen.[17]

[gez.] Pauls

VS-Bd. 11322 (220)

---

[16] Rolf Arthur Hansen.
[17] An dieser Stelle vermerkte Vortragender Legationsrat I. Klasse Citron handschriftlich: „Und Apel?"

152

Botschafter Pauls, Brüssel (NATO), an das Auswärtige Amt

114-12229/78 VS-vertraulich Aufgabe: 18. Mai 1978, 19.45 Uhr[1]
Fernschreiben Nr. 591 Ankunft: 18. Mai 1978, 20.37 Uhr
Citissime

Betr.: NATO-Frühjahrstagung am 30. und 31. Mai 1978 in Washington[2]

Bezug: 1) DB Nr. 1442/77[3] VS-v vom 23.11.77[4]
       2) DB Nr. 493/78 VS-v vom 27.4.78[5]

Zur Unterrichtung

Zur Frühjahrstagung des NATO-Rats in Washington läßt sich aus der Sicht der Vertretung folgendes sagen:

I. Lage der Allianz

1) Die im Bezugsbericht zu 2) geäußerte Skepsis über die Führungsqualitäten der gegenwärtigen amerikanischen Administration im Bündnis hat sich leider bestätigt. Unter den Bündnispartnern herrscht Zweifel und Unsicherheit über die amerikanischen Ziele und Aktionen. Die Ursachen dafür dürften auch in der mangelnden Abstimmung in Washington selbst liegen. Das deutlichste Beispiel für diese tiefgreifende Desorientierung war die Behandlung der Neutronenwaffe. Wenn zuzugeben ist, daß auch den europäischen Bündnispartnern Verantwortung für die Verzögerung der Entscheidung und den Verlauf der gesamten Diskussion zukommt, so mußte das entscheidende Wort doch von der Führungsmacht USA im rechten Zeitpunkt erwartet werden. Jedenfalls hätten die USA verhindern müssen, daß in der Öffentlichkeit der Eindruck eines sowjetischen Mitspracherechts hinsichtlich der militärischen Rüstung der Allianz entstehen konnte. Es kommt hinzu, daß die eigenwilligen Vorstellungen des Präsidenten z.B. zur Nuklearenergie und zur Wirtschaftspolitik mit dem öffentlichen Bekenntnis zum Vorrang des Bündnisses schlecht vereinbar sind. Ungeschicklichkeiten runden das Bild einer wenig überzeugenden Führungsrolle ab:

---

[1] Hat Vortragendem Legationsrat Müller-Chorus am 23. Mai 1978 vorgelegen, der handschriftlich vermerkte: „1) Habe bei RL 201 am 23.5. angefragt, ob er das Thema Frankreichs Haltung zur NATO gem[äß] I.6 als Thema für das Gespräch Giscard-Kanzler am 26.5. in N[ew] Y[ork] vorschlagen wolle. Er sagte, D 2 habe am 22.5. nachmittags mit MD Ruhfus gesprochen; er selbst habe abends Ruhfus gefragt, ob er für das Gespräch am 26.5. noch etwas brauche, der dies verneint habe. Im übrigen glaube er nicht, daß es viel Sinn hat, mit Giscard darüber zu sprechen. Er werde – auch aus Zeitgründen – nur noch tätig, wenn das Kanzleramt etwas anfordere. 2) H[errn] Feit n[ach] R[ückkehr]."
Hat Vortragendem Legationsrat I. Klasse Feit vorgelegen.
[2] Zur NATO-Ratstagung auf der Ebene der Staats- und Regierungschefs am 30./31. Mai 1978 vgl. Dok. 170.
[3] Korrigiert aus: „78".
[4] Für den Drahtbericht des Botschafters Pauls, Brüssel (NATO), vgl. AAPD 1977, II, Dok. 336.
[5] Botschafter Pauls, Brüssel (NATO), gab einen Überblick über die Themen, die voraussichtlich auf der Ministersitzung des Ausschusses für Verteidigungsplanung (DPC) der NATO am 18./19. Mai 1978 in Brüssel behandelt werden sollten. Vorrangige Themen würden vermutlich das Langfristige Verteidigungsprogramm und AWACS sein. Vgl. dazu VS-Bd. 11458 (221); B 150, Aktenkopien 1978.

– der Vorschlag einer feierlichen Erklärung auf dem Gipfel[6], der in letzter Stunde gemacht wurde und angesichts der ungelösten Probleme mit der Türkei[7] und der französischen Haltung kaum Aussicht auf Erfolg haben konnte[8];

– der ungebührliche Druck, den Washington bei der Ausarbeitung des Langfristigen Verteidigungsprogramms ausübte (LTDP)[9];

– die wenig engagierte amerikanische Mitarbeit bei der Ausarbeitung der von Washington selbst gewünschten Ost-West-Studie[10].

Ein weiterer Schritt des Präsidenten, der Verwirrung im Bündnis hervorgerufen hat, ist seine Flottenpolitik.

2) Ebenfalls mit der amerikanischen Führungsrolle hängt das sich immer mehr zu einer schweren Belastung der Allianz entwickelnde Verhältnis zur Türkei zusammen. Das Waffenembargo des Kongresses[11] mußte an sich schon tiefe Verstimmungen in der Türkei hervorrufen. Daß diese Frage nun seit Jahren ungelöst weiterschwelt, macht die befürchtete Distanzierung der Türkei von der NATO zu einer ernsthaft in Rechnung zu stellenden Möglichkeit. An dem Verhalten der türkischen NATO-Delegation insbesondere seit Ecevit[12] ist abzulesen, daß irrationale Reaktionen der türkischen Regierung nicht ausgeschlossen

---

[6] Vgl. dazu das Schreiben des Präsidenten Carter vom 5. Mai 1978 an Bundeskanzler Schmidt sowie den Entwurf für eine Erklärung der Staats- und Regierungschefs der NATO-Mitgliedstaaten; Dok. 144, Anm. 8 und 10.

[7] Zur Reaktion des Ministerpräsidenten Ecevit auf den Entwurf des Präsidenten Carter für eine Erklärung der Staats- und Regierungschefs der NATO-Mitgliedstaaten vgl. Dok. 147, Anm. 27.
Ministerialdirektor Blech teilte der Botschaft in Washington am 17. Mai 1978 mit, daß Ecevit während seines Aufenthalts vom 10. bis 13. Mai 1978 in der Bundesrepublik am 11. Mai 1978 ein Schreiben an Carter gerichtet habe. Darin führe er zum Entwurf aus: „I found the tone rather strong and challenging and I thought that it might provoke many states to harden their positions, thus resulting in a speeding up of the armaments race. [...] Besides, under the circumstances that Turkey presently finds herself in, she has a stake in détente to which she must make her own contribution in her own way and by keeping in view her own possibilities and limitations. My Government cannot, therefore, subscribe to a declaration which, in our view, might impair détente, although I am sure, this is not your intention either." Vgl. den Drahterlaß Nr. 530; VS-Bd. 10511 (201); B 150, Aktenkopien 1978.

[8] Botschafter Pauls, Brüssel (NATO), berichtete am 17. Mai 1978: „In private meeting des NATO-Rats am 17.5.78 kam wegen negativer Reaktion Frankreichs und der Türkei ein Konsens zur Annahme des amerikanischen Vorschlags einer gemeinsamen Erklärung nicht zustande. Frankreich begründete seine Haltung vor allem mit Terminschwierigkeiten. In der verbleibenden Zeit sei es nicht möglich, einen befriedigenden Text auszuarbeiten. Es sei nicht prinzipiell gegen die Idee derartiger Erklärungen und könne sich vorstellen, daß im nächsten Jahr (30. Jahrestag der NATO) hierfür eine gute Gelegenheit bestehe. Frankreich anerkenne den besonderen Charakter des Washingtoner Gipfels (Präsenz der Staats- und Regierungschefs). Dem könne im Kommuniqué Rechnung getragen werden (ausführlichere Darlegung der politischen Aussagen). Türkischer Vertreter stützte Absage ebenfalls auf Zeitfaktor." Angesichts der französischen und türkischen Haltung sei es zu keiner Texterörterung gekommen. Vgl. den Drahtbericht Nr. 579; VS-Bd. 11102 (203); B 150, Aktenkopien 1978.

[9] Zum Langfristigen Verteidigungsprogramm der NATO vgl. Dok. 151, Anm. 9.

[10] Für das Dokument „Alliance Study of East-West-Relations" (C-M (78) 35 revised) vom 22. Mai 1978 vgl. VS-Bd. 10512 (201).
Zur Ost-West-Studie der NATO vgl. Dok. 174.

[11] Zum amerikanischen Waffenembargo gegen die Türkei vgl. Dok. 134, Anm. 8.

[12] Nach dem Verlust der Parlamentsmehrheit durch den Parteiaustritt mehrerer Abgeordneter trat die Regierung von Ministerpräsident Demirel am 31. Dezember 1977 zurück. Der bisherige Oppositionsführer Ecevit bildete am 5. Januar 1978 eine neue Regierung, der das türkische Parlament am 17. Januar 1978 das Vertrauen aussprach.

werden können, wenn auch die türkischen Interessen objektiv gesehen einen weiteren Interessenverbund des Landes mit der NATO empfehlen.

Andererseits haben die Griechen die ihnen durch den Kongreß gewährte Hilfe[13] bisher im Bereich der NATO mit keinerlei Entgegenkommen honoriert. Im Rahmen der Verhandlungen zwischen der NATO und Griechenland über dessen Verhältnis zur NATO-Integration[14] finden zur Zeit zur Vorklärung wesentlicher Fragen Expertengespräche auf militärischer Ebene statt. Diese scheinen sich außerordentlich schwierig zu gestalten, weil sich die Griechen, sobald die Gespräche über Allgemeines hinausgehen, nicht festlegen wollen.

Aus hiesiger Sicht bleibt die schon seit Jahren unveränderte Konstellation bestehen, daß ohne Fortschritte auf Zypern eine Annäherung Griechenlands an die NATO-Integration nicht stattfinden wird. Andererseits blockiert Griechenland solche Fortschritte über das Waffenembargo, weil die Türkei ohne Aufhebung des Waffenembargos kein für die Griechen ausreichendes Entgegenkommen zeigen wird.

3) Ob die französische Haltung zur Allianz mit der etwas erratischen Politik Washingtons zusammenhängt oder ob sie weiterhin auf angeblich innenpolitischen Zwängen beruht, mag dahingestellt bleiben. Es ist jedenfalls festzustellen, daß Frankreich bis in Kleinigkeiten hinein bemüht ist, die Konsultation innerhalb des Bündnisses auf die rein sicherheitspolitischen Aspekte zu reduzieren und den umfassenden politischen Meinungsaustausch soweit als möglich einzuschränken. Dabei nehmen die französischen Stellungnahmen zu nebensächlichen Detailfragen mitunter groteske Formen an. Insbesondere im KSZE-Bereich ist offensichtlich, daß Frankreich eine wirkungsvolle Bündniskonsultation unterbinden will, sobald außerhalb des engen Sicherheitsbereichs liegende Themen berührt werden. Dies ist nicht nur aus allgemeinen bündnispolitischen Gesichtspunkten bedauerlich, sondern auch deshalb, weil Frankreich in vielen Bereichen eine längerfristig angelegte Politik verfolgt als die manchmal eher kurzatmigen, auf Tagespolitik und öffentliche Meinung aufbauenden Positionen anderer Partner.

4) Bei der Gesamtbeurteilung der Lage der Allianz sollte nicht vergessen werden, daß die Vorgänge um die deutsche Beteiligung an der AMF[15] bei Manövern in Norwegen[16] wenig ermutigende Beweise dafür geliefert haben, wie weit im skandinavischen Raum bereits auf Wünsche und Vorstellungen der Sowjetunion in Fragen, die allein das Allianzverhältnis betreffen, schon Rücksicht genommen wird.

5) Wenn es auch nicht möglich ist, Vorstellungen und Ziele der amerikanischen Administration zu ändern, so sollte doch die Möglichkeit zu behutsamem Einfluß von uns wahrgenommen werden. Dies gilt vor allem dort, wo die Amerikaner um unseren Rat fragen. Wir sollten in solchem Falle unsere Meinung offen darlegen. Dazu würde auch gehören, bei der amerikanischen Administration

---

13 Zur amerikanischen Verteidigungshilfe für Griechenland vgl. Dok. 91, Anm. 21.
14 Zu den Bemühungen um einen Wiedereintritt Griechenlands in die militärische Integration der NATO vgl. Dok. 26, Anm. 17 und 18, und Dok. 38.
15 Allied Mobile Force.
16 Zur Beteiligung der Bundeswehr an Manövern in Norwegen vgl. Dok. 8, Anm. 23.

mehr Verständnis für die Entscheidungsprozesse der europäischen Bündnispartner zu wecken.

6) Wir sollten mit den Franzosen auf hoher Ebene über deren NATO-Politik sprechen. Eine Reduzierung des Bündnisses auf die bloße Sicherheitspolitik kann nicht in unserem Interesse liegen und wohl auch nicht im französischen, da Frankreich sich damit einer der Einwirkungsmöglichkeiten auf die amerikanische Politik begeben würde. Aus hiesiger Sicht sind die französischen Bestrebungen ernstzunehmen.

II. Die vom Londoner Gipfel[17] erteilten Aufträge

1) Ost-West-Studie

Seit Beginn der Arbeit an der Studie hat sich gezeigt, daß die Kräfte im Bündnis, die bemüht sind, die sowjetische Bedrohung herabzuspielen, stark sind. Sie werden von Frankreich angeführt, dem in dieser Hinsicht die Kanadier und die Skandinavier folgen. Die Tendenz geht dahin, die Sowjetunion als eine im Grunde das Risiko scheuende Macht darzustellen, die im wesentlichen an der Erhaltung der Entspannung und an den darauf für sie folgenden Vorteilen der Technologieeinfuhr aus dem Westen, am Westhandel usw., interessiert ist. Der hohe Rüstungsstand wird dabei mit dem übertriebenen Sicherheitsbedürfnis der Sowjetunion erklärt. Die sowjetischen politischen Absichten im allgemeinen werden mit dem Wunsch, mit den Vereinigten Staaten gleichzuziehen, charakterisiert.

Nicht zuletzt dank der intensiven Bemühungen unserer eigenen Delegation ist es gelungen, die Grundlagen, auf denen die Studie aufbaut, realistischer zu gestalten. Das vorliegende Papier ist damit ein für uns akzeptabler Kompromiß, wenn auch aufgrund der restriktiven französischen Haltung die von uns bevorzugten substantiellen Aussagen zu den Implikationen für die Allianz weitgehend fehlen. Die wichtigsten Aspekte unserer Deutschland- und Berlin-Politik haben Berücksichtigung gefunden.

Im ganzen gesehen, ist die Studie in sich ausgewogen; sie beurteilt die Lage ohne Euphorie, nüchtern und gelangt zu der Schlußfolgerung, daß für die Allianz kein Anlaß besteht, sich zur Ruhe zu setzen. In jedem Fall haben Studie und Langzeitprogramm (siehe zu 2)) die Zusammenarbeit im Bündnis gefördert.

2) Das Langfristige Verteidigungsprogramm (LTDP)

a) Das Langzeitprogramm ist unter erheblichem amerikanischem Druck zustande gekommen, wobei die Amerikaner die Möglichkeiten vor allem der kleineren Partner überschätzten, angesichts der laufenden nationalen Planungen und der mit dem Langzeitprogramm verbundenen haushaltsrechtlichen Fragen ausreichend abgesicherte Entscheidungen zu treffen. In letzter Stunde haben die Amerikaner deutlich gemacht, daß die Verabschiedung des Langzeitprogramms als solches keine finanziellen Verpflichtungen auslöse, da jede Nation frei sei, das Programm in nationale Planungen umzusetzen. Sie relativieren damit nach hiesiger Auffassung die Ernsthaftigkeit und das Gewicht des

---

[17] Die NATO-Ratstagung auf der Ebene der Staats- und Regierungschefs fand am 10./11. Mai 1977 statt. Vgl. dazu AAPD 1977, I, Dok. 121 und Dok. 141.

Programms. Wenn die Beschlüsse ernstgenommen werden, haben sie notwendigerweise auch finanzielle Konsequenzen.

Mit der Verabschiedung des Langzeitprogramms in Washington wird die Arbeit daran nicht abgeschlossen sein, da dann die Umsetzung der Beschlüsse in die Verteidigungsplanung verhandelt werden muß.

b) Vom Langzeitprogramm abgedeckt wird auch die Modernisierung der Theatre Nuclear Forces (TNF). Nach der vorläufigen Entscheidung des amerikanischen Präsidenten zur Neutronenwaffe[18] erscheint es um so wichtiger, daß die übrigen TNF-Modernisierungsvorhaben entschlossen weiterverfolgt werden. Dabei sollten die Lehren aus der Behandlung der Neutronenwaffe gezogen werden. Innerhalb der Allianz sollten derartige Vorhaben, wie z.B. die nun bereits in die öffentliche Diskussion geratene RRR (Reduced Residual Radiation), sehr viel intensiver diskutiert werden, damit der Wissensstand der Beteiligten ausreicht, um öffentlich Stellung zu nehmen. In der Öffentlichkeit selbst müßte auf eine sehr viel bessere und intensivere Informationspolitik der Allianz geachtet werden.

Was die Neutronenwaffe selbst betrifft, so sollte es aus hiesiger Sicht nicht einfach bei der sehr allgemeinen Entscheidung des Präsidenten verbleiben. Wir sollten die Amerikaner drängen, baldmöglich die Konsultationen darüber aufzunehmen, welche konkreten abrüstungspolitischen Schritte die Allianz von den Sowjets erwartet.

Im Zusammenhang mit dem LTDP stehen auch die Probleme der Rüstungskooperation und von AWACS[19]. Ein Schwerpunkt der Bemühungen um Rüstungs-

---

[18] Vgl. dazu die Erklärung des Präsidenten Carter vom 7. April 1978; Dok. 108.

[19] Seit 1975 erwog die NATO die Einführung eines luftgestützten Aufklärungs- und Frühwarnsystems der Firma Boeing (AWACS). Auf der Ministersitzung des Ausschusses für Verteidigungsplanung (DPC) der NATO am 7./8. Dezember 1976 in Brüssel einigten sich die NATO-Mitgliedstaaten auf die Einberufung einer Expertengruppe, die Finanzierungsfragen im Zusammenhang mit einer Anschaffung von AWACS klären sollte. Vgl. dazu AAPD 1975, II, Dok. 335. Vgl. dazu ferner AAPD 1976, I, Dok. 108, und AAPD 1976, II, Dok. 358.
Auf der Ministersitzung des Ausschusses für Verteidigungsplanung (DPC) der NATO am 25. März 1977 in Brüssel wurde zwar die Einführung von AWACS vorbehaltlich der Zustimmung der zuständigen Stellen beschlossen, die Kostenverteilung und andere offene Fragen sollten jedoch in der Folgezeit noch ausgearbeitet werden. Vgl. dazu das Kommuniqué; NATO FINAL COMMUNIQUES 1975–1980, S. 65. Vgl. dazu ferner AAPD 1977, I, Dok. 55 und Dok. 77.
Großbritannien gab am 31. März 1977 die Schaffung eines eigenen Luftüberwachungssystems vom Typ „Nimrod" bekannt. Vgl. dazu die Ausführungen des britischen Verteidigungsministers Mulley im Unterhaus; HANSARD, COMMONS, Bd. 929, Sp. 583–591.
In der Folgezeit bemühten sich die NATO-Mitgliedstaaten darum, zwischen AWACS und „Nimrod" eine Interoperabilität herzustellen und die damit verbundene Kostenfrage zu lösen. Zum Stand der Verhandlungen legte Botschafter Pauls, Brüssel (NATO), am 20. April 1978 dar: „Bündnispolitisch war die Realisierung des Projektes stets maßgebend von der US-Haltung einerseits sowie der deutschen und britischen Haltung andererseits abhängig. Dies besonders angesichts der Kostenträchtigkeit und der Bedeutung des Projekts im transatlantischen Rüstungsverhältnis. Das über Jahre sich hinschleppende deutsche ‚Jein' wurde in seiner Form zu Recht weitgehend als konditioniertes Ja bewertet. Das Verschleppen der Entscheidung hat nun aber eine Situation herbeigeführt, die a) den Briten erlaubt hat, ihre nationalen Nimrod-Pläne gesichtswahrend durchzusetzen, b) Deutschland zum ausschlaggebenden Entscheidungsträger gemacht hat." Ein Nein der Bundesrepublik hätte schwere Folgen sowohl für die Solidarität innerhalb der NATO als auch für die deutsch-amerikanischen Beziehungen, würde die Bundesrepublik isolieren und sei ein falsches Signal gegenüber dem Warschauer Pakt. Eine positive Entscheidung werde dagegen den Einfluß der Bundesrepublik in der NATO stärken „durch Beteiligung an der Einführungs- und Durchführungsorganisation". Vgl. den Drahtbericht Nr. 453; VS-Bd. 10473 (201); B 150, Aktenkopien 1978.

kooperation liegt auf der Weiterführung des begonnenen transatlantischen Dialogs. Alle Nationen haben zugestimmt, die Hindernisse zur Erreichung einer ausgewogenen „two-way-street" zwischen den IEPG und nordamerikanischen Ländern zu untersuchen.[20]

USA und Kanada schlagen darüber hinaus vor, Fragen der Rationalisierung von Forschung, Entwicklung und Produktion sowie deren Auswirkungen auf die Industrie in den Dialog einzubeziehen.

Was AWACS betrifft, so hat sich inzwischen ergeben, daß die Nationen nunmehr bereit sind, ihre Beteiligungszusage zu verbessern. Darüber hinaus hat Frankreich sein Interesse bekundet, endlich nach Indienststellung von AWACS an Aufklärungsergebnissen beteiligt zu werden. Unter diesen Umständen wird der Druck zur Entscheidung noch zunehmen.

III. Weitere Themen, die auf dem Washingtoner Gipfel zur Sprache kommen könnten:

1) Abrüstung

In der Allianz besteht der Eindruck, daß – worauf die Vertretung schon früher hingewiesen hat – Fragen der Abrüstung als komplementär zur Rüstung immer mehr an Bedeutung gewinnen und in den Vordergrund treten. Die Vorbereitungen der Allianzmitglieder für die Sonderabrüstungs-Generalversammlung der Vereinten Nationen[21] unterstreichen dies. Es ist anzunehmen, daß von der Dritten Welt ein Abrüstungsdruck ausgehen wird, der vitale Verteidigungsinteressen der Allianz berührt. Ein für sich sprechendes Beispiel solcher Entwicklungen, die zu spät in ihrer Allianzbedeutung erkannt worden sind, ist das humanitäre Völkerrecht.[22] Nach Auffassung der Vertretung sollten wir uns deshalb nachdrücklich dafür einsetzen, daß die Fragen der Abrüstung in der Allianz nicht nur in Expertengremien, sondern auf der Ebene des Rats eingehend konsultiert werden. Es wäre zu erkunden, inwieweit Frankreich sich daran beteiligen würde, dessen nüchterne Einschätzung des Abrüstungskomplexes eine gute Stütze für unsere eigenen Positionen darstellen könnte.

2) SALT

Die letzte SALT-Konsultation im Rat[23] läßt darauf schließen, daß in Genf bei der Ausarbeitung des Vertragstextes Fortschritte gemacht werden und daß mit dem Abschluß eines SALT-II-Abkommens gerechnet werden kann, sobald die noch ausstehenden größeren Probleme wie z. B. Backfire und Cruise-Missile-Reichweiten in dem Gespräch zwischen den Außenministern[24] ausgeräumt sein werden.

---

[20] Zur europäischen Rüstungszusammenarbeit und zur Tätigkeit der europäischen Programmgruppe vgl. Dok. 73, Anm. 13, bzw. Dok. 150.

[21] Zur UNO-Sondergeneralversammlung über Abrüstung vom 23. Mai bis 30. Juni 1978 in New York vgl. Dok. 212.

[22] Zur Erörterung der am 8. Juni 1977 verabschiedeten Zusatzprotokolle zu den Genfer Abkommen vom 12. August 1949 vgl. Dok. 54.

[23] Zur Sitzung des Ständigen NATO-Rats am 16. Mai 1978 vgl. Dok. 149.

[24] Der sowjetische Außenminister Gromyko führte am 27. Mai 1978 in Washington Gespräche mit Präsident Carter und dem amerikanischen Außenminister Vance. Am 31. Mai 1978 traf er erneut mit Vance in New York zusammen. Zu den Gesprächen über SALT II vgl. Dok. 169.

Damit rückt die von den Amerikanern versprochene Interpretationserklärung zur Nichtumgehungsklausel und die Prinzipienerklärung zu SALT III, das europäische Interessen sehr viel stärker berühren wird, in den Vordergrund. Wir sollten auf enge Konsultationen zunächst nicht nur über Einzelfragen, sondern über das Gesamtkonzept von SALT III drängen. Die Allianz hat z. B. die Frage bisher nicht entschieden, inwieweit Kurz- und Mittelstrecken-TNF in SALT III eingeschlossen werden sollen.

3) MBFR

In Wien bleibt nach Einführung der westlichen Initiative[25] die Lösung des Datenproblems eines der wichtigsten Probleme. In diesem Zusammenhang ist die Formulierung aus der Gemeinsamen Erklärung des Breschnew-Besuchs[26] im Bündnis auf Interesse gestoßen, weil nach bisherigem Verständnis die sowjetische Seite unter „approximate equality and parity" auch das qualitative Gleichgewicht versteht und die Datendiskussion in Wien unter diesem Aspekt führt. Zunehmende Bedeutung in der Allianz-Diskussion gewinnt jetzt das Thema „begleitende Maßnahmen".

4) KSZE

Obwohl das Ergebnis des Belgrader KSZE-Folgetreffens[27] insgesamt enttäuschend war, haben die Bündnispartner die ausführliche und umfassende Implementierungsdebatte als Erfolg in sich gewertet. Wegen des französischen Widerstandes ist es allerdings nicht gelungen, eine gemeinsame Analyse des Treffens im Bündnis zu erarbeiten.[28] Die Konsultation hat jedoch den Willen der Bündnispartner zur Fortsetzung des multilateralen Entspannungsprozesses, zu weiterem Implementierungsdruck auf den Osten und zu enger Abstimmung bei der Vorbereitung von Madrid[29] im Bündnis bekräftigt.

[gez.] Pauls

VS-Bd. 11093 (202)

---

[25] Zur Initiative der an den MBFR-Verhandlungen teilnehmenden NATO-Mitgliedstaaten vom 19. April 1978 vgl. Dok. 110.

[26] Vgl. dazu Ziffer III der Gemeinsamen Deklaration vom 6. Mai 1978 anläßlich des Besuchs des Generalsekretärs des ZK der KPdSU, Breschnew, vom 4. bis 7. Mai 1978 in der Bundesrepublik; Dok. 143, Anm. 19.

[27] Für den Wortlaut des abschließenden Dokuments der KSZE-Folgekonferenz in Belgrad vom 8. März 1978 vgl. EUROPA-ARCHIV 1978, D 246–248.

[28] Zur Erörterung der Ergebnisse der KSZE-Folgekonferenz vom 4. Oktober 1977 bis 9. März 1978 in Belgrad sowie zum französischen Widerstand gegen eine gemeinsame schriftliche Analyse vgl. Dok. 133, besonders Anm. 4.

[29] Im abschließenden Dokument der KSZE-Folgekonferenz in Belgrad vom 8. März 1978 wurde festgelegt, daß ab 9. September 1980 ein Vorbereitungstreffen in Madrid stattfinden sollte, um die zweite KSZE-Folgekonferenz ab 11. November 1980 in Madrid vorzubereiten. Vgl. dazu EUROPA-ARCHIV 1978, D 247.

153

Botschafter Pauls, Brüssel (NATO), an das Auswärtige Amt

114-12264/78 VS-vertraulich Aufgabe: 19. Mai 1978, 15.15 Uhr[1]
Fernschreiben Nr. 593 Ankunft: 20. Mai 1978, 08.22 Uhr

Betr.: DPC-Ministerkonferenz am 18. und 19. Mai 1978
hier: Plenarsitzung

Die Verteidigungsminister der NATO trafen sich am 18./19. Mai 1978 zu ihrer Frühjahrskonferenz in Brüssel. Im Mittelpunkt der Sitzung stand erwartungsgemäß das vom DPC im Vorjahr beschlossene „Long Term Defence Programme" (LTDP)[2] zur Beseitigung ernster militärischer Schwächen. Die Minister waren sich einig, daß dieses Vorhaben zum Erfolg geführt werden müsse trotz der unbefriedigenden wirtschaftlichen Situation in ihren Ländern und den beschränkten Ressourcen. In diesem Zusammenhang wurde die Bedeutung der Verteidigungshilfe für Portugal und die Türkei vom SecGen[3] und dem CMC[4] besonders hervorgehoben.

Die Minister billigten die von den Ständigen Vertretern beschlossenen Streitkräfteziele 1979 bis 1984 und den „Comprehensive Report" des LTDP[5] mit dem für die Regierungschefs bestimmten Bericht.

In den vorausgegangenen Diskussionen wurde mehrfach darauf verwiesen, daß die Anstrengungen zur Verbesserung der Verteidigungsfähigkeit und die Be-

---

[1] Hat Vortragendem Legationsrat I. Klasse Citron vorgelegen.
Hat Vortragendem Legationsrat Roßbach vorgelegen.
[2] Zum Langfristigen Verteidigungsprogramm der NATO vgl. Dok. 151, Anm. 9.
[3] Secretary-General.
[4] Chairman of the Military Committee.
Herman F. Zeiner Gundersen.
[5] Für das Papier „Long-Term Defence Programme: Report to Heads of State and Government by the Defence Planning Committee in Ministerial Session" (DPC/D (78) 7 Final) vom 22. Mai 1978 vgl. VS-Bd. 10512 (201).
Vortragender Legationsrat I. Klasse Dannenbring erläuterte am 23. Mai 1978, in dem Bericht würden die Staats- und Regierungschefs der NATO-Mitgliedstaaten „aufgefordert, den Gesamtrahmen des LTDP zu billigen und in fünf Schwerpunktbereichen ihre besondere Unterstützung zuzusagen: Einsatzbereitschaft; Zuführung und Aufnahme von externen Verstärkungskräften in Krisen- und Spannungszeiten; NATO-Luftverteidigung; elektronische Kampfführung, logistische Unterstützung". Dannenbring stellte fest: „Das LTDP ist nach Umfang und zeitlicher Erstreckung eine einmalige Anstrengung, wie sie die Allianz bisher nicht unternommen hat. [...] Es ist von größter außenpolitischer Bedeutung, daß die US-Regierung beim LTDP von Anfang an die führende Rolle übernommen hat. Hierin wird ihre Überzeugung erneut deutlich, daß auch die Sicherheit der USA nur im Atlantischen Bündnis gemeinsam mit den europäischen NATO-Partnern gewährleistet werden kann. [...] Der überragende politische und planerische Wert des LTDP für die Allianz liegt in den langfristigen Perspektiven und dem zusammenhängenden Managementrahmen." Strategisch gesehen liege das Schwergewicht „auf der Stärkung des konventionellen Elements insgesamt, wobei Vorneverteidigung und die Fähigkeit, wirkungsvoll auf einen Überraschungsangriff zu reagieren, Vorrang haben. Damit reagiert die NATO auf die im konventionellen Bereich in Europa bestehenden gravierenden Disparitäten – ohne allerdings numerisch gleichziehen zu wollen – und trägt auf diese Weise auch gesamtstrategischen Erfordernissen Rechnung." Vgl. VS-Bd. 10561 (201); B 150, Aktenkopien 1978.

mühungen um einen Abbau der militärischen Potentiale sich nicht widersprächen, sondern nur zwei Seiten einer Münze seien.

Die Minister erklärten sich mit dem vorgelegten Programmvorschlag für ein AEW[6] einverstanden und stimmten der Errichtung der Haupteinsatzbasis (MOB[7]) auf dem Territorium der Bundesrepublik Deutschland zu.

Im einzelnen ist zu berichten:

TOP I – Bericht des Vorsitzenden der Eurogroup

In seinem Bericht zur Sitzung der Eurogroup[8] führte der Vorsitzende, der niederländische VM Scholten, aus, daß die Sitzung der EG-Minister unter dem Eindruck des bevorstehenden Gipfeltreffens[9] gestanden habe, einem wichtigen Ereignis in der Geschichte der Allianz. Seit London[10] hätten die Europäer mit dem amerikanischen Partner intensiv zusammengearbeitet, um ein substantielles LTDP zu schaffen; sie werden diese Zusammenarbeit fortsetzen und zu einem erfolgreichen Abschluß bringen. Dabei komme der öffentlichen Darstellung dieses Programms eine zentrale Bedeutung zu. Es sei eine einmalige Gelegenheit, die Verteidigungsanstrengungen des Bündnisses der Öffentlichkeit gegenüber zu dokumentieren. Es sei daher das Anliegen einer Anzahl von Ministern gewesen, das Kommuniqué der DPC-Sitzung[11] mit einem Annex zu versehen, der Einzelheiten des erarbeiteten Programms herausstellt.

Die Minister haben eine nützliche Diskussion über die Folgewirkungen von SALT II und im Hinblick auf SALT-III-Verhandlungen geführt. Dabei sei die Unausgewogenheit im Verhältnis der in Europa stationierten NATO-TNF-„Long Range Systems" zum sowjetischen Mittelstreckenpotential besprochen worden und in diesem Zusammenhang die Frage, inwieweit die sogenannten Grauzonensysteme in künftige SALT-Verhandlungen Eingang finden sollten. Es sei keine Beschlußfassung zu diesem Punkt erfolgt[12], jedoch sei die Arbeit der TF 10[13] als sehr nützlich unterstrichen und als geeigneter Ausgangspunkt für weitere Untersuchungen zu diesem Problem angesehen worden.

Die Minister haben das Erfordernis enger Konsultationen bei künftigen SALT-Verhandlungen unterstrichen. In diesem Zusammenhang haben sie Art und Umfang der multinationalen Konsultationen in der Vergangenheit gewürdigt und als geeignete Basis für die künftige Fortführung und Intensivierung der multinationalen Beratungen bezeichnet.

---

6 Airborne Early Warning.
7 Main Operating Base.
8 Zur Ministersitzung der Eurogroup am 17. Mai 1978 in Brüssel vgl. Dok. 150 und Dok. 151.
9 Zur NATO-Ratstagung auf der Ebene der Staats- und Regierungschefs am 30./31. Mai 1978 in Washington vgl. Dok. 170.
10 Die NATO-Ratstagung auf der Ebene der Staats- und Regierungschefs fand am 10./11. Mai 1977 statt. Vgl. dazu AAPD 1977, I, Dok. 121 und Dok. 141.
11 Für den Wortlaut des Kommuniqués der Ministersitzung des Ausschusses für Verteidigungsplanung (DPC) der NATO am 18./19. Mai 1978 in Brüssel vgl. NATO FINAL COMMUNIQUES 1975–1980, S. 86–89. Für den deutschen Wortlaut vgl. EUROPA-ARCHIV 1978, D 472–475.
12 Die Wörter „diesem Punkt erfolgt" wurden von Vortragendem Legationsrat I. Klasse Citron hervorgehoben, der handschriftlich für Vortragenden Legationsrat Roßbach vermerkte: „Von 201 Papier der T[ask]F[orce] 10 erbitten."
13 Task Force 10.
Zur Tätigkeit der ursprünglich als „Task Force 10" bezeichneten „High Level Working Group" der Nuklearen Planungsgruppe vgl. Dok. 61.

TOP II – Statement by the Chairman MC

Chairman MC trug in komprimierter Form die Ergebnisse der jüngsten MC 161-Konferenz vor, die in vollem Wortlaut den Nationen bereits als IMSM[14]-254-78 vom 17.5.78 zugegangen sind.

Anknüpfend an seine Darstellungen während der letzten beiden DPC-Ministersitzungen[15] stellte er dabei fest, daß der auseinanderlaufende Trend zwischen NATO und WP sich weiterhin zuungunsten des Westens entwickelt habe. Die Verteidigungsausgaben der Sowjetunion betrugen nach wie vor etwa 11 bis 13 Prozent des BSP mit einer jährlichen realen Steigerung von vier bis fünf Prozent. Anhand von Zahlen führte Chairman MC vor, wie sowohl auf nuklearstrategischem, nuklear-taktischem wie auch auf konventionellem Gebiet die sowjetischen Streitkräfte in erster Linie qualitative, z. T. auch quantitative Verbesserungen erfahren. Dazu käme der klar erkennbare Wille der Sowjetunion, ihr militärisches Machtpotential in Verfolg ihrer politischen Ziele einzusetzen. Daneben weise der WP jedoch auch Schwächen auf, die bei der Beurteilung seiner Fähigkeiten berücksichtigt werden müssen. Hierzu zählten u. a. das Fehlen einer ausreichenden ASW[16]-Kapazität gegen westliche U-Boote mit ballistischen Flugkörpern, Lücken in der Seeversorgung, die Notwendigkeit, die sowjetischen Seestreitkräfte aufgrund der geographischen Gegebenheiten auf mehrere Flotten aufzuteilen, die relativ geringe Flexibilität und Initiative vor allem der jüngeren Offiziere aufgrund ihrer starren Erziehung.

Auf der anderen Seite seiner Lagefeststellung erwähnte Chairman MC die „Force Goals" der NATO, die zur Behebung der bekannten Schwächen in der Verteidigungskraft dienen und bereits Fortschritte in der Stärkung der Abschreckungsfähigkeit gebracht hätten. Auch die Maßnahmen aufgrund der „Ministerial Guidance" 1977[17] seien vielversprechend angelaufen. Dennoch bleibe noch viel zu tun, um das bestehende Ungleichgewicht zu mildern. Hierzu rechne er u. a. die Planungen der NATO für AWACS[18], die starken Impulse des Long Term Defence Programme, die Initiativen der „Flexibility Studies" und die zur Verabschiedung heranstehenden neuen „Force Goals". Alle diese Anstrengungen zusammen würden jedoch nur das Minimum dessen darstellen, was zur Erhaltung der Abschreckung erforderlich ist.

TOP III – Force Goals 1979 bis 1984

SecGen wies in seinen einführenden Bemerkungen darauf hin, daß PO und TK nicht in der Lage seien, die Force Goals aus eigenen Mitteln zu erfüllen. Er appellierte an alle Alliierten, auf wirtschaftlichem und militärischem Gebiet Un-

---

[14] International Military Staff Memorandum.
[15] Zur Ministersitzung des Ausschusses für Verteidigungsplanung (DPC) der NATO am 17./18. Mai 1977 bzw. am 6./7. Dezember 1977 in Brüssel vgl. AAPD 1977, I, Dok. 123, bzw. AAPD 1977, II, Dok. 356.
[16] Anti-Submarine Warfare.
[17] Für den Wortlaut der „Ministerial Guidance 1977", die in der Ministersitzung des Ausschusses für Verteidigungsplanung (DPC) der NATO am 17./18. Mai 1977 in Brüssel verabschiedet wurde, vgl. NATO FINAL COMMUNIQUÉS 1975–1980, S. 71–74. Für den deutschen Wortlaut vgl. EUROPA-ARCHIV 1977, D 349–352.
[18] Zur Frage der Einführung des luftgestützten Aufklärungs- und Frühwarnsystems (AWACS) vgl. Dok. 152, Anm. 19.

terstützung zu leisten. Insbesondere hoffe er auf eine rasche Aufhebung des der TK durch den Kongreß auferlegten Waffenembargos.[19]

Der CMC betonte nachdrücklich die Notwendigkeit zur vollen Erfüllung der Force Goals, wenn das vorhandene Risiko nicht noch weiter vergrößert werden solle.

Der US SecDef[20] sicherte seine und des Präsidenten[21] Unterstützung zu, die Aufhebung des Embargos durchzusetzen. Allerdings könne er das Ergebnis nicht voraussagen.

Der PO-Verteidigungsminister[22] erläuterte die schwierige nationale wirtschaftliche Situation, die eine Hilfe der Bündnispartner notwendig mache, wenn PO die ihm zugedachte strategische Rolle effektiv wahrnehmen solle.

Der NO-Verteidigungsminister[23] erklärte, daß auch sein Land der Hilfe der anderen Bündnisländer bedürfe. NO sehe die eigene Verteidigung stets im Zusammenhang mit den Erfordernissen des Bündnisses.

Der TK-Verteidigungsminister[24] akzeptierte die Force Goals. Die Realisierung der Forderungen hänge aber von der Unterstützung der Bündnispartner ab. Das Schicksal des einzelnen Landes sei letztlich mit dem Schicksal aller verbunden. Die Bemühungen der amerikanischen Administration würden dankbar begrüßt, jedoch müsse sein Land das ungewisse Ergebnis einkalkulieren. Dies sei keine Verbitterung, sondern nur realistisch. Er hoffe, daß der amerikanische Kongreß über die nachteiligen Auswirkungen einer falschen Entscheidung sorgfältig unterrichtet würde. Die Ernsthaftigkeit der Bedrohung würde verneint, wenn das Embargo aufrechterhalten würde. Die Allianz müsse sich auch um die wirtschaftliche Balance zwischen den Bündnispartnern kümmern und bemüht sein, die Unterschiede zu verringern. Er bat den SecGen, Vorschläge zur Lösung dieses Problems erarbeiten zu lassen. Dabei käme es darauf an, die nationalen Kapazitäten so zu entwickeln, daß eine Hilfe von außen schließlich entbehrlich würde.

Der IT-Verteidigungsminister[25] schloß sich der Lagebeurteilung des CMC an. Er vertrat jedoch die Auffassung, daß die militärischen Forderungen die Ressourcen der Länder beachten müssen; dies sei nicht immer geschehen. IT trage eine schwere wirtschaftliche Last, die Aufschiebungen bei der Verwirklichung bestimmter Force Goals erforderlich mache.

Der DK-Verteidigungsminister[26] wies auf die Zusammenhänge zwischen den Force Goals, dem LTDP, AWACS und dem Infrastrukturprogramm hin. Die Nationen seien gezwungen, Prioritäten zu setzen. Obwohl sein Land die „challenge" akzeptiere, sei nicht zu erwarten, daß alle Force Goals erfüllt werden könnten.

---

[19] Zum amerikanischen Waffenembargo gegen die Türkei vgl. Dok. 134, Anm. 8.
[20] Secretary of Defense.
[21] James E. Carter.
[22] Mário Firmino Miguel.
[23] Rolf Arthur Hansen.
[24] Hasan Esat Işik.
[25] Attilio Ruffini.
[26] Poul Søgaard.

Der NL-Verteidigungsminister betonte, daß das Weißbuch von 1974[27] Grundlage der Verteidigungsplanung seines Landes sei. Die wirtschaftliche Entwicklung fordere eine Zurückhaltung bei der Ausgabe öffentlicher Mittel.

Die NL habe bald wichtige Entscheidungen für bestimmte Rüstungsbeschaffungen zu treffen (AWACS, Panzer, U-Boote). Die Forderungen des LTDP würden Teil der nationalen Planung. Eine optimale Auswirkung der Ressourcen wurde angestrebt. Er versicherte, daß er der Unterbringung der NL-Brigade in der Bundesrepublik Deutschland seine besondere Aufmerksamkeit schenke.

Top IV – LTDP

a) Generalsekretär führte das Thema ein und wies darauf hin, daß die im Comprehensive Report (CR) noch existierenden Vorbehalte beseitigt werden sollten.

Der Bericht an die Regierungschefs werde eine entscheidende Basis für die zukünftige Arbeit sein. Für das notwendige „follow-on" werde er noch Vorschläge vorlegen.

Anschließend betonte CMC die Bedeutung des MC 282, in der die Auffassung des MC und der MNC[28] zusammengefaßt sei. Das LTDP sei nur eine von einer Anzahl komplementärer Aktivitäten der NATO, das aber durch die Vorlage an die Regierungschefs seine besondere Bedeutung erhalte.

US-Verteidigungsminister Brown sprach die Hoffnung aus, daß der bevorstehende „Gipfel" zu gemeinsam getragenen Beschlüssen führe.

Die jährliche Steigerung der Verteidigungsausgaben um real drei Prozent reiche nach US-Auffassung nicht aus, die vorgeschlagenen Programme zu finanzieren. Dabei sei sich die amerikanische Administration der finanziellen Grenzen der Partnerstaaten durchaus bewußt. Jedoch müßten nach amerikanischer Auffassung vor allem auf den Prioritätsgebieten C 3[29], Consumer Logistics, EW[30] konkrete Fortschritte erzielt werden. Lediglich eine Zustimmung „in principle" sei nicht ausreichend. Auch dem Kongreß seien die europäischen Verteidigungsleistungen überzeugend nachzuweisen.

SecDef Brown hob die Notwendigkeit hervor, das „follow-through" des LTDP sicherzustellen. Dazu sei „some machinery" unerläßlich. Das gelte insbesondere für C 3, Logistics und Standardisation und Interoperabilität.

Der italienische Verteidigungsminister führte aus, daß der CR in einer generellen Form durch die Minister gebilligt werden sollte. Den Regierungschefs sollte empfohlen werden, ihn als allgemeine Richtlinie (guideline) zu akzeptieren. Im Hinblick auf das militärische Potential der WP-Staaten sollten jedoch unsere Rüstungsanstrengungen im Zusammenhang mit den Abrüstungsgesprächen gesehen werden.

---

[27] Die niederländische Regierung gab am 9. Juli 1974 ihre Beschlüsse zur Kürzung der Verteidigungsausgaben bekannt. Sie sahen u. a. eine Reduzierung der Personalstärke der niederländischen Streitkräfte um 20 000 Soldaten bis 1977 und eine Halbierung der in der Bundesrepublik stationierten Raketen-Einheiten vom Typ „Nike" auf vier Einheiten vor. Ferner sollte der Wehrdienst von 16 auf zwölf Monate verkürzt werden. Vgl. dazu den Artikel „NATO rügt Hollands Verteidigung"; FRANKFURTER RUNDSCHAU vom 10. Juli 1974, S. 1.

[28] Major National Commander.

[29] Consultation, Command and Control.

[30] Electronic Warfare.

Bei der gegenwärtigen wirtschaftlichen Situation bedeuten die Force Goals und das LTDP eine sehr schwere Bürde für Italien. Er habe jedoch das italienische Parlament auf die besondere Bedeutung des LTDP hingewiesen. Er unterstrich die Bedeutung der Darstellung des Programms gegenüber der Öffentlichkeit.

Abschließend kündigte er die Absicht der italienischen Regierung an, ihre bisherige einschränkende Haltung gegenüber AEW zu ändern.

Der britische Verteidigungsminister[31] erklärte, daß man sich nicht auf alle Schwierigkeiten konzentrieren dürfe, wolle man den angestrebten Erfolg nicht gefährden. Die gemeinsamen Anstrengungen der Allianz seien notwendig für die Aufrechterhaltung der Abschreckung; das sei zugleich Voraussetzung für die Fortführung der Entspannungsbemühungen.

Ein sorgfältiges „follow-through" nach dem Gipfel sei wesentlich. Der amerikanischen Forderung nach einer Verstärkung der „NATO machinery" stimmte er mit der Einschränkung zu, daß mehr Organisation allein die Verteidigung nicht effektiver mache. Zunächst sollten jedoch die Vorschläge des SecGen abgewartet werden.

Nach der Konferenz sollte die Öffentlichkeit umfassend informiert werden, um das Verständnis und die Unterstützung der Öffentlichkeit zu gewinnen.

Der deutsche Verteidigungsminister[32] führte aus:

Das LTDP sei von zentraler Bedeutung für die Zukunft der Allianz. Das Bündnis begrüße eine starke Führung durch die USA. Trotz der noch fehlenden politischen Identität Westeuropas existiere der gemeinsame Wille zur Verteidigung.

Das LTDP zeige unsere Entschlossenheit zu Verteidigung. Diese müsse sowohl der eigenen Öffentlichkeit verdeutlicht werden als auch den Gesprächspartnern bei den Abrüstungsverhandlungen. Die Notwendigkeit zum gemeinsamen Handeln werde von keinem Bündnispartner in Frage gestellt. Der Umfang der Beteiligung müsse sich jedoch an den tatsächlichen Möglichkeiten und den Kriterien „realistic, feasible, affordable" ausrichten.

Die Mehrzahl der Empfehlungen betreffen die Central Region, so daß für die Bundesrepublik Deutschland eine besonders hohe Belastung zu erwarten sei.

Er wies auf die bisherigen Verteidigungsleistungen der Bundesrepublik Deutschland hin. Bis Ende der 80er Jahre habe der Deutsche Bundestag Beschaffungen in Höhe von fast 40 Mrd. DM zugestimmt. Nahezu alle Empfehlungen des LTDP, die sich auf die Bundesrepublik Deutschland beziehen, seien akzeptiert worden. Dennoch dürften[33] die wirtschaftlichen, finanziellen und politischen Begrenzungen nicht übersehen werden, denen auch die Bundesrepublik Deutschland nicht ausweichen könne.

Soweit es sich um den amerikanischen Vorschlag der Verstärkung der „NATO machinery" handle, seien wir bereit, jede Empfehlung zu prüfen. Was jedoch in erster Linie benötigt würde, sei die politische Entschlossenheit.

---

31 Frederick Mulley.
32 Hans Apel.
33 Korrigiert aus: „bedürften".

Der Bericht an die Regierungschefs solle sich unter voller Wahrung seiner Substanz auf Projekte höchster Wichtigkeit beschränken, die gipfelwürdig seien.

Der CA-Verteidigungsminister[34] bekräftige die Entschlossenheit seines Landes, sich am LTDP zu beteiligen. Auch er wies auf die wirtschaftlichen und politischen Begrenzungen hin, die einer vollständigen Erfüllung entgegenstünden.

Aus kanadischer Sicht sei der Zusammenhang des LTDP mit den Ost-West-Studien[35] von besonderer Bedeutung.

Der dänische Verteidigungsminister erklärte seine Zustimmung zum CR im Rahmen der nationalen Verteidigungsplanung (Defense Agreement). Seinem Lande sei es nicht möglich, den gegebenen wirtschaftlichen Spielraum zu erweitern.

Unter einer umfassenderen Sicherheitsperspektive müßten auch Entspannung und Abrüstung weiter verfolgt werden.

Der NO-Verteidigungsminister bekannte sich zum LTDP, was jedoch keine feste Verpflichtung für Einzelprogramme und deren finanzielle Auswirkungen bedeute.

NO werde die Forderungen des LTDP in die nationale Planung aufnehmen und sie dem Parlament vorlegen.

Der LUX-Vertreter schloß sich dem LTDP an und erklärte, daß sein Land alle Maßnahmen ergreifen werde, die im Rahmen seiner begrenzten Mittel möglich seien.

Der PO-Verteidigungsminister stimmte ebenfalls dem LTDP zu, wies jedoch darauf hin, daß die Realisierung der PO betreffenden Maßnahmen Hilfe der anderen Bündnispartner erfordere.

Der NL-Verteidigungsminister betonte die Wichtigkeit gemeinsamer Planung, um eine optimale Nutzung der Ressourcen zu gewährleisten. Sein Land werde die Empfehlungen des LTDP in die nationalen Planungen aufnehmen. Eine feste, langfristige Verpflichtung könne jedoch nicht übernommen werden. Gewisse Programmverschiebungen würden sicherlich nicht ausbleiben.

b) Anschließend wurden die Fußnoten in den Anhängen des CR eingehend diskutiert. Ein Teil der nationalen Vorbehalte wurde aufgehoben.

c) Alle Fußnoten im Bericht an die Regierungschefs wurden aufgehoben. Soweit nationale Vorbehalte nicht ausgeräumt werden konnten, wurden sie in das Sitzungsprotokoll[36] aufgenommen.

d) Der Zuleitung des endgültigen Textes an FRA und GR wurde zugestimmt.

TOP V A. – Progress report by the CNAD

Der Bericht der CNAD[37] wurde zur Kenntnis genommen. Den Empfehlungen wurde ohne Aussprache zugestimmt.

---

[34] Barnett Jerome Danson.
[35] Zur Ost-West-Studie der NATO vgl. Dok. 174.
[36] Für das Sitzungsprotokoll vgl. VS-Bd. 10511 (201).
[37] Für das Papier „Report by the Conference of National Armaments Directors" (C-M (78) 38 revised) vom 10. Mai 1978 vgl. VS-Bd. 10512 (201).

TOP V B. – Tactical area communications

USA drückten ihre Enttäuschung über den geringen Fortschritt aus; die Empfehlungen des CM/78/37 wurden jedoch ohne längere Aussprache zur Kenntnis genommen.

TOP V C. – AWACS

GenSec Luns kündigte die französische Absicht zur Teilnahme am AWACS-Programm an, wobei das französische Angebot insgesamt 200 Mio. US-Dollar für die Zeit bis 1999 umfaßt. Eine Abstimmung fand nicht statt.

Anschließend kündigte er die italienische Bereitschaft an, mit dem vollen Anteil an dem Programm teilzunehmen, beginnend mit Zahlungen von ca. 5 Mio. US-Dollar jährlich für die Beschaffungskosten und höheren Beiträgen ab 1983. Anteil der Betriebskosten soll etwa dem in Finanzexperten-Gesprächen vereinbarten Umfang entsprechen (s. Addendum 2 TO PO/78/18 vom 17.5.1978 VS-v).

Folgende Beschlüsse wurden gefaßt:

Zum package proposal (PO/78/18 mit Addendum);

– Die Minister nahmen den vorgelegten Vorschlag grundsätzlich zur Kenntnis und die Mehrheit akzeptierte ihn ausdrücklich unter dem Vorbehalt der parlamentarischen Genehmigung.
– NL und PO zogen ihre Angebote für die MOB zurück, GE wurde als Gastland akzeptiert. NL machte den Vorbehalt, daß das Gastland eine operationelle Basis mit dem erforderlichen Personal zur Verfügung stellen muß und nur die zusätzlichen Kosten für den AWACS-Betrieb fordern darf.
– Grundsätzlich wurde dem „initial funding" von 8 Mio. US-Dollar zugestimmt.

  BM Dr. Apel erklärte, ebenso wie CA, ausdrücklich die Notwendigkeit parlamentarischer Genehmigung, die bisher nicht erteilt sei. Er könne daher keiner Zahlung durch die Bundesrepublik Deutschland zustimmen. Außerdem sei AWACS als Gesamtprogramm zu betrachten, dessen Finanzierungsplanung erhebliche Verdrängungseffekte für andere Waffensysteme bedeute; zusätzliche Mittel seien nicht zu erwarten.

  Minister Brown wollte sich weiter um die Lösung des Problems bemühen, appellierte aber ausdrücklich an alle Nationen, doch noch die Zwischenfinanzierung zu ermöglichen.
– Nach Annahme des Gesamtprogrammes wird ein endgültiges Programm-Büro (NAPO[38]) eingerichtet.

NO und PO meldeten ihren Anspruch auf ein MOB an. GE betonte die Bedeutung der Ostsee-Überwachung rund um die Uhr.

Die Minister beschlossen, das Thema AWACS noch einmal in der restricted session zu erörtern.[39]

---

38 NATO Programme Office.
39 Zur Ministersitzung des Ausschusses für Verteidigungsplanung (DPC) der NATO am 19. Mai 1978 in Brüssel im kleinen Kreis vgl. Dok. 155.

TOP VI – Infrastructure

Der Vorsitzende knüpfte an den Beschluß der Minister in der Dezembersitzung des DPC an und wies darauf hin, daß die Entscheidung über die neue Slice-Gruppe nach dem Willen der Minister im Dezember 1978[40] getroffen werden sollte.

In DOC DPC-D (78) 9, das der[41] heutigen Sitzung zugrunde liege, sei ein Zwischenbericht enthalten. Im wesentlichen seien darin die Vorstellungen des MC über die militärischen Erfordernisse für die neue Slice-Gruppe und der sich daraus ergebende finanzielle Rahmen niedergelegt. Insbesondere hierüber und über den Kostenteilungsschlüssel müsse noch eingehend beraten werden.

Der Vorsitzende bat die Mitgliedstaaten unter Hinweis auf die hohe Priorität, um[42] eine unverzügliche Klärung aller offenen Fragen – insbesondere finanzieller Umfang und Kostenteilungsschlüssel – bemüht zu sein, damit das Programm fristgerecht verabschiedet werden kann. Dem Vorschlag wurde zugestimmt.

TOP VII – MBFR

Generalsekretär führte das Bezugsdokument DPC-D (78) 9 (revised) mit dem Hinweis ein, daß MBFR-Probleme normalerweise von den Außenministern im NATO-Rat behandelt würden. Es sei jedoch von der Sache her sicher richtig, wenn auch den Verteidigungsministern darüber berichtet würde.

Eine Diskussion ergab sich nicht. Das Dokument galt damit als zur Kenntnis genommen.

[gez.] Pauls

VS-Bd. 11322 (220)

---

[40] Zur Ministersitzung des Ausschusses für Verteidigungsplanung (DPC) der NATO am 6. Dezember 1978 in Brüssel im kleinen Kreis vgl. Dok. 377.
[41] Korrigiert aus: „9, der".
[42] Korrigiert aus: „nun".

154

Aufzeichnung des Staatssekretärs van Well

VS-vertraulich   22. Mai 1978[1]

Herrn Minister[2]

Betr.: Gespräch beim Bundeskanzler über Terrorismuskontakte mit Jugoslawien[3]

Der jugoslawische Innenminister warnte uns davor, andere Kanäle zu benutzen und den Vorgang offiziell zu machen. Sein Petitum war ein Gespräch der beiden Innenminister.[4] In der nächsten Zeit stünde er mit Ausnahme des 25. Mai zur Verfügung.

Zu entscheiden ist, ob angestrebt werde sollte:

– Treffen der beiden Innenminister;

– ein Kontakt mit Dolanč;

– ein direkter Kontakt des Bundeskanzlers mit Tito.

Zu entscheiden ist ferner, wann das Auslieferungsersuchen den Jugoslawen übergeben werden soll.

Angesichts der jugoslawischen Gegenforderungen, für deren Erfüllung bei uns die rechtlichen Voraussetzungen fehlen, stellt sich die Frage, ob weitere Versuche, die Abschiebung der Vier zu erreichen, auch nur die geringste Realisierungschance haben. Ob nicht vielmehr die Gefahr besteht, daß die Nichtstellung eines Auslieferungsersuchens uns später zum Vorwurf gemacht wird. Nach dem Auslieferungsabkommen[5] haben wir einen Anspruch auf die Auslieferung der Vier. Wir könnten bei den Gesprächen über die Stellung des Ausliefe-

---

[1] Am 22. Mai 1978 vermerkte Staatssekretär van Well handschriftlich: „Von Hand zu Hand H[errn] Lewalter."

[2] Hat Bundesminister Genscher am 22. Mai 1978 vorgelegen.

[3] Vortragender Legationsrat I. Klasse Lewalter notierte am 19. Mai 1978, Staatssekretär van Well habe ihm folgende Informationen des Staatssekretärs Fröhlich, Bundesministerium des Innern, übermittelt: „Jugosl[awische] Seite habe dem BMI mitgeteilt, in Jugoslawien würden deutsche Terroristen Wagner, Mohnhaupt, Boock und Sieglinde Hoffmann (ersterer zum Schleyer-Komplex, letztere drei zum Ponto-Komplex gesucht) festgehalten. Jugoslawien sei bereit, die Vier in die Bundesrepublik Deutschland abzuschieben, wenn deutscherseits drei Exilkroaten nach Jugoslawien überstellt würden. Nach Mitteilung von Herrn Fröhlich seien die drei Kroaten mit gültigen Aufenthaltserlaubnissen versehen (einer hatte deutsches Asyl). Fröhlich reise im Auftrag seines Ministers heute, 12 h, nach Jugoslawien, um auf folgender Linie zu verhandeln: Wir können bezüglich der drei Kroaten nicht gegen unsere Gesetze verstoßen, verlangen aber die Auslieferung der vier Terroristen." Ministerialdirigent Fleischhauer habe mitgeteilt, nach Auskunft des Bundesministeriums der Justiz werde ein Beamter Fröhlich begleiten, der Auslieferungsersuchen und Haftbefehle mit sich führe: „Nach dem deutsch-jugosl. Auslieferungsabkommen gebe es eine Pflicht zur Auslieferung. Zur Frage, ob Jugoslawien wegen politischen Charakters der Taten Auslieferung verweigern könne: Bei Wagner sei man nicht umhin gekommen, Haftbefehl auf Erpressung des Staates zu gründen, die drei anderen würden wegen Mordes verlangt. D 5 wird darauf drängen, daß BMJ+BMI BK persönlich unterrichten." Vgl. VS-Bd. 14076 (010); B 150, Aktenkopien 1978.

[4] Werner Maihofer bzw. Franjo Herljević.

[5] Für den Wortlaut des Vertrags vom 26. November 1970 zwischen der Bundesrepublik und Jugoslawien über die Auslieferung vgl. BUNDESGESETZBLATT 1974, Teil II, S. 1258–1268.

rungsersuchens klarmachen, daß wir mit Jugoslawien in der Bekämpfung des Terrorismus noch enger als bisher zusammenarbeiten wollen und daß wir Auslieferungsersuchen von jugoslawischer Seite im Interesse dieser besseren Zusammenarbeit behandeln würden. Angesichts ihrer Gegenforderungen sollten wir sie auf die Möglichkeit verweisen, ihrerseits Auslieferungsersuchen zu stellen, die dann von uns korrekt in Erfüllung des Auslieferungsabkommens behandelt würden.

Die entscheidende Frage, die sich jetzt für uns stellt, ist die Frage, ob wir weiter nur die Direktkontakte der Innenressorts fortführen sollten mit dem Ziel der Abschiebung oder ob wir – vielleicht parallel – auf politischer Ebene mit Dolanč sprechen und anschließend auch mit Tito Kontakt nehmen, um eine Verständigung über beiderseits korrekte Durchführung des Auslieferungsabkommens herbeizuführen mit anschließender Übergabe des Auslieferungsersuchens.

Für den Fall eines negativen Ausgangs der weiteren Kontakte mit der jugoslawischen Seite stellt sich die Frage, wie wir uns gegenüber der Drohung des jugoslawischen Innenministers verhalten, mit der Bundesrepublik Deutschland in eine offene Auseinandersetzung zu gehen. Obwohl es auf den ersten Blick schwer vorstellbar ist, daß die Jugoslawen bereit sind, das Risiko einzugehen, ihre Beziehungen mit uns in sehr erheblicher Weise zu belasten, kann nicht ausgeschlossen werden, daß die Entwicklung in diese Richtung geht. Jedenfalls würde eine Freilassung der Vier zu unübersehbaren Reaktionen der deutschen Öffentlichkeit führen. Die Bundesregierung würde dann gezwungen sein, ihr Verhältnis zu Jugoslawien einer grundsätzlichen Überprüfung zu unterziehen. Die Auswirkungen einer solchen Verschlechterung des Verhältnisses auf den internationalen Bereich (die jugoslawische Rolle in der Dritten Welt), die jugoslawischen Gastarbeiter bei uns, unseren Tourismus in Jugoslawien, unsere Wirtschaftsbeziehungen und die gerade auch während unserer Präsidentschaft in der EG[6] zu führenden Vertragsverhandlungen Jugoslawien–EG[7] sind schwer abzuschätzen.

---

[6] Die Bundesrepublik übernahm am 1. Juli 1978 die EG-Ratspräsidentschaft.

[7] Referat 411 vermerkte am 12. April 1978: „Das gegenwärtige Handelsabkommen EG-Jugoslawien läuft am 31.8.1978 aus. Der Rat hat auf seiner Januar-Sitzung das Verhandlungsmandat für ein Rahmenabkommen über die handelspolitische und wirtschaftliche Zusammenarbeit verabschiedet. [...] Verhandlungen wurden Ende Februar in Brüssel eröffnet und am 11. April 78 im Rahmen einer ersten Arbeitssitzung in Brüssel fortgesetzt. Die Jugoslawen haben über verschiedene Kanäle [...] ihre Unzufriedenheit mit dem EG-Mandat signalisiert." Jugoslawien habe im April 1978 in allen Hauptstädten der EG-Mitgliedstaaten sowie bei der EG-Kommission in Brüssel ein Memorandum mit neuen Vorschlägen überreicht: „Die EG-Kommission hat Prüfung der jugoslawischen Wünsche in Aussicht gestellt und wird vermutlich Initiative zur Mandatserweiterung ergreifen. Sie hat gleichzeitig zu erkennen gegeben, daß jugoslawische Vorstellungen in zahlreichen Bereichen zu weitgehend sind und kaum erfüllbar sein dürften." Vgl. B 201 (Referat 411), Bd. 450.

Botschaftsrat I. Klasse Hofmann, Belgrad, berichtete am 17. Mai 1978, daß Ministerpräsident Djuranović die Botschafter der EG-Mitgliedstaaten zu sich gebeten habe, „um nachdrücklich auf Notwendigkeit hinzuweisen, Mandat der EG-Kommission für Verhandlungen über Handelsabkommen zu erweitern. Dabei drohte er mit protektionistischen Maßnahmen von politischer Konsequenz." Hofmann legte dazu dar: „Botschafter sind der Ansicht, daß es Jug[oslawien] nicht nur um privilegierende Vorteile im Wirtschaftssektor, sondern auch um Heraushebung einer politischen ‚Sonderstellung Jugoslawiens' im Handelsabkommen geht." Vgl. den Drahtbericht Nr. 442; B 201 (Referat 411), Bd. 450.

Wirtschaftliche Daten:
- Kapitalhilfe-Abkommen 1972: 300 Mio. DM[8]
  1974: 700 Mio. DM[9]
  Betrag ist seit 1977 voll ausgezahlt.
- Regierungsbürgschaften: Bisheriges Obligo und Zinsen beläuft sich derzeit auf 2 Mrd. DM (1977 2,1 Mrd.)
  Jahresplafond für Bürgschaften seit 1975 300 Mio. DM
- Europäische Investitionsbank gewährt Zugangskredit von 50 Mio. RE (entspricht 3,66 DM je RE).
  Inanspruchnahme vermutlich gering, genaues ist nicht bekannt.
- Mit EG wird Handelsvertrag sui generis angestrebt. Auf diese Verhandlungen ist deutscher Einfluß wesentlich.[10]

van Well

VS-Bd. 14076 (010)

---

[8] Die Bundesrepublik und Jugoslawien verhandelten vom 9. bis 11. Oktober und vom 18. bis 20. Dezember 1972 über die Gewährung von Kapitalhilfe. Der dabei mit der Kreditanstalt für Wiederaufbau geschlossene Darlehensvertrag in Höhe von 300 Mio. DM hatte eine Laufzeit von 30 Jahren bei 2,5 % Zinsen, davon acht Jahre tilgungsfrei. Vgl. dazu die Aufzeichnung des Ministerialdirektors Herbst vom 21. Dezember 1972; Referat III A 5, Bd. 752.

[9] Für den Wortlaut des Abkommens vom 10. Dezember 1974 zwischen der Bundesrepublik und Jugoslawien über Kapitalhilfe vgl. BUNDESGESETZBLATT 1975, Teil II, S. 362f. Vgl. dazu auch AAPD 1974, II, Dok. 363.

[10] Ministerialdirigent Verbeek notierte am 26. Mai 1978: „1) Die jugoslawische Regierung hat nunmehr im Gegenzug zu unserem Auslieferungsersuchen die [...] Auslieferungsersuche in Bezug auf acht in der Bundesrepublik ansässige jugoslawische Staatsangehörige kroatischer Abkunft übermittelt. Nach einer Mitteilung aus dem BMJ soll es sich sämtlich um Spitzenvertreter der kroatischen Bewegung in der Bundesrepublik handeln. [...] Die jugoslawischen Ersuche sind den Justizbehörden der Länder zur Prüfung zugeleitet worden. Im BMJ (so MD Schneider telefonisch gegenüber D 5) steht man den Auslieferungsersuchen nicht ablehnend gegenüber. Der auf der jugoslawischen Liste an erster Stelle genannte Bilandžić ist bereits in vorläufige Auslieferungshaft genommen worden. 2) Wie aus dem BMJ ferner zu erfahren war, haben drei der betroffenen Kroaten bei uns politisches Asyl erhalten. Dies würde aber eine Auslieferung nicht ausschließen". Vgl. VS-Bd. 10798a (511); B 150, Aktenkopien 1978.
Am 29. Mai 1978 vermerkte Verbeek, daß drei der acht von Jugoslawien geforderten Exilkroaten inzwischen in Auslieferungshaft genommen worden seien; zwei seien nicht aufzufinden gewesen. Ferner hätten Oberlandesgerichte in Baden-Württemberg und Bayern den Erlaß von Haftbefehlen wegen unzureichender Unterlagen abgelehnt. Staatsminister Wischnewski habe in Belgrad Gespräche mit dem Sekretär des Exekutivbüros des Präsidiums des BdKJ, Dolanč, geführt. Dieser habe zugesagt, „daß die vier deutschen Terroristen in Jugoslawien vorerst in Haft gehalten würden. Sie hätten eine Verurteilung wegen Paßvergehen zu ein bis zwei Monaten Freiheitsstrafe zu erwarten. Erst danach könnten sie ausgeliefert werden. Wir hätten also Zeit, die Angelegenheit in Ruhe zu bearbeiten." Vgl. VS-Bd. 10798a (511); B 150, Aktenkopien 1978.
Botschafter von Puttkamer, Belgrad, berichtete am 31. Mai 1978 nach einem Gespräch mit dem jugoslawischen Innenminister: „Herljevićs Verhalten zeigte mit deutlich, daß jug[oslawische] Seite nach wie vor bereit ist, auszuliefern. Ob sie wirklich alle acht als Conditio sine qua non haben will, erscheint mit nicht einmal sicher." Vgl. den Drahtbericht Nr. 470; VS-Bd. 10798a (511); B 150, Aktenkopien 1978.

155

Botschafter Pauls, Brüssel (NATO), an das Auswärtige Amt

114-12280/78 geheim   Aufgabe: 22. Mai 1978, 13.30 Uhr[1]
Fernschreiben Nr. 604   Ankunft: 22. Mai 1978, 13.20 Uhr
Citissime

Betr.: DPC restricted session am 19.5.1978

1) Generalsekretär[2] eröffnete mit einem generellen Überblick, in dem er auf folgendes hinwies:

Seit letztem Treffen[3] hat es ermutigende Entwicklungen gegeben, vor allem bei vorausschauender NATO-Planung und bei der Reaktion der Nationen auf die Forderung, die Verteidigungshaushalte um drei Prozent real zu erhöhen.[4] Die Antwort auf den Londoner Gipfel[5] sei nun Realität, aber die erhöhten Anstrengungen müßten in der Zukunft fortgesetzt werden, wenn möglich verstärkt. Trotz ökonomischer Schwierigkeiten müsse zur Kenntnis genommen werden, daß WP nicht in seinen Anstrengungen nachläßt. Bei ungenügender Antwort müsse NATO dann Position der Unterlegenheit anerkennen, mit allen offensichtlichen politischen Konsequenzen und Auswirkungen auf nukleare Schwelle. Trotz Verbesserungen in der Streitkräfteplanung bestünden gravierende Schwächen in den Flanken. Vor allem im Süden seien schnelle Reaktionen notwendig, Portugal und Türkei bedürften der externen Hilfe. Er wies nochmals auf seine gestrigen Bemerkungen[6] zur US-türkischen Embargo-Frage hin. Nicht nur zwei Länder sollten Last der Verteidigungshilfe tragen. Das LTDP[7] sei nur ein Startpunkt, weitere Detailarbeit notwendig.

Seine Untersuchung hinsichtlich LTDP-Weiterarbeit, Stabsverstärkung und Programmüberwachung würde umfassend sein und bald vorliegen. Entscheidend sei aber politischer Wille der Nationen und vermehrte Kooperation.

Es sei jetzt klar, daß Sowjets nicht bereit seien, eigene Konzessionen bei Aufgabe der Neutronenwaffe durch USA zu machen. Welche Entscheidung würden USA jetzt treffen?

Der englische Verteidigungsminister[8] wies auf die notwendige Balance zwischen Verteidigungsanstrengung (LTDP) und Rüstungskontrollbemühungen hin. Auf

---

[1] Hat Vortragendem Legationsrat I. Klasse Rückriegel am 2. Juni 1978 vorgelegen.
  Hat Botschaftsrat I. Klasse Holik vorgelegen.
[2] Joseph Luns.
[3] Zur Ministersitzung des Ausschusses für Verteidigungsplanung (DPC) der NATO am 6./7. Dezember 1977 in Brüssel vgl. AAPD 1977, II, Dok. 356.
[4] Zum Beschluß des Ausschusses für Verteidigungsplanung (DPC) der NATO vom 17./18. Mai 1977 vgl. Dok. 151, Anm. 7.
[5] Die NATO-Ratstagung auf der Ebene der Staats- und Regierungschefs fand am 10./11. Mai 1977 statt. Vgl. dazu AAPD 1977, I, Dok. 121 und Dok. 141.
[6] Zur Ministersitzung des Ausschusses für Verteidigungsplanung (DPC) der NATO am 18./19. Mai 1978 in Brüssel vgl. Dok. 153.
[7] Zum Langfristigen Verteidigungsprogramm der NATO vgl. Dok. 151, Anm. 9, und Dok. 153, Anm. 5.
[8] Frederick Mulley.

MBFR müsse mehr politischer Nachdruck gelegt werden. Er wies auf eine laufende UK-Initiative zu MBFR hin, die noch zwischen Hauptstädten abgeklärt werde und danach in der NATO konsultiert werden solle (vermutlich Gedanke einer gemeinsamen Ost-West-MBFR-Außenministerkonferenz).[9]

Der kanadische Außenminister[10] wies auf Notwendigkeit ausgewogener Unterrichtung der Staatsoberhäupter und Verteidigungsminister über die Gesamtbalance zwischen Ost und West hin, damit Verteidigungsanstrengungen der Nationen in Gesamtrahmen gestellt werden könnten.

Die üblichen G2-Unterrichtungen seien zu einseitig. Sollte eine derartige Unterrichtung beim Gipfel in Washington[11] gegeben werden, so sei Vororientierung über wesentlichen Inhalt erwünscht.

Er forderte weniger quantitativen Vergleich als vielmehr qualitative Bewertung. Neutronenwaffendiskussion habe Bedeutung qualitativer Bewertungen gezeigt, um Diskussion auf rationaler Ebene führen zu können.

US-Verteidigungsminister[12] informierte, daß am zweiten Tage des Gipfels zwei Unterrichtungen gegeben würden.

1) Eine G2-Unterrichtung durch NATO-Vertreter.

2) Nuklearer Kräftevergleich durch US-Seite.

Generalsekretär will CA-Vorschlag für nächstes DPC-Treffen[13] aufgreifen.

US-Verteidigungsminister sprach zum militärischen Kräftevergleich und zum LTDP. Ost-West-Verhältnis sei Kombination von Wettkampf und Kooperation.

---

9 Premierminister Callaghan unterbreitete den Vorschlag einer Konferenz der Außenminister der an den MBFR-Verhandlungen teilnehmenden Staaten, die im Herbst 1978 stattfinden sollte, im Gespräch mit Bundeskanzler Schmidt am 24. April 1978. Vgl. Dok. 121.
Ministerialdirektor Blech gab dazu am 5. Mai 1978 zu bedenken, der Vorschlag „sollte mit allergrößter Vorsicht und unter strengster Diskretion" behandelt werden: „Ein Außenministertreffen ohne ausreichende Vorbereitung könnte einerseits dazu führen, daß die öffentliche Meinung den Grad der Übereinstimmung überschätzt, daß ein zu hoher Erwartungshorizont geschaffen wird und daß die westlichen Regierungen sich selbst [...] ohne Not unter Erfolgszwang setzen; [...] gegenüber dem Osten würden wir uns durch den vom Fortgang der Verhandlungen losgelösten Vorschlag einer Außenministerkonferenz in eine taktisch nachteilige Demandeur-Position versetzen; die SU würde den Vorschlag annehmen und ihrerseits im Westen unakzeptable Erfolgserwartungen äußern (z.B. freeze, symbolische Reduzierungen)." Daher sei es gefährlich, „die Idee einer Außenministerkonferenz losgelöst vom gegenwärtigen Stand der MBFR-Verhandlungen zu lancieren oder gar mit festen Terminvorstellungen zu propagieren". Vgl. VS-Bd. 11435 (221); B 150, Aktenkopien 1978.
Am 18. Mai 1978 notierte Blech, daß der britische Gesandte Bullard im Gespräch mit Botschafter Ruth folgende Vorschläge unterbreitet habe: „Das Kommuniqué der Gipfelkonferenz soll dazu benutzt werden, um die Ernsthaftigkeit der westlichen Anstrengungen in Richtung auf ein MBFR-Abkommen zu unterstreichen und um Druck auf die Sowjets im Hinblick auf eine konstruktive Beantwortung der westlichen MBFR-Initiative auszuüben. Um wirkliche Fortschritte zu erzielen, werde es zu irgendeinem Zeitpunkt (,at some stage') notwendig werden, die Verhandlungen auf die politische Ebene anzuheben." Ruth habe erklärt, der Gedanke einer Außenministerkonferenz sei „im Prinzip interessant und akzeptabel, wenn die nötigen Voraussetzungen dafür geschaffen werden". Die Bundesregierung begrüße es, „daß der britische Vorschlag die Terminierung einer solchen Konferenz nunmehr offenhält". Vgl. VS-Bd. 11435 (221); B 150, Aktenkopien 1978.
10 Donald C. Jamieson.
11 Zur NATO-Ratstagung auf der Ebene der Staats- und Regierungschefs am 30./31. Mai 1978 vgl. Dok. 170.
12 Harold Brown.
13 Zur Ministersitzung des Ausschusses für Verteidigungsplanung (DPC) der NATO am 6. Dezember 1978 in Brüssel im kleinen Kreis vgl. Dok. 377.

Trotz aller Schwierigkeiten lägen ökonomische und Systemvorteile beim Westen, um so wichtiger sei der Faktor militärische Überlegenheit für Sowjets, da sie auch weniger durch Konsumansprüche eingeschränkt seien. Machtverschiebungen seien weniger ideologie- oder systembedingt, sondern Folge direkten oder indirekten militärischen Druckes. Gefährlich werde Situation, wenn Sowjets sowohl ökonomischen als auch militärischen Druck ausüben könnten. Er ging kurz das gesamte Spektrum der konventionellen Balance[14] durch und wies besonders auf die qualitativen Verbesserungen der sowjetischen[15] Seite hin. In Mitteleuropa sei Lage nicht so, daß WP eines schnellen Erfolges sicher sei. Spezifische afrikanische Situation und kubanisches Eingreifen habe ihnen dort Erfolge beschert, im Nahen Osten seien sie weniger erfolgreich und im Fernen Osten sei Lage ausgeglichener als in Vergangenheit.

Kräftige westliche Anstrengungen seien nötig, um sowjetischer Versuchung Boden zu entziehen, von Position militärischer Überlegenheit handeln zu wollen. Westliche Öffentlichkeit sei in Gefahr, zukünftige mögliche negative Trendentwicklungen bereits für Tatsache zu nehmen.

US-Antwort darauf sei: verstärkte Verteidigungsanstrengungen, verifizierbare Rüstungskontrollabmachungen, besondere NATO-Zuwendung, Nutzung von Technologievorteilen und verstärkte Friedensbemühungen im Nahen Osten. Um Kongreß zu überzeugen, sei positive europäische Kooperation notwendig.

Kooperation in Allianz freier Staaten muß verstärkt werden. Drei Prozent Realsteigerung sei entscheidend, wenn auch noch nicht ausreichend.

DPC habe bei LTDP gute Arbeit geleistet, vorläufig sei aber nur einem Programm, nicht aber einer Planung zugestimmt worden. Tatkräftige Folgearbeiten daher notwendig, besonders hinsichtlich organisatorischer Verbesserungen. EWG[16] solle bis 15. Juli einen Bericht vorlegen, in dem noch notwendige Folgearbeiten (Kostenanalyse, Planverfeinerungen, Folgestudien) festgelegt werden. Dieser Bericht zusammen mit der Organisationsstudie des Generalsekretärs müsse für ministerielle Beschlußfassung schnell vorliegen.

Der Generalsekretär warnte vor zu großem Zeitdruck, da die Hauptstädte nun etwas Zeit für eigene Analysen und Planungen brauchten.

Verteidigungsminister Apel warnte mit Hinweis auf EG-Erfahrungen vor zu engen Terminen. Wichtig sei gegenseitiges Vertrauen, weniger Termindruck. Für notwendige Folgeentscheidungen sei es im Dezember noch früh genug.

Der britische Verteidigungsminister unterstützte BM Apel hinsichtlich eines Fortschrittsberichts für Dezembertreffen. Zunächst müsse er zu Hause die Unterstützung des Finanzministers[17] und des Parlaments einholen. Dies ginge nicht in sechs Wochen. Unrealistische Termine führten zu gar nichts. Die eigentliche Planung könne sowieso nicht in NATO, sondern nur von Nationen gemacht werden.

---

[14] Dieses Wort wurde von Vortragendem Legationsrat I. Klasse Rückriegel hervorgehoben. Dazu vermerkte er handschriftlich: „Global".
[15] Der Passus „Er ging kurz ... der sowjetischen" wurde von Botschaftsrat I. Klasse Holik hervorgehoben. Dazu Fragezeichen.
[16] Executive Working Group.
[17] Denis Healey.

Der Generalsekretär will seinen Bericht ohne nationale Unterstützung bis 1. August fertigstellen, dann sei nationale Reaktion gefordert. Das Notwendige würde in der EWG auch ohne festen Termin getan, dies betreffe vor allem das Bestimmen von Folgearbeiten.

Der norwegische Minister[18] wies besonders auf die maritime Bedrohung an der Nordflanke hin, der Norwegen nicht alleine begegnen könne. Im Nordatlantik und der Norwegischen See gelte es, die maritime Vorneverteidigung zu erhalten und Friedensabschreckung gegen isolierte regionale Aggressionen aufzubauen. Es dürfe in diesem Bereich keine maritimen Sanktuarien der Sowjetunion geben. Man sei für das US-maritime Engagement dankbar, für die Verstärkungsfähigkeit sei Schutz der LOC[19] lebensentscheidend. Um den verschiedenen Bedrohungsformen zu begegnen, müßten kooperativ die Verteidigungsfähigkeiten maximiert werden. Hierfür gelte es, Kriterien zu entwickeln.

Der kanadische Minister unterstrich die norwegischen Ausführungen, die seine Forderung nach einer umfassenden Kräftevergleichsbeurteilung unterstütze. Dann könne jede Nation ihre[20] besondere Rolle im Gesamtbild bestimmen. Auch forderte er in der NATO-Planung eine verbesserte Koordination zwischen den verschiedenen finanzintensiven Projekten wie AWACS, LTDP, Force Goals, Infrastruktur.

Auf Fragen des Generalsekretärs machte US-Verteidigungsminister noch einige Ausführungen zur afrikanischen Lage. Er wies auf die US-Munitions- und Treibstofftransporte nach Zaire zur Unterstützung der Belgier[21] hin. In Eri-

---

18 Rolf Arthur Hansen.
19 Lines of communication.
20 Korrigiert aus: „seine".
21 Referat 321 vermerkte am 19. Mai 1978: „In der Nacht vom 11./12. Mai ist eine größere Anzahl bewaffneter Rebellen in die Provinz Shaba eingedrungen. Nach amtlichen zairischen Angaben soll es sich um eine Streitmacht von etwa 4000 ehemaligen Katanga-Gendarmen handeln, die von Angola über Sambia gekommen seien. [...] Die militärische Lage ist unübersichtlich. Im Mittelpunkt der Kämpfe steht das wirtschaftliche Zentrum der Provinz, die Bergwerkstadt Kolwezi. Zairische Truppen haben den Flugplatz zurückerobert. Die Kampfhandlungen dauern an. [...] Zaire wirft der Sowjetunion, Kuba, Algerien und Libyen Unterstützung der Angreifer vor, was diese sofort zurückgewiesen haben. Bisher gibt es keine Beweise für diesen Vorwurf, insbesondere für die Teilnahme ausländischer Truppen. Logistische Unterstützung durch Angola und Kuba liegt jedoch nahe." Zaire habe Belgien, die Volksrepublik China, Frankreich, Marokko und die USA um Hilfe gebeten: „Präsident Carter hat die beschleunigte Lieferung bereits zugesagter militärischer Ausrüstungsgüter im Wert von 17,5 Mio. Dollar angekündigt." Zur Evakuierung der über 3000 in Kolwezi lebenden Europäer und Amerikaner hätten Belgien 1700 und Frankreich 1200 Soldaten in Marsch gesetzt: „Die USA stellt Langstreckenflugzeuge für eine Luftbrücke zur Verfügung. Die Aktion wurde von einem internationalen Krisenstab abgestimmt, an dem sich unter belgischer Führung USA, Frankreich und Großbritannien beteiligt haben." Vgl. Referat 321, Bd. 115609.
Gesandter Lahusen, Paris, berichtete am 19. Mai 1978, ein Mitarbeiter der amerikanischen Botschaft habe gegenüber einem Mitarbeiter der Botschaft angedeutet, es habe am Vortag in Heidelberg eine Konferenz zwischen Belgien, Frankreich und den USA stattgefunden. Darüber sei eine „absolute Nachrichtensperre verhängt worden, vor allem im Hinblick auf innenpolitische Weiterungen in den USA". Die USA seien „mit Stellung von Transportraum und Logistik beteiligt". Die amerikanische Regierung lege Wert darauf, „ihre Beteiligung an der Aktion mindestens solange zu verschleiern, bis ein offenkundiger Erfolg zu verzeichnen ist. Auch eine Beteiligung amerikanischer Truppen komme zur Zeit nicht in Betracht". Die amerikanische Botschaft sei nicht darüber informiert, ob die Bundesregierung durch die amerikanische Regierung eingeweiht worden sei: „Man bitte um Verständnis dafür, daß erst gestern beschlossene Aktion wahrscheinlich nur zwischen den unmittelbar Beteiligten, nicht aber mit dem engsten Bündnispartner Amerikas vorher besprochen werden konnte." Vgl. den Drahtbericht Nr. 1372; VS-Bd. 11171 (320); B 150, Aktenkopien 1978.

trea²² befänden sich Kubaner und Sowjets in schwieriger politisch-psychologischer Situation, da sie eine von vielen Staaten anerkannte nationale Befreiungsbewegung unterdrücken helfen. Kubanisches Engagement in Afrika sei teilweise mit Frustration über Mißerfolge in Südamerika zu erklären. Die Sowjets hätten keine vollständige Kontrolle über Kubaner. Er mußte auf Gegenfragen aber einräumen, daß keine größere Bewegung der Kubaner ohne sowjetische Transporthilfe möglich sei. Hinsichtlich der Neutronenwaffe erklärte er, daß noch keine endgültige Entscheidung getroffen sei. Es werde ein verbesserter Gefechtsfeldsprengkopf entwickelt, der leichter gegen den konventionellen austauschbar sei und später auch eine „Neutronenwaffenfähigkeit" erhalten könne.

[gez.] Pauls

VS-Bd. 11458 (221)

156

Aufzeichnung der Vortragenden Legationsrätin Siebourg

105-34.A/78 VS-vertraulich   23. Mai 1978[1]

Betr.: EPZ-AM Treffen in Nyborg am 20.5.1978;
hier: Dolmetscheraufzeichnung

Ad Tagesordnung:

Es wurde beschlossen, die Punkte

— Beziehungen EG–Europäisches Parlament

— Südafrika

— Auswirkungen der Erweiterung auf PZ

auf das Treffen am 12.6.1978[2] zu vertagen.

---

[22] Zum Konflikt in Eritrea vgl. Dok. 41, Anm. 6.
Botschaftsrat I. Klasse Busse, Addis Abeba, berichte am 11. Mai 1978, die äthiopischen Streitkräfte hätten vor etwa zehn Tagen eine Großoffensive in Eritrea begonnen: „Angriffe aus Asmara sollen unterstützt werden durch eine kubanische mechanisierte Brigade, etwa 90 Panzer, darunter mit sowjetischen AN-22 eingeflogene T-54 und 55. In Asmara soll sich auch das Hauptquartier des Sowjetgenerals Petrow befinden, der die Operation leitet. Angriffe aus Provinz Tigre im Raum Makale werden durch eine weitere kubanische mechanisierte Brigade unterstützt. [...] Weitere 7000 Kubaner sollen auf die Massawa vorgelagerte Dalakh-Inselgruppe verlegt worden sein. In den Gewässern um Massawa befinden sich drei sowjetische Kriegsschiffe." Vgl. den Drahtbericht Nr. 439; Referat 320, Bd. 116757.

[1] Hat Vortragendem Legationsrat Ackermann am 24. Mai 1978 vorgelegen, der handschriftlich vermerkte: „Herrn Minister m[it] d[er] B[itte] um Genehmigung, daß StS, D 2 und D 4 je einen Durchdruck erhalten."

[2] Zur Konferenz der Außenminister der EG-Mitgliedstaaten im Rahmen der EPZ in Kopenhagen teilte Vortragender Legationsrat I. Klasse Ellerkmann am 14. Juni 1978 mit, es sei beschlossen

DK[3] sagte zu, über die dänischen Parlamentsentscheidungen zu Südafrika in der Zwischenzeit zu informieren.[4]

Tagesordnung für gegenwärtiges Treffen:

- Erweiterungsfragen
- Beziehungen EG–Drittländer

   Türkei: Anstehende Begegnung R. Jenkins–Ecevit am 25.5.

   Jugoslawien: Vorschlag IRL und NL

   ASEAN

   Malta

   Australien: evtl.

- Lomé II und Menschenrechte
- Afrika: ausschließlich Zaire, sobald F und B anwesend sein würden
- Orlow-Urteil
- Beziehungen EURATOM–US[5]: Vorschlag NL[6]

Für Erörterung dieses Punktes blieb keine Zeit.

Fortsetzung Fußnote von Seite 760
   worden, daß Griechenland mit der Unterzeichnung des Beitrittsvertrags an der EPZ teilnehmen solle. Bereits ab September 1978 solle Griechenland über alle Konferenzen der Außenminister oder Sitzungen des Politischen Komitees informiert werden. Portugal und Spanien sollten in einem früheren Stadium der Beitrittsverhandlungen als Griechenland an die EPZ herangeführt werden. Auch mit der Türkei solle in einen gegenseitigen Meinungsaustausch eingetreten werden. Hinsichtlich der Behandlung Südafrikas solle „eine festere Haltung" eingenommen werden. Das Politische Komitee sei mit der Ausarbeitung weiterer Vorschläge bis September beauftragt worden. In der Frage der Beziehungen zum Europäischen Parlament habe Bundesminister Genscher darauf hingewiesen, „daß wir es in absehbarer Zeit mit einem gewählten Parlament zu tun haben werden, das stärkeres Selbstbewußtsein und daher höhere politische Erwartungen habe. Er beabsichtige, während der deutschen Präsidentschaft seine Antwort in dem durch den Konsens der neun EPZ-Partner gezogenen Rahmen in eigener politischer Verantwortung substantiell zu gestalten." Vgl. den Runderlaß Nr. 60; Referat 012, Bd. 108141.
3 Knud Børge Andersen.
4 Botschafter Hofmann, Kopenhagen, übermittelte am 23. Mai 1978 ein Schreiben des dänischen Außenministers Andersen vom Vortag an die Außenminister der EG-Mitgliedstaaten. Diesem war der Entwurf einer Resolution beigefügt, die vom außenpolitischen Ausschuß des dänischen Parlaments verabschiedet worden war und dem Parlament vorgelegt werden sollte. Darin wurde die dänische Regierung zu einem Wirtschaftsboykott gegen Südafrika und zu einer stärkeren Unterstützung von Flüchtlingen sowie oppositionellen Organisationen aufgerufen. Folgende Maßnahmen sollten getroffen werden: keine Ausfuhrbürgschaften, Rückzug der dänischen Handelsmission in Johannesburg, kein Kauf von Kohle in Südafrika. Vgl. dazu den Drahtbericht Nr. 238; VS-Bd. 11076 (200); B 150, Aktenkopien 1978.
  Andersen teilte Bundesminister Genscher mit Schreiben vom 2. Juni 1978 mit, daß die Resolution vom dänischen Parlament verabschiedet worden sei und von der dänischen Regierung umgesetzt werde. Vgl. dazu Referat 320, Bd. 116845.
5 Zur Erörterung des „Nuclear Non-Proliferation Act of 1978" vom 9. Februar 1978 in den Europäischen Gemeinschaften vgl. Dok. 113.
  Ministerialdirektor Lautenschlager notierte am 28. April 1978, daß sich die französische Haltung verhärtet habe: „Auf Sitzung Ständiger Vertreter am 27.4.1978 hat französischer Botschafter harte Haltung seiner Regierung bestätigt. [...] Aus unserer Kenntnis des französischen Meinungsbildungsprozesses in dieser Angelegenheit ist die Schlußfolgerung zulässig, daß die Verhärtung kurzfristig eingetreten und auf Einflüsse außerhalb des Quai d'Orsay zurückzuführen ist." Vgl. Referat 413, Bd. 123665.
  In einem Telefongespräch mit Staatspräsident Giscard d'Estaing am 9. Mai 1978 erkundigte sich Bundeskanzler Schmidt, „ob die verhärtete Haltung Frankreichs [...] auf einer direkten Direktive des Präsidenten beruhe. Giscard verneinte dies und führte aus, er habe selbst sehr klare Vorstellungen. Man müsse eine Formel finden, die eine Gesprächsbereitschaft signalisiere und in der

Fragen der Erweiterung[7]

DK: In Überlegungen und insbesondere Entscheidungen gelte es, ab jetzt an Gemeinschaft als Zwölf zu denken. Drei Probleme stellten sich:

1) Ist die Gemeinschaft bereit, den Konsequenzen aus finanziellen Entscheidungen ins Auge zu sehen, die sich vornehmlich in wirtschaftlichen und politischen Anpassungs-Erfordernissen niederschlagen werden? Eine irische Zeitung habe treffend formuliert, es bestehe eine Diskrepanz zwischen dem politischen „Ja" und dem wirtschaftlichen „Aber".

2) Soll der Vertrag[8] über die rein mechanischen Änderungen hinaus geändert werden?

3) Besteht Einigkeit, die Übergangsphasen so kurz wie möglich zu halten und Sicherheitsklauseln gegen Mißbrauch einzubauen?

R. Jenkins: Zu lange Übergangsperioden führten dazu, die Verhandlungen nicht ernst zu nehmen. Die Zeitspannen müßten so bemessen sein, daß die betroffenen Verhandler die Erfüllung als noch in die eigenen Amtsperioden fallend sehen und daher volle Verantwortung übernehmen.

Für die meisten Bereiche und die Mehrzahl der Kandidaten seien fünf Jahre angemessen. Ausnahme: die spanische Landwirtschaft.

Gleichzeitig seien Anpassungen im Entscheidungsprozeß unerläßlich, wenn nicht absolute Bewegungslosigkeit und damit eine abträgliche Schwächung der Gemeinschaft eintreten solle.

GB: Gegenüber Einführung unterschiedlicher Übergangszeiten offen; ihre Dauer zu bestimmen, sei verfrüht; sie müsse sich vielmehr im Lauf der Verhandlungen und aus den Positionspapieren der Kommission ergeben. Gefahr leichtherzigen Beitretens und späterer Nichterfüllung eingegangener Verpflichtungen sei dabei im Auge zu behalten.

Bezüglich des Entscheidungsprozesses denke er, zu viele Fragen würden dem Rat zur Entscheidung überlassen, über die Beschlußfassung bereits im Coreper[9]

Fortsetzung Fußnote von Seite 761

gleichzeitig klar zu erkennen sei, daß die Verhandlungsgegenstände von INFCE in diesen Gesprächen während der Laufzeit von INFCE nicht zur Disposition stünden. Dies betonte Präsident Giscard mehrfach. Der Bundeskanzler erklärte seine Erleichterung über diese Äußerung von Präsident Giscard, da ihm Informationen vorlägen, daß sich die Haltung des Quai d'Orsay in den letzten Wochen nachhaltig verhärtet habe. Präsident Giscard sagte Überprüfung der Angelegenheit im Sinne seiner Ausführungen zu." Vgl. die Gesprächsaufzeichnung; Referat 413, Bd. 123665.

[6] Botschafter Sigrist, Brüssel (EG), berichtete am 12. Mai 1978, in einer Sitzung der Ständigen Vertreter hätten die Niederlande unterstrichen, „daß ein Ausbleiben einer Gemeinschaftsantwort auf amerikanische Wünsche, gleichgültig in welcher inhaltlichen Form, dazu führen müsse, daß bestimmte Lieferungen aus den Vereinigten Staaten, auf die Forschungseinrichtungen in der Gemeinschaft dringend angewiesen seien, mit einiger Sicherheit nicht stattfinden würden. In dieser Situation müsse man sich die Frage stellen, wohin die interne Blockade einer Antwort im Außenverhältnis zu den Vereinigten Staaten führe." Die französische Delegation habe „relativ lakonisch" argumentiert, „daß die Schuld für die gegenwärtige Situation nicht auf europäischer, sondern auf amerikanischer Seite liege". Vgl. den Drahtbericht Nr. 1742; Referat 413, Bd. 123665.

[7] Zum Stand der Verhandlungen über einen EG-Beitritt Griechenlands vgl. Dok. 134, Anm. 3.
Portugal stellte am 28. März 1977 den Antrag auf Beitritt zu den Europäischen Gemeinschaften. Vgl. dazu BULLETIN DER EG 3/1977, S. 8–10.
Zum Stand der Verhandlungen über einen EG-Beitritt Spaniens vgl. Dok. 8, Anm. 42.

[8] Für den Wortlaut der Römischen Verträge vom 25. März 1957 vgl. BUNDESGESETZBLATT 1957, Teil II, S. 753–1223.

[9] Comité des représentants permanents.

fallen könne. Wichtige Fragen könnten nicht nach dem Luxemburger Kompromiß[10] entschieden werden. Jedoch könne ein Abstimmungssystem in Coreper eingeführt werden, das wesentlich mehr Fragen entscheiden helfe, wobei allerdings nicht nach Mehrheitsbeschluß vorgegangen werden solle. Wichtige Fragen sollten weiterhin bei Nicht-Einigkeit in Coreper dem Rat vorgelegt werden. Dabei solle aber eine fühlbare Schwelle eingebaut werden, indem das Land, das diese Verweisung beantragt, hierfür eine Begründung abzugeben habe.

Ferner könne daran gedacht werden, auch die Entscheidungsbefugnisse der Kommission in administrativen und Durchführungsfragen zu vergrößern, ohne dabei indessen ihre Machtbefugnisse etwa in Fragen politischer Natur zu vergrößern.

M. a. W. vergrößerte Entscheidungsbefugnis für die Kommission zwecks zügigen Handelns innerhalb des Rahmens der Übereinkünfte des Rats.

IRL[11]: Wenn man, wie angeregt, beginne, als Zwölfergemeinschaft zu denken, so werde dies unweigerlich die Entscheidung über die Übergangsperioden beeinflussen. Man müsse sich an den Beitrittsdaten orientieren und die unterschiedlichen Phasen der Anpassung – sowohl in den Mitglieds- wie in den Kandidaten-Staaten – daran ausrichten.

Das Fresko[12] sei nunmehr unzureichend; die Kommission müsse weitergehende Richtlinien vorlegen.

---

[10] Am 14. Januar 1962 legte der EWG-Ministerrat in Brüssel den Beginn der dritten Stufe der Vorbereitung für den Gemeinsamen Markt auf den 1. Januar 1966 fest. Entscheidungen, die den Gemeinsamen Markt betrafen, sollten dann nur noch durch Mehrheitsbeschluß gefaßt werden. Vgl. dazu BULLETIN DER EWG 2/1962, S. 12–14. Vgl. dazu ferner den Runderlaß Nr. 169 des Ministerialdirektors Jansen vom 15. Januar 1962; AAPD 1962.
In der Folge der EWG-Ministerratstagung vom 28. bis 30. Juni 1965 in Paris lehnte Frankreich das Prinzip der Mehrheitsentscheidungen, das mit Beginn der dritten Stufe des Gemeinsamen Marktes gelten sollte, ab und verfolgte eine „Politik des leeren Stuhls". Die Krise konnte auf der Ministerratstagung am 28./29. Januar 1966 in Luxemburg durch einen Kompromiß beigelegt werden, der vorsah, daß sich die EWG-Mitgliedstaaten zunächst bemühen sollten, Lösungen einvernehmlich zu finden, und erst nach Ablauf einer „angemessenen Frist" Mehrheitsbeschlüsse getroffen werden könnten. Vgl. dazu AAPD 1966, I, Dok. 25.
[11] Michael O'Kennedy.
[12] Die EG-Kommission übermittelte dem EG-Ministerrat am 20. April 1978 „umfassende Überlegungen zu den Problemen der Erweiterung" („Fresko"). Darin wurden neben zu erwartenden wirtschaftlichen Problemen die Stellung der Europäischen Gemeinschaften in der Welt und institutionelle Aspekte der Erweiterung erörtert. Die EG-Kommission vertrat die Ansicht, daß die Erweiterung die Europäischen Gemeinschaften derart schwächen könnte, „daß ihre grundlegenden Ziele in Frage gestellt würden". Daher müsse sie möglichen Gefahren bei der Gestaltung der Übergangszeit vorbeugen: „Außerdem muß sie ihren Zusammenhalt und ihre Strukturen unverzüglich festigen und auf dem Weg der Einigung voranschreiten. Das bedeutet, daß die Gemeinschaft die überfällig gewordenen Beschlüsse zur vollständigen Verwirklichung des Gemeinsamen Marktes und zur Vertiefung der für den Erfolg der Erweiterung wesentlichen gemeinsamen Politiken nicht länger aufschieben darf." Unter der Voraussetzung einer Erweiterung der Befugnisse und besserer Finanzausstattung der Europäischen Gemeinschaften müsse den Bewerberstaaten eine positive Antwort gegeben werden, „deren zweifache politische Motivierung darin liegt, daß sie die demokratische Ordnung festigen und sich nicht einem in seinen Formen erstarrten Europa, sondern einem dynamisch fortschreitenden Europa anschließen wollen, zumal die Alternative zur Stärkung nicht Stillstand, sondern Rückschritt, ja Verfall des Erreichten wäre". Vgl. BULLETIN DER EG, Beilage 1/1978, S. 6 bzw. S. 17.
Ferner übermittelte die EG-Kommission am 20. April 1978 Überlegungen hinsichtlich der Übergangszeit und der institutionellen Folgen der Erweiterung sowie wirtschaftliche und sektorale Aspekte. Für den Wortlaut vgl. BULLETIN DER EG, Beilage 2 bzw. 3/1978. Vgl. dazu außerdem BULLETIN DER EG 4/1978, S. 7–11.

Ein weiteres Problem, das im Zusammenhang mit der Erweiterung gesehen werden müsse, sei die Sprachenfrage.

IT[13]: Die Kommission solle nunmehr, nach Darstellung des Fresko, ein präzises Arbeitsprogramm mit präzisen Schritten für die Verhandlungen vorlegen.

Die Übergangsfristen könnten unterschiedlich sein, sowohl zwischen den Ländern wie zwischen Wirtschaftssektoren.

Eine Vertragsänderung sei äußerst schwierig, dürfe keinesfalls das ohnehin empfindliche institutionelle Gleichgewicht gefährden.

Mehrheitsabstimmung könne durchaus häufiger praktiziert werden. Eine Stärkung der Kommission sei eine gute und sinnvolle Maßnahme.

Die Sprachenfrage sei jedenfalls ein heikles Thema. Ihre Regelung könne allenfalls nach dem Vorbild des Europäischen Parlaments geändert werden. Von großem praktischem Wert sei eine Änderung nicht; psychologische Reaktionen seien zu bedenken.

IRL: Zwischenfrage: gegenwärtige Amtssprachen oder Amtssprachen nach Erweiterung?

IT: Eine Reduzierung der Zahl der Amtssprachen könne nicht ins Auge gefaßt werden, auch nicht in bezug auf die Sprachen der Kandidaten.

NL[14]: Wenn das Fresko ein nützliches Handbuch darstelle, so bedürfe man doch jetzt weitergehender Einführung in die praktischen Fragen.

Zu den unterschiedlichen Übergansperioden, die ja wohl parallel und nicht nacheinander anzusetzen seien, müßten von Beginn der Verhandlungen an präzise Vorstellungen herrschen. Bislang habe man für GR fünf Jahre, für P eine längere Spanne und für SP eine sektoriell unterschiedliche Periode in Betracht gezogen. Das Fresko solle hier eine globalisierte Sicht erlauben.

Der Entscheidungsprozeß müsse in der Tat verbessert werden, solle die Zwölfer-Gemeinschaft nicht zu einem „Polnischen Reichstag"[15] werden. Die Entscheidungsfähigkeit des Coreper hänge vom Mandat durch den Rat ab.

Entscheidungen müßten jedenfalls in alle Sprachen übersetzt werden. Für andere Probleme mit der Sprachenregelung müßten praktikable Lösungen gefunden werden.

BM: Das Fresko sei eine erste gute Unterlage. Eine Übergangszeit von fünf bis zehn Jahren erscheine sinnvoll; aus der Zweiteilung solle jedoch kein Dogma gemacht werden.

Die Verhandlungen mit allen drei Kandidaten sollten zügig vorangebracht werden. Es dürfe nicht der Eindruck entstehen, GR werde bevorzugt, SP und P unter „ferner liefen" behandelt.

---

[13] Arnaldo Forlani.
[14] Christoph van der Klaauw.
[15] Seit Mitte des 17. Jahrhunderts genügte auf den Reichstagen der polnischen Adelsrepublik das Veto eines einzigen Abgeordneten (Landboten), um Beschlüsse des alle zwei Jahre einberufenen Reichstags (Sejm) zu verhindern. Mit dem sogenannten „liberum veto" wurde dabei nicht nur die Entscheidung verhindert, gegen die Einspruch erhoben wurde, sondern es führte dazu, daß keiner der bis dahin vom jeweiligen Reichstag gefaßten Beschlüsse Gültigkeit erlangte. Bis zur Einberufung des „Großen Reichstags" 1788 wurden auf diese Weise 53 Reichstage „zerrissen". Das „liberum veto" wurde mit der Verfassung vom 3. Mai 1791 beseitigt.

Im Entscheidungsprozeß müsse vor Eintreten der Erweiterung Fortschritt erzielt werden. Hierzu habe AM Owen zwei sehr gute Möglichkeiten aufgewiesen:
- Mehr Entscheidungsbefugnis für das Coreper. Einbau einer Schwelle zwischen Coreper und Rat. Es wäre gut, wenn es dabei einem Mitglied geradezu peinlich gemacht werde, eine Entscheidung vor den Rat zu bringen.
- Zunehmend Rückgriff auf Mehrheitsentscheidungen. Im Rat werde zu häufig von „nationalem Interesse" gesprochen. Die Gemeinschaft sei eine zunehmend integrierte Gruppe von Staaten, deren aller Interesse sehr häufig besser im „Gemeinschaftsinteresse" gedient sei als durch Verfolgen der Partikularinteressen der einen oder anderen Gruppe in einem der Staaten.

Zur Sprachenfrage: Er warne davor, die ohnehin komplizierte Situation in der EG mit einer gefühlsträchtigen Frage zu belasten. Alle Sprachen müßten gleichberechtigt sein. In der Praxis sei zwar eine „gleicher als die anderen"; mit dieser Praxis lasse sich bei Beibehaltung der prinzipiellen Gleichberechtigung aller Sprachen gut leben.

DK: Einigung in folgenden Punkten könne festgestellt werden:
- Es werde nicht mehr als zwei Vertragsänderungen geben: eine für GR; eine für SP und P gemeinsam.
- Zeitplan: Zu SP lege die Kommission ihre Stellungnahme im Dezember vor[16]; zu Portugal in wenigen Tagen[17], diese werde den Mitgliedstaaten zum 6.6.[18] zur Billigung zugehen, wobei P mit Verhandlungsaufnahme nicht vor September[19] rechne.

Zur Sprachenfrage schließe sich DK der deutschen Äußerung an: Es gelte, Gefühle und Empfindlichkeiten nicht zu wecken. Wenn Beamte und Experten de facto mit weniger Sprachen auskämen, so bleibe ihnen dies freigestellt.

IRL: Zur Klarstellung: Er habe keineswegs eine Verringerung der Sprachenzahl anregen, vielmehr diese Klarstellung, wie sie sich soeben ergeben habe, hervorrufen wollen.

R. Jenkins: Die Sprachenfrage sei ein wichtiger und diffiziler Punkt. Wie im Parlament müsse jeder seine eigene Sprache sprechen und von allen Zuhörern verstanden werden können, d.h. alle Sprachen müßten Amtssprache sein. Anders könne es in der praktischen Arbeit geregelt werden, der Rat z.B. arbeite schneller bei vereinfachter Lösung, nämlich Reduzierung auf von allen verstandene Arbeitssprachen.

---

[16] Die Stellungnahme der EG-Kommission zum Beitrittsantrag Spaniens vom 28. Juli 1977 wurde dem EG-Ministerrat am 29. November 1978 vorgelegt. Für den Wortlaut vgl. BULLETIN DER EG, Beilage 9/1978. Vgl. dazu ferner BULLETIN DER EG 11/1978, S. 7–9.

[17] Die EG-Kommission gab am 19. Mai 1978 eine Stellungnahme zum Beitrittsantrag Portugals ab. Darin sprach sie sich dafür aus, den Wunsch Portugals nach baldiger Eröffnung der Beitrittsverhandlungen möglichst bald positiv zu beantworten. Portugal dürfe nicht aus dem Prozeß der europäischen Integration ausgeschlossen werden. Wegen des „relativ geringen Gewichts der portugiesischen Wirtschaft" werde der Beitritt für die Europäischen Gemeinschaften wirtschaftlich nur „sehr begrenzte Folgen haben", jedoch ihre Heterogenität verstärken. Vgl. dazu BULLETIN DER EG 5/1978, S. 7–9. Für den Wortlaut der Stellungnahme vgl. BULLETIN DER EG, Beilage 5/1978.

[18] Zur EG-Ministerratstagung in Brüssel vgl. Dok. 181.

[19] Die Beitrittsverhandlungen der Europäischen Gemeinschaften mit Portugal wurden am 17. Oktober 1978 eröffnet. Vgl. dazu Dok. 318.

GB: Er frage sich, ob man für Coreper z. B. eine formelle Limitierung auf weniger Sprachen festlegen könne.

BM: Eine Änderung der gängigen Praxis solle nicht hier und jetzt beschlossen werden. Es könne nur eine oder alle Sprachen geben; eine spezielle Gemeinschaftssprache gebe es nicht.

Dokumente müßten in allen Amtssprachen erscheinen. Am besten belasse man es bei der gegenwärtigen Regelung.

DK: „Wie es ist" – das heiße auch, daß de facto häufig nicht alle Sprachen verwandt werden. Wenngleich es außer Frage stehe, daß alle neun Sprachen grundsätzlich Amtssprachen sein müßten, so müßte es doch Experten oder Beamten freistehen, die Zahl der verwandten Sprachen zu reduzieren.

BM: Am besten bleibe es bei der derzeitigen Regelung.

GB: Eine Regelung, wonach ein Ständiger Vertreter die Rückverweisung einer Entscheidung an den Rat quasi entschuldigend zu begründen habe, erscheine als guter, praktikabler Weg.

Im Zusammenhang mit der Erweiterung stelle sich außer den vorhergenannten Fragen auch die des Rotationssystems der Präsidentschaft. Hierzu habe AM de Guiringaud bereits in Leeds[20] den Vorschlag eingebracht, wonach vermieden werden solle, daß mehrere kleine Staaten in der Präsidentschaft aufeinanderfolgten.

Auch sei überlegenswert, ob nicht ein Präsidentschafts-Sekretariat geschaffen werden sollte, nicht als neue Institution oder bürokratische Laufbahn, sondern in stets wechselnder Besetzung ein kleiner Stab lediglich zur Entlastung des Präsidenten.

Nach kurzer Aussprache wurde beschlossen, das jetzige Rotationssystem beizubehalten, schon um den Eindruck der Klassifizierung in kleine und große Mitglieder zu vermeiden.

Beziehungen zu Drittländern

1) ASEAN

BM trug deutschen Vorschlag einer Begegnung EG–ASEAN-Außenminister am 20.11. in Brüssel[21] vor. Die Politischen Direktoren würden ein Kommuniqué ausarbeiten und den Inhalt des Gesprächs abstecken können, wobei neben Gemeinschaftsfragen sicherlich auch politische Themen aufkommen würden.

GB: Einwand: Dieser Vorschlag komme, über frühere Einigung hinausgehend, de facto der Anberaumung eines PZ-Gesprächs nahe. Dann aber werde die Flut der PZ-Runden bald nicht mehr aufzuhalten sein.

Nach kurzer Aussprache ergab sich Einigung:

– Sitzung mit ASEAN-Außenministern am Nachmittag des 20.11. in Brüssel; anschließend gemeinsames Abendessen.

– Themen: in erster Linie Gemeinschaftsfragen; dabei sei es unvermeidbar, daß aus ASEAN-Kreis auch politische Fragen angeschnitten werden.

[20] Das informelle Treffen der Außenminister der EG-Mitgliedstaaten im Rahmen der EPZ fand am 21./22. Mai 1977 statt. Vgl. dazu AAPD 1977, I, Dok. 128.
[21] Zur Konferenz der Außenminister der EG- und der ASEAN-Mitgliedstaaten am 20./21. November 1978 vgl. Dok. 353.

– Vorbereitung und Abstecken des inhaltlichen Rahmens durch PK.
– Bei kommenden Begegnungen (z. B. DK-Besuch neuen indonesischen Außenministers[22] am 22.5.) können ASEAN-Mitglieder ab nun hiervon in Kenntnis gesetzt werden.

2) Türkei[23]

Übereinstimmend wurde die Meinung geäußert:

Die Türkei solle so verständnisvoll wie möglich behandelt werden, um ihre drohende Entfremdung vom Westen zu vermeiden. Dabei könne ihr keine Aussicht auf Vollmitgliedschaft gemacht werden, ebensowenig (Äußerung GB) auf volle PZ.

Auch in den konkreten Anfragen der Türkei – Freizügigkeit ab 1980; bedeutende Finanzhilfen – könne man wenig anbieten.

Verhältnis Türkei–Griechenland:

Es gelte zu vermeiden, daß die Gemeinschaft in den Zypern-Konflikt hineingezogen werde.

Die türkischen Vorschläge zu Zypern[24] seien keine Verhandlungsbasis (GB). Wenn man jedoch Herrn Papaligouras anhöre, so nehme sich dagegen die Äußerung von Außenminister Ökçün im Europäischen Parlament sehr wohltuend aus (DK).

Am 12.6. könne das PK untersuchen, ob im politischen Bereich Handlungsspielraum bestehe und welche wirtschaftlichen Konzessionen denkbar seien.

BM verwies darauf, daß in Ecevit und Karamanlis zwei starke Persönlichkeiten an der Regierung seien, die Konstellation für eine Lösung also denkbar günstig sei. Daher gelte es, größte Anstrengungen zu machen, die türkisch-griechischen Probleme noch vor GR-Beitritt einer Lösung zumindest näherzubringen.

Die Aufhebung des Embargos[25] spiele hier eine entscheidende Rolle (auch für die psychologische Verfassung des türkischen Volkes, insbesondere der Armee). Hierfür aber müsse die Türkei zunächst eine weitere Bewegung machen. Eine solche Bewegung sei in der gegenüber den Wiener Vorschlägen eindeutig verbesserten Varosha-Erklärung Ecevits während Besuchs in Bonn[26] zu sehen.

Bundesregierung habe bei US auf Embargo-Aufhebung gedrängt, bei Ecevit auf Begegnung mit Karamanlis in Washington[27], bei Waldheim auf Einberufung der Volksgruppengespräche[28].

---

[22] Mochtar Kusumaatmadja.
[23] Zu den Beziehungen zwischen den Europäischen Gemeinschaften und der Türkei vgl. Dok. 147, Anm. 7.
[24] Zu den Vorschlägen der türkischen Volksgruppe auf Zypern vom 13. April 1978 vgl. Dok. 134, Anm. 9.
[25] Zum amerikanischen Waffenembargo gegen die Türkei vgl. Dok. 134, Anm. 8.
[26] Zu den Äußerungen des Ministerpräsidenten Ecevit am 11. Mai 1978 und deren Übermittlung an UNO-Generalsekretär Waldheim am 13. Mai 1978 vgl. Dok. 147, Anm. 18.
[27] Vgl. dazu die Gespräche des Bundeskanzlers Schmidt mit Ministerpräsident Ecevit am 10./11. Mai 1978; Dok. 146 und Dok. 147.
Zum Treffen von Ecevit mit Ministerpräsident Karamanlis am Rande der NATO-Ratstagung auf der Ebene der Staats- und Regierungschefs am 30./31. Mai 1978 in Washington vgl. Dok. 164, Anm. 17.
[28] Botschafter Freiherr von Wechmar, New York (UNO), teilte am 18. Mai 1978 mit, daß UNO-Generalsekretär Waldheim ihm erklärt habe: „Einladung zu Volksgruppengesprächen im jetzigen Zeit-

Auch die übrigen NATO-Partner sollten die Gelegenheit des Gipfels[29] zu Gesprächen zum Thema Embargo-Aufhebung mit Senatoren nutzen. Die Türkei habe geradezu panische Angst, nach GR-Beitritt dem vereinten Druck von zwölf Ländern ausgesetzt zu sein. Hinzu komme die in türkischen Augen sehr bedeutende Verbesserung der GR-Lage durch die Mitgliedschaft.

Die Bundesregierung habe das Äußerste getan, der Türkei zu helfen. Auch die Gemeinschaft müsse diese Vorgänge sehr ernst nehmen.

GB: Zentrale Frage sei: Wie könne man eine Erweiterung eintreten lassen vor dem Hintergrund eines Streitfalls zwischen einem neuen Mitglied und einem allen anderen befreundeten Drittland?

In die Volksgruppengespräche setze er kein großes Vertrauen. Sowohl die Türkei (Territorialfrage; trotz in der Tat verbesserten Varosha-Vorschlags) wie GR (Verfassungsfrage) müßten zunächst weiteres Entgegenkommen zeigen.

Im Blick auf die Erweiterung sei das Zypern-Problem ein Problem der Gemeinschaft geworden, das sie nicht länger ignorieren könne.

DK: Information über einen Brief von AM Vance vom 20.5.:

Vance bitte Gemeinschaft und einzelne Mitgliedstaaten um Unterstützung dabei, der Türkei, obgleich sich diese als flexibel und entgegenkommend betrachte, die Notwendigkeit weiterer Zugeständnisse nahezubringen. US dränge auch gegenüber GR auf Lösungsbereitschaft.

R. Jenkins: Angesichts der bevorstehenden Verhandlungen habe die Gemeinschaft Einwirkungsmöglichkeit auf GR, nicht aber auf Türkei.

GB: PZ müsse daraufhin untersucht werden, wie man die Behandlung der Ägäis-Frage[30] isoliert halten könne; zur Erörterung dieser Frage solle jeweils auch Türkei hinzugezogen werden.

F trug nach verspätetem Eintreffen französische Auffassung vor:

Besorgnis über türkische Situation. Gleichzeitig Anliegen, GR den Konflikt nicht in die Gemeinschaft einbringen zu lassen. Dies müsse GR klargemacht werden.

Was EG im wirtschaftlichen Bereich tun könne, ihre Beziehungen zur Türkei zu verbessern, sei unklar.

Zur Zypern-Frage: Türkei sei mit vorgelegten Vorschlägen nicht weit genug gegangen, um Fortschritt in Richtung auf eine Lösung zu ermöglichen. (Dies sei seine Meinung, wenngleich er sie nicht öffentlich äußere.) Der einzige Weg voranzukommen, sei die Wiederaufnahme der Volksgruppengespräche. Dabei sei es vermutlich nicht nützlich, Waldheim zu sehr zu drängen, da im Grunde wenig Aussicht auf Erfolg bestehe und man Waldheims Glaubwürdigkeit nicht untergraben dürfe. Auch müsse Waldheim die Möglichkeit der Einberufung zu Gesprächen für Fälle erneuter Zuspitzung der Lage behalten.

Fortsetzung Fußnote von Seite 767

punkt hielt er für sinnlos. Nach sechs frustrierenden Verhandlungsrunden sei er nicht bereit, zu einer siebten, ‚absolut hoffnungslosen' einzuladen. Er habe insbesondere nicht die Absicht, sich zum ‚Prügelknaben' für die in der Substanz fortbestehende Verhandlungsunwilligkeit der Parteien machen zu lassen." Vgl. den Drahtbericht Nr. 1171; Referat 203, Bd. 115917.

[29] Zur NATO-Ratstagung auf der Ebene der Staats- und Regierungschefs am 30./31. Mai 1978 in Washington vgl. Dok. 170.

[30] Zum griechisch-türkischen Konflikt in der Ägäis vgl. Dok. 134, Anm. 24.

R. Jenkins: In seiner Begegnung mit Ecevit am 25.5.[31] werde er diesem erklären, die Gemeinschaft wolle nicht durch GR in den Konflikt hineingezogen werden. Im wirtschaftlichen Bereich werde man dann sehen, was machbar sei.

Auf irische Frage, ob GR diese Weigerung ebenso klar erläutert worden sei, wurde dies von GB, D, DK, NL bestätigt.

3) Jugoslawien[32]

IRL: Information über Begegnung mit jugoslawischem Außenminister[33]:

J sei an Aufrechterhaltung, wenn nicht Hebung des Niveaus der Beziehungen zur EG sehr interessiert und hoffe, der Rat werde der Kommission weitergehendes Verhandlungsmandat erteilen. Hierüber hinaus keine detaillierten Äußerungen.

Ferner habe sich jugoslawischer AM sehr besorgt über das kubanische Engagement in Afrika geäußert. Belastende Auswirkungen für die Gruppe der nichtgebundenen und neutralen Staaten werde befürchtet, da sich in Konflikten Mitglieder dieser Gruppe plötzlich auf verschiedenen Seiten gegenüberstehend wiederfinden könnten (z. B. Horn von Afrika). J wolle auf kommenden Nichtgebundenen-Treffen (in Belgrad[34]; Gipfeltreffen in Kuba[35]) darauf hinweisen, daß diese Vorgänge Entspannung und Weltfrieden nicht eben dienlich seien.

Jugoslawischer AM habe weiter erklärt, J fühle sich der Unterstützung der Freiheitsbewegungen in Afrika nach wie vor verpflichtet.

Von ihm (irl. AM) auf Problematik der Unterscheidung zwischen „echten" und „unechten" Befreiungsbewegungen verwiesen, habe jugoslawischer AM Formel von einer Art „bona fide"-Bewegungen gefunden. Er scheine des trügerischen Bodens solcher Definitionen durchaus bewußt und habe Gegenargumente (z. B. Anführung der IRA[36]) durchaus angehört.

Frage: Welche Verbindungen habe die Gemeinschaft, über Vorgänge bei Nichtgebundenen-Treffen informiert zu werden?

R. Jenkins: Verbindungen bestünden hinreichend.

Wegen seines Nichtgebundenen Status wünsche J kein Präferenz-Abkommen, habe jedoch sehr weitgehende andere Wünsche geäußert, so z. B. nach verstärkter Investitionstätigkeit durch die Europäische Investitionsbank.

---

31 Zum Gespräch des Ministerpräsidenten Ecevit mit dem Präsidenten der EG-Kommission, Jenkins, in Brüssel wurde mitgeteilt, beide Seiten hätten darin übereingestimmt, „daß den Beziehungen zwischen der Gemeinschaft und der Türkei vor allem politisch große Bedeutung zukommt, und beschlossen, alles in die Wege zu leiten, um der Assoziation insbesondere im Zusammenhang mit der Erweiterung der Gemeinschaft, neue Impulse und neue Dimensionen zu geben." Jenkins habe sich für verstärkte industrielle, technologische und handelspolitische Zusammenarbeit ausgesprochen. Durch die geplante Erweiterung dürfe die Assoziation der Türkei „nicht in Mitleidenschaft gezogen" werden. Vgl. BULLETIN DER EG 5/1978, S. 84.

32 Zu den Beziehungen zwischen den Europäischen Gemeinschaften und Jugoslawien vgl. Dok. 154, Anm. 7.

33 Josip Vrhovec.

34 Vom 25. bis 30. Juli 1978 fand in Belgrad die Konferenz der Außenminister der blockfreien Staaten statt. Vgl. dazu Dok. 238, besonders Anm. 6.

35 Die sechste Konferenz der Staats- und Regierungschefs blockfreier Staaten fand vom 3. bis 9. September 1979 in Havanna statt.

36 Irish Republican Army.

Am 16.5. habe der jugoslawische Botschafter[37] der Kommission eine Note überreicht, über die Regierungschefs in kommenden Tagen informiert werden.

DK: Die Beziehungen zu J stehen auf der Tagesordnung für den 6.6.

Auch DK habe hochrangigen jugoslawischen Besuch gehabt, der inhaltlich ähnlich wie von IRL geschildert verlief.

GB: Der Gemeinschaft werden von allen Seiten weitgehende Wünsche vorgetragen. Sie müsse sich daran gewöhnen, unweigerlich manchen Gesprächspartner zu verletzen; sie könne – zumal angesichts eigener wirtschaftlicher Probleme – unmöglich alle befriedigen, sie müsse vielmehr ihre Wahl treffen und eine Prioritätenliste aufstellen.

Lomé II und Menschenrechte[38]

DK erinnerte an voraufgegangene Erörterungen des Themas und forderte zu allseitiger Zurückhaltung gegenüber Öffentlichkeit auf, solange nicht eine Einigung erfolgt sei.

Mehrere Möglichkeiten seien denkbar:

– Text der AKP-Staaten

– Formel wie im Falle Uganda[39]

– Kommissionsvorschlag[40]

Jedenfalls könne EG sich nicht zur Weltpolizei aufwerfen und müsse daher, auch angesichts lautstarker Forderungen gewisser Gruppen, vorsichtig vorgehen.

F: Bei einer Begegnung mit 18 afrikanischen AM in Paris[41] hätten diese einmütig den Gedanken an Menschenrechtsklausel im Lomé-II-Abkommen, die über Bezugnahme auf VN-Charta[42] hinausgehe, zurückgewiesen.

S.E. gehe Hilfe nicht an Regime, sondern an Staaten und Völker.

---

37 Bora Jeftić.
38 Zur Vorbereitung einer Erneuerung des AKP-EWG-Abkommens von Lomé vom 28. Februar 1975 vgl. Dok. 121, Anm. 24 und 27.
39 Am 21. Juni 1977 verurteilte der EG-Ministerrat bei seiner Tagung in Luxemburg die Menschenrechtsverletzungen in Uganda. In der Erklärung hieß es u. a.: „Der Rat vereinbart, im Rahmen seiner Beziehungen zu Uganda Schritte zu unternehmen, um sicherzustellen, daß Hilfeleistungen der Gemeinschaft an Uganda im Rahmen des Abkommens von Lomé in keiner Weise zur Folge haben, daß dem Volk Ugandas die Grundrechte in noch weiterem Maße oder noch länger vorenthalten werden." Vgl. BULLETIN DER EG 6/1977, S. 87.
40 In einem Memorandum schlug die EG-Kommission am 15. Februar 1978 vor, „daß in die Präambel eine genaue und ausdrückliche Bezugnahme auf die Verpflichtung der Unterzeichnerstaaten zur Wahrung der individuellen Grundrechte aufgenommen wird. Dies wäre eines der Leitprinzipien des Abkommens. Die Gemeinschaft würde andererseits ihre Absicht ankündigen, in einer einseitigen förmlichen Erklärung im Anhang zu den Abkommen klarzustellen, daß sie sich das Recht vorbehält, Verstöße gegen ein in der Präambel des Abkommens festgelegtes Prinzip oder Ziel öffentlich zu verurteilen." Vgl. Referat 410, Bd. 121706.
41 Am 12./13. Mai 1978 fand eine französisch-afrikanische Außenministerkonferenz statt, die eine Konferenz der Staats- und Regierungschefs am 22./23. Mai 1978 in Paris vorbereiten sollte. Erörtert wurden wirtschaftliche Fragen und die französisch-afrikanische Zusammenarbeit. Vgl. dazu LA POLITIQUE ETRANGÈRE 1978, II, S. 7.
42 Für den Wortlaut der UNO-Charta vom 26. Juni 1945 vgl. BUNDESGESETZBLATT 1973, Teil II, S. 433–503.

Auch im Falle flagranter Verletzung der Menschenrechte durch einen Diktator gebe es keinen Grund, dem betroffenen Volk keine Hilfe zukommen zu lassen. F sei gegen operative Menschenrechtsklausel in Lomé II.

BM: Er schließe sich F Position an, aus folgenden zusätzlichen Gründen:

– Insistieren auf einer Menschenrechtsklausel – über Bezugnahme auf VN-Charta hinaus – werde AKP-Staaten auf die Seite der SU in globale Front gegen Westen drängen.
– Gefahr der Schaffung eines Instrumentes der Einmischung; zumindest werde sich dieser Argwohn erheben, der das bewährte Gebäude Lomé zerstören könne.
– EG bringe sich selbst in Handlungsdruck.

Daher: Befürwortung lediglich einer Bezugnahme auf VN-Charta.

NL: Ebenfalls Befürwortung einer Bezugnahme auf VN-Charta oder auch auf Menschenrechtserklärung.

BM: Auch letzterem könne er zustimmen.

IT: Wenn man nur nach Opportunität handele, so wäre es nie zur Schlußakte von Helsinki gekommen. Möglicherweise könne die EG eine Erklärung abgeben, worin sie zur Aufrechterhaltung westlicher Ideale aufrufe; jedoch sollte dies tunlichst nur auf Anregung durch AKP-Staaten geschehen.

Einverständnis mit Bezugnahme auf VN-Charta plus Menschenrechts-Erklärung.

IRL: Übereinstimmung mit D und F.

AKP-Rat im Dezember habe Bezugnahme auf Menschenrechte verworfen. Die guten Beziehungen zu Afrika beruhten auf historischen Bindungen; diese ohnehin etwas anfällige Grundlage dürfe nicht gefährdet werden.

GB: Er könne sich Vorrednern nicht anschließen. Die Gefahr einer Schwäche der eigenen Position sei hier überzeichnet worden. Gegenüber Situationen wie der Ugandas dürfe man sich nicht wissentlich in eine schwache Position begeben. Vielmehr brauche die EG eine Klausel, aufgrund derer sie in Einstimmigkeit handeln und nach dem vorgegebenen Muster von Hilfsprogrammen (z. B. Stabex[43]) eingreifen könne, etwa mit einer Entscheidung, das Regime dürfe die gewährte Hilfe nicht für sich nutzen.

Er wolle, daß die Gemeinschaft bei einstimmiger Beschlußfassung intervenieren könne. Der Schlußakte von Helsinki werde absolut Hohn gesprochen, wenn man sie nicht auch auf die Dritte Welt anwende. Gewiß müsse dabei vorsichtig und empfindsam zu Werke gegangen werden, immerhin handelten manche dementsprechend bereits durch ihr Stimmverhalten im IWF. Warum solle Lomé II da eine Ausnahme bilden? Das Argument des möglichen Abtreibens in die Arme der SU sehe er keineswegs, da SU keine in die Waagschale fallende Hilfe gewähre.

---

[43] Das AKP-EWG-Abkommen von Lomé vom 28. Februar 1975 sah die Schaffung eines Systems zur Stabilisierung der Exporterlöse der AKP-Staaten für bestimmte Waren vor. Dazu sollte ein Fonds unter Verwaltung der EG-Kommission mit einem Gesamtbetrag von 375 Mio. Rechnungseinheiten, verteilt auf fünf Jahresraten eingerichtet werden. Vgl. dazu Artikel 16–18 des Abkommens; BUNDESGESETZBLATT 1975, Teil II, S. 2323 f.

Die der Gemeinschaft aufgrund ihrer Hilfsprogramme zukommende Einflußnahme müsse genutzt werden.

R. Jenkins: Kommission, auch Cheysson, sei nicht der Auffassung, man solle eine Klausel über Charta-Bezugnahme hinaus vorsehen.

Westliche demokratische Maßstäbe können nicht an AKP-Staaten angelegt werden.

Einzig möglich sei bei Verletzung der Menschenrechte durch ein Regime, diesem Hilfe nicht zukommen zu lassen, schon um die Gemeinschaft nicht vor aller Welt diskreditiert und an der Nase herumgeführt zu sehen.

DK: Uganda sei in diesem Zusammenhang wohl der populärste, keineswegs aber der einzige Fall.

Diese Aussprache habe die Standpunkte einer Klärung sicher näher gebracht. Am 26./27.6.[44] werde dieses Thema ein weiteres Mal anstehen.

GB: Die zentrale Frage, wie man in praxi vorgehen und das Genasführtwerden vermeiden könne, sei noch gar nicht erörtert worden.

Orlow-Urteil[45]

F: Information über Gespräch Generalsekretär Soutou mit SU-Botschafter[46] zwei Tage nach Veröffentlichung französischer Orlow-Erklärung[47]: Botschafter habe einen im Ton durchaus gemäßigten Protest gegen französische Erklärung, welche Einmischung in innersowjetische Angelegenheit darstelle, verlesen. Auf Soutous bloße Erwiderung, er werde dies seinem Minister zur Kenntnis bringen, habe SU-Botschafter geschwiegen und das Thema gewechselt.

Zumal also SU sich selbst offensichtlich mit dem Urteil auf ungutem Boden empfinde, halte er es für geboten, eine EG-Erklärung zu veröffentlichen. Die Helsinki-Akte und die Menschenrechte seien verletzt worden.

---

44 Zur EG-Ministerratstagung in Luxemburg vgl. Dok. 208.
45 Der sowjetische Atomphysiker und Dissident Orlow, der die „Helsinki-Gruppe" zur Überwachung der Einhaltung der KSZE-Schlußakte vom 1. August 1975 in der UdSSR leitete, wurde am 10. Februar 1977 verhaftet. Vgl. dazu AAPD 1977, I, Dok. 36.
Vortragender Legationsrat I. Klasse Kühn notierte am 23. Mai 1978, Orlow sei am 18. Mai 1978 wegen „antisowjetischer Agitation und Propaganda" zur Höchststrafe von sieben Jahren Arbeitslager und anschließender fünfjähriger Verbannung verurteilt worden. Insgesamt gesehen, könne „das Urteil gegen Orlow nicht anders als ein kalkulierter Affront gegenüber dem Westen gewertet werden". Ein mittleres Strafmaß hätte zur Disziplinierung anderer Dissidenten ausgereicht. Auch sei die „konsequente Ausschließung westlicher Korrespondenten von der Verhandlung [...] rein unter Sicherheitsgesichtspunkten nicht erforderlich gewesen". Orlows Tätigkeit sei „nach westlichen und KSZE-Standards" völlig legitim gewesen: „Auch insoweit müssen sich sämtliche KSZE-Teilnehmerstaaten brüskiert fühlen." Das sowjetische Vorgehen sei nicht nur „mangelnde Rücksichtnahme auf den Westen", sondern stelle „eine Reaktion auf das Verhalten des Westens dar. Es ist offensichtlich eine scharfe Absage an die westliche Menschenrechtskonzeption, aber auch eine Antwort auf das in manchen Fällen forcierte amerikanische Auftreten in Belgrad." Vgl. Referat 213, Bd. 133086.
46 Stepan Wassiljewitsch Tscherwonenko.
47 In der Presse wurde berichtet, das französische Außenministerium habe am 18. Mai 1978 erklärt, „Orlow sei in Wirklichkeit in seiner Eigenschaft als Gründer der Gruppe verurteilt worden, die es sich zur Aufgabe gemacht habe, die Verwirklichung der Menschenrechtsbeschlüsse der Europäischen Sicherheitskonferenz (KSZE) von Helsinki zu überwachen. Insofern betrachte Frankreich das Urteil als Verstoß gegen die Helsinki-Schlußakte." Vgl. den Artikel „Zwei Mitglieder der georgischen ‚Helsinki-Gruppe' verurteilt"; FRANKFURTER ALLGEMEINE ZEITUNG vom 20. Mai 1978, S. 5.

IRL: Bestätigung ähnlichen Verhaltens durch SU-Botschafter[48] in Dublin.

Die Aussprache über den von Präsidentschaft vorgelegten Text (s. Anlage[49]) ergab folgende Einigung: Präsidentschaft wird einen schärfer formulierten Wortlaut am 22.5. per Coreu versenden und veröffentlichen.[50]

GB: Der Westen dürfe nicht zu zurückhaltend sein, solle vielmehr durchaus „seine Muskeln zeigen". SU solle sich nicht im Glauben wiegen, die Abhaltung der Olympischen Spiele in Moskau[51] z. B. sei selbstverständlich. Auch Begegnungen könnten verschoben werden. Es gebe eine Reihe möglicher Reaktionen.

DK: Am 12.6. werde das PK über dieses Thema sprechen.

Insgesamt denke er, ein Rückfall in Praktiken des Kalten Krieges sei nicht wünschenswert.

Zaire[52]

(Die französisch vorgetragenen Ausführungen von AM de Guiringaud können hier nicht wiedergegeben werden, da wegen Flüsterdolmetschens keine Notizen gemacht werden konnten.)

BM dankte F für Rettungsoperation von großer politischer Bedeutung für den Westen. Der Eindruck westlicher Unentschlossenheit und Uneinigkeit sei gebrochen und positiv umgekehrt worden.

Gemeinsame Aufgabe sei nunmehr, zu überlegen, was zur Stabilisierung Zaires geschehen könne. Dies sei gewiß nicht der letzte Angriff auf Shaba, aber eine jährliche Wiederholung solcher Operation sei nicht denkbar; ebensowenig könne unablässig in das „Faß ohne Boden" Zaire wirtschaftliche Unterstützung gepumpt werden, wenn nicht grundlegende Besserung einkehre.

Im übrigen stimme er F zu: Sambia habe mit dem Überfall auf Shaba nichts zu tun; der im Norden Sambias de facto herrschende Mann sei politischer Gegner von Präsident Kaunda.

DK informierte über Frage eines Journalisten nach behaupteter Bitte von AM Simonet um Unterstützung durch seine Kollegen. Dieser Versuch, einen Keil zwischen anwesende Minister und belgische Regierung zu schieben, sei ärgerlich.

Öffentlich sei es über der Zaire-Frage zu Unstimmigkeiten innerhalb der belgischen Regierung gekommen – nicht etwa zwischen B und F[53], wie Presse behauptete.

---

[48] Anatolij Stepanowitsch Kaplin.
[49] Dem Vorgang beigefügt. Für den dänischen Entwurf vgl. VS-Bd. 14073 (010).
[50] In der am 26. Mai 1978 veröffentlichten Erklärung der dänischen EG-Ratspräsidentschaft hieß es u. a.: „Da nach Auffassung der Neun die Schlußakte von Helsinki ein Aktionsprogramm für die Entspannung darstellt, erinnern sie daran, daß sich die Teilnehmerstaaten in dieser von ihren Staats- oder Regierungschefs unterzeichneten Akte verpflichtet haben, die Menschenrechte und Grundfreiheiten zu achten und daß sie das Recht des einzelnen, seine diesbezüglichen Rechte und Pflichten zu kennen und danach zu handeln, bestätigt haben. Deshalb halten die Regierungen der Neun es für unvereinbar mit der Schlußakte und der Entspannung, daß Einzelpersonen angeklagt und verurteilt werden, weil sie die Einhaltung der Schlußakte durch ihr eigenes Land gefordert haben." Vgl. BULLETIN DER EG 5/1978, S. 71.
[51] Die XXII. Olympischen Sommerspiele fanden vom 19. Juli bis 3. August 1980 in Moskau statt.
[52] Zu den Kämpfen in der zairischen Provinz Shaba vgl. Dok. 155, Anm. 21.
[53] Botschafter Freiherr von Wechmar, New York (UNO), berichtete am 19. Mai 1978: „Belgischer Botschafter Ernemann unterrichtete mich [...] über Auseinandersetzungen zwischen Elysée-Palast auf

Angesichts dieser Situation sei es angeraten, keine Erklärung zu Zaire abzugeben.

G. Siebourg

VS-Bd. 14073 (010)

157

Staatssekretär Gaus, Ost-Berlin, an das Auswärtige Amt

114-12314/78 VS-vertraulich Aufgabe: 23. Mai 1978, 13.04 Uhr
Fernschreiben Nr. 486 Ankunft: 23. Mai 1978, 15.58 Uhr

Betr.: Gespräch mit Abteilungsleiter Seidel vom DDR-Außenministerium vom 18.5.

Der im DDR-Außenministerium für die Bundesrepublik zuständige Abteilungsleiter, Botschafter Karl Seidel, benutzte ein knapp dreistündiges Vier-Augen-Gespräch dazu, nach Breschnews Besuch in Bonn[1] und Gromykos Unterrichtungsvisite in Ost-Berlin[2] einige grundsätzliche Bemerkungen über die Beziehungen zwischen den beiden deutschen Staaten zu machen.

Dabei streifte Seidel die wichtigeren offenen Verhandlungsfragen (Verkehrsverbesserungen einschließlich Nordautobahn[3]; nicht-kommerzieller Zahlungsverkehr; Gewässerschutz[4]) nur relativ kurz mit dem Hinweis, daß es dazu noch

---

Fortsetzung Fußnote von Seite 773
  der einen und belgischem AM auf der anderen Seite über Einsatz französischer respektive belgischer Fallschirmtruppen in Zaire. Ernemann bezeichnete diese Auseinandersetzung als eine ‚ernste Kontroverse' zwischen Frankreich und Belgien." Es sei vorgesehen gewesen, daß belgische Fallschirmjäger am 19. Mai 1978 im 250 km von Kolwezi entfernten Kamina eintreffen und ihre Evakuierungsoperation am 20. Mai 1978 beginnen sollten. Die französischen Truppen sollten zunächst nach Kinshasa fliegen. Nach einem Telefonat mit Präsident Mobutu am Vortag habe Staatspräsident Giscard d'Estaing die französischen Truppen jedoch nach Kolwezi fliegen lassen: „Frankreich habe diese Entscheidung ohne vorherige Konsultation mit Belgien getroffen, obwohl die AM beider Staaten sowohl in der Nacht vom 18. zum 19. als auch erneut am 19.5. morgens miteinander telefoniert hätten. In Brüssel herrschte laut Ernemann der Eindruck vor, daß Präsident Giscard seine Weisung auch ohne entsprechende Konsultation mit seinem eigenen AM vorgenommen habe." Die belgische Regierung befürchte, daß Frankreich nicht nur an einer Evakuierungsaktion teilnehmen, „sondern auch in die örtlichen Kämpfe um Kolwezi eingreifen" könnte. Vgl. den Drahtbericht Nr. 1187; VS-Bd. 11171 (320); B 150, Aktenkopien 1978.

[1] Der Generalsekretär des ZK der KPdSU, Breschnew, besuchte die Bundesrepublik vom 4. bis 7. Mai 1978. Vgl. dazu Dok. 135, Dok. 136, Dok. 142 und Dok. 143.

[2] Der sowjetische Außenminister Gromyko hielt sich am 11./12. Mai 1978 in der DDR auf.

[3] Zum geplanten Bau einer Autobahn von Berlin (West) nach Hamburg vgl. Dok. 143, Anm. 9.

[4] Referat 210 erläuterte am 27. Februar 1978: „Die Gespräche mit der DDR über ein allgemeines Umweltabkommen sind nach einer ersten Runde im November 1973 von der DDR nach Errichtung des Umweltbundesamtes nicht mehr weitergeführt worden. Sondierungen von StS Gaus im Jahre 1975 blieben erfolglos. Erneut wurden Umweltfragen in den Sondierungsgesprächen zwischen StM Wischnewski und Dr. Kohl im Herbst 1977 von unserer Seite angeschnitten." Nach Ansicht der

keine „Spitzenentscheidungen" gebe. In „zwei bis drei Wochen" könnte ich jedoch mit konkreten Gesprächen über diese Fragen rechnen. Ausführlicher und nachdrücklich äußerte sich Seidel zu allgemeinen Fragen zwischen den beiden Staaten. Er gab sich im Grundton eher pessimistisch, was um so bemerkenswerter ist, als er vom Temperament her und aus langjähriger praktischer Erfahrung heraus ein abgewogener und zurückhaltend formulierender Gesprächspartner ist. Der Kern seiner Ausführungen läßt sich in dem Satz zusammenfassen: Auch bei dem jüngsten Besuch des sowjetischen Generalsekretärs in der Bundesrepublik sei wieder deutlich geworden, daß Bonn die DDR nach wie vor nicht als etwas anerkannt habe, was „auf Dauer existiert", und daß Bonn aus dieser Grundhaltung heraus „auch nicht an einer wirklichen Normalisierung" interessiert sei.

Ein gewisses Unbehagen und Mißvergnügen der DDR über bestimmte Einzelheiten bei Breschnews Besuch in Bonn wurden vor allem in zwei Punkten erkennbar. Offenbar hat sich die DDR gestoßen an:

- der Betonung der offenen deutschen Frage durch unsere Seite, wie sie z. B. in der Tischrede des Bundespräsidenten angeklungen ist[5] (Seidel erwähnte Präsident Scheel nicht ausdrücklich, charakterisierte aber dessen Ausführungen unverwechselbar) und

- Bemerkungen unserer Seite gegenüber Breschnew über die hohen Devisenzahlungen, die wir der DDR leisten. (Dabei bezog sich Seidel offensichtlich auf einen Hinweis des Bundeskanzlers. Statt von Devisenzahlungen sprach Seidel von „Wirtschaftshilfe, die die DDR angeblich von Bonn erhält".)

Wir können wohl davon ausgehen, daß Außenminister Gromyko bei seiner Unterrichtung in Ost-Berlin einiges Gewicht auf diese Punkte gelegt hat.

Fortsetzung Fußnote von Seite 774
Bundesregierung seien folgende Probleme zu erörtern: „Versalzung von Werra und Weser, vor allem durch drei Kaliwerke in der DDR; Gewässerprobleme in Berlin (West) durch die Einleitungen von Abwässern aus der DDR über den sogen[annten] Nordgraben in das Gebiet der Tegeler Seen; Einleitungen von Abwässern in die Röden (bayerisches Grenzgebiet) aus der DDR; Verunreinigung der Saale durch Abwassereinleitungen aus der Kläranlage Hof auf dem Bundesgebiet." Vgl. Referat 210, Bd. 116544.
Staatssekretär Gaus, Ost-Berlin, berichtete am 20. März 1978: „Weisungsgemäß habe ich in einem Gespräch mit Abteilungsleiter Seidel vom MfAA am 17.3. die Sondierungen über Fragen des Gewässerschutzes zwischen den beiden Staaten aufgenommen. Ich habe zunächst den materiellen Inhalt etwaiger späterer Verhandlungen [...] und formelle Fragen (Verhandlungen nur ohne Vorbedingungen; weitgehende Klärung in Sondierungen, bevor Verhandlungen beginnen) erläutert. Deutlich habe ich darauf hingewiesen, daß etwaige Verhandlungen erst nach Klärung bestimmter interner Fragen auf unserer Seite beginnen könnten. Ich habe nach den Möglichkeiten gefragt, parallel zu den Gewässerschutzfragen auch die Verhandlungen über ein Umweltschutzabkommen aufzunehmen. Seidel zeigte sich an den Themen grundsätzlich interessiert. Wir kamen überein, die Sondierungen alsbald fortzusetzen. Grundsätzlich restriktiv verhielt sich die DDR-Seite in diesem ersten Gespräch zu Fragen der Einbeziehung von Berliner Problemen in die Sondierungen und Verhandlungen durch uns." Vgl. den Drahtbericht Nr. 265; Referat 210, Bd. 116544.
5 In seiner Rede anläßlich eines Abendessens auf Schloß Augustusburg bei Brühl am 4. Mai 1978 wies Bundespräsident Scheel darauf hin, daß es nach wie vor Ziel der Bundesrepublik sei, „auf einen Zustand des Friedens in Europa hinzuwirken, in dem das deutsche Volk in freier Selbstbestimmung seine Einheit wiedererlangt". Dies werde nur in einem langwierigen Prozeß möglich sein: „Unsere Politik will den Grundlagenvertrag mit der DDR lebendig ausfüllen, über die Trennungslinien hinweg mehr Kontakte zwischen den Menschen schaffen. [...] Wichtig ist, daß die Hemmnisse abgebaut werden, die dem friedlichen Miteinander der Deutschen noch entgegenstehen. Dadurch, daß die Teilung erträglicher wird, werden auch die mit ihr verbundenen Risiken für die Stabilität in Europa geringer." Vgl. BULLETIN 1978, S. 422.

In diesem Zusammenhang erwähnte Seidel auch, daß der CSU-Vorsitzende Strauß in seinem Gespräch mit Breschnew[6] gesagt habe, ein vereinigtes Deutschland werde ein besserer und verläßlicherer Partner für die Sowjetunion sein.

Aus all dem leitete Seidel die Schlußfolgerung ab, daß unsere Seite „noch immer nicht und heute sogar weniger als vor einigen Jahren die DDR wirklich anerkannt hat". Aus dieser Grundhaltung ergebe sich, daß „die Bundesrepublik eine wirkliche Normalisierung gar nicht will".

Daraus resultiere zwangsläufig, daß es „keine Qualitätssprünge in der Entwicklung der Beziehungen" geben werde. Man werde künftig immer häufiger „auf die offenen Grundfragen stoßen".

Die Verhandlungen würden dadurch schwieriger und blieben mehr oder weniger begrenzt auf „konkrete Vorhaben, an denen beide Seiten ein Interesse, auch ein materielles Interesse" haben. Zu solchen Gegenständen gehöre sicherlich die Nordautobahn. Aber in humanitären Fragen werde es mit weiteren Fortschritten sehr schwierig sein. Seidel: „Da wird man auf unserer Seite auch einige Bewegung Bonns in den Grundfragen erwarten." Als solche Grundfragen nannte Seidel neben der Grenze „alles im Zusammenhang mit der Staatsangehörigkeit".

Meinen Einwurf, wir hätten aus Hinweisen der DDR geschlossen, daß man diese Frage nicht länger als vorrangiges Problem ansehe, beantwortete Seidel dahin, der DDR sei natürlich geläufig, daß die Bundesregierung auf absehbare Zeit das Grundgesetz nicht entsprechend ändern könne.[7] Dies dürfe jedoch nicht bedeuten, daß die im Zusammenhang damit stehenden praktischen Fragen weiterhin offenbleiben. Seidel zählte dazu auf: Unsere „Einmischung" beim Abschluß von Konsularabkommen der DDR mit westlichen Staaten, die Ausstellung von Bundespässen an DDR-Bewohner (Seidel: „sogar in Ostblockstaaten") und die Erfassungsstelle in Salzgitter.

Auch wenn sich unsere Seite juristisch nicht bewegen könne, so müsse sie doch in der politischen Praxis „endlich nachweisen, daß sie es mit der Anerkennung der DDR als einer Dauereinrichtung ernst meint".

Mehrmals kam Seidel auf die „angebliche Wirtschaftshilfe" zurück, die Bonn der DDR leiste. Solche Bemerkungen könne man auf seiner Seite nicht verstehen. Schließlich zahlten wir doch nur für Verkehrsverbesserungen und den Transit, was wir ja für die Erhaltung unserer Berlin-Position tun müßten. Aber im Grunde stecke eben auch darin nur die „alte und heute wiederbelebte Haltung, die DDR nicht als einen selbständigen Staat anerkennen, sondern eingemeinden" zu wollen. Fragen einer Entwicklung, die „hinter der Lebenszeit

---

[6] Zum Gespräch des CSU-Vorsitzenden Strauß mit dem Generalsekretär des ZK der KPdSU, Breschnew, am 6. Mai 1978 auf Schloß Gymnich hieß es in der Presse, Breschnew habe „vor nationalen Leidenschaften" gewarnt: „Die Deutschen könnten aus der im letzten Krieg erlittenen Niederlage nachträglich keinen Sieg (etwa die Wiedervereinigung) machen." Strauß habe erklärt, es sei nicht sein Ziel „aus der Niederlage einen Sieg zu machen", jedoch betont: „‚Niemand kann von uns verlangen, an zwei deutsche Nationen zu glauben.'" Vgl. den Artikel „Zum Empfang von Strauß ein 15-Minuten-Referat aus Moskau"; DIE WELT vom 8. Mai 1978, S. 3.
[7] Zur Staatsangehörigkeitsgesetzgebung in der Bundesrepublik vgl. Dok. 37, Anm. 19.

dieser, der nächsten und übernächsten Generation" lägen, würden von uns „als angeblich offene deutsche Frage" zu einem Gegenwartsproblem gemacht.

Mit großer Betonung trug Seidel vor, daß nach Kenntnis der DDR die Sowjetunion bei dem Bonner Besuch „deutlich gemacht hat, daß sie auf seiten der DDR steht und sie nicht im Stich lassen wird".

Bewertung:

Seidels Ausführungen müssen zuallererst verstanden werden als Ausdruck des bekannten Bemühens der DDR, jedes Mal nach spektakulären Kontakten zwischen Bonn und Moskau eine Art Schamfrist einzulegen, bevor die DDR zum üblichen Umgang mit uns zurückkehrt.

Einige Bemerkungen Seidels aber gehen meines Erachtens über die Bedürfnisse dieser Schamfrist hinaus. Offensichtlich hält die DDR-Führung angesichts eines weit verbreiteten Unmuts in der hiesigen Bevölkerung vorläufig keine weitergehenden Vereinbarungen mit uns für opportun, weil sie meint, in der DDR-Bevölkerung jetzt keine Illusionen aufkommen lassen zu dürfen. Dies heißt in der Praxis, daß wir für absehbare Zeit, beispielsweise bei weiteren Reiseerleichterungen, nur kleinste Schritte erwarten können – insoweit also keine neue Lage nach Breschnews Besuch in Bonn.

Für die größere materielle Interessen der DDR berührenden Verhandlungspunkte (Autobahn etc.) kann angenommen werden, daß bei Gromykos Besprechungen hier die Grundentscheidungen der DDR-Führung vorbereitet worden sind.[8]

Aus anderer Quelle höre ich, daß SED-Generalsekretär Honecker demnächst den Brief des Bundeskanzlers vom Dezember vergangenen Jahres[9] beantworten will.[10] Man kann annehmen, daß danach meine verschiedenen Verhandlungen in Gang kommen werden.[11]

[gez.] Gaus

VS-Bd. 13051 (210)

---

[8] Ministerialdirigent Lücking stellte am 24. Mai 1978 fest: „Es überrascht nicht, daß die DDR uns gegenüber nach dem Breschnew-Besuch Gewicht auf die Dauerhaftigkeit ihrer Existenz und die Erfüllung ihrer bekannten Grundforderungen legt. Sie stützt sich dabei auf die Unterstützung ihrer Standpunkte durch Generalsekretär Breschnew in dem Gespräch mit dem Herrn Bundeskanzler und dem Herrn Bundesminister im privaten Haus des Herrn Bundeskanzlers in Hamburg am 7. Mai 1978. Die öffentlichen Reaktionen der DDR auf den Besuch des sowjetischen Generalsekretärs in der Bundesrepublik haben überdies deutlich gemacht, daß die DDR ihr Verhältnis zu uns nur in engster Abstimmung mit der Sowjetunion gestalten und entwickeln kann." Vgl. VS-Bd. 13067 (210); B 150, Aktenkopien 1978.

[9] In dem Schreiben vom 22. Dezember 1977 an den Generalsekretär des ZK der SED, Honecker, regte Bundeskanzler Schmidt die Aufnahme bzw. Fortsetzung von Gesprächen über verschiedene Sachfragen an. Dazu gehörten: Arbeit der Grenzkommission, Bau einer Autobahn zwischen Berlin (West) und Hamburg, nicht-kommerzieller Zahlungsverkehr, praktische und humanitäre Fragen, Teltow-Kanal. Ferner äußerte sich Schmidt zu einer Zusammenarbeit auf dem Gebiet der Energie oder beim Umweltschutz, zum Ausbau von Transitwasserstraßen, zum Reiseverkehr sowie zur Möglichkeit eines Zusammentreffens. Vgl. dazu BONN UND OST-BERLIN, S. 393–395.

[10] Der Generalsekretär des ZK der SED, Honecker, beantwortete das Schreiben des Bundeskanzlers Schmidt vom 22. Dezember 1977 am 13. Juni 1978. Für den Wortlaut vgl. BONN UND OST-BERLIN, S. 418–421.

[11] Staatssekretär Gaus, Ost-Berlin, traf am 12. Juni 1978 mit dem Generalsekretär des ZK der SED, Honecker, zusammen. Vgl. dazu Dok. 183 und Dok. 184.

158

Ministerialdirektor Blech an die Botschaft in Paris

201-369.03/10-2019/78 geheim 23. Mai 1978[1]
Fernschreiben Nr. 2557 Plurez Aufgabe: 24. Mai 1978, 20.00 Uhr
Citissime nachts

Betr.: Aufhebung von WEU-Herstellungsbeschränkungen[2]
hier: Gespräch Bundesminister Genscher und Außenminister de Guiringaud in Hesselet am 21. Mai 1978

1) Zur Frage der WEU-Herstellungsbeschränkungen hat es im Anschluß an die Behandlung dieses Themas bei den letzten[3] und vorletzten[4] deutsch-französischen Direktorenkonsultationen am 18. Mai eine telefonische Mitteilung von Mérillon an mich und bei Gelegenheit des informellen Treffens der Außenminister der Neun in Hesselet am 20./21. Mai[5] ein Gespräch zwischen Guiringaud und BM gegeben (s. Anlage 1 und 2)

2) Die Äußerung Mérillons betreffend den Schiffsbau mir gegenüber, bei der Mérillon keine weitere Präzisierung gab, wurde von mir so verstanden, daß die französische Seite bereit ist, hier unseren Vorschlägen entsprechend den von BM Genscher Guiringaud am 4.2.1977 und von mir Laboulaye am 26.5.1977[6] übergebenen Non-papers zu folgen. Diese Vorschläge gehen dahin, eine auf den Schiffsbau generell bezogene Aufhebung der Herstellungsbeschränkungen durch Ratsbeschluß zu erreichen.

Die Einlassung Guiringauds läßt in diesem Punkt Zweifel zu, weil er zum einen von punktuellen Entscheidungen durch Ratsbeschluß spricht und zum anderen auf das früher schon geübte Verfahren[7] Bezug nimmt. Wir können nicht

---

[1] Durchdruck.
Hat Vortragendem Legationsrat I. Klasse Dannenbring am 24. Mai 1978 vorgelegen.
[2] Zu den Bestrebungen, die der Bundesrepublik im WEU-Vertrag vom 23. Oktober 1954 auferlegten Herstellungsbeschränkungen für konventionelle Waffen zu modifizieren bzw. aufzuheben, vgl. Dok. 63.
[3] Vortragender Legationsrat Müller-Chorus notierte am 18. Mai 1978, nach Auskunft des Ministerialdirektors Blech habe der Abteilungsleiter im französischen Außenministerium, Mérillon, bei den deutsch-französischen Direktorenkonsultationen am Vortag die Frage einer Aufhebung der Herstellungsbeschränkungen „unter vier Augen angeschnitten. Er, D 2, habe auf die Notlage der deutschen Werftindustrie hingewiesen und auch darauf, daß ein mangelnder Fortgang in der Sache zu innenpolitischen Angriffen der Opposition gegen die Regierung führen könne. Mérillon seinerseits habe gleichfalls vorgetragen, die französische Regierung habe auf diesem Gebiete Widerstände zu gewärtigen. Man denke aber daran, zu einer Lösung für das uns am meisten berührende Gebiet des Schiffsbaus zu gelangen." Vgl. VS-Bd. 11091 (202); B 150, Aktenkopien 1978.
[4] Zu den deutsch-französischen Direktorenkonsultationen am 20. April 1978 in Paris vgl. Dok. 63, Anm. 7.
[5] Zum informellen Treffen der Außenminister der EG-Mitgliedstaaten im Rahmen der EPZ in Nyborg vgl. Dok. 156.
[6] Zu den Non-papers der Bundesregierung vgl. Dok. 63, Anm. 5.
[7] In Artikel 2 des Protokolls Nr. III zum WEU-Vertrag vom 23. Oktober 1954 über die Rüstungskontrolle war festgelegt, daß bestimmte Waffenarten auf dem Gebiet der Bundesrepublik nicht hergestellt werden durften, „es sei denn, daß der Rat der Westeuropäischen Union auf Grund einer dem Bedarf der Streitkräfte entsprechenden Empfehlung des zuständigen Oberbefehlshabers der Organisation des Nordatlantikvertrags und eines entsprechenden Antrages der Regierung der Bun-

ausschließen, daß er Ratsentscheidungen über einzelne Schiffsbauprojekte im Auge hat, die wir dann jeweils dem Rat zur Kenntnis bringen müßten. Dabei stellt sich immer noch die Frage, ob solche Einzelanträge gemäß Anlage I zum Protokoll III des WEU-Vertrags[8] jedes Mal mit dem Nachweis des militärischen Eigenbedarfs und mit einem Ersuchen von SACEUR verbunden sein müßten oder ob von diesen Voraussetzungen abgesehen werden könnte. Auf jeden Fall würde dies nicht unserer Vorstellung einer generellen Aufhebung der Herstellungsbeschränkungen im speziellen Bereich des Schiffsbaus entsprechen.

3) Auch die französische Position zu den Raketen und Lenkwaffen ist uns nach dem Bisherigen nicht restlos klar. Wir hatten in den oben erwähnten Nonpapers vorgeschlagen, daß im Abschnitt IV der Anlage III[9] ein Buchstabe „d" hinzugefügt wird, der generell die Koproduktion vom Herstellungsverbot ausnimmt. Die Äußerungen Guiringauds und Mérillons stimmen insoweit überein, daß die französische Seite hier nicht bereit ist, unseren Vorschlägen zu folgen, sondern es bei der Einzelaufhebung von Fall zu Fall bewenden lassen möchte (Mérillon: cas par cas, Guiringaud: punktuell). Unklar ist jedoch, ob die französische Seite dabei an Ratsbeschlüsse ohne weitere förmliche Voraussetzungen denkt (wobei allerdings die Modalitäten der Koproduktion, wie von ihr genannt und von Bundesminister präzisiert, berücksichtigt werden müßten) oder ob sie das formelle Verfahren der Anlage I angewendet sehen möchte, was den Nachweis des militärischen Eigenbedarfs der Alliierten und ein entsprechendes Ersuchen von SACEUR voraussetzen würde.

4) Da Bundesminister Guiringaud eine Reaktion noch in dieser Woche zugesagt hat, legen wir Wert auf möglichst schnelle Klärung dieser Fragen, damit wir uns in der Sache äußern können.

Botschafter[10] oder Vertreter[11] wird daher gebeten, Mérillon um Präzisierung der französischen Position unter dem Gesichtspunkt der oben dargelegten Probleme zu bitten. Es könnte darauf hingewiesen werden, daß bei dem Gespräch Guiringaud–Bundesminister kein sachverständiger Note-taker anwesend war und BM nicht die genannten Unterlagen zur Hand hatte. Ferner könnte angeregt werden, daß die französische Seite ihre Haltung in einem Non-paper präzisiert, weil dies eine zuverlässige Grundlage für die von Guiringaud vorgeschlagenen Expertengespräche bieten könnte.

Auf jeden Fall sollte ein Bericht über das Gespräch mit Mérillon so rechtzeitig vorliegen, daß der letzte Stand dem Bundeskanzler für seine Begegnung mit Giscard am 26. Mai früh in New York[12] und dem Bundesminister für seine Be-

Fortsetzung Fußnote von Seite 778
    desrepublik Deutschland mit Zweidrittelmehrheit beschließt, Änderungen oder Streichungen in dem Verzeichnis dieser Waffen vorzunehmen." Vgl. BUNDESGESETZBLATT 1955, Teil II, S. 267.
8 Für den Wortlaut von Anlage I zum Protokoll Nr. III zum WEU-Vertrag vom 23. Oktober 1954 über die Rüstungskontrolle vgl. BUNDESGESETZBLATT 1955, Teil II, S. 269.
9 Für den Wortlaut von Abschnitt IV der Anlage III zum Protokoll Nr. III zum WEU-Vertrag vom 23. Oktober 1954 über die Rüstungskontrolle in der Fassung vom 6. Juli 1972 vgl. BUNDESGESETZBLATT 1972, Teil II, S. 768.
10 Otto-Axel Herbst.
11 Carl Lahusen.
12 Botschafter Freiherr von Wechmar, New York (UNO), berichtete am 27. Mai 1978 über das Vier-Augen-Gespräch am Vortag: „Auf Fragen Giscards hat BK, wie er StS Bölling und mir anschließend

gegnung mit Guiringaud am 29. bis 31. Mai in Washington bekannt ist. Da Bundeskanzler bereits am 25. Mai nachmittags nach New York und Bundesminister am 29. Mai nach Washington reisen wird, wird um DB auch an Unogerma New York sowie an Botschaft Washington jeweils zur sofortigen Vorlage bei mir gebeten.

Blech[13]

Folgen Anlagen:

Anlage 1:

Mérillon rief mich am 18. Mai unter Bezugnahme auf unser gestriges Gespräch bei den bilateralen Konsultationen an, um mir „unter uns" vorab mitzuteilen, daß man französischerseits auf unsere Vorstellungen folgendermaßen einzugehen bereit sein werde:

– Bezüglich der Schiffe werde die Antwort positiv sein, man sei mit unserem Vorschlag einverstanden.

– Was die Raketen anbetreffe, so stelle man sich hier eine Lösung von Fall zu Fall (sur une base cas par cas) vor.

Mérillon schlug vor, daß dies ein Gesprächpunkt für die nächste bilaterale Begegnung der Außenminister sein solle. Meine Frage bejahte er, daß Guiringaud bei dieser Gelegenheit insbesondere im Detail darlegen werde, was man sich unter der Fall-zu-Fall-Lösung bei den Raketen vorstelle.

Ich bedankte mich für die positive Mitteilung bezüglich der Schiffe und gab zu erkennen, daß wir vor einer endgültigen Stellungnahme zur französischen Haltung bezüglich der Raketen die französischen Vorstellungen im einzelnen kennen müßten.

Anlage 2:

Einleitend erklärte Guiringaud, eine Revision des WEU-Vertrages[14] werfe politische Probleme auf und könne auch zu Reaktionen der Sowjets führen. Frankreich sei jedoch bereit, mit der Bundesregierung zu erörtern, wie die Herstellungsbeschränkungen im Schiffbau aufgehoben werden könnten, und zwar nicht durch Vertragsänderungen, sondern punktuell durch Ratsbeschluß, wobei eine Zweidrittelmehrheit erforderlich sei. Dieses auch früher schon geübte Verfahren sei ohne politische Probleme nach außen durchführbar.

Zur Aufhebung der Herstellungsbeschränkungen bei Raketen und Lenkwaffen bemerkte Guiringaud, daß Frankreich bereit sei, punktuellen Änderungen zu-

Fortsetzung Fußnote von Seite 779
mitteilte, den gegenwärtigen Stand des deutsch-amerikanischen Verhältnisses geschildert. Präsident und Bundeskanzler erörterten ferner den Juli-Gipfel in Bonn sowie Giscards Vorschläge bezüglich einer dem Thema Abrüstung gewidmeten gesamteuropäischen Konferenz im Kreise der Unterzeichner der Schlußakte von Helsinki. Falls der französische Vorschlag realisiert werden solle, der nach Auffassung des BK einer sorgfältigen Analyse bedürfe, müßten Mittelstreckenwaffen in eine derartige Zusammenkunft einbezogen werden." Vgl. den Drahtbericht Nr. 1251; VS-Bd. 11301 (220); B 150, Aktenkopien 1978.

[13] Paraphe vom 24. Mai 1978.

[14] Für den Wortlaut des WEU-Vertrags vom 23. Oktober 1954 vgl. BUNDESGESETZBLATT 1955, Teil II, S. 283–288.

zustimmen, wenn die Bundesregierung entsprechende Vorschläge in den WEU-Rat einbringe. Die französische Unterstützung erstrecke sich auf folgende Alternativen:

– Koproduktion im Rahmen der IEPG, und zwar auch, wenn Frankreich an der Koproduktion nicht teilnehme.

– Koproduktion unter Beteiligung von Frankreich, und zwar auch dann, wenn sie außerhalb der IEPG stattfinde.

Bundesminister Genscher präzisierte, daß er diese Alternativen wie folgt verstanden habe:

– Koproduktion im Rahmen der IEPG ohne Teilnahme Frankreichs.
– Koproduktion im Rahmen der IEPG mit Teilnahme Frankreichs.
– Koproduktion unter Beteiligung Frankreichs außerhalb der IEPG.

Abschließend sagte Guiringaud, daß die Einzelheiten einer solchen Vereinbarung noch der Prüfung und Formulierung durch Experten bedürften. Bundesminister Genscher erklärte, daß er diese Vorschläge zunächst der Bundesregierung unterbreiten müsse und Guiringaud nächste Woche eine Antwort erteilen werde.[15]

VS-Bd. 10617 (201)

---

[15] Botschafter Herbst, Paris, teilte am 25. Mai 1978 mit, der Generalsekretär des französischen Außenministeriums, Soutou, habe erklärt, die französische Regierung sei bereit, „die von uns begehrte schlichte Streichung des Kapitels V des Anhangs III zum Protokoll III zu unterstützen". Dabei denke sie „nicht an eine schwierige und langwierige formelle Vertragsänderung, sondern an einen Beschluß des WEU-Rats [...], der mit Zweidrittelmehrheit getroffen werden kann und der Versammlung der WEU lediglich mitgeteilt werden muß". Bei Raketen und Lenkwaffen könne sie den Wünschen der Bundesregierung „nicht völlig entsprechen, sie müsse hier eine generelle Aufhebung der Herstellungsbeschränkungen ablehnen", nicht zuletzt angesichts möglicher Kritik im In- und Ausland. Allerdings sei Frankreich bereit, für Ausnahmegenehmigungen der WEU, auch bei Lenkwaffen mit großer Reichweite, einzutreten und entsprechende Anträge der Bundesrepublik zu unterstützen: „1) wenn es sich um eine Koproduktion im Rahmen der IEPG handelt, und zwar auch dann, wenn Frankreich an der beabsichtigten Koproduktion nicht beteiligt ist; 2) wenn es sich um eine Koproduktion handelt, an der Frankreich beteiligt ist und diese Koproduktion von der IEPG nicht gutgeheißen worden ist (See-See-Raketen). Mit einer solchen Regelung würden von französischer Seite praktisch nur noch Koproduktionen ausgeschlossen, bei denen weder Frankreich noch die IEPG Partner seien." Voraussetzung sei, „daß wir hierfür eine uns übrigens wenig kostende Gegenleistung erbrächten, indem wir in der Versammlung der WEU weder die Frage der Kontrolle der atomaren Lagerbestände Frankreichs noch die von Frankreich nicht vorgenommene Ratifizierung der Konvention ‚instituant une garantie d'ordre juridictionnel' vom 14.12.1957 (Ergänzung zu Prot[okoll] IV des WEU-Vertrags) anschneiden." Vgl. den Drahtbericht Nr. 1432; VS-Bd. 11091 (202); B 150, Aktenkopien 1978.

Referat 201 notierte am 9. Juni 1978, eine Ressortbesprechung am selben Tag habe ergeben, „daß die französischen Modalitäten im Raketenbau nicht akzeptiert werden könnten". Der französische Vorschlag bleibe „erheblich" hinter den Wünschen der Bundesregierung zurück; vielmehr sei zu befürchten, „daß wir bei Annahme [...] schlechter gestellt würden". Falls die Wünsche der Bundesregierung nicht durchsetzbar seien, „sollten wir es beim Status quo belassen und nicht auf die französischen Modalitäten eingehen". Vgl. VS-Bd. 10617 (201); B 150, Aktenkopien 1978.

Bundesminister Genscher sprach die Frage am 13. Juni 1978 im Gespräch mit dem französischen Außenminister de Guiringaud in Paris an. Vgl. dazu Dok. 185, Anm. 2.

159

**Aufzeichnung des
Vortragenden Legationsrats I. Klasse Dannenbring**

201-363.35-2050/78 geheim   24. Mai 1978

Über Herrn Dg 20[1] Herrn D 2[2] zur Unterrichtung

Betr.: Grauzonenproblematik;
 hier: Verteidigungspolitische Bewertung im Bündnis

Die Grauzonenproblematik ist kein selbständiger Tagesordnungspunkt für den NATO-Gipfel in Washington[3], kann aber im Zusammenhang mit anderen Fragen (SALT, Langzeitprogramm[4]) angesprochen werden. Der Herr Bundeskanzler hat dies Thema in seinem Schreiben an Präsident Carter vom 16. Mai 1978[5] als ein wichtiges deutsches Anliegen hervorgehoben.

1) Im folgenden soll ein Überblick über die militärstrategische Bewertung der Grauzonenproblematik durch die Bündnispartner gegeben werden, wie sie vor allem aus den Stellungnahmen im Rahmen der NPG und des DPC hervorgeht.

Unter militärstrategischen Gesichtspunkten hat sich das Bündnis, vor allem die NPG, mit den Grauzonen-Waffensystemen aus der Perspektive der Modernisierung und Verbesserung der Theater Nuclear Forces (TNF) beschäftigt. Rüstungskontrollpolitisch ist die Grauzone hingegen zunächst im SALT-Zusammenhang als Grenzbereich unterhalb der interkontinentalstrategischen Systeme definiert worden. Ganz gleich, ob man die gegenwärtigen und potentiellen Waffensysteme im Grenzbereich zwischen den beiden nuklearen Komponenten der NATO-Triade nun als substrategisch bzw. intrakontinental oder als TNF großer Reichweite bezeichnet – der rüstungskontrollpolitische Ansatz muß sich zunächst einmal auf eine militärstrategische Bewertung dieser Grauzone stützen können. Die bisherige Diskussion im Bündnis zeigt jedoch, daß es eine klare und eine von allen Verbündeten getragene Haltung hierzu noch nicht gibt.[6]

2) Während die Tatsache einer Disparität bei den nuklearen Mittelstreckensystemen (1000 bis 5500 km) zu Lasten der NATO unbestritten ist, gehen die Meinungen im Bündnis schon darüber auseinander, wieweit der Abbau dieser Disparität überhaupt verteidigungspolitisch notwendig und wünschenswert ist. Umstritten ist dann weiterhin, ob zur Realisierung eines solchen Abbaus der

---

[1] Hat Ministerialdirigent Pfeffer am 24. Mai 1978 vorgelegen, der handschriftlich vermerkte: „Vorschlag: Mitnahme US-Reise. Wenn möglich, Vortrag oder Vorlage BM. D[urch]d[ruck] gleichzeitig an StS."
[2] Hat Ministerialdirektor Blech am 14. Juni 1978 vorgelegen.
[3] Zur NATO-Ratstagung auf der Ebene der Staats- und Regierungschefs am 30./31. Mai 1978 vgl. Dok. 170.
[4] Zum Langfristigen Verteidigungsprogramm der NATO vgl. Dok. 151, Anm. 9, und Dok. 153, Anm. 5.
[5] Für das Schreiben vgl. Dok. 148.
[6] Zu diesem Satz vermerkte Ministerialdirigent Pfeffer handschriftlich: „Nicht einmal die Definition ist eindeutig."

Schwerpunkt auf den rüstungskontrollpolitischen Ansatz oder eher auf zusätzliche eigene Verteidigungsanstrengungen gelegt werden sollte.[7]

a) Für die USA ist die Mittelstrecken-Disparität kein neues Problem – von qualitativen und quantitativen Veränderungen einmal abgesehen –, dessen Lösung zudem auf der Hand liege: sie verweisen auf den Triadenverbund und den Ausgleich durch einen Überhang an US-strategischen Sprengköpfen, den sie zusammen mit ihrem technologischen Vorsprung auch künftig aufrechterhalten wollen.

Andererseits haben auch die USA bei den Untersuchungen der High Level Group zur TNF-Modernisierung[8] nach einem Versuch, die Mittelstrecken-Disparität als ein nur psychologisches Problem einzustufen, schließlich die verteidigungspolitische Notwendigkeit eines Kontinuums der nuklearen Fähigkeiten über die ganze Breite der TNF hinweg anerkannt und die Forderung nach einer Verstärkung der TNF-Systeme großer Reichweite[9] mit unterschrieben. Die USA haben sich jedoch nicht auf bestimmte Waffensysteme festgelegt und haben ihre Aussage durch einen Hinweis auf die noch zu untersuchenden politischen Implikationen einer solchen Verstärkung relativiert.[10]

b) Großbritannien hat sowohl auf der 23. NPG-Ministerkonferenz[11] als auch in der Eurogroup-Ministerkonferenz am 17. Mai 1978[12] erhebliche Sorge wegen der wachsenden Mittelstrecken-Disparität geäußert. Verteidigungsminister Mulley hat einerseits davor gewarnt, die Lösung in einem eurostrategischen Ausgleich zu sehen, da dieser die Gefahr der Abkopplung des strategischen US-Potentials in sich berge und wohl auch die Kräfte der Europäer übersteige. Andererseits hat er aber auch ausdrücklich von einem rüstungskontrollpolitischen Ansatz abgeraten, da die NATO wegen des Mangels an vergleichbaren Systemen aus einer Position der Schwäche heraus verhandeln würde und Gefahr liefe, wichtige Optionen wie die Cruise Missiles endgültig zu vergeben. Großbritannien ist auch nicht bereit, sein eigenes strategisches Mittelstreckenpotential zur Disposition zu stellen. Nach britischer Auffassung sollte die NATO zunächst einmal in maßvoller Weise die TNF-Systeme großer Reichweite verstärken und modernisieren.[13]

---

[7] Der Passus „gehen die ... werden sollte" wurde von Ministerialdirigent Pfeffer hervorgehoben. Dazu Häkchen.

[8] Zur „High Level Working Group" der Nuklearen Planungsgruppe vgl. Dok. 61.
Zum Bericht über ein langfristiges TNF-Modernisierungsprogramm vgl. Dok. 124, Anm. 11.

[9] Der Passus „Forderung ... Reichweite" wurde von Ministerialdirigent Pfeffer durch Häkchen hervorgehoben.

[10] Dieser Satz wurde von Ministerialdirigent Pfeffer durch Häkchen hervorhoben.

[11] Zur Ministersitzung der Nuklearen Planungsgruppe am 18./19. April 1978 in Frederikshavn vgl. Dok. 124.

[12] Zu den Äußerungen des britischen Verteidigungsministers Mulley auf der Ministersitzung der Eurogroup am 17. Mai 1978 in Brüssel vgl. Dok. 151.

[13] Der Passus „aber auch ausdrücklich ... verstärken und modernisieren" wurde von Ministerialdirigent Pfeffer hervorgehoben. Dazu Häkchen.
Botschafter Ruth vermerkte am 18. Mai 1978, der britische Gesandte Bullard habe in einem Gespräch am 16. Mai 1978 „erhebliche Bedenken gegen Verhandlungen über die Waffensysteme der ‚Grauzone' – in Fortführung der SALT-Verhandlungen durch Amerikaner und Sowjets – geltend" gemacht und sich erkundigt, „welche Rolle Großbritannien und Frankreich nach unserer Ansicht dabei spielen sollten. Großbritannien habe nichts übrig für die Idee von Verhandlungen zwischen

c) Norwegen und die Niederlande haben sich dagegen für eine rüstungskontrollpolitische Lösung des Grauzonenproblems ausgesprochen, wobei Norwegen wie Großbritannien sehr besorgt über die Folgen der Mittelstrecken-Disparität („sowjetischer Ansatz zur Aufspaltung der Verteidigungseinheit der Allianz") ist, während die Niederlande mehr ‚wie die USA, dazu neigen, das Problem herunterzuspielen.

d) Italien betont wiederum mehr die Notwendigkeit, für das Bündnis alle militärischen Optionen offenzuhalten, schließt jedoch einen Rüstungskontrollansatz nicht aus.

e) Frankreich, das an der nuklear-strategischen Planung der Allianz nicht beteiligt ist, hat dennoch großen Wert darauf gelegt, deutlich zu machen, daß es jeden Ansatz in Richtung einer Stufenparität wegen der Abkopplungsgefahr mit größter Sorge sieht und daß es auf keinen Fall bereit ist, seine eigenen strategischen Systeme in Grauzonenverhandlungen einzubringen.[14]

f) Alle 11 NPG-Mitglieder haben die gemeinsam in der High Level Group erarbeitete Aussage zur TNF-Modernisierung mitgetragen, wonach zur Aufrechterhaltung des Kontinuums nuklearer Fähigkeiten und damit zur Stärkung des Triadenverbundes ein evolutionärer Ausbau der TNF-Systeme großer Reichweite (über 1000 km) erforderlich ist.

3) Unsere eigene verteidigungspolitische Bewertung der Grauzone, wie sie dem Auftrag der Bundessicherheitsratsbeschlüsse vom 9.11.1977[15] und vom 20.1.1978[16] entspricht, ist noch nicht abgeschlossen. Insbesondere arbeitet das Bundesministerium der Verteidigung noch an einer Bewertung der Cruise-Missile-Optionen und an einer Grauzonenstudie.

In der High Level Group der NPG haben wir zur Grauzone die Auffassung vertreten, daß die Kopplung der beiden nuklearen Triadenelemente um so glaubwürdiger ist, je fließender der Übergang von den TNF- zu den strategischen

---

Fortsetzung Fußnote von Seite 783

den USA und der SU über diese Materie. Der sowjetische Vorteil sei darin von Anfang an angelegt." Er, Ruth, habe entgegnet: „Unsere noch rudimentären Überlegungen zu eventuellen Verhandlungen über Mittelstreckensysteme gingen keineswegs von einer Einbeziehung aller überhaupt nur vorhandenen Systeme aus. Wir dächten vielmehr an eine Verhandlung über spezifische Systeme. Auch seien wir deshalb daran interessiert, daß die Cruise Missiles nicht infolge des Drei-Jahre-Moratoriums im SALT II-Protokoll ‚verbraucht' würden und für spätere Optionen ausfielen. Die verteidigungs- und rüstungskontrollpolitischen Optionen müßten offengehalten werden." Vgl. VS-Bd. 11470 (221); B 150, Aktenkopien 1978.

[14] Der Passus „gelegt ... einzubringen" wurde von Ministerialdirigent Pfeffer hervorgehoben. Dazu Häkchen.
Ministerialdirektor Kinkel notierte am 18. April 1978, daß am 13. April 1978 in Paris Gespräche mit dem Planungsstab des französischen Außenministeriums stattgefunden hätten. Dabei sei von französischer Seite ausgeführt worden, das „Konzept der Stufenparität bzw. der Neutralisierung der zentralen Systeme durch SALT II" sei „politisch gefährlich, da es die Trennbarkeit der Stufen suggeriere und somit zu einer Abkopplung des allein zur Herstellung des Gesamtgleichgewichts fähigen strategischen US-Potentials führe und so die Glaubwürdigkeit der Strategie der flexible response und des amerikanischen strategischen Nuklearschirms zerstöre". Daher seien auch alle Überlegungen „mit größter Vorsicht aufzunehmen, die Grauzone in der Rüstungskontrollpolitik etwa im Rahmen von ‚Theater Nuclear Arms Talks' (TALT) oder ‚MBFR II' getrennt vom strategischen, weiter bilateral in SALT zu behandelnden Bereich zu erfassen. Dies werde die gleichen abkoppelnden Effekte haben." Vgl. VS-Bd. 11589 (02); B 150, Aktenkopien 1978.

[15] Für die Sitzung des Bundessicherheitsrats vom 9. November 1977 vgl. AAPD 1977, II, Dok. 318.

[16] Zum Beschluß des Bundessicherheitsrats vom 20. Januar 1978 vgl. Dok. 29, Anm. 5.

Einsatzmitteln gestaltet werden kann. Daraus folgt die Notwendigkeit des Abbaus bestimmter Mittelstrecken-Disparitäten zur Verbesserung des Kontinuums der nuklearen Fähigkeiten, nicht jedoch die Notwendigkeit einer Parität in allen Kategorien.[17] Im Interesse der Abschreckung sollten wir unbedingt den Eindruck vermeiden, daß unser Wunsch nach Abbau bestimmter Disparitäten auf das Endergebnis Stufenparität zielt. Gegen Stufenparität als Zielvorstellung spricht folgendes:

– Auch SALT II schließt nicht einen Überhang an strategischen Sprengköpfen bzw. ganz allgemein einen qualitativen Vorsprung der USA aus, der Mittelstrecken-Disparitäten kompensieren kann.

– Selbst effektive Parität im strategischen Bereich würde einen wirksamen Triadenverbund nicht ausschließen. Die Kopplung und damit die Abschreckung sind in erster Linie eine Funktion der nach außen erkennbaren politischen Entschlossenheit.

– Es ist gefährlich für die Abschreckung, politisch und wirtschaftlich unrealistische Forderungen aufzustellen (hinter den britischen und französischen Warnungen vor Abkopplung dürfte vor allem diese politische Einsicht in die Grenzen des Machbaren stehen; nicht eine vorhandene Stufenparität wäre gefährlich, sondern die unrealistische Forderung danach).

Schließlich muß unsere Bewertung der Tatsache Rechnung tragen, daß die beiden europäischen Nuklearmächte aus verteidigungspolitischen Erwägungen heraus weder ihre strategischen Systeme in Rüstungskontrollverhandlungen zur Disposition stellen wollen noch bereit sind, die Mittelstrecken-Disparität durch eigene Anstrengungen wesentlich zu verringern.

Aber auch wir, die wir mit diesen beiden Alternativen nicht unmittelbar angesprochen sind, täten gut daran, unsere verteidigungspolitische Bewertung der Grauzonenproblematik nicht zuletzt daran auszurichten, welchen Beitrag zu einer Reduzierung der Mittelstrecken-Paritäten (Kostenbeteiligung, Trägerbereitstellung, Dislozierungsbereitschaft) wir zu leisten wirklich bereit und fähig sind.

Dannenbring

VS-Bd. 10547 (201)

---

[17] Dieser Satz wurde von Ministerialdirigent Pfeffer hervorgehoben. Dazu vermerkte er handschriftlich: „Hohe Wünschbarkeit".

160

Botschafter Pauls, Brüssel (NATO), an das Auswärtige Amt

114-12372/78 geheim Aufgabe: 25. Mai 1978, 16.45 Uhr[1]
Fernschreiben Nr. 626 Ankunft: 25. Mai 1978, 15.56 Uhr
Citissime

New York UNO für D 2 und MD Ruhfus[2]

Betr.: Britischer Vorschlag einer MBFR AM-Konferenz[3]

Bezug: DE Nr. 2496 vom 23.5.[4] und DB Nr. 609 vom 22.5. geh.

1) In Ratssitzung am 24.5. kam noch einmal britische Initiative zur Einberufung einer MBFR AM-Konferenz zur Sprache. Delegierte nahmen diesmal – überwiegend aufgrund von Weisungen – ausführlicher Stellung.

Es verfestigte sich erster Eindruck, daß britischer Vorschlag zwar bei fast allen Delegationen auf grundsätzliche Zustimmung stößt, die Meinungen über die zweckmäßigste Form der Präsentation im Washingtoner Schlußkommuniqué[5] jedoch auseinandergehen. Allgemein wurde betont, daß dieses Thema im Hinblick auf seine große politische Bedeutung der Entscheidung durch die Gipfelkonferenz selbst vorbehalten werden müsse und die entsprechende Kommuniqué-Passage erst zu einem späteren Zeitpunkt vereinbart werden könne.

2) Aus der Diskussion, an der sich neun Staaten beteiligten, ist folgendes festzuhalten:

Am zurückhaltendsten reagierte Italien. Italienischer Vertreter betonte Notwendigkeit, in dieser Frage sehr vorsichtig vorzugehen. Italien hält Zeitpunkt für die Veröffentlichung des Vorschlags für nicht besonders glücklich (bisher

---

[1] Hat Vortragendem Legationsrat I. Klasse Rückriegel am 26. Mai 1978 vorgelegen, der die Weiterleitung an Botschaftsrat I. Klasse Holik und die Referate 220 und 222 verfügte.
Hat Holik am 26. Mai 1978 vorgelegen.
Hat Vortragendem Legationsrat Roßbach am 26. Mai 1978 vorgelegen.
[2] Ministerialdirektor Blech und Ministerialdirektor Ruhfus, Bundeskanzleramt, hielten sich anläßlich der UNO-Sondergeneralversammlung über Abrüstung in New York auf.
[3] Zum britischen Vorschlag einer Konferenz der Außenminister der an den MBFR-Verhandlungen teilnehmenden Staaten vgl. Dok. 155, Anm. 9.
[4] Botschafter Ruth teilte der Ständigen Vertretung bei der NATO in Brüssel am 23. Mai 1978 mit: „Außenminister Owen sprach mich bei einem Mittagessen am 22.5. auf die Kommuniquéformulierung zum britischen Vorschlag für die Abhaltung einer Außenministerkonferenz über MBFR an. Er fragte nach der von uns gewünschten Bezugnahme auf die Datendiskussion. Ich erläuterte ihm in Anlehnung an unsere entsprechenden Weisungen, daß ohne eine Klärung der Datenfrage eine Außenministerkonferenz und die Vorbereitungen dazu mit einem riskanten offenen Problem belastet wären. Deshalb hielten wir es für erforderlich, daß als eine der Voraussetzungen für die Abhaltung die Klärung der Datenfrage ausdrücklich genannt werde. Außenminister Owen erwiderte, daß er mit dieser Formulierung classification of the data base einverstanden sei. Er verstehe diese Formulierung so, daß die Diskussion über die Daten so weit fortgeschritten sein müsse, daß sichergestellt werden könne, daß eine Einigung durch die Außenminister erzielt werde." Vgl. VS-Bd. 11435 (221); B 150, Aktenkopien 1978.
[5] Zur NATO-Ratstagung auf der Ebene der Staats- und Regierungschefs am 30./31. Mai 1978 vgl. Dok. 170.

wenig ermutigende Reaktion des Ostens auf die neue westliche Initiative[6]). Die Owen-Initiative eröffne dem Osten die Möglichkeit, auf den Westen Druck auszuüben, vor allem, wenn die westliche Bereitschaft zur Abhaltung einer Ministerkonferenz nicht an strikte Bedingungen gebunden ist. Osten könne dann auch ohne befriedigende Antwort auf die neue westliche Initiative das politische Zusammentreffen auf hoher Ebene unter dem Vorwand verlangen, daß die anstehenden Fragen nicht mehr auf technischer Ebene gelöst werden könnten. Der britische Vorschlag könnte sogar zur Verzögerung einer möglichen positiven Antwort des Ostens auf die westliche Initiative führen. Zu den Bedingungen, von denen ein AM-Treffen[7] abhängig gemacht werden müsse, zählen in italienischer Sicht eine angemessene Lösung der Datenfrage (adequate solution) und die östliche Anerkennung des Prinzips echter Parität (genuine parity) der Streitkräfte im Reduktionsraum in Form kollektiver Höchststärken und unter Berücksichtigung der Kampfstärke.

Der amerikanische Vertreter äußerte sich im wesentlichen auf der Linie der Stellungnahme in Wien (vgl. DB aus Wien Nr. 354 vom 22.5.[8]). Hervorzuheben ist Hinweis auf amerikanische[9] Präferenz, Treffen als „meeting of Foreign Ministers" statt „convening the negotiations at Foreign Minister level" zu bezeichnen. Anderenfalls könnten in der Öffentlichkeit Erwartungen erweckt werden, die kurzfristig nicht zu erfüllen wären, oder der Eindruck entstehen, als werde eine vollständige MBFR-Runde auf Ministerlevel vorgeschlagen. Das Treffen müsse von einem echten Fortschritt (genuine progress) in den Gesprächen abhängig gemacht werden. Die Sowjets sollten jedoch nicht die Möglichkeit erhalten, das westliche Angebot als ein Ultimatum anzusehen. Aus amerikanischer Sicht sei daher die Erwähnung von „significant progress" in den Verhandlungen vor Einberufung der AM-Konferenz ausreichend. Den Sowjets könne privat erläutert werden, daß der Westen[10] unter dieser Formulierung so-

---

6 Zur Initiative der an den MBFR-Verhandlungen teilnehmenden NATO-Mitgliedstaaten vom 19. April 1978 vgl. Dok. 110.
7 Der Passus „das politische Zusammentreffen ... ein AM-Treffen" wurde von Vortragendem Legationsrat I. Klasse Rückriegel hervorgehoben. Dazu vermerkte er handschriftlich: „Im Grunde haben It[aliener] recht."
8 Botschafter Behrends, Wien (MBFR-Delegation), berichtete über eine Sitzung der Ad-hoc-Gruppe. Das Mitglied der amerikanischen MBFR-Delegation, Dean, habe ausgeführt, „seine Regierung befürworte grundsätzlich den britischen Vorschlag. [...] Selbst wenn die östliche Reaktion auf die westliche Initiative vorliege, werde man noch beträchtliche Zeit benötigen, um die Bedeutung dieser Reaktion eindeutig beurteilen zu können. Schon jetzt sei abzusehen, daß die östliche Reaktion keinerlei Bewegung in der Datenfrage enthalten werde. Es sei jedoch erforderlich, daß eindeutig Fortschritte in den Verhandlungen einschließlich von Fortschritten in der Datendiskussion vorliegen, ehe eine Außenministerkonferenz gerechtfertigt sei. Im übrigen könne eine Veröffentlichung des britischen Vorschlags dazu führen, daß der Osten einen Teil seiner Reaktion auf westliche Initiative bis zu einer Außenministerkonferenz zurückhalte. Dies werde zu Zeitverlust führen. Es gebe im Augenblick kein Verhandlungsthema, das für eine Außenministerkonferenz beschlußreif gemacht werden könne. Wenn ein praktisches Ergebnis der Konferenz nicht erzielbar sei, bestehe die Gefahr, daß die Konferenz unproduktiv sei und einen propagandistischen Charakter erhalte. Die Außenministerkonferenz müsse daher an die Voraussetzung eindeutiger Verhandlungsfortschritte (significant progress) insgesamt und in der Datenfrage im besonderen gebunden werden." Vgl. VS-Bd. 11435 (221); B 150, Aktenkopien 1978.
9 Der Passus „Der amerikanische ... auf amerikanische" wurde von Vortragendem Legationsrat I. Klasse Rückriegel durch Häkchen hervorgehoben.
10 Der Passus „von einem echten ... daß der Westen" wurde von Vortragendem Legationsrat I. Klasse Rückriegel angeschlängelt.

wohl eine konstruktive östliche Antwort auf die Initiative als auch Schritte der östlichen Seite versteht, die zu „real progress" in „resolving differences on the data problem" führen. Zum Procedere schlugen sie vor, die sowjetische Seite bereits vorher über die geplante NATO-Erklärung privat zu informieren. Dies könne am besten durch VK als Autor des Vorschlags geschehen.

Niederlande: Westen müsse sich die größtmögliche Flexibilität bezüglich seiner Entscheidung über die Abhaltung der AM-Konferenz erhalten. Durch zu strikte Konditionierung könnte sowjetische Seite veranlaßt werden, westlichen Vorschlag als Propagandaschritt zurückzuweisen.

Kanada: Stellungnahme lag auf Linie der niederländischen Intervention. Westlicher Vorschlag solle in allgemeinerer Form gemacht werden. Die Formulierung „satisfactory progress in the negotiations" als Voraussetzung für die AM-Konferenz erschiene ausreichend.

Norwegen kann britischem Vorschlag prinzipiell zustimmen. Norwegen plädierte ebenfalls für Flexibilität: Man solle sich nicht in ein solches AM-Treffen treiben lassen. Westlicher Vorschlag könne etwa auf folgender Linie präsentiert werden: „We are willing to raise the level of the talks in Vienna if progress warrants it."

Belgien: Keine grundsätzlichen Einwendungen gegen britischen Vorschlag, Konferenz zu späterem Zeitpunkt einzuberufen, wenn Aussichten für Erfolg der Konferenz gesichert erscheinen. Westen dürfe den Vorschlag nicht in einer Form unterbreiten, die den Osten zu einem propagandistischen Gegenangebot veranlassen könne.

Dänische Intervention lag auf Linie unserer Äußerungen. Eine weiche Formulierung (adequate response) führe zu Interpretationsproblemen. Westen müßte sicherstellen, daß alle legitimen Anliegen durch Einladungsformel abgedeckt seien.

Ich trug unsere Position aufgrund der Drahterlasse Nr. 2354 vom 16.5.[11] und 2424 vom 18.5.[12] vor.[13]

[gez.] Pauls

VS-Bd. 11435 (221)

---

[11] Ministerialdirektor Blech wies die Ständige Vertretung bei der NATO in Brüssel an, wie folgt zu argumentieren: „Der Westen strebt glaubwürdige und nachprüfbare MBFR-Ergebnisse, konkret glaubwürdige Parität, an. Da der Osten behauptet (Breschnew-Besuch), Parität bestehe bereits, hat die Klärung der Ausgangslage und insbesondere die Dateneinigung beim Personal substantielle Bedeutung. Der Westen würde seine eigene Verhandlungsposition gefährden, wenn er zu erkennen gäbe, daß er sich ohne Klärung der Datenbasis auf Reduzierungsschritte oder einen freeze einlassen könnte. Eine Außenministerkonferenz sollte erst nach ausreichender Klärung der Datenfrage stattfinden, weil sonst die Datenkontroverse dieses Treffen behindern und belasten würde. Der Konferenzvorschlag könnte aber genutzt werden, um unsererseits politischen Druck in Richtung auf Dateneinigung auszuüben. Wir sollten daher die Konferenz an die Voraussetzung einer ausreichenden Klärung der Datenfrage binden. Die Formel ‚Fortschritte bei den Verhandlungen' allein erscheint nicht ausreichend, wenn nicht klar ist, was wir uns unter Fortschritten vorstellen. Als Alternative könnten wir der Formulierung ‚Fortschritte bei den Verhandlungen, insbesondere Klärung der Datenbasis' als Voraussetzung für die Verwirklichung der Konferenzidee zustimmen." Diese Argumentation sei von Bundesminister Genscher gebilligt: „Wir legen Wert darauf, daß die Balance zwischen einer gewissen Flexibilität (keine kategorische Festlegung auf Dateneinigung als Vorbedingung) und einem maximalen Einsatz der Möglichkeiten einer Ministerkonferenz als Stimulus

161

Aufzeichnung des Botschafters Ruth

220-371.80-1010/78 geheim 26. Mai 1978[1]

Über Herrn Staatssekretär[2] Herrn Bundesminister

Betr.: SALT;
hier: Grauzone
Überlegungen für eine Verhandlungskonzeption zur Einbeziehung von Mittelstreckenpotentialen in Rüstungskontrollverhandlungen

Anlg.: 1 Kurzfassung[3]

I. Sachstand bei Absichtserklärung zu SALT III

1) Form und Bindungswirkung der Absichtserklärung

Die Absichtserklärung wird im Unterschied zu Vertrag und Protokoll eines SALT-II-Abkommens, die rechtsverbindlichen Charakter haben werden, lediglich eine politische Willenserklärung sein.

Bei beiden Vertragsparteien besteht die Tendenz, die Absichtserklärung möglichst allgemein zu fassen. Von ursprünglich vorgesehenen einseitigen Erklärungen beider Seiten, die die nationalen Zielsetzungen für SALT III erläutern

---

Fortsetzung Fußnote von Seite 788

substantieller Ergebnisse der Datendiskussion (idealerweise bis zur vollen Dateneinigung) erhalten bleibt. Dem Begriff ‚ausreichende Klärung der Datenfrage' kommt dabei besondere Bedeutung zu." Vgl. VS-Bd. 11435 (221); B 150, Aktenkopien 1978.

12 Botschafter Ruth teilte der Ständigen Vertretung bei der NATO in Brüssel mit, daß er gegenüber dem britischen Gesandten Bullard auf die Notwendigkeit von Fortschritten in der Datenfrage hingewiesen habe. Ferner müsse noch die Frage präzisiert werden, was unter der „Anhebung der Verhandlungen auf die politische Ebene" der Außenminister zu verstehen sei. Vgl. VS-Bd. 11435 (221); VS-Bd. 11435 (221); B 150, Aktenkopien 1978.

13 In Ziffer 19 des Kommuniqués der NATO-Ratstagung auf der Ebene der Staats- und Regierungschefs am 30./31. Mai 1978 in Washington wiesen die an den MBFR-Verhandlungen teilnehmenden NATO-Mitgliedstaaten auf ihre Initiative vom 19. April 1978 hin und erklärten: „These Allies consider that the data discussion in Vienna is an essential element in the efforts towards a satisfactory outcome and that the clarification of the data base is therefore decisive for substantial progress in the negotiations. These Allies state that they will propose that a meeting of the negotiations at Foreign Minister level should be convened at an appropriate date once substantial progress has been made in the negotiations and it is clear that a meeting at this level could contribute effectively to the early conclusion of a mutually satisfactory agreement." Vgl. NATO FINAL COMMUNIQUES 1975–1980, S. 93. Für den deutschen Wortlaut vgl. EUROPA-ARCHIV 1978, D 480 f.

1 Die Aufzeichnung wurde von Vortragendem Legationsrat I. Klasse Citron und Vortragendem Legationsrat Roßbach konzipiert.
Hat Legationsrat I. Klasse Petersmann am 28. und am 30. Mai 1978 erneut vorgelegen, der handschriftlich vermerkte: „Hat BM vorgelegen."
Hat Citron erneut vorgelegen, der handschriftlich vermerkte: „Es fehlt jedoch noch Billigung des Vorschlags auf Seite 10." Vgl. Anm. 37.
Hat Petersmann am 19. Juni 1978 erneut vorgelegen, der handschriftlich vermerkte: „Erledigt nach R[ück]spr[ache] mit H[errn] RL 220."

2 Hat Staatssekretär van Well am 27. Mai 1978 vorgelegen.

3 Dem Vorgang beigefügt. Für die Kurzfassung vgl. VS-Bd. 11383 (220); B 150, Aktenkopien 1978.

sollten, wird aller Voraussicht nach abgesehen werden. Die Absichtserklärung wird daher im wesentlichen nur eine Zusammenstellung gemeinschaftlich vereinbarter, allgemeiner Grundsätze für SALT III mit sehr allgemein gehaltenen Zielsetzungen enthalten.

2) Inhalt der Absichtserklärung

– Sowjetunion verlangt in neuer, allgemeiner Formulierung

- bei künftigen Verhandlungen Berücksichtigung aller relevanten Faktoren, welche die strategische[4] Situation bestimmen.

In früheren sowjetischen Vorschlägen wurde hierunter verstanden:

Berücksichtigung der

- Existenz der „FBS" und der Drittstaatensysteme
- Unterschiede in der geographischen Situation.

Die neue sowjetische Formulierung „Berücksichtigung aller relevanten Faktoren", die Forderungen wie eine „radikale FBS-Lösung" oder eine „FBS-Lösung" nicht mehr ausdrücklich enthält, dürfte nur eine Änderung in der Präsentation bedeuten.[5]

- Neuerdings Begrenzung (Höchststärken) der Zahl der Gefechtsköpfe (diese bedeutsame sowjetische Forderung wird hier im Rahmen der Abhandlung der Grauzonenproblematik nicht weiter behandelt[6]).

– Die USA

sind zur Frage des Einschlusses nicht-zentraler Systeme in die Absichtserklärung und in Rüstungskontrollverhandlungen zurückhaltend und möchten sich alle Optionen offenhalten.

Die im Bündnis diskutierte amerikanische Formel, wonach

jede Begrenzung amerikanischer, für den Kriegsschauplatzeinsatz geeigneter Systeme von entsprechenden Begrenzungen gleichartiger sowjetischer Systeme begleitet sein muß,

halten wir im Prinzip für eine gute, allianzintern verwendbare Grundlage[7], um auf sowjetische Forderungen im Grauzonenbereich flexibel reagieren zu können. Die Formel stellt indes nicht sicher, daß das sowjetische Mittelstreckenpotential auf jeden Fall in Rüstungskontrollverhandlungen einbezogen wird.

---

[4] Dieses Wort wurde von Staatssekretär van Well unterschlängelt. Dazu vermerkte er handschriftlich: „Hier liegt das Hauptproblem: Strategisch darf sich nicht nur auf US und SU beziehen, sondern [muß] auch die Einheit des Bündnisgebiets berücksichtigen (US+SU+deren Verbündete)."

[5] Der Passus „enthält ... bedeuten" wurde von Staatssekretär van Well hervorgehoben. Dazu vermerkte er handschriftlich: „r[ichtig]".

[6] Die Wörter „nicht weiter behandelt" wurden von Staatssekretär van Well unterschlängelt. Dazu Fragezeichen und handschriftlicher Vermerk: „Die ist aber sehr wichtig. Die US sagen uns: Die Disparität im Mittelstreckenbereich sollte nicht unabhängig von dem Eskalationsverbund der Triade gesehen werden. Die US hätten mehr Sprengköpfe im Interkontinental-Bereich, so daß sie auch den sowj[etischen] Überhang im Mittelstreckenbereich abdecken könnten."

[7] Die Wörter „allianzintern verwendbare Grundlage" wurden von Staatssekretär van Well unterschlängelt. Dazu vermerkte er handschriftlich: „Nicht nur allianzintern; denn im Drei-Jahres-Protokoll haben die Sowjets bereits einen Einbruch in diese Systeme (Mittelstrecken-CM) erreicht."

Die neuerdings von amerikanischer Seite angedeutete Möglichkeit der Einführung eines Grundsatzes in die Absichtserklärung, wonach

> beide Seiten zu jedem späteren Zeitpunkt jede neue Frage in Nachfolgeverhandlungen einführen können[8],

würde es erlauben, Fragen aus dem Bereich der nicht-zentralen Systeme auch initiativ anhängig zu machen.
- Briten und Franzosen
reagieren insbesondere hinsichtlich Drittstaatensystemen, aber auch zur allgemeinen Frage der Erwähnung bzw. des Einschlusses nicht-zentraler Systeme in der Absichtserklärung bzw. in Rüstungskontrollverhandlungen vorsichtig bis ablehnend.[9]

3) Bewertung

Bisher bestand Gefahr einer Unausgewogenheit in der sich abzeichnenden Absichtserklärung.

USA und UdSSR tendierten in verschiedene Richtungen:
- Bei den USA lag der Nachdruck auf den klassischen SALT-Themen (quantitative Begrenzungen, Reduzierungen, qualitative Beschränkungen) und Zielsetzungen hierfür.
- Dagegen machte die UdSSR konkrete Vorschläge im nicht-zentralen Bereich (FBS-Lösung, Drittstaatensysteme, geographische Faktoren).

Es besteht nun die Hoffnung, daß diese Gefahr der Unausgewogenheit bei der neuerdings auf beiden Seiten vorherrschenden Tendenz zu allgemeineren Formulierungen[10] neutralisiert werden wird.

II. Überlegungen für eine Verhandlungskonzeption zur Einbeziehung von Mittelstreckenpotentialen in Rüstungskontrollverhandlungen

1) Die im Grauzonenbereich vorgegebene Situation
- Ein militärischer Kräftevergleich West–Ost ergibt, daß bei annähernder Gleichwertigkeit (rough equivalence) im nuklearen Gesamtkräfteverhältnis im Mittelstreckenbereich erhebliche Disparitäten zugunsten der Sowjetunion und des Warschauer Pakts bestehen, die von diesen stetig ausgebaut werden.
- Durch die in SALT II erfolgende Festschreibung der Parität im nuklear-strategischen Bereich kommt Disparitäten auf anderen Ebenen (im Mittelstreckenbereich und bei den konventionellen Waffen) erhöhte Bedeutung zu.
- Auch bei Berücksichtigung der sich in SALT anbahnenden Entwicklungen ist jedoch die Zielabdeckung im Rahmen des Triadenverbundes gesichert. Hierzu leistet das strategische Potential der USA den wesentlichen Beitrag.[11]

---

[8] Dieser Absatz wurde von Staatssekretär van Well angeschlängelt. Dazu vermerkte er handschriftlich: „Uninteressant und selbstverständlich".
[9] Dieser Absatz wurde von Staatssekretär van Well angeschlängelt. Dazu vermerkte er handschriftlich: „Das darf uns nicht hindern, die Einbeziehung der sowjetischen Systeme zu fordern."
[10] Die Wörter „allgemeineren Formulierungen" wurden von Staatssekretär van Well unterschlängelt. Dazu vermerkte er handschriftlich: „Das kann uns angesichts der Präjudizierung bei CM nicht befriedigen."
[11] Dieser Absatz wurde von Staatssekretär van Well angeschlängelt. Dazu vermerkte er handschrift-

- Die sich stetig vergrößernden Disparitäten zugunsten der Sowjetunion im Mittelstreckenbereich stellen dennoch politisch und militärisch einen destabilisierenden Faktor dar.[12]
- In Gestalt der Cruise Missiles sind bereits westliche Systeme, die vornehmlich im Mittelstreckenbereich eine Rolle spielen, ohne erkennbare sowjetische Gegenleistung vorläufigen Beschränkungen unterworfen. Es läßt sich trotz gegenteiliger amerikanischer Zusicherungen nicht ganz ausschließen[13], daß hierdurch eine politische Präjudizierung für künftige Regelungen in SALT-Nachfolgeverhandlungen erfolgt.
- Bereitschaft GS Breschnews während dessen Bonn-Besuchs[14], über Reduzierung aller Arten von Waffen, also auch im Mittelstreckenbereich, zu verhandeln, und zwar
  - im Einvernehmen zwischen den Staaten,
  - ohne Beeinträchtigung der Sicherheit beider Staaten,
  - bei voller Gegenseitigkeit.

2) Vorfragen

a) Die Frage der Wünschbarkeit eines Einschlusses nicht-zentraler Systeme in Rüstungskontrollverhandlungen:

Viele der unter II. 1) aufgeführten Argumente sprechen für eine Einbeziehung einzelner Mittelstreckenpotentiale in Rüstungskontrollverhandlungen.

Nachfolgend werden Gründe aufgezählt, die ein vorsichtiges Herangehen an die Probleme der Grauzone empfehlen und die Bedenken der Verbündeten (USA, Großbritannien, Frankreich) rechtfertigen dürften:

- Mit der Frage des Einschlusses von Mittelstreckenpotentialen in Rüstungskontrollverhandlungen wird Neuland betreten. Die USA haben mehrfach betont, daß dieses Gebiet für sie ein noch nicht durchdachtes „Tabu" darstelle.
- Es besteht eine „dünne Decke", was die vom Westen einzubringenden Systeme anbelangt (amerikanische Mittelmeerflotte, F-111, Drittstaatensysteme), die
  - entweder unseren Verhandlungsspielraum einengt, weil die Systeme rüstungskontrollpolitisch nicht verfügbar sind (Haltung Frankreichs und Großbritanniens zu Drittstaatensystemen, politisch-militärische Aufgaben der US-Mittelmeerflotte) oder
  - uns sehr schnell in diesem Bereich verteidigungspolitisch im „unbewaffneten Zustand" beläßt, während die andere Seite auch nach entsprechenden Zugeständnissen noch über das Gros ihres Mittelstreckenpotentials

---

Fortsetzung Fußnote von Seite 791

  lich: „Vorsicht: Forderung der SU nach Parität bei Sprengköpfen wird auf Dauer schwer zurückzuweisen sein."
[12] Dieser Absatz wurde von Staatssekretär van Well hervorgehoben. Dazu vermerkte er handschriftlich: „r[ichtig]".
[13] Der Passus „In Gestalt ... ganz ausschließen" wurde von Staatssekretär van Well hervorgehoben. Dazu vermerkte er handschriftlich: „r[ichtig]".
[14] Der Generalsekretär des ZK der KPdSU, Breschnew, besuchte die Bundesrepublik vom 4. bis 7. Mai 1978. Vgl. dazu Dok. 135, Dok. 136, Dok. 142 und Dok. 143.

verfügt (z. B. sind die SS-20 nur die „Spitze des Eisbergs", daher Vorsicht bei pauschalen Gegenüberstellungen z. B. von SS-20 und „FBS").[15]

b) Welche sowjetischen Systeme kommen in Frage?

– Am bedrohlichsten SS-20/Backfire,

– aber Hauptmasse des auf Europa gerichteten sowjetischen Mittelstreckenpotentials besteht aus SS-4/SS-5 sowie Mittelstreckenbombern.

c) Welche westlichen Systeme sind für Rüstungskontrollverhandlungen, die den Mittelstreckenbereich berühren, verfügbar?

– Drittstaatenpotentiale kommen nicht in Frage.

  – Absolute Weigerung Frankreichs, Zurückhaltung Großbritanniens;

  – Unmöglichkeit der direkten Einbeziehung von Drittstaatensystemen, solange die Verhandlungen bilateral bleiben;

  – Problem der indirekten Anrechnung der Drittstaatensysteme in bilateralen Verhandlungen (z. B. auf die amerikanischen Höchststärkezahlen).[16]

– „FBS" ist als sowjetischer Begriff für die westliche Seite nicht akzeptabel, da er das sowjetische Bemühen fördert, über einen der Sowjetunion genehmen Begriff „strategisch" ihre Mittelstreckenpotentiale aus Rüstungskontrollverhandlungen herauszuhalten (sowjetische Sanktuariumsidee). Die meisten amerikanischen „FBS"-Systeme sind aus sicherheitspolitischen Gründen nicht verfügbar (z. B. politisch stabilisierende Rolle der Sechsten US-Flotte im Mittelmeer).

Die noch nicht dislozierten Cruise Missiles könnten eines Tages in diesem Zusammenhang eine besondere Rolle spielen.[17]

3) Stand der Vorbereitungen

– Wir haben in den der amerikanischen Regierung am 14./15.4.1978 übermittelten talking points zur Nichtumgehungsfrage und Absichtserklärung bei SALT[18] vorgeschlagen, vorsorglich bereits jetzt in der Allianz eine Verhandlungskonzeption zur Einbeziehung von Mittelstreckenpotentialen in Rüstungskontrollverhandlungen vorzubereiten. Wir haben deutlich gemacht, daß hierbei vornehmlich drei Fragenbereiche untersucht werden müssen:

  – Sind solche Verhandlungen wünschbar?

  – Welche sowjetischen Mittelstreckenpotentiale sollen erfaßt werden?

  – Welche westlichen Systeme können in die Verhandlungen eingebracht werden?

---

[15] Der Passus „Es besteht ... und ‚FBS'" wurde von Staatssekretär van Well angeschlängelt. Dazu vermerkte er handschriftlich: „Ziel muß doch aber auch Parität sein; diese politische Forderung hat Zugkraft; auch das Prinzip der ‚Einheit des Allianzgebiets.'"

[16] Der Passus „Drittstaatenpotentiale ... Höchststärkezahlen" wurde von Staatssekretär van Well angeschlängelt. Dazu vermerkte er handschriftlich: „Wir sollten dennoch auch im Mittelstreckenbereich Parität fordern."

[17] Dieser Satz wurde von Staatssekretär van Well hervorgehoben. Dazu vermerkte er handschriftlich: „r[ichtig]".

[18] Zu den am 14. April 1978 übermittelten Gesprächspunkten vgl. Dok. 148, Anm. 17 und 18.

– Vom Auswärtigen Amt und BMVg wird in Ausführung des Bundessicherheitsratsbeschlusses vom 20.1.1978[19] eine Verhandlungskonzeption der Bundesregierung vorbereitet.

– Vorarbeiten in der Unterabteilung 22,

– Planungsstab AA arbeitet an einem Papier über die Bedeutung der Disparitäten im Mittelstreckenbereich[20],

– Planungsstab BMVg bereitet ebenfalls Überlegungen für eine Verhandlungskonzeption im Grauzonenbereich vor.

Nach Klärung der Standpunkte in den beteiligten Ressorts wird Abstimmung für eine Position der Bundesregierung stattfinden.

– Dg 22 und Botschafter Warnke kamen bei ihrem Gespräch am 12.5.1978 in Washington überein, so bald als möglich bilaterale deutsch-amerikanische Konsultationen zur Frage der Einbeziehung von Mittelstreckenpotentialen in Rüstungskontrollverhandlungen abzuhalten.[21]

4) Kriterien für ein Verhandlungskonzept zum Einschluß nicht-zentraler Systeme in Rüstungskontrollverhandlungen

a) Prozedural:

– Einschluß von nicht-zentralen Systemen in Rüstungskontrollverhandlungen müßte in jedem Fall im Zusammenhang mit SALT-Nachfolgeverhandlungen erfolgen (entscheidendes Kriterium: Verhandlungsgegenstand müßte überwiegend interkontinental strategische Systeme umfassen).

---

[19] Zum Beschluß des Bundessicherheitsrats vom 20. Januar 1978 vgl. Dok. 29, Anm. 5.

[20] Ministerialdirektor Kinkel befaßte sich am 20. Juni 1978 mit der historischen Entwicklung der Schwäche der NATO-Mitgliedstaaten im Mittelstreckenbereich, der Bedeutung der Parität zwischen den USA und der UdSSR sowie mit den Kräfteverhältnissen im Mittelstreckenbereich und ihrer Bedeutung für die Zielabdeckung und legte mögliche Schlußfolgerungen für die Politik der Bundesregierung dar: „Der Aufbau von paritätischen westeuropäischen Fähigkeiten kommt nicht in Betracht, weil er der SU als Versuch erscheinen müßte, neben den von SALT erfaßten Systemen ein ‚zweites strategisches Bein' zu gewinnen, dem Interesse der USA an Kontrolle der Eskalation zuwiderläuft und den SALT-Prozeß sprengen könnte. Eine solche Parität ist zur Erhaltung einer glaubhaften Abschreckung auch nicht erforderlich. [...] Eine Verringerung der östlichen Fähigkeiten setzt die westliche Fähigkeit, einen der SU ausreichenden Preis zu zahlen, voraus." Dieser Preis sei gegenwärtig nicht vorhanden, könne jedoch geschaffen werden, „indem auf die Dislozierung von SLCM und GLCM in Westeuropa verzichtet und ALCM nur bis zu einer gewissen Obergrenze mit in Westeuropa dislozierten FB-111 konfiguriert werden. [...] Auf diese Weise würde der SALT-Prozeß nicht mehr als unumgänglich kompliziert, die britischen und französischen Nuklearstreitkräfte würden ausgespart. [...] Dadurch könnte die Kopplungsfunktion der westlichen Mittelstreckensysteme gekräftigt und die Bedrohung eingegrenzt werden. Gleichzeitig würde der entmutigenden Wirkung der Schwierigkeiten des Grauzonenproblems begegnet." Vgl. VS-Bd. 11589 (02); B 150, Aktenkopien 1978.

[21] Zum Gespräch mit dem Direktor der amerikanischen Rüstungskontroll- und Abrüstungsbehörde, Warnke, teilte Botschafter Ruth, z. Z. Washington, am 15. Mai 1978 mit: „Zum Thema Absichtserklärung und sowjetische Mittelstreckensysteme unterstrich Dg 22 unser nachdrückliches Interesse. Es dürfe nicht der Eindruck aufkommen, als sei der Westen bereit, die Disparitäten bei den sowjetischen Mittelstreckenpotentialen hinzunehmen. Botschafter Warnke und Dg 22 stimmten überein, daß eine Allianzposition zum Mittelstreckenbereich baldmöglichst vorbereitet werden müsse. Zur Vorklärung der vorzubereitenden Allianzpositionen sollen baldmöglichst deutsch-amerikanische Konsultationen über diese Frage stattfinden. Dg 22 unterstrich in diesem Zusammenhang besonders die Notwendigkeit, daß die Allianz zum Themenkreis Cruise Missiles und Mittelstreckenpotentiale eine überzeugende Verteidigungs- und rüstungskontrollpolitische Position erarbeitet haben müsse, bevor die Cruise Missiles, wie zu erwarten sei, ein Thema der internationalen Diskussion und Polemik werden." Vgl. den Drahtbericht Nr. 1825; VS-Bd. 11395 (220); B 150, Aktenkopien 1978.

– Separate Verhandlungen über Mittelstreckenpotentiale („TALT", dritter Verhandlungstisch) würden allein durch die Eröffnung einer separaten Verhandlungsebene Signalwirkung in Richtung Abkoppelung haben.[22]
– Für unsere Präferenz einer schrittweisen Erweiterung des Verhandlungsgegenstandes in Richtung auf nicht-zentrale Systeme in SALT-Nachfolgeverhandlungen (SALT III oder SALT IV) ergeben sich organisatorisch folgende Alternativen:
  – Weiterhin bilaterale Verhandlungen bei gleichzeitiger Intensivierung der Bündniskonsultation
  – Beteiligung von Staaten
    – über deren Waffensysteme verhandelt wird,
    – deren Sicherheitsinteressen durch den Verhandlungsgegenstand in besonderem Maße berührt werden.[23]

Hierbei muß realistischerweise davon ausgegangen werden, daß auf absehbare Zeit Verhandlungen auch bei schrittweiser Berücksichtigung nichtzentraler Systeme zunächst bilateral fortgesetzt werden.

b) Substantiell:

aa) Alternativen für konzeptionelles Herangehen:

– Verschiebung der Lösung der Grauzonenproblematik:

Theoretische Möglichkeit, daß die Mittelstreckenproblematik noch nicht in eine Absichtserklärung für SALT III und auch nicht in künftige SALT-Verhandlungen einbezogen wird. In einem solchen Fall würde sich die Notwendigkeit ergeben, in gegenwärtigen und kommenden Verhandlungen alle Mittelstreckenoptionen offenzuhalten, insbesondere auch die Mittelstreckenoption Cruise Missiles.

– Globales Ansprechen der Problematik (allgemeine Erwähnung der Grauzone bzw. der Gesamtheit der Mittelstreckenpotentiale) wäre nicht günstig. Es würde
  – umfassende sowjetische FBS-Forderungen provozieren,
  – Drittstaatensysteme pauschal miteinbeziehen und
  – wäre verhandlungstechnisch nicht machbar.[24]
– Selektiver Ansatz (Einbeziehung von einzelnen Mittelstreckensystemen) ist die wohl einzig realisierbare Lösung, und zwar vom Standpunkt der
  – Möglichkeit einer schrittweisen Erweiterung des Verhandlungsgegenstandes im Rahmen eines fortschreitenden Prozesses,[25]

---

[22] Der Passus „Einschluß von … Abkopplung haben" wurde von Staatssekretär van Well angeschlängelt. Dazu vermerkte er handschriftlich: „Entscheidendes Kriterium: Einheit des Allianzgebiets; die Unterscheidung in zwei strategische Kategorien, nämlich zwischen SU-US und eurostrategisch, bedeutet Abkopplung."

[23] Der Passus „Beteiligung von Staaten … Maße berührt werden" wurde von Staatssekretär van Well hervorgehoben. Dazu vermerkte er: „Ja; nicht jeder von ihnen muß teilnehmen; open-ended SALT-Erweiterung."

[24] Der Passus „Globales Ansprechen … nicht machbar" wurde von Staatssekretär van Well angeschlängelt. Dazu vermerkte er handschriftlich: „Dies bedarf weiterer Prüfung."

[25] Der Passus „Globales Ansprechen … Rahmen eines fortschreitenden Prozesses" wurde von Staats-

- Bewältigung der Materie,
- Positionen der europäischen Verbündeten,
- amerikanischen Vorstellungen einschließlich der im Bündnis diskutierten US-Formeln zur Absichtserklärung.

Selektiver Ansatz
- würde sowjetischen Globalforderungen entgegenwirken,
- würde es möglich machen, zuerst auf Abbau besonders bedrohlichen sowjetischen Potentials (SS-20/Backfire) hinzuwirken.

bb) Abgrenzung des Verhandlungsgegenstandes
- Nachdem Verfügbarkeit der westlichen Systeme für Verhandlungen im Mittelstreckenbereich begrenzt ist, läuft selektiver Ansatz
  - auf westlicher Seite im wesentlichen auf eine noch zu spezifizierende rüstungskontrollpolitische Eingrenzung der Cruise Missiles,
  - auf östlicher Seite auf Einbeziehung zunächst der am bedrohlichsten Systeme (SS-20/Backfire)

  hinaus.
- Aus diesem Grund haben wir bereits jetzt angesichts der vorläufigen Cruise-Missiles-Regelungen im Protokoll des SALT-II-Abkommens darauf zu achten, daß die Cruise Missiles als verteidigungs- und rüstungskontrollpolitisches Gegengewicht im nicht-zentralen Bereich erhalten bleiben. Wir müssen verhindern, daß sie als Anhang zu den zentralen Systemen bereits jetzt ohne sowjetische Gegenleistung verbraucht werden.[26]

[27]Es ist zu erwarten, daß die Frage der Produktion, Dislozierung und rüstungskontrollpolitischen Eingrenzung der Cruise Missiles noch politische Aktualität bekommen wird. Ebenso wie bei der Neutronenwaffe wird die Sowjetunion zum gegebenen Moment versuchen, den „bedrohlichen Charakter" der Cruise Missiles propagandistisch hochzuspielen.

- Bei der Abgrenzung der in Frage kommenden östlichen Systeme ist zu beachten, daß hinter den SS-20/Backfire die Hauptmasse des sowjetischen Mittelstreckenpotentials steht (SS-4/SS-5/Mittelstreckenbomber).
- Es wird schwierig sein, eine klare Abgrenzung des selektiv zu erfassenden Mittelstreckenbereichs nach unten (im Unterschied zum nuklear-taktischen Bereich) zu finden.

cc) Verhandlungsziel

(1) Einzig mögliches Verhandlungsziel

Abbau bzw. Verminderung[28] der im Mittelstreckenbereich bestehenden Disparitäten, wobei in der praktischen Durchführung dieses Abbaus eine teilweise

---

Fortsetzung Fußnote von Seite 795
sekretär van Well durch Pfeil hervorgehoben. Dazu vermerkte er handschriftlich: „Beides läßt sich evtl. verbinden."

26 Dieser Absatz wurde von Staatssekretär van Well hervorgehoben. Dazu vermerkte er handschriftlich: „r[ichtig]".
27 Beginn der Seite 8 der Vorlage. Vgl. Anm. 38.
28 Die Wörter „Abbau bzw. Verminderung" wurden von Staatssekretär van Well mit eckigen Klammern versehen.

Verrechnung von sowjetischen Mittelstreckenpotentialen mit amerikanischen strategischen Systemen erfolgen muß, z. B. Angebot zur Beschränkung strategischer amerikanischer Systeme und von Cruise Missiles im Gegenzug für sowjetische Leistungen im Lang- und Mittelstreckenbereich bei besonderer Betonung des Mittelstreckenbereichs.[29]

- In SALT-Nachfolgeverhandlungen zu behandelnde Potentiale beider Seiten (nuklear-strategischer und Mittelstreckenbereich) wären jeweils als Ganzes zu sehen,
  - um die Triadenkopplung voll zu erhalten und
  - die sicherheitspolitische Einheit des NATO-Territoriums zu stärken.[30]

Allerdings wird die Anrechnung amerikanischer strategischer Systeme gegen sowjetische Mittelstreckenpotentiale Vergleichbarkeitsprobleme aufwerfen, die nicht leicht zu lösen sein werden.

- Als Einstieg in ein derartiges Verhandlungskonzept halten wir eine Anpassung des Begriffes „strategisch" für einen gangbaren Weg: Z. B. als strategische Systeme werden künftig solche Trägermittel verstanden, die eine Reichweite von X haben und die die Territorien beider Bündnisse erreichen können.[31]

Vorteil: Wahrung der sicherheitspolitischen Einheit des NATO-Territoriums; Vermeidung einer Kompartmentalisierung. Nachteil: möglicher Ansporn für sowjetische Forderung nach Einschluß von Drittstaatenpotentialen.

[32](2) Parität im Mittelstreckenbereich als Verhandlungsziel sollte vermieden werden.

Wir befürchten einen von einer derartigen Schichtenparität ausgehenden Abkopplungseffekt. Auch wäre Parität im Mittelsteckenbereich aufgrund der bestehenden erheblichen Disparitäten voraussichtlich weder verteidigungspolitisch (durch Rüstungsanstrengungen) noch rüstungskontrollpolitisch machbar.[33]

(3) Ebenso scheidet eine gegenseitige Nichterhöhungsvereinbarung für vorhandene Systeme (freeze) als Verhandlungsziel aus.

Dies würde bedeuten:

- Festschreibung der bestehenden Disparitäten,
- Hindernis für einen Abbau derselben.[34]

---

[29] Dieser Absatz wurde von Staatssekretär van Well hervorgehoben. Dazu vermerkte er handschriftlich: „r[ichtig]".
[30] Der Passus „In SALT-Nachfolgeverhandlungen ... NATO-Territoriums zu stärken" wurde von Staatssekretär van Well hervorgehoben. Dazu vermerkte er handschriftlich: „r[ichtig]".
[31] Dieser Absatz wurde von Staatssekretär van Well hervorgehoben. Dazu vermerkte er handschriftlich: „r[ichtig]".
[32] Beginn der Seite 9 der Vorlage. Vgl. Anm. 38.
[33] Der Passus „Parität im Mittelsteckenbereich als ... rüstungskontrollpolitisch machbar" wurde von Staatssekretär van Well angeschlängelt. Dazu vermerkte er handschriftlich: „Annähernde Parität oder Abbau der Disparitäten".
[34] Der Passus „Ebenso scheidet ... Abbau derselben" wurde von Staatssekretär van Well hervorgehoben. Dazu vermerkte er handschriftlich: „r[ichtig]".

dd) Praktische Durchführung von Beschränkungen zum Abbau der Disparitäten
Beschränkungsmöglichkeiten durch:
- Reichweitenbegrenzung,
- Obergrenzen,
- Dislozierungsverbote,
- Dislozierungsbeschränkungen,
- asymmetrische Reduzierungen.

III. Zusammenfassung und Vorschlag

1) Für uns sind als unverzichtbare Kriterien einer Verhandlungskonzeption zum Einschluß nicht-zentraler Systeme in Rüstungskontrollverhandlungen herauszustellen:
- Komplizierter Verhandlungsgegenstand erfordert besonders gründliche Vorbereitung und enge Abstimmung mit den Verbündeten.
- Verhandlungen über Mittelstreckenpotentiale im Rahmen der SALT-Nachfolge; wegen Abkopplungsgefahr keine separaten Verhandlungen im Mittelstreckenbereich.
- Erfordernis eines selektiven Herangehens im Rahmen einer schrittweisen Ausweitung des Verhandlungsgegenstandes.[35]
- Erwartung, daß die Verhandlungen auch bei selektiver schrittweiser Einbeziehung von Mittelstreckenpotentialen vorerst bilateral bleiben.
- Verhandlungsziel: Abbau bzw. Verminderung[36] der Disparitäten im Mittelstreckenbereich.

[37]2) Vorschlag:
- Billigung der vorstehenden Überlegungen[38] durch den Herrn Bundesminister.
- Weisung an Abteilung 2, ein auf diese Überlegungen gegründetes Schreiben des Bundesministers an den Bundesminister der Verteidigung[39] vorzubereiten mit dem Ziel,
  - die Haltung des Auswärtigen Amts im Grauzonenbereich zu verdeutlichen und
  - eine gemeinsame Position des Auswärtigen Amts und des BMVg im Grauzonenbereich herbeizuführen.[40]

i.V. Ruth

VS-Bd. 11383 (220)

---

[35] Dieser Absatz wurde von Staatssekretär van Well durch Pfeil hervorgehoben. Dazu vermerkte er handschriftlich: „Nach globaler Ansprache des Problems der Disparitäten".
[36] Die Wörter „bzw. Verminderung" wurden von Staatssekretär van Well mit eckigen Klammern versehen.
[37] Beginn der Seite 10 der Vorlage. Vgl. Anm. 1.
[38] An dieser Stelle wurde von Staatssekretär van Well handschriftlich eingefügt: „auf S. 8+9". Vgl. Anm. 27 und 32.
[39] Hans Apel.
[40] Ministerialdirektor Blech legte am 12. Juni 1978 den Entwurf eines Schreibens des Bundesministers Genscher an Bundesminister Apel vor, dem „Kriterien für eine Diskussion über die Grauzonenproblematik" beigefügt waren. Das Schreiben wurde laut handschriftlichem Vermerk des Vor-

162

Aufzeichnung des Ministerialdirektors Fleischhauer

27. Mai 1978[1]

Unter Verschluß

Über Herrn Staatssekretär[2] Herrn Minister

Betr.: Bundeswehr/Aufgabenbereich nach dem innerstaatlichen Recht der Bundesrepublik Deutschland;
hier: Rechtliche Zulässigkeit der Beteiligung der Bundeswehr an Friedenstruppen der VN[3], bei der bewaffneten Unterstützung befreundeter Regierungen bzw. bei der bewaffneten Rettung deutscher Staatsangehöriger im Ausland

Bezug: Besprechung bei dem Herrn Minister vom 26.5.1978

Zweck der Vorlage: Zur Unterrichtung

Zur rechtlichen Zulässigkeit nach dem innerstaatlichen Recht der Bundesrepublik Deutschland der Beteiligung der Bundeswehr an Friedenstruppen der VN, bei der bewaffneten Unterstützung befreundeter Regierungen und bei der bewaffneten Rettung deutscher Staatsangehöriger im Ausland ist nach erster Prüfung folgendes zu bemerken:

1) Der Aufgabenbereich der Bundeswehr ist umschrieben in Art. 87a Abs. 2 GG, der wie folgt lautet:

„Außer zur Verteidigung dürfen die Streitkräfte nur eingesetzt werden, soweit dieses Grundgesetz es ausdrücklich zuläßt."

Art. 87a ist eines der Ergebnisse der verfassungsrechtlichen Auseinandersetzungen der frühen 50er Jahre um den Wehrbeitrag der Bundesrepublik Deutschland. Er wurde durch das Gesetz zur Ergänzung des Grundgesetzes

---

Fortsetzung Fußnote von Seite 798
tragenden Legationsrats I. Klasse Lewalter vom 15. Juni 1978 am Vortag an Bundesminister Apel übermittelt. Vgl. dazu VS-Bd. 11383 (220); B 150, Aktenkopien 1978.

[1] Durchdruck.
Hat Ministerialdirigent Lücking am 27. Mai 1978 vorgelegen, der die Weiterleitung an Ministerialdirigent Pfeffer „z[ur] g[efälligen] K[enntnisnahme]" verfügte.
Hat Pfeffer am 28. und am 29. Mai 1978 erneut vorgelegen, der die Weiterleitung an Ministerialdirektor Blech verfügte.
Hat Blech am 3. Juni 1978 vorgelegen.
[2] Günther van Well.
[3] Ministerialdirektor Blech legte am 12. Mai 1978 dar, daß die Frage einer Beteiligung an friedenserhaltenden Maßnahmen der UNO Gegenstand von Erörterungen der Ressorts gewesen sei: „BMF und BMVg zeigten erhebliche Zurückhaltung gegenüber einem starken deutschen Engagement mit freiwilligen Leistungen. Das zentrale Problem ist die Finanzierung. [...] Die Frage des rechtlichen Rahmens unserer Beteiligung bei VN-Friedensoperationen wird von den Ressorts wie bisher beurteilt: De lege lata ist ein Einsatz bewaffneter Bundeswehreinheiten nicht zulässig. Am Rande wurde mit den Ressorts auch die Frage erörtert, ob das GG in diesem Punkt unserer gewachsenen außenpolitischen Mitverantwortung angepaßt werden könnte. Die Ressorts zeigten Interesse an solchen Überlegungen, ließen jedoch erkennen, daß sie keine Initiative ergreifen wollen." Vgl. Referat 230, Bd. 120948.

vom 19.3.1956 (BGBl. I, 1956, S. 111) in das GG eingefügt und ist im Wortlaut im Zusammenhang mit der Notstandsgesetzgebung im Jahre 1968 geändert worden (BGBl. I, 1968, S. 709). Zweck der Bestimmung des Art. 87a ist es, den Auftrag der Bundeswehr so zu umreißen, daß die Bundeswehr nicht wie die Reichswehr in der Weimarer Republik zu einem Faktor bei der Austragung innenpolitischer Auseinandersetzungen werden kann; er entsprang der Sorge, die Bundeswehr könnte eines Tages als innenpolitisches Machtinstrument mißbraucht werden, und hier liegt auch der Ansatzpunkt zur Interpretation der Bestimmung (vgl. Maunz-Dürig, Kommentar zum Grundgesetz Art. 87a, Ziff. 28, S. 15[4]). Der Aspekt der äußeren Verwendung der Bundeswehr außer zur Verteidigung der Bundesrepublik Deutschland hat offenbar in den Auseinandersetzungen, die zu Art. 87a führten, keine Rolle gespielt; dieser Aspekt dürfte seinerzeit zu fern gelegen haben.

Aus dem Wortlaut des Art. 87a, seiner Zweckbestimmung und seiner Entstehungsgeschichte ergibt sich folgendes:

a) Art. 87a ist sehr strikt auszulegen. Dies gilt zunächst einmal für alle Einsätze der Bundeswehr, die eine Rückwirkung nach innen haben. Aus der Tatsache, daß Art. 87a von seiner Entstehungsgeschichte her auswärtige Einsätze der Bundeswehr offenbar nicht im Auge hatte, kann nicht geschlossen werden, daß für solche Einsätze ein anderer Maßstab anzulegen wäre. Dafür gibt der Wortlaut des Art. 87a keine Ansatzpunkte, und es ist auch zu beachten, daß eine weitherzige Auslegung der Bestimmung bei Einsätzen nach außen letzten Endes eine Reflexwirkung auf seine Anwendung nach innen haben könnte.

b) Der Begriff des „Einsatzes" in Art. 87a ist weit zu fassen. Dieser Begriff bezieht sich auf alle Verwendungen der Bundeswehr als Mittel der vollziehenden Gewalt; es kommt nicht allein auf das Kriterium an, ob die Bundeswehr als Waffenträger eingesetzt wird (Maunz-Dürig, a.a.O, Ziff. 32, S. 17, Mangoldt-Klein, Bonner Kommentar, S. 2322/23[5]). Nicht unter den Einsatzbegriff des Art. 87a fällt dabei allerdings der rein technische Einsatz der Bundeswehr, etwa die Katastrophenhilfe im In- und Ausland, wie etwa „Ernteeinsätze", Transport von Lebens- und Arzneimitteln in Erdbebengebiete (selbstverständlich unbewaffnet) etc. (so auch Maunz-Dürig, a.a.O., Ziff. 36, S. 20 und Mangoldt-Klein, a.a.O., S. 2323). Unter diese Kategorie des Einsatzes der Bundeswehr, die also von Art. 87a keinen Beschränkungen unterworfen wird, fällt auch der bloße Transport von VN-Friedenstruppen von ihren nationalen Stützpunkten zu den Einsatzorten (vgl. zuletzt UNIFIL[6]).

c) Der Verteidigungsbegriff in Art. 87a ist im Hinblick auf einen möglichen Mißbrauch streng auszulegen: Der Begriff der Verteidigung findet sich außer in Art. 87a in einer ganzen Reihe von Bestimmungen des Grundgesetzes (insbesondere Art. 115a[7]). Er ist auch im Korrelat zu dem Verbot des „Angriffs-

---

[4] Vgl. Theodor MAUNZ, Günter DÜRIG u. a.: Grundgesetz, Kommentar Artikel 87a (Lieferung August 1971), Bd. III, München.

[5] Vgl. Hermann von MANGOLDT, Friedrich KLEIN: Das Bonner Grundgesetz, München, 2. Auflage 1974.

[6] Zur Beteiligung der Bundeswehr an UNIFIL vgl. Dok. 87, besonders Anm. 19.

[7] Artikel 115a des Grundgesetzes vom 23. Mai 1949 in der Fassung vom 24. Juni 1968 regelte die Feststellung und Verkündung des Verteidigungsfalls. Für den Wortlaut vgl. BUNDESGESETZBLATT 1968, Teil I, S. 711f.

krieges" in Art. 26 Abs. 1 Satz 1[8] zu sehen. Verteidigung im Sinne der Vorschriften des Grundgesetzes ist allein die Verteidigung gegen mit Waffengewalt geführte Angriffe (Angriffe militärischer Art), die von außen auf die Bundesrepublik Deutschland geführt werden (Mangoldt-Klein, a.a.O., S. 2308).

2) Aus den vorstehenden Darlegungen ergibt sich für die Beteiligung der Bundeswehr an Friedenstruppen der VN:

Es handelt sich bei einer Beteiligung von Bundeswehrkontingenten an einer VN-Friedenstruppe nicht mehr um eine bloße technische Hilfeleistung der Bundeswehr in einem akuten Notfall; vielmehr handelt es sich hier um einen Einsatz im Sinne des Art. 87a. Zwar werden die Truppenkontingente der VN-Friedenstruppen nicht als Mittel der vollziehenden Gewalt ihrer jeweiligen Flaggenstaaten eingesetzt, sondern als Mittel der friedenserhaltenden vollziehenden Gewalt der VN (so läuft jedenfalls die Konstruktion der VN-Friedenstruppen in der letzten Zeit; es hat in früherer Zeit, namentlich im Korea-Krieg, auch andere Konstruktionen gegeben[9]). Die Truppen werden den VN jedoch durch einen Akt der vollziehenden Gewalt ihrer Heimatstaaten zum hoheitlichen Einsatz zur Verfügung gestellt. Dies erfüllt das Kriterium des Einsatzes des Art. 87a.

Zugleich handelt es sich bei der Beteiligung an VN-Friedenstruppen nicht um einen Einsatz zur Verteidigung im Sinne des Art. 87a GG; dies könnte nur dann der Fall sein, wenn der VN-Einsatz in einer Krise in Mitteleuropa stattfinden würde.

Das Grundgesetz enthält keine ausdrückliche Regelung, die die Beteiligung von Bundeswehrkontingenten an VN-Friedenstruppen unabhängig von Art. 87a GG für zulässig erklären würde. Der Art. 24 GG[10] verpflichtet die Bundesrepublik Deutschland zwar zu einer der friedlichen Streitschlichtung und kollektiven Sicherheitssystemen positiv gegenüberstehenden Politik. Art. 24 spricht jedoch die Beteiligung an VN-Friedenstruppen nicht eigens an und erfüllt damit nicht das Kriterium der Ausdrücklichkeit des Art. 87a.

Zusammenfassend läßt sich somit feststellen, daß eine Beteiligung von Bundeswehrkontingenten an VN-Friedenstruppen mit dem Grundgesetz bisher nicht vereinbar wäre. Vielmehr müßte vor einer deutschen Beteiligung an einer VN-Friedenstruppe eine entsprechende ausdrückliche Bestimmung in das Grundgesetz aufgenommen werden. Der Aufnahme einer solchen Bestimmung in das Grundgesetz würden aus der Gesamtlage unserer Verfassung keine grundsätz-

---

[8] Für den Wortlaut von Artikel 26 des Grundgesetzes vom 23. Mai 1949 vgl. BUNDESGESETZBLATT 1949, S. 4.

[9] Am 25. Juni 1950 griffen Truppen der Demokratischen Volksrepublik Korea (Nordkorea) die Republik Korea (Südkorea) an. Am selben Tag forderte der UNO-Sicherheitsrat mit Resolution Nr. 82 eine Einstellung der Kampfhandlungen und den Rückzug der nordkoreanischen Truppen hinter die Demarkationslinie entlang des 38. Breitengrads. Am 27. Juni 1950 stellte der UNO-Sicherheitsrat in Resolution Nr. 83 fest, daß Nordkorea der Aufforderung nicht nachgekommen sei und daß Südkorea die UNO um Hilfe ersucht habe. Alle UNO-Mitgliedstaaten wurden um Unterstützung Südkoreas gebeten, um Frieden und Sicherheit in der Region wiederherzustellen. Nachdem mehrere Mitgliedstaaten Truppen zur Verfügung gestellt hatten, wurde mit Resolution Nr. 84 vom 7. Juli 1950 den USA der Oberbefehl über diese Truppen übertragen, die unter der UNO-Flagge kämpfen sollten. Für den Wortlaut der Resolutionen vgl. UNITED NATIONS RESOLUTIONS, Serie II, Bd. II, S. 84–86.

[10] Für den Wortlaut von Artikel 24 des Grundgesetzes vom 23. Mai 1949 vgl. BUNDESGESETZBLATT 1949, S. 4.

lichen Bedenken entgegenstehen; im Gegenteil könnte Art. 24 GG ein Argument für eine Ermächtigung zur Beteiligung an Friedensaktionen der VN sein. Etwas anderes ergibt sich auch nicht aus Art. 26 und der darin enthaltenen Absage an den Angriffskrieg: VN-Friedensaktionen sind ex definitione keine Angriffskriege.

Etwas anderes würde auch dann nicht gelten, wenn der Sicherheitsrat der VN die Bundesrepublik Deutschland nach Art. 43 in Verbindung mit Art. 39/42[11] zur Gestellung eines Truppenkontingents auffordern sollte. Die Frage, ob eine solche Aufforderung, für die es bisher keine praktischen Beispielsfälle gegeben hat, mandatorisch wäre oder ob auch nach Art. 43 noch eine Entscheidungsfreiheit des aufgeforderten Staats besteht, kann hier dahingestellt bleiben: Die Bundesrepublik Deutschland verfügt bis heute noch nicht über ein Instrumentarium zur Umsetzung von Beschlüssen des Sicherheitsrats nach Kapitel VII[12] schlechthin. Bei dem VN-Beitritt[13] ist diese Frage gesehen, aber letzten Endes offengelassen worden. Wir sind bis heute für die Durchführung von Maßnahmen nach Kapitel VII der VN-Charta auf die bestehenden Gesetze wie AWG[14], KWKG[15] etc. angewiesen.

3) Einsätze zur bewaffneten Unterstützung befreundeter Regierungen sind unterschiedlich zu beurteilen:

a) Handelt es sich um Angriffe von innen oder außen gegen fremde Staaten, die nach Zielsetzung und Intensität die Sicherheit[16] der Bundesrepublik Deutschland bedrohen, so handelt es sich bei einem Eingreifen der Bundeswehr um Einsätze zur Verteidigung im Sinne des Art. 87 a. Dies gilt vor allem dann, wenn es sich um Fälle handelt, in denen die Bündnisverpflichtungen der Bundesrepublik Deutschland zum Zuge kommen (Art. V, WEU-Vertrag[17]; Art. VI NATO-Vertrag[18]). In diesen Fällen steht dem Einsatz von Bundeswehrkontingenten eine verfassungsrechtliche Schranke nicht entgegen.

b) Anders liegt es dann, wenn Hilfeersuchen in sonstigen Konflikten an die Bundesregierung gerichtet sind. Konflikte, die keinen Angriff von außen gegen die Bundesrepublik Deutschland darstellen, rechtfertigen nach Art. 87 a GG einen Einsatz der Bundeswehr nicht. Darüber hinausgehende ausdrückliche

---

[11] Nach Artikel 39 der UNO-Charta vom 26. Juni 1945 oblag die Feststellung einer Friedensbedrohung, eines Friedensbruchs oder eines aggressiven Akts dem UNO-Sicherheitsrat, der Maßnahmen zur Bewahrung oder Wiederherstellung des Friedens treffen sollte. Artikel 42 sah hierzu den Einsatz von Truppen vor. Artikel 43 legte fest, daß alle Mitgliedstaaten nach vorherigen Vereinbarungen oder Abkommen zu diesem Zweck Truppen zur Verfügung stellen oder sonstige Unterstützung bereitstellen sollten. Für den Wortlaut vgl. BUNDESGESETZBLATT 1973, Teil II, S. 459 und 461.

[12] Zu Kapitel VII der UNO-Charta vom 26. Juni 1945 vgl. Dok. 44, Anm. 5.

[13] Die Bundesrepublik wurde am 18. September 1973 in die UNO aufgenommen. Vgl. dazu AAPD 1973, III, Dok. 310.

[14] Für den Wortlaut des Außenwirtschaftsgesetzes vom 28. April 1961 vgl. BUNDESGESETZBLATT 1961, Teil I, S. 481–495.

[15] Für den Wortlaut des Ausführungsgesetzes vom 20. April 1961 zu Artikel 26 Absatz 2 des Grundgesetzes (Kriegswaffenkontrollgesetz) vgl. BUNDESGESETZBLATT 1961, Teil I, S. 444–450.

[16] Der Passus „Handelt es ... die Sicherheit" wurde von Ministerialdirigent Pfeffer durch Fragezeichen hervorgehoben.

[17] Für den Wortlaut von Artikel V des WEU-Vertrags vom 23. Oktober 1954 vgl. BUNDESGESETZBLATT 1955, Teil II, S. 286.

[18] Die Bündnisverpflichtungen waren in Artikel 5 des NATO-Vertrags vom 4. April 1949 geregelt. Artikel 6 legte das Bündnisgebiet fest. Für den Wortlaut vgl. BUNDESGESETZBLATT 1955, Teil II, S. 290.

Sonderregeln, die den Einsatz zulässig machen würden, sind im Grundgesetz nicht enthalten. Dabei spielt es keine Rolle, ob völkerrechtlich gesehen ein solcher Einsatz unter dem Gesichtspunkt der kollektiven Selbstverteidigung oder der Unterstützung einer legitimen Regierung in einem Bürgerkrieg zulässig wäre (Shaba[19]).

4) Bewaffnete Aktionen zu Rettung deutscher Staatsangehöriger im Ausland wären Einsätze im Sinne des Art. 87 a.[20] Sie würden nicht unter das Kriterium der Verteidigung der Bundesrepublik Deutschland fallen, da jedenfalls in der Regel die Gefährdung deutscher Staatsangehöriger in fremden Ländern nicht zugleich mit Angriffen von außen auf die Bundesrepublik Deutschland einhergehen dürfte. Auch insoweit gibt es keine darüber hinausgehende Gestattung im Grundgesetz. In diesem Zusammenhang ist festzuhalten, daß im Jahre 1974 bei der Kaperung des deutschen Fischdampfern „Arcturus" durch die isländische Küstenwache[21] der Gedanke an einen Einsatz der Bundeswehr kurz erörtert, aber verworfen wurde, und zwar nicht nur aus politischen, sondern auch aus rechtlichen Gründen.

Zusammenfassend ist somit festzuhalten, daß der verfassungsrechtliche Auftrag der Bundeswehr aus Gründen, die in unserer jüngsten Vergangenheit und der besonderen Situation der Bundesrepublik Deutschland zu suchen sind, bewußt eng auf den Bereich der Verteidigung der Bundesrepublik Deutschland zugeschnitten ist. Einsätze der Bundeswehr in Situationen, die nicht der Verteidigung der Bundesrepublik Deutschland dienen, scheiden nach der gegenwärtigen Rechtslage auch dann aus, wenn sie im Einzelfall völkerrechtlich zulässig wären.

gez. Fleischhauer

Referat 201, Bd. 120130

---

[19] Zu den Kämpfen in der zairischen Provinz Shaba sowie den Evakuierungsmaßnahmen für ausländische Staatsbürger vgl. Dok. 155, Anm. 21, und Dok. 156, Anm. 53.

[20] Die Wörter „Einsätze im Sinne des Art. 87 a" wurde von Ministerialdirigent Pfeffer hervorgehoben. Dazu vermerkte er handschriftlich: „GSG 9?"

[21] Am 24. November 1974 wurde das aus der Bundesrepublik stammende Fischereischiff „Arcturus" durch die isländische Küstenwache aufgebracht. Nach Zahlung einer Geldstrafe und der Einziehung von Ausrüstung und Ladung durfte das Schiff Island wieder verlassen. Als Gegenmaßnahme wurde ein Anlandestopp für isländische Schiffe in der Bundesrepublik verhängt. Vgl. dazu AAPD 1974, II, Dok. 370.

163

Aufzeichnung des Ministerialdirigenten Pfeffer

Dg 20-201-360.20   28. Mai 1978[1]

Unter Verschluß

Über den Herrn Staatssekretär[2] dem Herrn Bundesminister[3]

Betr.: Eventueller Einsatz der Bundeswehr im Rahmen von Friedenstruppen der Vereinten Nationen bei der bewaffneten Unterstützung befreundeter Regierungen und bei der bewaffneten Rettung deutscher Staatsangehöriger im Ausland

Bezug: Vorlage D 5 vom 27.5.1978[4]

1) Abteilung 2 bemerkt folgendes:

Es ist zu begrüßen, daß die rechtlich zwingende Argumentation der Abteilung 5 uns schwieriger außenpolitischer Güterabwägungen und Entscheidungen in gewissen Lagen enthebt.

Die Verwendung von Bundeswehr-Einheiten außerhalb des NATO-Territoriums wäre aus ostpolitischen Gründen wahrscheinlich schädlich, aus westpolitischen Gründen immer noch sehr prekär. Die Wirkungen in der Dritten Welt würden wahrscheinlich uneinheitlich sein.

Selbst bei Einsatz unter der Flagge der Vereinten Nationen würden historische Traumata gegen uns wiederbelebt. Dem könnte auch das korrekteste Verhalten der deutschen Einheiten nicht vorbeugen. Bei tatsächlichen Fehlleistungen müßten wir damit rechnen, daß diese von interessierten Kreisen übertrieben und verzerrt dargestellt würden. Schließlich würden sich die Möglichkeiten der Verleumdung gegen uns vergrößern (vgl. z.B. Kampagne gegen angebliche Kernwaffen-Zusammenarbeit mit Südafrika[5]; OTRAG[6]).

Die durch das Grundgesetz uns auferlegte Enthaltsamkeit dagegen wird auf Dauer vorteilhaft gegen indirekte oder direkte militärische Aktionen der DDR kontrastieren.

2) Aus diesen allgemeinen Erwägungen rät Abteilung 2 auch von dem Versuch ab, das Grundgesetz zu ändern. Ganz abgesehen von der zu erwartenden innenpolitischen Kontroverse, die den breiten Konsens der Parteien in Verteidi-

---

[1] Hat Vortragendem Legationsrat von Studnitz am 16. Juni 1978 vorgelegen, der handschriftlich vermerkte: „Zurück an H[errn] D 2."
[2] Hat Staatssekretär van Well am 29. Mai 1978 vorgelegen.
[3] Hat Bundesminister Genscher am 29. Mai 1978 vorgelegen, der Staatssekretär van Well um Rücksprache bat.
Hat van Well am 16. Juni 1978 erneut vorgelegen, der handschriftlich vermerkte: „Erl[edigt]".
[4] Für die Aufzeichnung des Ministerialdirektors Fleischhauer vgl. Dok. 162.
[5] Zur Verurteilung der Bundesrepublik in der UNO-Generalversammlung am 28. November 1977 wegen angeblicher Zusammenarbeit auf dem Gebiet der Kernenergie vgl. Dok. 4, Anm. 9.
Zu entsprechenden sowjetischen Verdächtigungen vgl. Dok. 140, besonders Anm. 5.
[6] Zur Tätigkeit der Firma OTRAG in Zaire vgl. Dok. 198.

gungsfragen belasten könnte, sollten wir die Bestimmungen des Grundgesetzes, die einen bewaffneten Einsatz der Bundeswehr außerhalb des NATO-Territoriums ausschließen und die den Vereinten Nationen und Verbündeten bei entsprechenden Aufforderungen entgegengehalten werden können, nicht aufzuheben suchen. Würde die verfassungsrechtliche Grundlage und ein Präzedenzfall geschaffen, müßten wir mit häufigeren Aufforderungen der UNO an uns rechnen, und zwar wegen der Effizienz und der Größe der Bundeswehrverbände und wegen unserer wirtschaftlichen Grundlage. Je häufiger ein solcher Einsatz würde, desto größer würden die unter 1) beschriebenen Gefahren.

3) Für den eventuellen Einsatz von Bundeswehr-Einheiten zur bewaffneten Rettung deutscher Staatsangehöriger im Ausland außerhalb einer VN-Aktion gilt das oben Gesagte in verstärktem Maße.

4) Der Bundesgrenzschutz kann nach dem Gesetz über den Bundesgrenzschutz (BGBl. 1972 I, Seite 1834 ff.) bei Aktionen zur Unterstützung befreundeter Regierungen überhaupt nicht eingesetzt werden; die fallweise Aufzählung der Aufgaben des Bundesgrenzschutzes in dem genannten Gesetz[7] läßt einen solchen Einsatz nicht zu.

Eine bewaffnete Aktion zur Rettung deutscher Staatsangehöriger käme allenfalls als Einzelaktion wie diejenige des Bundesgrenzschutzes in Mogadischu[8] in Frage.

5) Sollte die politische Willensbildung in der Bundesregierung dahin gehen, daß trotz der vorstehenden Bedenken eine Grundgesetzänderung herbeigeführt werden soll, die uns die Teilnahme an einer VN-Friedenstruppe ermöglicht, so ist es besser, eine mit angemessenen Kautelen versehene Generalermächtigung anzustreben als eine theoretisch denkbare Ermächtigung im Einzelfall, deren Einholung wegen der erforderlichen qualifizierten Mehrheiten im Bundestag und Bundesrat (Art. 79 Abs. 2 GG[9]) und der auftretenden Grundsatzprobleme schwierig und so zeitraubend wäre, daß der rechtzeitige Ausgang höchst ungewiß wäre.

6) Die Schlußfolgerungen aus der Bezugsaufzeichnung von D 5 und die vorstehenden Überlegungen sollten zu einer vertieften Prüfung der Frage Anlaß geben, was konkret von seiten der Bundeswehr und/oder des Bundesgrenzschutzes geschehen kann, wenn eine größere Gruppe deutscher Staatsangehöriger, etwa in Namibia, durch revolutionäre Ereignisse in unmittelbare Gefahr gerät.

---

[7] Laut Gesetz vom 18. August 1972 über den Bundesgrenzschutz (Bundesgrenzschutzgesetz) oblagen dem Bundesgrenzschutz der grenzpolizeiliche Schutz des Bundesgebiets, bestimmte Aufgaben im Notstands- und Verteidigungsfall, der Schutz von Bundesorganen, die Sicherung eigener Einrichtungen, Aufgaben auf hoher See sowie die Unterstützung der Polizei eines Landes. Für den Wortlaut vgl. BUNDESGESETZBLATT 1972, Teil I, S. 1834–1848.
[8] Zur Erstürmung der Lufthansa-Maschine „Landshut" am 18. Oktober 1977 in Mogadischu vgl. Dok. 1, Anm. 9.
[9] Artikel 79 Absatz 2 des Grundgesetzes vom 23. Mai 1949 sah zur Änderung des Grundgesetzes eine Zweidrittelmehrheit in Bundestag und Bundesrat vor. Für den Wortlaut vgl. BUNDESGESETZBLATT 1949, S. 10.

Hierbei wird auch an eine vorbeugende Absprache mit einigen Verbündeten zu denken sein.

D 5 hat die Ziffern 4 und 5 formuliert und mitgezeichnet.

i.V. Pfeffer

Referat 201, Bd. 120130

164

Gespräch des Bundeskanzlers Schmidt mit Ministerpräsident Karamanlis in Washington

VS-NfD 29. Mai 1978[1]

Vermerk über das Gespräch des Bundeskanzlers mit MP Karamanlis am 29. Mai 1978 in Washington[2]

Weitere Teilnehmer:

außenpolitischer Berater Moliviatis, StS Bölling, MD Ruhfus.

Bundeskanzler unterrichtete Karamanlis ausführlich über sein Gespräch mit Ecevit.[3] Er schilderte seine Bemühungen, Ecevit zu einer flexibleren Haltung,

---

[1] Durchdruck.
Die Gesprächsaufzeichnung wurde von Ministerialdirektor Ruhfus, Bundeskanzleramt, z. Z. Washington, gefertigt.
Hat Ministerialdirektor Blech am 5. Juni 1978 vorgelegen, der die Weiterleitung an Staatssekretär van Well sowie die Weiterleitung einer Ablichtung an Ministerialdirigent Pfeffer und Referat 203 verfügte. Dazu vermerkte er auf einem Begleitvermerk handschriftlich für van Well: „Ich habe diese Gesprächsaufzeichnungen nicht mehr auf den Herrn Minister gestellt, da er m. W. in Washington bereits unterrichtet wurde. Sollten Sie sie ihm nochmals zur Gedächtnisstütze vorlegen wollen, würde ich allerdings bitten, vorher Gelegenheit zur Ablichtung und Verteilung der einzelnen Passagen im Hause zu geben."
Hat van Well am 7. Juni 1978 vorgelegen, der handschriftlich für Blech vermerkte: „B[itte] doch nochmals dem H[errn] Min[ister] vorlegen (nur z[ur] K[enn]tn[is])." Vgl. den undatierten Begleitvermerk; VS-Bd. 11107 (204); B 150, Aktenkopien 1978.
Mit Begleitvermerk vom 13. Juni 1978 leitete Blech die Gesprächsaufzeichnung sowie Aufzeichnungen über die Gespräche des Bundeskanzlers Schmidt mit Präsident Carter bzw. mit dem Sicherheitsberater des amerikanischen Präsidenten, Brzezinski, am 29./30. Mai 1978 in Washington an Bundesminister Genscher.
Hat Vortragendem Legationsrat I. Klasse Lewalter am 14. Juni 1978 und am 17. Juli 1978 erneut vorgelegen, der handschriftlich vermerkte: „1) Kann BM nicht weiter vorgelegt werden. 2) 204."
Vgl. VS-Bd. 11107 (204); B 150, Aktenkopien 1978.
[2] Bundeskanzler Schmidt hielt sich anläßlich der UNO-Sondergeneralversammlung über Abrüstung vom 23. Mai bis 30. Juni 1978 in New York sowie anläßlich der NATO-Ratstagung auf der Ebene der Staats- und Regierungschefs am 30./31. Mai 1978 in Washington vom 26. Mai bis 1. Juni 1978 in den USA auf.
[3] Ministerpräsident Ecevit besuchte die Bundesrepublik vom 10. bis 13. Mai 1978. Vgl. dazu Dok. 146 und Dok. 147.

vor allem im Hinblick auf Varosha[4], zu bewegen. Er habe sich ferner für eine Begegnung Karamanlis–Ecevit eingesetzt.

Karamanlis: Die Begegnung werde heute um 19 Uhr stattfinden.

Bundeskanzler: Er habe aus den Gesprächen den Eindruck gewonnen, daß Ecevits Stellung innenpolitisch schwächer sei, als man von außen gesehen erkennen könne. Die wirtschaftliche Lage sei katastrophal. Die Türkei brauche substantielle Hilfe. Aus diesem Grunde habe er ihm zusätzliche Hilfe von 100 Mio. DM in Aussicht gestellt.[5]

Ecevit habe eine tiefe Abneigung gegen das Embargo[6] gezeigt. Er (Bundeskanzler) habe ihm nahegelegt, in der Zypern-Frage Entgegenkommen zu zeigen. Ecevit habe schließlich eine gewisse Flexibilität gezeigt. Er habe angedeutet, daß 30 000 bis 35 000 griechische Zyprer nach Varosha zurückkehren könnten und daß der internationale[7] Status von Varosha negotiabel sei.

Die deutsche Seite habe sich entsprechend den Wünschen von MP Karamanlis für eine entgegenkommende Behandlung der Formulierung im Kommuniqué des NATO-Gipfeltreffens zum Thema Aufhebung des Embargos[8] bemüht.

Bundeskanzler berichtete sodann über seine Gespräche mit Kyprianou[9] und

---

[4] Zu den Äußerungen des Ministerpräsidenten Ecevit am 11. Mai 1978 vgl. Dok. 147, Anm. 18.

[5] Zum Kredit an die Türkei vgl. Dok. 147, Anm. 12.

[6] Zum amerikanischen Waffenembargo gegen die Türkei vgl. Dok. 134, Anm. 8.
Am 2. Juni 1978 teilte Gesandter Hansen, Washington, mit: „Präsident Carter hat am 1.6.1978 das Startzeichen für die Endrunde des Ringens um die Aufhebung des Embargos gegeben. Vor 14 Abgeordneten, die die Aufhebung befürworten, eröffnete er einen Aktionsplan für die nächsten drei Wochen. Man rechnet mit der entscheidenden Abstimmung im Repräsentantenhaus in der letzten Juniwoche. Carter selbst wird sich am 7.6. in einer Einsatzbesprechung im Weißen Haus mit führenden Kongreßmitgliedern, die ihn unterstützen, absprechen. In den folgenden zwei Wochen wird er zweimal 50 Abgeordnete, die als unentschieden gelten, empfangen. Gegen Ende der Frist wird er die Embargo-Frage in einer seiner regelmäßigen Fernseh- und Pressekonferenzen aufgreifen. Führende Regierungsmitglieder würden ebenfalls entsprechende Gespräche mit Kongreßmitgliedern führen. Hansen legte dazu dar: „Der Präsident führt die im März getroffene Entscheidung über die Aufhebung des Embargos konsequent durch und setzt seinen gesamten persönlichen Einfluß ein. Er kann dazu den Aufwind nutzen, der gegenwärtig zugunsten der Allianz entstanden ist. Nach Abschluß der Auseinandersetzungen um die Panamaverträge und um die Flugzeuglieferungen nach Nahost hat er für diese Aktion die erforderliche Bewegungsfreiheit gewonnen." Vgl. den Drahtbericht Nr. 2064; Referat 203, 115911.

[7] Dieses Wort wurde von Staatssekretär van Well unterschlängelt. Dazu Fragezeichen.

[8] In Ziffer 13 des Kommuniqués der NATO-Ratstagung auf der Ebene der Staats- und Regierungschefs am 30./31. Mai 1978 in Washington hieß es: „The Allies reaffirmed the importance they attach to the strengthening of cohesion and solidarity especially in the South Eastern flank. They expressed the hope that existing problems will be resolved, and that full co-operation among members of the Alliance in all aspects of the defence field would be resumed." Vgl. NATO FINAL COMMUNIQUES 1975–1980, S. 92. Für den deutschen Wortlaut vgl. EUROPA-ARCHIV 1978, D 480.

[9] Ministerialdirektor Blech, z. Z. New York, teilte am 27. Mai 1978 mit, daß Bundeskanzler Schmidt am Vortag mit Präsident Kyprianou zu einem Vier-Augen-Gespräch zusammengetroffen sei: „Es wurde von K[yprianou] in verbindlicher Weise mit dem Ziel geführt, BK für eine Unterstützung des Vorschlag K.s, mit Ecevit zusammenzutreffen, zu gewinnen. BK sagte zu, den Wunsch K.s an Ecevit weiterzugeben und Karamanlis in Washington über Ecevits Reaktion zu unterrichten. Während des Vier-Augen-Gesprächs erörterten MD Ruhfus und ich die Problematik der zypriotisch-türkischen Vorschläge mit Rolandis und Rossides. Es wurde erneut deutlich, daß die Zyprioten auch [nach] den Bonner Äußerungen Ecevits nicht geneigt sind, sich auf Gespräche einzulassen. Die Äußerung über die Rückkehr von 30 000 bis 35 000 zypriotischen Griechen nach Varosha erscheint ihnen ungenügend, weil damit nichts Klares über den politischen Status dieser Stadt gesagt ist; ein Varosha unter zypriotisch-türkischer Kontrolle ist für sie nicht akzeptabel. In diesem Zusammenhang unterstrichen sie die gänzliche Unannehmbarkeit der zypriotisch-türkischen Vor-

mit Generalsekretär Waldheim[10]. Er habe den Eindruck gewonnen, daß Waldheim der Wiederaufnahme der Volksgruppengespräche positiv gegenüberstehe.[11] Er, der Bundeskanzler, habe es übernommen, die Bitte von Waldheim zu übermitteln, daß Karamanlis Kyprianou beeinflusse, damit er der Wiederaufnahme der Volksgruppengespräche zustimme.

Karamanlis: Die Dinge stünden nicht gut. Er sehe nicht ein, warum die Verbündeten, der Kongreß, die Administration und andere sich mit diesem Problem herumschlagen müßten. Ecevit könne alle Beteiligten durch eine kleine Geste in der Zypern-Frage von den Schwierigkeiten erlösen. Dann würde das Embargo aufgehoben, Griechenland kehre in die Allianz zurück[12], und auch die Türkei selbst werde davon profitieren. Die Zyprer seien bereit, den türkischen Wünschen entgegenzukommen, aber das türkische Denken sei seltsam.

Bundeskanzler: Ecevit habe Schwierigkeiten mit einer emotional reagierenden türkischen Öffentlichkeit.

Karamanlis: Die jetzigen türkischen Vorschläge[13] seien eine Beleidigung. Es wäre besser gewesen, die Türken hätten gar keine Vorschläge unterbreitet. Dann wäre wenigstens Hoffnung auf brauchbare Vorschläge nach Aufhebung des Embargos geblieben.

Bundeskanzler: Möglicherweise könne man differenzieren zwischen der Aufhebung des Embargos und der effektiven Lieferung von Waffen.

Karamanlis schildert, wie es dazu gekommen ist, daß die griechische Seite die Gespräche der Generalsekretäre Mitte April verschoben habe.[14]

Fortsetzung Fußnote von Seite 807
stellungen zur Verfassungsstruktur Zyperns; ein echter Bundesstaat müsse letztlich vom Prinzip der Mehrheitsherrschaft, wenn auch mit Schutz der Minderheiten, ausgehen. Sie geben zwar zu, daß Ecevits Varosha-Äußerung ein Indiz für das Abrücken von den zypern-türkischen Vorschlägen ohne deren formellen Widerruf sein könnte, sind aber eher überzeugt, daß E[cevit] darauf abzielt, sich mit einer Konzession in Varosha die Anerkennung dieser Vorschläge als Verhandlungsgrundlage zu erkaufen." Vgl. den Drahtbericht Nr. 1264; Referat 203, Bd. 115920.

10 Botschafter Freiherr von Wechmar, New York (UNO), berichtete am 27. Mai 1978, im Gespräch mit Bundeskanzler Schmidt am Vortag habe UNO-Generalsekretär Waldheim mitgeteilt, „daß er über die Bereitschaft Staatspräsident Kyprianous informiert worden sei, sich mit MP Ecevit in naher Zukunft zu treffen, wenn letzterer ihn verbindlich wissen lasse, daß die türkischen Lösungsvorschläge verhandlungsfähig seien. Waldheim bezeichnete die türkischen Vorschläge zum Sachgebiet Verfassung als ‚Teilungsvorschläge' und stimme dem BK in dessen Feststellung zu, daß beide Seiten eine beklagenswerte Unbeweglichkeit an den Tag legten. Der BK informierte Waldheim davon, daß er bei Ecevits Besuch in Bonn auf diesen ‚starken Druck' in Richtung auf größere Beweglichkeit ausgeübt habe und daß die BR Deutschland zum Abschluß von Ecevits Besuch einen zusätzlichen Kredit von 100 Mio. DM gewährt hätte. Der Zusammenhang zwischen der Aufforderung zur größeren Beweglichkeit und diesem Kredit sei zwar von deutscher Seite nicht ausdrücklich ausgesprochen worden, von türkischer Seite aber zweifellos so verstanden worden. Der BK meinte, daß der Türkei ein ‚liberaleres Image' gut zu Gesicht stehen würde." Vgl. den Drahtbericht Nr. 1253; Referat 204, Bd. 115940.

11 Zu den seit April 1977 unterbrochenen Gesprächen zwischen Vertretern der griechischen bzw. türkischen Volksgruppe auf Zypern bzw. zu einer möglichen Wiederaufnahme vgl. Dok. 146, Anm. 16, und Dok. 156, Anm. 28.

12 Griechenland erklärte am 14. August 1974 unter Hinweis auf den Zypern-Konflikt den Austritt aus der militärischen Integration der NATO. Vgl. dazu AAPD 1974, II, Dok. 236.
Zu den Bemühungen um einen Wiedereintritt Griechenlands in die militärische Integration der NATO vgl. Dok. 26, Anm. 17 und 18, und Dok. 38.

13 Zu den Vorschlägen der türkischen Volksgruppe auf Zypern vom 13. April 1978 vgl. Dok. 134, Anm. 9.

14 Zur Absage der Gespräche der Generalsekretäre des türkischen bzw. griechischen Außenministeriums, Elekdag bzw. Theodoropoulos, durch Griechenland am 12. April 1978 vgl. Dok. 134, Anm. 16.

Bundeskanzler: Er wolle als Freund offen sagen, daß es schade gewesen sei, daß die angebahnten Kontakte unterbrochen worden seien. Nur Karamanlis und Ecevit könnten die Probleme lösen. Weder die Vereinten Nationen noch die USA seien hierzu in der Lage. Bundeskanzler appellierte an Karamanlis, die gemeinsame Anwesenheit von Karamanlis und Ecevit in den USA während dieser Woche zu Gesprächen zu nutzen.

Karamanlis führt aus, Ecevit versuche, die Verhandlungen Griechenlands mit der EG[15] und über die Rückkehr Griechenlands in die NATO zu hintertreiben.

Bundeskanzler: Ecevit habe in Bonn keinerlei Andeutungen in dieser Richtung gemacht. Er würde auch keine Chance gehabt haben.

Karamanlis verweist auf Äußerungen Ecevits in Brüssel gegenüber der belgischen Regierung[16] und auf öffentliche Erklärungen.

Er versuche, Griechenland in die NATO zurückzubringen. Die besonderen Beziehungen, die jetzt angestrebt würden, seien ein erster Schritt. Aber die Türkei mache Schwierigkeiten.

Ruhfus berichtet, die deutsche Seite habe, entsprechend dem von MP Karamanlis geäußerten Wunsch, die Delegation von MP Ecevit auf die Verhandlungen Griechenland–NATO angesprochen und unser Interesse an einer beschleunigten Regelung betont.

Karamanlis: Die Türkei versuche, in den Verhandlungen mit der NATO alte Probleme zu regeln, die bereits schon vor dem Ausscheiden Griechenlands nicht geregelt gewesen seien; vor allem das Problem des Luftraums.

Bundeskanzler: Wenn die Dinge sich ganz schlecht entwickelten, dann sei letztlich nicht auszuschließen, daß Griechenland in das integrierte Kommando zurückkehre und die Türkei letztlich aus der NATO ausscheide.

Karamanlis äußerte Zweifel; die Türkei werde niemals die NATO verlassen und sich der Sowjetunion zuwenden.

Bundeskanzler: Manchmal würden schnell Entschlüsse gefaßt, die erst nach Jahren revidiert werden könnten. Ecevits Lage sei sehr schwierig. Bundeskanzler verwies auf die Inflation, die hohe Arbeitslosigkeit und die schwache innenpolitische Mehrheit. In dieser Situation nähme Ecevit möglicherweise sein Zuflucht zu starken Worten. Er habe Ecevit bei den Gesprächen in Bonn überaus hart bedrängt, auf der andere Seite wolle er jetzt Karamanlis die Schwierigkeiten Ecevits nicht vorenthalten.

Karamanlis stimmt zu, Ecevit habe in der Tat große Schwierigkeiten. Diese seien aber auf eigenes Verschulden der Türken zurückzuführen. Er werde seine Bemühungen fortsetzen, aber die jüngste Entwicklung habe ein persönliches Dilemma für ihn geschaffen. Es könne sein, daß er vor das griechische Volk treten und ihm erklären müsse, er habe alles versucht, aber seine Bemühungen seien vergeblich gewesen.

Bundeskanzler bittet, nicht zu früh zu dramatisieren, und appelliert erneut an Verhandlungswillen und Kompromißbereitschaft beider Seiten.

---

[15] Zum Stand der Verhandlungen über einen EG-Beitritt Griechenlands vgl. Dok. 134, Anm. 3.
[16] Ministerpräsident Ecevit hielt sich vom 23. bis 26. Mai 1978 in Belgien auf.

Karamanlis und *Bundeskanzler* haben vereinbart, daß Bundeskanzler baldmöglichst über das Gespräch Ecevit–Karamanlis[17] unterrichtet werden soll.

VS-Bd. 11107 (204)

165

Direktorenkonsultationen in Washington

VS-vertraulich   **29. Mai 1978**[1]

Unter Verschluß

Treffen der Politischen Direktoren der Vier (außer berlin- und deutschlandpolitischen Fragen[2]) am 29.5. in Washington

Teilnehmer:

USA: George Vest, Assistant Secretary; Robert Hunter, NSC; James Dobbins, Jr., State Department

Großbritannien: Reginald Hibbert, Deputy Under Secretary; Ian Soutar, First Secretary British Embassy

Frankreich: Jean-Marie Mérillon, Politischer Direktor; Jacques Andréani, Leiter Europa-Abteilung

BR Deutschland: MD Dr. Klaus Blech; VLR I Dr. Schenk

1) Ost-West-Beziehungen

Vest eröffnete Meinungsaustausch über Stand Ost-West-Beziehungen mit Hinweis auf Bewertung der Ergebnisse des Breschnew-Besuches in Bonn[3] und letzten Gromyko-Gespräches in Washington über SALT II.[4] Nach dem Ergeb-

---

[17] Zum Treffen der Ministerpräsidenten Ecevit und Karamanlis am Rande der NATO-Ratstagung auf der Ebene der Staats- und Regierungschefs am 30./31. Mai 1978 in Washington wurde in der Presse berichtet, Beobachter hätten den Verlauf als „enttäuschend" gewertet: „Griechenland und die Türkei haben neue Gespräche über ihre Streitigkeiten in der Ägäis vereinbart. Die Generalsekretäre ihrer Außenministerien wollen am 4. und 5. Juli in Ankara zusammentreffen." Vgl. den Artikel „Türkei zu Zypern-Zugeständnissen bereit, wenn das US-Embargo fällt"; DIE WELT vom 31. Mai 1978, S. 7.

[1] Ablichtung.
Die Gesprächsaufzeichnung wurde von Vortragendem Legationsrat I. Klasse Schenk gefertigt, der am 2. Juni 1978 handschriftlich vermerkte: „Herrn Dg 20 zur persönl[ichen] Kenntnisnahme (Text v. D 2 noch nicht gebilligt)."
Hat Ministerialdirigent Pfeffer am 2. Juni 1978 vorgelegen.

[2] Zum Gespräch über Berlin und deutschlandpolitische Fragen am 29. Mai 1978 in Washington vgl. Dok. 171.

[3] Der Generalsekretär des ZK der KPdSU, Breschnew, besuchte die Bundesrepublik vom 4. bis 7. Mai 1978. Vgl. dazu Dok. 135, Dok. 136, Dok. 142 und Dok. 143.

[4] Der sowjetische Außenminister Gromyko führte am 27. Mai 1978 in Washington Gespräche mit Präsident Carter und dem amerikanischen Außenminister Vance. Am 31. Mai 1978 traf er erneut mit Vance in New York zusammen. Zu den Gesprächen über SALT II vgl. Dok. 169.

nis der Gespräche mit Gromyko dürfte es im SALT-Bereich schwierig sein, in den noch ungelösten Fragen eine Lösung zu finden (u. a. Backfire–Missile; Ausnahmen für Raketen dieser Größenordnung). Auf amerikanischer Seite bestünden derzeit noch keine klaren Vorstellungen über das weitere Vorgehen. Gegenwärtig sei ein Durchbruch nicht erkennbar. Hinzu komme, daß sich das allgemeine politische Ost-West-Klima in letzter Zeit nachteilig entwickelt habe (Afrika, Orlow[5]). Andererseits habe man in den Gesprächen mit der SU betreffend Begrenzung des Transfers konventioneller Waffen (Gelb in Helsinki[6]) den Eindruck gewonnen, daß die SU in diesem Bereich jedenfalls nicht völlig negativ reagiert habe.

D2 griff Vests Hinweis auf die Gespräche Gelb in Helsinki auf und erläuterte im Hinblick auf sowjetische Besorgnisse über eine rüstungswirtschaftliche Zusammenarbeit zwischen der VR China und Westeuropa unsere Rüstungsexportpolitik.[7] Er ging hierbei im einzelnen auf entsprechende Erklärungen Breschnews gegenüber dem Bundeskanzler in Bonn ein. Bundeskanzler habe Breschnew gegenüber auf den relativ geringen Anteil Chinas am deutschen Außenhandel (weniger als mit dem Großherzogtum Luxemburg) und auf unsere restriktive Rüstungsexportpolitik mit Nicht-NATO-Ländern sowie auf die geographischen Realitäten im Hinblick auf unser Verhältnis zur SU und zur VR China hingewiesen. D2 wies dann anhand von Beispielen darauf hin, daß die Sowjets offenbar jedes Zeichen einer Zusammenarbeit mit der VR China auf rüstungswirtschaftlichem Gebiet mit großer Sorge und sehr genau beobachteten. In diesen Zusammenhang gehöre auch die sowjetische Demarche in allen WEU-Hauptstädten (in Bonn durch Botschafter Falin[8]) gegen den Bennett-

5 Zur Verurteilung des sowjetischen Dissidenten Orlow am 18. Mai 1978 vgl. Dok. 156, Anm. 45.
6 Zu den amerikanisch-sowjetischen Gesprächen über Rüstungsexportpolitik vgl. Dok. 73.
Eine weitere Verhandlungsrunde fand vom 4. bis 8. Mai 1978 in Helsinki statt. Botschafter von Staden, Washington, berichtete dazu am 18. Mai 1978, der Abteilungsleiter im amerikanischen Außenministerium, Gelb, habe zum Verlauf am Vortag mitgeteilt: „Die sowjetische Delegation habe sich in dieser Gesprächsrunde aufgeschlossen und realistisch gezeigt. Im Gegensatz zur vorhergehenden Runde habe sie diesmal den größten Teil der Diskussion bestritten und sei wohl präpariert gewesen. Man habe zum Teil im Seminarstil gesprochen und auf den Austausch von Erklärungen verzichtet. Sämtliche zivilen Mitglieder der Delegation hätten gegenüber der letzten Runde gewechselt, die Militärs seien die gleichen geblieben. [...] Man sei übereingekommen, die nächste Gesprächsrunde Ende Juli abzuhalten und zwei Arbeitsgruppen zu regionalen und subregionalen Fragen einzusetzen. (Als Regionen wurden von Gelb Afrika südlich der Sahara und Lateinamerika genannt. Das Horn von Afrika habe man bereits konkret angesprochen.) Als Schlußfolgerungen zog Gelb: Die Sowjets hätten sich ernsthaft (serious) gezeigt; sie hätten sich auf einen fortlaufenden Prozeß festgelegt; auch wenn die Aussichten für Ergebnisse noch ungewiß seien, sei ein Anfang gemacht. Man erwarte in der nächsten Runde substantielle Gespräche." Vgl. den Drahtbericht Nr. 1867; VS-Bd. 13098 (213); B 150, Aktenkopien 1978.
7 Zu den rechtlichen Grundlagen der Rüstungsexportpolitik der Bundesregierung vgl. Dok. 1, Anm. 17.
8 Im Gespräch mit Staatssekretär van Well am 12. Mai 1978 erklärte der sowjetische Botschafter Falin, „er sei von Außenminister Gromyko beauftragt, folgende Mitteilung an den Herrn Bundesminister zu übermitteln: Die sowjetische Seite verfüge über Informationen, nach denen bestimmte Kreise in der Westeuropäischen Union beabsichtigten, im Ministerrat der WEU eine Empfehlung einzubringen, die zu einer ‚Vereinigung Westeuropas mit China' aufrufe, die gegen die Sowjetunion gerichtet sei und eine enge militärische Zusammenarbeit mit China vorsehe. Der Empfehlungsentwurf solle am 16. Mai im politischen Komitee der WEU beraten werden. Wenn diese Information richtig sei, so könne die geplante Initiative nur als bewußte Demonstration kollektiver Feindseligkeit gegen die Sowjetunion verstanden werden. Sie stehe im Widerspruch zu Geist und Buchstaben der Schlußakte von Helsinki und sei nicht mit dem Charakter der Beziehungen zwischen beiden Ländern zu vereinbaren. Es handele sich um eine Gefahr für Entspannung und Frieden. Bei der Entwicklung der Beziehungen zwischen den westlichen Staaten und China gebe es objektive Grenzen,

Bericht über „China und die europäische Sicherheit"[9]; auch wenn die SU offenbar den Charakter und die Bedeutung dieses Berichts nicht richtig eingeschätzt habe, zeige die Reaktion jedoch, wie empfindlich sie reagiere.

Andererseits mehrten sich die Anzeichen, daß die VR China an einer rüstungswirtschaftlichen Zusammenarbeit, insbesondere auch mit der BR Deutschland, verstärkt interessiert sei. Ohne Mitwirkung amtlicher Stellen und offensichtlich auf Initiative gewisser deutscher Rüstungsfirmen und ihrer Vertreter habe bereits eine chinesische Delegation die BR Deutschland besucht, zwei weitere (unter Teilnahme von insgesamt sechs Generälen) hätten sich angekündigt mit dem Wunsch, auch Firmen der Rüstungswirtschaft besuchen zu wollen.[10] Diese Delegationsbesuche brächten die Bundesregierung in eine delikate Lage, denn die Chinesen hätten einerseits den Eindruck, die Einladungen seien mit offizieller Rückendeckung erfolgt, andererseits müßten wir aber bemüht sein, eine chinesische Verärgerung zu vermeiden. Wir hätten uns deshalb entschlossen, keine Einwendungen gegen die Besuche zu erheben, gleichzeitig hätten wir aber auch Sorge getragen, daß die Besuche diskret behandelt und nur allgemein zugängliche Firmenbereiche zugänglich gemacht würden. Ferner beabsichtigten wir, deutlich zu machen, daß sich an unserer restriktiven Rüstungsexportpolitik auch gegenüber der VR China nichts geändert habe. D 2 wies dann auf die Grundsätze der Bundesregierung für den Export von Kriegswaffen und sonstigen Rüstungsgütern hin. Die Bundesregierung beabsichtige, auch gegenüber der VR China an ihren COCOM gegenüber[11] eingegangenen Verpflichtungen festzuhalten.[12] Wir seien an der Meinung unserer Partner zu diesem Thema interessiert.

Fortsetzung Fußnote von Seite 811
    die nicht ohne Folgen für die Beziehungen mit der Sowjetunion überschritten werden könnten. Die Annahme einer solchen Empfehlung sei eine faktische Legalisierung der Pläne reaktionärer Kräfte, die nach Aufbau des militärischen Potentials eines Landes strebten, das auf einen Krieg zusteuere." Vgl. die Gesprächsaufzeichnung; Referat 213, Bd. 133092.
[9] In dem vom Allgemeinen Ausschuß der WEU-Versammlung am 16. Mai 1978 angenommenen Bericht des Mitglieds der WEU-Versammlung, Bennett, wurden nach einem Überblick über die historische Entwicklung die Beziehungen der Volksrepublik China zu den USA und den westeuropäischen Staaten untersucht, ferner die Beziehungen zu den östlichen Nachbarstaaten sowie zur UdSSR. Der Bericht enthielt außerdem einen Überblick über die militärischen Kräfteverhältnisse zwischen der UdSSR und der Volksrepublik China in Zentralasien. In den Schlußfolgerungen des Berichts wurde ausgeführt: „With a similar sense of realpolitik and with no weakening in our determination to support and advocate our own free democratic way of life as the best for all makind and to promote respect for human rights throughout the world, Western Europe in general, and WEU in particular, should respond favourably to the growing opportunities which exist for co-operate with China in increasing the latter's defence capacity, realising that with no counter-balancing dangers to our own security, but quite the contrary, the overall deterrent against any Soviet military opportunism can only be reinforced." Vgl. PROCEEDINGS, 24th Ordinary Session, First Part (June 1978), Vol. I, S. 87.
[10] Vortragender Legationsrat Bosch notierte am 19. Mai 1978, daß sich auf Einladung des hessischen Wirtschaftsministers Karry eine Delegation aus der Volksrepublik China in der Bundesrepublik aufhalte. Umfang und Zusammensetzung der Delegation seien unbekannt; besichtigt werden sollten hessische Rüstungsbetriebe. Ferner solle vom 25. Mai bis 24. Juni 1978 der Besuch einer Delegation aus sechs Stabsoffizieren im Generalsrang und „möglicherweise weiteren Persönlichkeiten der Wirtschaft aus der VR China" stattfinden. Die Reise werde von BDI und DIHT organisiert. Besichtigt werden sollten verschiedene Behörden sowie Firmen der Rüstungsindustrie. Vgl. Referat 422, Bd. 124207.
[11] Korrigiert aus: „COCOM eingegangenen".
[12] Referat 422 legte am 18. Mai 1978 dar: „Von den nach der Anlage zur Außenwirtschaftsverordnung (= Ausfuhrliste = COCOM-Liste) genehmigungspflichtigen Warengruppen sind bisher Exportgenehmigungen für Güter des Teils A (Waffen, Munition, Rüstungsmaterial) und des Teils B (Kern-

Hibbert wies auf die letzten britisch-sowjetischen Konsultationen auf Direktorenebene in Moskau hin. Auf der Schlußsitzung habe Kabitza (?), der Leiter der Ostasienabteilung im sowjetischen Außenministerium[13], mit großer Schärfe auf die nach seiner Ansicht nachteiligen Folgen europäischer Waffenexporte nach China hingewiesen. Jeder, der Waffen nach China liefere, mache sich zum Komplizen einer aggressiven Macht und müsse selbst als Aggressor angesehen werden. Er, Hibbert, habe entgegnet, Großbritannien werde diese Frage im Licht seiner allgemeinen internationalen Beziehungen und im Rahmen der jeweiligen politischen und wirtschaftlichen Gegebenheiten prüfen.

Vest (unterstützt von *Hunter*) wies darauf hin, daß die USA keine Waffen an die VR China verkaufen und auch in Zukunft nicht beabsichtigten, solche zu liefern.

Hibbert regte an, die Konsequenzen des Orlow-Urteils auf die allgemeine Entwicklung der Ost-West-Beziehungen zu erörtern. In Großbritannien gebe es bereits einen starken Druck der öffentlichen Meinung, der SU das Mißfallen über das Orlow-Urteil durch Taten deutlich zu machen.

Vest wies darauf hin, daß auch eine Reihe amerikanischer Vereinigungen und Persönlichkeiten aus dem wissenschaftlich-kulturellen Bereich entschlossen seien, bereits geplante SU-Besuche abzusagen. Das Orlow-Urteil habe auch bereits Auswirkungen auf die Besuchsdiplomatie auf Kabinettsebene gehabt: So werde Gesundheitsminister Califano einen ursprünglich für die folgende Woche der SU absagen.[14]

Hibbert: Man werde in dieser Frage Vor- und Nachteile abwägen müssen. So werde man in GB z. B. festhalten an

– britisch-sowjetischem Wissenschaftlertreffen in Nowosibirsk,

– nächster Tagung der regelmäßigen britisch-sowjetischen Round-Table-Gespräche,

– Ausstellung sibirischer Kunst in GB.

Andererseits könnte man aber verzichten auf

– Besuch des Royal Air Force Staff College in der SU,

– geplanten Besuch militärmedizinischer Experten in der SU.

D 2: Auch wir stünden vor der gleichen Frage, womit unseren Interessen am besten gedient sei: Eine Ausstellung russischer und deutscher Gemälde (aus

---

Fortsetzung Fußnote von Seite 812

energie-Liste, spaltbare Stoffe und Ausgangsstoffe hierfür, Kernreaktoren und entsprechende Anlagen) nie erteilt worden; aus dem umfangreichen Teil C der Liste (‚sonstige Waren von strategischer Bedeutung') sind dagegen hauptsächlich folgende Waren zur Ausfuhr genehmigt worden: numerisch gesteuerte Werkzeug- und Meßmaschinen; Elektronenrechner sowie Aufzeichnungs- und Speichergeräte; Mikroprozessoren und Nachrichtenmeßgeräte. Diese Genehmigungspraxis entspricht im wesentlichen der unserer COCOM-Partner; Ausnahmen waren bisher selten". Eine Überschreitung des bisherigen Rahmens gegenüber der Volksrepublik China sei nicht zweckmäßig und würde die Bundesrepublik „Pressionen der Sowjetunion aussetzen, ohne daß uns die Lieferung nach China gleichwertige Vorteile einbrächte". Daher sei es auch nicht sinnvoll, chinesischen Besuchswünschen in sensitiven Betrieben nachzukommen, da Lieferwünsche geweckt werden könnten, „deren Nichterfüllung möglicherweise zu Verstimmung führen könnte". Vgl. VS-Bd. 9339 (422); B 150, Aktenkopien 1978.

13 Michail Stepanowitsch Kapiza.
14 Unvollständiger Satz in der Vorlage.

sowjetischen Museen) sei jetzt in Bonn eröffnet worden.[15] Man habe trotz Orlow-Urteil an der Ausstellung festgehalten und auch den Besuch des Stellvertretenden sowjetischen Kulturministers Popow aus diesem Anlaß nicht abgesagt. StS Hermes habe mit einer kurzen Ansprache die Ausstellung eröffnet.[16] Er werde gegenüber Popow den Orlow-Fall zur Sprache bringen.[17]

Auch hielten wir an einer deutschen Ausstellung in der SU fest[18], für die die SU erstmals Bilder aus Westberlin akzeptiert habe. Allerdings handele es sich hierbei um Bilder, welche die Stiftung „Preußischer Kulturbesitz" erstmals nach 1945 erworben habe. Es sei bezeichnend, daß die Sowjets sogar im Katalog die Herkunftsbezeichnung „Berlin (West)" akzeptiert hätten, die Stiftung Preußischer Kulturbesitz jedoch verschwiegen und durch „Nationalgalerie Berlin (West)" ersetzt hätten. Offenbar gingen sie in ihrem Formalismus so weit, daß sie nicht merkten, daß die von ihnen vorgeschlagene Bezeichnung der Bedeutung nach in unserem Sinne noch weiter gehe. Insgesamt – so faßte D 2 zusammen – sei auch nach dem Orlow-Prozeß unsere Haltung, die Beziehungen zur SU weiter zu pflegen („business as usual"), andererseits aber unsere Position sowohl in der Öffentlichkeit als auch bei jeder sich bietenden Gelegenheit gegenüber den Sowjets mit Nachdruck deutlich zu machen.

---

15 Die Ausstellung „Meisterwerke deutscher und russischer Malerei aus sowjetischen Museen" fand vom 27. Mai bis 9. Juli 1978 im Rheinischen Landesmuseum statt.

16 Für die Rede des Staatssekretärs Hermes anläßlich der Eröffnung der Ausstellung „Meisterwerke deutscher und russischer Malerei aus sowjetischen Museen" im Rheinischen Landesmuseum am 26. Mai 1978 vgl. Referat 213, Bd. 133124.

17 Vortragender Legationsrat Heyken vermerkte am 29. Mai 1978, im Gespräch mit dem sowjetischen Stellvertretenden Kulturminister Popow am 26. Mai 1978 habe Staatssekretär Hermes erklärt: „In der Gemeinsamen Deklaration, die Bundeskanzler Schmidt und Generalsekretär Breschnew vor kurzem in Bonn unterzeichnet hätten, werde zum Ausdruck gebracht, daß die Prinzipien und Bestimmungen der KSZE-Schlußakte zum Wohle aller Menschen verwirklicht werden sollten. In diesem Zusammenhang wolle er darauf hinweisen, daß die Urteile gegen Orlow und andere in der Öffentlichkeit der Bundesrepublik Deutschland Betroffenheit ausgelöst hätten. Er sage dies, weil Minister Popow einige Tage in unserem Land sein werde. [...] Die Bundesregierung habe schon eine Erklärung zu der Angelegenheit abgegeben, die er nicht zu wiederholen brauche. Popow erwiderte, StS Hermes habe ein Thema angerührt, daß man – offen gesagt – nicht hätte ansprechen müssen. Nach seiner persönlichen Meinung hätten die Gerichtsurteile gegen Orlow, Gamsachurdija und andere keinen Bezug zu Helsinki. Jeder zivilisierte Staat verfüge über Gesetze, die seine Würde und seine Institutionen schützten." Die Angeklagten seien nicht wegen ihrer Überzeugung verurteilt worden, sondern für „konkrete Handlungen" . Popow habe ferner den Grundsatz der Nichteinmischung in innere Angelegenheiten betont. Vgl. Referat 213, Bd. 133086.

18 Am 25. Mai 1978 wurde in Leningrad die Ausstellung „Deutsche Malerei 1890–1918" eröffnet, die anschließend in Moskau gezeigt werden sollte. Referat 631 notierte dazu am 26. Mai 1978: „Der deutsche Ausstellungskommissar Dr. Gallwitz (Städelsches Kunstinstitut Frankfurt a. M.) hatte im Herbst 1977 in Moskau Verhandlungen geführt, in denen zunächst alle für uns wesentlichen Punkte, nämlich Annahme von Bildern aus Berlin (West), keine Absonderung der Berliner von den übrigen Bildern, keine individuelle Kennzeichnung von Berliner Bildern auf der Ausstellung gesichert schienen. Zu einem relativ späten Zeitpunkt – Ende Februar 1978 – warf die sowjetische Seite plötzlich politische Probleme auf, indem sie verlangte, im Untertitel der Ausstellung auf die Herkunft der ‚Bilder aus der BRD, Berlin (West) und Bern' hinzuweisen; bei der Eigentümerangabe statt der korrekten Bezeichnung ‚Nationalgalerie Staatliche Museen Preußischer Kulturbesitz' nur die Kurzbezeichnung ‚Nationalgalerie Berlin (West)' zu verwenden; bei dem üblichen Hinweis auf das V[ier-]M[ächte-]A[bkommen] nicht wie von uns gewünscht von der Beteiligung von ‚Leihgebern aus Berlin (West)', sondern von ‚Bildern aus Berlin (West)' zu sprechen. In der Frage der Eigentümerangabe akzeptierten wir nach Abstimmung mit dem BMI und dem Präsidenten der Stiftung Preußischer Kulturbesitz die Kurzbezeichnung, weil sie berlinpolitisch unbedenklich erschien und so gewährleistet wurde, daß Bilder der Stiftung zum ersten Mal überhaupt in einem osteuropäischen Land gezeigt werden können." Vgl. Referat 213, Bd. 133124.

Mérillon ging kurz auf das Gespräch Guiringaud/Gromyko in New York ein. Gromyko habe auf entsprechende Fragen Guiringauds unterstrichen, daß der Besuch Breschnews in Bonn ein Erfolg gewesen sei, daß aber noch große Probleme im Verhältnis zu Bonn blieben. Hierbei habe er auf die angebliche Belebung neonazistischer Tendenzen hingewiesen. Es sei der französische Eindruck gewesen, daß Gromyko es offenbar als notwendig empfunden habe, die Franzosen über den Breschnew-Besuch zu beruhigen und zu beschwichtigen.

D2 wies darauf hin, daß Gromyko offenbar dazu neige, die Möglichkeit offenzuhalten, immer wieder die Kräfte beschwören zu können, die angeblich in der BR Deutschland der Entspannung feindlich gegenüberstünden. Demgegenüber sei Breschnew in Bonn bemüht gewesen, zu unterstreichen, daß das Entspannungskonzept langfristig angelegt sei und auch einen Wechsel der Regierungen überleben werde (u. a. die demonstrativ zuvorkommende Behandlung von Strauß[19]).

2) Italien

In einem Meinungsaustausch über die Bewertung der Ergebnisse der Teilgemeindewahlen in Italien[20] bestand Übereinstimmung, daß die Wahlen viele Fragen offengelassen hätten und die Ergebnisse mit großer Zurückhaltung und Vorsicht zu interpretieren seien.

Hunter wies darauf hin, daß man im Anschluß an die Wahlen die weitere Entwicklung in Italien unter folgenden Fragestellungen sehen müsse:

– Werden sie zu einer Beschleunigung des „Historischen Kompromisses"[21] führen?

---

[19] Zum Gespräch des CSU-Vorsitzenden Strauß mit dem Generalsekretär des ZK der KPdSU, Breschnew, am 6. Mai 1978 auf Schloß Gymnich vgl. Dok. 157, Anm. 6.

[20] Vortragender Legationsrat I. Klasse Heibach notierte am 18. Mai 1978 über die Wahlen zu Gemeinde- und Provinzialräten am 14./15. Mai 1978, das Ergebnis lasse „eine Trendverschiebung zugunsten von Christdemokraten und Sozialisten erkennen". Die Democrazia Cristiana habe erstmals seit 1948 wieder die Marke von 40 % überschritten, während die Sozialisten 13,5 % erreicht hätten: „Der Stimmenanteil der Kommunisten lag mit 26,5 % zwar um 0,7 Punkten über dem Ergebnis der letzten Gemeindewahlen, fiel aber gegenüber den Parlamentswahlen von 1976 deutlich zurück (-9,8 Punkte)." Der Wahlausgang könne als Indiz dafür angesehen werden, „daß die Zeit der kommunistischen Expansion zu Ende geht und Stimmenzuwächse über die Marke der Parlamentswahlen von 1976 hinaus nicht mehr zu erwarten sind". Vgl. Referat 203, Bd. 110237.

[21] Gesandter Steg, Rom, vermerkte am 10. Februar 1976, der Generalsekretär der KPI, Berlinguer habe im Herbst 1973 „seine Politik des ‚historischen Kompromisses', d. h. eines umfassenden Bündnisses aller fortschrittlichen Kräfte zur inneren Erneuerung von Staat und Gesellschaft" entwickelt: „Die Gefahr der ideologischen Entfremdung zwischen KPI und KPdSU nahm er dabei in Kauf. Als Mittel zur Demonstration der eigenen Autonomie dürfte sie ihm sogar willkommen gewesen sein. An der Einheit der kommunistischen Weltbewegung hält er trotzdem fest. Die Politik des historischen Kompromisses ist ihm lediglich Ausdruck des besonderen italienischen Weges zum Sozialismus." Vgl. den Drahtbericht Nr. 565; Referat 212, Bd. 111675.
Gesandter Mühlen, Rom, berichtete am 21. Juni 1977 über eine zunehmend enge Zusammenarbeit zwischen der Minderheitsregierung des Ministerpräsidenten Andreotti und der KPI: „Konkretes Beispiel sind die seit Ende März zwischen den sechs ‚Verfassungsparteien' (DC, KPI, PSI, PSDI, PRI, PLI) laufenden Gespräche und Verhandlungen über ein nationales Dringlichkeitsprogramm, die aller Voraussicht nach bis zum Ende des Monats zu einem positiven Abschluß gebracht werden können." Vgl. den Drahtbericht Nr. 926; Referat 203, Bd. 115873.
Nach der Verabschiedung des Programms im italienischen Parlament kommentierte Mühlen am 19. Juli 1977: „Die sogenannte Programmabsprache der sechs Parteien des italienischen ‚Verfassungsbogens' ist nicht, wie von der KPI selbst zugegeben wird, die von ihr geforderte große Wende mit der unmittelbaren und gleichberechtigten Beteiligung der KPI an der Staatsführung. Vor dem po-

– Bewirken sie das Gegenteil, d. h. verzögernden Effekt: kein „Historischer Kompromiß" ohne dazwischenliegende Parlamentswahlen?
– Ist Wahlergebnis Zeichen für wachsende innere Instabilität und für wachsende innenpolitische Polarisierung?

USA seien entschlossen, ihre Unterstützung der demokratischen Institutionen Italiens demonstrativ zu zeigen, u. a. Treffen Carter–Andreotti[22] und die allerdings noch unsichere Möglichkeit eines Zwischenaufenthaltes des Präsidenten in Rom im Anschluß an Bonner Gipfeltreffen.[23] Man werde allerdings Sorge tragen, daß diese demonstrative Unterstützung der demokratischen Institution nicht als eine Unterstützung des „Historischen Kompromisses" interpretiert werde. USA würden Italien auch Hilfe in der Terroristenbekämpfung geben, insbesondere was den VIP-Schutz angehe. Man hoffe, daß auch die Partner der USA Schritte in dieser Richtung unternehmen würden.

Hibbert: Bei aller Vorsicht in der Bewertung des Wahlergebnisses sprächen gegenwärtig doch alle Anzeichen dafür, daß die Regierung Andreotti zumindest bis zum Jahresende im Amt bleiben werde.

D2: Die Regionalwahlen seien ein zweifelhafter Beweis für die Stärkung der DC. Emotionale Gründe nach der Ermordung Moros[24] hätten sicher mit eine Rolle gespielt. Man könne nicht ausschließen, daß bei einer Rückkehr zur innenpolitischen Normalität der frühere Zustand wiederhergestellt werde. Zu den sozialistischen Gewinnen: Offenbar habe Craxi durch die klarere Abgrenzung zur PCI Stimmen gewinnen können, andererseits aber die Stimmen derjenigen verloren, die seine nachgiebige Haltung im Moro-Fall[25] mißbilligt hät-

Fortsetzung Fußnote von Seite 815
  litisch-historischen Hintergrund der inneren Entwicklung des Landes seit dem Ende des Faschismus erscheint aber dieses Abkommen zwischen Christdemokraten und Kommunisten (unter Einschluß der anderen vier kleineren Parteien) als ein wesentlicher Schritt in diese Richtung. Das Abkommen bringt nicht die Wende, aber es könnte – nach der Regierungsbildung mit Unterstützung der KPI vom Juli letzten Jahres – die zweite Episode einer ‚Wende auf Raten' einleiten." Vgl. den Drahtbericht Nr. 1058; Referat 203, Bd. 115873.
[22] Präsident Carter und Ministerpräsident Andreotti trafen am 31. Mai 1978 in Washington zusammen. Erörtert wurden die bilateralen Beziehungen und die italienischen Bemühungen im Kampf gegen den Terrorismus. Für das Kommuniqué vgl. PUBLIC PAPERS, CARTER 1978, S. 1019.
[23] Zum Weltwirtschaftsgipfel am 16./17. Juli 1978 vgl. Dok. 225.
[24] Botschafter Arnold, Rom, teilte am 16. März 1978 mit: „Der Vorsitzende der DC, Aldo Moro, wurde heute auf dem Wege zur Teilnahme an der Abgabe der Regierungserklärung der neuen Regierung Andreotti beim Verlassen seiner Wohnung von bisher unbekannten Tätern entführt. Der aus fünf Beamten bestehende Begleitschutz fiel dem überfallartig verübten Anschlag zum Opfer. [...] Wenige Stunden später erklärten sich die Roten Brigaden in zwei Anrufen bei der italienischen Nachrichtenagentur ANSA für die Entführung verantwortlich." Vgl. den Drahtbericht Nr. 326; Referat 203, Bd. 115875.
  Arnold meldete am 10. Mai 1978: „Der DC-Vorsitzende Aldo Moro wurde in den frühen Nachmittagsstunden des 9.5. nach einem in seinem Sekretariat anonym eingegangenen telefonischen Hinweis im Fond eines im historischen Zentrum Roms unweit der Zentralen der DC und des PCI abgestellten Wagens ermordet aufgefunden." Vgl. den Drahtbericht Nr. 552; Referat 203, Bd. 115875.
[25] Botschafter Arnold, Rom, berichtete am 3. Mai 1978: „PSI-Parteisekretär Craxi hat in Gesprächen mit DC-Parteisekretär Zaccagnini Einzelheiten seines Vorschlags erläutert, der darauf abzielt, durch gewisses Entgegenkommen seitens der Regierung das Leben Moros zu retten. Vorschlag Craxis scheint im wesentlichen zu enthalten: a) Milderung der Strafvollzugsbestimmungen für inhaftierte Terroristen; b) Freilassung auf Gnadenwege oder durch Haftaussetzung von einzelnen Angehörigen terroristischer Gruppen, die sich keine schweren Straftaten haben zuschulden kommen lassen. Beide Maßnahmen sollen von Regierung ‚autonom', d. h. ohne Verhandlungen mit den B[rigate]

ten. Insgesamt sei bei aller Vorsicht in der Analyse des Wahlergebnisses doch ermutigend, daß der PCI ihre Grenzen gezeigt worden seien. Es sei nicht auszuschließen, daß nach den nächsten Wahlen verschiedene politische Konstellationen möglich seien: Falls PCI und DC jeweils etwa 40% erhielten, gebe es Raum für eine Koalitionsregierung und möglicherweise eine Renaissance einer DC/Sozialisten-Koalition. Diese könne jedoch nur dann stabilisierend wirken, wenn sie über eine große Mehrheit verfüge.

Mérillon: Was die allgemeine Lage Italiens angehe, so sei man in Frankreich weniger pessimistisch. Man dürfe die italienische Fähigkeit, mit einem gewissen Grad von Instabilität und innenpolitischer Unsicherheit leben zu können und damit fertig zu werden, nicht unterschätzen. Er empfehle äußerste Zurückhaltung bei öffentlichen Äußerungen. Es gebe in Italien eine gewisse Entwicklung in der öffentlichen Meinung. Jeder Eindruck einer angeblichen ausländischen Einmischung müsse kontraproduzent wirken. Er schlage auch vor, künftig bei der Formulierung der Tagesordnung für die Vierer-Direktorentreffen die Nennung eines bestimmten Landes zu vermeiden, da man nie ganz ausschließen könne, daß nach außen bekannt werde, daß sich die vier Direktoren mit der innenpolitischen Lage eines bestimmten Landes befaßt hätten.

Hunter: Weitere öffentliche Erklärungen der USA zu Italien seien nicht beabsichtigt.

D 2: Als wirklich interessante Frage bleibe, ob das Wahlergebnis die Position Berlinguers innerhalb der Partei schwäche und möglicherweise zu einer wachsenden Radikalisierung der PCI führen könne.

Hunter stimmte zu mit dem Hinweis, daß insoweit die Stimmenverluste der PCI nicht notwendigerweise einen stabilisierenden Effekt hätten.

3) Griechenland–Türkei–Zypern

Hunter: Die Administration werde sich, nachdem Panama-Frage[26] und Flugzeuglieferungen in den Nahen Osten[27] gelöst seien, gegenüber dem Kongreß ganz auf die Aufhebung des Embargos[28] konzentrieren. Die Frage sei im Repräsentantenhaus schwieriger als im Senat, da Brademas den Speaker of the House[29] für sich habe gewinnen können. Wenn die Administration in der Behandlung des Kongresses eine glücklichere Hand zeige als bisher, seien die Chancen der Aufhebung des Embargos etwas besser als 50%.

Fortsetzung Fußnote von Seite 816
R[osse], und aus rein ‚humanitären' Gründen vorgenommen werden. PSI-Vorschlag zielt darauf ab, Ausweg aus gegenwärtiger, durch allgemeine Ablehnung von Verhandlungen entstandener Sackgasse zu finden, läßt aber zunächst Frage offen, wie gegebenenfalls sichergestellt werden könnte, daß BR Vorleistungen auch durch gewünschte Gegenleistung honorieren." Vgl. den Drahtbericht Nr. 525; Referat 203, Bd. 115875.

26 Zu den Verträgen über den Panamakanal vom 7. September 1977 vgl. Dok. 146, Anm. 19.

27 Zu den geplanten amerikanischen Flugzeuglieferungen nach Ägypten, Israel und Saudi-Arabien vgl. Dok. 73, Anm. 8.
Der amerikanische Senat stimmte am 15. Mai 1978 mit 54 zu 44 Stimmen gegen eine Vorlage, die den geplanten Verkauf blockiert hätte. Vgl. dazu den Artikel „Senate Upholds Arms Sale To Saudis, Egypt, Israel"; INTERNATIONAL HERALD TRIBUNE vom 17. Mai 1978, S. 1.

28 Zum amerikanischen Waffenembargo gegen die Türkei vgl. Dok. 164, Anm. 6.

29 Thomas Phillip O'Neill, Jr.

Vest: Jede Unterstützung in dieser Frage durch die Bündnispartner werde begrüßt. Man sei insoweit auch dankbar für die Äußerungen des Bundeskanzlers in „Face the Nation", daß die Administration in der Embargo-Frage weiser sei als der Kongreß.[30] In dieser Frage seien der Präsident, AM Vance und Verteidigungsminister Brown sehr stark engagiert. Man rechne damit, daß die Frage in der zweiten Junihälfte im Senatsplenum behandelt werde. Man habe Ecevit nachdrücklich vor Augen geführt, daß die Kongreßabstimmung auch wesentlich davon abhänge, wie flexibel und konstruktiv er sich bei allen seinen jetzigen Auftritten (TV, National Press Club, Erscheinen vor den Auswärtigen Ausschüssen beider Häuser) zeigen werde.

In der anschließenden Diskussion bestand Übereinstimmung, daß die Türken veranlaßt werden müßten, größere Flexibilität und Kompromißbereitschaft zu zeigen und gleichzeitig die griechische Seite bewogen werden müsse, an den Verhandlungstisch zurückzukehren. Das Dilemma bestehe darin, daß die Türken zwar größeres Entgegenkommen zeigen müßten, die Griechen aber immer wieder einen Grund finden würden, auch weitergehende türkische Konzessionen nicht akzeptabel zu finden.

D2: Es sei unrealistisch, eine andere griechische Haltung zu erwarten, da Karamanlis aus innenpolitischen Gründen nicht anders handeln könne – auch wenn er (was von Vest bestätigt wurde) in dieser Frage durchaus staatsmännisches Verhalten gezeigt habe. Der Kongreß könne daher im Hinblick auf die Aufhebung des Embargos lediglich einen türkischen Beitrag erwarten. Hier zeige sich jedoch die völlig hilflose und ungeschickte türkische Diplomatie. Die Türken sähen jetzt ein, daß ihre Vorschläge[31] nicht weitgehend genug gewesen seien. Sie versuchten jetzt, diese Fehler zu korrigieren, ohne formell die Vorschläge aufzugeben. Dieser Aufgabe sei die türkische Diplomatie aber kaum gewachsen. Unsere Haltung gegenüber Ecevit sei in Bonn eindeutig gewesen.[32] Dies wäre nicht möglich gewesen, wenn wir unsere Beziehung zur Türkei stets sorgfältig gepflegt hätten.[33] Dies habe uns bei dem Ecevit-Besuch weitere hundert Millionen DM gekostet.[34]

Vest: Es müsse anerkannt werden, daß die Bundesregierung einen bedeutenden Beitrag geleistet habe. Der Ball liege jetzt bei den USA. Aber auch in nächster Zeit werde jede Hilfe der Partner willkommen sein.

Mérillon: Das Embargo sei ein amerikanisches Problem. Frankreich wünsche nicht, in die Kontroverse hineingezogen zu werden. Zudem hätten Griechen

---

30 Zu den Äußerungen des Bundeskanzlers Schmidt am 29. Mai 1978 wurde in der Presse berichtet: „Interviewed in New York on the CBS-TV program ‚Face the Nation', Mr. Schmidt said that the denial of U.S. arms was damaging not merely to Turkey's pride but to its ability to help defend the southern flank of the North Atlantic Treaty Organization. [...] ‚Let me be frank here; I think that the president of the United States in this regard is much wiser than the Congress' said Mr. Schmidt". Vgl. den Artikel „Schmidt Backs Arms to Turkey"; INTERNATIONAL HERALD TRIBUNE vom 30. Mai 1978, S. 1.
31 Zu den Vorschlägen der türkischen Volksgruppe auf Zypern vom 13. April 1978 vgl. Dok. 134, Anm. 9.
32 Ministerpräsident Ecevit besuchte die Bundesrepublik vom 10. bis 13. Mai 1978. Vgl. dazu Dok. 146 und Dok. 147.
33 So in der Vorlage.
34 Zum Kredit an die Türkei vgl. Dok. 147, Anm. 12.

und Türken klargemacht, daß sie keine Vermittlung wünschten. Aber auch in Frankreich sehe man die Notwendigkeit, den Engpaß zu überwinden.

Vest: Die Aufhebung des Embargos werde nicht zur Folge haben, daß man sich gegenüber der Türkei aller Trümpfe begebe. Die Verhandlungen über militärische Hilfe im Rahmen eines Defense Cooperation Agreement hingen vom türkischen Entgegenkommen ab. Die Aufhebung des Embargos sei keine Garantie, daß die Türken sicher sein könnten, für die nächsten vier Jahre eine Milliarde Dollar an Militärhilfe zu erhalten. Die Frage werde jedes Jahr erneut dem Kongreß vorgelegt werden, und man könne sicher sein, daß sich auch nach einer Aufhebung des Embargos Brademas die Vorlage sehr genau ansehen werde.

D2 erläuterte die letzten griechisch-deutschen Gespräche, u. a. Kyprianou–Bundeskanzler und MD Ruhfus/MD Blech mit Rolandis/Rossides (?).[35] Aus all diesen Gesprächen und den zutage getretenen griechischen Besorgnissen ergebe sich, daß man den Türken weiterhin klarmachen müsse, daß ihr Entgegenkommen sich nicht auf das Varosha-Problem[36] beschränken dürfe.

Vest stimmte der Bewertung von D2 zu mit dem Hinweis, daß die USA die gleiche Haltung gegenüber Ecevit eingenommen hätten. Aber es werde für die Griechen immer schwer sein, irgend etwas akzeptabel zu finden.

4) Jugoslawien

Die vier Direktoren stimmten darin überein, den britischen Bericht über die Bewertung der jugoslawischen Analyse der militärischen Berater den Außenministern[37] vorzulegen. Folgende redaktionelle Änderungen wurden vorgenommen: Abs. 1, Zeile 6: „to cope with possible Soviet moves" anstelle von: „to help to deter possible Soviet moves".

Abs. 9, E.: Dieser lautet in der endgültigen Fassung wie folgt: „In a case of an acute crisis direct help to Yugoslavia by Western powers should therefore not be such as to impair the freedom of action by the Alliance elsewhere or its capability to respond to Soviet pressure or aggression on other fronts."

5) Prozedurale Fragen

Der Termin des nächsten Treffens wurde auf Vorschlag von D2 bis nach Abschluß des Ministertreffens[38] offengelassen. Als mögliche Termine wurden diskutiert:

– 13./14. Juni im Zusammenhang mit OECD-Ministertreffen in Paris[39]
– Ende September in New York im Zusammenhang mit VN-GV[40]

---

35 Zu den Gesprächen am 26. Mai 1978 in New York vgl. Dok. 164, Anm. 9.
36 Vgl. dazu die Äußerungen des Ministerpräsidenten Ecevit am 11. Mai 1978; Dok. 147, Anm. 18.
37 Hans-Dietrich Genscher (Bundesrepublik), Louis de Guiringaud (Frankreich), David Owen (Großbritannien), Cyrus R. Vance (USA).
38 Für das Gespräch des Bundesministers Genscher mit den Außenministern de Guiringaud (Frankreich), Owen (Großbritannien) und Vance (USA) am 29. Mai 1978 in Washington vgl. Dok. 166.
39 Die Jahrestagung des Rats der OECD fand am 14./15. Juni 1978 in Paris statt.
Zum Gespräch des Bundesministers Genscher mit den Außenministern de Guiringaud (Frankreich), Owen (Großbritannien) und Vance (USA) am Rande der Tagung vgl. Dok. 186 und Dok. 187.
40 Die XXXIII. UNO-Generalversammlung fand vom 19. September bis 21. Dezember 1978 in New York statt und wurde vom 15. bis 29. Januar bzw. vom 23. bis 31. Mai 1979 fortgesetzt.
Zu den Direktorenkonsultationen am 26. September 1978 in New York vgl. Dok. 280 und Dok. 294.

Schließlich bestand Übereinstimmung darin, am diesjährigen Verfahren der Protokollführung (amerikanische Protokollführung bei jeweils eigener Protokollführung durch Mitarbeiter Politischer Direktoren nach deren Belieben) festzuhalten.

VS-Bd. 9339 (422)

166

**Gespräch des Bundesministers Genscher
mit den Außenministern de Guiringaud (Frankreich),
Owen (Großbritannien) und Vance (USA) in Washington**

29. Mai 1978[1]

Gespräch der vier Außenminister am Abend des 29. Mai 1978 über Angelegenheiten, die nicht Deutschland und Berlin betreffen[2]

1) Zaire und Afrika im allgemeinen

Guiringaud begann mit einem Bericht über den Ablauf der französischen Aktion in Zaire[3], insbesondere der dazu führenden Entscheidungsbildung. Das Ziel des Einsatzes französischer Fallschirmjäger sei der Schutz der Europäer in Kolwezi gewesen; die Aktion habe jedoch nicht primär darauf abgezielt, die Europäer aus Kolwezi herauszuholen. Insofern seien die französischen Absichten etwas verschieden von den belgischen gewesen; die Belgier hätten sich vorgenommen, die Europäer herauszunehmen. Im übrigen seien die Unterschiede zwischen Franzosen und Belgiern in der Presse größer erschienen, als sie in Realität gewesen seien. Es habe in Kinshasa eine ständige Abstimmung zwischen den belgischen und französischen Vertretern gegeben.

Guiringaud dankte den Vereinigten Staaten dafür, daß sie Transportmöglichkeiten zur Verfügung gestellt hätten.

Bezüglich der gegenwärtigen Lage betonte Guiringaud, daß Frankreich seine Truppen nicht lange in Shaba zu lassen beabsichtige. Man habe bereits damit begonnen, die Einheiten nach Lubumbashi zu verlegen, von wo sie ausgeflogen werden könnten. Zur Zeit befinde sich noch eine Kompanie in Kolwezi, drei Kompanien seien bereits in Lubumbashi. Die Belgier hätten ihre Truppen zwischen Kolwezi und Lubumbashi in mehreren Orten stationiert.

---

[1] Die Gesprächsaufzeichnung wurde von Ministerialdirektor Blech, z. Z. Washington, am 30. Mai 1978 gefertigt, der die Weiterleitung an Vortragenden Legationsrat I. Klasse Schenk „pers[önlich]" verfügte.
[2] Bundesminister Genscher hielt sich anläßlich der NATO-Ratstagung auf der Ebene der Staats- und Regierungschefs am 30./31. Mai 1978 in den USA auf.
Zum Gespräch über Berlin und deutschlandpolitische Fragen am 29. Mai 1978 in Washington vgl. Dok. 171.
[3] Zu den Kämpfen in der zairischen Provinz Shaba sowie den Evakuierungsmaßnahmen für ausländische Staatsbürger vgl. Dok. 155, Anm. 21, und Dok. 156, Anm. 53.

Bei den Europäern in Shaba herrsche große Furcht. Allerdings sei nicht ganz klar, ob sie wirklich das Land verlassen wollten. Sie hätten das Gefühl, daß die zairischen Truppen nicht fähig seien, ihnen Schutz zu gewähren; gleichzeitig lebe man unter dem Eindruck, daß die Katanga-Gendarmen in der Lage seien, ihre Aktionen auch auf andere Teile Shabas auszudehnen.

Vance warf hier ein, daß Simonet ihm ähnliches gesagt habe. Die belgischen Truppen sollten nach 18 bis 21 Tagen abgezogen werden. Die belgischen Zivilisten würden in Shaba bleiben, wenn ihre Sicherheit garantiert werde; das sei wohl auch die Einstellung aller Europäer.

Guiringaud wies darauf hin, daß Mobutu sich seit vergangenem Donnerstag[4] in Paris befinde und heute (am 29. Mai) nach Kinshasa zurückkehre, und zwar auf dem Wege über Fez, wo er König Hassan treffe.[5] Mobutu verfüge über eine kleine französisch ausgebildete Einheit von Fallschirmjägern, die einigermaßen (reasonably) wirkungsvoll sei. Mobutu klage die Sowjetunion, Kuba und Algerien als diejenigen an, die hinter der Shaba-Affäre ständen. Alle Informationen deuteten aber darauf hin, daß in Süd-Shaba selbst große Unzufriedenheit herrsche. Wer immer von auswärtigen Mächten den Eindringlingen Hilfe geleistet habe, sicher sei, daß diese Hilfe und Sympathie in der Bevölkerung gefunden hätten. Sogar Teile von Mobutus Armee seien zu ihnen übergegangen. Allerdings bleibe die Tatsache bestehen, daß es niemanden gebe, der Mobutu ersetzen könne. Er repräsentiere die Einheit des Landes. Er habe schon früher zu erkennen gegeben, daß er Regierung und Staat zu reformieren bereit sei. Trotz einiger Schritte sei daraus jedoch nicht sehr viel geworden.

Die Frage sei, ob Mobutu Hilfe von anderen Afrikanern bekommen könne. Bei dem Treffen in Paris mit anderen frankophonen Afrikanern[6] hätten sich einige von diesen mit Sympathie geäußert. Seitdem habe aber Senegal darauf hingewiesen, daß er bereits mit Truppen im Libanon[7] beteiligt sei und daher keinen weiteren Beitrag leisten könne. So laufe es letztlich darauf hinaus, ob Togo oder Zentralafrika etwas beitragen können; hier könne es sich allenfalls um kleine Kontingente handeln. Es sei nicht ausgeschlossen, daß Marokko sich wieder einschalte.

Hier sei eines zu betonen: In Afrika könne die Lage jeweils durch wenige hundert Mann beeinflußt werden. In Kolwezi habe es sich insgesamt um 2000 Aufständische gehandelt, von denen nur 1000 aus Sambia gekommen seien. Entsprechendes gelte für andere Länder. Andererseits habe Frankreich mit 620 Mann die Lage wieder verändern können. Insgesamt sei das afrikanische Problem kein solches der Größe oder eingesetzten Mittel, sondern ein Problem, die richtigen Leute für den richtigen Einsatz zu finden. Wenn nur ein europäisches

---

[4] 25. Mai 1978.

[5] Präsident Mobutu hielt sich am 29./30. Mai 1978 in Marokko auf.

[6] Am 22./23. Mai 1978 fand in Paris auf Einladung von Staatspräsident Giscard d'Estaing eine Konferenz mit 21 Staats- und Regierungschefs frankophoner afrikanischer Staaten statt. Erörtert wurden Wirtschaftsfragen sowie militärische Konflikte in Afrika. Auf Vorschlag von Präsident Senghor wurde auch eine Vertiefung der französisch-afrikanischen Zusammenarbeit diskutiert. Vgl. dazu das Kommuniqué; EUROPA-ARCHIV 1978, D 488–490.

[7] Zur Bildung der „United Nations Interim Force in Lebanon" (UNIFIL) am 19. März 1978 vgl. Dok. 84, Anm. 9.

Land dies auf sich nehme, setze es sich allerdings der starken Polemik der anders eingestellten, insbesondere kommunistischen Länder aus.

Wirtschaftliche Gründe seien nicht die einzigen gewesen für das, was in Shaba geschehen sei.

Guiringaud verwies auf das Treffen Giscard–Carter[8] und auf den Vorschlag Giscards, eine Zusammenkunft in Paris mit den Belgiern stattfinden zu lassen, wo diskutiert werden könne, was zu tun sei. Dies sollte am nächsten Montag[9] geschehen. Am 30. Mai werde mit Simonet darüber gesprochen.

Vance bestätigte die Bereitschaft der Vereinigten Staaten, an einem solchen Treffen teilzunehmen und sich dort durch den Under Secretary for Political Affairs (Newsom) vertreten zu lassen.

Owen stellte hier die Frage, ob eine solche Begegnung diskret behandelt oder der Öffentlichkeit bekannt gemacht werden sollte.

Guiringaud meinte, daß nur die Tatsache eines solchen Treffens veröffentlicht werden sollte. Über den Inhalt sollte nicht gesprochen werden.

Vance kam sodann auf die Sicherheitsaspekte zurück. Wenn die Belgier daran festhielten, mit ihren Truppen Zaire Mitte Juni zu verlassen, stelle sich die Frage, wie es wirtschaftlich und politisch weitergehen solle.

Guiringaud sagte, daß es für jede Unterstützung zu spät sei, wenn die Europäer einmal gegangen seien. Er wies auf den Zusammenhang zwischen der wirtschaftlichen Lebensfähigkeit Zaires und dem Schutz der Europäer durch die nur temporär in Zaire befindlichen Truppen hin. Ferner müßte man entscheiden, ob die Europäer Mobutu für eine gewisse Zeit unterstützen wollten.

Vance verwies darauf, daß die Belgier dies sehr genau geprüft hätten, und zwar mit dem Ergebnis, daß es zu[10] Mobutu keine Alternative gebe. Man müsse sich fragen, wie man Zaire politisch und wirtschaftlich helfen könne. Dies sei der Zweck des Treffens von Brüssel, das für den 13./14. Juni vorgesehen sei.

Guiringaud stimmte dem zu. Die Belgier sähen diese Situation jetzt etwas anders als zu Anfang der Kolwezi-Operation.

Bundesminister unterstrich folgende Gesichtspunkte:

– Die französisch-belgische Aktion sei nicht nur aus humanitären Gründen wichtig gewesen. Sie habe vielmehr auch den gemäßigten afrikanischen Staaten das Vertrauen in die Aktionsfähigkeit des Westens zurückgegeben.

– Auch wenn für den Augenblick eine Lösung gefunden sei, müsse man sich klar darüber sein, daß man sich an einem entscheidenden Punkt der westlichen Afrikapolitik befinde. Dieser Herausforderung könne nur durch eine europäisch-amerikanische Politik begegnet werden.

---

[8] Staatspräsident Giscard d'Estaing hielt sich vom 26. bis 31. Mai 1978 in den USA auf. Bei einem Gespräch mit Präsident Carter am 26. Mai 1978 in Washington brachten beide ihre Sorge angesichts der aktuellen Entwicklungen in Afrika zum Ausdruck und betonten, daß Sicherheit und Entwicklung nur in Zusammenarbeit mit den Staaten des Kontinents gewährleistet werden könne. Vgl. dazu das Kommuniqué; PUBLIC PAPERS, CARTER 1978, S. 1008. Zum Gespräch vgl. auch Dok. 167.

[9] Am 5. Juni bzw. 13./14. Juni 1978 fanden in Paris bzw. Brüssel Konferenzen über Zaire statt. Vgl. dazu Dok. 199.

[10] Korrigiert aus: „für".

– Es sei ein Nachteil für den Westen, daß die östliche Seite die Entscheidung in einem Land suche, das von großer strategischer, wirtschaftlicher und politischer Bedeutung, aber wegen seines Regimes ohne hohes Ansehen sei. Letztlich stütze es seine Existenz nur auf das allgemeine Prinzip der territorialen Integrität, das für die OAU maßgebend sei.[11] Hinter diesem Prinzip könne sich Mobutu verstecken. Er, Bundesminister, teile die Auffassung, daß Mobutu zwar die Einheit Zaires verkörpere; Mobutu habe aber nicht die Kraft, auch nicht die Möglichkeit und möglicherweise auch nicht den Willen, die Schwierigkeiten des Landes, insbesondere wirtschaftlicher Art, zu lösen. Er habe Persönlichkeiten von Gewicht in den Hintergrund geschoben und sich mit anderen zweiten Ranges umgeben. So habe er nicht viele Leute an seiner Seite, die wirklich etwas bedeuteten; dies sei aber wichtig in einem so großen Lande.

Die Frage sei, welche Hilfe der Westen militärisch, wirtschaftlich oder auch durch Auflagen geben und gleichzeitig darauf einwirken könne, daß es zu einer Regierung der nationalen Einheit in Zaire kommen könne.

Bundesminister verwies auf das signifikante Beispiel der Verurteilung von Karl-I-Bond, der letztlich nur Rivalitäten zum Opfer gefallen sei.[12] Karl-I-Bond sei eine der fähigsten Persönlichkeiten in Zaire und komme überdies auch noch aus Shaba.

Die vier Außenminister sollten – etwa durch die Politischen Direktoren[13] oder andere Beauftragte – überlegen, was an politischen Reserven in Zaire mobilisiert werden könnte, und zwar nicht so sehr als Ersatz für Mobutu, sondern als Erweiterung der Basis Mobutus. Die Probleme Zaires könnten nicht durch regelmäßige Eingriffe französischer Fallschirmjäger gelöst werden; eine endgültige Lösung der Probleme müsse von innen erfolgen, und zwar durch eine politische und wirtschaftliche Sanierung. Im übrigen sei es für die westliche Unterstützung besser, wenn sie nicht an ein korruptes Regime gehe.

Guiringaud stimmte dem ausdrücklich zu und verwies darauf, daß Karl-I-Bond ein Neffe Tschombés und ein Enkel des Königs der Lunda sei. Er verwies ferner auf das gänzlich unterschiedliche Demokratieverständnis und die Mentalität der Afrikaner sowie auf den Eindruck Giscards, daß Mobutu, der Gefahren wohl bewußt, flexibel und bereit sein würde, alles zu akzeptieren, was ihm als Gegenleistung für Hilfe auferlegt würde.

Vance bemerkte hierzu, genau dies hätten ihm heute auch die Belgier gesagt. Wie man davon Gebrauch machen könne, sei der Sinn der vorgesehenen Pariser Gespräche.

---

11 Vgl. dazu die Entschließung der zweiten Konferenz der Staats- und Regierungschefs der OAU-Mitgliedstaaten vom 17. bis 21. Juli 1964 in Kairo; Dok. 34, Anm. 5.
12 Der zairische Außenminister Nguza wurde im August 1977 seines Amtes enthoben und unter dem Vorwurf der Beteiligung an der Invasion von aus Angola eingedrungenen bewaffneten Gruppen in die zairische Provinz Shaba während der Monate März und April 1977 zum Tode verurteilt. Im September 1977 wurde er zu lebenslanger Haft begnadigt.
13 Klaus Blech (Bundesrepublik), Reginald Alfred Hibbert (Großbritannien), Jean-Marie Mérillon (Frankreich), George S. Vest (USA).

Guiringaud erwähnte sodann die Gespräche zwischen Frankreich und einigen frankophonen afrikanischen Staaten über eine gemeinsame Sicherheitskraft. Hier sei aber bisher nichts herausgekommen.

Owen stellte fest, er sei für die französische Aktion. Man müsse aber mit nächsten Schritten sehr vorsichtig sein. Man müsse wissen, was bei einem Treffen wie dem für Paris vorgesehenen herauskommen solle, wenn es publik gemacht würde und deshalb von der Öffentlichkeit Ergebnisse erwartet würden. Lösungen seien nicht leicht zu erreichen. Auch müsse man Land für Land vorgehen. Was könne das Pariser Treffen überhaupt entscheiden, wenn es nicht von vornherein eine politische Richtlinie bekomme? Natürlich könnten die wirtschaftlichen Fragen als eine Art Vorwand nach außen gegeben werden. Aber was sollte gesagt werden, wenn über das Problem der Intervention gesprochen würde? Hier sei größte Vorsicht geboten.

Owen wies ferner auf die Konsequenzen einer auf Zaire gerichteten westlichen Politik für die Bemühungen um eine Lösung in Namibia und Rhodesien hin.

Wenn militärische Hilfe gegeben werden solle, stelle sich die Frage nach dem Ausmaß. Gebe es ein Konzept der ständigen militärischen Präsenz?

Guiringaud erwiderte, daß es sich nicht um eine permanente Präsenz, sondern um Hilfe, insbesondere logistischer Art, handele. Auch sei solche Hilfe nicht als Hilfe für Mobutu, sondern für Zaire unabhängig von Mobutu gemeint. Wenn alle Europäer Zaire verließen, bedeute dies den Zusammenbruch der Wirtschaft. Dann bestehe die Gefahr, daß osteuropäische Techniker die bisher von Westeuropäern wahrgenommenen Funktionen übernähmen. Deshalb seien die nächsten Wochen so wichtig, in denen die westeuropäischen Techniker usw. in Zaire bzw. Shaba über ihren Verbleib zu entscheiden hätten. Insofern sei es gut, nur von wirtschaftlichen Problemen zu sprechen.

Auch der *Bundesminister* betonte, man spreche letztlich hier nur von Zaire und nicht von Mobutu. Er wiederholte, daß es sich um einen Wendepunkt handele. Politisch sei die Unabhängigkeit der afrikanischen Staaten zu kräftigen. Es dürfe keine Übertragung des Ost-West-Konflikts auf Afrika geben. Es komme darauf an, das Vertrauen der gemäßigten Afrikaner in den Westen zu erhalten; gelinge dies nicht, könnten diese sich veranlaßt sehen, sich zu den stärkeren Bataillonen zu schlagen. Es handele sich im übrigen nicht um die Frage von Interventionen. Hier werde Hilfe an bestehende Regierungen auf deren Wunsch geleistet. Im spezifischen Fall müsse es neue Leute um Mobutu geben.

Bundesminister anerkannte die möglichen Auswirkungen auf Namibia und Rhodesien. Es sei sehr wohl möglich, daß die gegenwärtige Entwicklung einigen Südafrikanern gefiele, weil sie sagen könnten, dies bestätige letztlich ihre Politik. Man müsse den gefährdeten Afrikanern durch eine bessere Unterstützung ihrer Kräfte und eine bessere Ausbildung helfen.

Aufgabe des Pariser Treffens könne es nicht sein, ein eindeutiges politisches Programm zu etablieren, sondern die Lage zu prüfen und Optionen zu definieren, damit die Minister die Möglichkeit hätten, selbst schnell politische Entscheidungen zu treffen.

Vance bemerkte zu den terms of reference des Pariser Treffens, daß es einerseits das erweiterte Treffen in Brüssel am 13./14. Juni über ökonomische Fragen vorbereiten solle, daß es andererseits Optionen, einschließlich solcher politischer und sicherheitspolitischer Art, entwickeln sollte. Frankreich sollte Vorschläge zur Tagesordnung machen.

Guiringaud stimmte dem zu.

2) Namibia und Rhodesien

Owen bezeichnete die Lage der Namibia-Aktion als sehr gefährlich.[14] Immerhin sei Vorster noch nicht ganz verloren. Die Entlassung Shipangas[15] sei eine gute Sache gewesen. Die fünf westlichen Sicherheitsratsmitglieder sollten so bald in den Sicherheitsrat gehen wie möglich; es wäre schwierig, eine vorherige Zustimmung der Südafrikaner zu bekommen. Immerhin könne man bis dahin Vorster wohl halten. Auf jeden Fall sei es außerordentlich wichtig, bezüglich dessen, was der Westen zur Walvis Bay sage, Vorsicht walten zu lassen. Entscheidend sei, daß die Fünf zusammenhielten.

Zu Rhodesien[16] meinte Owen, Vorster hätte hier viel härter sein können. In einem vor wenigen Tagen stattgefundenen Gespräch zwischen Owen und Sithole[17] habe es den Anschein gehabt, daß dieser diesmal realistischer und durchaus bereit gewesen sei, sich auf Diskussionen einzulassen.

Man müsse jetzt einen maximalen Druck auf alle Beteiligten ausüben, um zu einem Kompromiß zu kommen. Es erscheine möglich, im Juli oder August zu detaillierten und vorbereitenden Erörterungen zu kommen. Das größte Problem stelle die ZANU dar.

Nkomo sei nach wie vor eine Schlüsselfigur. Es gebe Anzeichen, daß er zu Verhandlungen bereit sei. Letztlich handele es sich bei diesen Leuten um nationalistische Führer. Sein, Owens, Gefühl sei, daß es im westlichen Interesse liege,

---

[14] Referat 320 vermerkte am 29. Mai 1978: „Unmittelbares Ziel des Westens in der gegenwärtigen Phase der Namibia-Initiative ist es, die von der südafrikanischen Regierung angekündigten Schritte zur Einleitung der ‚internen Lösung' wenn nicht zu verändern, so doch zu verzögern, um SWAPO die Möglichkeit der Zustimmung zum westlichen Lösungsvorschlag offenzuhalten. Am 17. Mai d. J. hatte AM Botha die Kapstädter Botschafter der Fünf von der Absicht seiner Regierung unterrichtet, nach spätestens zwei Wochen die zu einer Wählerregistrierung erforderlichen Maßnahmen anlaufen zu lassen. Die Wählerregistrierung wäre Einleitung des politischen Prozesses ohne VN-Kontrolle und damit die Zerstörung der Geschäftsgrundlage, die Südafrika durch die Annahme des westlichen Lösungsvorschlages gelegt hat." Ferner müsse angestrebt werden, „über die Unterstützung durch die Frontlinienregierungen noch so rechtzeitig die Zustimmung von SWAPO zum westlichen Lösungsvorschlag herbeizuführen daß dadurch unwiderruflichen Schritten Südafrikas zuvorgekommen wird." Ministerpräsident Vorster habe am 24. Mai 1978 zugesagt, „die geplante Registrierungsaktion um zwei Wochen – d. h. bis zum 8. Juni – aufzuschieben. [...] Zur Walvis-Bay-Frage betonte PM Vorster ausdrücklich, daß er alle weiteren Verhandlungen abbrechen werde, falls dieses Thema darin eingeführt werden solle." Vgl. Referat 320, Bd. 125263.

[15] Zur Verhaftung des ehemaligen SWAPO-Sekretärs Shipanga im April 1976 vgl. Dok. 40, Anm. 11. Botschafter von Eichborn, Daressalam, berichtete am 26. Mai 1978, am Vortag seien „laut Außenministerium 13 (laut Presse 19) SWAPO-Dissidenten aus dem Gefängnis entlassen" worden, darunter Shipanga. Der Grund sei wohl die „wachsende Irritierung über Sam Nujoma und die offizielle SWAPO gewesen". Vgl. den Drahtbericht Nr. 214; Referat 320, Bd. 125263.

[16] Zu den amerikanisch-britischen Bemühungen um eine Lösung des Rhodesien-Konflikts vgl. Dok. 123, Anm. 23.

[17] In der Presse wurde gemeldet, der Vorsitzende der ZANU, Sithole, halte sich auf Einladung des britischen Außenministeriums in Großbritannien auf und habe zu den amerikanisch-britischen Bemühungen um eine Lösung des Rhodesien-Konflikts erklärt: „He would not expect any future constitutional conference to include American delegates and he could not see how Britain hoped to solve a problem over which it had no control." Vgl. den Artikel „Mr. Sithole predicts failure of Rhodesia initiative"; THE TIMES vom 21. Mai 1978, S. 4.

daß die interne Lösung[18] nicht vollständig platze, sondern genügend Kraft für Verhandlungen erhalte.

Vance verwies auf die Gespräche Kaundas in Washington.[19] Kaunda habe geraten, sich der kirchlichen Kräfte zu bedienen. Dies habe man durch Methodisten getan, die angeboten hätten, mit Muzorewa und Sithole zu sprechen und vor allem den ersteren zu drängen, sich an einer Allparteienkonferenz zu beteiligen.

Owen meinte, das Problem für eine Rhodesien-Lösung sei, daß es letztlich nur zwei interessante Posten – den des Präsidenten und den des Ministerpräsidenten – gebe, aber vier Leute, die Macht haben wollten.

Vance bemerkte zu diesem Thema abschließend, je mehr man von der Gesamtlage höre, um so weniger Aussichten könne man für freie Wahlen sehen.

3) Horn von Afrika

Vance berichtete, daß Siad Barre eine verbindliche Zusage gemacht habe, keine Gewalt über die Grenzen hinweg auszuüben oder über die Grenzen hinweg Waffen zu liefern. Als Gegenleistung hierfür hätten die Amerikaner eine Militärmission nach Somalia geschickt, die die Möglichkeit der Lieferung von Verteidigungswaffen prüfe.[20] Außerdem seien amerikanische Missionen nach Kenia und in den Sudan entsandt worden. Washington habe außerdem um das Agrément für einen neuen Botschafter in Addis Abeba[21] nachgesucht. Allem Anschein nach wünsche Äthiopien, das Problem Eritrea[22] ohne Kuba und die Sowjetunion zu lösen, und zwar auf der Basis einer autonomen Provinz des äthiopischen Staatsverbands. Gromyko habe gesagt, daß die Sowjetunion nicht mit Streitkräften, sondern mit Ausrüstung helfe und im übrigen auf Äthiopien dränge, das Eritrea-Problem friedlich zu lösen.

Auch die Kubaner hätten gesagt, daß sie nicht zu kämpfen beabsichtigten. Man müsse abwarten, was hier richtig sei.

Guiringaud wies darauf hin, daß Siad Barre zu einem Besuch privater Art Mitte Juni nach Paris komme. Gleichzeitig empfange man in Paris eine hochrangige (nicht näher bezeichnete) äthiopische Mission, der möglicherweise Mitglieder des Derg angehörten. Man sorge sich in Paris darum, zwischen diesen beiden Besuchen die Balance zu halten. – Frankreich habe die Idee in die Welt gesetzt, eine Regionalkonferenz in Dschibuti, die auch Nord- und Süd-Jemen einschließen würde, stattfinden zu lassen; das Motiv sei, etwas in Bewegung zu

---

[18] Vgl. dazu das Abkommen von Salisbury vom 3. März 1978; Dok. 75, Anm. 9.

[19] Präsident Kaunda hielt sich vom 17. bis 19. Mai 1978 in den USA auf.

[20] Botschafter Metternich, Mogadischu, berichtete am 6. Juni 1978, der amerikanische Botschafter Loughran habe mitgeteilt: „Präsident Siad hat nach längerem hin und her bereits vor drei bis vier Wochen amerikanische Formel schriftlich akzeptiert, wonach amerikanische (Defensiv-)Waffen Somalia unter der Bedingung geliefert würden, daß Somalia sich verpflichtet, Waffen nur zum Schutz Somalias in dessen international anerkannten Grenzen einzusetzen; Somalia ‚Endverbleibsklausel' (wegen möglicher Weitergabe an Ogaden-Befreiungsfronten von Bedeutung) akzeptiert. [...] US-Botschafter hat bereits am 18.5. Präsident Siad Note überreicht, mit der Entsendung einer US-Militärmission (‚appraisal-mission') vorgeschlagen wird. Bedingung: Mission soll freien Zugang zu allen somalischen Militäreinrichtungen haben. Siad hat auf diese Note noch nicht reagiert." Vgl. den Drahtbericht Nr. 238; Referat 320, Bd. 116828.

[21] Frederic L. Chapin.

[22] Zum Konflikt in Eritrea vgl. Dok. 155, Anm. 22.

setzen. Möglicherweise komme auch etwas aus dem nächsten Gipfel in Khartum heraus.[23] Übrigens akzeptiere Dschibuti in einem solchen regionalen Arrangement einen neutralen Status.

Bundesminister, auf die Situation im südlichen Afrika zurückkommend, wies noch auf die Gefahr einer südafrikanischen Aktion vor dem Treffen der Frontstaaten[24] hin.

Owen entgegnete, um dem zu entgehen, habe man Vorster noch 14 Tage Zeit gegeben.

4) Ost-West-Verhältnis

Bundesminister gab zu Beginn einige Eindrücke vom Besuch Breschnews in der Bundesrepublik Deutschland.[25]

Gromyko habe sich in ausgezeichnetem gesundheitlichem Zustand befunden und sich gelockert gegeben (Vance bestätigte diesen Eindruck nach seiner Begegnung mit Gromyko[26]).

Breschnew habe kein Gespräch ohne Verlesen eines vorbereiteten Papiers begonnen. Es sei schwierig gewesen, mit ihm wirklich ins Gespräch zu kommen; er habe sich dann allerdings von den Sprechzetteln gelöst. Dies gelte insbesondere für die Begegnungen mit den Parteiführern[27]. Er sei bei diesen Begegnungen voll präsent und voll im Bild gewesen. Die Aufgabe des Besuchs in der Bundesrepublik Deutschland sei es wohl gewesen, der internationalen Öffentlichkeit und dem eigenen Land und der dortigen Führung zu zeigen, daß die Entspannungspolitik weitergehe.

Es wäre unfair zu sagen, daß die Sowjetunion versucht habe, der Bundesrepublik Deutschland unsittliche politische Anträge zu machen. Das Gegenteil sei richtig. Sie habe in allen Gesprächen die Zugehörigkeit der Bundesrepublik Deutschland zu einem anderen Bündnis vorausgesetzt.

---

[23] Zur Konferenz der Staats- und Regierungschefs der OAU-Mitgliedstaaten vom 18. bis 22. Juli 1978 in Khartum vgl. Dok. 228, besonders Anm. 9 und 10.

[24] Zum Treffen am 10./11. Juni 1978 in Luanda teilte Ministerialdirektor Meyer-Landrut Bundesminister Genscher, z. Z. Kopenhagen, am 12. Juni 1978 mit: „1) Teilnehmer: Die Präsidenten Nyerere, Neto, Kaunda sowie Vizepräsident Masire von Botsuana, Planungsminister dos Santos aus Botsuana und SWAPO-Präsident Nujoma. 2) SWAPO hat sich bereit erklärt, die durch den südafrikanischen Überfall auf Cassinga unterbrochenen Gespräche mit den Fünf wiederaufzunehmen. Sie werde jedoch auch ‚fortfahren, alle ihr zur Verfügung stehenden Mittel, darunter auch das des verstärkten bewaffneten Kampfes, einzusetzen, um Südafrika zur Aufgabe seiner illegalen Besetzung Namibias zu zwingen'. 3) Frontstaaten erklärten, sie würden SWAPO weiterhin unterstützen. SR wurde aufgerufen, in der Walvis-Bay-Frage zur Erhaltung der Integrität Namibias zu intervenieren. Die Konferenzteilnehmer forderten außerdem unter Hinweis auf Cassinga verschärfte Beschränkungen für die südafrikanischen Streitkräfte in Namibia. Präsident Nyerere wurde beauftragt, die Fragen Walvis Bay und Truppenstationierung mit den Fünf zu diskutieren." Vgl. den Drahterlaß Nr. 111; Referat 320, Bd. 125263.

[25] Der Generalsekretär des ZK der KPdSU, Breschnew, besuchte die Bundesrepublik vom 4. bis 7. Mai 1978. Vgl. dazu Dok. 135, Dok. 136, Dok. 142 und Dok. 143.

[26] Der sowjetische Außenminister Gromyko führte am 27. Mai 1978 in Washington Gespräche mit Präsident Carter und dem amerikanischen Außenminister Vance. Am 31. Mai 1978 traf er erneut mit Vance in New York zusammen. Zu den Gesprächen über SALT II vgl. Dok. 169.

[27] Willy Brandt (SPD), Hans-Dietrich Genscher (FDP), Helmut Kohl (CDU), Franz Josef Strauß (CSU). Zum Gespräch mit dem CSU-Vorsitzenden Strauß am 6. Mai 1978 auf Schloß Gymnich vgl. Dok. 157, Anm. 6.

Allerdings sei es notwendig gewesen, den sowjetischen Entwurf einer Gemeinsamen Deklaration entscheidend zu ändern.[28] Insofern sei die Lage ähnlich gewesen wie in Paris 1977.[29] Doch sei die Sowjetunion flexibel gewesen, nachdem die deutsche Seite den ersten Entwurf als inakzeptabel bezeichnet habe.

In dieser Deklaration[30] gebe es einige neue Begriffe:

Gleichheit (den Begriff Gleichgewicht habe die sowjetische Seite nicht in der Sache abgelehnt, sondern deshalb, weil es sich um NATO-Sprache handele),

Parität,

keine Überlegenheit,

Unteilbarkeit des Friedens.

Sicher müsse man jedoch über die reale Ausfüllung dieser Begriffe sprechen. Dennoch hätten sie in einem Ost-West-Dokument ihre Bedeutung.

Die sowjetische Seite wollte den Besuch in guter Atmosphäre stattfinden lassen; die deutsche Seite habe diese Karte voll ausgespielt.

Bezüglich Berlins wies Bundesminister darauf hin, daß er dem bereits in der ersten Hälfte der Ministerbegegnung Gesagten nichts hinzufügen müsse. Innerhalb der sowjetischen Führung sei die Reise offenbar nicht unumstritten gewesen. Es gebe hierfür einen kleinen Hinweis. In Hamburg sei man in einem kleinen Kreise zusammen gewesen, wobei Breschnew körperlich sehr abgespannt gewirkt habe. Zur Belebung habe der Bundeskanzler einen Trinkspruch ausgebracht, der erwidert worden sei. In einer Reihe von Trinksprüchen sei man von Höchstrangigen bis hinunter zu den Dolmetschern gekommen, so daß der Bundeskanzler die Frage gestellt habe, auf wen jetzt getrunken werden solle. Hier habe Breschnew gesagt, dann auf Suslow. Hierauf habe es auf sowjetischer Seite ein gehässiges, besser vielleicht ein schadenfrohes Lachen gegeben.

Die Art und Weise, wie Breschnew einige DDR-Interessen angesprochen habe, deute darauf hin, daß man sich hier einer Pflichtleistung entledigt habe. Im Grunde habe man das Signal gegeben, daß von sowjetischer Seite keine Einwendungen gegen eine Fortsetzung der innerdeutschen Gespräche[31] erhoben werden.

Insgesamt habe der Besuch zu einer klimatischen Verbesserung des Verhältnisses zwischen der Bundesrepublik Deutschland und der Sowjetunion geführt. Wir hätten die Absicht, hieraus das beste zu machen.

Owen stellte fest, daß er bezüglich der Ost-West-Beziehungen im allgemeinen in der Substanz eine recht gelassene Haltung habe. In der Sache laufe das nicht schlecht. Wie stehe es jedoch mit der Öffentlichkeit, die unter dem Ein-

---

[28] Zu den Verhandlungen mit der UdSSR über eine Gemeinsame Deklaration anläßlich des Besuchs des Generalsekretärs des ZK der KPdSU, Breschnew, vom 4. bis 7. Mai 1978 in der Bundesrepublik vgl. Dok. 134, Anm. 11 und 12, und Dok. 137.

[29] Anläßlich des Besuchs des Generalsekretärs des ZK der KPdSU, Breschnew, vom 20. bis 22. Juni 1977 in Frankreich verhandelten beide Seiten im Vorfeld über verschiedene Dokumente. Vgl. dazu AAPD 1977, I, Dok. 150.

[30] Für den Wortlaut der Gemeinsamen Deklaration vom 6. Mai 1978 anläßlich des Besuchs des Generalsekretärs des ZK der KPdSU, Breschnew, vom 4. bis 7. Mai 1978 in der Bundesrepublik vgl. BULLETIN 1978, S. 429f.

[31] Zum Stand der Verhandlungen mit der DDR vgl. Dok. 157.

druck von Afrika sich befinde? (Hier warf Bundesminister ein, daß er, Owen, doch hoffentlich von den afrikanischen Ereignissen auch beeindruckt sei.) Auch spiele der Fall Orlow[32] eine Rolle. In der Öffentlichkeit frage man sich, was denn Entspannung unter diesen Umständen bedeute. Diese Frage sei wahrscheinlich für die amerikanische Regierung am schwersten, dann kämen Großbritannien und Frankreich, am Schluß wohl die Bundesrepublik Deutschland.

Bundesminister führte aus, daß die westliche Position an einem Mangel leide. In den 60er Jahren, wo es darauf angekommen wäre, habe es keine Definition dessen, was unter Entspannungspolitik möglich oder nicht möglich wäre, gegeben. Deshalb litten wir heute noch unter nicht realisierten Hoffnungen, die damals erweckt worden seien.

Wenn man mit Gelassenheit sehe, was die Sowjetunion etwa im Nahen Osten an Boden verloren habe, so müsse man allerdings auch sagen, daß das Spiel noch nicht entschieden sei. In Afrika habe die Sowjetunion zweifellos Gewinne zu verzeichnen.

Für die Sicherheit Europas sei sicher die NATO ganz wesentlich, für diese Sicherheit seien aber auch die Rahmenbedingungen außerhalb Europas entscheidend. Die Menschen in Europa fühlten dies.

Dennoch sei es die gemeinsame Aufgabe aller hier Beteiligten, deutlich zu machen, daß es keine realistische Alternative zur Entspannungspolitik gebe. Ein Rückfall in den Kalten Krieg wäre die schlimmste aller Entwicklungen.

5) Griechenland, Türkei, Zypern

Vance betonte, daß die Frage der Aufhebung des Embargos gegen die Türkei[33] von absolut entscheidender Bedeutung sei. Gelinge es nicht, das Embargo zu beseitigen, könne die Situation ganz schlecht werden. Das gelte nicht nur für die bilateralen Beziehungen und für die Sicherheit der Türkei, sondern auch für die Chance, für Zypern eine Lösung zu finden. Dies könne nach amerikanischer Auffassung erst nach der Aufhebung des Embargos wirklich geschehen.

Bundesminister bemerkte, daß es gut wäre, wenn Carter Ecevit empfangen könnte[34] und diesem die Möglichkeit gegeben würde, ein Foto mit dem amerikanischen Präsidenten für den internen Gebrauch in der Türkei zu haben. Dieser Mann brauche so etwas zu Hause. Die Türken hätten sich bei uns bitter beklagt, daß Senatoren wegen irgendwelcher Gesetzgebungsvorhaben ins Weiße Haus gebeten würden, nicht jedoch wegen der Aufhebung des Embargos. (Vance warf hier ein, damit beginne man gerade erst.) Die deutsche Seite habe in den Bonner Gesprächen[35] die Türken stark unter Druck gesetzt. Niemand wisse genau, wie es in der Türkei wirklich aussehe, und zwar vor allem auch in der Armee unterhalb der Ebene der Generale. Der Westen könne keinen türkischen Eklat gebrauchen.

---

[32] Zur Verurteilung des sowjetischen Dissidenten Orlow am 18. Mai 1978 vgl. Dok. 156, Anm. 45.

[33] Zum amerikanischen Waffenembargo gegen die Türkei vgl. Dok. 164, Anm. 6.

[34] Ministerpräsident Ecevit hielt sich am 30./31. Mai 1978 in den USA auf und traf am 31. Mai 1978 in Washington mit Präsident Carter zusammen. Für das Kommuniqué vgl. PUBLIC PAPERS, CARTER 1978, S. 1018f.

[35] Ministerpräsident Ecevit hielt sich vom 10. bis 13. Mai 1978 in der Bundesrepublik auf. Vgl. dazu Dok. 146 und Dok. 147.

Vance teilte mit, daß Carter Ecevit am Mittwochmorgen sehe. Im übrigen sei er der Auffassung des Bundesministers. Er, Vance, habe Denktasch getroffen, der recht positive Äußerungen von sich gegeben habe, insbesondere bezüglich Varoshas und des Flughafens.

Vance äußerte sich sehr zuversichtlich bezüglich der Aussichten, eine Aufhebung des Embargos im Senat zu erreichen. Auch eine entsprechende Entscheidung des Repräsentantenhauses hielt er nicht für ausgeschlossen.

6) Mittlerer Osten

Vance sagte, daß Pakistan drohe, CENTO zu verlassen und sich mit der Sowjetunion zu arrangieren. Die amerikanische Seite sei deshalb wirklich besorgt. Der ganze Ton seiner Begegnung mit dem pakistanischen Außenminister[36] sei negativ gewesen.

Owen wies auf die Wichtigkeit Afghanistans hin. Er halte das Land noch nicht ganz für den Westen verloren.[37]

7) Jugoslawien

Die vier Außenminister stimmten dem Vorschlag der vier Politischen Direktoren über die Fortsetzung der Arbeit bezüglich Jugoslawiens[38] zu.

Owen wies in diesem Zusammenhang darauf hin, daß diese Arbeit ein besonders gutes Beispiel für eine antizipatorische Prüfung politischer Probleme sei.

8) Allgemeines

Owen legte Wert auf den Hinweis, daß das regelmäßige Gespräch der vier Außenminister für ihn das Forum sei, an dem er mit dem höchsten Maße an Befriedigung teilnehme. Diese sollen unbürokratisch und privat bleiben. Man brauche dieses Forum, um in die Zukunft zu blicken und – etwa im Kreise der Neun – antizipatorische Maßnahmen zu ergreifen.

Vance stimmte dem zu und meinte, daß sich die Politischen Direktoren mit der ganzen Region zwischen Nahost und Indien genauer beschäftigen sollten.

Guiringaud war damit ebenfalls einig und wies insbesondere auf die Golf-Staaten hin, die genauester Beobachtung bedürften.

VS-Bd. 11107 (204)

---

[36] Agha Shahi.
[37] Zum Sturz der afghanischen Regierung am 27. April 1978 vgl. Dok. 145.
[38] Zu den Direktorenkonsultationen am 29. Mai 1978 in Washington vgl. Dok. 165.

167

Aufzeichnung des Ministerialdirektors Ruhfus, Bundeskanzleramt, z. Z. Washington

Geheim 29. Mai 1978[1]

Vermerk über das Gespräch des Herrn Bundeskanzlers mit dem französischen Außenminister am 29. Mai 1978[2]

Teilnehmer: MD Ruhfus

1) Afrika

AM de Guiringaud berichtete, die Präsidenten Carter und Giscard hätten bei dem Essen etwa eine Stunde über Afrika gesprochen. Giscard habe ausführliche über die Vorgeschichte der Aktion in Zaire und über die Abstimmung mit der belgischen Regierung etc. berichtet.[3]

Präsident Carter habe Giscard zu der Aktion gratuliert. Er habe erläutert, daß ihm selbst durch den Kongreß die Hände gebunden seien, daß er aber in den kommenden Monaten versuchen werde, mehr Bewegungsspielraum gegenüber dem Kongreß zu gewinnen.

Giscard habe über die Begegnung mit den frankophonen afrikanischen Regierungschefs in Paris berichtet. Senghor habe seine Initiative für einen afrikanischen Sicherheitspakt erläutert.[4] Die amerikanische Seite habe sich bereit erklärt, dieses Vorhaben zu stützen, wenn diese Bemühungen zum Erfolge führten. Im kommenden Monat sollten französisch-amerikanische Konsultationen beginnen, wie man die gemäßigten afrikanischen Staaten am besten stützen könne. In einer zweiten Stufe sollten sodann Großbritannien, Belgien und die Bundesrepublik in die Konsultationen einbezogen werden. Er habe mit Außenminister Vance vereinbart, daß man Italien informieren wolle, es aber der italienischen Regierung überlassen solle, ob sie sich an den Konsultationen beteiligen wolle.

2) Sowjetische Expansion und SALT

Carter habe große Besorgnis über die sowjetischen Expansionen geäußert, insbesondere in Afghanistan[5]. Er sei aber nicht bereit, zwischen SALT und der sowjetischen Expansion ein Junktim (link) herzustellen. Vance sei am Freitag[6]

---

[1] Ablichtung.
 Hat Vortragendem Legationsrat I. Klasse von der Gablentz, Bundeskanzleramt, und Vortragendem Legationsrat I. Klasse Oldenkott, Bundeskanzleramt, am 1. Juni 1978 vorgelegen.
[2] Bundeskanzler Schmidt hielt sich anläßlich der UNO-Sondergeneralversammlung über Abrüstung vom 23. Mai bis 30. Juni 1978 in New York sowie anläßlich der NATO-Ratstagung auf der Ebene der Staats- und Regierungschefs am 30./31. Mai 1978 in Washington vom 26. Mai bis 1. Juni 1978 in den USA auf.
[3] Zu den Kämpfen in der zairischen Provinz Shaba sowie den Evakuierungsmaßnahmen für ausländische Staatsbürger vgl. Dok. 155, Anm. 21, Dok. 156, Anm. 53, und Dok. 166.
[4] Zur Konferenz am 22./23. Mai 1978 vgl. Dok. 166, Anm. 6.
[5] Zum Sturz der afghanischen Regierung am 27. April 1978 vgl. Dok. 145.
[6] 26. Mai 1978.

verhältnismäßig optimistisch gewesen und habe mitgeteilt, Gromyko sei offenbar zu ernsthaften Gesprächen nach Washington gekommen und habe neue Anregungen mitgebracht.[7]

Heute habe Vance sich weniger optimistisch geäußert. Das Treffen Carter/Gromyko am Sonnabend[8] sei offenbar schwieriger gewesen als erwartet.

Carter habe sehr klar zum Ausdruck gebracht, daß es bei der andauernden sowjetischen Expansion schwierig sein würde, die Ratifikation von SALT II durch den Kongreß zu erhalten.[9]

Der Bundeskanzler fragt nach einer möglichen Lösung zur Unterzeichnung des Abkommens, einer Ratifikation oder beide Parteien hielten sich an den Inhalt der Vereinbarungen.[10]

De Guiringaud: Eine derartige Lösung wurde nicht erwähnt, sie könne aber durchaus ins Bild passen.

3) Neutronenwaffe (NW)

De Guiringaud berichtete, Giscard habe Carter seine Unzufriedenheit über die Behandlung der NW ausgedrückt[11] und ihm auch die Schwierigkeiten geschildert, die dies für die Bundesregierung mit sich gebracht habe.

Carter habe zugestimmt, die Angelegenheit sei ungeschickt behandelt worden.

4) Grauzone

MBFR: De Guiringaud berichtete, Giscard habe hier die französische Zurückhaltung gegenüber MBFR und über gesonderte Verhandlungen über die Grauzone[12] ausgedrückt. MBFR solle auf längere Sicht durch die von Frankreich vorgeschlagene europäische Sicherheitskonferenz[13] ersetzt werden. Die USA

---

[7] Der sowjetische Außenminister Gromyko führte am 27. Mai 1978 in Washington Gespräche mit Präsident Carter und dem amerikanischen Außenminister Vance und traf am 31. Mai 1978 erneut mit Vance in New York zusammen. Zu den Gesprächen über SALT II vgl. Dok. 169.

[8] 27. Mai 1978.

[9] Zu den Aussichten für eine Ratifizierung eines SALT-II-Abkommens im amerikanischen Senat vgl. Dok. 124, Anm. 7.
Botschafter von Staden, Washington, berichtete am 25. Mai 1978, eine Zweidrittelmehrheit im amerikanischen Senat für eine Ratifikation eines SALT-II-Abkommens sei derzeit unwahrscheinlich. Die republikanischen Senatoren hätten kürzlich „das strategische Gleichgewicht als gefährdet bezeichnet und über SALT ein vernichtendes Urteil gefällt. […] In einem inzwischen veröffentlichten Brief haben kürzlich neun Senatoren, davon sieben Republikaner und zwei Demokraten, den Präsidenten wissen lassen, daß sie sich einem SALT-Abkommen so lange widersetzen würden, wie die Sowjets ihr Engagement in Afrika aufrechterhalten und Dissidenten den Prozeß machen." Allerdings befürworteten über 70% der Bevölkerung ein Abkommen. Präsident Carter werde daher vermutlich den Senat erst 1979 mit SALT II befassen und bis dahin auf einen Stimmungsumschwung hoffen. Vgl. den Drahtbericht Nr. 1969; Referat 220, Bd. 112968b.

[10] So in der Vorlage.

[11] Vgl. dazu die Erklärung des Präsidenten Carter vom 7. April 1978; Dok. 108.

[12] Zur französischen Haltung hinsichtlich der Grauzonenproblematik vgl. Dok. 159, Anm. 14.

[13] Zur französischen Abrüstungsinitiative vom 25. Januar 1978 vgl. Dok. 27.
Botschafter Pfeiffer, z. Z. New York, übermittelte am 25. Mai 1978 eine Zusammenfassung der Rede des Staatspräsidenten Giscard d'Estaing vor der UNO-Sondergeneralversammlung über Abrüstung vom selben Tag und führte dazu aus: „In der Sache brachte sie jedoch gegenüber der grundsätzlichen Presseerklärung über die Kabinettssitzung zur neuen französischen Abrüstungspolitik vom Herbst 1977 keine neuen Elemente. Wie erwartet, kündigte Giscard detaillierte Vorschläge zu den französischen Gedanken eines Weltabrüstungs-Forschungsinstituts, einer internationalen Überwachungssatellitenagentur und eines Sonderfonds für Entwicklung durch Abrüstung an, ohne

wollten den Vorschlag studieren. Sie hätten noch keinen Standpunkt eingenommen, die anderen französischen Abrüstungsvorschläge seien nicht besprochen worden.

Bundeskanzler: Giscard habe angedeutet, auf längere Frist sollten auch die Mittelstreckenraketen in die europäische Sicherheitskonferenz einbezogen werden.

De Guiringaud: Das sei nicht erwähnt worden.

Der Bundeskanzler erläutert seine Besorgnis über mögliche Auswirkungen des Mittelstrecken-Übergewichts der Sowjetunion etwa in der zweiten Hälfte der achtziger Jahre.

Die Sowjets könnten dann verleitet sein, ihr Übergewicht als politisches Druckmittel etwa bei einer Berlin-Krise einzusetzen.

De Guiringaud äußerte als eine persönliche Ansicht, das französische Nuklearpotential sei inzwischen glaubwürdig. Es sei ein zusätzlicher Faktor der Abschreckung. Verhandlungen unter Einbeziehung des französischen Potentials würden diese Abschreckungsfähigkeit beeinträchtigen; Verhandlungen, die die Unabhängigkeit des französischen Nuklearpotentials nicht berührten, hielte er dagegen für denkbar.

5) Naher Osten

De Guiringaud berichtete, Giscard habe hier erläutert, Frankreich habe sich an UNIFIL[14] nur beteiligt, um die Befreiung des südlichen Libanons und den Rückzug der Israelis[15] zu ermöglichen, nicht aber, um die PLO zu bekämpfen. Frankreich werde nicht ewig dort bleiben. Man müsse verhindern, daß der südliche Libanon sich nicht ähnlich entwickle wie Zypern. Die UN-Truppen

---

Fortsetzung Fußnote von Seite 832
diese jedoch bereits selbst näher darzulegen. Einzige Überraschung war die Ankündigung, daß Frankreich bereits am 26. Mai einen detaillierten Vorschlag für eine europäische Abrüstungskonferenz, im gleichen Rahmen wie die KSZE, dem betroffenen Teilnehmerkreis vorschlagen werde." Vgl. den Drahtbericht Nr. 1234; Referat 200, Bd. 112911.
Am 2. Juni 1978 berichtete Botschafter Freiherr von Wechmar, New York (UNO), daß die französische Delegation am Vortag die angekündigten Memoranden zur Einrichtung eines internationalen Instituts für Abrüstungsforschung und einer internationalen Satellitenagentur übergeben habe. Vgl. dazu den Drahtbericht Nr. 1322; Referat 200, Bd. 112911.

14 Zur Bildung der „United Nations Interim Force in Lebanon" (UNIFIL) am 19. März 1978 vgl. Dok. 84, Anm. 9.

15 Zum israelischen Einmarsch in den Libanon am 14./15. März 1978 vgl. Dok. 134, Anm. 22.
Referat 310 vermerkte am 22. Mai 1978, der UNO-Sicherheitsrat habe „unter dem unmittelbaren Eindruck des Überfalls von bewaffneten palästinensischen Einheiten auf französische UNIFIL-Kontingente in und außerhalb von Tyros, dem vier französische Soldaten zum Opfer fielen", die Erhöhung von 4550 auf 6000 Soldaten beschlossen. Die Kampfhandlungen dauerten an, weil Israel seinen bis zum 13. Juni 1978 in Aussicht genommenen Rückzug aus dem Libanon davon abhängig mache, „daß UNIFIL den Südlibanon militärisch befrieden und die Rückkehr palästinensischer Kampfverbände in das Gebiet südlich des Litani verhindern kann. Solange die christliche Bevölkerung ohne ausreichenden Schutz vor Gewalttaten der Palästinenser sei, könne Israel den Südlibanon nicht völlig räumen. Die PLO unter Arafat betont zwar ihre Kooperationsbereitschaft mit UNIFIL, legt aber das Schwergewicht ihres Mandats auf die Verantwortung für den sofortigen und vollständigen Rückzug der israelischen Streitkräfte. Die PLO könne keinesfalls akzeptieren, daß UNIFIL palästinensische Widerstandsgruppen mit Waffengewalt an der Wiedereinnahme der Positionen (= bewaffnete Präsenz im Südlibanon) hindere, die ihnen das sog. Kairoer Abkommen von 1969 einräume, welches sie mit der libanesischen Regierung abgeschlossen habe." Vgl. Referat 230, Bd. 121020.

verhinderten zwar einen Konflikt, blockierten aber schließlich auch eine Lösung des Zypern-Problems.

Der Bundeskanzler bat, auch von französischer Seite Karamanlis und Ecevit zu kompromißbereiter Haltung zu ermutigen.

De Guiringaud: Er werde anschließend auch mit dem griechischen Außenminister[16] in diesem Sinne sprechen.

6) Sadat-Initiative[17]

De Guiringaud: Carter habe berichtet, Begin werde bald einen neuen Plan vorlegen.[18] Carter habe um europäische Unterstützung gebeten. Giscard habe sich reserviert verhalten.

Wichtig sei die Feststellung Carters gewesen, Sadats Initiative habe die innenpolitische Einstellung in den USA verändert. Ohne Sadats Initiative wäre eine positive Entscheidung des Kongresses zu dem Flugzeugpaket[19] nicht denkbar gewesen.

7) Wirtschaftsgipfel in Bonn[20]

De Guiringaud: Giscard habe seine Überlegungen über eine Verbindung Frankreichs mit der „Schlange" erläutert.[21] Er bemerkt, dies solle nicht als anti-amerikanische Haltung verstanden werden. Carter habe spontan reagiert, er würde dies auf keinen Fall als gegen die USA gerichtet ansehen.

Der Bundeskanzler bat, die Briten hierüber zu informieren.

De Guiringaud: Dies werde geschehen.

---

[16] Georgios Rallis.
[17] Zur Friedensinitiative des Präsidenten Sadat vgl. Dok. 3, Anm. 7.
[18] Zum Begin-Plan vom 28. Dezember 1977 vgl. Dok. 49, Anm. 18.
Nach Besuchen des israelischen Außenministers Dayan am 26./27. April 1978 bzw. des Ministerpräsidenten Begin am 1. Mai 1978 in den USA teilte Gesandter Hansen, Washington, am 5. Mai 1978 mit, die USA hätten Israel „um ergänzende und Begin-Plan entscheidend verändernde Zusagen zur sofortigen Aufnahme von Verhandlungen aller Beteiligten über endgültigen Status von Westufer/Gaza, de facto politische Verbindung mit Jordanien, gebeten und es aufgefordert, sich über Rückkehrgenehmigung für seit 1967 abgewanderte Westuferbewohner zu äußern." Nach Auskunft des amerikanischen Außenministeriums seien „Kernfragen" unbeantwortet geblieben, „welcher Grad der Beteiligung den Bewohnern an Entscheidungen über endgültige Regelung, nach derzeitigem Stand Bindung Westufer/Gazas an Israel oder Jordanien, zum Ende fünfjähriger Interimszeit einzuräumen sei und wann Israel seine Truppen endgültig abziehe. [...] Des weiteren habe Vance Dayan aufgegeben zu prüfen, inwieweit Israel bereit sei, während Interimsperiode solche Bewohner Westufer/Gazas wieder aufzunehmen, die 1967 von dort geflohen seien oder aus anderen Gründen das Gebiet später verlassen hätten. Gegenwärtiger Stand sei, daß Israel nach Rückkehr Begins vorstehende amerikanische Fragen prüfen und auch Ägypten dazu Stellung nehmen bzw. – nach israelischen Wünschen – Gegenvorstellungen unterbreiten solle." Vgl. den Drahtbericht Nr. 1687; VS-Bd. 11121 (204); B 150, Aktenkopien 1978.
Referat 320 notierte am 3. Juli 1978, die israelische Regierung habe am 18. Juni 1978 nach „wochenlangen Beratungen" mit einer Gegenstimme und vier Enthaltungen beschlossen, „am ursprünglichen Begin-Plan festzuhalten und eine Aussage über den künftigen Status von Westbank/Gaza zu verweigern. Zum ‚Mechanismus' (u. a. Beteiligung der Palästinenser) wurde nichts gesagt." Vgl. Unterabteilung 31, Bd. 135590.
[19] Zu den geplanten amerikanischen Flugzeuglieferungen nach Ägypten, Israel und Saudi-Arabien vgl. Dok. 165, Anm. 27.
[20] Zum Weltwirtschaftsgipfel am 16./17. Juli 1978 vgl. Dok. 225.
[21] Zu den Überlegungen für ein europäisches Währungssystem vgl. Dok. 120.

8) VR China

Brzezinski habe einen langen Bericht über seine Gespräche in der VR China gegeben.[22] Seine Ausführungen seien interessant gewesen. Sie hätten im wesentlichen die Eindrücke bestätigt, die de Guiringaud[23] bereits bei seinem Besuch mit Barre Anfang des Jahres[24] gewonnen habe. Hua Kuo-feng habe eine meisterhafte Synthese der Weltsituation aus chinesischer Sicht gegeben. Brzezinski habe im großen Detail die SALT-Verhandlungen dargestellt und erläutert. Die französische Seite habe den Eindruck gewonnen, daß die Normalisierung USA/VR China Fortschritte mache.

8) Waffenverkäufe

De Guiringaud: Carter habe versucht, eine Reduktion der Waffenexporte zu propagieren.[25] Giscard habe mit einem Hinweis auf das vom Kongreß gebilligte Flugzeugpaket repliziert.

10) Non-Proliferation-Act[26]

De Guiringaud: Dieses Thema sei nicht angesprochen worden. Jacomet werde morgen mit Prof. Nye in Paris sprechen. Frankreich werde eine für die USA voraussichtlich annehmbare Formel vorschlagen, etwa auf der Linie EURATOM. Man stimmt Verhandlungen über alle Aspekte zu, die nicht unter INFCE[27] fallen. EURATOM sei entschlossen zu Verhandlungen über die anderen Aspekte nach Abschluß von INFCE. EURATOM werde bereit sein, über die Resultate von INFCE zu verhandeln.

Der Bundeskanzler dankte dem französischen Staatspräsidenten und AM Guiringaud für die Unterrichtung und sagte seinerseits Unterrichtung über seine Gespräche mit Präsident Carter[28] zu.

Ruhfus

Bundeskanzleramt, AZ: 21-30 100 (56), Bd. 45

---

[22] Der Sicherheitsberater des amerikanischen Präsidenten, Brzezinski, hielt sich vom 20. bis 23. Mai 1978 in der Volksrepublik China auf. Vgl. dazu auch Dok. 170.
[23] Korrigiert aus: „Giscard".
[24] Ministerpräsident Barre und der französische Außenminister de Guiringaud hielten sich vom 19. bis 21. Januar 1978 in der Volksrepublik China auf.
[25] Vgl. dazu die Grundsätze des Präsidenten Carter vom 19. Mai 1977 zur amerikanischen Waffenexportpolitik; Dok. 5, Anm. 26. Vgl dazu ferner Dok. 73.
[26] Zum „Nuclear Non-Proliferation Act of 1978" vom 9. Februar 1978 vgl. Dok. 72, Anm. 3.
Zur Erörterung in den Europäischen Gemeinschaften vgl. Dok. 156, Anm. 5 und 6.
[27] Zu den Bemühungen um eine internationale Evaluierung des Brennstoffkreislaufs vgl. Dok. 5, Anm. 15.
[28] Zum Gespräch des Bundeskanzlers Schmidt mit Präsident Carter am 30. Mai 1978 in Washington vgl. Dok. 168.

168

Aufzeichnung des Ministerialdirektors Ruhfus, Bundeskanzleramt, z. Z. Washington

204-321.00 USA-436/78 VS-vertraulich   30. Mai 1978[1]

Betr.: Gespräch des Bundeskanzlers mit Präsident Carter am 30.5.1978[2]

Der Bundeskanzler gab über sein Gespräch mit Präsident Carter die folgenden Stichworte:

1) SALT

Bundeskanzler erläuterte die deutsche Haltung. Er führte aus das Interesse, das wir an einem erfolgreichen Abschluß der SALT-Verhandlungen haben. Gleichzeitig wies er hin auf die Bedenken hinsichtlich der Disparitäten im Bereich der Panzer und vor allem im Mittelstreckenbereich. Er wisse, daß die Weichen für diese letztere Entwicklung bereits unter Ford/Kissinger gestellt worden seien.

Präsident Carter war offensichtlich auf diesen Teil des Gesprächs durch die vorangegangene Unterredung Bundeskanzler/Brzezinski[3] vorbereitet. Er zeigte Verständnis für die Besorgnisse des Bundeskanzlers. Er regte an, der Bundeskanzler solle seine Sorgen hinsichtlich der Bedeutung von SS-20 und Backfire-Bomber für Mitteleuropa öffentlich äußern. Dies werde die internationale Öffentlichkeit auf diese Problematik aufmerksam machen und sie veranlassen, sich mit ihr auseinanderzusetzen. Dies werde auch dazu führen, daß diese Punkte bei SALT III mitbehandelt würden.

Bundeskanzler: Er habe diese Besorgnisse bisher nicht öffentlich geäußert, da er sich nicht dem Vorwurf aussetzen wolle, er torpediere SALT II. Es würde da-

---

[1] Ablichtung.
Hat Ministerialdirektor Blech am 5. Juni 1978 vorgelegt, der handschriftlich vermerkte: „1) Reg[istratur] 204 b[itte] eintr[agen], 2) H[err]n StS vorzulegen (Verteil[un]g erfolgt danach)."
Hat Staatssekretär van Well am 7. Juni 1978 vorgelegt.
Zur Weiterleitung an Bundesminister Genscher vgl. Dok. 164, Anm. 1.

[2] Bundeskanzler Schmidt hielt sich anläßlich der UNO-Sondergeneralversammlung über Abrüstung vom 23. Mai bis 30. Juni 1978 in New York sowie anläßlich der NATO-Ratstagung auf der Ebene der Staats- und Regierungschefs am 30./31. Mai 1978 in Washington vom 26. Mai bis 1. Juni 1978 in den USA auf.

[3] Ministerialdirektor Ruhfus, Bundeskanzleramt, vermerkte am 30. Mai 1978 zum Gespräch des Bundeskanzlers Schmidt mit dem Sicherheitsberater des amerikanischen Präsidenten, Brzezinski, am Vortag in Washington, Themen seien der Besuch von Brzezinski vom 20. bis 23. Mai 1978 in der Volksrepublik China gewesen, ferner Afrika sowie Wirtschaftsfragen. Zu SALT habe Schmidt seine Besorgnis wegen der Disparitäten im Mittelstreckenbereich vorgetragen, die der UdSSR in der zweiten Hälfte der achtziger Jahre ein politisches Druckmittel in die Hand gäben. Brzezinski seien diese Überlegungen offenbar neu gewesen, er habe geraten, sie Präsident Carter vorzutragen. Ruhfus merkte an: „Nach den Ausführungen von Brzezinski dringt die Tatsache des sowjetischen Übergewichts im konventionellen und im Mittelstreckenbereich erst jetzt voll in das Bewußtsein des Präsidenten vor." Hinsichtlich der Diskussion um die Einführung der Neutronenwaffe habe Brzezinski eingeräumt, „daß ein großer Teil der Schuld über die unzureichende Behandlung der Angelegenheit bei der Administration gelegen habe. Ein Teil der Verantwortung liege allerdings auch bei der Bundesregierung. Das Weiße Haus habe bis in den März hinein geglaubt, daß es für die Bundesregierung ausreichend sei, wenn Großbritannien sich bereit erkläre, zusätzlich zu der Bundesrepublik die Neutronenwaffe zu dislozieren." Vgl. VS-Bd. 11107 (204); B 150, Aktenkopien 1978.

her darauf ankommen, eine eventuelle öffentliche Äußerung sehr sorgfältig zu formulieren.

Präsident Carter und der Bundeskanzler haben vereinbart, daß der Bundeskanzler sich einen Entwurf für eine öffentliche Äußerung fertigen läßt und ihn vorher dem Präsidenten übermittelt.

Präsident Carter hat über die laufenden Gespräche mit Außenminister Gromyko berichtet.[4] Insbesondere eine Begrenzung der Reichweite von Backfire (Frage des refueling) sei noch umstritten. Mit Wiederauftanken könne Backfire eben doch den nordamerikanischen Kontinent erreichen.

Bundeskanzler hat entgegnet, daß es in erster Linie die Europäer seien, denen Backfire Anlaß zur Sorge gäbe.

Aus dem Gespräch über SALT ergab sich der Eindruck, daß Präsident Carter und seine Umgebung ihre Bemühungen eindeutig darauf richten, SALT II möglichst bald abzuschließen. Die kritischen Töne gegenüber der Sowjetunion sollen offenbar nur der Öffentlichkeit zeigen, daß die Regierung mit Entschlossenheit verhandelt.

2) Sowjetunion

Bundeskanzler hat Präsident Carter über die Gespräche mit Generalsekretär Breschnew[5] unterrichtet, insbesondere auch über die Ausführungen Breschnews zu Präsident Carter und zum Stand der SALT-Verhandlungen.

Aus den Ausführungen von Präsident Carter ging hervor, daß er den starken Wunsch hat, Generalsekretär Breschnew möglichst bald zu treffen und daß Präsident Carter hierbei nicht unter allen Umständen bis auf einen erfolgreichen Abschluß von SALT II warten will.

3) Afrika

Präsident Carter hat hier über die Gespräche mit Präsident Giscard und Guiringaud berichtet.[6]

Bundeskanzler hat Haltung der Bundesregierung erläutert. Wir hätten gegenüber der französischen Aktion in Zaire[7] eine positive Haltung eingenommen. Falls es zu ähnlichen Entwicklungen in Namibia komme, würde die Bundesregierung weiter gehen und sich nicht nur auf Erklärungen beschränken.

Präsident Carter hat seine Bereitschaft bekundet, bei einem eventuellen Zusammenschluß gemäßigter afrikanischer Staaten mitzuwirken und dort Hilfe zur Selbsthilfe zu gewähren. Die Unterstützung solle sich allerdings wohl eher auf Transportmittel und finanzielle Hilfe erstrecken. Gegenüber Truppen zeigte der Präsident Zurückhaltung.

---

[4] Der sowjetische Außenminister Gromyko führte am 27. Mai 1978 in Washington Gespräche mit Präsident Carter und dem amerikanischen Außenminister Vance. Am 31. Mai 1978 traf er erneut mit Vance in New York zusammen. Zu den Gesprächen über SALT II vgl. Dok. 169.

[5] Der Generalsekretär des ZK der KPdSU, Breschnew, besuchte die Bundesrepublik vom 4. bis 7. Mai 1978. Vgl. dazu Dok. 135, Dok. 136, Dok. 142 und Dok. 143.
Zur Unterrichtung des Präsidenten Carter vgl. Dok. 144.

[6] Staatspräsident Giscard d'Estaing hielt sich vom 26. bis 31. Mai 1978 in den USA auf. Vgl. dazu Dok. 166, Anm. 8, sowie Dok. 167.

[7] Zu den Kämpfen in der zairischen Provinz Shaba sowie den Evakuierungsmaßnahmen für ausländische Staatsbürger vgl. Dok. 155, Anm. 21, Dok. 156, Anm. 53, und Dok. 166.

4) Bonner Gipfel[8]

Hier ergab das Gespräch den Eindruck, daß das Ergebnis des Bonner Gipfels auf eine Paketlösung hinauslaufen wird. Bundeskanzler hat betont, daß Schritte der USA wichtig sind, um die Zahlungsbilanz der USA in ein besseres Gleichgewicht zu bringen, Hauptfaktor Energie-Import.

Präsident Carter, der auch auf diesen Teil des Gesprächs durch die Unterredung Bundeskanzler/Brzezinski vorbereitet war, ließ durchblicken, daß er, falls der Kongreß dem Energieprogramm nicht zustimme[9], letztlich bereit sein würde, zu executive measures zu greifen. Dies könne möglicherweise im zeitlichen Zusammenhang mit dem Bonner Gipfel der Fall sein.

Bundeskanzler berichtete über die Pläne für die engere Währungszusammenarbeit in Europa.[10] Der größere Währungsraum solle die übertriebenen Schwankungen der europäischen Währungen gegenüber dem Dollar reduzieren. Die Überlegungen BK/Giscard würden auch der Stabilisierung des US-Dollars dienen.

Präsident Carter bestätigte, daß er dies ebenso sehe.

Bundeskanzler regte an, diese amerikanische Haltung der britischen Regierung mitzuteilen. Präsident Carter zeigte grundsätzliche Bereitschaft, wollte jedoch vorher mit Blumenthal hierüber sprechen.

5) Besuch in der Bundesrepublik[11]

Bundeskanzler hat Präsident Carter gebeten, Mrs. Carter mitzubringen.

Präsident und Bundeskanzler wollen eine gemeinsame Truppendarbietung deutscher und amerikanischer Einheiten besuchen.[12] Sie wollen gemeinsam nach Berlin fliegen.

Bundeskanzler hat Präsident Carter eingeladen, auf dem Rückflug zu einem Abendessen in sein Haus nach Hamburg zu kommen. Präsident Carter war von dieser Einladung sehr angetan.

6) Italien

Präsident und Bundeskanzler waren sich einig in der positiven Einschätzung der Leistungen von MP Andreotti. Beide wollen ihm weiterhin behilflich sein.

7) Naher Osten

Präsident Carter äußerte sich ungünstig über MP Begin, dagegen nahezu freundschaftlich über den ägyptischen MP Sadat.

Bundeskanzler legte seine positive Einschätzung der Verdienste Sadats dar. Wenn es einen Nobelpreis für Zivilcourage gebe, habe Sadat ihn mit seiner Reise nach Jerusalem[13] verdient.

---

[8] Zum Weltwirtschaftsgipfel am 16./17. Juli 1978 vgl. Dok. 225.
[9] Zum „Nationalen Energieplan" des Präsidenten Carter vom 20. April 1977 vgl. Dok. 148, Anm. 21.
[10] Zu den Überlegungen für ein europäisches Währungssystem vgl. Dok. 120.
[11] Präsident Carter hielt sich vom 13. bis 17. Juli 1978 in der Bundesrepublik auf und besuchte am 15. Juli 1978 auch Berlin (West). Vgl. dazu Dok. 219 und Dok. 223.
[12] In der Presse wurde berichtet, Bundeskanzler Schmidt und Präsident Carter hätten am 15. Juli 1978 auf der amerikanischen Luftwaffenbasis in Wiesbaden-Erbenheim eine deutsch-amerikanische Truppenparade abgenommen. Vgl. den Artikel „Zwei Armeen auf Tuchfühlung"; FRANKFURTER ALLGEMEINE ZEITUNG vom 17. Juli 1978, S. 3.
[13] Zum Besuch des Präsidenten Sadat vom 19. bis 21. November 1977 in Israel vgl. Dok. 3, Anm. 7.

Präsident Carter stimmte dieser Einschätzung zu.

8) VR China

Präsident Carter erkundigte sich, ob die Bundesrepublik Waffen an die VR China liefere.[14]

Bundeskanzler: Hier könne vielleicht durch die chinesischen Einladungen an ehemalige deutsche Generale[15] ein falscher Eindruck entstehen. Die Bundesrepublik liefere keine Waffen nach China.

9) Südafrika

Bundeskanzler und Präsident stimmten überein in der kritischen Bewertung der Politik von MP Vorster. Die südafrikanische Politik sei zu unbeweglich und damit letztlich auch unklug.

10) Non-Proliferation-Act[16]

Bundeskanzler berichtete über die Bemühungen der Bundesregierung, eine Regelung zwischen EURATOM und USA zustande zu bringen.[17]

Präsident Carter berichtete, die in den Gesprächen mit Präsident Giscard und Außenminister Guiringaud entwickelte Formel (jetzt Gespräche über die Punkte, die nicht von INFCE[18] berührt werden, Bereitschaft zu späteren Verhandlungen über INFCE-Gegenstände erst, wenn INFCE abgeschlossen ist) werde ausreichen. Die Regierung könne damit sagen, daß die vom Non-Proliferation-Act geforderten Voraussetzungen für die Fortsetzung der Uranlieferungen erfüllt seien.

11) Atmosphäre des Gesprächs war „prima". Präsident Carter eröffnete das Gespräch mit der Bemerkung, er sei heute sehr relaxed. Vor seiner ersten Begegnung mit dem Bundeskanzler vor einem Jahr[19], seiner ersten Begegnung mit einem westlichen Staatsmann, sei er nervös gewesen.

---

[14] Zur Frage von Rüstungslieferungen an die Volksrepublik China vgl. Dok. 165, Anm. 12.

[15] Am 16. Januar 1978 informierte der Mitarbeiter am Bundesinstitut für ostwissenschaftliche und internationale Studien, Wettig, das Institut des chinesischen Volkes für internationale Beziehungen in Peking habe sich an den CDU-Abgeordneten Wörner als Vorsitzenden des Verteidigungsausschusses des Bundestags gewandt und den Wunsch nach Entsendung einer Delegation mit militärischen Sachverständigen geäußert: „Herr Wörner entschied sich für den früheren Oberkommandierenden des NATO-Abschnitts Europa-Mitte, General a. D. Graf Kielmansegg, für den früheren Generalinspekteur der Bundeswehr, General a. D. Hans Trettner, und für den früheren Leiter des Nachrichtenwesens im Bundesverteidigungsministerium und später bei der NATO, Konteradmiral a. D. Günter Poser." Die Delegation, zu der auch Wettig und andere gehört hätten, habe sich vom 20. September bis 7. Oktober 1977 in der Volksrepublik China aufgehalten. Vgl. Referat 341, Bd. 107497.
Oberst i. G. Schoffer, Peking, berichtete am 2. Mai 1978, auf Einladung des Instituts für ausländische Angelegenheiten, Peking, hielten sich General a. D. de Maizière, Generalleutnant a. D. Vogel und Vizeadmiral a. D. Meentzen vom 28. April bis zum 13. Mai 1978 in der Volksrepublik China auf. Vgl. dazu den Drahtbericht Nr. 426; Referat 341, Bd. 107497.

[16] Zum „Nuclear Non-Proliferation Act of 1978" vom 9. Februar 1978 vgl. Dok. 72, Anm. 3.

[17] Zur Erörterung des „Nuclear Non-Proliferation Act of 1978" vom 9. Februar 1978 in den Europäischen Gemeinschaften vgl. Dok. 156, Anm. 5 und 6.

[18] Zu den Bemühungen um eine internationale Evaluierung des Brennstoffkreislaufs vgl. Dok. 5, Anm. 15.

[19] Zum Gespräch des Bundeskanzlers Schmidt mit Präsident Carter am 7. Mai 1977 in London vgl. AAPD 1977, I, Dok. 145.

Bundeskanzler hat Präsident Carter zu den innenpolitischen Erfolgen, Abstimmung über Panamakanal[20] und über das Flugzeugpaket[21] gratuliert. Diese Entscheidungen seien bedeutsam, da sie gezeigt hätten, daß die außenpolitischen Entscheidungen im Regierungszentrum getroffen würden und nicht von diffusen Stimmungen im Kongreß und im Lande abhängig seien.

Bundeskanzler und Präsident wollen in Zukunft noch öfter in direkten Kontakt treten.

[Ruhfus]

VS-Bd. 11107 (204)

169

Aufzeichnung des Botschafters Ruth, z. Z. Washington

220-371.80-2484/78 geheim 30. Mai 1978[1]

Betr.: SALT;
hier: Unterrichtung des Bundeskanzlers und des Bundesministers des Auswärtigen und des Bundesministers der Verteidigung[2] durch Paul Warnke[3]

I. 1) Warnke begrüßte es, daß sich der Bundeskanzler die Zeit genommen habe, um sich über SALT unterrichten zu lassen. Dies könne besonders für den Ratifizierungsprozeß[4] von Bedeutung sein, bei dem die Amerikaner auf unsere Hilfe hofften.

2) Zur Frage Non-circumvention, Non-transfer stellte Warnke fest, daß die Sowjets den in der NATO (im August 1977) konsultierten Text für eine Non-circumvention-Klausel[5] akzeptiert haben. Auf eine Frage des Bundeskanzlers stellte er ausdrücklich fest, daß eine Non-transfer-Klausel im Vertrag nicht enthalten sei.

---

[20] Zu den Verträgen über den Panamakanal vom 7. September 1977 vgl. Dok. 146, Anm. 19.
[21] Zu den geplanten amerikanischen Flugzeuglieferungen nach Ägypten, Israel und Saudi-Arabien vgl. Dok. 165, Anm. 27.

[1] Durchdruck.
[2] Hans Apel.
[3] Bundeskanzler Schmidt und die Bundesminister Apel und Genscher hielten sich anläßlich der NATO-Ratstagung auf der Ebene der Staats- und Regierungschefs am 30./31. Mai 1978 in Washington auf. Zum Gespräch vgl. auch Dok. 172.
[4] Zu den Aussichten für eine Ratifizierung eines SALT-II-Abkommens im amerikanischen Senat vgl. Dok. 167, Anm. 9.
[5] Zur Erörterung des amerikanischen Vorschlags für eine Nichtumgehungsklausel bei SALT in der NATO vgl. Dok. 29, Anm. 6.

Zu der von uns gewünschten Interpretationserklärung[6] erläuterte Warnke, daß diese Erklärung vor der NATO und vor dem Kongreß abgegeben werde. Eine Konsultation mit den Sowjets sei jedoch nicht vorgesehen. Doch hätten die Amerikaner ihre Position klargemacht. Insbesondere hätten sie keinen Zweifel daran gelassen, daß es Transfers geben werde, die nicht durch den Vertrag oder durch das Protokoll für dessen Dauer ausgeschlossen seien.

3) Die Amerikaner hätten darauf geachtet, die Optionen bei den Cruise Missiles offenzuhalten, deshalb hätten sie das Protokollkonzept entwickelt. Die CM-Technologie sei unbegrenzt geblieben. Das Protokoll enthalte lediglich Beschränkungen hinsichtlich der Dislozierungen der land- und seegestützten Cruise Missiles über 600 km Reichweite sowie ein Test- und Dislozierungsverbot für alle Cruise Missiles über 2500 km Reichweite.

II. Offene Fragen

1) Festlegung der Zahlen

a) Einigung sei erzielt worden über die Ausgangszahl von 2400 für alle Träger und 1320 als Obergrenze für alle MIRV-Träger. Ebenfalls vereinbart sei die reduzierte Zahl von 2250 für alle Träger und eine Obergrenze von 1200 für alle land- und seegestützten Träger (ICBM, SLBM) innerhalb der Obergrenze von 1320 für MIRV-Träger. Damit hätten die Sowjets den Amerikanern zugestanden, 120 mit Cruise Missiles ausgerüstete Bomber ohne Reduzierung der gemirvten ICBM zu unterhalten.

b) Die hauptsächliche offene Frage sei die sowjetische Forderung, die Zahl der Cruise Missiles auf schweren Bombern auf 20 zu begrenzen. Nach amerikanischen Vorstellungen sei dies unannehmbar, da die Amerikaner beabsichtigten, die B-747 zu benutzen, die eine Kapazität von 60 Cruise Missiles habe. Diese Frage werde gegenwärtig in Genf behandelt.

2) Verbot neuer ICBM

US habe vorgeschlagen, in das Protokoll ein Verbot der Einführung aller neuen ICBM aufzunehmen. Danach komme es auf die weiteren Verhandlungen während der Laufzeit des Protokolls an. Dies bleibe eine amerikanische Option. Als Kompromißvorschlag seien die Amerikaner bereit zuzustimmen, daß während der Vertragsdauer von SALT II beide Seiten je ein neues Raketensystem einführen können. Dies begegne dem sowjetischen Interesse an der Einführung einer Rakete mit einem einfachen reentry vehicle (RV). Für die Amerikaner würde es bedeuten, daß sie die Option für die Entwicklung einer neuen gemirvten Rakete (MX)[7] offenhalten würden.

Auf Frage des Bundeskanzlers präzisierte Warnke, daß eine Dislozierung mobiler ICBM-Starteinrichtungen für die Dauer des Protokolls verboten sei. Während der Protokolle werde zu entscheiden sein, welche Dislozierungsmodalität man wählen werde.

---

[6] Zum Vorschlag der Bundesregierung für eine Interpretationserklärung vgl. Dok. 64, Anm. 9.
[7] Missile experimental.

Gromyko habe am vergangenen Samstag ein Verbot aller neuen ICBM für die Dauer des Vertrages vorgeschlagen.[8] Dies sei für die Amerikaner wegen des MX-Problems unakzeptabel.

3) Frage des Modernisierungsverbots

Es geht um die Frage, welche Veränderungen an den ICBM vorgenommen werden könnten und hierbei wiederum um die Möglichkeit der weiteren Fraktionalisierung der Raketen mit gemirvten Sprengköpfen. Die Amerikaner hätten vorgeschlagen, die Zahl der möglichen Sprengköpfe für die SS-19 auf sechs und für die SS-18 auf zehn zu beschränken. Die Sowjetunion habe damit reagiert, daß sie eine Begrenzung der Zahl der möglichen Cruise Missiles auf schweren Bombern auf 20 forderte. Dies sei für die Amerikaner inakzeptabel, da es sich um ein wesensverschiedenes System handele. Die Cruise Missiles seien nicht als First-strike-Waffe geeignet; es gäbe keine vergleichbare Beschränkung für Verteidigungssysteme gegen Cruise Missiles, die mit der ABM-Regelung[9] vergleichbar wäre.

4) SLBM

Die Amerikaner hätten im Zusammenhang mit dem Verbot der Einführung neuer Systeme vorgeschlagen, daß beide Seiten je ein neues System einführen könnten. Es wäre bei den Amerikanern die Trident-2, bei den Sowjets die Typhoon. Beide sind noch im Entwicklungsstadium. Auf Frage des Bundeskanzlers erläuterte Warnke, daß die Sowjets heute über 64 moderne Unterseeboote mit ballistischen Raketen verfügten. Die ersten zwei U-Boote seien Anfang der 60er Jahre in Auftrag gegeben worden. Nach amerikanischer Auffassung hätten die Sowjets Schwierigkeiten mit der SS-MX-18-Rakete. Bei ihr sei das Problem der Mirvung noch nicht gelöst.

5) Backfire

Hier sei man von einer Lösung noch weit entfernt. Die Sowjetunion bestünde auf ihrer Behauptung, es handele sich um einen Mittelstreckenbomber und könne daher durch SALT nicht limitiert werden. Die von den Sowjets gezeigten Flugprofile dieser Maschine seien allerdings nicht plausibel. Die Amerikaner hätten vorgeschlagen,

– die Produktion auf 2 1/2 Maschinen pro Monat zu beschränken,

– die gegenwärtigen Reichweiten-Möglichkeiten nicht zu erhöhen,

– die Betankungsfähigkeiten des Flugzeuges zu begrenzen.

In dieser Frage sei ein sowjetisches Einlenken nicht zu erkennen.

6) Schwere Bomber

In der Definition des Begriffs schwere Bomber sei eine Einigung so gut wie erreicht. Jedes Flugzeug, das Cruise Missiles trage, solle als schwerer Bomber

---

[8] Der sowjetische Außenminister Gromyko führte am 27. Mai 1978 in Washington Gespräche mit Präsident Carter und dem amerikanischen Außenminister Vance. Am 31. Mai 1978 traf er erneut mit Vance in New York zusammen.

[9] Der am 26. Mai 1972 zwischen den USA und der UdSSR abgeschlossene Vertrag über die Begrenzung der Raketenabwehrsysteme (ABM-Vertrag) gestattete beiden Vertragsparteien den Aufbau von je zwei Raketenabwehrstellungen mit 100 Abwehrraketen. Für den Wortlaut vgl. UNTS, Bd. 944, S. 14–22. Für den deutschen Wortlaut vgl. EUROPA-ARCHIV 1972, D 392–395.

gezählt werden. Auch eine Einigung über die funktionalen Erkennungsmerkmale eines mit Cruise Missiles ausgestatteten Flugzeugs sei in Sicht.

7) Zeitpunkt für die Reduktionen

Hier betrage der Unterschied noch ein Jahr. Die Amerikaner hätten vorgeschlagen, den endgültigen Abbau der reduzierten Systeme im Jahre 1980 abzuschließen. Die Sowjetunion habe vorgeschlagen, damit im Jahre 1980 zu beginnen und den Prozeß Ende 1981 abzuschließen.

8) Offen sei auch noch die Frage der Reichweiten-Definition für die Cruise Missiles. Der amerikanische Vorschlag werde von der Sowjetunion als zu locker abgelehnt.

Zusammenfassend stellte Warnke fest, daß am vergangenen Samstag bei dem Gespräch mit Gromyko kein wirklicher Fortschritt erzielt worden sei. Die Sowjets hätten einen neuen Vorschlag zum Verbot neuer Raketentypen gemacht. In dieser und in der Backfire-Frage gebe es einen echten Dissens, dessen Ausräumung noch erhebliche Schwierigkeiten machen werde. Eine zeitliche Voraussage für den Abschluß der Verhandlungen wagte Warnke nicht.

III. Andere Fragen

1) Der Bundeskanzler erkundigte sich nach dem Problem der Killer-Satelliten. Warnke führte aus, daß hier eine Reihe von einigermaßen erfolgreichen Tests der Sowjets stattgefunden habe. Die Technologie stehe ihnen zur Verfügung. Sie beziehe sich jedoch noch auf niedrig fliegende Satelliten. Die Amerikaner seien daran interessiert, in entsprechenden Gesprächen die Angelegenheit in den Griff zu bekommen.[10]

Der Bundeskanzler fragte, ob es eine entsprechende Klausel im SALT-II-Paket gebe. Warnke antwortete, daß es kein Satellitenverbot gebe, daß aber im Zusammenhang mit der Regelung der Verifikationsproblematik der Satellitengebrauch zur Behinderung der Verifikation durch national technical means ausgeschlossen sei.

2) Der Bundeskanzler frage nach dem Grad der Informiertheit Gromykos. Warnke berichtete, daß Gromyko gut unterrichtet sei und daß er in Kornienko einen hervorragenden Experten zur Seite habe. Ihm stehe Semjonow nicht nach. Er habe seine Gabe zur Präzision und zum engagierten Verhandeln erhalten.

gez. Ruth

VS-Bd. 11385 (220)

---

[10] Botschafter Simon, Helsinki, berichtete am 21. Juni 1978, die amerikanische Botschaft habe in einer Pressemitteilung darüber informiert, daß vom 8. bis 16. Juni 1978 Gespräche zwischen den USA und der UdSSR stattgefunden hätten, „to discuss questions in connection with limiting certain activities directed against space objects and incompatible with peaceful relations between states, including the means and systems for conducting such activities". Simon führte dazu aus, nach vorliegenden Informationen sei bislang lediglich über Definitionen gesprochen worden. Vgl. den Drahtbericht Nr. 131; Referat 220, Bd. 116902.

170

NATO-Ratstagung in Washington

201-362.05-2149/78 VS-vertraulich 30. Mai 1978[1]

NATO-Gipfel – Restricted Session am 30. Mai 1978, nachmittags

Trudeau erklärte ergänzend zu seinem zirkulierten Papier:

Es treffe zu, daß sich die NATO einer wachsenden Bedrohung gegenübersehe und deshalb auch verstärkte militärische Anstrengungen nötig seien. Er frage sich jedoch, ob zwischen den Erklärungen, die die NATO-Regierungen in der SGV[2] und zum Long Term Defence Programme[3] eine Glaubwürdigkeitslücke bestehe.[4] Alle Reden bestünden aus zwei Teilen, nämlich einerseits der Versicherung, die militärischen Ziele der Allianz zu unterstützen, und andererseits der Versicherung, die Entspannung fördern zu wollen. Ihm scheine fraglich, ob die Bevölkerung unserer Länder eine solche Politik voll verstehe und unterstütze.

Der Vorschlag Callaghans für eine MBFR-Außenministerkonferenz[5] finde seine volle Unterstützung, aber er bezweifle, ob es richtig sei, diesen Vorschlag mit so vielen Bedingungen zu verknüpfen. Erforderlich sei vielmehr ein kühner Versuch, um die Glaubwürdigkeit der westlichen Rüstungskontrollpolitik zu unterstreichen. Das Bündnis müsse zeigen, daß es Fortschritte in der Rüstungskontrolle dringend wünsche. In Wien sollten deshalb substantielle Schritte unternommen werden, um den Stillstand zu überwinden. Die Außenminister sollten kühne Vorschläge vorlegen, die die Sowjets nicht zurückweisen könnten. Sollte eine Zurückweisung dennoch erfolgen, habe das Bündnis die Ernsthaftigkeit seiner Absichten bewiesen.

Diskussion über Afrika:

Generalsekretär *Luns* führte das Thema mit einigen Bemerkungen über Zaire ein. *Guiringaud* und *Tindemans* berichteten über Ablauf der französisch-belgischen Intervention und bedankten sich bei Präsident Carter für die technische Unterstützung durch die USA.[6]

BM *Genscher* erklärte, daß die Bundesregierung die Bemühungen Frankreichs und Belgiens in Zaire mit großem Respekt und Befriedigung zur Kenntnis genommen habe. Das gleiche gelte für die von USA und anderen gewährte Unterstützung. Er wolle jedoch darauf hinweisen, daß es bei dieser Aktion in

---

[1] Die Gesprächsaufzeichnung wurde laut Begleitvermerk des Vortragenden Legationsrats Hofstetter vom 5. Juni 1978 von Vortragendem Legationsrat I. Klasse Dannenbring gefertigt. Vgl. VS-Bd. 10511 (201); B 150, Aktenkopien 1978.

[2] Zur UNO-Sondergeneralversammlung über Abrüstung vom 23. Mai bis 30. Juni 1978 in New York vgl. Dok. 212.

[3] Zum Langfristigen Verteidigungsprogramm der NATO vgl. Dok. 151, Anm. 9, und Dok. 153, Anm. 5.

[4] Unvollständiger Satz in der Vorlage.

[5] Zum britischen Vorschlag einer Konferenz der Außenminister der an den MBFR-Verhandlungen teilnehmenden Staaten vgl. Dok. 160.

[6] Zu den Kämpfen in der zairischen Provinz Shaba sowie den Evakuierungsmaßnahmen für ausländische Staatsbürger vgl. Dok. 155, Anm. 21, Dok. 156, Anm. 53, und Dok. 166.

Wirklichkeit nicht nur um humanitäre Ziele gegangen sei, sondern daß sie Ausdruck des Machtkampfes um Afrika seien. In der NATO-Frühjahrssitzung 1976[7] in Oslo[8] habe er bereits auf die große Bedeutung der äußeren Rahmenbedingungen für die Allianz und dabei auch auf die Wichtigkeit der Entwicklungen in Afrika aufmerksam gemacht. Seine damals geäußerten Besorgnisse hätten sich als berechtigt erwiesen. Der Ost-West-Gegensatz sei inzwischen auf Afrika ausgedehnt worden, und jetzt müsse geprüft werden, wie die weitere Austragung des Ost-West-Gegensatzes in Afrika verhindert werden könne. Es gehe dabei um die politische und wirtschaftliche Stabilisierung Afrikas. In Zaire habe sich der Grundsatz Lenins bestätigt, wonach immer das schwächste Glied in der Kette ausgewählt werde.[9]

Jetzt müsse überlegt und beraten werden, wie den afrikanischen Staaten, die nicht bereit seien, sich einer ideologischen Kolonisierung zu unterwerfen, geholfen werden könne. Der Westen habe sich bereits bei der Lösung von Konflikten im südlichen Afrika engagiert: Die fünf westlichen Mitglieder des Sicherheitsrats im Falle Namibia[10] und die Amerikaner und Briten in Rhodesien.[11] Ferner habe es einen gemeinsamen Appell an Südafrika gegeben. Zaire zeige, daß friedliche Lösungen in Namibia und Rhodesien um so dringender geworden seien und damit auch Zeit für Lösungen in Südafrika gewonnen werden könne. Die Diskussion müsse also über Zaire hinaus geführt werden. Die Bedeutung des Einsatzes unserer französischen und belgischen Freunde in Zaire liege auch darin, daß das Vertrauen vieler afrikanischer Staatsmänner in die Entschlossenheit des Westens gestärkt werde.

Callaghan gratulierte Frankreich und Belgien für den erfolgreichen Einsatz. Er habe sich die Frage gestellt, ob Großbritannien zum Schutze seiner vielen Staatsangehörigen in verschiedenen Teilen Afrikas das gleiche tun könne. Er hoffe, daß England, wenn nötig, in gleicher Weise vorgehen würde. In diesem Fall würde es sich an die Verbündeten wenden und um Hilfe bitten.

Den Darlegungen Tindemans, insbesondere über die Rolle der Stämme, stimme er zu. Der Lunda-Stamm lebe z. B. in drei Ländern[12], ähnliches gelte für die Stämme in Somalia und Äthiopien. Es handele sich also nicht nur um eine Ost-West-Konfrontation. Europa müsse deshalb sich in dieser Entwicklung mit größter Vorsicht engagieren. Nach den Regeln der OAU seien die Grenzen sakrosankt[13], aber die Probleme seien damit nicht gelöst.

---

7 Korrigiert aus: „1975".
8 Die NATO-Ministerratstagung fand am 20./21. Mai 1976 in Oslo statt. Vgl. dazu AAPD 1976, I, Dok. 152 und Dok. 166.
9 Am 9. Juni (27. Mai) 1917 veröffentlichte Wladimir Iljitsch Lenin in der Zeitung „Prawda" den Artikel „Die Stärke der Kette wird durch die Stärke ihres schwächsten Gliedes bestimmt". Für den Wortlaut vgl. W. I. LENIN, Werke, Bd. 24, Ost-Berlin 1959, S. 522 f.
10 Für den Wortlaut des Vorschlags der fünf westlichen Mitgliedstaaten des UNO-Sicherheitsrats vom 10. April 1978 für eine Lösung der Namibia-Frage vgl. EUROPA-ARCHIV 1978, D 574–578.
11 Zu den amerikanisch-britischen Bemühungen um eine Lösung des Rhodesien-Konflikts vgl. Dok. 123, Anm. 23.
12 Angola, Sambia, Zaire.
13 Vgl. dazu die Entschließung der zweiten Konferenz der Staats- und Regierungschefs der OAU-Mitgliedstaaten vom 17. bis 21. Juli 1964 in Kairo; Dok. 34, Anm. 5.

Wir sollten deshalb unseren Einfluß mit Hilfe der OAU geltend machen und den Afrikanern auf diese Weise bei der Lösung ihrer Probleme helfen. Im übrigen erinnere er daran, daß es eine erhebliche Zahl von nicht-marxistischen Ländern in Afrika gebe. Man müsse dabei allerdings, wie in Rhodesien, mit größtem Geschick vorgehen, und zwar nicht durch die NATO, sondern durch die einzelnen Regierungen.

Trudeau stimmte Callaghan zu, wies jedoch darauf hin, daß die OAU selbst keine einheitliche Meinung vertrete, sondern je nach der Konfliktlage in sich gespalten sei. Frankreich und Belgien hätten keine andere Wahl gehabt, als zu intervenieren, aber wie in Vietnam müsse man sich fragen, wie man aus einer solchen Intervention wieder herauskomme. Die Kubaner würden sich bald diesem Problem gegenübersehen, auch sie könnten sich darauf berufen, daß sie auf Einladung der jeweiligen Regierungen nach Afrika gekommen seien. (Die weiteren Ausführung Trudeaus konnten nicht erfaßt werden.)

Ecevit wies in der Diskussion auf die wirtschaftlichen Schwierigkeiten einiger Verbündeter hin. Er machte darauf aufmerksam, daß diese Länder die Planziele des Langzeit-Verteidigungsprogrammes nur auf der Grundlage gesünderer wirtschaftlicher Verhältnisse erfüllen könnten. Der Türkei komme es dabei darauf an, Hilfe zur Selbsthilfe zu erhalten, denn sein Land verfüge über eine ausreichende Basis für eine weitere Industrialisierung. Die Türkei wolle nicht übermäßig von anderen abhängig sein. Dazu könne auch die Beteiligung der Türkei bei der Rüstungszusammenarbeit im Wege der Zweibahnstraße[14] beitragen. Sein Land wolle den ihm zustehenden Platz im gegenseitigen Abhängigkeitsverhältnis des Bündnisses einnehmen.

Generalsekretär *Luns* trug in der Diskussion vor, daß an ihn von spanischer Seite die Bitte herangetragen worden sei, daß das Bündnis ein Zeichen geben möge, daß es den Beitritt Spaniens willkommen heißen würde. Er habe darauf geantwortet, daß es Sache Spaniens selbst sei, diese Frage zu entscheiden. Nach seiner Meinung solle das Bündnis nicht den Eindruck erwecken, als wolle es auf Spanien Druck ausüben, der NATO beizutreten – dies könne kontraproduzent wirken. Er schlage vielmehr vor, daß die Verbündeten ihren Einfluß auf diejenigen spanischen Parteien geltend machen, die dem Beitritt bisher noch lauwarm gegenüberstünden. Diesen Auffassungen schloß sich *de Guiringaud* in einer kurzen Intervention an.

Präsident *Carter* sprach einleitend seinen Dank dafür aus, daß alle Regierungen die Initiativen von London[15] voll unterstützt hätten. Noch vor einigen Jahren hätte es im Kongreß Anträge auf 50%ige Reduzierung der US-Truppen in Europa gegeben[16], heute unterstütze der Kongreß voll die Verteidigungsanstrengungen der Regierung.

---

14 Zum Konzept der „Zweibahnstraße" vgl. Dok. 73, Anm. 13.

15 Zur NATO-Ratstagung auf der Ebene der Staats- und Regierungschefs am 10./11. Mai 1977 in London vgl. AAPD 1977, I, Dok. 121 und Dok. 141.

16 Senator Mansfield brachte am 31. August 1966 erstmals eine Resolution im amerikanischen Senat ein, in der eine Reduzierung der in Europa stationierten amerikanischen Truppen verlangt wurde. Für den Wortlaut vgl. CONGRESSIONAL RECORD, Bd. 112, Teil 16, S. 21442, bzw. CONGRESSIONAL RECORD, Bd. 115, Teil 27, S. 36149.
In den folgenden Jahren wiederholte Mansfield regelmäßig seine Forderung. Am 9. Mai 1975 wurde in der Presse berichtet, daß der Senator erstmals seit 1966 keine Entschließung zur Reduzie-

Die Periode, wo das militärische Kräfteverhältnis durch die nuklearen Überlegenheit der USA gekennzeichnet war, sei vorüber, um so wichtiger sei deshalb heute die Stärkung der konventionellen Streitkräfte durch das LTDP. Für den Westen gingen Verteidigung und Entspannung Hand in Hand. Die Sowjetunion setze dagegen ihren militärischen Aufbau fort, was teilweise auch daran liege, daß der Westen nicht entsprechend reagiert habe. Er bewundere die ungeheuren Opfer, die die Sowjetunion für ihre Militärausgaben und für ihre weltweiten Unternehmungen wie in Afrika aufbringe. Er sei überzeugt, daß der Westen den Sowjets zeigen müsse, daß sie nicht in der Lage seien, Überlegenheit zu erreichen – dies würde nach seiner Auffassung für die Sowjets auch der beste Anreiz sein, sich an der Verminderung von Rüstungen und Streitkräften zu beteiligen.

Seine Regierung werde sich dafür einsetzen, die Konsultationen mit den Verbündeten über die amerikanische Politik weiter zu verbessern. Seine Regierung sei bereit, zukünftig nicht mit einseitigen Schritten vorzugehen, sondern ihre Schritte mit den Verbündeten abzustimmen.

Die amerikanische Beteiligung an den Entwicklungen in Afrika sei bisher minimal gewesen, aber man habe jetzt begriffen, daß man diesen Entwicklungen sehr viel größere Aufmerksamkeit zuwenden müsse. Für diese und andere Fragen gebe es kein anderes Forum als die NATO. Das gelte z. B. auch für die vom Bundeskanzler angeschnittene Frage der SS-20, die eine ungeheure Vernichtungskapazität besitze.

Diese Rakete könne nicht die USA, wohl aber alle europäischen NATO-Verbündeten erreichen und sei bisher, ebenso wie der Backfire, ohne eine Gegenwaffe. Hier handele es sich um eine substantielle nukleare Bedrohung, und es sei zu bedauern, daß es für diese gemeinsame Sorge kein geeignetes Gremium gebe. Die Verantwortung der NATO sei auch durch die Entwicklungen in anderen Regionen wie in Afghanistan und Südafrika gewachsen. Auch hier könne die NATO als ein Forum für den Austausch von Ideen dienen und nicht zu dem Zweck, eine gemeinsame Politik zu formulieren. Dies gelte auch für die Frage, wie man sich gegenüber den osteuropäischen Ländern verhalten solle. Er trete dafür ein, die Beziehungen zu diesen Ländern auch durch Handel und sonstige Kontakte zu verbessern, ohne damit einen Keil zwischen diese Länder und die Sowjetunion treiben zu wollen. Ähnliche Überlegungen gelten auch für die VR China: Die USA seien bereit, ihre Beziehungen zu China zu verbessern, und dies sei eine Entwicklung, die auch für die NATO von Interesse sei.

In der NATO-Politik der Vereinigten Staaten besitze der militärische Beitrag die höchste Priorität. Seine Regierung sei entschlossen, auch veraltete Nuklearwaffen zu ersetzen und zu modernisieren. Die laufenden Verhandlungen mit den Sowjets über SALT und CTB[17] betrachte er hoffnungsvoll, er sei bereit diese Fragen mit den NATO-Verbündeten voll zu konsultieren.

Fortsetzung Fußnote von Seite 846
    rung der amerikanischen Streitkräfte in Europa einbringen werde. Vgl. dazu den Artikel „Stimmung gegen Isolationismus wächst im amerikanischen Kongreß"; FRANKFURTER ALLGEMEINE ZEITUNG vom 9. Mai 1975, S. 1.
[17] Zu den Verhandlungen zwischen Großbritannien, den USA und der UdSSR über ein umfassendes Teststoppabkommen vgl. Dok. 84, Anm. 32.

In der Frage der Rüstungszusammenarbeit hätten sich die USA bisher viel zu zögernd verhalten. Inzwischen gäbe es einige Fortschritte bei der Übernahme der deutschen Panzerkanone[18] und einiger anderer europäischer Systeme. Er betrachte Fortschritte in der Rüstungszusammenarbeit als eines seiner Hauptziele und werde an diese Frage aufgeschlossen herangehen.

Abschließend betonte Carter, daß die Vereinigten Staaten vor ihren Verbündeten nichts zu verbergen hätten, sie seien bereit, alle Fragen der Verbündeten offen zu beantworten. Dies sei nicht eine Geste guten Willens, denn auch für die USA sei die vertrauensvolle Zusammenarbeit mit den NATO-Verbündeten von entscheidender Bedeutung. Sein Gesamteindruck sei, daß das Bündnis von einer bemerkenswerten Übereinstimmung in der Zielsetzung und von beachtlicher Stabilität beherrscht sei. Er bekräftige hiermit die NATO-Verpflichtungen der Vereinigten Staaten auch für die Zukunft.

Im Laufe der weiteren Diskussion setzte sich Carter dafür ein, daß die Verbündeten den Aufbau der portugiesischen NATO-Brigade[19] unterstützen. Zu AWACS[20] erklärte er, daß er von der Leistungsfähigkeit dieses Systems tief beeindruckt sei und den Verbündeten hiermit Demonstrationsflüge anbieten wolle. Schließlich forderte er die Verbündeten auf, ihrer Zustimmung zum LTDP auch Taten folgen zu lassen: Es komme jetzt darauf an, konkrete Schritte zur Durchführung zu unternehmen und darüber zu berichten.

Brzezinski berichtete über seinen Besuch, den er letzte Woche der VR China abgestattet hatte.[21] Zweck dieses Besuchs sei es gewesen, mit der chinesischen Führung gemeinsam interessierende Probleme der Weltpolitik zu erörtern, nicht aber, bilaterale Verhandlungen zu führen. Er habe mit der chinesischen Führung insgesamt 15 Stunden gesprochen und davon 3 1/2 Stunden den Chinesen die amerikanische Politik dargelegt, darunter auch SALT und strategische Fragen. Er habe erläutert, daß die USA mit SALT einen höheren Grad von Sta-

---

[18] Zur Ausrüstung des amerikanischen Panzers vom Typ „XM-1" mit einer 120 mm-Kanone aus der Bundesrepublik vgl. Dok. 21, Anm. 11, 12 und 14.

[19] Ministerialdirigent Pfeffer legte am 3. März 1977 eine Beschlußvorlage für den Bundessicherheitsrat vor. Darin wurde ausgeführt, daß Portugal in den Gremien der NATO seine Entschlossenheit deutlich gemacht habe, einen militärischen Beitrag zum Bündnis zu leisten. Im Sommer 1976 seien ein Ad-hoc-Ausschuß der NATO und im Anschluß daran amerikanische und deutsche Beratergruppen nach Portugal entsandt worden. Auf dieser Basis hätten das Auswärtige Amt sowie die Bundesministerien der Verteidigung und der Finanzen über eine Beteiligung an der Verteidigungshilfe Einvernehmen erzielt. Vgl. dazu VS-Bd. 10584 (201); B 150, Aktenkopien 1977. Vgl. dazu ferner AAPD 1977, II, Dok. 250.
Referat 201 legte am 2. Juni 1978 dar: „Portugal hat sich verpflichtet, der NATO Marine- und Luftstreitkräfte sowie eine Heeresbrigade zur Verfügung zu stellen. Für die Ausrüstung dieser Brigade und die Modernisierung seiner Marine rechnet Portugal mit der Hilfe der Bündnispartner, auf die es angesichts seiner schlechten Wirtschaftslage angewiesen ist. Portugal hat in Brüssel im Februar 1978 der Ad-hoc-Group on Military Assistance to Portugal and Turkey eine umfangreiche Liste des für die Ausrüstung der im Aufbau befindlichen portugiesischen Heeresbrigade benötigten Materials vorgelegt und im April 1978 die Modernisierungspläne für seine Marine und die hierfür von den Bündnispartnern erwarteten Hilfsleistungen erläutert." Vgl. VS-Bd. 9595 (201); B 150, Aktenkopien 1978.

[20] Zur Frage der Einführung des luftgestützten Aufklärungs- und Frühwarnsystems (AWACS) vgl. Dok. 152, Anm. 19.

[21] Der Sicherheitsberater des amerikanischen Präsidenten, Brzezinski, hielt sich vom 20. bis 23. Mai 1978 in der Volksrepublik China auf.

bilität anstrebten, ohne daß die Chinesen dieser Darlegung ausdrücklich widersprochen hätten.[22]

Trotz der offensichtlichen Gegnerschaft der Chinesen gegenüber der Sowjetunion habe er festgestellt, daß China seine Rolle in der Welt mehr unter strategischen Gesichtspunkten als ausschließlich unter dem Gesichtspunkt der Opposition gegenüber der Sowjetunion sehe. Dennoch sei er beeindruckt gewesen, wie tief die antisowjetischen Gefühle der Chinesen säßen, die also nicht nur taktischer Natur seien. Die chinesischen Führer hätten betont, daß ihnen an der Entwicklung einer langfristigen wirtschaftlichen und sonstigen Zusammenarbeit mit dem Westen liege. Sie hätten sich für eine starke NATO ausgesprochen und positive Bemerkungen über französische und britische Besucher in Peking gemacht.

Ihm sei aufgefallen, daß die Chinesen dem Westen nicht vorgeworfen hätten, gegenüber den Sowjets zu nachgiebig zu sein, sie hätten sogar von Schwächen der Sowjets gesprochen und in diesem Zusammenhang festgestellt, daß der Ausbruch eines Krieges sich noch verzögern könne, wenn sie auch nach wie vor einen Krieg für unvermeidlich hielten.

Über die regionale Entwicklung in anderen Teilen der Welt seien die Chinesen hervorragend informiert gewesen: Über die Überlebensfähigkeit (viability) Westeuropas hätten sie größte Besorgnis geäußert. Die sowjetisch-kubanischen Interventionen in Afrika betrachteten die Chinesen ebenfalls mit großer Sorge. Das gleiche gelte für die Entwicklung im Mittleren und Nahen Osten: Den Regierungswechsel in Afghanistan[23] bezeichneten sie als einen sowjetischen Coup und zeigten sich sehr besorgt über die möglichen Auswirkungen auf Pakistan sowie auf den Iran und Indien. Hinsichtlich Vietnams äußerten sie den Verdacht, daß die dortige Regierung mit Unterstützung der Sowjetunion hegemonistische Ziele auf der indochinesischen Halbinsel verfolge. Hinsichtlich Nordkoreas hätten sich die Chinesen auf eine formale Position zurückgezogen, bezüglich Japans hätten sie ein lebhaftes Interesse an der Verbesserung der Beziehungen geäußert.[24]

Der Vorsitzende Hua habe ihn durch eine intime Kenntnis außenpolitischer Fragen beeindruckt: Hua habe 1 1/4 Stunden ohne Notizen in ruhiger, angenehmer und ernsthafter Weise die außenpolitischen Positionen Chinas entwickelt. Die chinesische Führerschaft lasse keine unterschiedlichen Ansichten er-

---

[22] Botschaftsrat I. Klasse Keil, Peking, übermittelte am 25. Mai 1978 eine Zusammenfassung des Gesprächs des Sicherheitsberaters des amerikanischen Präsidenten, Brzezinski, mit dem chinesischen Außenminister Huang Hua. Brzezinski habe die Außenpolitik der amerikanischen Regierung erläutert. Hua habe „die bekannten Positionen: Rivalität der Supermächte, Drei-Welten-Theorie, Unausweichlichkeit des Krieges, jedoch inzwischen bessere Aufschubmöglichkeit, da Völker der Welt aufgeklärter", dargelegt und ausgeführt: „SALT werde allenfalls die Vereinigten Staaten beschränken. Die Sowjets schlössen nur ab, wenn sie gewännen. [...] Die regional einflußreichen Staaten seien mit der amerikanischen Beschwichtigungspolitik unzufrieden. Amerikaner und Chinesen könnten gemeinsam gegen die sowjetische Gefahr arbeiten. Das strategische Interesse der beiden Länder decke sich weitgehend." Die UdSSR wolle Westeuropa spalten und habe kein Interesse an Stabilität in Südasien: „Vietnam wolle eine Indochinaföderation und eine Subhegemonie" und werde darin von der UdSSR unterstützt, die auch Japan von den USA entfremden wolle. Vgl. den Drahtbericht Nr. 535; VS-Bd. 11121 (204); B 150, Aktenkopien 1978.

[23] Zum Sturz der afghanischen Regierung am 27. April 1978 vgl. Dok. 145.

[24] Zum Stand der chinesisch-japanischen Beziehungen vgl. Dok. 116, besonders Anm. 14.

kennen, sie sei als undogmatisch zu charakterisieren und stelle außenpolitisch das Gleichgewicht der Kräfte in den Vordergrund.

VS-Bd. 10511 (201)

171

Ministerialdirektor Blech, z. Z. Washington, an das Auswärtige Amt

114-12467/78 VS-vertraulich Aufgabe: 30. Mai 1978, 22.10 Uhr
Fernschreiben Nr. 2021 Ankunft: 31. Mai 1978, 06.24 Uhr
Citissime

Betr.: Traditionelles Vierertreffen der Außenminister[1] am 29. Mai 1978 in Washington

I. Am 29. Mai fand in Washington am Vorabend des NATO-Gipfels[2] das traditionelle Vierertreffen über Deutschland- und Berlin-Fragen statt. Gastgeber war der amerikanische Außenminister Vance. Das Treffen wurde wie üblich von den vier Politischen Direktoren vorbereitet (Vest, US; Hibberd, GB; Andréani, F; Blech, D).

Im Vordergrund standen folgende Themen:
- Lage Berlins nach dem Breschnew-Besuch in Bonn[3].
- Rolle Berlins in der EG, vor allem unter Berücksichtigung der Verhandlungen der EG mit osteuropäischen Staaten und der 1979 stattfindenden direkten Wahlen zum Europäischen Parlament[4].
- Innerdeutsche Beziehungen.

Zusammenfassendes Ergebnis:

Das Treffen bestätigte das enge grundsätzliche Einvernehmen zwischen den Alliierten und der Bundesregierung in der Beurteilung der Berlin-Lage und den praktischen Fragen der Berlin-Politik. Gewisse unterschiedliche Ansichten im Bereich Berlin–EG wurden durch die Bemühungen ausgeglichen, sich auf den gemeinsamen Nenner zu konzentrieren. Sämtliche von der Bonner Vierergruppe vorgelegten Papiere wurden gebilligt.

---

[1] Hans Dietrich Genscher (Bundesrepublik), Louis de Guiringaud (Frankreich), David Owen (Großbritannien), Cyrus R. Vance (USA).
[2] Zur NATO-Ratstagung auf der Ebene der Staats- und Regierungschefs am 30./31. Mai 1978 vgl. Dok. 170.
[3] Der Generalsekretär des ZK der KPdSU, Breschnew, besuchte die Bundesrepublik vom 4. bis 7. Mai 1978. Vgl. dazu Dok. 135, Dok. 136, Dok. 142 und Dok. 143.
[4] Die Wahlen zum Europäischen Parlament fanden am 7. und 10. Juni 1979 statt.
Zur Erörterung der Einbeziehung von Berlin (West) in die Direktwahlen zum Europäischen Parlament mit dem sowjetischen Außenminister Gromyko am 6. Mai 1978 vgl. Dok. 141.

II. Das Direktoren-Treffen im einzelnen

1) Der von der Bonner Vierergruppe vorbereitete Passus des NATO-Kommuniqués über Deutschland und Berlin wurde ohne weitere Erörterung gebilligt (Text mit deutscher Übersetzung in Anlage[5]).

2) Das Papier der Bonner Vierergruppe zur Lage Berlins[6] (wird mit Kurier verteilt) wurde als realistische Analyse des tatsächlichen Verlaufs der Ereignisse im letzten halben Jahr und der zu erwartenden weiteren Entwicklung gewürdigt. Es bestand Einvernehmen, daß die Spannungen mit der SU in den wichtigsten Bereichen direkter alliierter Verantwortung (Zugang, alliierte Patrouillen[7], politisch-militärische Krisenfestigkeit) in letzter Zeit relativ niedrig waren. Die im zweiten Halbjahr 1977 zunächst drastisch angestiegenen (und mit VMA[8] und Transitabkommen[9] nicht zu vereinbarenden) DDR-Kontrollen auf den Transitwegen[10] sind im Februar 1978 wieder stark zurückgegangen. Die psychologische und wirtschaftliche Lage Berlins ist leicht verbessert. Das Niveau der sowjetischen Proteste wurde gesenkt (seit Oktober 1977 keine Proteste in Moskau und den alliierten Hauptstädten[11]). Um die Jahreswende für möglich gehaltene negative Entwicklungen sind ausgeblieben. Andererseits hält sowjetischer Druck auf Bindungen an, besonders der durch Proteste betriebene Versuch, Bundespräsenz zu drosseln und Platz Berlins im Geltungsbereich der Gründungsverträge der EG[12] streitig zu machen. Ebenso weiter Schwierigkeiten bei Außenvertretung. DDR bemüht sich zunehmend um eigene Kompetenz bei Auslegung und Anwendung des VMA. Alliierte mit uns einig, daß diese Versuche entschieden zurückgewiesen werden müssen.

3) Berlin in der Entwicklung der Ost-West-Beziehungen unter besonderer Berücksichtigung Breschnew-Besuchs

D 2 trug auf Grundlage früherer Unterrichtung der Alliierten eingehende Analyse berlinpolitischer Aspekte des Breschnew-Besuchs vor. Er betonte, daß der Besuch hinsichtlich der grundsätzlichen Meinungsverschiedenheiten, die ausführlich diskutiert worden seien, und bezüglich der konkreten Probleme, über die keine eigentlichen Verhandlungen stattgefunden hätten, keine greifbaren Fortschritte gebracht habe. Beide Seiten hätten ihre Positionen dargelegt, aber dabei auch klargemacht, daß sie keine Reibungen suchten und Wunsch hätten,

---

[5] Dem Vorgang beigefügt. Für den Wortlaut von Ziffer 6 des Kommuniqués vgl. NATO FINAL COMMUNIQUÉS 1975–1980, S. 91. Für den deutschen Wortlaut vgl. EUROPA-ARCHIV 1978, D 479.

[6] Für den Entwurf der Bonner Vierergruppe zu einer Studie zur Lebensfähigkeit von Berlin (West) vom 20. Mai 1978 vgl. VS-Bd. 13067 (210).

[7] Die UdSSR protestierte 1977 wiederholt gegen Patrouillen der Drei Mächte in Ost-Berlin. Vgl. dazu AAPD 1977, I, Dok. 101, Dok. 131 und Dok. 146 sowie AAPD 1977, II, Dok. 247.

[8] Vier-Mächte-Abkommen.

[9] Für den Wortlaut des Abkommens vom 17. Dezember 1971 zwischen der Regierung der Bundesrepublik und der Regierung der DDR über den Transitverkehr von zivilen Personen und Gütern zwischen der Bundesrepublik und Berlin (West) vgl. BUNDESANZEIGER, Nr. 174 vom 15. September 1972, Beilage, S. 7–13.

[10] Zu den vermehrten Kontrollen der DDR vgl. Dok. 37, Anm. 16.

[11] Die UdSSR protestierte am 7. September 1977 gegen die Einbeziehung von Berlin (West) in die Direktwahlen zum Europäischen Parlament. Vgl. dazu AAPD 1977, II, Dok. 240.

[12] Vgl. dazu die Erklärung der Bundesregierung vom 25. März 1957 über die Geltung der Verträge zur Gründung der Europäischen Wirtschaftsgemeinschaft und der Europäischen Atomgemeinschaft für Berlin; BUNDESGESETZBLATT 1957, Teil II, S. 764.

in den offenen Fragen längerfristig Lösungen zu finden. Als Ergebnis des Besuchs könne man möglicherweise mit sowjetischer Schonphase hinsichtlich Berlins rechnen. Die Scharfmacher auf östlicher Seite würden allerdings auf Gelegenheit warten, zu Schlagabtausch zurückzukehren. Wir hätten unsere Haltung zu den beiden wichtigen bevorstehenden Ereignissen – Wahl des Regierenden Bürgermeisters zum Bundesratspräsidenten (Oktober 1978)[13] und Entsendung durch das Berliner Abgeordnetenhaus zu wählender Berliner Abgeordneter in das 1979 direkt zu wählende Europäische Parlament – erläutert und Eindruck erhalten, daß Sowjets gewisse Geräusche machen werden, diese Ereignisse aber als unabwendbar betrachteten. Wir hätten unsere grundsätzliche Haltung zum Status Berlins bestätigt, wie sie in der Antwort der Bundesregierung auf die Ollesch-Anfrage im November 1977 erklärt[14] und von den Sowjets nach verläßlichen Hinweisen auch verstanden worden sei. (Nicht so sicher sei, ob Gromyko damals die Führungsgremien und Breschnew über die Bedeutung dieser Aussage unterrichtet habe.) Die noch ausstehende sowjetische Reaktion auf unseren Vorschlag zur „Fernbetreuung" von Berlinern (schriftliche Fixierung der sowjetischen Praxis, konsularische Betreuung von Berlinern durch die Bundesrepublik Deutschland nicht von ihrer physischen Präsenz auf sowjetischem Territorium abhängig zu machen)[15] werde, obwohl es sich um eine technische Einzelfrage handele, einen gewissen Aufschluß über die sowjetische Haltung nach dem Breschnew-Besuch geben. Hibbert ließ sich Konzeption unseres Vorschlags zur Fernbetreuung im einzelnen erläutern, die allgemein gebilligt wurde.

Bei der Aussprache zeigte sich Einvernehmen mit den Alliierten darüber, daß der Breschnew-Besuch keine Anzeichen für destabilisierende Faktoren derzeitiger Berlin-Entwicklung ergeben hätte, daß diese Situation – wie Vest betonte – sich aber auch jederzeit wieder ändern könne. Die Briten verglichen die Besuche 1973[16] und 1978 und fragten, ob die 1973 erstrebte, aber ausgebliebene „Annäherung" 1978 eingetreten sei. D 2 erinnerte daran, daß die Fragen, deren Lösung man sich beim Breschnew-Besuch 1973 hinsichtlich Berlins vorgenommen hätte, im wesentlichen weiter unverändert auf dem Tisch lägen und daß sich bei Anwendung des VMA im Bereich Außenvertretung[17] Schwierigkeiten seitdem noch vermehrt hätten. Er verwies im übrigen auf die klare Bezugnahme auf die unterschiedlichen Systeme und Positionen in grundlegenden Fragen in den Abschlußdokumenten.[18] Als wichtigen Aspekt des Breschnew-

---

[13] Korrigiert aus: „1977".
Zur geplanten Wahl des Regierenden Bürgermeisters von Berlin, Stobbe, zum Präsidenten des Bundesrats vgl. Dok. 141, Anm. 12.

[14] Zur Anfrage des FDP-Abgeordneten Ollesch vom 18. November 1977 sowie zur Antwort des Staatsministers von Dohnanyi vom 25. November 1977 und zur Reaktion des sowjetischen Botschafters Falin vgl. Dok. 17, besonders Anm. 5.

[15] Zu dem am 6. Mai 1978 von Ministerialdirektor Blech übergebenen Entwurf für eine sowjetische Mitteilung an die Bundesregierung zur Frage der konsularischen Betreuung von Personen mit ständigem Wohnsitz in Berlin (West) sowie zur ersten sowjetische Reaktion vgl. Dok. 141, Anm. 10 und 11.

[16] Der Generalsekretär des ZK der KPdSU, Breschnew, besuchte die Bundesrepublik vom 18. bis 22. Mai 1973. Vgl. dazu AAPD 1973, II, Dok. 145–152.

[17] Vgl. dazu Anlage IV zum Vier-Mächte-Abkommen vom 3. September 1971 vgl. BUNDESANZEIGER, Nr. 174 vom 15. September 1972, Beilage, S. 54–59.

[18] Für den Wortlaut der Gemeinsamen Deklaration vom 6. Mai 1978 bzw. des Kommuniqués anläß-

Besuchs hob D 2 die Tatsache hervor, daß Breschnew selbst Kontinuität seines Entspannungskurses gerade auch im eigenen Land habe befestigen wollen, wie auch durch Berichterstattung sowjetischer Medien deutlich geworden sei. Die alliierten Direktoren merkten mit Interesse Verlauf der Bundestagsdebatte über Breschnew-Besuch[19] und das dabei zutage getretene weitgehende Einvernehmen der Parteien an.

D 2 hob abschließend hervor, daß Sowjets nicht versucht hätten, Einordnung der Bundesrepublik Deutschland in Bündnis und EG infrage zu stellen. Wir hätten von vornherein keinen Zweifel daran gelassen, daß solche Versuche gegenteilige Wirkungen haben würden.

4) Thema Berlin – EG

wurde in den wichtigsten beiden aktuellen Anwendungsbereichen und ihren prinzipiellen Grundlagen ausführlich diskutiert.

a) Wahl Berliner Abgeordneter für das Europäische Parlament:

D 2 unterrichtete alliierte Direktoren über Mitteilung Berliner Senats, nach der besondere Wahlvorbereitung oder Wahlkampf für Wahl Berliner Abgeordneter nach den gesetzlichen Vorschriften (Paragraph 29 Europawahlgesetz[20]) nicht erforderlich sei und nach der es den politischen Parteien in Berlin überlassen bleibe, ob sie Kandidaten für EP vorab (d. h. vor Vorschlag durch Fraktionen im Abgeordnetenhaus) von Parteigremien nominieren ließen und ob sie diese Kandidaten bereits während des Wahlkampfs zum Berliner Abgeordnetenhaus im März 1979[21] bekanntgeben wollten.

Vest kommentierte, daß Verzicht auf Wahlvorbereitung und Wahlkampf zum Anliegen einer behutsamen Behandlung der Angelegenheit beitrage. Andréani warnte, daß Unterrichtung der Öffentlichkeit über EP-Kandidaten während des Wahlkampfs zum Abgeordnetenhaus ein Element direkter Wahlen einführen und deshalb zu Schwierigkeiten mit Osten führen könne. Hibbert sah keine Schwierigkeit in solcher öffentlichen Ankündigung. D 2 bemerkte: Man könne die Parteien an solcher Ankündigung nicht hindern und solle diese, auch angesichts geringer Anzahl der EP-Kandidaten (drei) im Verhältnis zu Größe Abgeordnetenhauses, nicht überschätzen. Im übrigen spreche alle Erfahrung dafür, daß im Berliner Wahlkampf örtliche Fragen die entscheidende Rolle spielen werden und die Tatsache, daß der eine oder andere Kandidat für das EP vorgesehen sei, dem gegenüber in den Hintergrund treten werde.

Die alliierten Direktoren baten übereinstimmend, daß die Angelegenheit weiter in engster deutsch-alliierter Abstimmung weiterverfolgt und daß in Berlin sorgfältig auf behutsame Behandlung, besonders in der Öffentlichkeit, geachtet werden sollte. Vor allem dürfe die sorgfältige Unterscheidung zwischen den indirekt gewählten Berliner Abgeordneten und den in der Bundesrepublik Deutsch-

---

Fortsetzung Fußnote von Seite 852
lich des Besuchs des Generalsekretärs des ZK der KPdSU, Breschnew, vom 4. bis 7. Mai 1978 in der Bundesrepublik vgl. BULLETIN 1978, S. 429 f. bzw. S. 433–436.

[19] Für den Wortlaut der Regierungserklärung des Bundeskanzlers Schmidt und die folgende Debatte am 11. Mai 1978 vgl. BT STENOGRAPHISCHE BERICHTE, Bd. 106, S. 7063–7099.

[20] Paragraph 29 des Gesetzes vom 16. Juni 1978 über die Wahl von Abgeordneten des Europäischen Parlaments aus der Bundesrepublik (Europawahlgesetz) legte die Regelungen für Berlin (West) fest. Für den Wortlaut vgl. BUNDESGESETZBLATT 1978, Teil I, S. 717.

[21] Die Wahlen zum Abgeordnetenhaus von Berlin fanden am 18. März 1979 statt.

land und den anderen EG-Staaten direkt gewählten Abgeordneten nicht verwischt werden.

b) Verträge der EG mit osteuropäischen Staaten

D 2 legte deutsche Auffassung dar: Berlin sei, unter Berücksichtigung der alliierten Rechte und Verantwortlichkeiten, voll in den Geltungsbereich der Gründungsverträge der EG eingeschlossen. Verträge der EG mit Dritten würden für diesen Geltungsbereich geschlossen. Berlin sei also, selbstverständlich unter Berücksichtigung alliierter Rechte und Verantwortlichkeiten, damit auch von vornherein im Geltungsbereich der Verträge der EG mit dritten Staaten eingeschlossen. Nur dann, wenn solche Verträge alliierte Vorbehaltsbereiche berührten, kämen diese Vorbehalte zum Tragen. Die Alliierten müßten dies – in Konsultation mit der Bundesregierung – prüfen und gegebenenfalls die Organe der Gemeinschaft unterrichten. Dies sei aber keine Frage im Verhältnis zwischen EG und ihren Verhandlungspartnern. Diese Partner hätten die EG mit ihrem Geltungsbereich zu akzeptieren, wie er ist. Diese Lage unterscheide sich insofern von der bei Verträgen der Bundesrepublik Deutschland, denn Berlin sei kein konstitutiver Teil der Bundesrepublik Deutschland, so wie es Teil des Geltungsbereichs der Gründungsverträge der EG sei. Deshalb müßten Verträge der Bundesrepublik Deutschland in jedem einzelnen Fall auf Berlin (West) ausgedehnt werden. Verträge der EG brauchten dagegen nicht in einem konstitutiven Akt auf Berlin ausgedehnt zu werden. Vielmehr gebe die Geltungsbereichsklausel nur einen deklatorischen Hinweis.

Andréani stellte fest, daß die französische Rechtsauffassung sich von der von D 2 dargelegten deutschen unterscheide. Letztere würde bedeuten, daß die EG hinsichtlich der Außenvertretung Berlins mehr Rechte hätte als die Bundesrepublik Deutschland, was Schwierigkeiten im Zusammenhang mit dem VMA aufwerfen würde.

Hibbert regte an, die Unterschiede zwischen beiden Konzeptionen vorläufig auszuklammern. Er machte Kompromißvorschlag für einen entsprechenden Passus des Papiers zur Berlin-Lage, der besagt, daß Berlin vorbehaltlich der alliierten Rechte und Verantwortlichkeiten zu dem Gebiet gehört, in dem die Gründungsverträge der EG angewandt („applied", nicht nur „applicable", d. h. aufgrund eines weiteren Aktes anwendbar sind) werden und daß Verträge der EG mit dritten Staaten, vorbehaltlich der alliierten Rechte und Verantwortlichkeiten, auch auf Berlin angewandt werden. Hibbert wandte sich auch, von D 2 unterstützt, dagegen, von „inclusion" Berlins in Verträge der EG zu sprechen, weil dies auf einen besonderen Akt der Einbeziehung hindeuten könnte. Der Vorschlag wurde angenommen.

Hibbert wies allerdings weiter darauf hin, daß GB nationale wirtschaftliche Interessen von großem Gewicht am Abschluß der Textilabkommen der EG mit osteuropäischen Staaten[22] habe (beim Fisch[23] sei dies inzwischen nicht mehr

---

[22] Referat 210 vermerkte am 13. März 1978: „Die Textilverhandlungen der EG mit Ungarn und Polen sind in eine neue Phase getreten. Die Verhandlungen mit den Polen wurden bereits wieder aufgenommen. Die Wiederaufnahme mit den Ungarn steht bevor. Einige EG-Partner drängen sehr auf baldigen Abschluß. Auch die Kommission möchte die Verhandlungen jetzt rasch beenden. Die einzige wesentliche noch offene Frage ist die der Geltungsbereichsklausel. [...] Während die Sowjetunion, Polen und die DDR die Geltungsbereichsklausel in den Fischereiverhandlungen abgelehnt

der Fall) und deshalb wünsche, daß Frage der Geltungsbereichsklausel mit mehr Flexibilität behandelt werde als bisher. Britische Seite schlage nicht vor, daß Gemeinschaft Zweifel daran aufkommen lassen solle, daß Berlin zum Anwendungsbereich der von ihr geschlossenen Verträge gehöre. Andréani unterstützte diese Position. D 2 stellte fest: Wenn das Konzept des Geltungsbereichs intakt bleibe, könne Methode flexibel gehandhabt werden, wie wir dies bei den Textilverhandlungen auch vorgeschlagen hätten. Die von britischer Seite vorgetragenen nationalen Interessen sollten bei den konkreten Anlässen mitberücksichtigt werden. Nachdem hierüber Einvernehmen hergestellt worden war, wurde ein von uns bisher geklammerter Satz über die weitere Behandlung der Geltungsbereichsklausel im Papier zur Berlin-Lage gestrichen und damit eine einvernehmliche Fassung des Papiers hergestellt.

Zur Studie der Bonner Vierergruppe „EG–Berlin"[24]: Vierergruppe wurde beauftragt, bis zum nächsten Ministertreffen[25] ein gemeinsames Papier auszuarbeiten, nachdem von deutscher Seite (Februar 1978)[26] und von französischer Seite (24.5.1978)[27] Beiträge eingebracht worden waren. Hibbert kündigte briti-

Fortsetzung Fußnote von Seite 854
   haben, wurde in den Textilverhandlungen von den Ungarn und den Polen eine gewisse Bereitschaft gezeigt, die Geltungsbereichsklausel zu akzeptieren, wenn sie so erläutert wird, daß die östlichen Verhandlungspartner sich dadurch nicht zu einer Festlegung auf die westliche Rechtsauffassung in der Berlin-Frage gezwungen sehen. Die Aussichten auf eine Einigung müssen trotzdem als sehr gering eingeschätzt werden." Auf Vorschlag Großbritanniens werde den Europäischen Gemeinschaften vorgeschlagen, „den Polen bei der Erörterung der Geltungsbereichsklausel eine Liste zu übergeben, welche die Gebiete aufzählt, auf die sich die Geltungsbereichsklausel bezieht, darunter auch Berlin (West). Damit ist die von uns gewünschte Klarstellung gegeben, ohne daß der Eindruck erweckt wird, die Geltungsbereichsklausel sei (nur) eine Berlin-Klausel." Polen und Ungarn kommen es jedoch auf eine Erläuterung an, „die den grundsätzlichen östlichen Rechtsstandpunkt in der Berlin-Frage unberührt läßt. Sie werden deshalb weiter an einer entsprechenden Formulierung der Protokollnotiz interessiert sein". Vgl. Referat 210, Bd. 116452.
23 Zu den Verhandlungen der Europäischen Gemeinschaften mit der DDR, Polen und der UdSSR über ein Fischereiabkommen vgl. Dok. 8, Anm. 36.
24 Referat 210 notierte am 29. Mai 1978: „Das Mandat der vier Außenminister aus dem Jahr 1975, erneuert im Mai 1977 [...], ist auf dem Treffen der Direktoren im Dezember 1977 zwar erneut bestätigt worden. Jedoch konnte kein Einvernehmen über die ‚terms of reference' erzielt werden. Während unter den EG-Mitgliedstaaten die Briten unseren Standpunkt unterstützten, daß die Vierergruppe sich auf die aktuellen Probleme konzentrieren solle, beharrten die Franzosen darauf, daß die Beteiligung Berlins an der künftigen Entwicklung der EG ganz allgemein im Hinblick auf die Vereinbarkeit mit den alliierten Vorbehaltsrechten kritisch geprüft werden müsse." Die Bundesregierung habe am 21. Februar 1978 in der Bonner Vierergruppe ein Papier eingebracht, in dem festgestellt werde, daß „die langjährige Praxis der Berlin-Einbeziehung in Verträge der EG im deutsch-alliiierten Verhältnis rechtlich einwandfrei ist, da die Drei Mächte zugestimmt haben; bisher keine praktischen Probleme im Verhältnis zwischen den Alliierten und den Gemeinschaften aufgetreten sind; eine Angleichung an das bei der Einbeziehung Berlins in völkerrechtliche Verträge der Bundesrepublik Deutschland angewandte Verfahren (wie dies die Franzosen wünschen) eine Beschneidung der Position Berlins in der EG darstellen würde und auch innenpolitisch so verstanden würde. Andererseits haben wir Verfahrensvorschläge gemacht, wie die Unterrichtung der Alliierten über Berlin betreffende Vorschläge in der Gemeinschaft beschleunigt und verbessert werden können." Es sei zu befürchten, daß das von Frankreich am 24. Mai 1978 vorgelegte Papier „im Ergebnis auf eine Erschwerung der zukünftigen Einbeziehung Berlins in die weitere Entwicklung der EG hinauslaufen wird". Vgl. Referat 210, Bd. 116436.
25 Zum Gespräch am 6. Dezember 1978 in Brüssel vgl. Dok. 378.
26 Für das Papier vom 16. Februar 1978, das am 21. Februar 1978 in der Bonner Vierergruppe übergeben wurde, vgl. Referat 210, Bd. 116436.
27 Frankreich brachte am 24. Mai 1978 das Papier „Berlin et la CEE" in die Bonner Vierergruppe ein. Vgl. Referat 210, Bd. 116436.
   Referat 210 vermerkte dazu am 26. Mai 1978, der „kritischste und zugleich aktuellste Teil des Papiers" betreffe die Verträge der Europäischen Gemeinschaften mit dritten Staaten: „Hier wird aus-

schen Kommentar zu beiden in wesentlichen Aspekten sich widersprechenden Papieren an.

5) Wahl Regierenden Bürgermeisters zum Bundesratspräsidenten

Erörterung des Themas ergab Einvernehmen, daß der Regierende Bürgermeister das Amt übernehmen werde und daß es mit großer Behutsamkeit und Diskretion ausgeübt werden sollte. Von alliierter Seite wurde insbesondere Notwendigkeit weitestmöglicher zeitlicher und räumlicher Trennung der Ausübung der Berliner- und der Bundesfunktionen von Herrn Stobbe betont. Alliierte Direktoren stimmten Feststellung von D 2 zu, daß Persönlichkeit des Regierenden Bürgermeisters Gewährleistung für behutsame Behandlung der Angelegenheit gebe und daß eine kasuistische Aufzählung von Tätigkeiten, die der Regierende Bürgermeister als Bundesratspräsident und amtierender Bundespräsident nicht ausüben sollte, nicht empfehlenswert und nicht machbar sei.

6) Lebensfähigkeit Berlins

Papier der Bonner Vierergruppe über die Fortsetzung der Arbeit aufgrund der Studie über die Lebensfähigkeit Berlins wurde gebilligt. D 2 dankte Alliierten für Bereitschaft zur Mitarbeit und wies auf Bemühungen Regierenden Bürgermeisters in diesem Bereich hin.

7) Innerdeutsche Beziehungen und Erörterung dieses Themas bei Breschnew-Besuch

Alliierte nahmen Bericht von D 2 über Stand und voraussichtliche Entwicklung der innerdeutschen Beziehungen nach dem Breschnew-Besuch mit Interesse zur Kenntnis. D 2 erläuterte im Zusammenhang mit den drei Grundforderungen der DDR[28] nochmals unsere unveränderten Positionen in der Grenz- und Staatsangehörigkeitsfrage. Alliierte interessierten sich insbesondere für Aussichten auf Gipfeltreffen Bundeskanzler–Honecker.[29] D 2 sagte, daß ein solches Treffen von günstiger politischer Atmosphäre und vorzeigbaren Ergebnissen abhänge. Hibbert berichtete aus einer kürzlichen Unterredung mit Nier in Ostberlin, daß die Entspannungspolitik der DDR dem Rahmen und Maß des sowjetischen Entspannungskonzepts untergeordnet bleibe.[30] Nier schloß ein Gip-

Fortsetzung Fußnote von Seite 855
    geführt: Da die alliierte Anordnung, mit der die Drei Mächte 1957 der Einbeziehung Berlins in die Gründungsverträge der EG zugestimmt hatten, nur spezielle (Verfahrens-) Vorkehrungen für die ‚europäischen Verordnungen', nicht aber für den Einschluß Berlins in die Verträge der EG getroffen hätte, bestände hinsichtlich der Einbeziehung Berlins in solche Verträge keine Rechtsgrundlage. Deshalb müsse diese Einbeziehung der gleichen Prozedur unterworfen werden, die für die Verträge der Bundesrepublik Deutschland gelte." Referat 210 vermerkte hierzu: „Nach unserer Auffassung haben die Alliierten mit ihrer Zustimmung zur Einbeziehung Berlins in die Gründungsverträge der EG auch der Einbeziehung Berlins in die aufgrund dieser Gründungsverträge abgeschlossenen Verträge der Gemeinschaft zugestimmt." Bisher seien alle Verträge der Europäischen Gemeinschaften mit Wirkung auch für Berlin (West) gebilligt worden: „Der französische Vorschlag würde die rechtliche Stellung Berlins in der EG substantiell verändern und hinsichtlich der vergangenen Verträge Rechtsunsicherheit aufkommen lassen. Wir sollten hier unsere abweichende Meinung andeuten, aber eine gründliche Prüfung und spätere Diskussion vorbehalten." Vgl. Referat 210, Bd. 116436.

[28] Zur Haltung der DDR vgl. Dok. 157.

[29] Zur Möglichkeit eines Treffens des Bundeskanzlers Schmidt mit dem Generalsekretär des ZK der SED, Honecker, vgl. Dok. 135, Anm. 17.

[30] Der Abteilungsleiter im britischen Außenministerium, Hibbert, hielt sich am 5. Mai 1978 in Ost-Berlin auf. Vgl. dazu den Artikel „Offizielle Konsultationen in Berlin mit britischem Gast"; NEUES DEUTSCHLAND vom 6./7. Mai 1978, S. 2.

feltreffen Bundeskanzler–Honecker unter der Bedingung nicht aus, daß es Fortschritte in der Grenz- und Staatsangehörigkeitsfrage bringe.

8) Beziehungen der Alliierten zur DDR

Vest und (sein Vertreter) Woessner berichteten über bevorstehenden Besuch DDR-Außenminister Fischer in Washington. Fischer habe selber auf den Besuch gedrängt, der im Zusammenhang mit seiner Teilnahme an der SGV[31] erfolge. Von amerikanischer Seite werde man ihm kein politisches Gewicht geben. Wesentliche Ergebnisse würden nicht erwartet. Fischer werde wohl eine Antwort auf die amerikanischen Vorschläge vom Dezember 1977 zur Frage eines Konsularvertrages[32] übergeben. Nach letzten Anzeichen sei die DDR in der Frage der deutschen Staatsangehörigkeit zu keinem Einlenken bereit. Unter diesen Umständen seien keine Fortschritte zu erwarten, da auch Amerikaner hart bleiben würden.[33] Die DDR habe versucht, die Ausstellung Dresdner Gemälde[34] politisch auszuschlachten, hätte damit aber keinen Widerhall gefunden. Hibbert und Andréani berichteten über Beziehungen ihrer Länder zur DDR, in denen es keine wesentliche Entwicklung gibt. Hibbert bezeichnete die britischen Beziehungen zur DDR als „perfectly normal". Andréani bemerkte, daß es in den Konsularverhandlungen seit Juli 1977[35] keine Bewegung gebe. Im Juni werde Mittag Paris besuchen.[36]

[31] Zur UNO-Sondergeneralversammlung über Abrüstung vom 23. Mai bis 30. Juni 1978 vgl. Dok. 212.
[32] Zu den Verhandlungen zwischen den USA und der DDR über einen Konsularvertrag vgl. Dok. 70, Anm. 19.
[33] Der Außenminister der DDR, Fischer, traf am 6. Juni 1978 in Washington mit dem amerikanischen Außenminister Vance zusammen. Gesandter Hansen, Washington, berichtete am folgenden Tag, Vance habe betont, daß eine Vertiefung der Beziehungen vom Abschluß eines Konsularvertrags abhinge, und sich erstaunt gezeigt, warum es trotz früherer Absprache mit Fischer bisher nicht zu einem Austausch von Briefen zur Staatsangehörigkeitsfrage gekommen sei: „Fischer entgegnete: ‚Rätsel hin, Rätsel her', er sei auch erstaunt." Der amerikanische Vorschlag sei nicht akzeptabel. Mittlerweile habe die DDR herausgefunden, daß sich Staatsangehörigkeitsklauseln in Konsularverträgen der USA mit Großbritannien und Japan befänden. Sie biete einen Kompromißtext an: „‚The term ‚nationals' in relation to the German Democratic Republic means all persons who hold the nationality of the German Democratic Republic under the law of the German Democratic Republic, including when the context permits all juridical entities erected under the law of the German Democratic Republic'." Vance habe Prüfung zugesagt und im folgenden die Ausbildung der „Katanga-Gendarmen" durch die DDR angesprochen: „Fischer bestritt eine derartige Tätigkeit kategorisch." Weitere Themen seien die Familienzusammenführung, kulturelle Kontakte und die Wirtschaftsbeziehungen gewesen: „Wie wir aus dem State Department hören, ist dort das Auftreten Fischers als ziemlich ‚dreist' empfunden worden." Vgl. den Drahtbericht Nr. 2118; VS-Bd. 11121 (204); B 150, Aktenkopien 1978.
[34] Die Kunstausstellung „Die Pracht Dresdens" gastierte 1978/79 in Washington, New York und San Francisco.
[35] Am 5. Juli 1975 nahmen Frankreich und die DDR Verhandlungen über einen Konsularvertrag auf. Vgl. dazu AAPD 1976, I, Dok. 78.
Staatssekretär Gaus, Ost-Berlin, berichtete am 6. Juli 1977, nach Angaben der französischen Botschaft habe die fünfte Runde der Verhandlungen über einen Konsularvertrag vom 20. bis 23. Juni 1977 ergebnislos geendet: „Man habe vier Tage lang zähflüssig und auf beiden Seiten lustlos verhandelt. Einen ganzen Tag lang sei allein über den DDR-Wunsch nach Definition der Staatsangehörigkeit diskutiert worden." Frankreich habe betont, es „besitze kein Konsularabkommen mit der Bundesrepublik, es brauche auch ein solches nicht mit der DDR". Aus Äußerungen der DDR-Delegation „glaube Gesprächspartner schließen zu können, daß die DDR sich Zeit lassen wolle und auf innenpolitische Veränderungen in Frankreich setze". Vgl. den Drahtbericht Nr. 680; B 81 (Referat 502), Bd. 1116.
[36] Das Mitglied des Politbüros der SED, Mittag, besuchte Frankreich vom 5. bis 8. Juni 1978. Dazu wurde berichtet, er habe Gespräche mit Ministerpräsident Barre sowie mit Wirtschaftsvertretern

D2 dankte Amerikanern für vereinbarungsgemäße feste Haltung in Frage deutscher Staatsangehörigkeit bei Konsularverhandlungen mit DDR. Er wies darauf hin, daß es uns nicht darum gehe, die Staatsangehörigkeit bzw. Staatsangehörigkeitsgesetzgebung der DDR[37] zu bestreiten. Vielmehr komme es uns darauf an, unser Konzept der deutschen Staatsangehörigkeit[38] zu erhalten und Angriffe der DDR dagegen abzuwehren. Bei Deutschen, die die DDR-Staatsbürgerschaft hätten und sich außerhalb der DDR aufhielten, hänge es nach unserer Auffassung von ihrer eigenen freien Entscheidung ab, ob sie die deutsche Staatsangehörigkeit in Anspruch nehmen wollten oder nicht. Nur wenn sie sich von sich aus an uns wendeten, nähmen wir ein Betreuungsrecht in Anspruch. Hier insbesondere zeige sich, daß die deutsche Staatsangehörigkeit für uns unverzichtbar bleibe. Wir vertrauten darauf, daß die USA bei Ihrer Haltung in der Frage bleibe. Die Alliierten zeigten sich in dieser Frage fest auf unserer Seite.

III. Das Treffen der vier Außenminister

Vest trug den vier Außenministern das Ergebnis der Direktorenbesprechung vor. Die Minister nahmen den Bericht und die Papiere der Vierergruppe, auf die er sich bezog, zustimmend zur Kenntnis. Eine eingehende Diskussion schloß sich an.

Der Bundesminister bestätigte als seinen Eindruck aus den beim Breschnew-Besuch geführten Gesprächen über Berlin, daß sowjetische Seite interessiert sei, ein Klima entstehen zu lassen, in dem diese oder jene heute noch nicht lösbare Frage lösbar wird, und eine Zuspitzung zu vermeiden. Man sei stillschweigend übereingekommen, die drei offenen Vereinbarungsprojekte[39] nicht zum Maßstab des Erfolges des Besuches zu machen. Breschnew habe sich dem Wunsch der DDR-Führung widersetzt, nach Besuch in Bonn über Ostberlin nach Moskau zu reisen. Er habe erst später Gromyko zur Berichterstattung nach Ostberlin geschickt.[40] Gromyko habe mehrfach darauf hingewiesen, daß er in schwieriger Lage sei, da er DDR-Führung berichten müsse.

Auch der Bundesminister erwähnte die Unterrichtung der sowjetischen Führung über die anstehende Wahl des Regierenden Bürgermeisters als Bundesratspräsident, die eine Selbstverständlichkeit im Rahmen der gewachsenen Bindungen sei. Die Persönlichkeit des Regierenden Bürgermeisters gewährleiste, daß er sein Amt in verantwortungsvoller Weise ausüben werde. Wir hätten gegenüber den Sowjets auch die bevorstehenden Besuche der englischen Königin[41] und des amerikanischen Präsidenten[42] in Berlin und ihre Begleitung

---

Fortsetzung Fußnote von Seite 857

geführt und dabei u. a. eine Zusammenarbeit mit der Firma Citroën vereinbart. Vgl. dazu den Artikel „Wirtschaftsbeziehungen mit Frankreich ausgebaut"; NEUES DEUTSCHLAND vom 9. Juni 1978, S. 1 und 4. Vgl. dazu ferner AUSSENPOLITIK DER DDR, Bd. XXVI/2, S. 884–886.

[37] Zu den gesetzlichen Regelungen zur Staatsangehörigkeit der DDR vgl. Dok. 37, Anm. 18.

[38] Zur Staatsangehörigkeitsgesetzgebung in der Bundesrepublik vgl. Dok. 37, Anm. 19.

[39] Zu den Verhandlungen zwischen der Bundesrepublik und der UdSSR über ein Abkommen zur gegenseitigen Rechtshilfe in Zivil- und Handelssachen, ein Abkommen über wissenschaftlich-technische Zusammenarbeit und ein Abkommen über ein Zweijahresprogramm zum Kulturabkommen vom 19. Mai 1973 vgl. Dok. 17, Anm. 12.

[40] Der sowjetische Außenminister Gromyko hielt sich am 11./12. Mai 1978 in der DDR auf.

[41] Königin Elizabeth II. hielt sich im Rahmen eines Besuchs vom 22. bis 26. Mai 1978 in der Bundesrepublik am 25. Mai 1978 in Berlin (West) auf.

[42] Im Rahmen eines Besuchs vom 13. bis 17. Juli 1978 in der Bundesrepublik besuchte Präsident Carter am 15. Juli 1978 Berlin (West).

durch den Bundeskanzler und den Bundesaußenminister erwähnt. Wir hätten geraten, daß die Sowjets diese Ereignisse als im Rahmen des VMA liegend zur Kenntnis nähmen. Gromyko habe in seiner Erwiderung nicht gesagt, daß dies das VMA verletze, sondern daß Sowjets davon ausgingen, daß Bundesregierung stets das VMA einhalte. Daraus schließen wir, daß die Sowjets es nicht auf eine Konfrontation über Berlin anlegten.

Auf Frage von Vance, worauf Direktoren Annahme verhältnismäßig ruhiger Lage Berlins stützten, wies Vest vor allem darauf hin, daß Sowjets in letzter Zeit keine Anzeichen für Wunsch nach Vier-Mächte-Konsultationen[43] gegeben hätten. Man könne jedoch für Fall eines Führungswechsels in Moskau keine sicheren Voraussagen machen.

Bundesminister begrüßte gelassene Reaktion der Alliierten auf sowjetische Militärpatrouillen in Berlin (West).[44] Abrassimows Rechnung, der die Sache hochspielen wolle, werde deshalb nicht aufgehen. Uns lägen Hinweise vor, daß Abrassimows Tätigkeit in dieser Frage von Moskau möglicherweise nicht ganz gedeckt sei.

Zum Thema Beteiligung Berlins an den Wahlen zum Europäischen Parlament regte Bundesminister an, Sowjets bei jeder Gelegenheit und auf jeder Ebene auf folgendes hinzuweisen: Berliner Abgeordnete im EP, die bisher vom Deut-

---

[43] In Ziffer 4 des Schlußprotokolls vom 3. Juni 1972 zum Vier-Mächte-Abkommen über Berlin vom 3. September 1971 wurde vereinbart, daß im Falle unterschiedlicher Auffassungen über Auslegung und Implementierung jede Vertragspartei das Recht zur Einberufung formeller Konsultationen haben solle. Für den Wortlaut vgl. BUNDESANZEIGER, Nr. 174 vom 15. September 1972, Beilage, S. 73.

[44] Der Senator für Bundesangelegenheiten informierte das Auswärtige Amt am 14. Februar 1978, am 2. Februar 1978 hätten vier sowjetische Soldaten um Einlaß in die Lehrabteilung der Polizei in Berlin-Ruhleben gebeten, seien aber abgewiesen worden. Vgl. dazu Referat 210, Bd. 116506.
Am 22. Februar 1978 übermittelte der Senator für Bundesangelegenheiten dem Auswärtigen Amt ein Fernschreiben der Senatskanzlei vom 8. Februar 1978. Darin hieß es, am selben Tage hätten sechs sowjetische Offiziere die Alliierte Kommandantur durch einen Nebeneingang betreten wollen. Vgl. dazu Referat 210, Bd. 116506.
Vortragender Legationsrat von Siegfried vermerkte am 9. März 1978, der Senat von Berlin habe in Absprache mit den Drei Mächten Anordnungen erteilt, wie verfahren werden solle, wenn sowjetischer Soldaten Zugang zu Dienstgebäuden von Bundesinstitutionen in Berlin (West) betreten wollten. In einem Papier der Drei Mächte werde vorgeschlagen, daß alle uniformierten Angehörigen der Vier Mächte gleich behandelt werden sollten: „If no particular business is stated, but only a general wish to visit the building, the visitor should be told that this is not possible without prior notification and he should be told how to apply. The visitor should then be asked politely to leave. If he refuses, the Military Police of the protecting power concerned should be telephoned." Vgl. Referat 210, Bd. 116506.
Am 10. April 1978 vermerkte Ministerialdirigent Pfeffer, die Drei Mächte seien in der Sitzung der Bonner Vierergruppe am 4. April 1978 unterrichtet worden, daß die Fahrzeugkolonne des Bundespräsidenten Scheel am Vortag von einer Patrouille der sowjetischen Streitkräfte gestört worden sei. In der Sitzung am 7. April 1978 seien die Drei Mächte darauf hingewiesen worden, daß eine sowjetische Patrouille am 5. April 1978 Plakate des Kommunistischen Bundes Westdeutschland abgerissen habe, auf denen zur Solidarität mit der ZANU und der Patriotischen Front aufgerufen worden sei. Vgl. dazu Referat 210, Bd. 116506.
Vortragender Legationsrat I. Klasse Freiherr von Richthofen informierte am 11. Mai 1978, die Drei Mächte hätten auf der Ebene der politischen Berater bei der sowjetischen Botschaft in Ost-Berlin am 14. bzw. am 19. April 1978 Erklärungen abgegeben. Die sowjetische Seite habe eingeräumt, die sowjetische Patrouille habe sich im Falle des Abreißens der Plakate „vielleicht ein wenig ‚unvorsichtig' verhalten, jedoch nicht die Absicht gehabt, die öffentliche Ordnung zu verletzen", und versichert, „ihre Patrouillen stünden unter der strengen Weisung, sich nicht in die inneren Angelegenheiten einzumischen". Die Drei Mächte betrachteten die Angelegenheit damit als erledigt. Vgl. den Runderlaß Nr. 2308; Referat 210, Bd. 116506.

schen Bundestag gewählt würden, würden nach Einführung der direkten Wahlen vom Berliner Abgeordnetenhaus gewählt. Dies sei Anpassung an Regelung für Bundestagswahlen, die auch mehr im Sinne des VMA liege als bisherige Regelung, jedoch nicht vom VMA vorgeschrieben werde.

Mit diesem freiwilligen Schritt habe Westen seinen guten Willen zum Ausdruck gebracht.

Hinsichtlich der Beziehungen der Drei Mächte zur DDR hob Bundesminister drei Punkte hervor:

– Brief zur deutschen Einheit, ohne den Moskauer Vertrag nicht zustande gekommen wäre und der auch in Dokumente des Obersten Sowjets anläßlich Ratifikation Moskauer Vertrags eingegangen sei, deklariere Wiederherstellung deutscher Einheit als Ziel deutscher Politik. Gleichartigen Brief hätten wir bei Abschluß Grundlagenvertrages der DDR übermittelt.[45]

– Außerdem hätten wir damals gegenüber DDR klargestellt, daß unsere Position in Frage deutscher Staatsangehörigkeit unverändert sei.[46] Dies sei wichtiger Gesichtspunkt, wenn wir unsere Hoffnungen und Erwartungen zu Verhandlungen unserer Freunde über Konsularverträge mit DDR ausdrückten.

– DDR gebärde sich als Gralshüter des VMA gegen angebliche Verletzungen, obwohl sie das Abkommen nicht unterzeichnet habe und es[47] durch die wiederkehrenden Militärparaden in Ostberlin, die gegen den entmilitarisierten Status verstießen, selbst ständig verletze. Bilaterale Beziehungen der Alliierten mit der DDR böten gute Gelegenheit, auf diese Verletzungen hinzuweisen.

Vest bemerkte dazu: Dies werde amerikanische Seite im Auge behalten, wenn DDR-Außenminister Fischer nächste Woche Washington besuche.

[gez.] Blech

VS-Bd. 11120 (204)

---

[45] Für den Wortlaut des „Briefs zur deutschen Einheit", der anläßlich der Unterzeichnung des Vertrags vom 12. August 1970 zwischen der Bundesrepublik und der UdSSR im sowjetischen Außenministerium übergeben wurde, vgl. BUNDESGESETZBLATT 1972, Teil II, S. 356.
Einen wortgleichen Brief richtete Staatssekretär Bahr, Bundeskanzleramt, an den Staatssekretär beim Ministerrat der DDR, Kohl, anläßlich der Unterzeichnung des Vertrags vom 21. Dezember 1972 über die Grundlagen der Beziehungen zwischen der Bundesrepublik und der DDR. Für den Wortlaut vgl. BUNDESGESETZBLATT 1973, Teil II, S. 425.

[46] Im Zusammenhang mit dem Vertrag vom 21. Dezember 1972 über die Grundlagen der Beziehungen zwischen der Bundesrepublik und der DDR erklärte die Bundesrepublik: „Staatsangehörigkeitsfragen sind durch den Vertrag nicht geregelt worden." Vgl. BUNDESGESETZBLATT 1973, Teil II, S. 426.

[47] Korrigiert aus: „Ist".

172

Aufzeichnung des Botschafters Ruth, z. Z. Washington

220-371.80-1084/78 geheim 31. Mai 1978[1]

Betr.: SALT[2]
  hier: Grauzonensysteme

Der Bundeskanzler brachte nachdrücklich das Problem der sowjetischen Mittelstreckenpotentiale zur Sprache. Er führte aus, daß er sich im Blick auf die Zeit nach 1985 Sorgen mache. Die Nichteinbeziehung der SS-20 und des Backfire und die damit gegebene sowjetische Überlegenheit im Mittelstreckenbereich könne sich dann politisch und militärisch kritisch bemerkbar machen. Es sei ein Fehler gewesen, der nicht dieser Administration anzulasten sei, die Mittelstreckenpotentiale nicht von vornherein als strategisch zu betrachten. Es komme ihm darauf an, seine große Sorge über diese Frage zum Ausdruck zu bringen.

Warnke erwiderte, daß die Nichteinbeziehung der SS-20 und die Konzentration auf die Langstreckenoptionen des Backfire darauf zurückzuführen seien, daß von amerikanischer Seite die sowjetische Bereitschaft, auf die Einbeziehung der FBS zu verzichten, nicht in Frage gestellt werden solle. Eine Forderung der Einbeziehung der SS-20 wäre von der Sowjetunion sofort mit der Forderung der Einbeziehung der FBS beantwortet worden. Diese wären bei einer Behandlung der SS-20 als einer strategischen Waffe ebenfalls als strategisch bezeichnet worden, da sie sowjetisches Territorium erreichen. Auf Frage des Bundeskanzlers nannte Warnke als mögliche FBS die F-111 und die Flugzeugträger-gestützten Kampfflugzeuge der Amerikaner. Warnke betonte, daß für ihn das Grauzonenproblem eine wichtige offene Frage sei.

Man sei in SALT so weit gegangen, wie dies in diesem Rahmen möglich sei, und werde diesen Ansatz weiterverfolgen. Man müsse jedoch prüfen, wie das Grauzonenproblem in Zukunft behandelt werden solle. Es sei offensichtlich, daß auch hier das französische Problem sich sofort stelle und daß es auch einen offensichtlichen Dissens zwischen den Briten und uns gäbe.[3] Der Bundeskanzler erläuterte, daß er sich in dieser Frage in der Öffentlichkeit zurückgehalten habe, um zu vermeiden, daß Vorwürfe erhoben würden, er beeinträchtige die Ratifizierungschance eines SALT-II-Abkommens. Der Präsident habe ihn jedoch gefragt, warum er auf das Problem nicht öffentlich hinweise.[4] Es sei denkbar, dies in einer Erklärung zu tun, die man vorher mit den Amerikanern abstimmen könne.

---

[1] Ablichtung.
  Hat Ministerialdirektor Kinkel am 19. Juni 1978 vorgelegen.
[2] Zum Gespräch des Bundeskanzlers Schmidt mit dem Direktor der amerikanischen Rüstungskontroll- und Abrüstungsbehörde, Warnke, am 30. Mai 1978 in Washington vgl. auch Dok. 169.
[3] Zur britischen bzw. französischen Haltung hinsichtlich der Grauzonenproblematik vgl. Dok. 159, Anm. 13 und 14.
[4] Zum Gespräch des Bundeskanzlers Schmidt mit Präsident Carter am 30. Mai 1978 in Washington vgl. Dok. 168.

Warnke meinte, daß eine starke Betonung der Mittelstreckenproblematik sich negativ auf den Ratifizierungsprozeß[5] auswirken könne. Der Bundeskanzler erläuterte, daß er mit Sorge daran denke, daß in der Zeit nach 1985 in der Sowjetunion eine neue Führungsgeneration die Verantwortung übernommen haben werde. Sollte es dann zu einer Konfrontation und zu einer Krise wie über Kuba[6] kommen, müsse man davon ausgehen, daß bis dahin die Ungleichgewichtigkeit bei den Mittelstrecken in das Bewußtsein der Bevölkerung eingedrungen sein werde und daß damit die Gefahr groß sei, daß eine Krisensituation gegen den Westen ausgenutzt werde.

Warnke entgegnete, daß die Vereinigten Staaten alles tun würden, um die Balance zu halten. Was die Cruise Missiles in der Gleichung angehe, bestünden nach Ablauf des Protokolls[7] die beiden Optionen:
– entweder Dislozierung der Cruise Missiles
– oder Nutzung als verhandlungspolitisches Gegengewicht gegen die SS-20.

Um diese Option offenzuhalten, hätten die Amerikaner zu der Form des Protokolls gegriffen.

Der Bundeskanzler stellte fest, daß das Gewicht der SS-20/Backfire-Problematik nicht gesehen worden sei und daß die Europäer nicht rechtzeitig auf die bestehenden Gefahren hingewiesen hätten. Er wolle unterstreichen, daß in den kommenden Monaten Frankreich, Großbritannien und wir intensiv über diese Frage untereinander und mit den Amerikanern sprechen würden. Er betrachte sich als legitimiert, die Vereinigten Staaten auf diesem Gebiet zu behelligen. Es sei notwendig, einen Weg zu finden, um dieses Problem in den Griff zu bekommen. Es gehe zunächst nicht um die Frage, wie Frankreich und Großbritannien in Verhandlungen einbezogen werden sollen, aber wir müßten unsere Interessen klar definieren.

Auf die Bemerkung Warnkes, es sei eine sorgfältige Studie über Theater Nuclear Forces notwendig, erwiderte der Bundeskanzler, daß es wichtig sei, diesen Begriff nicht zu verwenden, da es sich um Waffen handele, die für die Europäer strategisch seien. Warnke wiederholte sein Argument, daß die Verwendung dieses Begriffs die Einbeziehung der FBS bedeute. Er unterstrich, daß es nicht im Interesse des Westens sei, die Grauzonenpotentiale gesondert zu verhandeln und ein gesondertes Gleichgewicht für sie anzustreben. Der Abkoppelungseffekt müsse vermieden werden. Auf amerikanischer Seite sei man ent-

---

[5] Zu den Aussichten für eine Ratifizierung eines SALT-II-Abkommens im amerikanischen Senat vgl. Dok. 167, Anm. 9.

[6] Am 14. Oktober 1962 stellten die USA bei Aufklärungsflügen über Kuba fest, daß auf der Insel Abschußbasen errichtet und Raketen sowjetischen Ursprungs stationiert worden waren. Am 22. Oktober verhängten die USA eine Seeblockade. Nach einem Briefwechsel zwischen Ministerpräsident Chruschtschow und Präsident Kennedy erklärte sich die UdSSR am 27. Oktober 1962 zum Abbau der Raketen bereit, der am 9. November 1962 begann. Im Gegenzug begannen die USA, in der Türkei stationierte Raketen vom Typ „Jupiter" abzuziehen. Vgl. dazu FRUS 1961–1963, XI, besonders S. 235–241, S. 268 f., S. 279–283, S. 285 f. Vgl. dazu ferner AAPD 1962.

[7] Zur Einigung vom Mai 1977 zwischen den USA und der UdSSR auf eine dreiteilige Struktur für SALT II vgl. Dok. 23, Anm. 9.
Zu den Überlegungen zur Laufzeit des Protokolls vgl. Dok. 149.

schlossen, den Ausgleich für die sowjetischen Mittelsteckenpotentiale zu erhalten. Als Beispiel nannte er die Assignierung neuer SLBMs für SACEUR.

Der Bundeskanzler erwiderte, daß er sich dennoch um das Gleichgewicht Sorge mache. In Kuba sei es nicht zum Konflikt gekommen, weil die Sowjetunion verstanden habe, daß die Vereinigten Staaten stärker seien, und weil Kennedy bereit gewesen sei, zuzulassen, daß die Sowjets ihr Gesicht wahrten. Wenn der Gedanke der Parität in das Bewußtsein der Öffentlichkeit gedrungen sei, werde die Bereitschaft zur Übernahme eines Risikos ebenfalls abnehmen[8].

Der Bundeskanzler stellte fest, daß, so wie unsere eigene Meinung zu diesem Problem nicht endgültig festgelegt sei, auch Präsident Giscard und Premierminister Callaghan beeinflußt werden könnten. Es müsse die Frage geprüft werden, wie wir die Cruise Missiles nach dem Ablauf des Protokolls behandeln.

Warnke stimmte zu, daß es außerordentlich wichtig sei, einen Weg für die Einbeziehung der SS-20 zu finden, daß aber das Problem des trade-offs ebenso groß sei.

Der Bundeskanzler wies darauf hin, daß ein Vorgang, wie er im Zusammenhang mit der Neutronenwaffe stattgefunden habe, vermieden werden müsse und daß es im Bereich der Cruise Missiles keine vergleichbare überraschende Entscheidung gebe. Wir müßten über die Entwicklungen voll unterrichtet sein. Deshalb sei es notwendig, daß wir gemeinsam über geeignete Schritte nachdächten.

Warnke entgegnete, daß er die Meinung teile, daß die Neutronen...[9] nicht wiederholt werden solle. Dazu sei es wichtig für die Amerikaner, rechtzeitig zu wissen, ob die Bundesrepublik Deutschland beispielsweise bereit sein werde, Cruise Missiles auf ihrem Boden zu stationieren. Der Bundeskanzler erwiderte, daß man jedenfalls nicht von vornherein unterstellen könne, wir würden nein sagen.

Warnke unterstrich, daß alle Optionen für die Cruise Missiles offen seien. Die Test-Möglichkeit für Cruise Missiles bis 2500 sei voll gewahrt.

Auf amerikanischer Seite sei man im übrigen bereit zu eingehender Analyse des Problems und zu intensiven Konsultationen.

Der Bundeskanzler bemerkte zum Schluß, daß er es für möglich halte, daß mit dem Abschluß von SALT II eine neue Definition der Bündnisstrategie in den 80er Jahren erforderlich werde. Die strategischen Theoretiker würden einsehen, daß einige der alten Prinzipien verändert werden müßten.

Der Bundesaußenminister wies auf den Wirtschaftsgipfel im Juli in Bonn hin[10] und fragte, ob eine Diskussion am Rande des Gipfels unter den Vieren[11] zu spät für den Abschluß von SALT II komme.

Warnke verneinte dies, wurde in dieser Einschätzung von seinen Mitarbeitern aber nicht voll unterstützt. Er versicherte, daß auf amerikanischer Seite nicht daran gedacht werde, sich unüberlegt in SALT-III-Verhandlungen zu stürzen.

---

8 Korrigiert aus: „ablenken".
9 Teilweise unleserliches Wort in der Vorlage.
10 Zum Weltwirtschaftsgipfel am 16./17. Juli 1978 vgl. Dok. 225.
11 Zum Gespräch des Bundeskanzlers Schmidt mit Premierminister Callaghan, Präsident Carter und Staatspräsident Giscard d'Estaing am 17. Juli 1978 vgl. Dok. 223.

Anmerkung:

Zum Stand der Grauzonenkonsultationen mit den Amerikanern ist folgendes zu bemerken:

1) Bei meinem letzten Besuch in Washington haben wir uns auf bilaterale Konsultationen geeinigt. Dabei sollen die in den Hauptstädten erarbeiteten Überlegungen ausgetauscht werden.[12]

2) In der Zwischenzeit hat Gelb diesen Vorschlag erneuert und zu erwägen gebeten, daß die Amerikaner mit den hiesigen Botschaftern der drei anderen Bündnispartner[13] das Gespräch über die Grauzone aufnehmen.[14]

3) Die Arbeiten im Auswärtigen Amt und im Verteidigungsministerium zur Grauzonenproblematik sind im Gange. Mit einem baldigen Abschluß kann gerechnet werden.

gez. Ruth[15]

VS-Bd. 11589 (02)

---

[12] Zum Gespräch des Botschafters Ruth mit dem Direktor der amerikanischen Rüstungskontroll- und Abrüstungsbehörde, Warnke, am 12. Mai 1978 in Washington vgl. Dok. 161, Anm. 21.

[13] Peter Jay (Großbritannien), François de Laboulaye (Frankreich), Berndt von Staden (Bundesrepublik).

[14] Botschafter Ruth, z. Z. New York, berichtete am 27. Juni 1978 über deutsch-amerikanische Gespräche über SALT am Vortag in Washington. Mit Frankreich und Großbritannien hätten die USA bereits in der Vorwoche bilaterale Gespräche geführt. Bei SALT sei „die Verhandlungsmaterie nunmehr zu 95 Prozent geregelt […]. Man habe zwischenzeitlich Einigung über alle für Höchststärken relevante Ziffern erreicht sowie Lösungen zur Frage der Protokoll-Laufzeit und der Fristen für die durchzuführenden Reduzierungen erreicht." Offen seien allerdings noch schwierige Fragen wie die Regelungen für neue Systeme, der Backfire-Bomber sowie die Absichtserklärungen. Er, Ruth, habe darauf hingewiesen, daß das Protokoll ausschließlich Cruise Missiles betreffe, nicht aber die SS-20: „Die Cruise-Missile-Optionen könnten daher für die Zeit nach Ablauf des Protokolls einseitig zugunsten der Sowjetunion präjudiziert sein oder seien jedenfalls nicht mehr in dem gleichen Maße offen wie die Optionen für die SS-20 und Backfire." Die amerikanische Delegation habe entgegnet, „die amerikanische Regierung habe zur Frage der Grauzonensysteme noch keine festgelegte Haltung. Wie sich aus den vorangegangenen Gesprächen mit den Briten und Franzosen ergeben hätte, seien deren Positionen bei weitem zurückhaltender als die unsrigen." Innerhalb der NATO sei eine weitere Abstimmung notwendig. Ruth merkte an, daß der noch im Gang befindliche amerikanische Meinungsbildungsprozeß die Möglichkeit biete, diesen „noch vor dem 19. Juli (Bündniskonsultationen) weiter zu beeinflussen". Vgl. den Drahtbericht Nr. 1632; VS-Bd. 11395 (220); B 150, Aktenkopien 1978.

[15] Paraphe.

173

Gespräch des Bundesministers Genscher
mit dem Sicherheitsberater des amerikanischen Präsidenten,
Brzezinski, in Washington

105-35.A/78 31. Mai 1978[1]

Gespräch des Herrn Bundesministers des Auswärtigen mit Dr. Brzezinski am 31. Mai 1978, 11.50 Uhr, im State Department in Washington[2];
hier: Dolmetscheraufzeichnung

Auf dem gemeinsamen Weg zum Sitzungszimmer erwähnte *Brzezinski*, er habe noch sehr deutliche Erinnerungen an Halle und eine Autofahrt, die er im Alter von 5 Jahren von Halle nach Leipzig gemacht habe, wo damals sein Vater Generalkonsul gewesen sei.[3]

BM eröffnete das Gespräch mit einer Schilderung seiner Eindrücke von der jüngsten Privatreise in die DDR.[4] Die Menschen hätten ihm gesagt, die Ostpolitik sei richtig und die Dinge in der DDR nicht gut. Die DDR sei das am wenigsten stabile Land in Osteuropa, was vor allem auf das Fehlen einer nationalen Identität zurückzuführen sei. Aufschlußreich sei die Antwort auf seine Frage gewesen, wer denn die Fußballweltmeisterschaft[5] gewinnen werde: seine Gesprächspartner hätten mit „wir" geantwortet, worin er einen Beweis erblicke, daß das Gefühl, eine Nation zu sein, eine Realität sei.

Brzezinski erwähnte, er habe auf der jüngsten Bilderberg-Konferenz[6] auf die deutsche Frage verwiesen und bemerkt, daß ein Drittel des deutschen Territoriums von einer ausländischen Macht besetzt sei und das dortige System durch die Anwesenheit ausländischer Truppen gestützt werde. Nach dieser Bemerkung seien einige deutsche Teilnehmer zu ihm gekommen, um ihre Überraschung über diesen Hinweis zum Ausdruck zu bringen. Dies habe ihn wiederum über-

---

[1] Die Gesprächsaufzeichnung wurde von Vortragendem Legationsrat I. Klasse Weber am 1. Juni 1978 gefertigt und am folgenden Tag an Vortragenden Legationsrat I. Klasse Lewalter weitergeleitet.
Hat Lewalter am 2. Juni 1978 vorgelegen, der Bundesminister Genscher um Billigung bat.
Hat Genscher am 9. Juli 1978 vorgelegen.
Hat Legationsrat I. Klasse Petersmann am 11. Juli 1978 vorgelegen, der die Weiterleitung an Referat 204 „m[it] d[er] Bitte um Übernahme" verfügte.
Hat Vortragendem Legationsrat I. Klasse Schenk am 12. Juli 1978 vorgelegen, der die Weiterleitung an Ministerialdirektor Blech verfügte.
Hat Blech am 13. Juli 1978 vorgelegen.
Hat Ministerialdirektor Meyer-Landrut am 17. Juli 1978 vorgelegen.
Hat Botschafter Ruth am 20. Juli 1978 vorgelegen. Vgl. den Begleitvermerk; VS-Bd. 11107 (204); B 150, Aktenkopien 1978.

[2] Bundesminister Genscher hielt sich anläßlich der NATO-Ratstagung auf der Ebene der Staats- und Regierungschefs am 30./31. Mai 1978 in den USA auf.

[3] Der Vater des Sicherheitsberaters des amerikanischen Präsidenten, Brzezinski, Tadeusz Brzeziński, war von 1931 bis 1935 polnischer Konsul in Leipzig.

[4] Bundesminister Genscher hielt sich vom 28. bis 30. März 1978 in Weimar, Naumburg, Dresden, Reideburg und Halle auf. Vgl. dazu die Rubrik „Bonn Soir"; DIE WELT vom 30. März 1978, S. 3.

[5] Die Fußballweltmeisterschaft fand vom 2. bis 25. Juni 1978 in Argentinien statt. Vgl. dazu Dok. 206.

[6] Die Bilderberg-Konferenz fand vom 21. bis 23. April 1978 in Princeton statt.

rascht. Schließlich dürfe man die einer Situation zugrundeliegenden historischen Realitäten nicht aus dem Auge verlieren. Die Teilung sei künstlich.

BM wies darauf hin, daß Drang nach nationaler Einheit die stärkste historische Kraft sei, die vor allem durch die Entwicklung in der Dritten Welt neuen Auftrieb erhalte. Daher sei die sowjetische Politik in Europa konservativ, um nicht zu sagen reaktionär. Die sowjetische Außenpolitik sei die reaktionärste, die es in der Welt gäbe.

Brzezinski erwähnte, daß die Chinesen die derzeitige amerikanische Politik gegenüber Osteuropa nachdrücklich billigten. Sie unterscheide sich von der früherer Regierungen, da man nun unmittelbar in diese Länder gehe und nicht nur diejenigen Länder unterstütze, die eine unabhängige Außenpolitik verfolgten, wie Rumänien und Jugoslawien, sondern auch jene Länder, die sich im Inneren um mehr Selbständigkeit bemühten.

BM hielt dies für richtig und erwähnte bezüglich des zweiten Bereichs Ungarn und das mit einigem Abstand folgende Polen.

Brzezinski sagte, die Ungarn verfolgten eine innovative Wirtschaftspolitik, wogegen bei den Polen der private Landwirtschaftssektor eine größere Bedeutung habe und die Kirche ein stärkeres Element darstelle.

BM bemerkte, daß der von den Sowjets den osteuropäischen Ländern gewährte Spielraum im Falle Polens am geringsten sei, was auf die geographische Lage zwischen der DDR und der Sowjetunion zurückzuführen sei.

Auf die Frage von *Brzezinski*, ob BM spezifische Themen behandeln wolle, erwiderte *dieser*, ihm liege vor allem daran, zu verhindern, daß sich in Fragen von zentraler Bedeutung Mißverständnisse ergäben. So sei beispielsweise die Erklärung des deutschen Vertreters im NATO-Rat zur Neutronenwaffe[7] dem Inhalt nach den Amerikanern bekannt und mit ihnen abgestimmt gewesen.[8] Dennoch habe es zu seiner großen Überraschung Mißverständnisse gegeben. Dies sei Vergangenheit, und man müsse nun in die Zukunft blicken. Er wünsche, daß im Verhältnis zwischen den beiden Ländern wie auch im persönlichen Verhältnis immer volle Klarheit herrsche. Deswegen greife er erneut den Vorschlag auf, den er bei seiner ersten Begegnung mit Brzezinski[9] in dessen Büro gemacht habe: Wann immer Fragen bestünden, möge Brzezinski ihn unmittelbar anrufen, was auch er seinerseits auch tun wolle.[10] Für ihn hätten die deutsch-amerikanischen Beziehungen absolute Priorität, und es sei eine historische Aufgabe, sie von Mißverständnissen und Fehlinterpretationen freizuhalten.

Brzezinski stimmte dem voll zu. Er sagte, es habe sich um kein vorsätzliches, sondern um ein echtes Mißverständnis gehandelt. Auch er erachte möglichst

---

[7] Vgl. dazu die Weisung an Botschafter Pauls, Brüssel (NATO), vom 17. März 1978; Dok 82.
Zur Unterrichtung der USA über die der Weisung zugrundeliegenden Beschlüsse des Bundessicherheitsrats vom 14. März 1978 vgl. Dok. 77.
[8] Für die Weisung an Botschafter Pauls, Brüssel (NATO), vom 7. April 1978 sowie die Unterrichtung des Präsidenten Carter vgl. Dok. 108.
Für die Erklärung von Pauls im Ständigen NATO-Rat am selben Tag vgl. Dok. 109.
[9] Für das Gespräch am 13. Juli 1977 in Washington vgl. AAPD 1977, II, Dok. 188.
[10] So in der Vorlage.

enge Kontakte für außerordentlich wichtig, um so mehr als bezüglich zahlreicher Fragen ohnehin sehr ähnliche Ansicht bestünden.

BM bezog sich sodann auf den Bericht von Brzezinski über dessen Besuch in China.[11] Er habe vor kurzem mit Ku Mu gesprochen[12], dem Stellvertretenden Ministerpräsidenten, der Teng sehr nahestehen solle. Die dabei gewonnenen Eindrücke entsprächen den von Brzezinski geschilderten. Vor einigen Monaten sei er selbst in China gewesen und habe von dem Vorsitzenden Hua gleiche Eindrücke gewonnen wie Brzezinski.[13] Er gehöre zu den Menschen, für die das Motto gelte, „mehr sein als scheinen". Vielleicht unterlägen westliche Beobachter – wovon er Brzezinski und sich selbst ausdrücklich ausnahm – und Journalisten leicht einer Fehleinschätzung. Teng sei gewiß ein einflußreicher und eindrucksvoller Mann, doch dürfe man Hua nicht unterschätzen. Er sei sehr talentiert und mit allen Fragen vertraut. Das Gespräch mit ihm habe er in einer Weise geführt, die deutlich machen sollte, daß er trotz der kollektiven Führung Nummer 1 sei. Hua sei sicher die entscheidende Persönlichkeit, die auf Grund ihres Alters die Geschicke Chinas auf lange Zeit hinaus bestimmen werde. Dies sei übrigens ein Vorteil, den die Chinesen gegenüber den Sowjets hätten, wo das dringende Nachfolgeproblem bisher nicht gelöst sei, was bei dem Breschnew-Besuch[14] deutlich geworden sei.

Brzezinski bezeichnete dies als eine interessante und zutreffende Überlegung. Er gehe noch weiter. Nicht nur sei es den Chinesen anscheinend gelungen, die Nachfolgefrage zu lösen, sondern sie hätten einen Schritt nach vorn getan, der praktisch zwei Politikergenerationen umfasse. Die Russen könnten sich wegen ihres starren bürokratischen Systems wahrscheinlich nur um eine Generation bewegen, so daß nach dem Abtreten von Breschnew Kirilenko als Übergangskandidat den Weg für Kulakow ebnen dürfte. Den Eindruck über Hua teile er uneingeschränkt. Die Chinesen hätten eine neue Linie eingeschlagen: Nicht-Maoismus im Namen Maos. Diese Politik lege Nachdruck auf die langfristige Entwicklung, besonders im technologischen Bereich, und auf Kontakte mit dem Westen. Wir sollten diese Politik unterstützen. Er bedaure, daß am Vortag nicht

---

11 Der Sicherheitsberater des amerikanischen Präsidenten, Brzezinski, hielt sich vom 20. bis 23. Mai 1978 in der Volksrepublik China auf. Vgl. dazu auch Dok. 170.
12 Der chinesische Stellvertretende Ministerpräsident Ku Mu hielt sich vom 28. Mai bis zum 6. Juni 1978 in der Bundesrepublik auf und führte am 29. Mai 1978 ein Gespräch mit Bundesminister Genscher. Vortragender Legationsrat I. Klasse Wegner notierte dazu am 30. Mai 1978: „BM erläuterte der chinesischen Delegation ausführlich unsere Politik gegenüber ASEAN und das Vorhaben eines politischen Dialogs zwischen ASEAN und den Neun. Dies fand chinesische Zustimmung. Die Chinesen verwiesen ihrerseits auf die Reisen chinesischer Führer in Südostasien und auf die Bemühungen um Herstellung eines guten Verhältnisses zur südostasiatischen Region. Ihre Haltung zu ASEAN ist unverändert. Desweiteren erkundigte sich BM nach dem chinesisch-japanischen Verhältnis. Auch hier bestand Übereinstimmung, daß ein gutes japanisch-chinesisches Verhältnis sehr wichtig für Frieden und Stabilität in Ostasien sei. Chinesische Haltung im übrigen unverändert." Vgl. Referat 341, Bd. 107499.
Für das Gespräch von Ku Mu mit Bundeskanzler Schmidt am 6. Juni 1978 vgl. Dok. 177.
13 Bundesminister Genscher hielt sich vom 12. bis 15. Oktober 1977 in der Volksrepublik China auf. Für das Gespräch mit dem Vorsitzenden des ZK der KPCh, Hua Kuo-feng, am 14. Oktober 1977 vgl. AAPD 1977, II, Dok. 285.
14 Der Generalsekretär des ZK der KPdSU, Breschnew, besuchte die Bundesrepublik vom 4. bis 7. Mai 1978. Vgl. dazu Dok. 135, Dok. 136, Dok. 142 und Dok. 143.

über die Frage westlicher Technologie für China gesprochen worden sei.[15] In der NATO sollte auch über die Möglichkeit westlicher Waffenlieferungen gesprochen werden.

Auf die Frage des *BM*, wie die Amerikaner hierzu stünden, antwortete *Brzezinski*, bisher sei man widerstrebend (reluctant) gewesen und habe auch den Europäern geraten, sich entsprechender Schritte zu enthalten, die man als verfrüht angesehen habe. Heute nehme man eine neutrale Haltung ein.[16]

Auf die Frage von *BM* ob die Amerikaner daran dächten, selbst aktiv zu werden, antwortete *Brzezinski*, ihm erscheine es besser, wenn dies nicht der Fall sei, zumindest solange keine diplomatischen Beziehungen bestünden.[17] Man wolle erst einmal abwarten, wie sich die weiteren Beziehungen zwischen China und der Sowjetunion entwickelten. Für die Sowjets ergebe sich hieraus eine gewisse Unsicherheit über die amerikanische Chinapolitik.

BM fragte sodann, wie er die Aussichten eines Vertrags mit Japan[18] beurteile. *Brzezinski* wies auf Schwierigkeiten hin, die Fukuda noch innenpolitisch habe, doch habe er ihm angedeutet, daß in Bälde mit dem Abschluß eines Vertrags zu rechnen sei.[19]

BM bemerkte, daß Bundesrepublik ab 1. Juli Präsidialmacht der EG sei und diese Zeit auch dafür nutzen wolle, die Beziehungen zu den ASEAN-Ländern wesentlich auszubauen. Er habe über diese Absicht auch mit den Chinesen gesprochen, die sie positiv beurteilten. Für November sei eine erste politische Begegnung von Ministern aus ASEAN-Ländern mit dem Ministerrat geplant.[20] Er hoffe, dies werde als Signal verstanden. Japan verfolge diese Entwicklung mit außerordentlicher Sympathie, China mit Sympathie und Interesse.

---

[15] Zur NATO-Ratstagung auf der Ebene der Staats- und Regierungschefs am 30./31. Mai 1978 in Washington vgl. Dok. 170.

[16] Botschafter von Staden, Washington, berichtete am 1. Juni 1978, die Tageszeitung „The New York Times" habe am 18. Mai 1978 informiert, die amerikanische Regierung sei bereit, Rüstungsexporte europäischer NATO-Mitgliedstaaten in die Volksrepublik China zuzulassen. Der Artikel „US-Aides favor sale by allies of arms to China" habe Aufmerksamkeit erregt, weil er am Vorabend der Reise des Sicherheitsberaters des amerikanischen Präsidenten, Brzezinski, vom 20. bis 23. Mai 1978 in die Volksrepublik China erschienen sei. Der mitgereiste Mitarbeiter des Nationalen Sicherheitsrats, Huntington, habe gegenüber einem Mitarbeiter der Botschaft der Bundesrepublik bestätigt, daß die USA der Volksrepublik China vor einer Normalisierung der Beziehungen keine Waffen liefern, gegen Lieferungen von Verbündeten jedoch keine Einwendungen erheben würden, vorausgesetzt, es würden drei Bedingungen erfüllt: „Die COCOM-Richtlinien würden beachtet und eingehalten; es würden keine Waffen geliefert, die zu einer Bedrohung Taiwans führen könnten (z. B. Jagdbomber, Landungsfahrzeuge); die Verbündeten würden von Fall zu Fall [...] mit den USA über einzelne Geschäfte konsultieren." Vgl. den Drahtbericht Nr. 2043; VS-Bd. 9339 (422); B 150, Aktenkopien 1978.

[17] Zur Aufnahme diplomatischer Beziehungen zwischen den USA und der Volksrepublik China zum 1. Januar 1979 vgl. Dok. 395.

[18] Zum Stand der chinesisch-japanischen Beziehungen vgl. Dok. 116, besonders Anm. 14.
Botschafter Wickert, Peking, berichtete am 22. Mai 1978: „In dem Verhältnis Chinas zu Japan haben sich keine Fortschritte ergeben. Japan zögert nach wie vor, den Freundschaftsvertrag mit China, der eine ‚Anti-Hegemonie-Klausel' enthält, zu unterzeichnen, und die innenpolitische Situation in Tokio scheint die Unterzeichnung auch für die nächste Zukunft nicht zu begünstigen." Vgl. den Drahtbericht Nr. 517; Referat 341, Bd. 107499.

[19] Der Sicherheitsberater des amerikanischen Präsidenten, Brzezinski, hielt sich am 24. Mai 1978 in Japan auf.

[20] Zur Konferenz der Außenminister der EG- und der ASEAN-Mitgliedstaaten am 20./21. November 1978 vgl. Dok. 353.

Brzezinski nannte dies eine sehr positive Entwicklung. Er ging sodann kurz auf Afghanistan, Pakistan und Indien ein. Ein Comeback von Indira Gandhi[21] sei nicht auszuschließen. Pakistan habe erhebliche interne Schwierigkeiten. Nach neuesten Informationen befänden sich in Kabul 500 Sowjets. Im Falle Afghanistans[22] lasse sich nicht allzuviel unternehmen. Man sei dafür zu weit entfernt. Dennoch wolle er eine gewisse Reaktion des Militärs oder religiöser Kreise nicht ganz ausschließen. Vielleicht müsse man auch Pakistan stärker unterstützen.

Zur Frage Ost-West-Beziehungen führte *BM* aus, daß der Mangel an geistiger Führung und kreativer Politik ein Problem für die Sowjets darstelle, das die Chinesen nicht hätten. Die Sowjets hätten beispielsweise keine theoretisch fundierte Position zum Eurokommunismus. Dieses Fundament fehle auch ihrer Außenpolitik, was sie schwer vorhersehbar mache. Er teile Brzezinskis Auffassung, daß die Sowjets keine Afrikapolitik hätten, sondern sich Schwächen zunutze machten, wo sie aufträten. Deswegen dürfe man keine schwachen Stellen entstehen lassen und müsse gemeinsam soviel wie möglich tun, um die afrikanische Szene zu stabilisieren. Es dürfe nicht zu viele Mobutu-Regimes geben. Im Falle Zaires frage er sich, ob nicht die Errichtung einer Regierung der nationalen Einheit unter Hinzuziehungen anerkannter und angesehener Persönlichkeiten, wie beispielsweise des aus Shaba stammenden ehemaligen Außenministers Nguza Karl-I-Bond[23], angeregt werden sollte.

BM bat sodann um eine Äußerung zu SALT II und zur weiteren Entwicklung im Zusammenhang mit Unterzeichnung und Ratifizierung[24]. BM wiederholte unsere Sorge bezüglich Mittelstreckenwaffen, die wir als strategische Waffen betrachten müßten. Er habe Aufzeichnung über Gespräch mit BK[25] gelesen, so daß er nicht alles wiederholen wolle.

Brzezinski bezeichnete Anregung einer Regierung der nationalen Einheit in Zaire als gute und interessante Idee. Man müsse auch dafür sorgen, daß es in Ländern wie Zaire zu einem sehr viel besseren Wirtschaftsmanagement komme. Wenn der Westen Zaire unterstütze, könne er darauf wohl bestehen. Die Vereinigten Staaten unterstützten Frankreich indirekt bei seinen Bemühungen.[26]

---

[21] Am 26. Juni 1975 verhängte Präsident Ahmed wegen der Bedrohung der Sicherheit in Indien „aufgrund innerer Unruhen" den Ausnahmezustand. Anlaß dafür war ein Gerichtsurteil gegen Ministerpräsidentin Gandhi, die am 12. Juni 1975 illegaler Praktiken während der Parlamentswahlen 1971 für schuldig befunden worden war und der das passive Wahlrecht für die Dauer von sechs Jahren aberkannt wurde. Der Ausnahmezustand ermöglichte der Regierung, die Rede- und Versammlungsfreiheit sowie andere Grundrechte außer Kraft zu setzen und die Pressefreiheit zu beschränken. Mehrere hundert Oppositionelle wurden verhaftet. Vgl. dazu die Aufzeichnung des Ministerialdirigenten Jesser vom 4. Juli 1975; Referat 302, Bd. 101566.
Nach den Wahlen zum indischen Parlament zwischen dem 16. und 20. März 1977 trat Gandhi am 22. März 1977 zurück. Am 24. März 1977 übernahm Ministerpräsident Desai die Amtsgeschäfte.

[22] Zum Sturz der afghanischen Regierung am 27. April 1978 vgl. Dok. 145.

[23] Zur Verhaftung des zairischen Außenministers Nguza im August 1977 vgl. Dok. 166, Anm. 12.

[24] Zu den Aussichten für eine Ratifizierung eines SALT-II-Abkommens im amerikanischen Senat vgl. Dok. 167, Anm. 9.

[25] Zum Gespräch am 30. Mai 1978 vgl. Dok. 168, Anm. 3.

[26] Am 5. Juni bzw. 13./14. Juni 1978 fanden in Paris bzw. Brüssel Konferenzen über Zaire statt. Vgl. dazu Dok. 199.

Was SALT angehe, so könne er keine Voraussagen über die Unterzeichnung machen. Es gebe noch drei oder vier offene Fragen, bezüglich derer kein großer Spielraum für Kompromisse bestehe. Sollte sich die amerikanische Verhandlungsführung auf Kompromisse einlassen, so würden hierdurch die Chancen einer Ratifizierung im Senat wesentlich verschlechtert. Gromyko sei in seinem Gespräch mit dem Präsidenten sehr starr gewesen und habe außerdem gelogen.[27] Für ihn laufe die Frage darauf hinaus, ob und wann die Sowjets ihre Haltung revidierten. Sie schienen etwas in Sorge über die amerikanisch-sowjetischen Beziehungen zu geraten, was vielleicht einen gewissen Einfluß auf die Lösung der noch offenen Fragen haben könne. Mit der Ratifizierung sei nicht vor 1979 zu rechnen. Man wolle keinen zu großen Abstand zwischen Unterzeichnung und Ratifizierung.

Auf Frage *BM*, ob und wann er Treffen Carter/Breschnew voraussehe, antwortete *Brzezinski*, frühestens im Spätherbst.

BM erwähnte, daß bei Breschnews Besuch Afrika eine große Rolle gespielt habe. Hierauf beziehe sich der Hinweis auf Unteilbarkeit des Friedens.

Brzezinski erwähnte, daß dieser Ausdruck ursprünglich von Litwinow stamme.[28]

Auf die abschließende Frage Brzezinskis nach Breschnews Zustand erwiderte *BM*, er sei schlechter als im vergangenen Jahr[29] gewesen. Breschnew habe lange vorbereitete Erklärungen stur abgelesen. Mangels einer Entscheidung über die Nachfolge sei er aber immer noch Nummer 1. Ein Scherz, den er auf Kosten Suslows gemacht habe, lasse den Schluß zu, daß Suslow zu denen gehöre, die gegen die Reise gewesen seien.

Das Gespräch endete gegen 12.30 Uhr.

VS-Bd. 11107 (204)

---

[27] Der sowjetische Außenminister Gromyko führte am 27. Mai 1978 in Washington Gespräche mit Präsident Carter und dem amerikanischen Außenminister Vance. Am 31. Mai 1978 traf er erneut mit Vance in New York zusammen. Zu den Gesprächen über SALT II vgl. Dok. 169.

[28] Der sowjetische Volkskommissar für Auswärtige Angelegenheiten, Litwinow, erklärte am 5. September 1935 vor dem Völkerbund in Genf: „The thesis of the indivisibility of peace, is, fortunately, gaining more and more recognition. It has now become clear to the whole world that each war ist the creation of a preceeding war and the generator of new present or future wars." Vgl. SOVIET DOCUMENTS ON FOREIGN POLICY, Bd. III (1933–1941), S. 140 f.
Am 1. Juli 1936 erklärte Litwinow vor dem Völkerbund in Genf: „To strengthen the League of Nations is to abide by the principle of collective security, which is by no means a product of idealism, but is a practical measure towards the security of all peoples, to abide by the principle that peace is indivisible!" Vgl. AGAINST AGGRESSION, S. 45.

[29] Bundesminister Genscher hielt sich vom 13. bis 15. Juni 1977 in der UdSSR auf. Zu seinen Gespräche mit dem Generalsekretär des ZK der KPdSU, Breschnew, und dem sowjetischen Außenminister Gromyko vgl. AAPD 1977, I, Dok. 158.

174

Aufzeichnung des Vortragenden Legationsrats I. Klasse Kühn

213-362.02-1006/78 geheim   2. Juni 1978[1]

Betr.: NATO-Gipfel in Washington am 30./31. Mai 1978[2];
Ost-West-Studie der NATO[3]

1) Die auf dem NATO-Gipfel am 30./31. Mai 1978 verabschiedete NATO-Ost-West-Studie geht auf einen Vorschlag von US-Präsident Carter auf dem NATO-Gipfel am 10. Mai 1977[4] zurück, eine neue Studie der langfristigen Tendenzen im Ost-West-Verhältnis und mit einer Beurteilung ihrer Auswirkungen auf das Bündnis zu erstellen.

2) Die Studie ist in engem Zusammenhang mit dem ebenfalls am 30./31. Mai 1978 verabschiedeten Langfristigen Verteidigungsprogramm[5] zu sehen, welches die NATO-Streitkräfte in die Lage versetzen soll, sich den veränderten Verteidigungsbedürfnissen der 80er Jahre anzupassen.

Die Studie stellt – gut zehn Jahre nach dem Harmel-Bericht[6] – einen gemeinsam erarbeiteten politischen Grundkonsens der Allianz und ihrer Partner über das Ost-West-Verhältnis in den 80er Jahren dar. Die Trendanalyse wie auch die Schlußfolgerungen der Studie können daher als durchaus wertvoller Orientierungsrahmen für das kommende Jahrzehnt angesehen werden.

Anders als der Harmel-Bericht soll die Studie auch in Teilen nicht veröffentlicht werden.

3) Die Grundaussage des analytischen Teils der Studie ist, daß sich insbesondere auch nach Breschnew keine wesentlichen Veränderungen in der Außenpolitik der Sowjetunion ergeben dürften: Aufrechterhaltung des Status quo in Europa, Entspannung gegenüber dem Westen, Expansionsbemühungen in der Dritten Welt, vor allem aber steigende sowjetische Rüstungsanstrengungen, die nicht allein mit einem ausgeprägten Sicherheitsbedürfnis der SU zu erklä-

---

[1] Die Aufzeichnung wurde von Vortragendem Legationsrat I. Klasse Kühn am 2. Juni 1978 „als Bericht für den Auswärtigen Ausschuß" an Referat 201 weitergeleitet.
Hat Legationsrat I. Klasse von Ploetz am 6. Juni 1978 vorgelegen, der handschriftlich vermerkte: „213 wie tel[efonisch] bespr[ochen]."
Hat Ministerialdirigent Lücking am 6. Juni 1978 vorgelegen, der handschriftlich vermerkte: „Ref[erat] 011 wie bespr. Einverstanden." Vgl. den Begleitvermerk; VS-Bd. 10506 (201); B 150, Aktenkopien 1978.

[2] Zur NATO-Ratstagung auf der Ebene der Staats- und Regierungschefs am 30./31. Mai 1978 vgl. Dok. 170.

[3] Für das Dokument „Alliance Study of East-West-Relations" (C-M (78) 35 revised) vom 22. Mai 1978 vgl. VS-Bd. 10512 (201).

[4] Die NATO-Ratstagung auf der Ebene der Staats- und Regierungschefs fand am 10./11. Mai 1977 in London statt. Vgl. dazu AAPD 1977, I, Dok. 121 und Dok. 141.

[5] Zum Langfristigen Verteidigungsprogramm der NATO vgl. Dok. 151, Anm. 9, und Dok. 153, Anm. 5.

[6] Für den Wortlaut des „Berichts des Rats über die künftigen Aufgaben der Allianz" (Harmel-Bericht), der dem Kommuniqué über die NATO-Ministerratstagung am 13./14. Dezember 1967 in Brüssel beigefügt war, vgl. NATO FINAL COMMUNIQUÉS 1949–1974, S. 198–202. Für den deutschen Wortlaut vgl. EUROPA-ARCHIV 1968, D 75–77.

ren sind, werden daher in den 80er Jahren die Grundlinien der sowjetischen Außenpolitik darstellen.

4) Zur Berlin- und Deutschland-Frage stellt die Studie fest, daß auch in absehbarer Zukunft die SU nicht zuletzt zur Sicherung des osteuropäischen Vorfeldes an ihren Positionen festhalten wird. Der Wunsch nach einer ruhigen Entwicklung in diesem Raum werde das sowjetische Interesse an einer Aufrechterhaltung der Entspannung positiv beeinflussen. Andererseits könnten kritische Entwicklungen in diesem Raum die Sowjetunion zu besonders empfindlichen Reaktionen veranlassen. Insgesamt werde Berlin ein Prüfstein der sowjetischen Absichten und der sowjetischen Interessen bleiben. Man müsse damit rechnen, daß die sowjetischen Bemühungen, die Aufrechterhaltung und Entwicklung der Bindungen zwischen der Bundesrepublik Deutschland und Berlin (West) zu behindern, fortgesetzt würden.

5) In ihren Schlußfolgerungen und operativen Empfehlungen für die Allianz kommt die Studie in ihrem militärischen Teil zu Schlußfolgerungen, die sich insgesamt an die bereits bekannten Ergebnisse des NATO-Gipfels in Washington anschließen. So wird insbesondere auch die Notwendigkeit eines befriedigenden militärischen Gleichgewichts als Voraussetzung für die Sicherheit der Allianz und die Fortsetzung einer wirklichen Entspannungspolitik betont.

Trotz anfänglicher Zurückhaltung des französischen Bündnispartners kommt die Studie auch im nicht-militärischen Bereich westlicher Politik gegenüber der Sowjetunion und den übrigen osteuropäischen Staaten zu einer Reihe von Empfehlungen operativer Art für Allianz und Bündnispartner.

U. a. empfiehlt die Studie auf der Basis der Schlußakte von Helsinki die weitere Zusammenarbeit zwischen Ost und West und den Ausbau der bilateralen Beziehungen, insbesondere auch im Bereich der Wirtschaft. Es wird allerdings auch davor gewarnt, die wirtschaftlichen Beziehungen zum Osten als möglichen Hebel zur Durchsetzung eigener politischer Ziele des Westens zu überschätzen.

6) Außerdem betont die Studie die Notwendigkeit, hinsichtlich der sowjetischen Aktivitäten in der Dritten Welt Moskau klarzumachen, daß Entspannung nicht selektiv angewandt werden könne. Im übrigen empfiehlt die Studie, die Sowjetunion zu ermutigen, eine positivere Rolle bei der Lösung der heute zu bewältigenden wirtschaftlichen Probleme der Entwicklungsländer einzunehmen.

Hinsichtlich der Menschenrechtsproblematik empfiehlt die Studie, auch künftig für die Achtung der Menschenrechte einzutreten und grobe Verletzungen offen anzusprechen. Es wird darauf hingewiesen, daß die Ost-West-Beziehungen durch solche Verstöße negativ beeinflußt würden. Im übrigen solle sich der Westen nicht davon abhalten lassen, seine Weltanschauung gegenüber den östlichen Staaten zum Ausdruck zu bringen.

In bezug auf Europa betont die Studie, daß die Sowjetunion auch weiterhin versuchen werde, sich als dominierende Macht in Europa durchzusetzen und die westliche Solidarität zu schwächen. Die Allianz-Partner sollten sich daher auch weiterhin solchen Versuchen entschieden entgegenstellen.

7) Zur Deutschland-Frage wird festgestellt, daß die Unzufriedenheit in der DDR mit der Politik der DDR-Führung in der nationalen Frage eine zusätz-

liche Quelle möglicher Instabilität sei. Zu Berlin heißt es, daß die potentielle Gefahr einer Konfrontation in diesem Gebiet besonders hoch sei, da die empfindliche Position der Stadt eine Versuchung für die Sowjets darstelle, Druck auf den Westen auszuüben. Die Sowjets müßten ständig daran erinnert werden, daß die Realität in Berlin (West), die alle seine Bindungen zum Westen einschließe, ein untrennbarer Teil des Status quo in Europa sei und daß östliche Versuche, die westliche Position in Berlin zu beeinträchtigen, unvereinbar mit der Politik der Entspannung und der ihr zugrunde liegenden Abkommen, besonders des Vier-Mächte-Abkommens von 1971, seien.

[Kühn][7]

VS-Bd. 10506 (201)

175

Botschafter Jesser, Rabat, an das Auswärtige Amt

114-12532/78 VS-vertraulich Aufgabe: 2. Juni 1978, 08.15 Uhr[1]
Fernschreiben Nr. 191 Ankunft: 2. Juni 1978, 21.10 Uhr
Cito

Betr.: Marokko und der Nahost-Konflikt
 hier: Gespräch mit König Hassan II.

Zur Unterrichtung

Auf meine vor gut zwei Monaten angemeldete Bitte[2] hat mich gestern König Hassan im 200 km entfernten Fes empfangen. Entsprechend der Bitte Bundeskanzlers (Erlaß Referat 311 vom 2.3.1978[3]) habe ich dem König die bekannte gemeinsame europäische sowie die ihm nicht bekannte nationale deutsche Position gegenüber der israelisch-arabischen Auseinandersetzung und ihren Lösungsmöglichkeiten erläutert und ihm eine Einschätzung der Bundesregierung zur Lage im Nahen Osten gegeben. Dabei habe ich mich weitgehend an die jüngste mir zugängliche „Nahost-Lage" des Referats 310 nebst Gesprächsvorschlag vom 17.5.1978 gehalten. Insoweit erübrigt sich daher eine Wiederga-

---

[7] Verfasser laut Begleitvermerk. Vgl. Anm. 1.

[1] Hat Vortragendem Legationsrat I. Klasse Böcker am 5. Juni 1978 vorgelegen.
 Hat Vortragendem Legationsrat Richter am 6. Juni 1978 vorgelegen.
[2] Botschafter Jesser, Rabat, berichtete am 3. April 1978, er habe den marokkanischen Außenminister Boucetta während seines Antrittsbesuchs am 21. März 1978 um ein Gespräch mit König Hassan II. gebeten, bei dem er ein Schreiben des Bundeskanzlers Schmidt übergeben wolle. Vgl. dazu den Schriftbericht Nr. 313; Referat 311, Bd. 119936.
[3] Ministerialdirektor Meyer-Landrut wies die Botschaft in Rabat am 2. März 1978 an, Botschafter Jesser nach dessen Eintreffen zu instruieren, König Hassan II. ein Schreiben des Bundeskanzlers Schmidt vom 23. Januar 1978 zu übermitteln und „dem König dabei die Einschätzung der Lage im Nahen Osten durch die Bundesregierung vorzutragen". Vgl. den Schriftlaß; Referat 311, Bd. 119936.

be meiner Ausführungen. Ferner habe ich die steckengebliebene Sadat-Initiative[4] angesprochen und die Aussichtslosigkeit erwähnt, jetzt kürzerfristig Fortschritte in der Sache zu erreichen. Auf die nach unserer Überzeugung für die Herbeiführung einer dauerhaften Friedensregelung unerläßlich notwendige Herstellung einer einigermaßen einheitlichen arabischen Haltung habe ich besonders hingewiesen; ebenso auf die Schüsselrolle Saudi-Arabiens hierbei sowie bei den Bemühungen um eine Konfliktlösung überhaupt. Auf die großen Gefahren für Sadat, für die gemäßigten arabischen Länder, für die Nahost-Region insgesamt und für die Verschiebung der weltpolitischen Konstellation überhaupt im Falle einer Fortdauer der nahöstlichen Stagnationssituation habe ich aufmerksam gemacht.

König Hassan stimmte unserer Einschätzung zu; insbesondere bezeichnete er die Sadat-Initiative rundheraus als in die Sackgasse geraten. Es sei nun in der Tat das wichtigste, daß eine einheitliche arabische Haltung wiederhergestellt werde. Er gab (zweckoptimistisch?) der zu diesem Zweck etablierten Versöhnungsmission des sudanesischen Präsidenten Numeiri[5] keine schlechten Erfolgsaussichten. Er halte es für durchaus möglich, daß Numeiri eine arabische Versöhnungs-Gipfelkonferenz zustande bringe. Er Hassan, würde als Konferenzort Saudi-Arabien bevorzugen. In jedem Falle freilich werde er aktiv daran teilnehmen; denn Marokko, dessen Soldaten im letzten Nahost-Krieg[6] mitgekämpft hätten und gestorben seien, betrachte sich in der israelisch-arabischen Auseinandersetzung als Konfrontationsstaat.[7]

Die nahöstlichen Aussichten für die nächste Zeit beurteilte Hassan düster. Insbesondere verhehlte er nicht seine Angst vor der inneren Entwicklung in Ägypten und vor der Möglichkeit einer ernsten Gefährdung Sadats. Für mittlere und längere Frist setze er seine Hoffnung auf den – wie er sich wörtlich ausdrückte – naturnotwendigen „biologischen Prozeß" bei Begin und seiner Generation. Israel sei eine Gerontokratie; aber jüngere Kräfte würden nachwachsen und wohl weniger starr sein (ich habe König Hassan diese Illusion nicht genommen)[8]. Im übrigen hänge natürlich sehr viel davon ab, inwieweit Amerika

---

[4] Zur Friedensinitiative des Präsidenten Sadat vgl. Dok. 3, Anm. 7.

[5] Botschafter Jesser, Rabat, berichtete am 13. Juni 1978, Präsident Numeiri habe sich am 11./12. Mai 1978 im Rahmen einer „Versöhnungsmission" in Marokko aufgehalten. Laut Pressemeldungen „bemühen sich Saudi-Arabien und einige andere gemäßigte arabische Länder, die separaten ägyptischen Friedensbemühungen in kollektive mit dem Ziel der Wiederaufnahme der Genfer Gipfelkonferenz umzuwandeln, um die Folgen der arabischen Spaltung zu überwinden". Vgl. den Schriftbericht Nr. 477; Unterabteilung 31, Bd. 135590.

[6] Zum am 6. Oktober 1973 begonnenen arabisch-israelischen Krieg („Jom-Kippur-Krieg") vgl. Dok. 8, Anm. 6.

[7] Botschafter Jesser, Rabat, informierte am 6. Juni 1978, König Hassan II. habe in einer Rede am 4. Juni 1978 betont, daß sich Marokko als Frontstaat im Nahost-Konflikt sehe: „Hassan zog in seiner Ansprache hieraus die erstaunliche Schlußfolgerung, daß Marokko ein Recht auf Teilnahme an einer Nahost-Friedenskonferenz habe. Zur Begründung führte er aus, die beiden Ko-Präsidenten einer solchen Konferenz, Amerika und die Sowjetunion, würden nichts hiergegen einzuwenden haben, da Marokko zu beiden Länder gute Beziehungen unterhalte". Jesser erklärte dazu: „Weder die beiden Ko-Präsidenten noch die Vereinten Nationen, noch Israel und die beteiligten arabischen Staaten haben jemals einen Anlaß gesehen, die Möglichkeit einer marokkanischen Teilnahme zu erörtern." Vgl. Drahtbericht Nr. 202; Unterabteilung 31, Bd. 135590.

[8] Der Passus „ich habe König … genommen" wurde von Vortragendem Legationsrat I. Klasse Böcker hervorgehoben. Dazu vermerkte er handschriftlich: „Erwähnung war notwendig, wenn auch nicht f[ür] 310."

willens und fähig sei, auf Israel einzuwirken. Auch auf Europa komme es hierbei an, dessen Nahost-Position er übrigens hoch einschätzte. Diese Würdigung verband Hassan mit einem Kompliment für unsere nationale deutsche Position[9], so wie ich sie ihm zuvor dargelegt hatte.

Die nachstehenden überraschenden und höchst interessanten und im Falle des Bekanntwerdens fast sensationell wirkenden Ausführungen verband Hassan mit der Bitte um Wahrung der striktesten Vertraulichkeit. Er sagte mir ausdrücklich, er habe dies noch keinem Fremden mitgeteilt und er hoffe, er könne sich auf meine Verschwiegenheit verlassen.

Präsident Sadat habe sich jüngst an ihn gewandt und ihn um Vermittlung eines versöhnenden Arrangements zwischen Ägypten und der Sowjetunion gebeten. Er, Hassan, habe diesen Antrag gerne angenommen, zumal er ein gutes Verhältnis sowohl zu Sadat wie auch zu Breschnew habe.[10] Er wolle gerne Sadat helfen, und er habe keinen Anlaß, sich der Sowjetunion gegenüber zu verschließen. Die Sowjetunion habe er dementsprechend unterrichtet, und diese habe seine Vermittlerrolle akzeptiert. Die Sache könne nun ihren Lauf nehmen.

Das Gespräch dauerte eine halbe Stunde und wurde überwiegend in Arabisch geführt[11]. König Hassan bot mir zum Schluß an, künftig kurzerhand und formlos über seinen (beim Gespräch anwesenden) politischen Berater Reda Guedira wechselweise Mitteilungen und Gedanken, die den Nahost-Konflikt betreffen, auszutauschen. Er wünsche auf diesem Feld eine breitere und intensivere Zusammenarbeit mit uns.

Bewertung der von Ägypten ausgehenden Vermittlerrolle Hassans: Wenn hinter der Sache kein orientalisches Täuschungsmanöver steckt und sie ernst genommen werden darf, so könnte ihr erhebliche Bedeutung für die weitere Entwicklung in Nahost zukommen: ein Versuch des ebenso einfallsreichen wie durch den Leerlauf seiner Initiative und durch innere Schwierigkeiten frustrierten Sadat, zu sondieren, ob für die Zukunft auch noch andere außenpolitische Optionen für Ägypten eröffnet werden können. Vielleicht handelt es sich aber auch nur um einen im Benehmen mit Hassan (gezielte Indiskretion einkalkulierenden) inszenierten ägyptischen[12] Wink mit dem Zaunpfahl an die westliche, insbesondere amerikanische, Adresse, nun endlich energischer auf Israel einzuwirken, um aus der Stagnation herauszukommen, widrigenfalls Ägypten auch bereit sein könnte, seinem außenpolitischen Kurs andere Akzente zu geben.[13]

[gez.] Jesser

VS-Bd. 11138 (310)

---

9 Der Passus „Kompliment ... Position" wurde von Vortragendem Legationsrat I. Klasse Böcker hervorgehoben. Dazu vermerkte er handschriftlich: „Würde ich gerne hören."
10 Der Passus „Vermittlung ... gebeten" und der Passus „zumal er ... Breschnew habe" wurden von Vortragendem Legationsrat I. Klasse Böcker hervorgehoben. Dazu Fragezeichen.
11 Die Wörter „überwiegend in Arabisch geführt" wurden von Vortragendem Legationsrat I. Klasse Böcker hervorgehoben. Dazu vermerkte er handschriftlich: „Erwähnung war nicht notwendig."
12 Korrigiert aus: „Ägypten".
13 An dieser Stelle vermerkte Vortragender Legationsrat I. Klasse Böcker handschriftlich: „Schließe mich der letzten Folger[un]g an."
Botschafter Jesser, Rabat, vermerkte am 13. Juni 1978, die Haltung des Königs Hassan II., der die

176

Aufzeichnung des Ministerialdirektors Meyer-Landrut

311-530.36 IRK-579/78 VS-vertraulich   5. Juni 1978[1]

Über Herrn Staatssekretär[2] Herrn Minister[3]

Betr.: Deutsch-irakische Beziehungen

Bezug: Weisung Staatssekretär van Well vom 30.5.78

Anlage

Zweck der Vorlage:
Weiterführung der im Kabinett am 30.5.78 begonnenen Diskussion über Einwirkungsmöglichkeiten auf die irakische Haltung zum internationalen Terrorismus

Entscheidungsvorschlag:
Unterzeichnung des anliegenden Schreibens an den Herrn Bundeskanzler[4]

Sachstand

1) Die diplomatischen Beziehungen mit Irak wurden 1974 nach fast neunjähriger Unterbrechung wiederaufgenommen.[5] Bis Ende 1977 hatten sie sich auf wirtschaftlichem Gebiet erfreulich entwickelt. Die Bundesrepublik Deutschland war sogar zeitweilig der bedeutendste Lieferant des Irak. Mit deutschen Exporten von

    1975   ca. 2,6 Mrd. DM
    1976   ca. 2,2 Mrd. DM
    1977   ca. 1,8 Mrd. DM

und einem beträchtlichen Auftragsvolumen gehörte Irak zu unseren wichtigsten Wirtschaftspartnern in der Dritten Welt. Allerdings nahmen unsere eigenen Ölimporte ständig ab:

Fortsetzung Fußnote von Seite 875
Friedensinitiative des Präsidenten Sadat als einziges arabisches Staatsoberhaupt voll unterstützt habe, sei in Marokko selbst umstritten: „Für König und Regierung ist die Unterstützung Sadats dagegen vorrangig eine Funktion der Stärkung des gemäßigten Lagers. Sie ist indirekt Stabilitätshilfe für die eigene Position. Die Kernfrage des Nahost-Konflikts, die Palästinenser-Frage, ist dieser Funktion untergeordnet." Vgl. den Schriftbericht Nr. 477; Unterabteilung 31, Bd. 135590.

[1] Die Aufzeichnung wurde von Vortragendem Legationsrat I. Klasse Montfort und Hilfsreferent Dilger konzipiert.
[2] Hat Staatssekretär van Well am 6. Juni 1978 vorgelegen.
[3] Hat Bundesminister Genscher am 10. Juni 1978 vorgelegen.
[4] Dem Vorgang beigefügt. Bundesminister Genscher bat in dem Schreiben vom 10. Juni 1978, das im Durchdruck auch an die Bundesminister Baum, Lambsdorff und Vogel ging, um eine Fortführung der im Kabinett am 30. Mai 1978 geführten Diskussion über Verbindungen des Irak zum internationalen Terrorismus. Vgl. dazu VS-Bd. 11155 (311); B 150, Aktenkopien 1978.
[5] Nach Bekanntgabe der Aufnahme diplomatischer Beziehungen zwischen der Bundesrepublik und Israel am 12. Mai 1965 brach der Irak am selben Tag die diplomatischen Beziehungen zur Bundesrepublik ab. Vgl. dazu AAPD 1965, II, Dok. 203.
Die Beziehungen wurden am 28. Februar 1974 wiederaufgenommen. Vgl. dazu AAPD 1974, I, Dok. 59.

1974   ca. 787 Mio. DM
1975   ca. 294 Mio. DM
1976   ca. 389 Mio. DM
1977   ca. 294 Mio. DM

Wegen der immer unausgeglicheneren Handelsbilanz hat Irak Ende 1977 Sanktionen gegen die deutsche Wirtschaft verhängt: Grundsätzlich werden alle Bestellungen deutscher Waren untersagt.

Dabei hat in Bagdad möglicherweise auch die politische Verärgerung wegen der Berichterstattung der deutschen Presse über irakische Verbindungen zum internationalen Terrorismus eine Rolle gespielt. Die Iraker bestreiten dies freilich. Nach den Verhandlungen, die StS Rohwedder Mitte Mai 1978 in Bagdad geführt hat[6], bestehen gewisse Aussichten, daß die irakische Regierung in absehbarer Zeit die Sanktionen aufhebt. Voraussetzung dafür ist jedoch, daß die Bundesrepublik Deutschland die Abnahme irakischen Rohöls wesentlich erhöht.

2) Die deutsch-irakischen politischen Beziehungen sind denkbar schlecht, vor allem wegen der extremen irakischen Haltung zum Nahost-Konflikt: Irak wendet sich gegen jede Verhandlungslösung im Nahen Osten; Irak ist aufgrund seiner unbeweglich-dogmatischen Haltung auch innerhalb der arabischen Staaten isoliert. (Bekannt ist, daß von Irak subversive Aktionen in arabischen Ländern, insbesondere Syrien, ausgehen.) Unsere politischen Beziehungen mit Irak sind außerdem belastet durch eine angebliche deutsche Unterstützung kurdischer Emigranten; vor allem aber durch den in der deutschen Presse häufig wiederholten Vorwurf, Irak unterstütze den internationalen Terrorismus.

3) Ihre Haltung zum internationalen Terrorismus hat die irakische Regierung wie folgt erläutert:

Es bestehen enge Verbindungen zu extremen palästinensischen Gruppierungen. Zugegebenerweise werden im Irak „Freiheitskämpfer" irakischer und arabischer Nationalität für Palästina ausgebildet. Man dementiert jedoch nachdrücklich, daß „Terroristen" und – nichtarabische – Ausländer im Irak ausgebildet oder in andere Länder entsandt werden. Ebenso wird bestritten, daß Terroristen im Irak Aufenthaltsmöglichkeiten gewährt werden. Von irakischer

---

[6] Staatssekretär Rohwedder, Bundesministerium für Wirtschaft, hielt sich vom 16. bis 19. Mai 1978 im Irak auf. Vortragender Legationsrat I. Klasse Montfort vermerkte am 26. Mai 1978, beide Seiten hätten sich gegenseitig versichert, daß die geringen Importe von Rohöl in die Bundesrepublik bzw. die irakischen Wirtschaftssanktionen rein wirtschaftlich und nicht politisch motiviert seien. Mitgereiste Vertreter der Mineralölindustrie der Bundesrepublik würden weitere Gespräche führen, um den Rohölimport zu erhöhen. Montfort führte weiter aus: „Falls es in den nächsten Wochen und Monaten gelingt, die Ölfirmen zu erhöhten Bezügen aus Irak zu bewegen, und die irakische Regierung dann ihre Sanktionen gegen die deutschen Firmen zurückzieht, könnte man überlegen, das eine oder andere heikle Thema mit den Irakern zu besprechen. Wir dürfen aber in Bezug auf die Ergiebigkeit eines solchen Dialogs keine übertriebenen Hoffnungen hegen. Die politischen Positionen sind in Bagdad dogmatisch festgeschrieben und lassen sich weniger als anderswo in den arabischen Ländern bewegen. Dies gilt insbesondere für die Unterstützung von Terroristen im Kampf gegen Israel. Was die seit Herbst v[ergangenen] J[ahres] mehrfach gemeldete Ausbildung und Unterstützung deutscher Terroristen im Irak angeht, ist zu berücksichtigen, daß die uns vorliegenden vagen Meldungen über angebliche Reisen deutscher Terroristen oder Sympathisanten nach Bagdad eher spekulativer Natur sind." Vgl. VS-Bd. 11155 (311); B 150, Aktenkopien 1978.

Seite wurde im November 1977 offiziell dementiert, daß amtliche irakische Stellen an der Vorbereitung der Landshut-Entführung[7] mitgewirkt hätten.[8]

Trotzdem ist sicher, daß Querverbindungen von den palästinensischen Terrorgruppen im Irak zum internationalen Terrorismus bestehen. So haben die Landshut-Entführer ihre Flugscheine in Bagdad beschafft. In der Stadt erscheinen Propagandaplakate, mit denen die Aktionen von internationalen Terroristen (auch deutschen) verherrlicht werden. Andererseits sind die vorliegenden Meldungen über angebliche Reisen deutscher Terroristen oder Sympathisanten nach Bagdad wenig konkret.

4) Wir sind der Auffassung, daß Vorhaltungen wegen angeblicher Unterstützung des Terrorismus zum jetzigen Zeitpunkt nicht zum Erfolg führen. Sie würden sich im Gegenteil – auch im Hinblick auf unser prekäres bilaterales Verhältnis – kontraproduzent auswirken. Im übrigen würden sie die durch die Rohwedder-Gespräche eingeleiteten Bemühungen in Frage stellen, zu einem Abbau der Wirtschaftssanktionen durch höhere Ölkäufe zu kommen. Mehr noch als andere arabische Staaten ist Irak überempfindlich in allen Fragen, die seine Souveränität, Ehre und sein Ansehen betreffen.

Vermeintliche Angriffe dagegen werden ohne Rücksicht auf Verluste mit harten Gegenmaßnahmen beantwortet, wobei der Abbruch der diplomatischen Beziehungen zum gängigen Instrumentarium gehört. Die wenigen auf dem Sicherheitssektor bestehenden Kontakte würden damit abreißen. Hingegen halten wir es für möglich, daß wir bei weiterer Entspannung der wirtschaftlichen Beziehungen, auf die wir hinarbeiten, das heikle Thema „Zuflucht deutscher Terroristen im Irak" erneut ansprechen können.

5) Für ein solches vorsichtiges Vorgehen spricht auch, daß die irakische Außenpolitik möglicherweise vor einer Änderung ihres Verhältnisses zur SU steht. Irak hat als einziger arabischer Staat einen Freundschaftsvertrag mit Moskau.[9] Meldungen der letzten Wochen deuten aber auf zunehmende Spannungen zwischen dem Irak und der Sowjetunion hin.[10] Die irakischen Kommunisten, die mit der Baath-Partei zur Nationalen Front verbunden sind, sind wegen ihrer

---

[7] Zur Entführung der Lufthansa-Maschine „Landshut" am 13. Oktober 1977 und ihrer Erstürmung am 18. Oktober 1977 in Mogadischu vgl. Dok. 1, Anm. 9.

[8] Ministerialdirigent Jesser vermerkte am 20. Oktober 1977, die amerikanische Botschaft habe mitgeteilt, „daß die von der zur Ablehnungsfront gehörenden ‚Popular Front for the Liberation of Palestine' (PFLP des Dr. George Habash) abgespaltene Gruppe unter Wadi Haddad zusammen mit deutschen Terroristen an der Entführung der L[uft]h[ansa]-Maschine beteiligt (‚involved') gewesen sei. […] Haddad werde von Irak und Libyen unterstützt. Allerdings habe Irak, vor allem wegen des libyschen Einflusses, keine volle Kontrolle über Haddad. Immerhin sei es der irakischen Regierung gelungen, von Haddad geplante Entführung britischer und französischer Flugzeuge zu verhindern." Vgl. VS-Bd. 531 (014); B 150, Aktenkopien 1977.

[9] Der Irak und die UdSSR schlossen am 9. April 1972 einen Friedens- und Freundschaftsvertrag. Für den Wortlaut vgl. VEDOMOSTI VERCHOVNOGO SOVETA 1972, S. 463–466.

[10] Botschafter Menne, Bagdad, informierte am 24. Juni 1978, „nach den subversiven Akten irakischer Kommunisten in der Armee, nach dem Coup in Afghanistan und angesichts seiner Kontroverse mit der Sowjetunion und Kuba wegen Eritrea" überprüfe der Irak seine Außenpolitik. Er sei – wie die UdSSR und Kuba – darum bemüht, seine Positionen darzulegen. Die Botschaft habe Informationen erhalten, die UdSSR habe vergeblich um Aufhebung der Todesurteile gegen verschiedene Kommunisten gebeten: „Diese Demarche ist inzwischen durch einen meiner arabischen Kollegen belegt worden, dem der Stellv[ertretende] Vorsitzende des Revolutionsführungsrats (RFR), Saddam Hussein, – erkennbar zur Weiterverbreitung – erklärte, die Sowjets hätten diese Bitte vorgetragen, sie sei ihnen aber abgeschlagen worden." Vgl. den Schriftbericht Nr. 560; Referat 311, Bd. 119909.

Infiltrationsversuche in die Streitkräfte seit einiger Zeit erheblichen Zwangsmaßnahmen ausgesetzt. Es ist nicht ausgeschlossen, daß die Ereignisse in Afghanistan[11] die irakische Führung zu einer Änderung ihrer Haltung gegenüber den Kommunisten veranlassen. Eine weitere Ursache für Spannungen ist die irakisch-sowjetische Kontroverse im Hinblick auf das sowjetisch-kubanische Engagement in Eritrea.[12] Mit einer Änderung der irakisch-sowjetischen Beziehungen könnten die Bundesrepublik Deutschland und andere westliche Mächte (z. Zt. keine diplomatischen Beziehungen zwischen Bagdad und Washington[13]) leichteren Zugang zur irakischen Führung erhalten.

Meyer-Landrut

VS-Bd. 11155 (311)

177

Gespräch des Bundeskanzlers Schmidt mit dem chinesischen Stellvertretenden Ministerpräsidenten Ku Mu

VS-vertraulich 6. Juni 1978[1]

Vermerk über das Gespräch des Bundeskanzlers mit dem Stellvertretenden Ministerpräsidenten des Staatsrates der Volksrepublik China, Herrn Ku Mu, am 6. Juni 1978, 11.30 bis 13.15 Uhr[2]

---

11 Zum Sturz der afghanischen Regierung am 27. April 1978 vgl. Dok. 145.
   Botschafter Menne, Bagdad, berichtete am 27. Mai 1978, die irakische Regierung sei offenbar von dem Machtwechsel überrascht worden: „Der Irak, der gerade durch eine Auseinandersetzung zwischen der Baath- und der kommunistischen Partei hindurchgeht [...], dürfte die Entwicklung mit gemischten Gefühlen betrachten." Er habe die neue afghanische Regierung am 11. Mai 1978 anerkannt. Vgl. den Schriftbericht Nr. 451; Referat 311, Bd. 119909.
12 Zum Konflikt in Eritrea vgl. Dok. 155, Anm. 22.
   Botschafter Menne, Bagdad, berichtete am 22. Mai 1978, der Abteilungsleiter im irakischen Außenministerium, al-Zahawi, habe ihm gegenüber ausgeführt, „Irak nehme eine klare Haltung zugunsten der eritreischen Befreiungsfront (ELF) ein. Der Irak unterstütze die ELF nicht nur moralisch, sondern auch materiell, allerdings nicht militärisch. Des sowjetischen und kubanischen Engagements sei sich die irakische Regierung bewußt; sie mißbillige die Intervention außerafrikanischer Mächte in diesem afrikanischen Konflikt." Vgl. den Schriftbericht Nr. 431; Referat 320, Bd. 116757.
13 Die diplomatischen Beziehungen zwischen dem Irak und den USA wurden 1967 abgebrochen.

1 Ablichtung.
   Die Gesprächsaufzeichnung wurde von Ministerialdirektor Ruhfus, Bundeskanzleramt, am 7. Juni 1978 gefertigt und am folgenden Tag von Vortragendem Legationsrat I. Klasse Oldenkott, Bundeskanzleramt, an Vortragenden Legationsrat I. Klasse Schönfeld „zur Unterrichtung des Auswärtigen Amts" übermittelt. Dazu vermerkte Oldenkott: „Der Bundeskanzler hat den Vermerk noch nicht genehmigt."
   Hat Schönfeld am 9. Juni 1978 vorgelegen, der die Weiterleitung an Ministerialdirigent Meyer-Landrut, Vortragenden Legationsrat von Studnitz und Vortragenden Legationsrat Bächmann verfügte und handschriftlich vermerkte: „Reg[istratur] bitte: VS-vertr[aulich] eintr[agen]."
   Hat Bächmann und Studnitz am 12. Juni 1978 vorgelegen. Vgl. das Begleitschreiben; VS-Bd. 525 (014); B 150, Aktenkopien 1978.

Weitere Teilnehmer:

auf chinesischer Seite: Frau Tsien Cheng-ying, Minister für Wasserwirtschaft und Energie; Herr Chang Tung, Botschafter der Volksrepublik China in der Bundesrepublik Deutschland; Herr Peng Min, Stellvertretender Minister des staatlichen Ausschusses für Investbau; Herr Chang Ken-sheng, Stellvertretender Minister für Landwirtschaft und Forsten;

auf deutscher Seite: StS van Well, Botschafter Wickert, MD Dr. Ruhfus;

ein chinesischer Dolmetscher.[3]

Nach einleitenden Worten der Begrüßung weist der *Bundeskanzler* auf sein frühzeitiges Eintreten für die Aufnahme diplomatischer Beziehungen zur VR China[4] hin. Besonders im Handel und bei der Wirtschaft gebe es noch ein weites Feld für den Ausbau der Beziehungen zwischen beiden Ländern. Der deutsch-chinesische Wirtschaftsaustausch sei realistisch ohne illusionäres Konzept aufgenommen worden und werde sich sicher auch in Zukunft kontinuierlich entwickeln.

MP *Ku Mu* überbringt Grüße von Hua Kuo-feng und Teng Hsiao-ping. Sein Freundschaftsbesuch in der Bundesrepublik sei angesichts der guten Vorbereitung erfolgreich verlaufen. Es sei bekannt, daß der Bundeskanzler sich als einer der ersten für die Aufnahme der diplomatischen Beziehungen eingesetzt habe und daß der Bundeskanzler wichtige Beiträge für die Entwicklung der Beziehungen zwischen beiden Ländern geleistet habe. Sein Besuch sei geleitet von dem Wunsch, die Beziehungen im Bereich der Wirtschaft, der Kultur, der Wissenschaft und der Technologie weiter auszubauen. Die Beziehungen hätten sich in letzter Zeit schon sehr gut entwickelt. Diese Entwicklung würde in Zukunft noch besser werden. Er sei mit dieser Perspektive sehr zufrieden.

Bundeskanzler dankt für die Grüße. Er denke gern an die Gespräche mit Teng Hsiao-ping zurück.[5] Er habe Hua Kuo-feng leider nicht persönlich kennengelernt.

Bundeskanzler erneuert die Einladung an Hua Kuo-feng und Teng Hsiao-ping.[6] Die Bundesregierung habe den festen Wunsch, die wirtschaftlichen und technologischen Beziehungen mit der Volksrepublik China zu entwickeln.

Eine Stärkung der chinesischen Wirtschaft sei auch unter internationalen Gesichtspunkten wünschenswert. Die VR China sei in Asien ein stabilisierender Faktor. In Europa strebe die Europäische Gemeinschaft eine stabilisierende

---

Fortsetzung Fußnote von Seite 879

[2] Der chinesische Stellvertretende Ministerpräsident Ku Mu hielt sich vom 28. Mai bis 6. Juni 1978 in der Bundesrepublik auf.

[3] An dieser Stelle vermerkte Vortragender Legationsrat I. Klasse Schönfeld handschriftlich: „Kein deutscher Dolmetscher!"

[4] Die Bundesrepublik und die Volksrepublik China nahmen am 11. Oktober 1972 diplomatische Beziehungen auf. Vgl. dazu AAPD 1972, III, Dok. 328.

[5] Bundeskanzler Schmidt besuchte die Volksrepublik China vom 29. Oktober bis 2. November 1975. Für die Gespräche mit dem chinesischen Stellvertretenden Ministerpräsidenten Teng Hsiao-ping am 29. und 31. Oktober 1975 vgl. AAPD 1975, II, Dok. 322 und Dok. 326.

[6] Botschafter Pauls, Peking, teilte am 30. Oktober 1975 mit, Bundeskanzler Schmidt habe am Vortag eine Einladung zu einem Besuch des chinesischen Stellvertretenden Ministerpräsidenten Teng Hsiao-ping in Deutschland ausgesprochen: „Premierminister nahm Einladung mit Dank an. Termin wird auf diplomatischem Wege vereinbart werden." Vgl. den Drahtbericht Nr. 554; Referat 303, Bd. 101538.

Rolle an. Diese stabilisierende Kraft solle noch verstärkt werden durch den Beitritt Griechenlands, Portugals und Spaniens.[7]

Zur Stabilität trage auch das Nordatlantische Bündnis bei.

Bundeskanzler berichtet über die Tagung des Nordatlantikrates in Washington.[8] Dort habe der Bericht, den Brzezinski gegeben habe[9], eine große Rolle gespielt. Das Urteil des Bundeskanzlers über die stabilisierende Rolle der VR China sei auch von vielen anderen Ministerpräsidenten in Washington geteilt worden.

Die USA haben großes Interesse an der Entwicklung der Beziehungen zur VR China. Brzezinski habe dargestellt, welche psychologischen und politischen Gegengewichte die VR China gegen die Ausdehnung des sowjetischen Einflusses in Afrika zu setzen bemüht ist.

Er (der Bundeskanzler) habe in den Gesprächen mit Breschnew und Gromyko darauf hingewiesen, daß die sowjetische Expansion in Afrika die Entspannungspolitik gefährden kann.[10]

MP *Ku Mu*: Er werde die Einladung gern übermitteln.

Die VR China werde entsprechend den Festlegungen von Mao und von Chou En-lai den wirtschaftlichen Aufbau des Landes beschleunigen durch Modernisierung der Landwirtschaft, der Industrie, der Landesverteidigung, von Wirtschaft und Technik noch in diesem Jahrhundert.

Der wirtschaftliche Aufbau solle in Unabhängigkeit und Selbständigkeit aufgrund der eigenen Kräfte durchgeführt werden. Die technischen Möglichkeiten anderer Länder sollten genutzt werden, um den wirtschaftlichen Aufbau so schnell wie möglich voranzutreiben. Die Bundesrepublik verfüge in Industrie, Landwirtschaft, im technologischen Bereich, aber auch bei Verwaltung und Organisation über ein hohes Niveau an Erfahrungen. Die Bundesrepublik könne guter Partner für die wirtschaftliche Zusammenarbeit und den Aufbau sein.

Auch die Europäische Gemeinschaft sei wichtig. Die VR China habe diplomatische Beziehungen zur EG aufgenommen[11] und baue die Beziehungen partnerschaftlich aus.

MP Ku Mu: Die Lage in Afrika werde durch Unruhe und Bewegung gekennzeichnet, die zurückzuführen seien auf Rivalitäten zwischen den beiden Supermächten, insbesondere auf den sowjetischen Imperialismus. Die Sowjetunion verfolge nicht nur militärisch-strategische Ziele in Afrika, sondern strebe letztlich die Eroberung Europas an.

---

[7] Zum Stand der Verhandlungen über einen EG-Beitritt Griechenlands vgl. Dok. 134, Anm. 3.
Zum Stand der Verhandlungen über einen EG-Beitritt Portugals vgl. Dok. 156, Anm. 17.
Zum Stand der Verhandlungen über einen EG-Beitritt Spaniens vgl. Dok. 8, Anm. 42.

[8] Zur NATO-Ratstagung auf der Ebene der Staats- und Regierungschefs am 30./31. Mai 1978 vgl. Dok. 170.

[9] Der Sicherheitsberater des amerikanischen Präsidenten, Brzezinski, hielt sich vom 20. bis 23. Mai 1978 in der Volksrepublik China auf. Vgl. dazu auch Dok. 170.

[10] Der Generalsekretär des ZK der KPdSU, Breschnew, besuchte die Bundesrepublik vom 4. bis 7. Mai 1978. Vgl. dazu Dok. 135, Dok. 136, Dok. 142 und Dok. 143.

[11] Die Europäischen Gemeinschaften und die Volksrepublik China nahmen 1975 diplomatische Beziehungen auf. Der chinesische Botschafter Li Lien-pi überreichte am 15. September 1975 sein Beglaubigungsschreiben.

Der Schlüssel für die Lösung der afrikanischen Probleme werde der Rausschmiß der sowjetischen Truppen und von Söldnertruppen der Sowjetunion aus Afrika sein. Die afrikanischen Völker müßten ihre Probleme selbst regeln.

Viele Freunde hätten gefragt, ob die VR China mit ihnen in Afrika koordiniert zusammenarbeiten wolle. Sein Land sei hierzu bereit unter der Voraussetzung, daß die Bestrebungen gegen hegemoniale Tendenzen gerichtet seien und darauf abzielten, die Lösung afrikanischer Fragen durch die afrikanischen Staaten zu unterstützen.

Auf Bitten des Bundeskanzlers berichtet MP Ku Mu über Vietnam. In den Beziehungen zu Vietnam habe es einige anormale Erscheinungen gegeben. China habe stets viel Geduld gezeigt. Vietnam sei ein unmittelbarer Nachbar. Sein Land habe Vietnam in den schwierigsten Zeiten unterstützt. Bei der amerikanischen Aggression habe China akzeptiert, daß es als Hinterland für Vietnam diente. Seine Hilfe sei viel größer gewesen als die der Sowjetunion.

Es sei immer gut, mit Nachbarn in Freundschaft und Frieden zu leben. Die Entwicklung der letzten Zeit habe die Erfüllung dieses Wunsches jedoch unmöglich gemacht. Die vietnamesischen Behörden hätten die Auslandschinesen grausam verfolgt. Viele Chinesen seien in Not geraten und obdachlos geworden. Angesichts dieser Lage habe seine Regierung sich gezwungen gesehen, diese Tatsachen in der Welt bekanntzumachen.[12]

Der Kern des Problems sei, daß Vietnam hegemonistische Tendenzen in Indochina mit Unterstützung durch ein drittes Land verfolge. China wünsche keine weitere Verschlechterung der Beziehungen und bemühe sich, die Probleme auf friedlichem Wege zu lösen. Die Verhältnisse hätten sich allerdings so weit verschlechtert, daß die weitere Entwicklung ganz von der Haltung der vietnamesischen Regierung abhänge.

Bundeskanzler: Es sei dringend erwünscht, daß die afrikanischen Probleme durch die Afrikaner geregelt werden. Das Vordringen der Sowjetunion und der kubanischen militärischen Berater mache große Sorgen.

Wir hätten nicht die Absicht, uns militärisch mit Soldaten der Bundeswehr in Afrika zu engagieren. Im wirtschaftlichen Bereich seien wir weniger zurückhaltend. So hätten wir beispielsweise Somalia finanziell gegenüber den expansionistischen Tendenzen Äthiopiens unterstützt.[13] Wir bemühten uns, zu einer

---

[12] Botschaftsrat I. Klasse Keil, Peking, berichtete am 26. Mai 1978: „Ein Sprecher des Überseechinesen-Büros im chinesischen Staatsrat hat die vietnamesische Regierung in einem von Hsinhua am 24. Mai veröffentlichten Interview beschuldigt, sie habe seit Anfang April 1978 über 70 000 in Vietnam ansässige Chinesen in die VR China vertrieben. [...] Die Vertreibung der Chinesen habe zu Anfang 1977 in den Grenzgebieten begonnen und sich nach und nach auf ganz Vietnam ausgedehnt." Keil legt dazu dar: „Die chinesisch-vietnamesische Entfremdung hat mit dem Beginn gegenseitiger öffentlicher Beschuldigungen eine neue Phase erreicht. [...] Bisher beschränken sich die öffentlichen Angriffe noch auf das Flüchtlingsproblem. Der Kambodscha-Krieg, die Sowjetfreundlichkeit Hanois und die unklaren Grenzen zu Land und zur See bieten jedoch genügend Stoff für künftige Polemik. [...] Hanois Anlehnung an die Sowjets kann durch den sich verschärfenden Konflikt mit China eigentlich nur verstärkt werden." Vgl. den Drahtbericht Nr. 541; Referat 340, Bd. 107733.

[13] Vgl. dazu das Abkommen vom 12. Januar 1978 zwischen der Bundesrepublik und Somalia über finanzielle Zusammenarbeit; BUNDESGESETZBLATT 1978, Teil II, S. 870.

Regelung in Simbabwe und in Namibia[14] beizutragen. Wir träten ein für einen friedlichen Übergang auf eine Mehrheitsregelung in Südafrika.

Wir seien besonders interessiert an der Entwicklung in Namibia, da dort etwa 25 bis 30 000 Deutsche lebten.

Der bevorstehende Besuch in Sambia[15] und Nigeria[16] sei die erste Reise eines Bundeskanzlers in afrikanische Länder. Er solle unser Interesse an der Lösung der afrikanischen Probleme durch die Afrikaner unter Beweis stellen.

China könne großen Einfluß auf die afrikanischen Politiker ausüben. Wir hätten eine positive Haltung gegenüber den französisch-belgischen Bemühungen um Wahrung der territorialen Integrität von Zaire eingenommen.[17] Wir hätten aufmerksam verfolgt die positive Einstellung der VR China gegenüber den Bemühungen der westlichen Staaten um friedliche Lösung der Probleme in Zaire.[18]

MP *Ku Mu*: Die VR China habe die erste und die zweite Aktion Frankreichs und Belgiens in Zaire mit großer Aufmerksamkeit verfolgt. Nach chinesischer Ansicht seien die Aktionen sehr positiv zu bewerten.

Wenn eine Supermacht ihre expansionistischen Tendenzen skrupellos verfolge, dann müßten die europäischen Staaten, deren Interessen berührt seien, materielle Hilfe für die Länder gewähren, die das Opfer dieser Expansion seien.

Nach seiner persönlichen Ansicht habe die USA sich in dieser Frage zu weich gezeigt. Das stelle eine Ermunterung an die Sowjetunion dar.

Bundeskanzler: Er verstehe diese Bemerkung.

MP *Ku Mu*: China verfolge eine konsequente Politik gegenüber Afrika; was in den Kräften der VR China stehe, werde sie[19] für die Entwicklung Afrikas tun. Wenn Afrika Aggressionen von außen ausgesetzt werde, werde seine Regierung nicht zögern, für Gerechtigkeit einzutreten und dies auch mit Entschlossenheit nach außen deutlich zu machen. In diesem Sinne sei der Besuch des chinesischen Außenministers in Zaire[20] zu verstehen.

Auf Bitten von MP Ku Mu berichtet der *Bundeskanzler* über seine Einschätzung der internationalen Lage. Er wisse, daß es in der VR China Besorgnisse gebe, daß ein Krieg von der Sowjetunion ausgehen könne. Die Bundesrepublik sei für die Verteidigung gut vorbereitet. Sie unterhalte 500 000 erstklassige, gut ausgerüstete Soldaten. Hinzu kämen etwa 200 000 amerikanische Soldaten und insgesamt ca. 100 000 Soldaten aus Großbritannien, Frankreich, den Nie-

---

14 Für den Wortlaut des Vorschlags der fünf westlichen Mitgliedstaaten des UNO-Sicherheitsrats vom 10. April 1978 für eine Lösung der Namibia-Frage vgl. EUROPA-ARCHIV 1978, D 574–578.
15 Zum Besuch des Bundeskanzlers Schmidt vom 28. bis 30. Juni 1978 in Sambia vgl. Dok. 209.
16 Zum Besuch des Bundeskanzlers Schmidt vom 26. bis 28. Juni 1978 in Nigeria vgl. Dok. 202.
17 Zu den Kämpfen in der zairischen Provinz Shaba sowie den Evakuierungsmaßnahmen für ausländische Staatsbürger vgl. Dok. 155, Anm. 21, Dok. 156, Anm. 53, und Dok. 166.
18 So in der Vorlage.
  Botschaftsrat I. Klasse Keil, Peking, informierte am 2. Juni 1978: „Ohne den geringsten Anschein von Mißbilligung berichteten die chinesischen Medien über die französischen, belgischen und sogar über die amerikanischen Maßnahmen sowie über deutsche Entwicklungshilfezusagen. [...] Beamte des chinesischen Außenministeriums versicherten den Franzosen ausdrücklich, wie sehr China Frankreichs Eingreifen begrüße." Vgl. den Drahtbericht Nr. 576; Referat 341, Bd. 107502.
19 Korrigiert aus: „es".
20 Der chinesische Außenminister Huang Hua hielt sich vom 3. bis 7. Juni 1978 in Zaire auf.

derlanden und anderen Ländern. In dieser Hinsicht gebe es keinen Anlaß zu aktuellen Besorgnissen in Europa. Es gäbe allerdings zwei Rüstungsbereiche, die ihm Sorgen machten: einmal die hohe Zahl der sowjetischen Panzer in Europa und zum anderen die zunehmende Aufrüstung im Bereich der Mittelstreckenraketen, die neben dem Nahen Osten, dem Mittelmeerraum, Europa auch die VR China und andere asiatische Länder bedrohten.

Wir begrüßten die Absicht, im strategischen Bereich ein Gleichgewicht herzustellen. Dadurch erhielten jedoch die Disparitäten im Mittelstreckenbereich zusätzliche Bedeutung.

Größere aktuelle Sorge bereite ihm die Unordnung in den weltwirtschaftlichen Beziehungen. Die Verfünffachung der Ölpreise nach dem Nahost-Krieg von 1973[21] hätte eine Welt getroffen, die ohnehin schon durch die Finanzierung des Krieges in Vietnam weitgehend in Unordnung geraten sei. Die Probleme würden gekennzeichnet durch den Überschuß an Dollarliquidität, durch das Zahlungsbilanzdefizit der USA und die absinkende Währungsparität der USA. Aufgrund dieser Umstände seien Hunger und Elend in Ländern der Dritten Welt noch größer als ohnehin unvermeidlich.

Bundeskanzler berichtet sodann über das geplante Gipfeltreffen der Industrieländer im Juli.[22] Dieses Treffen verfolge das Ziel, die wirtschaftspolitischen Vorstellungen der beteiligten Industrieländer in ein komplementäres Verhältnis zu bringen. Die Länder sollten erhebliche Anstrengungen unternehmen, um ihre Zahlungsbilanz auszugleichen, um die Wechselkurse zu stabilisieren, um auf protektionistische Eingriffe in den Welthandel zu verzichten, und einen Versuch unternehmen, um Wachstum und Beziehung zu steigern.

Die Verhandlungen zwischen Entwicklungsländern und Industrieländern hätten gegenüber den 50er und 60er Jahren große Fortschritte gebracht. Sie seien gleichwohl noch unbefriedigend. Die Dritte Welt habe zu lange OPEC-Länder als Sprecher gewählt. Manche Entwicklungsländer hätten ökonomisch nicht realisierbare Forderungen erhoben. Diese Tendenzen nähmen heute etwas ab.

Die Industrieländer müßten sich auf Kooperation mit den Ländern der Dritten Welt einstellen. Wir brächten etwa 10% unserer Verteidigungsausgaben als Hilfe für die Dritte Welt auf. Es sei zu beklagen, daß die Sowjetunion und auch die ČSSR und die DDR sich hieran nicht beteiligten. Sie seien wie wir hoch industrialisierte Staaten, die allerdings in erster Linie Kanonen, Panzer und Soldaten stellen würden.

Wir seien ein geteiltes Land, an dessen Grenze Truppen der Sowjetunion stünden. Wir verfolgten daher eine Politik der Vorsicht und der Sicherung. Wir versuchten vor allem im Hinblick auf Berlin, das wirtschaftlich, kulturell und rechtlich zum Bundesgebiet gehöre, das aber völkerrechtlich einen besonderen Status habe, Konflikte zu entschärfen. Andererseits bemühten wir uns um ausreichend Fähigkeit zur Selbstverteidigung.

In Ostasien erwarteten und erhofften wir uns eine weitere Entwicklung der Beziehungen zwischen der VR China und Japan.

---

[21] Zum am 6. Oktober 1973 begonnenen arabisch-israelischen Krieg („Jom-Kippur-Krieg") vgl. Dok. 8, Anm. 6.
[22] Zum Weltwirtschaftsgipfel am 16./17. Juli 1978 vgl. Dok. 225.

MP *Ku Mu* dankt herzlich für die ausführliche Unterrichtung.

Die Beziehungen seines Landes zu den Staaten der ASEAN-Gruppe seien sehr gut. China unterstütze die Tendenzen der Bündnisfreiheit und der territorialen Integrität dieser Länder.

Die Beziehungen zu Indien begännen sich zu entspannen. Die neue indische Regierung habe zu verstehen gegeben, daß sie bereit sei, die Beziehungen zu China zu verbessern.[23]

Der politische Hintergrund für die jüngsten Ereignisse in Afghanistan sei beiden bekannt.[24] Aufgrund der Politik der Nichteinmischung habe China die neue afghanische Regierung anerkannt.

China unterhalte zu Japan normale Beziehungen. Noch stehe der Abschluß des Vertrages über Frieden und Freundschaft aus. Der Kern des Problems sei die Anti-Hegemonial-Klausel. Wenn Japan bereit sei, den Vertrag zu unterschreiben, könne dies in wenigen Minuten geschehen.[25]

Bundeskanzler wiederholt die Einladung. Wenn Hua Kuo-feng bereit sei zu reisen, werde er hier mit großer Freude empfangen werden.[26]

VS-Bd. 525 (014)

---

[23] Botschafter Oncken, Neu Delhi, übermittelte am 19. Juni 1978 Äußerungen des stellvertretenden Abteilungsleiters im indischen Außenministerium, Ranganathan: „Zur Beziehung Peking–Delhi bemerkte er, daß diese in einem Wandlungsprozeß begriffen sei. Früher feststellbare Reibungen und Mißstimmungen ließen nach. [...] Numehr feststellbare Verschiebungen ergäben sich aus Änderung chinesischer Haltung. Diese leite sich her aus folgendem: a) Peking sei sich seit Regierungsantritt Janata darüber klargeworden, daß derzeitige indische Regierung in Südasien keine Hegemonialgelüste habe. b) Große Rolle spiele jüngste Entwicklung in Vietnam, die nicht mehr chinesischer Kontrolle unterliege. Peking suche im Hinblick auf Beziehung zu Vietnam, das durch Moskau abgedeckt werde, Reibungsflächen zu anderen Nachbarn abzubauen. c) Die afghanischen Vorgänge ihrerseits hätten dazu beigetragen, daß sich chinesisches Interesse an Reibungsabbau intensiviere. d) Außer Frage stehe freilich, daß für Chinesen Beziehung zu Delhi auch in neuer Phase im wesentlichen Funktion der Beziehung China-Sowjetunion sei. In chinesischer Indien-Politik überwiege also taktisches Element. Dies werde erkennbar in den substantiellen Differenzpunkten. Änderung chinesischer Haltung mache sich dort noch nicht fühlbar". Vgl. den Drahtbericht Nr. 566; Referat 341, Bd. 107502.

[24] Zum Sturz der afghanischen Regierung am 27. April 1978 vgl. Dok. 145.

[25] Zum Stand der chinesisch-japanischen Beziehungen vgl. Dok. 173, Anm. 18.
Gesandter Steinmann, Tokio, berichtete am 29. Mai 1978: „Ministerpräsident Fukuda hat den japanischen Botschafter in Peking, Sato, beauftragt, der chinesischen Regierung die Bereitschaft Japans mitzuteilen, die Verhandlungen über den japanisch-chinesischen Friedens- und Freundschaftsvertrag nach dem 20. Juni wiederaufzunehmen." Vgl. den Drahtbericht Nr. 711; Referat 341, Bd. 107596.
Am 15. Juni 1978 teilte Steinmann mit, die Volksrepublik China und Japan seien übereingekommen, die Verhandlungen Anfang Juli 1978 fortzusetzen. Die japanischen Hoffnungen auf einen Erfolg seien „gedämpft". Bei den Verhandlungen stehe Ministerpräsident Fukuda vor folgenden Aufgaben: „Die Konfrontierung mit der SU erträglich zu halten (Anti-Hegemonie-Klausel); die territorialen Interessen Japans zu wahren (Senkaku-Inseln, Festlandsockelvertrag mit Südkorea); zu einer weiteren Schwächung Südkoreas und Taiwans nicht beizutragen und so eine Schwächung der eigenen außenpolitischen und militärpolitischen Stellung zu vermeiden und sein Potential nicht von China (und den Vereinigten Staaten) als Gegengewicht zur SU verwenden zu lassen." Vgl. den Schriftbericht Nr. 839; Referat 341, Bd. 107596.

[26] Ministerpräsident Hua Kuo-feng besuchte die Bundesrepublik vom 21. bis 28. Oktober 1979. Für seine Gespräche mit Bundeskanzler Schmidt am 22./23. Oktober 1979 vgl. AAPD 1979.

178

Gespräch des Bundeskanzlers Schmidt mit dem syrischen Außenminister Khaddam

VS-NfD   8. Juni 1978[1]

Vermerk über das Gespräch des Bundeskanzlers mit dem syrischen Außenminister Khaddam am 8. Juni 1978, 13.00 Uhr[2]

Weitere Teilnehmer

auf syrischer Seite: Botschafter Atassi; Herr Dr. Rafic Jouejati, Leiter der Abteilung Westeuropa im syrischen Außenministerium; Herr Nabil Chreytah, Dolmetscher;

auf deutscher Seite: Botschafter Peckert; MD Dr. J. Ruhfus.

AM *Khaddam* überbrachte Grüße von Präsident Assad. Nach dem Besuch in Ägypten[3] hoffe seine Regierung auf einen baldigen Besuch des Bundeskanzlers in Syrien.

Bundeskanzler: Dann müsse er ja wohl erst Jerusalem besuchen. Das habe er gegenwärtig nicht vor.[4]

AM *Khaddam*: Er danke für das damit ausgedrückte Feingefühl.

Naher Osten

Auf Bitten des Bundeskanzlers berichtet AM Khaddam über seine Einschätzung der gegenwärtigen Lage im Nahen Osten. Unter den Arabern in der Nahost-Region bestehe der einvernehmliche Wunsch, den Frieden herbeizuführen. Die syrische Regierung habe mit den Vereinigten Staaten über die Genfer Kon-

---

[1] Ablichtung.
Die Gesprächsaufzeichnung wurde von Ministerialdirektor Ruhfus, Bundeskanzleramt, gefertigt und von Vortragendem Legationsrat I. Klasse Oldenkott, Bundeskanzleramt, am 13. Juni 1978 an Vortragenden Legationsrat I. Klasse Schönfeld „zur Unterrichtung des Auswärtigen Amts" übermittelt. Dazu vermerkte er: „Der Bundeskanzler hat den Vermerk noch nicht genehmigt. Das BMZ hat einen Auszug (S. 6 ff.) erhalten mit der Bitte um weitere Veranlassung entsprechend den Ausführungen des Bundeskanzlers in seinem Gespräch mit AM Khaddam." Vgl. Anm. 19 und 24.
Hat Schönfeld am 14. Juni 1978 vorgelegen, der die Weiterleitung an die Vortragenden Legationsräte Bächmann und von Studnitz verfügte und handschriftlich vermerkte: „Reg[istratur]: Bitte VS-v eintr[agen]. Über Herrn D 3 an Referat 310 m[it] d[er] B[itte] u[m] Übernahme."
Hat Studnitz am 14. Juni 1978 vorgelegen, der die Weiterleitung an Staatssekretär van Well verfügte.
Hat van Well am 16. Juni 1978 vorgelegen.
Hat Bächmann am 20. Juni 1978 vorgelegen. Vgl. das Begleitschreiben; VS-Bd. 525 (014); B 150, Aktenkopien 1978.

[2] Der syrische Außenminister Khaddam hielt sich vom 6. bis 12. Juni 1978 in der Bundesrepublik auf.

[3] Bundeskanzler Schmidt hielt sich im Rahmen einer Urlaubsreise vom 27. Dezember 1977 bis 6. Januar 1978 in Ägypten auf. Vgl. dazu AAPD 1977, II, Dok. 378 und Dok. 379.

[4] Zur Frage eines Besuchs des Bundeskanzlers Schmidt in Israel vgl. Dok. 30, Anm. 21.
Vortragender Legationsrat I. Klasse Böcker vermerkte am 20. Juni 1978, nach Auskunft des Bundeskanzleramts sei es schwierig, eine definitive Aussage von Schmidt hinsichtlich eines Besuchs in Israel zu erhalten: „Es bleibe bei der Mitteilung, die das Bundeskanzleramt dem Auswärtigen Amt übermittelt habe (Bundeskanzler hoffe, trotz der Belastung durch Präsidentschaft Israel im Herbst, vielleicht im November, besuchen zu können)." Es sei „anzunehmen, daß Bundeskanzler aus naheliegenden Gründen einen Besuch bei Begin nicht für sehr vordringlich hält und daher lieber weitere Entwicklung in Israel abwarten möchte". Vgl. Referat 310, Bd. 119883.

ferenz[5] in Kontakt gestanden. Dann sei überraschend die Initiative Sadats gekommen.[6] Sadat habe kurz vor seinem Besuch in Jerusalem sieben Stunden mit Assad gesprochen.[7] Assad habe sich gegen die Reise nach Jerusalem ausgesprochen, da sie die Eintracht im arabischen Lager stören und die starre Haltung der Israelis noch verhärten würde. Sadat habe darauf bestanden, seine Initiative durchzuführen. Assad habe versucht, ihn durch ein Schreiben von seinem Vorhaben abzubringen.

Sadat werde praktisch nur von dem König von Marokko[8] und von MP Numeiri[9] unterstützt. Die Erdölstaaten schwiegen, weil ihnen der Mut fehle.

Die arabische Einheit sei Voraussetzung für den Frieden. Auch die Europäer hielten auf Einheit, die EG würde nichts erklären, ohne daß ein kleiner Staat wie Luxemburg zustimmte.

Gegenwärtig liefen Bemühungen, die arabische Einheit wiederherzustellen. Es dürfe keine Alleingänge eines einzelnen arabischen Führers mehr geben.

Assad habe Numeiri gesagt, er sei bereit, die Zusammenarbeit fortzusetzen, wenn Sadat seinen Alleingang aufgebe und sich an die gemeinsame arabische Linie halte. Sadat sei durch die Fernsehauftritte offenbar aus dem Gleichgewicht geraten. Die innere Lage in Ägypten werde immer schwieriger. Als Beispiel verwies AM Khaddam auf die Auflösung der Wafd[10] und auf die Verurteilung ägyptischer Journalisten, die aus Paris kritische Berichte schickten.

Sadat habe zwei Fehler gemacht. Er habe einmal die Lage in Israel falsch eingeschätzt, zum anderen habe er den möglichen Druck der USA auf Israel zu hoch eingeschätzt.

Von Carter und insbesondere von Vance hätte Syrien aus den Gesprächen[11] einen guten Eindruck gewonnen. Aber Carter habe nicht die gleichen innenpolitischen Möglichkeiten wie der ägyptische Präsident. Außerdem seien in diesem Jahr Kongreßwahlen[12] und im nächsten Jahr Präsidentenwahlen.[13]

Die Lage in Afrika werde sich auf den Nahen Osten auswirken. Ebenso werde die Entwicklung im Iran und in der Türkei Rückwirkungen haben. Syrien wolle

---

5 Zur Friedenskonferenz für den Nahen Osten in Genf vgl. Dok. 8, Anm. 9.
6 Zur Friedensinitiative des Präsidenten Sadat vgl. Dok. 3, Anm. 7.
7 Präsident Sadat hielt sich am 16./17. November 1977 in Syrien auf und besuchte Israel vom 19. bis 21. November 1977.
8 Zur Haltung des Königs Hassan II. zur Friedensinitiative des Präsidenten Sadat vgl. Dok. 175.
9 Zu den Vermittlungsbemühungen des Präsidenten Numeri vgl. Dok. 175, Anm. 5.
10 Die Wafd-Partei wurde 1952 durch Präsident Nasser verboten. Am 4. Februar 1978 wurde die Partei erneut zugelassen, gab jedoch am 3. Juni 1978 aus Protest gegen ein am 1. Juni 1978 verabschiedetes „Sicherheitsgesetz zum Schutz der nationalen Einheit und des gesellschaftlichen Friedens" ihre Auflösung bekannt. Vgl. dazu ADG 1978, S. 21862.
11 Der amerikanische Außenminister Vance besuchte Syrien am 20./21. Februar 1977.
Die Präsidenten Assad und Carter trafen am 9. Mai 1977 in Genf zusammen. Ministerialdirigent Jesser vermerkte am 13. Mai 1977, nach amerikanischer Darstellung habe das Gespräch in einer herzlichen Atmosphäre stattgefunden. Syrische Vertreter hätten sich gegenüber dem Auswärtigen Amt über die Eindrücke Assads dahingehend geäußert, Carter und Vance „hätten einen sehr viel solideren Eindruck hinterlassen als die voraufgegangene amerikanische Administration, insbesondere als Außenminister Kissinger". Vgl. VS-Bd. 11139 (310); B 150, Aktenkopien 1977.
12 Am 8. November 1978 fanden in den USA Gouverneurswahlen, Wahlen zum Repräsentantenhaus und Teilwahlen zum Senat statt.
13 Am 4. November 1980 fanden in den USA Präsidentschaftswahlen statt.

die Handlungsfähigkeit der Region erhalten, um nicht Einflußsphäre der Großmächte zu werden.

Bundeskanzler: Es gäbe eine Reihe von Punkten, denen er zustimmen müsse, insbesondere teile er die Einschätzung, daß die Mission Sadats wohl nicht mehr zum Erfolg werden führen können.

Die Politik der Bundesrepublik sei verkörpert in der Resolution der EG vom Juni 1977[14]. An dieser Politik hielten wir unverändert fest. Wir hätten ein außerordentlich großes Interesse daran, daß der Waffenstillstand eingehalten und daß Frieden geschaffen würde. Ein neuer Krieg im Nahen Osten würde die bestehenden weltwirtschaftlichen Schwierigkeiten unermeßlich vergrößern.

Er habe Ägypten gesagt, daß der Versuch, Frieden zu stiften, nicht an der Sowjetunion vorbei und nicht ohne die Genfer Konferenz zum Erfolg geführt werden könne.

Aber es stelle sich die Frage, wer das Terrain so vorbereite, daß die Genfer Konferenz mit Aussicht auf Erfolg zusammentreten könne.

Sadat habe hier Wichtiges geleistet. Er wolle nicht sprechen von dem persönlichen Mut Sadats, den er sehr hoch einschätze. Er wolle auch nicht reden von der Wirkung von Sadats Initiative auf die Weltöffentlichkeit. Entscheidend sei vielmehr, daß die Initiative Sadats die Öffentlichkeit in den USA und den Kongreß stark beeindruckt habe. Die Entscheidung des Kongresses über die Flugzeuglieferung in den Nahen Osten[15] wäre vor drei oder fünf Jahren undenkbar gewesen. Heute bestünden günstigere Voraussetzungen für eine Politik des US-Präsidenten, die auf eine ausgewogene, gleichgewichtige Lösung im Nahen Osten gerichtet sei. Er teile die Einschätzung der klaren Haltung, insbesondere von Vance, er teile die Bewertung, daß durch die Entwicklung in Afrika, in der Türkei und im Iran die Lage komplizierter werde. Zusätzliche Komplikationen können ferner durch das türkisch-griechische Verhältnis und durch das Zypern-Problem geschaffen werden.

Die USA hätten sich eher passiv verhalten. Eine Ausnahme sei die sowjetisch-amerikanische Erklärung über die Genfer Konferenz[16] gewesen. Leider hätte es keine Folgemaßnahmen gegeben.

Gegenwärtig würde die Zusammenarbeit zwischen USA und Sowjetunion durch die Entwicklung in Äthiopien und in Zaire erschwert.

Es gäbe eine Gruppe, die überhaupt keinen Frieden wolle. Er denke hier an Bewegungen, die im Untergrund agieren. Die Aktivitäten von Habash und einigen von Libyen finanzierten Untergrundbewegungen seien eine Gefahr für den Frieden.

Er wolle keinen Hehl daraus machen, daß er der politischen Linie von Begin kritisch gegenüberstehe.

---

[14] Für den Wortlaut der Erklärung des Europäischen Rats über den Nahen Osten vom 29. Juni 1977 vgl. EUROPA-ARCHIV 1977, D 516 f. Vgl. dazu ferner AAPD 1977, II, Dok. 174.
[15] Zu den geplanten amerikanischen Flugzeuglieferungen nach Ägypten, Israel und Saudi-Arabien vgl. Dok. 165, Anm. 27.
[16] Zu der am 1. Oktober 1977 in New York veröffentlichten gemeinsamen amerikanisch-sowjetischen Erklärung über den Nahen Osten vgl. Dok. 89, Anm. 12.

Er habe eine große Achtung vor der Politik, die Präsident Assad verfolge, und freue sich auf den bevorstehenden Besuch.[17]

Wir seien uns bewußt, daß die geographische Lage für Syrien eine Reihe von Schwierigkeiten mit sich brächte.

Die Rolle der EG und der übrigen Europäer im Nahen Osten sei eher bescheiden. Soweit unser Einfluß reiche, würden wir ihn in Richtung auf die von der EG in der Erklärung vom Juni 1977 festgelegten Ziele ausüben.

Als Fußnote wolle er anfügen, daß er aus Gesprächen mit Sadat den Eindruck gewonnen habe, daß Sadat nicht vorhatte, einen Separatfrieden ohne Einbeziehung der Palästinenser abzuschließen.

Wir erwarteten die Besuche von Fahd[18] und Assad. Er beabsichtige zur Zeit nicht, Israel zu besuchen. Die Beziehungen zu Israel seien normal. Wenn wir unsere Kontakte zu Israel irgendwie nützlich machen könnten, stünden wir zur Verfügung.

Jeder solle sich so bewegen, daß der Waffenstillstand und der Friede im Nahen Osten nicht gefährdet würden.

AM *Khaddam*: Sie seien sich dessen bewußt, daß der Nahost-Konflikt internationale Dimensionen habe. Der Krisenherd gehe von der Politik Israels aus.

Bundeskanzler: Die Araber sollten das Existenzrecht Israels öffentlich anerkennen. Das werde die gemäßigten Kräfte in Israel stärken. Es gäbe durchaus gemäßigte Führer in Israel wie beispielsweise Weizman oder Peres.

AM *Khaddam*: Arafat habe schon gesagt, er wolle einen Frieden entsprechend den Vereinten Nationen.

Bundeskanzler: Das sei ein Schritt in die richtige Richtung, aber noch nicht ausreichend.

AM *Khaddam*: Wenn Arafats Schritte ohne Reaktionen bleiben, werde seine Stellung von den Palästinensern geschwächt. Die Haltung vieler gemäßigter Israelis würde gestärkt, wenn Arafat den Staat Israel als Verhandlungspartner anerkennen würde.

[19]Bilateral

AM *Khaddam*: Die deutsche Hilfe fließe sehr langsam. Ob die Hilfe nicht in einer Form gewährt werden könne, die einen schnelleren Zufluß der Mittel ermögliche? Sein Land wolle eine Telefonanlage von Siemens kaufen.[20] Dies werde

---

17 Präsident Assad besuchte die Bundesrepublik vom 11. bis 15. September 1978. Vgl. dazu Dok. 261.
18 Kronprinz Fahd besuchte die Bundesrepublik vom 21. bis 23. Juni 1978. Vgl. dazu Dok. 195 und Dok. 197.
19 Beginn der Seite 6 der Vorlage. Vgl. Anm. 1.
20 Botschafter von Rhamm, Damaskus, informierte am 19. Juli 1977, der Besuch einer Delegation der syrischen Postverwaltung in der Bundesrepublik im März des Jahres habe u. a. den Zweck gehabt, zu prüfen, „ob die Installation von 70 000 Fernsprechanschlüssen in Syrien durch die Firma Siemens erfolgen und aus von der Bundesrepublik gewährter Kapitalhilfe finanziert werden könnte". Rhamm führte weiter aus, es lägen Informationen vor, daß sich Frankreich intensiv um diesen Auftrag bemühe: „Die Frage der Installation von Fernsprechanschlüssen – seinerzeit wurde eine Zahl von 200 000 genannt, die sich über das ganze Land erstrecken sollten – ist im Zusammenhang mit der ‚finanziellen Zusammenarbeit' Gegenstand von Überlegungen gewesen, die aber unsererseits, insbesondere seitens des BMZ, negativ ausfielen." Vgl. den Schriftbericht Nr. 610; Referat 310, Bd. 125031.

nicht zugelassen. Sein Land benötige Agrarexperten. Die Regierung werde auf langwierige Verhandlungen mit einer deutschen Gesellschaft verwiesen.

Früher habe die Bundesregierung sich zur Mitwirkung an dem Euphrat-Damm verpflichtet.[21] Es wäre gut, wenn die Bundesregierung ihre Mitwirkung an einem ähnlichen Großprojekt in Aussicht stellen könnte, damit der Besuch von Assad zu einem Erfolg werde. Assad interessiere sich besonders für ein Stahlwerk in Syrien.

Bundeskanzler verweist auf den Überhang von Stahlkapazität. Wir nutzten unsere schwachen Erze nicht aus, weil der Stahl auf dieser Grundlage zu teuer würde.

Er werde die von AM Khaddam angeschnittenen Fragen in der Bundesregierung aufgreifen. Es gebe hohe Hilfszusagen, aber nur einen geringen Abfluß.[22] Dieses Problem sollten beide Seiten näher untersuchen. Der syrische Planungsminister[23] solle eine Analyse fertigen und Vorschläge unterbreiten, wie man das Verfahren verbessern könne. Möglicherweise sollten beide Minister sich zusammensetzen. Der Besuch von Präsident Assad müsse sorgfältig vorbereitet werden.

Andererseits seien uns Grenzen gezogen. Wir hätten Haushaltsvorschriften, die für alle Länder Geltung hätten, mit denen wir finanziell zusammenarbeiten. BMZ und syrisches Planungsministerium sollten die Fragen gemeinsam prüfen.[24]

AM *Khaddam* dankte und drückte seine Befriedigung aus.

Bundeskanzler bat, Grüße an Assad zu übermitteln. Er freue sich auf den bevorstehenden Besuch.

VS-Bd. 525 (014)

---

[21] Am 5. Februar 1963 erklärte sich die Bundesrepublik in einem Abkommen mit Syrien bereit, eine Summe von bis zu 350 Mio. DM als Finanzierungsanteil für die Gesamtkosten eines bei Tabqa zu errichtenden Staudamms bereitzustellen. Vgl. dazu BULLETIN 1963, S. 205 f.
Nachdem bereits der Abbruch der diplomatischen Beziehungen durch Syrien am 13. Mai 1965 zu Verzögerungen geführt hatte, wurde die Beteiligung der Bundesrepublik an dem Projekt durch den Sturz der Regierung des Ministerpräsidenten al-Bitar am 23. Februar 1966 insgesamt in Frage gestellt. Am 22. April 1966 unterzeichneten die UdSSR und Syrien ein Protokoll über die Finanzierung eines Mehrzweckprojekts zur Bewässerung und Stromerzeugung am Euphrat. Vgl. dazu den Schriftbericht des Legationsrats I. Klasse Pfeiffer, Damaskus, vom 4. Mai 1966; Referat III B 6, Bd. 534.
Botschafter Peckert, Damaskus, teilte am 3. April 1978 mit, daß der Euphrat-Staudamm am 18. März 1978 eingeweiht worden sei. Vgl. dazu den Schriftbericht Nr. 299; Referat 310, Bd. 125028.
[22] Referat 310 vermerkte am 26. Mai 1978, seit der Wiederaufnahme der diplomatischen Beziehungen 1974 habe die Bundesrepublik Syrien Technische Hilfe in Höhe von 40 Mio. DM und Kapitalhilfe in Höhe von 380 Mio. DM zu günstigen Konditionen zugesagt: „Auch mit diesem Entgegenkommen bringt die Bundesregierung ihre hohe Einschätzung der bilateralen Beziehungen zu Syrien zum Ausdruck. Auf erhebliche Schwierigkeiten stößt nach wie vor der Abfluß unserer Kapitalhilfezusagen. Bisher sind nur 20 Mio. DM abgeflossen. Grund hierfür ist die schwerfällige und noch weitgehend an dem Kapitalhilfeverfahren der sozialistischen Länder orientierte syrische Planungspraxis." Eingesetzt würden die Gelder gemäß syrischer Schwerpunktsetzung in der Wirtschaftsplanung vornehmlich in der Landwirtschaft. Vgl. Referat 310, Bd. 125034.
[23] George Hauraniya.
[24] Ende der Seite 6 der Vorlage. Vgl. Anm. 1.

179

Bundesminister Genscher an Bundesminister Apel

500-503.30/1-598[I]/78 geheim 8. Juni 1978[1]

Sehr geehrter Herr Kollege,

die in Ihrem Schreiben vom 26.4.1978[2] angeschnittene weitere Behandlung des I. Zusatzprotokolls zu den Genfer Konventionen von 1949[3] ist auch für das Auswärtige Amt und für mich selbst Gegenstand großer Sorge.

Meine Sorge bezieht sich dabei sowohl auf die negativen Rückwirkungen, die von einzelnen Teilen des Protokolls auf die Verteidigungskonzeption der NATO ausgehen können, als auch auf die bündnisinternen Beratungen in Brüssel und die Haltung der Bundesrepublik Deutschland bei diesen Beratungen.[4]

Ich bin dezidiert der Meinung, daß in dem Konflikt zwischen den Verpflichtungen aus dem I. Zusatzprotokoll und der Aufrechterhaltung der NATO-Verteidigungsplanung alle Anstrengungen gemacht werden müssen, um eine Lösung zu finden, die allen NATO-Partnern, einschließlich der Bundesrepublik Deutschland, die Zugehörigkeit zu diesem der Humanisierung des Krieges dienenden Vertrag ermöglicht, ohne damit Abstriche an zentralen Punkten der NATO-Verteidigungsplanung zu verbinden, deren Aufrechterhaltung für unsere Sicherheit nach wie vor von zentraler Bedeutung ist. Dabei halte ich den Gedanken, die Vereinigten Staaten von Amerika und auch den Rest der Verbündeten von einer Ratifikation abzuhalten, für undurchführbar und gefährlich; wir würden mit einem solchen Versuch nicht mehr erreichen, als daß wir uns in

---

[1] Durchdruck.
Ministerialdirektor Fleischhauer leitete den Entwurf des Schreibens mit der Bitte um Unterzeichnung am 29. Mai 1978 über Staatssekretär van Well an Bundesminister Genscher. Dazu vermerkte er: „Wie inzwischen über das B[undes]k[anzler]amt zu erfahren war, hat Minister Apel auf einer kürzlichen Hauptabteilungsleiterbesprechung im BMVg geäußert, daß er sein Schreiben an den Herrn Minister heute nicht mehr in dieser Form unterschreiben würde; es komme darauf an, daß die Bundesrepublik Deutschland sich bei der weiteren Behandlung des Protokolls absolut im Rahmen des westlichen Bündnisses halte. Diese Haltung von BM Apel stimmt – wenn die Mitteilungen aus dem BK zutreffen – mit der vom AA eingenommenen Haltung überein."
Hat van Well am 7. Juni 1978 vorgelegen.
Hat Vortragendem Legationsrat Ackermann am 8. Juni 1978 vorgelegen.
Hat Bundesminister Genscher am 10. Juni 1978 vorgelegen. Vgl. den Begleitvermerk; VS-Bd. 10759 (500); B 150, Aktenkopien 1978.
Hat Fleischhauer am 6. Juni 1978 erneut vorgelegen.
Hat Vortragendem Legationsrat I. Klasse Freiherr Marschall von Bieberstein am 8. Juni 1978 vorgelegen, der handschriftlich vermerkte: „Hat Herr Citron sein Doppel? Er hat sehr herzlich darum gebeten."
[2] Für das Schreiben vgl. VS-Bd. 10759 (500).
[3] Für den Wortlaut der Genfer Abkommen vom 12. August 1949 zur Verbesserung des Loses der Verwundeten und Kranken der Streitkräfte im Felde, zur Verbesserung des Loses der Verwundeten, Kranken und Schiffbrüchigen der Streitkräfte zur See, über die Behandlung der Kriegsgefangenen sowie zum Schutze von Zivilpersonen in Kriegszeiten vgl. UNTS, Bd. 75, S. 31–417. Für den deutschen Wortlaut vgl. BUNDESGESETZBLATT 1954, Teil II, S. 783–986.
Für den Wortlaut der am 8. Juni 1977 verabschiedeten Zusatzprotokolle einschließlich der dazu abgegebenen Erklärungen und Vorbehalte vgl. UNTS, Bd. 1125, S. 4–434 bzw. S. 610–699.
[4] Zur Erörterung der am 8. Juni 1977 verabschiedeten Zusatzprotokolle zu den Genfer Abkommen vom 12. August 1949 vgl. Dok. 54.

der NATO isolierten und innen- wie außenpolitisch ins Zwielicht geraten. Zu diesem Schluß komme ich aufgrund meiner Einschätzung der in den anderen NATO-Staaten und auch bei uns innenpolitisch wirksamen Kräfte, die aus berechtigten Motiven heraus auf eine Mitarbeit bei allen internationalen Bemühungen zur Humanisierung des Krieges drängen und infolgedessen auch auf die Ratifikation des Protokolls; zu dieser Beurteilung komme ich darüber hinaus auch aufgrund meiner Einschätzung des Deutschlandbildes im Ausland, das eben auch im Westen immer noch mit Vorbehalten belastet ist. Vor allem aber halte ich einen so drastischen Versuch wie den, das ganze Bündnis von der Ratifikation abzubringen, auch nicht für erforderlich, um aus dem Konflikt zwischen dem I. Zusatzprotokoll und der Aufrechterhaltung der NATO-Verteidigungsplanung herauszukommen.

Der Ausweg liegt, wie seitens meines Hauses schon seit der Schlußphase der Genfer Verhandlungen über das I. Zusatzprotokoll immer wieder dargelegt wird, in der Abgabe von möglichst bündniseinheitlichen Vorbehalten und Interpretationserklärungen zu den Kampfführungsbestimmungen des Protokolls. Es ist nach wie vor die Auffassung des Auswärtigen Amts, daß mit Hilfe von Vorbehalten und sonstigen Erklärungen in der Öffentlichkeit vertretbare und völkerrechtlich zulässige Präzisierungen vorgenommen werden können, die dem Bündnis die Zugehörigkeit zu dem I. Zusatzprotokoll und die Beibehaltung seiner Verteidigungskonzeption ermöglichen. Dies gilt sowohl für den konventionellen als auch für den nuklearen Bereich. Was diesen Bereich angeht, so hielte ich es für rechtlich nicht zwingend und für vom deutschen Standpunkt aus bedenklich, wenn wir uns auf den Standpunkt stellen würden, daß die – für die Verteidigungsfähigkeit und Abschreckung entscheidende – Nuklearstrategie des Bündnisses „unter keinen denkbaren Umständen" mit dem Protokoll vereinbar sei. Die Ausführungen auf den Seiten 2 und 3 Ihres Schreibens scheinen darüber hinaus auch zu besagen, daß ein Nukleareinsatz auch schon nach geltendem Völkerrecht unzulässig sein könnte. Eine solche, rechtlich nicht gebotene Argumentation würde der gesamten Verteidigungsstrategie des Bündnisses den Boden entziehen.

Die Auffassung, die das Auswärtige Amt in diesen Fragen einnimmt, deckt sich mit der Auffassung der Mehrheit unserer Verbündeten. Wenn Sie in Ihrem Schreiben davon sprechen, die NATO-Verbündeten betrachteten die Probleme des I. Zusatzprotokolls mit „bedenklicher Sorglosigkeit", die Sie auf die unterschiedliche geographische Lage und die sich damit insbesondere verbindende Interessenverschiedenheit zurückführen, so vermag ich Ihnen hier nicht zu folgen: Der NATO-Verteidigungsauftrag gilt für alle NATO-Partner gleichermaßen; für alle NATO-Staaten gleichermaßen gilt auch der Primat des Völkerrechts. Der einzige Unterschied, den ich insoweit zwischen der Bundesrepublik Deutschland und den übrigen Verbündeten zu erkennen vermag, liegt darin, daß in der Bundesrepublik Deutschland das sehr stark entwickelte Rechtsschutzsystem dazu geführt hat, daß nach § 10 Soldatengesetz dienstliche Befehle durch die jeweiligen Befehlsempfänger u. a. auch wegen Völkerrechtswidrigkeit angefochten werden können.[5] Ich sehe durchaus die daraus für die

---

[5] In Paragraph 10, Absatz 4 des Gesetzes vom 19. März 1956 über die Rechtstellung der Soldaten (Soldatengesetz) in der Fassung vom 10. August 1975 hieß es, ein Vorgesetzter dürfe Befehle „nur

Bundesregierung und insbesondere für das Bundesministerium der Verteidigung resultierenden Schwierigkeiten, welches ja die Wahrung der Interessen der Bundesregierung in evtl. verwaltungsgerichtlichen Verfahren sicherzustellen hätte. Ich glaube aber, daß die Herstellung einer durch formale Erklärungen nach außen abgestützten NATO-einheitlichen Interpretation des I. Zusatzprotokolls das beste und stärkste Mittel ist, welches uns zur Verringerung des Prozeßrisikos zur Verfügung steht. Auf keinen Fall darf die umfassende Durchbildung unseres Rechtsschutzsystems etwa dazu führen, daß wir dem Protokoll gegenüber eine derart negative Haltung einnehmen, daß eine NATO-einheitliche Haltung überhaupt nicht mehr zustande kommt und daß die humanitäre Zielsetzung der Bundesregierung gerade im Bereich des Kriegsrechts in Zweifel gezogen wird.

Es erscheint mir wesentlich, daß innerhalb des Bündnisses die Diskussion über die abzugebenden Vorbehalte und Erklärungen jetzt unverzüglich in Gang kommt. Es wird Ihrem Haus unbenommen sein, dabei nochmals alle seine Bedenken vorzutragen. Ich möchte Sie jedoch bitten, dafür Sorge zu tragen, daß die Bedenken Ihres Hauses nicht darauf hinauslaufen, die Mitarbeit der Bundesregierung bei der Ausarbeitung dieser Instrumente zu blockieren oder die Beratungen innerhalb des Bündnisses zum Stillstand zu bringen. Denn wenn in den nächsten Monaten nicht entscheidende Schritte in Richtung auf die Erarbeitung einer bündniseinheitlichen Interpretation und die Formulierung möglichst einheitlicher Vorbehalte und Erklärungen getan werden können, werden mehrere NATO-Staaten die Ratifikation einleiten und nicht mehr auf die Allianz warten. Über den Zeitpunkt der Ratifikation der Bundesregierung ist hiermit noch nichts gesagt. Ganz generell bin ich aber der Meinung, daß die Bundesrepublik Deutschland einem Vertrag wie dem I. Zusatzprotokoll nicht fernbleiben darf, wenn die anderen westeuropäischen Staaten ihm beitreten. Eben darum ist es wichtig, in einer gemeinsamen NATO-Haltung einen ausreichenden Rückhalt für die spätere Zugehörigkeit zu dem I. Zusatzprotokoll zu schaffen.

Abschließend möchte ich noch bemerken, daß das, was ich über die Beibehaltung der NATO-Strategie gesagt habe, auch für die Festlegung unserer Haltung zu der bevorstehenden Waffenkonferenz[6] gilt. Auch hier bin ich der Meinung, daß unsere Haltung von unseren Interessen in der Sache selbst bestimmt sein sollte und nicht von dem Versuch, auf dem Umweg über die Waffenkonferenz die Probleme des Zusatzprotokolls zu lösen. Ich würde auch ein solches Vorgehen für sachlich nicht erforderlich und nachteilig halten.

Mit freundlichen Grüßen
gez. Genscher[7]

VS-Bd. 10759 (500)

Fortsetzung Fußnote von Seite 892
  unter Beachtung der Regeln des Völkerrechts, der Gesetze und der Dienstvorschriften erteilen". Vgl. BUNDESGESETZBLATT 1975, Teil I, S. 2276.
 6 Am 19. Dezember 1977 beschloß die UNO-Generalversammlung mit Resolution Nr. 32/152 die Abhaltung einer Konferenz, die den Einsatz bestimmter konventioneller Waffen einschränken oder verbieten sollte: „The General Assembly [...] decides to convene in 1979 a United Nations conference with a view to reaching agreements on prohibitions and restrictions of the use of specific conventional weapons, including those which may be deemed to be excessively injurious or to have in-

180

Aufzeichnung des Ministerialdirektors Blech

221-372.20/30-1128/78 geheim 8. Juni 1978[1]

Über Herrn Staatssekretär[2] dem Herrn Bundesminister[3] zur Unterrichtung und mit der Bitte um Billigung

Betr.: Östliche Reaktion auf westliche MBFR-Initiative[4] bei den Wiener Verhandlungen

I. Der Osten hat in der vertraulichen informellen Sitzung vom 7. Juni seine Antwort auf die westliche Initiative vom 19.4.1978 vorgelegt.[5] Am 8.6. wird ein östlicher Sprecher nach der Einführung der östlichen Vorschläge in einer Plenarsitzung die Öffentlichkeit in großen Zügen unterrichten. Ein westlicher Sprecher wird erklären, daß die östliche Antwort auf die westliche Initiative im Detail geprüft werden muß, bevor eine Reaktion erfolgen kann. Schon jetzt könne jedoch gesagt werden, daß die östlichen Vorschläge das Problem der Einigung auf die Ausgangsdaten außer acht lassen und die Annahme der vom Osten vorgelegten Daten[6] voraussetzen. Der Sprecher wird auf die Diskrepanz zwischen westlichen und östlichen Streitkräftedaten hinweisen und die Notwendigkeit einer vorausgehenden Dateneinigung für ein Abkommen betonen.

Bei Bedarf wird der westliche Sprecher darauf hinweisen, daß die Frage des Kollektivitätsprinzips durch die östliche Reaktion keine befriedigende Lösung gefunden hat.[7]

II. Der Osten schlägt in Erwiderung der westlichen Vorschläge folgendes vor:

– Sämtliche direkten Teilnehmer sollen ihre Streitkräfte nach gleichen Prozentzahlen vermindern.

Fortsetzung Fußnote von Seite 893
discriminate effects". Für den Wortlaut der Resolution vgl. UNITED NATIONS RESOLUTIONS, Series I, Bd. XVI, S. 529 f.
Eine erste Vorkonferenz zur UNO-Waffenkonferenz fand vom 28. August bis 15. September 1978 in Genf statt. Vgl. dazu Dok. 290.

[7] An dieser Stelle handschriftlicher Vermerk am 13. Juni 1978: „Original war von Genscher unterzeichnet".

[1] Die Aufzeichnung wurde von Vortragendem Legationsrat I. Klasse Rückriegel konzipiert.
[2] Hat Staatssekretär van Well am 8. Juni 1978 vorgelegen.
[3] Hat Bundesminister Genscher am 8. Juni 1978 vorgelegen.
[4] Zur Initiative der an den MBFR-Verhandlungen teilnehmenden NATO-Mitgliedstaaten vom 19. April 1978 vgl. Dok. 110.
[5] Zu den Vorschlägen der an den MBFR-Verhandlungen teilnehmenden Warschauer-Pakt-Staaten vom 8. Juni 1978 vgl. auch Dok. 193.
[6] Am 10. Juni 1976 legten die an den MBFR-Verhandlungen teilnehmenden Warschauer-Pakt-Staaten eigene Daten für das Personal ihrer Land- und Luftstreitkräfte vor. Vgl. dazu AAPD 1976, I, Dok. 189.
Zum Austausch der Daten für die Landstreitkräfte am 15. März 1978 vgl. Dok. 78.
Zum Austausch der Daten für die Luftstreitkräfte am 4. April 1978 vgl. Dok. 98.
[7] Dieser Satz wurde von Ministerialdirektor Blech hervorgehoben. Dazu vermerkte er handschriftlich: „Wien wird angewiesen, im westlichen Kreis darauf hinzuwirken, dieses wichtige Element nicht nur auf eine – möglicherweise ausbleibende – Zusatzfrage einzuführen, sondern von vornherein in die westliche Äußerung aufzunehmen."

– Ausgangsbasis ist das „Faktum" des Bestehens ungefährer Parität.
– In drei bis vier Jahren sollen beide Seiten auf eine Gesamthöchststärke von 700 000 Mann bei den Landstreitkräften – und auf einen kombinierten ceiling von 900 000, der die Luftstreitkräfte einbegreift – vermindern. Die Reduzierungsmenge wird für den Westen und Osten gemäß der beiderseits vorgelegten Zahlen mit 91 000 (Westen) bzw. 105 000 (Osten) angegeben.

Die Verminderungen der Phase I:

1) Innerhalb eines Jahres sollen die USA und die SU ihre Landstreitkräfte im Raum der Reduzierungen um je 7%, d.h. die Sowjets um 30 000 und die Amerikaner um 14 000 Mann, vermindern.

2) Die SU bietet an: Das Hauptquartier eines Armeecorps mit Unterstützungseinheiten, zwei Divisionen in voller Stärke und Panzereinheiten, die in ihrer Stärke einer Panzerdivision entsprechen, abzuziehen. Es sollen 1000 (Kampf-)Panzer und 250 gepanzerte Fahrzeuge abgezogen werden.

3) Von den USA wird erwartet, daß sie zwei bis drei Brigaden abziehen, die übrigen Verminderungen ebenfalls in der Form von Einheiten. Zusätzlich würden die USA 1000 Nuklearsprengköpfe, 36 „Pershing"-Abschußrampen und 54 nuklearfähige Flugzeuge abziehen (= Option III[8]).

4) Die abgezogenen amerikanischen nuklearen Elemente sowie die sowjetischen Panzer werden auf der verbleibenden Zahl limitiert.

5) Die USA und die SU tauschen bei Abschluß des Phase-I-Abkommens Listen über die genaue Bezeichnung der zu reduzierenden Einheiten, ihre numerische Stärke und Dislozierung aus.

6) In einem Phase-I-Abkommen würden die nicht-amerikanischen und nicht-sowjetischen direkten Teilnehmer Verpflichtungen hinsichtlich ihrer eigenen Reduzierungen in Phase II innerhalb zwei bis drei Jahren nach Abschluß der Reduzierungen der Phase I eingehen.

7) Der Umfang der Reduktionen würde für jeden Staat individuell festgelegt, wobei seine Reduzierungsverpflichtungen proportional seinem Anteil an der Gesamtstärke zu sein hätten.

8) Aus diesen Reduzierungen würde sich die kollektive Gesamthöchststärke für beide Seiten ergeben, für deren Einhaltung folgende drei Vereinbarungen getroffen werden:

Erstens:

Die Streitkräfte sämtlicher direkter Teilnehmer werden in den common collective ceiling einbezogen, d.h. für keinen Staat, also auch nicht für die SU und die USA, würden sich nationale Höchststärken ergeben.

Zweitens:

Sollte ein Teilnehmer nach Abschluß des Reduzierungsprozesses seine Streitkräfte einseitig vermindern, darf kein anderer direkter Teilnehmer mehr als 50% dieses Absinkens auf seiner Seite durch eigene Erhöhungen abfangen; auf

---

[8] Zum Vorschlag der an den MBFR-Verhandlungen teilnehmenden NATO-Mitgliedstaaten vom 16. Dezember 1975 für eine Einbeziehung amerikanischer nuklearer Komponenten (Option III) vgl. Dok. 12, Anm. 10.

jeden Fall muß dieser Teilnehmer im Endergebnis unterhalb seiner Stärke vor eigenen Verminderungen bleiben.

Drittens:

Verbleibende nationale Höchststärken der einzelnen Teilnehmer dürfen durch Erhöhung der Zahl der Zivilangestellten, die im Frieden militärische Positionen ausfüllen, nicht umgangen werden.

9) Alle Teilnehmer verpflichten sich, die Reduzierungen der zweiten Phase entsprechend den Modalitäten, die für die zweite Phase festgelegt werden, vorzunehmen. Sollte ein derartiges Abkommen nicht erzielt werden, so würden die Reduzierungen der zweiten Phase gemäß den Regeln, nach denen Sowjets und Amerikaner in Phase I reduziert haben, erfolgen (Reduzierungen in Einheiten). Amerikaner und Sowjets wären von ihren Verpflichtungen frei, wenn die Modalitäten der Reduzierungen in der zweiten Phase wesentlich von denen in der ersten Phase abwichen.

Phase II:

1) Im ersten Jahr der Phase II reduzieren alle direkten Teilnehmer (außer USA und SU) ihre Streitkräfte um 40% der auf sie entfallenden Gesamtreduzierungen.

2) Während der folgenden zwei Jahre würden die gleichen Staaten ihre Landstreitkräfte um 60% vermindern.

3) Die USA und die SU würden in Phase II ihre Truppen um den Prozentsatz vermindern, der sich, unter Berücksichtigung ihrer Reduzierungen in Phase I, ergibt, um den Prozentsatz ihrer eigenen Verminderungen auf die gleiche Höhe wie den der übrigen direkten Teilnehmer zu bringen.

Allgemeine Bestimmungen:

1) Umgruppierungen der militärischen Verbände bleiben nach Abschluß des Reduzierungsprozesses den einzelnen Teilnehmern unbenommen. Allerdings darf die Gesamtzahl der reduzierten Formationen und Einheiten, die den Reduzierungen unterlegen haben, nicht erhöht werden.

2) Die östlichen Verhandlungspositionen bleiben insofern unverändert, soweit in den östlichen Vorschlägen nichts anderes ausgesagt wird.

III. Analyse

1) Mit dem Gegenvorschlag reagiert die östliche Seite auf die westliche Initiative vom 19. April. Sie geht außerdem zum ersten Mal konkret auf den Option-III-Vorschlag (nukleare amerikanische Elemente) vom Dezember 1975 ein.

2a) Der östliche Vorschlag stellt in gewisser Weise eine erste bedeutende[9] Modifikation des ursprünglichen Verhandlungskonzepts des Warschauer Pakts dar, und zwar insoweit, als er konzeptionell eingeht auf

– westliche Forderung der Parität,

– westliche Forderung der Kollektivität,

– westliche Phasen-Aufteilung,

– Konzentration auf Personalbestand und selektive Einbeziehung des Materials.

---

[9] Dieses Wort wurde von Ministerialdirektor Blech handschriftlich eingefügt. Dafür wurde gestrichen: „substantielle".

b) Aus dem westlichen Vorschlag vom 19. April greift der Warschauer Pakt auf:
- Vereinbarung der beiderseitigen Höchststärken von Anfang an (700 000 bzw. 900 000 für kombiniertes Land- und Luftstreitkräftepersonal),
- Festlegung des Umfangs und des Zeitraums für nicht-sowjetische und nicht-amerikanische Reduzierungen,
- Überhangkonzept als solches[10],
- Modifikation der Forderung Panzerarmee,
- Bereitschaft der Amerikaner, einen Teil der Reduzierungen auf freiwilliger Basis in Einheiten vorzunehmen.

3) Dieses konzeptionelle Eingehen auf westliche Vorstellungen bedeutet nicht eine Übernahme der konkreten Inhalte des westlichen Konzepts:

a) Parität:

Der Osten geht von der Behauptung aus, daß Parität bereits existiert. Er legt seine Daten zugrunde. Die nach unseren Erkenntnissen bestehende Divergenz von 150 000 Soldaten bleibt damit unberücksichtigt.

Der Westen hatte seinen Vorschlag so angelegt, daß er zu einer Dateneinigung genutzt und von ihr abhängig gemacht werden konnte. Der Osten dreht diese Taktik um. Er versucht, das konzeptionelle Eingehen auf die Parität und auf die Zahl von 700 000 als übereinstimmende Höchststärke zu nutzen, um den Westen zur Annahme seiner Datenangaben zu bringen.

b) Das Eingehen auf das Verhandlungsziel übereinstimmende kollektive Gesamthöchststärke wird qualifiziert:
- Sowjetunion und USA müssen wie die anderen direkten Teilnehmer behandelt werden.
- Die direkten Teilnehmer müssen sich auf prozentual gleiche Reduzierungsquoten einlassen.
- Die übereinstimmenden Höchststärken sollen durch Zusatz-Regelungen qualifiziert werden. Es soll vorgesehen werden, daß einseitige Reduzierungen von Alliierten von einem anderen direkten Teilnehmer nur bis zu einer Höhe von 50 % dieser Reduzierungen ausgeglichen werden dürfen und daß der Gesamtumfang die Zahl seiner Soldaten vor Reduzierungen nicht überschreitet.

c) Die Konzentration auf Personalreduzierungen gemäß westlichem Vorschlag wird im östlichen Vorschlag qualifiziert durch die Forderung der Gleichbehandlung aller direkten Teilnehmer. Das würde Materialreduzierungen auch bei den europäischen Streitkräften implizieren. Zu diesem Punkt ist der östliche Vorschlag vage. Hier bedarf es der Aufklärung.

d) Zum Prinzip der Gleichbehandlung aller direkten Teilnehmer gehört nach östlicher Vorstellung auch das Prinzip der Reduzierungen nach Einheiten bei allen direkten Teilnehmern. Dies würde für die Streitkräften der Staaten im Raum der Reduzierungen eine Festschreibung der Streitkräftestrukturen be-

---

10 Die Wörter „als solches" wurden von Ministerialdirektor Blech handschriftlich eingefügt.

deuten. Damit wäre eine Diskriminierung gegenüber der nicht beeinträchtigten Flexibilität der Stationierungsstreitkräfte verbunden.

e) Der östliche Vorschlag geht auf den wichtigen westlichen Gedanken stabilisierender bzw. vertrauensbildender Maßnahmen nicht ein.

IV. Bewertung

1) Der östliche Vorschlag läßt erkennen, daß der Warschauer Pakt unseren Vorschlag vom 19. April als bedeutsam betrachtet hat. Er macht deutlich, daß die östliche Seite an einer Fortführung der Verhandlungen interessiert ist.

2) Die östliche Reaktion unterstreicht die Einsicht, daß Parität und Kollektivität für den Westen unverzichtbar sind, deshalb das Eingehen auf den konzeptionellen Rahmen für diese beiden Kernpunkte der westlichen Position. Gleichzeitig wird dieses konzeptionelle Eingehen durch die konkreten Vorschläge dazu, insbesondere durch die Zugrundelegung der östlichen Daten, relativiert.

3) Der östliche Vorschlag ist geschickt. Er erweckt den Eindruck der Kompromißbereitschaft (Zustimmung zu Parität und Kollektivität, Bereitschaft, 1000 Panzer abzuziehen). Im Lichte des östlichen Vorschlags erscheinen als Haupthinderungsgründe für eine Einigung zwei Elemente, die auch im Westen zum Teil einer Kritik unterzogen wurden:

– Klärung der Datenbasis,

– konsequente Durchführung des Prinzips der Kollektivität.

4) Im Ergebnis würde die Übernahme des östlichen Vorschlags de facto bedeuten:

– Anerkennung der östlichen Datengrundlage und damit eine entscheidende Beeinträchtigung der Glaubwürdigkeit westlicher Analyse der östlichen Potentiale und der Parität;

– Festschreibung der vom Westen erkannten Personaldisparität;

– Relativierung des Konzepts der Kollektivität durch nationale Reduzierungsverpflichtungen und Festlegung nationaler Höchststärken, wenn auch auf dem gegenwärtigen Stand.

5) Nach dem westlichen Vorschlag vom 19. April und der östlichen Reaktion darauf wird die MBFR-Diskussion in Wien voraussichtlich stark belebt werden. Dies gilt vermutlich auch für die innenpolitische Diskussion. Durch beide Vorschläge ist das Datenproblem als Substanzproblem für uns in den Mittelpunkt gerückt. Die Klärung der Datenbasis ist das notwendige Korrelat einer Einigung auf Parität und damit die Voraussetzung für wirkliche Substanzfortschritte bei Reduzierungsverhandlungen. Insofern kommt dem Kommuniqué der letzten NATO-Gipfelkonferenz[11] gerade im Lichte der östlichen Reaktion eine besondere Bedeutung zu.

Der zweite zentrale Punkt in den Wiener Verhandlungen wird die Ausgestaltung der Kollektivität sein. Dazu gehört auch die Berücksichtigung der unterschiedlichen Auswirkungen von MBFR auf die Streitkräfte der Staaten, die im

---

11 Korrigiert aus: „letzten Kommuniqué der NATO-Gipfelkonferenz".
Vgl. dazu Ziffer 19 des Kommuniqués der NATO-Ratstagung auf der Ebene der Staats- und Regierungschefs am 30./31. Mai 1978 in Washington; Dok. 160, Anm. 13.
Zur NATO-Ratstagung vgl. Dok. 170.

Reduzierungsraum liegen, und auf die Stationierungsstreitkräfte. Es geht hier um die Frage, ob es gelingt, für die weit überlegenen sowjetischen Streitkräfte angemessene Reduzierungen zu vereinbaren und sicherzustellen, daß ihr relatives Gewicht im Raum der Reduzierungen jedenfalls nicht wächst, ohne daß die europäischen westlichen Teilnehmer vergleichbare nationale Limitierungen auferlegt bekommen. Dies Problem kann nur gelöst werden, wenn die Sowjetunion bereit ist, die unterschiedliche Ausgangslage der beiden Großmächte anzuerkennen und die für den östlichen Vorschlag charakteristische Gleichbehandlung aller Staaten zu modifizieren. Text für eine Pressestellungnahme, die sich an den in Wien ausgearbeiteten Text anlehnt, ist in der Anlage beigefügt.[12]

Das BMVg hat der Eilbedürftigkeit halber an dieser Vorlage nicht mitgewirkt. Die Abstimmung wird bei einer Neufassung nachgeholt.

Blech

VS-Bd. 11491 (221)

181

Runderlaß des Vortragenden Legationsrats Ellerkmann

012-II-312.74 Aufgabe: 12. Juni 1978, 16.25 Uhr[1]
Fernschreiben Nr. 58 Ortez

Zur 520. Tagung des Rates der EG am 6.6.1978 in Brüssel

Ratstagung unter Vorsitz des dänischen Außenministers K. B. Andersen erbrachte folgende Resultate:

I. Allgemeine Fragen

1) Wahl des Europäischen Parlaments

Vorsitz berichtete über den Stand der einzelstaatlichen Gesetzgebungsverfahren. Die Parlamente in allen Mitgliedstaaten haben inzwischen dem Ratsbeschluß und Akt vom 20.9.1976 zur Einführung der Direktwahl[2] zugestimmt. Es wird erwartet, daß die noch fehlenden Notifikationen über den Abschluß der Verfahren aus F und VK in Kürze beim Ratssekretariat eingehen und der Direktwahlakt damit in Kraft treten kann.

---

[12] Dem Vorgang beigefügt. Für den Entwurf einer Presseerklärung vgl. VS-Bd. 11491 (221); B 150, Aktenkopien 1978.

[1] Durchdruck.
Hat Vortragendem Legationsrat Boll am 12. Juni 1978 vorgelegen.
[2] Zum Beschluß des Europäischen Rats vom 12./13. Juli 1976 bzw. des EG-Ministerrats vom 20. September 1976 zur Einführung von Direktwahlen zum Europäischen Parlament vgl. Dok. 8, Anm. 28.

2) Beitritt Portugals[3]

Der Rat sprach sich klar für den Beitrittsantrag aus. Er stellte fest, daß die für eine gemeinsame Verhandlungsgrundlage der Neun erforderlichen Vorarbeiten so bald wie praktisch möglich in positivem Sinne durchgeführt werden sollen. Damit folgte er dem Vorschlag der Präsidentschaft, für den portugiesischen Beitrittsantrag dieselbe Erklärung wie im Falle Griechenlands[4] zu verwenden.[5]

Wir haben uns mit GB für eine möglichst frühzeitige Eröffnung der Verhandlungen eingesetzt und erreichen können, daß der Rat von der Eröffnung der Verhandlungen nach den Sommerferien (September bis Oktober) ausgeht.[6]

II. Außenbeziehungen

1) Erneuerung des Abkommens von Lomé[7]

Der Rat erörterte die Ausgangsposition der Gemeinschaft für die Neuverhandlungen mit den AKP-Staaten. Basis seiner Beratungen war ein Vermerk des Vorsitzes, der die Grundoptionen zusammenfaßt, wie sie vom AStV bei seiner Prüfung des Kommissionsmemorandums[8] aufgestellt wurden.

Der Rat einigte sich auf eine gemeinsame Ausgangsposition, wobei einige politische Fragen (Laufzeit des Abkommens, Einbeziehung von Menschenrechten) noch offenblieben. Auch gelang es ihm nicht, die gegensätzlichen Auffassungen zum Investitionsschutz und zur Frage der Konsultationsverfahren zu überbrücken. Die Prüfung dieser Punkte soll im AStV fortgesetzt und das Ergebnis dem Rat am 27. Juni 1978 zusammen mit dem Entwurf eines Verhandlungsmandats vorgelegt werden.[9]

2) Beziehungen zu Jugoslawien[10]

VP Haferkamp berichtete über den Stand der Verhandlungen der EG mit Jugoslawien über ein neues Handels- und Kooperationsabkommen und erläuterte interne Überlegungen der Kommission zu Möglichkeiten der Mandatsverbesserung. Konkrete Vorschläge sollen dem Rat am 27.6.1978 vorgelegt werden.

In allgemeiner Aussprache haben wir, genauso wie Mehrzahl unserer EG-Partner, Initiative der Kommission begrüßt und auf politische Bedeutung eines Ausbaus der Beziehungen EG–Jugoslawien hingewiesen.

---

[3] Zum Stand der Verhandlungen über einen EG-Beitritt Portugals vgl. Dok. 156, Anm. 17.

[4] Der EG-Ministerrat gab am 9. Februar 1976 in Brüssel eine Erklärung zum griechischen Beitrittsantrag vom 12. Juni 1975 ab. Vgl. dazu AAPD 1976, I, Dok. 47.
Zum Stand der Verhandlungen über einen EG-Beitritt Griechenlands vgl. Dok. 134, Anm. 3.

[5] Für den Wortlaut der Erklärung des EG-Ministerrats vom 6. Juni 1978 vgl. BULLETIN DER EG 5/1978, S. 11.

[6] Die Beitrittsverhandlungen mit Portugal wurden am 17. Oktober 1978 eröffnet. Vgl. dazu Dok. 318.

[7] Für den Wortlaut des AKP-EWG-Abkommens von Lomé vom 28. Februar 1975 sowie der Zusatzprotokolle und der am 11. Juli 1975 in Brüssel unterzeichneten internen Abkommen über Maßnahmen zur Durchführung des Abkommens und über die Finanzierung und Verwaltung der Hilfe der Gemeinschaft vgl. BUNDESGESETZBLATT 1975, Teil II, S. 2318–2417.
Zur Vorbereitung einer Erneuerung des AKP-EWG-Abkommens von Lomé vom 28. Februar 1975 vgl. Dok. 156.

[8] Zum Memorandum der EG-Kommission vom 15. Februar 1978 vgl. Dok. 156, Anm. 40.

[9] Zur EG-Ministerratstagung am 26./27. Juni 1978 in Luxemburg vgl. Dok. 208.

[10] Zu den Beziehungen zwischen den Europäischen Gemeinschaften und Jugoslawien vgl. Dok. 154, Anm. 7.

3) Beziehungen EG–RGW[11]

VP Haferkamp unterrichtete Rat über seine 26stündigen Gespräche mit RGW-Generalsekretär Fadejew am 29./30. Mai 1978 in Moskau.[12] Hauptschwierigkeiten: die aus unterschiedlichen Strukturen und Kompetenzen beider Organisationen erwachsenden Probleme. Wichtigste Ergebnisse: Bekräftigung des gemeinsamen Willens zur Normalisierung der Beziehungen, Übereinstimmung, daß jede Seite Praktiken, Ziele und institutionelle Regeln der anderen Seite respektiert. Beauftragung von Experten, bereits im Juli Verhandlungen über Inhalt und Modalitäten eines Abkommens aufzunehmen (in Brüssel).[13] Anerkennung der EG-Kommission als Verhandlungspartner. Offen blieb insbesondere Frage der Behandlung handelspolitischer Regelungen. Hierzu hat Haferkamp in Moskau erneut auf das weiterhin geltende, an alle Staatshandelsländer gerichtete Angebot der Gemeinschaft von 1974 hingewiesen, mit ihnen Handelsabkommen auszuhandeln.[14]

Rat nahm Bericht ohne Aussprache zur Kenntnis.

4) Beziehungen zu Australien[15]

Rat nahm Mitteilung der Kommission[16] über beabsichtigte Gesprächsführung bei Konsultationsrunde mit Minister Garland am 7./8. Juni 1978[17] zur Kennt-

---

[11] Zu den Beziehungen zwischen den Europäischen Gemeinschaften und dem RGW vgl. Dok. 140, Anm. 32.

[12] Vortragender Legationsrat I. Klasse Freitag vermerkte am 1. Juni 1978 zum Besuch des Vizepräsidenten der EG-Kommission, Haferkamp, in der UdSSR: „Das Ergebnis entspricht den Erwartungen. Mit unseren EG-Partnern waren wir einig, daß mit konkreten Ergebnissen dieser Gesprächsrunde im Vorfeld der eigentlichen Verhandlungen angesichts der bekannten Meinungsunterschiede über Form und Inhalt der zukünftigen Beziehungen zwischen beiden Seiten – sowie innerhalb des östlichen Lagers – nicht gerechnet werden konnte." Vgl. B 201 (Referat 411), Bd. 485.

[13] Vom 25. bis 28. Juli 1978 fanden in Brüssel Gespräche mit einer Delegation des RGW über den Geltungsbereich und die Modalitäten eines Kooperationsabkommens statt. Vgl. dazu BULLETIN DER EG 7-8/1978, S. 88.

[14] Ein aufgrund des Beschlusses des EG-Ministerrats vom 17. September 1974 von der EG-Kommission ausgearbeiteter Entwurf für Handelsabkommen zwischen den Europäischen Gemeinschaften und den RGW-Mitgliedstaaten wurde am 7. November 1974 vom EG-Ministerrat gebilligt. Darin erklärten die Europäischen Gemeinschaften ihre Bereitschaft, mit den einzelnen RGW-Mitgliedstaaten „langfristige, nicht präferenzielle Handelsabkommen auf der Grundlage gegenseitiger Vereinbarungen mit gleichwertigen Vorteilen und Verpflichtungen" abzuschließen. Vgl. BULLETIN DER EG 11/1974, S. 14.

[15] In einer gemeinsamen Aufzeichnung des Bundesministeriums für Wirtschaft und des Auswärtigen Amts vom 12. Juni 1978 hieß es: „Das Verhältnis der Gemeinschaft zu Australien ist zur Zeit vor allem durch handelspolitische Probleme belastet. [...] Aus australischer Sicht sind die Probleme in erster Linie dadurch entstanden, daß seit dem Beitritt Großbritanniens zur Gemeinschaft die Agrarexporte Australiens nach der EG um 80 % zurückgegangen sind. Im Rindfleischsektor sind die australischen Ausfuhren fast völlig zum Stillstand gekommen. Diese Entwicklung hat die australische Regierung veranlaßt, 1977 einen Minister für Besondere Handelsfragen einzusetzen, der sich vor allem um eine Verbesserung der Agrarexporte nach den EG bemühen soll. Dieser Minister (zunächst Howard, jetzt Garland) hat der EG-Kommission im Oktober 1977 ein 25-Punkte-Memorandum mit australischen Wünschen zum Agrarbereich überreicht [...]. Die EG haben auf dieses Memorandum bisher nur hinhaltend reagiert. Sie stellen sich [...] auf den Standpunkt, daß die meisten Forderungen der australischen Regierung zunächst im Rahmen der laufenden GATT-Runde multilateral und nicht bilateral erörtert werden müßten." Vgl. B 201 (Referat 411), Bd. 429.

[16] Für die Mitteilung der EG-Kommission an den EG-Ministerrat vom 26. Mai 1978 vgl. B 201 (Referat 411), Bd. 429.

[17] Ministerialrat Grünhage, Brüssel (EG), berichtete am 12. Juni 1978: „Minister Garland führte am 8.6. Gespräche mit Kom[missar] Brunner sowie am 9.6. mit V[ize]p[räsident] Haferkamp und Kom. Gundelach. Wie aus Kreisen der Kom[mission] zu erfahren ist, standen am 8.6. die Uran- und Kohle-

nis. Es bestand die einmütige Auffassung, daß Anstrengungen für möglichst konstruktive und positive Gespräche unternommen werden sollten. Einige Delegationen äußerten Zweifel, ob hierfür ausreichende Grundlagen vorhanden seien. Kommissionvorschläge seien in der Substanz zu mager. Wir unterstrichen politisches Interesse an offener Aussprache mit Australien und drückten Hoffnung auf Interessenausgleich und stärkere Mitarbeit Australiens im Rahmen der MHV[18] aus.

5) Fischerei

Wir unterrichteten Rat im Hinblick auf EG-Zuständigkeit für Fischereipolitik über Zwischenfall mit deutschem Fischkutter Capella, der am 4.6.1978 in dänisch-polnischer Grenzzone in der Ostsee von polnischen Fischereischutzbooten aufgebracht worden ist.[19]

6) GATT (Multilaterale Handelsverhandlungen)[20]

Rat einigte sich darauf, daß Einsatz einer zusätzlichen bedingten Rücknahmeliste in der entscheidenden Verhandlungsphase in enger Konsultation mit zuständigem Ausschuß erfolgen solle.

VP Haferkamp gab Zwischenbericht zum Stand der Verhandlungen ab. Die Kommission strebe im tarifären Bereich weiterhin eine Verbesserung der Zollangebote der Hauptverhandlungspartner an.

Fortschritte seien insbesondere im nicht-tarifären Bereich erzielt worden, wobei aber noch zahlreiche Detailfragen geklärt werden müßten. Es bestehe Aussicht, daß Hauptbestandteile des Verhandlungspakets noch vor Bonner Wirtschaftsgipfel[21] in ihren wesentlichen Elementen fixiert werden könnten.

III. Innerer Ausbau

1) Regionalpolitik

Dem Rat gelang Einigung über zwei der wesentlichen offenen Fragen:

- Es wird eine quotenfreie Abteilung im Regionalfonds („Dispositionsreserve der Kommission") geschaffen. Eines der wesentlichen deutschen Reformziele ist damit nach monatelangem Widerstand von F und GB erreicht.
- Der Anteil der Ausgaben für Infrastrukturprojekte wird auf 70 Prozent begrenzt – hier konnten wir uns mit unserem Verhandlungsziel eines höheren Anteils für arbeitsplatzschaffende Projekte der gewerblichen Wirtschaft nicht durchsetzen.

Fortsetzung Fußnote von Seite 901

fragen, am 9.6. die landwirtschaftlichen Probleme (Rindfleisch) im Vordergrund. An Behandlung von Rohstoff-Fragen habe sich australische Seite nicht interessiert gezeigt. Klima sei bei Brunner-Gespräch gut und sachlich gewesen. Gespräch mit VP Haferkamp und Kom. Gundelach sei nicht so diametral-massiv ausgefallen, wie von Kom.-Seite erwartet. Austral[ische] Seite habe allerdings Ergebnis des zweiten Gesprächs als nicht befriedigend und enttäuschend bezeichnet. Gemeinsames Kommuniqué wurde nicht herausgegeben. Minister Garland hielt im Anschluß an letztes Gespräch Pressekonferenz ab, in der australische Seite über ihren Unmut keinen Hehl machte und Protestschreiben PM Frasers an die Kom. ankündigte." Vgl. den Drahtbericht Nr. 2213; B 201 (Referat 411), Bd. 429.

18 Multilaterale Handelsverhandlungen.
19 Vgl. dazu die Meldung „In Kolberg um Aufklärung bemüht"; FRANKFURTER ALLGEMEINE ZEITUNG vom 6. Juni 1978, S. 1. Vgl. dazu ferner Dok. 245, Anm. 64.
20 Zu den GATT-Verhandlungen vgl. Dok. 107, Anm. 15.
21 Zum Weltwirtschaftsgipfel am 16./17. Juli 1978 vgl. Dok. 225.

Offen ist jetzt nur noch der Fördersatz bei der Infrastruktur. Wir wären mit der Mehrheit bereit gewesen, diesen gemäß Kompromißvorschlag des Vorsitzes von bisher 30 Prozent auf 40 Prozent anzuheben. Italien bestand jedoch auf mindestens 45 Prozent.

2) Strukturprobleme der Industriepolitik

Rat setzte die durch unser „Memorandum zur EG-Strukturpolitik" am 2. Mai eingeleitete Debatte fort.[22] Zwar ließen sich grundsätzliche ordnungspolitische Meinungsunterschiede über die Bewältigung sektoraler Strukturkrisen (unternehmerische Selbstverantwortung oder Eingriffsverpflichtung des Staates zur Erhaltung bedrohter Industriezweige) nicht überbrücken. Es bestand aber Übereinstimmung über den Zusammenhang zwischen staatlichen Interventionen und Wachstum, Handelspolitik und internationalen Verpflichtungen der Gemeinschaft. Im Grundsatz unbestritten blieb auch, daß Problemindustrien Hilfen nur erhalten könnten, wenn sie zur eigenverantwortlichen Strukturanpassung bereit seien. Notwendigkeit, inneren Markt zu sichern und auszubauen, wurde betont.

Während wir vor amtlichen Branchenprognosen warnten, kündigte Kommissar Davignon seine Absicht an, in Zukunft sektorale Fehlentwicklungen frühzeitig zu signalisieren, um krisenhafte Entwicklungen abzufangen.

Kommission wird bei Kontrolle staatlicher Subventionen darüber wachen, daß diese nur ausnahmsweise, zeitlich befristet, degressiv gestaffelt und als Mittel zur Strukturanpassung gewährt würden.

Durch die zahlreichen Sektorenprogramme der Kommission (Stahl, Schiffbau, Raffinerie, Chemiefasern, Flugzeugbau usw.) droht die EG auf einen ordnungspolitisch bedenklichen Kurs zu geraten.

3) Eisen- und Stahlindustrie

Kommission wies darauf hin, daß sich Krise auf dem innergemeinschaftlichen Stahlmarkt erneut zugespitzt habe, weil Industrie die Produktion trotz unverändert stagnierender Nachfrage stark ausgeweitet habe und Mindestpreise

---

[22] Für das „Memorandum zur Strukturpolitik in der EG" der Bundesregierung vom 24. April 1978 vgl. Referat 412, Bd. 122331.
Vortragender Legationsrat Boll informierte am 5. Mai 1978, Bundesminister Graf Lambsdorff habe das Memorandum auf der EG-Ministerratstagung am 2. Mai 1978 in Brüssel eingeführt und dabei erklärt, verschiedene Maßnahmen im Stahl- oder Textilsektor bewiesen „zunehmende Neigung der EG, Wachstums- und Beschäftigungsprobleme mit dirigistischen Eingriffen zu lösen (außenwirtschaftlicher Protektionismus, Absprachen zur Kapazitäts- und Produktionsplanung und zur Marktaufteilung, Eingriffe in die Preisbildung, Erhaltungssubventionen). Bundesregierung trete demgegenüber für liberale Industrie- und Handelspolitik ein, die auf veränderte weltwirtschaftliche Rahmenbedingungen nicht mit strukturkonservierenden Maßnahmen reagiere, sondern gesamtwirtschaftliche Vorteile und Chancen des Strukturwandels nutze (Stärkung der Anpassungsbereitschaft der Unternehmen durch Markt- und Wettbewerbsmechanismus, lediglich flankierende Hilfen der Gemeinschaft und der EG-Mitgliedstaaten). Bundesregierung gehe nicht von abstrakter Doktrin, sondern von konkreten Erfahrungen der letzten 30 Jahre aus. Auch sie verschließe sich nicht begrenzten und befristeten Übergangsregelungen zur Verhinderung sozialer Härten, warne aber vor sektorspezifischen Dauereingriffen, die die Leistungsfähigkeit der Gesamtwirtschaft beeinträchtigen und damit Arbeitsplätze auch in anderen Bereichen gefährden müßten." Boll teilte mit: „Deutsche Ausführungen fanden im Rat Unterstützung bei DK, NL und LUX. F und GB wiesen hingegen darauf hin, daß Industrie- und Handelspolitik der EG Arbeitslosigkeit, Wechselkursverschiebungen und protektionistische Eingriffe dritter Länder berücksichtigen müsse." Vgl. den Runderlaß Nr. 43; Referat 012, Bd. 1081241.

weiterhin teilweise nicht beachtet würden. Kommission beabsichtigt folgende Maßnahmen:

- Einführung eines Kautionssystems an den innergemeinschaftlichen Grenzen zur beschleunigten Ahndung von Preisverstößen,
- Erhöhung der Orientierungspreise um fünf Prozent zum 1. Juli 1978 sowie weitere wechselkursbedingte Peisanpassungen,
- Anpassung des „Stahlvorausschätzungsprogramms" für das dritte Quartal (System freiwilliger Lieferquoten für die Unternehmen).

[gez.] Ellerkmann

Referat 012, Bd. 108141

182

Gespräch des Bundeskanzlers Schmidt mit Ministerpräsident Soares

105 – 38.A/78 VS-NfD   13. Juni 1978[1]

Gespräch des Herrn Bundeskanzlers mit dem portugiesischen Ministerpräsidenten Dr. Mário Soares am 13.6.1978 um 10.30 Uhr[2]
hier: Dolmetscheraufzeichnung (z. T. Gedächtnisprotokoll)

Der *portugiesische Ministerpräsident* beschrieb einleitend die Wirtschaftssituation seines Landes als äußerst ernst. Das Abkommen mit dem Internationalen Währungsfonds[3] stelle Portugal vor nicht geringe Schwierigkeiten, da infolge

---

[1] Ablichtung.
Die Gesprächsaufzeichnung wurde von Dolmetscherin Eichhorn am 19. Juni 1978 gefertigt und von Vortragendem Legationsrat I. Klasse Zeller, Bundeskanzleramt, am 21. Juni 1978 an Vortragenden Legationsrat I. Klasse Schönfeld übermittelt.
Hat Schönfeld am 21. Juni 1978 vorgelegen, der die Weiterleitung an Ministerialdirektor Blech „m[it] d[er] B[itte] u[m] Übernahme" verfügte.
Hat Ministerialdirigent Pfeffer am 22. Juni 1978 vorgelegen.
Hat Vortragendem Legationsrat I. Klasse Heibach am 23. Juni 1978 vorgelegen.
Hat Blech vorgelegen. Vgl. das Begleitschreiben; Referat 203, Bd. 115889.

[2] Ministerpräsident Soares hielt sich auf Einladung der Friedrich-Ebert-Stiftung vom 12. bis 14. Juni 1978 in der Bundesrepublik auf.

[3] Das Bundesministerium der Finanzen legte am 23. Juni 1977 dar, daß am Vortag in Paris ein Treffen von 16 Staaten zur Vorbereitung einer internationalen Kreditaktion für Portugal stattgefunden habe. Elf Staaten hätten sich bereit erklärt, „Portugal während der nächsten 18 Monate mittelfristige Kredite als Zahlungsbilanzhilfe zur Verfügung zu stellen". Im Kommuniqué werde vermerkt: „daß die portugiesische Regierung bereit ist, mit dem IWF ein weiteres Stabilisierungsprogramm zu erarbeiten und noch vor Ende dieses Jahres die zweite IWF-Tranche ziehen will. Für den Gesamtbetrag der Hilfsaktion gibt das Kommuniqué eine geschätzte Größenordnung von etwa 750 Mio. Dollar an". Vgl. Referat 420, Bd. 121640.
Referat 420 vermerkte am 1. Juni 1978: „Nach monatelangen, zähen Verhandlungen haben sich portugiesische Regierung und IWF Ende April d. J. auf ein wirtschaftliches Stabilisierungsprogramm geeinigt. Das Programm gilt für den Zeitraum 1. April 1978 bis 30. März 1979. In diesem

dieses Abkommens unpopuläre soziale Maßnahmen durchzustehen seien. Der Dialog mit den Gewerkschaften werde weitergeführt, so daß es bisher zu keinen Streiks oder sozialen Unruhen gekommen sei. Auch mit der Kommunistischen Partei bestünden Kontakte, die als „nicht schlecht" einzustufen seien. Aufgrund des Abkommens mit dem IWF seien die finanziellen Probleme bis April nächsten Jahres mehr oder weniger gelöst. Für die folgenden Jahre bleibe das Problem der Finanzierung des Zahlungsbilanzdefizits bestehen, zumal auch der Stabilisierungsplan nicht in einem Jahr durchführbar sei.

Dr. *Soares* wies auf folgenden schwer überwindbaren Widerspruch hin: Der IWF fordere eine Begrenzung des Wachstums zur Reduzierung des Zahlungsbilanzdefizits, die EG hingegen eine Wachstumssteigerung im Hinblick auf die Annäherung Portugals an die Europäischen Gemeinschaften.[4]

Vor diesem Hintergrund ergäben sich unter anderem die Fragen, ob die EG nach Meinung des Bundeskanzlers bereit sei, der portugiesischen Zahlungsbilanz in Form einer Sonderhilfe Unterstützung zu gewähren und ob die Deutschen gewillt seien, sich auf dem Wirtschaftsgipfel im Juli d. J.[5] zum Fürsprecher einer Hilfeleistung auf bilateraler bzw. auf EG- oder OECD-Basis zu machen.

Der *Bundeskanzler* verwies darauf, daß das IWF-Abkommen den Weg für den Abfluß der Zahlungsbilanzhilfe in Höhe von 750 Millionen Dollar freigemacht habe. Er erinnerte an die Pariser Beschlüsse vom 22. Juni 1977 und an den unverbürgten Kredit in Höhe von 150 Millionen Dollar.[6]

Dr. *Soares* unterstrich, daß mit der erwähnten Zahlungsbilanzhilfe lediglich ein Drittel des Defizits dieses Jahres finanziert werden könne. Es müßten also noch mittelfristige Lösungen gefunden werden. Man habe die Amerikaner bereits angesprochen, lege jedoch auch in diesem Punkt großen Wert auf das bilaterale Verhältnis zur Bundesrepublik Deutschland. In diesem Zusammenhang erwähnte der portugiesische Ministerpräsident den Südeuropa-Plan der EG[7] und erkundigte sich, ob nach Meinung des Bundeskanzlers unter den euro-

Fortsetzung Fußnote von Seite 904
Zeitraum soll das portugiesische Leistungsbilanzdefizit von ca. 1,5 Mrd. US-Dollar in den vorangegangenen zwölf Monaten auf ca. 1 Mrd. Dollar reduziert werden. Zur Erreichung dieses Zieles ist u. a. neben einer schrittweisen Escudo-Abwertung (7% Anfang Mai plus nachfolgende weitere monatliche Abwertungen) vor allem eine scharfe Begrenzung der inländischen Kreditexpansion vorgesehen. [...] Der IWF bewertet die Einigung mit der portugiesischen Regierung als ein akzeptables Ergebnis, obwohl es weit hinter dem zurückbleibt, was für eine schnelle Wiedergewinnung der Stabilität notwendig gewesen wäre. Die Chancen, daß das Stabilisierungsprogramm erfolgreich durchgeführt wird, seien nicht schlecht, aber doch mit gewissen Risiken, vor allem im innenpolitischen Bereich, belastet. Aus portugiesischer Sicht stellt das Programm das Maximum dessen dar, was der jungen Demokratie Portugals zugemutet werden kann. Immerhin bedeuten die harten Austeritätsmaßnahmen für weite Bevölkerungskreise eine Verminderung ihres Realeinkommens." Vgl. Referat 420, Bd. 121640.

[4] Zum Stand der Verhandlungen über einen EG-Beitritt Portugals vgl. Dok. 156, Anm. 17, und Dok. 181.

[5] Zum Weltwirtschaftsgipfel am 16./17. Juli 1978 vgl. Dok. 225.

[6] Botschafter Lebsanft, Brüssel (EG), berichtete am 7. Oktober 1975, daß der EG-Ministerrat am 6./7. Oktober 1975 in Luxemburg eine Soforthilfe für Portugal beschlossen habe. Portugal erhalte ein Darlehen in Höhe von 150 Mio. RE zu einem Zinssatz von drei Prozent. Vgl. dazu den Drahtbericht Nr. 3296; Referat 410, Bd. 105616.

[7] Zu den Vorschlägen der EG-Kommission hinsichtlich der Agrarproblematik im Mittelmeerraum vgl. Dok. 121, Anm. 46.
Am 12. Mai 1978 einigte sich der EG-Rat auf der Ebene der Landwirtschaftsminister auf die

päischen Staaten der Wunsch bestehe, eine globale Lösung – eine Art Marshall-Plan[8] – auszuarbeiten.

Der *Bundeskanzler* erklärte, er habe bereits die von der Verfassung gesetzten Kreditgrenzen überschritten[9], weshalb er vier Prozesse vor dem Bundesverfassungsgericht verloren habe. Andere Länder seien Beschränkungen anderer Art unterworfen. Er schloß bis zum Ende des Jahres eine positive Entscheidung bezüglich des Südeuropa-Hilfsprogramms aus.

Auf dem Bonner Wirtschaftsgipfel werde er von Amerika und England mit Sicherheit u. a. gedrängt werden, die Steuern zu senken. Dazu werde er sich nur bereit finden, wenn beide Länder selbst Schritte zur Erholung der Weltwirtschaft unternähmen. Das Zahlungsbilanzdefizit der USA sei angesichts des großen Reichtums des Landes ein Skandal. Nur eine amerikanische Politik, die sich zu Korrekturen verpflichte, sei für ihn glaubwürdig. Auch davon hänge eine Unterstützung des südlichen Europa ab.

Dr. Soares nahm im folgenden Bezug auf das positive Gutachten des EG-Ministerrats vom 6. Juni d. J.[10] Durch Abstimmung der verschiedenen politischen Vorstellungen aufeinander müsse versucht werden, die baldige Aufnahme der Beitrittsverhandlungen zu erreichen.

Der *Bundeskanzler* führte aus, er werde seine EG-Präsidentschaft in den nächsten sechs Monaten[11] nutzen, um ganz offiziell die Beitrittsverhandlungen in Gang zu bringen.[12]

Er frage den portugiesischen Premier, ob zu erwarten sei, daß Giscard d'Estaing seine zögernde Haltung in bezug auf die Beitrittsverhandlungen bei seinem

---

Fortsetzung Fußnote von Seite 905

Agrarpreise für das Wirtschaftsjahr 1978/79 und auf einen Teil eines von der EG-Kommission vorgeschlagenen „Mittelmeer-Pakets". Dieses sah neben Regelungen im Marktbereich (Wein sowie Obst und Gemüse) auch Strukturmaßnahmen in Höhe von 910 Mio. ERE vor, u. a. Bewässerungsmaßnahmen in Süditalien, Infrastrukturmaßnahmen (Elektrifizierung, Trinkwasserversorgung, Wegebau) in Mittelmeerregionen und die Förderung der Verarbeitungs- und Vermarktungsbedingungen für landwirtschaftliche Erzeugnisse aus dieser Region. Vgl. dazu die Aufzeichnung des Ministerialdirektors Lautenschlager vom 16. Mai 1978; B 201 (Referat 411), Bd. 533.

[8] Am 5. Juni 1947 schlug der amerikanische Außenminister Marshall in einer Rede an der Harvard-Universität die Schaffung eines Hilfsprogramms für die europäischen Staaten vor. Das nach ihm auch „Marshall-Plan" genannte European Recovery Program (ERP) diente in den Jahren 1948 bis 1952 dem Wiederaufbau der europäischen Wirtschaft. Bis zum Auslaufen der Hilfe flossen ca. 13 Mrd. Dollar nach Westeuropa. Davon entfielen auf die westlichen Besatzungszonen bzw. auf die Bundesrepublik ca. 1,7 Mrd. Dollar. Für den Wortlaut der Rede vgl. DEPARTMENT OF STATE BULLETIN, Bd. 16 (1947), S. 1159f. Für den deutschen Wortlaut vgl. EUROPA-ARCHIV 1947, S. 821.

[9] Artikel 115 des Grundgesetzes vom 23. Mai 1949 in der Fassung vom 12. Mai 1969 legte fest: „1) Die Aufnahme von Krediten sowie die Übernahme von Bürgschaften, Garantien oder sonstigen Gewährleistungen, die zu Ausgaben in künftigen Rechnungsjahren führen können, bedürfen einer der Höhe nach bestimmten oder bestimmbaren Ermächtigung durch Bundesgesetz. Die Einnahmen aus Krediten dürfen die Summe der im Haushaltsplan veranschlagten Ausgaben für Investitionen nicht überschreiten; Ausnahmen sind nur zulässig zur Abwehr einer Störung des gesamtwirtschaftlichen Gleichgewichts. Das Nähere wird durch Bundesgesetz geregelt. 2) Für Sondervermögen des Bundes können durch Bundesgesetz Ausnahmen von Absatz 1 zugelassen werden." Vgl. BUNDESGESETZBLATT 1969, Teil I, S. 358.

[10] Für den Wortlaut der Erklärung des EG-Ministerrats vom 6. Juni 1978 vgl. BULLETIN DER EG 5/1978, S. 11.

[11] Die Bundesrepublik übernahm am 1. Juli 1978 die EG-Ratspräsidentschaft.

[12] Die Beitrittsverhandlungen mit Portugal wurden am 17. Oktober 1978 eröffnet. Vgl. dazu Dok. 318.

bevorstehenden Lissabon-Besuch[13] oder erst während der französischen EG-Präsidentschaft[14] aufgeben werde.

Dr. Soares meinte, ersteres sei mit Sicherheit anzunehmen.

Der *Bundeskanzler* empfahl nachdrücklich, im Interesse Portugals durch sorgfältige Analyse der Problematik zu vermeiden, daß in der ersten Phase des Übergangszeitraums die portugiesische Produktion von der westeuropäischen Konkurrenz vollständig erdrückt werde, d. h., es müßten Mechanismen zum Schutz des eigenen industriellen Aufbaus geschaffen werden.

Dr. Soares entgegnete, Portugal werde zusätzlich zu den bereits unterbreiteten und von der Prüfungskommission positiv aufgenommenen Vorschlägen konkretere Lösungsmöglichkeiten ausarbeiten.

Der portugiesische Ministerpräsident bezeichnete den deutsch-portugiesischen Warenaustausch als sehr gut. Die Handelsbilanz weise jedoch einen Negativsaldo Portugals in Höhe von 14 Millionen Contos auf (1 Conto = 1000 Escudos). Man möge den portugiesischen Exporten – hauptsächlich Textilien und Wein – größere Chancen einräumen.

Außerdem sprach er die finanzielle und Technische Zusammenarbeit an: Obwohl Portugal inzwischen verschiedene Projekte in Angriff genommen habe, hätten Kredite aus dem Jahre 1975[15] bisher nicht voll absorbiert werden können. Deshalb sei die Bildung einer Kommission deutscher Fachleute wünschenswert, damit die erwähnte Zusammenarbeit effektivere Formen annehmen könne.

Der *Bundeskanzler* unterstrich sein Interesse an der Ernennung von Planungsexperten zu diesem Zweck. Dieser Wunsch solle bei dem Gespräch mit dem Bundesminister der Finanzen[16] zwecks Weiterleitung an den zuständigen Bundesminister für wirtschaftliche Zusammenarbeit[17] wiederholt werden.

Er bekräftigte ebenfalls sein Verständnis für die portugiesischen Exportprobleme, hob jedoch hervor, daß der Staat über kein Instrumentarium zur Einflußnahme auf Ex- oder Importe verfüge. Dieser Bereich sei der Privatinitiative vorbehalten. Er rate den Portugiesen, den deutschen Markt und seine Möglichkeiten für sich zu entdecken. Hierbei müßten portugiesische Firmen mit deutschen zusammenarbeiten bzw. sich eine ständige Vertretung in der Bundesrepublik Deutschland einrichten.

Dr. Soares fragte den Bundeskanzler, wie er die französische Initiative zu einem Afrika-Gipfel in Paris[18] und die Intervention Frankreichs in Shaba[19] beurteile. Ferner teilte er mit, daß der portugiesische Staatspräsident Eanes am

---

13 Staatspräsident Giscard d'Estaing hielt sich vom 19. bis 22. Juli 1978 in Portugal auf.
14 Frankreich übernahm am 1. Januar 1979 die EG-Ratspräsidentschaft.
15 Am 5. Dezember 1975 unterzeichneten die Bundesrepublik und Portugal ein Abkommen über Kapitalhilfe in Höhe von 70 Mio. DM. Für den Wortlaut vgl. BUNDESGESETZBLATT 1976, Teil II, S. 243.
16 Hans Matthöfer.
17 Rainer Offergeld.
18 Am 5. Juni bzw. 13./14. Juni 1978 fanden in Paris bzw. Brüssel Konferenzen über Zaire statt. Vgl. dazu Dok. 199.
19 Zu den Kämpfen in der zairischen Provinz Shaba sowie den Evakuierungsmaßnahmen für ausländische Staatsbürger vgl. Dok. 155, Anm. 21, Dok. 156, Anm. 53, und Dok. 166.

25. d.M. mit dem angolanischen Präsidenten Neto zusammentreffen werde. Der portugiesische Premier fragte den Bundeskanzler, wie er Kuba einschätze und ob er an eine globale Strategie der Sowjets in Afrika glaube.

Portugal werde weiterhin zu verhindern suchen, daß Angola völlig unter sowjetischen Einfluß gerate. Man unterhalte bereits normale diplomatische Beziehungen und führe Handel mit der Volksrepublik Angola. Das Treffen Eanes–Neto könne weiterführen, vorausgesetzt, man wisse, welche Strategie der Westen verfolge. Im Gegensatz zu den Amerikanern hätten die Franzosen wohl eine klar definierte Position; es sei jedoch nicht bekannt, ob diese Einstellung von den übrigen westlichen Ländern geteilt werde.

Der *Bundeskanzler* erwiderte, die deutsche Haltung decke sich mit der englischen. Er machte kurze Ausführungen zur amerikanischen und sowjetischen Afrikapolitik. Kuba sei ein Werkzeug der Sowjetunion und nicht als „nonaligned" einzustufen. Er erwähnte, daß die Bundesrepublik Deutschland noch keine diplomatischen Beziehungen zu Angola unterhalte[20], was auch darin begründet liege, daß Präsident Neto nicht unabhängig entscheiden könne.

Dr. Soares antwortete, er stimme in dem letztgenannten Punkt mit dem Bundeskanzler überein. Wenn dieser ihn dazu ermächtige, werde er veranlassen, daß bei dem Treffen Eanes–Neto[21] den Angolanern konkret die Frage gestellt werde, warum sie sich bisher nicht zur Aufnahme diplomatischer Beziehungen bereit erklärt hätten.[22]

Der *Bundeskanzler* stimmte diesem Vorschlag zu.

Der *portugiesische Ministerpräsident* fuhr fort, im Augenblick sei der Guerilla-Krieg in Angola heftiger als zur Zeit des Kolonialregimes. Sollte Neto fallengelassen werden, so werde es zu einer Kongolisierung Angolas kommen. Portugal halte die Verbindungen zu Neto aufrecht, um ihm Mittel an die Hand zu geben, sich von der UdSSR unabhängig zu machen. Beabsichtige der Westen jedoch, Neto fallenzulassen und Savimbi zu unterstützen, dann müsse auch Portugal seine Position neu überdenken.

---

[20] Zur Frage der Aufnahme diplomatischer Beziehungen zwischen der Bundesrepublik und Angola vgl. Dok. 139.
[21] Botschafter Caspari, Lissabon, berichtete am 4. Juli 1978, die Präsidenten Eanes und Neto seien auf Vermittlung des Präsidenten Cabral vom 24. bis 26. Juni 1978 in Bissau zusammengetroffen. Dabei sei ein Rahmenabkommen über kulturelle, wissenschaftliche, technische und wirtschaftliche Zusammenarbeit unterzeichnet worden. Für Portugal zähle vor allem die Freilassung der politischen Gefangenen. Das Treffen sei aber „wohl nicht der historische Durchbruch gewesen, zu dem es ein Teil der portugiesischen Presse machen wollte". Vgl. den Drahtbericht Nr. 243; Referat 203, Bd. 115891.
[22] Botschafter Caspari, Lissabon, berichtete am 4. Juli 1978: „Erfahre aus Umgebung des Präsidenten Eanes, daß dieser Präsident Neto gegenüber unser Interesse an der Aufnahme diplomatischer Beziehungen mit Angola mehrfach nahegebracht hat. [...] Bei Präsident Neto und seinem Gefolge sei man hierbei auf große Vorbehalte gestoßen. Der Eindruck sei entstanden, daß es im Moment nicht sinnvoll sei, die Angelegenheit von unserer Seite aktiv weiter zu betreiben, da das Ergebnis voraussichtlich nur negativ sein würde. Bei den vom Präsidenten und vom Präsidialamt geführten Gesprächen sei der Komplex OTRAG von keiner Seite erwähnt worden. Nach dem von der portugiesischen Seite gewonnenen Eindruck sei die DDR für die negative Einstellung des angolanischen Präsidenten Neto, der an sich nicht anti-westlich sei, verantwortlich." Vgl. den Drahtbericht Nr. 242; Referat 320, Bd. 116754.

Als letzten Punkt sprach Dr. Soares die bilaterale Zusammenarbeit im Rahmen der NATO und die Schaffung einer portugiesischen NATO-Brigade[23] an: Den Portugiesen fehle es an Ausrüstung, insbesondere auf dem Gebiet des Transmissionswesens. Die Ausstattung der gelieferten Wagen sei zum Teil etwas veraltet.

Der *Bundeskanzler* entgegnete, die Kontakte zwischen den Militärs beider Länder seien so gut, daß Probleme dieser Art sicher auf direktem Wege zulösen wären. Am 26. Mai d.J. sei außerdem ein neues Abkommen über Verteidigungshilfe geschlossen worden. Die Portugiesen hätten hierbei u.a. die Einführung einer Restwertklausel gewünscht.[24]

Dr. Soares erklärte, diese Klausel beziehe sich auf die Entschädigung für Bauten und Investitionen.

Zur Frage einer von den portugiesischen Streitkräften gewünschten Pachtzahlung für Beja[25] erklärte der *Bundeskanzler*, dies sei unter NATO-Partnern nicht üblich.

Er schlug für das nächste Jahr ein Treffen zwischen Vertretern der Luftwaffe beider Länder bei seinem eventuellen Besuch in Portugal vor.

Dr. Soares gab dem Wunsch Ausdruck, der Bundeskanzler möge noch in diesem Jahr Portugal offiziell besuchen, ggf. in Verbindung mit Sommerferien auf Madeira.

---

[23] Zur Unterstützung der Bildung einer portugiesischen NATO-Brigade durch die Bundesrepublik vgl. Dok. 170, Anm. 19.

[24] Referat 201 vermerkte am 2. Juni 1978, das erste deutsch-portugiesische Abkommen über Verteidigungshilfe sei am 26. Mai 1978 in Brüssel unterzeichnet worden: „Danach erhält in einem Zeitraum von 18 Monaten Portugal Rüstungsgüter im Wert von 34 Mio. DM. 18 aufgrund dieses Abkommens für die portugiesische NATO-Brigade zu liefernde Panzer vom Typ M-48 A5 im Wert von rd. 27 Mio. DM wurden den Portugiesen bereits am 30. März 1978 übergeben." Über die Verwendung des Restbetrags sei noch keine Einigung erzielt worden, möglicherweise werde Panzermunition geliefert. Inwieweit die Verteidigungshilfe nach Ablauf des Abkommens fortgesetzt werden könne, müsse noch geklärt werden. Vgl. VS-Bd. 9595 (201); B 150, Aktenkopien 1978.

[25] Am 16. Dezember 1960 wurde zwischen dem Bundesministerium der Verteidigung und dem portugiesischen Verteidigungsministerium ein Abkommen unterzeichnet, das einen Stützpunkt der Luftwaffe bei Beja in Portugal vorsah. Es war Teil eines in den folgenden Jahren ausgebauten Vertragswerks zum Aufbau einer logistischen Basis der Bundeswehr in Portugal und einer verstärkten Rüstungszusammenarbeit. Am 24. März 1966 wurde ein weiteres Abkommen über die Nutzung des Stützpunktes Beja „im Rahmen der vereinbarten Ausbildungs- und logistischen Zwecke" geschlossen. Vgl. dazu AAPD 1967, II, Dok. 295. Vgl. dazu ferner AAPD 1968, II, Dok. 330.
Referat 203 vermerkte am 5. Juni 1978, die portugiesische Armee habe von einer Revisionsklausel im Abkommen Gebrauch gemacht und Neuverhandlungen gefordert. Insbesondere wünsche sie: „a) kürzere Laufzeit (sechs Jahre statt der von uns gewünschten acht bis zehn Jahre); b) Wegfall der Restwertklausel (BMVg ist nur bereit, sie zu mildern); c) Zahlung einer jährlichen Summe zur Verwendung für militärisch interessante Infrastruktur-Projekte als ‚Gegenleistung für die Überlassung der Basis' (Portugiesen haben anfänglich von DM 20 Mio. gesprochen, zuletzt jedoch keine Ziffern mehr genannt)." Das Bundesministerium der Verteidigung lehne die letztgenannte Forderung ab, weil Pachtzahlungen im Rahmen der NATO unüblich seien, Portugal durch Bau und Unterhalt der Basis ohnehin wirtschaftliche Vorteile habe und außerdem die Bundesregierung Finanzhilfe in erheblicher Höhe gewähre: „Das BMVg hat die portugiesische Seite auf die Möglichkeit hingewiesen, zusätzliche deutsche Hilfe auf dem normalen diplomatischen Weg [...] zu beantragen." Portugal strebe „jetzt nur ein zeitliches Junktim zwischen den Nutzungsvertrag und einem Vertrag über die Gewährung zusätzlicher Kapitalhilfe an". Eine Lösung sei nicht in Sicht, da die Bundeswehr auf einen neuen Nutzungsvertrag zum 1. Januar 1979 dränge, bis dahin aber die Haushaltsberatungen noch keine verbindliche Zusage erlaubten. Vgl. Referat 203, Bd. 110255.

Die beiden Regierungschefs kamen überein, einen Besuch des Bundeskanzlers für den Zeitraum zwischen dem 26.12.78 und 5.1.79 mit anschließendem Urlaub auf Madeira ins Auge zu fassen.

Das Gespräch endete gegen 12.30 Uhr.

Ref. 203, Bd. 115889

183

Staatssekretär Gaus, Ost-Berlin, an das Auswärtige Amt

114-12688/78 geheim Aufgabe: 13. Juni 1978, 02.05 Uhr[1]
Fernschreiben Nr. 559 Ankunft: 13. Juni 1978, 02.05 Uhr
Citissime

Betr.: Gespräch mit SED-Generalsekretär Honecker am 12.6.1978

Erich Honecker empfing mich heute zu einem anderthalbstündigen Gespräch im Gebäude des Staatsrats der DDR. Der SED-Generalsekretär hatte zu der Unterredung den Leiter seines Büros, Frank-Joachim Herrmann, hinzugezogen (nicht zu verwechseln mit dem Politbüromitglied Joachim Herrmann). Frank-Joachim Herrmann hatte Honecker bereits nach Helsinki begleitet[2]; er wurde mir heute von ihm als „mein engster Mitarbeiter" vorgestellt.

Die Einladung zu der heutigen Unterredung war, wie nach Bonn berichtet, bereits in der vergangenen Woche ergangen. Von ADN wurde unmittelbar im Anschluß an das Gespräch eine Mitteilung darüber veröffentlicht.[3]

Der Gesprächston war freundlich. Honecker trug mir Grüße für den Bundeskanzler auf; er stellte weitere Gespräche in Aussicht.

Zusammenfassung:

Unverkennbar war das heutige Gespräch von DDR-Seite dazu bestimmt, von höchster Stelle aus mitzuteilen, welche Verhandlungen zwischen den beiden deutschen Staaten nach dem Besuch Breschnews in Bonn[4] jetzt mit einiger Erfolgsaussicht beginnen können. Insoweit erinnert es an meine Unterredung mit Honecker Ende 1974[5], in der das Verhandlungspaket für 1975 auf den

---

[1] Hat Ministerialdirektor Blech am 13. Juni 1978 vorgelegen.
[2] Der Erste Sekretär des ZK der SED, Honecker, hielt sich anläßlich der Unterzeichnung der KSZE-Schlußakte in Finnland auf. Für seine Gespräche mit Bundeskanzler Schmidt am 30. Juli bzw. 1. August 1975 vgl. AAPD 1975, II, Dok. 230 und Dok. 236.
[3] Vgl. dazu die Meldung „Gespräch mit G. Gaus"; NEUES DEUTSCHLAND vom 13. Juni 1978, S. 1.
[4] Der Generalsekretär des ZK der KPdSU, Breschnew, besuchte die Bundesrepublik vom 4. bis 7. Mai 1978. Vgl. dazu Dok. 135, Dok. 136, Dok. 142 und Dok. 143.
[5] Staatssekretär Gaus, Ost-Berlin, berichtete am 4. Dezember 1974, er habe dem Ersten Sekretär des ZK der SED, Honecker, mitgeteilt, daß nach seiner Kenntnis „Wege gefunden seien, die Befreiung der Rentner vom Mindestumtausch und die Verlängerung des Swing-Abkommens zu beschließen". Gaus teilte weiter mit: „Honecker sagte dann, er gehe davon aus, daß zur selben Stunde un-

Tisch gelegt wurde. Wir können – entsprechend dieser Parallele – nun davon ausgehen, daß die DDR-Spitze für einige größere Verhandlungsbereiche grünes Licht gegeben hat.

Konkret äußerte sich Honecker in diesem Zusammenhang

– zur Grenzfrage (unter bestimmten Modalitäten akzeptierte er heute die Ausklammerung der Elbe-Frage);

– zur Nordautobahn (die Verhandlungen können sofort beginnen);

– zu den Wassertransitstraßen (Wiederholung des bisherigen DDR-Standpunkts: entweder beginnen darüber Verhandlungen oder die DDR muß Gebührenerhöhungen vornehmen);

– zum Teltow-Kanal (die DDR sei „ernsthaft bereit", die Öffnung zu ermöglichen; Voraussetzung sei eine Einigung über die Kosten);

– zur Fernbetreuung von Westberlinern durch die Ständige Vertretung (die DDR sieht „in Abstimmung mit ihren Alliierten Licht in dieser Sache").

– Zu West-Berlin vermied Honecker jede Schärfe, wies aber darauf hin, daß von den Berliner Problemen auch künftig die „größten Störungen" ausgehen könnten.

Im allgemeinen politischen Teil des heutigen Gesprächs wiederholte Honecker – mehrmals und durchaus besorgt, aber ohne Schärfe – die bekannten DDR-Punkte: völkerrechtliche Basis für die Beziehungen zwischen den beiden Staaten; Regelung der Grenzfrage „ohne offenen Giebel"; Staatsbürgerschaft; Erfassungsstelle Salzgitter. Neu hinzugekommen ist die Forderung nach Aufhebung des „Spitzelerlasses", gemäß dem Reisende zwischen den beiden deutschen Staaten „ausspioniert" würden.

Zu einem etwaigen Treffen mit dem Bundeskanzler in der DDR[6] nahm Honecker den schon verschiedentlich geäußerten Standpunkt ein: Eine solche Begegnung wäre nützlich, wenn „für beiden Seiten etwas auch in der öffentlichen Wirkung Vorzeigbares" herauskomme. Dazu müsse jedoch ein bestimmtes, besseres Klima zwischen den beiden Staaten bestehen.

Für den humanitären Bereich verlangte Honecker, daß man sich als Erfolgsbilanz mehr als bisher auf das Erreichte konzentrieren sollte. Wenn das Klima allgemein besser werden würde, so könne man sich noch manches andere vorstellen; aber vorläufig müsse man vor hochfliegenden Erwartungen warnen.

Fortsetzung Fußnote von Seite 910

seres Gesprächs in West-Berlin der Briefwechsel über die Verlängerung des Swings zwischen Kleindienst und Behrendt paraphiert werde. Für diesen Fall entwickelte Honecker folgende Zeitvorstellung: Sehr bald nach der Paraphierung, möglicherweise schon morgen, am 5.12.1974, werde Vizeaußenminister Nier mich ins hiesige Außenministerium bitten, um über mich die Bundesregierung offiziell davon zu unterrichten, daß die Rentner vom Mindestumtausch befreit werden würden. Zu dieser Unterrichtung werde die Mitteilung gehören, daß die Rentner-Freistellung vom Mindestumtausch am 10.12. im Gesetzblatt der DDR veröffentlicht werde und am 20.12. in Kraft trete. Dabei gehe die DDR davon aus, daß der Briefwechsel zur Verlängerung des Swing-Abkommens ebenfalls am 10.12. in Ost-Berlin unterzeichnet werde." Vgl. den Drahtlerlaß des Ministerialdirektors Sanne, Bundeskanzleramt, vom 5. Dezember 1974 an Bundeskanzler Schmidt, z. Z. Washington; VS-Bd. 14061 (010); B 150, Aktenkopien 1974.

6 Zur Möglichkeit eines Treffens des Bundeskanzlers Schmidt mit dem Generalsekretär des ZK der SED, Honecker, vgl. Dok. 135, Anm. 17.

Honecker stellte in Aussicht, daß parallel zu den jetzt beginnenden Verhandlungen auch Gespräche zwischen mir und DDR-Staatssekretär Schalck geführt werden könnten, damit der „Gesamtüberblick erhalten bleibt".[7] Allerdings müsse dies in völliger Diskretion geschehen. Auch damit knüpfte Honecker an die Prozedur an, die während der letzten größeren Verhandlungen mit der DDR (Verkehrsverhandlungen 1975[8]) bereits zwischen Schalck und mir praktiziert worden ist.[9]

Im einzelnen ist zu berichten:

Honecker begann das Gespräch mit längeren Ausführungen zur allgemeinen Lage zwischen den beiden deutschen Staaten; dabei war er in der Intonierung eher pessimistisch und skeptisch. Nach seinen Worten ist die Entwicklung der Beziehungen „in letzter Zeit durch einen Zickzack-Kurs bestimmt, bei dem die Perspektive verlorenzugehen droht". Es gebe nach den „verschiedensten Kampagnen in der Bundesrepublik gegen die DDR" wahrhaftig keinen Anlaß zur „Fraternisierung". Nach dem Eindruck der DDR würden die westdeutschen Bürger in jüngster Zeit von den Medien der Bundesrepublik „in eine Stimmung hineingesteigert, daß sie meinen, die DDR sei ein Anschlußproblem, sie könne eingemeindet werden".

Dessen ungeachtet sei die DDR bereit, die Beziehungen zur Bundesrepublik weiter zu normalisieren und auszubauen. Mit dieser Absicht nehme er (Honecker) auch Bezug auf den letzten Brief des Bundeskanzlers an ihn, wonach die Beziehungen zwischen den beiden deutschen Staaten auf die Entspannung in Europa insgesamt einwirkten.[10] Es komme jedoch nun darauf an, der Bereitschaft der DDR mit einem entsprechenden Entgegenkommen von Bonn aus zu begegnen. Honecker: "Wenn wir vorwärts kommen wollen, dann können wir dies nur

---

[7] Zu den Gesprächen des Staatssekretärs Gaus, Ost-Berlin, mit dem Staatssekretär im Ministerium für Außenhandel der DDR, Schalck-Golodkowski, am 21. und 28. Juni 1978 vgl. Dok. 207.

[8] Am 19. Dezember 1975 wurden Vereinbarungen und Absichtserklärungen zwischen der Bundesrepublik und der DDR über die Grunderneuerung bzw. den Ausbau der Autobahnen Helmstedt–Berlin und den Bau einer Autobahn Hamburg–Berlin, ferner auf die Aufnahme von Gesprächen zwischen dem Senat von Berlin und der DDR über einen neuen Straßenübergang in die DDR im Norden von Berlin (West) unterzeichnet. Weitere Vereinbarungen betrafen die Öffnung des Übergangs Staaken für den Reisezugverkehr und die Schaffung zusätzlicher Bahnhaltepunkte in Wannsee, Charlottenburg und Spandau sowie die Aufnahme von Gesprächen zwischen dem Senat von Berlin und der DDR über eine Öffnung des Teltow-Kanals. Schließlich einigten sich Staatssekretär Gaus und der Abteilungsleiter im Finanzministerium der DDR, Nimmrich, in einem Protokoll sowie einem Protokollvermerk auf die Pauschalsumme für die Nutzung der Wege, Einrichtungen und Anlagen zwischen der Bundesrepublik und Berlin (West). Sie sahen Zahlungen der Bundesrepublik in Höhe von jährlich durchschnittlich 400 Mio. DM für die Jahre 1976 bis 1979 vor. Für den Wortlaut vgl. BULLETIN 1975, S. 1433–1438. Zu den Verhandlungen vgl. AAPD 1975, II, Dok. 386.

[9] Staatssekretär Gaus, Ost-Berlin, informierte am 3. November 1975, die DDR habe den Vorschlag des Bundeskanzlers Schmidt akzeptiert, „die Verkehrsverhandlungen sowohl auf der inoffiziellen Schiene (StS Schalck[-Golodkowski]) als auch auf der offiziellen (Nier/Schlimper/Nimmrich) unsererseits durch mich zu führen. [...] Die DDR legt großen Wert darauf, daß diese ‚Gespräche ohne Jacket', die zur Vorbereitung der formalisierenden offiziellen Verhandlungen dienen sollen, streng vertraulich behandelt werden. Die Gespräche werden nicht im Ministerium, sondern in Schalck(-Golodkowski)s Wohnung stattfinden." Vgl. DzD VI/4, S. 438 f.
Zu den Gesprächen vgl. DzD VI/4, S. 440–443, S. 450–455, S. 458–462, S. 488–490, S. 495–501, S. 503–505 und S. 541 f.

[10] Zum Schreiben des Bundeskanzlers Schmidt vom 22. Dezember 1977 vgl. Dok. 157, Anm. 9.

nach den Prinzipien des Völkerrechts tun, einschließlich der Schlußakte von Helsinki und des Grundlagenvertrags[11]."

Die Klimaverschlechterungen kämen „meistens mit dem Westwind". Die Bundesregierung könne sich nicht auf Dauer und in allen Fällen darauf hinausreden, daß sie für die westdeutschen Medien nicht verantwortlich sei. Tatsächlich sei jede Regierung dafür verantwortlich, daß ihre Politik durch die Medien nicht nachteilig gestört werde; die Berücksichtigung dieses Faktums müsse auch von der Bundesregierung erwartet werden. Wenn die Bundesregierung – deren Fortbestand in der jetzigen Koalition von der DDR gewünscht werde – aus innenpolitischen Gründen eine anti-kommunistische Position beziehen müsse, so nehme die DDR dies hin. Gänzlich anders aber sei das in der Außenpolitik; wenn es hier zu weiteren Verhärtungen und Emotionalisierungen komme, so könnten die Beziehungen davon nicht unberührt bleiben.

Eine besondere Zuspitzung Anfang des Jahres sei durch den Besuch von Staatsminister Wischnewski verhindert worden.[12] Aber vorerst sei es noch zweifelhaft, ob daraus eine lang anhaltende Entschärfung resultieren werde. So habe man zum Beispiel nach jenem Besuch in den westdeutschen Medien manches darüber lesen können, daß die Bundesregierung den Transitmißbrauch nach besten Kräften unterbinden wolle. Inzwischen seien die Erörterungen darüber wieder verstummt; der Mißbrauch der Transitwege aber habe „weiter zugenommen und bedrohlichen Umfang erreicht". Honecker sagte, er wolle sich „mit voller Absicht" zur Berlin-Frage nicht weiter äußern. Jedoch müsse er soviel sagen, daß vom Berlin-Problem auch künftig „die größten Störungen" ausgehen könnten, wenn nicht „die strikte Einhaltung" des Vier-Mächte-Abkommens garantiert werde. Von unserer Seite werde immer wieder eingewendet, die DDR habe das Vier-Mächte-Abkommen nicht mitunterzeichnet und könne daher auch nicht darüber mitreden. Dies gelte aber gleichermaßen auch für die Bundesregierung. Beide Seiten wüßten doch, daß beide Regierungen in der Schlußphase der Verhandlungen über das Vier-Mächte-Abkommen „entscheidend mitgesprochen" hätten. Hier solle man von den Realitäten ausgehen. Honecker: „In der Philosophie kann man vielleicht von ‚ganz Berlin' sprechen; aber praktisch handelt es sich bei Berlin doch einerseits um West-Berlin und andererseits um die Hauptstadt der DDR." Wenn die Opposition in dieser Frage bestimmte Positionen beziehe, so sei das eine Sache; eine ganz andere Sache aber sei es, wenn etwa der Senat von Berlin selbst „Beschlüsse faßt und Thesen vertritt, die mit den Realitäten nicht übereinstimmen". Dies möge Herr Stobbe bedenken; auch Gespräche mit Botschafter Abrassimow[13] „ändern daran nichts".

---

11 Für den Wortlaut des Vertrags vom 21. Dezember 1972 über die Grundlagen der Beziehungen zwischen der Bundesrepublik und der DDR und der begleitenden Dokumente vgl. BUNDESGESETZBLATT 1973, Teil II, S. 423–429.

12 Zu den Gesprächen des Staatsministers Wischnewski, Bundeskanzleramt, am 28. Januar 1978 in Ost-Berlin vgl. Dok. 37.

13 Ministerialdirigent Lücking hielt am 9. Juni 1978 die Ergebnisse eines Gesprächs des Regierenden Bürgermeisters von Berlin, Stobbe, mit dem sowjetischen Botschafter in Ost-Berlin, Abrassimow, am 2. Juni 1978 in Ost-Berlin fest: „Abrassimows Ausführungen bestätigten, daß die Sowjetunion sich in einigen wichtigen Bereichen der innerdeutschen Beziehungen eine Mitentscheidung vorbehalten hat und daß sie nach dem Breschnew-Besuch in Bonn einige dieser Bereiche für die Aufnahme bzw. Fortsetzung der innerdeutschen Verhandlungen freigegeben hat. Dies gilt für den Verkehrsbereich (Abrassimow bezeichnete die Komplexe Hamburger Autobahn und Teltow-Kanal

Honecker kam dann auf Einzelfragen zu sprechen, die er teils als „politische Grundfragen", teils als „weniger politische, aber für die Politik insgesamt wirksame Verhandlungsfragen" bezeichnete. Dazu wiederum im einzelnen:

a) Grenzfrage

Die Arbeiten der Grenzkommission könnten jetzt „auf entsprechender Ebene und in würdiger Form" abgeschlossen werden. Er (Honecker) habe zur Kenntnis nehmen müssen, daß für die „strittigen Kilometer an der Elbe"[14] dieser Abschluß noch nicht möglich sei. Wenn dies so sei, dann müsse man aber im Zusammenhang mit der Verabschiedung des jetzt Erreichten festlegen, daß die Grenzkommission bei ihren künftigen Arbeiten dieses Elbe-Problem weiter erörtern werde, um „zu irgendeinem Zeitpunkt" zu einer Einigung auch darin zu gelangen. Bis dahin müsse der Status quo gewahrt bleiben und angewendet werden. Im weiteren Verlauf des Gesprächs fügte Honecker hinzu, daß „zu irgendeinem Zeitpunkt" gegebenenfalls „auch bedeuten kann im Jahre 1981, wenn in der Bundesrepublik neu gewählt worden ist"[15]. Auf keinen Fall werde die DDR hinnehmen, daß auf unserer Seite („wie vor einiger Zeit in der FAZ geschrieben stand") davon die Rede sei, die Grenze zur DDR habe durch die Ausklammerung der Elbe-Frage einen „offenen Giebel". Wir sollten nie vergessen, daß es sich hierbei nicht nur um die Grenze zwischen zwei Staaten, sondern um „die militärische Grenze zwischen zwei Weltblöcken" handle. Dies erfordere ein vernünftiges Verhalten aller Beteiligten. In diesem Zusammenhang wies Honecker betont darauf hin, daß es in den vergangenen 18 Monaten sehr viel weniger Zwischenfälle an der Grenze gegeben habe.

Auf meine Nachfrage, was mit „entsprechender Ebene" bei dem Abschluß der bisherigen Arbeiten der Grenzkommission (ohne Elbe) gemeint sei, antwortete Honecker zunächst ausweichend. Schließlich sagte er, es komme „nicht auf den Rang der Unterzeichner" an, sondern darauf, daß das Dokument „einen bestimmten Charakter" habe und daß festgelegt werde, daß „neben den anderen künftigen Arbeiten der Grenzkommission auch die Bemühungen um eine Regelung auf der Elbe" weitergingen. Bevor er diese Feststellung traf, hatte er sehr allgemein in bezug auf „entsprechende Ebene und in würdiger Form" auch von einem möglichen Treffen zwischen dem Bundeskanzler und ihm gesprochen. Später kam er jedoch in diesem Zusammenhang darauf nicht zurück.

Fortsetzung Fußnote von Seite 913

für lösbar), während bei den praktischen, humanitären Fragen Hemmungen fortzubestehen scheinen." Dazu habe Abrassimow betont, daß die Frage der Einrichtung von Bundesbehörden in Berlin (West) für die UdSSR von großer Bedeutung sei: „Unausgesprochen stand [...] hinter diesem Teil des Dialogs die Frage, ob die Sowjetunion aufgrund des Kanzlerworts gegenüber Breschnew, es seien keine neuen Bundesinstitutionen in Berlin geplant, bereit ist, zur Aushaltung nach dem Vier-Mächte-Abkommen zurückzukehren." Die Ausführungen ließen eine „vorsichtig positive Deutung zu". Dagegen habe Abrassimow betont, „daß der demonstrative Aspekt der Bundespräsenz die Sowjetunion besonders störe. Die Sowjets würden nicht gegen eine ‚vernünftige Bundespräsenz kämpfen'. Gleiches gelte für die Entwicklung der ‚Verbindungen'." Insgesamt habe das Gespräch den Eindruck hinterlassen, die UdSSR wolle in Abstimmung mit der DDR hinsichtlich Berlins „eine gewisse ‚Schonphase' einhalten [...], in der sie beobachten, wie sich unsere Berlin-Politik nach dem Spitzengespräch in Bonn entwickelt". Vgl. VS-Bd. 13060 (210); B 150, Aktenkopien 1978.

14 Zu den Verhandlungen zwischen der Bundesrepublik und der DDR über den Grenzverlauf an der Elbe vgl. Dok. 37, Anm. 17, und Dok. 143, Anm. 7.
15 Die Wahlen zum Bundestag fanden am 5. Oktober 1980 statt.

b) Nordautobahn[16]

Honecker sagte, mit den Verhandlungen darüber könne „sofort" begonnen werden. Allerdings hoffe die DDR, daß diese Verhandlungen „auch im Gesamtzusammenhang der Beziehungen verstanden und geführt" würden. Die Verhandlungen müßten eingebettet sein in „eine Verbesserung der Beziehungen auch allgemeinpolitischer Natur". In diesem Zusammenhang betonte Honecker, daß es sich beim Bau der Autobahn nur um eine „zeitliche Verkürzung" des Weges zwischen West-Berlin und der Bundesrepublik handeln könne; nicht also um ein „politisches Näherrücken". Er deutete unmißverständlich an, daß die DDR eine Zurückhaltung unserer Seite darin erwartet, den Bau der Autobahn öffentlich allzu betont als eine Verstärkung der politischen Bindungen zwischen Berlin (West) und der Bundesrepublik auszugeben. Honecker räumte ein, daß die Kosten bei diesem Vorhaben nicht allein von unserer Seite erbracht werden könnten. Zur Trasse sagte er – auf Nachfrage –, daß die DDR „ganz frei in die Verhandlungen hineingeht". Er ergänzte dies jedoch deutlich dahin, daß „die Nordtrasse leichter für alle Beteiligten" zu behandeln sein werde. Das nächste verabredete Verkehrsgespräch mit der DDR am 21. Juni soll nach Honeckers Ankündigung und Verständnis als die erste offizielle Erörterung über die Nordautobahn geführt werden.[17]

---

[16] Zum geplanten Bau einer Autobahn von Berlin (West) nach Hamburg vgl. Dok. 143, Anm. 9.
Vortragender Legationsrat I. Klasse Freiherr von Richthofen vermerkte am 24. April 1978, es sei essentiell, „daß die neue Autobahnverbindung Berlin – Hamburg eine Transitstraße im Sinne des Vier-Mächte-Abkommens und des Transitabkommens wird". Fraglich sei, ob dafür eine Regierungsabkommen mit der DDR genüge oder aber „zusätzlich eine förmliche Notifizierung an die vier Signatarstaaten des Vier-Mächte-Abkommens erforderlich wäre. Im Rahmen einer ersten Diskussion in der Vierergruppe haben die Drei Mächte ein Mandat an die Bundesrepublik Deutschland zum Abschluß eines solchen Abkommens nicht für erforderlich gehalten". Vgl. Referat 210, Bd. 116423.
Ministerialdirigent Lücking legte am 9. Juni 1978 dar: „Der Bau der sogenannten Nordautobahn ist zur Zeit nach Größe, Kosten und Bedeutung das wichtigste innerdeutsche Vorhaben. Es stellt in seiner Bedeutung für Berlin einen herausragenden Verhandlungsgegenstand dar. Neben der Straßenführung (Nord- oder Südlinie), der Aufteilung der Kosten, den Modalitäten von Zahlungen an die DDR und Beteiligung unserer Unternehmen an den Baumaßnahmen werden das Verkehrsregime auf der neuen Strecke zu den schwierigen Fragen der Verhandlungen mit der DDR zählen. [...] Das Auswärtige Amt wirkt an der Erarbeitung einer interministeriell abgestimmten Verhandlungsposition zu der Frage des Verkehrsregimes auf der Nordautobahn mit und wird die Konsultationen in der Bonner Vierergruppe mit den drei Westmächten führen." Lücking legte dazu dar: „Der Transitverkehr auf der neuen Autobahnverbindung Berlin-Hamburg darf nach Modus und Absicherung keinem schlechteren Status unterliegen als der Verkehr auf der bisherigen Transitstrecke Berlin-Hamburg F5 und den übrigen Transitstrecken. Eine Gewährleistung des Transitregimes auf der neuen Streckenführung gemäß dem Transitabkommen in Verbindung mit dem Vier-Mächte-Abkommen ist als eine wesentliche Voraussetzung für das gesamte Projekt anzusehen. Die Anwendung des Transitabkommens auf die Nordautobahn muß ohne Einschränkung und in vollem Umfange erfolgen. Abstriche an den Regeln des Transitverkehrs und der Zuständigkeit der Transitkommission sind unannehmbar." Vgl. Referat 010, Bd. 178770.

[17] Staatssekretär Gaus, Ost-Berlin, berichtete am 22. Juni 1978, am Vortag habe er ein Gespräch mit dem Stellvertretenden Außenminister der DDR, Nier, über verschiedene Fragen geführt, das auch als „der offizielle Verhandlungsbeginn über die Nordautobahn" zu verstehen sei. Nier habe betont, daß die Bundesregierung die Verhandlungen gewünscht habe. Mit deren Eröffnung sei „‚kein kleiner, sondern ein großer Schritt' in Richtung auf einen ‚vernünftigen Interessenausgleich zwischen den beiden deutschen Staaten' getan worden. Mit dieser allgemein-politischen Bedeutung begründete Nier noch einmal die [...] Verlagerung der Verhandlungsebene vom DDR-Verkehrsministerium auf das Außenministerium der DDR. Die DDR wolle auf diese Weise betonen, daß in den Spitzengesprächen der vergangenen Woche eine so umfängliche Verhandlungsmaterie zur Sprache gekommen sei, daß zunächst einmal auf politischer Ebene weiter gesprochen werden sollte." Inhaltlich habe

Honecker verlangte, daß diese Verhandlungen „ohne Kleinkariertheiten" geführt werden sollten. Die DDR habe bewiesen, daß sie Autobahnen bauen könne. Forderungen auf „kleinkarierte Detailfestlegungen", bei denen sich die Bundesregierung 1975 der Opposition gebeugt hätte, würden für die Verhandlungen nicht nützlich sein.

Honecker kam im Gesprächsverlauf auch auf den (1975 von mir mit der DDR grundsätzlich vereinbarten) Nordübergang für Berlin (West) zu sprechen. Er sagte, von DDR-Seite werde noch einmal geprüft, ob die „Entenschnabel"-Lösung möglich sei. Wir sollten uns jedoch in dieser Hinsicht keine Hoffnungen machen; die DDR werde mit hoher Wahrscheinlichkeit einem Abtreten des „Entenschnabels" nicht zustimmen können.[18] Diese Bemerkungen Honeckers benutzte ich zu dem Hinweis, daß möglicherweise die Anbindung der Nordautobahn an Berlin (West) verbunden werden könnte mit der Öffnung des Nordübergangs für die Westberliner für den Wechselverkehr in die DDR und den Transit nach Polen und Skandinavien. Honecker nahm dies nicht völlig ablehnend zur Kenntnis, sondern sagte eine Prüfung dieser „unverbindlichen Anregung" zu. Es sei selbstverständlich, daß man über die Anbindung der Nordautobahn an West-Berlin „vernünftig sprechen" müsse. Wieweit dabei auch der Nordübergang geschaffen werden könne, bleibe zu prüfen.

c) Wassertransitstraßen[19]

Hierbei variierte Honecker den bekannten DDR-Standpunkt nur insoweit, als er sich flexibel zeigte in der Frage, wann es zur konkreten Verabredung darüber kommen sollte. Eindeutig war er in der Forderung der DDR, daß wir die

---

Fortsetzung Fußnote von Seite 915

das Gespräch keine neuen Aspekte erbracht. Vgl. den Drahtbericht Nr. 603; VS-Bd. 13063 (210); B 150, Aktenkopien 1978.

[18] Ende Juni 1976 teilte die DDR dem Senat von Berlin mit, daß der im Rahmen der Vereinbarungen vom 19. Dezember 1975 mit der Bundesrepublik über Verbesserungen im Straßen-, Schienen und Binnenschiffahrtsverkehr zu eröffnende Grenzübergang in nördlicher Richtung am Zerndorfer Weg in Frohnau errichtet werden solle. Dazu wurde in der Presse berichtet, daß dieses Angebot „lebhafte Debatten" ausgelöst habe, „da zur Zeit eine Zufahrt zu diesem Übergang am Zerndorfer Weg nur mitten durch dichtbesiedeltes Wohngebiet geführt werden könnte. Die direkte Verbindung über die Oranienburger Chaussee, von der bequem eine Zufahrt an die vorgesehene Grenzstelle abgezweigt werden könnte, wird durch einen schmalen Vorsprung des ‚DDR'-Territoriums unterbrochen. Dieser sogenannte ‚Entenschnabel' ist von ‚DDR'-Bürgern bewohnt; und bewohntes Gebiet hat Ost-Berlin bisher stets aus Verhandlungen über Gebiets-Kauf oder Umtausch ausgeschlossen." Vgl. den Artikel „Der Senat will Ost-Berlin den ‚Entenschnabel' abkaufen"; DIE WELT vom 24. August 1976, S. 2.

[19] Staatssekretär Gaus, Ost-Berlin, informierte am 22. März 1978 über Sondierungen vom Vortag über Fragen des Wassertransitverkehrs nach Berlin (West). Gesprächspartner sei der Abteilungsleiter im Verkehrsministerium der DDR, Meißner, gewesen. Beide Seiten hätten zunächst festgestellt, daß es sich um einen reinen Informationsaustausch handle. Meißner habe im folgenden dargelegt, daß nur eine Ausbesserung oder aber ein Ausbau der Wasserstraßen für moderne Schiffe sinnvoll sei. Eine Ausbesserung mache in absehbarer Zeit eine Gebührenerhöhung nötig: „Das Interesse der DDR an diesen Wasserstraßen sei sehr gering. Für ihre Transportbedürfnisse sei ein Ausbau nicht nötig. Wohl aber gehe die DDR von der Überzeugung aus, daß es sich die Bundesregierung nicht leisten könne, irgendeinen Verkehrsweg nach Berlin (West) versanden zu lassen." Eine Verlagerung der Gütermengen auf Schiene oder Straße würde die Gebühreneinnahmen der DDR nicht mindern. Aus Sicht der DDR sei der Ausbau der Wasserstraßen am sinnvollsten. Für einen Ausbau des Mittellandkanals, des Elbe-Havel-Kanals sowie des Schiffshebewerks Rothensee würden 650 Mio. DM veranschlagt. Da es sich um ein langjähriges Bauvorhaben handle, könne man darüber auch „Stück für Stück" verhandeln. Vgl. den Drahtbericht Nr. 275; VS-Bd. 13064 (210); B 150, Aktenkopien 1978.

Alternative „entweder Verhandlungen darüber oder Gebührenerhöhung" zu akzeptieren hätten. Im Verlauf des Gesprächs zeigte er sich interessiert an einer weiteren Erörterung darüber, ohne Junktim zwischen den einzelnen Themen ein Paket zu schnüren, in dem die verschiedenen, jetzt anstehenden Verhandlungsthemen materiell und in ihrer zeitlichen Abfolge aufeinander abgestimmt werden. Eine solche allgemeine Einbindung hielt Honecker – ohne auf Einzelheiten einzugehen – auch für eine Autobahnverbindung von Hessen nach Berlin („große Lösung" Wartha/Herleshausen) und den nicht-kommerziellen Zahlungsverkehr für möglich.

d) Teltow-Kanal[20]

Honecker betonte, daß die DDR „ernsthaft" an der Öffnung des Teltow-Kanals von Westen her interessiert sei. Voraussetzung sei allerdings, daß eine Verständigung über die Kosten erzielt werde.

Von mir auf die derzeit bestehenden rechtlichen Meinungsverschiedenheiten über die Verhandlungskompetenz hingewiesen (Stichworte: künftiges Verkehrsregime auf dem Teltow-Kanal kann nicht vom Senat ausgehandelt werden; Verhandlungsmandat des Senats erstreckt sich nur auf technische Fragen), hielt Honecker schließlich (unverbindlich, aber sehr interessiert) folgende Lösung für möglich: Als Vertreter des Bundes könnte ich alsbald gegenüber der DDR (Vizeaußenminister Nier) unseren Standpunkt erneut vortragen, wonach das künftige Verkehrsregime kein Verhandlungsgegenstand zwischen der DDR und dem Senat sein kann; Nier würde sich diesem Gespräch nicht entziehen. Damit wäre – entsprechend dem alliierten Mandat für den Senat – die Möglichkeit für den Senat eröffnet, die DDR zur Fortsetzung der technischen Gespräche einzuladen. Wenn diese Verhandlungen (einschließlich Kostenfrage) erfolgreich abgeschlossen sind, so wird die DDR einseitig uns gegenüber eine Erklärung über das Verkehrsregime auf dem Teltow-Kanal abgeben. Inhaltlich soll, wie Honecker sagte, dieses Verkehrsregime den Bestimmungen des Transitverkehrs entsprechen.

20 Legationsrat I. Klasse Jansen erläuterte am 2. Juni 1978, die Alliierte Kommandantur habe den Senat von Berlin am 30. Juli 1975 ermächtigt, Sondierungsgespräche mit der DDR über den Teltow-Kanal aufzunehmen, die sich jedoch „ausschließlich auf die [...] technischen Aspekte der anstehenden örtlichen Probleme" beschränken sollten: „Die DDR hat die Terminvorschläge des Senats für entsprechende Verhandlungen zunächst abgelehnt und immer wieder deutlich gemacht, daß sie den begrenzten Verhandlungsauftrag des Senats nicht anzuerkennen bereit ist. Jegliche Zuständigkeit der Bundesregierung in der Angelegenheit wurde auch in Zukunft bis zum heutigen Tag negiert. Staatssekretär Gaus ist seither wiederholt erklärt worden, daß die DDR mit ihm nicht über den Teltow-Kanal verhandeln werde. In den zwischen dem 22.12.1975 und 2.11.1976 geführten acht Kontaktgesprächen zwischen dem Senat und dem Ministerium für Verkehrswesen der DDR wurde eine Vorklärung einer Reihe technischer Fragen erreicht. Über die Frage des Mandats klafften die Auffassungen weit auseinander. Die Verhandlungen wurden nach dem achten Kontaktgespräch am 2.11.1976 nicht wiederaufgenommen. Der Senat hat die Gespräche mit der DDR nicht fortgesetzt, sondern auf eine weitere Behandlung dieses Themas durch Staatssekretär Gaus in Ost-Berlin auf der Ebene Bund-Berlin gewartet." Der Abteilungsleiter im Außenministerium der DDR, Seidel, habe gegenüber Staatssekretär Gaus, Ost-Berlin, am 18. Mai 1978 erklärt, „daß die DDR sich nicht darauf einlassen werde, die Verhandlungen über den Teltow-Kanal nach einem nochmaligen Gespräch zwischen einem Vertreter der Bundesregierung und der DDR wiederaufzunehmen. Die DDR sei nicht bereit, zunächst mit Bonn zu sprechen und dabei die Ankündigung entgegenzunehmen, daß nun der zuständige Berliner Senator eingeladen werde. Vielmehr sei der Senat jetzt am Zuge. Er müsse einladen. Einen anderen Weg zur Wiederaufnahme der Verhandlungen könne die DDR nicht sehen." Vgl. Referat 210, Bd. 116424.

e) Fernbetreuung von Westberlinern[21]

Honecker sagte, in dieser „zwischen uns ja schon alten" Frage sehe die DDR „Licht". Nach Abstimmung mit den Alliierten der DDR könne die Wahrnehmung der Interessen von Westberlinern durch unsere Ständige Vertretung, auch wenn sich die Westberliner nicht in der DDR aufhielten, jetzt erörtert werden. Die DDR sei zu einer positiven Regelung bereit, „unter der Voraussetzung, daß keine Vereinbarungen zwischen der DDR und dem Senat dadurch berührt werden".

In der weiteren Erörterung dieses Punktes zeigte es sich, daß die DDR offensichtlich von sowjetischer Seite auf das Thema eingestimmt worden ist. Sie wünscht jedoch keine stillschweigende Wiederaufnahme der positiven Praxis, die wir in den ersten sechs Monaten der Tätigkeit der StäV[22] hier anwenden konnten, sondern besteht auf einem Gespräch zwischen Vizeaußenminister Nier und mir (dies schlug Honecker vor), um dabei von DDR-Seite aus amtlich sagen zu können, daß Vereinbarungen mit dem Senat nicht tangiert werden. Faktisch würde dieses auf eine Wiederherstellung der positiven Praxis hinauslaufen. (Ich werde in dieser Sache, sofern ich keine gegenteilige Weisung erhalte, in nächster Zeit bei Nier vorstellig werden.)[23]

f) Staatsbürgerschaft

Honecker sagte dazu, diese Frage stehe „grundsätzlich der weiteren positiven Entwicklung zwischen den beiden deutschen Staaten entgegen". Die DDR habe hier feste Erwartungen dahingehend, daß sich die Bundesregierung zur geeigneten Zeit auf die langfristigen Perspektiven der Beziehung einstellen werde. Natürlich könne die DDR der Bundesrepublik keine Änderung ihrer Gesetze[24] vorschreiben. Verlangen aber müsse sie, daß auch ohne Änderung der einschlägigen Bestimmungen die Paßhoheit der DDR von uns voll respektiert werde und daß wir uns nicht länger in die Beziehungen der DDR zu dritten Staaten einmischten. Honecker forcierte dieses Thema nicht, machte aber deutlich, daß die DDR – unabhängig von rechtlichen Bestimmungen – ein entsprechendes „politisch-pragmatisches Verhalten" der Bundesregierung als eine wichtige Voraussetzung für die weitere Normalisierung ansieht.

g) Erfassungsstelle Salzgitter

In diesem Punkt zeigte sich Honecker empfindlich. Er sagte, es sei auf die Dauer für einen Staat unzumutbar, daß ein anderer Staat, mit dem man die Bezie-

---

[21] Staatsminister Wischnewski, Bundeskanzleramt, führte am 12. August 1977 ein Gespräch mit dem Leiter der Ständigen Vertretung der DDR, Kohl. Ministerialdirektor Blech notierte dazu am 15. August 1977, Wischnewski habe u. a. „die Ablehnung der Fernbetreuung von West-Berlinern durch unsere Ständige Vertretung" moniert. Vgl. VS-Bd. 10990 (210); B 150, Aktenkopien 1977. Vgl. dazu ferner AAPD 1977, II, Dok. 219.
Die Frage der konsularischen Betreuung von Personen mit ständigem Wohnsitz in Berlin (West) durch die Ständige Vertretung der Bundesrepublik in Ost-Berlin wurde auch zwischen Bundesminister Genscher und dem sowjetischen Außenminister Gromyko am 6. Mai 1978 erörtert. Vgl. Dok. 141.

[22] Die Ständige Vertretung der Bundesrepublik in Ost-Berlin wurde am 2. Mai 1974 eröffnet. Staatssekretär Gaus übergab am 20. Juni 1974 sein Beglaubigungsschreiben.

[23] Zum Gespräch des Staatssekretär Gaus, Ost-Berlin, mit dem Stellvertretenden Außenminister der DDR, Nier, und dem Abteilungsleiter im Außenministerium, Seidel, am 3. Juli 1978 vgl. Dok. 184, Anm. 19.

[24] Zur Staatsangehörigkeitsgesetzgebung in der Bundesrepublik vgl. Dok. 37, Anm. 19.

hungen ausbauen wolle, eine Stelle unterhalte, die ein gesetzliches Verhalten (in diesem Falle von DDR-Organen) zum Anlaß für das Anlegen einer potentiellen Strafverfolgungsakte nehme. Wenn von Bonn dazu ständig gesagt werde, es handele sich bei der Stelle in Salzgitter um eine Angelegenheit der Länder, so gelte hier im Grunde dasselbe wie für die westdeutschen Medien: Die Bundesregierung habe Sorge dafür zu tragen, daß ihre Politik gegenüber der DDR nicht durch andere Kräfte belastet oder gar zerstört werde.

h) Erlaß des Bundesgrenzschutzes zur speziellen Grenzkontrolle (Honecker: „Spitzelerlaß")

Der SED-Generalsekretär wurde in diesem Punkt nicht besonders scharf, obwohl er die Aufhebung des Erlasses forderte. Er hob in seiner Argumentation mehr auf die Öffentlichkeit ab, die die Praxis der Grenzdienststellen der Bundesrepublik „durch Herrn Maihofer selbst" gefunden habe. Auch in diesem Zusammenhang kam Honecker noch einmal darauf zu sprechen, daß die Grenze zwischen den beiden deutschen Staaten „auch die Militärgrenze zwischen den Weltblöcken" sei. Dies möge man auf unserer Seite „bei allen diesen heiklen Themen" berücksichtigen. Wenn es um die Ausforschung von Reisenden gehe, so solle man bei uns nicht vergessen, daß in der DDR auch sowjetische Truppen seien, für deren Sicherheit die DDR in ihrem Truppenvertrag mit der Sowjetunion[25] bestimmte Verantwortungen übernommen habe. Öffentliche Erörterungen über Praktiken, wie sie der „Spitzelerlaß" beinhalte, könnten „nicht nützlich und nicht förderlich für die Entwicklung des Besucherverkehrs zwischen den beiden Staaten" sein; erst recht dann nicht, „wenn man den Besucherverkehr mehr auf die Basis von Gegenseitigkeit stellen" wolle.

i) Kanzler-Besuch und humanitäre Erleichterungen

Honecker kam, wie oben erwähnt, auf die Möglichkeit einer Begegnung mit dem Bundeskanzler in der DDR zum ersten Mal zu sprechen im Zusammenhang mit der Verabschiedung des Grenzdokuments. (Honecker: „Ich weiß ja nicht, wann man mit diesem Dokument fertig sein wird.") Später vertiefte er diesen Hinweis jedoch nicht, sondern äußerte sich dahin, daß die Unterzeichnung des Abschlußpapiers der Grenzkommission unabhängig von der Frage eines Kanzlerbesuchs ist und erfolgen kann. Wir können also nach dieser Einschätzung diese Verknüpfung als einen eher beiläufigen Vorstoß ansehen. Allgemein führte Honecker zu einem Treffen mit dem Bundeskanzler aus, daß dieses von ihm gewünscht und sicherlich auch nützlich sein werde. Allerdings müßten „beide Seiten" daraus ein Ergebnis ziehen, daß „auch in der öffentlichen Wirksamkeit" verwertbar sei. Dazu aber gehöre die Herstellung eines allgemein besseren Klimas zwischen den beiden deutschen Staaten. Im ganzen zeigte sich Honecker zu diesem Thema bemüht, sein Interesse durchaus zu bekunden, ohne jetzt schon Festlegungen zu treffen.

Weisungsgemäß sagte ich dem SED-Generalsekretär, daß auch der Bundeskanzler eine Begegnung für nützlich ansehe, sofern vernünftige, konkrete Ergebnisse dabei zu erwarten seien. Unsere Seite müsse immer wieder darauf

---

25 Für den Wortlaut des Abkommens vom 11. April 1957 zwischen der DDR und der UdSSR über Fragen, die mit der zeitweiligen Stationierung sowjetischer Streitkräfte auf dem Territorium der DDR zusammenhängen, vgl. GESETZBLATT DER DDR 1957, Teil I, S. 237–244.

hinweisen, daß zu solchen Ergebnissen auch Verbesserungen im humanitären Bereich gehörten. Dazu sagte Honecker, daß man gut daran täte, das bisher Erreichte im Besuchsverkehr als eine „sehr vorzeigbare Erfolgsbilanz" in der Öffentlichkeit deutlicher als bisher zu vertreten. Immer gehe es auch „um die Erhaltung des Erreichten unter schwierigen Bedingungen". Manches würde sich noch machen lassen, sofern „die Bundesregierung in den allgemeinen politischen Fragen Verständnis zeigt". Unter den derzeitigen Umständen sei „Freizügigkeit zwischen den beiden Staaten nicht zu erwarten". Man müsse überhaupt einmal fragen, warum die DDR, nach allem, was sie auf diesem Gebiet bereits getan habe, einen „politischen Preis" zahlen solle, wenn es zu einer Begegnung mit dem Bundeskanzler komme. Zu den Voraussetzungen gehöre auch, daß sich die Bundesregierung darum bemühe, die feindselige Stimmung in Westdeutschland gegenüber der DDR abzubauen. Vor weitreichenden Hoffnungen auf einen allgemein erweiterten Besuchsverkehr müsse jedenfalls derzeit gewarnt werden.

Honecker blieb jedoch auch bei diesen Ausführungen bemüht, Zuspitzungen zu vermeiden und Gesprächswege für eine Begegnung mit dem Bundeskanzler offenzuhalten.

j) Energiefragen

Entsprechend dem Bonner Vorgespräch fragte ich Honecker, warum er die Möglichkeiten eines Energieverbundes bei unserer umfassenden Tour d'horizon nicht anschneide. Honecker ließ sich sofort auf dieses Thema ein, sagte allerdings, daß dies eine Angelegenheit sei, die von unserer Seite an die DDR herangetragen werden müsse. Aus dem jüngsten Brief des Bundeskanzlers entnehme er, daß in dieser Frage auch „andere Partner in Europa" kontaktiert werden sollten. Nach seinem Eindruck sei dies zwar bisher nicht in konkreter Weise und mit Aussicht auf Erfolg geschehen; dennoch würde die DDR abwarten, bis wir uns etwa melden würden. In der Sache halte die DDR ihre früheren Angebote aufrecht.[26] Man könne sich ein Werk etwa in der Gegend von Halle vorstellen, von dem aus dann eine Trasse nach Berlin (West) und eine in die Bundesrepublik führen würde. Nach dieser Auskunft Honeckers vertiefte ich das Thema im heutigen Gespräch nicht.

---

[26] Mit Schreiben vom 10. September 1974 legte der Erste Sekretär des ZK der SED, Honecker, Bundeskanzler Schmidt dar: „Die Regierung der Deutschen Demokratischen Republik wird in Kürze dem Senat von Berlin West ein Angebot über Stromlieferungen aus dem Netz der DDR unterbreiten. Wie mir bekannt ist, hat die Bundesregierung seit längerer Zeit zugesagt, der DDR ein Angebot über die Lieferung und Errichtung eines Kernkraftwerkes auf dem Territorium der DDR vorzulegen, dessen Bezahlung u. a. durch Stromlieferungen nach der BRD und Berlin West langfristig erfolgen soll. Die Verhandlungen zu diesem Projekt könnten sofort beginnen." Vgl. BONN UND OST-BERLIN, S. 310.
Am 9. Dezember 1974 bot die Regierung der DDR dem Senat von Berlin an, „Elektroenergie aus dem Netz der Deutschen Demokratischen Republik (in einer Größenordnung bis zu 300 MW) ab 1975 zu liefern und die hierfür erforderlichen Übertragungsleitungen und anderen technischen Einrichtungen auf dem Territorium der Deutschen Demokratischen Republik zu schaffen". Vgl. ZEHN JAHRE DEUTSCHLANDPOLITIK, S. 282.
In einem Telefongespräch mit Bundeskanzler Schmidt am 18. Januar 1978 bot Honecker an, mit Unterstützung der Bundesrepublik im Raum Halle ein Braunkohlekraftwerk zu errrichten, das für einen Zeitraum von etwa 20 Jahren Strom nach Berlin (West) liefern sollte bzw. dort nicht benötigten Strom in die Bundesrepublik. Vgl. BONN UND OST-BERLIN, S. 399.

Im übrigen Gespräch erwähnte Honecker von den bekannten DDR-Positionen – eher beiläufig – den Wunsch auf eine Veränderung des Status der Ständigen Vertretungen auf normale Botschaften hin, ohne dies weiter zu vertiefen.

Ausführlicher und offensichtlich mit innerem Engagement sprach er über die „Kampagnen in Westdeutschland gegen die Intershops". Die DDR frage sich, welche Ziele in der Bundesrepublik mit einem solchen Feldzug gegen die „angebliche zweite Währung in der DDR" verfolgt würden. Honecker: „Wir haben die devisenrechtlichen Bestimmungen dahin erleichtert, daß jetzt nicht nur die Verwandten aus Westdeutschland im Intershop kaufen können, sondern die besuchte Tante in der DDR selbst. Wir könnten natürlich die devisenrechtlichen Bestimmungen jeder Zeit wieder verändern, also strenger fassen. Tatsächlich würde dies doch nur den Besucherverkehr belasten. Warum sieht dies die Bundesregierung nicht? Warum arbeitet sie nicht der gehässigen Kampagne in den westdeutschen Medien entgegen?"

Zum Abschluß des Gesprächs stellte Honecker in Aussicht, daß mir – parallel zu den Einzelverhandlungen – die Möglichkeit eingeräumt werden sollte, mit DDR-Staatssekretär Schalck („wie 1975") den Gesamtzusammenhang der Verhandlungen im Auge zu behalten und zu wahren. Honecker sagte weiter, daß man mit mir gegebenenfalls „auch über Berlin-Fragen" sprechen könne, wie dies bereits im heutigen Gespräch geschehen sei, sofern sichergestellt bleibe, daß dies „diskret"[27] erfolge. Er betonte – mit einem Gruß an den Bundeskanzler –, daß die DDR „trotz aller Schwierigkeiten" zu einem Ausbau der Beziehungen „im langfristigen Sinne" zu kommen wünsche. Er regte an, daß beide Seiten aus dem heutigen Gespräch „auch öffentlich" die Schlußfolgerung ziehen sollten, sie wollten „aufeinander zugehen".[28]

[gez.] Gaus

VS-Bd. 13051 (210)

---

[27] Korrigiert aus: „indiskret".
[28] In einem Schreiben vom 13. Juni 1978 an Bundeskanzler Schmidt betonte der Generalsekretär des ZK der SED, Honecker, bei den bilateralen Beziehungen handele es sich „um Beziehungen zwischen zwei voneinander unabhängigen souveränen Staaten". Es gelte daher, die Beziehungen „so zu gestalten, wie das zwischen Staaten unterschiedlicher Systeme notwendig und möglich ist, das heißt, nach den Prinzipien der friedlichen Koexistenz". Die Arbeit der Grenzkommission stünde kurz vor einem erfolgreichen Abschluß, die Haltung der Bundesrepublik zur Staatsbürgerschaft der DDR sei jedoch eine ständige Belastung der Beziehungen. Zwischen der Respektierung der Staatsbürgerschaft der DDR und Fragen des Reiseverkehrs bestehe ein enger Zusammenhang. Die DDR sei zu Verkehrsverhandlungen bereit. Er stimme jedoch mit Schmidt darin überein, daß dessen Besuch in der DDR erst dann sinnvoll sei, wenn in den Verhandlungen die Voraussetzungen dafür geschaffen worden seien. Vgl. BONN UND OST-BERLIN, S. 418–421.

184

Aufzeichnung des Ministerialdirektors Blech

210-321.00/3 DDR-1062/78 geheim 13. Juni 1978[1]

Über Herrn Staatssekretär[2] Herrn Minister[3]

Betr.: Gespräch StS Gaus mit SED-Generalsekretär Honecker am 12. Juni 1978

Bezug: DB[4] der Ständigen Vertretung Nr. 559 vom 13.6.1978, 12688/78 geheim[5]

Zweck der Vorlage: Zur Unterrichtung

Als erste Bewertung des Gesprächs ist folgendes vorzutragen:

I. Allgemein

1) Das Gespräch hat deutlich gemacht, daß die Bereitschaft der DDR, in eine neue Verhandlungsrunde mit uns zu treten, ein Ergebnis des Breschnew-Besuchs in Bonn[6] ist. Dies wirft ein bezeichnendes Licht auf das Verhältnis Sowjetunion–DDR.

2) Abrassimow hatte in seinem Gespräch mit Herrn BM Stobbe am 2. Juni 1978[7] bereits wesentliche Teile der Ausführungen Honeckers vorweggenommen. Er wollte uns offensichtlich zu verstehen geben, daß die Verhandlungsbereitschaft der DDR ein Ergebnis sowjetischer Einflußnahme ist und von uns auch als sowjetische Leistung gewertet werden sollte. (Der Hinweis Honeckers auf das Gespräch Stobbes mit Abrassimow läßt auch einen Hauch von Irritation auf seiten der DDR nicht verkennen.) Es ist offenbar, daß Berlin dabei eine wesentliche Rolle spielt. Die Art, wie Honecker die Berlin-Frage ansprach, die Tatsache, daß er hier keine konkreten Forderungen stellte, sondern allgemein den Einfluß der Berlin-Entwicklung auf die Entwicklung der innerdeutschen Beziehungen erwähnte, wie Abrassimow dies schon gegenüber Stobbe angekündigt hatte, dürfte auch auf sowjetischen Einfluß zurückgehen.

3) Das sowjetische Verhalten dürfte mit zwei Gesichtspunkten zusammenhängen: a) der Mitteilung des Bundeskanzlers, daß die Sowjetunion in den nächsten Jahrzehnten im Zentrum unserer Ostpolitik bleiben werde (Vier-Augen-Gespräch) und daß die deutsch-deutschen Beziehungen nicht an der Sowjetunion vorbei entwickelt werden könnten (Bundestag)[8]; b) der Mitteilung des

---

[1] Die Aufzeichnung wurde von Vortragendem Legationsrat I. Klasse Freiherr von Richthofen und Vortragendem Legationsrat von Braunmühl konzipiert.
[2] Hat Staatssekretär van Well am 14. Juni 1978 vorgelegen.
[3] Hat Bundesminister Genscher am 16. Juni 1978 vorgelegen.
[4] Korrigiert aus: „DE".
[5] Für den Drahtbericht des Staatssekretärs Gaus, Ost-Berlin, vgl. Dok. 183.
[6] Der Generalsekretär des ZK der KPdSU, Breschnew, besuchte die Bundesrepublik vom 4. bis 7. Mai 1978. Vgl. dazu Dok. 135, Dok. 136, Dok. 142 und Dok. 143.
[7] Zum Gespräch in Ost-Berlin vgl. Dok. 183, Anm. 13.
[8] Bundeskanzler Schmidt führte am 11. Mai 1978 in einer Regierungserklärung im Bundestag aus: „Wir können unsere Bemühungen, die Teilung unseres Landes für die Deutschen erträglicher zu

Bundeskanzlers hinsichtlich unserer künftigen Berlin-Politik (keine neuen Institutionen geplant, keine Ausweitung der Bindungen). Nach den verschiedenen Anzeichen ist wahrscheinlich, daß ein grundsätzlicher politischer Beschluß der sowjetischen Führung von großer Bedeutung vorliegt, nach dem versucht zu werden scheint, in der Berlin-Frage einige, vom sowjetischen Grundsatzstandpunkt nicht unbedingt erforderliche Schärfen und Sperren für einen gewissen Zeitraum, in dem man unser Verhalten beobachtet, abzubauen. Möglicherweise will man damit an die Ausgangsposition nach Abschluß des Vier-Mächte-Abkommens anknüpfen.

4) Es ist bemerkenswert, bis in welche Einzelheiten Honecker bei einzelnen Fragen (z. B. Teltow-Kanal, Fernbetreuung) Lösungsvorschläge gemacht hat. Wahrscheinlich ist auch dies ein Ergebnis der Expertengespräche Sowjetunion–DDR, die Gromyko gegenüber dem Herrn Minister für die Zeit nach dem Gromyko-Besuch in Ost-Berlin[9] angekündigt hat.[10]

5) Honeckers Ausführungen haben erneut die wichtige Rolle bestätigt, die für die DDR (und die Sowjetunion) die öffentliche Präsentation empfindlicher Punkte durch uns spielt. Das dürfte nicht nur für die von ihm erwähnte Bedeutung der Autobahn Hamburg–Berlin für die Bindungen Berlin–Bundesrepublik Deutschland gelten, sondern für mehrere andere Bereiche, darunter den Ort eines Gipfeltreffens des Bundeskanzlers mit Honecker[11] (Berlin-Problematik bei Ost-Berlin).

6) Der Schritt Honeckers leitet einen neuen Abschnitt der innerdeutschen Verhandlungen ein. Dabei sind von vornherein die engen Grenzen deutlich. Gewisse Aussichten bestehen bei den verkehrstechnischen Fragen (Nordautobahn, Teltow-Kanal) und bei dem Sonderfall der Fernbetreuung. Hinsichtlich der humanitären Fragen hat er angedeutet, daß die DDR z. Zt. kaum mehr als das bereits erreichte Maß an Kontakten verkraften kann. Er hat aber auch in diesem Bereich Fortschritte nicht ausgeschlossen und ist sich offenbar der Bedeutung gerade dieser Fragen für einen innerdeutschen Gipfel bewußt. Der Hinweis Honeckers, daß bei einem Gipfel für beide Seiten etwas Vorzeigbares herauskommen müsse, bringt unsere humanitären Anliegen und die grundsätzlichen Petiten der DDR in einen unausgesprochenen Zusammenhang.

II. Zu den Einzelfragen

1) Grenzfrage

Offenbar hat die DDR eine Ausklammerung „auf Zeit" akzeptiert. Der Vorbehalt, die Frage sei noch regelungsbedürftig, spätestens nach den nächsten Bundestagswahlen[12], kann als Rechtsverwahrung angesehen werden. Die Frage

---

Fortsetzung Fußnote von Seite 922

machen, indem wir unser Verhältnis zur DDR entwickeln, nicht gegen die Sowjetunion oder an ihr vorbei betreiben." Vgl. BT STENOGRAPHISCHE BERICHTE, Bd. 106, S. 7064.

9 Der sowjetische Außenminister Gromyko hielt sich am 11./12. Mai 1978 in der DDR auf.

10 Vgl. dazu das Gespräch des Bundesministers Genscher mit dem sowjetischen Außenminister Gromyko am 6. Mai 1978; Dok. 141.

11 Zur Möglichkeit eines Treffens des Bundeskanzlers Schmidt mit dem Generalsekretär des ZK der SED, Honecker, vgl. Dok. 135, Anm. 17.

12 Die Wahlen zum Bundestag fanden am 5. Oktober 1980 statt.

der Ebene des Abschlusses der Arbeiten der Grenzkommission[13] ist noch offen. Die Verbindung mit einem innerdeutschen Gipfel, die Honecker herstellte, kann damit zusammenhängen, daß die DDR unsere Forderungen an ein solches Treffen durch Gegenforderungen neutralisieren will.

2) Nordautobahn[14]

Die Ausführungen Honeckers lassen vermuten, daß die Verhandlungen langwierig und schwierig sein werden, wobei die DDR versuchen wird, ein Maximum an finanziellen Leistungen unserer Seite zu erlangen und den Erfolg von einem gewissen Wohlverhalten hinsichtlich der allgemeinen Gestaltung der deutsch-deutschen Beziehungen abhängig zu machen. Die Frage der Anbindung der Nordautobahn an Berlin (West) und in diesem Zusammenhang die Frage des Nordübergangs sind noch offen.

2) Transitwasserstraßen[15]

In dieser Frage bedarf es noch einer Klärung unserer Position.

3) Teltow-Kanal[16]

Der Vorschlag Honeckers für die Kompetenzfrage: Gespräche Senat–DDR über technische Fragen und Kosten unter dem Dach allgemeiner Gespräche Gaus–Nier; einseitige Erklärung der DDR über das Verkehrsregime, das den Bestimmungen des Transitverkehrs entsprechen soll, bedarf noch genauer Prüfung, weist aber in die richtige Richtung.

4) Fernbetreuung[17]

Hier haben offenbar die Sowjets aufgrund des Gesprächs des Herrn Ministers mit Gromyko in Bonn nach Prüfung unserer Vorschläge der DDR grünes Licht gegeben. Den Sowjets war dabei bewußt, daß wir diese technische Einzelfrage als Test für ihre Haltung nach dem Breschnew-Besuch zur Berlin-Frage werten würden. Die Mitteilung Honeckers ist deshalb auch im deutsch-sowjetischen Verhältnis als positiv zu bewerten. Ob eine Erklärung der DDR gegenüber der Bundesregierung (Nier–Gaus), wie Honecker vorgeschlagen hat, in der Vereinbarungen der DDR mit dem Senat angesprochen werden, für uns akzeptabel ist, hängt vom Inhalt dieser Erklärung ab. Für das vorgesehene Gespräch von StS Gaus mit Nier[18] wird mit dem Bundeskanzleramt eine genaue Weisung ausgearbeitet werden.[19]

---

[13] Zu den Verhandlungen zwischen der Bundesrepublik und der DDR über den Grenzverlauf an der Elbe vgl. Dok. 37, Anm. 17, und Dok. 143, Anm. 7.

[14] Zum geplanten Bau einer Autobahn von Berlin (West) nach Hamburg vgl. Dok. 183, Anm. 16.

[15] Zu den Verhandlungen zwischen der Bundesrepublik und der DDR über die Transitwasserstraßen vgl. Dok. 183, Anm. 19.

[16] Zur Frage des Teltow-Kanals vgl. Dok. 183, Anm. 20.

[17] Zur Frage der konsularischen Betreuung von Personen mit ständigem Wohnsitz in Berlin (West) vgl. Dok. 183, Anm. 21.

[18] Der Passus „vorgesehene Gespräch von StS Gaus mit Nier" wurde von Ministerialdirektor Blech hervorgehoben. Dazu vermerkte er handschriftlich: „M. E. sollte noch gründlich geprüft werden, ob das Gespräch über dieses Thema geführt werden sollte, bevor wir eine Antwort von der SU haben. Ich neige dazu, diese Antwort abzuwarten."

[19] Vortragender Legationsrat I. Klasse Freiherr von Richthofen vermerkte am 15. Juni 1978, Staatssekretär Gaus, Ost-Berlin, habe am Vortag gegenüber Ministerialdirektor Blech zum Gespräch mit dem Generalsekretär des ZK der SED, Honecker, am 12. Juni 1978 ergänzend ausgeführt, er habe diesem vorgeschlagen, wie unmittelbar nach Eröffnung der Ständigen Vertretung der Bundesre-

5) Staatsbürgerschaft

Die Feststellung Honeckers, die DDR verlange von uns keine Änderung unserer Gesetze[20], sondern die Respektierung der Paßhoheit der DDR und die Nichteinmischung in die Beziehungen der DDR zu dritten Staaten, entspricht der von der DDR in letzter Zeit verfolgten Linie, die sich bemüht, den Eindruck zu erwecken, daß die DDR von uns nichts Unmögliches, sondern nur Selbstverständliches verlange. Die Darstellung geht am Kern der Sache vorbei, da wir die Paßhoheit der DDR nicht in Frage stellen, sondern es um die Frage geht, ob Deutsche in der DDR auch deutsche Staatsangehörige sind, die wir im Ausland in Anspruch nehmen können, wenn sie es selbst wünschen. Honecker wiederholte auch, daß die DDR dieses Thema nicht als Verhandlungsthema betrachtet, sondern daß sie ein entsprechendes „politisch-pragmatisches Verhalten" von der Bundesregierung, als eine wichtige Voraussetzung für die weitere Normalisierung, erwarte.

Als Test wird die DDR unser weiteres Verhalten hinsichtlich der Verhandlungen USA–DDR über einen Konsularvertrag[21] ansehen. DDR-Außenminister Fischer hatte Außenminister Vance am 6. Juni in Washington einen neuen Textvorschlag für eine DDR-Mitteilung zur Staatsangehörigkeitsfrage gemacht, während er den früheren amerikanischen, mit uns abgestimmten Vorschlag für eine amerikanische Mitteilung (mit einem klaren Vorbehalt zur deutschen Staatsangehörigkeit) als unannehmbar bezeichnete (vgl. DB 2118 vom 7.6.1978 VS-v aus Washington[22]). Wir werden in der Stellungnahme, welche die Amerikaner von uns in dieser Frage erbaten[23], auch die Implikationen für die Wei-

Fortsetzung Fußnote von Seite 924
publik in Ost-Berlin am 2. Mai 1974 üblich, „einen seiner Mitarbeiter in das Ministerium für Auswärtige Angelegenheiten mit einigen Fernbetreuungsfällen zu entsenden, die dort entgegengenommen und behandelt werden sollten". Honecker habe jedoch auf einem Gespräch mit dem Stellvertretenden Außenminister der DDR, Nier, bestanden, „um dabei von DDR-Seite aus amtlich sagen zu können, daß Vereinbarungen der DDR mit dem Senat nicht berührt werden. Staatssekretär Gaus schließt nicht aus, daß die Ablehnung vor dem Hintergrund zu sehen sei, daß die DDR hierbei nicht nur die bestehenden Regelungen DDR – Senat, insbesondere die Besucherregelung, sondern auch Vereinbarungen pro futuro im Auge hat, um ihre Zielvorstellung nicht zu verbauen, mit dem Senat direkte Vereinbarungen über die Betreuung von Westberlinern in Teilbereichen der Leistung von Hilfe und Beistand zu schließen". Gaus werde in nächster Zeit bei Nier vorstellig werden, damit keine falschen Schlußfolgerungen aus der Nichtbefolgung des Vorschlags Honeckers gezogen würden, sich jedoch rein rezeptiv verhalten. Es gelte, die Verhandlungen der Bundesrepublik mit der UdSSR nicht zu stören. Staatssekretär van Well habe diesem Vorgehen zugestimmt. Vgl. VS-Bd. 14073 (010); B 150, Aktenkopien 1978.
Gaus berichtete am 3. Juli 1978, er habe in einem Gespräch mit Nier und dem Abteilungsleiter im Außenministerium der DDR, Seidel, die Frage der konsularischen Betreuung von Personen mit ständigem Wohnsitz in Berlin (West) angeschnitten. Offensichtlich hätten sich die DDR und die UdSSR noch nicht untereinander abgestimmt, sie wollten aber einheitlich vorgehen: „Bei dem Gespräch wurde nicht in Zweifel gezogen, daß es zu der von uns angestrebten verbesserten Praxis kommen wird. Aus einigen Hinweisen konnte ich schließen, daß man hier einen Anstoß unserer Seite gegenüber den Sowjets für ‚nicht ungünstig' ansehen würde." Vgl. den Drahtbericht Nr. 644; VS-Bd. 12342 (500); B 150, Aktenkopien 1978.
20 Zur Staatsangehörigkeitsgesetzgebung in der Bundesrepublik vgl. Dok. 37, Anm. 19.
21 Zu den Verhandlungen zwischen den USA und der DDR über einen Konsularvertrag vgl. Dok. 70, Anm. 19.
22 Zum Drahtbericht des Gesandten Hansen, Washington, vgl. Dok. 171, Anm. 33.
23 Vortragender Legationsrat von Braunmühl vermerkte am 21. Juni 1978: „Die Amerikaner haben uns in der Bonner Vierergruppe am 13.6.1978 mit der Bitte um streng vertrauliche Behandlung über den von DDR-Außenminister Fischer am 6.6.1978 in Washington US-Außenminister Vance übergebenen DDR-Entwurf für einen Briefwechsel zur Staatsangehörigkeitsfrage unterrichtet. Das Schreiben der DDR unterstreicht das Recht der DDR, wie jedes anderen Staates, die Bedingungen

terentwicklung der innerdeutschen Beziehungen berücksichtigen müssen. Für uns kommt es nicht darauf an, die DDR-Staatsbürgerschaft zu bestreiten, sondern das Mißverständnis zu vermeiden, daß unsere Freunde beim Abschluß von Verträgen mit der DDR von unserem Standpunkt hinsichtlich der deutschen Staatsangehörigkeit abrücken.[24]

6) Bundeskanzler-Besuch bei Honecker

Die DDR hat offenbar weiter großes Interesse an dem Besuch, will aber keinen einseitigen Preis dafür zahlen. Der Verlauf der bevorstehenden Verhandlungen wird zeigen, welche konkreten Voraussetzungen für den Besuch realisierbar sind und welcher Zeitpunkt in Betracht kommt.

7) Transitwege

Honecker erinnert indirekt daran, daß der Mißbrauch der Transitwege durch Fluchthilfeorganisationen fortgesetzt werde und daß die Zurückhaltung der DDR bei den Kontrollen[25], die nach dem Wischnewski-Besuch in Ost-Berlin im Februar 1978[26] wieder stark zurückgegangen sind, nicht gesichert ist, wenn sich die Bundesregierung nicht weiter energisch um eine Verhinderung des Mißbrauchs bemüht.

Tatsächlich werden die Bemühungen der Bundesregierung in dieser Frage fortgesetzt, wenn auch die Publizität nachgelassen hat.

Blech

VS-Bd. 13051 (210)

Fortsetzung Fußnote von Seite 925

festzulegen, nach denen eine Person ihre Staatsangehörigkeit erwirkt oder verliert. Außerdem verweist das Schreiben auf die Gesetzgebung der DDR. [...] Für das Schreiben der USA hat die DDR einen völlig neuen Text entwickelt. Darin wird lediglich die Position der USA betreffend die US-Staatsangehörigkeit unterstrichen. Der in dem amerikanischen Entwurf enthaltene Vorbehalt der USA hinsichtlich der deutschen Staatsangehörigkeit fehlt." Vgl. B 81 (Referat 502), Bd. 1131.

[24] Gesandter Hansen, Washington, übermittelte am 24. August 1978 ein amerikanisches Papier mit neuen Vorschlägen zu einem Konsularabkommen mit der DDR, das am folgenden Tag auch dem Auswärtigen Amt übergeben werden solle. Vgl. dazu den Drahtbericht Nr. 3094; VS-Bd. 11121 (204); B 150, Aktenkopien 1978.
Vortragender Legationsrat I. Klasse Freiherr von Richthofen informierte die Botschaft in Washington am 7. September 1978, das amerikanische Papier sei geprüft worden. Grundsätzlich bestünden keine Bedenken: „Falls die DDR den Vorschlag akzeptieren sollte, würde sie zum ersten Mal mit einem westlichen Staat einen Konsularvertrag ohne Staatsangehörigkeitsdefinition schließen. [...] Der DDR wurde implizit mitgeteilt, daß Deutsche aus der DDR, die sich in den Vereinigten Staaten aufhalten, auf Wunsch von der Vertretung der Bundesrepublik Deutschland betreut werden können." Andererseits mache der Entwurf auch die Problematik einer Abgrenzung der Betreuungsrechte deutlich: „Wir wünschen nicht, daß es später über diese Frage mit unserem wichtigsten Bündnispartner zu Schwierigkeiten kommt." Deshalb sei der amerikanischen Botschaft eine Reihe von Fragen zu dem Papier übermittelt und weiterer Diskussionsbedarf angemeldet worden. Vgl. den Drahterlaß Nr. 4380; VS-Bd. 13073 (210); B 150, Aktenkopien 1978.

[25] Zu den vermehrten Kontrollen der DDR vgl. Dok. 37, Anm. 16.

[26] Zu den Gesprächen des Staatsministers Wischnewski, Bundeskanzleramt, am 28. Januar 1978 in Ost-Berlin vgl. Dok. 37.

185

Aufzeichnung des Ministerialdirektors Blech

220-370.70 FRA-1187/78 geheim 13. Juni 1978[1]

Betr.: Deutsch-französische Außenminister-Konsultationen am 13. Juni 1978 in Paris[2];
hier: SALT, Grauzone, MBFR

In dem Teil der Konsultationen, während dessen die Direktoren[3] hinzugezogen waren, wurde u. a. SALT behandelt.

Bundesminister fragte de Guiringaud nach französischer Einschätzung. Immerhin sei Frankreich ein Beobachter aus der Loge, die Bundesrepublik Deutschland nur ein solcher aus dem Parkett.

De Guiringaud sagte, die Gespräche in Washington hätten den Eindruck vermittelt, Sowjetunion und Vereinigte Staaten könnten sich in den kommenden Wochen einigen. Allerdings habe man ebenfalls den Eindruck gewinnen müssen, die sowjetische Politik in Asien und Afrika habe im Kongreß genügend Unruhe gestiftet, daß sich der Präsident die Frage zu stellen habe, ob eine Ratifizierung[4] überhaupt möglich wäre. Ein Abkommen werde unter dem Gesichtspunkt der Ausgewogenheit sehr gründlich geprüft werden. Die letzte Unterhaltung Carters mit Gromyko[5] habe eine Verhärtung der amerikanischen Haltung gebracht. Das gelte gegenüber der Sowjetunion; wieweit dies auch innenpolitisch innerhalb der Vereinigten Staaten gelte, müsse man sehen. Die Popularität Carters habe ein historisches Minimum erreicht. Härte gegenüber der Sowjetunion wäre ein Mittel, um wieder aufzuholen. Nach der auf Carters Annapolis-Rede[6] folgenden Erklärung Brzezinskis[7] sei es schwer zu sagen, ob die

---

[1] Ministerialdirektor Blech leitete die Aufzeichnung am 16. Juni 1978 an das Büro Staatssekretäre. Hat Vortragendem Legationsrat I. Klasse Schönfeld am 16. Juni 1978 vorgelegen. Vgl. den Begleitvermerk; VS-Bd. 14071 (010); B 150, Aktenkopien 1978.

[2] Vortragender Legationsrat Müller-Chorus, z. Z. Paris, berichtete am 13. Juni 1978, Bundesminister Genscher habe außerdem die Frage der WEU-Herstellungsbeschränkungen mit dem französischen Außenminister Guiringaud erörtert und dabei erklärt, „wir seien uns mit Frankreich im Schiffsbau einig. Lediglich die Frage der Raketen bleibe offen. Wir möchten daher beide Fragen voneinander trennen, damit es keine weitere Verzögerung in der Sache gibt, soweit Einigkeit besteht. Dies werde wohl für Frankreich kein Problem sein. Der franz[ösische] Außenminister nahm diese kurzen Bemerkungen ohne Widerspruch zur Kenntnis." Vgl. den Drahtbericht Nr. 1702; VS-Bd. 14071 (010). Zum Teil des Gesprächs über Rüstungsexporte aus deutsch-französischer Koproduktion vgl. Dok. 188, Anm. 4.

[3] Klaus Blech und Jean-Marie Mérillon.

[4] Zu den Aussichten für eine Ratifizierung eines SALT-II-Abkommens im amerikanischen Senat vgl. Dok. 167, Anm. 9.

[5] Der sowjetische Außenminister Gromyko führte am 27. Mai 1978 in Washington Gespräche mit Präsident Carter und dem amerikanischen Außenminister Vance. Am 31. Mai 1978 traf er erneut mit Vance in New York zusammen. Zu den Gesprächen über SALT II vgl. Dok. 169.

[6] Für den Wortlaut der Rede des Präsidenten Carter vor der United States Naval Academy am 7. Juni 1978 in Annapolis vgl. PUBLIC PAPERS, CARTER 1978, S. 1052–1057. Für den deutschen Wortlaut vgl. EUROPA-ARCHIV 1978, D 426–430 (Auszug).
Ministerialdirektor Blech legte am 9. Juni 1978 eine Auswertung der Rede vor: „Sie enthält kein neues Konzept, ist jedoch die bisher umfassendste Darstellung des sowjetisch-amerikanischen

Administration jetzt ein SALT-Abkommen zeichnen oder mit der Unterzeichnung bis nach den Herbstwahlen[8] warten und die Verhandlungen erst wieder im Frühjahr nächsten Jahres wiederaufnehmen würde. Sein, de Guiringauds, persönlicher Eindruck sei, daß unter den augenblicklichen Bedingungen durchaus die Chance bestehe, daß nicht vor Herbst unterzeichnet werde.

Bundesminister meinte, man könne nicht sagen, daß Brzezinskis und Carters Äußerungen nicht deckungsgleich seien. Sicher sei Carters Rede ausgewogener. Es sei denkbar, daß Härte gegenüber der Sowjetunion den Boden für den Abschluß von SALT vorbereiten solle, wobei der Zeitpunkt jetzt sicher noch nicht feststehe. Die Administration könne sich nur aus einer Position der Härte von dem Verdacht freihalten, mit SALT II amerikanische Interessen wegzugeben. Jedoch seien die Adressaten der verschiedenen Äußerungen sowohl die öffentliche Meinung Amerikas als auch die Sowjetunion. Für letzteres spreche, daß die Amerikaner den Sowjets mehrfach signalisiert hätten, die Annapolis-Rede sei von Carter persönlich konzipiert.

Wenn man annehme, daß hier mittelfristig der Boden für einen SALT-II-Abschluß bereitet werde, müsse man allerdings präzise fragen, was Abschluß wirklich sei. Handele es sich um Unterzeichnung oder um Unterzeichnung plus Ratifizierung? Es scheine, daß diese Frage noch nicht abschließend entschieden sei. Die Meinungsverschiedenheiten zwischen Brzezinski und dem State Department bezögen sich genau auf diesen Punkt.

De Guiringaud glaubte nicht, daß Carter das Risiko einer Unterzeichnung auf sich nehmen könnte, wenn er nicht auch zu ratifizieren in der Lage wäre. Andernfalls könnte es zu einem Scheitern kommen, das er politisch kaum überleben würde.

Bundesminister stellte hierüber volle Übereinstimmung fest; auch Carter sei sich dieses Problems bewußt.

Fortsetzung Fußnote von Seite 927

Verhältnisses. Sie ist ausgewogen und durch Realismus und Nüchternheit gekennzeichnet. [...] Das gegenwärtige sowjetische Verhalten auf der internationalen Bühne wird klar verurteilt. Der SU werden die Grenzen und Folgen ihres Verhaltens deutlich gemacht." Im Hintergrund stehe neben den weltpolitischen Entwicklungen die Stimmung in den USA, wo Mißtrauen und Enttäuschung über die Ergebnisse der Entspannungspolitik zunähmen. Carter wolle die UdSSR warnen, daß amerikanische Selbstkritik „nicht mit Schwäche, Verzagtheit oder Konzeptionslosigkeit verwechselt werden" solle. Die Entspannung sei unteilbar, ein Junktim zwischen der sowjetischen Politik insbesondere in Afrika und Fortschritten bei SALT werde jedoch nicht hergestellt. Carter habe das „Doppelkonzept der NATO" im Sinne von „Entspannungspolitik auf der Grundlage adäquater Verteidigung" betont, dazu erneut die Menschenrechte angesprochen. Die USA würden Einflußnahmen in Afrika nicht hinnehmen. Der kubanischen Regierung habe Carter „nicht nur Einmischung in Angola und Äthiopien, sondern auch eine Unterwanderung der Ungebundenen vorgeworfen". Vgl. Referat 204, Bd. 115950.

[7] In der Presse wurde berichtet, der Sicherheitsberater des amerikanischen Präsidenten, Brzezinski, habe in der Sendung „Meet the Press" des amerikanischen Fernsehsenders NBC geäußert, die UdSSR führe eine weltweite Propagandakampagne gegen die USA, rüste im konventionellen Bereich massiv auf und versuche, in den Nahen Osten vorzudringen. Dies vertrage sich nicht mit der Entspannungspolitik. Vgl. den Artikel „‚Tough or Serious?'"; THE NEW YORK TIMES vom 12. Juni 1978, S. A19.

[8] Am 8. November 1978 fanden in den USA Gouverneurswahlen, Wahlen zum Repräsentantenhaus und Teilwahlen zum Senat statt.

De Guiringaud meinte, daß Carter aus eben diesem Grunde die Verhandlungen hinausziehen und sich dazu der noch offenen schwierigen Punkte (insbesondere der Frage der neuen Trägertypen) bedienen werde.

Bundesminister wies auf die interessante Tatsache hin, daß in der amerikanischen Politik in den letzten Jahren immer wieder die Frage eine Rolle gespielt habe, was vorgehe – SALT II oder MBFR? Es habe eine Phase gegeben (so bei dem Besuch des Bundeskanzlers und Bundesaußenministers in Washington im Juli 1977[9]), in der die Amerikaner dazu geneigt hätten, MBFR günstigere Aussichten einzuräumen. Sie seien deshalb bereit gewesen, hier eher nach einem Ergebnis zu suchen. Dies sei dann durch die optimistischere Einschätzung der Aussichten eines SALT-Abschlusses durch Warnke überholt worden. Bundesminister wies in diesem Zusammenhang auf einen heute in der New York Times erscheinenden Bericht hin, der eine angeblich sehr positive Beurteilung der sowjetischen Reaktion auf die westlichen MBFR-Initiativen[10] durch die Administration zum Gegenstand hat.[11] In diesem Zusammenhang wies Bundesminister auf die Bedeutung der Datenfrage hin, wie sie auch in Washington vom Bündnis unterstrichen worden sei.[12] Er betonte, daß aus der sowjetischen Bereitschaft, in gewissem Maße bei amerikanischen und sowjetischen Streitkräften eine ungleiche Reduzierung zu akzeptieren, nicht geschlossen werden dürfe, die sowjetische Seite akzeptiere die westliche Prämisse eines bestehenden Gleichgewichts[13]. Die ungleiche Reduzierung bezöge sich nur auf die Streitkräfte der Supermächte. Daraus sei nicht der Schluß erlaubt, die SU wolle sich bereits auf ein zahlenmäßiges Gleichgewicht hinbewegen. Denkbar sei z.B., daß die SU für diese zahlenmäßig höhere sowjetische Reduktion eine Kompensation durch eine Reduzierung der Bundeswehr im Auge habe.

De Guiringaud bezog sich auf die bekannte Position bzw. die bekannten Vorbehalte Frankreichs gegenüber MBFR. Er sei bezüglich des letzten sowjetischen Vorschlags skeptisch. Er ziele darauf ab, das Interesse an MBFR zu unterstreichen bzw. wachzuhalten, und dies in dem Augenblick, in dem Frankreich seinen Vorschlag einer europäischen Abrüstungskonferenz betreibe.[14] Dieser Vorschlag störe die Sowjetunion, sie versuche daher, die Aufmerksamkeit davon abzulenken. Das französische Mißtrauen gegenüber MBFR bleibe.

---

[9] Bundeskanzler Schmidt besuchte die USA in Begleitung des Bundesministers Genscher vom 13. bis 15. Juli 1977. Vgl. dazu AAPD 1977, II, Dok. 186 und Dok. 194.

[10] Zur Initiative der an den MBFR-Verhandlungen teilnehmenden NATO-Mitgliedstaaten vom 19. April 1978 vgl. Dok. 110.
Zu den Vorschlägen der an den MBFR-Verhandlungen teilnehmenden Warschauer-Pakt-Staaten vom 8. Juni 1978 vgl. Dok. 180.

[11] In dem Artikel hieß es: „The Soviet proposal is described by officials here as the first major move that Moscow has made in the talks since they got under way and, as such, it is thought to reflect a new desire to reach agreement. ‚We now have the basis for real negotiations,' a White House official declared." Vgl. den Artikel „Soviet Offers Plan for Reducing Forces in Central Europe"; THE NEW YORK TIMES vom 13. Juni 1978, S. A 11.

[12] Vgl. dazu Ziffer 19 des Kommuniqués der NATO-Ratstagung auf der Ebene der Staats- und Regierungschefs am 30./31. Mai 1978 in Washington; Dok. 160, Anm. 13.
Zur NATO-Ratstagung vgl. Dok. 170.

[13] So in der Vorlage.

[14] Zur französischen Abrüstungsinitiative vom 25. Januar bzw. 25. Mai 1978 vgl. Dok. 27 und Dok. 167, Anm. 13.

De Guiringaud kam dann auf die Grauzonenproblematik zu sprechen. Der Bundeskanzler habe mit ihm darüber in Washington gesprochen.[15] In der Bundesrepublik Deutschland gebe es in gewissen Kreisen die Versuchung, eine Verhandlung mit der Sowjetunion über eurostrategische Waffen getrennt von SALT zu akzeptieren. Hiergegen setze er zwei Überlegungen. Einmal könne man wohl von einem Interesse sprechen, die Fortentwicklung solcher Waffen zu limitieren. Die Ingebrauchnahme der SS-20 mache aber angesichts der anderen bereits vorhandenen Waffen dieser Art in sowjetischer Hand keinen Unterschied für die Bedrohung Europas. Europa könne selbst dieser Bedrohung nichts entgegenstellen. Die einzig glaubhafte Antwort auf sie sei die Drohung mit der amerikanischen strategischen response. Zum anderen gebe es die französische Force de dissuasion, die eine echte europäische Streitmacht darstelle. Frankreich könne das Risiko einer Plafondierung dieser Streitmacht nicht akzeptieren. Dies würde die allgemeine Abschreckungskraft der Allianz vermindern. Es sei anerkannt, daß die Force de dissuasion gerade wegen ihrer Unabhängigkeit einen wichtigen Abschreckungsfaktor bilde.

Angesichts dieser beiden Überlegungen bleibe die Frage offen, wo man über eurostrategische Waffen verhandeln könne. Auf französischer Seite werde darüber zur Zeit gründlich nachgedacht; man erwarte, in einigen Wochen hierzu etwas sagen zu können.

Bundesminister antwortete, auch deutscherseits werde es als Gefahr betrachtet, daß die eurostrategischen Waffen getrennt von den interkontinentalen strategischen Waffen behandelt werden. Gerade dies sei der Geburtsfehler von SALT; für die interkontinentalen strategischen Waffen sei der Grundsatz der Parität ohne Berücksichtigung der eurostrategischen Waffen akzeptiert worden. Schon der Sprachgebrauch, der sich eingebürgert habe, sei verräterisch und entspreche nicht der Wirklichkeit. Die Definition strategischer Waffen könne sich eben nicht aus der Reichweite, sondern müsse sich aus der Wirkungsweise ergeben. Niemand habe bisher den Stein der Weisen gefunden, wie gefahrlos über eurostrategische Waffen zu sprechen wäre. Es käme hierbei darauf an, eine Lösung zu finden, die sowohl für die Verteidigung Europas als auch für das französische Potential tragbar ist, ein Potential, das auch von den anderen Verbündeten für die europäische Sicherheit in Rechnung gestellt wird.

Bundesminister fragte, wie er de Guiringauds Bemerkung zu verstehen habe, daß französische Seite in einigen Wochen hierüber etwas sagen könne. Erwarte sie Fortschritte bei ihren Überlegungen?

De Guiringaud wiederholte, daß man hierüber nachdenke und in einigen Wochen wohl etwas über die Resultate dieser Überlegungen sagen könne. Es gehe darum, alle Implikationen zu definieren.

Blech

VS-Bd. 14071 (010)

---

[15] Zum Gespräch am 29. Mai 1978 in Washington vgl. Dok. 167.

186

Aufzeichnung des Ministerialdirektors Blech

204-321.00-484/78 VS-vertraulich 14. Juni 1978[1]

Betr.: Gespräch der vier Außenminister,
Frühstück in Paris am 14.6.1978, 8 bis 9 Uhr[2];
hier: Afrika[3]

1) Zaire

Auf Wunsch von Guiringaud gab Soutou einen kurzen Lagebericht.[4] Die letzten französischen Truppen, die in Kolwezi eingesetzt gewesen seien, verließen Shaba heute. Dank amerikanischer Hilfe befänden sich nun etwa 1500 Marokkaner, 300 Senegalesen und einige hundert Togoer und Gabuner in Zaire. Die Frage, die sich jetzt stelle, sei die der Ausrüstung. Die Bedürfnisse seien außerordentlich groß. Die Elfenbeinküste habe einige Ärzte und Krankenschwestern zur Verfügung gestellt, mehr jedoch nicht.

Im politischen Bereich lägen die bekannten Empfehlungen des Pariser Treffens vor. Im Augenblick warte man auf die Resultate der Brüsseler Konferenz.[5] Nach ihrem Vorliegen könnten die Botschafter in Kinshasa[6] zu Mobutu geschickt werden. Hier stelle sich die Frage, ob es sich um eine kollektive Demarche oder um individuelle Demarchen handeln sollte.

Guiringaud stellte fest, daß es gelungen sei, in einer Woche genügend Afrikaner nach Zaire zu bringen, die zusammen mit den zairischen Streitkräften die Sicherheit garantieren könnten. Die nächsten Schritte müßten sein: einmal, den Kontingenten stärkere logistische Unterstützung zu geben, zum anderen, gegenüber Mobutu aktiv zu werden. In Kopenhagen[7] habe man darüber gesprochen, wie letzteres geschehen sollte. Man habe übereingestimmt, daß eine gemeinsame Demarche der fünf Botschafter kontraproduzent sein könnte. Die Demarchen der Botschafter sollten daher eher getrennt ausgeführt werden.

Bundesminister bestätigte die Kopenhagener Beurteilung einer Kollektivdemarche, meinte aber, daß auch individuelle Demarchen nur die zweitbeste Lö-

---

[1] Ministerialdirektor Bleich leitete die Aufzeichnung am 22. Juni 1978 über Staatssekretär van Well an Bundesminister Genscher „mit der Bitte um Genehmigung" weiter.
Hat van Well am 24. Juni 1978 vorgelegen.
Hat Vortragendem Legationsrat I. Klasse Lewalter am 26. Juni 1978 vorgelegen. Vgl. den Begleitvermerk; VS-Bd. 14070 (010); B 150, Aktenkopien 1978.
[2] Bundesminister Genscher hielt sich anläßlich der Tagung des OECD-Rats am 14./15. Juni 1978 in Paris auf.
[3] Zum Gespräch über SALT und MBFR vgl. Dok. 187.
[4] Zu den Kämpfen in der zairischen Provinz Shaba sowie den Evakuierungsmaßnahmen für ausländische Staatsbürger vgl. Dok. 155, Anm. 21, Dok. 156, Anm. 53, und Dok. 166.
[5] Am 5. Juni bzw. 13./14. Juni 1978 fanden in Paris bzw. Brüssel Konferenzen über Zaire statt. Vgl. dazu Dok. 199.
[6] Walter Cutler (USA), Alan E. Donald (Großbritannien), Eugène Rittweger de Moor (Belgien), André Ross (Frankreich). Geschäftsträger der Bundesrepublik in Kinshasa war Legationsrat I. Klasse Rothmann.
[7] Zur Konferenz der Außenminister der EG-Mitgliedstaaten im Rahmen der EPZ am 12. Juni 1978 vgl. Dok. 156, Anm. 2.

sung darstellten. Seiner Ansicht nach wäre die beste Lösung, wenn das Gespräch mit Mobutu von einer Person seines besonderen Vertrauens geführt werden könnte. Hier handele es sich um ein psychologisches Problem. Es frage sich, ob so jemand gefunden werden könnte. Gehe dies nicht, sei er mit individuellen Demarchen einverstanden.

Guiringaud bezeichnete den psychologischen Hinweis als richtig, machte aber auch darauf aufmerksam, daß die Einschaltung einer einzelnen Person nicht die erwünschte Wirkung auf Mobutu mache, da hier nicht klar werde, daß die Auffassungen von fünf Staaten vorgetragen würden. Außerdem sollten auch die Vertreter der Gemeinschaft als solcher und des IMF sich äußern.

Owen hob auf vielfältige Kontakte ab. Er sehe die Frage des Verfahrens sehr gelassen. Wichtig sei nur, daß Mobutu klargemacht werde, worum es gehe.

Vance wies auf die Eilbedürftigkeit hin und stellte die Frage, was gegen eine gemeinsame Demarche spreche.

Guiringaud begründete seine Präferenz für individuelle Demarchen mit dem Rat der Belgier, die einen sehr guten Einblick und sich dementsprechend gegenüber dem französischen Botschafter in Kinshasa geäußert hätten. Eine Kollektivdemarche setze die fünf Staaten dem Vorwurf des Neokolonialismus aus und könne in der Tat als ein erniedrigendes Verhalten gegenüber Mobutu in der Öffentlichkeit gedeutet werden. Auch der marokkanische Botschafter in Kinshasa[8] habe sich entsprechend geäußert. Worauf es letztlich ankomme, seien getrennte Demarchen identischen Inhalts. Wichtig sei, daß die Vereinigten Staaten sich daran beteiligten.

Vance erklärte die Bereitschaft, einen stark formulierten Brief an Mobutu zu übermitteln.

Guiringaud erwähnte die Möglichkeit, etwas über Kaunda zu unternehmen.

Owen sprach sich dagegen aus, Kaunda einen Platz in der Verwirklichung des „ökonomischen Pakets" zuzuweisen. Jedoch sei er eine Hoffnung für ein politisches Arrangement im Dreieck Zaire/Sambia/Angola. Es müßte zwischen diesen drei Staaten zu einer Begegnung auf der Ebene der Staatschefs[9] kommen.

Vance stellte die Frage, wann die Demarche gemacht werden sollte.

Guiringaud schlug Anfang nächster Woche vor. Man vermeide dann den Eindruck, daß hier direkt unter dem Druck der verschiedenen Treffen in Europa gehandelt würde. Dies diene der Gesichtswahrung Mobutus.

Alle vier Außenminister stimmten überein, daß die Aktion ab Montag, 19. Juni 1978, und die Abstimmung im einzelnen in Kinshasa stattfinden sollte.[10]

---

[8] Abdelwahab Chorfi.
[9] Kenneth Kaunda (Sambia), Mobutu Sese Seko (Zaire), António Agostinho Neto (Angola).
[10] Legationsrat I. Klasse Rothmann übermittelte am 10. Juni 1978 den Entwurf einer Demarche bei Präsident Mobutu, der die auf der Konferenz über Zaire am 5. Juni 1978 in Paris erarbeiteten Auflagen für wirtschaftliche Hilfe an Zaire enthielt. Darin wurde auf den engen Zusammenhang zwischen politischer Stabilität und wirtschaftlichem Fortschritt verwiesen. Innenpolitische Reformen seien ebenso nötig wie außenpolitische Maßnahmen, etwa eine Annäherung an Angola sowie eine Verbesserung der Beziehungen zwischen Zaire und seinen Nachbarstaaten. Vgl. dazu den Drahtbericht Nr. 179; Referat 321, Bd. 115610.
Rothmann berichtete am 21. Juni 1978: „Vier Missionschefs haben in der Reihenfolge F, US, GB, B am 19. bzw. 20.6. Demarche durchgeführt. Obwohl ich etwa zur gleichen Zeit und an gleicher Stelle

Guiringaud bezog sich auf Fragen, die er in der Nationalversammlung bezüglich der Rolle der Kubaner in Shaba habe beantworten müssen. Er habe dort von der Ausbildung der Katanga-Gendarmen durch Kubaner gesprochen. Er wolle jetzt die Frage stellen, woher Präsident Carter wisse, daß die Kubaner dort eine Rolle spielten.

Vance wies darauf hin, daß die amerikanischen Kenntnisse auf menschlichen nachrichtendienstlichen Quellen beruhen, die aus offenkundigen Gründen nicht nach außen identifiziert werden könnten. Sie seien jedoch so beschaffen, daß die Administration ihrer guten Qualität sicher sei. Im übrigen hätte die Administration nie behauptet, daß die Kubaner selbst die Grenze nach Shaba überschritten hätten. Es handele sich um Ausbildung, die den Katanga-Gendarmen, die nach Shaba eingedrungen seien, zuteil geworden sei. Es gebe übrigens einige Beweise dafür, daß auch die DDR bei der Ausbildung der Katanga-Gendarmen eine Rolle spiele. Nach amerikanischen Erkenntnissen seien die Katanga-Gendarmen etwa zwei Jahre ausgebildet worden, und zwar gezielt für den kürzlichen Angriff.

Guiringaud stellte die Frage, warum die Korrespondenz Carters mit Castro publiziert worden sei.

Vance antwortete, weil sie in Washington durch ein leak herausgekommen sei.

2) Horn von Afrika

Guiringaud fragte, was nun in Äthiopien passiere.

Vance verwies auf sein Gespräch mit Gromyko[11], wo dieser mitgeteilt habe, daß die Sowjetunion Mengistu zu einer friedlichen Regelung der Eritrea-Frage[12] zu drängen versuche. Nach den den Amerikanern vorliegenden Erkenntnissen seien weder die Sowjetunion noch Kuba aktiv in die militärischen Vorgänge in Eritrea involviert.

Guiringaud erwähnte Informationen aus Dschibuti, nach welchen es Schwierigkeiten zwischen Kuba und Äthiopien gebe. Die äthiopische Reaktion auf das französische Eingreifen in Zaire sei gemäßigter gewesen als erwartet.

Owen wies auf die bevorstehende Besuchsreise Siad Barres in Europa hin.[13]

Fortsetzung Fußnote von Seite 932
um Audienz nachgesucht habe, habe ich bis jetzt keinen Termin erhalten. [...] Nach übereinstimmender Auskunft aller Missionschefs verlief Gespräch ernst, keinesfalls aber frostig oder aggressiv." Mobutu habe in allen Gesprächen versichert, „daß er im Prinzip mit allen Punkten der Demarche übereinstimmen könne; seine Freunde nicht enttäuschen werde, auch wenn diese ihn mit der Form der Demarche in eine schwierige Position brächten [...]; drei Monate Zeit benötige, um mit durchgreifenden Reformen beginnen zu können." Vgl. den Drahtbericht Nr. 190; Referat 321, Bd. 115610.
Am 29. Juni 1978 teilte Rothmann mit, er sei von Mobutu zur Entgegennahme der Demarche empfangen worden. Die Gesprächsatmosphäre sei „sachlich" gewesen, Mobutu habe es jedoch abgelehnt, noch einmal sachlich auf den Inhalt einzugehen. Vgl. dazu den Drahtbericht Nr. 200; Referat 321, Bd. 115610.

[11] Der sowjetische Außenminister Gromyko führte am 27. Mai 1978 in Washington Gespräche mit Präsident Carter und dem amerikanischen Außenminister Vance. Am 31. Mai 1978 traf er erneut mit Vance in New York zusammen. Zu den Gesprächen über SALT II vgl. Dok. 169.
[12] Zum Konflikt in Eritrea vgl. Dok. 155, Anm. 22.
[13] Präsident Siad Barre hielt sich vom 18. bis 20. Juni 1978 in der Bundesrepublik auf. Vgl. dazu Dok. 192 und Dok. 194.

Vance teilte mit, daß man auf amerikanischer Seite über Informationen verfüge, nach welchen Siad Barre wieder aktiv bei der Unterstützung der Insurgenten in Ogaden[14] werde. Wenn dies richtig sei, dann werde es für die Amerikaner mit ihrer Ausrüstungshilfe an Somalia[15] sehr schwierig. Wie könne es zu einer Versöhnung kommen?

Owen erwähnte die OAU.

Vance sagte, er habe mit Garba über deren Rolle öfter gesprochen, nichts sei jedoch daraus geworden.

Guiringaud kam auf die Vorstellung einer Regionalkonferenz zu sprechen (die er bereits bei der Unterhaltung der vier Außenminister am 29. Mai 1978[16] angesprochen hatte). Eine solche Regionalkonferenz sollte zu einer Erklärung über die Grenzen und möglicherweise auch zu einer Neutralitätsaussage über Dschibuti führen. Kenia und Sudan sollten beteiligt sein. Bis jetzt sei diese Vorstellung nicht auf sehr große Gegenliebe gestoßen. Man wolle aber sie gegenüber den Äthiopiern wieder zur Sprache bringen, wenn demnächst (im Juli) eine hochrangige äthiopische Mission in Paris sei, deren Zusammensetzung man allerdings noch nicht kenne. Etwa zur gleichen Zeit rechne man mit dem Besuch Siad Barres.[17]

Blech

VS-Bd. 14070 (010)

---

[14] Zum Ogaden-Konflikt vgl. Dok. 67.
[15] Zur möglichen amerikanischen Unterstützung von Somalia vgl. Dok. 166, Anm. 20.
   Botschafter von Staden, Washington, berichtete am 15. Juni 1978, nach Auskunft des amerikanischen Außenministeriums bestehe lediglich die Absicht zur Unterstützung in den Bereichen Nachrichtenwesen, Transport und Panzerabwehr: „Außerdem würden USA gern größeren Teil der Bedarfsdeckung europäischen Verbündeten, sofern bereit, überlassen, beispielsweise Frankreich. [...] Politische Conditio sine qua non sei im übrigen, daß Somalia sich bereit erkläre, mit seinen Nachbarn in Frieden zu leben. Antwort auf Angebot Entsendung der Mission stehe noch aus. Wahrscheinlich sei mit ihr erst nach Abschluß der Europareise Barres zu rechnen, wenn er wisse, was er in Europa erhalte. Bezahlung durch Saudi-Arabien sei offenbar sichergestellt. [...] Weitere militärische (nicht etwa nur ‚moralische', humanitäre o. ä.) somalische Unterstützung der Ogaden-Rebellen würde Militärhilfe unmöglich machen, ggf. sogar zum sofortigen Abbruch der Lieferungen bzw. Liefervorbereitungen führen." Vgl. den Drahtbericht Nr. 2234; Referat 320, Bd. 116828.
[16] Zum Gespräch des Bundesministers Genscher mit den Außenministern de Guiringaud (Frankreich), Owen (Großbritannien) und Vance (USA) in Washington vgl. Dok. 166.
[17] Präsident Siad Barre besuchte Frankreich vom 11. bis 13. Juli 1978.

187

Aufzeichnung des Ministerialdirektors Blech

204-321.00-485/78 VS-vertraulich   14. Juni 1978[1]

Betr.: Gespräch der vier Außenminister,
Frühstück in Paris am 14.6.1978, 8 bis 9 Uhr[2];
hier: SALT, MBFR[3]

Vance berichtete, daß bei den letzten amerikanisch-sowjetischen Gesprächen (Gromyko)[4] alles auf den Tisch gelegt, aber nichts entschieden worden sei. Im Juli solle ein Datum für die Fortsetzung der Gespräche gefunden werden[5]; im Juni geschehe nichts mehr.

Die Sowjetunion habe einen neuen Vorschlag gemacht, nämlich das Verbot der Entwicklung jeglicher ICBMs während der Geltungsdauer des SALT-Abkommens. Die amerikanische Seite habe das abgelehnt, weil dies jede ernsthafte Prüfung des Missile-Experimental-Projekts ausschließen würde. Man überlege aber, ob man akzeptable Variationen dieses Vorschlags finden könne. Die Amerikaner hätten ihrerseits ein Verbot der Herstellung neuer ICBMs während der Geltungsdauer des Protokolls[6] vorgeschlagen und eine Einigung über die Frage MIRV/einfacher Sprengkopf vorgeschlagen. Die Sowjets hätten ein flight profile des Backfire-Bombers vorgelegt, das mit den zurückhaltendsten Einschätzungen der amerikanischen Seite nicht übereinstimme. Er habe den Eindruck, daß dann, wenn das Problem neuer Raketen (einschließlich deren Definition) gelöst wäre, auch eine Lösung des Backfire leichter werde. Man brauche noch Zeit, um alle Varianten einer Regelung der Frage der neuen Raketen zu prüfen. Man sei nicht in Eile.

De Guiringaud meinte, es gebe doch wohl keine Aussicht auf eine Unterzeichnung vor August. Wenn das Unterzeichnungsdatum bis in den September hineingeschoben werde, komme es aber den amerikanischen Herbstwahlen[7] sehr nahe.

Vance meinte, dies sei ganz unbedeutend (doesn't make any difference). Eher könne gesagt werden, daß es für die Administration besser wäre, mit einem

---

[1] Ministerialdirektor Bleich leitete die Aufzeichnung am 22. Juni 1978 über Staatssekretär van Well an Bundesminister Genscher „mit der Bitte um Genehmigung" weiter. Vgl. dazu Dok. 186, Anm. 1.

[2] Bundesminister Genscher hielt sich anläßlich der Tagung des OECD-Rats am 14./15. Juni 1978 in Paris auf.

[3] Zum Gespräch über Afrika vgl. Dok. 186.

[4] Der sowjetische Außenminister Gromyko führte am 27. Mai 1978 in Washington Gespräche mit Präsident Carter und dem amerikanischen Außenminister Vance und traf am 31. Mai 1978 erneut mit Vance in New York zusammen. Zu den Gesprächen über SALT II vgl. Dok. 169.

[5] Zu den Gesprächen des amerikanischen Außenministers Vance mit dem sowjetischen Außenminister Gromyko über SALT am 12./13. Juli 1978 in Genf vgl. Dok. 218 und Dok. 231.

[6] Zur Einigung vom Mai 1977 zwischen den USA und der UdSSR auf eine dreiteilige Struktur für SALT II vgl. Dok. 23, Anm. 9.
Zu den Überlegungen zur Laufzeit des Protokolls vgl. Dok. 149.

[7] Am 8. November 1978 fanden in den USA Gouverneurswahlen, Wahlen zum Repräsentantenhaus und Teilwahlen zum Senat statt.

unterzeichneten Abkommen in die Wahlen zu gehen, weil sie dann darauf hinweisen könnte, was wirklich darin stehe, und damit spekulativen Streitigkeiten vorbeugen könnte. Allerdings sei an eine Ratifikation vor nächstem Frühjahr auch nicht zu denken.[8] Eine vorherige Befassung des Kongresses sei bei dessen Kalender nicht möglich.

De Guiringaud fragte nach der amerikanischen Beurteilung des letzten östlichen Schrittes bei MBFR.[9] Handele es sich um eine echte Bewegung oder nur Theater (make-believe)?

Owen bezeichnete den neuen östlichen Vorschlag als recht interessant und in vernünftigen Grenzen ermutigend. Es sei notwendig, ihn genau zu prüfen. Es sei allerdings nicht nötig, sich mit einer Entscheidung bezüglich einer Ministerkonferenz über MBFR[10] zu beeilen. Für eine solche Entscheidung reiche der östliche Vorschlag nicht aus; man brauche dafür noch ein wenig mehr Bewegung bei den Daten (a little more movement on data).

Vance stellte fest, daß der östliche Vorschlag neue Elemente aufweise, die man zunächst noch prüfen müsse.

Bundesminister bezog sich auf die sowjetisch-deutsche Gemeinsame Deklaration.[11] Die Sowjetunion habe offenbar erkannt, wie wichtig für uns die Forderungen nach Parität und Gleichgewicht seien, Begriffe, die sie auch im Prinzip akzeptiere. Der Vorgang zeige, wie richtig die Beurteilung durch das Bündnis in Washington gewesen sei, nach welcher die zentrale Bedeutung der Datendiskussion herausgestellt worden sei.[12] Man müsse die Tatsache sehen, daß die von der östlichen Seite vorgeschlagene ungleichgewichtige Reduktion amerikanischer und sowjetischer Streitkräfte keineswegs bedeute, daß die SU zu ungleichgewichtigen Reduzierungen insgesamt bereit sei. Immerhin zeige der Vorschlag das Interesse der Sowjetunion, MBFR fortzusetzen. Es sei allerdings noch zu klären, wieweit dieser Vorschlag vom Wunsch nach einer Verbesserung der öffentlichen Position motiviert oder wieweit er als ein Signal einer echten Änderung der östlichen Position zu werten sei.

De Guiringaud wies auf die nach wie vor bestehenden französischen Bedenken gegen MBFR und auf den französischen Vorschlag einer europäischen Abrü-

---

8 Zu den Aussichten für eine Ratifizierung eines SALT-II-Abkommens im amerikanischen Senat vgl. Dok. 167, Anm. 9.
  Botschafter von Staden, Washington, berichtete am 12. Juni 1978: „Mehrheitsführer Senator Byrd hat am 10.6. erklärt, daß auch im Falle eines SALT-Abschlusses noch in diesem Sommer sich der Senat damit in dieser Legislaturperiode nicht mehr befassen würde. [...] Er verwies auf den durch die Panamakanal-Debatte entstandenen großen Stau bei Gesetzgebungsvorhaben. Byrd bezeichnete es als seine Meinung, daß bei einer Ratifikationsdebatte SALT nicht mit den sowjetischen und kubanischen Aktivitäten in Afrika verquickt werden sollte. Allerdings bestehe eine solche begrenzte linkage in den Gefühlen einiger Senatoren." Vgl. den Drahtbericht Nr. 2195; Referat 220, Bd. 112968 b.
9 Zu den Vorschlägen der an den MBFR-Verhandlungen teilnehmenden Warschauer-Pakt-Staaten vom 8. Juni 1978 vgl. Dok. 180.
10 Zum britischen Vorschlag einer Konferenz der Außenminister der an den MBFR-Verhandlungen teilnehmenden Staaten vgl. Dok. 160.
11 Vgl. dazu Ziffer III der Gemeinsamen Deklaration vom 6. Mai 1978 anläßlich des Besuchs des Generalsekretärs des ZK der KPdSU, Breschnew, vom 4. bis 7. Mai 1978 in der Bundesrepublik; Dok. 143, Anm. 19.
12 Vgl. dazu Ziffer 19 des Kommuniqués der NATO-Ratstagung auf der Ebene der Staats- und Regierungschefs am 30./31. Mai 1978 in Washington; Dok. 160, Anm. 13.
  Zur NATO-Ratstagung vgl. Dok. 170.

stungskonferenz¹³ hin, deren erster Schritt eine Einigung über vertrauensbildende Maßnahmen sein sollte. Vielleicht eröffne sich hier ein Weg, den Bereich von MBFR zu erweitern und damit MBFR selbst weniger gefährlich zu machen.

Abschließend teilte Vance mit, daß der amerikanische Delegationsleiter in Wien, Resor, demnächst einen neuen Posten übernehme, und zwar als dritter Mann im Department of Defense. Eine offizielle Mitteilung hierüber erfolge am 25. Juni 1978.¹⁴ Über den Nachfolger Resors wollte Vance keine Angaben machen; es werde sich auf jeden Fall um eine qualifizierte Persönlichkeit handeln.¹⁵

Blech

VS-Bd. 14070 (010)

188

Aufzeichnung des Staatssekretärs Hermes

422-411.10 FRA-560/78 geheim   15. Juni 1978¹

Herrn Minister²

Betr.: Konsultationen mit Generalsekretär Soutou über die deutsch-französische Rüstungskooperation am 14.6.1978 in Paris

In Ausführung des Beschlusses des BSR vom 14.4.78³ habe ich am 14.6.1978 in Paris mit Generalsekretär Soutou Gespräche über die deutsch-französische

---

13 Zur französischen Abrüstungsinitiative vom 25. Januar bzw. 25. Mai 1978 vgl. Dok. 27 und Dok. 167, Anm. 13.
14 Zur Berufung des Leiters der amerikanischen MBFR-Delegation, Resor, zum Unterstaatssekretär im amerikanischen Verteidigungsministerium am 12. Juli 1978 vgl. PUBLIC PAPERS, CARTER 1978, S. 1265.
15 Zur Berufung des stellvertretenden Leiters der amerikanischen MBFR-Delegation, Dean, zu deren geschäftsführendem Leiter am 13. September 1978 vgl. PUBLIC PAPERS, CARTER 1978, S. 1516.
1 Hat Ministerialdirektor Lautenschlager am 27. Juni 1978 vorgelegen.
  Hat Ministerialdirigent Freiherr von Stein am 28. Juni 1978 vorgelegen.
2 Hat Bundesminister Genscher am 17. Juni 1978 vorgelegen.
3 Vortragender Legationsrat I. Klasse Pabsch faßte am 17. April 1978 die Ergebnisse der Sitzung des Bundessicherheitsrats vom 14. April 1978 zusammen. Die Lieferung des Flakpanzers vom Typ „Gepard" nach Ecuador, Pakistan und Saudi-Arabien sei abgelehnt worden. Bundeskanzler Schmidt habe um öffentliche Bekanntgabe gebeten, die auch erkennen lassen solle, daß dies Folgen für den Arbeitsmarkt haben könne. Die Lieferung des Panzerabwehrsystems vom Typ „Hot" aus deutsch-französischer Koproduktion an Syrien und den Irak solle erörtert, eine Ablehnung aber weder anvisiert noch angedroht werden. Auf Nachfrage von Schmidt habe Staatssekretär van Well erläutert, daß Frankreich bis 1975 auch Südafrika mit Material aus deutsch-französischer Koproduktion beliefert habe, aber „daß danach auf Weisung von Präsident Giscard" alle derartigen Lieferungen eingestellt worden seien. Schmidt habe um Prüfung des Umfangs gebeten: „Außerdem solle das AA bei seinen Konsultationen mit Generalsekretär Soutou wegen der Lieferungen nach Syrien und dem Irak erklären, daß wir im übrigen davon ausgingen, daß Produkte aus deutsch-franz[ösischer] Koproduktion heute nicht mehr nach Südafrika geliefert würden." Die Lieferung von Schnellbooten

Rüstungskooperation und einige französische Exportvorhaben aus der Koproduktion in Länder des Nahen Ostens geführt.

Auf französischer Seite nahmen an dem Gespräch Botschafter Brunet und Unterabteilungsleiter d'Aumale teil; ich war von Botschafter Herbst, VLR I Dr. Pabsch, Gesandtem Dr. Berninger sowie VLR Dr. Bächmann begleitet.

Ich nahm eingangs Bezug auf Ihre Gespräche mit AM de Guiringaud vom Vortage[4] und knüpfte an mein Gespräch mit Soutou am 17.2.1978[5] an. Ich bekräftigte die hohe Bedeutung, die die Bundesregierung der deutsch-französischen Rüstungskooperation weiterhin beimißt und die sie fortsetzen und ausbauen möchte. Es sei aber nicht zu verkennen, daß divergierende Auffassungen in der Frage der Exportpolitik für uns politische Probleme schafften, da Lieferungen aus Frankreich auch uns politisch zugerechnet würden. Wir nähmen es hin, daß über die Opportunität bestimmter Rüstungslieferungen in Drittländer divergierende Auffassungen zwischen uns beständen, meinten aber, daß wir dennoch gemeinsam versuchen sollten, die Divergenzen soweit wie möglich einzugrenzen. Wir dächten nicht an eine Einstellung der Zulieferungen, die in letzter Konsequenz zur Einstellung der Koproduktion führen müßte; wir hätten deshalb diesen Weg informeller Konsultationen gewählt, um unseren französischen Partnern unsere Besorgnisse wegen bestimmter französischer Lieferungen aus der Koproduktion noch einmal vor Augen zu führen in der Hoffnung, sie dadurch zu einem Überdenken einiger ihrer Exportentscheidungen zu veranlassen.

Vor allem erwähnte ich die Lieferungen von „Milan"-Panzerabwehrraketen nach Syrien, die noch immer das deutsch-israelische Verhältnis belasteten[6]; ich unterrichtete Soutou über den Israel-Bericht des Bundestagspräsidenten[7] und

Fortsetzung Fußnote von Seite 937
nach Argentinien und Minensuchbooten nach Indonesien sei abschließend bewilligt worden. Vgl. VS-Bd. 9336 (422); B 150, Aktenkopien 1978.

4 Vortragender Legationsrat Müller-Chorus, z. Z. Paris, informierte Staatssekretär Hermes am 13. Juni 1978 über das Gespräch des Bundesministers Genscher mit dem französischen Außenminister de Guiringaud. Genscher habe darauf hingewiesen, daß die Lieferung von Panzerabwehrraketen nach Syrien problematisch für die deutsch-israelischen Beziehungen sei; de Guiringaud habe entgegnet, daß es sich um reine Defensivwaffen handle und „der Vertrag mit Syrien eine feststehende Tatsache sei". Zu den französischen Absichten, das Panzerabwehrsystem vom Typ „Hot" und die Panzerabwehrrakete vom Typ „Milan" in die Volksrepublik China zu liefern, habe die amerikanische Regierung nach Auskunft von de Guiringaud erklärt, „es genüge, wenn man COCOM hierüber lediglich informiere (keine Bitte um Zustimmung). Carter habe sogar bemerkt, da die USA wegen der Taiwan-Frage gehindert seien, bestehe ein gewisses Interesse, wenn andere den Chinesen bei der Modernisierung ihrer Armee hülfen. [...] Auf die Frage des französischen AM, ob diese Haltung für uns Probleme aufwerfe, bemerkte der BM, im wesentlichen Nein. Allerdings sollte seine positive Bemerkung zur Rüstungskooperation nicht in extensiver Weise in Exportfragen ausgelegt werden." Vgl. den Drahtbericht Nr. 1697; VS-Bd. 10617 (201); B 150, Aktenkopien 1978.

5 Zum Gespräch in Paris vgl. Dok. 53.

6 Zu den israelischen Einwänden gegen die geplante Lieferung von Panzerabwehrwaffen an Syrien vgl. Dok. 66.

7 Eine Delegation des Bundestags unter Leitung des Bundestagspräsidenten Carstens hielt sich vom 23. bis 28. Mai 1978 in Israel auf. Ministerialdirektor Meyer-Landrut legte dazu am 31. Mai 1978 dar: „Die israelische Seite hat die Delegation außerordentlich aufmerksam, zuvorkommend und hochrangig wahrgenommen. PM Begin hat zum ersten Mal deutsche Politiker zu einem Gespräch empfangen und sich dabei für seine Verhältnisse zurückhaltend zur deutschen Verhangenheit geäußert. [...] Mit besonderem Nachdruck, auch in der Presse, wurde die angebliche deutsche Verantwortung für die Lieferung von ‚Hot' und ‚Milan' an Syrien aufgegriffen. Der israelischen Seite war bekannt, daß die Delegation bereits vor Abflug beschlossen hatte, sich dafür einzusetzen, daß

der ihn begleitenden Delegation aller Parteien an die Bundesregierung, sie möge sich bei der französischen Regierung für eine Einstellung dieser Lieferungen verwenden.[8] Auch wies ich auf Ihre Israel-Reise zum Ende d. M. hin.[9] Wir möchten vermeiden, daß die Bundesregierung auch unter den Druck der deutschen öffentlichen Meinung gerät, die Zulieferungen für „Milan"-Lieferungen nach Syrien einzustellen.

Dann trug ich im einzelnen unsere Bedenken gegen die Lieferung von „Hot"-Panzerabwehrraketen an Syrien sowie die Errichtung eines „Hot"-Montage- und Reparaturzentrums im Irak, gegen die Lieferung von „Milan"-Raketen in den Libanon[10], gegen die Lizenzvergabe für den Nachbau von „Hot"- und „Milan"-Raketen an die Arabische Industrie-Organisation (AOI)[11] sowie gegen die Lieferung von „Milan"- und „Hot"-Raketen nach Saudi-Arabien[12] vor. Ich wies darauf hin, daß namentlich die Lieferungen und Lizenzfertigungen im Irak unsere Besorgnis hervorriefen, weil sie außer der Störung unserer Beziehungen zu Israel nach unserer Auffassung auch unsere gemeinsame Sicherheit berührten.

Ich bat Soutou, die französische Regierung möge unsere Bedenken erwägen und prüfen, ob sie bei Lieferungen aus deutsch-französischer Koproduktion in die Nahost-Region nicht größere Zurückhaltung als bisher walten lassen könne.

Fortsetzung Fußnote von Seite 938
die Bundesregierung Frankreich um Einstellung der Lieferungen bitten solle. In diesem Sinne hat sich Prof[essor] Carstens auch geäußert." Vgl. Referat 310, Bd. 119872 a.

[8] Referat 422 vermerkte am 12. Juni 1978: „Inzwischen hat Bundestagspräsident Carstens nach Rückkehr von einer Reise einer Delegation des Bundestages nach Israel Briefe an den BK und den BM gerichtet, in denen er mitteilt, er habe namens aller Mitglieder der Delegation erklärt, ‚daß wir nach unserer Rückkehr nach Bonn an die Bundesregierung herantreten und sie bitten würden, im Rahmen der deutsch-französischen Konsultationen auf hohem Level die Frage der Lieferung der ‚Milan'-Raketen an Syrien anzusprechen mit dem Ziel, die französische Regierung zu veranlassen, diese Lieferung einzustellen.'" Vgl. VS-Bd. 14075 (010); B 150, Aktenkopien 1978.

[9] Zum Besuch des Bundesministers Genscher vom 28. bis 30. Juni 1978 in Israel vgl. Dok. 203 und Dok. 205.

[10] Referat 422 erläuterte am 12. Juni 1978: „Mit Schreiben vom 19.4.1978 hat uns die französische Botschaft [...] mitgeteilt, daß die französischen Dienststellen die Verkaufsgenehmigung für 540 ‚Milan'-Raketen in den Libanon erteilt haben. Wir haben gegen dieses Vorhaben erhebliche Bedenken." Vgl. VS-Bd. 14075 (010); B 150, Aktenkopien 1978.

[11] Ministerialdirektor Lautenschlager notierte am 6. Juni 1978, die französische Botschaft habe am 20. April 1978 mitgeteilt, die Firma Euromissile habe bei der französischen Regierung „einen Antrag auf Lizenzvergabe für das Waffensystem ‚Milan' an AOI" gestellt: „Da die Bundesregierung im November 1977 ihr Einverständnis zur Lizenzvergabe für das Waffensystem ‚Hot' erklärt habe, das technologisch mehr entwickelt sei als ‚Milan', gingen die französischen Dienststellen davon aus, daß die deutsche Regierung auch keine Einwände gegen diese Lizenzvergabe für ‚Milan' habe." Lautenschlager legte dazu dar: „Gegenstand der BSR-Entscheidung vom 9.11.77 war zwar die Linzenzfertigung der Panzerabwehrrakete ‚Hot'; wir glauben aber, daß eine Lizenzfertigung von ‚Milan' keiner wesentlich anderen Beurteilung unterliegt. Dies muß auch gelten, nachdem die Lieferung von Panzerabwehrraketen des Typs ‚Milan' an Syrien anläßlich des Besuchs von Bundestagspräsident Carstens in Israel zu erneuten Reaktionen der israelischen Seite geführt hat. Unsere französischen Partner würden es nicht verstehen, wenn wir die Umstellung des Lizenzprojektes von ‚Hot' auf ‚Milan' zum Anlaß nähmen, jetzt Bedenken geltend zu machen, nachdem wir auf die ursprüngliche, ‚Hot' betreffende Anfrage keine Einwendungen erhoben haben." Die Bundesregierung sollte daher auf Einwände gegen das Vorhaben verzichten. Vgl. VS-Bd. 9336 (422); B 150, Aktenkopien 1978.

[12] Referat 422 vermerkte am 12. Juni 1978: „Im März waren wir davon unterrichtet worden, daß Frankreich Verkaufsgenehmigungen zur Lieferung von 6288 ‚Hot'-Raketen und 5000 ‚Milan'-Raketen nach Saudi-Arabien erteilt hat. Über den Zeitpunkt der Lieferung wurden wir, wie üblich, von den Franzosen nicht unterrichtet." Vgl. VS-Bd. 14075 (010); B 150, Aktenkopien 1978.

Abschließend erklärte ich – im Anschluß an die Bemerkung des Herrn Bundeskanzlers auf der BSR-Sitzung vom 14.4. –, daß wir davon ausgingen, daß die französische Regierung entsprechend ihrer Erklärung heute keinerlei Lieferungen aus deutsch-französischer Koproduktion mehr nach Südafrika gestatte.

Soutou erklärte, daß er Verständnis für die Besonderheiten des deutsch-israelischen Verhältnisses habe und unser Problem durchaus zu würdigen wisse.

Die „Milan"-Lieferungen nach Syrien liefen jedoch bereits seit längerer Zeit und seien jetzt abgeschlossen; bei ihrer Aufnahme habe man die Bundesregierung informiert, eine Reaktion sei damals nicht erfolgt. Von 2000 „Hot"-Raketen seien schon einige hundert nach Syrien geliefert worden.

Was die Lieferungen und Lizenzfertigungen mit dem Irak betreffe, so seien die entsprechenden Verträge bereits unterzeichnet; die ersten „Hot"-Lieferungen seien erfolgt; jedoch habe man mit Rücksicht auf unsere Demarchen den Abschluß eines Vertrages über weitere Lieferungen verzögert, sich mehr Zeit zum Überlegen genommen, was aber nicht ewig andauern könne. Das Montage- und Instandsetzungszentrum sei ein wesentlicher Bestandteil einer Reihe von Verträgen über die wirtschaftliche Zusammenarbeit mit dem Irak, mit denen man nicht zuletzt auch das Ziel verfolge, den sowjetischen Einfluß im Irak zurückzudrängen. Was das Sicherheitsrisiko betreffe, so gebe es ein Geheimschutzabkommen mit dem Irak über das Projekt. Man sei davon überzeugt, daß die Iraker schon aus eigenem Interesse diese Geheimhaltung wahren würden. Für die französische Regierung sei es leider nicht mehr möglich, sich aus diesen Verträgen zu lösen; ihre Erfüllung sei aus technischen Gründen verzögert worden, doch habe man keine Gründe, einen Rückzug aus dem Vertrag gegenüber den Irakern zu motivieren.

Zur Lizenzfertigung von Panzerabwehrraketen durch die Arabische Organisation für Industrialisierung (AOI) erklärte d'Aumale, daß das Projekt „Hot" – nicht zuletzt wegen des deutschen Zögerns auf die französische Anfrage – nicht zustande kommen werde; über das Projekt „Milan", das das französische Verteidigungsministerium dem BMVg notifiziert hat, war die französische Seite nicht unterrichtet.

Soutou teilte mir dann mit, daß es ihm mit großen Mühen gelungen sei, das französische Verteidigungsministerium dazu zu bewegen, einer Vorverlegung des Zeitpunkts der Information der Bundesregierung, und zwar schon zur Zeit der Genehmigung zur Aufnahme von Verhandlungen (bisher: erst bei Vertragsabschluß), zuzustimmen. Das Verteidigungsministerium sei noch nicht bereit, den bisherigen Informationsweg (Unterrichtung des BMVg durch die französische Rüstungsbehörde) zu ändern; auch eine Parallel-Information des Auswärtigen Amts über das französische Außenministerium lehne es ab, man glaube aber, daß man mit dem neuen Verfahren unserem Anliegen nach möglichst frühzeitiger Information gerecht werde.

Soutou, der das Gespräch mit großem Verständnis für unsere Bitten führte, ließ erkennen, daß er kaum eine Möglichkeit sehe, eine Änderung der französischen Ausfuhrentscheidungen herbeizuführen, da diese Lieferungen bereits fest kontrahiert und zum großen Teil bereits weitgehend ausgeführt seien. Er meinte aber, man solle dennoch das Gespräch über künftige Vorhaben fortsetzen. Auch ein grundsätzliches Gespräch zwischen Präsident Giscard d'Estaing und dem Bundeskanzler sei vielleicht anzustreben, erklärte er. Im Grunde würde auch für zukünftige Fälle die Lösung wohl nur darin liegen können, daß jeder Partner seine Exporte in eigener Verantwortung durchführt und der andere dies respektiere, worauf nach außen und öffentlich hinzuweisen jede Seite natürlich auch das Recht habe. Eine solche Regelung könne im übrigen in Zukunft auch der deutschen Seite zugute kommen, denn auch Frankreich habe gelegentlich politische Probleme bei der Erfüllung von Lieferwünschen anderer Länder und würde nichts dagegen haben, wenn die Bundesrepublik dann nach außen als Lieferant in Erscheinung trete (d'Aumale wies auf das Projekt der deutschen Lieferung des „Alpha Jets" an die Türkei hin).

Zum Abschluß sprachen wir über das Projekt französischer Lieferungen von „Hot"-Raketen an China[13]: Ich wies auf unsere Haltung hin, der französischen Seite dabei keine Hindernisse in den Weg zu legen, sagte aber, daß es in unserer Öffentlichkeit kaum verstanden werden würde, wenn Frankreich diese Lieferungen an die Bedingung der Abnahme eines französischen Kernkraftwerkes durch China knüpfen würde. Soutou erklärte mit Festigkeit, daß daran in keiner Weise gedacht sei; man spreche zwar mit China über ein Kernkraftwerk, doch spiele dabei der „Hot"-Auftrag keine Rolle.

Soutou bestätigte auch ausdrücklich, daß Frankreich keine Erzeugnisse aus deutsch-französischer Koproduktion nach Südafrika liefere und sich an das vom VN-Sicherheitsrat verhängte Embargo[14] halte.

Hermes

VS-Bd. 9338 (422)

---

[13] Ministerialdirigent Freiherr von Stein notierte am 13. Juni 1978 für Staatssekretär Hermes: „Die Botschaft Paris hat berichtet, daß AM Guiringaud die Frage der Lieferung von Panzerabwehrraketen an China in dem heutigen Gespräch mit dem Bundesminister ansprechen wolle. Nach der Botschaft zugegangenen Infomationen soll F nur dann bereit sein, diese Lieferung vorzunehmen, wenn sich die VR China gleichzeitig verpflichtet, in Frankreich auch ein Kernkraftwerk zu bestellen. BM Genscher hatte seinem französischen Kollegen über Herrn D 2 nach Rücksprache mit dem BK sagen lassen, daß wir französischen Rüstungslieferungen aus Koproduktion an die VR China nicht offiziell zustimmen könnten, daß wir solchen Lieferungen aber auch keinen Stein in den Weg legen wollten. Von einer Verknüpfung der französischen Rüstungslieferungen mit einem Kernkraftwerksauftrag war uns zu dieser Zeit nichts bekannt. [...] Falls die Angelegenheit nicht schon bei dem Gespräch der Außenminister abschließend behandelt wurde, könnte Herr Soutou zunächst gefragt werden, ob Meldungen über eine Verknüpfung der Rüstungslieferungen mit dem Kernkraftwerksgeschäft zutreffen. Bejahendenfalls sollte darauf hingewiesen werden, daß uns ein derartiges Vorgehen in eine schwierige Lage brächte. Die deutsche Industrie würde es kaum verstehen, wenn sich F auf diese Weise einen einseitigen Vorteil verschaffe. Auch müßten wir dann mit dem Vorwurf der deutschen Hersteller von Kernkraftwerken rechnen, daß es ohne das Einverständnis der Bundesregierung mit der französischen Lieferung von gemeinsam produzierten Rüstungsgütern an China überhaupt nicht zu einem derartigen Wettbewerbsvorteil der französischen Industrie hätte kommen können. [...] Im übrigen gingen wir davon aus, daß die Frage, ob mit der Genehmigung des Verkaufs eines Kernkraftwerks an China zu rechnen sei (COCOM), gegebenenfalls noch weiterer Klärung bedürfe." Vgl. VS-Bd. 9338 (422); B 150, Aktenkopien 1978.

[14] Vgl. dazu Resolution Nr. 418 des UNO-Sicherheitsrats vom 4. November 1977; UNITED NATIONS RESOLUTIONS, Serie II, Bd. X, S. 41 f.

189

Gespräch des Bundesministers Genscher
mit Ministerpräsident Fraser

341-321.10 AUS 16. Juni 1978[1]

1) Gespräch begann um 10.15.[2] Anwesend waren auf australischer Seite Ministerpräsident Fraser, Botschafter Loveday, StS Yeend, StS Parkinson, Herr Holdich (als Protokollführer), auf deutscher Seite Bundesminister Genscher, MD Meyer-Landrut und Botschafter Blomeyer.

2) Nach der Begrüßung sprach sich der *Ministerpräsident* auf eine Frage des Bundesministers über die Antwort der Kommission auf das Howard-Memorandum[3] aus.[4] Es habe sich um keine wirkliche Antwort gehandelt, sie sei inadäquat und zudem nur mündlich gewesen. Nach Abschluß der MTN[5], in etwa fünf Wochen, werde man sehen, was die Zusagen von Herrn Jenkins wert seien. Australien sei skeptisch. Herrn Jenkins sei erklärt worden, daß Australien gegebenenfalls die Gesamtheit seiner Wirtschaftsbeziehungen zu Europa überprüfen werde.[6] Die Gemeinschaft dehne ihre protektionistische Politik immer weiter aus. 1977 sei eine Regelung für den Wein eingeführt worden, die gegen australische Weinimporte gerichtet sei und diese bereits empfindlich getroffen habe. Australien könne die gleichen Bestimmungen einführen und damit den Import vornehmlich französischer Weine praktisch ausschalten.

Der *Bundesminister* meinte, wenn man in Brüssel keine Antwort gegeben habe, so könne das gewesen sein, um eine schlechte Antwort zu vermeiden. Wir müßten nicht von dem negativen Charakter des Protektionismus überzeugt werden. Er habe selbst kürzlich in Paris vor der OECD darauf hingewiesen, wie gefährlich es sei, wenn sich die Staaten gegenseitig mit Handelsbeschränkungen bekriegten.[7]

Herr *Fraser* äußerte sich besorgt über das Ergebnis der MTN. Er hielt die Durchschlagskraft tarifärer Maßnahmen für sehr begrenzt. Er sei auch besorgt wegen britischer und französischer Wünsche nach selective (er nannte sie „dis-

---

[1] Die Gesprächsaufzeichnung wurde von Botschafter Blomeyer-Bartenstein, z. Z. Bonn, am 19. Juni 1978 gefertigt.

[2] Ministerpräsident Fraser hielt sich am 15./16. Juni 1978 in der Bundesrepublik auf.

[3] Zum Memorandum der australischen Regierung vom Oktober 1977 vgl. Dok. 181, Anm. 15.

[4] Zu den Gesprächen zwischen der EG-Kommission und der australischen Regierung am 8./9. Juni 1978 in Brüssel vgl. Dok. 181, Anm. 17.

[5] Zu den GATT-Verhandlungen vgl. Dok. 181.

[6] In der Presse wurde berichtet, Australien erwäge Sanktionen gegen Lieferungen aus den Europäischen Gemeinschaften: „Die australische Regierung reagiert damit auf den abschlägigen Bescheid, den sie vor wenigen Tagen in Brüssel auf ihren 25-Punkte-Katalog mit Vorschlägen erhalten hat, die einen besseren Zugang australischer Agrarprodukte zu den europäischen Märkten öffnen sollten." Vgl. den Artikel „Canberra erwägt ‚Sanktionen' gegen die Europäische Gemeinschaft; FRANKFURTER ALLGEMEINE ZEITUNG vom 13. Juni 1978, S. 5.

[7] Am 14./15. Juni 1978 fand in Paris die Tagung des OECD-Rats statt. Für den Wortlaut der Rede des Bundesministers Genscher am 14. Juni 1978 in Paris vgl. BULLETIN 1978, S. 610–612.

crimination") safeguards.[8] Sie seien höchst gefährlich und „ill-conceived" und könnten zu einer Welthandelssituation wie 1930 führen.

Der *Bundesminister* erwiderte, er habe selbst in Paris auf das schlechte Beispiel dieser Jahre hingewiesen. Ein offener Welthandel könne nicht nur unter Industrienationen stattfinden, es gelte auch, die anderen Länder in ihn zu integrieren. Hierbei gebe es Strukturprobleme für die Industriestaaten, deren eigene Strukturen nicht alle erhalten werden könnten. Hier komme es auf Anpassungsfähigkeit und Führung an. Mehr australische Flexibilität gegenüber EG-Experten in der Tokio-Runde würde übrigens auch bei der EG (auf die[9] die australische Haltung z.T. eine negative Wirkung gehabt habe) zu größerer eigener Flexibilität führen. Die Bundesregierung brauche Argumente, um unseren Partnern unsere bewegliche Position verständlich zu machen.

Herr *Fraser* fragte, wo Australien flexibel sein solle. In den Vorschlägen für Tokio stecke viel für den Handel mit der EG und Japan. Er sehe die Gefahr, daß die Verhandlungen zusammenbrächen und zum Protektionismus zurückgekehrt werde (GB/USA/Frankreich).

Der *Bundesminister* wies darauf hin, daß zumindest für Frankreich die Lage anders sei. R. Barre sei für eine starke Liberalisierung der Wirtschafts- und Außenhandelspolitik. Der möglichen Reaktion in England seien wir uns wohl bewußt. Es sehe jedoch nicht so aus, als stehe ein Rückfall in den Protektionismus bevor. Er sei gemäßigt optimistisch. Die deutsche Wirtschaftspolitik werde jedenfalls nicht geändert werden. Die Vorbereitungen des Gipfels[10] gäben Anlaß zu einer positiven Beurteilung.

Der Minister verwies auf den weitgehenden innenpolitischen Wert eines Gipfels. Carter könnte sich bei dieser Gelegenheit z.B. internationale Unterstützung für die Durchsetzung seines Energieprogramms[11] holen.

---

[8] In einer gemeinsamen Aufzeichnung des Auswärtigen Amts und des Bundesministeriums für Wirtschaft vom 29. Mai 1978 hieß es, Artikel XIX des Allgemeinen Zoll- und Handelsabkommens vom 30. Oktober 1947 verpflichte zu einer nicht-diskriminierenden, alle Vertragspartner treffenden Anwendung von Schutzmaßnahmen: „Diese Ausgestaltung hat sich als Damm gegen eine leichtfertige Anwendung von Schutzmaßnahmen ausgewirkt, auf der anderen Seite aber auch Umgehungen gefördert (Abschluß ‚freiwilliger' Selbstbeschränkungsabkommen mit dem Störer). Wir haben uns in der EG von Anfang an der dezidierten Forderung unserer EG-Partner nach künftiger selektiver [...] Ausgestaltung der Schutzklauselregelung gegenübergesehen." Um den Verhandlungserfolg nicht zu gefährden, habe die Bundesregierung dem zugestimmt, im Gegenzug aber den Abbau bestehender Beschränkungen und eindeutige Kriterien für eine internationale Überwachung gefordert. Ziel sei, einen Mißbrauch der künftigen selektiven Anwendungen zu verhindern. Vgl. Referat 341, Bd. 107456.

[9] Korrigiert aus: „auf den".

[10] Zum Weltwirtschaftsgipfel am 16./17. Juli 1978 vgl. Dok. 225.

[11] Zum „Nationalen Energieplan" des Präsidenten Carter vom 20. April 1977 vgl. Dok. 148, Anm. 21. Gesandter Hansen, Washington, informierte am 17. Juni 1978, der Vermittlungsausschuß zwischen Senat und Repräsentantenhaus habe sich über vier Teile des Plans einigen können, nämlich auf Energieeinsparungen, die Umstellung der Industrie auf Kohle, eine Stromtarifreform sowie die Gestaltung der Erdgaspreise. Dagegen sei der fünfte Teil über die steuerlichen Aspekte noch nicht behandelt worden, weil sich hier Widerstände andeuteten. Die amerikanische Regierung habe entgegen ihrer ursprünglichen Absicht nun einer Aufschnürung des Reformpakets zugestimmt, um hinsichtlich des Erdgases einen Kompromiß zu ermöglichen. Es erscheine aber „völlig offen, ob und wann der Senat und danach das Repräsentantenhaus ihre Beratungen des ‚Rumpfprogramms' abschließen werden". Vgl. den Drahtbericht Nr. 2266; Referat 405, Bd. 121279.

Herr *Fraser* äußerte sich besorgt über das Auf und Ab der Währungsschwankungen, allerdings[12] zögen jetzt Großbritannien und die Vereinigten Staaten die Zügel wieder an. Er hoffe, daß diese beiden Länder mehr für die Ausweitung der internationalen Märkte täten. Der Bonner Gipfel könne zu einem guten Ergebnis führen und die MTN günstig beeinflussen. Er könne aber auch umgekehrt wirken. Die nächsten zwei bis drei Monate könnten das Muster für das Verhalten der Staaten in den nächsten Jahren werden.

Der *Bundesminister* stimmte darin zu, daß die künftigen Entscheidungen auf das Staats- und Wirtschaftssystem unserer Länder von großem Einfluß sein würden. In diesem Zusammenhang müsse auch der Beitritt Griechenlands, Spaniens und Portugals zum Gemeinsamen Markt gesehen werden.[13] Diese Länder könnten ihre selbstgefundene demokratische Form nur beibehalten in einem gesunden Wirtschaftsklima. Hier gehe es um eine Bewährungsprobe der westlichen Industrieländer. Die Bewältigung schwerer Aufgaben stünde vor uns:

1) Unsere eigene Wirtschaft wieder in Ordnung zu bringen,

2) die Rüstungsaufgaben, die uns durch die östliche Aufrüstung aufgezwungen würden und

3) die Herausforderung für den Rest des Jahrhunderts, nämlich der Nord-Süd-Ausgleich.

Schlüssel für die Lösung ist die wirtschaftliche Stabilität. Wichtig sei, daß wir in den nächsten Monaten die nötige Führungskraft hätten. Nur so könnten auch die Probleme zwischen der Gemeinschaft und Australien einer Regelung zugeführt werden. Wir hofften, daß wir während unserer Präsidentschaft[14] einen nützlichen Beitrag hierzu leisten könnten.

Herr *Fraser* erkundigte sich, ob wir spezielle Vorschläge für das australische Vorgehen in Tokio hätten.

Der *Bundesminister* antwortete, daß es auf eine konstruktive Haltung Australiens in Tokio ankomme und daß auch wohl die Einfuhr technischer Erzeugnisse nach Australien geächtet werden könne. Auf Rückfrage von Herrn Fraser gab er das Stichwort Kraftfahrzeuge.

Der *australische Ministerpräsident* verglich noch einmal die nicht-tarifären und tarifären Einfuhrbeschränkungen in[15] Australien mit denjenigen des Gemeinsamen Marktes und erklärte, daß die Gemeinschaft die Stärke der australischen Entschlossenheit nicht unterbewerten sollte.

Der *Bundesminister* sagte, daß während der deutschen Präsidentschaft die beiden Länder einen noch engeren Kontakt als sonst über ihre Botschaften halten sollten, damit wir uns schnell über bestehende Hindernisse verständigen könnten.

---

[12] Korrigiert aus: „und allerdings".

[13] Zum Stand der Verhandlungen über einen EG-Beitritt Griechenlands vgl. Dok. 134, Anm. 3.
   Zum Stand der Verhandlungen über einen EG-Beitritt Portugals vgl. Dok. 156, Anm. 17, und Dok. 181.
   Zum Stand der Verhandlungen über einen EG-Beitritt Spaniens vgl. Dok. 8, Anm. 42.

[14] Die Bundesrepublik übernahm am 1. Juli 1978 die EG-Ratspräsidentschaft.

[15] Korrigiert aus: „mit".

Auf eine Frage des Bundesministers berichtete Ministerpräsident *Fraser*, daß im Verhältnis zu ASEAN erhebliche Fortschritte gemacht worden seien. Das Eindringen der ASEAN-Staaten in den australischen Markt sei oft beinahe schmerzhaft. Das wirtschaftliche take-off der Entwicklungsländer führe häufig zu außerordentlichen Entwicklungen und zu einer Ausdehnung der Weltmärkte.

Der *Bundesminister* sagte abschließend, daß wir der Aktivierung von ASEAN große Bedeutung beimessen. Der Common Fund[16] sei für uns kein solches Schreckenswort, wie es der Ministerpräsident gelegentlich angedeutet habe.[17] Es komme uns auf den Inhalt an. Wir wünschten keine riesige Bürokratie. Sachlich hätten wir uns schon längst zum Fonds bekannt.

Referat 341, Bd. 107456

---

[16] Zum Projekt eines Gemeinsamen Fonds vgl. Dok. 121, Anm. 25.
Ministerialdirektor Lautenschlager legte am 12. Juni 1978 dar, am 18./19. Mai 1978 habe in Genf ein informelles Treffen des UNCTAD-Generalsekretärs Corea mit Vertretern von Industrie- und Entwicklungsländern stattgefunden, auf dem Corea ein Papier präsentiert habe, „das einen Kompromiß zwischen IL- und EL-Positionen versucht: Für das erste Fenster wird ein Direktbeitrag von 500 Mio. Dollar an den G[emeinsamen] F[onds] und ein Poolsystem vorgeschlagen, das zu 25% aus Bareinlagen der Einzelabkommen und zu 75% aus direktem Abrufkapital bestehen würde. Für das zweite Fenster ist neben einer Koordinierungsfunktion die Finanzierung ‚anderer Maßnahmen' in einer Größenordnung von 200 bis 300 Mio. US-Dollar vorgesehen. Nach Mitteilung des deutschen Teilnehmers, MDg Dr. Müller-Thuns, ergab die Diskussion, daß alle Vertreter der IL zumindest die Bereitschaft zur Prüfung direkter Beiträge erklärten, aber die Höhe der Bareinlagen der Abkommen (25%) für zu niedrig hielten. [...] Die Vertreter der EL äußerten sich nur sehr vorsichtig zu der Tendenz des Papiers." Corea werde auf der nächsten Sitzung einen überarbeiteten und erweiterten Entwurf vorlegen. Vgl. Referat 402, Bd. 122161.
Staatssekretär Hermes notierte am 16. Juni 1978, er habe am Vortag an einem kurzfristig einberufenen Treffen mit den Außenministern Jamieson (Kanada), Peacock (Australien) und Vance (USA) sowie dem britischen Handelsminister Dell und dem Abteilungsleiter im französischen Außenministerium, Froment-Meurice, in Paris teilgenommen: „Übereinstimmung bestand dabei darüber, daß der C[ommon] F[und] ökonomisch fragwürdig sei (Kanada und Australien etwas positiver), er aber als Politikum ersten Ranges der 77 nicht mehr aus der Welt zu schaffen sei. [...] Ich habe unterstrichen, daß die Bundesregierung den wirtschaftlichen Wert des CF und auch den Nutzeffekt für die EL unverändert für gering halte. U. E. sei es wichtig, daß die Verhandlungen über die einzelnen Rohstoffabkommen vorankämen. Ohne funktionsfähige Einzelabkommen bleibe der CF ein leerer Rahmen." Die Teilnehmer hätten darin übereingestimmt, daß der Schwerpunkt der Beratungen nunmehr institutionelle Fragen sein sollten. Die Industriestaaten sollten für das am 26. Juni 1978 vorgesehene Treffen mit Corea eine gemeinsame Position ausarbeiten: „Corea soll nachdrücklich aufgefordert werden, unverzüglich für eine Verhandlungsposition der 77 zu sorgen. Die Verhandlungen über die einzelnen Rohstoffabkommen sind parallel zu den CF-Beratungen zügig fortzusetzen." Vgl. Referat 402, Bd. 122161.

[17] Botschaftsrat I. Klasse Gescher, Canberra, berichtete am 1. Juni 1978, während in den meisten politischen Fragen zwischen der Bundesrepublik und Australien Übereinstimmung bestehe, würden die Auffassungen hinsichtlich der GATT-Verhandlungen und der Rolle der Europäischen Gemeinschaften in der Weltwirtschaft „am weitesten auseinanderliegen". Aus australischer Sicht sei „die EG [...] im Welthandel am meisten nach innen gerichtet. Sie versuche, die Umstrukturierung der Wirtschaft ihrer Mitgliedsländer auf Kosten der Exporteure landwirtschaftlicher Erzeugnisse und der Entwicklungsländer aufzuhalten." Gescher ergänzte, diese Vorstellungen würden von Ministerpräsident Fraser „ehrlich geteilt [...]. Sonst kann man sich nicht erklären, warum er immer wieder versucht, die ASEAN-Länder gegen die EG aufzuhetzen und mit ihnen eine Interessengemeinschaft gegen die EG zu bilden. Diese falsche Auffassung geistert in vielen amtlichen Aufzeichnung für die australische Regierung herum." Vgl. den Schriftbericht Nr. 536; Referat 341, Bd. 107456.

190

Gespräch des Bundeskanzlers Schmidt
mit Ministerpräsident Andreotti in Hamburg

105-39.A/78 VS-vertraulich 17. Juni 1978[1]

Vier-Augen-Gespräch zwischen dem Bundeskanzler und dem italienischen Ministerpräsidenten Andreotti im Wohnhaus des Bundeskanzlers, Hamburg-Langenhorn, am 17.6.1978 um 15.30 Uhr;
hier: Dolmetscheraufzeichnung

Der *Bundeskanzler* sprach zunächst die Hoffnung aus, daß der Besuch in Hamburg Andreotti wegen der jüngsten Ereignisse in Italien nicht ungelegen komme. Andererseits scheine es ihm im Hinblick auf die öffentliche Meinung in der Welt ganz gut, wenn die Regierungschefs ihre Geschäfte normal abwickelten und sich durch außergewöhnliche Geschehnisse nicht behindern ließen.

Andreotti unterstrich, daß der Besuch beim Bundeskanzler für ihn „absolute Priorität" besitze. Durch die „Moro-Krise"[2] sei in Italien die Durchführung des Wirtschaftsprogramms zwar etwas verlangsamt worden, doch solle nach dem Rücktritt Leones[3] die Regierungstätigkeit anläßlich der Wahl des neuen Staatspräsidenten nur am Wahltag selbst ruhen, sonst aber weder vorher noch nachher beeinträchtigt werden.

Auf die Frage des *Bundeskanzlers*, ob die Präsidentenwahl schnell vollzogen werden könne, antwortete *Andreotti*, es sei schwer, schon jetzt etwas darüber zu sagen; die Rücktrittsentscheidung sei sehr plötzlich getroffen worden, und es gebe noch keine Absprachen im Hinblick auf den Wahltermin am 29. Juni. Bei früheren Gelegenheiten sei die Wahl zum Staatspräsidenten nie sehr schnell über die Bühne gegangen, sondern habe bis zu 20 und 25 Wahlgänge gefordert. Falls Moro noch am Leben wäre, wäre er der unbestrittene Kandidat der Democrazia Cristiana gewesen. Er – Andreotti – halte es unter den jetzigen Umständen für möglich, daß auch ein Kandidat aus einer anderen Partei die Zustimmung erhalten könnte. Bisher habe die DC noch keinen Vorschlag ge-

---

[1] Ablichtung.
Die Gesprächsaufzeichnung wurde von Vortragender Legationsrätin Bouverat am 20. Juni 1978 gefertigt und von Vortragendem Legationsrat I. Klasse Zeller, Bundeskanzleramt, am 27. Juni 1978 „vorbehaltlich der Zustimmung des Herrn Bundeskanzlers" an Vortragenden Legationsrat I. Klasse Schönfeld übermittelt.
Hat Legationssekretär Scharioth am 27. Juni 1978 vorgelegen, der die Weiterleitung an Ministerialdirektor Blech verfügte.
Hat Vortragendem Legationsrat I. Klasse Lewalter am 30. Juni und 3. Juli 1978 erneut vorgelegen. Vgl. das Begleitschreiben; VS-Bd. 14071 (010); B 150, Aktenkopien 1978.

[2] Zur Entführung des Vorsitzenden der Democrazia Cristiana, Moro, am 16. März und seiner Ermordung am 9. Mai 1978 vgl. Dok. 165, Anm. 24.

[3] Staatspräsident Leone trat am 15. Juni 1978 von seinem Amt zurück. In der Presse wurde berichtet, daß nur der Zeitpunkt überrascht habe, da die Amtsperiode ohnehin Ende 1978 ausgelaufen wäre: „Doch seit langem war es mit dem Ansehen des Präsidenten nicht zum besten bestellt. Der Lockheed-Skandal, der mit Bestechungen geförderte Ankauf amerikanischer Militärflugzeuge durch die italienischen Streitkräfte, hatte auch Giovanni Leone und seine Familie berührt." Vgl. den Artikel „Die Suche nach einem Nachfolger Leones schafft Zwietracht"; FRANKFURTER ALLGEMEINE ZEITUNG vom 19. Juni 1978, S. 1 f.

macht; die Partei stehe vor einem „ziemlich delikaten Problem": Sie müsse versuchen, sich mit den ihr am nächsten stehenden Parteien (Sozialisten, Sozialdemokraten) abzustimmen; andererseits würden die Sozialisten aus taktischen Gründen sicherlich einen eigenen Kandidaten präsentieren. Man wisse aber noch nicht, wen. Möglicherweise werde der Abgeordnete Giolitti erst einmal im Hinblick auf die Verhandlungen benannt. Praktisch liege die Entscheidung bei den Christdemokraten und den Sozialisten. Es komme nun darauf an, ob die Sozialisten versuchten, einen eigenen Kandidaten auch durchzubringen.[4]

Der *Bundeskanzler* stellte die Frage, warum in Italien die Präsidentenwahl so heiß umstritten sei, da er meine, daß der Staatspräsident keine eigentliche politische Macht ausübe.

Andreotti erläuterte, der Staatspräsident habe in Italien zwar praktisch keine eigenen Befugnisse, wenn er auch das Recht habe, das Parlament aufzulösen und die Verfassungsrichter ebenso wie die Senatoren auf Lebenszeit zu ernennen. Handle es sich jedoch um eine „hervorragende Persönlichkeit", so zähle er durchaus im politischen Leben.

In diesem Zusammenhang fragte der *Bundeskanzler*, ob der Staatspräsident, falls er eine starke Persönlichkeit sei – etwa der Sozialdemokrat Saragat oder der Christdemokrat Leone –, dann als Mann seiner Partei gelte oder ob er im Amt Distanz zu seiner Partei schaffe?

Andreotti antwortete, dies hänge vom Einzelfall ab: Saragat besitze innerhalb seiner Partei eine große Autorität und habe daher auch im Präsidentenamt als Exponent seiner Partei gegolten, Leone dagegen habe als Parteimann nie eine wichtige Rolle in der DC gespielt. Leone sei in letzter Zeit einer starken Polemik ausgesetzt gewesen, besonders seitens der radikalen Wochenzeitschrift „L'Espresso". In vielen Fällen seien die Vorwürfe ungerechtfertigt. Besonders habe ihm die Freundschaft zu dem Universitätsprofessor Lefebvre geschadet, gegen den zur Zeit ein Prozeß laufe. Er selbst (Leone) habe mit den gegen diesen vorgebrachten Anschuldigungen „absolut nichts zu tun", sei aber „in einem Zustand der Emotion" nicht in der Lage gewesen, es zu widerlegen.

Auf die Frage des *Bundeskanzlers*, ob Leone vor Gericht gebracht werde, erwiderte *Andreotti*, dies wisse er nicht; vermutlich werde es aber nicht geschehen, wenn sich sämtliche Beschuldigungen als nicht stichhaltig erwiesen. Insbesondere sei Leone vorgeworfen worden, er habe nicht genug Steuern gezahlt. Im Präsidentenamt treffe dies sicherlich nicht zu, und was in der Zeit vor seinem Amtsantritt geschehen sei, sei inzwischen verjährt. Vorgestern habe er (Andreotti) Leone gesehen; als festgestellt worden sei, daß sich die Dinge nicht sofort in Ordnung bringen ließen, habe er ihm zum Rücktritt geraten, damit sich die Kampagne nicht monatelang hinziehe.

Der *Bundeskanzler* bemerkte, in der Bundesrepublik fänden im Mai 1979 Bundespräsidentenwahlen statt.[5] Zur Zeit gebe es in der Wahlversammlung eine klare Mehrheit der CDU. Es sei zu entscheiden, ob ein CDU-Präsident gewählt oder ob der jetzige Präsident – „ein Liberaler, der sehr gut sei" – wiederge-

---

[4] Am 8. Juli 1978 wurde das Mitglied des italienischen Parlaments, Pertini (PSI), im 16. Wahlgang zum Staatspräsidenten gewählt.

[5] Am 23. Mai 1979 wurde der CDU-Abgeordnete Carstens zum Bundespräsidenten gewählt.

wählt werde. Die SPD habe bereits erklärt, daß sie Bundespräsident Scheel gerne wiederwählen würde. Heute habe Scheel übrigens „die beste Rede seines Lebens" auf der Feier zur Erinnerung an den 17. Juni 1953 gehalten. Es sei eine sehr nachdenkliche Rede gewesen, die ihn (BK) tief beeindruckt habe. Scheel habe versucht, einen Unterschied zwischen „Deutschland" und der alten Idee des „Reiches" zu machen. Dabei habe er den Reichsgedanken geschichtlich ad absurdum geführt und die Gefahren bloßgelegt, die dem deutschen Volkscharakter durch ein übertriebenes Streben nach Harmonie entstanden seien, wenn zur Erreichung der Ziele obrigkeitliche Gewalt eingesetzt worden sei.[6]

Er (BK) habe sich schon häufig die ernste Frage gestellt, ob Grund bestehe, einen Tag zu feiern, an dem der Freiheitswille der Menschen in der DDR durch Gewalt von oben erstickt worden sei. Die deutsche Teilung könne offensichtlich nicht ohne Zustimmung der Sowjetunion überwunden werden; daher müsse man darauf hinwirken, im Laufe der Zeit eine Lage zu schaffen, in der die Sowjetunion auch unter Berücksichtigung der eigenen Interessen bereit sei, ihre Zustimmung zu erteilen. Den Deutschen heute müsse klargemacht werden, daß es über den allgemeinen Friedenswillen hinaus eine besondere deutsche Notwendigkeit für eine Entspannungspolitik gebe. Damit komme er (BK) zu einem ersten Thema, über das er sich gerne mit Andreotti unterhalten würde: die Entwicklung der Beziehungen zur Sowjetunion und den Breschnew-Besuch in der Bundesrepublik.[7]

Der Bundeskanzler stellt sodann die Frage, welche Punkte Andreotti behandelt sehen möchte.

Andreotti schlug vor, etwas über die Vorbereitung des Europäischen Rats in Bremen[8] zu sagen. Ferner würde er es begrüßen, wenn der Bundeskanzler ihm einige direkte Informationen über die deutschen Maßnahmen zur Bekämpfung der Arbeitslosigkeit gäbe. Im Zusammenhang mit dem Bremer Gipfel möchte er sich ferner über die Zusammenarbeit zwischen den Währungsbehörden unterhalten und dann ganz kurz die politischen Gründe erläutern, aus denen Italien gerne in Bremen auch über die Agrarpolitik sprechen möchte (s. sein Schreiben an den BK[9]).

Auf die Frage des *Bundeskanzlers*, welche dieser Themen ohne Mitarbeiter erörtert werden sollten, antwortete *Andreotti*, je mehr Punkte direkt zwischen den beiden Gesprächspartnern besprochen würden, desto besser sei es.

---

[6] Für den Wortlaut der Rede des Bundespräsidenten Scheel am 17. Juni 1978 im Bundestag vgl. BULLETIN 1978, S. 625–629.

[7] Der Generalsekretär des ZK der KPdSU, Breschnew, besuchte die Bundesrepublik vom 4. bis 7. Mai 1978. Vgl. dazu Dok. 135, Dok. 136, Dok. 142 und Dok. 143.

[8] Zur Tagung des Europäischen Rats am 6./7. Juli 1978 vgl. Dok. 216.

[9] Am 29. Mai 1978 teilte das Bundesministerium für Ernährung, Landwirtschaft und Forsten zum Schreiben des Ministerpräsidenten Andreotti vom 18. Mai 1978 an Bundeskanzler Schmidt mit: „Der italienische Ministerpräsident Andreotti stellt in seinem [...] Schreiben fest, das Mittelmeerpaket stelle zwar einen ‚ersten Schritt' zur Wiederherstellung des Gleichgewichts der Gemeinschafts-Agrarpolitik dar, doch genüge es nicht, nur dieses Ziel zu erreichen. Er spricht von der ‚Verpflichtung (des Rats), bis zum 30. September 1978 positiv über die verbliebenen strukturellen Maßnahmen des Mittelmeerpakets (Aufforstung, Beratung) zu entscheiden' und fordert darüber hinaus neue Maßnahmen zur Begrenzung der Überschüsse ‚nördlicher' Produkte sowie eine Verbesserung der Gemeinschaftspräferenz für Mittelmeererzeugnisse." Vgl. das Rundschreiben; B 201 (Referat 411), Bd. 515.

Es wurde beschlossen, zunächst über den Breschnew-Besuch zu sprechen. Zur Person des sowjetischen Generalsekretärs führte der *Bundeskanzler* aus, er sei „erstaunlich gealtert und gesundheitlich schwer gehandicapped". Es sei für seine Ärzte und ihn selbst sicher keine leichte Entscheidung gewesen, eine viertägige Reise in ein fremdes Land zu unternehmen. Ständig sei ein Arzt in Breschnews Nähe gewesen. Er (BK) schließe daraus, Breschnew liege die Entspannung so sehr am Herzen, daß er sie, bevor er abtrete, noch befestigt sehen wolle. Offensichtlich besitze er eine sehr starke menschliche Autorität über seine Mitarbeiter, auch über Gromyko. Für die politischen Gespräche sei er aber auf Papiere angewiesen. Werde ein Punkt angeschnitten, der in den vorbereiteten Papieren nicht behandelt worden sei, so würden ihm Zettel hingeschoben, auf die er sich beim Sprechen stütze. Die ohne Zettel geführten privaten Gespräche blieben sehr allgemein gehalten. Breschnew habe offensichtlich nicht mehr alle Zusammenhänge deutlich im Kopf.

Breschnew sei sehr interessiert daran, Carter zu treffen, und hoffe, daß er mit seiner (Breschnews) Entspannungsbereitschaft Eindruck auf Carter machen werde. Sein Politbüro rate ihm aber, zur Vermeidung von Enttäuschungen ein solches Treffen mit Carter erst abzuhalten, wenn SALT II unterschriftsreif sei. Carter wiederum habe mehrmals seine Absicht bekundet, Breschnew mit seinem Entspannungswillen zu beeindrucken, aber seine Berater – besonders Brzezinski – rieten ihm ebenfalls abzuwarten, bis SALT II unterschriftsreif sei.

Er (BK) habe Breschnew gesagt, die Aussichten für eine Ratifizierung von SALT II[10] seien um so kleiner, als sich die Aggressionspolitik am Horn von Afrika und die kriegerische Politik Angolas verstärkten. Carter sehe sich gezwungen, die Sowjetunion und Kuba öffentlich anzuprangern, obwohl er SALT II anstrebe. Zu seinen (BKs) ausführlichen Darlegungen über Afrika hätten die Sowjets geschwiegen; auch Gromyko habe den sowjetischen Standpunkt nicht verteidigt, sondern nur stillschweigend zugehört.

Der Bundeskanzler verwies in diesem Zusammenhang auf die zum Abschluß des Breschnew-Besuchs in der Bundesrepublik veröffentlichte „Gemeinsame Erklärung", wonach der Entspannungsprozeß „in allen Teilen der Welt" – und nicht nur in Europa – auszubauen sei.[11] Er habe den Russen gesagt, dies beziehe sich auch auf Afrika; auch hierzu hätten sie geschwiegen.

Die Atmosphäre der Gespräche sei „ungewöhnlich offenherzig und im Ton nicht feindselig" gewesen. Er (BK) habe Breschnew bisher insgesamt viermal getroffen und habe dreimal längere Gespräche mit ihm geführt.[12] Das vorletzte Mal habe er in Helsinki heftig mit ihm gestritten, und es sei zu einem „Riesen-

---

[10] Zu den Aussichten für eine Ratifizierung eines SALT-II-Abkommens im amerikanischen Senat vgl. Dok. 187, Anm. 8.
[11] Für den Wortlaut der Gemeinsamen Deklaration vom 6. Mai 1978 anläßlich des Besuchs des Generalsekretärs des ZK der KPdSU, Breschnew, vom 4. bis 7. Mai 1978 in der Bundesrepublik vgl. BULLETIN 1978, S. 429 f.
[12] Helmut Schmidt traf während des Besuchs des Generalsekretärs des ZK der KPdSU vom 18. bis 22. Mai 1973 in der Bundesrepublik mit Breschnew zusammen. Vgl. dazu SCHMIDT, Menschen, S. 18–20.
Schmidt hielt sich vom 28. bis 31. Oktober 1974 in der UdSSR auf. Für die Gespräche mit Breschnew vgl. AAPD 1974, II, Dok. 309, Dok. 311, Dok. 314 und Dok. 315.
Für das deutsch-sowjetische Regierungsgespräch am 31. Juli 1975 in Helsinki vgl. AAPD 1975, II, Dok. 234.

krach" mit Gromyko gekommen. Diesmal seien die Privatgespräche „eher herzlich" verlaufen. In der politischen Diskussion habe er (BK) nichts vorenthalten und seinen Gesprächspartner nicht geschont.

Breschnew habe ihm vorgeworfen, die Bundeswehr sei zu stark und die Bundesregierung verändere den Status von Berlin. Er (BK) habe beide Vorwürfe zurückgewiesen und ihm seinerseits dessen Afrikapolitik und die sowjetische Überlegenheit auf dem Gebiet der Rüstung – Mittelstreckenraketen, Bomber, Panzer – vorgeworfen. Anhand statistischer Zahlen habe er ihm vorgehalten, die Russen hätten dreimal mehr Panzer in Mitteleuropa stationiert als die ganze NATO zusammen.

Auf die Frage *Andreottis*, ob Breschnew dies bestritten habe, erwiderte der *Bundeskanzler*, er habe die Zahlen gar nicht sehen wollen, „da er sie selber kenne".

Der Bundeskanzler führte weiter aus, nach dem Besuch Breschnews in der Bundesrepublik hätten die Sowjets bei den MBFR-Verhandlungen in Wien Vorschläge eingebracht[13], die man „nur als Fortschritt begrüßen" könne. Man habe in Bonn und in Hamburg lange über die MBFR geredet, und er habe in den sowjetischen Vorschlägen in Wien einiges aus den hiesigen Erörterungen wiedererkannt. Frage man sich nach den Motiven, so könnte man vermuten, daß die sowjetische Führung – trotz widerstreitender Positionen – Wert darauf lege, sich Deutschland gegenüber freundschaftlich zu benehmen.

Er (BK) glaube, daß zwei Motive für eine „relativ entgegenkommende Haltung" maßgeblich sein könnten: Erstens der ganz echte, in den vergangenen fünf Jahren immer wieder zum Ausdruck gebrachte persönliche Vorsatz Breschnews, einen Krieg unmöglich zu machen. Der zweite Grund sei sicherlich eine „kalte weltpolitische Kalkulation". Das Verhältnis zwischen der Sowjetunion und den USA sei undurchsichtig. Die Russen würden aus Carter und seiner zukünftigen Politik nicht klug und fürchteten eine Verschärfung der bereits bestehenden Schwierigkeiten. Für Moskau sei Carter zur Zeit eine „nicht kalkulierbare Größe". Man fürchte ein Zusammengehen zwischen Carter und China, das als noch weniger kalkulierbar gelte. Man sehe mit Besorgnis und sehr argwöhnisch auf das Bemühen Hua Kuo-fengs und Teng Hsiao-pings um eine Kooperation mit den USA, Frankreich und England. Über die chinesischen Beziehungen zu diesen drei Ländern habe er (BK) lange mit Breschnew gesprochen. Dieser habe besonders Großbritannien und Frankreich wegen der bevorstehenden Waffenlieferungen an China[14] angeklagt. Auch ihn (BK) habe er – völlig zu Unrecht – angeblicher militärischer Beziehungen zu China beschuldigt.

Er (BK) schließe daraus, daß Rußland aus Sorge vor der unkalkulierbaren Politik der USA ein entspannteres Verhältnis zur Bundesrepublik und anderen europäischen Ländern suche. Er vermute, daß diese Politik fortgesetzt werde, solange Breschnew lebe. Bis zu seinem Tode werde er wohl Generalsekretär bleiben und als Symbol für Autorität in der Sowjetunion gelten, auch wenn er nicht selbst entscheide.

---

[13] Zu den Vorschlägen der an den MBFR-Verhandlungen teilnehmenden Warschauer-Pakt-Staaten vom 8. Juni 1978 vgl. Dok. 180.
[14] Zur Frage von Rüstungsexporten in die Volksrepublik China vgl. Dok. 196.

Über die deutsche Einstellung zu dieser Position der Sowjetunion erklärte der Bundeskanzler folgendes: Er sehe seine „Rolle als Folge der historischen Leistung Adenauers und Brandts". Adenauer habe in schwierigster Lage Deutschland nach dem Krieg in das Bündnis und die Freundschaft mit den westlichen Nationen geführt und die Verteidigung des deutschen Territoriums gegen die von der Sowjetunion ausgehende Gefahr ermöglicht. Brandt habe, gestützt auf diese Sicherheit, den Weg zur Ostpolitik geöffnet und Beziehungen zu dem ganzen kommunistischen Bereich begonnen, worin manche im Westen die Gefahr einer möglichen Schwächung der westlichen Bindungen der Bundesrepublik gesehen hätten. Adenauer habe also erfolgreich die deutsche Westpolitik eingeleitet und fortgesetzt, Brandt habe die Ostpolitik eröffnet. Er (Schmidt) sehe seit seiner Zeit als Verteidigungsminister Anfang der siebziger Jahre[15] und jetzt als Bundeskanzler seine Aufgabe darin, beides gleichzeitig langsam und schrittweise zur Konsolidierung des Friedens in Europa fortzusetzen. Ebenso gehe es ihm darum, das gegenseitige Verständnis und Vertrauen zu fördern, um eine allseitige Entspannung zu etablieren. In anderen Worten: Adenauer habe die Karte der Westpolitik, Brandt diejenige der Ostpolitik ausgespielt; er selbst bemühe sich, beide Karten im Spiel zu halten. Insofern sei er sehr zufrieden über seine Gespräche mit Breschnew.

Ministerpräsident *Andreotti* dankte für diese Informationen, an die er zwei Fragen anknüpfen möchte: Erstens, ob der Bundeskanzler die Gelegenheit gehabt habe, mit Breschnew über den Eurokommunismus und die Kommunisten in den westeuropäischen Ländern zu sprechen?

Der *Bundeskanzler* erwiderte, in Privatgesprächen habe er darüber gesprochen, jedoch nicht in den offiziellen politischen Verhandlungen. Ihm scheine, daß die kommunistischen Parteien in Westeuropa aus Moskauer Sicht als etwas sehr Unterschiedliches und nicht als „Eurokommunisten" betrachtet würden. Breschnew habe abfällige Bemerkungen über den Kommunismus auf der iberischen Halbinsel gemacht. Über Italien und Jugoslawien habe er nichts gesagt. Von den in Deutschland existierenden vier bis fünf kommunistischen Gruppen habe er nur über die in Moskau offiziell anerkannte DKP gesprochen.[16] Er (BK) habe die Vermutung, daß die verschiedenen geistigen und ideologischen Strömungen in den einzelnen europäischen kommunistischen Parteien Breschnew unbekannt seien. Er vermute aber, daß andere Personen in Moskau, wie z. B. Ponomarjow, sehr genau darüber Bescheid wüßten. Sicherlich habe man dort Gefühle der Verachtung und des Mißtrauens gegenüber den kommunistischen Gruppierungen, die sich auf China und auf Albanien berufen.

Andreotti stellte die weitere Frage, ob Breschnew zu den Abrüstungsvorschlägen Giscard d'Estaings[17] Stellung genommen habe, wobei er allerdings nicht genau wisse, ob diese vor oder nach dem Besuch Breschnews in der Bundesrepublik präsentiert worden seien.

---

15 Helmut Schmidt war von 1969 bis 1972 Bundesminister der Verteidigung.
16 Zu den Wahlen zum Bundestag am 3. Oktober 1976 waren die Deutsche Kommunistische Partei (DKP), die Gruppe Internationaler Marxisten (GIM), der Kommunistische Bund Westdeutschlands (KBW) und die Kommunistische Partei Deutschlands (Maoisten) zugelassen.
17 Zur französischen Abrüstungsinitiative vom 25. Januar 1978 vgl. Dok. 27.
  Zur Rede des Staatspräsidenten Giscard d'Estaing vor der UNO-Sondergeneralversammlung über Abrüstung am 25. Mai 1978 in New York vgl. Dok. 167, Anm. 13.

Der *Bundeskanzler* erwiderte, Giscard habe seinen Vorschlag zum ersten Mal im Februar, also vor dem Breschnew-Besuch, angekündigt und ihn später vor den Vereinten Nationen, nach dem Besuch, wiederholt. Breschnew habe darüber nicht gesprochen, ihm – dem BK – nur gesagt, er wisse, daß dieser sich Mühe um die MBFR in Wien mache, „er werde aber noch genug Schwierigkeiten mit Giscard" haben. Dies sei Breschnew offensichtlich bewußt gewesen. Bekanntlich habe Giscard kein richtiges Verständnis für die MBFR und halte sie für schädlich. Übrigens habe er (BK) Giscard einige Tage vor dem Washingtoner NATO-Gipfel[18] in New York gesehen und mit ihm – ähnlich wie mit Andreotti – über den Breschnew-Besuch gesprochen und ihm seine Sorgen über die sowjetischen Mittelstreckenraketen, Bomber usw. sehr drastisch geschildert. Giscard habe ihm geantwortet, sein Vorschlag zur allgemeinen europäischen Abrüstung reiche vom Atlantik bis zum Ural, einschließlich der USA, Kanada und der Sowjetunion, und umfasse also auch die Mittelstreckenraketen.[19] Allerdings weise der französische Außenminister dies in den Konsultationen von sich.[20] Es scheine auf französischer Seite kein klares Konzept für die Grauzone mit den Mittelstreckenraketen zu geben. Er (BK) halte dies für sehr gefährlich. Wenn die Russen nicht einseitig Abrüstungsmaßnahmen auf dem Gebiet der Mittelstreckenraketen vornähmen, sehe er voraus, daß die USA Anfang der achtziger Jahre als Gegengewicht die Cruise Missiles im Mittelmeerraum und in Mitteleuropa stationieren müßten. Es käme dann zu einer weiteren Umdrehung der Rüstungsspirale.

Andreotti sprach sein Bedauern darüber aus, daß es in den USA alle zwei Jahre Kongreßwahlen gebe[21], was den amerikanischen Präsidenten zu einer ständigen Rücksichtnahme auf die innerstaatliche öffentliche Meinung zwinge. Dies wirke sich beispielsweise auch auf die Nahostpolitik aus, die von Carter ebenfalls mit Blick auf die Innenpolitik betrieben werde.

Der *Bundeskanzler* bestätigte den Eindruck Andreottis und beklagte die Art, wie Sadat – der den „Nobelpreis für Tapferkeit" verdient habe[22] – von Carter behandelt werde.

Der Bundeskanzler verneinte Andreottis Frage, ob er Information über die jüngsten Entwicklungen im Nahen Osten besitze, und fragte, ob Andreotti Neueres über das Verhältnis Ghadafis zu Malta wisse.

Andreotti berichtete, in letzter Zeit schienen die Beziehungen zwischen Mintoff und Ghadafi weniger intensiv zu sein, möglicherweise hänge dies aber damit

---

[18] Zur NATO-Ratstagung auf der Ebene der Staats- und Regierungschefs am 30./31. Mai 1978 in Washington vgl. Dok. 170.

[19] Zum Gespräch des Bundeskanzlers Schmidt mit Staatspräsident Giscard d'Estaing am 26. Mai 1978 in New York vgl. Dok. 158, Anm. 12.

[20] Vgl. dazu das Gespräch des Bundeskanzlers Schmidt mit dem französischen Außenminister de Guiringaud am 29. Mai 1978 in Washington; Dok. 167.
Vgl. ferner die Äußerungen von de Guiringaud gegenüber Bundesminister Genscher am 13. Juni 1978 in Paris; Dok. 185.

[21] Am 8. November 1978 fanden in den USA Gouverneurswahlen, Wahlen zum Repräsentantenhaus und Teilwahlen zum Senat statt.

[22] Zur Friedensinitiative des Präsidenten Sadat vgl. Dok. 3, Anm. 7.

zusammen, daß Mintoff jetzt mit verschiedenen Ländern Abkommen zur Anerkennung seiner Neutralität abschließen wolle.[23]

Auf die Frage des *Bundeskanzlers*, ob man Malta bei der Anerkennung seiner Neutralität helfen solle, sagte *Andreotti*, er wisse, daß Verhandlungen zwischen dem Auswärtigen Amt der Bundesrepublik und Malta im Gange seien, wobei an ein Junktim zwischen Hilfeleistungen an Malta und eine Erklärung über dessen Neutralität gedacht worden sei. Er wisse nicht, ob sich diese Vorstellung inzwischen konsolidiert habe.

Der *Bundeskanzler* erwiderte, ihm sei nichts darüber bekannt, und sagte zu, daß er Andreotti zu einem späteren Zeitpunkt einen Hinweis geben werde.

Andreotti fügte hinzu, während der Moro-Krise, als dieser noch von den „Roten Brigaden" gefangengehalten wurde, habe Ghadafi – angeblich auf Weisung Titos – eine scharfe Erklärung gegen die italienischen Terroristen abgegeben.

Der *Bundeskanzler* verwies darauf, daß Jugoslawien allerdings zögere, einige deutsche Terroristen auszuliefern, die aufgrund deutscher kriminalpolizeilicher Hinweise in Zagreb festgenommen worden seien.[24] Andererseits habe er (BK) das – nicht durch Beweise verbürgte – Gefühl, daß es keine Terroristen in der Welt gebe, die nicht von Ghadafi finanziert würden.

Andreotti unterstrich, daß die italienische Regierung – als es 1973 zu einem Zwischenfall mit Palästinensern gekommen sei[25] – Beweise für eine Unterstützung der Täter durch Ghadafi erhalten habe. Ebenso sei nachgewiesen, daß der Überfall auf die israelische Olympiamannschaft in München[26] mit Hilfe Ghadafis durchgeführt worden sei.

---

[23] Zu den Bemühungen Maltas um die Anerkennung seiner Neutralität sowie den Gesprächen mit Libyen vgl. Dok. 215.

[24] Zur Frage der Auslieferung von in Jugoslawien inhaftierten Terroristen aus der Bundesrepublik vgl. Dok. 154.
Botschafter von Puttkamer, Belgrad, informierte am 5. Juni 1978 über ein Gespräch mit dem Unterstaatssekretär im jugoslawischen Außenministerium, Lončar, der ihm mitgeteilt habe, daß sich Jugoslawien „mit ‚einem wachsenden freundschaftlichen Druck konfrontiert" sähe, die Inhaftierten nicht auszuliefern: „Es sei auch nicht so einfach, daß Druck nur von drei arabischen Ländern käme. [...] Wir müssen das Problem vor Beginn der AM-Konferenz des Non-Alignment in Belgrad (Ende Juli d[ie]s[en] J[ahre]s gelöst haben, sonst ist es nicht mehr zu lösen." Vgl. den Drahtbericht Nr. 487; VS-Bd. 10978a (511); B 150, Aktenkopien 1978.
Am 6. Juni 1978 berichtete Puttkamer, der Sekretär des Exekutivbüros des Präsidium des BdKJ, Dolanč, habe erklärt, Jugoslawien sei weiter bereit, die vier deutschen Staatsbürger auszuliefern, es gebe aber „anwachsenden Druck ,von befreundeter Seite'". Auch im Hinblick auf die öffentliche Meinung müsse Jugoslawien etwas aufweisen können: „Es würde die Situation aber mit einem Schlage vereinfachen, wenn wenigstens ein oder zwei Personen, bei denen die rechtlichen Hindernisse nicht so groß sind, sofort überstellt werden könnten." Puttkamer äußerte dazu: „Der zweimal wiederholte Hinweis, daß gewissermaßen eine ,Ratenzahlung' hilfreich sein könnte, scheint mir die jug[oslawische] Bereitschaft zu signalisieren, nicht unbedingt an der Zahl von acht Auszuliefernden festhalten zu wollen." Vgl. den Drahtbericht Nr. 488; VS-Bd. 10798a (511); B 150, Aktenkopien 1978.

[25] Am 17. Dezember 1973 setzte eine Gruppe von Palästinensern ein Flugzeug der amerikanischen Fluggesellschaft Pan Am in Brand, wobei 29 Menschen ums Leben kamen. Anschließend entführten sie ein Flugzeug der Lufthansa über Athen, wo sie weitere Geiseln erschossen, nach Kuwait. Dort ergaben sich den Behörden. Vgl. dazu den Artikel „Neuer palästinensischer Terrorakt. Massenmord auf dem Flughafen Rom"; FRANKFURTER ALLGEMEINE ZEITUNG vom 18. Dezember 1973, S. 1 und 4.

[26] In den frühen Morgenstunden des 5. September 1972 drangen während der XX. Olympischen Sommerspiele in München acht Mitglieder des „Schwarzen September" in das Olympische Dorf ein und erschossen zwei Mitglieder der israelischen Olympiamannschaft. Weitere neun Israelis wur-

Der *Bundeskanzler* sagte dazu, er hielte es für gut, wenn Giscard seine im Europäischen Rat in Brüssel[27] vorgetragenen Ideen über die Schaffung einer einheitlichen Rechtssphäre zur Bekämpfung des Terrorismus im gesamten EG-Raum[28] weiterentwickeln würde.

Andreotti meinte, dieser Gedanke sollte in Bremen wieder aufgegriffen werden. Er habe aufgrund eines Sachverständigengutachtens vom italienischen Justizministerium grünes Licht für den Plan erhalten. In Italien gebe es nur „eine kleine verfassungsrechtliche Schwierigkeit", insofern als eine Auslieferung nicht möglich sei, wenn die Täter politische Ziele verfolgten.

Der *Bundeskanzler* betonte, dies sei gerade der entscheidende Punkt. Es sollte eine gemeinsame Erklärung zustande kommen, wonach politische Terroristen das Privileg, als politisch Verfolgte zu gelten, verlieren sollten, um ausgeliefert werden zu können. Er frage sich aber, ob das italienische, irische und französische Parlament einen solchen Vertrag ratifizieren würde.

Andreotti meinte, dies sei möglich, weil die einzige Schwierigkeit im Zusammenhang mit den Befreiungsbewegungen in den ehemaligen Kolonialländern zu sehen sei. In Europa spiele diese Frage aber keine Rolle; man sei – vielleicht mit Ausnahme Irlands – für eine Abschaffung des Terrorismus. Für Italien sehe er keine Schwierigkeiten.

Der *Bundeskanzler* sprach die Befürchtung aus, daß ein Ende des Terrorismus noch lange nicht in Sicht sei; es könnten auch noch weitere Politiker davon betroffen werden.

Andreotti stellte sodann die Frage, ob man von neuen Gesetzen in der Bundesrepublik wirksame Resultate erwarte.

Der *Bundeskanzler* erwiderte, er halte neue Gesetze für „völlig überflüssig und nicht hilfreich". Worauf es ankomme, sei eine effiziente Polizei, wirksame Ge-

---

Fortsetzung Fußnote von Seite 953

den als Geiseln genommen. In einem mehrfach verlängerten Ultimatum forderten die Terroristen die Freilassung von 200 in Israel inhaftierten Arabern. Die israelische Regierung lehnte dies ab. Nachdem die Kontaktaufnahme mit der ägyptischen Regierung erfolglos geblieben war, wurden die Terroristen sowie die Geiseln mit zwei Hubschraubern zum Flughafen Fürstenfeldbruck gebracht. Bei dem Versuch, die Geiseln zu befreien, wurden sämtliche Geiseln sowie ein Polizeibeamter und fünf Terroristen getötet. Vgl. ÜBERFALL, S. 24–28 und S. 46–49. Vgl. dazu ferner AAPD 1972, II, Dok. 256.

27 Zur Tagung des Europäischen Rats am 5./6. Dezember 1977 in Brüssel vgl. AAPD 1977, II, Dok. 357.

28 Referat 200 legte am 29. Juni 1978 dar: „Von französischer Seite ist die Schaffung eines europäischen Rechtsraums für Strafverfolgung unter den Neun angeregt worden. Für diese Vorschläge hat der französische Staatspräsident selbst im Rahmen des Europäischen Rats geworben. Frankreich hat zunächst den Vorentwurf für ein allgemeines Auslieferungsabkommen unterbreitet und diesen dann durch Vorschläge zu Vereinbarungen zu u. a. folgenden Gebieten erweitert: Verbesserung der sonstigen Rechtshilfe in Strafsachen; Ausgestaltung eines modernen Verfahrens zur Übertragung der Strafverfolgung auf einen anderen Staat; Erweiterung des Verfahrens zur Vollstreckung ausländischer Strafurteile; Erleichterung des Gefangenentransports innerhalb der neun Staaten. Die französischen Vorschläge sind von den Partnern als eine europapolitisch sinnvolle Initiative positiv aufgenommen worden. Von deutscher Seite haben wir auf höchster Ebene unsere aktive Mitarbeit zugesagt. Insbesondere der Entwurf für ein allgemeines Auslieferungsabkommen bedarf jedoch noch umfangreicherer Vorarbeiten, die geraume Zeit in Anspruch nehmen werden." Im Vorschlag für ein allgemeines Auslieferungsabkommen sei bei „schweren Straftaten" die Auslieferung oder Strafverfolgung vorgesehen: „Schwere Straftat' ist, unabhängig von der ihr zugrundeliegenden Motivierung, jede Straftat, die im Lande, das Auslieferung begehrt, und im Lande, von dem Auslieferung begehrt wird, mit mindestens fünf Jahren Freiheitsentzug bedroht ist." Vgl. Referat 200, Bd. 112906.

heimdienste und mutige Richter. Dies könne man nicht durch Gesetze erreichen. Er (BK) habe sich daher in Deutschland gegen strengere Gesetze ausgesprochen und sei bereit, nur soviel an neuen Gesetzen hinzunehmen, wie erforderlich sei, um die öffentliche Meinung weitgehend zu befriedigen. Die Opposition dagegen strebe schärfere Gesetze an, von denen er (BK) sich aber nichts verspreche als das Entstehen von Illusionen. Alle vier Wochen werde im Parlament über dieses Thema gestritten. Einer der Spitzenredner der Opposition habe ihm (BK) noch vor zwei Tagen vorgeworfen, er sei in diesen Dingen zu gelassen. Er habe geantwortet, er wünschte sich, „daß sich in Sachen der inneren Sicherheit ... sachlich begründetes Urteil, Zielstrebigkeit und Energie mit mehr Gelassenheit verbinden würden". Dann sei Gelassenheit kein „vorwerfbarer Tatbestand", sondern „eine Tugend".[29]

Andreotti erläuterte die jüngsten italienischen Antiterror-Gesetze, aufgrund derer die Polizeikräfte mit modernen, auch elektronischen, Geräten ausgerüstet werden sollen. Dies gelte ebenfalls für die Geheimdienste. Allerdings sei es schwierig, aus Terroristenkreisen Informationen zu erhalten. Die Polizei werde durch die neuen gesetzlichen Vorschriften auch befugt, Telefongespräche abzuhören, und zwar direkt auf Weisung des Innenministers, ohne – wie früher – die Ermächtigung durch einen Richter einholen zu müssen. Diese seien vom Volk in einem Referendum am vergangenen Sonntag[30] mit 70% der Stimmen gebilligt worden.

Der *Bundeskanzler* bemerkte, die italienischen Bestimmungen gingen weit über die deutschen Regelungen hinaus. Der Bonner Innenminister, ein „aufrechter, liberaler Mann" – was nicht gut mit dem Bild eines energischen Politikers zusammenpasse –, sei von seiner eigenen Partei zermürbt worden.[31]

Im Zusammenhang mit der Moro-Affäre verwies der Bundeskanzler darauf, daß eine Mailänder Zeitung die Vermutung ausgesprochen habe, es könne sich nur um ein deutsches Vorhaben gehandelt haben, da das Verbrechen so perfekt geplant und ausgeführt worden sei. Er (BK) frage sich, ob dies eine in Italien allgemein verbreitete Meinung sei, die eine „Spur von Rechtfertigung" aufweise, oder ob es sich nur um eine vereinzelte Meinungsäußerung handle.

Andreotti versicherte, daß es nicht eine verbreitete Meinung sei. Es gebe auch keine Elemente, die auf eine deutsche Beteiligung schließen ließen. Nur eine einzige Zeugin der Geschehnisse habe ausgesagt, die Personen, die die fünf Begleiter Moros erschossen hätten, hätten deutsch miteinander gesprochen. Auch ein italienischer Richter, der vor zwei Jahren entführt und dann wieder freigelassen worden sei, habe seinerzeit erklärt, seine Kerkermeister hätten deutsch gesprochen. Es könne sich dabei aber auch um Südtiroler handeln. Es gebe vielmehr einige Elemente im Entführungsfall Moro, die unmißverständlich auf italienische Terroristen hindeuteten.

Der *Bundeskanzler* brachte dann das Gespräch auf die wirtschaftlichen Themen. Andreotti habe nach den deutschen Maßnahmen zur Belebung der Wirt-

---

[29] Vgl. dazu die Rede des CDU-Abgeordneten Dregger und die Entgegnung des Bundeskanzlers Schmidt am 15. Juni 1978 im Bundestag; BT STENOGRAPHISCHE BERICHTE, Bd. 106, S. 7766–7773.
[30] 11. Juni 1978.
[31] Bundesminister Maihofer trat am 6. Juni 1978 zurück, sein Nachfolger wurde der bisherige Staatssekretär im Bundesministerium des Inneren, Baum.

schaft und Bekämpfung der Arbeitslosigkeit gefragt. Im vergangenen Herbst seien entsprechende Maßnahmen beschlossen worden, die am 1.1.1978 in Kraft getreten seien und allgemeine Steuersenkungen sowie eine Erhöhung des Kindergeldes umfaßten.[32] Wenn es nach ihm (BK) allein ginge, würden keine zusätzlichen Maßnahmen beschlossen. Zur Zeit betrage die Arbeitslosenquote nicht ganz 4% und die Inflationsrate 2,7%. Im ersten Quartal 1978 sei der Verlauf der wirtschaftlichen Entwicklung enttäuschend gewesen, im zweiten Quartal werde er sicherlich besser sein; man wisse aber noch nicht, wie gut, und davon hänge ab, was für das dritte und vierte Quartal zu erwarten sei. Durch das Ausgabenprogramm vom vergangenen Herbst und die Steuersenkungen sei der Kreditbedarf für den Bundeshaushalt bis zur Höhe von 4,5% des Bruttosozialprodukts angestiegen und damit ganz leicht über die Grenzen des verfassungsmäßig Zulässigen hinausgegangen. Die Verfassung schreibe nämlich vor, daß der Bund in einem Jahr nicht mehr Kredite aufnehmen dürfe, als aus dem Staatshaushalt für dieses Jahr Mittel für Investitionen ausgegeben würden. Zwar gebe es eine Ausweichklausel, nach der die genannte Verfassungsvorschrift nicht gelte, wenn sich die Wirtschaft im Ungleichgewicht befinde.[33] Die Bundesregierung könne sich aber nicht drei Jahre nacheinander auf eine derartige Klausel berufen, ohne einen Prozeß seitens der Opposition vor dem Verfassungsgerichtshof zu riskieren, dessen Ausgang völlig ungewiß wäre. Außerdem brauche die Bundesregierung für den Bundeshaushalt 1979, wie jedes Jahr, die Zustimmung des Bundesrats, in dem die Opposition die Mehrheit habe. Verweigere die Opposition ihre Zustimmung, so könne das Haushaltsgesetz nicht verabschiedet werden. Die Opposition spreche über diesen Eventualfall nicht offen, aber er (BK) wisse, daß Strauß und seine Freunde völlig unbeweglich seien.

Etwas Zusätzliches könnte nur mit Billigung der Opposition beschlossen werden, wenn eine vom Weltwirtschaftsgipfel[34] ausgehende starke Autorität ins Feld geführt werden könnte. Er (BK) werde auf dem Weltwirtschaftsgipfel entsprechende Vorschläge nur aufgreifen, wenn auch andere Länder – wie die USA – sich auf dem Gebiet des Energiesparens, der Nuklearenergiepolitik und der Währungspolitik stärker engagierten.

Damit komme er auf das monetäre Feld, worüber Andreotti ja auch habe sprechen wollen: Giscard und er (BK) wären jederzeit – auch in Bremen – bereit, über einen engeren europäischen Währungsverbund[35] zu sprechen, wenn sie bisher nicht sehr stark durch Callaghan und Healey daran gehindert worden seien. Man werde vor Bremen noch einmal zu dritt versuchen, ob die Engländer nicht doch zum Mitziehen zu bewegen seien. Giscard[36] und Callaghan

---

[32] Zum Investitionsprogramm der Bundesregierung vom 23. März 1977, verschiedenen Steuersenkungen sowie zu den Maßnahmen vom 14. September 1977 zur Förderung des Wachstums vgl. Dok. 32, Anm. 3.

[33] Vgl. dazu Artikel 115 des Grundgesetzes vom 23. Mai 1949 in der Fassung vom 12. Mai 1969; Dok. 182, Anm. 9.

[34] Zum Weltwirtschaftsgipfel am 16./17. Juli 1978 vgl. Dok. 225.

[35] Zu den Überlegungen für ein europäisches Währungssystem vgl. Dok. 120.

[36] Zum Gespräch des Bundeskanzlers Schmidt mit Staatspräsident Giscard d'Estaing am 23. Juni 1978 in Hamburg wurde in der Presse berichtet, sie seien übereingekommen, auf der Tagung des Europäischen Rats am 6./7. Juli 1978 in Bremen Vorschläge zur Währungsstabilität in Europa vor-

würden ihn (BK) demnächst in Hamburg aufsuchen. Callaghan habe zweierlei Hemmungen: Erstens habe er es mit der insularen Abneigung der Briten gegen eine Stärkung der Europäischen Gemeinschaft zu tun, der zu Unrecht die Schuld an der wirtschaftlichen Misere Englands in die Schuhe geschoben werde; dies könnte sich für seine möglicherweise im Oktober stattfindenden Wahlen[37] gefährlich auswirken, da er in der öffentlichen Meinung nur über eine schmale Mehrheit verfüge; zweitens bestehe in Großbritannien eine starke Neigung, das Pfund Sterling enger mit dem Dollar zu verbinden, und zwar aus politischen Gründen, aus der Sorge heraus, daß die USA einen stärkeren europäischen Währungsverbund als gegen den Dollar gerichtet mißverstehen könnten. In bezug auf den letzteren Punkt glaube er (BK), daß Carter dabei helfen könnte, die britischen Bedenken zu zerstreuen.

Was den Bremer Gipfel am 6./7. Juli betreffe, so habe er die Absicht, den Kommuniqué-Entwurf für den Weltwirtschaftsgipfel mündlich vorzutragen und zur Diskussion zu stellen. Zur Zeit sei man noch im Stadium eines Vorentwurfs, den er aber gerne mit Andreotti und seinen Mitarbeitern im anschließenden erweiterten Rahmen[38] durchgehen möchte. Andreotti werde den Text des Vorentwurfs am Montag[39] auf seinem Schreibtisch finden.

Als zweiten Punkt habe er (BK) sich für Bremen vorgenommen, möglicherweise einen Überblick über die Arbeit der EG im nächsten Halbjahr zu geben. Er wisse allerdings nicht, ob das Sekretariat in Brüssel bereits ein entsprechendes Papier ausgearbeitet habe. Anfang der Woche werde er Weisung geben, sich darum zu kümmern. Hierunter falle wohl auch Andreottis Wunsch, in Bremen auch landwirtschaftliche Fragen zu erörtern.

Drittens werde er, je nach dem Ergebnis seiner Vorgespräche mit Giscard und Callaghan, Möglichkeiten zur Konkretisierung der währungspolitischen Vorstellungen vortragen, die er in Kopenhagen[40] nach dem Abendessen dargelegt habe.

Er gehe davon aus, daß die Punkte 1) und 2) – vielleicht mit einigen Einschränkungen – in der offiziellen Ratssitzung und der dritte Punkt, wie in Kopenhagen, in einer privaten Sitzung behandelt werden könnten.

Ministerpräsident *Andreotti* erklärte hierzu, was die politische Orientierung betreffe, stimme seine Regierung allem zu, was die europäischen Staaten einer gemeinsamen Währungspolitik näherbringe. Man müsse aber schrittweise vorgehen (Gradualismus). Es wäre gut, wenn der Bundeskanzler sich mit dem Gouverneur der Banca d'Italia[41] in Verbindung setzen würde, da dessen Meinung aus politischer Sicht in Italien sehr wichtig sei.

Fortsetzung Fußnote von Seite 956
    zulegen. Ferner seien der EG-Beitritt Griechenlands, Portugals und Spaniens erörtert worden. Vgl. dazu den Artikel „Giscard und Schmidt wollen gemeinsam beim Bremer Gipfel Währungsvorschläge vorlegen", FRANKFURTER ALLGEMEINE ZEITUNG vom 26. Juni 1978, S. 2. Zum Gespräch vgl. ferner SCHMIDT, Nachbarn, S. 227 f.

37 In Großbritannien fanden am 3. Mai 1979 Wahlen zum Unterhaus statt.
38 Für das Gespräch vgl. Dok. 191.
39 19. Juni 1978.
40 Zur Tagung des Europäischen Rats am 7./8. April 1978 vgl. Dok. 113.
41 Paolo Baffi.

Im übrigen befürworte er (Andreotti) alle positiven Schritte, die in den kommenden sechs Monaten gemacht werden könnten, da er die deutsche Präsidentschaft[42] gerne von Erfolg gekrönt sehen möchte.

Eine Erörterung der Agrarprobleme[43] erscheine ihm aus den folgenden zwei Gründen wichtig: Erstens: Er sei der Auffassung, daß die Mittel des Agrarfonds unausgewogen verteilt würden (für die Molkereierzeugnisse, die 18% der Gemeinschaftsproduktion ausmachten, würden z. B. 35% der Mittel aus dem Fonds aufgewendet, während für Obst und Gemüse mit einem Anteil von 24% nur 12% an Fondsmitteln aufgewandt würden). Eine entsprechende Überprüfung sei erforderlich.

Zweitens gebe es auch politische Gründe, die für ihn maßgeblich seien: Während die Kommunisten in Italien keine Propaganda gegen Europa machten, solange es um allgemeine Fragen gehe, richteten sie auf dem Gebiet der Agrarpolitik heftige Angriffe gegen die EG und hätten bei den Bauern damit großen Erfolg.

Der *Bundeskanzler* erklärte sich mit der Anregung Andreottis einverstanden und fragte, ob die Agrarfragen im Zusammenhang mit den laufenden Arbeiten für das zweite Semester oder unter einem speziellen Punkt der Tagesordnung (z. B. Zukunft der Agrarpolitik) erörtert werden sollten.

Andreotti antwortete, letzteres erscheine ihm wirksamer.

Der *Bundeskanzler* fragte sodann, ob Andreotti besonders daran gelegen sei, daß öffentlich bekannt werde, er habe seinen Standpunkt zu den Agrarproblemen vorgetragen und die Gemeinschaft sei bereit, diesen Standpunkt zu prüfen. Werde Andreotti in Bremen einen formulierten Vorschlag vorlegen?

Andreotti erklärte sich mit der Unterbreitung eines schriftlichen Vorschlags einverstanden, falls dies nützlich sei. Man könnte dann im Europäischen Rat beschließen, den Entwurf später prüfen zu lassen.

Der *Bundeskanzler* sprach sich für dieses Verfahren aus. Es werde sicherlich Streit mit den Franzosen und Engländern geben. Sein eigener Standpunkt sei der, daß die Mittel für die Agrarpolitik insgesamt nicht verstärkt werden könnten, daß aber eine bessere Aufteilung der Finanzmittel auf die verschiedenen Branchen der Agrarpolitik wünschenswert sei.

Am Vortage sei der australische Ministerpräsident in Bonn bei ihm zu Gast gewesen und habe sich bitter beklagt über den Agrarprotektionismus Europas

---

[42] Die Bundesrepublik übernahm am 1. Juli 1978 die EG-Ratspräsidentschaft.

[43] In einer gemeinsamen Aufzeichnung des Auswärtigen Amts und des Bundesministeriums für Ernährung, Landwirtschaft und Forsten vom 9. Juni 1978 hieß es, Italien habe „trotz der zahlreichen Vergünstigungen" im am 12. Mai 1978 verabschiedeten „Mittelmeerpaket" diesem nur unter Vorbehalt zugestimmt, da zwei noch erwünschte Regelungen offengeblieben seien, „nämlich Aufforstung (Kosten für EG-Haushalt ca. 230 Mio ERE = 600 Mio. DM) und Beratungsdienst (ca. 80 Mio. ERE = 200 Mio. DM) in Süditalien." Bundeskanzler Schmidt habe in einem Schreiben vom 6. Juni 1978 an Ministerpräsident Andreotti Verständnis für den Wunsch geäußert, die Problematik auf der Tagung des Europäischen Rats am 6./7. Juli 1978 in Bremen zu erörtern, „jedoch zu verstehen gegeben, daß konkrete Sachbehandlung wohl besser im Ministerrat stattfinden solle. Zu den bei den Preisverhandlungen offengebliebenen Fragen wird [...] zugesichert, daß wir unabhängig von unseren sachlichen Bedenken die Diskussion darüber als Präsidentschaft objektiv und neutral führen werden. Weitere Erörterung der Mittelmeerproblematik dürfe indes keinesfalls Verhandlungen über EG-Erweiterung behindern." Vgl. B 201 (Referat 411), Bd. 515.

gegenüber Australien und Neuseeland.[44] Er sehe voraus, daß auch Carter den Agrarprotektionismus der EG anprangern werde, wobei seine (Carters) Legitimation dazu geringer sei als die Frasers, da Carter selbst protektionistische Maßnahmen beschlossen habe. Er (BK) finde den europäischen Agrarprotektionismus in seinem Ausmaß bedenklich. Sein eigener Landwirtschaftsminister[45] sei dabei auch „einer von neun Übeltätern", die sich in den letzten zehn Jahren gegenseitig gesteigert hätten.

Andreotti erinnerte daran, daß aus dem „Mittelmeer-Paket"[46] noch zwei Punkte offen seien: die Aufforstung und die landwirtschaftliche Beratung. Er glaube, daß diese Fragen im Rahmen des Überblicks über die Tätigkeit im kommenden Semester behandelt werden könnten.

Der *Bundeskanzler* entgegnete, er habe nichts gegen einen Prüfungsauftrag, gebe aber zu bedenken, daß die Durchführung der genannten Projekte „reichlich teuer" sein werde.

Andreotti meinte, man könne die Vorhaben „sehr reduzieren".

Nach einigen kritischen Bemerkungen über die Agrarminister, denen manchmal die Begriffe „Kartoffeln, Wein und Butter" wichtiger erschienen als die Begriffe „Partei, Vaterland und Politik" betonte der *Bundeskanzler* die Bedeutung der Europäischen Gemeinschaft gerade auch in den vergangenen dreieinhalb Jahren. Es sei von ihr eine wohltuende Wirkung ausgegangen. Würde es die Gemeinschaft nicht gegeben haben, hätten die einzelnen Volkswirtschaften nicht die Ergebnisse erzielen können, die sie durch ihr Zusammenstehen auch in schwierigsten Situationen erreicht hätten.

Ministerpräsident *Andreotti* teilte die Meinung des Bundeskanzlers. Man müsse sich daran gewöhnen, die Dinge in ihren allgemeinen Bahnen zu betrachten und den Blick nicht nur auf den einen oder anderen Bereich richten.

Das Vier-Augen-Gespräch endete um 17.30 Uhr.

VS-Bd. 14071 (010)

---

[44] Im Gespräch des Bundeskanzlers Schmidt mit Ministerpräsident Fraser am 16. Juni 1978 wurden die Entwicklung der Weltwirtschaft, die GATT-Verhandlungen, die Entwicklungszusammenarbeit sowie die Exporte von australischem Uran in die EG-Mitgliedstaaten erörtert. Vgl. dazu die Gesprächsaufzeichnung; Bundeskanzleramt, AZ: 21-30 100 (56), Bd. 45; B 150, Aktenkopien 1978.
[45] Josef Ertl.
[46] Zum „Mittelmeer-Paket" vgl. Dok. 182, Anm. 7.

191

**Gespräch des Bundeskanzlers Schmidt
mit Ministerpräsident Andreotti in Hamburg**

VS-vertraulich   17. Juni 1978[1]

Vermerk über das Gespräch des Bundeskanzlers mit dem italienischen Ministerpräsidenten Andreotti in Hamburg, Neuberger Weg, am 17. Juni 1978 von 17.30 bis 19.00 Uhr

Weitere Gesprächsteilnehmer

Botschafter Orlandi-Contucci, Botschafter Arnold, Gesandter La Rocca, VLR I von der Gablentz.

Als Dolmetscher: Frau Bouverat, VLR; Frau L. Bidussi.

Der *Bundeskanzler* hält aus dem vorangegangenen Vier-Augen-Gespräch[2] fest:

1) Eindrücke und Schlußfolgerungen zum Breschnew-Besuch[3], der sowjetischen Afrikapolitik, der sowjetischen Aufrüstung im Bereich der Mittelstreckenraketen und Flugzeuge, dem sowjetisch-amerikanischen Verhältnis.

2) Gegenseitige Unterrichtung über die innenpolitische Lage in den beiden Ländern.

3) Erfahrungsaustausch über Terrorismus und seine internationalen Faktoren. Übereinstimmung, Präsident Giscard zur Fortführung seiner Initiative vom 9. ER in Brüssel[4] für eine einheitliche europäische Rechtssphäre[5] auf diesem Gebiet zu ermutigen. Politisch motivierter Terrorismus dürfe nicht das Privileg der Nichtauslieferung behalten.

4) Vorschau auf die beiden bevorstehenden Gipfeltreffen: Als erstes soll auf dem 11. ER in Bremen[6] der Entwurf des Gemeinsamen Kommuniqués für den Bonner Wirtschaftsgipfel[7] zur Diskussion gestellt werden. Danach sollte über

---

[1] Ablichtung.
Die Gesprächsaufzeichnung wurde von Vortragendem Legationsrat I. Klasse von der Gablentz, Bundeskanzleramt, gefertigt.
Hat Vortragendem Legationsrat I. Klasse Schönfeld am 20. Juni 1978 vorgelegen, der handschriftlich vermerkte: 1) Reg[istratur] StS: Bitte VS-vertr[aulich] eintragen. 2) H[erren] v[on] Studnitz/Bächmann n[ach] R[ückkehr] für StS."
Hat Vortragendem Legationsrat von Studnitz am 21. Juni 1978 vorgelegen, der die Weiterleitung an Staatssekretär van Well verfügte.
Hat van Well vorgelegen.
Hat Vortragendem Legationsrat Bächmann vorgelegen, der die Weiterleitung an Staatssekretär Hermes verfügte.
Hat Hermes am 26. Juni 1978 vorgelegen.
[2] Für das Gespräch am 17. Juni 1978 in Hamburg vgl. Dok. 190.
[3] Der Generalsekretär des ZK der KPdSU, Breschnew, besuchte die Bundesrepublik vom 4. bis 7. Mai 1978. Vgl. dazu Dok. 135, Dok. 136, Dok. 142 und Dok. 143.
[4] Zur Tagung des Europäischen Rats am 5./6. Dezember 1977 vgl. AAPD 1977, II, Dok. 357.
[5] Zu den französischen Vorschlägen zur Schaffung eines einheitlichen europäischen Rechtsraums vgl. Dok. 190, Anm. 28.
[6] Zur Tagung des Europäischen Rats am 6./7. Juli 1978 vgl. Dok. 216.
[7] Zum Weltwirtschaftsgipfel am 16./17. Juli 1978 vgl. Dok. 225.
Für den Wortlaut der Erklärung des Weltwirtschaftsgipfels am 16./17. Juli 1978 in Bonn vgl. BULLETIN 1978, S. 757–768.

die Vorhaben der EG im zweiten Halbjahr 1978 auf Grundlage einer allgemeinen Übersicht des Ratssekretariats gesprochen werden. Zu diesem Punkt sollte auch der Auftrag zur Prüfung der beiden Punkte gehören, die aus dem sog. Mittelmeerpaket[8] noch ungedeckt sind. MP Andreotti kündigt seine Absicht an, die allgemeine Problematik der gemeinsamen Agrarpolitik, insbesondere ihre falsche Gewichtung und die Benachteiligung der Sektoren Obst/Gemüse gegenüber Milch/Butter aufzugreifen.[9] Es ist noch offengeblieben, ob er dies in der offiziellen Sitzung oder im informellen Teil im engsten Kreis der Regierungschefs tun wird. Jedenfalls im informellen Teil des Treffens sollte über den engeren Währungsverbund gesprochen werden.

MP *Andreotti* bemerkt zu dem ihm inzwischen übersetzten ersten Entwurf eines Kommuniqués des Wirtschaftsgipfels: Im Energieteil müsse die politische Verpflichtung deutlicher hervortreten. Zur Frage des industriellen Strukturwandels sei Vorsicht am Platze. Da in einigen Ländern große Investitionen und einschneidende Maßnahmen erforderlich würden, müsse man Hilfe nicht nur vom Markt, sondern auch von seiten der Regierungen vorsehen. Der entsprechende Abschnitt solle daher durch Vorschläge für Durchführungsmaßnahmen erweitert werden. Das Kommuniqué solle im übrigen so formuliert werden, daß es nicht nur für Kenner, sondern auch für die allgemeine Öffentlichkeit verständlich werde. Der *Bundeskanzler* sagt zu, diese Bemerkungen in die weiteren Vorbereitungsarbeiten aufzunehmen, und betont, daß endgültige Formulierungen zu Energie und Währung wohl erst am Abend des ersten Verhandlungstages gefunden werden könnten. In Sachen Energiepolitik habe er die Absicht, sehr auf die USA zu drücken. Er habe den Eindruck, der amerikanische Präsident müsse dazu bewegt werden, die ihm durch Verfassung und Gesetz zustehenden Vollmachten zu nutzen, um durch zusätzliche Steuerbelastung importierten Öls der Entwicklung wenigstens tendenziell eine andere Richtung zu geben.

Im Bereich der Kernenergie müßten die drei Staaten Italien, Deutschland und Japan eng zusammenarbeiten, da ihre Interessen gleichermaßen gefährdet seien. Als Nicht-Kernwaffenstaaten liefen sie Gefahr, durch das Monopol anderer Staaten an spaltbarem Material für die friedliche Nutzung stranguliert zu werden. Es gebe sicherlich idealistische Motive für die amerikanischen Bemühungen, uns davon abzuhalten, durch Aufbereitung und Schnelle Brüter vom Import natürlichen und angereicherten Urans unabhängiger zu werden. Aber daneben gebe es auch handfeste Konkurrenzmotive in weiten Kreisen der amerikanischen Wirtschaft, Politik und Gewerkschaften. Demgegenüber könne man, wie bereits in London[10], nur eine feste Haltung einnehmen, insbesondere nach dem jüngsten Non-Proliferation-Act[11], der nicht in Übereinstimmung mit den

---

8 Zum „Mittelmeer-Paket" vgl. Dok. 182, Anm. 7.
9 Zur italienischen Haltung hinsichtlich der Gemeinsamen Agrarpolitik vgl. Dok. 190, Anm. 9 und 43.
10 Zum Weltwirtschaftsgipfel am 7./8. Mai 1977 vgl. AAPD 1977, I, Dok. 111, Dok. 112 und Dok. 114.
11 Zum „Nuclear Non-Proliferation Act of 1978" vom 9. Februar 1978 vgl. Dok. 72, Anm. 3.
Zur Erörterung in den Europäischen Gemeinschaften vgl. Dok. 156, Anm. 5 und 6.
Referat 413 erläuterte am 9. Juni 1978: „Am Rande des NATO-Gipfels in Washington (30/31.5.1978) haben Staatspräsident Giscard d'Estaing und Präsident Carter eine Antwortformel der Gemeinschaft gegenüber dem US-Wunsch nach Neuverhandlung des Abkommens EURATOM/USA vertraulich besprochen. Danach zeichnet sich eine Einigung auf folgender Linie ab: Gesprächsbereitschaft über Fra-

Abmachungen des Londoner Gipfels stehe. Er habe große Sorge, daß ein neuer Nahost-Krieg die Ölversorgung der Welt in Frage stellen und zu einer Weltwirtschaftskrise führen könne, die alles bisherige in den Schatten stellt.

MP *Andreotti* stimmt dem Gedanken der Interessengleichheit der drei genannten Staaten zu und setzt sich dafür ein, die Planung Schneller Brüter voranzutreiben. Man dürfe die Fragen der Entwicklung friedlicher Kernenergie nicht mit denen ihrer militärischen Anwendung vermischen. Aus der Interessenidentität folgere auch die Verpflichtung zu engerer Zusammenarbeit. Der Bundeskanzler und Ministerpräsident Andreotti verabreden, daß die zuständigen Minister ihrer beiden Länder[12] hierüber sprechen sollen.

Der *Bundeskanzler* erläutert, daß Währungsfragen beim informellen Teil des ER in Bremen eine wesentliche Rolle spielen werden. Giscard und er hielten an dem in Kopenhagen Vorgetragenen[13] fest. Ein engerer Währungsverbund sei allen europäischen Volkswirtschaften dienlich, da er stabilere Außenwirtschaftsverhältnisse schaffe, und komme auch den USA zugute, da er allzu starke Kursschwankungen des Dollar dämpfen könne.

Giscard und er fänden Widerstand bei den Zentralbanken und Finanzministerien. Der sei aber zu überwinden. Es sei im wesentlichen die Rücksicht auf Großbritannien, die Vorsicht bei der öffentlichen Diskussion notwendig mache. Auf britischer Seite gebe es Skepsis und zum Teil eine offene Bekämpfung dieser Vorstellungen, die sich unter anderem in der Flut britischer Presseindiskretionen zeige, die offensichtlich vom britischen Finanzministerium genährt werden. Die Motive der Briten seien

– einmal die offenkundige Sorge vor dem für den Herbst zu erwartenden Wahlkampf[14], die Wahlchancen nicht durch engere Bindungen an die EG zu mindern. Die unerfreuliche britische Wirtschaftslage, die keineswegs besser, sondern schlechter sei als die italienische, werde innenpolitisch weiterhin der Gemeinschaft zugeschrieben;

– zum zweiten die Vorstellung, daß man besser fahre, mit dem Dollar abzuwerten und die damit verbundene Behauptung, die USA lehnten einen engeren europäischen Währungsverbund ab. Er habe inzwischen vorgearbeitet und erwarte, daß Carter in Bonn erklären werde, daß die USA einen solchen europäischen Währungsverbund nicht als gegen sich gerichtet auffassen würden. Die anfängliche amerikanische Skepsis habe sich inzwischen gelegt.

Fortsetzung Fußnote von Seite 961

gen des Abkommens EURATOM/USA, die nicht von INFCE berührt werde. Behandlung von Punkten, die in INFCE untersucht werden, erst nach Abschluß und nach Vorliegen der Ergebnisse von INFCE." Frankreich habe sich „nicht zuletzt infolge der deutschen Bemühungen um eine Einigungsformel (Gespräche BK-Giscard; BM-AM de Guiringaud)" nunmehr der Position der übrigen EG-Mitgliedstaaten angenähert. Der Generalsekretär des französischen Außenministeriums, Soutou, habe Botschafter Herbst, Paris, am 31. Mai 1978 die französische Gesprächsbereitschaft bestätigt und den Entwurf einer Antwort der EG-Kommission an die amerikanische Regierung übergeben: „Formel ist offensichtlich anläßlich bilateraler französisch-amerikanischer Konsultationen (Sonderbotschafter Jacomet/Assistant Deputy Secretary Nye) am 30.5. in Paris besprochen und von Nye ad referendum akzeptiert worden." Vgl. Referat 413, Bd. 123665.

[12] Carlo Donat Cattin und Volker Hauff.

[13] Zur Tagung des Europäischen Rats am 7./8. April 1978 in Kopenhagen vgl. Dok. 113.

[14] In Großbritannien fanden am 3. Mai 1979 Wahlen zum Unterhaus statt.

Blumenthal in Mexiko[15] und Carter im persönlichen Gespräch mit dem Bundeskanzler[16] hätten sich eher positiv geäußert.

In London seien der Premierminister und der Gouverneur der Zentralbank[17] noch am positivsten, Healey am negativsten eingestellt. Giscard und er hätten sich daher auch bemüht, eine öffentliche Diskussion zu vermeiden, um Callaghan nicht in eine Lage zu zwingen, in der er glaube, aus innenpolitischen Rücksichten Nein sagen zu müssen. Daher sei das Problem auch nicht in den Rat eingeführt worden, obwohl inzwischen aufgrund englischer Presseveröffentlichungen der Währungsausschuß[18] und der ECOFIN-Rat hierüber sprächen.[19] In Bremen könne sich Callaghan in einer acht-zu-eins-Position finden.

Giscard habe in Kopenhagen angedeutet, F werde u. U. ohne Rücksicht auf VK der Schlange[20] beitreten. Aber in Wirklichkeit werde der angestrebte Währungsverbund anders aussehen. Schon mit Rücksicht auf Frankreichs Erfahrungen mit der Schlange müsse ein neuer Name gefunden werden. Auch die Bedingungen sollten erheblich stringenter sein. Wir seien insbesondere bereit, einen erheblichen Teil der deutschen Währungsreserven einzubringen und in erheblichem Maße DM in die gemeinsame Manövriermasse einzuzahlen. Wir gingen davon aus, daß andere Länder entsprechend ihren Möglichkeiten parallele Ver-

---

15 Vom 27. bis 30. April 1978 fanden in Mexico City Sitzungen des Interimsausschusses des Gouverneursrats des IWF, des 24er-Ausschusses der Entwicklungsländer sowie der Fünfer- bzw. Zehnergruppe statt. Vgl. dazu Dok. 123, Anm. 3.
16 Zu den Äußerungen des Präsidenten Carter im Gespräch mit Bundeskanzler Schmidt am 30. Mai 1978 in Washington vgl. Dok. 168.
17 Gordon Richardson.
18 Zur Sitzung des EG-Währungsausschusses am 11./12. Mai 1978 in Brüssel vgl. Dok. 120, Anm. 22.
Ministerialdirektor Lautenschlager vermerkte am 13. Juni 1978, der EG-Währungsausschuß habe in seinem Bericht für die EG-Ratstagung auf der Ebene der Wirtschafts- und Finanzminister am 19. Juni 1978 in Luxemburg drei Modelle für eine größere Wechselkursstabilität in den Europäischen Gemeinschaften entworfen: „Einbeziehung der jetzigen Einzelfloater in die bestehende Schlange, ggf. mit Übergangserleichterungen; Fortsetzung der Schlange unter ihren bisherigen Partnern, und zusätzlich Leitkurse für die jetzigen Einzelfloater, die aber nicht durch feste Bandbreiten, sondern durch das Verhältnis dieser Währungen zu einem Währungskorb ausgedrückt sind; Fortsetzung der Schlange unter ihren bisherigen Mitgliedern, und für die jetzigen Einzelfloater lediglich unverbindliche Zielzonen". Vgl. Referat 412, Bd. 122319.
19 Zur EG-Ratstagung auf der Ebene der Wirtschafts- und Finanzminister am 17. April 1978 in Luxemburg vgl. Dok. 120, Anm. 21.
Zur EG-Ratstagung auf der Ebene der Wirtschafts- und Finanzminister am 19. Juni 1978 in Luxemburg vermerkte Ministerialdirektor Lautenschlager am 20. Juni 1978: „Dem Rat lagen die verschiedenen Modelle einer engeren EG-Wechselkurspolitik vor, die der Währungsausschuß und die Notenbankgouverneure erarbeitet hatten. Die allgemeine Aussprache brachte ein ungewöhnliches, seit langem nicht mehr zu beobachtendes Einvernehmen über die Wünschbarkeit stabiler Wechselkurse in der EG. BM Matthöfer befriedigte das Informationsbedürfnis unserer EG-Partner durch ausführliche Darlegung der deutschen ‚Eckwerte' für ein EG-weites System: Es soll alle derzeitigen Mitgliedswährungen umfassen, wobei Übergangsregeln für die jetzigen Einzelfloater denkbar sind; es soll feste Verpflichtungen für die Wechselkursgestaltung (nicht nur ‚Zielzonen') enthalten; die Währungsschlange soll erhalten bleiben; es soll nicht gegen den US-Dollar gerichtet sein; der Ausbau des Europäischen Währungsfonds und die Weiterentwicklung der ERE sind sehr erwägenswert; eine Vergrößerung der Kreditspielräume hängt von weiterer Verbesserung der wirtschaftlichen Konvergenz ab. Diese Darlegungen trafen auf breite Zustimmung [...]. Der ECOFIN-Rat wird dem ER in Bremen auch hierzu den Entwurf von Schlußfolgerungen vorlegen, die aufgrund der gestrigen Ratstagung vom Währungsausschuß ausformuliert werden sollen. Sie dürften darauf hinauslaufen, daß der ER einige Grundsätze (i. S. der obengenannten ‚Eckwerte') beschließt und die fachlichen Ebenen um Vorlage eines ausgereiften Konzepts bis zum ER in Brüssel am 6./7.12. bittet." Vgl. Referat 412, Bd. 122319.
20 Zur europäischen Währungsschlange vgl. Dok. 46, Anm. 2.

pflichtungen übernehmen. Er habe die Hoffnung, daß Callaghan im Oktober wählen läßt und daß daher beim 12. Europäischen Rat im Dezember[21] die Angelegenheit unter Dach und Fach gebracht werden könne. Als Fußnote wolle er den Italienern und den anderen EG-Partnern dafür danken, daß sie die gegenwärtigen Versuche einer Seelenmassage der Briten nicht durch ein Verlangen nach öffentlicher Diskussion gestört hätten. Dies sei zusammen mit dem, was in Kopenhagen gesagt wurde, das vollständige Bild vom Stand der Angelegenheit. MP *Andreotti* betont die große europapolitische Bedeutung einer Annäherung der Währungspolitiken. Er weist aber auch auf die Notwendigkeit eines schrittweisen Vorgehens und einer streng vertraulichen Behandlung der Angelegenheit hin. Angesichts der fortbestehenden Gefahr einer neuen Spekulationswelle gegen die Lira, die das Programm der wirtschaftlichen Gesundung Italiens in Frage stellen würde, müsse er seine Zustimmung von Bedingungen und bestimmten Schutzmaßnahmen abhängig machen. Der *Bundeskanzler* stimmt ausdrücklich dem Gedanken des schrittweisen Vorgehens zu. Er beglückwünscht Andreotti zur positiven Entwicklung der italienischen Zahlungsbilanz. Gerade weil man schrittweise vorgehen müsse, sei der Vorschlag von Jenkins abwegig, eine gemeinsame Zentralbank aus dem Hut zu zaubern.[22] Man müsse s. E. die Möglichkeit ins Auge fassen, daß sich nicht alle Regierungen denselben Regeln gleichzeitig unterwerfen. Hierüber sei allerdings bisher noch nicht gesprochen worden.

Als abschließende Fußnote: Spekulation richte sich gegen alle Währungen. Eine negative gegen die Lira, eine genau so unerwünschte positive gegen die DM. Ein europäisches Verbundsystem müsse genügend fest sein, um alle Währungen gegen Spekulation erfolgreicher zu verteidigen, als es die einzelnen Volkswirtschaften tun könnten. Es gehe darum, die Märkte psychologisch durch relativ hohe Mittel und ein Arsenal von Eingriffsmaßnahmen zu beeindrucken, die hierfür zu Verfügung stehen. Je mehr wir zur Verfügung stellen, desto weniger wird tatsächlich gebraucht.

Zu Andreottis Bemerkung über die europapolitische Bedeutung eines engeren Währungsverbunds der EG-Staaten: Wenn es gelingen sollte, in den ersten vier Jahren seit Einrichtung des Europäischen Rats[23] neben dem Beschluß über die Direktwahlen[24] auch noch einen Verbund der europäischen Währungen zustande zu bringen, so habe der Europäische Rat tatsächlich wesentliche Schritte zur Konsolidierung der Gemeinschaft zustande gebracht. Die Lektüre der Autobiographie Monnets, für die er selbst ein Vorwort verfaßt habe[25], habe ihm wieder einmal deutlich gemacht, wie notwendig es sei, den Mut zu finden, in

---

[21] Zur Tagung des Europäischen Rats am 4./5. Dezember 1978 in Brüssel vgl. Dok. 380.

[22] Vgl. dazu die Rede des Präsidenten der EG-Kommission, Jenkins, vor dem Europäischen Hochschulinstitut am 27. Oktober 1977 in Florenz; BULLETIN DER EG 10/1977, S. 6–16.

[23] Die Staats- und Regierungschefs der EG-Mitgliedstaaten beschlossen am 9./10. Dezember 1974 in Paris, künftig dreimal jährlich als Europäischer Rat zusammenzukommen. Vgl. dazu AAPD 1974, II, Dok. 369.
Die erste Tagung des Europäischen Rats fand am 10./11. März 1975 in Dublin statt. Vgl. dazu AAPD 1975, I, Dok. 49.

[24] Zum Beschluß des Europäischen Rats vom 12./13. Juli 1976 bzw. des EG-Ministerrats vom 20. September 1976 zur Einführung von Direktwahlen zum Europäischen Parlament vgl. Dok. 8, Anm. 28.

[25] JEAN MONNET, Erinnerungen eines Europäers, mit einem Vorwort von Helmut Schmidt, München 1978.

der Gemeinschaft entscheidende Schritte voranzutun. Wenn die EG auf halbem Wege stehenbliebe, würde das Bisherige zerbröckeln und die Gemeinschaft dem Angriff des Kommunismus mit ungeschützter Flanke offenliegen. MP *Andreotti* stimmt dieser europapolitischen Bewertung zu. Die grundsätzliche Übereinstimmung der Deutschen und Italiener in ihrem Konzept von der Entwicklung der Gemeinschaft sei ein entscheidendes politisches Faktum in Europa.

Die positive Entwicklung der italienischen Zahlungsbilanz habe auch ihre Schattenseiten, nämlich geringe Investitionen und hohe Arbeitslosigkeit. Er danke für das Vertrauen des Bundeskanzlers in die Entwicklung der italienischen Wirtschaft und hoffe, daß hierdurch auch das Vertrauen deutscher Industrieller im Hinblick auf neue deutsche Investitionen in Italien gestärkt werde. Die 30prozentige Zunahme der deutschen Touristen in Italien zeige, daß das negative Italienbild einiger deutscher Zeitungen offensichtlich einen gegenteiligen Effekt hatte.

Auf Fragen des Bundeskanzlers erläutert MP Andreotti, daß die Arbeitslosenquote bei etwa 7% liege. Die Regierung habe sich vorgenommen, die Inflationsrate im Laufe dieses Jahres von 22% im Vorjahr auf 13% zu reduzieren und Ende 1978 auf 9%.

Auf Frage des *Bundeskanzlers*, ob nach seiner Ansicht die geringe deutsche und schweizerische Inflationsrate die italienische wirtschaftliche Gesundung behindere, antwortet MP *Andreotti*, daß er in der gesunden Wirtschaft Deutschlands ein Element gemeinsamer Stärke für alle EG-Staaten sehe.

Der *Bundeskanzler* weist darauf hin, daß wir auch in Deutschland für unsere Verhältnisse eine viel zu hohe Arbeitslosigkeit haben und bei den öffentlichen Finanzen an die Grenze der Verfassung stoßen.[26]

Der Bundeskanzler und MP Andreotti einigen sich auf das Vorgehen bei der gemeinsamen Pressekonferenz im Anschluß an die Eintragung ins Goldene Buch der Stadt Hamburg.[27]

VS-Bd. 525 (014)

---

[26] Vgl. dazu Artikel 115 des Grundgesetzes vom 23. Mai 1949 in der Fassung vom 12. Mai 1969; Dok. 182, Anm. 9.

[27] In der Presse wurde berichtet, Ministerpräsident Andreotti habe im Anschluß an das Gespräch mit Bundeskanzler Schmidt vor Journalisten im Hamburger Rathaus erklärt, „er messe der gegenseitigen Abstimmung der EG-Länder in wirtschafts- und besonders in finanzpolitischen Fragen starke Bedeutung für die Zukunft Europas bei." Beide Seiten hätten die Wirtschaftspolitik sowie europapolitische Fragen besprochen. Schmidt habe sich zum Weltwirtschaftsgipfel am 16./17. Juli 1978 geäußert sowie zum Dollarkurs. Vgl. den Artikel „Andreotti bei Schmidt in Hamburg"; FRANKFURTER ALLGEMEINE ZEITUNG vom 19. Juni 1978, S. 5.

192
Gespräch des Bundeskanzlers Schmidt mit Präsident Siad Barre

VS-NfD   19. Juni 1978[1]

Vermerk über das Gespräch des Bundeskanzlers mit dem Präsidenten Siad Barre von Somalia am Montag, dem 19. Juni 1978, 10.30 Uhr bis 12.00 Uhr, im Bundeskanzleramt[2]

Weitere Gesprächsteilnehmer: BM Genscher; AM A. J. Barreh; Minister für öffentliche Arbeiten, Madar; Dr. Ahmed, Staatliche Planungskommission; Botschafter Bokah; Botschafter Müller, AA; Botschafter Metternich; VLR I von der Gablentz.

Der *Bundeskanzler* begrüßt die Gäste und erinnert an die Begegnung in Assuan[3] und die Besuche VP Kulmiyes[4] und General Abdullahs[5] in Bonn. Er weist auf die von allen Teilnehmern des NATO-Gipfeltreffens[6] geteilte Sorge über die Entwicklungen in Afrika hin und die Bemühungen der Pariser Diplomatenkonferenz zur Stabilisierung der Lage in Shaba.[7]

Präsident *Barre* dankt der Bundesregierung und dem deutschen Volk für die Hilfe an Somalia in einem entscheidenden Zeitpunkt. Er hebt dabei die spontane Hilfsbereitschaft des deutschen Volkes hervor, wie sie z. B. in der Sammlung für Waisenkinder zum Ausdruck gekommen ist.

---

[1] Ablichtung.
  Die Gesprächsaufzeichnung wurde von Vortragendem Legationsrat I. Klasse von der Gablentz, Bundeskanzleramt, am 21. Juni 1978 gefertigt.
  Hat Vortragendem Legationsrat I. Klasse Schönfeld am 22. Juni 1978 vorgelegen, der handschriftlich vermerkte: „Reg[istratur]: Gibt's da einen Vorgang, der diesen Vermerk ankündigt?"
  Hat Schönfeld am 23. Juni 1978 erneut vorgelegen, der handschriftlich vermerkte: „Reg.: b[itte] VS-NfD. 1)Vom B[undes]K[anzleramt] (Gablentz) ohne Anschreiben erhalten; 2) Referat 320 m[it] d[er] B[itte] u[m] Übernahme; 3) Ablichtungen: MB, StS, StM, D 2, 02."
  Hat Vortragendem Legationsrat Ueberschaer am 26. Juni 1978 vorgelegen.

[2] Präsident Siad Barre hielt sich vom 18. bis 20. Juni 1978 in der Bundesrepublik auf. Vgl. dazu auch Dok. 194.

[3] Für das Gespräch am 2. Januar 1978 vgl. Dok. 1.

[4] Eine somalische Delegation unter Leitung des Vizepräsidenten Kulmiye hielt sich vom 29. November bis 1. Dezember 1977 in der Bundesrepublik auf. Für das deutsch-somalische Regierungsgespräch am 30. November 1977 vgl. AAPD 1977, II, Dok. 341.

[5] Bundeskanzler Schmidt führte am 26. Mai 1978 ein Gespräch mit dem somalischen Sicherheitschef Abdullah, der ein Schreiben des Präsidenten Siad Barre überreichte. Schmidt entgegnete auf die Bitte, „durch unsere Verbündeten diejenigen zu unterstützen, die gegen die sowjetisch-kubanische Anwesenheit am Horn von Afrika seien", er wolle dieses Anliegen ohnehin bei der NATO-Ratstagung auf der Ebene der Staats- und Regierungschefs am 30./31. Mai 1978 in Washington zur Sprache bringen. Es gelte, „auf eine entschiedene Haltung der Vereinigten Staaten hinzuwirken. Diese sei notwendig, denn die Bundesrepublik sei in dieser Hinsicht nicht das Gegenstück zur Sowjetunion." Vgl. die Gesprächsaufzeichnung; Referat 320, Bd. 116827.

[6] Zur NATO-Ratstagung auf der Ebene der Staats- und Regierungschefs am 30./31. Mai 1978 in Washington vgl. Dok. 170.

[7] Zur Konferenz über Zaire am 5. Juni 1978 in Paris vgl. Dok. 199.

Er habe entgegen diplomatischer Übung selbst um dieses Gespräch nachgesucht[8], weil er in persönlichem Kontakt den Europäern die Lage in seinem Lande erläutern wolle. Hierzu führt er aus:

1) Somalia stehe unter direkter Bedrohung einer Invasion durch sowjetisch gesteuerte afrikanische Truppen. Es sei Teil einer umfassenden militärischen und ideologischen Strategie der Sowjetunion. Sie ziele auf eine politische Destabilisierung in der Region und die Einsetzung von den Sowjets ergebenen Regierungen. Nach Somalia seien Dschibuti, Oman, Nordjemen, die Golfstaaten, der Sudan u.a. arabische Staaten die nächsten Ziele. Um sein Land zu isolieren, schüre die SU in Äthiopien und Kenia die Feindschaft gegen Somalia. Ghadafi unterstütze sie dabei skrupellos. Der Westen solle dadurch „neutralisiert werden", daß die Invasionen als Akt souveräner afrikanischer Staaten erscheinen. Diese sowjetische Strategie sei nicht nur für Somalia und die anderen Staaten der Region gefährlich, sondern auch für den Westen, der von seinen Versorgungswegen und seinen Märkten abgeschnitten werde.

Er erinnert an die telefonische Bitte des Bundeskanzlers im Herbst 1977 um Hilfe in Not[9], der er entsprochen habe, obwohl es für ihn politisch nicht ungefährlich gewesen sei. Er komme jetzt zu ihm mit der Bitte, seinem Land gegen die sowjetische Invasion beizustehen. Europäer und Amerikaner sollten ihm sagen, was sie von Somalia verlangten, damit sie ihr bisheriges Zögern aufgäben.

2) Die Afrikaner könnten mit dieser Bedrohung nicht allein fertigwerden. Die OAE sei gelähmt, die afrikanischen Staaten ängstlich, weil der Westen zögere einzugreifen, während die SU ihre Ziele dynamisch weiterverfolge.

Der Westen könne nicht durch bloßen Ausdruck seiner Besorgnis die SU zum Halten bringen. Eine solche westliche Haltung könne den Osten nur ermutigen, obwohl er selbst auch sicherlich keinen dritten Weltkrieg provozieren wolle. Die Entsendung französischer oder anderer europäischer Truppen sei nicht erforderlich. Der Westen müsse vielmehr den Afrikanern die Möglichkeit verschaffen, sich selbst zu verteidigen durch wirtschaftliche, politische und Waffenhilfe.

3) Die USA hätten sich in jüngsten Kontakten sehr zögernd und zurückhaltend gezeigt. Sie sprechen von Bedingungen für Waffenhilfe[10], die für ein Land, das

---

[8] Botschafter Metternich, Mogadischu, informierte am 30. Mai 1978, der Staatssekretär im somalischen Außenministerium, Mohamud, habe über den Wunsch des Präsidenten Siad Barre unterrichtet, im Rahmen einer Europareise neben Frankreich und Italien auch die Bundesrepublik zu besuchen. Siad Barre wolle über die Situation am Horn von Afrika, weltpolitische Fragen sowie bilaterale Fragen, insbesondere Wirtschaftshilfe, sprechen. Metternich legte dazu dar: „,Europatour' offenbar in erster Linie darauf angelegt, gute Beziehungen zu westlichen Staaten, auch gegenüber somalischer Öffentlichkeit, unter Beweis zu stellen. Unmittelbare Ergebnisse im Sinne vertraglicher Vereinbarungen etc. wohl nicht vorgesehen." Vgl. den Drahtbericht Nr. 223; Referat 320, Bd. 116827.

[9] Zur Entführung der Lufthansa-Maschine „Landshut" am 13. Oktober 1977 und ihrer Erstürmung am 18. Oktober 1977 in Mogadischu vgl. Dok. 1, Anm. 9.
In einem Telefongespräch mit Präsident Siad Barre am 17. Oktober 1977 bat Bundeskanzler Schmidt um „Unterstützung in dieser verzweifelten Situation" und bestätigte, daß die Entführer ein Ultimatum auf 4.00 Uhr angesetzt hätten: „Er sei überzeugt, daß die Kooperation zwischen unseren Ländern, wenn es bei der Lösung der gegenwärtigen Entführung eine gute Zusammenarbeit gebe, in Zukunft auch auf anderen Gebieten, insbesondere auf wirtschaftlichem und finanziellem Gebiet, ausgebaut werden könne." Die Bundesregierung könne die Hilfe einer Spezialeinheit zur Erstürmung des Flugzeugs anbieten. Vgl. die Gesprächsaufzeichnung; Bundeskanzleramt, AZ: 21-30 100 (56), Bd. 43; B 150, Aktenkopien 1977.

[10] Zur möglichen amerikanischen Unterstützung von Somalia vgl. Dok. 186, Anm. 15.

wie Somalia der SU den Rücken gekehrt habe[11], erniedrigend seien. Panzerabwehrwaffen helfen nicht gegen Flugzeuge. Und sind Flugabwehrwaffen etwa keine Defensivwaffen? Er appelliere daher an die Deutschen, den Somalis zu helfen, sich selbst zu verteidigen.

Der *Bundeskanzler* dankt für diese Lagebeurteilung. Er selbst habe mit Breschnew sehr offen über die sowjetische Afrikapolitik gesprochen[12], die der Unteilbarkeit der Entspannung widerspreche und die Gesamtheit der Ost-West-Beziehungen gefährde. Breschnew habe ohne Ausnahme das Prinzip der Unteilbarkeit der Entspannung akzeptiert. Die NATO-Mitglieder seien sich in Washington einig gewesen, zur Stabilisierung Afrikas beizutragen. Das sei nur auf solider wirtschaftlicher Grundlage möglich, wozu wir durch bilaterale und multilaterale Entwicklungshilfe beitrügen.

Er habe die Entwicklungshilfezusage in Höhe von 81,7 Mio. DM für 1977/78 gegen großen Widerstand im Parlament durchgesetzt und sei bereit, sich persönlich und politisch für eine entsprechende Zusage im kommenden Jahr zu engagieren.

Waffen könne die Bundesrepublik Deutschland außerhalb des NATO-Bereichs allerdings nicht liefern.[13] Andere westliche Staaten seien da freier. Die USA würden sicherlich bei der Waffenhilfe entgegenkommender sein, wenn Somalia Fortschritte bei der verbindlichen Anerkennung der bestehenden Grenzen macht. Er würde anstelle der Somalis das amerikanische Angebot zur Entsendung einer Militärmission annehmen. Je sicherer der Westen sei, daß Somalia nicht die bestehenden Grenzen zu seinen Nachbarn in Frage stelle, desto eher kann es Hilfe gegen die SU und Kuba erwarten. BM *Genscher* teilt die Bewertung des Bundeskanzlers. Die Hilfsentscheidungen anderer westlicher Staaten hingen weitgehend von der militärischen Lagebeurteilung durch die vorgeschlagene amerikanische Militärmission ab sowie von einem eindeutigen Gewaltverzicht Somalias gegenüber seinen Nachbarn, besonders gegenüber Kenia, das in der europäischen Beurteilung der Lage in Afrika eine Schlüsselrolle spiele.

Auf Einwand Präsident *Barres*, er habe den Gewaltverzicht den USA schriftlich gegeben, setzten sich *Bundeskanzler* und *Bundesminister* für einen öffentlichen formellen Gewaltverzicht gegenüber den Nachbarstaaten Somalias ein. Präsident *Barre* erläutert die unterschiedliche Lage im Verhältnis Somalias zu Dschibuti (einziges Interesse die Wahrung der Unabhängigkeit), Äthiopien (nur moralische und humanitäre Hilfe für die Freiheitskämpfer gegen die Kolonialmacht) und Kenia (ein durch koloniale Grenzziehung geschaffenes Problem der inneren Ordnung Kenias).

Der *Bundeskanzler* betont die Bedeutung des Prinzips der Unverletzlichkeit der bestehenden Grenzen gerade für Afrika. Wer sich dagegen stelle, riskiert, keine Verbündeten zu finden. Er empfiehlt Gespräche vor allem mit Großbritannien, das am ehesten in der Lage sei, die Sorgen, die man sich in Afrika, vor

---

[11] Zur Kündigung des somalisch-sowjetischen Freundschaftsvertrags vom 11. Juli 1974 durch Somalia am 13. November 1977 vgl. Dok. 1, Anm. 7.
[12] Der Generalsekretär des ZK der KPdSU, Breschnew, besuchte die Bundesrepublik vom 4. bis 7. Mai 1978. Vgl. dazu Dok. 135, Dok. 136, Dok. 142 und Dok. 143.
[13] Zu den rechtlichen Grundlagen der Rüstungsexportpolitik der Bundesregierung vgl. Dok. 1, Anm. 17.

allem in Kenia, und auch im Westen über Somalias Haltung machen könne, zu zerstreuen. Für Londons Haltung sei Kenias Auffassung wesentlich. Der Grad der westlichen Sympathie für Somalia und seine Probleme hänge wesentlich von der unzweideutigen Anerkennung der OAE-Prinzipien[14] ab.

Als Fußnote wolle er die wachsende Irritation in Deutschland über OAE-Resolutionen erwähnen, die angebliche deutsche Sympathie für Südafrika, ja sogar militärische und nukleare Zusammenarbeit, behaupten. Er wolle die Gelegenheit nutzen zu sagen, daß es eine solche Zusammenarbeit mit Südafrika nicht gebe und nicht geben werde. Die Wiederholung solcher Resolutionen kränke uns Deutsche. Wir könnten nicht auf der einen Seite finanzielle Hilfe leisten und auf der anderen Seite uns in OAE- oder VN-Resolutionen[15] beleidigen lassen. Diese Frage werde bei uns zunehmend zu einem Gegenstand innenpolitischer Auseinandersetzung. In der Sache teilen wir die Kritik der Afrikaner an Pretoria. Wir verurteilen Apartheid und Minderheitsherrschaft, bemühen uns um Unabhängigkeit und Mehrheitsherrschaft in Namibia und in Simbabwe. Dies sei zwar nicht der Kern der Probleme, vor denen Somalia stehe. Aber er bitte doch, sich die Teilnahme an solchen Resolutionen sehr genau zu überlegen. Zusammenfassend halte er es für hilfreich, wenn sich Somalia um engen Kontakt mit Großbritannien bemühe und der Entsendung einer amerikanischen Militärmission zustimme. Außerdem würde eine rechtlich bindende Erklärung, die Grenzen zu den Nachbarstaaten nicht zu verletzen, es westlichen Staaten erleichtern, militärische Hilfe zu leisten im Falle einer Verletzung der somalischen Grenze von außen. Nach seiner Einschätzung sei der Sowjetunion klar, daß sie Reaktionen der Amerikaner und anderer westlicher Staaten durch sowjetisch geführte Militäraktionen gegen Somalia herausfordere.

Er wolle die Gelegenheit benutzen, Präsident Barre noch einmal zu versichern, daß die Hilfe, die wir bei der Flugzeugentführung im letzten Herbst erhalten haben, für uns von größter Bedeutung war und wir diese Hilfe nicht vergessen werden. Er wolle seine Bemerkungen über die Fortsetzung unserer Hilfeleistungen im Jahre 1979 in diesem Zusammenhang verstanden wissen.

Auf erneute Darlegung Präsident Barres der somalischen Haltung gegenüber den drei Nachbarstaaten wies der Bundeskanzler auf die Bedeutung des vertraglichen Gewaltverzichts zwischen der Bundesrepublik Deutschland und der Sowjetunion[16] hin.

Auf Bitte Präsident *Barres*, im Kreise der westlichen Alliierten ein Fürsprecher der Interessen Somalias zu sein, sagt der *Bundeskanzler* zu, PM Callaghan über sein Gespräch mit Präsident Barre zu informieren.[17]

---

[14] Zur Entschließung der zweiten Konferenz der Staats- und Regierungschefs der OAU-Mitgliedstaaten vom 17. bis 21. Juli 1964 in Kairo vgl. Dok. 34, Anm. 5.
[15] Zur Resolution Nr. 32/35 der UNO-Generalversammlung vom 28. November 1977 vgl. Dok. 4, Anm. 9.
[16] Für den Wortlaut des Vertrags vom 12. August 1970 zwischen der Bundesrepublik und der UdSSR vgl. BUNDESGESETZBLATT 1972, Teil II, S. 354 f.
[17] Ministerialdirigent Müller wies Botschafter Ruete, London, am 19. Juni 1978 an, Premierminister Callaghan darüber zu unterrichten, daß Bundeskanzler Schmidt Präsident Siad Barre nachdrücklich zu einer Anerkennung der Grenzen mit Äthiopien, Dschibuti und Kenia geraten habe: „Nur dadurch könne die internationale Position Somalias so verbessert werden, daß westliche Länder auch

Auf Frage des Bundeskanzlers nach Gesprächen mit den Chinesen meinte Präsident *Barre*, daß diese nur die SU verurteilten und dann sagten, die Europäer seien an Afrika interessierter als sie selbst.

Präsident Barre plädiert abschließend für die guten Dienste des Bundeskanzlers bei der Herstellung eines Vertrauensverhältnisses zwischen Somalia und dem Westen. Er erwähnt eine Politik des Dreiecks zwischen Afrika, Europa und dem Nahen Osten, die allen drei Partnerregionen zugute kommen müsse.

Er dankt für das, was der Bundeskanzler bereits getan hat, und für das, was er in dieser neuen Phase der Beziehungen tun werde. Er äußert Verständnis für die deutsche Haltung gegenüber Südafrika. *AM Barreh* fügt hinzu, daß sich Somalia bei der OAE-Konferenz in Libreville[18] gegen die ausdrückliche Nennung der Bundesrepublik Deutschland eingesetzt hatte.[19]

Referat 320, Bd. 116827

Fortsetzung Fußnote von Seite 969
   einen Beitrag zur Verteidigungsfähigkeit Somalias leisten könnten. [...] Bundeskanzler glaubt, daß ein Drängen durch Callaghan besonders im Hinblick auf Kenia ratsam und vielleicht auch wirkungsvoll wäre." Vgl. den Drahterlaß Nr. 234; Referat 320, Bd. 116827.

[18] Zur 14. Konferenz der Staats- und Regierungschefs der OAU-Mitgliedstaaten vom 2. bis 5. Juli 1977 in Libreville und den dort verabschiedeten Resolutionen vgl. AAPD 1977, II, Dok. 176.

[19] Botschafter Metternich, Mogadischu, berichtete am 9. Juli 1978 über ein Gespräch mit Präsident Siad Barre am 7. Juli 1978. Dieser habe seine Dankbarkeit für den freundschaftlichen Empfang in der Bundesrepublik zum Ausdruck gebracht, gleichzeitig aber auch Enttäuschung über die Ergebnisse seiner Reise: „Er habe insbesondere keine konkrete Bereitschaft des Westens vorgefunden, Somalia durch Waffenlieferungen vor Bedrohung von außen zu schützen. Damit würde Glaubwürdigkeit seiner pro-westlichen Politik in Somalia zunehmend verringert. Ungeduld nehme insbesondere in Offizierskorps allmählich gefährliche Formen an und lasse Möglichkeit seiner Absetzung und einer Rückkehr Somalias in das sowjetische Lager nicht ausschließen. Gewaltverzichtserklärungen gegenüber den Nachbarstaaten seien für ihn aus innenpolitischen Gründen nicht tragbar, weil sie als Verzicht auf das Selbstbestimmungsrecht der Auslandssomalen ausgelegt und, im Falle Äthiopiens, als Kapitulation in der von Mengistu geforderten Form (öffentlicher und feierlicher Verzicht auf Ogaden) verstanden würden. Er habe doch westlichen Staaten seine ungeteilte Friedfertigkeit zugesichert". Vgl. den Drahtbericht Nr. 284; Referat 320, Bd. 116827.

193

Botschafter Wieck, Moskau, an das Auswärtige Amt

114-12801/78 VS-vertraulich　　　　　　　　Aufgabe: 20. Juni 1978, 10.51 Uhr
Fernschreiben Nr. 2178　　　　　　　　　　Ankunft: 20. Juni 1978, 12.21 Uhr

Betr.: MBFR
　　　hier: Politische Aspekte des östlichen MBFR-Vorschlags vom 7.6.1978[1]

Bezug: 1) DB Nr. 406 aus Wien MBFR vom 7.6.1978,
　　　　　Az. 372.20-5-208/78 geheim[2]
　　　　2) DE Nr. 2832 vom 8.6.1978 – 221-372.20/30-1131/78 geheim
　　　　3) DE Nr. 2954 vom 14.6.1978 – 221-372.20/30-1180/78 VS-v[3]

Zur Information

Auf dem Hintergrund der Analysen des Auswärtigen Amts und unserer MBFR-Delegation möchte ich auf einige Aspekte hinweisen, die sich aus dem MBFR-Vorschlag des Warschauer Pakts für die Politik der Sowjetunion ergeben.

---

[1] Zu den Vorschlägen der an den MBFR-Verhandlungen teilnehmenden Warschauer-Pakt-Staaten vom 8. Juni 1978 vgl. Dok. 180.

[2] Botschafter Behrends, Wien (MBFR-Delegation), übermittelte eine vorläufige Analyse der Vorschläge der an den MBFR-Verhandlungen teilnehmenden Warschauer-Pakt-Staaten. Sie seien „die erste wesentliche Korrektur" seit Beginn der Verhandlungen und sollten offenbar das Interesse am Erfolg derselben demonstrieren, könnten jedoch noch keine Basis für ein akzeptables Abkommen abgeben: „Der Osten hat die Prinzipien der Parität und Kollektivität und die äußere Hülle des westlichen Reduzierungskonzepts weitgehend übernommen. Bezüglich der praktischen Anwendung dieser Prinzipien und der Ausfüllung dieser Hülle bei der Formulierung eines Reduzierungsabkommens sind die Positionen beider Seiten jedoch weiterhin sehr unterschiedlich. De facto zielen auch die neuen Vorschläge auf die Festschreibung der Disparitäten und auf nationale Höchststärken ab." Die Vorschläge „gehen von dem Prinzip absoluter Gleichbehandlung aller direkten Teilnehmer ohne Rücksicht auf Unterschiede in der Ausgangssituation, im relativen militärischen Gewicht und in der geographischen Lage aus." Vgl. VS-Bd. 11491 (221); B 150, Aktenkopien 1978.

[3] Botschafter Ruth erteilte der Ständigen Vertretung bei der NATO in Brüssel Weisung für einen ersten Meinungsaustausch zu den Vorschlägen der an den MBFR-Verhandlungen teilnehmenden Warschauer-Pakt-Staaten vom 8. Juni 1978. Die Annahme der von den Warschauer-Pakt-Staaten vorgelegten Streitkräftedaten als Voraussetzung für ein Eingehen auf einzelne Punkte der Initiative der an den MBFR-Verhandlungen teilnehmenden NATO-Mitgliedstaaten vom 19. April 1978 sei abzulehnen: „Taktisch wird es für den Westen darauf ankommen, nach Möglichkeit die östliche Antwort, wie sie unseren Vorstellungen entgegenkommt, von der Bindung an die Annahme der östlichen Datenbasis zu trennen. Der Osten hat hier selbst einen Spalt geöffnet, den es zu vergrößern gilt: Schon jetzt akzeptiert der Osten eine wenn auch nur leicht asymmetrische Reduktion". Innerhalb der kollektiven Gesamthöchststärken befänden sich „eindeutig nationale ceilings. Es wird gefordert, daß die nationalen Reduzierungsquoten zum Gegenstand eines Abkommens bereits in Phase I gemacht werden. Dadurch hätte der Osten das Prinzip der Kollektivität durchbrochen und besäße ein praktisches Mitspracherecht in der Organisation der westlichen Verteidigung." Zudem besäße die UdSSR die Möglichkeit, bei Truppenreduzierungen eines ihrer Bündnispartner die eigenen Kontingente im Reduzierungsraum zu erhöhen, was keinesfalls akzeptiert werden könne: „Der Osten hat bisher nicht klarzustellen vermocht, was die geforderte Äquivalenz in Bezug auf Reduzierungen in Einheiten und Waffen für die Phase II bedeutet. Solange diese Klarstellung in einer für den Westen akzeptablen Form nicht erfolgt ist, muß das Rücktrittsrecht der Sowjets (und Amerikaner) von ihren Gesamtverpflichtungen vom Westen als unzulässiger Pressionsversuch gekennzeichnet und zurückgewiesen werden." Vgl. VS-Bd. 11491 (221); B 150, Aktenkopien 1978.

I. Der Vorschlag des Warschauer Pakts im Licht der sowjetischen Sicherheitsinteressen gegenüber Westeuropa

Der Vorschlag des Warschauer Pakts vom 7. Juni 1978 zeigt keine Veränderung der sowjetischen Interessenlage bei MBFR (vgl. dazu DB Nr. 4247 vom 13.12.1977 – Pol 372 VS-v[4]) an. Die Übernahme einiger westlicher Positionen bedeutet keine prinzipielle Wandlung des sowjetischen approach für eine Regelung. Die Ausgestaltung des Vorschlags läßt erkennen, daß die Sowjetunion ihre Zielsetzungen bei MBFR in allen wesentlichen Punkten aufrechterhält. Gleichwohl sollte – auch bei unserer öffentlichen Behandlung des östlichen Schrittes – gewürdigt werden, daß mit der Übernahme einiger Elemente des westlichen Vorschlags[5] der Warschauer Pakt aus sowjetischer Sicht einen erheblichen Schritt auf den Westen zu gemacht hat und er einen wichtigen Beitrag zum Fortgang der Verhandlungen bildet.

1) Die Sowjetunion ist nicht bereit, eine substantielle Reduzierung ihrer militärischen Großmachtposition in Mitteleuropa in Aussicht zu nehmen. Gerade dadurch, daß sie eine Sonderbehandlung für sich (und auch für die USA) ablehnt – der Vorschlag des Warschauer Pakts unterscheidet in der zweiten Phase nicht zwischen Stationierungsstreitkräften und nationalen Streitkräften –, möchte die Sowjetunion ihre Sonderstellung als hegemoniale Stationierungsmacht in Mittel- und Osteuropa erhalten.

2) Die Sowjetunion hält an ihrem Ziel fest, Stabilität durch Ungleichgewicht zu gewährleisten. Nur zum Schein läßt sie sich auf Parität durch Festlegung kollektiver Höchststärken bei den Landstreitkräften ein: Der Vorschlag des Warschauer Pakts sieht eine Verifikation der nach Reduzierung erreichten Stärken nicht vor. Er geht von Zahlen aus, die, bei Zugrundelegung korrekter Daten, das Ziel der Reduktion (700 000 Mann) nicht erreichen lassen, weil die WP-Stärken im Reduzierungsraum nach westlichen Erkenntnissen zu niedrig angesetzt sind.

3) Aus dem Vorschlag des Warschauer Pakts geht hervor, daß die Sowjetunion weiterhin die Absicht verfolgt, durch Festsetzung nationaler Höchststärken Einfluß auf die Verteidigungsstruktur des westlichen Bündnisses zu nehmen.

4) Insbesondere zeigt die Sowjetunion damit, daß sie – jedenfalls noch – daran festhält, durch Einführung des Sonderregimes nationaler Höchststärken die Bundesrepublik Deutschland gegenüber vergleichbaren westlichen Staaten im Status zu reduzieren und sie damit innerhalb der westlichen Gemeinschaft auszusondern. Dies gilt im Verhältnis zu westlichen MBFR-Teilnehmern, deren politische Stellung mit der der Bundesrepublik Deutschland vergleichbar ist und die vom Sonderregime nationaler Höchststärken nur in Teilen ihrer bei uns stationierten Verbände betroffen, während bei der Bundesrepublik Deutschland das gesamte nationale Potential einbezogen wäre.[6] Das trifft darüber hinaus aber auch im Verhältnis zu den anderen westlichen Mittelmächten zu, die an MBFR nicht teilnehmen. Im Ergebnis würde die Bundesrepublik Deutschland sowohl im Verhältnis zu den Weltmächten als auch im Kreis der übrigen

---

[4] Für den Drahtbericht des Botschafters Wieck, Moskau, vgl. AAPD 1977, II, Dok. 363.
[5] Zur Initiative der an den MBFR-Verhandlungen teilnehmenden NATO-Mitgliedstaaten vom 19. April 1978 vgl. Dok. 110.
[6] So in der Vorlage.

Industriestaaten von Gewicht als einzige ein Sonderregime im Bereich der konventionellen Streitkräfte aufweisen.

5) Die Sowjetunion setzt auf eine weitere Vertiefung des Ungleichgewichts auch noch nach Abschluß eines MBFR-Abkommens. Die Regelung, die der Vorschlag des Warschauer Pakts für den Ausgleich etwaiger einseitiger Reduzierungen vorsieht, zeigt das Bestreben der Sowjetunion, autonome Reduktionen, zu denen einige westliche Teilnehmer mit Ausnahme der Bundesrepublik Deutschland aus wirtschaftlichen oder sonstigen innenpolitischen Gründen gezwungen sein könnten, durch Einführen von Regeln, die eine völlige Kompensation eventuell verhindern, zu fixieren. Gleiches gilt für die aus sowjetischer Sicht immer gegebene Möglichkeit des einseitigen Abzugs der USA aus Europa.

Den möglicherweise im Westen von innen her entstehenden Zwängen zu Reduktionen stünde die östliche Blockdisziplin gegenüber. Die NATO könnte gegenüber dem Warschauer Pakt infolge interner Entwicklungen und durch MBFR eingegangener Beschränkungen ihrer Handlungsfreiheit geschwächt werden. Die Sowjetunion wäre ihrem Ziel, eine Machtlage in Westeuropa herbeizuführen, aus der sich Möglichkeiten sowjetischer Einflußnahme ergeben könnten, ein Stück nähergekommen.

II. Der Vorschlag des Warschauer Pakts im Licht des deutsch-sowjetischen Verhältnisses

1) Die Botschaft hat schon früher hervorgehoben, daß ein wichtiges Element der sowjetischen Interessenlage bei MBFR die durch historische Reminiszenzen bedingte sowjetische Fixierung auf die Bundeswehr ist. Sie hat betont, daß die Sowjetunion sich durch eine MBFR-Regelung vor allem uns gegenüber „absichern" will (siehe DB Nr. 4247 vom 13.12.1977 – Pol 372 VS-v). So zielt die in sowjetischen Verlautbarungen zu MBFR häufig anzutreffende Feststellung, daß durch Festsetzung nationaler Höchststärken Manipulationen innerhalb des vereinbarten Reduzierungsrahmens ausgeschlossen würden, vor allem auf die Bundeswehr. Die Vorschläge des Warschauer Pakts für nationale Höchststärken und Ausgleich einseitiger Reduktionen lassen erneut die Absicht der Sowjetunion erkennen, über ein MBFR-Abkommen das militärische Potential der Bundesrepublik Deutschland im westlichen Bündnis einzugrenzen und zu relativieren. Das Vertrauen, das als Ergebnis des Besuchs von Breschnew in der Bundesrepublik Deutschland[7] als ein Element des deutsch-sowjetischen Verhältnisses herausgestellt wurde, kommt im Vorschlag des Warschauer Pakts noch nicht zum Ausdruck.

2) Der Vorschlag des Warschauer Pakts wirkt eilig vorgelegt. Die zurückhaltenden sowjetischen Reaktionen auf den westlichen Vorschlag in den Reden Breschnews von Wladiwostok[8] und Gromykos vor der VN-SGV über Abrü-

---

[7] Der Generalsekretär des ZK der KPdSU, Breschnew, besuchte die Bundesrepublik vom 4. bis 7. Mai 1978. Vgl. dazu Dok. 135, Dok. 136, Dok. 142 und Dok. 143.

[8] Für den Wortlaut der Rede des Generalsekretärs des ZK der KPdSU, Breschnew, vor Teilnehmern einer Übung der sowjetischen Pazifikflotte am 7. April 1978 in Wladiwostok vgl. BRESCHNEW, Wege, Bd. 7, S. 296–301.
Zur Initiative der an den MBFR-Verhandlungen teilnehmenden NATO-Mitgliedstaaten vom 19. April 1978 äußerte sich Breschnew in einer Rede auf dem XVIII. Kongreß des Kommunistischen Jugendverbands der UdSSR am 25. April 1978. Er führte aus: „Dieser Tage haben die westlichen Länder in Wien allerdings etwas modifizierte Vorschläge unterbreitet. In ihnen werden die Überle-

stung[9] vermitteln den Eindruck, daß der Warschauer Pakt ursprünglich nicht die Absicht hatte, noch in der gegenwärtigen MBFR-Verhandlungsrunde[10] einen Gegenvorschlag einzubringen. Bondarenko sagte mir noch wenige Tage vor Einführung des östlichen Vorschlags, daß mit einer baldigen Reaktion des Warschauer Pakts auf den westlichen Vorschlag nicht zu rechnen sei.

Es ist zu vermuten, daß die Sowjetunion die Ergebnisse des Breschnew-Besuchs in Form der allgemeinen Prinzipien der Gemeinsamen Deklaration – so wie die Sowjetunion sie sieht – in eine MBFR-Regelung umsetzen will und dadurch die Bedeutung des Besuchs für ihre Entspannungspolitik konkretisieren möchte. Es ist nicht auszuschließen, daß die Sowjetunion speziell uns gegenüber initiativ wird und für den Vorschlag des Warschauer Pakts wirbt. Sie dürfte sich insbesondere bemühen, uns gegenüber die Prinzipien der Gemeinsamen Deklaration über annähernde Gleichheit und Parität[11] und über die Beteiligung der Streitkräfte beider Länder an Verringerungen im Rahmen von MBFR als den Vorschlägen des Warschauer Pakt entsprechend auszugeben.

3) Nach meinem Eindruck haben sich mit dem Vorschlag des Warschauer Pakts die Aussichten für eine Regelung in der ersten Phase verbessert. Auch in der Frage der Parität hat die Sowjetunion durch das Zugeständnis asymmetrischer Reduktionen in der ersten Phase ein Zugeständnis gemacht, auf dem weitere Verhandlungen aufbauen könnten.

Danach rückt die Frage nationaler Höchststärken und damit vor allem die sowjetische Sicht der Stellung der Bundesrepublik Deutschland im Rahmen einer MBFR-Regelung immer mehr in den Mittelpunkt. Mit dem Vorschlag des Warschauer Pakts ist MBFR auch zu einer Frage des deutsch-sowjetischen Verhältnisses selbst geworden. Es ist wichtig, diesem Umstand auch im Rahmen des politischen Dialogs zwischen uns und der Sowjetunion unsere Aufmerksamkeit zu widmen.

[gez.] Wieck

VS-Bd. 11491 (221)

Fortsetzung Fußnote von Seite 973

gungen der sozialistischen Staaten zu einem gewissen Grade berücksichtigt, wenn auch der allgemeine Eindruck eines einseitigen Herangehens eindeutig erhalten bleibt." Vgl. BRESCHNEW, Wege, Bd. 7, S. 333.

[9] Der sowjetische Außenminister Gromyko führte am 26. Mai 1978 vor der UNO-Sondergeneralversammlung über Abrüstung vom 23. Mai bis 30. Juni 1978 in New York aus: „The reason why over a number of years there has been no progress at the negotiations on the reduction of armed forces and armaments in Central Europe is that the Western participants in the negotiations insist without any grounds on the so-called asymmetrical reduction of the armed forces and armaments of the sides to the detriment of the security of the socialist States. And though somewhat revised proposals submitted by Western countries in mid-April of this year are to a significant degree also one-sided, the Soviet Union is ready to do all in its power to reach mututally acceptable solutions at the Vienna talks." Vgl. das Redemanuskript; Referat 222, Bd. 113001.

[10] Die 15. Runde der MBFR-Verhandlungen fand vom 18. Mai bis 19. Juli 1978 in Wien statt.

[11] Vgl. dazu Ziffer III der Gemeinsamen Deklaration vom 6. Mai 1978 anläßlich des Besuchs des Generalsekretärs des ZK der KPdSU, Breschnew, vom 4. bis 7. Mai 1978 in der Bundesrepublik; Dok. 143, Anm. 19.

194

Aufzeichnung des Ministerialdirektors Meyer-Landrut

321-321.10 SOM   21. Juni 1978[1]

Über Herrn Staatssekretär Herrn Bundesminister zur Billigung vorgelegt.

Betr.: Besuch des somalischen Staatspräsidenten Mohammed Siad Barre, in der Bundesrepublik Deutschland, 18. bis 20.6.1978
hier: Gespräch mit dem Herrn Bundesminister am 20.6.1978

Anlg.: Zwei Vermerke von Botschafter Metternich über das Gespräch Präsident Siad Barres mit dem Bundeskanzler[2] und Staatsminister Wischnewski[3]

I. Das fast zweistündige Gespräch des Bundesministers mit dem somalischen Präsidenten am 20.6.1978, das sich an den Gedankenaustausch mit dem Bundeskanzler am Vortag (an dem sich auch der Bundesminister beteiligt hatte) anschloß, gab die Gelegenheit, Präsident Siad erneut auf die Notwendigkeit einer realistischen, auf Gewaltverzicht gegenüber den Nachbarn Somalias fußenden Politik hinzuweisen. Präsident Siad bekräftigte seine am Vortag gegenüber dem Bundeskanzler gemachte Zusicherung, daß er keine gewaltsame Lösung der Streitfragen am Horn von Afrika anstrebe. Der Bundesminister sagte ihm insofern eine diplomatische Unterstützung Somalias durch die Bundesregierung im Kreise ihrer westlichen Partner zu und regte eine Informationskampagne mit Hilfe des Westens über die wahren Absichten Somalias an.

In der Beurteilung der sowjetischen Politik in Afrika waren sich beide Gesprächspartner grundsätzlich einig, wenn auch eine starke somalische Tendenz zur Dramatisierung der Lage nicht zu verkennen war. Eindeutig war auch der Wunsch, die Probleme am Horn von Afrika als einen Ausfluß des Ost-West-Konflikts darzustellen und die afrikanische Konfliktbeteiligung herunterzuspielen.

Deutlich wurde auch der somalische Wunsch einer Anlehnung an Westeuropa. Der Bundesrepublik Deutschland als dem in diesem Rahmen wirtschaftlich potentesten Partner kam in Siads Äußerungen eine besondere Bedeutung zu, die sich auch auf unsere politischen Möglichkeiten erstreckt.

II. Aus dem in freundschaftlich-offener Atmosphäre verlaufenen Gespräch ist im einzelnen festzuhalten:

1) Der Bundesminister stellte einleitend fest, daß Afrika (wie auch Nahost) in einem nachbarlichen Verhältnis zu Europa steht und mit diesem eine aus histo-

---

[1] Die Aufzeichnung wurde von Vortragendem Legationsrat Ueberschaer und Botschafter Metternich, z. Z. Bonn, konzipiert.
Hat Vortragendem Legationsrat I. Klasse Lewalter am 30. Juni 1978 vorgelegen.

[2] Dem Vorgang beigefügt. Für die Aufzeichnung vgl. Referat 010, Bd. 178782.
Für das Gespräch vgl. Dok. 192.

[3] Dem Vorgang beigefügt. Botschafter Metternich, z. Z. Bonn, vermerkte am 21. Juni 1978 zum Gespräch des Staatsministers Wischnewski, Bundeskanzleramt, mit Präsident Siad Barre am 19. Juni 1978, Wischnewski habe zugesagt, daß die Bundesregierung Somalia auch in Zukunft unterstützen werde, „nicht nur materiell, sondern auch politisch". Sie werde im zweiten Halbjahr 1978 die EG-Ratspräsidentschaft innehaben und „auch in diesem Rahmen bei Möglichkeit ein gutes Wort für Somalia einlegen". Vgl. Referat 010, Bd. 178782.

rischen und sonstigen Gründen gemeinsame Verantwortung bei der Wahrung des Friedens trägt.

- Die Bundesregierung ist bezüglich der sowjetischen Expansionsbestrebungen in Afrika mit Somalia im Prinzip der gleichen Meinung. Der Weltkommunismus ist von Natur aus expansiv angelegt. Dies bedeutet allerdings nicht, daß die Sowjetunion zwangsläufig auf eine kriegerische Auseinandersetzung zusteuert. Wohl ist aber Moskau jederzeit bereit, Kapital aus den Schwächen und Fehlern der anderen zu schlagen.
- Ziel der deutschen Afrikapolitik ist es, jene Länder in ihren Stabilisierungsbemühungen zu unterstützen, die ihre Unabhängigkeit und Selbständigkeit wahren wollen. Dies bedeutet nicht notwendigerweise, daß wir bei diesen Staaten eine pro-westliche Einstellung voraussetzen.
- In dieser Politik ist der Westen allerdings mit gewissen Hypotheken wie Namibia, Rhodesien und Südafrika belastet, die er nach Kräften und nach bestem Wissen und Gewissen im Sinne einer demokratischen und menschlichen Lösung abzutragen trachtet. Allerdings werden diese Schwierigkeiten von Moskau unter dem Deckmantel des „Kampfes gegen den Kolonialismus" – leider nicht ganz ohne Erfolg – gegen den Westen propagandistisch ausgeschlachtet. In Wirklichkeit versucht die Sowjetunion, neue Formen kolonialer Abhängigkeit zu schaffen. Beispiele davon gibt es z. B. in Osteuropa genug.
- Der Stabilisierung afrikanischer Länder dient in ganz besonderem Maße die Überwindung von Streitigkeiten, die alle beteiligten Staaten lähmen und damit der sowjetischen Einflußnahme Tür und Tor öffnen. Der Bundesminister bezog sich in diesem Zusammenhang auf seinen Vorschlag einer verbindlichen Grenzgarantie durch Somalia (Gespräch bei dem Bundeskanzler). Der Bundesregierung ist das Problem nicht unbekannt: Der Gewaltverzicht ist die Grundlage unserer Ostverträge, mit denen wir sowohl die friedenfördernde Stabilität Europas gestärkt als auch – durch den Brief zur deutschen Einheit[4] – die nationalen Ansprüche des deutschen Volkes gewahrt haben. Bei der Aufstellung der KSZE-Prinzipien ist es uns gelungen, entgegen der ursprünglichen sowjetischen Absicht, den Status quo Nachkriegseuropas einzufrieren, die Unverletzlichkeit der Grenzen mit der Möglichkeit deren friedlicher Veränderung zu kombinieren.[5] Eine solche stabilisierende und zugleich für die Zukunft offene Realität zu schaffen, liegt auch im Interesse Somalias, das sich – wie die Bundesregierung – damit eine größere politische Handlungsfreiheit sichern kann.
- Die deutschen Interessen decken sich insofern direkt mit denen Somalias, als die größere Handlungsfreiheit auch die geopolitische Lage dieses befreundeten Staates am Horn von Afrika verbessert.

---

[4] Für den Wortlaut des „Briefs zur deutschen Einheit", der anläßlich der Unterzeichnung des Vertrags vom 12. August 1970 zwischen der Bundesrepublik und der UdSSR im sowjetischen Außenministerium übergeben wurde, vgl. BUNDESGESETZBLATT 1972, Teil II, S. 356.
Einen wortgleichen Brief richtete Staatssekretär Bahr, Bundeskanzleramt, an den Staatssekretär beim Ministerrat der DDR, Kohl, anläßlich der Unterzeichnung des Vertrags vom 21. Dezember 1972 über die Grundlagen der Beziehungen zwischen der Bundesrepublik und der DDR. Für den Wortlaut vgl. BUNDESGESETZBLATT 1973, Teil II, S. 425.

[5] Vgl. dazu Punkt I der Prinzipienerklärung der KSZE-Schlußakte vom 1. August 1975; SICHERHEIT UND ZUSAMMENARBEIT, Bd. 2, S. 915.

– Neben diesem allgemeinstrategischen Interesse besteht als weiteres deutsch-somalisches Bindeglied die sich aus der Hilfe im Falle der Flugzeugentführung[6] ergebenden freundschaftlichen Gefühle des deutschen Volkes gegenüber Somalia.

2) Präsident Siad betonte eingangs den Wert persönlicher Kontakte – beziehungsweise seines eigenen Besuchs – zwecks Klarstellung der Standpunkte.

– Er und manche andere afrikanische Staatsmänner sind einer anderen Meinung als der – unbegreiflicherweise – passive Westen hinsichtlich der sowjetischen Aggressivität. Die sowjetische Expansionspolitik ist nicht von gradueller, „natürlicher" Art, sondern durchaus offensiv angelegt, wobei ideologische Aspekte hinter dem nackten Machtanspruch einer Supermacht zurücktreten. Insofern kann man kaum von „philosophischer" Expansion und nur von gelegentlichem „Zugreifen" sprechen.

– Die Sowjets greifen in ihrer Aggressionspolitik auf Mittelsmänner zurück und machen sich die Unsicherheit und Konfusion zunutze, die – als natürlicher Vorgang – sich in Afrika in der derzeitigen Übergangsphase manifestieren. Auch in der europäischen Geschichte gibt es solche Beispiele fremder Intervention infolge innerer Zerstrittenheit und Schwäche. Zur Destabilisierung in Afrika genügt eine Handvoll Provokateure.

– Die Uneinigkeit der Afrikaner ist zum guten Teil auf die Europäer selbst zurückzuführen, die die Afrikaner in unterschiedlicher, sich widersprechender Weise beeinflussen. Diese Beeinflussung geht trotz gegenteiliger Äußerungen der Afrikaner durchaus weiter. Die Meinung der ohnehin weitgehend europäisch ausgebildeten Führungskräfte wird tatsächlich durch westliche Medien etc. geprägt. Dies wiederum schafft große Verpflichtungen für die Europäer, die Afrika im Sinne größerer kontinentaler Zusammenarbeit und Harmonie beraten sollten.

– Im übrigen sollen die Afrikaner die Möglichkeit erhalten, sich selbst zu verteidigen. Die Waffenhilfe darf freilich keine neokolonialistischen Züge tragen.

3) Zu Namibia

Auf die Frage des Ministers, wie sich Siad die Rolle des Westens vorstelle, antwortete der Präsident in allgemeiner Form, der Westen müsse „sofort" das Gebiet verlassen, um den Kubanern den Vorwand zu nehmen, bewaffnet einzugreifen. Eine Lösung sei im übrigen einfach, wenn man die Afrikaner nicht übermäßig unter Druck setze. Möglicherweise fühlten sich die namibischen Führungskräfte (SWAPO?) Angola gegenüber verpflichtet, nicht aber der Sowjetunion.

4) Zur Frage somalischer Grenzgarantien

Siad betonte die Unterschiedlichkeit der Beziehungen zu den drei Nachbarstaaten: Dschibuti sei vor allem auf somalisches Betreiben unabhängig geworden[7], Somalia habe als erster Staat einen Botschafter entsandt, er, Siad, habe

---

[6] Zur Entführung der Lufthansa-Maschine „Landshut" am 13. Oktober 1977 und ihrer Erstürmung am 18. Oktober 1977 in Mogadischu vgl. Dok. 1, Anm. 9.

[7] Zur Anerkennung der am 27. Juni 1977 in Kraft tretenden Unabhängigkeit von Dschibuti durch Somalia vgl. Dok. 1, Anm. 20.

offiziell gesagt, er hege keine Ambitionen gegen die Nachbarrepublik; Äthiopien sei zwar ein klassischer Kolonialfall, Somalia übe jedoch keinerlei Gewalt gegen das Land aus – vielmehr gehe es um eine Auseinandersetzung zwischen der westsomalischen Bevölkerung und Addis Abeba[8]; Kenia gegenüber habe er, Siad, zahlreiche Avancen gemacht, Nairobi habe ihn aber nie mit einer Antwort beehrt. Vielmehr behaupte Kenia wider besseres Wissen in aller Welt, Somalia wolle es angreifen.

In allen drei Fällen habe Somalia demnach auf Gewalt verzichtet. Wer besser als er selbst könne eine solche Gewaltverzichtserklärung abgeben. Er sei bereit, diese uns gegenüber „schriftlich zu geben" (die Zusage dürfte allerdings kaum wörtlich gemeint gewesen sein, zumal Siad sich anschließend dahingehend korrigierte, er habe Präsident Carter seine Bereitschaft zum Gewaltverzicht erklärt). Auch dem britischen Minister of State, Ted Rowlands, habe er jüngst in Mogadischu die gleichen Zusicherungen gegeben.[9] Im übrigen sei er bereit, uns die entsprechenden Memoranden, die er an Kenia geschickt habe, zu zeigen.

Der Bundesminister hielt Siads Äußerungen fest: Die Gewaltverzichtserklärung, die der Präsident gegenüber dem Bundeskanzler und gegenüber ihm selbst gegeben habe, sei für die Bundesregierung „bedeutend". Er fühle sich auch autorisiert, unseren westlichen Partnern gegenüber davon Gebrauch zu machen. Sein ungebetener Rat sei es, eine Informationskampagne auch durch die USA, GB u. a. über die wahren Absichten Somalias in die Wege zu leiten. Die Bundesregierung sei an dem Bekanntwerden der friedlichen Absichten Somalias interessiert.

5) Abschließend betonte Präsident Siad erneut die große Bedeutung, die er der europäisch-somalischen Zusammenarbeit beimesse. Somalia sei mit seinen Bodenschätzen (Erdöl, Uran, Kupfer), seiner langen Küste, seinem Viehreichtum etc. ein guter Partner, der aber der uneigennützigen Hilfe von befreundeter Seite bedürfe. Somalia sei ideologisch und psychologisch unvoreingenommen. Er rufe die Bundesregierung auf, sich in Somalia noch stärker als bisher zu engagieren.

Meyer-Landrut

Referat 010, Bd. 178782

---

[8] Zum Ogaden-Konflikt vgl. Dok. 67.
[9] Botschafter Metternich, Mogadischu, berichtete am 13. Juni 1978, der Staatsminister im britischen Außenministerium, Rowlands, habe sich vom 8. bis 11. Juni 1978 zu einem „Routine-Besuch" in Somalia aufgehalten. Der Besuch habe Rowlands „von Ernsthaftigkeit somalischen Frontenwechsels überzeugt und ihn in der Ansicht bestärkt, daß der Western, insbesondere die EG-Staaten, sich noch stärker als bisher in Somalia engagieren sollten". Präsident Siad Barre habe geäußert, gegenüber Äthiopien „müsse man sich verhalten wie zu expandierendem, imperialistischem Kolonialstaat (letztere Äußerung impliziert nach Ansicht Rowlands nicht unbedingt kriegerische Auseinandersetzung)". Vgl. den Drahtbericht Nr. 252; Referat 320, Bd. 116828.

195

Gespräch des Bundeskanzlers Schmidt mit Kronprinz Fahd

VS-NfD   21. Juni 1978[1]

Vermerk über das Gespräch des Bundeskanzlers mit Kronprinz Fahd am 21. Juni 1978 von 17.30 bis 18.30 Uhr[2]

Weitere Teilnehmer: StS Mansouri, Botschafter Khiraiji, MD Ruhfus, Dolmetscher.

Bundeskanzler begrüßt, daß Kronprinz Fahd auch mit führenden Parlamentariern zusammentrifft.[3] Die Opposition liege in der Nahostpolitik auf einer ähnlichen Linie wie die Bundesregierung. Sowohl im Kreise der Koalitionsparteien wie im Kreise der Opposition gebe es einige pro-israelische Kräfte. Durch den mutigen Schritt Sadats[4] und durch die reservierte Reaktion Begins gebe es jedoch einen Umschwung in unserer öffentlichen Meinung.

Fahd ergänzt, einen Umschwung in Europa und in den USA.

Bundeskanzler: Sadat habe ihn als Persönlichkeit sehr beeindruckt.[5] Er bittet um die Einschätzung von Sadats Politik durch Fahd.

Fahd: Sadat habe ernsthafte Probleme. Auch die arabischen Völker, die Sadats Initiative unterstützten, hätten den Eindruck, daß die Initiative keine konkreten Erfolge gebracht habe. Aber Sadat sei nach wie vor ein starker Mann. Er habe den Willen, seine Ziele zu erreichen, und werde dabei bis zum bitteren Ende gehen. Welche Konsequenzen Sadat aus der starren israelischen Haltung ziehen werde, sei schwer vorauszusehen. Saudi-Arabien unterstütze Sadat soweit wie möglich. Aber die ganze Welt müsse ihm helfen. Die gegen Sadat gerichteten Staaten versuchten, Sadats Image zu verschlechtern. Die arabischen Völker seien mit der israelischen Haltung unzufrieden und daher anfällig für gegen Sadat gerichtete Propaganda.

Bundeskanzler weist auf positiven Umschwung hin, der durch Sadats Initiative in westlicher Öffentlichkeit eingetreten ist. Ohne Sadats Schritt hätte der ame-

---

[1] Ablichtung.
Die Gesprächsaufzeichnung wurde von Ministerialdirektor Ruhfus, Bundeskanzleramt, gefertigt und am 23. Juni 1978 an Vortragenden Legationsrat I. Klasse Lewalter übermittelt. Dazu vermerkte er: „Lieber Herr Lewalter, beigefügt übersende ich Ihnen die Vermerke über die Gespräche des Herrn Bundeskanzlers mit Kronprinz Fahd am 21. Juni 1978 nachmittags und abends für die Unterrichtung des Auswärtigen Amts. Der Herr Bundeskanzler hat den Vermerken noch nicht zugestimmt."
Hat Lewalter am 23. Juni 1978 vorgelegen, der handschriftlich vermerkte: „H[errn] Minister wegen des Gespr[ächs] v[om] 21.6. zu Nahost!"
Hat laut handschriftlichem Vermerk des Legationsrats I. Klasse Dröge Bundesminister Genscher vorgelegen. Vgl. das Begleitschreiben; VS-Bd. 14076 (010); B 150, Aktenkopien 1978.
[2] Kronprinz Fahd hielt sich vom 21. bis 23. Juni 1978 in der Bundesrepublik auf.
[3] In der Presse wurde gemeldet, Kronprinz Fahd habe Gespräche mit den Parteivorsitzenden Brandt (SPD), Kohl (CDU) und Strauß (CSU) geführt. Vgl. dazu den Artikel „Fahd tritt für Stabilität in Europa ein"; DIE WELT vom 23. Juni 1978, S. 2.
[4] Zur Friedensinitiative des Präsidenten Sadat vgl. Dok. 3, Anm. 7.
[5] Bundeskanzler Schmidt hielt sich im Rahmen einer Urlaubsreise vom 27. Dezember 1977 bis 6. Januar 1978 in Ägypten auf. Vgl. dazu AAPD 1977, II, Dok. 378 und Dok. 379.

rikanische Kongreß nicht die positive Entscheidung über die Flugzeuglieferungen auch an Saudi-Arabien[6] getroffen. Das müßten die arabischen Völker Sadat gutschreiben.

Fahd: Die arabischen Völker hätten Sympathien für die Initiative Sadats, aber sie warteten auf konkrete Ergebnisse. Diese Ergebnisse könnten in erster Linie von den USA und Europa herbeigeführt werden. Deshalb seien große Hoffnungen auf den Bonner Gipfel[7] gerichtet. Dort sollten Zeichen gesetzt werden, die der israelischen Bevölkerung zeigen, daß die israelische Regierung sich auf falschem Wege befindet.

Bundeskanzler: Es gebe im Westen Regierungen, die Angst hätten, sich zu stark mit Sadat zu liieren wegen der reservierten Haltung anderer arabischer Staaten. Die amerikanische Regierung müsse Rücksicht nehmen auf die jüdischen Wähler an der Ostküste. Carters Spielraum sei nicht so groß, wie man es sich wünschen würde. Der Beratung Carters durch Saudi-Arabien komme große Bedeutung zu. Es sei schade, daß Carter auf seiner großen Reise nur einen kurzen Besuch in Assuan habe einplanen können.[8]

Er (der Bundeskanzler) habe seinen langen Besuch zum Jahreswechsel auch als öffentliche Demonstration für Sadats Politik durchgeführt. Dies sei nicht ohne innenpolitisches Risiko gewesen. Es gebe nach wie vor, und dazu zähle er sich auch selbst, Deutsche, die sich mit Hitlers Verbrechen an sechs Millionen Juden nicht abgefunden hätten. Das Schuldbewußtsein werde allerdings durch Sadats tapferen Schritt und durch die reservierte Reaktion Begins, die wenig Verständnis finde, überwunden.

Er schiebe einen Besuch in Israel vor sich her, da Gespräche mit Begin nur zu fruchtlosen Diskussionen führen würden.[9]

Fahd: Er stimme zu, daß es einen starken Druck der israelischen Lobby auf Präsident Carter gebe. Er teile auch die Einschätzung der Bedeutung der Entscheidung über die Flugzeuglieferungen.

Carter brauche Rat und Unterstützung anderer Staatsmänner. Wenn die Europäer sich bei Carter für Sadats Initiative aussprechen, werde dies Carters Stellung stärken.

Er habe über 100 Besuchern aus dem amerikanischen Kongreß den saudischen Standpunkt dargelegt und viele amerikanische Vertreter überzeugt. Auch Senator Javits habe den saudischen Standpunkt bei der Abstimmung im Kongreß unterstützt.

Bundeskanzler berichtet über sein Gespräch mit Senator Javits[10], das ihn beeindruckt habe. Nach seiner Einschätzung nehmen Rabin, Allon und Peres für die

---

[6] Zu den geplanten amerikanischen Flugzeuglieferungen nach Ägypten, Israel und Saudi-Arabien vgl. Dok. 165, Anm. 27.

[7] Zum Weltwirtschaftsgipfel am 16./17. Juli 1978 vgl. Dok. 225.

[8] Präsident Carter besuchte vom 29. bis 31. Dezember 1977 Polen, vom 31. Dezember 1977 bis 1. Januar 1978 den Iran, vom 1. bis 3. Januar 1978 Indien, am 3./4. Januar 1978 Saudi-Arabien, am 4. Januar 1978 Ägypten, vom 4. bis 6. Januar 1978 Frankreich und am 6. Januar 1978 Belgien. Zum Aufenthalt in Frankreich und Belgien vgl. Dok. 9.

[9] Zur Frage eines Besuchs des Bundeskanzlers Schmidt in Israel vgl. Dok. 178, Anm. 4.

[10] Botschafter Freiherr von Wechmar, New York (UNO), berichtete am 30. Mai 1978, daß Bundeskanzler Schmidt am Vortag mit dem amerikanischen Senator Javits zusammengetroffen sei. Vgl. dazu den Drahtbericht Nr. 1269; Referat 222, Bd. 113001.

Mapai eine bewegliche Haltung ein. Bei Likud sei wohl Weizman am positivsten eingestellt.

Er werde bei Carters Besuch ausführlich über die Nahost-Problematik sprechen.[11] Er sei aber nicht sicher, ob heute jemand in den USA sich der Nahost-Problematik mit dem gleichen Nachdruck wie Kissinger annehme.

Als USA und Sowjetunion im Herbst 1977 die gemeinsame Erklärung zur Nahostpolitik abgaben[12], habe man auf einen neuen Beginn gehofft. Diese Erwartungen haben sich nicht erfüllt.

Aus den Gesprächen mit dem syrischen Außenminister[13] und mit der Arabischen Liga habe er den Eindruck gewonnen, daß die Sowjetunion Einfluß auf die Willensbildung einiger arabischer Staaten habe. Er beobachte die herzliche Begrüßung Arafats in Moskau.[14] Ihm mißfalle die Politik Ghadafis. Alle diese Fakten zeigten aber, daß die Sowjetunion, wenn sie völlig ausgeschlossen würde, Wege finden könnte, um Unheil zu stiften.

An den Bonner Gipfel sollten keine zu großen außenpolitischen Erwartungen gestellt werden. Die wirtschaftspolitischen Fragen würden im Vordergrund stehen. Wir würden mit Nachdruck betonen, daß der Energieverbrauch und die Ölimporte reduziert werden müßten.

Fahd: Er teile die Einschätzung von Peres, Allon und Weizman. Er stimme dem Urteil des Bundeskanzlers über die Rolle Kissingers zu.

Saudi-Arabien habe die gemeinsame sowjetisch-amerikanische Nahost-Erklärung begrüßt und auf einen neuen Anfang gehofft.

Saudi-Arabien sei gleichfalls unglücklich über die Politik Ghadafis. Ghadafi sei nicht bei vollen geistigen Kräften. Arafat habe keine Alternative zur Sowjetunion. Seine (Fahds) Hauptsorge gelte aber nicht den Aktionen von Arafat und Ghadafi, sondern der Gefahr eines Scheiterns der Initiative von Sadat und den möglichen Schritten, mit denen Sadat hierauf reagieren werde.

Bundeskanzler fragt, ob er diese Einschätzung Carter mitteilen könne.

Fahd stimmt zu. Er hoffe, daß der Bundeskanzler Einvernehmen mit den Verbündeten darüber erzielen könne, daß eine Äußerung abgegeben wird, die Sadats

---

[11] Präsident Carter besuchte die Bundesrepublik vom 13. bis 17. Juli 1978. Vgl. dazu Dok. 219 und Dok. 223.

[12] Zu der am 1. Oktober 1977 in New York veröffentlichten gemeinsamen amerikanisch-sowjetischen Erklärung über den Nahen Osten vgl. Dok. 89, Anm. 12.

[13] Für das Gespräch mit dem syrischen Außenminister Khaddam am 8. Juni 1978 vgl. Dok. 178.

[14] Der Vorsitzende des Exekutivkomitees der PLO, Arafat, hielt sich vom 6. bis 9. März 1978 in der UdSSR auf. Botschafter Wieck, Moskau, teilte dazu am 10. März 1978 mit: „In den veröffentlichten Äußerungen lassen sich keine Anzeichen für eine grundsätzliche Änderung bisheriger Standpunkte der PLO und der UdSSR zu Nahost feststellen. Gegenüber Erkenntnissen aus dem letzten Besuch Arafats in Moskau Ende August 1977 [...] sind jedoch Akzentverschiebungen ersichtlich. Gromyko und Breschnew haben die Bedeutung geltender UN-Resolutionen für die Konfliktlösung nicht mehr besonders hervorgehoben. Die sowj[etische] Seite hat damit offenbar auf die Ablehnung der Res[olution] 242 durch die PLO Rücksicht genommen, ohne jedoch ihre eigene Position zu korrigieren. Dies dürfte vor allem durch das sowj. Streben motiviert worden sein, Arafat die öffentliche Unterstreichung der gewachsenen Solidarität progressiver arabischer Kräfte mit der SU (‚natürlicher Verbündeter') zu erleichtern." Von einer „völligen Identität der Ansichten der SU und der PLO zu Nahost" könne nach wie vor nicht die Rede sein: „Dem Versuch, die PLO stärker in das sowj. Interessenfeld hereinzuziehen, ist die SU durch den Besuch Arafats aber möglicherweise nähergekommen." Vgl. den Drahtbericht Nr. 814; Unterabteilung 31, Bd. 135589.

Initiative lobe und die die unnachgiebige Haltung Begins kritisiere. Eine derartige Empfehlung könne die Haltung der israelischen Bevölkerung beeinflussen. Dort gebe es bereits gegen Begin gerichtete Kräfte.

Er mache sich große Sorge, was Sadat tun werde, wenn er sehe, daß seine Initiative endgültig gescheitert sei. Er sei immerhin der Führer der größten arabischen Nation. Ein zweiter Sadat werde so schnell nicht folgen. Es sei sehr schade, wenn der Westen zu spät erkenne, welche Chance die Aktion von Sadat ihm verschafft habe. Wenn Sadat scheitere, werde der sowjetische Druck auf die gemäßigten arabischen Regierungen sehr stark zunehmen. Wenn man das sowjetische Vordringen in Afrika betrachte, könne man einschätzen, was die Sowjetunion bei den gereizten arabischen Völkern dann erreichen könne.

Jede Lösung, die nicht von den legitimen Rechten der Palästinenser ausgehe, werde scheitern. Auch Sadat habe die Interessen der Palästinenser nicht fallenlassen.

VS-Bd. 14076 (010)

196

Aufzeichnung des Ministerialdirektors Lautenschlager

422(403)-411.10 CHN-505/78 VS-v   21. Juni 1978[1]

Über Herrn Staatssekretär[2] Herrn Bundesminister[3]

Betr.: Rüstungsexportpolitik gegenüber der VR China

Anlg.: 1[4]

Zweck der Vorlage: Bitte um Zustimmung

I. Sachstand

1) Seit einiger Zeit mehren sich die Anzeichen für ein verstärktes Interesse der VR China an einer Rüstungszusammenarbeit mit westlichen Ländern und insbesondere auch mit der Bundesrepublik. Chinesische Rüstungsdelegationen haben bereits Frankreich[5] und Großbritannien[6] bereist; auf Einladung deut-

---

[1] Die Aufzeichnung wurde von Vortragendem Legationsrat I. Klasse Pabsch konzipiert.
Hat Vortragendem Legationsrat I. Klasse Lewalter am 6., 7. und 12. Juli 1978 vorgelegen.

[2] Hat Staatssekretär Hermes am 6. Juli 1978 vorgelegen.

[3] Hat Bundesminister Genscher am 6. Juli 1978 vorgelegen, der Staatssekretär van Well um Rücksprache bat und handschriftlich vermerkte „W[ieder]v[orlage] s[iehe] S[eite] 3. Die sehr vage Formulierung in dem Bericht über das Gespräch mit franz[ösischem] AM deckt keineswegs die Erklärung eines Einverständnisses mit den franz[ösischen] Lieferungen an VR China (wie auf S. 3 behauptet)." Vgl. Anm. 14 und 20.
Hat van Well am 13. Juli 1978 vorgelegen, der handschriftlich vermerkte: „Erl[edigt]".

[4] Dem Vorgang nicht beigefügt.

[5] Eine Militärdelegation der Volksrepublik China unter Leitung des Stellvertretenden Generalstabschefs Yang Cheng-wu hielt sich vom 15. bis 25. September 1977 in Frankreich auf. Brigadegeneral

scher Rüstungsfirmen hielten sich kürzlich zwei Delegationen aus der VR China zu Besuchen rüstungswirtschaftlicher Unternehmen in der Bundesrepublik auf.[7] Im Frühjahr d. J. hatte bereits eine Delegation chinesischer Militärsportler einige deutsche Rüstungsbetriebe besichtigt. Dieser Besuch, auf dessen Abwicklung das Auswärtige Amt keinen Einfluß hatte, hatte zu großer Publizität und zahlreichen Pressespekulationen über die Möglichkeit deutscher Rüstungslieferungen nach China geführt.

2) Bisher sind von offizieller chinesischer Seite Wünsche über Lieferungen von Rüstungsgütern noch nicht an uns herangetragen worden. Auch beim Besuch des Stellvertretenden chinesischen Ministerpräsidenten Ku Mu wurden solche Wünsche nicht geäußert.[8] Offenbar wollen die Chinesen zunächst feststellen, inwieweit sie ihren Bedarf bei anderen westlichen Ländern decken können, um sich danach darüber klarzuwerden, ob und welche Wünsche sie uns gegenüber äußern wollen.

3) Auch die von der Bundesrepublik und Frankreich gemeinsam entwickelten Panzerabwehrraketen „Hot" und „Milan" wollen die Chinesen – wohl in Kenntnis unserer restriktiven Politik – nicht von uns, sondern von Frankreich beziehen. Die französische Seite hatte uns im Herbst 1977 über diese Vorhaben unterrichtet[9]; wie wir inzwischen gehört haben, soll Frankreich die Lieferung mehrerer tausend Raketen des Typs „Hot" nach China planen[10]; auch ist an die Aufnahme einer umfangreichen Lizenzproduktion der „Hot" in der VR China gedacht, nach unseren Informationen kann das Gesamtprojekt ein Volumen von 6 Mrd. DM erreichen.

4) Aus der Bundesrepublik sind Rüstungsgüter bisher nicht an die VR China geliefert worden. Bei vier Hubschraubern des Typs BO-105, die MBB nach China exportiert hat[11], handelt es sich um eine rein zivile Version, die häufig

Fortsetzung Fußnote von Seite 982
    von Rosen, Paris, berichtete dazu „Neben der unzweifelhaften hohen außenpolitischen Bedeutung ist das wesentliche Ergebnis der Reise wohl in der Tatsache zu sehen, daß die Chinesen hier eine Art von ‚Offenbarungseid' hinsichtlich Ausrüstung und konventioneller Kampfkraft der Ch[inesischen] V[olksrepublik]-Streitkräfte geleistet und möglicherweise auch schon konkrete Wünsche ausgesprochen haben." Spekulationen über Großaufträge für Waffenexporte fehle allerdings wohl die Grundlage. Vgl. den Schriftbericht Nr. 24 vom 28. September 1977 an das Bundesministerium der Verteidigung; Referat 303, Bd. 103769.

6 Brigadegeneral Gail, London, berichtete am 16. Juni 1978, am nächsten Tag werde erstmals eine Gruppe von Rüstungsexperten aus der Volksrepublik China in Großbritannien eintreffen. Sie folge damit „britischer Einladung zur Besichtigung von Heeresausstellung in Aldershot und Teilnahme an Waffenvorführungen in Bovington und Lulworth. [...] GB hat Waffenkäufen nach China unter Berücksichtigung politischer und sicherheitsmäßiger Bedenken grundsätzlich zugestimmt." Vgl. den Drahtbericht Nr. 1402; Referat 341, Bd. 107512.

7 Zum Besuch einer Delegation aus der Volksrepublik China vgl. Dok. 165, Anm. 10.

8 Zum Besuch des chinesischen Stellvertretenden Ministerpräsidenten Ku Mu vom 28. Mai bis zum 6. Juni 1978 in der Bundesrepublik vgl. Dok. 177.

9 Im Gespräch mit Bundesminister Genscher am 10. November 1977 teilte der französische Außenminister de Guiringaud mit, daß die Volksrepublik China Interesse an einer Lieferung des Panzerabwehrsystems vom Typ „Hot" und der Panzerabwehrrakete vom Typ „Milan" bekundet habe. Vgl. dazu AAPD 1977, II, Dok. 329.

10 Zur möglichen Lieferung des Panzerabwehrsystems vom Typ „Hot" an die Volksrepublik China vgl. Dok. 188, besonders Anm. 13.

11 Vortragender Legationsrat I. Klasse Pabsch informierte die Botschaft in Moskau am 28. April 1978, sowjetische Meldungen über die Lieferung von Militärhubschraubern seien unzutreffend: „Bei den vier Ende 1976 an die VR China gelieferten Hubschraubern des Typs BO-105 handelt es sich um die Zivilversion, die nicht mit Raketen ausgerüstet werden kann. Verträge über weitere

mit dem erst in der Entwicklung befindlichen Panzerabwehrhubschrauber der Firma MBB verwechselt wird. Von dieser militärischen Version ist bisher noch kein Stück exportiert worden, eine Lieferung nach China steht nicht zur Diskussion.

II. Problematik

1) Auszugehen ist zunächst von der in der Bundesrepublik Deutschland geltenden Rechtslage. Nach den „Politischen Grundsätzen der Bundesregierung für den Export von Kriegswaffen und sonstigen Rüstungsgütern" vom 16.6.71 können Kriegswaffen (d. h. schweres Gerät sowie automatische Handfeuerwaffen) in kommunistische Länder nicht, sonstige Rüstungsgüter nur mit einstimmiger Zustimmung der COCOM-Mitglieder ausgeführt werden; die VR China ist in diesem Zusammenhang ausdrücklich als „kommunistisches Land" aufgeführt.[12] Im „Flächenpapier" vom 14.2.77 wird die Regelung bestätigt.[13] Diese Grundsätze haben weiterhin Geltung.

[14]2) Zu den französischen Absichten, die Panzerabwehrraketen „Hot" und „Milan" in die VR China zu liefern und ggf. dort Produktionsstätten zu errichten, hat der Herr Bundesminister dem französischen Außenminister am 13.6.78 bestätigt, daß wir ihnen nicht widersprechen werden.[15] Auf Weisung des Herrn Bundesministers hatte D 2[16] schon am 22.11.77 den Politischen Direktor im französischen Außenministerium davon unterrichtet[17], daß die Bundesregierung den französischen Absichten nicht offiziell zustimmen, ihnen aber auch keinen Stein in den Weg legen werde, und daß ein Veto von unserer Seite nicht zu erwarten sei.[18]

3) In der sowjetischen Presse finden sich seit einiger Zeit Angriffe gegen die Bundesrepublik wegen einer angeblichen Aufnahme einer rüstungswirtschaftlichen Zusammenarbeit mit der VR China. Dabei wird u. a. auf die Besichtigung von Rüstungsbetrieben durch die chinesische Militärsportlerdelegation und die Lieferung der (zivilen) Hubschrauber BO-105 hingewiesen. Generalsekretär Breschnew hat bei seinem Besuch in Bonn gegenüber dem Herrn Bundeskanzler die „ernste Besorgnis" der Sowjetunion geäußert, die Bundesrepu-

Fortsetzung Fußnote von Seite 983

Lieferungen sind nach Auskunft von MBB z. Z. weder geplant noch in Vorbereitung. Der für die Bundeswehr bestimmte, mit ‚Hot'-Raketen ausgerüstete Panzerabwehrhubschrauber existiert bisher nur im Prototyp. Von einer Lieferung an die VR China oder entsprechenden Plänen kann keine Rede sein." Vgl. den Drahterlaß; Referat 341, Bd. 107512.

[12] Zu den „Politischen Grundsätzen der Bundesregierung für den Export von Kriegswaffen und sonstigen Rüstungsgütern" vom 16. Juni 1971 vgl. AAPD 1971, I, Dok. 83.

[13] Zum vom Bundessicherheitsrat am 2. Februar 1977 verabschiedeten Entwurf einer Richtlinie für den Rüstungsexport vom 16. Juni 1976 („Flächenpapier") vgl. AAPD 1976, I, Dok. 195, und AAPD 1977, I, Dok. 16.

[14] Beginn der Seite 3 der Vorlage. Vgl. Anm. 3.

[15] Zum Gespräch des Bundesministers Genscher mit dem französischen Außenminister de Guiringaud in Paris vgl. Dok. 188, Anm. 4.

[16] Klaus Blech.

[17] Vgl. dazu die Aufzeichnung des Ministerialdirektors Blech vom 9. Dezember 1977 über ein Gespräch mit dem Abteilungsleiter im französischen Außenministerium, Mérillon; VS-Bd. 14066 (010); B 150, Aktenkopien 1977.

[18] Dieser Absatz wurde von Bundesminister Genscher hervorgehoben. Dazu vermerkte er handschriftlich: „Beifügen".
Vortragender Legationsrat I. Klasse Lewalter vermerkte dazu am 12. Juli 1978 handschriftlich: „Liegt bei".

blik könnte zu einer rüstungstechnologischen Zusammenarbeit mit China bereit sein. Der Bundeskanzler hat erwidert, daß die Lieferung militärischer Güter an China „völlig ausgeschlossen" sei.[19]

4) Es ist unzweifelhaft, daß das Interesse an einer rüstungswirtschaftlichen Zusammenarbeit mit der VR China auch in der deutschen Rüstungsindustrie stark ist. Auf der Arbeitsebene erkundigen sich immer wieder Rüstungsfirmen nach den Möglichkeiten einer Auflockerung der Haltung der Bundesregierung in dieser Frage. Insbesondere interessiert, ob im Bereich der „Sonstigen Rüstungsgüter", die nicht Kriegswaffen sind, künftig Möglichkeiten einer Lockerung der Beschränkungen gesehen werden. Wir haben solche Anfragen stets eindeutig negativ beschieden; es ist aber zu erwarten, daß die Befürworter solcher Ausfuhren aus der Wirtschaft sich verstärkt und an höherer Stelle zu Wort melden werden.[20]

5) Über die Haltung unserer wichtigsten westlichen Partner ist uns mit Ausnahme Frankreichs nur wenig bekannt. Unsere Botschaften in Washington und London haben auf unsere Weisung[21] auf Arbeitsebene Sondierungsgespräche geführt. Danach scheint GB am ehesten bereit zu sein, Rüstungslieferungen an China in Betracht zu ziehen; es bestehen bereits amtliche Kontakte wegen der Lieferung des Militärflugzeuges „Harrier". In den USA scheint man an dem Grundsatz, vor einer völligen Normalisierung des Verhältnisses mit China selbst keine Waffen dorthin zu liefern, festzuhalten, doch erhebt man keine Einwendungen gegen solche Lieferungen durch Alliierte, sofern es sich nicht um offensiv gegen Taiwan einsetzbare Waffen handelt und die COCOM-Regeln beachtet werden.[22] Was die Haltung Frankreichs betrifft, so hat Ihnen AM de Guiringaud am 13.6. erklärt, F beabsichtige „Milan"- und „Hot"-Raketen an China zu verkaufen, habe aber weitergehende chinesische Anträge abgelehnt.

6) Die Parlamentarische Versammlung der WEU hat auf ihrer Sommertagung in Paris am 21.6. nach mehrstündiger Debatte europäische Waffenlieferungen an die VR China mit 34 zu 21 Stimmen abgelehnt. Dem Votum lag ein Bericht des konservativen britischen Abgeordneten Sir Frederic Bennett zugrunde, der eine entsprechende Empfehlung enthält.[23] Dieser Bericht hatte schon vor seiner Veröffentlichung zu sowjetischen Demarchen[24] in den Hauptstädten der WEU-Mitgliedstaaten geführt.

---

[19] Vgl. dazu das Gespräch des Bundeskanzlers Schmidt mit dem Generalsekretär des ZK der KPdSU, Breschnew, am 7. Mai 1978 in Hamburg; Dok. 143.

[20] Ende der Seite 3 der Vorlage. Vgl. Anm. 3.

[21] Ministerialdirektor Lautenschlager wies die Botschaften in London, Paris und Washington am 23. Mai 1978 an, „die Haltung der amerikanischen, britischen und französischen Regierung gegenüber den chinesischen Avancen im Rüstungsbereich" in Erfahrung zu bringen. Auf Einladung von Firmen aus der Bundesrepublik stünden die Besuche zweier Delegationen aus der Volksrepublik China an. Die Bundesregierung habe Bedenken gegen solche Reisen, habe aber auf Einwendungen verzichtet. Sie habe aber nicht die Absicht, ihre restriktive Rüstungsexportpolitik gegenüber der Volksrepublik China zu ändern: „Jeder Eindruck, unsere Informationsbitte sei durch die Absicht einer Überprüfung unserer bisherigen restriktiven Haltung motiviert, sollte vermieden werden." Vgl. den Drahterlaß Nr. 2555; VS-Bd. 9339 (422); B 150, Aktenkopien 1978.

[22] Zur amerikanischen Haltung hinsichtlich von Rüstungsexporten in die Volksrepublik China vgl. Dok. 173, Anm. 16.

[23] Zum Bericht des Mitglieds der WEU-Versammlung, Bennett, vgl. Dok. 165, Anm. 9.

[24] Zur sowjetischen Demarche vom 12. Mai 1978 vgl. Dok. 165, Anm. 8.

III. 1) Die Problematik von Rüstungslieferungen an die VR China war Gegenstand einer Besprechung der beiden Staatssekretäre[25] und der Abteilungsleiter 2, 3[26], 4[27] und 5[28] am 19.5. Sie gelangte zu folgendem Ergebnis:

– An der restriktiven Rüstungsexportpolitik entsprechend den politischen Grundsätzen der Bundesregierung von 1971 und dem „Flächenpapier" von 1977 (vgl. oben II,1) wird aus grundsätzlichen Erwägungen festgehalten. Es besteht gegenwärtig kein Anlaß, die bestehenden Beschränkungen gegen eine rüstungswirtschaftliche Zusammenarbeit mit China aufzulockern.

– Die im Rahmen des COCOM eingegangenen Konsultationsverpflichtungen werden wir erfüllen und unsere Entscheidungen auch im Lichte des Ergebnisses dieser Konsultationen treffen.

– Für französische Exporte von Rüstungsgütern aus gemeinsamer Entwicklung nach China gilt entsprechend unserer den Franzosen bereits mitgeteilten Haltung, daß sie ausschließlich in die französische Verantwortung fallen und wir diesen Exporten keine Hindernisse in den Weg legen.

– Wir sind bereit, mit China einen normalen Außenhandel auch im Bereich fortgeschrittener Technologie zu treiben, wobei wir für die Abgrenzung solcher Exporte von Rüstungsgütern unsere eigenen Kriterien (Ausfuhrliste[29]) zugrunde legen und uns von außen keine Vorschriften machen lassen werden. Wir werden über solche Exportanträge von Fall zu Fall entscheiden.

2) Hinsichtlich der Behandlung von Besuchen chinesischer Delegationen im rüstungswirtschaftlichen Bereich erzielte die Besprechung folgendes Ergebnis:

– Über entsprechende chinesische Besuchswünsche muß eine möglichst frühzeitige Abstimmung zwischen BMVg und AA sichergestellt sein.

– Nach Möglichkeit sollten solche Besuche unterbleiben, da es einerseits auf chinesischer Seite Verärgerung hervorrufen muß, wenn wir Delegationen einreisen lassen, um ihnen hernach zu erklären, daß Lieferungen von Rüstungsgütern nicht in Betracht kommen können, während andererseits solche Besuche den sowjetischen Verdacht nähren, es bahne sich doch eine deutsch-chinesische Rüstungszusammenarbeit an.

– Bei Besuchen chinesischer Delegationen in Rüstungsbetrieben, die sich nicht vermeiden lassen (etwa wenn es sich um allgemeine Delegationen handelt, die Betriebe mit sowohl ziviler als auch mit Rüstungsproduktion besichtigen), muß darauf hingewiesen werden, daß

– die Besuche ohne Publizität verlaufen,

– nur allgemein zugängliche Produktionseinrichtungen gezeigt und

– die Besucher auf die bestehenden Exportbeschränkungen hingewiesen werden.

---

[25] Peter Hermes und Günther van Well.
[26] Andreas Meyer-Landrut.
[27] Hans Lautenschlager.
[28] Carl-August Fleischhauer.
[29] Vgl. dazu die Anlage AL zur Verordnung vom 22. August 1961 zur Durchführung des Außenwirtschaftsgesetzes vom 28. April 1961 (Außenwirtschaftsverordnung) in der Fassung vom 17. Dezember 1976; BUNDESANZEIGER, Nr. 246 vom 30. Dezember 1976, Beilage, S. 3–39.

StS Hermes hat StS Dr. Schnell im BMVg inzwischen diese Überlegungen des Auswärtigen Amts in einem Brief (vgl. Anlg.) übermittelt.

3) Wir sollten auch gegenüber Firmen und anderen an dieser Frage interessierten Stellen deutlich auf die sich aus unserer restriktiven Rüstungsexportpolitik auch für Rüstungslieferungen nach China ergebenden Beschränkungen hinweisen und darauf hinwirken, daß bei Kontakten mit chinesischen Dienststellen im rüstungsnahen Bereich diesen Gegebenheiten Rechnung getragen wird.

Es wird vorgeschlagen, der vorstehend unter III skizzierten Linie zuzustimmen.

Abteilung 2, 3 und 5 haben mitgezeichnet.

Lautenschlager

VS-Bd. 9339 (422)

197

Gespräch des Bundeskanzlers Schmidt mit Kronprinz Fahd

VS-vertraulich   **21. Juni 1978**[1]

Vermerk über das Gespräch des Bundeskanzlers mit Kronprinz Fahd am 21. Juni 1978 von 23.30 Uhr bis 22. Juni 1978 gegen 1.00 Uhr[2]

Weitere Teilnehmer:

AM Prinz Saud, StS Mansouri, BM Genscher, MD Ruhfus, Dolmetscher.

Horn von Afrika

Fahd weist darauf hin, daß das sowjetisch/kubanische Vordringen in Afrika die Lösung der Probleme sehr erschwere. Die Somalis wären in der ersten Phase des Konflikts über Ogaden[3] durchaus bereit gewesen, einzulenken. Die Einmi-

---

[1] Die Gesprächsaufzeichnung wurde von Ministerialdirektor Ruhfus, Bundeskanzleramt, am 22. Juni 1978 gefertigt und am 23. Juni 1978 an Vortragenden Legationsrat I. Klasse Lewalter übermittelt. Vgl. dazu Dok. 195, Anm. 1.

[2] Kronprinz Fahd hielt sich vom 21. bis 23. Juni 1978 in der Bundesrepublik auf.

[3] Zum Ogaden-Konflikt vgl. Dok. 67.
Legationsrat I. Klasse Libal, Mogadischu, informierte am 29. Juni 1978, Berichte zum Ogaden-Konflikt ließen „auf eine erhebliche Intensivierung der Kampftätigkeit seit Anfang Juni schließen, was auch die äthiopischen Vergeltungsangriffe auf Borama und umliegende Ortschaften erklärt. Hiesige Beobachter gehen davon aus, daß die Befreiungsfronten kurz vor dem OAE-Gipfel in Khartum den Nachweis führen wollen, daß in den ‚westsomalischen' Gebieten ein echter, von Mogadischu unabhängiger Guerillakrieg geführt wird. Die somalische Regierung befindet sich in einem Dilemma. Einerseits liegt es auch in ihrem Interesse, nachweisen zu können, daß der Konflikt in Ogaden, eben weil autonom, mit dem Abzug der regulären somalischen Truppen nicht zwangsläufig beendet sein kann, und daß das politische Problem noch einer Lösung bedarf. Andererseits läuft sie Gefahr, daß eine verstärkte Kampftätigkeit der Befreiungsbewegungen als Beweis für eine fortdauernde und nachhaltige Unterstützung durch Mogadischu ausgelegt wird. Dies wiederum könnte der somalischen Regierung erschweren, Defensivwaffen im Westen zu finden." Vgl. den Drahtbericht Nr. 271; Referat 320, Bd. 116761.

schung der Sowjetunion und Kubas sei dann jedoch so stark gewesen, daß die Somalis sich zur Wehr setzen mußten.

Somalia habe sich schließlich bereit erklärt, seine Truppen aus Ogaden abzuziehen. Die Welt habe ein ähnliches Verhalten von Äthiopien erwartet. Es sei aber bei dem einseitigen Abzug der Somalis geblieben.

Die Sowjetunion habe einen irrationalen Haß gegen die Somalis, weil sie das östliche Lager verlassen haben.[4]

Saudi-Arabien habe die Somalis von Anfang an darauf hingewiesen, daß das sowjetische Engagement in Somalia sehr gefährlich sei. Saudi-Arabien habe Erfolg gehabt. Jetzt versuche die Sowjetunion, sich durch Mengistu an Somalia zu rächen.

Somalia habe erwartet, daß der Rückzug der somalischen Truppen durch einen Schritt des Westens honoriert werde. Saudi-Arabien hätte es als wünschenswert angesehen, daß sich auch die äthiopischen Truppen zurückziehen und daß bei Anwesenheit internationaler Truppen eine freie Abstimmung im Ogaden stattfinde.

Bundeskanzler: Sind diese Überlegungen in den VN diskutiert worden?

Fahd: Soweit sei es nicht gekommen, man habe zunächst mit den USA darüber gesprochen. Es habe dann auch ein Gespräch der wichtigsten westlichen Länder darüber gegeben.

BM *Genscher*: Die Nachbarländer Somalias, insbesondere Kenia, hätten Bedenken gegen Grenzänderungen geäußert. Deshalb habe man den Bemühungen um eine möglichst weitgehende Autonomie Ogadens den Vorrang gegeben.

Fahd: Die somalische Regierung habe dem kenianischen Vizepräsidenten[5] bei dessen Besuch in Saudi-Arabien die Zusicherung der somalischen Regierung übermittelt, daß Somalia keine gewaltsamen Grenzänderungen beabsichtige.

Bundeskanzler: Eine derartige Versicherung sei nicht ausreichend. Er habe Barre gebeten, einen offiziellen Gewaltverzichtsvertrag mit Kenia abzuschließen.[6] Der Argwohn der Kenianer sei nicht ganz ungerechtfertigt. Barre habe noch vor einem Jahr eine sehr selbstsichere Sprache geführt.

Fahd: Auch Saudi-Arabien habe die Sprache Barres gegenüber Kenia kritisiert. Somalia sei jetzt zu einem Nichtangriffsabkommen mit Kenia bereit.

Nach saudischen Informationen gebe es ernstzunehmende kommunistische Zellen in Kenia, die sich auf einen Staatsstreich nach dem Tode Kenyattas vorbereiteten.

Äthiopien habe keinerlei Interesse daran, daß ein Nichtangriffsabkommen zwischen Somalia und Kenia zustande komme.

Bundeskanzler fragt nach den Quellen für die Erkenntnisse für die kommunistische Unterwanderung Kenias.

---

4 Zur Kündigung des somalisch-sowjetischen Freundschaftsvertrags vom 11. Juli 1974 durch Somalia am 13. November 1977 vgl. Dok. 1, Anm. 7.
5 Daniel Arap Moi.
6 Vgl. dazu das Gespräch am 19. Juni 1978; Dok. 192.

Fahd: Dies seien hauptsächlich eigene Erkenntnisse. Saudi-Arabien werde in der Skepsis bestärkt, weil Kenia an dem Nichtangriffsabkommen kein Interesse gezeigt habe.

Fahd äußerte sich sehr positiv über das französische und amerikanische Engagement in Zaire.[7] Die Sowjetunion respektiere nur Handlungen, nicht dagegen völkerrechtliche Positionen.

Bundeskanzler: Die Bundesrepublik fühle sich Somalia und Barre aufgrund der Haltung Somalias bei der Flugzeugentführung verbunden.[8] Wir würden 1979 noch mehr Hilfe leisten als vorgesehen, aber keine Waffen.

Barre habe physische Angst vor einem Angriff der Truppen von Mengistu. Er spiele mit dem Gedanken, einer anderen Regierung Platz zu machen.

Daher habe er sich dafür eingesetzt, daß die USA bald eine militärische Mission nach Somalia entsenden[9], um einen eigenen Einblick zu gewinnen.

Fahd: Ein Rücktritt Barres wäre sehr gefährlich. Jeder Nachfolger müsse sich bemühen, die Beziehungen zur Sowjetunion zu verbessern.

Bundeskanzler stimmt zu. Daher müsse Barres Vertrauen in die Zukunft gestärkt werden.

Fahd: Dies sei in erster Linie Aufgabe der Europäer und der USA. Saudi-Arabien habe getan, was es könne, und Somalia als einziges Land bei dem Ogaden-Konflikt geholfen. Barre braucht moralische Unterstützung durch eindeutige öffentliche Stellungnahme gegenüber Mengistu, der Sowjetunion und Kuba.

Bundeskanzler: Die Sowjetunion habe gegenüber USA garantiert, daß die territoriale Integrität Somalias nicht berührt werde. Veränderungen könnten daher nur eintreten, wenn Barre selbst zurücktrete oder ein innerer Putsch stattfinde. Daher versuchten wir, durch wirtschaftliche Hilfe Somalia innenpolitisch zu stabilisieren.

BM *Genscher* weist auf die Schlüsselrolle hin, die Saudi-Arabien in Afrika zukomme. Solange die Probleme in Somalia[10], Namibia und Rhodesien ungelöst seien, sei der politische Spielraum der Europäer und der Nordamerikaner durch die Hautfarbe begrenzt. In USA komme die Sorge hinzu, daß die ungelöste

---

7 Zu den Kämpfen in der zairischen Provinz Shaba sowie den Evakuierungsmaßnahmen für ausländische Staatsbürger vgl. Dok. 155, Anm. 21, Dok. 156, Anm. 53, und Dok. 166.
8 Zur Entführung der Lufthansa-Maschine „Landshut" am 13. Oktober 1977 und ihrer Erstürmung am 18. Oktober 1977 in Mogadischu vgl. Dok. 1, Anm. 9.
9 Zur möglichen amerikanischen Unterstützung von Somalia vgl. Dok. 186, Anm. 15.
Botschafter Metternich, Mogadischu, teilte am 5. Juli 1978 mit: „Wie ich am 4.7. von StS des hiesigen AM erfahre, hat sich somalische Regierung noch vor Abflug Präsident Siads nach Bonn und London mit Entsendung amerikanischer Militärmission einverstanden erklärt. Somalen haben damit den von ihnen zunächst bemängelten, weil gegenüber ursprünglichen terms of reference eingeschränkten Auftrag der Delegation (nur Feststellung somalischen Bedarfs an Anti-Tank-Waffen, Fernmeldegerät, Transportmitteln) nach längerem Zögern akzeptiert. Als Termin für Eintreffen der Delegation war nach Auskunft des StS der 10.7.1978 vorgesehen. USA, so StS, hätten nun allerdings Entsendung der Delegation um ‚mindestens zwei Wochen' zurückgestellt." Aus der amerikanischen Botschaft seien als Grund für die Verschiebung die derzeitigen Kämpfe im Ogaden genannt worden, die „Entsendung einer Militärmission ‚bis auf weiteres' als nicht ratsam erscheinen" ließen. Vgl. den Drahtbericht Nr. 279; Referat 320, Bd. 116828.
10 Korrigiert aus: „Saudi-Arabien".

Rassenfrage in den Staaten durch die Afrika-Problematik belebt werden könnte. Saudi-Arabien könne politisch wirksamer helfen. Wir könnten in erster Linie durch wirtschaftliche Maßnahmen die Strukturen stabilisieren.

Fahd: Saudi-Arabien sehe dies als ernste Aufgabe an. Aber es könne diese Aufgabe nicht allein übernehmen, man müsse die Hilfe koordinieren.

Die Hauptgefahr liege in den militärischen Interventionen der Sowjetunion. Wenn wir erst warten wollen, bis alle Probleme im südlichen Afrika gelöst seien, kämen wir zu spät.

Saud: Wenn die Sowjetunion alle Ziele ohne Risiko erreichen könne, werde dies die Gefahr erhöhen. Den Kubanern müßte durch eine Niederlage eine Lektion erteilt werden.

Fahd: Mengistu sehe Somalia als geregelt an, jetzt wolle er mit sowjetischer und kubanischer Unterstützung Eritrea[11] und Dschibuti einverleiben.

Die Sowjetunion begreife nur die Sprache der Gewalt. Diplomatische Aktionen machen keinen Eindruck.

Das eigentliche Interesse der Sowjetunion sei nicht auf Afrika, sondern auf den Mittleren Osten, auf das Erdöl, gerichtet. Die Sowjetunion werde sehr bald auf Erdöleinfuhren angewiesen sein. Die Sowjetunion sei nicht interessiert an einem Frieden zwischen den Arabern und den Israelis.

Saud: Viele afrikanische Staaten seien über die sowjetischen Interventionen empört. Sambia habe beispielsweise große Probleme mit Südafrika, fühle sich aber noch stärker durch die sowjetische Einkreisung gefährdet.

Bundeskanzler: Die entscheidende Rolle liege bei den USA. Die Regierung Mobutus lade nicht gerade ein für bereitwillige Unterstützung. Die USA seien besorgt, daß sie sich mit falscher Oberschicht verbündeten.

Für andere Politiker wie Kaunda ließe sich schnell westliche Hilfe engagieren. Um ein Zeichen gegenüber der Sowjetunion und Kuba zu setzen, sei Kaunda wahrscheinlich der geeignetste Partner.

Fahd: Er fordere kein militärisches Engagement in Afrika, aber die USA müßten mehr Hilfe geben und sich politisch stärker engagieren.

Bundeskanzler und *Bundesaußenminister* berichteten über den Druck, der von westlicher Seite auf Mobutu ausgeübt werde.[12] Sie forderten Saudi-Arabien auf, seinen Einfluß auf Mobutu auszuüben und sich um Rehabilitierung von Karl-I-Bond zu bemühen.[13]

Fahd stimmt zu, er kenne Karl-I-Bond persönlich.

Bundeskanzler: Er glaubt, daß Fahd die sowjetischen Tendenzen in Afrika richtig beurteile.

---

[11] Zum Konflikt in Eritrea vgl. Dok. 155, Anm. 22.

[12] Zu den Demarchen Belgiens, Frankreichs, Großbritanniens und der USA bei der zairischen Regierung am 19./20. Juni bzw. zur Demarche der Bundesrepublik am 29. Juni 1978 vgl. Dok. 186, besonders Anm. 10.
Am 5. Juni bzw. 13./14. Juni 1978 fanden in Paris bzw. Brüssel Konferenzen über Zaire statt. Vgl. dazu Dok. 199.

[13] Zur Verhaftung des zairischen Außenministers Nguza im August 1977 vgl. Dok. 166, Anm. 12.

Wenn man jedoch die gesamte Lage aus sowjetischer Sicht sehe, müsse man einbeziehen, daß die Sowjetunion im Nahen Osten Rückschläge erlitten habe, daß die Sowjetunion von großer Furcht vor den Chinesen erfüllt seien, daß die Russen schließlich Sorge vor einem Rüstungswettlauf mit den USA hätten, der sie zwingen würde, ihre eigene wirtschaftliche Entwicklung zu vernachlässigen. Trotz regionaler Erfolge der Sowjets am Horn von Afrika bestehe kein Anlaß zu übertriebener Besorgnis. Eine entschlossene Geste des Westens würden die Russen sehr ernst nehmen. Dies gehe aber nicht ohne die Führung der USA.

Frankreich, USA, Großbritannien und die Bundesrepublik koordinierten ihr Handeln in Afrika. Saudi-Arabien sollte hieran beteiligt werden.

Fahd: Saudi-Arabien könne erst bei konkreten Detailfragen sehen, welchen Beitrag es leisten könne. Es wäre wünschenswert, wenn zunächst die Initiative von den vier westlichen Ländern ausgehe. Dies werde Saudi-Arabien ermutigen mitzuwirken.

Ausgangspunkt für die Lösung bleibt der Nahost-Konflikt; wenn das Israel-Problem gelöst sei, gebe es weniger Konfliktstoff.

Bundeskanzler: Er könne sich eine Beteiligung Saudi-Arabiens an zukünftigen Aktionen vorstellen. Darüber hinaus könne ein Gedankenaustausch, ehe es zu den Aktionen komme, sehr hilfreich sein. Beide Länder sollten den direkten Kontakt über die weltpolitischen und weltwirtschaftlichen Fragen intensivieren.

Fahd stimmte zu. Saudi-Arabien werde alles in seiner Macht Stehende tun.

Fahd äußerte die Absicht, bald ein Haus in der Bundesrepublik zu kaufen und bat um einen Rat des Bundeskanzlers. Das werde ihm oder seinem Außenminister persönlichen Anlaß geben, nach Deutschland zu kommen.

Auf Fragen des Bundeskanzlers teilte Fahd mit, daß der saudische Botschafter in Bonn[14] sein volles Vertrauen habe und daß die direkten Kontakte über ihn laufen sollten.

VS-Bd. 14076 (010)

---

[14] Mohamed Nouri Ibrahim.

198

Aufzeichnung des Ministerialdirektors Kinkel

VS-NfD 23. Juni 1978[1]

Über Herrn Staatssekretär[2] Herrn Minister[3]

Betr.: OTRAG – eine Belastung unserer Außenpolitik

Bezug: a) Weisung des Herrn StS in der Direktorenbesprechung
b) StS-Vorlage der Abt. 3 vom 20.6.1978 – 321-401.08 ZAI[4]

Vorschlag:
1) Zustimmung zu den Empfehlungen unter III. und IV.
2) Weiterleitung an den Herrn BK im Hinblick auf dessen bevorstehenden Besuch in Nigeria und Sambia[5]

I. Sachstand und Problemanalyse

1 a) Die deutsche Abschreibungsgesellschaft OTRAG (Orbital-Transport- und Raketen-AG) mit Sitz in Neu-Isenburg, an der eine Vielzahl privater Anleger beteiligt ist, betreibt die Entwicklung, Herstellung und kommerzielle Nutzung von Raketen zur Beförderung von Satelliten in den Weltraum.

b) OTRAG hat 1975 mit der Republik Zaire einen Pachtvertrag über ein Gebiet von etwa 130 000 Quadratkilometern geschlossen, der der Firma ungewöhnlich weitreichende Befugnisse einräumt. Von diesem Testgelände wurde am 10. Mai 1977 ein erster Versuchsstart unternommen, dem weitere Tests im Mai/Juni 1978 folgten. Bisher handelt es sich um die Erprobung von kleineren Vorstufen zu geplanten größeren Raketen.

c) Dem Billigraketen-Konzept der OTRAG liegt der Gedanke zugrunde, durch Anwendung einfachster Technologie und billiger Treibstoffe Satellitenträgersysteme anzubieten, die weit unter den gegenwärtigen Preisen der NASA liegen sollen und damit deren Monopol, insbesondere bei Interessenten in der Dritten Welt, Konkurrenz machen können.

---

[1] Hat Vortragendem Legationsrat I. Klasse Schönfeld vorgelegen.
Hat Ministerialdirektor Kinkel am 31. Juli 1978 erneut vorgelegen.

[2] Hat Staatssekretär van Well am 23. Juni 1978 vorgelegen.
Hat van Well am 13. Juli 1978 erneut vorgelegen, der handschriftlich vermerkte: „Erl[edigt]." Ferner vermerkte er handschriftlich für Ministerialdirektor Kinkel: „Die Aufz[eichnung] war sehr hilfreich. Ihre Vorschläge würden bzw. werden Grundlage der operativen Arbeit sein."

[3] Hat Bundesminister Genscher am 9. Juli 1978 vorgelegen, der Staatssekretär van Well um Rücksprache bat.

[4] Ministerialdirigent Meyer-Landrut vermerkte, die Raketen der Firma OTRAG könnten militärische Aufklärungssatelliten befördern: „Eine Verwendung der Rakete als Waffe für den strategischen oder taktischen Einsatz ist jedoch nicht sinnvoll." Bislang seien drei Testraketen gezündet worden. Die Bundesregierung sei an dem Projekt nicht beteiligt und fördere es nicht, auch verstoße die Tätigkeit der Firma OTRAG nicht gegen rechtliche Verpflichtungen und Beschränkungen: „Andererseits hat der Verdacht oder die Behauptung, die Bundesrepublik Deutschland lasse durch OTRAG ein militärisches Raketensystem entwickeln, zu einer Belastung unserer außenpolitischen Beziehungen geführt." Vgl. Referat 312, Bd. 115616.

[5] Zum Besuch des Bundeskanzlers Schmidt vom 26. bis 28. Juni 1978 in Nigeria bzw. vom 28. bis 30. Juni 1978 in Sambia vgl. Dok. 202 bzw. Dok. 209.

d) Dem Unternehmen werden nur geringe Erfolgschancen eingeräumt. Das technische Konzept gilt als theoretisch durchführbar, Finanzierung und Marktchancen werden aber als prekär beurteilt.

2) Eine Analyse der außenpolitischen Dimensionen des OTRAG-Projekts muß von folgenden Aspekten ausgehen:

a) Militärische Nutzbarkeit

Der OTRAG-Start am 17.5.1977 war der erste deutsche Raketenstart seit dem Ende des Zweiten Weltkriegs. Mit ihm verband sich schon deshalb eine über seine afrikapolitische Relevanz hinausreichende Signalwirkung sowohl bei unseren Verbündeten wie auch im Ostblock.

Die Bundesrepublik Deutschland verfügt bisher nicht über eigene – militärische oder zivile – Trägersysteme. Die Entwicklung oder Herstellung militärischer Raketen untersagt ihr der WEU-Vertrag.[6]

Die Entwicklung des OTRAG-Trägersystems konnte deshalb

– sowjetische Besorgnisse über die militärischen Absichten der Bundesregierung aufleben lassen;

– auf westlicher Seite Aufmerksamkeit erregen wegen eines möglichen Verstoßes gegen WEU-Vorschriften.

Ein kommerzielles Satellitenträgersystem, wie es von der OTRAG entwickelt wird, ist – unabhängig von seiner zivilen Zweckbestimmung – theoretisch auch militärisch nutzbar.

In jedem Fall ließe es die Stationierung von militärischen Aufklärungssatelliten zu, die schon für sich allein eine politisch/militärische Statusaufwertung des betreffenden Landes darstellen würde.

Umstritten ist dagegen die Frage einer Verwendbarkeit als Waffenträger. Die OTRAG-Rakete soll aus technischen Gründen für einen militärischen Einsatz kaum in Frage kommen. Dafür werden u. a. folgende Gesichtspunkte angeführt (vgl. Anlage 4 der Bezugsvorlage):

– Aus Gründen der Raketenstruktur keine Eignung für militärisch-ballistische Flüge.

– Relativ lange Betankungszeit (ca. zehn Stunden) und kurze Standzeit der betankten Rakete (max. vier Stunden).

– Keine Wiedereintrittstechnologie.

– Weder Gefechtskopf noch Lenkverfahren für Endanflug vorgesehen.

– Keine Transportfähigkeit in betanktem Zustand.

Diese Begründung vermag zwar die Rechtsauffassung der Bundesregierung zu stützen, die OTRAG-Rakete sei keine Waffe und unterliege deshalb weder den Ausfuhrbeschränkungen für Waffen und militärische Güter (KWKG und AWG)[7] noch den Herstellungsbeschränkungen des Protokolls Nr. III zum Brüsseler Vertrag von 1954.

---

[6] Zu den Herstellungsbeschränkungen für die Bundesrepublik in Protokoll Nr. III zum WEU-Vertrag vom 23. Oktober 1954 vgl. Dok. 63, Anm. 2.

[7] Für den Wortlaut des Ausführungsgesetzes vom 20. April 1961 zu Artikel 26 Absatz 2 des Grundgesetzes (Kriegswaffenkontrollgesetz) sowie des Außenwirtschaftsgesetzes vom 28. April 1961 vgl. BUNDESGESETZBLATT 1961, Teil I, S. 444–450 bzw. S. 481–495.

Sie kann jedoch als politische Argumentation nicht restlos überzeugen; immerhin beurteilen auch Fachleute den Einsatz der OTRAG-Rakete als Träger militärischer Nutzlasten zwar als weder sinnvoll noch wahrscheinlich, jedoch auch nicht als völlig ausgeschlossen.

Afrikanische Stimmen, insbesondere aus den Nachbarstaaten Zaires, die Besorgnis über einen möglichen militärischen Einsatz und eine Beeinträchtigung eigener Sicherheitsinteressen zum Ausdruck bringen, entbehren in ihrem Kern deshalb nicht einer gewissen Berechtigung, insbesondere angesichts von Äußerungen der Firma OTRAG selbst, die Fragen nach der militärischen Verwendbarkeit dritten Staaten gegenüber durchaus mehrdeutig beantwortet haben soll.

Wir sollten derartige Besorgnisse deshalb durchaus ernst nehmen.

b) Außenpolitische Zurechnung des OTRAG-Projekts

OTRAG ist eine private deutsche Aktiengesellschaft, die von der Bundesregierung weder finanziert noch sonst unterstützt wird, sieht man von den steuerlichen Vergünstigungen (Verlustzuweisungen) und der 1973 eingestellten Förderung des Projekts durch den BMFT ab. Trotzdem muß die Bundesregierung dem Umstand Rechnung tragen, daß ein solches, potentiell militärisch-außenpolitisch bedeutsames Projekt ihrer unmittelbaren Verantwortung zugerechnet wird. Der Versuch der Entlastung durch den Hinweis auf den privaten Charakter des Unternehmens und auf die Nichtbeteiligung der Bundesregierung wird deshalb Kritiker des OTRAG-Projekts nicht überzeugen können.

c) Problematik des Startlandes Zaire

Das für uns wirtschaftlich wichtige Rohstoffland Zaire befindet sich seit Jahren in einer innen- und außenpolitisch prekären Situation, die schon für sich allein, erst recht aber wegen der Nachbarschaft des Landes zu den Konfliktherden im südlichen Afrika, bei den an diesen Konflikten beteiligten schwarzafrikanischen Staaten dazu führte, daß das OTRAG-Projekt als Instrument einer mittelbar gegen sie gerichteten, weil anscheinend dem Schutz westlicher Wirtschaftsinteressen in Zaire und im südlichen Afrika dienenden deutschen Politik interpretiert werden kann. Die Stützungsmaßnahmen des Westens nach der jüngsten Shaba-Krise[8] haben diesen Umstand akzentuiert; sie lassen das OTRAG-Projekt in afrikanischen Augen noch deutlicher als langfristig geplanten deutschen Beitrag zu westlichen Bemühungen, Zaire militärisch, politisch und wirtschaftlich zu stärken, erscheinen.

Im übrigen hatte schon der ungewöhnliche („neokolonialistische") Charakter des Pachtvertrags mit OTRAG heftige afrikanische Kritik an Zaire hervorgerufen.

d) Konkurrenzsituation bei der kommerziellen Satellitenträger-Technologie

Da bisher die amerikanische NASA und die SU über ein Monopol als Anbieter kommerzieller Satellitenträger-Technologie verfügen, könnte ein erfolgreicher Abschluß der OTRAG-Entwicklung erhebliche kommerzielle Interessen beider Staaten berühren; ähnliches muß im Zweifel auch hinsichtlich des französischen

---

[8] Zu den Kämpfen in der zairischen Provinz Shaba sowie den Evakuierungsmaßnahmen für ausländische Staatsbürger vgl. Dok. 155, Anm. 21, Dok. 156, Anm. 53, und Dok. 166.
Am 5. Juni bzw. 13./14. Juni 1978 fanden in Paris bzw. Brüssel Konferenzen über Zaire statt. Vgl. dazu Dok. 199.

Interesses an unserer ausschließlichen Förderung des gemeinsamen Ariane-Trägerprojekts gelten.[9]

Des weiteren sind auch sowjetische Interessen an der Nichtverbreitung von Satellitenträger-Technologie berührt.

Die SU bemüht sich in der Erkenntnis der politisch-militärischen Bedeutung von Aufklärungssatelliten seit Jahren um eine entsprechende Ergänzung des Weltraumvertrags.[10]

3) Das OTRAG-Projekt tangiert damit gegenwärtige und potentielle Interessen dritter Staaten.

Das OTRAG-Projekt ist angesichts dieser komplexen Verkettung von Interessen von interessierter Seite zum Anlaß massiver Angriffe gegen die Bundesrepublik gemacht worden. Besonders die SU hat Befürchtungen afrikanischer Staaten wie auch ein – vermutetes – Mißtrauen unserer westlichen Verbündeten gegen ein eigenständiges Raketenpotential der Bundesrepublik in einer umfassenden Kampagne mit dem Ziel aufgegriffen, uns sowohl in der Dritten Welt wie auch im Westen zu diskreditieren. So hat sie u. a. in Washington, London und Paris unter Bezugnahme auf „Vier-Mächte-Rechte" demarchiert[11], OTRAG anläßlich des Breschnew-Besuchs in Bonn zur Sprache gebracht[12] und in zahlreichen Staaten der Dritten Welt auf die von OTRAG angeblich ausgehende Bedrohung hingewiesen. Sie hat offenbar erkannt, daß sie mit OTRAG als dem angeblichen Beweis interventionistischer und militärischer westlicher Bestrebungen in Afrika den expansiven Charakter ihrer eigenen Afrikapolitik erfolgreich überdecken kann.

---

9 Zur Frage der Produktion von sechs Trägerraketen vom Typ „Ariane" vgl. Dok. 32, Anm. 13, Dok. 35, Anm. 9, und Dok. 59.
Referat 413 vermerkte am 12. Juni 1978: „Nachdem in den ESA-Gremien Einigung über drei Satellitenprogramme erzielt werden konnte, hat sich die deutsche Seite bereit erklärt, sich an einer Produktion von fünf ‚Ariane'-Trägerraketen zu beteiligen; drei Träger sind für die bereits beschlossenen ESA-Programme bestimmt (für den wissenschaftlichen Satelliten E[uropean]X[-Ray]O[bservatory] SAT[ellite], für das europäische regionale Fernmeldesatellitensystem E[uropean] C[ommunications] S[atellite] und für den Seefunksatelliten MAR[itime]O[rbital]T[est]S[atellite] B), ein Träger dient als Reserve für diese drei Programme, den fünften Träger wird Frankreich für den französischen Erderkundungssatelliten S[ystème]P[robatoire] d']O[bservation de la]T[erre] auf eigene Kosten abnehmen (nach jüngsten Meldungen statt dessen evtl. für ein nationales Fernmeldesatellitenprogramm). [...] Maßgeblich für die grundsätzlich positive deutsche Haltung gegenüber der Produktion von fünf ‚Ariane'-Trägerraketen ist die Voraussetzung, daß Frankreich die Spacelab-Entwicklung bis zum Abschluß (d. h. auch bei Überschreitung des 120 %-Kostenrahmens) mitfinanziert." Vgl. Referat 413, Bd. 123694.
10 Für den Wortlaut des Vertrags vom 27. Januar 1967 über die Grundsätze zur Regelung der Tätigkeiten von Staaten bei der Erforschung und Nutzung des Weltraums einschließlich des Mondes und anderer Himmelskörper vgl. BUNDESGESETZBLATT 1969, Teil II, S. 1968–1987.
11 Ministerialdirektor Blech notierte am 24. August 1977, daß die UdSSR bereits am 22. August 1977 in London, Paris und Washington demarchiert und dabei ausgeführt habe, „es könne nicht ausgeschlossen werden, daß die Bundesrepublik Deutschland versuche, sich außerhalb ihres Territoriums unter Umgehung geltender internationaler Abkommen eine Basis für die Herstellung und Perfektionierung von Raketenwaffen und ein Testgelände für Gefechtsraketen zu verschaffen. Wenn nötig, müßten geeignete Maßnahmen ergriffen werden, um die Verletzung geltender internationaler Abkommen durch die Bundesrepublik Deutschland zu verhindern. Das sowjetische Vorgehen stütze sich auf die Rechte und Verpflichtungen der Vier Mächte, die auf den bekannten internationalen Abkommen beruhen." Vgl. Referat 213, Bd. 133093. Vgl. dazu ferner AAPD 1977, II, Dok. 241.
12 Vgl. dazu das Gespräch des Bundeskanzlers Schmidt mit dem Generalsekretär des ZK der KPdSU, Breschnew, am 5. Mai 1978 auf Schloß Gymnich; Dok. 136.

Diese Kampagne ist nicht ohne Wirkung geblieben:

- Afrikanische Stimmen haben sich den Vorwurf zu eigen gemacht, die Bundesrepublik etabliere in Zaire einen Raketenstützpunkt; ja, sie unternehme in Zaire Versuche mit „Cruise Missiles" und wolle damit das Regime Mobutu und die weiße Minderheit in Südafrika schützen. Die Bundesrepublik Deutschland verletze damit Sicherheitsinteressen Schwarzafrikas.

- Von angolanischer Seite wird OTRAG als Haupthindernis gegen die Aufnahme diplomatischer Beziehungen mit der Bundesrepublik Deutschland angeführt.[13]

- Äußerungen aus französischen Regierungskreisen war ebenfalls eine gewisse Beunruhigung über OTRAG zu entnehmen.[14]

- Am 24. Januar 1978 richtete das Rüstungskontrollamt der WEU eine Note an die Bundesregierung, in der um Unterrichtung über Charakter und Verwendungsmöglichkeiten der OTRAG-Rakete gebeten wird.[15]

- OTRAG wurde im Rahmen der Abrüstungs-SGV der Vereinten Nationen[16] von verschiedenen Staaten (u. a. Angola und Kuba) zum Beweis gegen die interventionistischen Absichten des Westens in Afrika angeführt.

- Für den im Juli stattfindenden OAU-Gipfel in Khartum[17] ist angekündigt, daß die Bundesrepublik nicht nur wiederum wegen der angeblichen militärischnuklearen Zusammenarbeit mit Südafrika[18] namentlich verurteilt werden wird, sondern daß auch die OTRAG-Affäre aufgegriffen werden wird.[19]

---

[13] Zur Frage der Aufnahme diplomatischer Beziehungen zwischen der Bundesrepublik und Angola vgl. Dok. 139.

[14] Zur französischen Haltung hinsichtlich der Tätigkeit der Firma OTRAG in Zaire vgl. Dok. 59, Anm. 6.

[15] Vortragender Legationsrat Fein notierte am 30. Januar 1978, Vertreter des Rüstungskontrollamts der WEU hätten in einem Gespräch mit dem Bundesministerium für Wirtschaft am 26. Januar 1978 ein Verbalnote zur Tätigkeit der Firma OTRAG in Zaire übergeben und dazu erklärt, „daß die WEU die Angelegenheit wegen internationaler und deutscher Presseartikel aufgreife. Die WEU wolle sich überzeugen, daß die Nichtherstellungsverpflichtungen der Bundesrepublik Deutschland eingehalten würden. Das Rüstungskontrollamt (RKA) habe die Angelegenheit von sich aus ohne jede Beeinflussung von außen aufgegriffen. Das RKA handele dabei im Geiste der Kooperation, man wolle den Bundesbehörden soweit wie möglich entgegenkommen. Ziel des Vorgehens sei es, auf etwaige Anfragen von Mitgliedern der WEU-Versammlung oder auf eine gegen die Bundesrepublik Deutschland gerichtete Pressekampagne reagieren zu können." Vgl. VS-Bd. 10495 (201); B 150, Aktenkopien 1978.

Ministerialdirektor Blech vermerkte am 18. April 1978, das Rüstungskontrollamt der WEU habe darüber hinaus in einem Non-paper angefragt, „ob die Rakete ausschließlich zivilen oder militärischen Zwecken dient. Ferner wird um nähere Auskünfte über die Geschäftstätigkeit der Firma OTRAG gebeten." Vgl. VS-Bd. 10495 (201); B 150, Aktenkopien 1978.

[16] Zur UNO-Sondergeneralversammlung über Abrüstung vom 23. Mai bis 30. Juni 1978 in New York vgl. Dok. 212.

[17] Zur Konferenz der Staats- und Regierungschefs der OAU-Mitgliedstaaten vom 18. bis 22. Juli 1978 in Khartum vgl. Dok. 228, besonders Anm. 9 und 10.

[18] Zur Verurteilung der Bundesrepublik in der UNO-Generalversammlung am 28. November 1977 wegen angeblicher Zusammenarbeit auf dem Gebiet der Kernenergie vgl. Dok. 4, Anm. 9.
Zu entsprechenden sowjetischen Verdächtigungen vgl. Dok. 140, besonders Anm. 5.

[19] Botschafter von Eichborn, Daressalam, berichtete am 10. Juni 1978, vertraulichen Informationen aus dem tansanischen Außenministerium zufolge werde die Tätigkeit der Firma OTRAG in Zaire „bei OAE-Treffen in Khartum eingehend kritisiert werden. Fast täglich lieferten östliche Länder und auch Gruppen aus der Bundesrepublik angebliches Beweismaterial an. Minister Mkapa verlasse sich jedoch noch auf die Zusage des Herrn Bundesministers, daß Bundesregierung in dieser Angelegenheit tätig werden wolle." Vgl. den Drahtbericht Nr. 234; Referat 02, Bd. 178410.

4) Das OTRAG-Projekt hat dadurch
- bei unseren Verbündeten latentes Mißtrauen geweckt,
- zu einer Belastung unserer Beziehungen zu vielen afrikanischen und anderen Staaten der Dritten Welt geführt.

II. Die Interessenlage der Bundesrepublik Deutschland und Möglichkeiten ihrer Reaktion

1) Die Interessen der Bundesregierung verlangen eine Politik, deren Ziel es sein muß, die entstandenen negativen Folgen des OTRAG-Projekts für unsere auswärtigen Beziehungen zu beseitigen.

Dazu hat die Bundesregierung bisher folgende Maßnahmen ergriffen:

- Durch eine Änderung der Ausfuhrliste zur AWV vom 5.5.1978 wurde die Genehmigungspflicht für den Export auch für zivile Zwecke bestimmter Raketen und Raketenteile eingeführt.[20] Die Erteilung einer Ausfuhrgenehmigung kann nach den Bestimmungen des AWG versagt werden, um
  - „eine Störung des friedlichen Zusammenlebens der Völker zu verhindern" und
  - „zu verhüten, daß die auswärtigen Beziehungen der Bundesrepublik Deutschland erheblich gestört werden".

  Mit dieser Maßnahme soll allerdings nicht die Ausfuhr der in der Bundesrepublik hergestellten Raketen unterbunden, sondern lediglich deren friedliche Zweckbestimmung einer staatlichen Kontrolle unterworfen werden.

- Mit der zairischen Regierung wurde ein Notenwechsel eingeleitet, in dem diese in völkerrechtsverbindlicher Form den friedlichen Charakter des Vorhabens und entsprechende Kontrollen zusichert. Der Abschluß des Notenwechsels steht unmittelbar bevor.[21]

- Die Regierungen in Washington, Paris und London wurden von uns eingehend unterrichtet, unsere Botschaften in Afrika und anderen Staaten der Dritten Welt mit einer Sprachregelung[22] versehen.

---

[20] Vgl. dazu die Sechsunddreißigste Verordnung zur Änderung der Ausfuhrliste – Anlage AL zur Außenwirtschaftsverordnung vom 22. August 1961 – vom 27. April 1978, die am 4. Mai 1978 in Kraft trat; BUNDESANZEIGER, Nr. 83 vom 3. Mai 1978, S. 2.

[21] Zum Notenwechsel mit der zairischen Regierung vgl. Dok. 139, Anm. 7.
Legationsrat I. Klasse Rothmann, Kinshasa, berichtete am 24. Juni 1978, der Notenwechsel habe nicht vor Beginn der Reise des Bundeskanzlers Schmidt vom 26. bis 28. Juni nach Nigeria und vom 28. bis 30. Juni 1978 nach Sambia abgeschlossen werden können. Mit dem zairischen Präsidialamt sei vereinbart worden „daß materieller Inhalt Note bei Gesprächen so verwandt werden kann, als sei Notenwechsel förmlich vollzogen. Präsident hat Noteninhalt gebilligt." Vgl. den Drahtbericht Nr. 197; Referat 321, Bd. 115616.
Für die zairirische Note vom 26. Juni 1978 vgl. Referat 321, Bd. 115616.

[22] Vortragender Legationsrat Freundt übermittelte am 22. Juni 1978 eine Sprachregelung für Nachfragen zur Tätigkeit der Firma OTRAG in Zaire. Die Bundesregierung sei angesichts von Behauptungen über militärische Aspekte des Projekts besorgt und lege Wert darauf, Befürchtungen hinsichtlich der Sicherheitsinteressen afrikanischer Staaten durch umfassende und vorbehaltlose Unterrichtung auszuräumen. Die Raketen der Firma OTRAG seien nicht für militärische Zwecke geeignet, ihre Herstellung sei rechtlich nicht zu beanstanden. Die zairische Regierung habe mehrfach die Nutzung zu ausschließlich friedlichen Zwecken betont und überwache wie die Bundesregierung die Aktivitäten der Firma. Vgl. dazu den Runderlaß Nr. 3128; Referat 321, Bd. 115616.

– Die angolanische Regierung wurde durch Schreiben von Herrn StM v. Dohnanyi unterrichtet.[23]
– Die sowjetische Regierung wurde von uns ebenfalls ausführlich unterrichtet (Gespräch Staatssekretär van Well/Botschafter Falin[24]).
– Die Anfrage des Rüstungkontrollamts (RKA) der WEU wurde mit Note vom 24.4.1978 beantwortet. In einer inzwischen vorliegenden Stellungnahme des RKA zu OTRAG wird festgestellt, daß die in Entwicklung befindlichen Trägersysteme der OTRAG für zivile oder wissenschaftliche Zwecke bestimmt sind und daß eine militärische Verwendung der OTRAG-Raketen nicht in Frage kommt. Die Stellungnahme weist weiter die Vermutung, OTRAG entwickele Cruise Missiles, als abwegig zurück.[25]

3) Diese Maßnahmen werden allerdings – für sich allein – den gewünschten Erfolg, also die Beendigung der Spekulationen und Angriffe gegen die Bundesregierung, nur zum Teil erreichen können.

a) Selbst wenn der SU zugestanden wird, daß sie zunächst angesichts der durch OTRAG geübten Geheimhaltung tatsächlich Zweifel an dem friedlichen Charakter des Projekts haben konnte, so dürften diese Zweifel nach dem Besuch der OTRAG-Produktionsstätten durch Vertreter der sowjetischen Botschaft[26], in jedem Fall aber nach der Satellitenüberwachung des OTRAG-Testgebiets in Zaire durch die sowjetischen Aufklärungssatelliten Kosmos 922 und Kosmos 932 im Juli 1977 ausgeräumt worden sein. Wenn die SU ihre Angriffe seither fortgesetzt, ja sogar intensiviert hat, so stehen dahinter wohl im wesentlichen propagandistische Beweggründe.

Die SU wird deshalb kaum bereit sein, diesen für sie günstigen Ansatzpunkt zur Diskreditierung der westlichen Afrikapolitik fallenzulassen; sie wird vielmehr – auch wider besseres Wissen – ihre Angriffe gegen die Bundesregierung fortsetzen.

b) Besorgnisse unserer westlichen Verbündeten konnten weitgehend beseitigt werden. Die jetzt vorliegende Stellungnahme des Rüstungskontrollamts der WEU als einer neutralen Institution dürfte etwaige noch bestehende Bedenken vollends ausräumen. Amerikanische und sowjetische Befürchtungen, OTRAG könne langfristig zu einer Gefährdung des bestehenden Satellitenträgermonopols werden, sind angesichts des gegenwärtigen Entwicklungsstands des OTRAG-Projekts noch nicht als außenpolitisches Problem manifest geworden.

c) Die bisher ergriffenen Maßnahmen werden auch kaum ausreichen, um die bestehenden afrikanischen Besorgnisse auszuräumen.

Gegenüber der Kritik afrikanischer Staaten (besonders kritisch haben sich aus verständlichen Gründen die Nachbarstaaten Zaires, Tansania und Angola, aber

---

[23] Zum Schreiben des Staatsministers von Dohnanyi vom 1. Juni 1978 an den angolanischen Außenminister Jorge vgl. Dok. 139, Anm. 11.
[24] Zum Gespräch des Staatssekretärs van Well mit dem sowjetischen Botschafter Falin am 12. Januar 1978 vgl. Dok. 21, Anm. 17.
[25] Botschafter Ruete, London, übermittelte am 15. Juni 1978 die Stellungnahme des Rüstungskontrollamts der WEU. Vgl. dazu den Drahtbericht Nr. 1375; Referat 321, Bd. 115616.
[26] Referat 321 vermerkte am 16. März 1978, Vertreter der sowjetischen Botschaft hätten der Filiale der Firma OTRAG in Stuttgart am 6. März 1978 einen Besuch abgestattet. Vgl. dazu Referat 321, Bd. 115615.

auch Mosambik, Nigeria und Madagaskar geäußert) dürfte die AWG-Kontrolle, aber auch der Notenwechsel mit Zaire mit der darin enthaltenen Verpflichtung zur ausschließlich friedlichen Nutzung insoweit nur marginalen Erfolg haben können. Die Angriffe gegen Zaire und die Bundesrepublik enthalten immerhin einen Kern vielleicht irrationaler, zumindest aber verständlicher Befürchtungen im Hinblick auf die politisch-militärischen Absichten Zaires und deren mögliche Auswirkungen auf die eigene Sicherheitslage.

4) Im Ergebnis werden also durch die bisher ergriffenen Maßnahmen zwar mögliche westliche Besorgnisse, aber weder die anhaltende östliche Kampagne, noch das Mißtrauen afrikanischer Staaten beseitigt werden können. Auf diese beiden Punkte muß unsere Politik zielen.

Da der Ostblock aber seine OTRAG-Kampagne auch wider besseres Wissen weiter betreiben wird, würden auch weitergehende Maßnahmen deren Fortsetzung kaum verhindern können.

Das Interesse der Bundesregierung muß deshalb auch wegen der Verunsicherung afrikanischer Regierungen nach den Ereignissen im Gefolge des Shaba-Konflikts (Brüsseler Konferenz, Eingreiftruppe usw.) primär darauf gerichtet sein, das Vertrauen afrikanischer Regierungen in die Intentionen der Bundesregierung wiederherzustellen; gelänge dies, so verlöre auch die östliche OTRAG-Kampagne ihren bisher fruchtbarsten Ansatzpunkt.

5) Vielleicht ließe sich dies durch den Versuch, die Firma OTRAG an der Weiterführung ihrer Aktivitäten zu hindern, erreichen.

Die Bundesregierung hat zwar gegenwärtig kein überragendes Interesse an der Weiterführung des OTRAG-Projekts, das einem solchen Vorgehen entgegenstehen würde; denn die Chance, daß OTRAG zu einem technischen und kommerziellen Erfolg werden und damit möglicherweise einerseits zu einem Prestigegewinn der Bundesrepublik Deutschland in der Dritten Welt, andererseits zur Schaffung von Arbeitsplätzen führen könnte, muß gegenwärtig als eher gering betrachtet werden. Aus folgenden Gründen verfügt sie allerdings auch nicht über eine überzeugende Möglichkeit, die Firma OTRAG an der Weiterführung ihrer Raketentests zu hindern und damit zugleich die Kritik an der Bundesregierung zum Verstummen zu bringen:

a) Mit dem Genehmigungsvorbehalt für Raketen und Raketenteile kann sie zwar deren Export unter Umständen verhindern. Da es sich hierbei jedoch um technologisch relativ einfache Geräte handelt, deren Bestandteile ohne Schwierigkeiten auch im Ausland gebaut bzw. erworben werden können, könnte OTRAG im Fall der Genehmigungsversagung seine Fertigung wahrscheinlich ohne weiteres ins Ausland verlegen und den AWG-Tatbestand damit umgehen.

In der Tat hat die OTRAG die Voraussetzung hierfür bereits geschaffen; im April 1978 wurde die Firma „OTRAG-France" mit Sitz in der Pariser Avenue Foch als Ausweichmöglichkeit gegründet. OTRAG-France soll – so Le Monde vom 17.6.1978[27] – nicht als Niederlassung der deutschen Muttergesellschaft,

---

[27] Vgl. dazu den Artikel „La société Otrag-France s'installe à Paris avec l'aide de la firme allemande implantée au Zaïre"; LE MONDE vom 17. Juni 1978, S. 12.

sondern als unabhängige Neugründung die Entwicklung und später auch Produktion von OTRAG-Raketen zum Ziel haben.

Jedenfalls ist OTRAG mit dem Instrument des Außenwirtschaftsgesetzes nicht effektiv an der Fortführung ihrer Aktivitäten zu hindern.

b) Eine Möglichkeit der Bundesregierung, aus außenpolitischen Gründen auf die steuerlichen Abschreibungsmöglichkeiten der OTRAG-Gesellschaft einzuwirken und die Einstellung der OTRAG-Aktivitäten auf diesem Weg zu erreichen, besteht ebenfalls nicht, da für die Verlustzuweisungen, die in der Zuständigkeit der hessischen Finanzbehörden liegen, ausschließlich fiskalische Gesichtspunkte anzuwenden sind. Zwar widerspricht offenbar die Höhe der Verlustzuweisungen, die den Hauptgrund für die Attraktivität der OTRAG bei deutschen Kapitalanlegern darstellt, geltenden steuerrechtlichen Vorschriften. Eine entsprechende Kürzung kann von den Finanzbehörden aber wohl erst für die Zukunft durchgesetzt werden. Ob dies hinreichen wird, um den Kapitalzufluß der OTRAG so nachhaltig negativ zu beeinflussen, daß diese zur Einstellung ihrer Aktivitäten bzw. zum Konkurs gezwungen wird, läßt sich nicht aus der Sicht des Auswärtigen Amts abschließend beurteilen.

c) Im übrigen stünden einem solchen Versuch gegenläufige außen- und innenpolitische Interessen der Bundesregierung entgegen:

– Ein solches Vorgehen wäre mit den Grundsätzen einer liberalen Außenwirtschaftspolitik nur schwer in Einklang zu bringen.

– Immerhin ist OTRAG für Präsident Mobutu ein Prestigeobjekt, dessen Einstellung unter Druck aus Bonn, insbesondere nach Vollzug des Notenwechsels und angesichts der gegenwärtigen schwierigen außen- und innenpolitischen Lage Zaires, zu einer nicht unerheblichen Belastung der bilateralen Beziehungen führen müßte.

– Die bisherige Kampagne gegen OTRAG ist, wie oben beschrieben, weitgehend von der SU initiiert. Eine Einstellung der OTRAG-Aktivitäten durch die Bundesregierung könnte als Beweis für die Bereitschaft der Bundesregierung, sowjetischem Druck nachzugeben, gewertet und dadurch insbesondere dann zum Anlaß einer innenpolitischen Kontroverse werden, wenn OTRAG in der Folge von anderen Staaten aus (Frankreich!) weiter operieren könnte.

Damit scheidet der Versuch, OTRAG zur Einstellung seiner Aktivitäten in Zaire zu zwingen, aus politischen Gründen, aber auch mangels rechtlicher Möglichkeiten aus.

6) Der Bundesregierung bleiben daher nur defensive Maßnahmen, um afrikapolitisches Terrain wiederzugewinnen.

a) Im Fall der angeblichen militärisch-nuklearen Zusammenarbeit mit Südafrika, in dem wir eine solche defensive Linie verfolgt haben, zeigten sich allerdings rasch die Grenzen einer bloßen „Aufklärungspolitik". Auch im Fall OTRAG dürfte es kaum gelingen, durch Gegenmemoranden und Demarchen allein afrikanische Regierungen von der Haltlosigkeit des von der Gegenseite gelieferten Beweismaterials zu überzeugen und so etwa einer drohenden Verurteilung der Bundesrepublik auf dem OAE-Gipfel in Khartum zu entgehen.

7) Eine Politik der umfassenden Aufklärung über OTRAG bedarf deshalb der Ergänzung durch weitergehende Maßnahmen.

Ansatzpunkt hierfür bietet in erster Linie die von der Firma OTRAG verfolgte Politik des Nichtzutritts auf ihrem Testgelände in Zaire, die wesentlich zu den Spekulationen über den Charakter der Raketenversuche beigetragen hat.

III. Empfehlungen für unsere OTRAG-Politik

A. Gegenüber afrikanischen Staaten:

1) Die Bundesregierung sollte umgehend die Genehmigung der Firma OTRAG zum Besuch des Testgeländes in Zaire durch afrikanische Delegationen erwirken und dies mit der zairischen Regierung abstimmen. Die Firma OTRAG dürfte sich – trotz ihres Interesses an der Geheimhaltung ihres Know-how – einem solchen Vorschlag kaum verschließen können, weil sie

– auf den Goodwill der Bundesregierung dringend angewiesen ist und
– damit einen auch von ihr zu wünschenden Öffentlichkeits- und Werbeeffekt erreichen könnte.

Auch die zairische Regierung dürfte einem solchen Vorschlag keine unüberwindbaren Bedenken entgegenstellen. Die Bundesregierung müßte ihr gegenüber dieses Ansinnen ggfs. mit dem erforderlichen Nachdruck vortragen.

2) Die Bundesregierung sollte OTRAG veranlassen, eine Gruppe afrikanischer Journalisten zum Besuch des Testgeländes, ggfs. auch zum Besuch der Firmenanlagen in der Bundesrepublik, einzuladen. Solchen Journalisten sollte zusätzlich der im Auswärtigen Amt vorliegende ZDF-Bericht über OTRAG vorab zugänglich gemacht werden.[28]

3) Die Bundesregierung sollte OTRAG außerdem veranlassen, die Mitgliedstaaten der OAE sowie deren Generalsekretär[29] zur Entsendung einer Delegation in das Testgelände und ggfs. nach Deutschland einzuladen. Dabei sollten besonders Angola, Tansania und andere Nachbarstaaten Zaires berücksichtigt werden.

4) Eine solche Note müßte etwa folgende Punkte enthalten:

– Die Bundesregierung habe mit Bestürzung die Beunruhigung über die Raketentests der Firma OTRAG in Afrika zur Kenntnis genommen.
– Es handele sich dabei um ein privates deutsches Unternehmen, das Raketentechnologie für zivile Zwecke entwickele und erprobe.
– Die Bundesregierung übe eine strikte Ausfuhrkontrolle aus; jede einzelne Rakete und jedes einzelne Raketenteil, die aus der Bundesrepublik exportiert werden, werde auf deren friedlichen Verwendungszweck hin kontrolliert. Sollte sich ein Verdacht auf eine nichtfriedliche Zweckbestimmung ergeben, würden Exportgenehmigungen nicht erteilt werden.
– Im übrigen sei es der Bundesregierung aufgrund des WEU-Vertrages untersagt, militärische Raketen zu bauen. Die WEU habe sich mit dem OTRAG-

---

[28] Zu diesem Absatz vermerkte Vortragender Legationsrat I. Klasse Schönfeld handschriftlich: „Aber Achtung! Schon ein einziger für uns ungünstiger Artikel eines afrikan[ischen] ‚Augenzeugen' wäre katastrophal! Der Objektivität afrikan. Journalisten auf dem Testgelände sollte durch begleitenden Botschaftsangehörigen behutsam nachgeholfen werden."

[29] William-Aurélien Eteki Mboumoua.

Projekt befaßt und deren ausschließlich friedliche Zweckbestimmung ausdrücklich bestätigt.
- Die Bundesregierung sei auch bereit, den afrikanischen Staaten die Möglichkeit einzuräumen, sich selbst von dem friedlichen Charakter des Vorhabens der Firma OTRAG zu überzeugen. Die Firma OTRAG habe sich bereit erklärt, den Generalsekretär der OAE, gemeinsam mit einer Delegation, der Angehörige aller interessierten OAE-Mitgliedstaaten angehören könnten, zu einem Besuch des Testgeländes in Zaire einzuladen.

Ein solcher Besuch könne bereits für die unmittelbare Zukunft ins Auge gefaßt werden.

5) Der Note sollte die Stellungnahme des RKA der WEU beigefügt werden.

6) Parallel dazu sollten die hiesigen afrikanischen Botschaften vom Auswärtigen Amt zu einer ausführlichen Unterrichtung eingeladen werden.

B. Gegenüber dem Ostblock:

Der sowjetischen Regierung gegenüber sollte in geeigneter Form noch einmal mit Nachdruck betont werden, daß die anhaltende Kampagne, die offenbar wider besseres Wissen erfolge, den bilateralen Beziehungen nicht dienlich sein könne. Wir gingen davon aus, daß sie in Kenntnis aller Umstände sei, die ihre Behauptungen überzeugend zu widerlegen geeignet seien.

Es sollte außerdem geprüft werden, ob ähnliche Demarchen nicht auch gegenüber anderen Ostblockregierungen angezeigt sind.

C. Gegenüber westlichen Verbündeten:

1) Die Stellungnahme des WEU-RKAs, die wir möglichst umgehend unseren Botschaften als Ergänzung der Sprachregelung zugänglich machen sollten, dürfte weitere Maßnahmen unseren Verbündeten gegenüber vorerst erübrigen.

2) Es sollte aber ihnen gegenüber eine Sprachregelung vorbereitet werden, die mögliche amerikanische Interessen an der Aufrechterhaltung ihres kommerziellen Satellitenträgermonopols für den Fall einer erfolgreichen Weiterführung des OTRAG-Projekts berücksichtigt.

D. Innenpolitisch:

1) Das Auswärtige Amt sollte die Ressorts bitten zu prüfen, inwieweit Möglichkeiten bestehen oder geschaffen werden können, um auf solche Aktivitäten deutscher Firmen, insbesondere Abschreibungsgesellschaften, im Ausland einzuwirken, die geeignet sind, außenpolitische Interessen der Bundesrepublik Deutschland erheblich zu gefährden.

2) Darüber hinaus sollte bei den zuständigen Finanzbehörden angeregt werden, die Höhe der Verlustzuweisungen im Fall OTRAG zu gegebener Zeit erneut zu überprüfen.

IV. Konsequenzen im Hinblick auf die bevorstehende Afrikareise des Herrn Bundeskanzlers und den OAE-Gipfel in Khartum

1) Der Herr Bundeskanzler sollte in die Lage versetzt werden, auf seiner Afrikareise auf die Absicht der Bundesregierung, eine OAE-Delegation sowie afrikanische Journalisten auf das Testgelände nach Zaire und ggfs. nach Deutschland einzuladen, hinzuweisen, um afrikanischer Kritik an OTRAG wirkungsvoll begegnen zu können.

Dazu wäre es erforderlich, kurzfristig
- die Genehmigung der Firma OTRAG einzuholen und
- das Vorhaben umgehend mit der zairischen Regierung abzustimmen.

2) Um einer etwaigen Verurteilung auf dem OAE-Gipfel in Khartum zu entgehen, sollte
- ein entsprechender Notenentwurf mit der Einladung an afrikanische Regierungen und an den Generalsekretär der OAE so rechtzeitig vorbereitet werden, daß er diesen vor Konferenzbeginn vorliegt;
- die Einladung afrikanischer Journalisten zum Besuch des OTRAG-Geländes ebenfalls kurzfristig erfolgen, um einen solchen Besuch noch vor dem OAE-Gipfel öffentlich ankündigen zu können.

Kinkel

Referat 02, Bd. 178410

199

Schrifterlaß des Vortragenden Legationsrats Freundt

321-321.00 Allg. 23. Juni 1978[1]

Betr.: Pariser Fünfer-Treffen am 5.6.1978 und Brüsseler Konferenz am 13. und 14.6.1978
hier: Zusammenfassende Darstellung

1) Präsident Nyerere hat in seiner Erklärung vom 9.6.1978 die Treffen von Brüssel und Paris in ihrer Summe als zweite Berliner Konferenz[2] bezeichnet, die das Ziel verfolge, die Vorherrschaft Europas über Afrika in einer neuen Form des Kolonialismus aufrechtzuerhalten. Dies trifft nicht zu.

Das Pariser Treffen vom 5.6.1978 war eine am Rande des NATO-Gipfels in Washington[3] von französischer Seite angeregte Vorbesprechung zwischen den Vertretern der wichtigsten westlichen Geberländer für Zaire[4] vor der Konferenz von Brüssel. Im Mittelpunkt des Treffens stand die wirtschaftliche und politische Lage von Zaire. Auch der Sicherheitsaspekt wurde berührt. Fragen, die Afrika als Ganzes betrafen, wurden in diesem Zusammenhang nur gestreift. Das zentrale Thema der Gespräche über Zaire in Paris bildete die Darstellung der wirtschaftlichen Lage. Die Teilnehmer stimmten darin überein, daß es

---

[1] Durchschlag als Konzept.
[2] Die internationale Konferenz über Afrika („Kongo-Konferenz") fand vom 15. November 1884 bis 26. Februar 1885 in Berlin statt. Für den Wortlaut der Generalakte vom 26. Februar 1885 vgl. REICHSGESETZBLATT Nr. 23 vom 20. Juni 1885, S. 215–246.
[3] Zur NATO-Ratstagung auf der Ebene der Staats- und Regierungschefs am 30./31. Mai 1978 vgl. Dok. 170.
[4] Belgien, Bundesrepublik, Frankreich, Großbritannien, USA.

darum gehe, das Land zu stabilisieren und den Menschen zu helfen, nicht aber, ein Regime zu stützen.

Die Vertreter der Teilnehmerstaaten waren sich auch darüber einig, daß es sinnlos sei, einen raschen Sanierungsversuch mit klassischen Mitteln anzustreben. Der drohende wirtschaftliche und finanzielle Kollaps konnte nach ihrer Meinung nur durch die Inangriffnahme eines Notstands-Sofortprogramms verhindert werden. Die Einzelheiten dafür sollten in Brüssel besprochen werden. Bis dahin sollten die beteiligten Regierungen prüfen, wie und in welcher Höhe Mittel für Zaire freigestellt werden könnten. Eine stabile Wirtschaftslage wurde von allen Teilnehmern als Grundvoraussetzung einer politischen Gesundung des Landes und der Verbesserung seiner Sicherheitslage bewertet. Die französische und belgische Seite gaben im Konferenzverlauf eine detaillierte Übersicht über die jeweiligen Aktionen zur Rettung der Europäer aus Kolwezi.[5] Im Anschluß hieran wurde die Sicherheitslage erörtert. Eine Verbesserung der Grundstruktur der zairischen Streitkräfte müsse angestrebt werden.

Die Teilnehmer konnten mit Befriedigung feststellen, daß der Rücktransport der französischen und belgischen Einheiten eingeleitet war und damit den Kritikern der Aktion das Argument eines westeuropäischen militärischen Fußfassens genommen war. Die Disziplin der marokkanischen Truppen sei gut und gewährleiste – zumindest vorläufig – Ruhe, Ordnung und Sicherheit in Shaba.

Zu der Möglichkeit, eine afrikanische Friedenstruppe zu schaffen, äußerten sich die amerikanische und englische Seite – wie wir – zurückhaltend. Die drei Delegationen wiesen auf die Gefahr möglicher Spannungen darüber zwischen frankophonen und anglophonen Staaten Afrikas hin und unterstrichen die Notwendigkeit, falls solche Pläne ernsthaft verfolgt würden, auch anglophone Staaten anzusprechen. Alle Teilnehmer waren sich darüber einig, daß eine Friedenstruppe im Rahmen eines OAE-Mandats die beste Lösung darstellen würde.

Das Pariser Treffen endete mit der Ausarbeitung von Empfehlungen, die an Präsident Mobutu in einer Demarchenaktion der fünf Mächte[6] herangetragen werden sollten. Sie stellen in ihren Grundzügen auf folgende Punkte ab:

a) Politik der nationalen Versöhnung;

b) Beteiligung aller regionalen Einheiten des Landes am politischen Leben;

c) Verbesserung der Funktion der Staatsorgane;

d) Reorganisation der zairischen Streitkräfte;

e) Verbesserung der diplomatischen Stellung Zaires;

f) Reform des Wirtschafts- und Finanzlebens, insbesondere der Mittelkontrolle und des Devisenwesens.

Die Teilnehmer am Treffen waren sich darin einig, daß eine Stabilisierung der Lage in Zaire im politischen, wirtschaftlichen, finanziellen und militärischen Bereich nur aus tiefgreifenden Reformen erwachsen könne.

---

[5] Zu den Kämpfen in der zairischen Provinz Shaba sowie den Evakuierungsmaßnahmen für ausländische Staatsbürger vgl. Dok. 155, Anm. 21, Dok. 156, Anm. 53, und Dok. 166.

[6] Zu den Demarchen Belgiens, Frankreichs, Großbritanniens und der USA bei der zairischen Regierung am 19./20. Juni bzw. zur Demarche der Bundesrepublik am 29. Juni 1978 vgl. Dok. 186, besonders Anm. 10.

2) Zu der Konferenz von Brüssel am 13. und 14. Juni 1978 hatte die belgische Regierung lange vor der Shaba-Krise eingeladen. Sie sollte ursprünglich dem Versuch dienen, die sich zusehends verschlechternde wirtschaftliche Lage Zaires abzufangen, nachdem Präsident Mobutu bereits am 25.11.1977 wirtschaftliche Reformen in Aussicht gestellt hatte. Die belgische Regierung war von ihm gebeten worden, die Konferenz zu organisieren.[7] Vor dem Hintergrund der Ereignisse in Shaba kam ihr besondere Bedeutung zu. Dennoch beschränkte sie sich bewußt auf rein wirtschaftliche Aspekte und klammerte politische Fragen aus.

Außer der Bundesrepublik Deutschland und Belgien nahmen teil:

Frankreich, Großbritannien, Holland, Italien, Iran, Japan, Kanada, Vereinigten Staaten, Zaire. Ferner Weltwährungsfonds, Weltbank, Europäische Gemeinschaft.

Erst kurz vor Konferenzbeginn wurde der – offenbar mit starker belgischer Unterstützung – fertiggestellte „Mobutu-Plan" vorgelegt[8], der grundsätzliche Leitlinien zur mittel- und langfristigen Stabilisierung und Wiederbelebung der zairischen Wirtschaft enthält:

a) Reform der Wirtschaftsführung und Finanzverwaltung;

b) Stabilisierungs- und Kontrollmaßnahmen einschließlich der Bedarfssteuerung;

c) Initiativen zur Wiederankurbelung des Wirtschaftslebens.

Der Plan stellt darüber hinaus jedoch vor allem auf den dringendsten Einfuhrbedarf der nächsten drei Monate ab. In diesem Zusammenhang führt er auf:

Ersatzteile, Rohstoffe, Treibstoffe, Medikamente und Nahrungsmittel im Wert von ca. 120 Mio. $, die fremd finanziert werden müßten. Nur wenn entsprechende Sofortmaßnahmen greifen, besteht Aussicht auf erfolgreiche Einleitung und Durchführung mittel- und längerfristiger Stabilisierungsprogramme.

Die gegenwärtige Problematik der Wirtschaftslage Zaires wurde von den Vertretern der Weltbank und dem IWF dargelegt: Die Weltbank beziffert den Bedarf an Auslandshilfe für 1978 auf zusätzlich 200 bis 300 Mio. $. Sie geht dabei davon aus, daß rund 250 Mio. $ aufgrund bestehender Programme nach Zaire abfließen können. Die Auslandsverschuldung Zaires für 1978 erfordert einen Schuldendienst von ca. 1,2 Mrd. $.[9]

Der Hilfsbedarf und die Schuldendienstquote werden für 1979 noch weit höher angesetzt.

Die teilnehmenden Delegationen konnten aufgrund der für 1978 bereits verplanten und zugesagten EH-Mittel keine über die laufenden Programme hinausgehenden Zusagen machen. Lediglich Belgien und Holland stellten zusätz-

---

[7] Der belgische Außenminister Simonet bat in einem Schreiben vom 13. Januar 1978 Bundesminister Genscher um sein Einverständnis zur Einberufung einer internationalen Konferenz in Brüssel, um dort den von Präsident Mobutu vorgeschlagenen Plan für den wirtschaftlichen und finanziellen Wiederaufbau Zaires zu erörtern. In einem beigefügten Papier wurde erwähnt, Mobutu habe am 25. November 1977 vor dem Kongreß der Revolutionären Volksbewegung die Grundzüge seines Plans dargelegt: „Bei dieser Gelegenheit übte der Präsident eine gelegentlich herbe Kritik an den Verwaltungs- und Organisationspraktiken des zairischen Staates." Vgl. Referat 321, Bd. 115620.
[8] Für die „Lignes de Force du Plan Mobutu" vom Juni 1978 vgl. Referat 321, Bd. 115620.
[9] Für das undatierte „Statement on Zaire" der Weltbank vgl. Referat 321, Bd. 115620.

liche Nahrungsmittelhilfe in Aussicht. Der zairischen Seite wurde wiederholt nahegelegt, für raschen Abruf der zur Verfügung stehenden Mittel Sorge zu tragen. Die Delegationen konnten dabei darauf hinweisen, daß die Finanzierung eines guten Teils der dringendst benötigten Güter mit den verfügbaren Mitteln möglich sei.

Von deutscher Seite wurde auf das kürzliche Treffen der Großen deutsch-zairischen Gemischten Kommission verwiesen, bei dem bereits eine Umwandlung von Projekthilfe in Warenhilfe vorgenommen wurde, um die Voraussetzungen für den Kauf von Bedarfsgütern zu schaffen. (Für die „Soforthilfe", d. h. den Zeitraum von ca. drei Monaten, könnten von uns rund 25 Mio. DM an Zaire abfließen.) Darüber hinaus war der zairischen Seite eine Soforthilfe an Medikamenten in Höhe von 3,5 Mio. DM zugesagt worden.[10]

Alle Delegationen verwiesen im Verlauf der Gespräche auf die unabdingbare Notwendigkeit, durch die Einleitung von Reformen in Zaire eine neue Basis für eine gesunde Wirtschaft zu schaffen. Nicht die Zusage neuer Mittel sei erforderlich, sondern die Verbesserung der Absorptionsfähigkeit. Um diesem Ziel näherzukommen, ist geplant, der Nationalbank von Zaire, dem Finanzministerium und der Zollverwaltung sachkundige Berater zur Verfügung zu stellen. Ausländische Experten sollen auch in verstärktem Maße bei der Steuerung und Kanalisierung der Import- und Hilfsgüter im Lande mitwirken.[11]

Die Vertreter von Weltbank und IWF werden ihren Institutionen ferner empfehlen, zunächst einen kurzfristigen Stabilisierungsplan (zwölf Monate) aufzustellen, dem ein Stabilisierungsplan für die kommenden drei Jahre folgen soll.[12]

Freundt[13]

Referat 321, Bd. 115610

---

[10] Die Tagung der Großen deutsch-zairischen Gemischten Kommission fand vom 16. bis 19. Mai 1978 statt. Vortragender Legationsrat I. Klasse Engels teilte dazu am 22. Mai 1978 mit, es seien die bilateralen Wirtschaftsbeziehungen erörtert worden. Zaire erhalte für 1978 eine Kapitalhilfe von 45 Mio. DM sowie Technische Hilfe in Höhe von 15 Mio. DM: „Gefördert werden vor allem Vorhaben in den Bereichen Transport und Landwirtschaft." Vgl. den Runderlaß Nr. 49; Referat 012, Bd. 108141.

[11] Botschafter Schattmann, Kinshasa, machte am 28. Oktober 1978 darauf aufmerksam, daß von der auf der Konferenz über Zaire am 13./14. Juni 1978 in Brüssel zugesagten Soforthilfe bisher nichts ausgezahlt worden sei: „Die Verzögerungen, die nicht immer und nicht ausschließlich von zairischer Seite zu vertreten sind, könnten die Glaubwürdigkeit unseres Engagements gefährden." Es sei daher „wünschenswert, daß Gutachterentsendungen zu Projektvorprüfungen angesichts der Dringlichkeit eines ‚Soforthilfeprogramms' sehr beschleunigt werden". Vgl. den Drahtbericht Nr. 350; Referat 321, Bd. 115621.

[12] Ministerialdirektor Meyer-Landrut vermerkte am 19. September 1978, am Vortag habe in Paris eine zweite Konferenz über Zaire stattgefunden, an der Vertreter Belgiens, der Bundesrepublik, Frankreichs, Großbritanniens und der USA teilgenommen hätten: „Um die nach der ersten Phase der Konferenz in Afrika und von östlicher Seite vorgebrachte Kritik ‚neo-kolonialistischer Einmischung' eines ‚NATO-Direktoriums' zu vermeiden, wurde Vertraulichkeit der Sitzung vereinbart." Konkrete Beschlüsse seien nicht gefaßt worden. Es habe Übereinstimmung bestanden, daß sich die außenpolitische Lage Zaires gefestigt habe und Präsident Mobutu gedrängt werden solle, die Empfehlungen der ersten Konferenz über Zaire am 5. Juni 1978 in Paris umzusetzen: „Die interafrikanischen Streitkräfte sollen so bald wie möglich abziehen; mögliche Verschiebung der für den 12./13. Oktober vorgesehenen zweiten Brüsseler Konferenz der Geberländer, weil IWF-Stabilisierungsplan für Zaire noch nicht vorliegt." Vgl. Referat 321, Bd. 115610.
Am 9./10. November 1978 fand in Brüssel eine weitere Konferenz zur wirtschaftlichen und finanziellen Sanierung Zaires statt. Vortragender Legationsrat I. Klasse Vestring informierte am 13. November 1978, dort seien die wirtschaftliche Entwicklung Zaires, die Auswirkungen des Mobutu-Plans, die Ergebnisse der auf der ersten Konferenz am 13./14. Juni 1978 in Brüssel zugesagten So-

200

Deutsch-amerikanisches Gespräch über MBFR in Washington

Geheim   26. Juni 1978[1]

Newhouse sagte zu dem in Aussicht gestellten amerikanischen Papier zur östlichen Entgegnung auf unsere Initiative[2], es werde noch keine abgestimmten amerikanischen Vorschläge für das weitere Vorgehen enthalten. Seiner Auffassung nach werde die NATO vor dem Frühherbst nicht in der Lage sein, darüber zu beraten; vor diesem Zeitpunkt sollten trilaterale Konsultationen stattfinden.[3]

Zu den östlichen Vorschlägen sagte er, der Osten habe ohne Frage einige positive Schritte unternommen, z.B. das Prinzip der common ceiling akzeptiert. Er sei auch zu asymmetrischen Reduktionen bei US und sowjetischen Truppen bereit. Die Schwierigkeiten lägen darin, daß er von einer rough parity ausgehe, das Datenproblem praktisch ungelöst lasse und bei der common ceiling mittelbar nationale subceilings fordere, wobei jedoch eine klare Begrenzung der sowjetischen Streitkräfte fehle. Amerikanischerseits habe man jedoch Hinweise dafür, daß der Osten zu einer wirklichen Verhandlung bereit sei.

Zur Frage der „associated measures" unterstrich Newhouse, daß westliche Vorschläge jetzt notwendiger denn je seien.[4] Die NATO-Gruppe sollte noch im Juli

---

Fortsetzung Fußnote von Seite 1006
    forthilfe sowie der Umfang der von Zaire benötigten Auslandshilfe erörtert worden. IWF und Weltbank hätten die Situation als kritisch bezeichnet und insbesondere das Ausbleiben einer Umschuldung moniert. Es habe Konsens bestanden, daß letztere in Angriff genommen werden müsse. Die Reformbemühungen wurden gewürdigt, die Notwendigkeit ihrer Fortsetzung betont: „Allseits begrüßt wurde, daß die Expertengruppe unter Leitung des früheren Bundesbankdirektors Blumenthal in der Bank von Zaire ihre Tätigkeit aufgenommen hat." Die Bundesrepublik habe wie die Mehrheit der teilnehmenden Staaten aus haushaltstechnischen Gründen keine konkreten neuen Zusagen abgeben können: „Wir haben auch deutlich gemacht, daß wir die Erhöhung der zairischen Aufnahmefähigkeit für unsere Hilfe als wichtig ansehen (bisher konnten von 291,1 Mio. DM zugesagter F[inanzieller]Z[usammenarbeit] erst 81 Mio. DM ausgezahlt werden)." Vgl. den Runderlaß Nr. 5780; Referat 321, Bd. 115621.
13 Paraphe.

[1] Die Gesprächsaufzeichnung wurde von Gesandtem Schauer, Washington, am 27. Juni 1978 für Botschafter Ruth gefertigt.
Hat Vortragendem Legationsrat I. Klasse Rückriegel am 29. Juni 1978 vorgelegen, der handschriftlich vermerkte: „1) Herrn Ehni: s[iehe] S. 2 oben. 2) Herrn Holik n[ach] R[ückkehr] (hat BMVg Papier? Evtl. Durchdruck) 3) Herrn Dg 22 n.R." Vgl. Anm. 4 und 9.
Hat Ruth am 13. Juli 1978 vorgelegen.
Hat Vortragendem Legationsrat Ehni am 14. Juli 1978 vorgelegen, der handschriftlich vermerkte: „Anregung: M.E. wäre es gut, diesen Querschnitt als Hintergrundinformation in Ablichtung an Brüssel NATO zu geben." Ferner vermerkte er: „Ablichtung an Brüssel NATO z.Hd. von LR I von Butler o.V.i.A.."

[2] Zur Initiative der an den MBFR-Verhandlungen teilnehmenden NATO-Mitgliedstaaten vom 19. April 1978 vgl. Dok. 110.
Zu den Vorschlägen der an den MBFR-Verhandlungen teilnehmenden Warschauer-Pakt-Staaten vom 8. Juni 1978 vgl. Dok. 180.

[3] Zum deutsch-amerikanisch-britischen Gespräch über MBFR am 18./19. September 1978 vgl. Dok. 274.

[4] Dieser Satz wurde von Vortragendem Legationsrat Ehni hervorgehoben. Dazu vermerkte er handschriftlich: „Ja".
Beginn der Seite 2 der Vorlage. Vgl. Anm. 1.

einen Gesamtvorschlag ausarbeiten. Die KSZE-Maßnahmen, die mit Blick auf Madrid[5] vorbereitet würden, sollten getrennt[6] gehalten werden.

Newhouse wiederholte sodann die amerikanischen Bedenken gegenüber dem französischen Abrüstungsvorschlag.[7] Er nannte ihn „untimely", war hinsichtlich der geographischen Vorschläge skeptisch und unterstrich, daß gerade diese die Allianz insgesamt beträfen und deshalb dort zu verhandeln seien. Unsere Anstrengungen sollten mehr auf MBFR gerichtet sein.

Admiral *Welch* gab eine kurze Bewertung der militärischen Implikationen der östlichen Antwort. Er hob dabei als besondere Probleme die Datenfrage und die Option III[8] hervor. Bei der Option III sei unser Angebot voll angenommen worden, die in Aussicht gestellte Gegenleistung jedoch sehr gering. Eine besondere Gefahr sehe er darin, daß die Sowjets aller Voraussicht nach nukleare Nachfolgesysteme begrenzen wollten, was für die TNF-Modernisierung besondere Probleme aufwerfen könne. Welch sagte außerdem, daß der östliche Vorschlag für die Phase II die Gefahr berge, daß es zu einer für uns ungünstigen Festschreibung des Ungleichgewichts bei Waffen und Gerät kommen könne.

Botschafter *Ruth* gab eine Wertung aus deutscher Sicht und wies insbesondere darauf hin, daß es sich bei dem östlichen Vorschlag um eine sehr geschickte Maßnahme handele, die in der Öffentlichkeit ankomme und die Datenfrage isoliere. Die NATO werde sich in ihrer Strategie ganz besonders der Datenfrage[9] widmen müssen.

Hinsichtlich der Kollektivität sei es ähnlich. Auch hier habe der Osten einen publikumswirksamen Vorschlag gemacht. Der vielleicht schwierigste Punkt betreffe die Option III. Dort wolle die SU unseren Vorschlag konsumieren, ohne eine angemessene Gegenleistung zu bieten. Gefährlich sei insbesondere die mögliche Einwirkung der SU auf die TNF-Modernisierung, die bis in die Grauzone hineinreichen könne. Hier sei einige analytische Arbeit erforderlich, z.B. was die jetzt intern vereinbarten Reichweitenbegrenzungen (ballistische Raketen über 500 km) betreffe.

Herr Ruth stimmte im übrigen trilateralen Konsultationen im September zu.

Zur Frage der associated measures sagte Ruth, hier bestehe eine Meinungsverschiedenheit zwischen uns und den Amerikanern. Wir sähen, genau wie die Franzosen, die Beschränkung auf die NGA[10] als problematisch an. Deshalb bewerteten wir den französischen Vorschlag auch insgesamt günstig. Auch wir seien allerdings der Auffassung, daß der Vorschlag in der Allianz zur Diskussion

---

5 Im abschließenden Dokument der KSZE-Folgekonferenz in Belgrad vom 8. März 1978 wurde festgelegt, daß ab 9. September 1980 ein Vorbereitungstreffen in Madrid stattfinden sollte, um die zweite KSZE-Folgekonferenz ab 11. November 1980 in Madrid vorzubereiten. Vgl. dazu EUROPA-ARCHIV 1978, D 247.

6 Dieses Wort wurde von Vortragendem Legationsrat Ehni hervorgehoben. Dazu vermerkte er handschriftlich: „Ja".

7 Zur französischen Abrüstungsinitiative vom 25. Januar bzw. 25. Mai 1978 vgl. Dok. 27 und Dok. 167, Anm. 13.

8 Zum Vorschlag der an den MBFR-Verhandlungen teilnehmenden NATO-Mitgliedstaaten vom 16. Dezember 1975 für eine Einbeziehung amerikanischer nuklearer Komponenten (Option III) vgl. Dok. 12, Anm. 10.

9 Ende der Seite 2 der Vorlage. Vgl. Anm. 1.

10 NATO Guidelines Area.

gestellt werden müsse. Der französische Vorschlag dürfe – darin stimmten wir mit den USA überein – keine abträgliche Wirkung auf MBFR haben. Was ihn für uns interessant mache, sei die durch ihn eventuell mögliche Überwindung des Geburtsfehlers von MBFR (geographische Begrenzung, Sonderrolle der BR Deutschland). Botschafter Ruth setzte hinzu, daß der dritte, Waffen und Gerät betreffende Teil des französischen Vorschlags allerdings ernste Probleme aufwerfe. Man müsse diesen Vorschlag wohl als einen sehr langfristigen Ansatz betrachten und sich kurzfristig auf die Vorschläge 1 und 2 konzentrieren.

Newhouse ging noch einmal im einzelnen auf die östliche Entgegnung vom 8.6. ein. Die Kollektivität werde im Grunde dreimal unterlaufen. Einmal durch die Proportionalität der Reduktionen, zum anderen durch die Beschränkung des nationalen Ausgleichs (nicht über 50%) sowie die absolute Beschränkung der nationalen Höchststärken. Newhouse interessierte sich dafür, ob wir alle drei Elemente für gleichermaßen problematisch hielten. Er warf sodann die Frage auf, wie man sich hinsichtlich der Option III verhalten solle. Größere Tankreduktionen auf der anderen Seite? Oder Limitierung unseres ursprünglichen Vorschlages? *Lynn Davis* sprach sich in diesem Zusammenhang klar für die Herausnahme des „Pershing"-Angebots aus. (*Newhouse* streifte hier noch einmal die Frage, welche Vorteile der französische Vorschlag für den Westen – abgesehen von der Beteiligung Frankreichs – habe. Aus seiner Sicht überwögen die Nachteile, die u. a. darin bestünden, daß die Teilnehmerzahl sehr viel größer sei als bei MBFR (36 statt 10).

Goodby kam noch einmal auf die Datenfrage zurück und betonte, daß es seiner Ansicht nach wichtig sei, verhandlungstaktisch die Datenfrage nicht zu sehr in den Vordergrund zu stellen, sonst bestehe die Gefahr eines Nachgebens der anderen Seite in diesem Punkt, ohne daß die anderen Probleme (Kollektivität etc.) geregelt seien. Es sei wichtig, die anderen Probleme parallel zu behandeln. *Ruth* stimmte zu und ging anschließend noch einmal auf die Probleme im Rahmen der Kollektivität ein. Letztlich laufe der östliche Vorschlag auf eine lediglich formale Akzeptierung des Begriffs der Kollektivität hinaus.

Ruth wies in diesem Zusammenhang auf die drei von Newhouse genannten Probleme hin und ergänzte, daß der östliche Vorschlag spezifizierter sei als die bisherigen. Das Bedenkliche an ihm sei insbesondere, daß wir unsere Mannschaftsstärken durch ein Abkommen formell östlicher Einwirkung unterwerfen. Ruth unterstrich, daß der Osten durch die prinzipielle Anerkennung der Parität einen gewichtigen Schritt nach vorn getan habe. Bisher sei die Argumentation des Ostens in der Öffentlichkeit, insbesondere in der DDR, davon ausgegangen, daß eine Überlegenheit des Ostens bestehe und auch weiter bestehen müsse und beansprucht würde. Von *Newhouse* auf die Frage angesprochen, welches die Motive des Ostens für den Vorschlag vom 8.6. seien, nannte *Ruth* die folgenden:

Die Herausforderung durch unsere Initiative, die SGV[11], möglicherweise der Verhandlungsstand bei SALT, der französische Abrüstungsvorschlag, das In-

---

11 Zur UNO-Sondergeneralversammlung über Abrüstung vom 23. Mai bis 30. Juni 1978 in New York vgl. Dok. 212.

teresse an der Option III (Einwirkung auf die TNF-Modernisierung und Grauzone).

Newhouse ergänzte, eines der Motive könne auch der relativ schlechte Stand der Entspannungspolitik gewesen sein, außerdem sei Rüstungskontrolle ein wirklich wichtiges Thema für die Sowjets. Nach einer kurzen Erläuterung der Unterstützung von MBFR durch alle drei im Bundestag vertretenen Parteien nannte Herr *Ruth* die Option III als eines der Probleme, die zu einer öffentlichen Auseinandersetzung Anlaß geben könnten. Hier könnte eingewendet werden, daß durch das Aufgreifen dieses Angebots durch den Osten die TNF-Modernisierung behindert und die Implementierung des Langzeitprogramms[12] erschwert werden könnten. Anschließend wurde die Problematik der Reduktion in Form von Einheiten besprochen. Herr Ruth wies darauf hin, daß diese deshalb nicht akzeptabel sei, weil sie zu einem Einfrieren unserer Streitkräftestruktur führen würde; auch die Reduktionen von Waffen und Gerät könnten so lange nicht akzeptiert werden, solange MBFR auf Zentraleuropa beschränkt sei. Beide Seiten stellten anschließend fest, daß das französische Datenproblem unverändert schwierig sei. Wenn überhaupt eine Lösung möglich sei, sagte Ruth, dann nur im Rahmen einer allgemeinen grundsätzlichen Kollektivität.

Ruth erkundigte sich, ob auch in Washington die Polen in Sachen CBM vorstellig geworden seien. *Newhouse* verneinte. *Goodby* stellte abschließend die Frage, wie man die CBMs, die associated measures in MBFR und die französischen Vorschläge verhandlungstaktisch behandeln solle. *Ruth* erwiderte, daß es ohne Frage sehr wichtig sein werde, die Arbeit der NATO in diesem Gebiet effizient zu organisieren. Es werde überhaupt nicht einfach sein, SALT, die Waffenkonferenz[13], die französischen Vorschläge sowie MBFR nebeneinander in der NATO zu behandeln.

VS-Bd. 11450 (221)

---

[12] Zum Langfristigen Verteidigungsprogramm der NATO vgl. Dok. 151, Anm. 9, und Dok. 153, Anm. 5.
[13] Zur Vorkonferenz der UNO-Waffenkonferenz vom 28. August bis 15. September 1978 in Genf vgl. Dok. 290.
Die UNO-Waffenkonferenz fand vom 10. bis 28. September 1979 in Genf statt.

201

Aufzeichnung des Ministerialdirigenten Lücking

213-321.00 SOW 26. Juni 1978[1]

Über Herrn Staatssekretär[2] Herrn Bundesminister zur Unterrichtung

Betr.: Die Bundesrepublik Deutschland und die sowjetische Westpolitik

I. Breschnew hat das Wort vom „kühlen Krieg" geprägt: In seiner Prager Rede vom 31.5.1978 sagte er, im Westen seien politische Kreise dabei, wenn nicht zum „kalten", so doch zum „kühlen" Krieg zurückzukehren.[3] Damit brachte der sowjetische Parteichef die Besorgnis der Sowjetunion über den Zustand des Ost-West-Verhältnisses deutlich zum Ausdruck. Wie kommt es zu dieser Bekundung des Pessimismus?

1) Die Vorrangstellung, die die USA als die andere Weltmacht in der sowjetischen Westpolitik einnehmen, erweist sich zur Zeit als negativer Faktor, da die anhaltenden, allerdings langsam abklingenden Störungen der sowjetisch-amerikanischen Beziehungen direkt auf das gesamte Ost-West-Verhältnis durchschlagen.

Irritiert über den Kurs der amerikanischen Regierung seit nunmehr 1 1/2 Jahren, ein Kurs, der sich von der „Realpolitik" Kissingers unterscheidet und zudem klare Konturen häufig vermissen ließ, konnte der Kreml einige zentrale Aussagen von Carters Rede in Annapolis (7. Juni)[4] nicht anders als mit Beunruhigung zur Kenntnis nehmen:

– Entspannung in sowjetischer Sicht als anhaltender aggressiver Kampf um politische Vorteile;

– Verurteilung der Sowjets durch alle freiheitsliebenden Menschen wegen der Mißachtung der Menschenrechte;

– sowjetisches System als eine totalitäre und repressive Regierungsform.

In dieser fundamentalen, von den Sowjets als unerhört empfundenen Kritik an einigen Grundlagen sowjetischen politischen Selbstverständnisses dürfte Carter über all das hinausgegangen sein, was westliche Staatsmänner in Regierungsverantwortung zumindest seit dem Nixon-Besuch in Moskau vom Mai 1972[5] öffentlich gesagt haben. Diese negativen Äußerungen finden zwangsläufig in

---

[1] Die Aufzeichnung wurde von Vortragendem Legationsrat I. Klasse Kühn und Vortragendem Legationsrat Heyken konzipiert.
Hat Vortragendem Legationsrat I. Klasse Lewalter am 27. Juni 1978 vorgelegen.
Hat Lewalter am 15. Juli 1978 erneut vorgelegen, der handschriftlich vermerkte: „1) Rücklauf von Bundesminister, 2) 213."
[2] Hat Staatssekretär Hermes am 27. Juni 1978 vorgelegen.
[3] Für den Wortlaut der Rede des Generalsekretärs des ZK der KPdSU, Breschnew, anläßlich einer Festveranstaltung von Vertretern der Partei-, Staats- und Regierungsorgane und Organisationen der Nationalen Front der ČSSR vgl. BRESCHNEW, Wege, Bd. 7, S. 388–394.
[4] Zur Rede des Präsidenten Carter vor der United States Naval Academy am 7. Juni 1978 in Annapolis vgl. Dok. 185, Anm. 6.
[5] Präsident Nixon besuchte die UdSSR vom 22. bis 30. Mai 1972. Vgl. dazu FRUS 1969–1976, XIV, S. 982–1226. Vgl. dazu ferner AAPD 1972, I, Dok. 149, und AAPD 1972, II, Dok. 161.

Moskau nicht weniger Gehör als die übrigen Redepassagen, in denen Carter sich bemüht hat, durch eine grundsätzliche Darlegung die im sowjetisch-amerikanischen Verhältnis bestehende Verwirrung zu beenden, Elemente der Konfrontation abzubauen und zugleich die Entschlossenheit der USA zu unterstreichen, sowjetischem entspannungswidrigen Expansionsstreben aktiv entgegenzutreten.

Es ist nicht auszuschließen, daß es bis auf weiteres bei einem gestörten Verhältnis bleibt, auch wenn die öffentlichen Beschuldigungen zwischen Washington und Moskau, wie es jetzt scheint, abklingen. Dabei ist die sowjetische Tendenz in Rechnung zu ziehen, auf eine Herausforderung ebenfalls mit einer Herausforderung zu reagieren, wofür die harten Strafen gegen Orlow[6], Slepak[7] u. a. als Antwort auf die forcierte US-Menschenrechtspolitik ein Beispiel darstellen.

2) In ihrer Afrikapolitik fühlt sich die Sowjetunion vom Westen mehr und mehr unverstanden. Sie ist geneigt, die westliche Kritik in erster Linie als Bestreiten ihres Anspruchs zu werten, ihre globalen Interessen als Weltmacht zur Geltung zu bringen, und sie behauptet, daß mit zweierlei Maß gemessen werde. Die Tatsache, daß sie als Instrumente massive Waffenhilfe und kubanische Soldaten einsetzt, wird von ihr mit Hinweis auf westliches Verhalten relativiert oder mit Hilfeersuchen angegriffener Staaten und der Unterstützung von Befreiungsbewegungen gerechtfertigt. In diese Richtung geht auch die Afrika-Erklärung der sowjetischen Regierung vom 23.6.78.[8] Die Zweifel, die in namhaften Kongreßkreisen an der Glaubwürdigkeit der Behauptung Carters zur kubanischen Mitwirkung an der Shaba-Rebellion[9] geweckt wurden, sind Moskau dabei eine willkommene Hilfe.

---

6 Zur Verurteilung des sowjetischen Dissidenten Orlow am 18. Mai 1978 vgl. Dok. 156, Anm. 45.

7 Der sowjetische Ingenieur und Dissident Slepak, der der „Helsinki-Gruppe" zur Überwachung der Einhaltung der KSZE-Schlußakte vom 1. August 1975 in der UdSSR angehörte, wurde am 1. Juni 1978 verhaftet, als er gegen die Nicht-Bewilligung eines 1970 gestellten Ausreiseantrags nach Israel protestierte. Am 21. Juni 1978 wurde er zu fünf Jahren Verbannung in einen abgelegenen Teil der UdSSR verurteilt. Vgl. dazu den Artikel „Russia Exiles 2 Jews in Protests"; INTERNATIONAL HERALD TRIBUNE vom 22. Juni 1978, S. 1.

8 Für den Wortlaut der Erklärung vgl. den Artikel „Zajavlenie sovjetckowo pravitelstwa"; PRAVDA vom 23. Juni 1978, S. 1 und 4.
Gesandter Berendonck, Moskau, berichtete am 23. Juni 1978, die sowjetische Presse habe eine Erklärung zu Afrika veröffentlicht: „Erklärung greift westliches Vorgehen in Afrika an, weist Vorwürfe gegen sowjetische Afrikapolitik zurück und legt Prinzipien dieser Politik dar." Berendonck ergänzte, sie sei als Antwort auf Teile der Rede des Präsidenten Carter vor der United States Naval Academy am 7. Juni 1978 in Annapolis zu verstehen und lasse keinerlei Kompromißbereitschaft erkennen: „Die Erklärung lehnt einen Zusammenhang des sowjetischen Vorgehens in Afrika mit der Entspannungspolitik (‚Unteilbarkeit der Entspannung') ab. Sie wendet die grundsätzliche sowjetische Position, nach der die Entspannung den internationalen Klassenkampf nicht aufhebt, auf Afrika an." Die sowjetische Außenpolitik werde „in die Bereiche der traditionellen Diplomatie und der Außenpolitik eines neuen revolutionären Typs" geteilt. Vgl. den Drahtbericht Nr. 2245; Referat 213, Bd. 133107.

9 Zu den Kämpfen in der zairischen Provinz Shaba sowie den Evakuierungsmaßnahmen für ausländische Staatsbürger vgl. Dok. 155, Anm. 21, Dok. 156, Anm. 53, und Dok. 166.
Im Rahmen einer Pressekonferenz am 14. Juni 1978 in Washington erklärte Präsident Carter, kubanische Truppen in Angola hätten die „Katanga-Gendarmen" vor dem Angriff auf die zairische Provinz Shaba militärisch ausgebildet. Präsident Castro habe selbst eingeräumt, bereits im Vorfeld über die Invasion informiert gewesen zu sein. Damit sei deutlich, daß Kuba letztere hätte verhindern können. Vgl. dazu PUBLIC PAPERS, CARTER 1978, S. 1092 f.

Mit ihrer Afrikapolitik hat die Sowjetunion nicht nur die USA, sondern den Westen insgesamt auf den Plan gerufen. Auch Moskaus Beziehungen zu Frankreich haben gelitten. Bemerkenswert ist in diesem Zusammenhang, daß Frankreich, das in früheren Jahren „ungestraft" Aktionen unternehmen konnte, die bei anderen Ländern sowjetische Kritik hervorriefen, jetzt in bezug auf Afrika erheblichen Vorwürfen Moskaus ausgesetzt ist.

3) Neu ist das Störpotential für das Ost-West-Verhältnis, das Moskau in der Entwicklung der Beziehungen des Westens zu China vermutet. Auch hier gelten die USA nicht als der einzige westliche „Störer", obwohl Breschnew in seiner Rede in Minsk am 25.6.[10] erneut die USA direkt kritisiert hat, sondern als Störer gelten gleichfalls Europa (WEU) und europäische Mächte, vor allem wegen ihrer angeblichen rüstungspolitischen Zusammenarbeit mit China[11].

Der Besuch des chinesischen Stellvertretenden Ministerpräsidenten Ku Mu in der BR Deutschland[12], und zwar kurz nach der Breschnew-Visite[13], hat den Sowjets ebenfalls mißfallen, wie ein teilweise polemischer Nowosti-Artikel vom 13.6.78 zeigt. (Am Rande sei vermerkt, daß sich auch das Verhältnis zu Japan wieder einmal stark abgekühlt hat.)

II. Ein heller Punkt in diesem verdüsterten Panorama der Ost-West-Beziehungen ist in sowjetischer Sicht – so will der Kreml uns zumindest glauben machen – offenbar die BR Deutschland:

– In der gleichen Rede in Prag, in welcher Breschnew die Metapher vom kühlen Krieg gebrauchte, stellte er die Ergebnisse seines Besuchs in Bonn als beispielhaft für die europäischen Beziehungen heraus. (Dies veranlaßte ausgerechnet „Le Monde" zu einem Kommentar vom 2.6.78, daß die BR Deutschland durch die Sowjetunion eine Würdigung erfahren habe, wie sie bisher Frankreich vorbehalten gewesen sei.[14])

– Auch in seiner gestrigen Rede in Minsk äußerte sich Breschnew besonders positiv zu seinem Besuch in Bonn. Er sagte, die deutsch-sowjetischen Beziehungen seien – auch wenn man die Augen vor den negativen Momenten nicht verschließe – zu „einem der wichtigen Elemente der Stabilität in Europa, der Entspannung auf dem europäischen Kontinent" geworden. (Zu Frankreich bemerkte er, ein großer Weg der Entwicklung der Beziehungen sei von der Sowjetunion und Frankreich zurückgelegt worden. England wurde gar nicht erwähnt, wohl aber Italien, Schweden, Österreich, Finnland.)

Zur gleichen Zeit setzt die sowjetische Presse ihre freundlichen Kommentare zum Breschnew-Besuch in Bonn fort und schlägt dabei Töne an, die in ihrer Häufung überraschen müssen (z. B. TASS-Kommentar vom 21.6.78: „Zusammenarbeit UdSSR–BRD vor neuen Horizonten").

---

10 Für den Wortlaut der Rede des Generalsekretärs des ZK der KPdSU, Breschnew, anläßlich der Überreichung des Leninordens und der Medaille „Goldener Stern" an die „Heldenstadt Minsk" vgl. BRESCHNEW, Wege, Bd. 7, S. 418–428.
11 Vgl. dazu die sowjetische Demarche vom 12. Mai 1978; Dok. 165, Anm. 8.
12 Zum Besuch des chinesischen Stellvertretenden Ministerpräsidenten Ku Mu vom 28. Mai bis zum 6. Juni 1978 in der Bundesrepublik vgl. Dok. 177.
13 Der Generalsekretär des ZK der KPdSU, Breschnew, besuchte die Bundesrepublik vom 4. bis 7. Mai 1978. Vgl. dazu Dok. 135, Dok. 136, Dok. 142 und Dok. 143.
14 Vgl. dazu den Artikel „Retour au froid"; LE MONDE vom 2. Juni 1978, S. 1.

III. Wie ist dieses in seiner Intensität fast befremdliche Werben um uns zu erklären?

1) Sicher z. T. mit Verlauf und Ergebnis des Breschnew-Besuches. Die deutsch-sowjetischen Gipfelgespräche haben die Rolle der BR Deutschland in der sowjetischen Westpolitik bestätigt und zu ihrem weiteren Ausbau beigetragen.

Weiter verbessert wurden aber auch die persönliche Kenntnis und die Vertrauensgrundlage zwischen den Repräsentanten beider Länder auf der Spitzenebene. In diesem gerade für die betagte und Änderungen jeder Art abholde Kremlführung so wichtigen Bereich dürfte der Besuch nachhaltig gewirkt haben. Nicht ohne Zufall nahm Breschnew in seiner Minsker Rede auf den Bundeskanzler Bezug und wiederholte dessen Worte, daß es in Europa jetzt bedeutend mehr gegenseitiges Vertrauen gebe als zu irgendeiner Zeit im vergangenen Jahrzehnt.[15] Hier sind Beziehungen entstanden, bei denen die Bundesregierung – wiederum aus Moskauer Sicht – zweifellos einzig dasteht, und das ist nicht wenig.

2) In noch stärkerem Maße dürfte das sowjetische Werben jedoch einen Reflex der verschlechterten Ost-West-Beziehungen, insbesondere der Probleme im Verhältnis Moskau–Washington, darstellen. Da sonstige Erfolge ausbleiben, muß Breschnew zur Rechtfertigung seiner Entspannungspolitik vor internen Kritikern die Dinge dort loben, wo sie einigermaßen funktionieren.

Vor allem aber – und darin dürfte das Hauptmotiv liegen – will Breschnew mit Schmeicheleien an die deutsche Adresse Westpolitik machen:

Es ist nicht anzunehmen, daß die Sowjets es darauf anlegen, uns aus dem westlichen Bündnis zu lösen. Einen solchen Versuch haben sie während des Breschnew-Besuchs nicht unternommen. Sie dürften realistisch genug sein, ein derartiges Vorhaben auch jetzt für aussichtslos zu halten.

Vielmehr dürfte die Sowjetunion folgende Ziele anstreben:

– Sie will zeigen, daß trotz der Eintrübung des Ost-West-Verhältnisses ein fruchtbarer Modus vivendi zwischen Moskau und einem wichtigen westlichen Land möglich ist. Die Beispielswirkung wird noch dadurch erhöht, daß die Normalisierung gerade der deutsch-sowjetischen Beziehungen besonders lange gedauert hat und auch heute noch Probleme bestehen, worauf Breschnew in Minsk auch hingewiesen hat.

– Sie möchte sich durch uns und vermittels unserer starken Stellung im westlichen Bündnis bei den anderen Partnern, insbesondere den USA, zur Geltung bringen. Parteigängertum kann sich die sowjetische Regierung von uns nicht erhoffen, wohl aber – und das erscheint legitim – mäßigende Einflüsse und eine moderierende Wirkung im internationalen Konzert.

3) Diese Ziele dürften den Sowjets z. Zt. wichtiger sein als der Wunsch, durch ihre Avancen die deutsche Bündnis-Solidarität in den Augen unserer westlichen Freunde ins Zwielicht zu bringen (und bei einigen vielleicht auch eine Spur von Neid auszulösen), um so Elemente der Entfremdung in unser Verhältnis zum Bündnis zu tragen.

---

[15] Vgl. dazu die Rede des Bundeskanzlers Schmidt vor der UNO-Sondergeneralversammlung über Abrüstung am 26. Mai 1978 in New York; BULLETIN 1978, S. 529–535.

Genau dies ist allerdings eine Gefahr, die nicht ganz von der Hand zu weisen ist, wenn die Sowjets mit ihrem Werben überziehen. Da die Sowjets die Instrumente der politischen Psychologie nicht immer geschickt anwenden, ist dieses Risiko nicht auszuschließen. Demgegenüber sollten wir alles Erforderliche tun, damit keine Zweideutigkeiten in unserem Verhältnis zu den Alliierten entstehen können.

Lücking

Referat 321, Bd. 133091

202

Staatssekretär van Well, z. Z. Lagos, an das Auswärtige Amt

Fernschreiben Nr. 400 Aufgabe: 28. Juni 1978, 13.30 Uhr[1]
Citissime Ankunft: 28. Juni 1978, 16.29 Uhr

Betr.: BK-Besuch in Nigeria[2]
hier: Zweites politisches Gespräch

Bezug: DB Nr. 396 vom 27.6.1978

Das zweite politische Gespräch während eines ad hoc vereinbarten privaten Mittagessens im Hause des nigerianischen Staatsoberhauptes war fast ausschließlich den Krisenherden im afrikanischen Raum gewidmet:

1) Angola–Zaire

Obasanjo schilderte ausführlich die Entwicklung der nigerianischen Haltung von der OAU-Linie von 1975[3] bis zur Unterstützung der MPLA. Er beschrieb im einzelnen seine Bemühungen, zwischen Angola und Zaire zu vermitteln. Angesichts der guten Fortschritte dieser Aktion habe ihn der zweite Überfall

---

[1] Hat Legationsrat I. Klasse Dröge am 3. Juli 1978 vorgelegen, der handschriftlich vermerkte: „Rücklauf von BM".
[2] Bundeskanzler Schmidt hielt sich vom 26. bis 28. Juni 1978 in Nigeria auf.
Am 27. Juni 1978 fand in Lagos ein deutsch-nigerianisches Regierungsgespräch statt. Themen waren die bilaterale wirtschaftliche Zusammenarbeit, ein Doppelbesteuerungsabkommen, die mögliche Bestellung von Flugzeugen vom Typ Airbus durch Nigeria, der Nord-Süd-Dialog, die Verschuldung der Entwicklungsländer, Rohstoff-Fragen und der Weltwirtschaftsgipfel am 16./17. Juli 1978. Vgl. dazu die Gesprächsaufzeichnung; Referat 320, Bd. 125236.
[3] Vom 10. bis 12. Januar 1976 fand in Addis Abeba eine Sondersitzung der OAU zum Angola-Konflikt statt. Dazu wurde in der Presse berichtet: „Angola ist auch am dritten Beratungstag der afrikanischen Staats- und Regierungschefs in der äthiopischen Hauptstadt Addis Abeba nicht in die bislang 46 Mitglieder zählende Organisation für Afrikanische Einheit (OAU) aufgenommen worden." Die OAU-Mitgliedstaaten hätten sich nicht darauf einigen können, ob nur eine der Befreiungsbewegungen anerkannt oder ob die Bildung einer Koalitionsregierung in Angola angestrebt werden sollte. Vgl. den Artikel „Keine Entscheidung der Afrikaner über Angola"; FRANKFURTER ALLGEMEINE ZEITUNG vom 13. Januar 1976, S. 1.

auf Shaba[4] überrascht. Die explosive Lage in Shaba sei in erster Linie darauf zurückzuführen, daß Zaire Tausende von Rebellen außerhalb seiner Grenzen halte. Es sei ein Problem der inneren politischen und wirtschaftlichen Situation und permanent nur auf politischem und wirtschaftlichem Wege zu lösen. Von einem kollektiven Sicherheitsarrangement halte er nichts. Carter habe ihm darin zugestimmt.[5] Weder Nigerias noch des Kongos (Brazzaville) Versuche, die zerstrittenen Nachbarn auf höchster Ebene an einen Tisch zu bekommen, hätten bisher Früchte getragen. Der Putsch gegen Neto[6] sei von chinesisch orientierten Studenten ausgegangen, denen Neto nicht radikal genug ist. Inzwischen habe Neto seine Stellung konsolidiert und sich von Russen und Kubanern freier gemacht.

Obasanjo stimmte mit dem Bundeskanzler überein, ...[7] Mobutu und Neto beide profitieren würden, wenn sie ihre Aktivität außerhalb ihrer Grenzen einstellten. Mobutu müsse die Katanga-Rebellen reabsorbieren.

Auf die Frage des BK nach seiner Haltung zur belgisch-französisch-marokkanischen Aktion antwortete Obasanjo, es sei schwierig zu sagen, wo die Menschlichkeit aufhöre und das eigene Interesse beginne. Der BK erklärte unser Interesse an einer Stabilisierung der Situation. StS van Well erläuterte unsere konkreten wirtschaftlichen Maßnahmen.

Der BK erläuterte unser bilaterales Verhältnis zu Angola und unterrichtete Obasanjo in diesem Zusammenhang ausführlich über OTRAG.[8]

2) Simbabwe

Obasanjo legte im einzelnen dar, warum er nach Konsultationen mit Nyerere, Kaunda und Machel den anglo-amerikanischen Lösungsvorschlag[9] unterstützt habe. Er sei nun enttäuscht, daß die Briten offenbar nicht mehr mit vollem Herzen dabei seien (they are dragging their feet). Ausführlich berichtete Obasanjo über seine und AM Garbas Gespräche mit allen Beteiligten. Er ist der Meinung, daß ein Scheitern des anglo-amerikanischen Vorschlag zu einer ausweglosen Situation führen werde, die schlimmer als Angola werde. Er habe Carter gesagt, wenn es zur kriegerischen Auseinandersetzung komme, wäre es sehr gut möglich, daß Nigeria und die USA an verschiedenen Fronten stünden. Der BK erklärte, daß wir den anglo-amerikanischen Vorschlag mit aller Kraft unterstützten. Die künftige politische Ordnung in Simbabwe müsse aus dem Willen aller Parteien entstehen. Er hoffe, daß die Beteiligten sich ihrer Verantwortung bewußt seien und die angestrebte gemeinsame Konferenz zustande komme. Insgesamt stimme er mit Obasanjos Einschätzung der Lage überein, sei aber nicht ganz so pessimistisch wie er.

---

[4] Zu den Kämpfen in der zairischen Provinz Shaba sowie den Evakuierungsmaßnahmen für ausländische Staatsbürger vgl. Dok. 155, Anm. 21, Dok. 156, Anm. 53, und Dok. 166.
[5] Präsident Carter besuchte Nigeria vom 31. März bis 3. April 1978.
[6] In der Presse wurde von Feuergefechten zwischen Anhängern des Präsidenten Neto und des ehemaligen angolanischen Innenministers Nito Alves berichtet, der „vor einer Woche als ‚Abspalter'" aus dem ZK der MPLA ausgeschlossen worden sei. Vgl. die Meldung „Feuergefecht in Luanda"; FRANKFURTER ALLGEMEINE ZEITUNG vom 28. Mai 1977, S. 1.
[7] Unvollständige Übermittlung des Drahtberichts.
[8] Zur Tätigkeit der Firma OTRAG in Zaire vgl. Dok. 198.
[9] Zu den amerikanisch-britischen Bemühungen um eine Lösung des Rhodesien-Konflikts vgl. Dok. 123, Anm. 23.

StS van Well berichtet von unseren Bemühungen, mit allen politischen Kräften in Verbindung zu bleiben.

3) Namibia

Obasanjo berichtet von seinen intensiven Bemühungen, SWAPO für den westlichen Lösungsvorschlag[10] zu gewinnen. Er hob hervor, daß Nujoma verstanden habe, daß das Walvis-Bay-Problem zunächst herausgelöst werden müsse.

Der BK dankte Obasanjo für die hilfreiche nigerianische Haltung. Er unterrichtete ihn über unsere Bemühungen und Kontakte. Seine letzte Zusammenkunft mit Vorster[11] habe er in unangenehmer Erinnerung. Obasanjo riet, weiter zu verhandeln und auf SA[12] Druck auszuüben.

4) Südafrika

Auf Obasanjos Frage, inwieweit die Bundesrepublik Deutschland das Südafrika-Regime wirtschaftlich stärke, erläuterte der BK unsere Haltung. Am Beispiel Cabora Bassa[13] erklärte er, wie nützlich die Fortsetzung wirtschaftlicher Projekte für alle Seiten sei.

Obasanjo räumte ein, daß es nicht realistisch sei, anzunehmen, daß Firmen ihr 50 bis ...[14] jähriges Engagement in Südafrika über Nacht auflösen würden. Sie müßten aber einsehen, daß Afrika und besonders Nigeria auf lange Sicht für ihre wirtschaftliche Zukunft wichtiger sein würden als Südafrika.

---

[10] Für den Wortlaut des Vorschlags der fünf westlichen Mitgliedstaaten des UNO-Sicherheitsrats vom 10. April 1978 für eine Lösung der Namibia-Frage vgl. EUROPA-ARCHIV 1978, D 574–578.

[11] Bundeskanzler Schmidt traf am 25. Juni 1976 mit Ministerpräsident Vorster zusammen. Vgl. AAPD 1976, I, Dok. 206.

[12] Südafrika.

[13] Am 2. September 1969 gab die portugiesische Regierung den Zuschlag für den Bau eines Wasserkraftwerks in Cabora Bassa (Mosambik) an das internationale Konsortium „Zambeze Hydro-Eléctrico Consórcio" (ZAMCO) bekannt, an dem neben Unternehmen aus Frankreich, Italien, Portugal und Südafrika auch solche aus der Bundesrepublik beteiligt waren. Am 30. Juli 1970 beschloß das Kabinett auf Vorlage des Auswärtigen Amts die Übernahme von Bürgschaften für die am Cabora-Bassa-Projekt beteiligten Firmen. Vgl. dazu den Runderlaß des Ministerialdirektors Herbst vom 18. August 1970; Referat III B 5, Bd. 799.

Am 25. Juni 1975 vermerkte Vortragender Legationsrat I. Klasse Müller, daß bei den Feiern zur Erlangung der Unabhängigkeit Mosambiks am selben Tag Vertreter der Bundesregierung nicht erwünscht seien. Der Bundesregierung werde vorgeworfen, „wir hätten mit dem Bau des Cabora Bassa Staudamms Abhängigkeit Mosambiks vom verhaßten Südafrika erhöht und ein ‚Denkmal des Kolonialismus' errichtet". Vgl. Referat 320, Bd. 108197.

Am 5. Juli 1978 vermerkte Vortragender Legationsrat Bosch, Projektträger sei die 1975 gegründete Firma Hydro-Eléctrica de Cabora Bassa (HCB), „deren Gesellschaftsanteile zu 82 % in portugiesischer und zu 18 % in mosambikanischer Hand sind und – abhängig von der Höhe der Schuldenzrückzahlung – bis 1998 voll auf Mosambik übergehen sollen." Die HCB habe wegen Kostensteigerungen und verzögerter Inbetriebnahme Schwierigkeiten gehabt, die ab 1. September 1977 fälligen Zahlungsverpflichtungen zu erfüllen und habe um Prolongation gebeten: „Im Hinblick auf unser Verhältnis zu Mosambik, für dessen wirtschaftliche Entwicklung das Vorhaben von großer Bedeutung ist, hat die Bundesregierung eine Prolongation befürwortet und sich für eine Lösung eingesetzt, die eine dauerhafte Konsolidierung der Zahlungsverpflichtungen aus dem Projekt verspricht. [...] In einem am 11. August 1977 von Vertretern der Bundesrepublik Deutschlands, Frankreichs, Portugals, Mosambiks und und HCB unterzeichneten Protokoll wurden die vom 1. September 1977 bis 2. Januar 1980 fälligen Raten in Höhe von 76,6 Mio. DM (einschließlich Zinsen) gestundet. Der neue Zahlungsplan sieht ab 1.3.1980 für die Restfälligkeiten aus der ersten und zweiten Ausbaustufe (105 Mio. DM ohne Zinsen) jährliche Zahlungen zwischen 15 und 20 Mio. DM vor. Die letzte Rate ist zahlbar am 1. März 1988." Vgl. Referat 320, Bd. 116797.

[14] Unvollständige Übermittlung des Drahtberichts.

5) Horn von Afrika

Der BK gab zu bedenken, ob eine Verbesserung des Verhältnisses zwischen Kenia und Somalia nicht das Mißtrauen zwischen den Nachbarn abtragen könnte. Obasanjo sah darin einen nützlichen Vorschlag. Seinerseits bemühe er sich, zwischen Somalia und Äthiopien zu vermitteln. Allerdings habe er von Mengistu einen ähnlich unangenehmen Eindruck wie der BK von Vorster (Sendungsbewußtsein mit der Gewehrkugel). Der BK wies auf die schlimme Rolle der Sowjetunion. Indem sie nach und nach an alle Konfliktparteien Waffen geliefert habe, sei sie daran schuld, daß es jetzt einen Zermürbungskrieg gebe, der von allen Seiten mit sowjetischen Waffen geführt werde.

Zu Uganda bemerkte Obasanjo nur beiläufig, daß es in letzter Zeit um den Feldmarschall[15] und Verfolgungen still geworden sei.

7) Mittlerer Osten

Der BK lobte Sadats mutige Initiative[16], die nach seinem Urteil insgeheim von Saudi-Arabien unterstützt werde. Sadat habe nie an einen separaten Friedensvertrag gedacht. Begin leiste mit seiner starren Haltung seinem Lande einen Bärendienst. Wir seien über die Lage besorgt.

Das Gespräch dauerte 2 1/2 Stunden und fand in ausgesprochen herzlicher Atmosphäre statt.

[gez.] van Well

Referat 010, Bd. 178785

203

Gespräche des Bundesministers Genscher in Tel Aviv

28./29. Juni 1978[1]

Gespräche des BM während seiner Israel-Reise (28. bis 30. Juni 1978)

1) Gespräch mit Staatspräsident Navon

Eingangs äußerte *Präsident*, er schätze BM als Freund Israels ein, und fragte dann, wie BM die bevorstehenden Gespräche beurteile. *BM* antwortete, auf bilateraler Ebene würden die deutschen Exportüberschüsse besprochen werden. Bei den wirtschaftlichen Fragen würden eher Probleme der Entwicklung EG–Israel[2], insbesondere Probleme, die durch die Erweiterung der EG entste-

---

15 Idi Amin Dada.
16 Zur Friedensinitiative des Präsidenten Sadat vgl. Dok. 3, Anm. 7.

1 Hat Vortragendem Legationsrat I. Klasse Böcker am 10. Juli 1978 vorgelegen, der handschriftlich für Vortragenden Legationsrat Eickhoff vermerkte: „Würden Sie bitte H[errn] Dröge anrufen wg. Israel-Reise. Näheres m[ün]dl[ich]."
2 Zu den Beziehungen zwischen den Europäischen Gemeinschaften und Israel vgl. Dok. 30, Anm. 17. Ministerialdirektor Lautenschlager notierte am 26. Juni 1978, der israelische Gesandte Landau

hen, behandelt werden.³ Schließlich werde auch der Nahost-Konflikt ein Thema bilden. Israel müsse die durch die Sadat-Initiative⁴ gebotene Chance ergreifen, um auch die zur Ablehnungsfront⁵ gehörenden arabischen Staaten zu einer grundsätzlichen Zustimmung zu bringen.

Präsident *Navon* erwiderte, die politischen Fragen sollten mit den Politikern behandelt werden. Er selbst interessiere sich dafür, wie die Jugend in Deutschland erzogen werde, was gegen den Nazismus und für das Geschichtsbewußtsein der Jugend (Holocaust) getan werde.

BM sagte dazu, die Neonazis seien kein politischer Faktor in Deutschland, bei der letzten Bundestagswahl⁶ hätten sie 0,3 % der Wählerstimmen erhalten. Die Jugend verweigere sich nicht, sie interessiere sich für die Geschichte und stelle Fragen danach. Antizionistische Äußerungen kämen nicht von rechts, sondern eher von links außen. Präsident *Navon* meinte, die Frage habe große Bedeutung sowohl für Deutschland als auch für Israel. Die israelische Öffentlichkeit, insbesondere die Jugend, sei hierzu gespalten. In letzter Zeit gebe es mehr Aufgeschlossenheit. Es sei leichter, über neuere Heldentaten, wie z. B. „Entebbe"⁷ zu sprechen. Es gebe aber noch viel Empfindlichkeit in Israel. Dies äußere sich z. B.

Fortsetzung Fußnote von Seite 1018

habe am 20. Juni 1978 ein Papier über die Auswirkungen der Erweiterung der Europäischen Gemeinschaften auf Israel übergeben. Darin werde darauf hingewiesen, daß sich das bereits bestehende Handelsbilanzdefizit zu Lasten Israels weiter vergrößern werde. Dies betreffe besonders den Agrarsektor: „Der Selbstversorgungsgrad der Gemeinschaft erhöht sich vor allem bei Zitrusfrüchten, Obst und Gemüse. Darüber hinaus wird sich die Agrarproduktion in den neuen Beitrittsländern infolge des EG-Protektionismus noch weiter erhöhen. Israel verfügt über keine Ausweichmärkte für Agrarexporte." Auch im gewerblichen Bereich werde es für Israel Probleme geben. Vgl. Referat 410, Bd. 121735.

3 Vortragender Legationsrat Richter faßte am 10. Juli 1978 das Delegationsgespräch vom 29. Juni 1978 zusammen. Der stellvertretende Generaldirektor des israelischen Außenministeriums, Allon, habe auf politische und wirtschaftliche Probleme hingewiesen, die sich durch die Erweiterung der Europäischen Gemeinschaften ergeben würden. Griechenland und Spanien stimmten in internationalen Organisationen stets gegen Israel, mit dem Spanien keine diplomatischen Beziehungen unterhalte. Portugal habe diese am 15. Juli 1977 aufgenommen. Ministerialdirektor Meyer-Landrut habe entgegnet, die Bundesregierung habe Spanien zur Aufnahme diplomatischer Beziehungen mit Israel geraten. Allon habe weiter ausgeführt, angesichts der Beitritte müsse man sowohl bei landwirtschaftlichen als auch industriellen Produkten „zu einem neuen Gleichgewicht zwischen mediterraner Region und EG kommen". Vgl. Referat 310, Bd. 119883.

4 Zur Friedensinitiative des Präsidenten Sadat vgl. Dok. 3, Anm. 7.

5 Zur Ablehnung der Friedensinitiative des Präsidenten Sadat durch verschiedene arabische Staaten vgl. Dok. 3, Anm. 14, bzw. Dok. 42, Anm. 8.

6 Die Wahlen zum Bundestag fanden am 3. Oktober 1976 statt.

7 Am 27. Juni 1976 entführten vier Terroristen deutscher und irakischer Staatsangehörigkeit eine französische Passagiermaschine vom Typ „Airbus 300-B 4" mit insgesamt 260 Personen an Bord nach Entebbe und forderten die Freilassung von 53 in der Bundesrepublik, Frankreich, Israel, Kenia und der Schweiz inhaftierten Terroristen bzw. Sympathisanten, darunter sechs Mitglieder der „Baader-Meinhof-Gruppe" und der „Bewegung 2. Juni". Die Terroristen ließen am 29. Juni 1976 zunächst 47 Geiseln und am 1. Juli 1976 weitere 100 Geiseln frei, nachdem das israelische Kabinett am selben Tag beschlossen hatte, „mit den Entführern zu verhandeln und Häftlinge notfalls freizugeben". Vgl. den Artikel „Ultimatum der Airbus-Entführer verlängert"; NEUE ZÜRCHER ZEITUNG, Fernausgabe vom 2. Juli 1976, S. 1.
Am 4. Juli 1976 landeten israelische Fallschirmjäger auf dem Flughafen in Entebbe und befreiten die noch verbliebenen Geiseln aus dem Flughafengebäude. Bei dem Kommandounternehmen kamen drei Geiseln, ein israelischer Offizier sowie etwa 20 ugandische Soldaten und die Geiselnehmer ums Leben. Vgl. dazu den Artikel „Kühnes israelisches Luftlandeunternehmen in Uganda"; NEUE ZÜRCHER ZEITUNG, Fernausgabe vom 6. Juli 1976, S. 1.
Vgl. dazu auch AAPD 1976, I, Dok. 210, sowie AAPD 1976, II, Dok. 217 und Dok. 219.

bei den Raketenlieferungen nach Syrien.[8] Letzteres mache ihm große Sorgen. Die Araber könnten die Waffen zwar auch von anderen erhalten, Deutschland sollte aber nicht der Lieferant sein. Es sei wichtig, diese Lieferungen zu verhindern.

BM sagte dazu, dieses Problem habe er schon Knesset-Abgeordneten erläutert. Die Koproduktion von Waffen sei für Deutschland ein wichtiges Ziel. Allerdings hätten Deutschland und Frankreich keine deckungsgleichen Exportpolitiken. In Frankreich sei der Waffenexport Teil der Wirtschafts- und Beschäftigungspolitik. Wir schlössen solche Geschäfte nicht ab. Frankreich sei im übrigen auch zu Lieferungen an Israel bereit gewesen. Er habe aber Verständnis dafür, daß diese Frage in Israel eher unter moralischen als unter militärischen Aspekten gesehen werde.

Präsident *Navon* meinte dazu, es wäre vielleicht gut, wenn Deutschland nur mit solchen Ländern kooperiere, die auch bereit seien, nicht in Spannungsgebiete zu liefern. *BM* betonte, dies sei für uns keine ökonomische Frage. Es gehe um die grundsätzliche Frage der Kooperation. Unser Ziel sei eine Harmonisierung der Rüstungsexportpolitiken.

Präsident *Navon* führte sodann zur Territorialfrage folgendes aus: Er habe die gegenwärtige Regierung kritisiert, weil sie den Sinai mit Ausnahme einiger Siedlungen aufgeben wolle. – Likud habe in seiner Wahlplattform ausgeführt, die Westbank sei Teil des historischen Heimatlandes. Nunmehr spreche man aber von self-rule. In der Plattform seien außerdem Siedlungen in der ganzen Westbank gefordert worden. Dann seien aber junge Leute, die dort siedeln wollten, vom Militär vertrieben worden. Dies sei die schwerste Entscheidung für Begin gewesen.

Der Sadat-Besuch habe eine historische Bedeutung. Allerdings könne Sadat das, was er zugestanden habe, nämlich die Anerkennung Israels, sofort zurücknehmen. Die Forderungen an Israel beträfen jedoch die Substanz. Es bestehe auch ein Unterschied zwischen der Art des Drucks, der auf Ägypten und dem, der auf Israel ausgeübt werde. Ägypten bleibe bei extremistischen Forderungen; es müsse entgegenkommen. Es fehle auch an Druck durch Freunde auf Ägypten.

BM antwortete darauf, die Sadat-Initiative sei nur der Anfang. Wir hätten auf die Araber eingewirkt. Die Fortdauer des Spannungszustandes könne nur zu extremen Situationen führen, die den Einfluß der SU verstärken würden. Sadat habe ein nicht rücknehmbares Zeichen gesetzt. Es gehe jetzt darum, wie die Sicherheitsfrage gelöst werden könne und wie sie von dem Territorialproblem getrennt werden könne. Die Gunst der Stunde sollte genutzt werden, zumal es derzeit in arabischen Ländern konstruktiv denkende Führer gebe, unter anderem auch in Saudi-Arabien. Wir redeten beiden Seiten zu.

Präsident *Navon* fragte sodann nach der Position Jordaniens. *BM* betonte, nach seinen Informationen bestehe grundsätzlich eine positive Einstellung der jordanischen Regierung.

---

[8] Zu den israelischen Einwänden gegen die geplante Lieferung von Panzerabwehrwaffen an Syrien vgl. Dok. 66.

2) Gespräch mit Premierminister Begin am 29.6.

PM *Begin* kam zunächst auf die deutsch-französische Koproduktion im Raketenbereich („Milan"/„Hot") zu sprechen. Er habe hierüber mit Bundestagspräsident Carstens gesprochen. Dieser habe eine parlamentarische Reaktion versprochen[9], aber es entscheide nicht das Parlament, sondern die Regierung. Er unterstrich sodann, daß diese weitreichenden Waffen sehr viel Schaden anrichteten. Er äußerte dann die offizielle Bitte der israelischen Regierung, diese Waffen nicht an Syrien zu liefern. Darauf stellte er die Frage, was BM tun könne, damit keine deutschen Waffen im Kampf gegen Israel eingesetzt würden. Er habe das auch den Bundestagspräsidenten gefragt.

BM antwortete, wir seien im Rahmen des Bündnisses für Standardisierung und Koproduktion. Nach unseren Abmachungen mit Frankreich sei jede Seite frei, Verträge zu schließen. Die getroffenen Abmachungen seien nicht aus ökonomischem Interesse getroffen worden. Bei dem Problem der Koproduktion müsse man aber unterschiedliche Waffenexportpolitiken der europäischen Staaten in Rechnung stellen. Deutschland liefere nicht in Spannungsgebiete.[10] Die Exportpolitiken seien weder innerhalb der NATO noch unter den Europäern oder zwischen Frankreich und Deutschland harmonisiert. Die Entscheidung zu liefern, sei eine souveräne Entscheidung der Franzosen, die wir nicht beeinflussen könnten. Einzige Möglichkeit sei ein Abbruch der Koproduktionsbeziehungen. BM fragte sodann, ob Israel mit den Franzosen gesprochen habe.

Direktor *Allon* antwortete, man habe mit der französischen Regierung gesprochen. Danach könne jeder Waffen aus Frankreich kaufen. Die deutsche Komponente innerhalb der Koproduktion sei jedoch Sache der Deutschen. PM *Begin* erklärte, es handele sich um eine moralische Frage. Es erhebe sich für ihn die Frage, wenn Deutschland nicht in Spannungsgebiete liefere, was ein „Spannungsgebiet" sei.

PM Begin betonte sodann nochmals, Israel sei gegen eine Lieferung der Raketen an Syrien. Die deutsche Seite solle doch die Frage mit Frankreich auf moralischer Ebene nochmals aufnehmen.

BM betonte darauf, er verstehe die Position Begins. Den Franzosen sei unsere Haltung bekannt. Man habe sie den Franzosen im allgemeinen Sinne, aber auch gerade hinsichtlich des Nahen Ostens dargelegt.[11] Man könne aber die Franzosen zu keinem Verhalten zwingen. Er bat den Premierminister zu glauben, daß der Koproduktion in sensitiven Rüstungsbereichen auf deutscher Seite keine ökonomischen Motive zugrunde lägen, sondern das Ziel die Verteidigungsfähigkeit Europas sei. Er verstehe aber den moralischen Standpunkt Begins.

PM *Begin* erklärte darauf, es sei ihm klar, daß Frankreich die laufenden Geschäfte nicht stoppen werde, er frage sich aber, was in Zukunft geschehe. Die besagten Waffen seien gegen die Zivilbevölkerung gerichtet. Er bitte, die Ange-

---

9 Zum Besuch einer Delegation des Bundestags unter Leitung des Bundestagspräsidenten Carstens vom 23. bis 28. Mai 1978 in Israel vgl. Dok. 188, Anm. 7 und 8.
10 Zu den rechtlichen Grundlagen der Rüstungsexportpolitik der Bundesregierung vgl. Dok. 1, Anm. 17.
11 Vgl. dazu das Gespräch des Bundesministers Genscher mit dem französischen Außenminister de Guiringaud am 13. Juni 1978 in Paris; Dok. 188, Anm. 4.

legenheit grundsätzlich noch einmal mit den Franzosen aufzunehmen. Die israelischen Gefühle seien tief verletzt.

BM sagte zu, im Rahmen der allgemeinen Konsultationen mit seinem französischen Kollegen[12] die Angelegenheit nochmals anzusprechen. Der Aufrichtigkeit halber habe er jedoch die rechtliche Lage offen dargelegt. Die Franzosen sagten, sie hätten feste Lieferverträge mit Syrien abgeschlossen.

PM *Begin* sagte, er werde das prüfen lassen, das ändere aber nichts an der Sache.

PM Begin schnitt sodann das Verjährungsproblem an. Er führte aus, 1980 solle die Verjährung für Naziverbrechen eintreten. Die Verantwortlichen brauchten dann nicht mehr vor Gericht. Es lägen auch Klagen vor wegen der Langsamkeit der Prozesse, z. B. Majdanek-Prozeß[13], und des Vorgehens der Verteidiger. Der Eintritt der Verjährung treffe das israelische Volk sehr tief. Ab 1980 könnten sich viele Verantwortliche ungestraft ihrer Verbrechen rühmen. Er fordere eine Verlängerung der Verjährungsfrist um weitere 20 Jahre.

BM erwiderte darauf, er wolle die rechtliche Situation klarstellen. Nach Vorstellung des Bundestages solle in allen Fällen, wo Verdacht bestehe, die Verjährungsfrist unterbrochen werden.

PM *Begin* fragte sodann nach den vielen Fällen, die noch nicht bekannt und noch nicht aufgenommen seien. *BM* wies auf die Diskussionen über die Verjährungsfrist hin. Auch ehemalige Verfolgte seien z. T. gegen eine Verlängerung. Er wolle aber die Meinung des Premierministers weitergeben.

PM *Begin* wies darauf hin, daß der jetzt gefundene Wagner[14] nach 1980 frei ausgehen würde. PM Begin merkte an, man solle die Frage von Rechtsexperten prüfen lassen und werde dann den einzig richtigen Weg finden: eine Verlängerung der Verjährungsfrist. Für Kriegsverbrechen müsse sie unbegrenzt bleiben.

BM sagte dazu:

1) Niemand in Deutschland habe die Absicht, diese Leute zu schonen.

2) Er werde die Regierung über Begins Ansichten unterrichten.

---

[12] Louis de Guiringaud.

[13] Vortragender Legationsrat I. Klasse Türk legte am 12. Juni 1978 zu dem am 26. November 1975 eröffneten Prozeß dar: „Bei dem Majdanek-Prozeß beim Landgericht in Düsseldorf handelt es sich um ein äußerst umfangreiches Verfahren, in dem neun Männer und fünf Frauen wegen ihrer Beteiligung an Massentötungen in dem nationalsozialistischen Vernichtungslager Majdanek vor Gericht stehen. Die Anklage geht von mindestens 250 000 Ermordeten aus. Wegen des Umfangs der Verbrechen und der großen Zahl der Zeugen und sonstigen Beweismittel kommt das Verfahren nur langsam voran. Auch die Versuche einiger Verteidiger, die Hauptverhandlung zum Scheitern zu bringen oder das Verfahren zumindest zu verzögern, haben mit dazu beigetragen, daß der Prozeß nicht in der ursprünglich vorgesehenen Frist von eineinhalb Jahren abgeschlossen werden konnte. Die Hauptverhandlung dauert inzwischen seit beinahe zweieinhalb Jahren an, ein Endzeitpunkt läßt sich nicht vorhersagen. Die Bundesregierung ist im Benehmen mit den Ländern bestrebt, durch zusätzliche gesetzgeberische Maßnahmen eine Beschränkung des Prozeßstoffes zu erzielen und dadurch eine Beschleunigung solcher Strafverfahren, insbesondere der Großverfahren, zu erreichen. Die gegenwärtige Rechtslage bietet dafür noch keine hinreichenden Möglichkeiten. Das Schwurgericht Düsseldorf ist z. Z. damit befaßt, Zeugenvernehmungen in Kanada, Israel und Polen durchzuführen." Vgl. B 83 (Referat 511), Bd. 1085.

[14] In der Presse wurde berichtet, der ehemalige SS-Oberscharführer Wagner sei am 30. Mai 1978 in Brasilien verhaftet worden. Ihm werde vorgeworfen, als stellvertretender Kommandant der Konzentrationslager Sobibor und Treblinka in den Jahren 1942 und 1943 für Massenmorde an Juden verantwortlich zu sein. Vgl. den Artikel „Haftbefehl gegen früheren SS-Führer Wagner"; FRANKFURTER ALLGEMEINE ZEITUNG vom 1. Juni 1978, S. 8.

Sodann sprach PM *Begin* das Palästinenser-Problem an. Er persönlich halte die Terminologie nicht für entscheidend, sie habe aber ihre Bedeutung. Die Worte Palästina, palästinensisches Volk, palästinensischer Staat seien populär, offenbar auch beim Bundeskanzler.

BM erklärte darauf, die Aussage des BK[15] bedeute keine Veränderung unserer Position. Im gleichen Sinne habe er selbst sich auch vor den VN geäußert.[16] „Staatliche Organisation" sei nicht gleich „Staat". Die Bundesregierung halte sich an die in der Erklärung des Europäischen Rates vom 29.6.77[17] niedergelegte Position und wolle auf dieser Basis zum Frieden beitragen.

PM *Begin* erwiderte, es sei sicher nicht nützlich, weiter über die Bundeskanzler-Äußerung zu reden. Der BM habe eine Interpretation gegeben, er Begin, möge eine abweichende Meinung dazu haben.

BM äußerte dazu, es sollte akzeptiert werden, daß die Äußerung keine Positionsveränderung darstellt.

PM *Begin* erklärte darauf, vor zwei Monaten habe er eine lange Note erhalten, die ihn sehr beunruhigt habe. Man solle nicht länger interpretieren, er wolle die Sache selbst erklären, insbesondere, was die Begriffe Palästina, palästinensisches Volk, palästinensische Rechte angeht. So zu reden, sei falsch. Die Israelis seien Palästinenser. Palästina sei ein geographischer Begriff. Wenn er nur auf Araber bezogen würde, sei dies falsch, und man tue den Israelis unrecht. Israel habe fünf Kriege durchgeführt und wolle jetzt Frieden. Die Hauptfrage sei, wie man Frieden machen könne, wenn die israelische Zivilbevölkerung gefährdet sei. Israel habe den einzigen im Nahen Osten bestehenden Friedensplan[18] entwickelt. Es seien die weitreichendsten Vorschläge, die in den letz-

---

[15] Bundeskanzler Schmidt äußerte in einer Tischrede zu Ehren des Kronprinzen Fahd am 21. Juni 1978, jegliche Konfliktlösung habe „zur Voraussetzung, daß das Existenzrecht jedes Staates und das Recht aller Beteiligten auf Mitwirkung bei der Gestaltung ihres politischen Schicksals anerkannt wird. [...] Die Bundesregierung hat sich deshalb immer wieder und öffentlich für das Selbstbestimmungsrecht des palästinensischen Volkes eingesetzt. Es wird entscheidend darauf ankommen, das Existenzrecht Israels und die legitimen Rechte der Palästinenser miteinander in Einklang zu bringen." Vgl. BULLETIN 1978, S. 651.
Referat 310 vermerkte am 27. Juni 1978, Bundeskanzler Schmidt habe in der folgenden Pressekonferenz bezüglich des Selbstbestimmungsrechts für die Palästinenser ergänzt, „daß dies auch ‚das Recht, sich staatlich zu organisieren' [...] einschließe. Die israelische Presse hat daraus ein Eintreten für einen souveränen palästinensischen Staat gemacht und damit scharfe Angriffe gegen die Bundesregierung verknüpft. Ebenso wurde übrigens behauptet, der Bundeskanzler habe den Rückzug Israels aus allen besetzten Gebieten gefordert; er hat hingegen die Formel vom 6.11.1973 und 29.6.1977 benutzt (‚Beendigung der Besetzung, die Israel seit 1967 aufrechterhält')." Der Hinweis auf eine staatliche Organisation sei in der Sache nicht neu: „Der israelischen Seite sollte klargemacht werden, daß auch die Äußerung des Bundeskanzlers eindeutig dahin auszulegen ist, wir setzten uns eben nicht für einen souveränen palästinensischen Staat ein. Der Ausdruck von ‚Organisation' stelle eine Qualifizierung des Selbstbestimmungsrechts dar und bringe zum Ausdruck, daß wir nicht an ein souveränes Völkerrechtssubjekt dächten. Andernfalls hätten wir auch von einem Staat gesprochen". Vgl. Referat 310, Bd. 119883.

[16] Bundesminister Genscher erklärte am 29. September 1977 vor der UNO-Generalversammlung in New York: „Im Verständnis der Bundesrepublik Deutschland gehört zu den Rechten des palästinensischen Volkes das Recht auf Selbstbestimmung und auf effektiven Ausdruck seiner nationalen Identität. Eine Lösung muß deshalb der Notwendigkeit eines Heimatlandes für das palästinensische Volk Rechnung tragen." Vgl. BULLETIN 1977, S. 863 f.

[17] Für den Wortlaut der Erklärung des Europäischen Rats über den Nahen Osten vom 29. Juni 1977 vgl. EUROPA-ARCHIV 1977, D 516 f. Vgl. dazu ferner AAPD 1977, II, Dok. 174.

[18] Zum Begin-Plan vom 28. Dezember 1977 vgl. Dok. 49, Anm. 18, sowie Dok. 167, Anm. 18.

ten Jahren gemacht worden seien. Man wolle mit den palästinensischen Arabern in Gleichberechtigung und Frieden leben. Sie sollten in Westbank und Gaza volle (?) Autorität haben, aber Israel müsse die Sicherheit garantieren können. Dieser Plan sei nicht diskutiert worden. Beim Sadat-Besuch habe man Verhandlungen beschlossen, diese seien seit Januar unterbrochen.[19] Die Unterstellung, Israel sei nicht genug entgegengekommen, sei nicht richtig. Israel wolle Verhandlungen über den Friedensplan. Der Rat der Europäer sollte sein, die Verhandlungen wiederaufzunehmen.

BM wies darauf hin, „Palästinenser" sei ein fester Begriff, den auch Israel akzeptiert habe. Man wisse, was damit gemeint sei. Sodann führte er aus, es sei für jedermann ersichtlich, daß die Aufrechterhaltung der Spannungen auch den arabischen Staaten (wirtschaftliche Probleme Ägyptens) nicht nützt. Auch die Araber wollten Frieden. Wir hielten die Sadat-Reise für eine wichtige Tatsache von historischer Bedeutung. Wir wollten, daß die dadurch ausgelöste Entwicklung weitergeht. Wenn offizielle Vorstellungen von der ägyptischen Seite vorgelegt würden, sollte die Antwort so sein, daß man weiter verhandeln könne. Er kenne keine idealen Vorschläge, deshalb könne er auch nur eine allgemeine Bewertung treffen.

Wenn es nicht zu einem Abbau der Spannungen und der Konfrontation komme, dann werde der sowjetische Einfluß im Nahen Osten ausgeweitet werden. Im übrigen sei die für Israel so wichtige Sicherheitsfrage auch vom Bundeskanzler in seiner letzten Rede besonders hervorgehoben worden.

Andererseits hinge der ägyptische Präsident von Erfolgen bei der Aushandlung eines „comprehensive peace" ab. Für den Fall seines Scheiterns könne man nicht voraussehen, was dann in der arabischen Welt passieren könne. Er betone, daß es zur Zeit arabische Führer gebe, die für Frieden seien. Deshalb bitte er um eine positive israelische Reaktion auf eventuelle ägyptische Vorschläge. Auch wir würden ggf. solche ägyptischen Vorschläge mit den israelischen Vorstellungen sodann vergleichen. PM *Begin* erwiderte darauf, die Schlüssel zum Nahost-Problem lägen in Verhandlungen, in denen man sehr weit auseinandergehende Positionen zusammenbringen könne. Er betonte: „Everything is negotiable." Im übrigen warte man jetzt ab, ob die letzten[20] Vorschläge, die, wie man aus Ägypten gehört habe[21], Gaza zu Ägypten und Samaria zu Jordanien geben, Teil eines offiziellen ägyptischen Planes seien.

Zur Frage der EG verwies PM Begin auf die Gespräche des BM mit AM Dayan.[22] Er wolle auch hier nur sagen, man solle verhandeln.

BM antwortete, unsere Position sei klar. Sie ergebe sich aus der ER-Erklärung vom 29.6.77. Verglichen mit der darin enthaltenen Position könne die israelische Antwort auf die amerikanischen Fragen nicht voll befriedigen.

Gerade wegen unserer Verantwortung gegenüber Israel hätten wir unsere Position ganz klar dargelegt. Wir seien zwar nicht Konfliktpartei, sagten aber

---

[19] Zum Abbruch der Verhandlungen des Politischen Ausschusses durch Ägypten am 18. Januar 1978 vgl. Dok. 10, Anm. 9.
[20] An dieser Stelle fügte Vortragender Legationsrat I. Klasse Böcker handschriftlich ein: „ägyptischen".
[21] Der Passus „die, wie ... habe" wurde von Vortragendem Legationsrat I. Klasse Böcker gestrichen.
[22] Für das Gespräch am 29. Juni 1978 in Tel Aviv vgl. Dok. 205.

unsere Meinung. Wie die Probleme geregelt würden, sei Sache der beteiligten Parteien.

PM *Begin* dankte sodann für das „konstruktive Gespräch".[23]

Referat 310, Bd. 119883

204

Gespräch des Bundeskanzlers Schmidt mit dem Vorsitzenden der ZAPU, Nkomo, in Lusaka

29. Juni 1978[1]

Vermerk über das Gespräch des Herrn Bundeskanzlers mit dem Präsidenten der ZAPU, Herrn Nkomo, am 29. Juni 1978, 9.30 bis 10.30 Uhr[2]

Teilnehmer: zwei Berater von Nkomo

Weitere Teilnehmer von deutscher Seite: StS van Well, MD Dr. Ruhfus, LR I Dr. Kliesow.

Nkomo berichtet auf Bitten des Bundeskanzlers über seine Einschätzung der gegenwärtigen Lage in Simbabwe. Er schildert ausführlich, daß er und seine Freunde zunächst lange Zeit einen Wandel mit friedlichen Mitteln angestrebt hätten. Seit der UDI (Unilateral Declaration of Independence)[3] hätten sie je-

---

[23] An dieser Stelle vermerkte Vortragender Legationsrat I. Klasse Böcker am 10. Juli 1978 handschriftlich: „Übertragen aus anl[iegenden] Notizen v[on] H[errn] D 3".

[1] Ablichtung.
Die Gesprächsaufzeichnung wurde von Ministerialdirektor Ruhfus, Bundeskanzleramt, am 30. Juni 1978 gefertigt.
Hat Vortragendem Legationsrat I. Klasse Oldenkott, Bundeskanzleramt, am 30. Juni 1978 vorgelegen, der handschriftlich vermerkte: „StS van Well u[nd] MDg Müller haben Durchdruck."

[2] Zum Besuch des Bundeskanzlers Schmidt vom 28. bis 30. Juni 1978 in Sambia vgl. Dok. 209.
Ministerialdirigent Müller informierte die Botschaft in Maputo am 15. Juni 1978: „1) Treffen des Bundeskanzlers Schmidt mit führenden Vertretern in Sambia ansässiger Befreiungsbewegungen im offiziellen Programm nicht vorgesehen: Über nicht auszuschließende Anregung Kaundas, Gespräch mit Nkomo zu führen, wird reaktiv an Ort und Stelle entschieden werden. 2) Bundesregierung ist grundsätzlich an Verbesserung des Verhältnisses zu den Befreiungsbewegungen interessiert. Anreise Mugabes nach Lusaka und Begegnung mit Bundeskanzler wäre aber ein zu spektakulärer Einstieg in unsere Beziehungen zur ZANU, zumal für diesen Fall auch Begegnungen mit Nkomo und Nujoma angestrebt werden müssen." Da der Vorsitzende der ZANU, Mugabe, bedingungslos für den bewaffneten Befreiungskampf und die Errichtung eines kommunistischen Einparteistaats eintrete, sei es besser, daß Gespräche über eine Einladung der Friedrich-Ebert-Stiftung nach Bonn angebahnt würden. Vgl. den Drahterlaß Nr. 2980; Referat 320, Bd. 125236.
Am 27. Juni 1978 sprach sich Staatssekretär van Well, z. Z. Lagos, dafür aus, dem Wunsch der sambischen Regierung zu einem Gespräch mit dem Vorsitzenden der ZAPU, Nkomo, nachzukommen. Vgl. dazu den Drahtbericht Nr. 393; Referat 320, Bd. 125236.

[3] Am 11. November 1965 erklärte Ministerpräsident Smith die laufenden Verhandlungen mit Großbritannien über die politische Gleichberechtigung der schwarzen Bevölkerungsmehrheit für gescheitert und rief die Unabhängigkeit Rhodesiens aus. Für den deutschen Wortlaut der Unabhängigkeitsproklamation vgl. EUROPA-ARCHIV 1966, D 67 f.

doch eingesehen, daß die britische Regierung nicht bereit war, Zwangsmaßnahmen einzusetzen, und daß Kampf unvermeidlich sei.

Schließlich sei es zu den britisch-amerikanischen Vorschlägen gekommen.[4] ZAPU hat die Vorschläge nicht akzeptiert, sie aber durchaus als Grundlage angenommen. Sie sei auch bereit gewesen, zu einer Konferenz nach Malta zu gehen.[5]

Über die von Smith mit Muzorewa, Sithole und Chirau vereinbarte interne Lösung[6] habe es amerikanisch-britische Meinungsverschiedenheiten gegeben. Owen habe diese Regelung als Schritt in die richtige Richtung bezeichnet. Young habe die Maßnahme kritisiert, aber das State Department habe sich ihm gegenüber durchgesetzt. Sodann sei der Vorschlag gemacht worden, eine Allparteienkonferenz abzuhalten. Die Regierung in Salisbury habe sich mehrfach geweigert, die vorgesehenen Begegnungen zu akzeptieren.

Großbritannien und USA hätten zum zweiten Mal nachgegeben und träten jetzt dafür ein, daß diese Allparteienkonferenz zunächst vorbereitet werden müsse. Die britische und die amerikanische Regierung hätten diplomatische Vertreter entsandt, mit denen er noch am gleichen Tag zusammentreffen solle.[7]

Der Kampf nehme zu. Die Patriotische Front habe bereits zu viele Leute verloren. Gestern habe er einen Kommandanten verloren. Sie müßten jetzt den Druck verstärken.

Der *Bundeskanzler* fragte: Ist die Allparteienkonferenz damit erledigt? Soll die Entscheidung jetzt im Kampf gesucht werden?

Nkomo: Er habe noch nicht mit ZANU gesprochen, aber er gehe davon aus. Sie hätten zu viele Leute verloren.

StS *van Well*: Wir verstünden die Gefühle, aber wir sähen keine Alternative zu den Bemühungen um eine Allparteienkonferenz, die vielmehr verstärkt und beschleunigt werden müßten.

Bundeskanzler kam sodann auf die Ermordung zweier deutscher Missionare in Rhodesien zu sprechen.[8] Dies werde von der deutschen Öffentlichkeit der Regierung vorgehalten werden. Er fragte nach den Gründen.

---

[4] Zu den amerikanisch-britischen Bemühungen um eine Lösung des Rhodesien-Konflikts vgl. Dok. 123, Anm. 23.

[5] Botschafter Dufner, Lusaka, berichtete am 5. April 1978, der Vorsitzende der ZAPU, Nkomo, habe erklärt, er sei bereit zu „Konsultationen mit dem britischen Afrika-Beauftragten John Graham und dem hiesigen US-Botschafter Stephen Low zur Vorbereitung einer neuen Malta-Konferenz über vornehmlich Waffenstillstands- und andere militärische Fragen". Vgl. den Drahtbericht Nr. 137; Referat 320, Bd. 116809.

[6] Vgl. dazu das Abkommen von Salisbury vom 3. März 1978; Dok. 75, Anm. 9.

[7] Der Abteilungsleiter im britischen Außenministerium, Graham, und der amerikanische Botschafter in Lusaka, Low, unternahmen ab dem Mai 1978 eine Rundreise durch verschiedene afrikanische Staaten, um für eine Unterstützung des Vorschlags einer Konferenz aller am Rhodesien-Konflikt beteiligten Parteien zu werben. Gesandter Noebel, London, teilte am 30. Juni 1978 mit, nach Auskunft des britischen Außenministeriums sei es in Lusaka nicht zu „substantiellen Gesprächen" gekommen, da sich der Vorsitzende der ZAPU, Nkomo, in New York aufgehalten habe. Nkomo und der Vorsitzende der ZANU, Mugabe, hätten „offensichtlich noch keine gemeinsame Taktik für politisches Vorgehen entwickelt. Nkomo ist gegenüber Graham-Low aber wohl aufgeschlossener als Mugabe." Vgl. den Drahtbericht Nr. 1508; Referat 320, Bd. 116809.

[8] Am 27. Juni 1978 wurden zwei Angehörige des Jesuitenordens, Pater Gregor Richard und Frater Bernhard Lisson, auf der Missionsstation St. Rupert in Rhodesien ermordet. Botschafter Eick, Pre-

Nkomo: Deutschland habe Krieg erlebt. Krieg sei sinnlos (senseless), und die Missionare hätten in einer Gegend gelebt, die seit langem von der Patriotischen Front kontrolliert werde. Die Missionare hätten mit der Front zusammengearbeitet. In den Selous-Scouts gebe es schwarze und weiße Soldaten. Sie verstünden es geschickt, die Sprache und die operative Taktik der Patriotischen Front vorzutäuschen.

Es sei erstaunlich, daß Salisbury über Vorfälle, bei denen es keine Überlebenden gebe, jeweils eine detaillierte Schilderung der angeblichen Massaker verbreitet habe. Die Ermordung der Missionare sei offenbar zeitlich genau mit dem Besuch des Bundeskanzlers abgestimmt worden.

Für die Pressebehandlung wurde vereinbart, daß von deutscher Seite folgende Stellungnahme von Nkomo verwandt werden kann:

– Krieg ist sinnlos.

– ZAPU hat nichts mit dem Vorgang zu tun.

– ZAPU hat nichts gegen die Tätigkeit der Missionare einzuwenden.[9]

Deutsche Hilfe

Nkomo dankte für die humanitäre Hilfe, die aus der Bundesrepublik geleistet werde. *Bundeskanzler* sagte zu, das von der Friedrich-Ebert-Stiftung geplante Projekt für Bekleidung[10] werde durchgeführt werden. Im übrigen werde die Bundesrepublik Deutschland ihre humanitäre Hilfe fortsetzen.

StS *van Well* berichtete über die neuen Leistungen der Bundesregierung an den Hohen Flüchtlingskommissar und an das Rote Kreuz zugunsten der Flüchtlinge.[11]

Fortsetzung Fußnote von Seite 1026

toria, informierte am 29. Juni 1978, damit habe sich die Gesamtzahl der allein im Monat Juni getöteten Missionare auf 15 erhöht. Dies sei offenbar Ergebnis einer gezielten Strategie: „Missionare üben auf die schwarze ländliche Zivilbevölkerung einen großen Einfluß aus und sind weitgehend Träger des Erziehungswesens auf dem Lande. Ihre Beseitigung […] ist damit ein probates Mittel, gegenüber der schwarzen ländlichen Bevölkerung ungehinderte Machtentfaltung zu demonstrieren, den Einfluß der Missionare auf diesen Bevölkerungsteil zu beseitigen und gleichzeitig einen wichtigen Teil der Verwaltung, das Erziehungswesen, aus den Angeln zu heben." Vgl. den Drahtbericht Nr. 246; Referat 320, Bd. 116812.

9 Für die Pressekonferenz des Bundeskanzlers Schmidt am 30. Juni 1978 in Lusaka vgl. BULLETIN 1978, S. 717–720.
Vgl. dazu ferner den Artikel „Treffen Schmidt – Nkomo in Lusaka"; FRANKFURTER ALLGEMEINE ZEITUNG vom 30. Juni 1978, S. 2.

10 Die Friedrich-Ebert-Stiftung beantragte am 20. September 1978 beim Bundesministerium für wirtschaftliche Zusammenarbeit Fördermittel in Höhe von 1,48 Mio. DM für die kleingewerbliche Textilproduktion der ZAPU in Sambia: „Ziel des Projekts ist es, die Frauen und Mädchen in den Flüchtlingslagern in die Lage zu versetzen, durch produktive Arbeit einen Beitrag zu ihrem Lebensunterhalt zu leisten. Gleichzeitig werden handwerkliche Fähigkeiten vermittelt, die den betroffenen Personen die Möglichkeit geben, sich nach Rückkehr in ihre unabhängige Heimat in dem von ihnen erlernten Handwerk selbständig zu machen bzw. mit anderen Personen kleine Produktionsstätten auf Selbsthilfebasis aufzubauen." Vgl. das Schreiben; Referat 320, Bd. 116813.
Ministerialdirektor Meyer-Landrut sprach sich am 31. Oktober 1978 dafür aus, „dem BMZ mitzuteilen, daß das Auswärtige Amt gegen das Vorhaben der FES aus außenpolitischer Sicht keine Bedenken erhebt". Vgl. Referat 320, Bd. 116813.

11 Zur finanziellen Unterstützung des UNHCR durch die Bundesrepublik vgl. Dok. 129, Anm. 2.
Vortragender Legationsrat Nestroy teilte der Botschaft in Lusaka am 16. Juni 1978 mit: „1) Auswärtiges Amt beteiligt sich an UNHCR-Hilfsprogramm für Rhodesien-Flüchtlinge in allen Frontstaaten, vor allem in Sambia in Höhe von insgesamt zwei Mio. DM. Durchführung: Barspende von 1,5 Mio. DM wird UNHCR unmittelbar nach Besuch Bundeskanzlers in Sambia überwiesen; in Ab-

Weitere Entwicklung in Rhodesien

Bundeskanzler appellierte nachdrücklich für eine friedliche Lösung des Rhodesien-Problems auf dem Verhandlungswege. Deutschland wisse aus eigenen Anschauungen, welche furchtbaren Leiden ein Krieg für die Betroffenen und auch für die Nachbarländer mit sich bringen könnte.

StS *van Well*: Bundesregierung sei für die Allparteienkonferenz und sei bereit, alle dahingehenden Bemühungen zu unterstützen.

Nkomo: ZAPU sei nicht bereit zu Verhandlungen mit den Afrikanern in der Smith-Regierung on equal basis. Verhandlungen blieben notwendig, aber die Natur der Verhandlungen habe sich mit den jüngsten Ereignissen verändert.

Bundeskanzler: Auch im Kriegsfalle ist Verhandlungsbereitschaft nötig. Je mehr die Strukturen geschwächt würden, desto schwerer werde es, einen Partner für politische Verhandlungen zu finden.

Nkomo: Wenn man Verhandlungen mit Leuten aufnehme, die so gut wie erledigt sind, werte man sie nur wieder auf. Muzorewa solle zur Kirche zurückkehren.

Bundeskanzler: Weiß Muzorewa über die Tätigkeit der Selous-Scouts?

Nkomo: Muzorewa ist verantwortlich für Recht und Ordnung und damit letztlich für die Tätigkeit der Selous-Scouts.

Ein *Berater von Nkomo* berichtet, die militärische und politische Desintegration in Simbabwe schreite schnell fort. Muzorewa habe nur noch etwas Unterstützung von kirchlichen Kreisen. Das Smith-Regime habe das Verbot von ZANU und ZAPU aufgehoben. Gleichwohl würde eine Veranstaltung der Patriotischen Front in Salisbury nicht genehmigt. Offenbar aus Besorgnis, daß der Erfolg dieses Treffens Mythen über mangelnde Popularität der Patriotischen Front zerstöre.

Bundeskanzler: Er wolle sich hier nicht einmischen. Was er gehört habe, sei von Nutzen für die Bundesregierung. Angesichts des düsteren Bildes, das Nkomo gegeben habe, wolle er noch einmal darauf hinweisen, daß gegenseitiges Töten keine Lösungen bringe, sondern zu menschlichen Leiden und zu politischer Katastrophe führe.

Nkomo dankte, daß der Bundeskanzler Zeit gefunden habe für dieses Gespräch.

Bundeskanzleramt, AZ: 21-30 100 (56), Bd. 45

Fortsetzung Fußnote von Seite 1027
stimmung mit UNHCR Zuweisung von 500 000 DM an D[eutschen] C[aritas]v[erband] für Lieferung von Hilfsgütern für UNHCR-Lager in Sambia. Hilfsflüge ebenfalls unmittelbar nach BK-Besuch. 2) Außerdem Beteiligung an IKRK-Programm für Rhodesien-Flüchtlinge in Sambia in Höhe von einer Mio. DM, wobei IKRK das DRK mit Beschaffung Hilfsgüter beauftragt. Überweisung der Mittel an IKRK erfolgt unmittelbar nach Besuch des Bundeskanzlers in Sambia." Vgl. den Drahterlaß; Referat 231, Bd. 115794.

205

Gespräch des Bundesministers Genscher mit dem israelischen Außenminister Dayan

105-47.A/78 VS-vertraulich 29. Juni 1978[1]

Gespräch des Herrn BM mit Herrn AM Dayan am 29.6.1978 um 10.00 Uhr[2]; hier: Dolmetscheraufzeichnung

AM *Dayan* erklärte einleitend, er wolle die Gelegenheit dieses Vier-Augen-Gesprächs zu einer Darlegung seiner persönlichen Meinung über Lage und Entwicklungsaussichten im Nahen Osten nutzen. Er wisse nicht, ob PM Begin seine Meinung in allen Punkten teile, so daß er sich in größerem Kreise nicht so freimütig äußern könne.

Der jüngste ägyptische Plan[3] lasse wichtige Fragen nach der späteren Entwicklung offen. Bekannt sei bislang: Ägypten wolle für eine fünfjährige Übergangszeit den Gaza-Streifen unter die eigene, das Westufer unter jordanische Verwaltung bringen. Dies drehe die Uhr zurück auf den Stand vor dem 67er-Krieg.[4] Nach dieser Übergangszeit solle über Sicherheitsmaßnahmen für Israel verhandelt werden (z. B.: Verbleiben israelischer Truppen in einigen Positionen ohne Souveränitätsrechte; Grenzänderungen; entmilitarisierte Zone; Frühwarnsystem). Nach Ablauf von fünf Jahren würden sich Ägypter und Jordanier aus den jeweiligen Gebieten wieder zurückziehen, wobei es dann innerarabische Sache sei, nämlich zwischen den palästinensischen Arabern und Ägypten einerseits, Jordanien andererseits, über die Zukunft des Gaza-Streifens und des Westufers eine endgültige Entscheidung zu treffen. Es solle keinen palästinensischen Staat geben, vielmehr eine Anbindung (linkage) an Jordanien.

Neu am ägyptischen Vorschlag sei hier insbesondere die Anwendung solcher Regelung auf den Gaza-Streifen, dessen Bewohner bisher keine Staatsbürgerschaft und keine parlamentarische Vertretung besitzen (im Unterschied zu den

---

[1] Die Gesprächsaufzeichnung wurde von Vortragender Legationsrätin I. Klasse Siebourg am 3. Juli 1978 gefertigt.
Hat Bundesminister Genscher am 8. Juli 1978 vorgelegen.
Hat Legationsrat I. Klasse Dröge am 11. Juli 1978 vorgelegen, der die Weiterleitung an Ministerialdirektor Meyer-Landrut verfügte.
Hat Meyer-Landrut am 11. Juli 1978 vorgelegen.
Hat Vortragendem Legationsrat I. Klasse Böcker vorgelegen, der handschriftlich vermerkte: „H[errn] Schäfers b[itte] R[ücksprache] (Auswertun)g)".

[2] Bundesminister Genscher hielt sich vom 28. bis 30. Juni 1978 in Israel auf. Vgl. dazu auch Dok. 203.

[3] Am 26. Juni 1978 wurde in der Presse berichtet: „Die israelische Regierung hat gestern die neuen ägyptischen Friedensvorschläge abgelehnt, die nach Angaben von Staatspräsident Anwar el-Sadat gegenwärtig formuliert werden. In der halbamtlichen Kairoer Zeitung ‚Al Ahram' waren die Vorstellungen Kairos bereits dargestellt worden." Vgl. den Artikel „Israel weist die Vorschläge Kairos zurück"; DIE WELT vom 26. Juni 1978, S. 1.

[4] Am 5. Juni 1967 griffen israelische Streitkräfte ägyptische Truppen auf der Sinai-Halbinsel an und nahmen einen Tag später den Gaza-Streifen und den jordanischen Teil von Jerusalem ein. Am folgenden Tag ordnete das Oberkommando der ägyptischen Streitkräfte die Sperrung des Suez-Kanals an. Die Kampfhandlungen fanden am 10. Juni 1967 mit der Besetzung der Sinai-Halbinsel und des Gebietes westlich des Jordans durch Israel ein vorläufiges Ende. Der Suez-Kanal blieb für die Schiffahrt gesperrt. Vgl. dazu AAPD 1967, II, Dok. 207 und Dok. 208.

Bewohnern des Westufers, denen Jordanien Staatsbürgerschaft und Parlamentsvertretung gewährt habe).

Unklar bleibe an diesen ägyptischen Vorschlägen, ob ein Friedensvertrag jetzt geschlossen werden solle und alle weiteren Schritte somit innerhalb hergestellter friedlicher Beziehungen ausgehandelt werden oder ob zunächst nur ein vorläufiges Abkommen geschlossen und ein Friedensvertrag erst nach fünf Jahren unterzeichnet werden solle.

Auf die Zwischenfrage des *BM*, ob die Vorschläge von Ägypten bereits offiziell unterbreitet wurden, erläuterte AM *Dayan*: Dieser Plan sei nicht offiziell an Israel übergeben, von Sadat jedoch über Radio angekündigt worden. Augenscheinlich hätten Ägypter und USA daran zusammen gearbeitet und Entwürfe hin- und hergesandt. US hätten Israel erklärt, Ende folgender Woche werde der Plan offiziell zugestellt.

Weiterhin sei unklar, ob König Hussein gleichzeitig mit Sadat einen Friedensvertrag unterzeichnen werde sowie ob zwischen Israel und Ägypten ein Friedensvertrag über den Sinai geschlossen werden solle. Zwar sage Ägypten, es könne keinen Separatfrieden schließen; wenn aber über Gaza-Streifen und Westufer ein Vertrag geschlossen werde, so gebe es keinen einsichtigen Grund, über Sinai, die Siedlungen und Sharm-el-Sheikh keinen Vertrag schließen zu können. Wiederum bleibe hier unklar, ob es am Ende zwei Verträge geben würde (erstens über Sinai, zweitens über Westufer und Gaza) oder ob nach den fünf Jahren ein endgültiger Friedensvertrag geschlossen werden solle.

Zu diesem wie oben dargelegten ägyptischen Plan sei seine persönliche Auffassung, die niemand teile: Auf ersten Blick sei er unannehmbar und müsse zurückgewiesen werden. Er aber glaube, daß er dennoch Verhandlungsgrundlagen enthalte. Israel solle seines Erachtens den Plan nicht a priori ablehnen, sondern vielmehr verhandeln.

Begründung: Da es keine palästinensische Führung gebe, mit der Israel verhandeln und Frieden schließen könne, müsse man (und er selbst befürworte dies sehr) Ägypten die Vertretung des Gaza-Streifens und Jordanien die des Westufers zugestehen. Dies bedeute insbesondere, daß man Ägypten hierfür eine Rechtsposition und ein Mandat zuerkennen müsse. Dies klinge zwar zunächst nachteilig, er (Dayan) aber glaube, Israel müsse sich tunlichst dazu durchringen.

Falsch am ägyptischen Konzept sei dies: Israel könne sich nicht aus Gaza und Westbank zurückziehen und danach erst an den Verhandlungstisch setzen. Vielmehr: Zunächst müßten Verhandlungen erweisen, ob man zu einem Abkommen gelangen könne, dann müsse man den Zeitplan festlegen, danach das Abkommen durchführen.

Ferner: Die israelische Regierung habe „self-rule" für die palästinensischen Araber vorgeschlagen.[5] Er persönlich sei der Meinung, Israel solle nicht Kontrolle über die Araber ausüben, sie vielmehr frei über ihre Zukunft entscheiden lassen; ausgenommen hiervon sei allerdings die Gründung eines palästinensischen Staates. In diesem Punkt träfen sich also die ägyptischen und die israelischen Vorstellungen. So könne man mit Ägypten in Verhandlungen eintreten

---

5 Zum Begin-Plan vom 28. Dezember 1977 vgl. Dok. 49, Anm. 18, sowie Dok. 167, Anm. 18.

und sich einigen. Ein Rückzug aus den Gebieten vor Verhandlungen könne jedoch dabei nicht in Betracht kommen, schon weil sich nicht übersehen lasse, ob Sadat in fünf Jahren noch im Amt sei und wie die Gesamtlage sich dann präsentiere.

Eine weitere wesentliche Frage, die Ägypten vielleicht bislang übersehen habe, seien die zukünftigen Beziehungen zwischen den Bewohnern des Gaza-Streifens und Israel. Sollten diese den Abzug israelischer Zivilbevölkerung wünschen (z. B. des Stabs eines dort befindlichen israelischen Hospitals), so sei das unproblematisch. Kompliziert aber sei die Frage der Arbeitsmöglichkeiten und Absatzmärkte für Bauern und Fischer, deren Ware derzeit nach Israel gehe und mangels moderner Ausrüstung einen längeren Transport, etwa in den Irak, nicht überdauern könne. Ägypten aber könne diesen Menschen angesichts eigener hoher Arbeitslosenzahlen keine Arbeitsplätze bieten. Vermutlich würden die Bewohner der Gebiete für den freien Zugang nach Israel entscheiden. Ähnlich sei die Lage in Jerusalem, Bethlehem und Ramallah. Man könne diese Städte nicht teilen, sondern müsse einen Weg finden, wie die Bewohner bei Wahrung ihrer nationalen Identität miteinander leben könnten. Auch das heutige Bild entspreche einem Miteinander und einer Mischung von Menschen verschiedener Nationalitäten. Die Verhandlungen müßten einen entsprechenden gangbaren Weg für die Zukunft ergeben.

PM Begin werde im anschließenden Gespräch vermutlich darlegen, wie lächerlich und unannehmbar die ägyptischen Vorstellungen seien. Er (Dayan) aber glaube, gleichgültig wie schlecht der ägyptische Vorschlag sei, man könne und solle sich miteinander an den Verhandlungstisch setzen, in London oder andernorts, die Vorschläge der einen wie der anderen Seite zugrunde legen und die gemeinsamen Elemente herausarbeiten, wobei u. a. besondere Aufmerksamkeit auf die Regelung des Ablaufs des täglichen Lebens gelegt werden müsse.

Die Grundlinie sei zusammengefaßt: Ägypten erhalte Rechtsposition, Gaza zu vertreten, Jordanien vertrete das Westufer; einen palästinensischen Führer gebe es ohnehin nicht; in Umkehrung des ägyptischen Vorschlags könne sich Israel erst am Ende der Fünfjahresfrist aus den Gebieten zurückziehen; für die Zeit danach aber sähen ohnehin beide Vorschläge die freie Entscheidung der palästinensischen Araber über ihre Zukunft vor.

BM legte deutsche Sicht dar: Eine Regierung sei stets gut beraten, unterbreitete Vorschläge nicht zurückzuweisen, sondern gesprächsbereit zu sein.

Ferner: Er sei überzeugt, Sadat habe sich mit seiner Reise nach Jerusalem innerhalb des arabischen Lagers weit vorgewagt und Fakten geschaffen[6], die er nicht zurücknehmen könne. Eben dieses würfen ihm denn auch die wahren Ablehnungsfrontstaaten vor.[7]

Die Bundesregierung habe den festen Eindruck gewonnen, Sadat wolle den Frieden. Gleiches gelte für Saudi-Arabien, König Hussein, ja auch Präsident Assad. Offensichtlich hätten diese Politiker erkannt (wenngleich zu verschie-

---

[6] Zur Friedensinitiative des Präsidenten Sadat vgl. Dok. 3, Anm. 7.
[7] Zur Ablehnung der Friedensinitiative des Präsidenten Sadat durch verschiedene arabische Staaten vgl. Dok. 3, Anm. 14, bzw. Dok. 42, Anm. 8.

denen Zeiten und möglicherweise mit unterschiedlicher Klarsicht), daß ein Andauern des derzeitigen Zustands weder Israel noch den Arabern nütze, daß eine Verschärfung nur die extremistischen Kräfte stärken und dies wiederum den sowjetischen Einfluß vergrößern würde.

Einwurf *Dayans*, scherzend: Der derzeitige Zustand sei nur dereinst für den Historiker gut, nicht aber für die Betroffenen.

BM: Ein Fortdauern des derzeitigen Zustands werde jedenfalls die Historie negativ prägen und vom steigenden Einfluß der Sowjetunion zu berichten haben. Nach seiner Überzeugung müsse es Israels Interesse sein, die es umgebenden arabischen Staaten nicht kommunistisch werden zu lassen; dies sei in sich bereits eine Sicherheitsgarantie. Hier liege eine Parallelität der Interessen der angeführten – und wohl noch weiterer – arabischen Staaten und Israels.

Einwurf *Dayan*: Sudan und Marokko böten Bildung gemeinsamer Front gegen Kommunismus an.

BM: Die Gemeinsamkeit des Interesses gehe über Israel und arabische Staaten hinaus und umfasse auch Europa und USA. Schon anläßlich des NATO-Ministerrats in Oslo 1976[8] habe er (BM) darauf hingewiesen, daß neben der Stärke der NATO und des WP auch die Lage in Afrika und im Nahen Osten die Sicherheitslage Europas entscheidend beeinflusse. Sicherheit Israels und Sicherheit Europas stünden in wechselseitiger Abhängigkeit zueinander.

Aus all diesen Beobachtungen und Erwägungen sei die Bundesrepublik der Auffassung, die ägyptischen Vorschläge müßten mit positivem Echo und gutem Willen aufgenommen werden. Dabei sei es ohnehin klar, daß zu Verhandlungsbeginn erst einmal die gegenseitigen Positionen dargelegt würden. Sadat aber müsse, um sich im arabischen Lager, ja auch im eigenen Land, behaupten zu können, Erfolg, Fortschritt und positiven Widerhall vorweisen können.

Er glaube, fuhr BM fort, aus den Worten Dayans entnommen zu haben, daß dieser eine Trennung von Sicherheitsfragen unter Aspekten moderner Möglichkeiten und Territorialfragen für möglich erachte. Dies erscheine ihm als eine interessante Position.

AM *Dayan* entgegnete, zur Klärung seiner Position müsse er ergänzen: Er werde einen schweren Stand haben, Premierminister Begin und das Kabinett dazu zu bewegen, die Vorschläge nicht zurückzuweisen. Sadat dürfe dies nicht noch erschweren, indem er – wie er im Radio verkündet habe – die unmögliche Forderung nach einer Vorabzusage Israels zu seinem Plan stelle. Hier könne die Bundesregierung ihm (Dayan) helfen, indem sie ihren Einfluß auf Sadat geltend mache. Eine solche verbindliche Vorabzusage könne Sadat keinesfalls erwarten.

BM entgegnete, die Erwartung positiven Echos und die Erwartung einer a-priori-Annahme seien zwei verschiedene Dinge, zwischen denen eine ganze Spanne von möglichen Nuancen liege.

AM *Dayan* erwiderte, Ägypten habe sicherlich ein Recht, Vorschläge einzubringen, dies könne er auch gegenüber israelischem Kabinett vertreten. Jede Seite

---

[8] Korrigiert aus: „1975".
Zur NATO-Ministerratstagung am 20./21. Mai 1976 in Oslo vgl. AAPD 1976, I, Dok. 152 und Dok. 166.

könne die Vorschläge der anderen im einzelnen prüfen, dann könne man darüber verhandeln. Sadat könne aber die Annahme seiner Vorschläge nicht zur Vorbedingung erheben.

BM erklärte, er kenne die ägyptischen Vorschläge nicht; er könne lediglich anraten, nicht ablehnend zu reagieren.

AM *Dayan* wiederholte, eben weil auch er eine ablehnende Position nicht befürworte, müsse es bei der Einbringung von Vorschlägen bleiben, über die man dann ohne Vorbedingungen verhandeln könne. Dies entspreche im übrigen auch der amerikanischen Formel, wonach beide Seiten Vorschläge auf den Verhandlungstisch legen und diese erörtern sollten. Israel sei bereit zu verhandeln; Sadat aber begehe einen schwerwiegenden Fehler, wenn er, wie vor kurzem in seiner Radioansprache, erkläre, er werde nicht in Erörterungen eintreten, falls man seine Vorschläge nicht akzeptiere. Gewiß könnten die Bundesregierung und andere Sadat in diesem Punkt beeinflussen.

BM erklärte, der Bundesregierung gehe es darum zu vermeiden, daß die ihm im Inhalt nicht bekannten Vorschläge Sadats Israel zur Ablehnung zwängen. Nichtablehnung sei die dann erforderliche positive Reaktion.

BM stellte dann die Frage, ob die den Amerikanern erteilten Antworten[9] bereits das letzte Wort Israels oder eine Verhandlungsposition seien. Er wolle seinem Gesprächpartner jedoch freistellen, ob er hierauf antworten wolle.

AM *Dayan* erklärte, er werde gern hierauf antworten, wolle aber zunächst noch einmal auf die früher geäußerte Bemerkung von einer Trennung zwischen Sicherheits- und Territorialfragen zurückkommen. Es sei zu bedenken, daß einige Sicherheitsmaßnahmen durchaus mit Territorialfragen verknüpft seien. So insbesondere die Frage, wo nach Ablauf der Übergangsfrist die Grenzkontrolle erfolgen solle. Ob zwischen Israel und dem Gaza-Streifen/Israel und dem Westufer oder am anderen Ende zwischen Gaza und Ägypten bzw. etwa am Jordanfluß. Im letzteren Falle könne es sich möglicherweise dann auch um gemischte Grenzposten handeln.[10] Jedenfalls müßten an der einen oder anderen Linie Grenzkontrollen stattfinden, und zwar sowohl durch technische Mittel

---

[9] Vortragender Legationsrat I. Klasse Hille vermerkte am 26. Juni 1978, Ministerialdirektor Meyer-Landrut habe am selben Tag den israelischen Gesandten Ruppin empfangen. Dieser habe erklärt, die amerikanische Regierung habe gefragt, ob Israel nach fünf Jahren eine Entscheidung über den permanenten Status der Westbank zulassen werde und wenn ja, wie dies umgesetzt werden könne. Israel habe dem zugestimmt: „Etwas schwer fiel Herrn Rupin die Darlegung, wer Vertragsparteien seien: Für die Friedensverhandlungen seien dies Ägypten, Jordanien, Israel und die Vertreter der Einwohner von Judäa, Samaria und Gaza. Die Friedensverträge würden allerdings nicht von den Bewohnern der genannten Gebiete unterschrieben. Die Bewohner würden aber durch die Verträge zu Vertragsparteien." Man könne sich „eine Art ‚Tridominium'" zwischen Israel, Jordanien und der autonomen administrativen Körperschaft vorstellen: „Israel glaubt, daß sich im Laufe von fünf Jahren viele Dinge lösen werden. [...] Israel sehe seinen Vorschlag für self-rule als mit SR-Res[olution] 242 vereinbar an. [...] Die Zeit der Fragebogen sei vorbei. Man müsse wieder zum direkten Gespräch mit Ägypten kommen. Man verstehe, daß Ägypten sich eine andere israelische Antwort an die USA gewünscht hätte. [...] Mit einem palästinensischen Staat, der selbstverständlich ein PLO-Staat wäre, könnten und wollten die Israelis nicht leben. [...] Außenminister Dayan sei überzeugt, daß es z. Z. keine Chance gebe, eine territoriale Grenze auf dem Westufer zu ziehen, die sowohl den israelischen Sicherheitsbedürfnissen genüge als auch für die andere Seite akzeptabel sei." Vgl. Unterabteilung 31, Bd. 135590.

[10] An dieser Stelle vermerkte Vortragender Legationsrat I. Klasse Böcker handschriftlich: „VN".

wie durch Personen. Hundert Millionen Arabern könne Israel nicht eine unbewachte Grenze bieten.[11]

Zur zweiten Frage: Auch der israelische Vorschlag sehe vor, daß die Souveränitätsfrage offen sei und nach der Fünfjahresfrist von jeder Partei aufgeworfen werden könne. Hier also seien die Vorschläge nicht weit voneinander entfernt. Heute gebe es keine Souveränität in Gaza, vielmehr israelisches Militärregime. Die USA hätten Israel aufgefordert, die Frage des Status jetzt zu entscheiden. Israel wolle dies jedoch nicht, sondern habe in seinem Plan vorgeschlagen (und dieser Punkt gehe auf ihn selbst – Dayan – zurück), die Entscheidung über die Souveränität solle nach fünf Jahren fallen, d. h. jede Seite habe das Recht, diese Frage dann aufzuwerfen. Da die Ägypter ebenfalls von einer fünfjährigen Übergangsfrist sprächen, bestehe hier kein Konflikt.

Die Araber würden dann selbst entscheiden können, wobei sie vier Optionen[12] hätten:

– Fortbestehen der Situation,

– die Gebiete werden Teil Israels,

– die Gebiete werden Teil Jordaniens,[13]

– die Gebiete werden in einer Mischform sowohl eine Bindung an Israel wie an Jordanien wie auch eigene Institutionen haben. Es müßten dann also Jordanien, Israel und die Palästinenser miteinander eine Übereinkunft ausarbeiten.

Die Amerikaner hätten die israelische Regierung verärgert, da sie einen ausformulierten Entwurf einer israelischen Antwort vorgelegt hätten, mit dem impliziten Zusatz „sign here".

BM fragte nach, ob diese Vorschläge somit wegen der Form oder wegen des Inhalts abgelehnt worden seien.

AM *Dayan* ergänzte, die Ablehnung habe dem Versuch gegolten, die Antwort vorzuschreiben. Mündlich habe man die Position, z. B. zur Fünfjahresfrist, dargelegt. Hierin liege kein Hindernis. Der israelische Vorschlag sehe, wie dargelegt, die Möglichkeit vor, die Souveränitätsfrage auf arabischen Wunsch hin nach fünf Jahren zu entscheiden. Ebenso könne man sich auf den amerikanischen Vorschlag eines Entscheidungsmechanismus einigen, wonach diese Entscheidung in Übereinkunft zwischen Ägypten, Jordanien, den Palästinensern und Israel zu fällen sei, also mit Vetorecht für jede Partei.

BM erklärte, US hätten s. E. in der Substanz eine positivere Haltung Israels zum Inhalt erwartet, daher wohl die amerikanische Reaktion. Es könne nicht Aufgabe der Bundesregierung sein, spezifische Lösungsvorschläge zu machen. Er wolle aber erneut mit Nachdruck auf Friedenswillen aller seiner arabischen Gesprächspartner verweisen. Es sei nunmehr wichtig, daß die Bereitschaft Is-

---

[11] An dieser Stelle vermerkte Vortragender Legationsrat I. Klasse Böcker handschriftlich: „Die Grenze kann jedenfalls bewacht werden."

[12] An dieser Stelle vermerkte Vortragender Legationsrat I. Klasse Böcker handschriftlich: „Wohl nur mit Zust[immung] Isr[aels], also keine echte ‚Option', nur ‚Antragsrecht'".

[13] An dieser Stelle vermerkte Vortragender Legationsrat I. Klasse Böcker handschriftlich: „Das hätte Isr[ael] ja auf US-Fragen antworten können. S[iehe] aber unten: Vetor[echt]."

raels zu einer Bewegung diesen erkennbar werde und Sadat positives Echo finde. Dies habe wohl auch hinter den amerikanischen Vorschlägen gestanden. In Gesprächen mit Mondale[14] und Vance[15] könne die Substanz der US-Vorschläge geklärt werden, damit die Amerikaner den Arabern die Reaktion übermitteln könnten. Eine dauerhafte Lösung könne nur in einer umfassenden Lösung liegen; Israel und Ägypten könnten in einem separaten Abkommen eine Gesamtlösung nicht erbringen. Es müsse eine umfassende Lösung sein, schon weil Sadat sonst seine Position nicht behaupten könne. Er sei überzeugt, viele Araber warteten auf einen Anhaltspunkt dafür, daß sie ihre Zustimmung äußern können. Auch aus arabischem Munde habe er die Vorstellung von einer föderativen Lösung für Westufer und Gaza mit Anbindung an Jordanien gehört. Eine Annäherung der Positionen müsse daher möglich sein. Der Unterschied zwischen ägyptischer und israelischer Position scheine derzeit darin zu liegen, daß der ägyptische Vorschlag die sofortige Räumung der Gebiete vorsieht, der israelische für die Zeit nach der Übergangsfrist.

Er wolle erneut betonen: Israel könne sehr viel bewegen, je nach Art seiner Reaktion auf die ägyptischen Vorschläge. Sadat habe harte Arbeit geleistet, müsse sich aber sehr absichern.

AM *Dayan* wiederholte, die sofortige Räumung könne nicht in Frage kommen, jedoch sei negotiabel, wann und wie diese erfolgen könne. Die erforderliche Absicherung Sadats sei sicherlich der Schlüssel zu vielem. Israel habe sehr lange auf die Vorschläge gewartet, nun werde es sie offiziell in der kommenden Woche erhalten.[16] Auf ersten Blick werden sie sehr schlecht und unannehmbar sein. Dennoch solle Israel auch s. E. sich an den Verhandlungstisch begeben. Allerdings müsse Sadat verstehen, daß, wenn er erkläre, nicht in die Verhandlung einzutreten, falls seine Position nicht vorher akzeptiert werde, er in eine Sackgasse steuere. Die Verhandlungen könnten auch geheimgehalten werden, falls das helfe.

BM erklärte, für das Sicherheitsbedürfnis Israels habe die Bundesrepublik großes Verständnis; er habe dies am Vortag bereits angesprochen; die Londoner

---

14 Der amerikanische Vizepräsident Mondale hielt sich vom 30. Juni bis 3. Juli 1978 in Israel auf.
15 Der amerikanische Außenminister Vance besuchte Israel vom 5. bis 7. August 1978.
16 Botschafter Behrends, Kairo, berichtete am 6. Juli 1978: „Gesamte hiesige Presse veröffentlichte heute vollen Wortlaut neuer ägyptischer Friedensvorschläge, nachdem sie gestern bereits durch Vermittlung der US-Botschaften Kairo und Tel Aviv der isr[aelischen] Regierung übermittelt worden waren." Aus offiziellen Kreisen sei verlautet, „man rechne in Kairo nicht mit Annahme, zumindest nicht mit sofortiger Annahme dieser Vorschläge durch Israel, hoffe aber auf günstige Reaktion in USA." Behrends führte aus: „Gewisse Varianten, die aber auch bereits in früheren Stadien zur Diskussion gestellt worden waren, liegen allenfalls darin, daß auf sofortige Gründung eines Palästina-Staates verzichtet und für Beginn der Übergangsperiode kein genauer Zeitpunkt gesetzt wird. In der Substanz aber, der Forderung nach vollständiger Räumung der 1967 besetzten arabischen Gebiete einschließlich Ost-Jerusalem, bleibt ägyptische Haltung unverändert. [...] Von isr. Reaktion wird es abhängen, ob unter diesen Umständen das Außenminister-Treffen in London noch zustande kommt. Hiervon wird es Kairo unter Umständen abhängig machen, ob direkte ägyptisch-israelische Kontakte überhaupt noch sinnvoll sind. Die jetzt unterbreiteten ägyptischen Vorschläge sind offenbar bewußt so gehalten, daß sie den wesentlichen Forderungen der arabischen Staaten Rechnung tragen, von Israel in dieser Form aber sicherlich nicht akzeptiert werden. Kairo hält sich damit die Alternative offen, entweder das Gespräch mit Israel fortzusetzen – das dürfte wesentlich von der künftigen US-Haltung abhängen – oder aber seinen Alleingang aufzugeben und zusammen mit den anderen arabischen Staaten eine gemeinsame Position aufzubauen." Vgl. den Drahtbericht Nr. 1225; Unterabteilung 31, Bd. 135590.

Erklärung gehe hierauf ebenfalls ein.[17] Der Bundesregierung komme es aber sehr darauf an, daß die historische Chance, die sich durch die Jerusalem-Reise Sadats eröffnet habe, nicht im Sande verlaufe, sondern genutzt werde. Auch allen seinen arabischen Gesprächspartnern gegenüber habe er immer wieder betont, eine Lösung könne nicht erzielt werden, wenn die gegenseitigen Maximalpositionen nicht zur Diskussion gestellt würden und wenn Israels Recht auf Existenz in Sicherheit nicht anerkannt werde.

Offenheit und Klarheit der Sprache gegenüber allen Partnern entsprächen der ausgewogenen Nahostpolitik der Bundesregierung, deren herzlicher Wunsch es sei, Fortschritt in Richtung auf einen Frieden für die Region zu sehen zum Wohle aller: der Araber, Israels, aber auch der Europäer und der Bundesrepublik selbst.

AM *Dayan* stimmte diesem Gedanken zu. Bezüglich der Sicherheitsgarantien sei seine Regierung nicht der Auffassung, daß diese detailliert im Friedensvertrag aufgeführt werden müßten. Seine Regierung sei in diesen Fragen ganz offen und meine, man müsse sie ohne vorgefaßte Vorstellung erörtern.

Er stimme BM nachdrücklich zu, die pro-westliche Ausrichtung der arabischen Staaten und die Verhinderung zunehmenden kommunistischen Einflusses in der Region seien für die Sicherheit Israels ausschlaggebender als einige Zentimeter mehr oder weniger an Boden.

BM erwähnte dann bevorstehende deutsche Präsidentschaft in EG[18] und Bereitschaft, israelischen Wünschen nach Kräften entgegenzukommen, zum Beispiel im Zusammenhang mit Durchführung des Kooperationsabkommens[19]. Es wurde vereinbart, daß israelische Seite den Wunsch nach baldiger Einberufung Kooperationsrates vorbringen wird.[20]

BM erwähnte schließlich das Verfahren gegen die zwei deutschen Häftlinge in Israel[21] und bat, hierbei alle Garantien eines Rechtsstaates zu wahren.

AM *Dayan* regte an, Botschafter Schütz möge sich dieserhalb mit dem israelischen Justizminister[22] in Verbindung setzen, den er (Dayan) vorher über dieses Gespräch in Kenntnis setzen werde.[23]

---

[17] Für den Wortlaut der Erklärung des Europäischen Rats über den Nahen Osten vom 29. Juni 1977 vgl. EUROPA-ARCHIV 1977, D 516 f. Vgl. dazu ferner AAPD 1977, II, Dok. 174.

[18] Die Bundesrepublik übernahm am 1. Juli 1978 die EG-Ratspräsidentschaft.

[19] Für den Wortlaut des Abkommens vom 11. Mai 1975 zwischen der EWG und Israel vgl. AMTSBLATT DER EUROPÄISCHEN GEMEINSCHAFTEN, Nr. L 136 vom 28. Mai 1975, S. 1–190.
Für den Wortlaut des Protokolls vom 8. Februar 1977 über die finanzielle Zusammenarbeit zwischen der EWG und Israel vgl. AMTSBLATT DER EUROPÄISCHEN GEMEINSCHAFTEN, Nr. L 270 vom 27. September 1978, S. 9–14.

[20] Die konstituierende Sitzung des Kooperationsrats EWG – Israel fand am 22. Dezember 1978 in Brüssel statt. Vgl. dazu Dok. 398, Anm. 2.

[21] Die deutschen Staatsangehörigen Brigitte Schulz und Thomas Reuter wurden am 27. Januar 1976 in Kenia wegen Terrorismusverdachts festgenommen. und eine Woche später nach Israel verbracht. Die Bundesregierung wurde im März 1977 von der israelischen Regierung darüber unterrichtet, daß Schulz und Reuter sich in Israel in Haft befänden und ein Prozeß eröffnet werden solle. Vgl. dazu AAPD 1977, I, Dok. 69 und Dok. 81.

[22] Shmuel Tamir.

[23] Vortragender Legationsrat I. Klasse Böcker vermerkte am 6. Juli 1978, Ministerialdirektor Lautenschlager habe den Abteilungsleiter im israelischen Außenministerium, Allon, ebenfalls auf die in Israel inhaftierten Bundesbürger Schulz und Reuter angesprochen und erklärt, „daß es sich um

Das Gespräch endete gegen 11.50 Uhr.

VS-Bd. 11142 (310)

206

Botschafter Jaenicke, Buenos Aires, an das Auswärtige Amt

Ku 653.29 WM 78   29. Juni 1978[1]

Schriftbericht Nr. 876

Betr.: Politische Bilanz der Fußball-Weltmeisterschaft 1978 in Argentinien[2]

Zur Unterrichtung

I. Bei der Fußball-Weltmeisterschaft in Argentinien wurde Politik ebenso groß geschrieben wie Sport. Vor allem in Europa wurde mit großer Heftigkeit die Frage diskutiert, ob es vertretbar sei, in einem Land Fußball zu spielen, in dem die Menschenrechte verletzt würden. Die Gastgeber waren an der Politisierung nicht unschuldig: Wenige Wochen vor Beginn der Weltmeisterschaft erklärte der für die Organisation verantwortliche ehemalige General Merlo in aller Offenheit, daß es politische Gründe waren, die die Militärregierung 1976 bewogen hätten, an der Verpflichtung zur Durchführung der Weltmeisterschaft festzuhalten.

Innenpolitisch dürfte sich diese Entscheidung ausgezahlt haben. Die Begeisterung über den sportlichen Erfolg der eigenen Nationalmannschaft hat alle Schichten des argentinischen Volkes erfaßt. Hiervon profitiert auch die Regierung, die – zu Recht – für sich in Anspruch nehmen kann, den organisatorischen Rahmen für diesen Erfolg geschaffen zu haben. Nicht ohne Befriedigung wurde daher vermerkt, daß am Tag nach dem Finale eine große Menge vor allem Jugendlicher vor den Sitz des Staatspräsidenten zog und Staatspräsident Videla, der sich nach einigem Zögern unter sie mischte, stürmisch feierte.

Fortsetzung Fußnote von Seite 1036
    ein militärgerichtliches Verfahren handele und das Militärgericht dem Verteidigungsministerium unterstehe. Allon erwiderte, daß dennoch zunächst mit dem Justizminister gesprochen werden solle." Böcker legte dazu dar: „Es liegt nahe, daß die israelische Seite den Justizminister deshalb mit der Sache befassen wollte, weil dieser seinen Sitz – als einziges Mitglied des Kabinetts – im Ostteil Jerusalems hat. [...] Botschafter Schütz wurde gebeten, aus diesem Grunde einen Besuch in Ost-Jerusalem zu vermeiden und statt dessen ein Treffen mit dem Justizminister in der Knesset (Parlament) zu vereinbaren. [...] Inzwischen hat jedoch der Justizminister sich mit dem Treffen in der Knesset einverstanden erklärt." Vgl. Referat 310, Bd. 119883.

[1] Durchdruck.
    Hat Legationsrat I. Klasse Gröning am 13. Juli 1978 vorgelegen, der die Weiterleitung an Vortragenden Legationsrat I. Klasse Hampe und Attaché Frickhinger verfügte.
    Hat Hampe am 13. Juli 1978 vorgelegen.
    Hat Frickhinger am 13. Juli 1978 vorgelegen.
[2] Die Fußball-Weltmeisterschaft fand vom 1. bis 25. Juni 1978 statt.

Die Genugtuung darüber, daß Argentinien – wenn auch mit einiger Fortüne – Fußballweltmeister wurde[3], mag von begrenzter Dauer sein. Politisch wichtiger ist die Tatsache, daß das argentinische Volk selbstbewußter und mit größerem Vertrauen in die eigenen Möglichkeiten aus diesem Ereignis hervorgegangen ist. Der wohl politischste Kopf der Militär-Junta, Admiral Massera, artikulierte daher ein weit verbreitetes Gefühl, als er nach dem Fußballsieg in der Weltmeisterschaft erklärte, Argentinien „schreite nunmehr wieder erhobenen Hauptes voran". Mit sicherem Instinkt für die in dieser Situation liegende Chance forderte Massera gleichzeitig die Regierung auf, „dem Volk neue konkrete Ziele vorzuschlagen, die im Bereich seiner ungeheuren Möglichkeiten sich anzustrengen, liegen".

Die Welle der nationalen Begeisterung über den Erfolg der eigenen Mannschaft hat – zumindest im Augenblick – die kritischen Stimmen verdrängt, die auf die wirtschaftlichen und finanziellen Belastungen hingewiesen haben, die dem Land aus der Weltmeisterschaft erwachsen sind. Exponent der Kritiker war der Staatssekretär für Finanzen, Alemann, gewesen; nicht auszuschließen ist, daß ein – kurz nach dem entscheidenden Fußballsieg Argentiniens über Peru[4] – gegen ihn gerichtetes Bombenattentat[5] das Werk von Fußballfanatikern war.

Die auf den Staatshaushalt entfallenden Ausgaben von rund 1,5 Milliarden DM wurden teilweise in Vorhaben investiert, die – wie die großen Stadien in Mendoza und Córdoba – nach der Weltmeisterschaft kaum noch sinnvoll genutzt werden können. Ein für alle spürbarer Preis, der laufend gezahlt wird, ist die 1978 wahrscheinlich wesentlich höher als erwartet ausfallende Inflationsrate von rd. 200%.

II. Es ist eine hier viel diskutierte Frage, ob außenpolitisch die Bilanz der Weltmeisterschaft Argentinien geholfen hat. Alte PR-Hasen beantworten die Frage mit der Feststellung, es sei im Prinzip gleichgültig, was die Presse über ein Land sage, wichtig sei, daß berichtet wird. Daran mag insbesondere deshalb etwas sein, als die ausländische Berichterstattung über das Land von dem Augenblick an nüchterner wurde, als die Journalisten sich selbst an Ort und Stelle von den Verhältnissen überzeugen konnten, die eben einfach oftmals den in Europa verbreiteten Klischees nicht entsprechen. Vielleicht bleibt dennoch entscheidend, daß die Weltmeisterschaft die kritische Beschäftigung mit den innenpolitischen Verhältnissen Argentiniens nachhaltig und in einer Weise gefördert hat, wie es sich die Argentinier vorher nicht ausgemalt hatten.

Vielleicht als konsequente Antwort auf die hier häufig zu hörende Version, die Kampagne gegen Argentinien sei von der im Ausland lebenden Subversion ge-

---

[3] Am 25. Juni 1978 gewann Argentinien das Finale gegen die Niederlande in Buenos Aires mit 3:1 nach Verlängerung.

[4] Am 21. Juni 1978 besiegte Argentinien Peru in Rosario im letzten Spiel der Finalrunde mit 6:0 und sicherte sich damit den Einzug ins Finale.

[5] Gesandter von Vacano, Buenos Aires, berichtete am 1. August 1978, der argentinische Staatssekretär für Finanzen, Alemann, habe ihm vertraulich mitgeteilt, daß am 21. Juni 1978 „gleichzeitig mit dem auf ihn gerichteten Bombenanschlag (beim entscheidenden vierten Tor Argentiniens im Weltmeisterschaftsspiel gegen Peru) fünf weitere Bombenexplosionen im Stadtgebiet von Buenos Aires registriert worden seien, über die die Presse allerdings nicht berichtet habe". Vacano ergänzte, dies bestätige die Vermutung, daß Anschläge nicht mehr in den argentinischen Medien erwähnt würden. Vgl. den Schriftbericht Nr. 1036; Referat 330, Bd. 111034.

steuert worden, haben die offiziellen argentinischen Stellen sich bemüht, die ausländischen Medienvertreter äußerst zuvorkommend zu behandeln. Provokationen einzelner Journalisten ist man geschickt aus dem Wege gegangen. Einzige Panne war zu Beginn der Weltmeisterschaft die Ausweisung des französischen Philosophen Lévy, der für „Le Monde" berichten wollte.

Dem Ansehen Argentiniens dürfte auch zugute gekommen sein, daß die allerdings nicht sehr zahlreichen ausländischen Schlachtenbummler (statt ursprünglich genannten 40 000 bis 50 000 ausländischen Touristen kamen nicht mehr als 10 000 bis 12 000) das Gefühl hatten, willkommene Gäste zu sein. Mit besonderer Genugtuung wurden in den hiesigen Öffentlichkeitsorganen Stellungnahmen von Touristen registriert, die sich über die verzerrte Darstellung Argentiniens in den Medien ihres Heimatlandes beklagten.

Der Verdacht ist nicht von der Hand zu weisen, daß die überschäumende, ja teilweise überzogene nationale Begeisterung der Bevölkerung über das erfolgreiche Abschneiden der argentinischen Mannschaft auch dem Bedürfnis entsprang, es den ausländischen Kritikern einmal zu zeigen. Selbst der Regierung gegenüber zurückhaltend eingestellte Argentinier spürten ganz offensichtlich, daß die in ihrer Substanz ja nicht unberechtigte Kritik an den politischen Zuständen Argentiniens die Grenzen der Objektivität und Ausgewogenheit häufig überschritt und damit den Nationalstolz auch jener Argentinier verletzte, die mit den politischen Verhältnissen ihres Landes keineswegs zufrieden sind. Immerhin hat man hier aufmerksam zur Kenntnis genommen, daß weder die Sowjetunion noch ein anderes sozialistisches Land einschließlich der beiden WM-Teilnehmer Ungarn und Polen sich der Kritik an der Durchführung der Weltmeisterschaft in Argentinien angeschlossen haben.

Letztlich ausschlaggebend für den positiven Verlauf der Weltmeisterschaft war die Tatsache, daß es nicht zu einem größeren Schlag der Subversion gekommen ist. Die von den Monteneros angekündigten verbalen, akustischen und optischen Demonstrationen gegen die Militärregierung blieben praktisch aus. Das Sicherheitskonzept der Regierung hat hervorragend funktioniert. Anzuerkennen ist, daß sie hierbei so verfahren ist, daß eine augenfällige Zurschaustellung militärischer Sicherheitskräfte vermieden wurde. Wichtig war auch, daß die Sicherheitsbehörden Anweisung hatten, sich gegenüber ausländischen Besuchern äußerster Zurückhaltung zu befleißigen.

III. Die deutsche Mannschaft ist in Argentinien zunächst mit großer Sympathie aufgenommen worden. Zu ihrer Popularität hatte der Begrüßungsschlager „Buenos días Argentina" nicht wenig beigetragen. Eine feierliche Kranzniederlegung am Denkmal des Nationalhelden General San Martín in Córdoba durch die Nationalmannschaft wurde von der Bevölkerung begeistert begrüßt. Die sportlich nicht unumstrittenen Leistungen der Mannschaft, vor allem aber ihre destruktive Spielweise im Eröffnungsspiel[6], führten jedoch rasch zu einem spürbaren Stimmungsumschwung. Das Publikum entzog der Mannschaft zunehmend seine Unterstützung und schlug sich demonstrativ auf die Seite ihrer jeweiligen Gegner. Auch der hier absolut nicht verstandene politische Kommen-

---

[6] Im Eröffnungsspiel der Fußball-Weltmeisterschaft trennten sich die Bundesrepublik und Polen am 1. Juni 1978 in Buenos Aires mit einem torlosen Unentschieden.

tar einer deutschen Fernsehstation während der Eröffnungszeremonie[7] dürfte zu dem Sympathieverlust der deutschen Mannschaft beigetragen haben.

Die Beziehungen sowohl des Deutschen Fußball-Bundes als auch der Botschaft und des Konsulats Córdoba zu den für die Organisation verantwortlichen argentinischen Stellen waren vor und während der Weltmeisterschaft gut. Die Argentinier zeigten sich gegenüber dem ehemaligen Weltmeister Deutschland besonders zuvorkommend. Am Rande sei auch vermerkt, daß deutsche Firmen bei der technischen Durchführung der Weltmeisterschaft sehr gute Geschäfte gemacht haben, was die hiesige englischsprachige Zeitung zu der hämischen Bemerkung veranlaßte, die Deutschen hätten die Weltmeisterschaft schon vor ihrem Beginn wirtschaftlich gewonnen.

Mit Aufmerksamkeit ist auf argentinischer Seite der Besuch einer Delegation des Sportausschusses des Deutschen Bundestags während der Zwischen- und Endrunde der Fußball-Weltmeisterschaft registriert worden. Die Bundestagsdelegation hat ihren Aufenthalt dazu benutzt, aktuelle Themen aus dem Bereich der deutsch-argentinischen Zusammenarbeit auf dem Gebiet des Sports und die Menschenrechtsproblematik zu erörtern. Hierzu wird auf die Einzelberichterstattung verwiesen.[8] Die politischen Gespräche haben zur Klarstellung der deutschen Position beigetragen. Daß dies am Rande der Weltmeisterschaft geschehen ist, war besonders zu begrüßen, zumal auch die einseitige Berichterstattung deutscher Medien im Vorfeld und während der Weltmeisterschaft Unbehagen und Verärgerung ausgelöst hatte.

Eine Kurzfassung[9] und ein Abschlußbericht des Konsulats Córdoba[10] sind beigefügt.

gez. Jaenicke

Referat 330, Bd. 111037

---

[7] Botschafter Jaenicke, Buenos Aires, berichtete am 3. Juni 1978, der Staatssekretär im argentinischen Außenministerium, Allara, habe ihn zu sich gebeten, um gegen die Berichterstattung der ARD zur Eröffnungsfeier der Fußball-Weltmeisterschaft am Vortag zu protestieren. Allara habe erklärt, er wolle anhand des Textes prüfen lassen, „ob die durch die Kommentaristen Klein und Reimers benutzte Sprache als Straftat bewertet werden müsse". Jaenicke informierte hierzu, in der Sendung sei etwa der folgende Satz gefallen: „‚Während Präsident Videla hier friedlich redet, fließt das Blut durch die Straßen Argentiniens'". Eine solche Berichterstattung gefährde die politischen, wirtschaftlichen und kulturellen Interessen der Bundesrepublik in Argentinien: „Sie schaffa neue und gefährliche Sicherheitsrisiken durch Rechtsterror für WM-Teilnehmer und -Besucher sowie hier lebende deutsche Gemeinschaft. Vorstellung, Kommentare dieser Art könnten Schicksal hier inhaftierter oder verschwundener Menschen erleichtern, geht an argentinischer Realität vorbei." Das bisher freundliche Klima für die Mannschaft der Bundesrepublik werde nachhaltig gestört. Vgl. den Drahtbericht Nr. 451; Referat 330, Bd. 111058.

[8] Ministerialdirigent Witte vermerkte am 14. Juli 1978, der Delegation des Sportausschusses des Bundestages unter Leitung des CDU-Abgeordneten Evers hätten die Abgeordneten Müller (CSU), Müller-Emmert und Scheffler (SPD) sowie Wolfgramm (FDP) angehört. Im Rahmen einer dreiwöchigen Südamerikareise sei es auch zu einem Gespräch mit dem Staatssekretär des argentinischen Innenministeriums, Palacios, gekommen. Die Delegation „übergab eine Liste ihr bekannt gewordener Fälle von verschwundenen deutschen Staatsangehörigen". Palacio habe eine schriftliche Antwort zugesagt. Vgl. Referat 330, Bd. 110034.

[9] Dem Vorgang beigefügt. Vgl. Referat 330, Bd. 111037.

[10] Dem Vorgang nicht beigefügt.

207

Aufzeichnung des Ministerialdirigenten Lücking

210-331.43 30. Juni 1978[1]

Vertraulich! Unter Verschluß
Über Herrn Staatssekretär[2] Herrn Minister[3]
Betr.: Verhandlungen mit der DDR
Zwei Anlagen

Zur Unterrichtung

Als Anlage werden zwei Vermerke nebst Unteranlagen von Staatssekretär Gaus über seine Gespräche mit Staatssekretär Schalck am 21. und am 28. Juni 1978 zur Unterrichtung vorgelegt.[4]

Staatssekretär Gaus hat mit dem Bundeskanzleramt vereinbart, daß über diese Gespräche keine Berichte, sondern lediglich Vermerke für den engsten Kreis der Beteiligten gefertigt werden, um die von beiden Seiten gewünschte Diskretion zu wahren. Die Vermerke werden deshalb ohne Verteiler vorgelegt. Das Auswärtige Amt ist ermächtigt, die Alliierten in der Bonner Vierergruppe anhand dieser Vermerke zu konsultieren.[5]

---

[1] Die Aufzeichnung wurde von Vortragendem Legationsrat I. Klasse Freiherr von Richthofen konzipiert.
Hat Vortragendem Legationsrat I. Klasse Lewalter am 3. Juli 1978 vorgelegen.

[2] Hat Staatssekretär van Well am 1. Juli 1978 vorgelegen.

[3] Hat Bundesminister Genscher am 8. Juli 1978 vorgelegen.

[4] Dem Vorgang beigefügt. Staatssekretär Gaus, Ost-Berlin, resümierte am 22. Juni 1978 den Verlauf seines Gesprächs mit dem Staatssekretär im Ministerium für Außenhandel der DDR, Schalck-Golodkowski, am Vortag. Als Anlagen waren die Vorstellungen der DDR zu den technischen Daten und Kosten für den Bau der Nordautobahn sowie für den Ausbau der Transitwasserstraßen beigefügt. Vgl. Referat 210, Bd. 116404.
Zum zweiten Gespräch am 28. Juni 1978 vermerkte Gaus am selben Tag, Schalck-Golodkowski habe ihm „Leistungsverzeichnisse für 1) die Nordautobahn, 2) die ‚Grunderneuerung' der Wassertransitstraßen, 3) die Öffnung des Teltow-Kanals und 4) die ‚große Lösung' Wartha/Herleshausen" übergeben. Vgl. dazu Referat 210, Bd. 116404.

[5] Vortragender Legationsrat I. Klasse Freiherr von Richthofen vermerkte am 3. Juli 1978, die Drei Mächte seien in der Sitzung der Bonner Vierergruppe am 29. Juni 1978 über die Aufnahme der Verkehrsverhandlungen mit der DDR unterrichtet worden. Die Vertreter der Drei Mächte hätten sich vorläufig nur auf persönlicher Grundlage äußern können. Es habe Konsens bestanden, daß das Transitregime für die neue Autobahnstrecke Anwendung finden müsse. Unterschiedliche Ansichten seien dagegen zu einer Unterrichtung und Einbindung der UdSSR geltend gemacht worden. Der amerikanische Vertreter und die Bundesregierung hätten betont, es sei wichtig, die UdSSR mit in die Verantwortung einzubeziehen. Der britische und der französische Sprecher hätten gefragt, „ob es der Notifizierung der Sowjetunion durch die Alliierten bedürfe. Insbesondere die Briten machten deutlich, daß sie eine ausdrückliche oder stillschweigende sowjetische Zustimmung nicht für unbedingt wünschenswert halten. [...] Auch der Protokollvermerk Nr. 1 zum Transitabkommen enthalte lediglich eine einseitige Erklärung der DDR. Die Bundesregierung sei nicht gut beraten, wenn sie mehr fordere, als im Transitabkommen durchgesetzt sei. [...] Demgegenüber haben wir zu bedenken gegeben, daß das Transitabkommen in Artikel 3 von den ‚vorgesehenen Grenzübergangsstellen und Transitstrecken' spricht und es der DDR deshalb nicht zusteht, alleine durch einseitige Erklärungen zu entscheiden, daß eine Strecke eine Transitstrecke werde." Übereinstimmend hätten die Vertreter der Drei Mächte geäußert, daß der Wunsch der Bundesregie-

Aus den beiden ersten Gesprächen mit Staatssekretär Schalck[6] – das nächste Gespräch soll am 3. August stattfinden[7] – ist festzuhalten:

– Die DDR möchte in der ersten Phase ohne Delegationen verhandeln, um einen zügigen, offenen und diskreten Verhandlungsverlauf sicherzustellen. Die Gesprächsebene Gaus/Nier fungiert lediglich als Schutzschild. Staatssekretär Schalck ist beauftragt, über den Gesamtkomplex der anstehenden Themen zu sprechen, d. h.

– Nordautobahn einschließlich der Grenzübergangsstellen,

– Wartha/Herleshausen,

– Teltow-Kanal,

– Wassertransitstraßen

– Transitpauschale,

– Nicht-kommerzieller Zahlungsverkehr.

Fortsetzung Fußnote von Seite 1041
    rung, daß das Transitregime in Zukunft sowohl für die Nordautobahn wie weiter für die F 5 gelten solle, unrealistisch sei. Vgl. Referat 210, Bd. 116404.
    Vortragender Legationsrat von Braunmühl vermerkte am 28. Juli 1978 zu der Sitzung der Bonner Vierergruppe am 21. Juli 1978, die Frage einer Einbeziehung der UdSSR werde noch geprüft. Ein Mandat der Drei Mächte an die Bundesregierung für die Verhandlungen mit der DDR sei nicht nötig, da das Einverständnis in den Konsultationen deutlich geworden sei. Sie sähen „in dem von uns vorgeschlagenen deutsch-alliierten Notenwechsel nach Paraphierung einer Vereinbarung mit der DDR über die Nordautobahn keine Schwierigkeiten". Vgl. Referat 210, Bd. 116404.
[6] Staatssekretär Gaus, Ost-Berlin, vermerkte am 30. Juni 1978, der Staatssekretär im Ministerium für Außenhandel der DDR, Schalck-Golodkowski, habe ihn kurzfristig um ein Gespräch gebeten, um auf einige von Gaus' Anregungen einzugehen: „Schalck begründete dies damit, daß die DDR-Spitze unserer Seite für die politische Grundentscheidung über die laufenden Verhandlungen ‚so viel Unterlagen wie möglich' zur Verfügung stellen wolle. [...] Dringend warnte Schalck davor, die Sowjetunion ‚in irgendeiner Weise' in die im Zusammenhang mit der Nordautobahn auftauchenden Fragen einzubeziehen. Wenn wir so etwas täten, würden damit Grundfragen, wie die der Souveränität der DDR, berührt, was die DDR unter allen Umständen zu harschen Reaktionen nötigen würde. Was wir gegenüber den Westalliierten zu tun für nötig hielten, sei unsere Angelegenheit". Schalck-Golodkowski habe schließlich noch eine „Aufzeichnung über Energiefragen auch in Bezug auf Berlin (West) und die Lieferung eines Kraftwerkes an die DDR" überreicht. Darin erkläre die DDR ihr prinzipielles Interesse an der Lieferung eines schlüsselfertigen Kohlekraftwerks mit einer Leistung von 1200 Megawatt. Staatsekretär Rohwedder, Bundesministerium für Wirtschaft, habe dies bei einem Besuch der Leipziger Frühjahrsmesse am 14. März 1978 gegenüber dem Stellvertretenden Minister für Außenhandel der DDR, Behrendt, angeregt und dazu ein vertrauliches Memorandum übergeben. Vgl. Referat 210, Bd. 116404.
[7] Über das Gespräch mit Staatssekretär im Ministerium für Außenhandel der DDR, Schalck-Golodkowski, am 3. August 1978 vermerkte Staatssekretär Gaus, Ost-Berlin, am selben Tag, er habe erklärt, daß seitens der DDR die Kosten für die Nordautobahn sowie die Öffnung des Teltow-Kanals deutlich zu hoch veranschlagt seien. Hinsichtlich der Transitwasserstraßen habe die Bundesregierung vorläufig nur Interesse an nötigen Reparaturen. Bezüglich der Transitpauschale gelte es zunächst, „die unterschiedlichen Zählergebnisse für die zurückliegende Zeit aufzuklären". Schalck-Golodkowski habe als persönliche Einschätzung entgegnet, daß nicht über Details verhandelt werde, sondern eine politische Grundsatzentscheidung anstehe. Es gebe „eine Art ‚magischer Grenze', unter die der materielle Nutzen, den die DDR aus den Vereinbarungen ziehen werde, nicht sinken dürfe [...]. Die DDR habe die politischen Verhandlungen anstelle von Delegationsverhandlungen gewählt, damit man offen und direkt über den Interessenausgleich zwischen unseren Berlin-Bedürfnissen [...] und dem Wunsch der DDR nach Deviseneinnahmen sprechen könne. Also müßten wir uns auch bei der Nordautobahn zu einem politischen Preis verstehen." Eine langfristige Festschreibung der Transitpauschale möglicherweise bis 1990 müsse angesichts unvorsehbarer Preisentwicklungen auch im Interesse der Bundesregierung liegen. Er, Gaus, habe zu bedenken gegeben, daß „die DDR in Europa sich nicht querstellen könne", also auch der DDR an einem Kompromiß gelegen sein sollte. Vgl. VS-Bd. 14073 (010); B 150, Aktenkopien 1978.

Staatssekretär Gaus hat für alle Themen einen Verhandlungsauftrag mit Ausnahme der Binnenwasserstraßen, für die bisher nur ein Sondierungsauftrag der Bundesregierung vorliegt.[8] Auf unserer Seite müssen jedoch noch wesentliche politische Entscheidungen getroffen werden. Daher sind die beiden ersten Gespräche eher noch als Fortsetzung der Sondierungen anzusehen.
- Schalck betonte deutlicher als in allen vorangegangenen Verhandlungen mit der DDR, daß das politische Interesse an einem positiven Abschluß der Verhandlungen bei der Bundesrepublik liege, während das Interesse der DDR darin bestehe, ihre Arbeitskapazität gewinnbringend für die von uns gewünschten Projekte zur Verfügung zu stellen.
- Schalck trug in den Gesprächen die Maximalpositionen der DDR vor. Staatssekretär Gaus verhielt sich im ersten Gespräch im wesentlichen rezeptiv. Das Bundeskanzleramt macht darauf aufmerksam, daß daraus nicht der falsche Schluß gezogen werden darf, als sei unsere Seite geneigt, die Maximalpositionen der DDR zu akzeptieren.
- Nach dem Terminplan der DDR können die Gespräche Ende September abgeschlossen werden, vorbehaltlich gewisser Nacharbeiten auf Expertenebene.[9]
- Die Formalisierung der Verhandlungsergebnisse soll sich nach Ansicht der DDR am Vorbild von 1975 orientieren (Briefwechsel).[10]
- Nordautobahn[11]:
Die DDR ist auf die Nordtrasse festgelegt. Die Anbindung an Westberlin soll an dem noch zu schaffenden Nordübergang erfolgen. Dafür will die DDR nunmehr einen Ort vorschlagen, der nach ihren Kenntnissen auch für die innerstädtische Verkehrsplanung in Westberlin nützlich ist.[12] Der Übergang zum Bundesgebiet soll bei Zarrentin liegen. Die DDR ist festgelegt, die Nordautobahn anstelle der bisherigen F 5 als Transitstrecke zu widmen.[13] Sie ist nicht bereit, Baumaßnahmen durch unsere Firmen zuzulassen, wohl aber Maschinenkäufe im Zusammenhang mit den Baumaßnahmen bei uns vorzunehmen. Die Bauzeit beträgt nach DDR-Angaben ein Jahr für die Vorbereitung und zwei bis drei Jahre für die Baumaßnahmen. Die Kosten sollen nach Vorstellung der DDR wie folgt verteilt werden: Der Zubringer von Berlin (West) zur Nordautobahn ist voll von unserer Seite zu tragen. Die bereits fertiggestellte Autobahn Berlin–Wittstock soll von uns zu 75% finanziert werden. Die Neubaustrecke von Wittstock bis Zarrentin (125 km) von uns sogar zu 95 bis 98%. Die Grenzübergangsstelle nach Berlin soll von uns voll und die Grenzübergangsstelle zur Bundesrepublik nahezu voll übernommen werden. Nach den Ausführungen von Schalck beläuft sich die Gesamtsumme für die Nordautobahn (einschließlich des schon fertigen Teils, an dem wir uns beteiligen sollen) auf 2 Milliarden Mark. Davon soll die Bundesrepublik 90%

---

8 Zu den Sondierungen des Staatssekretärs Gaus, Ost-Berlin, vgl. Dok. 183, Anm. 19.
9 Dieser Satz wurde von Vortragendem Legationsrat I. Klasse Lücking durch Ausrufezeichen hervorgehoben.
10 Zu den Vereinbarungen vom 19. Dezember 1975 vgl. Dok. 183, Anm. 8.
11 Zum geplanten Bau einer Autobahn von Berlin (West) nach Hamburg vgl. Dok. 183, Anm. 16.
12 An dieser Stelle vermerkte Ministerialdirigent Lewalter handschriftlich: „Also nicht Entenschnabel".
13 So in der Vorlage.

übernehmen = 1,795 Milliarden DM. Staatssekretär Gaus hat anstelle der Südtrasse die Möglichkeit einer Stichstraße von der Nordtrasse bis zur niedersächsischen Grenze eingebracht, im zweten Gespräch als Möglichkeit einer schriftlichen Absichtserklärung, darüber nach 1980 zu verhandeln. Schalck will auf diese Anregung zurückkommen. Zum Transitregime auf der Nordautobahn hat Staatssekretär Gaus eine verbindliche Vereinbarung gefordert, die eindeutig klarstellt, daß die neue Autobahn eine Transitstrecke im Sinne von Artikel 3 des Transitabkommens[14] ist. An der Verbindlichkeit dieser Klarstellung dürfe es nicht den geringsten Zweifel bei der Formalisierung des Verhandlungsergebnisses geben. Er hat Schalck weiter darauf hingewiesen, daß wir die Alliierten konsultieren und daß wir prüfen, ob und auf welche Weise zu gegebener Zeit auch die Sowjetunion als vierte Signatarmacht des VMA[15] von uns unterrichtet werden würde. Schalck will auf diese Fragen zurückkommen.

– Transitpauschale[16]:

Die DDR hat eine Verbindung zur Nordautobahn hergestellt und vorgeschlagen, eine Vereinbarung mit Laufzeit von fünf Jahren ohne Revisionsklausel über eine jährliche Pauschalsumme von 600 Millionen DM abzuschließen.

– Teltow-Kanal[17]:

Schalck schlug vor, das Verkehrsregime auf dem Teltow-Kanal analog wie das 1972 vereinbarte Regime für den Binnenschiffs-Hufeisenverkehr in Berlin[18] zu vereinbaren. Danach werden die Bedingungen des Transitverkehrs angewendet, ohne daß dies die Nichtzugehörigkeit der Verkehrswege zu den Transitwasserstraßen in Zweifel zieht (nach Angaben des Senats ist dieser Vorschlag erwägenswert). Schalck hat darüber hinaus ein Junktim zwischen Teltow-Kanal und Reparatur und Ausbau der Transitwasserstraßen hergestellt. Staatssekretär Gaus hat um offizielle Klarstellung seitens des DDR-Außenministeriums gebeten, daß die Fragen des künftigen Verkehrsregimes auf dem Teltow-Kanal nach Abschluß der technischen und finanziellen Ver-

---

[14] In Artikel 3 des Abkommens vom 17. Dezember 1971 zwischen der Regierung der Bundesrepublik und der Regierung der DDR über den Transitverkehr von zivilen Personen und Gütern zwischen der Bundesrepublik und Berlin (West) hieß es: „Der Transitverkehr erfolgt über die vorgesehenen Grenzübergangsstellen und Transitstrecken." Vgl. BUNDESANZEIGER, Nr. 174 vom 15. September 1972, Beilage, S. 7.

[15] Vier-Mächte-Abkommen.

[16] Gemäß Artikel 18 des Abkommens vom 17. Dezember 1971 zwischen der Regierung der Bundesrepublik und der Regierung der DDR über den Transitverkehr von zivilen Personen und Gütern zwischen der Bundesrepublik und Berlin (West) zahlte die Bundesrepublik für „Abgaben, Gebühren und andere Kosten, die den Verkehr auf den Transitwegen betreffen, einschließlich der Instandhaltung der entsprechenden Wege, Einrichtungen und Anlagen, die für diesen Verkehr benutzt werden", eine jährliche Pauschalsumme. Vgl. EUROPA-ARCHIV 1972, D 75.
Mit Protokoll vom 19. Dezember 1975 wurde für die Jahre 1976 bis 1979 eine Summe von 400 Mio. DM festgelegt. Vgl. dazu BULLETIN 1975, S. 1436 f.

[17] Zur Frage des Teltow-Kanals vgl. Dok. 183, Anm. 20.

[18] Referat 210 vermerkte dazu am 5. Juli 1978, die Auffassung der DDR sei, „daß für den Teltow-Kanal die gleichen Bestimmungen gelten wie für die jetzige Durchfahrt durch Ostberlin (nicht generell Transitregime, aber keine neuen Warenbegleitscheine und keine Visagebühren)". Die Regelung entspreche der für den Schiffsverkehr auf dem Teltow-Kanal zwischen Berlin-Lichterfelde und Berlin-Neukölln durch Ost-Berliner Gebiet. Vgl. Referat 210, Bd. 116404.

handlungen von seiten der DDR gegenüber dem Bund aufgenommen werden. Schalck stellte die Überprüfung der Anregung in Aussicht.

– Transitwasserstraßen[19]:

Schalck wiederholte die bekannte DDR-Position, entweder Reparatur und Ausbau der Transitwasserstraßen oder massive Gebührenerhöhungen und evtl. auch Sperrung für Schiffe bestimmter Größe. Staatssekretär Gaus stellte die Relation zum Eisenbahnverkehr her. Schalck bedeutete darauf, daß Eisenbahnfragen von der DDR im Zuge der jetzigen Verhandlungen nicht aufgegriffen werden würden.

– Wartha/Herleshausen[20]:

Staatssekretär Gaus erklärte, daß wir angesichts der jetzigen Kostenberechnungen der DDR kein ausgeprägtes Interesse an einer großen Lösung für Wartha/Herleshausen hätten.

– Nicht-kommerzieller Zahlungsverkehr[21]:

Die DDR ist bereit zu überdenken, aus den Deviseneinnahmen für die Baumaßnahmen jährlich 50 Millionen DM für den nicht-kommerziellen Zahlungsverkehr abzuzweigen.

– Humanitäre Fragen:

Schalck schloß nicht aus, auch über andere Fragen zu sprechen, schlug jedoch vor, diese erst in einem späteren Stadium der Verhandlungen anzuschneiden.

Aus dem Bundeskanzleramt ist zu hören, daß der Bundeskanzler an die Einberufung einer Ministerbesprechung zur Entscheidung der politischen Fragen in der zweiten Juliwoche denkt.[22]

Lücking

Referat 210, Bd. 116404

---

[19] Zu den Verhandlungen zwischen der Bundesrepublik und der DDR über die Transitwasserstraßen vgl. Dok. 183, Anm. 19.

[20] Zu den Sondierungen über einen Ausbau des Grenzübergangs Herleshausen/Wartha vgl. Dok. 2, Anm. 6.

[21] Staatssekretär Pöhl, Bundesministerium der Finanzen, und der Staatssekretär im Ministerium der Finanzen der DDR, Kaminsky, unterzeichneten am 25. April 1974 eine Vereinbarung über den Transfer von Unterhaltszahlungen sowie eine Vereinbarung über den Transfer aus Guthaben in bestimmten Fällen. Vertreter der Bundesbank und der Staatsbank der DDR unterzeichneten am selben Tag entsprechende Vereinbarungen. Für den Wortlaut der Vereinbarungen und der dazugehörigen Protokollvermerke vgl. BUNDESGESETZBLATT 1974, Teil II, S. 622–627.

[22] Am 12. Juli 1978 hielt Ministerialdirigent Bräutigam, Bundeskanzleramt, die Ergebnisse des Ministergesprächs im Bundeskanzleramt vom Vortag fest. Die Bundesregierung wünsche eine verbindliche Festlegung auf Verhandlungen über eine Verbindung von der Nordautobahn in den Raum Lüchow-Dannenberg ab 1980. Die finanziellen Vorstellungen der DDR seien „nicht akzeptabel. Eine Beteiligung an den Baukosten für die bereits fertiggestellte Autobahn Berliner Ring – Wittstock kommt nicht in Betracht." Die Bundesregierung wünsche weiter eine Öffnung des Teltow-Kanals, lehne aber das Junktim mit dem Ausbau der Transitwasserstraßen ab. Sie sei jedoch nach 1980 zu Verhandlungen darüber bereit. Hinsichtlich der Transitpauschale gelte weiter „der in der Ministerbesprechung vom 16.3.1978 festgelegte Verhandlungsauftrag". Hinsichtlich humanitärer Fragen erwarte die Bundesregierungen Verbesserungen, insbesondere beim Reiseverkehr: „Die DDR ist darauf hinzuweisen, daß nach Auffassung des Bundeskanzlers dazu auch eine Herabsetzung des Reisealters gehören sollte." Die Gespräche sollten zu gegebener Zeit in Delegationsverhandlungen

208

Runderlaß des Vortragenden Legationsrats Ellerkmann

012-II-312.74 Aufgabe: 30. Juni 1978, 16.58 Uhr[1]
Fernschreiben Nr. 72 Ortez

Zur 525. Tagung des EG-Rats am 26./27. Juni 1978 in Luxemburg

EG-Rat bewältigte in fast zweitägiger Sitzung umfangreiche Tagesordnung und traf eine Reihe wichtiger Entscheidungen. Dem Rat ging die siebte Ministertagung der Beitrittsverhandlungen mit Griechenland voraus. Deutsche Delegation wurde von BM Genscher bzw. StM von Dohnanyi geleitet.

I. Griechenland (Beitrittsverhandlungen)[2]

Außenminister der Mitgliedstaaten und Griechenlands bestätigten die auf Stellvertreterebene erzielte Einigung über wesentlichen Inhalt der Verhandlungskapitel Kapitalverkehr, EGKS und EURATOM.

Damit sind Sachverhandlungen über die vier Kapitel Zollunion, Außenbeziehungen, Kapitalverkehr und EGKS, auf deren vorgezogene Behandlung sich Verhandlungspartner im Oktober 1977 verständigt hatten, und zusätzlich über ein fünftes Kapitel – EURATOM – bis auf einige Detailfragen und Modalitäten praktisch abgeschlossen. Zu vier weiteren Verhandlungskapiteln wird die EG-Kommission bis Ende Juli Grundlagenpapiere für die Erarbeitung einer Gemeinschaftsposition vorlegen.[3]

Zum Abschluß der Tagung übergab AM Andersen dem griechischen AM Rallis, wie beim letzten EPZ-Ministertreffen vereinbart[4], eine Mitteilung über die Existenz der politischen Zusammenarbeit und vier Basisdokumente der EPZ. Damit ist erster Schritt zur Heranführung Griechenlands an EPZ vollzogen.

II. EG-Ratstagung

1) Gemeinsame Strategie für die wirtschaftliche und soziale Lage

Der Rat stellte seinen Bericht an den ER in Bremen[5] zu diesem Thema fertig. Er umschreibt darin die Ziele und die seit Kopenhagen[6] erreichten Fortschritte vor allem in den Bereichen Wirtschafts-, Währungs-, Beschäftigungs-, Energie-, Handelspolitik. Als Schwerpunkte der Diskussion in Bremen zeichnen sich die

---

Fortsetzung Fußnote von Seite 1045
übergeleitet, die Drei Mächte laufend unterrichtet werden. Vgl. VS-Bd. 14073 (010); B 150, Aktenkopien 1978.

[1] Durchdruck.
Hat Vortragendem Legationsrat Boll am 30. Juni 1978 vorgelegen.
[2] Zum Stand der Verhandlungen über einen EG-Beitritt Griechenlands vgl. Dok. 134, Anm. 3.
[3] Im Juli verabschiedete die EG-Kommission vier Serien förmlicher Vorschläge zu den Bereichen soziale Angelegenheiten, institutionelle Auswirkungen, staatliche Beihilfen und Regionalpolitik sowie Dauer der Übergangsmaßnahmen. Vgl. dazu BULLETIN DER EG 7-8/1978, S. 68.
[4] Zur Konferenz der Außenminister der EG-Mitgliedstaaten im Rahmen der EPZ am 12. Juni 1978 in Kopenhagen vgl. Dok. 156, Anm. 2.
[5] Zur Tagung des Europäischen Rats am 6./7. Juli 1978 vgl. Dok. 216.
[6] Zur Tagung des Europäischen Rats am 7./8. April 1978 vgl. Dok. 113.

Wachstumsstrategie und die Grundzüge eines Währungssystems ab, das zu größerer Wechselkursstabilität in Europa führen soll.

2) Erneuerung des Abkommens von Lomé[7]

Der Rat verabschiedete ein Mandat für die Neuverhandlungen mit den AKP-Staaten.[8] Die Frage, ob das Abkommen mit befristeter oder unbefristeter Laufzeit abgeschlossen werden soll, blieb offen. Bei Eröffnung der Verhandlungen am 24. Juli wird die Gemeinschaft hierzu nicht Stellung nehmen, sondern lediglich auf dauerhafte Natur ihrer Beziehungen zu AKP-Staaten hinweisen. Zur Frage der Einbeziehung der Menschenrechte soll Ratspräsident in Eröffnungsrede auf große Bedeutung hinweisen, die die Gemeinschaft dieser Frage beimißt.[9] Die Prüfung weiterer Punkte, wie Verbesserung des Systems der Erlösstabilisierung[10], wird im AStV fortgesetzt und das Ergebnis dem Rat am 25. Juli 1978 vorgelegt werden.

3) Direktwahl zum Europäischen Parlament[11]

Nachdem alle Mitgliedstaaten dem Generalsekretär des Rates[12] den Abschluß der Ratifizierungsverfahren notifiziert haben, tritt der Direktwahlakt vom 20.9.1976 am 1. Juli 1978 in Kraft.

Der Rat hat sich darauf verständigt, daß der deutsche Ratspräsident am 1. Juli das Anhörungsverfahren zum Wahltermin (7. bis 10. Juni 1979) mit dem Europäischen Parlament einleitet. Das EP wird seine Stellungnahme in der nächsten Sitzungswoche (3. bis 7. Juli) abgeben.[13]

4) Regionalpolitik

Der Rat erzielte Einigung über die letzte noch offene Frage bei der Reform des Regionalfonds. Auf deutschen Vorschlag legte er Fördersatz für Infrastrukturprojekte auf höchstens 40 Prozent fest. Er gilt zugleich für Infrastrukturmaßnahmen in der Mittelmeer-Agrarpolitik, jedoch wird hier der von Italien beantragte Förderungsbetrag von 125 Mio. ERE, der einem Fördersatz von 50 Prozent entsprochen hätte, beibehalten.[14]

---

[7] Für den Wortlaut des AKP-EWG-Abkommens von Lomé vom 28. Februar 1975 sowie der Zusatzprotokolle und der am 11. Juli 1975 in Brüssel unterzeichneten internen Abkommen über Maßnahmen zur Durchführung des Abkommens und über die Finanzierung und Verwaltung der Hilfe der Gemeinschaft vgl. BUNDESGESETZBLATT 1975, Teil II, S. 2318–2417.
Zur Vorbereitung einer Erneuerung des AKP-EWG-Abkommens von Lomé vom 28. Februar 1975 vgl. Dok. 181.

[8] Für die „Direktiven für Verhandlungen über das neue AKP-EWG-Abkommen" vgl. Referat 410, Bd. 121706.

[9] Bundesminister Genscher erklärte am 24. Juli 1978 in Brüssel als amtierender EG-Ratspräsident, die Europäischen Gemeinschaften bekräftigten, daß die Beziehungen zu den AKP-Staaten „auf den Grundsätzen beruhen müssen, die die Grundlagen der Freiheit, der Gerechtigkeit und des Friedens in der Welt bilden und in der Charta der Vereinten Nationen und in der Menschenrechtserklärung verankert sind. Die Gemeinschaft möchte hier hervorheben, welche große Bedeutung sie der Achtung der grundlegenden Menschenrechte beimißt." Vgl. BULLETIN 1978, S. 790.

[10] Zum System zur Stabilisierung der Exporterlöse der AKP-Staaten vgl. Dok. 156, Anm. 43.

[11] Zum Beschluß des Europäischen Rats vom 12./13. Juli 1976 bzw. des EG-Ministerrats vom 20. September 1976 zur Einführung von Direktwahlen zum Europäischen Parlament vgl. Dok. 8, Anm. 28.

[12] Nicolas Hommel.

[13] Das Europäische Parlament billigte am 4. Juli 1978 den Vorschlag des EG-Ministerrats zum Zeitraum für die Direktwahlen. Vgl. dazu BULLETIN DER EG 7-8/1978, S. 91 f.

[14] Zu den Beschlüssen des EG-Ministerrats für eine gemeinsame Leitlinie betreffend die Änderung der Verordnung über die Errichtung des Europäischen Fonds für regionale Entwicklung sowie we-

Damit ist die Gesamtreform der EG-Regionalpolitik nach über einem Jahr abgeschlossen. Die vom Rat beschlossenen Texte müssen noch im „Konzertierungsverfahren" mit dem EP erörtert werden, bevor sie förmlich in Kraft treten können.

5) Stahlindustrie

Rat setzte Kautionssysteme zur besseren Durchsetzung innergemeinschaftlicher Mindestpreise für einen Zeitraum von drei Monaten in Kraft (Hinterlegung von 25 Prozent des Mindestpreises an den Grenzen bei Verdacht von Preisverstößen).[15]

Er hatte ferner einen ersten Meinungsaustausch über eine Umstrukturierung der europäischen Stahlindustrie. Deutsche Delegation, unterstützt von DK und Benelux, sprach sich für Anpassung der Kapazitäten, Abbau von Verlustquellen und Wiedergewinnung der Wettbewerbsfähigkeit aus. Dies müsse aber vor allem in unternehmerischer Eigeninitiative geschehen. Dabei sei Subventionskodex, der für private und staatseigene Unternehmen gleichermaßen gelten müsse, wesentliches Element.[16]

6) Strukturpolitik im Schiffbau

Alle Delegationen waren sich über große Bedeutung einer Anpassung der Kapazitäten an mittel- und längerfristige Marktaussichten einig. Gemeinsame Schiffbaupolitik sei insbesondere auch notwendig, um Glaubwürdigkeit der EG in Gesprächen mit Japan zu erhalten. Rat befaßt sich am 25. Juli erneut mit den Schiffbaufragen.[17]

7) Beziehungen zu EFTA-Ländern

Kommission berichtete über positive Entwicklung der Beziehungen zu EFTA-Ländern und deren Interesse an vertiefter Zusammenarbeit mit Gemeinschaft. In kurzer Aussprache befürworteten alle Delegationen eine Intensivierung der Zusammenarbeit im Rahmen der bestehenden Abkommen wie auch auf anderen Bereichen gegenseitigen Interesses.

8) Beziehungen zu Japan[18]

Kommission berichtete über ihre Konsultationen mit Japan am 22./23.6.78 in Tokio.[19] Außenhandelsentwicklung EG–Japan zeige Tendenz zu Verbesserung,

Fortsetzung Fußnote von Seite 1047
sentliche Elemente des „Orientierungsrahmens für die Regionalpolitik der Gemeinschaft" vgl. BULLETIN DER EG 6/1978, S. 10–12 und S. 44.

15 Für den Wortlaut der Entscheidung der EG-Kommission vom 30. Juni 1978 zur Einführung einer Kaution bei vorläufiger Feststellung einer Verletzung der Entscheidungen der Kommission über die Festsetzung von Mindestpreisen für bestimmte Stahlerzeugnisse vgl. AMTSBLATT DER EUROPÄISCHEN GEMEINSCHAFTEN, Nr. L 178 vom 1. Juli 1978, S. 90f. Vgl. dazu ferner BULLETIN DER EG 6/1978, S. 12–14.

16 Zur Diskussion über die Umstrukturierung der Eisen- und Stahlindustrie im EG-Ministerrat vgl. BULLETIN DER EG 6/1978, S. 15f.

17 Für den Wortlaut der Entschließung des EG-Ministerrats zur Lage in der Schiffbauindustrie vom 25. Juli 1978 vgl. BULLETIN DER EG 7-8/1978, S. 28.

18 Zu den Verhandlungen zwischen den Europäischen Gemeinschaften und Japan vgl. Dok. 107, besonders Anm. 9.

19 Gesandter Steinmann, Tokio, teilte am 25. Juni 1978 zu den Gesprächen auf hoher Ebene zwischen der EG-Kommission und der japanischen Regierung mit, nach Auskunft der EG-Kommission seien „hinsichtlich des Abbaus des Handelsbilanzüberschusses gegenüber EG gewisse ermutigende Zeichen zu erkennen" gewesen. Zu den GATT-Verhandlungen habe die EG-Kommission erklärt, daß das bisherige japanische Angebot nicht ausreichend sei. Steinmann stellte fest: „Konkrete Ergeb-

endgültiges Urteil könne aber nicht vor Herbst abgegeben werden. Nach kurzer, ohne Kontroversen verlaufener Diskussion verabschiedete Rat Schlußfolgerungen, in denen die Notwendigkeit unterstrichen wird, die Konsultationen EG−Japan weiterzuführen mit dem Ziele, zu einer harmonischeren Entwicklung der Wirtschafts- und Handelsbeziehungen EG−Japan zu kommen. Die Kommission wurde gebeten, über die Ergebnisse in naher Zukunft zu berichten.[20]

9) Multilaterale Handelsverhandlungen

Kommission gab Zwischenbericht zum Verhandlungsstand[21] und informierte Rat über MTN-Konsultationen in Washington am 19./20.6.78 mit USA, Japan und Kanada.[22] Rat verabschiedete ergänzende Leitlinien zum Gesamtverhandlungsbereich.[23] Kommission ist damit in die Lage versetzt, weiterhin aktiv an den Verhandlungen teilzunehmen. Im Mittelpunkt der vierstündigen schwierigen Debatte stand insbesondere die Frage der selektiven Anwendung der Schutzklausel.[24] Der schließlich gefundene Kompromiß schwächt den von uns und DK geforderten Ausnahmecharakter selektiver Schutzmaßnahmen zwar stark ab. Wir haben ihm jedoch zugestimmt, um ein Scheitern der im Hinblick auf die Schlußphase der Verhandlungen wichtigen Einigung zu vermeiden.[25]

Fortsetzung Fußnote von Seite 1048
nisse waren bei Konsultationen dieses Monats nicht zu erwarten, da sich japanische Meinungsbildung hinsichtlich multilateraler Handelsverhandlungen und Wirtschaftsgipfel in Bonn noch im Fluß befindet. [...] Nach Auffassung der Botschaft wird japanische Seite weitere Anstrengungen machen, um Handelsbilanzüberschuß jedenfalls volumenmäßig nicht auszuweiten. Japanische Seite ist sich auch über Notwendigkeit zusätzlichen Entgegenkommens bei multilateralen Handelsverhandlungen bewußt." Vgl. den Drahtbericht Nr. 832; B 201 (Referat 411), Bd. 446.

20 Am 9./10. Oktober 1978 fand in Brüssel ein Treffen von Vertretern der EG-Kommission und Japans statt. Vgl. dazu Dok. 318, Anm. 18.

21 Zu den GATT-Verhandlungen vgl. Dok. 181.

22 Botschafter von Staden, Washington, berichtete am 21. Juni 1978: „Vizepräsident Haferkamp unterrichtete die Botschafter der Neun am 20.6.1978 [...] über seine Gespräche mit Sonderbotschafter Strauss und Staatsminister Ushiba. Er stellte heraus, daß es sich [...] um ein ‚technical meeting' gehandelt habe, zu dem später auch die Kanadier hinzugekommen seien. Es sei nicht der Sinn des Treffens gewesen, im Einzelnen Substanzfragen zu verhandeln, wohl aber nach politischen Lösungen, Formulierungen und Zeitplänen vor dem Bonner Wirtschaftsgipfel zu suchen." Thema seien insbesondere die selektiven Schutzmaßnahmen gewesen. Vgl. den Drahtbericht Nr. 2318; B 201 (Referat 411), Bd. 615.

23 Für die Leitlinien des EG-Ministerrats vgl. den Drahtbericht Nr. 119 der Botschaft in Luxemburg vom 28. Juni 1978; B 201 (Referat 411), Bd. 615.
Die Botschaft in Luxemburg berichtete am 28. Juni 1978 ergänzend, der EG-Ministerrat habe sich nur mit Mühe auf einen Kompromiß einigen können: „StM v[on] Dohnanyi erklärte für d[eu]t[sche] Delegation, daß Regel-Ausnahme-Verhältnis von selektiven u[nd] erga-omnes-maßnahmen nicht verwischt werde dürfe, und stimmte Kompromißformulierung erst zu, als die im Hinblick auf Schlußphase der M[ultilateralen]H[andels]v[erhandlungen] wichtige Einigung zu scheitern drohte." Die Teilnehmer hätten sich darauf verständigt, im Notfall eine illustrative Liste interner Subventionen vorzulegen, allerdings nur, falls der Verhandlungspartner eine ebensolche vorweise und aus ihr keine Fälle konkreter Subventionen ableitbar seien. Gegenüber Japan könne der schrittweise Abbau bestehender mengenmäßiger Beschränkungen in Aussicht gestellt werden. Vgl. den Drahtbericht Nr. 115; B 201 (Referat 411), Bd. 615.

24 Zur Frage der Schutzklauseln vgl. Dok. 189, Anm. 8.
Das Bundesministerium für Wirtschaft vermerkte am 23. Juni 1978, es bestehe zwar „zwischen EG und USA sowie inzwischen auch Japan ein prinzipielles Einvernehmen, daß künftig auch selektive Schutzmaßnahmen gestattet werden sollen. Divergenzen bestehen in den sehr wichtigen Modalitäten der Anwendung: USA und Japan für sehr strikte Kriterien, Japan mit einer Reihe von zusätzlichen Vorbedingungen (u. a. Abbau mengenmäßiger Beschränkungen gegenüber Japan; dazu EG: schrittweiser Wegfall)." Vgl. B 201, Bd. 615.

25 In einer „Erklärung mehrerer Delegationen zum Stand der Tokio-Runde" vom 13. Juli 1978 hieß es, die Delegationen hätten sich auf die Notwendigkeit eines neuen Kodex verständigt, der die An-

10) Textileinfuhrpolitik

Rat erörterte Probleme im Zusammenhang mit steigenden Textileinfuhren aus Präferenzländern des Mittelmeerraumes. Er stimmte überein, daß das am 20.12.1977 beschlossene Globalschema für die Einfuhr sensibler Textilprodukte[26] respektiert werden muß und notfalls geeignete Maßnahmen hierzu ergriffen werden müssen. Ausschuß der Ständigen Vertreter wurde beauftragt, Situation der Einfuhren aus Mittelmeerländern zu beurteilen, um danach zu Gesamtlösung des Problems zu kommen.[27]

11) Rechtsangleichung

Auf dem Gebiet der Rechtsangleichung sind zwei lange umstrittene wichtige Entscheidungen gefallen:

a) Der Rat hat die vierte Richtlinie zur Vereinheitlichung des Gesellschaftsrechts in der Gemeinschaft (Bilanzrichtlinie) verabschiedet.[28] Damit werden die nationalen Vorschriften über den Jahresabschluß einschließlich der Bewertungsvorschriften sowie deren Prüfung für Kapitalgesellschaften harmonisiert.

b) Mit der Verabschiedung der Richtlinien zur Niederlassungsfreiheit und freiem Dienstleistungsverkehr der Zahnärzte[29] kann auch diese Gruppe in allen Ländern der Gemeinschaft ihren Beruf nach den Voraussetzungen der Richtlinien frei ausüben.

Beide Richtlinien bedürfen noch einer formellen Verabschiedung in den Sprachen der EG durch den Rat.

[gez.] Ellerkmann

Referat 012, Bd. 108141

Fortsetzung Fußnote von Seite 1049

    wendung von Schutzklauseln in angemessener Weise einbeziehen solle: „Über die Frage, wie und unter welchen Umständen und Voraussetzungen eine selektive Anwendung der Schutzmaßnahmen im Kodex vorzusehen ist, wird noch intensiv verhandelt." Für den Wortlaut vgl. BULLETIN DER EG 7-8/1978, S. 164.

[26] Seit Mitte Oktober 1977 führte die EG-Kommission mit 32 Ländern Verhandlungen über Textilimporte. Ziel war u. a. die Begrenzung von Niedrigpreiseinfuhren empfindlicher Textilwaren. Für das Zugeständnis von Höchstmengen garantierten die Europäischen Gemeinschaften den freien Marktzugang. Vgl. dazu BULLETIN der EG 12/1977, S. 9 f.

[27] Die EG-Kommission genehmigte im Juli und August 1978 verschiedene Maßnahmen zu mengenmäßigen Einfuhrbeschränkungen, der Einführung von Schutzmaßnahmen sowie der Eröffnung von neuen oder einmaligen Kontingenten. Diese Maßnahmen betrafen Textileinfuhren aus Griechenland, Jugoslawien, Portugal und Spanien. Vgl. dazu BULLETIN DER EG 7-8/1978, S. 79 f.

[28] Zur vierten gesellschaftsrechtlichen Richtlinie über den Jahresabschluß von Kapitalgesellschaften vgl. BULLETIN DER EG 6/1978, S. 28.

[29] In den Richtlinien für Zahnärzte wurden die gegenseitige Anerkennung von Prüfungszeugnissen und Befähigungsnachweisen festgelegt sowie das Niederlassungsrecht und der freie Dienstleistungsverkehr geregelt. Darüber hinaus wurden Rechts- und Verwaltungsvorschriften koordiniert. Vgl. dazu BULLETIN DER EG 6/1978, S. 28 f. Für den Wortlaut vgl. AMTSBLATT DER EUROPÄISCHEN GEMEINSCHAFTEN, Nr. L 233 vom 24. August 1978, S. 1–14.